UNIVERSAL LEXIKON

UNIVERSAL LEXIKON

12

MET-NOR

DEUTSCHLAND · SCHWEIZ · ÖSTERREICH

Redaktionelle Leitung
Dr. Beate Varnhorn

Projektkoordination
Dr. Ulrike Hönsch

Redaktion
Christian Adams · Dr. Gisela Benecke · Ursula Blombach-Schäfer · Gesine Brumby · Dieter Christoph ·
Wolf-Eckhard Gudemann · Antonia Hansmeier · Dr. Manfred Hoffmeister · Dr. Ulrike Hönsch ·
Dr. Hans Leuschner · Hans-Georg Michel · Petra Niebuhr-Timpe · Ingrid Peia · Rosemarie Quirll · Susanne Reckmann ·
Claudia Renner · Karl Römer † · Ursula Rzepka · Thekla Sielemann · Irmelis Steinsiek · Monika Unger ·
Ulrich Vossieck · Peter Wassen · Inge Weißgerber · Claudia Wullenkord

Redaktionelle Mitarbeit
Renate Arzberger · Petra Bischof · Heike Linnemannstöns · Dr. Martin-Andreas Schulz · Inga Westerteicher

Layout
Dirk Bischoff · Jo. Pelle Küker-Bünermann · JOSCH

Datenaufbereitung, Satz
Dirk Bischoff · Olaf Braun · Peter Göddecke · Ulrich Kreidner · Daniela Wuttke

Grafik
Dr. Matthias Herkt · Jo. Pelle Küker-Bünermann · BÖCKING & SANDER · IMPULS

Bilddokumentation
Ursula Franz · Elisabeth Lezius · Ursula Nöll-Kaske · Ilona Rudolph · Edeltraud Siebart · Carola Wessolek

Das Werk wurde in neuer Rechtschreibung verfasst.

Alle Rechte vorbehalten. Nachdruck, auch auszugsweise, verboten.
Das Werk, einschließlich aller seiner Teile, ist urheberrechtlich geschützt.
Jede Verwendung außerhalb der engen Grenzen des Urheberrechtsgesetzes ist ohne Zustimmung des Verlages
unzulässig und strafbar. Das gilt insbesondere für Vervielfältigungen, Übersetzungen, Mikroverfilmungen
und die Einspeicherung und Verarbeitung in elektronischen Systemen.

Autorisierte Sonderausgabe für Reader's Digest Deutschland, Schweiz, Österreich
Erster Nachdruck 2002
© 2000 Bertelsmann Lexikon Verlag GmbH, Gütersloh/München

Druck und Bindung: MOHN Media · Mohndruck GmbH
Printed in Germany

ISBN 3–87070–891–3

Met [der], *Honigwein,* eines der ältesten alkohol. Getränke, aus vergorenem Honigwasser (bis zu 2 Teile Wasser), meist unter Zusatz von Hopfen u. Gewürzen gewonnen; früher in ganz Europa, heute nur noch in Nord- u. Osteuropa bekannt.

meta... [grch.], Wortbestandteil mit der Bedeutungs „zwischen, nach, später"; wird zu *met...* vor einem Vokal u. *h.*

Meta [die, Pl. *Metae*; ital.], die Wendemarke im röm. Zirkus, an jedem Ende der *Spina* (Barrsiere in der Längsachse der Arena). Die M. bestand meist aus drei vergoldeten Säulen.

Meta, 1. kolumbian. Dep. im östl. Andentiefland, 85 635 km², 579 000 Ew.; Hptst. *Villavicencio*; Anbau von Reis, Baumwolle, Zuckerrohr u. Mais, Viehzucht; Erdölgewinnung. 2. *Rio Meta,* linker Nebenfluss des Orinoco, 1000 km; entspringt in der kolumbian. Cordillera Oriental, bildet im Unterlauf die Grenze zwischen Kolumbien u. Venezuela.

Meta, Kurzform von *Margarete* u. *Mechthild.*

Metabasis [die; grch.], Sprung auf ein anderes Gebiet, ein Denk- u. Disputationsfehler (man soll z. B. eine Erscheinung beschreiben, redet aber von ihren möglichen Ursachen).

Metabiologie [grch.], die Lehre von den Voraussetzungen der Biologie, entweder rein theoret. Natur oder als Philosophie des Organischen.

Metablastese [grch.], Umkristallisation von metamorphen Gesteinen; unter Verlust des Gesteinsgefüges wachsen dabei Körner bestimmter Minerale bevorzugt (vor allem Feldspäte). So kann aus einem schiefrigen Gefüge ein richtungsloses, körniges entstehen.

metabolic pool [metə'bɔlik 'puːl; engl.], Stoffwechselsammelbecken; → Energie (2).

Metabolie [die; grch.] → Stoffwechsel.

Metabolismus [griech., Veränderung, Umwandlung], überwiegend theoret. Bewegung der modernen Architektur, die 1960 von einer Gruppe japan. Architekten auf der Tokyo World Conference of Design vorgestellt wurde. Ihre städtebaul. Planungen gingen vom zukünftigen Bevölkerungswachstum aus u. den daraus resultierenden Problemen auf dem Gebiet der Architektur u. Stadtplanung. Die Lösung sahen sie in einer variablen, multifunktionalen u. veränderbar strukturierten Architektur. Es entstanden utopische Bauprojekte wie z. B. schwimmende Städte oder der Plan zur Überbauung der Bucht von Tokyo von K. *Tange* 1961.

Metabolit [der; grch.] → Stoffwechsel.

Metacarpus [der; grch.] → Mittelhand.

Metacercarie [grch.], ein Entwicklungsstadium bei → Saugwürmern. Auch → Leberegel.

Metacrylharze, synthetische Polymerisate von Metacrylsäure u. ihren Estern, die häufig als Beschichtung von Metallen verwendet werden. Auch → Acrylharze.

Metaethik [grch.], Sammelbez. für die bes. in Großbritannien u. den USA entwickelten Theorien der Ethik, die sich als Untersuchungen der „Sprache der Moral" (R. M. *Hare*) verstehen u. den Anspruch erheben, ohne normative Wertung nur zu beschreiben.

Metaführer [ital.], ein kaufmännischer Begriff, → Metageschäft.

Metagalaxis [die; grch.], die Gesamtheit aller Galaxien, häufig gleichgesetzt mit dem Universum.

Metagenese [die; grch.], *Metagenesis,* Wechsel von sexueller u. vegetativer Fortpflanzung. Auch → Generationswechsel.

Metageschäft [ital.], von zwei oder mehr Kaufleuten, die Gewinn u. Risiko zu gleichen Teilen tragen, gemeinsam durchgeführtes Waren- oder Wertpapierspekulationsgeschäft. Die Abrechnung läuft über das *Metakonto* bei dem nach außen allein in Erscheinung tretenden *Metaführer.*

Metahistorie [grch. + lat.], allg. die wissenschaftstheoret. Besinnung auf das Wesen der Geschichte; auch eine „Übergeschichte" im Sinne einer Geschichtstheologie, die in der Geschichte den Plan Gottes verwirklicht sieht.

Metakommunikation [grch., lat.], Kommunikation, deren Thema u. Inhalt die Kommunikation selbst ist (z. B. wie wird miteinander gesprochen?). Die Analyse dient der Aufdeckung u. Lösung von Kommunikationsstörungen.

Metakonto [ital.], ein kaufmännischer Begriff, → Metageschäft.

Metakritik [grch.], Entgegnung auf kritische Einwände; ursprünglich von J. G. *Hamann* („M. über den Purismus der reinen Vernunft" 1784) gebildeter Begriff zur Bezeichnung seiner Kritik an Kants „Kritik der reinen Vernunft"; von J. G. *Herder* („Verstand und Erfahrung, Vernunft und Sprache, eine Metakritik zu Kants Kritik der reinen Vernunft" 1799) wieder aufgenommen.

Metaldehyd [der; grch. + arab.], ein Polymerisationsprodukt des Acetaldehyds, chem. Formel $(CH_3CHO)_x$; feste, weiße Masse, verwendet als Trockenspiritus u. Schneckenbekämpfungsmittel.

Metalimnion [das; grch.], die Organismenwelt des freien Wassers im Bereich der → Sprungschicht *(Metalimnial).*

Metalinguistik [grch. + lat.], 1. die Lehre von Funktion u. Aufbau der → Metasprachen. – 2. eine Teildisziplin der *Makrolinguistik.* Die M. untersucht, wie sich Erscheinungen der Sprache zu Erscheinungen in der außersprachl. Wirklichkeit verhalten. Man erhält so die sprachl. Realität, in der Menschen unterschiedl. Kulturkreise leben.

Metall [grch.] → Metalle.

Metallätzung, die Behandlung von metall. Oberflächen mit ätzenden Mitteln, bes. in der → Metallkunde; auch bei der Herstellung von Metallstempeln, Druckstöcken u. Ä. angewendet.

Metallbauer, *Metallbauerin,* anerkannter Ausbildungsberuf des Bereichs Installations- u. Metallbautechnik im Metallhandwerk, in dem die bis 1989 als *Schlosser* u. *Schmied* bezeichneten Tätigkeiten aufgegangen sind. In der Metallindustrie besteht der verwandte Ausbildungsberuf *Konstruktionsmechaniker.*
Die Ausbildung dauert 3½ Jahre u. ist in eine einjährige berufl. Grundbildung, eine einjährige Fachbildung im Bereich Installations- u. Metallbautechnik u. in eine einhalbjährige spezialisierte Ausbildung unterteilt. Für die Spezialisierung kann zwischen fünf Fachrichtungen gewählt werden (Konstruktionstechnik, Metallgestaltung, Anlagen- u. Fördertechnik, Landtechnik, Fahrzeugbau). Möglichkeiten der Weiterbildung bieten sich zum Meister oder zum Techniker, z. B. zum *Maschinenbau-* oder *Metallbautechniker.* Außerdem ist ein Studium z. B. des Studiengangs *Maschinenbau* möglich.

◆ **Metallbearbeitung,** alle Verfahren zur Bearbeitung von Metallen zu Rohlingen, Halbfertig- u. Fertigteilen: 1. *spanlose Bearbeitung* durch Urformen (Gießen, Pressen

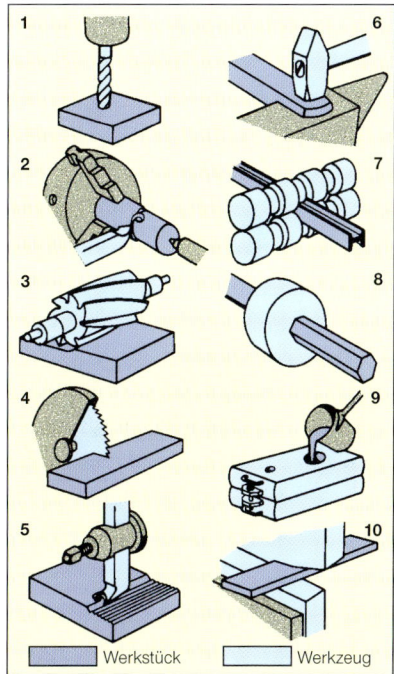

Metallbearbeitung: Grundsätzlich unterscheidet man spanende und spanlose Arbeitsweise. Zur spanenden Bearbeitung gehören das Bohren (1), das Drehen (2), das Fräsen (3), das Sägen (4) und das Hobeln (5). Zur spanlosen Bearbeitung gehören das Schmieden (6), das Walzen (7), das Ziehen (8), das Gießen (9) sowie das Scheren und Schneiden (10)

von Metallpulvern [in der Pulvermetallurgie]), *Umformen* (Walzen, Ziehen, Schmieden, Pressen, Prägen, Stanzen, Drücken), *Abtrennen* (Schneiden, Brennschneiden) oder *Verbinden* (Schweißen, Löten, Kleben); 2. *spanende Bearbeitung:* Drehen, Fräsen, Bohren, Hobeln, Stoßen, Räumen, Schleifen, Polieren; 3. *Oberflächenbehandlung* als Korrosionsschutz oder zur Verschönerung: Metallüberzüge aus Zinn, Zink, Blei, Kupfer, Nickel, Chrom, Edelmetallen; Emailüberzüge; anorganische nicht metallische Schichten durch Phosphatieren, Eloxieren, ferner Lack- u. Ölfarbenanstriche; 4. *Wärmebehandlung* zur Beeinflussung der Werkstoff-Eigenschaften, wie Glühen, Härten, Altern, Vergüten.

Metallblasinstrumenten- und Schlagzeugmacher, *Metallblasinstrumenten- und Schlagzeugmacherin,* anerkannter Ausbildungsberuf im Handwerk u. in der Industrie, Ausbildungsdauer 3 Jahre; fertigen bzw. reparieren spezielle Musikinstrumente, z. B. Posaunen, Trompeten.

Metalldampflampe, eine → Gasentladungslampe, die neben einem leicht verdampfbaren Metall (z. B. Quecksilber, Natrium, Kalium) eine Edelgasfüllung von einigen Millibar enthält; für Beleuchtungszwecke u. als Spektrallampen zur Erzeugung der Spektren von Metalldämpfen u. a. als *Wellenlängennormale* zur genauen Messung der Längeneinheit verwendet.

Metalldeckung, Dachhaut aus Aluminium, Stahl, Blei, Kupfer, Zink.

Metalle [grch.], mit Ausnahme des Quecksilbers bei Zimmertemperatur feste u. kristalline Stoffe, die einen charakterist. (Metall-)Glanz u. hohes elektr. u. Wärmeleitvermögen haben. In Gasform sind M. einatomig. Die M. finden sich vorwiegend in der linken Hälfte des → Periodensystems der Elemente. Bei der Einwirkung von Säuren bilden sie Salze (ausgenommen einige Edelmetalle), aus deren wässrigen Lösungen sie sich bei der Elektrolyse an der Kathode abscheiden. Ihre Oxide u. Hydroxide haben meist einen mehr oder weniger starken basischen Charakter. Je nach ihrer Fähigkeit, positive Ionen zu bilden, d. h. Elektronen abzugeben, unterscheidet man *unedle* M. (die oxidierenden, rostenden M.) u. *edle* M. Nach der Dichte werden *Leichtmetalle* (Dichte bis 5, z. B. Magnesium, Aluminium) u. *Schwermetalle* (Dichte über 5, z. B. Eisen, Blei, Gold) unterschieden. Es gibt 79 M., davon hat nur knapp ein Drittel techn. Bedeutung. Einige M. kommen in der Natur gediegen vor, der größte Teil wird jedoch aus Erzen gewonnen. – Die Metallgewinnung u. -verarbeitung hat eine lange Geschichte. Das am frühesten bearbeitete M. ist das Gold; dann folgen Kupfer u. Silber u. als Legierung die Bronze (Bronzezeit), später das Eisen (Eisenzeit).

In der *Astrophysik* bezeichnet man alle Elemente als M., die schwerer als Helium sind.

Metallfadenlampe → Glühlampe.

Metallfärbung, die Erzeugung eines farbigen Überzugs auf Metall zum Schutz oder zur Verschönerung; z. B. *Brünieren* von Stahl, *Gelbbrennen* von Kupfer durch Eintauchen in ein Gemisch von Salpeter- u. Salzsäure, Behandlung durch *galvan.* Bäder oder bei Aluminium durch anodisches Oxidieren u. Färben in einem Farbbad, wobei eine dauerhafte Färbung erzeugt wird *(Eloxieren).*

Metallfaser, verspinnbare u. verwebbare Fasern aus verschiedenen Metallen (z. B. Gold, Silber, Kupfer, Bronze, Aluminium, Stahl), die zur Herstellung von Kabeln, zur Verstärkung von Kunststoffen, zur Abschirmung gegen Mikrowellen u. in der Textiltechnik für Brokate oder zum Besticken von Stoffen verwendet werden.

Metallflugzeugbauer → Fluggerätebauer.

Metallfolie, bis zu Stärken von wenigen tausendstel Millimeter ausgewalzte Metallbleche, meist Aluminium. Die M. wird zum Bekleben *(Kaschieren)* von Papieren u. Pappen für Bucheinbände, Verpackungen u. Ä. verwendet.

Metallgarn, Textilfäden (meist aus Baumwolle) mit galvanisch aufgebrachtem oder aufgespritztem Metallüberzug.

Metallgespinst, Textilfäden verschiedener Materialien, die mit Metallfasern umwickelt sind. Auch → Metallgarn.

Metallgewebemacher → Industriemechaniker.

Metallgießerei, die → Gießerei für Nichteisenmetalle (Aluminium, Bronze, Bronzeguss, Messing, Magnesium). Das Modell, bei dessen Herstellung bes. auf das *Schwindmaß* Rücksicht genommen werden muss, wird ähnl. wie in der Eisengießerei eingeformt. Der Schmelzprozess findet meist im Tiegelofen oder in Elektroschmelzöfen statt. Um ein reines Metall zu erhalten, müssen ihm Reinigungs- u. Desoxidationspulver zugesetzt werden. Vor dem Abgießen wird die oben schwimmende Schlacke *(Krätze)* abgezogen. Der Gießprozess verläuft wie in der Eisengießerei.

Metallglanz, die Eigenschaft gut entwickelter Kristalle, Spaltstücke u. ebener Bruchflächen, schräg auftreffendes Licht in Abhängigkeit von Oberflächenbeschaffenheit, Lichtbrechung u. Absorption verschieden zu reflektieren. M. zeigen vor allem viele Sulfide, einige Oxide u. frisch polierte Oberflächen von Metallen. Auch → Glanz.

Metallglas, metallische Gläser, einige oxidfreie Metallverbindungen in glasigem Zustand. Bes. geeignet sind Zusammensetzungen von Edel- oder Übergangsmetallen wie Palladium, Eisen, Nickel, Chrom mit sog. Halbmetallen wie Silicium, Phosphor, Bor, Kohlenstoff. Auch → Glasstruktur.

Metallholz, mit tiefschmelzenden Metallen (Zinn, Blei u. Ä.) unter mäßigem Druck getränktes, meist zerstreutporiges Holz; für Gleitlager von Maschinen, die nicht geschmiert werden dürfen.

Metallhüttenkunde, die Ingenieurwissenschaft, die sich mit der Erzeugung von Nichteisenmetallen befasst.

metallisierte Fasern, *Metallstapelfasern,* schmale, aus Folien geschnittene Bändchen; unterschieden nach Art der Folie; z. B. Cellophan mit einer Metallschicht oder mit Cellophan u. Ä. kaschierte Aluminiumfolie (z. B. *Lurex-Metallgarn).* Auch PVC- u. PES-Filme werden zur Kaschierung benutzt.

Metallisierung, das Aufbringen von Metallschichten auf einen Trägerwerkstoff durch Tauchen in flüssiges Metall, durch Aufspritzen, durch Aufdampfen oder auf galvanotechnischem Weg. Die Ziele sind unterschiedlich, z. B. Erhöhung der Korrosionsbeständigkeit des Trägermaterials oder Erzielung einer leitfähigen Deckschicht.

Metallismus [grch.], eine Geldwertlehre, die den Wert des Geldes aus dem Metall ableitet, an das die Währung gebunden ist.

Metallkeramik, frühere Bez. für → Pulvermetallurgie.

Metallkleber, meist aus zwei Komponenten (Bindemittel u. Härter) bestehender organischer Klebstoff, der durch Polymerisation, Polyaddition oder Polykondensation einen festen Zusammenhalt der zu verbindenden Teile ergibt, so dass er z. B. im Flugzeug- u. Brückenbau verwendet wird.

Metallkunde, die Lehre von Aufbau (Gefüge), Eigenschaften u. Verarbeitungsmöglichkeiten der Metalle u. ihrer Legierungen. Als Grundlage der Forschung dienen Schliff- u. Ätzbilder, die (nach Polieren u. Ätzen) mikroskopisch untersucht werden; weitere Aufschlüsse geben Untersuchungen mit Röntgenstrahlen sowie die Zustandsdiagramme der Legierungen.

Metalloberflächenveredler → Galvaniseur.

Metallogenese [die; grch.], die Entstehung von Erzlagerstätten zu bestimmten Zeiten *(metallogene Epoche)* u. in Abhängigkeit bestimmter geotektonischer Ereignisse in der Erdgeschichte. In *metallogenetischen Provinzen* bilden sich gleichzeitig gleichartige Lagerstätten, z. B. die Wolfram-Zinn-Provinz des Erzgebirges, die Zinn-Wolfram-Provinz Südostasiens, die Zinn-Silber-Provinz Boliviens u. a. Die genaue Kenntnis der M. ist bei der Erkundung und Ausbeutung von Erzlagerstätten von größter Bedeutung. Die M. ist Arbeitsgebiet der *Metallogenie.*

Metallographie [grch.], ein Teilgebiet der *Metallkunde,* das sich mit der makroskopischen u. mikroskopischen Untersuchung des Gefüges der Metalle u. ihrer Legierungen befasst.

Metalloide [grch.], frühere Bez. für → Nichtmetalle.

Metalloptik [grch.], ein Teilgebiet der Optik, das sich mit den optischen Eigenschaften der Metalle befasst. Die klassische M. beschreibt die optischen Eigenschaften der Metalle mit Hilfe eines komplexen Brechungsindexes $n' = n + ik$, wobei n der gewöhnliche Brechungsindex, k der Absorptionskoeffizient u. i die imaginäre Einheit ist. n u. k hängen von der Wellenlänge des Lichtes ab; es ist für Metalle typisch, dass im Infrarot k sehr viel größer ist als n, daher rührt ihr hohes Reflexionsvermögen in diesem Spektralbereich. Für dieses charakteristische optische Verhalten der Metalle ist die große Zahl der frei beweglichen Elektronen in Metallen verantwortlich.

metallorganische Verbindungen, *Metallorganyle,* chem. Verbindungen, die Metallatome (z. B. Natrium, Lithium, Magnesium,

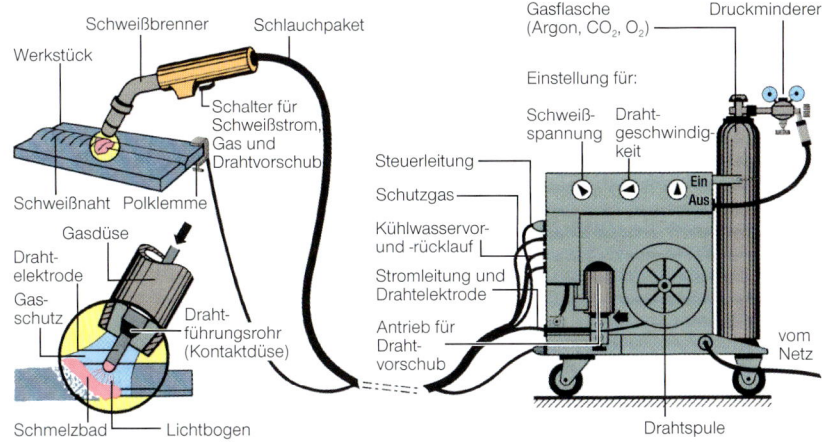

Metall-Schutzgasschweißen: Schweißverfahren und Einzelelemente eines Schutzgas-Schweißgerätes

Zink) direkt, ohne „Brückenatom", an Kohlenstoffatome organ. Gruppen gebunden enthalten. Wichtige metallorganische Verbindungen, speziell für die synthet. Chemie, sind die von V. *Grignard* erforschten magnesium-organ. Verbindungen sowie die des Elements Lithium. Große techn. Bedeutung für die Niederdruckpolymerisation erlangten die von K. *Ziegler* u. G. *Natta* entwickelten aluminium-organ. Verbindungen. Auch die Silicone, das Antiklopfmittel Bleitetraethyl, das Heilmittel Salvarsan u.a. zählen zu den metallorganischen Verbindungen.

Metallothermie [grch.], Verfahren zur Gewinnung schwer schmelzbarer Metalle wie Chrom, Mangan, Molybdän, Titan u. Wolfram aus ihren Oxiden, wobei ein unedleres Metall als Reduktionsmittel dient. Das pulverförmige Gemisch des Oxids mit dem Reduktionsmittel wird durch Initialzündung gezündet, wodurch sich das Reduktionsmittel unter starker Wärmeentwicklung (bis 3000 °C) mit dem Sauerstoff des Oxids verbindet u. das betreffende hochschmelzende Metall frei wird. Außer der Zündung ist also von außen keine Energie zuzuführen. Bei der *Aluminothermie* wird Aluminium, bei der *Silicothermie* Silicium als Reduktionsmittel benutzt. Bei der *Thermitschweißung* wird Eisenoxid- mit Aluminiumpulver an der zu schweißenden Stelle gezündet.

Metallpackung, Abdichtung von Gefäßen oder Maschinenteilen (z.B. Stopfbuchsen) mit Asbest, Gummi oder Talg, die mit feinen Metalldrähten verstärkt sind.

Metallpapier, ein Papier, das mit einer dünnen Metallschicht, meist aus Aluminium oder Zinn, beklebt oder bedampft ist u. für die Verpackung von Lebensmitteln zur Frischhaltung verwendet wird.

Metallpulver, Metalle u. Legierungen in Pulverform, bes. für die → Pulvermetallurgie, ferner für Pulverspritzen, Pulverschweißen u. Bronzefarben; Gewinnung durch mechan. Zerkleinerung, Zerstäuben, elektrolytisch u. durch rein chem. Verfahren.

Metallschaum, offen- oder geschlossenporiger Werkstoff, der die Eigenschaften metallischer Werkstoffe mit geringer Dichte (ca. 0,5–1,0 g/cm³) verbindet. Einsatzmöglichkeiten u.a. als stoßunempfindl. Katalysatorträger, Energie absorbierendes Dämm- u. Verkleidungsmaterial.

Metallschlägerei, die Herstellung von dünnen Metallblättchen aus Gold, Silber, Kupfer, Zinn, Aluminium; dient zur Verzierung von Gegenständen.

Metallschlauch, ein biegsamer Schlauch aus zwei oder mehr profilierten Metallbändern, die schraubenartig aufeinander gewickelt sind.

Metallschleifer, *Metallschleiferin*, anerkannter Ausbildungsberuf der Industrie mit zweijähriger Ausbildungsdauer. Der M. schleift auf dem Schleifblock bzw. mit Schleifgeräten Metallteile u. andere Gegenstände, so dass sie eine glatte Oberfläche erhalten.

Metallschnitt, seit dem 15. Jh. eine Sonderart der Hochdrucktechnik u. Vorläufer des *Holzschnitts*: Weiche Metallplatten, in die Darstellungen eingeschnitten sind, werden als Druckstöcke verwendet.

Metallschutz, der Schutz des Metalls gegen chem. Einflüsse, bes. gegen Oxidation. Bei Eisen gibt es folgende Verfahren: Überziehen mit nicht trocknenden Fetten (schützt für kurze Zeit), Anstrich mit Teer, Asphalt oder Mennige als Dauerschutz (muss nach gewisser Zeit wiederholt werden), Schutz durch Email oder nicht oxidierende Metalle. Auch → Metallüberzug.

◆ **Metall-Schutzgasschweißen**, Abk. *MSG*, ein Lichtbogenschweißverfahren, bei dem der Lichtbogen u. das geschmolzene Schweißgut in eine Schutzgasatmosphäre eingehüllt sind. Das Schutzgas wird der Schweißstelle durch den Schweißbrenner zugeführt. Als Schutzgas werden Argon, Kohlendioxid oder fertige Gasgemische aus Argon, Kohlendioxid u. Sauerstoff verwendet.

Metallspritzverfahren, ein Verfahren, flüssiges Metall durch Aufspritzen auf die Oberfläche anderer Metalle aufzubringen, zum Schutz, zur Verbesserung der Eigenschaften, auch bei Abnutzung. Ein Metalldraht oder Metallpulver wird durch eine Sauerstoff-Wasserstoff-Flamme geschmolzen u. das flüssige Metall mit Druck auf den Gegenstand gespritzt (mit einer Art Pistole).

Metallüberzug, das Überziehen eines Metalls mit einem anderen, z.B. bei Eisen zum Schutz gegen Oxidation mit Zink (Zinn, Blei). Es geschieht entweder *feuerverzinkt*, d.h. durch Eintauchen des gebeizten u. mit einem Flussmittel vorbehandelten Stahls in flüssiges Zink, oder *galvanisch* in einem elektrolyt. Zinkbad. Auf galvan. Weg geschieht auch das Überziehen mit Aluminium, Chrom, Kupfer, Messing u. Nickel. Ein M. ist auch möglich durch Aufspritzen (→ Metallspritzverfahren) u. durch Zusammenwalzen (Plattieren) von zwei Blechen verschiedener Metalle; auf gleiche Weise entsteht → Dublee.

Metallurgie [grch.], ein Zweig der → Hüttenkunde, die Wissenschaft von der Gewinnung u. Verarbeitung der Metalle; zu unterscheiden von der *Metallkunde*.

Metalogik [grch.], eine philosoph. Disziplin, die sich mit den Voraussetzungen u. Grundlagen der *Logik* befasst. Im Einzelnen rechnet man dazu die allg. Theorie grammatischer Form, die *Semantik* (eine allg. Theorie der Bedeutung) sowie allg. Theorien über Eigenschaften logischer Kalküle wie z.B. Widerspruchsfreiheit, Entscheidbarkeit, Vollständigkeit.

Metamathematik [grch.], eine von D. *Hilbert* begründete Disziplin, die die formale Struktur mathemat. Theorien untersucht. Hilbert suchte mit Hilfe der M. (auch *Beweistheorie*) die Widerspruchsfreiheit formalisierter Systeme nachzuweisen.

Metamerie [grch.], der Aufbau des Körpers vieler Tiere aus mehr oder weniger gleichartigen, hintereinander geschalteten Teilen (*Metameren*, Segmente); entscheidend ist dabei die *innere M.*, die mit der äußeren Segmentierung nicht übereinzustimmen braucht. Echte M. beruht stets auf einer Ausgestaltung der sekundären Leibeshöhle (*coelomatische M.*); sie ist am deutlichsten ausgeprägt bei den Gliedertieren, z.B. beim Regenwurm, während die Wirbeltiere eine echte M. nur noch in bestimmten Körperorganen zeigen. Eine metamere Anordnung, die nicht auf einem Coelom beruht, z.B. Darmsäcke bei Strudelwürmern, wird als *Pseudo-Metamerie* bezeichnet.

metamorphe Gesteine [grch.], *Metamorphite*, aus Sediment- oder aus Eruptivgesteinen durch *Metamorphose* entstandene Gesteine; die verbreitetsten metamorphen Gesteine sind die Arten des *Gneis*.

Metamorphose [die; grch., „Verwandlung"], 1. *Botanik:* eine Gestaltumbildung der drei Hauptorgane der höheren Pflanzen (Blatt, Sprossachse, Wurzel) infolge einer Funktionsänderung. Metamorphosen des Sprosses sind: Rhizome, Zwiebeln, Sprossknollen, Ausläufer, Assimilationssprosse, Sprossranken, Sprossdornen, sukkulente Sprosse u.a. Bei den Blättern gehören u.a.

Metamorphose (4): In der Schmetterlingspuppe hat sich die Umwandlung von der Raupe zum fertigen Schmetterling vollzogen

zu den Metamorphosen: Sporophylle, Blüten, Blattranken, Blattdornen. Metamorphosen der Wurzel sind u.a.: Wurzelknollen, Luftwurzeln, Atemwurzeln, Wurzeldornen u. Stelzwurzeln.

◆ 2. *Gesteinskunde:* im Innern der Erdkruste stattfindender Umwandlungsprozess von Gesteinen – oft verbunden mit dem Eindringen von Lösungen oder Gasen –, bei dem unter Veränderung von Temperatur, Druck u. chem. Zusammensetzung ein Mineralbestand, die Struktur oder die Textur eines Gesteins, einzeln oder in Kombination miteinander, grundlegend umgestaltet werden. Dabei kommt es nicht zum Schmelzen des Gesteins; auch der Gesamtchemismus bleibt gleich. Auch → Dynamometamorphose, → Kontaktmetamorphose, → Regionalmetamorphose.

3. *Literatur:* die Verwandlung eines Menschen in ein Tier, eine Pflanze oder in unbelebte Natur, dargestellt in der griech. u. röm. Mythologie, in Märchen u. Dichtungen aller Zeiten; am bekanntesten sind die „Metamorphosen" von *Ovid*.

◆ 4. *Zoologie:* stark ausgeprägter Gestaltwandel während der Entwicklung vieler Organismen. Während der Embryonal- oder nachembryonalen Entwicklung treten gestaltbildende sog. *morphogenetische Prozesse* auf, die zu Strukturen führen, die dem ausgewachsenen Tier (*Adultus*, bei Insekten *Imago*) fehlen. Auch kann in diesen Entwicklungsphasen der Organismus Lebensbedingungen unterworfen sein, die sich von denen des Adultus stark unterscheiden. Solche Strukturen werden dann im Laufe der Embryonal- oder Larvenentwicklung wieder ab- oder umgebaut. Geschieht das während der Embryonalentwicklung, spricht man von embryonaler M.; bei larvaler M. findet man die Umwandlungsprozesse während oder am Ende der Larvenperiode.

Larvale Metamorphose: Hier führt die Embryonalentwicklung zu *Larvenstadien* (z.B. Raupe – Schmetterling, Kaulquappe – Frosch). Die Bedeutung der Larvenformen liegt darin, in diesen Stadien andere Lebensräume zu besiedeln u. so die Art zu verbreiten. Der Ablauf der M. ist mannigfaltig. Bes. auffällige *Larven* haben Bandwürmer *(Finne)*, Krebse, Insekten u. Amphibien *(Kaulquappe)*. Es können bes. Larvalorgane entwickelt werden, die den erwachsenen *(adulten)* Tieren fehlen u. bei der M. abgebaut werden.

Die M. der Insekten kann a) eine *unvollkommene Verwandlung* (*Hemimetabolie*, z.B. bei Heuschrecken, Termiten, Blattläusen, Wanzen) sein: Das Puppenstadium fehlt; der innere Bau u. das äußere Bild der Larven ähneln weitgehend dem der Vollkerfe; Flügel u. Geschlechtsanhänge entwickeln sich allmählich. Oder b) die M. ist eine *vollkommene Holometabolie*, z.B. bei Hautflüglern, Käfern, Schmetterlingen, Fliegen. In der Regel gibt es ein ruhendes Puppenstadium; die Larven sind den Vollkerf unähnlich (z.B. Maden, Raupen). Es gibt auch komplizierte Metamorphosetypen, z.B. *Hypermetabolie:* Verschiedene Larventypen folgen aufeinander (z.B. Ölkäfer). Bei der M. der Insekten treten *Häutungen* auf.

Embryonale Metamorphose: Tritt im Entwicklungsablauf keine Larvenperiode auf, kann der Embryo im Ei oder einem mütterlichen Ernährungsorgan eigene Strukturen hervorbringen, die seinem Schutz, besonderen Stoffwechselleistungen bzw. der Herstellung optimaler Lebensbedingungen dienen (z.B. Embryonalhüllen der Säugetiere, Bildungen der → Plazenta).

Metanauplius [der; grch.], die Larvenform vieler *Blattfuß*- oder anderer *Krebse*.

Metanephridien [grch.], Exkretionsorgane, wie sie z.B. bei Ringelwürmern *(Anneliden)* vorkommen. Sie bestehen aus Kanälen, die im Coelom (sekundäre Leibeshöhle) beginnen u. im nächsten Segment nach außen münden. Auch → Ausscheidungsorgane.

Metanephros [grch.], die *Nachniere*, → Ausscheidungsorgane.

Metanoia [die; grch., „Sinnesänderung"], bei Johannes dem Täufer, bei Jesus u. überhaupt im NT begegnende Bez. für die „Umkehr" des Menschen weg von allem Gottwidrigen zum Willen Gottes (Markus 1, 15; Apg. 2,38).

Metaphase [grch.], Phase der → Mitose.

Metamorphose (4): Die Flügel sind nun voll entfaltet, und der Schmetterling, hier ein Schwalbenschwanz, Papilio machaon, ist bereit zum Abflug

Metamorphose (4): Mit noch etwas knittrigen Flügeln ist der Schmetterling soeben aus der Puppenhülle geschlüpft

Metapher [die, Pl. *Metaphern*; grch., „Übertragung"], eine *rhetor. Figur,* die das Gemeinte durch eine Vorstellung (meist ein Bild) zum Ausdruck bringt, die aus einem ganz anderen Bereich stammt u. (im Gegensatz zur *Metonymie*) keine reale Beziehung zum Gemeinten hat (z.B. „Bett" für „Flussrinne"). In der *Parabel* ist eine ganze Geschichte nur der metaphor. Ausdruck für einen abstrakten Gedanken. Im Gegensatz zum *Symbol* ist bei der M. die wirklich ausgesprochene Ebene weitgehend ohne Eigenwert; Bedeutung hat allein die dadurch angedeutete Ebene. Bei der sprachl. Formulierung ist der *metaphorische Vergleich* (z.B.: „Das Himmelreich *gleicht* einem Weinberg") von der echten M. zu unterscheiden („Das Himmelreich *ist* ein Weinberg").

Metaphorik [grch.], der Gebrauch von → Metaphern als Stilmittel.

Metaphrase [grch., „Umschreibung"], die wortgetreue Übertragung einer Versdichtung in Prosa.

Metaphysik [grch.], die Wissenschaft von den ersten Prinzipien des Seienden. Die Bez. M. rührt daher, dass in der seit dem 1. Jh. v. Chr. üblichen Anordnung der Werke des *Aristoteles* die abstrakt-philosoph. Schriften nach den naturwissenschaftl. Schriften kamen (*meta ta physika*, „nach der Physik"). Die M. ist der Kern der traditionellen Schulphilosophie bis zu *Kant*. Ihr Gegenstand ist das Allgemeinste des Wissens: das Sein u. dessen Bestimmungen, die sog. *Transzendentalien*, die Ursachen allg. sowie auch die erste Ursache, das göttl. Sein. Der geläufige Sinn von M. als Erkenntnis des Übernatürlichen, Überweltlichen, Übervernünftigen ist neuplaton. Ursprungs: die M. hat danach nicht so sehr das Seiende u. dessen Prinzipien zum Gegenstand, sondern das Erste in der Rangfolge des Seienden, die *intelligiblen Ideen*. Diese Vorstellung von M. knüpft an *Platon* an. Die aristotel. u. die neuplaton. Auffassung sind daher voneinander zu unterscheiden, obwohl ihre Bedeutungen ineinander laufen, z.B. in der *Scholastik*. Im MA wurde die M. als philosoph. Theologie gefasst, die das

Fundament der dogmat. Theologie bildete, insofern in ihr die Lehre von Gott als Lehre von den Prinzipien des Seins ausgeführt wurde. Diese Art der M. hatte in der Schulphilosophie der Neuzeit bis ins 18. Jh. ungebrochene Geltung, vor allem durch die Aneignung des Werks des Spaniers F. de *Suárez*. Mit der Entstehung des neuzeitl. Methodenbewusstseins (R. *Descartes*) trat eine immer schärfere Trennung zwischen der aristotel. u. der neuplaton. Auffassung von der M. ein: Die M. als → *Ontologie* wurde zur *Kategorien-, Erkenntnis- u. Wissenschaftslehre*; die M. als Wissen vom Übersinnlichen wurde zur *Glaubens- u. Weltanschauungslehre*; ihr immer wieder erhobener Anspruch, den Sinn des Transzendenten durch Intuition zu erkennen, verfiel der Kritik der kantischen Erkenntnistheorie. *Kant* wollte jedoch nicht die M. als solche bestreiten, sondern sie von falschen Ansprüchen reinigen u. sie so als Wissenschaft möglich machen. Der dt. Idealismus begründete nach Kants Kritik noch einmal eine M., allerdings nicht mehr als Wissenschaft vom Sein, sondern als Wissenschaft des Denkens, die darum auch „Wissenschaftslehre" *(Fichte)*, „Logik" *(Hegel)* oder „Identitätsphilosophie" *(Schelling)* hieß.
Im 19. Jh. war eher die *Metaphysikkritik* z. B. von L. *Feuerbach*, S. *Kierkegaard*, K. *Marx*, F. *Nietzsche* u. auch der „historischen Schule" (W. *Dilthey*) wirksam als die vielen Versuche, M. vom Subjekt (E. von *Hartmann*) oder formalen Strukturen her (R. H. *Lotze*) neu zu begründen. Um einen heute möglichen Metaphysikbegriff bemühten sich, unter verschiedenen Voraussetzungen, M. *Heidegger* u. K. *Jaspers*. Heideggers Erneuerung der Frage nach dem Sein im Anschluss an Aristoteles, die er als *Fundamentalontologie* bezeichnete, kritisiert gleichzeitig die M., die bisher stets vom Seienden (den Menschen, einer Ursache u. a.) ausgegangen sei, anstatt nach dem Sein selbst zu fragen. R. *Carnap* veröffentlichte 1931 eine gegen Heidegger gerichtete Abhandlung („Überwindung der M. durch logische Analyse der Sprache"), die der Metaphysikkritik des *Wiener Kreises* Ausdruck verlieh. Er bezeichnete alle empirisch nicht verifizierbaren sowie alle nicht formal wahren oder falschen Sätze als *metaphysisch*, d. h. in diesem Zusammenhang sinnlos. In der heutigen Situation ist die Beschäftigung mit der M. in den Hintergrund getreten, da insbes. Sprachphilosophie u. Wissenschaftstheorie ihren Platz einnehmen.

metaphysische Dichtung, eine Stilrichtung in der engl. Lyrik der 1. Hälfte des 17. Jh., gekennzeichnet durch kontrastreiche Bildersprache, gesuchte Metaphern („Conceits") u. bewusst gesuchte, spannungsgeladene Intellektualität; Hauptvertreter *(metaphysical poets)*, J. *Donne*, G. *Herbert*, A. *Marvell*.

Metaplasie [grch.], *Gewebsumwandlung,* der Übergang einer Gewebsart in eine andere, nahe verwandte, z. B. von Bindegewebe in knochenartiges Gewebe durch Verkalkung.

Metaponto, Ort in der süditalien. Region Basilicata, am Golf von Tarent, rd. 1100 Ew.; Reste von griech. Tempeln, Häusern u. Grabstätten; Tabak- u. Erdbeeranbau; Seebad.
In der griech. Antike eine der bedeutendsten Städte *(Metapontion)*, gegr. 743 v. Chr. Apollontempel, Cerestempel u. a. Der Überlieferung nach starb *Pythagoras* 497 v. Chr. in M.

Metasäuren, Säuren, die durch Wasserabspaltung aus einem Molekül einer mehrbasigen → *Orthosäure* entstehen, z. B. Metaphosphorsäure nach der Gleichung $H_3PO_4 - H_2O = HPO_3$. Auch → *Heteropolysäuren*, → *Isopolysäuren*, → *Pyrosäuren*.

Metasequoia [grch.; indian.], *Metasequoia glyptostroboides* → Urwelt-Mammutbaum.

Metasomatose [die; grch.], ein geochem. Vorgang, durch den bei erhöhter Temperatur u. erhöhtem Druck Minerale eines Gesteins durch andere verdrängt werden. Die zum Austausch erforderliche neue Mineralsubstanz wird durch Restschmelzen, Lösungen oder Dämpfe zugeführt. Durch M. neu gebildete Gesteine heißen *Metasomatite*. Durch M. bilden sich sog. *Verdrängungslagerstätten (metasomat. Lagerstätten)*.

Metasprache, eine Sprachebene, auf der über eine vorgegebene Sprache Aussagen gemacht werden, um diese ggf. zu beschreiben. So ist z. B. bei der Erklärung einer Fremdsprache die Muttersprache M. Die beschriebene Sprache wird als *Objektsprache* bezeichnet. Es lässt sich eine beliebige Stufung von Metasprachen aufstellen. Grundproblem ist die Bestimmung der letzten M. Nach allg. Auffassung ist diese wieder die Alltagssprache als letzte Basis mögl. Verständigung.

metastabil [grch. + lat.], **1.** *Chemie:* Bez. für Stoffe oder Stoffgemische, die sich nicht im energieärmsten (stabilen) Zustand befinden, der unter den gegebenen Bedingungen von Temperatur u. Druck möglich wäre, u. nur darum beständig sind, weil die chem. Reaktion, die sie unter Energieabgabe zum stabilen Zustand führen würde, gehemmt ist.

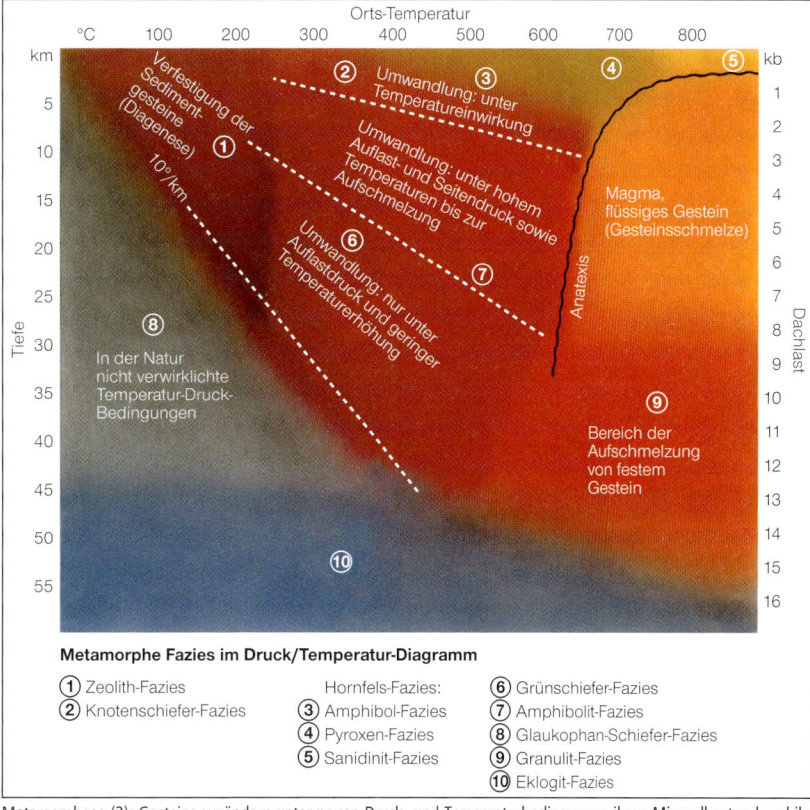

Metamorphe Fazies im Druck/Temperatur-Diagramm
① Zeolith-Fazies
② Knotenschiefer-Fazies
Hornfels-Fazies:
③ Amphibol-Fazies
④ Pyroxen-Fazies
⑤ Sanidinit-Fazies
⑥ Grünschiefer-Fazies
⑦ Amphibolit-Fazies
⑧ Glaukophan-Schiefer-Fazies
⑨ Granulit-Fazies
⑩ Eklogit-Fazies

Metamorphose (2): Gesteine verändern unter neuen Druck- und Temperaturbedingungen ihren Mineralbestand und ihr Gefüge. Hauptursache für die Umwandlungen ist die Temperaturerhöhung mit der Tiefe, einmal durch aufdringende magmatische Schmelzen, zum anderen durch erhöhten Wärmefluss aus dem Erdinnern in den Innenzonen der Gebirge. Mit zunehmender Tiefe erhöht sich auch der auf das Gestein wirkende Druck durch Auflast oder durch seitliche Pressung. Der Geologe nennt die Änderungen des Gesteins in Zusammensetzung (z. B. Mineralbestand) und Ausbildung (z. B. Gefüge) fazielle Veränderungen. Die Ziffern 1-10 zeigen an, unter welchen Druck-Temperatur-Bedingungen sich welche Mineralfazies einstellt. Die in dem jeweiligen Mineralfaziesbereich entstehenden neuen Gesteine bzw. Gesteinsschmelzen haben in ihrem Mineralbestand ein chemisches Gleichgewicht erreicht und sind durch besondere Minerale charakterisiert. - Die Schlangenlinie - Beginn der Anatexis - gibt den experimentell ermittelten Beginn der Aufschmelzung von Gneisen an

Metastase

2. *Mechanik:* Bez. für den Zustand eines physikal. Systems, der zwar nicht von sich aus in einen anderen Zustand übergeht, bei dem aber ein geringer Anstoß genügt, um diesen Übergang zu bewirken.

3. *Quantenmechanik:* Bez. für den Zustand *(metastabiler Zustand)* eines angeregten Atoms oder Atomkerns, wenn diese nicht sofort (wie normal), sondern erst nach einiger Zeit (bis zu einigen Sekunden) unter Aussendung eines Teilchens (z. B. eines Lichtquants) in ihren Grundzustand übergehen.

Metastase [die; grch.], ein durch Verschleppung von Krankheitsherden innerhalb des Körpers auf dem Blut- oder Lymphweg oder unmittelbar, z. B. von Krankheitskeimen oder Zellen entstandener sog. sekundärer Krankheitsherd; i. e. S. Krebsmetastase (Tochtergeschwülste) durch Verschleppung von Zellen eines bösartigen Tumors (*Primärtumor*) meist über den Lymph- u. Blutstrom. Auch → Krebs.

Pietro Metastasio

◆ **Metastasio**, Pietro, eigentl. P. Antonio Domenico Bonaventura *Trapassi*, italien. Schriftsteller, * 3. 1. 1698 Rom, † 12. 4. 1782 Wien; seit 1729 Hofdichter in Wien; bekannt durch seine der klass. Tradition entstammenden Bühnenstücke, die vielfach zu Oratorien, Kantaten u. Opern verarbeitet wurden (u. a. von W. A. Mozart): „Didone abbandonata" 1723; „Catone in Utica"; „Attilio Regolo" 1750.

Meta-Suchmaschine, eine → Suchmaschine im → Internet, die einen eingegebenen Suchbegriff an mehrere Suchmaschinen parallel weitergibt u. suchen lässt. Die Ergebnisse werden von der M. aufbereitet u. dem Nutzer angezeigt; dieser hat somit die Möglichkeit, auf die Recherche-Ergebnisse mehrerer Suchmaschinen zurückzugreifen.

Metatarsus [der; grch.], 1. das erste Fußglied (Tarsenglied) der Spinnen u. Insekten. – 2. der Mittelfuß bei Wirbeltieren u. Mensch.

Metate [aztek. *Metlatl*, „Mahlstein"], bei Indianern Mittelamerikas u. der angrenzenden Gebiete verwendete Steinplatte zur Zerkleinerung von Mais, Samen u. Fruchtkapseln.

Metathese [die; grch.], die Umstellung eines Konsonanten innerhalb eines Worts; tritt häufig bei r auf, z. B. Born – Brunnen, forschen – fragen.

Metathorax [grch.], *Hinterbrust*, der dritte Abschnitt des → Thorax der Insekten; trägt das 3. Beinpaar u. das 2. Flügelpaar.

Metauro, italien. Fluss, entspringt im umbrischen Apennin u. mündet bei Fano in die Adria, 110 km lang.

Metaverbindungen, *Chemie:* 1. m-Verbindungen, Verbindungen der aromat. (Benzol-) Reihe, die zwei Substituenten in 1,3-Stellung zueinander haben, z. B. m-Xylol. Auch → Isomerie. – 2. Durch Wasserabgabe aus *Orthoverbindungen* entstandene Stoffe, z. B. Metaphosphorsäure HPO_3 aus Orthophosphorsäure H_3PO_4. Auch → Metasäuren.

Ioannis Metaxas

◆ **Metaxas**, Ioannis, griech. Offizier u. Politiker, * 12. 4. 1871 Ithaka, † 29. 1. 1941 Athen; Generalstabschef, als Gegner von E. *Venizelos* von 1917 bis 1920 im Exil, leitete 1923 eine erfolglose royalistische Gegenrevolution; Verkehrs-Min. 1926, Innen-Min. 1932, Kriegs-Min. 1936, 1936–1941 Min.-Präs. einer autoritären Regierung, baute das Heer neu auf u. errichtete Verteidigungsanlagen *(Metaxaslinie)*; leitete erfolgreich Widerstand gegen den italien. Angriff im Okt. 1940.

◆ **Metazentrum** [das; grch. + lat.], der Schnittpunkt der Mittellinie eines Schiffs mit der Auftriebsrichtung (bei geneigter Lage des Schiffskörpers). Bei allen Bewegungen eines Schiffs muss sein M. oberhalb seines Schwerpunkts bleiben, wenn es nicht umkippen (kentern) soll. Das Gewicht des Schiffs wirkt wie eine Kraft, die im Schwerpunkt angreift u. senkrecht nach unten zieht, während das verdrängte Wasser einen Auftrieb erzeugt, der eine im M. angreifende, senkrecht nach oben gerichtete Kraft ausübt. Das durch die beiden Kräfte verursachte Drehmoment muss das Schiff wieder in die stabile Lage zurückzuführen suchen, in der das M. senkrecht über dem Schwerpunkt liegt. – *Metazentrische Höhe*, der Abstand des Metazentrums vom Schiffsschwerpunkt.

Metazoen [Sg. das *Metazoon*; grch.], vielzellige Tiere im Gegensatz zu den Einzellern *(Protozoa)*. Zu den M. werden die *Mesozoen*, die Schwämme *(Porifera, Parazoa)* u. die Gewebetiere *(Histozoa, Eumetazoa)* gerechnet. Zu Letzteren gehören alle vielzelligen Tiere. Die M. oder Vielzeller sind wahrscheinlich aus Einzellern entstanden. Die Entstehung soll sich durch das Zusammenhaften von Tochterzellen zu einem Hohlraum *(Gastraea-Hypothese)*, zu einer Zellplatte *(Placula-Hypothese)* oder das Zerteilen eines vielkernigen Einzellers *(Gallertoid-Hypothese)* vollzogen haben.

Metelen, Gemeinde in Nordrhein-Westfalen, Ldkrs. Steinfurt, an der Vechte, 6300 Ew.; Pfarrkirche St. Cornelius u. Cyprianus (12./13. Jh.); Biolog. Institut, Mühlenmuseum, Eisenbahnmuseum; Vogel- u. Freizeitpark *Metelener Heide*.

Metellus, Name von Angehörigen des röm. plebejischen Geschlechts der Caecilier, das im 2. u. 1. Jh. v. Chr. zu den bedeutendsten Familien der röm. Republik gehörte. Bekannt wurden *Caecilia Metella* durch ihr Grabmal, Quintus *Caecilius M. Macedonicus*, der 148–146 v. Chr. Makedonien endgültig unterwarf, um 143 v. Chr. Konsul u. 131 v. Chr. Zensor war. Quintus *Caecilius M. Numidicus* war 109 Konsul u. 107 v. Chr. röm. Befehlshaber gegen Jugurtha. Quintus *Caecilius M. Pius Scipio* war ein Gegner *Cäsars*; er floh nach der Niederlage von Pharsalos 48 v. Chr. nach Afrika, wo ihn Cäsar bei Thapsus vernichtend schlug (46 v. Chr.). Auf der Flucht beging er Selbstmord.

Metempsychose [grch.] → Seelenwanderung.

Meteor [der oder das; grch.], *Feuerkugel*, auch *Bolide* genannt, die Leuchterscheinung, die beim Eindringen eines kosmischen Kleinkörpers (→ Meteorit, → Meteoroid) in die Erdatmosphäre entsteht. Die Kleinkörper besitzen eine hohe kinetische Energie, die beim Abbremsen innerhalb der Erdatmosphäre in ein Leuchten der Luftschichten umgesetzt wird. Meist beginnen sie in großer Höhe zwischen etwa 10 u. 330 km aufzuleuchten; das Leuchten endet zwischen wenigen km u. 130 km. Die Maximalgeschwindigkeit in der Erdatmosphäre beträgt etwa 72 km/s. Schwächere Meteore, die beim Aufleuchten nicht heller als Sterne werden, heißen → Sternschnuppen. Die Häufigkeit der Meteore zeigt in den frühen Abendstunden ein Minimum, in den Morgenstunden kurz vor Sonnenaufgang ein Maximum. Neben den vereinzelten Meteoren gibt es auch *Meteorströme* (Sternschnuppenschwärme), die zu bestimmten Zeiten des Jahres meist regelmäßig auftreten. Man unterscheidet: kometarische Meteorströme, die als Reste von aufgelösten Kometen in Schwärmen mit elliptischen Bahnen um die Sonne auftreten (z. B. *Perseiden, Leoniden*); planetarische Meteorströme, die einen Zusammenhang mit dem System der Kleinplaneten aufweisen, u. Meteorströme, die auf keine bestimmte Herkunft zurückgeführt werden können.

„**Meteor**", Name dt. Forschungsschiffe für ozeanographische u. meeresbiologische Untersuchungen.

◆ **Meteora** [grch., „die in die Höhe Gehobenen"], Gesamtbez. für mehrere griech.-orth. Klöster in einer Felsenlandschaft im westl. Thessalien (Griechenland). Die früher

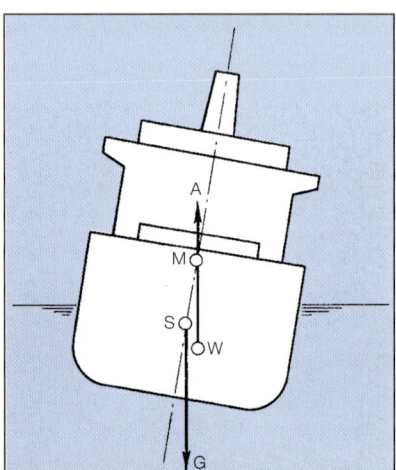

Metazentrum: A Auftrieb, M Metazentrum, S Gewichtsschwerpunkt des Schiffes, W Schwerpunkt des verdrängten Wassers, G Gewicht

Meteora: Die Lage – die in der Luft schwebenden Klöster – gab den Meteoraklöstern ihren Namen

vielfach nur über Seilzüge zugängl. Klöster auf den Felsenspitzen entstanden in spätbyzantin. Zeit vom 14. Jh. an. → Seite 12.
Meteorbank, *Große Meteorbank,* untermeer. Erhebung am Westende der Kanarenschwelle, im Atlant. Ozean; steigt bis 275 m Tiefe steil aus der Tiefsee auf; nach dem dt. Forschungsschiff „Meteor" benannt.
Meteorismus [grch.], aufgetriebener, geblähter Leib mit straffen, gewölbten Bauchdecken infolge von Gasansammlung im Darm (Blähsucht, Blähungen) oder in der freien Bauchhöhle; bei Verdauungsstörungen, Darmlähmung u. -verschluss u.a.
Meteorit [der; grch.], ein Bruchstück eines → Meteoroids, das auf die Erde fällt. Meteoritenfunde zeigen, dass die Meteorite vor allem in zwei Klassen eingeteilt werden können: *Eisenmeteorite,* die zu 89,7% aus Eisen, 9,1% Nickel u. 0,6% Kobalt bestehen; *Steinmeteorite,* die zu 35,7% aus Sauerstoff, 23,3% Eisen, 18,1% Silicium u. 13,7% Magnesium zusammengesetzt sind. Es werden zwar mehr Eisenmeteorite gefunden; da Steinmeteorite schneller verwittern dürfte ihre Zahl tatsächlich größer sein. Der größte M., der in einem Stück erhalten ist, findet sich auf der Hoba-Farm in Namibia; er hat 60 t Gewicht. Ein großer Fall eines Körpers von 50–100 m Durchmesser ereignete sich am 30. 6. 1908 im Gebiet der Steinigen Tunguska (Sibirien), bei dem ein Waldgebiet von 40 km Durchmesser verwüstet wurde. Möglicherweise handelte es sich hier allerdings um den Zusammenstoß mit einem Kometenkern. Beim Niedergang größerer Meteorite entstehen aber auch *Meteoritenkrater.* Am bekanntesten ist ein Krater in Arizona (USA) mit 1260 m Durchmesser u. einem Alter von etwa 30 000 Jahren. Weitere bedeutende Krater sind: der Chubb-Krater im NW von Quebec (Kanada) mit 3600 m Durchmesser, die Henbury-Krater u. der Wolf-Creek-Krater in Australien, der Talemzane-Krater in der Sahara u. der → Chicxulub-Krater in Mexiko; in Dtschld. das Nördlinger → Ries. Mit Hilfe von Satelliten- u. Luftaufnahmen wurden zahlreiche fossile Krater entdeckt, die teilweise bis zu 500 Mio. Jahre alt sind.
Meteorograph [der; grch.], Apparatur zur zeitgleichen Messung u. Registrierung mehrerer Witterungselemente (Luftdruck, Temperatur, Feuchtigkeit) in der freien Atmosphäre; heute durch die → Radiosonde ersetzt.

Meteosat: Aufnahme der Erde mit Wolkenfeldern (Auflösung 5 km)

Meteoroid [das; grch.], kleines, festes Teilchen, das sich auf einer Ellipsenbahn um die Sonne bewegt. Es soll größer als ein einzelnes Molekül, aber kleiner als ein Kleinplanet sein. Beim Eindringen eines Meteoroids in die Atmosphäre der Erde entsteht ein → Meteor. Ein M., das auf die Erdoberfläche fällt, wird → Meteorit genannt.
Meteorologe [grch.], akadem. Beruf, Wissenschaftler auf dem Gebiet der Klima- u. Wetterkunde; mindestens 8-semestriges Studium an einer Universität oder techn. Hochschule, Abschlussprüfung als *Diplom-Meteorologe.* Haupttätigkeitsgebiete sind im Dt. Wetterdienst u.a. meteorolog. Einrichtungen, im Geophysikal. Beratungsdienst der Bundeswehr u. im Umweltschutz.
Meteorologie [grch.], die Wissenschaft von den physikal. Vorgängen in der Lufthülle der Erde, meist als Teil der Geophysik betrachtet; Teilgebiete sind die synopt. M. (→ Synoptik, → Wettervorhersage), dynamische M., Aerologie, teilweise die → Klimatologie (Agrar-, Bioklimatologie).
meteorologische Navigation → Wetternavigation.
Meteorologische Weltorganisation → World Meteorological Organization.
Meteoropathologie [grch.], die Lehre von den → Wetterkrankheiten.

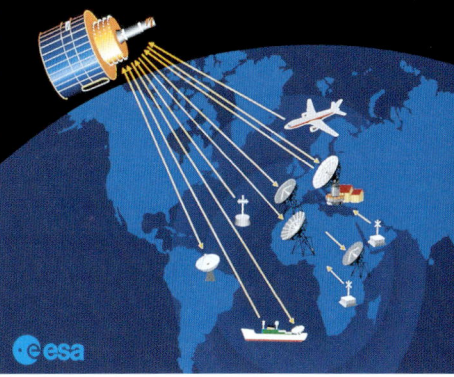

Meteosat sendet halbstündlich im sichtbaren und infraroten Wellenlängenbereich Bilder zur Erde und ermöglicht die ständige meteorologische Überwachung von etwa 60° Nord bis 60° Süd und von 60° West bis 60° Ost (fast ganz Europa, Nordatlantik und ganz Afrika). Meteosat sammelt zusätzlich noch Wetterdaten von automatischen Stationen, Schiffen und Flugzeugen und leitet diese an unterschiedlichste Nutzer weiter

Meteorotropie [grch.], *Biotropie,* Gesamtheit der biologisch auf Mensch u. Tier einwirkenden Wetter- u. Klimafaktoren. Auch → Wetterkrankheiten.
Meteortiefe, im Südsandwichgraben (Südatlantik) vom dt. Forschungsschiff „Meteor" 1926 mit 8264 m gelotete Tiefe.
◆ **Meteosat,** erster europ. meteorolog. Satellit; Start am 23. 11. 1977 von Cape Canaveral. Meteosat 1 erfasste bis 1979 aus seiner geostationären Umlaufbahn (in 36 000 km Höhe) über dem Golf von Guinea ungefähr ein Drittel der Erdoberfläche.
Fortsetzung S. 14

Meteora

 Meteora

Kultur- und Naturdenkmal: 0,375 km² in Staatseigentum und unter Verwaltung der griechisch-orthodoxen Kirche; auf nahezu unerreichbaren, vor 60 Mio. Jahren entstandenen und im Laufe der Zeit verwitterten Sandsteinfelsen Klöster mit Fresken des 16. Jh. als Zeugnisse postbyzantinischer Malerei; u. a. Varlaam, Agia Triada, Agios Nikolaos Anapafsas (14. Jh.), Agios Stefanos, Megalo Meteoro (Metamorphossis)
Kontinent: Europa
Land: Griechenland
Ort: Meteora, nordwestlich von Kalambaka
Ernennung: 1988
Bedeutung: auf den »Säulen des Himmels« ein ursprünglich abgeschiedenes Mönchsleben
Flora und Fauna: bewaldete Hügel und Täler mit Amerikanischen Platanen, Immergrünen Zypressen und Rotbuchen; Grauwolf und Otter; wenn auch schwindende Zahl von Greifvögeln wie Wanderfalke, Wespenbussard, Schwarzmilan, Schmutzgeier und Schreiadler
Zur Geschichte:
   11. Jh. erste Niederlassung von Einsiedlern
   1370 Gründung des Klosters Megalo Meteoro
   1525 Gründung des Klosters Roussanou
   im 2. Weltkrieg Beschädigung durch Bombardements
   seit 1972 regelmäßige Erhaltungsmaßnahmen

Oben: Ausgiebige Freude an leuchtenden Farben beweisen die Fresken in der Kirche des Klosters Varlaam

Gott nahe zu sein, welchen besseren – auch symbolisch dies zum Ausdruck bringenden – Platz hätte man sich wählen können. Unvermutet tauchen sie aus der Ebene auf, die Felsentürme von Meteora. Die teils grauen, teils in verschiedenen Rotschattierungen in der Sonne schimmernden Felsen wirken, als hätte sie ein moderner Landschaftsgestalter phantasievoll geschaffen. Einige ragen wie spitze Nadeln gen Himmel, andere erinnern an steinerne Finger oder antike Turmbauten und Pyramiden. Die Auswaschungen des nahe gelegenen Flusses Pinios und eine über Millionen von Jahren andauernde Verwitterung ließen diese eigentümliche Steinlandschaft entstehen. Bis zu 300 Meter hoch ragen die Felsen aus dem Tal des Pinios empor, so manche Felswand fällt senkrecht ab; die nur wenig abgeflachten Kuppen bieten begrenzten Raum für menschliche Besiedlung.

Doch gerade diese Unzugänglichkeit und Entfernung vom normalen Alltagsleben waren es, die schon frühzeitig Menschen in diese Einsamkeit zogen, Einzelgänger, die die Nähe zu Gott suchten. Bereits im 9. Jahrhundert hatten sich Eremiten in Nischen und natürliche Höhlen dieser Felsen zurückgezogen, um betend und meditierend ein gottgefälliges Leben zu führen. Mit primitiven Leitern hatten sie ihre Behausungen erreicht; an ihrem Ziel angekommen, zerstörten sie diese einzige Zugangsmöglichkeit, um jeden Kontakt mit anderen aufzugeben. In der Mitte des 14. Jahrhunderts wurde dann das erste Meteora-Kloster gegründet, dem bald weitere folgten. Zwei Jahrhunderte nach der ersten Klostergründung existierten schließlich zwei Dutzend, die wie Vogelnester über der Ebene thronten. Bis ins 20. Jahrhundert hinein waren sie nur über primitive Seilwinden oder Strickleitern erreichbar, über die Menschen wie auch lebenswichtige Güter mühsam zu den Klöstern gelangten. Die kontemplative Einsamkeit gewährte nicht nur Schutz vor durchziehenden brandschatzenden Soldaten und plündernden Räuberbanden, sie war auch die Grundlage dafür, dass sich die hiesigen Klöster – wie die Athos-Klöster – zu einem religiösen und geistigen Zentrum entwickelten.

Ab dem 16. Jahrhundert wurden zunehmend Klöster aufgegeben, so dass heute nur noch sechs von ihnen bewohnt sind. In einigen leben nur Mönche, andere werden von Nonnen bewirtschaftet. Doch die einstige Einsamkeit und meditative Ruhe gehören der Vergangenheit an, da sich die Felsen und Klöster zum Tourismusmagneten entwickelt haben. Kein Wunder also, dass nun auch Souvenirläden und Erfrischungsstände zum Klosteralltag gehören. Mönche und Nonnen haben sich mit dem gewaltigen Besucherandrang arrangiert; täglich ergießen sich während der Hauptreisezeit ganze Busladungen von mehr oder minder interessierten Touristen in die einstige Abgeschiedenheit hinter Klostermauern. Auf die Einhaltung strenger Kleidervorschriften wird noch immer geachtet, kurze Hosen oder Röcke und schulterfreie T-Shirts werden nicht geduldet.

Kein Besucher muss heute mehr gefährliche Strickleitern erklimmen, um einen Blick auf Architektur und Kunstschätze zu erhaschen und eine Ahnung vom Klosteralltag zwischen Himmel und Erde zu bekommen, auch wenn einige Klosterbauten – wie das Kloster Agios Nikolaos Anapafsas mit Wandmalereien des kretischen Malers Theophanis oder Agia Triada – nur über einen anstrengenden Fußweg zu erreichen sind. Weit bequemer ist da der Zugang zum Nonnenkloster Agios Stefanos aus dem 14. Jahrhundert, da der Kloster-Felsen durch eine Brücke mit dem gegenüberliegenden Berg verbunden ist. Das um 1370 gegründete Kloster Megalo Meteoro ist das größte der noch bewohnten Klöster und vielleicht auch das beeindruckendste. Über mehr als hundert in den Fels gehauene Stufen ermöglichen den Besuch des Klostermuseums, in dem wertvolle alte Handschriften und Ikonen gezeigt werden. Stufe um Stufe geht es auch zum nicht weit entfernten Kloster Varlaam hinauf. Von kunsthistorischer Bedeutung sind dessen farbenfrohe Fresken in der Klosterkirche, vermutlich ein Werk des bekannten, aus Athos stammenden Ikonenmalers Katelanos.

Helmuth Weiß

Wie der natürliche Abschluss des Steines, so schmiegt sich das Kloster Agia Triada an die Spitze des Felsens. Wie abgeschieden die Mönche und Nonnen ursprünglich lebten, wird angesichts der steil abfallenden Felswände überaus deutlich

Seine Satellitenbilder, die wichtige Aufschlüsse über den Zustand der Atmosphäre geben, dient der Analyse des Wettergeschehens. M. erbrachte eine wesentl. Verbesserung der Wettervorhersage auf nationaler u. internationaler Ebene. Ab 1981 folgten noch vier weitere Meteosat-Missionen.

...meter [grch.], Wortbestandteil mit den Bedeutungen: 1. [das oder der] „Meter" (z. B. in: Kilometer). – 2. [das] „Messeinrichtung, ...messer" (z. B. in: Barometer). – 3. [der] „jemand, der etwas misst" (z. B. in: Geometer).

Meter [das oder der; grch., lat., frz.], Kurzzeichen m, die SI-Längeneinheit. Das M. wurde 1795 in Frankreich eingeführt u. international festgesetzt in der *Meterkonvention* vom 20. 5. 1875; danach ist 1m der vierzigmillionste Teil eines Erdmeridians. Das *Urmeter*, ein Platin-Iridium-Stab, liegt in einem Gewölbe in Breteuil bei Paris. Da das so festgelegte M. den hohen Genauigkeitsansprüchen unserer Zeit nicht genügt, wurde die Länge des Meters 1960 von der 11. Generalkonferenz der Maße u. Gewichte (CGPM) folgendermaßen definiert: Das Meter ist das 1 650 763,73fache der Wellenlänge der vom Atom des Nuklids ^{86}Kr beim Übergang vom Zustand 5 d_5 zum Zustand 2 p_{10} ausgesandten, sich im Vakuum ausbreitenden Strahlung. Die Unsicherheit dieser Festlegung betrug 4mm auf 1000km. Am 20. 10. 1983 wurde von der 17. CGPM das Meter neu definiert als die Länge der Strecke, die das Licht im Vakuum während des Intervalls von $1/299\,792\,458$ Sekunden zurücklegt. Diese Definition machte die Lichtgeschwindigkeit u. die Zeiteinheit zu den maßgeblichen Größen.

Meterkerze, nicht mehr gebräuchliche Bez. für die Einheit der Beleuchtungsstärke; → Lux.

Meterkonvention, *internationale Meterkonvention*, am 18. 5. 1875 unterzeichnetes Abkommen, das die Ausbreitung des *metrischen Systems* fördern sollte. Die 18 Gründungsmitglieder waren Argentinien, Belgien, Brasilien, Dänemark, Deutsches Reich, Frankreich, Italien, Norwegen, Österreich-Ungarn, Peru, Portugal, Russland, Schweden, Schweiz, Spanien, Türkei, USA u. Venezuela.

Metge [ˈmɛdʒə], Bernat, katalan. Schriftsteller, * zwischen 1340 u. 1346 Barcelona, † 1413 Barcelona; erster Petrarca-Übersetzer in Spanien; Vollender der klass. katalan. Prosa; „Libre de fortuna e prudència" 1381; „Lo somni" 1396/97 („Der Traum", ein allegor. philosoph. Dialog).

Metglas, Trinkglas für Met (gegorenen Honigsaft), das mit runder Schale u. reduziertem Schaft dem *Maigelein* verwandt ist u. bis in die Mitte des 18. Jh. hergestellt wurde.

Methacrylsäure, eine ungesättigte aliphat. Monocarbonsäure, $CH_2 = C(CH_3)–COOH$; kann aus Aceton u. Blausäure hergestellt werden. Ihre polymerisierten Ester sind die → Acrylharze.

Methadon, ein starkes Schmerzmittel; unter der Marke *Polamidon* wird das synthet. Opiat (3,3 Diphenylpropylamin-Derivat) von einigen staatl. Stellen u. unter strenger ärztl. Kontrolle versuchsweise als Ersatzdroge für Heroin eingesetzt. Man hofft damit, die Verbreitung von Aids eindämmen zu können, da die mehrfache Benutzung infizierter Spritzen entfällt. Kritiker befürchten davon eine staatl. Sanktionierung des Drogengebrauchs.

Methämoglobin [das; grch. + lat.], Oxidationsform des Blutfarbstoffs *Hämoglobin* mit dreiwertigem Eisen. Seine farbgebende Komponente ist das *Hämatin*. M. kann keinen Sauerstoff transportieren. Unter normalen Bedingungen ist es beim Menschen in kleinen Mengen vorhanden; es wird vermehrt durch Gifte wie etwa Anilin u. Nitrobenzol.

Methan [das; grch.], CH_4, ein farb- u. geruchloses, brennbares Gas. Es entsteht bei der Zersetzung organ. Pflanzenstoffe durch Cellulosegärung u. ist Bestandteil der aus Sümpfen aufsteigenden Gase *(Sumpfgas)*. Es ist auch in den Spalten u. Klüften von Bergwerken enthalten *(Grubengas)* u. bildet mit Luft bei einer Konzentration von 5–14 Vol.-% explosive Gemische (→ Schlagwetter, → Grubengasbekämpfung). M. ist wichtiger Bestandteil des *Erdgases*, des *Leucht-* u. *Kokereigases*, von Abgasen der Benzinsynthese u. Erdölraffinerien u. des Faulschlamms von Abwasserkläranlagen; es wird nach Reinigung als Heizgas (Ferngas), Treibgas, Schweißgas sowie in der chem. Industrie verwendet. M. ist der einfachste aliphat. Kohlenwasserstoff u. Grundverbindung der aliphatischen Reihe.

◆ **Methanbakterien**, *Methanobacteriaceae*, *methanogene Bakterien*, *Methanbildner*, gramnegative oder -positive streng anaerobe Stäbchen oder Kokken. Sie verwerten organ. Säuren (Formiat, Acetat), Kohlendioxid u. Wasserstoff u. scheiden Methan (CH_4) u. Kohlendioxid (CO_2) aus. M. sind mit den Wasserstoff bildenden Bakterien eng vergesellschaftet. Sie nutzen den Wasserstoff zur Reduktion von Kohlendioxid (Carbonat-Atmung, $4\,H_2 + CO_2 \rightarrow CH_4 + 2\,H_2O$ + Energie). M. kommen in Sümpfen (daher „Sumpfgas"), Reisfeldern, Wattenmeeren, Tümpeln u. Teichen vor; man findet sie auch im Pansen der Wiederkäuer. In Kläranlagen werden sie zur Faulgasproduktion *(Biogas)* eingesetzt. Das von den M. gebildete Methan kann von den Methan verwertenden Bakterien (z. B. *Methylomonas, Methylococcus*) wieder zu Kohlendioxid oxidiert werden.

methanogene Bakterien → Methanbakterien.

Methanol [das; Kurzwort aus *Methan + Alkohol*], *Methylalkohol, Carbinol, Holzgeist*, der einfachste aliphat. Alkohol, CH_3OH; eine farblose, angenehm riechende, mit Wasser mischbare Flüssigkeit, die aber sehr giftig ist (Genuss führt zur Erblindung); Dichte 0,79; Siedepunkt 64,5 °C; Gewinnung durch fraktionierte Destillation des rohen Holzessigs der Holzverkokung, bei der Cellulosekochung u. synthetisch aus Kohlenmonoxid u. Wasserstoff durch katalyt. Druckreaktion bei 200 bar u. 380 °C; Verwendung als Lösungsmittel, oft anstelle von Ethylalkohol, zur Herstellung von Formaldehyd, als Zusatz zu Motorentreibstoffen u. als Zwischenprodukt bei der Herstellung von Teerfarben. Der flüssige u. somit einfach zu benutzende M. kann als Wasserstofflieferant für Brennstoffzellen dienen, mit denen Elektromotoren zum Antrieb von Kraftfahrzeugen angetrieben werden können.

Metheny [məˈθiːni], Pat, US-amerikan. Jazzmusiker (Gitarre), * 12. 8. 1954 Lee's Summit, Mo.; avancierte mit seinem virtuosen u. melod. Spielstaus seit Mitte der 1970er Jahre zu einem der bedeutendsten Musiker im Grenzbereich zwischen Jazz u. Pop.

Methfessel, Johann Albert Gottlieb, dt. Kapellmeister u. Komponist, * 6. 10. 1785 Stadtilm, Thüringen, † 23. 3. 1869 Heckenberg bei Gandersheim; wirkte in Rudolstadt, Hamburg u. am Hof zu Braunschweig; schrieb patriot. Lieder, bes. für Männerchor, u. a. „Der Gott, der Eisen wachsen ließ".

Methionin [grch.], α-*Amino-γ-methylmercaptobuttersäure*, $C_5H_{11}NO_2S$, schwefelhaltige Aminosäure, Methylierungsprodukt des Homocysteins. Wichtiger Proteinbaustein u. essenzielle Aminosäure; liefert aktive Methylgruppen.

Methode [die; grch., das „Nachgehen"], der richtige Weg, das jeweilige Verfahren der Erkenntnisgewinnung u. -darstellung, der Bearbeitung, Untersuchung, Prüfung, Beobachtung oder Rechnung; in der Pädagogik vor allem das Verfahren des Unterrichts.

Methode der kleinsten Quadrate, von C. F. *Gauß* angegebene Rechenmethode zur Ausgleichung von Beobachtungsfehlern aus Messreihen: Die Summe der Quadrate der Unterschiede gegen einen bestimmten Wert (arithmet. Mittelwert der Messwerte) muss am kleinsten sein.

Methodenlehre, *Methodologie, Methodik*, die Reflexion über das den wissenschaftl. *Methoden* logisch Gemeinsame, z. B. Analyse u. Synthese, Induktion u. Deduktion, die Analogie- u. Hypothesenbildung. Insofern gehört die M. zur *Logik*. Da es jedoch Methoden auf allen Gebieten der Praxis gibt u. die log. M. nicht einmal den Besonder-

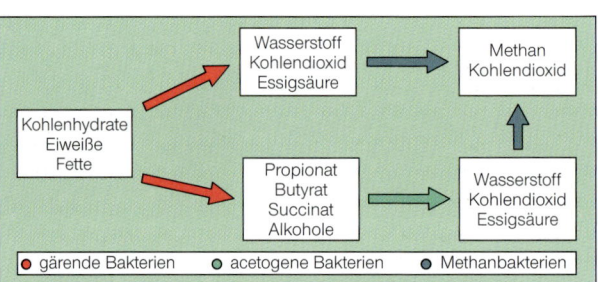

Methanbakterien leben mit anderen Bakterien vergesellschaftet

heiten der Einzelwissenschaften genügen kann, ist M. heute auch Inbegriff für Arbeitsmethoden u. Technologien auf allen Gebieten.

Methodenstreit, *Volkswirtschaft:* die Diskussion Ende des 19. Jh. über die in der Nationalökonomie anzuwendende Forschungsverfahren, insbes. zwischen G. von *Schmoller* (induktive histor. Forschungsweise) u. C. *Menger* (deduktive theoret. Forschungsweise).

Methodik [grch.] → Methodenlehre.

Methodios, Heiliger, → Kyrillos und Methodios.

Methodisten, Anhänger der von John u. Charles *Wesley* u. George *Whitefield* um 1740 begründeten Erweckungsbewegung auf dem Boden der anglikan. Kirche. Die Bez. M. war ursprüngl. spöttisch gemeint. Von der Staatskirche wurden die M. bald in den freikirchl. Raum gedrängt. Verschiedene Auffassungen hinsichtl. der Verfassung (z. B. bischöflich oder nicht) u. praktische Fragen (z. B. Sklavenfrage) führten zu Aufgliederungen. Einige der größten Gruppen haben sich wieder zusammengeschlossen. In den USA ist die größte methodist. Kirche „The United Methodist Church", die auch Gemeinden auf dem europ. Festland hat; zu den größeren Gruppen gehört auch die Methodistenkirche in England. 1968 vereinigte sich diese mit der Ev. Gemeinschaft zur *Ev.-methodist. Kirche.* Die einzelnen Kirchen schlossen sich zum „World Methodist Council" (gegr. 1881) zusammen. – Die M. zeichnen sich durch Milde in den Lehrfragen u. durch ein Tat- u. Willenschristentum aus, das auf verinnerlichtem Glauben beruht. Die Zahl der Mitglieder u. Anhänger beträgt weltweit ca. 60 Mio., in Deutschland ca. 65 000, die einem Bischof in Frankfurt a. M. unterstehen u. eine theolog. Schule in Reutlingen sowie fünf Diakonissenmutterhäuser unterhalten.

Methodologie [grch.] → Methodenlehre.

Methods-Time-Measurement ['mεθədz 'taim 'mεʒəmənt; engl.], ein 1948 in den USA entwickeltes Verfahren, das durch die Aufspaltung des Arbeitsganges in neun Grundbewegungen, denen je ein Normalzeitwert zugeordnet wird, der method. u. zeitl. Arbeitsgestaltung (z. B. Verbesserung bestehender Arbeitsabläufe, Vorgabezeitermittlung) diente.

Methuen-Vertrag ['mεθjuin-], am 27. 12. 1703 abgeschlossener Vertrag zwischen England u. Portugal, in dem sich Portugal verpflichtete, seinen Markt dem Import engl. Wolle zu öffnen, u. England zusagte, den Import portugies. Weins zuungunsten der französ. Weine zu fördern. Der Vertrag war gegen die französ. Wirtschaft gerichtet, hatte aber andererseits die Zerstörung der portugies. Wollindustrie zur Folge. Der Vertrag ist nach dem diplomat. Vertreter Englands in Portugal, John *Methuen,* benannt; er galt bis 1836.

Methusalem → Metuschelach.

Methyl [das; grch.], das in freiem Zustand unbeständige aliphatische, einwertige Radikal $-CH_3$. Auch → Alkyl.

Methylalkohol → Methanol.

Methylamin [das; grch.], CH_3-NH_2, primäres aliphatisches Amin; ein brennbares, schwach ammoniakalisch riechendes Gas. Die wässrige Lösung reagiert stark basisch.

Methylbenzol [grch.] → Toluol.

Methylcellulose, *Celluloseester, Celluloseether,* Ester der → Cellulose, sehr vielseitig verwendbarer Hilfsstoff (z. B. als Bindemittel, Klebemittel, Emulgator, Stabilisator) u. a. für pharmazeut. u. kosmet. Zwecke.

Methylen [das; grch.], *Methylengruppe,* die zweiwertige, unbeständige Atomgruppierung $=CH_2$.

Methylenblau, ein Thiazinfarbstoff; bisweilen zum Färben von Textilien u. in der Biologie zur Färbung anatom. u. a. Präparate sowie als Indikator in der chem. Analyse verwendet.

Methylenchlorid [das], *Dichlormethan,* eine organ.-chem. Verbindung, Formel CH_2Cl_2; farblose Flüssigkeit, zu Narkosezwecken u. als Lösungsmittel verwendet.

Methylenverbindungen, organ.-chem. Verbindungen, die die Methylengruppe $=CH_2$ ein oder mehrere Male enthalten.

Methylethylketon [grch.], *Butonon,* ein Keton der Formel $CH_3-CO-C_2H_5$, in Wasser u. vielen organ. Lösungsmitteln löslich. Verwendung als Lösungsmittel in der Cellulose-, Lack- u. Klebstoffindustrie.

Methylglyoxal [grch.], *Brenztraubenaldehyd,* α,β-*Dioxopropan, 2-Oxo-propanal, Acetylformaldehyd,* $C_3H_4O_2$, leicht polymerisierende, gelbe Flüssigkeit, Vorkommen in Zuckerrohrmelasse, Humussubstanzen, Blut, Harn, Tabak u. Tabakrauch.

Methylmercapto-Gruppe, systematische Bez. für organ. Verbindungen mit der Gruppe $-S-CH_3$.

Methylorange [-rāʒ], *Helianthin,* ein säureempfindl. gelber Azofarbstoff, der als Indikator in der → Acidimetrie verwendet wird (Farbumschlag nach rot: sauer).

Methylviolett, *Dahlia, Pentamethylparafuchsin,* ein Triphenylmethanfarbstoff; löst sich in Wasser mit violetter Farbe; Verwendung für Tinten, Kopierstifte, Farbbänder u. in der Mikroskopie zur Färbung von Bakterien.

Metical, Abk. *MT,* Währungseinheit in Mosambik; 1 MT = 100 *Centavos.*

Metier [me:ti̯e:, frz.], Beruf, Gewerbe, Handwerk.

Metöken [grch.], im alten Athen ständig wohnende Fremde unter Staatsschutz u. mit gewissen Vorrechten, ohne Bürgerrecht, aber steuer- u. wehrpflichtig. Sie bildeten etwa ein Drittel der Bürgerschaft. In ihren Händen lag ein großer Teil des Handels, Gewerbes u. der freien Berufe, u. viele brachten es zu Wohlstand u. Ansehen (z. B. *Isaios, Lysias*).

Metol [das], *Methol,* Warenzeichen für eine weich arbeitende fotograf. Entwicklersubstanz; chem. *Monomethylparaaminophenol;* chem. Formel: $CH_3-NH-C_6H_4-OH$.

Meton, griech. Astronom u. Mathematiker, lebte um 440 v. Chr. in Athen; schuf durch eine Kalenderreform die bis 46 v. Chr. gültige griech. Zeitrechnung.

Metonischer Zyklus [nach *Meton*], eine Schaltregel des griech. Kalenders: In einem 19-jährigen Zyklus waren 7 Schaltjahre mit je 13 Mondmonaten zu 29 bzw. 30 Tagen u.

Metope mit Relief

12 Gemeinjahre mit je 12 Mondmonaten enthalten. Damit war der synodische Umlauf des Monds (rd. 29,5 Tage) u. der Lauf der Sonne durch den Tierkreis zu einem *gebundenen Mondjahr* oder *Lunisolarjahr* vereinigt.

Metonymie [grch.], eine *rhetor. Figur,* die das eigentlich Gemeinte durch einen anderen Begriff ausdrückt; jedoch stehen beide (im Gegensatz zur *Metapher)* in einem logischen oder erfahrungsmäßigen Zusammenhang, der ihre Austauschbarkeit erst ermöglicht, z. B. „Eisen" für „Schwert", „Leder" für „Fußball", „London meint" für „die brit. Regierung meint".

◆ **Metope** [die; grch.], rechteckige Platte zwischen den *Triglyphen* am Fries des dorischen Tempels; bei aufwändig ausgestatteten Tempeln bemalt oder mit Reliefs verziert. Berühmt sind die Metopen des Parthenon (Athen).

Metretes [grch.], auch *Amphoreus* genannt, bei den antiken Griechen das größte Hohlmaß für Flüssigkeiten, örtlich variierend. Der attische u. makedon. M. fasste 39,4 l.

...metrie [grch.], Wortbestandteil mit der Bedeutung „Messung".

Metrik [die; grch.], **1.** *Geometrie:* Maßbestimmung. Die M. legt die Längenmessung in einem Raum fest. So ist z. B. die Entfernung zweier Punkte P_1 u. P_2 im zweidimensionalen kartes. Koordinatensystem (der euklid. Geometrie, daher auch *euklid.* M.) durch die Quadratwurzel aus der Summe der Quadrate der Koordinatendifferenzen gegeben:

$$\sqrt{(x_2 - x_1)^2 + (y_2 - y_1)^2},$$

wobei x_1, y_1 u. x_2, y_2 die Koordinaten von P_1 u. P_2 sind. Aus Gründen der Zweckmäßigkeit kann auch eine andere M. eingeführt werden.

2. *Literatur:* die Lehre vom → Vers.

3. *Musik:* seit dem 18. Jh. die Lehre vom Takt u. von der jeweiligen Akzentverteilung im Takt oder im Motiv; wichtig für die sinngemäße Phrasierung, die vom Erkennen einer metrischen Einheit abhängt. Auch → Polymetrik.

metrisch [grch.], **1.** *Literatur u. Musik:* die *Metrik* betreffend.

2. *Maße:* auf das *Meter* als Maßeinheit bezogen.

metrisches System, das System der Einheiten von Länge, Masse u. den daraus abgeleiteten Größen (z. B. Fläche, Rauminhalt), das auf dem *Meter* u. dem *Kilogramm* aufgebaut u. dezimal unterteilt ist. Es wurde in Frankreich 1795, in Dtschld. 1872 eingeführt u. gilt jetzt in allen Großstaaten außer Großbritannien u. den USA. Einige Einheiten: Meter (m), Quadratmeter (m²), Kubikmeter (m³), Gramm (g), Sekunde (s). Vielfache u. Teile von metrischen Einheiten werden durch → Vorsatzsilben gekennzeichnet. Auch → Einheitensystem.

Métro [die], Abk. für frz. *chemin de fer métropolitain*, die *Untergrundbahn* von Paris; die erste Linie wurde 1900 eröffnet, Streckenlänge gegenwärtig rd. 278 km, weitere Teilstrecken kurz vor der Vollendung bzw. im Bau. Als Metro werden auch U-Bahnen in Russland bezeichnet.

Metro-Goldwyn-Mayer [ˈmɛtrəʊ ˈgɔʊldwɪn ˈmɛɪə], bis zu Beginn der 1950er Jahre die größte US-amerikan. Filmgesellschaft (Produktion, Vertrieb u. eigene Filmtheater); entstand 1924 durch Zusammenschluss der *Metro Pictures Corporation* u. der Kinokette *Loew's Inc.* von Marcus Loew, der *Goldwyn Pictures Corporation* von Samuel Goldwyn u. der *Louis B. Mayer Corporation;* Firmenzeichen: ein brüllender Löwe im Kranz; 1981 Übernahme von *United Artists* u. 1983 Verschmelzung zur *Metro-Goldwyn-Mayer/United Artists Communication Co. Inc.*, Santa Monica (Calif.), Abk. *MGM/UA;* nach verschied. Besitzerwechseln gehört MGM mit der Tochtergesellschaft UA seit 1996 einem Konsortium, an dem der Financier u. Unternehmer Kirk Kerkorian über die *Tracinda Corp.*, Las Vegas, maßgeblich beteiligt ist.

Metrologie [grch.], die Wissenschaft von den Einheiten, Maßen u. Gewichten; → Einheitensystem.

Metronom [das; grch.], musikal. Zeitmesser; ein von einem Uhrwerk getriebenes Pendel, auf dem ein nach hinten verschiebbares Gewicht die Zahl der Pendelausschläge in der Minute bestimmt; Hilfsmittel für die Tempobestimmung eines Musikstücks; diese wird als *M. M. (Metronom Mälzel)* bezeichnet, nach dem Erfinder, J. N. *Mälzel*, der es nach Versuchen anderer 1816 baute.

Metroon [das; grch.], das Heiligtum der Naturgottheit *Kybele* in Athen. Ein M. findet sich auch in Olympia.

Metropolie [die; grch., „Mutterstadt, Hauptstadt"], Amt u. Verwaltungsbereich eines Metropoliten in den orth. Kirchen, z. B. in der autokephalen poln.-orth. Kirche, aber auch in den unierten Ostkirchen, z. B. in der äthiop.-kath. Kirche.

Metropolis [die; grch., „Mutterstadt"], eine Stadt im antiken Griechenland, die Kolonisten in einem anderen Land ansiedelte, wo diese neue u. von der M. unabhängige polit. Einheiten bildeten.

Metropolit [der; grch.], in den Ostkirchen ursprüngl. Bischof der Provinzhauptstadt, heute Titel des leitenden Bischofs einer Metropolie. In der kath. Kirche ist der M. Vorsteher einer Kirchenprovinz. Sein Metropolitansitz wird vom Papst bestimmt oder anerkannt. Kennzeichen: Pallium.

Metropolitana de Santiago, chilenische Region, 15 349 km², 5,6 Mio. Ew.; Hptst. ist *Santiago* (1).

Metropolitan Area [mɛtrəˈpɒlɪtən ˈɛəriə], vollständig *Standard Metropolitan Statistical Area*, Abk. *SMSA*, in der Statistik der USA u. Kanadas über die Grenzen der polit. Gemeinde hinaus das mehr oder weniger geschlossene Siedlungsgebiet einer Großstadt. In Dtschld. spricht man von → *Stadtregion* oder *Großraum*.

Metropolitan Museum of Art [mɛtrəˈpɒlɪtən mjuˈzɪəm əv ɑːt], das bedeutendste US-amerikan. Kunstmuseum, 1870 in New York gegr.; mit großer Gemäldesammlung (europ. Malerei des 13.–20. Jh.) u. Werken der assyr.-babylon., ägypt., griech.-röm. u. asiat. Kunst. Zum Metropolitan Museum of Art gehört „The Cloisters Collection" (mittelalterl. Kunst).

Metropolitan Opera [mɛtrəˈpɒlɪtən ˈɒpərə], Abk. *Met*, das führende Opernhaus in New York, 1883 eröffnet; 1966 neues Haus im Lincoln Center; 3788 Sitzplätze.

Metrorrhagie [grch.], außerhalb der Monatsblutung *(Regel)* auftretende stärkere Gebärmutterblutung. Ihre Klärung ist notwendig, da Krebs als Ursache in Betracht gezogen werden muss; andere Ursachen können gutartige Geschwülste u. Gebärmutterentzündungen, Geschwüre, Polypen u. a. sein.

Metrosideros [der; grch.], *Eisenmaßbaum, Eisenholzbaum*, Gattung der Unterfamilie *Leptospermoideae* der *Myrtengewächse (Myrtaceae)*, mit Verbreitung von Polynesien bis Südafrika. Der *Vielgestaltige Eisenmaßbaum, M. polymorpha*, der *Echte Eisenmaßbaum, M. vera*, der *Akibaum*, *M. scandens*, u. *M. robusta* liefern harte Eisenhölzer (Naniholz, Neuseeländ. Lebensholz, Rataholz).

Metroxylon [grch.] → Sagopalmen.

Metrum [das, Pl. *Metren;* grch.], i. w. S. die Gesetzmäßigkeit, nach der ein *Vers* gebaut ist; das Schema, das dem *Rhythmus* eines Verses zugrunde gelegt ist; *i. e. S.* der *Versfuß,* die kleinste rhythm. Einheit des antiken Verses. Der Rhythmus der antiken Dichtung war von der Länge u. Kürze der Silben bestimmt. Die wichtigsten Metren waren: *Daktylus* (–∪∪), *Anapäst* (∪∪–),

Gabriel Metsu: Der Kräutermarkt in Amsterdam. Paris, Louvre

Jambus (∪–) u. *Trochäus* (–∪). Bei der Angabe der Anzahl der Metren eines Verses zählten Anapäst, Jambus u. Trochäus jeweils nur verdoppelt als ein M. In nichtantiker Dichtung, deren Rhythmus von der Betonung der Silben bestimmt ist, entspricht dem M. der *Takt.* Auch → Vers.
Metschnikow [-kɔf], *Mečnikov*, Ilja Iljitsch, russ. Zoologe u. Bakteriologe, *15. 5. 1845 Iwanowa, Gouv. Charkow, †15. 7. 1916 Paris; entdeckte die Phagocytose von Bakterien durch die weißen Blutkörperchen; Arbeiten über Anatomie, Entwicklungsgeschichte wirbelloser Tiere, Pathologie u. Therapie der Cholera; erhielt 1908 mit P. *Ehrlich* für seine Untersuchungen über Immunität den Nobelpreis für Medizin.
◆ **Metsu** [-sy], Gabriel, niederländ. Maler, *Jan. 1629 Leiden, begraben 24. 10. 1667 Amsterdam; dort seit 1657 nachweisbar; erzählende Genrebilder mit wenigen Figuren in vornehmen bürgerl. Räumen, in der Stoffwiedergabe u. dem feintonigen Helldunkel von großem maler. Reiz: Hptw.: „Musikfreunde", Den Haag, Mauritshuis; „Beim Geflügelhändler" 1662, Dresden, Staatl. Kunstsammlungen; „Das Almosen", Kassel, Staatl. Gemäldegalerie.
Metsys, Quentin, fläm. Maler, → Massys.
Mett [niederdt.], fettarmes, gehacktes (gewiegtes) Rind- *(Rindermett)* u. Schweinefleisch *(Schweinemett);* daraus die *Mettwurst.*
Metta [die; pali], sanskr. *Maitri*, die Güte, mitfühlende Liebe zu allen Wesen, wie sie schon die ursprüngl. Lehre des Buddha fordert; im Mahayana bekam sie starkes Gewicht als eth. Grundprinzip.
Mette [die; lat.], *Matutin*, der „frühmorgendl." Gottesdienst des kirchl. Stundengebets, aus der nächtl. Vigilfeier entstanden, seit 1970 durch die „Geistl. Lesung" (Officium lectionis) ersetzt, die zu jeder Tageszeit möglich ist. – *Christmette*, die in der Hl. Nacht gesungene Matutin, volkstüml. auch die weihnachtl. Mitternachtsmesse.
Mette, weibl. Vorname, Kurzform von *Mechthild.*
Metten, Benediktinerabtei im Krs. Deggendorf, Niederbayern, 766 gegr., 1803 säkularisiert; barocke Klosterkirche u. -anlage. 1830 durch König Ludwig I. wieder begründet, wurde das Kloster zum Ausgangspunkt der Bayer. Benediktinerkongregation. 1846 zogen Mönche von M. in die USA, um dort für eine weite Verbreitung ihres Ordens zu sorgen. – Mit der Abtei ist ein Gymnasium verbunden. – Ca. 30 Mitglieder.

Klemens Wenzel Lothar Fürst von Metternich

Metz: Deutsches Tor (Porte des Allemands), im 13 Jh. erbaut und im 16./17.Jh. durch Verteidigungswälle verstärkt

◆ **Metternich**, Klemens Wenzel Lothar Fürst von (seit 1803), österr. Politiker, *15. 5. 1773 Koblenz, †11. 6. 1859 Wien; 1795 in 1. Ehe mit einer Enkelin des Staatskanzlers W. A. von Kaunitz verheiratet; 1801–1806 Gesandter in Dresden u. Berlin, 1806 Botschafter in Paris; 1809 Außen-Min., 1810–1848 Staatskanzler. Gegenüber Napoleon I. verhielt sich M. taktisch vorsichtig; er schloss sich erst nach Ablehnung seiner Vermittlung der Allianz von Preußen, Russland u. Großbritannien an. Er eröffnete u. leitete den *Wiener Kongress* 1814/15, löste die poln. u. sächs. Frage, war bestrebt, Frankreich in seinen alten Grenzen zu erhalten, u. regelte die dt. Verhältnisse durch Schaffung des *Dt. Bunds* mit Österreich als Vormacht. In der Folgezeit wurde er der Hauptträger der *Restauration*: Auf den Kongressen zu Aachen (1818), Troppau (1820), Laibach (1821) u. Verona (1822) trat er für die Erhaltung des Legitimitätsprinzips u. den Kampf gegen liberale u. nationalrevolutionäre Bestrebungen ein. Außenpolitisch erstrebte er das Gleichgewicht zwischen den europ. Mächten, um die Vormachtstellung eines einzelnen Landes zu unterbinden. Doch konnte dieses *Metternich'sche System*, innenpolitisch hauptsächl. auf Polizeigewalt gestützt, dem Drängen der liberalen Kräfte auf die Dauer nicht widerstehen. 1830 erlitt es seine erste schwere Erschütterung, der Revolution von 1848 konnte es nicht mehr standhalten; M. musste seine Entlassung nehmen (13. 3.). Nach einem Aufenthalt in England und Belgien kehrte er 1851 nach Wien zurück, ohne nochmals nachhaltigen polit. Einfluss zu erlangen.
Metteur [-'tœ:r; frz.], ein Schriftsetzer, der durch *Umbruch* die Seiteneinteilung des Druckbogens vornimmt.
Metteyya → Maitreya.
Mettingen, Gemeinde in Nordrhein-Westfalen, Ldkrs. Steinfurt, westl. von Osnabrück, 12 000 Ew.; Kirche (13. Jh.); Steinkohlenbergbau, Bekleidungsindustrie.
Mettlach, Gemeinde im Saarland, Ldkrs. Merzig-Wadern, 12 000 Ew.; Erholungsort; ehem. Benediktinerabtei; keram. Industrie.

Mettmann (1)

Mettmann, ◆ **1.** Kreisstadt in Nordrhein-Westfalen, östl. von Düsseldorf, 38 400 Ew.; Herstellung von Bestecken, Textil-, chem., Nahrungsmittel-, Eisen- u. Maschinenindustrie, Zementfabrik; in der Nähe das *Neandertal* (1856 Fundort von Knochenresten eines altsteinzeitlichen Menschen, 75 000–35 000 v. Chr.) mit eiszeitl. Wildgehege u. Museum.
2. Ldkrs. in Nordrhein-Westfalen, Reg.-Bez. Düsseldorf, 407 km², 505 000 Ew.; Verw.-Sitz ist M. (1).
Mettnau, Halbinsel im nordwestl. Untersee (Bodensee), bei Radolfzell; Naturschutzgebiet.
Mettwurst → Mett.
Metuschelach [hebr.], *Methusala* [grch.], *Methusalem*, nach der israelit. Sage ein Urvater, der 969 Jahre gelebt haben soll; Sohn des *Henoch*, Vater des *Lamech* (Gen. 5,25 f.).
◆ **Metz**, alte Stadt u. Festung in Lothringen, Verw.-Sitz der französ. Region Lothringen

Metz

u. des Dép. Moselle, an der Mündung der Seille in die hier mehrarmige Mosel, 124 000 Ew.; Universität (seit 1971); got. Kathedrale Saint-Étienne (13.–15. Jh.), Reste der Befestigungsanlagen (Porte des Allemands), Justizpalast (18. Jh.), Museen; Metall-, Maschinen-, Textil-, Schuh-, Tabak- u. Konservenindustrie, landwirtschaftl. Handelszentrum; Verkehrsknotenpunkt mit Flusshafen u. Flugplatz.
Geschichte: Kelt. Gründung, dann röm. Militärstation *(Divodurum)*, seit dem 6. Jh. Bistum, 511 Hptst. des fränk. *Austrien*, 870 zum Ostfränk. Reich; zu Anfang des 13. Jh. freie Reichsstadt, 1552 im Einvernehmen mit den prot. Reichsfürsten gemeinsam mit Toul u. Verdun von Frankreich besetzt, im Dt.-Französ. Krieg 1870 stark umkämpft, 1871 zum Dt. Reich u. Hptst. des Bez. Lothringen; seit 1919 wieder französisch.

Metz, Johann Baptist, dt. kath. Theologe, * 5. 8. 1928 Welluck (Oberpfalz); seit 1963 Prof. in Münster; entwickelte eine „polit. Theologie", um den Glauben der Privatisierung zu entreißen. Werke: „Christl. Anthropozentrik" 1962; „Zur Theologie der Welt" 1968; „Leidensgeschichte" 1974; „Glaube in Geschichte u. Gesellschaft" 1977; „Jenseits bürgerlicher Religion" 1980; „Spuren des Messianischen" 1982.

Metze [die], altes Hohlmaß: in Preußen 3,435 l, in Sachsen 6,489 l, in Bayern 37,06 l, in Österreich 61,478 l.

Metze, im MA Koseform zu *Mathilde, Mechthild*; jetzt veraltete Bez. für *Hure*.

Metzger → Fleischer.

Metzger, 1. Arnold, dt. Philosoph, * 24. 2. 1892 Landau, Pfalz, † 16. 8. 1974 Badgastein; Schüler R. *Euckens*, Assistent E. *Husserls*, Vertreter der ontolog. Richtung der *Phänomenologie*, seit 1952 Prof. in München; Hptw.: „Phänomenologie u. Metaphysik" 1933; „Freiheit u. Tod" 1955; „Dämonie u. Transzendenz" 1964; „Existenzialismus u. Sozialismus" 1968.
2. Max Josef, dt. kath. Priester, * 3. 2. 1887 Schopfheim, Baden, † 17. 4. 1944 Brandenburg; in der kath. Friedensbewegung tätig; Gründer der Christkönigschwestern von Meitingen; als Gegner des nat.-soz. Regimes hingerichtet.
3. Wolfgang, dt. Psychologe, * 22. 7. 1899 Heidelberg, † 20. 12. 1979 Bebenhausen bei Tübingen; 1942–1967 Prof. in Münster; arbeitete vor allem auf den Gebieten der Wahrnehmungs- u. Gestaltpsychologie. Hptw.: „Gesetze des Sehens" 1936; „Psychologie" 1941; Hrsg.: „Allg. Psychologie" („Handbuch der Psychologie" Bd. I, 1) 1966; „Psychologie in der Erziehung" 1971; „Vom Vorurteil zur Toleranz" 1973.

Metzgerposten [Pl.], im 16.–18. Jh. die Vermittlung von Briefen u. kleineren Gütern im Auftrag von Behörden u. Privatpersonen durch Metzger auf ihren Geschäftsreisen. Das von ihnen zur Ankündigung ihrer Ankunft benutzte Signalhorn wurde später von der Post übernommen.

Metzingen

◆ **Metzingen,** Stadt in Baden-Württemberg, Ldkrs. Reutlingen, an der Erms, nordöstl. von Reutlingen, 354 m ü. M., 21 400 Ew.; spätgot. Martinskirche (um 1500, im 19. Jh. erneuert), Rathaus (17. Jh.); Obst- u. Weinanbau, Papier-, Metall-, Textil-, Kunststoffindustrie. – Stadtrecht 1831.

◆ **Metzinger** [mɛtsɛ̃'ʒe], Jean, französ. Maler, * 24. 6. 1883 Nantes, † 1. 11. 1956 Paris; trat 1910 in Verbindung zum Kubismus u. war zeitweise dessen Wortführer; „Du Cubisme" 1912.

Metzler-Arnold, Ruth, schweiz. Politikerin (Christlich-Demokratische Volkspartei), * 23. 5. 1964 Willisau; Juristin und Wirtschaftsprüferin; wurde 1996 Finanzdirektorin in Appenzell-Innerrhoden; seit 1999 Bundesrätin (Eidgenössisches Justiz- und Polizeidepartement).

Metzmacher, Ingo, dt. Pianist u. Dirigent, * 10. 11. 1957 Hannover; seit 1997 Generalmusikdirektor der Hamburger Staatsoper.

Metzner, Franz, dt. Bildhauer, * 18. 11. 1870 Wscherau bei Pilsen, † 24. 3. 1919 Berlin; sein Hptw. sind die Figuren für das Leipziger Völkerschlachtdenkmal 1906–1913, deren pathet. Stil er in Kleinplastiken überwand.

Meuchelmord, heimtückische Tötung eines Menschen; strafbar als → Mord.

Meudon [mø'dɔ̃], französ. Kreisstadt südwestl. von Paris, Dép. Hauts-de-Seine, auf dem linken Ufer der Seine, 46 200 Ew.; im früheren Schloss (17. Jh.) ein astrophysikal. Observatorium, Rodin-Museum; Metall-, chem. Industrie (Sprengstoffe).

Meumann, Ernst, dt. Psychologe u. Pädagoge, * 29. 8. 1862 Uerdingen bei Krefeld, † 26. 4. 1915 Hamburg; Schüler von W. *Wundt*, 1911 Prof. in Hamburg; Vertreter der experimentellen Pädagogik; betonte eine kindgemäße Erziehung u. beeinflusste damit die Hamburger Schulreformer: „Abriss der experimentellen Pädagogik" 1914; „Intelligenz u. Wille" ⁴1925.

◆ **Meunier** [mø'nje], Constantin Émile, belg. Bildhauer, Maler u. Grafiker, * 12. 4. 1831 Brüssel-Etterbeck, † 4. 4. 1905 Brüssel-Ixelles; begann mit konventionell-realist. Gemälden, ging um 1880 zum Impressionismus über, gleichzeitig vom religiösen Historienbild zu Darstellungen aus der Welt der belg. Kohlenarbeiter. Seine bildhauerische Tätigkeit begann 1886 unter dem Einfluss A. *Rodins* mit monumental aufgefassten Figurenplastiken. Hptw.: Denkmal der Arbeit mit Figuren u. Reliefs 1890–1905, ursprüngl. für einen öffentl. Platz in Brüssel bestimmt, heute im Museum in Brüssel.

Meurthe [mœrt], rechter Nebenfluss der Mosel in Ostfrankreich, 180 km; entspringt in den mittleren Vogesen, mündet bei *Frouard*; ab Nancy schiffbar.

Meurthe-et-Moselle [mœrtemo'zɛl], nordostfranzös. Dép. in Lothringen, 5241 km², 716 000 Ew.; Verw.-Sitz *Nancy*.

Meuse [mø:z], **1.** nordostfranzös. Dép. beiderseits der oberen Maas, 6216 km², 194 000 Ew.; Verw.-Sitz *Bar-le-Duc*; der nordwestl. Teil von *Lothringen*.
2. französ. Name für die → Maas.

Meuselwitz, Stadt in Thüringen, Ldkrs. Altenburger Land, nordwestl. von Altenburg, 10 800 Ew.; Braunkohlenbergbau (eingestellt), Werkzeugmaschinenbau, Gießerei, Gummiwaren-, elektron., Textil- u. Bauindustrie.

Meute [die; frz.], Rudel von Jagdhunden meist gleicher Rasse, die zur gemeinsamen Jagd abgerichtet sind.

Meuterei [frz.], **1.** die Zusammenrottung von Soldaten zur gemeinsamen *Gehorsamsverweigerung, Bedrohung* oder *Nötigung* gegenüber einem Vorgesetzten oder zum tätl. Angriff auf einen solchen. M. von Soldaten wird nach § 27 Wehrstrafgesetz mit Freiheitsstrafen geahndet; Verabredung oder Versuch sind strafbar. – In *Österreich* ist Anstiftung zu militär. M. strafbar nach § 259 StGB, in der *Schweiz* die Verleitung zur M. nach Art. 276 StGB, die M. selbst im Militärstrafgesetz (ebenso in Österreich). Auch → Militärstrafrecht.
2. *Gefangenen-Meuterei,* die Zusammenrottung von Gefangenen aller Art oder von Sicherungsverwahrten, die mit vereinten Kräften das Aufsichts-, Betreuungs- oder Untersuchungspersonal nötigen oder tätlich angreifen, gewaltsam ausbrechen (oder einem anderen zum Ausbruch verhelfen); als Ausnahme vom Grundsatz der Straflosigkeit der Selbstbefreiung strafbar mit Freiheitsstrafe von 3 Monaten bis zu 5 Jahren, in bes. schweren Fällen von 6 Monaten bis zu 10 Jahren (§ 121 StGB). – In der *Schweiz* wird Gefangenenmeuterei (Art. 311 StGB) mit Gefängnis nicht unter 1 Monat, gewalttätige Meuterer werden mit Zuchthaus bis

Jean Metzinger: La tricoteuse. Paris, Centre Georges Pompidou

Constantin Émile Meunier: Im schwarzen Land. Paris, Musée d'Art Moderne de la Ville de Paris

zu 5 Jahren oder mit Gefängnis nicht unter 3 Monaten bestraft. – In *Österreich* ist nur die Befreiung von Gefangenen strafbar; Selbstbefreiung u. hierauf gerichtete Handlungen sind straffrei (§ 300 StGB).

3. *Meuterei auf See* (an Bord eines Schiffs), Auflehnung gegen Vorgesetzte, u. U. sogar gewaltsame Absetzung des Kapitäns u. der Offiziere; nach §§ 115, 116 des deutschen Seemannsgesetzes vom 26. 7. 1957 verboten u. strafbar.

MeV, Kurzzeichen für *Megaelektronenvolt,* 1 Million → Elektronenvolt; eine Maßeinheit der Energie, die vor allem in der Physik der Elementarteilchen benutzt wird. So entspricht z. B. eine Elektronenmasse nach der Beziehung $E = mc^2$ einer Energie von 0,51 MeV.

Mevissen, Gustav von (1884), dt. Unternehmer u. Politiker, * 20. 5. 1815 Dülken, † 13. 8. 1899 Godesberg; neben L. *Camphausen* u. D. *Hansemann* Führer des rhein. Liberalismus, Verfechter der Schutzzollpolitik mit sozialpolit. Engagement, 1842 Gründer der „Rheinischen Zeitung", 1848/49 Abg. der Frankfurter Nationalversammlung u. zeitweilig Unterstaatssekretär im Handelsministerium. Nach dem Scheitern der Revolution widmete sich M. seinen wirtschaftl. Unternehmungen im Eisenbahn-, Versicherungs- u. Bankgewerbe. Durch seine Stiftung ermöglichte er die Gründung der Kölner Handelshochschule, aus der die Universität Köln hervorging.

Mewlewija [pers.], *Mevlevi,* ein Derwischorden, der auf *Dschelal Ad Din Rumi* († 1273) zurückgeht. Die Andachtsübungen zeichnen sich durch ekstatischen Tanz unter Flötenbegleitung aus („tanzende Derwische"). Auch → Sufismus.

Mewlud → Maulid.

Mexcala ['mɛskala], *Río Mexcala,* Fluss in Mexiko, → Balsas.

Mexcalli, mexikan. Branntwein, → Tequila.

Mexica, eine der sieben aztek. Stammesgruppen, die der Überlieferung nach aus ihrer Urheimat *Chicomoztoc* im NW Mexikos auswanderten, um 1200 n. Chr. das zentrale Hochland von Mexiko zu besiedeln; der Stadtname Mexico bedeutet im Aztekischen „Ort der Mexica".

Mexicali [mɛxi-], Hptst. des mexikan. Staats Baja California Norte, im Delta des Colorado an der Grenze zu den USA, 695 000 Ew.; Staatsuniversität; Baumwollanbau auf bewässerten Feldern; Baumwoll-, Baumwollsaat- sowie Fettverarbeitung.

México ['mɛxiko], *Estado de México,* mexikan. Staat westl. der Hptst., 21 335 km², 9,8 Mio. Ew.; Hptst. *Toluca de Lerdo,* Bewässerungsanbau u. Viehwirtschaft sind hauptsächlich auf die Versorgung der Stadt Mexico ausgerichtet.

Mexico, Die Hauptstadt der Republik Mexiko liegt in einem Becken im südlichen Hochland von Mexiko, 2277 m ü. M. Die mit Abstand größte Stadt des Landes hat 8,5 Mio. Ew.; hohe Geburtenzahlen u. unkontrollierte Zuwanderungen haben die Stadt aber weit über die Grenzen des Bundesdistrikts ausufern lassen; der Ballungsraum Mexico umfasst nach Schätzungen 16,7 Mio. Ew.

Mexico weist wie fast alle amerikanischen Großstädte eine schachbrettartige Stadtanlage auf; Mittelpunkt der historischen Altstadt (Weltkulturerbe seit 1987) ist die Plaza de la Constitution *(Zócalo)* mit der Kathedrale (16./17. Jh.), dem Nationalpalast (Amtssitz des mexikanischen Präsidenten) u. dem Templo Mayor (Reste eines Aztekentempels). Die Metropole weist noch eine Vielzahl von Bauten aus spanischer Kolonialzeit auf. Im W liegt der riesige Stadtpark Bosque de Chapultepec mit zoologischem Garten u. zahlreichen Museen. Im O wurde der Texcoco-Salzsee bis auf wenige Reste trocken gelegt. Die Basílica de la Virgen de Guadalupe im NO der Stadt ist die größte Wallfahrtskirche Lateinamerikas.

Mexico ist Erzbischofssitz u. der kulturelle Mittelpunkt des Landes. Hier haben allein neun Universitäten ihren Sitz, darunter die alte *Universidad Nacional Autónoma de Mexico* (gegründet 1551), sowie wissenschaftliche Akademien, Technische Hochschule, zahlreiche Fachhochschulen, Nationalarchiv, Bibliotheken u. Nationaltheater. Zu den zahlreichen bedeutenden Museen zählen das Anthropologiemuseum u. das Historische Nationalmuseum im Schloss Chapultepec.

Mexico ist das führende Verwaltungs-, Handels-, Finanz- u. Industriezentrum des Landes. Die wichtigsten Branchen sind Elektro-, Metall-, Textil-, Tabak-, Nahrungsmittel-, chemische, Zement- u. Stahlindustrie. Als Autobahn- u. Eisenbahnknotenpunkt sowie durch den internationalen Flughafen *Benito Juarez* ist die Stadt das wichtigste Verkehrszentrum Mexikos. Der innerstädtische Verkehr wird durch eine U-Bahn (seit 1969) entlastet. Dennoch erreicht die Schadstoffbelastung der Luft vor allem während der häufigen Inversionswetterlagen immer wieder katastrophale Ausmaße.

Geschichte: Die Azteken prägten in präkolumbischer Zeit die Geschichte der Region um Mexico. 1325 legten sie auf einer Insel im Texcoco-See ihre Hauptstadt *Tenochtitlán* an, die ein dichtes Kanalnetz durchzog und durch drei Dämme mit dem Festland verbunden war. Im Stadtzentrum erhob sich die mächtige Hauptpyramide. 1521 eroberten und zerstörten die Spanier unter H. *Cortés* die Stadt. Bereits 1522 begannen die Spanier auf den Trümmern mit dem Bau einer neuen Stadt, die sie *Mejico* nannten. Sie wuchs rasch; bereits 1537 lebten dort wieder 100 000 Indianer und 2000 Spanier. Mexico war Sitz des Vizekönigs von Neuspanien und Mittelpunkt des spanischen Kolonialreichs in Nord- und Mittelamerika. Erst 1821 gelang es mexikanischen Freiheitskämpfern im Unabhängigkeitskrieg (1810 – 1821), den Spaniern Mexico zu entreißen. Während der Diktatur von P. *Díaz* (1876 – 1911) und der anschließenden Revolutionsära erfolgte eine umfassende Modernisierung des Stadtbilds von Mexico, insbesondere unter französischem Stileinfluss. Die Industrialisierung Mexicos nach dem 2. Weltkrieg führte zu massivem Bevölkerungswachstum. 1968 war Mexico Schauplatz der Olympischen Sommerspiele. 1985 wurde es von einem schweren Erdbeben heimgesucht. → Seite 22.

Mexikaner, die heutigen Bewohner Mexikos, hervorgegangen aus den indianischen Ureinwohnern (vor allem Maya- u. Nahuastämme) unter erhebl. Vermischung mit Europäern (meist Spaniern).

mexikanische Kunst → iberoamerikanische Kunst.

mexikanische Literatur → iberoamerikanische Literatur.

mexikanische Musik → iberoamerikanische Musik.

Mexikanische Reiswurzel → Zacatón.

Mexikanisches Becken → Mexiko (1).

Mexiko, 1. *Golf von Mexiko, Golfo de México,* der nordwestl. Teil des Amerikan. Mittelmeers; im *Mexikan. Becken,* das den östl. u. zentralen Golf von M. einnimmt, bis 4376 m tief; durch die Floridastraße mit dem Atlantik, durch den Yucatánkanal mit dem Karibischen Meer verbunden. Der südwestl. Teil wird *Golf von Campeche* genannt.
2. *Ciudad de México* → Mexico.

Mexiko, Staat in Mittelamerika, → Seite 24.

Mexikograben → Guatemalagraben.

Mey, Reinhard, Pseudonym: Alfons Yondraschek, dt. Chansonsänger u. Liedermacher, *21. 12. 1942 Berlin; zunächst in Frankreich erfolgreich, dann auch in Dtschld. mit sozialkrit., auch iron. Liedern über Alltagsszenen.

Meyenburg, Stadt in Brandenburg, Ldkrs. Prignitz, an der Stepenitz, südl. des Plauer Sees, 2500 Ew.; Schloss (15. Jh., im 19. Jh. erweitert) mit Landschaftspark (19. Jh.); Möbel- u. Baumaterialindustrie.

Meyer, 1. Adolf, dt. Architekt, *17. 6. 1881 Mechernich, Rheinland, †14. 7. 1929 Baltrum; Schüler von P. *Behrens,* 1919–1925 Lehrer am Bauhaus, langjähriger Mitarbeiter von W. *Gropius.* Neben Schulen u. Wohnhäusern baute er das Planetarium der Zeiss-Werke in Jena 1925/26.
2. Alfred Richard, Pseudonym: *Munkepunke,* dt. Schriftsteller u. Verleger, *4. 8. 1882 Schwerin, †9. 1. 1956 Lübeck; anfangs frühexpressionist. Lyriker, schrieb witzige u. formgewandte Gedichte („Würzburg im Taumel" 1911; „Munkepunkes Bowlenbuch" 1913; „Wenn nun wieder Frieden ist" 1948) u. Novellen („Flandrische Etappe" 1917; „Der große Munkepunke" 1925), ferner „Die maer von der musa expressionistica" 1948.

Conrad Ferdinand Meyer

3. Conrad Ferdinand, schweiz. Schriftsteller, *11. 10. 1825 Zürich, †28. 11. 1898 Kilchberg bei Zürich; histor. u. ästhet. hoch gebildet; litt zeitlebens unter Depressionen u. war in seinen letzten Lebensjahren psychisch krank. Zweisprachig erzogen (dt. u. fran-

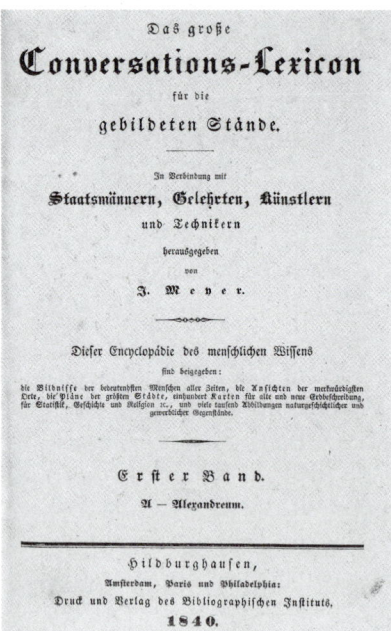
Joseph Meyer: Titelblatt des „Großen Conversations-Lexicons für die gebildeten Stände", Band 1, 1840

zös.), wandte er sich erst um 1870 endgültig dem dt. Kulturkreis zu. Zunächst schrieb er fast nur Gedichte u. Balladen. Seine Themen waren die schweiz. Landschaft, die christl. Religion u. die Geschichte, das Problem von Macht u. Sittlichkeit, der Gegensatz von renaissancehaftem Individualgefühl u. christl.-mittelalterl. Gebundenheit. Epos: „Huttens letzte Tage" 1871. Roman: „Georg Jenatsch" 1876, unter dem Titel „Jürg Jenatsch" 1883. Novellen: „Das Amulett" 1873; „Der Schuss von der Kanzel" 1877; „Der Heilige" 1880; „Gustav Adolfs Page" 1882; „Plautus im Nonnenkloster" 1882; „Die Leiden eines Knaben" 1883; „Die Hochzeit des Mönchs" 1884; „Die Richterin" 1885; „Die Versuchung des Pescara" 1887; „Angela Borgia" 1891. – Sämtliche Werke. Histor.-krit. Ausgabe, hrsg. von H. Zeller, A. Zäch, 15 Bde. 1958ff.; Briefe, hrsg. von A. Frey, 2 Bde. 1908.
4. Eduard, dt. Althistoriker, *25. 1. 1855 Hamburg, †31. 8. 1930 Berlin; Prof. in Leipzig, Breslau, Halle u. Berlin (1902 bis 1923); stellte die grundlegende Chronologie der ägypt. Geschichte auf u. gilt als Meister der Quellenforschung; schrieb im universalhistor. Geist eine umfassende, bis 350 v. Chr. reichende „Geschichte des Altertums" 5 Bde. 1884–1902; „Ägypt. Chronologie" 1904; „Ursprung u. Anfänge des Christentums" 1921–1923, Nachdr. 1962; „Caesars Monarchie u. das Prinzipat des Pompejus" 1918, Nachdr. 1962.
5. Ernst Hermann, dt. Komponist u. Musikforscher, *8. 12. 1905 Berlin, †8. 10. 1988 Berlin; Schüler von M. *Butting,* P. *Hindemith* und H. *Eisler;* 1948–1970 Prof. in Berlin (Ost), seit 1968 Präs. des Komponistenverbandes der DDR. Oper „Reiter der Nacht" 1973; Orchesterwerke, Kantaten („Lenin hat gesprochen" 1970).
6. E. Y. (eigentl. Peter *M.*), schweiz. Schriftsteller, *11. 10. 1946 Liestal, Kt. Basel; war zunächst Lehrer; thematisiert menschl. Dasein, Philosophie u. Künstlertum in z.T. surrealen Erzählungen, Romanen u. Theaterstücken. Hptw.: „In Trubschachen" 1973; „Die Rückfahrt" 1977; „Das System des Doktor Maillard oder Die Welt der Maschinen" 1994; „Venezian. Zwischenspiel" 1997.
7. Hannes, schweiz. Architekt, *18. 11. 1889 Basel, †19. 7. 1954 Crocifisso bei Lugano; Vertreter eines radikalen Funktionalismus, der dt. Bodenreformbewegung u. des kooperativen Bauens (co-op). M. lehrte seit 1927 am Bauhaus, dessen Direktor er 1928 wurde. Nach Entlassung 1930 wechselnde Aufenthalte in der Sowjetunion (1930 bis 1936), der Schweiz (bis 1938), Mexiko (bis 1949) u. wieder der Schweiz. Hptw.: Freidorf bei Muttenz 1919–1921; Entwurf für den Völkerbundpalast in Genf 1926; Bundesschule des ADGB in Bernau (mit H. *Wittwer*) 1928–1930.
8. Hans, Enkel von 12), Bruder von 11), dt. Verleger u. Geograph, *22. 3. 1858 Hildburghausen, †5. 7. 1929 Leipzig; bereiste in fünf Expeditionen (bis 1911) Süd- u. Ostafrika sowie die Anden, bestieg 1889 als Erster den Kilimandscharo (mit L. *Purtscheller*); 1915–1928 Prof. in Leipzig u. Verleger (1884–1914 Bibliographisches Institut); schrieb Reiseberichte u. kolonialgeograph. Arbeiten.
9. Hans (Johann Erhard), dt. Röntgenologe, *30. 7. 1877 Bremen, †11. 4. 1964 Marburg; 1911 der erste Dozent für „Röntgenkunde u. Lichttherapie" (heute: Röntgenologie u. Strahlenheilkunde); schuf die Grundlagen der Strahlentherapie.
10. Heinrich, schweiz. Maler u. Schriftsteller, *16. 3. 1760 Zürich, †11. 10. 1832 Jena; 1791 von *Goethe* als Lehrer an die Weimarer Zeichenschule berufen, bis 1806 als Maler tätig; nahm großen Einfluss auf die Kunsttheorie Goethes, daher „Goethemeyer" genannt.
11. Hermann, Enkel von 12), Bruder von 8), dt. Forschungsreisender, *11. 1. 1871 Hildburghausen, †17. 3. 1932 Leipzig; bereiste 1895–1899 Zentralbrasilien, gründete dort Siedlungen (z. B. *Neuwürttemberg*); seit 1903 Verleger (Bibliograph. Institut) in Leipzig.

Joseph Meyer

12. Joseph, dt. Verleger, *9. 5. 1796 Gotha, †27. 6. 1856 Hildburghausen, Thüringen; gründete im Jahre 1826 das *Bibliographische Institut,* für das er u.a. „Meyers Konversations-Lexikon" schuf und auch neue Vertriebswege entwickelte (z.B. Erscheinen lieferungsweise bei Subskription, Reisebuchhandel).
13. Julius Lothar, dt. Chemiker, *19. 8. 1830 Varel, Oldenburg, †12. 4. 1895 Tübin-

gen; stellte 1869 unabhängig von D. *Mendelejew* das *Periodensystem der Elemente* auf.
14. Krzystof, poln. Komponist, * 11. 8. 1943 Krakau; Schüler von K. *Penderecki*; 1966 Dozent der Musikhochschule in Krakau, seit 1987 Prof. in Köln, Mitglied der Freien Akademie der Künste in Mannheim. Seine Werke zeichnen sich durch serielle u. aleatorische Verfahren aus. 6 Sinfonien, Kammermusik, Opern „Kyberiade" 1971; „Die Spieler" 1983; „Die verzauberten Brüder" 1990.
15. Laurenz, dt. Politiker (CDU), * 15. 2. 1948 Salzkotten; Diplomvolkswirt; seit 1990 Mitglied des Landtags von Nordrhein-Westfalen, 1999–2000 dort Fraktions-Vors. seiner Partei; seit 2000 Generalsekretär der CDU.
16. Victor, dt. Chemiker, * 8. 9. 1848 Berlin, † 8. 8. 1897 Heidelberg; entdeckte das Thiophen, die Aldoxime u. Ketoxime u. gab ein Molekulargewichtsbestimmungsverfahren aufgrund der Dampfdichte an.

Meyer-Amden, Otto, schweiz. Maler u. Grafiker, * 20. 2. 1885 Bern, † 15. 1. 1933 Zürich; ausgebildet in Bern, Zürich u. seit 1907 in Stuttgart; abstrahierte Figurenbilder mit lyri. Stimmungsausdruck, bes. Waisenhausszenen u. religiös-symbol. Darstellungen.

Giacomo Meyerbeer

◆ **Meyerbeer,** Giacomo, eigentl. Jakob Liebmann Meyer *Beer*, dt. Komponist, * 5. 9. 1791 Tasdorf bei Berlin, † 2. 5. 1864 Paris; seit 1842 Generalmusikdirektor an der Königl. Oper in Berlin; hatte Welterfolg mit Opern im prunkhaften Stil der französ. Großen Oper, dem er durch Aufnahme dt., italien. sowie in den Sujets sozialkrit. Elemente zu individueller Prägung verhalf: „Robert der Teufel" 1831; „Die Hugenotten" 1836; „Der Prophet" 1849; „Die Afrikanerin" 1864.

Meyer-Eckhardt, Victor, dt. Schriftsteller, * 22. 9. 1889 Hüsten, Westfalen, † 2. 9. 1952 Breyell, Niederrhein; durchwanderte die Mittelmeerländer; war von humanist. Geist bestimmt; Lyrik: „Dionysos" 1924; Novellen: „Die Gemme" 1926; „Menschen im Feuer" 1939; „Der Graf Mirabeau" 1940; Romane: „Der Herr des Endes" 1948; „Madame Sodale" 1950; „Der Herzog von Enghien" 1973.

Otto Meyerhof

◆ **Meyerhof,** Otto, dt. Biochemiker u. Physiologe, * 12. 4. 1884 Hannover, † 6. 10. 1951 Philadelphia, Pa.; 1918 Prof. in Kiel, 1929–1938 Leiter des Kaiser-Wilhelm-Instituts für Physiologie in Heidelberg, emigrierte 1938 nach Paris, seit 1940 in Philadelphia (USA); erklärte die chem. Vorgänge bei den Energieumsätzen im Muskel; Hptw.: „Zur Energetik der Zellvorgänge" 1913; „Die chem. Vorgänge im Muskel" 1930; erhielt, gemeinsam mit A. *Hill*, für die Erforschung des intermediären Kohlenhydratstoffwechsels u. die energet. Vorgänge in der Muskulatur 1922 den Nobelpreis für Medizin.

Meyerhold, *Mejerchol'd*, Wsewolod Emiljewitsch (Karl Theodor Kasimir), russ. Schauspieler u. Regisseur, * 10. 2. 1874 Pensa, † 2. 2. 1940 Moskau (erschossen); erneuerte als Schüler K. J. *Stanislawskijs* die russ. Regie durch die Entwicklung eines radikal antirealist. Bühnenkunst („Konstruktivismus") u. größtmögliche Steigerung der schauspieler. Ausdrucksmittel („Biomechanik"). Statt der Bühnendekoration verwandte er techn. Konstruktionen. Er leitete seit 1923 ein eigenes Theater in Moskau. In den 1930er Jahren wurde er zunehmend wegen seines „Formalismus" kritisiert. Sein Theater wurde 1938 geschlossen, er selbst wurde 1939 verhaftet.

Meyer-Lübke, Wilhelm, schweiz. Romanist, * 30. 1. 1861 Dübendorf (Schweiz), † 4. 10. 1936 Bonn; Prof. in Paris, Jena, Wien u. Bonn; verfasste bes. Arbeiten zur vergleichenden Grammatik der roman. Sprachen: „Grammatik der roman. Sprachen" 4 Bde. 1890–1902; „Roman. etymolog. Wörterbuch" 1911; „Das Katalanische" 1925.

Meyern, Wilhelm Friedrich von, dt. Schriftsteller, * 26. 1. 1762 Frauental bei Ansbach, † 13. 5. 1829 Frankfurt a. M.; Freimaurer, schrieb den fantastisch-utopischen Roman „Dya-Na-Sore oder Die Wanderer" 1787–1789, der *Jean Paul* beeinflusste.

Meyers, Franz, dt. Politiker (CDU), * 31. 7. 1908 Mönchengladbach, † 27. 1. 2002 Mönchengladbach; Rechtsanwalt; 1950 bis 1970 Mitglied des Landtags, 1952 bis 1956 Innen-Min., 1958–1966 Min.-Präs. von Nordrhein-Westfalen; 1957/58 MdB. Erinnerungen: „gez. Dr. Meyers" 1982.

Meyerson [mɛjɛr'sō], Émile, französ. Philosoph, * 12. 2. 1859 Lublin, † 2. 12. 1933 Paris; Kritiker des Empirismus, versuchte die apriorischen bzw. konventionellen Voraussetzungen der Wissenschaften aufzuzeigen. Hptw.: „Identité et réalité" 1908, dt. 1930; „Du cheminement de la pensée" 3 Bde. 1931.

Meyfarth, Ulrike, dt. Leichtathletin, * 4. 6. 1956 Frankfurt a. M.; Olympiasiegerin im Hochsprung 1972 (1,92 m) u. 1984 (2,02 m), Europameisterin 1982; sprang 1983 Weltrekord (2,03 m); dt. Sportlerin des Jahres 1981–1984.

Meynen, Emil, dt. Geograph, * 22. 10. 1902 Köln, † 23. 8. 1994 Bonn; lehrte in Berlin, 1947–1971 Direktor des Instituts für Landeskunde in der Bundesforschungsanstalt für Landeskunde u. Raumordnung, Bonn-Bad Godesberg; Hrsg. der „Forschungen zur dt. Landeskunde", der „Berichte zur dt. Landeskunde" u. des „Geograph. Taschenbuchs"; schrieb u. a.: „Deutschland u. das Dt. Reich" 1935; „Zentralität als Problem der mittelalterl. Stadtgeschichtsforschung" 1979.

Meynert, Theodor Hermann, österr. Psychiater dt. Herkunft, * 15. 6. 1833 Dresden, † 31. 5. 1892 Klosterneuburg; 1870 Prof. in Wien; begründete das systemat. Studium der Hirnstruktur.

Meyr, Melchior, dt. Schriftsteller, * 28. 6. 1810 Ehringen bei Nördlingen, † 22. 4. 1871 München; mit seinen dörfl. „Erzählungen aus dem Ries" 1856ff. einer der Vorläufer der Heimatkunst; „Neue Erzählungen aus dem Ries" 4 Bde. 1859; „Erzählungen" 1867.

Meyrin [mɛ'rẽ], schweiz. Stadt in der Agglomeration Genf, 29 500 Ew.; Europ. Kernforschungszentrum (CERN).

Gustav Meyrink

◆ **Meyrink,** Gustav, eigentl. G. *Meyer*, österreichischer Schriftsteller, * 19. 1. 1868 Wien, † 4. 12. 1932 Starnberg; lebte lange in Prag; Mitarbeiter des „Simplicissimus", schrieb antibürgerliche Satiren („Des deutschen Spießers Wunderhorn" 1913) und grausig-okkulte Erzählwerke, mitunter mit alten Prager Lokalsagen verwoben (Romane: „Der Golem" 1915; „Fledermäuse" 1916; „Walpurgisnacht" 1917; „Das grüne Gesicht" 1917). – Gesammelte Werke, 6 Bde. 1917.

◆ **Meysel,** Inge, dt. Schauspielerin, * 30. 5. 1910 Berlin; Volksschauspielerin, die in Theater, Film u. bes. Fernsehen erfolgreich resolute Frauengestalten des Alltagslebens verkörpert (z. B. in der TV-Serie „Die Unverbesserlichen" 1965–1971); noch im hohem Alter als Darstellerin aktiv (z. B. in TV-Film „Das vergessene Leben" 1998).

Meysenbug, Malvida Freiin von, dt. Schriftstellerin, * 28. 10. 1816 Kassel, † 26. 4. 1903 Rom; führte dort einen literar. Salon, befreundet mit A. *Herzen*, G. *Garibaldi*, G. *Mazzini*, R. *Wagner*, F. *Nietzsche*, R. *Rolland*; Lebenserinnerungen: „Memoiren einer Idealistin" 1876; „Der Lebensabend einer Idealistin" 1898; „Gesammelte Erzählungen" 1885. – Gesammelte Werke, 5 Bde. 1926.

MEZ, Abk. für *Mitteleuropäische Zeit*.
Mezcal [meθ'kal], mexikan. Branntwein, → Tequila.

Fortsetzung S. 27

Inge Meysel (links) und Monika Peitsch in einer Folge der Fernsehserie „Die Unverbesserlichen"

Mexico

 Mexico

Kulturdenkmal: im einstigen Bischofssitz und der Residenz des spanischen Vizekönigs spanische Kolonialbauwerke auf den Ruinen von Tenochtitlán wie der Palacio Nacional, die Catedral Metropolitana (ursprünglich 16. Jh.) nebst Capilla de los Reyes mit vergoldetem Barockaltar, der Templo Mayor, die Iglesia de Santo Domingo, der ehemalige Colegio de San Ildefonso und der Palacio de Bellas Artes

Kontinent: Amerika

Land: Mexiko

Ort: Mexico und Xochimilco, südlich von Mexico

Ernennung: 1987

Bedeutung: spanische Kolonialgeschichte auf den Ruinen des Aztekenreiches; Xochimilco ein Zeugnis der komplexen aztekischen Ackerbaukultur

Zur Geschichte:

um 1325 Gründung von Tenochtitlán, der Hauptstadt des Aztekenreiches

1519 Landung der Spanier in der Nähe des heutigen Veracruz

13.8.1521 Zerstörung von Tenochtitlán

1810 unter Miguel Hidalgo y Costilla Aufstand gegen die spanischen Kolonialherren

1821 mit dem Vertrag von Córdoba Beginn der mexikanischen Unabhängigkeit

1845–48 Mexikanisch-Amerikanischer Krieg

1857–61 Mexikanischer Bürgerkrieg

1864 Krönung von Maximilian von Habsburg zum mexikanischen Kaiser

19.6.1867 Hinrichtung Maximilians

1900 bei Anlage von Abwasserkanälen Entdeckung des Templo Mayor

1978 bei Ausgrabungen Fund einer etwa 8 Tonnen schweren Steinscheibe mit der Abbildung der Mondgöttin Coyolxauhqui

Die Iglesia Santiago del Tlatelolco, erbaut auf aztekischen Ruinen, und moderne Häuserreihen fügen sich zum »Platz der drei Kulturen«

Die Hauptstadt der Azteken, Tenochtitlán, bestand noch keine zwei Jahrhunderte, als sie von den Spaniern unter der Führung von Hernán Cortés erobert und zerstört wurde. In ihrem heiligen Zentrum, auf den Trümmern der indianischen Pyramiden und Tempel, begann auf ausdrücklichen Befehl von Cortés der Aufbau der Hauptstadt der Provinz Neuspanien, der Ciudad de México, heute die größte und am dichtesten besiedelte Stadt der Welt. Ihr Zentrum bietet mit Hunderten von bedeutsamen Baudenkmälern einen Querschnitt der dreihundertjährigen Kolonialgeschichte des Landes und schließt mit dem Templo Mayor genannten Ruinenbezirk auch das ehemalige aztekische Zeremonialzentrum ein.

Plaza de la Constitución heißt der riesige zentrale Platz, dem Brunnen, Statuen und dekorative Blumenarrangements fehlen und der nachhaltig in seiner gewaltigen Leere beeindruckt. In der Mitte des mit 240 Meter Seitenlänge vermutlich größten Platzes der Welt weht einsam die mexikanische Flagge. An der Nordseite dominiert die Catedral Metropolitana, die größte Kirche des amerikanischen Kontinents, deren Vollendung fast ein Vierteljahrhundert in Anspruch nahm. Die barocke Pracht des Hauptschiffes und der Seitenkapellen wird heute von Stützgerüsten verdeckt: Seit Jahren ist das Bauwerk leicht geneigt und droht in den sumpfigen Untergrund zu sinken.

Die Fassade des bischöflichen Sakramentenhauses neben der Kathedrale, des Sagrario Metropolitano, ist ein herausragendes Beispiel für den verspielten mexikanischen Barockstil mit seiner überreichen Dekoration. Gegenüber lie-

Die »schwimmenden Gärten« von Xochimilco wurden von den Azteken zur Versorgung der Stadt angelegt; heute sind die Anlagen ein beliebter Ausflugsort

gen die Reste des aztekischen Tempelbezirks, in dem einst rituelle Menschenopfer stattfanden.

Die Ostseite des Platzes wird von der Front des Nationalpalastes, dem ehemaligen Amtssitz der spanischen Vizekönige, bestimmt. Das aus rötlichem Vulkanstein errichtete Bauwerk mit mehr als zehn Patios hatte ursprünglich nur zwei Stockwerke – das dritte wurde erst in diesem Jahrhundert hinzugefügt. Sehenswert sind die monumentalen Wandgemälde von Diego Rivera im Treppenaufgang und an der umlaufenden Galerie, die sich der mexikanischen Geschichte und der Legende des Gottkönigs Quetzalcoatl widmen. An der Südseite der Plaza steht das ehrwürdige Rathaus; die gesamte Westseite wird von den Portales de los Mercadores eingenommen, den Arkaden der Kaufleute. Vom Platz der Verfassung aus führt die Straße Madero zum Palacio de Bellas Artes, einem 1934 eröffneten, aus weißem Marmor erbauten Opernhaus mit einer Innengestaltung im Art

Déco – ursprünglich als symbolträchtiges Bauwerk für die Hundertjahrfeier der mexikanischen Unabhängigkeit gedacht, aber wegen der Revolutionswirren erst nachträglich fertig gestellt.

»Ort der Blumenfelder« heißt das am Südrand von Mexico liegende Dorf Xochimilco, berühmt für seine »schwimmenden Gärten«, die einst für die Versorgung des schnell anwachsenden Tenochtitlán besonders wichtig waren. Aus Mangel an Ackerland wurden kleinere Flöße aus Schilf und Korbgeflecht hergestellt und mit Schlamm und fruchtbarer Erde gefüllt und bepflanzt. Im flachen Wasserstand der Lagune von Xochimilco erreichten die Wurzeln bald den Boden des Sees und sorgten für ihre feste »Verankerung«. Im Laufe der Zeit bildeten sich auf diese Weise natürliche Inseln, und der permanente Wasserzufluss und die Düngung mit fruchtbarer Erde gewährleisteten bis zu sieben reiche Ernten im Jahr. Nunmehr sind die kleinen Inseln miteinander verwachsen, und breite Kanäle durchziehen fruchtbares und blühendes Land.

Monumentales Bilderbuch mexikanischer Geschichte: Riveras Fresken im Palacio Nacional

Besonders am Wochenende ist Xochimilco heute ein geschätzter Ausflugsort: Ausländische Besucher wie Einheimische lassen sich in kleinen, mit einem Sonnendach versehenen, blumengeschmückten und in leuchtenden Farben bemalten Booten über die grünschimmernden Wasserwege steuern. Auf einigen, die vorübergleiten, spielen Mariachi-Kapellen auf oder stellen Marimba-Spieler ihre musikalischen Künste unter Beweis, während von anderen aus Fruchtsäfte und mexikanische Spezialitäten wie mit Bohnen, Käse oder Fleisch gefüllte Burritos und mit würziger Hartwurst gefüllte Chalupas verkauft werden.

Manfred Wöbcke

Die Catedral Metropolitana nimmt einen beeindruckenden Superlativ für sich in Anspruch: Sie ist die größte Kirche des amerikanischen Kontinents

Mexiko

Offizieller Name: Vereinigte Mexikanische Staaten

Autokennzeichen: MEX

Fläche: 1 958 201 km²

Einwohner: 97,4 Mio.

Hauptstadt: Mexico

Sprache: Spanisch

Währung: 1 Mexikanischer Peso = 100 Centavos

Bruttosozialprodukt/Einw.: 3 970 US-Dollar

Regierungsform: Präsidiale bundesstaatliche Republik

Religion: Überwiegend Katholiken

Nationalfeiertag: 16. September

Zeitzone: Mitteleuropäische Zeit −7 Std. bis −9 Std.

Grenzen: Im N Vereinigte Staaten von Amerika, im O Golf von Mexiko u. Karibisches Meer, im S Belize u. Guatemala, im W Pazifischer Ozean

Lebenserwartung: 72 Jahre

Landesnatur Der Kernraum ist ein 1000 bis 2500 ms hoch gelegenes, von Kakteen- u. Dornbuschsteppe, im S von Kurzgrassteppe bedecktes, subtrop. Hochland *(Hochland von Mexiko)*, das von hohen, mit Kiefernwäldern bestandenen Randgebirgen bis über 3000 m Höhe *(Sierra Madre Oriental* im O, *Sierra Madre Occidental* im W) u. von schmalen Küstenebenen gesäumt wird u. zum Kordillerensystem gehört. In dem weitgehend abflusslosen Hochland erheben sich in der Umgebung der Stadt Mexico die Vulkanberge des *Popocatépetl* (5452 m) u. des *Iztaccíhuatl* (5286 m). Den Südabschluss bildet die *Meseta Neovolcánica* mit den höchsten Vulkangipfeln des Landes (Citlaltépetl 5700 m). Südl. der vom Balsas durchflossenen Senke schließt sich bis zum Isthmus von Tehuantepec, der als ungefähre Landschaftsgrenze zwischen Nord- u. Mittel(Süd-)amerika gilt, die *Sierra Madre del Sur* (bis 3703 m) an. Östlich der Landenge zieht sich das Bergland der *Sierra Madre de Chiapas* (bis 4064 m) bis nach Guatemala hinein; nach NO liegen die feuchtheiße Küstenebene von *Tabasco* u. die flache, niedrige, z. T. sumpfige u. verkarstete Kalktafel der Halbinsel Yucatán. Zu Mexiko gehört auch die gebirgige, schwach besiedelte Halbinsel *Niederkalifornien* (Baja California).

Klima Im O unterliegt das Klima dem Einfluss der Passatwinde, die den Flanken des Hochlandes während des ganzen Jahres Regen bringen. Das übrige Land weist trockene Winter mit Nachtfrösten auf. Während der sommerl. Regenzeit fallen Niederschläge, die von 800–1000 mm im südl. Hochland auf weniger als 100 mm im NW abnehmen.

Die Indianer vom Stamm der Totonaken stellen mit ihrem fliegenden Tanz die Beziehung der Götter zur Erde dar

Bevölkerung Die Einwohnerzahl Mexikos hat sich seit 1960 nahezu verdreifacht; rd. 74 % leben in Städten. Der Großteil der Bevölkerung bekennt sich zum röm.-kath. Glauben. 75 % sind Mestizen, 14 % Indianer u. 10 % Weiße; die Zahl der Kreolen (Nachfahren europ. Einwanderer) u. Weißen nimmt ständig ab. Unter den Nachfahren der indian. Urbevölkerung bilden die Maya in Yucatán die größte Gruppe vor den Nahua, Otomi u. Zapoteken. Rd. 50 % der Bevölkerung leben in dem zentralen Altsiedelraum um die Hauptstadt u. zwischen Guadalajara u. Toluca. Das jährl. Bevölkerungswachstum lag 1970–1976 bei 3,5 %, durch ein staatl. Bevölkerungsprogramm mit dem Ziel des begrenzten Wachstums sank es bis Ende der 1990er Jahre auf unter 2 % ab.

Bildungswesen In Mexiko besteht Schulpflicht vom 6. bis zum 12. Lebensjahr. Doch nur etwa 30 % der Schüler beenden diese Pflichtschulzeit an der Grundschule. Der Anteil der Analphabeten liegt bei rd. 10 %. Nach der abgeschlossenen Grundschule kann eine Berufsschule oder eine andere

Der am Gipfel vergletscherte Vulkan Popocatépetl überragt das Hochland von Mexiko; im Vordergrund ein Stahlwerk

Mexiko

Sekundarschule besucht werden. Von der weiterführenden Schule ist nach der dreijährigen Unterstufe der Übergang zu einer Fachschule oder Lehrerbildungsanstalt möglich. Nach dem Abschluss der zweijährigen Oberstufe kann ein Studium an einer der zahlreichen Hochschulen oder Universitäten aufgenommen werden.

Medien Es besteht Pressefreiheit soweit durch die publizistische Tätigkeit das Privatleben des Einzelnen u. die öffentliche Ordnung nicht gestört werden. Es erscheinen 16 überregionale Tageszeitungen. Die auflagenstärksten sind *El sol de México, El Heraldo, La Prensa, El Universal, Excélsior* u. die konservative *Novedades*. Die größte Verbreitung hat die Sportzeitung *Esto*. Die private Nachrichtenagentur heißt *Nomitex* (gegr. 1968). Der Hörfunk ist in Mexiko seit 1925 verbreitet, Fernsehen seit 1951. Die Programme werden von staatl. u. privaten Sendern gestaltet.

Wirtschaft 1998 waren rd. 24 % der Erwerbstätigen in der Landwirtschaft beschäftigt; sie ist aber nur zu rd. 5 % am Bruttosozialprodukt beteiligt. Von 99,2 Mio. ha landwirtschaftl. genutzter Fläche sind 6,1 Mio. ha Bewässerungsland. Für den Eigenbedarf werden Mais, Weizen, Bohnen u. Kartoffeln angebaut, für den Export Obst u. Gemüse, Baumwolle, Kaffee, Zucker, Tabak, Kakao u. Sisalhanf. Die Viehwirtschaft (1997: 26,9 Mio. Rinder, 15 Mio. Schweine, 11 Mio. Ziegen, 6 Mio. Schafe) kann den Inlandbedarf nicht decken. Trotz zahlreicher staatl. Maßnahmen leidet die Landwirtschaft unter starker Besitzersplitterung. Mexiko ist reich an Bodenschätzen (Eisen-, Blei-, Zink-, Kupfer- u. Silbererze, Gold, Quecksilber, Uran, Schwefel, Kohle, Erdöl u. Erdgas) u. der größte Silberproduzent der Erde. Die verstaatlichte Erdölwirtschaft stellt rd. 10 % der Gesamtausfuhr. Mit einer Fördermenge von 169,3 Mio. t (1998) liegt Mexiko an 5. Stelle der Ölförderländer. Die

Lacandon-Maya verkaufen ihre handwerklichen Erzeugnisse an Touristen, die die Ruinenstätte Palenque besuchen

Industrie konzentriert sich in der Hptst. u. im Grenzbereich zu den USA; sie umfasst die Herstellung von Nahrungs- u. Genussmitteln, Textilien, Eisen, Stahl, Maschinen, Kraftfahrzeugen, Elektro- u. Chemieprodukten. Wichtigster Handelspartner sind die USA. Für den internationalen Fremdenverkehr wurden entlang der Küsten u. in der Nähe präkolumbian. Ruinenstätten neue Touristengebiete erschlossen.

Verkehr Das Straßennetz ist gut ausgebaut, es umfasst 312 000 km. Dem Eisenbahnverkehr steht eine Streckenlänge von 26 600 km zur Verfügung, davon sind aber nur 246 km elektrifiziert. Für die Personenbeförderung ist der öffentl. Busverkehr bes. wichtig. Mexiko hat 50 internationale u. 33 nationale Flughäfen. Die wichtigsten Seehäfen sind Tampico, Tuxpan de Rod-

Mexiko

Treffen der Revolutionsführer mit Emiliano Zapata (in der Mitte sitzend) 1914

ríguez Cano, Coatzacoalcos u. Veracruz am Golf von Mexiko, Guaymas, Isla de Cedros, Santa Rosalia u. Salina Cruz am Pazifik.

Geschichte 1519–1521 eroberte H. *Cortés* das Land, in dem die *Azteken* seit dem 14. Jh. auf der Grundlage reicher älterer Kulturen (→ mittelamerikanische Kulturen) einen mächtigen u. blühenden Staatenbund geschaffen hatten, für Spanien. 1535 wurde

Feierliche Prozession auf dem Zócalo in Mexico-City. Dieser Platz ist für die Geschichte Mexikos von zentraler historischer Bedeutung, denn hier hielten bereits die Azteken ihre rituellen Feiern ab

Mexiko das span. Vizekönigreich *Neuspanien* u. erlangte durch seinen Silberreichtum große Bedeutung für das Mutterland. Die ersten Freiheitskämpfe Mexikos unter den Priestern M. *Hidalgo* (1810/11) u. J. M. *Morelos y Pavón* (1815) blieben erfolglos; erst 1821 gelang es, die Spanier zu besiegen, u. Mexiko wurde unter A. de *Iturbide* (als Kaiser *Augustin I.*) unabhängiges Kaiserreich. Innere Zwistigkeiten führten zum Rücktritt des Kaisers (1823) u. zur Proklamation der Republik (1824). Aber die Rivalitätskämpfe der mexikan. Generäle führten zu dauernden Unruhen u. schwächten das Land erheblich. Mit US-amerikan. Hilfe löste sich 1836 Texas von Mexiko, u. im Krieg gegen die USA (1846–1848) verlor es seine gesamten Nordprovinzen, d. h. ca. $2/5$ seines Staatsgebiets, an die USA.
Die Reformen des Präsidenten B. *Juárez García* (liberale Verfassung von 1857) riefen den Widerstand der Kirche hervor u. führten zu einem schweren Bürgerkrieg (1858–1861), der das Land wirtschaftlich ruinierte. Mexiko stellte die Bezahlung der Auslandsschulden ein, was Frankreich zur Intervention veranlasste. Auf Betreiben Napoleons III. wurde 1864 der österr. Erzherzog *Maximilian* Kaiser von Mexiko; er unterlag aber nach Abzug der französ. Truppen gegen den früheren Präsidenten Juárez u. wurde 1867 erschossen.
1877–1911 (mit Unterbrechung) war P. *Díaz* Präsident Mexikos; er baute ein stehendes Heer auf, stellte die Ordnung her u. erreichte einen beträchtlichen Wirtschaftsaufschwung. Sein Sturz (1911) leitete die Epoche der mexikan. Revolution (1911–1920) ein, in deren Verlauf mehrere politische Gruppierungen, u. a. auch solche mit sozialreformerischer Zielsetzung (E. *Zapata*, V. *Carranza*), um die Macht kämpften.
Die sozialist. Richtung setzte sich durch (Industrieverstaatlichung, Bodenreform, Bekämpfung der Kirche; Verfassung von 1917) u. organisierte sich schließlich in der Nationalen Revolutionären Partei (*Partido Nacional Revolucionario*, PNR). Dieser Prozess führte zur Stärkung der Zentralmacht gegenüber den verschiedenen lokalen Revolutionsgruppen sowie zur Etablierung einer konservativen Elite aus Beamten, Militärs u. Großgrundbesitzern. Der PNR entwickelte sich in der Folgezeit zur alles beherrschenden Massenpartei. Unter der Präsidentschaft L. *Cárdenas* erfolgte 1938 die Nationalisierung der US-amerikan., brit. u. niederländ. Erdölgesellschaften. 1942 trat M. auf Seiten der Alliierten in den 2. Weltkrieg ein. 1946 wurde der PNR in Partei der Institutionalisierten Revolution (*Partido Revolucionario Institucional*, PRI) umbenannt.

Die Erschießung Kaiser Maximilians. Gemälde von Edouard Manet. Mannheim, Städtische Kunsthalle

Unter den Präsidenten A. *López Mateos* (1958–1964) u. G. *Diaz Ordaz* (1964–1970) wurden die Landreform erfolgreich weitergeführt, die Industrialisierung beschleunigt, das Straßennetz ausgebaut u. die sozialen Einrichtungen verbessert.
1968 kam es zu schweren, gegen das Regime gerichteten (Studenten-)Unruhen, die mit Waffengewalt unterdrückt wurden, um die Durchführung der Olympischen Sommerspiele 1968 in der Hauptstadt Mexico nicht zu gefährden. Der 1969 gewählte Präsident L. *Echeverría Alvarez* (bis 1976) stand einer liberalen Regierung vor; es gelang ihm, der Jugendrevolte 1968 Herr zu werden. Dabei blieben, wie auch bei seinem Nachfolger, dem konservativen J. *López Portillo y Pacheco*, die Probleme des Bevölkerungszuwachses,

Die Atlanten von Tula, der Tolteken-Hauptstadt, sind ein Zeugnis der altamerikanischen Kultur

der Arbeitslosigkeit, des Währungsverfalls sowie der enormen Auslandsverschuldung ungelöst. Zur Parlamentswahl 1979 wurden erstmals oppositionelle Linksparteien zugelassen.
1982–1988 war der Wirtschaftsfachmann M. de la *Madrid Hurtado* Staatspräsident. Er versuchte, durch eine dezidierte Sparpolitik eine ökonom. Stabilisierung zu erreichen. Sein Nachfolger C. *Salinas de Gortari* setzte diesen Kurs fort. Unter seiner Führung wurde das Nordamerikan. Freihandelsabkommen (*NAFTA*) mit Kanada u. den USA geschlossen. Trotz dieser wirtschaftl. Erfolge blieben die großen sozialen Gegensätze im Lande bestehen. 1994 schlug das Militär im Bundesstaat Chiapas einen Indioaufstand nieder, der vom *Ejército Zapatista de Liberació Nacional* (EZLN) geführt wurde. Im gleichen Jahr fiel L. D. *Colosio Murrieta*, der Präsidentschaftskandidat des PRI, einem Attentat zum Opfer. E. *Zedillo Ponce de León*, der neue Kandidat des PRI, wurde im Aug. 1994 zum Präsidenten gewählt. Er sah sich mit einer schweren Währungskrise konfrontiert, die nur mit internationaler Hilfe beigelegt werden konnte. Verhandlungen mit dem EZLN über die Rechte der indian. Bevölkerung brachten keine befriedigende Lösung, so dass der Chiapas-Konflikt nicht endgültig beigelegt werden konnte. Bei den Parlamentswahlen 1997 verlor der PRI erstmals die absolute Mehrheit im Abgeordnetenhaus, obwohl die Politik der Regierung Zedillo zu einer Sanierung des Staatshaushaltes u. zur Drosselung der Inflation führte. 1998 gewannen die Oppositionsparteien bei Regionalwahlen die meisten Großstädte u. neun Bundesstaaten. Versuche den PRI zu modernisieren u. die innerparteil. Willensbildung zu demokratisieren, blieben ohne durchschlagenden Erfolg. Die 71-jährige Herrschaft der Partei endete schließlich bei den Präsidentschafts- u. Parlamentswahlen 2000. Die Bevölkerung wählte Vicente *Fox* von der Partei der Nationalen Aktion (PAN), den Kandidaten eines Oppositionsbündnisses aus PAN u. Grünen, zum neuen Staatspräsidenten.

Politik Mexiko ist nach der inzwischen mehrmals geänderten Verfassung von 1917 eine präsidiale Bundesrepublik. Staatsoberhaupt ist der Präsident des Landes, der auf sechs Jahre direkt vom Volk gewählt wird; eine Wiederwahl ist nicht möglich. Der Präsident hat weitreichende Machtbefugnisse. Er ernennt u. entlässt die Regierung u. ist Oberbefehlshaber der Streitkräfte. Das Parlament des Landes besteht aus zwei Kammern: dem Senat (128 Mitglieder) u. dem Abgeordnetenhaus. Die Senatoren werden für eine Amtszeit von sechs Jahren gewählt. Das Abgeordnetenhaus hat 500 Sitze, von denen 300 durch Mehrheitswahlsystem direkt bestimmt, die übrigen 200 Sitze nach dem Verhältniswahlrecht auf alle Parteien aufgeteilt werden. Die Abgeordneten sind für drei Jahre gewählt. Beherrschende politische Kraft war bis Ende der 1990er Jahre die Partei der Institutionalisierten Revolution (Partido Revolucionario Institucional, PRI). Der PRI, der einst mit sehr fortschrittlichen Zielen angetreten war, betreibt heute eine eher konservative Politik, die sehr stark von der Parteienhierarchie u. ihrer engen Verbindung zu den herrschenden sozialen Schichten beeinflusst wird. Weitere wichtige Parteien sind die konservative Partei der Nationalen Aktion (Partido Acción Nacional, PAN), die linke Partei der Demokratischen Revolution (Partido de la Revolución Democrática, PRD) u. die Grünen (Partido Verde Ecologista de México, PVEM). Die Bundesstaaten haben eigene Verfassungen, die der Verfassung des Bundes ähnlich sind. Das Rechtswesen beinhaltet span. wie auch französ. Elemente.

Die Kathedrale von Guadalajara wurde in der zweiten Hälfte des 16. Jahrhunderts errichtet und später mehrmals umgebaut

Mezzogiorno

Mezen, russ. Fluss, → Mesen.
Mézenc [me'zã], *Mont Mézenc,* höchste Erhebung der Monts du Vivarais in Südfrankreich, 1754 m.
Mézières [me'zjɛːr], nordostfranzös. Doppelstadt, → Charleville-Mézières.
Mezőföld ['mɛzøːfœld], ungar. Landschaftsname für das Lößplattendreieck Budapest-Plattensee-Sió. Das M. liegt 50–60 m höher als die Donautiefebene u. fällt mit Steilufer zum *Alföld* ab; humusreiche Schwarzerden.
Mezőkövesd ['mɛzøːkœvɛʃd], Ort im NO Ungarns, südwestl. von Miskolc, 18 700 Ew.; Schwefelheilbad; kunstgewerbl. Stickereien; Volkskunstmuseum.
Mezquit [das], *Mezquite* → Mesquite.
Mezquitegras, *Bouteloua racemosa* → Grammagras.
Mezzamajolika [die; ital.] → Halbfayence.
◆ **Mezzanin** [das; ital.], Halb- oder Zwischengeschoss in Renaissance- u. Barockpalästen, meist zwischen Erdgeschoss u. erster Etage.

Mezzanin (M) der Spätrenaissance

mezzo... [ital.], Wortbestandteil mit der Bedeutung „mittel, mittlere, halb".
mezzoforte [ital.], Abk. *mf,* musikal. Vortragsbez.: mittelstark.
Mezzogiorno [-'dʒɔrno; ital., „Mittag, Süden"], Bez. für die südl. von Rom liegenden Teile des italienischen Festlands, Sizilien, Sardinien u. die kleinen Inseln, 123 000 km², 21 Mio. Ew.; umfasst den Teil Italiens, der keine ausreichende wirtschaftl. Basis für die Bevölkerung bietet u. in dem eine starke Abwanderung stattfindet. Ungünstige Naturausstattung, jahrhundertelange Ausbeutung im Rahmen der Fremdherrschaft im „Königreich beider Sizilien" u. in Sardinien sowie Latifundienwirtschaft waren die wichtigsten Ursachen der Verarmung. Seit 1950 wurden mit Hilfe der „Cassa per il Mezzogiorno" u. eines Mezzogiorno-Ministeriums gezielte entwicklungspolit. Maßnahmen wie Bodenreform u. Bewässerungsanlagen (vor allem in den Küstengebieten), Verkehrserschließung durch Autobahnen, Industrieansiedlung (im Raum Latina, Neapel, Salerno, Bari, Brindisi, Tarent, Ostsizilien, Sardinien) u. Fremdenverkehrsförderung durchgeführt. Trotz einer bedeutenden wirtschaftlichen Entwicklung in einzelnen Regionen blieb die ökonom. Schwäche bestehen.

Mezzosopran

Miami: Blick über Miami Beach, das zu den bekanntesten Seebädern der USA gehört

Mezzosopran [der; ital.], die → Stimmlage zwischen Alt u. Sopran.
Mezzotinto [ital.] → Schabkunst.
mf, Abk. für → mezzoforte.
MFD, Abk. für *Militärischer Frauendienst;* → Frauenhilfsdienst.
Mfundafälle, Wasserfälle in Malawi, → Murchisonfälle.
Mg, chem. Zeichen für → Magnesium.
MG, Abk. für Maschinengewehr.
MGB → Staatssicherheitsbehörden der UdSSR.
MGM, Abk. für → Metro-Goldwyn-Mayer.
Mgr., Abk. für 1. → Monsignore; 2. → Monseigneur.
Mhd., Abk. für *Mittelhochdeutsch.*
MHD-Generator, Kurzwort für *magnetohydrodynamischer Generator,* → Magnetohydrodynamik.
Mhíde, *An Mhíde,* ostirische Grafschaft, → Meath.
Mhumha, *An Mhumha,* irische Provinz, → Munster.
mi, italien. Tonbezeichnung, ursprüngl. für den 3. Ton der Tonleiter, jetzt in den roman. Sprachen (auch C-Dur bezogen) der Name für den Ton e.
Mi., Abk. für *Mittwoch.*
MI, Abk. für den lat. Ordensnamen *Ordo Clericorum Regularium Ministrantium Infirmis,* → Kamillianer.
Miami [maiˈæmi], Algonkin-Indianerstamm (1000), ursprüngl. am Ohio, jetzt in Oklahoma u. in Indiana (USA).
◆ **Miami** [maiˈæmi], Stadt an der Südostküste der Halbinsel Florida (USA), 373 000 Ew., als Metropolitan Area 1,95 Mio. Ew.; Universität (gegr. 1928), Institut für Meeresforschung, naturwissenschaftl. Museum, Planetarium, Observatorium; Hafen, internationaler Flughafen; zusammen mit dem 10 km östl. auf einer Nehrung gelegenen *Miami Beach* u. *North Miami Beach* Zentrum eines der größten Fremdenverkehrsgebiete der USA. – 1870 an der Stelle eines alten Indianerdorfes gegr., Stadtsiedlung 1896.
Miami River [maiˈæmi ˈrivə], rechter Nebenfluss des *Ohio,* im SW des Staates Ohio (USA), mündet westl. von Cincinnati; 257 km.
Miao [das], die tibet.-birman. Sprache der *Miao* in der Prov. Guizhou der Volksrepublik China u. in Teilen von Thailand, Vietnam u. Laos; im Wortschatz vom Chinesischen beeinflusst; verwandt mit den Mon-Khmer-Sprachen.
Miao, *Meo,* Gruppe von sprachlich u. kulturell verwandten Bergvölkern (rd. 3,4 Mio.), davon 2,8 Mio. im SW Chinas, weitere Völker im N von Vietnam, Laos u. Thailand. Jagd (Armbrust); Bronzetrommeln, eigene Schrift, vaterrechtl. exogame Sippen, Ahnenkult mit Rinderopfern sind Kennzeichen ihrer Kultur. Die M. wurden 200 n. Chr. von den Chinesen unterworfen. Sie betrieben ursprüngl. Subsistenzwirtschaft mit Brandrodungsfeldbau (Mais, Hirse, Gemüse), in günstigen Lagen Reisanbau; Viehhaltung (Rinder, Schweine) für den Eigenbedarf. Heute gehen die M. immer mehr dazu über, ihre Brandrodungsfelder im jahreszeitl. Wechsel mit Mais u. Opium zu bepflanzen; von dem Erlös erwerben sie Reis, der die Grundlage ihrer Ernährung bildet. Dieser extensive Feldbau der M. (vor allem in Thailand) bewirkt eine dauerhafte Versteppung des Bodens, wodurch die Dörfer alle 10–20 Jahre oft über weite Entfernungen verlegt werden müssen.
Miasma [das, Pl. *Miasmen;* grch.], in der alten Medizin (seit *Hippokrates*) Bez. für krank machende Stoffe in der Luft u. angeblich Epidemien erzeugende Ausdünstungen der Erde.
Miass, Stadt in der Oblast Tscheljabinsk (Russland), am südl. Ural, 167 000 Ew.; Technikum für Geologie u. Automechanik; mineralog. Museum; Lastwagenwerk, Metall- u. Elektroindustrie. – Früher Goldfunde.
Miastko [ˈmjastkɔ], *Rummelsburg,* poln. Stadt in Pommern, an der Stüdnitz (poln. *Studnica*), nordöstl. von Szczecinek, 10 300 Ew.; Textil-, Leder-, Baustoff-, Holzindustrie.
Miasto [poln.], Bestandteil geograph. Namen: Stadt.
Micelle [die; lat.], ein kolloidales Molekülaggregat von fadenförmigen, parallel ausgerichteten u. durch van-der-Waalsʼsche Kräfte oder Nebenvalenzkräfte zusammengehaltenen Einzelmolekülen. *Micellenstruktur* liegt z. B. in Seifenlösungen u. im Feinbau einiger Textilfasern vor. Auch → Elementarfibrille, → Mikrofibrille.
Mich., Abk. für den USA-Staat → Michigan.
Micha [hebr.], *Michäas* [lat.], einer der zwölf kleinen Propheten des AT, um 740 bis 710 oder 701 v. Chr., Zeitgenosse Jesajas. Das *Buch M.* verkündet den Untergang Jerusalems u. enthält messianische Verheißungen.
Michael [hebr., „Wer ist (wie) Gott?"], männl. Vorname, Kurzform *Michel;* engl. Kurzform *Mike;* frz. *Michel,* span. *Miguel,* rumän. *Mihai(u),* poln. *Michal,* russ. *Michail,* Koseform *Mischa.*
◆ **Michael,** Erzengel; im AT (Daniel 10) Engel des Volkes Israel, im NT (Offb. 12) Führer der himml. Streitscharen gegen das Satansheer, Engel des neuen Gottesvolkes; Schutzpatron der Deutschen. Fest (verbunden mit dem der Erzengel Gabriel u. Raphael): 29. 9. („Michaelistag").
Michael, FÜRSTEN:
Byzanz: **1. Michael VIII. Palaiologos,** Kaiser 1259–1282, *1224, †11. 12. 1282 Pacormio bei Selymbria, Thrakien; Heerführer der Laskariden-Dynastie, riss nach dem Tod Kaiser Theodorosʼ II. die Regentschaft an sich u. verdrängte, in Nikaia zum Mitkaiser erhoben, den jungen Kaiser Johannes IV. Laskaris. Mit Hilfe der Genuesen eroberte M. 1261 Konstantinopel zurück, womit das Lateinische Kaiserreich sein Ende fand. Auf dem Konzil zu Lyon (1274) versuchte er eine Union mit der röm. Kirche herzustellen.
Polen: **2. Michael Korybut Wiśniowiecki,** König 1669–1673, *31. 7. 1640, †10. 11. 1673 Lemberg; als Kandidat der pro-habsburg. Adelspartei gewählt, außen- u. innenpolit. ohnmächtig.
Rumänien: **3. Mihai Viteazul,** „der Tapfere", 1593–1601 Fürst der Walachei, Siebenbürgens (1599–1600) u. der Moldau (1600), *1558, †19. 8. 1601 Thorenburg,

Sankt Michael und der Teufel; Gemälde von Juan Valdés. Madrid, Prado

Torda (ermordet); schlug die Türken 1595, vereinigte vorübergehend alle von Rumänen bewohnten Gebiete; von der rumän. Geschichtslegende als Vorkämpfer des modernen „Großrumänien" bezeichnet.
4. *Michael* I., König 1927–1930 u. 1940–1947, *25. 10. 1921 Sinaia; regierte das erste Mal unter Vormundschaft, kam nach der Abdankung seines Vaters Carol II. erneut auf den Thron; stürzte am 23. 8. 1944 den „Staatsführer" I. Antonescu u. schloss sich den Alliierten an; wurde 1947 von den Kommunisten zur Abdankung gezwungen u. ging ins Exil.
R u s s l a n d : **5.** *Michail Fjodorowitsch*, Zar 1613–1645, Gründer der Dynastie *Romanow*, *22. 7. 1596, †23. 7. 1645 Moskau; nach Vertreibung der Polen gewählt, beendete die Anarchie im Innern. Die ersten Jahre der Regierung bestimmte stark sein Vater, der Patriarch *Filaret* (†1633). M. schloss 1617 mit Schweden u. 1634 mit Polen Frieden.
S e r b i e n : **6.** *Michael (Mihailo) Obrenović*, Fürst 1839–1842 u. 1860–1868, *16. 9. 1823 Kragujevac, †10. 6. 1868 Topčider bei Belgrad (ermordet); 1842 vertrieben; einer der fähigsten serb. Herrscher, führte seit 1860 zahlreiche Reformen durch, erreichte bis 1867 den Abzug der türk. Besatzungen; strebte eine Offensivallianz aller Balkanvölker zur Befreiung von der Türkenherrschaft an.
Michael, *K i r c h e n f ü r s t e n :* **1.** *Michael Kerullarios*, Patriarch von Konstantinopel 1043 bis 1059, *um 1000, †21. 1. 1059 Madyta (im Exil); während seiner Amtszeit führte 1054 der seit langem währende dogmat. u. jurisdiktionelle Streit zwischen der röm.-kath. u. der griech.-orth. Kirche zu dem bis heute bestehenden Schisma. Der gegenseitige Bannfluch wurde erst am 7. 12. 1965 durch Papst Paul VI. u. den Ökumen. Patriarchen Athenagoras „aufgehoben".
2. *Michael der Große*, jakobitischer Patriarch von Antiochia 1166–1199, *1126 Malatya, †7. 11. 1199 Diyarbakir; leitete geschickt die von Rom u. Byzanz umworbene, von den Moslems bedrängte monophysit. Kirche Syriens; verfasste eine monumentale Chronik.
Michael [maikəl], George, eigentl. Georgios Kyriacos *Panayiotou*, brit. Popsänger, *25. 6. 1963 London; gründete mit Andrew *Ridgeley* 1982 das Soulpop-Duo *Wham!*, bevor er 1987 eine Solokarriere begann u. sich als ausdrucksstarker Sänger des *White Soul* etablierte; Veröffentlichungen: „Faith" 1987; „Listen without Prejudice" 1990; „Older" 1996; „Songs from the last Century" 1999 u. a.

Georg Michaelis

Michaelis, ◆ **1.** *Georg*, Bruder von 6), dt. Politiker, *8. 9. 1857 Haynau, †24. 7. 1936 Bad Saarow; Jurist; 1909–1915 Unterstaatssekretär im preußischen Finanzministerium, 1915 bis 1917 Leiter der Reichsgetreidestelle, dann Staatskommissar für Volksernäh-

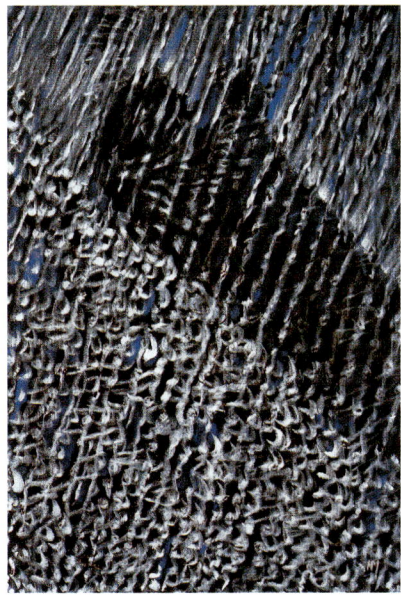
Henri Michaux: Bild ohne Titel; 1984. Galerie Limmer, Freiburg im Breisgau

rung, Juli–Okt. 1917 Reichskanzler u. preuß. Min.-Präs. Der als Politiker unerfahrene Beamte unterlief die →Juliresolution des Reichstages durch eine einschränkende Interpretation („wie ich sie auffasse") u. gewann gegenüber der Obersten Heeresleitung keine selbständige Stellung, so dass eine Formulierung konkreter dt. Friedensziele nicht zustande kam. 1918/19 war M. Oberpräsident von Pommern. Erinnerungen: „Für Staat u. Volk" 1922.
2. *Karin*, dän. Schriftstellerin, 1895–1911 verheiratet mit 5), *20. 3. 1872 Randers, Jütland, †11. 1. 1950 Kopenhagen; schrieb Jungmädchenbücher u. etwa 50 Frauen- u. Eheromane; bekannt durch „Das gefährliche Alter" 1910, dt. 1910; „Das Buch von der Liebe" 1912, dt. 1913; „Don Juan im Tode" 1919, dt. 1921; „Herr u. Mädchen" 1929, dt. 1930; „Vagabunden des Herzens" 1930, dt. 1932; Autobiografien: „Der kleine Kobold" 1947, dt. 1948; „Die wunderbare Welt" 1948–1950, dt. 1951.
3. *Karoline*, dt. Schriftstellerin, →Schelling, Karoline.
4. *Leonor*, US-amerikan. Chemiker dt. Herkunft, *16. 1. 1875 Berlin, †9. 10. 1949 New York; entwickelte zusammen mit L. M. *Menten* die *Michaelis-Menten-Gleichung*, die die Abhängigkeit der Reaktionsgeschwindigkeit einer enzymatischen Reaktion von der Substratkonzentration beschreibt.
5. *Sophus*, 1895–1911 verheiratet mit 2), dän. Schriftsteller, *14. 5. 1865 Odense, †28. 1. 1932 Kopenhagen; Neuromantiker, feierte den Übermenschen im Sinne Nietzsches; sein Drama „Revolutionshochzeit" 1906, dt. 1909 wurde ein Welterfolg; übersetzte „Faust" u. „Parzival". Gedichte: „Sonnenblumen" 1893; „Lebensfest" 1900;

Romane: „Der ewige Schlaf" 1912, dt. 1912; „Helenen u. Barbaren" 1914, dt. 1920. – Samlede romaner, 3 Bde. 1919; Novellen, dt. 1922.
6. *Walter*, Bruder von 1), dt. ev. Theologe, *4. 3. 1866 Frankfurt (Oder), †9. 10. 1953 Göttingen; 1892 Pfarrer in Bielefeld, 1901 Missionsinspektor in Berlin u. Bethel, 1906 freier Evangelist, 1908 erneut Pfarrer in Bielefeld, 1919 Dozent in Bethel (Kirchl. Hochschule), seit 1919 Vors. des Dt. Verbandes für Gemeinschaftspflege u. Evangelisation. Hptw.: „Erkenntnisse u. Erfahrungen aus 50-jährigem Dienst am Evangelium" 1940.
Michaelsbruderschaft →Evangelische Michaelsbruderschaft.
Michael von Cesena [-'tʃe:sena], Franziskaner, *Cesena, †29. 11. 1342 München; 1316 Ordensgeneral, schärfster Vertreter des Armutsideals gegen Papst Johannes XXII., floh 1328 aus Avignon zu Kaiser Ludwig IV. dem Bayern; wurde gebannt u. 1331 aus dem Orden ausgestoßen, starb aber mit der Kirche versöhnt.
Michalczewski [-lʃevski], Dariusz, dt. Boxer poln. Herkunft, *5. 5. 1968 Danzig; seit 1991 als Profi tätig; wurde 1994 Weltmeister des Boxverbandes World Boxing Organisation (WBO) im Halbschwergewicht u. gewann außerdem den WBO-Titel im Crusergewicht; war der erste dt. Boxer, der 1997 als Champion der WBO, der World Boxing Association (WBA) u. der International Boxing Federation (IBF) drei WM-Titel gleichzeitig hielt.
Michalovce ['mixalɔutse], *Großmichel*, ung. *Nagymihály*, Stadt in der Ostslowakei östl. von Košice, 35 300 Ew.; Bekleidungs-, Nahrungsmittel- u. keram. Industrie.
Michałowski [mixa'uɔfski], Piotr, poln. Maler, *2. 7. 1800 Krakau, †9. 6. 1855 Krzyztoporzyce bei Krakau; malte Tierbilder (bes. Pferde) in skizzenhafter Technik u. Aquarelle.
Michals ['maikəlz], Duane, US-amerikanischer Fotograf, *18. 2. 1932 McKeesport, Pennsylvania; Autodidakt; arbeitete als Erster mit zusammenhängenden Fotosequenzen, die bei ihm z. T. durch Mehrfachbelichtungen und Übermalungen mit Farbe eine beklemmende Wirkung haben. Darüber hinaus ging er dazu über, seine Fotografien mit ergänzenden Texten zu versehen. M. lichtet auf seinen Fotos nicht die visuelle Welt ab, sondern nutzt die Fotografie als Werkzeug für die Darstellung des Nicht-Sichtbaren, für Visionen und Emotionen.

Henri Michaux

◆ **Michaux** [mi'ʃo:], Henri, französ.-belg. Schriftsteller, Maler u. Zeichner, *24. 5. 1899 Namur, †19. 10. 1984 Paris; schilderte in seinen Prosagedichten vor allem die Zerrissenheit u. Verletzbarkeit des Einzelnen; ab Mitte der 1950er Jahre auch Lyrik, die unter

Michelangelo: Sterbender Sklave, 1514–1515, für das Grabmal Julius II. bestimmter Gefangener (unvollendet). Paris, Louvre

2. [miˈʃɛl], Georges, französ. Landschaftsmaler, *12. 1. 1763 Paris, †7. 6. 1843 Paris; malte anfängl. im Stil der Holländer; erreichte in seinen besten Bildern den Durchbruch zu einer auf alles Anekdotische verzichtenden Naturdarstellung.
3. Hartmut, dt. Biochemiker, *18. 7. 1948 Ludwigsburg; seit 1979 Mitarbeiter am Max-Planck-Institut für Biophysik in Frankfurt am Main; erhielt für die Entschlüsselung des Reaktionszentrums des Photosyntheseapparates 1988 den Nobelpreis für Chemie mit J. *Deisenhofer* u. R. *Huber.*
4. Robert, österr. Erzähler u. Dramatiker, *24. 2. 1876 Karbitz, Böhmen, †11. 2. 1957 Wien; war Offizier. Hptw.: „Geschichten von Insekten" (Erzählungen) 1911; aus dem südslaw.-oriental. Welt: „Die Häuser an der Džamija" 1915; „Die Wila" 1948; aus Böhmen: „Jesus im Böhmerwald" 1927; u. aus dem alten Österreich: „Die geliebte Stimme" 1928; „Die allerhöchste Frau" 1947.

Michelangelo [mikeˈlandʒeloː], eigentl. *Michelangelo Buonarroti*, italien. Bildhauer, Maler, Baumeister u. Dichter, *6. 3. 1475 Caprese, Toskana, †18. 2. 1564 Rom; Hauptmeister der italien. Hoch- u. Spätrenaissance; verlebte seine Jugend in Florenz, war dort seit 1488 Schüler D. *Ghirlandaios*, seit 1490 auch *Bertoldo di Giovannis* (Marmorreliefs: Madonna an der Treppe; Kentaurenkampf); arbeitete nach kurzem Aufenthalt in Bologna (1494/95, Leuchterengel u. Heiligenfiguren) bis 1501 in Rom (Bacchus, Pietà); 1501–1505 wieder in Florenz (Entwürfe u. Karten für ein Fresko im Palazzo Vecchio mit Darstellung der Schlacht von Cascina; Marmor-David; Madonna von Brügge u. Madonna Doni). 1505 begann M. in Rom die bis 1545 mehrfach unterbrochene Arbeit am Juliusgrab (S. Pietro in Vincoli); 1508–1512 schuf er die Gewölbefresken der Sixtin. Kapelle nach Themen aus der Schöpfungsgeschichte. 1517 arbeitete M. in Florenz an der Grabkapelle der Medici-Herzöge in S. Lorenzo (1520–1534); daneben entstanden Entwürfe u. Modelle für das Juliusgrab sowie architekton. Pläne (Biblioteca Laurenziana, 1524–1534 errichtet). Nach kurzen Aufenthalten in Ferrara u. Venedig (1529) war M. seit 1534 wieder ständig in Rom tätig (Fresken des „Jüngsten Gerichts" in der Sixtin. Kapelle, 1536–1541, sowie der „Bekehrung Pauli" u. der „Kreuzigung Petri" in der Cappella Paolina 1542–1550; Pietà Rondanini seit 1555; Entwürfe für den Petersdom u. dessen Kuppel, Palazzo Farnese u. Kapitolsplatz).

M. knüpfte als Maler an *Giotto* u. *Masaccio* an u. entwickelte, angeregt von der Figurenrhythmik in der Kunst L. *Signorellis*, einen Stil von plastisch gesehener Körperbewegung u. heller Farbigkeit. Die großen Fresken der Spätzeit vollziehen in raumhafter Gebärdensprache u. kaltem Kolorit den Übergang zum Manierismus. Mehrere Entwürfe für Malereien gediehen nur bis zum Kartonstadium, da M. seine bildhauerische Tätigkeit stets höher bewertete.

Als Bildhauer ging M. von *Donatello*, Jacopo della *Quercia* u. der Antike aus. Sein plast. Frühwerk stellt den Höhepunkt der Hochrenaissance dar. In einen noch erregenderen Widerstreit zwischen Schwere u. Bewegung treten die späteren Skulpturen. Die Bauwerke Michelangelos nehmen Elemente des Manierismus u. Barock vorweg.

Als Dichter setzte M. die von *Dante*, *Petrarca* u. *Lorenzo Medici* begonnene Tradition fort. Neben religiösen u. philosoph.

dem Einfluss von Experimenten mit Drogen entstand; erzählte von wirklichen u. imaginären Reisen: „Plume" u. andere Prosa 1930, dt. Auswahl 1960; „Au pays de la magie" 1942; „Passagen" 1950, dt. 1957 u. ö.; „Turbulenz im Unendlichen" 1957, dt. 1961; „Die großen Zerreißproben" 1966, dt. 1970; „Zwischen Tag u. Traum" 1969, dt. 1971. – Dichtungen, französ. u. dt., hrsg. von P. Celan, 2 Bde. 1966–1971.

Michel, Kurzform von *Michael;* Spottname für den gutmütigen, weltfremden Deutschen, ursprüngl. wohl nach dem Erzengel Michael, dem Schutzpatron der Deutschen.

Michel, 1. Ernst, dt. Religionsphilosoph u. Sozialpsychologe, *8. 4. 1889 Klein-Welzheim, Rheinland, †28. 2. 1964 Frankfurt a. M.; 1921–1933 Dozent für Staatslehre u. Politik in Frankfurt a. M. Das nat.-soz. Regime entzog M. die Lehrerlaubnis. Seine Versuche, katholischen Glauben u. modernes Denken zu verbinden, brachten ihm Schwierigkeiten mit der Kirche. Hauptwerke: „Zur Grundlegung einer kath. Politik" 1924; „Industrielle Arbeitsordnung" 1932; „Von der kirchlichen Sendung der Laien" 1934; „Sozialgeschichte der industriellen Arbeitswelt" 1946; „Der Mensch als Partner Gottes" 1947; „Ehe, eine Anthropologie der Geschlechtsgemeinschaft" 1948 (1952 auf dem Index); „Rettung u. Erneuerung des personalen Lebens" 1951; „Gläubige Existenz" 1952.

Georges Michel: Das Gewitter; um 1830. Straßburg, Musée des Beaux-Arts

Michelangelo; zeitgenössischer Stich

Gedichten wurden die schwermütigen Sonette an Vittoria *Colonna* u. Tommaso *Cavalieri* berühmt. Michelangelos Lyrik erschien (1. überarbeitete Ausgabe 1623) erst Ende des 19. Jh. in unveränderter Fassung. → Seite 32.

Michelau, *Michelau in Oberfranken*, Gemeinde in Bayern, Ldkrs. Lichtenfels, am Main, 7000 Ew.; Bekleidungs- u. Möbelindustrie.

Micheldorf, Marktort in Oberösterreich, an der Krems, 460 m ü. M., 4900 Ew.; Sensenwerk. In der Nähe die Renaissanceburg *Alt-Pernstein* (16. Jh.) u. das Barockschloss *Neu-Pernstein*. Auf dem nahe gelegenen Georgenberg wurde ein röm. Tempel (Anfang 2. Jh.) ausgegraben.

Michelet [miˈʃlɛ], **1.** Jules, französ. Historiker, *21. 8. 1798 Paris, †9. 2. 1874 Hyères; Prof. am Collège de France, wegen seiner Angriffe gegen die Jesuiten entlassen, lebte als Privatgelehrter. M. war in seiner Geschichtsschreibung stark von der Romantik beeinflusst, in seinen Urteilen oft subjektiv, dabei patriotisch u. demokratisch, antiklerikal engagiert. Hptw.: „Histoire de France" 17 Bde. 1833–1867 u. „Histoire de la Révolution française" 7 Bde. 1847–1853. Die Revolutionsgeschichte, die er mit poetisierender Gestaltungskraft als nationales Epos schilderte, war von großer Wirkung. „Histoire du XIXe siècle" 3 Bde. 1872–1875. – Œuvres complètes, 47 Bde. ²1897 bis 1903. **2.** Karl Ludwig, dt. Philosoph, *4. 12. 1801 Berlin, †16. 12. 1893 Berlin; seit 1929 Prof. in Berlin; Hegel-Anhänger u. -Forscher, Gründer der Philosoph. Gesellschaft zu Berlin u. der Zeitschrift „Der Gedanke" (1860–1884). In seinem Hptw. „Das System der Philosophie als exakter Wissenschaft" 5 Bde. 1876–1881 war M. bemüht, die empirischen Wissenschaften der spekulativen

Fortsetzung S. 33

Michelangelo 1475–1564

Am 6. März als zweiter Sohn des Bürgermeisters in Caprese am oberen Tiber geboren / M. wächst in Florenz auf	1475	Botticelli malt „Mars und Venus" mit den Porträts Giuliano de'Medicis und seiner Geliebten
Am 1. April schließt der Vater für M. einen dreijährigen Lehrvertrag mit Domenico und Davide Ghirlandaio ab	1488	Der chinesische Landschaftsmaler Shen Zhou schafft ein Album mit 10 Blättern in Opposition zur Song-Akademie
M. erregt die Aufmerksamkeit Lorenzo de'Medicis, der ihn in seinem Stadtpalast aufnimmt / Besuch der Medici-Kunstschule	1490	Tod des Renaissance-Königs Matthias I. Corvinus von Ungarn / Geburt der italienischen Dichterin Vittoria Colonna
Nach dem Tod Lorenzo de'Medicis kehrt M. zum Vater zurück	1492	Kolumbus entdeckt Amerika
In Erwartung des kurze Zeit später erfolgenden Sturzes der Medici unternimmt M. eine Reise nach Venedig und Bologna	1494	Karl VIII. erobert Neapel / Vertreibung der Medici aus Florenz: Savonarola errichtet eine Theokratie
Rückkehr nach Florenz	1495	Erste Italienreise Dürers
Erster Romaufenthalt: M. arbeitet am „Bacchus" und an der „Pietà"	1496	Philipp der Schöne heiratet die spanische Erbtochter Johanna (die Wahnsinnige)
Rückkehr nach Florenz / Arbeit am „David" und an der „Madonna von Brügge"	1501 ~	Der Buchdruck verbreitet sich über Europa
M. malt das Tondo „Heilige Familie"	~ 1504	Dürer fertigt den Kupferstich „Adam und Eva"
M., der sich der Bildhauerei widmen möchte, nimmt widerwillig den Auftrag zur Ausmalung der Sixtinischen Kapelle an	1505 ~	Luther wird Augustinermönch / Tod des Zaren Iwan III., der die übrigen russischen Fürstentümer mit Moskau vereinigt hatte
Beginn der Freskoarbeiten in der Sixtinischen Kapelle; M. schreibt Sonette über die körperlichen Strapazen bei der Arbeit	1508	Liga von Cambrai gegen Venedig zwischen Kaiser Maximilian I., Frankreich, Spanien und dem Papst
Arbeit am revidierten Entwurf des Julius-Grabmals nach dem Tod des Papstes	1513	Albrecht Dürer stellt den Kupferstich „Ritter, Tod und Teufel" her
Bis 1525 arbeitet M. an Skulpturen für das Julius-Grabmal	1519	Tod Kaiser Maximilians I. Karl V. wird mit finanzieller Hilfe der Fugger zum Kaiser gewählt
M. entwirft die Räume der „Biblioteca Laurenziana" / Bis 1534 schafft er die Statuen für die Medici-Gräber	1524	Beginn des großen deutschen Bauernkrieges / Geburt des portugiesischen Nationaldichters Luís Vaz de Camões
Nach der Vertreibung der Medici aus Florenz wird M. Festungsbaumeister / Die Stadt wird von den kaiserlichen Truppen erobert / Rückkehr der Medici	1527	Plünderung Roms durch kaiserliche Truppen (Sacco di Roma) / Paracelsus lehrt in Basel seine neue Heilkunde und verbrennt Schriften der Schulmedizin
M. erneut in Rom	1534	Rabelais schreibt „Gargantua und Pantagruel"
Beginn der Freundschaft mit der Dichterin Vittoria Colonna / Er malt das „Jüngste Gericht" in der Sixtinischen Kapelle	1536	Tod des führenden europäischen Humanisten Erasmus von Rotterdam
„Brutus-Büste" (Verherrlichung des Tyrannenmords Lorenzino de'Medicis an seinem Vetter Alessandro)	~ 1539	Spanien erobert Kuba / Im Straßburger Münster wird der erste Weihnachtsbaum aufgestellt
Paul III., Papst seit 1534, beauftragt M. mit dem Fresko „Die Kreuzigung Petri" in der Paulinischen Kapelle	1542	Cosimo I. Medici wird Herzog von Florenz / Verschärfung der Inquisition in Spanien / Der Portugiese Pinto erreicht Japan
Aufstellung des Julius-Grabmals in der Kirche San Pietro in Vincoli in Rom	1545	Einberufung des ersten Trienter Konzils zur Erneuerung der katholischen Kirche
M. wird zum Baumeister des Petersdomes ernannt / Tod Vittoria Colonnas	1547	Tod Heinrichs VIII. von England / Tod Franz I. von Frankreich / Cervantes geboren
M. stellt ein Holzmodell der Kuppel des Petersdomes her	1558	Elisabeth I. wird Königin von England / Pieter Breughel malt „Kinderspiele"
Michelangelos Freund Daniele da Volterra übermalt auf Befehl Papst Pauls IV. die nackten Gestalten des „Jüngsten Gerichts"	1560	Gründung der Uffizien in Florenz / Tod des italienischen Bildhauers Baccio Bandinelli, Nachahmer und Konkurrent Michelangelos
Am 18. Februar stirbt M. in Rom. Er wird in der Kirche Santa Croce in Florenz beigesetzt	1564	Shakespeare geboren / Galilei geboren / Tod des Schweizer Reformators Johannes Calvin

Michelangelo

(*Links*) Kuppel des Petersdomes in Rom; ab 1554/56. Von 1546 bis zu seinem Tod 1564 hatte Michelangelo die Bauleitung am Petersdom. Sein besonderes Interesse galt der Kuppel, die einen größeren Einfluss auf die Gesamtkonzeption haben sollte. Die Kuppel – eine Rippenkuppel auf rundem Grundriss – sollte nicht mehr halbkugelförmig sein, sondern oval überhöht. Hauptmotiv sind plastisch aufgerichtete Säulenpaare vor Strebepfeilern. Die Attika, mit der 1564 begonnen wurde, gehört optisch schon zur Wölbung, ist aber noch durch Pfeiler und Streben verbunden. Die Vollendung der Kuppel und der Laterne bis 1590 übernahm nach Michelangelos Tod Giacomo della Porta

(*Links*) Grabkapelle der Medici in San Lorenzo in Florenz, 1520 – 1534; Grabmal des Giuliano de Medici. Erstmalig in der neueren Kunstgeschichte konzipierte ein Künstler sowohl Architektur als auch Ausstattung. Die Pläne für die Medici-Kapelle wurden mehrfach geändert. Michelangelo ging zunächst von einem monumentalen Freigrab aus, später von vier Wandgräbern. Ausgeführt wurden schließlich die sich gegenüber liegenden Wandgräber von Giuliano und Lorenzo de Medici; beide sind jeweils in Nischen sitzend dargestellt. Zu Giulianos Füßen liegen auf einem Sarkophag die Allegorien von Tag und Nacht, der Tag als Frau nach vorne gewendet, die Nacht als Mann, der dem Betrachter den Rücken zuwendet. Am Grab des Lorenzo de Medici befinden sich unterhalb der Sitzfigur des Lorenzo die allegorischen Liegefiguren von Tag und Abend

(*Rechts*) David; Marmor, 1501 – 1504. Florenz, Galleria dell'Accademia. 1501 erhielt Michelangelo von der Signoria (Regierung ital. Stadtstaaten) in Florenz den Auftrag, die Statue des »David« zu schaffen. Der dafür vorgesehene Marmorblock stand seit 1464 im Hof der Dom-Bauhütte; er galt als verhauen und die Bearbeitung als unmöglich. Michelangelo schuf daraus ein Meisterwerk, das zum Modell aller Bildhauerakademien wurde. Die erste nach-antike Kolossalstatue von 5,05 m Höhe zeigt einen muskulös durchgeformten David in naturalistischem Körperbau, der die Ideale der Renaissance, Würde, Tugend und Schönheit repräsentiert

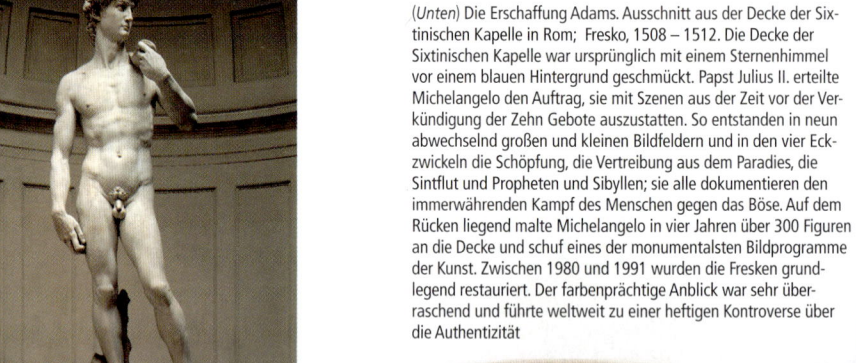

(*Unten*) Die Erschaffung Adams. Ausschnitt aus der Decke der Sixtinischen Kapelle in Rom; Fresko, 1508 – 1512. Die Decke der Sixtinischen Kapelle war ursprünglich mit einem Sternenhimmel vor einem blauen Hintergrund geschmückt. Papst Julius II. erteilte Michelangelo den Auftrag, sie mit Szenen aus der Zeit vor der Verkündigung der Zehn Gebote auszustatten. So entstanden in neun abwechselnd großen und kleinen Bildfeldern und in den vier Eckzwickeln die Schöpfung, die Vertreibung aus dem Paradies, die Sintflut und Propheten und Sibyllen; sie alle dokumentieren den immerwährenden Kampf des Menschen gegen das Böse. Auf dem Rücken liegend malte Michelangelo in vier Jahren über 300 Figuren an die Decke und schuf eines der monumentalsten Bildprogramme der Kunst. Zwischen 1980 und 1991 wurden die Fresken grundlegend restauriert. Der farbenprächtige Anblick war sehr überraschend und führte weltweit zu einer heftigen Kontroverse über die Authentizität

Michelstadt: der Fachwerkbau des spätgotischen Rathauses steht auf schweren Eichenpfosten

Philosophie überzeugend unterzuordnen. Seine „Geschichte der letzten Systeme der Philosophie in Deutschland von Kant bis Hegel" (2 Bde. 1837/38, Nachdr. 1967) sollte dazu beitragen, die Gegensätze innerhalb der Hegel-Schule auszugleichen.

Michelfelder ['maikəl-], Sylvester Clarence, US-amerikan. ev. Geistlicher, *27. 10. 1889 New Washington, Ohio, †30. 9. 1951 Chicago, Illinois; 1947 Exekutivsekretär des Lutherischen Weltbundes, maßgebend beteiligt an der Flüchtlingshilfe u. am kirchl. Wiederaufbau in Europa nach dem 2. Weltkrieg.

Michelozzo [mikeˈlɔtzo], *Michelozzo di Bartolommeo,* italien. Architekt u. Bildhauer, *1396 Florenz, begraben 7. 10. 1472 Florenz; Bauten in der Nachfolge F. *Brunelleschis,* die entscheidenden Anteil an der Ausbildung der florentin. Frührenaissance hatten (Palazzo Medici-Riccardi; Umbauten am Palazzo Vecchio, am Kloster S. Marco); als Bildhauer zusammen mit *Donatello* tätig.

Michels, Robert, dt. Soziologe, *9. 1. 1876 Köln, †3. 5. 1936 Rom; lehrte an US-amerikan. u. europ. Universitäten (Belgien, Frankreich, Schweiz, Italien); arbeitete bahnbrechend über Parteiensoziologie u. vertrat die Meinung, dass in demokrat. Organisationen ein „ehernes Gesetz der Oligarchie" wirke. Hptw.: „La sociologia del partito politico nella democrazia moderna" 1911, dt. „Zur Soziologie des Parteiwesens in der modernen Demokratie" 1925; „Probleme der Sozialphilosophie" 1914; „Der Patriotismus" 1933; „Nuovi studi sulla classe politica" 1938.

Michelsberger Kultur [nach dem Fundort Michelsberg bei Bruchsal, Baden], jungsteinzeitl. Kultur, bes. im Rheintal u. in Süd-Dtschld., aber auch in West- u. Südwest-Dtschld., der Schweiz, Ostfrankreich, Ostthüringen, im mittleren Saalegebiet, in Böhmen u. Österreich verbreitet. Charakteristisch sind sog. Tulpenbecher, runde Tonscheiben (u. a. als Gefäßdeckel oder Backteller gedeutet) u. amphorenartige Gefäße, oft mit Ösenkranz zum Aufhängen u. Tragen. Die großen, mit Palisadenzaun u. Graben begrenzten Erdwerke der M. K. wurden u. a. als Viehkrale oder Befestigungen gedeutet; Letzteres dürfte am ehesten zutreffen. Man kennt verhältnismäßig wenige Gräber der M. K., auffällig sind jedoch mehrere menschl. Skelettfunde aus Gräbern der Erdwerke u. aus Siedlungsgruben, wobei in manchen nur Schädel, in anderen nur sonstige Skelettteile gefunden wurden.

Michelsen, Hans Günter, dt. Dramatiker, *21. 9. 1920 Hamburg, †27. 11. 1994 Riederau; handlungsarme Dramen, Nähe zu S. *Beckett;* versucht, geistig-seelische Hintergründe im Alltäglichen aufzudecken. Hptw.: „Stienz" 1963; „Lappschieß" 1963; „Feierabend 1 u. 2" 1963; „Helm" 1965; „Drei Akte" 1966; „Frau L." 1967; „Zu Hause" 1968; „Planspiel" 1969; „Kindergeburtstag" 1981.

Albert Abraham Michelson

◆ **Michelson** ['maikəlsən], Albert Abraham, US-amerikanischer Physiker, *19. 12. 1852 Strelno, Posen, †9. 5. 1931 Pasadena, California; Lehrer, seit 1893 Prof. in Chicago; machte zusammen mit E. W. *Morley* (*1839, †1923) den →Michelson-Versuch. Weiterhin bestimmte er die Geschwindigkeit des Lichts mit einer sehr hohen Genauigkeit u. löste Spektrallinien in ihre Feinstruktur auf *(Michelson-Interferometer).* Nobelpreis für Physik 1907.

Michelson-Versuch ['maikəlsən-; nach A. A. *Michelson*], Experiment zur Messung der „Mitführung des Lichts durch den Ätherwind aufgrund der Erdbewegung". Prinzip des Versuchs: Ein Lichtstrahl wird in zwei Strahlen geteilt. Der eine Teilstrahl durchläuft einen Weg senkrecht zur Erdbewegung; der andere Teilstrahl wird über einen gleich langen Weg geführt, der in der Richtung der Erdbewegung liegt. Das Vorhandensein eines Ätherwinds sollte verschiedene Lichtgeschwindigkeiten auf den beiden Wegen zur Folge haben, die das Interferenzbild bei der Zusammenführung der beiden Teilstrahlen beeinflussen müssten. Der M. ergab gleiche Lichtgeschwindigkeit für beide Wege. Eine Bewegung der Erde gegen einen →Äther (2) ist also nicht nachzuweisen. Dieser negative Ausfall des Experiments ist eine wichtige Grundlage der speziellen →Relativitätstheorie.

◆ **Michelstadt,** Stadt in Hessen, Odenwaldkreis, im Odenwald, an der Mümling, 16 100 Ew.; Luftkurort; mittelalterl. Altstadt mit Fachwerk-Rathaus (1484); St.-Michael-Kirche (15. Jh., mit bedeutendem Doppelgrabmal u. Kirchenbibliothek); Fremdenverkehr; Textil-, Kunststoff-, Zündholz- u. kosmet. Industrie, Elfenbein- u. Bernsteinschnitzerei; im Stadtteil *Steinbach* die Ruine der karoling. Einhartsbasilika (9. Jh.) u. das Renaissance-Schloss *Fürstenau* (16.–19. Jh.).

James Albert Michener

◆ **Michener** ['mit-ʃənər], James Albert, US-amerikan. Schriftsteller, * 3. 2. 1907 New York, † 16. 10. 1997 Austin, Tex.; in seinen Romanen u. Erzählungen spiegeln sich histor. Ereignisse u. Zeitgeschehen, aber auch persönl. Erlebnisse: „Im Korallenmeer" 1947, dt. 1951, unter dem Titel „Südsee" 1966; „Hawaii" 1959, dt. 1960; „Die Kinder von Torremolinos" 1971, dt. 1971; „Texas" 1985, dt. 1986; „Alaska" 1988, dt. 1989; „Karibik" 1989, dt. 1990; „Mexiko" 1992, dt. 1994. Memoiren: „Die Welt ist mein Zuhause" 1992, dt. 1995.

Michiels [mi'xi:ls], Ivo, eigentl. Henri *Ceuppens*, fläm. Lyriker u. Erzähler, * 8. 1. 1923 Mortsel bei Antwerpen; führender Vertreter eines neuen Realismus, behandelt die Unsicherheit des heutigen Menschen. Hpw.: „Der Abschied" 1957, dt. 1960; „Das Buch Alpha" 1963, dt. 1965; „Orchis militaris" 1968, dt. 1969.

Michigan

◆ **Michigan** ['miʃigən], Abk. *Mich.*, US-amerikan. Staat im Gebiet der Großen Seen, besteht aus den Halbinseln *Upper* (Ober) und *Lower* (Unter) M., 250 465 km², 9,6 Mio. Ew., davon 13,9 % Schwarze u. 1,1 % Asiaten; Hptst. *Lansing.* Lower M. ist flach bis hügelig (bis 464 m im N), im N waldreich; Upper M. ist ein weitgehend unfruchtbares Wald- u. Sumpfland, im W bergig (bis 604 m); 53 % der Staatsfläche sind waldbedeckt. Beide Staatsteile werden durch die *Mackinacstraße* getrennt u. sind seit 1957 mit einer Brücke verbunden. Früher war M. ein Agrarstaat. Es hat sich vor allem aufgrund der günstigen Verkehrslage zu einem der wichtigsten Industriestaaten der USA entwickelt; 30 % der Weltproduktion von Kraftwagen u. a. in *Detroit*, bedeutender Schiff- u. Maschinenbau, Metallverarbeitung u. Nahrungsmittelindustrie; Möbelindustrie ist in Südmichigan konzentriert. Rd. 11 000 fischreiche Seen, Wälder u. schneereiche Winter im N machen den Fremdenverkehr zum zweitwichtigsten Einkommenszweig. Kupfer- u. Eisenerzbergbau gibt es in Upper M.; Salz-, Erdöl- u. Erdgasgewinnung in Lower M. In der Landwirtschaft dominieren Milchvieh- u. Geflügelzucht sowie der Anbau von Weizen, Bohnen, Mais, Gemüse u. Saatgut. Die Milderung des kontinentalen Klimas durch die Seen ermöglicht Obstanbau an der südl. Küste des *Michigansees*. – Um 1665 wurde M. erstmals von Europäern besiedelt, 1835 wurde eine Verfassung verabschiedet u. 1837 wurde M. als 26. Staat in die Union aufgenommen.

Michigansee ['miʃigən-], *Lake Michigan,* drittgrößter der → Großen Seen in Nordamerika, 57 866 km², 281 m tief, 176 m ü. M.; durch die *Mackinacstraße* mit dem Huronsee verbunden; der Fischreichtum ist durch Wasserverschmutzung, bes. im S, stark gefährdet; Seeverkehr, Haupthäfen sind Chicago u. Milwaukee. Die Verbindung mit anderen Seen ist von Mitte Dezember bis Mitte April durch Eis unterbrochen.

Michikamau Lake [miʃi'ka:mou 'lɛik], See im W der Halbinsel Labrador (Kanada), 2031 km².

Michoacán [mitʃo-], zentralmexikan. Staat an der pazif. Küste, 59 928 km², 3,53 Mio. Ew.; Hptst. *Morelia*; Bewässerungsanbau von Mais u. Weizen sowie Kaffee, Zuckerrohr u. Tabak, Rinderzucht; etwas Bergbau (Silber, Blei u. Schwefel).

Michon [mi'ʃɔ̃], Jean Hippolyte, französ. Graphologe, * 21. 11. 1806 La Roche Fressange, † 8. 5. 1881 Schloss Montausier, Charente; Begründer der method. Handschriftendeutung in Frankreich: „System der Graphologie" 1875, dt. 1965.

Mickel, Karl, dt. Schriftsteller, * 12. 8. 1935 Dresden, † 20. 6. 2000 Berlin. In seinen dramat. Arbeiten, Aufsätzen, Reden u. vor allem in seinen Gedichten setzte M. immer wieder eine republikanisch gesinnte Freundschaftskultur gegen die behördlich verordnete sozialistische Kultur der DDR. Dabei bezog er sich auf Klopstock, dessen „Gelehrtenrepublik" (1774) den Titel zu Mickels Essaysammlung von 1976 lieferte. Gedichte: „Vita nova mea. Mein neues Leben" 1966; „Eisenzeit" 1975; „Odysseus in Ithaka" 1976; Erzählung: „Der Sohn der Scheuerfrau" 1968; Roman: „Lachmunds Freunde" 1991; Dramen: „Nausikaa" 1968; „Einstein" 1974.

Adam Mickiewicz

◆ **Mickiewicz** [mits-'kjɛvitʃ], Adam, poln. Nationaldichter, * 24. 12. 1798 Zaosie, Litauen, † 26. 11. 1855 Istanbul, Türkei; lebte seit 1829 im Ausland; seine Gebeine wurden 1890 in die poln. Königsgruft in Krakau überführt. M. ist der wichtigste Vertreter der poln. Romantik und gilt als der bedeutendste poln. Dichter; mit seinen volksliedhaften Gedichten ebnete er der Romantik den Weg in die poln. Literatur. Hptw.: „Balladen und Romanzen" 1822/23, dt. 1874; „Krim-Sonette" 1826, dt. 1833; einen Aufruf zum Freiheitskampf brachte das Versepos „Konrad Wallenrod" 1827, dt. 1834; Gipfel seines Schaffens bilden: „Die Ahnenfeier" (Drama) 1823–1832, dt. 1887, und „Herr Thaddäus" (Versepos) 1834, dt. 1834; Prosa: „Die Bücher des polnischen Volkes und der polnischen Pilgerschaft" 1832, dt. 1835; „Dichtung und Prosa" dt. 1994.

Mickymaus, engl. *Mickey Mouse*, beliebte Figur aus W. *Disneys* Zeichenfilmen. Seit 1928 begründete sie Disneys Erfolg als Animationsfilmer. 1930 erschien in Amerika

Michigan: Indianersommer an den Lower Tahquamenon Falls

der erste Mickymaus-Comic in den Zeitungen; 1951 kamen die zunächst monatlich u. ab 1957 wöchentlich erscheinenden Mickymaus-Hefte nach Dtschld.

Micmac [-mæk], Algonkin-Indianerstamm auf Nova Scotia u. Neufundland (Kanada); ehem. Sammler, Fischer u. Jäger, heute Ackerbauern.

Micoquien [mikɔki'ɛ̃; das], altsteinzeitl. Formengruppe in West- u. Mitteleuropa, benannt nach der Fundstelle La Micoque im französ. Dép. Dordogne; typisch sind kleine, lanzenspitzenförmige Faustkeile; ähnl. Funde im Vorderen Orient u. im nördl. Afrika.

micro..., latinisierte Form von → mikro...

Microbody ['maikrɔubɔdi; engl. „kleiner Körper"], vielgestaltige, formveränderliche, vesikuläre Struktur von rd. 0,5–1 μm Durchmesser. Microbodys enthalten eine granuläre (körnige) Matrix-Substanz, in die manchmal kristallähnliche Einschlüsse eingelagert sind. Die Microbodys sind in der Regel sehr kurzlebig u. instabil. Man kennt verschiedene Typen von Microbodys, vor allem die sog. *Peroxysomen* u. *Glyoxysomen*. Sie entstehen möglicherweise am *endoplasmatischen Retikulum*. Ihre Aufgabe im Zellstoffwechsel ist die Synthese von Kohlenhydraten aus anderen organ. Stoffen.

Microcachrys [grch.] → Kleinfrüchtige Eibe.

Microcosmus [grch.], große, im Mittelmeer lebende Gattung der *Seescheiden*. Der Mantel ist derbfaltig, meist sehr stark von anderen Organismen überwuchert u. so gut getarnt. Die gelben Gonaden von M. gelten als Delikatesse.

Microcycas [grch.] → Cykadeen.

Micromonosporaceae [grch.], Familie der Bakterien, die zur Ordnung der → Actinomycetales gehören.

Micropus [grch.] → Falzblume.

Microsoft Corp. ['maikrɔsɔft-], Redmond, Wash., US-amerikan. Softwareunternehmen, gegr. 1974 von W. H. *Gates* u. P. *Allen*; entwickelt u. vertreibt Systemsoftware (insbes. das Betriebssystem Windows), Anwendungssoftware (z. B. das Textverarbeitungsprogramm Word), Programmiersprachen, CD-ROMs u. a.; Umsatz 1999/2000: 22,96 Mrd. US-Dollar; rund 34 000 Beschäftigte; dt. Vertriebs- u. Servicegesellschaft ist die *Microsoft GmbH*, Unterschleißheim.

Microspermae [grch.], Ordnung der *Monokotyledonen* mit der Familie der *Orchideen*; haben zahllose, winzige Samen.

Microsporidia [grch.] → Cnidosporidien.

Microstomum [grch.], Gattung der *Planarien*, aus dem Süß- u. Meerwasser. M. verschlingt mit dehnbarem Schlund Süßwasserpolypen, deren Nesselkapseln nicht verdaut, sondern durch die Darmwand hindurch in bes. Zellen zur Haut transportiert, dort wie eigene Nesselkapseln verwendet werden (Kleptochniden) u. bei Reizung des Strudelwurms explodieren.

Mictlantecuhtli, aztek. Gott der Unterwelt, Herrscher über das Totenreich *(Mictlan)*; sein weibl. Partner war die Göttin *Mictecacihuatl*. M. war einer der populärsten Götter der Nahua sprechenden Stämme Zentralmexikos. Darstellungen Mictlantecuhtlis in den mexikan. Bilderhandschriften zeigen ihn mit menschl. Knochen behangen u. mit einem menschl. Totenschädel als Gesichtsmaske; die ihm nahe stehenden Tiere sind Eule, Fledermaus u. Spinne.

Mičurinsk, russ. Stadt, → Mitschurinsk.

Midas, phrygischer König, um 710 v. Chr.; genoss wegen seiner Macht u. seines Reichtums bei den Griechen hohes Ansehen; er soll seinen Königsthron im Heiligtum des Apollon von Delphi geweiht haben. Nach der Sage erbat er von Dionysos, dass sich alles, was er berührte, in Gold verwandelte, so dass er hätte Hungers sterben müssen, wenn er nicht durch ein Bad in dem (seither goldhaltigen) Fluss Paktolos gerettet worden wäre.

Midasohr, *Ellobium aurissidae*, eine *Wasserlungenschnecke*, am Strand des Indischen u. Pazifischen Ozeans; ihre Mündung ähnelt dem menschl. Ohr.

Middelburg ['midəlbyrx], ◆ **1.** Hptst. der niederländ. Prov. Seeland, auf der Insel Walcheren, 40 100 Ew.; mittelalterl. Stadtbild (Renaissance-Rathaus 1512/13, ehem. Prämonstratenserkloster 13.–16. Jh., Nieuwe Kerk 16. Jh.); Walzwerk, Leder-, Möbel- u. elektrotechn. Industrie; Salzgewinnung; landwirtschaftl. Markt. **2.** Stadt in der Prov. Mpumalanga (Rep. Südafrika), 1585 m ü. M., rd. 16 000 Ew.; Kohlenbergbau, Schwerindustrie; Verkehrsknotenpunkt.

Middeldorf, Ulrich, dt. Kunsthistoriker, *23. 6. 1901 Staßfurt, Sachsen, †19. 2. 1983 Florenz; lebte in Florenz, wo er vor 1935 u. nach 1953 am Kunsthistor. Institut tätig war, dessen Leitung er auch lange innehatte; lehrte 1935–1953 in Chicago; Spezialist für die italien. Renaissancekunst; hinterließ eine Vielzahl kleinerer Schriften u. einen Katalog der europ. Skulpturen des 14.–19. Jh. (1976).

Middelburg (1): der mittelalterliche Stadtkern mit dem Renaissance-Rathaus

Middelfart ['miðəlfard], dän. Badeort auf Fünen, an der Brücke über den Kleinen Belt, 12 000 Ew.; Kabel- u. Drahtfabrik.

Middendorf, **1.** Alexander Theodor von, russ. Asienforscher, *18. 8. 1815 St. Petersburg, †28. 1. 1894 Hellenorm, Livland; durchzog 1843–1845 Nord- u. Ostsibirien u. untersuchte den „ewige Gefrornis", bereiste 1869 Süd- u. Mittelsibirien; 1870 Forschungen auf Nowaja Semlja u. Island. **2.** Helmut, dt. Maler, *28. 1. 1953 Dinklage; Vertreter der *Neuen Wilden*, studierte bei K. H. *Hödicke*; stellt in vehementer Weise die Verlorenheit der Menschen in der modernen Großstadt u. die Träume von einem ekstatischen Leben dar, oft als farbenfrohe Rummelplatz-, Nachtleben- u. Musikdarstellungen.

Middleback Ranges ['midlbæk 'rɛindʒiz], flaches Bergland im NO der Eyre-Halbinsel in Südaustralien; Hämatitvorkommen werden im Tagebau in Iron Monarch, Iron Knob u. a. gefördert.

Middle East ['midl i:st; engl.] → Mittlerer Osten.

Middle East News Agency ['midl i:st 'nju:z 'ɛidʒənsi], Abk. *MENA*, ägypt. Nachrichtenagentur, gegr. 1956 in Kairo.

Middlesbrough ['midlzbrə], vorübergehend *Teesside*, nordostengl. Hafenstadt in der Grafschaft Cleveland, an der Mündung des Tees in die Nordsee, 141 000 Ew.; Stahl-, Maschinen-, chem. u. Textilfaserindustrie, Schiffbau.

Middlesex ['midlsɛks], ehem. südengl. Grafschaft nordwestl. von London, bei der Verwaltungsneugliederung 1964 in Greater London aufgegangen.

Middleton ['midltən], Thomas, engl. Dramatiker, *18. 4. 1580 London, †4. 7. 1627 Newington Butts, Surrey; schrieb derbe Komödien („A game at chess" 1624; „The Spanish gipsy" 1625; „Women beware women" 1625) u. mit „The changeling" 1624 eine der besten Tragödien seiner Zeit. – Works, 8 Bde. 1885, 1964.

Middletown ['mɪdltaun], **1.** Stadt in Connecticut (USA), am Connecticut River, 42 800 Ew.; Universität (gegr. 1831), Labor der US-Atomenergiekommission (seit 1955); Textil-, Nahrungs- u. Genussmittelindustrie. – Gegr. 1651, Stadt seit 1784. Im 18. u. 19. Jh. Seehafen u. Umschlagplatz für den Handel zwischen Nordamerika, Westindien u. Afrika.
2. Stadt im SW von Ohio (USA), am Miami River, 200 m ü. M., 46 000 Ew., als Metropolitan Area *Hamilton-M.* 291 000 Ew.; Stahlindustrie, Maschinen- u. Flugzeugbau, Papierherstellung. – Gegr. 1802, Stadt seit 1883.

Midgard [altnord., „Mittelhof"; ahd. *Mittilgart*], nach dem myth. Bericht der *Edda* die aus den Brauen der Urriesen erbaute Menschenwelt, die zwischen *Asgard* (Götterwelt) u. *Utgard* (Dämonenwelt) im Ozean liegt. In der Mitte von M. steht die Weltesche *Yggdrasil*. Rings um M. liegt im Meer die von *Loki* mit einer Riesin gezeugte *Midgardschlange*. Wenn sie Wasser trinkt oder ausspeit, erzeugt sie Ebbe bzw. Flut.

Mid Glamorgan ['mɪdglə'mɔːgən], Grafschaft in Südwales, 1018 km², 545 000 Ew.; Verw.-Sitz *Cardiff*. – 1974 durch Teilung der Grafschaft Glamorgan geschaffen.

Midgley ['mɪdʒli], Thomas, US-amerikan. Chemiker, *18. 5. 1889 Beaver Falls, Pa., †2. 11. 1944 Worthington; führte Tetraethylblei als Antiklopfmittel im Verbrennungsmotor ein; verdient um die Chemie des Kautschuks.

Midhat Pascha, türk. Politiker, *Ende 1822 Istanbul, †8. 5. 1884 Taif (Arabien); versuchte als Großwesir 1876/77 Reformen durchzusetzen, wurde aber von Sultan *Abd ül-Hamid II.* gestürzt, nach Arabien verbannt u. dort ermordet.

Midi [mi'diː; frz., „Mittag, Süden"], **1.** *Le Midi*, französ. Bez. für den südl. Teil Frankreichs, eigentlich das Sprachgebiet der *Langue d'oc*; häufig auch nur für das mittelmeer. Frankreich verwendet.
2. *Aiguille du Midi*, französ. Alpengipfel in der Gruppe des Mont Blanc, 3842 m; Seilbahn.

MIDI, Abk. für *Musical Instrument Digital Interface*; seit 1982 Bez. für eine standardisierte digitale Schnittstelle für elektron. Musikinstrumente, Zusatzgeräte u. Computer.

Midian, nordwestarab. Gebirgslandschaft an der Küste des Roten Meeres, im *Jabal Al Laws* 2580 m, viele Ruinen.

Midi-Mode, abgeschwächte Form des *Maxi-Look* mit bis zur Wadenmitte reichenden Röcken (seit 1970).

Midi-Pyrénées, Region im SW Frankreichs, umfasst die Dép. Ariège, Aveyron, Gers, Haute-Garonne, Hautes-Pyrénées, Lot, Tarn u. Tarn-et-Garonne, zusammen 45 348 km², 2,5 Mio. Ew.; Hptst. *Toulouse*.

Midland [-lənd], **1.** Stadt im O des US-amerikan. Bundesstaats Michigan, nordwestl. von Detroit, 38 100 Ew.; College; vorwiegend chem. Industrie (seit 1888); in der Umgebung Erdöl-, Salz- u. Kohlevorkommen. – 1836 gegr., zunächst Standort für Holzverarbeitung, Stadt seit 1887; Wachstum vor allem mit der Expansion der chem. Industrie.
2. Stadt im W des US-amerikan. Bundesstaats Texas, am Südrand des Llano Estacado, 850 m ü. M., 89 400 Ew.; Herstellung von Geräten für die Erdölgewinnung in der Umgebung, petrochem. Industrie; große Erdöllager (entdeckt 1923). – Gegr. 1884 als Bahndepot an der Strecke Fort Worth – El Paso, Stadt seit 1911.

Midlands [-ləndz], *The Midlands*, das mittelenglische Tiefland mit seinen reichen Kohlen-, Eisen- u. Tonlagerstätten. Folgende Grafschaften bilden die *Midlands*: Leicester-, Nottingham-, Warwick-, Derby-, Staffordshire u. West M.; zu den M. gehören die → Potteries u. das → Black Country. Die M. haben die größte Porzellan- u. Steingutproduktion der Welt.

Midler, Bette, US-amerikan. Filmschauspielerin u. Sängerin, *1. 12. 1945 Honolulu, Hawaii; zunächst Erfolge als Musical- u. Showstar, später auch auf der Leinwand in kom. Rollen erfolgreich; Filme u. a.: „Die unglaubliche Entführung der verrückten Mrs. Stone" 1986; „Ein ganz normaler Hochzeitstag" 1991; „Der Club der Teufelinnen" 1996; „That old feeling" 1997.

Midlifecrisis ['mɪdlaɪf 'kraɪsɪs, engl., „Krise in der Lebensmitte"], seit Anfang der 1970er Jahre gebrauchte Bez. für eine Phase in der 2. Hälfte des 5. Lebensjahrzehnts u. darüber hinaus, in der viele Menschen, vor allem Männer, am Sinn ihres bisherigen u. gegenwärtigen Lebens zweifeln; häufig stellen sich berufliche, eheliche u. sexuelle Schwierigkeiten ein.

Midlothian [-'ləʊθɪən], ehemals *Edinburghshire*, früher schott. Grafschaft, jetzt Distrikt im Verwaltungsgebiet Lothian Region; ehem. Steinkohlenbergbau; Erdölgewinnung, Schiffbau.

Midnapore [-'pʊə], *Medinipur*, indische Distrikt-Hptst. in Westbengalen, westl. von Calcutta, 125 000 Ew.; chem. Industrie; Verkehrsknotenpunkt.

Midrasch [der; hebr., Pl. *Midraschim*], im antiken frühmittelalterl. Judentum: 1. die rabbinische Auslegung bzw. Anwendung biblischer Texte; 2. ein Sammelwerk solcher Traditionen.

Midrex-Verfahren → Direktreduktion.

Midwayinseln [-weɪ-], zwei US-amerikan., vom Marineministerium verwaltete pazif. Koralleninseln (Sand u. Eastern Island), nordwestl. von Hawaii, 5,2 km², 2300 Ew.; Flotten- u. Luftstützpunkt. – 1859 entdeckt, 1867 durch die USA erworben, seit 1903 dem Marineministerium unterstellt, ab 1940 Luftwaffenstützpunkt.
Im 2. Weltkrieg bildete die See-Luftschlacht bei den M. (4.–7. 6. 1942) die entscheidende Wende in dem pazifischen Krieg zwischen den USA u. Japan. Die bis dahin siegreichen Japaner scheiterten beim Angriff auf die M. u. verloren neben 4 Flugzeugträgern 322 Flugzeuge u. 3500 Mann. Von diesen Verlusten erholte sich die japan. Kriegführung der folgenden Jahre nicht mehr. Japan musste den USA mehr u. mehr die Initiative überlassen.

Midyat, Kreisstadt im SO von Anatolien (Türkei), 29 300 Ew.; Siedlungszentrum assyr. Christen mit *aramäischer Sprache*.

Mieczysław [mjɛ'tʃisuaf], poln. männl. Vorname. Poln. Herzöge → Mieszko.

Mieder, *Schnürmieder, Leibchen*, den Oberkörper eng umschließendes Oberbekleidungsstück, heute noch in europ. Volkstrachten; auch formendes Unterbekleidungsstück.

Międzyrzecz [mjɛ'dziʒɛtʃ], *Meseritz*, poln. Stadt in Ostbrandenburg, an der Obra, 19 100 Ew.; Holz- u. Nahrungsmittelindustrie, Maschinenbau.

Międzyzdroje [mjɛndzy'zdrɔjɛ], *Misdroy*, poln. Ostseebad in Pommern, auf der Insel Wollin, 1947–1972 Stadt, seit 1972 Stadtteil von Swinemünde (poln. *Świnoujście*); Wolliner Naturschutzpark mit Museum.

◆ **Miegel**, Agnes, dt. Schriftstellerin, *9. 3. 1879 Königsberg, †26. 10. 1964 Bad Salzuflen; 1945 Flucht nach Dänemark, lebte seit 1948 in Bad Nenndorf; gab ihrer ostpreuß. Heimat in Vergangenheit u. Gegenwart Stimme u. vermochte auch Magisches u. Naturdämonisches auszudrücken. Lyrik: „Balladen u. Lieder" (darin „Die Frauen von Nidden", Nibelungen", „Die Mär vom Ritter Manuel") 1907; „Gedichte u. Spiele" 1920; „Herbstgesang" 1932; „Ostland" 1940; „Du aber bleibst in mir. Flüchtlingsgedichte" 1949. Erzählwerke: „Geschichten aus Altpreußen" 1926; „Kinderland" 1930; „Gang in die Dämmerung" 1934; „Die Blume der Götter" 1949; Erinnerungen: „Die Meinen" 1949; „Mein Weihnachtsbuch" 1959; „Heimkehr" 1962. – Gesammelte Werke, 7 Bde. 1955–1966.

Agnes Miegel

Mields, Rune, dt. Malerin u. Grafikerin, *24. 2. 1935 Münster; Autodidaktin; Vertreterin der „Neuen Figuration", wurde durch großformatige „Röhrenbilder" bekannt; schuf seit 1971 geometr., mit optischen Täuschungen arbeitende Konstruktionen u. kalligraph. Zeichenstrukturen. In den 1990er Jahren entstanden die Bildserien „Isolation" u. „Isolation imaginaire".

Miele, Carl, dt. Industrieller, *25. 7. 1869 Herzebrock bei Gütersloh, †24. 12. 1938 Gütersloh; begann 1895 mit einer Baustoffhandlung u. baute Milchzentrifugen. 1899 gründete M. mit R. Zinkhahn die Firma Miele & Cie. Hier wurden u. a. Buttermaschinen, Holzbottichwaschmaschinen, Fahrräder, Melkmaschinen, Staubsauger u. 1929 eine erste Geschirrspülmaschine hergestellt.

Mielec ['mjɛlɛts], poln. Stadt an der Wisłoka, nordwestlich von Rzeszów, 44 300 Ew.; Maschinenfabriken, Flugzeugbau.

Mielke, **1.** Erich, dt. Politiker (SED), *28. 12. 1907 Berlin, †21. 5. 2000 Berlin;

Expedient; seit 1925 Mitgl. der KPD, 1931 des Mordes an zwei Polizeioffizieren in Berlin beschuldigt, Flucht ins Ausland; seit 1945 führend am Aufbau der polit. Polizei in der SBZ bzw. DDR beteiligt, 1946 Vize-Präs. der Zentralverwaltung für Inneres; 1950–1957 Staatssekretär bzw. stellvertr. Staatssekretär, seit 1957 Minister für Staatssicherheit der DDR; seit 1950 Mitgl. des ZK, 1971–1976 Kandidat, seit 1976 Mitgl. des Politbüros der SED; 1980 Armeegeneral; verlor nach dem Umsturz 1989 alle Ämter u. wurde aus der Partei ausgeschlossen. Gegen M. leiteten die Justizbehörden mehrere Ermittlungsverfahren ein. Wegen der Morde von 1931 wurde er 1993 zu sechs Jahren Haft verurteilt, 1995 dann vorzeitig entlassen. Ein Totschlagsverfahren im Zusammenhang mit den Todesfällen an der innerdt. Grenze wurde 1994 wegen Verhandlungsunfähigkeit eingestellt. Im August 1998 stellten die Justizbehörden wegen Verhandlungsunfähigkeit auch alle weiteren Ermittlungsverfahren gegen M. ein.
2. Friedrich, dt. Bauhistoriker u. Denkmalpfleger, *20. 9. 1921 Neuneck; seit 1969 Prof. in Berlin, befasst sich vorwiegend mit Städtebau, Denkmalpflege u. Treppenforschung. 1997 übergab er seinen wissenschaftl. Nachlass der Stadt- u. Landesbibliothek Potsdam. Werke: „Die Geschichte der dt. Treppen" 1966; „Fremdenverkehr, Altstadt u. Denkmalpflege" 1971; „Die Zukunft der Vergangenheit" 1975.

Mieminger Gebirge, *Mieminger Kette,* Hochfläche der Nordtiroler Kalkalpen zwischen Wettersteingebirge u. Inntal, in der *Griesspitze* 2759 m.

Miercurea Ciuc ['mjerkurea 't∫uk], ungar. *Csíkszereda,* Verw.-Sitz des Kreises Harghita, in den Ostkarpaten, nördlich von Braşov (Rumänien), 47 000 Ew.; Museum mit dakischem Silberschatz; Textilindustrie, Traktorenfabrik, Sägewerk; Verkehrsknotenpunkt.

Miere, *Minuartia,* mit rd. 130 Arten über die kalten bis subtrop. Zonen der Nordhalbkugel weit verbreitete Gattung der *Nelkengewächse (Caryophyllaceae).* Zierl. Pflanzen mit weißen Blütchen, die meist 5 Kronblätter, 10 Staubblätter u. 3 Griffel enthalten; wachsen hauptsächlich im Gebirge, in Mooren u. auf Äckern. Verbreitet in Dtschld. ist die einjährige *Zarte M., Minuartia hybrida,* u. die *Frühlingsmiere, Minuartia verna.* Vogelmiere → Sternmiere.

Mierendorff, Carlo, dt. Politiker (SPD) u. Widerstandskämpfer, *24. 3. 1897 Großenhain, Sachsen, †4. 12. 1943 Leipzig (Bombenangriff); Journalist; 1926–1928 im Sekretariat der Reichstagsfraktion der SPD, 1929/30 Pressereferent im hessischen Ministerium des Innern, 1930–1933 MdR; 1933–1938 in verschiedenen Konzentrationslagern; arbeitete nach seiner Entlassung führend in der Widerstandsgruppe *Kreisauer Kreis* mit.

Mieres, nordspan. Industriestadt in Asturien, südöstl. von Oviedo, 58 700 Ew.; Mittelpunkt eines reichen Bergbaugebiets mit Eisenerz-, Kohlen-, Schwefel- u. Zinnobergruben u. Hütten-, Stahl- u. Zinkwerken; Nahrungsmittelindustrie.

◆ **Miereveld** [-vɛlt], *Mierevelt,* Michiel Jansz. van, holländ. Maler, *1. 5. 1567 Delft, †27. 6. 1641 Delft; schuf mit seiner großen Werkstatt zahlreiche Bildnisse von Fürsten u. Bürgern in sachl. Stil.

Mieris, van, holländ. Malerfamilie: **1.** Frans d. Ä., *16. 4. 1635 Leiden, †12. 3. 1681 Leiden; schuf hauptsächl. Interieurbilder mit Gesellschaftsszenen in einer von seinem Lehrer G. *Dou* beeinflussten Feinmalerei.
2. Willem, Sohn u. Schüler von 1), *3. 6. 1662 Leiden, †27. 1. 1747 Leiden; setzte in kleinteiligen u. gleichförmigen Genrebildern u. Porträts den Spätstil seines Vaters fort.

Mierke, Karl, dt. Psychologe, *4. 3. 1896 Zellerfeld, †9. 1. 1971 Kiel; Schüler von N. *Ach;* 1948–1964 Prof. in Kiel; Hptw.: „Wille u. Leistung" 1955; „Begabung, Bildung u. Bildsamkeit" 1963; „Psychohygiene im Schulalltag" 1967.

Mierosławski [mjɛrɔ'suafski], Ludwik, poln. Revolutionär, *17. 1. 1814 Nemours, †22. 11. 1878 Paris; militär. Führer der Aufstände 1848 in Posen Poznań, 1849 in Baden, 1863 in Polen (Januaraufstand).

Mieroszów [mjɛ'rɔʃuf], dt. *Friedland,* poln. Stadt in Schlesien, südwestl. von Wałbrzych, 6900 Ew.; Textilindustrie (Leinen) u. Holzverarbeitung.

Mies, tschech. *Mže,* Fluss in Westböhmen, entspringt im nördl. Böhmerwald, bildet nach Zusammenfluss mit Angel, Radbusa u. Uslawa bei Pilsen die Beraun Berovn.

Mies, Herbert, dt. Politiker (DKP), *23. 2. 1929 Mannheim; Bahnarbeiter; seit 1946 Funktionär der KPD, seit 1949 Leiter der Zentralschule der FDJ in der BR Dtschld., seit 1954 im Vorstand der KPD; nach deren Verbot 1956–1959 Studium in Moskau, Dipl.-Volkswirt; 1969–1973 stellvertr. Vors., 1973–1990 Vors. der DKP.

Miesbach, 1. Kreisstadt in Oberbayern, nordwestl. vom Schliersee, 10 800 Ew.; Wintersportplatz; Fremdenverkehr; Elektromotorenfabrik, Papierindustrie, Brauerei. – Stadtrecht 1918.
2. Ldkrs. in Bayern, Reg.-Bez. Oberbayern, 864 km², 89 400 Ew.; Verw.-Sitz ist *M.* (1).

Miescher, Johann Friedrich, schweiz. Physiologe, *13. 8. 1844 Basel, †11. 8. 1895 Davos; entdeckte die Nucleinsäuren u. das Protamin.

Miescher'sche Schläuche [nach J. *Miescher*], auffällige Ansammlung von Entwicklungsstadien der → Sarkosporidien im Muskelgewebe Pflanzen fressender Säugetiere. Die Miescher'schen Schläuche entstehen durch Vielfachteilung *(Endodyogenie, Schizogonie)* der Parasitenzellen.

Miesmuschel, *Pfahlmuschel, Mytilus edulis,* essbare *Muschel,* die sich mit Byssusfäden (→ Byssus [2]) an Pfählen, Steinen u. Ä. im Flachwasser der Küstengebiete, u. a. in der Gezeitenzone der Nordsee, festsetzt; Größe je nach Salzgehalt bis zu 6 cm. In Dtschld. wird Miesmuschel-Fischerei betrieben, in Portugal u. Frankreich Miesmuschel-Zucht (auch → Aquakultur). Offene Miesmuscheln sollen nicht mehr gegessen werden. – Weitere essbare Miesmuscheln sind die *Violette M., Mytilus violaceus,* an der At-

lantikküste; die kleinere *Mittelmeermiesmuschel, Mytilus galloprovincialis,* u. die *Große M., Modiolus modiolus,* bis 14 cm lang, die an Felsen u. Steinen ab 5 m Tiefe in der Nordsee u. im Atlantik lebt.

Michiel Jansz. van Miereveld: Bildnis einer Dame. Madrid, Banco Exterior de España

◆ **Mies van der Rohe,** Ludwig, dt. Architekt, *27. 3. 1886 Aachen, †17. 8. 1969 Chicago; neben W. *Gropius, Le Corbusier* u. F. L. *Wright* der einflussreichste Bauschöpfer der 1. Hälfte des 20. Jh.; 1908–1912 Schüler von P. *Behrens,* seit 1912 selbständiger Architekt, 1920–1933 Lehrer am Bauhaus, seit 1930 dessen Leiter; entwickelte nach neoklassizist. Anfängen (Entwurf für Haus Kröller, Den Haag, 1912) einen kühnen, damals allg. als revolutionär empfundenen Baustil, der Elemente der holländ. „Stijl"-Architektur, des Expressionismus u. Konstruktivismus vereinte (Entwürfe für Stahlbetonhochhäuser; Denkmal für K. Liebknecht u. R. Luxemburg, Berlin, 1926; Dt. Pavillon der Weltausstellung Barcelona, 1929; Haus Tugendhat in Brünn/Mähren, 1930/31). Seit 1937 lebte Mies van der Rohe in den USA, wo er in Stahlskelettbauweise mit weit gespannter Verglasung zahlreiche Hochhäuser sowie Wohn- u. Institutsgebäude im Pavillonstil errichtete. Hptw. sind die

Ludwig Mies van der Rohe; 1958

Ludwig Mies van der Rohe: Appartmenthäuser der Weißenhofsiedlung in Stuttgart; 1937

Bauten für das Illinois Institute of Technology in Chicago, 1940–1956, das Seagram Building in New York, 1958 u. die Nationalgalerie in Berlin, 1968.

Mieszko ['mjɛʃkɔ], *Miseko*, später fälschlich *Mieczysław*, POLN. FÜRSTEN:

1. Mieszko I. Herzog etwa seit 960 (erstmals erwähnt 963), † 25. 5. 992; aus dem Piasten-Geschlecht, ließ sich im Zusammenhang mit seiner Heirat mit der böhm. Prinzessin Dubravka (965) 966 taufen (röm.-kath., vermutlich in Regensburg), lehnte sich an Dtschld. an (Vasall Kaiser Ottos III.), gewann 990 im Kampf gegen Böhmen Kleinpolen u. Schlesien; gilt als Begründer Polens, erster bekannter Herzog Polens.

2. Mieszko II. Lambert Enkel von 1), König 1025–1034, *990, † 10. 5. 1034; konnte die von seinem Vater *Bolesław I.* eroberten Gebiete nicht behaupten; nach Emanzipationsbestrebungen musste er auf dem Hoftag zu Merseburg 1033 auch die Oberhoheit des Kaisers anerkennen.

3. Mieszko III. Stary [„der Alte"], 1138 Herzog von Großpolen, *um 1126, † 13. 3. 1202; gewann 1173 die Herrschaft über Krakau u. damit das Seniorat über ganz Polen (erneut nach 1194); wurde 1177 von seinem Bruder Kasimir II. aus Krakau vertrieben.

Miete, ◆ 1. [lat. *meta*, „Kegel, Pyramide"], *Landwirtschaft:* eine Art der Aufbewahrung von Feldfrüchten (Kartoffeln, Rüben, Gemüse) im Freien. Die Feldfrüchte werden auf trockenem Boden gleichmäßig geschichtet (Schüttbreite bis 150 cm, Schütthöhe bis 110 cm), mit Stroh u. bis auf den First mit einer Schicht Erde abgedeckt. *Wintermieten* erhalten, nachdem auch der First mit Erde abgedeckt ist, eine zweite Isolationsschicht aus Stroh oder Kartoffelkraut u. eine abschließende Erdauflage mit Lüftungskanälen. Auch → Feim.
2. [ahd. *miata*, „Lohn"], *Recht:* ein vertragliches, entgeltliches, in den §§ 535–580a BGB geregeltes Schuldverhältnis (→ Mietverhältnis), kraft dessen der *Vermieter* verpflichtet ist, dem *Mieter* (im Unterschied zur → *Pacht*) den Gebrauch einer Sache zu überlassen. Der Mieter ist verpflichtet, den vereinbarten *Mietzins* (kurz: die M.) zu bezahlen. Gegenstand der M. können sein sowohl beweg. Sachen (z. B. Kraftfahrzeuge, unrichtig „Leihwagen", weil *Leihe* unentgeltl. Gebrauchsüberlassung bedeutet) als auch u. insbes. Grundstücke u. Räume (§ 580 BGB). Der *Mietvertrag* kann formlos, daher auch mündlich geschlossen werden, doch bedarf der Mietvertrag über Wohnraum der Schriftform (§ 564a BGB). Hinsichtlich der inhaltl. Ausgestaltung der Verträge besteht grundsätzlich Vertragsfreiheit, doch bestehen für Mietverhältnisse über *Wohnräume* weitgehende Beschränkungen, außerdem für Formularverträge u. sonstige Allgemeine Geschäftsbedingungen

Miete (1): Einlagerung von Gemüse in eine Miete

gemäß dem AGB-Gesetz. Rechts- u. Sachmängel der Mietsache geben dem Mieter das Recht, die M. zu mindern, unter gewissen Voraussetzungen auch Schadensersatz zu verlangen oder zu kündigen. Die *Untervermietung* ist nur mit Zustimmung des Vermieters zulässig. Im Falle der Vermietung eines Grundstücks oder von Räumen hat der Vermieter ein gesetzl. Pfandrecht an den eingebrachten Sachen des Mieters. Wird ein vermietetes Grundstück veräußert, so geht das Mietverhältnis, wenn der Mietgebrauch bereits überlassen war, kraft Gesetzes auf den Erwerber über (§§ 571 ff. BGB, „Kauf bricht nicht M.", anders das österr. u. schweiz. Recht). Das → Mietverhältnis endet, wenn es befristet ist, mit dem Zeitablauf, abgesehen davon durch → Kündigung. Die sozial empfindlichsten Mietverhältnisse sind die über Wohnräume; diese sind deshalb seit dem 1. Weltkrieg unter einen, allerdings in Form u. Intensität wechselnden Kündigungsschutz (→ Mieterschutz) u. unter Mietpreisbindungen verschiedener Art gestellt (→ Mietpreisrecht). Eine besondere Art der M. ist das → Leasing.
Österreich: §§ 1091ff. ABGB; *Schweiz:* Art. 253ff. OR.

Mietenkompostierung, die Kompostierung von Abfällen in speziell geschichteten Haufen *(Mieten).*

Mieterschutz, i.w.S. der Inbegriff aller Vorschriften, die den Schutz der *Mieter,* insbes. von *Wohnraum,* gegen unangemessene Vertragsbedingungen u. vor allem gegen die *Kündigung* durch den *Vermieter* bezwecken; i.e.S. der Kündigungsschutz, der, nachdem er nach dem 1. Weltkrieg durch das *Mieterschutzgesetz* vom 1. 6. 1923 eingeführt worden war, inzwischen aber in allen Teilen der Deutschlands durch die als Dauerrecht in das BGB eingefügten §§ 556a–c u. 564b ersetzt worden ist. Auch → Kündigungsschutz.

Mieterschutzgesetz, Abk. *MSchG.* → Kündigungsschutz, → Mieterschutz.

Mietfinanzgeschäft → Leasing.

Miethe, Adolf, dt. Physiker u. Fotochemiker, *25. 4. 1862 Potsdam, †5. 5. 1927 Berlin; baute Fotoobjektive, erfand das Magnesium-Blitzlicht u. die Dreifarbenfotografie.

Mietpreisrecht, 1. Bestandteil der in der Dtschld. aufgehobenen Wohnungszwangswirtschaft *(Wohnraumbewirtschaftung).* – **2.** i.w.S. die Einschränkungen freier Mietpreisgestaltung, z. B. die bei einseitiger Mietzinserhöhung zu beachtende Regel, nach der der Vermieter den Mietzins nicht über die ortsübl. Miete für Wohnraum vergleichbarer Lage, Größe, Art u. Beschaffenheit *(Vergleichsmiete)* hinaus erhöhen darf; → Mietspiegel.

Mietsachen, Klagen auf Feststellung des Bestehens oder Nichtbestehens eines Mietvertrages oder Untermietvertrages über Wohnraum, auf Erfüllung, auf Entschädigung wegen Nichterfüllung oder nicht gehöriger Erfüllung eines solchen Vertrages, Klagen auf Räumung des Wohnraumes oder Fortsetzung des Mietverhältnisses aufgrund der §§ 556a, 556b BGB. Ausschließlich zuständig für M. ist das Amtsgericht, in dessen Bezirk sich der Wohnraum befindet (§ 29 a ZPO).

Mietshaus, ein Haus, dessen Wohnungen von mehreren Mietparteien bewohnt werden. Je nach der Anzahl der von einem gemeinsamen Treppenhaus zugänglichen Wohnungen unterscheidet man Ein-, Zwei-, Drei-, Vier- oder Fünf-Zimmer-Wohungen.

Mietspiegel, eine von vielen Städten freiwillig herausgegebene Übersicht über die z. B. nach Wohnlage, Alter der Wohnung u. a. gegliederte durchschnittlich zu zahlende Miete pro Quadratmeter. Der M. dient dem Vermieter als Richtlinie für die Festlegung der Miethöhe u. dem Mieter als Mietpreisvergleich für alternative Wohnlagen.

Mietverhältnis, die durch einen in Vollzug gesetzten → Mietvertrag begründete Dauerrechtsbeziehung zwischen dem Vermieter u. dem Mieter, geregelt in §§ 535ff. BGB.

Mietverlustversicherung, eine meist mit der Gebäudeversicherung abgeschlossene Zusatzversicherung, mit der der Vermieter sich gegen das Mietausfallrisiko absichert. Die Versicherungsleistung wird höchstens 6 Monate gewährt u. ersetzt auch den Schaden, der dem Versicherungsnehmer dadurch entsteht, dass die von ihm genutzten Räume ganz oder teilweise nicht mehr nutzbar sind u. deshalb andere Räume gemietet werden müssen.

Mietvertrag, ein Vertrag, durch den ein → Mietverhältnis begründet wird.

Mietwagen, ein Kraftfahrzeug, das mit oder ohne Fahrer für einen bestimmten Zeitraum (gegen Entgelt) vermietet wird; im allg. Sprachgebrauch oft (juristisch unrichtig) als *Leihwagen* bezeichnet. Auch → Miete.

Mietzel, poln. *Myśla*, rechter Zufluss der unteren Oder, 96 km, mündet unterhalb von Kostrzyn (Küstrin).

Mietzuschuss → Wohngeld.

◆ **Mi Fu,** *Mi Fei,* chines. Kalligraph, Maler u. Kunstkritiker, *1051 Xiangyang, Prov. Hubei, †1107 Huaiyang, Prov. Kiangsu; war Gouverneur verschiedener Provinzen u. Lehrer an der Kunstakademie in Kaifeng. Typischer Vertreter der *wenren* (Literatenmaler), Verfasser maltheoret. Schriften u. Schöpfer eines neuen Stils der Tuschmalerei ohne scharfe Konturzeichnung. Als eigenhändig gilt heute nur noch das Gemälde „Berge u. Kiefern im Frühling" im Nationalen Palastmuseum von Taipeh mit seinen typischen Zuckerhutbergen.

Mifune, Toshiro, japan. Schauspieler, Regisseur u. Produzent, *1. 4. 1920 Qingdao (China), †24. 12. 1997 Tokyo; wurde bekannt durch die Filme von A. *Kurosawa,* u. a. „Rashomon" 1950; „Die sieben Samurai" 1954; „Yojimbo – Der Leibwächter" 1961; „Rotbart" 1965; später auch international erfolgreich.

MiG, abkürzende Bez. für die von den sowjet. Konstrukteuren A. I. *Mikojan* u. M. J. *Gurewitsch* entwickelten Flugzeuge. MiG-15 war der herausragende Jäger des Koreakriegs, MiG-25 erreicht die dreifache Schallgeschwindigkeit, MiG-23/27 ist ein schwerer Standard-Jagdbomber mit Schwenkflügeln; modernste Form MiG-29 u. MiG-31.

MIGA, Abk. für engl. *Multilateral Investment Guarentee Agency, Multilaterale Investitions-Garantie-Agentur,* 1988 gegründete Sonderorganisation der Vereinten Nationen zur Sicherung privater Investitionen in Entwicklungsländern gegen nicht kommerzielle Risiken u. zur Beratung von Entwicklungsländern bei Investitionsförderungsmaßnahmen, die zusammen mit → ICSID, → IDA, → IFC u. der → Weltbank die Weltbankgruppe bildet (1999: 147 Mitglieder).

Migamuwa, Stadt in Sri Lanka, → Negombo.

Migdal ha-Emeq, nordisrael. Stadt westl. von Nazareth, 14 000 Ew.; Lederwaren- u. kosmet. Industrie; 1952 gegründet.

◆ **Migenes,** Julia, US-amerikan. Sängerin (Sopran), *13. 3. 1949 New York; tritt seit 1979 an der Metropolitan Opera New York auf; ist auch Interpretin von Chansons, Musicals und Unterhaltungsmusik.

Migge, Leberecht, dt. Gartenarchitekt, *20. 3. 1881 Danzig, †30. 5. 1935 Worpswede; gründete 1920 in Worpswede die erste dt. „Siedler-Schule" u. wurde mit seinen sozialreformerisch u. funktionalistisch orientierten Gartenbauideen (Siedlungsbewegung, „Binnenkolonisation" in Stadt u. stadtnahen Gebieten, gegen Mietskasernen) zu einem wichtigen Erneuerer der Gartenkunst im 20. Jh.

Julia Migenes

Migmatit [der; grch.], *Mischgestein,* grob gemengtes Gestein im Übergangsbereich zwischen metamorphem u. magmat. Gestein.

Mignard [miˈnjaːr], Pierre, gen. Mignard le Romain, französ. Maler, *17. 11. 1612 Troyes, †30. 5. 1695 Paris; Fresken u. Madonnenbilder *(Mignardes)* in weich modellierender Farbigkeit; als Bildnismaler seinem Rivalen C. *Lebrun* überlegen.

Migne [minjə], Jacques-Paul, französ. kath. Theologe, *25. 10. 1800 Saint-Flour, †24. 10. 1875 Paris; gründete 1836 einen theolog. Verlag u. gab die umfassendste Sammlung von griech. u. latein. Kirchenväterschriften heraus (1844–1866).

Mignon [minˈjɔ̃], in Goethes „Wilhelm Meister" Name einer zum Sinnbild verklärten rätselhaften Mädchengestalt, deren „Sehnsucht" sich in den „Mignonliedern" ausspricht. Oper „M." von A. *Thomas* (1866); auch Titel einer Novelle von G. *Hauptmann* (1947).

Mignon [minˈjɔ̃; frz., „zart, niedlich"], weibl. Vorname.

Mignonfassung [minˈjɔ̃-], kleine Schraubfassung für Glühlampen.

Migot [miˈgo], Georges, französ. Komponist, *27. 2. 1891 Paris, †5. 1. 1976 Paris; studierte bei C. *Widor,* greift in seinen Kammermusik- u. Chorwerken altfranzös. Stilideale auf; schrieb 13 Sinfonien. Verfasser zahlreicher musikal. Schriften.

Migräne [die; frz.], in Anfällen auftretender, heftiger, meist einseitiger *(Hemikranie),* pulsierender Kopfschmerz bei gleichzeitig starker Übererregbarkeit der Sinnesorgane. Beginn häufig mit Sehstörungen (Augenflimmern). Zu den Begleiterscheinungen der M. gehören Übelkeit u. Erbrechen, gelegentl. vermehrtes Schwitzen, Herzklopfen u. neurolog. Ausfälle. M. beruht auf einer neurovegetativen Störung der Weitstellung der Hirngefäße, was vermutl. einen Schmerzreiz auslöst. Die Ursachen sind noch nicht bekannt. Migräneanfälle können durch bestimmte Nahrungsmittel wie Rotwein oder Schokolade oder klimatische Einflüsse ausgelöst werden u. treten häufig nach starken psych. Anspannungen auf *(Wochenendmigräne).* Bei Frauen, die häufiger als Männer an M. erkranken, besteht manchmal eine Beziehungen zum Menstruationszyklus. Die Behandlung erfolgt medikamentös, durch Vermeidung bekannter Auslöser u. durch Erlernen spezieller Entspannungstechniken. Auch → Cluster-Kopfschmerz.

Migration [lat.], **1.** *Bevölkerungsgeographie:* → Wanderung.
2. *Geologie:* die Umlagerung von Lösungen in Gesteinen oder größeren Einheiten der Erdkruste; dadurch kommt es örtlich zu einer Anreicherung bzw. Verarmung von Stoffen, z. B. das Wandern von Erdöl u. -gas vom Muttergestein in das Speichergestein.
3. *Ökologie:* Wanderung von Tieren, vor allem das ständige Zu- u. Abwandern von Individuen einer tierischen Bevölkerung *(Immigration, Emigration),* aber auch die auffälligen u. u. U. weiträumigen *Massenwanderungen* von Tieren, z. B. Heuschrecken, Wanderfalter, Fische, Vögel, Lemminge. Eine M. in bislang von der betreffenden Art nicht bewohnte Räume wird als *Invasion* bezeichnet (→ Invasionsvögel).

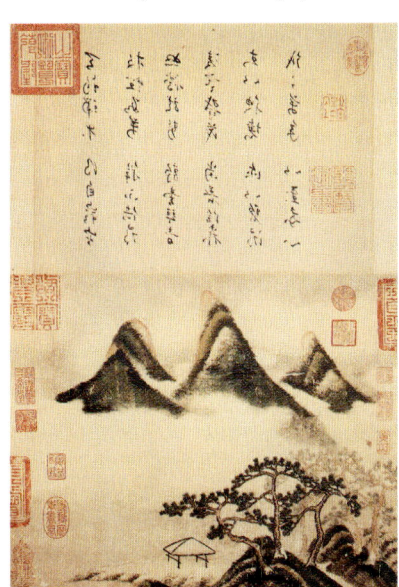

Mi Fu: Berge und Kiefern im Frühling. Taipeh, National Palace Museum

Migrationstheorie, 1. *Abstammungslehre:* ein 1868 von M. *Wagner* veröffentlichter, inzwischen bestätigter Erklärungsversuch zur Entstehung der Arten; danach soll durch räuml. Trennung eine zunehmende Ausbildung von Varietäten der Lebewesen bewirkt bzw. begünstigt werden, indem eine Vermischung mit dem Normaltyp der betreffenden Art verhindert wird. Heute ist die M. ein wichtiger Teil des modernen *Darwinismus*. Die geograph. *Isolation* gilt als einer der Hauptfaktoren, die steuernd auf evolutive Veränderungen von Arten *(Populationen)* einwirken.
2. *Völkerkunde:* eine von J. F. *Lafiteau* entwickelte u. von F. *Ratzel* populär gemachte Theorie, nach der Ähnlichkeiten zwischen Kulturelementen verschiedener Kulturen u. Regionen durch Migration (d. h. Wanderung) erklärt werden. L. *Frobenius* erweiterte diese Theorie zur Lehre vom → Kulturkreis.

MIH, Abk. für *Melanotropin Release inhibierendes Hormon,* → Melanophorenhormon, → Releasinghormone.

Mihăescu [miha'jesku], Gib, rumänischer Schriftsteller, *5. 3. 1894 Drăgăşani bei Craiova, †19. 10. 1935 Drăgăşani; zeichnete mit psychologischem Scharfblick den Konflikt zwischen Sinnlichkeit u. Ideal, besonders in den Frauengestalten seiner Romane: „Bratul Andromedei" 1930; „Donna Alba" 1935.

Mihai [mi'hai], *Mihaiu,* rumän. für → Michael.

Mihailović [-vitç], Draža (Dragoljúb), jugoslaw. Offizier, *27. 4. 1893 Ivanjica, †17. 7. 1946 Belgrad (hingerichtet); Serbe, seit 1941 Führer der → Tschetniks gegen die dt. Truppen, 1942 Kriegs-Min. in der jugoslaw. Exilregierung des 2. Weltkriegs, blieb aber im Land u. bekämpfte sowohl die dt. Truppen wie die kommunist. Partisanen Titos. Er wurde nach Kriegsende als Verräter zum Tode verurteilt.

Mihajlovgrad [mi'xajlovgrat], *Mihajlowgrad,* **1.** bulgar. Bezirk, 10 607 km², 621 000 Ew.; Hptst. *M.* (2).
2. Bez.-Hptst. im NW von Bulgarien, 52 700 Ew.; landwirtschaftl. Handel (Weizen, Zuckerrüben, Mais); Maschinenbauindustrie.

Mihalovici [mialo'vitʃi], Marcel, französ. Komponist rumän. Herkunft, *22. 10. 1898 Bukarest, †12. 8. 1985 Paris; Schüler von V. *d'Indy,* seit 1919 in Paris, verheiratet mit der Pianistin M. *Haas;* verwendete eine erweiterte Chromatik u. auch Zwölftontechnik; Opern („Phèdre" 1951; „Die Heimkehr" 1954; „Krapp oder das letzte Band" 1961, nach S. Beckett; „Die Zwillinge" 1962), Ballette, Sinfonien, Kammermusik, Lieder u. Filmmusiken.

Mihama, japan. Ort im nördl. Südwesthonshu, westl. vom Biwasee u. südwestl. von Tsuruga, 13 400 Ew.; Kernkraftwerk.

Mihrab [mix'rab; der; arab.], eine flache Nische in der Wand der Moschee, die die Gebetsrichtung (→ Kibla) anzeigt.

Mijares [mi'xares], Fluss in Ostspanien, entspringt in der Sierra de Gúdar, mündet bei Castellón de la Plana, 104 km lang; zu Bewässerungszwecken aufgestaut.

Mijnheer [mə'neːr; ndrl.], *Mynheer,* Abk. *Mh.,* niederländ. Anrede „mein Herr".

mijotieren [miʒo-; frz.], eine Speise bei schwacher Hitzezufuhr dünsten oder schmoren.

Mikado [japan., „erlauchtes Tor"], **1.** *japan. Geschichte:* in der älteren japan. Literatur selten gebrauchte Bezeichnung für den japan. Kaiser (→ Tenno).
2. [das], *Spiele:* Geschicklichkeitsspiel mit langen Holzstäbchen von unterschiedlichem Punktwert, die einzeln von einer festen Unterlage aufgehoben werden müssen, wobei sich die übrigen Stäbchen nicht bewegen dürfen. M. war schon vor rd. 2000 Jahren bei den Germanen bekannt als Orakel-Spiel („Zitterwackel"); Herodot entdeckte es 450 v. Chr. auch bei den Skythen.

Mikanie [die; nach dem tschech. Botaniker J. G. *Mikan,* †1814], *Sommerefeu, Mikania,* Gattung der *Korbblütler (Compositae)* der warmen Zonen Amerikas mit unscheinbaren Blüten; efeuähnl. Kletterpflanze.

Mikanit [der], ein Werkstoff, der durch Zusammenpressen von Glimmerplättchen mit Schellack oder Kunstharz unter hohem Druck entsteht. M. dient wegen seiner hohen elektr. Durchschlagfestigkeit als Isolierstoff.

Mike [maik], die englische Kurzform von → Michael.

Mikeleitis, Edith, Schriftstellerin, *27. 2. 1905 Posen, †8. 7. 1964 Stuttgart; schrieb Dramen, Erzählwerke u. bes. biograf. Romane: „Die Sterne des Kopernikus" 1943; „Die blaue Blume" (Karoline Schelling) 1948; „Der große Mittag" (Nietzsche) 1954; „Der Engel vor der Tür" (Rembrandt) 1962.

Mikir, Bergvolk in den Mikir Hills Zentral-Assams im NO Indiens, rd. 150 000, mit tibetobirman. Sprache; Brandrodungsfeldbau, Jagd u. Fischfang.

Mikkeli, schwed. *Sankt Michel,* **1.** Provinz (Lääni) im S von Finnland, 16 425 km², 207 000 Ew.; Hptst. *M.* (2); Kerngebiet der Finn. Seenplatte, waldreich.
2. Hptst. der Prov. (Lääni) *M.* (1), an einem Seitenarm der Saimaa, 32 400 Ew.; Garnison; Holzindustrie.

◆ **Miklas,** Wilhelm, österreichischer Politiker (christlich-sozial), *15. 10. 1872 Krems, †20. 3. 1956 Wien; 1919/20 Unterstaatssekretär für Kultus; 1923 bis 1928 Erster Präs. des Nationalrates, 1928 bis 1938 Bundes-Präs. 1938 ernannte M. unter deutschem Druck A. *Seyß-Inquart* zum Bundeskanzler, weigerte sich aber, das „Anschlussgesetz" zu unterzeichnen, u. trat am 13. 3. 1938 zurück.

Wilhelm Miklas

Miklós ['mikloːʃ], *Mikos,* ungar. für → Nikolaus.

Miklosich [-zitʃ], Franz Xaver von, österr. Slawist, *20. 11. 1813 Luttenberg, Steiermark, †7. 3. 1891 Wien; begründete durch seine „Vergleichende Grammatik der slaw. Sprachen" 1852–1875 u. sein „Etymolog. Wörterbuch der slaw. Sprachen" 1886 die moderne Slawistik.

Miklucho-Maklaj, Nikolaj Nikolajewitsch, russ. Forschungsreisender, *17. 7. 1846 bei Borowitschi, Ukraine, †14. 4. 1888 St. Petersburg; bereiste 1871–1883 die Inseln des Malaiischen Archipels, erforschte die Papuastämme auf Neuguinea.

Mikojan, 1. Anastas Iwanowitsch, Bruder von 2), sowjet. Politiker, *25. 11. 1895 Sanain, Gouvernement Tiflis, †21. 10. 1978 Moskau; seit 1917 Parteifunktionär, 1926 bis 1935 Kandidat, 1935–1966 Mitgl. des Politbüros (bzw. des Präsidiums) des ZK der KPdSU; seit 1926 wechselnd Handels- u. Ernährungskommissar (bzw. -Min.); 1955 bis 1964 Erster Stellvertr. Min.-Präs.; 1964/65 Staatsoberhaupt der UdSSR. M. unterstützte N. S. *Chruschtschow* bei den Machtkämpfen nach Stalins Tod u. bei den Bemühungen um eine „Entstalinisierung".
2. Artjom Iwanowitsch, Bruder von 1), sowjet. Flugzeugkonstrukteur, *5. 8. 1905 Sanain, †9. 12. 1970 Moskau; baute mit M. J. Gurewitsch die Düsenjäger MiG.

Mikołów [mi'kouf], *Nikolai,* Stadt in Oberschlesien (Polen), südwestl. von Katowice (Kattowitz), 33 800 Ew.; Metall-, chem., Maschinen- u. Papierindustrie.

mikr… → mikro…

Mikrat, vereinzelt gebrauchter Ausdruck für Mikrokopien in mehr als üblicher, nämlich 48facher Verkleinerung.

mikro… [grch.], Wortbestandteil mit der Bedeutung „klein"; wird zu *mikr…* vor einem Vokal; latinisierte Form: *micro…*

Mikroalgen, mikroskopisch kleine → Algen.

Mikroanalyse, chem. *Analyse* von sehr geringen Substanzmengen (rd. 10 mg u. weniger) unter Benutzung hierfür bes. geeigneter Geräte sowie unter Anwendung bes. Verfahren, z. B. Gaschromatographie, Massenspektroskopie; erlangte u. a. Bedeutung bei der Erforschung der Transurane.

Mikroben [grch.] → Mikroorganismen.

Mikrobenbank, *Mikroorganismenbank,* Sammlung von Mikroorganismenkulturen, die durch Abkühlung auf −250° C konserviert werden; bei späterer Erwärmung u. auf geeigneten Nährböden kann mit ihnen experimentiert werden.

Mikrobenthos [grch.], Organismen aus der Lebensgemeinschaft des Meeresbodens (→ Benthal), die nur mit dem Mikroskop erkennbar sind. Dazu gehören Bakterien, Diatomeen, Protozoen, Ciliaten, Amöben, Crustaceenlarven.

mikrobieller Abbau, der Abbau flüssiger u. fester Substanzen (z. B. Abfälle) durch Mikroorganismen. Die Abbaugeschwindigkeit kann durch Regelungen der Sauerstoffzufuhr oder der Einstellung der optimalen Feuchte- u. Temperaturbedingungen gesteuert werden. Auch → Abbau (3), → biologische Abwasserbehandlung.

mikrobielles Eiweiß, engl. *single cell protein,* durch Züchtung von Hefen, Bakterien u. anderen Einzellern auf anfallenden Nebenprodukten der Landwirtschaft (Stroh), Lebensmittelindustrie (Molke, Melasse) u. Papierindustrie gewonnenes Protein. Es wird für die Tierfütterung verwendet, gilt aber auch als potenzielle Proteinquelle für die menschl. Ernährung.

Mikrobiologie [grch.], die Wissenschaft von den mikroskopisch kleinen Lebewesen, die → Mikroorganismen. Die *allg. M.* untersucht Bau, Entwicklung, Leistungen, Verhalten, Verbreitung u. Lebensbedingungen der Mikroorganismen. Die *angewandte M.* gliedert sich in drei Gebiete: 1. Die *medizin. M.* (humanmedizin. M., veterinärmedizin. M., Phytopathologie) behandelt die krankheitserregenden Mikroorganismen. 2. Die *techn.* oder *industrielle M.* verwertet die nützl. Eigenschaften der Mikroorganismen, z. B. stellt die Gärungsindustrie mikrobielle Gärungsprodukte wie Hefen, Alkohol, Bier, Wein her. Die chem. Industrie erzeugt chem. Produkte (Essigsäure, Citronensäure, Milchsäure, Aceton u. a.), Antibiotika, Enzyme, Vitamine. Die Milchwirtschaft benutzt Mikroorganismen zur Bereitung von Joghurt, Kefir, Quark, Käse u. a. Milchprodukten. Bei der biolog. Abwasserreinigung werden die organ. Abfallprodukte durch Mikroorganismen abgebaut. 3. Die *Bodenmikrobiologie* befasst sich mit den im Boden lebenden Mikroorganismen, die u. a. für die → Mineralisation von Bedeutung sind.

Mikrochemie [grch.], die Ausführung chem. Reaktionen mit sehr kleinen Substanzmengen, häufig unter dem Mikroskop in entsprechend kleinen Gefäßen. Auch → Mikroanalyse.

Mikrochirurgie [grch.], eine chirurg. Operationstechnik, die es mit Hilfe eines Operationsmikroskopes u. eines speziellen mikrochirurg. Instrumentariums erlaubt, im Bereich von 1 mm u. darunter Nerven, Blutgefäße u. a. Gewebe u. Organteile zu präparieren u. zu nähen. Neben der Ohren- u. Augenheilkunde sowie der Neurochirurgie profitiert bes. die Unfallchirurgie von der M., die z. B. das Wiederannähen (Replantation) abgetrennter Körperteile ermöglicht.

Mikrocomputer [-kɔmˈpjuːtə; grch. + engl.], ein Computertyp der dritten Generation; je nach Leistungsfähigkeit werden M. auch als *Personalcomputer* (PC), *Homecomputer* oder *Arbeitsplatzrechner* bezeichnet. M. haben einen Mikroprozessor u. verfügen meist über eine Festplatte (Hard Disk), ein Diskettenlaufwerk u. ein CD-ROM-Laufwerk als Massenspeicher sowie mehrere Anschlüsse für Peripheriegeräte (z. B. Drucker, Modem). Das Softwareangebot für M. ist äußerst vielfältig; eine Reihe von Betriebssystemen, viele Programmiersprachen u. Programme für fast alle denkbaren Anwendungen sind erhältlich. M. sind im Einsatz als Einzelplatzsysteme, als tragbare Rechner (Notebooks, Laptops) u. in Computernetzwerken.

Mikrocontroller, Zusammenfassung eines *Mikroprozessors*, eines Speichers u. einer Einheit für die Ein- u. Ausgabe von Daten auf einer Platine oder einem Chip. M. werden für Steuerungs- und Regelungsaufgaben in verschiedenen Bereichen eingesetzt, z. B. in Fotoapparaten, Waschmaschinen oder bei der industriellen Automation.

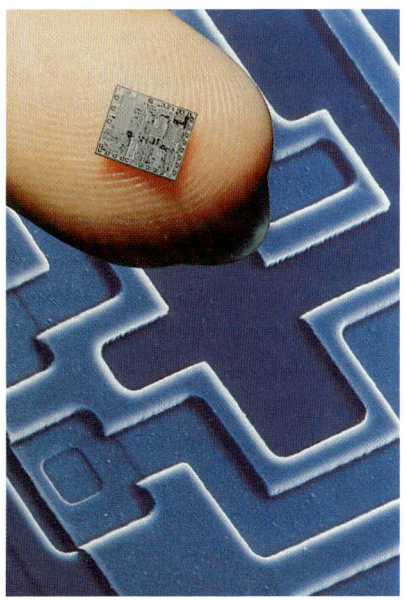

Mikroelektronik: Ausschnitt aus einer integrierten Schaltung, aufgenommen mit einem Rasterelektronenmikroskop

Mikrodokumentation [grch. + lat.], Verfahren u. Ergebnis der Abbildung von Dokumenten in stark verkleinertem Maßstab mit Hilfe der Mikrografie, insbes. des → Mikrofilms.

Mikro-Edition [grch. + lat.], Produktion u. Herausgabe von Druckwerken in kleiner Auflage. Mikro-Editionen richten sich an kleine Lesergruppen mit sehr speziellen Interessen. Mit dem Vordringen neuer Satz- u. Drucktechniken (z. B. Digitaldruckmaschinen) rückt die M. seit Mitte der 1990er Jahre in den Bereich der Wirtschaftlichkeit. Beim sog. *Book-on-demand* wird das Buch elektronisch gespeichert u. nur bei eingegangener Bestellung gedruckt.

◆ **Mikroelektronik** [grch.], ein Zweig der Elektronik, der durch die integrierte Bauweise mit diskreten Halbleiterbauelementen gekennzeichnet ist. Dabei verwendet die *Mikromodultechnik* z. B. keramische Trägerplättchen, auf die Widerstände, Kondensatoren, Dioden u. Transistoren aufgeklebt, aufgedampft oder aufgeschweißt werden. Die übereinander gestapelten Keramikplättchen werden durch steife Drähte zu einer funktionsfähigen Schaltungseinheit verbunden. Die Verbindungsdrähte bilden das Gerüst u. dienen verlängert als Steckerfüßchen. Der so entstandene *Mikromodul* ist in Kunstharz zu einer äußerst stoß- u. bruchsicheren Einheit eingebettet. Bei den heute überwiegend gebräuchl. *integrierten Schaltungen* (→ integrierter Schaltkreis) benutzt man folgende seit den 1960er Jahren entwickelte Herstellungsverfahren:

In der *Dünnfilmtechnik* werden die leitenden u. nicht leitenden Schichten auf Glas- oder Keramiksubstrate im Hochvakuum aufgedampft. Auf den Träger gelegte metalli-sche Lochmasken verhindern, dass das Material an unerwünschte Stellen gelangt. Die Verwendung von Masken ist heute meist durch die *Photolithographie* abgelöst worden. Das bedampfte Substrat wird mit lichtempfindl. Lack überzogen. Nach Belichten mit dem Bild der gewünschten Schaltung u. Entwickeln werden die freien Teile weggelöst. In *Festkörperschaltkreistechnik* (auch *Halbleiterblocktechnik*) hergestellte Schaltungen *(monolithische Schaltungen)* bestehen aus einem Einkristall (etwa Silicium), in dem die wirksamen Schaltelemente vereinigt werden. Durch Verfahren wie → Diffusion u. → Ionenimplantation entstehen im Kristall abgegrenzte Bereiche verschiedener → Dotierung. Der Kristall wird mit einer isolierenden Schicht bedeckt, auf der Leiterbahnen abgelagert sind. In der *Planartechnik* werden auf ein Halbleiterplättchen → epitaxiale Schichten nacheinander aufgebracht, dotiert u. photolithographisch strukturiert. Diese Technik erlaubt es, integrierte Schaltkreise serienmäßig billig zu fertigen. Wenn die Schaltungen von molekularer Größenordnung sind, benutzt man den Ausdruck *Molekularelektronik.*

Die Miniaturisierung der elektron. Schaltungen begann in den 1960er Jahren mit der SSI (engl. *small scale integration*), die bis zu 100 Grundfunktionen integrierte, bei der MSI (engl. *middle scale integration*) waren es bis zu 1000 Bauelemente, bei der LSI (engl. *large scale integration*) in den 1970er Jahren sind auf einem Halbleiterplättchen mehr als 100 000 Bauelemente, u. seit Anfang der 1980er Jahre benutzt man den Begriff VLSI (engl. *very large scale integration*; bis etwa 1 000 000) oder ULSI (engl. *ultra large scale integration*; deutlich mehr als 1 000 000), um höhere Integrationsgrade zu kennzeichnen. Beispiele für VLSI-Schaltungen sind Speicher mit 1 Megabit (Abk. Mbit) Speicherkapazität; zu den ULSI-Schaltungen z. B. die 16 u. 64 Mbit-Chips.

Mikroelemente [grch. + lat.] → essenzielle Nahrungsmittelbestandteile, → Spurenelemente.

Mikrofasern, extrem feine Chemiefaserfäden, die sich zu feinmaschigen Stoffen verweben lassen. Diese hauchdünnen Stoffe werden für Regen- u. Sportbekleidung sowie für Oberbekleidung verwendet. Sie besitzen kleine Poren, die für Schweiß durchlässig sind, Regen perlt aber ab.

Mikrofibrille [die; grch. + lat.], der Baustein der Zellwände, besteht meist aus → Cellulose. Sie kann aus einer oder mehreren *Micellen* aufgebaut sein, die den kristallinen Kern der bandförmigen Struktur der M. von 100–250 µm Breite u. beliebiger Länge bilden. Mikrofibrillen bestehen aus etwa 20 *Elementarfibrillen.*

Mikrofiche [mikroˈfiʃ; der; grch. + frz.], *Mikrofilmkarte*, Mikroplanfilm, durchweg im Format einer Postkarte (DIN A6); → Mikrofilm.

Mikrofilm, die stark verkleinerte Abbildung (Mikroform) von Text- u. Bilddokumenten auf feinkörnigem Filmmaterial. Der M. dient ganz überwiegend zur Raum sparen-

Mikrofon

den Speicherung der Mikrobilder großer Dokumentenmengen, aber auch zur Beweissicherung (Sicherheitsverfilmung), zur Veröffentlichung (Mikropublikation) u. a. Unter gängigen Voraussetzungen hergestellte Mikrobilder werden gesetzlich als Dokumente anerkannt. Die Mikrobilder werden entweder hintereinander auf einem fortlaufenden Film (Rollfilm) oder reihen- u. kolumnenweise auf einem Mikroplanfilm (meist Mikrofiche) aufgenommen. In Streifen geschnittener Rollfilm lässt sich in transparente Taschen (sog. Jackets) einführen u. so auch auf Planfilm aufbringen. Gängig sind Verkleinerungen um das 24-, 42- u. 48fache. Für noch stärker verkleinerten M. findet sich vereinzelt die Bez. Mikrat. Fiches oder Streifen mit einer Verkleinerung um das 200- bis 300fache sind als Ultrafiches bzw. Ultrastrips bekannt. Sie können nur unter bes. Laborbedingungen hergestellt werden.

Die Mikrobilder werden mit Rückvergrößerungsgeräten lesbar gemacht. Diese Geräte sind zumeist auch mit einer Kopiervorrichtung zur Herstellung von Papierkopien im Ursprungsformat der Vorlage ausgerüstet. Auch gibt es Verfahren, mit denen Mikrokopien elektronisch abgetastet, fernübertragen, kopiert und/oder rückvergrößert werden können. Verbreitet ist die direkte Niederschrift der Ergebnisse von Computern mit Hilfe eines Lichtstrahls auf M. (*Computer Output on Microfilm*, Abk. COM). – Als M. wird auch Filmmaterial für die Aufnahme von Mikrobildern bezeichnet.

◆ **Mikrofon** [das; grch.], *Mikrophon*, Gerät zur Umwandlung von Schallschwingungen in elektr. Schwingungen (Wechselspannungen). Bei den meisten Mikrofonen geschieht diese Umwandlung mit Hilfe einer dünnen Membran, die von den Schallschwingungen in Bewegung gesetzt wird. Diese Bewegung erzeugt elektr. Wechselspannungen (beim Kristallmikrofon u. beim dynamischen M.) oder steuert (beim Kohlemikrofon u. beim Kondensatormikrofon) einen elektr. Strom im Takt der Schallschwingungen. Beim einfachen u. billigen *Kohlemikrofon*, das aber höheren Ansprüchen nicht genügt, befindet sich hinter der Membran Kohle (als Grieß oder Stäbchen, von Kohlenelektrode u. Filzring abgeschlossen), durch die ein elektr. Gleichstrom fließt. Der elektr. Widerstand der Kohle ist von der Stärke der Berührung der Kohlenkörner abhängig. Daher ändert der mit den Schallwellen schwankende Druck der Membran den Widerstand der Kohle, u. die resultierenden Stromänderungen ergeben Spannungsänderungen an der Primärwicklung eines in Reihe zu dem M. geschalteten Transformators. Die Sprechspannungen auf der Sekundärseite betragen 10–100 Millivolt. Das Kohlemikrofon verursacht ein starkes Rauschen u. gibt nicht alle Frequenzen gleichmäßig wieder. Für hochwertige Wiedergabe eignet sich das *Kondensatormikrofon* besser. Es besteht aus einer dünnen, isoliert befestigten Membran u. einer festen Metallplatte in ganz geringem Abstand zu ihr (Kondensator). Die angelegte Gleichspannung ist von der Entfernung der Platten abhängig u. schwankt daher im Takt der die Membran bewegenden Schallwellen. Diese Spannungsschwankungen sind sehr klein, so dass sie sofort im Mikrofongehäuse verstärkt werden müssen; der Verstärker befindet sich meistens im Mikrofongehäuse. Ebenfalls hoch qualifiziert sind die *dynamischen Mikrofone*, die nach dem elektrodynam. Prinzip arbeiten. Beim *Tauchspulenmikrofon* wird eine mit der Membran verbundene Spule im Feld eines starken Magneten bewegt, so dass elektr. Wechselspannungen in ihr induziert werden. Das *Bändchenmikrofon* enthält eine bändchenförmige Membran, die sich in einem Magnetfeld befindet. *Kristallmikrofone* nutzen den piezoelektr. Effekt eines Kristalls aus, auf dem bei Druckschwankungen elektr. Ladungen entstehen.

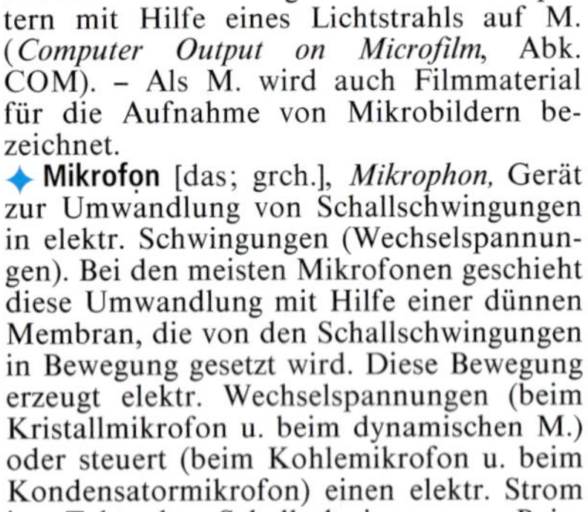

Mikroform, maßstabgerechte, „analoge" Aufzeichnung von Text- u. Bilddokumenten in Form von Mikrobildern; → Mikrofilm.

Mikrofossilien [grch. + lat.], Reste kleiner Organismen (Diatomeen, Foraminiferen, Radiolarien), die zur Untersuchung eine stärkere Vergrößerung verlangen. Dazu gehören auch kleine Reste größerer Organismen (Schwammnadeln, Otolithen u. a.). Gegensatz: *Makrofossil*.

Mikrogameten [grch.], männl. Keimzellen, die jeweils mit einer weibl. Keimzelle (*Makrogamet*) verschmelzen u. eine Zygote bilden.

Mikrogametophyt [der; grch.], 1. männl. Gametophyt der heterosporen Farne. – 2. das gekeimte Pollenkorn der Samenpflanzen.

Mikrogenie [grch.] → Kieferstellung.

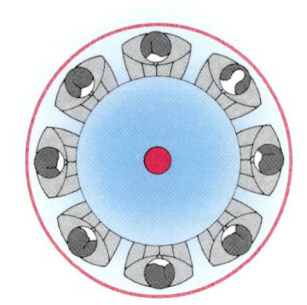

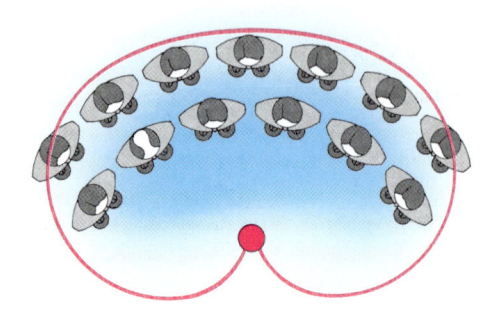

Mikrofone mit Kugelcharakteristik (links) und Nierencharakteristik (rechts) werden je nach dem Raum gewählt, in dem aufgenommen werden soll

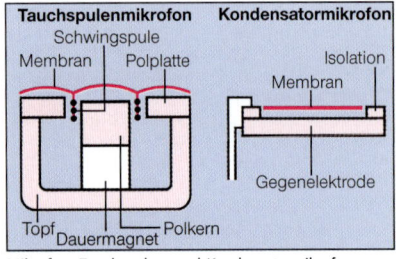

Mikrofon: Tauchspulen- und Kondensatormikrofon

Mikrografie [grch.], die Technik der Herstellung u. Anwendung von Mikroformen, insbes. des → Mikrofilms. Die M. ist ein Teilgebiet der Reprografie.

Mikrohärte, die Härte, die durch das Eindrücken einer Diamantpyramide in den Werkstoff ermittelt wird. Der Eindruck ist mikroskopisch klein; angewandt bei Gefügeuntersuchungen, dünnen Schichten, Folien u. Kristallen.

Mikroklima [grch.], *Kleinklima*, das durch die bodennahen Luftschichten bestimmte lokal herrschende Klima kleiner Räume, z. B. des Teiles einer Senke, eines Hanges, Feldes oder Waldes.

Mikroklin [der; grch.], trikliner, orthoklasartiger → Feldspat, gelblich; grüne Varietät: *Amazonit*.

Mikrokosmos [der; grch.], im Allg. der Mensch im Gegensatz zum *Makrokosmos* (der „großen Welt"). Die Mikrokosmos-Makrokosmos-Idee geht von der Entsprechung zwischen einzelnen Teilen der Welt u. dem Kosmos insgesamt aus, insbes. bezeichnet sie die wesensmäßige Entsprechung von Mensch u. Welt bzw. Kosmos; was diese im großen ist, das jener im kleinen u. umgekehrt. In der Antike (Vertreter *Demokrit, Aristoteles:* „Die Seele ist gewissermaßen das All"; *Stoa*) überwog die Orientierung am Kosmos, in der Neuzeit (*Leibniz, Hegel*) der Ausgang vom Menschen.

Mikrolith [der; grch.], 1. *Gesteinskunde:* mikroskopisch kleines Kristallteilchen in vulkan. Gläsern, von rundlicher (*Globulit*), nadel- (*Belonit*) oder haarförmiger (*Trichit*) Gestalt.

2. *Vorgeschichte:* kleines Feuersteingerät des Jungpaläolithikums u. Mesolithikums, oft von geometr. Form (Dreiecke, Trapeze). Mikrolithe wurden oft reihenweise in Schäfte aus Knochen, Geweih oder Holz eingesetzt.

Mikromanipulator [grch. + lat.], ein Zusatzgerät zum Mikroskop, das an mikrosop. Objekten feinste Eingriffe während der Beobachtung ermöglicht; angewendet in der Bakteriologie, Histologie, Kolloidchemie, bei Gewebsuntersuchungen an Textilien, zur Zusammensetzung feinster mechan. u. elektron. Geräte. Dabei werden durch ein kompliziertes mechan. Übertragungssystem im M. die Bewegungen der Hände bzw. Finger auf die Arme des

Mikromanipulators so übertragen, dass die normalen Bewegungsstrecken auf Bruchteile von Millimetern reduziert werden. An die Arme der Mikromanipulatoren lassen sich dann je nach Bedarf speziell gefertigte Pipetten, Ösen, Messer, Nadeln, Pinzetten oder andere Werkzeuge anschließen.

Mikrometeorit [grch.], ein winziger *Meteorit*, der keine sichtbare Leuchtspur bei seinem Durchgang durch die Erdatmosphäre mehr erzeugt. In größeren Mengen können die Mikrometeoriten aber → Leuchtstreifen u. → leuchtende Nachtwolken hervorrufen.

Mikrometer [das; grch.], **1.** früher *Mikron*, Kurzzeichen μm (früher μ), Längeneinheit, das 10^{-6} fache des Meters; 1 μm = $^1/_{1000}$ mm.

◆ **2.** *Messgeräte:* Gerät zur genauen Messung von kleinen Längen. Die Messung erfolgt entweder unmittelbar durch Einklemmen eines Gegenstands zwischen den festen u. den bewegl. Messbacken einer *Mikrometerschraube (Messschraube;* die Messgenauigkeit ist von der Ganghöhe der Schraube abhängig) oder durch Beobachtungen im Mikroskop u. Vergleich mit einem, meist in der Bildebene liegenden Maßstab *(optisches M.).* – In der *A s t r o n o m i e* dient das M. ebenfalls als Messvorrichtung (im Gesichtsfeld eines Fernrohrs) für Präzisionsmessungen. Man unterscheidet *Fadenmikrometer*, bei denen Spinnfäden, teils fest, teils durch eine Mikrometerschraube messbar verschieblich, zum Einstellen auf die Sterne bzw. zur Markierung bestimmter Stellen des Gesichtsfeldes dienen; ältere Typen: *Kreuzstab-* u. *Ringmikrometer.* Beim Passageinstrument benutzt man heute das *unpersönl. M.,* bei dem ein Mikrometerfaden mit Hilfe einer Schraube dem durch das Gesichtsfeld wandernden Stern nachgeführt wird, während an der Schraube angebrachte Kontakte die elektr. Registrierung des Sternvorübergangs an bestimmten Stellen des Gesichtsfelds auf einem Chronographen besorgen.

Mikrominiaturisierung → Mikroelektronik.

Mikron [das; grch.], Kurzzeichen μ, frühere Bez. für → Mikrometer (1).

Mikronesien, Staat in Ozeanien, → Seite 44.

Mikronesien, über ein großes Meeresgebiet verstreute Inseln im westl. Pazif. Ozean, nordöstl. von Australien; umfasst die *Karolinen* (Föderierte Staaten von → Mikronesien), *Palau,* die *Marianen* mit *Guam,* die *Marshallinseln, Gilbertinseln* (→ Kiribati), *Elliceinseln* (→ Tuvalu), *Nauru* u. andere kleine Inseln, zusammen rd. 2640 km² (Meeresfläche: ca. 8 Mio. km², 334 000 Ew. Die meisten Inseln sind niedrige Korallenatolle, einige vulkan. Inseln erreichen Höhen um 800 m. Auf den von den → Mikronesiern bewohnten Inseln werden Zuckerrohr, Gemüse u. Kokospalmen angebaut. Die ehem. bedeutenden Phosphatvorkommen auf Nauru u. Ocean Island sind fast vollständig erschöpft.
G e s c h i c h t e : → Ozeanien.

Mikronesier, die Bewohner der mikrones. Inseln (rd. 100 000) mit melanes. Sprachen u. polynes. Rassemerkmalen (mittelgroß bis groß, relativ hellhäutig), mit einer Mischkultur, in der neben melanes. u. polynes. Zügen auch indones. Einflüsse eine Rolle spielen. Die M. lebten überwiegend vom Fischfang, ihre wichtigste Nutzpflanze war die Kokospalme, die ihnen Nahrung u. Material für Kleidung, Haus- u. Bootsbau lieferte. Mit ihren Auslegerbooten unternahmen die M. weite Seereisen, wobei ihnen Seekarten aus Palmrippen u. Schneckengehäusen zur Orientierung dienten. Die traditionelle mikrones. Gesellschaft war streng hierarchisch gegliedert; bei allgemein vorherrschendem Mutterrecht lag jedoch die polit. Führung in Händen der *Männerbünde.* Nach wechselnder Kolonialherrschaft u. Treuhandverwaltung sind die Lebensgrundlagen der M. in einigen Bereichen der Palau-Inseln, Karolinen- u. Marshallinseln, die für Atomversuche benutzt wurden, völlig zerstört; in anderen (z. B. Gilbert-Archipel) versuchen die M., in polit. Autonomie wenigstens Teile ihrer traditionellen Kultur zu erhalten.

mikronesische Kunst → ozeanische Kunst.

Mikronukleus [-ˈnuklɛus; grch. + lat.], Kleinkern der Geschlechtskern der *Wimpertierchen* u. *Suktoria.*

Mikroökonomik [die; grch.], *Mikroökonomie,* ein method. Ansatz der Wirtschaftstheorie, der, von Plänen u. Entscheidungen kleiner Einheiten (Haushalte, Unternehmen) ausgehend, ökonom. Tatbestände erklärt, z. B. die Nachfrage als Ergebnis von Plänen der Haushalte, das Angebot als Resultat von Plänen der Unternehmen. Kernstücke der M. sind Produktions- u. Preistheorie.

Mikroorganismen [grch.], *Mikroben,* mikroskopisch kleine, meist einzellige Lebewesen. Es werden aufgrund der Zellstruktur die kernhaltigen *Algen, Pilze, Protozoen* u. die nur Kernsubstanz enthaltenden *Bakterien* u. *Cyanobacterien* unterschieden. Zu den M. zählt man auch die nichtzellulären *Viren.* M. sind verbreitet im Boden, im Wasser u. in der Luft, auch in Lebensräumen mit extremen Bedingungen (hohe Luftschichten, heiße Quellen, arkt. Schichten). Viele M. leben saprophytisch von toter organ. Substanz, die sie zu anorgan. Substanz abbauen *(Mineralisation),* u. sind so von großer Bedeutung für den Stoffkreislauf in der Natur. Zahlreiche M. sind Erreger ansteckender Krankheiten bei Mensch, Tier u. Pflanze. Mit den nützl. u. schädl. Eigenschaften der M. beschäftigen sich die verschiedenen Zweige der → Mikrobiologie.

Mikropaläontologie [grch.], Teilgebiet der Paläontologie für solche Fossilgruppen, die wegen extremer Kleinheit eigene, in der übrigen Paläontologie nicht benötigten Untersuchungsmethoden erfordern. Hauptgruppen sind → Mikrofossilien. Die M. ist vor allem für die Erdölindustrie wichtig. Sie wurde von A. d'Orbigny begründet.

Mikrophon [das; grch.] → Mikrofon.

Mikrophysik [grch.], ein Teilbereich der Physik, der sich mit den Elementarteilchen, den Atomen u. Molekülen befasst. Die M. wird durch die Quantentheorie beschrieben. Gegensatz: *Makrophysik.*

Mikrophyten [grch.], frühere Bez. für *Bakterien.*

Mikroplankton [grch.], planktische Organismen, die kleiner als 1 mm sind.

Mikroprozessor [grch. + lat.], die Zentraleinheit von *Mikrocomputern,* die unter Verwendung hochintegrierter Halbleitertechnik in Form eines Chips realisiert ist. Der M. verfügt über Leit- u. Rechenwerk sowie über Eingänge für den Systemtakt. Interruptsignale (Unterbrechungssignale), durch die der Programmablauf durch externe Prozesse beeinflusst werden kann. Das Leitwerk enthält u. a. die Befehls- und Adressregister sowie die Decoder für die Entschlüsselung der Befehle. Das Rechenwerk beinhaltet die Verarbeitungseinheiten für logische und arithmetische Operationen. Die Verbindung zum Arbeitsspeicher, in dem Daten u. Programme gespeichert werden, zum Eingabe-Ausgabe-Werk, das die Verbindung zu peripheren Geräten herstellt, geschieht über ein Bussystem (Sammelleitungen). Man unterscheidet den Datenbus für den Austausch von Daten, den Adressbus für den Austausch von Adressen u. den Steuerbus für die Übertragung von Steuersignalen. Mikroprozessoren werden seit Beginn der 1970er Jahre in großen Stückzahlen hergestellt. Die heute in allen nur denkbaren technischen Geräten eingesetzten Mikroprozessor-Typen arbeiten mit Wortlängen (Anzahl der Bits, die vom Rechner gleichzeitig verarbeitet werden können). M. werden mit Systemtakten (Angaben in MHz) betrieben.

Fortsetzung S. 45

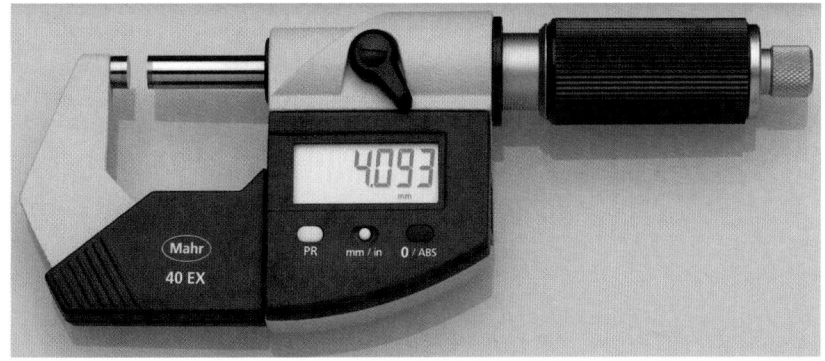

Mikrometer (2): digitale Bügelmessschraube

Mikronesien

Offizieller Name: Föderierte Staaten von Mikronesien

Autokennzeichen: FSM

Fläche: 702 km²

Einwohner: 116000

Hauptstadt: Kolonia

Sprache: Englisch

Währung: 1 US-Dollar = 100 Cents

Bruttosozialprodukt/Einw.: 1800 US-Dollar

Regierungsform: Präsidiale Bundesrepublik

Religion: Überwiegend Christen

Nationalfeiertag: 3. November

Zeitzone: Mitteleuropäische Zeit +9 Std.

Grenzen: Inselgruppe im Pazifischen Ozean nördlich von Papua-Neuguinea

Lebenserwartung: 67 Jahre

Mikronesier in traditioneller Kleidung

Landesnatur Mikronesien umfasst den östl. Teil der *Karolinen*. Es besteht aus 4 Inselgruppen mit über 600 Inseln, die sich aufgereiht wie an einer Perlenkette durch den westl. Pazifik ziehen. Die meisten Inseln sind flache, palmbestandene Korallenatolle. Die größeren Inseln (z.B. Pohnpei, Kosrae) sind vulkan. Ursprungs u. erreichen auf Pohnpei mit 791 m die größte Höhe Mikronesiens. Es herrscht ein trop. Seeklima mit ganzjährig hohen Niederschlägen (bis über 5000 mm) u. ausgeglichenen Temperaturen von durchschnittl. 26-28 °C. Die Vegetation wechselt zwischen Regen- u. Mangrovenwäldern auf den Inseln vulkan. Ursprungs u. Kokospalmhainen auf den nur wenige Meter aus dem Wasser ragenden Koralleninseln u. Atollen.

Bevölkerung Die Bewohner sind überwiegend Mikronesier u. bekennen sich zum kath. u. prot. Glauben. Sie leben von der Landwirtschaft, dem Fischfang u. dem Fremdenverkehr. Traditionelle Lebensformen haben sich nur auf den Yapinseln erhalten.

Wirtschaft und Verkehr Wichtigste Ausfuhrprodukte sind Kopra, Fisch u. kunsthandwerkl. Erzeugnisse. Haupthandelspartner sind die USA (Guam, Hawaii), die Marianen u. Japan. Die negative Handelsbilanz wird durch finanzielle Zuwendungen aus den USA u. durch die Vergabe von Fischereilizenzen teilweise ausgeglichen.
Der Verkehr zwischen den Inseln erfolgt per Schiff oder Flugzeug. Mit der Anbindung Mikronesiens an den internationalen Luftverkehr hat der Fremdenverkehr erheblich an Bedeutung gewonnen.

Geschichte Anfang des 16. Jh. wurde Mikronesien von Spaniern entdeckt u. später besiedelt. Die spanische Kolonialmacht beschränkte sich im Wesentlichen auf Missionsarbeit u. auf die Sicherung der Seewege zwischen den Philippinen u. Mexiko. Nach dem Span.-Amerikan. Krieg 1898 verkauften sie die Inselgruppe der Marianen u. Karolinen an das Dt. Reich. 1914 besetzten die Japaner die Inseln u. verwalteten sie ab 1920 als Völkerbundmandat. Im 2. Weltkrieg eroberten die USA Mikronesien. Seit 1947 gehörte es zum von den USA verwalteten UNO-Treuhandgebiet der pazifischen Inseln. Die Bevölkerung der vier Inselgruppen sprach sich 1978 in einem Referendum für die Bildung der *Föderierten Staaten von Mikronesien* aus. 1979 wurde eine bundesstaatlich-präsidiale Verfassung verabschiedet. Ein weiteres Referendum 1983 ergab eine Mehrheit für die Vereinbarung einer freien Assoziierung der Inseln mit den USA nach Beendigung der Treuhandschaft 1990. Im Jahr darauf wurde Mikronesien UN-Mitglied. Seit 1999 ist L. A. *Falcam* Staats- u. Regierungschef.

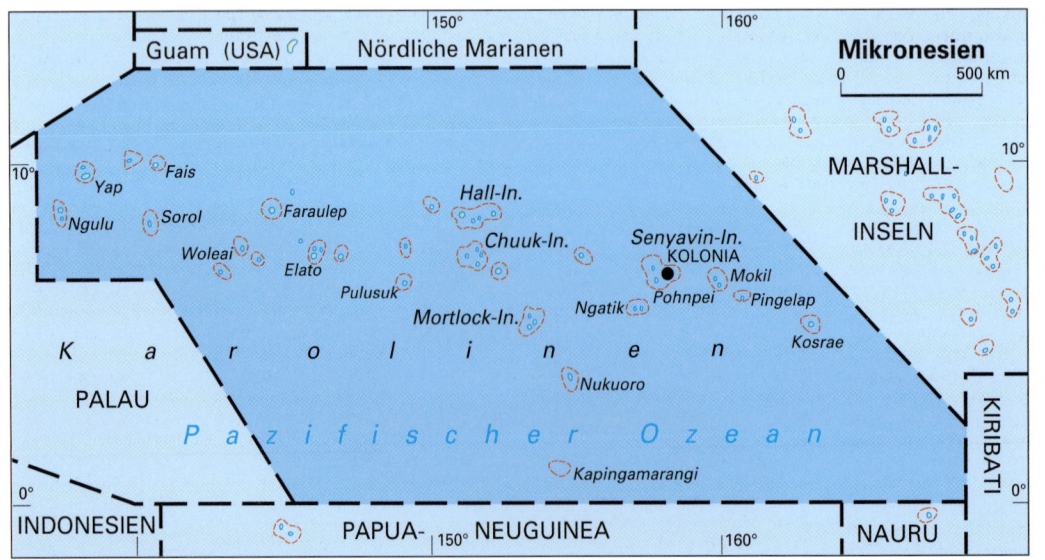

Mikropyle [die; grch.], Öffnung an der Spitze einer Samenanlage. Sie wird von den → Integumenten gebildet, die an dieser Stelle nicht miteinander verschmelzen. Durch diese Öffnung tritt der Pollenschlauch zur Befruchtung in die Samenanlage ein.

Mikro-Schweißen, das Verbinden feinster Drähte u. Folien insbes. in der Mikroelektronik; angewandt werden Widerstands-, Thermokompressions-, Ultraschall-, Elektronenstrahl- u. Laserschweißen. Auch → schweißen.

Mikroseigerung, *Kristallseigerung,* Konzentrationsunterschied in den Mischkristallen einer Legierung. Bei der Erstarrung kommt es zwischen den → Dendriten zu einer Anreicherung der Begleitelemente in der Restschmelze. Diese Konzentrationsunterschiede können normalerweise durch Diffusion ausgeglichen werden.

Mikroseismik [die; grch.], *mikroseismische Bodenunruhe*, Erderschütterungen, die durch Industrie, Verkehr, Wind oder Seegang (Seegangsmikroseismik) verursacht werden. Mit M. wird manchmal auch die instrumentelle Seismik bezeichnet.

Mikrosklerite [grch.], kleine, in der äußeren Zellschicht *(Dermallager)* der → Schwämme liegende Skelettelemente. M. treten in der Gestalt von Stäbchen, Walzen, Ankern, Sternen u.Ä. auf.

Mikroskop [das; grch.], 1. *Astronomie:* Sternbild des südl. Himmels; besteht nur aus wenigen schwachen Sternen.
2. *Optik:* ein Gerät zur Vergrößerung des Sehwinkels, so dass auch Gegenstände, die normalerweise unter einem zu kleinen Sehwinkel erscheinen (zu klein sind), betrachtet werden können. Als Vergrößerung des Mikroskops bezeichnet man die Größe des Sehwinkels mit M. zu der ohne M. Das *Lichtmikroskop* besteht im Wesentl. aus zwei Linsensätzen u. einem Verbindungsrohr *(Tubus)*. Der dem Beobachtungsobjekt zugewandte Linsensatz kleiner Brennweite *(Objektiv)* wirkt wie eine Sammellinse u. erzeugt ein reelles vergrößertes Bild des Gegenstands. Durch den als Lupe wirkenden zweiten Linsensatz *(Okular)*, durch den man mit dem Auge in das M. hineinschaut, wird das Bild nochmals vergrößert. Das Präparat *(Gegenstand)* ruht auf einer dünnen Glasplatte *(Objektträger)*, ist mit einem dünnen Deckgläschen bedeckt u. wird mit Klemmen an einem drehbaren Objekttisch fest gehalten; es wird von unten her mit Hilfe einer Beleuchtungseinrichtung (Hohlspiegel oder Kondensor) mit natürl. oder künstl. Licht durchleuchtet. Zwischen Deckglas u. Objekt werden zur Erhöhung des Auflösungsvermögens lichtbrechende Flüssigkeiten gebracht (Wasser, Nelkenöl, Kanadabalsam, Glycerin). Die Entfernung des Objektivs vom Objekt, u. damit die Scharfeinstellung des Bildes, kann durch ein Mikrometergetriebe fein reguliert werden. Um die Vergrößerung des Mikroskops zu steigern, vergrößert man das → Auflösungsvermögen (das von der Größenordnung der halben Wellenlänge des benutzten Lichts ist) durch Vergrößerung des Brechungsindex (→ Ölimmersion) oder durch Übergang zu kurzwelligerer Strahlung, wie z.B. beim *Ultraviolett-* oder *Röntgenmikroskop.* Dabei werden die Bilder nicht mehr direkt gesehen, sondern fotografiert oder elektron. gespeichert. Ohne Begrenzung des Auflösungsvermögens durch die Wellenlänge arbeitet das *Nahfeldmikroskop*, bei dem eine Glasfaser mit einem spitzen Ende in geringem Abstand rasterartig über die Oberfläche des Objektes geführt wird. Auch → Elektronenmikroskop.

◆ **Mikroskopie** [grch.], die Betrachtung u. Untersuchung kleinster Gegenstände mit Hilfe eines *Mikroskops*; Anwendung vor allem in Wissenschaft u. Technik. Die Objekte der *Histologie* (Biologie u. Medizin) sind Gewebsschnitte, die mit dem → Mikrotom hergestellt werden, nachdem die Gewebe fixiert u. vorübergehend durch Einbettung in Paraffin u.a. oder Einfrieren gehärtet wurden. Die *Metallographie* u. *Mineralogie* verwendet Dünnschliffe. Bei Durchlichtbeobachtung werden die durchsichtigen Objekte durchleuchtet. Bei Auflichtbeobachtung sind die Objekte für Gebrauch ohne Deckglas korrigiert.

Mikrosolifluktion [grch. + lat.], im Unterschied zur → Makrosolifluktion ortsfeste → Frostmusterböden auf ebenen Flächen mit runden u. vieleckigen Formen der Materialsortierung als Folge der → Kryoturbation.

Mikrosomen [grch.], durch Zentrifugieren zerkleinerter Zellen gewonnene, Lipoide (30–40% i.T.) u. Ribonucleinsäuren (12% i.T.) enthaltende Fraktion, die vor allem Bruchstücke des → endoplasmatischen Retikulums enthält, die im Lichtmikroskop noch nachweisbar sind.

Mikrosonde [grch. + frz.], *Werkstoffprüfung:* ein Gerät zur Bestimmung der chem. Zusammensetzung einzelner Phasen im Gefüge einer Schliffprobe. Dabei wird ein scharf gebündelter Elektronenstrahl auf den zu untersuchenden Gefügebestandteil der Schliffoberfläche gerichtet. Es entsteht eine Röntgenstrahlung, die je nach Zusammensetzung der Probe ein charakterist. Röntgenspektrum hat, das mit einem Analysatorkristall in die einzelnen Spektrallinien zerlegt wird. Die Intensität der spektral zerlegten Strahlungslinien wird mit einem Geiger-Müller-Zählrohr (Geigerzähler) gemessen, die in der Zeiteinheit aufgenommenen Zählimpulse sind ein Maß für den Prozentgehalt des betreffenden Elementes in der Probe.

Mikrosoziologie [grch. + lat.], in der soziolog. Theorie derjenige Teilbereich, der sich auf die Untersuchung kleinster gesellschaftlich relevanter Einheiten beschränkt, also insbes. die Interaktionen zwischen Individuen sowie die feststellbaren sozialpsycholog. Auswirkungen umfassender gesellschaftl. Prozesse analysiert.

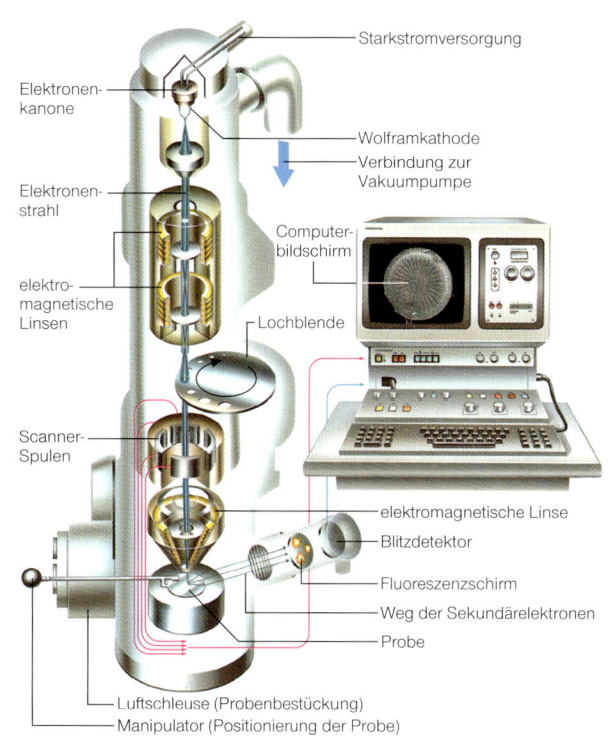

Mikroskopie: Rasterelektronenmikroskop. Am oberen Ende einer durch kräftige Pumpen luftleer gemachten Röhre „lösen" sich Elektronen von der Oberfläche einer Glühkathode, einem aufgeheizten Wolframfaden, der unter einer Spannung von etwa 100 000 Volt steht. Die Elektronen werden dann in Richtung auf die positiv geladene Anode am unteren Ende der Röhre beschleunigt. Bevor sie das Präparat erreichen, werden sie durch drei Gruppen elektromagnetischer Linsen zu einem knapp 10 Nanometer breiten Punkt gebündelt, dessen Durchmesser eine Lochblende kontrolliert (1 Nanometer = 10^{-9} m). Ein viertes Paar elektromagnetischer Spulen – die Scanner-Spulen – lenkt den Strahl so, dass er in parallelen Linien systematisch die Oberfläche des Untersuchungsobjektes überstreicht. Die Scanner-Spulen sind mit einem Computer verbunden, der die Bewegung des Strahls mit der Anordnung der Koordinatenzeilen auf dem Bildschirm synchronisiert. Der Hochgeschwindigkeitselektronenstrahl löst Elektronen aus Atomen an der Oberfläche des Objektes. Diese Sekundärelektronen werden zu einem Fluoreszenzschirm hin beschleunigt, der mit einem Aufschlag mit der Aussendung von Licht reagiert. Diese Lichtblitze werden von einem Detektor registriert und in elektrische Impulse umgewandelt; sie erscheinen auf dem Monitor als helle oder dunkle Bereiche. Linie für Linie baut sich ein Bild auf. Der Monitor zeigt hier eine Kieselalge in 300facher Vergrößerung. Das Rasterelektronenmikroskop liefert immer dreidimensionale Bilder der Oberfläche eines Objektes

Mikrospore

Mikrospore [die, grch.], die Spore einer Pflanze, die den männl. *Gametophyten* hervorbringt; bei höheren Pflanzen ein entstehendes Pollenkorn im Einkernstadium.

Mikrosporidien [grch.] → Cnidosporidien.

Mikrosporie [grch.], *Kleinsporenflechte*, übertragbare (ansteckende) Hautpilzerkrankung des behaarten Kopfs, die bes. Kinder befällt, hervorgerufen durch Hautpilze der Gattung *Microsporum*. An herdförmigen Stellen des Kopfs sind die Haare von einer aus Pilzsporen bestehenden, stumpfgrauen Hülse umgeben, so dass sie an diesen Teilen entfärbt aussehen. Dicht über der Kopfhaut brechen die Haare ab. Die M. bedarf ärztl. Behandlung.

Mikrostrainer [-strɛɪnər; grch. + engl.], eine Mikrosiebanlage, die in der → Wasseraufbereitung u. → Abwasserreinigung benutzt wird, um suspendierte Stoffe aus dem Wasser zu entfernen. M. besitzen mit Sieben aus Kunststoff- oder Stahlgewebe geringer Maschenweite (20–30 µm, Sonderfälle 5 µm) belegte Drehtrommeln, die durch Wasserstrahl gereinigt werden. M. werden z. B. bei Talsperrenwässern zur Planktonentfernung u. Entlastung nachgeschalteter Stufen der Wasseraufbereitung eingesetzt.

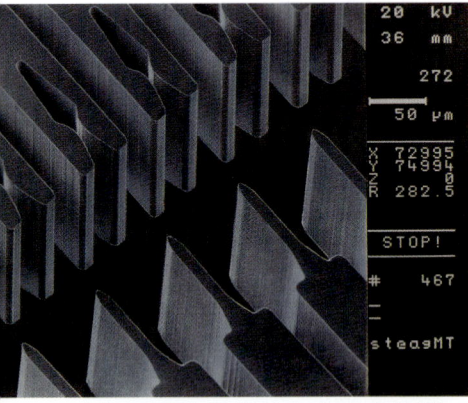

Mikrosystemtechnik: Elektronenmikroskopische Aufnahme einer Mikrosteckeranordnung zur elektrischen Kontaktierung

◆ **Mikrosystemtechnik**, *Mikrostrukturtechnik*, eine Technologie, bei der Elemente der Informatik, Mikroelektronik, Mikromechanik, Mikrooptik u. Mikrosensorik in miniaturisierter Form u. auf engem Raum als Mikrosystem zusammenarbeiten. Die räuml. Abmessungen eines Mikrosystems liegen typischerweise im Mikrometerbereich (1 Mikrometer [µm] = 10^{-6} Meter = 1 tausendstel Millimeter). Wesentlich ist, dass die Funktionen des Mikrosystems eigenständig erfolgen. Dabei liefern Sensoren Daten aus der Umwelt, deren Verarbeitung erfolgt nach Konzepten der Informatik, Aktoren (Mikrobauelemente, die mechan. Kräfte ausüben, z. B. Mikroschalter, mikromechan. Ventile, Mikromotoren) ermöglichen eine Beeinflussung der Umgebung. So könnte z. B. ein Mikroanalysesystem für Flüssigkeiten aus einem Kanalsystem, mehreren Mikropumpen, -ventilen u. Sensorarrays bestehen, die zusammen mit der Steuer- u. Auswerteelektronik auf einem einzelnen Siliciumchip untergebracht sind.

Mikrosysteme werden dadurch möglich, dass Mikrotechniken funktional u. im Aufbau kombiniert werden, so z. B. Schichttechniken aus der Halbleiterelektronik, integrierte Optik, Mikromechanik, Enzyme oder ganze Zellen als biochem. Erkennungskomponenten.

Mikrotom [das; grch.], Schneideapparat zur Herstellung sehr dünner Gewebsschnitte (bis zu 0,001 mm), die zu histolog. Untersuchungen verwendet werden. Für bes. Aufgaben gibt es spezielle Mikrotome, z. B. das *Gefriermikrotom*. zum Schneiden von tiefgefrorenem Gewebe. Während gewöhnliche Mikrotome meist nur Material schneiden können, das in einem aufwändigen Verfahren in Paraffin oder andere Stoffe eingebettet wurde, können Gewebe im Gefrierschnittverfahren direkt geschnitten werden (d. h. in wässriger Phase). Für die Elektronenmikroskopie verwendet man *Ultramikrotome*, die die Herstellung von Schnitten mit unter 100 Nanometer (nm) Dicke erlauben.

Mikrotubuli [Sg. der *Mikrotubulus*; grch. + lat.] → Tubuli.

Mikrovilli [grch.], submikroskop. Ausstülpungen von Zellen mit bes. großem Stoffaustausch, z. B. M. der Darmschleimhaut; dienen der Oberflächenvergrößerung, z. B. bei der → Pinocytose.

Mikrowaage, Analysenwaage zum Abwiegen kleinster Massen; Messbereich bis rd. $^{1}/_{100\,000}$ g.

Mikrowellen, Wellen des elektromagnet. Spektrums, zwischen dem Gebiet der ultrakurzen Radiowellen u. dem infraroten Bereich des opt. Spektrums (→ Frequenzbereiche). Ihre Wellenlängen erstrecken sich von etwa 10 cm bis herab zu 1 mm. M. werden bes. in der Nachrichten- (→ Richtfunkverbindung) u. in der Radartechnik verwendet.

Mikrowellenerwärmung, ein Verfahren zur Erwärmung von Materialien in einem elektromagnet. Strahlungsfeld mit Frequenzbändern im Mikrowellenbereich. M. wird z. B. in der Industrie bei der Vulkanisation oder zum Aushärten von Epoxidharz angewendet.

◆ **Mikrowellenherd**, Gerät zum Garen von Lebensmitteln u. zum Auftauen u. Erwärmen gegarter Produkte mit Hilfe von elektromagnet. Strahlen der Frequenz von 2450 MHz. Es wird kein spezielles Geschirr benötigt, da Mikrowellen ungehindert durch Glas, Kunststoff oder Keramik dringen. Die im M. behandelten Produkte haben fast keine elektr. Leitfähigkeit. Deshalb wird die absorbierte elektromagnet. Energie in Wärme umgewandelt.

Mikrowellen-Landesystem → Landeführungssysteme.

Mikrowellenspektroskopie, Methoden zur Untersuchung von Molekülen u. Atomen mit Hilfe von → Mikrowellen. Sie beruhen darauf, dass auch im Mikrowellenbereich die Atome u. Moleküle nur gewisse, jeweils charakteristische Wellenlängen aufnehmen u. abgeben können. Meist wird nach folgendem Prinzip verfahren: Der zu untersuchende Stoff befindet sich (meist) gas- oder dampfförmig in einem elektromagnet. Hohlleiter. Eine Strahlungsquelle liefert

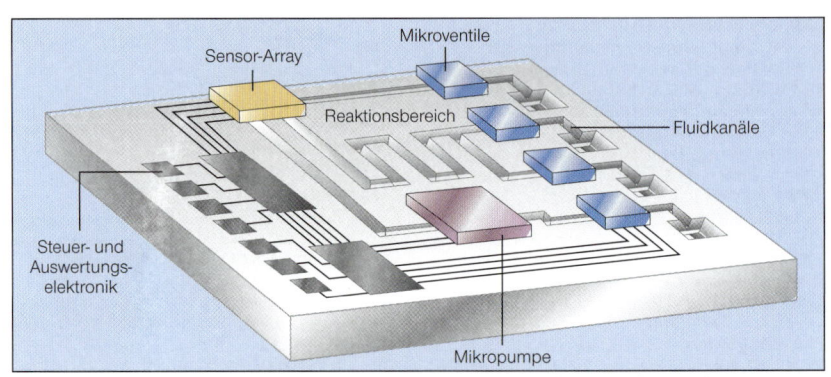

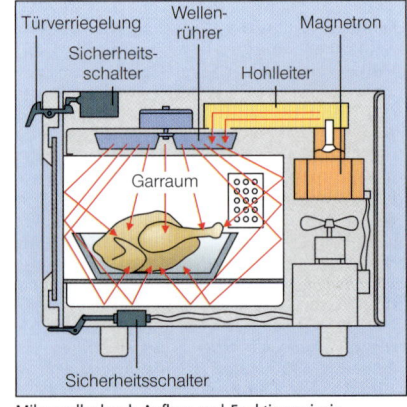

Mikrosystemtechnik: Integrierte Mikroanalysensysteme für Flüssigkeiten bestehen aus mehreren Mikropumpen, Mikroventilen, Sensor-Arrays sowie einem Kanalsystem, die zusammen mit der Steuer- und Auswertungselektronik auf einem einzelnen Chip untergebracht sind. Derartige Systeme verbrauchen weniger Reagenzien sowie Energie und sind robuster und leichter als herkömmliche Systeme

Mikrowellenherd: Aufbau und Funktionsprinzip

Mikrowellen mit einer einzigen bekannten u. innerhalb gewisser Grenzen einstellbaren Wellenlänge. Gemessen wird die Stärke der Absorption dieser Wellen im Hohlleiter in Abhängigkeit von der Wellenlänge; bei den charakterist. Wellenlängen treten deutliche Absorptionsmaxima auf. Die M. erlaubt Messungen sehr hoher Genauigkeit, z.B. der magnet. Kernmomente, der dicht beieinander liegenden Energieniveaus, die im sichtbaren Licht zur → Hyperfeinstruktur von Spektrallinien führen, sowie der Rotationsenergien von Molekülen.

Mikrowellentherapie, Wärmebehandlung durch *Diathermie* mit elektromagnet. Schwingungen, deren Wellenlänge mit etwa 12 cm etwas kürzer ist als die der Kurzwellen; schont das Fettgewebe durch die geringe Absorption der Mikrowellen.

Mikrozensus [grch. + lat.], nach US-amerikan. Vorbild 1957 in der BR Dtschld. eingeführte Repräsentativstatistik; dient der laufenden Beobachtung der wichtigsten Veränderungen bevölkerungs- u. erwerbsstatist. Daten zwischen den großen Volkszählungen. Die Angaben werden mit Hilfe bes. geschulter Personen *(Interviewer)* durch Befragung ausgewählter Haushalte gewonnen. Neben einem festen Grundprogramm gibt es bei dieser Stichprobe Zusatzfragen (seit 1975 nur aufgrund von Rechtsverordnungen), deren Beantwortung für sozialwissenschaftl. Untersuchungen benutzt werden.

Mikrozephalie [grch.], *Microcephalie,* Kleinköpfigkeit durch Verkleinerung des Gehirnschädels; oft aufgrund einer angeborenen Gehirnmissbildung, seltener als Wachstumsstörung durch zu frühzeitigen Verschluss der Schädelnähte entstanden. Gegensatz: *Makrozephalie.*

Mikszáth [-sa:t], Kálmán, ungar. Schriftsteller, *16. 1. 1847 Szklabonya, †28. 5. 1910 Budapest; schrieb Novellen über bäuerl. Themen; gab in realist., durch Anekdoten u. Episoden aufgelockerten Romanen in krit. Bild des Landadels; „Der Zauberkaftan" 1889, dt. o. J.; „Sankt Peters Regenschirm" 1895, dt. 1898; „Der närrische Graf Pongratz" 1895, dt. 1941; „Seltsame Ehe" 1900, dt. 1954; „Die Kavaliere" 1907, dt. 1954; „Die schwarze Stadt" 1910, dt. 1953. Erzählungen: „Der alte Gauner" 1968; „Der schwarze Hahn" 1968. – Übersetzung: Gesammelte Schriften, 4 Bde. 1899.

Mikulčice [-tʃitsə], mittelalterl. Siedlung südwestl. von Hodonín in Mähren; im 9. u. Anfang des 10. Jh. einer der Mittelpunkte des *Großmährischen Reiches.* Ausgrabungen seit 1954 erbrachten die Grundrisse einer umfangreichen Burgwallanlage u. zahlreicher Kirchenbauten.

Mikulicz-Radecki [-litʃraˈdɛtski], Johann von, dt. Chirurg, *16. 5. 1850 Tschernowitz, †14. 6. 1905 Breslau; nach ihm benannt sind u. a. die *Mikulicz'sche Krankheit, Mikulicz-Tamponade* u. *Mikulicz-Klemme;* konstruierte das erste brauchbare Ösophago- u. Gastroskop (1881).

Mikulov, tschech. Stadt → Nikolsburg.

Mikwe [hebr.], im Judentum Anlage für rituelle Waschung mit einem Mindestmaß „lebendigen" (nicht stehenden) Wassers für Personen (Tauchbad) nach körperl. Ausfluss, Wundfluss, Menstruation, Geburt, Samenerguss, für die Braut vor der Hochzeit, für → Proselyten; auch für Objekte (durch Untertauchen).

MIK-Werte [*MIK,* Abk. für *maximale Immissionskonzentration*], diejenigen Konzentrationen luftverunreinigender Stoffe, die nach derzeitigem Wissensstand für Mensch, Tier oder Pflanze bei Einwirkung von bestimmter Dauer u. Häufigkeit als unbedenklich gelten können. Der Schutzumfang berücksichtigt Risikogruppen (z.B. Kinder, alte Menschen, Schwangere) oder besonders empfindliche Pflanzen bzw. Tiere. Ein Individualschutz durch diese Werte wird ausdrücklich ausgeschlossen. M. werden von der VDI-Kommission „Reinhaltung der Luft" festgelegt u. in mg oder cm³ Substanz pro m³ Luft angegeben. Unterschieden werden Kurzzeitgrenzwerte (MIK_K) u. Langzeitgrenzwerte (MIK_D). Die M. sind Richtwerte, die z.B. bei Genehmigungsverfahren für neue Industrieanlagen verwendet werden.

mil, US-amerikan. Längeneinheit; 1 mil = $^1/_{1000}$ inch = $25{,}4 \cdot 10^{-6}$ m.

Milagro, Stadt in Ecuador, in der Küstenebene, 114 000 Ew.; Reis- u. Zuckeranbau, Viehhaltung; Agrarhandelszentrum; Zuckerraffinerien.

Milan, *Milan I.,* König von Serbien 1882–1889, *22. 8. 1854 Iași, †11. 2. 1901 Wien; aus dem Hause Obrenović, 1868 als *Milan IV.* Fürst. Als Serbien von der Türkei unabhängig wurde, lehnte sich M. 1878 an Österreich-Ungarn an, dessen Intervention ihm nach der vernichtenden Niederlage gegen Bulgarien (1885) den Thron rettete. M. verzichtete zugunsten seines Sohns Alexander I. Obrenović auf den Thron.

◆ **Milane** [frz.], *Milvinae,* Unterfamilie der *Greifvögel* aus der Verwandtschaft der *Habichtartigen,* die mit zehn Arten weltweit verbreitet sind. Verhältnismäßig langsame Greifvögel mit schwachen Zehen, ernähren

Milane: Rotmilan, Milvus milvus

sich z.T. von Aas, Schlacht- u. Fischabfällen. In Europa sind die 61 cm große *Rotmilan, Milvus milvus,* wegen des gegabelten Schwanzes auch „Gabelweihe" genannt, u. der *Schwarzmilan, Milvus migrans,* mit brauner Färbung verbreitet. Während der Rotmilan in Europa, Kleinasien u. Nordafrika heimisch ist, kommt der kleinere Schwarzmilan in Eurasien, Afrika, Australien u. auf zahlreichen Inseln vor.

Milanesekettenstuhl [nach der italien. Stadt *Milano* (Mailand)], Wirkmaschine mit zwei Kettsystemen für feine Kettenware. Die einzelnen Fäden verlaufen diagonal durch die Ware *(Milanese).*

Milanković [-vitɕ], Milutin, jugoslaw. Astronom, *28. 5. 1879 Dalje, †12. 12. 1958 Belgrad; bes. durch seine → Strahlungskurve (1930) bekannt geworden, die die unterschiedl. Strahlung der Sonne durch Verschiebung der Erdbahnelemente während der letzten 900 000 Jahre darstellt u. bes. die Klimaschwankungen während der quartären Eiszeiten erklärt.

Milano, italien. Name für → Mailand.

Milanówek [-ˈnuvɛk], poln. Stadt südwestl. von Warschau, in der Stadtwojewodschaft Warszawa, 14 300 Ew.; Textilindustrie; Luftkurort.

Mi-la ras-pa, *Milarepa,* tibet. Dichter, *1040, †1123; die Geschichte seines Lebens, vom Meister der schwarzen Magie zum lamaist. Asketen u. Einsiedler, ist als Volksbuch ebenso beliebt wie die Legenden der „100 000 Gesänge", die zahlreiche Lieder Mi-la ras-pas enthalten. Dt. Auswahl 1869 u. 1922.

Milarit [der], durchsichtiges, grünliches, seltenes silikat. Mineral; hexagonal; Härte 5–6; im Granit von *Val Milar* (Schweiz).

Milazzo, italien. Hafenstadt im NO von Sizilien, westl. von Messina, 30 000 Ew.; Kastell (13. Jh.) von *Friedrich II.* erbaut; Fischerei, Erdölraffinerie, Erdölimporthafen, Fährhafen zu den Liparischen Inseln.

Milane: Schwarzmilan, Milvus migrans

Milben

Milben, Milben, *Acari*, artenreichste Ordnung der *Spinnentiere*, deren ursprünglich gegliederter Hinterleib mit dem Kopfbrustabschnitt zu einem ungegliederten Körper verschmolzen ist. M. atmen durch Tracheen, sehr kleine Arten auch durch die Haut. Viele der oft mikroskop. kleinen etwa 10 000 bekannten Arten sind Tier- und Pflanzenparasiten, die dauernd oder auch nur zeitweilig ihren Wirt schädigen. Diese getrenntgeschlechtlichen Tiere vermehren sich durch Eier, aus denen sich sekundär sechsbeinige Larven entwickeln, die etwa vier Entwicklungsstadien mit Häutungen durchlaufen müssen, bis sie das Erwachsenenstadium erreicht haben.

Zu den M. gehören u. a. *Käfermilbe, Vogelmilbe, Zecken, Hafermilben, Bienenmilben, Spinnmilben, Haarbalgmilben, Meeresmilben, Laufmilben, Süßwassermilben, Vorratsmilben, Hautmilben, Hornmilben* u. *Gallmilben.*

Milbenseuche, *Acarinose, Milbenkrankheit,* durch die *Tracheenmilbe, Acarapis woodi,* hervorgerufene, meldepflichtige Bienenkrankheit. Die Milben verstopfen die Haupttracheenstämme der befallenen Bienen u. führen zur Flugunfähigkeit der Tiere. Einzelne befallene Völker werden abgetötet. In geschlossenen Befallsgebieten werden die Milben im Frühjahr u. im Herbst mit Räucher- u. Verdunstungsmitteln bekämpft. Weltweit gewinnt der Befall der Bienenstöcke mit der → Varroa-Milbe ständig an Bedeutung.

Milbensucht, *Milbenkrankheit,* von Milben verursachte Pflanzenkrankheit, z. B. die *Kräuselkrankheit* des Weinstocks, die *Milbenkrätze* der Kartoffel. Tiermilben → Akariasis, → Räude.

Milch, *1. allg.:* die Absonderung der → Milchdrüsen der Frau u. der weibl. Säugetiere nach dem Gebären (→ Muttermilch). Sie enthält alle für die Ernährung der Nachkommen während der Zeit nach der Geburt notwendigen Nähr- u. Wirkstoffe bis zu dem Zeitpunkt, zu dem Aufnahme u. Verwertung anderer Nahrung möglich ist. Durch baumartig verzweigte Röhren fließt aus den Drüsenbläschen (Alveolen, Ort der Milchbildung) die M. in die über den Zitzen bzw. Brustwarzen liegenden *Milchräume (Milchzisternen).* Den Drüsenbläschen werden die notwendigen Stoffe aus dem mütterl. Blut durch ein Netz von Blut- u. Lymphgefäßen zugeführt. u. aus ihnen die Hauptbestandteile der M. (Käsestoff, Butterfett u. Milchzucker) gebildet. Die M. ist in ihrer Zusammensetzung von Art zu Art verschieden; auch Außenfaktoren wie Ernährung u. Jahreszeit beeinflussen die Milchzusammensetzung.

Im allg. Sprachgebrauch ist mit M. nahezu ausschließlich Kuhmilch gemeint. Die M. anderer Tiere muss extra gekennzeichnet werden.

Zusammensetzung der Milch: die Kuhmilch ist eine Emulsion feinster Fett-Tröpfchen in einer teilweise kolloidalen wässrigen Lösung von Proteinen (Casein u. Lactalbumin), Kohlenhydraten (*Milchzucker* [*Lactose*] u. manchmal etwas Traubenzucker), Salzen (Natrium-, Kalium-, Calcium-, Magnesium-, Mangan-, Eisen-, Kupfer-, Phosphor-, Schwefel- u. Chlor-Salze) u. Vitaminen (A, B_1, B_2, Nicotinsäure, C, D, E). Das *Milch-* oder *Butterfett* (→ Butter) ist in der M. in Form kleinster Tröpfchen vorhanden (Emulsion); spezifisch leichter als M., steigt es beim Stehen der M. an die Oberfläche (Rahmbildung). Bei Erschütterung der M. (Schaukeln des Butterfasses) ballen sich die Fett-Tröpfchen zu Klumpen zusammen (Butterherstellung). Die Konsistenz des Butterfetts richtet sich nach dem bes. durch die Art der Fütterung beeinflussten Mischungsverhältnis der in ihm enthaltenen Fettarten Palmitin, Stearin u. Olein. Die → Magermilch ist ein proteinreiches Nahrungs- u. Futtermittel; sauer geworden, wird sie als gesundes Jungviehfutter oder die ausgefällte Proteinfraktion als Quark-Käse verwendet. Die beim Buttern anfallende *Buttermilch* wirkt durch Milchsäure u. Milchsäurebakterien Fäulnis hemmend im Darm. Die Proteine der M. bestehen zu rd. 90 % aus Käsestoff (→ Casein) u. zu 10 % aus leicht lösl. Lactalbumin u. Lactoglobulin. Der fast unlösl. Käsestoff (in der M. stark aufgequollen) gerinnt bei Zusatz von → Lab oder Säuren u. wird so von der → Molke getrennt. Das Lactalbumin wird bei 75 °C ausgeschieden (Hautbildung auf der M.). Der Milchzucker vergärt unter Mitwirkung von Milchsäurebakterien zu Milchsäure, die die M. zum Gerinnen bringt. Reine, frische M. hat eine weiße Farbe, ist undurchsichtig (nur in dünner Schicht durchscheinend), hat einen schwach süßl. Geschmack u. spezif. Geruch. Sie ist weniger flüssig als Wasser bei einer Dichte von 1,029–1,033.

Milchsorten: Für die verschiedenen Milchsorten werden nachfolgend aufgeführte Bez. verwendet. *Konsummilch:* Sammelbegriff für alle frischen u. haltbar gemachten Milchsorten mit unterschiedl. Fettgehalt. *Vorzugsmilch:* amtlich überwachte Rohmilch mit unverändertem Fettgehalt, unbehandelt zum direkten Verzehr bestimmt. Es werden bes. strenge Anforderungen an den Gesundheitszustand der Kühe, an die Beschaffenheit der M., Verpackung, Beförderung u.a. gestellt. *Vollmilch:* 1. mit einem natürlichen Fettgehalt von mindestens 3,5 %; 2. standardisierte Vollmilch mit einem eingestellten Fettgehalt von 3,5 %. *Teilentrahmte (fettarme) Milch:* mit einem Fettgehalt zwischen 1,5 u. 1,8 %. *Entrahmte Milch:* mit einem Fettgehalt von höchstens 0,3 %. Vollmilch, teilentrahmte u. entrahmte M. werden auch pasteurisiert oder ultrahocherhitzt (*H-Milch*) oder sterilisiert angeboten. Durch die Angabe eines Abfülldatums oder Mindesthaltbarkeitsdatums werden Hinweise für die Haltbarkeit gegeben.

Farbveränderungen: Blau- oder Violettfärbung kann nach Aufnahme indigohaltiger Futterpflanzen (Mohnkuchen, Buchweizen, Steinklee, Bingelkraut u.a.) durch die Kuh entstehen oder durch → Saprophyten; Braunverfärbung ist durch Infektion der Kuh mit *Bacillus fuscus* verursacht. Farbabweichungen durch Blut, Futter, Krankheit sind sofort sichtbar, durch Bakterien erst kürzere oder längere Zeit nach dem Melken.

Geschmacksveränderungen: 1. bei altmilchenden Kühen u. Kolostrum: salzig; 2. durch Futterbestandteile, z. B. Rainfarn: senfartig; Kamille, Fenchel, Anis: aromatisch; 3. bei Euterentzündungen: salzig; 4. durch Einwirkung von ultravioletten Strahlen (im Sonnenlicht), bei Luftzutritt über 15 Minuten: bitter; 5. bei sofortigem Abfüllen nicht belüfteter, kuhwarmer Milch in verschlossene Behälter: stickig; 6. durch Saprophyten: bitter, kratzend; 7. durch Spuren von Kupfer oder Eisen: metallisch, Oxidationsgeschmack.

2. *Botanik:* der Milchsaft der → Milchröhren. Er ist meist weiß gefärbt und fließt nach Verletzung der Pflanze oft in großer Menge aus den Milchröhren aus. Sein milchähnliches Aussehen ist dadurch bedingt, dass zahlreiche Kautschuk- oder Guttaperchakügelchen neben Harz-, Fett- u. a. Tröpfchen in der Flüssigkeit emulgiert sind. Außerdem enthält er Salze, Zucker, Gerbstoffe, manchmal auch Alkaloide und Enzyme. Milchsaft haben viele Pflanzenfamilien, beispielsweise Wolfsmilchgewächse, Mohngewächse, Korbblütler. Auch → Exkrete.

3. *Zoologie:* Fischmilch, der Samen der männl. Fische; auch → Milchner.

Milch, Erhard, dt. Fliegergeneral (1940 Generalfeldmarschall), *30. 3. 1892 Wilhelmshaven, †25. 1. 1972 Wuppertal; 1926–1933 im Vorstand der Dt. Lufthansa; 1933–1944 Staatssekretär im Reichsluftfahrtministerium, 1938–1945 Generalinspekteur der Luftwaffe, 1941–1944 Generalluftzeugmeister; 1947 vom Nürnberger Militärgerichtshof wegen Verantwortlichkeit für den Einsatz von Zwangsarbeitern zu lebenslängl. Haft verurteilt, 1951 zu 15 Jahren begnadigt, 1954 freigelassen.

Milchader, *Vena subcutanea abdominis,* die große Bauchvene bei Kühen; gilt bei kräftiger Entwicklung als gutes Milchzeichen.

Milchbaum, *Kuhbaum, Brosimum galactodendron,* in Venezuela heimischer, zu den *Maulbeergewächsen (Moraceae)* gehörender Baum, der einen süß schmeckenden, an Kuhmilch erinnernden Rindensaft liefert. Durch Kochen des Safts wird ein dem Bienenwachs ähnl. Wachs gewonnen.

Milchblätterpilz, *Lactarius* → Reizker.

Milchbrätling, *Brätling, Milchreizker, Milchschwamm, Birnenmilchling, Lactarius volemus,* essbarer *Blätterpilz* mit zimtrotem oder gelbbraunem Hut. Das Fleisch sondert beim Zerbrechen weiße Milch ab, die mild u. süßlich schmeckt. Vorkommen im Sommer u. Herbst in lichten Laub- u. Nadelwäldern. Auch → Reizker.

Milchbrustgang, das große *Lymphgefäß* der Wirbeltiere, das im Brustraum in das Blutgefäßsystem (obere Hohlvene) einmündet.

Milchdauerwaren, Sammelbez. für Milch oder Sahne, die durch Hitzesterilisation sowie Wasserentzug mit u. ohne Zuckerzusatz in Dauerwaren überführt wurden, wie sterilisierte Milch oder Sahne, Kondensmilch u. Milchpulver.

Milchdrüsen, *Euter, Gesäuge, Mamma,* nur den Säugetieren u. dem Menschen eigene, an der Bauchseite gelegene Hautdrüsen, die der Milchsekretion *(Laktation)* dienen u. stammesgeschichtlich von Schweißdrüsen hergeleitet werden. Die M. sind spezialisierte Hautorgane, die aus tierartlich unterschiedlich vielen Einzelkomplexen bestehen, die wiederum aus Drüsengängen u. -läppchen zusammengesetzt sind. Der Hauptgang mündet auf der Zitzenspitze. Die Milch wird in den *Drüsenläppchen* gebildet u. läuft durch die Drüsengänge bis zum Hauptgang, von dem aus sie durch die Papillenöffnung der *Zitze (Brustwarze, Mamilla)* austritt. Bei höheren Säugern münden mehrere Milchdrüsenschläuche zusammen in einer Zitze aus. Ursprüngl. ist die ganze Bauchseite von der Brust bis zur Schamgegend zur Ausbildung von M. veranlagt, deren Zahl 20 u. mehr betragen kann (Schwein 12–16), die in diesem Fall in zwei Längsreihen angeordnet sind. Bei den meisten Arten ist diese Zahl reduziert. Katze u. Hund besitzen jederseits vier, Rind u. Pferd zwei Milchdrüsenkomplexe. Manchmal sind die M. auf ein bruststängiges *Gesäuge (Mammarium),* wie bei Elefanten u. Affen, oder auf ein bauchständiges *Euter* von 2–4 Zitzen (Esel, Ziege zwei, Kuh vier) beschränkt. - Die M. sind bei beiden Geschlechtern vorhanden, jedoch nur beim weiblichen Geschlecht zeitweise tätig. Auch → Euter.

Milchfieber, *Kalbefieber, Gebärkoma,* tritt meist nur nach der Geburt als Folge eines starken Mangels an Calcium u. Magnesium im Blutserum auf. Die Ursache für diesen akuten Mangel ist noch nicht geklärt. Man nimmt an, dass sie in der einsetzenden Milchproduktion u. damit in einem höheren Bedarf an Calcium u. Magnesium besteht. Die Prophylaxe besteht in ausreichender Versorgung mit Calcium u. Vitamin D.

Milchfisch, *Chanos chanos,* einziger Vertreter der Familie *Chanidae* (einzige rezente Familie der Ordnung *Gonorhynchiformes*), heringsähnliches Aussehen, Größe bis zu 1 m, Gewicht 15 kg; wichtiger Speisefisch. Hauptvorkommen: tropische Küstengewässer im Stillen u. Indischen Ozean.

Milchfistel, mit der Außenhaut in Verbindung stehender Milchgang, durch den Muttermilch abfließt; meist als Folge eines Abszesses bei Brustentzündung.

Milchfluss, *Galaktorrhö,* während der Stillzeit Abgang von Muttermilch infolge überreichlicher Milchbildung oder mangelhaften Verschlusses der Milchgänge durch die Warze; wird verhindert durch Abhärtung der Brust u. der Brustwarzen durch kalte Waschungen, Bürstenmassage; Vermeidung von Infektionen durch Sauberhaltung u. Vorlagenwechsel sehr wichtig.

Milchglas, *Opalglas,* getrübtes, aber lichtdurchlässiges Glas. Ein Zusatz von Fluorverbindungen (Flussspat, Kryolith, Natriumsilicofluorid) oder von Trübungsmitteln wie Zinn-, Zirkon- oder Titanoxid zur Glasschmelze führt beim Erkalten der Schmelzen zur Bildung von Kristallen im Glas. Die fein verteilten Kristallite streuen das Licht u. führen zu einer weißlichen Trübung im Glas *(Trübglas).* M. wird für lichttechnische Zwecke benutzt (Glühlampen, Leuchtstoffröhren), wo gleichzeitig hohe Lichtdurchlässigkeit u. -streuung u. geringe Reflexion u. Absorption erforderlich sind. Auch → Mattglas.

Milchkraut, *Glaux maritima,* ein *Primelgewächs (Primulaceae);* eine Strandpflanze mit sitzenden, dicht stehenden, fleischigen Blättern u. kleinen, blassrosa Blüten; kommt in Eurasien vor.

Milchlattich, *Cicerbita,* Milchsaft führende Gattung der *Korbblütler (Compositae)* mit blauen Blütenköpfen. Der *Französische M., Cicerbita plumieri,* mit hellblauen Blüten ist auf den Hochstaudenfluren des Schwarzwalds zu finden, der *Alpenmilchlattich, Cicerbita alpina,* mit blauvioletten Blüten in den Alpen u. Mittelgebirgen. Aus dem Kaukasusgebiet stammt der *Großblättrige M., Cicerbita macrophylla,* mit lila-roten Blüten, beliebt als Zierpflanze.

Milchling, ein Pilz, → Reizker.

Milchmeer, in der hinduist. Mythologie ein mythisches Meer, durch dessen Quirlung die Götter den Unsterblichkeitstrank *(amrita)* gewannen. Die indischen *Kumbhamelas,* große Pilgerfeste in Hardvar, Allahabad u. a. Orten, werden an Stätten gefeiert, an denen Tropfen des Unsterblichkeitstranks auf die Erde gefallen sein sollen.

Milchnährschaden, eine schwere chron. Ernährungsstörung, die bei Ernährung des Säuglings mit unverdünnter Kuhmilch auftritt; es kommt zu Eiweißüberfütterung bei gleichzeitigem Mangel an Kohlenhydraten. Kennzeichen: Kalkseifenstühle, Acidose (Blutübersäuerung) u. Rachitisanfälligkeit. Gegenmittel: Ernährung mit verdünnter Milch u. Anreicherung mit Kohlenhydraten.

Milchner, 1. der männl. Fisch, so genannt wegen der milchartigen Samenflüssigkeit („Milch").

2. innere Brustdrüse, → Bries Brezno.

Milchopal, *Milchquarz,* durch Flüssigkeitseinschlüsse trüber *Opal* bzw. *Quarz;* Schmuckstein.

Milchpocken, weiße Pocken → Alastrim.

Milchreife, das Reifestadium der Getreidekörner vor Beginn des Hartwerdens, solange sie sich über dem Fingernagel brechen lassen *(Nagelprobe).*

Milchreizker, *Lactarius volemus* → Milchbrätling.

Milchröhren, Milchsaft führendes Kanalsystem bei einigen Pflanzenfamilien. M. können ungegliedert sein, d. h. aus einer Zelle bestehen, die beträchtl. Länge u. eine ausgedehnte Verzweigung erreichen kann (z. B. beim *Kautschukbaum, Hevea brasiliensis* oder beim *Schöllkraut*). In anderen Fällen sind die M. gegliedert, d. h. sie bestehen aus Zellen, die zu einem Kanalsystem verschmolzen sind (z. B. *Feigenbäume,* vor allem der *Gummibaum, Ficus elastica* u. viele *Wolfsmilchgewächse*).

Milchsäure, α-*Hydroxypropionsäure, Acidum Lacticum,* aliphat. Hydroxycarbonsäure, Formel $CH_3-CH(OH)-COOH$; hat ein asymmetr. Kohlenstoffatom u. tritt deshalb in zwei optisch aktiven Formen als rechtsdrehende L(+)-Milchsäure u. linksdrehende D(–)-Milchsäure auf. Lediglich im Stoffwechsel des Säuglings kann D(–)-Milchsäure noch nicht abgebaut werden u. sich deshalb anreichern. Man kennt die Gärungsmilchsäure, die bei der Milchsäuregärung aus saurer Milch (aus dem Milchzucker), aus Stärke u. Traubenzucker sowie bei der Säuerung pflanzl. Materials (in Silos u. bei der Sauerkrautherstellung) unter Mithilfe von Milchsäurebakterien entsteht. Die *Fleischmilchsäure* wird aus dem Reservekohlenhydrat im arbeitenden Muskel durch Glykolyse erzeugt. Bei körperl. Anstrengungen tritt M. vermehrt im Blut auf. Technisch gewinnt man M. durch Vergärung von Getreide- u. Kartoffelstärke mit Milchsäurebakterien. Sie wird in der Gerberei zum Entkalken der ent-

Milch: Inhaltsstoffe

100 g enthalten bei	Eiweiß	Fett	Kohlehydrate	Kilojoule	Mineralstoffe	Wasser	Vitamine					Niacin
							A	Carotin	B_1	B_2	C	
	g	g	g	kJ	g	g	mg	mg	mg	mg	mg	mg
Frauenmilch	1,2	4,1	6,9	297,5	0,2	87,6	0,05	0,02	0,01	0,04	4,1	0,17
Kuhmilch	3,5	3,5	4,7	276,5	0,7	87,6	0,02	0,02	0,04	0,18	1,47	0,09
Magermilch	3,5	0,1	4,8	146,07	0,8	90,8	–	–	0,04	0,17	–	–
Schafsmilch	5,3	6,3	4,9	406,4	0,9	82,7	0,05	0,01	0,05	0,23	4,25	0,45
Ziegenmilch	3,6	4,2	4,8	310,1	0,8	86,8	0,07	0,04	0,05	0,15	2,0	0,32

Milchsäurebakterien

Milchstern: Ornithogalum nanum

Milchstern: Ornithogalum pyrenaicum

haarten Häute, in der Heilkunde als Ätzmittel, als Zusatz zu Nahrungs- u. Genussmittel (Limonaden) sowie als Backpulverbestandteil verwendet. Die Ester der M. dienen als techn. Lösungsmittel. Die Salze der M. heißen *Lactate*. Auch → anaerobe Glykolyse, → Gärung, → Glykolyse.

Milchsäurebakterien, *Lactobazillen, Lactobakterien*, zu den *Eubacterien* gehörende grampositive *Bakterien* von glatter, schlanker Stäbchenform. Sie spalten Zucker, als Endprodukte entstehen → Milchsäure u. → Essigsäure. *Lactobacillus caucasicus* bewirkt die Milchgerinnung zu Kefir, u. *Lactobacillus bulgaricus* lässt aus Milch Joghurt entstehen.

Milchsäuregärung, eine Gärung, bei der hauptsächlich → Milchsäure entsteht.

Milchschlange → Königsnatter.

Milchschorf, *Crusta lactea*, mit Bläschen, Borken u. Schuppenbildung verbundener, teils nässender, teils trockener, heftig juckender Hautausschlag des Kopfes bei Säuglingen; entsteht durch eine Nahrungsmittelallergie (Trophallergie). Der M. kommt nach dem 1. Vierteljahr u. vornehml. bei Flaschenkindern vor.

Milchschwamm → Milchbrätling.

◆ **Milchstern**, *Vogelmilch, Ornithogalum*, Gattung der *Liliengewächse (Liliaceae)*; in trockenen Gebieten Europas, Afrikas u. Asiens verbreitet; Pflanzen mit hellen Blüten u. einem eiweißähnl. Saft, der beim Abbrechen des Stängels austritt. Bekannt ist der *Doldige M., Ornithogalum umbellatum* (auch „Stern von Bethlehem" genannt), der auf Äckern, Wiesen u. Weinbergen zu finden ist; er öffnet sich gegen 11 Uhr u. schließt sich gegen 15 Uhr. *Ornithogalum caudatum* wird fälschlich als „Meerzwiebel" bezeichnet.

Milchstorch → Nimmersatt.

Milchstraße, der von der Erde aus sichtbare Teil unseres → Milchstraßensystems, ein matt leuchtendes Band von unregelmäßiger Begrenzung, das längs eines großen Kreises die Himmelskugel umspannt; hervorgerufen durch unzählige schwache Sterne, die für das bloße Auge nur durch ihre Gesamtlichtwirkung sichtbar werden. Mit großen Fernrohren u. auf fotograf. Himmelsaufnahmen gelingt die Trennung in Einzelsterne.

◆ **Milchstraßensystem**, *Sternsystem, galakt. System*, die *Galaxis* (→ Galaxien), zu der unser Sonnensystem gehört; ein System von Fixsternen, die in einer flachen Scheibe von über 100 000 Lichtjahren Durchmesser u. 16 000 Lichtjahren maximaler Dicke angeordnet sind. Das Zentrum des Milchstraßensystems liegt in der Richtung des Sternbildes des Schützen im Abstand von 27 000 Lichtjahren. Die Umlaufzeit des Sonnensystems um dieses Zentrum beträgt 237 Mio. Jahre bei einer Geschwindigkeit von 225 km/s. Die Masse des Milchstraßensystems beträgt mindestens 220 Mrd., wahrscheinlich sogar 500–800 Mrd. Sonnenmassen. Davon entfallen mindestens 10 % auf interstellares Gas u. Staub. Die Licht verschluckende Wirkung der interstellaren Materie verhindert es auch, dass man optisch in das Zentrum des Milchstraßensystems blicken kann. Doch gelingt es mit Hilfe der Infrarot- u. Radioastronomie, die Struktur des Kerns zu enträtseln. Danach zeigt der Kern eine komplexe Struktur von dicht gepackten Sternen u. teilweise nach außen dringenden Gaswolken. Im Zentrum liegt wahrscheinlich ein → schwarzes Loch von mehreren Mrd. Sonnenmassen. Das M. hat die Form eines *Spiralnebels*, die ebenfalls u.a. mit Hilfe der Radioastronomie untersucht werden kann. Unsere Sonne befindet sich auf dem sog. Orion-Spiralarm, an dem sich zum

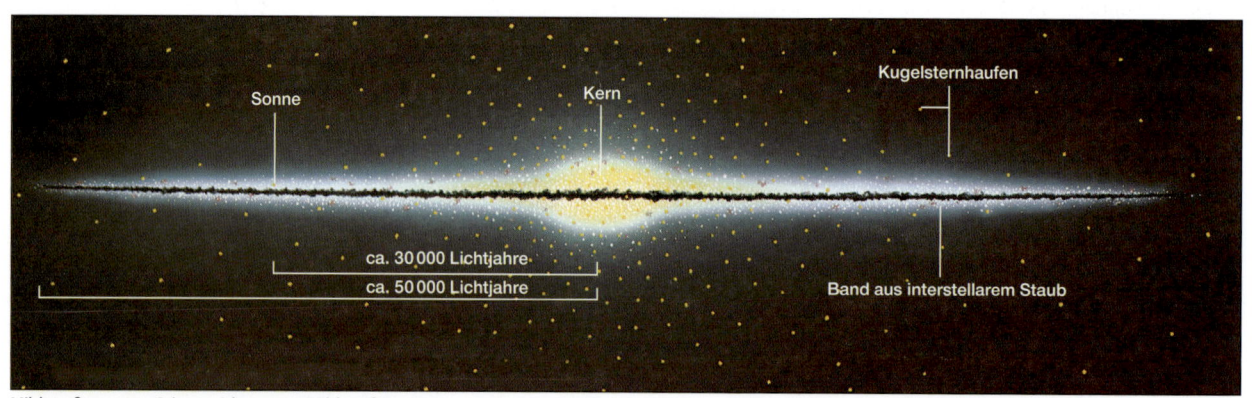

Milchstraßensystem: Seitenansicht unseres Milchstraßensystems. Unsere Galaxis würde wie eine dünne Spindel erscheinen. Das dunkle quer laufende Band weist auf interstellare Materie hin, vor allem auf dunkle Staubwolken

Zentrum hin der Sagittarius-(Schütze-)Arm, weiter nach außen der Perseus-Arm anschließt. Die flache Scheibe des Milchstraßensystems umgibt der sog. Halo, in dem sich vor allem die Kugelsternhaufen (→ Sternhaufen) befinden. Außer unserem M. enthält das Universum vermutlich noch weitere 100 Mrd. Galaxien.

Milchtetanie → Eklampsie.

milchtreibende Mittel, *Galaktagoga, Laktagoga,* Substanzen, die die Milchbildung der Brustdrüsen anregen, z. B. Oxytocin.

milchwirtschaftlicher Laborant, *milchwirtschaftliche Laborantin,* anerkannter (außer in Berlin) landwirtschaftl. Ausbildungsberuf mit dreijähriger (in Schleswig-Holstein $3^{1}/_{2}$-jähriger) Ausbildungsdauer. Vorwiegend in Molkereien u. Betrieben der Milchindustrie überprüfen milchwirtschaftliche Laboranten Milch u. Milcherzeugnisse auf Qualität u. auf Einhaltung der Vorschriften nach den Lebensmittelgesetzen.

Milchzähne, die Zähne des *Milchgebisses,* die ersten Zähne des Menschen. Das Milchgebiss besteht aus 20 Milchzähnen (oben u. unten je 4 Schneide-, 2 Eck- u. 4 Backenzähne). Die ersten M. erscheinen etwa im 6.–7. Lebensmonat. Die M. sind als „Platzhalter" für das Dauergebiss u. für die endgültige Kieferform wichtig.

Milchzucker, *Lactose, Laktose,* eine Zuckerart der Gruppe der Disaccharide, die aus je einem Molekül Glucose u. Galactose aufgebaut ist; findet sich allein in der Milch der Säugetiere, z. B. in der Kuhmilch zu 4–5 % u. in der Muttermilch zu 5–7 %. M. wird aus Molke durch Eindampfen gewonnen; er schmeckt nicht so süß wie Rohr- oder Rübenzucker (Saccharose) u. wird zur Säuglingsernährung u. als leichtes Abführmittel verwendet. Auch → Kohlenhydrate.

Milchzuckersäure → Galactarsäure.

Mildenburg, Anna von, österr. Sängerin, → Bahr-Mildenburg.

Mildenhall [-hɔːl], ostengl. Fundort (1942) eines bedeutenden Schatzes aus spätröm. Tafelsilber (z. T. figürlich verziert) aus dem 4. Jh. n. Chr., vermutlich Besitz eines röm. Offiziers („Schatzfund von M.", heute in London, British Museum).

Milder-Hauptmann, Pauline Anna, österr. Sängerin (Sopran), *13. 12. 1785 Konstantinopel, †29. 5. 1838 Berlin; 1803–1816 in Wien, wo *Beethoven* für sie 1805 die Rolle des Fidelio schuf; wirkte mit bei der berühmten Aufführung der „Matthäuspassion" durch F. *Mendelssohn-Bartholdy* (1829).

mildernde Umstände, im früheren Strafrecht persönl. oder sonstige Umstände, die das kriminelle Gewicht einer Straftat oder die Schuld des Täters mindern u. deswegen die regelmäßige Strafe als zu streng erscheinen lassen. Nach dem Wegfall der Rechtsfigur der mildernden Umstände kennt das geltende Strafrecht allein „minder schwere" Fälle. Deren Vorliegen bejaht der Richter, wenn die Intensität des Unrechts u. das Verschulden unter Abwägung aller Umstände hinter den erfahrungsgemäß vorkommenden Fällen zurückbleiben.

Mildner, Johann Joseph, dt. Glaskünstler, *1763/64, †11. 2. 1808 Martinsberg bei Gutenbrunn (Niederösterreich); stellte in der Glashütte von Gutenbrunn doppelwandige Medaillongläser her, die Zwischengoldgläsern verwandt sind. Die eingeschnittenen oder -gravierten Empire-Dekorationen der Gläser zeigen neben Inschriften, Monogrammen u. Wappen auch Alltagsszenen.

Mildura [-dj'uərə], Stadt in Victoria (Australien), am Murray, 23 200 Ew.; Zentrum eines bewässerten Agrargebiets mit Wein-, Obst- u. Gemüseanbau.

Mile [mail; die], Längenmaß in Großbritannien u. den USA; 1 M. = 1760 yards = 1609,34 m; in der Seefahrt: *International Nautical M.* = 1852 m. Auch → Meile.

Miles [Pl. *Milites*; lat.], Soldat; mittellatein. Bez. für „Ritter". – *M. gloriosus,* nach dem Titelhelden einer Komödie des Plautus der ruhmredige, aber feige Soldat.

Milesische Geschichten, Titel einer Sammlung erot. Novellen (grch. *Milesiaka*), von *Aristides aus Milet,* um 100 v. Chr. (Bruchstücke erhalten).

◆ **Milet,** *Miletos,* antike Stadt an der Westküste Kleinasiens, im 11. Jh. v. Chr. von ionischen Griechen an der Stelle einer myken. Niederlassung gegr.; Heimat von Naturphilosophen (*Thales, Anaximander, Anaximenes*) u. Geographen (*Hekataios*), Ausgangspunkt einer bedeutenden Kolonisationsbewegung vor allem in den Raum des Schwarzen Meeres, blühende Handels- u. Hafenstadt. 494 v. Chr., nach dem Ionischen Aufstand, von den Persern zerstört, jedoch nach dem Sieg der Griechen bei *Mykale* 479 v. Chr. in großzügiger Stadtplanung (rechtwinklige Straßenzüge) neu errichtet u. in hellenist. u. röm. Zeit mit Prachtbauten versehen (Markttor im Pergamonmuseum in Berlin). Die Bedeutung Milets ging im MA stark zurück wegen Verlandung des der Mäandermündung gegenüberliegenden Hafens; heute ist M. ein Dorf; seit 1899 werden Ausgrabungen von dt. Wissenschaftlern (T. *Wiegand*) durchgeführt.

Milet: Überreste der kaiserlichen Südagora

Milford Haven ['milfəd 'heivn], Stadt in der Grafschaft Dyfed, in Südwestwales, an der Milford Haven-Bucht, 14 000 Ew.; Ölraffinerien, Öl- u. Fischereihafen.

Milgram-Experiment ['milgrəm-], eine von dem US-amerikan. Psychologen S. *Milgram* in den 1960er u. 1970er Jahren durchgeführte Untersuchung über Autoritätsgehorsam; die Mehrzahl der Versuchspersonen folgte darin der wissenschaftlich verkleideten Anordnung, andere Personen mit Elektroschocks steigender Intensität zu bestrafen, ohne sich von den lautstarken „Schmerzreaktionen" der (vermeintl.) Opfer beeindrucken zu lassen.

◆ **Milhaud** [mi'joː], Darius, französ. Komponist, *4. 9. 1892 Aix-en-Provence, †22. 6. 1974 Genf; studierte bei V. *d'Indy,* C. *Widor* u. P. *Dukas,* schloss sich nach einem längeren Aufenthalt in Rio de Janeiro der Gruppe „Les Six" an. 1947–1962 Prof. am Konservatorium in Paris. Die Merkmale seiner Musik sind pastorale Melodienfreudigkeit, konsequente Anwendung der Polytonalität u. rhythm. Differenziertheit; er bekennt sich als Provençale („Le carnaval d'Aix" 1926, „Suite provençale" 1936) u. als Jude („Le candelabre à sept branches"). M. verarbeitete rhythm. Anregungen der südamerikan. Musik („Saudades do Brasil" 1921, „Scaramouche" 1937) u. des Jazz (Ballett „La création du monde" 1923). Sein umfangreiches Schaffen (über 450 Werke) enthält zwölf Sinfonien, zahlreiche Bühnen- u. Filmmusiken, 18 Streichquartette u. Kammermusik („Machines agricoles" 1919). Opern: „Orestie" („Agamemnon" 1914; „Les Choépho-

Darius Milhaud

Militärflugzeuge: Der Jagdbomber F-117A der US Air Force ist ein Flugzeug mit „Tarnkappentechnik" (Stealth-Technik). Das bedeutet, dass das Flugzeug wegen Form und Beschaffenheit von Rumpf, Tragflächen und Triebwerken kein oder nur ein geringes, nicht nutzbares Radarecho zurückwirft

res" 1915; „Les Euménides" 1922); „La Brebis égarée" 1915; „Esther de Carpentras" 1925, Uraufführung 1938; „Les malheurs d'Orphée" 1925; „Le pauvre matelot" 1927; „Christophe Colomb" 1930; „Maximilien" 1932; „Médée" 1939; „Bolivar" 1949; „David" 1956; „Fiesta" 1958; „La mère coupable" 1966; Opernoratorium „Saint Louis" 1972; „Les momies d'Égypte" 1972. – Erinnerungen: „Noten ohne Musik" 1949, dt. 1962.

Miliarense, *Miliaresia* [die; lat.], spätröm.-byzantin. Silbermünze im Werte von $1/1000$ Goldpfund, von Konstantin d. Gr. eingeführt; bis 1094 nachweisbar.

Miliaria [lat.], *Frieselausschlag,* meist bei Fieberkrankheiten oder starker Schweißabsonderung auftretender Ausschlag mit hirsekorngroßen, wasserhellen Bläschen mit mehr oder weniger rotem Hof; trocknet von selbst ab.

Miliartuberkulose [lat.], bes. schwere Form der Tuberkulose. Durch Einbruch tuberkulöser Herde in die Blutbahn kommt es zu einem mit fieberhaftem Krankheitsbild mit Aussaat von Tuberkelherden in bestimmte Körpergebiete (Gehirn- u. Rückenmarkshäute, Lunge oder Darm) oder in den ganzen Körper.

Milicz ['militʃ], *Militsch,* poln. Stadt in Schlesien, an der Bartsch, 10 300 Ew.; Kleinindustrie.

Milieu [mil'jø:; das; frz.], von H. *Taine* eingeführte Bez. für *Umwelt.* In der Geschichtswissenschaft ist *Milieutheorie* die Erfassung der histor. Persönlichkeiten durch den Inbegriff aller Faktoren, die auf sie eingewirkt haben, von der Landschaft bis zum Zeitgeist. Die der Milieutheorie anhängenden Sozialwissenschaftler betrachten den einzelnen Menschen als das Produkt seiner sozialen Verhältnisse. – Auch in den Entwicklungslehren spielt der Milieubegriff eine Rolle. Hier ist J.-B. *Lamarck* insofern der Begründer einer extremen Milieulehre insofern, als er die phylogenet. Veränderungen als Anpassungen an wechselnde Milieufaktoren erklären will. Auch → Darwinismus, → Kriminalsoziologie.

Milieukunde [mil'jø:-], die Beschreibung spezifischer Natur-, Kultur- u. Sozialmilieus, z. B. das großstädtische, dörfliche, binnenländische, alpine, proletarische *Milieu.*

militant [lat.], für eine Überzeugung oder Ideologie gewaltsam kämpfend.

Militär [frz.], die Gesamtheit der Soldaten (das M.); auch ein ranghöherer Soldat, Offizier (der M.).

Militäradel, für militär. Verdienste verliehener Briefadel.

Militärakademie → Führungsakademie der Bundeswehr, → Kriegsakademie.

Militäranwärter, früher ein Berufssoldat, der sich durch zwölfjährigen Militärdienst Anspruch auf eine Beamtenstelle erworben hatte.

Militärattaché [-ʃe; frz.], ein Offizier, der als Bearbeiter für militär. Angelegenheiten zum Personal einer Botschaft gehört. Bei größeren Botschaften gibt es Attachés der Teilstreitkräfte, z. B. den *Marineattaché.*

Militärbischof, leitender Geistlicher der ev. u. der kath. Kirche für die → Militärseelsorge in der Bundeswehr.

Militärdiktatur, die unkontrollierte u. unbeschränkte staatliche Herrschaftsausübung durch Angehörige der Streitkräfte, die in der Regel durch einen Putsch an die Macht gekommen sind. Die Regierungsgewalt liegt entweder in der Hand eines Offiziers oder einer Offiziersgruppe *(Junta).* Militärdiktaturen entstehen meist in Staaten, in denen demokratische Institutionen unzureichend entwickelt sind. Damit verbunden ist oft eine ungerechte Verteilung des materiellen Wohlstands.

Militärdiplom, der Ausweis, den röm. Soldaten (außer den Legionären) bei ihrer Entlassung erhielten. Er bestand aus zwei zusammengebundenen, innen u. außen beschrifteten Bronzeplättchen; der im Inneren versiegelte Text, mit dem der Außenseite identisch u. ihn im Zweifelsfalle bestätigend, besagte in der Regel, dass der Soldat aufgrund der Ableistung seiner Dienstzeit das röm. Bürgerrecht erhalten hatte.

◆ **Militärflugzeuge,** i. w. S. alle Flugzeuge, die in den → Luftstreitkräften verwendet werden.

Militärgeistliche → Militärseelsorge.

Militärgerichtsbarkeit, *Wehrgerichtsbarkeit,* eine bes. Gerichtsbarkeit über Angehörige der Streitkräfte. Die bis 1945 im Dt. Reich bestehende u. durch Kontrollratsgesetz Nr. 34 vom 20. 8. 1946 auch formell aufgehobene M. (mit dem Reichskriegsgericht an der Spitze) ist nach der Errichtung der Bundeswehr nicht wieder eingeführt worden. Die Gerichtsbarkeit über Soldaten wird vielmehr – auch bei militärischen Straftaten – von den ordentlichen Gerichten ausgeübt. Die Errichtung von → Wehrstrafgerichten ist nach Art. 96 Abs. 2 GG zulässig. Auch → Kriegsgericht, → Wehrstrafrecht.

Militärgeschichte, ein Teilgebiet der Militärwissenschaft u. der Geschichtswissenschaft, das sich mit der Geschichte der Streitkräfte u. des Krieges befasst. – Amtliche Forschungsstelle der Bundeswehr ist das *Militärgeschichtliche Forschungsamt* (MGFA) in Potsdam (bis 1994 Freiburg), das dem Bundes-Min. der Verteidigung untersteht. Auch → Kriegsgeschichte, → Wehrwissenschaft.

Militärgrenze, die vom Adriat. Meer bis Siebenbürgen sich erstreckende, schmale Grenzsicherungszone gegen die Türken; seit dem 16. Jh. von den Habsburgern militärisch ausgebaut u. mit Grenzbauern besiedelt, die zum Kriegsdienst gegen die Türken verpflichtet waren. Die M. war nach Verfassung u. Verwaltung von den anderen Ländern Österreich-Ungarns getrennt, 1849–1866 war sie ein eigenes Kronland. Ein Teil wurde 1872 mit Ungarn, der andere Teil 1881 mit Kroatien vereinigt.

Militärhoheit, *Militärgewalt,* die sich auf Militärangelegenheiten beziehende Ausübung der Staatsgewalt. Während in den angloamerikan. Staaten die M. schon früh in das Verfassungssystem eingebaut wurde, beließ der europ. Konstitutionalismus im 19. Jh. den Monarchen noch weitgehend Sonderrechte in diesem Gebiet. So waren im *Dt. Reich* die dem *Kaiser* zustehenden Akte der Kommandogewalt von dem Erfordernis der Gegenzeichnung des Ministers befreit. Erst durch die Verfassungsänderung vom 28. 10. 1918 erfolgte auch für die militär. Angelegenheiten die völlige

Konstitutionalisierung. Im Übrigen stand nach der Verfassung von 1871 die Militärgewalt weitgehend den *Bundesfürsten* zu, nur im Krieg hatte der Kaiser den Oberbefehl. In der *Weimarer Republik* lag der Oberbefehl formal in den Händen des *Reichspräsidenten*, doch entwickelte sich die Reichswehr zum „Staat im Staate" u. nahm auch politisch eine Sonderstellung ein. Das Grundgesetz der *BR Dtschld.* spaltete aufgrund der früheren Erfahrungen den militär. Oberbefehl auf, beließ das Ernennungsrecht beim *Bundespräsidenten* (Art. 60 GG), gab der Befehls- u. Kommandogewalt über die Streitkräfte dem *Bundesminister der Verteidigung*, im Verteidigungsfall dem *Bundeskanzler* (Art. 65a, 115b GG). Die Entscheidung über Krieg u. Frieden (Verteidigungsfall) trifft der *Bundestag* mit Zustimmung des *Bundesrats*, im Verhinderungsfall → Notparlament (Art. 115e GG). Friedensschlüsse bedürfen der Gesetzesform. Die Verwendung der Streitkräfte bei innerem Notstand ist gemäß Art. 87a Abs. 4 GG im Rahmen der Verhältnismäßigkeit zulässig.
In *Österreich* übt der *Bundespräsident* den Oberbefehl über das Bundesheer aus. Soweit nicht nach dem Wehrgesetz der Bundespräsident über das Heer verfügt, steht die Verfügung dem zuständigen *Bundesminister* innerhalb der ihm von der Bundesregierung erteilten Ermächtigung zu. Die Befehlsgewalt über das Bundesheer übt der zuständige *Bundesminister für Landesverteidigung* aus. – In der *Schweiz* liegt die M. beim *Bundesrat*, teilweise auch bei der *Bundesversammlung*, der *Landesverteidigungskommission* u. dem *Eidgenössischen Militärdepartement* (Wehrministerium); in Kriegszeiten wird von der Bundesversammlung ein *General* als Oberkommandierender gewählt.

militärische Altlasten → Rüstungsaltlasten.

Militärischer Abschirmdienst, Abk. *MAD*, Dienst zum Schutz der Bundeswehr gegen Spionage, Sabotage u. Zersetzung. Der MAD untersteht dem Bundesminister der Verteidigung.

Militärischer Frauendienst, Freiwilligenabteilung der Schweizer Armee, der Bürgerinnen zwischen dem 18. u. 35. Lebensjahr beitreten können. Der MFD löste 1986 den schweiz. Frauenhilfsdienst ab.

militärischer Fünfkampf, vom internationalen Verband *Conseil International du Sport Militaire* (CISM) 1950 eingeführter Mehrkampf mit folgenden Disziplinen: 1. Schießen mit dem Gewehr aus 200 m Entfernung, zwei Durchgänge von je 10 Schuss, 2. Hindernislauf: 20 Hindernisse auf 500 m, 3. Handgranatenzielwurf u. Handgranatenweitwurf, 4. 50-m-Hindernisschwimmen in Kleidung, 5. Geländelauf: 8 km.

militärisch-industrieller Komplex, Abk. *MIK*, aus den USA stammende kritische Bez. für die enge Interessenverflechtung von Militär, Rüstungsindustrie u. Staatsapparat, die dazu führen kann, dass unter Umgehung parlamentar.-demokrat. Kontrollmechanismen einseitig militärische Prinzipien in der Politik geltend gemacht werden.

Militarismus, im 19. Jh. zuerst in Frankreich aufgekommenes Schlagwort zur Kennzeichnung einer Überbewertung oder Verabsolutierung des Militärischen gegenüber dem Politischen. M. äußert sich in verschiedenen Formen: als Vorrang der militär. Stärke des Staats, als Prägung des zivilen Lebens durch militär. Formen u. Erfordernisse (z. B. Drill, Uniformierung), als eindeutige Bevorzugung des Militärs im Staat (im dt. Kaiserreich von 1871–1918), als Höherbewertung militär. Normen u. Werte (Unterordnung, Gehorsam, Disziplin). M. beginnt dort, wo zwischen einem zweckgebundenen *Militär*, d. h. dem in einer gegebenen Lage notwendigen Verteidigungsvorbereitungen sowie ihrer notwendigen Abschreckungswirkung, u. dem Militärischen als Selbstzweck nicht unterschieden wird.
Der M. wurde sowohl von den dt. Linksparteien schon vor 1914 wie von den Gegnern Deutschlands im 1. u. 2. Weltkrieg bes. als preuß.-dt. Erscheinung angeprangert. Er lässt sich jedoch im Sinne der Definition auch zu anderen Zeiten u. bei anderen Völkern nachweisen.

Militärjustiz → Militärgerichtsbarkeit.

Militärkabinett, eine 1787–1918 in Preußen bestehende, dem König direkt unterstellte Behörde für die mit seiner Kommandogewalt zusammenhängenden Militärangelegenheiten. Nach häufigen Konflikten mit der Regierung u. insbes. dem Kriegsministerium war das M. von diesem seit 1883 völlig getrennt. Die Chefs des Militärkabinetts spielten vor allem unter Kaiser Wilhelm II. zusammen mit den Chefs des *Zivilkabinetts* u. des *Marinekabinetts* eine erhebl. polit. Rolle. Sie basierte auf dem Recht zum unmittelbaren Vortrag beim Monarchen u. war unvereinbar mit dem konstitutionellen System.

Militärmachthaber, engl. *Warlords*, chin. *junfa*, in China Truppenkommandeure, die, nur durch Waffengewalt legitimiert, in bestimmten Landesteilen unumschränkt herrschten u. sich untereinander bekämpften. Als *Militärmachthaber-Periode* der chines. Geschichte wird die Zeit von der Revolution 1911 bis zur Festigung der Nanjing-Regierung unter Chiang Kai-shek 1928 bezeichnet. Vorbereitet wurde diese Periode durch die weitgehende Verselbstständigung der Provinzgenerale in der letzten Phase der Qing-Dynastie.

Militär-Maria-Theresien-Orden, von Kaiserin *Maria Theresia* von Österreich nach der Schlacht von Kolin (1757) für Offiziere gestifteter, bis 1918 höchster österr. Tapferkeits- u. Verdienst-Orden, mit Erhebung in den erblichen Adelsstand verbunden. Auch → Orden.

Militär-Max-Joseph-Orden, von König *Maximilian Joseph* von Bayern 1806 für Offiziere gestifteter, bis 1918 höchster bayer. Tapferkeits-Orden, mit Erhebung in den persönlichen (nicht erblichen) Adelsstand („Ritter von...") verbunden. Auch → Orden.

Militärmission, eine Gruppe von Soldaten, meist Offizieren, die von ihrem Heimatstaat in einen anderen entsandt worden ist, um diesen in militär. Angelegenheiten zu beraten u. zu unterstützen.

Militärmusik, für das Militärleben bestimmte Musik wie Märsche (auch für Paraden), Signale u. Soldatenlieder. Sie diente in früheren Zeiten der Anfeuerung zum Kampf u. hat ihre geschichtl. Vorgänger in den Tuba- u. Tibiabläsern der Römer, in den späteren Signalbläsern, Spielleuten (Trommler u. Pfeifer), Hof- u. Feldtrompetern; wichtigstes Instrument war im 18. Jh. die Oboe (Militärmusiker hießen allg. *Hautboisten*). Die M. der einzelnen Heere ist in ihrem Charakter sehr unterschiedlich. So erhielt z. B. in der Türkei bei der Infanterie die *Janitscharenmusik*. Im dt. Heer hatte früher jedes Bataillon sein eigenes Musikkorps. Nach 1871 kamen Streicher dazu, so dass eine Militärkapelle auch sinfon. Musik u. Bühnenmusik spielen konnte. Kennzeichnende Instrumente für die M. sind: Flöte, Oboe, Klarinette, Horn (Englisch- u. Bügelhorn), Trompete, Posaune, Tuba (bei reitender M. Fanfare), dazu Schlagzeug: kleine u. große Trommel, Pauke. In der dt. Luftwaffe fanden nach 1935 die aus franzö s. M. stammenden Saxophone Verwendung, während bei den schott. Truppen der Dudelsack eingeführt ist.

◆ **Militärperspektive**, eine besondere *Perspektive* durch Parallelprojektion eines Gegenstandes auf die waagerechte Grundrissebene, wodurch der Grundriss des Gegenstandes erhalten bleibt (Winkel u. Streckenverhältnisse bleiben gleich). In der M. sind die Projektionsstrahlen um 45° gegen die Bildebene geneigt, wobei die senkrecht stehenden Kanten auch maßstabgetreu oder aber nach Wunsch verkürzt dargestellt werden können. Oft werden z. B. Stadtpläne dadurch anschaulicher gemacht, dass über den Grundrissen mittels einer M. die Gebäude abgebildet werden.

Militärregierung, die Ausübung der vollziehenden Gewalt oder der gesamten Staatsgewalt durch Militärbehörden; häufig gleichbedeutend mit Militärdiktatur. Völkerrechtlich ist die Einsetzung einer M. üblich u. gestattet (Art. 43 Haager Landkriegsordnung) zur Verwaltung militärisch besetzter Gebiete sowie nach Einstellung der Feindseligkeiten bis zur endgültigen Regelung der Staatshoheit.
Die Alliierte M. der Siegermächte des 2. Weltkriegs (USA, UdSSR, Großbritannien

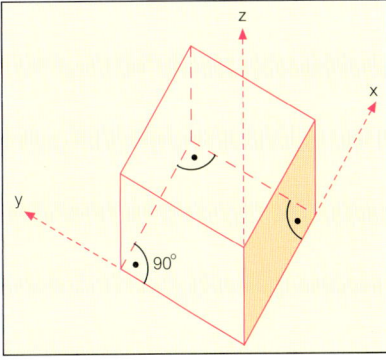

Militärperspektive: Darstellung eines Würfels

Militärseelsorge

Military: beim Geländeritt müssen auch Wasserhürden von Pferd und Reiter gemeistert werden

u. Frankreich) übernahm nach der militär. Kapitulation Deutschlands (8. 5. 1945) am 5. 6. 1945 auch dessen Staatsgewalt, nachdem die Militärbefehlshaber bis dahin nur als M. für die von ihren Truppen besetzten Gebietsteile tätig gewesen waren. Zentralstelle war für die 4 Besatzungszonen der *Alliierte Kontrollrat* in Berlin, der seine Tätigkeit 1948 einstellte. Für Berlin bestand bis 1990 die *Alliierte Kommandantur*. Dem Kontrollrat waren die mit weitgehenden selbständigen Rechtsetzungsbefugnissen ausgestatteten Oberbefehlshaber der 4 Besatzungszonen, die Militärregierungen der einzelnen Länder u. der Organe untergeordnet. Diese Form der M. für das Gebiet der 4 Besatzungszonen wurde mit der Bildung der BR Dtschld. in die zivile *Alliierte Hohe Kommission* umgewandelt, in der DDR zunächst (1949) in die noch militär. *Sowjet. Kontrollkommission* (SKK), 1953 in eine gleichfalls zivile *Hohe Kommission* in der DDR. Militärregierungen gab es auch in Italien u. Japan.

Militärseelsorge, der auf die Besonderheiten des militär. Lebens abgestellte Dienst der Kirche unter den Soldaten. Sie wird von *Militärpfarrern* ausgeübt, die als Zivilbeamte der Bundeswehr u. in Erfüllung ihres Auftrags unabhängig von staatl. Weisungen tätig sind. Sie vertreten die ev. bzw. kath. *Militärbischof*. Die Militärbischöfe werden als kirchl. Amtsträger von den Kirchen im Einvernehmen mit der Bundesreg. ernannt. Beim Bundeswehrkommando Ost waren die ev. Ortspfarrer als nebenamtl. Beauftragte für die Seelsorge an Soldaten zuständig. Seit 1996 besteht eine befristete Sondervereinbarung für die östl. Gliedkirchen auf der Grundlage des Militärseelsorgevertrags von 1957. Die Militärgeistlichen sind nicht, wie im Westen, als Bundesbeamte, sondern als Kirchenbeamte der EKD hauptamtlich mit der Seelsorge der Soldaten betraut.

Militärsoziologie, ein Teilbereich der Soziologie, in dem insbes. Analysen über die gesellschaftl. Relevanz der Institution Militär, deren organisator. Aufbau u. Auswirkungen auf das Sozialverhalten der Soldaten sowie über die Beziehung Militär – Zivilgesellschaft geliefert werden.

Militärsport, sportl. Wettkämpfe bewaffneter Einheiten (Heer, Luftwaffe, Marine). Man unterscheidet zwischen Sportwett-

bewerben nach zivilen Regeln u. Gesetzen sowie Wettbewerben mit militär. Formen (z.B. Hindernislauf, Waffenlauf, Schießen mit Dienstwaffen, Kampf- u. Hindernisschwimmen; seit 1956 in der dt. Bundeswehr verankert.

Militärstrafrecht, das Sonderstrafrecht für Soldaten u. für militär. Angelegenheiten. Das M. der BR Dtschld. ist im Wehrstrafgesetz vom 30. 3. 1957 in der Fassung vom 24. 5. 1974 enthalten. In der *Schweiz* ist es durch das Militärstrafgesetz vom 13. 6. 1927 (mit späteren Abänderungen) geregelt. In *Österreich* sind alle wesentlichen Vorschriften des Militärstrafrechts in dem am 1. 1. 1976 in Kraft getretenen Militärstrafgesetz enthalten. Auch → Militärgerichtsbarkeit, → Wehrstrafrecht.

Militärwissenschaft, Sammelbez. der Wissenschaften, die sich mit Kriegs- u. Militärgeschichte, mit dem militär. Bibliothekswesen sowie dem militär. Archiv- u. Museumswesen befassen.

◆ **Military** ['mɪlɪtəri; die; engl.], *Große Vielseitigkeitsprüfung*, eine schwierige reitsportl. Disziplin, bei der drei verschiedene Prüfungen (Dressur, Geländeritt u. Springen) mit einem Pferd an drei aufeinander folgenden Tagen zu absolvieren sind. Die Prüfungsaufgaben der Klasse S (schwer; außerdem L [leicht] u. M [mittel]) werden von der Internationalen Reiterl. Vereinigung gestellt u. umfassen: in der *Dressur* 19 Lektionen in 7 1/2 min; beim *Geländeritt* zuerst 7–9 km Wegstrecke (Tempo 240 m/min), dann 3–4 km Rennbahngalopp mit 8–10 Jagdrennhindernissen (1 m hoch), dann wieder 9–13 km Wegstrecke u. abschließend (nach einer meist 10-min-Zwangspause) 6–8 km Querfeldeinstrecke mit 25–36 festen Hindernissen; die *Springprüfung* führt über einen 700–900 m langen Parcours mit 10–12 Hindernissen (bis 1,20 m hoch). Bewertet wird nach Strafpunkten (Überschreiten der Mindestzeiten, Stürze, Springfehler, Verweigern). Die in der Dressur erreichte Gesamtnote wird von der erreichbaren Höchstpunktzahl abgezogen u. ebenfalls in Strafpunkte umgerechnet. Sieger eines Wettbewerbs ist der Reiter mit der niedrigsten Strafpunktzahl; M. ist seit 1912 olympische Disziplin.

Militsch, Stadt in Polen, → Milicz.

Miliz [die; lat.], **1.** eine Form der Wehrorganisation, bei der a) entweder die gesamte militär. Ausbildung durch eine geringe Zahl von *Kaderformationen* erfolgt (z.B. Schweiz, → Bundesheer), so dass das stehende Heer nur aus diesen u. den jeweils kurzfristig Dienenden besteht, oder b) die M. als militär. Organisation neben dem stehenden Heer besteht (z.B. die *National Guard* der USA). Schließlich kann die M. auch eine spontane Gründung beim Herannahen des Feindes in der Form von *Volkswehren* sein. Die Angehörigen der M. sind in jeder Hinsicht legale Kämpfer im Sinne des Kriegsrechts. Dies gilt ebenso für *Freiwilligen-Korps*. Auch → Partisan.
2. *Volksmiliz*, in einigen kommunist. Ländern Bez. für die Polizei.

Miljukow [-'kɔf], *Miljukov*, Pawel Nikolajewitsch, russ. Politiker u. Historiker, *27. 1. 1859 St. Petersburg, †31. 3. 1943 Aix-les-Bains; 1905 Mitgründer der Kadetten-Partei. 1917 setzte er sich als Außen-Min. in der Provisor. Regierung von G. J. Lwow für die Fortsetzung des Krieges ein, trat im Mai 1917 auf Druck der Linksparteien zurück; emigrierte 1920; war in Frankreich als Historiker tätig.

Milkau, Fritz, dt. Bibliothekar, *28. 9. 1859 Lötzen, †23. 1. 1934 Berlin; Generaldirektor der Preuß. Staatsbibliothek, Begründer u. Direktor des bibliothekswissenschaftl. Instituts der Berliner Universität (1928–1934); gründete u.a. den „Gesamtkatalog der preuß. Bibliotheken", Herausgeber der ersten beiden Bände des „Handbuchs der Bibliothekswissenschaft" 1930–1933 (der 3. Band erschien 1940).

Mill, 1. James, brit. Historiker, Philosoph u. Nationalökonom, *6. 4. 1773 Northwaterbridge, Schottland, †23. 6. 1836 Kensington; stand mit J. *Bentham* im wissenschaftlichen Gedankenaustausch; vertrat in der Assoziationspsychologie („Analysis of the phenomena of the human mind" 2 Bde. 1829) u. schrieb eine „Geschichte Britisch-Indiens" 3 Bde. 1817; sein wirtschaftstheoretisches Hauptwerk war „Elements of political economy" 1821, dt. 1824.

◆ **2.** John Stuart, Sohn von 1), brit. Philosoph u. Nationalökonom, *20. 5. 1806 London, †8. 5. 1873 Avignon; 1823 bis 1858 Sekretär im Indian House, 1866 bis 1868 Abgeordneter der Liberalen im Parlament, stand im Briefwechsel mit A. *Comte*, dessen Posi-

John Stuart Mill

tivismus er in Richtung des engl. Empirismus, d.h. unter psycholog. Voraussetzungen, umbildete: nach M. gründet sich alle Philosophie auf Psychologie. Hptw.: „System der deduktiven u. induktiven Logik" 2 Bde. 1843; darin eine ausführl. Theorie der Induktion u. Analyse des Kausalitätsbegriffs. Seine eigene Erkenntnistheorie (nur die Erfahrung führt zur Erkenntnis) hat er jedoch erst 1865 („Eine Prüfung der Philosophie Sir William Hamiltons") dargestellt. M. ist der Verfasser zahlreicher Essays, Vorkämpfer der Frauenemanzipation, Theoretiker des Utilitarismus u. Liberalismus, den er mit sozialist. Anklängen auch in seinen „Grundsätzen der Polit. Ökonomie" 2 Bde. 1848, dt. 1852, vertritt. Er baute auch die Lehre von A. *Smith* u. D. *Ricardo* aus (u.a. Theorie der internationalen Werte, Lohnfondstheorie), empfahl das Wegsteuern des Wertzuwachses beim Boden u. trat für eine Kooperation der Arbeiter ein.

◆ **Millais** ['mɪlɛɪ], Sir John Everett, brit. Maler, *8. 6. 1829 Southampton, †13. 8. 1896 London; Mitbegründer des Präraffaelismus; wandte sich später dem Realismus zu u. schuf Genrebilder u. Porträts.

Sir John Everett Millais: Ferdinand wird von Ariel angelockt; 1849. London, Royal Academy of Arts

Millares Sall [mi'ljares-], Manuel, gen. *Manolo*, span. Maler, *17. 1. 1926 Las Palmas, Gran Canaria, †14. 8. 1972 Madrid; Autodidakt; gelangte, ausgehend vom Surrealismus, zu informellen Kompositionen in Schwarz u. Weiß, in denen er Scherben, Sand, Holz u. vor allem Sackleinwand verarbeitete. Als Mitbegründer der Gruppe „El Paso" gehörte er zu den bedeutendsten Erneuerern der modernen span. Malerei.

Millau [mi'loː], südfranzös. Kreisstadt im Dép. Aveyron, 22 500 Ew.; Zentrum der französ. Lederhandschuhindustrie.

Millay [mi'le], Edna Saint Vincent, US-amerikan. Lyrikerin, Pseud. Nancy Boyd, *22. 2. 1892 Rockland, Me., †19. 10. 1950 bei Austerlitz, N. Y.; in den 1920er Jahren führende Vertreterin der Bohème-Revolte. – „Collected poems" 1956.

Mille [lat.], Abk. *M*, das Tausend; *pro (per) mille* Abk. *p.m.*, Zeichen ‰, für von (auf je) tausend.

Mille [mil], Cecil B., De, US-amerikan. Filmregisseur, → De Mille, Cecil B.

Millefiori [das; ital., „tausend Blumen"], vielfarbiges Kunstglas aus verschiedenfarbigen, bündelartig verschmolzenen Glasstäben, deren Gesamtquerschnitt geometr. Muster oder figürl. Zeichen von mosaikartigem Charakter ergibt. Das Stabbündel wird in Scheiben geschnitten, die dann in farbloses Glas eingeschmolzen oder zu Gefäßen, Schmuck u. Ä. zusammengefügt werden. Die schon im Altertum bekannte Millefioritechnik wird seit dem 15. Jh. u. a. in Venedig ausgeübt.

Millefleurs [mil'flœːr; frz., „tausend Blumen"], kleines Streublumenmuster auf Stoffen.

Mille Miglia [-'milja; ital., „tausend Meilen"], seit 1927 in Italien (Start u. Ziel in Brescia) auf öffentl. Straßen ausgetragenes Langstreckenrennen für Sportwagen; 1957 wegen schwerer Unglücksfälle eingestellt.

Millennium [das; lat.], **1.** *allg.:* Jahrtausend. **2.** *Theologie:* das nach Offenbarung 20 zu erwartende „Tausendjährige Reich" am Ende der Tage.

Arthur Miller

Miller, ◆ **1.** Arthur, US-amerikan. Dramatiker, *17. 10. 1915 New York; in 2. Ehe mit Marilyn Monroe verheiratet (1956–1960); einer der bedeutendsten modernen Dramatiker Amerikas. Seine gesellschafts- u. zeitkrit. Dramen sind vom analyt. Gesellschaftsdrama H. Ibsens beeinflusst. Seine Charaktere scheitern häufig im Konflikt zwischen individueller Verantwortung u. dem Konformitätsdruck der Gesellschaft. Hptw.: „Alle meine Söhne" 1947, dt. 1948; „Der Tod des Handlungsreisenden" 1949, dt. 1950; „Hexenjagd" 1953, dt. 1954; „Nicht gesellschaftsfähig" 1960, dt. 1961 (Drehbuch u. Roman); „Nach dem Sündenfall" 1964, dt. 1964; „Der Preis" 1968, dt. 1968; „Russland" 1969, dt. 1969; „Die Erschaffung der Welt u. andere Geschäfte" 1972, dt. 1974; „Die große Depression" 1980, dt. 1982; „Spiel um Zeit" 1981, dt. 1982; „The last yankee" 1991; „Broken glass" 1994. Memoiren: „Zeitkurven" 1987, dt. 1987. – Dramen 1966; Neue Stücke. Drei Dramen 1995.
2. Ferdinand von d. Ä., dt. Erzgießer, *18. 10. 1813 Fürstenfeldbruck, †11. 2. 1887 München; als Direktor der Königl. Erzgießerei München führte er ein Verfahren zur Vergoldung großer Erzfiguren, neue Gießmethoden u. Gussformen ein.

Glenn Miller

◆ **3.** Glenn, US-amerikanischer Jazzmusiker, Big-Band-Leader und Arrangeur (Posaune), *1. 3. 1904 Clarinda, Iowa, †15. 12. 1944 (Flugzeugabsturz zwischen Großbritannien und Frankreich); erfolgreicher Ensembleleiter, der weniger die Improvisationsleistung einzelner Musiker in den Vordergrund stellte, sondern einen populären, volltönenden Big-Band-Sound bevorzugte. Zu Welthits wurden u. a. die Titel „In The Mood", „Moonlight Serenade".

◆ **4.** Henry, US-amerikanischer Schriftsteller, *26. 12. 1891 New York, †7. 6. 1980 Pacific Palisades, California; suchte durch unverhüllte Darstellung tabuisierter Daseinsbereiche die konventionellen Wertsetzungen zu erschüttern u. zu einer unverfälschten Wirk-

Henry Miller

lichkeitserfahrung zu gelangen; Romane: „Wendekreis des Krebses" 1934, dt. 1953; „Wendekreis des Steinbocks" 1939, dt. 1953; „The Rosy Crucifixion" (Romantrilogie, Bd. 1: „Sexus" 1949, dt. 1970; Bd. 2: „Plexus" 1952, dt. 1955; Bd. 3: „Nexus" 1960, dt. 1961); „Stille Tage in Clichy" 1966, dt. 1968; „Verrückte Lust" (postum) 1991, dt. 1993. Essays: „Die Welt des Sexus" 1940, dt. 1960; „Rimbaud" 1952, dt. 1955; „Die Kunst des Lesens" 1952, dt. 1953; Reiseberichte: „Der Koloss von Maroussi" 1941, dt. 1956; „Land der Erinnerung" 1947, dt. 1957; Autobiografisches: „Insomnia oder Die schönen Torheiten des Alters" 1970, dt. 1975; „Mein Leben u. meine Welt" 1972, dt. 1972. – Sämtl. Erzählungen, 1968; Lasst sie bitte leben (Short Stories) 1988.
5. Johann Martin, dt. Erzähler u. Lyriker, *3. 12. 1750 Ulm, †21. 6. 1814 Ulm; Mitgründer des *Göttinger Hain,* schrieb den empfindsamen Briefroman „Siegwart. Eine Klostergeschichte" 1776, der großen Erfolg hatte; volksliednahe Lyrik, z. B. „Was frag ich viel nach Geld u. Gut"; Predigtbücher.
6. Kenneth Hayes, US-amerikan. Maler, *11. 3. 1876 Oneida, New York, †1. 1. 1952 New York; studierte u. lehrte an der New Yorker Art Students' League, unterrichtete E. *Hopper.* Orientiert an der sozialkrit. Tradition der *Ashcan-School,* fand er seine Motive – vor allem Frauen bei alltäglichen Beschäftigungen – in der großstädt. Umwelt.
7. Konrad, dt. Historiker der Kartographie u. Geographie, *21. 11. 1844 Oppeltshofen bei Ravensburg, †25. 7. 1933 Stuttgart; erforschte die antike u. mittelalterl. Kartographie u. förderte bes. die Kenntnis der arab. Welt- u. Länderkarten durch das Werk „Mappae Arabicae" 1926–1931.
8. Merton H., US-amerikan. Wirtschaftswissenschaftler, *16. 5. 1923 Boston, Massachusetts, †3. 6. 2000 Chicago; lehrte an der University of Chicago; entwickelte mit F. Modigliani die „Modigliani-Miller-Theoreme" (1958, 1961). Seine Arbeiten bilden die Grundlage der modernen Theorie der Unternehmensfinanzierung. Hauptwerk: „The cost of capital, corporation finance and the theory of investment" 1958 (mit F. Modigliani). 1990 erhielt M. zusammen mit H. M. *Markowitz* u. W. F. *Sharpe* den Nobelpreis für Wirtschaftswissenschaften.

Oskar von Miller

◆ **9.** Oskar von, Sohn von 2), deutscher Ingenieur, *7. 5. 1855 München, †9. 4. 1934 München; führte 1882 die erste elektr. Kraftübertragung durch, war Mitgründer (1884) und Direktor der AEG (bis 1890) sowie der Berliner Elektrizitätswerke; erbaute bedeutende Kraftwerke, z. B. Etschwerk, Pfalzwerk, Bayernwerk u. Walchenseewerk; gründete 1903 das Dt. Museum in München.

Millerand

10. Steve, US-amerikan. Rocksänger u. -gitarrist, * 5. 10. 1943 Milwaukee, Wisconsin; gründete 1966 die *Steve Miller Blues Band* (später *Steve Miller Band*), die zusammen mit dem Sänger Boz Scaggs eine Reihe psychedelischer Bluesaufnahmen veröffentlichte; ab den 1970er Jahren näherte sich die Band dem Mainstream an. Veröffentlichungen: „Children of the Future" 1968; „Sailor" 1968; „Fly like an Eagle" 1976; „The Best of Steve Miller (1968–1973)" 1990, „Greatest Hits" 1998 u. a.

Millerand [mil'rã], Alexandre, französ. Politiker (Sozialist, später Konservativer), * 10. 2. 1859 Paris, † 6. 4. 1943 Versailles; Rechtsanwalt, seit 1885 Abg., 1899–1904 erster sozialist. Min. überhaupt (wonach die Regierungsteilnahme von Sozialisten als *Millerandismus* bezeichnet wurde), später in mehreren Kabinetten, 1912–1915 Kriegs-Min., 1920 Min.-Präs., 1920–1924 Präs. der Republik, musste nach dem Wahlsieg der Linksparteien zurücktreten, gründete eine konservative republikanische Sammlungsbewegung, deren Führer er 1925/26 im Senat war.

Millerit [der; nach dem brit. Mineralogen W. H. *Miller,* * 1801, † 1880], *Haarkies, Nickelkies,* Nickel-Schwefel-Mineral (NiS), nadelförmige, strahlige Aggregate, oft in Büscheln, hexagonal, grünlich-grau-messinggelb, Härte 3,5; Vorkommen: Wales, Italien, USA, Siegerland, Harz u. Erzgebirge.

Carl Milles

◆ **Milles,** Carl, schwed. Bildhauer, * 23. 6. 1875 Lagga bei Uppsala, † 19. 9. 1955 Lidingö bei Stockholm; lebte seit 1930 meist in den USA. Brunnen u. Figurenplastiken in archaisierender Klassizität. Hptw.: „Gustav Wasa" 1904–1927; Orpheusbrunnen vor dem Konzerthaus in Stockholm 1930–1936; „Friedensmal" 1936 für Minnesota; „Mensch u. Natur" 1940 für das Time and Life Building, New York.

Milleschauer, *Donnersberg,* tschech. *Milešovka,* höchster Berg des Böhmisches Mittelgebirges, 837 m; vulkanischer Ursprung; meteorologische Station.

◆ **Millet** ['milɛ], Jean François, französ. Maler, * 4. 10. 1814 Gruchy bei Gréville, † 20. 1. 1875 Barbizon; malte zunächst bibl. Darstellungen u. Schäferszenen im Geschmack des 18. Jahrhundert, wurde dann beeinflusst von H. *Daumier* u. schloss sich 1849 der *Barbizon-Schule* an. Seine Darstellungen des bäuerl. Lebens sind in schweren Grau- u. Brauntönungen gehalten u. von poet., oft melanchol. Stimmungswert. Hptw.: „Ährenleserinnen" 1857; „Abendgebet" 1859.

Millevaches [mil'vaʃ], Hochland des französ. Zentralplateaus, → Plateau de Millevaches.

Mill Hiller Missionare, kath. Priestergesellschaft für die Missionsarbeit, 1866 gegr. in Mill Hill bei London. Die Missionare arbeiten in Indien, Ozeanien, Afrika. – Deutsche Niederlassung: Münster, Westf.

Milli... [lat.], Zeichen m, vor Maßeinheiten ein Tausendstel = 10^{-3}; z. B. Milligramm; 1 mg = 0,001 g; Milliliter: 1 ml = 0,001 l.

Milliarde [die; frz.], Zahlwort für 1000 Millionen = 10^9.

Millibar [das; lat. + grch.], Einheitenzeichen mbar, eine Einheit für den Druck; 1 mbar = 10^{-3} bar = 100 Pa. Die Einheit ist heute umbenannt in Hektopascal (= 100 Pascal); Abk. hPa. Auch → Pascal.

◆ **Millikan** [-kæn], Robert Andrews, US-amerikan. Physiker, * 22. 3. 1868 Morrison, Illinois, † 19. 12. 1953 Pasadena, California; maß als Erster im *Millikan'schen Öltröpfchenversuch* die elektr. Elementarladung; weitere wichtige Arbeiten über Elektronen, lichtelektr. Effekt, Röntgen- u. Höhenstrahlen. M. erhielt 1923 den Nobelpreis für Physik.

Millime, Münzeinheit in Tunesien: 1000 Millimes = 1 *Tunes. Dinar.*

Millimeter [das; grch. + lat.], Kurzzeichen mm, metr. Längeneinheit = $1/1000$ m.

Millimeter-Quecksilbersäule, *konventionelle Millimeter-Quecksilbersäule,* Abk. *mmHg;* seit 1. 1. 1978 außer für die Blutdruckmessung nicht mehr erlaubte Druckeinheit. Eine M. ist definiert als der Druck, den eine 1 mm hohe Quecksilbersäule ausübt. 760 mmHg entsprechen 1 atm. 1 mmHg = 133,322 Pa = 1 Torr. Auch → Druck.

Millimeterwellen, elektromagnet. Wellen im Wellenlängenbereich von 1–10 mm (Frequenz 30–300 GHz).

Million [die; ital.], Zahlwort für 1 000 000 = 10^6 = 1000 · 1000.

Millionärsschnecken → Schlitzschnecken.

Millionenkredit, die Verschuldung bei einem Kreditinstitut in Höhe von 3 Mio. DM oder mehr. Gemäß § 13 Kreditwesengesetz sind die Kreditinstitute verpflichtet, der *Deutschen Bundesbank* Kreditnehmer zu melden, deren Verschuldung bei ihnen 3 Mio. DM erreicht oder überschreitet. Auch → Großkredit.

Millöcker, Karl, österr. Operettenkomponist,

Jean François Millet: Beim Angelusläuten; 1859. Paris, Louvre

Carl Milles: Wasserskulptur in St. Louis, USA

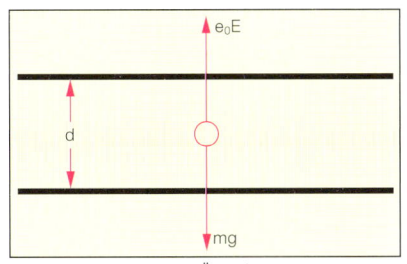

Millikan: Der Millikan'sche Öltröpfchenversuch ist eine Methode zur präzisen Bestimmung der Ladung e_0 des Elektrons (elektrische Elementarladung). Dazu bringt man kleine Öltröpfchen aus einem Zerstäuber in das senkrecht gerichtete elektrische Feld E eines Plattenkondensators und beobachtet sie durch ein Mikroskop. Sucht man sich ein Teilchen heraus und misst zunächst seine Fallgeschwindigkeit ohne angelegtes Feld, dann lässt sich daraus seine Masse m bestimmen. Legt man nun eine geeignete Spannung U an den Kondensator an, so beobachtet man erst einmal eine Veränderung der Fallgeschwindigkeit. Das zeigt, dass das Tröpfchen eine elektrische Ladung q trägt, die es beim Ablösen aus dem Zerstäuber durch Reibungselektrizität erhält. Die Spannung lässt sich so einstellen, dass das Tröpfchen schwebt. Dann hat man einen Gleichgewichtszustand zwischen der elektrischen Kraft $q \cdot E = q \cdot (U/d)$ und der Gravitationskraft $m \cdot g$ (d: Plattenabstand des Kondensators, g: Erdbeschleunigung). Daraus kann man die Ladung q des Tröpfchens berechnen: $q = (m \cdot g \cdot d)/U$. Millikan stellte fest, dass q stets ein kleines ganzzahliges Vielfaches einer Elementarladung ist

*29. 4. 1842 Wien, †31. 12. 1899 Baden bei Wien; 1864 Kapellmeister in Graz, 1866 in Wien; schrieb u. a. „Ein Abenteuer in Wien" 1873; „Gräfin Dubarry" 1879; „Der Bettelstudent" 1882; „Gasparone" 1884; „Der arme Jonathan" 1890.

Millon'sche Reaktion [mi'lõ-; nach dem französ. Chemiker N. Millon, *1812, †1867], chemische Reaktion zum Nachweis kleiner Eiweißmengen. *Millons Reagenz* (eine Lösung von Quecksilbernitrat in salpetriger Säure) erzeugt durch Kochen mit dem zu prüfenden Stoff bei Anwesenheit von Eiweiß einen rotbraunen Niederschlag.

◆ **Millowitsch**, Willy, dt. Schauspieler u. Theaterleiter, *8. 1. 1909 Köln, †20. 9. 1999 Köln; leitete das traditionsreiche Kölner Mundartvolkstheater „Millowitsch", indem er als Volksschauspieler vor allem Hauptrollen in Schwänken spielte; M. feierte auch große Erfolge im Fernsehen und in Filmkomödien.

Willy Millowitsch

Millrayé [milra'je], 1. feiner Cord, mit hoher Schussdichte u. niedrigem Flor, mit mindestens 48 Rippen auf 10 cm Warenbreite. – 2. Gewebe mit feinen schmalen Parallelstreifen in Kettrichtung.

Millstatt, österr. Marktgemeinde in Kärnten, am Nordufer des *Millstätter Sees*, nordwestl. von Villach, 611 m ü. M., 3300 Ew.; Sommerfrische mit starkem Fremdenverkehr; ehemaliges Benediktinerkloster (11. Jahrhundert), später Ordensburg der St.--Georgs-Ritter.

◆ **Millstätter See**, zweitgrößter See Kärntens, zwischen Millstätter Alpe im Norden und Seerücken im Süden, 588 m ü. M., 13 km², 12 km lang, 1,5 km breit, 140 m tief, Abfluss über die Lieser zur Drau; Sommerfrischen in Seeboden, Millstatt, Dellach u. Döbriach.

Milne [miln], **1.** Alan Alexander, engl. Schriftsteller, *18. 1. 1882 London, †31. 1. 1956 Hartfield, Sussex; Journalist; schrieb Romane u. Komödien u. weltbekannte Kinderbücher um Christopher Robin („Pu der Bär" 1926, dt. 1928; „Wiedersehen mit Pu" 1928, dt. 1953).
2. Edward Arthur, brit. Astrophysiker, *14. 2. 1896 Hull, †21. 9. 1950 Dublin; theoret. Untersuchungen über Sternatmosphären u. Kosmologie.

Milner, Alfred, Viscount (1902), brit. Politiker, *23. 3. 1854 Gießen, †13. 5. 1925 Sturry Court, Kent; 1897–1905 Gouverneur der Kapkolonie u. Hochkommissar von Südafrika, 1916–1919 Kriegs-Min., 1919–1921 Kolonial-Min., schlug vor, das Protektoratsverhältnis zu Ägypten durch ein Bundesverhältnis abzulösen, u. trat zurück, als die Regierung ihm dabei nicht folgte. Seine Empfehlungen gingen 1922 in die Lösung der Ägypten-Frage ein.

Milnes [milnz], Sherrill, US-amerikanischer Sänger (Bariton), *10. 1. 1935 Downers Grove, Ill.; 25 Jahre lang Mitglied der Metropolitan Opera; weltweit gefragt als Darsteller der großen Baritonrollen Verdis wie auch als ausgezeichneter Escamillo („Carmen") u. als glänzend-eleganter Don Giovanni.

Milo, Titus Annius, röm. Politiker, *95 v. Chr. Lanuvium, †48 v. Chr. Compsa oder Cosa; Volkstribun 57 v. Chr., Praetor 55 v. Chr., verhalf *Cicero* zur Rückkehr nach Rom, wodurch er sich mit *Clodius* verfeindete, u. stellte wie dieser während der Kämpfe zwischen Popularen u. Optimaten

Millstätter See: Blick auf Millstatt

bewaffnete Banden auf. In einer der Schlägereien wurde Clodius 53 v. Chr. von Milos Leuten erschlagen, woraufhin dieser trotz Ciceros Verteidigung („Pro Milone") verbannt wurde; er kehrte jedoch 48 v. Chr. heimlich zurück, zettelte in Unteritalien Unruhen an, wurde gefangen genommen u. hingerichtet.

Milos, *Melos*, ital. *Milo*, ◆ **1.** griechische Kykladeninsel, 151 km², 4600 Ew.; Hauptort M. (2); aufgebaut aus vulkan. Gestein über kristallinem Sockel, durch tief eingeschnittene Bucht in zwei Teile gegliedert (Naturhafen), bis 751 m hoch; warme Schwefelquellen, Gasausströmungen; Abbau von Baryt, Bentonit, Perlit, Kaolin, Silicaten, früher auch von Schwefel u. Blei; Fischerei. – 1820 wurde auf M. die „Venus von Milo" gefunden. Reste aus frühkykladischer, minoischer, griechischer und römischer Zeit.

2. Hauptort der griech. Kykladeninsel M. (1), 1000 Ew.

Milos (1): Die überlebensgroße Marmorstatue „Venus von Milo", ein Kunstwerk aus der Mitte des 2. Jahrhunderts vor Christus, wurde auf der Insel gefunden. Heute ist sie der Mittelpunkt der Antikensammlung im Pariser Louvre

Milošević

Milošević [mi'lɔ-ʃevitɕ], Slobodan, jugoslaw. Politiker, *29. 8. 1941 Poẑarevac; Jurist; wurde 1959 Mitgl. des Bundes der Kommunisten Jugoslawiens (BdKJ), betätigte sich zunächst in der Wirtschaft; 1984 Parteisekretär von Belgrad, 1987 Erster Parteisekretär in Serbien, 1989 dort auch zum Präs. gewählt (Wiederwahl 1990 u. 1992), seit 1990 Vors. der Sozialist. Partei Serbiens; seine großserb.-nationalist. Politik trug entscheidend zum Zerfall des kommunist. Jugoslawiens, den Kriegen in Kroatien u. Bosnien-Herzegowina u. zum Eingreifen der NATO im Kosovokonflikt bei; 1995 Mitunterzeichner des Friedensabkommens von Dayton; wurde 1997 jugoslaw. Staats-Präs.; 1999 vom Internationalen Kriegsverbrechertribunal für Jugoslawien in Den Haag angeklagt; musste nach schweren Unruhen den Sieg des Oppositionskandidaten V. Koštunica bei den jugoslaw. Präsidentschaftswahlen im September 2000 anerkennen u. verlor damit seine polit. Macht; im April 2001 wurde M. in Untersuchungshaft genommen (Ermittlungen wegen Machtmissbrauchs u. Veruntreuung öffentlicher Gelder) u. im Juni 2001 an das Kriegsverbrechertribunal in Den Haag ausgeliefert.

Miloš Obrenović ['milɔʃ ɔ'brɛnɔvitɕ], Fürst von Serbien 1817 bis 1839 u. 1858 bis 1860, *19. 3. 1780 Srednja Dobrinja, †26. 9. 1860 Topčider bei Belgrad; bäuerl. Herkunft, stellte sich 1815 an die Spitze des 2. serb. Aufstands gegen die Türken, schuf das autonome Fürstentum Serbien und gründete die Dynastie Obrenović; dankte 1839 zugunsten seines Sohns *Michael III.* (Milan) ab, wurde später zurückgerufen.

Miłosz ['miuɔʃ], Czesław, poln. Schriftsteller, *30. 6. 1911 Šeteiniai, Litauen; emigrierte 1951 nach Frankreich, seit 1956 in den USA; verfasste philosoph. Gedichte u. Essays („Verführtes Denken" 1953, dt. 1953; „Das Gesicht der Zeit" 1953, dt. 1954; „West- u. östl. Gelände" 1959, dt. 1961); Roman „Das Tal der Issa" 1955, dt. 1957; Lyrik: „Gedichte" dt. 1992; „Geschichte der poln. Literatur" 1969, dt. 1981; „Zeichen im Dunkel. Poesie u. Poetik" 1979. M. erhielt 1980 den Nobelpreis für Literatur.

Milreis [-iʃ; das; portug.], 1854 eingeführte portugies. Goldwährungseinheit: 1 M. = 1000 *Reis*; 1849–1926 auch in Brasilien.

Milseburg, Berg in der Hohen Rhön, östl. von Fulda, 835 m; Wallfahrtskapelle des hl. Gangolf.

Milser, Rolf, dt. Gewichtheber, *28. 6. 1951 Bernburg; 1975, 1976 u. 1977 Weltmeister in der Disziplin Stoßen, 1978 Weltmeister im Zweikampf u. Stoßen; 1984 Olympiasieger im ersten Schwergewicht (Zweikampf); mehrfach Europameister u. dt. Meister.

Milstein, **1.** César, argentin. Molekularbiologe, *8. 10. 1927 Bahia Blanca; entdeckte 1974/75 gemeinsam mit *Köhler* das Prinzip der Produktion monoklonaler Antikörper. Hierfür erhielt M. zusammen mit G. Köhler u. N. K. *Jerne* den Nobelpreis für Medizin 1984.
2. Nathan, US-amerikan. Geiger russ. Herkunft, *31. 12. 1903 Odessa, †21. 12. 1992 London; Schüler von L. *Auer* u. E. *Ysaye*, lebte seit 1929 in den USA, später in Frankreich u. London; bedeutender Virtuose, Partner von W. *Horowitz*.

Miltenberg, **1.** Kreisstadt in Unterfranken (Bayern), am Main, zwischen Spessart u. Odenwald, 9900 Ew.; histor. Altstadt mit Fachwerkbauten aus dem 15.–18. Jh. (Gasthaus Zur Krone, Haus zum Riesen, Rathaus), St.-Jakob-Kirche (15./16. Jh., im 18./19. Jh. umgestaltet), Schloss *Mildenberg* (14. Jh.); Holz-, Textil-, Metall- u. Papierindustrie.
2. Ldkrs. in Bayern, Reg.-Bez. Unterfranken, 716 km², 130 000 Ew.; Verw.-Sitz ist *M.* (1).

Miltiades, Melchiades, Papst 311–314, Heiliger, †314 Rom; vermutl. Römer; verurteilte auf einer Synode im Lateran 313 den Donatus *(Donatistenstreit)*.

Miltiades, athen. Adliger (Philaïde), *um 550 v. Chr., †489 v. Chr.; Erbe der thrakischen Besitzungen seines gleichnamigen Onkels; nahm 513/12 v. Chr. am Feldzug der Perser unter *Dareios' I.* gegen die Skythen teil; beteiligte sich am Ionischen Aufstand u. floh deshalb 494/93 v. Chr. nach Athen. Dort wurde M. Führer des Widerstands gegen die Perser u. hatte als einer der Strategen 490 v. Chr. das Hauptverdienst am Sieg der Athener bei *Marathon*. 489 v. Chr. griff er Paros an, musste aber schwer verletzt u. erfolglos zurückkehren; wurde in Athen deshalb zu einer hohen Geldbuße verurteilt, die sein Sohn *Kimon* beibringen konnte, nachdem M. am Wundbrand gestorben war.

Milton [-tən], John, engl. Dichter, *9. 12. 1608 London, †8. 11. 1674 London; genoss eine sorgfältige humanistische Erziehung (Studium in Cambridge) und widmete sich musischen und gelehrten Neigungen. Als diplomatischer Sekretär (seit 1649) und durch Streitschriften („Areopagitica" 1644; „Eikonoklastes" 1649; „Defensio pro populo anglicano" 1650) wirkte er für Meinungsfreiheit, religiöse Toleranz u. die republikan. Staatsform. Nach Wiederherstellung des Königtums 1660 kurze Zeit verhaftet, widmete sich der seit 1652 erblindete M. zurückgezogen seiner Dichtung u. der Klärung seiner religiösen Überzeugungen („De Doctrina Christiana", erst 1823 aufgefunden, hrsg. 1825).
Schon das Werk des jungen M. ist von dem Widerspiel ästhet. Sensibilität u. sittl. Bewusstseins beherrscht, von dem Miteinander einer humanist. Rationalität u. eines christl. Ethos, durch das seine gesamte dichter. Entwicklung bestimmt wird. Die bedeutendsten Frühwerke sind: die Weihnachtshymne „On the morning of Christ's nativity", das Gedichtpaar „L'allegro" u. „Il penseroso" 1632, das Maskenspiel „Comus" 1634, von dem Triumph christl. Reinheit über heidn. Sinnenlust, die Elegie „Lycidas" 1637 u. sieben Elegien in latein. Sprache.
Miltons Hptw., das in 12 Büchern abgefasste Blankversepos „Paradise lost" („Das verlorene Paradies") 1667, endgültige Fassung 1674, stellt in großer Bildhaftigkeit die Entstehung des Bösen durch Satans Abfall von Gott u. den Sündenfall des Menschen dar, wobei das Geschehen im Sinn einer Rechtfertigung Gottes zur Deutung des christl. Glaubens überhaupt wird. Dieses religiöse Thema vollendet sich in einem weiteren epischen Gedicht: „Paradise regained" („Das wiedergewonnene Paradies") 1671. Hier erscheint der Triumph Christi über den Versucher in der Wüste als Sieg der Vernunft über die Leidenschaft u. damit als die Befreiung des Menschen von der Sünde. Das Drama „Samson Agonistes" 1671 stellt in der Form der griech. Tragödie dar, wie der blinde, gefangene Gottesstreiter durch Selbstüberwindung im Tod den Sieg erringt.
M. vereinigt die poet. Tradition der engl. Renaissance mit dem Geist des Humanismus u. dem der puritan. Religiosität. Er wirkte nachhaltig auf die spätere engl. Literatur, bes. der Romantik. Auch die vom Klassizismus fortstrebende dt. Dichtung (F. G. Klopstock) fand in ihm ein Leitbild. – Works, 23 Bde. 1931–1940; Complete prose works, hrsg. von D. A. Wolfe, 8 Bde. 1954 ff.; Poet. Werke 1943, 1909; Polit. Hauptschriften 1870–1879; Pädagog. Schriften 1890.

Milu [der; chin.] → Davidshirsch.

Milutin, Stefan Urosch II., König von Serbien 1282–1321, †29. 10. 1321 Nerodimlja (Amselfeld); gewann in Auseinandersetzung mit Byzanz Teile Makedoniens mit Skopje, förderte durch zahlreiche Kirchenbauten (mit Freskenschmuck) die Entwicklung einer byzantinoslawischen Kunst u. erreichte durch den Export von Bodenschätzen (Silber, Blei) den Anschluss an den adriat. Wirtschaftsraum; von der serb.-orthodoxen Kirche als Heiliger verehrt.

Milutinović-Sarajlija [-vitɕ-], Sima, serb. Schriftsteller, *3. 10. 1791 Sarajevo, †30. 12. 1847 Belgrad; Romantiker, Teilnehmer der serb. Freiheitskämpfe; verfasste vor allem Gedichte u. Dramen über die Geschichte Serbiens.

Milva, eigentl. Maria *Ilva* Biolcati, italien. Sängerin, *17. 7. 1939 Goro; begann mit Schlagern; bekannt durch Chansons u. als Brecht-Interpretin.

Wechselblättriges Milzkraut, Chrysosplenium alternifolium

Milvische Brücke, lat. *Pons Milvius*, ital. *Ponte Molle*, Tiberbrücke der Flaminischen Straße, an der 312 n. Chr. Konstantin d. Gr. über Maxentius siegte. Die Schlacht ist auf einem Relief des Konstantinbogens dargestellt.

Milwaukee [-'wɔːki-], größte Stadt u. bedeutendster Hafen u. Handelsplatz im US-amerikan. Staat Wisconsin, 194 m ü. M., an der Mündung des *M. River* in den Michigansee (M. Bay), 140 km nördl. von Chicago (heute Siedlungsband zwischen M. u. Chicago), 578 000 Ew., als Metropolitan Area 1,43 Mio. Ew.; zwei Universitäten (gegr. 1881 bzw. 1885), theolog. Seminar u.a., Museen; eines der wichtigsten Industriezentren der USA mit Maschinen-, Fahrzeug- u. Motorenbau, Elektro-, Textil-, Nahrungsmittel- u. Genussmittelindustrie; Seehafen am Michigansee (fast ganzjährig offen), Luftverkehrsknotenpunkt. – 1839 Zusammenschluss der Siedlungen M. (bis 1837 Juneautown, gegr. 1818) u. *Kilbourntown* (gegr. 1834), 1845 Anschluss der Siedlung *Walker's Point*, 1846 Stadt M. In der Frühzeit hoher dt. Siedleranteil (1900 waren 72 % der Ew. dt. Herkunft).

Milwaukeetiefe [-'wɔːki-], die größte gemessene Tiefe des Atlant. Ozeans, 9219 m, am Westende des Puerto-Rico-Grabens, nordöstl. von Haiti.

Milz, lat. *Lien*, grch. *Splen*, bei den Wirbeltieren ein Körperorgan, das als Filter u. zur Blutspeicherung in die Blut- u. Lymphbahn eingeschaltet ist. Beim Menschen liegt die rd. 200 g schwere M. unter dem linken Rippenbogen im Oberbauch u. ist nur bei Anschwellung u. Vergrößerung vom Leib aus zu tasten. Sie baut die roten Blutkörperchen ab u. bildet in den Lymphknötchen ihres Gewebes neue weiße Blutkörperchen (Lymphzellen). Durch Zusammenziehen ihrer glatten Muskulatur kann sie ihre Bluträume wie einen Schwamm ausdrücken u. Blut an den Kreislauf abgeben. Sie spielt in der Infektionsabwehr eine wichtige Rolle. Bei Blutkrankheiten kann die M. enorme Größen erreichen u. den ganzen Leib ausfüllen.

Milzbrand, grch. *Anthrax*, durch *Bacillus anthracis* hervorgerufene, anzeigepflichtige Infektionskrankheit der Tiere u. des Menschen. Die Krankheit verläuft beim Tier mit plötzlich auftretendem blutigem Kot u. Blutaustritt aus allen Körperöffnungen. Tierkörper, bei denen Verdacht auf M. besteht, dürfen nur vom Amtstierarzt u. unter Wahrung bes. Vorsichtsmaßnahmen seziert werden, da der Erreger beim Kontakt mit Sauerstoff sehr widerstandsfähige Dauerformen *(Sporen)* bildet. In seltenen Fällen kann der M. auf den Menschen übertragen werden, meistens durch direkten Kontakt in Form von Hautmilzbrand, auch durch Einatmen der Sporen als Lungenmilzbrand oder durch den Genuss von rohem Fleisch oder ungekochter Milch erkrankter Tiere als Darmmilzbrand. Die Erkrankung ist für den Menschen allerdings sehr gefährlich, da es durch Übertreten der Erreger ins Blut zu einer tödl. Blutvergiftung kommen kann. Da der Milzbranderreger als biolog. Kampfstoff eingesetzt werden kann, liegt hierin ein bes. Bedrohungspotenzial. Die Behandlung erfolgt beim Menschen mit hoch dosierten Antibiotikagaben.

◆ **Milzkraut**, *Goldmilz, Chrysosplenium,* Gattung der *Steinbrechgewächse (Saxifragaceae).* Das goldgelb blühende Kraut wurde früher gegen Krankheiten der Milz gebraucht. An feuchten Orten finden sich: *Goldmilzkraut* oder *Wechselblättriges M., Chrysosplenium alternifolium,* u. *Gegenständiges M., Chrysosplenium oppositifolium.*

Mimas [der; grch.], ein von W. *Herschel* 1789 entdeckter Saturnmond mit 390 km Durchmesser, 185 590 km vom Saturn entfernt. Die Umlaufzeit beträgt 22 h 37 min. An seiner Oberfläche befinden sich zahlreiche Meteoritenkrater.

Mimbres, auf Feldbau mit Bewässerung basierende Kultur im südl. New Mexico (USA). Benannt nach ihrem Vorkommen im Mimbres-Tal, zeigt starke kulturelle Einflüsse aus Mittelamerika, vermittelt durch *Anasazi-Mogollon*-Stämme; bekannteste Ruinenstätte ist *Casas Grandes* im nördl. Chihuahua (Mexiko) mit vielräumigen u. aus mehreren Stockwerken bestehenden Pueblo-Bauten, ab 1300 n. Chr. M. erlosch noch vor Ankunft der Europäer. Charakteristisch ist die schwarz auf weiß mit geometr. u. naturalist. Mustern bemalte Keramik mit stilisierten Menschen u. Tieren.

Mime [grch., lat.], der Schauspieler, der im → Mimus auftrat; seit dem 18. Jh. allg. für den Schauspieler, jetzt häufig abwertend.

◆ **Mimese** [die; grch., „Nachahmung", *Tarntracht,* Übereinstimmung der äußeren Form u. Farbe eines Tiers mit einem belebten oder unbelebten Teil seiner Umgebung. Sie ist eine Schutzfunktion gegenüber optisch orientierten Feinden; z.B. Übereinstimmung mit Tieren (*Zoomimese:* Ameisentracht von Ameisengästen), mit Pflanzenteilen (*Phytomimese:* Nachbildung von Rinde [bestimmte Schmetterlinge], von Zweigen [Spannerraupen, Stabheuschrecken], von Blättern [Wandelndes Blatt, Blattheuschrecke, Callima, ein tropischer Schmetterling]), mit totem Material (*Allomimese:* z.B. Nachbildung von Vogelkot [bestimmte Kleinschmetterlinge]). Auch → Mimikry, → Tracht.

Mimesis [die; grch.], die Nachahmung der Wirklichkeit in der künstler. Darstellung. In der antiken Rhetorik war M. die spottende Wiederholung der Rede eines anderen oder die Charakterisierung einer Person dadurch, dass man ihr kennzeichnende Worte in den Mund legt.

Mimetesit [der; grch., frz.], farbloses, auch grünliches *(Grünbleierz),* orangerotes oder honiggelbes Mineral, $Pb_5Cl(AsO_4)_3$; hexagonal; in traubig-nierigen Massen, bes. in Bleiglanzlagerstätten; Vorkommen: Namibia, Mexiko, USA.

Mimese: Der Skorpionsfisch, Scorpaeniopsis diabolus, gleicht in seiner Erscheinung den Korallen seiner Umgebung so sehr, dass er kaum zu erkennen ist

Mimikry: Bei der Bates'schen Mimikry ahmt eine harmlose Art das Aussehen einer gefährlichen oder ungenießbaren Art nach. So ähnelt die Raupe des Weinschwärmers, Deilephila elpenor, dank ihrer Fleckenzeichnung einer kleinen Schlange

♦ **Mimikry** [die; engl.], auf Signalfälschung (→ Auslöser) beruhende Ähnlichkeit bei Tieren u. Pflanzen. Man unterscheidet folgende Arten von M., die meist nach ihren Erstbeschreibern benannt sind: 1. *Bates'sche Mimikry:* Nachahmung eines geschützten – wehrhaften oder giftigen – Tieres durch ein harmloses, genießbares, das dadurch geschützt ist; z. B. Hornisse u. Hornissenschwärmer; die Mimikry-Ringe trop. Insekten, die viele Arten umfassen können. – 2. *Müller'sche M.:* Ähnlichkeit zweier oder mehrerer geschützter Arten, die ein Warnkollektiv bilden, das dem Räuber ein leichteres Erlernen der Ungenießbarkeit gestattet; kann mit 1) kombiniert sein. – 3. *Mertens'sche M.:* Nachahmung einer weniger giftigen durch eine sehr giftige Art, deren Gift unfehlbar tötet. Ein Räuber hätte ohne Vorhandensein der weniger giftigen Art keine Gelegenheit mehr zu lernen, dass Tiere mit einer bestimmten Zeichnung zu meiden sind; vor allem bei sog. Korallenschlangen des trop. Amerika; oft kombiniert mit 1). – 4. *Peckham'sche* oder *Angriffsmimikry:* Vortäuschung von (Futter-)Signalen zum Nahrungserwerb; z. B. Anglerfische, die mit Hautanhängen einen Wurm vortäuschen u. so Beute anlocken. Aber auch – Insekten fressende Pflanzen, die Blüten nachahmen. I. w. S. gehört auch die Nachahmung von Vogeleiern durch Brutparasiten wie Kuckucken u. Witwen u. die M. der Putzer-Fische (→ Putzsymbiose) hierher. – 5. *Tarn-* oder *Irritiermimikry:* z. B. Augenflecken u. bewegl. Stacheln bei Fischen u. Schmetterlingsraupen. Käfer täuschen Ameisen vor, um von diesen im Bau geduldet zu werden. – 6. *Innerartliche M.:* z. B. Eiattrappen an den Flossen von Buntbarsch-Männchen, die das Weibchen zum Ablaichen auffordern; Nachahmung der weibl. roten Brunftschwellung durch Mantelpavian-Männchen zur Beschwichtigung ranghöherer Männchen. – 7. Beim Sonderfall der *Kollektivmimikry* sind mehrere Individuen derselben Art an der Nachahmung beteiligt (beispielsweise ahmen Zikaden der Art *Hyrea gregorie* Blütenstände an kahlen Pflanzenstängeln nach). – 8. *Phyto-* oder *Pflanzenmimikry* ist ebenfalls weit verbreitet (beispielsweise gleicht die Blütengestalt einiger Ophrys-Arten Bienen oder Hummeln, die dann bei Kopulationsversuchen die Blüte bestäuben; Sukkulenten gleichen *Lebenden Steinen*.

Mimose (2): Die im Blumenhandel als Mimose angebotenen Pflanzen sind häufig Akazienarten. Sie entwickeln nach der Blüte die für die Hülsenfrüchtler typischen Hülsen. Die hier abgebildete Art Acacia cyanophylla blüht kräftig gelb und wird im Mittelmeergebiet oft angepflanzt

Mimi, französ. Koseform von → Maria.

Mimik [die, grch.], **1.** *Theater:* neben Deklamation u. Geste oder Gebärde eine der Hauptausdrucksarten des Schauspielers. Die Mimik kann im stummen Spiel Empfindungen ausdrücken (→ Pantomime) oder das gesprochene Wort begleiten. Als alleiniges Ausdrucksmittel ruft die Mimik in der Commedia dell'Arte komische Effekte hervor. In der „Biomechanik" W. E. *Meyerholds* sollte die Mimik antirealist. Tendenzen in der Darstellung verstärken. Das *Living Theatre* benutzte die M., um Vorgänge auf der Bühne zu ritualisieren.
2. *Verhaltensforschung: mimische Signalübertragung,* erlangt erst bei Tieren mit ausgeprägter Gesichtsmuskulatur Bedeutung, insbesondere bei Säugetieren und Primaten. Die Mimik als → Ausdrucksverhalten kann durch spezifische Körperhaltungen oder akustische Signale verstärkt werden, wie beispielsweise die Drohstellung. Hunde und Katzen verfügen über einen großen mimischen Reichtum: Kampfbereitschaft äußert sich im vorgeschobenen Kopf, Aufrichten der Ohren. Schon eine geringe Fluchttendenz im Drohen zeigt sich im Emporziehen der Oberlippe und Faltenausbildung an Schnauze und Stirn.

Echte Mimose (1), Mimosa pudica

Mimir, 1. *deutsche Literatur:* in der deutschen Heldensage Name des Schmieds, der *Wieland* in die Lehre nahm und *Siegfried* erzog.
2. *nord. Mythologie: Mime, Mimi, Mim,* elbisches Wesen, Hüter der Weisheitsquelle, Ratgeber Odins.

Mimnermos, griech. Lyriker aus Xolophon, um 600 v. Chr.; schrieb Elegien, die als älteste Beispiele einer Liebesdichtung galten; auch myth. Themen.

Mimosaceae [grch.] → Mimosengewächse.

Mimosa-Gerbstoff, durch Extraktion aus der Rinde austral. u. afrikan. Akazienarten gewonnener Gerbstoff; hauptsächl. als Lohmaterial für die Grubengerbung u. in Extraktform verwendet.

Mimose [die; grch.], ◆ 1. *Mimosa*, Gattung der *Mimosengewächse (Mimosaceae)*, etwa 500 Arten, mit ursprüngl. Verbreitung in den amerikan. Tropen, heute pantropisch. Am bekanntesten ist die häufig als Topfpflanze kultivierte *Echte M.* oder *Sinnpflanze, Mimosa pudica.* Sie klappt bei Stoßreiz oder Berührung ihre Fiederblätter mit gelenkartigen Blattpolstern nach unten zusammen. Dabei findet eine echte Reizleitung statt: die einzelnen Blattfiedern klappen von der Reizungsstelle ausgehend nacheinander nach oben, dann erst klappt das gesamte Fiederblatt nach unten.
◆ 2. verschiedene, vor allem austral. Akazienarten, die prächtig gelbe, weiße oder rote Blütenrispen aufweisen, kommen in Dtschld. als „Mimosen" in den Handel. In Südfrankreich wird *Acacia cyanophylla* aus Westaustralien plantagenmäßig im Freien kultiviert; sie liefert im Frühjahr die bekannten „Mimosenzweige", mit prächtigen, gelben Blütenköpfchen.

Mimosengewächse, *Mimosaceae,* Familie der *Leguminosae,* etwa 40 Gattungen mit 2000 Arten; tropische u. subtropische Kräuter u. Holzpflanzen mit doppelt u. paarig gefiederten Blättern u. kleinen köpfchen- oder ährenförmigen Blütenständen u. zahlreichen Staubblättern. Zu den Mimosengewächsen gehört z. B. die *Akazie.*

Mimulus [der; lat.] → Gauklerblume.

Mimus [der; lat.; grch. *Mimos*], in der Antike ursprüngl. die improvisierte Darstellung von derb realist. Obszönitäten. Der M. wurde von Griechen *Sophron, Theokrit* u. *Herondas* u. den Römern *Laberius Publius* u. *Publius Syrus* literarisch geformt u. somit zur klass. Form des Lustspiels aus dem Alltagsleben; er war bes. bei den Römern als Intermezzo im Theater beliebt. Der röm. M. befruchtete später durch Vermittlung der *Joculatores* (Jongleure) die mittelalterl. Dichtung, wo in komischen Szenen des geistl. Dramas u. in der Fastnachtsdichtung vorkommt. Der M. ist eine Quellen für die *Commedia dell'Arte.*

Mimusops [die; grchs.], Gattung der *Sapotaceen,* etwa 30 Arten in den Tropen der Alten Welt. Als Lieferant des dem Guttapercha ähnlichen → Balata ist der *Bolletbaum, M. balata,* bekannt. *M. balata* u. andere Mimusopsarten liefern wertvolle *Eisenhölzer.*

Min, altägypt. Gott der Fruchtbarkeit u. Herr der östl. Wüste. Darstellung: mit erigiertem Glied u. erhobenem Arm mit Geißel. Kultorte waren vor allem Koptos u. Achmim.

Minarett der Sidi-Youssef-Moschee in Tunis, Tunesien; ab 1616

Min., Abk. für → Minister.

Minäer, südarab. Volk des Altertums. Die M. schufen im 1. Jahrtausend v. Chr. den Staat *Ma'in;* sie führten ständig Kriege mit dem Königreich *Saba,* unter dessen Oberhoheit sie später gerieten.

Minah Abdallah, *Mina Abdulla,* Erdölhafen (1954 eröffnet u. mehrmals erweitert) u. Raffinerie (1958 eröffnet) in Kuwait am Pers. Golf, südl. von Minah Al Ahmadi.

Minah Al Ahmadi [-ax-], Raffinerie, Industriesiedlung u. Erdölhafen (für Tanker bis 500 000 t) in Kuwait, am Pers. Golf, 26 900 Ew.; über M. A. A. gehen alle Erdölexporte des Landes.

Minah Al Fahal, Ölhafen in Oman, im SO der arab. Halbinsel, nahe der Hptst. Maskat.

Minah Raschid, *Port Raschid,* 1972 eröffneter Tiefseehafen in Dubai (Vereinigte Arab. Emirate); über ihn u. den benachbarten Hafen von *Jabal Ali* läuft der Großteil des Ex- u. Imports des Landes.

Minai-Fayence [-fa'jäːs; pers. *minai,* „Email"], in Persien, speziell in Ray, im 12. u. 13. Jh. entstandene Keramik mit mehrfarbigem Dekor (bis zu 7 Farben) in In- u. Überglasurmalerei u. mit Vergoldung. Charakteristisch sind figürl. Schmuck u. Szenen im Stil der seldschuk. Buchmalerei.

Minakshi [sanskr., „die Fischäugige"], *Minaci,* südindische Göttin; vergöttlichte Tochter eines Pandya-Königs u. eine der Gemahlinnen des Shiva; Hauptheiligtum in Madurai.

Minamata-Krankheit [nach der südjapan. Stadt Minamata], chronische Quecksilbervergiftung infolge des Genusses von Fischen, Krebsen u. Muscheln aus einer mit Quecksilbersulfat-Abwässern verseuchten Meeresbucht (1957–1961).

Minami Tori, engl. *Marcus,* entlegene Insel im nördl. Pazif. Ozean, 130 km ostsüdöstl. der Bonin-Inseln, 10 km²; rd. 1600 Ew.; Guanolager, US-Stützpunkt. – 1896 durch den japan. Seefahrer *Shinroku Mizutani* entdeckt, 1898 japanisch.

Minamoto, Yoritomo, japan. Heerführer u. Politiker, * 1147, † 9. 2. 1199 Kamakura; M. errichtete 1192 eine Militärherrschaft (→ Bakufu) mit Sitz in Kamakura (→ Kamakura-Zeit), nachdem die Familie der M. (→ Kuge) 1185 in der Schlacht von Dan-no-ura nach jahrzehntelangen Feldzügen den entscheidenden Sieg über die *Taira* um die Vorherrschaft im Lande errungen hatte. Damit begann die Zeit des japanischen Feudalismus.

Minangkabau, *Urang Padang, Urang Awa,* jungindones. Volk mit malaiischer Sprache im westl. Küstengebiet u. im Hochland von Zentral-Sumatra (rd. 3,6 Mio.); von der ethn. Abstammung den → Malaien verwandt; kulturelle Elemente aus vorislam. Zeit erhalten; Bauern mit traditionellem Mutterrecht.

◆ **Minarett** [das; arab., „Leuchtturm"], Turm für den Gebetsrufer *(Muezzin)* der Moschee; entwicklungsgeschichtlich abzuleiten vom Signalturm oder von den Turmzellen der christl. Eremiten. Das M. im westl. Islam ist quadratisch, in Ägypten gibt es Sonderformen mit drei Stockwerken (Quadrat, Oktogon, Zylinder), in Persien u. Anatolien ist es zylindrisch gestaltet; in der osman. Baukunst gewinnt es nadelförmiges Aussehen u. erhält 1–3 Balkonumgänge *(Scherife).* Größere Moscheen haben häufig zwei oder vier Minarette; die Blaue Moschee in Istanbul hat sechs, die Große Moschee in Mekka sieben Minarette.

Minas, Hptst. des Dep. Lavalleja im SO Uruguays, 34 600 Ew.; Abbau von Kupfer-, Blei- u. Eisenerz; Brauerei, Zucker- u. Zementfabrik.

Minas Gerais

◆ **Minas Gerais** ['minaʒ ʒɛ'rais], südostbrasilian. Binnenstaat, eine überwiegend mit Baumsavanne bedeckte, um 800 m hoch liegende Rumpffläche mit einzelnen Gebirgszügen bis etwa 2000 m, 586 624 km², 16,5 Mio. Ew.; Hptst. *Belo Horizonte* (seit 1897); Anbau von Kaffee, Mais, Bohnen, Maniok, Tabak, Reis u. Zuckerrohr; wichtigstes Viehzuchtgebiet (Rinder, Schweine) u. bedeutendstes Bergbaugebiet Brasiliens, Abbau von Eisenerz *(Itabira)*, Mangan-, Bauxit-, Zinn-, Zink-, Blei- u. Nickelerz, Pyrit, Gold u. Bergkristall; vielseitige Industrie (Aufbereitung von Agrar- u. Bergbauprodukten), Schwerindustrie. – Erschließung durch Gold- u. Diamantensucher im 16. u. 17. Jh.

Minatitlán, Stadt im Staat Veracruz (Mexiko), auf dem Isthmus von Tehuantepec, 200 000 Ew.; Schwefelabbau, Erdölförderung; Hafen.

Minbar [der; arab.], hölzerne oder steinerne Predigtkanzel der Moschee zum Vortragen der Freitagspredigt *(Khutba)* des Gemeindeleiters *(Imam)*. Ursprünglich vom Propheten als Richterstuhl eingeführt, dann nur den Kalifen vorbehalten u. transportabel, später in allen Hauptmoscheen rechts vom *Mihrab*.

Minchiate [-ki-; das; ital.], italien. Kartenspiel aus dem frühen 16. Jh., besteht aus meist 97 Blatt. M. ist ein vergrößertes Tarockspiel, das insgesamt 41 Trümpfe aufweist. Die Spielregeln für M. sind seit Ende des 18. Jh. nicht mehr genau bekannt.

Mincio ['mintʃo], linker Nebenfluss des Po, 192 km; entspringt als *Sarca* am Monte Adamello, durchfließt den Gardasee, mündet südöstl. von Mantua.

Mind, Gottfried, gen. *Katzen-Raffael,* schweiz. Maler u. Grafiker, getauft 25. 9. 1768 Bern; †7. 11. 1814 Bern; meist Tierzeichnungen (Katzen, Bären) u. Kinderbilder.

Minas Gerais: Edelsteingräbersiedlung

◆ **Mindanao,** südlichste u. zweitgrößte Insel der Philippinen, 94 594 km², Verwaltungsgebiet M. 102 000 km², 14,2 Mio. Ew., Hptst. *Zamboanga*; stark zerrissene Küste, im Innern gebirgig, waldreich (Edelholzgewinnung); mit tätigen Vulkanen (im *Mount Apo* 2953 m, höchster Berg der Philippinen); vielseitiger Bergbau (Nickel-, Kupfer-, Eisen-, Mangan-, Chrom-, Zinkerze, Kohle) u. Industrie (Eisen, Stahl, Zement, Textilien, Holz, Düngemittel, Papier, Nahrungsmittel); Reis-, Bananen-, Ananas-, Hanf- u. Kokoskulturen; Perlenfischerei; Wasserkraftwerk; zahlreiche Häfen u. Flugplätze. – Unter der überwiegend islam. Bevölkerung Mindanaos *(Moros* genannt) bildeten sich seit den 1970er Jahren oppositionelle Bewegungen gegen die christl. Zentralregierung der Philippinen, die 1996 nach einem Friedensabkommen z. T. an der Regionalregierung beteiligt wurden. Die Moros streben eine autonome islam. Region für die südl. Philippinen an.

Mindanaosee, vom Visayanarchipel u. Mindanao umschlossener Seeteil des austro-asiatischen Mittelmeers; bis über 2000 m tief.

Mindel [die], rechter Nebenfluss der Donau, 75 km, entspringt nordwestl. von Kaufbeuren, mündet nordöstl. von Günzburg; nach ihr ist die *Mindel-Eiszeit,* die zweitälteste alpine Kaltzeit des Pleistozäns, benannt.

Mindelheim, Kreisstadt in Schwaben (Bayern), an der Mindel, 13 900 Ew.; histor. Stadtbild, Reste der ehem. Stadtbefestigung (15./16. Jh.), St.-Stephan-Kirche (18. Jh.), Jesuitenkirche (17. Jh.), Liebfrauenkirche (1455), Schloss *Mindelburg;* Maschinenbau, Holz verarbeitende, Metall- u. Textilindustrie, Brauerei. – Verw.-Sitz des Ldkrs. *Unterallgäu.*

Mindelo, Stadt u. Hafen *(Porto Grande)* auf der Kapverd. Insel São Vicente, Wirtschaftszentrum u. zweitgrößte Stadt von Kap Verde, 47 100 Ew.; der Hafen dient dem Transatlantikverkehr.

Minden (1)

Minden, ◆ **1.** Kreisstadt in Nordrhein-Westfalen, Binnenhafen (mit Schiffshebewerk) am Wasserstraßenkreuz von Weser u. Mittellandkanal, nördl. der Porta Westfalica, 83 600 Ew.; roman.-frühgot. Dom (10.–14. Jh.; im Domschatz der Reliquienschrein des hl. Petrus, um 1070), Martinikirche (11. Jh.; 14. Jh. neu gestaltet), Simeonskirche (13. Jh.), Mauritiuskirche (15. Jh.), Marienkirche (12. u. 14. Jh.), Rathaus (13. u. 17. Jh.), Fachwerkbürgerhäuser der Weser-Renaissance (16. Jh.); Herstellung von keram. Erzeugnissen, chem.-pharmazeut., Papier, Metall u. Holz verarbeitende Industrie.

Geschichte: Die Fischer- u. Schiffersiedlung *Minda,* 798 als Ort einer fränk. Heeresversammlung genannt, wurde um 800 Bischofssitz (erster Bischof *Erkanbert*) u. entwickelte sich zur Stadt (älteste städt. Urkunden von 1232). Im 13. Jh. erlangte die Stadt weitgehende Selbständigkeit gegenüber dem Bischof; sie gehörte dem Rheinischen Städtebund, später der Hanse an. 1648 fiel sie mit dem säkularisierten Bistum an Brandenburg. 1806–1810 gehörte

Mindanao: Fischerhütten in Zamboanga

M. zum Königreich Westfalen, 1810–1813 zu Frankreich. 1815–1947 war es Sitz einer preuß. Bezirksregierung.
2. *Minden-Lübbecke,* Ldkrs. in Nordrhein-Westfalen, Reg.-Bez. Detmold, 1152 km², 320 000 Ew.; Verw.-Sitz ist *M.* (1).

Minderbrüder, Angehörige des Franziskanerordens.

Minderheiten, 1. *allg. Recht:* zahlenmäßig unterlegene Gruppen innerhalb größerer Einheiten. M. werden im Recht entspr. seiner Aufgabe, auch dem Schutz des Schwachen zu dienen, weithin geschützt. Im bürgerl. Vereinsrecht ist die Berufung von Mitgliederversammlungen auf Verlangen einer Minderheit (¹/₁₀ der Mitgl.) vorgesehen (§ 37 BGB); im Handelsrecht kann eine Minderheit, deren Anteile zusammen 10 % des Grundkapitals erreichen, Ersatzansprüche der Aktiengesellschaft gegen Gründer, Vorstands- u. Aufsichtsratsmitglieder gerichtlich geltend machen (§ 147 AktG); im Staatsrecht vermögen ¹/₄ bzw. ¹/₅ der Bundestags- bzw. Landtagsmitglieder die Einsetzung von Untersuchungsausschüssen zu erzwingen (Art. 44 GG, Art. 25 Bayer. Verfassung). Überall, wo qualifizierte Mehrheiten für Beschlussfassungen erforderlich sind, ist damit ein Schutz der M. verbunden.
2. *Staats- u. Völkerrecht: nationale Minderheiten, Minoritäten,* Volksgruppen, die sich durch Abstammung, Sprache, Kultur, u. U. auch Konfession von der Mehrheitsbevölkerung deutlich unterscheiden u. über ein polit. Gruppenbewusstsein verfügen. Die genannten Kriterien können (aber müssen nicht notwendig) zu einer Volksgruppenbildung führen. Besondere Bedeutung haben die grenznahen M., die dem Volk des Nachbarstaats zugehören oder mit ihm in enger Beziehung stehen. Das Problem der M. spielte vor allem im u. nach dem 1. Weltkrieg in Politik u. Völkerrecht eine große Rolle.
Bedeutende dt. M. gab es in Polen, der Tschechoslowakei, Ungarn, Jugoslawien, Rumänien, im Baltikum, Nordschleswig, Südtirol. Vor dem 2. Weltkrieg u. während des Krieges wurden zahlreiche dt. Volksgruppen teils freiwillig, teils unter Druck in das Reich zurückgeführt. Nach 1945 nahmen Polen u. die Tschechoslowakei umfangreiche Vertreibungen vor (→ Vertriebene), ferner wurden die Wolgadeutschen innerhalb der Sowjetunion deportiert.
Der rechtliche Schutz der M. – im 18. Jh. zunächst der religiösen Gruppen (Juden, Christen in der Türkei), im 19. u. 20. Jh. der nationalen Gruppen – bestand vorwiegend in der Gewährung der *Autonomie* u. wurde zunächst als eine individualrechtl. Garantie verstanden. Erst in der zweiten Stufe wurde der *Kollektivschutz* (zugunsten der Volksgruppe) eingeführt als Recht auf polit. Teilhabe. Zahlreiche Minderheitenschutzverträge versuchten, nach dem 1. Weltkrieg die Assimilierung der Volksgruppen zu verhindern. Trotzdem entstanden ständig Konflikte, die auch den Internationalen Gerichtshof u. den Völkerbund häufig beschäftigten.

Nach dem 2. Weltkrieg war durch die Massenflucht, die Vertreibungen, die Umsiedlungen u. a. eine neue Lage gegeben. Während die Frage der dän. Minderheit in Dtschld. u. der dt. in Dänemark im Wesentl. befriedigend gelöst werden konnte, wurde die in der italien. Verfassung in Aussicht gestellte Autonomie für Südtirol zum Gegenstand lebhafter Auseinandersetzungen zwischen Österreich u. Italien; eine Lösung gab es erst in den 1990er Jahren. Auch traten nach 1945 neue Probleme in den Vordergrund: die arabische Minderheit in Israel, die Moslemfrage zwischen Indien u. Pakistan, die indische Minderheit in der Republik Südafrika u. den Staaten der afrikan. Ostküste sowie in Ozeanien. Eine rechtl. Neuerung allgemeiner Art stellt das Genozid-(„Völkermord"-)Abkommen vom 9. 12. 1948 dar, das auch von der BR Dtschld. ratifiziert wurde. Es bezweckt den Schutz der nationalen, ethnischen, rassischen u. religiösen Gruppen u. untersagt die Tötung, Eingriffe in die körperl. u. geistige Unversehrtheit, die physische Vernichtung, Geburtenbeschränkung, die zwangsweise Überführung von Kindern in eine andere Volksgruppe u. Ä., gewährt aber darüber hinaus keinen besonderen Minderheitenschutz; auch → Völkermord.
Die Menschenrechtskonvention der Vereinten Nationen für bürgerliche u. politische Rechte vom 16. 12. 1966 enthält in Artikel 27 eine sehr umfassende Schutzklausel für M.: „In den Staaten, in denen ethnische, religiöse oder sprachliche M. bestehen, darf den Angehörigen solcher M. das Recht nicht vorenthalten werden, gemeinsam mit

![Minden (1): Innenansicht des Doms]

anderen Angehörigen ihrer Gruppe ihre eigene Kultur zu pflegen, ihre eigene Religion zu bekennen u. auszuüben oder sich ihrer eigenen Sprache zu bedienen." Die Rechte der dänischen Minderheit (rd. 45 000 Menschen) in Schleswig-Holstein – ebenso wie die der deutschen in Dänemark – sind in den Erklärungen Dänemarks u. der BR Dtschld. vom 29. 3. 1955 umrissen; so gilt unter anderem die Fünfprozentklausel für dänische Parteien bei Bundestags- u. schleswig-holsteinischen Landtagswahlen nicht.
Österreich verpflichtete sich zum Schutze der M. (heute knapp 1 % der Bevölkerung) im Staatsvertrag von Saint-Germain 1919 u. im Staatsvertrag von Wien 1955. Danach haben österr. Staatsangehörige der slowen. u. kroat. Minderheiten in Kärnten, im Burgenland u. in der Steiermark unter anderem Anspruch auf Elementarunterricht in slowenischer bzw. kroatischer Sprache u. auf eine entsprechende Zahl von höheren Schulen *(Mittelschulen).* Ausführungsgesetze regelten, in welchen Orten bzw. Gerichtsbezirken Slowenisch bzw. Kroatisch (gleichberechtigte) Amts- u. Gerichtssprachen sind.
In der ohnehin dreisprachigen *Schweiz* leben 1,1 % Rätoromanen (26,1 % der Bevölkerung des Kantons Graubünden). Ihre Sprache ist seit 1938 als vierte Nationalsprache der Schweiz anerkannt, sie ist in Graubünden auch Amts- u. Gerichtssprache; es gibt in diesem Kanton eine Reihe rätoroman. Schulen.
In der *DDR* hatte man die weit reichende kulturelle Autonomie der ca. 80 000 *Sorben (Wenden)* im Gebiet von Bautzen u. Hoyerswerda sowie im Spreewaldgebiet rechtlich abgesichert durch Art. 40 der DDR-Verfassung, durch ein sächs. Landesgesetz von 1948 *(Sorben-Gesetz)* u. durch das DDR-Gesetz zum Schutze der niederlausitzischen Bevölkerung u. ihrer Kultur von 1950.

Minderjährigkeit, im Recht die Zeit bis zur Erlangung der vollen *Geschäftsfähigkeit,* in Dtschld. u. der Schweiz bis zur Vollendung des 18. (Österreich: 19.) Lebensjahrs, rechtlich in vielfacher Hinsicht bedeutsam. Auch → Alter, → Jugendstrafrecht, → Volljährigkeit, → Vormundschaft.

Minderung, das Recht des Käufers, wegen eines Sachmangels statt der *Wandlung* (Rückgängigmachung des Kaufs) die Herabsetzung des Kaufpreises zu verlangen (§ 462 BGB). Der durch die M. herabgesetzte Kaufpreis wird wie folgt errechnet: Wert der fehlerhaften Sache, multipliziert mit dem vereinbarten Preis, dividiert durch den Wert der Sache in mangelfreiem Zustand.
Ähnlich geregelt in der *Schweiz* nach Art. 205 f., 210 OR u. in *Österreich* nach §§ 922 ff., 932 ABGB.

Minderwert, *Wertminderung,* bleibende Einbuße am beschädigten Kraftfahrzeug nach einem Verkehrsunfall trotz Reparaturdurchführung; *techn. M.,* wenn trotz ordnungsgemäßer Reparatur Einbußen an Betriebssicherheit oder Funktionstüchtigkeit einzelner Teile oder techn. Mängel zurückgeblie-

Minderwertigkeitsgefühl

Mindoro: Fischersiedlung an der Ostküste der Insel

ben sind, z. B. Farbunterschiede bei Teillackierung; *merkantiler M.,* Minderpreis beim Verkauf eines Kraftfahrzeugs, das trotz Behebung techn. Mängel im Verkauf allg. geringer bewertet wird als ein unfallfrei gefahrenes Fahrzeug. Die Höhe des Minderwerts wird in der Regel durch einen techn. Sachverständigen ermittelt.

Minderwertigkeitsgefühl, in der → Individualpsychologie verwendete, auf *Nietzsches* Lehre vom *Ressentiment* zurückgehende Bez., die von A. *Adler* für das Gesamtgefühl der Unterlegenheit gebraucht wurde, das sich in zwischenmenschl. Beziehungen äußert. Nach Adler kann man menschl. Verhalten vor allem auf zwei Prinzipien zurückführen: 1. auf das M., 2. auf das Bemühen des Menschen, dieses M. durch das Streben nach Geltung u. Macht auszugleichen *(Kompensation).* Durch *Überkompensation* kann es dabei auch zu besonderen Leistungen führen. Das M. kann nach Adler *entwicklungsbedingt* (Gefühl der Hilflosigkeit des Kleinkindes gegenüber den Erwachsenen), *organisch* (körperliche Mängel) oder *situationsbedingt* (z. B. Misshandlung des Kindes durch die Eltern) gesehen werden. – Ein *Minderwertigkeitskomplex* im psychoanalyt. Sinn entsteht, wenn das Gefühl der seelischen oder körperlichen Unzulänglichkeit übermächtig wird, von dem Betroffenen aber neurotisch verarbeitet wird (Verdrängung, Geltungsstreben mit ungeeigneten Mitteln). Dies kann zu einer Störung im Denken u. Handeln führen.

Minderwuchs → Kleinwuchs.

Mindestarbeitsbedingungen, unterste Grenze der in einem Wirtschaftszweig (oder einer Beschäftigungsart) zu gewährenden Entgelte u. sonstigen Arbeitsbedingungen. Die Festlegung erfolgt grundsätzlich in freier Vereinbarung zwischen den Tarifvertragsparteien durch → Tarifvertrag. Fehlen solche, so greifen die Regelungen des Gesetzes über die Festsetzung von M. vom 11. 1. 1952, um die Befriedigung der notwendigen sozialen u. wirtschaftl. Bedürfnisse der Arbeitnehmer zu gewährleisten. Danach errichtet der Bundesminister für Arbeit u. Sozialordnung einen Hauptausschuss für M., der aus ihm selbst, einer von ihm bestimmten Person als Vorsitzendem u. je fünf Vertretern der Gewerkschaften u. der Arbeitgeber besteht. Im Einvernehmen mit dem Hauptausschuss legt der Minister die Wirtschaftszweige fest, in denen M. zu erlassen sind. Für diese Wirtschaftszweige errichtet er Fachausschüsse, die ähnlich wie der Hauptausschuss zusammengesetzt sind u. schließlich die M. selbst festlegen. Die Festlegung der M. durch die Fachausschüsse bedarf der Zustimmung des Bundesarbeitsministers. Die obersten Arbeitsbehörden der jeweiligen Bundesländer haben für eine wirksame Überwachung der Einhaltung der M. durch die Arbeitgeber zu sorgen. M. können auch für Heimarbeiter u. Hausgewerbetreibende nach § 19 Heimarbeitsgesetz u. für Handelsvertreter (Einfirmenvertreter) nach § 92a HGB festgesetzt werden.

Mindestgebot, bei *Zwangsversteigerung* von Grundstücken $7/10$ des Grundstücksverkehrswerts (§ 74a ZVG). Ist das *Meistgebot* geringer, kann der → Zuschlag versagt werden. Bei *Versteigerung* von gepfändeten bewegl. Sachen ist das M. die Hälfte des gewöhnl. Verkaufswerts der Sache (§ 817a ZPO).

Mindestlohn, *Minimallohn,* die unterste Grenze des in einem Wirtschaftszweig (einer Beschäftigungsart) zu zahlenden Entgelts, in der Regel durch einen Tarifvertrag festgelegt (*Österreich*: Bundesgesetz von 1957). Auch → Mindestarbeitsbedingungen.

Mindestmaß, in der Fischerei für eine bestimmte Fischart gesetzlich vorgeschriebene Mindestgröße, unterhalb derer gefangene Fische ins Wasser zurückzusetzen sind; Mindestmaße sind festgesetzt z. B. für Aal, Forelle, Hecht; sie sind in den dt. Bundesländern nicht einheitlich geregelt; Angelvereine setzen intern häufig höhere als gesetzlich vorgeschriebene Mindestmaße fest, auch für Arten, die gesetzlich nicht geschützt sind.

Mindestmitgliederzahl, beim Verein die Mitgliederzahl, die nicht unterschritten werden darf. Bei der Gründung des Vereins beträgt die M. sieben (§ 56 BGB), bei Unterschreitung der M. unter drei wird dem bestehenden Verein die Rechtsfähigkeit entzogen (§ 73 BGB).

Mindestnennbetrag, der Nennbetrag des Grundkapitals einer AG bzw. einer Aktie, der nicht unterschritten werden darf; er beträgt gemäß § 7 AktG beim Grundkapital 100 000 DM, gemäß § 8 AktG bei einer Aktie 5 DM. Aktien über einen niedrigeren Nennbetrag sind nichtig.

Mindestpreis, ein staatlich festgesetzter Preis, der über-, aber nicht unterschritten werden darf. Mindestpreissetzung dient in der *Marktwirtschaft* vorwiegend sozialpolit. Zwecken. Da sie den Preis über das Wettbewerbsniveau hebt, erhöht sich das Einkommen der jeweiligen Produzentengruppe. In der *Planwirtschaft* dient der M. vor allem bei Gütern des täglichen Bedarfs der Reduzierung der Nachfrage auf die Höhe des Angebots (versteckte Rationierung).

Mindestreserven, unverzinsl. Sichtguthaben, die die Geschäftsbanken im Verhältnis zu ihren kurzfristigen Verbindlichkeiten bei der Zentralnotenbank (oder anderen Giro- oder Abrechnungszentralen) kraft Gesetzes unterhalten müssen. Die M. waren ursprüngl. zum Zweck der Liquiditätssicherung der Kreditinstitute eingeführt worden. Heute liegt ihre Bedeutung vor allem auf geldpolit. Gebiet. Die *Mindestreservenpolitik* der Zentralnotenbank ist ein Mittel zur Beeinflussung der inländ. Geldmenge u. der Kreditgewährung durch die Kreditbanken. Bei *expansiver Mindestreservenpolitik* werden die Mindestreservesätze der Kreditbanken gesenkt, bei *kontraktiver Mindestreservenpolitik* werden die Mindestreservesätze der Kreditbanken erhöht. Die Mindestreservenpolitik ist ein sehr strenges, global wirkendes Instrument der → Geld- und Kreditpolitik, das sich zur Kontraktion der inländ. Geld- u. Kreditmenge besser eignet als zur Expansion.

Mindestwärmeschutz → Wärmeschutz.

◆ **Mindoro,** Philippineninsel nördl. der *Mindorostraße,* südl. von Luzon, waldreiches, vulkan. Gebirgsland, 9735 km², 669 000 Ew.; Anbau von Reis, Mais u. Zuckerrohr, an der Ostküste Kokospalmenpflanzungen, an der Westküste Meersalzgewinnung; Hptst. u. Hafen *Calapan.*

Mindszenty ['mindsɛnti], József, ungar. kath. Theologe, *29. 3. 1892 Csehimindszent bei Steinamanger, †6. 5. 1975 Wien; 1945–1974 Erzbischof von Gran (ungar. Esztergom) u. Primas von Ungarn, seit 1946 Kardinal; wurde als Gegner des Kommunismus 1949 zu lebenslängl. Haft verurteilt, 1955 entlassen, 1956 erneut verhaftet, durch den

Volksaufstand befreit, lebte 1956–1971 im Asyl in der US-amerikan. Botschaft in Budapest. M. hätte seit 1963 in Freiheit leben können, lehnte jedoch ab, da er volle Rehabilitierung wünschte (die erst 1989 erfolgte). 1971 verließ er Ungarn ohne Rehabilitierung. 1991 endgültige Beisetzung in der Kathedrale von Esztergom.

Mine, 1. [lat., frz.], *Bergbau:* unterirdischer Erzgang; im übertragenen Sinn auch Erzgrube.
2. [babyl.-assyr.], *Gewichtseinheiten:* altoriental. Gewichtseinheit, von den Griechen übernommen; 1 M. = $1/60$ Talent = 100 Drachmen.
3. [lat., frz.], *Militär:* ein Sprengkörper, der durch Zündschnur u. Sprengkapsel, Berührung, elektr. Funken, akust. oder magnet. Impuls oder Zeitzünder zur Explosion gebracht wird. Der Kampf mit *Stollenminen* begann ursprüngl. im Festungskrieg. Ein in dieser Kampfart bes. ausgebildeter Soldat hieß *Mineur*. In dieser Weise wurde noch bei Grabenkämpfen im 1. Weltkrieg verfahren.
Geländeminen: Die ersten Minen für Sperrungen im Gelände (*Geländeminen*) wurden im 1. Weltkrieg angelegt (*Fladder-, Flatterminen*). Im 2. Weltkrieg führten die Pioniereinheiten vorbereitete Minen mit, um Straßen u. Wege, auch ausgedehnte Geländeteile durch *Minenfelder* in kurzer Zeit für den Gegner zu sperren. Bauart u. Verlegung dieser Minen waren sehr verschieden. Die Auslösung erfolgte durch den Druck geringer (Angreifer zu Fuß) oder großer (Panzerwagen) Gewichte, auch durch Zeitzünder. Zur Abwehr dienten ein *Minensuchpanzer*, daneben auch *Minensuchpanzer*. Bei den Geländeminen unterscheidet man nach Form *Kastenminen* u. *Tellerminen*, nach Anwendungszweck *Panzerminen* u. *Schützenminen*. Nach dem 2. Weltkrieg wurden Atomminen entwickelt, die von ferne (nicht automat.) gezündet werden können, um ein von einer Aggression bedrohtes Grenzgebiet vorübergehend unbetretbar zu machen.
Seeminen: Seeminen werden im Allg. nur in Minenfeldern durch *Minenleger* (Überwasserschiffe, U-Boote) ausgelegt. Die *Ankertaumine* wird ins Wasser geworfen, wobei der Minenanker auf den Grund sinkt u. das Tau so weit abrollt, dass die M. in der gewünschten Höhe (2–6 m) unter Wasser bleibt. *Treibminen* schwimmen frei ohne Verankerung. *Grundminen* werden in seichten Gewässern, z. B. Flussmündungen, auf den Grund gelegt u. bei Annäherung von Schiffen akust. durch das Schraubengeräusch oder magnet. durch die von dem Schiff hervorgerufene Magnetfeldstörung entzündet.
Luftminen: Eine *Luftmine* ist eine vom Flugzeug aus gelegte Seemine *Minenbomben* nannte man im 2. Weltkrieg bes. dünnwandige Sprengbomben mit großem Sprengsatz, die gegen ausgedehnte Erdziele eingesetzt wurden.
Am 1. 3. 1999 trat die Landminenkonvention über das Verbot des Einsatzes, der Lagerung, der Herstellung und der Weitergabe von Anti-Personen-Minen u. deren Vernichtung in Kraft. Bis Ende 1999 hatten 136 Staaten den Vertrag unterzeichnet; ratifiziert wurde er in 89 Ländern.
4. [lat., frz.], *Zoologie:* characterist. Fraßspur bestimmter Insekten, z. B. Larven von Hautflüglern, Käfern, Schmetterlingen, Zweiflüglern in verschiedenen Pflanzenteilen (Blättern, Stängeln, Wurzeln, Früchten); die deckenden Gewebeschichten bleiben erhalten, so dass die Tiere in kleinen Hohlräumen leben. Aus Gestalt u. Lage der Minen kann man auf den Erzeuger schließen (z. B. Gangminen, Platzminen [größere Fraßflächen], Spiralminen u. a.). Als *Minen i. w. S.* bezeichnet man auch die Gänge von *Holzminierern* (Ameisen, Termiten, Borkenkäfern, Holzwespen) in Holz, Splint oder Rinde.

Minenleger, Sonderschiff zum Legen von Minen.

◆ **Minensuchboot,** Abk. *M-Boot, Minensucher*, früher *Minenräumboot*, ein kleineres Marinefahrzeug zum Suchen u. Räumen, z. T. auch zum Legen von Seeminen. Minensuchboote haben stabile Holzbauten, viele Ausrüstungsteile sind amagnetisch, der Antrieb ist geräuscharm.

Minensuchgerät, *Minenräumgerät*, ein Gerät zum Aufspüren u. Unschädlichmachen von Minen. Für Landminen (u. im Erdreich verborgene Waffen u. Munition) verwendet man *akustische* u. *elektronische Minensuchgeräte*. Beide arbeiten nach dem Schwebungsverfahren: Ein Suchgenerator erzeugt einen Ton bzw. ein elektromagnet. Kraftfeld; beim Auftreffen auf einen festen Gegenstand wird der Ton bzw. das Kraftfeld charakteristisch verändert. Das einfachste M. ist das etwa 2 m lange *Minensucheisen*, dessen Spitze in kurzen Abständen in den Boden gestochen wird. Zur Abwehr von Seeminen gibt es, entsprechend ihrer Vielfalt, verschiedenartige Geräte. Mit *mechanischen Minensuchgeräten* werden Ankertauminen von ihrem Tau gelöst u. aufgetrieben. *Magnetische* u. *akustische Minensuchgeräte* erzeugen Magnetfelder bzw. Geräusche, die das Überlaufen eines Schiffs vortäuschen u. die Zündung der Minen auslösen.

Minenwerfer, zunächst eine Waffe, mit der man auf kurze Entfernungen Hindernisse zerstören u. Geschosse im Steilfeuer hinter Deckungen bringen kann. 1935 wurde der M. in → Infanteriegeschütz umbenannt. Moderne M. heißen Mörser u. sind teilweise auf Selbstfahrlafetten montiert.

Minenwirkung, vorherrschende Wirkung (Druckwirkung) der expandierenden Gase des detonierenden Sprengstoffs eines Geschosses, einer Mine oder einer Bombe. Gegensatz: *Splitterwirkung*.

Mineral [das; lat.], Sg. von → Mineralien.

Mineralbäder, die Benutzung des aus den natürl. Mineralquellen gewonnenen Mineralwassers zu Heilbädern; auch die Verwendung künstl. oder aus natürl. Quellsalzen angesetzter Mineralwässer in Haus- oder Krankenhauskuren. Die Wirkung der M. beruht auf den in den Wässern gelösten festen oder gasförmigen Stoffen u. eventuellen Temperaturunterschieden.

Mineraldünger, *Handelsdünger*, Düngemittel, die aus anorgan. (mineralischen) Bestandteilen bestehen u. überwiegend synthetisch hergestellt werden.

Mineralfasern, Fasern aus anorgan. Grundstoffen. Die einzige natürliche M. ist → Asbest. Wichtige synthet. Produkte sind Glasfasern u. Metallfasern. Auch → Faser.

Mineralgerbung, ein Gerbverfahren mit anorgan. Gerbmitteln (Chrom-, Aluminium-, Zirkon- oder Eisensalzen).

Mineralien, *Minerale* [Sg. das Mineral; lat.], alle natürlich gebildeten chem. Substanzen der Erdkruste (u. des Mondes), die eine bestimmte, mehr oder weniger homogene

Minensuchboot „M 1065" der Bundeswehr

Mineralisation

chem. Zusammensetzung u. eine charakterist. Kristallstruktur aufweisen, sowie bestimmte organ. Verbindungen wie *vulkan. Gläser*, die keine Kristallstruktur haben u. in ihrer stoffl. Zusammensetzung schwanken. M. entstehen vorwiegend aus übersättigten, wässrigen oder Schmelzlösungen, wobei sich Kristalle bilden, die bestimmte Formgesetze *(Kristallsysteme)* einhalten. Physikalisch erforscht werden opt. Eigenschaften (Farbe, Glanz, Durchsichtigkeit, Lichtbrechung, Dichroismus, Fluoreszenz), spezif. Gewicht (Masse) u. Härte. Die chem. Untersuchung folgt den Regeln der qualitativen u. quantitativen Analyse unter Verwendung röntgenographischer Verfahren. Eine Klassifizierung erfolgt ebenfalls nach chem. Prinzipien: 1. Elemente, 2. Sulfide, 3. Halogenide, 4. Oxide u. Hydroxide, 5. Carbonate, Borate, Nitrate, 6. Sulfate, Chromate, Molybdate, Wolframate, 7. Phosphate, Arsenate, Vanadate, 8. Silicate, 9. Harze. Es gibt weit über 3000 M. Viele M. sind als natürl. Rohstoffe von wirtschaftl. Bedeutung. Auch → Minerallagerstätten.

Mineralisation [lat.], Abbau toter organ. Substanz zu anorgan. (mineral.) Substanz durch Mikroorganismen. Die M. hat große Bedeutung für den Kreislauf der Elemente in der Natur, da sie die Grundlage für das Wachstum autotropher Pflanzen ist.

Mineralisierer, Organismen, die innerhalb eines Ökosystems die Aufgabe haben, organ. Material bis hin zur Mineralisierung abzubauen; gehören zur funktionellen Gruppe der Destruenten oder Reduzenten.

Minerallagerstätten, Anreicherungen nutzbarer Mineralien; entstehen magmatisch, sedimentär oder metamorphisch. In der „magmat. Abfolge" (aus einem Schmelzfluss) erstarren die Mineralien an Ort u. Stelle (in der Tiefe) oder werden bei Eruptionen mit entweichenden Gasen transportiert u. dann erst abgesetzt (z. B. Schwefel des Ätna). Die nach Abscheidung der ersten *Silikatfolge* (Olivin, Feldspat, Hornblende, Apatit) aus dem Schmelzfluss *liquidmagmatischen* M. noch sehr gasreichen *Restmagmen* bringen *pneumatolytische* M. mit flüchtigen Anteilen wie Turmalin, Topas, Lepidolith; ferner seltene Erden. Die *hydrothermalen* M. entstehen aus heißen Wassern, weit entfernt vom Magmaherd. Sie liefern u. a. Sulfide u. Arsenide zahlreicher Schwermetalle sowie Quarz, Kalk-, Schwer-, Fluss- u. Eisenspat. *Sedimentäre M.* entstehen hauptsächl. durch Verwitterung, Auslösung, Karbonatisierung u. Hydratisierung (z. B. Anhydrit-Gips). Durch mechan. Zusammenschwemmung bilden sich Gold- u. Edelstein-Seifen. Hohe Temperaturen u. Drucke schaffen die *metamorphen* M. Hierher gehören die Mineralgesellschaften der kristallinen Schiefer wie Granat, Staurolith, Disthen, Spinell u. a. Ihr Ausgangsstoff war magmatischer oder sedimentärer Natur. Auch → Erzlagerstätten.

Mineraloge [lat. + grch.], akadem. Beruf, Wissenschaftler auf dem Gebiet der *Mineralogie*; mindestens achtsemestriges Hochschulstudium mit Diplomprüfung *(Diplom-Mineraloge)*; Haupttätigkeitsgebiete sind

Sitzende Minerva; Schale aus dem Hildesheimer Schatzfund, 1./2. Jahrhundert. Berlin, Staatliche Museen Preußischer Kulturbesitz, Antikensammlung

die Kristallographie (Erforschung der Kristalle), die Petrologie (Erforschung der Gesteine), Geochemie u. Lagerstättenkunde.

Mineralogie [lat. + grch.], die Lehre von den *Mineralien*; ein Zweig der Geowissenschaften, der sich mit den chem. u. physikal. Eigenschaften der Mineralien beschäftigt, deren Formen, Zusammensetzung, Entstehung u. Vorkommen untersucht u. beschreibt sowie die bedingenden Gesetzmäßigkeiten erforscht. Eine Reihe von Spezialgebieten sind in der M. vereint bzw. haben sich zu eigenen Wissenschaften entwickelt: Kristallographie, Petrologie, Geochemie, techn. M., Lagerstätten-, Gesteins-, Edelstein- u. Meteoritenkunde.

Mineralöladditive → Additive.

Mineralöle, umfassende Bez. der bei der Destillation von Erdöl, Stein- u. Braunkohlenteer sowie der bei der Ölschiefer u. Torf u. bei der Kohlenhydrierung gewonnenen Öle, die Gemische von Kohlenwasserstoffen sind. Gegensatz: fette Öle des Pflanzenreichs.

Mineralölsteuer, eine Verbrauchsteuer in der Form der Fabrikatsteuer auf eingeführte u. im Inland hergestellte Mineralöle, die als Treib-, Schmier- oder Heizstoffe verwendet werden, sowie auf Substitutionsstoffe, die zur Verwendung als Kraftstoff bestimmt sind (Erdgas, Klärgas, Kokereigas, Flüssiggas [Butan, Propan]); Rohöl unterliegt der M. nicht.
Die M. ist nach der Lohn-/Einkommensteuer u. der Mehrwertsteuer die drittgrößte deutsche Einzelsteuer u. die bedeutendste Verbrauchsteuer, ihr Ertrag steht dem Bund zu u. ist seit 1989 nicht mehr zweckgebunden.

Mineralquellen, Quellen, deren Wasser *(Mineralwasser)* gegenüber den normalen Quellen einen höheren Gehalt an gelösten festen u. (oder) gasförmigen Stoffen hat. Das Wasser wird oft zu Heilzwecken verwendet (→ Heilquellen). Wässer ohne heilende Wirkung, aber mit erfrischendem Wohlgeschmack werden als Tafelwasser gebraucht.

Mineralsalze, i. w. S. die anorgan. Salze; i. e. S. die Salze, die bei der Ernährung des Menschen, der Tiere u. der Pflanzen von Bedeutung sind.

Mineralsäuren, zusammenfassender Begriff für Salz-, Salpeter-, Schwefel- u. Phosphorsäure.

Mineralstoffe, die bei der Veraschung von Pflanzen u. Tieren zurückbleibenden mineral. Bestandteile der Körpersubstanz. M. werden mit der Nahrung aufgenommen u. z. T. über Ausscheidungen (Kot, Harn, Schweiß) bzw. bei vielen Pflanzen durch den Blattfall oder nach Beendigung einer Vegetationsperiode wieder abgegeben. M. müssen daher ständig ergänzt werden. Es entsteht ein → Mineralstoffwechsel. Auch → Mengenelemente, → Spurenelemente.

Mineralstofftheorie, die auf J. von *Liebig* zurückgehende Erkenntnis, dass Pflanzen zu ihrem Aufbau bestimmte Mineralstoffe (Stickstoffverbindungen, Phosphate, Schwefelverbindungen sowie Kalium, Calcium, Magnesium u. Eisen) benötigen u. dass diese, wenn sie nicht in genügender Menge vorhanden sind, dem Boden zugefügt werden müssen, um hohe Erträge zu erzielen. Auch → Düngung.

Mineralstoffwechsel, der Stoffwechsel anorganischer Ionen – z. B. Kalium-, Natrium-, Calcium-, Magnesium-, Eisen-, Chlorid-, Hydrogencarbonat-, Sulfat- u. Phosphationen – im Organismus. Die Ionen der *Spurenelemente* liegen in niedrigeren Konzentrationen vor (z. B. Cobalt, Zink, Iod). Einige Mineralstoffe sind für alle Organismen lebenswichtig (essenziell), andere (z. B. Bor) nur für bestimmte Lebewesen. Die Aufnahme der Mineralstoffionen erfolgt bei Pflanzen hauptsächlich über die Wurzel. Tiere erhalten Mineralstoffe mit der Nahrung u. scheiden sie großenteils mit den Exkrementen wieder aus. Salzausscheidung wird durch Hormone wie das *Parathormon* der Nebenschilddrüse reguliert. Die Menge desjenigen Mineralstoffs, der wegen bes. geringen Angebots als Erster verbraucht ist, bestimmt bei Pflanzen die Höhe des möglichen Ertrags *(Gesetz des Minimums)*. Das Fehlen einer essenziellen Ionenart führt zu Mangelerscheinungen; an ihnen u. durch radioaktive Markierung lässt sich der M. untersuchen.
Eisen ist Bestandteil des Blutfarbstoffs *Hämoglobin*, von Enzymen u. deren Cofaktoren (z. B. *Cytochrome*). Magnesium wird u. a. für die Stabilisierung der *Ribosomen* u. für alle Reaktionen mit → Adenosintriphosphat benötigt; es ist auch Zentralatom des Blattgrüns *Chlorophyll*. Stickstoffverbindungen, bes. Nitrat, werden von Bakterien u. Pflanzen zu *Aminosäuren* umgesetzt (Grundlage der Eiweißproduktion; → Ernährung). Phosphationen sind z. B. Bausteine der Erbsubstanz u. bei der Übertragung chem. Energie im Stoffwechsel wichtig (→ Phosphorylierung). Alkalisalze bedingen das osmot. Gleichgewicht im Körper.

Mineralurgie [lat. + grch.], die Lehre von der Gewinnung u. Verarbeitung der Mineralien.

Mineralwachs, *Fossilienwachs*, ein wachsartiger Stoff, der aus fossilen Pflanzenresten mit hohem Harz-, Wachs- u. Fettgehalt (z. B. aus der älteren Braunkohle) gewonnen wird.

Mineralwachse sind *Montanwachs, Torfwachs* u. *Sapropelwachs.* Auch → Wachse.
Mineralwasser, 1. *natürliches Mineralwasser:* ein aus natürlichen oder erschlossenen Quellen gewonnenes Wasser, das in 1 kg mindestens 1000 mg gelöste Salze oder 250 mg freies Kohlendioxid enthält u. am Quellort in die für den Verbraucher bestimmten Gefäße abgefüllt wird. Es kann mit Kohlensäure versetzt werden. – 2. *Künstliches Mineralwasser:* wird aus Wasser unter Zugabe von Salzen oder Solen mit oder ohne Kohlensäure hergestellt.
Mineralwolle, Dämmstoff aus silikatischen Fasern für den Wärme- und Schallschutz. M. entsteht im Blasverfahren aus Gesteinsschmelzen *(Steinwolle)* oder Hochofenschlacke *(Hüttenwolle)* und wird lose sowie gebunden (Kunstharz) oder kaschiert in Form von Bahnen, Matten oder auch Platten verwendet.
◆ **Minerva,** italische, dann röm. Göttin mit Platz in der kapitolin. Trias. Seit dem 3. Jh. v. Chr. wurde sie der griech. *Athene* gleichgesetzt u. war als solche Göttin der Weisheit u. Tatkraft (so auch Stadtbeschützerin), der Ärzte u. Dichter, der Künstler u. Handwerker, deren Fest die der M. geweihten *Quinquatrus* (19.–23. März) waren.
Minerva Gesellschaft für die Forschung GmbH → Max-Planck-Gesellschaft.
Minestra [die, ital.], *Minestrone,* italien. Gemüsesuppe aus allen der Jahreszeit entspr. Gemüsesorten, Speck, Reis u. Gewürzen (Knoblauch).
Minette [die; frz.], **1.** oolithisches Brauneisenerz im Dogger von Lothringen u. Luxemburg; ein phosphor- u. kalkhaltiger Limonit mit 20–40 % Eisengehalt; wichtiges Eisenerz; bei der Stahlgewinnung fällt das Nebenprodukt Phosphor an.
2. Ganggestein aus Biotit u. Orthoklas; zählt zu den *Lamprophyren.*
◆ **Minetti,** Bernhard, deutscher Schauspieler, *26. 1. 1905 Kiel, †12. 10. 1998 Berlin; 1930 bis 1945 Charakterdarsteller am Staatlichen Schauspielhaus Berlin (unter G. *Gründgens*), nach 1946 in Hamburg, Frankfurt a. M., Düsseldorf u. Berlin; auch in Film u. Fernsehen; in den 1970er u. 1980er Jahren erfolgreich in Stücken von T. Bernhard („Minetti" 1979).
Mineur [-'nør; der; frz.], früher ein für den Minenkrieg ausgebildeter Soldat (heute *Pionier).*
Ming, die 1368–1644 in China herrschende Dynastie.
Minger, Rudolf, schweiz. Politiker, *13. 11. 1881 Mülchi, Kanton Bern; †23. 8. 1955 Schüpfen, Kanton Bern; 1930–1940 im Bundesrat als 1. Vertreter der Bauern-, Gewerbe- u. Bürgerpartei (heute SVP); 1935 Bundes-Präs.
Mingetschaur, aserbaidschan. *Mingäçevir,* Stadt in Aserbaidschan, unterhalb des *Mingetschaurer Stausees* an der Kura, 90 900 Ew.; Wasserkraftwerk (375 000 kW), Baumwollverarbeitung, Landmaschinenbau.
Mingetschaurer Stausee, von der Kura und den Nebenflüssen Alasani und Iori gebildet, 70 km lang, mit Großkraftwerk oberhalb der aserbaidschanischen Stadt Mingetschaur, 620 km², Stauinhalt 16 Mrd. m³, Stauhöhe 60 m); dient auch der Bewässerung von Baumwollpflanzungen; 1945 bis 1953 erbaut, erreichte 1956 die volle Stauhöhe.
Mingrelien, historisches Kerngebiet Georgiens u. Landschaft im westl. Georgien, am Schwarzen Meer, mit feuchtem subtrop. Klima, rd. 9100 km², Lebensraum der *Mingrelier;* das antike *Kolchis.*
mingrelische Sprache, in *Mingrelien* gesprochene südkaukas. Sprache mit rd. 290 000 Sprechern u. 2 Dialekten.
Mingus ['miŋɡəs], Charlie, US-amerikan. Jazzmusiker (Kontrabass, Komposition, Bandleader), *22. 4. 1922 Nogales, Ariz., †5. 1. 1979 Cuernavaca, Mexiko; in seinen Kompositionen verwandte er afroamerikan. Folklore u. atonale Elemente; Stilentwicklung vom traditionellen zum *Freejazz.* Autobiografie: „Beneath the underdogs" 1971, dt. 1980.
Minhag [hebr.], im Judentum der religiöse Brauch, auch der gottesdienstl. Ritus; mit zahlreichen regionalen Unterschieden.
Minho ['miɲu], **1.** frühere Prov. im nördl. Portugal; von schmalen, ebenen Küstenstreifen ansteigendes Bergland (*Serra do Marão* 1415m) mit zur See hin offenen Tälern; unter dem Einfluss der feuchten Seewinde sind die Küstengebiete vegetationsreich u. fruchtbar; der Wasserreichtum der Flüsse wird durch Stauanlagen genutzt; bäuerl. Kleinbesitz; Anbau von Mais auf Bewässerung, Hülsenfrüchten, Kartoffeln, Obst u. Wein; Viehzucht; Küstenfischerei; die hohe Bevölkerungsdichte hat zur Entwicklung zahlreicher Klein- u. Mittelbetriebe bes. der Textil-, Leder-, Maschinen- u. Metallwarenindustrie geführt; hinter den Gebirgen bedecken Gestrüpp u. Ödländereien weite, menschenleere Gebiete; raueres Klima u. ärmere Böden bedingen eine extensive Hirtenwirtschaft (Schafzucht), Roggenanbau; Dorfsiedlungen anstelle der charakterist. Einzelsiedlungen der Küstenzone. Die wichtigsten Städte sind Braga, Guimarães u. Viana do Castelo.

Bernhard Minetti als Titelgestalt in Goethes „Faust" an der Berliner Freien Volksbühne

Miniaturmalerei: Moslemischer Dichter-Gelehrter in einem Garten; Mogul-Miniatur um 1630. Boston, Massachusetts, Museum of Fine Arts

2. portugies. Name des Flusses → Miño.
mini… [lat.], Wortbestandteil mit der Bedeutung „sehr klein".
Miniatur [die; lat. *minium,* „Zinnoberrot"], **1.** figürlicher u. ornamentaler Bildschmuck einer mittelalterl. Handschrift; **2.** kleines Bild auf den verschiedensten Malgründen; → Miniaturmalerei.
Miniaturisierung, Sammelbez. für die (weit gehende) Verkleinerung elektronischer, mechanischer u. opto-elektronischer Bauelemente u. Baugruppen. So wurde die Elektronenröhre durch den räumlich viel kleineren Transistor, eine herkömmliche durch eine gedruckte Schaltung ersetzt. Die Abmessungen der verwendeten Strukturen stoßen heute bis in den Nanometer-Bereich vor. Auch → Mikroelektronik, → Mikrosystemtechnik.
◆ **Miniaturmalerei,** Malerei in kleinem Format, bes. als textillustrierende *Buchmalerei* u. als *Bildnisminiatur.*
Textillustrationen schmücken bereits ägypt. Totenbücher des 2. Jahrtausends v. Chr., doch stehen dabei Bild u. Schrift in zwanglos unverbundener Anordnung, die sich erst mit dem Übergang von der Buchrolle zu dem aus Einzelblättern bestehenden Codex im 4. Jh. n. Chr. ändert: Text u. Bild erscheinen fortan stärker voneinander abgegrenzt, das Bild wird meist mit Rahmung versehen u. gleicht sich dem Rechteckformat der Blattseite an. An der Ausbildung der religiösen Kunst des MA hatte die byzantin. Buchmalerei entscheidenden Anteil; mit Malereien geschmückt wurden besonders die Bücher des AT, z. B. die Psalmen Davids, die Sammlung der vier Evangelien, die Apostelbriefe, Predigten der Kirchenväter sowie Lebensbeschreibungen

Miniaturmalerei: Evangelist Lukas aus dem Evangeliar der Äbtissin Ada; um 800 aus der Hofschule Karls des Großen. Trier, Stadtbibliothek

der Märtyrer u. Heiligen. Der älteste Initialschmuck stammt aus dem 4. Jh. n. Chr. (*Vergil-Codex*, Rom). Während die Buchmalerei der karolingischen Zeit weitgehend antiken Vorbildern folgt, besonders in der klaren Trennung von Schmuckleisten u. Text, zeigen Illustrationen otton. Handschriften größere Selbständigkeit u. Vielfalt. Zugleich verstärkt sich die Neigung zur Expression (*Utrecht-Psalter*); beibehalten wird die Verwendung von Deckfarben, bes. von Gold, Silber u. Purpur.

Einer etwa zwischen 870 u. 970 liegenden Pause in der Entwicklung der mittelalterl. Buchmalerei folgt im letzten Drittel des 10. Jh. ein Neubeginn, eingeleitet vom *Gero-Codex* (vor 969) u. dem *Reichenauer Lektionar* (um 1000). Neben der Reichenau traten als bedeutende Pflegestätten der Buchmalerei in Dtschld. vor allem Regensburg, Salzburg, Tegernsee, Trier, Echternach u. Köln in Erscheinung; in Frankreich wurde die Buchmalerei hauptsächlich im N des Landes (St.-Amand, Marchiennes, St.-Omer) u. in Limoges gepflegt; die burgund. Malerei hatte ihre wichtigsten Zentren in Cluny u. Citeaux. Die engl. Buchmalerei des 11. Jh. (Hauptzentrum: Winchester) ist stilistisch weitgehend von dem oft kopierten Utrecht-Psalter abhängig.

Die benediktin. Klostermalschulen des 12. u. 13. Jh. (Hirsau u. die davon abhängigen Klöster Gengenbach, Klosterreichenbach, Ellwangen, Großkomburg u. Zwiefalten) förderten entscheidend die Ausbildung eines schlichten Linearstils, dessen Strenge sich erst um 1250 unter dem Einfluss der Weingartner u. Regensburger Buchmalerei lockerte. Got. Einflüsse machen sich in der dt. Buchmalerei erstmals um 1180 geltend (Bibel von Heisterbach, Berlin; Evangelistar aus St. Martin in Köln; Brüssel), in der engl. bereits etwas früher.

In der Miniaturkunst des 13. Jh. verlor sich mehr u. mehr der jeweils durch bes. Merkmale geprägte Stil der Lokalschulen. Schwerpunkt der got. M. war Paris, dessen Stil stark auf die rhein. Malerei einwirkte, wogegen die M. des Bodenseegebiets von westl. Einflüssen nahezu völlig frei blieb. Im 14. u. 15. Jh. entfaltete sich in Böhmen (Prag) unter Kaiser Karl IV. u. König Wenzel ein reicher Prunkstil.

Neben Klöster als Pflegestätten der M. traten im 15. Jh. zunehmend bürgerl. Handwerksbetriebe; gleichzeitig verdrängte das Papier als Bild- u. Schriftträger das Pergament. In der Thematik verstärkte sich der schon im 14. Jh. begonnene Wandel von der fast ausschl. religiösen zur weltl. Darstellung; neue Aufgaben erwuchsen der M. vor allem in der Illustrierung von histor. Handschriften (Weltchroniken), Kriegs- u. Feuerwerksbüchern, naturwissenschaftl. Abhandlungen u. Werken der Dichtkunst. Mit dem Aufkommen des Buchdrucks u. der Möglichkeit billiger Vervielfältigung wurde die M., soweit sie als Handschriftenillustrierung betrieben wurde, vom Holzschnitt abgelöst.

Im *Orient* stellt die M. – bes. als Buchillustration – die wichtigste Malereigattung dar. Die Zentren der islam. M. liegen in Tabriz u. Isfahan, wo sich vom 13. Jh. an trotz des Islam. Bilderverbots eine zum Teil von den königl. Dynastien geförderte, schulbildende Malerei entwickelte (*Mogulschule*), Hauptmeister waren *Mīr Sayyid 'Alī* u. *Mīr 'Alī Tabrizi*, ferner einige namentlich nicht bekannte Maler. Allg. ist die islam., oft mit Kalligraphie verbundene M. gekennzeichnet von lebhafter Farbigkeit, einer reichhaltigen Komposition u. großer Liebe zum Detail. Dekorative Gesichtspunkte stehen im Vordergrund. Die inhaltlich zumeist auf fest verwurzelte Sagen u. Epen zurückgreifende oriental. M. sucht nicht nach Vervollkommnung eines Individualstils, sondern nach einem allgemein gültigen Kunstideal, das stark von der Vorstellung eines paradiesischen Gartens geprägt ist. – Bildnisminiaturen sind kleinformatige gemalte Porträts, die in Schmuckgegenstände eingelassen u. häufig am Hals getragen wurden. Als Malgrund diente vor allem Elfenbein. Die ersten *Bildnisminiaturen* entstanden im 16. Jh. (H. *Holbein* d.J., B. *Grien*, F. *Clouet*), ihre Blütezeit war im Rokoko, das eine bes. Vorliebe für das Bildnis u. für zierliche Dinge entwickelte. Auch im Klassizismus u. Biedermeier erfreuten sie sich anhaltender Beliebtheit. Die führenden Maler auf diesem Gebiet waren in Frankreich L. *Silvestre* u. E. *Liotard*, in England T. *Lawrence*, in Dtschld. H. F. *Füger* u. M. M. *Daffinger*. Mit dem Aufkommen der Bildnisfotografie büßten die Bildnisminiaturen rasch ihre Bedeutung ein.

◆ **Mini-Car** [-kaːr; engl.], früher *Seifenkiste*, ein Kleinfahrzeug ohne Motor, das von Jugendlichen in Rennen gefahren wird. Charakteristisch u. vorgeschrieben ist der Mini-Car-Eigenbau durch den Jugendlichen, der das Fahrzeug steuert. Die Vorschriften besagen, dass das Mindestgewicht ohne Fahrer 40 kg, der Radstand 1,00–1,30 m, die Gesamtlänge 1,85 m betragen müssen. Die seit 1970 vom ADAC veranstalteten Meisterschaftswettbewerbe werden in Klassen für 8- bis 11-Jährige u. für 12- bis 15-Jährige ausgetragen; die Fahrzeuge starten von einer Rampe u. absolvieren jeweils 6 Geschwindigkeitsprüfungen.

Minichromosomen, *künstliche Chromosomen*, spezielle, gentechnisch konstruierte lineare Klonierungsvektoren, die alle wesentl. Komponenten eines kleinen Chromosoms aufweisen u. sich wie natürl. Chromosomen verhalten. Die für die Klonierung in Hefe verwendeten Vektoren bezeichnet man als YAC-Vektoren (von engl. *Yeast Artificial Chromosome*). M. sind bei der Analyse des menschl. Genoms u. zur Herstellung von → Genkarten von großem Nutzen.

Minicomputer [-kɔmˈpjuːtə], ein Kleincomputer, der im Gegensatz zum → Mikrocomputer aus dem Großrechner entwickelt wurde. M. sind durch leistungsfähige PCs weitgehend verdrängt worden.

Miniconjou [miniˈkʌndʒu], Unterstamm der Teton-Dakota-Indianer, Glied der → Sieben Ratsfeuer.

Mini Disc [engl.], Abk. *MD*, ein digitales, opt. Speichermedium für die Tonaufzeichnung. Sie ähnelt in Funktion u. im Aussehen der → Compactdisc, ist mit ihr jedoch nicht kompatibel. Die M. D. hat einen Scheibendurchmesser von 6,4 cm u. eine Spieldauer von 74 Minuten. Es gibt kommerziell bespielte Mini Discs, aber auch unbespielte, die sich praktisch beliebig oft für die Tonaufzeichnung nutzen lassen.

Minierer, Insekten, deren Larven sich in Pflanzengeweben entwickeln u. dabei Fraßgänge (Minen) anlegen

Mini-Car: Die jugendlichen Teilnehmer bereiten sich auf ihren Start bei der 49. Deutschen Meisterschaft im Mini-Car-Rennen am 30.8.1997 in Bergkamen vor

Minierfliegen, *Agromyzidae,* mit mehr als 1650 Arten weltweit verbreitete Familie der *Fliegen,* die wie kleine *Stubenfliegen* aussehen. Die Larven aller Arten fressen Gänge (Minen) in Pflanzenteile, vor allem in Blättern.

Minierraupen, Raupen verschiedener Kleinschmetterlingsfamilien, die in Blättern minieren, d. h. Gänge *(Minen)* zwischen Ober- u. Unterhaut des Blatts ausfressen.

Miniersackmotten, *Incurvariidae,* Familie der *Schmetterlinge,* deren Raupen sich zunächst als → Minierer in Pflanzenteilen entwickeln u. später frei in einem Gehäuse (Sack) leben. Zu den M. gehören die → Johannisbeermotte u. die amerikan. → Yuccamotten.

◆ **Minigolf,** *Bahnengolf,* schweiz. *Pistengolf,* vom → Golf abgeleitetes Spiel auf Kleingolfplätzen; 1953 in der Schweiz entwickelt, seit 1955 auch in der BR Dtschld. Eine Minigolfanlage besteht aus 18 Bahnen mit künstl. Hindernissen; der Ball (3,8 cm Durchmesser) ist mit möglichst wenig Schlägen in das Zielloch einer jeden Bahn zu bringen; Europameisterschaften seit 1959. Eine erschwerende Variante ist das *Cobigolf,* bei dem vor den Hindernissen noch kleine Tore stehen. *Organisation:* → Deutscher Bahnengolf-Verband; in *Österreich:* Österr. *Bahnengolfverband,* Wien; in der *Schweiz:* Schweizer. *Minigolf-Sportverband,* Trimbach; die nationalen Verbände sind dem *Internationalen Bahnen-Golf-Verband,* Hamburg, angeschlossen.

Minikoy, *Minicoy,* Koralleninsel im Arab. Meer, rd. 400 km von der ind. Malabarküste entfernt, größte Insel des ind. Unionsterritoriums Lakshadweep, 3,24 km^2, 6000 Ew.

minim, brit. u. US-amerikan. Hohlmaß, Großbritannien: 1 m. = $^1/_{76\,800}$ gallon = 59,2 mm^3; USA: 1 m. = $^1/_{61\,440}$ gallon = 61,6 mm^3.

Minimalareal, ökolog. Kenngröße zur Beschreibung der Arten-Zusammensetzung einer Gemeinschaft: das untersuchte Areal wird langsam vergrößert, dabei werden zunächst immer neue Pflanzen- oder Tierarten gefunden, bis bei Erreichen einer bestimmten – minimalen – Arealgröße der Bestand an Arten stabil bleibt.

Minimal Art ['minɪməl 'aːt; engl. „Mindestkunst"], in den 1960er Jahren in den USA entstandene Gegenbewegung zur *Pop-Art,* die an die Bestrebungen der holländ. De-Stijl-Richtung anknüpfte. Charakteristisch ist die geometr. Reihung gleicher Elemente, die auf einfache Grundformen *(Primary Structures;* z. B. Kuben) reduziert u. in ihrer Ausführung häufig überdimensioniert sind. Als Hauptvertreter der M. gelten Ronald *Bladen,* Dan *Flavin,* Don *Judd,* Sol *Le Witt,* Robert *Morris* u. Robert *Smithson.*

Minimalbodenbearbeitung, ein Verfahren der Bodenbearbeitung ohne Einsatz des Pfluges, in den USA als „minimum tillage" bekannt. Bei der M. wird das Saatbett mit flachwirkenden Geräten (z. B. der Ackerfräse) hergestellt. Vorteile der M. sind die geringe Zerstörung der Bodengare u. die Einsparung von Energiekosten.

minimale zerebrale Dysfunktion [Abk. *MCD,* für (engl.) *minimal cerebral dysfunction*], geringfügige Funktionsstörungen des Gehirns mit Bewegungsstörungen, Teilleistungsschwächen (z. B. Verzögerung der Sprachentwicklung, Rechenschwäche) u. auffälligen Konzentrationsstörungen bei Kindern u. Kleinkindern. Die MCD ist möglicherweise Folge einer Sauerstoffunterversorgung während der Geburt. Auch → Aufmerksamkeitsstörung.

Minimalfläche, jede durch eine geschlossene Kurve begrenzte Fläche kleinsten Oberflächeninhalts. Alle Minimalflächen genügen nach J. L. *Lagrange* einer bestimmten Differenzialgleichung. Die Oberfläche einer ruhenden Flüssigkeit z. B. ist eine M.

minimal invasive Chirurgie → Endoskopie.

Minimalkostenkombination → Produktionsfunktion.

Minimallohn → Mindestlohn.

Minimal Music ['minɪməl 'mjuːzɪk], eine analog der *Minimal Art* auf tradierte Hörgewohnheiten verzichtende Musikart, nicht streng von Tendenzen der Popmusik zu trennen, die einprägsame Melodiefloskeln kaum verändert aneinander reiht u. rhythm. Phasen oft sehr langsam gegeneinander verschiebt oder wechseln lässt. Die Richtung entstand Anfang der 1970er Jahre in den USA u. beeinflusste auch die europ. Avantgarde. Hauptvertreter: S. *Reich,* T. *Riley,* L. M. *Young* u. P. *Glass.*

Minimalpaar, zwei Wörter, die sich nur in einem Laut an der gleichen Position unterscheiden. Der Unterschied kann qualitativer Art, z. B. Bein – Pein, aber auch quantitativer Art, z. B. Stahl [staːl] – Stall [stal], sein. Die Bildung von Minimalpaaren dient der Analyse von → Phonemen.

Minimalprinzip → ökonomisches Prinzip.

Minimalumwelt, ökolog. Bez. für die Summe aller Umwelteinflüsse, die für einen bestimmten Organismus lebensnotwendig sind. Sie entspricht sinngemäß der *ökologischen Nische.*

Minimen, lat. *Ordo Minimorum, Mindeste Brüder, Paulaner,* von → Franz von Paula 1454 gegr. kath. Bettelorden nach verschärfter Franziskanerregel; päpstl. Approbation 1474; bes. in Frankreich, Italien u. Spanien verbreitet; ca. 200 Mitglieder. – Die *Minimitinnen* oder *Paulanerinnen* bilden den weibl. Zweig der M.; erstes Kloster in Spanien 1495.

Minimi [lat.], sehr kleine Bronzemünzen, die unter den Römern u. Angelsachsen in England verbreitet waren.

Mini-Mode, von der Engländerin Mary *Quant* 1963 in Mode gebrachte, nur knapp das Gesäß bedeckende oder mindestens kniefreie Rocklänge.

Minimum [das; lat.], **1.** *allg.:* das Kleinste; kleinster Wert, kleinste Größe, niedrigster Stand.
2. *Mathematik:* bei einer Kurve der Punkt, dessen Ordinate kleiner ist als die Ordinaten der Punkte seiner unmittelbaren Umgebung; bei einer Funktion: der in seiner Umgebung kleinste Funktionswert. Auch → Maximum.

Minimumfaktor, der Umweltfaktor im Lebensraum *(Biotop)* eines Lebewesens, der bei Verringerung (Minimierung) für das Überleben die größte Bedeutung hat. Der M. wird um so wirksamer, je weiter sein Betrag vom Optimum entfernt ist. Bei mehreren Umweltfaktoren ist derjenige der M., der am weitesten vom Optimum entfernt ist *(relative Effektivität der Umweltfaktoren).*

Minimumgesetz, von J. von *Liebig* aufgestelltes Gesetz, besagt, dass der Pflanzenertrag abhängig von dem Nährstoff, der Pflanze jeweils in geringster Menge zur Verfügung steht. Das M. ist auf alle landwirtschaftl. Produktionsvorgänge anwendbar u. kann dahingehend erweitert werden,

Minigolf: In Deutschland gibt es mehr als 250 Minigolfanlagen; hier im Bild eine Minigolfanlage in Bremen

dass der Ertrag nur durch Verbesserung aller zur Produktion nötigen Faktoren gesteigert werden kann. Auch → Ertragsgesetz.

Minin, Kusmaninitsch, eigentlich K. M. *Sacharjew-Suchoruk,* russischer Kaufmann, †1616; organisierte 1611/12 ein Volksaufgebot und befreite zusammen mit D. *Poscharskij* (*1578, †1642) Moskau von den Polen.

Minipille, Präparat zur Empfängnisverhütung, das nur kleine Mengen von → Gestagen enthält u. somit zwar den Schleim im Gebärmutterhals durch Verdickung für die Samenzellen kaum passierbar macht u. die Einnistung einer befruchteten Eizelle in die Gebärmutterschleimhaut deutlich erschwert, aber einen Eisprung nicht verhindert. Die M. muss stets zur selben Tageszeit eingenommen werden u. ist auch dann noch weniger zuverlässig als die *Pille* (→ Pearl-Index um 3). Die M. wird meist von Frauen verwendet, die keine Östrogene vertragen.

Minipressen, Kleinverlage, die z. T. unkommerziell betrieben werden u. meist sog. alternative Literatur herausbringen. In Mainz finden seit 1970 regelmäßig Minipressen-Messen statt.

Minispion, in Kleinstbauweise hergestelltes Mikrofon mit einem Sender, der einige hundert Meter Reichweite hat. Der M. wird an verborgenen Stellen eines Raumes (z. B. im Telefonapparat) zu Spionagezwecken eingebaut.

Minister [lat., „Diener"], der Leiter einer höchsten Staatsbehörde, des *Ministeriums.* In der Frühzeit des absoluten Staates waren die M. als *Territorialminister* für alle Fachgebiete (Ressorts) in einem Staatsteil (z. B. Provinz; *Territorial-* oder *Provinzialsystem* der Behördenorganisation) zuständig, später u. heute sind sie es als *Fachminister* für ein bestimmtes Fachgebiet im gesamten Staat *(Real-* oder *Fachsystem).* In der Regel bilden die → Fachminister zusammen mit etwaigen *Ministern ohne Geschäftsbereich (M. ohne Portefeuille)* oder *Ministern für Sonderaufgaben (Sonderminister),* mit etwaigen (selbständigen oder parlamentar.) Staatssekretären u. weiteren Politikern das Staatskabinett, von dessen Organisation ihre Rechtsstellung gegenüber dessen Chef *(Kanzler, Ministerpräsident, Premierminister)* u. dem Parlament abhängt. Abweichend bilden die M. in den USA u. bildeten die des Bismarckreiches (in beiden Fällen nicht M., sondern *Staatssekretäre* genannt) kein bes. Kollegium; sie sind bzw. waren einzeln u. unmittelbar Ratgeber u. Hilfskräfte des Präsidenten bzw. Reichskanzlers. – Die Fachminister sind in der Regel nicht Beamte im staatsrechtl. Sinn, haben aber aufgrund bes. Gesetze (in Dtschld. des *Bundesministergesetzes* in der Fassung vom 27. 7. 1971) meist eine beamtenähnl. Stellung hinsichtl. der Gewährung von Ruhegehalt u. Hinterbliebenenversorgung. Auch haftet der Staat vermögensrechtl. für Amtspflichtverletzungen seiner Minister wie von Beamten. In *Österreich* heißen nur die Mitglieder der Bundesregierung M., die der Landesregierungen → Landesrat. – In der *Schweiz* entsprechen den Ministern die *Vorsteher* der eidgenöss. *Departemente* (Bundesministerien), die auch *Bundesräte* genannt werden.

Ministeranklage, das gegen einen Minister gerichtete besondere richterliche Verfahren. Hierfür haben sich zwei Typen herausgebildet: 1. eine Art Sonderverfahren wegen Gesetzesverstößen, die – wenn nicht von einem Minister begangen – zu einem ordentlichen Verfahren vor den Strafgerichten führen würden. Diese Art von M. besteht also in der Durchführung der Verfahren vor einer besonderen Instanz, wobei das Parlament die Anklage erhebt u. auch entscheidet (etwa in England: Unterhaus erhebt Anklage, Oberhaus urteilt, bekannt sind die Verfahren gegen Warren *Hastings* u. Lord *Clive).* – 2. ein politisches Verfahren, das keine strafrechtl. Sachverhalte zum Gegenstand zu haben braucht. Die Anklage kann auch dann auf Gesetzes- u. Verfassungsverstoß lauten, wenn kein strafrechtl. Tatbestand vorliegt. Als Sanktion wird daher auch keine Strafe verhängt, sondern Amtsenthebung angeordnet. Nach der *Weimarer Verfassung* von 1919 (Art. 59) hatte der Reichstag das Recht, den Reichspräsidenten, den Reichskanzler u. die Reichsminister vor dem Staatsgerichtshof für das Dt. Reich anzuklagen, dass „sie schuldhafterweise die Reichsverfassung oder ein Reichsgesetz verletzt haben". Einige Länderverfassungen, z. B. die des Freistaats Bayern (Art. 59, 61) haben auch 1945 die M. eingeführt. Nach dem GG der BR Dtschld. gibt es im Bund nur die *Präsidentenanklage* (Art. 61), aber keine M. – In *Österreich* gibt es die M. sowohl gegen den Bundespräsidenten als auch gegen die Angehörigen der Bundes- u. Landesregierungen. Die *Schweiz* kennt nur den Beschluss der Bundesversammlung auf Strafverfolgung vor den ordentl. Gerichten gegen ein Mitgl. des Bundesrats.

Ministerialbeamte, die in den *Ministerien* des Bundes u. der Länder tätigen Beamten. Die Übernahme in ein Ministerium erfolgt erst nach langjährigem Verwaltungsdienst, doch sind heute Ausnahmen möglich. Die Angehörigen eines Ministeriums (Beamte aller Besoldungsgruppen, Angestellte u. Arbeiter) erhalten eine *Ministerialzulage,* die früher wegen erhöhter Lebenskosten in der Hptst. gewährt wurde u. trotz Wegfalls dieser Begründung bestehen geblieben ist.

Ministerialblätter, Amtsblätter von Bundes- oder Landesministerien, in Dtschld. neben dem *Gemeinsamen Ministerialblatt* solche, die nach dem betreffenden Fachressort benannt sind; z. B. *Bundesarbeitsblatt, Bundessteuerblatt, Bundeszollblatt.*

Ministerialen [lat.], in fränk. Zeit vom König sowie von weltl. u. geistl. Großen zu Hof-, Verwaltungs- u. Kriegsdienst herangezogene *Unfreie* in gehobener Stellung, die meist mit Dienstgütern entlohnt wurden. Mit dem 11. Jh. begann der Aufstieg der M.; sie wurden von der übrigen Familie des Grundherrn abgesondert u. schlossen sich genossenschaftlich zusammen; ihre Rechte u. Pflichten wurden in Dienstrechten aufgezeichnet, ihre Rechtsstellung wurde erblich; sie durften nur noch zu höheren Ämtern (bes. Reiterdienst) herangezogen werden; ihre Dienstgüter nahmen allmählich die Form von Lehen an. Die M. erlangten schließlich die aktive u. passive Lehnsfähigkeit, so dass die Grenze zum freien Ritterstand mehr u. mehr schwand, bis im 13./14. Jh. auch die Reste ehem. Unfreiheit beseitigt wurden; die M. bildeten fortan den *niederen Adel.* Während des Salier- u. bes. während der Stauferzeit erlangten die *Reichsministerialen,* die M. des dt. Königs, als Träger der Reichspolitik, insbes. in Italien, große Bedeutung. Im Dienst der Landesherren hielten sich M. bis ins 19. Jh.

Ministerialzulage → Ministerialbeamte.

Ministerium [das; Pl. *Ministerien;* lat.], 1. höchste Staatsbehörde des neuzeitl. Staats, auch unter anderer Bez., z. B. *Departement* (Preußen im 17. u. 18. Jh.; USA, Schweiz), *Amt* (z. B. *Reichsamt* im Bismarckreich; *Auswärtiges Amt*), *Volkskommissariat* (Sowjetunion bis 1947). Ursprünglich als *Territorialministerium,* später u. heute als *Fachministerium* (→ Minister), deren wichtigste, die Ministerien des Äußeren, des Inneren, der Finanzen, der Justiz u. der Verteidigung, als die *klassischen Ministerien* bezeichnet werden. Inzwischen ist überall auch das Wirtschaftsministerium von großer Bedeutung. Das Fachministerium ist stets *Gesetzgebungs-* u. *Fondsministerium,* in dem Gesetzesvorlagen vorbereitet u. Haushaltsmittel verwaltet werden. Häufig ist es auch Zentralbehörde einer nach Gebieten gegliederten Behördenorganisation mit eigenen Mittel- u. Unterbehörden: z. B. in Deutschland das Bundesarbeitsministerium für die Arbeitsverwaltung, das Bundesfinanzministerium für die Bundesfinanzverwaltung der Zölle u. Bundessteuern u. die Bundesmonopolverwaltung für Branntwein u. das Bundesverkehrsministerium für die Bundesstraßen- u. -wasserstraßenverwaltung; nicht aber die übrigen Bundesministerien, da die Verwaltung in ihren Bereichen im vollen Umfang Landessache ist. Vielfach führen die Ministerien die Dienstaufsicht über sonst selbständige Oberbehörden ihres Fachgebietes (→ Bundesbehörden). Die innere Organisation der Ministerien ist verschieden. Auch → Bundesregierung.
2. *Staatsministerium, Kabinett,* die Regierung im organisator. Sinn.

Ministerkonferenz für Raumordnung, Abk. *MKRO,* die in der Bundesrepublik Deutschland seit 1967 bestehende Nachfolgeorganisation der *Konferenz für Raumordnung (KRO),* die 1957 zwischen Bund und Ländern im Hinblick auf eine Zusammenarbeit auf dem Gebiet der Raumordnung gebildet worden war. Die MKRO hat ihre Rechtsgrundlage in § 8 des Raumordnungsgesetzes des Bundes. Danach sollen alle Fragen der Raumordnung und Landesplanung von der Bundesregierung u. den Landesregierungen gemeinsam beraten werden. Mitglieder der MKRO sind der für die Raumordnung zuständige Bundesminister und die für Raumordnung und Landesplanung zuständigen Landesminister.

Ministerpräsident, Amtsbezeichnung des Regierungschefs in den Ländern Deutschlands mit Ausnahme der Stadtstaaten. Auf die Ministerpräsidenten ist wegen des Fehlens eines Staatsoberhaupts (in der Weimarer Republik hatte Württemberg einen Staatspräsidenten) eine Reihe von Rechten übergegangen, die sonst einem Staatspräsidenten zustehen: z.B. Beamtenernennung u. Begnadigungsrecht, soweit nicht die Regierung als Kollegialorgan dafür zuständig ist.
Als M. wird im Deutschen häufig der Regierungschef eines fremden Staates bezeichnet, auch wenn der korrekte Titel anders lautet, z.B. *Premierminister* (Frankreich).

Ministerrat, 1. Bez. für Regierung, Gesamtministerium.
2. bes. Organ der Regierung für bestimmte Fragen, z.B. M. für Wirtschaftsfragen, M. für Verteidigung.
3. in den ehem. kommunist. Staaten das oberste Regierungsorgan. Da ihm nicht nur die Minister, sondern auch zahlreiche Leiter oberster Behörden (z.B. für Planung) angehörten, wurde ein *Präsidium des Ministerrats* gebildet, das manchmal mit Recht setzender Gewalt ausgestattet war.
4. Rat der → Europäischen Union.

Ministerverantwortlichkeit, die von den *Ministern* für ihre Amtsführung zu tragende polit. Verantwortung für eigene Maßnahmen oder solche ihres Amtsbereichs. Die allg. zivilrechtl. u. strafrechtl. Verantwortlichkeit bleibt davon unberührt. Die M. erlangte Bedeutung im parlamentarischen Staat, als die Akte des Monarchen durch den Regierungschef oder Fachminister gegengezeichnet werden mussten. Diese Gegenzeichnung bewirkte die Übernahme der polit. Verantwortung nicht nur für die Rechtmäßigkeit, sondern auch für die Zweckmäßigkeit der entspr. Maßnahmen. Im Übrigen hat der Minister maßgebl. Regelungen in seinem Amtsbereich auch dann zu vertreten, wenn ihn keine Schuld im zivil- oder strafrechtl. Sinn trifft. Die M. kann geltend gemacht werden durch Entlassung des Ministers aus dem Amt (auf Vorschlag des Regierungschefs durch den Monarchen oder Staatspräsidenten). Weitere Sanktionsmittel sind: Missbilligungsvotum des Parlaments, in Staaten mit parlamentar. Regierungsform u. U. auch → Misstrauensvotum mit der Folge des Ausscheidens aus der Regierung. Nach dem Staatsrecht einiger Länder ist auch eine bes. → Ministeranklage vor dem höchsten Gericht oder einem Staatsgerichtshof möglich. In Deutschland gibt es weder eine Ministeranklage noch ein Misstrauensvotum gegen einen einzelnen Minister, sondern nur ein Misstrauensvotum gegen den *Bundeskanzler* (Art. 67 GG). Der Bundestag kann die Amtsführung eines Ministers missbilligen, doch hat dies nur eine polit., keine verfassungsrechtl. Auswirkung. – In *Österreich* sind die Minister (Mitglieder der Bundesregierung) dem Nationalrat verantwortlich. Nach Art. 142 BVerfG erkennt der Verfassungsgerichtshof über die Ministeranklage des Nationalrats.

– In der *Schweiz* sind die Mitglieder des Bundesrats der Bundesversammlung verantwortlich: Sie kann eine Zivil- oder Strafklage beim Bundesgericht beschließen.

Ministrant [lat.], *Messdiener,* im kath. Gottesdienst dem Priester am Altar zur Hand gehender Laie (meist im Kindes- oder Jugendalter).

Minitrampolin, ein aus einem 1,10 × 1,10 m großen Leichtmetallrahmen bestehendes Gerät, das mit einem Sprungtuch (0,60 × 0,60 m) ausgestattet ist u. auf zwei in der Höhe unterschiedl. u. verstellbaren Beinpaaren steht; dient im Sportunterricht u. im Training als methodische Hilfe bei der Schulung von Salti- u. Schraubenbewegungen; auch Anwendung beim → Schulsonderturnen.

Min Jiang [-djiaŋ], *Min Kiang,* **1.** linker Nebenfluss des Chang Jiang (China), in der Prov. Sichuan, 800 km lang; mündet bei Yibin; bewässert die Ebene von Chengdu.
2. Hauptfluss der südostchinesischen Provinz Fujian, 550 km; mündet bei Fuzhou ins Ostchinesische Meer.

Mink [der; skand.; engl.] → Nerz.
Minke Whale [-ˈweil; engl.] → Zwergwal.
Min Kiang, chines. Fluss, → Min Jiang.
Minkowski, Hermann, dt. Mathematiker, *22. 6. 1864 Alexotas bei Kowno (heute Kaunas, Litauen), †12. 1. 1909 Göttingen; lehrte in Königsberg (1895), Zürich (1896) u. Göttingen (1902); Arbeiten über die *Zahlentheorie,* zu deren Begründern er gehört.

Minkowski-Raum [nach H. *Minkowski*], eine vierdimensionale mathematische → Mannigfaltigkeit, die drei reelle Ortskoordinaten u. eine imaginäre Zeitkoordinate enthält; dient zur Darstellung physikal. Vorgänge in der Einstein'schen Relativitätstheorie.

Minks, Wilfried, dt. Bühnenbildner u. Regisseur, *21. 2. 1931 Binai, Böhmen; 1952–1973 in Bremen, arbeitete bes. mit P. *Zadek* zusammen; war 1980/81 Mitdirektor des Schauspiels Frankfurt; führte Regie bei dem Film „Geburt der Hexe" 1980. Seine Bühnenbilder sind Räume, in denen Zitate aus der Kunst u. der Alltagskultur als Symbole erscheinen u. die durch eine grelle Lichttechnik überhöht werden. Die Arbeit von M. war für das moderne Regietheater richtungweisend.

Minn., Abk. für den US-amerikan. Staat → Minnesota.

Minna, weibl. Vorname, vielleicht Kurzform von *Wilhelmine* oder *Hermine.*

„Minna von Barnhelm oder *Das Soldatenglück",* Lustspiel von G. E. *Lessing,* geschrieben um 1760–1763, gedruckt 1767, uraufgeführt am 30. 9. 1767 in Hamburg. Das Stück suchte die polit. Spannung zwischen Preußen u. Sachsen aufzulockern; es zeigt einen Kampf zwischen Liebe u. Offiziersehre. Lessing schuf damit für das dt. Nationaltheater ein Muster zeitgemäßer Komödie, zugleich das Vorbild für die Gattung des Soldatenstücks.

Minne [die; mhd.], ursprüngl. „Gemeinsinn" (soziales Engagement), dann im *Lehnswesen* die Bez. für das gegenseitige Treueverhältnis zwischen Lehnsherrn u. Lehnsmann. Dieser Begriff wurde im 12. Jh. auf das Liebes-

verhältnis zwischen Ritter u. Dame übertragen: In der höf. Gesellschaft verehrt der Ritter eine hoch gestellte, meist verheiratete Dame *(frouwe)* als das Ideal aller Frauen u. vollbringt, um sich der geliebten Herrin würdig zu erweisen, zahlreiche Heldentaten *(aventiuren).* In der *Hohen Minne* erscheint die Frau, die sozial höher gestellt ist, als idealisiertes Wesen, das eine lebenssteigernde, sittliche Kraft ausübt u. den Ritter durch langes Hinauszögern oder beständiges Verweigern der Liebesgewährung im Sinn der höf. Kultur erzieht u. läutert. *Niedere Minne* ist dagegen die Liebe zwischen einem Ritter u. einem Mädchen aus dem Volk ohne das erzieherische Moment der Hohen M. Ausdruck des Minne-Empfindens ist die höf. Liebeslyrik, der → *Minnesang;* die mit der M. verbundenen Heldentaten werden im höf. *Ritterepos* geschildert. In der Dichtung tritt die M. auch allegorisiert als *Frau Minne* auf (→ Minneallegorie). Die mittelalterl. Mystik übernahm den Begriff M. für Liebe zwischen dem Einzelmenschen oder der Kirche u. Gott. Mit dem Zerfall der höf. Kultur sank die Bedeutung des Worts ins Derb-Triebhafte ab. Es wurde erst durch die Literaturwissenschaft des 18. Jh. im alten Sinn erneuert.

Minne, [min] George, belg. Bildhauer u. Grafiker, *30. 8. 1866 Gent, †20. 2. 1941 Sint-Martens-Latem (bei Gent); Autodidakt, schuf anfänglich von der got. Körperform ausgehende, überschlanke, stilisierte Aktfiguren; mit seinem Frühwerk „Brunnen der 5 Knaben" (Essen, Folkwangmuseum) Vertreter des Jugendstils, ab 1910 Wendung zum Neo-Realismus.

◆ **Minneallegorie,** eine literar. Gattung des 14. Jh., die im Rahmen einer Allegorie das Wesen der *Minne* behandelt; nach geistl. Vorbildern von *Gottfried von Straßburg* in seinem Epos „Tristan u. Isolt" in die mittelhochdeutsche Literatur eingeführt. Die Eigenschaften der Liebenden u. der Liebe werden personifiziert (Frau Minne, Frau Treue), die Minne wird als Grotte oder Burg dargestellt, deren Einzelteile allegor. Bedeutung haben. Häufig wird die Liebeshandlung mit dem Bild einer Jagd wiedergegeben: der Liebende als Jäger, die Geliebte als Wild, die Tugenden als Hunde. Der

Minneallegorie: Elfenbeinkästchen mit Relief; „Tristan"-Baumgartenszene neben einer Einhornjagd; 1. Hälfte des 14. Jahrhunderts

Höhepunkt der M. ist „Die Jagd" 1335/1340 von *Hadamar von Laber.*

Minneapolis [mini'æpəlis], größte Stadt des USA-Staates Minnesota, beiderseits des oberen Mississippi, nahe der Mündung des Minnesota River, 248 m ü. M., 355 000 Ew.; bildet zusammen mit der östl. angrenzenden Hptst. von Minnesota, St. Paul, die *Twin Cities Metropolitan Area* mit 2,7 Mio. Ew.; Universität (gegr. 1851), mehrere Colleges u. Theolog. Seminare, Kunsthochschule, 2 Kunstmuseen; zusammen mit St. Paul das führende Industrie- u. Handelszentrum für ein weites Umland; traditionelle Mühlenindustrie (seit der 2. Hälfte des 19. Jh.), außerdem Maschinen-, Motoren- u. Computerbau, Druckereien u. Verlage, Papierherstellung sowie Holz- u. Metallverarbeitung, Elektrogeräte-, Textil- u. Nahrungsmittelindustrie; wichtiges Getreidehandelszentrum; Verkehrsknotenpunkt, Flughafen, Endpunkt der Mississippischifffahrt (St.-Anthony-Fälle). – 1819 Errichtung von Fort Snelling südl. von M., im Mündungswinkel zwischen Minnesota River u. Mississippi, 1838 entstand 16 km flussaufwärts, östl. der St.-Anthony-Fälle des Mississippi, die Mühlensiedlung St. Anthony, 1855 dann westl. der Fälle M., Stadt seit 1867, St. Anthony wurde 1872 eingemeindet.

Minnekästchen, geschnitztes u. bemaltes Kästchen, im späten MA Minnegabe des Bräutigams an die Braut.

Liza Minnelli

Minnelli, ◆ **1.** Liza, Tochter von 2), US-amerikan. Filmschauspielerin u. Sängerin, *12. 3. 1946 Los Angeles, Calif.; begann als Kinderstar, trat auch in Shows auf. Berühmt wurde sie durch den Film „Cabaret" 1972. Weitere Filme u. a.: „Pookie" 1969; „New York, New York" 1977; „Arthur – Kein Kind von Traurigkeit" 1981; „Rent-a-Cop" 1986; „Stepping out" 1991.
2. Vincente, US-amerikan. Filmregisseur, *28. 2. 1910 (1913?) Chicago, †25. 7. 1986 Los Angeles; inszenierte in den 1930er Jahren Musicals am Broadway, ging dann 1940 nach Hollywood, profilierte sich dort vor allem durch Musicalfilme, schuf aber auch zahlreiche Werke aus anderen Filmgattungen; führte u. a. Regie bei: „Triff mich in St. Louis" 1944; „Ein Amerikaner in Paris" 1951; „Vorhang auf" 1953; „Vincent van Gogh – ein Leben in Leidenschaft" 1956; „Gigi" 1958; „Verdammt sind sie alle" 1958; „...die alles begehren" 1964; „Einst kommt der Tag" 1970.

Minnerede, eine didaktische, meist allegorische Erörterung über das Wesen der *Minne.*

Minnesang, zusammenfassende Bezeichnung für die mittelhochdeutsche Liebeslyrik von der Mitte des 12. Jahrhunderts bis zum Ende des 14. Jahrhunderts Beeinflusst wurde der M. von der Vagantendichtung, der provençal. Liebeslyrik (Troubadours), der Liebeslyrik der Antike u. der Liebesdichtung an den arabischen Fürstenhöfen Spaniens. Welcher Einfluss am stärksten war, ist umstritten. Die Texte sind seit dem 13. Jh. aufgezeichnet worden u. in z. T. prunkvoll illustrierten Handschriften erhalten: z. B. Große Heidelberger Liederhandschrift (Manessische Handschrift), Jenaer Liederhandschrift, Weingartner Liederhandschrift.

Zur dominierenden Strophenform des Minnesangs wurde, nachdem zunächst einfache Reimpaarstrophen vorherrschten, die dreiteilige *Stollenstrophe.* Der M. ist in einer großen Zahl literar. Formen (Minneklage, Tagelied, Tanzlied) erhalten. Kennzeichnend für die äußere Form des Minnesangs ist ferner das feststehende poetische Inventar (z. B. Natureingang, Falkenmotiv). Text u. Musik sind im M. nicht voneinander zu trennen. Verlässliche Notenaufzeichnungen gibt es jedoch erst für die Spätzeit. M. wurde als höfische Dichtung von den Minnesängern selbst vorgetragen. Als Forum dienten Fürstenhöfe (z. B. Wien), der Kaiserhof der Staufer oder Reichstage (Mainzer Hoffest 1184).

Der M. durchlief mehrere Entwicklungsstufen. Am Beginn steht der *donauländische M.* (rd. 1150–1170) mit Vertretern wie dem *Kürenberger, Meinloh von Sevelingen* oder *Dietmar von Aist.* Hauptthema ihrer Gedichte ist die Sehnsucht nach Liebe, wobei – im Gegensatz zum späteren M. – in den „Frauenstrophen" auch die Frau zu Wort kommt. Der *hohe M.* (rd. 1170–1190) ist u. a. mit den Namen *Friedrich von Hausen, Heinrich von Veldeke* u. *Albrecht von Johansdorf* verbunden. Gestaltet wird nun ein fiktives Dienstverhältnis zu einer idealen Frauengestalt, die dem Werbenden entzogen ist. Durch sein Werben wird er jedoch moralisch geadelt. Als zentrale Begriffe tauchen die *triuwe* u. der *hôhe mûot* auf. Der hohe M. ist reine Rollenlyrik; weder der Werbende noch die Umworbene sind konkrete Personen. Vielmehr wird die soziale Abhängigkeit des Minnesängers, der zu dieser Zeit meist ein *Ministeriale* ist, auf eine erotische Stufe gehoben. Einen Kulminationspunkt erreicht diese Entwicklung bei *Reinmar von Hagenau* u. *Heinrich von Morungen* (nach 1190), bei denen das Leiden an der Liebe zum Selbstzweck wird. In der Folgezeit stellte *Walther von der Vogelweide* dieses Programm zugunsten der *niederen Minne* in Frage, in der die Frau dem werbenden Manne wiederum gleichgestellt wird. Mit der Parodierung durch *Neidhardt von Reuenthal* (nach 1210), der das Liebeswerben in sozial niedere Schichten verlegt, findet der M. sein Ende. Mit dem Verfall der höf. Kultur u. dem Aufstieg eines städtischen Bürgertums wird der M. gegen Ende des 14. Jh. vom *Meistergesang* abgelöst. Als letzter Minnesänger wird *Oswald von Wolkenstein* bezeichnet. – Die wissenschaftl. Beschäftigung mit dem M. setzte in der Spätromantik ein. Die maßgebliche Textsammlung „Des Minnesangs Frühling" gaben 1857 K. Lachmann u. M. Haupt heraus.

Minnesota

◆ **Minnesota** [mini'soutə], Abk. *Minn.,* Staat im nördl. Mittelwesten der USA, am oberen Mississippi, 225 182 km², 4,7 Mio. Ew.; Hptst. *St. Paul* (zusammen mit *Minneapolis* das wirtschaftl. Zentrum); ein welliges, weitgehend von eiszeitl. Ablagerungen aufgebautes Hügelland mit Prärie im S, seenreichem Waldland im N (mit rd. 11 000 über 10 ha großen Seen der seenreichste Staat der USA); kontinentales Klima mit kalten Wintern u. warmen Sommern; rd. 35 % der Staatsfläche sind bewaldet, über 60 % werden landwirtschaftlich genutzt: Milch- u. Fleischviehzucht, Anbau von Getreide, Mais, Klee, Sojabohnen, Flachs u. Gemüse; Fleischverarbeitung *(St. Paul),* Konservenindustrie u. Getreideverarbeitung (Mühlen in *Minneapolis);* die Industrie wurde bes. nach dem 2. Weltkrieg ausgebaut; wichtigster Eisenerzlieferant der USA (Abbau in den nordöstl. Mittelgebirgen), nach weit gehendem Abbau der reichsten Lager techn. schwierige Aufbereitung des ärmeren Taconiterzes; Fremdenverkehr. – Erste weiße Besiedlung 1819 (Fort Snelling), 1838 Teil des *Wisconsin-Territoriums,* 1849 *Territorium M.,* danach stärkere Siedlungstätigkeit, 1858 als 32. Staat in die USA aufgenommen.

Minnesota River [mini'soutə 'rivə], *Saint Peter's River,* rechter Nebenfluss des Mississippi im USA-Staat Minnesota, 534 km; entspringt im Big Stone Lake, mündet südl. von Minneapolis.

Minnetrunk, in vorchristl. Zeit ein Gedenktrunk zum Gedächtnis der Toten u. Götter oder beim Abschied, in christlicher Zeit zu Ehren der hl. Gertrud oder des hl. Johannes; im MA höfische Sitte.

Minne und Recht, lat. *per amorem et justiciam,* eine Paarformel, die im kanonischen u. im dt. Recht des MA die beiden Möglichkeiten bezeichnet, einen Rechtsstreit zu entscheiden. Da erst die Vollstreckung eines Gerichtsurteils die obsiegende Partei in den Besitz ihres Rechtes setzt, einigen sich die Parteien sehr oft auf ein Verfahren *nach Minne* (Schiedsgericht), bei dem sie sich dem Spruch im Voraus freiwillig unterwerfen. Scheitert das Schiedsverfahren, wird der Streit *nach Recht* vor Gericht ausgetragen.

Miño ['minjo; span.], portug. *Minho,* der antike *Minius,* Fluss im nordwestspan. Galicien, 340 km; entspringt in der *Sierra de Meira,* bildet im Unterlauf den Westteil der portugies. Nordgrenze, mündet bei *Caminha* in den Atlant. Ozean; im Mittellauf durch zwei Stauanlagen mit Kraftwerken gestaut, ab Salvatierra de Miño schiffbar; im Gegensatz zu den meisten

Minnesota: Eisenerzabbau in der Mesabi Range

Flüssen der Iber. Halbinsel mit recht gleichmäßiger Wasserführung.

Mino da Fiesole, italien. Bildhauer, *1430/31 Poppi, †1484 Florenz; tätig in Florenz u. Rom; Grabmäler u. Büsten im Stil der florentin. Frührenaissance; Hptw.: Büsten im Bargello in Florenz; Grabmäler in Rom, Fiesole u. Florenz.

minoische Kultur, die bronzezeitl. Kultur Kretas, benannt nach dem sagenhaften König *Minos* von Kreta, Teil der → kretisch-mykenischen Kultur.

Kreta ist seit der Jungsteinzeit besiedelt. Die eigentl. m. K. entwickelte sich jedoch erst gegen Mitte des 3. vorchristl. Jahrtausends. Träger der minoischen Kultur war ein altmediterranes Volk, das von Landarbeit, Handwerk, Fischerei u. Seefahrt lebte. Die Besiedlung war bereits in der *frühminoischen Periode* (2600–2000 v. Chr.) dicht (kleinere Städte bes. im O, Rundgräber bes. im S der Insel). Unter den gewerbl. Erzeugnissen fallen Gefäße aus mehrfarbigem Stein, Goldschmuck mit naturalist. Blüten u. Blättern u. Siegel mit Wellen- u. Spiralenverzierung auf.

In der *mittelminoischen Periode* (2000–1600 v. Chr.) entstanden die ältesten Palastbauten von *Knossos, Phaistos* u. *Mallia*, die aus einem Komplex von Stockwerkanlagen um einen großen Mittelhof bestanden. Sie dienten nicht nur der Residenz von Herrschern (mit priesterl. Funktionen), sondern auch der Verwaltung, dem Warenaustausch, dem Gewerbe u. als Magazine (vor allem für Öl u. Wein). Eine Oberherrschaft scheint zumindest zeitweise Knossos (Sitz des sagenhaften Königs Minos) ausgeübt zu haben. Villen rings um die Paläste u. reiche Landhäuser auf der ganzen Insel weisen eine Oberschicht aus, die Prunk u. Eleganz, aber auch sportl. Wettkämpfe liebte. Von der techn. Begabung zeugen das Straßennetz, der Verkehr mit vierrädrigen Wagen, der Brückenbau, Entwässerungs- u. Kanalisationsanlagen u. die Konstruktion der Schiffe.

Seit der 1. Hälfte des 2. Jahrtausends v. Chr. war Kreta der kulturelle Mittelpunkt der bronzezeitl. Kultur des östl. Mittelmeerraums (beherrschend durch seine Flotte u. die durch den Handel mit der Ägäis, Ägypten u. dem Vorderen Orient erzielten Reichtümer). Die hohe soziale Stellung der Frau im höf. Leben u. als Priesterin stand in engem Zusammenhang mit der überragenden Stellung der Mutter- u. Fruchtbarkeitsgöttin in der Naturreligion der Kreter, in der Stier- u. Baumkulte eine große Rolle spielten. Die Toten bestattete man in den Nekropolen in einfachen Pithoi (große Vorratsgefäße aus Ton) oder kleinen Sarkophagen. Unter den Kunstgewerben war das Metallhandwerk führend. Der Hauptstil der Keramik war die sog. *Kamaresware* (nach dem Fund in einer Höhle am Idagebirge), mit oft eierschalendünner Gefäßwand, bemalt mit Spiralmustern, Kreisen, Wirbeln u. Ä., weiß u. rot auf dunklem Grund. Für die Siegel mit geometr. u. naturalist. Ornamenten verwandte man Elfenbein, weiche Steinsorten (Steatit) u. Halbedelstein. Die Entwicklung der Schrift ermöglichte die ersten Einrichtungen einer Bürokratie, man verwandte Bilder- u. Linearschriften (→ minoische Schriften).

Um 1700 v. Chr. wurden die ersten Paläste (Großanlagen) vermutlich durch ein Erdbeben vollständig zerstört. Mit ihrem Wiederaufbau entstand eine neue Blütezeit, die bis in die *spätminoische Periode* (1600 bis 1150 v. Chr.) reichte. Die Architektur der neuen Paläste in Knossos, Phaistos, Mallia, Hagia Triada u. Zakros erhielt einen monumentaleren Charakter. Zahlreiche Räume (für die königl. Familie, Fest- u. Empfangsräume, Kulträume, Künstlerwerkstätten, Magazine u. a.) lagen in z. T. mehr als drei Stockwerken um einen Mittelhof, unsymmetrisch u. in verschiedener Höhe angeordnet, untereinander durch Treppen u. Korridore verbunden. Die Ausstattung war komfortabel (Baderäume, Abortanlagen, Wasserleitung). Die Innenwände wurden mit stuckiertem Verputz ausgeschmückt u. oft mit Malereien versehen oder mit Marmorplatten verkleidet, die Fußböden mit Platten aus Gips (Alabaster), Schiefer oder Kalkstein ausgelegt.

In den zahlreich erhaltenen Fresken mit Szenen des tägl. Lebens, höfischen u. kultischen Darstellungen (Festversammlungen, Tanzszenen, Stierspringen, Prozessionen) u. genreartigen Szenen (blaugemalter Affe auf rotem Grund, Krokuspflücker) offenbart sich die Pracht der Blütezeit. Typisch für diese Malereien sind die vogelschauähnl. Perspektive u. ein sinnenfreudiger Naturalismus. Im Kunsthandwerk verwandte man vorwiegend untektonisch-vegetabile Gefäßverzierungen (Meeresfauna u. -flora, Blütenornamente). Die Kleinkunst (Gemmen, Siegel, Goldschmuck) war von den gleichen Gestaltungsprinzipien bestimmt. In der Schrift trat der Lineartypus in den Vordergrund. Der Kult um den Verstorbenen unterschied sich kaum vom Götterkult (szen. Gestaltung auf dem Sarkophag von *Hagia Triada*). Allg. bestattete man die Toten in Kammer-, Schacht- u. Kistengräbern; daneben gab es Kuppelgräber. Eins der Königsgräber in Knossos war wie ein Gebäude mit zwei Stockwerken gebaut.

Der Untergang der minoischen Kultur wurde durch Flut- u. Erdbebenkatastrophen (Vulkanausbruch des Santorin) um 1500 oder 1470 v. Chr. mit der Zerstörung der Paläste eingeleitet u. durch die krieger. Inbesitznahme der Insel durch die myken. Heerfürsten um 1400 v. Chr. besiegelt. Nach der Katastrophe existierte anscheinend nur Knossos unter einer achäischen Herrschaft weiter. Doch entwickelten sich dafür die Städte u. Plätze (Phaistos, Hagia Triada, Gurnia) mit Märkten mit zweistöckigen Säulenhallen, Läden, Hallen u. myken. Megaronanlagen. Nach der großen Zahl von Nekropolen zu urteilen (in den Fels geschnittene Gräber u. Kuppelgräber myken. Art), muss die Bevölkerungsdichte erheblich gewesen sein. Formen u. Elemente der minoischen Kultur erstarrten u. nahmen immer mehr die Wesenszüge der *mykenischen Kultur* an. In dieser Form lebte die m. K. bis zur Invasion der Dorier seit 1200 v. Chr. weiter.

minoische Schriften, *kretische Schriften,* die Schriftsysteme, die in der vorgriech. Zeit der Insel Kreta, d. h. in der minoischen Kultur, verwendet wurden. In der mittelminoischen Periode (2000–1600 v. Chr.) war eine Bilderschrift in Gebrauch. Sie wurde von den Linearschriften A u. B abgelöst. Teilweise entziffert (von J. Chadwick u. M. Ventris 1953) ist bisher nur Linear B; die zugrunde liegende Sprache wird als ein altes Griechisch gedeutet.

Minorat [das; lat.], das Vorrecht des Jüngsten auf das Erbe, Jüngstenrecht, Jüngstenerbgut; Gegensatz: *Majorat*.

Minorist [lat.], ein Kleriker, der die niederen Weihen empfangen hat (1973 abgeschafft). Auch → Majorist.

Minorität [lat.], Minderheit, bes. bei Abstimmungen die Minderzahl. Auch → Minderheiten.

Minoriten [lat.], im deutschsprachigen Raum Bez. für die → Konventualen.

Minorka, kräftige *Haushuhnrasse* aus Spanien mit guter Fleischleistung; Gewicht des Hahnes bis 3,5 kg. Es gibt schwarze u. weiße Farbschläge.

Minos: Minotauros wird von Theseus getötet; römisches Mosaik. Pamplona, Museo de Navarra

◆**Minos**, in der griech. Sage König von Kreta, Sohn von *Zeus* u. *Europa*. Poseidon sandte M. einen Stier aus dem Meer, den M. jedoch nicht opferte. Zur Strafe bewirkte der Gott, dass sich Minos' Gattin *Pasiphaë* in den Stier verliebte. Sie gebar den stierköpfigen *Minotauros*, für den M. durch *Daidalos* das *Labyrinth* erbauen ließ. In bestimmten Zeitabständen (7 oder 9 Jahre) mussten die von M. unterworfenen Athener 14 junge Leute schicken, die dem Minotauros zum Fraß vorgeworfen wurden, bis *Theseus* ihn tötete. M. wurde nach seinem Tod Totenrichter in der Unterwelt. – M. war vielleicht der Titel des kret. Königs; mit ihm verbanden die Griechen Königtum, Kultur, Gesetzgebung u. Sitten im Kreta des 2. Jahrtausends v. Chr.

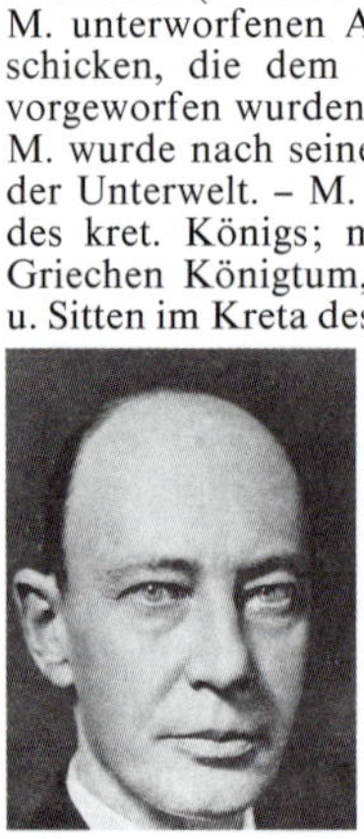

◆**Minot** ['mɪnət], George Richards, US-amerikanischer Mediziner, *2. 12. 1885 Boston, †25. 2. 1950 Boston; Mitentdecker der Behandlung der perniziösen Anämie 1926; 1934 Nobelpreis gemeinsam mit W. *Murphy* und G. *Whipple*.

George Richards Minot

Minsk: Siegesplatz mit dem Obelisk zum Gedenken der Gefallenen des Zweiten Weltkriegs

Minotauros, griech. Sagengestalt, → Minos.

◆**Minsk**, Hptst. sowie kulturelles u. wirtschaftl. Zentrum Weißrusslands, 1,7 Mio. Ew.; Universität (1921) u. a. Hochschulen, Forschungsinstitute, Akademie der Wissenschaften u. der Landwirtschaftswissenschaften Weißrusslands; röm.-kath. Kathedrale (1615), Festungsanlage, Stadttor; Maschinen-, Traktoren- u. Automobilbau, feinmechan. u. Elektroindustrie, Textilbetriebe, Lederverarbeitung, Nahrungsmittel-, chem., Holz-, Baustoff- u. Porzellanindustrie, graf. Gewerbe, Landkartenherstellung, Wärmekraftwerk; Verkehrsknotenpunkt, Flugplatz. – Eine der ältesten Städte Russlands, 1067 als *Menesk* erstmals erwähnt.

Minstrel [engl., ursprüngl. „Diener"], Spielmann u. Sänger im alten England (13.–16. Jh.). Die Minstrels entwickelten sich zu einem geschlossenen Stand mit eigenem Gerichtshof (*Court of M.*), selbst gewählter König u. 4 Verwaltungsbeamten. Sie pflegten vorzugsweise die epische Darstellung.

Minstrelsong [der; engl.], im 19. u. frühen 20. Jahrhundert in den USA verbreiteter Liedtypus, der in Text u. Musik äußerl. u. sprachl. Eigenarten der Afroamerikaner bösartig karikiert. Minstrelsongs wurden von schwarz geschminkten Weißen in sog. *Minstrelshows* vorgetragen. Einige Elemente der Minstrelshows beeinflussten den frühen Jazz.

Mintoff, Dominic, maltes. Politiker (Labour Party), *6. 8. 1916 Cospicua; Ingenieur; 1947–1949 stellvertr. Premier-Min., 1949 bis 1985 Partei-Vors., 1955–1958 u. 1971–1984 Premier-Min.

Mintrop-Welle, von dem Geophysiker Ludger *Mintrop* (*1880, †1956) in den 1920er Jahren zuerst zur Erforschung des Erduntergrunds ausgenutzte künstlich erzeugte seismische Kopfwelle, die an der Grenzfläche zweier unterschiedl. Schichten entlanggeführt wird.

Minuartia [lat.], eine Pflanze, → Miere.

Minucius Felix, Marcus, Apologet des 2./3. Jh., Rechtsanwalt in Rom, erst spät Christ; verteidigte das Christentum in seinem latein. Dialog „Octavius" um 200.

Minuend [der; lat.], ein mathemat. Begriff, → Subtraktion.

Minuf, ägypt. Stadt im S des Nildeltas, rd. 50 000 Ew.; in einem Flachs- u. Baumwollanbaugebiet.

Minulescu, Ion, rumänischer Schriftsteller, *7. 1. 1881 Bukarest, †11. 4. 1944 Bukarest; schrieb symbolistische Lyrik sowie satirisch-humoristische Romane und Komödien.

minus [lat.], weniger, abzüglich; mathemat. Zeichen (–) für die → Subtraktion.

Minuskel [die; lat.], Kleinbuchstabe; Gegensatz: *Majuskel*.

Minussinsk [-'sinsk], *Minusinsk*, Stadt im S des Kraj Krasnojarsk (Russland), am oberen Jenissej, 72 000 Ew.; landwirtschaftliche Ingenieurschule, mehrere Fachhochschulen, Theater, Museum; Mühlenbetriebe, Fleischfabriken, Möbel-, Textil-, Nahrungsmittelindustrie; Steinkohlenvorkommen (*Minussinsker Becken*); Flusshafen; Anschluss zur Transsibirischen Eisenbahn. – Gegründet 1740.

Minute [lat.], **1.** *Winkelmessung:* Bogenminute, Kurzzeichen ′, der 60. Teil des Grades eines Winkels. **2.** *Zeitmessung:* Kurzzeichen min, das 60fache der SI-Einheit Sekunde (s); wird bei (astronom.) Uhrzeitangaben hochgesetzt: ^{min} oder auch ^{m}.

„Minuteman" ['mɪnɪtmæn], eine US-amerikan. ballist. → Interkontinentalrakete. Die modernste Ausführung („M." III) trägt einen nuklearen Sprengkopf (→ START). Die „M." wird aus unterirdischen, verbunkerten Silos abgefeuert.

Minutenböden, *Stundenböden*, schwere, meist tonhaltige, feuchte Böden, die nur bei einem bestimmten Bodenwassergehalt bearbeitet werden können; dieser optimale Zustand ist oft nur in kurzen Zeitabschnitten („Minuten", „Stunden") gegeben.

minuziös [frz.], peinlich genau.

Minya, *Al Minya,* ägypt. Provinz-Hptst. am mittleren Nil, 208 000 Ew.; Baumwollmarkt u. -verarbeitung.

Minyag Gongkar [tibet.], Berg im W der chines. Prov. Sichuan, → Gongga Shan.

Minyer, vorgeschichtl. Volksstamm in Thessalien u. bes. in Böotien um Orchomenos (Minyeios); Träger einer hoch entwickelten frühgriech. Kultur (Kuppelgrab des *Minyas,* Deichbauten am Kopaissee).

◆ **Minze** [die; grch., lat.], *Mentha,* eine Gattung der *Lippenblütler (Labiatae).* Von den in Dtschld. heim. Arten sind häufig: *Ackerminze, Mentha arvensis; Wasserminze, Mentha aquatica; Grüne M., Mentha spicata; Rossminze, Mentha longifolia; Poleiminze, Mentha pulegium;* meist gesellig an feuchten Standorten zu finden. Acker- u. Wasserminze sind typisch für Verlandungsgesellschaften. Die Minzearten bilden zahlreiche Bastardformen. Von ihnen ist die *Pfefferminze, Mentha piperita,* ein Bastard zwischen der Grünen M. u. der Wasserminze, von wirtschaftl. Bedeutung. Sie wird wegen des Gehalts an äther. Öl *(Menthol)* feldmäßig angebaut. Die Blätter werden als Magentee gegen Verdauungsstörungen u. Erbrechen verwendet. Äußerlich wird das Pfefferminzöl zur Erfrischung u. Belebung gebraucht. Eine ähnl. Bastardbildung findet sich bei der *Edelminze, Mentha gentilis,* einer Kreuzung zwischen Ackerminze u. Grüner M.

Mio., Abk. für *Million.*

Miombo [der; afrik.], Laub abwerfender offener Trockenwald (Savannenwald) im trop. Ost- u. Südafrika; besteht aus regengrünen Leguminosen- u. Schirmbäumen.

Miose [die; grch.], *Miosis,* die Pupillenverengung, → Pupille.

Miotika [grch.], pupillenverengende Mittel, z. B. Physostigmin (Eserin) u. Pilokarpin.

Miotti-Glas, Erzeugnisse der zu Beginn des 17. Jh. von der Familie *Miotti* in Murano (Venedig) gegründeten Glashütte, vor allem Aventuringlas, seit dem 18. Jh. auch Porzellanglas (opakweißes Glas). Verzierungen aus roter oder bunter Emailfarbe stellen meist italien. Landschaften dar. Bekannt wurde das M. vor allem durch das 1741 unter der Leitung von Vicenzo Miotti für den engl. Schriftsteller Horace Walpole hergestellte Tafelservice.

Miozän [das; grch.], Zeitabschnitt des *Jungtertiärs.*

Mipolam [das], Marke, ein Kunststoff, Mischpolymerisat von Vinylchlorid u. Acrylsäureestern, das gegenüber den meisten Lösungsmitteln beständig ist; wird beispielsweise für Fußbodenbeläge verwendet.

Miquel ['miːkəl], Johannes von, dt. Politiker, *19. 2. 1828 Neuenhaus, Hannover, †8. 9. 1901 Frankfurt a. M.; Jurist; anfangs radikaler Demokrat, 1850 bis 1852 Mitgl. des Bundes der Kommunisten; 1859 Mitgründer des Nationalvereins, 1866 der Nationalliberalen Partei; 1867–1876 u. 1887–1890 Abg. des Reichstags; 1876–1880 Oberbürgermeister von Osnabrück, 1880–1890 von Frankfurt; 1890–1897 preuß. Finanzminister, 1897–1901 Vize-Präs. des preuß. Staatsministeriums. Miquels polit. Laufbahn kennzeichnet die Rechtsschwenkung des dt. Bürgertums im 19. Jh. Nachdem er die Hoffnung auf eine Parlamentarisierung des Dt. Reiches aufgegeben hatte, formte er in den 1880er Jahren mit R. von *Bennigsen* die Nationalliberale Partei zu einer bürgerl.-konservativen Interessenvertretung. Er befürwortete eine bürgerl. Sammlungspolitik gegen die Sozialdemokratie u. förderte die dt. Kolonialpolitik sowie die Germanisierung in den Ostprovinzen. Seine Leistungen liegen auf den Gebieten der Kommunalpolitik u. der preuß. Finanzreform (→ Miquel'sche Steuerreform).

Miquelon [mikə'lõ], Gruppe von zwei größeren, gebirgigen französ. Inseln *(La Grande M.* u. *La Petite M.)* südl. von Neufundland, zusammen 215 km², 710 Ew.; Stützpunkt für die Fischerei auf der Neufundlandbank; Gemüseanbau, Pelztierzucht; gehören zur französ. Gebietskörperschaft (Collectivité Territoriale) *Saint-Pierre et M.*

Miquel'sche Steuerreform ['miːkəl-], die unter dem preuß. Finanzminister J. von *Miquel* 1891–1893 vorgenommenen Reformmaßnahmen, die die dt. Steuergeschichte der nächsten Jahrzehnte nachhaltig beeinflussten: 1891 Einführung einer Einkommensteuer (anstelle der → Klassensteuer) u. einer neu gestalteten Gewerbesteuer nach dem Ertrag u. dem Kapital; 1893 Einführung einer Vermögensteuer als „Ergänzungssteuer" zur Einkommensteuer; zugleich wurden die Ertragsteuern (Grund- u. Gebäudesteuer sowie Gewerbesteuer) den Gemeinden als Kommunalsteuern überlassen.

Mir [russ., „Friede"], eine sowjetisch bemannte Raumstation, die am 19. 2. 1986 (MEZ) gestartet wurde u. bis zu ihrem kontrollierten Absturz am 23. 3. 2001 die Erde in 300–400 km Höhe umkreiste. Sie wurde von Solarzellen mit Energie versorgt. An die Station konnten verschiedene Module angeschlossen werden, die Forschung u. Produktion von Werkstoffen im Weltraum ermöglichten. Bei Langzeitmissionen hielten sich einige Kosmonauten z. T. über ein Jahr in der Raumstation auf.

Mira [lat., der „wunderbare" (Stern)], *Mira Ceti,* veränderl. Stern im Walfisch, entdeckt 1596 von D. *Fabricius;* verändert sein Licht in 332-tägigem Rhythmus; im Lichtminimum sehr schwach (9.–10. Größe), zur Zeit der größten Helligkeit mit bloßem Auge sichtbar (3. oder 2. Größe); Entfernung 420 Lichtjahre; Prototyp einer Klasse von langperiod. Veränderlichen, den *Mira-Sternen.* Dies sind rote Überriesen (M. selbst hat etwa 750fache Sonnengröße). Lichtwechselperiode u. Lichtschwankungsgröße der meisten Mira-Sterne sind unregelmäßig; die Ursachen des Lichtwechsels sind wahrscheinlich Pulsationen u. Trübungen in der Sternatmosphäre.

Mira, italien. Gemeinde in Venetien, westl. von Venedig, 36 000 Ew.; Villen aus venezian. Zeit; chem. Industrie.

◆ **Mirabeau** ['-bo], Honoré Gabriel *Riqueti,* Graf von M., französ. Politiker, *9. 3. 1749 Le Bignon, Gâtinais, †2. 4. 1791 Paris; kam 1789 als Abg. des 3. Standes in die Generalstände, tat sich als Redner hervor u. trat für eine konstitutionelle Monarchie nach engl. Vorbild ein; bemühte sich um eine Versöhnung zwischen König u. Volksvertretung, scheiterte aber, weil ihm beide misstrauten. M. wurde 1790 Präs. des Jakobinerklubs; er starb kurz nach der Ernennung zum Präsidenten der Nationalversammlung. Hptw.: „Essai sur le despotisme" 1776; „De la monarchie prussienne sous Frédéric le Grand" 4 Bde. 1788.

Honoré Gabriel Riqueti Graf von Mirabeau

Mirabell, Schloss in Salzburg, 1606 unter Erzbischof Wolf Dietrich erbaut, 1721–1727 durch J. L. von *Hildebrandt* im Barockstil umgebaut, nach dem Brand von 1818 umgestaltet; mit barockem *Mirabellgarten,* Naturtheater u. Kurgarten.

Mirabella [lat. *mirabilis,* „wunderbar", angelehnt an *bella,* „die Schöne"], weibl. Vorname.

◆ **Mirabelle** [die; frz.], *Prunus domestica ssp. syriaca,* eine Steinobstart mit kleinen süßen Früchten.

Mirabilis [lat.], eine Pflanze, → Wunderblume.

Mirabilit [der], ein Mineral, → Glaubersalz.

Minze: Rossminze, Mentha longifolia

Mirabelle, Prunus domestica ssp. syriaca

Joan Miró: Schwalbe Liebe; Öl auf Leinwand 1934. New York, Privatsammlung

Mirach, arab. Bez. für den Stern β Andromedae (im Sternbild *Andromeda*). Die Helligkeit ist 2. Größe. M. ist ein roter Riesenstern in 200 Lichtjahren Abstand.
Miracidium [das; griechisch], die bewimperte Larvenform der digenetischen *Saugwürmer (Trematodes, Digenea),* die den Zwischenwirt befällt. Nach Abwerfen der Wimpern und der Augen wird daraus eine *Sporocyste.*
Mirakelspiel [lat. *miraculum,* „Wunder"], *Miracle,* französ. Bez. für ein geistl. Drama aus dem 11. bis 18. Jh., das seinen Stoff aus einer Legende nimmt; entspricht dem dt. *Legendenspiel.*
Mir 'Ali Tabrizi, persischer Kalligraph, tätig im 14. Jh.; gilt als der Erfinder des *Nastaliq-*Duktus der arabischen Schrift, der sich seitdem als Modellschrifttyp durchsetzte.
Miramas [mira'ma], südfranzös. Stadt in der Landschaft La Crau, im Dép. Bouches-du-Rhône, 21 900 Ew.
Miranda [lat.], einer der Monde des → *Uranus.*
Miranda, Staat im NW von Venezuela am Karibischen Meer, westlich von Caracas, 7950 km², 2,3 Mio. Ew.; Hptst. *Los Teques;* Anbau von Kaffee, Kakao, Zuckerrohr u. Zitrusfrüchten; 30% der Staatsfläche sind bewaldet, 40% werden weidewirtschaftlich genutzt.
Miranda [lat., „die Bewunderungswürdige"], weibl. Vorname.
Miranda, 1. Francisco de, venezolan. Unabhängigkeitskämpfer, * 28. 3. 1750 Caracas, † 14. 7. 1816 Cádiz (Spanien); warb in Europa für die Unabhängigkeit Venezuelas u. proklamierte die Unabhängigkeit 1811; kämpfte 1811/12 erfolglos gegen die spanischen Truppen in Venezuela; 1812 gefangen genommen u. nach Spanien gebracht, wo er im Gefängnis starb.
2. Francisco de *Sá de Miranda,* portugies. Dichter, → Sá de Miranda.
Miranda de Ebro, nordspan. Stadt in Altkastilien, nordöstl. von Burgos, 37 000 Ew.; Eisenbahnwerkstätten; Herstellung von Kunstfasern u. Cellulose; Zuckerfabrik; Verkehrsknotenpunkt.
Mirbanöl → Nitrobenzol.
Mirbeau [-'bo], Octave, französ. Schriftsteller u. Journalist, * 16. 2. 1848 Trévières bei Bayeux, † 16. 2. 1917 Paris; erregte Aufsehen durch seine gesellschaftskritischen, oft zynischen, antiklerikalen Schauspiele („Geschäft ist Geschäft" 1903, dt. 1903); verfasste auch Unterhaltungsromane (u. a. „Le journal d'une femme de chambre" 1900, dt. „Enthüllungen einer Kammerzofe" 1901).
Mircea ['mirtʃea], *Mircea I., der Große* (auch *der Alte*), Fürst der Walachei 1386–1418, † 31. 1. 1418 Argeş; der letzte von Türken unabhängige Fürst der Walachei, maßgeblich an der europ. Türkenabwehr auf dem Balkan beteiligt; musste 1414 schließlich die Oberhoheit des Sultans anerkennen u. ihm Tribut zahlen.
Mirecourt [mir'ku:r], ostfranzös. Stadt im Dép. Vosges, südl. von Nancy, 7400 Ew.; Zentrum der Holzverarbeitung, bes. Geigenbau, der durch Italiener im 17. Jh. begründet wurde.
Mired, Abk. für engl. *micro reciprocal degree,* in der Fotografie benutzte nicht gesetzliche Einheit für den 10^6 fachen Kehrwert der → Farbtemperatur einer Lichtquelle in Kelvin (K). Allgemein gilt: x Mired = $10^6/x$ Kelvin. Tageslichtfilme sind auf 5500 K sensibilisiert, das entspricht etwa 180 M., Kunstlichtfilme auf 3200 K, das entspricht etwa 310 M. Für den Wert, um den bei der Verwendung von Farbkonversionsfiltern die Beleuchtung korrigiert werden muss, wird häufig die Einheit *Dekamired,* das Zehnfache der Einheit M., benutzt.
Mirepoix [mir'pwa; das; frz.], in Würfel geschnittenes Röstgemüse, z. B. Karotten u. Zwiebeln; wird beim Braten beigefügt, um einen kräftigen Fleisch- oder Soßengeschmack zu erzielen.
Miri, Stadt im N von Sarawak (Malaysia), an der Grenze zu Brunei, 91 000 Ew.; Erdölgewinnung u. -raffinerien; Flugplatz.
Mirikina [der; indian.], *Aotes trivirgatus,* ein *Nachtaffe* von schmächtiger Gestalt, mit graubraunem, weichem Pelz; von 35 cm Körpergröße mit 50 cm langem Schwanz; von Guyana bis Peru verbreitet.
Mir Iskusstwa, *Mir Iskusstva* (der; russ., „Kunstwelt"], eine 1899 in St. Petersburg gebildete russ. Künstlergemeinschaft, die eine gleichnamige Zeitschrift herausgab; vertrat im Gegensatz zu den realist. u. sozialen Tendenzen der *Peredwischniki* das Prinzip *L'art pour l'art* u. führte die Kunst des Impressionismus in Russland ein. Fast alle Mitglieder (S. *Diaghilew,* L. S. *Bakst*) waren auch als Bühnenbildner tätig.
Miritipalme → Mauritiuspalme.
Mirjam, lat. *Maria,* im AT Prophetin, Schwester Aarons (2. Mose 15,20 f.) u. Moses (4. Mose 26,59).
Mirliton [mirli'tõ; das; frz.; engl. *kazoo*], eine Membran, durch die Finger oder einen Rahmen gespannt oder als Verschluss einer Röhre. Das M. wird angesungen u. gibt der Stimme eine näselnde Färbung; volkstümlich bekannt als Kammblasen.
Mirnyj [russ., „der Friedliche"; nach dem Schiff F. von *Bellingshausens*], russ. wissenschaftl. Basisstation an der Küste des Königin-Mary-Lands der Antarktis; 1956 errichtet; zwei Flugzeugstartbahnen.
◆ **Miró,** Joan, span. Maler u. Grafiker, * 20. 4. 1893 Montroig bei Barcelona, † 25. 12. 1983 Palma de Mallorca; kam nach Malstudien in Barcelona 1919 nach Paris, anfangs vom Kubismus beeinflusst; entwickelte seit 1924 einen weitgehend abstrakten, von Symbolen u. figurativen Bildzeichen geprägten Stil, der ihn vorübergehend in den Kreis der Surrealisten führte (Teilnahme an der 1. Surrealisten-Ausstellung 1925). Die fantastischen, den Eindruck mikrokosmischer Fabelwelten hervorrufenden Gemälde u. graf. Arbeiten Mirós sind häufig humoristisch gefärbt. M. schuf auch Ballettdekorationen, keram. Dekorentwürfe u. Plakate.
Miró Ferrer, Gabriel, span. Schriftsteller, * 28. 7. 1879 Alicante, † 27. 5. 1930 Madrid; schilderte in lyrisch-symbolist. Romanen, Erzählungen u. Skizzen die Landschaft seiner Heimat u. das Leben verschlafener Provinzstädte (u. a. „El obispo leproso" 1926).
◆ **Mirow** [-ro], Stadt in Mecklenburg-Vorpommern, Ldkrs. Mecklenburg-Strelitz, am *Mirowsee,* südwestl. von Neustrelitz, 4100 Ew. – Ursprüngl. slaw. Dorf, 1226/27 an

den Johanniterorden, dessen Komturei 1587 an die mecklenburgischen Herzöge fiel, Ordenshaus 1749–1760 zum Schloss ausgebaut (Nebenresidenz, heute Altersheim); Kirche (14. Jh.) mit Fürstengruft der Herzöge bzw. Großherzöge von Mecklenburg-Strelitz.

◆ **Mirrlees** ['mirli:s], James Alexander, brit. Wirtschaftswissenschaftler, * 5. 7. 1936; lehrte 1968 bis 1995 in Oxford, seit 1995 an der Universität Cambridge. Arbeitsgebiet ist die Informationsökonomie, insbes. das Verhalten von Wirtschaftssubjekten bei ungleicher Kenntnis der wirtschaftl. Bedingungen. Seine Analysen haben bes. Bedeutung bei der Gestaltung von Versicherungs- u. Kaufverträgen sowie Sozialversicherungssystemen. M. entwickelte zudem ein *Modell der optimalen Einkommensbesteuerung*. 1996 erhielt er zusammen mit W. *Vickrey* den Nobelpreis für Wirtschaftswissenschaften.

James Alexander Mirrlees

Mir Sayyid 'Alī, *Juda'i*, persischer Maler, Illustrator und Dichter, nachweisbar in der Mitte des 16. Jh. in Tabriz; einer der bedeutendsten persischen Miniaturmaler, Begründer der *Mogul-Schule*. Er schuf Illustrationen für Werke von *Nizami* („Laila und Madjnun"; „Chosrou und Shirin") und für eine Kopie des Hamza-Romanes, ferner Schilderungen des Stadt- und Landlebens in Persien, die sich allesamt durch lebhafte, fein abgestimmte Farbigkeit, reichhaltige Komposition und Detailgenauigkeit auszeichnen.

MIRV, Abk. für engl. *Multiple Independently Targetable Re-entry Vehicles*, → Mehrfachsprengköpfe für → Interkontinentalraketen u. → Mittelstreckenraketen.

Mirza [mir'za:; pers.], Titel in Iran: vor dem Namen „Herr" für Vornehme, hinter dem Namen Titel der Prinzen.

Mirzapur [-za-], ind. Distrikt-Hptst. in Uttar Pradesh, am Ganges, südwestl. von Varanasi, 169 000 Ew.; hinduist. Wallfahrtsort; Handelsplatz; Baumwoll-, Teppich- u. Metallindustrie, Zementfabrik; Verkehrsknotenpunkt.

Mirza Schaffy, Pseudonym für den dt. Dichter F. von *Bodenstedt*, ursprüngl. Name seines Lehrers in Tbilissi (Georgien).

mis... → miso...

Miscanthus → Seidengras.

Misch, Georg, dt. Philosoph, * 5. 4. 1878 Berlin, † 11. 6. 1965 Göttingen; Prof. in Marburg u. Göttingen, 1939–1946 Emigration nach England; Fortsetzer der *Lebensphilosophie* W. Diltheys, dessen Werke er herausgab u. kommentierte; Hptw.: „Geschichte der Autobiografie" 3 Bde. 1907 ff.; „Der Weg in die Philosophie" 1926; „Lebensphilosophie u. Phänomenologie" 1930; „Vom Lebens- u. Gedankenkreis W. Diltheys" 1947.

Mischa, russ. Koseform von → Michael.

Mischabelhörner, vergletscherte Berggruppe in den Walliser Alpen (Schweiz), zwischen Mattertal u. Saastal, mit dem *Dom* (4545 m) u. weiteren Viertausendern.

Mischbatterie, *Wassermischer*, ein Auslaufventil für Wasser, das unmittelbar vor dem Auslaufen Kalt- u. Warmwasser mischt; Ausführung als Einhebelmischbatterie oder Thermostatmischbatterie, die eine Temperaturvorwahl zulässt.

Mischbestand → Mischwald.

Mischbett, *Textiltechnik*: übereinander gelagerte Schichten verschiedener Faserarten oder Fasern verschiedener Herkunft; die Schichten werden senkrecht abgetragen, um eine gleichmäßige Mischung zu erreichen.

Mischehe, 1. *Rassen-Mischehe*, die Ehe zwischen Personen verschiedener Rasse. Mischehen waren in manchen Staaten verboten; z. B. in der Republik Südafrika die M. zwischen Weißen u. Schwarzen. Rassenideologisch begründet wurde das Verbot der Ehe zwischen „Staatsangehörigen dt. oder artverwandten Blutes" u. Juden im Dt. Reich durch das „Blutschutzgesetz" vom 15. 9. 1935 (eines der → Nürnberger Gesetze).
2. *religions-* oder *konfessionsverschiedene Ehe*, die Ehe zwischen Personen verschiedener Religion bzw. Konfession; nach dem Recht vieler Kirchen nur unter bestimmten Voraussetzungen zulässig; nach *kath. Kirchenrecht* nur mit bes. Genehmigung der kirchl. Autorität (Dispens) u. möglich nur, wenn durch besondere Erklärung (Revers) kath. Trauung u. Kindererziehung sowie Erhaltung des kath. Glaubens des kath. Teils gewährleistet u. mündlich gelobt worden sind (auch → Eheschließung). Nach *ev. Kirchenrecht* ist nur eine geistl. Ermahnung des ev. Teils hinsichtlich seiner bes. Glaubenspflichten vorgeschrieben. Auch → Bekenntnisverschiedenheit.

Mischelement, ein natürliches chemisches Element, das aus zwei oder mehr → Isotopen besteht.

Mischfarben, Farben, die durch Mischung reiner Spektralfarben entstehen. Auch → Farbenlehre.

Mischfeuerung, gleichzeitige Verfeuerung mehrerer Brennstoffe zur techn. oder wirtschaftl. Optimierung des Verbrauchs von Energieträgern.

Mischgarn, Garn aus Fasern verschiedener Rohstoffe (Natur- u. Chemiefasern). Zweck des Mischens ist es, bes. Effekte u. günstige Gebrauchs- u. mechan.-technolog. Eigenschaften zu erzielen sowie teure Rohstoffe einzusparen. Bei der Aufstellung der Fasermischung müssen die Eigenschaften wie Länge, Feinheit, Dehnung u. Festigkeit aufeinander abgestimmt werden.

Mischgewebe, Gewebe aus verschiedenen Garnen, z. B. Kette aus Baumwolle, Schuss aus Leinen; auch Gewebe aus *Mischgarnen*.

Mischkammern, *Mischfächer*, *Mischstöcke*, *Gefache*, Kammern zum Lagern von Baumwolle (Feuchtigkeitsausgleich, Erholung). Die in waagerechten Schichten beschickten M. werden in senkrechten Schichten wieder abgetragen (Mischen). Das Mischen kann auch mit Hilfe entspr. Automaten durchgeführt werden. Auch → Mischbett.

Mischkanalisation, ein System, in dem Regenwasser u. Abwasser in einem gemeinsamen Kanal gesammelt u. abgeführt werden. Dabei wird auch das zunächst abfließende u. durch Abschwemmung u. Aufwirbelung im Kanal stark verschmutzte Regenwasser der Kläranlage zugeleitet. Bei hohem Regenwasseranfall erfolgt eine Entlastung der Kläranlage über Regenauslässe an den Hauptkanälen. Diese führen das nunmehr durch Regen stark verdünnte Abwasser dem → Vorfluter zu. In der Kläranlage ergibt sich ein höherer Schlammanfall als bei der → Trennkanalisation.

Mirow: Das barocke Schloss wurde von 1749 bis 1760 nach Plänen von Christoph Julius Löwe erbaut

Mischkondensator

Mischpult: computergestütztes Mischpult der Tontechnik beim Musical „Starlight Express" (im Hintergrund die Bühne)

Mischkondensator, ein bei kleineren Dampfmaschinen eingesetzter → Kondensator, bei dem der zu kühlende Dampf unmittelbaren Kontakt mit dem Kühlwasser hat.

Mischkristalle, stofflich verschiedene Komponenten, die in wechselndem Verhältnis gemischt noch einheitlich (homogen) kristallisieren können. M. kommen oft bei Mineralien vor; sie bilden sich auch in Legierungen.

Mischkultur, der gleichzeitige Anbau verschiedener Pflanzenarten auf derselben Fläche, besonders im Gemüsegarten empfohlen, weniger für großflächigen Feldanbau geeignet. Die Pflanzen sollen sich gegenseitig günstig beeinflussen, Krankheiten u. Schädlinge auf natürliche Weise abwehren u. den Boden gesund u. leistungsfähig erhalten.

Mischlagerung → Lagergeschäft.

Mischlichtlampe, eine bes. Glühlampe, die in einem Glaskolben, der mit einer fluoreszierenden Schicht belegt ist, einen Quecksilberdampf-Hochdruckbrenner (blau-weißliches Licht) u. eine Wendel aus Wolframdraht (gelb-rötliches Licht) enthält. Das entstehende Mischlicht ähnelt dem Tageslicht u. gibt Farben gut wieder.

Mischling, 1. *Anthropologie:* jeder Mensch, dessen Eltern verschiedenen Rassenkreisen angehören. Bezeichnungen für Mischlinge (z. T. nur regional u. häufig mit diskriminierendem Unterton gebraucht) finden heute nur noch selten Verwendung: *Cafuso* u. *Chino:* Indianer u. Schwarze; *Cojote (Cajote):* Indianer u. Mestizen; *Cubra:* Mulatten u. Schwarze; *Halfcast (Eurasier):* Weiße u. Inder; *Ladino:* im südl. Mexiko Europäer u. Indianer; *Mamelucos:* Weiße u. Quarteronen; *Mango:* Schwarze u. Zambos; *Mestigos Chinos:* Chinesen u. Malaien; *Mestizen:* Weiße u. Indianer, Weiße u. Malaien in Indonesien; *Mulatten:* Weiße u. Schwarze; *Quarteronen:* Weiße u. Terzeronen (2. Grades); *Terzeronen:* Weiße u. Mulatten 1. Grades; *Zambos (Sambos):* Schwarze u. Indianer oder Schwarze u. Mulatten.
2. *Biologie:* → Bastard (3).

Mischmaschinen, Maschinen zur innigen Vermischung von pulverigen oder körnigen Stoffen wie Mehl, Farben, Kunststoffe, Zement, Sand u. Beton untereinander oder unter Zusatz von Flüssigkeiten. Sie haben drehende Trommeln *(Freifallmischer)* oder Tröge oder auch fest stehende Gefäße mit eingebautem Rührwerk *(Zwangsmischer).* Es gibt *Stetigmischer (Durchlaufmischer),* bei denen die Bestandteile (Komponenten) ohne Unterbrechung zugegeben u. vermischt werden u. das Gemenge stetig abgegeben wird, u. absatzweise arbeitende *Chargen-Mischer,* bei denen Beschicken, Mischen u. Entleeren in ständig wiederholtem Rhythmus aufeinander folgen. Entleert wird die Mischertrommel durch Kippen oder durch Umkehr des Drehsinns. Auch → Knetmaschine.

Mischmetall, leicht entzündliche Legierung aus 50–60 % Cer, 25–30 % Lanthan, 15–17 % Neodym u. Spuren anderer seltener Erden. Diese Legierung ist sehr reaktionsfreudig im Hinblick auf Sauerstoff, Schwefel u. Metalle wie z. B. Zinn, Blei. M. wird bei der Herstellung von Gusseisen bzw. von mikrolegierten kohlenstoffarmen Stählen zugesetzt, um die Werkstoffeigenschaften zu verbessern.

Mischna [die; hebr., „Lehrtradition"], jüdische Sammlung der „mündlichen" Gesetzesüberlieferung am Ende des 2. Jahrhunderts n. Chr.; Grundlage des → Talmud.

Mischnick, Wolfgang, dt. Politiker (FDP), * 29. 9. 1921 Dresden; 1945 Mitbegründer der LDPD in Dresden, 1947/48 Mitgl. des geschäftsführenden Zentralvorstands der LDPD für die SBZ u. stellvertr. Landesvors. in Sachsen; 1948 Flucht nach Frankfurt a. M., dort in der FDP tätig, 1954–1957 Mitgl. des Landtages in Hessen, 1957–1994 Mitgl. des Bundestages, 1961–1963 Bundesmin. für Vertriebene, Flüchtlinge u. Kriegsgeschädigte; 1963–1968 stellvertr. Vors., 1968–1991 Vors. der Bundestagsfraktion, 1964–1988 auch stellvertr. Bundesvorsitzender der FDP. Erinnerungen: „Von Dresden nach Bonn" 1991.

Mischpolymerisatfaserstoffe, *Copolymerisatfaserstoffe,* synthetische Faserstoffe aus Polymeren, die im Molekül mehrere verschiedene Monomere enthalten; hauptsächlich mit den Monomeren Vinylchlorid, Acrylnitril, Vinylidenchlorid als Ausgangsstoff.

◆ **Mischpult,** ein elektr. Gerät mit mehreren Eingängen zur Mischung verschiedener Tonquellen (Mikrofone, Instrumente, CD-Player u. a.). Mischpulte werden z. B. für die Beschallung von Diskotheken u. Konzerthallen, bei der Radio- u. Fernsehübertragung u. bes. in Film- u. Tonstudios verwendet. Große Mischpulte in der Konzertbeschallung oder in Tonstudios haben über 100 Eingangskanäle, wobei jeder Eingangskanal mit Reglern zum Anpassen des Klangs, der Lautstärke

Misenum: Blick auf die vorgelagerten Inseln Pròcida (vorne) und Ìschia

(vergleichend zu den anderen Tonquellen) u. Hinzufügen von Effekten (z. B. *Nachhall*) ausgestattet ist. Die verschiedenen Tonquellen werden dann z. B. zu einem Stereosignal zusammengemischt, um damit einen Konzertsaal zu beschallen oder eine CD zu produzieren. – In der modernen Rundfunk- u. Studiotechnik werden verstärkt Computer zur Automation umfangreicher Mischvorgänge und zur Speicherung von Einstellungen eingesetzt.

Mischsaat → Gemenge (3).

Mischsprachen, Sprachen, deren (nicht fachsprachl.) Wortschatz eine große Anzahl von Wörtern aus anderen Sprachen aufweist.

Mischung → Gemenge (1).

Mischverwaltung, das Zusammenwirken zweier oder mehrerer Verwaltungsträger

(Bund, Länder, Gemeinden) bei der Erledigung von Verwaltungsaufgaben. M. kommt nur in der Form interner Beteiligung (Weisung, Zustimmung, Einvernehmen, Benehmen, Beratung) in Betracht; gemeinschaftl. („zusammengesetzte") Verwaltungsakte nach außen hin sind wegen der verfassungsrechtl. Verteilung der Verwaltungskompetenzen auf Bund, Länder u. Gemeinden generell unzulässig. Der strikten grundgesetzl. Kompetenzverteilung lässt sich für das Bund-Länder-Verhältnis ein grundsätzliches *Verbot der M.* entnehmen. Praktische Bedürfnisse hatten jedoch zu Verwaltungsformen geführt, die einer M. nahe kamen u. die der Gesetzgeber 1969 durch Verfassungsänderung (Einführung sog. Gemeinschaftsaufgaben u. der [Mit-]Finanzierung von Länderaufgaben durch den Bund, Art. 91a u. b, 104a GG) teilweise legalisierte.

Mischwald, *Mischbestand,* aus zwei oder mehreren Holzarten zusammengesetzter Wald, in dem keine Baumart über 90 % der Fläche einnehmen darf; Gegensatz: *Reinbestand.*

Mischwasser, in der Wasserversorgung, insbes. in der Fernwasserversorgung, entstandenes Wasser, wenn Wässer unterschiedl. Herkunft u. Zusammensetzung in das gleiche Verteilungsnetz eingespeist werden. Dabei können Qualitätsprobleme chemischer, korrosionschemischer oder biologischer Art auftreten.

Mischwesen, in der altoriental. Kunst meist aus Mensch u. Tier zusammengesetzte Wesen, die ihre übernatürl. Macht u. Fähigkeiten darstellen sollen; z. B. Stier- u. Vogelmenschen u. geflügelte Sphingen, zu denen u. a. auch die Cherubim u. Serafim des AT gehören.

Misdroy, poln. Ostseebad, → Międzyzdroje.

Miseko, poln. Fürsten, → Mieszko.

◆ **Misenum,** heute *Miseno,* das Kap, das den Golf von Neapel u. Italien nach W abschließt, mit ausgezeichnetem natürlichem Hafen nach SO hin; dieser wurde von dem röm. Feldherr *Agrippa* zur Vorbereitung des Seekrieges gegen *Sextus Pompejus* nach 40 v. Chr. ausgebaut u. bildete seitdem einen der wichtigsten römischen Militärhäfen überhaupt. Heute sind noch beachtliche Reste vorhanden, insbes. von einer der größten Zisternen der Welt, der sog. *piscina mirabilis,* die der Versorgung der Flotte mit Trinkwasser diente.

Miserabiles [lat., die „Beklagenswerten"], im röm. Recht, Kirchenrecht u. dt. Recht des MA Personen, deren Rechte eines bes. Schutzes bedürfen, vor allem vor Gericht; ursprünglich Witwen u. Waisen, später auch Kreuzfahrer, Pilger, Fremde.

Misereor [lat., „ich habe Mitleid"], 1959 gegründete bischöfliche Fasten- u. Spendenaktion der deutschen Katholiken zur Bekämpfung von Hunger u. Krankheit in der Welt.

Miserere [das; lat., „erbarme dich"], **1.** *Medizin:* Koterbrechen bei Darmverschluss (Ileus).
2. *Theologie:* ein kath. Kirchengesang für Buß-, Trauer- u. Passionsfeiern, dem der in der Vulgata (eine Bibelübersetzung) mit den Worten *M. mei, Deus* (Erbarme dich meiner, o Gott) beginnende 51. (50.) Psalm zugrunde liegt.

Misericordias Domini [lat., „Barmherzigkeit des Herrn"], der 2. Sonntag nach Ostern, benannt nach dem latein. Anfang des Introitus Ps. 33,5 („Die Erde ist voll der Güte des Herrn").

Miserikordie [lat. *misericordia,* „Barmherzigkeit"], kleines Stützbrett an der Unterseite der hochklappbaren Sitze des Chorgestühls in der Kirche, mit dessen Hilfe das lange Stehen durch Anlehnen erleichtert werden konnte.

Miserikordienbild → Schmerzensmann.

◆ **Mises,** Ludwig von, österr. Wirtschaftswissenschaftler, * 29. 9. 1881 Lemberg, † 10. 10. 1973 New York; lebte seit 1945 in den USA; Vertreter des Neoliberalismus, Kritiker der sozialist. Planwirtschaft u. staatl. Wirtschaftseingriffe; Hptw.: „Theorie des Geldes u. der Umlaufmittel" 1912; „Die Gemeinwirtschaft, Untersuchungen über den Sozialismus" 1922; „Human action" 1949.

Ludwig von Mises

◆ **Mishima** [-ʃi-], Yukio, eigentl. *Hiraoka Kimitake,* japan. Schriftsteller, * 14. 1. 1925 Tokyo, † 24. 11. 1970 Tokyo (Selbstmord); Hauptvertreter einer patriotisch-nationalist. Richtung (beging nach einem missglückten Umsturzversuch Harakiri); seine formvollendete Prosa stellt bes. den Nihilismus der skept. Nachkriegsgeneration dar. Novellen u. Romane: „Geständnis einer Maske" 1949, dt. 1964; „Die Brandung" 1954, dt. 1959; „Der Seemann, der die See verriet" 1963, dt. 1970; Vorlage für die Oper „Das verratene Meer" von H. W. Henze 1990; Tetralogie „Das Meer der Fruchtbarkeit" 1969–1971, „Schnee im Frühling" 1985, „Unter dem Sturmgott" 1986, „Der Tempel der Morgendämmerung" 1987; „Liebesdurst" 1950, dt. 1997; auch No-Spiele.

Yukio Mishima

Misima, *St. Aignana,* Insel im NW des Louisiade-Archipels (Papua-Neuguinea), 246 km²; im W gebirgig (Mt. Oiatau 1037 m); größter Hafen ist *Bwagaoia;* Goldfunde, seit 1969 Kupferexporte.

Misiones, 1. nordostargentin. Prov., Gebietszipfel zwischen Paraguay u. Brasilien, 29 801 km², 878 000 Ew.; Hptst. *Posadas;* Anbau von Mate, Tee, Zitrusfrüchten u. Tabak, Viehzucht, Forstwirtschaft. – Ab 1617 durch Jesuiten unter Vernichtung der indian. Bevölkerung erschlossen.
2. Dep. im S Paraguays, im Paranátiefland, 9556 km², 88 600 Ew.; Hptst. *San Juan Bautista;* Anbau u. Verarbeitung von Mais, Zuckerrohr u. Zitrusfrüchten, Viehzucht; Eisen- u. Kupfererzvorkommen.

Miskal, *Metikal,* altes oriental. Gewicht für Juwelen u. Spezereien, zwischen 4,6 u. 4,9 g.

Miskito, *Misquito, Mosquito,* Indianervolk mit starkem afrikan. Einschlag an der *Mosquitoküste* Nicaraguas (rd. 150 000); in der Kolonialzeit aus der Vermischung Chibcha sprechender Sandiniten mit ehem. Sklaven hervorgegangen, im 18. Jh. mit den Engländern gegen Spanier u. Indianer des Hinterlandes verbündet; Brandrodungsbauern (Maniok, Bataten, Mais u. Bohnen), Fischer u. Seefahrer. Zwischen der sandinist. Regierung u. den Miskitos kam es Anfang der 1980er Jahre zu Auseinandersetzungen, weil die Sandinisten die kulturelle Autonomie der Miskitos nicht akzeptierten. Innerhalb Nicaraguas wurden Umsiedlungsmaßnahmen durchgeführt. Viele Miskitos flüchteten nach Honduras.

Miskolc [ˈmiʃkolts], Hptst. des nordungar. Komitats (Verwaltungseinheit) Borsod-Abaúj-Zemplén, nahe dem Sajó, 191 000 Ew.; techn. Hochschule, spätgot. Kirche; Braunkohlenabbau, Maschinenbau, Zement-, Textil-, Schuh- u. chem. Industrie; Thermalquellen u. Bad im Vorort *Miskolctapolca.*

miso... [grch.], Wortbestandteil mit der Bedeutung „Hass, Feindschaft"; wird zu *mis...* vor einem Vokal.

Miso, ostasiat. Sojakäse aus zerkochten u. gesalzenen Sojabohnen; Gärung durch Reisschimmelpilze (Koji). Auch → Sojabohne.

Misonne [miˈsɔn], Léonard, belg. Fotograf, * 1. 7. 1870 Gilly, † 14. 9. 1943 Gilly; arbeitete vorzugsweise mit Kohle-, Öl- u. Bromöldrucktechnik, erfand den *Mediobromdruck,* bei dem ein gegerbtes Bromsilberbild von Hand eingefärbt wird. Misonnes bevorzugte Motive waren Landschaften im Gegenlicht u. Straßen im Regen, die durch Lichtführung, Dunst, Nebel u. Rauch eine dichte atmosphär. Wirkung erzielten.

Misool [ˈmisoːl], von Korallenriffen gesäumte, bergige Insel westl. von Neuguinea (Indonesien), 1750 km²; melanes. Bewohner (Papuas).

Misox [das], ital. *Mesocco,* **1.** Landschaft in den Adulalpen, zumeist im schweiz. Kanton Graubünden, mit Italienisch sprechender Bevölkerung; besteht aus den Talschaften der *Mesolcina* u. *Calanca.*
2. ehem. *Cremeo,* Ort im schweiz. Kanton Graubünden, Hauptort der gleichnamigen Landschaft u. des *Val Mesolcina,* an der Moësa, 791 m ü. M., 1100 Ew.; südl. Ausgangspunkt der Straße über den San-Bernardino-Pass.

Mispel [die, grch.], **1.** *Mespilus germanica,* ein *Rosengewächs (Rosaceae),* bis 8 m hoher Baum, manchmal dornig, mit unterseits filzigen Blättern u. großen, einzeln stehenden Blüten; Heimat Vorderer Orient, von dort aus Verbreitung nach Süd- u. Westeuropa. In Südeuropa als Obstbaum kultiviert; die mehligen Früchte sind nur überreif essbar.

Japanische Mispel (2), *Eriobotrya japonica*

◆ **2.** *Japan. Mispel, Eriobotrya japonica,* ein *Rosengewächs (Rosaceae)* mit gelbweißen, duftenden Blüten.

Misquito, ein Indianervolk, → Miskito.

◆ **Misrach** [der; hebr., „Osten"], die jüd. Gebetsrichtung (im Westen) gegen Jerusalem; in Räumen öfter durch die *Misrachtafel* gekennzeichnet. Auch → Orientierung.

Misrachi [Abk. für hebr. *Merkas ruchani,* „geistiges Zentrum"], 1902 gegründete religiös-zionist. Gruppierung, die einerseits die areligiöse Entwicklung des Zionismus bekämpfen wollte, andererseits die antizionist. Tendenz der jüd. Orthodoxie ablehnte; 1922 entstand die Arbeiter-Misrachi (Hapoel Hamisrachi), die 1956 mit der M. die Nationalreligiöse Partei bildete.

Misratah, *Misurata,* libysche Hafenstadt östl. von Tripolis, 122 000 Ew.; Handelsmittelpunkt in einer Küstenoase; Eisen- u. Stahlwerk, Teppichknüpferei, Thunfischfang.

Miss [Pl. *Misses;* engl.], Fräulein, als Anrede vor Namen.

Miss., Abk. für den USA-Staat → Mississippi.

Missale [lat.], **1.** [das], *k a t h . K i r c h e :* *Missale Romanum,* das Messbuch der röm.-kath. Kirche.
2. [die], *S c h r i f t :* eine gebrochene Gitterschrift des späten MA (zum Druck von Messbüchern); von der *Textura* abgeleitet.

Missa solemnis [die; lat. „feierliche Messe"], das frühere feierl. Hochamt; Kompositionen u. a. von L. van *Beethoven* (1823) u. A. *Bruckner* (1854).

Missbildungen, *Fehlbildungen,* bei Tieren u. Menschen auftretende Abweichungen in der Ausbildung des Normaltyps, die meist durch Störungen der Wachstumszentren der Organe oder des ganzen Organismus bedingt sind. Viele Faktoren sind als Störursachen möglich (Erbanlagen, chem. Substanzen, ionisierende Strahlung, Infektionen); entweder trifft die Störung schon die Keimzelle u. bewirkt dort eine Erbveränderung *(Mutation),* oder sie trifft in späteren Entwicklungsstadien auf den Embryo, wo sie z. B. Doppelköpfigkeit, mangelhaften Verschluss von Organen *(Hemmungsbildungen)* oder spiegelbildl. Lage der Eingeweide *(Situs inversus)* zur Folge haben kann. Die Wissenschaft von den M. nennt man *Teratologie.*

Missbrauch → Rechtsmissbrauch.

Missgeburt, ein Mensch oder Tier mit durch Entwicklungsstörungen des embryonalen Lebens verursachten → Missbildungen. Die am häufigsten vorkommenden *Hemmungsmissbildungen* gehen auf erbliche Veranlagung, aber auch auf Erkrankung im Mutterleib zurück. Röntgenbestrahlung oder Druck auf die Frucht spielen u. U. eine Rolle.

Misshandlung → Kindesmisshandlung, → Körperverletzung, → Tierquälerei.

Missing Link [engl., „fehlendes Glied"], fehlendes, aber theoretisch rekonstruierbares Bindeglied in den Evolutionsreihen der Organismen, bezogen vor allem auf die Übergangsformen zwischen Mensch u. Menschenaffen. Viele ehemalige Missing Links sind heute bereits bekannt, so bei den Wirbeltieren der Übergang vom Fisch zum Lurch *(Ichthyostega),* vom Lurch zum Kriechtier *(Seymouria),* vom Kriechtier zum Vogel *(Archaeopteryx)* u. vom Kriechtier zum Säugetier *(Therapsida).*

Missingsch, *Missingisch, Messingsch, Messingisch* [eigentl. „Meißnerisch", nach der hochdt. Sprache in der Meißner Kanzlei], mit niederdt. Elementen vermischtes Hochdeutsch in Norddeutschland.

◆ **MISSIO,** internationales kath. Missionswerk, dem Päpstl. Werk der Glaubensverbreitung unterstellt; pastoral-missionar. Arbeit in Ländern der Dritten Welt. Dt. Zentralen: Aachen u. München.

Missio canonica [die; lat.], *k a t h . K i r c h e :* die Verleihung eines kirchl. Amts mit Jurisdiktionsgewalt u. die Verleihung der kirchl. Lehrbefugnis, die Predigt u. Katechese umfasst. Zuständig für beides ist der Papst oder der Bischof. Die M. c. kann unter bestimmten Voraussetzungen (z. B. Ungeeignetheit) auch wieder entzogen werden.

Mission [die; lat., „Sendung"], **1.** *R e l i g i o n :* die Ausbreitung des christl. Glaubens *(i. w. S.* auch anderer Religionen: buddhist. M., islam. M.) unter Andersgläubigen, bes. die Aussendung von Lehrern u. Predigern (auch Ärzten) zu diesem Zweck. Die M. ist im Befehl Jesu (Matth. 28,19 f.) begründet. – Man unterscheidet zwischen *Äußerer M.* (unter Nichtchristen), *Volksmission* (M. in christl. Ländern) u. *Innerer M.* (die Arbeit der Kirchen im eigenen Land).

Die kath. M. untersteht seit 1622 der *Propagandakongregation* (seit 1968 Kongregation für die Evangelisierung der Völker) in Rom. Sie liegt in Händen von Orden (z. B. Franziskaner, Jesuiten, Lazaristen) u. Kongregationen, die z. T. eigens für diesen Zweck gestiftet wurden (z. B. Steyler Missionsgesellschaft). Eine bes. Missionstätigkeit entfaltete die kath. Kirche seit dem 16. Jh. im Zuge der Kolonisation von Südamerika, Vorderasien u. Indien sowie in China u. Japan. Man bemüht sich, die Lehren des 2. Vatikan. Konzils auch in der M. zu verwirklichen.

Die prot. M. wirkte zuerst im 17. Jh. als engl., nordamerikan. u. holländ. Kolonialmission. Einen neuen Antrieb bekam die M. im Zeitalter des Pietismus (Halle/Saale); 1732 Herrnhuter Brüdermission, zuerst in Grönland u. Mittelamerika; heute selbständige Provinzen. Die große Zeit der M. war das 19. Jh. Die prot. M. wird getragen von selbständigen Missionsgesellschaften; dt. Gründungen sind: *Basler Missionsgesellschaft* (gegr. 1815); *Berliner M.* (1824); *Rheinische Missionsgesellschaft* (1828),

MISSIO: Plakat zum Schuldenerlass für Dritte-Welt-Länder; Sonntag der Weltmission, 24. Oktober 1999

Misrach-Tafel für das Laubhüttenfest; um 1900. Wien, Judaica Collection

Norddt. Missionsgesellschaft (1836), *Goßner'sche M.* (1836), die ev.-luth. Missionsgesellschaften in Leipzig (1836), Hermannsburg (1849), Neuendettelsau (1841), die Neukirchner M. (1878), Bethelmission (1886). Durch die polit. Verhältnisse während des 2. Weltkriegs sind die Missionsgemeinden weithin zu selbständigen Kirchen geworden (Junge Kirchen). – Eine der größten engl. Missionsgesellschaften ist die Kirchl. Missionsgesellschaft *(Church Missionary Society)*, gegr. 1799, in Ost- u. Westafrika u. Indien tätig. Mehr als zwei Drittel der ev. Missionskräfte in der Welt stammen heute aus den USA u. sind in Afrika, Lateinamerika, Südostasien, Ostasien u. im Nahen Osten tätig. Der Internationale Missionsrat wurde 1961 in Neu-Delhi in den Ökumenischen Rat der Kirchen integriert.
2. *Völkerrecht:* 1. ein Auftrag an diplomat. Vertreter zur Erfüllung bes. Aufgaben („reist in bes. M."); 2. die Auslandsvertretung, wobei sowohl die Personalgesamtheit als auch das Gebäude darunter verstanden werden kann. *Missionschef:* Leiter einer auswärtigen Vertretung (Botschaft, Gesandtschaft).
Missionar [lat.], zur *Mission* ausgesandter christl. Lehrer u. Prediger, an Missionsseminaren u. Universitäten ausgebildet.
Missionare vom Kostbaren Blut, von Kaspar del Bufalo in Italien gegr. kath. Ordensgemeinschaft für Volksmissionen; dt. Provinzialat: Traunstein.
Missionare von der Heiligen Familie, kath. Priesterkongregation, 1895 von Joseph Berthier in Grave (Niederlande) gegründet. Ursprüngliche Aufgabe: Förderung von Priesterberufen, heute auf allen Gebieten der Seelsorge tätig. – 1000 Mitglieder; dt. Provinzialat in Düren.
Mission des göttlichen Lichtes → Divine Light Mission.
Missionsgesellschaften, der prot. Missionsarbeit dienende, rechtlich selbständige Organisationen, die ihren Ursprung meist in Pietismus oder in Erweckungsbewegungen des 19. Jh. haben. Die Koordination erfolgt durch das *Evangelische Missionswerk in Deutschland* (EMW), das Mitgl. der Kommission für Weltmission u. Evangelisation des Ökumen. Rates der Kirchen ist u. seinen Sitz in Hamburg hat.
Missions-Kongregation, in der kath. Kirche eine der → Kurienkongregationen, offizieller Name: „Kongregation für die Evangelisierung der Völker".
Missionsschwestern vom Kostbaren Blut, 1885 für die Afrika-Mission gegr. kath. Ordensgemeinschaft; dt. Provinzialat in Neuenbeken bei Paderborn.
Missionswissenschaft, die wissenschaftl. Erforschung der Ausbreitung des Christentums in Vergangenheit, Gegenwart u. Zukunft. Ihre Grenzgebiete sind Religions- u. Sprachwissenschaft, systematische und praktische Theologie. Sie umfasst gewöhnlich die Bereiche *Missionsgeschichte* u. *Missionslehre.*
Missi regis [lat.], *Missi dominici,* bis ins 17. Jahrhundert Beauftragte des Königs, → Königsboten.

Mississippi (1)

Mississippi [indian., „Großer Fluss", auch „Vater der Ströme"], ◆ **1.** Abk. *Miss.,* Staat im S der USA, 125 443 km², 2,7 Mio. Ew., davon 35,6 % Schwarze; Hptst. *Jackson;* ein flachwelliges, im NO bis 250 m hohes Schichtstufenland im Bereich der östl. Golfküstenebene mit nur 70 km Küstenanteil; im W, bes. nördl. von Vicksburg, ein weites *Alluvialland* am Ostufer des M., *Delta* genannt; mildes, im Sommer feuchtheißes Klima; über 50 % der Fläche sind bewaldet (davon rd. 70 % Nadelwald). M. war der unterentwickeltste Teil des Alten Südens. In den 1930er Jahren wurde die traditionsbehaftete Baumwollmonokultur allmählich von vielseitigerer Landwirtschaft u. durch die Industrialisierung abgelöst. Holzverarbeitung, Nahrungsmittel-, Textil- u. chem. Industrie; Baumwolle ist wichtigstes Agrarprodukt, daneben Anbau von Reis, Weizen, Sojabohnen u. Tungölnüssen sowie Rinder- u. Geflügelzucht; Erdöl u. Erdgas sind die wichtigsten Bodenschätze. Am M. (bes. in Natchez) gibt es noch viele alte Plantagenherrensitze, die heute als Touristenattraktion dienen.
M. war von 1682 bis zum Siebenjährigen Krieg Teil der französischen Kronkolonie *Louisiane.* 1817 wurde es als 20. Staat in die Union aufgenommen. Mit der noch heute gültigen Verfassung von 1890 wurde lange Zeit verhindert, dass die farbige Bevölkerung, deren Anteil höher ist als in jedem anderen USA-Staat, ihre bürgerlichen Rechte wahrnehmen konnte.
2. mit 3778 km der längste Fluss Nordamerikas; zusammen mit dem *Missouri* der drittlängste Fluss der Erde, 6021 km; entwässert mit 3,23 Mio. km² Einzugsgebiet fast 40 % der USA (über 100 große Nebenflüsse). Der M. entspringt aus dem *Lake Itasca* (445 m ü. M.) im nördl. Minnesota. Oberhalb von St. Louis vereinigt er sich mit dem Missouri. Bei Cap Girardeau nördl. der Ohiomündung fließt er allmähl. aus dem Bereich der Inneren Ebenen in das Gebiet des Unterlaufs, wo er viele Mäander bildet, die in zahlreichen Durchbrüchen (auf natürl. oder künstl. Wege) durchschnitten werden. Ab Baton Rouge bildet er mehrere Seitenarme *(bayous),* die z. T. selbständig in den Golf von Mexiko münden. Das eigentl. Delta hat sich südöstl. von New Orleans immer weiter ins Meer hinausgeschoben („Vogelfußdelta"), u. zwar mit mehreren Mündungsarmen, den *Passes,* zwischen denen vom Fluss aufgebaute Dämme liegen, die sich jährl. rd. 200 m weiter ins Meer schieben; im südl. Teil des Deltas große Erdgas- u. Erdölvorkommen. Der mittlere Abfluss des M. beträgt 14 000 m³/s; die Schwankungen liegen jedoch zwischen 3000 u. 65 000 m³/s. Daher kommt dem Schutz gegen Überschwemmungen größte Bedeutung zu. Trotz Dammbauten an den Nebenflüssen u. Überlaufbecken am Unterlauf kam es 1993 am M. u. Missouri zur größten Überschwemmungskatastrophe in der Geschichte der USA. Der M. ist ein bedeutender Schifffahrtsweg. Seeschiffe können bis Baton Rouge, Flussschiffe bis Minneapolis-St. Paul fahren; ein 2,7 bis 3,7 m tiefer Seitenkanal mit 30 Schleusen begleitet den M. von Minneapolis bis New Orleans. Wichtigste Nebenflüsse sind rechts: *Minnesota, Iowa, Des Moines, Missouri, Arkansas, Red River,* links: *Saint Croix, Chippewa, Wisconsin, Rock, Illinois, Ohio.* – 1519 entdeckte der Spanier *Pineda* die Mündung des M.; die Quelle des M. wurde jedoch erst 1832 von H. *Schoolcraft* aufgefunden.
Mississippi-Kultur, engl. *Mound-Builders, Temple Mound Periods,* vorgeschichtl. Kultur im Gebiet von Alabama, Mississippi u. Louisiana, von 200 v. Chr. bis nach der Eroberung durch die Europäer; entstanden unter dem Einfluss der *Hopewell-* u. *Marksville-Kultur* u. unter Aufnahme mittelamerikan. Elemente, in der Spätphase mit Häuptlingen u. einer Priesterkaste; Siedlungen mit rechteckigem, zentral gelegenem Platz, in ihnen schichtweise aufgeschüttete Hügel, kegel- oder pyramidenförmig, bisweilen auch Tiere darstellend (als Plattform für Tempel, als Befestigungen u. für Versammlungen); Plätze für kult. Ballspiel; Bestattung der Toten in Grabhügeln mit zahlreichen Beigaben (geschnitzte Kleinplastik, figural verzierte oder bemalte Keramik); Ackerbauern mit Anbau von Bohnen, Kürbis, Mais.
Missolunghi, griech. Stadt, → Mesolongion.
Missouri [-'suri oder -'zuəri], Stamm der Sioux-Indianer am unteren Missouri, Maispflanzer u. Büffeljäger; in Kämpfen mit Nachbarstämmen stark dezimiert, schlossen sie sich den *Oto* in Oklahoma an.

Missouri (1)

Missouri [-'suri oder -'zuəri; indian., „Schlammfluss"], ◆ **1.** Abk. *Mo.,* USA-Staat im Mittelwesten, am unteren M., 180 546 km², 5,4 Mio. Ew.; Hptst. *Jefferson City;* im S das Mittelgebirge des *Ozark Plateau* (waldreich, Viehzucht, Bergbau); im N zerschnittene, lößbedeckte wellige Agrarebenen; im SO Anteil des *Alluvialland* des Mississippi (Baumwoll- u. Reisanbau; nur noch rd. 1/3 der Fläche ist bewaldet). Die Industrie konzentriert sich um St. Louis u. Kansas City: Luft- u. Raumfahrt-, Last- u. Güterwagen-, Nahrungsmittel-, Textil-, chem. u. Schuhindustrie, große Schlachthöfe (auch in St. Joseph); Hauptlandwirtschaftsprodukte: Rinder, Schweine, Geflügel, Sojabohnen, Baumwolle, Tabak, Kartoffeln, Mais, Weizen; wichtigster Blei- u. Zinkproduzent der USA, außerdem Silber- u. Kupfergewinnung sowie Abbau von Kohle (im Tagebau) u. Herstellung von Zement; Fremdenverkehr im Bereich des Ozark Plateaus. – Im 18. Jh. Teil der französ. Kronkolonie *Louisiane*, 1821 als 24. Staat in die Union aufgenommen.

2. längster Nebenfluss des → Mississippi, östl. der Big Belt Mountains (Montana, Rocky Mountains) von den 3 Quellflüssen Jefferson, Madison u. Gallatin gebildet; mündet bei St. Louis, Mo.; 3725 km lang; starke jahreszeitlich bedingte Abflussschwankungen u. Sedimentation stellen große Probleme dar u. veranlassten 1944 die Regierung, ein umfassendes Programm zur Flutkontrolle u. Nutzung (Energiegewinnung, Bewässerung) der Wasser des Missouribeckens zu verabschieden; Anlage von über 100 Stauseen (z. B. Fort Peck, Sakakawea u. Oahe); wichtigster Nebenflüsse rechts: *Yellowstone, Little M., Knife, Heart, Cannonball, Moreau, Cheyenne, Bad, White, Niobrara, Platte, Kansas, Osage, Gasconade Rivers*; links: *Milk, Poplar, James, Big Sioux, Chariton*. – 1673 Entdeckung der Mündung, 1804/05 Erforschung des Missourilaufes bis ins Quellgebiet.

Missouri (1): Capitol der Hauptstadt Jefferson City

Missouri-Kompromiss [-'suri- oder -'zuəri-], der 1820 vereinbarte Ausgleich zur Wahrung des Gleichgewichts zwischen den Sklaven haltenden u. den sklavenfreien Staaten der USA. Die Union hatte seit 1801 abwechselnd Sklaven haltende u. sklavenfreie Staaten aufgenommen. Als 1819 Alabama dem Bund beitrat, wiederholte Missouri, dessen Siedler etwa 3000 Sklaven besaßen, einen früher gestellten Aufnahmeantrag. Damit drohte ein Übergewicht des Südens im Senat, in den jeder Staat 2 Vertreter entsandte. Der Ausgleich wurde dadurch möglich, dass sich Maine von Massachusetts trennte. Der Kongress nahm nunmehr Missouri u. Maine in den Bund auf, der jetzt 12 sklavenfreie u. 12 Sklaven haltende Staaten umfasste. Missouri erhielt allerdings eine Ausnahmestellung: Von seinem Gebiet abgesehen, sollte die Sklaverei nördlich von 36°30′ hinfort ausgeschlossen sein. Durch die *Kansas-Nebraska-Akte* (1854) wurde der M. aufgehoben.

Missouri-Synode [-'suri- oder -'zuəri-], seit 1947 *Lutheran Church – Missouri Synod*, von sächs. Altlutheranern 1847 in Chicago gegr. streng luth. Kirche, theolog. von Carl Ferdinand Wilhelm *Walther* (*1811, †1887) geprägt; wirkt seit 1945 durch regelmäßige Tagungen mit dt. luth. Theologen auf Dtschld. zurück.

Misstrauensvotum, in Staaten mit parlamentar. Regierungssystem der Beschluss des Parlaments, dem Regierungschef oder einem Minister das Vertrauen zu entziehen u. ihn dadurch zum Rücktritt zu zwingen. Obwohl ein solcher Misstrauensantrag meist nicht begründet zu werden braucht, liegt ihm eine Missbilligung der Amtsführung des Betreffenden zugrunde. Dabei braucht weder ein strafrechtl. Tatbestand noch sonst ein Gesetzesverstoß vorzuliegen, es können auch das persönl. Verhalten (z. B. Ausnutzung amtl. Kenntnisse für private Geschäfte, Belügen des Parlaments) oder polit. Stellungnahmen (etwa gegen Kabinettsbeschlüsse), vor allem Fragen der nationalen Sicherheit, ein solches M. hervorrufen. Darüber hinaus kann das M. zu einem Machtspiel insbes. der extremen Parteien werden. In der Weimarer Republik ist die Regierung mehrfach durch ein M. gestürzt worden. Mehrere Kabinettswechsel kamen aber auch ohne M. dadurch zustande, dass die Parteien ihren Minister aus der Regierung zurückzogen. Da der Parlamentarische Rat bei der Erörterung über das *Grundgesetz* der BR Dtschld. 1948/49 der Gefahr der Instabilität der Regierung vorbeugen wollte, wurde eine später z. T. auch

Mistel, Viscum album, auf Birke

im Ausland übernommene Regelung getroffen (Art. 67 GG): Es kann nur dem *Bundeskanzler* (nicht den Ministern) das M. ausgesprochen werden u. auch das nur, wenn der Bundestag mit der Mehrheit seiner Mitglieder einen Nachfolger wählt. Damit wird vermieden, dass man sich zwar über den Sturz der Regierung einigt, aber nicht über deren Nachfolge (*konstruktives M.*). – Dem M. kommt in der polit. Wirkung die ausdrückl. *Verweigerung des Vertrauensvotums* für die Regierung gleich. Allerdings kann, wenn der Antrag des Bundeskanzlers, ihm das Vertrauen auszusprechen, nicht die Zustimmung der Mehrheit (gesetzlicher Mitgliederzahl) der Mitglieder des Bundestages findet, der Bundespräsident auf Vorschlag des Bundeskanzlers auch den Bundestag auflösen (Art. 68 GG); ferner kann der *Gesetzgebungsnotstand* (Art. 81 GG) eintreten, d. h., der Bundespräsident erklärt auf Antrag der Bundesregierung den Gesetzgebungsnotstand, falls das Parlament eine von der Bundesregierung als dringlich bezeichnete Gesetzesvorlage ablehnt.

Nach Art. 74 der *österr.* Bundesverfassung kann der Nationalrat der Bundesregierung oder einzelnen ihrer Mitglieder das Vertrauen versagen. Zum M. ist die Anwesenheit von mindestens der Hälfte der Mitglieder des Nationalrats erforderlich. Wenn ein Fünftel der anwesenden Mitglieder es verlangt, ist die Abstimmung auf den zweitnächsten Werktag zu vertagen. – *S c h w e i z :* → Ministerverantwortlichkeit (es gibt hier kein eigentliches M.).

Missweisung, *Deklination*, die Abweichung der Magnetnadel von Geographisch-Nord, weil die magnet. Pole der Erde nicht mit deren geograph. Polen zusammenfallen; *auf Karten:* der Winkel zwischen Geographisch-Nord u. Gitter-Nord. Die M. ist an jedem Ort verschieden u. wechselt ständig mit der Wanderung der magnet. Pole.

Mist, *Dung*, der Stalldünger (→ Dünger); Wirtschaftsdünger, der als Gemenge von

Einstreu mit Kot u. Harn der in Ställen gehaltenen Rinder, Pferde, Schafe, Ziegen und Schweine entsteht; wird nicht nur wegen seines Nährstoffgehalts, sondern vor allem zur Ergänzung und Vermehrung des Humusvorrats im Boden verwendet. Auch → Jauche.
Mistassini [mistəˈsiːni], *Lake Mistassini*, See im SW von Quebec (Kanada), vom *Rivière de Rupert* zur Jamesbai entwässert, 2336 km².
Mistbeet → Frühbeet.
Mistbienen → Schwebfliegen.
◆ **Mistel**, *Viscum album*, zu den *Mistelgewächsen (Loranthaceae)* gehörender, immergrüner Halbschmarotzer, der vor allem Laubhölzer, gelegentlich aber auch Nadelhölzer befällt. Die im Dezember reifen weißen Beeren werden von Vögeln (bes. Drosseln) gefressen; dabei bleiben die klebrigen Samen häufig an den Schnäbeln der Vögel haften u. werden auf andere Bäume übertragen. Dort bilden sie zunächst eine Haftscheibe, von der aus die primäre Saugwurzel in die Rinde eindringt u. sich dort verzweigt; von diesen Rindenwurzeln aus dringen sekundäre Senker in den Holzkörper ein. Der Parasitismus besteht darin, dass die M. den Wirtspflanzen Wasser u. Mineralstoffe entnimmt, während die notwendigen organ. Stoffe durch eigene Assimilation gewonnen werden. Der den Bäumen erwachsende Schaden ist nur bei einem Massenbefall beträchtlich. – *Mistel-Extrakte* werden arzneilich genutzt. Sie enthalten Wirkstoffe (Lektine), die die Abwehrbereitschaft des Immunsystems fördern. – Die M. spielte früher im kelt. Druidendienst eine große Rolle. Auf Eichen gewachsene Misteln waren heilig. Noch heute spielt die M. im englischen Weihnachtsbrauchtum eine Rolle.
Mistelbach an der Zaya, Bez.-Hptst. im nordöstl. Niederösterreich, Hauptort des *Weinviertels*, 190 m ü. M., 10 600 Ew.; roman. Karner (Friedhofskapelle; um 1200), got. Pfarrkirche (15. Jh.), barockes Schlösschen; Handelsplatz.
Misteldrossel, ein Singvogel, → Drosseln.
Mistelgewächse, *Loranthaceae*, Familie der *Santalales*; Parasiten mit grünen Blättern, die oberirdisch auf Holzpflanzen leben. Zu den Mistelgewächsen gehören *Riemenblume* u. *Mistel*.
Mister [engl.], Abk. *Mr.*, Herr, in der Anrede vor dem Familiennamen.
Misti, tätiger Vulkan in den Anden, bei Arequipa (Südperu), 5842 m; mit der höchstgelegenen meteorolog. Station der Erde.

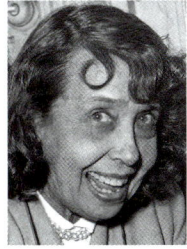

◆ **Mistinguett** [misˈtɛˈgɛt], eigentlich Jeanne-Marie *Bourgeois*, französ. Varietékünstlerin, * 5. 4. 1873 Enghien-les-Bains, † 5. 1. 1956 Bougival bei Paris; vor allem durch ihre Auftritte im „Moulin Rouge" bekannt; trat auch im Theater u. im Film auf.

Mistinguett

Mistkäfer, *Rosskäfer, Geotrupinae*, Unterfamilie der *Blatthornkäfer*, stahlblau bis schwarz glänzende Käfer von plumpem Körperbau u. etwa 20 mm Länge, die in der Dämmerung aktiv werden u. mit surrendem Geräusch fliegen. Ihre Nahrung ist Mist von Pflanzenfressern, den sie brockenweise als Futter für die Larven in ihre unterird. Gänge transportieren u. dort zu Ballen zusammenpressen.
Mistral [der; frz.], sturmartig einsetzender, kalter, trockener Nordwind im südl. Frankreich, bes. im unteren Rhônetal.

Mistral, ◆ 1. Frédéric, französ. Schriftsteller, * 8. 9. 1830 Maillane, Bouches-du-Rhône, † 25. 3. 1914 Maillane; Vorkämpfer (zusammen mit der Gruppe der *Felibristen*) einer Neubelebung der provençal. Schriftsprache u. Dichtung; 1904 Nobelpreis für Literatur; Hptw. die Epen „Mirèio" 1859, dt. 1880, u. „Calendau" 1867, dt. 1909; „Lieder u. Erzählungen" 1875, dt. 1910; „Wörterbuch der provençalischen Sprache" 1879–1886.

Frédéric Mistral

◆ 2. Gabriela, eigentl. Lucila Godoy *Alcayaga*, chilen. Schriftstellerin, * 7. 4. 1889 Vicuña, † 10. 1. 1957 Hempstead, N. Y. (USA); Mitarbeiterin an der Schulreform in Mexiko; erhielt 1945 den Nobelpreis „für die von mächtigem Mitgefühl getragene Lyrik, die ihren Dichternamen zu einem Symbol für die ideellen Bestrebungen der ganzen lateinamerikan. Welt gemacht hat". Hptw.: „Desolación" 1922, dt. Auswahl „Spürst du meine Zärtlichkeit?" 1988; „Ternura" 1924; „Tala" 1938. Dt. Auswahl „Liebesgedichte u. andere Lyrik" 1994. – Poesías completas 1958.

Gabriela Mistral

Mistras, *Mistra, Mystrás*, byzantin. Ruinenstadt in Griechenland; anstelle des antiken, 4,5 km westl. gelegenen Sparta am Abhang des Taygetos 1249 von fränk. Kreuzfahrern gegr., 1261 vom byzantin. Kaiser mit Palast, Kirchen u. Klöstern ausgebaut, seit 1349 Sitz des byzantin. Statthalters u. Mittelpunkt des byzantin. Geisteslebens auf der Peloponnes; seit 1460 türkisch, 1687–1717 venezianisch, verfiel seit der Neugründung Spartas 1834 u. ist heute bis auf ein Kloster verlassen. – Palastruinen, Klöster u. Kirchen mit byzantin. Fresken. M. ist Schauplatz der Helena-Episode in Goethes „Faust II" (3. Akt).
Mistress [ˈmisis; engl.], Abk. *Mrs.*, weibl. Anrede, vor dem Familiennamen.
Misurata, Stadt in Libyen, → Misratah.
◆ **Mitanni**, *Mittani*, hurritischer Staat in Mesopotamien zwischen Euphrat u. Tigris, mit der Hptst. *Wassukanni*, um 1600–1250 v. Chr.; ging durch den Angriff Assyriens unter *Assuruballit* zugrunde.
Mitau, Stadt in Lettland, → Jelgawa.
Mitbesitz, der gemeinschaftl. → Besitz mehrerer Personen an derselben Sache. *Mitbesitzer* genießen bei gegenseitiger Besitzstörung insoweit keinen Besitzschutz, als es sich um die Grenzen des den einzelnen zustehenden Gebrauchs handelt (§ 866 BGB). – Regelungen für bestimmte Fälle des Mitbesitzes treffen in *Österreich* die §§ 327 ff. ABGB.
Mitbestimmung, die Mitentscheidung bzw. Mitwirkung der Arbeitnehmer durch ihre Vertretungen bzw. Vertreter in Wirtschaftsbetrieben u. Behörden der BR Dtschld. Das Recht zur innerbetrieblichen M. steht in der BR Dtschld. für mittlere u. kleinere Betriebe nach dem Betriebsverfassungsgesetz vom 15. 1. 1972/23. 12. 1988 ausschließlich dem → Betriebsrat zu, in größeren Unternehmen meist außerdem Vertretern der *Arbeitnehmer im Aufsichtsrat* u. einem *Arbeitsdirektor* im Vorstand.
Großunternehmen: Für alle Unternehmen, die 1. in der Regel mehr als 2000 Arbeitnehmer beschäftigen, 2. juristische Personen sind (d. h. insbes. Unternehmen mit der Rechtsform einer AG oder GmbH), 3. nicht zum Bergbau oder zur Eisen- u. Stahlerzeugung gehören u. 4. nicht → Tendenzbetriebe im Sinne des Betriebsverfassungsgesetzes von 1972 sind, gilt seit 1. 7. 1976 das allg. Mitbestimmungsgesetz vom 4. 5. 1976. Die M. in diesen Unternehmen vollzieht sich in hohem Maß über die Aufsichtsräte: Sie müssen aus 12, 16 oder 20 Personen bestehen, von denen jeweils die Hälfte von den Anteilseignern u. die andere Hälfte von den Arbeitnehmern bestimmt werden. Die Anteilseigner wählen ihre Vertreter auf der jährl. Hauptversammlung, wobei sich in aller Regel das Stimmengewicht des einzelnen Anteilseigners nach seinem Kapitalanteil richtet. Die Aufsichtsratsmitglieder der Arbeitnehmer werden

Mitanni: Statue des Königs Idrimi von Alalach. London, British Museum

83

von den Belegschaften gewählt, in Unternehmen mit weniger als 8000 Beschäftigten in der Regel direkt, in größeren Unternehmen in der Regel durch Wahlmänner (je 60 Arbeitnehmer wählen dort einen Wahlmann). Arbeiter u. Angestellte wählen sowohl bei direkter Wahl als auch bei der Wahl von Wahlmännern stets getrennt, wenn nicht beide Gruppierungen in getrennter u. geheimer Abstimmung das Gegenteil beschließen. Die Belegschaftsmitglieder bzw. die Wahlmänner müssen bei 6 oder 8 zu wählenden Arbeitnehmer-Vertretern im Aufsichtsrat mindestens 2 Repräsentanten einer im Unternehmen vertretenen Gewerkschaft wählen, bei 10 zu wählenden Arbeitnehmer-Vertretern mindestens 3. Die Repräsentanten der Gewerkschaften dürfen nicht zugleich Arbeitnehmer des Unternehmens sein. Bei den unternehmensangehörigen Arbeitnehmer-Vertretern im Aufsichtsrat muss das Zahlenverhältnis Arbeiter/Angestellte/leitende Angestellte dem Zahlenverhältnis dieser 3 Gruppen im Unternehmen entsprechen.

Aufsichtsrat u. Vorstand: Der Aufsichtsrat wählt mit Zweidrittelmehrheit einen Vorsitzenden u. einen Stellvertreter; wird in einem dieser beiden Fälle die genannte Mehrheit nicht erreicht, so wählen in getrennten Wahlgängen mit einfacher Mehrheit die Vertreter der Anteilseigner den Vorsitzenden u. die Vertreter der Arbeitnehmer dessen Stellvertreter. Ergibt sich bei späteren Abstimmungen des Aufsichtsrats in Sach- oder Personalfragen Stimmengleichheit, so hat bei einer zweiten sonst ergebnislosen Abstimmung der Vorsitzende 2 Stimmen. Der Aufsichtsrat bestellt die Mitglieder des zur gesetzl. Vertretung des Unternehmens befugten Organs (d. h. in der Regel: des Vorstands) mit Zweidrittelmehrheit. Ein Mitglied des Vorstands muss als *Arbeitsdirektor* (zuständig für Personalwesen u. Sozialbereich) tätig sein; der Arbeitsdirektor wird nach dem allg. Mitbestimmungsgesetz ebenso gewählt wie die übrigen Vorstandsmitglieder. Aufsichtsrat u. Vorstand haben im Übrigen die in den einschlägigen Gesetzen (insbes. Aktiengesetz) vorgesehenen Befugnisse u. Verpflichtungen.

Parität: Eine volle Parität (ohne Stichentscheid des fast stets von den Kapitalvertretern bestimmten Aufsichtsratsvorsitzenden) wird von einer Reihe von Staatsrechtslehrern zwar für unvereinbar mit der Eigentumsgarantie des Art. 14 GG gehalten, von den DGB-Gewerkschaften, die ihrerseits ebenfalls juristische Rückendeckung haben, in der Form des *Montanmodells* aber weiterhin angestrebt.

Kleinere Unternehmen: Bei Aktiengesellschaften u. Kommanditgesellschaften auf Aktien mit weniger als 2000 Beschäftigten muss ein Drittel der Aufsichtsratsmitglieder aus Arbeitnehmern bestehen, die von der Belegschaft gewählt werden. Gesellschaften mit beschränkter Haftung, bergrechtl. Gewerkschaften, Versicherungsvereine auf Gegenseitigkeit u. Genossenschaften, die zwischen 500 u. 2000 Arbeitnehmer beschäftigen, müssen Aufsichtsräte bilden, die ebenfalls zu einem Drittel mit Vertretern der Arbeitnehmer zu besetzen sind (§§ 76–87 des insoweit fortgeltenden Betriebsverfassungsgesetzes von 1952).

Montanbestimmung: Die M. der Arbeitnehmer in den Unternehmungen des Bergbaus sowie der Eisen u. Stahl erzeugenden Industrie, die in der Form einer Aktiengesellschaft, einer GmbH oder einer bergrechtl. Gewerkschaft betrieben werden u. in der Regel über 1000 Arbeitnehmer beschäftigen, ist durch das Mitbestimmungsgesetz vom 21. 5. 1951 *(Montanmodell)* geregelt. Danach muss der Aufsichtsrat dieser Unternehmungen aus 11, 15 oder 21 Mitgliedern bestehen (je nach Kapitalhöhe), von denen 5, 7 bzw. 10 Vertreter der Anteilseigner u. ebenso viele Vertreter der Arbeitnehmer sind, während das 11., 15. bzw. 21. Mitgl. durch die übrigen Aufsichtsratsmitglieder hinzugewählt wird. Die Arbeitnehmervertreter werden zum Teil vom Betriebsrat, zum Teil von der Gewerkschaft vorgeschlagen. In den Vorstand ist als gleichberechtigtes Mitgl. ein Arbeitsdirektor zu berufen, dessen Bestellung nicht gegen die Stimmen der Mehrheit der Arbeitnehmervertreter im Aufsichtsrat erfolgen kann (anders als beim allg. Mitbestimmungsgesetz). Für Kapitalgesellschaften, die aufgrund eines Organschaftsverhältnisses ein Unternehmen, das dem Mitbestimmungsgesetz unterliegt, beherrschen, gilt das *Holdinggesetz* vom 7. 8. 1956. Entfällt mehr als die Hälfte des Umsatzes des Konzerns auf die Tochtergesellschaften, die der Montanindustrie angehören, so muss in der Holdinggesellschaft der Aufsichtsrat aus 15 Mitgliedern bestehen, von denen 7 Vertreter der Anteilseigner, 7 Vertreter der Arbeitnehmer sind u. ein Mitglied unabhängig ist. In den Vorstand der Holdinggesellschaft ist auch ein Arbeitsdirektor als gleichberechtigtes Mitglied zu berufen.

Öffentl. Dienst: Die M. der Beamten, Angestellten u. Arbeiter des *öffentl. Dienstes* ist im *Personalvertretungsgesetz* vom 15. 3. 1974 geregelt, nach dem bei jeder Dienststelle von den Bediensteten ein *Personalrat* zu wählen ist, der mit der Dienststelle in bestimmten allg. Angelegenheiten zusammenarbeitet u. ein Mitwirkungs- oder Mitbestimmungsrecht in sozialen u. personellen Angelegenheiten ausübt.

Mit brennender Sorge, eine Enzyklika Papst Pius' XI. vom 14. 3. 1937 in dt. Sprache, in der Rassegedanke, Führerprinzip u. Totalitarismus des Nationalsozialismus verurteilt u. die religiöse Unterdrückung angeprangert wurden. Die Verlesung der Enzyklika wurde zwar vom nat.-soz. Regime nicht verhindert, aber ihre weitere Verbreitung wurde gehemmt. Nur wenige Tage später verurteilte der Papst in der Enzyklika „Divini Redemptoris" auch den Kommunismus.

Mitbürgschaft, eine Bürgschaft, bei der sich mehrere Bürgen für dieselbe Verbindlichkeit verbürgen. Sie haften als *Gesamtschuldner,* auch wenn sie die Bürgschaft nicht gemeinschaftlich übernehmen (§ 769 BGB).

Mitchell, 1. ['mitʃəl], Hauptfluss von Nordqueensland (Australien), 560 km, regelmäßig 9 Monate Wasser führend; entspringt in der Great Dividing Range, mündet in den Carpentariagolf.
2. ['mitʃəl], *Mount Mitchell, Black Dome,* höchster Berg der Appalachen (USA), 2037 m.

Mitchell ['mitʃəl], **1.** Joni, eigentlich Roberta Joan *Anderson,* US-amerikan. Rocksängerin, * 7. 11. 1943 Fort McLeod (Kanada); machte Schallplatten u. Konzertreisen mit verschiedenen Bands; mit rhythmisch schwierigen, textlich anspruchsvollen eigenen Liedern war sie eine der einflussreichsten Musikerinnen der Rockmusik.

◆ **2.** Margaret, US-amerikan. Schriftstellerin, * 8. 11. 1900 Atlanta, Georgia, † 16. 8. 1949 Atlanta (Autounfall); errang einen Welterfolg mit ihrem Roman „Vom Winde verweht" 1936, dt. 1937, in dem sie die Geschichte des Sezessionskriegs vom Standpunkt der Südstaaten aus erzählte

Margaret Mitchell

(verfilmt 1939). Die Fortsetzung des Romans schrieb Alexandra Ripley (* 1934) unter dem Titel „Scarlett"; 1994 verfilmt als 8-stündige Mini-Fernsehserie.
3. Peter Dennis, brit. Biochemiker, * 29. 9. 1920 Mitcham, † 10. 4. 1992 Glynn-House/Bodmin; wesentl. Arbeiten über Energieübertragungsmechanismen in der lebenden Zelle, entwickelte 1961 die „chemiosmot. Theorie der oxidativen Phosphorylierung" zur Bildung der ubiquitären Energiespeichersubstanz Adenosintriphosphat u. erhielt dafür 1978 den Nobelpreis für Chemie.
4. Sir Thomas Livingstone, brit. Australienforscher, * 16. 6. 1792 Craigend, † 5. 10. 1855 Sydney (Australien); erforschte auf mehreren Reisen 1831–1847 die Stromsysteme des Darling u. Murray.
5. Wesley Clair, US-amerikan. Wirtschaftswissenschaftler, * 5. 8. 1874 Rushville, Illinois, † 29. 10. 1948 New York; Vertreter des *Institutionalismus* u. der empirisch-statist. Konjunkturforschung; Hptw.: „Der Konjunkturzyklus" 1913, dt. 1931.

◆ **Mitchum** ['mitʃəm], Robert, US-amerikanischer Filmschauspieler, * 6. 8. 1917 Bridgeport, Connetticut, † 1. 7. 1997 Santa Barbara, California; seit 1942 beim Film; der internationale Durchbruch gelang ihm mit „Schlachtgewitter am Monte Cassino" 1945; entwickelte sich danach

Robert Mitchum

zu einem vielseitigen Charakterdarsteller, spielte u. a. in „Engelsgesicht" 1952; „Fluss ohne Wiederkehr" 1954; „Die Nacht des Jägers" 1955; „Der endlose Horizont" 1959;

"Ein Köder für die Bestie" 1962; "El Dorado" 1967; "Yakuza" 1974; "Mr. North" 1988; "Dead Man" 1995.

Miteigentum, gemeinschaftl. Eigentum in Bruchteilsgemeinschaft (§§ 1008–1011 BGB). Jeder Miteigentümer kann die Ansprüche aus dem Eigentum Dritten gegenüber in Ansehung der ganzen Sache geltend machen, den Anspruch auf Herausgabe jedoch nur durch Forderung der Leistung an alle Miteigentümer. M. besteht auch beim *Wohnungseigentum* an den im gemeinschaftl. Gebrauch befindl. Gegenständen. Auch → Gemeinschaft. – Ähnl. Art. 646 ff. *schweiz.* ZGB u. §§ 825 ff. *österr.* ABGB.

Mitella [die; lat.], Armschlinge, Armtragetuch, aus einem Dreieck- oder Vierecktuch hergestellter Tuchverband, der um den Nacken geschlungen wird u. in dem der Arm hängend ruht, im Ellbogengelenk gebeugt.

Miterbe, der neben anderen als → Erbe Berufene (Gegensatz: *Alleinerbe*); bei der *gesetzl.* Erbfolge regelmäßig jeder Angehörige derselben Erbordnung. Die Miterben bilden eine → Erbengemeinschaft (§§ 2032 ff. BGB, Art. 602 ff. schweiz. ZGB, § 555 österr. ABGB). Jeder M. kann über seinen Anteil am Nachlass durch notariell beurkundeten Vertrag verfügen, nicht hingegen über seinen Anteil an den einzelnen Nachlassgegenständen (§ 2033 BGB, *Schweiz:* es genügt Schriftform nach Art. 635 ZGB).

Mitesser, *Komedonen,* eingedickter Talg, der die Ausführungsgänge der Hauttalgdrüsen verstopft u. sich mit Staub an der Oberfläche schwarz färbt; beruht meist auf zu starker Talgentwicklung.

Mitfahrgemeinschaft, ein freiwilliger Zusammenschluss mehrerer Personen (z. B. Arbeitnehmer eines Unternehmens), die aus Kosteneinsparungsgründen gemeinsam mit einem Personenkraftwagen die tägl. Fahrt zum Arbeitsplatz antreten. Rechtl. Probleme der Mitfahrgemeinschaften ergeben sich aus der alleinigen Haftung des Kraftfahrzeughalters bei einem Unfall.

Mitfahrzentrale, Koordinierungsstelle für Mitfahrgelegenheiten in privaten Pkw. Die M. sammelt Angebote von Autofahrern, die freie Plätze zur Verfügung stellen, u. vermittelt diese an Personen, die mitgenommen werden möchten. Die Koordinierung erfolgt über Abfahrts- u. Zielort. Mitfahrzentralen gibt es sowohl als Niederlassungen als auch virtuell im Internet.

Mitführungskoeffizient, eine physikal. Größe, die die Ausbreitungsgeschwindigkeit des Lichts in einer strömenden Flüssigkeit bestimmt. Licht breitet sich in Strömungsrichtung mit höherer Geschwindigkeit aus als bei ruhender Flüssigkeit, u. zwar ist die Geschwindigkeit um $k \cdot v$ größer, wenn v die Strömungsgeschwindigkeit ist. k ist dabei der M., der sich aus dem Brechungsindex n der Flüssigkeit nach der Formel $k = 1 - \frac{1}{n^2}$ berechnet. – Erste Messung 1851 von A. H. L. *Fizeau*; theoret. Erklärung durch die *Relativitätstheorie*.

Mithras tötet den Stier; Kultrelief eines Mithrasheiligtums aus Heidelberg-Neuenheim; Buntsandstein, 2. Hälfte des 2. Jahrhunderts n. Chr. Karlsruhe, Badisches Landesmuseum

Mitgift, ältere Bez. für die der Tochter gewährte → Ausstattung.

Mitgliederversammlung, die Versammlung der Vereinsmitglieder, die durch Beschlussfassung die Angelegenheiten des *Vereins* ordnet, die nicht von dem Vorstand oder einem anderen Vereinsorgan zu besorgen sind. Die M. ist in den durch die Satzung bestimmten Fällen sowie dann zu berufen, wenn das Interesse des Vereins es erforderlich macht.

Mitgutsch, Ali (eigentl. Alfons), dt. Grafiker, Illustrator u. Kinderbuchautor, *21. 8. 1935 München; wurde bekannt durch den Typus des in hohen Auflagen verbreiteten „Wimmelbilderbuches" im Panoramastil („Rundherum in meiner Stadt"; „Bei uns im Dorf"; „Komm mit ans Wasser"), die er mit farbenfrohen, lustigen Bildern illustriert.

Mithradates [pers., „Geschenk des *Mithras*"], *Mithridates,* mehrere Könige von Pontos. – *M. VI. Eupator,* König 120–63 v. Chr., *132 v. Chr., †63 v. Chr.; eroberte Gebiete am Schwarzen Meer u. Teile Kleinasiens; gefürchteter Feind der Römer, von *Lucullus* u. *Pompeius* vertrieben. Als sich sein Sohn, der spätere König *Pharnakes,* gegen ihn erhob, beging M. Selbstmord.

◆ **Mithras** [grch.], pers. *Mithra,* ind. *Mitra,* Gottheit des Rechts u. des Vertrags in Indien; Erlösergottheit der späteren pers. Mysterien-Religion, die von röm. Legionären bis weit nach Germanien verbreitet wurde; Höhepunkt im 3. Jh. n. Chr. Der Kult fand in Höhlen *(Mithräen)* statt, auf dt. Boden u. a. in Trier, Saalburg, Heddernheim u. Dieburg. M. wurde als Überwinder der Finsternis gefeiert u. daher später mit dem Sonnengott *(Sol invictus,* „unbesiegte Sonne") gleichgesetzt. Sein Festtag war der 25. Dezember (Wintersonnenwende). Die Urtat des M. ist die Tötung des Stiers, die in fast allen Mithräen als Kultbild dargestellt war. Zeitweilig war der Mithraskult ein starker Konkurrent des Christentums, mit dem er in Taufe u. hl. Mahl verwandt ist. Auch → Adityas.

Mithridates, Name mehrerer Parther-Könige: **1. Mithridates I.,** rd. 171–139/38 v. Chr.; machte Parthien zur Großmacht im Alten Orient; begann einen Zweifrontenkrieg gegen Osten u. Westen u. hatte bis 141 v. Chr. fast ganz Mesopotamien erobert; wahrscheinlich wurde unter ihm die Hptst. nach *Ktesiphon* am Tigris verlegt. **2. Mithridates II., Mithridates der Große,** rd. 124/23–88/87 v. Chr.; eroberte nach einer vorausgegangenen Schwächeperiode der parth. Macht Mesopotamien zurück u. dehnte den parth. Einfluss nach Armenien aus. Der Besuch einer chines. Gesandtschaft öffnete die „Seidenstraße". **3. Mithridates III.,** 71/70–58/57 v. Chr.; führte mit seinem Bruder Krieg um die Macht; wurde Ende 54 oder 53 v. Chr. besiegt u. hingerichtet. **4. Mithridates VI. Eupator,** → Mithradates.

Mitiaro, flache Insel der neuseeländ. Cookinseln in der Südsee, 25 km², 250 Ew.

Mitidja [miti'dʒa], fruchtbare, reich bewässerte Ebene in Algerien, zwischen den Ketten des Tellatlas, südl. von Algier, 100 km lang, rd. 15 km breit; wichtiges Anbaugebiet von Wein, Kartoffeln u. Frühgemüse, außerdem Tabak- u. Zitruskulturen.

Mitla, Ruinenstätte im mexikan. Staat Oaxaca; Residenzstadt der *Zapoteken* nach der Expansion der *Mixteken* u. dem Verlust von → Monte Albán um 1000 n. Chr., um 1300 von den Mixteken erobert. M. zeigt in der Architektur eine Mischung von zapotek. u. mixtek. Stilelementen, die sog. Paläste sind berühmt durch die Steinmosaiken, die einen Großteil der Fassadenfläche bedecken, ursprünglich teilweise bemalt; daneben finden sich Fresken im Stil der mixtekischen Bilderhandschriften; die Flachdächer breiterer Säle wurden durch etwa 4 m hohe monolith. Steinsäulen gestützt.

Mitläufer, eine Einstufungskategorie bei der → Entnazifizierung.

Mitlaut → Konsonant.

Mitleid, das Gefühl der Sympathie, der Teilnahme am Leiden anderer, das vor allem von der christl. Lehre als Tugend der Barmherzigkeit gefordert wurde. Die griech. Philosophie hat M. zumeist abgelehnt, weil es mit der Gerechtigkeit u. der Tugend der Apathie in Konflikt gerät. Die Gefühlsethik des 18. Jh. machte das M. zum zentralen sozialen Gefühl u. Prinzip der Moral, ähnlich wie später A. *Schopenhauer.*

Mito, japan. Präfektur-Hptst. in Zentralhonshu, nordöstl. von Tokyo, 246 000 Ew.; Universität; Museum; Markt- u. Verarbeitungsort für Agrarprodukte (Tabak); Textilindustrie; Bahnknotenpunkt; berühmter Landschaftspark; früher Samurai-Erziehungsstätte.

Mitochondrien [grch.], faden- bis kugelförmige Zellorganellen. Sie bestehen aus einer äußeren Hüllmembran u. einer inneren Membran, die schlauchförmige *(Tubuli),* blattförmige *(Christae)* oder sackförmige *(Sacculi)* Einstülpungen in den inneren Raum *(Matrix)* sendet. Diese Oberflächenvergrößerungen dienen der Leistungssteigerung, indem mehr Enzyme an die innere Membran gebunden werden können; ihre wichtigste Funktion ist Energiegewinnung

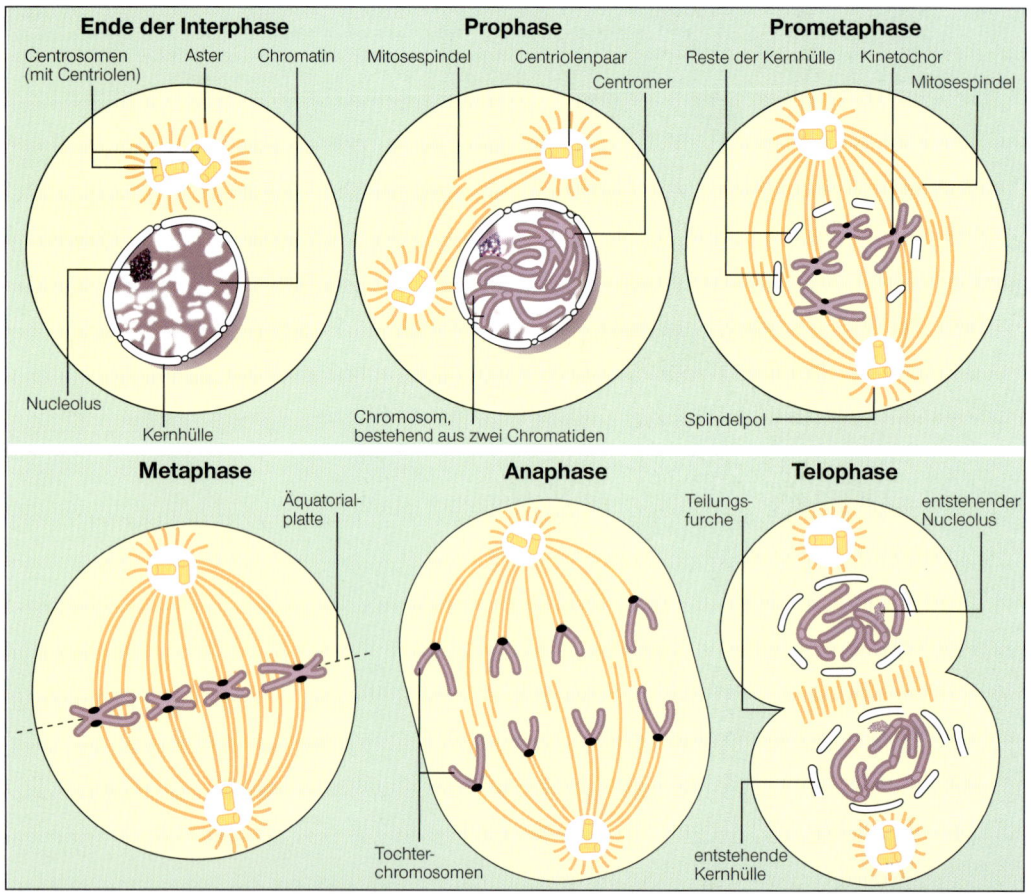

Mitochondrienäquivalente

Ende der Interphase — Centrosomen (mit Centriolen), Aster, Chromatin, Nucleolus, Kernhülle

Prophase — Mitosespindel, Centriolenpaar, Centromer, Chromosom, bestehend aus zwei Chromatiden

Prometaphase — Reste der Kernhülle, Kinetochor, Mitosespindel, Spindelpol

Metaphase — Äquatorialplatte

Anaphase — Teilungsfurche, Tochterchromosomen

Telophase — entstehender Nucleolus, entstehende Kernhülle

Mitose: In der Interphase haben sich die Chromosomen, die hier noch als verknäuelte Chromatinfasern vorliegen, verdoppelt. Auch die Centrosomen liegen nun zweifach vor. In der Prophase verdichten sich die Chromatinfasern und die Chromosomen werden sichtbar. Sie bestehen nun aus zwei Chromatiden. Zwischen den Centrosomen bildet sich die Mitosespindel aus. In der Prometaphase sind die Chromosomen noch stärker verdichtet und jede Chromatide weist nun ein eigenes Kinetochor auf, an das sich Spindelfasern heften. In der Metaphase ordnen sich die Chromosomen in der Mitte zwischen den beiden Spindelpolen, in der sog. Äquatorialplatte, so an, dass die Kinetochore der jeweiligen Schwesterchromatiden zu den entgegengesetzten Spindelpolen weisen. In der Anaphase werden die beiden Chromatiden jedes Chromosoms zu den beiden Zellpolen hin auseinander gezogen. Dabei werden die Chromatiden zu eigenständigen Chromosomen, so dass am Ende an beiden Zellpolen wieder der gleiche vollständige Chromosomensatz vorliegt. In der Telophase beginnt die Neubildung der Zellkerne. Gleichzeitig findet auch die Teilung der Zelle statt, so dass am Ende zwei Tochterzellen zu erkennen sind

durch oxidative Phosphorylierung bei der Zellatmung (→ Adenosintriphosphat). Da sie sich in der Zelle bewegen u. so zu Orten des Energiebedarfs gelangen, bezeichnet man sie als „fahrende Kraftwerke der Zelle". M. sind teilungsfähig; sie besitzen ringförmige *DNA* u. *Ribosomen* zur *Proteinsynthese*.

Mitochondrienäquivalente [grch.], Bestandteile von Bakterien, → Mesosomen.

◆ **Mitose**, *Kernteilung*, die der *Zellteilung* bei Eukaryonten vorausgehende Teilung des → *Zellkerns*, die die Aufgabe hat, die genet. Information der Zelle in Form der Chromosomen unverändert in gleicher Zahl an die beiden Tochterzellen weiterzugeben *(Äquationsteilung)*. – In der *Interphase*, dem Zeitraum zwischen zwei Mitosen, findet die Verdoppelung der jetzt noch entspiralisierten u. verknäuelten Chromosomen statt: die *ident. Reduplikation* der DNA (→ Nucleinsäuren). Die M., die in einem Zeitraum von wenigen Minuten bis zu mehreren Stunden ablaufen kann, lässt sich in mehrere Phasen gliedern: In der *Prophase* verdichtet sich das formlose Chromatin zu den deutlich sichtbaren Chromosomen, die jetzt aus zwei gleichartigen Chromatiden bestehen, die in der Centromer-Region zusammengehalten werden. Kernmembran u. Kernkörperchen (Nucleolus) beginnen sich aufzulösen, u. zwischen den beiden Centrosomen beginnen die Fasern (bestehend aus Mikrotubuli-Bündeln) zu wachsen u. die Mitosespindel zu bilden. In der *Prometaphase* zerfällt die Kernhülle, u. die Spindelfasern können jetzt in den Kern eindringen. Jede Chromatide besitzt nun ein eigenes Kinetochor, an das sich die Spindelfasern anheften. In der *Metaphase* ordnen sich die nun stark verkürzten Chromosomen in der Mitte der Zelle in der sog. Äquatorialplatte an. In der *Anaphase* werden die Chromatiden durch Verkürzung der an sie gehefteten Spindelfasern zu den beiden Polen hin auseinander gezogen u. so zu eigenständigen Chromosomen. Am Ende der Anaphase liegt also an beiden Polen wieder ein vollständiger Chromosomensatz vor, der in der *Telophase* mit einer neuen Kernmembran umgeben wird. Mit der Neubildung der Zellkerne entwinden sich die Chromosomen wieder, u. es entstehen neue Nucleoli. Gleichzeitig beginnt auch bereits die Zellteilung. Bei der Bildung der Geschlechtszellen findet eine besondere Form der Kernteilung statt, die Reduktionsteilung (→ Meiose) oder Reifeteilung, die die Aufgabe hat, den normalerweise in den Zellen doppelt vorhandenen Chromosomensatz zu einem einfachen zu reduzieren.

Mitosegifte, chem. Stoffe, die die → Kernteilung (Mitose) bei Pflanzen u. Tieren stören; sie können *Polyploidie* hervorrufen, einige wirken Krebs hemmend. Zu den Mitosegiften zählen u.a. Acenaphthen, Acridin, Benzochinon, Colchicin.

Mitosporen, Fortpflanzungszellen, → Sporen (1).

◆ **Mitra** [die; grch., „Binde"], liturg. Kopfbedeckung der Bischöfe u. Äbte *(Infūl)*; in Babylonien u. Assyrien Kopfbedeckung der Könige, in römischer Zeit Frauenhaarband.

Mitra [altind.], ind. u. pers. Gottheit, → Mithras.

Mitrailleuse [mitrajˈøːz; die; frz.], im Krieg 1870/71 von den Franzosen verwendete Feuerwaffe mit mehreren Gewehrläufen u. handbetriebenem Lademechanismus; heute Bez. für Schnellfeuergeschütze, in Frankreich für Maschinengewehre.

Mitralinsuffizienz [lat.], Schlussunfähigkeit der Mitralklappe (Bikuspidalklappe zwischen linkem Herzvorhof u. linker Herzkammer); führt zu Herz- u. Kreislaufstörungen.

Mitralstenose [lat.+grch.], ein Herzklappenfehler: Verengung des Durchgangs zwischen linkem Vorhof u. linker Kammer infolge narbiger Verwachsungen der Segel der Mitralklappe, vor allem nach *Endokarditis* (Herzinnenhautentzündung).

Mitraschnecken, *Mitra*, Gattung von schön gezeichneten Meeresschnecken mit porzellanartigen Gehäusen, die an die Bischofsmitra erinnern. Zu den M. gehören die *Bischofsmütze, Mitra episcopalis*, u. die *Papstkrone, Mitra papalis*.

Mitre, Bartolomé, argentin. Politiker u. Historiker, *26. 7. 1821 Buenos Aires, †18. 1. 1906 Buenos Aires; 1862–1868 Staats-Präs. Durch seinen Sieg bei Pavón (1861) über die Prov. Buenos Aires, die aus dem Bundesstaat austreten wollte, sicherte M. endgültig die Einheit des Landes. Werke: „Historia de Belgrano y de la independencia argentina" 2 Bde. 1859; „Historia de San Martín y de la emancipación sudamericana" 3 Bde. 1887/88.

Mitropoulos [-pulɔs], Dimitri, US-amerikan. Dirigent griech. Herkunft, *18. 2. 1896 Athen, †2. 11. 1960 Mailand; studierte in Athen, Brüssel u. 1921–1924 in Berlin (bei F. *Busoni*); bis 1937 in Athen, dann in den USA Leiter verschiedener Orchester (1949–1958 Dirigent des New Yorker Philharmon. Orchesters); setzte sich für die moderne Musik ein; komponierte Orchesterwerke.

Mitsawa, Hafenstadt in Eritrea, → Mitsiwa.

Mitscherlich, 1. Alexander, Sohn von 3), dt. Chemiker, *28. 5. 1836 Berlin, †31. 5. 1918 Oberstdorf; fand 1876 das Verfahren zur Gewinnung von Cellulose aus Fichtenholz (Sulfitzellstoffverfahren).

♦ 2. Alexander, dt. Mediziner u. Psychologe, *20. 9. 1908 München, †26. 6. 1982 Frankfurt a. M.; Leiter des Sigmund-Freud-Instituts in Frankfurt a.M.; durch sozialkrit. Arbeiten u. als einer der Initiatoren der *Friedensforschung* bekannt geworden; erhielt zusammen mit

Alexander Mitscherlich

seiner Frau Margarete M. 1969 den Friedenspreis des Dt. Buchhandels. Hptw.: „Vom Ursprung der Sucht" 1947; „Freiheit u. Unfreiheit in der Krankheit" 1948; „Die Krankheiten der Gesellschaft u. die psychosomat. Medizin" 1957; „Medizin ohne Menschlichkeit" 1960; „Auf dem Wege zur vaterlosen Gesellschaft" 1963; „Die Unwirtlichkeit unserer Städte" 1965; „Krankheit als Konflikt" 1967; „Die Unfähigkeit zu trauern" 1967; „Die Idee des Friedens u. die menschl. Aggressivität" 1969; „Sigmund Freud. Versuch, die Welt besser zu verstehen" 1970; „Ein Leben für die Psychoanalyse" 1980.

3. Eilhard, dt. Chemiker, *7. 1. 1794 Neuende, Oldenburg, †28. 8. 1863 Berlin; entdeckte die Isomorphie u. die Polymorphie von Kristallen, konstruierte den ersten Polarisationsapparat.

4. Eilhard Alfred, Enkel von 3), dt. Agrarwissenschaftler, *29. 8. 1874 Berlin, †3. 2. 1956 Paulinenaue, Havelland; Prof. in Königsberg (1906), Direktor des Forschungsinstituts zur Steigerung der Pflanzenerträge in Paulinenaue; arbeitete bes. über Pflanzenphysiologie, Bodenkunde u. Bodenverbesserung; baute das *Minimumgesetz* (J. von *Liebig*) zum Wirkungsgesetz der Wachstumsfaktoren aus. Werke: „Bodenkunde für Land- u. Forstwirte" 1905; „Die Ertragsgesetze" 1948; „Ertragssteigerung durch richtige Düngung" 1952.

♦ **Mitschurin**, *Mičurin*, Iwan Wladimirowitsch, russ. Biologe, *27. 10. 1855 Dolgoje, Rjasan, †7. 6. 1935 Koslow; erzielte durch Artkreuzungen die Züchtung frostresistenter Obstsorten, die den Obstbau für weite Gebiete Russlands erst möglich machten. Er lehnte die *Mendel'schen Ge-*

Iwan W. Mitschurin

setze für den Obstbau ab u. war der Ansicht, dass bis zu einem bestimmten Zeitpunkt der junge Obstsämling durch den Pfropfpartner (Mentor) in einer erwünschten Richtung beeinflusst werden könne; die erzielten Veränderungen hielt M. irrtümlich für erblich. Diese Ansicht war zeitweise eine der Grundlagen der parteiamtlich anerkannten sowjet. Vererbungslehre; auf der Theorie von M. baute der Biologe T. D. *Lyssenko* seine Arbeiten auf.

Mitschurinsk [nach I. W. *Mitschurin*], *Mičurinsk*, bis 1932 *Koslow*, Stadt in Russland, im Schwarzerdegebiet, am oberen Woronesch, 109 000 Ew.; Hoch- u. Fachschulen, Forschungsinstitute, pädagog. Hochschule, Theater; in der Umgebung Obstanbau; Bau von Fahrzeugteilen.

Mitsiwa, *Mitsawa, Massaua*, Hafenstadt in Eritrea, am Roten Meer, 40 000 Ew.; sehr heiß, hohe Luftfeuchtigkeit (durchschnittl. Jahrestemperatur 29,8 °C); Fischfang, Fischverarbeitung, Salzgärten, Zementfabrik; Straßen- u. Bahnverbindung über Asmera ins Hinterland Äthiopiens. M. liegt auf zwei Inseln, die untereinander u. mit dem Festland durch Dämme verbunden sind; vorgelagert sind die Dahlakinseln. – 1885–1941 italien., 1952–1993 mit Eritrea zu Äthiopien.

Mitsubishi-Gruppe [-ʃi-], eine Gruppe von japan. Unternehmen, deren Geschäftsbereich fast alle Industriezweige, den Handel sowie das Bank- u. Versicherungswesen umfasst; dazu gehören z. B. *Mitsubishi Corporation* (gegr. 1873), Tokyo, das größte japan. Handelshaus; *Mitsubishi Electric Corporation* (gegr. 1921), Tokyo; *Mitsubishi Heavy Industries Ltd.* (gegr. 1934); *Mitsubishi Motor Co. Ltd.* (gegr. 1970). Umsatz 2000: 114,79 Mrd. US-Dollar, 11 000 Mitarbeiter.

Mitsubishi Red Mud [-ʃi rɛd mʌd; jap. + engl.], in Japan entwickeltes Verfahren zur Rauchgasentschwefelung durch Waschen mit Rotschlamm (Abfallprodukt der Aluminiumindustrie). Das Schwefeldioxid reagiert mit Natrium-Aluminium-Silikaten u. bildet Natriumsulfat, das einer weiteren Verwendung nicht zugeführt werden kann.

Mitsui, ältester japan. Familienkonzern, kaiserl. Hofbankiers; entwickelte sich seit dem 17. Jh. aus einem Pfandleihgeschäft u. beherrschte bis zu seiner Zwangsauflösung durch die US-amerikan. Besatzungsmacht 1945 u. a. Banken, große Handelsbetriebe, Warenhäuser, Bergwerke, Maschinenfabriken, Werften, chem. Werke; mit zahlreichen Einzelunternehmen inzwischen wieder aufgebaut; Umsatz 2000: 115,59 Mrd. US-Dollar, 10 700 Mitarbeiter; dt. Tochtergesellschaft: *Mitsui & Co. Deutschland GmbH*, Düsseldorf.

Mitsunaga, *Tokiwa*, japan. Maler, um 1158–1179 als Hofmaler in Kyoto tätig; Bilder aus dem tägl. Leben, bes. des Kaiserhofs.

Mittag, als Himmelsrichtung: Süden. Als Zeitpunkt: Ein Ort hat M. *(Wahrer M.)*, wenn die Sonne seinen Meridian überschreitet.

Mittag, Günter, dt. Politiker (SED), *8. 10. 1926 Stettin, †18. 3. 1994 Berlin; Wirtschaftswissenschaftler; seit 1951 Mitarbeiter im Apparat des ZK der SED; seit 1962 Mitgl. des ZK, 1962–1973 Sekretär des ZK (zuständig für Wirtschaft), 1963–1966 Kandidat, seit 1966 Mitgl. des Politbüros der SED; 1973–1976 Erster Stellvertreter des Vors. des Ministerrats der DDR; seit 1976 wieder Sekretär des ZK der SED. M., der das Vertrauen E. *Honeckers* besaß, leitete seit den 70er Jahren diktatorisch die Wirtschaft der DDR. Mit Honecker wurde er 1989 gestürzt u. aus der SED ausgeschlossen; zeitweise war er in Haft. Erinnerungen: „Um jeden Preis" 1991.

Mittag-Leffler, Magnus Gustav, schwed. Mathematiker, *16. 3. 1846 Stockholm, †12. 7. 1927 Djursholm bei Stockholm; lehrte in Helsingfors u. Stockholm; arbeitete über analytische Funktionen.

Mitra des Patriarchen Nikon, 17. Jahrhundert. Moskau, Rüstkammermuseum im Kreml

Mittagsberg, tschech. *Poledník,* Berg des Hauptkammes des Böhmerwaldes, 1314 m hoch.
Mittagsblume → Mesembryanthemum.
Mittagskogel, Felsgipfel in den Karawanken (Österreich), bei Villach, an der österr.-slowen. Grenze, 2141 m hoch.
Mittagslinie, die Verbindungslinie des Nord- u. Südpunkts in der Ebene des Horizonts.
Mittagsrohr → Passageinstrument.
Mittasch, Alwin, dt. Chemiker, * 27. 12. 1869 Großdehsa, Sachsen, † 4. 6. 1953 Heidelberg; entdeckte verschiedene Katalysatoren für techn. Verfahren (1910 Eisenkatalysator für Ammoniaksynthese).
Mittäterschaft, das gemeinsame Begehen einer Straftat in bewusstem u. gewolltem Zusammenwirken; zu unterscheiden von der → Teilnahme. In der BR Dtschld. wird nach § 25 Abs. 2 StGB, in *Österreich* nach § 12 ff. StGB jeder Mittäter als Täter bestraft; das *schweiz.* StGB hat die M. nicht bes. geregelt, in Art. 349 aber erwähnt.
Mitte, Berlin-Mitte, zentraler Bezirk in Berlin, 39,5 km², 321 000 Ew.; umfasst das historische Zentrum der Stadt mit zahlreichen Regierungs- u. Verwaltungsbauten sowie kulturellen u. wirtschaftlichen Institutionen, seit 2001 auch die ehem. Bezirke *Tiergarten* im W u. *Wedding* im N.
Mitteilungspflicht, die Pflicht eines Unternehmens, eine Beteiligung von mehr als 25 % an einer AG mit Sitz im Inland dieser unverzüglich mitzuteilen (§§ 20, 21 AktG).
Mitteis, 1. Heinrich, Sohn von 2), dt. Rechtshistoriker, * 26. 11. 1889 Prag, † 23. 7. 1952 München; Prof. in Köln 1921, Heidelberg 1924, München 1934, Wien 1935, Rostock 1940, Berlin 1946, München 1948, Zürich 1952; verfasste rechtsgeschichtl. Arbeiten, bedeutend als Forscher auf dem Gebiet des mittelalterl. Lehnrechts; Hptw.: „Lehnrecht u. Staatsgewalt" 1933; „Die dt. Königswahl" 1938; „Der Staat des hohen MA" 1940; „Dt. Rechtsgeschichte" 1949; „Dt. Privatrecht" 1950; „Die Rechtsidee in der Geschichte" 1957, Nachdr. 1967. **2.** Ludwig, dt. Rechtshistoriker, * 17. 3. 1859 Ljubljana, † 26. 12. 1921 Leipzig; lehrte in Wien u. Leipzig; Hptw.: „Röm. Privatrecht bis auf die Zeit Diokletians" 1908; „Institutionen, Geschichte u. System des röm. Privatrechts" 1924.
Mittel, 1. *Druckereiwesen:* ein *Schriftgrad* von 14 Punkt.
2. *Mathematik:* → Mittelwert.
Mittelalter, Abk. *MA,* lat. *media aetas, media antiquitas, media tempora, medium aevum,* von den Humanisten geprägter, endgültig erst im 17. Jh. eingebürgerter Begriff für den Zeitraum zwischen *Altertum* u. *Neuzeit.* – Anfang u. Ende des MA werden unterschiedlich angesetzt: z. B. vom Beginn der Völkerwanderung (um 375), vom Untergang des Weström. Reichs (476) oder von der Zeit Karls d. Gr. (um 800) bis zur Erfindung des Buchdrucks (etwa 1450), zum Fall Konstantinopels (1453), zur Entdeckung Amerikas (1492) oder zur Reformation (1517). Doch bleibt bei allen diesen Periodisierungen gegenüber zu bedenken, dass man mit längeren Übergangszeiten zu rechnen hat. Innerhalb des aus rein prakt. Gründen auf ca. 500 bis 1500 festgesetzten Zeitraums vollzog sich das für das MA wesensbestimmende Verschmelzung von *Germanentum, Christentum* u. dem Erbe der *Antike.*
Als mächtige Idee wirkte sich der Gedanke der Einheit des christl. *Abendlands* aus, der politisch wirksam wurde in der *Italienpolitik* der dt. Kaiser, seit dem *Investiturstreit* aber auch in dem Anspruch des Papstes, in seiner Person diese Einheit darzustellen. Daraus folgten die Kämpfe zwischen Papst u. Kaiser, d. h. zwischen der höchsten geistl. u. der höchsten weltl. Macht, durch die schließl. beider Stellung erschüttert wurde. Tief greifende Wandlungen der gesellschaftl. u. wirtschaftl. Struktur bestimmen die Einteilung des MA in Unterabschnitte: Für das *Früh-MA* (6.–9. Jh.) ist die Adels- u. Grundherrschaft kennzeichnend, für das *Hoch-MA* (10.–13. Jh.) das aufblühende Rittertum u. Lehnswesen, für das *Spät-MA* (14./15. Jh.) das Erstarken des Bürgertums, der Aufstieg der Städte u. die Entstehung der Geldwirtschaft. Wenn das MA dennoch das Bild einer durchaus eigenständigen Epoche bietet, so hauptsächlich aufgrund der Stellung der Kirche, die während der ganzen Zeit unangefochten blieb.
Heute wird der Begriff MA zuweilen auch auf die mittlere Geschichtsperiode anderer Kulturkreise angewandt; z. B. spricht man vom *griechischen MA* oder vom *japanischen MA.* Über die Zulässigkeit des Verfahrens, zeitlich u. räumlich weit auseinander liegende Geschichtsabschnitte auf diese Weise zu typisieren, herrscht keine Übereinstimmung. Auch → Periodisierung. → Seite 90.
Mittelamerika, zusammenfassende Bez. für → Zentralamerika (mit Mexiko) u. → Westindien, 2 714 000 km², 164 Mio. Ew.
Geschichte: → Lateinamerika (Geschichte).
◆ **mittelamerikanische Kulturen,** die altamerikan. Kulturen im Gebiet des heutigen Mexiko, Guatemala, Honduras, Nicaragua, Costa Rica u. Panama. Diese Gebiete waren zur Zeit der span. Eroberung von verschiedenen indian. Völkern u. Stämmen mit unterschiedl. Kulturniveau bewohnt: Jäger u. Sammler, Ackerbauern u. Hochkulturen mit städt. Zivilisation. Gemeinsam war ihnen ein stark von religiösen Kulten geprägtes Leben. Zur Herstellung von Waffen u. Geräten verwendete man weitgehend Stein; Kupfer war selten, Bronze benutzte man erst kurz vor der Ankunft der Spanier; Eisen, Glas, Räder, Wagen, Zugtiere, Pflug u. Töpferscheibe waren unbekannt. Die mittelamerikanischen Kulturen sind nur z. T. aus schriftl. Zeugnissen der indian. Völker u. der span. Eroberer zu erschließen. Sie werden heute in ihrem der allg. Kulturentwicklung entsprechende Abschnitte gegliedert: 1. die durch den Gebrauch von primitivem Steinwerkzeug gekennzeichnete frühe Jagd- u. Vorackerbauerzeit; 2. die vorklass. Periode (*formative Phase*) mit intensivem Ackerbau, Töpferei, kleinen Weilern u. religiösen Zentren, von denen wahrscheinlich polit. Macht ausging; 3. die klass. Zeit (Stadtgründungen, Aufkommen von Territorialstaaten, Differenzierung der keram. Stile, Kunst u. religiöse Symbolik); 4. die bis zur Eroberung durch die Spanier reichende nachklass. Periode (Vergrößerung der weltl. Macht, Errichtung von Festungsanlagen).
Zwischen 20 000 u. 15 000 v. Chr. bewohnten steinzeitl. Jägervölker das Hochtal von Mexiko (Funde von Tepexpan u. Santa Ana). Ihnen folgte eine Kultur, die neben der Jagd das Sammeln von Samen der Wildpflanzen kannte, für ihre Zubereitung Mahl- u. Reibsteine benutzte u. in Höhlen (Sierra de Tamaulipas) oder einfachen Hütten lebte. Ihnen folgten seit etwa 1500 v. Chr. archaische Kulturen mit Feldbau (Mais, Bohnen, Kürbis, Chili, Tomate,

mittelamerikanische Kulturen: Altar der La-Venta-Kultur

Birne, Pfefferminze), Aufzucht von Hund u. Truthahn, Weberei (Agavenfasern) u. Töpferei. Ein Teil der Bevölkerung lebte in kleinen Dörfern, deren Strohdachhütten lehmbeworfene Flechtwände hatten; ein anderer Teil konzentrierte sich in den allmähl. entstehenden größeren religiösen Zentren mit steinverkleideten Pyramiden, Zeremonial- u. Ballspielplätzen u. a. öffentl. Bauten. Ob diese Zentren, von denen die Dörfer abhängig waren, auch polit. Einheiten bildeten oder nur religiöse Zentren waren, ist nicht zu sagen, doch ging eine gewisse Macht von ihnen aus. Eins dieser Zentren war *La Venta* an der mexikan. Golfküste. Nach ihm wurde die älteste u. wohl einflussreichste Hochkultur Mittelamerikas benannt (*La-Venta-Kultur*, etwa 800–400 v. Chr.). Mit ihr erschienen Architektur u. Bildhauerei. Der Westen u. Nordwesten Mexikos (Colima, Nayarit, Jalisco) dagegen scheint im Dorfstadium stecken geblieben zu sein. In Gräbern fand man Keramik, naturalistisch gestaltete Tonfiguren u. im Staat Guerrero geometrisch geformte steinerne Masken u. Statuetten (*Mezcala-Stil*), doch es fehlen Bauwerke, Stelen u. Halbreliefs. Die Träger dieser Kunst sind unbekannt; zur Zeit der span. Eroberung wurden die südl. Teile dieser Kunstprovinz (Michoacan) von den *Tarasken* beherrscht. Im Hochtal von Mexiko war die von der La-Venta-Kultur beeinflusste Kultur von *Tlatilco* die wichtigste unter den archaischen Kulturen (El Arbolillo, Ticomán, Zacatenco). Um 500 v. Chr. wurde die Rundpyramide von Cuicuilco als ältestes größeres Bauwerk des Hochlands errichtet. Um 200 v. Chr. trat hier die klass. *Kultur von Teotihuacan* (Blüte um 500 n. Chr.) hervor. Sie beeinflusste weite Teile Mittelamerikas u. stellte die kulturelle Hegemonie Zentralmexikos für die Zeit bis zur span. Eroberung sicher. Mittelpunkt eines Reiches war die Stadt Teotihuacan, beherrscht von einer weltl. Oberschicht mit starken religiösen Bindungen u. wahrscheinl. auch Funktionen. Stadtplanung, Architektur, Handel u. Handwerk nahmen einen großen Aufschwung.

Teotihuacan wurde um 650 durch Brand, wahrscheinlich von den aus dem nordmexikan. Steppengebiet kommenden *Otomi* zerstört. Ihre Herrschaft brach schon bald unter dem Ansturm der *Nahua-Völker* zusammen. Diese beiden Jahrhunderte (7.–10. Jh.) der Unruhe, zerstörten die alten Staaten u. schufen neue, die meist schnell wieder untergingen. Künstlerisch u. kulturell brachte diese Zeit einen Rückschritt, wenn auch einzelne Erzeugnisse neue Höhen erreichten, wie die Steinreliefs der *Tolteken* u. die polychrome Töpferei der *Mixteken*. Doch verbreiteten die Nahua durch ihre militär. u. polit. Expansionen das reiche Erbe der älteren Kulturen über das ganze Land.

Die Tolteken, die im 10. Jh. in das Hochtal von Mexiko einbrachen, waren bis zur Mitte des 12. Jh. politisch u. kulturell führend. Nach dem Untergang ihrer Hptst. Tula (um 1160) folgten neue Nahua-Gruppen, die auf den Trümmern des toltek. Reichs ihre meist kurzlebigen Kleinstaaten errichteten. Eine der letzten dieser Gruppen waren die *Azteken*, die 1370 ihre Hptst. *Tenochtitlán* gründeten u. durch geschickten Handel u. siegreiche Kriege innerhalb eines Jahrhunderts zum beherrschenden Volk u. Träger eines mächtigen Reichs im Hochtal von Mexiko wurden, das erst mit der Eroberung durch die Spanier endete (1521 Zerstörung Tenochtitláns). Die Steinplastik erreichte in dieser Zeit ihren Höhepunkt. Ihre Hersteller gehörten wie die Verfertiger von prachtvollen Federmosaiken, Goldschmiede u. Edelsteinschleifer zu den privilegierten Klasse der Kunsthandwerker. Viele der Kunstwerke, bes. die farbenprächtigen Bilderhandschriften, die die Spanier von den Azteken erbeuteten, waren jedoch Erzeugnisse der *Mixteken* (*Mixteca-Puebla-Kultur*, etwa 800 bis 1521). Ihre Hptst. *Cholula* lag im O u. SO des Hochlands. Sie traten um 1100 die Nachfolge der *Zapoteken* (Blütezeit 3.–5. Jh.) in deren Zentren *Mitla* u. *Monte Albán* an. An der mexikan. Golfküste blühte zu dieser Zeit die klass. Kultur von Veracruz (*Tajín-Kultur*, etwa 300–650). Hauptsitz war die heutige Ruinenstadt *El Tajín*; sie war zur Zeit der span. Eroberung vom Volk der *Totonaken* bewohnt.

Schon sehr früh bestanden Beziehungen zwischen Monte Albán, der Golfküste u. der älteren *Maya-Kultur* im südöstl. Mexiko, im Staat Chiapas u. in der Landschaft Petén in Guatemala (etwa 500 v. Chr.–900 n. Chr.). Sie nahm in Architektur, Plastik, Malerei, Kleinkunst, Mathematik u. Astronomie einen die Leistungen der anderen mittelamerikanischen Kulturen überragenden Platz ein (Schrift, kompliziertes Rechen- u. Kalendersystem). Der Kulturbereich der Tiefland-Maya der hochklass. Zeit (etwa 600–850) war in zahlreiche kleine Herrschaftsgebiete aufgespalten, die kulturell zwar miteinander verbunden waren, sich aber heftig befehdeten. An ihrer Spitze standen erbl. Fürsten, die von einem reichen Zeremoniell umgeben waren (dargestellt auf einem Wandgemälde in Bonampak). Hofhaltung u. religiöse Zeremonien erforderten viele Gegenstände, die durch spezialisierte Handwerker hergestellt wurden. Sie lebten in Städten u. bildeten zusammen mit den Hofbeamten u. der Priesterschaft eine gegenüber den einfachen Bauern der Dörfer u. Weiler kulturell fortgeschrittene Gruppe. Zeremonialzentren, in denen die architektonisch ausgereiftesten Bauten standen, waren Tikal, Copán, Palenque, Piedras Negras, Quiriguá, Bonampak, Uxmal, Kabah, Labná, Chichén Itzá u. Zaculeu. Aus noch ungeklärten Gründen (soziale Unruhen, Luxus der Oberschicht) ging die ältere Maya-Kultur im Regenwald des Zentralgebiets im 10. Jh. unter, erlebte jedoch unter mexikan.-toltek. Einfluss eine Renaissance auf der Halbinsel Yucatán (bis 1524). Das Gebiet der Hochland-Maya (heute noch Quiché-Maya) zeigt einfachere Züge, ist aber archäologisch noch wenig erforscht. Immerhin fanden sich hier in *Kaminaljuyú* die älteste Stadtanlage Amerikas u. die ältesten Zeugnisse der Maya-Kultur aus vorklass. Zeit.

Im südl. Mittelamerika gab es zahlreiche kulturell unterschiedl. Gruppen, entstanden durch Einwanderungen u. Einflüsse von N u. S. Das besser als die umgebenden Regionen bekannte Groß-Nicoya (Nicoya-Halbinsel, Nord-Guanacaste in Costa Rica, die Landenge von Rivas u. die Ometepe-Insel in Nicaragua) blühte in vorklass. Zeit, als ein enger Kontakt zur La-Venta-Kultur bestand (bildförmige Anhänger, sorgfältige Oberflächenbehandlung von Jadeschnitzereien), u. dehnte sich zwischen 300 u. 500 erheblich aus. Mehrfarbige Malerei kam mit der Einwanderung der *Chorotegen* aus Mexiko auf. Ihre Steinmetzkunst u. die der *Guetar* bevorzugte Reibsteine in Tiergestalt aus tuffigem Gestein. Die mehrfarbige Malerei von Groß-Chiriquí u. der weiter südl. gelegenen panames. Gebiete geht dagegen auf eine Einwanderung von Chibcha sprechenden Gruppen aus dem S zurück. Sie führten auch die Kenntnis der Goldbearbeitung u. der Negativmalerei ein. Dabei kam es zu einer starken Aufsplitterung in zahlreiche Stile. Bes. charakteristisch sind stilisierte Goldadler mit ausgebreiteten Schwingen, die wohl Würdezeichen von Häuptlingen waren. Zentrum war die *Coclé-Kultur* an der pazif. Küste von Panama. In der 2. Hälfte des 1. Jahrtausends bestanden in Coclé mehrere Territorialstaaten, deren Fürsten u. Adel in reich ausgestatteten Gräbern bestattet wurden.

◆ **Mittelamerikanischer Tapir**, *Tapirus bairdi*, mit 1,20 m Höhe u. 350 kg Gewicht der größte u. schwerste *Tapir* auf dem amerikanischen Kontinent; dunkelbraun mit weißer Maske; von Mexiko bis Panama, eine Unterart auch von Guatemala bis Nicaragua. Im Gegensatz zu seinen Verwandten bevorzugt der mittelamerikan. Tapir nicht nur feuchtwarme Urwälder u. Flussufer, sondern besiedelt ausnahmsweise auch trockene, heiße Bergregionen. Seine festen Wechsel werden von den Eingeborenen als „Straßen" benutzt. Das Tier ist in seiner Heimat vom Aussterben bedroht.

Mittelatlantischer Rücken, atlant. Teil des weltweiten Systems der *Mittelozeanischen Rücken*. Der Mittelatlant. Rücken erstreckt sich von Island im N bis zu den Bouvetinseln auf 55° s. Br. u. gliedert sich in den

Fortsetzung S. 91

Mittelamerikanischer Tapir, Tapirus bairdi

Mittelalter

(Oben) In den Auseinandersetzungen zwischen Kaiser und Papst bildete der Friede von Venedig 1177 einen Höhepunkt, als sich Kaiser Friedrich I. Barbarossa mit Papst Alexander III. aussöhnte; Fresko von 1404. Siena, Rathaus

(Rechts) Allegorische Illustration um 1200 aus einer Handschrift des »Speculum Virginum«. Bistumarchiv Trier

(Links) Der berühmte »Bamberger Reiter«, die Plastik eines unbekannten Meisters im Bamberger Dom, ist das Idealbild eines staufischen Ritters und Königs

(Rechts) Eines der besten Zeugnisse mittelalterlicher Burgenkunst ist Schloss Chillon auf einer Felseninsel im Genfer See, das Ende des 19. Jahrhunderts als Denkmal restauriert wurde

Nord- u. Südatlantischen Rücken (Nahtstelle: → *Romancherinne*); der nördlichste, SW-NO-streichende Teil südwestl. von Island ist als *Reykjanesrücken* bekannt. Der Mittelatlant. Rücken ist über weite Strecken ein steil aus der Tiefsee aufragender Gebirgszug, der in den Azoren, in der brasilian. Insel São Paulo u. in den Inseln Ascension, Sankt Helena, Tristan da Cunha u. Bouvet über die Meeresoberfläche aufsteigt u. in einer Anzahl von Kuppen bis nahe an die Oberfläche reicht (Faraday 969 m, Chaucer 925 m, Markalakuppe 146 m u. M.). Er teilt den Atlantik in die *Westatlantische* u. die *Ostatlantische Mulde*. Während er im Südatlantik als *Atlantisch-Indischer Rücken* in den Indischen Ozean weiterläuft, setzt er sich im Nordatlantik über Island hinweg als *Monarücken* durch das Europ. Nordmeer u. als Mittelozeanischer Rücken quer durch das Nordpolarmeer fort.

Mittelaugen, die in der Mitte gelegenen Augen der *Webspinnen*, im Gegensatz zu den Seitenaugen. Die vorderen M. sind immer die Hauptaugen, in denen die lichtempfindl. Teile der Sehzellen dem Licht zugewandt sind. Da bei ihnen eine Licht reflektierende Schicht (→ *Tapetum*) fehlt, erscheinen sie beim lebenden Tier dunkel. Bes. hoch entwickelt sind die Hauptaugen der *Spring-* u. *Krabbenspinnen*.

mittelbare Falschbeurkundung → Falschbeurkundung.

mittelbare Selbstverwaltung, die Wahrnehmung staatl. Verwaltungsaufgaben durch selbständige, nicht in den staatl. Behördenaufbau eingegliederte Verwaltungsträger (z. B. die Gemeinden). Im Gegensatz dazu steht die unmittelbare Selbstverwaltung durch eigene staatl. Behörden.

Mittelbau, eine Gruppe akadem. Lehrer an den Hochschulen in Dtschld. zwischen den habilitierten Hochschullehrern (Professoren) u. den Assistenten, bestehend aus Akadem. Räten, Studienräten im Hochschuldienst, Studienprofessoren u.a. Voraussetzung ist die Entlastung der Professoren von Einführungsvorlesungen, Proseminaren u. Ä. – Mit M. wird gelegentl. auch die gesamte Gruppe zwischen Professoren u. Studenten (also einschl. der Assistenten) bezeichnet.

Mittelbehörden, die im dreigliedrigen Verwaltungsaufbau der Bundesländer zwischen oberer u. unterer Verwaltungsbehörde stehende Verwaltungsbehörde. M. sind die Regierungen (sog. höhere Verwaltungsbehörden), an deren Spitze der Regierungspräsident steht. Sie haben erstinstanzliche Verwaltungsaufgaben zu erfüllen u. die → Aufsicht über die unteren Verwaltungsbehörden zu führen.

Mittelberg, österr. Höhenluftkurort u. Fremdenverkehrszentrum im Hinteren Bregenzer Wald, Vorarlberg, 1086 m ü. M., 4800 Ew.; erstreckt sich über das *Kleine Walsertal*; österr. Zollausschlussgebiet.

Mittelbrust → Mesothorax.

Mitteldarmdrüse, die sog. *Leber*, ein verzweigtes Darmanhangsorgan von Krebsen, Spinnentieren u. Weichtieren; auch → Verdauungssysteme.

Mitteldeutsch → deutsche Mundarten.

Mitteldeutscher Rundfunk, Abk. *MDR*, öffentl.-rechtl. Rundfunkanstalt, Sende- u. Gebühreneinzugsgebiet: Sachsen, Sachsen-Anhalt u. Thüringen; Sitz: Leipzig; gegr. 1991; Mitgl. der ARD; veranstaltet seit 1. 1. 1992 außer den Sendungen für das ARD-Gemeinschaftsprogramm „Erstes Deutsches Fernsehen" u. den Landesprogrammen der Landesfunkhäuser ein eigenes drittes Fernsehprogramm *(MDR-Fernsehen)* sowie Hörfunkprogramme.

Mitteldeutschland, im natur- u. wirtschaftsgeograph. Sinn der Raum zwischen Harz, Elbe, Erzgebirge u. Thüringer Wald mit der *Leipziger Bucht* als Kernlandschaft; seit 1945 im westdt. polit. Sprachgebrauch zeitweilig Bez. für die *Sowjetische Besatzungszone* bzw. die *DDR*.

Mitteleuropa, das Kernstück Europas, mit Mittellage zwischen dem atlant. u. dem kontinentalen Europa, zwischen Nord- u. Ostsee u. Alpen (bzw. Oberitalien). West- u. Ostgrenze sind unscharf u. werden oft verschieden gezogen (z. B. mit oder ohne Polen). M. lässt sich historisch-kulturell in den german. N, W u. S u. den slaw. O u. SO gliedern. Es zählt zur gemäßigten Klimazone mit Niederschlägen zu allen Jahreszeiten. M. war seit jeher Durchgangs- u. Mittlerland. Auch → Europa.

Mitteleuropäische Zeit, Abk. *MEZ*, die mittlere Ortszeit des 15. Längenkreises östl. von Greenwich (London); sie liegt um eine Stunde vor der *Weltzeit* u. dient als konventionelle Zeit *(Zonenzeit)* in Skandinavien, Dtschld., Polen, den Niederlanden, Belgien, Frankreich, Spanien, Österreich, der Tschech. Rep., der Slowakei, Ungarn, Italien, Slowenien, Kroatien, Bosnien-Herzegowina, Makedonien, Jugoslawien, der Schweiz u. mehreren außereurop. Ländern. In fast all diesen Staaten wird jährlich die um eine Stunde spätere *Sommerzeit* eingeführt, die der *Osteurop. Zeit* entspricht.

Mittelfell, *Mediastinum*, die Auskleidung des in der Brustrummitte zwischen den beiden *Pleurahöhlen* befindl. *Mittelfellraums*, in dem das Herz, die großen Gefäße, Luftröhre, Speiseröhre, Lymphknoten, Nerven u. Fettgewebe liegen.

Mittelfranken, Reg.-Bez. in Bayern, 7245 km², 1,68 Mio. Ew., Hptst. *Ansbach*; ein von Steigerwald, Frankenhöhe u. Fränkischer Alb umgrenztes, fruchtbares Becken mit relativ viel Landwirtschaft. u. dem Städtegebiet Nürnberg–Fürth; umfasst die kreisfreien Städte Ansbach, Erlangen, Fürth, Nürnberg, Schwabach u. 7 Landkreise.

mittelfristige Finanzplanung → mehrjährige Finanzplanung.

Mittelgebirge, Gebirge, die meist relative Höhen bis zu 1000 m, vereinzelt auch bis über 1500 m haben u. sich vor allem durch weniger steile Formen auszeichnen. Mittelgebirgsformen können auch Gebirge beherrschen, die ihrer Höhenlage nach als *Hochgebirge* anzusprechen sind, z. B. Teile der Anden mit Höhen über 4000 m. Durch glaziale Überformung können Mittelgebirge ein so steiles Relief wie Hochgebirge haben (z. B. Spitzbergen). Die dt. M. sind der Kern der europäischen Mittelgebirgszone, die sich von den Ardennen bis nach Polen erstreckt.

Mittelgewicht, eine der → Gewichtsklassen in der Schwerathletik (einschl. Boxen u. Judo).

Mittelgut, bei der Aufbereitung von Steinkohle anfallendes Gut, das Kohle u. → Berge in verwachsener Form enthält. M. wird meist keiner weiteren Aufbereitung unterzogen, sondern unmittelbar im Kraftwerk verfeuert, sog. *Ballastkohle*.

Mittelhamster, *Mesocricetus*, Gattung der *Hamster*, von Rumänien bis Vorderasien verbreitet; bis faustgroß, dunkel- bis hellbraun; leben in selbst gegrabenen Erdbauten. M. sind nachtaktiv u. meiden Ackerbaugebiete u. menschl. Siedlungen. Sie stehen zwischen den Zwerg- u. den Großhamstern. 4 Arten: 1. *Dobrudscha-Hamster (Mesocricetus newtoni)* aus Ostbulgarien u. Ostrumänien, 2. *Schwarzbrusthamster, Mesocricetus raddei,* aus den Steppen des Kaukasus, 3. *Mesocricetus brandti* aus Syrien u. Kleinasien u. 4. *Syrischer* → Goldhamster, *Mesocricetus auratus,* aus der Hochebene von Aleppo. Alle Arten haben unterschiedl. Chromosomenzahlen.

Mittelhand, 1. *Anatomie*: *Metacarpus,* Abschnitt der vorderen Gliedmaßen der vierfüßigen Wirbeltiere zwischen Handwurzel u. Fingern, aufgebaut aus ursprüngl. 5 *Mittelhandknochen (Metacarpalia)*. Beim Menschen bildet die M. die Handfläche. Die Haut an der Innenseite (Hohlhand) ist mit Tastkörperchen versehen; sie ist fest mit der Unterlage u. der Hohlhandsehne verwachsen u. bildet charakterist. Handlinien.

2. *Kartenspiel*: der Spieler, der nach dem Ausspielenden *(Vorhand)* an der Reihe ist (z. B. beim Skatspiel der Spieler rechts vom Geber).

Mittelhochdeutsch, Abk. *Mhd.*, → deutsche Sprache.

mittelhochdeutsche Literatur, der Abschnitt der dt. Literatur zwischen 1050 u. 1500; gliedert sich in: 1. die *früh-mittelhochdt. Zeit* (etwa 1050 bis 1170), in der Geistliche, die der *Cluniazensischen Reform* zuneigten, die Dichtung zum Verbreiten ihrer seelsorger. Anliegen nutzten; 2. die *mittelhochdt. Blütezeit (stauf. Klassik,* 1170–1250), die Zeit der *höfischen Dichtung* u. des Minnesangs, in der die Ritter ihre sittl. u. ständischen Ideale literarisch darstellten; 3. die *spät-mittelhochdt. Zeit* (1250–1500), die von Bürgern u. Geistlichen bestimmt wurde u. bes. die Prosaliteratur entwickelte. Auch → deutsche Literatur, → höfische Dichtung.

♦ Mittelholzer, Walter, schweiz. Flieger und Schriftsteller, *2. 4. 1894 St. Gallen, †9. 5. 1937 Tiroler Alpen (Unfall); revolutionierte die Luftfotografie; Flugexpeditionen nach Spitzbergen, Iran und Afrika, 1931 Direktor der Swissair; schrieb: „Persienflug" 1926; „Afrikaflug" 1927.

Walter Mittelholzer

Mittellandkanal bei Peine

Mittelkongo, frz. *Moyen-Congo*, ehem. französ. Kolonie (1903–1960) in Zentralafrika, heute → Kongo.
Mittelkrebse, *Anomura*, Abteilung der *Reptantia*, umfasst rd. 1500 Arten der *Zehnfußkrebse*. Zu den Mittelkrebsen gehören die Gruppen der *Maulwurfskrebse*, *Einsiedlerkrebse*, *Galatheidea* u. *Steinkrabben*.
Mittellamelle [die], die erste, unverdickte → Zellwand zwischen den jungen Tochterzellen nach der Teilung; besteht hauptsächlich aus pektinartigen Substanzen.
Mittelländisches Meer, (*Europäisches*) *Mittelmeer*, das Meer zwischen Südeuropa, Vorderasien u. Nordafrika; Teile sind das *Ligurische*, *Tyrrhenische*, *Adriatische*, *Ionische*, *Ägäische* u. *Levantinische Meer* u. *Marmarameer* sowie als Nebenmeer das *Schwarze Meer*; mit dem Atlantik durch die Straße von Gibraltar, mit dem Roten Meer (Indischen Ozean) durch den Suezkanal verbunden; größtes Binnenmeer der Erde, 2,97 Mio. km², bis 5121 m tief. Man unterscheidet im Mittelländ. Meer vier Tiefseebecken, die von untermeer. Schwellen u. Rücken begrenzt werden: das *Algerisch-Provençalische*, das *Tyrrhenische*, das *Ionische* u. das *Levantinische Becken*. – Da nur wenige Zuflüsse (Nil, Maritza, Wardar, Tiber, Po, Rhône, Ebro) dem Mittelländ. Meer Süßwasser zuführen u. die Verdunstung sehr hoch ist, ist der Salzgehalt (3,6–3,9 %) höher als im offenen Weltmeer. Die Wasseroberflächentemperaturen liegen im Winter zwischen 11 u. 16 °C, im Sommer zwischen 20 u. 28 °C. In der Straße von Gibraltar steht dem Zustrom von atlant. Wasser an der Oberfläche in der Tiefe ein Ausstrom salzreichen Mittelmeerwassers entgegen. Die Gezeitenwirkung ist gering.
Das Klima im Mittelmeerraum ist gekennzeichnet durch milde, verhältnismäßig niederschlagsreiche Winter mit durchschnittl. Lufttemperaturen zwischen 11 u. 16 °C. u. heiße, trockene Sommer mit Durchschnittstemperaturen zwischen 23 u. 26 °C (*Etesienklima*). Charakterist. Winde sind *Schirokko*, *Mistral* u. *Bora*. Die Flora des Mittelmeerraums ist gekennzeichnet durch immergrüne Gewächse wie Lorbeer, Ölbaum, Zypressen, Agaven, Zitronen, Orangen, Baumheidekraut, Edelkastanien, Kork- u. Steineichen. Als Folge von Rodung u. Degradation des Bodens kam es zur Sekundärvegetation die *Macchie* auf. Die Fischerei liefert u. a. Sardellen, Sardinen, Thunfische, Langusten, Tintenfische, Austern, Schwämme, Edelkorallen. Wegen Meeresverschmutzung u. Überfischung gehen die Erträge zurück. Wichtigste Hafenstädte sind Barcelona, Marseille, Genua, Neapel, Venedig, Triest, Piräus, Saloniki, Istanbul, Odessa, Beirut, Haifa, Port Said, Alexandria, Tripolis, Tunis, Algier u. Oran.

◆ **Mittellandkanal**, *i. w. S.* die Wasserstraßenverbindung zwischen Rhein u. Elbe, 465 km lang, durchschnittl. 3 m tief, Tragfähigkeit für Schiffe bis 1350 t. Der M. verbindet beide Ströme durch die Teilstrecken *Lippe-Seitenkanal*, *Rhein-Herne-Kanal*, *Dortmund-Ems-Kanal* u. der M. *i. e. S.* (*Ems-Weser-Elbe-Kanal*), der bei *Bergeshövede* (in der Nähe von *Rheine*) vom Dortmund-Ems-Kanal abzweigt, bei Minden die Weser, bei Magdeburg (Schiffshebewerk *Rothensee*) die Elbe erreicht u. dort Anschluss an den *Elbe-Havel-Kanal* hat. Bei Wolfsburg zweigt der *Elbe-Seitenkanal* vom M. ab, der bei Artlenburg (südöstl. von Hamburg) in die Elbe mündet. Wichtige Häfen: Minden, Hannover, Braunschweig, Wolfsburg u. durch Stichkanäle Osnabrück, Hildesheim u. Salzgitter. Gegen den schon 1866 geplanten Bau des Mittellandkanals gab es starke Widerstände agrarischer Kreise, die eine Industrialisierung u. Modernisierung des Dt. Reichs verhindern wollten. Mit dem Bau wure 1905 begonnen; 1938 wurde der M. eröffnet.

mittellateinische Literatur, das christl., von Geistlichen für die Bedürfnisse der Kirche, der Klöster oder der Fürstenerziehung geschaffene Schrifttum des europ. Mittelalters in latein. Sprache in Vers u. Prosa. Es umfasst Werke aller theolog. Disziplinen (bes. Dogmatik, Exegese u. Apologetik), der Geschichtswissenschaft u. viele enzykloäd. Werke. Neben der wissenschaftl. Literatur steht die Dichtung, die bes. bibl. Stoffe (seit des Spaniers *Juvencus* Evangeliendichtung; Hptw.: das Ostergedicht „Paschale Carmen" des Römers *Sedulius* mit der Darstellung des Lebens Christi) u. Heiligenleben darstellte, aber auch Lehrstoff verbreitete (bes. im hohen u. ausgehenden MA: Sitten-, Schul-, Erziehungsbücher), Fabeln in Versen erzählte („Ecbasis captivi", Tierepos, um 1040 entstanden) u. Zeiterscheinungen satirisch geißelte.
Neben der Geschichtsprosa läuft eine reiche Kette von Geschichtsepen nach Vergils Muster (z. B. *Ekkehard I.*, „Waltharilied"; *Hrotsvith von Gandersheim*, „Gesta Oddonis"), von gedichteten Grammatiken (*Alexander de Villa Dei* [* um 1165, † 1250], „Doctrinale") u.ä. Lehrwerken. Das klass. Drama fand nur spärlich in Lesedramen eine Nachfolge; doch entwickelte sich aus der kirchl. Liturgie das lebenskräftigere geistl. Schauspiel. Reich entfaltete sich in kirchl. Hymnen (*Ambrosius von Mailand*) u. an Ovid geschulten weltl. Liedern die Lyrik (Sammlg.: *Carmina Burana*); auch Roman u. Novelle wurden von geistl. Dichtern gepflegt (*Gervasius von Tilbury*, „Otia Imperialia"; „Gesta Romanorum").

Mittelmächte, auch *Zentralmächte*, Dtschld. u. Österreich-Ungarn, dann auch deren Verbündete, die Türkei u. Bulgarien, im 1. Weltkrieg.
Mittelmark, der mittlere Teil von Brandenburg, das Gebiet um und südlich von Berlin und Potsdam.
Mittelmeer, ein Nebenmeer, das zwischen großen Landmassen eingebettet ist. Man unterscheidet *interkontinentale* u. *intrakontinentale* Mittelmeere. Zu Ersteren zählen vom Atlantischen Ozean das Arktische, Amerikanische u. Europäische M., vom Pazifischen Ozean das Australasiatische M., zusammen 28,7 Mio. km²; zu Letzteren die Ostsee, die Hudsonbai, das Rote Meer u. der Persische Golf, zusammen 2,31 Mio. km². *Europäisches Meer:* → Mittelländisches Meer.
Mittelmeer-Abkommen, am 12. 2. 1887 zwischen England, Österreich-Ungarn u. Italien auf Betreiben *Bismarcks*, der damit England indirekt an den *Dreibund* heranführen wollte, abgeschlossen zur Aufrechterhaltung des bestehenden Zustands im Mittelmeerraum u. in Europa u. zur Stärkung Österreichs gegenüber Russland; 1896 erloschen, da England die Erneuerung ablehnte.
Mittelmeerfieber → Malta-Fieber.
Mittelmeerflora, die Pflanzenwelt rd. um das Mittelmeer, die von langen, kühlen Regenzeiten von Oktober bis April (mit Mindesttemperaturen von –5 °C) u. heißen Sommern von Mai bis September geprägt ist. Als charakterist. gilt der *Ölbaum* (Olive, Olea europaea), der jedoch eine alte Kulturpflanze aus dem Mittleren Osten ist, ebenso wie die *Zypresse* (Cupressus sempervirens). Der Mittelmeerraum ist auch reich an typischen *Endemiten*, wobei ähnl. Ökotypen im westl. u. im östl. Abschnitt oft durch verschiedene Arten vertreten werden: Steineiche (*Quercus ilex*); Kermeseiche (*Quercus coccifera*); westl. Erdbeerbaum (*Arbutus unedo*); östl. Erdbeerbaum (*Arbutus andrachne*). Frankreich u. der Balkan zählen je über 700, Griechenland über 320 endemische Arten. 17 % der M. bestehen aus alten Arten, die ohne nähere Verwandtschaft das Eiszeitalter vom Tertiär bis heute überdauert haben (z. B. Johannisbrot, Myrte, Wein, Oleander, Platane, Mastix, Judasbaum). 70 % sind dagegen sehr junge Arten, die sich seit der Eiszeit erst richtig entfaltet haben u. in deren Artabgrenzung noch Schwierigkeiten macht (viele Korbblütler, Glocken-, Mohnblumen, Schmetterlingsblütler). Viele Nutz- u. Zierpflanzen der warmen Länder (Palmen, Kakteen, Agaven, Akazien, Eukalyptus, Orangen, Zitronen, Bougainvillea), sind, obwohl ursprünglich Fremdlinge, heute typische Pflanzen der M.

Der Mensch hat seit frühester Zeit die ursprünglich *immergrünen Waldgesellschaften* rund um das Mittelmeer vernichtet. Dem Gewinn von Weide- u. Ackerland, Holzkohle u. Bauholz (Schiffbau) wurden die Wälder schonungslos geopfert, bis die Degenerationsstufen nur noch *Macchie, Garigue* u. *Steppe* übrig waren. Eine Regeneration führt wegen des trockener gewordenen Klimas u. des ausgelaugten Bodens meist nur noch zu *sekundären Trockenwäldern* (Krüppelvegetation) oder forstlich angepflanzten Kiefernwäldern, die im Sommer allzu leicht den Flammen zum Opfer fallen.

Mittelmeerfruchtfliege, *Ceratitis capitata,* 5 mm lange *Bohrfliege* mit stark irisierenden Flügeln. Die bis 8 mm langen Maden fressen in reifen Früchten u. bringen sie zum Faulen. Die M. wurde seit 1937 mit Zitrusfrüchten aus dem Mittelmeerraum nach Mitteleuropa eingeschleppt.

Mittelmeerklima, *Etesienklima,* ein Klimatyp, wie er im Gebiet des Mittelländischen Meeres herrscht. Das M. zeichnet sich durch heiße, trockene Sommer u. milde, feuchte, fast frostfreie Winter aus (auch subtrop. Winterregenklima). Das eigentl. M. steht im Sommer unter dem Einfluss des subtrop. Hochdruckgürtels der Passatzone, im Winter unter dem der Zyklonentätigkeit der Westwinde. Mittelmeerklimate gibt es auch in Kalifornien, in Mittelchile, an der Südwestküste von Australien u. im südl. Kapland.

Mittelmeer-Mjösen-Zone, das große, von S. nach N verlaufendes Bruch- u. Grabensystem, das vom Golfe du Lyon über den Rhône- u. Saônegraben, den Oberrheingraben, die Hessische Senke, Leinegraben u. die Salzstrukturen in Nord- u. Mitteldeutschland zum Oslograben u. zum Mjösensee (Mjösa) in Südnorwegen reicht.

Mittelmeerspiele, die Regionalmeisterschaften für Anrainerstaaten des Mittelmeerraumes, in mehreren Sportarten; zuerst 1951 in Alexandria durchgeführt, dann 1955 Barcelona, 1959 Beirut, 1963 Neapel, 1967 Tunis, 1971 Izmir, 1975 Algier, 1979 Split, 1983 Casablanca, 1987 Ladiqiyah (Syrien), 1991 Athen, 1993 Agde (Frankreich), 1997 Bari u. 2001 Tunis.

Mittelmotor, ein Motor für Kraftfahrzeuge, der vor der Hinterachslinie oder hinter der Vorderachslinie eingebaut ist.

Mittelohr → Ohr.

Mittelohrentzündung, *Otitis media,* meist akute, eitrige Infektion des Mittelohrs, hervorgerufen durch Erreger (in der Regel Strepto-, Staphylo- oder Pneumokokken), die vom Nasen-Rachen-Raum her durch die Ohrtrompete aufsteigen, seltener durch eine Verletzung des Trommelfells oder auf dem Blutweg eingeschleppt werden. Im Kindesalter wird eine Infektion durch eine noch kurze u. weite Eustachi'sche Röhre begünstigt. Die M. ist deshalb eine der häufigsten entzündl. Erkrankungen im Kindesalter. Die Symptome sind insbes. bei hohes Fieber, pochende Ohrenschmerzen, ggf. Ohrgeräusche u. Schwerhörigkeit. Starke Eiterbildung führt meist zu einer Vorwölbung des Trommelfells (Diagnosekriterium mittels → Ohrspiegelung), das häufig unter Eiterausfluss u. Abklingen der Beschwerden einreißt. Die Ausheilung erfolgt innerhalb von 2–4 Wochen mit Spontanverschluss des Risses. Wegen der Nachbarschaft des Gehirns (Durchbruchsgefahr) bedarf eine M. immer sorgfältiger ärztl. Behandlung. Falls es nicht gelingt, die Eiterung durch Antibiotika u. Wärme zu bekämpfen, wird Entlastung durch einen kleinen Trommelfellschnitt *(Parazentese)* oder – bei Mitbeteiligung der Warzenfortsatzzellen *(Mastoiditis)* – durch Aufmeißelung des Warzenfortsatzes *(Antrotomie)* geschaffen. Ist z. B. die Luftzellenentwicklung im Warzenfortsatz nicht ausreichend oder die Schleimhaut durch wiederholten Schleimhautkatarrh überentwickelt, kann sich eine *chronische* M. ausbilden, die zu dauerndem Ohrenlaufen, Schwerhörigkeit u. a. Komplikationen führen kann. Stark verletzte oder vernarbte Trommelfelle können dann nur noch durch eine Plastik *(Tympanoplastik)* ersetzt werden.

Mittelöle, frühere Bez. *Carbolöle,* Mineralöle, die bei der Steinkohlenteerdestillation anfallen. Sie sieden zwischen 180 u. 250 °C, enthalten Naphthalin u. Phenole u. werden nach Reinigung als Dieseltreibstoff oder Heizöl verwendet.

Mittelostkonflikt → Nahostkonflikt.

Mittelozeanische Rücken, ein zusammenhängendes System von untermeer. Rücken, das im Nordpolarmeer mit dem *Arktischen Rücken* beginnt, sich durch das Europ. Nordmeer als *Monarücken,* durch den eigentl. Atlantik als *Mittelatlantischer Rücken* hindurchzieht, um Afrika herum als *Atlantisch-Indischer Rücken* in den Indischen Ozean weist u. in Höhe des südl. Wendekreises auf den Mittelozeanischen Rücken des Indischen Ozeans trifft. Dieser beginnt im Arab. Meer als *Arabisch-Indischer Rücken,* geht in den *Zentralindischen Rücken* u. als *Indisch-Antarktischer Rücken* in den Mittelozeanischen Rücken des Pazifik über, der aus *Süd-* u. *Ostpazifischem Rücken* gebildet wird. Die Mittelozeanischen Rücken sind mit insgesamt 60 000 km Länge der größte zusammenhängende Gebirgszug der Erde. Sie erheben sich bis 3000 m über den Meeresboden. In die Kammregion senkt sich eine 50 km breite u. 3000 m tiefe Zentralspalte (rift valley). Die Mittelozeanischen Rücken werden als erstarrte Magmen erklärt, die in Spalten aufquellen, die durch das Auseinandertriften (→ Ozeanbodenspaltung) der Platten (→ Plattentektonik) der Erdkruste gebildet wurden. Durch die tektonischen Vorgänge werden häufig Seebeben ausgelöst.

Mittelpaläolithikum, der mittlere Abschnitt der → Altsteinzeit.

Mittelpersisch → Pehlewi; auch → iranische Sprachen.

Mittelprüfung, *amtliche Mittelprüfung,* die Prüfung u. Überwachung von industriellen Erzeugnissen zur chem. Bekämpfung von Schädlingen; Voraussetzung der amtl. Zulassung z. B. von Pflanzenschutzmitteln (gemäß *Pflanzenschutzgesetz*). Die M. von Pflanzenschutz-, Vorratsschutz- u. Materialschutzmitteln ist Aufgabe der *Biologischen Bundesanstalt für Land- u. Forstwirtschaft* (in Zusammenarbeit mit dem Pflanzenschutzdienst u. den Versuchsanstalten). Die geprüften u. zugelassenen Mittel werden in Mittelverzeichnissen regelmäßig veröffentlicht. Mittel gegen Haus- u. Gesundheitsschädlinge werden vom *Bundesinstitut für gesundheitl. Verbraucherschutz u. Veterinärmedizin (BgVV)* geprüft u. zugelassen.

Mittelpunktschule, in Dtschld. in den 1960er Jahren auf dem Land eingerichteter Schultyp: Die zumeist nur ein- oder zweiklassigen Schulen mehrerer Dörfer, insbesondere die Oberklassen, wurden zu einer M. zusammengefasst, um auch den Kindern kleiner Landgemeinden eine umfassende Bildung zu ermöglichen.

Mittelpunktswinkel → Kreis.

Mittelreim, ein *Binnenreim,* bei dem sich ein Wort aus dem Innern eines zäsurlosen Verses mit dem Versende reimt. Auch → Zäsurreim.

Mittelrheinisches Becken, geolog. Senke im Rhein. Schiefergebirge, am Mittelrhein zwischen Koblenz u. Andernach; Abbau u. Verarbeitung von Bimsstein u. Tuff; Industrie bes. im NO *(Neuwieder Becken),* Ackerbau im SW *(Maifeld).*

◆ **Mittelschiff,** das Hauptschiff einer drei- oder mehrschiffigen Kirchenanlage, das

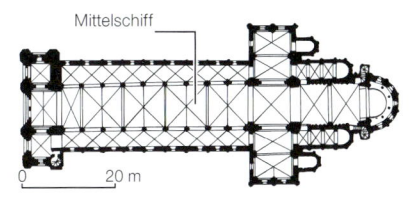

Mittelschiff: Grundriss der Kathedrale Sainte-Trinité in Caen; Ende 11. bis 12. Jahrhundert

Mittelschiff der Kathedrale Notre-Dame in Amiens; begonnen 1220

Mittelschnecken

Mittenwald vor dem Karwendelgebirge

meist die doppelte Breite der Seitenschiffe hat u. in frühchristl. u. mittelalterl. Basiliken höher ist als diese. → Schiff (2).

Mittelschnecken, *Mesogastropoda, Taenioglossa,* Ordnung der *Vorderkiemer.* Hierher gehört die Mehrzahl der Meeresgehäuseschnecken, einige Süßwasser- u. Landschnecken. Die → Radula hat sieben Zähnen je Querreihe.

Mittelschule, in Deutschland frühere Bez. für die → Realschule, in *Österreich* für das Gymnasium. In der *Schweiz* werden bis heute die Gymnasien oft als Mittelschulen bezeichnet.

Mittelspecht → Spechte.

Mittelspross → Geweih.

Mittelstaaten, eine Staatengruppe im *Dt. Bund* des 19. Jh., die zwischen den Großmächten Österreich u. Preußen eine Politik der dritten Kraft *(Trias)* zu betreiben suchte: Bayern, Württemberg, Baden, Hessen-Darmstadt, Sachsen, Hannover.

Mittelstadt, eine Stadt mit 20 000–100 000 Ew., in der Regel durch verschiedenartige zentrale Funktionen geprägt; in der BR Dtschld. z. Z. meist mit regionalen Wanderungsgewinnen.

Mittelstand, die Gesamtheit der sozialen Schichten zwischen der Arbeiterschaft u. der wirtschaftl. Oberschicht. Der M. ist dem Herkommen, dem Vermögen u. der polit. Einstellung nach weder eine einheitl. Sozial-

schicht noch eine Klasse noch ein Stand. Während die Schicht des *alten selbständigen Mittelstands* (Eigentümer handwerkl., kaufmänn. u. sonstiger gewerbl. Klein- u. Mittelbetriebe) immer stärker schrumpft, wächst stetig die des *neuen selbständigen Mittelstands* (neue handwerkl. Berufe, freie Berufe, Dienstleistungsgewerbetreibende) u. vor allem die des *neuen unselbständigen Mittelstands* (Beamte, Angestellte u. qualifizierte Facharbeiter). Diese Schichten bilden aber keine Einheit, sondern haben sehr verschiedene, oft gegensätzl. Interessen u. (durch Abstiegsbedrohung oder Aufstiegserwartungen) unterschiedl. Lebensauffassungen. Die als *Mittelstandspolitik* bezeichneten, praktizierten oder geforderten Maßnahmen sind wirtschafts- u. sozialpolit. Maßnahmen zur Verbesserung der Lage der sozial u. wirtschaftlich Schwachen unter den Mitgliedern des (alten) selbständigen Mittelstands.

mittelständig, *Botanik:* Bez. für einen Fruchtknoten (→ Fruchtblatt), der in gleicher Höhe wie die übrigen Blütenorgane steht.

Mittelstandskredit, der kurz- u. langfristige Kredit, der mittelständ. Betrieben gewährt wird. In den Jahren nach der Währungsreform wurden in der BR Dtschld. Mittelstandskredite außer von den *Sparkassen* u. *Kreditgenossenschaften* vor allem auch von der *Industriekreditbank AG,* Düsseldorf, von der *Kreditanstalt für Wiederaufbau,* Frankfurt a. M., u. von der *Lastenausgleichsbank,* Bonn-Bad Godesberg, gewährt. Häufig wurden öffentl. Kredite als M. bereitgestellt. Im Allg. haben die mittelständischen Betriebe nur geringe Möglichkeiten zur Fremdfinanzierung, da vielfach weder eine ausreichende Eigenkapitalbasis noch die sonstigen bankübl. Kreditsicherungsmittel vorhanden sind.

Mittelsteinzeit, *Mesolithikum, Epipaläolithikum,* die Epoche zwischen der *Altsteinzeit (Paläolithikum)* u. der *Jungsteinzeit (Neolithikum).* Die M. fällt in die Nacheiszeit (9.–5. Jahrtausend v. Chr.). Von einigen Forschungsschulen wird sie dem Paläolithikum als *Endpaläolithikum,* von anderen dem Neolithikum als *Protoneolithikum* zugeordnet.

Gegenüber der eiszeitl. Altsteinzeit hatte sich die Umwelt der M. stark verändert. Die zunehmende Bewaldung brachte es mit sich, dass die eiszeitl. Tiere nach N hin abwanderten (Rentiere) oder ausstarben (z. B. Mammut) u. dafür Standwild wie Reh u. Hirsch einwanderte. Dies brachte eine veränderte Lebensweise mit sich. Zwar bildeten weiterhin die Jagd auf Tiere u. das Sammeln von Wildfrüchten die Grundlage der Ernährung, jedoch wurde das reine Nomadentum der eiszeitl. Jäger durch eine verstärkte Sesshaftigkeit ersetzt. Charakteristisch für die M. ist die starke saisonale Nutzung der Küsten, wie gewaltige *Muschelhaufen* aus dieser Zeit entlang der Küsten belegen. In dieser Zeit kann man die ersten größeren Friedhöfe nachweisen (Portugal, Frankreich, Südrussland), so dass auf ein ausgeprägteres Gemeinschaftswesen geschlossen werden kann. Soweit Siedlungen nachgewiesen werden konnten, bestanden sie aus kleineren Reisighütten u. Zelten.

Bei den Bestattungen waren Einzel- u. Kollektivbestattungen möglich, die in der Regel mit Rötel u. Zierstücken, überwiegend Muscheln u. Schnecken, verziert waren. Ebenso treten rituelle Kopfbestattungen auf, wie Funde in den Offnethöhlen bei Nördlingen belegen.

Die mittelsteinzeitl. Kulturen werden nach ihrem Geräteinventar aufgeteilt. Im Vergleich zu den älteren steinzeitl. Kulturen werden die Geräte kleiner *(Mikrolithen).* Daneben treten aber auch erstmals Grobgeräte wie Kernbeil u. Spalter auf. Ein reicher Bestand aus organischem Material wie Holzgeräte u. Netze hat sich in Moorfunden erhalten. Zu den wichtigsten Waffen zählen Pfeil u. Bogen, wobei die Pfeile mit winzigen Mikrolithen besetzt waren. Wichtigste Kulturen der M. sind das *Tardenoisien* u. das *Sauveterrien* in Westeuropa, das *Capsien* u. *Oranien* in Nordafrika, die *Maglemose-* u. *Ertebölle-Kultur* in Nordeuropa u. die *Kunda-Kultur* in Osteuropa. Im Vorderen Orient belegt die *Natufien-Kultur* den Übergang von der M. zu Jungsteinzeit.

Mittelstimmen, bei mehrstimmiger Musik die innen liegenden Stimmen im Gegensatz zu den äußeren; z. B. im strengen Satz Alt u. Tenor als M., Sopran u. Bass als Außenstimmen.

Mittelstreckenraketen, engl. Abk. *MRBM,* mit nuklearem Sprengkopf, auch mit → Mehrfachsprengköpfen, ausgestattete Flugkörper für die Bekämpfung von Zielen über große Entfernungen (zwischen 1000 u. 5500 km), jedoch nicht für interkontinentalen Einsatz. Die modernsten M. waren die sowjet. SS-20 u. die US-amerikan. Pershing II. In dem im Dez. 1987 unterzeichneten US-amerikan.-sowjet. Abkommen über den Abbau von M. (→ INF-Verhandlungen) wurde die Zerstörung dieser Raketen beschlossen; sie war bis Mitte 1991 mit der Vernichtung von 846 amerikan. u. 1846 sowjet. Flugkörpern abgeschlossen.

Mitteltagpflanzen, photoperiodisch empfindliche Pflanzen, die nur bei mittlerer Tageslänge blühen.

Mittelungspegel, zur Beschreibung einer Lärmsituation über bestimmte Zeiträume (z. B. Tages- oder Nachtzeit) gebildeter Schallpegel-Mittelwert.

Mittelwald, alte, bereits im 16. Jh. geregelte forstl. Betriebsart, von beschränkter Ausdehnung in Dtschld., doch sehr verbreitet in Frankreich; eine Mischpflanzung von häufiger geschlagenem u. sich immer wieder erneuerndem Unterholz (z. B. Bergahorn, Hainbuche) u. eingestreuten besser geformten Stämmen (z. B. Eiche), die das Oberholz bilden u. einen wertvolleren Holzertrag liefern. Die gleichzeitige Erzeugung von Nutz- u. Brennholz entsprach den bäuerl. Bedürfnissen. Der dt. M. ist im 19. Jh. größtenteils in *Hochwald* umgewandelt worden.

Mittelwellen, Abk. *MW,* Wellen des elektromagnet. Spektrums von etwa 100 m (3 MHz) bis 1000 m (300 kHz) Wellenlänge. Speziell für die internationalen Rundfunkdienste ist der Bereich von 535 kHz bis 1605 kHz freigegeben.

Mittelwert, Durchschnittswert; von n Zahlen $a_1, a_2, \ldots, a_n$ ist das *arithmetische Mittel* durch $\frac{1}{n}(a_1 + a_2 + \ldots + a_n)$, das *geometrische Mittel* durch $\sqrt[n]{a_1 \cdot a_2 \cdot \ldots \cdot a_n}$,

und das *harmonische Mittel* durch $n / \left(\frac{1}{a_1} + \frac{1}{a_2} + \ldots + \frac{1}{a_n} \right)$ gegeben. Auch → Wahrscheinlichkeitsrechnung

◆ **Mittelwertsatz,** ein wichtiger Lehrsatz aus der Differenzialrechnung: Zwischen zwei Punkten A u. B des Graphen einer differenzierbaren Funktion lässt sich stets ein dritter Punkt C derart finden, dass die Kurventangente in C dieselbe Steigung hat wie die Sekante durch A u. B. Diese Steigung ist gleich dem Ableitungswert der Funktion an der Stelle x_C *(Mittelwert).*

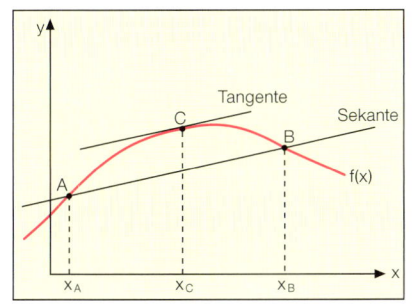

Mittelwort → Partizip.

Mittenselbstentlader, ein Eisenbahngüterwagen offener Bauart, bei dem beide Laderaumhälften hydraulisch zur Mitte hin schräg gestellt werden können. Beim Anheben rutscht das Ladegut (Schüttgut) in die Wagenmitte u. von dort durch die Gleise z. B. in die Tiefbunker.

◆ **Mittenwald,** Marktort in Oberbayern, Ldkrs. Garmisch-Partenkirchen, Luftkurort u. Wintersportort an der Isar, zwischen Karwendel- u. Wettersteingebirge, 920 m ü. M., 8200 Ew.; barocke Pfarrkirche St. Peter u. Paul (1738–1740 von J. *Schmuzer* erbaut), freskengeschmückte Häuser in Staffelbauweise (18. Jh.); Fachschule für Geigenbau, Geigenbaumuseum; Musikinstrumentenbau (seit 17. Jh., von M. *Klotz* begründet); Bundeswehrstandort. – Marktrecht 1361, im MA bedeutender Handelsplatz.

Mittenwalde, Stadt in Brandenburg, Ldkrs. Dahme-Spreewald, südl. von Berlin, 2100 Ew.; St.-Moritz-Kirche (14./15. Jh.), Reste der Stadtbefestigung mit Berliner Tor; Landwirtschaft.

Mitterberg, prähistor. Kupfer-Bergbau-Zentrum bei Bischofshofen (bei Salzburg), möglicherweise seit der Bronzezeit in Betrieb.

Mitterer, Felix, österreichischer Schriftsteller, * 6. 2. 1948 Achenkirch (Tirol); einer der meistgespielten dt.-sprachigen Autoren der Gegenwart; belebte das Genre des Volksstücks neu („Stigma" 1982); zahlreiche Theaterstücke und Drehbücher zu Fernsehspielen. Dramen u. a.: „Kein Platz für Idioten" 1977; „Die Kinder des Teufels" 1989; „Das Spiel im Berg" 1992; „Der Schüler Gerber" 1999; Drehbücher u. a.: „Die fünfte Jahreszeit" 1980/81; „Verkaufte Heimat" 1988/89; Erzählungen: „An den Rand des Dorfes" 1997.

Mitterhofer, Peter, österr. Erfinder, * 20. 9. 1822 Partschins bei Meran, † 27. 8. 1893 Partschins; Tischler; baute in den 1860er Jahren die ersten Schreibmaschinen.

Mittermaier, 1. Karl Joseph Anton, dt. Strafrechtler, * 5. 8. 1787 München, † 28. 8. 1867 Heidelberg; Prof. in Landshut (1811), Bonn (1819) u. Heidelberg (seit 1821). M. trat für Öffentlichkeit u. Mündlichkeit der Strafrechtspflege, Geschworenengerichte u. die Humanisierung des Strafvollzugs ein. 1831–1840 u. 1846–1850 war er Abgeordneter u. mehrfach Präsident der badischen Zweiten Kammer, 1848/49 Abgeordneter der Frankfurter Nationalversammlung.
2. Rosemarie („Rosi") dt. Skiläuferin, * 5. 8. 1950 Reit im Winkl; Doppel-Olympiasiegerin (Slalom, Abfahrt) in Innsbruck 1976, Silbermedaille im Riesenslalom; Welt-Cup-Siegerin 1976; vielfache dt. Meisterin; „Sportlerin des Jahres" 1976.

Mitternachtsmission, missionarisch-diakonische Arbeit zur Bekämpfung der Prostitution, in Dtschld. vor allem von A. *Stoecker* u. der Berliner Stadtmission begonnen, im internationalen *Verband der Mitternachtsmissionen* organisiert.

Mitternachtssonne, die in den arkt. Zonen im Sommer eine Zeit lang (am Pol ein halbes Jahr) auch an ihrem Tiefststand (um Mitternacht) über dem Horizont bleibende Sonne.

◆ **Mitterrand** [mitɛˈrã], François, französischer Politiker, * 26. 10. 1916 Jarnac, Département Charente, † 8. 1. 1996 Paris; Jurist; nach der Flucht aus dt. Gefangenschaft 1942 zunächst Angestellter im Kommissariat für die Kriegsgefangenen in Vichy, dann in der französischen Widerstandsbewegung aktiv, 1943 in der Exilregierung, Mitgl. linksliberaler Gruppierungen, seit 1947 Min. verschiedener Ressorts (u. a. Innen-Min., Justiz-Min.). Nach Gründung der V. Republik (1958) mobilisierte M. die polit. Linke gegen die Politik de Gaulles. Bei den Präsidentschaftswahlen 1965 kandidierte M. erfolglos für das linke Parteienbündnis FGDS. 1971–1980 war er Erster Sekretär der von ihm neuformierten Sozialist. Partei. Bei den Präsidentschaftswahlen 1974 verlor M. gegen den bürgerlichen Kandidaten Giscard d'Estaing. 1981 wurde M. schließlich zum Staatspräsidenten gewählt. Stand zunächst gesellschaftl. Reformen im Mittelpunkt seiner Politik, verfolgte M. schon bald marktwirtschaftl. Zielsetzungen, um Arbeitslosigkeit u. Inflation zu bekämpfen. Außenpolitisch betonte er die Souveränität Frankreichs mit der Fortführung der von de Gaulle begründeten Nuklearverteidigung. In seiner 2. Amtszeit (1988–1995) bemühte M. sich um die Beschleunigung der europ. Integration, stand aber der dt. Wiedervereinigung zunächst reserviert gegenüber. Mit der Realisierung mehrerer architekton. Prestigeobjekte in Paris setzte er auch kulturpolit. Akzente. M. schrieb u. a. „Le coup d'état permanent" 1964; „La paille et le grain" 1976; „Ici et maintenant" 1980.

François Mitterrand

Mittersill, österr. Markt- u. Höhenluftkurort an der Salzach, Hauptort des *Oberpinzgaus* im Land Salzburg, 790 m ü. M., 5400 Ew.; Schloss (12. Jh.; heute Hotel).

Mitterteich, Stadt in der Oberpfalz (Bayern), Ldkrs. Tirschenreuth, südöstl. vom Fichtelgebirge, im Stiftsland, 7500 Ew.; Porzellan- u. Glasindustrie. – Stadtrecht 1932.

◆ **Mitterwurzer,** Friedrich, dt. Schauspieler, * 16. 10. 1844 Dresden, † 13. 2. 1897 Wien; 1871 bis 1880 und 1894 bis 1897 am Wiener Burgtheater als Charakterdarsteller.

Mittfasten, der Mittwoch (auch Donnerstag) vor dem Sonntag *Laetare,* Mitte der Fastenzeit.

Friedrich Mitterwurzer

mittlere Proportionale → proportional.

mittlere Reife, *Sekundarabschluss I*, ein Schulabschluss, der an einer → Realschule (früher Mittelschule), an der Hauptschule, dem Gymnasium u. der Gesamtschule nach Abschluss der 10. Klasse erreicht wird. Der Abschluss berechtigt zum Besuch der gymnasialen Oberstufe an Gymnasien u. Gesamtschulen. Er kann aber auch zum Eintritt in den Beruf führen. Die m. R. wurde früher auch *Einjähriges* genannt (nach den → Einjährig-Freiwilligen).

Mittlerer Erzgebirgskreis, Ldkrs. in Sachsen, Reg.-Bez. Chemnitz, 595 km², 96 900 Ew.; Verw.-Sitz ist *Marienberg*.

Mittlerer Osten, die Länder des ind.-pakistan. Subkontinents zwischen dem *Nahen* u. dem *Fernen Osten*. Der Mittlere Osten besteht aus den Staaten Indien, Pakistan, Afghanistan, Sri Lanka, Bangladesch, Nepal u. Bhutan. Im angloamerikan. Sprachbereich, vor allem in den USA, versteht man unter *Middle East* dagegen die arabischen Länder um den Persischen Golf bis nach Nordafrika (Libyen).

Mittlerer Sonnentau → Sonnentau.

mittlere Sonne, eine in der Astronomie fiktiv eingeführte Sonne, die sich nicht, wie die wahre Sonne, ungleichförmig durch die Ekliptik bewegt, sondern gleichförmig durch den Himmelsäquator. Der dadurch entstehende Unterschied zwischen der wahren u. mittleren Sonnenzeit ist die → Zeitgleichung.

mittlere Sonnenzeit, die Zeit, die durch die Bewegung der *mittleren Sonne* bestimmt wird.

Mittweida, 1. Kreisstadt in Sachsen, an der Zschopau, 16 500 Ew.; Fachhochschule, mittelalterl. Stadtkirche (15./16. Jh.); Baumwollspinnerei u. -weberei, Maschinenbau, Elektro-, Fahrzeug- u. Baustoffindustrie. – 2. Ldkrs. in Sachsen, Reg.-Bez. Chemnitz, 785 km², 145 000 Ew.; Verw.-Sitz M. (1).

Mittwoch, der 3. Wochentag, früher auch *Wodanstag* (engl. *Wednesday*).

Mittwochs-Gesellschaft, Kurzbezeichnung für *Freie Gesellschaft für wissenschaftl. Unterhaltung*, eine 1863–1944 in Berlin bestehende Gesellschaft zur Erörterung wissenschaftl. Themen. Die Gesellschaft versammelte sich an jedem zweiten Mittwoch zu einem Vortrag eines ihrer Mitglieder. Die Zahl der Mitglieder – zumeist Gelehrte, daneben auch Beamte, Militärs u. Unternehmer – war auf 16 begrenzt. Der M. gehörten führende Vertreter der Widerstandsbewegung gegen Hitler an, u.a. L. Beck, U. von *Hassell* u. J. Popitz.

Mittwochslotto, *Lotto am Mittwoch*, eine 1982 zunächst unter der Bez. „7 aus 38" von den dt. Lottogesellschaften eingeführte Wette (Ausspielung immer mittwochs), bei der aus den 38 Wahlzahlen 7 vorausgesagt werden mussten; der Modus wurde 1986 geändert in die Ausspielung „2 × 6 aus 49", bei der eine Tippreihe an zwei Ziehungen (A+B) teilnimmt; dementsprechend zwei mal 7 Gewinnränge. Auch → Lotterie, → Lotto.

Mitú, Hptst. des kolumbian. Dep. Vaupés im SO von Kolumbien, 21 400 Ew.; Umschlagplatz für Sammelprodukte des trop. Regenwaldes (Kautschuk, Harze).

Mitumbaberge, waldbestandenes Hochgebirge in der Demokrat. Rep. Kongo, westl. von Kivu- u. Tanganjikasee; westl. Begrenzung des Zentralafrikan. Grabens, im aktiven Vulkan *Nyiragongo* 3475 m hoch.

Mitverschulden, *Verschulden gegen sich selbst*, das eigene Verschulden des Verletzten bei Entstehung eines Schadens. Bei M. hängen Grund u. Höhe des Schadenersatzanspruchs davon ab, inwieweit der Schaden vorwiegend von dem einen oder dem anderen Teil verursacht worden ist (§ 254 BGB). M. liegt auch dann vor, wenn der Verletzte es unterlassen hat, den Schaden abzuwenden oder zu mindern oder den Schuldner auf die Gefahr eines ungewöhnl. hohen Schadens aufmerksam zu machen. – Ähnlich in *Österreich* (§ 1304 ABGB, § 7 des Eisenbahn- u. Kraftfahrzeughaftpflichtgesetzes) u. in der *Schweiz* (Art. 44 Abs. 1 OR).

Mitversicherung, das bewusste Zusammenwirken mehrerer Versicherer zur Deckung des gleichen Risikos, wobei jeder eine bestimmte Quote der Gesamtsumme übernimmt, bis zu deren Höhe er haftet. Der Vertrag wird geschlossen zwischen dem Versicherungsnehmer u. der sog. führenden Gesellschaft, die alle Verhandlungen im Interesse der unterbeteiligten Gesellschaften führt. M. ist zur Aufteilung von Großrisiken, bes. in der industriellen Feuerversicherung u. der Transportversicherung, üblich (darüber hinaus: → Rückversicherung). *Stille M.* liegt vor, wenn dem Versicherungsnehmer die Mitwirkung anderer Versicherer unbekannt ist.

Mitvormund, die → Vormundschaft durch mehrere Personen, insbes. bei außergewöhnlich schwieriger Vermögensverwaltung.

mitwirkungsbedürftiger Verwaltungsakt, ein Verwaltungsakt, der die Mitwirkungshandlung, d.h. in der Regel einen Antrag des Betroffenen voraussetzt. Fehlt diese Handlung, ist der Verwaltungsakt rechtswidrig oder nichtig (Beispiel: Beamtenernennung).

Mitzenheim, Moritz, dt. ev. Theologe, * 17. 8. 1891 Hildburghausen, † 4. 8. 1977 Eisenach; 1955–1961 Mitgl. des Rats der EKD, 1945–1970 Landesbischof der Ev.-Luth. Kirche in Thüringen; kam im Interesse einer „Normalisierung" des Verhältnisses zwischen Staat u. Kirche in der DDR dem SED-Regime weit entgegen. Träger des „Vaterländischen Verdienstordens" in Gold.

Mitzka, Walther, dt. Germanist u. Volkskundler, * 27. 2. 1888 Posen, † 8. 11. 1976 Bonn; Dozent in Königsberg, 1933 Prof. in Marburg; Verdienste um die dt. Wortgeographie; Hptw.: „Dt. Mundarten" 1943; „Dt. Wortatlas" 1951ff. (mit L. E. Schmitt); „Dt. Fischervolkskunde" 1940; Hrsg. u. Bearbeiter des „Dt. Sprachatlas" 1934ff.

Miwok, Stamm (rd. 200 Angehörige) der Penuti sprechenden kaliforn. Indianer; ursprüngl. Sammler u. Fischer.

Mix [der], *Abmischung*, der eigentl. Produktionsvorgang eines Musikstücks, bei dem Produzent u. Toningenieur aus dem verfügbaren Tonmaterial mit Hilfe eines mehrspurigen Mischpultes die endgültige Fas-

Mixteken: Schmuckstück in Form einer Maske aus den Grabfunden am Monte Albán

sung eines Songs mischen. Das Ergebnis nennt man *Master*.

Mixcoatl, toltekisch-chichimekischer Herrscher, residierte um 1100 n. Chr. in Colhuacán (Zentralmexiko); nach seiner Ermordung wurde er als Jagdgott verehrt u. war in dieser Eigenschaft eine Hauptgottheit der *Chichimeken*. Sein Name („Wolkenschlange") bezieht sich auf die Milchstraße; bei den Tlaxcalteken u. im alten *Cholula* war er unter dem Namen *Camaxtli* bekannt; sein Sohn u. Nachfolger *Ce Acatl Topiltzin* wurde später als sagenhafter *Quetzalcoatl* („Federschlange").

Mixco Viejo [-ˈbiˈɛxo], bedeutende befestigte Stadt der *Pocomam-Maya* im heutigen Dep. Chimaltenango (Guatemala); um 800 n. Chr. gegr. In M. V. standen zwölf Palast- u. Zeremonial-Gruppen um offene Höfe gruppiert; 1525 wurde die Stadt von den Spaniern erobert u. zerstört; heute in wichtigen Teilen rekonstruiert.

Mixe [ˈmiçe], mexikan. Indianerstamm (55 000 Angehörige) der *Mixe-Zoque-Gruppe*, auf der Landenge von Tehuantepec; Ackerbauern.

Mixed Media [mikst ˈmiːdiə; engl.], *Multimedia, Totalkunst*, Sammelbegriff für Kunstbestrebungen der Gegenwart, die auf eine zeitgemäße Belebung der romant. Idee vom *Gesamtkunstwerk* abzielen; gekennzeichnet durch Aufhebung der Gattungsgrenzen von Architektur, Malerei u. Plastik, durch Einbeziehung von Wort u. Ton u. durch Gleichsetzung von Kunst u. Leben, was den utopisch-elitären Kunstbegriff der Vergangenheit ablösen u. gesellschaftl. Veränderungen bewirken soll.

Mixedpickles [ˈmikst ˈpiklz; Pl.; engl.], in Essig mit scharfen Gewürzen eingemachtes junges Gemüse, das vorher blanchiert u. zerteilt wird; Blumenkohl, Karotten, Bohnen, Spargel, Maiskolben, Gurken, Paprika u. Perlzwiebeln.

mixolydisch [grch.], *Musik*: eine der 12 → Kirchentonarten, mit der Leiter g, a, h, c′, d′, e′, f′, g′. Auch → griechische Musik.

◆ **Mixteken**, mexikan. Indianerstamm, Zweig der otozapotek. Sprachfamilie, besiedelt die Bergregion der Mixteca alta u. das Tal von Oaxaca. Durch den Zusammenschluss der mixtek. Stadtstaaten um 1000 n. Chr. begann eine hohe Blüte des Kunsthandwerks. Die M. sind neben ande-

ren mexikan. Stämmen Hauptgestalter u. Träger des *Mixteka-Puebla-Stils.* Bekannt sind die mehrfarbig bemalten Keramiken, die außergewöhnl. Goldarbeiten verraten in der Technik Kontakt zu Mittelamerika; von den vorspan. Bilderhandschriften der M. sind noch sieben erhalten, darunter der *Codex Borgia;* Bein- u. Holzschnitzereien sowie Türkismosaike höchster Qualität fanden sich hauptsächlich in den Gräbern auf dem *Monte Albán,* Zentrum der benachbarten Zapoteken, den die M. um 1000 n. Chr. eroberten, ebenso wie um 1300 auch deren zweite Hptst. *Mitla,* die sie architektonisch umgestalteten.
Die Geschichte der mixtekischen Dynastie ist ab 695 n. Chr. gut dokumentiert. Hervorragender Herrscher war König Acht-Hirsch-Tigerpranke. 1506 wurden die M. bis auf ein kleines Fürstentum an der pazifischen Küste von den *Azteken* unterworfen, beeinflussen diese in künstlerischer Hinsicht jedoch wesentlich. Noch heute sprechen im alten Siedlungsgebiet rd. 200 000 Indianer mixtekisch.

Mixtur [die; lat.], **1.** *Medizin:* eine Mischung von Flüssigkeiten, vor allem zu arzneilichen Zwecken.
2. *Musik:* als gemischte Stimme ein Register der Orgel aus 2–8 Pfeifen je Taste, die Oktaven u. Quinten der Obertonreihe des angeschlagenen Tons in reiner Stimmung miterklingen lassen u. damit dem Klang des Grundtons eine helle, glänzende Farbe verleihen. Allg. sind Mixturen der Orgel Obertonregister, die auch den 3. (Terz) oder 7. (Septime) Oberton enthalten können.
Miyako, japan. Stadt in Nordhonshu, östl. von Morioka, 59 000 Ew.; Fischereihafen (Sardinenfang), Düngemittelindustrie.
Miyakonojo, japan. Stadt im S der Insel Kyushu, 133 000 Ew.; Markt- u. Verarbeitungsort für Agrarprodukte (Reis, Zitrusfrüchte u.a.); Holzverarbeitung, Textilindustrie; Verkehrsknotenpunkt.
Miyamoto, Yuriko, eigentl. *Tsujo Yuriko,* japan. Schriftstellerin, * 13. 2. 1899 Tokyo, † 21. 1. 1951 Yamabeonsen, Nagano; stand unter dem Einfluss L. N. Tolstojs, kämpfte für soz. Reformen u. Frauenemanzipation, reiste 1927 in die Sowjetunion; suchte eine „proletarische" Literatur zu verwirklichen. Ihre Eindrücke während des Krieges beschrieb sie in „Die Banshu-Ebene" 1947, dt. 1960.
Miyanwali, *Mianwali,* pakistan. Distrikt-Hptst. u. Industriestadt am mittleren Indus, südl. von Peshawar, 48 000 Ew.; Handelszentrum; Magnesit- u. Goldvorkommen; chem. u. Zementindustrie; Eisenbahn- u. Straßenknotenpunkt.
Miyazaki, japan. Präfektur-Hptst. an der Ostküste der Insel Kyushu, 300 000 Ew.; kulturelles u. wirtschaftl. Zentrum; Universität (gegr. 1949); histor. Museum; Handelsplatz für Agrarprodukte (Zitrusfrüchte); Porzellan- u. Textilindustrie; Erdgasvorkommen; Flugplatz.
Mizab, *Al Mizab,* Landschaft in Algerien, → Mzab.
Mizar [mi'zar; der; arab.], der mittlere der drei Deichselsterne des Großen Wagens

oder Schwanzsterne des Großen Bären (Ursa major) in 78 Lichtjahren Abstand; visueller Doppelstern mit 14″ Abstand (der hellere Partner wiederum ist ein spektroskop. Doppelstern); bildet mit dem 11′ entfernten *Alkor* (Reiterchen) ein weiteres vielleicht auch räumlich zusammengehöriges System.
Mizelle, kolloidales Molekülaggregat, → Micelle.
Mizo, früher *Lushai, Luschei,* Bergvolk der Kuki-Tschin-Gruppe im ind. Bundesstaat Mizoram (220 000); einst Kopfjäger, mit Zeichen der *Megalithkultur,* traditionell Brandrodungsbauern, heute meist sesshaft.
Mizoguchi, *Misogutschi,* Kenji, japan. Filmregisseur, * 16. 5. 1898 Tokyo, † 24. 8. 1956 Kyoto; zeigte bes. durch die Darstellung von Geisha- u. Prostituiertenschicksalen die Unterdrückung der Frau in einer patriarchalisch-konservativen Gesellschaft. Seine sozialkritischen u. historischen Filme zählen neben den A. *Kurosawas* zu den japan. Filmklassikern. Filme u.a. „Symphonie einer Großstadt" 1929; „Die Schwestern von Gion" 1936; „Das Leben einer Frau" 1952; „Ugetsu – Erzählungen unter dem Regenmond" 1953; „Die gekreuzigte Frau" 1955.
Mizo Hills, *Lushai Hills,* ind. Bergland zwischen Bangladesch u. Myanmar, bildet den Bundesstaat *Mizoram;* mehrere parallele, von N nach S verlaufende Bergketten, im *Blue Mountain* 2157 m hoch; Siedlungen u. landwirtschaftl. Nutzung in den Tälern, dichte Wälder in den höheren Lagen; Brandrodungsfeldbau („Jhum").
Mizoram, Bundesstaat der Ind. Union zwischen Bangladesch u. Myanmar, 21 081 km², 775 000 Ew.; Hptst. *Aizawl;* im Bergland der → Mizo Hills; bis 1972 Distrikt im S von Assam, dann Unionsterritorium, seit 1987 Bundesstaat.
Mizpe Ramon, 1954 gegründete israelische Stadt im Zentralnegev; Ausgangspunkt der Erschließung der Mineralvorkommen des zentralen Negev (Gips, Glassand, Tone u.a.) durch Abbau u. Verarbeitung.
Mjaskowskij, *Mjaskovskij,* Nikolaj Jakowlewitsch, russ. Komponist, * 8. 4. 1881 Nowo-Georgijewsk bei Warschau (heute Modlin), † 8. 8. 1950 Moskau; Schüler von N. *Rimskij-Korsakow,* seit 1921 Kompositionslehrer in Moskau (u.a. von A. *Chatschaturjan*). Lieder, Klavierstücke, Chorwerke, 11 Sonaten u. 27 Sinfonien.
Mjölby, schwed. Ort in der fruchtbaren Ebene Östergötlands, östl. des Vättern, 11 000 Ew., als Großgemeinde 549 km², 26 000 Ew.; Zentrum des landwirtschaftlichen Nahrungsmittelindustrie.
Mjöllnir [altnord., „Zermalmer"], *Mjölnir,* der Hammer des german. Bauern- u. Wettergotts *Thor;* Sinnbild des Blitzes.
Mjösa, *Mjös(en)-See, Mjosa,* größter See Norwegens, nördl. von Oslo, 366 km², bis 443 m tief, Seespiegel 121 m ü. M.; fischreich.
Mkapa, Benjamin William, tansan. Politiker (Chama Cha Mapinduzi), * 12. 11. 1938 Ndanda; Journalist u. Diplomat; 1977–1980 u. 1984–1990 Außen-Min., 1980–1982 u. 1990–1992 Min. für Information u. Kultur,

1992–1995 Min. für Wissenschaft, Technologie u. Höhere Bildung; seit 1995 Staats-Präs., seit 1996 auch Vors. der Regierungspartei Chama Cha Mapinduzi.
MKK-System, eine astronom. Einstufung der Sterne, → Leuchtkraftklassen.
MKRO, Abk. für *Ministerkonferenz für Raumordnung.*
MKS, Abk. für → Maul- und Klauenseuche.
MKS-System, ein ab 1948 international eingeführtes Einheitensystem der Physik mit den Grundeinheiten *Meter, Kilogramm* u. *Sekunde;* 1954 für die Physik zum Meter-Kilogramm-Sekunde-Ampere-System erweitert *(MKSA-System,* auch *Giorgi-System* genannt). Auch → SI-Einheiten.
Mladá Boleslav, *Jungbunzlau,* Stadt in Mittelböhmen (Tschech. Rep.), an der Iser, 48 600 Ew.; Burg, gotische Marienkirche, Altes Rathaus; Fahrzeug- (Skoda) u. Maschinenbau sowie Lebensmittelindustrie.
Mlanje [engl. 'mla:ndʒɛi], *Mount Mlanje, Mulanje,* Gebirgsmassiv im südöstl. Malawi, aus Syenit aufgebaut, 3000 m hoch; Forstreservat mit geschlossenen Beständen der Mlanjezeder, am Südfuß Teeplantagen.
Mljet, ital. *Meleda,* süddalmat. Insel in Kroatien, 98 km², bis 514 m hoch, rd. 2100 Ew.; Hauptort *Babino Polje;* bewaldet (72%); in röm. Zeit Verbannungsort, in österr. Zeit Leprastation; ehem. Benediktinerkloster (13. Jh.).
Mlle., frz. u. schweiz. *Mlle,* Abk. für → Mademoiselle.
Mlles., Abk. für frz. *Mesdemoiselles,* Pl. von → Mademoiselle.
mm, Kurzzeichen für *Millimeter;* mm², Quadratmillimeter; mm³, Kubikmillimeter.
m. m., Abk. für *mutatis mutandis* (lat., mit den nötigen Änderungen).
MM., Abk. für frz. *Messieurs,* Pl. von → Monsieur.
M. M., Abk. für *Metronom Mälzel,* → Metronom (musikal. Zeitmesser).
Mmabatho, Hptst. der Provinz Nordwest (Rep. Südafrika), 9000 Ew.; Universität; 1977–1994 Hauptstadt des Homelands Bophuthatswana.
Mme., frz. u. schweiz. *Mme,* Abk. für → Madame.
Mmes., Abk. für frz. *Mesdames,* Pl. von → Madame.
Mn, chem. Zeichen für → Mangan.
Mňačko ['mnjatʃko], Ladislav, slowak. Schriftsteller, * 29. 1. 1919 Valašské Klobouky, † 24. 2. 1994 Bratislava; 1967 emigriert und ausgebürgert; schrieb Erzählungen, Reportagen und Romane aus der polit. Umwelt: „Der Tod heißt Engelchen" 1959, dt. 1962; „Verspätete Reportagen" 1963, dt. 1970 (1964 unter dem Titel „Der rote Foltergarten"); „Wie die Macht schmeckt" dt. 1967; „Die Aggressoren" 1967; „Die siebente Nacht" 1968; „Hanoi-Report" 1972; „Genosse Münch-

Ladislav Mňačko

Mnemosyne [grch., „Erinnerung"], die Mutter der griechischen *Musen*, auch Göttin der Erinnerungsgabe.

Mnemotaxis [grch.], Raumorientierung, das Finden eines Weges nach der Erinnerung; keine Taxis (→ Orientierung [4]) im eigentlichen Sinn.

Mnemotechnik [grch.], früher *Mnemonik*, „Gedächtniskunst", die Unterstützung und Erleichterung des Gedächtnisses durch Bildung fester *Assoziationen*, wie beispielsweise beim Erlernen von Regeln, Vokabeln oder Daten durch Bilder, Verse u.a.; wissenschaftliche Fundierung durch E. *Meumann*.

Mnong, Stämme der *Kha* im Bergland Vietnams; Jäger u. Sammler mit Brandrodungsfeldbau.

◆ **Mnouchkine** [mnuʃˈkiːn], Ariane, französ. Theaterleiterin, Regisseurin u. Schauspielerin, * 3. 3. 1939 Boulogne-Billancourt; gründete 1964 das Theaterkollektiv *Théâtre du Soleil*; erfolgreich vor allem durch die dort realisierten Projekte „1789" (verfilmt 1974) u. „Mephisto" 1979 (nach K. Mann) sowie durch ihren Film „Molière" 1978; Shakespeare-Inszenierungen; episch-dokumentar. Darstellungen zeitgenössischer Geschichte aus Kambodscha u. Indien.

Ariane Mnouchkine

Mo, chem. Zeichen für → Molybdän.

Mo., Abk. für *Montag*.

Mo., Abk. für den USA-Staat → Missouri.

Moab, *Moav*, Mittelstück des ostjordan. Berglands in Jordanien, östlich des Toten Meers; ein Kalkplateau (bis 1235 m) mit ausreichendem Niederschlag für Weizenanbau; Hauptorte: *Madaba* im N, *Al Karak* im S; ehemals von den semitischen *Moabitern* bewohnt, die von *David* unterworfen und später assyrische Untertanen wurden.

Moabit, Ortsteil des Berliner Bezirks Tiergarten; Kriminalgericht u. Gefängnis.

moabitische Sprache, die semit. Sprache eines ostjordan. Stammes, bekannt aus einer aus der Mitte des 9. Jh. v. Chr. stammenden großen Inschrift, gefunden am Südostufer des Toten Meers; berichtet von einem König Mescha von Moab.

Moanda, zentralafrikan. Bergbauort im südöstl. Gabun, 40 km nordwestl. von Franceville; Manganerztagebau; mit *Mounana* zusammen 23 000 Ew.

Moarschaft, beim → Eisstockschießen eine aus 4 Spielern bestehende Mannschaft, deren Kapitän „Moar" genannt wird. Die Bez. *Moar* stammt vermutlich von der bayr. Aussprache von „Major".

Moas [Maori], *Dinornithidae*, ausgestorbene Familie neuseeländ. straußenähnl. Verwandter des noch jetzt dort lebenden *Kiwis*. Die robust gebauten M. erreichten in den größten Arten 3,50 m. Die letzten Vertreter des *Moa* (Gattung *Dinornis*) wurden in geschichtl. Zeit von den Maoris ausgerottet.

Moawija I., *Muʾawiya*, Kalif 661–680, * um 603 Mekka, † April 680 Damaskus; Begründer der Omajjadendynastie; entstammte der in Mekka führenden Familie der *Banu Omajja*, die Mohammed ursprünglich sehr feindlich entgegentrat.

Mob [der; engl.], Pöbel, Gesindel.

Mobbing [das; engl., „sich zusammenrotten und herfallen über jemanden", „anpöbeln"], über einen längeren Zeitraum anhaltende u. häufig auftretende schikanöse Handlung; kann sowohl von einer als auch von mehreren Personen der unmittelbaren Arbeitsumwelt des Opfers ausgehen. Ziel des M. ist die Manipulation wichtiger Funktionen u. Aufgaben im Arbeitsleben des Mobbing-Opfers. Täter u. Zielpersonen sind in allen Arbeitsbereichen u. Hierarchieebenen zu finden. Sie sind nicht durch einen bestimmten Personentyp zu kennzeichnen. Mobbing-Aktionen sind u.a. Versuche, jemanden zur Anpassung zu zwingen, Ausdruck einer persönl. Feindschaft, Ventil für Aggressionen oder Reaktionen auf Andersartigkeit des Opfers (z.B. aufgrund von Geschlecht, Rasse, Religion). M. äußert sich in unterschiedl. Angriffsarten, z.B. durch Angriffe auf soziale Beziehungen u. Ansehen, auf Qualität der Berufs- u. Lebenssituation u. auf die Gesundheit. Neben der erhebl. Minderung des Selbstwertgefühls kommt es bei Mobbing-Opfern u.a. zu Magen-Darm-Erkrankungen, Depressionen, Herzbeschwerden, Konzentrations-, Schlaf- u. Gedächtnisstörungen. In Einzelfällen kann M. zum Selbstmord führen. Die selbständige Bewältigung der Problemsituation gelingt in der Regel nicht.

◆ **Möbel** [frz. *meuble*, zu lat. *mobile*, „beweglich"], bewegl. Einrichtungsgegenstände; nach Zweck u. Beschaffenheit unterteilt in *Kastenmöbel* (Schränke, Truhen, Kommoden), *Tafelmöbel* (Tische, Schreib- u. Lesepulte), *Sitz-* u. *Liegemöbel* (Stühle, Bänke, Betten). M. sind Bestandteil u. Ausdruck der Wohnkultur, die in enger Beziehung zur Kulturentwicklung steht.

Altertum: Als erste M. kamen Bettstelle, Truhe, Tisch u. Stuhl auf, so etwa im ägypt. u. griech. Altertum; doch haben bestimmte Lebensgewohnheiten auch die Ausbildung besonderer Möbeltypen gefördert. Früh finden sich bei den Germanen Sitz- u. Liegemöbel (Funde im Osebergschiff).

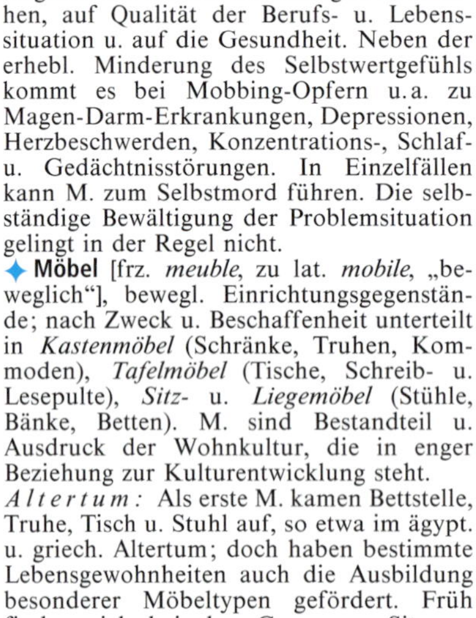

Möbel: Truhe aus Lüneburg; um 1490. Hamburg, Museum für Kunst u. Gewerbe

Möbel: Kölner Intarsienschrank; um 1600. Köln, Museum für Angewandte Kunst

Romanik bis Frührenaissance: Die M. der Romanik sind schwer u. wuchtig; die gotischen M. weisen reiche Verzierungen in Form von Täfelungen, Füllungen u. Schnitzwerk auf. Die italien. Frührenaissance brachte die ersten stilgerechten M. in Übereinstimmung mit der Entwicklung in Architektur u. Malerei hervor (Verwendung antikisierender Profile u. Ornamente, Architektonisierung der M. u. Abstimmung auf die übrige Raumeinrichtung).

15. Jh.: Ihren ersten Höhepunkt erreichte die europ. Möbelkunst im 15. Jh. Man entdeckte die Schönheit des Holzes, nutzte seine verschiedenen Farben, Härten u. Maserungen u. entwickelte die Kunst der Einlegearbeit (→ Intarsia). Die Maßverhältnisse der M. wurden harmonischer; Flachreliefs u. andere Schmuckformen belebten die Flächen. Zugleich zeichnete sich das Bestreben ab, die M. mit den hölzernen Decken- u. Wandverkleidungen eines Raums in Einklang zu bringen u. eine einheitl. Raumwirkung zu erzielen. Die Zentren der dt. Möbelkunst dieser Zeit waren Nürnberg, Augsburg, Ulm, Köln u. Bremen. Als Material wurden im S Fichte, Tanne u. Nussbaum, im N Ahorn u. Eiche bevorzugt.

Der Schrank wurde seit dem späten MA neben der Truhe gebräuchlich, die als Hochzeitsgeschenk vielfach das erste Möbelstück eines jungen Haushalts war. Bei beiden Möbeltypen waren Rahmenwerk u. Füllung klar voneinander abgesetzt („gestemmte Arbeit"). Dem Bett gab man mit dem „Himmel" u. den herabfallenden Seitenvorhängen ein zelt- oder baldachinartiges Aussehen. Gleichzeitig entwickelte sich eine Tischform, die durch die feste Verbindung von Untergestell u. Platte bestimmend wurde für die massiven, blockartigen

Tische der Spätrenaissance u. des Barock (→ Tisch).

15. – 17. Jh.: Die italien. Möbelkunst wurde seit der Mitte des 15. Jh. vorbildlich für das übrige Europa. Ihre aus der Renaissancearchitektur übernommenen Formen, die betonte Unterscheidung von tragenden u. lastenden Teilen u. die als Schaufronten gedachten Schmuckfassaden mit dem reichen plast. Dekor fanden bald auch im N Aufnahme. Sie ließen hier einen Möbelstil entstehen, der mit den gleichzeitigen Stilformen der Malerei, Architektur u. Plastik eine Einheit bildete. Nicht selten etwa trat ein gemaltes Bild an die Stelle des geschnitzten Möbelfüllwerks; die Verbindung mit den übrigen Kunstgattungen ergab sich aus der Herstellungsart der M. u. aus der räuml. Umgebung, in der sie standen. Diese Stileinheit macht es möglich, von Renaissance-, Barock- oder Rokokomöbeln zu sprechen. Sie blieb bis in das 19. Jh. hinein erhalten. Barock u. Rokoko brachten die letzten großen gesamteurop. Möbelstile hervor; danach traten zunehmend nationale u. landschaftl. (etwa nord- u. südd., engl. u. französ.) Stilformen in den Vordergrund.

Erste Hälfte 18. Jh.: Das Bedürfnis nach möglichst prachtvollen Möbelformen ging im Barock so weit, dass man ihm die Bequemlichkeit opferte. Vor allem in Frankreich, das ab 1700 führend in der europ. Möbelkunst war, machte sich zweckentfremdende Prunksucht geltend. Hier entstanden auch die zahlreichen Varianten eines u. desselben Möbeltyps, die als Prunk- u. Ziermöbel in die Salons der höheren Gesellschaft gelangten: die Schreib-, Frisier-, Spiegel- u. Esstische, die verschiedenen Formen der Sitzmöbel als Sessel, Ottomane oder Chaiselongue (→ Stuhl).

Zweite Hälfte 18. Jh.: Das Rokoko bildete die Möbelformen des Barock in ornamentaler u. weniger üppiger Weise fort. Etwa gleichzeitig, um 1750, entstand in England der erste nationale Möbelstil, das *Chippendale*. Diese Stilrichtung war eine willkürl. Verbindung verschiedener älterer Möbelstile, zeigte aber den Wunsch nach Rückkehr zu zweckmäßigen u. bequemen Möbelformen. Als Bindeglied zwischen Rokoko u. Klassizismus entwickelte sich in der 2. Hälfte des 18. Jh. in Frankreich das *Louis-seize*, ebenfalls ein Nationalstil, der nach neuen, sachlicheren Formen suchte u. dem Stil des letzten Jahrzehnts, dem *Directoire*, in seiner Nüchternheit u. Strenge ähnlich ist. Directoire u. *Empire* wiederum tragen viele gemeinsame Züge. Das Directoire blieb auf Frankreich beschränkt, während sich das Empire bis 1830 in den übrigen europ. Ländern durchsetzte u. als Sonderform des Klassizismus altägypt. u. antike Schmuckelemente in die Möbelkunst einzuführen suchte.

19. Jh.: Die dt. M. der Biedermeierzeit (etwa 1815–1850) standen mit ihrer klaren, flächenbetonten Sachlichkeit dem Empire nahe, verzichteten aber weitgehend auf antikisierende Motive. Das bevorzugte helle Holz (Birke oder Kirschbaum) wirkte allein durch seine Maserung. Bald nach der Jahrhundertmitte folgte der Versuch, histor. Möbelformen neu zu beleben: Neugotik, Neurenaissance, Neubarock u. Neurokoko lösten einander bis 1900 ab, ohne dass es zu überzeugenden Leistungen kam.

20. Jh.: Selbständig schöpferisch waren erst wieder die Künstler des Jugendstils (H. van de *Velde*, B. *Paul*, J. M. *Olbrich*), die im Ornament u. in geschwungenen Konturen ein Mittel zur Neugestaltung der M. sahen. Nach dem Ende des 1. Weltkriegs ergab sich aus einer konsequenten Besinnung auf die Grundformen des M. u. aus dem weiteren Übergang des Möbelhandwerks zur Möbelindustrie eine immer stärker werdende Neigung zur einfachen, zweckbetonten Möbelform. Neue Werkstoffe (Stahl, Leichtmetall, Kunstharze u. Kunststoffüberzüge) haben der Möbelkunst nach dem 2. Weltkrieg weitere Möglichkeiten der Formgebung erschlossen; so war bunter Kunststoff in der Pop-Kultur der 1960er Jahre ein gängiges Material im Möbeldesign. Ende der 1970er Jahre kamen in Italien die ersten postmodernen M. auf, die unterschiedl. Architekturformen, aber auch den Stil der 1950er Jahre zitierten. In den 1980er Jahren setzte sich dieser Trend weiter fort. Die Ästhetik stand im Vordergrund beim Entwurf eines Möbelstückes; es wurde nur in kleiner Auflage hergestellt und entwickelte sich damit zum gesuchten Kunstobjekt. Die provokanten, z.T. experimentellen Entwürfe wichen gegen Ende der 1980er Jahre gut verkäuflichen, industriellen Serienproduktionen, bei denen auch die Funktion eines Möbelstückes wieder an Bedeutung gewann. In der Wahl des Materials stand in den 1990er Jahren Holz als Naturprodukt im Vordergrund, daneben Materialien u. Fertigteile aus der Industrie; gleichzeitig setzte ein Trend ein, M. aus recycelten Materialien zu entwickeln.

Möbelleder, *Autoleder, Polsterleder,* Leder, das zum Überziehen von Sesseln, Stuhlsitzen u. Ä. dient; aus den Narbenspalten großflächiger Rinder- u. Bullenhäute durch meist pflanzl. Gerbung hergestellt; techn. Bez.: *Möbelvachetten.*

Möbelmalerei, Bemalung von Möbeln aller Art im Rahmen der Volkskunst, bis um 1800 mit Kasein, danach mit Leinölfarben. Die frühesten Möbelmalereien stammen aus dem MA u. wurden von Bauern angefertigt, allmählich erfreuten sie sich jedoch zunehmender Beliebtheit auch bei den Kleinbürgern u. fanden ihren Höhepunkt Ende des 18., Anfang des 19. Jh. Es wurden vorzugsweise reine Farben (Blau, Rot, Grün, Schwarz und Weiß) verwendet, die Motive richteten sich nach der Bauart und Oberflächenstruktur des Möbels. Am häufigsten sind Darstellungen von Pflanzen, vereinzelt findet man aber auch Tiere, figürliche Darstellungen und ornamentale Andeutungen von Architektur.

Möbeltischler → Tischler.

Moberg ['mu:bærj], Vilhelm, schwed. Schriftsteller, * 20. 8. 1898 Algutsboda, Kronoberg, † 8. 8. 1973 bei Stockholm; schilderte zunächst kleinbürgerl. Schicksale („Die harten Hände" 1930, dt. 1935; „Schlaflos" 1937, dt. 1938); wandte sich dann, z.T. in autobiograf. Werken, histor. u. soziolog. Problemen zu. Seine Auswandererchronik (Tetralogie) „Der Roman von den Auswanderern" 1949–1959 ist eines der erfolgreichsten Werke der neueren schwed. Literatur; Dramen: „Das Mädchenzimmer" 1938, dt. 1940; „Lea u. Rahel" 1954, dt. 1956.

Mobilbox, elektron. Anrufbeantworter von Mobiltelefonen, der eingehende Anrufe entgegennimmt, wenn ein Mobiltelefon nicht erreichbar oder besetzt ist. Die Nachricht kann dann vom Zentralrechner des Mobilfunk-Anbieters abgerufen werden.

Mobil Corporation ['mɔubil kɔ:pəˈrɛiʃən], New York, US-amerikan. Holding der *Mobil Oil Corporation,* New York (gegr. 1931), und der *Marcor Inc.,* Chicago (gegr. 1968), gegr. 1976; produziert u. handelt mit Erdöl, Erdgas, Mineralölerzeugnissen u. chemischen Produkten, besitzt eigene Raffinerien (Bereich Mobil Oil) und ist im Versandhandel und in der Verpackungsindustrie tätig (Bereich Marcor); Konzernumsatz 1998: 47,7 Mrd. US-Dollar; 41 500 Beschäftigte; 1999 Zusammenschluss der Mobil Oil Corp. mit der Exxon Corp.; zahlreiche in- u. ausländ. Tochtergesellschaften u. Beteiligungen, u.a. die *Mobil Oil AG,* Hamburg.

◆ **Mobile** [das; lat.-ital.], von A. *Calder* geprägte Bezeichnung für bewegliche, meist frei im Raum schwebende Plastiken; heute oft als Dekorationsmittel (vor allem in Kinderzimmern) verwendet u. im Kunstgewerbe nachgeahmt. Für seine unbeweg-

Möbel: Schreibschrank von Abraham Roentgen mit Intarsienschmuck; Neuwied 1768–1770. Würzburg, Residenz

Mobile

Mobile: Alexander Calder, Dreiarmiges Mobile; 1975. Barcelona, Galerie Maeght

lichen Stahlplastiken prägte Calder die Bez. *Stabile*.

Mobile [mouˈbiːl], Hafenstadt im USA-Staat Alabama, östl. von New Orleans, an der Mündung des *M. River* in den Golf von Mexiko, 196 000 Ew., als Metropolitan Area 477 000 Ew.; Universität; Schiffbau, Aluminiumgewinnung, chem., Papier-, Textil- u. a. Industrie, wichtiger Hafen für den Südamerikahandel (Export von Baumwolle, Holz, Kohle, Stahl u. a.). – 1702 gegr., 1710–1719 Hptst. der französ. Kronkolonie *Louisiane*, Stadt seit 1814.

Mobile Bay [mouˈbiːl ˈbɛi], Bucht an der Küste von Alabama (USA), am Golf von Mexiko; 50 km lang, bis 30 km breit, durch Sandinseln zum Meer hin geschützt.

mobile Elemente, *Genetik:* → Transposons.

Mobilfunk, Funkverkehr, an dem mobile Funkgeräte beteiligt sind. Die Entwicklung des Mobilfunks auf Land begann 1926 mit einem Zugtelefondienst der Dt. Reichsbahn u. Reichspost zwischen Hamburg u. Berlin. Ab 1958 wurde im Frequenzbereich 156–174 MHz ein öffentlicher handvermittelter Autotelefondienst angeboten (A-Netz), 1972 folgte der vollautomat. B-Netz (146–156 MHz), das bis Ende 1994 in Betrieb war. 1986 wurde das analoge zellulare C-Netz in Betrieb genommen (450 MHz), bei dem der mittels Mobiltelefon angeschlossene Teilnehmer erstmals landesweit unter einer einheitlichen Rufnummer erreichbar war. Neben Sprache können über das C-Netz auch Bilder/Grafiken (per → Telefax-Gerät) oder Daten übertragen werden.

Für die Inbetriebnahme eines Mobiltelefons (entweder als fest in einem Fahrzeug installiertes oder als tragbares, mit Akkumulator ausgerüstetes Handy ausgeführt) ist eine *Magnetkarte* notwendig, die einen Chip mit der Funktelefonnummer enthält u. über die auch die Gebührenabrechnung gesteuert wird.

Im zellularen Mobilfunk stützen sich ortsfeste Funkstellen (*base stations*) auf Funkvermittlungsstellen, die in das Festtelefonnetz einbezogen sind. Wegen der unterschiedlichen zellularen Mobilfunksysteme in Europa wurde 1982 von der CEPT (*Konferenz der Europäischen Post- u. Telekommunikationsorganisationen*) die Bildung der Projektgruppe GSM (*Global System for Mobile Telecommunications*) beschlossen, mit dem Ziel, ein neues gemeinsames Mobilfunksystem im 900 MHz-Bereich zu entwickeln. Diese Aufgabe führte das 1988 geschaffene *Europäische Telekommunikations-Standardisierungs-Institut* (ETSI) bis 1991 erfolgreich zu Ende. Deutsche GSM-Netzbetreiber sind z. B. die *T-Mobil* (D1-Netz) u. *Mannesmann-Mobilfunk* (D2-Netz). Gegenüber dem C-Netz haben die D-Netze folgende Vorteile: grenzüberschreitende Einsetzbarkeit, effizientere Frequenzausnutzung, höhere Teilnehmerkapazitäten, Abhörsicherheit durch digitale Verschlüsselung, Kompatibilität zum → ISDN. Während der GSM-Standard im europäischen 900 MHz-Bereich (890–915 u. 935–960 MHz) für die Mitgliedsstaaten der EU verpflichtend ist, wird er auch unter der Bezeichnung *Digital Communication System* (DCS 1800) im Bereich 1710–1880 MHz lizensiert, in Deutschland z. B. als E-Plus- u. E2-Netz. In den USA gibt es GSM-Netze unter der Bezeichnung PCS 1900 (*Personal Communication System*), weil dort der 900/1800 MHz-Bereich anderweitig belegt ist.

Der neue Mobilfunkstandard → UMTS, der in Deutschland ab 2002 stufenweise eingeführt wird, weist im Vergleich zum GSM-Standard wesentlich höhere Übertragungsraten auf u. ermöglicht u. a. die Nutzung multimedialer Inhalte per Handy.

Für spezielle → Funkrufdienste, wie z. B. *Scall*, zahlt der Kunde keine feste monatliche Grundgebühr; die Gebühr für die einzelnen Funkrufe geht jeweils zu Lasten des anrufenden Teilnehmers. Auf See sowie in dünn besiedelten Regionen der Erde ergänzt der *Satellitenmobilfunk* die terrestrischen Mobilfunksysteme.

Neben den öffentlichen Mobilfunkdiensten gibt es noch die privaten Funknetze beschränkter Reichweite des *Betriebs-Sprechfunks* (z. B. Taxen, Industrie, Handel) u. die Funknetze der für die Sicherheit zuständigen Behörden u. Organisationen (z. B. Polizei, Feuerwehr, Krankenhaus).

Auch zum M. gehört der terrestrische *Seefunkdienst*. Zur Verbesserung der Übertragungsqualität u. der Schiffssicherheit wird der Seefunkdienst zunehmend über das globale Satellitensystem *Inmarsat* abgewickelt. Weitere Funkdienste sind u. a. der *Flugfunkdienst* zur Sicherung des Luftverkehrs, der *Ortungs- u. Navigationsfunk* zur Schiffs- und Flugnavigation sowie der → Amateurfunk (→ CB-Funk).

Die *Schnurlostelefone* werden wegen ihrer bewusst begrenzten Reichweite u. Mobilität (ca. 200 m im Freien, in Gebäuden weniger) nicht zum eigentlichen M. gezählt. Bei ihnen handelt es sich um genehmigungspflichtige Endeinrichtungen für das öffentliche Fernsprechnetz.

Mobilia [lat.], Wimpertierchen, → Peritricha.
Mobiliarversicherung → Feuerversicherung.
Mobiliarzwangsvollstreckung → Zwangsvollstreckung in das bewegliche Vermögen.
mobilisieren [lat.], beweglich machen, in Bewegung setzen; Truppen auf Kriegsstand bringen; Kapitalien flüssig machen; eine feste Schuld in Anleihe, Obligation oder Pfandbrief umwandeln.

Mobilität [lat., „Beweglichkeit"], **1.** *Geographie:* Bevölkerungsbewegungen, die sowohl Wanderungen als auch Bevölkerungsbewegungen ohne Wohnsitzverlagerung (Zirkulation) umfassen. Zu letzteren zählen Bewegungsabläufe zwischen Wohnung u. Arbeits- bzw. Ausbildungsstätte, versorgungsorientierte Raumbewegungen sowie Bewegungen im Zusammenhang mit Freizeit- u. Urlaubsaktivitäten. Auch → Wanderung.
2. *Soziologie:* die Bewegung von Personen aus einer sozialen Position in eine andere (insbes. *Aufstieg* oder *Abstieg*; → Status) sowie der Wechsel des Wohn- oder Arbeitsplatzes. In den erstgenannten Fällen spricht man von *vertikaler M.*, in den letztgenannten – identisch mit der geograph. M. (1) – von *horizontaler M.* Die M. hat sich bes. durch die Industrialisierung u. Verstädterung verstärkt.
3. *Wirtschaft:* die rasche Beweglichkeit der *Produktionsfaktoren* im Raum als Reaktion auf Preisunterschiede. Insbesondere für den Faktor *Arbeit* spielen jedoch auch nichtmonetäre Elemente eine Rolle u. hemmen vielfach die M. Bei zunehmender Industrialisierung kann auch die M. des Faktors *Kapital* beeinträchtigt werden. Psychologisch, sozial u. institutionell bedingten Mobilitätsschranken können zunehmende Markteintritte u. verbesserte Information entgegenwirken. M. ist Bedingung für die Möglichkeit, auch bei sich ändernden Rahmenbedingungen des Wirtschaftens einen optimalen Einsatz der Produktionsfaktoren zu erreichen.

Mobilmachung, die Überführung der Streitkräfte, der Verwaltung, des Verkehrswesens u. der Wirtschaft eines Landes aus dem Friedens- in den Kriegsstand.

Mobiltelefon, *Handy*, Endgerät für den → Mobilfunk.

Möbius, ◆ **1.** August Ferdinand, dt. Mathematiker u. Astronom, *17. 11. 1790 Schulpforta, †26. 9. 1868 Leipzig; seit 1816 Prof. in Leipzig; schuf die „homogenen" Koordinaten. – *Möbius'sches Band*, ein Papierstreifen, bei dem die beiden Schmalseiten zusammengeklebt sind, nachdem das Band 1/2-mal in sich gedreht worden ist. Das Möbius'sche Band hat nicht, wie ein

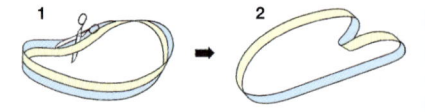

Möbius (1): Das Möbius'sche Band hat nur eine Seite. Man erreicht jeden Punkt dieser einseitigen Fläche von einem beliebigen Ausgangspunkt aus, ohne den Rand der Fläche zu überschreiten. Stellt man ein Möbius'sches Band aus einem Papierstreifen her und schneidet es entlang der Mittellinie auseinander, entstehen nicht zwei Streifen wie bei einem ohne Drehung verklebten Papierband, sondern ein einziger Streifen, der zwei Flächen und zwei Kanten hat und um vier Halbdrehungen in sich verdreht ist (2)

Ring, eine Innen- u. eine Außenseite, sondern ist eine *einseitige Fläche.*
2. Hans, dt. Archäologe, * 2. 11. 1895 Frankfurt a. M., † 28. 11. 1977 Bad Homburg; seit 1942 Prof. in Würzburg. Zahlreiche Veröffentlichungen zur antiken Kleinkunst. Hptw.: „Die Ornamente der griech. Grabstelen klass. u. nachklass. Zeit" 1929.
3. Karl August, dt. Zoologe, * 7. 2. 1825 Eilenburg, † 26. 4. 1908 Berlin; arbeitete bes. auf dem Gebiet der Meeresbiologie u. wies dabei als Erster auf die Beziehungen der Lebensgemeinschaft *(Biozönose)* hin, die die Bewohner eines bestimmten Lebensraums (z. B. einer Austernbank) verbinden.

◆ **Mobutu,** Sese Seko Kuku (bis 1972 Joseph-Désiré M.), kongoles. Politiker, * 14. 10. 1930 Lisala (Belg.-Kongo), † 7. 9. 1997 Rabat (Marokko); Journalist; schloss sich 1958 der Kongoles. Nationalbewegung (MNC) P. *Lumumbas* an, der ihn nach Gewinnung der Unabhängigkeit 1960 zum Oberst u. Stabschef der Armee ernannte. M. übernahm durch Staatsstreich im gleichen Jahr die Regierung, gab sie aber 1961 an zivile Politiker zurück. 1965 machte er sich durch einen zweiten Staatsstreich zum Präs. der Republik (1966 auch Min.-Präs.). Er liquidierte seine Gegner u. baute durch mehrere Verfassungsänderungen seine Macht aus. Mit Hilfe der von ihm beherrschten Einheitspartei *Mouvement Populaire de la Révolution* (MPR) u. unter der Ideologie einer „afrikanischen Authentizität" errichtete M. ein korruptes u. grausames Regime, mit dem Zaire wirtschaftlich ruiniert wurde. 1997 wurde er von L. *Kabila* gestürzt.

Sese Seko Kuku Mobutu

Mobutu-Sese-Seko-See → Albertsee.
Moçambique [mosam'bik], frz. Name für den südafrikan. Staat *Mosambik.*
Moçâmedes [muˈsamiðiʃ], *Mossamedes,* früherer Name der angolan. Stadt → Namibe.
Mochaleder [ˈmɔtʃa-; span.], glacégegerbtes Zickel- oder Lammleder, das durch Schleifen der Narbenseite (→ Narben) tuchartig matt gemacht wird; Handschuh- u. Bekleidungsleder.

◆ **Moche-Kultur** [ˈmɔtʃə-], *Muchik-* oder *Mochica-Kultur,* eine altindian. Hochkultur an der Nordküste von Peru, die die Täler von Pacasmayo, Chicama, Moche, Virú, Santa u. Nepeña von 200–700 n. Chr. beherrschte. Kultzentrum war der namengebende Ort Moche, unweit der heutigen Stadt Trujillo; hier steht das größte Moche-Kultur-Bauwerk, die *Huaca del Sol* (Sonnenpyramide), deren Tempel aus Holz auf der oberen Plattform zerfallen sind. In der Nähe liegt die *Huaca de la Luna* (Mondpyramide), ein Adobebau, vermutlich Palast einer aristokrat. Familie. Die Staatsform des Moche-Reiches war theokratisch, die Gesellschaft stark geschichtet, mit differenzierter Arbeitsteilung. Wirtschaftl. Grundlage war ein intensiver Bewässerungsfeldbau mit einem Kanalverbundsystem über mehrere Täler; daneben gab es Fischfang u. Jagd. Ein ausgedehnter Handel mit dem Hochland galt vor allem dem Erwerb von Lamawolle. Das Kunsthandwerk war in der M. hoch entwickelt, es finden sich Gold- u. Gold-Kupfer-Arbeiten, Türkismosaike, Freskenmalerei, Lehmornamentik bei der Architektur, Kupfer für Werkzeug, Waffen u. militär. Rangabzeichen; herausragend ist die Keramik mit sehr realist. Darstellungen der Umwelt u. des Menschen in all seinen Tätigkeiten u. religiösen Handlungen. Die berühmten Porträtkopfgefäße demonstrieren deutlich die anthropolog. Uneinheitlichkeit der sog. indian. Rasse.

Mochudi [mɔˈtʃuːdi], Stadt im SO von Botswana, 30 000 Ew.; Bahnstation.

Mock, Alois, österr. Politiker (ÖVP), * 10. 6. 1934 Euratsfeld, Niederösterreich; Jurist; 1966–1969 Kabinettchef des Bundeskanzlers Josef Klaus; 1969/70 Unterrichtsminister; 1971–1978 Obmann des österr. Arbeiter- u. Angestelltenbundes (ÖAAB), 1978–1987 Obmann des ÖVP-Klubs (d. h. der Parlamentsfraktion) im Nationalrat, 1979–1989 Obmann (Parteivorsitzender) der ÖVP; 1987–1989 Vizekanzler u. 1987–1995 Außenminister in der Regierung der Großen Koalition (SPÖ u. ÖVP).

Mockel, Albert, belg. Schriftsteller, * 27. 12. 1866 Ougrée bei Lüttich, † 30. 1. 1945 Ixelles bei Brüssel; Schüler u. Freund S. *Mallarmés,* erstrebte im Gegensatz zum symbolist. Dichtungen reine Wortmusik: „La flamme immortelle" 1924; Essays: „St. Mallarmé, un héros" 1899; „Verhaeren, poète d'énergie" 1933.

Möckerchen, früher sächs. Raummaß, 1 M. = 0,871.

◆ **Möckmühl,** Stadt in Baden-Württemberg,

Möckmühl: Die Götzenburg wurde zu Beginn des 20. Jahrhunderts umgestaltet. Nur der Götzenturm blieb unverändert

Ldkrs. Heilbronn, an der Jagst, 8200 Ew.; histor. Stadtkern, Stadtmauer, Götzenburg; Maschinenbau, Textilindustrie. – In M. wurde 1519 Götz von Berlichingen gefangen genommen.

Mockturtlesuppe [ˈmɔktəːtl-; engl.], nachgeahmte Schildkrötensuppe aus Innereien vom Kalb.

Moco [portug. ˈmoku], höchster Berg Angolas, 2610 m, in der Serra Upanda westl. von Huambo (Nova Lisboa).

Mocoa, Hptst. des Departamentos Putumayo im SW von Kolumbien, 29 100 Ew.; Reis- u. Zuckerrohranbau, Weidewirtschaft; Umschlagplatz für Sammelprodukte des trop. Regenwaldes (Kautschuk, Harz).

Moctezuma, ein aztekischer Herrscher, → Motecuzoma.

modal, [lat.] *allg.:* die Art und Weise betreffend.

modaler Jazz [-dʒæz], Ende der 1950er Jahre entstandene Richtung des Jazz, in der nicht mehr Akkordschemata, sondern Tonleitern das Material für die Improvisation liefern, vor allem die modalen Kirchentonleitern dorisch, phrygisch u. lydisch. Er ging aus der damaligen Band des Trompeters M. *Davis* hervor. Zu seinen weiteren Protagonisten zählen: J. *Coltrane,* M. *Tyner,* E. *Dolphy,* H. *Hancock* u. B. *Evans.* Der modale Jazz ging in den Freejazz über.

Modalismus, *Theologie:* eine Form des *Monarchianismus,* nach der die drei göttl. Personen bloße Erscheinungsformen des einen Gottes sind.

Modalität [lat.], die Art u. Weise, wie etwas geschieht oder gedacht wird. Nach *Kant* besteht die M. eines Urteils im Verhältnis des urteilenden Subjekts zum Gegenstand seines Urteils. Dabei wird unterschieden zwischen Möglichkeit *(problematisches Urteil),* Wirklichkeit *(assertorisches Urteil)* u. Notwendigkeit *(apodiktisches Urteil).* Auch → Modallogik.

Modallogik [lat. + grch.], ein Zweig der mathemat. Logik, der die logischen Eigenschaften der *Modalitäten* Notwendigkeit, Möglichkeit, Unmöglichkeit u. verwandter Begriffe untersucht. Erste Ansätze zu einer

Moche-Kultur: figürliches Tongefäß

Modalnotation

M. finden sich bereits bei *Aristoteles*. Einen Kalkül der Modalitäten stellten zuerst C. I. Lewis u. C. H. Langford auf. Die Entwicklung einer allg. Semantik für Modalkalküle geht auf S. Kripke u. R. Carnap zurück. Im Rahmen der M. lassen sich wichtige Begriffe der traditionellen Metaphysik präzisieren u. analysieren.

Modalnotation [lat.], die aus den Neumen allmählich entwickelte Notierung der Musik der *Notre-Dame-Epoche* (etwa 1150–1250). Sie benutzt Zeichen u. Linien der ihr unmittelbar vorausgehenden Quadratnotation des gregorianischen Chorals, vermag indes zum ersten Mal in der Musikgeschichte relative Tondauern exakt darzustellen. Noten werden gruppenweise in Form von Ligaturen aufgezeichnet, deren Rhythmus nach den klassischen Versfüßen definiert wird. Die Theoretiker jener Zeit (z. B. Johannes de Garlandia) unterscheiden dafür sechs sog. *Modi*: den trochäischen, jambischen, daktylischen, anapästischen, spondeischen u. tribrachyischen Modus. Auch → Mensuralnotation.

Modalsatz, ein Nebensatz, der die Art u. Weise eines im Hauptsatz ausgedrückten Vorgangs näher bestimmt.

◆ **Mode** [frz.; im 17. Jh. „Brauch, Sitte"], die der kurzfristigen Veränderlichkeit unterworfene, auf Nachahmung u. Geltungstrieb, Wunsch nach Abwechslung u. Zeitgeschmack beruhende, in einer bestimmten Gesellschaftsschicht entstandene Form der inneren u. äußeren Lebenshaltung, bes. die jeweils vorherrschende Art der Kleidung, Bart- u. Haartracht, Geselligkeit, Wohnkultur sowie der sozialen Repräsentation; auch eine als aktuell empfundene, kurzlebige Strömung in Kunst, Philosophie, Sprache, Literatur, die den allgemeinen Zeitinteressen entgegenkommt u. diese zum Ausdruck bringt. Durch schnelle Kommunikationsmöglichkeiten u. gezielte Werbung ist M. heute weitgehend international u. kosmopolitisch. Die Erfindung der Chemiefasern begünstigt ihre Schnelllebigkeit u. starke preisliche Abstufung. Der M. kommt eine große volkswirtschaftl. Bedeutung zu; weltweit tonangebende Modezentren sind Paris, Mailand, Rom u. New York. Anregungen aus Kunst u. Alltagsgeschehen, aus internationaler Folklore u. histor. Modevorbildern werden sowohl in der *Haute Couture* (seit Mitte 19. Jh.) als auch im *Prêt-à-porter* (seit Mitte der 1960er Jahre) u. in der *Konfektion* (seit etwa 1840) aufgenommen, die sich ihrerseits wechselseitig beeinflussen. Bis ins 18. Jh. waren Herrscherhöfe u. Hochadel, seit dem 19. Jh. das Bürgertum modisch tonangebend.

Altertum: Naturvölkern ist M. im Sinne kurzlebiger Abwechslung weitgehend fremd. Nachweisbar ist sie vor allem im Rahmen von Hochkulturen, in denen soziale Unterschiede auch durch Kleidungsdifferenzierung ausgeprägt ist. Steinzeitl. Felsmalereien zeugen von langen Röcken u. Umhängen aus Häuten oder Fellen. Aus der älteren nord. Bronzezeit sind u. a. ein langer Frauenrock, Schlupfbluse mit Kimonoärmel, Männerwickelrock, Umhang sowie Bundschuhe u. Beinbinden erhalten. Im ägypt. Altertum trugen der Mann einen (Lenden-)Schurz, Angehörige der herrschenden Schicht einen Schulterkragen, später auch ein langes, plissiertes Gewand, die Frau ein Trägerkleid, die *Kalasiris*. Bei Assyrern u. Medern waren lange Hemdgewänder, bei den Persern Leibrock u. Hose in Gebrauch. Die griech. u. röm. Kleidung bestand aus *Chiton* bzw. *Tunika*, einem auf der Schulter gefibelten, bes. von der Frau durch Muster u. Faltenwurf modisch variierten Hemdgewand u. darüber einem drapierten Mantelumhang, *Himation* bzw. *Palla* u. *Toga*. Die Germanen trugen in der röm. Zeit einen losen Hemdrock mit Brustschlitz sowie Bruch (kurze Hose) u. Beinlinge oder lange Hose mit angesetzten Füßlingen; Frauen ein chitonartiges Hemdgewand mit Jacke.

11.–16. Jh.: Im 11. Jh. glichen sich durch byzantin. Einfluss Männer- u. Frauenkleidung in einem anliegenden Hemdgewand, der *Cotte*, an. Aus dieser entwickelte sich im 14. Jh. der kürzere, vorn offene Männerrock, ab Ende 15. Jh. ergänzt durch Strumpfhosen, während beim Kleid ein Überkleid M. wurde. Der einfache Mann hingegen hatte den kittelartigen fränk. Rock beibehalten. Im 15. Jh. kamen für beide Geschlechter mantelartige Übergewänder wie die lange, schleppende *Houppelande* auf, die mit den spitzen Schnabelschuhen u. den hohen Frauenkopfbedeckungen (dem *Hennin*) die charakterist. vertikale Linie der Spätgotik widerspiegeln. Im 16. Jh. übernahm in der Männerkleidung das *Wams* die Funktion des Rockes, ergänzt durch Kniehose, Pump- oder Pluderhose, separate Strümpfe u. in der bürgerl. M. durch die *Schaube*. Charakteristisch waren bes. in der Landsknechttracht die mit andersfarbigem Futterstoff unterlegten Schlitze.

Zweite Hälfte 16. Jh.: Die etwa 1550–1610 in ganz Europa tonangebende span. M. änderte die Gewandsilhouette grundlegend: die Frauenkleidung wurde geprägt durch den starren Reifrock u. das *Korsett* mit dem *Manteau* (Mantelkleid) darüber; die Männerkleidung durch ein anliegendes, wattiertes Wams, eine nur oberschenkellange Hose mit kugelförmig ausgestopften, längs geschlitzten Beinen, die sog. *Heerpauke*, Strumpfhosen u. einen kurzen Umhängemantel. Für beide Geschlechter charakteristisch war die steife *Halskrause*.

17.–18. Jh.: Im 17. Jh. (Barock) setzte sich zunehmend die französ. Hofmode durch; der Reifrock wurde durch ein rundes Hüftpolster u. mehrere Unterröcke ersetzt, der Rock faltig angereiht, u. ein von einem Spitzenstehkragen oder flachem Schulterkragen gerahmtes Dekolleté galt allgemein als modisch. Der Mann trug anfangs eine weite Schlumperhose u. nach 1625, von Frankreich ausgehend, eine wadenlange, gerade, mäßig weite Röhrenhose, Stulpstiefel u. ein kurzes Wams, das in der *Rheingrafenmode* (um 1655–1675/80) zu einem boleroartigen Jäckchen wurde, wodurch das Hemd u. *Jabot* u. weißer Halsbinde, der Krawatte, stark hervorquoll. Dazu gehörten eine Rockhose, weiße Strümpfe mit Spitzenmanschetten u. Absatzschuhe. Nach etwa 1680 trug der Herr für ein Jahrhundert den sich modisch nur leicht wandelnden, etwa knielangen *Justaucorps*, lange Weste, enge Kniehose, *Culotte*, weiße Strümpfe, um 1680–1715 ergänzt durch die *Allongeperücke*, danach durch weiß gepuderte Zopf- oder Haarbeutelperücke u. Dreispitz. Die Frauenmode bestand 1685–1713 aus dem vorn offenen, nach rückwärts gerafften u. über *Bouffanten* (Gesäßpolster) gebauschten Manteau, dem vorn sichtbaren, andersfarbigen Rock mit zuweilen einer Zierschürze darüber u. der typischen Frisur à la *Fontange*. Zur Zeit der Régence (1715–1723) war ein lose herabfallendes Überkleid, die *Adrienne*, in M., gefolgt von dem runden Reifrock, der im Spätrokoko vorn u. hinten abgeplattet war, seitlich ausladend war, bedeckt von Rock u. Manteau u. ergänzt durch die weiß gepuderte Hochfrisur. Die bürgerl. M. zeigte anliegende Schoßjacke u. faltenreichen Rock mit Unterröcken.

Ende 18. Jh.: Nach etwa 1770 war allg. die bürgerl. engl. M., mit *Frack* u. weißem, nur von Unterröcken unterstütztem Baumwollkleid von großem Einfluss. Mit der Französ. Revolution wurden lange Hosen, *Pantalons*, natürlicher Haarschnitt, Tituskopf u. – gegen Ende des 18. Jh. – die für das Empire charakteristische *Chemise* mit hoch liegender Taille u. ohne Korsett darunter große M.

19.–20. Jh.: In der 1. Hälfte des 19. Jh. war der Frack in gedämpften Farben Alltagskleidung, ehe er sich zum reinen Abendanzug entwickelte. Er wurde abgelöst von *Cut*, *Gehrock*, *Jackett* u. *Sakkoanzug*. Ende des 19. Jh. kamen der *Smoking*, in den 1920er Jahren der *Stresemann* auf. Die Damenmode des frühen Biedermeier kehrte zur eng geschnürten Taille u. zum weiten,

Mode in Adelskreisen zur Zeit des Barock und Rokoko; Anfang 17. bis Ende 18. Jh. Sie diente als Mittel, die Vorrangstellung und Macht durch Pracht und Pomp gegenüber dem erstarkenden Bürgertum zum Ausdruck zu bringen

von mehreren Unterröcken unterstützten, trichterförmig abstehenden Rock zurück, das Oberteil wurde um 1828–1835 durch weite bauschige Keulenärmel betont, die im Spätbiedermeier wieder aus der M. kamen, während der Rock umfangreicher u. ab 1842 durch die *Krinoline* unterstützt wurde (1848–1870 Krinolinenmode oder sog. 2. Rokoko); 1869/70 wurde die Krinoline durch das Gesäß betonende *Turnüre* ersetzt, 1875–1881 herrschte die sog. Enge M., während 1882–1888 ein zweites Mal die Turnüre, nun als *Cul de Paris*, aufkam. Reformkleid, Jugendstilkleid, die S-Linie (hervorgerufen durch ein s-förmiges, den Bauch vollkommen wegschnürendes Korsett) u. die fließende, in expressiven Farben gehaltene Art-Déco-Mode bestimmten die Entwicklung bis ins 1. Jahrzehnt des 20. Jh. Es folgten die Kriegskrinoline (1916/17) mit weitem, nur knie- bis wadenlangen Rock, das gerade Kittelkleid (1918/19), das schmale Futteralkleid (1920/21) u. nach 1923 das kniekurze Hängerkleid, heute umgangssprachl. *Charlestonkleid* genannt. Die 1930er Jahre brachten das figurbetonte, wadenlange *Prinzesskleid*; 1938/39 setzte sich eine sehr breitschultrige, nur knielange Linie durch.
1950er–1970er Jahre: 1947 revolutionierte *Diors* jugendl. *Newlook* die Kleidermode, u. als Alternative gab es die feminine, Figur betonende Bleistiftlinie. In den 1950er Jahren kamen als Freizeitmode wadenlange Fischerhosen u. *Bluejeans* auf. Gegen Ende der 1960er Jahre herrschte der betont jugendl. *Mini*, nach 1975 ergab sich eine sehr legere, weite, etwas Schulter betonende Silhouette, in der Hosenanzüge u. Ensembles im Edelfolklore-, Countryoder Trachtenlook zunehmend beliebt wurden.
1970er–1990er Jahre: Die jugendl. Mode der 1970er Jahre nahm Anregungen aus exotischer Folklore (Indien, Südamerika) auf u. orientierte sich weniger an der Haute Couture. Jeans u. Cordhosen prägten das Bild der jungen Leute in den westl. Ländern. Die mit Stammestrachten vergleichbare Mode jugendl. Gruppierungen Ende der 1970er, Anfang der 1980er Jahre (*Punks* in abgerissenen, meist schwarzen Jacken u. Hosen, mit Schmuck aus Ketten u. Sicherheitsnadeln sowie an indian. Vorbilder erinnernden, bunten Frisuren; *Teds* u. *Popper* in einer an die Mode der 1950er Jahre angelehnten Kleidung u. Haartracht) beeinflusste umgekehrt die Modeschöpfer. Ein Beispiel dafür ist der *Poor Look*, mit Löchern, nach außen gekehrten Nähten u. schmutzig wirkenden Farben. Mitte der 1980er Jahre wurde der Modestil mit Bustiers u. BH-Oberteilen bei Kleidern körperbewusster. Dem gegenüber stand die Businessmode für die selbstbewusste, berufstätige Frau: Zum langen, Schulter betonenden Blazer trug man kniekurze Röcke u. kurze Swinger-Mäntel. In den 1990er Jahren stand Individualismus im Vordergrund der Mode. Neben kurzen Röcken kamen ab 1992 wadenlange, weite geschlitzte Röcke als Alternative auf. Die Figur betonende Mode, vielfach aus elastischen Materialien, steht am Anfang des neuen Jahrtausends in der Damenmode im Vordergrund. Die Mitte der 1960er Jahre aufgekommenen ausgestellten Hosen mit Aufschlag u. die bauchfreien Oberteile erleben eine Renaissance. Allgemein aber wird heute getragen, was gefällt, von lässig bis körperbetont. Die Haute Couture ist kaum mehr richtungsweisend. Designermarken entscheiden sowohl bei Jugendlichen als auch bei den finanzkräftigeren Erwachsenen über den Kauf von Modeartikeln.
Modedesigner [-di'zainə], *Modedesignerin,* ein Beruf der Bekleidungsindustrie; M. planen, entwickeln u. gestalten neue Modelle u. Kollektionen von Oberbekleidung. Das Studium an Fachhochschulen dauert 3 bis 4 Jahre.
Model [der; lat. *modulus,* „Maßstab"], **1.** *Kunsthandwerk:* eine in Holz geschnittene Drucktafel (erhabene Muster, in Linien u. Punkte aufgeteilt) zum Bedrucken von Stoffen von Hand oder eine vertiefte Form zum Einformen von keram. Erzeugnissen oder Gebäck (Spekulatius), mit heraldischen, pflanzl. oder geometr. Motiven; im 4. Jh. aus dem Orient gekommen. Die Anwendung im Stoffdruck war zeitweise durch das Drucken mit Walzen verdrängt. Modeln werden heute jedoch wieder wegen ihrer künstler. Wirkung in althergebrachter Weise gern benutzt. Auch → Formmodel.
2. [mɔdl], *Mode:* Berufsbez. für Menschen, die auf Modenschauen die neuen Kollektionen vorführen u. für Werbeaufnahmen engagiert werden. Voraussetzungen sind eine makellose Figur u. die richtige Ausstrahlung. Die erfolgreichsten weibl. Models werden „Supermodels" genannt u. starten oft eine Karriere als Medien- u. Filmstar.
3. *Technik:* mit Sägemaschinen vorgeschnittenes Rundholz, das zwei parallele Längsschnittflächen hat u. in einem zweiten Arbeitsgang (meist mit einem → Gatter) zu Brettern gleicher Breite aufgetrennt wird.
Modell [das; ital.], **1.** *allg.:* Vorbild, Muster.
2. *bildende Kunst:* das natürl. Vorbild einer Darstellung, bes. das Porträtmodell oder Aktmodell. Die Arbeit nach dem lebenden M. gehört zum Grundunterricht der Kunstakademien u. Ä. in bes. *Modell-Klassen.* Das als Vorstudie hergestellte M. für bildhauerische Werke heißt *Bozzetto.*
3. *Logik:* die Interpretation einer gegebenen Menge (wohlgeformter) Sätze, unter der dieser Sätze wahr ist.
4. *Physik:* eine räuml. Hilfsvorstellung; im übertragenen Sinn gelegentl. auch eine idealisierte, vereinfachende Beschreibung physikal. Vorgänge durch mathematische Formeln, die nur die als wesentl. angesehenen Eigenschaften erfassen.
5. *Sozialwissenschaften:* über Reduktion u. Formalisierung gewonnenes schematisiertes Abbild bestimmter Wirklichkeitselemente oder -bereiche, in dem für die jeweilige sozialwissenschaftl. Analyse wichtige Strukturen herausgehoben sowie bestimmte Variablen eingeführt werden, um so die Ableitung von Prognosen bzw. die Erstellung von Theorien zu erleichtern.
6. *Technik:* Maschine oder Bauwerk in verkleinertem Maßstab zu Anschauungsoder Forschungszwecken (→ Modellversuch). Holzmodelle von Maschinenteilen dienen zur Fertigung von Gießformen (→ Gießerei).
7. *Wirtschaft:* → Wirtschaftstheorie.
Modellbauer, *Modellbauerin,* anerkannter handwerkl. Ausbildungsberuf mit 3½-jähriger Ausbildungsdauer. M. entwerfen u. fertigen aus den unterschiedlichsten Materialien Modelle u. Formen.
◆ **Modellflugsport,** sportliche u. freizeitl. Betätigung mit selbst gebauten Flugmodellen von unter 1 bis 20 kg Gewicht. Modellflugsport-Wettbewerbe im Breiten- u. Leistungssport werden nach den Richtlinien der *Fédération Aéronautique Internationale (FAI)* durchgeführt. Wettbewerbskategorien sind: Freiflug F 1 (u. a. Saal-, Segel- u. Motorflugmodelle), Fesselflug F 2 (u. a. Geschwindigkeits-, Kunstflug- u. Fuchsjagdmodelle), Fernlenkflug F 3 (u. a. Hubschrauber, ferngelenkte Motorsegler u. Motor-Kunstflugmodelle), Flugzeugmodelle F 4 (u. a. Fernlenk-Flugzeugmodelle, vorbildgetreue Saal-Freiflugzeugmodelle mit Gummimotor oder Elektroantrieb), funkferngesteuerte Flugmodelle mit Elektromotor F 5 (u. a. Kunstflugmodelle, Motor-Segelflugmodelle), Raketenflugmodelle S (u. a. Höhenflug-, Last- u. Fallschirm-Flugdauermodelle). Insgesamt gibt es über 60 internationale und nationale Modellflugklassen. Bewertungskriterien sind unter anderem Flugdauer, Geschwindigkeit, Flugfiguren, Ziellandung.
◆ **Modellflugzeuge,** kleine, unbemannte Flugzeuge *(Flugmodelle)* in Leichtbauweise. Die M. werden frei fliegend oder funkferngesteuert gebaut u. mit kleinen Verbrennungsmotoren oder Elektromotoren angetrieben. Für den Flug in geschlossenen

Modellflugsport: Modell einer russischen MIG

Modello

Modellflugzeug mit vier Verbrennungsmotoren

Räumen gibt es extrem leichte *Saalflugmodelle*.

Modello [das, Pl. *Modelli*, ital.], eine ausführungsreife Skizze als Arbeits- oder Vertragsmodell, die sich vom späteren Gemälde durch das kleine Format u. weniger sorgfältige Ausführung unterscheidet, jedoch infolge ihrer Spontaneität eine eigenständige künstlerische Äußerung darstellt. Modelli wurden vom 16. bis zum Ende des 18. Jh. hergestellt, mit der verstärkten Tendenz, das M. als das eigentl. Kunstwerk zu begreifen u. später ganz auf eine weitere Ausführung zu verzichten.

Modelltischler, *Modelltischlerin,* anerkannter Ausbildungsberuf der Industrie mit $3^1/_2$-jähriger Ausbildungsdauer. Aus Holz u. Kunststoffen fertigen M. nach Zeichnung Formen, aus denen → Gießereimechaniker dann die Gießform herstellen können.

Modellversuch, ein physikal oder techn. Versuch an einem Modell, für das dieselben oder ähnl. physikal. Gesetze gelten wie für das eigentl. Problem. Hierdurch lassen sich mit verhältnismäßig einfachen Mitteln Schlüsse auf die entspr. Verhältnisse im Großen ziehen; z.B. versucht man, die Strömung um Schiffe oder Flugzeuge an kleinen Modellen zu messen, um dadurch die beste Stromlinienform entwickeln zu können. Z.T. lassen sich Modellversuche durch mathemat. Verfahren wie auch *Computersimulationen* ersetzen.

Modem [das], Kurzwort für *Modulator/Demodulator*. Modems werden vor allem für die Übertragung digitaler Daten auf elektr. Nachrichtenwegen gebraucht. Im Modulator werden die digitalen Rechteckimpulse in analoge Tonfrequenzsignale umgesetzt; im Demodulator findet der umgekehrte Vorgang statt. Bei Datenübertragung auf Fernsprechleitungen, wie z.B. bei der Nutzung eines Online-Dienstes, werden die eingesetzten Computer per M. mit dem Fernsprechanschluss verbunden.

Modena, 1. italien. Provinz in der Region Emilia-Romagna, 2689 km², 611 000 Ew.; Hptst. *M.* (2).
2. italien. Prov.-Hptst. in der Region Emilia-Romagna, am südl. Rand der Poebene, 175 000 Ew.; Erzbischofssitz; Universität (gegr. 1175), Kunsthochschule; romanischer Dom (11./12. Jh.), Torre Civica u. Piazza Grande (Weltkulturerbe seit 1997); Palazzo Ducale (17. Jh., heute Militärakademie), Galleria Estense; Gießereien, Landmaschinen- u. Traktorenbau (Fiat), Automobilwerke (Ferrari, Maserati), Baustoff-, Bekleidungs- u. Nahrungsmittelindustrie, Tabakverarbeitung.
Geschichte Alte Etruskerstadt, dann röm. *(Mutina)*; in langobard. u. fränk. Zeit Grafschaft; im 12./13. Jh. Stadtrepublik, 1288 an die Este (1452–1797 als Herzogtum), 1814–1859 an Österreich-Este, 1860 an das Königreich Italien. → Seite 106.

Moder, Humusform vor allem in Auflagehorizonten (O_l-, O_f- u. O_h-Horizonte) unter krautarmen Laub- u. Nadelwäldern. Stark zerkleinerte Pflanzenreste mit koprogenen (Ausscheidungen von Bodentieren, bes. Arthopoden) u. Mineralteilchen vermengt. Sehr hoher Anteil von Pilzen in der Bodenflora, aufdringl. Modergeruch des sauren M. (pH 3–4). Während M. pulvrig-locker liegt, bildet der wenig zersetzte *Rohhumus* (→ Humus) zusammenhängende, verfilzte Schichten aus abgestorbenem Pflanzenmaterial.

Moder [die], Fluss im Unterelsass, 80 km; entspringt in den nördl. Vogesenausläufern, vereinigt sich östl. von Bischweiler mit der *Zorn*, mündet südöstl. von Selz (französ. Seltz) in den Rhein.

Moderamen [das; lat.], *Theologie:* Leitungsorgan einer reformierten Synode; → Reformierter Bund, → Reformierter Weltbund.

moderato [ital.], musikalische Tempobezeichnung: gemäßigt.

Moderator [der, Pl. *Moderatoren;* lat.], 1. *Kernphysik:* Bremssubstanz, ein Stoff, der schnelle Neutronen abbremst. Moderatoren lassen sich durch eine kleine Massenzahl u. einen kleinen Neutronenabsorptionsquerschnitt kennzeichnen, wie die in → Kernreaktoren verwendeten Moderatorensubstanzen Wasserstoff, Deuterium, Beryllium u. Kohlenstoff zeigen.
2. *Publizistik:* ein Rundfunk- oder Fernsehredakteur, der Beiträge mit Meinungen (z.B. Magazinsendungen) bringt, zu denen er die verbindenden Informationen u. Kommentare spricht („moderiert"); auch der Leiter einer Diskussionsrunde.

Moderkäfer, 1. *Lathridiidae,* Familie der *Käfer,* deren größte Vertreter etwa 3 mm lang werden. Zu den rd. 500 Arten der M. gehört z.B. der unter Fichtenrinde von Pilzen lebende *Lathridius.*
2. → Kurzflügler.

Moderlieschen, *Leucaspius delineatus,* bis 12 cm langer *Karpfenfisch;* in Seen, Teichen u. Flüssen mit langsamer Strömung in Mittel- u. Osteuropa häufig; typisch ist die nur bis zum Ende der Brustflosse reichende Seitenlinie. Das M. lebt von Zooplankton u. Luftinsekten; Köderfisch in der Sportfischerei.

moderne Baukunst: Oswald Mathias Ungers, Zentraler Lichthof, Galerie der Gegenwart

Modern Dance ['mɔdən 'daːns; der, engl.], neben dem klass. Ballett die wichtigste Stilrichtung des heutigen Theatertanzes; i.w.S. Sammelbegriff für alle darstellenden Tanzstile, die nicht an den klass.-akadem. Formkanon des Balletts gebunden sind; i.e.S. der auf dem Wechsel von Körperspannung u. -entspannung basierende Tanzstil, der zunächst von Isadora *Duncan* vertreten, von Martha *Graham* weiterentwickelt u. in einem Ausbildungsprogramm kodifiziert wurde.

Moderne [die; frz.], ursprüngl. Bez. für den *Naturalismus,* dann für jede moderne Richtung in der Kunst; auch allg. moderner (Zeit-)Geist.

◆ **moderne Baukunst,** die an den im 19. Jh. entwickelten Eisenskelettbau (Kristallpalast in London von W. *Paxton*) anknüpfende Architektur des 20. Jh. Sie entwickelte sich aus dem Bestreben, die konstruktive Form von den sie kaschierenden historisierenden Elementen zu befreien u. in ihrem Eigenwert ästhetisch anzuerkennen. Dieser Prozess setzte in den Bauten des Jugendstils ein u. wurde vor allem im Expressionismus

moderne Baukunst: Sir Norman Foster, Shanghai Bank, Hongkong

moderne Kunst

weiterentwickelt. Trotzdem kam es zu gelegentl. Rückgriffen auf klassizist. Vorbilder.
Wende 19./20. Jh.: Neben dem mit Gerüstkonstruktionen arbeitenden Industriebau (Werks-, Ausstellungs- u. Bahnhofshallen, Brücken) stellte noch vor der Wende vom 19. zum 20. Jh. die Wohnhausarchitektur nicht nur baukünstler., sondern auch städtebaul.-organisator. u. soziale Aufgaben, die bes. in den USA in Angriff genommen wurden. Beispielgebend für die Formgestaltung, die konstruktiven Erfordernissen folgte, wirkten in den USA vor allem L. H. *Sullivan* u. F. L. *Wright*, in England C. R. *Mackintosh*, in Dtschld. u. Österreich die zunächst dem Jugendstil verpflichteten A. *Loos*, O. *Wagner*, J. *Hoffmann*, P. *Behrens* u. R. *Riemerschmidt*. Fantasievolle Ausdruckssteigerung, in Jugendstilbauten vorbereitet, kennzeichnet die Spätwerke des Spaniers A. *Gaudi y Cornet* ebenso wie Bauten von H. *Poelzig*, E. *Mendelsohn* u. O. *Bartning*.
1920er u. 1930er Jahre: Inspirierend auf die m. B. wirkten nach dem 1. Weltkrieg die Ideen des *Funktionalismus*. Eine Gegenbewegung entstand vorübergehend in der an Leitsätzen des organischen Bauens orientierten, 1925 gegr. Gruppe *Der Ring*, während außerhalb Dtschlds., im russ. *Konstruktivismus* u. in der niederländ. Gruppe *De Stijl*, die ästhetischen Ideale des Funktionalismus bis zu äußerster Konsequenz verwirklicht wurden u. sich mit den Bestrebungen des *Bauhauses* verbanden. Wertvolle Beiträge zur Ausbildung eines neuen Architekturstils, vor allem auf dem Gebiet des Wohnhausbaus, leistete auch der *Deutsche Werkbund* mit seiner Weißenhof-Ausstellung in Stuttgart (1927) u. der Pariser Ausstellung (1930).
1940er u. 1950er Jahre: Die zunehmende, schon bald nach dem 1. Weltkrieg einsetzende Internationalisierung der modernen Baukunst spiegelte sich in der Gründung der übernationalen Architektenorganisation *CIAM*, im Ideenaustausch u. in der schulbildenden Zusammenarbeit führender Architektengruppen. Die Stilgegensätze verwischten sich; um so deutlicher zeichnete sich jedoch dabei das eigenwillig-geniale Schaffen einiger Architekten ab, die, wie *Le Corbusier*, F. L. *Wright* u. A. *Aalto*, mit bes. kühnen Leistungen einem neuen Empfinden für Raum u. Maße Ausdruck gaben. Die Betonung des Technisch-Konstruktiven u. Sachlichen wich nach 1930 vielfach einem zu natürl. Materialien zurückkehrenden Stil, der stärker als zuvor die Landschaft bei der architekton. Formgebung berücksichtigte. Bes. Finnland war hier richtungsweisend. Während sich den Architekten im nat.-soz. Dtschld. u. in anderen diktatorisch regierten Staaten eine vom Klassizismus abgeleitete Monumentalarchitektur als die einzige Möglichkeit öffentl. Bauschaffens bot, wurde in den USA auf dem Gebiet des Ingenieurbaus die Grundlage bereitet für neue Konstruktionssysteme, die nach dem 2. Weltkrieg auch im öffentl. Bauen nutzbar wurden. Zu ihnen gehörten die in den 1920er Jahren erprobte

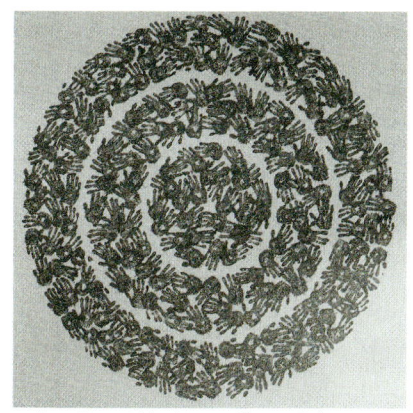

moderne Kunst: Richard Long; Kilkenny Circles; 1984

Schalenbauweise u. das Hängedach, dessen Einführung der modernen Baukunst neue ästhet. Möglichkeiten erschloss.
1960er bis 1990er Jahre: Die Architektur der 60er und 70er Jahre des 20. Jh. fand, nachdem die Aufbauphase zur Beseitigung der Kriegsschäden abgeschlossen war, ihre Hauptaufgabe darin, die Umgebung des Menschen – den Wohnbereich wie den Arbeitsplatz – seinen persönl. u. gesellschaftl. Bedürfnissen entsprechend zu gestalten. Diese Funktion konnte sie in vielen Fällen nicht erfüllen. Seit dem Ende der 1970er Jahre wird eine Abwendung vom Funktionalismus u. die Suche nach histor. Kontinuität im Zeichen von Humanität u. Umweltfreundlichkeit bemerkbar. Heute existieren unterschiedl. architekton. Haltungen u. Ideologien offen nebeneinander, die eine Bereicherung auf allen Gebieten des Bauwesens zur Folge haben. Die großen Bauaufgaben am Ende des 20. Jahrhunderts u. am Anfang des neuen Jahrtausends liegen im Bereich des Städtebaus, im Museumsbau u. anderen öffentl. Bauaufgaben u. in multifunktionalen Zentren.

◆ **moderne Kunst**, Plastik, Malerei u. Grafik des 20. Jh. Kennzeichnend für sie ist der Gegensatz zu historisierenden Bestrebungen, zur objektiven Weltdarstellung im Naturalismus u. zu einer sich zu klass. Schönheitsidealen bekennenden Ästhetik. Die m. K. gibt der Wirklichkeitsdeutung den Vorrang vor der rein abbildenden, reproduzierenden Wiedergabe; sie stellt den Wert überlieferter Gestaltungsmittel in Frage, bejaht das Experiment u. sucht analog zu der durch Naturwissenschaft, Technik u. Psychologie herbeigeführten Grenzerweiterung des herkömml. Welt- u. Menschenbilds neue Darstellungsbereiche zu erschließen. Wichtigste Aussagemittel sind Abstraktion, Expression u. surreale Verfremdung; gemeinsam ist ihnen ein betonter Anaturalismus, der sich sowohl in der Motivwahl wie in Farbgebung, Raumgestaltung, Proportionierung u. a. äußert.
In der *Malerei* begannen die auf Überwindung der abbildenden Darstellungsform gerichteten Bestrebungen in der Zeit des ausklingenden *Impressionismus*, u. a. mit dem *Neoimpressionismus* u. der raumreduzierenden, aperspektivischen Bildauffassung P. *Cézannes*, an die der von P. *Picasso* u. G. *Braque* begründete analytische *Kubismus* als erste umwälzende Revolution der modernen Kunst anknüpft. Das Verfahren der kubist. Dingzerlegung wurde von mehreren anderen Stilrichtungen aufgenommen u. vielfach variiert, u. a. vom italien. *Futurismus* u. von einigen Malern des „Blauen Reiters". Die Abwendung von der gegenständl. Darstellung vollzog 1910 W. *Kandinsky*, der Begründer u. erste Hauptmeister der *abstrakten Kunst*. Archaisierende Formvereinfachung, Verwendung ungebrochener Farben u. das Streben nach gesteigertem seel. Ausdruck kennzeichnen den *Expressionismus*, der vor allem in

Fortsetzung S. 108

moderne Kunst: Henry Moore, Große Liegende

Modena

Modena

Kulturdenkmal: romanischer Dombau von Lanfranco, mit Skulpturen von Wiligelmus und mit Veränderungen im 12./14. Jh., 88 m hoher Glockenturm sowie Palazzo Municipal nebst Torre dell'Orologio

Kontinent: Europa

Land: Italien, Emilia-Romagna

Ort: Modena, am Rande der Poebene

Ernennung: 1997

Bedeutung: der Dom als eines der bedeutendsten romanischen Bauwerke Europas, mit dem Torre Ghirlandina und der Piazza Grande ein Ensemble als Symbol für Reichtum und Macht italienischer Städte

Zur Geschichte:

183 vor Chr. römische Kolonie

45 v. Chr. Schauplatz des Machtkampfes zwischen Brutus und Marcus Antonius

4. Jh. Zerstörung

5. Jh. Aufgabe der Stadt

8.–10. Jh. Wiederaufbau rund um den Bischofspalast

1099 Baubeginn des Doms

1167 Modena freie Gemeinde, Teilnahme am lombardischen Städtebund gegen Kaiser Barbarossa

1169 Baubeginn des fünfgeschossigen Torre Ghirlandina

1184 Weihe des Doms

1288 Herrschaft der Este

1319 Fertigstellung des Torre Ghirlandina

1598 Modena als Hauptstadt des Herzogtums der Este und neue Blüte

1634 Bau des herzöglichen Palastes als Residenz derer von Este

1860 Vereinigung mit dem neuen Königreich Italien

Als epochales Meisterwerk wurde die romanische Kathedrale an der Piazza Grande von Lanfranco unter dem Eindruck der Sakralbauten Ravennas erschaffen. 88 Meter ragt der frei stehende Campanile empor, nach der Steingirlande unter der Turmspitze auch »Ghirlandina« genannt

Ein Buch aus weißem Stein: Wie ein Bilderlexikon enthält der Dom von Modena alles, was vor neun Jahrhunderten wissenswert erschien. Evangelisten und Propheten, Engel und Dämonen, Monster und Männer mit Salatbärten – das phantastische Bestiarium seiner Zeit hat der Bildhauer Wiligelmus an der Kathedrale verewigt. »Wieviel Ehre dir, o Wiligelmus, unter den Bildhauern gebührt, zeigt hier dein Werk«, so wurde der Meister in einer Fassadeninschrift gelobt, die von den Propheten Henoch und Elias flankiert wird, von zwei Männern, die Gott so gefielen, dass er sie bereits zu Lebzeiten ins Paradies holte. Zwei Unsterbliche preisen hier den Genius; für das Mittelalter, in dem Künstler anonym blieben, ein Phänomen.

»Wiligelmus ist der Ahnherr meines Theaters«, äußerte sich Dario Fo, Autor satirischböser Stücke, der die Mächtigen von heute verulkt, aber auch ein Spezialist mittelalterlicher Dramen ist. Wiligelmus und er hätten die gleichen Vorfahren, so die Überzeugung des Literaturnobelpreisträgers: nämlich die Langobarden. Dieses Germanenvolk brachte Witz und Ironie ins abgestandene Klima der Nach-Antike. »Fos Wahlverwandtschaft lässt sich nicht mehr nachweisen, weil eineinhalb Jahrtausende eine zu lange Zeit sind«, so Dr. Enrica Pagella, Direktorin des Museo Civico in Modena, aber: »Es steht fest, dass Wiligelmus die Symbiose zwischen dem unverbildeten Norden und der Klassik des Südens verkörpert.«

An der Domfassade hat er seine höchst persönliche Visitenkarte hinterlassen. Jüngste Forschungsergebnisse bestätigen Fos Instinkt: Wiligelmus hat beim »Reliefstrip« von der Schöpfungsgeschichte nicht das Alte Testament als Vorlage benutzt, sondern ein mittelalterliches Theaterstück. »Jeu d'Adam«, »Adams Spiel«, erst 1175 zu Papier gebracht, aber von dem Bildhauer mindestens 50 Jahre früher mitverfasst. Denn die kleinen Textstellen, die er den Szenen wie eine Bildunterschrift beifügt, stehen genauso im Original. Sogar der Chor der Propheten, Finale des Mysterienspiels, ist im Hauptportal aufmarschiert.

Das Modell des Doms, einer dreischiffigen Langhausbasilika mit frei stehendem Campanile, sah Baumeister Lanfranco in den Sakralbauten des byzantinischen Ravenna. Sieben Jahre nach der Grundsteinlegung war der Bau so weit gediehen, dass die Gebeine des städtischen Schutzpatrons Geminiano in die neue Krypta überführt werden konnten. Neben Wiligelmus' Bildprogramm traten in den folgenden Jahrhunderten als charakteristische Baudekors eine Rosette in der Fassade und die pompöse Porta Regia. Die ursprünglich flachen Holzdecken wurden durch Backsteingewölbe ersetzt, wurde auch dank der massiv eingesetzten Terrakotta-Kunst das Dominnere zu einem mystisch-warmen »Bauch« gestaltet, während draußen bei Wiligelmus der kühle Marmoreffekt vorherrscht.

Auf der Fassade verkehren in Stein geschlagener Gott und Mensch auf gleicher Ebene. Von Anfang an steht ihnen ins Gesicht geschrieben, dass sie es nicht leicht miteinander haben. Adam beißt denn auch mit so hämischer Lust in den

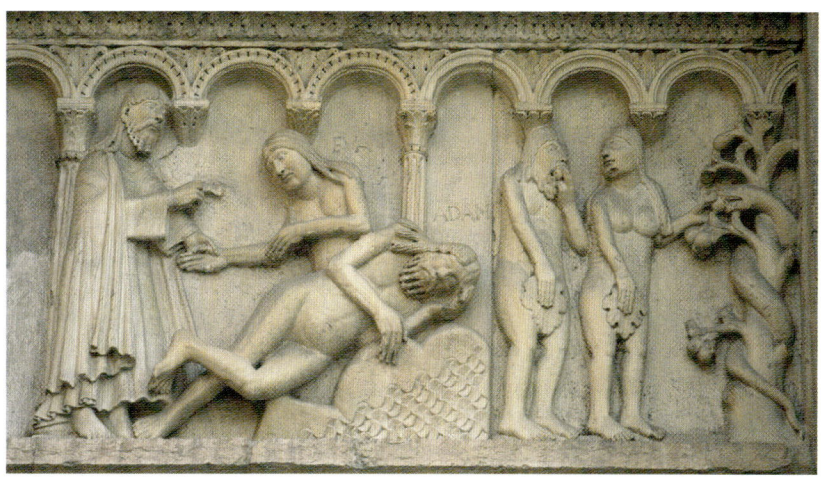

Schöpfung und Sündenfall inszenierte Wiligelmus als packendes Drama in den Reliefs der Kathedralenfassade

Das Rathaus von Modena

verbotenen Apfel, dass man es förmlich knacken hört. Nach dieser Wahnsinnstat herrscht sichtbar Katzenjammer. Der von Kain erschlagene Abel fällt mit der Verve eines Stuntmans beim Film. Herr und Frau Noah schauen mit elegantem Haarschnitt aus der Arche, als hätten sie nicht die Sintflut, sondern eine Kreuzfahrt hinter sich. Zur Gnade des Anfangs gehört die Freiheit. Wiligelmus nützt sie, ist »primitiv« und direkt, aber auch augenzwinkernd virtuos. Keine stereotypen Szenen und Gesichter mehr, sondern Charaktere aus Fleisch und Blut stehen im Mittelpunkt: Gott ist so menschlich, und die Helden des Alten Testaments treten als Ebenbild Gottes ungemein plastisch aus der Fassade. In Wiligelmus' Zyklus fügt sich alles ins Heilsgeschehen ein, sogar der Hermaphrodit, der auf der Spitze eines Strebepfeilers mit gespreizten Beinen sein Geschlecht zeigt. Am Ende der Welt, so mittelalterliche Landkarten, hausen kuriose Typen, die als Metopen auf dem Dach zur Schau gestellt werden: Christus ist für die gesamte Schöpfung, also auch für sie, den Opfertod gestorben.

Auch die Ghirlandina, der nach der Steingirlande unter der Spitze getaufte Campanile, ist Monument Modeneser Identität. Er ist Feuerwache, Schatzkammer, Gemeindearchiv und eben Glockenturm, ein »profan-sakraler Zeigefinger«, so wie die Piazza Grande Laufsteg für Eitelkeiten und Prozessionen ist. Bürgermeister und Bischof schauen sich im urbanistischen Gesamtkunstwerk auf die Finger – eine rotschwarze Mischkultur zum Besten der Stadt.

Veit Mölter

Dtschld. bedeutende Leistungen hervorbrachte; in Frankreich entspricht ihm die Kunst der „Fauves". Der die Scheinlogik einer Traumwelt reproduzierende, die Wirklichkeit verfremdende *Surrealismus* verwertet Ideen der Romantik u. setzt seit den 1920er Jahren die Bestrebungen der italien. *Pittura metafisica* u. der 1916 in Zürich gegründeten Dada-Bewegung *(Dadaismus)* mit anderen Mitteln in mehreren Sonderrichtungen fort, von denen sich die veristische weitgehend mit dem Stil der *Neuen Sachlichkeit* überschneidet, ohne sich dessen romantisierende Tendenzen zu Eigen zu machen. Von großem Einfluss auf die Entwicklung der modernen Kunst, einschl. der zeitgenöss. techn. Formgestaltung u. Architektur, waren das Wirken führender Künstler am *Bauhaus*, die Ästhetik der niederländ. Gruppe „De Stijl" u. der radikale *Konstruktivismus* einiger osteurop. Künstler. Im Gefolge der Hinwendung zu expressiven u. abstrakten Ausdrucksformen nach dem 2. Weltkrieg entstand eine Vielzahl einander durchdringender Stilrichtungen, von denen *Tachismus*, *Actionpainting* u. *Color-field-painting* zu internationaler Verbreitung gelangten, ebenso die als Reaktion auf Extremformen der Abstraktion gedeutete *Pop-Art* u. die geometrisch-abstrakte *Op-Art*. Conceptual-Art, eine über den Verstand wahrgenommene Ideenkunst, bei der sich der Betrachter in den Gedankengang des Künstlers vertiefen soll, entstand ab 1969 in den USA u. Europa. Vertreter dieser intellektuellen Kunst waren u. a. J. *Beuys*, D. *Buren*, M. *Merz* oder J. *Holzer*. Zur gleichen Zeit entwickelte sich von den USA aus die Graffiti-Bewegung als Bestandteil der Jugendkultur; die Sprayer (u. a. H. *Naegeli* oder K. *Haring*) wurden anfangs wegen Sachbeschädigung verhaftet; in den 1980er Jahren kamen ihre Werke ins Museum. Seit den 1980er Jahren breitete sich eine neue figurative, gegenständliche, expressive Malerei in Europa u. den USA aus. Unter dem Oberbegriff *Neoexpressionismus* lassen sich Gruppen u. Richtungen wie *Neue Figuration*, *Neue Wilde*, *New Image Painting* oder *Transavantguardia* einordnen. Am Ende des Jahrtausends ist die Vielfältigkeit an Themen u. Techniken in der Malerei sehr groß u. Abstraktion u. Gegenständlichkeit existieren nebeneinander.

In der modernen *Plastik* tritt die menschl. Figur als traditionelles Darstellungsobjekt zurück zugunsten der zum Selbstwert erhobenen reinen Form, die zwischen Gegenständlichkeit u. völliger Abstraktion eine neue Gestaltenfülle entfaltet. Der Abbildcharakter, noch in der impressionist. Bildhauerkunst vorherrschend, ist in der Folgezeit zunehmend abgelöst worden von einer symbolhaften Wirkung, am konsequentesten bei abstrakten Konstruktionen u. Form-Zeichen, die oft auf prähistor. Vorbilder u. Bildschöpfungen archaischer Kulturen zurückgehen. Die Aufnahme neuer Materialien (Beton, Zement, Eisen, Stahl, Aluminium, Glas, Polyesterharz) u. die Anwendung neuer Arbeitstechniken erschloss zahlreiche zuvor unbekannte plast. Ausdrucksmöglichkeiten, z. B. die der Dynamik u. der Kinetik. Die häufig zu beobachtende (N. *Gabo*, A. *Calder*, J. *Tinguely*) Synthese mit anderen künstler. Formmitteln, wie Malerei, Musik u. Licht, erschwert eine genauere Abgrenzung der modernen Plastik.

Allg. zielen neuere Entwicklungen auf eine Verschmelzung der Kunstgattungen *(Fluxus, Happening, Mixed Media, Aktionskunst, Land-Art, Videokunst u. Installationen)* u. versuchen, den Betrachter aktiv in das Kunstgeschehen einzubeziehen. Wo Kunst auf ihre Sozialfunktion eingeschränkt wird, löst sich der Kunstbegriff in der Sozialutopie auf.

moderner Fünfkampf, ein sportlicher Mehrkampf, der aus den Disziplinen Springreiten, Degenfechten, Pistolenschießen, Schwimmen u. Geländelauf besteht; Wettkämpfe werden mit Halbfinale u. Finale in 3 Tagen oder als sog. „One-Day-Event" (Eintageswettbewerb) ausgetragen. Der moderne Fünfkampf wurde in Anlehnung an den antiken → Fünfkampf 1909 von P. de *Coubertin* ins Programm der neuzeitl. Olymp. Spiele aufgenommen. Die Zusammenstellung der Sportarten geht auf einen von schwed. Offizieren betriebenen militärischen Mehrkampf zurück. – Organisation: → Deutscher Verband für modernen Fünfkampf.

modernes Antiquariat, ein Zweig des Buchhandels; kauft Restauflagen der Verlage auf, nachdem der Ladenpreis aufgehoben worden ist, u. verkauft diese preiswert an Endabnehmer direkt oder an andere Antiquariate u. Buchhandlungen. Teilweise werden für das moderne Antiquariat auch preiswerte Nachdrucke von Werken hergestellt, die nicht mehr im Buchhandel erhältlich sind.

Otto Modersohn: Worpsweder Landschaft; 1942. Gütersloh, Rathaus

Modernisierung, 1. *allg.:* Erneuerung; Anpassung an den neuesten Stand von Technik u. Wissenschaft.
2. *Sozialwissenschaften:* der Evolutionsprozess, der zur Entstehung der heutigen westlichen Industriegesellschaften geführt hat. Die sozialwissenschaftliche Forschung setzt unterschiedliche Schwerpunkte bei der Beurteilung von Modernisierungsfaktoren. Als allgemein wichtig werden angesehen: die Entstehung des marktwirtschaftlich-kapitalistischen Systems, die durch die Aufklärung hervorgerufene Rationalisierung der menschlichen Denk- u. Handlungsprozesse u. die Entmythologisierung der Weltbilder traditionalistischer Gesellschaften.

Modernisierungsgebot, die Verfügung der Gemeinde an den Eigentümer, in seinen Gebäuden durch Renovation gesunde Wohn- u. Arbeitsbedingungen wiederherzustellen (§ 177 Baugesetzbuch). Der Erlass eines Modernisierungsgebotes hat dieselben Voraussetzungen u. Wirkungen wie ein → Instandsetzungsgebot.

Modernismo [span.], eine Strömung der Literatur Hispanoamerikas u. Spaniens, entstanden in den 80er Jahren des 19. Jh.; betonte im Gegensatz zum Realismus u. bes. zur Romantik die Formstrenge, erstrebte aber zugleich Musikalität des Verses. Der M. ist geprägt vom Prinzip „l'art pour l'art". Schöpfer des M. war der den französ. *Parnassiens* u. *Symbolisten* verwandte Nicaraguaner R. *Darío*; seinem Beispiel folgten in Spanien A. u. M. *Machado y Ruiz*, R. *del Valle-Inclán* u. J. R. *Jiménez*. In Lateinamerika war der M. die literarische Seite des gesellschaftl., wirtschaftl. u. polit. Modernisierungsprozesses u. spiegelte ein neues kontinentales Selbstverständnis.

Modernismus [lat., frz.], **1.** *allg.:* moderner Geschmack, Bejahung des Modernen. **2.** *bildende Kunst:* kunsttheoret. Bez. für die beschleunigte Entwicklung neuer Formen, die vor allem an den Erfordernissen des Kunstmarktes u. Kunsthandels orientiert ist. **3.** *Buddhismus:* → Neubuddhismus. **4.** *kath. Theologie:* eine etwa 1880–1910 hervortretende Richtung, die der modernen Wissenschaft u. Philosophie innerhalb der Glaubenslehre u. Bibelexegese einen größeren Einfluss verschaffen wollte; ähnlich der liberalen Theologie in der ev. Kirche. In der hierdurch hervorgerufenen Umdeutung der hl. Schriften u. Dogmen wurde eine Bedrohung des christl. Offenbarungsglaubens gesehen. Der M. wurde hauptsächlich in Frankreich vertreten (E. *Le Roy*, A. *Loisy*, A. *Houtin*), aber auch in England (G. *Tyrrell*) u. Italien (R. *Murri*). 1907 verwarf Papst *Pius X.* alle modernist. Bestrebungen u. setzte sich in der Enzyklika „Pascendi dominici gregis" mit der Lehre des M. auseinander, ebenso in dem Dekret „Lamentabili" („neuer Syllabus") Die Vertreter des M., die sich nicht unterwarfen, wurden exkommuniziert, u. von 1910–1967 wurde von allen Lehrern u. Seelsorgern in der kath. Kirche eine Ablehnung des M. *(Antimodernisteneid)* verlangt.

Modernjazz ['mɔdən'dʒæz], Sammelbegriff für die verschiedenen Jazzstile der 1940er u. 1950er Jahre *(Bebop, Cooljazz, Hardbop, Modaler Jazz)*.

Modern Jazz Quartet ['mɔdən 'dʒæz 'kwɔːtət], eine der langlebigsten u. einflussreichsten Combos des Jazz (1951–1974, 1982–1999 Neugründung mit alter Besetzung), besetzt mit Klavier (John *Lewis*), Vibraphon (Milt *Jackson*), Kontrabass (Percy *Heath*) u. Schlagzeug (Kenny *Clarke*, ab 1955 Connie *Kay*); pflegt ein kammermusikalisches Musizierideal bei äußerster Konzentration u. Sparsamkeit. Mit dem Tod von Milt Jackson endete 1999 die Geschichte der Jazzcombo.

◆ **Modersohn**, Otto, dt. Maler, *22. 2. 1865 Soest, Westfalen, †10. 3. 1943 Rotenburg, Hannover; 1895 Mitglied der Künstlerkolonie in Worpswede, verheiratet mit Paula *Modersohn-Becker*; schwermütige Landschaftsgemälde u. Figurenbilder.

◆ **Modersohn-Becker**, Paula, dt. Malerin, *8. 2. 1876 Dresden, †20. 11. 1907 Worpswede bei Bremen; Schülerin von F. *Mackensen* in Worpswede, wo sie seit 1898 lebte; befreundet mit R. M. *Rilke*, heiratete 1901 Otto *Modersohn*; erkannte in Paris die Bedeutung der nachimpressionist. Malerei (P. *Cézanne*, P. *Gauguin*, V. *van Gogh*) u. verarbeitete deren Eindrücke; malte Stillleben, Landschaften, Figurenbilder u. Bildnisse in verhaltener Expressivität mit flächig aufgebauter Farbgebung. Zu Lebzeiten kaum gewürdigt, gilt sie heute als selbständige Vorläuferin des Expressionismus; ihre Hptw. befinden sich im *Paula-Modersohn-Becker-Haus* u. in der Kunsthalle Bremen. – „Briefe u. Tagebücher" 1917.

Modeschmuck, zur aktuellen Mode getragene Schmuckstücke meist aus unedlen Materialien.

Modest [lat., „der Bescheidene"], männlicher Vorname.

Modesto [mə'dɛstoʊ], Stadt in California (USA), östl. von San Francisco, 180 000 Ew.; Zentrum eines Agrargebietes, Obst- u. Bewässerungsfeldbau; Nahrungsmittelindustrie, Bau von Landmaschinen; Flugplatz. – Gegr. 1870, Stadt seit 1884.

Modezeichner, *Modezeichnerin*, ein künstlerisch gestaltender Beruf im Modeverlagswesen, in der modischen Werbung u. in Modehäusern; Ausbildung auf Werkkunstschulen, Textilfachschulen u. an der Dt. Meisterschule für Mode in München.

Modezeitschrift, 1. Fachorgan für das Schneider- u. Modegewerbe; 2. eine Illustrierte, die über aktuelle Modetrends berichtet; 3. Zeitschrift über Kleidung, Kosmetik, Schmuck, evtl. auch Innenarchitektur. Älteste dt. Zeitschrift dieses Typs ist die „Neue Mode- und Galanterie-Zeitung" (Erfurt 1758). Die gemischte M. hat sich bis heute gehalten, hinzu kamen im 20. Jh. Modebeilagen in Tageszeitungen u. Modeberichte in Illustrierten.

Modi, Pl. von → Modus.

Modiano [mɔdja'no], Patrick, französ. Schriftsteller, *30. 7. 1947 Paris; schildert in seinen Romanen, die zum großen Teil im Frankreich der 1940er Jahre spielen, Menschen auf der Suche nach Identität: „Villa triste" 1975, dt. 1977; „Eine Jugend" 1983, dt. 1985; „Straferlass" 1987, dt. 1990; „Vorraum der Kindheit" 1989, dt. 1992.

Mòdica, italien. Stadt im südöstl. Sizilien, südl. von Ragusa, 51 100 Ew.; Glasfabrik, Zementwerke, landwirtschaftl. Markt (Wein, Öl, Käse).

Modifikation, [lat.] **1.** *allg.:* Abwandlung, Veränderung. **2.** *Biologie:* Veränderung, Abwandlung, Abart; eine nicht erbliche, nur durch Einflüsse der Umwelt verursachte Abweichung im Erscheinungsbild *(Phänotypus)* eines Lebewesens vom Normaltyp (Gegensatz: *Mutation*). Als Modifikationen werden die verschiedenen Phänotypen bezeichnet, die ein Organismus mit bestimmtem Erbbild *(Idiotypus)* entspr. den einwirkenden Bedingungen annehmen kann. Der Organismus antwortet auf veränderte Umwelteinflüsse mit Veränderungen seiner Entwicklung; z. B. sind nichtgedüngte u. damit kleine Pflanzen nur Modifikationen von gedüngten u. damit großen Pflanzen der gleichen Art. **3.** *Chemie:* verschiedenartiges physikalische und chemische Verhalten eines u. desselben Stoffs infolge unterschiedlicher Struktur. Wenn verschiedene Modifikationen je nach den Bedingungen von Druck u. Temperatur wechselseitig ineinander umgewandelt werden können, liegt *Enantiotropie* vor; wenn die direkte Umwandlung nur in einer Richtung möglich ist, *Monotropie*. Das Auftreten verschiedener Modifikationen wird bei Elementen als *Allotropie*, bei Verbindungen als *Polymorphie* bezeichnet. **4.** *Verhaltensforschung:* adaptive *Modifikation*, durch bestimmte Verhaltensweisen angepasstes Gesamtverhalten gegenüber der jeweiligen Umwelt. Die M. kann genetisch bedingt oder erlernt sein.

modifizierende Auflage, eine Nebenbestimmung zu einem begünstigenden *Verwaltungsakt*, die nicht selbständig anfechtbar ist. Mit der Beifügung einer modifizierenden Auflage gibt die Behörde dem Begehren des Begünstigten nicht voll statt. Die m. A. bestimmt damit den Inhalt des Hauptverwaltungsaktes mit.

Modigliani [mɔdi'ljaːni], ◆ **1.** Amedeo, italien. Maler u. Bildhauer, *12. 7. 1884 Livorno, †25. 1. 1920 Paris; seit 1906 in Paris; verband in melancholisch gestimmten Bildnissen u. Akten einen das Gegenständliche begrenzenden Linienstil mit flächiger, von P. *Cézanne* angeregter Farbgebung; seit

Paula Modersohn-Becker: Stillleben mit Melone; 1905. Köln, Museum Ludwig

Amedeo Modigliani: Frau mit Halskette. Chicago, The Art Institute of Chicago

1906 unter dem Einfluss seines Freundes C. *Brancusi* auch als Bildhauer tätig. Schriften u. Dichtungen: „Selbstzeugnisse" 1958.

◆ **2.** Franco, US-amerikanischer Wirtschaftswissenschaftler italien. Herkunft, *18. 6. 1918 Rom; seit 1939 in den USA, Prof. an verschiedenen Universitäten; arbeitete bes. über Sparverhalten u. Finanzmärkte; lieferte mit M. H. *Miller* einen Beitrag zur Theorie der Unternehmensfinanzierung *(Modigliani-Miller-Theorem);* Nobelpreis für Wirtschaftswissenschaften 1985.

Franco Modigliani

Modinha [mɔˈðiɲa; die; portug.], im 18. u. 19. Jh. ein der italien. Opernarie nachempfundenes portugies. Gesangsstück mit Volkslied-Wendungen. Durch die Kolonisation kam die M. nach Brasilien, von wo sie – zum Volkslied – im 20. Jh. wieder nach Portugal gelangte; heute ein ein- oder zweistimmiges Strophenlied mit Gitarren- oder Klavierbegleitung.

Modist, *Putzmacher, Modistin, Putzmacherin,* anerkannter Ausbildungsberuf des Handwerks mit 3-jähriger Ausbildungsdauer; fertigt Hüte u. Mützen.

◆ **Mödl,** Martha, dt. Sängerin (Sopran u. Mezzosopran), *22. 3. 1912 Nürnberg, †17. 12. 2001 Stuttgart; seit 1949 an der Hamburger u. ab 1953 an der Stuttgarter u. Wiener Staatsoper, sang auch an der Metropolitan Opera in New York u. in Bayreuth.

Martha Mödl

Mödling, niederösterr. Bez.-Hptst. südl. von Wien, 240 m ü. M., 20 400 Ew.; ehemaliges Kapuzinerkloster; Schulen; Wohnvorort von Wien.

Modoc, nordamerikan. Indianerstamm (rd. 1700), größtenteils im Great Basin (USA); Verwandte der → Shahaptin.

Modotti, Tina, italien.-mexikan. Fotografin, *16. 8. 1896 Udine, †5. 1. 1942 Mexico; ging 1923 mit E. *Weston* nach Mexiko; versuchte in ihren Bildern Westons ästhetisierenden Stil auf soz. Inhalte zu übertragen.

Modrow, Hans, dt. Politiker (SED/PDS), *27. 1. 1928 Jasenitz, Krs. Ueckermünde; Schlosser; seit 1949 Mitgl. der SED; 1967 bis 1989 Mitgl. des ZK der SED; 1973 bis 1989 1. Sekretär der SED-Bezirksleitung Dresden; 1989 Mitgl. des Politbüros der SED u. 1989/90 Vors. des Ministerrats der DDR; 1990 bis 1994 MdB; wegen Anstiftung zur Wahlfälschung 1995 zu einer neunmonatigen Haftstrafe auf Bewährung u. wegen fahrlässigen Meineids 1996 zu einer zehnmonatigen Bewährungsstrafe verurteilt.

Modul, 1. [der; lat.], *B a u k u n s t :* ein Grundmaß, das in bestimmten einfachen Beziehungen zwischen den Bauteilen wiederkehrt; in der antiken Baukunst der untere Säulenhalbmesser als Maßeinheit.
2. [das; lat.-engl.], *D a t e n v e r a r b e i t u n g :* in sich abgeschlossene Programmeinheit.
3. [das; lat.-engl.], *E l e k t r o n i k :* kompakte Schaltungseinheit aus mehreren Bauteilen (Widerständen, Transistoren); als Bauelement in konventionelle (gedruckte) Schaltungen eingesetzt.
4. [der; lat.], *F e s t i g k e i t s l e h r e :* Materialkonstante (z. B. *Torsionsmodul).* Auch → Elastizität.
5. [der; lat.], *M a s c h i n e n b a u :* Bestimmungsgröße für die Verzahnung eines Zahnrads. Der M. mit π multipliziert ergibt die *Teilung,* d. h. den Abstand von Zahnmitte zu Zahnmitte in mm; genormt in DIN 780.
6. [der; lat.], *M a t h e m a t i k :* **1.** → Kongruenz. – **2.** → Logarithmus. – **3.** der absolute Betrag $\sqrt{a^2+b^2}$ der komplexen Zahl $a+bi$. – **4.** Strukturalgebra: → Gruppe (3).

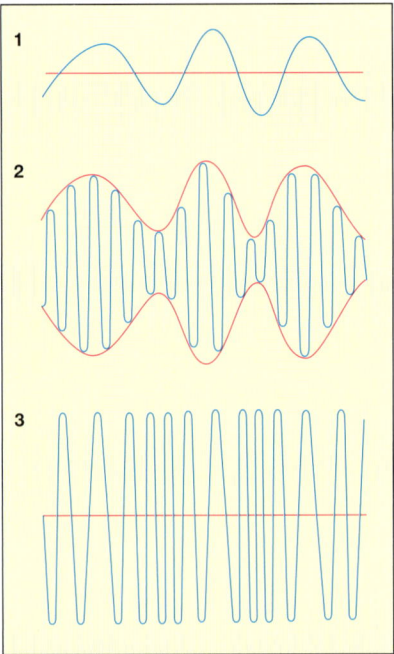

Modulation [lat.], **1.** *M u s i k :* Wechsel von einer Tonart zu einer anderen inmitten eines Stücks. Seit etwa 1700 gilt die M. als eines der wichtigsten Gestaltungs- u. Ausdrucksmittel der europ. Kunstmusik. Man unterscheidet 3 Hauptarten voneinander, die *chromat., enharmon.* u. *diaton.* M., ferner die endgültige M. als Befestigung einer neuen Tonart mittels einer vollständigen Kadenz sowie die *Ausweichung.* – Die musikal. Akustik versteht unter M. eine einander multiplizierende Beeinflussung von Schwingungen. Phase, Frequenz u. Amplitude erfahren dabei unterschiedliche Beeinflussungen.

◆ **2.** *N a c h r i c h t e n t e c h n i k :* das Verfahren, um einen Informationsinhalt auf eine Trägerwelle zu geben. Dazu kann man entweder die Trägerwelle unterbrechen *(Pulsmodulation)* oder die Ausschlagweite (Amplitude) der Schwingungen verändern *(Amplitudenmodulation)* oder auch die Frequenz der Schwingungen in gewissen Grenzen beeinflussen *(Frequenzmodulation).* Sehr gebräuchlich ist die Amplitudenmodulation (Abk. *AM*), die von den Rundfunkdiensten im Lang-, Mittel- u. Kurzwellenbereich u. zum Modulieren des Fernsehbildträgers verwendet wird. Die Frequenzmodulation (Abk. *FM*) ist weniger störanfällig als die Amplitudenmodulation, braucht aber eine größere Bandbreite. Daraus ergibt sich ein großer Abstand der einzelnen Sender, so dass Frequenzmodulation nur im UKW-Bereich verwendet wird.
Ein weiteres Verfahren besteht darin, Nachrichten in digitaler Form zu übertragen (digitale M.). Dazu wird die Nachricht mittels eines → Analog-Digital-Wandlers in ein → Digitalsignal umgeformt, das nach geeigneter Verschlüsselung (Codierung) entweder als pulsförmiges Signal (→ Pulscodemodulation) direkt übertragen oder einer Trägerschwingung aufgeprägt wird. Empfangsseitig wird die Nachricht mit einem Demodulator u. einem → Digital-Analog-Wandler wieder zurückgewonnen.

Modulationsgrad, eine Kenngröße der → Amplitudenmodulation, die das Verhältnis zwischen der → Amplitude der übertragenen Nachricht zur Amplitude der Trägerschwingung angibt.

Modulationsindex, eine Kenngröße der → Frequenzmodulation, die das Verhältnis zwischen dem → Frequenzhub u. der Frequenz eines übertragenen Signals angibt.

Modulor [der; frz.], das architekton. Proportionssystem des französ. Architekten *Le Corbusier,* veröffentlicht in zwei Teilen („M. I." 1947, dt. 1953; „M. II" 1955, dt. 1958) als „Darstellung eines in Architektur u. Technik allg. anwendbaren harmon. Maßes im menschl. Maßstab". Als Ausgangsmaß liegt der Skala die Größe eines aufrecht stehenden Menschen mit senkrecht erhobenem Arm zugrunde (2,26 m).

Modus [der, Pl. *Modi;* lat.], **1.** *a l l g . :* Art u. Weise.
2. *G r a m m a t i k :* die Kategorie des Verbums zur Bezeichnung der Einstellung des Sprechers zur Handlung. Im Deutschen unterscheidet man drei Modi: den *Indikativ* („ich stehe"), den *Konjunktiv* („ich stünde"), u. den *Imperativ* („steh!"); in anderen Sprachen gibt es noch einen *Optativ*

Modulation (2) einer Trägerwelle: 1. Die in einem Tonsignal verborgene Information kann eine Hochfrequenzträgerwelle auf zweierlei Weise prägen. Sie kann die Amplitude der Trägerwelle variieren (Amplitudenmodulation (AM); 2. Das Tonsignal kann aber auch die Frequenz der Trägerwelle verändern (Frequenzmodulation (FM); 3. FM-Sendungen zeichnen sich gegenüber AM-Ausstrahlungen oft durch bessere Klangqualität aus, weil die Information hier in die Frequenz der Welle eingeschlossen ist und kaum äußeren Störungen unterliegt. Dagegen ist die Amplitude einer Welle eher von Interferenzen betroffen

(Wunschmodus), dessen Aufgaben im Dt. der Konjunktiv mitübernimmt.

3. *Musik:* 1. in der Musiktheorie des MA meistens eine Tonart der → Kirchentonarten. – 2. in der → Modalnotation eines der 6 rhythm. Schemata. – 3. in der → Mensuralnotation eine der 4 möglichen Zuordnungen der Notenwerte Maxima, Longa u. Brevis zueinander.

Modus Vivendi [lat.], leidliches Verhältnis, erträgliche Übereinkunft; im zwischenstaatl. Verkehr: 1. die Vereinbarung einer vorläufigen Regelung mit dem Vorbehalt einer späteren endgültigen Lösung (z. B. bei Grenzfragen). – 2. die Anerkennung eines faktischen Zustands mit dem Vorbehalt, seine evtl. Widerrechtlichkeit später geltend zu machen.

Moe [ˈmɔui], Stadt in Südvictoria (Australien) östl. von Melbourne, im Braunkohlengebiet des Latrobe Valley, als Doppelstadt *Moe-Yallourn* 18 000 Ew.; Milchviehhaltung, Textilindustrie.

Moe [muː], Jörgen, norweg. Schriftsteller, *22. 4. 1813 Hole bei Oslo, †27. 3. 1882 Kristiansand; religiöse Lyrik u. Erzählungen; sammelte mit P. C. *Asbjörnsen* norweg. Volksmärchen u. -lieder.

Moeck Verlag, von Hermann *Moeck* 1930 gegr. Musikverlag in Celle; seit 1966 als *M. V. u. Musikinstrumentenwerk*; Verlagsgebiete: moderne Orchestermusik, Musikwissenschaft; das Werk stellt Holzblasinstrumente, bes. Blockflöten her.

Moehringia [lat.], eine Pflanze, → Nabelmiere.

Moeller van den Bruck, Arthur, dt. Schriftsteller, *23. 4. 1876 Solingen, †30. 5. 1925 Berlin (Selbstmord); schrieb über Literatur, Theater u. Kunst, später über Politik („Das Recht der jungen Völker" 1919; „Das Dritte Reich" 1923); kritisierte Liberalismus, Marxismus u. den Weimarer Staat, suchte das Konservative u. das Sozialistische in einer jungkonservativen Elite zu vereinen.

Moenchia [lat.], eine Pflanze, → Weißmiere.

Moens [muːns], Wies, fläm. Schriftsteller, *28. 1. 1898 St.-Gillis-bij-Dendermonde, †2. 2. 1982 Geleen (Niederlande); kath. Nationalist u. Kulturkritiker, verfasste auch bildreiche expressionist. Lyrik: „De boodschap" 1920; „De tocht" 1921; „Het vierkant" 1938; „Gedichte 1918–1967" 1968.

Moers

◆ **Moers**, Stadt in Nordrhein-Westfalen, Ldkrs. Wesel, links des Rheins, westl. von Duisburg, 107 000 Ew.; Schloss (15./16. Jh.); Steinkohlenbergbau, chem.-, Eisen- u. Maschinenindustrie; in der Nähe Schloss *Blömersheim*. – 1702 preußisch, 1794 bis 1814/15 französisch; 1975 Eingemeindung des Industrieortes Rheinkamp.

Mogadischo: Die imposanten Hafenmauern wurden zum Schutz vor Piraten und hohem Seegang errichtet

Moësa, linker Nebenfluss des oberen Tessin in den Adulaalpen; entspringt nahe dem San-Bernardino-Pass, durchfließt das Valle Mesolcina, nimmt bei Roveredo die Calancasca auf u. mündet nach 44 km oberhalb von Bellinzona.

Moeschlin, Felix, schweiz. Schriftsteller, *31. 7. 1882 Basel, †4. 10. 1969 Basel; Publizist u. Nationalrat; eindrucksvolle Gegenwartsromane: „Die Königschmieds" 1909; „Der Amerika-Johann" 1912; „Wir durchbohren den Gotthard" 1947–1949; „Morgen geht die Sonne auf" 1958; Erzählung: „Das Blumenwunder" 1960.

Moesien, eine antike Balkanlandschaft, → Mösien.

Mofa [das], Kurzwort für *Motorfahrrad* oder *motorisiertes Fahrrad*, Fahrrad mit Hilfsmotor bis 50 cm³ Hubraum u. einer zulässigen Höchstgeschwindigkeit von 25 km/h; Tretkurbelantrieb; zulassungs- u. steuerfrei; obligatorische Haftpflichtversicherung. Auch → Kraftfahrzeuge, → Motorrad.

Mofette [die; ital.], in vulkan. Gebieten vorkommende Gasquelle von Kohlendioxid.

Moffat [ˈmɔfət], Robert, schott. ev. Missionar, *21. 12. 1795 Ormiston, †9. 8. 1883 Leigh, Kent; wirkte im Auftrag der Londoner Mission über 50 Jahre in Südafrika, vor allem im Betschuanaland; übersetzte die Bibel u. Choräle ins Tswana.

◆ **Moffo**, Anna, USamerikan. Sängerin (Sopran) italien. Herkunft, *27. 6. 1935 Wayne, Pennsylvania; lebt in Italien, singt regelmäßig an der Metropolitan Opera in New York.

Mofolo, Thomas, lesothisch-südafrikanischer Schriftsteller, *22. 12. 1876 Khojane (heute Lesotho);

Anna Moffo

†8. 9. 1948 Teyateyaneng (Lesotho); schrieb in se-Sotho. Romane: „Moeti oa Bochabela" 1906, engl. „The traveller of the east" 1934; „Pitseng" 1910. Sein Hauptwerk, „Chaka, der Zulu" 1925, dt. 1988, ist der erste afrikan. histor. Roman; er hat den Zulukönig Chaka (19.Jh.) zum Helden.

◆ **Mogadischo**, arab. *Muqdiisho*, ital. *Mogadiscio*, Hptst. von Somalia, Reedehafen an der Benadir-Küste des Indischen Ozeans, 997 000 Ew.; Wirtschafts- u. Kulturzentrum des Landes, Universität (gegr. 1960), internationale Messe; Nahrungsmittel-, Getränke-, Textil-, chem. u.a. Industrie, Erdölraffinerie; bedeutendster Hafen des Landes, Straßenknotenpunkt, Flughafen. Schon in der Antike u. im MA bekannte Stadt, in der mit Ägypten, Arabien, Persien, Indien u. China Handel getrieben wurde; im 16. Jh. portugiesisch, später zum Sultanat Oman bzw. zu Sansibar gehörig, 1905–1941 italien.

Mogador, Stadt in Marokko, → Saouira.

Mogae, Festus Gontobanye, botswan. Politiker (Botswana Democratic Party), *21. 8. 1939 Serowe; Wirtschaftswissenschaftler; 1980–1982 Gouverneur der Nationalbank; wurde 1989 Min. für Finanzen u. Entwicklung; 1992–1998 Vize-Präs, seit 1998 Staats-Präs. Botswanas.

Mögel-Dellinger-Effekt, das Aussetzen der Kurzwellenverbindungen auf der sonnenbeschienenen Erdhalbkugel (*tote Viertelstunde*). Eine intensive, bei einer Eruption auf der Sonne erzeugte Ultraviolettstrahlung ruft in 80 km Höhe über der Erdoberfläche eine dichte Wolke ionisierter Luftmoleküle hervor, in der die Kurzwellen absorbiert werden. Der M. wurde 1931 von H. *Mögel* entdeckt u. 1935 von H. *Dellinger* erforscht.

Mogeln, Kartenspiel mit 52 oder 2 × 52 Karten, französ. Farben; Ablegespiel, bei dem „gemogelt" (geschwindelt) werden darf, indem die Karten verdeckt abgelegt werden u. der (angebliche) Kartenwert vom Spieler nur gesagt wird. Sieger ist, wer zuerst keine Karten mehr auf der Hand hat.

Moggallana, Jünger des Buddha, → Maudgalyayana.

Moghul → Mogul.

Mogila, Pjotr, Petrus *Mogilas*, Metropolit von Kiew 1633–1646, *21. 12. 1596, †1. 1. 1647 Kiew; aus einem moldauischen Fürstengeschlecht; 1627–1633 Abt des Kiewer „Höhlenklosters". M. gewann herausragen-

Mogiljow

de Bedeutung für die Orthodoxie vor allem durch seine systemat.-theolog. Abwehr kath. u. prot. Einflüsse. Zur Stärkung der theolog. Position seiner Kirche gründete er 1631 das Kiewer Kollegium als Zentrum geistiger Bildung u. verfasste (im Widerspruch zur ev. beeinflussten Theologie des → *Kyrillos I. Lukaris*) 1640 die „Confessio Fidei Orthodoxae" u. 1645 einen Katechismus.

Mogiljow [mǝgil'jɔf], *Mogilev*, weißruss. *Mohilew*, Stadt in Weißrussland, am oberen Dnjepr (Hafen), 366 000 Ew.; pädagog. Hochschule u. Hochschule für Maschinenbau; Kunstfaserwerk, chem. Industrie, Maschinenbau, Elektroindustrie, Bau von Lastkraftwagen; Verkehrsknotenpunkt, Flughafen. – Im 13. Jh. gegründet.

mögliche Welt, *Logik*: eine auf G. W. *Leibniz* zurückgehende Begriffsbildung, die heute die Grundlage der Semantik der Modallogik bildet. Danach ist eine Aussage notwendig, wenn sie in allen möglichen Welten wahr ist.

Möglichkeit, *Possibilität*, die → Modalität, nach der etwas sein kann, im Gegensatz zu den Modalitäten der *Wirklichkeit* u. der *Notwendigkeit*. M. heißt einerseits das formal Mögliche, d. h. das, was denkbar ist, keinen Widerspruch in sich enthält, andererseits das, was unter bestimmten Bedingungen wirklich werden kann, das real Mögliche. Letzteres entspricht dem aristotel. Begriff der *Dynamis*, der als Stoff, Kraft, Potenz alles Seiende bestimmt.

Möglichkeitsform, *Grammatik*: → Konjunktiv.

Möglingen, Gemeinde in Baden-Württemberg, Ldkrs. Ludwigsburg, nördl. von Stuttgart, 290 m ü. M., 10 400 Ew.; Wohnvorort von Stuttgart.

Mogollon-Kultur [engl. mʌgi'ɔun-], eine altindianische Kultur im SO Arizonas, im SW New Mexicos u. im N Chihuahuas (Mexiko) in der Zeit von 100 v. Chr. bis um 1500 n. Chr. Die M. hat kein einheitl. Kulturbild; erhalten sind kleine, dorfähnl. Siedlungen mit halbunterird., runden Wohnbauten. Starke Einflüsse aus Mittelamerika brachten u. a. den Feldbau von Mais, Kürbis u. Bohnen auf der Basis künstl. Bewässerung; auch die Keramik, die ausschließlich in zwei Farben mit rein geometr. Mustern verziert ist, zeigt in Form u. Dekor mexikan. Einfluss; Werkzeuge, Tabakspfeifen u. andere Geräte sind häufig aus Stein.

Mogotes, kuban. Bez. der dortigen isoliert aufragenden Kalktürme als Großformen trop. Kegelkarstlandschaften.

Mogul [mongol., pers.], *Moghul*, Angehöriger der 1526–1858 in Delhi herrschenden islam. Dynastie mongol. Abstammung. Der Gründer des Mogul-Reichs war *Babur*, der Höhepunkt wurde unter *Akbar* erreicht. Seit 1707 ist die Macht der Moguln in Indien stark eingeschränkt. Auch → Großmogul.

Mogul-Kunst, zur Zeit der Mogulherrschaft entstandener pers.-ind. Stil der Architektur u. Miniaturmalerei in Indien. Das bekannteste Bauwerk dieser Zeit ist der *Taj-Mahal*. Auch → indische Kunst.

Mohács ['mohɑːtʃ], Stadt im S von Ungarn, an der Donau, 20 800 Ew.; Maschinenbau, Textilindustrie; wichtiger Hafen. Aufgrund der Niederlage Ludwigs II. von Ungarn gegen die Türken am 29. 8. 1526 geriet Ungarn für 150 Jahre unter die Herrschaft der Osmanen. – Die türk. Niederlage bei M. 1687 beendete die osman. Herrschaft über Ungarn.

Mohair [moːhɛːr; der; arab., ital., engl.], *Mohär*, Angoraziegenwolle; auch ein glänzendes, etwas hartes Gewebe, das Mohairgarn enthält. Verwendung als Kleider- oder Möbelbezugstoff. Auch → Angoraziege.

Mohammed [auch 'moː-; arab., „der Gepriesene"], arab. Personenname.

Mohammed, [auch 'moː-]. FÜRSTEN:

Afghanistan: **1. Mohammed Zahir, Mohammed Sahir**, König (Schah) 1933–1973, * 30. 10. 1914 Kabul; Sohn des ermordeten *Nadir Schah*; 1973 gestürzt.

Ägypten: **2. Mohammed Ali, Mehmed Ali**, erbl. Statthalter (Vizekönig) von Ägypten 1805–1848, * 1769 Kawála, Makedonien, † 2. 8. 1849 Kairo; Begründer des bis 1952 in Ägypten regierenden Königshauses; beendete die Herrschaft der Mamluken.

Iran: **3. Mohammed Riza (Resa) Pahlewi**, Schah von Iran 1941–1979, * 26. 10. 1919 Teheran, † 27. 7. 1980 Kairo; Nachfolger seines entthronten Vaters Riza; führte die von diesem begonnene Modernisierungspolitik fort (Agrarreform, Industrialisierung, Frauenemanzipation); lehnte sich außenpolitisch eng an die USA an; stieß wegen seiner diktator. Herrschaft u. seiner Tendenz zur „Verwestlichung" auf wachsenden Widerstand; verließ während der von orthodox-islam. Kräften beherrschten Revolution am 15. 1. 1979 das Land. Autobiografie „Mission for my country" 1961.

Libyen: **4. Mohammed I. Idris As Senussi** → Idris I.

Marokko: **5. Mohammed V. Ben Jussuf**, Sultan 1927–1957, König 1957–1961, * 10. 8. 1909 Fès, † 26. 2. 1961 Rabat; zeigte nach 1930 Sympathie für die Nationalbewegung, forderte 1947 die Unabhängigkeit für sein Land, wurde 1953 von den Franzosen für abgesetzt erklärt u. verbannt, musste jedoch 1955 nach Marokko zurückgeholt werden. Nach Erlangung der Unabhängigkeit Marokkos wurde er zum König proklamiert.
6. Mohammed VI., König seit 1999, * 21. 8. 1963 Rabat; Jurist; ältester Sohn König Hassans II.; wurde 1984 zum Thronerben bestimmt; 1985 Aufnahme in die marokkanische Armee; nach dem Tode Hassans II. 1999 zum neuen König proklamiert.

Osmanisches Reich: **7. Mohammed II.** → Mehmed (2).
8. Mohammed IV. → Mehmed (3).
9. Mohammed V. → Mehmed (4).
10. Mohammed VI. → Mehmed (5).

Somalia: **11. Mohammed Ibn Abdullah Hassan**, der *Somali-Mahdi*, engl. *the Mad Mullah*, „der verrückte Mullah", * um 1860, † 23. 11. 1920 Dimtu; begann 1895 mit religiös-polit. Wirksamkeit, 1899 mit Angriffen auf die Engländer; 1901–1905 nach Italien.-Somaliland vertrieben; kämpfte von 1913 erneut gegen die Engländer, die ihn 1920 besiegten.

Sudan: **12. Mohammed Ahmed** → Mahdi.

Geburt Mohammeds; Miniatur. Istanbul, Topkapi-Museum

◆ **Mohammed** [auch 'moː-], *Mahomed*, eigentl. *Abul Kasim Muhammad Ibn Abdallah*, der Begründer des *Islams*, * um 570 Mekka, † 8. 6. 632 Medina; aus verarmter Familie, zunächst Kaufmann im Geschäft seines Onkels *Abu Talib*, seit 595 mit der wohlhabenden Witwe *Chadidscha* verheiratet. Durch Offenbarungen ekstatischer Art – die die Bekanntschaft mit jüd. u. christl. Vorstellungen zeigen – wurde er (etwa 610) aus seinem bisherigen Lebenskreis herausgehoben. Inhalt der Offenbarungen war das Erlebnis des einen willensmächtigen Gottes *(Allah)* u. dessen bevorstehendes Kommen zum Gericht. Der starke Widerstand der Mekkaner gegen seine nach der Berufung beginnende Lehrtätigkeit zwang ihn 622 zur Auswanderung nach Medina *(Hedschra)*, wo er infolge der polit. Uneinigkeit der Beduinenstämme Anhang gewinnen u. als strafferer polit. Organisator seine Offenbarungslehren ausgestalten konnte. M. verstand sich als Prophet, der die Offenbarung Gottes in arab. Sprache *(Koran)* zu bringen habe, um das private u. öffentl. Leben unter der Voraussetzung des „einen" Gottes zu erneuern. 630 konnte M. im „heiligen Krieg" den Angriff auf das zum Heiligtum erklärte Mekka wagen u. siegreich durchführen. Die daraus folgende Unterwerfung ganz Arabiens erlebte M. nicht mehr. Sein Grab befindet sich in der Moschee von Medina. In der abendländ. Überlieferung ist das Leben Mohammeds vielfach polemisch entstellt, in der islamischen früh legendär ausgestaltet worden. Mohammeds Berufung u. Wirken geschah in der Zeit der beiden großen rivalisierenden Mächte Byzanz u. Iran umschlossenen Arabien. Allmählich wurde M. zum Herrscher eines theokrat. Staats; die Entstehung des Islams war ein Ereignis von weltgeschichtl. Bedeutung. Seine Nachfolger, die *Kalifen*, gewannen weitere große Gebiete für den Islam u. errichteten mit der Herrschaft der *Omajjaden* in Damaskus, dann mit den *Abbassiden* in Bagdad ein Weltreich mit hoher Kultur u. starker Ausstrahlung.

Mohammedaner, veraltete Bez. für Moslems, die Anhänger des → Islams.

Mohammedia [frz. mɔamme'dja], früher *Fedâla*, arab. *Muhammadiyah*, Hafenstadt an der Atlantikküste von Marokko, nordöstl. von Casablanca, 105 000 Ew.; Ölraffinerie, Textil- u. Nahrungsmittel-, bes. Fischwarenindustrie; Seebad. – Im 14. u. 15. Jh. Stützpunkt portugies. u. span. Fischer.
Mohammed Ibn Ismail Daraze, der Begründer der Sekte der → Drusen.
Mohar, eine Varietät der italien. → Borstenhirse; wird als Grünfutter häufig angebaut.
Mohaupt, Richard, dt. Komponist, *14. 9. 1904 Breslau, †3. 7. 1957 Reichenau, Niederösterreich; emigrierte 1939 in die USA, seit 1955 in Österreich; schrieb rhythmisch prägnante Musik von volkstüml. Haltung; Opern („Die Wirtin von Pinsk" 1938; „Die Bremer Stadtmusikanten" 1949; „Der grüne Kakadu" 1958) u. Ballette („Die Gaunerstreiche der Courasche" 1936); bekannt wurde seine „Stadtpfeifermusik" für Orchester bzw. Blasorchester 1939 u. 1953.
Mohave [mɔu'haːvi], nordamerikan. Indianerstamm (600) der *Hoka* am unteren Colorado, mit Yumasprache; Ackerbau, Fischfang; bekannt durch ihre Tatauierungen.
Mohavewüste [mɔu'haːvi-], Beckenlandschaft in Südkalifornien, → Mojave Desert.
Mohawk ['mɔuhɔːk], Stamm der → Irokesen.
Mohawk ['mɔuhɔːk], rechter Nebenfluss des Hudson, im USA-Staat New York, 238 km; entspringt südwestl. der Adirondack Mountains, mündet bei *Cohoes*. Das *Mohawk-Tal* mit der Hudsonsenke ist die wichtigste Verkehrsachse des Staats New York.
Mohegan [engl. mɔu'hiːgən], Stamm der Algonkin-Indianer, → Mohikaner.
Mohel [der; hebr.], in der jüd. Religion die Person, die die *Beschneidung* vornimmt.
Mohéli [mɔ'eːli], Komoreninsel → Mwali.
Mohenjo-Daro [mɔ'hɛndʒɔ 'daːrɔ; Sindhi, „Ort der Toten"], *Mohendscho-Daro*, neben *Harappa* die wichtigste ausgegrabene Stadt der *Induskultur* am Indus in Sind (Pakistan); etwa zwischen 2300 u. 1750 v.Chr. besiedelt. Die Anlage hatte einen Umfang von fast 5 km u. wurde durch eine Zitadelle aus gebrannten Ziegeln beherrscht. Die Stadt unterhalb war schachbrettartig angelegt u. verfügte über eine gut ausgebaute Kanalisation. Wichtige Funde: Bronze- u. Steatit-Statuetten, Siegel mit hochstilisierten Tier- u. figürl. Darstellungen sowie Schriftzeichen.
Moher ['mɔuə], *Cliffs of Moher*, westirischer Küstenabschnitt in der Prov. Munster (Republik Irland), rd. 8 km lang, bis 210 m hohe Klippen.
Mohikaner, *Mahican, Mohegan*, bekannt als *Flussindianer*, von den Franzosen *Wolfsvolk (Loups)* genannt, Stamm der Algonkin-Indianer, am Hudson; Erbfeinde der *Mohawks*; in der Zeit der Kolonisation, als sie nach W zogen, in anderen Algonkinstämmen aufgegangen; bekannt durch J. F. Coopers Erzählung „Der letzte der M." 1826.
Mohl, 1. Hugo von, Bruder von 2), dt. Botaniker, *8. 4. 1805 Stuttgart, †1. 4. 1872 Tübingen; Prof. in Bern u. Tübingen; Arbeiten über die Zellvermehrung bei niederen u. höheren Pflanzen.

Mohammed ~ 570–632

In Mekka als Sohn des Abdallah aus einer verarmten Familie der Haschimiden geboren. Er lebt bei seinem Großvater Abd Al Mutalib	~ 570 ~	Buddhismus-Interpretation des chinesischen Mönchs Zhi kai im Sinne eines mystischen Symbolismus
M. kehrt zu seiner Mutter zurück	~ 575 ~	Einwanderung der Slowenen in Krain
Tod der Mutter / M. lebt beim Bruder seines Vaters, Abu Talib	576 ~	In Rom schreibt Alexander von Tralles (~ 525–605) ein medizinisches Sammelwerk
M. arbeitet als Kaufmann und Karawanenbegleiter bei der verwitweten Chadidscha	~ 590	Gregor I. wird Papst / König Hormizd IV. von Persien (seit 579) gestorben
M. und die reiche Chadidscha heiraten	595 ~	Gregor I. lässt Kirchengesänge sammeln
M. hat ekstatische Visionen. Er verkündet die Vorstellung des einen mächtigen Gottes Allah / Aus der Aufzeichnung aller Offenbarungen auch der folgenden Jahre entsteht der Koran	~ 610	Herakleios wird Kaiser von Byzanz (bis 641)
	~	Klostergründung Luxeuil in den Vogesen durch Kolumban den Jüngeren. Gallus, Schüler des Kolumban, gründet eine Einsiedlerzelle, aus der das Kloster St. Gallen entsteht
M. beginnt seine Lehre zu verbreiten. Unter dem Schutz Abu Talibs kann M. die Anfeindungen seiner Gegner überstehen	613 ~	In Nordindien besteht unter König Harsha das letzte Großreich unter einem einheimischen Herrscher (seit 607 bis 647)
Tod der Chadidscha. Tod des Onkels und Beschützers Abu Talib. Das neue Oberhaupt des Haschim-Clans, Mohammeds Onkel Abu Lahab, unterstützt Mohammeds Gegner	619 ~	Die drei Reichsteile des Frankenreiches Neustrien, Austrien und Burgund besitzen jedes einen Majordomus (Hausmeier) zur Verwaltung der königlichen Güter
M. führt in Al Aqaba Verhandlungen über eine Aufnahme der Moslems in Medina	621 ~	In China wird die erste Porzellan-Keramik hergestellt
Im zweiten Al-Aqaba-Abkommen geloben Männer aus Medina ihren Übertritt zum Islam / Die Moslems emigrieren aus Mekka nach Medina / M. vollzieht die „Hedschra" (Auswanderung) als einer der Letzten / Beginn der mohammedanischen Zeitrechnung (in Mondjahren)	622	Im „Byzantinischen Kreuzzug" gegen Persien (bis 628) kann Byzanz sich Kleinasien sichern / Arnulf, Bischof von Metz, und Pippin der Ältere regieren Austrien. Als Berater der Merowingerkönige Dagobert I. und Sigibert III. bereitet Pippin die Machtstellung der Karolinger vor
Die Moslems überfallen sechsmal erfolglos Karawanen aus Mekka, um die Stadt einzunehmen / Von Medina aus entwickelt sich in den nächsten Jahren der islamische Staat	623	Der Chinese Tori schafft die Buddha-Bronzestatue im Horyuji-Tempel in Nara (Japan) / Der fränkische Kaufmann Samo errichtet ein Slawenreich gegen Awaren und Franken (bis 660)
Der Überfall auf eine Karawane aus Mekka, gelingt / M. versucht vergeblich, die Juden in Medina zu bekehren. Seitdem verneigen sich die Moslems beim Gebet nicht mehr gegen Jerusalem, sondern gegen Mekka / Schlacht bei Badr am 19. März. Die Moslems siegen gegen die dreifache Übermacht der Mekkaner	624 ~	Blütezeit der südindischen Steinplastik und Felskunst. Die südindische Dynastie der Chalukyas erlangt unter Pulakeshin II. den Höhepunkt ihrer Macht
In der Uhud-Schlacht besiegt eine Expedition aus Mekka die Moslems nur knapp	625	Straßburg wird Bischofssitz / Merowingerkönig Dagobert I. gründet die Abtei Saint Denis
Die Mekkaner belagern vergeblich Medina	627	Taizong wird Kaiser von China
Vereinbarung eines zehnjährigen Waffenstillstands	628	Sieg Kaiser Herakleios' von Byzanz über die Perser bei Ninive
Mohammeds Truppen besetzen Mekka	629	Byzanz erobert Jerusalem von Persien zurück
Nach dem „Heiligen Krieg" Mohammeds gegen Mekka treten die Mekkaner zum Islam über. M. beginnt von Medina aus mit der Errichtung eines theokratischen Staates im Interessengebiet der beiden rivalisierenden Großmächte Byzanz und Persien / Bei Hunayn besiegt M. eine zweifach überlegene Nomadenarmee. Er hat jetzt in Arabien keine militärische Opposition mehr / M. unterwirft jüdische und christliche Gemeinden am Golf von Aqaba	630	Trotz des Verbotes von Auslandsreisen macht der chinesische Buddhist Xuanzang eine beschwerliche Pilgerreise nach Indien, um den Buddhismus in seinem Ursprungsland kennen zu lernen, findet ihn aber vom Brahmanismus entstellt. Nach seiner Rückkehr nach China 645 beschreibt er das Indien seiner Zeit und übersetzt die buddhistische indische Literatur ins Chinesische
Abschieds-Wallfahrt zur Kaaba nach Mekka	631	Xuanzang kommt nach Kambodscha und findet dort ein mächtiges Reich vor
Am 8. Juni stirbt M. in Medina	632 ~	Der Buddhismus wird in Tibet Staatsreligion

2. Robert von, Bruder von 1), dt. Staatsrechtslehrer u. Politiker (Liberaler), * 17. 8. 1799 Stuttgart, † 4. 11. 1875 Berlin; 1825 Prof. in Tübingen, 1847 in Heidelberg; 1848/49 Mitgl. der Frankfurter Nationalversammlung u. Reichsjustizminister; 1874/75 Mitgl. des Reichstags. Wissenschaftlich von bleibender Bedeutung ist seine Gegenüberstellung von „bürgerl. Gesellschaft" (in einer „rechtl. staatsfreien Sphäre") u. „Staat", womit er nicht nur zur Anerkennung der in der Mitte des 19. Jh. aufkommenden Gesellschaftswissenschaft beitrug, sondern auch die moderne Dreigliederung des menschl. Zusammenlebens in Staat, Gesellschaft u. Einzelnen vorbereitete. Hptw.: „Die Polizeiwissenschaft nach den Grundsätzen des Rechtsstaates" 3 Bde. 1832–1834.

Möhler, Johann Adam, dt. kath. Theologe, * 6. 5. 1796 Igersheim bei Mergentheim, † 12. 4. 1838 München; Prof. in Tübingen u. München; Hptw.: „Die Einheit in der Kirche" 1825, krit. Neuausg. 1957; „Symbolik" 1832, krit. Neuausg. 2 Bde. 1958–1961.

Türkenmohn, Papaver orientale

◆ **Mohn,** *Papaver,* Gattung der *Mohngewächse (Papaveraceae),* etwa 100 Arten auf der gemäßigten Nordhalbkugel (1 Art in Südafrika u. Australien); Milchsaft führende Kräuter oder Stauden mit gelappten oder geteilten Blättern, nickenden Blütenknospen, großen, einzeln auf langen Stielen stehenden Blüten u. gekammerten Fruchtkapseln *(Mohnkopf).* Wichtig ist vor allem der *Schlafmohn, Papaver somniferum,* der zur Gewinnung von *Opium* u. von *Mohnöl* feldmäßig angebaut wird (Hauptanbaugebiete: Kleinasien, Indien u. China). In Dtschld. finden sich als Unkräuter vor allem auf Äckern: *Klatsch-* oder *Feuermohn, Papaver rhoeas,* mit großen, scharlachroten Blüten; *Saatmohn, Papaver dubium; Sandmohn, Papaver argemone.* Eine beliebte Gartenpflanze ist der aus Armenien stammende *Türkenmohn, Papaver orientale.*

◆ **Mohn,** Reinhard, dt. Unternehmer, * 29. 6. 1921 Gütersloh; übernahm 1947 die

Reinhard Mohn

Leitung des Druck- u. Verlagshauses Bertelsmann, das er zu einem der größten Medien-Konzerne der Welt ausbaute (→ Bertelsmann AG); bis 1981 Vorstands-Vors. u. bis 1991 Aufsichtsrats-Vors. der Bertelsmann AG. M. gründete 1977 die Bertelsmann Stiftung, die sich der Lösung aktueller gesellschaftl. Probleme widmet u. seit 1988 alljährlich den Carl-Bertelsmann-Preis verleiht. 1993 übertrug M. ihr den (stimmrechtslosen) Hauptanteil des Kapitals an der Bertelsmann AG, während das Stimmrecht von rd. 90% des Aktienkapitals 1999 an die Bertelsmann Verwaltungsgesellschaft überging. M. ist Ehrenmitglied des Club of Rome u. erhielt zahlreiche Auszeichnungen für sein Lebenswerk; er schrieb u.a. „Erfolg durch Partnerschaft" 1986; „Menschlichkeit gewinnt" 2000.

Möhne, rechter Nebenfluss der Ruhr, 57 km; entspringt bei Brilon, mündet bei Neheim; bei Günne aufgestaut zur *Möhnetalsperre* mit 134,5 Mio. m³ Fassungsraum; maximale Fläche 10,4 km², Höhe der Staumauer 40,3 m, Stauhöhe 35 m, 2 Kraftwerke; Fertigstellung 1913.

Möhnesee, Gemeinde in Nordrhein-Westfalen, Ldkrs. Soest, zwischen dem Höhenzug Haarstrang u. Naturpark Arnsberger Wald, 280 m ü. M., 10 500 Ew.; Möhnetalsperre; Fremdenverkehr; Bundeswehrstandort. – 1969 durch Zusammenschluss von 15 Gemeinden entstanden.

Mohngewächse, *Papaveraceae,* Familie der Ordnung *Rhoeadales;* meist Kräuter, seltener Sträucher oder Bäume (Gattung *Bocconia*); mit gefiederten oder tief geteilten Blättern u. meist Milchsaft führenden, gegliederten Röhren. Die Kelchblätter fallen frühzeitig ab. M. enthalten als Alkaloide Abkömmlinge des Isochinols. Zu den Mohngewächsen zählen *Mohn, Erdrauch, Tränendes Herz* u. *Eschscholtzia.*

Mohnöl, aus dem Samen vom *Schlafmohn* (→ Mohn) gewonnenes Öl. Bei kalter Pressung erhält man einen Ertrag bis 18%, warm gepresst bis zu 50%; muss zusätzlich raffiniert werden. M. ist ein leicht verdauliches Speiseöl, dient als Salbengrundlage u. wird u.a. zur Seifenherstellung verwendet. Pressrückstände *(Ölkuchen)* dienen als Futtermittel.

Mohnspielen, *Mohnklöße,* schles. Neujahrsgebäck aus Weißbrot bzw. Zwiebacklagen, mit Mandeln u. Zucker vermischtem Mohn.

◆ **Moholy-Nagy** ['mohoj 'nɔdj], László, ungar. Maler, Grafiker u. Bildhauer, * 20. 7. 1895 Bácsborsod, † 24. 11. 1946 Chicago; 1923 bis 1928 Lehrer

László Moholy-Nagy

am Bauhaus u. Mitherausgeber der „Bauhausbücher"; ungegenständlich-konstruktivist. Plastiken, Gemälde u. Grafiken; bedeutend als Theoretiker von Foto u. Film u. durch seine kunstpädagog. Tätigkeit in den USA; gründete 1937 in Chicago das *New Bauhaus;* schrieb „Vision in motion" 1947.

Mohorovičić-Diskontinuität [mɔhɔro'vitʃitsɛ-], die von dem jugoslaw. Erdbebenforscher Andrija *Mohorovičić* (* 1857, † 1936) entdeckte Unstetigkeitsfläche (Übergangsschicht, Sprungschicht) zwischen Erdkruste u. Erdmantel, an der infolge des Materialunterschieds zwischen Kruste u. Mantel die Geschwindigkeit der Erdbebenwellen sprunghaft oder sehr schnell ansteigt. Unter den Kontinenten liegt sie 30–40 km tief, unter den Ozeanen 5–10 km.

Mohr, 1. Christian Otto, dt. Statiker u. Bauingenieur, * 8. 10. 1835 Wesselburen, Holstein, † 3. 10. 1918 Dresden; lehrte in Stuttgart u. in Dresden insbes. Graphostatik *(Mohr'scher Spannungskreis).*
2. Joseph, österr. kath. Priester, * 11. 12. 1792 Salzburg, † 4. 12. 1848 Wagrain i. Bugau; dichtete 1818 das Weihnachtslied „Stille Nacht, heilige Nacht" (vertont von F. Gruber).
3. Karl Friedrich, dt. Chemiker u. Pharmazeut, * 4. 11. 1806 Koblenz, † 28. 9. 1879 Bonn; verfasste einen für die Pharmazie damals bedeutsamen Kommentar zur Pharmakopoe; verdient um die Entwicklung der Maßanalyse *(Mohr'sches Salz).* Nach ihm benannt ist die *Mohr'sche Waage* zur Bestimmung des spezif. Gewichts.

László Moholy-Nagy: Komposition A XX; 1924. Paris, Centre Georges Pompidou

◆ **Möhre,** *Mohrrübe, Daucus carota,* in den gemäßigten Zonen der Alten Welt verbreitetes *Doldengewächs (Umbelliferae),* mit mehrfach gefiederten Blättern u. weißen Blütendolden, die in der Mitte meist eine Purpurblüte aufweisen. Kultiviert werden Sorten mit langspindelförmigen, verdickten Wurzeln, die *Gelben Rüben (Daucus carota ssp. sativus),* ein beliebtes Gemüse. Möhren sind reich an Provitamin A (Carotin) u. Vitamin B u. C.

Mohrenfalter, *Schwärzling, Erebia,* zu den *Augenfaltern* gehörende Gattung der *Schmetterlinge,* von dunkler bis schwarzer Grundfarbe; viele Arten in allen Erdteilen.
Möhrenfliege, *Psila rosae,* zu den *Nacktfliegen* gehörendes, etwa 5mm langes Schadinsekt, dessen Larven in den Wurzeln der Möhren parasitieren u. deren *Eisenmadigkeit* bewirken. In günstigen, feuchten Jahren in zwei Generationen, kann auch Sellerie- u. Petersilienwurzeln befallen.
Möhrenhaftdolde, ein Unkraut, → Haftdolde.
Mohrenhirse, *Mohrhirse* → Hirse.
Mohrenkopf, 1. *Konditorei: Negerkuss,* umgangssprachl. Bez. für ein Biskuitgebäck in Becherform, mit Schokoladenguss überzogen u. mit Schlagsahne oder Eiweißmasse gefüllt.
2. *Mineralogie:* umgangssprachl. Bez. für einen farblosen oder zartgrünen *Turmalin* mit schwarzbraunem Ende; Schmuckstein.
Mohrenmakak, *Macaca maura,* ein *Hundskopfaffe* von der Insel Celebes, außer seiner schwarzen Färbung äußerl. dem *Magot* sehr ähnl.; besitzt wie alle *Makaken* ein ausgeprägtes Minenspiel.
Mohrenmaki, *Lemur macaco,* ein *Halbaffe* Madagaskars. Das Männchen ist fast rein schwarz; beim Weibchen herrschen braune Farbtöne vor; Bauch, Schwanz u. Wangen sind weißl. gefärbt. Zahlreiche Unterarten sind jedoch gänzlich anders gefärbt. Hierzu gehören: *Mayotte-Maki, Weißkopfmaki* u. *Halsbandmaki.* Die unterschiedlichen Formen haben auch unterschiedlichste Lebensweisen entwickelt.
Möhrenschaftdolde, *Caucalis lappula,* aus dem Mittelmeergebiet eingeschlepptes Unkraut der Getreideäcker, aus der Familie der *Doldengewächse.*
Mohrrübe → Möhre.
Mohr'sches Salz [nach K. F. *Mohr*], *Ferroammoniumsulfat,* $Fe(NH_4)_2(SO_4)_2 \cdot 6H_2O$; hellgrünes Doppelsalz aus Ammonium- u. Eisen(II)-sulfat; Verwendung in der Maßanalyse.

Möhre: Unsere heutigen, stark carotinhaltigen, orangefarbenen Möhren sind Ende des 17. Jahrhunderts zuerst in den Niederlanden aufgetaucht, während die Ursprungsformen aus dem Mittelmeergebiet und Afghanistan stammen

Mohrt, Michel, französ. Schriftsteller, *28. 4. 1914 Morlaix, Bretagne; schreibt in kunstvollem Stil Romane aus der Vorkriegs- u. Kriegszeit mit autobiografischen Elementen; als sein Hauptwerk gilt der Abenteuerroman „Vom Meere gefangen" 1961, dt. 1972; auch Essays u. Dramen.
Mohrungen, Stadt in Ostpreußen, → Morąg.
Mohs, Friedrich, dt. Mineraloge, *29. 1. 1773 Gernrode, † 29. 9. 1839 Agordo, Dolomiten (Italien); stellte die nach ihm benannte → Härteskala auf; Hptw.: „Grundriss der Mineralogie" 2 Bde. 1822–1825.
Moi, in Vietnam Sammelname für die Bergvölker *(Kha).*

◆ **Moi,** Daniel Arap, kenian. Politiker, *1924 Sacho, Distrikt Baringo; Lehrer; 1967–1978 Vize-Präs., seit 1978 Staats-Präs.; setzte die prowestl. Außenpolitik seines Vorgängers *Kenyatta* fort; gewährte den USA 1981 Stützpunktrechte in Häfen am Indischen Ozean; suchte

Daniel Arap Moi

verstärkte Zusammenarbeit mit den ostafrikan. Nachbarn; in der Innenpolitik etablierte er ein repressives Regime.
Moiety [ˈmɔɪəti; engl.], *Völkerkunde:* bei Naturvölkern eine Stammeshälfte, die eine soziale Einheit bildet, was u. a. Folgen für die Heiratsregeln, Erbgesetze u. die Zeremonien bei Feierlichkeiten hat. Auch → *Clan,* → *Dualsystem.*
Moilliet [mwaˈjɛ], Louis René, schweiz. Maler, *6. 10. 1880 Bern, † 24. 8. 1962 Vevey; Schüler von F. *Mackensen* u. L. Graf von *Kalckreuth;* unternahm 1914 mit A. *Macke* u. P. *Klee* eine Tunis-Reise, auf der er an den Arbeiten der Gefährten stilistisch sehr verwandte, in manchem ebenbürtige Aquarelle schuf; zahlreiche Wandbilder u. Glasgemälde in der Schweiz.
Moillon [mwaˈjõ], Louise, französ. Malerin, *1610 Paris, † 1696 Paris; nüchtern-strenge Stillleben u. schlichte Blumenstücke, in denen sie Kritik an der prunkvollen Lebensweise des Versailler Adels übte.
Moira [Pl. *Moiren;* grch.], in der griech. Religion zunächst der Anteil des Einzelmenschen am Gesamtschicksal; dann die allmächtige Schicksalsgöttin, die das Schicksal zumisst; später in den Gestalten dreier Spinnerinnen *(Moiren)* versinnbildlicht. Diese sind nach Hesiod Töchter des Zeus u. der Themis: *Klotho* spinnt den Lebensfaden, *Lachesis* teilt das Lebenslos zu, *Atropos* durchschneidet den Lebensfaden. In der röm. Religion werden die Moiren den *Parzen* gleichgesetzt.
Mo i Rana [ˈmuː-], nordnorwegische Stadt am inneren Ende des Ranafjordes, Zentralort einer Großgemeinde, 4464 km², 24 800 Ew.; Stahlwerk; in der Gemeinde liegt *Svartisen,* der zweitgrößte norwegische Gletscher.
Moiré [mwaˈre; der oder das; frz.], **1.** *Drucktechnik:* störende Musterung bei Rasterbildern infolge fehlerhafter Rasterreproduk-

Moissac: Tympanon am Südportal der Vorhalle der romanischen Kirche St. Pierre

tion (→ *Klischee).* Schon durch die geringste Abweichung von der allg. gebräuchlichen Rasterwinklung kann M. auftreten. Physikalisch gesehen ist das M. eine störende Interferenz von Lichtstrahlen, bei denen das Raster als Beugungsgitter wirkt.
2. *Textilkunde:* ein leicht gerripptes Gewebe mit schillernden Musterungen. *Echter* oder *natürlicher* M. wird durch Pressen doppelter, feuchter Gewebelagen auf einem Kalander (Maschine mit Walzen) erzielt. *Unechter* oder *geprägter* M. *(M. imprimé),* der mit Hilfe von Gaufrierwalzen gepresst wird, zeigt eine genaue Wiederholung des Musters.
◆ **Moissac** [mwaˈsak], Stadt im südwestfranzös. Dép. Tarn-et-Garonne, am Zusammenfluss von Tarn u. Garonne, 12 200 Ew.; Kirche St. Pierre (12. Jh.) u. Kreuzgang der ehem. Benediktinerabtei mit bedeutenden roman. Skulpturen; Zentrum eines intensiv genutzten agrar. Umlands; Gummiindustrie.

◆ **Moissan** [mwaˈsã], Henri, französischer Chemiker, *28. 9. 1852 Paris, † 20. 2. 1907 Paris; stellte Diamanten künstlich her (umstritten); entdeckte das Fluor u. Fluorverbindungen; Nobelpreis für Chemie 1906.

Moissejew [-ˈsɛjɛf], *Moiseev,* Igor Alexandrowitsch, russ.

Henri Moissan

Moissi

Tänzer u. Choreograf, *21. 1. 1906 Kiew; bis 1939 Ballettmeister am Bolschoj-Theater in Moskau, wurde 1937 Leiter des von ihm gegr. Staatl. Volkstanzensembles der Sowjetunion *(Moissejew-Ensemble),* das aus internationale Gastspiele gibt; gründete 1966 das Moskauer Klass. Ballett. Bekannt wurde auch Moissejews Buch „Tänze der Völker der Sowjetunion" 1951/52.

◆ **Moissi,** Alexander, Schauspieler, *2. 4. 1880 Triest (Italien), †22. 3. 1935 Lugano (Schweiz); Schüler von J. *Kainz;* spielte unter M. *Reinhardt* in Berlin u. Wien u. bei den Salzburger Festspielen; wurde berühmt in Ibsen-, Tolstoj- u. Shakespeare-Rollen.

Alexander Moissi

Moisturizer [ˈmɔɪstʃəraɪzə, engl.], der Haut Feuchtigkeit zuführendes u. bindendes Präparat. Als Wirkstoffe werden verwendet: Glycerin, Pyrrolidoncarbonsäure, Natriumlactat, Polysaccharide, Sorbit, Polyethylenglykole.

Moivre [mwaːvr], Abraham de, französ. Mathematiker, *26. 5. 1667 Vitry-le-François, †27. 11. 1754 London; Hugenotte, verließ Frankreich u. lebte seit 1687 in London; Entdecker der *Moivre'schen Formel:* $(\cos x + i \sin x)^n = \cos nx + i \sin nx$.

Mojave Desert [məʊˈhaːvi ˈdɛzət], *Mohavewüste,* abflusslose Beckenlandschaft in Südkalifornien, zwischen den südl. Coast Ranges u. der Sierra Nevada; sehr heiße, trockene Creosotebusch-Wüstensteppe, der *Mojave River* versickert im abflusslosen *Mojave Sink;* Salz- u. Boraxlager in ausgetrockneten Seen; rd. 40 000 km².

Moji [moʊʒi], *Modschi,* Stadtteil der japan. Stadt → Kita-Kyushu.

Moji das Cruzes [moˈʒi das ˈkruzis], brasilian. Stadt, am Rio Tietê, im Staat São Paulo, 155 000 Ew.; Landwirtschaft (Gemüse, Kartoffeln, Obst); Eisen-, Aluminium-, Maschinenbau-, Holz-, Textil- u. chem. Industrie.

Mojo [ˈmoːho], Aruak-Indianerstamm (rd. 17 000) am Mamoré, im östl. Bolivien (Amazonasbecken); ihre Kultur ist kolonialspanisch gefärbt; Maniokanbau, Rinderzucht.

Mojokerto, indones. Stadt auf Java, 69 000 Ew.; Zuckerfabrik, Textilindustrie; Fundort eines Kinderschädels des Vorzeitmenschen Homo mojokertensis aus der *Pithecanthropus-Gruppe.*

Mokassin [auch ˈmɔ-; der; indian.], absatzloser, meist mit farbigen Stachelschweinborsten *(Quillwork)* bestickter Schuh aus frisch gegerbtem Leder bei Prärie- u. Pueblo-Indianern u. kanad. Jägerstämmen. – In der europ. Schuhmode bezeichnet man als M. einen absatzlosen Halbschuh mit rund um den Fuß hoch gebogenem Sohlenleder.

Mokassinschlangen → Dreieckskopfottern.

Moken, Eigenbez. einer Gruppe von nichtsesshaften altindones. Fischern u. Sammlern mit austronesischer Sprache im Mergui-Archipel vor der Küste Südbirmas.

Mokick, Kunstwort für → Moped ohne Tretkurbelantrieb mit → Kickstarter. Auch → Kraftfahrzeuge.

Mokka [nach der Hafenstadt *Mokka*], 1. arab. u. äthiop. kleinbohnige Kaffeesorte; 2. *Mokka türkisch,* nach türk. Vorbild zubereitetes starkes Kaffeegetränk. Der staubfein gemahlene Kaffee wird mit kaltem Wasser angesetzt, über einer Spiritusflamme erhitzt u. zum Aufkochen gebracht. Nach dem Abschrecken mit ein paar Tropfen kaltem Wasser (damit der Satz schneller zu Boden sinkt) wird der M. in kleinen Tassen ohne Milch heiß serviert.

Mokka, *Mocha, Al Mukha,* Hafen am Roten Meer in der Rep. Jemen, rd. 6000 Ew.; um die Mitte des 15. Jh. wichtigster Hafenplatz Südarabiens u. Ausfuhrhafen für jemenit. (Mokka-)Kaffee; um die Wende vom 19. zum 20. Jahrhundert noch rd. 50 000 Ew.; heute ohne wirtschaftl. Bedeutung.

Mokkastein, *Baumstein,* ein farbloser oder weißlich grauer durchscheinender Chalzedon (Mineral) mit baum- oder farnartigen Einschlüssen (Dendriten) von manganhaltiger Substanz; Schmuckstein; Vorkommen in Brasilien, Indien, USA.

Moknin, arab. *Al Muknin,* tunes. Stadt an der Küste, südl. von Sousse, 31 800 Ew.; Markt- u. Handwerkszentrum mit Oliven- u. Espartograsverarbeitung, Teppichknüpferei, Salzhandel.

Mokp'o, Hafenstadt an der Südwestküste Südkoreas, 248 000 Ew.; Nahrungsmittelindustrie (Fischkonservenherstellung); Fischereihafen, Ausfuhrhafen für Baumwolle u. Reis.

Mokscha, *Mokša,* rechter Nebenfluss der Oka (Russland), rd. 600 km; durchfließt Mordwinien, im Unterlauf schiffbar, 5 Monate vereist; Flößerei.

Moksha [-kʃa; der; sanskr.], Erlösung aus dem Daseinskreislauf (→ Wiedergeburt); Heilsziel der ind. Erlösungsreligionen.

Mokuan, japan. Zen-Priester u. Maler, *um 1300, †nach 1344 in China; einer der ersten japan. Maler der reinen Tuschmalerei in der Art des *Muxi.*

◆ **Mol,** Zeichen mol, Basiseinheit des Internationalen Einheitensystems (SI) für die Stoffmenge. Ein M. ist die Stoffmenge einer Substanz, die aus ebenso vielen Teilen besteht, wie in 0,012 kg des Nuklids Kohlenstoff-12 (^{12}C) an Atomen enthalten sind. Diese Teilchenzahl ist gleich der → Loschmidt'schen Zahl. Das bedeutet: In der Stoffmenge n = 1 mol sind $6{,}022 \cdot 10^{23}$ Teilchen enthalten. Dabei muss festgelegt werden, um welche abzuzählenden Teile es sich handelt (Atome, Moleküle, Ionen, Elektronen, andere Teilchen oder Gruppierungen solcher Teilchen).

Mol: Entsprechungen

1 Mol Hg Cl ≙ 236,04 g
1 Mol Hg₂Cl₂ ≙ 472,08 g
1 Mol Hg₂₊ ≙ 200,59 g
1 Mol Hg₂ ≙ 401,18 g
1 Mol e⁻(Elektronen) ≙ $5{,}4860 \cdot 10^{-4}$ g

Pier Francesco Mola: Dionysos und Ariadne. Braunschweig, Herzog Anton Ulrich-Museum

◆ **Mola,** Pier Francesco, italien. Maler u. Radierer, *9. 2. 1612 Coldrerio bei Como, †16. 5. 1666 Rom; Fresken u. Altarbilder von landschaftl. Stimmungsreiz u. warmer Farbgebung.

Mola di Bari, italien. Hafenstadt in Apulien, 25 000 Ew.; Gerbereien, landwirtschaftl. Handel, Fischerei; Seehafen zur Zeit der Kreuzzüge.

Molanus, Gerard Wolter, dt. luth. Theologe, *1. 11. 1633 Hameln, †7. 9. 1722 Hannover; 1659 Professor der Mathematik, 1664 der Theologie in Rinteln, 1674 Direktor des Konsistoriums in Hannover, 1677 Abt des (ev.) Klosters Loccum, beteiligt an Unionsverhandlungen mit der reform. wie der kath. Kirche.

Molar [der, Pl. *Molaren;* lat.], Backenzahn der Säuger.

molare Lösung, eine Lösung, die 1 mol einer gelösten Substanz in 1 Liter enthält (einmolare Lösung, 1-m-Lösung). Bei Lösungen niedrigerer oder höherer Konzentration handelt es sich dementsprechend z. B. um eine 0,1-m-Lösung oder eine 2-m-Lösung. Auch → Konzentration.

molare Masse, eine stoffmengenbezogene Größe (→ Stoffmenge), nach dem SI-Einheiten-System definiert als: molare Masse $M = \dfrac{m}{n}$ (in g/mol), wobei m = Masse einer Stoffportion in g u. n = Stoffmenge in mol ist. Beispiel: $M(NH_3) = 17{,}03$ g/mol. Die Bez. m. M. ersetzt den veralteten Begriff *Molmasse.*

molare Wärmekapazität, auf die Stoffmenge bezogene Wärmekapazität. Die m. W. ist gleich dem Produkt aus spezifischer Wärmekapazität u. relativer Molekülmasse u. nach der Dulong-Petit'schen Regel nahezu konstant.

Molarität [lat.], veraltete Bez. für die → Stoffmengenkonzentration. Auch → Konzentration, → Mol, → Stoffmenge.

Molasse [die; frz.], eine tertiäre Schichtenfolge (Konglomerate, Mergel, Sandsteine), die nördl. der *Flyschzone* in einer Randsenke vor den Alpen (bes. im N, *Bayer. Molassebecken*) abgelagert wurde. Eine gröbere Form ist die *Nagelfluh* zwischen Alpen u. Jura in der Mittelschweiz. In der M. finden sich stellenweise Pechkohlenflöze u. Erdölspuren.

Molay [mɔˈlɛ], Jacques de, *Jakob von Molay*, letzter Großmeister des Templerordens, * um 1243 Molay, Burgund, † 19. 3. 1314 Paris; wurde 1307 verhaftet u. durch Folter zu falschen Geständnissen gezwungen; zunächst zu lebenslängl. Haft verurteilt; nach Widerruf seiner Geständnisse auf dem Scheiterhaufen verbrannt.

Molche → Schwanzlurche.

Molchfische, *Lepidosirenidae*, Familie der *Lungenfische*, besteht aus 4 afrikan. Arten der Gattung *Protopterus* u. dem *Südamerikan. Lungenfisch (Schuppenmolch, Lepidosiren paradoxus)*; er wird etwa 1 m lang u. lebt in schlammigen Gewässern der Amazonas- u. Gran-Chaco-Flussgebiete. Die Kiemen der M. sind stark zurückgebildet, deshalb atmen sie stets zusätzlich Luft. Trockenzeiten verbringen sie in Schlammkapseln im Boden; in Hungerzeiten verbrauchen sie Muskulatur (nicht Fett) u. speichern dabei den sonst hochgiftigen Harnstoff (bis zu 2% vom Körpergewicht). Die Männchen betreiben Brutpflege in unterird. Nestern.

Molcho, Samy, israel. Pantomime, * 24. 5. 1936 Tel Aviv; bes. bekannt durch Soloprogramme; eröffnete 1977 die erste Pantomimenschule im deutschsprachigen Raum in Wien; schrieb „Körpersprache" 1983.

Mold [mɔuld], Verw.-Sitz der nordwalis. Grafschaft Clwyd, am Alyn, 8600 Ew.; Kohlenbergbau.

Moldanubikum [lat.], eine Landschaft, → Böhmische Masse.

Moldau, ◆ **1.** rumän. *Moldova*, Landesteil im NO Rumäniens, zwischen Bessarabien u. Siebenbürgen, umfasst das von Sereth u. Pruth durchflossene Tiefland mit der von ihnen eingeschlossenen fruchtbaren *Moldauischen Lößplatte*; Anbau von Mais, Weizen, Zuckerrüben, Flachs, Hanf u. Sonnenblumen („Kornkammer Rumäniens"); im W das waldreiche Bergland der Ostkarpaten mit Braunkohlen-, Salz-, Erdöl- u. Erdgaslagern; Zentrum: Iaşy; wichtigste Industrieorte: Iaşy, Roman, Bacău, Botoşani, Birlad u. Piatra-Neamţ.
Geschichte: 1359 selbständiges Fürstentum, im 14. Jh. von Polen lehnsabhängig, im 15. Jh. der Türkei tributpflichtig, 1511 unter türk. Oberhoheit, im 16. u. 17. Jh. unter den einheim. *Gospodaren*, im 18. u. 19. Jh. in den russ.-türk. Kriegen wiederholt von Russland besetzt, 1829 autonom unter russ. Schutzherrschaft; 1859 mit dem Fürstentum *Walachei* verbunden u. 1861 als → Rumänien unter der Herrschaft des Bojaren A. J. *Cuza* vereinigt.
2. rumän. *Moldova*, rechter Nebenfluss des Sereth im NO Rumäniens, 237 km; entspringt in der Bukowina, durchbricht die Ostkarpaten, mündet nördl. von Bacău.
3. tschech. *Vltava*, linker Nebenfluss der Elbe in der Tschech. Republik, 435 km, Einzugsgebiet 28 082 km², 23 200 Ew.; entspringt mit *Warmer* u. *Kalter M.* im Böhmerwald, mündet bei Mělník; 24 Stauseen u. -stufen (*Moldaukaskade*).

moldauische Sprache, ein ostrumän. Dialekt, die rumän. Sprache der in Moldova, der Ukraine u. Russland lebenden Rumänen (3,3 Mio.).

Moldavit [der; nach dem Fluss *Moldau*], *Meteorglas*, oberflächlich auf der Erde sehr selten vorkommendes, glasartiges Mineral, das bes. im Moldaugebiet bis zu Faustgröße gefunden wurde. Moldavite zählen zu den → Tektiten. Auch → Meteorit.

Molde, Hafen am *Moldefjord*, Hptst. der norweg. Prov. (Fylke) Möre og Romsdal, als Großgemeinde 362 km², 23 400 Ew.; Bekleidungs-, Möbel- u. Elektroindustrie; Schiffsausrüstungen; Fremdenverkehr, Flugplatz.

Mölders, Werner, dt. Jagdflieger (1941 Oberst), * 18. 3. 1913 Gelsenkirchen, † 22. 11. 1941 bei Breslau (Flugzeugabsturz); einer der erfolgreichsten dt. Jagdflieger im 2. Weltkrieg.

Moldova, Staat in Osteuropa, → Seite 118.

Moldau, 1. Landschaft im NO von Rumänien, → Moldau (1).
2. Fluss in Rumänien, → Moldau (2).

Moldovan, Kurt, österr. Maler u. Grafiker, * 22. 6. 1918 Wien, † 19. 9. 1977 Wien; schuf mit Tuschpinsel u. Rohrfeder grafische Serien, in denen sich die Erfahrung der Grausamkeit widerspiegelt (Kriegs- u. Zirkusserien, Kinderspiele, „Belustigungen Richards III.", „Antike Szenen").

Mole (2): Nordsee-Mole (links). – Ostsee-Mole (rechts)

Moldoveanu, höchster Berg des Făgăraşer Gebirges in Rumänien, 2544 m.

Mole, 1. [die; lat.], *Medizin:* eine Erkrankung wärend der Schwangerschaft, → Blasenmole.
◆ **2.** [die; ital.], *Wasserbau:* Damm zum Schutz eines Hafens oder einer Hafeneinfahrt gegen Sturm, Wellenschlag, Strömung u. Versanden; oft wie ein Kai zum Anlegen von Schiffen ausgebildet (*Landungsmole*). Auch → Wellenbrecher.

Molekül [das; frz., „kleine Masse"], *Molekel*, aus mindestens zwei → Atomen aufgebautes kleinstes, frei bewegl. u. elektr. neutrales Teilchen. Diese Definition des Moleküls trifft jedoch streng nur auf die Moleküle der Gase zu u. auch hier nur auf Gase unter den Bedingungen, bei denen das Produkt von Druck u. Volumen gleich dem Produkt aus

Fortsetzung S. 119

Moldau (1): Klosterkirche des Klosters Sucevita

Moldova

Autokennzeichen: MD

Fläche: 33 851 km²

Einwohner: 4,4 Mio.

Hauptstadt: Chişinău

Sprache: Moldawisch

Währung: 1 Moldova-Leu = 100 Bani

Offizieller Name: Republik Moldova

Bruttosozialprodukt/Einw.: 410 US-Dollar

Regierungsform: Parlamentarische Republik

Religion: Überwiegend russ.-orthodoxe Christen

Nationalfeiertag: 27. August

Zeitzone: Mitteleuropäische Zeit +1 Std.

Grenzen: Im N, O u. S Ukraine, im W Rumänien

Lebenserwartung: 68 Jahre

Landesnatur Die Republik nimmt den Hauptteil Bessarabiens ein. Der N wird von der waldlosen, äußerst fruchtbaren Belzysteppe eingenommen. Im zentralen Teil erhebt sich ein größtenteils bewaldetes, bis 400 m ansteigendes Hügelland, an das sich nach S flaches u. trockeneres Steppenland anschließt. Wichtigster Fluss ist der Dnjestr im O Moldovas, im W bildet der Pruth die Grenze zu Rumänien. Das Klima ist gemäßigt kontinental mit langen, warmen Sommern u. milden Wintern.

Bevölkerung Die Bevölkerung setzt sich zusammen aus 64,5 % Moldauern (Rumänen), 13,8 % Ukrainern, 13 % Russen, 4 % Gagausen u. 2 % Bulgaren. Die Staatssprache Moldauisch ist ein rumän. Dialekt, dagegen gehört das im S der Republik gesprochene Gagausisch zu den Turksprachen; mehr als zwei Drittel der Bevölkerung beherrschen auch die russ. Sprache. Die Moldauer gehören mehrheitl. der russ.-orth. Kirche an.

Wirtschaft Die Wirtschaft Moldovas beruht vorrangig auf der intensiven Landwirtschaft, in der vor allem Wein, Obst, Tabak, Weizen u. Sonnenblumen angebaut werden. Außerdem wird Rinder-, Schweine- u. Schafzucht betrieben. Die Industrie beschränkt sich in erster Linie auf die Nahrungsmittel-, Baustoff-, Textil-, Maschinen- u. Elektroindustrie. Moldova verfügt über keine nennenswerten Bodenschätze. Über 70 % der Ausfuhr stellen Nahrungsmittel u. andere landwirtschaftl. Produkte; Haupthandelspartner sind Russland, die Ukraine u. Rumänien.

Geschichte Im 14. Jh. wurde das Gebiet zwischen Pruth u. Dnjestr (das spätere Bessarabien) Teil des Fürstentums Moldau. Seit dem 16. Jh. stand der S Bessarabiens unter türk. Oberherrschaft. 1812 fiel ganz Bessarabien an Russland (1856–1878 große Teile beim Fürstentum Moldau bzw. bei Rumänien), 1918 kam es zum Königreich Rumänien. 1940 zwang die UdSSR Rumänien zur Abtretung des Gebiets. Der südl. Teil wurde der Ukraine angeschlossen, der Hauptteil mit der 1924 gegr. Moldauischen ASSR zur Moldauischen SSR vereinigt. Während des 2. Weltkriegs kam das Gebiet wieder unter rumän. Herrschaft. Im Pariser Friedensvertrag von 1947 erkannte Rumänien die sowjet. Annexion an. Nationale Bestrebungen konnten sich erst wieder unter M. *Gorbatschow* regen. 1990 erklärte Moldova seine Souveränität. Am 27. 8. 1991 wurde die Unabhängigkeit proklamiert. Problematisch entwickelte sich das Verhältnis zwischen der rumän. Bevölkerungsmehrheit u. den Minderheiten der Russen u. Gagausen, die unabhängige Republiken (Gagausien u. Dnjestr-Republik) ausriefen, die aber von der moldauischen Regierung nicht anerkannt wurden. Während für Gagausien ein Autonomiestatut vereinbart wurde, konnte für die Dnjestr-Republik keine einvernehml. Lösung gefunden werden. Die Verfassung von 1994 institutionalisierte in Moldova ein parlamentar.-präsidentielles System. 1999 scheiterte ein Versuch des seit 1997 amtierenden Staats-Präs. P. *Lucinschi*, seine Befugnisse erweitern zu lassen. Im Gegenzug schaffte das Parlament im Juli 2000 mit einer Verfassungsänderung die Direktwahl des Präs. ab. Vorgezogene Parlamentswahlen im Februar 2001 gewann die Kommunist. Partei mit absoluter Mehrheit. Der KP-Vorsitzende W. *Woronin* wurde im April 2001 vom Parlament zum neuen Staatspräsidenten gewählt.

Typisch für die traditionellen Trachten sind Stickereien, wie die bestickten Blusen der Frauen

einer Konstanten u. der absoluten Temperatur ist ($p \cdot V = R \cdot T$; → Gas). In Flüssigkeiten, Lösungen u. festen Stoffen, bes. bei den hochmolekularen Stoffen, kann jedoch infolge von → Assoziationen u. Verflechtungen innerhalb der Moleküle von eigentl. Molekülen nicht mehr gesprochen werden.
Die einzelnen Atome werden im M. durch verschiedenartige chem. Bindungen zusammengehalten (→ Bindung [4]). Der Durchmesser der einfacheren Moleküle beträgt etwa 10^{-8} cm (Wasserstoffmoleküle). Während die einfachen Moleküle mikroskopisch nicht sichtbar sind, können die Moleküle hochmolekularer Verbindungen im Elektronenmikroskop beobachtet werden. Derartige „Riesenmoleküle" sind z. B. die *Viren*, die möglicherweise den Übergang von der unbelebten zur belebten Materie bilden, da sie einerseits kristallisieren, andererseits sich (in lebenden Zellen) vermehren können. – *Fadenmoleküle* haben ein sehr hohes Molekulargewicht; die Atome sind fadenförmig aneinander gereiht. Sie erreichen bei Messungen bis zu 10^{-4} cm. Sie bedingen infolge ihrer Struktur die bes. Eigenschaften mancher Naturstoffe (z. B. Cellulose) u. synthet. Produkte (z. B. Nylon). Auch → Makromolekül.

Molekularbewegung → Brown'sche Molekularbewegung.

Molekularbiologie [grch.], eine Teildisziplin der Biologie, die sich mit den Lebenserscheinungen der Organismen auf molekularer Ebene befasst, d. h. Lebensvorgänge insbesondere auf der Ebene der Struktur u. Funktion der Makromoleküle DNA, RNA u. der Proteine untersucht. Die M. unterbaut damit viele biolog. Teildisziplinen. Sie hat keine spezif. Arbeitsweise, sondern entlehnt sie anderen Gebieten wie der *Biochemie*, *Kybernetik*, *Biophysik* und *Genetik*. Sie beschränkt sich auf grundlegende Probleme wie Atmung, Art u. Wirkung der Gene (*Molekulargenetik*), Biosynthese von Stoffen (z. B. Proteine, Nucleinsäuren, Chlorophylle, Enzyme), Enzym- u. Hormonfunktion, Immunreaktionen u. Photosynthese. – Die M. entstand 1943 mit der Entdeckung von O. T. *Avery*, dass die Desoxyribonucleinsäure (DNA) die Grundlage der genetischen Information ist. Der Begriff M. wurde wahrscheinl. von M. *Delbrück* geprägt.

Molekulardestillation, ein thermisches Trennverfahren, bei dem hochsiedende u. sehr empfindl. Stoffe aus Flüssigkeiten unter Hochvakuum abgezogen werden. Auch → Destillation.

Molekularelektronik → Mikroelektronik.

Molekulargenetik [grch.], ein Teilgebiet der → Genetik.

Molekulargewicht, veraltet für relative → Molekülmasse.

Molekularkräfte, Anziehungskräfte zwischen Molekülen, → van-der-Waals-Kräfte.

Molekularsieb-Chromatographie, eine Methode zur Trennung von chem. Stoffen, → Chromatographie.

Molekularsiebe, *Molekülsiebe*, kristalline Metall-Aluminosilicate mit einer dreidimensionalen netzförmigen Struktur aus Kieselsäure u. Tonerde-Tetraedern. Sie werden als selektive Adsorptionsmittel für Gase u. Flüssigkeiten sowohl in der Technik als auch im analytischen u. präparativen Labor vielseitig verwendet. Die Sieb- bzw. Adsorptionswirkung beruht darauf, dass nur solche Substanzen adsorbiert werden, deren Moleküle in die Poren eindringen können. Die Regenerierung erfolgt entweder durch Wärmezufuhr, Druckwechsel, Spülen oder Verdrängung. Die handelsüblichen Siebe haben eine Maschenweite von etwa $3-10 \cdot 10^{-10}$ m.

Molekularstrahl, ein Strahl aus elektr. neutralen Molekülen, die nahezu parallel durch ein Vakuum fliegen. Zur Herstellung von Molekularstrahlen lässt man die Moleküle eines Gases aus einem geschlossenen Gefäß durch eine enge Öffnung u. evtl. eine oder mehrere Blenden in einen luftleer gepumpten Raum austreten. Die Molekularstrahlmethode benutzt diese Strahlen aus frei fliegenden Teilchen zur Prüfung der → kinetischen Gastheorie; z. B. ergibt die Messung der Teilchengeschwindigkeit im M. die *Maxwell'sche Geschwindigkeitsverteilung* für die Wärmebewegung der Moleküle. Aus der Schwächung eines Molekularstrahls, der durch ein (stark) verdünntes Gas fliegt, lässt sich die mittlere freie Weglänge ermitteln, d. h. die Strecke, die Moleküle im Mittel zwischen zwei Zusammenstößen durchfliegen. – In der modernen Atomphysik werden Molekularstrahlen zur Untersuchung der physikal. Eigenschaften einzelner Teilchen ausgenutzt. Auch → Atomstrahl.

Molekularströme, ursprüngl. (nach A. M. *Ampère* 1822) hypothet. elektr. Kreisströme im einzelnen Molekül, die den Magnetismus materieller Körper bewirken; nach heutiger Vorstellung die im Atom oder Molekül umlaufenden Elektronen.

Molekularverstärker, ein Gerät zur Erzeugung u. Verstärkung elektromagnet. Wellen, → Maser.

Molekularwärme → molare Wärmekapazität.

Molière in der Rolle des Dieners Sganarelle und in der Funktion des „orateurs" seiner Schauspieltruppe, der die Vorstellung des nächsten Abends ankündigt und zu ihr einlädt. Zeitgenössischer französischer Stich. Berlin, Staatsbibliothek

Molekülkristall, ein Kristall, der entweder aus Molekülen (z. B. CD_4) aufgebaut ist, oder ein Ionenkristall, der eine oder mehrere molekulare Gruppen als Baustein enthält (z. B. KCN oder NH_4Cl). Molekülkristalle gehören zu den Forschungsschwerpunkten in der Festkörperphysik. Sie dienen u. a. zum Studium des Tunneleffekts.

Molekülmasse, *relative Molekülmasse*, die Summe der relativen → Atommassen der in einem Molekül enthaltenen Atome. Die M. kann nach verschiedenen Methoden bestimmt werden, z. B. durch Gas- oder Dampfdichtebestimmung, aufgrund der Gefrierpunktserniedrigung oder Siedepunktserhöhung, mit Hilfe des osmot. Drucks oder besonders genau mit einem Massenspektrometer.

Molekülorbital-Theorie, *MO-Theorie*, eine Theorie zur qualitativen u. quantitativen Beschreibung von Molekülzuständen, an deren Entwicklung die Physiker J. E. *Lennard-Jones*, G. *Herzberg*, F. *Hund*, R. *Mulliken* entscheidenden Anteil hatten. Danach befinden sich die Elektronen eines Atoms in Atomorbitalen sowie die Elektronen eines Moleküls in Molekülorbitalen, die sich durch mathematische Fraktionen näherungsweise beschreiben lassen (*Schrödinger-Gleichung*). Die M. lässt sich zur Deutung von Atom- u. Moleküleigenschaften sowie von Bindungszuständen heranziehen.

Molenaer [-na:r], Jan Miense, niederländ. Maler u. Radierer, *um 1610 Haarlem(?), †15. 9. 1668 Haarlem; Bildnisse u. heitere Volksszenen unter dem Einfluss von F. *Hals*, A. *Brouwer* u. A. van *Ostade*, auch kleinfigurige Bauernbilder.

Molenbeek-Saint-Jean [-sɛ̃ ʒã], nordwestl. Vorort von Brüssel, 68 400 Ew.

Molenda → Flughunde.

Molepolole [engl. mɔulɛipouˈloulɛi], Ort im SO von Botswana, 1158 m ü. M., 33 500 Ew.; Straßenknotenpunkt.

Moleschott [-sxɔt], Jakob, niederländ. Naturforscher, Arzt u. Philosoph, *9. 8. 1822 Herzogenbusch, †20. 5. 1893 Rom; Prof. in Zürich, Turin u. Rom; verband das Gesetz von der Erhaltung des Stoffs (A. L. *Lavoisier*) mit dem Gesetz von der Erhaltung der Energie (R. *Mayer*) u. vertrat einen wissenschaftl. u. weltanschaul. *Materialismus*, in dem er das Denken auf die stofflich-physiologischen Abläufe zurückführte. Hptw.: „Der Kreislauf des Lebens" 2 Bde. 1852.

Moleskin [ˈmoʊlskin; der; engl., „Maulwurfsfell"], ungerautes Schussatlasgewebe aus Baumwolle mit hoher Schussdichte.

Moletteur und Releveur [-ˈtœr - ˈvœr; frz.] → Zerspanungsmechaniker.

Molfetta, italien. Hafenstadt in Apulien, nordwestl. von Bari, 65 800 Ew.; roman.-apulischer Dom (12. Jh.); Zementfabrik, Handel mit Wein, Mandeln u. Olivenöl, Fischereihafen u. Fischgroßmarkt.
M. war namengebend für die süditalien. Gruppe der Impressokeramik (Abdruckkeramik) durch prähistor. Siedlungsreste, die bei einer eingestürzten Höhle, rd. 2,5 km landeinwärts, gefunden wurden.

◆ **Molière** [mɔˈljɛr], eigentl. Jean Baptiste *Poquelin*, französ. Dichter, *15. 1. 1622

Georg Moller: Schloss in Wiesbaden, heute Sitz des Hessischen Landtages; 1837–1842

Paris, † 17. 2. 1673 Paris; studierte Rechtswissenschaft, gründete 1643 das „Illustre Théâtre", das gleich Bankrott machte, bereiste daraufhin die französ. Provinz mit einer Schauspieltruppe, für die er italien. Komödien bearbeitete; übernahm 1660 das Théâtre du Palais-Royal, für das er Lustspiele schrieb u. in dem er selbst auftrat. Berühmt wurde er durch „Die lächerl. Preziösen" 1659; seitdem entwickelte er sich zu Frankreichs größtem Lustspieldichter, indem er das italien. Intrigenstück zur hintergründig-tragikom. Sittenkomödie ausweitete. Von Ludwig XIV. begünstigt, setzte er sich gegen die Geistlichkeit durch, deren Zorn er mit „Tartuffe" 1664 erregt hatte. M. zählt zu den größten Lustspieldichtern der Weltliteratur; seine Hauptwerke − nur 32 seiner vielen Bühnenstücke sind erhalten − gehören noch heute zum Spielplan aller Bühnen: „Die Schule der Ehemänner" 1661; „Die Schule der Frauen" 1662; „Don Juan" 1665; „Der Misanthrop" 1666; „Amphitryon" 1668; „Der Geizige" 1668; „Der Bürger als Edelmann" 1670; „Die gelehrten Frauen" 1672; „Der eingebildete Kranke" 1673. − Œuvres complètes, 1682 u. ö.; viele dt. Übers., z. B. von L. Fulda, A. Luther, R. A. Schröder, L. Wolde, H. M. Enzensberger.

Molin, Pelle, schwed. Schriftsteller u. Maler, * 8. 7. 1864 Multrå, Ångermanland, † 26. 4. 1896 Bodö (Norwegen); mit seinen kraftvollen, postum erschienenen „Nordlandgeschichten" (dt. 1912) ein klass. Schilderer der nordschwed. Wildmark.

Molina, 1. Luis de, span. kath. Theologe, * 1535 Cuenca, † 12. 10. 1600 Madrid; Jesuit, erster Thomas-Kommentator seines Ordens, begründete die Gnadenlehre des → Molinismus; die Dominikaner unter Führung von D. *Báñez* bekämpften ihn, konnten jedoch keine Verurteilung Molinas herbeiführen; moraltheolog. Hptw.: „De iustitia et iure" 6 Bde. 1593–1609.

2. Mario José, mexikan. Physikochemiker, * 19. 3. 1943 Mexico City; seit 1989 Prof. am Massachusetts Institute of Technology (MIT) in Cambridge, USA; erhielt 1995 zusammen mit P. *Crutzen* u. S. *Rowland* den Nobelpreis für Chemie für die von ihm u. Rowland formulierte Theorie, dass Fluorchlorkohlenwasserstoffe (FCKW) an der Zerstörung der stratosphär. Ozonschicht beteiligt sind.

3. Tirso de, span. Dichter, → Tirso de Molina.

Moline [mɔˈliːn], Stadt im NW des USA-Staats Illinois, am Mississippi, 43 200 Ew.; Bau von landwirtschaftl. u. a. Maschinen. − Gegr. 1823, Stadt seit 1872.

Molinia [lat.], Gattung der *Süßgräser*, → Pfeifengras.

Molinismus, von L. de *Molina* 1588 in seinem Werk „Concordia liberi arbitrii cum gratiae donis..." entwickelte Gnaden- u. Freiheitslehre, in der die freie Entscheidung des Menschen zum Heil von der Gnade Gottes zwar unmittelbar vorbereitet, aber nicht von ihr bewirkt wird; führte zum → Gnadenstreit mit dem Thomismus.

Molinos, Miguel de, span. kath. Theologe, * 29. 6. 1628 Muniesa bei Saragossa, † 28. 12. 1696 Rom; Hauptvertreter der quietistischen Mystik. Seine Lehre wurde 1687 verurteilt, er selbst bis zum Tod in Klosterhaft gehalten.

Molisch, Hans, österr. Botaniker, * 6. 12. 1856 Brünn, † 8. 12. 1937 Wien; gab einen Nachweis für Traubenzucker an; Pionier der Mikrochemie. Hptw.: „Mikrochemie der Pflanzen" 1913; „Pflanzenphysiologie" 1917; „Anatomie der Pflanze" 1920.

Molise, mittelitalien. Region (seit 1964), 4438 km², 332 000 Ew.; Hptst. *Campobasso*; umfasst die Prov. Campobasso u. Isernia; vorwiegend Berg- u. Hügelland des Apennins; spärl. Vegetation, Viehwirtschaft; dünn besiedelt, industriearm.

Molke [die], wässriger Rückstand der → Milch nach Abscheidung des Caseins u. des Milchfetts bei der Quark- u. der Käseherstellung. M. enthält noch 4–5 % Milchzucker, 0,3–1 % Eiweiß, einen großen Teil der Milchsalze, Milchsäure u. Spuren von Fett. Sie dient als Viehfutter, zur Gewinnung von Milchzucker u. als Heilmittel.

Molkerei, *Meierei*, *Käserei*, in den Alpen *Sennerei*, Betrieb zur Gewinnung hochwertiger Trinkmilch sowie zur Weiterverarbeitung von Milch zu Butter, Käse, Joghurt u. a. Produkten. Die kleinen Molkereien werden zunehmend von industriellen Großmolkereien verdrängt.

Molkereifachmann, *Molkereifachfrau*, anerkannter landwirtschaftl. Ausbildungsberuf mit 3-jähriger Ausbildungsdauer. Molkereifachleute überwachen die Herstellung von Milcherzeugnissen in Molkereien.

Molkereigenossenschaft, eine landwirtschaftl. Genossenschaft, die für ihre Mitglieder die Be- u. Verarbeitung der angelieferten Milch zu Konsummilch, Milchfrischprodukten, Butter, Käse, Kondensmilch u. Milchpulver sowie den Absatz der Milch u. Milcherzeugnisse übernimmt. Regionale Molkereizentralen sichern den regionalen u. teilweise auch überregionalen Marktausgleich. Dachorganisation der dt. genossenschaftl. Molkereiwirtschaft ist das *Deutsche Milch-Kontor GmbH*, Abk. *DMK*, Hamburg.

Moll [das; lat. *mollis*, „weich"], *Musik*: das „weiche" Tongeschlecht. Im 16. Jh. bildete sich aus der äolischen, dorischen u. phrygischen Kirchentonart das M. im heute gebräuchl. Sinn. Es erscheint in 3 Formen: 1. *reines (äolisches)* M.; 2. *harmonisches* M., mit übermäßigem Sekundschritt von 6. zum 7. Ton; 3. *melodisches* M., mit Ausgleich dieses Schritts durch Erhöhung des 6. Tons beim Aufwärtsgang u. Auflösung beider Erhöhungen beim Abwärtsgang der Tonleiter. − Charakterist. Moll-Intervalle sind − vom Grundton aus gesehen − die kleine Terz u. die kleine Sexte (Letztere nur beim melod. Moll-Tonleiter nur beim Abwärtsgang). Gegensatz: *Dur*. Auch → Kirchentonarten.

Moll, 1. Balthasar Ferdinand, österr. Bildhauer, * 4. 1. 1717 Innsbruck, † 3. 3. 1785 Wien; dort nachweisbar seit 1741, Hofbildhauer u. Prof. an der Akademie; trat das künstler. Erbe G. R. *Donners* an; vollzog den Übergang vom Rokoko zum frühen Klassizismus. Hptw.: Doppeltumba (Grab) Kaiser Franz' I. u. Maria Theresias, 1754; Reiterstandbild Franz' I., 1781, Wien, Burggarten.

2. Oskar, dt. Maler, * 21. 7. 1875 Brieg, † 19. 8. 1947 Berlin; mit R. *Levy* u. H. *Purrmann* Schüler von H. *Matisse*; malte starkfarbige Stillleben u. Landschaften in Anlehnung an den Stil der „Fauves".

Möll, linker Nebenfluss der Drau (Österreich), 65 km; entspringt in den Hohen Tauern, mündet bei *Möllbrücke* nordwestl. von Spittal; bei Heiligenblut der *Möllfall* (80 m hoch).

Möllemann, Jürgen, dt. Politiker (FDP), * 15. 7. 1945 Augsburg; Lehrer; 1972–2000 Mitglied des Bundestags; 1982–1987 Staats-Min. im Auswärtigen Amt, 1987–1991 Bundes-Min. für Bildung u. Wissenschaft, wurde 1991 Bundes-Min. für Wirtschaft, trat 1993 von seinem Ministeramt zurück; seit 2000 Mitgl. des Landtags von Nordrhein-Westfalen u. dort Fraktions-Vors. seiner Partei.

Mollenhauer, Klaus, dt. Erziehungswissenschaftler, *31. 10. 1928 Berlin; 1966 Prof. in Kiel, 1969 in Frankfurt, ab 1972 in Göttingen; beschäftigt sich bes. mit Wissenschaftstheorie. Hptw.: „Einführung in die Sozialpädagogik" 1965.

◆ **Moller,** Georg, dt. Architekt u. Schriftsteller, *21. 1. 1784 Diepholz, †13. 3. 1852 Darmstadt; Schüler von F. *Weinbrenner*, städtebaul. Tätigkeit in Darmstadt im Sinn des Klassizismus (Opernhaus, 1819, u. Ludwigskirche, 1824, in Darmstadt; Schloss in Wiesbaden). Als Architekturhistoriker war M. einer der besten Gotikkenner seiner Zeit.

Möller [der], das in Verhüttungsöfen eingebrachte Gemenge von Erz u. Zuschlägen.

Möller, 1. Alex, dt. Politiker (SPD), *26. 4. 1903 Dortmund, †2. 10. 1985 Karlsruhe; Eisenbahner, Journalist, Gewerkschaftssekretär; seit 1922 Mitgl. der SPD, 1928–1933 MdL in Preußen; ab 1934 arbeitete er in der Versicherungswirtschaft, 1945–1969 Vors. des Vorstands der Karlsruher Lebensversicherung AG; 1946–1961 MdL in Baden-Württemberg, 1961–1976 MdB, 1969–1971 Bundes-Min. der Finanzen, trat zurück, weil er seine Vorstellungen über einen ausgeglichenen Bundeshaushalt nicht durchsetzen konnte. M. schrieb „Genosse Generaldirektor" 1978; „Tatort Politik" 1980.
2. Alfred, dt. Forstwirtschaftler, *12. 8. 1860 Berlin, †4. 11. 1922 Eberswalde; Direktor der Forstakademie Eberswalde, trat für den *Dauerwald* ein; Hptw.: „Der Dauerwaldgedanke" 1922.
3. Josef, österr. Pharmakologe, *21. 3. 1848 Pápa (Ungarn), †4. 10. 1924 Graz; Prof. in Graz, Innsbruck u. Wien, Pionier der Pharmakognosie u. Lebensmittelkunde; Hptw.: „Mikroskopie der Nahrungs- u. Genussmittel" 1886; „Lehrbuch der Pharmakognosie" 1889; „Lehrbuch der Arzneimittellehre" 1893.

Möller-Barlow'sche Krankheit [-'baːlou-; nach dem dt. Chirurgen J.O. Ludwig *Möller* u. dem engl. Arzt T. *Barlow*], dem *Skorbut* entspr. Krankheit der Säuglinge u. Kinder, verursacht durch Vitamin-C-arme Ernährung; führt vor allem zu Haut- u. Schleimhautblutungen u. hoher Infektionsanfälligkeit; Behandlung mit Vitamin C.

◆ **Mollet** [mɔˈlɛ], Guy, französ. Politiker (Sozialist), *31. 12. 1905 Flers de l'Orne, †3. 10. 1975 Paris; Lehrer; 1946–1969 Generalsekretär der Sozialist. Partei; 1956/57 Min.-Präs., trat für die Berufung de Gaulles zum Regierungschef ein u. war 1958/59

Guy Mollet

Staats-Min. in dessen Kabinett; später Gegner des Gaullismus.

Möllhausen, Balduin, dt. Schriftsteller u. Forschungsreisender, *27. 1. 1825 bei Bonn, †28. 5. 1905 Berlin; beschrieb in Reisetagebüchern („Tagebuch einer Reise vom Mississippi nach den Küsten der Südsee" 1858; „Reise in den Felsengebirgen Nord-Amerikas" 1861), Romanen („Das Mormonenmädchen" 1864) u. Novellen bes. das Pionier- u. Indianerleben Amerikas u. die Südseewelt.

Mollier [mɔˈlje], Richard, dt. Wärmetechniker, *30. 11. 1863 Triest (Italien), †13. 3. 1935 Dresden; Prof. in Dresden, bemühte sich um den Ausbau der techn. Thermodynamik. Bekannt sind die *Mollier-Dampftafeln*, die z.B. Daten über Entropie, Wärmeinhalt, Druck u. Temperatur des Wasserdampfs enthalten; das *Mollier-IS-Diagramm*, bei dem die Entropie *(S)* auf der Abszisse u. der Wärmeinhalt *(I)* als Ordinate aufgetragen sind, gestattet, alle wichtigen thermodynam. Größen leicht zu bestimmen.

Mollison, Theodor, dt. Anthropologe, *31. 1. 1874 Stuttgart, †1. 3. 1952 München; Prof. in München; zahlreiche morpholog. u. serolog. Beiträge zur Stammesgeschichte des Menschen u.a. Primaten.

Mollmaus → Wasserratte.

Molln, Marktgemeinde im Steyrtal, im oberösterr. Voralpengebirge, 443 m ü. M., 3800 Ew.; Herstellung von Maultrommeln.

Mölln, Stadt in Schleswig-Holstein, Ldkrs. Herzogtum Lauenburg, südl. von Lübeck, im Naturpark Lauenburgische Seen, 18 500 Ew.; Luft- u. Kneippkurort; St.-Nikolai-Kirche (13.–15. Jh.), Altstadt mit Fachwerkhäusern (14. Jh.); angebl. Grabstätte Till *Eulenspiegels*; Holz-, Textil-, Möbel-, Spielwaren- u. Metallindustrie; Hafen am Elbe-Lübeck-Kanal. – Stadtrecht 1202.

Mollusken, 1. [Sg. das *Molluskum*; lat.], *Medizin:* kleine weiche Hautgeschwülste („Dellwarzen"), hervorgerufen durch Viren *(Molluscum contagiosum).*
2. [Sg. die *Molluske*; lat.], *Zoologie:* → Weichtiere.

Molluskizide [lat.], *Molluscicide,* zu den *Bioziden* gehörende chem. Mittel zur Bekämpfung von Schnecken *(Mollusken).* Gegen Landschnecken werden Mittel, die Methylaldehyd, Kaliumantimontartrat u.a. enthalten, verwendet. Auch Insektizide wie Carbamate sind geeignet. Gegen Wasserschnecken werden Kupfersulfat, zinnorganische Verbindungen u. Dimitrophenole eingesetzt.

Mollweide, Karl Brandan, dt. Mathematiker u. Astronom, *3. 2. 1774 Wolfenbüttel, †10. 3. 1825 Leipzig; seit 1811 Prof. in Leipzig; Arbeiten über geometr. Kartographie (Projektion); fand die nach ihm benannten trigonometrischen Formeln.

Molly, ein Fisch, → Poecilia, → Zahnkarpfen.

Molmasse, veraltete Bez. für → molare Masse.

◆ **Molnár** [-naːr], Ferenc (Franz), ungar. Schriftsteller, *12. 1. 1878 Budapest, †1. 4. 1952 New York; schrieb international erfolgreiche Gesellschaftskomödien: „Der Teufel" 1907, dt. 1908; „Liliom" 1909, dt. 1912; „Das Märchen vom Wolf" 1912, dt. 1913;

Ferenc Molnár

„Der Schwan" 1920, dt. 1921; „Himmlische und irdische Liebe" 1922, dt. 1924; „Spiel im Schloss" 1926, dt. 1927; „Olympia" 1928, dt. 1928; „Die Fee" 1930, dt. 1931; daneben Romane („Die Jungens der Paulstraße" 1907, dt. 1910) und Kurzgeschichten; Erinnerungen: „Gefährtin im Exil" 1951, dt. 1953.

Mölndal, südschwedische Stadt, südöstliche von Göteborg, 53 300 Ew.; Textil- u. Papierindustrie.

◆ **Molo,** Walter von, dt. Schriftsteller, *14. 6. 1880 Sternberg, Mähren, †27. 10. 1958 Hechendorf bei Murnau; anfangs Ingenieur in Wien, 1928 bis 1930 Präs. der Preuß. Dichterakademie, seit 1932 in Oberbayern; Romane: „Schiller" 4 Bde. 1912 bis 1916; „Fridericus" Trilogie 1918 bis 1921, unter dem Titel „Das Volk wacht auf" 1922; „Mensch Luther" 1928; „Ein Deutscher ohne Deutschland" (F.-List-Roman) 1931; „Geschichte einer Seele" (Kleist-Roman) 1938, Trilogie „Ein Stern fiel in den Staub" 1958. Erinnerungen: „Zum neuen Tag" 1950; „So wunderbar ist das Leben" 1957; „Wo ich Frieden fand" (postum) 1959.

Walter von Molo

Moloch oder Wüstenteufel, Moloch horridus

◆ **Moloch,** *Moloch horridus,* Dornteufel, *Wüstenteufel,* bis 20 cm lange austral. *Agame*; mit krötenähnl. Leib u. rundem, abgestutztem Schwanz. Der Körper ist mit starken Stacheln besetzt; harmlos, ungiftig, Ameisenfresser.

Moloch [grch.; hebr. *Molek*], nach 3. Mose 18,21; Jer. 32,35 u. a. ein kanaanit. Gott, dem im Feuer Menschen, bes. Kinder, geopfert wurden. – Neuerdings ist M. als Gottesname bestritten. Eine andere Theorie besagt, dass M. ein kanaanit. Opferbegriff sei. Im übertragenen Sinn eine Macht, die Menschen vernichtet.

Molodetschno [məlʌˈdjɛtʃnə], *Molodečno,* Stadt in Weißrussland, 87 000 Ew.; Musikschule; Werkzeugmaschinenbau u. Musikinstrumentenbau, Textil-, Möbel- u. Nahrungsmittelindustrie; Bahnknotenpunkt. – Ehem. Hptst. der 1960 aufgelösten Oblast (Verwaltungseinheit) M.

Mologa [mʌˈloga], linker Nebenfluss der oberen Wolga, rd. 440 km; speist mit Wolga u. Scheksna den *Rybinsker Stausee*.

Molokai [engl. mɔuləˈkɑːi], Hawaii-Insel zwischen Oahu u. Maui, im vulkan. *Kamakou* 1514 m hoch, 671 km², 6700 Ew.; Leprastation; Ananasanbau u. Viehzucht.

Molokanen [russ., „Milchtrinker"], russ. religiöse Gruppe, im 18. Jh. entstanden. Die M. verstanden sich selbst als die „wahrhaft geistl. Christen", verwarfen Priestertum, Riten u. Fastengebote der orth. Kirche (der Genuss von in der Fastenzeit verbotenen Milchspeisen führte zu ihrem Namen) u. versammelten sich in Privathäusern zur Bibelauslegung.

Molopo [engl. mɔuˈlɔupɔu], Grenzfluss zwischen Botswana u. der Rep. Südafrika, rechter Nebenfluss des Oranje; 1000 km lang, führt episodisch Wasser.

Molosser, großer, doggenartiger tibetanischer Haushund; diente den Babyloniern des 7. Jh. v. Chr. als Haus- u. Wachhund. Aus den Molossern entstanden die Bulldoggen, Dalmatiner, Bernhardiner u. Neufundländer.

Molosser, ein Hauptstamm des antiken Epirus, mit dem berühmten Orakelheiligtum des Zeus zu *Dodona*. Der König der M. war zugleich *Hegemon* (Führer) des Bundes aller epirotischen Stämme. Ihr geschichtl. Höhepunkt war unter *Pyrrhos* (König 306–302 u. 297–272 v. Chr.).

Molotow [nach W. M. *Molotow*], *Molotov*, 1940–1957 Name der russ. Stadt → Perm.

◆ **Molotow**, *Molotov*, Wjatscheslaw Michajlowitsch, eigentlich W. M. *Skrjabin*, sowjet. Politiker, * 9. 3. 1890 Nolinsk, † 8. 11. 1986 Moskau; seit 1906 Bolschewik, 1926 bis 1957 Mitglied des Politbüros bzw. Präsidiums der KPdSU; 1930 bis 1941 Vors. des Rats der Volkskommissare (Min.-Präs.), 1939 bis 1949 und 1953 bis 1956 Volkskommissar bzw. Minister des Auswärtigen, 1953 bis 1956 auch Erster Stellvertr. Min.-Präs., 1956/57 Min. für Staatskontrolle. M. war einer der engsten Mitarbeiter Stalins. Er schloss 1939 die dt.-sowjetische Verträge ab, war maßgeblich beteiligt an den Konferenzen von Teheran, Jalta, Potsdam und bis 1957 an allen Nachkriegskonferenzen. Nach Stalins Tod gehörte er zur herrschenden Führungsgruppe; auf Betreiben N. *Chruschtschows* wurde er 1957 aller wichtigen Ämter enthoben. 1957 bis 1960 war er Botschafter in der Mongolei, 1960 bis 1962 sowjetischer Vertreter bei der Internationalen Atomenergie-Organisation in Wien; 1962 wurde er aus der KPdSU ausgeschlossen, 1984 wieder aufgenommen.

Wjatscheslaw Michajlowitsch Molotow

Molotow-Cocktail [-'kɔktɛil; der; nach W. M. *Molotow*], im 2. Weltkrieg ein Brandstoffkampfmittel zur Nahbekämpfung von Panzern. Als leicht herzustellende Waffe wird der M. auch in Bürgerkriegen sowie bei Straßenkämpfen u. Anschlägen verwendet.

Molsheim, Stadt im Unterelsass, Dép. Bas-Rhin (Frankreich), westl. von Straßburg, 8100 Ew.; ehem. Universität (1617–1702), Zunfthaus Alte Metzig (1554), Teile der Stadtmauer; Weinanbau.

Moltebeere, Moorbeere, Torfbeere, *Rubus chamaemorus*, ein *Rosengewächs (Rosaceae)* mit orangegelber Sammelfrucht; auf Hoch- u. Zwischenmooren, ziemlich selten.

Moltke, ◆ 1. Helmuth Graf von (1870), preußischer Offizier (1871 Generalfeldmarschall), * 26. 10. 1800 Parchim, Mecklenburg, † 24. 4. 1891 Berlin; 1819 bis 1822 im dän., danach im preuß. Heeresdienst; seit 1833 im Generalstab; 1836–1839 Instrukteur der türk. Armee; 1858–1888 Chef des preuß. Generalstabs; 1867–1891 Abg. des Reichstags (Deutschkonservativer), seit 1872 erbl. Mitglied des preuß. Herrenhauses. M. war der herausragende Heerführer des Dt. Krieges 1866 (Sieg bei Königgrätz) u. des Dt.-Französ. Krieges 1870/71. Seine Erfolge (Motto: „Getrennt marschieren, vereint schlagen") basierten auf seinen strategischen Fähigkeiten u. auf der Ausnutzung der früh erkannten techn. Möglichkeiten des 19. Jh., insbes. der Eisenbahn u. des Telegrafen. Er war der eigentl. Begründer des preuß. Generalstabes. Seine in polit. Krisenzeiten vorgetragenen Präventivkriegspläne u. seine in den Kriegen 1866 u. 1870/71 verfochtene Vernichtungsstrategie führten wiederholt zu Differenzen mit Bismarck, der aber den Primat der polit. Führung durchsetzte.

2. Helmuth von (d. J.), Neffe von 1), dt. Offizier (zuletzt Generaloberst), * 25. 5. 1848

Helmuth Graf von Moltke

Gersdorf, Mecklenburg, † 18. 6. 1916 Berlin; 1906 (gegen seinen Willen) Chef des Generalstabs der Armee als Nachfolger A. von *Schlieffens*, nach dessen Plan er die Operationen des 1. Weltkrieges begann; trat nach milit. Niederlage (u. a. Marneschlacht) am 14. 9. 1914 zurück.

◆ 3. Helmuth James Graf von, Großneffe von 1), dt. Widerstandskämpfer, * 11. 3. 1907 Kreisau, Schlesien, † 23. 1. 1945 Berlin-Plötzensee (hingerichtet); Jurist; 1939–1944 Sachverständiger für Kriegs- u. Völkerrecht bei der Amtsgruppe Ausland/Abwehr des OKW. Um M. bildete sich seit 1940 der *Kreisauer Kreis* als Teil des aktiven zivilen Widerstands gegen das nat.-soz. Regime. M. wurde im Jan. 1944 verhaftet u. nach dem Attentat auf Hitler vom 20. 7. 1944 zum Tode verurteilt.

◆ **Moltmann**, Jürgen, dt. ev. Theologe, * 8. 4. 1926 Hamburg; 1958 Prof. in Wuppertal, 1963 in Bonn, 1967–1994 in Tübingen; deutet in Anlehnung an E. *Bloch* die christl. Heilserwartung als welterneuernde Kraft. Hptw.: „Theologie der Hoffnung" 1964; „Der gekreuzigte Gott" 1972; „Trinität u. Reich Gottes" 1980; „Gott in der Schöpfung" 1985; „Der Weg Jesu Christi: Christologie in messianischen Dimensionen" 1989; „In der Geschichte des dreieinigen Gottes" 1991; „Das Kommen Gottes" 1995.

Jürgen Moltmann

molto [ital.], musikal. Vortragsbez.: viel, sehr, z. B. *Allegro molto*, sehr schnell.

Molton [der; frz.], ein ein- oder beidseitig gerautes Baumwollgewebe mit u. ohne Chemiefaserbeimischung; stärkere Qualitäten mit Doppelschuss; für Kindertücher, Laken u. Unterlagen verwendet.

Moltopren, Marke, ein Schaumstoff aus *Polyurethan*.

◆ **Molukken**, indones. *Maluku*, Gewürzinseln, indones. Inselgruppe zwischen Celebes u. Neuguinea; Verwaltungsfläche: 74 505 km², 2,05 Mio. Ew.; Hauptort *Ambon*; durch die *Molukkensee* von Celebes getrennt, durch die *Seramsee* in eine Nord- u. Südgruppe geteilt. In der Südgruppe mit *Seram, Buru* u. *Ambon* streichen die Gebirge in West-Ost-Richtung, in der vulkan. Nordgruppe mit *Sula, Bacan, Halmahera, Ternate, Tidore, Morotai* u. *Obi* herrscht Nord-Süd-Richtung vor. Reiche Niederschläge erhalten die Inseln durch die Monsune. Die Bevölkerung besteht aus Malaien u. Alfuren, im N auch Papuas u. melanesischpolynes. Gruppen. Der hohe Anteil von Christen ist durch die zahlreichen islam. Einwanderer aus anderen Teilen Indonesiens rückläufig. Der ehem. bedeutende Gewürzanbau (Muskatnuss, Gewürznelken) ist zurückgegangen; wichtige Produkte sind u. a. Kaffee, Kopra, Gummi, Kakao u. Sago. *Geschichte:* 1512 errichteten Portugiesen die ersten europ. Stützpunkte auf den

Helmuth James Graf von Moltke vor dem Volksgerichtshof

M., die 1663 in niederländ. Hoheitsbesitz kamen (1796–1802 u. 1810–1816 brit. Besetzung). Während des 2. Weltkriegs okkupierte Japan die Inseln, die nach dem Krieg ein Teil Indonesiens wurden. 1950 proklamierte der christl. Teil der Bevölkerung die unabhängige *Republik Maluku Selatan*. Der Sezessionsversuch wurde von der indones. Armee mit Waffengewalt unterdrückt. Die Spannungen zwischen Christen u. Muslimen blieben aber latent bestehen. Sie führten seit 1998 zu bürgerkriegsähnl. Unruhen. Bis 2000 flohen über 100 000 Menschen aus dem Krisengebiet.

Molukkenkakadu → Kakadus.
Molukkenkrebse → Pfeilschwänze.
Molukkensee, Binnenmeer im Australasiatischen Mittelmeer zwischen Nordcelebes u. Halmahera.
Molvolumen, das von einem → Mol eines Stoffs eingenommene Volumen. Das M. der Gase beträgt bei 0 °C u. einem Druck von 101 325 Pa (Normalbedingungen) 22,414 l.
Molwärme, ein pysikal. Begriff, → molare Wärmekapazität.
Molybdän [das; grch., „Blei"], chem. Symbol Mo, ein silberweißes, sprödes, metall. Element, 2-, 3-, 4-, 5- u. 6-wertig; Atommasse 95,94, Ordnungszahl 42, Dichte 10,22, Schmelzpunkt 2620 °C.
Vorkommen: im *Molybdänglanz*, MoS_2, u. *Gelbbleierz*, $PbMoO_4$. Fundorte: USA, Chile, Dtschld. (Erzgebirge).
Verwendung: wichtiger Legierungsbestandteil in Werkzeugstählen (zusammen mit Chrom), Federstählen u. korrosionsbeständigen Stählen. Ferner Verwendung in der Elektroindustrie (z. B. Gleichrichter).
Stoffwechsel u. Ernährung: M. begünstigt die Fluoreinlagerung in Zahnschmelz u. Knochensubstanz u. ist Bestandteil verschiedener Enzyme. In höheren Dosen ist M. giftig. Der Molybdänbedarf des Menschen wird mit 75 bis 250 μg/Tag angegeben. Größere Vorkommen in Hülsenfrüchten, Eiern, Leber u. Niere.
Molybdänblau, Mischoxide der allgemeinen Formel $(MoO_{3-x}(OH)_x(H_xMoO_3)$ des vier- (x=2) u. sechswertigen (x=0) Molybdäns.

Molukken: islamische Frauen auf der Insel Tidore, Nord-Molukken

Mombasa: das „afrikanische Tor" im Stadtzentrum

Johannes Molzahn: Ikaros; 1931. Regensburg, Museum Ostdeutsche Galerie

Man erhält M. als tiefblaue, kolloide Lösung durch Versetzen angesäuerter Molybdatlösungen mit Reduktionsmitteln wie z. B. Zink, Zinn-(II)Salzen, Schwefelwasserstoff. Aus den Lösungen lassen sich tiefblau gefärbte Pigmente herstellen.
Molybdändisulfid, fester Schmierstoff, MoS_2; in fein gemahlener Form für Gleitlager bei sehr hohen u. tiefen Temperaturen, als Zusatz zu Ölen bei Mischreibung.
Molybdänglanz, *Molybdänit*, metallglänzendes, bleigraues Schwefel-Molybdän-Mineral (MoS_2); meist dünne, sechsseitige Täfelchen; fühlt sich fettig an; Härte 1–1,5; M. findet sich vor allem in Zinnstein führenden Graniten; wichtigstes Molybdänerz; Vorkommen: USA, Kanada, Chile, Norwegen.
Molybdänstahl, Stahl mit etwa 0,25–0,5 % Molybdängehalt, meist noch mit Chromzusatz; als Vergütungs- (besonders im Motorenbau anstelle der Chrom-Nickel-Stähle) oder Einsatzstahl bei wichtigen Konstruktionsteilen verwendet. Schnellarbeitsstähle haben bis zu 9 % Molybdän.
Molybdatrot [grch. + lat.], ein Farbstoff, → Chromatpigmente.
Molyform, Marke, Schmierstoffe auf der Basis von Molybdänsulfid in Form von Pasten, Emulsionen u. Pulver.
Molzahl, veraltete Bez. für → Stoffmenge.
◆ **Molzahn**, Johannes, dt. Maler, *21. 5. 1892 Duisburg, †31. 12. 1965 München; Schüler von H. van de *Velde*, Mitglied der *Novembergruppe*, begr. das Weimarer *Bauhaus* mit; 1938–1959 Exil in den USA. In seinem Werk verbinden sich symbol. oder mytholog. Inhalte mit schablonenhaft-flächiger, rhythmisch bewegter Darstellungsweise.

◆ **Mombasa**, ostafrikan. Stadt in Kenia, an der Küste des Ind. Ozeans, auf der durch einen Damm mit dem Festland verbundenen Insel M., 465 000 Ew.; vielseitige Industrie (vor allem Kaffeeaufbereitung u. a. Nahrungsmittelindustrie), Erdölraffinerie; wichtigster Hafen für Kenia, Uganda u. Rwanda, Eisenbahnlinie über Nairobi nach Kampala (Uganda) u. nach Arusha (Tansania), Flughafen. – Im MA arab. Niederlassung, später zeitweise portugiesisch u. britisch.

Mombert, ◆ 1. Alfred, Vetter von 2), dt.-jüd. Schriftsteller, *6. 2. 1872 Karlsruhe, †8. 4. 1942 Winterthur (Schweiz, nachdem ihn schweiz. Freunde 1941 aus dem südfranzös. Konzentrationslager Gurs losgekauft hatten, wohin er 1940 aus Heidelberg verschleppt worden war); Frühexpressionist; schrieb ekstatische, mythisierende Dichtungen: „Tag u. Nacht" 1894; „Der Glühende" 1896; „Die Schöpfung" 1897; „Der Denker" 1901; „Die Blüte des Chaos" 1905; „Der Held der Erde" 1919; „Ataïr" 1925; „Sfaira der Alte" 1936 u. 1942, vereint 1958; kosmisch-symbol. Dramen: „Aeon" (Trilogie) 1907–1911; „Aiglas Herabkunft" 1929; „Aiglas Tempel" 1931. – „Briefe an Richard u. Ida Dehmel" 1956; „Briefe 1893–1942" 1961; „Briefe an Vasanta, 1922–1937" 1965. – Dichtungen, hrsg. von E. Herberg, 3 Bde. 1963/64.

Alfred Mombert

2. Paul, Vetter von 1), dt. Wirtschaftswissenschaftler, *9. 11. 1876 Karlsruhe, †8. 12. 1938 Stuttgart; 1922–1933 Prof. in Gießen; Vertreter der neoklass. Volkswirtschaftslehre. Hptw.: „Soziale u. wirtschaftspolit. Anschauungen in Dtschld. vom Beginn des 19. Jh. bis zur Gegenwart" 1919; „Geschichte der Nationalökonomie" 1927; „Grundzüge der Finanzwissenschaft" 1928; „Bevölkerungslehre" 1929; „Die Bevölkerungslehre in Dtschld. in der ersten Hälfte des 19. Jh." 1934.

Mombinpflaume [span.-indian.], *Spondias,* Gattung der *Sumachgewächse (Anacardiaceae)*; etwa 6 Arten mit unpaar gefiederten Blättern u. kleinen, gelbl. Blüten in Rispen; in den Tropen u. Subtropen vielfach als Obstbäume genutzt. Die Früchte sind saftige 5–10 cm lange Steinfrüchte mit terpentinartigem Beigeschmack, die vor allem für Konserven u. Marmeladen verwendet werden. *Spondias cytherea* aus der Südsee liefert die *Echte M. (Tahitiapfel, Cytherea-Apfel, Ambarella, Kasamango, Apfelmango)*; *Spondias mombin*, die *Gelbe M.*, mit kleineren, trockeneren Früchten. Höher geschätzt ist der Geschmack von *Spondias purpurea*, der *Roten M. (Jamaikapflaume)*, mit tiefroten Früchten, *Spondias dulcis*, die *Balsam-* oder *Goldpflaume*, u. von *Spondias tuberosa*, der *Spanischen Pflaume (Imbu, Umbu)*, sowie von *Spondias mangifera (Imra)*, alle aus den amerikan. Tropen.

Mömbris, Markt in Bayern, Ldkrs. Aschaffenburg, an der Kahl, 12 200 Ew.; Metall verarbeitende Industrie.

Moment [frz.], **1.** *allg.:* 1. [der], Augenblick, Zeitpunkt. – 2. [das], ausschlaggebendes Merkmal.
2. [das], *Physik:* 1. greift die Kraft *F* im Abstand *r* von der Drehachse an einen starren Körper an, so ist $M = F \cdot r$ das Drehmoment (beim → Hebel das Produkt Kraft × Kraftarm). 2. das elektr. oder → magnetische Moment eines → Dipols oder → Quadrupols.

Moment musical [momāmyzi'kal; Pl. *Moments musicaux*; frz.], ein Klavierstück lyrischen Charakters ohne feststehende Form; von F. *Schubert* (6 Stücke op. 94, 1828) erstmals gebrauchte Bez.

Momme [die], *Monmeh*, japan. Gewichtsstück: 1 M. = 10 *Fun* = 3,78 g.

Mommsen, Theodor, dt. Historiker u. Jurist, *30. 11. 1817 Garding, Schleswig, †1. 11. 1903 Charlottenburg; Schüler B. G. *Niebuhrs* u. J. G. *Droysens*; 1848 als Redakteur in Rendsburg an der Revolution beteiligt; 1848–1851 Prof. in Leipzig (wegen seiner liberalen Einstellung entlassen), 1852–1854 in Zürich, 1854–1858 in Breslau, seit 1861 in Berlin; Abg. im preuß. Landtag 1863–1866 als Mitgl. der Fortschrittspartei, 1873–1879 als Nationalliberaler, im Reichstag 1881–1884 als liberaler Sezessionist; Gegner *Bismarcks*. M. kam über die Rechtswissenschaft zur Geschichte des Altertums. Mit seinem „Römisches Staatsrecht" 1871–1888 wurde er der Begründer der systemat. antiken Rechtsgeschichte. 1899 schrieb er das „Römische Strafrecht" u. gab damit der Erforschung des röm. Staats eine neue Grundlage.

Theodor Mommsen

Seine umfassende Quellenbenutzung u. exakte Kritik wirkten vorbildhaft auf die Geschichtswissenschaft. In seiner „Römischen Geschichte" (Bd. 1–3 1854–1856, Bd. 5 1885) erwies er sich als Meister der Geschichtsschreibung. Das Werk umfasst die Zeit bis Cäsar u. sollte gleichzeitig durch die Darstellung vom Aufstieg u. Untergang der röm. Republik im Sinne von M. liberalen u. natio. Idealen politisch erziehen. M. war außerdem Hrsg. des „Corpus inscriptionum latinarum" 1863ff. u. der „Auctores antiquissimi" in den *Monumenta Germaniae Historica*. Insgesamt umfasst sein Werk mehr als 1500 Titel. 1902 erhielt er den Nobelpreis für Literatur.

Mömpelgard, französ. Stadt, → Montbéliard.

Momper, 1. Joos (Jodocus, Josse) de, fläm. Maler, *1564 Antwerpen, †5. 2. 1635 Antwerpen; beeinflusst von P. *Bruegel* d. Ä.; malte fantast. Gebirgslandschaften in zunächst punktierender, später summarischer Malweise.
2. Walter, dt. Politiker (SPD), *21. 2. 1945 Sulingen; Politologe; 1986–1992 Landesvors. der SPD, 1989–1991 Regierender Bürgermeister von Berlin (West).

Mompós, Stadt im karib. Küstentiefland im N von Kolumbien, am Río Magdalena, rd. 18 000 Ew.; gegr. 1538, bis Ende der Kolonialzeit die bedeutendste Stadt zwischen Bogotá u. Cartagena; Ausgangspunkt u. Zentrum der Weidewirtschaft im N von Kolumbien; kolonialzeitl. Stadtkern.

Mompou [-po], Federico, span. Komponist, *16. 4. 1893 Barcelona, †30. 6. 1987 Barcelona; lebte 1921–1941 in Paris, ging 1941 nach Barcelona zurück; pflegt in seinen Liedern u. Klaviersuiten einen bewusst schlichten Stil, den er „Recomionzo" nennt u. in dem sich span. Rhythmik mit impressionist. Atmosphäre verbindet.

mon... → mono...,

Mon, japan. Wappen, urspüngl. Unterscheidungsmerkmal zwischen Freund u. Feind, angebracht auf Rüstung, Helm, Schild u. Standarte, später auch auf dem Überwurf; gebildet meist aus Blumen-, Pflanzen-, Vogel- u. Schmetterlingsmotiven, chines. Zeichen u. geometr. Figuren. Seit 1868 tragen auch den Bürger M.

Mon, *Talaing,* südostasiat. Volk mit Mon-Khmer-Sprache, die infolge der Birmanisierung stark im Schwinden ist; seit dem 3. Jh. v. Chr. unter ind. Kultureinfluss (Schrift), Anhänger des Buddhismus. Die M. gründeten 573 das Reich *Pegu*. Sie wurden in jahrhundertelangen Kämpfen mit den Birmanen u. durch Aufstände zurückgedrängt u. waren z. T. zur Auswanderung gezwungen (150 000 in Thailand).

Mon, Franz, eigentl. F. *Löffelholz*, dt. Schriftsteller, *6. 5. 1926 Frankfurt a. M.; Verlagslektor, der den Funktionsbereich der Sprache zum Optischen u. Akustischen hin zu erweitern, kam bei seinen Experimenten auch zu einer Art *Lettergrafik;* Vertreter der *konkreten Poesie;* Werke: „artikulationen" 1959; „texte über texte" 1970; „Fallen stellen" 1981.

Møn, *Møn,* dän. Insel u. Gemeinde, zwischen Seeland u. Falster, Amtskommune

Monarchfalter, Danaus plexippus

Storstrøm, 217 km², rd. 12 000 Ew.; Hauptort *Stege*; im O der Insel fallen Kreidefelsen über 100 m senkrecht zur Ostsee ab; Fischerei, Abbau von Kreide; durch Brücke mit Seeland verbunden.

Mona, westind. Insel der Großen Antillen, 54 km², gehört administrativ zu → Puerto Rico.

Monaco, Staat in Südeuropa, → Seite 126.

Monaco, Lorenzo, italien. Maler, *um 1370/71 Siena(?), †1425 Florenz; lebte als Mönch in Florenz; schuf Altarwerke, Tafelbilder u. Miniaturen von dekorativ-linearer Anmut u. feinem Kolorit; strebte später nach monumentalerer Gestaltung als in seinen frühen Werken.

Monade [die; grch. *monas*, „Einheit"], *Philosophie:* Bez. dessen was einfach u. daher unteilbar ist. G. W. *Leibniz* baute den Monadenbegriff zu einer *Monadologie* aus: die M. sind für ihn einfachste Substanzen (Kraftzentren), die je nach ihrem Seinsrang zu Vorstellungen von unterschiedl. Bewusstseinsgrad fähig sind u. ihren Zusammenhang im Weltganzen nur durch eine von Gott gefügte „prästabilisierte Harmonie" haben.

Monadnock [məˈnædnɒk], *Mount Monadnock,* Härtlingsberg im südl. New Hampshire (USA), 965 m hoch. In der englischsprachigen Fachliteratur ist M. eine Bez. für *Härtling*.

Monadologie [grch.], die Lehre von den Monaden; → Monade.

Monagas, Staat im NO von Venezuela, 28 900 km², 551 000 Ew., Hptst. *Maturín;* Rinderweidewirtschaft; Erdöl- u. Erdgasförderung, Export im N über Caripito (Raffinerie), im S Pipeline zur Versorgung des Industriekomplexes von Ciudad Guyana.

Monaghan ['mɔnəhən], irisch *Muineachán,*
1. irische Grafschaft in der Prov. Ulster, 1289 km², 51 300 Ew.; Verw.-Sitz *M.* (2).
2. Verw.-Sitz der irischen Grafschaft M. (Republik Irland), in der Prov. Ulster, am Ulster Canal, 5800 Ew.; Textilindustrie.

Monakow [-kɔf], *Monakov,* Konstantin Nikolajewitsch, russ. Neurologe u. Psychiater, *4. 11. 1853 Bobrezowa, Gouvernement Wologda, †19. 10. 1930 Zürich; nach ihm benannt ist das *Monakow'sche Bündel,* Tractus rubrospinalis, eine absteigende Nervenbahn im Rückenmarkseitenstrang. M. schrieb: „Biologische Einführung in die Neurologie u. Psychopathologie" (mit R. *Mourgue*) 1928.

Mona Lisa, gen. *La Gioconda*, seit 1495 Frau des Marchese Francesco del Giocondo; wurde um 1503–1506 von *Leonardo da Vinci* in einem Bildnis dargestellt, das sich seit 1804 im Louvre in Paris befindet.

Monameerkatze, *Cercopithecus mora*, eine kräftige *Meerkatze* (ein Affe) mit einer Körperlänge von 53 cm u. einem 80 cm langen Schwanz, die im Kongobecken u. im Senegal beheimatet ist. Zu den Monameerkatzen, die in vielen Unterarten u. nahe verwandten Arten vorkommen, gehört auch einer der farbenprächtigsten Affen, die Kronenmeerkatze.

Mona Passage ['mounə 'pæsidʒ], Meeresstraße zwischen den Inseln Puerto Rico u. Hispaniola, 105 km breit, Verbindung zwischen dem Karib. Meer u. dem Atlant. Ozean.

Monarch [grch.], der durch Erbfolge (selten durch Wahl) in sein Amt gelangte (Allein-)Herrscher in einer → Monarchie.

◆ **Monarchfalter**, *Danaidae*, ursprüngl. Familie der Schmetterlinge, in den warmen Zonen der Erde verbreitet. M. haben eine Spannweite bis 13 cm u. Flügel mit schwarzen Adern u. einem auffälligen, gelben u. weißen Muster. Durch die elastischen, zähen Körper u. übel schmeckende, giftige Substanzen, die die Raupen aus ihren Nahrungspflanzen aufnehmen, widerstehen sie Räubern u. werden deshalb von anderen Faltern nachgeahmt (→ Mimikry). Am bekanntesten ist der eigentl. M., *Danaus plexippus*, der als Wanderfalter zwischen den Tropen u. Subtropen Amerikas sowie dem N Nordamerikas jahreszeitlich hin- u. herzieht. Der eigentl. M. u. noch häufiger der *Danaus chrysippus* erreichen gelegentlich die Kanaren u. Südeuropa.

Monarchianer [grch.], Sammelname für frühchristl. Theologen (3. Jh.), die die „Alleinherrschaft" *(Monarchie)* Gottes auf Kosten des Glaubens an die Gottessohnschaft Jesu betonten. Auch → Adoptianismus, → Modalismus.

◆ **Monarchie** [grch.], die Staatsform der „Alleinherrschaft" eines *Monarchen* (König, Fürst). Hierbei hat sich das System der Erbfolge in einer Familie gegenüber der Bestimmung durch Wahl durchgesetzt. Die Einzelheiten der Erbfolge (z. B. Beteiligung der weibl. Familienmitgl., Volljährigkeit, Regentschaft) können entweder durch Gesetz (Großbritannien) oder durch sog. Hausrecht (so in Dtschld. bis 1918) festgelegt sein. Die M. kann eine *absolute* (d. h. in der Ausübung der Staatsgewalt unumschränkt; → Absolutismus) oder eine *konstitutionelle* (durch die Verfassung beschränkte, mit Zuständigkeitsteilung zwischen Monarch u. Regierung oder Parlament) sein. Die geschichtl. Entwicklung hat von der absoluten M. zur konstitutionellen geführt (19. Jh.). Jedenfalls weist in den heutigen europ. Monarchien die Rechtsstellung des Monarchen, abgesehen von gewissen Ehrenrechten, kaum mehr Unterschiede gegenüber derjenigen eines republikan. Staatspräsidenten auf. Im System der modernen Staaten erscheint die M. auch nicht mehr als eine Frage der Staatsform, sondern nur noch der Staatsrepräsentanz, d. h. der Gestaltung der Staatsspitze. Die aus der Antike stammende Einteilung in M., Aristokratie u. Demokratie (je nachdem, ob ein Einzelner, mehrere oder alle die Staatsgewalt ausüben) hat ihren Sinn verloren, die europ. Monarchien haben wie die Republiken eine demokrat. Ordnung, mithin bilden M. u. Demokratie keine Gegensätze mehr. Wenn dennoch an der M. festgehalten wird, so in der Überzeugung, daß die Krone ein über den Parteiauseinandersetzungen stehender neutraler Pol sein u. damit zur Staatsintegration beitragen kann. Die M. hat sich in Europa gerade dort erhalten, wo der demokrat. Entwicklung kein Widerstand entgegengesetzt wurde. Sie besteht in Europa noch in Großbritannien, Dänemark, Schweden, Norwegen, Spanien, den Niederlanden, Belgien, Luxemburg, Liechtenstein u. Monaco. In Ländern außerhalb Europas trägt die M. teils demokratisch-konstitutionelle Züge (bes. in Japan, weniger in Thailand),

Monarchie: Am 6. 9. 1997 wird der Sarg mit der tödlich verunglückten Prinzessin Diana in die Londoner Westminster Abbey getragen. Die überwältigende öffentliche Anteilnahme an den Trauerfeierlichkeiten zeigte, daß die Monarchie in Europa auch heute noch einen hohen gesellschaftlichen Stellenwert besitzt

teils besteht sie noch in absolutistischer Form (in manchen arab. Staaten).

monarchisches Prinzip, nach den *Befreiungskriegen* entwickelter Gegenbegriff zum Prinzip der Volkssouveränität, der bestimmt, daß die Staatsgewalt allein in der Hand des Monarchen liegt, der seine Gewalt durch eine Verfassung nur freiwillig beschränken kann. In der Wiener Schlußakte (Art. 57) von 1820 niedergelegt, wurde das monarch. Prinzip für die konstitutionellen Monarchien des 19. Jh. grundlegend.

Monarchist [grch.], Anhänger der *Monarchie*, im Gegensatz zu den Befürwortern der Republik; z. B. in Frankreich im 19. Jh. die *Orléanisten* u. die *Bonapartisten*, in Dtschld. nach 1918 die polit. Gruppen, die sich für die Rückkehr der Hohenzollern (in Bayern: der Wittelsbacher) auf den Thron einsetzten, in Österreich die *Legitimisten* (für Otto von Habsburg).

Monarchomachen [grch., „Fürstenbekämpfer"], im 16. Jh. Gegner des Absolutismus u. Verfechter des Widerstands gegen die Staatsgewalt mit Beseitigung des tyrannischen Fürsten bei rechts- u. gesetzwidrigem Regieren (→ Tyrannenmord). Die Bez. stammt von den Verteidigern der Monarchie. Zu den M. gehörten sowohl kath. als auch calvinist. Theologen u. Rechtswissenschaftler. Bes. J. *Althusius* trat für ein religiös begründetes Widerstandsrecht gegen pflichtwidrig handelnde Herrscher ein, fußend auf seiner Lehre von der *Volkssouveränität* u. dem Staatsvertrag zwischen Volk u. Inhabern staatlicher Macht.

Monarde [die; nach dem Spanier M. *Monardes*, *1512, †1588], *Monarda*, nordamerikan. Gattung der *Lippenblütler (Labiatae)*, etwa 20 Arten; als Zierpflanzen u. zur Gewinnung von Thymol kultiviert.

Monarthritis [grch.], entzündliche Erkrankung eines Gelenks, z. B. bei Gonorrhö oder Tuberkulose; Gegensatz: *Polyarthritis*.

Monasterium [das; grch., lat.], Kloster, Klosterkirche.

Monastir, ◆ 1. arab. *Al Manastir*, osttunes. Stadt auf einer Halbinsel im S des Golfs von Hammamat, 35 500 Ew.; Textil- u. Möbelindustrie, Ölmühlen u. Olivenverarbeitung,

Fortsetzung S. 127

Monastir (1): Der Ribat war lange Zeit für gläubige Moslems ein Wallfahrtsort

Monaco

Offizieller Name: Fürstentum Monaco

Autokennzeichen: MC

Fläche: 1,95 km²

Einwohner: 32 000

Hauptstadt: Monaco

Sprache: Französisch

Währung: 1 Französischer Franc = 100 Centimes; 1 Euro = 100 Cent

Bruttosozialprodukt/Einw.: über 9 360 US-Dollar

Regierungsform: Konstitutionelle Monarchie

Religion: Überwiegend Katholiken

Nationalfeiertag: 19. November

Zeitzone: Mitteleuropäische Zeit

Grenzen: Im S Mittelmeer, ansonsten Frankreich

Lebenserwartung: 78 Jahre

Landesnatur Das Fürstentum Monaco erstreckt sich an der Mittelmeerküste (Ausläufer der Seealpen) zwischen dem Kap d'Ail u. dem Kap Martin auf einer Länge von 3 km u. einer Breite zwischen 200 u. 500 m. Sieht man vom Vatikanstaat ab, so ist Monaco seiner Fläche nach der kleinste Staat der Welt. Die Fläche des Staates hat sich durch Aufschüttungen an der Küste in den letzten Jahrzehnten von 1,49 km² auf 1,95 km² vergrößert. Im Schutz hoher Berge (*Tête de Chien*, 573 m; *Mont Agel*, 1110 m) herrscht ein sehr sonnenscheinreiches, wintermildes Klima (Januartemperatur 9,5 °C, Julitemperatur 22,5 °C), u. es gedeiht eine üppige mediterrane Vegetation. Monaco besteht aus vier Siedlungen mit städt. Charakter, die zusammengewachsen sind. Auf einem 60–65 m hohen u. 300 m breiten felsigen Vorgebirge aus Jurakalk, das mit seinen steilen Wänden 800 m weit ins Meer hinausragt, liegt die alte Stadt *Monaco*, der polit. u. kulturelle Mittelpunkt mit dem Schloss (16./17. Jh.), der Kathedrale (19. Jh.) u. dem Ozeanographischen Museum. Unterhalb des Felsvorsprungs entwickelte sich in einem Tal zwischen dem Kap von Monaco u. Monte Carlo um eine geschützte Hafenbucht *La Condamine*, das Geschäftsviertel von Monaco. Im NW erstreckt sich an einem terrassierten Berghang bis zu einer Höhe von 160 m der internationale Luxusbadeort *Monte Carlo* mit dem Spielkasino, Kongresszentrum, Hotels, Villen, Luxusgeschäften u. Parkanlagen. Als jüngste Siedlung wurde *Fontvieille* im SW mit Jachthafen, Sportanlagen, Industrie- u. Wohngebäuden auf neu gewonnenem Land errichtet.

Bevölkerung Von den rd. 32 000 Ew. sind nur rd. 5000 „echte" Monegassen, knapp 50 % der Ew. sind Franzosen, rd. 17 % Italiener u.a., die vor allem aufgrund steuerl. Erleichterungen hier wohnen. Der überwiegende Teil der Bevölkerung gehört der kath. Kirche an.

Wirtschaft Die Haupterwerbszweige sind der ganzjährig stattfindende Fremdenverkehr sowie das Banken- u. Versicherungswesen. Aufgrund von Förderungsmaßnahmen sind heute auch pharmazeut., kosmet., elektron. u. Kunststoffindustrie vertreten. Die Industriebetriebe befinden sich am Hafen u. in Fontvieille. Eine Einkommensteuer für Privatpersonen wird in Monaco nicht erhoben. Der Staatshaushalt wird hauptsächlich durch die Einkünfte aus den Einnahmen der Spielbank, den Rundfunkabgaben, den Tabaksteuern, dem Briefmarkenverkauf u. der Besteuerung von Firmen finanziert. Mit Frankreich besteht eine Währungs-, Wirtschafts- u. Zollunion.

Verkehr Monaco ist an das französische Eisenbahn- u. Straßennetz an-

Blick auf Monte Carlo

1911 erhielt Monaco durch *Fürst Albert I.* (*1848, †1922) eine Verfassung. 1918 wurde der Schutzvertrag mit Frankreich erneuert. Regierender Fürst ist seit 1949 *Rainier III.* Er liberalisierte 1962 die Verfassung (Stärkung der Rechte des Nationalrats). 1993 wurde Monaco Mitglied der UNO.

Politik Monaco ist eine konstitutionelle Erbmonarchie (Verfassung vom 17. 12. 1962). Staatsoberhaupt ist der Fürst. Gemeinsam mit dem Regierungsrat (Staatsminister u. drei Regierungsräte) nimmt er die Exekutivgewalt wahr. Der auf fünf Jahre gewählte Nationalrat (18 Abgeordnete) bildet zusammen mit dem Fürsten die Legislative. Wichtigste Partei ist die Union Nationale et Démocratique (UND). Beim Aussterben des Fürstengeschlechts Grimaldi fällt Monaco an Frankreich, das schon heute die außenpolitische Vertretung innehat.

geschlossen. Die 1,7 km (1997) lange Eisenbahnlinie auf monegassischem Staatsgebiet wird von der französischen Staatsbahn betrieben. Auf 3,15 km der insgesamt 50 km Straßen wird alljährlich ein Formel-1-Rennen („Grand Prix de Monaco") durchgeführt. Der Hafen in La Condamine dient hauptsächlich als Jachthafen.

Geschichte Monaco wurde im 5. Jh. v. Chr. von der griechischen Kolonie Massalia (Marseille) gegründet. Den Römern war es als *Herculis Monoeci portus* bekannt. Im 6. Jh. wurde das Gebiet von Monaco zeitweilig von den Westgoten beherrscht; danach gehörte es zum Frankenreich. 1162 erhielten Kaufleute aus Genua das Niederlassungsrecht in Monaco. Im 13. Jh. flüchtete die Guelfenfamilie *Grimaldi* dorthin, die es 1419 endgültig unter ihre Herrschaft brachte. 1793 annektierte Frankreich Monaco, das jedoch im Vertrag von Paris (1814) wieder seine Selbstständigkeit erlangte. 1815–1860 war es der Schutzherrschaft von Sardinien unterstellt. Diese ging 1861 wieder an Frankreich, mit dem Monaco 1865 auch eine Zollunion schloss.

1956 heiratete Fürst Rainier III. die US-amerikanische Schauspielerin Grace Kelly, die als Gracia Patricia damit die neue Landesmutter der Monegassen wurde

Fischereihafen; Seebad; berühmte islam. Klosterburg (8. Jh.).
2. Stadt in Makedonien, → Bitola.
Monat [zu *Mond*], in unserem Kalender der 12. Teil eines Jahres. Die Länge der Monate (30 oder 31 Tage, Februar 28 oder – in Schaltjahren – 29 Tage) ist seit der *julianischen Kalenderreform* (46 v. Chr.) unverändert geblieben. Ursprünglich war sie durch den synodischen Mondumlauf (Zeit von Neumond zu Neumond, 29,53 Tage) bestimmt; so sind die Monate des jüd. u. islam. Kalenders abwechselnd 29 u. 30 Tage lang. In der Astronomie (Theorie der Mondbewegung) unterscheidet man: *synodischer M.*, Periode des Mondphasenwechsels, 29,5306 Tage; *siderischer M.*, mittlerer Mondumlauf bezüglich der Fixsterne, 27,32166 Tage; *tropischer M.*, Umlauf bezügl. des Frühlingspunkts, 27,32158 Tage; *anomalistischer M.*, Umlauf bezügl. des Perigäums (erdnächster Punkt) der Mondbahn, 27,55455 Tage; *drakonitischer M. (Drachenmonat)*, Umlauf bezügl. des Knotens der Mondbahn auf der Ekliptik, 27,21222 Tage.
Monat, „*Der Monat*", 1948 in Berlin gegr., politisch-kulturelle Zeitschrift; 1971 eingestellt.
◆ **Monatsbilder**, in der bildenden Kunst Darstellung der einzelnen Monate in Form von Schilderungen ländl. Arbeiten oder sonstiger jahreszeitlich bedingter Tätigkeiten; häufig in Kalendarien karoling. Handschriften u. seit dem 13. Jh. als Reliefs an französ. Kathedralen. Im 15. Jh. entwickelte sich aus den Monatsbildern in burgund.-niederländ. Stundenbüchern die Darstellung landschaftl. Freiräume.
Monatserdbeeren, kleinfrüchtige Erdbeersorte, die von der europ. Walderdbeere abstammt u. von April bis zum Frosteintritt Früchte trägt.
Monatsgeld, 1. → Ultimogeld.
2. eine Einlage für mindestens einen Monat bei einem Kreditinstitut; höhere Zinsen als tägl. Geld.
Monatskarte, eine Streckenzeitkarte der Dt. Bahn AG oder anderer Verkehrsunternehmen für jedermann zu beliebig häufigen

Monatsbilder: Der September mit der Darstellung der Weinlese; provençalische Miniatur des 13. Jahrhunderts. Bibliothek des Escorial

Fahrten zwischen zwei Orten (Bahnhöfen) innerhalb eines Kalendermonats. *Wochenkarten* gelten für eine Woche.

Monatsrose, während des ganzen Sommers blühende Rosensorten aus der Gruppe der Damascenerrosen *(Rosa damascena, Rosa gallica* u. *Rosa moschata).*

monaural [grch. + lat.], *Elektroakustik:* kurz *mono,* einkanalig; Bez. für die einkanalige Tonaufnahme u. -wiedergabe bei Schallplatte, Tonband u. Rundfunk. Auch → Stereophonie.

Monazit [der; grch.], rötlich-braunes bis fleischrotes, auch topasgelbes, schwach fettglänzendes Mineral; Cerphosphat ($CePO_4$), enthält Thorium u. andere seltene Erden; monoklin; Härte 5–5,5; in granitischen Gesteinen u. angereichert in Flusssanden, dient zur Herstellung von radioaktiven Präparaten u. zur Gewinnung von Thorium; Vorkommen: Madagaskar, Indien, Sri Lanka, USA, Brasilien, Eifel.

Moncalieri, italien. Stadt in Piemont, südl. von Turin, 58 800 Ew.; Schloss (15. Jh.); pharmazeutische u. Zündholzindustrie.

Moncayo, *Sierra del Moncayo,* Gebirgszug im N von Spanien, am Westrand des Ebrobeckens, gehört zum Iber. Randgebirge, bis zu 2316 m hoch; aus Quarziten u. Kalken aufgebaut.

Mönch [grch. *monachos,* „allein lebend"], 1. *Jagd:* → Plattkopf. 2. *Religion:* ursprüngl. ein Gläubiger, der sich aus der weltl. Gemeinschaft zurückzog, um im Streben nach religiöser u. sittl. Vollkommenheit zur Selbstheiligung zu gelangen (→ Mönchtum); dann Angehöriger eines Mönchsordens. 3. *Teichwirtschaft:* Vorrichtung zum Wasserstau, Regulierung des Durchflusses, des Ablassens von Wasser in Fischteichen. Sperrwerk gegen den Wechsel der Fische. Auch → Teich.

Mönch, schweiz. Berggruppe in den Berner Alpen, zwischen Eiger u. Jungfrau, im *Weißen M.* 4099 m; daneben der *Schwarze M.* (2648 m) u. der *Kleine M.* (3695 m).

Mönchengladbach

◆ **Mönchengladbach,** kreisfreie Stadt in Nordrhein-Westfalen, westl. von Düsseldorf, 267 000 Ew.; Münsterkirche (11.–13. Jh.), Barock-Rathaus (1835; ehem. Benediktinerabtei), Schloss Rheydt (1501), Schloss Wickrath (18. Jh.); Städt. Museum, Theater; Dt. Forschungsinstitut für Textilindustrie, Textilprüfanstalt; Fachhochschule Niederrhein; Textilindustrie (Baumwoll-, Samt- u. Seideverarbeitung, Herstellung von Tuchen), ferner Maschinen-, Papier-, Holz-, Nahrungsmittel- u. Lederindustrie, Braue-

Mönchengladbach: Münsterkirche St. Vitus

rei; Hauptquartier der NATO-Streitkräfte Mitteleuropa-Nord. 972–1802 Benediktinerabtei, 1366 Erwähnung als Stadt, 1815 preußisch. Seit 1975 ist *Rheydt* Stadtteil von M.

Mönchgut, *Mönkgut,* Halbinsel im SO der Insel Rügen, bis 67 m hoch.

Mönchhof, Ort im östl. Burgenland (Österreich), 131 m ü. M., 2200 Ew.; Weinanbau; Fremdenverkehr.

Mönchsaffe → Schweifaffen.

Mönchsfisch, *Chromis chromis,* bis 12 cm langer *Korallenbarsch* des Mittelmeers; in kleinen Trupps überall an der Felsküste, bes. am Steilabfall von Inseln, an Hafenmolen; lebt von Plankton. Die Männchen besetzen im Juli in 1,6 m Tiefe Reviere, bewachen die Brut u. versorgen sie durch ständiges Fächeln der Flossen mit frischem Atemwasser.

Mönchsgeier, *Aegypius monachus,* mit 105 cm der größte altweltl. *Geier,* mit einer Flügelspannweite bis fast 3 m; insgesamt dunkelbraune Färbung, braune Halskrause. Die letzten Brutvorkommen Europas in Spanien, Griechenland u. der Türkei sind aus Mangel an Nahrung (Aas) vom Aussterben bedroht.

Mönchskraut, *Nonea,* Gattung der *Raublattgewächse (Boraginaceae);* in Mittel- u. Südosteuropa kommt von Natur aus das *Braune M., Nonea pulla,* mit dunkelvioletten bis schwarzpurpurnen Blüten vor. In Dtschld. ist das *Gelbe M., Nonea lutea,* mit hellgelben Blüten beheimatet.

◆ **Mönchspfeffer,** die Früchte des *Keuschbaums (Vitex),* dessen Samen angeblich zur Unterdrückung geschlechtl. Regungen dienten; in Südeuropa als Pfefferersatz gebraucht.

Mönchsrobbe, *Monachus monachus,* ein *Seehund* des Mittel- u. Schwarzen Meers; 2–3,8 m lang; das braune Fell erinnert an eine Mönchskutte; Bestand nur noch 500–1500 Tiere; ebenso viele Individuen gibt es von der *Laysanmönchsrobbe, Monachus schauinslandi,* bei Hawaii u. den Laysan-Inseln. Die *Karib. M., Monachus tropicalis,* war als Westindien ist bereits ausgerottet. Mönchsrobben sind die einzigen Robben warmer Meere u. äußerst gefährdet.

◆ **Mönchssittich,** *Myiopsitta monachus,* ein grüner, langschwänziger *Papagei* Südamerikas, der durch sein frei stehendes, großes Reisignest auffällt.

Mönchsweihe, feierl. Aufnahme in den Mönchsorden; im Buddhismus *Upasampada* (sanskrit, pali) genannt.

Mönchtum, die in verschiedenen Religionen geübte Lebensform zur besonderen Heiligung durch Abkehr vom weltlichen Leben, abgesondertes Wohnen, Enthaltung von Genüssen, Verzicht auf Besitz u. Ehe.
In der christl. Kirche der Frühzeit wurde das Ideal der *Askese* gepredigt, d.h. eine Lebensform, die in der inneren u. äußeren Lösung von den Bindungen an die Dinge dieser Welt besteht. Man versuchte, die menschl. Wünsche u. Begierden zu unterdrücken, um so zu einer geistigen Vertiefung in die Glaubenslehren u. zu sittl. u. christl. Vollkommenheit zu gelangen. Ursprünglich lebten die Asketen innerhalb der christl. Gemeinde, wenn auch zurückgezogen; etwa im 4. Jh. sonderten sie sich von der Gemeinschaft ab. Großen Einfluss auf die Entstehung u. Entwicklung des asketischen Lebens, bes. der Form des Einsiedlerlebens, hatte *Antonius der Große.* Er war kein Ordensgründer, sondern galt als Eremit als Vorbild; er hat keine Regel aufgestellt. Die eigentl. Mönchsgemeinde entstand unter *Pachomius,* der seine Schüler bei sich behielt u. mit ihnen ein geistl. Leben führte. Zu Beginn des 6. Jh. begründete *Benedikt von Nursia* mit seiner Regel das abendländ. M., das sich vor dem morgenländ., weltlichen, kontemplativen M. durch Übernahme weltl. Aufgaben (Ackerbau, Armenpflege u. bes. Wissenschaft) auszeichnete. So wurde das M. Träger der mittelalterl. Kultur. Die Klosterreform von *Cluny* brachte dem M. neuen kirchl. u. polit. Einfluss.
Mit dem Aufkommen der → Bettelorden im 12./13. Jh. erfuhr auch das mönchische Ideal eine Umwandlung. Die Kritik der Reformation am M. aufgrund des Rechtfertigungsglaubens führte zur Abschaffung der Klöster im Protestantismus. Gleichzeitig entstand im *Jesuitenorden* eine neue Form des Mönchtums mit Unterordnung des

Mönchspfeffer: Die Samen des hier blühenden Keuschbaumes, Vitex agnus-castus, werden in Südeuropa bisweilen als Pfefferersatz genutzt

asket. Gedankens unter den prakt. Missionszweck. Seither haben bes. Bedeutung die Kongregationen mit prakt. Zielsetzung erlangt. Die weibl. Zweige der Orden werden „Zweite Orden" genannt. Sie entstanden u. entwickelten sich in Anlehnung an die entspr. Männerorden; selbständige Frauenorden gibt es nur wenige. Die bes. der Ehelosigkeit verpflichteten Frauen lebten bis ins 4. Jh. nicht in Gemeinschaft, sondern in ihren Familien. Seit Pachomius sind Nonnenklöster bekannt. Bis in die Neuzeit hinein blieben Frauenklöster „beschauliche" Klöster. Erst im 16. Jh. verbanden die Ursulinen als erste Gemeinschaft das monastisch-beschauliche Leben erfolgreich mit dem tätigen Leben.

Außerhalb des Christentums ist das M. vor allem in Asien verbreitet. Im *Hinduismus* gibt es in Klöstern lebende Mönche verschiedener Orden u. Sekten, aber auch frei herumziehende Asketen *(sadhu, sannyasin)*, die betteln u. von der Bevölkerung hoch geachtet werden. Im *Jinismus* gibt es seit seiner Entstehung Mönche u. Nonnen. Der Weg zur Erlösung kann nur im M. beschritten werden.

Eine Mönchsreligion ist auch der *Buddhismus*. In Indien liegt die buddhist. Seelsorge in der Hand gelbgewandeter Bettelmönche, die keinen Besitz haben u. keusch leben. Der Eintritt in den Orden ist kein sakramentaler Akt; die Rückkehr ins weltl. Leben ist jederzeit möglich. Für Nonnenorden gelten dieselben Regeln. Getragen werden die Mönche von der großen Zahl der in der Welt lebenden Laienverehrer. In China, wo der Buddhismus seit dem 1. Jh. Eingang fand, entstand ein ausgedehntes M. Es war mehrfach Verfolgungen ausgesetzt, so bereits im 9. Jh., zuletzt während der „Kulturrevolution" 1966–1969. Heute gibt es in China nur wenige Klöster. Chines. Mönche folgen einem strengen Tagesablauf. Sie tragen dunkle Gewänder. Nach ihrer Ordination mit 20 Jahren kann noch eine festliche Weihe zum Bodhisattva stattfinden. Auch der chines. *Daoismus* kennt das M. Die Mönche leben in Klöstern u. widmen sich dem Studium der Schriften Lao Zis u. der Meditation. Die verschiedenen Sekten des japan. Buddhismus, der vielfach aufgespalten ist, haben fast alle Mönchsorden. Die bedeutendsten sind *Tendai, Shingon, Nichiren* u. *Zen*. Das Wichtigste im Leben eines Zen-Mönches ist die im Sitzen ausgeübte Meditation *(za-zen)*. Der Einfluss der Zen-Klöster auf das Samurai-Ideal u. die bildende Kunst in Japan war außerordentlich groß. Im ebenfalls stark im japan.

Volksleben verankerten *Amida-Buddhismus* gibt es kein M.

Im *Lamaismus* in Tibet wurde das buddhist. M. zur herrschenden polit. Macht. Vor der chines. kommunist. Machtübernahme wurde die Zahl der Mönche auf 300 000 – etwa ein Zehntel der Bevölkerung – geschätzt. Die Äbte der Klöster waren Kleinfürsten zu vergleichen; das geistl. Oberhaupt, der Dalai-Lama, war zugleich Staatsoberhaupt. Unter der chines. Herrschaft hat das M. seine polit. Bedeutung verloren; zahlreiche Klöster sind zerstört worden.

Im *Islam* ist das M. eine Randerscheinung; es tritt als Derwischtum des Sufismus auf. Im *Judentum* gab es im 1. Jh. v. Chr. die mönchischen Gemeinschaften der Essener u. der Therapeuten. Auch → Kloster, → Orden.

Mönch und Nonne, rinnenförmige, leicht konische Dachziegel, die so verlegt werden, dass der Mönch mit der Wölbung nach oben jeweils die Längsfuge zwischen zwei Lagerziegeln (Nonnen) überdeckt.

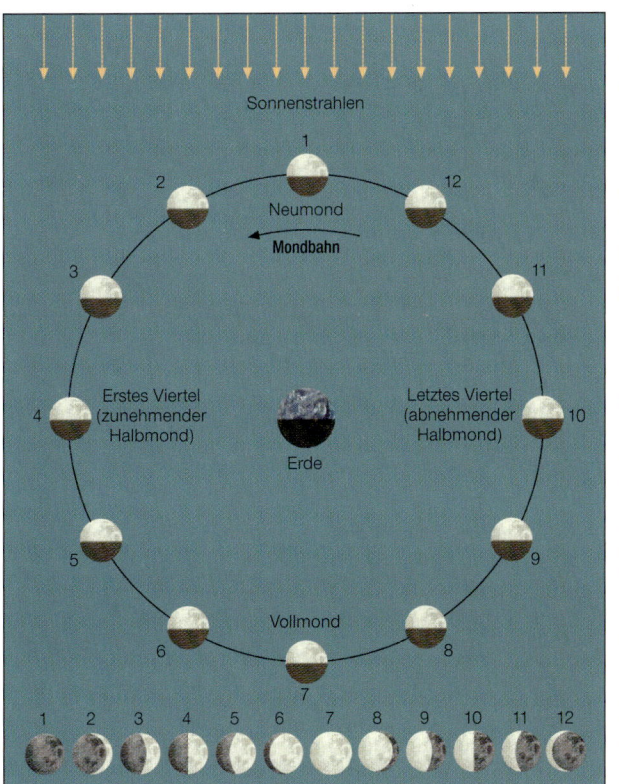

Mönchssittiche, Myiopsitta monachus, ursprüngliche grüne Form und blaue Zuchtrasse

Monck [mʌŋk], *Monk*, George, Herzog von *Albemarle* (seit 1660), engl. General u. Admiral, *6. 12. 1608 Potheridge, Devonshire, †3. 1. 1670 Whitehall; kämpfte unter O. Cromwell gegen aufständische Iren u. Schotten sowie gegen die Holländer, trat nach Cromwells Tod für die Rückkehr der *Stuarts* ein, indem er eine neue Militärherrschaft verhinderte u. die Wahlen zum Konventionsparlament in die Wege leitete, das *Karl II.* zurückberief.

Monclova, Stadt im nördl. Zentralmexiko, 178 000 Ew.; Zentrum eines Bergbaugebiets (Silber-, Blei-, Zink- u. Kupfererzabbau); Kokerei, Eisenindustrie.

Moncton [-tən], Stadt in New Brunswick (Kanada), 80 700 Ew.; Universität (gegr. 1864); Holz-, Metall- u. Textilindustrie; Erdgasvorkommen.

Mond, ♦ 1. *A s t r o n o m i e :* lat. *Luna*, grch. *Selene*, Zeichen ☾, ein Himmelskörper, der die Erde als Trabant (Satellit) ständig umkreist. Seine mittlere Entfernung von der Erde (60,31 Erdhalbmesser = 384 405 km) war schon im Altertum annähernd bekannt (Ptolemäus: 59 Erdhalbmesser). Weitere Bahnelemente: mittlere Exzentrizität 0,055, Bahnneigung gegen die Ekliptik 5°8′43,4″. Der M. hat einen Durchmesser von 0,2725 Erddurchmesser = 3480 km, eine Masse von $1/81$ Erdmasse u. eine mittlere Dichte von 0,606 Erddichte = 3,34 g/cm³. Die Schwerkraft auf der Mondoberfläche beträgt $1/6$ der irdischen Schwerkraft. Der M. rotiert in 27,32 Tagen um seine Achse; in derselben Zeit bewegt er sich um die Erde *(siderischer Monat);* daher kehrt er der Erde stets die gleiche Seite zu; infolge der *Libration* des Monds kann aber von der Erde aus mehr als die Hälfte der Mondoberfläche beobachtet werden. Begegnungen des Monds mit der Sonne

Mond (1): Entstehung der Mondphasen. Der Mond zeigt uns während seines Erdumlaufs durch die unterschiedliche Sonnenbeleuchtung verschiedene Phasen. Läuft er zwischen der Erde und der Sonne hindurch, ist der Erde seine Nachtseite zugekehrt: Wir haben Neumond (1). Danach sieht man eine schmale zunehmende Sichel (2), die immer mehr anwächst (3). Etwa 7,5 Tage nach Neumond ist zunehmender Halbmond oder Erstes Viertel (4). In den folgenden Tagen nimmt die Mondscheibe weiter zu (5 und 6) und etwa am 15. Tag nach Neumond steht unser Trabant der Erde aus gesehen der Sonne gegenüber: Es ist Vollmond (7). Dann nimmt der Mond wieder ab (8 und 9). Rund 22,5 Tage nach Neumond ist abnehmender Halbmond oder Letztes Viertel (10). In den nächsten Tagen sieht man eine abnehmende Mondsichel (11 und 12). Etwa 29,5 Tage nach Neumond ist wiederum Neumond und der Zyklus beginnt von neuem

Mond

Mondfinsternis im Juli 1997

(Neumond) finden im Mittel alle 29,53 Tage statt *(synodischer Monat)*; in dieser Periode *(Lunation)* läuft der Wechsel der Lichtgestalten *(Mondphasen)* des Monds ab: Neumond (☉), Erstes Viertel (☽), Vollmond (☺), Letztes Viertel (☾).
Der M. hat keine Atmosphäre; die Oberfläche ist mit einer nur wenige Zentimeter dicken Staubschicht überlagert u. besteht aus meist dunklen, relativ festen Gesteinen (basaltisches Eruptivgestein), die das Licht stark absorbieren *(Albedo* [Rückstrahlungsvermögen] = 0,07). Die Oberfläche zeigt dunkle, meist kreisförmige Flächen (Ebenen, nach alter Anschauung als „Meere" [lat. *maria*] bezeichnet, z. B. Mare Imbrium [Durchmesser 960 km], Mare Serenitatis, die stellenweise von hohen Gebirgsketten (Alpen, Apenninen, Kaukasus) umsäumt werden. Die übrigen (helleren) Teile der Oberfläche sind mit Tausenden von *Ringgebirgen* übersät, die alle Größen zwischen kleinen *Kratergruben* (Durchmesser wenige Meter) u. gewaltigen *Wallebenen* (Durchmesser bis über 200 km) annehmen. Andere Oberflächenformen: → Rillen, Strahlensysteme. Die Rückseite des Monds wurde erstmals von der sowjet. Raumsonde *Lunik III* (4. 10. 1959), sodann in Einzelheiten von den US-amerikan. *Lunar-Orbiter-Sonden* (1966 bis 1968) u. weiteren Sonden wie *Clementine* u. *Lunar Prospector* in den 90er Jahren fotografiert. Bei den bemannten Landungen im Rahmen des → Apolloprogramms wurde auch Mondgestein zur Erde mitgebracht u. untersucht. Das basaltartige Gesteinsmaterial, das in eine puderartige Masse eingebettet war, hatte im Einzelnen eine etwas andere chem. Zusammensetzung als ird. Gesteine gleicher Art; häufiger sind z. B. Aluminium, Calcium u. Titan, weniger häufig dagegen Alkalimetalle u. Eisen. Insgesamt ähnelt aber die Häufigkeit der Elemente der in der Erdkruste. Künstlich durch Niedergang der später nicht mehr benötigten Landefähre u. der 3. Saturnstufe erzeugte Mondbeben dauerten erheblich länger als Erdbeben ähnlicher Ursache, eine Folge des Fehlens einer Dämpfung durch Wasser (auch → Luna, → Lunochod). Der M. hat eine Schalenstruktur: an der Oberfläche eine durch Meteoriteneinschläge entstandene Schuttschicht *(Regolith)*, darunter bis 16 km eine festere Schicht, bis 65 km die eigentliche Mondkruste; der Mantel reicht bis 1000 km Tiefe, dann folgt der Kern. Die Zentrumstemperatur beträgt 1200 °C. In Zonen ewigen Schattens an den Polen soll nach neueren Messungen Wassereis vorkommen.
Die *Entstehung* des Monds ist noch nicht geklärt. Die Hypothese, wonach der M. von der Erde eingefangen ist, erscheint problematisch. Nach einer wohlbegründeten Theorie ist der M. aus der Erde vor etwas über 4 Mrd. Jahren entstanden. Die Erde zeigte zu diesem Zeitpunkt schon eine Differentiation, d. h., die schweren Stoffe sanken weitgehend zum Zentrum ab, die Kruste bestand vor allem aus Silicaten. Vielleicht durch das Auftreten eines Kleinkörpers wurden Erdkruste u. -mantel aufgerissen, der M. wurde geboren. Nachträgliche Zusammenstöße von Kleinkörpern (Planetesimale, Meteoriten) führten zu den „Meeren" u. Kratern auf dem M. So sind die hellen „Terrae"-Gebiete (Hochländer mit Kratern) vor rd. 4 Mrd. Jahren, die „Meere" einige hundert Mio. Jahre später entstanden.
Heute bildet der M. bereits einen Gegenstand internationaler Vereinbarungen. Auch → Weltraumrecht.
2. *Eiskunstlauf:* eine Grundfigur des Kürlaufens, bei der die Beine mit gestrecktem Knie so weit auswärts gespreizt sind, dass die Füße, mit den Fersen zueinander gekehrt, fast eine Gerade bilden u. dadurch im Lauf einen Halbmond beschreiben. Diese Figur kann als *M. einwärts* (auf den Innenkanten) oder als *M. auswärts* (auf den Außenkanten) ausgeführt u. mit verschiedenen *Bögen* kombiniert werden.
Mond [mɔnd], Ludwig, dt. Industrieller u. Erfinder, *7. 3. 1839 Kassel, †11. 12. 1909 London; Sodaindustrie u. die Gewinnung von reinem Nickel aus Nickeltetracarbonyl *(Mond-Verfahren)*. Auch → Mondgas.

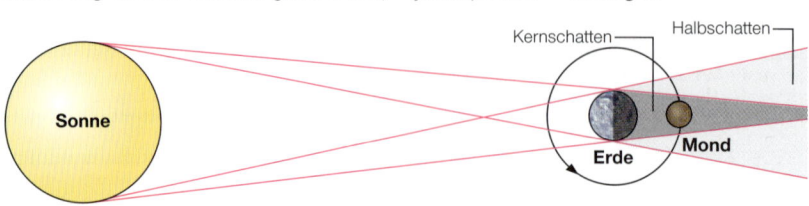

Mondfinsternis: Stehen Sonne, Erde und Mond genau auf einer geraden Linie hintereinander, entsteht eine Mondfinsternis. Der Mond steht im Erdschatten. Ein wenig Sonnenlicht wird aber in der Erdatmosphäre so gebrochen, dass es doch noch den Mond erreicht. Das gilt vor allem für das rote Licht, so dass der Mond selbst bei einer totalen Finsternis meist noch schwach rötlich zu sehen ist

Mondgottheiten: japanische Mondgöttin. Zeichnung auf Seide von Monka, 1556. Leiden, Rijksmuseum voor Volkenkunde

Mondadori Verlag, *Arnoldo Mondadori Editore,* italien. Verlag in Mailand, gegr. 1912 in Verona; Belletristik, Klassikerausgaben, Bildbände, Enzyklopädien, Schul- u. Kinderbücher, Fach- u. Publikumszeitschriften.
Mondamin [das], Marke für Maisstärkemehl.
mondän [lat.-frz.], im Lebensstil luxuriös u. extravagant.
Mondaugen, *Hiodontidae,* eine der beiden Familien der Unterordnung *Messerfische, Notopteroideae;* auch mit einigen anderen kleinen Familien von Süßwasserfischen zur Ordnung *Osteoglossiformes* zusammengefasst. Süßwasserfische Nordamerikas, Aussehen heringsähnlich, wenige Arten, Gewicht bis 1 kg.
Mondbeben, durch schwache Beben im Mondinnern bis maximal Magnitude 2 in

zumeist großen Tiefen zwischen 800 u. 1200 km, die hauptsächlich von den Mondgezeiten oder durch Meteoriteneinschläge ausgelöst werden.

Mondblindheit → Augenentzündung (2).

Mondbohne → Bohne.

Monde, *Trabanten, Satelliten,* kleinere Himmelskörper, die einige der Großen Planeten begleiten u. ständig umkreisen. Auch → Jupiter, → Mars, → Mond (1), → Neptun, → Saturn (1), → Uranus.

Monde [mɔ̃:d; frz. „Welt"], *„Le Monde",* 1944 gegr. französ. Tageszeitung (Paris) mit internationalem Ansehen; Auflage: 384 000.

Mondego [mɔ̃'degu], Fluss in N von Portugal, 225 km; entspringt in der *Serra da Estrela,* mündet bei *Figueira da Foz* in den Atlant. Ozean.

◆ **Mondfinsternis,** der Durchgang des Mondes durch den Schattenkegel der Erde, dessen Durchmesser in der Mondentfernung noch etwa das Dreifache des Monddurchmessers beträgt. *Totale M.:* Der Mond tritt völlig in den Kernschatten der Erde ein, wird aber nicht ganz verdunkelt, da das durch die Erdatmosphäre gebrochene Sonnenlicht in den Schattenraum eindringt u. dem Mond eine rötliche bis bräunliche Färbung verleiht. Die Dauer einer totalen M. kann (bei zentralem Durchgang) bis zu 3$^{1}/_{2}$ Stunden betragen, die totale Phase selbst bis zu 1$^{3}/_{4}$ Stunden – *Partielle M.:* Der Mond streift den Schattenkegel u. wird nur zum Teil verfinstert. Der Halbschatten der Erde spielt bei einer M. nur eine unbedeutende Rolle.

Mondfisch, *Sonnenfisch, Klumpfisch, Meermond, Schwimmender Kopf, Mola mola,* die größte Art der *Klumpfische,* ein bis zu 3 m langer, über 1000 kg schwerer Oberflächenfisch tropischer u. subtropischer Ozeane, mit weltweiter Verbreitung. Mondfische haben einen plumpen, ovalen Körper, ein kleines Maul, segelförmige Rücken- u. Afterflossen, einen welligen Schwanzflossensaum u. eine nackte, ledrige Haut. Sie ernähren sich vornehmlich von Plankton u. Kleintieren. Die Eizahl beträgt mehr als 300 Mio., die Larven tragen einen langen Stachel. Der M. hat keine Bedeutung für die Fischerei.

Mondfleck, ein Schmetterling → Mondvogel.

Mondgas [mɔnd-; nach L. *Mond*], durch Vergasung von festen Brennstoffen unter Zufuhr von überhitztem Wasserdampf gewonnenes Heizgas. Bei der Herstellung fällt auch Ammoniak an.

Mondgeologie → Selenologie.

Mondglas, nach einem alten Verfahren hergestelltes Flachglas. Mit der Glaspfeife wird ein Ballon geblasen u. dann mit dem *Nabeleisen* abgenommen. Durch rasches Drehen des Eisens in senkrechter Richtung entsteht eine flache, runde Scheibe. Nach dem Erkalten werden zwei halbkreisförmige Scheiben herausgeschnitten, die zu Fensterglas verarbeitet werden; das mittlere Stück ergibt *Butzenscheiben.* M. hat hohen Glanz u. ist an seinen feinen konzentr. Kreisen zu erkennen.

◆ **Mondgottheiten,** Vergöttlichungen des Mondes, bes. bei mutterrechtl. Agrarvölkern (Analogie zwischen Mondphasen u. Lebensrhythmus); auch in Indien (Chandra, Soma), Japan (Tsukiyomi), Griechenland (Artemis).

◆ **Mondhornkäfer,** *Copris lunaris,* bis 23 mm langer, glänzend schwarzer *Kotkäfer,* dessen Halsschild beim Männchen mit einem spitzen Horn besetzt ist. Jedes Pärchen baut eine große Brutkammer (bis 15 cm lang), in die 7–8 Kotpillen eingetragen werden, in denen sich die Eier entwickeln.

Mondhornkäfer, Copris lunaris

Mondjahr → Kalender; auch → Mond.

Mondkalb, un- oder neugeborenes Kalb mit → Wasserkopf.

Mondlandefähre → Apolloprogramm, → Weltraumfahrt.

Mondlandung → Apolloprogramm.

Mondlane [mɔ̃d'lanə], Eduardo, afrikan. Politiker aus Mosambik, * 1920 im Bez. Gaza (südl. Mosambik), † 3. 2. 1969 Dar es Salaam (ermordet); gründete 1962 die „Befreiungsfront für Moçambique" *(Frelimo)* u. führte sie auf einem radikal antikolonialistischen, aber zwischen West u. Ost neutralen Kurs.

Mondnickel, nach dem Niederdruck-Carbonylverfahren von L. *Mond* gewonnenes Reinnickel.

Mondorf, frz. *Mondorf-les-Bains,* luxemburg. auch *Munneréf,* Grenzgemeinde im südostluxemburg. Kanton Remich, gegenüber dem französ. Ort *Mondorff,* 2900 Ew.; Dorfkirche (1764 bis 1766) mit Fresken u. nennenswerter Innenausstattung. Im Ortsteil *M. Bad* mineralhaltige Thermalquellen.

Mondorientierung, die → Orientierung nach der Stellung des Mondes.

Mondovi, italien. Stadt in Piemont, am Nordrand der Meeralpen, 22 000 Ew.; ehem. Universität (gegr. 1560, nach Turin verlegt); Stahlwerk, pharmazeut. u. Papierindustrie.

Mondpreis, ein vom Hersteller unverbindlich empfohlener Absatzpreis, der so hoch festgelegt ist, dass dem Groß- bzw. Einzelhändler ein Spielraum für einen attraktiven Preisnachlass (meist zwischen 20–30 %) verbleibt.

Mondprozess [mɔnd; nach L. *Mond*], techn. Prozess der Nickelgewinnung durch Umsetzung von Nickelerz mit Kohlenmonoxid bei 50–80°C. Dabei bildet sich das gasförmige Tetracarbonylnickel, das anschließend durch Erhitzen bei rd. 200°C in reinstes Nickel (> 99,3 %) u. Kohlenmonoxid zersetzt wird.

Mondraute, *Botrychium lunaria,* kleiner, auf Triften lebender *Farn;* nur ein Blattwedel mit halbmondförmigen Fiedern u. einem lang gestielten, Sporen tragenden Teil. Das Prothallium lebt unterirdisch in Symbiose mit Pilzen.

◆ **Mondrian,** Piet, eigentl. Pieter Cornelis Mondriaan, niederländischer Maler und Kunstschriftsteller, * 7. 3. 1872 Amersfoort, † 1. 2. 1944 New York; 1917 Mitbegründer und Hauptmeister der „Stijl"-Bewegung; gelangte nach impres-

Piet Mondrian: Komposition in Grau und Gelb

Piet Mondrian

Mondringe

Mondsee (1): Blick über den Ort Mondsee auf den See

sionist. u. kubist. Anfängen durch konsequente Vereinfachung gegenständlicher Motive 1912 zur Abstraktion (Baumserie); malte gegenstandslos-konstruktive Bilder mit betonter Vertikal-Horizontal-Ausrichtung u. strenger Farbflächenrhythmik, die auch die Architektur u. Formgestaltung beeinflussten; grundlegende theoret. Schriften: „Le Néo-plasticisme" 1920; „Neue Gestaltung" 1925; „Plastic art and pure plastic art" (Aufsätze) 1947.

Mondringe, helle, splintähnl. Ringe im Kernholzquerschnitt von Eiche, Kirsche, Walnuss u. a.; hervorgerufen durch den *Rauhaarigen Lederschwamm (Stereum hirsutum)* u. Schädigung des Splintholzes infolge starker Winterfröste; kommt gelegentlich auch bei Nadelhölzern vor.

Mondsame, *Menispermum,* Gattung der Mondsamengewächse *(Menispermaceae),* Zierpflanzen sind der Kanad. M., *Menispermum canadense*, mit fünf- bis siebenlappigen Blättern u. der *Sibir. M., Menispermum dauricum*, mit dreilappigen Blättern.

Mondsee, ✦ 1. österr. Marktgemeinde im Salzkammergut, am nordwestl. Ufer des Mondsees, 493 m ü. M., 2600 Ew.; Benediktinerstift (748 gegr., heute Schloss); Fremdenverkehr.
2. österr. See im Salzkammergut, östl. von Salzburg, 481 m ü. M., 14,3 km², 11 km lang, 2 km breit, bis 68 m tief; er wird von Zeller u. Fuschler Ache gespeist u. durch die Seeache in den Attersee entwässert.

Mondsee-Kultur, spätneolith. Kupfergegenstände führende Kultur im Bereich der österr. Alpenseen, 1871 von M. *Much* entdeckt. Die M. wird bes. durch ihre Fein- u. Grobkeramik (birnenförmige Krüge, Henkeltassen, Schüsseln u. a. konische Gefäße) charakterisiert. Vor allem die Feinkeramik ist mit eingeritzten geometr. Mustern (Rad, Kreis, Dreieck, Schachbrett- u. Girlandenmuster) verziert, die durch weiße Inkrustation betont werden.

Mondsonde → Apolloprogramm, → Weltraumfahrt.

Mondstein, Ceylon-Opal, eine bläulich-weiß schimmernde Varietät des Minerals *Adular*; Schmuckstein; Vorkommen: Sri Lanka, Indien u. Madagaskar.

Mondsüchtigkeit → Somnambulismus.

Mondviole → Silberblatt.

✦ **Mondvogel,** *Mondfleck, Phalera bucephala,* zu den *Zahnspinnern* gehörender Falter mit hellgelbem, mondförmigem Fleck an der Spitze der Vorderflügel. Die Raupe findet man an Linde, Eiche u. a. Laubhölzern.

Monegassen, Einwohner von → Monaco.

Mönekind, kleines Dorf im → Sauerland, 512 m ü. M., 26 Einwohner; Land- und Forstwirtschaft.

Monelmetall [nach dem US-amerikan. Hersteller A. *Monel,* †1921], sehr korrosionsbeständige Legierung aus 67% Nickel u. 28% Kupfer, dazu Mangan, Eisen, Silicium u. Kohlenstoff; meist aus dem Kupfer u. Nickel enthaltenden Erz *Rotnickelkies* hergestellt; gut bearbeitbar u. von hoher Verschleißfestigkeit; Verwendung bes. für Schaufeln von Dampfturbinen, im Apparatebau u. für Kondensatorrohre.

Monem [das; grch.], die kleinste, nicht weiter zerlegbare sprachl. Bedeutungseinheit; z. B. das Plural- e in „Hunde". Gelegentlich wird der Begriff Monem wie der Begriff → Morphem gebraucht.

Monemvasia, ital. *Malvasia,* griech. Ort auf der gleichn. Halbinsel an der südöstl. Küste des Peloponnes, rd. 500 Ew.; venezian. u. türk. Befestigungsanlagen. – Unter venezian. Herrschaft war M. Hauptstützpunkt des venezian. Levantehandels. Der Dessertwein *Malvasier* ist nach M. benannt.

Monenergismus [grch., „einzige Wirksamkeit"], *Monergismus,* christl. Lehrauffassung von der Vereinigung beider Naturen Christi in nur einer Wirkungsweise. Vorform des → Monotheletismus.

Monergol, ein flüssiger Treibstoff für Raketen, der sich in Anwesenheit eines Katalysators selbst zersetzt. Monergole sind z. B. *Hydrazin* (N_2H_4) oder *Wasserstoffperoxid* (H_2O_2).

Monet [mɔ'nɛ], Claude, französ. Maler, *14. 11. 1840 Paris, †6. 12. 1926 Giverny; Hauptvertreter des französ. *Impressionismus*; lernte 1859 in Paris C. *Pissarro* u. 1862 A. *Renoir,* A. *Sisley* u. J.-F. *Bazille* kennen, mit denen er vom dunkeltonigen Figurenbild zur Freilichtmalerei überging. 1870 sah er in London Bilder von J. *Constable* u. W. *Turner*, die dazu beitrugen, dass sich seine Palette aufhellte. 1872 malte er das Bild „Impression, soleil levant" (Paris, Musée Marmottan), das 1874 in der 1. Impressionistenausstellung gezeigt wurde u. der Bewegung ihren Namen gab. Die Verwendung von Komplementärfarben in lockerer, tupfenartiger Pinseltechnik ermöglichte ihm die Wiedergabe der farbigen Oberflächenerscheinung unter momentanen Lichtwirkungen. So war es nur konsequent, dass er dieselben Motive zu verschiedenen Tageszeiten malte, z. B. in den experimentellen Serien der Eisbruchbilder, der Heuhaufen, der Pappeln, der Kathedrale von Rouen, der Ansichten von London u. Venedig u. vor allem im großen Zyklus der Seerosenbilder (Paris, Orangerie), in denen die Auflösung der Form bis an die Grenze der abstrakten Malerei vorangetrieben ist. Die Hauptstationen seines Lebens waren Le Havre, Honfleur, Paris, Bougival, Argenteuil, Vetheuil u. zuletzt Giverny, wo er einen Garten mit Seerosenteich anlegen ließ, der die Motive für sein Spätwerk abgab u. seit 1981 dem Publikum zugänglich ist. → Seite 134.

monetäre Basis → Geldbasis.

Monetarismus [lat.], ein wirtschaftstheoretisches Konzept, das insbes. von M. *Friedman* in den späten 1950er Jahren entwickelt wurde. In Anlehnung an die klassische Theorie geht der M. von einem stabilen privaten Sektor in der Marktwirtschaft aus, der durch staatliche Steuerungsversuche nur gestört wird. Daher hat der Staat konjunkturelle „Steuerungsschocks" zu unterlassen u. zur Sicherung einer stetigen Entwicklung des langfristigen realen Wachstums ohne Inflation eine am Produktionspotenzial orientierte Geldmengenpolitik (daher der Begriff M.) zu betreiben. Dieses Konzept hat seit Mitte der 1970er Jahre zunehmend Eingang in die praktische Wirtschaftspolitik gefunden. Es sieht sich starker Kritik durch Vertreter der → Fiscal Policy ausgesetzt, die die anhaltend hohen oder steigenden Arbeitslosenzahlen auf den M. zurückführen.

Monfalcone, italien. Stadt in der Region Friaul-Julisch-Venetien, nordwestl. von Triest, 30 000 Ew.; Schiff- u. Flugzeugbau, Sodafabrik, Verkehrsknotenpunkt.

Monferrato, Hügelland im nordwestl. Italien, zwischen Po u. Tànaro, bis 716 m hoch; Hauptort *Asti*; bedeutendes Weinanbaugebiet.

Markgrafschaft seit dem 11. Jh. Die Grafen von M. standen im 12. u. 13. Jh. auf der Seite der Staufer. 1305 fiel M. an die griech. Palaiologen, 1536 an die Gonzaga. 1574 wurde es Herzogtum, 1631 kam ein Teil, 1713 auch der Rest an Piemont.

Monge [mɔ̃ʒ], *Gaspard*, französ. Mathematiker, *10. 5. 1746 Beaune, †28. 7. 1818 Paris; gründete 1794 die berühmte „École polytechnique"; Begründer der darstellenden Geometrie; Arbeiten über Differenzialgeometrie.

Monghyr [mʌŋə], *Munger*, ind. Distrikt-Hptst. in Bihar, am Ganges, 150 000 Ew.; Metall- u. Tabakindustrie, Eisenbahnwerkstätten.

Möngke, *Mangu*, Mongolenherrscher (Groß-Chan) 1252–1259, †1259; Enkel *Tschingis Chans*; beauftragte 1256 seinen Bruder *Hülägü* mit der Eroberung Persiens u. des Vorderen Orients.

Mongkut, *Rama IV.*, König von Siam (Thailand), *18. 10. 1804 Bangkok, †1. 10. 1868 Bangkok; war 27 Jahre buddhist. Mönch, bevor er 1851 den Thron bestieg. In dieser Zeit setzte er sich intensiv mit westl. Wissenschaft u. Philosophie auseinander. Während seiner Herrschaft begann die Modernisierung Thailands, die von seinem Sohn *Chulalongkorn* fortgesetzt wurde.

Mongo, Münzeinheit in der Mongolei: 100 M. = 1 Tugrik.

Mongo, *Bamongo, Lolo*, Familie von Bantustämmen (z.B. Bosaka, Ekonda, Kundu, Mbole) im Kongobogen, vom N her zugewandert; Jäger, Fischer, Maniokpflanzer u. Kleinviehzüchter; rd. 1,5 Mio.

Mongolei, Staat in Zentralasien, → Seite 136.

Mongolei, zentralasiat. Hochland mit Steppen u. Wüsten, zwischen dem Xinganling im O, dem Altin Tagh u. Nan Shan (bis 6346 m) im S, dem Tian Shan im W u. Altai (bis 4506m), Sajan u. Jablonowyjgebirge im N, rd. 2,8 Mio. km²; umfasst Wüsten (Gobi) u. von Gebirgen umrahmte hoch gelegene (über 1000m ü. M.) Beckenlandschaften, die bes. im S u. O abflusslos sind. Das Klima ist extrem kontinental, die Durchschnittstemperaturen liegen im Januar unter –15 °C (Extremwerte bis –40 °C), im Juli bis 17 °C (Extremwerte in der Gobi bis über 45 °C); die Niederschlagsmengen nehmen von N (200–250 mm) nach S (100 mm u. weniger) ab. Steppen herrschen vor, nur die Gebirge tragen Nadelhölzer. Die Bevölkerung besteht vorwiegend aus Mongolen, die ursprüngl. ausschließlich Nomaden waren u. traditionell dem Lamaismus angehörten. Politisch gliedert sich das Gebiet in den Staat *Mongolei*, die chinesische *Innere Mongolei* u. Randgebiete Xinjiangs u. Russlands.

Mongoleigazelle, *Procapra gutturosa*, eine Gazelle der Äußeren Mongolei, mit verdicktem Kehlkopf, deren Männchen zur Paarungszeit Maulblasen ausstoßen. Auch → Kropfgazelle.

Mongolen, Selbstbez. *Mongchol*, chin. *Mongku*, eine zahlenmäßig große Völkergruppe Innerasiens: etwa 7,5 Mio., davon 4,8 Mio. in China (Innere Mongolei u.a. Provinzen), 2,2 Mio. in der Mongolei u. rd. 500 000 in Russland, vor allem in Burjatien u. in den autonomen Kreisen der Ust-Orda- u. der Agin-Burjaten; ursprünglich wohl Wald- u. Pelztierjägerstämme, dann größtenteils Steppennomaden mit Übergang zum Ackerbau. Sprachlich u. kulturell können die M. in einen östl. u. einen westl. Zweig unterteilt werden; die *Ostmongolen*, zu denen die *Khalka*, das Staatsvolk der Mongolei (die M. i. e. S.), u. die *Burjaten* gerechnet werden, u. die *Westmongolen*, zu denen *Kalmüken, Torguten* u.a. gehören.

Die M. (i. e. S.) waren u. sind noch heute in einigen abgelegenen Gebieten ausgesprochene Reiternomaden (Pferd, Schaf, daneben Kamel, Ziege, Rind) mit zwei- bis viermaligem Weidewechsel im Jahr, mit Jurten (mit Filzteppichen, Schaffellen, Koffern) sowie Holzpalästen der Fürsten u. Klöstern in Lehmziegelbau. Die Kleidung ähnelt der chinesischen. Die Sozialordnung wurde unter *Tschingis Chan* in eine Lehnsherrschaft umgestaltet (im W Reste der Geschlechterverbände „Aimag"). Lehnsherrschaft u. Einfluss der Geistlichkeit wurden in der sowjet. Ära aufgehoben. Im Zuge der Kollektivierung der Landwirtschaft unter sozialist. bzw. kommunist. Regime wurden die nomadisch lebenden M. landwirtschaftl. Genossenschaften u. Staatsgütern angeschlossen oder zur Sesshaftigkeit gezwungen, die nach der Reprivatisierung der Landwirtschaft zumeist nicht wieder aufgegeben wurde. Der früher von den M. verachtete Ackerbau wird heute zur Deckung des Eigenbedarfs betrieben.

Geschichte: Um 1000 wurden die mongolischen Stämme *Keräit* u. *Merkit* von nestorian. Missionaren zum Christentum bekehrt. Um 1196 schwang sich *Temudschin* zum Fürsten des Stamms *Mongchol* auf, der dann dem ganzen Volk den Namen M. gab. Temudschin unterwarf alle Stämme u. wurde 1206 durch eine Volksversammlung zum → Tschingis Chan („Groß-Chan") ernannt. Er eroberte Nordchina, Buchara, Samarkand u. Merw. Nach seinem Tod 1227 erhielt sein Sohn *Tolui* die Mongolei, *Tschagatai* Turkistan, *Ögädäi* die Westprovinzen u. wurde Groß-Chan. *Batu* eroberte 1237–1240 Russland u. schlug 1241 dt. Ritter u. Polen bei Liegnitz u. die Ungarn auf der Ebene Mohi. Unter *Göjük* (1246–1248) u. *Möngke* (1252–1259) hielt das Großreich noch zusammen. *Hülägü* eroberte 1256–1258 Persien u. den Vorderen Orient, wurde aber von den ägypt. Mamluken 1260 geschlagen; er begründete in Iran die Herrschaft der *Ilchane* (bis 1335), *Kublai* in China die *Yuan-Dynastie* (bis 1368), *Batu* in Südrussland das Reich der → Goldenen Horde. In Turkistan entstand das Reich *Tschagatais*. Den größten Teil des Mongolenreichs vereinigte erneut *Timur* (1370 bis 1405), der aus Westturkistan stammte; 1379–1385 eroberte er Ostiran, 1385–1387 Georgien, Armenien u. den Iran, 1391 stieß er bis zur Wolga vor, 1395 nach Syrien u. in den Irak, gelangte 1398 auf einem Feldzug bis zum Indus u. besiegte 1402 bei Ankara den osman.-türk. Sultan *Bajezid*; er konnte das Reich jedoch innerlich nicht festigen, so dass es bereits unter seinem Enkel *Ulugh Beg* († 1449) zerfiel (*Timuriden*, vor allem im Iran, bis 1506). *Babur* († 1530) eroberte 1524–1526 große Teile Indiens u. begründete dort die Dynastie der *Mogul-Kaiser* (bis 1858). – Im W des Mongolenreichs hatten die M. zumeist den Islam angenommen, in der Mongolei seit 1586 den lamaistischen Buddhismus, womit ihre politische Aktivität aufhörte.

Reichszentrum war zunächst *Karakorum*, ab 1259 Peking (Chan-balig). Seit dem 17. Jh. gehörte die Mongolei zu China; 1911 spaltete sich die *Äußere Mongolei* ab u. wurde 1924 zur Mongolischen Volksrepublik.

Mongolenfalte, *Schlitzauge, Epikanthus*, bei vielen mongolischen Völkern auftretende Hautfalte am Auge. Sie überdeckt den freien Lidrand, zieht sich über den inneren Augenwinkel, der gleichfalls verdeckt wird, hinweg u. verwächst mit der seitl. Nasenhaut, wobei eine halbmondförmige Rundfalte entsteht; oftmals liegt dabei der äußere Augenwinkel höher als der innere. Aus-
Fortsetzung S. 135

Mondvogel, Phalera bucephala, gut getarnt an einem Ast

Monet

(Links) Impression, Sonnenaufgang (Impression, soleil levant); Öl auf Leinwand 1872. Paris, Musée Marmottan. Dieses Bild, das die Hafenanlagen von Le Havre bei Sonnenaufgang darstellt, gab der Bewegung der Impressionisten seinen Namen. Als Monet es 1874 anlässlich einer Gemäldeausstellung gleichgesinnter Künstler im Atelier des Fotografen Nadar präsentierte, verspottete der Kritiker Louis Leroy die gesamte Ausstellung in einem Artikel der Zeitung »Charivari« als »Ausstellung der Impressionisten«. Der Name blieb und der daraus resultierende Malstil, der »Impressionismus«, hatte weltweit außerordentliche Erfolge

(Rechts) Das Frühstück im Freien, Mittelteil; Öl auf Leinwand 1865. Paris, Musée d'Orsay. 1863 sah Monet im »Salon der Zurückgewiesenen« Edouard Manets Bild »Das Frühstück im Freien«. Er beschloss, ein Bild mit dem gleichen Thema zu malen und setzte es 1865 um. Sein größtes Anliegen war die unmittelbare Arbeit nach der freien Natur und die Darstellung von Figuren in der Natur. Eine Studie im Moskauer Puschkin-Museum vermittelt einen Eindruck über den Aufbau des Bildes. Es sollte gewaltige Ausmaße haben und entstand in mehreren Teilen, von denen zwei, der Mittelteil und der linke Teil, erhalten sind

(Links) Das Parlament von London bei Gewitterhimmel; Öl auf Leinwand, 1904. Lille, Musée des Beaux-Arts. Wie viele andere Impressionisten malte Monet Bildserien, z.B. Heuschober, die Kathedrale von Rouen oder später die Seerosen jeweils bei unterschiedlicher Beleuchtung; die Darstellung von Menschen gab er völlig auf. Auch das Parlamentsgebäude in London entstand in unterschiedlichen Variationen, zu verschiedenen Tageszeiten, Jahreszeiten und Wetterbedingungen. Nur diffus erhebt sich in stumpfen Farben die fast formlose Silhouette des Parlamentsgebäudes über der Themse. Goldene Lichtreflexionen funkeln auf braunem Wasser, das sich farblich kaum vom Himmel unterscheidet. Wie in anderen Bildern aus dem Spätwerk konzentrierte Monet sich auch bei diesem Gemälde auf persönliche Seherlebnisse und Farbwahrnehmungen

(Rechts) Mohnblumen; Öl auf Leinwand 1873. Paris, Musée d'Orsay. Das Bild entstand in der Nähe von Argenteuil, einem kleinen Ort in der Nähe von Paris, wo Monet wohnte und gehört zu den bekanntesten Gemälden Monets. Der Betrachter sieht ein Feld mit üppigen Mohnblumen, die bei genauerer Betrachtung nur rote Flecken sind. Am vorderen rechten Bildrand sind eine Frau und ein Kind zu sehen – Monets Ehefrau und sein Sohn. Eine entsprechende Figurenkomposition ist silhouettenhaft am Ende des Feldes zu sehen. Beide Gruppen suggerieren, trotz der flächigen Malweise, Bewegung. Anordnung, räumliche Verteilung und Größe der roten Flecken erzeugen Perspektive und Tiefe; die Pinselstriche sind leicht und duftig

nahmsweise auch bei anderen Völkern, gelegentlich bei Säuglingen, bei denen sie mit dem Nasenwachstum verschwindet. Pathologische M.: → Down-Syndrom.

Mongolenfleck, *Steißfleck, Sakralfleck*, erbsen- bis handtellergroße, bläulich erscheinende Hautstelle in der Kreuzbeingegend oder am Gesäß, der meist schon im Kleinkindalter wieder verschwindet. Er kommt bei Ostasiaten wesentlich häufiger vor als bei Afrikanern oder Europäern. Der bläuliche Ton der Hautverfärbung beruht auf der tiefen Lage des dunklen Pigments in der Lederhaut.

Mongolide, zusammenfassender Begriff für die mongoliden Rassenformen: mittelgroß bis klein, Rumpf verhältnismäßig lang, Beine kurz, Kopf breit bis mittelbreit, Gesicht flach, Wangenbeine vortretend, Mongolenfalte, Haut gelblich, Augen u. Haare dunkel, Kopfhaar dick.

mongolische Kunst, die Kunst der mongolischen Völker, in der vor allem zentralasiat., chines. u. tibet. Formen dominieren. Es sind nur wenige Zeugnisse älterer Epochen erhalten, die frühesten Funde datieren aus der Bronzezeit. Seit der Gründung der Mongol. Volksrepublik war die m. K. eng mit dem sowjet. sozialist. Realismus verknüpft. Gemäß der nomad. Lebensweise sind die Motive aus der Tierwelt, seit der Ausbreitung des Lamaismus im 16. Jh. auch aus der Religion gewählt. Die m. K. hatte unter Tschingis Chan u. seinen Nachfolgern großen Einfluss auf die persische (persischmongol. Stil) u. auf die indische Kunst (Mogulstil).

mongolische Literatur. Die mündlich überlieferte Volksliteratur wurde kaum schriftlich fixiert (Märchen, Lieder, Sprüche, Abstammungsepen verschiedener mongol. Völker). Erste Zeugnisse finden sich um 1230 (Botschaften, Verträge). Zu Ende des 13. Jh. erschienen Übersetzungen aus dem tibet. Raum. Überhaupt war der Einfluss von Nachbarvölkern immer groß.
Eine m. L. im engeren Sinn entstand im Zeitalter *Tschingis Chans*, so das Geschichtsepos über die Entstehung seines Weltreichs: „Geheime Geschichte der Mongolei" (1. Hälfte des 13. Jh., in chines. Schrift). Jedoch bedingt durch die politischen Verhältnisse wurde die Literatur erst im 17. Jh., in Form historischer Chroniken, wieder bedeutsam. Genannt sei vor allem „Altan tobtschi" 1604 („Goldener Topf", wichtig wegen der darin enthaltenen Sagen). Am Hof *Altan Chans* (17. Jh.) entstand ein Geschichtswerk des *Sanang Setsen*. Von hier aus entwickelten sich Übersetzerschulen für lamaist., buddhist., ind. u. chinesische Texte religiösen Inhalts. Zur kanonischen Literatur gehören das aus dem Tibetischen übersetzte „Kandschur" (1628 f.) u. das „Tanjur" (1. Hälfte des 17. Jh.). Das Heldenepos „Geser Chan" (in über 20 000 Versen wird der Kampf zwischen Gut u. Böse geschildert) fällt in das 18. Jh., in eine Zeit, in der auch das literar. Volksgut schriftlich fixiert wurde. Früheste Zeugnisse hierzu stammen aus dem Anfang des 17. Jh.

Dem chines. Einfluss war die m. L. im 18. u. 19. Jh. unterworfen (Geschichtswerk des *Rasipungsug*, 1774 f.; Romane wandernder Erzähler). Der erste eigentl. mongol. Roman stammt von *Injanasi* (Anfang des 19. Jh.). Die fest gegliederte soziale Ordnung spiegelt sich in der Zeremonialliteratur wider. Aus theologischen Bußpredigten (indische u. tibetische Vorbilder) entwickelten sich im 19. Jh. Mahn- u. Spottgedichte u. sozialkrit. Kurzgeschichten, die wiederum die Schelmengeschichten einleiteten. Im 20. Jh. wurde die Literatur nationalistisch u. revolutionär; sie behandelt soziale Probleme, die künstler. Ausdrucksform weist aber immer noch in die Vergangenheit zurück. Nach Gründung der Volksrepublik orientierte sich die m. L. an sowjet. Vorbildern (Daschdordschin *Natschargdorje*; Dondogijn *Zewegusids*; Tschadrawalyn *Lodoidamba*); *Damdin* u. Idam *Süring* feiern den neuen sowjet. Menschen in Erzählungen wie „Das zurückgestoßene Mädchen" u. „Die beiden Liebenden".

Mongolischer Altai, Gebirgszug im W der Mongolei, zieht von Gebirgsknoten des Tavan Bogd Uul (4356 m) nach SO, fast 100 km lang, im *Mönkh Khairkhan Uul* 4231 m hoch; mit zahlreichen Gletschern (bis 20 km lang).

Mongolische Republik → Mongolei.

mongolische Schrift, ein im 12. Jh. auf der Grundlage einer von den *Uiguren* weiterentwickelten aramäischen Schrift eingeführtes Alphabet. Daneben wurde 1269–1369 eine nach dem Vorbild der tibet. Schrift geschaffene sog. Quadratschrift als offizielle Schrift verwendet. In der Mongol. Volksrepublik u. in der Sowjetunion wurde die m. S. durch die *kyrillische Schrift* ersetzt.

mongolische Sprachen, Gruppe der *altaischen Sprachfamilie*; agglutinierend, mit Vokalharmonie; kein grammat. Genus; meist zwei- bis dreisilbige Wortformen. Zu den mongol. Sprachen gehören die *mongolische* (i. e. S.), die *burjatische* u. die *kalmükische* Sprache. Erstere wird in der Mongolei (etwa 1,4 Mio. Sprecher) gesprochen.

Mongolismus, nicht mehr gebräuchl. Bez. für → Down-Syndrom.

Mongolistik, die Wissenschaft von den mongol. Sprachen u. Kulturen.

Mongoloide, Menschengruppen mit vorwiegenden Merkmalen der mongoliden Rasse.

Mongorisch, eine im westl. Teil der chines. Provinz Kansu u. in Tibet gesprochene mongol. Sprache.

◆ **Mongozmaki**, *Lemur mongoz*, ein Halbaffe aus der Familie der *Lemuren* Madagaskars; typischer Maki mit fuchsartigem Kopf, runden Ohren, großen, gelben Nachtaugen u. überkörperlangem Schwanz. Auch → Mohrenmaki.

Mongu, Provinzhauptstadt in Sambia, 1053 m ü. M., 25 000 Ew.; Landwirtschaft, Flugplatz.

Monheim, 1. Stadt in Schwaben (Bayern), Ldkrs. Donau-Ries, auf der Fränk. Alb, 497 m ü. M., 4600 Ew.; Holzindustrie.

Fortsetzung S. 137

Mongozmaki, Lemur mongoz

Mongolei

Offizieller Name: Mongolei	

Autokennzeichen: MNG
Fläche: 1 566 500 km²
Einwohner: 2,6 Mio.
Hauptstadt: Ulan Bator
Sprache: Mongolisch
Währung: 1 Tugrik = 100 Mongo
Bruttosozialprodukt/Einw.: 400 US-Dollar
Regierungsform: Parlamentarische Republik
Religion: Buddhisten
Nationalfeiertag: 11. Juli
Zeitzone: Mitteleuropäische Zeit +7 Std.
Grenzen: Im N Russland, im S China
Lebenserwartung: 66 Jahre

Landesnatur Das wüsten- u. steppenhafte Hochland (durchschnittlich 1580 m hoch) wird im NW von z.T. bewaldeten Hochgebirgen (*Khangai* 4031 m, *Mongol. Altai* 4356 m) durchzogen u. ist im W vom russ. *Altai*, im O vom *Xinganling* begrenzt. Der N wird von der *Selenga* zum Baikalsee entwässert; mit ihrem verzweigten Flussnetz macht sie das Zentrum der Nordmongolei zum wirtschaftlich wichtigsten Landesteil. Der größte Teil des Landes ist abflusslos u. wird von Steppen eingenommen, im S liegt die Wüste *Gobi*, eine Stein-, Sand- u. Steppenwüste, die rd. 15 % der Staatsfläche einnimmt. Die Mongolei hat mehrere hundert Seen, die viel Salz enthalten. Das Klima ist kontinental mit großen Temperaturschwankungen, langen niederschlagsarmen Wintern u. kurzen warmen Sommern.

Bevölkerung In der Mongolei leben überwiegend *Mongolen* (88,5 %), die sich nach ihren Dialekten in die *Khalka* im O, in die *Kalmüken* im W u. in die *Burjaten* im N gliedern. Im W leben Turkvölker (6,9 %), außerdem gibt es chines. u. russ. Minderheiten (4,6 %). Ein Großteil der Bevölkerung lebte bis vor wenigen Jahrzehnten nomadisch. Mit dem Übergang zur genossenschaftl. Viehhaltung wurde das Nomadentum stark eingeschränkt, aber nicht völlig verdrängt. Fast 90 % der Bevölkerung gehören dem lamaist. Buddhismus an, daneben behauptet sich ein althergebrachter Schamanismus. Das Land ist ausgesprochen dünn besiedelt, neben Ulan Bator (mit einem Viertel der Einwohner) u. dem Industriegebiet Darkhan gibt es nur wenige Mittel- u. Kleinstädte.

Wirtschaft Die Mongolei strebt durch umfangreiche Privatisierungsmaßnahmen eine marktwirtschaftl. Ordnung an. Auch wenn die Industrialisierung mit Hilfe der ehemaligen Ostblockstaaten vorangetrieben wurde, so bildet die Landwirtschaft noch immer die Lebensgrundlage für rd. die Hälfte der Bevölkerung, wobei die Viehzucht dominiert. Teilweise werden die Herden (Schafe, Ziegen, Rinder, Pferde, Kamele) noch von Nomaden oder Halbnomaden gehalten. Der früher unbedeutende agrar. Anbau entwickelte sich in den letzten Jahren durch staatl. Maßnahmen u. verstärkte künstl. Bewässerung. Die Ausbeutung der Bodenschätze (Gold, Wolfram, Zinn, Molybdän, Eisen, Kupfer, Mangan, Graphit, Stein- u. Braunkohle, Erdöl, Erdgas u. Salze) steht erst am Anfang, ebenso der Aufbau einer Industrie, die vorwiegend Viehzuchtprodukte (Fleisch, Leder, Wolle) verarbeitet, aber auch Herstellung von Baustoffen, Holzverarbeitung, Maschinenbau, Eisen- u. Stahlgewinnung u. Erdölerzeugung umfasst. Die wichtigsten Außenhandelspartner sind Russland u. China.

Verkehr Die früher wichtigste Verkehrsverbindung, die Transmongol. Eisenbahn, die Ulan Bator mit Moskau u. Peking verbindet, hat ihre zentrale Bedeutung aus polit. Gründen eingebüßt; daneben gibt es noch die von Borsja an der Transsibir. Eisenbahn in die nordöstl. Mongolei nach Tschojbalsan führende Linie. Bedeutend ist noch immer der Karawanenverkehr, das Straßennetz (rd. 49 000 km) wird weiter ausgebaut. In Ulan Bator gibt es einen internationalen Flughafen.

Geschichte Nach dem Zerfall des mittelalterl. Mongolenreichs in zahlreiche Teilreiche gehörte die *Mongolei* seit dem 17. Jh. zu China. 1911 erklärte die Äußere Mongolei mit russ. Unterstützung ihre Unabhängigkeit. 1921 rückte die Rote Armee ein. Die nach sowjet. Vorbild organisierte *Mongolische Revolutionäre Volks-*

Kamele sind auch in der heutigen Zeit für die Nomaden das wichtigste Transportmittel

partei (MRVP) rief 1924 die *Mongolische Volksrepublik* aus, die sich innen- u. außenpolitisch eng an die UdSSR anlehnte. In den 1930er u. 1940er Jahren regierte C. *Tschoibalsan* diktatorisch u. unterdrückte die Bevölkerung mit stalinist. Terrormethoden. 1950 bestätigte China die Souveränität der Mongol. Volksrepublik. Nachfolger des 1952 verstorbenen Tschoibalsans wurde J. *Zedenbal.* Im sowjet.-chines. Konflikt stand das Land auf sowjet. Seite. 1984 wurde Zedenbal entmachtet. S. *Batmunch* übernahm die Staats- u. Parteiführung. Ende der 1980er Jahre gab es wie auch in anderen kommunist. Staaten einen demokrat. Wandel. Unter dem seit 1990 regierenden P. *Otschirbat* verzichtete die MRVP auf ihr Machtmonopol. Sie gewann die ersten freien Parlamentswahlen. Am 12. 2. 1992 trat eine neue Verfassung in Kraft, die ein Mehrparteiensystem sowie ein Einkammerparlament institutionalisierte. Der Staatsname wurde in Mongolei geändert. Bei den Parlamentswahlen im Juni 1992 gewann die MRVP 70 von 76 Mandaten. Die Präsidentschaftswahlen 1993 konnte Otschirbat für sich entscheiden. Aus den Parlamentswahlen 1996 ging das oppositionelle Parteienbündnis Demokrat. Union als Sieger hervor. M. *Enkhsaikhan* von der *Nationaldemokrat. Partei* (NDP) übernahm das Amt des Regierungschefs. 1997 wurde N. *Bagabandi* (MRVP) zum Staats-Präs. gewählt (Wiederwahl 2001). Aufgrund von innenpolit. Turbulenzen wechselte seit 1998 mehrmals der Regierungschef. Im Juli 1999 wurde schließlich R. *Amarjargal* zum neuen Premier-Min. gewählt. Die schlechte Wirtschaftslage sowie mehrere Korruptionsfälle führten zu einem Ansehensverlust der Regierung. Dies verhalf der MRVP bei den Parlamentswahlen 2000 zu einem überwältigenden Sieg. Die frühere Staatspartei konnte 72 von 76 Parlamentsmandaten gewinnen. Ihr Führer N. *Enkhbayar* wurde neuer Regierungschef.

Unterzeichnung eines Abkommens mit der UdSSR über ein Bodenurbarmachungsprogramm im Februar 1959. Die politische Entwicklung der Mongolei wurde seit der Staatsgründung 1924 wesentlich von der Sowjetunion bestimmt

Monismus

Monheim (2)

◆ **2.** *Monheim am Rhein,* Stadt in Nordrhein-Westfalen, Ldkrs. Mettmann, am Rhein, gegenüber von Dormagen, 43 100 Ew.; Raffinerie.
Mönichkirchen, niederösterr. Marktgemeinde auf der Passhöhe des Wechsel, 967 m ü. M., 720 Ew.; Kirche (15. Jh.); Höhenluftkurort; Fremdenverkehr.
Monier [mɔ'nje], Joseph, französ. Gärtner, *8. 11. 1823 St.-Quentin-la-Poterie, †13. 3. 1906 Paris; gilt in Dtschld. als Erfinder des Eisenbetons (*Monierbauweise;* → Stahlbeton). Nach ihm ist auch die *Monierdecke* benannt.
Monierstahl [mɔ'nje-], ein nach J. *Monier* benannter vorwiegend geringwertiger Betonstahl.
Monika [Herkunft u. Bedeutung ungeklärt], weibl. Vorname, nach dem Namen der Mutter des hl. *Augustinus;* frz. *Monique.*
Monika, *Monnika,* Heilige, *331 Tagaste (Nordafrika), †387 Ostia bei Rom; Mutter des *Augustinus,* der ihr in seinen „Confessiones" ein ehrendes Denkmal setzte. – Fest: 27. 8.
Moníková, Libuše, tschech. Schriftstellerin, *30. 8. 1945 Prag, †12. 1. 1998 Berlin; seit 1971 in der BR Dtschld; schrieb in dt. Sprache Erzählungen u. Romane von z.T. drastischem Realismus: „Eine Schädigung" 1981; „Pavane für eine gestorbene Infantin" 1983; „Die Fassade" 1987; „Treibeis" 1992; „Verklärte Nacht" 1996; Essays: „Schloss, Aleph u. Wunschtorte" 1990; „Prager Fenster" 1994; „Der Taumel" unvollendet aus dem Nachlass 2000.
Moniliakrankheit [lat.], eine durch Pilze hervorgerufene Pflanzenkrankheit, die an Obstbäumen in zwei Erscheinungsformen auftritt: 1. als *Blütenfäule* u. nachfolgende *Spitzendürre* vor allem an Steinobst. Die verwelkten Blüten bleiben an den Trieben hängen. Auf den abgestorbenen Zweigen bilden sich graue Schimmelpolster. 2. als *Fruchtfäule* bes. an Äpfeln, Birnen, Quitten, Pflaumen u. Kirschen. Die Früchte faulen unter Braunfärbung, wobei die Sporenlager in konzentrischen Kreisen auftreten, die meist graugelb gefärbt sind.
Moniliasis [lat.], *Moniliose,* veraltete Bez. für→ Candida-Mykosen.
Monismus [von grch. *monas,* „Einheit"], von C. *Wolff* eingeführte Bez. für metaphys. „Einheitslehren", die nur ein Prinzip für die Gesamtheit des Wirklichen, nicht zwei *(Dualismus)* oder mehrere *(Pluralismus)* anerkennen. Der M. kann inhaltl. sehr verschiedenartig sein, z. B. *materialistisch, idealistisch, pantheistisch, entwicklungsgeschichtlich (evolutionistisch)* oder *identitätsphilosophisch.* Die monist. Systeme unterscheiden sich danach, wie sie ihr jeweiliges Prinzip auffassen: der Idealismus kann den Geist

Thelonious Monk

z. B. als Vielheit von Ideen *(Platon)*, von Seelen bzw. Monaden *(Leibniz)* oder als Einheit der Vernunft *(Hegel)* bestimmen. Der M. ist ein philosoph. Urmotiv. Er findet sich schon in den ältesten Philosophien Indiens, Chinas u. Griechenlands; er ist Ausdruck des Strebens nach einer einheitl. Auffassung des Ganzen der Welt. Insofern ist jede Philosophie monistisch. Bei der Aufgabe jedoch, aus der zugrunde gelegten Einheit die Vielheit der Erscheinungen abzuleiten, ergeben sich Schwierigkeiten, die entweder dazu nötigen, Gegensätze in das zunächst nur abstrakt gedachte *„Eine"* hineinzutragen *(konkreter, dialekt., dynam. M.)* oder dem „Einen" das „Andere" gegenüberzustellen (auf ältester Stufe im Weltbild der Iranier) oder aber die Einheit als bloße Denkvoraussetzung gelten zu lassen *(kritischer M.)*. Der Begriff M. wurde bekannt durch die an einem naturwissenschaftl. Materialismus orientierte Naturphilosophie E. *Haeckels*, der 1906 den „Deutschen Monistenbund" gründete u. damit eine wissenschaftl. Weltanschauung dem kirchl.-theolog. Weltbild entgegensetzen wollte.

Monitor [der; lat.], **1.** *Datenverarbeitung:* 1. der Bildschirmteil eines Datensichtgerätes oder → *Mikrocomputers.* – 2. Systemprogramm zum Verfolgen u. Beeinflussen von Systemprozessen. – 3. Hardwarezusatzeinrichtung zu Großrechnern, um interne Vorgänge automatisch zu verfolgen u. zu analysieren. **2.** *Fernsehen:* ein Kontrollfernsehgerät im Fernsehstudio oder -übertragungswagen. **3.** *Technik:* allg. ein Registriergerät zum Überwachen einer physikal. Größe, z. B. für den Neutronenfluss eines Kernreaktors. **4.** *Wehrwesen:* niedrig auf dem Wasser liegendes, stark in der Wasserlinie gepanzertes, langsames Kriegsschiff für den Küsten- u. Flusskrieg, mit schwerer Artillerie in gepanzerten Drehtürmen; führte zur Entwicklung des → *Küstenpanzerschiffs.* – Der erste M. war das Kriegsschiff „Monitor" der Nordstaaten im US-amerikan. Bürgerkrieg (1862). Monitore waren bis zum Beginn des 20. Jh. bei den Marinen verbreitet.
Monitorfallen → Lockstofffallen.
Monitoring [engl.], *Umweltschutz:* fortlaufende Überwachungsprogramme zur Erfassung von Schadstoffbelastungen oder deren Wirkungen *(Biological M.)*.
Monitor-Redaktion, journalist. Einrichtung zur permanenten Beobachtung u. Abhörung ausländ. Rundfunkprogramme.
Moniuszko [mɔnˈjuʃko], Stanisław, poln. Komponist, *5. 5. 1819 Ubiel bei Minsk, †4. 6. 1872 Warschau; Opernkapellmeister u. Kompositionslehrer in Warschau; schrieb rd. 300 Lieder, Messen, Chöre u. Opern, unter ihnen die Oper „Halka" 1848 (2. Fassung 1858); gilt als Begründer einer poln.-nationalen Kunstmusik.
Moniz [muˈniʃ], Antonio Caetano de *Egas Moniz*, portugies. Neurologe u. Neurochirurg, *29. 11. 1874 Estarreja, †13. 12. 1955 Lissabon; entwickelte das Verfahren der *Angiographie* der Hirngefäße u. der präfrontalen *Leukotomie* (1936, eine psychochirurg. Behandlungsmethode [Gehirnoperation]) u. erhielt hierfür, zusammen mit W. R. *Hess*, den Nobelpreis für Medizin 1949.
Monk, ♦ **1.** Egon, dt. Regisseur, *18. 5. 1927 Berlin; Schüler B. *Brechts*, seit 1949 am Berliner Ensemble, ging 1953 in die BR Dtschld.; arbeitete seit 1960 vornehmlich für das Fernsehen; 1968 kurzzeitig Intendant des Deutschen Schauspielhauses Hamburg. Mehrere Fernsehfilme u. a. „Die Geschwister Oppermann" 1983; „Die Bertinis" 1988.
2. [mʌŋk], George, engl. General u. Admiral, → Monck.
3. [mʌŋk], Meredith, US-amerikan. Komponistin, Sängerin, Tänzerin u. Choreografin, *20. 11. 1942 Lima (Peru); Vertreterin des *New Dance*; als Komponistin von S. Reich beeinflusst, widmet sich bes. Problemen der Vokalmusik; Oper „Atlas" 1991, in der Musik, Theaterspiel, Tanz. u. Film vermischt sind; multimediale Theaterinszenierungen: „Specimen Days" 1981, „The Games" 1983; „Magic Frequencies" 1998.
♦ **4.** [mʌŋk], Thelonious, genannt Sphere, US-amerikan. Jazzpianist u. -komponist, *10. 10. 1917 Rocky Mount, North Carolina, †17. 2. 1982 Englewood, New Jersey; Mitbegründer des *Bebop-Stils* in den 1940er Jahren; prägte einen individuellen Klavierstil, der sich über harmon. Konventionen hinwegsetzte u. sich motivisch eng ans Thema hielt. M. gilt als einer der bedeutendsten Jazz-Musiker der 1950er Jahre. Er spielte meist in Trio- bis Quintettbesetzung.
Mönkh Khairkhan Uul, Gipfel im *Mongol. Altai,* 4231 m hoch; nahe der Grenze nach Xinjiang (China).
Mon-Khmer-Sprachen, Sprachfamilie in Kambodscha, Indien, Indonesien, im südl. Laos *(Khmer),* in Thailand *(Mon)* u. anderen südostasiatischen Ländern; darunter das *Kambodschanische;* Wortbildung durch Präu. Infixe. In der Syntax spielt die Wortstellung eine bes. Rolle.
Mon-Khmer-Völker, *Austroasiaten,* mongolide Völkergruppe Südostasiens, ursprüngl. Träger der austroasiat. Sprachen; Hackbauern, die sich in der späten Jungsteinzeit ausbreiteten; sie wurden später von den *Thai* verdrängt. Zu den Mon-Khmer-Völkern gehören die *Khmer, Palaung, Khasi, Mon, Nikobarer, Munda* u. a.
Monmouth [ˈmɔnməθ], südwalis. Stadt im Distrikt in der Grafschaft *Gwent,* am Zusammenfluss von Monnow u. Wye, 7500 Ew.; Reste des Schlosses von *Heinrich V.*
Monmouth [ˈmɔnməθ], James Scott, Duke of M., engl. Politiker, *9. 4. 1649 Rotterdam, †15. 7. 1685 London (hingerichtet); unehel. Sohn Karls II., 1663 zum Herzog von M. erhoben; galt nach der Konversion seines Onkels, des späteren Jakob II., zum Katholizismus als Kandidat der Whigs für die Thronfolge, führte nach dem Tode Karls II. eine erfolglose Rebellion gegen Jakob II. an.
Monmouthshire [ˈmɔnməθʃiə], bis 1974 brit. Grafschaft in Südwales, jetzt Teil der neu gebildeten Grafschaft *Gwent.*
Monnet [mɔˈnɛ], Jean, französ. Politiker, *9. 11. 1888 Cognac, †16. 3. 1979 Montfort L'Amaury; 1919–1923 stellvertr. Generalsekretär des Völkerbunds; 1943/44 Mitgl. des Nationalen Befreiungskomitees, 1946–1952 Leiter des Planungsamts; Schöpfer der *Monnet-Pläne* zur Modernisierung der französ. Wirtschaft, maßgebend beteiligt am *Schuman-Plan;* 1952–1955 (1.) Präs. der Hohen Behörde der Montanunion; gründete 1955 das → Aktionskomitee für die Vereinigten Staaten von Europa.
Monnier [mɔˈnje], **1.** Henri Bonaventure, französ. Grafiker, Schriftsteller u. Schauspieler, *5. 6. 1805 Paris, †3. 6. 1877 Paris; Schüler von J. A. *Gros,* Mitarbeiter der Pariser Blätter „Caricature", „Charivari", „Silhouette"; sarkast. Sittenschilderer u. Chronist der Restaurationszeit; schuf die Kleinbürgergestalt „Joseph Prudhomme".
2. Thyde (Mathilde), französ. Schriftstellerin, *23. 6. 1887 Marseille, †18. 1. 1967 bei Nizza; schrieb Romane u. Romanzyklen aus der Welt der Bauern, Hirten u. der kleinen Leute der Provence: „Les Desmichels" 1937ff.; „Liebe, Brot der Armen" 1938, dt. 1939; „Maja" 1942, dt. 1944; „Madame Roman" 1957, dt. 1959; „Fünf Finger einer Hand" 1959, dt. 1961; „Schloss Désirade" 1956, dt. 1958; „Die Talsperre" 1963, dt. 1964; Autobiografie: „Moi" 1949, dt. 1967.
mono... [grch.], vor Selbstlauten *mon...,* Bestimmungswort von Zusammensetzungen mit der Bedeutung „allein, einzeln, einmalig".

Egon Monk

Monobromethan [grch.] → Bromethyl.
Monocarbonsäuren, systematische Bez. für aliphatische oder aromatische organische Verbindungen mit einer Carboxylgruppe –COOH u. der allg. Formel R-COOH (R = organischer Rest).
Monochasium [-xa-; das, Pl. *Monochasien*; lat.], *Scheinachse,* eine Sprossverzweigung (z. B. → Blütenstand), bei dem ein Seitentrieb die Führung übernimmt.
Monochlamydeae [grch.], Pflanzen, → Apetalae.
Monochloressigsäure [-'klo:r-], chem. Bez. für die einfachste aliphatische Halogencarbonsäure mit der Formel Cl–CH_2–COOH.
Monochord [-'kɔrt; das; grch.], seit dem 6. Jh. v. Chr. in Griechenl. bekanntes Tonmess- u. auch Musikinstrument, bestehend aus einem längl. Kasten, über den eine zu zupfende Saite gespannt war. Diese wurde durch einen quer über dem Kasten liegenden, verschiebbaren Steg abgeteilt, wobei die Teilung an Marken auf dem Rand abgelesen werden konnte. Im MA wurden mehrere Saiten aufgezogen. Durch Mechanisierung des Stegprinzips u. Verbindung mit einer Klaviatur entwickelte sich daraus das → Klavichord.
Monochromasie [-kro:-; grch.], das Einfarbensehen, seltene Form der *Farbenblindheit.*
monochromatisch [-kro:-; grch.], Bez. für einen aus dem Spektrum der elektromagnet. Schwingungen ausgesonderten schmalen Frequenzbereich; z. B. *monochromatisches Licht,* einfarbiges, durch Interferenzfilter gewonnenes Licht (reine Spektralfarbe); heute auch in übertragenem Sinn benutzt: So ist z. B. ein *monochromatischer Neutronenstrahl* ein Strahl von Neutronen einheitlicher Geschwindigkeit.
Monochromator [-kro:-; grch.], Gerät zur Sortierung von Teilchen nach ihrer Energie (→ Neutronenspektrometer) oder von Wellen nach ihrer Frequenz (→ Spektralapparat).
Monochromie [-kro:-; die; grch.], 1. *Fotografie:* einfarbige (monochrome) Farbfotografie, bei der auch die weißen Bildpartien leicht getönt sind. Sie entsteht durch Verwendung eines strengen Farbfilters während der Aufnahme oder bei der Vergrößerung. u. ist nicht zu verwechseln mit einer getönten Schwarzweißaufnahme, bei der das Weiß des Papiers stets erhalten bleibt. 2. *Kunst:* Gestaltungsprinzip der Druckgrafik u. Tuschmalerei (ausgehend von China u. Japan), das im 20. Jh. vom *Kubismus* in die abendländische Malerei eingeführt wurde u. sich durch die flächige bzw. abgestufte Verwendung einer einzigen Farbe auszeichnet. Die Künstler des *Color-Field-Painting* u. der Gruppe *Zero* malten monochromatisch, ferner L. *Fontana*, Y. *Klein* u. R. *Motherwell*.
Monocyten [grch.], Blutkörperchen, → Leukocyten.
Monocytose [grch.], Vermehrung der Monocyten auf über 8 % der Leukocyten (weißen Blutkörperchen); Ausdruck der Abwehrphase bei verschiedenen Infektionskrankheiten, besonders bei solchen, die durch Viren u. Protozoen hervorgerufen werden.
Monod [mɔ'no], 1. Adolphe, französ. reform. Theologe, * 21. 1. 1802 Kopenhagen, † 6. 4. 1856 Paris; 1825 Pfarrer in Neapel, 1827 in Lyon, gründete 1832 die Freikirche „Église évangelique", 1847 Pfarrer in Paris, einer der größten Prediger der reform. Kirche in Frankreich.
2. Jacques Lucien, französ. Molekularbiologe u. Naturphilosoph, * 9. 2. 1910 Paris, † 31. 5. 1976 Cannes; Professor in Paris, Abteilungsleiter am Institut Pasteur; erhielt gemeinsam mit F. *Jacob* u. A. *Lwoff* für die Entdeckung eines Regulator-Gens den Nobelpreis für Medizin 1965.
Monodie [die; grch.], in der Antike der einstimmige, von Instrumenten begleitete Sologesang. Heute bezeichnet M. ein musikal. Prinzip, das Anfang des 17. Jh. in Italien durch eine Wiederbelebung antiken Gedankenguts entstand. Die anfangs einfache, später reicher ausgezierte Melodiestimme wurde durch ein einzelnes Akkordinstrument oder eine Gruppe mit Laute(n), Cembalo, Harfe sowie verschiedenen Blasinstrumenten begleitet, die einen rein akkord. Satz spielten. Die M. (auch genannt *Seconda pratica*) trug, als Kontrast zum komplizierten Kontrapunkt *(Prima pratica)*, maßgebl. zur Stilwende in der Kunstmusik um 1600 bei u. beeinflusste alle wichtigen Gattungen der Zeit, insbes. die neu entstandene Oper.
Monodrama [grch.], *Monodram,* ein Schauspiel mit nur einer handelnden u. sprechenden Person; die Urform des griech. Dramas (vor *Äschylus*), die neben dem Chor nur einen Spieler verwandte; im 18. Jh. wieder bes. in Frankreich gepflegt (J.-J. *Rousseau* „Pygmalion" 1762, mit begleitender Instrumentalmusik). In der Moderne wurde das M. als *Psychodrama* oder als komische Soloszene neu belebt (Richard von *Meerheim* [* 1825, † 1896], A. *Bronnen* „Ostpolzug" 1926). Im absurden Theater zeigt das M. die Vereinzelung des Individuums, die Auflösung seiner Persönlichkeit u. seiner Welt (S. *Beckett* „Das letzte Band" 1957).
Monofluorbenzol [grch.] → Fluorbenzol.
Monogamie [grch.], die Ehe zwischen *einem* Mann u. *einer* Frau, im Unterschied zu *Bigamie* u. *Polygamie*.
Monogatari [das; jap., „Erzählungen"], Gattung der japan. Prosa; umfasst große Zeitromane wie das *Genji-Monogatari*, romant. Kriegserzählungen wie das *Heike-Monogatari* u. Geschichtensammlungen.
monogen, Bez. für Gesteine, die nur aus einem einzigen Gemengteil bestehen (Kalksteine, Dolomite).
Monogenea [grch.], meist außenparasitisch lebende → Saugwürmer. Mit Hafthaken am Hinterende heften sie sich an ihren Wirten, meist Wirbeltieren, fest.
Monognathidae [grch.], Tiefseefische, → Sackmäuler.
Monogonie [grch.] → Fortpflanzung.
Monografie [grch.], eine möglichst vollständige wissenschaftl. Untersuchung über ein spezielles Problem oder über eine Person.
Monogramm [das; grch.], ursprüngl. ein Einzelbuchstabe, dann die zu einem Zeichen zusammengefügten (Anfangs-)Buchstaben eines Namens; im MA bes. (von Fürsten) zur Unterzeichnung von Urkunden u. von Künstlern *(Künstlermonogramm, Meisterzeichen)* zur Kennzeichnung ihrer Werke gebraucht. Auch → Signatur.
Monokel [das; lat.], französ. *Monocle, Einglas,* in die Augenhöhle geklemmtes, randloses oder mit schmaler Goldeinfassung versehenes Brillenglas, an einer dünnen schwarzen Seidenschnur gehalten; gebräuchlich bes. zwischen 1880 u. 1920.
monoklin [grch.] → Kristallsystem.
monoklonale Antikörper, Abwehrstoffe, die von Zellen gebildet werden, die alle von einer Mutterzelle abstammen.
Monokotyledonen [grch.], *Monocotyledonae, Liliatae,* die *einkeimblättrigen Pflanzen,* die 2. Klasse der *Bedecktsamer (Angiospermae)*. M. haben nur ein Keimblatt (namengebendes Merkmal). Häufig wird das Keimblatt zu einem Saugorgan, das der Aufnahme der Nährstoffe aus dem Endosperm dient. Äußerlich zu erkennen sind sie an den meist parallelnervigen Blättern (Ausnahme: z. B. Aronstabgewächse) u. an den meist dreizähligen Blüten. Morpholog. u. anatom. Merkmale sind: Hauptwurzeln zartkrabig, dafür zahlreiche sprossbürtige Wurzeln (sekundäre Homorrhizie); Anordnung der Leitbündel im Stamm unregelmäßig; kein Kambium (Bildungsgewebe), daher kein sekundäres u. Dickenwachstum (Ausnahme: einige baumartige *Liliales* wie z. B. *Dracaena, Cordyline, Yucca* u. *Aloe*). Auch → Dikotyledonen.
Monokratie [grch.], die Vereinigung der obersten Staatsgewalt in einer Person u. ihre Ausübung als persönliches Herrschaftssystem. *Monokraten* sind sowohl die (absoluten) Monarchen als auch die modernen *Diktatoren* im Sinn der „Führerstaatlichkeit" (Gegensatz: *Gruppendiktaturen*). Die Willensbildung ist ein rein psychologischer Akt in der Person des Mächtigen. Dieser bedient sich — nach seinem Ermessen — des Rates anderer Menschen, ohne dem Rat folgen zu müssen. Die Willensbildung erfolgt im Gegensatz zu *Polykratien* aller Art (insbes. zu parlamentarischen Republiken) ohne festgelegtes *Verfahren*. –
Im *Verwaltungsrecht* bezeichnet man als monokratisches *System* die Leitung einer Behörde durch eine Einzelperson. Die moderne Staatsverwaltung ist in diesem Sinne in fast allen Bereichen u. in allen Staaten monokratisch gestaltet; Gegensatz: → Kollegialprinzip.
Monokultur [grch. + lat.], in der Land- u. Forstwirtschaft der Anbau nur einer Pflanzenart auf einer Fläche; Vorteile: Es wird die Pflanze angebaut, die Boden u. Klima entsprechend den höchsten Ertrag liefert; durch Einsatz von Großmaschinen wird ein hoher Rationalisierungseffekt erreicht. Nachteil: Monokulturen mindern auf die Dauer durch Bodenmüdigkeit die Bodenqualität, fördern die Ausbreitung von Pflanzenkrankheiten u. Schädlingen (artenarme Tierwelt, gestörtes biologisches Gleichgewicht).
◆ **Mono Lake** ['mounou 'lɛik], abflussloser, vom Austrocknen bedrohter Salzsee in California (USA), rd. 200 km²; Tuffstein-

Mono Lake: Die bizarren Tuffsteintürme haben sich in Jahrtausenden aus der Wechselwirkung von Frischwasserquellen mit den Laugensalzen des Sees gebildet

skulpturen; Lebensraum für über 1 Mio. Wasservögel.

Monolith [der; grch.], ein künstlerisch bearbeiteter u. isoliert aufgestellter Steinblock, z. B. als *Menhir* oder *Obelisk*.

monolithische Schaltung, *Festkörperschaltung*, in Halbleiterblocktechnik hergestellte integrierte Schaltung. Auch → Mikroelektronik.

Monolog [der; grch.], Selbstgespräch; eine Rede, Äußerung die nicht an einen Zuhörer gerichtet ist.

In der *Dichtung* bietet der M. die Möglichkeit, die Gefühle u. Gedanken der dargestellten Personen ohne Einschaltung eines Erzählers direkt zum Ausdruck zu bringen. Dem Inhalt nach unterscheidet man den *lyrischen Monolog*, in dem ein Mensch bes. seine Gefühle ausspricht (z. B. aus „Faust I": „Meine Ruh ist hin"), u. den *Reflexions-Monolog*, in dem ein Mensch sich mit Gedanken auseinander setzt (z. B. aus „Hamlet": „Sein oder nicht sein"). Der lyrische M. ist die Urform des Lyrischen. *i. w. S.* versteht man unter *M.* im Drama, im Gegensatz zum *Dialog*, jedes Stück Rede, das eine Person spricht, die allein auf der Bühne steht, zusätzlich zu den genannten Arten also noch den *epischen Monolog*, in dem ein Mitspieler dem Publikum die dramaturgisch nicht darstellbaren Vorgänge erzählt oder schwierige Zusammenhänge erklärt; als Mittel der *Exposition* häufig zu Beginn eines Dramas (z. B. Plautus: „Miles Gloriosus"; Shakespeare: „Richard III."). In der griech. Tragödie wurden die Aufgaben des Monologs weitgehend vom *Chor* getragen. Im Naturalismus wurde der M. gelegentlich als unwirkl. Aussageform abgelehnt. Auch → innerer Monolog.

Monomanie [grch.], die triebhafte Verfolgung einer *fixen Idee*.

Monomer [grch.], der einzelne Grundbaustein der aus zahlreichen Einzelmolekülen aufgebauten *Polymere* (Makro- oder Riesenmoleküle); so ist z. B. Vinylchlorid das M. des Polyvinylchlorids. *Bifunktionale Monomere* können nur lineare, kettenförmige Polymere bilden, während *höher funktionale Monomere* verzweigte, netzförmige Produkte ergeben. Typische Monomere sind z. B. Alkene wie Ethylen $CH_2 = CH_2$ oder Propylen $CH_2 = CH-CH_3$ oder Vinylchlorid $CH_2 = CH-Cl$ sowie das aromatische Styrol $C_6H_5-CH = CH_2$. Auch → Polymerisation.

Monometallismus [grch.+lat.], ein Währungssystem, bei dem im Unterschied zum *Bimetallismus* die Geldeinheit an ein einziges Metall gebunden ist.

monomiktisch [grch.], *Monomiktische Seen* → Zirkulationstypen.

Monomotapa [Bantu, „Herr der Bergwerke"], Titel des Gottkönigs eines afrikan. Reichs, das etwa 1450 entstand u. seit der Mitte des 17. Jh. verfiel. Dieses Reich, irrtümlich oft auch *M.* genannt, lag im Gebiet des heutigen Simbabwe (früher: Rhodesien) u. erstreckte sich über große Teile Moçambiques. Die Ruinen von *Simbabwe* u. alte Metallbergwerke werden mit dem Reich des M. u. dem südl. Nachbarreich des *Changamire*, das sich 1500 vom Reich des M. abspaltete, in Zusammenhang gebracht.

Monongahela [-gə'hiːlə], Quellfluss des Ohio (USA), 206 km; entspringt in Westvirginia, vereinigt sich auf dem *Alleghenyplateau* mit mehreren Flüssen, bis er in Pittsburgh, Pa., mit dem *Allegheny River* den Ohio bildet; auf der gesamten Länge schiffbar.

Mononukleose [grch. + lat.], *infektiöse Mononukleose* → Pfeiffer'sches Drüsenfieber.

monophag [grch.], auf bestimmte Nahrung spezialisiert. Gegensatz: *polyphag*. Auch → Allesfresser.

Monophasie [grch.], eine Form der → Aphasie, bei der die Sprach- u. Ausdrucksmöglichkeit auf einzelne Wörter oder Bruchstücke von Sätzen beschränkt ist.

Monophonie [grch.], im Gegensatz zur Stereophonie die einkanalige Tonaufnahme u. -wiedergabe, ohne Raumeffekt.

Monophthong [der; grch.], aus einem einzigen Laut bestehender Vokal (a, ä, e, i, o, ö, u, ü); Gegensatz: *Diphthong* (z. B. au).

Monophthongierung [grch.], die Umwandlung eines Diphthongs in einen Monophthong. Die neuhochdt. M. (die mittelhochdt. Diphthonge *ie, uo, üe* wurden zu Langvokalen [iː], [uː], [yː]) kennzeichnet u. a. den Übergang vom Mittelhochdt. zum Neuhochdt.; sie begann im 11./12. Jh. in Westmitteldeutschland u. breitete sich von dort nach O, N u. S aus. In den oberdt. Mundarten haben sich die Diphthonge bis heute gehalten.

Monophylie [grch.], in der biologischen Systematik die Entwicklung einer Artengruppe (Gattung, Familie) aus einer ihr gemeinsamen Stammart; Gegensatz ist die *Polyphylie*.

Monophysitismus [grch., „einzige Natur"], die christolog. „Einnaturenlehre", wonach sich die göttl. u. die menschl. Natur in der Person Christi zu einer einzigen Natur, der göttlichen, vereinen. Der M. steht in Opposition gegen das auf dem Konzil von *Chalcedon* (451) formulierte Dogma von der „Zwei-Naturenlehre", die zwei Naturen unvermischt u. ungetrennt in der einen Person Christi definierte. Zum M. bekennen sich einige (heute als „prächalzedonisch" bezeichnete) → morgenländische Kirchen.

Monoplacophora [grch.] → Neopilina.

Monoplegie [grch.], die Lähmung einzelner Gliedmaßen oder einer einzelnen Muskelgruppe.

Monopodie [grch.], in der *Verslehre* eine rhythm. Einheit, die aus nur einem Versfuß besteht; im Gegensatz zur *Dipodie*, bei der jeweils zwei Versfüße eine Einheit bilden.

Monopodium [das; grch.], ein Sprosssystem mit durchgehender Hauptachse. Bleiben die Seitenzweige einer Pflanze in der Entwicklung gegenüber ihrem Mutterzweig zurück, entsteht eine einheitliche monopodiale Hauptachse. Die monopodiale Verzweigung findet man bei Esche, Pappel, Tanne, Fichte. Gegensatz: → Sympodium.

Monopol [das; grch., „Alleinverkauf"], eine Marktkonstellation, bei der das Gesamtangebot eines Gutes *(Angebotsmonopol)*, seltener die Gesamtnachfrage nach einem Gut *(Nachfragemonopol, Monopson)* in einer Hand (beim *Monopolisten)* vereinigt ist. Beim *bilateralen M.* stehen sich zwei Monopolisten gegenüber. Das Wesen des Monopols besteht in der marktbeherrschenden Machtstellung durch Ausschaltung des Wettbewerbs. Der Monopolist kann seine Verhaltensweise im Markt frei bestimmen; bei seiner Preisfestsetzung hat er nur die Reaktionen der Nachfrager zu berücksichtigen; die erzielten Gewinne *(Monopolgewinne, Monopolrenten)* sind meist höher als bei freiem Wettbewerb, zugleich kann eine relativ geringere Menge auf den Markt gebracht werden (Folge ist eine Schlechterversorgung zu überhöhten Preisen). Zur Sicherung seiner Machtstellung muss der Monopolist anderen Unternehmen den Zugang zu seinem Markt erschweren. Monopole in reiner Form sind selten anzutreffen (dies setzt einen geschlossenen Markt u. das Fehlen von Substitutionsgütern voraus). *Formen des Monopols:* 1. *natürliches M.*, vorwiegend bei ausschl. Vorkommen

Monopoly: Spielbrett

eines Rohstoffs, 2. *rechtliches M.*, fußt auf dem vom Staat selbst genutzten *(Staatsmonopol)* oder delegierten Recht (z. B. das ausschl. Nutzungsrecht einer Erfindung durch den patentrechtlich geschützten Erfinder), ein Unternehmen als M. zu betreiben; besondere Formen sind das *Finanzmonopol* u. das *Außenhandelsmonopol* (das Ausschließlichkeitsrecht des Staates, Außenhandel zu treiben). 3. *gesellschaftliches* (vertragl., organisator.) oder *Kollektivmonopol*, bei einheitlichem Vorgehen aller Einzelanbieter (Einzelnachfrager) auf einem Markt (z. B. *Kartelle*). In wettbewerbsorientierten Wirtschaftsordnungen werden Monopolbildungen als freiheits- u. leistungsschädlich bekämpft; parallel hierzu laufen Maßnahmen zur Einschränkung u. Überwachung der Macht von Großunternehmen *(Trust)*, z. B. die Antitrustgesetze der USA.

Monopol [der; grch., „Ein-Pol"], *magnetischer Monopol*, ein hypothetisches einpoliges Elementarteilchen des Magnetismus; experimenteller Nachweis noch nicht gelungen.

Monopolausgleich, eine der inländ. → Branntweinsteuer u. dem → Branntweinaufschlag entsprechende Einfuhrabgabe auf Branntwein u. weingeisthaltige Erzeugnisse.

Monòpoli, italien. Hafenstadt in Apulien, südöstl. von Bari, 48 000 Ew.; Kathedrale (12. Jh.); Zement- u. Nahrungsmittelindustrie; Agrumen-, Oliven- u. Weinanbau.

Monopolkapitalismus [grch. + lat.], in der marxist.-leninist. Lehre die Spätphase des Kapitalismus, in der sich die wirtschaftl. Macht auf wenige große Unternehmen (Monopole) u. Banken beschränkt u. die freien Mechanismen des Marktes ausgeschaltet sind. Als polit. Ausdrucksform des M. wird der *Imperialismus* angesehen.

Monopolkommission [grch. + lat.], eine Kommission, deren Aufgabe darin besteht, regelmäßig die Entwicklung der Unternehmenskonzentration in der BR Dtschld. zu begutachten. Sie besteht aus fünf Mitgliedern, die über besondere volkswirtschaftl., betriebswirtschaftl., sozialpolit. oder wirtschaftsrechtl. Kenntnisse u. Erfahrungen verfügen müssen. Die Auswahl der Mitglieder unterliegt mehreren Einschränkungen (z. B. kein Angehöriger eines Wirtschaftsverbandes).

◆ **Monopoly** [engl.], aus den USA stammendes Gesellschaftsspiel für bis zu 6 Spieler, bei dem Abläufe von Wirtschafts- u. Geldmarktmechanismen nachgespielt werden; Spielzubehör: 6 Spielfiguren, 2 Würfel, 32 „grüne Häuschen", 12 „rote Hotels", 2 Kartensätze für Gemeinschafts- u. Ereignisfelder, 28 Besitzrechtskarten u. Spielgeldscheine. – M. wurde 1928 von dem Amerikaner *Darrow* erfunden. Auch → Wirtschaftsspiele.

Monopson [das; grch.], ein Nachfragemonopol. Es kann vorliegen, wenn z. B. im Handel in kleineren Orten nur ein einziger Großmarkt Leistungen von Zulieferfirmen nachfragt oder ein Unternehmen, eine Arbeitgebervereinigung oder eine Behörde allein eine Nachfrage nach Arbeitskräften entfaltet. In allen Fällen ergeben sich Probleme, die denen der → Marktbeherrschung entsprechen u. zu wettbewerbspolit. Kontrolle oder zur Entstehung von Gegenmacht (z. B. Gewerkschaften oder Verkaufsgenossenschaften) führen.

Monopsychismus [grch.], die aus *Aristoteles'* Lehre von *Averroës* entwickelte Auffassung, dass es nur eine einzige überindividuelle Seele gebe, deren vergängliche Zustände die individuellen Seelen seien. Ihr Hauptvertreter war *Siger von Brabant.*

Monopteros [der; grch.], ein antiker Rundtempel ohne Cella, dessen Gebälk u. Dach von Säulen getragen werden; in der Baukunst des 18. u. 19. Jh. oft als offener Gartenpavillon nachgebildet, z. B. im Englischen Garten in München.

Monory [mɔnɔˈri], Jacques, französ. Maler, * 25. 6. 1934 Paris; Vertreter des *Fotorealismus*; verwendet z. T. eigene Fotos, die er mit Zeichnungen zu suggestiven Szenen verarbeitet, deren Wirkung durch ein überlagertes Blau verstärkt wird. Seine Bilder handeln zumeist von Ästhetik u. Gewalt.

Monosaccharide [-zaxa-; grch.], *einfache Zucker*, Kohlenhydrate, die im Molekül außer Hydroxygruppen (–OH) auch eine Aldehydgruppe (–CHO, *Aldosen*) oder eine Ketogruppe (=CO, *Ketosen*) enthalten. Sie können durch Hydrolyse nicht in kleinere Bausteine gespalten werden. Die Zahl der Kohlenstoffatome im Molekül liefert die entsprechende Bez., z. B. Aldotriose, Aldopentose, Ketobiose, Ketohexose. Auch → Kohlenhydrate.

monosyllabisch [grch.], einsilbig; monosyllabische Sprachen haben durchweg einsilbige Wörter, z. B. das klass. Chinesisch.

Monosyllabum [das; grch.], einsilbiges Wort.

Monotheismus [grch.], der Glaube an die Existenz eines einzigen Weltgottes, im Unterschied zum *Henotheismus* u. im Gegensatz zu *Polytheismus*. – Monotheistisch sind alle prophet. Universalreligionen; das AT ist in den vorprophet. Schriften henotheistisch, erst bei den großen Propheten erwacht der reine M. Andere monotheist. Religionen: Parsismus, Christentum u. der Islam (der die christl. Trinitätslehre für Polytheismus hält). Die bes. von W. *Schmidt* vertretene Auffassung, dass am Anfang der Religionsgeschichte ein *Urmonotheismus* bestanden habe, der dann zum Polytheismus degeneriert sei, ist wissenschaftlich unhaltbar.

Monotheletismus [v. grch., „einziger Wille"], die „Ein-Willen-Lehre besagt, dass in Christus nur ein Wille, nur ein Wollen u. ein Gewolltes gegeben sei. Der Streit um den M. entwickelte sich aus der zwischen den Anhängern von *Chalcedon* u. den *Monophysiten* vermittelnden Formel, dass in den zwei Naturen Christi nur eine „energeia" wirke *(Monenergismus)*. Der M. wurde auf dem 6. ökumen. Konzil von Konstantinopel 680/81 verurteilt, was zur Entstehung der selbständigen Kirche der → Maroniten führte.

Monotonie [grch.], 1. *allg.:* Eintönigkeit, Gleichförmigkeit.
2. *Mathematik:* eine wichtige Eigenschaft bestimmter Funktionen. Eine → Funktion heißt in einem bestimmten Intervall *monoton steigend*, wenn ihr Graph an keiner Stelle dieses Intervalls nach rechts abfällt, u. *monoton fallend*, wenn ihr Graph an keiner Stelle nach rechts ansteigt. Formale Bedingung für wachsende M. einer Funktion f in einem Zahlenintervall I: $x_1 < x_2 \Rightarrow f(x_1) < f(x_2)$ für alle x_1, x_2 aus I. Beispiel: Die quadratische Funktion ist entsprechend dem fallenden bzw. steigenden Ast ihrer Parabel monoton fallend für alle $x \leq 0$ u. monoton steigend für alle $x \geq 0$.

Monotremata [grch.] → Kloakentiere.

monotrich [grch.], mit einer Geißel versehen; wichtiges Merkmal für die Bakterienklassifizierung.

Monotropa [grch.], ein Wintergrüngewächs, → Fichtenspargel.

Monotype [-taip; grch. + engl.], *Drucktechnik:* eine Setz- u. Gießmaschine, die den Bleisatz auf beweglichen Einzellettern liefert; Gegensatz: Zeilensetz- u. Gießmaschinen. Auch → Setzmaschine.

Monotypie [die; grch.], eine grafische Technik, die nur einen einzigen einwandfreien Abdruck auf Papier ermöglicht. Man malt entweder direkt mit feuchter Farbe auf eine Glas- oder Metallplatte u. fertigt danach einen Abdruck, oder man legt auf die eingefärbte Platte einen Bogen Papier u. zeichnet auf die Rückseite. Bei beiden Verfahren ergibt sich ein seitenverkehrtes Bild. Die M. mit ihren charakteristischen, weich verfließenden Grenzen entstand um die Mitte des 17. Jh. in Italien, im 19. Jh. arbeitete bes. E. *Dégas* in dieser Technik, im 20. Jh. C. *Rohlfs*, H. *Matisse*, P. *Picasso*, P. *Klee* u. H. *Janssen*.

monovalente Heizung, ein System, das nur mit einem Brennstoff betrieben oder befeuert werden kann.

Monóvar [moˈnoβar], Stadt im südöstl. Spanien, westl. von Alicante, 12 100 Ew.; Zentrum eines landwirtschaftl. orientierten Umlandes mit Wein- u. Getreideanbau; Verarbeitung landwirtschaftl. Produkte, Textil- u. Lederindustrie.

monözisch [grch.], einhäusig. Auch → Blüte.

Monreale, italien. Stadt auf Sizilien, südwestl. von Palermo, 24 000 Ew.; normann. Dom (12. Jh.) mit mosaikverkleideten In-

Monreals

nenwänden u. Apsiden in byzantin. Stil, Benediktinerkloster (12. Jh.) mit doppelsäuligem Kreuzgang; Fremdenverkehr.

Monreals, Citrusgewächse, → Mandarine.

Monroe [mənˈrɔu], Stadt im N des USA-Staats Louisiana, am linken Ufer des Ouachita, 54 900 Ew.; Holz- u. Nahrungsmittelindustrie, Baumwollaufbereitung, in der Nähe Erdgasförderung; Bahnknotenpunkt, Flugplatz. – Gegr. 1785 als Fort Miro, seit 1819 M., Stadt seit 1900.

Monroe [mənˈrɔu], **1.** Harriet, US-amerikan. Schriftstellerin, *23. 12. 1860 Chicago, Illinois, †26. 9. 1936 Arequipa (Peru); förderte die moderne Lyrik durch ihre Zeitschrift „Poetry" (1912ff.); Gedichte: „Dance of the seasons" 1911; Autobiografie: „A poet's life" 1937.

◆ **2.** James, US-amerikan. Politiker (Jefferson-Republikaner), *28. 4. 1758 Westmoreland, Virginia, †4. 7. 1831 New York; 1790 bis 1794 Senator; 1794 bis 1796 Gesandter in Paris; 1799 bis 1802 Gouverneur von Virginia; 1803 bis 1807 Gesandter in London, zugleich in diplomat. Mission in Paris (wo er zusammen mit R. R. *Livingston* von Frankreich für die USA Louisiana kaufte) und Madrid; 1811 bis 1817 Außen-Min. unter Präs. J. *Madison,* 1814/15 zugleich Kriegs-Min. M. wurde 1816 zum (5.) Präs. der USA gewählt u. 1820 wieder gewählt. Seine anschl. Regierungszeit (1817 bis 1825) galt als „Ära des guten Einvernehmens" zwischen den Parteien. Unter M. wurden die Grenze mit Kanada vermessen, Florida erworben u. die → Monroe-Doktrin formuliert.

◆ **3.** Marilyn, eigentl. Norma Jean *Mortenson,* US-amerikan. Filmschauspielerin, *1. 6. 1926 Los Angeles, †5. 8. 1962 Brentwood bei Los Angeles (Selbstmord); 1956–1961

James Monroe

Marilyn Monroe und Tom Ewell in „Das verflixte siebte Jahr"; 1955

mit dem Dramatiker A. *Miller* verheiratet; wurde zu einem der großen Sexidole Hollywoods in den 1950er Jahren. Filme u. a.: „Blondinen bevorzugt" 1953; „Das verflixte siebte Jahr" 1955; „Bus Stop" 1956; „Manche mögen's heiß" 1959; „Nicht gesellschaftsfähig" 1961.

Monroe-Doktrin [mənˈrɔu-], eine US-amerikan. Grundsatzerklärung, die besagt, dass die USA sich nicht in europ. Verhältnisse einmischen würden, dass aber auch keinem europ. Staat die Einmischung in amerikan. Verhältnisse oder die Schaffung von Kolonien in Amerika gestattet sein solle („Amerika den Amerikanern"); auf Betreiben des Außen-Min. J. Q. *Adams* vom Präsidenten J. *Monroe* am 2. 12. 1823 ausgesprochen. Die M. sollte ein mögl. europ. Eingreifen gegen die im Unabhängigkeitskampf stehenden lateinamerikan. Staaten u. ein mögl. Vorgehen der Russen von Alaska aus abwehren. Eigene imperialist. Absichten hegten die USA 1823 noch nicht. Von den europ. Staaten wurde die M. im 20. Jh. als mit der Völkerbundsatzung (Art. 21) für vereinbar erklärt. Gegenstand des Völkerrechts wurde die M. erst am 30. 7. 1940, als die Panamerikanische Union das *Act of Havanna* verabschiedete. Die M. bedeutete mit dem Schutzanspruch der USA zugleich auch deren später vielfach praktizierten Interventionsanspruch in Lateinamerika. Auch → OAS.

◆ **Monrovia** [nach J. *Monroe*], Hptst. der westafrikan. Republik Liberia, an der Mündung des Saint Paul River in den Atlantik, 962 000 Ew.; Universität (gegr. 1863), Nationalmuseum; Handels- u. Industriezentrum (Nahrungsmittel-, Textil-, Metall verarbeitende u. chem. Industrie u. Holzverarbei-

Monrovia: Die Hauptstadt der ältesten afrikanischen Republik wurde nach dem US-amerikanischen Präsidenten James Monroe benannt

tung), Ölraffinerie, Seehafen (Freihafen) mit Spezialhafen für Eisenerzverladung; internationaler Flughafen östl. von M. – 1822 gegründet.

Mons [mɔ̃s], fläm. *Bergen,* Hptst. der belg. Prov. Hennegau, 92 700 Ew.; Handels-, Verwaltungs- u. kultureller Mittelpunkt des Industrie- u. Steinkohlengebiets der *Borinage;* durch Kanäle mit der Schelde u. dem Kanal Brüssel–Charleroi verbunden. Im nahe gelegenen Ort *Casteau* befindet sich das europ. NATO-Hauptquartier.

Monschau, Stadt in Nordrhein-Westfalen, Ldkrs. Aachen, am Hohen Venn u. an der Rur, 400–650 m ü. M., 12 600 Ew.; Pfarrkirche (17. Jh.), ehem. Minoritenkirche (18. Jh.), Patrizier- u. Bürgerhäuser aus dem 16.–18. Jh. (u. a. Rotes Haus, Museum), Burg (seit 1689 Ruine; 1929 Ausbau zur Jugendherberge) der ehem. Herzöge von *Jülich;* Textilindustrie (Seidenweberei), Brauerei, Fremdenverkehr. – Stadtrecht 1361.

Monseigneur [mɔ̃sɛˈnjœːr; frz.], Abk. *Mgr.,* „mein gnädiger Herr", Anrede für Prinzen u. hohe Geistliche.

Monsieur [məˈsjø; frz.], Abk. *M.,* die Anrede „(mein) Herr".

Monsignore [mɔnsiˈnjoːre; ital., „mein Herr"], Abk. *Msgr., Mgr.,* Kurzbezeichnung für einen vom Papst verliehenen geistl. Ehrentitel; in folgender Rangordnung: Apostolischer Protonotar, Ehrenprälat u. Kaplan Seiner Heiligkeit.

Monsigny [mɔ̃siˈnji], Pierre Alexandre, französ. Komponist, *17. 10. 1729 Fauquembergues, †14. 1. 1817 Paris; galt als einer der ersten Vertreter der Opéra comique; schrieb gut singbare Melodien u. einen dynamisch abwechslungsreichen Orchesterstil.

Gotische Monstranz aus Köln, 2. Viertel des 15. Jahrhunderts. Köln, Schnütgen-Museum

Möns Klint ['møːns 'klɛnd], weißes Kreidekliff an der Ostseite der dän. Insel Mön, größte Höhe 128 m ü. M.
Monster [das; lat., engl.], *Monstrum*, Ungeheuer; in Zusammensetzungen mit der Bedeutung „sehr groß, riesenhaft".
Monster, niederländ. Stadt, südwestl. Vorort von Den Haag, nahe der Nordsee, 19 400 Ew.
Monstera [die; frz.], *Fensterblatt*, Gattung der *Aronstabgewächse (Araceae)*; Kletterpflanzen mit fiederschnittigen, häufig Löcher („Fenster") aufweisenden Blättern u. Luftwurzeln. Als Zierpflanze ist der kletternde Epiphyt *Monstera deliciosa* beliebt, fälschlich *Philodendron* genannt.
◆ **Monstranz** [die; lat.], *Ostensorium,* in der kath. Kirche ursprüngl. ein Behältnis zur Aufbewahrung von Reliquien, seit dem 14. Jh. auch von geweihten Hostien zum Mittragen bei Prozessionen (→ Fronleichnam). Die Hostie wird hinter Glas von einem mondsichelförmigen Träger, der *Lunula,* gehalten. Der kristalline oder gläserne Aufsatz ist meist in reich verzierter Metallarbeit gefaßt u. ruht auf einem Schaft mit Fuß. Die got. M. erscheint meist in architekton. Aufbau *(Turmmonstranz),* seit der Renaissance ist das Gehäuse von Strahlen umkränzt *(Sonnenmonstranz).*
◆ **Monsù Desiderio,** wahrscheinlich Pseudonym der Künstler Didier *Barra* (* um 1590 Metz) u. François Didier de *Nomé* (* um 1593 Metz). Sie arbeiteten wahrscheinl. zusammen in Neapel. Barra werden topograph. genaue Stadtveduten in der Tradition der lothringischen Malerei zugeschrieben, Nomé schuf manierist. Vanitasstilleben, Ruinenlandschaften, Märtyrerbilder, Katastrophen- u. Untergangsvisionen.
Monsun [der; arab.], etwa halbjährl. die Richtung wechselndes großräumiges Windsystem, bes. ausgeprägt über Indien, Hinterindien u. dem Indischen Ozean, wo im Winter Nordostwind als Teil des Nordostpassats weht, im Sommer sich dagegen eine Südwestströmung einstellt. Der Sommermonsun bestimmt das Wetter in Indien von Juni bis September u. bringt die starken Monsunregen, während es in der Wintermonsunzeit trocken ist. Ursache des Monsuns bzw. der jahreszeitl. Windrichtungsänderung ist die jahreszeitl. Verlagerung der → innertropischen Konvergenz. Bedingt durch die Erwärmung des asiatischen Kontinents wie durch die Ebenheiten u. Unebenheiten des indischen Subkontinents verlagert sie sich im Sommer bis an den Fuß des Himalaya. Im Winter dagegen liegt sie über dem Indischen Ozean südlich des Äquators.
Monsunwald, eine in trop. Gebieten mit ausgeprägtem Wechsel von Trocken- u. Regenzeiten auftretende Vegetationsform, die vorwiegend Laub abwerfende Bäume der oberen Baumschicht u. die immergrünen Arten der unteren Baumschicht enthalten kann. Hauptverbreitungsgebiete: Vorder- u. z. T. Hinterindien, der Malaiische Archipel, Ostafrika beiderseits des Äquators, Mittelamerika (immergrüner M.), Ostbrasilien u. Nord- u. Nordostaustralien.
Mont [mɔ̃; frz.; lat. *Mons*], Abk. *Mt.,* Bestandteil geograph. Namen: Berg.
Mont, 1. Paul de, fläm. Schriftsteller, * 1. 6. 1895 Ninove, † 10. 11. 1950 Ninove; schrieb volkstüml. Bühnenstücke u. eine unvollendet gebliebene Familienchronik mit sozialpolit. Einschlag: „Der blühende Garten" 1949, dt. 1950.
2. Pol de, eigentl. Karel Maria Polydoor de *Mont,* fläm. Schriftsteller, * 15. 4. 1857 Wambeek, Brabant, † 29. 6. 1931 Berlin; führender Vertreter der fläm. Literatur; schrieb symbolist. Lyrik („Idyllen" 1882, dt. 1893) u. Künstlerbiografien.
Mont., Abk. für den USA-Staat → Montana.
Montabaur, Stadt in Rheinland-Pfalz, Westerwaldkreis, am Südhang des Westerwalds, östl. von Koblenz, 280 m ü. M., 12 600 Ew.; Luftkurort; gut erhaltenes Stadtbild mit Fachwerkbauten, Rathaus (1869), St.-Peter-Kirche (14. Jh.), Schloss (13.–17. Jh.); Eisen-, Kerzen- u. Holzindustrie; Bundeswehrstandort; Verw.-Sitz des *Westerwaldkreises.*
Montafon, österr. Tal im südl. Vorarlberg, von der oberen Ill durchflossen, 40 km langes Tal, das zehn Gemeinden umfasst (17 000 Ew.); Almwirtschaft *(Montafoner Rinder),* viel besuchtes Fremdenverkehrsgebiet; Hauptort *Schruns.*
Montag [lat. *lunae dies*], der 1. Tag der Woche, nach dem *Mond* benannt.
Montage [mɔnˈtaːʒə; die; frz.], **1.** *D r u c k e r e i :* beim Tief- u. Flachdruck das Zusammensetzen aller Einzelteile (Filme) eines Druckbilds vor der Übertragung auf die endgültige Druckform; beim Hochdruck die Vorbereitung der Druckstöcke.
2. *F i l m :* das Zusammenfügen der einzelnen Einstellungen, Sequenzen u. Szenen zum fertigen Film. Bei der M. wird der Handlungs- u. Sinnzusammenhang der Bilder hergestellt. Der sich durch die M. ergebende Bildrhythmus ist mitbestimmend für das emotionale Erleben eines Films. Besonders S. M. *Eisensteins* Theorie der M. beeinflusste die Filmentwicklung.
3. *T e c h n i k :* das Einpassen u. Zusammenbauen der Einzelteile einer Maschine in der Werkstatt *(Werkstattmontage)* oder von Stahlbauten am Verwendungsort (z. B. Brücken); auch das Aufstellen fertiger Maschi-

Monsù Desiderio: Die Unterwelt; 1622. Besançon, Musée des Beaux-Arts et d'Archéologie

Montana: St. Mary Lake im Glacier National Park

nen bis zur Inbetriebnahme, einschl. des Probelaufs u. der Abnahmeversuche.
Montagebauweise [-'taːʒə-], *Fertigbauweise* → Fertigteilbau.
Montagestraße [-'taːʒə-], aneinander gereihte Arbeitsplätze (Montageplätze) u. Einrichtungen zur Montage techn. Erzeugnisse in der Reihenfolge der durchzuführenden Montagearbeiten. Die M. wird häufig in Verbindung mit einer *Fertigungsstraße* oder *Transferstraße* eingerichtet.
Montageversicherung [-'taːʒə-], Ergänzung zur Maschinenversicherung für Montage u. Probebelastung, wobei der Kreis der versicherten Gefahren etwas weiter ist.
Montagna [mɔn'tanja; ital.], Bestandteil geograph. Namen: Gebirge.
Montagna [mɔn'tanja], Bartolomeo, italien. Maler, * um 1450 Orzinuovi bei Brescia, † 11. 10. 1523 Vicenza; Hauptmeister der Schule von Vicenza; meist religiöse Bilder unter venezian. Einfluss, gekennzeichnet durch kühle, tief durchschattete Farbigkeit, herbe Formen u. realist. Schärfe.
Montagnais [mɔ̃ta'njɛ; frz.], Algonkin-Indianerstamm im NO Kanadas, gehört zur Gruppe der kanad. Jäger.
Montagnana [-ta'njaːna], Domenico, italien. Geigenbauer, * um 1690, † um 1750; soll bei A. *Stradivari* gearbeitet haben.
Montagnard [mɔ̃ta'njaːr], *Montagne*, französ. Bez. für Anhänger der → Bergpartei.
Montagnards [mɔ̃ta'njaːr], aus der französ. Kolonialzeit übernommene Sammelbez. für die Mon-Khmer- u. austroasiatische Sprachen sprechenden Bergvölker im S von Vietnam (1 Mio.), im O von Kambodscha u. in Laos (zusammen rd. 200 000); Brandrodungsfeldbau mit Anbau von Bergreis, Maniok u. Yams, Jagd, Fischfang.
Montagne Noire [mɔ̃tanj 'nwaːr], alter Gebirgsstock an der südwestl. Flanke des französ. Zentralplateaus, im *Pic de Nore* 1210 m hoch; besteht überwiegend aus Granit, Gneis u. Schiefer; Schafhaltung, Holzwirtschaft; verkehrsmäßig schlecht erschlossen.
Montagne Pelée [mɔ̃tanj pə'le], *Mont Pelée*, tätiger Vulkan auf der französ. Antilleninsel Martinique, 1397 m; mit nadelartiger Stoßkuppe, *Mont-Pelée-Typ* von Vulkanen. Der letzte große Ausbruch (1902) zerstörte die damalige Hauptstadt *Saint-Pierre*.
Montagnes d'Aubrac [mɔ̃tanj do'brak], Basalthochfläche im französ. Zentralplateau, zwischen 1000 m u. 1500 m hoch; ein weitgehend waldfreies Plateau, das durch extensive Viehzucht (Schafe) genutzt wird.
Montagnes du Forez [mɔ̃tanj dy fɔ'rɛs], Gebirgshorst im nördl. Zentralmassiv (Frankreich), zwischen Limagne u. der oberen Loire; Spuren pleistozäner Überformung (Kare, Trogtäler); Hochfläche mit Heide bewachsen, in tieferen Lagen Ackerbau.
Montagnier [mɔ̃ta'nje], Luc, französ. Mediziner u. Virologe, * 18. 8. 1932 Chabris, Dép. Indre; entdeckte 1983 den Erreger von Aids, ein Retrovirus (gebräuchl. Bez. HIV, früher HTLV-III).
Montagu [ˈmɔntəgjuː], Lady Mary *Wortley*, engl. Schriftstellerin, * Mai 1689 London, † 21. 8. 1762 London; lebte 1716–1718 als Frau des engl. Gesandten in Istanbul u. schrieb von dort kulturgeschichtlich interessante Briefe: „The complete letters of Lady Mary Wortley M." 3 Bde. 1965–1967; dt. Auswahl: „Briefe aus dem Orient" 1982.
Montague-Grammatik [-gjuː], eine mathemat. Theorie, beruhend auf der intensionalen Logik, zur Analyse von natürl. Sprachen. Die M. wurde von dem US-amerikan. Logiker Richard Montague (*1930, †1971) entwickelt, der von einer Gleichheit natürl. u. formaler Sprachen ausgeht. Seine Grammatik beruht auf der These, dass die Syntax dem Bedeutungsgehalt der Sprache angepasst ist. Die M. besteht aus einem syntakt. u. einem semant. Teil. Sie ist wichtig für die logische Analyse von komplexen Sprachgebilden.

♦ **Montaigne** [mɔ̃'tɛnj], Michel *Eyquem*, Seigneur de M., französischer Philosoph und Schriftsteller, * 28. 2. 1533 Schloss Montaigne, Périgord, † 13. 9. 1592 Schloss Montaigne; Parlamentsrat und später Bürgermeister von Bordeaux; unternahm Reisen durch Süddeutschland und Italien, gelegentlich auch im Dienste des französ. Hofes; verbrachte die letzten Jahre seines Lebens zurückgezogen auf Schloss Montaigne. M. begründete mit seinen skeptischen, epikureisch gefärbten „Essais de messire Michel" 1580 (dt. Ausg. 1998) die Gattung des *Essays*. In diesen unmethodisch fixierten Gedanken über Religion, Philosophie, Geschichte, Politik, Literatur u. Lebensführung lässt M. als unbezweifelbar nur die göttl. Offenbarung gelten, wie überhaupt angesichts der Unsicherheit der Verhältnisse (Religionskriege in Frankreich) Staat u. Kirche als Ordnungsmächte von ihm gestützt werden. Das menschl. Forschen führe dagegen nicht zu sicherer Orientierung in Welt u. Leben, sondern zur Weisheit der Skepsis im Sinne des *Pyrrhon von Elis*, die Urteilsenthaltung u. Anerkennung des Tatsächlichen nahe legt. Die vorurteilsfreie Menschen- u. Selbstbetrachtung seiner Essays leitet die Tradition der Autobio. u. ebenso die Moralistik der Aufklärung ein. Angesichts der Fragwürdigkeit alles Menschlichen empfahl M., das Unvermeidliche mit gelassener Heiterkeit zu ertragen u. das Leben zu genießen. Er wirkte stark auf die französ. Denker des 16.–18. Jh.

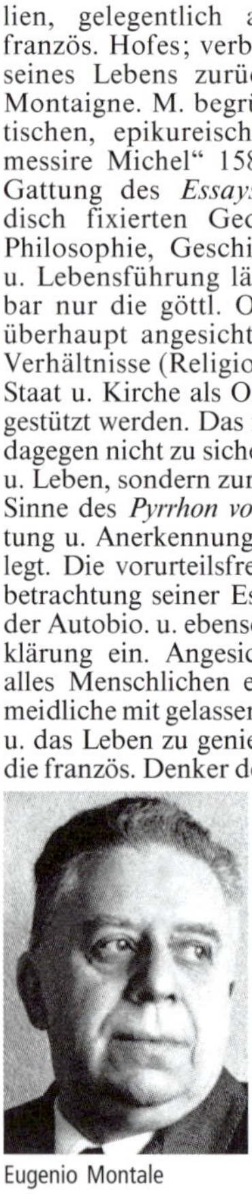

Michel Eyquem de Montaigne

♦ **Montale**, Eugenio, italien. Lyriker, * 12. 10. 1896 Genua, † 12. 9. 1981 Mailand; seit 1948 Mitarbeiter des „Corriere della Sera"; begründete zusammen mit G. *Ungaretti* die „hermetische Dichtung"; übersetzte u.a. *Shakespeare*, P. *Corneille* u. T. S. *Eliot*; zählt zu den Klassikern der modernen Hptw.: „Ossia di sepia" 1925 u. 1928; dt. Auswahl „Glorie des Mittags" 1960; „Die Straußenfeder-Erzählungen" 1971. Italienisch-dt. Ausgaben: „Satura – Diario. Aus den späten Zyklen" 1988; „Die Worte sprühen. Das postume Tagebuch" 1989; „Gedichte (1920–1954)" 1997. – M. erhielt 1975 den Nobelpreis für Literatur.

Eugenio Montale

Montalembert [mɔ̃talɑ̃'bɛːr], Charles *Forbes de Tyron*, Graf von M., französischer Publizist und Politiker, * 15. 4. 1810 London, † 13. 3. 1870 Paris; Hauptvertreter des liberalen Richtung des französ. Katholizismus im 19. Jh.; 1848 bis 1851 Abgeordneter in der Nationalversammlung, 1852 bis 1857 in der Gesetzgebenden Körperschaft, wo er zur

Opposition gegen Napoleon III. gehörte; betrieb die Gründung einer kath. Partei, um die Freiheit der Kirche in einer liber. Verfassung zu verankern.

Montalvo, 1. Garcí *Ordóñez (Rodríguez) de Montalvo*, Verfasser des Romans von → Amadis.
2. Luis *Gálvez de Montalvo*, span. Dichter, → Gálvez de Montalvo.

montan [lat.], das Bergbau- u. Hüttenwesen betreffend.

Montana

◆ **Montana** [mɔnˈtænə], Abk. *Mont.*, Staat im NW der USA, 380 850 km², 879 000 Ew., davon 6 % Indianer; Hptst. *Helena*. Im W hat M. Anteil an den NW-SO verlaufenden Ketten der *Rocky Mountains* (2000–3000 m hoch, sehr erzreich, durch pleistozäne Vergletscherung stark geprägt, zahlreiche Seen); östl. davon erstrecken sich die von 1500 m abfallenden, zerschnittenen u. kühl-semiariden Plateaus der *Great Plains* (kontinentales Klima). Die Landwirtschaft ist der wichtigste Wirtschaftszweig: im NO u. Zentrum Anbau von hochwertigem Weizen, Gerste u. Mais; im trockeneren S Rinderzucht. 20 % der Feldfläche sind bewässert (Kartoffeln, Zuckerrüben, Futterpflanzen). Reiche Minerallager; vor allem Kupfer-, Silber-, Phosphat- u. Goldgewinnung, Erdöl- u. Erdgasförderung; Erzverhüttung, Holz-, Metall- u. Industrie; Fremdenverkehr. – Als Teil von *Louisiana* 1803 an die USA, 1889 als 41. Staat in die Union aufgenommen.

Montaña [-ˈtanja; span.], Bestandteil geograph. Namen: Berg, Gebirge, Bergland.

Montaña [-ˈtanja; span.], *La Montaña*, Gebiet des trop. Gebirgswalds im Osten der peruan. Anden in 1200–2000 m; in 2000 bis 3500 m vom Nebelwald *(Ceja de la M.)* abgelöst; mit Baumfarnen; entspricht dem ecuadorian. *Oriente* u. den bolivian. *Yungas*; landwirtschaftlich genutzte Inseln.

Montanari, Geminiano, italien. Mathematiker u. Astronom, *1. 6. 1633 Mòdena, †13. 10. 1687 Padua; Prof. in Bologna u. Padua; Entdecker der Veränderlichkeit des Sterns → Algol.

◆ **Montand** [mɔ̃ˈtɑ̃], Yves, eigentlich *Ivo Livi*, französ. Schauspieler und Sänger, *13. 10. 1921 Monsummano (Italien), †9. 11. 1991 Senlis bei Paris; pflegte den „Chant populaire"; viele Filmrollen, u. a. in „Lohn der Angst" 1952; „Z" 1969; „Wahl der

Yves Montand

Waffen" 1981; „IP 5 - Insel der Dickhäuter" 1992.

Montanelli, Indro, italien. Publizist u. Schriftsteller, *22. 4. 1909 Fucecchio bei Florenz, †22. 7. 2001 Mailand; schreibt bes. für den „Corriere della Sera", Mailand; gründete dort 1974 die konservative Zeitung „Il Giornale Nuovo" mit der lokalen Rundfunkgesellschaft „Radio Monte Stella"; schrieb Erzählungen, Stücke u. Arbeiten zur römisch-italienischen Geschichte.

montane Stufe, eine Vegetationsstufe, → Höhenstufe.

◆ **Montañéz** [-taˈnjeθ], Juan *Martinez*, span. Bildhauer u. Architekt, getauft 16. 3. 1568 Alcalá la Real, †18. 6. 1649 Sevilla; Hauptvertreter der andalus. Bildhauerschule; schuf in spätbarockem Stil religiöse Plastiken, deren naturalist. Bemalung oft von F. *Pacheco* ausgeführt ist; Hptw.: Kruzifix u. „Immaculata" in der Kathedrale von Sevilla.

Montanha [mɔnˈtanja; portug.], Bestandteil geograph. Namen: Berg, Gebirge, Bergland.

◆ **Montanindustrie,** *i. e. S.* die Unternehmen, die sich mit der Förderung von Kohle, Erz u. Ä. befassen; *i. w. S.* auch die weiterverarbeitende *Schwerindustrie,* insbes. die Großeisen- u. Hüttenindustrie, die heute mit dem Bergbau vielfach eine wirtschaftl. Einheit bilden.

Montanismus, von dem Phrygier *Montanus,* einem ehem. Kybele-Priester (?), um 150 begründete christl. Sekte. Die *Montanisten* forderten volle Weltverneinung, erwarteten die baldige Herabkunft des Hl. Geistes u. den Beginn eines neuen Zeitalters; der individuellen Inspiration wiesen sie bes. Bedeutung zu. Noch im 8. Jh. war der M. nicht erloschen; er lebte auch im MA öfter wieder auf.

Montansäure, Octacosansäure, chem. Bez. für eine ungesättigte höhere Monocarbonsäure mit der Formel $C_{28}H_{55}$–COOH, deren Ester die Hauptkomponenten des *Montanwachses* bilden.

Montanunion, *Europäische Gemeinschaft für Kohle u. Stahl,* Abk. *EGKS,* die erste supranationale europ. Organisation mit eigenen Souveränitätsrechten.
Auf Anregung des französ. Außen-Min. R. *Schuman (Schuman-Plan)* unterzeichneten die Gründerstaaten Belgien, die BR Dtschld., Frankreich, Italien, Luxemburg u. die Niederlande in Paris am 18. 4. 1951 den EGKS-Vertrag, der am 23. 7. 1952 in Kraft trat (Laufzeit bis zum Jahre 2002).
Ziel des Vertragsschlusses war, die Erzeugung von Kohle u. Stahl auszuweiten u. durch Steigerung der Produktivität der Montanindustrie zur Hebung des allg. Lebensstandards in den Mitgliedstaaten beizutragen. Zu diesem Zweck verpflichtete der Vertrag die Mitgliedstaaten, auf stufenmäßige Beschränkungen des Warenverkehrs, die Erhebung von Zöllen u. die Diskriminierung von Erzeugern u. Verbrauchern von Kohle u. Stahl zu verzichten sowie die Freizügigkeit der Bergleute u. Metallfacharbeiter zu ermöglichen. Am 10. 2. 1953 wurde der *Gemeinsame Markt* der Montanunion-Staaten für Kohle, Eisen u.

Juan Martinez Montañéz: Der hl. Ignatius von Loyola, Ausschnitt; um 1610. Sevilla, Kapelle der Universität

Schrott errichtet, der am 1. 5. 1953 auch auf Stahl ausgedehnt wurde. Hoheitsrechte der Einzelstaaten über die Kohle- u. Stahlindustrie wurden auf die M. übertragen. Sie wurde daher in die Lage versetzt, z. B. selbständig Investitionshilfen zu gewähren, Ausgleichszahlungen zu bewilligen, Erzeugungsbeschränkungen u. Preise festzusetzen sowie Wettbewerbsbeschränkungen abzubauen. Die beteiligten Staaten erhofften vom Zusammenschluss der kriegswirtschaftlich wichtigen Grundstoffindustrien Impulse für die Übertragung nationalstaatlicher Rechte auch in anderen Sektoren.
Organe der EGKS waren zunächst die *Hohe Behörde,* die *Gemeinsame Versammlung,* der *Besondere Ministerrat* u. der *Gerichtshof.* Erster Präs. der Hohen Behörde wurde J. *Monnet.* 1955 nahmen die Außen-Min. der EGKS-Staaten Verhandlungen über eine Europ. Wirtschaftsgemeinschaft (EWG) u. eine Europ. Atomgemeinschaft (EURATOM) auf. 1957 wurden in Rom die EWG- u. EURATOM-Verträge unterschrieben. Damit wurde auch die *parlamentar. Versammlung* als gemeinsames parlamentar.

Montanindustrie: Luftaufnahme einer Schachtanlage in Gelsenkirchen

Organ der drei Gemeinschaften EGKS, EURATOM u. EWG bestimmt u. der *Europ. Gerichtshof* als ihr gemeinsames Justizorgan. Am 1. 7. 1967 wurden EGKS, EWG u. EURATOM fusioniert. Der Zusammenschluss hieß nun *Europ. Gemeinschaften (EG).* Die Hohe Behörde der EGKS ging in der Kommission der EG auf, der Besondere Ministerrat im Rat der EG.
Durch den industriellen Strukturwandel in Europa büßte die Montanindustrie ihre führende Rolle im Laufe der Zeit immer mehr ein, was auch den Stellenwert der M. beeinträchtigte. Die mit dem Maastrichter Vertrag von 1992 verbundenen Änderungen u. Ergänzungen der drei Gründungsverträge der EG machten die EGKS bzw. M. zum integrativen Bestandteil der → Europäischen Union.

Montanus, der Begründer des → Montanismus.

Montanwachs, ein fossiles Pflanzenwachs, das durch Extraktion aus Braunkohlen gewonnen wird. M. besteht aus Estern der → Montansäure sowie weiteren harz- u. huminsäureartigen Komponenten. Das im Rohzustand harte Wachs besitzt eine schwarzbraune Farbe sowie einen Schmelzpunkt um 85 °C. Reinigungsprozesse führen zu einer Schmelzpunkterhöhung. Verwendet wird M. u.a. bei der Herstellung von Schuhcreme, Lagerfetten, Kabelisolierungen, Emulgiermitteln, Kerzen.

Montargis [mɔ̃tarˈʒi], Stadt im französ. Dép. Loiret, an der Loing, 16 600 Ew.; Marktort für Agrarerzeugnisse; Landmaschinenbau, chem.-, Gummi-, Textil-, Schuh- u. Möbelindustrie.

Montauban [mɔ̃toˈbã], südwestfranzös. Stadt an der Mündung des Tescou in den Tarn, Verw.-Sitz des Dép. Tarn-et-Garonne, 53 300 Ew.; Backsteinbrücke (14. Jh.) über den Tarn, Kathedrale (17./18. Jh.), Museum (Werke von J. *Ingres*); Textil-, Nahrungsmittel- u. Schuhindustrie.

Mont aux Sources [mɔ̃toˈsurs; frz. „Quellenberg"], Gipfel in den Drakensbergen (Rep. Südafrika), an der Nordostgrenze von Lesotho, 3299 m; Quellgebiet von *Oranje* u. *Tugela.*

Montbéliard [mõbeˈljaːr], dt. *Mömpelgard,* ostfranzös. Kreisstadt im Dép. Doubs, an der Allaine u. am Rhein-Rhône-Kanal, 30 600 Ew.; Schloss (1751 erbaut); Metall-, Uhren- u. Textilindustrie; bildet zusammen mit *Audincourt, Sochaux* u. a. eine wichtige Industriezone. – M. gehörte 1397 bis 1793 zu Württemberg.

◆ **Mont Blanc** [mɔ̃ˈblã], frz. „Weißer Berg"], *Montblanc,* ital. *Monte Bianco,* höchste Berggruppe der Alpen, in den Savoyer Alpen, an der französ.-italien.-schweiz. Grenze, im Hauptgipfel 4807 m (1786 zuerst von J. *Balmat* u. M.-G. *Paccard* bestiegen). Das kristalline Massiv bildet die Wasserscheide zwischen Rhône u. Po; seine Bergketten sind von scharfzackigen Zinnen *(Aiguilles)* überragt u. von über 30 Gletschern (mit einer Fläche von rd. 177 km²) bedeckt, deren wichtigster → Mer de Glace ist; die Schneegrenze liegt bei 3000 m. Zahnrad- u. Seilschwebebahnen (bis über 3800 m Höhe) führen hinauf in die Regionen des Alpinismus u. Wintersports (zunehmender Fremdenverkehr). Westlich vom Hauptgipfel liegt das *Observatoire Vallot* (1890 gegr.); östl. von ihm verläuft der 1965 fertig gestellte *Mont-Blanc-Straßentunnel* (11,6 km Länge, 8,15 m Gesamtbreite, bis zu 6 m Höhe), der bei dem Weiler *Les Pélerins* (Frankreich) 1274 m über dem Meeresspiegel beginnt u. bei *Entreves* (Italien) in 1381 m Höhe endet; der Tunnel ist ganzjährig befahrbar.

Montbretia [mɔntˈbreːtsia; die], *Montbretie, Tritonia,* südafrikan. Gattung der *Schwertliliengewächse (Iridaceae),* mit ährenförmigen Blütenständen.

Montceau-les-Mines [mɔ̃soleˈmin], mittelfranzös. Industriestadt im Dép. Saône-et-Loire, südwestl. von Le Creusot, am Canal du Centre, 23 300 Ew.; Steinkohlenbergbau, Metall- u. Kunststoffindustrie.

Mont Cenis [mɔ̃səˈni], Gebirgsmassiv in den Westalpen, → Cenis.

Montchrestien [mɔ̃kreˈtjɛ̃], Antoine de, französ. Schriftsteller, * um 1575 Falaise, Calvados, † 8. 10. 1621 Tourailles; schrieb eleg. Trauerspiele: „L'Écossaise" 1601, das erste „Maria-Stuart"-Drama; „Hector" 1604.

Mont Cinto [-ˈtʃinto], Berg auf Korsika, → Cinto.

Monte Albán: Flachrelief eines so genannten „Danzante" im mixtekischen Stil

Mont Blanc: Blick auf das vergletscherte Mont-Blanc-Massiv. Der zweite Gipfel von rechts ist der Mont Blanc

Mont-de-Marsan [mɔ̃dmar'sã], südwestfranzös. Stadt in der Gascogne, Verwaltungssitz des Dép. Landes, an den sich hier zur Midouze vereinigenden Flüssen Midour u. Douze, 31 900 Ew.; Sägewerke, Harz- u. Terpentinölfabriken, Konservenerzeugung.

Mont d'Or [mɔ̃'dɔːr], französ. Berg im Juragebirge, nahe der französ.-schweiz. Grenze, 1463 m; mit dem 6097 m langen Tunnel der Eisenbahnstrecke Dijon–Lausanne.

Mont Dore [mɔ̃'dɔːr], *Monts Dore,* höchste Vulkanruine des französ. Zentralmassivs, in der Auvergne; von tiefen, ehem. meist vergletscherten Tälern radial zerschnitten; zahlreiche Karseen, Krater, Decken u. Kuppen; im *Puy de Sancy* 1886 m; Heilbäder mit warmen Quellen sind *La Bourboule* u. *Le Mont Dore;* Viehzuchtgebiet, Fremdenverkehr.

Monte [der; span.], Dornbuschvegetation am trockenen Ostfuß der bolivian.-argentin. Anden, hauptsächl. von dem Schmetterlingsblütler *Gourliea* (Chañar) u. von Steppengräsern gebildet.

Monte [ital., span., portug.], Bestandteil geograph. Namen: Berg.

Monte, 1. Philipp de, niederländ. Komponist, *1521 Mechelen, †4. 7. 1603 Prag; wirkte in Italien, England u. seit 1568 als kaiserl. Hofkapellmeister in Wien u. Prag; schrieb Chansons, Madrigale, Motetten u. Messen in Anlehnung an Palestrinas Kontrapunktik.
2. Toti dal, italien. Sängerin, → Dal Monte.

◆ **Monte Albán,** altindian. Ruinenstätte im Staat Oaxaca (Mexiko) auf einem künstlich terrassierten Berg, 600 m hoch über der heutigen Stadt Oaxaca de Juárez, die oberste Plattform misst rd. 700 × 250 m. M. A. ist der kultische Mittelpunkt der *Zapoteken.* Man unterscheidet fünf Kulturphasen von 700 v. Chr. bis 1532 n. Chr.: In Phase I (700 –300 v. Chr.) starker Einfluss der *La-Venta-Kultur;* Errichtung der ersten steinernen Pyramide mit den sog. *Danzantes,* in Flachrelief auf Monolithen gearbeitete menschliche Figuren in tänzerischen Posen; erste Beispiele hieroglyphenartiger Zeichen u. Kalendersystem; Beginn der typischen grauen zapotek. Keramik. In der Phase II (350 v.–100 n. Chr.) werden kulturelle Verbindungen zu den *Maya* deutlich in anthropomorphen Tonfiguren u. Dreifußgefäßen; der große Platz auf dem M. A. wird nivelliert, die Pyramide J erbaut. Es gibt Einflüsse aus *Teotihuacan,* die in Phase IIIa anwachsen (300 – 600 n. Chr.) u. zum zapotek. Stil umgewandelt werden; der große Platz wird allseitig mit Pyramiden, Tempelplattformen u. einem Ballspielplatz umbaut; Gräber gemauert, kreuzförmige Grabkammern, mit polychromen Fresken verziert. Phase IIIb (600 – 900) markiert den Höhepunkt der Bautätigkeit mit Einführung monolith. Säulen. Langsam zerfällt die zapotek. Kultur. In der Phase IV (900 –1150) gerät der M. A. unter die Herrschaft der *Mixteken,* die ihn jedoch nur als Begräbnisstätte nutzen. Die Phase V (1150 bis zur span. Eroberung) bezieht sich ausschließlich auf die Kultur der Mixteken.

Monte Alto, altindian. Kultur u. Fundplatz im südl. Guatemala; stark von der *La-Venta-Kultur* beeinflusst; bekannt sind die menschl. Kolossalköpfe aus vulkanischem Gestein, stets ohne Körper; da sie alle geschlossene Augen zeigen, vermutet man in ihnen Porträts verstorbener Herrscher.

Monte Bego, Berg in den ligurischen Hochalpen, an der italien.-französ. Grenze, mit zahlreichen Felsbildern bis auf über 2000 m Höhe, deren Alter kupfer- bis eisenzeitlich geschätzt wird.

Montebello Islands [-'ailəndz], unbewohnte Inselgruppe vor der nördl. Westküste Australiens. Hier fanden im Oktober 1952 die ersten brit. Atomwaffenversuche statt.

Monte-Carlo, weltberühmter Luxusbadeort des Fürstentums *Monaco* an der französ. Riviera, nordöstl. von Nizza, 13 200 Ew.; auf einem Felsvorsprung über dem Meer inmitten gepflegter Parkanlagen u. Aussichtsterrassen das luxuriös ausgestattete *Kasino* (1879 erbaut) mit der bekannten Spielbank (1863 gegr.); Taubenschießstand am Meer; 3,15 km lange Grand-Prix-Rennstrecke *(Circuit de Monaco)* mit 3 scharfen Kurven u. einem Tunnel; Luxusbad *M. Beach* 2 km nördl. auf französ. Gebiet.

Monte-Carlo-Methode [nach dem Spielkasino von *Monte Carlo*], ein Verfahren der numerischen Mathematik für bestimmte Aufgaben, deren Lösung im Allg. analytisch zu schwierig ist. Die gesuchten Werte erhält man durch wahrscheinlichkeitstheoretische Überlegungen meist mit Hilfe elektron. Rechenanlagen. Dabei wird von zufällig veränderlichen Werten ausgegangen u. die Rechnung einige tausendmal wiederholt. Die M. wird z. B. bei Differenzialgleichungen u. bei der Berechnung von e (Basis der natürlichen Logarithmen) angewendet.

◆ **Montecassino,** italien. Kloster im südl. Latium, oberhalb der Stadt *Cassino;* um 581 von *Benedikt von Nursia* gegr., Mutterkloster des abendländ. Mönchtums; 577 von den Langobarden zerstört, seit dem 8. Jh. wieder aufgebaut, im 9. Jh. von Sarazenen zerstört, Blüte im 10./11. Jh.; Stätte mittelalterl. Wissenschaften. Das Kloster wurde im 2. Weltkrieg hart umkämpft, am 15. 2. 1944 von den Alliierten zerstört, 1950–1954 in alter Form wieder aufgebaut.

Montecatini Terme, italien. Heilbad in der Toskana, am Südfuß des Apennins, westl. von Pistòia, 21 500 Ew.; alkalisalzhaltige Thermalquellen; Fremdenverkehr.

Montecitorio [-tʃi'toː-], Palast *(Palazzo Ludovisi)* in Rom, 1650 von G. L. *Bernini* erbaut, seit 1871 Sitz der italien. Abgeordnetenkammer.

Montecorvino, Johannes von, italien. Franziskanermissionar, *1247 Montecorvino, Süditalien, †1328 Peking; seit 1288 in Ostasien, erster Missionar in China (1294), 1307 erster Erzbischof von Peking; übersetzte Teile der Bibel ins Mongolische.

Montecristo, *Isola di Montecristo,* italien. Insel im Tyrrhen. Meer, südl. von Elba, 10 km²; bekannt durch den Roman „Der Graf von Monte Cristo" (1845, dt. 1846) von A. *Dumas* (père).

Montecuccoli, Raimund Graf von, Reichsfürst u. Herzog von Melfi (1679), Heerführer, *21. 2. 1609 Schloss Montecuccolo bei Mòdena, †16. 10. 1680 Linz; erfolgreich im Dreißigjährigen Krieg, 1658 Feldmarschall im kaiserl. Heer, eroberte u. a. Pommern u. erfocht 1664 in den Türkenkriegen den entscheidenden Sieg bei der Abtei St. Gotthard u. der Raab. Im Devolutionskrieg befehligte M. das kaiserliche Hilfskorps u. vertrieb 1673 H. de *Turenne* aus Deutschland. Er schrieb Kriegserinnerungen u. Abhandlungen über die Kriegskunst.

Montecassino: Vorhof des italienischen Klosters Montecassino

Montego Bay [engl. mən'tɛigou 'bɛi], Hafenstadt an der Nordwestküste Jamaikas, nach Kingston u. Spanish Town drittgrößter Ort der Insel, 83 400 Ew.; wichtiger Fremdenverkehrsort, moderner Tiefwasserhafen u. Freihandelszone, Industriepark; internationaler Flughafen.

Montejus [mɔ̃t'ʒy; der; frz.], Drucktopfpumpe zum Wegpumpen stark verschmutzter oder ätzender Flüssigkeiten. Diese fließen durch ein weites Rohr in ein geschlossenes Gefäß u. verdrängen die darin enthaltene Luft durch ein Ventil. Zulauf u. Entlüftung werden dann abgesperrt u. Druckluft oder Dampf eingeleitet u. dadurch die Flüssigkeit in einer Steigleitung hoch gedrückt.

Monteleone → Bronzewagen von Monteleone.

Montélimar [mɔ̃teli'maːr], südostfranzös. Stadt, Dép. Drôme, im Rhônetal, am Zusammenfluss von Roubion u. Jabron, 31 400 Ew.; Schloss (12.–14. Jh.); landwirtschaftl. Markt, Textilindustrie. Stadtrecht seit 1198. – Nahebei die Rhône-Staustufe mit dem Kraftwerk *Henri Poincaré* (Produktion rd. 2 Mrd. kWh jährlich).

Montelius, Oscar, schwed. Prähistoriker, *9. 9. 1843 Stockholm, †4. 11. 1921 Stockholm; seit 1871 Mitarbeiter am Staatl. Histor. Museum in Stockholm u. 1907–1913 Reichsantiquar; Mitbegründer der typologischen Methode der Ur- u. Frühgeschichte; er schrieb u. a. „Die älteren Kulturperioden im Orient u. in Europa I, Die Methode" 1903.

Monte Mario, Hügel im NW Roms, 139 m; Sternwarte; ehem. Ausgangspunkt des Nullmeridians für die Landkarten Italiens.

Montemayor, portug. *Montemôr*, Jorge de, span. Dichter portugies. Herkunft, *um 1520 Montemôr-o-Velho, Coimbra, †26. 2. 1561 Turin (im Duell); Dichter u. Musiker am span. u. portugies. Hof. Sein Schäferroman „Diana" 1559, der 1619, der von J. Sannazaros „Arcadia" beeinflusst ist, regte zu vielen Nachahmungen an.

♦ **Montenegro**, serbokr. *Crna Gora*, Teilrepublik im südl. Jugoslawien, 13 812 km², 635 000 Ew.; Hptst. *Podgorica*; waldreiches Hochland mit steilem Abfall zum Adriat. Meer; in der *Boka Kotorska* greift eine größere Bucht in das Festland ein, ansonsten ist es ein schwer zugängl. Gebiet, das erst 1976 durch die Eisenbahnlinie von Bar nach Belgrad an ein überregionales Verkehrsnetz angeschlossen wurde; niederschlagsreich; Viehzucht, an der Küste Anbau von Oliven u. Tabak; Bauxitlager, Stahlwerke, Aluminium-, Bau- u. Elektroindustrie; im Küstenland reger Fremdenverkehr.

Geschichte: Im frühen MA war M. Schauplatz erster Einigungsversuche der serb. Stämme (Fürstentum → Zeta im 11. Jh.), später Teil des großserb. Reichs der *Nemanjiden*. Nach dessen Zerfall konnte es in der 2. Hälfte des 15. Jh. vorübergehend aus dem venezian.-türk. Gegensatz an der Adriaküste Gewinn ziehen u. unter der Familie der *Crnojevići* sich zwischen den Fronten behaupten. 1499/1528 wurde es nominell dem Osman. Reich eingegliedert;

![Montenegro: Der mittelalterliche Ort Perast steht unter Denkmalschutz](image)

seit 1516 übten die Bischöfe von Cetinje ein theokrat. Regime aus. Der Metropolit Danilo Petrović *Njegoš* († 1735) machte diese Würde 1697 in seiner Familie erblich (Übertragung vom Onkel auf den Neffen). Er u. seine Nachfolger kämpften auf österr. u. russ. Seite gegen die Türken. 1852 wurde M. weltl. Fürstentum; *Nikita I.* (Nikola) erhielt auf dem Berliner Kongress 1878 die Unabhängigkeit bestätigt u. nahm 1910 den Königstitel an. M. beteiligte sich an den Balkankriegen 1912/13 u. kämpfte im 1. Weltkrieg gegen Österreich-Ungarn. 1916 musste Nikita fliehen. Nach seiner Absetzung schloss sich M. 1918 an Serbien an u. wurde im gleichen Jahr ein Teil Jugoslawiens; 1941–1945 war es unter dt. Besetzung nominell selbständig; 1946 wurde es eine der Teilrepubliken Jugoslawiens. Es übernahm im jugoslaw. Bürgerkrieg die Position Serbiens, die auf einen Erhalt des jugoslaw. Bundesstaates hinzielte. 1992 proklamierten M. u. Serbien die neue Bundesrepublik Jugoslawien.

Monte Perdido [span.], frz. *Mont Perdu*, vergletscherter Gebirgsstock in den Zentralpyrenäen, an der span.-französ. Grenze, mit dem Hauptgipfel auf span. Boden, 3355 m. Seine Kalkwände stürzen nach N terrassenförmig in senkrechten Stufen ab u. bilden das Kesseltal des Cirque de → Gavarnie. Die Bewohner haben sich ihre eigene Kultur bewahrt. 1997 wurde die Landschaft zum Weltkultur- u. -naturerbe erklärt.

Montépin [mɔ̃te'pɛ̃], Xavier-Aymon de, französ. Schriftsteller, *18. 3. 1823 Apremont, †1. 5. 1902 Paris; schrieb populäre Romane, die zu seiner Zeit großen Erfolg hatten, z. B. „Les viveurs de Paris" 1857; „Le paradis des femmes" 1865.

Monteponi, italien. Bergbauort auf Sardinien, → Iglésias.

Montereau-faut-Yonne [mɔ̃tərofot'jɔn], französ. Industriestadt im Dép. Seine-et-Marne, an der Mündung der Yonne in die Seine, 18 900 Ew.; Wärmekraftwerk; Maschinenbau, Kabel-, Kunststoff- u. Zuckerindustrie.

Monteregian Hills [mɔnti'rɛdʒiən 'hilz], insges. sechs isoliert stehende Hügel in der kanad. Prov. Quebec, die als vulkan. Eruptivmassen das flache Sankt-Lorenz-Tiefland um Montreal überragen: *Mt. Royal* (234 m, innerhalb des Stadtgebietes von Montreal), *St. Bruno, St. Hilaire, Rougemont, Mt. Johnson* u. *Yamaska*.

Monterey [mɔnti'rɛi], Stadt im US-Bundesstaat California, südlich von San Francisco, an der *Montereybucht* gelegen, 32 000 Ew., Teil der *Salinas-Seaside-Monterey Metropolitan Area*, 356 000 Ew.; zahlreiche histor. Gebäude: Royal Presidio Chapel (1795), Altes Zollhaus (1827), Theater (1847), Pacific Building (1847; histor. Museum); früher Fischfang u. -verarbeitung, heute Seebad; in der Umgebung bedeutender Weinanbau. – Gegr. 1770 als span. Militärposten u. Missionsstation, 1775–1846 Hptst. von Oberkalifornien.

Montería, Hptst. des Dep. Córdoba, im karib. Küstentiefland im N Kolumbiens, am bis hier schiffbaren Río Sinú, 269 000 Ew.; Universität, landwirtschaftl. Forschungszentrum, Bischofssitz; Zentrum einer der bedeutendsten Agrarregionen Kolumbiens: Reis-, Baumwoll-, Maisanbau mit Verarbeitungsanlagen, traditionelle Rinderweidewirtschaft.

Monte Rosa, stark vergletschertes Gebirgsmassiv an der italien.-schweiz. Grenze, in den Walliser Alpen; in der *Dufourspitze* 4634 m (höchster Gipfel der Schweiz, Erstbesteigung: 1. 8. 1855), in 3600 m Höhe auf der Südseite ein meteorologisch-physikal. Observatorium zur Erforschung von Höhenstrahlen.

Monterrey [-'rɛi], Hptst. des nordostmexikan. Staats Nuevo León, 1,9 Mio. Ew., als Agglomeration 2,79 Mio. Ew.; kath. Bischofssitz, 2 Universitäten (gegr. 1933 u. 1964), techn. Hochschule (gegr. 1943); Eisen- u. Stahlwerke, Metall-, Textil-, keram., Kraftfahrzeug-, Elektro- u. Nahrungsmittelindustrie; Handel, Verkehrsknotenpunkt. – 1596 gegründet.

Montes [Pl.; lat., „Berge"], in Italien seit dem 13. Jh. zinsfreie Staatsanleihen, deren Gläubiger sich zu Kapitalgesellschaften vereinigten, die später häufig Banken wurden. Anstelle der Verzinsung erhielten diese Gesellschaften zur Umgehung des Zinsverbots in der Regel Steuereinkünfte zugewiesen. – Die *Montes pietatis*, frz. *Monts-de-Piété*, waren gemeinnützige Leihhäuser, die billige Kredite vergaben, um damit die Wuchermethoden der Monts profané zu unterlaufen.

Montes, Ismael, bolivian. Politiker (Liberale Partei), * 5. 10. 1861 La Paz, † 18. 11. 1933 La Paz; 1899 Kriegs-Min., 1904–1909 u. 1913–1917 Staats-Präs.; betrieb eine antiklerikale u. wirtschaftsliberale Politik; enteignete die Ländereien der Indios.

Monte Sant'Angelo [-san'tandʒelo], süditalien. Gemeinde auf dem → Gargano, 796 m ü. M., 16 500 Ew.; die Kirche Santuario di S. Michele (5. Jh.) ist das älteste Michaelsheiligtum Italiens; Wallfahrtsort.

Montes Claros ['montis 'klarus], brasilian. Stadt im Staat Minas Gerais, am Rio Verde Grande, 94 000 Ew.; Nahrungsmittel-, Textil- u. Holzindustrie; nahebei reiche Bergkristallvorkommen.

Montespan [mõtɛs'pã], Françoise Athénaïs de *Rochechouart de Mortemar*, Marquise de M., * 5. 10. 1641 Schloss Lussac-les-Châteaux, Poitou, † 27. 5. 1707 Bourbon l'Archembault; seit 1667 Mätresse *Ludwigs XIV*. von Frankreich, mit dem sie 8 Kinder hatte; 1668–1679 auf dem Höhepunkt ihrer Macht. Von der Marquise de *Maintenon* verdrängt, ging sie 1691 ins Kloster.

◆ **Montesquieu** [mõtɛs'kjø], Charles de *Secondat*, Baron de *La Brède et de Montesquieu*, französischer Schriftsteller, Rechts- u. Staatsphilosoph, * 18. 1. 1689 Schloss La Brède bei Bordeaux, † 10. 2. 1755 Paris; 1714 Parlamentsrat, 1716 bis 1726 Parlamentspräsident in Bordeaux;

Charles de Montesquieu

1728 Mitgl. der Académie française. M. begann seine schriftsteller. Laufbahn mit dem Schlüsselroman „Lettres persanes" 1721, in dem er die französ. Verhältnisse unter dem Ancien régime kritisierte, erörterte dann in seinen „Considérations sur la cause de la grandeur des Romains et de leur décadence" 1734 die Frage, wieweit die Geschichte für die Gegenwart nutzbar gemacht werden könne, u. krönte sein Lebenswerk mit der staats- u. kulturphilosph. Schrift „De l'Esprit des lois" („Vom Geist der Gesetze") 1748, in der er eine anthropoloisch.-soziologisch-histor. Gesetzgebungslehre in Beziehung zu den drei Staatsformen der Republik (Demokratie), der Monarchie u. der Despotie entwickelte: Während Republik u. Monarchie auf einer Rechtsgrundlage beruhen, wird die Despotie (Tyrannis) nur von der Furcht zusammengehalten u. ist von Bräuchen (nicht Gesetzen) abhängig. Jede Verfassungsform hat ihr Grundprinzip (z. B. Tugend, Ehre), aus dem die Gesetze abgeleitet werden, die dann noch über konkrete geograph. u. kulturelle Gegebenheiten ihren Inhalt finden. Vernunftgesetz u. Naturgesetz ergänzen sich bei Gründung u. Aufbau der organisierten menschl. Gesellschaft (Montesquieus Konzeption des *Gesellschaftsvertrags*), u. ein Gesetz, „als notwendige Beziehung der Dinge" definiert, wird jeweils aus der Natur des in Frage stehenden Bereichs abgeleitet. Jeder Rechts- u. Lebensbereich hat so seine ihm eigentüml. Gesetze, nach denen sich der Gesetzgeber zu richten hat. Daraus leitet M. auch die Forderung der → Gewaltenteilung als Prinzip des inneren Staatsaufbaus ab, das auf die Vermeidung jeder durch Einzelne oder Gruppen ausgeübten Willkür zielt; entwickelt er am Beispiel der engl. Verfassung, über deren Praxis er aber durch die Forderung nach der unabhängigen richterlichen Gewalt hinausgeht. In dieser Formulierung wurde die schon von H. *Bolingbroke* u. J. *Locke* vertretene Idee zu einer der wichtigsten Grundlagen der ersten Verfassungen in Nordamerika (1776–1787) u. aller späteren Verfassungen mit Gewaltenteilung. M. schrieb auch Romane u. Novellen; er gilt als erster französ. *Aufklärer*. – Œuvres complètes, 3 Bde. 1950–1955.

Montesquiou-Fezensac [mõtɛskjufəzã'sak], Robert Comte de, französ. Schriftsteller, * 19. 3. 1855 Paris, † 11. 12. 1921 Menton; Dandy u. Ästhet, diente J.-K. *Huysmans* als Modell für die Gestalt des *Des Esseintes* in dessen Roman „À Rebours"; M. *Proust* hat dem Grafen *Charlus* einige Züge von M. verliehen. Symbolist. Lyrik: „Les Chauvessouris" 1893; „Les hortensias bleus" 1896. Montesquiou-Fezensacs Memoiren geben ein treffl. Bild der „Belle Époque": „Les pas effacés" 3 Bde. (postum) 1922. Œuvres complètes, hrsg. von A. Masson, 3 Bde. 1955.

◆ **Montessori**, Maria, italien. Ärztin u. Pädagogin, * 31. 8. 1870 Chiaravalle bei Ancona, † 6. 5. 1952 Noordwijk (Niederlande); Begründerin eines modernen Unterrichts, der der individuellen Entwicklung des Kindes Spielraum lässt. Sie bietet ein „Material" an, das Aufgaben

Maria Montessori

enthält, die vom Kind selbständig gefunden u. gelöst werden sollen. Hptw.: „Selbsttätige Erziehung im frühen Kindesalter" 1909, dt. 1913; Neuausgabe unter dem Titel „Die Entdeckung des Kindes" 1950; „Mein Handbuch" 1914, dt. 1922; „Grundlagen meiner Pädagogik" 1934; „Kinder sind anders" 1938, dt. 1952; „Von der Kindheit zur Jugend" 1966; „Das kreative Kind" 1972; „Frieden u. Erziehung" 1973.

Monteur [mɔn'tø:r; frz.], *Monteurin*, Sammelbez. für einen ausgebildeten Metallfacharbeiter, der Maschinen (in der Regel Großmaschinen) aufstellt u. in Betrieb setzt *(Montage)*. Auch andere Berufszweige kennen die Bez. M., so z. B. *Elektromonteur, Flugzeugmonteur*.

Monteux [mõ'tø], Pierre, französ. Dirigent, * 4. 4. 1875 Paris, † 1. 7. 1964 Hancock, Me. (USA); dirigierte in Paris u. Amsterdam verschiedene Uraufführungen von I. *Strawinsky*, M. *Ravel* u. C. *Debussy*; 1916–1924 u. seit 1936 in den USA, 1961 Chefdirigent des London Symphony Orchestra; setzte sich bes. für moderne Musik ein.

◆ **Monteverdi**, Claudio, italien. Komponist, getauft 15. 5. 1567 Cremona, † 29. 11. 1643 Venedig; zunächst Hofmusiker in Mantua (1601 Kapellmeister), seit 1613 Musikdirektor an St. Markus in Venedig. Sein kompositor. Schaffen beleuchtet die Stilwende innerhalb der Musik nach

Claudio Monteverdi

1600. Neben einzelnen Kirchenwerken im alten Stil des strengen Kontrapunkts („Prima prattica") schrieb er vor allem moderne Musik („Seconda prattica"), in der auf affektvolle Textdeklamation (Unterordnung der Musik unter das Wort) Wert gelegt wurde. Der neue monod. Stil erfuhr durch ihn Ausbildung u. Vertiefung. Seine Madrigale bildeten den Ausklang einer etwa 70-jährigen Gattungsgeschichte u. begründeten zugleich die neuartigen Typen des Kammerduetts u. der Kammerkantate. Die geistl. Musik steht im Übergang zwischen dem A-cappella-Satz u. instrumentalen Gattungen (Kantate) u. wirkte auch in Dtschld. (Lehrer von H. *Schütz*) Monteverdis eigentl. geschichtl. Leistung galt der Oper. In seinen Werken „L'Orfeo" 1607 (Neubearbeitung von C. Orff), „L'Arianna" 1608 (Ergänzung von A. Goehr 1995), „Il Ritorno d'Ulisse in Patria" 1640 u. „L'incoronazione di Poppea" 1642 brachte er zahlreiche Neuerungen: Verwendung von Dissonanzen, stärkste Ausnutzung der Ausdrucksfähigkeit der Orchesterinstrumente, Selbständigkeit des nicht mehr nur begleitenden Orchesters, Einführung neuer Klangeffekte wie Tremolo u. Pizzicato, Eingliederung des bisher nur am Szenenschluss singenden Chors in das dramat. Geschehen, Einführung des Duetts u. vieler Tanzformen in die Oper, reichere Ausführung der aus Toccata u. Ritornell bestehenden Operneinleitung. Monteverdis Operntypus wirkte bis ins 18. Jh. hinein vorbildlich.

◆ **Montevideo** [-'ðeo], Hptst. der südamerikan. Republik Uruguay, am Río de la Plata, 1,4 Mio. Ew.; in M. leben rd. 50 % der

Montevideo: Unabhängigkeitsplatz mit Palacio Salvo

Montgolfier (2): Aufstieg einer Montgolfière im Großbritannien des 18. Jahrhunderts

Bevölkerung Uruguays; kultur., wirtschaftl. u. polit. Zentrum, Universität (gegr. 1849) und weitere Hochschulen, wissenschaftl. Akademie u. Institute, Theater, Nationalbibliothek, Museen; Kathedrale (18./19. Jh.); Fleischwaren-, Textil-, Leder-, Zement-, Papier-, Metall-, chem., pharmazeut. u. Lebensmittelindustrie, Erdölraffinerie; Handelszentrum, Verkehrsknotenpunkt, Hafen (90 % Anteil am Außenhandel), Flughafen. – 1724 von Bruno Mauricio de *Zabala* als spanischer Vorposten gegr.; 1807–1830 wechselnd von Engländern, Spaniern, Argentiniern, Portugiesen u. Brasilianern besetzt; seit 1830 Hptst.

◆ **Montez** [-tɛs], Lola, eigentl. Maria Dolores *Gilbert*, schott.-kreol. Tänzerin, * 25. 8. 1818 Limerick (Irland), † 17. 1. 1861 New York; kam 1846 nach München u. wurde die Geliebte des bayer. Königs *Ludwig I.*, der sie zur Gräfin von *Landsfeld* erhob. Die öffentl. Missbilligung des Verhältnisses u. die daraus resultierenden Unruhen trugen zum Rücktritt des Königs am 20. 3. 1848 bei.

Lola Montez

Montezuma, Aztekenherrscher, → Motecuzoma.

Montezumaskiefer → Kiefer.

Montezumas Rache, *Reisediarrhö*, umgangssprachl. für akute Durchfallerkrankung, meist in tropischen Ländern. Auch → Durchfall.

Montferrand [mɔ̃fɛˈrã], französ. Stadt, → Clermont-Ferrand.

Montfort, *Burg Starkenberg*, Kreuzfahrerfestung in Obergaliläa; erbaut Ende des 12. Jh., 1271 von den Sarazenen erobert; seit 1926 Ausgrabungen.

Montfort, schwäb.-vorarlberg. Grafengeschlecht, benannt nach der Stammburg *M.* bei Götzis in Vorarlberg; Ende des 18. Jh. ausgestorben. Dem Geschlecht entstammte der Minnesänger → Hugo von Montfort.

Montfort [mõˈfɔːr], französ. Grafengeschlecht: **1.** *Simon IV.*, * 1165, † 25. 6. 1218 vor Toulouse (gefallen); Führer des Kreuzzugs gegen die *Albigenser*, eroberte Carcassonne u. 1265 das Languedoc.

◆ **2.** [engl. ˈmɔntfət], Simon de, Earl of *Leicester*, Sohn von 1), * um 1208 in Frankreich, † 4. 8. 1265 Evesham (gefallen); schloss sich 1230 dem engl. König *Heinrich III.* an u. schlug für ihn 1248–1253 eine Revolte in der Gascogne nieder. Seine Reformforderungen führten 1261 zu seiner Vertreibung. 1263 nach England zurückgekehrt, leitete er die Rebellion der niederen Barone u. der Städte gegen den König u. besiegte diesen in der Schlacht bei Lewes. M. setzte eine dreiköpfige Regierung unter seiner Leitung ein u. ordnete ihr 1265 ein Parlament bei (je 2 Grafschaftsritter u. je 2 Bürger jeder Stadt). Damit war der Weg zur Ausbildung eines Parlaments gewiesen. M. wurde bei Evesham von Heinrichs Sohn Eduard geschlagen.

Montfortaner, lat. *Societas Mariae Montfortana*, Abk. *SMM*, *Grignioniten*, kath. Kongregation, gegr. 1705 von Ludwig Maria *Grignion de Montfort*; die M. widmen sich vor allem der Mission, rd. 1400 Mitglieder; das dt. Provinzialat befindet sich in Bonn.

Montgelas [mõʒəˈla], Maximilian Joseph Graf von, bayer. Politiker, * 12. 9. 1759 München, † 14. 6. 1838 München; seit 1796 polit. Berater des späteren Königs *Maximilian I. Joseph*, seit 1799 als Minister mit großer Machtfülle ausgestattet. M. bewahrte die Souveränität Bayerns gegen Österreich (bis 1813 Anlehnung an Frankreich) u. vergrößerte es erheblich. Er suchte durch innere Reformen, insbes. die Verfassung von 1808, die neuen Territorien zu integrieren. Vor allem der in seinen Rechten stark beeinträchtigte Adel u. die Kirche standen zu ihm in erbitterter Opposition. 1817 wurde er aufgrund seiner Pläne für eine neue Verfassung gestürzt.

Mont Genèvre [mɔ̃ ʒəˈnɛːvrə], französ.-italien. Grenzpass, → Genèvre.

Montgolfier [mõɡɔlˈfje], **1.** Jacques-Étienne, Bruder von 2), französ. Papierfabrikant, * 7. 1. 1745 Vidalon-lès-Annonay, † 2. 8. 1799 Serrières; Mitarbeiter an den Erfindungen seines Bruders.

◆ **2.** Joseph-Michel, Bruder von 1), französ. Papierfabrikant, Erfinder des Warmluftballons, * 26. 8. 1740 Vidalon-lès-Annonay, † 26. 6. 1810 Balaruc-les-Bains; baute einen durch erwärmte Luft gehobenen Ballon *(Montgolfière)*, der am 21. 11. 1783 bei Paris den ersten bemannten freien Flug ausführte. M. konstruierte 1784 einen Fallschirm u. 1796 den *hydraulischen Widder*.

Simon de Montfort. Siegel

Montgomery [mənt'gʌməri], **1.** *Montgomeryshire,* ehem. nordwalis. Grafschaft, jetzt Distrikt in Großbritannien; seit 1974 Teil der neu gebildeten Grafschaft *Powys;* bis über 700 m ansteigendes Bergland; Rinder- u. Schafzucht.
2. walis. Stadt, in der Grafschaft Powys, 1000 Ew.; Schloss (13. Jh.).
3. *Sahiwal,* pakistan. Distrikt-Hptst. im Pandschab, nahe der Ravi, 135 000 Ew.; kolonialzeitl. Stadtgründung, landwirtschaftl. Zentrum (Zuckerrohr u. a.); Textilindustrie; Verkehrsknotenpunkt; in der Nähe die Ruinen von *Harappa* (Induskultur, 4.–3. Jahrtausend v. Chr.).
4. Hptst. des US-Bundesstaates Alabama, am linken Ufer des Alabama River, 187 000 Ew., als Metropolitan Area 293 000 Ew.; Alabama State University; Handelszentrum (Baumwolle, Vieh), Nahrungsmittel-, Textil- u. Glasindustrie, Herstellung von Kunstdünger u. Heizungsanlagen. – 1819 entstanden, 1846 Hptst. von Alabama, 1861 erste Hptst. der Konföderierten Staaten.

Montgomery, ◆ **1.** [mənt'gʌməri], Bernard Law, Viscount *Montgomery of Alamein,* brit. Heerführer, *17. 11. 1887 London, †24. 3. 1976 Isington Mill, Alton (Hampshire); übernahm 1942 die Führung der 8. (Nil-)Armee, siegte bei *Al Alamein* über das dt. Afrika-Korps unter Rommel u. war an der Eroberung Siziliens u. Italiens u. an der Invasion in der Normandie beteiligt; 1944 Feldmarschall; 1944/45 Oberbefehlshaber der brit. Heeresgruppe in Nordwesteuropa, 1945/46 der brit. Besatzungstruppen in Dtschld. u. brit. Vertreter im Alliierten Kontrollrat; 1948 Oberbefehlshaber der Landstreitkräfte des Atlantikpakts, 1951 bis 1958 stellvertr. Oberbefehlshaber der NATO-Streitkräfte; schrieb u. a. „Memoiren" 1958; „Kriegsgeschichte" 1968, dt. 1972.

Bernhard Law Montgomery

2. Wes (John Leslie), US-amerikan. Jazzmusiker (Gitarre), *6. 3. 1925 Indianapolis, Ind., †15. 6. 1968 Indianapolis; einer der größten Gitarristen des Jazz, Autodidakt; begann seine Karriere Ende der 1940er Jahre mit Bebop u. Hardbop, wechselte etwa Mitte der 1960er Jahre zur Popmusik.

◆ **Montherlant** [mõtɛr'lã], Henry de, französischer Schriftsteller, *21. 4. 1896 Paris, †21. 9. 1972 Paris (Selbstmord); von aristokratischer Grundhaltung, stellte das Kraftvolle u. so genannte männliche Tugenden dar; psychologische Charakterzeichnung; strebte nach einem klassischen Stil. Romane: „Die Tiermenschen" 1926, dt. 1929; „Les jeunes filles" 4 Bde. 1936–1940, dt. „Erbarmen mit den Frauen" 1957; „Das Chaos u. die Nacht" 1963, dt. 1964; „Ein Mörder ist mein Herr u. Meister" 1971, dt. 1973; Dramen: „Die tote Königin" 1942, dt. 1948; „Le maître de Santiago" 1947, dt. „Die Ordensmeister" 1949; „La ville dont le prince est un enfant" 1951; „Port-Royal" 1954, dt. 1956; „Der Kardinal von Spanien" 1960, dt. 1962; „Der Bürgerkrieg" 1965, dt. 1965; Essays: „Nutzloses Dienen" 1935, dt. 1939. – Tagebücher 1930–1944, 1974; Théâtre, 3 Bde. 1954–1965; Romans, 2 Bde., 1982; Essays 1963; Theaterstücke 1962.

Henry de Montherlant

Monthey [mõ'tɛ], Bez.-Hptst. im schweiz. Kanton Wallis, am Ausgang des *Val d'Illiez,* 13 800 Ew.; Schloss (14. Jh.); chem., Holz-, Möbel- u. Metallindustrie, Herstellung synthetischer Edelsteine, Ölraffinerie.
Monti [ital.], Bestandteil geograph. Namen: Berge, Gebirge.
Monti, Vincenzo, italien. Schriftsteller, *19. 2. 1754 Alfonsine, Romagna, †13. 10. 1828 Mailand; der letzte Vertreter des italien. Neuklassizismus u. ein Vorläufer der Romantik; übersetzte Homers „Ilias" in Versen 1806–1808; Hptw.: „Basvilliana" 1793, ein Epos in der Art von *Dantes* „Göttl. Komödie" über die Französ. Revolution; „La Mascheroniana" 1800; „Il Bardo della Selva nera" 1806. – Opere, 6 Bde. 1839–1842.
Montia [lat.] → Quellkraut.
◆ **Monticelli** [-'tʃelli], Adolphe, französ. Maler italien. Herkunft, *14. 10. 1824 Marseille, †29. 6. 1886 Marseille; schuf unter dem Einfluss von A. *Watteau,* E. *Delacroix* u. Diaz de la *Peña* (*1809, †1876) vorwiegend von Figurenszenen belebte Parklandschaften in lockerer Pinselschrift.
montieren [frz.], **1.** *allg.:* etwa befestigen, anbringen; mehrere (Maschinen-)Teile zusammenbauen.

2. *Kochkunst:* eine helle Sauce oder Suppe mit Butter aufschlagen.
Montignac [mõti'njak], südwestfranzös. Gemeinde im Périgord, an der unteren Vézère, 3000 Ew.; Sägewerk, Möbelindustrie; in der Umgebung die *Grotte de Lascaux.*
Montignies-sur-Sambre [mõtinjisyr'sãbr], Stadt im Hennegau (Belgien), an der Sambre, zu *Charleroi* gehörig, 23 000 Ew.; Steinkohlenbergbau.
Montijo [mɔn'tixo], Stadt im südwestl. Spanien, in der Ebene des Guadiana, östl. von Badajoz, 15 100 Ew.; Zentrum eines rd. 120 000 ha großen Bewässerungsgebietes am Guadiana, der den 35 km langen *Canal de M.* speist; Leder- u. Konservenindustrie.
Montilla [mɔn'tilja], Stadt in Niederandalusien (Spanien), südl. von Córdoba, 21 600 Ew.; Nahrungsmittelindustrie, Branntweinbrennereien, Weinkellereien, Korbflechtereien.
Montini, Giovanni Battista, Papst → Paul VI.
Mont Lassois [mõla'swa], Erhebung nordwestlich von Châtillon-sur-Seine; archäogische Ausgrabungen erbrachten dort reiche Funde der späten Hallstattzeit. Viele griechische Importfunde u. vor allem das überaus reich ausgestattete sog. Fürstengrab von *Vix,* das am Fuße des M. L. gefunden wurde, lassen hier einen „Fürstensitz" vermuten.
Mont Lozère [mõlɔ'zɛr], französ. Granitmassiv, → Lozère (2).
Montluçon [mõly'sõ], mittelfranzös. Kreisstadt im Dép. Allier, am Cher, 46 700 Ew.; Schloss (15./16. Jh.); Metall-, Maschinen-, Glas-, Gummi- u. chem. Industrie; Kohlenbergbau bei *Commentry.*
Montmajour [mõma'ʒuːr], *Abbay de Montmajour,* ehem. Benediktinerabtei in der Provence (Frankreich), im Dép. Bouches-du-Rhône, nördl. von Arles; im 10. Jh. gegr.; Ruinen von Kirche u. Kreuzgang (12./13. Jh.), Donjon (14. Jh.), in der Nähe die Kapellen St.-Pierre u. Ste.-Croix (12. Jh.).

Adolphe Monticelli: Der Liebesgarten. Edinburgh, National Gallery of Scotland

Montmartre

Montmartre [mɔ̃'martr], nördl. Stadtteil von Paris, auf einem 127 m hohen Hügel; got. Kirche Saint-Pierre-de-Montmartre (ehemals Benediktinerinnenkloster), berühmter Friedhof, Kirche *Sacré-Cœur* (1876–1914 erbaut, 1919 geweiht) mit 83 m hoher Kuppel; im 19. Jh. Künstlerwohnviertel, heute Zentrum des Pariser Nachtlebens.

Mont Mézenc [mõme'zãk], südfranzös. Berg, → Mézenc.

Montmorency [mõmɔrã'si], nordfranzös. Stadt im Dép. Val-d'Oise, nördl. von Paris, 21 000 Ew.; *Rousseau*-Museum (sein ehem. Wohnsitz), Stammschloss der Herzöge von Montmorency.

Montmorency [mõmɔrã'si], französ. Adelsfamilie mit der Stammburg M. bei Paris, Ersterwähnung 996, teilte sich 1230 in zwei Linien. **1.** *Anne de*, Herzog (seit 1551), französ. Politiker u. Feldherr, *15. 3. 1493 Chantilly, †11. 11. 1567 Paris; 1522 Marschall, in der Schlacht bei Pavia (1525) gefangen; nach seiner Befreiung leitender Minister, 1537 Befehlshaber des Heeres (Connétable); förderte die Entwicklung zum Absolutismus u. schloss 1562 das gegen die Hugenotten gerichtete kath. Triumvirat mit *François de Lorraine Guise* u. dem Marschall J. d'*Albon de Saint-André*. **2.** *Henri II.*, Herzog, Enkel von 1), Marschall, *30. 4. 1595 Chantilly, †30. 10. 1632 Toulouse (hingerichtet); kämpfte gegen die Hugenotten, unterstützte den Widerstand der Stände u. der Gouverneure aus dem Hochadel gegen die Reformpolitik der Zentralregierung; als Majestätsverbrecher zum Tode verurteilt.

Montmorillonit [mõmɔrijɔ'niːt; der], neben *Kaolin* das bekannteste Tonmineral, monoklin, sehr gut spaltbar, kann unter Quellung Wasser aufnehmen; hat wesentl. Einfluss auf die Eigenschaften der Böden (z. B. Bodenfruchtbarkeit); Hauptbestandteil des Tongesteins *Bentonit*, ein Rohmaterial für feuerfeste Tone.

Montparnasse [mõpar'nas], südwestl. Stadtteil von Paris; wurde bes. nach dem 1. Weltkrieg zum Künstlerviertel; bekannter Friedhof.

Mont Pelée [mõpə'le], Vulkan auf Martinique, → Montagne Pelée.

Montpelier [mənt'piːljə], Hptst. des US-amerikan. Bundesstaates Vermont, östl. des Lake Champlain in den Green Mountains, 8200 Ew.; Holzverarbeitung, Bau von Mühlen u. Sägewerkseinrichtungen; in der Nähe auch Granitabbau. – Gegr. um 1787, Hptst. seit 1805.

Montpellier [mõpə'lje], Hptst. der südfranzös. Region Languedoc–Roussillon, Verw.-Sitz des Dép. Hérault, unweit der hier lagunenreichen Mittelmeerküste, 211 000 Ew.; 3 Universitäten (erste 1289 gegr.), got. Kathedrale (14. Jh.), viele Adels- u. Kaufmannspaläste (17./18. Jh.), Hochschulen, Museen, Parkanlage „Promenade du Peyron" mit Wasserschloss u. Aquädukt (800 m lang, 22 m hoch), botan. Garten, Sternwarte; Mittelpunkt u. Hauptumschlagplatz (Hafen: *Sète*) eines bedeutenden Weinanbaugebiets (internationale Messe für Wein u. Weinanbau), Salzgewinnung, Maschinen-, Metall-, Textil-, Elektro-, Nahrungsmittel- u. chem. Industrie; Fremdenverkehr. Gegr. im 9. Jh., kam 1204 als Lehen an die Könige von Aragonien (Stadtrecht 1204), gehörte ab 1276 zum Königreich Mallorca u. ist seit 1349 französisch.

Montpensier [mõpã'sje], *Anne Marie Louise d'Orléans*, Herzogin von M. („la Grande Mademoiselle"), *29. 5. 1627 Paris, †5. 4. 1693 Paris; Tochter des Herzogs Gaston von Orléans u. der Maria von Bourbon; nach der vermutlich von *Mazarin* vereitelten Heirat mit Ludwig XIV. maßgeblich am Aufstand der *Fronde* (1651) beteiligt; heiratete 1681 den Herzog von Lauzun. Ihre „Mémoires" 4 Bde. 1858/59 geben ein eindrucksvolles Bild der Fronde.

Mont Perdu [mõpɛr'dy], französ. Name des → Monte Perdido.

◆ **Montreal** [mɔntri'ɔːl; frz. „Königsberg"], frz. *Montréal*, die bedeutendste Handels- u. Industriestadt Kanadas, in der Prov. Quebec, auf einer Insel im Sankt-Lorenz-Strom, vom vulkan. *Mount Royal* überragt, 1,1 Mio. Ew., als Metropolitan Area 3,3 Mio. Ew.; 3 Universitäten (gegr. 1821, 1876 u. 1929), Hochschulen, Museen, Theater, Oper; Banken- u. Versicherungszentrum, Sitz großer Eisenbahnverwaltungen; Metall-, Fahrzeug-, Elektro-, Schuh-, Textil-, Nahrungs- u. Genussmittel(Tabak-)industrie, Eisenbahnwerkstätten; Getreideumschlagplatz; Bahnknotenpunkt, Hafen, Flugplatz, Untergrundbahn; Weltausstellung 1967; Olymp. Sommerspiele 1976. – Gegr. 1642 von Franzosen, 1760 von Großbritannien erobert, 1844–1849 Regierungssitz.

Montrealer Übereinkommen, Vereinbarung vom 16. 9. 1987 zum Schutz der Ozonschicht. Dem am 1. 1. 1989 in Kraft getretenen Protokoll haben sich die EG u. 24 weitere Staaten unterworfen. Hiernach mussten bis Anfang des Jahres 2000 Produktion u. Verbrauch bestimmter → Fluorchlorkohlenwasserstoffe um die Häfte reduziert werden. 1990 wurde das Montrealer Übereinkommen auf einige leichtflüchtige → Chlorkohlenwasserstoffe erweitert. Auch → FCKW-Halon-Verbots-Verordnung.

Montreuil [mõtrœj], *Montreuil-sous-Bois*, östl. Industrievorstadt von Paris, Dép. Seine-Saint-Denis, 95 000 Ew.; Museum; Möbel-, Spielwaren-, Metall-, Maschinen-, Nahrungsmittel-, Papier-, Glas- sowie keram. Industrie, Pelzfärberei u. -verarbeitung.

◆ **Montreux** [mõ'trø], schweiz. Kurort u. Touristenzentrum am Nordostufer des Genfer Sees, im Kanton Waadt, mit den 3 Gemeinden *Le Châtelard, Les Planches* u. *Veytaux* 22 900 Ew.; internationale Hotelfachschule; Weinanbau, Uhren- u. Schmuckindustrie, Spielkasino, Theater, im Schloss → Chillon oft internationale Konferenzen, z. B. die Meerengenkonferenz von M. (1936); internationaler Festspielort: Fernseh- („Goldene Rose von M.") sowie Jazz- u. Musikfestspiele.

Montreal: Die Wolkenkratzer der Skyline sind Bürotürme von Versicherungen und Banken

Montreux: Der Kurort gehört dank seiner malerischen Lage und des milden Klimas am Genfer See zu den ältesten touristischen Zentren Europas

Montrose [mɔn'trouz], ostschott. Nordseebad, in der Tayside Region, 12 000 Ew.; Fischerei.

Montrose [mɔn'trouz], James Graham Marquess of M., engl. General, *1612, †21. 5. 1650 Edinburgh (hingerichtet); 1645 an der Spitze der königstreuen Truppen in Schottland, nach einer Reihe von Siegen zum „Lieutenant Governor" von Schottland erhoben, 1645–1650 im Exil, 1650 an der gescheiterten royalist. Invasion in Schottland beteiligt.

Mont Rotondo [mõrotõ'do] → Rotondo (2).

Mont-Saint-Michel, 1. [mõsɛmi'ʃɛl], *Le Mont-Saint-Michel,* nordfranzösische Felseninsel (900 m Umfang, 90 m hoch) inmitten der gleichnamigen breiten Bucht des Ärmelkanals, mit dem Festland durch einen Damm (1800 m lang) verbunden. Die bei einer 709 erbauten Kapelle 966 gegründete Benediktinerabtei gehörte zu den bedeutendsten Klöstern Frankreichs (1790 aufgehoben); ihre Anlagen sind ein einzigartiges Denkmal mittelalterlicher Kloster- u. Festungsbaukunst. Das Inseldorf zählt 72 Ew. – In der Bucht von M. gibt es die höchsten Tiden Europas (15 m). Insel u. Bucht wurden 1979 zum Weltkulturerbe erklärt. → Seite 154.

Montsalvatsch, Name der Gralsburg bei *Wolfram von Eschenbach,* wohl entstanden aus lat. *mons silvaticus* [„wilder Berg"] u. von Wolfram als dichter. Verherrlichung der *Wildenburg* (Odenwald), der Stammburg seines Gönners, des Frhr. von *Dürne,* gedacht; auch als *mons salvationis* [„Berg der Erlösung"] gedeutet. Auch → Gral.

Monts de la Margeride [mõdlamarʒe'riːd], französ. Gebirgsstock, → Margeride.

Monts du Charolais [mõdyʃaro'lɛ], Bergland in Burgund, → Charolais.

Monts du Lyonnais [mõdyljo'nɛ], Höhenzug des französ. Zentralplateaus, → Lyonnais.

Montserrat, ◆ 1. [mɔnsɛr'rat], zerklüftetes Bergmassiv des Katalon. Randgebirges in Spanien, 22 km lang, bis 1224 m hoch; nordwestl. von Barcelona, aus Kalkkonglomeraten; in halber Höhe das Benediktinerkloster *Nuestra Señora de M.* (gegr. 880) mit dem Bild der Schwarzen Muttergottes (Schutzpatronin Kataloniens); viel besuchter Wallfahrtsort.

Montserrat (2)

◆ 2. [mɔnsɛ'ræt], eine Antilleninsel der brit. Leeward Islands in Westindien, 102 km², 12 000 Ew.; Hptst. *Plymouth;* bis 914 m; im S Schwefelkrater, vulkanisch mit heißen Quellen; Ausfuhr von Baumwolle, Zitronen u. Elektrogeräten. 1997 wurde die Hptst. Plymouth nach einem Ausbruch des Vulkans *Soufrière* nahezu völlig zerstört, ein Großteil der Bevölkerung Montserrats musste evakuiert werden. Heute zählt die Insel nur noch 4000 Bewohner, die vor allem im N leben. Die Wirtschaft Montserrats ist völlig zum Erliegen gekommen. – 1493 von Kolumbus entdeckt, 1632 von Iren besiedelt; mehrfach französ., 1783 erneut britisch. Seit 1967 hat M. des Status einer Kronkolonie mit innerer Autonomie.

Montserrat-Kultur [mɔnsɛr'rat-], jungsteinzeitl. Kultur in den mediterranen Gebieten Frankreichs u. Spaniens, nach den katalon. Höhlenfundplätzen vom Montserrat benannt. Charakteristisch ist die Tonware (rundbodige Schlauch-, Beutel- u. Schüsselformen), verziert mit Eindrücken (Abdruckkeramik), die mit den Rändern der Cardiummuschel (Cardialkeramik) erzeugt wurden. An Geräten überwiegen aus Silex hergestellte Klingen, Stichel, Kratzer, Messer, dreieckige Pfeilspitzen u. -schneiden u. geometr. Mikrolithen, Felssteingeräte wie spitznackige Beile u. schmale Meißel; Schmuck aus Knochen, Muscheln u. Marmor.

Montt, Manuel, chilen. Politiker, *5. 9. 1809 Petorca, †20. 9. 1880 Santiago; leitete als Staats-Präs. 1851–1861 die moderne Entwicklung Chiles ein. 1861–1880 war er Präs. des Obersten Gerichtshofes.

Montur [die; frz.], frühere Bez. für militär. Ausrüstung u. Dienstkleidung.

Mont Ventoux [mõvã'tu], Bergstock in der Provence, → Ventoux.

Monument [das; lat.] → Denkmal.

Monumenta Germaniae Historica [lat., „histor. Denkmäler Deutschlands"], Abk. *MGH,* die wichtigste Sammlung mittelalterl. Geschichtsquellen Deutschlands für die Zeit von 500 bis 1500. Zur Herausgabe bildete sich 1819 auf Anregung des Frhr. vom *Stein* die *Gesellschaft für ältere dt. Geschichtskunde.* Die wissenschaftl. Leitung lag 1824–1873 bei G. H. *Pertz.* Nach dem Ausscheiden von Pertz wurde die Gesellschaft aufgelöst. An ihre Stelle trat die von den Akademien in Berlin, Wien u. München gebildete *Zentraldirektion der MGH.* Sie wurde 1936 in das *Reichsinstitut für ältere dt. Geschichtskunde* umgewandelt. 1946 wurde die Zentraldirektion mit der Bez. *Dt. Institut für Erforschung des Mittelalters* neu gegründet (seit 1948 in München). Die ursprüngl. Editionsgliederung besteht aus 5 Hauptabteilungen: 1. *Scriptores* (*SS.,* Schriftsteller), 2. *Leges* (*LL.,* Gesetze), 3. *Epistolae* (*Epp.,* Briefe), 4. *Diplomata* (*DD.,* Urkunden), 5. *Antiquitates* (*AA.,* Altertümer). Die MGH wurde später durch neue Reihen erheblich erweitert; sie umfassen heute über 320 Bände.

Monumenta Germaniae Paedagogica [lat., „pädagog. Denkmäler Deutschlands"], Abk. *MGP,* eine Sammlung von Quellen zur dt. Schul- u. Erziehungsgeschichte, begründet 1886 von K. Kehrbach; der letzte Band erschien 1938. In der DDR wurden seit 1960 die „Monumenta Paedagogica" herausgegeben, in denen pädagog. Themen aus sozialist. Sicht erörtert wurden.

Monumenta Habsburgica, eine Aktensammlung für die Zeit von 1475 bis 1576, hrsg. in 4 Bänden 1853–1858 von der Histor. Kommission der Akademie der Wissenschaften in Wien.

monumental [lat.], gewaltig; durch Größe beeindruckend.

Monumentalmalerei, die Malerei in großen Formaten, bes. die Decken-, Gewölbe- u. Wandmalerei.

Monumentalschrift, Denkmalschrift in Stein, Metall, Holz u. Ä.

Monumentum Ancyranum [lat., „Denkmal aus Ankyra", d. h. Ankara, wo die vollständigste Abschrift gefunden wurde], Ta-

Fortsetzung S. 156

Montserrat (1): Blick auf das Gebirge und die Gebäude des gleichnamigen Klosters

Mont Saint-Michel

Mont Saint-Michel

Kulturdenkmal: Klosterberg mit schneckenförmig angelegten Befestigungen und Mönchstrakten sowie einer Abteikirche mit spätgotischem Chor
Kontinent: Europa
Land: Frankreich, Normandie
Ort: auf einer Felsinsel im Golf von Saint-Malo
Ernennung: 1979
Bedeutung: »ein christlicher Fels in der Brandung« und einmaliges, sich dem ungewöhnlichen Ort anpassendes gotisches Gesamtkunstwerk

Zur Geschichte:
709 Stiftung einer Kapelle
10. Jh. Klostergründung der Benediktiner
1022–1135 Abteikirche
1203–88 Klostergebäude und Kreuzgang
13.–15. Jh. Ausbau zur Festung
15. Jh. Chor der Abteikirche im gotischen Flamboyant-Stil
1810–63 Gefängnis
1874 Denkmalschutz
1879 Damm mit dem Festland
seit 1969 erneut klösterliches Leben

Oben: Der Kreuzgang des Klosters entstand 1225-28

Rechts: Auf der Grand Rue, der Hauptgasse des Dorfes Saint-Michel, herrscht den ganzen Tag über dicht gedrängter Trubel

Dieser scheinbar weltentrückte Klosterberg ist zweifellos das beeindruckendste Kloster des Abendlandes. Glaubt man der christlichen Überlieferung, so hat der Erzengel Michael im Jahre 708 dem heiligen Aubert, den Bischof von Avranches, den Auftrag erteilt, auf dem aus dem Meer ragenden Granitkegel eine Kapelle zu errichten. Zwei Jahrhunderte später wurde anstelle der Kapelle ein Kloster gegründet, dessen Entwicklung die normannischen Herzöge gezielt förderten. Jahrzehnt um Jahrzehnt wuchs der Mont Saint-Michel, es wurde angebaut und umgebaut, bis schließlich der gesamte Berg als erhabenes Heiligtum aus dem morgendlichen Dunst des Wattes emporragte. Während des Hundertjährigen Krieges verstärkte man das Kloster festungsartig, doch tat dies dem sakralen Charakter des Bauwerkes keinen Abbruch: Wie eine überirdische Feuerwand leuchtet der turmbekrönte Granitberg im Licht der untergehenden Sonne. Zu Recht gilt der Mont Saint-Michel, das »Wunder des Abendlandes«, als der krönende Höhepunkt normannischer Baukunst.

Die einsame, meerumspülte Lage barg für die frommen Pilger allerdings auch ein großes Risiko: Sie mussten die – angesichts der tückischen Treibsände und eines Tidenhubs von rund 13 Metern nicht ungefährliche – Durchquerung des Watts auf sich nehmen, um den Klosterberg zu erreichen. Der mit Galgenhumor vorgetragene Rat »Gehst du zum Mont, vergiss nicht, dein Testament zu machen« erinnerte an die zahllosen Pilger, die in der Brandung den Tod gefunden hatten; erst seit dem 19. Jahrhundert ist der »Abteiberg des hl. Michaels« durch einen Damm mit dem Festland verbunden. Dies führte allerdings zu einer fortschreitenden Versandung der Bucht. Daher ist der Mont Saint-Michel nur noch zweimal im Monat, bei Vollmond und bei Neumond, vom Meer umspült.

Der französische Schriftsteller Gustave Flaubert verklärte das »bauchige Schiff in den Fluten des Golfs von Saint-Malo« mit den lyrischen Worten: »Der leere Horizont weitet sich, breitet sich aus, vereint endlich seine kreidefarbenen Flächen mit der gelben Farbe des Strandes. Der Boden wird fester, ein salziger Geruch erreicht uns. (...) Die Fluten sind fern, so weit zurückgewichen, dass sie nicht mehr zu sehen sind, dass man ihr Rauschen nicht mehr hört, nur noch ein wages unbestimmtes Sausen in der Luft, wie die Stimme der Einsamkeit selbst (...).«

Waren es im Mittelalter Tausende von Pilgern, so sind es heute jährlich mehr als zwei Millionen Besucher, die sich von der magischen Aura des Klosterberges anziehen lassen. Dementsprechend viel Trubel herrscht in der Hauptgasse des kleinen, gleichnamigen Dorfes, dessen Häuser sich dicht gedrängt an die Festungsmauern schmiegen. Besinnlich wird es erst nach Einbruch der Dämmerung, wenn nur noch die wenigen Dorfbewohner und ein paar Dutzend Hotelgäste durch die Gassen streifen.

Um zum eigentlichen Kloster zu gelangen, muss man den beschwerlichen, stufenreichen Aufstieg zur Klosterpforte in Angriff nehmen. Den höchsten Punkt des kreisrunden Granitkegels krönt die spätgotische Abteikirche, deren Hauptportal an eine aussichtsreiche Terrasse grenzt. Der architektonische Glanzpunkt ist jedoch der Kreuzgang mit seinen zierlichen Spitzbogenarkaden – ein Ort der Besinnung, der zwischen Himmel und Meer zu schweben scheint. An den Kreuzgang schließen sich die dreigeschossigen gotischen Abteigebäude mit dem tonnengewölbten Speisesaal (Refektorium) und dem Kapitelsaal an. Dieses Ensemble wird als »La Merveille de l'Occident«, »Wunder des Okzidents«, bezeichnet, um der meisterlichen Architektur dieses Baus uneingeschränkt Anerkennung zu zollen. Und fürwahr sind die labyrinthartig ineinander und übereinander geschachtelten Räume und Krypten ein bauliches Wunderwerk.

Es ist kaum mehr vorstellbar, dass die »fromme Insel« nach der Französischen Revolution mehrere Jahrzehnte lang als Staatsgefängnis genutzt worden ist. Nach der Maxime »Gesetzesfurcht statt Gottesfurcht, Gefängniszelle statt Mönchszelle« erhoffte der französische Staat, dass die sakralen Bauten »bessere Menschen« formen würden. Erst auf eine Initiative des Schriftstellers Victor Hugo hin, der von »einer Kröte in einem Reliquiar« sprach, wurde das Gefängnis 1863 geschlossen und der Mont Saint-Michel anschließend unter Denkmalschutz gestellt. Es mussten allerdings noch einmal rund hundert Jahre vergehen, ehe sich auf dem weltberühmten Klosterberg wieder eine Hand voll Benediktinermönche niederließ.

Ralf Nestmeyer

Erhabenheit ... heute wird der Klosterberg »dank« des Dammes nur noch zweimal im Monat vom Meer umspült

Monument Valley

Monument Valley: Die spektakuläre Landschaft diente vor allem Wildwestfilmen als stimmungsvolle Kulisse

tenbericht des Kaisers *Augustus*. Der Originaltext war auf zwei Pfeilern vor seinem Mausoleum auf dem Marsfeld in Rom aufgestellt; Abschriften u. Übersetzungen waren über das ganze Röm. Reich verbreitet.

◆ **Monument Valley** ['mɔnjumənt 'væli], Naturschutzgebiet im Navajoreservat, auf dem Colorado Plateau im nordöstl. Arizona u. südöstl. Utah (USA), umfasst rd. 5180 km² mit Erhebungen bis zu 300 m; die waagerecht lagernden mesozoischen Sandsteinschichten wurden im ariden Klima zu bizarr geformten Felsen erodiert; z. T. sind auch die Reste von Vulkanschloten erhalten. – 1960 gegründet.

Monza, italien. Stadt in der Lombardei, in der Prov. Mailand, 121 000 Ew.; altes Rathaus (Arengàrio), got. Dom (14. Jh.); Metall-, Hut-, Textil-, Nahrungsmittel- u. Möbelindustrie.
Bei M. befindet sich eine 1922 erbaute Autorennbahn mit drei Rundstrecken *(Autodromo Nazionale di M.)*.

Moody Blues [muːdi bluːs], brit. Rockgruppe; Mike *Pinder* (Keyboard), Ray *Thomas* (Mundharmonika, Flöte, Gesang), Graeme *Edge* (Schlagzeug), Denny *Laine* (Gesang u. Gitarre, bis 1966), Justin *Hayward* (Gesang, Piano, Gitarre, ab 1966), Clint *Warwick* (Bassgitarre, wurde 1966 ersetzt durch John *Lodge*); 1964 als Rhythm & Blues-Combo gegr.; entwickelte sich zu einer der ersten Bands, die mit aufwendigen Produktionen u. der Klassik entlehnten Arrangements der Schallplatte zum Durchbruch als künstler. Medium verhalfen; Veröffentlichungen: „Days of Future passed" 1967; „On the Threshold of a Dream" 1969; „Every good Boy deserves Favour" 1971; „Seventh Sojourn" 1972; „Long Distance Voyager" 1981; „Time Traveller" 1994.

Moonboots [ˈmuːnbuːts; die, Pl.], wetterfeste Stiefel mit geschweißten Nähten u. angeschweißter Sohle, innen geschäumt oder wattiert; nach der Entwicklung der Schuhe für Raumfahrer zu Beginn der 1970er Jahre in Mode gekommen.

◆ **Moor**, im geologischen Sinn: natürliche Bildungs- u. Lagerstätten von → Torf (mindestens 20–30 cm) an der Erdoberfläche. Moore bilden sich in Gegenden mit Staunässe, d. h., wo dem Boden mehr Wasser zugeführt wird als abläuft, versickert oder verdunstet. Nach der Art der Entstehung unterscheidet man *Flachmoor* u. *Hochmoor*. Das *Flachmoor (Niederungsmoor, Ried, Wiesenmoor)* ist vom Grundwasserstand abhängig u. bildet sich bei der Verlandung nährstoffreicher Seen, Teiche u. Flussläufe (topogenes M.). Das eutrophe (nährstoffreiche) Wasser erlaubt eine üppige Vegetation und lässt auch anspruchsvollere Pflanzen gedeihen. Man unterscheidet je nach Vegetation: *Schilf-, Seggen-* u. *Waldmoore*, wobei die Letzteren das Endglied der Entwicklung sind, sofern das Flachmoor nicht durch hohe Niederschläge u. Luftfeuchtigkeit unmittelbar in ein Hochmoor übergeht.

Das *Hochmoor (Heide-, Torfmoor, Moos, Fenn, Fehn)* verdankt seine Entstehung allein den atmosphär. Niederschlägen (ombrogenes M.), kann also nur in Gegenden mit reichlichen Niederschlägen u. hoher Luftfeuchtigkeit sowie geringer Wärme u. damit geringer Verdunstung auftreten. Das ist in Dtschld. der Fall im westl. Teil des Norddt. Tieflands, im Alpenvorland u. in der Bergwaldstufe der Mittelgebirge; ansonsten finden sich ausgedehnte Moorlandschaften in den Flachländern Nord- u. Westeuropas (Finnland, Irland) u. Nordasiens (Sibirien). Die fehlende Verbindung zum Grundwasser bedingt, dass das Wasser in den Hochmooren extrem nährstoff- u. kalkarm (oligotrophes M.) ist. Entsprechend ist die Pflanzenwelt dürftig u. arm an Arten; die Hauptrolle spielen Torfmoose *(Sphagnum-Arten)*, daneben Wollgräser *(Eriophorum-Arten)*, Seggen *(Carex-Arten)* u. verschiedene Zwergsträucher, vor allem aus der Familie der Heidegewächse *(Ericaceae)*. Man unterscheidet zwischen *Versumpfungs-* u. *Verlandungs-Hochmoor*. Erstere können unmittelbar aus Flachmooren hervorgehen; häufiger sind versumpfte Wälder auf nährstoffarmen Böden Ausgangspunkt. Die *Torfmoose* bilden dichte, Wasser aufsaugende Polsterdecken, die an der Oberfläche weiterwachsen, während die tieferen Schichten absterben u. in Torf übergehen; die Oberfläche des Moors wird dadurch immer höher u. bildet die typische konvexe Wölbung.
Sonderformen sind die *Hangmoore* der Gebirge u. die *Kammmoore* auf den Kämmen u. Wasserscheiden der Mittelgebirge u. die Moore an den Küsten. Der Beginn der Flachmoorbildung liegt in der Tundrenzeit (bis 8000 v. Chr.). In der Wärmezeit von 8000 bis 5500 v. Chr. setzte verstärkte

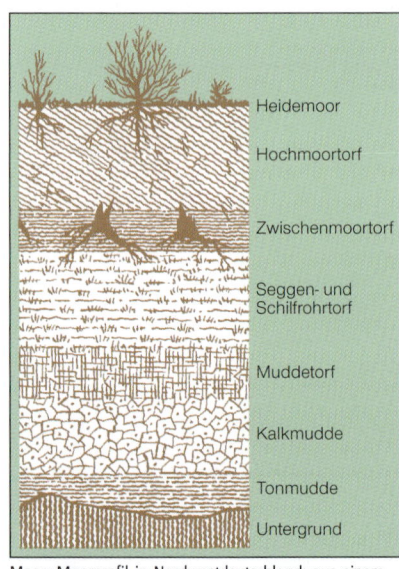

Moor: Das Venner Moor im Münsterland

Moor: Moorprofil in Nordwestdeutschland; aus einem Flachmoor entstandenes Hochmoor, das jetzt bewachsen ist

Moor: Torfabbau in Connemara (Irland)

Torfbildung ein, bes. an den Nordseeküsten. Es entstanden ombrogene Hochmoore (Schwarztorf) u. in der jüngeren Hochmoorzeit 800–600 v. Chr. bis heute Weißtorfbildungen. Die meisten Hochmoore sind durch Entwässerung u. Abbau zerstört worden. Durch Vernässung sollen jetzt einige Moore renaturiert werden. Heute stehen viele Moore unter Naturschutz.

Moor, ◆ **1.** auch *Mor*, Anthonis, in Spanien Antonio *Moro* genannt, niederländ. Maler, *um 1520 Utrecht, †zwischen 17. 4. 1576 u. 12. 5. 1577 Antwerpen; Schüler von J. van *Scorel*, tätig an den Höfen in Brüssel, Madrid, Lissabon, London, meist aber in Utrecht u. Antwerpen; entwickelte unter venezian. Einfluss *(Tizian)* einen eleganten Porträtstil von eindringl. Charakterisierung u. vornehmer Distanziertheit.
2. Dmitri Stachijewitsch, eigentl. D. S. *Orlow*, russ. Grafiker, *22. 10. 1883 Nowotscherkassk, †24. 10. 1946 Moskau; war Mitarbeiter der Zeitschriften „Krokodil" u. „Der Wecker", schuf im Geist der russischen Revolution polit. u. satir. Plakate („Hilf" 1921), ferner Karikaturen u. Buchillustrationen.
Moorantilopen → Wasserböcke.
Moorbäder, Aufschwemmungen von Moor oder Moorerde in Wasser oder Mineralwasser *(Mineralmoor)*, die bes. bei rheumatischen Erkrankungen u. Frauenleiden als Heilbäder Anwendung finden. Sie ermöglichen die Anwendung höherer Temperaturen; daneben wirken bes. Pflanzenhormone aus den verwesten Pflanzen des Moors günstig auf die weibl. Keimdrüsen. Da M. den Kreislauf belasten, ist Vorsicht geboten. Natürl. M. werden in einigen Badeorten verabreicht. Moorlaugen oder Moorsalze, die für häusliche M. im Handel sind, ersetzen natürliche M. nur unvollkommen.
Moorbeere, 1. → Moorheidelbeere.
2. → Moltebeere.
Moorbeetpflanzen, eine Pflanzengruppe (Gehölze u. Stauden), die nur auf anmoorigen u. Moorböden mit saurer Bodenreaktion befriedigend gedeihen. Bekannteste M. sind Rhododendron u. Azaleen.
Moorbirke → Birke.
Moore [muə], **1.** Brian, kanad. Schriftsteller irischer Herkunft, *25. 8. 1921 Belfast, †11. 1. 1999 Malibu, Kanada; schreibt Romane über seine konservative kath. Heimat, über Selbstfindung u. weibl. Identität: „The great Victorian collection" 1975; „Die Frau des Zauberers" dt. 1998.
2. Charles Willard, US-amerikan. Architekt, *31. 10. 1925 Benton Harbor, Michigan, †16. 12. 1993 Austin, Texas; Vertreter der *Postmoderne*. Seit 1962 Partner mehrerer Architekturbüros. Seine Architektursprache war gekennzeichnet durch subtile u. differenzierte Raumgefüge unter Verwendung bekannter Zeichen aus der Architekturgeschichte, z. T. eklektizistischer Versatzstücke. Hptw.: Moores Haus in Orinda, Calif. 1962; Kresge College in Santa Cruz, Calif. 1973/74; Piazza d'Italia in New Orleans 1976–1979.
3. Demi, US-amerikan. Filmschauspielerin u. -produzentin, *11. 11. 1963 Roswell, New Mexico; einer der höchstbezahlten Hollywood-Stars der 1990er Jahre; Filme: „Ghost – Nachricht von Sam" 1990; „Eine Frage der Ehre" 1992; „Ein unmoral. Angebot" 1993; „Enthüllung" 1994; „Die Akte Jane" 1997 u. a.
4. Edward, brit. Schriftsteller, *22. 3. 1712 Abingdon, Berkshire, †1. 3. 1757 London; schrieb moralisierende Dramen aus seiner bürgerl. Umwelt: „The Gamester" 1753, dt. 1765. – Dramatic works 1788.

George Moore

◆ **5.** George, anglo-irischer Schriftsteller, *24. 2. 1852 Moore Hall, County Mayo (Irland), †21. 1. 1933 London; zunächst beeinflusst vom französ. Naturalismus, darauf von W. H. *Pater* u. W. B. *Yeats*, mit dem er das „Irish Literary Theatre" gründete; Romane: „Arbeite u. bete" 1894, dt, 1904; „Schwester Theresa" 1901, dt. 1905; Autobiografien: „Confessions of a

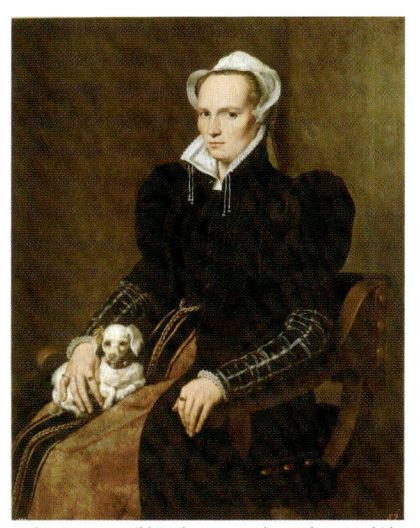

Anthonis Moor: Bildnis der Mutter des Malers. Madrid, Prado

Henry Moore: Knife edge mirror two pieces; 1978. Washington D.C.

young man" 1888; „Memoirs of my dead life" 1906, dt. (Auszug) „Liebesleute in Orly" 1910; „Hail and Farewell" 1911–1913. – Erzählungen: „Stadt u. Land" 1964.
6. George Edward, brit. Philosoph, *4. 11. 1873 London, †24. 10. 1958 Cambridge; begründete 1903 den engl. Neurealismus, der sich am Erkenntnisideal der Naturwissenschaften orientierte. M. war Gegner jeder Systemphilosophie u. vornehmlich Aporetiker. Seine wichtigsten Arbeiten gelten der Ethik. Werke: „Principia ethica" 1903, Neuaufl. 1963, dt. 1970; „Ethics" 1912, Neuaufl. 1965, dt. 1975; „Philosophical studies" (darin: „The refutation of idealism") 1922; „Philosophical papers" 1959; „Commonplace book" 1962.
7. Gerald, brit. Pianist, *30. 7. 1899 Watford, Hetfordshire, †13. 3. 1987 Penn, Buckinghamshire; berühmt als Liedbegleiter von D. *Fischer-Dieskau*; schrieb: „Schuberts Liederzyklen" 1975, dt. 1978; „Dichterliebe. Schumanns Lieder u. Liederzyklen" 1980, dt. 1981; Erinnerungen: „Bin ich zu laut?" 1962, dt. 1963; „Das Abschiedskonzert" 1978, dt. 1978.
◆ **8.** Henry, brit. Bildhauer u. Maler, *30. 7. 1898 Castleford, Yorkshire, †31. 8. 1986 Much Hadham, Hertfordshire; sein Schaffen entwickelte sich unter dem Einfluss griech.-archaischer u. altmexikan. Plastik („Torso" 1927; „Maske" 1928; Betonfiguren 1929). In der Bewegung seiner Figuren, vor allem in der raumeinschließenden, schalenförmigen Bildung der plast. Massen (Negativformen) gestaltet sich der Hohlraum zu dinglicher Greifbarkeit. Seit etwa 1930 stehen vollplast. Gestaltungsweise mit geschlossener Oberfläche der Figuren u. die Verwendung von Hohlformen nebeneinander. Ungegenständl. Arbeiten tragen organische, Wachstums- u. Bewegung verkörpernde Merkmale. Hptw.: „Mutter u. Kind" 1930/31; „Drei stehende Figuren" 1947/48; „Familiengruppe" 1949; „König u. Köni-

gin" 1952; „Liegende Figur" 1957/58 für das UNESCO-Gebäude in Paris; „Large two forms" 1966 (Bonn, vor dem ehem. Bundeskanzleramt).
9. Marianne, US-amerikan. Schriftstellerin, * 15. 11. 1887 St. Louis, Missouri, † 5. 2. 1972 New York; gewann durch ihre experimentierenden, intellektuellen Gedichte Einfluss auf die moderne Lyrik: „Observations" 1924; „Selected poems" 1935; „Nevertheless" 1944; „O to be a dragon" 1959. – Complete poems, 1967; dt.: Gedichte, 1954.
10. Roger George, brit. Filmschauspieler, * 14. 10. 1927 London; wurde bekannt durch populäre TV-Rollen (Ivanhoe, Simon Templar) u. als James Bond 007 (1973–1985); u.a. außerdem erfolgreich in: „Damals in Paris" 1955; „Agenten leben einsam" 1989; „The Quest – Die Herausforderung" 1995.
11. Stanford, US-amerikan. Biochemiker, * 4. 9. 1913 Chicago, † 23. 8. 1982 New York; seit 1952 Prof. in New York; Arbeiten zur Stereochemie von Enzymen. Für die Strukturaufklärung des Enzyms Ribonuclease erhielt er mit C. B. *Anfinsen* u. W. H. *Stein* 1972 den Nobelpreis für Chemie.
◆ **12.** Thomas, angloirischer Schriftsteller, * 28. 5. 1779 Dublin, † 25. 2. 1852 bei Devizes, Wiltshire; wurde durch seine auf irische Volksweisen gedichteten Lieder zum irischen Nationaldichter („Irische Melodien" 1807 bis 1834, dt. 1877). Die orientalische Verserzählung „Lalla Rookh" 1817, dt. 1822 (Musik von R. Schumann) ist sein Meisterwerk. M. setzte sich für Lord *Byron* ein u. gab dessen Werke heraus. – Werke, 4 Bde. 1839; 5 Bde. ²1843.

Thomas Moore

◆ **Moorea** [muɾeˈa], Insel in der Gruppe der *Îles sur le Vent* der französ. Gesellschaftsinseln, westl. von Tahiti, 132 km², 7100 Ew.; Rest eines verwitterten Vulkans, im *Tohivea* 1211 m hoch, Fremdenverkehr; Ausgangspunkt der Christianisierung der Gesellschaftsinseln u. des übrigen pazifischen Raumes.

Mooreiche, Eichenholz, das durch jahrhundertelange Lagerung in eisenhaltigem Moor oder Wasser blaugrau bis schwarz gefärbt ist.

Mooreidechse → Bergeidechse.

Moore'sches Gesetz [muəzəs-], *Moore's Law,* eine dem Chemiker G. E. *Moore* aus dem Jahre 1965 zugeschriebene Faustregel, dass sich die Anzahl der in einen → Mikroprozessor integrierbaren Transistoren jedes Jahr verdoppelt. Die Gültigkeit der inzwischen nach oben auf alle zwei Jahre korrigierten Prognose soll noch so lange gelten, bis die naturwissenschaftl. u. finanz. Grenzen erreicht sind. Dieser Punkt wird für ca. 2010 erwartet.

Moorfrosch, *Rana arvalis,* sehr häufiger *Landfrosch* Mittel- u. Nordeuropas; dem *Grasfrosch* sehr ähnlich, jedoch spitzköpfig, Unterseite ungefleckt; die Männchen sind zur Paarungszeit auf der Oberseite blau; vor allem in Mooren, sumpfigen Wiesen u. Auwäldern lebend.

Moorfunde, beim Torfabbau gehobene vorgeschichtl. Funde: Opfergaben, → Moorleichen oder vom Moor überwachsene Siedlungen (Maglemose, Federsee). Die meisten Opfergaben (Dinge des tägl. Lebens, Tiere) stammen aus der Eisenzeit im 6. Jh. n. Chr., aus Mooren oder später vermoorten Seen, in denen sie versenkt wurden. Vieles weist darauf hin, dass sich im german. Bereich in den Mooren Heiligtümer befanden (Zäune, altarartige Steinhaufen, menschengestaltige Holzpfähle). In den Moorfunden halten sich Pflanzenpollen jahrtausendelang; die Pollenanalyse liefert wichtige Ergebnisse zur Vegetations- u. Klimaentwicklung; die Holzfunde werden zur *Dendrochronologie* verwendet; organ. Material wird nach der *C-14-Methode* untersucht.

Moorglocke, *Wahlenbergia hederacea,* ein *Glockenblumengewächs (Campanulaceae),* in Westeuropa; mit meist im Moos niederliegendem Stängel, herzförmigen, efeuähnlichen Blättern u. hellblauen, langröhrigen Blüten.

Moorheidelbeere, *Moorbeere, Rauschbeere, Vaccinium uliginosum,* ein *Heidekrautgewächs (Ericaceae),* mit wintergrünen, ledrigen u. ganzrandigen Blättern, weißlichen bis rosa Blüten u. blauen Beeren; in moorigen Wäldern u. Hochmooren Mittel- u. Südeuropas.

Moorhuhn → Schneehuhn.

Moorkarpfen → Karausche.

Moorkolonien, auf Moorböden nach deren Kultivierung errichtete landwirtschaftliche Siedlungsbetriebe in Form geschlossener Dörfer. Geeignet sind bes. Niederungs- oder Flachmoore.

Moorkultur, die Umwandlung von Moorflächen in landwirtschaftlich nutzbares Kulturland durch Entwässerung, zweckentsprechende Bearbeitung u. Zufuhr fehlender Nährstoffe durch Düngung. Von den verschiedenen Verfahren wird die *Brandkultur* kaum noch angewandt, da Raubbau damit verbunden ist. Niederungsmoore werden entweder nur durch Gräben entwässert u. dann umgebrochen, um nach entsprechender Nährstoffzufuhr in Kultur genommen zu werden, oder nach dem *Sanddeckverfahren (Rimpausches Verfahren)* nach Trockenlegung, Umbruch u. Überfahren mit Sand kultiviert. Die *Fehn-(Fenn-)Kultur* ist ein Hochmoorkultivierungsverfahren niederländ. Ursprungs: Nach Austorfung wird die zu Tage tretende Mineralbodenoberfläche mit der Bunkererde (die oberste Schicht des Moores, die vor der Abtorfung beiseite gelegt wurde) u. mit Sand aus den Kanälen bedeckt. Bei dem dt. Hochmoorkultivierungsverfahren fällt die vorherige Torfentnahme weg, u. nur Nährstoff- u. Humuszufuhr sorgen für die Wachstumsbedingungen der Nutzpflanzen.

◆ **Moorleichen,** durch die konservierende Wirkung von Moor u. Luftabschluss oft mit Haut u. Haar erhaltene menschl. Leichen aus vor- u. frühgeschichtl. Zeit, überwiegend aus der Eisenzeit; aus mittel-, nordwest- u. nordeurop. Mooren, jedoch auch aus Süd- u. Osteuropa. Die aus der Eisenzeit stammenden M. Norddeutschlands u. Dänemarks geben uns genaue Kenntnis von der german. Tracht u. Textilverarbeitung, soweit Wolle verarbeitet wurde (da Leinen sich im Moor nicht erhält), u. gelegentlich auch der Ernährung (erhaltener Mageninhalt). Die Erhaltung der M. nach der Bergung aus dem Moor ist nur im feuchten Zustand gewährleistet, bei Austrocknung zerfallen sie sehr schnell; sie müssen daher bes. präpariert werden. Nur bei wenigen der bisher gefundenen M. (rd. 1400) scheint es sich um Unglücksfälle zu handeln, die meisten wurden nach ihrem Tod im Moor

Moorleichen: aus einem Moor bei Tollund in Jütland geborgene Leiche eines Mannes aus der älteren Eisenzeit. Kopenhagen, Nationalmuseum

Moorea: Cook's Bay gehört wegen der unvermittelt aus dem Meer aufragenden Berge zu den spektakulärsten Sehenswürdigkeiten dieser Südseeinsel

Moosbeere, Vaccinium oxycoccos, Früchte

Moosbeere, Vaccinium oxycoccos, Blüte

standen u.a. Gesetze über das Frauenstimmrecht, das Bodenrecht u. das bäuerl. Zivilrecht. Kritik löste 1969 das sog. Zivilverteidigungsbuch aus.
2. Max von, schweiz. Maler u. Grafiker, * 6. 12. 1903 Luzern, † 28. 5. 1979 Luzern; war Lehrer an der dortigen Kunstgewerbeschule; in seinen dem Surrealismus verpflichteten Bildern verbindet sich die bedrohte Gegenwart mit myth. Erinnerungen.
Moosachat, ein farbloser, durchscheinender Chalzedon mit meist grünen, dem moosähnl. Hornblendeeinlagerungen; Schmuckstein; Vorkommen: USA, Indien, China.
◆ **Moosbeere,** *Vaccinium oxycoccos,* ein *Heidekrautgewächs (Ericaceae),* mit immergrünen, kleinen Blättern, roten Blüten u. sauren, rötl. Beeren; kommt in Hochmooren ganz Europas vor.
Moosbrugger, Kaspar, schweiz. Baumeister, * 15. 5. 1656 Au im Bregenzerwald, † 26. 8. 1723 Einsiedeln; seit 1681 Laienbruder in Stift Einsiedeln, baute ab 1704 nach seinen Plänen an Kloster u. Kirche Einsiedeln, schuf wahrscheinlich auch die Pläne für das Kloster Weingarten; baute zahlreiche Barockkirchen, bes. in der Schweiz.
Moosburg an der Isar, Stadt in Oberbayern, Ldkrs. Freising, nahe der Mündung der Amper in die Isar, südwestl. von Landshut, 421 m ü. M., 16 400 Ew. Münster u. ehem. Stiftskirche St. Kastulus (12. Jh., Hochaltar von H. Leinberger, 1514), St.-Johannes-Kirche (14. Jh.); Maschinen-, elektrotechn. u. chem. Industrie, Brauerei.
◆ **Moose,** *Bryophyta,* Abteilung des Pflanzenreichs; zierliche, immergrüne, autotrophe Pflanzen ohne echte Wurzeln *(Rhizoide),* die noch zu den *Thalluspflanzen* gerechnet werden. Wie die *Farnpflanzen* sind die M. ans Landleben angepasst, brauchen zur Fortpflanzung aber noch das Wasser. Dem Entwicklungsgang liegt ein *Generationswechsel* zugrunde: Die haploide Moos-

spore keimt zur geschlechtl. Generation aus dem grünen Vorkeim *(Protonema),* an dem sich die Moospflänzchen bilden. An der Moospflanze *(Gametophyt)* entwickeln sich weibl. u. männl. Geschlechtsorgane *(Archegonien u. Antheridien).* Aus der durch bewegliche *Spermatozoiden* befruchteten Eizelle geht die Sporen liefernde, ungeschlechtl. Generation hervor *(Sporophyt),* die gestielte Mooskapsel, die nicht selbständig wird, sondern auf der Moospflanze bleibt u. von ihr ernährt wird. Die M. umfassen 2 Klassen, *Lebermoose (Hepaticae)* u. *Laubmoose (Musci).* Die Lehre von den Moosen heißt *Bryologie.* 
Moose Jaw ['muːz 'dʒɔː], Stadt im S von Saskatchewan (Kanada), westl. von Regina, 33 600 Ew.; Fleischverarbeitung, Erdölraffinerien.
Mooserboden, Stausee im → Kapruner Tal.
Moose River ['muːs 'rivə], Fluss im östl. Ontario (Kanada), mündet in die Jamesbai.
Moosfarne, *Selaginellales,* Ordnung der *Bärlappgewächse (Lycopodiatae),* Familie *Selaginellaceae,* Gattung *Selaginella,* mit teils niederliegenden, teils aufrechten Sprossteilen. Die schuppenförmigen Blättchen tragen am Grund der Blattoberseite eine häutige Schuppe, die *Ligula,* ein Wasser aufnehmendes u. ausscheidendes Organ. Bei uns sind die M. nur durch 2 seltene Gebirgsformen *(Selaginella selaginoides* u. *Selaginella helvetica)* vertreten, in den Tropen dagegen mit etwa 700 Arten.
Moosglöckchen, ein Geißblattgewächs, → Linnaea.
Moosling, *Clitopilus prunulus,* ein Pilz, → Mehlschwamm.
Moosnabelmiere, ein Nelkengewächs, → Nabelmiere.
Moosonee ['muːsəniː], Ort im N der kanad. Prov. Ontario, am Moose River nahe der Mündung in die Jamesbai, 1900 Ew.; Handelsniederlassung; Eisenbahnendpunkt.

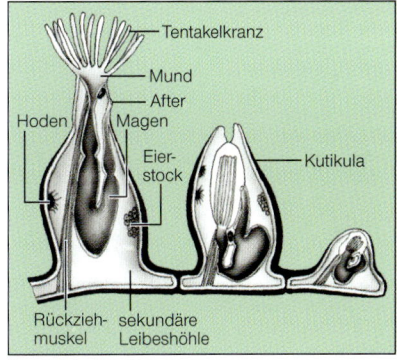

versenkt. Die Deutung ist verschieden: Menschenopfer, Opfer von Verbrechen oder nach germanischen Rechtsbrauch Versenkung eines Verbrechers nach seiner Hinrichtung im Moor; nach Untersuchungen des Mädchens von Windeby scheinen sich unter M. auch ganz normale Bestattungen zu befinden.
Moormerland, Gemeinde in Niedersachsen, Ldkrs. Leer, südöstl. von Emden, 21 200 Ew.; Land- u. Viehwirtschaft.
Moorochse, ein Reiher, → Rohrdommel.
Moor-Spirke → Kiefer.
Moorwege, seit der Jungsteinzeit bis ins späte MA zur Durchquerung großer Moore meist mit Holz befestigte Wege; man unterscheidet fünf Gruppen: 1. Deckschicht aus Bohlen (Bohlenweg, Bohlendamm, Bohlensteg), 2. Deckschicht aus Pfählen (Pfahlweg, Pfahldamm, Pfahlsteg), 3. Deckschicht aus Knüppeln (Knüppeldamm, Knüppelsteg), 4. ohne besondere Deckschicht (Strauchweg, Pflockreihe), 5. Deckschicht aus vorgefertigten Bauelementen (Flechtweg, mit Deckschicht aus geflochtenen Matten).
Moos, 1. *Botanik:* → Moose.
2. *Geographie:* süddt. Bezeichnung für → Moor.
Moos, 1. Ludwig von, schweiz. Politiker (kath.-konservativ), * 31. 1. 1910 Sachseln, Kanton Obwalden, † 26. 11. 1990 Bern; Jurist; Obwaldner Stände- u. Regierungsrat; 1960–1971 im Bundesrat, Vorsteher des Justiz- u. Polizeidepartements, 1964 u. 1969 Bundes-Präs. Unter seiner Regierung ent-

Moose: Zu den Lebermoosen zählt z. B. das Beckenmoos, Pellia epiphylla

Moostierchen: Aufbau

Moosopal, Opal mit dendritenhaften (pflanzenähnlich verästelten), moosförmigen Einschlüssen; ein Schmuckstein.
◆ **Moostierchen,** *Bryozoa,* artenreichste Klasse der *Tentakeltiere;* mikroskopisch kleine, festsitzende Wasserbewohner mit einem einziehbaren Tentakelapparat rings um die Mundöffnung u. einem u-förmigen

Mooswand

Moostierchen: Retepora beaniana

Darm. Sie bilden fast ausschl. pflanzenähnliche Kolonien, die Steine u. Stängel im Wasser moosartig überziehen. Die Einzeltiere stecken in festen Körperhüllen, aus denen sie den Vorderkörper mit den Tentakeln herausstrecken können u. die durch Deckel verschließbar sind; sie vermehren sich meist durch Knospungsvorgänge u. können wie Pflanzenzellen innerhalb der Kolonie in Verbindung stehen. Man unterscheidet 2 Gruppen: 1. Süßwasser bewohnende M., gleichförmige Einzeltiere mit hufeisenförmigem Tentakelträger; z. B. die Gattungen *Plumatella* u. *Cristatella*; 2. meeresbewohnende M., mit ringförmigem Tentakelträger; innerhalb einer Kolonie kann es zur Ausbildung verschieden gestalteter Einzeltiere (*Polymorphismus*) kommen; z. B. in der Gattung *Membranipora*. Bei Süßwassermoostierchen gibt es bes. Dauerstadien (*Statoblasten*), mit denen ungünstige Bedingungen überdauert werden. M. mit verkalkten Hüllen sind Riffbildner, die z. B. im Frühtertiär ausgedehnte Kalksteinlager aufgebaut haben.

Mooswand, *Mooswandkultur,* eine Drahtwand an Holzgerüsten, die mit Sumpfmoos oder faserigem Torf an der Drahtseite u. innen mit Torfmull u. Erde gefüllt wird. Die Sommerblumen, vor allem blühfreudige Arten u. Sorten, werden durch das Drahtgeflecht gepflanzt. Geeignet für kleinere Gärten, Balkons u. Terrassen, auch als Sichtschutz.

Mopanewald, regengrüner, lichter Trockenwald im südl. Afrika mit dem vorherrschenden 8–15 m hohen Baum (Colophospermum mopane).

Moped [das; Kurzwort für *motorisiertes Pedal* oder *Motorpedalfahrzeug*], ein Fahrrad mit Hilfsmotor bis 50 cm³ Hubvolumen, mit Tretkurbelantrieb; zulässige Höchstgeschwindigkeit 40 km/h; Fahrerlaubnis (Führerschein) erforderlich; zulassungs- u. steuerfrei, aber obligatorische Haftpflichtversicherung. Auch → Kraftfahrzeuge, → Motorrad.

Mops, bes. alte, aus China stammende, kleine, doggenartige Hunderasse; Schnauze stark verkürzt, mit Vorbiss; Höhe bis 32 cm; Fell kurzhaarig, gelb bis grau.

Mopsfledermaus, *Barbastella barbastellus,* eine *Glattnasen-Fledermaus* mit auf dem Kopf verwachsenen Ohren u. scharf abgestutzter Schnauze.

Mopti, Regions-Hptst. in der westafrikan. Rep. Mali, an der Mündung des Bani, im Binnendelta des Niger, 263 m ü. M., 78 000 Ew.; landwirtschaftl. Handelszentrum, Kunsthandwerk.

Moqi [motçi], chines. Maler u. Dichter, → Wang Wei.

Moquegua [mɔˈkegua], **1.** Dep. im S von Peru, 16 175 km², 126 000 Ew.; Hptst. M. (2). **2.** Hptst. des südperuan. Dep. M. (1), nahe dem Vulkan *Tutupaca,* 37 900 Ew.; in einem Agrargebiet.

Mora [ˈmuːra], schwed. Ort im südl. Norrland, am Siljasee, 15 000 Ew., als Großgemeinde 2840 km², 19 000 Ew.; Zentralort im nördl. Dalarna; traditionelles Handwerk seit dem 18. Jh., Metall verarbeitende Industrie; Endpunkt des alljährlich veranstalteten *Wasalaufs.*

Mora, José de, span. Bildhauer, getauft 1. 3. 1642 Baza, † 25. 10. 1724 Granada; schuf unter dem Einfluss von A. *Cano* religiöse Bildwerke in spätbarockem Stil.

Móra [ˈmoːrɔ], Ferenc, ungar. Schriftsteller, * 17. 7. 1879 Kiskunfélegyháza, † 8. 2. 1934 Szeged; schrieb Kurzerzählungen u. Romane aus dem bäuerl. u. kleinbürgerl. Milieu: „Lied von den Weizenfeldern" 1927, dt. 1936; „Der einsame Kaiser" 1942; dt.: Erzählungen: „Der Schwindelpeter" 1954; „Der Wundermantel" 1954.

Moraceae [lat.] → Maulbeergewächse.

Moradabad, Stadt in Indien, → Muradabad.

Morães, Vinicius de, brasilian. Lyriker u. Sänger, * 19. 10. 1913 Rio de Janeiro, † 9. 7. 1980 Rio de Janeiro; schrieb populäre Gedichte, die vertont wurden u. zum allg. Liedgut Brasiliens zählen; sein Versdrama „Orfeu da conceição" 1956 wurde als Film „Orfeu negro" 1959 weltberühmt.

Morąg [ˈmɔrɔŋk], *Mohrungen,* poln. Stadt in Ostpreußen, am Schertingsee (poln. *Skiertag*), 12 300 Ew.; Holz- u. Kleinindustrie; Geburtsort J. G. *Herders.*

Moral [die; lat. *mores,* „die Sitten", daraus abgeleitet *moralis,* „die Sitten betreffend"], 1. die Sittlichkeit im Allgemeinen, auch → Ethos; 2. die Sittenlehre. Im modernen Sprachgebrauch hat sich in diesem Zusammenhang der Begriff → Ethik durchgesetzt, während unter M. die faktische Verwirklichung einer sittl. Haltung verstanden wird. – M. kann auch die Haltung eines Einzelnen oder einer Gruppe („M. der Truppe"), ferner die Nutzanwendung einer Geschichte bedeuten.

Moraledakanal [-ˈleːða-], südl. untermeer. Fortsetzung des *Chilen. Längstals,* zwischen dem Festland, Chiloé u. dem Chonosarchipel.

Morales, 1. Cristóbal, span. Komponist, * um 1500 Sevilla (?), † zwischen 4. 9. u. 7. 10. 1553 Málaga; 1535–1545 vermutl. Tenor in der päpstl. Kapelle in Rom, danach Kapellmeister in Toledo u. Málaga; der erste bedeutende Vertreter des polyphonen Stils in Spanien; stilist. N. *Gombert* nahe stehend; schrieb Messen, Magnifikats u. Motetten.

◆ **2.** Luis de, gen. El Divino, span. Maler, * um 1509 Badajoz, † 9. 5. 1586 Badajoz; wahrscheinl. Schüler P. *Campañas,* schuf Madonnenbilder u. a. religiöse Darstellungen in einem von *Leonardo* u. *Raffael* beeinflussten manierist. Stil.

Moralische Aufrüstung, engl. *Moral Rearmament,* Abk. *MRA,* 1921 von F. *Buchman* gegründete Bewegung zur Förderung des polit. u. sozialen Friedens im christl. Geist; zuerst *Oxford-Gruppenbewegung,* seit 1938 *M. A.* genannt. Nach Auffassung der MRA muss der Änderung der sozialen u. polit. Verhältnisse eine radikale Änderung des einzelnen Menschen vorausgehen durch Unterwerfung unter die vier „absoluten" Forderungen: Ehrlichkeit, Reinheit, Selbstlosigkeit u. Liebe. Arbeitsformen sind: ausgedehnte Propaganda, Mannschaftsarbeit, Meditation u. Beichte. Zentrum der MRA ist seit 1946 Caux (Schweiz).

Moralische Wochenschriften, moralisch belehrende, der Geschmackserziehung u. der polit. Meinungsbildung dienende Zeitschriften der Aufklärungszeit. Die M. W. entstanden in England u. erreichten hier auch weiteste Verbreitung u. literar. Vollendung: „The Tatler" (1709–1711), „The Spectator" (1711/12), „The Guardian" (1713) von R. *Steele* u. J. *Addison.* In Dtschld. erschienen Nachahmungen („Der Vernünftler" von J. *Mattheson,* 1713/14) u. selbständige M. W.: „Discourse der Mahlern" (1721–1723) von J. J. *Bodmer* u. J. J. *Breitinger,* „Die vernünftigen Tadlerinnen" (1725–1727) von J. C. *Gottsched.*

Moralismus [lat.], **1.** Lehre, dass die Bejahung der Sittlichkeit Ziel u. Zweck des menschl. Daseins ist. **2.** die Beurteilung aller Dinge, Handlungen u. öffentl. Zustände, bes. in Politik, Wirtschaft u. Geschichte, unter moral. Gesichtspunkt.

Moralisten [lat.], *i. w. S.* Sittenbeobachter u. -kritiker, Schilderer des menschl. Lebens; *i. e. S.* Verfasser philosophischer Schriften, in denen das Leben ohne vorgefasste Theorie (u. insofern eigentlich gerade nicht

Luis de Morales: Maria mit Kind. Madrid, Prado

„moralisch") betrachtet wird. Als Hauptvertreter gelten *Montaigne, La Rochefoucauld, La Bruyère, Vauvenargues* u. *Chamfort,* deren scharf geschliffene Aphorismen u. Reflexionen den Menschen in seiner Eitelkeit, Hinfälligkeit, Schwachheit u. Lächerlichkeit charakterisieren. Doch gibt es M. in allen Kulturländern: in der griechisch-römischen Antike ebenso wie in England *(Earl of Shaftesbury),* Italien, Spanien *(Gracián),* Deutschland *(G. C. Lichtenberg, A. Schopenhauer, Nietzsche).* In anderem Sinne heißen M. die Vertreter des → Moralismus (2).

Moralität [lat.], 1. *Ethik:* nach *Kant* nicht die bloß äußerlich-formale Übereinstimmung einer Handlung mit dem Sittengesetz, sondern die bewusste Übereinstimmung des Willens mit der Idee der Pflicht (Ausdruck der *Gesinnungsethik);* im Gegensatz zur Haltung der *Legalität.*
2. *Literatur:* ein allegor. Schauspiel des ausgehenden MA in Frankreich, England u. Italien, in dem personifizierte Tugenden u. Laster auftreten; aus dem *Mysterienspiel* entstanden, z. B. „The castle of perseverance" 1425; „Jedermann" (Ende des 15. Jh.); später teilweise zu theolog.-polem. Spielen entwickelt; erneuert von H. von *Hofmannsthal* u. T. S. *Eliot.*

Moralpädagogik [lat. + grch.], die auf die sittl. Norm ausgerichtete Erziehung. Der Mensch soll dadurch lernen, nach sittl. Grundsätzen zu leben, die moral. Erziehung muss, von der Anschauung u. Erfahrung des Zöglings ausgehend, Gewissensbildung sein u. auf Verantwortlichkeit der Haltung abzielen. Der Moralunterricht, gelegentlich anstelle des Religionsunterrichts erteilt, etwa in Frankreich (Beginn der Bewegung um 1870), verzichtet auf eine religiöse Begründung der Moral.

Moralphilosophie [lat. + grch.] → Ethik.

Moral Rearmament ['mɔrəl riː'aːməmənt] → Moralische Aufrüstung.

Moralstatistik [lat.], *moralische Statistik,* der Zweig der Statistik bzw. Demographie, der es mit der zahlenmäßigen Erfassung von Handlungstypen auf institutioneller oder individueller Grundlage (z. B. Eheschließungen, Fälle von Bigamie, Verbrechen, Selbstmorde) zu tun hat. Schon früh (J. P. *Süßmilch* 1742) suchte man aus der hier bestehenden Regelmäßigkeit auf eine bes. göttl. Ordnung oder auf Gesetzmäßigkeiten des „allg. Menschen" („homme moyen" [L. A. J. *Quetelet*]) zu schließen, die den Begriff der Willensfreiheit aufheben.

moral suasion ['mɔrəl 'sweɪʒən; engl., „gütliches Zureden"], ein Instrument der allg. Wirtschaftspolitik, insbesondere der Geldpolitik. Die zuständigen Instanzen (Wirtschaftsminister, Präsident der Zentralbank) versuchen, das Verhalten der Wirtschaftssubjekte durch Appelle an die Verantwortung des Einzelnen („Seelenmassage") im Sinne ihrer gesamtwirtschaftl. Ziele zu beeinflussen.

Moraltheologie, das Teilgebiet der kath. Theologie, das den Anspruch des Glaubens an die sittl. Lebensführung zum Gegenstand hat. Die M. ist eine in doppeltem Sinn normative Wissenschaft insofern, als sie die natürl. sittl. Normen mit denen des kath. Glaubens verbindet. Die Wurzel der M. ist die Lehre von der *Rechtfertigung,* nach kath. Lehre der Voraussetzung der übernatürl. Sittlichkeit. Auch → Ethik.

◆ **Moran** ['mɔːrən], Thomas, US-amerikan. Maler, *12. 1. 1837 Bolton, Lancashire (Großbritannien), †25. 8. 1926 Santa Barbara, Calif.; studierte in Philadelphia u. lernte auf einer Englandreise die Lichtmalerei W. *Turners* kennen, unter deren Einfluss er ein Vertreter der romant.-realist. *Hudsonschule* wurde.

Morand [mɔˈrã], Paul, französ. Schriftsteller, *13. 3. 1888 Paris, †23. 7. 1976 Paris; Diplomat; schrieb Reisebücher, Romane, Erzählungen, u. a. „Ouvert la nuit" 1922 u. „Fermé la nuit" 1923, dt. „Nachtbetrieb" 1926; „Der lebende Buddha" 1927, dt. 1928; „Schwarze Magie" 1928, dt. 1928; Essays: „Paris – Timbouctou" 1928; „Sophie Dorothea von Celle" 1968, dt. 1970; auch Lyrik: „Poèmes" 1972.

◆ **Morandi,** Giorgio, italien. Maler, *20. 7. 1890 Bologna, †18. 6. 1964 Grizzana (Prov. Bologna); stand der *Pittura metafisica* nahe; malte meist streng gebaute, aus stereometr. Grundformen gebildete Stillleben, deren linear abgegrenzte Schattenführung das Gegenständliche in zugleich konvexer u. konkaver Räumlichkeit erscheinen lässt.

Moräne [die; frz.], von → Gletschern mitgeführter *(Wandermoräne)* oder nach Abschmelzen des Eises abgelagerter *(Stapelmoräne)* Gesteinschutt, der in ungeschichteter wirrer Anordnung feinstes u. gröbstes Material nebeneinander enthält. Man unterscheidet: *Obermoräne,* Schutt, der durch Lawinen oder Steinschlag auf die Gletscheroberfläche gelangt ist; *Grundmoräne,* unter dem Gletscher mitgeführtes, z. T. zerriebenes Gesteinsmaterial; *Seitenmoräne (Randmoräne),* an den Gletscherseiten mitgeführter Schutt, der sich beim Zusammenfließen zweier Gletscher in der Mitte des neuen zur *Mittelmoräne* vereinigt u. dort mitgeführt wird; *Innenmoräne,* wenn Ge-

Giorgio Morandi: Stillleben mit Muscheln; 1929. Mailand, Sammlung Mattioli

steinsschutt ins Innere des Gletschers gelangt, z. B. durch das Zusammenfließen zweier Gletscher; *Endmoräne* oder *Stirnmoräne,* von Gletschern an der Stirnseite mitgeführte Gesteinstrümmer, die nach dem Abschmelzen des Eises zu einem meist bogenförmigen Wall aufgetürmt liegen bleiben. – *Moränenlandschaften* in während der → Eiszeit vergletscherten Gebieten sind gekennzeichnet durch die großflächigen Ablagerungen von Grundmoränen, durch die meist girlandenartig hintereinander verlaufenden Endmoränenzüge sowie durch Rinnenseen, Sölle u. Oser in den ehemaligen Gletscherbecken.

Moränenseen, Seen in Grundmoränen, im Gebiet der Zungenbecken hinter den Endmoränen oder vor der ehem. Gletscherzunge, durch Moränen aufgestaut *(Moränenstauseen).* M. bilden große Seenplatten.

Morante, Elsa, italien. Schriftstellerin, *18. 8. 1918 Rom, †25. 11. 1985 Rom; war zeitweise mit A. *Moravia* verheiratet; schrieb zunächst mythenhaft-wunderbare, dann psychologisch vertiefte realist. Romane u. Erzählungen: „Lüge u. Zauberei" 1948, dt. 1968; „Arturos Insel" 1957, dt. 1959; „La Storia" 1974, dt. 1976; „Traumtagebuch" 1938, dt. 1990.

Thomas Moran: The Grand Canyon of Yellowstone; 1872. Washington D. C., Smithsonian Institution

Morat [mo'ra], französ. Name des schweiz. Ortes → Murten.

Moratín, 1. Leandro *Fernández de Moratín*, Sohn von 2), span. Schriftsteller, *10. 5. 1760 Madrid, †21. 6. 1828 Paris; als Parteigänger der Franzosen verbannt; bedeutendster Lustspieldichter Spaniens im 18. Jh.; Verfechter des Neoklassizismus; verfasste 5 Komödien („Die neue Komödie oder das Café" 1792, dt. 1800; Meisterwerk: „El sí de las niñas" 1806); übersetzte Shakespeare u. Molière.
2. Nicolás *Fernández de Moratín*, span. Schriftsteller, *1737 Madrid, †11. 5. 1780 Madrid; Theaterkritiker; schrieb Tragödien in klass. französ. Art („Lucrecia" 1763; „Hormesinda" 1770; „Guzmán el Bueno" 1777) ohne großen Publikumserfolg, verwarf die span. Autoren, bes. Calderón; erwirkte 1765 das Verbot der *Autos sacramentales*.

Moratorium [das, Pl. *Moratorien*; lat., „Verzögerung"], *Notstundung*, eine dem Schuldner eingeräumte Zahlungsfrist durch den Gläubiger *(Stundung)* oder den Staat *(Indult)*.

Moratronik [lat.], elektronisch gesteuerte Rundstrickmaschine mit praktisch unbegrenzter Mustermöglichkeit; kann rasch auf neue Dessins umgestellt werden.

Moratuwa [-'tuə], Stadt an der Westküste Sri Lankas, im Südrand von Colombo, 170 000 Ew.; Möbel- u. Nahrungsmittelindustrie.

Morava, 1. rechter Nebenfluss der Donau in Serbien (Jugoslawien), entsteht aus der *Westl. M.* (298 km, entspringt bei Titovo Užice) u. der *Südl. M.* (318 km, entspringt im Gebirge Crna Gora) nördl. von Kruševac; fließt nach der Vereinigung als *Große M.* (245 km) in einem breiten Tal nach N, mündet östl. von Belgrad.
2. tschech. Name der → March u. von Mähren.

Morava-Schule, eine Richtung der bildenden Kunst im Tal der Großen Morava im heutigen Serbien (Jugoslawien) in der Zeit von ca. 1370–1460. Die Sakralarchitektur ist gekennzeichnet durch ausgewogene *Dreikonchenanlagen* mit reich dekorierten Fassaden. Die zur Monumentalität neigende Malerei ist in den Bewegungen u. Proportionen dynamisch u. weist ein helles, fein abgestimmtes Kolorit auf.

◆ **Moravia**, Alberto, eigentl. A. *Pincherle*, italien. Schriftsteller, *28. 11. 1907 Rom, †26. 9. 1990 Rom; schildert in psycholog. u. psychoanalyt. Durchdringung den Zerfall der bürgerl. Gesellschaft u. seine Folgen; Hptw.: „Die Gleichgültigen" 1929, dt. 1956; „Agostino" 1944, dt. 1948; „Lea Baldoni u. der Fremde" 1949, dt. 1952; „Racconti romani" 1954, dt. „Das Mädchen vom Tiber" 1957; „La noia" 1960, dt. 1961; „Das schöne Leben" 1963, dt. 1967; „Inzest" 1964, dt. 1966; „Ein anderes Leben" 1973, dt. 1974; „Desideria" 1978, dt. 1979; „Der Zuschauer" 1985, dt. 1987. – Opere complete, 17 Bde. 1952–1967; Ausgewählte Werke, 4 Bde. 1986.

Alberto Moravia

Moravská Třebová, *Mährisch-Trübau*, Stadt in Ostböhmen (Tschech. Rep.), östl. von Svitavy, 12 400 Ew.; mittelalterl. Stadtbild mit got. Schloss; Textilindustrie.

Morax, René, schweiz. Schriftsteller, *11. 5. 1873 Morges, †3. 1. 1963 Morges; gründete gemeinsam mit seinem Bruder, dem Maler Jean M. (*1869, †1939), die Festspiele von Mézières bei Lausanne; Dramen: „Die Quatembernacht" 1901, dt. 1903; „Guillaume Tell" 1914; „Le roi David" 1921 (von A. Honegger vertont); „Charles le téméraire" 1944; „La lampe d'argile" 1947.

Moray [ˈmʌri], *Elgin*, Distrikt im NO von Schottland, in der Grampian Region, am *Moray Firth*, 2231 km², 82 400 Ew.; Verwaltungssitz ist *Elgin*.

Morazán, Francisco, zentralamerikan. (honduranischer) Politiker, *3. 10. 1792 Tegucigalpa (Honduras), †15. 9. 1842 San José de Costa Rica (erschossen); genannt „Vater Zentralamerikas", da er sich unentwegt für die Vereinigung der fünf zentralamerikan. Staaten einsetzte; 1830–1839 Präs. des Zentralamerikan. Staatenbundes.

Morbach, Gemeinde in Rheinland-Pfalz, Ldkrs. Bernkastel-Wittlich, am Idarwald (Hunsrück), an der Dhron, 10 600 Ew.; Holzindustrie.

morbid [lat.], kränklich, nicht widerstandsfähig (bezogen auf den körperl. Zustand eines Menschen); brüchig, verfallen (bezogen auf den sittlichen Zustand einer Gesellschaft).

Morbidität [lat.], *Morbilität*, ein statist. Begriff, der die Häufigkeit der Erkrankung von 1000 oder 10 000 beobachteten Personen in einem bestimmten Zeitraum erfasst.

Morbihan [-bi'ã], **1.** westfranzös. Dép. im SW der Bretagne, 6823 km², 633 000 Ew.; Verw.-Sitz *Vannes*.
2. *Golf von Morbihan*, atlant. Meeresbucht an der Südküste der Bretagne (Frankreich), 100 km², 1 km breite Öffnung zum Atlantik; rd. 300 Inseln, davon etwa 80 bewohnt.

Morbilität [lat.] → Morbidität.

Mörbisch am See, österr. Ort im Burgenland, am westl. Ufer des Neusiedler Sees, 122 m ü. M., 2300 Ew.; Weinanbau; Fremdenverkehr.

Morbus [der; lat.], Abk. *M.*, Krankheit, Leiden; z. B. *M. Addison*, Addison'sche Krankheit.

Morbus Crohn → Crohn'sche Krankheit.

Morchel [die], *Morchella*, Gattung der *Schlauchpilze* (→ Ascomycetes); gegliedert in einen weißl., aufgeblasenen Stiel u. einen unregelmäßig-rundlichen, bräunl. Kopf oder Hut. Durch erhabene Längs- u. Querleisten erhält die Oberfläche ein mehr oder weniger regelmäßiges, wabenartiges Aussehen. Die wichtigsten Morchelarten sind *Rundmorchel (Speisemorchel, Morchella esculenta* oder *Morchella vulgaris), Spitzmorchel (Morchella conica)* u. *Hohe M. (Morchella elata)*.

Morcote, schweiz. Dorf im Kanton Tessin, am südl. Luganer See, 550 Ew.; Wallfahrtskirche *Madonna del Sasso* (13. Jh., 1462 got. u. 1758 barocker Umbau); Friedhof mit Gräbern von E. d'*Albert* u. A. *Moissi*; Weinanbau; viel besuchter Kur- u. Ausflugsort, Malerkolonie.

Mord, bes. verwerfliche vorsätzl. Tötung eines Menschen, vom → Totschlag durch die Niedrigkeit der Motivation, durch die besondere Gefährlichkeit oder Brutalität der Tatausführung oder durch den Tat-

Guillermo Mordillo

zweck abgehoben. Mörder ist nach § 211 StGB, wer a) aus Mordlust, zur Befriedigung des Geschlechtstriebs, aus Habgier oder sonstigen niedrigen Beweggründen, b) heimtückisch (unter Ausnutzen der Arg- u. Wehrlosigkeit des Opfers), grausam oder mit gemeingefährl. Mitteln, c) zur Ermöglichung oder Verdeckung einer Straftat tötet. Er wird mit lebenslanger Freiheitsstrafe bestraft. Wenn außergewöhnl. Umstände – etwa große Verzweiflung, schwere Kränkungen oder gerechter Zorn aufgrund schwerer Provokation – mit der heimtückischen Begehung des Mordes zusammentreffen, kann das Gericht jedoch nach der Rechtsprechung des Bundesgerichtshofs anstelle der lebenslangen eine zeitige Freiheitsstrafe verhängen, vorausgesetzt, dass die Verhängung der lebenslangen Freiheitsstrafe als unverhältnismäßig erscheint.
In der *Schweiz* ist M. die vorsätzl. Tötung mit bes. skrupelloser Ausführung oder bes. verwerfl. Zweck (Art. 112 StGB). Die Strafe ist lebensglängl. Zuchthaus oder Zuchthaus nicht unter 10 Jahren. In *Österreich* erfordert M. keine besondere Verwerflichkeit. Wer einen anderen tötet, ist nach § 75 StGB wegen Mordes mit 10–20 Jahren oder lebenslanger Freiheitsstrafe zu bestrafen. Auch → Gewaltkriminalität, → Mordstatistik, → Totschlag, → Tötung, → Tötung auf Verlangen.

Mordechai [hebr.], *Mardochäus* [lat.], im AT Pflegevater der *Ester*.

Mordenit, ein Silicatmineral der Gruppe → Zeolithe.

Mordent [der; ital.], eine musikal. Verzierungsart, bes. in der älteren Lauten- u. Klaviermusik, bestehend aus einem einmaligen (doppelten) raschen Wechsel der Hauptnote mit der Untersekunde. Auch → Pralltriller, → Verzierung.

Mörder, eine Person, die einen → Mord begeht. Entgegen früheren Annahmen gibt es keinen einheitl. Mörder-Typus, obwohl die Fassung des Mord-Paragraphen (§ 211 StGB): „M. ist, wer..." dies nahe legt. M. sind überwiegend den unteren Sozialschichten zuzuordnen. Ein hoher Prozentsatz der M. männl. Geschlechts ist vorbestraft, Frauen dagegen nur selten. Der M. ist im Allg. kein Berufs- oder Gewohnheitsverbrecher; er wird nur selten rückfällig, wobei freilich die Inhaftierungsdauer zu berücksichtigen ist, die nur wenig Möglichkeiten zur Tatbegehung lässt. Auch → Mörderchromosom, → Mordstatistik.

Mörderchromosom [-kro-], eine XYY-Chromosomenmissbildung. Der in den 1960er Jahren erhobene Befund, dass eine Anzahl von Mördern überzählige X- oder Y-Chromosome hatte, führte zu der Annahme eines Kausalzusammenhangs zwischen anomalen Chromosomen u. Kriminalität. Die Annahme erhielt jedoch keine hinreichende Bestätigung u. gilt heute als widerlegt.

Mördermuschel → Riesenmuschel.
Mörderwal → Schwertwal.
Mordgang, der Wehrgang einer → Burg.
◆ **Mordillo** [-'dijo], Guillermo, argentin. Karikaturist, *4. 8. 1932 Buenos Aires; Autodidakt; schuf prägnante Cartoons von hintergründigem Humor, die meist um die Themen Einsamkeit u. Vergeblichkeit des menschl. Handelns kreisen: „Crazy Cowboy" dt. 1972; „Crazy Crazy. Das Dschungelbuch" dt. 1974; „Giraffenparade" dt. 1982; „M. Cartoons Opus I. Variationen in Farbe u. Chinatown über das menschl. Wesen u. andere atmosphär. Phänomene" dt. ²1976; „Cartoons Opus II" dt. 1978; „Mordillo Football, angepfiffen von Pelé" dt. 1981.

Mordkommission, polizeil. Einsatzgruppe mit bes. Erfahrungen zur Aufklärung schwerster Verbrechen gegen das Leben (Mord, Totschlag).

Mordkomplott, Teilnahme an einer Verabredung, die Verbrechen gegen das Leben bezweckt. In der *B R D tschld*. ist M. nicht mehr ein eigener Straftatbestand, sondern bei Verabreden nach § 30 II StGB mit der Strafe des versuchten Mordes bedroht. Der Zusammenschluss zu mehreren, zunächst noch unbestimmten Taten *(Mordverbindung)* fällt unter die Strafvorschrift gegen kriminelle u. terroristische Vereinigungen (§§ 129, 129a StGB). In *Österreich* strafbar (§ 277 StGB) mit Freiheitsstrafe von 6 Monaten bis zu 5 Jahren. Dies gilt aber auch für die Verabredung zu anderen schweren Delikten (erpresserische Entführung, Menschenhandel, Überlieferung an eine ausländ. Macht, Sklavenhandel, Raub u. bestimmte gemeingefährl. Straftaten). Wer freiwillig durch Mitteilung an Strafverfolgungsbehörden, Polizei, Gendarmerie den Bedrohten oder sonst wie die geplante Tat verhindert, bleibt straffrei.

Mordstatistik, statistische Aufbereitung der Mordfälle, in denen die Täter rechtskräftig verurteilt worden sind, durch das Statistische Bundesamt.

Mordwinen, ostfinn. Volk beiderseits der mittleren Wolga (1,1 Mio., davon 320 000 in Mordwinien), in Kasachstan u. Sibirien; mit den Stämmen *Ersa* u. *Mokscha*; vorwiegend Ackerbauern. Gegen Ende des 17. Jh. wurden die M. gewaltsam christianisiert; trotzdem haben sich einige Bräuche der ursprüngl. schamaist.-animist. Religion erhalten.

Mordwinien, russ. *Mordovija*, Rep. innerhalb Russlands, westl. des Wolgastausees, bei Samara, 26 200 km², 956 000 Ew., Mordwinen, Russen, Tataren; Hptst. *Saransk*; Waldsteppe mit Schwarzerdeböden, Anbau von Hanf, Flachs, Getreide u. Kartoffeln, Schweine- u. Milchviehzucht, in den Städten auch Verarbeitung landwirtschaftl. Produkte; nördl. von Saransk Phosphoritvorkommen. – 1930 als autonome Oblast gebildet, wurde 1934 ASSR u. 1991 autonome Republik.

mordwinische Sprache, zwischen Ufa, Simbirsk u. Saratow in Mordwinien gesprochene finnisch-ugrische Sprache.

More, *Mo, Mossi*, in Burkina Faso gesprochene afrikan. Sprache (600 000 Sprecher).

More [russ. 'morjɛ; russ., bulg., serb.], Bestandteil geograph. Namen: Meer, russ. auch: großer See.

More [mɔː], **1.** Henry, engl. Philosoph, *12. 10. 1614 Grantham, †1. 9. 1687 Cambridge; gehörte zu den Platonikern der *Schule von Cambridge*; vertrat eine Monadologie im Anschluss an J. *Böhme*, die die *Monaden* als beseelte letzte Individuen auffasste, im Gegensatz zu R. *Descartes*, der sie als mechan. Korpuskeln dachte (Mores Briefwechsel mit Descartes, 1648/49); war durch seine Raumtheorie von Einfluss auf J. *Locke* u. I. *Newton*. – Werke, 3 Bde. 1679.

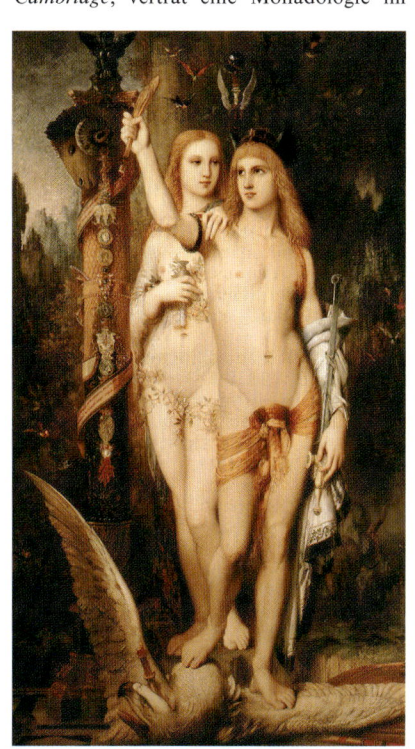

◆ **2.** latinisiert *Morus*, Sir Thomas, engl. Politiker, Staatstheoretiker u. Humanist, *7. 2. 1477 London, †6. 7. 1535 London (enthauptet); 1529–1532 Lordkanzler *Heinrichs VIII.*, legte 1532 seine Ämter nieder aus Opposition gegen die Scheidung u. die antipäpstl. Politik des Königs u. wurde wegen Verweigerung des Suprematseids hingerichtet. 1935 wurde er heilig gesprochen. – In seiner satir. Schrift „Utopia" (1516) schilderte er, in Anlehnung an Platon u. vermischt mit Prinzipien der Renaissancepolitik machiavellistischer Art, eine auf Gemeineigentum aufgebaute Gesellschaft. Die Schrift, die zugleich als Sozialkritik für das England seiner Zeit gedacht war, gab einer ganzen Literaturgattung („Utopien") den Namen. M. war ein Freund des *Erasmus von Rotterdam*, dessen Ideen er in England propagierte, u. verkörperte den Typ des engl. Humanisten, der gekennzeichnet ist durch die Ablehnung der Revolution bei gleichzeitiger Anerkennung einer vom Ordnungsgedanken getragenen Reform.

Morea, griech. Halbinsel, → Peloponnes.

Moréas, Jean, eigentl. Joannis *Papadiamantopoulos*, französ. Schriftsteller griech. Abstammung, *15. 4. 1856 Athen, †30. 3. 1910 Paris; entwickelte sich von romant. u. symbolist. Anfängen zu einem formstrengen Neuklassizismus der „École romane"; Lyriker („Les stances", 6 Bde. 1899–1901, Bd. 7 1920, dt. „Gastmahl in Orplid" 1948); Bühnenschriftsteller (Trauerspiel „Iphigénie" 1903) u. Erzähler. – Œuvres, 2 Bde. 1923/24; Œuvres en prose 1927.

Moreau [mɔˈro], ◆ **1.** Gustave, französ. Maler, *6. 4. 1826 Paris, †18. 4. 1898 Paris;

Thomas More. Gemälde von Rubens. Madrid, Prado

Gustave Moreau: Jason; 1895. Paris, Louvre

Morenogletscher: Bis zu 60 m hoch sind die Wände der Gletscherzunge, die im Lago Argentino endet

mit O. *Redon* Hauptvertreter des maler. Symbolismus, Schüler von T. *Chassériau*, beeinflusst von den *Präraffaeliten*; bevorzugte mytholog. u. bibl. Stoffe mit mystischen Lichtwirkungen; Lehrer von H. *Matisse*, G. *Rouault* u. A. *Marquet*. Die Hauptwerke befinden sich im *Moreau-Museum* in Paris.
2. Jean-Michel, französ. Grafiker u. Maler, *26. 3. 1741 Paris, †30. 11. 1814 Paris; 1758/59 an der St. Petersburger Akademie; Hptw.: Buchillustrationen zu Ovid, Voltaire u. Molière.
◆ **3.** Jeanne, französ. Schauspielerin u. Sängerin, *23. 1. 1928 Paris; begann ihre Karriere am Theater; später erfolgreiche Charakterdarstellerin im Film: „Fahrstuhl zum Schafott" 1957; „Jules et Jim" 1961; „Viva Maria" 1965; „Die Braut trug Schwarz" 1967; „Querelle" 1982; „Das Wunder"

Jeanne Moreau; 1956

1987; „Bis ans Ende der Welt" 1991; „Auf immer und ewig" 1998; führte auch selbst Regie.
4. *Moreau d. Ä.*, Louis Gabriel, französ. Maler u. Radierer, *vor dem 24. 4. 1739 Paris, †12. 10. 1805 Paris; allegor. Darstellungen im Stil des Rokoko sowie kleinformatige Landschaften in Gouachetechnik, in denen ruinenhafte Architekturen im Vergleich zur figürl. Staffage eine dominierende Rolle einnehmen.
Morecambe and Heysham ['mɔːkəm ənd 'heiʃəm], westengl. Seebad in der Grafschaft Lancashire, an der *Morecambe Bay* gelegen, 41 000 Ew.; Fremdenverkehr.
Moreelse, Paulus, niederländ. Maler u. Architekt, *1571 Utrecht, †5. 3. 1638 Utrecht; Schüler von M. J. van *Miereveld*, Mitbegründer der Utrechter Malerschule; Porträts u. spätmanierist. Figurenbilder; Hauptbauten: Katharinentor 1621–1625 u. die Schauseite der Fleischhalle in Utrecht 1637.
more geometrico [lat., „auf geometrische Weise"], eine im 16. Jh. eingeführte Methode der Philosophie, die nach Art der euklid. Geometrie deduktiv verfährt, d. h. von Axiomen u. Definitionen ausgeht, Lehrsätze aufstellt, sie beweist u. daran Folgerungen anschließt. Besonders *Descartes* u. *Spinoza* haben sich dieser Methode bedient.
Morelia, Hptst. des zentralmexikan. Staats Michoacán, nordwestl. der Stadt Mexico, nahe dem Patzcuarosee, 1941 m ü. M., 490 000 Ew.; kath. Bischofssitz, Universität (gegr. 1541 als Colegio); histor. Altstadt (Weltkulturerbe seit 1991), Kathedrale, Museum; Verwaltungs- u. Handelszentrum; Nahrungsmittelindustrie, altindian. Gewerbe. – 1540 gegründet.
Morelle [die; ital.], eine Varietät der → Sauerkirsche.
Morelli, 1. Domenico, italien. Maler, *4. 8. 1826 Neapel, †13. 8. 1901 Neapel; gestaltete vorzugsweise Historien-, Genre- u. Landschaftsgemälde nach literar. Motiven, ferner Porträts u. religiöse Darstellungen im Stil des neapolitan. Barock.
2. Giovanni, italien. Kunstschriftsteller, *25. 2. 1816 Verona, †28. 2. 1891 Mailand; Arzt; unter dem Pseudonym *Iwan Lermolieff* Begründer eines Verfahrens der kunstwissenschaftl. Stilkritik („Morelli'sche Methode"), das Werkzuschreibungen nach der Gestaltung körperl. Kleinmerkmale (Bildung der Ohren, der Fingernägel u. Ä.) vornimmt. Hptw.: „Kunstkritische Studien über italien. Malerei" 3 Bde. 1890–1893.
Morelos, zentralmexikan. Staat südlich der Stadt Mexico, 4950 km², 1,2 Mio. Ew.; Hptst. *Cuernavaca*; Anbau von Reis, Zuckerrohr u. Mais.

Morelos y Pavón [-i-], José Maria, mexikan. Politiker, *30. 9. 1765 Valladolid, Michoacán, †22. 12. 1815 San Cristobál (hingerichtet); Hirte, dann Geistlicher, Anhänger M. *Hidalgos* seit 1811 u. nach dessen Tod Anführer des mexikan. Unabhängigkeitskampfs, zugleich des sozial-revolutionären Kampfs gegen Spanien; erklärte 1813 die Unabhängigkeit Mexikos (Kongress von Chilpancingo); von den Spaniern gefangen genommen u. zum Tod verurteilt.
morendo [ital.], musikal. Vortragsbez.: ersterbend, erlöschend.
Moreni, Mattia, italien. Maler, *12. 11. 1920 Pavia, †14. 5. 1974 Beacon, New York; war anfänglich Kubist, wandte sich dann aber unter dem Einfluss des amerikanischen abstrakten Realismus der ungegenständlichen Malerei zu.
Moreno [mə'riːnəu], Jacob Levy, US-amerikan. Psychiater u. Soziologe rumän. Herkunft, *20. 5. 1892 Bukarest, †14. 5. 1974 New York; seit 1925 in den USA, seit 1952 Prof. in New York; entwickelte die *Soziometrie* als Methode. Sein „Psychodrama" als therapeutisches Verfahren hat bes. in der neueren humanistischen Psychologie Bedeutung erlangt u. die Gruppenpsychotherapie beeinflusst. Hptw.: „Who shall survive?" 1934, dt. „Grundlagen der Soziometrie" ³1974; „Sociometry reader" 1960; „Psychodrama I–III" 1946–1969.
◆ **Morenogletscher,** *Glaciar Perito Moreno,* Gletscher im argentin. Nationalpark *Los Glaciares,* 3,5 km breit; schiebt sich aus dem Inlandeis Patagoniens in einen Westarm des Lago Argentino vor; ständige Eisabbrüche.
Morenz, Siegfried, dt. Ägyptologe, *2. 11. 1914 Leipzig, †14. 1. 1970 Leipzig; Prof. in Leipzig u. Basel; Spezialgebiet: antike Kunst- u. Religionsgeschichte; Hptw.: „Die Zauberflöte" 1952; „Ägyptische Religion" 1960; „Die Begegnung Europas mit Ägypten" 1968.

Moresca: Moriskentänzer um 1500 von Erasmus Grasser. München Stadtmuseum

Henri Moret: Rochers de Kléden; 1911. Saarbrücken, Saarland-Museum

Möre og Romsdal [ˈmøːrə ɔːg ˈrɔmsdal], Provinz (Fylke) an der norweg. Westküste, 15 104 km², 241 000 Ew.; Hptst. *Molde*; ein durch Fjorde stark aufgegliedertes, siedlungsarmes Hochplateau; in den Fjorden u. in der Küstenzone Landwirtschaft, meist mit Fischerei gekoppelt: Fremdenverkehr.

◆ **Moresca** [die, ital.], *Morisca, Moriskentanz*, pantomimischer Charaktertanz, in Europa im 15. u. 16. Jh. als Einzel-, Gruppen-, Volks- u. Gesellschaftstanz; scheint ursprüngl. den Kampf zwischen Christen u. Mauren dargestellt zu haben; wurde mit u. ohne Mohrenverkleidung, Schwertern u. Schellenbändern getanzt; im 16. Jh. geradtaktig, mit Beginn des 17. Jh. im ³/₄-Takt; im 19. Jh. in England als „Morrisdance" wieder getanzt.

◆ **Moret** [mɔˈrɛ], Henri (Henry), französ. Maler, *12. 12. 1856 Cherbourg, †5. 5. 1913 Paris; malte die breton. Atlantikküste u. ihr Hinterland; steht stilistisch zwischen C. *Monet* u. P. *Cézanne.*

Moreto y Cabaña [-i kaˈbanja], *Moreto y Cavana*, Agustín, span. Schriftsteller, getauft 9. 4. 1618 Madrid, †28. 10. 1669 Toledo; kath. Geistlicher, Freund von P. *Calderón de la Barca*; schrieb zahlreiche Comedias, u. a. „El lindo Don Diego" 1659, dt. „Der Unwiderstehliche" 1925; „El desdén con el desdén" 1672 (Grundlage für Molières „La princesse d'Élide" u. E. N. von *Reznicek*s Oper „Donna Diana").

Moretti, **1.** Marino, italien. Schriftsteller, *18. 7. 1885 Cesenatico, †6. 7. 1979 Cesenatico; von G. *Pascoli* u. Sergio *Corazzini* (*1886, †1907) beeinflusst; schilderte kleine, alltägl. Dinge. Hptw.: „Fraternità" 1906; „Mia madre" 1923; „L'Andreana" 1935; „Das Ehepaar Allori" 1946, dt. 1960; Memoiren: „Tutti i ricordi" 1962.
2. Nanni, italien. Filmregisseur, Autor u. Schauspieler, *19. 8. 1953 Bruneck; Vertreter des jungen italien. Films; Werke u. a.: „Die Nichtstuer" 1978; „Die Messe ist aus" 1985; „Liebes Tagebuch" 1994.

Moretto, Alessandro, eigentl. A. *Bonvicino*, italien. Maler, *um 1498 Brèscia, †zwischen 9. 12. u. 22. 12. 1554 Brèscia; schuf von der venezianischen Malerei beeinflusste Fresken, Andachtsbilder u. Bildnisse in kraftvollen Formen u. kultiviertem, oft silbrigem Kolorit.

Morf, Heinrich, schweiz. Romanist, *23. 10. 1854 Hofwil, †23. 1. 1923 Thun; grundlegende Arbeiten zur französ. Sprach- u. Literaturgeschichte: „Zur sprachl. Gliederung Frankreichs" 1911; „Aus Dichtung u. Sprache der Romanen" 3 Bde. 1903–1922.

Mörfelden-Walldorf

◆ **Mörfelden-Walldorf**, Stadt in Hessen, Ldkrs. Groß-Gerau, in der Oberrhein. Tiefebene, südl. von Frankfurt am Main, 32 300 Ew.; Wohngemeinde im Städtedreieck Frankfurt–Darmstadt–Mainz; Jagdschloss Mönchbruch (1729); Maschinen-, Dieselmotoren- u. Kalksandsteinindustrie.

◆ **Morgagni** [-ˈganji], Giovanni Battista, italien. Anatom u. Chirurg, *25. 2. 1682 Forlì, †6. 12. 1771 Padua; Begründer der patholog. Anatomie. Nach ihm wird die Tasche im Kehlkopf zwischen den echten u. falschen Stimmbändern *Morgagni'scher Ventrikel* genannt.

Morgan, **1.** [ˈmɔːgən], Charles, brit. Schriftsteller, *22. 1. 1894 Kent, †6. 2. 1958 London; Marineoffizier, dann Theaterkritiker. Seine Romane suchen ethische Fragen aus metaphysischer Sicht zu gestalten: „Das Bildnis" 1929, deutsch 1936; „Der Quell" 1932, deutsch 1933; „Sparkenbroke" 1936, deutsch „Die Flamme" 1936; „Der Richter" 1947, deutsch 1952; „Der Reiher" 1949, deutsch 1954; Dramen: „Der geheime Weg" 1952, deutsch 1953; „Das Brennglas" 1953, deutsch 1954.
2. [mɔrˈgã], Jacques-Jean-Marie de, französ. Archäologe, *3. 6. 1857 Huisson-sur-Cosson, †12. 6. 1924 Marseille; leitete in den Jahren 1884–1891 erfolgreiche Grabungen in Persien, Indien und Armenien, unternahm 1897 Ausgrabungen in Susa, fand das Gesetzbuch des *Hammurapi*; Hptw.: „Catalogue des monuments et inscriptions de l'Égypte antique" 2 Bände 1892–1895; „Mission scientifique en Perse" 5 Bände 1894–1904.

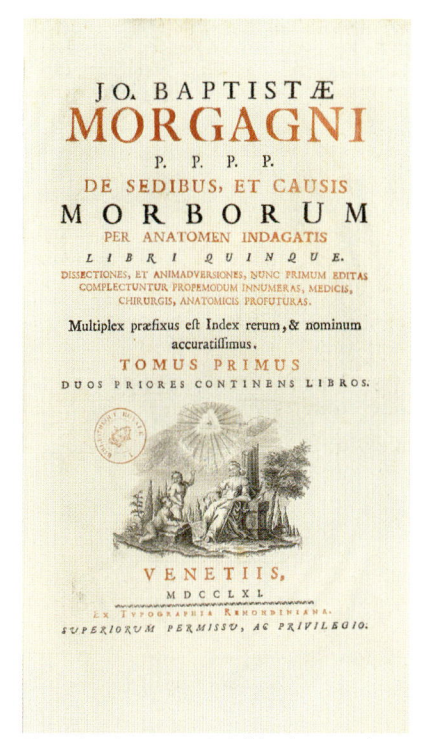

Giovanni Battista Morgagni: Titelblatt des 1. Bandes seines Hauptwerkes "De sedibus et causis morborum per anatomen indagatis", Venedig 1761

3. ['mɔːgən], John Pierpont sen., US-amerikan. Bankier, *17. 4. 1837 Hartford, Connecticut, †31. 3. 1913 Rom; gründete 1871 das Bankhaus *J. P. Morgan & Co.*, New York, das er zu einem der mächtigsten Kreditinstitute der USA entwickelte, 1901 die *US Steel Corporation* (Stahltrust) u. 1903 die *International Mercantile Marine Company* (Schifffahrtstrust); trat auch als Kunstsammler hervor. Seine wertvolle Bibliothek wurde 1924 in eine Stiftung umgewandelt (*Morgan-Library*, New York).

John Pierpont Morgan sen.

4. ['mɔːgən], John Pierpont jun., Sohn von 3), US-amerikan. Bankier, *7. 9. 1867 Irvington, New York, †13. 3. 1943 Boca Grande, Fla.; erweiterte den Einfluss des Bankhauses *J. P. Morgan & Co.* auf die internationale Wirtschaft u. Politik, bes. durch die Vermittlung der Ententeanleihen im 1. Weltkrieg.

5. ['mɔːgən], Lee, US-amerikan. Jazzmusiker (Trompete), *10. 7. 1938 Philadelphia, †19. 2. 1972 New York; einflussreicher Vertreter des Hardbop der 1960er Jahre; spielte sowohl als Ensemblemusiker (u. a. bei Art Blakeys Jazz Messengers) als auch unter eigenem Namen u. veröffentlichte einige herausragende Alben.

6. ['mɔːgən], Lewis Henry, US-amerikan. Ethnologe, *21. 11. 1818 New York, †17. 12. 1881 New York; einer der Begründer der vergleichenden Ethnologie. Seine Theorie von der Entwicklung der Menschheit in drei Stufen von der Wildheit über die Barbarei zur Zivilisation wurde vom Marxismus aufgegriffen. Hptw.: „Ancient society" 1877, dt. „Die Urgesellschaft" 1921.

7. [mɔr'gã], Michèle, eigentl. Simone *Roussel*, französ. Filmschauspielerin, *29. 2. 1920 Neuilly-sur-Seine; bes. erfolgreich in „Hafen im Nebel" 1938; „Fahrkarte nach Marseille" 1944; „Und es ward Licht" 1946; „Menschen im Hotel" 1959; „Ein Mann und eine Frau – 20 Jahre später" 1986.

8. ['mɔːgən], Thomas Hunt, US-amerikan. Biologe, *25. 9. 1866 Lexington, Kentucky, †4. 12. 1945 Pasadena, Calif.; entdeckte an der Taufliege *Drosophila* die materielle Grundlage der Vererbungsvorgänge u. begründete damit die moderne Genetik; stellte die ersten Chromosomenkarten mit der linearen Anordnung der Erbanlagen auf u. erhielt 1933 den Nobelpreis für Medizin.

morganatische Ehe [lat.], *Ehe zur linken Hand*, die Ehe zwischen einem Angehörigen des Adels u. dem eines niedrigeren Stands, auch eines niedrigeren Rangs innerhalb des Adels. Der standesniedrigere Teil u. die Kinder besaßen regelmäßig weder etwaige Standesrechte noch ein Erbrecht. Im Dt. Reich u. in Österreich ist die m. E. nach dem 1. Weltkrieg als Rechtsinstitut abgeschafft worden.

Morganit [der; lat.], rosenroter *Beryll*; ein Edelstein; Vorkommen: Brasilien, Madagaskar, USA.

Morgarten, schweiz. Landschaft am Südostende des Ägerisees (Kanton Zug), bis 1245 m hoch. Am 15. 11. 1315 siegten in der Schlacht am M. bäuerl. Krieger aus den drei Waldstätten Uri, Schwyz u. Unterwalden über ein habsburg. Ritterheer des österr. Herzogs Leopold I. Der am 9. 12. 1315 in Brunnen bei Schwyz erneuerte Bund (Morgartenbrief) bildete die polit. Grundlage der Waldstätte für die folgenden Jahrzehnte. Am 2. 5. 1798 siegten die Schwyzer am M. über die Franzosen. Auch → Schweiz (Geschichte).

Morgen, ein Flächenmaß: ursprüngl. der Teil eines Ackers, der an einem M. (Vormittag) umgepflügt werden kann; meist zwischen rd. 25 u. 36 a, jedoch auch bis 122,5 a. Auch → Joch.

Morgengabe, im alten dt. Recht das Geschenk des Mannes an seine Frau nach der Hochzeitsnacht als Entgelt für die verlorene Jungfräulichkeit.

Morgenland → Orient.

morgenländische Kirchen, vorderorientalische *Kirchen*, zwei der Kirchengruppen der → Ostkirchen. Nach ihrer dogmat. Herkunft sind zu unterscheiden: 1. die nestorian. → Kirchen des Ostens, 2. die prächalzedonischen → orientalisch-orthodoxen Kirchen, die in Opposition zu den Beschlüssen des 4. ökumen. Konzils von Chalcedon (451) über die zwei Naturen Christi entstanden u. auf deren Entstehung auch die nationalen Spannungen zu der griech. Führungsschicht in den syr. u. ägypt. Provinzen des oström. Reichs einwirkten: syrisch-orthodoxe Kirche, kopt.-orth. Kirche (→ Kopten), äthiopische Kirche, armen.-gregorian. Kirche (→ armenische Kirche). I. w. S. gehören zu den morgenländischen Kirchen, 3. die (aus den Gruppen 1–2 heraus entstandenen) mit Rom unierten Kirchen, dazu die Kirche der Maroniten. – Eine eigene Größe bilden die (konfessionell den Gruppen 1–3 zugehörigen) Kirchen der → Thomaschristen. – Veraltet ist die Bez. „m. K." für die orthodoxen Kirchen Ost- u. Südosteuropas.

Morgenrot, dem → Abendrot entsprechende Erscheinung kurz vor Sonnenaufgang.

Morgenstern, 1. *Astronomie*: Name des Planeten *Venus* am Morgenhimmel.

2. *Waffen*: eine keulenartige Schlagwaffe des MA aus schwerem Hartholz, an deren oberem Ballen eiserne Zacken angebracht waren, die ihm die Form eines Sterns gaben.

Schlacht am Morgarten. Kolorierte Federzeichnung aus der „Berner Chronik" von B. Tschachtlan; 1470. Zürich, Zentralbibliothek

Ernst Morgenthaler: Pappeln am See; 1928. Winterthur, Kunstmuseum

◆ **Morgenstern**, Christian, dt. Schriftsteller, *6. 5. 1871 München, †31. 3. 1914 Meran; Dramaturg, Journalist u. Übersetzer in Berlin, kränklich (starb an Tuberkulose), lebte meist in der Schweiz u. in Italien. Seinen Weg von A. *Schopenhauer* über F. *Nietzsche* zur Anthroposophie R. *Steiners* spiegeln bes. seine aphorist. Aufzeichnungen („Stufen" 1918) sowie seine menschlich innigen Gedichtbände („Wir fanden einen Pfad" 1914). Am erfolgreichsten waren seine tiefsinnig grotesken „Galgenlieder" 1905ff. – „Christian M. Ein Leben in Briefen" (hrsg. von Margareta M.) 1952; „Alles um des Menschen willen" Gesammelte Briefe (hrsg. von Margareta M.) 1962.

Christian Morgenstern

– Werke, hrsg. von Margareta M., 1970; Gesammelte Werke in einem Band [1] 1974; Sämtl. Dichtungen, hrsg. von H. O. Proskauer 1980.

◆ **Morgenthaler,** Ernst, schweiz. Maler u. Grafiker, *11. 12. 1887 Kleindietwil, Aargau, †7. 9. 1962 Zürich; Schüler u. a. von C. *Amiet* u. P. *Klee*; Landschaften, Porträts u. Aktfiguren in lockerer Malweise u. leuchtender Farbigkeit.

Morgenthau [engl. 'mɔːgənθɔː], **1.** Henry sen., US-amerikan. Politiker (Demokrat) dt. Herkunft, *26. 4. 1856 Mannheim, †25. 11. 1946 New York; unterstützte T. *Wilson*; 1913–1916 Botschafter in Konstantinopel, 1923 Leiter einer Völkerbundskommission zur Umsiedlung kleinasiat. Griechen.
2. Henry jr., Sohn von 1), US-amerikan. Politiker, *11. 5. 1891 New York, †6. 2. 1967 Poughkeepsie bei New York; enger Freund u. Ratgeber des Präs. F. D. *Roosevelt*; 1934–1945 Finanz-Min.; schuf das Finanzierungssystem für → Lend-Lease u. die US-amerikan. Kriegführung, beruhend auf Kriegsanleihen u. Steuern zur Abschöpfung der Kriegs- u. Inflationsgewinne; war Mitbegründer des Weltwährungsfonds u. der Weltbank; entwarf den nach ihm benannten → Morgenthau-Plan. Präs. H. S. *Truman* veranlasste M., vor der Potsdamer Konferenz 1945 sein Rücktrittsgesuch einzureichen.

Morgenthau-Plan, der von H. *Morgenthau* jr. während des 2. Weltkriegs entwickelte, in mehreren Denkschriften vorgelegte Plan zur endgültigen Sicherung vor künftigen Aggressionen Deutschlands: Es sollte territorial stark reduziert, bis zur prakt. Zerstückelung föderalisiert u. durch radikale Demontage seiner Industrie, Zerstörung der Bergwerke u. Ä. in einen Agrarstaat verwandelt werden. Außerdem war eine dauernde Entmilitarisierung beabsichtigt. Der von Präs. F. D. *Roosevelt* vorübergehend gebilligte Plan wurde Ende 1944 unter dem Einfluss der Minister C. *Hull* u. H. *Stimson* fallen gelassen.

Morgenweite, der Winkelabstand des Aufgangspunkts der Sonne oder eines anderen Gestirns vom Ostpunkt des Horizonts.

Morges [mɔrʒ], Bez.-Hptst. im schweizer Kanton Waadt, am Nordufer des Genfer Sees, 13 900 Ew.; Schloss (13. Jh.) mit Militärmuseum, Bürgerhäuser (18. Jh.), ev. Kirche (1776), Rathaus (16./17. Jh.) mit Treppenturm; Industrie, Fremdenverkehr; Mittelpunkt eines Weinanbaugebiets; Sitz des „World Wildlife Fund" u. der „Internationalen Union für Naturschutz".

Morgner, ◆ **1.** Irmtraud, dt. Schriftstellerin, *22. 8. 1933 Chemnitz, †6. 5. 1990 Berlin; ließ in ihren Romanen u. Erzählungen immer mehr die einschichtige Darstellungsweise des sozialistischen Realismus hinter sich; führt fantasievoll die Tradition des Schelmenromans fort: „Ein Haus am Rand der Stadt" 1962; „Hochzeit in Konstantinopel" 1968; „Die wundersamen Reisen Gustavs des Weltfahrers. Lügenhafter Roman mit Kommentaren" 1972; „Leben und Abenteuer der Trobadora Beatriz nach Zeugnissen ihrer Spielfrau Laura" 1974; „Amanda" 1983; Erzählungen: „Gauklerlegende" 1971.
◆ **2.** Michael, dt. Maler, *6. 4. 1942 Chemnitz; mit seiner individuell expressiven Ausdrucksweise setzte sich M. vom sozialistischen Realismus ab. Seine Bilder sind existenzielle Entwürfe, Metaphern für Grenzerfahrungen zwischen Angst, Hoffnung, Verzweiflung u. Überleben. Die stilisierten Figuren, oft aus der christl. Ikonographie, stehen ohne Individualität auf dunklen Untergründen.
◆ **3.** Wilhelm, dt. Grafiker u. Maler, *27. 1. 1891 Soest, Westfalen, †12. 8. 1917 bei Langemark (gefallen); seit 1908 Schüler von G. *Tappert* in Worpswede, 1911 in Berlin; Frühexpressionist, zeichnete u. malte arbeitende Menschen seiner Heimat u. gelangte unter dem Einfluss der Pariser *Fauves* zu stark abstrahierten Darstellungen, bei denen die Konturierung durch leuchtende Farbflächen ersetzt ist.

Morgue [mɔrg; die, Pl. *Morguen*; frz.], Leichenschauhaus; z. B. die M. von Paris.

Mori, Ogai, eigentl. *M. Rintaro,* japan. Schriftsteller, *19. 1. 1862 Tsuwano, Shimane, †9. 7. 1922 Tokyo; Arzt; Kenner u. Übersetzer der dt. Literatur (G. E. Lessings „Philotas", Goethes „Faust"); Novellen: „Wildgänse" 1911–1913, dt. 1962; histor. Erzählungen: „Der Untergang des Hauses Abe" 1914, dt. 1961; „Illusionen" 1916, dt. 1995.

Moriche → Mauritiuspalme.

Michael Morgner: Ecco Homo; 1993. Berlin, Galerie Gunar Barthel

Móricz [ˈmoːrits], Zsigmond, ungar. Schriftsteller, *30. 6. 1879 Tiszacsécse, †4. 9. 1942 Budapest; schrieb Novellen, Gesellschafts- u. histor. Romane mit meist bäuerl. Helden: „Gold im Kote" 1910, dt. 1921; „Hinter Gottes Rücken" 1911, dt. 1922; „Waisenmädchen" 1914, dt. 1923; „Die Fackel" 1917, dt. 1929; „Siebenbürgen" 1922, dt. 1936; „Eines Kindes Herz" 1922, dt. 1937; „Der glückl. Mensch" 1935, dt. 1955; „Löwe im Käfig" 1936, dt. 1938; „Der Roman meines Lebens" 1939, dt. 1939.

Irmtraud Morgner

Wilhelm Morgner: Astrale Komposition XIII; 1912. Soest, Wilhelm-Morgner-Haus

Morija, biblischer Ortsname Gen. 22,2 (Opferung Isaaks), in 2. Chronik 3,1 u. traditionell der Jerusalemer Tempelberg.

◆ **Mörike,** Eduard, dt. Dichter, *8. 9. 1804 Ludwigsburg, † 4. 6. 1875 Stuttgart; besuchte 1822–1826 das Tübinger Stift, war dann Vikar u. 1834 bis 1843 ev. Pfarrer im schwäbischen Dorf Cleversulzbach, 1844 bis 1851 pensioniert in Mergentheim; heiratete 1851 Margarethe von *Speeth* (Trennung 1873) u. wurde Literaturlehrer in Stuttgart. Mit seinen beseelten u. klangvollen Gedichten ist M. einer der großen Lyriker dt. Sprache. Bei ihm verbindet sich klassisch Schönes mit romantischem Zwielichtigem u. Volksliedhaftem. Neben seine Balladen („Der Feuerreiter"; „Die Geister am Mummelsee") trat die beschaul. humorvolle Idylle („Der alte Turmhahn"; „Idylle vom Bodensee oder Fischer Martin u. die Glockendiebe" 1846). M. übersetzte Dichtungen von *Theokrit* (1855), *Anakreon* (1864), *Catull* u.a. Als Erzähler schrieb M. den Künstlerroman „Maler Nolten" 1832 mit dem eingefügten Schattenspiel „Der letzte König von Orplid", einige Märchen („Das Stuttgarter Hutzelmännlein" 1853) u. die Novelle „Mozart auf der Reise nach Prag" 1856. Reicher Briefwechsel, so mit dem Freund W. *Hartlaub,* mit P. *Heyse,* H. *Kurz,* M. von *Schwind,* T. *Storm,* F. T. *Vischer.* — Werke u. Briefe. Histor.-krit. Ausgabe, hrsg. von H. H. Krummacher, B. Zeller, H. Meyer, 15 Bde. 1967ff.

Eduard Mörike

Morimond [mɔri'mɔ̃], Zisterzienserkloster bei Langres (Ostfrankreich); gegr. 1115, aufgelöst 1791; war Primarabtei für die dt. Filiation des Zisterzienserordens.

Morin [das; lat.], *2′.3.4′.5.7-Pentahydroxyflavon, 5.7.2′.4′-Tetrahydroxy-flavonol,* empfindliches Reagens auf Aluminium, Beryllium, Zink, Gallium u. Selen. In alkohol. Lösung mit diesen Metall-Ionen tritt eine grüne Fluoreszenz auf. M. ist in *Gelbholz, Jackholz* u.a. enthalten u. wurde früher zum Färben von Wolle verwendet.

Moringazeen [lat.], *Moringaceae,* Familie der *Rhoeadales,* zu denen der *Bennussbaum* gehört.

Moringen, Stadt in Niedersachsen, Ldkrs. Northeim, am Ostrand des Solling, 7400 Ew.; roman. Martinskirche; Kalkwerke, Maschinen-, Strumpf-, Elektro- u. Zigarrenindustrie.

Morioka, japan. Präfektur-Hptst. im N von Honshu, am Kitakami, 286 000 Ew.; technische Universität (gegr. 1949) sowie private Universität; Nahrungsmittel-, pharmazeut. u. Textilindustrie, Flugplatz.

Morio-Muskat, eine neu gezüchtete Rebsorte, aus der sehr bukettreiche Weißweine mit kräftigem Muskataroma gewonnen werden.

Morion [der; grch.], sehr dunkel gefärbter Rauchquarz; Schmuckstein.

Moriori, die 1930 ausgestorbenen polynes. Bewohner der Chatham-Inseln u. die in den *Maori* aufgegangenen Vorbewohner Neuseelands; Fischer u. Jäger.

Morisca [die; span.], ein Tanz, → Moresca.

Moriscos [span.], *Morisken,* die nach der Rückeroberung *(Reconquista)* des arab. Spanien durch die Christen im Land gebliebenen, getauften Araber. Sie wurden trotzdem weiterhin verfolgt u. 1609 endgültig vertrieben (Moriscosvertreibung). Auch → Mauren.

Moriskentanz [span.] → Moresca.

◆ **Morisot** [mɔri'zo], Berthe, französ. Malerin, *14. 1. 1841 Bourges, †2. 3. 1895 Paris; schloss sich unter dem Einfluss von É. *Manet* dem Impressionismus an; Figurenbilder u. Landschaften in frühimpressionist. Stil.

Moritat [eigentl. *Mordtat*], das balladenartige Lied des *Bänkelsängers,* das zu einer einfachen Melodie vorgetragen wird u. Verbrechen u. Katastrophen in drast. Weise darstellt; nicht ohne Hinweis auf den moral. Nutzen, der aus einer solchen Geschichte zu ziehen sei, seit dem 17. Jh. belegt, im 20. Jh. literarisch verwertet. Auch → Bänkelsang.

Moritz [lat. *Mauritius,* Weiterbildung von *Maurus,* „Maure(tanier), Mohr"], männl. Vorname; frz. *Maurice,* engl. *Morris.*

Moritz, Fürsten:

Oranien:

◆ **1.** Prinz, Graf von Nassau-Dillenburg, Statthalter der nördl. Niederlande, *14. 11. 1567 Dillenburg, †23. 4. 1625 Den Haag; Sohn Wilhelms I. von Oranien; 1585 Statthalter von Holland u. Seeland, seit 1591 aller Provinzen der Utrechter Union außer Friesland; 1590 Oberbefehlshaber der niederländ. Truppen, siegte mehrfach über die bisher für unbesiegbar gehaltenen Spanier mit seinem völlig neuartig organisierten Heer, das Vorbild für das schwed., französ. u. brandenburgisch-preuß. Heeres- u. Kriegswesen wurde. Bis 1594 waren die nördl. Provinzen der Niederlande freigekämpft. Moritz' Nachfolger wurde sein Bruder Friedrich Heinrich.

Moritz von Oranien

Sachsen:

◆ **2.** Herzog seit 1541, Kurfürst seit 1547, *21. 3. 1521 Freiberg, †11. 7. 1553 bei Sievershausen; trat, obwohl 1539 prot. geworden, dem Schmalkald. Bund nicht bei, sondern kämpfte auf Seiten des Kaisers, der ihm die sächs. Kurwürde versprach. Nach dem Sieg bei *Mühlberg* (1547) erhielt er sie mit den östl. Landen seines Vetters Johann Friedrich des Großmütigen. Die stark anwachsende Macht des Kaisers *(Augsburger Interim)* veranlasste M. jedoch, sich mit anderen prot. Fürsten zusammenzuschließen *(Fürstenverschwörung)* u. Heinrich II. von Frankreich 1552 Metz, Toul u. Verdun zu überlassen für dessen Beistandsversprechen gegen den Kaiser, der zum *Passauer Vertrag* gezwungen wurde. M. fiel im Kampf gegen den Markgrafen *Albrecht Alcibiades* von Brandenburg-Kulmbach.

Moritz, Kurfürst von Sachsen

3. Graf, bekannt als *Marschall von Sachsen,* *28. 10. 1696 Goslar, †30. 11. 1750 Chambord; unehelicher Sohn des sächs. Königs *August des Starken* u. der Gräfin *Aurora von Königsmarck;* beteiligte sich unter *Prinz Eugen* an den Türkenkriegen, trat 1720 in französische Kriegsdienste u. wurde 1744 Marschall von Frankreich; im Österreichischen Erbfolgekrieg erfolgreicher Feldherr, 1747 Statthalter der Niederlande.

Berthe Morisot: Sommertag. London, National Gallery

Seine wegweisenden strateg. Grundsätze legte er 1731 in seinem Werk „Rêveries militaires" dar.

◆ **Moritz**, Karl Philipp, dt. Schriftsteller, * 15. 9. 1756 Hameln, † 26. 7. 1793 Berlin; pietistisch erzogen, war Schauspieler, Theologiestudent, Lehrer; schrieb mit schroffer Aufrichtigkeit den selbstbiografischen Entwicklungsroman „Anton Reiser" 4 Bde. 1785 bis 1790, fortgeführt in „Andreas Hartknopf" 1786 bis 1790. Seine ästhet. Schriften waren von großem Einfluss auf die Kunstbetrachtung. M. gründete das „Magazin für Erfahrungsseelenkunde" (10 Bde. 1783 bis 1793); er schrieb ferner „Reisen eines Deutschen in Italien", 3 Bde. 1792/93. – Werke, 3 Bde., hrsg. von H. Günther 1981; Dichtungen u. Schriften zur Erfahrungsseelenkunde 1999; Gedichte 1999.

Karl Philipp Moritz

Moritzberg, Berg vor dem Rand der Fränk. Alb, östl. von Nürnberg, 603 m.

Moritzburg, Gemeinde in Sachsen, Ldkrs. Meißen, 3100 Ew.; Jagdschloss im Landschaftsschutzgebiet (Wildpark), 1542–1546 von H. *Dehn-Rotfelser* für Kurfürst Moritz von Sachsen erbaut, 1723–1736 von M. D. *Pöppelmann* u. a. umgebaut u. erweitert; Barockmuseum; in Schlossnähe Gestüt M. („Staatl. Hengstdepot").

Morlaix [mɔr'lɛ], nordwestfranzös. Kreisstadt im Dép. Finistère, an der Nordküste der Bretagne, 17 600 Ew.; Haus der Königin *Anna von Bretagne*; 59 m hoher, zweistöckiger Eisenbahnviadukt; in den nahe gelegenen Dörfern *Saint-Thégonnec* u. *Guimiliau* bedeutende Kirchenbaukunst der Renaissance; Pfarreihöfe mit berühmtem *Calvaire* (Kalvarienberg; Gruppe von Steinplastiken, die das Leben u. Sterben Jesu darstellen).

Morlaken, die *Schwarzen Wlachen*, griech. *Mavrovlachi*, slawisierte kath. Ost-Romanen in der dalmatinischen Küstenzone u. den nordwestbalkan. Bergregionen (Montenegro, Nordalbanien, Herzegowina); Abkömmlinge der in den innerbalkan. Hochregionen beheimateten wlachischen Wanderhirten.

Mörlenbach, Gemeinde in Hessen, Ldkrs. Bergstraße, 10 600 Ew.

Morley ['mɔːli], mittelenglische Stadt in der Grafschaft West Yorkshire, südl. von Leeds, 44 000 Ew.; Kohlenbergbau, Textil- u. a. Industrie, Wollhandel.

Morley ['mɔːli], **1.** John, Viscount of *Blackburn*, brit. Politiker (Liberaler), * 24. 12. 1838 Blackburn, † 23. 9. 1923 Wimbledon; unterstützte die Homerule-Politik W. E. *Gladstones*, Gegner des Burenkriegs u. des Kriegs 1914 gegen Dtschld.; 1886 u. 1892–1895 Staatssekretär für Irland, 1905–1910 Staatssekretär für Indien, 1910–1914 Präsident des Geheimen Rats, trat als Kriegsgegner zurück.

2. Thomas, engl. Komponist, * 1557, † 1603 wahrscheinl. London; dort als Organist u. danach als Mitglied der königl. Kapelle tätig, Schüler von W. *Byrd*; einer der ersten engl. Musiker, die sich um eine Assimilierung der italien. Gattungen Madrigal, Kanzonette u. Ballett bemühten; schrieb auch geistl. u. Virginalmusik; verfasste eine musikal. Elementar- u. Kompositionslehre (1597).

Mormonen, *Kirche Jesu Christi der Heiligen der Letzten Tage*, engl. *Church of Jesus Christ of Latter-Day-Saints*, von J. *Smith* 1830 in den USA gegr. Glaubensgemeinschaft, die auf angeblich von ihm gefundenen, von einem *Engel Moroni* gesammelten Schriften beruht („The Book of Mormon" 1830). Diese Schriften, so besagt der Mormonenmythos, enthielten Berichte von Völkern, die seit dem Turmbau von Babel aus dem Vorderen Orient u. Palästina in mehreren Wellen nach Amerika ausgewandert seien u. eine dem AT entsprechende Heilsgeschichte erlebt hätten: mit Propheten, göttlichen Offenbarungen u. dem Auftreten Christi nach seiner Auferstehung. Während das abendländ. Christentum abgefallen sei, sei in Amerika durch die M. die Urkirche Christi mit ihren Ämtern u. Sakramenten wiederhergestellt worden. Das Buch Mormon gilt den M. als gleichwertiges Gegenstück zur Bibel.
Nach schweren Verfolgungen wurde 1848 von B. *Young* der Mormonenstaat „Deseret" in der Ebene des Großen Salzsees gegr. u. nach Verzicht der M. auf die 1843 eingeführte Mehrehe 1896 als Staat Utah in die USA aufgenommen. Die Hauptstadt *Salt Lake City* ist Zentrum der M. Besonderheiten der Kirche sind ein vielgliedriges Priestertum mit abgestuften Vollmachten, Tempeldiensten, Siegelungen, Handlungen für Verstorbene („Totentaufe") u. ein ausgeprägter Heilsoptimismus („Wie der Mensch ist, war Gott einst; wie Gott ist, kann der Mensch einst werden"). – Aus Protest gegen Young, dem zahlreiche Eigenwilligkeiten u. Veränderungen der von Smith verkündeten Lehre vorgeworfen wurden, gründete eine Gruppe der M. 1852 die *Reorganized Church of Jesus Christ of Latter-Day-Saints* unter Führung des ältesten Sohns von Smith mit Sitz in Independence.

Mormugão [murmu'gãu], Stadt in Indien, → Marmagao.

Mornay [mɔr'nɛ], Philippe de, Seigneur du Plessy-Marly, gen. *Duplessis-Mornay*, Hugenottenführer u. Schriftsteller, * 5. 11. 1549 Buhy, Vexin, † 11. 11. 1623 Forêt-sur-Sèvre, Poitou; Anhänger der Reformation seit 1559, Freund G. de Colignys, entkam der Bartholomäusnacht, Berater Heinrichs von Navarra bis zu dessen Konversion, gründete die erste prot. Akademie Frankreichs in Saumur, setzte sich für Verständigung zwischen Protestanten u. Katholiken ein.

Mörne, Arvid, finn.-schwed. Schriftsteller, * 6. 5. 1876 Kuopio, † 15. 6. 1946 Grankulla; anfangs polit.-radikal. (kämpfte für ein unabhängiges Finnland), entwickelte sich dann zum Naturlyriker. Seine letzten Werke drücken die Lebensangst hinter dem kämpfer. Humanismus aus. Erzählung: „Kristina Bjur" 1922, dt. 1949.

„Morning Post" ['mɔːnɪŋ 'poust], 1772 gegr. älteste, seit 1937 im Titel des „Daily Telegraph" fortlebende engl. Tageszeitung in London.

„Morning Star" ['mɔːnɪŋ 'stɑː], engl. Tageszeitung, als „Daily Worker" 1930 in London gegr., seit 1966 heutiger Titel, Organ der KP Großbritanniens; Auflage: 28 000.

Morny [mɔr'ni], Charles Auguste Herzog von, französ. Politiker, * 22. 10. 1811 Paris, † 10. 3. 1865 Paris; Halbbruder Napoleons III.; 1851/52 Innen-Min., war maßgeblich an dessen Staatsstreich im Dez. 1851 beteiligt; 1854 Präs. der Gesetzgebenden Körperschaft; 1856/57 Botschafter in St. Petersburg. Er trat ab 1861 energisch für eine Verfassungsreform des 2. Kaiserreichs ein, die aber erst 1870 Wirklichkeit wurde.

Moro, ◆ **1.** Aldo, italien. Politiker (Democrazia Cristiana), * 23. 9. 1916 Maglie, Lecce, † 9. 5. 1978 Rom; Prof. für Strafrecht; seit 1955 mehrfach Minister, 1963 bis 1968 u. 1974 bis 1976 Min.-Präs., seit 1976 Partei-Vors.; am 16. 3. 1978 von linksextremen Terroristen („Roten Brigaden") entführt u. später ermordet.

Aldo Moro

2. Anthonis, niederländ. Maler, → Moor.

Moro, Lodovico il, Herzog von Mailand, → Sforza (4).

Morogoro [engl. mɔrəu'gɔːrəu], Hauptstadt der ostafrikan. Region M., im östl. Tansania, am Fuß des Ulugurugebirges, 520 m ü. M., 74 000 Ew.; landwirtschaftl. Handelszentrum (vor allem Anbau von Sisal, Baumwolle u. Zuckerrohr); Verkehrsknotenpunkt an der Bahn Dar es Salaam–Tabora, Flugplatz.

Moroi, Saburo, japan. Komponist, * 3. 8. 1903 Tokyo, † 24. 3. 1977 Tokyo; studierte in Tokyo u. Berlin; organisierte 1946–1965 den japan. Schulmusikunterricht völlig neu (Betonung der Musiktheorie, instrumentale Übungen); schrieb 5 Sinfonien, Orchester- und Kammermusik, Lieder; theoretische Schriften.

Morón, 1. Vorort der argentin. Hptst. Buenos Aires, 642 000 Ew.

2. Stadt in der nördl. Küstenebene von Venezuela, westl. von Puerto Cabello, 27 000 Ew.; staatl. petrochem. Werke, Erdölraffinerie, Sprengstofffabrik.

Morona-Santiago, südostecuadorian. Departamento, 33 930 km², 124 000 Ew.; Hptst. *Macas*; in den höheren Bereichen der Anden Páramovegetation, in den tieferen Bereichen dichte Bewaldung; im W Anteil am Andenvorland; Landwirtschaft in den Tälern; Zuckerrohr-, Kakao- u. Kaffeeanbau, Viehzucht.

Morón de la Frontera, Stadt in Andalusien (Spanien), südöstl. von Sevilla, 26 500 Ew.; Nahrungsmittelindustrie, Zementfabrik.

Morone, Giovanni, päpstl. Diplomat, *25. 1. 1509 Mailand, †1. 12. 1580 Rom; 1536–1544 Nuntius in Dtschld., später Legat (1542 Kardinal) beim Tridentiner Konzil, beim Augsburger u. Regensburger Reichstag 1555 bzw. 1576; erstrebte eine Aussöhnung mit dem Protestantismus; 1557–1560 in Haft wegen angebl. Neigung zum Protestantismus.

Moroni, Hptst. der Inselrepublik Komoren, auf Ngazidja (Grande Comore), 30 000 Ew.; zahlreiche Moscheen; landwirtschaftl. Handelszentrum; rd. 15 km nördl. der internationale Flughafen Moroni-Hahaya.

Moroni, Giovanni Battista, italien. Maler, *um 1520–1525 Albino bei Bergamo, †5. 2. 1578 Bergamo; schuf vor allem Bildnisse u. Altarbilder, die von L. *Lotto* u. *Tizian* beeinflusst waren.

Moronobu, *Hishikawa,* japan. Maler u. erster Holzschnittmeister in Edo, *um 1618 oder 1625 Hoda, Prov. Awa, †um 1694 Edo (heute Tokyo); Gründer der Utagawa-Schule; Lehrer von *Torii Kiyonobu;* schuf realist. Darstellungen des japan. Alltagslebens.

Moros [span., „Mauren"], Sammelname für die islam. Bevölkerung der südl. Philippinen, vor allem auf Palawan, den Sulu-Inseln u. Westmindanao. Die M. gehören kulturell zu den Jung-Indonesiern; sie wurden in der 2. Hälfte des 15. Jh. von Malaien islamisiert, leben überwiegend von Reisanbau u. Viehzucht, z. T. auch von Fischfang u. Handel; früher auch Seeräuber.

Moro'sche Probe [nach dem dt. Kinderarzt Ernst *Moro* (*1874, †1951)], Tbc-Probe bei Kleinkindern: Entsteht durch Einreiben einer Tuberkulinsalbe in die Haut in 2–3 Tagen eine gerötete Hauterhebung, so haben die Kinder bereits eine Infektion mit Tuberkulosebakterien durchgemacht.

Morotai, indones. Insel der Nordmolukken, nördl. von Halmahera, 1800 km², rd. 20 000 Ew.; Sago-, Holz- u. Kopragewinnung, Fischerei.

Morotiri, *Ilots de Bass,* zum Verw.-Gebiet der *Tubuai-Inseln* gehörende französ. Südseeinsel, 5 km².

Morph [das, Pl. *Morphe;* grch.], die kleinste bedeutungtragende Einheit einer Sprache, die bei einer einfachen Strukturanalyse gefunden wird. Die dt. Wörter *Kinder, Tische* bestehen aus den Morphen *kind-er, tisch-e.*

Morphem [das, Pl. *Morpheme;* grch.], die kleinste bedeutungtragende Einheit einer Sprache, die bei einer klassifizierenden Strukturanalyse gefunden wird. Dabei werden z. B. die Morphe *e, er, n* in *Boot-e, Ei-er, Schulter-n* als Varianten *(Allomorphe)* des dt. Pluralmorphems identifiziert. Das M. ist eine abstrakte Größe. Das dt. Morph *er* ist Element in verschiedenen Morphemen, wie Plural *(Kind-er),* Präfix *(er-arbeiten).* Man unterscheidet zwischen freien Morphemen *(Tür, ganz)* u. gebundenen Morphemen, die nicht allein vorkommen können, wie Präfixe, Suffixe u. Flexionsmorpheme, z. B. *st* in *sag-st.* Die *Morphemanalyse* erschließt das Morphem-Inventar einer Sprache.

Morphematik [grch.], Begriff der Sprachwissenschaft, → Morphologie (4).

Morpheus, nach Ovid griech. Gott der Träume, der in Träumen in menschl. Gestalt erscheint; Sohn des *Hypnos.*

Morphiden [grch.], Familie von Tagschmetterlingen, → Morpho-Falter.

◆ **Morphin,** früher *Morphium* [das; nach *Morpheus*], Summenformel $C_{17}H_{19}NO_3$, um 1804 von F. W. *Sertürner* aus *Opium* erstes rein gewonnenes pflanzl. Alkaloid; ein lähmendes Gift, das zunächst die Schmerzempfindung herabsetzt, die Atmung vertieft u. ein ausgesprochenes Wohlgefühl *(Euphorie)* verursacht. In höheren, vergifteten Gaben treten Kollaps, tiefer Schlaf, zentrale Atemlähmung u. starke Blausucht des Gesichts auf, vor Eintreten der Bewusstlosigkeit auch Erbrechen. Therapeutisch werden Einzelgaben von 0,01–0,02 g angewendet, meist in Form der Einspritzung, seltener als Pulver, Tablette oder in Tropfenform. M. dient bes. der Schmerzbekämpfung, gelegentlich auch der Krampflösung. Das M. birgt große Gefahren in sich, da es Gewöhnung u. Sucht hervorruft *(Morphinismus).* Die Verwendung des Morphins ist deshalb bes. gesetzlichen Beschränkungen unterworfen.

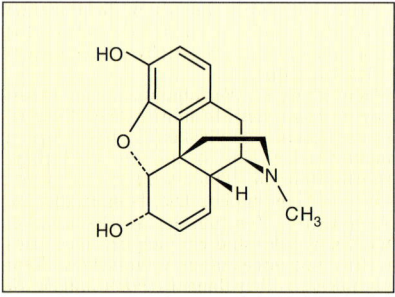

Morphin: chemische Strukturformel

Morphinismus [grch.], Morphinabhängigkeit, die sowohl einen psych. u. phys. Anteil beinhaltet. Durch Gewöhnung wird es notwendig, die Gaben zu erhöhen, um die gleiche Wirkung zu erzielen. Die Folge sind Stoffwechselstörungen u. schwerer körperl. u. psych. Verfall. Auch → Drogen.

Morphismus [der; Pl. *Morphismen;* grch.], mengentheoretische Struktur, der Oberbegriff für → Homomorphismus, → Isomorphismus, *Endomorphismus* u. *Automorphismus.*

Morphium [nach *Morpheus*], alte Bez. für → Morphin.

morpho... [grch.], Wortbestandteil mit der Bedeutung „Gestalt".

Morpho-Falter, *Morphidae,* mit rd. 80 Arten auf die Tropen Südamerikas beschränkte Familie von Tagschmetterlingen, den *Ritterfaltern* verwandt; riesige Falter der oberen Baumregion mit einer Flügelspannweite von 18–20 cm u. gewöhnlich prachtvoller, oft leuchtend blauer Flügeloberseite (Strukturfarbe). Die Flügelunterseiten sind braun, tarngemustert. Die M. nähern sich dem Boden meist nur auf 6–10 m u. werden daher selten gefangen. Heute in Peru u. Brasilien gesetzlich geschützt; Zucht in

Robert Morris: Untitled; 1986/87. Kassel, documenta 8

Schmetterlingsfarmen, auch zu kunstgewerbl. Zwecken.

Morphogenese [die; grch.] → Geomorphologie.

morphogenetisches Feld, ein Bereich im sich entwickelnden Organismus, der in der Entwicklung relativ autonom, d. h. zur Selbstgliederung u. → Regulation, fähig ist; z. B. eine Beinanlage eines Molchembryos, die nach Verpflanzung in eine neue Lage wieder ein Bein bildet.

Morphographie [die; grch.] → Geomorphologie.

Morphologie [die; grch.], 1. *Biologie:* die Lehre von der (äußeren) Gestalt der Lebewesen. Als Forschungsrichtung bedeutungsgleich mit → Anatomie.
2. *Geographie:* → Geomorphologie.
3. *Philosophie:* die Lehre von den Gebilden, Formen, Gestalten, Strukturen; insbes. auf Lebewesen bezogen (Gegensatz: *Physiologie);* im übertragenen Sinn verwendet bei O. *Spengler (Kulturmorphologie)* u. bei Günther *Müller (poetische M.);* in der heutigen Bedeutung zuerst bei *Goethe.*
4. *Sprachwissenschaft: Morphematik,* die Lehre von der Struktur u. Funktion der *Morpheme* einer Sprache u. deren Bezug zur Syntax. In der traditionellen Grammatik untersucht die M. die Gestaltveränderungen (Flexion) der Wörter u. die Wortarten.

morphologische Wertigkeit, Verhalten von Gestein gegenüber exogenen Kräften. Widerständigkeit von Gesteinen *(Resistenz);* abhängig von der Gesteinsbeschaffenheit, z. B. Härte, Klüftigkeit, Durchlässigkeit, Petrovarianz, Löslichkeit) u. klimat. Bedingungen bestimmen die m. W. Wasserlösl. Gesteinsarten haben z. B. in Trockenklimaten eine höhere m. W. als in feuchten Klimazonen.

Morphose, *Morphogenese, Morphogenesis* [die; grch.], die Ausprägung der für das Lebewesen typ. Gestalt durch Wachstums- u. Differenzierungsprozesse.

Morphotyp [grch.], der *Erscheinungstyp* innerhalb einer Tierpopulation, z. B. die Kasten bei Insekten (Termiten, Ameisen).

Morra, Knobel-Brettspiel für 2 Personen aus Italien, kreisförmiges Spielfeld mit 3 Ringbahnen u. einem Mittelfeld. Eine Figur wird durch „Knobeln" (mit Kugeln) verschoben.

Morricone, Ennio, italien. Komponist, *10. 11. 1928 Rom; Schüler G. *Petrassis;* bes. als Filmkomponist bekannt („Spiel mir das Lied vom Tod"; „Fessle mich").

Morriën, Adrian, niederländ. Schriftsteller, *5. 6. 1912 IJmuiden; schrieb ironischamüsante Erzählungen: „Ein unordentl. Mensch" 1951; „Ein besonders schönes Bein" 1955, dt. 1957; „Alissa u. Adrienne" 1957, dt. 1957; literar. Essays.

Morris, 1. Charles William, US-amerikan. Philosoph, * 23. 5. 1901 Denver, Colorado, † 15. 1. 1979 Gainesville, Florida; Schüler von G. H. *Mead*; einer der Väter der modernen Zeichentheorie (Semiotik); Hptw.: „Foundations of the theory of signs" 1938; „Signs, language and behavior" 1946; „Writings on the general theory of signs" 1971.
2. eigentl. Maurice *de Bévère*, belg. Comiczeichner, * 1. 12. 1923 Coutrai, † 16. 7. 2001 Brüssel; wurde mit der Westernserie „Lucky Luke" bekannt. Sie war zunächst als humorist. Western angelegt, wandelte sich aber mit dem Autor R. *Goscinny*, der alle Szenariоs von 1955–1977 schrieb, zu einer satir. Parodie. Es entstanden Lucky-Luke-Zeichentrickfilme u. 1992 ein Spielfilm.
◆ **3.** Robert, US-amerikan. Bildhauer, * 9. 2. 1931 Kansas City; Vertreter der *Minimalart* u. *Arte Povera*; widmete sich anfangs der Malerei, dem Film u. Tanzprojekten. Ab 1961 wandte er sich der Bildhauerei zu u. schuf, ausgehend von sparsam gestalteten Objekten, vom Zufall bestimmte monumentale „Anti-Form"-Skulpturen aus Filz, Aluminium, Glas, Sperrholz u. Balken, die ihre Wirkung erst entfalten, wenn der Betrachter um sie herum geht. 1994 wurde sein Werk durch eine Retrospektive im Guggenheim Museum in New York gewürdigt. 1999 wiederholte er in Lyon Inszenierungen von frühen Tanzperformances.
4. William, brit. Schriftsteller, Typograf, Architekt, Maler, Kunstgewerbler u. Politiker, * 24. 3. 1834 Walthamstow, Essex, † 3. 10. 1896 London; gehörte zum Kreis der Präraffaeliten u. war Wegbereiter des Jugendstils. Trat für eine Erneuerung der Kunst aus dem Geist solider Handwerklichkeit ein und gründete Werkstätten nach diesen Maßstäben. 1890 begründete er die Kelmscott Press, deren Drucke Bedeutsamkeit erlangten. Er verfasste spätromant. Dichtungen die oft mittelalterl. Vorbildern folgen („The story of Sigurd the Volsung" 1876). Er gilt als einer der Väter der Fantasy-Literatur („Das Reich am Strom" dt. 1980; „Die Quelle am Ende der Welt" 1896, dt. 1981). – Als sozialist. Politiker war er führendes Mitgl. der *Social Democratic Federation* u. Mitbegründer der *Socialist League*. In „Kunde von Nirgendwo" 1891, von W. Liebknecht 1914 übersetzt, beschrieb er seine Vorstellung einer vollendeten kommunist. Gesellschaft. Essays: „Wie wir leben u. wie wir leben könnten" 1983 (Auswahl). – Collected works, 24 Bde. 1910–1915, 1966; Letters 1950. – Auch → arts and crafts.
5. Wright, US-amerikan. Schriftsteller, * 6. 1. 1910 Central City, Nebraska; beschreibt in satir. Romanen die Menschen seiner Heimat u. deckt Frustration u. Leere im Alltagsleben auf: „Die gläserne Insel" 1953, dt. 1957; „Die maßlose Zeit" 1954, dt. 1958; „Liebe unter Kannibalen" 1957, dt. 1959; „Unterwegs nach Lone Tree" 1960, dt. 1963; „Miss Nausikaa" 1962, dt. 1964; Essays; Autobiografie: „Writing my life" 1985.

Morris Jesup [-'dʒɛsəp], *Kap Morris Jesup*, nördl. Landspitze der Erde im N Grönlands, auf 83°39′ n. Br., 1892 von dem Amerikaner R. *Peary* erstmals erreicht.

Morrison ['mɔrɪsən], **1.** Herbert Stanley, Baron of *Lambeth* (1959), brit. Politiker (Labour Party), * 3. 1. 1888 London, † 6. 3. 1965 Sidcup, Kent; seit 1923 im Unterhaus; 1929–1931 Transport-, 1940–1945 Versorgungs-, dann Munitions- u. Sicherheits-, 1945–1951 Innen-, März bis Okt. 1951 Außen-Min.; Vorkämpfer der engl. Sozialisierungspolitik, bes. im Verkehrswesen.

◆ **2.** Jim, eigentl. James *Douglas*, US-amerikan. Rocksänger u. Liedertexter, * 8. 12. 1943 Melbourne, Florida, † 3. 7. 1971 Paris; in den 1960er Jahren bei Auftritten seiner Band „The Doors" als Kultstar gefeiert.

Jim Morrison

◆ **3.** Toni, eigentl. Chloe Anthony *Wofford*, US-amerikan. Schriftstellerin afrikan. Herkunft, * 18. 2. 1931 Lorain, Ohio; stellt in experimentierfreudiger Prosa Alltag u. Geschichte der Schwarzen in den USA dar; Romane: „Sehr blaue Augen" 1970, dt. 1979; „Sula" 1974, dt. 1980; „Teerbaby" 1981, dt. 1983; „Menschenkind" 1987, dt. 1980; „Jazz" 1992, dt. 1993; „Paradies" 1998, dt. 1999; Essays:„Im Dunkeln spielen. Weiße Kultur u. literar. Imagination" 1992, dt. 1994. – 1993 Nobelpreis für Literatur.

Toni Morrison

4. Van, eigentl. George Ivan *Morrison*, brit. Rocksänger u. Songwriter, * 31. 8. 1945 Belfast, Nordirland; trennte sich 1967 von der brit. Bluesband *Them* u. entwickelte als Solointerpret einen eigenen Stil mit Blues-, Jazz-, Soul- u. Folkelementen; 1993 wurde er in die Rock'n'Roll Hall of Fame aufgenommen; Veröffentlichungen: „Astral Weeks" 1968; „Moondance" 1970; „Saint Dominic's Preview" 1972; „A Sense of Wonder" 1985; „Avalon Sunset" 1989; „Too long in Exile" 1993; „Back on Top" 1999; „The Skiffle Sessions – Live in Belfast" 2000.

Mors, dän. Insel im Limfjord, Amtskommune Viborg, 363 km², rd. 26 000 Ew.; Hauptort *Nyköbing M.*; Landwirtschaft; Erdölfunde.

Morsbach, Gemeinde in Nordrhein-Westfalen, Oberberg. Kreis, westl. von Siegen, 220 m ü. M., 11 300 Ew.; Luftkurort, roman. Kirche (13. Jh.); Wasserburgen *Krottorf* u. *Volperhausen*; Kunststoff u. Holz verarbeitende Industrie.

Mörsdorf, Klaus, dt. kath. Kirchenrechtslehrer, * 3. 4. 1909 Muhl bei Trier, † 17. 8. 1989 Planegg bei München; Prof. u. Direktor des kanonist. Instituts der Universität München (bis 1977), Konsultor der Päpstl. Kommission für die Reform des Codex Iuris Canonici; bearbeitete E. Eichmanns „Lehrbuch des Kirchenrechts" 3 Bde. [11]1964–1967.

◆ **Morse** [mɔːs], Samuel Finley Breese, US-amerikan. Maler u. Erfinder, * 27. 4. 1791 Charlestown, Mass., † 2. 4. 1872 Poughkeepsie, New York; hatte die Idee des ersten

Samuel Finley Breese Morse: Marienkapelle bei Subiaco; 1830. Worcester, Mass., Art Museum, Vermächtnis Stephen Salisbury III brauchbaren Maschinentelegrafen, der Buchstaben als Zickzackzeichen auf ein Papierband schrieb (1837) u. den er mit J. *Henry* u. A. *Vail* entwickelte. Später verwendete er ein wahrscheinlich von Vail erfundenes Zeichensystem von kürzeren u. längeren Strichen *(Morsealphabet)*. 1843 baute er die erste Versuchstelegrafenlinie zwischen Washington u. Baltimore. M. war auch Wegbereiter der Daguerreotypie in Amerika. Er malte Porträts u. Landschaften im Stil der Romantik.

◆ **Morsealphabet** [nach S. Morse], 1838–1844 eingeführter Telegrafie-Code, der früher fast ausschließlich benutzt wurde. Heute ist er in der Telegrafie vom → Fünferalphabet verdrängt u. wird nur noch gelegentlich im See- u. im Amateurfunk verwendet. Beim M. ist ein Zeichen desto länger, je seltener es durchschnittlich vorkommt.

◆ **Morseapparat** [nach S. *Morse*], ein Gerät zum Senden u. Empfangen von telegraf. Nachrichten. Es besteht (zum Senden) aus einer Taste, mit der kurze u. lange elektr. Impulse („Punkte" u. „Striche") auf die Leitung gegeben werden können, u. (zum Empfangen) aus einem Elektromagneten mit Anker, der im Takt der Impulse einen Schreibstift gegen einen gleichmäßig bewegten Papierstreifen drückt u. so Punkte oder Striche erzeugt. Der M. ist auch zum Hörempfang geeignet. Er wird heute auch im Amateur- u. im Seefunk immer seltener verwendet.

Mörser [der; lat.], **1.** *chem. Geräte:* ein schalenförmiges Gefäß aus Porzellan, Glas, Achat oder Metall, in dem mit einem Kolben *(Pistill)* Stoffe fein gestoßen oder verrieben werden. **2.** *Waffen:* ein Geschütz; ursprüngl. gleichbedeutend mit → Bombarde. Später war der M. ein schweres Steilfeuergeschütz. In der Bundeswehr ist M. die Bez. für den → Granatwerfer des 2. Weltkriegs.

Mortadella [die; ital.], Bologneser Kochwurst aus magerem Schweinefleisch, Rindfleisch, Speck u. Pistazien; 1–2 Std. gekocht u. dann geräuchert.

Mortagne-au-Perche [mɔrtanjo'pɛrʃ], Kleinstadt u. Marktort in der südl. Normandie, Dép. Orne, 4900 Ew.; Nahrungsmittelindustrie, Viehmarkt.

Mortalität [lat.], **1.** *allg.:* die Sterblichkeit, der eine Tierart, der Mensch, eine Tierfamilie oder eine Gruppe ausgesetzt sind.

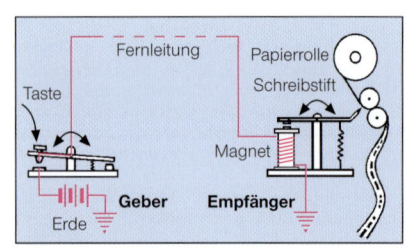

Morsealphabet: Bedeutung der Zeichen

Buchstabe	Zeichen	Satzzeichen	Zeichen
a	.-	Punkt	.-.-.-
ä	.-.-	Komma	--..--
b	-...	Fragezeichen	..--..
c	-.-.	Doppelpunkt	---...
ch	----	Apostroph	.----.
d	-..	Anführungsstriche	.-..-.
e	.	Bindestrich	-....-
f	..-.	Doppelstrich =	-...-
g	--.	Klammer ()	-.--.-
h	....	Bruchstrich	-..-.
i	..	Trennung (zw. Zahl und Bruch ³/₄)	
j	.---	Unterstreichung	..--.-
k	-.-	Anfangszeichen	-.-.-
l	.-..	Warten	.-...
m	--	Irrung	....
n	-.	Verstanden	...-.
o	---	Aufforderung zum Geben (K)	-.-
ö	---.		
p	.--.	Kreuz, Schluss der Übermittlung	.-.-.
q	--.-		
r	.-.	Schluss des Verkehrs (SK)	...-.-
s	...		
t	-	Zahlen 1	.----
u	..-	2	..---
ü	..--	3	...--
v	...-	4	....-
w	.--	5	.....
x	-..-	6	-....
y	-.--	7	--...
z	--..	8	---..
á, å	.--.-	9	----.
ñ	--.--	0	-----

2. *Ökologie:* die *Sterblichkeit* einer (tierischen) Bevölkerung *(Population)*; bestimmt durch *Mortalitätsfaktoren*, z. B. körperliche Verfassung der einzelnen Individuen, klimatische Einflüsse, natürliche Feinde u. Nahrungskonkurrenz. **3.** *Statistik:* → Sterblichkeit.

Mortalitätsquote, das Zahlenverhältnis zwischen den erzeugten Nachkommen einer Art, Gruppe oder Kultur u. den zur Geschlechtsreife gelangten Individuen.

Mortari, Virgilio, italien. Komponist, * 6. 12. 1902 Passirana di Lainate, Mailand, † 5. 9. 1993 Rom; Kompositionslehrer in Venedig (1933–1940) u. Rom (1940–1973); schrieb Opern, Orchesterwerke, Kammermusik u. Lieder im neoklassizist. Stil.

Mörtel [lat. *mortarium*, „Mörser (Mörtelgefäß)"], Verbindungs- u. Füllstoffe, die plastisch verarbeitbar sind u. durch physikal. Vorgänge (Trocknen) oder chem. Reaktion (Erhärten) verfestigen. M. *i. e. S.* ist ein Gemisch aus einem oder mehreren, miteinander verträgl. Bindemitteln u. Zuschlagstoffen (→ Zuschlag), das nach Zugabe des Anmachwassers eine verarbeitbare Konsistenz u. im weiteren Verlauf seine Verfestigung erhält. Zur Beeinflussung bestimmter Eigenschaften werden auch Zusatzmittel beigemischt. Die Bindemittel sind meist mineralisch (Zement, Baukalk, Baugips, Anhydritbinder, Magnesitbinder), jedoch werden auch Kunststoffe als Dispersionen oder Lösungen zusätzl. oder überwiegend verwendet. Sie bewirken durch Erhärten u. Verkittung der Zuschläge die Verfestigung des Mörtels. Man unterscheidet ausschließlich an der Luft erhärtende u. auch unter Wasser erhärtende *hydraulische M.* (→ kolloidaler Mörtel). Als Zuschlag dienen anorganische (natürl. u. künstl. Sande) u. organische Stoffe (z. B. Holzspäne). Die Korngröße der Sande ist zur Unterscheidung von der des Betons auf 4 mm begrenzt (Ausnahme bestimmte grobe Putzmörtel). Gips, Anhydrit, auch Lehm können ohne Zuschlag verwendet werden. Der M. wird entspr. den Anforderungen nach vorgegebenen Rezepten zusammengesetzt u. gemischt. Nach dem Verwendungszweck unterscheidet man *Mauermörtel, Putzmörtel* (→ Putz), *Einpressmörtel* (Verfüllung von Spannkanälen im Spannbetonbau), *Dämmung* (Wärmedämmung), *Dünnbettmörtel* mit Zuschlägen bzw. Füllstoffen bis 0,5 mm Korngröße für das Anbringen keramischer Bekleidungen. M. kann in Werken als *Werkmörtel* hergestellt werden u. je nach Grad der Fertigstellung ohne Wasseranteil als *Trockenmörtel,* Vor- oder *Nassmörtel* (Zugabe von Zement u. Wasser an der Baustelle) oder gebrauchsfertiger *Frischmörtel* geliefert werden.

Mörtelbienen, *Chalicodoma,* zu den *Bauchsammlern* gehörende, nicht sozial lebende Bienen, die aus einem sehr hart werdenden „Mörtel" (Sand, Lehm mit Speichel) ihre Zellen außen an Mauern, Felswänden u. Steindenkmälern befestigen; bes. in Südeuropa verbreitet.

Mörtelgrabwespen → Grabwespen.

◆ **Mortensen,** Richard, dän. Maler, * 23. 10. 1910 Kopenhagen; † 12. 1. 1993 Kopenhagen; Vertreter der Pariser Konstruktivisten; begann unter dem Einfluss von W. *Kandinsky* mit expressionist. abstrakter Malerei, gelangte ab 1947 zu einer strengen, mit geometr. Formen arbeitenden Malweise, die

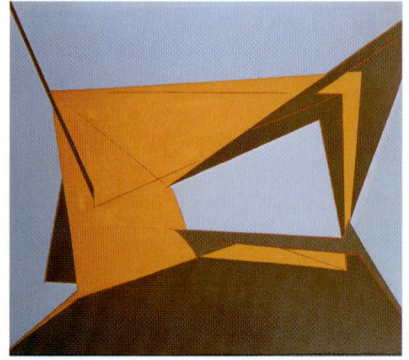

Morseapparat (Schema)

Richard Mortensen: Laura; 1962. Privatsammlung

durch Brechung u. Krümmung der Formen eine spannungsvolle Wirkung erzielt.

Morteratsch, *Piz Morteratsch,* Gipfel der schweiz. Bernina-Alpen, im Kanton Graubünden, nördl. des Piz Bernina; 3751 m.

◆ **Morteratschgletscher,** von den Firnfeldern des Piz Bernina, Piz Palü u. Piz Morteratsch nach N strömender Alpengletscher, im Kanton Graubünden (Schweiz), 7,5 km lang, 17 km² groß.

Mortgage Bonds ['mɔːgidʒ-], *Wirtschaft:* → Bond.

Morthenson, Jan Wilhelm, schwed. Komponist, *7. 4. 1940 Örnsköldsvik; Schüler von I. *Lidholm*; Studien am Studio für elektron. Musik beim WDR in Köln; beeinflusst von G. *Ligeti*; Vertreter einer konsequent nicht figurativen Musik. Werke: „Angelus" 1961; „Chains-mirrors" 1963; „Decadenza" 1968 (mit Elektronik); „Spoon river" 1969; „Citydrama" 1973; „Cultura" 1977 (elektronisch); „Dead Ends" (Klavierstück) 1984.

Mortier [mɔr'tje], Gérard, belg. Jurist u. Kulturmanager, *25. 11. 1943 Gent; 1981–1991 Direktor der Belg. Nationaloper in Brüssel, 1991–2001 künstler. Leiter u. Intendant der Salzburger Festspiele.

Mortimer ['mɔːtimə], **1.** John, brit. Schriftsteller, *21. 4. 1923 London; schreibt Dramen, Drehbücher u. Hörspiele, in denen er das bürgerl. Leben der Gegenwart glossiert: „Das Pflichtmandat" 1957, dt. 1961; „Regatta-Tag" 1962, dt. 1963; „Das Geständnis" 1967, dt. 1969; „Reise in die Welt meines Vaters" 1970, dt. 1971; „Komplizen" 1973, dt. 1974; „Rumpole of the Bailey" 1975 (Fernsehserie mit Fortsetzungen 1992/93 u. 1995); Autobiografie: „Murderers and other friends. Another part of life 1994."

2. Roger, Baron of Wigmore, Earl of March, engl. Politiker, *um 1287, †29. 11. 1330; Geliebter der Frau Eduards II. (Isabella), setzte mit dieser zusammen Eduard ab u. herrschte 1327–1330 als Regent für den noch nicht volljährigen Eduard III., der ihn 1330 festnehmen u. hinrichten ließ.

Mortlockinseln, *Takau-Inseln,* Gruppe der Karolinen (Ozeanien), südöstl. von Truk; rd. 20 Inseln, größte Insel *Takau,* überwiegend von Polynesiern bewohnt.

Morton ['mɔːtən], **1.** James Douglas, Earl of M., schott. Politiker, *um 1516, †2. 6. 1581 Edinburgh; seit 1563 Lordkanzler Maria Stuarts, beteiligt an der Ermordung ihres Sekretärs D. *Rizzio* u. ihres zweiten Mannes Lord *Darnley*; führte die Rebellenarmee des schott. Adels gegen Marias dritten Gatten *Bothwell*; erzwang Marias Abdankung; unterstützte den Earl of *Murray* als Regenten für den unmündigen Jakob VI. u. wurde 1572–1578 selbst Regent, stellte die innere Ordnung in Schottland wieder her u. stärkte die Zentralgewalt.

2. Jelly Roll, eigentl. Ferdinand Joseph *La Menthe,* US-amerikan. Jazzpianist, Bandleader u. Sänger, *20. 9. 1885 Gulfport, Louisiana, †10. 7. 1941 Los Angeles; seine Platteneinspielungen mit den „Red Hot Peppers" 1926–1930 zeigen ungewöhnl. komplexe Arrangements. In Mortons Klavierspiel vollzieht sich der Übergang vom (komponierten) Ragtime zum improvisierten Jazz.

3. William Thomas Green, US-amerikan. Zahnarzt, *9. 8. 1819 Charlton, Massachusetts, †15. 7. 1868 New York; zog am 30. 9. 1846 zum ersten Mal schmerzlos einen Zahn durch Anwendung einer Ethertropfnarkose.

Mortuarium [das; lat.], *Seelrecht, Todfall, Sterbegeld,* 1. der Teil des Nachlasses, der im MA von den Angehörigen eines Verstorbenen dem Pfarrer des Sterbeorts abgegeben wurde; 2. auch Bez. für ein Totenbuch oder eine Totenhalle an einer Kirche.

Morula [die; lat.], *Maulbeerkeim* → Embryonalentwicklung.

Morulatiere, Parasiten, → Mesozoen.

Morungen, mittelhochdt. Lyriker, → Heinrich von Morungen.

Morus [lat.] → Maulbeerbaum.

Morus, Thomas → More (2).

Morvan [mɔr'vã], *Monts du Morvan,* bewaldetes Granitgebirge im mittleren Frankreich, nördl. Ausläufer des Zentralplateaus zum Pariser Becken, im *Haut-Folin* 902 m; Holzwirtschaft u. Viehzucht.

Morvi, Stadt in Gujarat im NW Indiens, m. V. 120 000 Ew.; 1979 nach einem Bruch des Machoo-Staudamms weitgehend zerstört.

Morwell [mɔː'wɛl], Stadt in Südvictoria (Australien), im Braunkohlengebiet des Latrobe Valley, 15 400 Ew.; Großkraftwerk.

MOS, Abk. für engl. *metal oxide semiconductor,* Metalloxid-Halbleiter, → Feldeffekt-Transistor.

◆ **Mosaik** [das; arab. *musauik,* „geschmückt"], eine Kunsttechnik, die durch flächiges Zusammenfügen von farbigen Steinen oder Glasstücken figürl. Bilder oder ornamentale Dekorationen gestaltet.

Ursprungsgebiet der Mosaiktechnik ist der Orient; die ältesten, mehr als 5000 Jahre alten Funde stammen aus Uruk. Es handelt sich bei diesen ältesten Beispielen größtenteils um keram. Arbeiten aus primitiv geformten u. im Feuer gebrannten Tonstiften, die, mit farbigen Kopfflächen versehen, nebeneinander in Lehmwände eingelassen wurden u. offenbar nicht nur als Wandverzierung, sondern auch als Schutz gegen Witterungseinflüsse gedacht waren. Besser als über die frühgeschichtl. Anfänge ist man über die Entwicklung der Mosaiktechniken im griech.-röm. Altertum unterrichtet. Die frühesten Mosaiken, aus spätklass. u. hellenist. Zeit, sind Kieselmosaiken (z. B. Pella, Palast der makedon. Könige); schon im späten 3. Jh. erfolgte der Übergang zur Mosaiktechnik mit farbigen, zurechtgeschlagenen Steinwürfeln, die alsbald zu hoher Perfektion entwickelt wurde (z. B. *Tigerreitermosaik* in Delos, vor 86 v. Chr.; *Alexandermosaik* aus Pompeji, Ende des 2. Jh. v. Chr.); in Pompeji haben sich auch frühe Beispiele für Wandmosaiken erhalten; in der späteren Kaiserzeit fand die Mosaiktechnik im gesamten Imperium weiteste Verbreitung in öffentl. u. privaten Bauten. Großformatige, bilder- u. figurenreiche Mo-

Morteratschgletscher: Die Gletscherzunge endet in 2100 m Höhe im Val Morteratsch

Mosaik: Stiftmosaik aus Uruk; 3. Viertel des 4. Jahrtausends v. Chr. Berlin, Staatliche Museen zu Berlin – Preußischer Kulturbesitz, Vorderasiatisches Museum

173

Mosaikgen

Mosaik: Taufe Christi; Kuppelmosaik Ende 5. bis Anfang 6. Jh. Ravenna, Baptisterium der Arianer

saiken u. Mosaik-Zyklen sind bes. aus Rom (Caracalla-Thermen), Sizilien (Piazza Armerina, Ende 3. Jh. n. Chr.), Syrien u. Nordafrika bekannt; neben mytholog. Darstellungen finden sich solche des Landlebens oder von Zirkusspielen. Außer den farbigen Mosaiken sind schlichtere, figürl. oder ornamentale Mosaiken in Schwarz-Weiß-Technik erhalten.

Das *Glasmosaik*, nicht nur in Griechenland, sondern während der ersten nachchristl. Jahrhunderte auch in Italien zu hoher Kunst entwickelt u. von da an die vorherrschende Form des Mosaiks im Orient u. im Abendland, zeichnet sich gegenüber dem aus Natursteinen gesetzten M. durch weit größeren Farbenreichtum aus. Bei bes. kostbaren Mosaiken wird diese starke Farbigkeit noch erhöht durch Edelsteine u. blattgoldunterlegte Glaswürfel. Letztlich unterscheidet sich die Technik des Glasmosaiks von der des Steinmosaiks nur dadurch, dass statt der Steinstifte oder -platten Würfel aus farbigem Glasfluss verwendet wurden.

Im 5.–12. Jh. entstanden im Byzantin. Reich, u. a. in Konstantinopel u. Saloniki, Mosaiken von so detaillierter Materialfeinheit, dass für den Betrachter die durch die Zwischenräume der einzelnen Steine gebildete Fugenstruktur völlig hinter dem Gesamteindruck der Darstellung zurücktritt. Das M. war hier nicht mehr einfacher Flächendekor, sondern in erster Linie Bild, vor allem Wand- u. Gewölbebild, d. h., die ornamentalen Elemente wurden durch figürl. bildhafte Darstellungen mit meist sakralem Charakter ersetzt. Der gleiche Wandel vollzog sich in Italien, wo bis zum 13. Jh. zahlreiche griech. Mosaikkünstler tätig waren.

Die bedeutendsten Kirchenmosaiken haben sich in Rom (Sta. Maria Maggiore, Sta. Pudenziana) u. in Ravenna erhalten (Sant'Appollinare Nuovo, San Vitale, zwei Baptisterien). Sie stammen aus dem 5. u. 6. Jh.; ihre Schönheit wird von der späteren Mosaikkunst kaum übertroffen, wenn diese auch in Italien nach einem zeitweiligen Rückfall in eine mehr dekorative Formensprache noch im 14. Jh. großartige Werke hervorbrachte. – Alte Mosaiken auf dt. Boden (Köln, Trier) sind fast ausnahmslos Funde aus der Römerzeit.

Im 19. Jh. erfuhr das M., nachdem einige Künstler schon im 18. Jh. in Rom eine Mosaikschule begründet hatten, eine historisch motivierte Wiederbelebung. Der Italiener Antonio *Salviati* errichtete 1860 in Venedig eine Glasmosaik-Fabrik, restaurierte u. kopierte alte Mosaiken u. folgte einer damals auch in Deutschland verbreiteten Neigung, historische Kunstwerke u. die Stile ganzer Kunstepochen mehr oder minder getreu nachzuahmen. Als selbständig künstlerische u. kunsthandwerkliche Gattung trat das M. erst wieder in unserer Zeit in Erscheinung mit Arbeiten von M. *Chagall*, H. *Erni*, F. *Léger* u. F. *Winter*.

Die heutige Mosaiktechnik unterscheidet sich von den älteren Steinsetzverfahren dadurch, dass die Stein- oder Glaswürfel bei größeren Arbeiten nicht mehr nach einer auf dem frischen Mörtel gezeichneten Umriss-Skizze in die Wand gedrückt werden; vielmehr wird die Zeichnung mit genauen Farbangaben auf einem in Bildgröße geschnittenen Karton festgelegt, auf den man dann die Würfel mit der Kopfseite aufklebt u. in größeren Partien in den Mörtelbelag bettet. Der Karton wird nach dem Trocknen des Mörtels abgeweicht. Die Steine werden aus Glas, Flussmitteln u. Metalloxiden in einem Schmelzbrand mit Temperaturen von 1200° bis 1300 °C hergestellt. Die Schmelzmasse, zu tellergroßen, verschieden starken „Kuchen" ausgepresst u. dann spannungsfrei gekühlt, wird mit Meißel u. Hammer in Steinchen mit gewünschter Größe zerteilt.

Mosaikgen, Bez. für ein eukaryont. Gen, das sich aus nicht-codierenden (*Introns*) u. codierenden Bereichen (*Exons*) zusammensetzt.

Mosaikkeim, Begriff der Entwicklungsphysiologie; im Gegensatz zum → Regulationskeim können hier bei Störungen der Normalentwicklung (z. B. durch Trennung der frühen Blastomeren) keine 2 Individuen entstehen, da 4 unterschiedliche Cytoplasmasorten in der Eizelle früh determiniert u. im 64-Zellstadium (→ Furchung) mosaikartig aufgeteilt sind (bei bestimmten wirbellosen Tieren, wie z. B. Ascidien).

Mosaikkrankheit, eine meist auf Virusbefall zurückzuführende Pflanzenkrankheit, die sich in der Bildung hellerer grünlicher oder weißlicher Flecken auf den Blättern äußert. Die M. tritt bes. bei Tabak, Kartoffeln, Gurken auf. Bekämpfung: Vernichtung der befallenen Pflanzen, Bekämpfung der die Erreger übertragenden Insekten, Züchtung resistenter Sorten.

Mosaikplatten, kleinformatige (Fläche maximal 90 cm²) Steinzeug-Bodenfliesen, die glasiert oder unglasiert in geometrischen oder Ornamentformen hergestellt werden u. durch den großen Fugenanteil hohe Gleitsicherheit haben. An Plattengrößen werden unterschieden: *Kleinmosaik* mit Abmessungen von etwa 2×2 cm, *Mittelmosaik* von etwa 5×5 cm.

mosaisch, *i. e. S.* von Mose, auf Mose bezogen; *i. w. S.* jüdisch.

Mosaisches Gesetz, die Gesetzesbestimmungen der 5 Bücher Mose; auch → Pentateuch.

Mosambik, Staat in Südostafrika, → Seite 176.

Mosambik, *Moçambique* **1.** *Straße von Mosambik,* über 3000 m tiefe Meeresstraße zwischen Madagaskar u. dem afrikan. Festland, an der engsten Stelle 400 km breit.
◆ **2.** Hafenstadt im N der gleichn. Rep. in Ostafrika, auf einer Koralleninsel vor der Küste, rd. 20 000 Ew.; Kirchen, Festungen, Paläste (Weltkulturerbe seit 1991); im 10. Jh. von arab. Kaufleuten gegr., 1498 von Vasco da Gama für Portugal in Besitz

Mosaik: Fritz Winter, Glasmosaik; 1958. Berlin, U-Bahnhof Hansaplatz

174

genommen, bis 1897 Hptst. von Portugies.-Ostafrika.
Mosambikbecken, Meeresbecken südl. der Komoren im Ind. Ozean, zwischen Mosambik u. Madagaskar, bis 3548 m tief.
Mosander [mu-], Carl Gustav, schwed. Chemiker, * 10. 9. 1797 Kalmar, † 15. 10. 1858 Ängsholm; entdeckte 1839 das Element Lanthan u. 1843 die Elemente Erbium u. Terbium.
Mosasaurier [lat.], *Maasechsen,* marine Reptilien der Oberkreide aus der Verwandtschaft der *Warane,* die sich schlängelnd u. paddelnd fortbewegten; bis 12 m lang, weltweit verbreitet.

Mosbach

◆ **Mosbach,** Kreisstadt in Baden-Württemberg, an der Elz, nördl. von Heilbronn, 25 100 Ew.; Luftkurort; Fachwerkbauten, Pfarrkirche (15. Jh.), Rathaus (16. Jh.); Textil-, Nahrungsmittel-, Metall-, Maschinen- u. keramische Industrie. – Verw.-Sitz des *Neckar-Odenwald-Kreises.*
Mosca, Gaetano, italien. Politiker u. Soziologe, * 1. 4. 1858 Palermo, † 8. 11. 1941 Rom; war zunächst Jurist, Parlamentsabgeordneter, Unterstaatssekretär im Kolonialministerium, Publizist u. Senator; 1923–1933 Prof. in Rom. Im Mittelpunkt seiner polit. Soziologie stand die Theorie der „politischen Klassen" („Die herrschende Klasse" 1915), nach welcher die Stabilität eines Gesellschaftssystems durch die Herrschaft einer privilegierten u. organisierten Minderheit gewährleistet wird. M. unterstrich damit im Gegensatz zu demokratischen Bestrebungen die Notwendigkeit von Eliten.
Moscato spumante [ital.], noch hefetrüber, moussierender Wein aus Italien.
Mosch, Ernst, dt. Posaunist u. Orchesterleiter, * 7. 11. 1925 Zwodau bei Falkenau (tschech. Sokolov), † 15. 5. 1999 Germaringen, Allgäu; gründete 1956 die überaus erfolgreichen „Original Egerländer Musikanten", mit denen er die volkstüml. Blasmusik pflegte.
Moschav [der, Pl. *Moschavim;* hebr., „Siedlung"], *Moschav Ovdim,* der verbreitetste Typ von Genossenschaftssiedlungen in Israel. Er beruht auf Nationaleigentum, Pflicht zur Eigenarbeit (Lohnarbeiter nur in Ausnahmefällen wie Erntespitzenzeiten), Verpflichtung zu gegenseitiger Hilfe sowie genossenschaftl. Einkauf u. Vermarktung. Jeder Siedler führt seinen eigenen Betrieb u. bewohnt ein eigenes Haus. Der erste M. war *Nahalal* (1921). Die Sonderform des *M. Olim* ist für Neueinwanderer ohne landwirtschaftl. Erfahrung bestimmt; diese Moschavim werden anfangs von Instruktoren zentraler Siedlungsbehörden geleitet. Der *M. Schitufi* ist eine Zwischenform zum → Kibbuz mit kollektivem Besitz u. gemeinsamer Wirtschaft, aber eigenem Haus u. Haushalt, individuell geregeltem Arbeitsentgelt u. Gewinnanteilen. Die meisten Moschavim sind eng mit polit. Parteien verbunden.
Moschava [die, Pl. *Moschavot;* hebr.], in Israel ein Dorf mit privatem Bodenbesitz, Einzelwirtschaft, individueller Vermarktung u. Beschäftigung von Lohnarbeitern; zu unterscheiden von *Moschav* u. *Kibbuz.* Es gibt jüd. u. arab. Moschavot.
Moschee [die; arab., „Ort des Sich-Niederwerfens"], islam. Anlage mit gedecktem Raum für das gemeinsame Gebet der Gemeinde, zurückgehend auf das Haus des Propheten Mohammed in Medina; als Hofmoschee gegliedert um einen quadrat. oder rechteckigen Hof mit seitl. Hallen *(Riwaqs).* An der nach Mekka gerichteten Seite *(Qibla)* befindet sich der Betsaal *(Haram)* mit Gebetsnische *(Mihrab),* im Hof ein Brunnen für rituelle Waschungen. Die mit Balkonen versehenen *Minarette* dienen der Gebetsausrufung durch den Muezzin. Im Innern haben große Moscheen eine Kanzel *(Minbar)* für die Freitagspredigt, u. U. auch eine Fürstenloge *(Maqsura)* u. eine Vorbeterestrade *(Dikka).* Zum Inventar gehören ein Predigtstuhl *(Kurse),* Lesepulte *(Rahle),* Korankästen, Moschee-Ampeln u. Gebetsteppiche *(Sedschadea).* – Weitere Haupttypen sind die pers. *Iwan-Hofmoschee,* die hauptsächlich in der Türkei verbreitete *Kuppelmoschee* u. die mit einem Mausoleum verbundene *Grabmoschee.*
Moschee-Ampel, in islam. Gotteshäusern für das Früh- u. Abendgebet notwendige Beleuchtung: von der Decke hängende vasenförmige Gefäße, die Glaseinsätze für das Öl enthalten; prunkvolle Ausführungen aus Metall, Glas u. Keramik.
Moscheles, Ignaz, dt. Pianist, Dirigent u. Komponist, * 30. 5. 1794 Prag, † 10. 3. 1870 Leipzig; begegnete F. *Mendelssohn-Bartholdy* u. *Beethoven,* unter dessen Anleitung er den ersten Klavierauszug des „Fidelio" anfertigte; gefeierter Virtuose u. Klavierpädagoge; komponierte u. a. Klavierkonzerte u. Etüden.
Moscher ['mɔsçər], *Muschki,* Volk im alten Kleinasien, in griech.-röm. Zeit südl. des

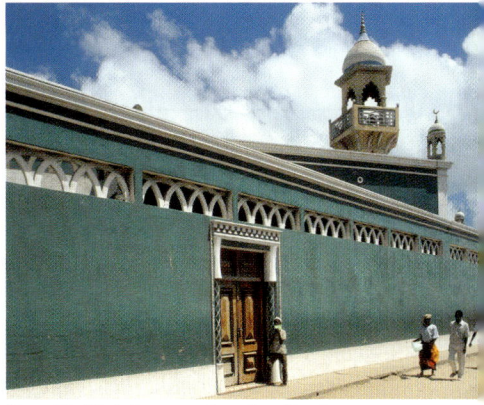

Mosambik (2): Außenmauer der grünen Moschee

Kaukasus am Schwarzen Meer. In den assyr. Texten des 12.–18. Jh. v. Chr. wird die Bez. *M.* für die *Phryger* verwendet; es ist nicht sicher, ob es sich um einen anderen Namen für denselben Volksstamm handelt oder ob die M. mit den Phrygern um 1200 v. Chr. in Kleinasien eingewandert sind.

Johann Michael Moscherosch

◆ **Moscherosch,** Johann Michael, Pseudonym: *Philander von Sittewald,* dt. Schriftsteller, * 5. 3. 1601 Willstätt bei Kehl, † 4. 4. 1669 Worms; hoher Beamter; barocker Erzähler u. Satiriker, Mitgl. der „Fruchtbringenden Gesellschaft". In seinen locker gefügten, z. T. der Traumdichtung „Sueños" des Spaniers F. G. de *Quevedo y Villegas* nachgeschaffenen „Gesichte Philanders von Sittewald" 1640–1643 übte er als bürgerl. Patriot Kritik an seiner Zeit.
Moschus [der; altind.], das Sekret aus den Moschusdrüsen der männl. Moschustiere *(Moschusmoschiferus).* Enthält als Riechstoff *Muscon* u. ist auch in äußerst geringer Konzentration wahrnehmbar. Parfümeriegrundstoff oft durch synthet. Erzeugnisse ersetzt, z. B. durch *Moschusketon, Xylolmoschus* u. *Moschusambrette.*

◆ **Moschusbock,** *Aromia moschata,* ein bis 35 mm langer, lebhaft metallisch grüner, nach Moschus riechender *Bockkäfer,* dessen Larven sich in brüchigen Weiden entwickeln; geschützte Art.

Moschusbock, Aromia moschata

◆ **Moschusböckchen,** *Neotragus moschatus,* zu den *Böckchen* gehörende Antilopenart von nur 34 cm Schulterhöhe, mit Moschusdrüsen; in Ostafrika u. Sansibar.

Fortsetzung S. 178

Moschusböckchen, Neotragus moschatus

Mosambik

Offizieller Name: Republik Mosambik

Autokennzeichen: MOC
Fläche: 801 590 km²
Einwohner: 19,3 Mio.
Hauptstadt: Maputo
Sprache: Portugiesisch
Währung: 1 Metical = 100 Centavos
Bruttosozialprodukt/Einw.: 210 US-Dollar
Regierungsform: Präsidiale Republik
Religion: Anhänger von Naturreligionen, Christen, Moslems
Nationalfeiertag: 25. Juni
Zeitzone: Mitteleuropäische Zeit +1 Std.
Grenzen: Im N Tansania, im O Indischer Ozean, im S Swasiland, im SW Südafrika, im W Simbabwe, Sambia u. Malawi
Lebenserwartung: 44 Jahre

Landesnatur Während teilweise sumpfiges Flachland die Küste begleitet u. den S einnimmt, erhebt sich im N u. beiderseits des Sambesi ein 1000–2000 m hohes, an Inselbergen reiches Rumpfflächenland. Einzelne Inselbergmassive sind über 2000 m hoch, z. B. das Namuligebirge (2419 m). Die Küste südl. der Sambesimündung ist eine dünen- u. lagunenreiche Ausgleichsküste mit zahlreichen, nach N geöffneten Buchten; nördl. davon wechseln Steil- u. Flachküsten einander ab.
Klima: Bis auf den subtrop. äußersten S gehört Mosambik zum Bereich der wechselfeuchten, vom Monsun bestimmten Tropen. Die jährl. Niederschläge, die vorwiegend im Sommer fallen, sind am höchsten an den Inselbergmassiven im N u. im mittleren Küstengebiet (rd. 1400 mm/Jahr), gering am Sambesi um Tete u. mit 400 mm/Jahr am niedrigsten in den südl. Provinzen Inhambane u. Gaza. Im Frühjahr 2000 verwüstete eine Hochwasserkatastrophe den N des Landes u. forderte fast 1000 Menschenleben.
Vegetation: Der größte Teil des Landes wird von Trockenwald u. Savanne mit Galeriewäldern eingenommen. Im Küstenflachland wachsen gebietsweise ausgedehnte Mangrovewälder. Korallenbänke gibt es im Bereich des weit nach S reichenden, warmen Agulhasstroms.

Bevölkerung Die Bewohner stammen zu 98 % aus etwa 60 verschiedenen Bantustämmen, die sich infolge von Wanderungen, Vermischungen u. z. T. kultureller Assimilation nicht mehr klar voneinander trennen lassen. Bes. im Küstengebiet gibt es Minderheiten von Asiaten u. Mischlingen. Die Zahl der Inder hat durch die Ausweisung im Jahr 1962 abgenommen, nach der Unabhängigkeit auch die Zahl der Europäer (nur einige Tausend). Der größte Teil der einheim. Bevölkerung gehört Naturreligionen an, 12 % sind katholisch u. 19 % protestantisch, 25 % sind Moslems (besonders im N des Landes). Amtssprache ist Portugiesisch, Hauptverkehrssprache Kisuaheli. Trotz bestehender Schulpflicht lag die Analphabetenrate in den 1990er Jahren bei 60 %.

Wirtschaft Mosambiks Wirtschaftslage hat sich seit der Unabhängigkeit drastisch verschlechtert. Der durch die Ausweisung von über 200 000 Weißen bedingte Mangel an Facharbeitern u. an Kapital führte in Verbindung mit der überstürzt durchgeführten Verstaatlichung von Grund u. Boden sowie der Produktionsmittel zu einem starken Rückgang der landwirtschaftl. u. industriellen Produktion. Die katastrophale Wirtschaftslage veranlasste die Regierung Mitte der 1980er Jahre jedoch zu einer allmählichen Rückkehr zu marktwirtschaftl. Grundsätzen. Der Bürgerkrieg zerrüttete Wirtschaft u. Infrastruktur des Landes vollends u. machten es von Entwicklungshilfe abhängig. Mosamik zählt heute zu den ärmsten Ländern der Erde.
Rd. 81 % der Bevölkerung leben von der Landwirtschaft, die überwiegend nur der Selbstversorgung dient. Obwohl 70 % des Staatsgebiets landwirtschaftlich nutzbar sind, werden erst 3,9 % der Fläche im Feldbau u. weitere 8 % als Weideland genutzt. Die Erzeugung der drei wichtigen Exportprodukte Cashewnüsse, Baumwolle und Zuckerrohr ist seit der Unabhängigkeit stark zurückgegangen. Ansonsten werden vor allem Mais, Maniok, Reis, Hülsenfrüchte, Erdnüsse, Bananen, Zitrusfrüchte, Tee, Tabak und Kokospalmen angebaut. Die Viehzucht hat wegen der Verbreitung der Tsetsefliege geringe Bedeutung. Dem Fischfang kommt für die Nahrungsmittelversorgung der Bevölke-

Schulunterricht im Freien

rung große Bedeutung zu; Krustentiere gelangen in nennenswertem Umfang in den Export.

Mosambik hat reiche Vorkommen an Kohle, Erdöl, Eisen, Bauxit, Uran, Magnesit, Kupfer u. Glimmer. Die industrielle Entwicklung blieb bisher bescheiden. Der 1970–1974 erbaute, aber erst seit 1997 voll einsatzfähige Staudamm Cabora Bassa dient der wirtschaftl. Erschließung des Sambesitals. Die durch die Wasserkraftwerke gewonnene elektrische Energie soll auch in Nachbarländer (hauptsächl. Südafrika) exportiert werden u. dem Land Deviseneinnahmen bringen, doch sind immer noch zahlreiche Stromleitungen unterbrochen.

Verkehr Das Landverkehrsnetz ist weitmaschig, doch haben die Eisenbahnverbindungen aus Südafrika, Simbabwe u. Malawi zu den Häfen in Mosambik für den Transitverkehr große wirtschaftl. Bedeutung, wie auch die Häfen Maputo u. Beira zum großen Teil Güter von den benachbarten Binnenländern umschlagen. Die Streckenlänge der Eisenbahnen beträgt 3130 km. Von den im Jahre 1996 vorhandenen 30 400 km Straßen waren 5700 km geteert. Wichtigste Häfen sind Maputo, Beira u. Nacala. Gut ausgebaut sind die internationalen Flugverbindungen u. der Verkehr mit kleinen Flugzeugen innerhalb des Landes; internationale Flughäfen gibt es in Maputo u. Beira.

Geschichte Das Küstenland wurde bis zur Eroberung durch die Portugiesen „Sandsch" genannt. Wahrscheinlich waren die Bewohner Bantu-Mischlinge. Zwischen dem 9. u. 13. Jh. verbreitete sich die Technik der Bearbeitung von Metall, vor allem Eisen. Im Hinterland (auf dem Gebiet des heutigen Simbabwe) lag die Hauptstadt des *Monomotapa-Reichs*, u. Gebiete des heutigen Staates gehörten diesem Reich an, u.a. die Hafenstadt *Sofala*, die Exportplatz für Gold, Elfenbein, Bernstein u. Felle war. Es siedelten sich arabische Kaufleute an, die Handel mit Indien trieben. 1505 besetzten Portugiesen die Küste, drangen in das Landesinnere vor u. eroberten allmählich das Monomotapa-Reich. Es wurde zunächst vom Vizekönig von Goa verwaltet, untersand aber seit Anfang des 17. Jh. einem eigenen Gouverneur u. wurde 1752 Kolonie. Nach 1880 verlor Portugal einen Teil seines Einflussbereichs in Ostafrika (Rhodesien, Malawi) an Großbritannien; auf der Berliner Kongokonferenz 1884/85 wurden die Grenzen Mosambiks endgültig festgelegt. Nach dem 1. Weltkrieg setzte verstärkt die Einwanderung von Weißen ein. Die wirtschaftl. Erschließung des Landes begann erst nach 1930. 1951 wurde Mosambik zur Überseeprovinz erklärt, 1961 erhielten alle Bewohner portugies. Bürgerrecht.

Bald nachdem die ersten Kolonialgebiete in Afrika unabhängig geworden waren, wurde die Befreiungsbewegung *Frelimo* („Frente de Libertação de Moçambique") 1962 im Exil (Tansania) gegründet, wenig später von der *OAU* (Union für afrikan. Einheit) anerkannt u. von zahlreichen kommunist. Staaten unterstützt (u.a. von der UdSSR u. China). Mit Hilfe einiger Stämme begann die Frelimo den Unabhängigkeitskampf gegen die Kolonialmacht u. brachte die nördl. Provinzen unter ihren Einfluss. Nach der Umwälzung in Portugal wurde Mosambik 1974 die Unabhängigkeit zugestanden. Schon vor dem Unabhängigkeitstag am 25. 6. 1975 begann der Exodus der weißen Bevölkerung. Staatspräsident wurde S. *Machel*, der Führer der Frelimo nach der Ermordung von E. *Mondlane*. Machel proklamierte Mosambik zur Volksrepublik, benannte die Hptst. Lourenço Marques in Maputo um u. begann mit der Verstaatlichung von Wirtschaft u. Banken u. der Umerziehung der Bevölkerung. Die Frelimo wurde zur marxist. Einheitspartei umgebildet. Wirtschaftsprobleme u. Hungersnöte erzwangen Mitte der 1980er Jahre eine vorsichtige Annäherung an den Westen. 1984 schloss Mosambik mit Südafrika einen „Nichteinmischungsvertrag". Trotzdem unterstützte Südafrika weiterhin die antimarxist. Rebellenbewegung *Renamo*, die das Frelimo-Regime seit der Unabhängigkeit in einem blutigen Bürgerkrieg bekämpfte. Dem tödlich verunglückten Machel folgte 1986 J. A. *Chissano* als Staatspräsident. Er führte seit 1989 eine politische Liberalisierung durch. Die Verfassung von 1990 institutionalisierte ein Mehrparteiensystem. Die Volksrepublik Mosambik wurde zur Republik. 1992 unterzeichneten Chissano u. der Renamo-Führer A. *Dhlakama* ein Friedensabkommen, dessen Einhaltung von UN-Friedenstruppen überwacht wurde. 1994 fanden freie Parlaments- u. Präsidentschaftswahlen statt, bei denen Chissano im Amt bestätigt wurde. Die Frelimo gewann die meisten Parlamentssitze. Im folgenden Jahr erlangte Mosambik die Mitgliedschaft im Commonwealth. Die Präsidentschafts- u. Parlamentswahlen im Dezember 1999 gewannen erneut Chissano u. die Frelimo. Die Renamo weigerte sich, das Ergebnis anzuerkennen u. bezichtigte die Frelimo des Wahlbetrugs. Internationale Beobachter bewerteten jedoch die Wahlen als weitgehend frei u. fair.

Moschusente

Moschusente, Cairina moschata

◆ **Moschusente,** *Türkenente, Cairina moschata,* stimmlose, kräftige, kurzbeinige, metallisch schwarz-grüne *Ente* aus Mittel- u. Südamerika, mit roten Warzen in der Augengegend. Die M. ist domestiziert u. in Europa eingeführt worden. Die Erpel verbreiten während der Paarungszeit Moschus- oder Bisamgeruch.

Moschushirsche, *Moschinae,* Unterfamilie der *Hirsche* mit nur einer Art, dem Moschustier oder Moschushirsch *(Moschus moschiferus),* von 55–80 cm Schulterhöhe. Er ist der kleinste Hirsch. Die Männchen sind geweihlos, mit langen hauerartigen Eckzähnen im Oberkiefer u. mit einer Moschusdrüse in der Nabelgegend. M. leben in Bergwäldern Mittel- u. Südostasiens.

Moschushyazinthe → Traubenhyazinthe.
Moschuskraut, *Adoxa moschatellina,* die einzige Art der *Moschuskrautgewächse (Adoxaceae);* ein kleines, mit fadenförmigen, weißen Rhizomen kriechendes u. nach Moschus duftendes Waldkraut. Die Blüten sind unscheinbar grün.
Moschuskrautgewächse, *Adoxaceae,* Familie der *Rubiales,* deren einzige Art das *Moschuskraut* ist.
Moschusmalve → Malve.
◆ ⓘ **Moschusochse,** *Rindergämse, Bisamochse, Ovibos moschatus,* einzige rezente Art der *Ovibovinae* (Unterfamilie der *Horntiere);* über 1,20 m große, büffelähnl. Herdentiere des nördl. Nordamerika u. Grönlands. Die Stiere haben Moschusdrüsen.
Moschuspolyp, *Eledone moschata,* bis 60 cm langer, achtarmiger *Kopffüßer* (→ Kraken); ein Bewohner der Sand- u. Schlammgründe größerer Tiefen des Mittelmeers, der nach Moschus riecht u. wenig schwimmt. Seine Arme sind bis auf die Hälfte ihrer Länge durch Häute *(Velarhäute)* miteinander verbunden. Er hat nur eine Saugnapfreihe pro Arm.
Moschusrattenkänguru, *Hypsiprymnodon moschatus,* ein *Känguru* mit einer Körperlänge von nur 23–34 cm. Der Schwanz ist nackt u. wie bei Ratten beschuppt, die Extremitäten sind nahezu gleich lang. Als einzige *Springbeutler* haben sie eine gut bewegliche Großzehe. Moschusrattenkängurus sind Tagtiere, die stark nach Moschus riechen u. sich als Allesfresser ernähren. Verbreitung: Nordostaustralien.
Moschusschildkröten, *Sternotherus,* Gattung der *Schlammschildkröten.* Der Bauchpanzer ist relativ klein, der Rückenpanzer hoch gewölbt. Es gibt drei Arten in Nordamerika von Südkanada bis Nordmexiko. Wegen ihres Geruchs werden M. „Stinktöpfe" genannt. M. leben im Wasser u. gehen nur zur Eiablage an Land. Sie ernähren sich von Aas, Krebsen, Schnecken, Würmern u. Pflanzen.
Moschuswurzel, *Sumbulwurzel,* bitteraromatische, moschusartig riechende Wurzelstöcke der in Asien heim. *Ferula sumbul,* ein *Doldengewächs (Umbelliferae);* medizin. Verwendung als nervenstärkendes Heilmittel u. gegen Durchfälle (Ruhr).
Mościcki [mɔʃˈtʃitski], Ignacy, poln. Chemiker u. Politiker, *1. 12. 1867 Mierzanów bei Płock, †2. 10. 1946 Versoix bei Genf; Prof. in Freiburg (Schweiz) u. Lemberg 1922–1926; 1926–1939 als Anhänger J. *Piłsudskis* Staats-Präs.; Amtsverzicht am 30. 9. 1939; blieb im Exil in der Schweiz.
Moscoso, Mireya, panama. Politikerin (Partido Arnulfista, PA), *1. 7. 1946 Panama; Innenarchitektin u. Wirtschaftswissenschaftlerin; Witwe des früheren Präs. Arias (†1988) mit der sie im Exil lebte; kehrte 1989 nach Panama zurück u. übernahm 1991 den Vorsitz des Partido Arnulfista; seit 1999 Staatspräsidentin Panamas.

Moschusochse (*Ovibos moschatus*)

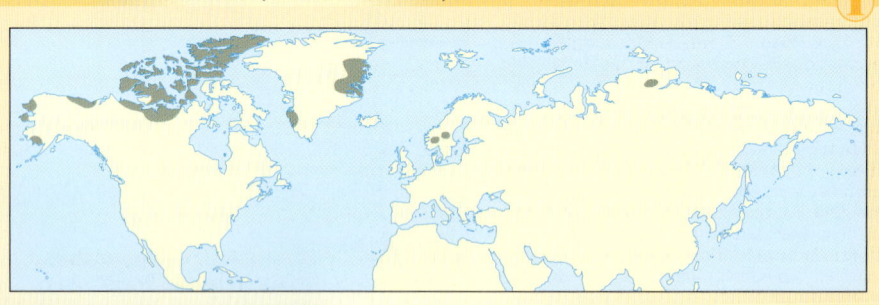

Verbreitung des Moschusochsen

Verbreitung:	zirkumpolar in der Arktis
Lebensraum:	Tundra
Lebensweise:	Herdenbildung, stabile Verbände mit Rangordnung
Maße:	Kopf – Rumpflänge beim Männchen 245 cm, beim Weibchen 200 cm; Standhöhe beim Männchen 130 cm, beim Weibchen 125 cm; Gewicht beim Männchen 265 – 380 kg, beim Weibchen 180 – 200 kg
Nahrung:	Gräser, Seggen, dazu Blütenpflanzen, Laub von Sträuchern
Tragzeit:	8 – 9 Monate
Zahl d. Jungen pro Geburt:	1
Höchstalter:	20 – 24 Jahre

Das charakteristische Merkmal der Moschusochsen ist ihr langes, zottiges brauniges Haarkleid, darunter eine dicke Schicht isolierender feiner Unterwolle – eine Anpassung an das Leben in den unwirtlichen Breiten des hohen Nordens. Damit trotzen die massigen Tiere auch den Schneestürmen, die im Winter über das Land fegen

Mose führt das Volk Israel durch das Rote Meer; Fresko von Raffael, um 1516. Vatikan, Loggie di Raffaelo

◆ **Mose** [ägypt.], *Moses*, im AT der Empfänger der Offenbarung Gottes (Jahwes) am Sinai, der Vermittler des Gesetzes (10 Gebote) u. der von Gott beauftragte Führer des Volkes Israel beim Zug von Ägypten bis ins Ostjordanland (um 1225 v.Chr.). Die geschichtl. Überlieferung im AT ist weithin von alten Sagenstoffen durchsetzt. Die 5 Bücher Mose *(Pentateuch)* im AT sind nach ihm benannt, aber nicht von ihm verfasst.

◆ **Mosel**, frz. *Moselle*, linker Nebenfluss des Rheins, 545 km; entspringt in den Südvogesen (Col de Busang, Frankreich), fließt in Mäandern durch das Rhein. Schiefergebirge an den Weinorten Bernkastel-Kues, Zell, Traben-Trarbach, Kröv u. a. vorbei, mündet bei Koblenz; bis ins lothringische Erzgebiet schiffbar. Die Kanalisierung zwischen Diedenhofen u. Koblenz ist seit 1964 abgeschlossen, 14 Staustufen mit Schleusen. Wichtigste Nebenflüsse rechts: *Meurthe, Selz, Saar, Ruwer,* links: *Madon, Orne, Sauer, Kyll, Lieser, Alf.*

Moseley ['mɔuzli], Henry, brit. Physiker, *23. 11. 1887 Weymouth, †10. 8. 1915 (gefallen); entdeckte 1913 das *Moseley'sche Gesetz.*

Moseley'sches Gesetz ['mɔuzli-], nach H. *Moseley* benannte Beziehung zwischen der Frequenz einer Spektrallinie der charakterist. Röntgenstrahlung u. der Ordnungszahl Z des emittierenden Atoms.

Moselfranken, die fränk. Bewohner des Moseltals, der Südeifel, des westl. Hunsrück u. von Luxemburg, des Saargaus u. des nördl. Lothringen. Sie sprechen den *moselfränk. Dialekt,* in Luxemburg *Luxemburgisch* oder *Letzeburgisch* genannt.

Moselfränkisch → deutsche Mundarten.

Moselle [mɔ'zɛl], **1.** nordostfranzös. Dép. zwischen Mosel u. Saar, 6216 km², 1,01 Mio. Ew.; Verw.-Sitz *Metz*; nordöstl. Teil von *Lothringen.*
2. französ. Bez. für die Mosel.

Moselweine, die an den Bergen der Mosel, aber auch an Nahe, Ruwer u. Saar gewachsenen Weine; bukettreich, meist frischer, säuerl. Geschmack.

Mosen, Julius, dt. Schriftsteller, *8. 7. 1803 Marieney, Vogtland, †10. 10. 1867 Oldenburg; schrieb Versepen („Das Lied vom Ritter Wahn" 1831; „Ahasver" 1838), Lyrik, bes. Balladen („Zu Mantua in Banden..."), idyll. Erzählwerke (Roman: „Der Kongress zu Verona" 2 Bde. 1842) u. von G. W. F. *Hegels* Philosophie beeinflusste histor. Dramen.

Moser, 1. Edda, Tochter von 4), dt. Sängerin (Sopran), *27. 10. 1942 (?) Berlin; seit 1971 Mitglied der Wiener Staatsoper; bekannt durch Auftritte bei den Salzburger Festspielen, auch als Interpretin zeitgenöss. Musik.
2. Georg, dt. kath. Theologe, *10. 6. 1923 Leutkirch, †9. 5. 1988 Stuttgart; seit 1975 Bischof des Bistums Rottenburg-Stuttgart.
◆ **3.** Hans, eigentl. Jean *Julier,* österr. Schauspieler, *6. 8. 1880 Wien, †19. 6. 1964 Wien; kam über Provinz- u. Varietébühnen nach Berlin u. Wien, seit den 1920er Jahren auch Filmarbeit; wurde bekannt als komischer Darsteller Wiener Originale. Filme u. a.: „13 Stühle" 1938; „Das Ekel" 1939; „Hallo, Dienstmann!" 1951; „Ober, zahlen!" 1957.

Hans Moser

4. Hans Joachim, dt. Musikwissenschaftler, *25. 5. 1889 Berlin, †14. 8. 1967 Berlin; Studium bei H. *Kretzschmar,* H. *Riemann* u. A. *Schering;* 1949–1960 Direktor des Städt. Konservatoriums in Berlin; Hptw.: „Geschichte der dt. Musik" 3 Bde. 1920–1924; „Musiklexikon" 1935; „Heinrich Schütz" 1936; „Die ev. Kirchenmusik in Deutschland" 1954.
5. Hugo, dt. Germanist, *19. 6. 1909 Esslingen, †23. 3. 1989 Bonn; Prof. in Tübingen, Nimwegen, Saarbrücken u. seit 1959 in Bonn; Mitbegründer u. langjähriger Präs.

Mosel: Das malerische Moseltal bei Cochem; im Vordergrund die Reichsburg

des *Instituts für dt. Sprache*; zahlreiche Veröffentlichungen zur Sprachsoziologie u. zur Sprach- u. Literaturgeschichte; Hptw.: „Annalen der dt. Sprache von den Anfängen bis zur Gegenwart" 1961; „Dt. Sprachgeschichte" 1969; „Karl Simrock" 1977; „Des Minnesangs Frühling" 36.1977 (Hrsg., mit H. Tervooren); „Studien zu Raum- u. Sozialformen der dt. Sprache in Geschichte u. Gegenwart" 1979.

6. Johann Jakob, dt. Staats- u. Völkerrechtslehrer, *18. 1. 1701 Stuttgart, †30. 9. 1785 Stuttgart; lehrte in Tübingen u. Frankfurt (Oder). Als württemberg. Landschaftskonsulent gelang ihm der Ausgleich zwischen den Landständen u. dem Herzog. M. war Pietist u. Gegner des Absolutismus, deshalb wurde er 1759–1764 auf dem Hohentwiel gefangen gehalten. Kommentator des Staatsrechts des 1. Dt. Reichs. Hptw.: „Teutsches Staatsrecht" 50 Bde. u. 2 Teile zusätzl. 1737–1754; „Versuch des neuesten europäischen Völkerrechts" 10 Teile 1777–1780; „Neues teutsches Staatsrecht" 20 Teile (25 Bde.) 1766–1777 u. 3 Bde. Zusätze 1782/83.

7. Karl, schweiz. Architekt, *10. 8. 1860 Baden (Schweiz), †28. 2. 1936 Zürich; 1887–1915 als Architekt in Karlsruhe tätig, 1915–1928 Prof. in Zürich. Der Stahlbetonbau der Antoniuskirche in Basel, 1926–1928 von ihm gebaut, leitete die moderne Architektur in der Schweiz ein.

◆ **8.** Kolo (Koloman), österr. Grafiker u. Maler, *30. 3. 1868 Wien, †18. 10. 1918 Wien; erneuerte das österr. Kunstgewerbe, Mitgründer der „Wiener Werkstätte" (1903) u. des „Österr. Werkbunds"; Briefmarken, Plakate, Exlibris, Schmuck, Bühnendekoration; „Flächenschmuck" 1902.

◆ **9.** Lucas, dt. Maler, *um 1390 wahrscheinlich Ulm, †nach 1434; nur bekannt aus der Inschrift seines einzigen erhaltenen Werks, des 1431 datierten Tiefenbronner Altars (Darstellungen aus der Legende der hl. Magdalena), der in lebendig erzählerischer Haltung u. naturnaher Landschaftsdarstellung den Realismus des 15. Jh. vorbereitete.

Möser, Justus, dt. Schriftsteller u. Historiker, *14. 12. 1720 Osnabrück, †8. 1. 1794 Osnabrück; Sekretär der Landstände, 1755 Syndikus der Ritterschaft, seit 1765 Leiter der Verwaltung im Fürstbistum Osnabrück; Hptw.: „Patriotische Fantasien" 1747 bis 1786; „Osnabrückische Geschichte" 1768 bis 1780. M. wandte sich gleichermaßen gegen Absolutismus, Aufklärung u. französ. Revolution. Indem er den Staat als histor. Individualität sah u. die Völker als eine aus der geschichtl. Kontinuität erwachsene Gemeinschaft verstand, trug er entscheidend zur Entstehung des Historismus bei. – Sämtl. Werke. Histor.-krit. Ausgabe. 1943 ff.

◆ **Moser-Pröll**, Annemarie, österr. Skiläuferin, *27. 3. 1953 Kleinarl; Weltmeisterin 1974 u. 1978 im Abfahrtslauf, 1972 u. 1978 Kombinations-Weltmeisterin, 1980 Olympia-Siegerin im Abfahrtslauf, bei den Olymp. Spielen 1972 Silbermedaillen in der Abfahrt u. im Riesenslalom; 1999 als Wintersportlerin des Jahrhunderts ausgezeichnet.

Annemarie Moser-Pröll

Moses, bibl. Gestalt, → Mose.

Moses [ˈmɔuzɪz], Grandma, US-amerikan. Malerin, → Grandma Moses.

Moses, 1. Robert, US-amerikan. Architekt, *18. 12. 1888 New Haven, Connecticut, †29. 7. 1981 West Islip, New York; war maßgeblich für die Gestaltung New Yorks als „autogerechte Stadt" verantwortlich u. wurde seit den 1970er Jahren deswegen zunehmend kritisiert. Von ihm stammen zahlreiche Autobahnen, Brücken (z. B. die Verrazano-Narrows-Brücke) u. Hochhäuser (z. B. das UNO-Gebäude u. das Lincoln Center in Washington).

2. Stefan, dt. Fotograf, *29. 8. 1928 Liegnitz; begann als Bühnenfotograf in Weimar, siedelte 1950 nach München, arbeitete ab 1960 für den „Stern" u. seit 1965 als freier Fotograf. Er wurde vor allem durch seine Porträts von Prominenten bekannt u. durch die von ihm geschaffene Form der Bildgeschichte („Fotoessay"). 1989–1990 fotografierte er im Auftrag des Dt. Historischen Museums in Berlin die Aufbruchstimmung im Zuge der dt. Einheit in der ehem. DDR. In Porträts, Alltagsszenen u. Stadtlandschaften entstand ein Bild von Flüchtlingen, dem Mauerfall u. den Folgen der Vereinigung. Veröffentlichungen: „Manuel" 1967; „Transsibirische Eisenbahn" 1979; „Deutsche. Portraits der sechziger Jahre" 1980; „FlicFlac" 1981.

„**Moses und Aron**", Oper von A. *Schönberg*; eine Auseinandersetzung zwischen Mose als dem Vertreter des allmächtigen Gottes u. seinem Bruder Aron als dem Befürworter eines Bilderkults. Zwei Akte der Oper sind vollendet (1932), vom dritten liegt nur der Text vor. Das Werk gelangte erst nach Schönbergs Tod zur Uraufführung (konzertant Hamburg 1954, szenisch Zürich 1957) u. gilt als Hptw. des Komponisten u. als exemplarische Komposition in Zwölftontechnik.

MOSFET, Abk. für engl. *metal-oxide-silicon-field-effect-transistor*, → Feldeffekt-Transistor.

Mos gallicus [lat., „gallische Art"], im 16. Jahrhundert in Dtschld. geprägter Ausdruck für die neue, vom → Humanismus geprägte Methode der Rechtswissenschaft (Rückkehr zu den Quellen, Quellenkritik), die vor allem von französ. Juristen (Universität Bourges, in Dtschld. → Zasius) getragen wurde; im Gegensatz zum → Mos italicus.

Moshav, israel. Typ einer Genossenschaftssiedlung, → Moschav.

Moshava, israel. Dorftyp, → Moschava.

Mosheim, Johann Lorenz von, dt. luth. Theologe, *9. 10. 1693 Lübeck, †9. 9. 1755 Göttingen; 1723 Prof. in Helmstedt, 1747 Prof. u. Kanzler in Göttingen, führender Kirchenhistoriker seiner Zeit, maßgeblich beteiligt am Aufbau der Universität Göttingen. Hptw.: „Institutiones historiae ecclesiasticae" 1726.

Moshi [ˈmɔʃi], Stadt am Südfuß des Kilimandscharo im ostafrikan. Tansania, 823 m ü. M., 62000 Ew.; landwirtschaftl. Zentrum; Kaffeehandel, Nahrungsmittel- u. a. vielseitige Industrie, Fremdenverkehr; Verkehrsknotenpunkt, internationaler Flughafen; in der Nähe eine große Talsperre mit

Koloman Moser: Die Tänzerin Loie Fuller; Aquarell und Tinte. Wien, Albertina

Lucas Moser: Die Meerfahrt der Heiligen vom Tiefenbronner Magdalenenaltar; 1431. Tiefenbronn bei Pforzheim, Pfarrkirche St. Maria Magdalena

dem *Nyumba-ya-Mungu-Damm* u. Wasserkraftwerk.

Moshoeshoe II., König von Lesotho 1966–1990 u. seit 1995, * 2. 5. 1938 Thabang, Mokhotlong Distrikt, † 15. 1. 1996 Maluti Mountains (Autounfall); seit der Unabhängigkeit Lesothos am 4. 10. 1966 konstitutioneller Monarch; musste 1970 nach Auseinandersetzungen zwischen seiner Basutoland Congress Party *(BCP)* u. der Basuto National Party *(BNP)* des Premier-Min. L. *Jonathan* zeitweise in die Niederlande ins Exil gehen; seit seiner Rückkehr hatte M. nur repräsentative Rechte. 1990 wurde er für abgesetzt erklärt, 1995 erneut König.

Mosi, afrikan. Volk, → Mossi.

Mösien, lat. *Moesia,* in der Antike Bez. für die Landschaft zwischen der unteren Donau u. dem Balkangebirge, etwa den heutigen Serbien, Nordbulgarien u. der rumän. Dobrudscha entsprechend; benannt nach den thrakischen *Moesern*; 29/28 v. Chr. von den Römern unterworfen. Unter dem Statthalter Tiberius *Plautius Silvanus* wurden um 60 n. Chr. 100 000 Menschen samt ihren Stammesfürsten u. Sippenhäuptern aus dem transdanub. Gebiet angesiedelt u. die skyth. Gebiete nördl. von M. unterworfen. Im Zusammenhang mit den Vorbereitungen zu den Dakerkriegen unter *Domitian* wurde M. geteilt in *Moesia inferior* u. *Moesia superior.* In den Dakerkriegen *Trajans* war es Aufmarschgebiet römischer Truppen. Während der Völkerwanderungszeit wurde es von den Germanen überschwemmt, doch hielten sich die römischen Städte bis ins 6. u. 7. Jh.

Mos italicus [lat., „italienische Art"], im 16. Jh. in Dtschld. geprägter Ausdruck für eine auf den Methoden der → Scholastik aufbauende Rechtswissenschaft, wie sie vor allem an den italien. Universitäten (Bologna, Padua; Schule der Glossatoren [→ Glosse (3)]) gelehrt wurde; im Gegensatz zum → *Mos gallicus.*

Mosjoen [muˈʃøːən], Ort im N Norwegens, am Vefsnfjord, Zentralort der Gemeinde → Vefsn.

◆ **Moskau,** die Hauptstadt Russlands, in dessen europäischem Mittelpunkt gelegen, ist zugleich das überragende politische, kulturelle u. wirtschaftliche Zentrum des Landes. Moskau erstreckt sich über eine Fläche von 875 km² im Hügelland zu beiden Seiten des Flusses Moskwa u. ist mit 8,6 Mio. Ew. die mit Abstand größte Stadt Russlands.

Den Kern der Stadt bilden der → Kreml (15./16. Jh.) u. der davor gelegene *Rote Platz* mit dem Lenin-Mausoleum u. der Basilius-Kathedrale (16. Jh., mit 9 Kuppeln); ihn umschließen die Altstadt, moderne Straßenzüge („Prospekte") u. Ringstraßen mit neu angelegten Stadtvierteln.

Moskau ist Sitz des russ.-orth. Patriarchen u. das führende Bildungszentrum des Landes. Neben der Akademie der Wissenschaften gibt es fünf Fachakademien, etwa 200 Forschungsinstitute aller Wissensgebiete, rd. 80 Hochschulen (darunter die *Lomonossow-Universität,* 1755 gegründet) u. mehrere Bibliotheken (*Russ. Staatsbibliothek,* früher *Lenin-Bibliothek* mit 25 Mio. Büchern).

Moskaus Museen bergen einige der bedeutendsten Kunstschätze der Welt. Besonders berühmt ist das Puschkin-Museum für Bildende Künste (westeurop. Malerei) u. die Tretjakow-Galerie (russ. Kunst); andere Museen sind das Gorkij-, Tschechow-, Lenin-, Tolstoj-, Andrej-Rubljow-, Historische u. Polytechn. Museum sowie das Museum für Kunst u. Kultur des Orients. An weiteren kulturellen Einrichtungen gibt es rd. 30 Theater (darunter das *Bolschoj-Theater*), Philharmonie, Filmateliers, große Buch- u. Zeitungsverlage, Rundfunksender (Fernsehturm in Ostankino, 533 m), Ausstellungsgelände, zoologischer u. botanischer Garten, große Parkanlagen (Gorkij-Park), Sportstadien.

Die Stadt ist Zentrum des *Moskauer Industriegebiets* u. bedeutendste Industriestadt Russlands, mit Maschinen-, Kraftfahrzeug- u. Waggonfabriken, elektrotechn. u. feinmechan. Werken, Betrieben der Stahlerzeugung u. Nichteisenmetallurgie, der chem., Holz-, Baustoff-, Textil-, Nahrungsmittel-, polygraphischen Industrie; Erdölraffinerie; Atomkraftwerk. Ferngasleitungen von den Erdgasvorkommen bei Saratow, bei Stawropol im Kubangebiet u. bei Daschawa im ukrainischen Galizien führen nach Moskau. Außerdem ist die Stadt führendes Finanz- u. Handelszentrum Russlands.

Als Verkehrsmittelpunkt hat Moskau 11 Haupteisenbahnlinien (Kopfbahnhöfe), vier Flughäfen (Wnukowo, Scheremetjewo, Domodedowo, Bykowo) u. den größten russ. Binnenhafen, den der Moskaukanal günstig mit den Wasserstraßen zu allen anliegenden europ. Meeren verbindet. Das ausgedehnte Fernstraßennetz mündet in eine rd. 110 km lange, um Moskau herum geführte Ringautobahn. Hauptverkehrsmittel ist die (seit 1935) im sowjet. Prunkstil erbaute Untergrundbahn (rd. 256 km Streckenlänge). Moskau war Austragungsort der XXII. Olympischen Sommerspiele 1980.

Geschichte: Moskau wird 1147 zum ersten Mal in einer Chronik erwähnt. 1237 wurde es von den Mongolen zerstört. Seit etwa 1300 stieg es mit der Einigung Russlands unter den Großfürsten von Moskau schnell auf u. wurde Hauptstadt des Russischen Reichs, bis diese von *Peter d. Gr.* 1712 nach *St. Petersburg* verlegt wurde. Um den Kern Moskaus gruppierten sich ursprünglich Ringe von Vorstädten: *Kitajgorod,* das alte Kaufmannsviertel, heute z. T. Regierungsviertel; *Belyj Gorod,* benannt nach der weiß getünchten Palisadenmauer; *Semljanoj Gorod,* benannt nach dem Erdwall. Die zahlreichen großen Brände, u. a. 1552 u. besonders 1812 nach der Eroberung Moskaus durch Napoleon I. („Brand von Moskau"), u. der deutsche Angriff 1941 konnten die Entwicklung der Stadt nicht aufhalten. 1918 wurde Moskau wieder Hauptstadt, zunächst der RSFSR, seit 1922 der Sowjetunion. Die Stadt war bis 1991 Sitz der Regierung, des Obersten Sowjets, der Parteiführung, der höchsten Verwaltungsstellen der UdSSR, des COMECON u. des Warschauer Pakts. Seit 1991 ist sie Hauptstadt u. Regierungssitz Russlands.

Moskau: Wohnhochhäuser ziehen sich an beiden Ufern der Moskwa hin

Moskauer Kohlenbecken, Braunkohlengebiet südlich von Moskau mit dem Zentrum bei *Tula;* rd. 12 Mrd. t Vorrat, Abbau seit 1844; Tage- u. Untertagebau; Braunkohlenkraftwerke.

Moskauer Konferenz, Konferenz der Außenminister Frankreichs, Großbritanniens, der Sowjetunion u. der USA vom 10. 3. 1947 bis 24. 4. 1947; Ergebnis: Rückführung der Kriegsgefangenen bis Ende 1948, wirtschaftliche Eingliederung der Saar in Frankreich, keine Einigung über deutsche Reparationen.

Moskauer Prozesse, die drei Schauprozesse, die auf Weisung *Stalins* 1936–1938 im Rahmen der großen → Säuberung gegen hohe Funktionäre der KPdSU durchgeführt wurden. Angeklagt waren 54 Personen, darunter die ehem. Politbüro-Mitglieder *Bucharin, Kamenew, Krestinskij, Rykow* u. *Sinowjew.* Ihnen wurden Hoch- u. Landesverrat, Spionage u. Terrorismus vorgeworfen. 47 Angeklagte wurden zum Tode verurteilt u. hingerichtet, 7 erhielten langjährige Haftstrafen. Die Verurteilung stützte sich auf falsche Geständnisse der Angeklagten, die durch phys. u. psych. Druckmittel erzwungen worden waren. 1988 wurden die meisten der Verurteilten vom Obersten Gerichtshof der Sowjetunion rehabilitiert.

Moskauer Vertrag → deutsch-sowjetische Verträge (3).

Moskaukanal, bis 1947 *Moskwa-Wolga-Kanal,* Verbindung zwischen der Moskwa in Moskau u. der oberen Wolga in Russland, 128 km lang, 5,5 m tief, 11 Schleusen; 6 Staubecken zur Wasserversorgung Moskaus; für 18 000-t-Schiffe befahrbar. – 1932 bis 1937 erbaut.

Moskitofisch → Gambusen.

Moskitos [span.], Sammelname für stechende, Blut saugende *Mücken* tropischer Länder, die meist den Familien der *Culicidae* (→ Stechmücken) u. → Kriebelmücken angehören. Einige Arten übertragen Malaria, Gelbfieber u. a.

Moskowiter, *Moskowiten,* ursprüngl. Bezeichnung für die Bewohner Moskaus, dann für die Großrussen.

Moskwa, *Moskva* [mʌs'kva], **1.** russischer Name für → Moskau.
2. linker Nebenfluss der in die Wolga mündenden Oka, 502 km lang; entspringt auf dem Mittelruss. Landrücken, durchfließt Moskau (ab hier schiffbar), mündet bei Kolomna; etwa 5 Monate vereist; Stausee bei *Moschajsk*, dient vor allem der Wasserversorgung Moskaus.
Schlacht an der Moskwa: → Borodino.

Moskwa-Wolga-Kanal, seit 1947 → Moskaukanal.

Moslem ['mɔs-; arab., „der (Gott-)Ergebene"], *Muslim, Muselman,* Selbstbezeichnung der Anhänger des Islams.

Moslembruderschaft, *Muslimbruderschaft,* arab. *Ichwan Al-Muslimin,* religiös-polit. Vereinigung in den arab. Ländern; um 1928 in Isma'iliya (Ägypten) von dem Lehrer Hassan Al-Banna als Geheimbund gegründet. Nach dem 2. Weltkrieg hatte sie erhebl. Einfluss; sie wurde 1948 in Ägypten verboten, 1951 wieder zugelassen u. 1954 erneut aufgelöst u. auch in anderen arab. Staaten verboten. In Ägypten werden die Aktivitäten der M. inzwischen wieder geduldet. Über ein Parteienbündnis ist sie auch im Parlament vertreten.

Moslemliga, *Muslimliga,* 1906 in Britisch-Indien gegr. polit. Organisation zur Wahrung der Rechte der islam. Minderheit in Indien; trat zunächst nicht für eine Lösung von Indien ein. Ihr seit 1940 verfolgtes Ziel eines eigenen Staates wurde mit der Gründung *Pakistans* (1947) erreicht. Ihr Führer war 1916–1948 M. *Jinnah.* In Pakistan prägte die M. unter dem Namen Pakistan Muslim League (PML) das polit. Leben. Zuletzt gelangte sie 1997 zur Regierungsverantwortung.

Mosley ['mɔzli], Sir Oswald, brit. Politiker, *16. 11. 1896 London, †3. 12. 1980 Orsay bei Paris; 1918–1931 Unterhaus-Abg., 1924–1931 Mitgl. der Labour Party, 1929/30 Minister im Kabinett Macdonald; gründete 1932 die „Britische Faschisten-Union"; 1940–1943 inhaftiert; ab 1948 wieder Führer der faschist. „Einheitsbewegung", aber ohne greifbaren polit. Erfolg.

Moso, chines. Volk, → Naxi.

Mosonmagyaróvár ['moʃonmɔdjoroːva:r], Wieselburg, Stadt im nordwestlichen Ungarn, 30 500 Ew.; landwirtschaftliche Akademie (1818); Molkerei; Metallindustrie. 1939 mit Ungarisch Altenburg zusammengelegt.

Mosquitoküste [-'kito-; nach den *Misquito*], *Moskitoküste,* sumpfige Küstenlandschaft Nicaraguas (mit Lagunen), am Karibischen Meer; Kiefernwald.

Moss, Hauptstadt der südnorwegischen Provinz (Fylke) Östfold, am Oslofjord, 25 000 Ew.; Schiffbau, Cellulose- und Papierindustrie.

Mossadegh, *Mosaddeq,* Mohammed, iran. Politiker, *1881 Teheran, †5. 3. 1967 Teheran; 1921 Finanz-, 1923 Außen-Min., 1922 Gouverneur von Aserbaidschan; Führer der antibritischen *Nationalen Front* 1949; 1951–1953 Ministerpräsident, verstaatlichte die Anglo-Iranian Oil Company; im Juli 1953 gestürzt u. zu drei Jahren Gefängnis verurteilt.

◆ **Mößbauer,** Rudolf Ludwig, dt. Physiker, *31. 1. 1929 München; 1960–1964 am Institute of Technology in Pasadena, Calif. (USA), seit 1964 Professor an der TU München, übernahm 1972 die Leitung des deutsch-französischen Reaktor-Instituts Laue-Langevin in Grenoble; seit 1977 wieder in München; entdeckte den nach ihm benannten *Mößbauer-Effekt.* 1961 erhielt M. den Nobelpreis für Physik zusammen mit R. *Hofstadter.*

Rudolf L. Mößbauer

Mößbauer-Effekt, die rückstoßfreie u. in der Frequenz daher nicht verschobene Emission oder Absorption von Spektrallinien der Gammastrahlung durch Atomkerne, die in ein Kristallgitter bei tiefer Temperatur eingebaut sind. Wenn ein einzelner freier Atomkern ein Gammaquant aussendet, muss der Kern (aufgrund des Erhaltungssatzes für den Impuls) einen Rückstoß erhalten. Der Betrag der Energiedifferenz $E_1 - E_0$ zwischen angeregtem u. Grundzustand des Kerns wird also nicht voll in Strahlungsenergie, sondern z. T. in Rückstoßenergie des Kerns umgesetzt, folglich ist die Frequenz der Gammastrahlung verschoben gegenüber der Frequenz $(E_1 - E_0)/h$, der Energiedifferenz entspricht (h = Planck'sches Wirkungsquantum). Ist der Kern dagegen in ein Kristallgitter eingebaut, so muss nicht der einzelne Kern, sondern es kann der ganze Kristall den Rückstoß aufnehmen; in diesem Fall wird $E_1 - E_0$ praktisch voll in Strahlungsenergie umgesetzt. Entsprechend gilt für die Absorption, dass nur in gleicher Weise in einem Kristall eingebaute Atomkerne im Grundzustand die Gammaquanten mit der Energie $E_1 - E_0$ absorbieren können. Die hohe Messgenauigkeit, die bei dieser resonanzartig verlaufenden Absorption (daher auch *Kernresonanzabsorption mit eingefrorenem Rückstoß*) möglich ist, erlaubt die Benutzung des Mößbauer-Effekts für physikalische Messzwecke. So kann z. B. die für die *Relativitätstheorie* wichtige Konstanz der Lichtgeschwindigkeit für äußerst schnell bewegte Lichtquellen nachgewiesen werden. Auch die Zeitdilatation und die Geschwindigkeitsabhängigkeit der Masse wurden mit Hilfe des Mößbauer-Effekts mit hoher Genauigkeit bestätigt.

Mosse, Rudolf, dt. Verleger, *8. 5. 1843 Grätz, †8. 9. 1920 Schenkendorf; gründete 1867 in Berlin einen Zeitungsverlag, in dem u. a. das „Berliner Tageblatt" u. die „Berliner Volks-Zeitung" erschienen.

Mosselbaai [-bai], *Mossel Bay, Aliwal Suid,* Hafenstadt an der Südküste der Prov. West-Kap (Rep. Südafrika), rd. 35 000 Ew.; Erdölverarbeitung, Austernfang; Ferienort, Flugplatz.

Mosses ['mɔs], *Col de Mosses,* schweiz. Pass in den Berner Alpen, zwischen Aigle und dem Pays d'Enhaut, 1445 m; Wintersportgebiet.

◆ **Mossi,** *Mosi, Moshi,* afrikan. Volk mit jungsudanischen Einflüssen, mit rd. 1,8 Mio. größte u. bedeutendste Bevölkerungsgruppe in Burkina Faso; Hirsebauern u. Viehzüchter; gehören sprachlich zu den *Gur-Völkern.* Um 1000 n. Chr. drangen die M. mit ihrem Reiterheer (Watte- u. Kettenpanzer, Metallhelme) aus dem O in ihr heutiges Wohngebiet ein. Sie gründeten im 11./12. Jh. die Reiche *Ouagadougou* (Wagadugu) u. *Yatenga,* die ihre Blütezeit im 16./17. Jh. erlebten (mit göttlich verehrtem König [„Naba"], Beamtenhierarchie, Vorrechten der Königinmutter u. Königstöchter, Adelsschicht) u. bis zum Ende des 19. Jh. bestanden (1896 von Frankreich erobert).

Mossi: junges Paar

Mössingen, Stadt in Baden-Württemberg, Ldkrs. Tübingen, südwestl. von Reutlingen, am Rand der Schwäb. Alb, 435–853 m ü. M., 18 900 Ew.; spätgot. Kirche (16. Jh.), Rathaus (1567); Textil- u. Metallindustrie. – Der Stadtteil *Bad Sebastiansweiler* ist Heilbad (Schwefelquellen).

Mosso, Angelo, italien. Physiologe, *31. 5. 1846 Turin, †24. 11. 1910 Turin; Prof. in Turin; gründete das erste Gebirgslaboratorium zur Erforschung des Einflusses des Höhenklimas auf den Menschen; untersuchte die Arbeitsleistung von Muskeln u. führte den *Ergograph* ein.

Mossolow, Aleksandr Wassilijewitsch, russ. Komponist, *11. 8. 1900 Kiew, †12. 7. 1973 Moskau; Schüler von R. Glière u. N. Mjaskowskij; neben Bearbeitungen von Volksliedern seiner Heimat Opern, Orchesterwerke, Kammermusik u. Lieder. Bekannt wurde 1926 seine rhythmisch u. klanglich interessante Tondichtung „Eisengießerei".

Mossul, irak. Stadt, → Mosul.

Most, 1. der durch Pressen aus Weinbeeren gewonnene Saft. Auch → Kelter.

2. gegorener Obstsaft wie Apfel- oder Birnenmost, „Nationalgetränk" in den südwestdt. u. österr. Obstbaugebieten.

Most, *Brüx,* Stadt in Nordböhmen (Tschech. Rep.), an der Biela, 70 900 Ew.; got. Kirche; Braunkohlenbergbau, Hydrierwerk, Textil- u. Hüttenindustrie. Die Stadt wurde seit 1967 zum Teil abgerissen u. auf flözfreiem Gelände wieder neu aufgebaut.

Mostaert [-taːrt], Jan, niederländ. Maler, *um 1475 Haarlem, †1555/56 Haarlem; Hofmaler der niederländ. Statthalterin Margarete von Österreich; in der Nachfolge der Haarlemer Tradition *(Geertgen tot Sint Jans)* altertüml., gedrängt komponierte Altarbilder u. höfisch-repräsentative Bildnisse.

Mostaganem, arab. *Mustaghanim,* Bez.-Hptst. u. Hafenstadt in Algerien, nordöstl. von Oran, südl. der Mündung des Wad Shilif ins Mittelmeer, 104 m ü. M., 115 000 Ew.; Exporthafen; Metall-, Cellulose- u. Nahrungsmittelindustrie. – M. liegt an der Stelle des altröm. *Murustugo.*

Mostar, Stadt an der Neretva, in Bosnien-Herzegowina, 75 900 Ew.; oriental. Stadtcharakter (viele Moscheen), Alte Brücke (1993 im Bürgerkrieg zerstört), Uhrturm; Universität (gegr. 1976); landwirtschaftl. Handelszentrum, Aluminiumwerk, Nahrungsmittel-, Tabak- u. Textilindustrie.

Mostar, Gerhart Herrmann, eigentl. G. *Herrmann,* dt. Schriftsteller, *8. 9. 1901 Gerbitz, Anhalt, †8. 9. 1973 München; Journalist, 1933–1945 emigriert, gründete 1945 das polit. Kabarett „Die Hinterbliebenen"; schrieb zeitbezogene Stücke u. Erzählwerke, Hörspiele u. „Singfabeln", bes. aber Gerichtsreportagen („Im Namen des Gesetzes" 1950; „Unschuldig verurteilt" 1956; „Nehmen Sie das Urteil an?" 1957; „Liebe vor Gericht" 1961), kulturhistor. Plaudereien („Weltgeschichte höchst privat" 1954; „Das Wein- u. Venusbuch vom Rhein" 1960 u. 1964; „Liebe, Klatsch u. Weltgeschichte" 1966) u. humorist. Versbücher („In diesem Sinn Dein Onkel Franz" 1956).

Mostgewicht, die Dichte des Mostes. Es wird mit einer → Mostwaage ermittelt u. in *Oechsle-Graden* angegeben. Das M. ist weitgehend vom Zuckergehalt des Mostes abhängig. Der Zuckergehalt lässt sich nach der Formel berechnen: $Z = M \cdot 2{,}63 - E$, wobei Z den Zuckergehalt in g/l, M das Mostgewicht in Grad Oechsle (°Oe) u. E den zuckerfreien Extrakt (Nichtzuckerstoffe) in g/l angibt. Nach dem M. erfolgt in Deutschland die Einteilung der Weine in verschiedene Güteklassen.

Mostobst, vor allem Apfel- u. Birnenfrüchte, aber auch Stein- u. Beerenobst zur industriellen u. häusl. Saftherstellung.

Mostrich [der; ital.], *Mostert,* Speisesenf, hergestellt aus pulverisierten Senfkörnern u. Most oder Essig.

Mostwaage, ein Gerät zur Feststellung des *Mostgewichtes.* Die *Oechslemostwaage,* eine Glasspindel, gibt die Dichte an. Aus den gemessenen „Oechsle"-Graden lässt sich der Zuckergehalt errechnen (→ Mostgewicht). In Österreich ist die *Klosterneuburger* M. üblich.

◆ **Mosul,** *Al Musil, Mossul,* irak. Prov.-Hptst. am Tigris, 664 000 Ew.; Universität (gegr. 1967); archäolog. Museum, Bibliotheken; im MA wichtiger Umschlagplatz für Waren des Indienhandels; berühmt durch feine Leder- u. Baumwollstoffe (Ursprung des Musselins); Metall-, Zucker- u. Zementindustrie; in der Nähe ein ausgedehntes Erdölrevier (1918–1925 britisch besetzt); Bahn- u. Straßenknotenpunkt, Flugplatz; Schwefelthermen u. -minen; gegenüber die Ruinen von *Ninive, Tarbis* u. *Nimrud.* Oberhalb von M. ist ein großer Staudamm errichtet worden (Staumauer 3,5 km lang u. 135 m hoch).

Mosul-Bronzen, tauschierte Metallgeräte in der islam. Kunst des 13. u. 14. Jh., von Meistern aus Mosul signiert; dicht verziert mit Flächenornament, Figurenschmuck, Schrift u. Wappen.

Mosyr [mʌˈzir], *Mozyr,* Stadt im Süden Weißrusslands, am Pripjat, 105 000 Ew.; pädagog. Hochschule; Erdölraffinerie, Holzverarbeitungskombinat, chem. u. Nahrungsmittelindustrie; Binnenhafen (Umschlag von Holz u. Steinkohle). Bei M. gabelt sich die „Pipeline der Freundschaft", die die ost- u. mitteleurop. Länder von Samara aus mit russ. Erdöl versorgt, in den nördl. (nach Polen u. Deutschland) u. den südl. Zweig (in die Tschech. Rep., die Slowakei u. nach Ungarn).

Mot [semit., „Tod"], westsemit. Gott, der den Tod darstellt. Im jährl. Vegetationszyklus vergegenwärtigt sich M. in der tödl. Sommerglut u. ist somit der mythische Gegenspieler des *Baal.*

Motagua, *Río Motagua,* Fluss in Guatemala (Zentralamerika), mündet in den Golf von Honduras.

Mosul: das schiefe Minarett der großen Moschee

Motala [ˈmuː-], südschwed. Stadt in der Prov. (Län) Östergotland, am Vättern, 42 500 Ew.; Stahl-, Elektro- u. Textilindustrie; Kraftwerk; Verkehrsknotenpunkt.

Motecuzoma [-ˈzoːma; „der zornige Herr"], *Moctezuma, Montezuma,* Aztekenherrscher:
1. Motecuzoma I., genannt *Ilhuicamina* [„der, der in den Himmel schießt"], war der fünfte Herrscher von *Tenochtitlán,* regierte 1440–1469; unter seiner Herrschaft begannen die Eroberungen der Azteken, zuerst mit der Unterwerfung der mexikan. Golfküste. Er gründete botan. Gärten, vor allem für Heilpflanzen, u. führte die sog. Blumenkriege ein, bei denen es nur darauf ankam, Gefangene zu machen, um diese den Göttern zu opfern.
◆ **2. Motecuzoma II.,** genannt *Xocoyotzin,* Urenkel von 1), *1467 Tenochtitlán, †30. 6. 1520 Tenochtitlán; regierte als Nachfolger seines Onkels *Ahuizotl* 1502–1520. Er führte eine äußerst despotische Herrschaft u. dehnte das Aztekenreich durch zahlreiche Kriegszüge u. a. nach Oaxaca aus. M. sah in der Ankunft der Spanier unter H. *Cortés* die Erfüllung des Glaubens an die Rückkehr des Gottes *Quetzalcoatl* u. setzte ihnen daher keinen Widerstand entgegen. Er wurde von Cortés bei dessen Einmarsch in die Hptst. Tenochtitlán am 14. 11. 1519 als Geisel gefangen genommen u. beim Aufstand der Azteken durch Steinwürfe verletzt. Er starb kurz darauf an den Folgen seiner Verletzungen. – Das Schicksal Motecuzomas ist mehrfach in Literatur u. Musik behandelt worden, z. B. in dem Roman „Die weißen Götter" von E. *Stucken* (1918–1922), dem Drama „Der weiße Heiland" von G.

Motecuzoma II.; zeitgenössischer Stich

Motecuzoma II. 1467–1520

Als ältester Sohn des aztekischen Königssohns Axayácatl geboren. Der Name bedeutet „Der zornige Herr"	1467 ~	Kämpfe der Territorialfürsten um das Shogunat in Japan / Karl der Kühne wird Herzog von Burgund
Tod des Urgroßvaters Motecuzoma I. / Motecuzomas Vater wird König	1469	Hochzeit zwischen Ferdinand von Aragón und Isabella von Kastilien
Tod des Vaters. Motecuzomas Onkel Tizoc wird König	1483	Richard III. wird König von England
Tod Tizocs. Motecuzomas Onkel Ahuizotl besteigt den Thron	1486	Maximilian I. wird zum deutschen König gewählt
M. zeichnet sich im Kampf gegen die Huaxteken aus	1490	Tod des ungarischen Renaissancekönigs Matthias I. Corvinus
Als oberster Kriegshäuptling leitet M. die Wiedereroberung Tolucas im Bergland der Matlatzinken / Baubeginn am Monolithtempel bei Malinalco (Bauzeit 15 Jahre), letztes Zeugnis der monumentalen mexikanischen Kunst	1501 ~	In der Inka-Kunst überwiegt das geometrische Flächenornament. Die Inka benutzen zum Zählen Knotenschnüre nach dem Dezimalsystem. Bau der Inka-Festung Machu Picchu mit Sonnentempel
Tod Ahuizotls. M. wird zum König der Azteken gewählt. Seine despotische Herrschaft dient der Verehrung des höchsten aztekischen Gottes Huitzilopochtli / Motecuzomas Brüder machen auf Kriegszügen u. Strafexpeditionen unzählige Gefangene, die den Göttern geopfert werden	1502	Das Gerücht von der Ankunft der Weißen (Kolumbus im Golf von Honduras) steigert die Unruhe bei den unterdrückten Völkern Mittelamerikas / Auflösung der „Goldenen Horde" der Mongolen / Schah Ismail I. schafft ein schiitisch-islamisches Neupersisches Reich
Motecuzomas Bruder Cuitlahuac erobert den größten Teil des Mixtekenlandes	1506	Tod des Christoph Kolumbus / Leonardo da Vinci malt die „Mona Lisa"
M. leitet selbst den zweijährigen Feldzug gegen die von den reichen und hochkultivierten Mixteken bewohnte pazifische Küstenprovinz	1511	Schiffbrüchige der Expedition Valdivias landen an der Ostküste Yucatáns
M. lässt die Sonnenpyramide mit dem sog. „Kalenderstein" schmücken	1512	Michelangelo vollendet die Fresken in der Sixtinischen Kapelle
Durch despotische grausame Herrschaft ersetzt M. das föderalistische Vertragssystem der mittelamerikanischen Kleinstaaten. Er erpresst von den unterjochten Gebieten ungeheure Tribute	1513	Der Spanier Balboa entdeckt jenseits Panamas den Stillen Ozean / Tilman Riemenschneider schafft das Grabmal Heinrichs II. und Kunigundes für den Bamberger Dom
Tod König Nezahualpillis von Texcoco. M. setzt den Marionettenkönig Cacama ein / Mit der Stadt Tlaxcala unterhält M. eine vertraglich geregelte Fehde zur Beschaffung von Kriegsgefangenen als Menschenopfer bei religiösen Festen	1516	Karl I. wird König von Spanien, Neapel-Sizilien und den burgundischen Niederlanden / Thomas More schreibt „Über die beste Staatsform und über die neue Insel Utopia"
	~	Raffael malt die „Sixtinische Madonna"
Nach Befragung von Wahrsagern setzt M. der Landung der Spanier keinen Widerstand entgegen, sondern schickt Gesandte	1518 ~	Erasmus von Rotterdam schreibt „Colloquia familiaria", humanistische Gespräche über Kunst und Wissenschaft
M. begrüßt Cortés als Gott Quetzalcoatl, da viele Merkmale der Ankunft der Spanier mit der aztekischen Sage von der Wiederkehr des Gottes übereinstimmen / Am 8. November trifft Cortés in der Hauptstadt ein. Am 14. November wird M. gefangen gesetzt. Er übergibt Cortés alle verlangten Schätze/ In seinem Missionseifer zerstört Cortés die Idole im Tempel Huitzilopochtlis: Da erst leistet M. Widerstand	1519	Tod des deutschen Kaisers Maximilian I. (der letzte Ritter) / Karl V. wird mit finanzieller Hilfe der Fugger gegen Franz I. von Frankreich zum Kaiser gewählt; Karl herrscht über Spanien, Burgund, das Deutsche Reich sowie über die spanischen Kolonien / Leipziger Streitgespräch zwischen Luther, Karlstadt und Eck / Zwingli hält reformatorische Predigten am Großen Münster in Zürich / Tod Leonardo da Vincis / Pineda entdeckt die Mississippi-Mündung / Magalhães bricht zur ersten Weltumsegelung auf
In Abwesenheit Cortés' lässt Pedro de Alvarado am 10. Mai beim Toxcatl-Fest die aztekischen Adligen und Priester ermorden / Unter Führung Cuitlahuacs erheben sich die Azteken am 27. Juni. Als M. freien Abzug für die Spanier fordert, wird er von mehreren Steinen getroffen. Er stirbt nach drei Tagen am 30. Juni / Cortés wird vertrieben	1520	Als Antwort auf den Widerstand gegen die Fremdherrschaft lässt der Dänenkönig Christian II. im „Stockholmer Blutbad" 80 Gefolgsleute des Sten Sture hinrichten. Aufstand der Schweden unter Führung von Gustav Wasa / Suleiman II. wird Sultan und führt das Osmanische Reich zur größten Machtentfaltung / Martin Luther verbrennt öffentlich die päpstliche Bannbulle

Hauptmann (1920) u. den Opern „Montezuma" von A. *Vivaldi* (1733) u. C. H. *Graun* (1755, auf einen Text von *Friedrich d. Gr.*).

Motel [die; Abk. für engl. *motorists' hotel*], ein Hotel an Autobahnen oder viel befahrenen Autostraßen, das speziell für die Übernachtung von motorisierten Reisenden bestimmt ist.

Motette [die; frz. *mot*, „Wort"], eine mehrstimmige Vokalkomposition (meist mehrsätzig); im 13. Jh. eine kirchl. Gesangskomposition mit einem meist gregorian. Cantus firmus im Tenor, ursprüngl. die syllab. Texturierung eines zwei- oder dreistimmigen *Organums*. Schon bald kommen aber weltl. Texte auf. Im 14. Jh. *(Ars nova)* wurde es üblich, mehrere Texte gleichzeitig zu singen *(Doppel-* u. *Tripelmotette)*. Ein erster Höhepunkt der Gattung war die isorhythmische M. des 14. Jh. (P. de *Vitry,* G. de *Machaut*), ein kunstvolles Spiel mit rhythmischen u. melodischen Perioden. Im 15. u. 16. Jh. war die M. a cappella, streng polyphon gearbeitet (durchimitiert), die verbreitete Hauptform der Kirchenmusik von den frühen Niederländern (G. *Dufay,* J. *Ockeghem)* bis zu O. di *Lasso* u. *Palestrina,* auch mehrchörig, bes. in Venedig (A. *Willaert,* A. u. G. *Gabrieli*). Der um 1600 aufkommende „konzertierende" Stil (Rezitativ, Arie, Generalbass) verdrängte die M. weitgehend durch die Kantate (die noch lange als *M.* bezeichnet wurde); die A-cappella-Motette ist aus dem kirchl. Gebrauch aber niemals völlig verschwunden. In Dtschld. wurde der prot. Choral in der M. schon vor J. S. *Bach,* bes. aber durch Bach mitverwendet. Die „Wiener Klassiker" haben so gut wie keine Motetten geschaffen. Erst die im 19. Jh. wieder erwachende Liebe zu älterer Musik sowie die archaisierende Kirchenmusik des 20. Jh. hat auch die M. neu belebt (z. B. J. *Brahms,* M. *Reger,* H. *Distler,* E. *Pepping,* J. N. *David*.

Motherboard ['mʌθəbɔːd; das], Trägerplatine des Computers, auf der die Hauptelemente untergebracht sind. Dazu gehören → CPU, meist Coprozessor, → Cache, Hauptspeicher und freie Steckplätze für Erweiterungen.

◆ **Motherwell** ['mʌðəwɛl], Robert, US-amerikan. Maler, *24. 1. 1915 Aberdeen, Washington, †16. 7. 1991 Provincetown, Massachusetts; M. begann 1938 nach einer Frankreichreise künstlerisch zu arbeiten. Während einer weiteren Reise nach Mexiko beschäftigt er sich mit dem *Automatismus* u. dem Surrealismus. Es entstehen dynamische Collagen in satten Farben u. kompakten Formen im Stil des *Abstrakten Expressionismus*. Hptw.: „Überfahrt" 1948, New York, Sammlung John D. Rockefeller; „Elegie für die spanische Republik" 1958, New York, Sidney Janis Gallery; „Sommer in Italien" 1960, Stuttgart, Saatsgalerie.

Motherwell ['mʌðəwɛl], schott. Stadt in der Strathclyde Region, am Clyde, südöstlich von Glasgow, als Distrikt *M. and Wishaw* 140 000 Ew.; Maschinenbau, Metall- u. Textilindustrie.

Mo-ti, chines. Philosoph, → Mo Zi.
Motilität [lat.] → Motorik.
Motilonen, indian. Bauern, → Bari (2).

Motion [lat.], Antrag zur Vorlage eines Gesetzes oder Beschlusses im Parlament (bes. in Großbritannien u. der Schweiz).

Motiv [lat.], **1.** *allg.:* Beweggrund; ein Umstand, der bei einem Menschen eine bestimmte Reaktion od. ein bestimmtes Verhalten hervorruft. – *motivieren,* jemanden zu etwas veranlassen.
2. *bildende Kunst u. Fotografie:* ein einzelner Gegenstand eines Bild- oder Gestaltthemas, auch ein bestimmter, ausschnitthafter Teil der Darstellung. Die Motiv-Erforschung ist Aufgabe der *Ikonographie.*
3. *Literaturwissenschaft:* im Gegensatz zum *Stoff* das von jeder individuellen Bestimmtheit abstrahierte Grundschema eines Vorgangs oder einer Situation; ein typ. Zustand, der sich unter verschiedenen Umständen wiederholen kann. Das M. von Shakespeares „Romeo u. Julia" z.B. ist die Liebe zwischen Kindern verfeindeter Familien. Nach der Bedeutung innerhalb einer Dichtung unterscheidet man *Haupt-* u. *Nebenmotive.* Ein M., das innerhalb eines Werkes an wichtigen Stellen wiederholt auftaucht, heißt → Leitmotiv. Ein M., das sich nachträglich als unwichtig erweist, heißt *blindes Motiv* (oft im Kriminalroman).
4. *Musik:* die kleinste Einheit, aus der sich ein musikal. *Thema* entwickeln kann, die aber auch selbständig behandelt werden kann (z.B. als durchgehendes rhythm. M. mehrerer Themen). Es genügen bereits 2 Töne, die sich durch Versetzung auf andere Tonstufen, Umkehrung, Intervallveränderung u. rhythm. Veränderung zum Thema erweitern lassen. Motive können aber auch nur Rhythmen oder eine charakterist. Harmoniefolge sein. Das → Leitmotiv ist eigentl. nicht M., sondern Leitthema.
5. *Psychologie:* die inneren Beweggründe des Verhaltens, der Antriebshintergrund des Handelns, der oftmals von bestimmten Zielvorstellungen geprägt ist, z.B. von dem Drang, Bedürfnisse oder Triebe zu befriedigen oder Stimmungen oder Interessen nachzugeben. Motive können bewusst oder unbewusst sein, im Menschen selbst oder aus seiner Umwelt auf ihn wirken. Widerstreitende Motive können innerpsychische Konflikte auslösen, wenn Willensentscheidungen oder die unterschiedliche Motivstärke keine Lösung herbeiführen.
6. *Recht:* → Vorsatz, → Willensmängel.

Robert Motherwell: Je t'aime; 1955. München, Staatsgalerie moderner Kunst

Motocross: Seitenwagengespann

Motivation [lat.], die Bereitschaft zu einem bestimmten Verhalten u. die Wahrscheinlichkeit seines Auftretens. M. wird in der Ethologie zunehmend durch den Begriff → Handlungsbereitschaft ersetzt. Diese hängt von der inneren Situation in Verbindung mit entspr. Außenreizen ab.
Motivationsanalyse, *Verhaltensforschung:* die Erforschung der Art u. Zahl der Antriebsquellen *(Kausalfaktoren)* für ein bestimmtes Verhalten im Experiment, z.B. durch → Attrappenversuch.
Motivationsüberlagerung, *Verhaltensforschung: Intentionsüberlagerung, Superposition,* Auftreten verschiedener, ineinander greifender, auch gegensätzlicher Handlungsansätze, wenn mehr als eine → Handlungsbereitschaft zugleich gegeben ist, z.B. Flucht- u. Angriffsbereitschaft. M. führt zu Mischlauten u. -gesten sowie → Übersprungverhalten.
Motivationswechsel, *Verhaltensforschung:* die Umwandlung der → Handlungsbereitschaft für bestimmte Verhaltensweisen im Laufe der Evolution, auch als *Emanzipation* bezeichnet. So war z.B. bei Affen u. Huftieren die Penis-Präsentation des Männchens ursprünglich ein Zeichen der Paarungsbereitschaft, ist aber heute ein Herrschaftssignal.
Motivforschung, ein Zweig der Markt- u. Meinungsforschung, der mit Hilfe tiefenpsycholog. Methoden Verbraucher- u. polit. Verhalten erkundet mit dem Ziel, effektivere Produktabsatz- bzw. polit. Strategien zu entwickeln.
Motivkontrast, *Fotografie:* → Helligkeitsumfang.
Motivmesse, eine neuere Form einer Messfeier, in der durch themenbezogene Gebete, Lieder u. Lesungen kirchl. und gesellschaftl. Probleme „bewusst gemacht" u. die Teilnehmer entsprechend motiviert werden sollen. Auch → thematischer Gottesdienst.
Motivsammeln, ein verbreitetes Sondergebiet der *Philatelie:* Die Sammlung wird nach Motiven oder themat. Gesichtspunkten gestaltet (z.B. religiöse Motive, Sport, Tiere, Kunst, Entwicklung der Technik, des Luftverkehrs).
◆ **Motocross** [der; engl.], Geschwindigkeitswettbewerb für Motorräder auf schwierigem Geländekurs (rd. 2000 m pro Runde) mit Anstiegs- u. Gefällstrecken, Sandkuhlen, Wasserdurchfahrten u.Ä.; ein Rennen besteht aus 2 Läufen, Höchstdauer eines Rennens 45 min; gefahren wird mit Spezialmaschinen von 125, 250, 350 u. 500 cm³ Hubraum u. Seitenwagen; Weltmeisterschaften (in bis zu 14 Wertungsläufen) seit 1957, dt. Meisterschaften seit 1954. Auch → Motorsport.
Motonobu, Kano, japan. Maler, * 28. 8. 1476 Kyoto, † 5. 11. 1559 Kyoto; Sohn u. Schüler von *Masanobu,* dessen dekorative, klar aufgebaute Malweise er übernahm. M. war Oberster der Künstler des Shogunats u. schuf vor allem Landschaften mit Blumen u. Vögeln.
Motopädagogik, ein aus der → Psychomotorik entstandenes wissenschaftl. u. prakt. Arbeitsgebiet, das ein Konzept der Persönlichkeitsbildung über motorische Lernprozesse verfolgt. Ausgangspunkt war die Sportpraxis mit behinderten Kindern u. Jugendlichen.
Motor [auch moˈtoːr; der; lat., „Beweger"], eine Kraftmaschine, die (z.B. Wärme- oder elektr.) Energie in mechan. Arbeit umwandelt, zum Antrieb von Arbeitsmaschinen; z.B. → Verbrennungsmotor, → Elektromotor, Windmotor.

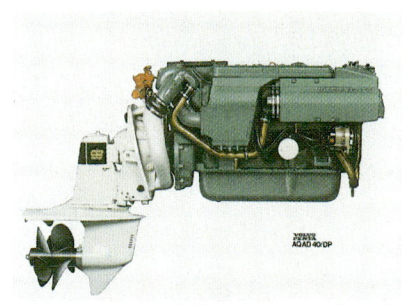

Motorboot: Zwei gegenläufig rotierende Propeller, auf der Welle eines Z-Triebs sitzend, erhöhen den Antriebswirkungsgrad

◆ **Motorboot,** ein Wasserkleinkraftfahrzeug (Gebrauchs-, Touren-, Sport- oder Rennboot), das durch einen Verbrennungsmotor angetrieben wird. Als *Innenbordmotor* sitzt dieser entweder etwa in Schiffsmitte u. treibt durch eine lange, schräg liegende Welle die Schraube an, oder er liegt weit hinten, u. die Kraft wird dann meist über einen Z-Trieb (einen Z-förmigen Winkeltrieb) nach unten zur Schraube übertragen. Diese ist dann zugleich steuerbar u. hoch schwenkbar, wie beim → Außenbordmotor, der jedoch außen sitzend mitgeschwenkt wird. Je nachdem, ob Form u. Leistung es erlauben, dass sich das Boot etwas aus dem Wasser heraushebt (gleitet) u. so höhere Geschwindigkeiten erreichen kann, spricht man von *Gleitbooten* oder *Verdrängungsbooten.* *Tragflügelboote* heben sich bei voller Fahrt so weit aus dem Wasser, dass nur noch die tragenden Flügel, das Antriebs- u. das Steuerorgan eingetaucht sind.
Motorbootsport, i.w.S. die Gesamtheit aller sportl. u. tourist. Betätigung mit Booten, die

Motorbremse

durch Motoren angetrieben werden, wie Kreuz- u. Sternfahrten, Wasserskischleppfahren u. Ä.; i. e. S. die Schnelligkeitswettbewerbe mit Rennbooten. Voraussetzung ist in jedem Fall, dass der Motorbootführer einen amtl. gültigen Motorbootführerschein bzw. eine Rennlizenz besitzt.
Im Motorboot-Rennsport wird grundsätzl. zwischen Booten mit *Außenbordmotor* u. Booten mit *Innenbordmotor* unterschieden. Außenbord-Rennboote sind keinen bestimmten Abmessungen des Bootsrumpfes unterworfen; der Bootsrumpf der Außenbord-Sportboote u. der Innenbord-Sportboote muss dagegen bestimmten Abmessungen entsprechen. Innerhalb der Serien (Rennboote: O, Sportboote: S) erfolgt eine auf einer Hubraumbegrenzung des Motors basierende Klasseneinteilung. Außenbord-Rennboote gibt es in Hubraumklassen bis 250 cm³, bis 350, bis 500, bis 700, bis 800, bis 2000 u. über 2000 cm³; Innenborder bis 1000, bis 1500, bis 2000, bis 2500 usw. bis über 7000 cm³. Im Rennsport wird unterschieden zwischen reinen Seerennen als sog. *Offshore-Rennen* über 100 bis 500 Seemeilen (auf offener See oder vor Küsten) u. Rennen, die auf Binnengewässern stattfinden.
Organisation: → *Deutscher Motoryacht-Verband*; in *Österreich: Motorboot-Sportverband für Österreich*, Wien; in der *Schweiz: Föderation Schweizerischer Motorbootclubs*.

Motorbremse, der Kraftfahrzeugmotor als Bremse: Wird ein Motor von außen her angetrieben, so übt er je nach Bauart eine größere oder geringere Bremswirkung aus. Die Bremswirkung kann durch Herabschalten in einen niedrigeren Gang oder durch bes. Vorrichtungen (Auspuffklappe, Verstellung der Ventilsteuerzeiten) verstärkt werden. Sie wird vorwiegend bei Talfahrt ausgenutzt, um die Reibungsbremsen (→ Bremse) zu entlasten. Auch → Verlangsamer.

Motorenöl, *Motorenschmieröl*, (meist) Mineralöl zur Schmierung der bewegten Motorteile. Bei Verbrennungsmotoren mechanisch u. vor allem thermisch hoch belastet. Motorenöle sind in Viskositätsklassen eingeteilt. Auch → SAE-Viskositätsklassen.

Motorfahrzeug, durch Motorkraft angetriebene Land-, Wasser- oder Luftfahrzeuge. Der *Motor* (Kraftmaschine) erzeugt eine mechan. Antriebskraft. Je nach Art der zugeführten Primärenergie unterscheidet man z. B. Verbrennungs- oder Elektromotoren. Zum Fahrzeugantrieb sind Verbrennungsmotoren am besten geeignet, da der Kraftstoff unabhängig mitgeführt u. direkt in Kraft verwandelt werden kann, während bei Elektromotoren die Stromzuführung von einer Fahrleitung oder einer heute noch unverhältnismäßig schweren Batterie abhängig ist. Bei großen Geschwindigkeiten (Flugzeuge) findet der Strahlantrieb (Gasturbine) Verwendung.

Motorflugsport, sportl. Wettbewerbe u. Meisterschaften mit motorgetriebenen, leicht gebauten Sport- u. Reiseflugzeugen (meist einmotorig bis 2000 kg, seltener zweimotorig bis 5700 kg maximales Abfluggewicht), die nach der Start- u. Landeart als *Landflugzeuge* bezeichnet werden. Wichtige internationale Wettbewerbe sind die Europa- u. Weltmeisterschaften im Motorflug (u. a. Rallye, Präzisionsflug). Der älteste Motorflugsportwettbewerb ist der *Deutschlandflug*, der als „Dt. Rundflug" 1912 erstmalig ausgetragen wurde. Eine Sonderform des Motorflugsports ist der → Kunstflug. M. wird auch mit Hubschraubern, Ultraleichtflugzeugen u. Motorseglern betrieben. Organisation: → Deutscher Aero-Club.

Motorgenerator, ein → Umformer; elektr. Maschinensatz zur Gewinnung einer bestimmten Stromart aus einer anderen, z. B. Gleichstrom aus Drehstrom. Ein M. besteht im Prinzip aus einem Elektromotor, der mit einem Generator mechanisch gekoppelt ist.

Motorik [lat.], aktive, von der Großhirnrinde gesteuerte Bewegungsvorgänge eines Organismus wie Gehen, Sprechen u. Ä. Im Gegensatz dazu bezeichnet man reflektorische, vom Hirnstamm oder vegetativen Nervensystem ausgehende Bewegungen wie Verdauung u. Kreislauf als *Motilität*.

motorische Endplatte, die Verbindung zwischen Nerv u. Erfolgsorgan (z. B. Skelettmuskel). Die faserförmigen Verästelungen des Nervs liegen in rinnenartigen Vertiefungen der Muskelzelle u. bilden eine Übergangsstelle für die Information vom Nerv zum Muskel (→ Synapse, → Nervenleitung). Nervensignale werden nicht direkt weitergeleitet, sondern auf das Hormon *Acetylcholin* übertragen. Auch → Erregung.

motorische Nerven, *efferente, zentrifugale Nerven*, Nerven, die die Erregung von Nervenzentrum zur Peripherie, d. h. zu den Erfolgsorganen (Muskeln, Drüsen), leiten; Gegensatz: *sensible (afferente, zentripetale) Nerven.*

motorisches Lernen, Lernen als Veränderung u. Verbesserung von Bewegungen u. Handlungen; im einzelnen der Erwerb von Bewegungsfertigkeiten, sportl. Techniken, ihrer sachgemäßen Anwendung u. der damit verbundenen Einsicht in Körper- u. Bewegungsfunktionen.

Motorisierung, der Ersatz der menschl. oder tier., mitunter auch der Dampfkraft durch Verbrennungs- u. Elektromotoren; i. e. S. die Ausweitung des Verkehrs mit *Kraftfahrzeugen.*

Motorkühlung, das System, das die Wärme, die durch den Verbrennungsvorgang auf Bauteile des Motors (z. B. Kolben, Zylinder, Zylinderkopf) u. das Motoröl übergegangen ist, an die Umgebungsluft abführt. Damit gehen etwa 25–30 % der bei der Verbrennung frei werdenden Wärmeenergie verloren. Man unterscheidet drei Arten von Motorkühlsystemen: 1. Bei der *Luftkühlung*, durch Fahrtwind oder Gebläse, wird die überschüssige Wärme direkt an die Umgebungsluft abgegeben. Um die Wärmeleitfähigkeit der Zylinder u. der Zylinderköpfe zu verbessern, werden diese meist aus Leichtmetalllegierungen gegossen u. zur Vergrößerung der Kühlfläche mit Kühlrippen versehen. – 2. Bei der *Flüssigkeitskühlung* sind Zylinder u. Zylinderkopf doppelwandig ausgeführt. Der Zwischenraum ist mit Kühlflüssigkeit, z. B. Wasser, gefüllt u. so ausgebildet, dass ein Kühlflüssigkeitskreislauf entsteht. Diese Thermoumlaufkühlung (Thermosiphonkühlung) beruht darauf, dass warmes Wasser eine geringere Dichte als kaltes Wasser hat. Das erwärmte Wasser steigt deshalb im Wassermantel des Zylinders hoch, u. kälteres Wasser fließt von unten aus dem Kühler nach. – 3. Die *Zwangsumlaufkühlung* (Pumpenumlaufkühlung) wird überwiegend verwendet. Eine Pumpe versetzt die Kühlflüssigkeit in raschen Umlauf, wobei der Kühler (Kühlsystem) die von der Kühlflüssigkeit aufgenommene Motorwärme an die Luft abführt.

Motor-Oktan-Zahl, Abk. *MOZ*, nach der Motor-Methode bestimmte → Oktanzahl.

Motorrad: Kawasaki Ninja ZX-6R, 78,7 kW (107 PS), Höchstgeschwindigkeit über 200 km/h, 599 cm³ Hubraum

Motorschlepper

◆ **Motorrad,** *Kraftrad,* kurz *Krad,* einspuriges, zweirädriges, durch Verbrennungsmotor (Ottomotor) angetriebenes Fahrzeug. Der geschweißte, einfache oder doppelte *Stahlrohrrahmen* kann (offen) mit zwischengebautem oder (geschlossen) mit aufgebautem Motorgetriebeblock ausgeführt werden. Beim *Schalenrahmen* (selten) werden zwei aus Stahlblech gepresste Hälften zusammengeschweißt (geringes Gewicht, große Steifigkeit). Der Brennstofftank ist zwischen Lenker u. Sattel eingebaut. Das Vorderrad ist in der Vorderradgabel oder diese gegen den Rahmen gefedert, während das Hinterrad meist als Schwingrad federnd in einer Führung angeordnet ist. Die Führung ist entweder eine *Geradführung* (Teleskoprohre) oder (meist beim Hinterrad) eine *Kreisbogenführung.* Als Motor werden überwiegend luftgekühlte ein- bis sechszylindrige Zwei- oder Viertakt-Motoren verwendet. Für bestimmte Zwecke baut man Einzylinder-Zweitakt-Motoren auch mit 2 Kolben als Doppelkolbenmotoren. Zweizylinder-Motoren haben die Zylinder parallel u. stehend, oder v-förmig oder gegeneinander u. liegend (Boxer-Motor) angeordnet. Die Motorkraft geht über die (meist Mehrscheiben-)*Kupplung* u. über das 2–6-gängige *Wechselgetriebe* (meist Fußschaltung), das Anpassung an verschiedene Belastungen erlaubt, in die Treibkette (Kettenrad, Zahnriemen) oder Kardanwelle (Kardanrad) zum Hinterrad. Motor, Kupplung u. Getriebe liegen meist in einem Gehäuse, dem *Motorgetriebeblock,* dessen Rippen zur Kühlung dienen. Die Schmierung geschieht durch Druck- oder Tauchverfahren (selten). Bei Zweitaktern wird dem Kraftstoff etwa 2–4 % Schmieröl zugesetzt. Je eine oder zwei Scheibenbremsen am Vorder- u. Hinterrad (am Hinterrad auch Trommelbremsen) wird durch Fuß- oder Handhebel hydraulisch, manchmal auch mechanisch (hintere Trommelbremsen) betätigt. Der Lenker hat einen Drehgriff zur Regulierung der Gaszufuhr u. trägt noch die Hebel für die Handbremse u. Kupplung, des Weiteren die Schalter für die Signaleinrichtungen. Die Hebel für die Fußschaltung, die Fußbremse (manchmal) u. den Starter sind direkt am Motorgetriebeblock angebracht. Energiespender für die elektr. Ausrüstung (Zündanlage, Licht, Anlasser, Horn u. a.) sind Lichtmaschine bzw. Batterie (Magnet- oder Batteriezündung). Die Motorrad-Typen werden eingeteilt in Solomaschinen u. Gespanne. Sonderbauarten sind: → Motorroller, Fahrräder mit Einbaumotoren (Einzylinder, 2-, 4-Takt, bis 50 cm³ Hubraum), → Mofa, → Mokick, → Moped. Auch → Kraftfahrzeuge.

Motorradsport, sportl. Geschwindigkeitswettbewerbe auf einspurigen (Solomaschinen) oder zweispurigen Motorrädern (Seitenwagen); dazu gehören: Straßenrennen auf Bergstrecken oder Asphalt-Rundstrecken, Bahnrennen auf Sand-, Gras-, Aschen- oder Eisbahnen (→ Sandbahnrennen, → Eisspeedway, → Speedway), Gelände- oder Geschicklichkeitsfahren (→ Motocross, → Internationale Motorrad-Sechstagefahrt, → Trial) u. Motorrad-Fußball.

Motorroller: ein Motorrollerfahrer unterwegs auf einer Vespa

Die *Straßenrennen* auf Bergkursen oder Hochgeschwindigkeits-Rundkursen werden für Solomaschinen (Kategorie A) in den Klassen bis 80 (früher 50), 125, 250, 350 u. 500 cm³ Hubraum sowie für Seitenwagengespanne (Kategorie B) mit bis zu 500 cm³ Hubraum ausgetragen. Seit 1949 werden in allen Klassen jährlich Weltmeisterschaften durchgeführt. Die internationalen Veranstaltungen werden nach dem Reglement des *Internationalen Motorradsport-Verbands* (FIM) durchgeführt. Für das sportl. Reglement, Lizenzen, Termine u. a. in Deutschland ist die *Oberste Motorradsport-Kommission* (OMK), die vom ADAC u. AvD getragen wird, zuständig.

Motorrad-Fußball (Motoball) ist ein Mannschaftsspiel auf Motorrädern; zwei Mannschaften von meistens je 6 Spielern, Regeln u. Spielfeld wie beim Fußball. Der Ball hat 40 cm Durchmesser u. bis zu 1000 g Gewicht, er wird mit dem Fuß (an der Maschine) geführt u. geschossen. Spieldauer 4 × 20 min.

Organisation: → Deutscher Motorsport-Verband; in *Österreich* wird der M. vom *Österr. Automobil-, Motorrad- u. Touring-Club,* Teesdorf, organisiert; in der *Schweiz:* Föderation der Motorradfahrer der Schweiz, Genf.

◆ **Motorroller,** ein Kraftrad, das ohne Knieschluss gefahren wird; Vollverkleidung des Triebwerks, kleine Räder (bis etwa 500 mm Durchmesser), Schutzschild vorn.

Motorsäge, *Motorkettensäge,* eine transportable oder stationäre Säge, deren endlose Sägegliederkette über eine lang gestreckte Schiene (Schwert) oder über einen Bügel geführt wird; Antrieb bei Ein- oder Zweimannbedienung durch Elektro- oder Benzinmotor (mit Spezialvergaser, so dass man mit der M. in jeder Lage arbeiten kann); Verwendung zum Bäume fällen, in Sägewerken u. Ä.

Motorschiff, von einer Verbrennungsmaschine (meist Dieselmotor) angetriebenes Schiff. Bei großen Seeschiffen treiben langsam laufende Zweitakt-Großdieselmotoren unmittelbar die Schraubenwelle an (100–150 U/min); bei Mittelschnellläufern (300–500 U/min) u. Schnellläufern (kleinere Schiffe) läuft die Kraftübertragung über ein Zahnradgetriebe oder elektrisch (dieselelektr. Antrieb) über einen Generator u. einen elektr. Propellermotor.

◆ **Motorschlepper,** *Schlepper, Zugmaschine, Traktor,* ein meist mit einem Dieselmotor angetriebenes Fahrzeug zum Ziehen von

- schallgedämmte Fahrerkabine
- Dieselmotor
- Kühler
- Batterie
- Schalthebel
- Differenzial
- Planetenendantrieb
- Getriebe und Zapfwellenantrieb
- Kupplung
- Vorderachs-Gewichte
- Frontscheinwerfer

Motorschlepper: Ackerschlepper mit Allradantrieb

Motorschlitten

Anhängern u. landwirtschaftl. Geräten. Die heute in jedem M. eingebaute *Zapfwelle* dient zum Antrieb der gezogenen Maschine, aber auch zur Verwendung des Motorschleppers als stationärer Motor. Der M. kann entweder als *Radschlepper* oder für weichen Boden als *Raupenschlepper* ausgeführt sein.

Motorschlitten, *Snowmobile,* ein Schlitten, der durch einen Luftpropeller oder eine Raupenkette bewegt wird.

Motorsegler, 1. *L u f t f a h r t :* ein Segelflugzeug mit Hilfsmotor, in der Regel eigenstartfähig. **2.** *S e e f a h r t :* ein Segelschiff oder -boot, bei dem der auch sonst oft vorhandene Hilfsmotor bes. stark ist u. das Boot sowohl für Motor- als auch Segelantrieb ausgelegt ist.

◆ **Motorsport,** zusammenfassende Bez. für alle Sportarten mit motorgetriebenen Fahr- oder Flugzeugen auf dem Land, dem Wasser oder in der Luft: → Automobilsport, → Motorradsport, → Motorbootsport (wird z. T. auch zum Wassersport gezählt) u. → Motorflugsport.

Die *G e s c h i c h t e* des Motorsports ist eng mit der Entwicklung u. Verbesserung der Verbrennungsmotoren verbunden. 1895 wurde das Automobilrennen Paris–Bordeaux–Paris über 1187 km ausgetragen, das als erster *Grand Prix* (Großer Preis [von Frankreich]) gilt. In Dtschld. fand als erstes Automobilrennen 1898 die Fahrt Berlin–Potsdam–Berlin statt. – Das älteste heute noch bestehende Motorradrennen ist die *Tourist-Trophy,* die seit 1907 jährlich auf der Insel Man ausgetragen wird. – Nach ersten Demonstrationsrennen 1889 auf der Seine u. Schnelligkeitsprüfungen 1886 in Frankreich kam es 1900 im Rahmen der Pariser Weltausstellung zur ersten *Motorboot-Regatta.* 1908 wurden in der Nähe von Southampton Rennen in drei Bootsklassen als olymp. Wettbewerbe ausgetragen.

Motru, Stadt im S Rumäniens, Kreis Gorj, am Fluss Metru, 24 700 Ew.; Bergbauzentrum (Lignit).

Mott, 1. John Raleigh, US-amerikan. ev. Theologe, *25. 5. 1865 Livingston Manor, New York, †31. 1. 1955 Orlando, Florida; gründete 1895 den Christl. Studenten-Weltbund, 1915–1928 Generalsekretär des *YMCA,* 1921 Präs. des Internationalen Missionsrats, 1942 Ehren-Präs.; maßgebl. an der ökumen. Bewegung beteiligt; 1946 Friedensnobelpreis.
2. Sir (1962) Nevill Francis, brit. Physiker, *30. 9. 1905 Leeds, †8. 8. 1996 Milton Keynes (Buckinghamshire); arbeitete über Festkörperphysik; erhielt 1977 den Nobelpreis für Physik zusammen mit P. W. *Anderson* u. J. H. *van Vleck.*

◆ **Motta,** Giuseppe, schweiz. Politiker (katholisch-konservativ), *29. 12. 1871 Airolo, Tessin, †23. 1. 1940 Bern; 1899 bis 1911 Nationalrat, 1912 bis 1940 Bundesrat, seit 1920 Vorsteher des Polit. Departements (Außen-Min.), fünfmal Bundes-Präs.; M. erreichte 1920 den Beitritt der Schweiz zum Völkerbund, dessen Versammlung er 1924 präsidierte. Kritik löste seine Beschwichtigungspolitik gegenüber Deutschland und Italien aus, namentlich die frühe Anerkennung der Annektierung Äthiopiens durch Italien. 1938 gab M. die Politik der eingeschränkten (differenzierten) Neutralität unter dem Druck der Weltlage zugunsten einer bedingungslosen (integralen) Neutralität auf.

Motte [mɔt], **1.** Diether de la, verheiratet mit 2), dt. Komponist, *30. 3. 1928 Bonn; Schüler von W. *Maler;* seit 1964 Prof. in Hamburg, seit 1988 in Wien; moderne Tonsprache unter Einbezug des Gregorian. Chorals; Opern: „Der Aufsichtsrat" 1970; „Hörtheater" 1976; „Auch für Erwachsene" 1981; Orchester- u. Vokalwerke, auch Tonbandkompositionen unter Verwendung konkreter Geräusche.
2. *Motte-Haber,* Helga de la, verheiratet mit 1), dt. Musikwissenschaftlerin, *2. 10. 1938 Ludwigshafen; seit 1978 Prof. in Berlin; grundlegende Forschungen zur Musikpsychologie u. Filmmusik.

Motte Fouqué [mɔtfu'ke], Friedrich Baron de la, dt. Dichter, → Fouqué.

Mottelson, Ben(jamin) Roy, dän. Physiker US-amerikan. Herkunft, *9. 7. 1926 Chicago; Arbeiten über die Theorie zur Struktur des Atomkerns; Physiknobelpreis 1975 zusammen mit A. *Bohr* und J. *Rainwater.*

Motten, volkstüml. Ausdruck für alle kleinen, unscheinbar gefärbten Schmetterlinge; in zoologisch-systemat. Sinn nur die Überfamilie der *Tineoidea,* die ausschließl. kleine Schmetterlinge mit schmalen, am Hinterrand lang befransten Flügeln umfasst, deren Raupen in selbst gefertigten Gespinströhren leben. Zu diesen M. gehören: *Kleidermotten, Pelzmotten, Tapetenmotten, Kornmotten, Lauchmotten* u. *Kohlschabe.*

Mottenkönig, *Harfenstrauch, Plectranthus fructicosus,* in Südafrika heim. *Lippenblütler (Labiatae)* mit kleinen, blauen, in Rispen stehenden Blüten. Der M. soll Motten vertreiben.

Mottenkraut, ein Heidekrautgewächs, → Porst.

Mottenläuse → Mottenschildläuse.

Mottenmittel, Insektizide zur Bekämpfung der Mottenraupen, die Fraßschäden u. a. an Kleidungsstücken, Polstermöbeln, Teppichen anrichten. Verwendung finden z. B. Campher u. Naphthalin in Form von Sprüh- oder Stäubemitteln, Mottenkugeln oder Mottenstrips. Durch Eulanisieren (→ Eulan) werden Wollstoffe, Polsterwaren, Teppiche u. Ä. mottenecht gemacht, d. h. dauerhaft vor Mottenfraß geschützt.

Mottenschildläuse, *Aleurodina,* Gruppe der *Pflanzensauger;* zarte, bis 1,5 mm lange *Schnabelkerfe.* Der Körper ist mit mehlartigem Wachsstaub bepudert. Die Larven leben nach der 1. Häutung festsitzend, schildlausähnlich. Das puppenartige letzte Jugendstadium *(Puparium)* nimmt weiterhin Nahrung auf, während sich die Umbildung zum flugfähigen Vollkerf (erwachsenes Insekt) vollzieht. Einige Arten sind schädlich (→ Weiße Fliegen).

Motorsport: Power-Boat-Europameisterschaftslauf der Formel 500 in Hamburg

Giuseppe Motta

Motorsport: Der Australier Mick Doohan beim Großen Preis von Deutschland auf dem Sachsenring in der 500-ccm-Klasse

188

Start;
Flagge in der jeweiligen Landesfarbe

in Verbindung mit Startnummer:
Wagen sofort an die Box

Achtung!
Öl oder Schmutz auf der Strecke

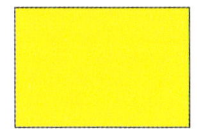

Gefahr!
Geschwindigkeit drosseln, Überholverbot

Freie Fahrt!
Aufhebung der Gefahrensignale

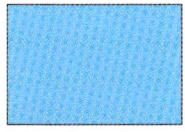

Achtung!
Nicht überholen! Fahrzeuge dichtauf, wollen überholen

in Verbindung mit Startnummer:
Wagen wegen techn. Probleme an die Box

in Verbindung mit Startnummer:
Warnung wegen unsportlichen Verhaltens

Rennabbruch;
zuerst vom Rennleiter, anschl. von Streckenposten gezeigt

Ende des Rennens

Achtung!
Hilfsfahrzeuge/Krankenwagen auf der Strecke

Motorsport: Signalflaggen

Mottl, Felix, österr. Dirigent u. Komponist, * 24. 8. 1856 Unter-St. Veit bei Wien, † 2. 7. 1911 München; 1881 Hofkapellmeister in Karlsruhe, seit 1903 Opernleiter in München, auch Dirigent der Bayreuther Festspiele; hervorragender Wagner-Dirigent, auch Komponist (Opern u. Lieder); Hrsg. von Klavierauszügen der Musikdramen Wagners mit Regieanweisungen des Komponisten.

Mottlau, poln. *Motława* linker Nebenfluss der Toten Weichsel, 65 km. Die Mündung ist ein Teil des Danziger Hafens.

Motto [lat.], Leit-, Wahlspruch; oft am Beginn einer Schrift oder eines einzelnen Abschnittes des Werkes vorangestellt.

Motu proprio [das; lat., „aus eigenem Antrieb"], aus eigener Initiative des Papstes erlassenes Schriftstück, dessen Text das Wort *M. p.* enthält.

Motz, Friedrich von, preuß. Minister, * 18. 11. 1775 Kassel, † 30. 6. 1830 Berlin; seit 1795 in preuß. Dienst, 1821 Oberpräsident der Prov. Sachsen, 1825 Finanz-Min.; entscheidender Vorkämpfer des *Dt. Zollvereins*, für den er den Zollvertrag zwischen Preußen u. Hessen-Darmstadt als Vorstufe abschloss (1828).

Mouche [muːʃ; die; frz., „Fliege"], Schönheitspflästerchen, bes. beliebt im 17. u. 18. Jh. in der höf. Damenwelt.

Moudon [muˈdɔ̃], Bez.-Hptst. im schweiz. Kanton Waadt, an der Broye, 4300 Ew.; das röm. *Minnodunum;* in savoyischer Zeit Hptst. der Waadt; mehrere Schlösser des 12.–17. Jh., Kirche St.-Étienne (13. Jh.), Bürgerhäuser des 16.–18. Jh.

Mouillierung [muˈjiː-; frz.], *Palatalisierung,* weiche (palatale) Aussprache eines Konsonanten oder Vokals.

Moulage [muˈlaːʒə; der oder die; frz.], farbiges anatomisches Modell aus Wachs oder Kunststoff.

Moûlây Idrîss [mulɛiˈdris], marokkan. Stadt, → Sidi Qâsem.

Mouliné [mu-; der; frz.], Bez. für die Farbmusterung bei Zwirnen; zwei oder mehrere verschiedenfarbige Garne werden zu einem Zwirn vereinigt, der dann Geweben ein gesprenkeltes Farbbild gibt.

Moulin Rouge [mulɛ̃ ˈruːʒ; frz., „rote Mühle"], Pariser Varieté, als Ballhaus zur Weltausstellung 1889 an der *Place Blanche* eröffnet. Ein Gartenlokal mit Bühne, ein Ballsaal u. ein Saal für Varietévorführungen gehörten dazu. Das M. R. wurde berühmt durch seine Cancan-Darbietungen.

Moulins [muˈlɛ̃], mittelfranzös. Stadt am Allier, früher Hptst. des Herzogtums *Bourbon* (das heutige *Bourbonnais*), jetzt Sitz des Dép. Allier, 23 400 Ew.; Kathedrale (15./16. Jh.; berühmter spätgot. Altar); Leder-, Elektro- u. Automobilindustrie, Eisenbahnwerkstätten.

Moulmein [mulˈmɛin], *Maulamyaing,* Prov.-Hptst. von Tenasserim, in Myanmar, an der Mündung des Saluen in den Golf von Bengalen, über 177 000 Ew.; Seehafen, Schiffswerft, Sägewerke, Ausfuhr von Teakholz.

Moulouya [muluˈja], *Ouèd Moulouya,* Fluss im östl. Marokko, → Muluya.

Mounana [muna'na], zentralafrikan. Bergbauort im südöstl. Gabun, 60 km nordwestl. von Franceville; Uranerzförderung; mit *Moanda* zusammen 23 000 Ew.

Mound-Builders ['maundbildəz] → Mississippi-Kultur.

Moundou [munˈdu], Stadt im SW der afrikan. Rep. Tschad, am Logone, Hptst. der Präfektur Logone occidental, 397 m ü. M., 112 000 Ew.; Verwaltungs- u. Handelszentrum; Baumwollverarbeitung; Straßenknotenpunkt, Flughafen.

Mounier [munˈje], Emmanuel, französ. Philosoph, * 1. 4. 1905 Grenoble, † 22. 3. 1950 Paris; Vertreter des *Personalismus* u. einer universalgeschichtl. Interpretation der Unabhängigkeit u. Würde des Menschen. Seine existenzphilosoph. Gedanken der *Kommunikation* u. der Gewissenserforschung sind gegen das Kollektivismus gerichtet, stehen aber dem sozialist.-materialist. Denken nahe. Sein philosoph. Werk erstrebt eine Gemeinschaft freier, verantwortungsvoller Persönlichkeiten. M. gründete die einflussreiche Zeitschrift „Esprit", die er mit Ausnahme der Jahre 1941–1944 bis zu seinem Tod leitete. Hptw.: „Révolution personnaliste et communautaire" 1935, „Der Christ stellt sich" 1945, dt. 1950, „Einführung in die Existenzphilosophie" 1947, Neuaufl. 1962, dt. 1949. – Œuvres complètes, 4 Bde. 1962/63.

Mount [maunt; engl.], *Mountain,* Abk. *Mt.,* Bestandteil geograph. Namen: Berg. – Berge (nicht Städte), die *Mount…* heißen, sind im Lexikon unter dem Hauptbestandteil des Namens eingeordnet (z. B. Mount → Everest).

Mount [maunt], William Sidney, US-amerikan. Maler, * 26. 11. 1807 Setauket auf Long Island, N. Y., † 19. 11. 1868 Setauket; Landschafts- u. Genrebilder nach Motiven aus New Jersey in einem hellfarbigen, zeichnerisch überscharfen Frühnaturalismus.

Mount Abu [maunt-] → Abu.

Mountain ['mauntin; engl.] → Mount.

Mountain-Biking ['mountin 'baikiŋ; engl., „Bergradfahren"], eine Radsportvariante mit Ursprung in den USA, seit Mitte der 1980er Jahre auch in Europa verbreitet. Die verwendeten Fahrräder sind mit breiten, profilierten Reifen (26 Zoll) u. flachen Lenkern sowie einer Schaltung mit 15 bis 21 Gängen ausgestattet. Wettkampfformen sind: Bergrennen, Abfahrtsrennen *(Downhill),* Querfeldeinrennen *(Cross-Country),* Dual-Slalom u. Trial (Geschicklichkeitswettbewerb), Rallye. 1990 fanden die ersten offiziellen Weltmeisterschaften statt; Cross-Country ist seit 1996 olymp. Disziplin.

Mountains ['mauntinz; engl.], Abk. *Mts.,* Bestandteil geograph. Namen: Gebirge.

Mountain Time ['mauntin 'taim], die → Zonenzeit für die nordamerikan. Gebiete unter dem 105. Längengrad. Sie liegt 8 Stunden gegenüber der Mitteleurop. Zeit zurück.

Mountbatten [maunt'bætən], die engl. Linie (seit 1917) der aus Hessen stammenden Familie *Battenberg:*

♦ **1. Louis,** *1. Earl Mountbatten of Burma* (seit 1947), brit. Admiral u. Politiker, * 25. 6. 1900 Windsor, † 27. 8. 1979 auf See vor Mullaghmore (Irland); 1943–1946 alliierter Oberbefehlshaber in Südostasien, 1947 letzter Vizekönig von Britisch-Indien, 1947/48 Gene-

Louis Mountbatten

ralgouverneur von Indien, 1955–1959 Erster Seelord, 1959–1965 Chef des Verteidigungsstabes; fiel einem Anschlag irischer Terroristen zum Opfer.
2. Philip, Neffe von 1), Prince of the United Kingdom of Great Britain and Northern Ireland, → Philip.

Mount Desert Island ['maunt 'dezərt 'ailənd], Insel vor der Küste von Maine (USA), 260 km², mit dem Festland durch einen Damm verbunden; Hauptort *Bar Harbor*. Der größte Teil der Insel wird vom *Acadia Nationalpark* eingenommen, einem beliebten Erholungsgebiet. – 1613 Gründung der ersten französischen Jesuitenmission in Amerika.

Mount Everest ['maunt 'ɛvərist] → Everest.

Mount Gambier ['maunt 'gæmbjə], Stadt in Südaustralien, nahe der Grenze des Bundesstaats Victoria, 21 200 Ew.; landwirtschaftl. Zentrum u. Verkehrsknotenpunkt; Textil-, Holz- u. a. Industrie; in der Umgebung erloschene Vulkane u. Kraterseen, Fremdenverkehr.

Mount Godwin Austen ['maunt 'gɔdwin 'ɔstin] → K 2.

Mount Isa ['maunt 'aizə], Bergbaustadt im westl. Queensland (Australien), 23 900 Ew.; Abbau von Kupfer-, Blei-, Zink-, Uran- u. Silbererzen, Erzaufbereitungsanlagen.

Mount Lofty Range ['maunt 'lɔfti 'reindʒ], Bergkette in Südaustralien, im Mount Lofty 620 m hoch; in den Tälern Wein-, Obst- u. Gemüseanbau; Wasserreservoir u. Naherholungsgebiet für Adelaide.

Mount Rushmore National Memorial ['maunt 'rʌʃmɔː 'næʃnəl mi'mɔːriəl], US-amerikan. Nationaldenkmal an der Ostwand des 1800 m hohen Mount Rushmore in den Black Hills, im SW von South Dakota; zeigt die Büsten der Präsidenten G. Washington, T. Jefferson, A. Lincoln u. T. Roosevelt; 1927–1941 von dem Bildhauer G. *Borglum* aus dem Fels gemeißelt.

Mount Vernon ['maunt 'vəːnən], **1.** Stadt im USA-Staat New York, 67 200 Ew.; Villenvorort nördlich von New York; Druckereien und Verlage. – Gegr. 1664, Stadt seit 1892.
2. Landgut im USA-Staat Virginia, am Potomac, südwestl. von Washington; ehem. Wohnsitz u. heute Grabstätte des Präs. G. *Washingtons*.

Mount Whaleback ['maunt 'weilbæk], eisenerzhaltiger Bergrücken im NW von Westaustralien, seit 1969 Abbau hochwertiger Hämatiterze im Tagebau.

Mourenx-la-Neuve [murãla'nœv], Stadt im südwestfranzös. Dép. Pyrénées-Atlantiques, 7500 Ew.; im Zusammenhang mit der Erschließung der Erdgasfelder von Lacq planmäßig angelegt.

Mourne Mountains ['mɔːn 'mauntinz], ostirisches Bergland (Nordirland), südl. von Belfast, im *Slieve Donard* 852 m hoch.

Mouscron [mus'krɔ̃], fläm. *Moeskroen*, Stadt in Westflandern (Belgien), Prov. Hennegau, nahe der französ. Grenze, bei Tourcoing, 53 000 Ew.; Textilindustrie, Teppichherstellung.

Mouselet [muzə'lɛ, frz.], Drahtsicherung für Sektflaschenverschlüsse.

Möwen: Silbermöwe, Larus argentatus

Mouskouri [mus'kuri], *Muskuri*, Nana, griech. Chanson- u. Schlagersängerin, * 13. 10. 1936 Athen; sang zunächst Jazz u. Folklore, wurde dann bekannt durch Schlager („Weiße Rosen aus Athen").

Mousseron [mus'rɔ̃; frz.], ein Blätterpilz, → Küchenschwindling.

Mousseux [mu'sø, frz.], das Aufsteigen der Kohlensäurebläschen im Schaumwein.

Moustérien [muster'jɛ̃], altsteinzeitl. Formengruppe, benannt nach dem Fundplatz *Le Moustier* im französ. Dép. Dordogne. Diese Formengruppe entstand im Riss-Würm-Interglazial u. dauerte bis in das Würmglazial (etwa 120 000 – 40 000 v. Chr.). Ihre Verbreitung erstreckt sich über ganz Europa bis nach Asien u. Nordafrika. Kennzeichnend für das M. sind Abschlaggeräte, teilweise in Levalloistechnik (→ Levalloisschläge) gearbeitet. Die unterschiedl. Formen führten zu einer Unterteilung in Gruppen, die je nach Forschungsschule chronologisch oder aktivitätsspezifisch interpretiert werden. Träger der Gruppe war der *Neandertaler*.

Moutier [mut'je], dt. *Münster*, schweiz. Bezirks-Hptst. im Jura, Kanton Bern, an der Sorne, nordwestl. von Solothurn, 7900 Ew.; Uhren-, Maschinen- u. Glasindustrie; benannt nach einer Klostergründung *(monasterium)* des 7. Jh.; seit dem 9. Jh. bis 1533 Benediktinerkloster; in der Nähe der Kapelle von *Chalières* mit Wandmalereien von 1020.

Moutiers [mu'tje], Stadt in den französ. Westalpen im Dép. Savoie, an der Isère, 4900 Ew.; Hauptort der Tarentaise; ehem. Erzbistum (9.–18. Jh.), seit 1817 Bischofssitz; Marktort.

Mouton [mu'tɔ̃], Jehan, franko-fläm. Komponist, * um 1459 Holluigue (heute Haut-Wignes, Dép. Pas-de-Calais), † 30. 10. 1522 St. Quentin; stand in Diensten des französ. Königshauses, verfasste Messen u. Motetten. Seine 14 überlieferten Messzyklen weisen differenzierte Parodie- u. Imitationsverfahren auf.

Mouton d'or [mutɔ̃'dɔːr; der; frz., „goldenes Lamm"], französ. Goldmünze (2–4 g, später 2,65 g) des 14. u. 15. Jh. mit der Darstellung des Gotteslamms auf der Vorderseite u. dem Kreuz mit Lilien in den Außenwinkeln auf der Rückseite; in den Niederlanden nachgeahmt.

Moutoullas [mutulas], Ort in Zypern; liegt in 700 m Höhe am linken Hang des Marathasatales; mit *Kalopanyotis* zusammengewachsen; Weinanbau.

Moutsamoudou [mutsamu'du], Stadt auf den Komoren, → Mutsamudu.

Mouvement Républicain Populaire [muvmã repyblikɛ̃pɔpy'lɛːr; frz., „Republikan. Volksbewegung"], Abk. *MRP*, 1944 von G. *Bidault* u. a. aus kleineren Parteien u. kath. Gruppen der französ. Widerstandsbewegung gebildete christl.-soziale Partei; trat bes. für die europ. Einigung ein. In der 4. Republik eine der stärksten Parteien, stellte sie mehrere Min.-Präs. u. Minister (G. *Bidault*, R. *Schuman*, P. H. *Teitgen*, P. *Pflimlin*). Die Partei löste sich 1967 auf.

Movimiento Nacionalista Revolucionario [span., „Revolutionäre Nationalistische Bewegung"], Abk. *MNR*, bedeutendste polit. Partei Boliviens nach dem 2. Weltkrieg; sie wurde 1941 als ausgesprochen nationalistische Partei gegründet, fasste zunächst bei der städtischen Mittelschicht Fuß u. entwickelte sich nach der Revolution von 1952, bei der sie die politische Führung hatte, zu einer Massenpartei. Bald nach der Revolution kam es zu ideologischen Flügelkämpfen u. Abspaltungen, in den 1960er Jahren zum Bruch mit den Gewerkschaften. Insgesamt behielt die Partei jedoch dominierenden Einfluss im Lande (bes. auf die Regierungsbildung).

Möwchen, eine Art der → Prachtfinken.

◆ **Möwen**, *Laridae*, Familie der *Regenpfeifervögel*, langflügelige, meist hell gefärbte Seevögel mit kräftigem Schnabel, die meistens an Meeresküsten, z. T. auch an Binnengewässern leben, in 43 Arten weltweit verbreitet. Als Schwimmvögel haben sie Schwimmhäute zwischen den Vorderzehen, aber auch ein ausgezeichnetes Flugvermögen. M. ernähren sich von kleinen Tieren aller Art, aber auch von Aas u. Abfällen (Schiffsabfälle, Müllplätze, Schlachthöfe). Die untereinander geselligen M. leben u. brüten häufig in Kolonien. Europ. Arten: die auch im Binnenland häufige → Lachmöwe; an der Küste die kräftige → Silbermöwe sowie die sehr ähnliche, aber dunklere *Heringsmöwe, Larus fuscus*; fast schwarz sind die Flügeldecken der großen *Mantelmöwe, Larus marinus*; ebenso groß ist die → Eismöwe, deutlich kleiner die → Sturmmöwe u. die → Dreizehenmöwe.

Mowinckel, Sigmund, norweg. ev. Theologe, * 4. 8. 1884 Kjerringøy Salta, † 4. 6. 1965 Oslo; 1922 Prof. in Kristiania (heute Oslo), bahnbrechend in der kultgeschichtl. Forschung, an der norweg. Bibelübersetzung maßgebend beteiligt.

Moxibustion → Akupunktur.

Moyobamba, Hptst. des nordperuan. Dep. San Martín, im Oriente, in der niedrigen Cordillera Oriental, 24 300 Ew.; im ländl. Umland; Flugplatz.

MOZ, Abk. für die *Motor-Oktan-Zahl*, nach der *Motor-Methode* bestimmte → Oktanzahl.

Mozaraber [arab., span.], Name der Christen Spaniens unter der Maurenherrschaft (711–1492).

mozarabische Liturgie, *altspanische Liturgie*, neben dem fast überall verbreiteten röm. Ritus eine Sonderform der latein. Liturgie innerhalb der röm.-kath. Kirche; heute nur noch in Toledo u. Salamanca gefeiert. Die Blütezeit dieser Liturgieform lag in der Zeit vom 7. bis 9. Jh.

mozarabischer Stil, zwischen dem 8. u. 11. Jh. in den islam. Gebieten Spaniens ausgebildeter Stil der Architektur u. Dekorationskunst, der christl.-roman. Bau- u. Ornamentformen mit arab. vereinigte; ausgebildet hauptsächl. von Künstlern aus der von den Mauren unterworfenen christl. Bevölkerung Spaniens; Hptw.: Kloster San Miguel de Escalada in Salamanca.

Mozart, dt. Komponist. ♦ **1.** Leopold, dt. Komponist, *14. 11. 1719 Augsburg, †28. 5. 1787 Salzburg; Vizekapellmeister u. Hofkomponist des Erzbischofs von Salzburg; bedeutsam durch seine Violinschule (1756), eine wichtige Quelle auch zur Musikanschauung

Leopold Mozart

des 18. Jh., außerdem zahlreiche Kompositionen, darunter mehrere Oratorien, Opern, Sinfonien, Konzerte, kirchenmusikalische Werke u. Klaviersonaten; war der erste u. wichtigste Lehrer seines Sohnes.

♦ **2.** Wolfgang Amadeus, Sohn von 1), Komponist, *27. 1. 1756 Salzburg; †5. 12. 1791 Wien; vor L. van Beethoven u. neben J. Haydn der bedeutendste Komponist der Wiener Klassik; erregte bereits im Alter von 6 Jahren als Klaviervirtuose gemeinsam mit seiner Schwester „Nannerl"

Wolfgang Amadeus Mozart

(Maria Anna M., *30. 7. 1751 Salzburg, †29. 10. 1829 Salzburg) großen Aufsehen am Wiener Hof u. auf einer 3-jährigen Kunstreise 1763–1766 durch zahlreiche dt. Städte sowie Paris u. London. In Paris lernte er J. G. Eckard u. J. Schobert kennen, deren Musik ihn beeinflusste. In London wirkte J. C. Bach auf sein frühes Schaffen ein u. später in Wien J. Haydn, dem er 1785 drei Streichquartette widmete. Bereits mit neun Jahren schrieb er seine erste Oper „Apollo u. Hyacinthus", zwei Jahre später auf Bestellung Kaiser Josephs II. die Oper „La finta semplice" u. das Singspiel „Bastien et Bastienne", das 1768 in Wien seine erste Aufführung fand. 1769 ernannte der Erzbischof von Salzburg den Dreizehnjährigen zu seinem Konzertmeister. Die noch im selben Jahr unternommene Konzertreise nach Italien, auf der er starke Eindrücke von der italien. Oper empfing, wurde zu einem großen gesellschaftl. Erfolg. Er begegnete einigen der renommiertesten italien. Musikern u. erhielt Unterricht im strengen Satz durch Padre Martini. Seine folg. Tätigkeit in Salzburg wurde durch zwei weitere Reisen, nach Italien u. Paris, unterbrochen.

Wolfgang Amadeus Mozarts Oper „Tito" bei den Salzburger Festspielen 1992

In dieser Epoche folgte Werk auf Werk: die dramat. Serenade „Ascanio in Alba" 1771, die für Mailand geschriebene Oper „Mitridate, Rè di Ponto" 1770, die Opern „Lucio Silla" 1772 u. „Idomeneo" 1781, 13 Sinfonien, 6 Klavierkonzerte, 13 Klaviersonaten, 13 Violinsonaten, sämtliche Violinkonzerte, 11 Messen, 6 Streichquartette, die Oper „Il rè pastore" 1775, die Musik zu „König Thamos" u. zahlreiche kleinere Werke. 1781 übersiedelte er, veranlasst durch die würdelose Behandlung in Salzburg, nach Wien u. machte sich zum ersten von höfischen Bindungen freien Komponisten. Hier heiratete er 1782 kurz nach der Wiener Aufführung seiner Oper „Die Entführung aus dem Serail" Konstanze Weber. Das Paar hatte sechs Kinder, von denen jedoch nur zwei am Leben blieben. Die folgende Zeit in Wien war von ständigen Geldsorgen überschattet. Es war die Epoche seiner vollendeten Meisterwerke, unter denen neben den Sonaten, Sinfonien, Streichquartetten u. Messen das „Requiem", sein letztes (durch F. X. Süßmayr beendetes) Werk, sowie die Opern „Der Schauspieldirektor" 1786, „Figaros Hochzeit" 1786, „Don Giovanni" 1787, „Così fan tutte" 1790, „Titus" 1791 u. „Die Zauberflöte" 1791 hervorragen.

M. vermochte alle wichtigen musikal. Tendenzen seiner Zeit in eine eigenständige Kompositionsweise zu integrieren. Sein Schaffen zeichnet sich durch melod. Reichtum, eine vor ihm unerreichte Ausgeglichenheit von Form u. Inhalt, Durchsichtigkeit u. feinstes Klangempfinden aus. Zunächst schätzte man vor allem die glückl. Unbeschwertheit seiner Musik; später, bes. seit dem 1. Weltkrieg, entdeckte man die „dämonischen" Züge in seinem Werk. Heute versucht man eher nüchtern, Person u. Werk in ihrer Umwelt zu sehen. Mozarts bes. Verdienst liegt in der Entwicklung von Sonate, Streichquartett, Instrumentalkonzert u. Sinfonie zu hoher Vollkommenheit der Form. Auf dem Gebiet der Oper löste er die überkommenen Formen von *Opera seria, Opera buffa* u. Wiener *Singspiel* aus ihrer starren Schematik, indem er die typisierten Figuren in handelnde Personen verwandelte. Der Musik gab er durch textbezogenen Ausdruck, Erweiterung der

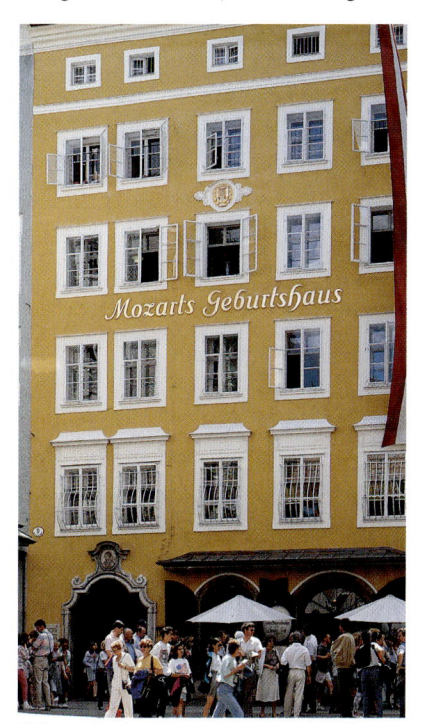

Wolfgang Amadeus Mozart: Geburtshaus in Salzburg

Schlussszenen u. Betonung der Ensembleszenen ein dramat. Gewicht.
Mozarts Werke wurden 1867–1905 in 67 Bänden bei Breitkopf u. Härtel herausgegeben; seit 1953 erscheint eine neue Ausgabe sämtl. Werke, hrsg. von der *Internationalen Stiftung Mozarteum* Salzburg. Das chronologisch-themat. Verzeichnis seiner Werke veröffentlichte 1862 Ludwig Ritter von Köchel (Köchel-Verzeichnis, Abk. *KV*). Es zählt neben den Opern u. dem Requiem auf: 40 Lieder, Konzertarien, Duette, Terzette, Kanons u. a., 40 Sinfonien, 31 Serenaden, 43 Instrumentalkonzerte (darunter 25 Klavierkonzerte), über 30 Streichquartette u. Streichquintette, zahlreiche Klaviertrios, Violinsonaten, Klaviersonaten, Sonatensätze für Orgel, Messen, Vespern, Litaneien, ferner Fantasien, Variationen, Tänze u. viele kleinere Werke.

Mozarteum [das], 1841 gegr. Musikschule in Salzburg, heute *Akademie für Musik u. Darstellende Kunst M. in Salzburg.* 1870 wurde die *Internationale Stiftung M.* gegr., die seit 1881 Jahresberichte herausgibt u. eine Mozartstiftung zur Förderung Musikbegabter machte. 1888 folgte die Gründung der *Internationalen Mozartgemeinde,* 1931 die Errichtung des *Zentralinstituts für Mozartforschung,* unter dessen Führung seit 1953 eine neue Mozart-Ausgabe erscheint. Das Orchester des Mozarteums führt vor allem weniger bekannte Werke L. u. W. A. Mozarts u. ihrer Zeitgenossen auf.

Mo Zi [mo dsz], *Mo-ti, Mê-Ti, Meh Ti,* latinisiert *Micius,* chines. Philosoph um 480–400 v. Chr.; vertrat gegenüber der konfuzian. Klassentrennung die allg. Menschenliebe u. einen bescheidenen Lebenswandel. Er mahnte zur Frömmigkeit gegenüber dem die Menschen liebenden Himmel *(Tian),* den er als persönl. Gott sah. M. führte die log. Beweisführung u. das systemat. Denken in die chines. Philosophie ein u. bereitete damit die Dialektik vor. Seine Lehre war zwei Jahrhunderte lang die Religion einer pazifist. Sekte, unterlag aber dann im Kampf mit dem Konfuzianismus.

Mozzarella, kugelförmiger, italien. Weichkäse aus Büffelmilch mit einem Fettgehalt von 50 % i. d. Tr., Geschmack säuerlich; wird als Pizzabelag oder frisch gegessen.

Mozzetta [die, ital., „Schultermäntelchen"], ein bis zu den Ellenbogen herabhängender Schulterumhang, auszeichnendes Kleidungsstück der Bischöfe u. anderer Geistlicher, in unterschiedl. Farbe.

m. p., Abk. für → manu propria.

M.P., 1. Abk. für *Member of Parliament,* Abgeordneter des brit. Parlaments. **2.** in der NATO Abk. für engl. *Military Police,* „Militärpolizei". Auch → Feldjäger. **3.** Abk. für Maschinenpistole, auch *MPi.*

M13-Phage, fadenförmiger Bakteriophage, dessen Wirt das Bakterium *Escherichia coli* ist. Die Basensequenz seines einzelsträngigen DNA-Genoms umfasst 6407 Basenpaare (bp). Der M. wird in der Gentechnik als leicht handhabbarer → Vektor zum Transfer von Fremd-DNA eingesetzt.

Mphahlele, Ezekiel, südafrikan. Schriftsteller, * 17. 12. 1919 Marabastad, Pretoria; lebte 1957–1977 im Exil, u. a. in den USA; 1983–1988 Prof. für afrikan. Studien in Johannesburg; schrieb u. a. die Autobiografie „Pretoria, Zweite Avenue" 1959, dt. 1961, Romane („The wanderers" 1972; „Chirundu" 1979) u. Essays gegen die Rassentrennung: „The African image" 1962.

MPLA, Abk. für portugies. *Movimento Popular de Libertação de Angola,* Volksbewegung zur Befreiung Angolas; 1956 gegr. angolan. Bewegung, die sich nach der Unabhängigkeit Angolas 1975 zur marxist.-leninist. Staatspartei entwickelte u. einen Bürgerkrieg gegen die UNITA führte; seit 1990 erfolgte eine Abkehr von der marxist. Grundorientierung.

m. pp., *m. pr.,* Abk. für → manu propria.

MP3-Technik, Datenkompressionsverfahren, mit dem Tondateien im → Internet bis auf ein Dreißigstel ihrer ursprünglichen Größe gebracht werden können.

Mpumalanga, Prov. im O der Rep. Südafrika, 79 490 km², 3,0 Mio. Ew.; Hauptstadt *Nelspruit;* Anbau von Zitrusfrüchten u. Gemüse, Steinkohlenbergbau.

Mr., Abk. für → Mister.

Mrągowo ['mrɔgɔvɔ], *Sensburg,* Stadt in Ostpreußen, südwestl. von Kętrzyn (Polen), 17 500 Ew.; Holz-, Maschinen- u. landwirtschaftl. Industrie.

Mravinskij, Jevgenij, russ. Dirigent, * 22. 5. (= 4. 6.) 1903 St. Petersburg, † 20. 1. 1988 Leningrad; seit 1938 Leiter der Leningrader Philharmoniker; dirigierte zahlreiche Uraufführungen sowjet. Komponisten; maßstabsetzende Wiedergaben vor allem der Sinfonien von Schostakowitsch.

MRBM, Abk. für engl. *Medium Range Ballistic Missile,* → Mittelstreckenraketen.

MRCA, Abk. für engl. *Multi Role Combat Aircraft,* das in dt.-brit.-italien. Zusammenarbeit entwickelte Mehrzweckkampfflugzeug mit der Typenbezeichnung *Panavia 200 Tornado.* Das MRCA verfügt über zwei Triebwerke u. hat variable → Flügelgeometrie. Seit 1982 ist es im Truppengebrauch.

MRH, Abk. für *Melanotropin Releasinghormon,* → Melanophorenhormon, → Releasinghormone.

◆ **Mrożek** ['mrɔʒɛk], Sławomir, poln. Schriftsteller, * 26. 6. 1930 Borzęcin bei Krakau; lebt in Paris; schreibt Satiren u. Humoresken („Hochzeit im Atomweiler" 1959, dt. 1961), verfasst surrealist. Satiren („Die Polizei" 1958, dt. 1961) u. Bühnenstücke mit meist sozialkrit. Hintergrund: „Das Martyrium des Piotr O'Hey" 1959, dt. 1961; „Karol" 1961, dt. 1963; „Striptease" 1961, dt. 1963; „Auf hoher See" 1961, dt. 1963; „Tango" 1964, dt. 1965; „Die Propheten" 1967, dt. 1968; „Watzlaff" 1969, dt. 1970; „Emigranten" 1975, dt. 1975; „Der Buckel" 1975, dt. 1979; „Amor" 1978, dt. 1978. – Stücke, 3 Bde. 1963–1970. – Erzählungen: „Die Giraffe" dt. 1992; „Der Perverse" dt. 1995.

Sławomir Mrożek

MRP, Abk. für → Mouvement Républicain Populaire.

Mrs., Abk. für → Mistress.

Mrs. Gray's Wasserbock → Wasserböcke.

Mrštík ['mrʃtjiːk], Vilém, tschech. Schriftsteller u. Maler, * 14. 5. 1863 Jimramov, † 2. 3. 1912 Diváky (Selbstmord); schrieb gemeinsam mit seinem Bruder Alois M. (* 1861, † 1925) großstadtkritische Erzählungen u. Romane, auch Dramen.

m/s, Abk. für *Meter pro Sekunde,* die Einheit der Geschwindigkeit.

Ms., Abk. für → Manuskript.

MS, Abk. für → multiple Sklerose.

MSA, Abk. für engl. *Mutual Security Agency, Amt für gegenseitige Sicherheit,* 1952 als Nachfolgerin der *Economic Cooperation Administration* (→ ECA) gegr. US-amerikan. Organisation zur Erhöhung der Verteidigungskräfte der nicht kommunistischen Staaten durch Rüstungs- u. Wirtschaftshilfe; Sitz: Washington; für Europa: Paris; 1953 von der *FOA* abgelöst.

MSAC, Abk. für engl. *most seriously affected countries,* eine Gruppe von → Entwicklungsländern.

M. Sc., Abk. für → Master of Science.

MSC, Abk. für den lat. Ordensnamen der → Herz-Jesu-Missionare.

Mschatta [arab., „Winterlager"], *Qasr Al Mschatta,* unvollendete Palastanlage eines omajjad. Kalifen (wohl Al Walid II., 743/44 n. Chr.) in Transjordanien. Die mit reichhaltiger Ornamentik skulptierte Torfassade ist ein Beispiel für die Entfaltung der frühislam. Kunst (seit 1904 im Islam. Museum, Berlin).

MSchG, Abk. für Mieterschutzgesetz.

Msgr., Abk. für → Monsignore.

MSH, Abk. für *Melanophoren-stimulierendes Hormon,* → Melanophorenhormon.

MSI, Abk. für ital. *Movimento Sociale Italiano,* → Neofaschismus.

Msta, Fluss im W Russlands, rd. 450 km; entfließt dem *Mstinosee,* mündet in den Ilmensee; im Winter vereist.

MStG, Abk. für *Militärstrafgesetz.*

Mt, chem. Zeichen für → Meitnerium.

MTA, Abk. für → medizinisch-technische Assistenten.

Mtarazifälle, Wasserfälle des Pungwe im östl. Simbabwe, im *Mtarazi Falls Nationalpark.*

MTV [ɛmtivi], *MTV Music Television, MTV Europe,* privater TV-Veranstalter, Sitz: London; Programmkonzept: Musikkanal, Sendebetrieb seit 1987.

Mtwara, Hafenstadt im südl. Tansania, nahe der Grenze nach Mosambik, 49 000 Ew.; M. hat seit 1962 die Hafenfunktion der alten Stadt *Lindi* übernommen.

Muallaqat, *Al Mu'allaqat,* Sammlung von sieben berühmten altarab. Gedichten (Qasiden), u. a. von *Imrulkais, Antara Ibn Schaddad* u. *Zuhair;* zusammengestellt durch *Hammad Al Rawiya* († um 771) im 8. Jh.; dt. 1899–1901 von T. *Nöldeke.*

Muar, *Bandar Maharani,* malays. Stadt an der Malakkastraße, südöstl. von Malakka, rd. 62 000 Ew.; in einem Kautschuk-, Eisen- u. Zinngebiet; Hafen.

Mu'askar, Handelsstadt im NW von Algerien, südöstl. von Oran, 600 m ü. M., 70 900

Ew.; Marktzentrum der Eghris-Ebene mit Wein- u. Getreideanbau; Straßenknotenpunkt, Beginn der westl. Sahara-Route.

Muawija, ein Kalif, → Moawija I.

Mubarak, Mohammed Hosni, ägypt. Politiker (Nationaldemokratische Partei), * 4. 5. 1928 Kafr Abu Salha, Provinz Menufia; Fliegeroffizier; von 1972 bis 1975 Oberbefehlshaber der Luftwaffe, erzielte im Oktoberkrieg 1973 gegen Israel Erfolge. 1975 wurde er Vize-Präsident Ägyptens und nach der Ermordung Präsidents *Sadats* 1981 dessen Nachfolger (1987, 1993 u. 1999 wieder gewählt). M. unterstützt die Suche nach einer dauerhaften Friedenslösung im Nahostkonflikt.

Mohammed Hosni Mubarak

Mucchi-Wiegmann [mu'ki-], Jenny, dt. Bildhauerin, * 1. 12. 1895 Berlin, † 2. 7. 1969 Berlin; verheiratet mit dem Maler Gabriele Mucchi, studierte bei L. *Corinth* u. schuf, beeinflusst von der strengen Formgebung der etrusk. u. griech. Antike, spannungsreiche Bildnisse vor allem mit antifaschist. Thematik.

Much, Gemeinde in Nordrhein-Westfalen, Rhein-Sieg-Kreis, nordöstl. von Bonn, am Rand des Bergischen Landes, 240 m ü. M., 14 400 Ew.

Much, Hans, Mediziner u. Schriftsteller, * 24. 3. 1880 Zechlin, Brandenburg, † 28. 11. 1932 Hamburg; nach ihm sind die *Much'schen Granula* benannt, kleine Körperchen, die sich manchmal bei Gramfärbung anstelle der Tuberkulosebakterien darstellen. M. entwickelte ein unspezifisches Reizmittel („Omnadin") u. schrieb „Das Wesen der Heilkunst" 1928. Er schrieb auch Gedichte, Erzählwerke u. Dramen.

Mucha, Alfons Maria, tschech. Maler u. Illustrator, * 24. 7. 1860 Eibenschütz, Mähren, † 14. 7. 1939 Prag; zählt zu den bedeutendsten Plakatkünstlern eines mit allegorisierender Darstellungsweise verbundenen Jugendstils. M. war ferner als Entwerfer für kunsthandwerkliche Gegenstände tätig.

Alfons Maria Mucha: Plakat für die Amerika-Tournee der Schauspielerin Sarah Bernhardt

Muchawez, *Muchavec*, rechter Nebenfluss des (Westl.) Bug in Weißrussland, 140 km; mündet bei Brest, schiffbar ab Kobrin.

Muche, Georg, dt. Maler u. Architekt, * 8. 5. 1895 Querfurt, † 26. 3. 1987 Lindau; 1920–1927 Lehrer am Bauhaus; errichtete 1923 ein Musterhaus in Weimar u. 1926 einen Stahlhausbau in Dessau; schuf figürl. u. ungegenständl. Bilder von leuchtender Farbigkeit.

Mücheln, *Mücheln (Geiseltal)*, Stadt in Sachsen-Anhalt, Ldkrs. Merseburg-Querfurt, im Geiseltal, 7100 Ew.; Stadtkirche (14./15. Jh.), Rathaus (1571); Braunkohlenabbau (eingestellt), Chemieanlagenbau, Nahrungsmittelindustrie. – Stadtrecht 1350.

Mu-ch'i, chines. Maler, → Mu-hsi.

Muchik [mut ʃik], von den *Chimú* gesprochene, heute erloschene Sprache an der Nordküste Perus; früher auch als Bez. für die → Moche-Kultur verwendet.

Muchilinda [mutʃi-; sanskr.], *Mucalinda* (pali), König der → Naga; schützte den Buddha mit seiner Schlangenhaube vor einem Unwetter; oft in der buddhist. Kunst dargestellt.

Muchina, Wera Ignatjewna, russ. Bildhauerin, * 19. 6. 1889 Riga, † 6. 10. 1953 Moskau; studierte in Moskau u. Paris (dort bei A. *Bourdelle*); schuf von revolutionärer Überzeugung erfüllte Monumentalplastiken für öffentliche Plätze (z. B. „Denkmal der befreiten Arbeit" 1919; „Flamme der Revolution" 1922/23), entwarf auch Vorlagen für Kleidung u. Stoffe u. fertigte Glasgegenstände.

Muchingagebirge ['mutʃiŋga-], Höhenzug im östlichen Sambia, bis 1848 m; trennt die Stromgebiete des Kongo (Chambesi, Luapula) u. des Sambesi (Luangwa).

Mucinsäure → Galactarsäure.

Mucius, 1. Gaius *M. Cordus Scaevola*, Held der römischen Frühzeit; in der Sage nach einem erfolglosen Anschlag auf den etruskischen König *Porsenna* gefangen. Er hielt, um seine Furchtlosigkeit zu zeigen, die rechte Hand ins Feuer und wurde daraufhin von Porsenna freigelassen, der die Belagerung Roms aufgab, als Mucius ihm von weiteren 300 Mitverschworenen gegen ihn berichtete.

2. Publius *M. Scaevola*, † um 115 v. Chr.; 133 v. Chr. Konsul u. 130 v. Chr. Pontifex Maximus, Förderer des *Tiberius Gracchus*. Ihm wird die Aufzeichnung der „Annales maximi" (Annalen der Pontifices) zugeschrieben.

3. Quintus *M. Scaevola*, Sohn von 2), † 82 v. Chr. (ermordet); 95 v. Chr. Konsul u. seit 89 v. Chr. Pontifex Maximus. Seine 18 Bücher, mit denen er eine Systematisierung des bürgerlichen Rechts schuf, wurden grundlegend für die spätere Bearbeitungen des römischen *Jus civile*.

Muck, Carl, dt. Dirigent, * 22. 10. 1859 Darmstadt, † 3. 3. 1940 Stuttgart; als Theaterdirigent in vielen europ. Städten tätig (1892–1912 Kapellmeister der Königlichen Oper in Berlin), 1906–1908 u. 1912–1917 in Boston, 1922–1933 Leiter der Philharmon. Konzerte Hamburg; setzte sich bes. für R. Wagner ein, dessen „Parsifal" er 1901–1930 in Bayreuth dirigierte.

Carl Muck

Mücke, Gemeinde in Hessen, Vogelsbergkreis, 267 m ü. M., 10 300 Ew.

Mücken, *Nematocera*, Unterordnung der *Zweiflügler*, meist langbeinige, zart gebaute u. oft behaarte Insekten mit langen, fadenförmigen Fühlern, deren Larven eine Kopfkapsel haben, meist im Wasser leben u. oft massenweise auftreten. Sie sind wichtig als Fischfutter. Viele M. übertragen beim Stechen Krankheitserreger in das Blut (z. B. Malaria, Gelbfieber). Die vom Wasser abhängigen Arten werden durch Trockenlegung der Sumpfgebiete bekämpft (Larvenbekämpfung); die meisten Vertilgungsmethoden beruhen auf der Anwendung von Kontaktinsektiziden (Stäubemitteln). Besser ist die *biolog. Schädlingsbekämpfung* durch Mückenbrut fressende Fische (z. B. Guppys, Gambusen). Zu den M. gehören die Familien der *Wintermücken, Schnaken, Schmetterlingsmücken, Stechmücken, Zuckmücken, Kriebelmücken, Gnitzen, Fenstermücken, Haarmücken, Pilzmücken, Trauermücken, Gallmücken.*

Mückenberger, Erich, dt. Politiker (SED), * 8. 6. 1910 Chemnitz, † 10. 2. 1998 Berlin; Schlosser; seit 1927 Mitglied der SPD, nach 1933 mehrfach polit. Häftling; 1946–1948 Kreissekretär der SED in Chemnitz, 1949–1952 Erster Sekretär der SED-Landesleitung Thüringen, 1952/53 der Bezirksleitung Erfurt, 1961–1971 der Bezirksleitung Frankfurt/Oder; seit 1950 Mitgl. des ZK der SED u. Kandidat des Politbüros des ZK, seit 1958 Mitgl. des Politbüros, 1953–1960 Sekretär des ZK (zuständig für Landwirtschaft), seit 1971 Vors. der Zentralen Parteikontrollkommission; verlor nach dem Umsturz 1989 alle Ämter u. wurde 1990 aus der Partei ausgeschlossen. 1995 wurde gegen M. im Zusammenhang mit den Todesschüssen an der innerdt. Grenze Anklage erhoben; das Verfahren wurde wegen stark eingeschränkter Verhandlungsfähigkeit abgebrochen.

Mückenbullen → Schnaken.

Mückenhafte, *Bittacidae*, mit 70 Arten weltweit verbreitete Familie der *Schnabelhaften*. Große, schnakenähnl. Tiere, deren Männchen das letzte, hakenförmige Fußglied gegen den übrigen Fuß taschenmesserartig einklappen können. Mit dieser Einrichtung an den lang nachschleppenden Beinen schlagen M. aus dem Flug weichhäutige Beute. Die Weibchen saugen nur Nektar u. erhalten bei der Begattung eine Beute als Paarungsgeschenk. Diese Eiweißnahrung löst dann die Eireifung aus. In Süd- u. Mitteleuropa kommt die Art *Bittacus tipularius* vor (selten). Größter M. ist die austral. Art *Harpobittacus australis* mit 10 cm Spannweite.

Muckermann, 1. Friedrich, Bruder von 2), dt. Literaturkritiker u. Publizist, * 17. 8. 1883 Bückeburg, † 2. 4. 1946 Montreux; Jesuit; 1922–1933 Hrsg. der Zeitschrift „Der Gral", 1934–1940 in den Niederlanden Hrsg. der Zeitschrift „Der dt. Weg"; schrieb „Der Mensch im Zeitalter der Technik" 1943.

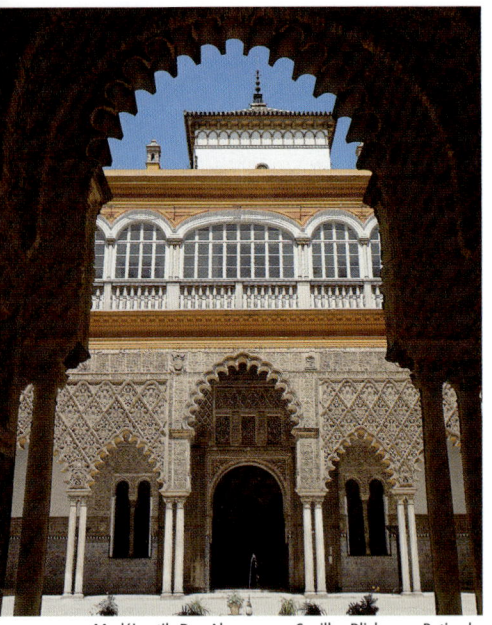

Mudéjarstil: Der Alcazar von Sevilla, Blick vom Patio de las Doncellas auf den Palacio del Rey Don Pedro; um 1360

2. Hermann, Bruder von 1), dt. Anthropologe u. Sozialethiker, * 30. 8. 1877 Bückeburg, † 27. 10. 1962 Berlin; 1896–1926 Jesuit, 1927 Prof. in Berlin, 1947 Prof. an der Techn. Universität Berlin, Direktor des Instituts für angewandte Anthropologie; Schriften über Eugenik, Familie u. Ehe.

Mucocysten [grch. + lat.], schleimgefüllte Zelleinschlüsse mancher → Einzeller.

Mucor [der; lat.], Gattung der Pilze, → Zygomycetes, → Kopfschimmel.

Mucorales [lat.], Ordnung der Pilze, → Kopfschimmel.

Mucosa [die; lat.] → Schleimhaut.

Mucuna [indian. + portug.], Gattung des Schmetterlingsblütlers, → Brennhülse.

Mud [mʌd; der; engl.], *Mudden*, der Bodenschlamm in Gewässern, → Faulschlamm (1).

Mudanjiang [-djiaŋ], *Mutankiang*, Industriestadt im SO der chines. Prov. Heilongjiang, 572 000 Ew.; wirtschaftl. Zentrum des ostmandschur. Hochlands; Holz-, Eisen-, Stahl-, Landmaschinen- u. chem. Industrie.

◆ **Mudéjarstil** [muˈdexar-], von den *Mudéjaren* (d. h. den „zum Bleiben ermächtigten" Moslems), aber auch von christl. Baumeistern vor allem in Südspanien entwickelter Bau- u. Dekorationsstil seit dem 13. Jh. mit Blütezeit im 14. Jh. Der M. vereinigt Formen der Gotik u. der Renaissance mit Elementen der islam. Kunst, wie Hufeisenbögen, Stuckornamentik, Majolikafliesen. Die wichtigsten Denkmäler sind in Toledo u. Sevilla.

Mudersbach, Gemeinde in Rheinland-Pfalz, Ldkrs. Altenkirchen (Westerwald), an der Sieg, südwestl. von Siegen, 6400 Ew.; Eisenhütte.

Müdigkeitssyndrom, *chronisches Erschöpfungssyndrom (CES), chronic fatigue syndrome (CFS), Myalgische Enzephalitis (ME), Yuppie-Influenza*, ein meist sehr plötzlich im mittleren Lebensalter insbes. bei Frauen auftretendes Krankheitsbild, das gekennzeichnet ist durch monate- oder jahrelange beträchtl. Konzentrations-, Gedächtnis- u. Leistungsminderung. Sie wird hervorgerufen durch eine nahezu lähmende geistige sowie körperl. Erschöpfung, die sich auch durch Schlaf kaum verbessert. Zusätzlich kommt es meist zu Kopf-, Muskel- oder Gelenkschmerzen, Sensibilitätsstörungen, Lymphknotenschwellungen, allerg. Reaktionen oder Temperaturerhöhung. Die Laborwerte zeigen keine auffälligen Befunde. Ob es sich beim M. um eine eigenständige Krankheit handelt, ist noch nicht vollständig geklärt. Als Auslöser werden insbes. Immunfehlfunktionen, Viren, hormonelle Störungen, Umweltgifte u. psych. Faktoren diskutiert.

Mudir [arab., türk.], Verwalter, Leiter; Titel von Beamten in der Türkei.

Mudjaheddin [mudʒa-], *Mudjahedin*, allg. Bez. für islam. Kämpfer im heiligen Krieg; in Afghanistan verschiedene muslim. Widerstandsgruppen gegen die 1979 erfolgte Invasion der sowjet. Armee. Seit 1992 kämpften die rivalisierenden Gruppen um die Vorherrschaft im Land. Gegen die M. setzten sich die radikalislam. Talibanmilizen durch. – Die in Iran in den 1960er Jahren gegr. *Volks-Mudjahedin*, die das Schah-Regime bekämpften, werden heute von den Institutionen der Islam. Republik verfolgt.

Mudra [die; sanskr., „Siegel", „Zeichen"], in der ind. Tanz- u. Schauspielkunst, der bildenden Kunst u. Religion eine Haltung der Hand mit symbol. Bedeutung, oft auch magischer Wirkung. Es gibt zahlreiche verschiedene Mudras, deren Bedeutung jeweils genau festgelegt ist.

◆ **Mudschib ur-Rahman**, *Mujibur Rahman*, bengalischer Politiker, * 1920 Tongipura, Bez. Faridpur, † 15. 8. 1975 Dacca (ermordet); 1962–1975 Führer der Awami-Liga u. Organisator der bengal. Unabhängigkeitsbewegung im damaligen Ostpakistan; mehrmals in Haft. Nachdem Ostbengalen 1971 durch den indisch-pakistan. Krieg als Bangladesch die Unabhängigkeit erlangt hatte, wurde er Min.-Präs. des neuen Staates u. 1975 Staats-Präs. mit diktator. Vollmachten.

Mudschib ur-Rahman

Muehl, Otto, dt. Aktionskünstler, * 16. 6. 1925 Grodnau; erregte Anstoß mit orgiastischen Happenings, in denen er Blut u. Fäkalien als künstler. Medien zur erstrebten „Befreiung des Ichs" verwendete.

Muelich, *Mielich, Muhlich*, Hans, dt. Maler u. Zeichner für den Holzschnitt, * 1516 München, † 10. 3. 1573 München; der bedeutendste Münchner Renaissancemaler, lernte in der väterl. Werkstatt zusammen mit B. *Beham* u. um 1536 in Regensburg bei A. *Altdorfer*; ab 1540 in München ansässig, wurde 1543 Zunftmeister; seit 1546 am Hof tätig, gehörte zum Freundeskreis des Herzogs Albrecht V.; Porträts u. kulturgeschichtlich interessante Miniaturen für musikal. Werke (Orlando di Lasso, Bußpsalmen, 1560–1571; Cyprian de Rore, Motetten, 1557–1559) u. Kleinodieninventare.

◆ **Mueller**, Otto, dt. Maler u. Grafiker, * 16. 10. 1874 Liebau, Schlesien, † 24. 9. 1930 Breslau; schloss sich 1908 in Dresden der Künstlergemeinschaft „Brücke" an, ab 1918 Prof. in Breslau; malte hauptsächl. Aktfiguren (Badende) in Landschaften von lyrischer Auffassung. Muellers Stil mildert das expressionist. Pathos der „Brücke"-Kunst zur Schilderung einer harmon. Einheit von Mensch u. Natur u. betont durch Verwendung rauher Leinwände u. der Leimfarbentechnik den Eigenwert des Materials. In der Spätzeit bevorzugte er die Darstellung von Zigeunern.

Otto Mueller

◆ **Mueller-Stahl**, Armin, dt. Schauspieler, * 17. 12. 1930 Tilsit; Bühnen-, Film- u. Fernsehdarsteller in der DDR; seit 1980 in der Bundesrepublik; Filme u. a.: „Nackt unter Wölfen" 1963; „Lola" 1981; „Oberst Redl" 1985; „Musicbox" 1989; „Night on Earth" 1991; „Der Unhold" 1996; „The 13th Floor" 1999; „Die Manns" 2001 (TV).

Muezzin [der; arab.], der von dem Minarett einer Moschee täglich fünfmal die Gebetszeiten ausrufende islam. Gemeindebeamte. Heute werden die Gebetsrufe häufig vom Tonband abgespielt.

Muff, im 15. Jh. in Venedig aufgekommene u. im 17. u. 18. Jh von beiden Geschlechtern getragene modische, zweckmäßige Röhre aus Stoff oder Pelz, in die die Hände zum Wärmen gesteckt werden.

Muffat, 1. Georg, österr. Komponist französ. Herkunft, * 1. 6. 1653 Mégève, Savoyen, † 23. 7. 1704 Passau; einer der bedeutendsten Orchester-Komponisten des späten 17. Jh.; verschmolz deutsche, italien. u.

Armin Mueller-Stahl in „Night on earth"; 1991

Mufflon, Ovis ammon musimon, Widder

französ. Stilmittel zu einer eigenständigen Synthese.
2. Gottlieb (Theophil), Sohn von 1), österr. Komponist, getauft 25. 4. 1690 Passau, † 9. 12. 1770 Wien; schrieb zahlreiche viel beachtete Werke für Klavier im strengen u. galanten Stil sowie im „stylus fantasticus".
Muffe [die], Verbindungsstück für Rohre mit *(Gewinderohrmuffe)* oder ohne *(Überschubmuffe)* Gewinde. Ihr innerer Durchmesser entspricht dem äußeren des Rohres. Auch das erweiterte Ende eines Rohres, das über das anschließende Rohr geschoben wird, heißt M. Je nach Ausbildung unterscheidet man *Stemmmuffe, Schraubenmuffe* u. *Einsteckmuffe*
Muffel, keram. Brennofen, → Muffelofen.
Muffelfarben, Farben zur Verzierung keram. Gegenstände, meist pulverisiert, die bei geringen Temperaturen (600–900 °C) im *Muffelofen* der vorgebrannten Tonware aufgebrannt werden.
Muffelofen, *Muffel,* durch Verbrennung geheizter keram. Brennofen, bei dem die Ware nicht in direkten Kontakt mit der Flamme kommt, sondern in einem Raum brennt, der durch eine feuerfeste Wand abgetrennt ist *(Muffelprinzip)*. Die heißen Wände strahlen die Wärme in den Brennraum. Beim *Freifeuerprinzip* kommt im Gegensatz dazu die Ware mit der Flamme in Berührung. Der M. dient u. a. zur therm. Behandlung von Sonderfällen unter hohen Temperaturbedingungen, insbes. für die Verbrennung von flüssigen oder gasförmigen Abfällen. – M. ist auch eine Bez. für kleine elektrisch beheizte Öfen für den Labor- oder Hobbybedarf.
Muffelwild, *J a g d :* die wieder eingebürgerten Bestände des *Wildschafs;* auch → Mufflon.
◆ **Mufflon** [der; frz.], *Ovis ammon musimon, i. e. S.* ein rd. 70 cm hohes u. 130 cm langes *Wildschaf,* das von Korsika u. Sardinien aus in vielen Gegenden Europas u. anderer Erdteile eingebürgert wurde. M. *i. w. S.* nennt man alle Angehörigen der eurasischen Unterart des *Schafs,* z. B. *Argali, Steppenschaf, Kara-Tau-Schaf.*

Mufti [arab., „Entscheider"], islam. Rechtsgelehrter, Gutachter bes. in religiösen Rechtsfragen.
Mufulira, Bergbaustadt im Copper Belt von Sambia, an der Grenze zu Katanga (Demokrat. Rep. Kongo), 1300 m ü. M., 175 000 Ew.; Kupfermine mit Kupferraffinerie.
Mugabe, Robert Gabriel, simbabwischer Politiker, *21. 2. 1924 oder 1925 Kutoma, Mashonaland; Lehrer; 1963 Generalsekretär, seit 1974 Präs. der Afrikan. Nationalunion von Simbabwe *(ZANU)*; 1964–1974 inhaftiert, führte dann von Sambia u. Mosambik aus einen erfolgreichen Guerillakampf gegen die weiße Minderheitsregierung im damaligen Rhodesien unter I. *Smith* u. seit 1979 gegen das Übergangsregime unter Bischof *Muzorewa*. Bei den Wahlen zur Unabhängigkeit 1980 gewann die ZANU überlegen u. M. wurde Premierminister, nach Einführung des Präsidialsystems 1987 Staatspräsident (1990 u. 1996 wieder gewählt). Er schränkte den anfänglich bestehenden polit. Pluralismus ein u. errichtete ein autoritäres Regime, das insbes. die Unterdrückung der weißen Minderheit zunehmend verschärfte.
Muge [ˈmuʒi], Dorf am unteren Tejo in Portugal; in seiner Nähe fand man seit 1863 vier ausgedehnte Muschelhaufen mit verschiedenen vorgeschichtl. Kulturresten. In der Hauptsache wird das Fundmaterial dem *Mesolithikum* (→ Mittelsteinzeit) rd. 5400 bis 3100 v. Chr. zugerechnet; außerdem wurden bisher über 200 Bestattungen gefunden.
Mügeln, Stadt in Sachsen, Ldkrs. Torgau-Oschatz, östl. von Grimma, 5200 Ew.; Schloss (um 1500 bischöfl. Residenz, überwiegend 17./18. Jh.), Johanniskirche (16. Jh.); bei M. bedeutende Kaolinlagerstätte; Metall verarbeitende, chem. u. Bauindustrie.
Mügeln, mittelhochdt. Dichter, → Heinrich von Mügeln.
Müggelsee, von der Spree durchflossener See im SO von Berlin, 7,4 km², bis 8 m tief; Ausflugs- u. Erholungslandschaft.
Muğla [ˈmuːla], Hptst. der südwesttürk. Prov. M., 35 600 Ew.; Nahrungsmittel-, Holzindustrie, Ölmühlen; Abbau von Chrom u. Korund.
Muhadschir [-dʒir; Pl. *Muhadschirun*; arab.], **1.** Begleiter *Mohammeds* bei der Flucht nach Medina.
2. türk. Moslem, der im 20. Jh. aus den verlorenen Gebieten (bes. auf dem Balkan) in die Türkei zurückkehrte.
Muhạmmad, *Muhammed* → Mohammed [arab.], → Mehmed [türk.].
◆ **Muhammad Ali,** eigentl. Cassius *Clay* (nennt sich M. A. seit seinem Eintritt in die Sekte der „Black Muslims" 1965), USamerikan. Boxer, *17. 1. 1942 Louisville, Ky.; 1960 Olympiasieger im Halbschwergewicht, wurde dreimal Profi-Schwergewichts-

Muhammad Ali

Weltmeister (1964, 1974 u. 1978), was noch kein Boxer vor ihm erreicht hatte. Nach zwei Niederlagen 1980 u. 1981 zog er sich vom Boxsport zurück. Er bestritt insgesamt 61 Kämpfe (5 Niederlagen); 1999 in der Kategorie Kraftsport zum Boxer des Jahrhunderts gewählt.
Muhammadiyah, *Al Muhammadiyah, Fedâla,* Stadt in Marokko, → Mohammedia.
Muharraq, *Al Muharrag,* Hafen auf der Insel M. im Emirat Bahrain, 74 200 Ew.; Straßendamm (2,5 km) zur Hauptinsel, internationaler Flughafen.
Mühl, *Große Mühl* u. *Kleine Mühl,* → Mühlviertel.

Mühlacker

◆ **Mühlacker,** Stadt in Baden-Württemberg, Enzkreis, an der Enz, nordöstl. von Pforzheim, 217 m ü. M., 25 800 Ew.; Burgruine Löffelstelz; Metall u. Kunststoff verarbeitende, opt., Maschinen-, Holzindustrie. – Stadtrecht 1930.
Mühlbach, 1. *M. am Hochkönig,* österr. Ort in Salzburg, 860 m ü. M., 1600 Ew.; seit frühgeschichtlicher Zeit bis nach dem 2. Weltkrieg Abbau von Kupfererz am nahen Mitterberg; Fremdenverkehr.
2. Stadt in Siebenbürgen (Rumänien), → Sebeș.
Mühlberg, *Mühlberg/Elbe,* Stadt in Brandenburg, Ldkrs. Elbe-Elster, in der Elbniederung, 2900 Ew.; ehem., 1228 gegr. Zisterzienserinnenkloster mit Kirche, spätgot. Pfarrkirche u. Rathaus (um 1543), Schloss (16. Jh.); Holzverarbeitung, Baustoffindustrie; Elbhafen.
In der *Schlacht bei M.* 1547 siegte Kaiser Karl V. über den Schmalkaldischen Bund; Johann Friedrich von Sachsen wurde gefangen genommen. – Bei M. bestand 1945 bis 1948 ein sowjetisches Konzentrationslager („Speziallager") für rd. 22 000 deutsche politische Häftlinge, von denen mehr als 6700 starben.
Mühlberger, Josef, dt. Schriftsteller, *3. 4. 1903 Trautenau Trutnov, Böhmen, †2. 7. 1985 Eislingen; schrieb Lyrik: „Gedichte" 1948; „Lavendelstraße" 1962; Erzählungen: „Aus dem Riesengebirge" 1929; „Die Knaben u. der Fluss" 1934; Romane: „Im Schatten des Schicksals" 1950; „Licht über den Bergen" 1956; „Herbstblätter. Gedanken u. Gestalten" 1963; „Der Scherbenberg" 1971; „Denkwürdigkeiten des aufrechten Demokraten Aloys Hasenöhrl" 1974; Essays: „Geist u. Wort des dt. Ostens" 1950; „Hofmannsthal – Kafka" 1953; „Griech. Oktober" 1960; „Das hunderttürmige Prag im Spiegel dt. Dichtung" 1969; „Tschech. Literaturgeschichte" 1969; „Berühmte u. berüchtigte Frauen" 1979; ferner Hörspiele.

Mühldorf

Mühldorf (1): Die Schlacht bei Mühldorf. Mittelalterliche Miniaturmalerei

Mühldorf, *Mühldorf am Inn,* ◆ **1.** Kreisstadt in Oberbayern, 411 m ü. M., 17 000 Ew.; mittelalterl. Stadtbild mit Resten der ehem. Stadtbefestigung, Pfarrkirche (15. u. 18. Jh.), Katharinenkirche (13. Jh.), Rathaus (15. Jh.); Holz- u. Metallindustrie. – Stadtrecht 1343. Am 28. 9. 1322 siegte hier Ludwig der Bayer über Friedrich den Schönen.
2. Ldkrs. in Bayern, Reg.-Bez. Oberbayern, 805 km², 107 000 Ew.; Verw.-Sitz ist M. (1).
Mühle, 1. *Müllerei:* Gerät oder Anlage mit allen Einrichtungen zum Zerkleinern von festen Körpern; im älteren Sprachgebrauch auch andere, durch Naturkräfte *(Wasserkraft)* angetriebene Anlagen (z. B. *Sägemühle).* Man unterscheidet nach der *Antriebsart:* Windmühle, Dampfmühle, Motormühle; nach dem *Mahlgut:* Getreidemühle, Ölmühle, Kohlenstaubmühle, Zementmühle; nach der *Maschinenart:* M. mit Mahlsteinen, Walzenmühle, Rohrmühle, Kegelmühle, Kugelmühle, Kollergang u. Mahlgang.
Müller u. Mühlen spielten in der Volkskultur von jeher eine bes. Rolle. In früherer Zeit galt die M. vor allem als ein Ort dämon. Umtriebe; die „Unehrlichkeit" des Gewerbes, die häufig isolierte Lage u. die soziale Stellung des einerseits vom Grundherrn abhängigen, andererseits ein Monopol besitzenden Müllers mögen zu dieser Vorstellung, die in vielen Sagen zum Ausdruck kommt, beigetragen haben. In neuerer Zeit wird die M. in zunehmendem Maß zu einem Ort romant. Erlebnisse; Lieder, Bilder u. Heimatfilme zeugen davon.
◆ **2.** *Spiele:* **Mühlespiel,** Brettspiel für 2 Personen; eines der ältesten Spiele der Menschheit (Funde in Irland, 2000 v. Chr.; in Kurna [Ägypten] 1400 v. Chr.; in Griechenland, Kreta, Rom, aber auch in China u. auf Sri Lanka sowie in Afrika). Das Mühlespiel gehört in die Familie der „Drei-in-einer-Reihe-Spiele"; die Spielpläne sind entweder rund, quadratisch, fünf- oder sechseckig oder rautenförmig; in Dtschld. meist ein quadratisches Brett mit 24 Schnittpunkten, je Spieler 9 Steine. Drei auf nebeneinander liegenden Schnittpunkten stehende Steine bilden eine „Mühle", bei deren Entstehen (durch Setzen oder Ziehen die Steine) der Gegner einen Stein verliert. Verloren hat der Spieler, der keine M. mehr bilden kann, also weniger als drei Steine hat.
Mühlenbeckia [die; nach dem Elsässer Arzt H. G. *Mühlenbeck,* †1845], Gattung der *Knöterichgewächse (Polygonaceae).* M. *platyclada* wird wegen ihrer Flachsprosse *(Phyllokladien)* häufig in Gewächshäusern kultiviert.
Mühlendiagramm, die zeichnerische Darstellung der Arbeitsgänge des Vermahlens u. ihrer Aufeinanderfolge mit genauen Angaben über Art, Anzahl u. Leistung der einzelnen Maschinen u. Geräte, über die Riffelung der Walzen u. ihre Abstände voneinander, über die Bespannung der → Plansichter u. a. Auch → Müllerei.
Mühlenstrukturabgabe, eine nach dem Mühlenstrukturgesetz vom 22. 12. 1971 von

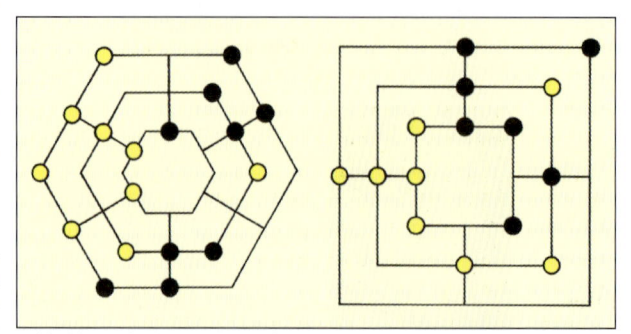

Mühle (2): verschiedene Spielbretter für jeweils 2 Spieler mit je 13 Steinen (links) und mit je 9 Steinen (rechts)

Mühlhausen (2): Ratsstraße

Mühlen bis zum 31. 12. 1977 zu entrichtende zweckgebundene Abgabe, deren Erträge der Finanzierung von Abfindungen für die freiwillige Stillegung von Mühlen dienten. Die M. wurde vorzeitig zum 1. 1. 1976 aufgehoben.
Mühlenteich → Teich.
Mühlestein, Hans, schweiz. Schriftsteller u. Kulturhistoriker, *15. 3. 1887 Biel, Kanton Bern, †25. 5. 1969 Zürich; schrieb „Die Kunst der Etrusker" 1929; „Die Geburt des Abendlandes" 1927; ferner Gedichte, Dramen u. Romane („Aurora" 1935); übersetzte Werke von Dante, Michelangelo, Shakespeare.
Mühlhausen, 1. Gemeinde in Baden-Württemberg, Rhein-Neckar-Kreis, im Kraichgau, 7500 Ew.

Mühlhausen/Thüringen

◆ **2.** *Mühlhausen/Thüringen,* 1975 bis 1991 mit dem Beinamen *Thomas-Müntzer-Stadt,* Kreisstadt in Thüringen, an der Unstrut, 38 900 Ew.; Pfarrkirche St. Blasius (13./14. Jh.; 1707/08 war J. S. *Bach* hier Organist), Marienkirche (14. Jh.; seit 1975 Thomas-Müntzer-Gedenkstätte) u. zahlreiche weitere mittelalterl. Kirchen, Rathaus (13.–19. Jh.), gut erhaltene Stadtbefestigung mit vielen Türmen u. Toren; Textilindustriezentrum (seit dem MA), Lebensmittel- u. Maschinenindustrie; Verw.-Sitz des *Unstrut-Hainich-Kreises.*
Geschichte: Eine fränk. Siedlung *Molinhusen* wird 775 erstmals erwähnt. Otto II. übertrug den Königshof M. 974 seiner Gemahlin Theophano. Im 10. u. 11. Jh. hielten sich die dt. Könige häufig in M. auf. Seit etwa 1200 war M. Reichsstadt. Das Mühl-

hausener Recht wurde um 1220 in dt. Sprache aufgezeichnet. 1256 zerstörte die Bürgerschaft die kaiserl. Burg. Um 1418 trat M. der Hanse bei. Im Bauernkrieg 1524/25 war M., wo T. *Müntzer* wirkte, ein revolutionäres Zentrum. M. verlor die Reichsfreiheit, erhielt sie aber 1548 zurück. 1710 unterstellte es sich dem Schutz Hannovers. 1802 fiel es an Preußen.

Mühlheim am Main

Mühlheim, ◆ **1.** *M. am Main,* Stadt in Hessen, Ldkrs. Offenbach, östl. von Frankfurt, 25 900 Ew.; Leder-, Metall-, elektrotechn. u. Druckmaschinenindustrie. – Stadtrecht 1939.
2. *M. an der Donau,* Stadt in Baden-Württemberg, Kreis Tuttlingen, auf der Schwäb. Alb, 664 m ü. M., 3500 Ew.; Schloss, Fachwerk-Rathaus.
Mühlig-Hofmann-Gebirge, Gebirgsgruppe in Neuschwabenland auf Antarktika, von der Dt. Antarkt. Expedition 1938/39 unter A. *Ritscher* entdeckt, bis 3300 m.
Mühlkoppe, *Kaulkopf, Westgroppe, Cottus gobio,* eine *Koppe* flacher, sauerstoffreicher Fließgewässer (Forellenregion) u. Uferzonen hoch gelegener Seen mit sandig-steinigem Grund, im Ostseeraum auch in das Brackwasser vordringend. Verbreitung: gemäßigte Breiten von Großbritannien bis zum Ural. Nahe verwandt ist die → Buntflossengroppe mit nördlicherer Verbreitung von Dänemark bis zur asiatischen Ostküste. Beide Arten sind in Aussehen u. Lebensweise sehr ähnlich, es handelt sich um Bodenfische ohne Schwimmblase mit einer Größe von rd. 10 cm; sie haben keine Schuppen.
Mühlmann, Wilhelm Emil, dt. Völkerpsychologe, Ethnologe u. Soziologe, *1. 10. 1904 Düsseldorf, †11. 5. 1988 Wiesbaden; Hochschullehrer in Berlin, Mainz, dann Heidelberg; Hptw.: „Rassen- u. Völkerkunde" 1936; „Geschichte der Anthropologie" 1948; „Chiliasmus und Nativismus" 1961; „Homo Creator" 1962; „Rassen, Ethnien, Kulturen" 1964; „Die Metamorphose der Frau: weiblicher Schamanismus u. Dichtung" 1981.
Mühltal, Gemeinde in Hessen, Ldkrs. Darmstadt-Dieburg, südl. von Darmstadt, im Odenwald, 13 500 Ew.; Hartstein, Papier u. Kunststoff verarbeitende Industrie. – 1977 aus den Gemeinden Frankenhausen, Nieder-Beerbach, Nieder-Ramstadt u. Traisa gebildet.
Mühlviertel, von der *Großen Mühl* (54 km) u. der *Kleinen Mühl* (32 km) durchflossene oberösterr. Landschaft zwischen der Donau u. dem Böhmerwald, vorwiegend aus Granit u. Gneis aufgebaute waldreiche Hochfläche (400–700 m, im *Sternstein* 1125 m); raues

Klima u. magere Böden sind ungünstig für die Landwirtschaft. Hauptorte sind Freistadt u. Rohrbach.
Muhme, ursprüngl. Mutterschwester, dann auch Schwägerin u. Base.

Erich Mühsam

◆ **Mühsam,** Erich, dt.-jüd. Schriftsteller u. Publizist, *6. 4. 1878 Berlin, †10. oder 11. 7. 1934 Konzentrationslager Oranienburg (ermordet); war Bohemien, revolutionärer Anarchist u. Pazifist, 1911–1914 u. 1918/19 Hrsg. der Zeitschrift „Kain"; wegen Teilnahme an der Münchner Räterepublik sechs Jahre in Festungshaft; 1933 vom nat.-soz. Regime verhaftet. M. schrieb expressionist. Lyrik: „Wüste, Krater, Wolken" 1914; Dramen („Judas" 1921), Autobiografie: „Namen u. Menschen" (postum) 1949. – Gesamtausgabe, 5 Bde. 1977 f.
Mu-hsi [muçi], *Muqi, Mu-ch'i,* Pinselname des Mönchs *Fachang,* chines. Malerpriester, *um 1220 Sichuan, †um 1290 bei Hangzhou; malte im Geist des Chan-Buddhismus Pflanzen, Tiere, Landschaften u. buddhist. Heilige. Er bevorzugte monochrome Tuschmalerei, die es ihm ermöglichte, seine auf das Wesentliche reduzierten Darstellungen als Chiffren der Transzendenz erscheinen zu lassen. Von ihm stammt eines der berühmtesten Werke der ostasiatischen Kunst: „Sechs Kaki-Früchte" (Kyoto, Daitoku-ji).
Muhu, dt. *Moon,* russ. *Muchu,* estn. Ostseeinsel nordöstl. von Ösel, vor der Rigaer Bucht, 207 km²; besteht aus Kalksteinen; Bahntrajekt von Reval Tallinn.
Muineachán [engl. mu'inʃɔn], irische Stadt u. Grafschaft, → Monaghan.
Muir ['mjuːə], Edwin, schott. Schriftsteller u. Kritiker, *15. 5. 1887 Deerness, Orkney-Inseln, †3. 1. 1959 bei Cambridge; Verfasser feinsinniger literar. Essays („Transition" 1926; „Literature and society" 1949, 1965; „The estate of poetry" 1962), Romane („The three brothers" 1931; „Poor Tom" 1932) u. einer „Autobiography" 1954. In seiner Lyrik behandelt er Fragen des Glaubens u. der Sinngebung des Lebens. – The complete poems 1991.
Muisca, indianische Gruppe in Kolumbien, zur Sprachfamilie der *Chibcha* gehörend. Die M. standen zur Zeit der Eroberung durch die Spanier 1537 an der Schwelle zur Hochkulturentwicklung u. staatl. Vereinigung. Sie siedelten im Hochland von Bogotá; um 1500 n. Chr. waren sie in neun voneinander unabhängige Staaten geteilt, unter denen die des „Zaque" von Tunja u. des „Cipa" von Bogotá die bedeutendsten waren. Wirtschaftl. Basis war der Feldbau u. ausgedehnter Fernhandel. Die M. waren hervorragende Goldarbeiter; bekannt sind die großen Brustplatten u. Nasenzierrate sowie die *Tunjos,* kleine Votivgaben vielfältigster Form, die als Opfer an die Götter in die Lagunen geworfen wurden. Mittelpunkt des religiösen Weltbildes der M. waren die

Mondgöttin *Chia,* der Sonnengott *Sua* u. der Erdgott *Chibchachum,* der auch Schutzherr der Bauern, Goldarbeiter u. Händler war.
Mujibur Rahman, bengal. Politiker, → Mudschib ur-Rahman.
Mukalla, *Al Mukalla, Al Makalla,* Hafenstadt der Landschaft *Hadramaut* in der Rep. Jemen, 154 000 Ew.; Ausfuhr von Gummiarabikum, Häuten u. Sennesblättern; Fischverarbeitung; Kraftwerk; Schiffswerft.
Mukatschewo, *Mukačevo,* ungar. *Munkács,* Stadt im W der Ukraine (Karpato-Ukraine), 88 000 Ew.; Bekleidungs-, Holz-, Tabak- u. Mühlenindustrie, Erdölraffinerie, Wasserkraftwerk; Verkehrsknotenpunkt.
Mukden, chines. Prov.-Hptst., → Shenyang.
Mukden-Zwischenfall, von der japan. → Kwantung-Armee am 18. 9. 1931 eigenmächtig inszenierte Bombenexplosion in *Mukden* (Shenyang) an der Südmandschurischen Eisenbahnlinie, die als auslösender Vorwand für die schnelle u. planmäßige Besetzung der Mandschurei diente (Beginn der → Mandschurei-Krise).
Mukherjea, *Mookerjee,* Sailoz, ind. Maler, *1908 Distrikt Burdwan, Bengalen, †5. 10. 1960 Delhi; beeinflusst durch Aufenthalte in Frankreich u. a. europ. Ländern sowie durch die Bekanntschaft mit H. *Matisse.* Er verband traditionell ind. mit impressionist. Elementen, u. gehört mit seiner durch intensive Farbgebung u. schwungvolle Linienführung gekennzeichneten Malweise zu den bedeutendsten Vertretern der modernen ind. Malerei.
Mukna, ceylones. Elefant, → Elefanten.
Mukolytika [lat. + grch.], *Mucolytica,* schleimlösende Mittel, die das Bronchialsekret verflüssigen, so dass es leichter abgehustet werden kann.
mukös [lat.], schleimig, Schleim absondernd.
Mukoviszidose [lat.], *Mucoviscidose, zystische Fibrose,* eine autosomal-rezessiv erbl. Stoffwechselerkrankung, die durch eine gestörte Ausscheidung von Drüsenabsonderungen gekennzeichnet ist. Die M. gehört mit einem Auftreten bei 1:2 000 Neugeborenen zu den häufigsten → Erbkrankheiten in Europa. Durch einen Gendefekt auf Chromosom Nr. 7 wird ein fehlerhaftes Membranprotein *(Chloridkanal)* hergestellt, oder es fehlt vollständig. Die Folge ist eine vermehrte Produktion u. eine erhöhte Zähflüssigkeit der Sekrete aller schleimbildenden Drüsen (insbes. der Bronchien u. des Verdauungstrakts), die sich anstauen u. das umliegende Gewebe schädigen können. Das Spektrum der M. reicht von sehr leichten bis schwersten Verlaufsformen. Die Beschwerden beginnen meist in der frühen Kindheit mit keuchhustenähnl. Reizhusten u. Neigung zu Atemnot. Hunderte verschiedener → Mutationen u. a. entscheiden über den Verlauf der M. Wenn die Bauchspeicheldrüse betroffen ist *(zystische Pankreasfibrose),* kommt es zu chron. Bauchspeicheldrüsenentzündungen mit schweren Verdauungsproblemen (übel riechende Fettstühle). Sind die Atemwege betroffen, werden die kleinen Bronchien durch das zähe Sekret schwer geschädigt *(Bronchiektasien).* Zu-

sätzlich wird der Schleim leicht von Bakterien besiedelt, was zu häufig auftretender oder chron. → Bronchitis u. → Lungenentzündung führt. Eine Erkrankung der Galle kann eine Verstopfung der Gallenwege durch Gallenflüssigkeit bewirken *(Cholestase)* u. Leberschäden bis hin zur → Leberzirrhose verursachen. Durch einen erhöhten Elektrolytgehalt der Sekrete, insbes. auch der Schweißdrüsen, kann es zu Flüssigkeits- u. Elektrolytverlusten kommen, besonders problematisch bei Kleinkindern. An M. erkrankte Männer sind durch Verschluss des Samenleiters unfruchtbar. Die Behandlung erfolgt symptomatisch, die Krankheit ist nicht heilbar. Die → Pränataldiagnostik der M. ist möglich. Selbsthilfegruppen werden organisiert von *Mukoviszidose e. V.* in Bonn.

Mulatte [span.], Mischling zwischen Weißen u. Schwarzen.

Mulchen, das Abdecken des Bodens mit organ. Stoffen (z. B. Stroh, Torf, Laub). M. bietet Schutz gegen Wind- u. Wassererosion, vermindert die Austrocknung des Bodens in niederschlagsarmen Witterungsperioden, verbessert das Bodenklima, die Tätigkeit der Mikroorganismen u. die Bodenstruktur u. unterdrückt unerwünschtes Unkraut.

Mulde, 1. *Geographie:* eine kleinere, rundliche bis ovale, schüsselförmige Hohlform der Erdoberfläche. Entsprechende Großformen nennt man *Becken.*
2. *Geologie:* unterird. Struktur, → Synklinale.
3. *Meereskunde:* eine Großform des Meeresbodens; das Tiefenrelief der Ozeane wird durch die nordsüdlich verlaufenden *Rücken* in Mulden aufgeteilt; z. B. der Atlant. Ozean durch den Nord- u. Südatlant. Rücken in eine West- u. Ostmulde. Schwellen untergliedern diese Mulden in *Becken.*
4. *Stahlherstellung:* länglicher Behälter, in dem in Stahlwerken der Schrott zum Chargieren des Konverters bereitgestellt wird.

Mulde, linker Nebenfluss der Elbe, 124 km; entsteht aus *Freiberger M.* (102 km) u. *Zwickauer M.* (128 km), mündet bei Roßlau, nördl. von Dessau. Bei Muldenberg wird die Zwickauer M. durch die 1922–1925 erbaute *Muldenbergtalsperre* u. die M. seit 1976 bei Muldenstein durch das *Muldensteinspeicherbecken* aufgestaut.

Muldengewölbe, eine Form des *Tonnengewölbes*, bei der die vier Grate zweier sich schneidender Tonnen nicht in einem Punkt zusammenlaufen, weil in einer Richtung ein Tonnenstück eingefügt ist.

Muldentalkreis, Ldkrs. in Sachsen, Reg.-Bez. Leipzig, 877 km², 127 000 Ew.; Verw.-Sitz ist *Grimma.*

Mulga, *Mulga Scrub,* Bez. der Ureinwohner Australiens für einige in Buschform vorkommende Akazienarten: *Acacia aneura* u. *Acacia cyperophylla.*

Mulhacén [mulaˈθen], *Cumbre de Mulahacén*, höchste Erhebung der Iber. Halbinsel, in der *Sierra Nevada* Andalusiens (Spanien), 3478 m; ein breit gewölbter Schieferrücken mit Spuren eiszeitl. Vergletscherung.

Mülh<u>au</u>sen, frz. *Mulhouse*, oberelsäss. Industriestadt im französ. Dép. Haut-Rhin, Hauptort des *Sundgaus*, an der Ill u. am Rhein-Rhône-Kanal, 110 000 Ew.; Altes Rathaus (16. Jh.), Textilfachschulen, Zoolog. Garten, Museen; traditionelle Textilindustrie (seit 1746 Herstellung bedruckter Baumwollstoffe), Maschinen-, Metall-, Automobil-, Papier-, Leder- u. chem. Industrie, Binnenhafen; in der Umgebung Kalibergbau. – 1261 Reichsstadt, gehörte 1515–1798 zur Schweiz, 1871–1918 zum Dt. Reich.

Mülheim an der Ruhr

Mülheim, ◆ 1. *Mülheim an der Ruhr,* kreisfreie Stadt in Nordrhein-Westfalen, zwischen Duisburg u. Essen, 176 000 Ew.; Schlösser Broich u. Styrum (11./12. Jh.), ehem. Zisterzienserinnenkloster Saarn (gegr. 1214); Max-Planck-Institute für Kohleforschung u. Strahlenchemie; Maschinen-, Elektronik-, Stahl-, Eisen- *(Thyssen),* Papier-, Glas-, Leder-, Nahrungsmittel-, Süßwaren- u. Tabakindustrie, Brauerei; Flugplatz, Hafen. – Stadtrecht 1808.
2. *M.-Kärlich,* Gemeinde in Rheinland-Pfalz, Ldkrs. Mayen-Koblenz, im Neuwieder Becken, 10 200 Ew.; Obstanbau, Bimsbaustoff- u. Tonindustrie; Kernkraftwerk (stillgelegt seit 1988).
3. rechtsrhein. Stadtteil (seit 1914) von Köln; Hafen u. Industrieanlagen.

Mülheimer Freiheit, Kölner Künstlergruppe des *Neoexpressionismus,* die sich Ende der 1970er, Anfang der 1980er Jahre formierte. Der Name ist identisch mit dem Namen der Straße, in der sich ihr Atelier befand. Die M. F., zu der u. a. W. Dahn u. J. G. Dokoupil gehörten stellte 1980 zum ersten Mal gemeinsam aus. Bedeutung erlangte die Gruppe, die ein rein pragmat. Zusammenschluss war u. nur kurze Zeit existierte, weil sie entscheidend zum Durchbruch der „Wilden Malerei" beitrug.

Mulisch, Harry, niederländ. Schriftsteller, *29. 7. 1927 Haarlem; einer der vielseitigsten Erzähler der niederländ. Nachkriegsliteratur; das Thema Schuld u. Versöhnung steht im Zentrum der meisten seiner Werke. Romane: „Das steinerne Brautbett" 1959, dt. 1960; „Strafsache 40/61" 1962, dt. 1964; „Das Attentat" 1982, dt. 1986; „Höchste Zeit" 1985, dt. 1987; „Die Entdeckung des Himmels" 1992, dt. 1993; „Die Prozedur" 1998, dt. 1999; Essays: „Die Säulen des Herkules" 1997.

Mull, 1. *Bodenkunde:* schwärzl. Feinhumus aus zersetzten Pflanzen, der im A_h-Horizont mit den mineral. Bodenbestandteilen durch die Bodentierwelt u. Bodenbearbeitung innig vermischt worden ist. In Schwarzerden sowie Wald-, Wiesen- u. Ackerböden vorhanden. Auch → Moder.
2. *Textiltechnik:* feines, lose eingestelltes Baumwollgewebe in Leinwandbindung; Verbandmaterial; auch durch dickere Fäden gemustert als Gardinenstoff.
3. *Zoologie:* → Maulwürfe.

Mull [mʌl], schott. Insel der Inneren Hebriden, gehört administrativ zur Strathclyde Region, durch den *Sound of Mull* vom Festland getrennt, 941 km², rd. 1500 Ew.; Hauptort ist *Tobermory.* Der S der Insel ist gebirgig (*Ben More,* 966 m).

Müll, *Siedlungsabfälle,* Sammelbegriff für feste Abfallstoffe verschiedener Herkunft. M. wird in speziellen Müllbehältern gesammelt u. durch Spezialwagen einer geordneten → Abfallbehandlung zugeführt. In Dtschld. fielen 1997 rd. 56,3 Mio. t Siedlungsabfälle (Hausmüll, hausmüllähnl. Gewerbeabfälle, kommunaler Klärschlamm) an, davon gelangten 25,6 Mio. t zur Wiederverwertung u. Kompostierung. Das Müllaufkommen hat sich als Folge verschiedener Maßnahmen wie Getrenntsammlung für verwertbare Stoffe (Papier, Glas, Kunststoffe, Bioabfälle usw. → Duales System Dtschld.), Mehrweg- u. Pfandsysteme, Recycling von Baustoffen, Reinigung von Bodenaushub oder Aussortieren von Ersatzbrennstoffen stark rückläufig. Sonderabfälle wie Lösemittelrückstände, Krankenhausabfälle, tier. Reststoffe u. a. unterliegen besonderen Bestimmungen. Der größte Anteil am Müllaufkommen wird bisher in Dtschld. geordneten Mülldeponien zugeführt oder in Müllverbrennungsanlagen energetisch verwertet; die Vorgaben der → TA Siedlungsabfall räumen der → Abfallverbrennung den Vorrang ein, da der organ. Anteil für eine sichere Deponierung inaktiviert werden muss. Ein alternatives Verfahren ist die → Kalte Rotte. Bioabfälle werden in Kompostierungsanlagen behandelt.

Seit Ende der 1970er Jahre ist eine starke Zentralisierung der Hausmüllentsorgung zu erkennen. Für die Müllentsorgung sind in der Regel die nach Landesrecht vorgesehenen Körperschaften des öffentl. Rechts zuständig; das sind überwiegend die von den Bundesländern bestimmten Landkreise u. kreisfreien Städte. Das Verfahren wird durch kommunale Satzung geregelt (Zeiten der Müll- u. Sperrmüllabfuhr, Ausschluss spezif. Abfallstoffe, Art der Selbstanlieferung u. a.). Wichtiges Instrument im Rahmen der Satzungen sind der Anschluss- u. Benutzungszwang, mit dem der Bürger auf die Inanspruchnahme der Müllentsorgungseinrichtungen verpflichtet werden u. durch die sichergestellt werden soll, dass private Müllablagerungen (wilde Müllkippen) verhindert werden, da die Betroffenen ohnehin für die bereitgestellte öffentl. Leistung bezahlen müssen. Hierzu wird von den Kommunen eine Gebührensatzung erlassen. Die Überlassungsverpflichtung gilt nicht, soweit Abfälle einem Sekundärrohstoffunternehmen zur Verwertung überlassen werden.

Geschichte: Müllprobleme ergaben sich erst mit der Sesshaftigkeit des Menschen. Bereits im antiken Rom wurden große Anstrengungen unternommen, des Abfallproblems durch öffentl. Leistungen Herr zu werden. Zuständig war die Ädilität, in der Kaiserzeit die Kuratoren. Die mittelalterl. Stadt versank bis auf wenige Ausnahmen im Schmutz. Mit Beginn der Industrialisierung u. der Entwicklung städt. Ballungszentren wurde die Müllbeseitigung zu einem vorrangigen Hygieneproblem. Führend in techn. u. gesetzgeber. Hinsicht wurde England. In Dtschld. machte sich eine parallele Entwicklung zeitverschoben bemerkbar. Mit der Verbreitung der Umweltschutzthematik Ende der 1960er Jahre wurden in der BR Dtschld. die Probleme der Entsorgung zu einem zentralen Anliegen.

Mullah [arab.], *Molla,* schiitischer Geistlicher (der niedrigste Rang).

Müllbunker, Einrichtungen zur Zwischenlagerung von Abfällen bei Kompostierungs- u. Abfallverbrennungsanlagen.

Müllenhoff, Karl, dt. Germanist, * 8. 9. 1818 Marne, Süderdithmarschen, † 19. 2. 1884 Berlin; befreundet mit K. Groth u. T. Storm; erforschte das dt. Altertum u. sammelte Sagen u. Märchen; zusammen mit W. Scherer Herausgeber der „Denkmäler dt. Poesie u. Prosa vom 8.–12. Jh." 1864; „Dt. Altertumskunde" 5 Bde. 1870–1900, Neuaufl. 1890–1920.

Muller ['mʌlə], Hermann Joseph, US-amerikan. Genetiker, * 21. 12. 1890 New York, † 5. 4. 1967 Indianapolis, Ind.; 1945 Prof. für Zoologie an der Indiana University Bloomington (USA); Chromosomenforscher, erzeugte bei Taufliegen (Drosophila) durch Röntgenbestrahlung künstl. Mutationen; 1946 Nobelpreis für Medizin.

Müller, Ausbildungsberuf des Handwerks u. der Industrie mit einer Ausbildungszeit von 3 Jahren. Der M. mahlt Getreide in vollautomatischen Mühlen zu Feinmehl, Grieß u. Schrot, behandelt das Mahlgut u. bedient die Maschinen u. Förderanlagen; Fortbildung zum *Müllereitechniker* durch Besuch der *Dt. Müllerschule* in Braunschweig.

Müller, ◆ **1.** Adam Heinrich, dt. Staatstheoretiker u. Nationalökonom, * 30. 6. 1779 Berlin, † 17. 1. 1829 Wien; seit 1813 im österr. Staatsdienst; Hauptvertreter der Romantik in den dt. Wirtschaftswissenschaften; Gegner der naturrechtl. Konstruktion des Staates u. der individualist. klassischen Nationalökonomie, verfocht einen ständischen Korporativismus; Hptw.: „Elemente der Staatskunst" 3 Bde. 1809.

Adam Heinrich Müller

2. Albin, genannt *Albinmüller,* dt. Architekt, * 13. 12. 1871 Dittersbach, Erzgebirge, † 2. 10. 1941 Darmstadt; baute u.a. für die Darmstädter Künstlerkolonie (seit 1906), lieferte zahlreiche kunstgewerbl. Entwürfe u. gab mehrere Schriften heraus: „Architektur u. Raumkunst" 1909; „Holzhäuser" 1921; „Denkmäler, Kult- u. Wohnbauten" 1933.

3. Bastian, eigentl. Robert Friedrich Wilhelm *M.,* dt. Schriftsteller, * 22. 8. 1912 Leverkusen; Erzählungen u. Romane: „Leben ohne Traum" 1940; „Christine" 1942; „Hinter Gottes Rücken" 1948; daneben Hörfolgen u. Funkessays.

4. Eduard, schweiz. Politiker (Freisinn), * 12. 11. 1848 Dresden, † 9. 11. 1919 Bern; Anwalt, führend in der Berner demokrat. Bewegung; 1895–1919 Bundesrat (Justiz- u. Polizeidepartement, Militärdepartement u. Polit. Departement im Wechsel), 1899, 1907 u. 1913 Bundes-Präs. Müllers größte Erfolge waren die Inkraftsetzung des Schweizerischen Zivilgesetzbuches (1912) u. die Zustimmung des Volkes zu einer neuen Militärorganisation (1907).

◆ **5.** Friedrich, genannt *Maler Müller,* dt. Schriftsteller, * 13. 1. 1749 Kreuznach, † 23. 4. 1825 Rom; lebte dort seit 1778 als Maler u. Antiquar, 1805 bayer. Hofmaler; schrieb anakreontische Gedichte, empfindsame Oden in der Nachfolge Klopstocks, Balladen u. Volkslieder. Beliebt waren seine in deftiger Prosa gehaltenen Idyllen („Der Satyr Mopsus" 1775 u.ö.; „Die Schafschur" 1775; „Das Nusskernen" 1776). Sein dramat. Schaffen begann im Geist des Sturm u. Drang („Fausts Leben dramatisiert" 1778; „Golo u. Genoveva" 1811) u. gipfelte in einer metrischen (weiteren) Faust-Bearbeitung, die zu seinen Lebzeiten nicht veröffentlicht worden ist („Der dramatisierte Faust" 2 Bde. 1996). – Werke, 3 Bde. 1811, Nachdruck 1973; Werke u. Briefe 1996ff.

Friedrich Müller, genannt Maler Müller

6. Friedrich von, dt. Mediziner, * 17. 9. 1858 Augsburg, † 18. 11. 1941 München; arbeitete bes. über die Diagnostik der inneren Krankheiten, Stoffwechselstörungen u.a.; Hptw.: „Taschenbuch der medizinisch-klinischen Diagnostik" (mit O. *Seifert*) 1886, 69 1966 (neu bearbeitet von H. von *Kress*).

7. Friedrich Max, Sohn von 35), dt. Indologe u. Historiker, * 6. 12. 1823 Dessau, † 28. 10. 1900 Oxford; seit 1849 Dozent, später Prof. in Oxford; schrieb bahnbrechende Arbeiten zur vergleichenden Sprachwissenschaft u. vergleichenden Religionsgeschichte; veranstaltete eine wissenschaftl. Ausgabe des *Rigveda* (6 Bde. 1849–1874) u. leitete die Herausgabe des religionsgeschichtl. Sammelwerks „The sacred books of the East" 51 Bde. 1879–1904. M. wird in Indien hochverehrt; die dt. Goethe-Institute tragen dort den Namen *Max Müller Bhavan.*

8. Gebhard, dt. Jurist u. Politiker (CDU), * 17. 4. 1900 Füramoos, Krs. Biberach, † 7. 8. 1990 Stuttgart; 1929–1945 Amts- u. Landgerichtsrat, 1945–1948 Ministerialrat u. Ministerialdirektor; 1948–1952 Staats-Präs. u. Finanz-Min., 1950–1952 auch Justiz-Min. von Württemberg-Hohenzollern, 1953–1958 Min.-Präs. von Baden-Württemberg, 1959 bis 1971 Präs. des Bundesverfassungsgerichts.

9. Georg, dt. Verleger, * 29. 12. 1877 Mainz, † 29. 12. 1917 München; gründete 1903 einen neue literar. Strömungen fördernden Verlag, der sich 1932 mit dem von Albert *Langen* verband (Langen Müller Verlag).

10. Georg Elias, dt. Psychologe, * 20. 7. 1850 Grimma, † 23. 12. 1934 Göttingen; 1881–1922 Prof. in Göttingen, neben W. *Wundt* einer der Begründer der *experimentellen Psychologie* (bes. Gedächtnispsychologie); Hptw.: „Zur Analyse der Gedächtnistätigkeit" 3 Bde. 1911–1917; „Beiträge zur Psychophysik der Farbenempfindungen" 1934.

11. Gerhard, dt. ev. Theologe, * 10. 5. 1929 Marburg; lehrte historische Theologie in Marburg u. Erlangen; 1982–1994 Bischof der Ev.-Luth. Kirche in Braunschweig, 1990–1994 Leitender Bischof der VELKD.

12. Gerhard („Gerd"), dt. Fußballspieler (Mittelstürmer), * 3. 11. 1945 Nördlingen; mit der dt. Nationalmannschaft Weltmeister 1974 u. Europameister 1972; mit seinem Verein Bayern München wurde er mehrfach dt. Meister u. Europacup-Sieger; erzielte in 62 Länderspielen 68 Tore; Europas „Fußballer des Jahres" 1970; spielte 1979–1981 bei den „Fort Lauderdale Strikers" (USA); seit 1992 Trainer im Jugend- und Amateurbereich.

13. Gustav Karl Hermann, dt. Astrophysiker, * 7. 5. 1851 Schweidnitz, † 7. 7. 1925 Potsdam; seit 1877 am Astrophysikal. Observatorium Potsdam, 1917–1921 dessen Direktor; bekannt durch seine photometr. Arbeiten; bestimmte die Helligkeiten der Planeten, plante u. förderte die „Geschichte u. Literatur der veränderlichen Sterne"; Lehrbuch: „Photometrie der Gestirne" 1897.

14. Hans, genannt *Müller-Einigen,* österr. Schriftsteller, * 25. 10. 1882 Brünn, † 8. 3. 1950 Einigen am Thuner See; Bruder von E. *Lothar,* begann als Bühnen- u. Filmautor u. Librettist („Im Weißen Rößl" 1930), später Erzähler: „Das Glück, da zu sein" 1940; „Schnupf" 1943; „Jugend in Wien" 1945.

15. Hans Reinhard, dt. Regisseur, * 15. 1. 1922 Nürnberg, † 5. 3. 1989 München; nach Tätigkeit in Freiburg 1973–1983 Intendant der Münchner Kammerspiele; inszenierte vor allem moderne Klassiker.

◆ **16.** Heiner, dt. Dramatiker, * 9. 1. 1929 Eppendorf, Sachsen, † 30. 12. 1995 Berlin; Chefdramaturg u. künstler. Leiter (1995) des Berliner Ensembles; schrieb zunächst unter dem Einfluss von B. *Brecht* Lehrstücke und chronikhafte Gegenwartsdramen („Der Lohndrücker"

Heiner Müller

1958; „Klettwitzer Bericht" 1958). In den 1960er Jahren wurden Müllers Stücke in der

DDR scharf angegriffen u. kaum noch gespielt. Er bearbeitete in dieser Zeit vor allem antike Autoren (u. a. „Herakles 5" 1966; „Philoktet" 1968; „Prometheus" 1968). Weitere Stücke, die teilweise in der BR Dtschld. uraufgeführt wurden: „Weiberkomödie" 1970; „Zement" 1973; „Traktor" 1974; „Mauser" 1975; „Germania Tod in Berlin" 1978; „Leben Gundlings" 1979; „Hamletmaschine" 1979; „Quartett" 1981. Autobiografie: „Krieg ohne Schlacht – Leben in zwei Diktaturen" 1992. Georg-Büchner-Preis 1985.

17. Hermann, genannt *Müller-Franken*, dt. Politiker (SPD), *18. 5. 1876 Mannheim, †20. 3. 1931 Berlin; Handlungsgehilfe, dann Redakteur; seit 1906 Mitgl. des Parteivorstandes der SPD; 1916–1918 u. 1920 bis 1931 Mitgl. des Reichstags, 1920 bis 1928 Vors. der SPD-Fraktion. Als Reichsaußenminister 1919/20 unterzeichnete M. mit J. *Bell* den Versailler Vertrag. Nach dem Kapp-Lüttwitz-Putsch war er von März bis Juni 1920 Reichskanzler der letzten Regierung der „Weimarer Koalition" (SPD, Zentrum, DDP). 1928 bildete er erneut ein Kabinett, diesmal der Großen Koalition, dem er bis zum endgültigen Ausscheiden der SPD aus der Regierung am 27. 3. 1930 vorstand. In dieser letzten parlamentar. Regierung der Weimarer Republik bemühte sich M. mit abnehmendem Erfolg, die auseinander strebenden polit. Kräfte, zumal von SPD u. DVP, auszugleichen. In seine Regierungszeit fallen die Annahme der Reparationsregelung durch den Young-Plan u. die Räumung der besetzten Rheinlandgebiete. M. schrieb „Die Novemberrevolution" 1928.

18. Johann Gottwerth, genannt *M. von Itzehoe*, dt. Schriftsteller *17. 5. 1743 Hamburg, †23. 6. 1828 Itzehoe; schrieb mit seinem humorist., die plattdt. Mundart nutzenden Roman „Siegfried von Lindenberg" 1779, Nachdr. 1966, eine satir. dt. Don-Quijotiade. – Komische Romane, 8 Bde. 1784–1791.

19. Johannes, dt. Physiologe, *14. 7. 1801 Koblenz, †28. 4. 1858 Berlin; Prof. in Berlin, Begründer der modernen Physiologie; arbeitete bes. auf dem Gebiet der Nervenphysiologie, der Entwicklungsgeschichte und der vergleichenden Anatomie.

20. Johannes, dt. evangelischer Theologe, *19. 4. 1864 Riesa, Sachsen, †4. 1. 1949 Elmau; vertrat eine kirchenfrei-christliche Grundhaltung; gründete „Freistätten persönlichen Lebens" (Schloss Mainberg, Schloss Elmau) für die „entkirchlichten Gebildeten"; seit 1934 einer der Hauptvertreter der *Dt. Christen*.

21. Johannes von (1791), schweiz. Historiker, *3. 1. 1752 Neunkirchen bei Schaffhausen, †29. 5. 1809 Kassel; Bibliothekar in Kassel, in kurmainz., kaiserl., dann preuß. Diensten, 1804 preuß. Historiograph, 1807 Staats-Min. unter Jérôme Bonaparte im Königreich Westfalen; Hptw.: „Geschichte der Schweizerischen Eidgenossenschaft" 1786–1808.

22. Josef, dt. Politiker (CSU), *27. 3. 1898 Steinwiesen, Oberfranken, †12. 9. 1979 München; Rechtsanwalt; 1939–1943 Verbindungsmann des militär. Widerstands gegen das nat.-soz. Regime zum Vatikan, 1943–1945 polit. Häftling; 1945 Mitbegründer der CSU, 1946–1949 Landes-Vors.; 1956–1962 MdL, 1947–1952 Justiz-Min., 1947–1950 zugleich stellvert. Min.-Präs. von Bayern.

23. Karl Alex, schweiz. Physiker, *20. 4. 1927 Basel; ab 1963 am IBM-Forschungslaboratorium in Rüschlikon bei Zürich u. ist Prof. in Zürich. 1987 erhielt M. mit J. G. *Bednorz* den Nobelpreis für Physik für Forschungsarbeiten auf dem Gebiet der Hochtemperatur-Supraleiter.

24. Karl Alexander von, dt. Historiker, *20. 12. 1882 München, †23. 12. 1964 Rottach-Egern; 1914 Mitherausgeber der nationalistischen „Süddeutschen Monatshefte" in München; 1928–1945 Prof. in München; schrieb „Deutsche Geschichte u. deutscher Charakter" 1926; „12 Historikerprofile" 1935; „Vom alten zum neuen Dtschld." 1938.

25. Karl Otfried, dt. Altphilologe u. Archäologe, *28. 8. 1797 Brieg, †1. 8. 1840 Athen; Schüler von A. *Böckh*; entwickelte eine Gesamtschau Griechenlands aus Politik, Kultur, Religion, Mythologie u. Sage; Hptw.: „Handbuch der Archäologie" 1830; „Geschichte der hellen. Stämme" 1820 bis 1824.

26. Kerstin, dt. Politikerin (Bündnis 90/Die Grünen), *13. 11. 1963 Siegen; Juristin;

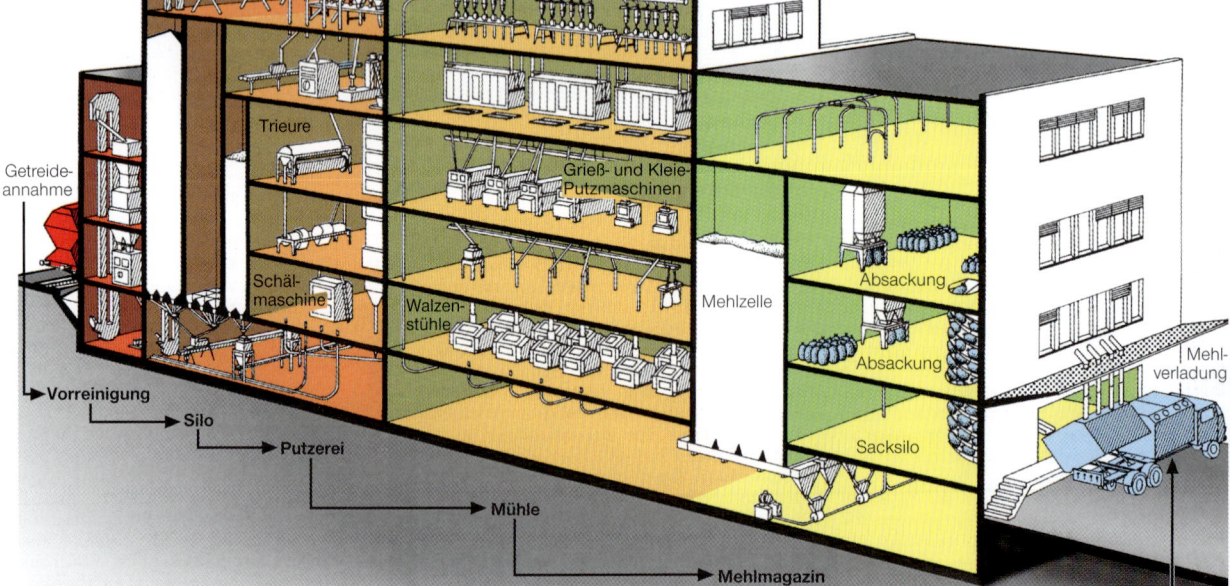

Müllerei: Schema einer Getreidemühle

1990–1994 Vors. des nordrhein-westfäl. Landesvorstands von Bündnis 90/Die Grünen; seit 1994 MdB u. Vors. der Bundestagsfraktion ihrer Partei.
27. Ludwig, dt. ev. Theologe, *23. 6. 1883 Gütersloh, †31. 7. 1945 Berlin; 1914 Marinepfarrer, 1926 Wehrkreispfarrer in Königsberg, 1933 Vertrauensmann u. Bevollmächtigter Hitlers für Fragen der Ev. Kirche, 1934 Reichsbischof der Deutschen Ev. Kirche, seit 1935 rechtlich ohne Befugnisse.
28. Manfred, dt. kath. Theologe, *15. 11. 1926 Augsburg; Experte in Schul- u. Bildungsfragen, 1982 Bischof von Regensburg.
29. Max, dt. Indologe, → Müller (7).
30. Max, dt. Philosoph, *6. 9. 1906 Offenburg, †18. 10. 1994 Freiburg; 1946 Prof. in Freiburg, seit 1960 in München; Schüler *Heideggers*, erstrebte eine Synthese zwischen Thomismus u. Existenzphilosophie; Hptw.: „Sein u. Geist" 1940; „Das christl. Menschenbild u. die Weltanschauungen der Neuzeit" 1945; „Existenzphilosophie im geistigen Leben der Gegenwart" 1949; „Erfahrung u. Geschichte" 1971; „Philosoph. Anthropologie" 1974; „Sinn-Deutungen der Geschichte" 1976.
31. Paul Hermann, schweiz. Chemiker, *12. 1. 1899 Olten, †23. 10. 1965 Basel; Erfinder des Insektenvertilgungsmittels DDT; Nobelpreis für Medizin 1948.
32. Peter Aloysius, dt. Politiker (CDU), *25. 9. 1955 Illingen; Jurist; seit 1990 Mitglied des saarländischen Landtages; wurde 1995 Vors. der CDU des Saarlandes; seit 1999 saarländischer Ministerpräsident.
33. Sophus Otto, dän. Prähistoriker, *24. 5. 1846 Kopenhagen, †24. 2. 1934 Kopenhagen; 1892–1921 Direktor des Nationalmuseums in Kopenhagen; Hptw.: „Nordische Altertumskunde" 1897, dt. 2 Bde. 1897/98; „Urgeschichte Europas" 1905; „Oldtidens Kunst i Danmark" 3 Bde. 1918–1933.
34. Werner, dt. Politiker u. Industriemanager, *1. 8. 1946 Essen; 1973–1980 bei der RWE AG u. 1980–1997 bei der VEBA AG tätig; seit 1998 Bundes-Min. für Wirtschaft u. Technologie.

◆ **35. Wilhelm,** dt. Schriftsteller, *7. 10. 1794 Dessau, †30. 9. 1827 Dessau; Gymnasiallehrer. Als spätromant. Lyriker wurde M. berühmt durch die von *Goethes* Müllerin-Romanzen beeinflussten, von F. *Schubert* vertonten „Müllerlieder" („77 Gedichte aus den hinterlassenen Papieren eines reisenden Waldhornisten" 1821–1824, darunter: „Das Wandern ist des Müllers Lust", „Am Brunnen vor dem Tore", „Ich hört ein Bächlein rauschen"). M. gab griech. Volkslieder heraus („Lieder der Griechen" 5 Bde. 1821–1824) u. begeisterte sich für den Freiheitskampf der Griechen gegen die Türken; er wurde deshalb *Griechen-Müller* genannt.

Wilhelm Müller

◆ **Müller-Armack,** Alfred, dt. Nationalökonom, Soziologe und Geschichtsphilosoph, *28. 6. 1901 Essen, †16. 3. 1978 Köln; Professor in Münster und Köln; 1958–1963 Staatssekretär im Bundeswirtschaftsministerium; Vertreter der *Freiburger Schule*, prägte den Begriff „soziale Marktwirtschaft"; Hptw.: „Genealogie der Wirtschaftsstile" 1941; „Wirtschaftslenkung u. Marktwirtschaft" 1947; „Religion u. Wirtschaft" 1959; „Wirtschaftsordnung u. Wirtschaftspolitik" 1966; „Auf dem Weg nach Europa: Erinnerungen u. Ausblicke" 1971.

Alfred Müller-Armack

Müller-Arnold-Prozess, ein Prozess des preuß. Müllers C. *Arnold* gegen seinen adligen Grundherrn auf freien Wasserzufluss. In einer Folge von Verfahren vom Patrimonialgericht bis zum Appellationssenat wurde er verurteilt u. die Mühle 1778 durch den Grundherrn versteigert. Arnold brachte den Fall direkt vor *Friedrich d. Gr.*, der in einem Machtspruch 1780 alle Urteile kassierte u. die beteiligten Juristen ihrer Ämter enthob. Der M. bestärkte den König in seinem Misstrauen gegen die Justiz, so dass die preuß. Justizreform beschleunigt u. die Arbeit am *Preußischen Allgemeinen Landrecht* aufgenommen wurde.

Müller-Blattau, Joseph Maria, dt. Musikwissenschaftler, *21. 5. 1895 Colmar, †21. 10. 1976 Saarbrücken; Lehrtätigkeit 1922–1967 in Königsberg, Frankfurt a. M., Freiburg i. Br. u. Saarbrücken; Schriften: „Geschichte der Fuge" 1922; „Das dt. Volkslied" 1932; „G. F. Händel" 1933 u. 1959; „J. S. Bach" 1935; „Geschichte der dt. Musik" 1935.

◆ **Müllerei,** die Gewinnung von pulverförmigen (mehlartigen) Produkten aus groben, festen Stoffen, im landläufigen Sinn nur die Aufbereitung von *Getreide* zu Mehl, Grieß, Dunst u. Schrot. In der aus *Windfegen* u. *Plansieben* bestehenden *Putzmühle* u. im *Magnetabscheider* werden Spreu, Holzstücke, Sackschnüre, Eisenteile u. Ä. ausgeschieden. Der *Trieur* entfernt Unkrautsamen u. zerbrochene Getreidekörner. Die *Schälmaschine* befreit hierauf die Körner von der faserigen Holzschicht, von Keim u. Kornbart. In der *Bürstmaschine* erhält das Korn eine glatte, saubere Oberfläche. Bei manchen Getreiden ist eine Nassreinigung in der *Waschmaschine* erforderlich. Im *Weizenvorbereiter* wird das Getreide auf den für die Vermahlung günstigsten Feuchtigkeitsgehalt gebracht. Die Körner wurden früher im *Mahlgang* zerkleinert; heute werden ausschl. *Walzenstühle* verwendet, denen *Plansichter* angeschlossen sind. In mehreren Arbeitsgängen wird so das Mehl bereitet. Die meisten Arbeitsgänge erfordert die → Hochmüllerei. Sie liefert die weißesten u. besten Mehlsorten. Die → Flachmüllerei wird vorwiegend bei Roggen angewandt; sie erfordert nur wenige Arbeitsgänge u. liefert dunkleres Mehl mit einem hohen Anteil an Schale u. Kleie. Heute wird überwiegend die *Halbhochmüllerei*, ein Mittelding zwischen Flach- u. Hochmüllerei, betrieben.

Müller-Einigen, österr. Schriftsteller, → Müller (14).

Müllereitechniker, *Müllereitechnikerin*, Techniker, die als mittlere Führungskräfte in einem Mühlenbetrieb tätig sind. M. arbeiten in der Planung u. Arbeitsvorbereitung, in der Überwachung der Produktionsabläufe u. in der Qualitätskontrolle. Die Ausbildung zum staatlich geprüften Techniker dauert an Fachschulen 4 Halbjahre.

Müller-Franken, dt. Politiker, → Müller (17).

Müller-Freienfels, Richard, dt. Philosoph u. Psychologe, *7. 8. 1882 Bad Ems, †12. 12. 1949 Weilburg; Prof. in Stettin u. seit 1946 in Berlin; Verfasser vieler Werke zu Psychologie, Ästhetik, Charakterologie, Bildungslehre u. Gegenwartsphilosophie. Hptw.: „Lebenspsychologie" 2 Bde. 1916; „Philosophie der Individualität" 1921; „Metaphysik des Irrationalen" 1927; „Menschenkenntnis u. Menschenbehandlung" 1940.

Müllergaze [-'gazə], netzartiges Gewebe in Dreherbindung aus dünnen Seidenfäden; Verwendung als Mehlsieb u. für Schablonen im *Filmdruck*.

◆ **Müller-Guttenbrunn,** Adam, österr. Schriftsteller, *22. 10. 1852 Guttenbrunn, Banat, †5. 1. 1923 Wien; Erneuerer des Theaters („Erinnerungen eines Theaterdirektors" postum 1924), schilderte seine Heimat in zahlreichen kulturgeschichtlichen Erzählwerken („Der große Schwabenzug" 1913); suchte politisch die Rechte der Banater Schwaben zu erhalten u. zu stärken; Romane („Die Dame in Weiß" 1907; Trilogie „Lenau, das Dichterherz der Zeit" 1919–1921), Autobiografie: „Der Roman meines Lebens" (postum) 1927.

Adam Müller-Guttenbrunn

Müller-Lyer'sche Täuschung, von dem Psychiater Franz Carl *Müller-Lyer* erstmals 1889 beschriebene opt. Täuschung, bei der eine Strecke mit nach außen gerichteten Winkelansätzen länger erscheint als eine ebenso lange Strecke mit nach innen gerichteten Winkeln.

Müller-Partenkirchen, Fritz, eigentlich F. *Müller*, dt. Schriftsteller, *24. 2. 1875 München, †4. 2. 1942 Hundham bei Miesbach; schrieb Kurzgeschichten u. Romane aus dem Alltag des Kaufmanns, der Schule u. des Bauernlebens: „Das verkaufte Dorf" 1929; „Die Firma" 1935; „Der Kaffeekönig" 1939.

Müllerrebe, Rebsorte für Rotwein mit tiefer Färbung, angenehmem Geschmack u. gutem Bukett.

Müller'scher Gang [nach dem Physiologen Johannes *Müller*], der (paarige) Eileiter der weiblichen Wirbeltiere. Auch → Geschlechtsorgane.

Marius Müller-Westernhagen: Filmszene mit Claudia Demarmels aus „Theo gegen den Rest der Welt", 1980

Müller-Schlösser, Hans, dt. Schriftsteller, *14. 6. 1884 Düsseldorf, †21. 3. 1956 Düsseldorf; schrieb rheinische Volkskomödien u. Schwänke: „Schneider Wibbel" 1914 (auch als Roman, 1938); „Der Rangierbahnhof" 1921; „Der Sündenbock" 1947.

Müller-Siemens, Detlev, dt. Komponist, *30. 7. 1957 Hamburg; Schüler G. *Ligetis*; spätromantisch beeinflusste Werke mit großer Expressivität; er schrieb die Fernsehoper „Genoveva oder Die weiße Hirschkuh" 1978; die Oper „Die Menschen" 1990; Orchesterwerke: „Scherzo u. Adagio patetico" 1976; „Passacaglia" 1978; Klavierkonzert 1981; „Maistra" 1996; „1. Sinfonie" 1981; Klavierwerke: u.a. Zyklus „Under Neonlight I–III" 1981–1987; Kammermusik: u.a. „Variationen über einen Ländler von Schubert" 1978.

Müller-Thurgau, Hermann, schweiz. Weinbauforscher, *21. 10. 1850 Tägerwilen, Kanton Thurgau, †18. 1. 1927 Wädenswil, Kanton Zürich; er arbeitete lange am Weinforschungsinstitut in Geisenheim; züchtete 1882 die Müller-Thurgau-Rebe, die er als Kreuzung zwischen Riesling und Silvaner kennzeichnete. Heute wird angenommen, dass die Müller-Thurgau-Rebe durch eine Riesling-Selbstbefruchtung entstanden ist. Die Müller-Thurgau-Weißweine sind mild, blumig und besitzen ein leichtes Muskatbukett.

◆ **Müller-Westernhagen,** Marius, dt. Rocksänger, Liedertexter u. Schauspieler, *6. 12. 1948 Düsseldorf; mit sozialkrit., oft iron. Texten seit Beginn der 1980er Jahre erfolgreicher Sänger der dt.-sprachigen Rockmusik.

Müllheim, Stadt in Baden-Württemberg, Ldkrs. Breisgau-Hochschwarzwald, im Markgräflerland, 240–325 m ü. M., 16 900 Ew.; Weinanbau, Metall verarbeitende Industrie. – Stadtrecht 1810.

Müllheizkraftwerk, Kraftwerk zur → Müllverbrennung.

Mulligan [ˈmʌligən], Gerry (Gerald Joseph), US-amerikan. Jazzmusiker (Baritonsaxophon), *6. 4. 1927 New York, †20. 1. 1996 Darien, Connecticut; Vertreter des *Cooljazz*; Arrangeur u. Komponist, leitete 1952 sein erstes Quartett, 1955 ein Sextett, 1960 seine erste Big Band.

Mulliken [ˈmʌlikən], Robert Sanderson, US-amerikan. Physikochemiker, *7. 6. 1896 Newburyport, Massachusetts, †31. 10. 1986 Arlington, Virginia; entwickelte die Molekülorbital-Theorie, Arbeiten über chem. Bindungen. M. erhielt 1966 den Nobelpreis für Chemie.

Mullingar [malinˈgar], irisch *An Mulleann Cearr*, Verw.-Sitz der mittelirischen Grafschaft Westmeath, Prov. Leinster, 7900 Ew.; Garnison.

Mullis [ˈmʌlis], Kary B., US-amerikan. Biochemiker, *28. 12. 1944 Lenoir, North Carolina; entwickelte 1983 die → Polymerasen-Kettenreaktion, mit der DNA-Abschnitte millionenfach kopiert werden können. Für diese Arbeit erhielt er zusammen mit M. Smith 1993 den Nobelpreis für Chemie.

Mullit [lat.], ein rhombisches Mineral und einer der Bestandteile von → Porzellan. M. ist ein Mischkristall von Tonerde und Siliciumdioxid innerhalb der Zusammensetzungsgrenzen $3Al_2O_3 \cdot 2SiO_2$ u. $2Al_2O_3 \cdot SiO_2$.

Müllkippe, ungeordneter Abfall-Ablagerungsplatz. Um Umweltgefahren zu vermeiden, dürfen in Deutschland nur noch Zentral-Deponien für kommunale Abfälle betrieben werden. Auch → Altlasten.

Müllner, Adolf, dt. Schriftsteller, *18. 10. 1774 Langendorf bei Weißenfels, †11. 6. 1829 Weißenfels; Jurist, Journalist, zeitweise Theaterleiter; schrieb erfolgreiche „Schicksalstragödien"; „Der 29. Februar" 1812; „Die Schuld" 1816. – Dramat. Werke, 12 Bde. 1828–1830.

Müllschlucker, eingebauter Einwurfschacht für Abfälle, der in einen Sammelkanal mündet. Die Abfälle sammeln sich in einem Gefäß im Keller, das von der Müllabfuhr abgeholt wird.

Müllverbrennung, die therm. Behandlung oder Verwertung von Siedlungsabfällen in hierfür bestimmten Anlagen; auch → Abfallverbrennung.

Müllvergasung, Verfahren der Abfallbehandlung, → Pyrolyse (2).

Mulm [der], erdige, weiche, körnige bis blättrige Steinkohle; auch vermorschtes Holz.

◆ **Mulmbock,** *Ergates faber*, der größte mitteleurop. *Bockkäfer*, bis 6 cm lang, dunkelbraun, an alten Kieferstümpfen; geschützte Art.

Mülpe, ein Fisch, → Rapfen.

Mulmbock, Ergates faber

Mulroney [mʌlˈrɔni], Brian, kanad. Politiker (Konservativer), *20. 3. 1939 Baie Comeau, Prov. Quebec; Rechtsanwalt; 1980–1993 Parteivorsitzender u. 1984–1993 Premierminister.

Multan, engl. *Mooltan*, pakistan. Distrikt-Hptst. in der Prov. Punjab, im Chanab-Tiefland, 722 000 Ew.; histor. Altstadt mit Stadtmauer, -toren, Bazaren, Moscheen, Mausoleen (12.–14. Jh.); traditionelles Heimgewerbe (Textilien, Porzellan, Lackarbeiten); Textil-, Leder-, Nahrungsmittel-, Düngemittel-, Metallindustrie, Wärmekraftwerk; Verkehrsknotenpunkt, Flughafen.

Multatuli, niederländ. Schriftsteller, → Dekker, Eduard Douwes.

multi... [lat.], Wortbestandteil mit der Bedeutung „viel".

Multiaccess [maltiekˈsəs; engl.], *Mehrfachzugriff*, in der elektron. Datenverarbeitung die Eigenschaft eines Betriebssystems, den gleichzeitigen Zugriff mehrerer Benutzer auf dieselben Daten zuzulassen.

Multienzymkomplex [lat. + grch.], Bez. für die geordnete Zusammenlagerung funktionell u. strukturell verschiedener → Enzyme, die aufeinander folgende Schritte in einer Reaktionskette katalysieren. Ein M. lässt sich durch bes. Behandlungen (pH-Wert, Temperatur-, Ionenstärke-Änderungen) in meist funktionsuntüchtige Untereinheiten oder Teilenzyme zerlegen. Ein untersuchter M. ist z.B. der *Fettsäuresynthetasekomplex*.

multilateral [lat.], mehrseitig; Bez. für ein Abkommen mit mehr als zwei Partnern.

multilateraler Außenhandel, *multilateraler Zahlungsverkehr*, *Multilateralismus*, eine Form des zwischenstaatl. Zahlungsbilanzausgleichs, bei der die Gleichheit aller Aktiv- u. Passivsalden angestrebt wird, der Passivsaldo gegenüber anderen Ländern ausgeglichen werden kann. Gegensatz: *bilateraler Außenhandel*.

Multimedia, 1. Kunstbegriff der Gegenwart, → Mixed Media.
2. Sammelbez. für Produkte u. Dienstleistungen aus dem Computer-, Telekommunikations-, Unterhaltungs- u. Medienbereich; seit etwa Mitte 1993 eines der zentralen wirtschaftlichen u. gesellschaftspolit. Themen. Grundlegende Merkmale von Multimedia-Anwendungen sind die gemeinsame Verwendung verschiedener statischer (Text, Foto u. Grafik) u. dynamischer (Audio, Animation u. Video) Medientypen sowie insbes. die Möglichkeit der interaktiven Nutzung. Interaktive Nutzung bedeutet, der Nutzer ist nicht nur ausschl. Empfänger, sondern kann selbst über entspr. Rückkanäle (Zwei-Wege-Technik) Inhalte abrufen u. verändern bzw. Aktionen auslösen. Technolog. Basis für M. sind die digitale Technik, der Einsatz von Verfahren zur Datenkomprimierung, leistungsfähige Massenspeicher u. Übertragungskanäle hoher Bandbreite (sog. Datenautobahnen) für vernetzte Anwendungen. M. wird sowohl für den privaten wie den geschäftl. Bereich angeboten. Beispiele sind interaktive Dienste wie Abonnementsfernsehen (u.a. Video-on-Demand, Pay-per-View), interaktive Spiele u. multimediale Nachschlagewerke auf CD-ROM sowie Homeshopping für die private Unterhaltung. Bes. das Internet bietet vielfältige Möglichkeiten für Multimediaanwendungen: weltweiter Zugriff auf Datenbanken, Bildarchive, Filmsequenzen oder Musiktitel (→ MP3-Technik), Kommunikation über E-Mail, Meinungsaustausch in sog. Chatrooms, Internetshopping u.Ä. Im berufl. Alltag finden Videokonferenzen, Lern- u. Schulungsprogramme,

Datenbankdienste u. Telearbeit verstärkt Einsatz.

multinationale Unternehmungen, *internationale* oder *transnationale Unternehmungen* oder *Konzerne,* Abk. *Multis, MNU, MNK* oder *MU,* Unternehmen, die in mindestens zwei Ländern einen Betrieb kontrollieren, u. zwar nicht nur eine Verkaufs- oder Service-Niederlassung, sondern Produktionsstätten u. ihre Planung (Beschaffungs-, Investitions-, Produktions-, Absatz- u. Finanzplanung) global gestalten. Für die Unternehmen ergeben sich aus der transnationalen Tätigkeit Kostenvorteile (Lohn-, Rohstoff-, Energie- u. Transportkostenersparnisse), die Anfälligkeit gegenüber nationalen Konjunkturentwicklungen wird vermindert u. die Unabhängigkeit von der jeweiligen nationalen Wirtschaftspolitik erhöht. Hieraus resultieren Bedenken wegen möglichen Machtmissbrauchs (Wettbewerb, Steuerflucht u. a.) u. die Forderung nach öffentl. Kontrolle der multinationalen Unternehmungen.

Multipara [lat.], eine Frau, die mehrfach geboren hat; im Gegensatz zur *Primapara,* der erstmals Gebärenden.

Multiparasitismus [lat. + grch.], Form des Parasitismus, → Parasit.

◆ **Multiple** ['mʌltipl; engl.], ein Kunstwerk, das von vornherein auf Vervielfältigung angelegt ist; in diesem Sinne schon in der Steinzeit bekannt (handwerklich nach bestimmten Traditionen hergestellte Idole), bes. verbreitet aber mit Aufkommen techn. Vervielfältigungsverfahren (Abzüge von Grafiken u. Abgüsse von Bronzebildwerken). Die Überwindung des Geniebegriffs der Romantik, der das Unikat feierte, u. neue techn. Möglichkeiten (Kunststoffe) führten zu einer Kunstkonzeption, die industrielle Fertigungsmethoden erlaubt u. den hohen Preis der Einzigartigkeit durch erschwingliche Serienproduktion ablöst. Wegweisend war die Kölner Ausstellung „Ars multiplicata" 1968. In Berlin fand 1972 die erste Fachmesse für multiplizierte Kunst statt. Als Pionier der multiplen Kunst gilt

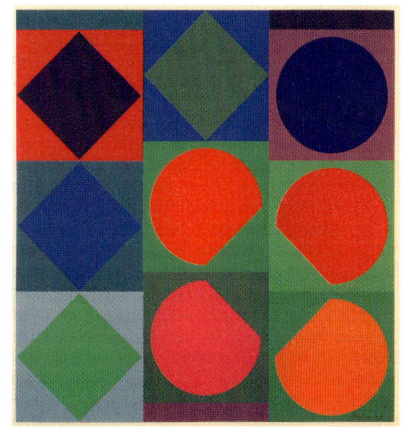

Multiple: Victor Vasarely, Siebdruck aus der Folge „Planetarische Folklore"; 1965. Krefeld, Kaiser Wilhelm Museum

M. *Bill.* Multiples fabrizierten u. a. M. *Berrocal,* R. *Hamilton,* A. *Jones,* J. *Le Parc,* H. *Mack,* G. *Uecker,* V. *Vasarely,* B. *Vautier,* T. *Ulrichs* u. D. *Rot.*

Multiple Chemical Sensitivity, Abk. MCS, Erscheinungsbild verschiedener unspezif., gesundheitl. Symptome, für die Umweltschadstoffe verantwortlich gemacht werden. Eine zunehmende Anzahl von Patienten mit der unklaren Diagnose MCS fühlt sich durch die Einwirkung einer Vielzahl von Chemikalien im Niedrigstdosisbereich so stark beeinträchtigt, dass sie nicht mehr am normalen gesellschaftl. Leben teilnehmen können. Neben den gesundheitl. Beschwerden resultieren daraus oft gravierende soziale u. wirtschaftl. Folgen für die Betroffenen. Die Ursachen werden sowohl im somat. als auch im psych. u. psychosozialen Bereich vermutet.

multiple Opponenz [lat.], *Ökologie:* gleichzeitige Einwirkung verschiedener Feinde, deren Wirkung sich teilweise aufhebt (zum Beispiel wenn Vögel parasitierte Raupen fressen). Auch → Feindwirkung.

multiple Persönlichkeitsstörung, *MPS,* psychot. Erkrankung, bei der in einem Menschen mindestens zwei unterschiedl. Persönlichkeiten vorkommen u. diese wiederholt u. abwechselnd die vollständige Kontrolle über das Individuum gewinnen. Als Auslöser gilt ein Trauma, etwa Misshandlung, bes. sexueller Missbrauch in der Kindheit. Die psych. Störung ist ein Versuch das als unerträglich Empfundene zu bewältigen. Behandlung durch Psychotherapie.

multiple Sklerose [lat. + grch.], Abk. *MS,* eine Erkrankung des Gehirns u. Rückenmarks mit einer Schädigung der Nerven durch Zerstörung der sie umhüllenden Markscheiden, die zu Sehstörungen, Denk- u. Sprachstörungen u. fortschreitender Lähmung führen aus. Sie ist heute die häufigste Erkrankung des zentralen Nervensystems. Der Krankheitsverlauf ist sehr unterschiedlich, entweder schubweise oder chronisch schleichend, und zieht sich oft über Jahrzehnte hin. Manche MS-Kranke leben nahezu beschwerdefrei, bei anderen kommt es zu einer fortschreitenden Behinderung, an deren Ende der völlige geistige Verfall stehen kann. Die MS tritt vorzugsweise im Alter zwischen 20 u. 40 Jahren auf u. befällt häufiger Frauen als Männer. Die Ursache der Erkrankung ist bisher unbekannt. Vermutl. sind verschiedene Faktoren an ihrer Entstehung beteiligt. Eine mögl. Ursache könnte eine Infektion mit Herpesviren Typ 6 sein. Eine ursächliche Therapie gibt es bisher nicht. Es werden aber verschiedene Medikamente eingesetzt, um die Symptome zu mildern. Von entscheidender Bedeutung sind krankengymnastische Übungen, u. auch die psychische Betreuung des Kranken. Mit den Problemen der MS-Kranken befasst sich die *Dt. Multiple Sklerose Gesellschaft* in München.

Multiplett [das; frz.], eine Gruppe von dicht beieinander liegenden, zusammengehörigen Energiezuständen oder auch Spektrallinien eines Atoms oder Atomkerns; z. B. eine Gruppe von Energieniveaus der Elektronen im Atom, die ohne die verhältnismäßig schwachen Wechselwirkungsenergien der → Spin-Bahn-Kopplung zu einem einzigen Niveau zusammenfallen würden; auch zusammengehörige Massenzustände in der Elementarteilchenphysik.

Multiplex-Funkfernschreibsystem, Kurzwort *Mux,* ein Telegrafiesystem mit automat. Fehlerkorrektur, das beim Kurzwellen-Überseefunk angewendet wird, um dessen Anfälligkeit für kurzzeitige Störungen auszugleichen. Der beim Telex verwendete 5-bit-Code wird beim Mux-System in einen 7-bit-Code umgesetzt.

Multiplex-Kino, Typ eines Großkinos, der seit Mitte der 1990er Jahre vor allem in Großstädten betrieben wird. Die Multiplex-Kinos besitzen mehrere Säle für ca. 2000–3000 Zuschauer. Charakteristisch sind sehr großflächige Leinwände, neue Licht- u. Tontechniken sowie Bars, Restaurants u. Fanshops.

Multiplexsystem, ein Fernmeldesystem, mit dem mehrere Informationen gleichzeitig durch Abtastverfahren über einen Leitungsweg übertragen werden. Die Abtastung erfolgt mit so hoher Geschwindigkeit, dass die Unterbrechung der einen dauernd anstehenden Information nicht bemerkt wird. Auch → Zeitmultiplex.

Multiplier ['mʌltiplaɪə; der; engl.] → Elektronenvervielfacher.

Multiplikation [lat.], Vervielfältigung; eine Grundrechenart (Zeichen ·). Ergebnis der M. ist das *Produkt.* In der M. $a \cdot b$ ist die *Faktoren;* a heißt *Multiplikand,* b *Multiplikator.* Die M. mit einer natürlichen Zahl kann als fortgesetzte Addition aufgefasst werden, z. B. $4 \cdot a = a + a + a + a$.

Multiplikationskreis, *Repetitionskreis,* ein Instrument, mit dem in der Astronomie u. Geodäsie die Winkelhöhe eines Gestirns über dem Horizont bestimmt werden kann; bes. im 18. Jh. verwendet.

Multiplikativum [das, Pl. *Multiplikativa;* lat.], *Grammatik:* → Numerale.

Multiplikator [lat.], **1.** *Soziologie:* eine Person oder Organisation, die aufgrund ihrer sozialen Stellung oder Tätigkeit wesentlich an den Prozessen gesellschaftl. Meinungsbildung bzw. -übertragung beteiligt ist. Multiplikatoren sind in erster Linie Politiker, Publizisten u. Pädagogen, Verlage, Fernseh- u. Rundfunkanstalten.

2. *Wirtschaftswissenschaft:* ein Instrument der makroökonomischen Theorie. In der bekanntesten Form als *Investitions-Multiplikator* kennzeichnet er die Tatsache, dass durch eine Zusatzinvestition eine Änderung in der Höhe des Volkseinkommens eintreten kann, die ein Mehrfaches der Investitionsänderung ausmacht. Es geht um die Frage, in welchem Umfang die durch die neue Investition geschaffenen Einkommen über die Verwendung im Konsumakt neue Einkommen entstehen lassen u. wie diese Bewegung über Einnahme- u. Ausgabeakte bei sich ständig mindernden Beträgen die Wirtschaft durchzieht. Wird etwa von den Zusatzeinkommen stets die Hälfte gespart („Absickerverluste" der unmittelbaren Neu-Nachfrage), ergibt sich nach der Formel für den Grenzwert der geometrischen Reihe der Multiplikatorwert 2. Beispiel: Zusatzinvestition = 1 Mio., damit zusätzlich geschaffenes Einkommen = 1 Mio., zusätzlich Konsumausgaben 50 % des Einkommens; die Einkommenskette lautet: $1 + \frac{1}{2} + \frac{1}{4} + \frac{1}{8} + \ldots = \frac{1}{1 - \frac{1}{2}} = 2$.

Weitere Anwendungsfälle: Geldschöpfungsmultiplikator, Außenhandelsmultiplikator.
Multipol [der; lat. + grch.], Sammelbez. für → Dipol (2), → Quadrupol u. deren Verallgemeinerungen.
Multiprozessor [lat.], Großrechner mit mehreren, gleichberechtigten → CPU.
Multituberculata [lat.], ausgestorbene, aber sehr langlebige Gruppe mesozoischer Säugetiere. Sie besaßen vielhöckrige Molaren, nagetierartige Schneidezähne u. meist einen sehr großen unteren Prämolaren auf jeder Seite. M. waren Pflanzenfresser.
Multivision [lat.], die gleichzeitige Projektion oder Rückprojektion mehrerer Farbdiapositive (neben- u. übereinander) auf eine große Bildfläche; meist mit Ton unterlegt, seltener mit Spielfilm kombiniert. Eine Multivisions-Schau dient meist der Werbung u. der genauen Information bei Messen, Ausstellungen u. in Museen.
◆ **Multscher,** Hans, dt. Bildhauer u. Maler, *um 1400 Reichenhofen, Allgäu, †1467 Ulm; neben Konrad *Witz* Hauptmeister des Realismus im 15. Jh., durchbrach als Bildhauer die Idealität des „Weichen Stils" in der gegenständl. Unterscheidung zwischen Körper- u. Gewandbewegung (Schmerzensmann am Ulmer Münster, Sterzinger Altar 1456–1458). Die Gemälde Multschers suchen im Anschluss an die niederländ. Malerei die Raumtiefe zu erschließen u. verbinden lineare Schärfe mit szenischer Dramatik (Wurzacher Altar 1437, Berlin, Staatl. Museen).
Mulus [Pl. *Muli*; lat.], der → Maulesel.
Muluya, *Wad Muluya, Oued Moulouya,* Fluss im östl. Marokko, 530 km lang; entsteht aus zwei Quellflüssen, die im Hohen u. Mittleren Atlas entspringen, u. mündet nahe der alger. Grenze ins Mittelmeer; nicht schiffbar; fließt durch Wüstensteppen, am Unterlauf modernes Bewässerungsgebiet mit zwei Staudämmen u. Wasserkraftwerken.
Muluzi, Bakili, malaw. Politiker (United Democratic Front, UDF), *17. 3. 1943 bei Machinga; mehrfach Minister; 1976–1982 Generalsekretär der Malawi Congress Party; wurde aufgrund seiner Kritik an der Politik des Staatsgründers H. K. *Banda* aller Ämter enthoben; gründete 1992 die UDF; seit 1994 Staats-Präs. Malawis.
Mumbai, Stadt in Indien, → Bombay.
Mumford [ˈmʌmfəd], Lewis, US-amerikan. Kunstschriftsteller, *19. 10. 1895 Flushing, Long Island, N. Y., †26. 1. 1990 Amenia; 1951–1959 Prof. für Stadt- u. Regionalplanung in Pasadena; befasste sich mit Fragen des Städtebaus u. des techn. Zeitalters. Hptw.: „Die Stadt" dt. 1963; „Mythos der Maschine" dt. 1974.
Mumie [die; arab., zu pers. *mūm*, „Wachs"], vor dem Zerfall geschützte Leiche. In trockenen, heißen Gegenden ergibt sich bei salzhaltigem Boden eine natürliche *Mumifizierung*. Die künstl. Mumifizierung wurde in Ägypten seit dem 3. Jahrtausend v. Chr. praktiziert. Nach Entfernung von Hirn u. Eingeweiden wurde die Leiche längere Zeit in Salzlauge gelegt u. dann mit Ölen, Harzen u. Kräutern behandelt, später mit Binden umwickelt u. mit einer bemalten Maske versehen. Ein anderes Mumifizierungsverfahren besteht darin, die Leiche am Feuer zu dörren (Australien, Sudan). Zuweilen werden nur der Kopf oder die Haut präpariert (Altperu, Samoa).
Mumienbildnis, *Mumienporträt,* auf Holz oder Leinwand mit Wachsfarben, Tempera oder Mischtechnik gemaltes, annähernd lebensgroßes Porträt eines Verstorbenen, das über dem Gesicht des mumifizierten Toten angebracht wurde. Die meisten Mumienbildnisse stammen aus Ägypten (Oase Fayum, Niltal) u. datieren ins 1. bis 4. Jh. Der Einfluss der röm. u. griech. Malerei ist deutlich erkennbar. Die Mumienbildnisse sind in der Geschichte der Malerei die ersten Porträts, die individuelle Gesichtszüge wiedergeben.
Mumienweizen, Weizenkörner, die in ägypt. Grabkammern gefunden wurden. Keimfähigkeit hat der M. nicht mehr.
Mumifizierung [lat.], *Mumifikation,* **1.** *Geschichte:* ein Verfahren, um Leichen durch Austrocknung oder chem. Mittel vor Verwesung zu bewahren; → Mumie.
2. *Humanmedizin:* trockener Brand, abgestorbenes (nekrotisches) Gewebe wird schwärzlich u. schrumpft lederartig durch Verdunstung u. Austrocknung bei arterieller Durchblutungsstörung.
3. *Tiermedizin:* bei Tieren, bes. Rindern u. Schweinen vorkommende Austrocknung der Jungtiere in der Gebärmutter. Die M. tritt häufig nach dem ersten Drittel der Trächtigkeit nach dem Absterben der Embryos in Abwesenheit von Fäulnisbakterien ein. Das Fruchtwasser wird vom Körper des Muttertieres aufgenommen, u. in der Gebärmutter bleibt das ausgetrocknete Junge häufig länger liegen, als nach dem errechneten Geburtstermin zu erwarten wäre. Die M. bildet oft ein Geburtshindernis.
Mummel → Seerose.
Mummelsee, See im Schwarzwald, an der Hornisgrinde, 1032 m ü. M., 3,7 ha groß, bis 17 m tief.
Mummius Lucius, röm. Feldherr, siegte 146 v. Chr. über die Achäer u. machte *Achaea* zur röm. Provinz.
Mummy, eine Zierpflanze, → Chrysanthemum.
Mumps [der; engl.], *Ziegenpeter, Bauernwenzel, Parotitis epidemica,* eine epidemieartig auftretende Infektionskrankheit, von der vorwiegend Kinder befallen werden. Jungen erkranken doppelt so häufig wie Mädchen. Der Erreger ist ein Virus. Schwellungen der Ohrspeicheldrüse, zunächst einseitig, dann meist beidseitig, rufen ein gedunsenes Aussehen hervor. Daneben kommt es manchmal auch zu einer Beteiligung der Bauchspeicheldrüse u. nach der Pubertät bei männl. Erkrankten zu einer Entzündung eines oder beider Hoden, was zu Unfruchtbarkeit führen kann. M. dauert, nach einer Inkubationszeit von meist 21 Tagen, 1–2 Wochen u. ist von Fieber mit allg. Beschwerden begleitet. Als mögl. Komplikation kann in der 2.–3. Krankheitswoche eine Hirnhautentzündung mit erneutem Fieberanstieg hinzukommen. Vorbeugend besteht die Möglichkeit einer Impfung (→ Impfkalender).
Mun, San Myung, koreanischer Sektenstifter; Gründer u. Leiter der → Vereinigungskirche.
Muna, indones. Insel zwischen Südostcelebes u. der Insel Butung, rd. 1700 km², 120 000 Ew.; Hauptort *Raha*; Holzgewinnung.
Munch [muŋk], **1.** Andreas, norweg. Schriftsteller, *19. 10. 1811 Kristiania (Oslo), †27. 6. 1884 Vedbaek (Dänemark); verfasste populäre histor. Schauspiele u. romant. Lyrik.
◆ **2.** Edvard, norweg. Maler u. Grafiker, *12. 12. 1863 Løten bei Hamar, †23. 1. 1944 Hof Ekely bei Oslo; einflussreicher Wegbereiter des Expressionismus mit bes. großer Wirkung auf die dt. Malerei; 1885 u. als Stipendiat seit 1889 in Paris, 1890 in Dtschld. u. Italien, bis 1895 in Berlin, danach wieder in Paris, wo er in Verbindung zum Kreis der Symbolisten u. der „Nabis" stand. Die 1892 veranstaltete Munch-Ausstellung in Berlin führte zur Gründung der dortigen Sezession. Bis 1908 in Berlin tätig, ließ sich M. nach einer schweren Nerven-

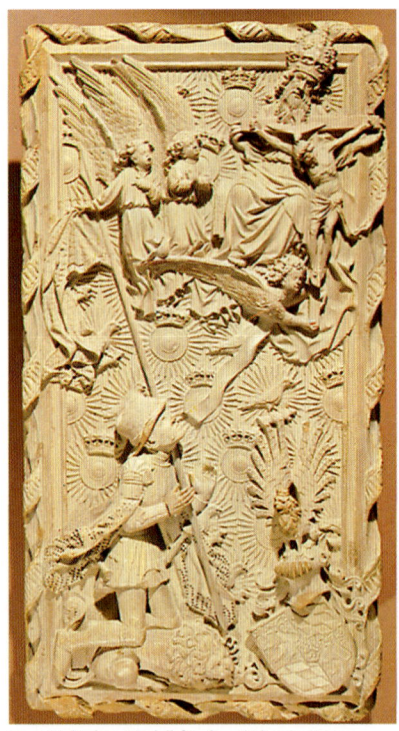

Hans Multscher: Modell für den Grabstein Herzog Ludwigs des Gebarteten; Ulm 1435. München, Bayerisches Nationalmuseum

München (1): Zum alljährlich stattfindenden Oktoberfest empfängt die Isarmetropole Menschen aus aller Welt

krise endgültig in Norwegen nieder. Sein Frühwerk entwickelte sich unter Einflüssen P. *Gauguins* u. V. *Goghs* in einem Stil, der die Ausdruckskraft der Linie zu sog- u. strudelartiger Wirkung steigerte, der Farbe symbol. Aussagewert verlieh u. thematisch um Einsamkeit, Tod u. Geschlechterfeindschaft kreiste. Munchs spezifisch nordische Erlebniswelt, durch tragische Kindheitserlebnisse vertieft, erleichterte ihm die Überwindung der impressionist. Weltdarstellung. Das graf. Schaffen begann 1894 u. hat seine Höhepunkte in den Holzschnitten. 1964 wurde in Oslo ein Munch-Museum eröffnet, das den größten Teil des Gesamtwerks enthält. Hptw.: „Das kranke Mädchen" 1885; „Der Schrei" 1893; „Der Vampir" 1893; „Pubertät" 1895; „Fries des Lebens" 1896 u. 1906; graf. Folge „Alpha u. Omega" 1908/09; Wandbilder in der Universität Oslo 1909–1915; zahlreiche Landschaftsgemälde.

Münch, ♦ 1. Charles, französischer Dirigent, *26. 9. 1891 Straßburg, †6. 11. 1968 Richmond, Virginia (USA); 1919 bis 1925 Violinlehrer am Konservatorium in Straßburg, 1932 bis 1946 als Dirigent in Paris, 1949 bis 1962 Leiter des Bostoner Sinfonieorchesters; setzte sich im besonderen für neuere Musik ein.

Charles Münch

2. Werner, dt. Politiker (CDU), *25. 9. 1940 Kirchhellen, Westfalen; Politikwissenschaftler; 1972–1990 Hochschullehrer in Osnabrück/Vechta; 1990/91 Finanz-Min. von Sachsen-Anhalt, 1991–1993 Min.-Präs. von Sachsen-Anhalt.

Münchberg, Stadt in Oberfranken (Bayern), Ldkrs. Hof, südwestl. von Hof, 538 m ü. M., 12 100 Ew.; Textilindustrie, Granitverarbeitung.

Müncheberg, Stadt in Brandenburg, Ldkrs. Märkisch-Oderland, 6000 Ew.; Forschungszentrum für Bodenfruchtbarkeit; gut erhaltene Stadtmauer mit Tortürmen (15. Jh.).

München, ♦ 1. Landeshauptstadt von Bayern, Hauptstadt des Reg.-Bez. Oberbayern, 518 m ü. M., an der Isar, 1,2 Mio. Ew.; München ist kreisfreie Stadt, Verw.-Sitz des Regierungsbezirks Oberbayern u. des Landkreises München. Die Stadt ist Sitz bedeutender Bundes- u. Landesbehörden sowie zahlreicher Körperschaften des öffentl. Rechts: Bayerische Staatsregierung mit Landtag u. Senat, Bundesfinanzhof, Europ. u. Dt. Patentamt mit Bundespatentgericht, Oberster Rechnungshof, zahlreiche höhere Gerichte, Oberfinanzdirektion, Münzamt, Bayerische Rundfunk u. a., Sitz des Erzbischofs von München u. Freising u. eines Landesbischofs.

Die Stadt ist eines der führenden Bildungszentren Deutschlands. Außer der Universität (in Ingolstadt 1472 gegründet, 1826 von Landshut nach München verlegt) gibt es noch zahlreiche Hochschulen, wissenschaftliche Institute u. Forschungsstätten: techn. Hochschule (1827), Bundeswehrhochschule, Hochschulen für Musik, Fernsehen u. Film, Schauspielschule, Hochschule der Bildenden Künste (1809), Akademie der Wissenschaften (1759) u. der Schönen Künste (im Prinz-Carl-Palais), Institut für Zellchemie der Max-Planck-Gesellschaft, Fraunhofer-Gesellschaft; Bayerische Staatsbibliothek u. Hauptstaatsarchiv. Der Öffentlichkeit dienen der Botanische Garten in Nymphenburg, die Zoologische Sammlung des Bayerischen Staates im Schloss Nymphenburg (gegründet 1807) u. die Botanische Staats-

sammlung (gegründet 1813 von König *Maximilian I. Joseph* von Bayern als „Königliches Herbarium München") sowie der Tierpark *Hellabrunn* (1928 angelegter Naturpark).

München ist ein Zentrum der Kunst u. Kultur. Unter den zahlreichen Museen genießen einige einen besonderen Bekanntheitsgrad: Alte Pinakothek (1826–1836; mit großer Rubens- u. Dürersammlung), Neue Pinakothek (moderne Kunst) u. Glyptothek (1816–1830; Sammlung griech. u. röm. Bildwerke, u.a. die Äginaten). Einzigartig in der Welt ist das *Deutsche Museum* zur Geschichte der Naturwissenschaften u. Technik. Andere wichtige Museen sind das Haus der Kunst, Schackgalerie, Staatsgalerie moderner Kunst, Staatl. Münz- u. Antikensammlung, Staatl. Sammlung ägypt. Kunst, Städt. Galerie u. Lenbachgalerie, Museum für Völkerkunde, Residenzmuseum, BMW-Museum, Dt. Jagdmuseum (in der ehem. Augustinerklosterkirche; 1291 bis 1294, 14./15. Jh. erweitert, 1618–1621 umgebaut), Münchner Stadtmuseum, Theatermuseum, Marstallmuseum, Prähistorische Staatssammlung, Staatl. Graf. Sammlung. München hat das nach Berlin größte Angebot an Theatern, Kleinkunstbühnen u. Kabaretts zu bieten: Residenztheater u. Altes Residenztheater (Cuvilliés-Theater, Bayer. Staatsoper), Münchner Kammerspiele, Staatstheater am Gärtnerplatz, Prinzregententheater, Gasteig (Philharmonie), Kleine Komödie.

Die Isarmetropole verfügt über zahlreiche Sehenswürdigkeiten u. histor. Baudenkmäler. Wahrzeichen Münchens ist die zweitürmige Liebfrauenkirche (Frauenkirche) als spätgot. Backsteinbau (1468–1494, mit Grabmal Ludwig des Bayern). Andere bekannte Kirchen sind: St.-Michaels-Kirche als Renaissancebau (16. Jh.), Ludwigskirche (1829 bis 1844), Heiliggeistkirche (13./14. Jh.), Theatinerkirche (17./18. Jh.), Asamkirche (1733–1746), St.-Peter-Kirche (14. Jh., erweitert im 17. Jh.), Franziskanerklosterkirche St. Anna im Lehel (18. Jh.). Zu den sehenswerten Baudenkmälern zählen: Reste der alten Stadtummauerung (14. Jh., Isar-,

Edvard Munch: Im Zentrum des Raumes. Oslo, Munch Museum

205

Münchenbernsdorf

Karls- u. Sendlinger Tor), Mariensäule (1638), Prachttor Propyläen (1846–1862); ehem. Residenz (16.–19. Jh.) mit anschließendem Hofgarten (1613–1615 angelegt), Feldherrnhalle (1840–1844), Siegestor (1843–1852), Palais Porcia (1693), Erzbischöfl. Palais (1733–1737), Neues Rathaus (1867–1908, mit Glockenspiel), Altes Rathaus (15. Jh., Saalbau erhalten), Ruhmeshalle (1843–1853), Bavaria (1850), Friedensengel (1894–1900), Hofbräuhaus (seit 1589; einst Brauhaus des bayer.-herzogl. Hofes), Maximilianeum (1857–1874; jetzt Sitz des bayer. Landtags), Schloss → Nymphenburg, Jagdschloss Amalienburg (1734–1738) im Nymphenburger Park.

Der Englische Garten (1789–1832 angelegt) ist ein 350 ha großer Park mit prachtvollen Baumgruppen, Monopterostempel, Chines. Turm u. Kleinhesseloher See. München war 1972 Austragungsort der XX. Olympischen Sommerspiele; aus dieser Zeit stammen der Olympiapark mit Olympiaturm (290 m hoch) sowie Olympia-, Rad- u. Schwimmstadion u. a. Sportstätten. Weltberühmt ist das Münchner Oktoberfest auf der Theresienwiese u. der Fasching; gern besucht wird der Viktualienmarkt (Obst-, Gemüse-, Fleisch- u. Käsemarkt), der älteste u. größte Markt Münchens.

Das Wirtschaftsleben zeichnet sich durch eine breit gefächerte, dynamische Industrie aus. Handel, Banken u. Versicherungen sowie das Handwerk sind mit bedeutenden Unternehmen vertreten. Die wichtigsten Industriebranchen sind: Elektrotechnik u. Elektronik *(Siemens AG)*, Fahrzeugbau, insbesondere Luftfahrzeugbau *(BMW, Krauss-Maffei, Messerschmitt-Bölkow-Blohm)*, Maschinenbau, feinmechan., opt., chem., Kunststoff verarbeitende, Computer-, Textil- u. Bekleidungsindustrie, Brauereien. Von Bedeutung sind auch das graf. Gewerbe, Verlage, Filmgesellschaften, die Börse u. der Fremdenverkehr. München ist Tagungsort von Kongressen u. Ausstellungsort von Messen (Ausstellungspark mit Messehallen); 1983 fand in der Isarmetropole die internationale Gartenbauausstellung statt.

München ist ein Eisenbahn- u. Straßen(Autobahn-)knotenpunkt u. besitzt im *Franz-Josef-Strauß-Flughafen* den modernsten internationalen Flughafen Europas; im Nahverkehr verfügt die Stadt über ein dichtes Netz an U- u. S-Bahn-Linien. In den Außenbezirken sind moderne Wohnsiedlungen entstanden: Blumenau, Bogenhausen, Fürstenried, Hasenbergl, Neu-Perlach, Solln u. a.

München ist Geburtsort vieler bekannter Persönlichkeiten, u. a.: F. *Marc*, C. *Morgenstern*, C. *Orff*, E. *Roth*, C. *Spitzweg*, R. *Strauß*, K. *Valentin*.

Geschichte: München ist zuerst erwähnt in den Klosterannalen von Tegernsee 1102 bis 1154. Herzog *Heinrich der Löwe* gab *Munichen* [„bei den Mönchen"] 1158 das Markt- u. Münzregal u. machte es zum Umschlagplatz für das von Reichenhall u. Hallein kommende Salz. Unter *Ludwig dem Strengen* 1255 wurde es zunächst zeitweilige, dann ständige Residenz der Herzöge von Bayern. 1294 erfolgte die erste umfassende Stadtrechtverleihung. *Albrecht V.* (1550 bis 1579) ließ Bibliothek, Gemäldegalerie, Kunstkammer u. Antiquarium errichten, *Wilhelm V.* (1579 bis 1596) die Akademie der Wissenschaften u. die Maxburg. 1826 wurde die Universität von Landshut nach München verlegt. Unter *Ludwig I.* u. *Maximilian II.* wurde die Bautätigkeit fortgesetzt u. weitere Kunstsammlungen wurden angelegt: Alte u. Neue Pinakothek, Glaspalast, Ruhmeshalle u. a.

Im 20. Jh. war München Schauplatz revolutionärer Erhebungen: Am 7. 11. 1918 rief K. *Eisner* die bayer. Republik aus; am 7. 4. 1919 wurde die *Räterepublik* verkündet; am 9. 11. 1923 fand der *Hitler-Putsch* statt. 1938 wurde das *Münchener Abkommen* geschlossen. Im 2. Weltkrieg erlitt die Stadt starke Zerstörungen.

Das *Erzbistum* München-Freising verdankt seine Gründung dem bayer. Konkordat von 1817. Seit 1821 ist München Sitz des Erzbischofs. Gebietsmäßig umfasst das Erzbistum den größten Teil Oberbayerns. Es bildet eine Kirchenprovinz mit den Bistümern Augsburg, Regensburg u. Passau. Die Pfarrkirche *Unsere Liebe Frau* (1468–1488) wurde zur Kathedrale des Erzbistums.

2. Ldkrs. in Bayern, Reg.-Bez. Oberbayern, 667 km², 283 000 Ew.; Verw.-Sitz ist *München* (1).

Münchenbernsdorf, Stadt in Thüringen, Ldkrs. Greiz, südwestl. von Gera, 3700 Ew.; spätroman. Pfarrkirche (13. Jh., um 1500 umgebaut); Teppich- u. Holzindustrie.

Münchenstein, Gemeinde im schweiz. Halbkanton Basel-Land, 11 600 Ew.; botan. Garten.

Münchhausen, westfälisches Freiherrngeschlecht: ◆ **1.** Börries Frhr. von, Pseudonym: H. *Albrecht*, dt. Schriftsteller, * 20. 3. 1874 Hildesheim, † 16. 3. 1945 Schloss Windischleuba (Selbstmord); 1896–1923 Hrsg. des „Göttinger Musenalmanachs", erneuerte die Balladendichtung: „Die Balladen u. ritterl. Lieder" 1908; „Das Herz im Harnisch" 1911; „Die Standarte" 1916; „Schloss in Wiesen" 1921. – Das dichterische Werk, 2 Bde. 1950–1952.

◆ **2.** Karl Friedrich Hieronymus Frhr. von, dt. Offizier, der „Lügenbaron", * 11. 5. 1720 Schloss Bodenwerder, † 22. 2. 1797 Schloss Bodenwerder; nahm als Offizier an zwei Türkenkriegen teil; war bekannt dafür, dass er im Freundeskreis erfundene Abenteuer zu erzählen pflegte. Eine Sammlung angeblich von M. stammender Lügengeschichten wurde 1785 von Rudolf Erich Raspe (* 1737, † 1794) in England veröffentlicht. G. A. *Bürger* brachte 1786 eine erweiterte Übersetzung dieser Sammlung heraus („Wunderbare Reisen zu Wasser u. zu Lande, Feldzüge u. lustige Abenteuer des Frhrn. von M."), die zum Volksbuch wurde. Der Münchhausen-Stoff wurde mehrfach literarisch behandelt. Eine große Zeitsatire wurde K. L. *Immermanns* Roman „M." 1838/39. Weitere Bearbeitungen: P. *Scheerbart* „M. u. Clarissa" 1906; E. G. *Kolbenheyer* „M. über uns" 1912; W. *Hasenclever* (Schauspiel) 1947.

Münchhausen-Syndrom, in Anlehnung an den „Lügenbaron" Münchhausen benannte psychische Störung, bei der körperl. Symptome vorgetäuscht (d. h. erfunden oder selbst erzeugt) werden u. auf diese Weise zahlreiche Krankenhausaufenthalte u. (z. T. schmerzhafte) medizin. Untersuchungen erwirkt werden. Beim übertragenen M. werden diese Symptome von Eltern bei ihren Kindern vorgetäuscht bzw. vorsätzlich herbeigeführt; dies ist eine Form von Kindesmisshandlung.

Münchinger, Karl, dt. Dirigent, * 29. 5. 1915 Stuttgart, † 13. 3. 1990 Stuttgart; Studien bei H. *Abendroth*; gründete 1945 das international anerkannte *Stuttgarter Kammerorchester*, deren Leiter er bis 1987 war.

Münchmeyer, Alwin, dt. Bankier, * 19. 3. 1908 Hamburg, † 24. 9. 1990 Hamburg; 1958–1962 Präs. des Dt. Industrie- u. Handelstags; seit 1961 im Vorstand, 1968–1975 Vors. des Bundesverbands dt. Banken e. V.

◆ **Münchner Abkommen**, das Viermächteabkommen von 1938 zur Lösung der dt.-tschechoslowak. Frage. Auf B. *Mussolinis* Initiative kam am 29. 9. 1938 in München eine Konferenz statt, an der der brit. Premier-Min. N. *Chamberlain*, der französ. Min.-Präs. É. *Daladier* sowie *Hitler* u. *Mussolini* teilnahmen; in der Nacht vom 29./30. 9. kam es zum Abschluss des Münchner Abkommens. Die dt.-tschechoslowak. Frage war aus der ohne Volksabstimmung durchgeführten Eingliederung von rd. 3,5 Mio. Sudetendeutschen in den 1919 geschaffenen tschechoslowak. Staat entstanden. Da die Prager

Börries von Münchhausen

Karl Friedrich Hieronymus von Münchhausen

Münchner Abkommen: im Vordergrund die Unterzeichner Chamberlain, Daladier, Hitler und Mussolini (von links)

Regierung dem Verlangen nach Selbstverwaltung nicht entsprach, steigerte Hitler nach 1933 die Autonomiebemühungen der Sudetendeutschen (K. *Henleins* Sudetendt. Partei) zur Forderung nach Abtrennung der sudetendt. Gebiete. Die tschechoslowak. Regierung beantwortete den zunehmenden Druck mit der Mobilmachung (20. 5. 1938); England u. Frankreich gaben Unterstützungserklärungen für die CSR ab. Seit Mai 1938 bereitete Hitler den Einmarsch in die ČSR militärisch vor. Auf dem Höhepunkt der Krise flog Chamberlain zu Hitler nach Berchtesgaden (16. 9. 1938) u. überbrachte am 23. 9. in Godesberg die von den Westmächten erzwungene Einwilligung Prags zur Abtretung des Sudetenlands. Daraufhin forderte Hitler ultimativ die Besetzung bis zum 1. 10., die die ČSR jedoch verweigerte. Um Hitler zum Einlenken zu bewegen, begann Mussolini auf Ersuchen Großbritanniens mit seinen Bemühungen um die Beilegung des Konflikts. Im M.A. wurde dann die Abtretung bis zum 10. 10. u. die kurzfristig nachfolgende dt. Besetzung beschlossen. Die von den Verhandlungen ausgeschlossene ČSR musste das Abkommen anerkennen.
Das in Aussicht gestellte Garantieabkommen für den tschechoslowak. Reststaat kam nicht zustande. Mit dem Einmarsch in Prag am 15. 3. 1939 zerstörte Hitler die Grundlagen des Abkommens. 1942 erklärte der brit. Außen-Min. A. *Eden* M.A. in einem Schreiben an den tschechoslowak. Exil-Präs. E. *Beneš* für ungültig. Im gleichen Jahr erklärte dies auch C. de *Gaulle* gegenüber der tschechoslowak. Exilregierung.
Für die Normalisierung der Beziehungen zwischen der BR Dtschld. u. der Tschechoslowakei war das M.A. von großer Bedeutung. Die Verhandlungen zogen sich über Jahre hin, da die BR Dtschld. die Ansicht vertrat, dass das Abkommen von Hitler gebrochen worden u. deshalb ungültig sei (nachträgl. Annullierung, „ex nunc"). Die Tschechoslowakei dagegen bestand darauf, dass das M.A. von Anfang an („ex tunc") nichtig gewesen sei. Auf dieser Auslegung basieren auch die bilateralen Verträge der Tschechoslowakei mit der DDR u. der UdSSR. 1973 wurde ein Vertrag zwischen der BR Dtschld. u. der Tschechoslowakei unterzeichnet, der das M.A. für nichtig erklärte. Der Unterschied der Rechtsauffassungen wurde durch einen Formelkompromiss überbrückt.

Münchner Dichterkreis, eine von König *Maximilian II.* nach 1848 in München versammelte u. von ihm im „Symposion" zusammengeschlossene Dichtergruppe, die klassizist. u. romant. Formkunst pflegte; Hauptvertreter: P. *Heyse* u. E. *Geibel*, ferner F. *Dahn*, F. von *Bodenstedt*, J. *Grosse*, H. *Leuthold*, H. von *Lingg*, A. F. von *Schack* u. a.

„Münchner Neueste Nachrichten", 1848 gegr. süddeutsche Tageszeitung; 1945 eingestellt; heute Untertitel der „Süddeutschen Zeitung".

Münchner Räterepublik, die von den Münchner Arbeiterräten am 7. 4. 1919 ausgerufene sozialist. Republik in Bayern. Vorangegangen war die Ermordung des amtierenden Min.-Präs. K. *Eisner* (USPD) durch einen Rechtsradikalen am 21. 2. 1919. Die zwischen dem gewählten Landtag u. den Räten lavierende Regierung J. *Hoffmann* (SPD) wurde für abgesetzt erklärt u. floh nach Bamberg. Die Regierungsgewalt übernahm ein Rat der Volksbeauftragten aus Mitgliedern der USPD u. dem bayer. Bauernbundes. Führende Persönlichkeiten der M. R. waren u. a. G. *Landauer*, E. *Mühsam*, E. *Niekisch*, E. *Toller*. Nach einem Gegenputschversuch eines Teils der Münchner Garnison setzte sich am 13. 4. ein kommunistisch beherrschter Aktionsausschuss unter Führung von E. *Leviné* an die Stelle des bisherigen Rates. Am 2. 5. wurde München von Freikorps gestürmt, die Regierung in Bamberg zu Hilfe gerufen hatte. Im Verlauf dieser Ereignisse kam es zu zahlreichen willkürlichen Erschießungen.

Muncie ['mʌnsi], Stadt im O des USA-Staats Indiana, 71 000 Ew., als Metropolitan Area 120 000 Ew.; Universität (gegr. 1918); Handelszentrum; Metallverarbeitung, Herstellung von Glas- u. Silberwaren. – Gegr. 1827, Stadt seit 1847.

Mund, lat. *Os*, grch. *Stoma*, im tierischen Bauplan die Eingangsöffnung des Darmkanals (→ Verdauungssysteme), die häufig mit Einrichtungen zur Nahrungsaufnahme und -zerkleinerung (→ Mundwerkzeuge) versehen ist. – Beim *Menschen* ist der M. der durch die Lippen u. die Lippenmuskulatur gebildete Eingang zur *Mundhöhle, i. w. S.* auch die Mundhöhle selbst. Diese ist mit Schleimhaut ausgekleidet und wird seitlich durch die Wangeninnenseiten, unten durch den *Mundboden* und oben durch den harten und den weichen → Gaumen begrenzt. Sie enthält die Zahnreihen von Ober- und Unterkiefer und die Zunge und geht nach hinten durch den *Rachenring* in den *Rachen* (grch. *Pharynx*) über. In die Mundhöhle münden durch besonders Ausführungsgänge die Speicheldrüsen, seitlich die Ohrspeicheldrüsen und die Unterkieferspeicheldrüsen, am Mundboden die Unterzungendrüsen.

Munda, Sprach- u. Völkerfamilie (rd. 5 Mio.) mit austroasiat. Sprachen in Indien (Bihar, Westbengalen, z. T. Orissa u. Zentralindien). Die M. gehören zu den ältesten Bevölkerungsteilen Indiens. Sie wanderten während der Jungsteinzeit aus Hinterindien nach Vorderindien ein, wo sie sich mit der Urbevölkerung vermischten. Sie sind vielfach noch Wildbeuter (meist mit geringem Anbau), einige *(Santal)* mit Pflugbau u. Bewässerungsanlagen; Ahnenkult, z. T. Menhirs u. Dolmen; 770 000 M. leben im südl. u. westl. Ranchi-Distrikt.

Mundart, *Dialekt*, im Unterschied zur Schrift- u. Umgangssprache die landschaftlich gebundene Redeweise. Auch → deutsche Mundarten.

Mundartbühnen, Theater, die in Mundart abgefasste Dramen aufführen. Bekannte M. sind das Ohnsorg-Theater (Hamburg), das Millowitsch-Theater (Köln) u. der Komödienstadel (München).

Mundartdichtung, die nicht in der Hochsprache, sondern in einem Dialekt geschriebene Literatur. Nachdem M. Luthers Bibelübersetzung sowie die Kanzleien eine dt. Schriftsprache durchgesetzt hatten, wurden die dt. Mundarten literarisch fast nur noch zur Erzielung komischer Wirkungen benutzt, z.B. in Barockschauspielen. Das wandelte sich zunächst im 18. Jh. bei einigen oberdt. Schriftstellern u. führte zu dem außerordentl. Erfolg von J. P. *Hebels* „Alemann. Gedichten" 1803. Im Niederdeutschen wurden K. *Groth* u. F. *Reuter* die entscheidenden Bahnbrecher, in der Schweiz zeigte bes. J. *Gotthelf*, dass M. mehr ist als bloßes Verständigungsmittel „niederer" Stände. E. E. *Niebergalls* „Datterich" 1841 bewies für den rheinfränk. Raum, was früher schon auf der Wiener Volksbühne (J. A. *Stranitzky*, A. *Bäuerle*, F. *Raimund*, J. N. *Nestroy*, L. *Anzengruber*) vorgelebt wurde: die Bühnenwirksamkeit einer richtig verwendeten Mundart. Bedeutende M. verfassten in der Gegenwart der Schweizer K. *Marti* u. der Österreicher H. C. *Artmann*. Auch → niederdeutsche Literatur, → österreichische Literatur.

Mundartforschung, Teilgebiet der Sprachwissenschaften, → Dialektologie.

Mundasprachen, *Kolsprachen*, in drei Gruppen eingeteilte, von rd. 5 Mio. verstreut zwischen Zentralindien u. der nördl. Ostküste lebenden Sprechern verwendete Sprachfamilie (Santali, Mundari, Kurku, Sora, Gadaba u.a.); drei Numeri (Singular, Dual, Plural), zwei grammat. Geschlechter (belebt – unbelebt), stark entwickeltes Pronominalsystem; Wortbildung durch vor- u. eingeschobene Mittelsilben.

Mündel [der oder das], Minderjähriger unter → Vormundschaft.

Mündelgelder, das Barvermögen des *Mündels* unter Verwaltung des Vormundes, das nach §§ 1806 ff. BGB → mündelsicher u. verzinslich angelegt werden muss. – Ähnlich in *Österreich* (§§ 230–230e ABGB) u. in der *Schweiz* (Art. 401 ZGB).

mündelsicher, Bez. für die vom BGB vorgeschriebene Art der Anlage von *Mündelgeldern* durch den Vormund, z.B. in Forderungen, für die eine sichere Hypothek an einem inländ. Grundstück besteht (§ 1807 BGB). – Ähnlich geregelt durch Art. 401 *schweizerisches* ZGB u. §§ 230–230e *österreichisches* ABGB.

Münden, Stadt in Niedersachsen, → Hann. Münden

Münder, *Bad Münder am Deister*, Stadt in Niedersachsen, Ldkrs. Hameln-Pyrmont, zwischen Süntel u. Deister, 19 500 Ew.; Heilbad (Schwefel-, Stahl- u. Bitterquellen); Möbel- u. Textilindustrie.

Munderkingen, Stadt in Baden-Württemberg, Alb-Donau-Kreis, an der Donau, südwestl. von Ulm, 530 m ü. M., 5200 Ew.; roman. Pfarrkirche (um 1500), Rathaus (1503); Metall verarbeitende Industrie.

Mundfäule, *Stomatitis aphthosa*, durch Infektion mit dem Herpes-simplex-Virus ausgelöste geschwürige Mundentzündung, die bes. bei Kleinkindern auftritt; verbunden mit starken Schmerzen u. üblem Mundgeruch, Fieber u. oft Lymphknotenschwellung; heilt meist nach 2–3 Wochen ab.

Mundgliedmaßen, *Mundextremitäten*, die zu → Mundwerkzeugen ausgebildeten Kopfgliedmaßen der → Gliederfüßer.

◆ **Mundharmonika** [die], ein Blasinstrument mit durchschlagenden Zungen, die auf zwei parallel liegenden Metallplatten befestigt sind u. durch Saug- oder Druckluft zum Schwingen gebracht werden. Die Luft wird durch Kanzellen zugeführt, die mit der Zunge geschlossen werden können. Musikalisch sind hauptsächlich zwei Gruppen der Mundharmonikas zu trennen: die diatonische und die chromatische M., wovon Erstere eine beschränkte Harmoniebildung erlaubt, während die chromatische M. ein reines Melodieinstrument ist. Es gibt außerdem reine Begleit- und Bassmundharmonikas. Gemeinsam ist allen, dass auf Saugluft ein anderer Ton anspricht als auf Druckluft (meist eine große Sekunde auseinander liegend). – Urbild der M. ist das chinesische → *Sheng*; ihren modernen Grundtyp entwickelte F. *Buschmann* 1821 in Berlin. An der Weiterentwicklung hatte Matthias *Hohner* (* 1833, † 1902) besonderen Anteil.

Mündigkeit → Volljährigkeit; auch → Ehemündigkeit, → Eidesfähigkeit, → Strafmündigkeit.

Mündlichkeitsprinzip, ein Grundsatz des gerichtl. Verfahrens, wonach nur das zur Urteilsgrundlage gemacht werden darf, was vor Gericht mündlich vorgetragen wurde. Das M. hat den Vorzug der Lebendigkeit, Frische u. Raschheit, es entstammt den Justizreformen des 19. Jh. u. sollte Missstände beseitigen, die mit dem schriftl. Verfahren u. seiner langen Dauer (Aktenversendung!) verbunden waren. Es gilt – mit Einschränkungen – in den Verfahren aller Gerichtszweige. Auch → Strafprozess, → Zivilprozess. – Ähnliche Regelungen bestehen in *Österreich* (§§ 176f. ZPO; §§ 252 u. 258 StPO) u. in den Zivil- u. Strafprozessordnungen fast aller *Schweizer* Kantone.

Mundloch, *Bergbau:* Stollenmundloch, die Mündung eines Stollens an der Erdoberfläche.

Mundolingue, eine der Welthilfssprachen; 1888 von dem Österreicher Julius *Lott* geschaffen.

Mundorgel → Sheng.

Mundraub, Entwendung oder Unterschlagung von hauswirtschaftl. Verbrauchsgütern (bes. Nahrungs- u. Genussmitteln), früher als *Übertretung* strafbar, wenn der Wert unbedeutend, die Menge gering u. das Entwendete für baldigen Verbrauch bestimmt. Heute wird allg. Diebstahl u. Unterschlagung geringwertiger Sachen nur auf Antrag oder bei bes. öffentl. Interesse verfolgt (§ 248a StGB).
In der *Schweiz* u. *Österreich* etwas anders: *Entwendung* geringwertiger bewegl. Sachen aus Not, Unbesonnenheit (Schweiz: „Leichtsinn") oder zur Befriedigung eines Gelüstes wird mit Haft bis zu 8 Tagen oder Geldbuße (Schweiz: Art. 138 StGB) bzw. Freiheitsstrafe bis zu 1 Monat oder Geldstrafe (§ 141 österr. StGB) geahndet (Antragsdelikt!).

Mundrucú, Indianerstamm → Mundurukú.

Mundschenk, eines der vier alten Ämter an dt. Höfen, mit der Aufsicht über Keller u. Weinberge betraut; → Erzämter.

Mundschleimhautentzündung, *Stomatitis*, Entzündung der Mundschleimhaut mit Rötung, Schwellung, Blutungsneigung, Mundgeruch u. Schmerzen, manchmal auch mit Geschwüren (Aphthen) einhergehend. Ursachen sind mangelnde Mundhygiene, allerg. Reaktionen, Magen-Darm-Infektionen, geschwächte Abwehrkraft u.a. Auch → Mundfäule.

M + S-Reifen, [Abk. für *Matsch u. Schnee*], grob profilierte Reifen für den Winterbetrieb. Auch → Bereifung, → Profil.

Mundstück, die Anblasvorrichtung bei Blasinstrumenten. Bei Oboe u. Fagott ist es ein M. mit doppeltem Rohrblatt, bei Klarinette u. Saxophon ein Schnabel mit einfachem Rohrblatt; bei Blechblasinstrumenten sind es trichter- oder kesselförmige metallene Mundstücke.

Mundt, Theodor, dt. Schriftsteller u. Publizist, * 19. 9. 1808 Potsdam, † 30. 11. 1861 Berlin; Vertreter des „Jungen Dtschld."; zuerst Redakteur, dann Literarhistoriker u. Bibliothekar in Berlin. In „Madonna. Unterhaltungen mit einer Heiligen" 1835 trat er für die „Wiedereinsetzung des Fleisches" u. die „Religion des freien Weibes" ein. Er war befreundet mit Charlotte *Stieglitz*, der er eine Biografie (1836) widmete. Neben Novellen u. Romanen schrieb M. zahlreiche literaturhistor. u. ästhet. Essays: „Die Kunst der dt. Prosa" 1837; „Charakter u. Situationen" 1837; „Geschichte der Literatur der Gegenwart" 1842.

Mundtäschchen, Nudelgericht, → Maultaschen.

Mündungsbremse, eine Einrichtung am Geschützrohr, die durch Umkehrung der dem Geschoss nachströmenden Pulvergase den Rückstoß abschwächt.

Mündungsfeuer, eine Lichterscheinung, die beim Schuss durch brennende Pulvergase in der Mündung des Laufs oder Rohrs auftritt.

Mundurucu, Indianerstamm, → Mundurukú.

Mundurukú, *Mundurucu, Mundurucú*, ein Tupi-Indianerstamm (1500) im Amazonasgebiet Brasiliens, am Tapajós; früher ein gefürchtetes Kriegervolk mit Kopftrophäen; seit Ende des 19.Jh. siedeln die M. verstärkt in der Nähe von Missionsstationen; Anbau von Maniok, Jagd u. Fischfang.

Mundus [der; lat.], Welt, Weltall, Weltordnung; *Mundus intelligibilis*, die geistige, nur mit der Vernunft erfassbare Welt der Ideen; *Mundus sensibilis*, die sinnlich wahrnehmbare Welt.

mundus vult decipi [lat.], „die Welt will betrogen sein", dt. bei S. *Brant*, lat. bei *Luther* vorkommend.

Mundwasser, alkohol. Lösung ätherischer Öle mit erfrischender, teils auch desinfizierender oder adstringierender Wirkung. Bes. erfrischend wirkt aktiven Sauerstoff abspaltendes M., das leicht zersetzliches Wasserstoffsuperoxid enthält. M. kommt auch in fester Form als *Mundwassertabletten* in den Handel.

Mundwerkzeuge, bes. Einrichtungen im Bereich der vorderen Öffnung (*Mund*) des Darmtrakts von Tieren (→ Verdauungssysteme), die der Nahrungsaufnahme u. -zerkleinerung dienen. Einfache M. sind z.B. die *Stilette* am Vorderende bestimmter *Fadenwürmer* u. *Schnurwürmer*. Die *Seeigel*

Mundharmonika

haben einen sehr komplizierten Kauapparat, die „Laterne des Aristoteles", bestehend aus Kalkspangen u. Muskeln. Bei den Weichtieren kommen als M. die → *Radula* *(Reibzunge)* u. (z. B. bei *Kopffüßern*) auch Chitin-Kiefer vor, ebenso bei *Egeln* (z. B. Blutegel) u. *Borstenwürmern*.
M. sind *i. e. S.* die Mundgliedmaßen *(Mundextremitäten)* der *G l i e d e r f ü ß e r*; das sind Kopfgliedmaßen, die an ihre Funktion angepasst u. vielfach hochkompliziert abgewandelt sind. Bei den *Spinnentieren* ist das erste Kopfgliedmaßenpaar *(Kieferfühler, Chelizeren)* meist zangenartig zum Greifen oder Stechen, nicht jedoch zum Kauen eingerichtet. Bei den Webspinnen (Araneen) münden in den Chelicerenklauen Giftdrüsen. Das zweite Kopfgliedmaßenpaar *(Kiefertaster, Pedipalpen)* dient gewöhnlich als Taster, seltener (z. B. bei Skorpionen) ebenfalls als Zangen. – Bei *Krebsen* u. *Insekten* dienen ein Paar *Mandibeln* u. zwei Paare *Maxillen* als M. (Bei Krebsen tritt noch eine unterschiedliche Zahl von Mundfußpaaren *[Kieferfüße, Maxillipedien]* hinzu.) Sie sind paarweise zangenartig gegeneinander beweglich. Die M. der Krebse tragen an ihrem Stamm auf der Innenseite gezähnte Platten *(Kauladen)*. Die M. der Insekten sind in ihrem Grundtyp *beißende* oder *kauende M.*: Die Mandibeln bilden eine kräftige Beißzange; die Maxillen sind mehrgliedrige Gebilde, die jeweils außen mehrgliedrige Taster *(Palpen)* tragen, während innen jede Maxille zwei Laden *(Lobi)* trägt: die erste *Maxille* Kaulade *(Innenlade)* u. Sinneslade *(Außenlade)*, die zweite *Maxille* Zunge *(Glossa)* u. Nebenzunge *(Paraglossa)*. Die Basen sind zur Unterlippe verwachsen. Aus dieser Grundanordnung sind zahlreiche Typen von Insektenmundwerkzeugen mit verschiedener Funktion entwickelt; z. B. die *leckend-saugenden M.* der Biene, bei der die Maxillen ein Saugrohr *(Zunge)* bilden; die *saugenden M.* der Schmetterlinge mit einem aufrollbaren Saugrohr aus den ersten Maxillen; die *stechend-saugenden M.* von Stechmücken oder Wanzen, bei denen die zweiten Maxillen eine Rinne bilden, in der die von den Mandibeln u. den ersten Maxillen gebildeten Stechborsten liegen.
Die M. der *W i r b e l t i e r e* bezeichnet man als → Gebiss. Es wird gebildet von zahntragenden Knorpeln oder Knochen der Mundhöhle (→ Zahn). Die Mundzähne der Knorpelfische u. der Säugetiere werden vom → Kiefer getragen. Bei den übrigen Fischen, bei Amphibien u. Reptilien können auch alle anderen Knochen der Mundhöhle Zähne tragen. Bei Vögeln u. Schildkröten sind die Zähne durch Hornschilde *(Schnabel)* ersetzt. – Bei vielen Tieren kommen entsprechend ihrer bes. Lebensweise Abwandlungen des Gebisses u. der Zähne vor. So dienen die Zähne von Fischen, Amphibien u. Reptilien als Spitzen oder rückwärts gebogene Haken dem Festhalten der Beute; unter den Säugetieren haben die Raubtiere bes. ausgeprägte Eckzähne *(Fangzähne)* u. *Reißzähne*, die Nagetiere *Nagezähne*; als Waffen dienen die *Stoßzähne* der Elefanten u. die *Hauer* der Schweine u. Walrosse. – Die Zahnstellung im Gebiss der Säugetiere wird in der → Zahnformel kurz zusammengefasst.

Muñeira [muˈnjɛira], span. Volkstanz (Galicien u. Asturien) im ruhigen $^6/_8$-Takt; auch Tanzlied.

Mungenast, Ernst Moritz, dt. Schriftsteller, *29. 11. 1898 Metz, †3. 9. 1964 Stuttgart; verherrlichte in farbigen, gestaltenreichen Romanen Land u. Schicksal Lothringens: „Die Halbschwester" 1937; „Der Zauberer Muzot" 1939; „Cölestin" 1949; „Tanzplatz der Winde" 1957.

Munger [ˈmʌŋə], Stadt in Indien, → Monghyr.

Munggenast, Josef, österr. Barockbaumeister, *5. 3. 1680 Schnann, Tirol, †3. 3. 1741 St. Pölten; Schüler J. *Prandtauers*; schuf formstrenge, einfache Stifts- u. Dorfkirchen, Bürgerhäuser, Verkehrs- u. Festungsanlagen, Hptw.: Umbau des Benediktinerstifts Altenburg.

Mungo [der; engl.], geringwertige → Reißwolle.

Mungobohne, Art der → Bohne.

Mungos, *Mangusten, Herpestes,* zu den *Ichneumons* gehörige Gattung der *Schleichkatzen,* mit marderähnl. Habitus u. meist schwarz-grau gestreiftem Fell. Hierher gehören die artenreichen asiat. M., von denen der *Ind. Mungo, Herpestes edwarsi,* durch R. Kiplings „Dschungelbuch" berühmt wurde. M. sind Schlangen- u. Kleintierfresser. Sie sind auch in Westindien eingebürgert.

Municipio [-ˈsipjo; span.], *Município* [-ˈsipju; portug.], *Munizip,* städt. Verwaltungsbezirk in Portugal, Brasilien u. a. Ländern Lateinamerikas, der neben der eigentl. Stadt auch das umliegende ländl. Gebiet umfasst.

Munition [frz.], Sammelbez. für die Geschosse aller Feuerwaffen sowie Abwurf-, Nahkampf-, Spreng-, Zünd- u. Leuchtmittel. – *Blinde Munition,* infolge Fabrikationsfehler, Witterung u. a. unbrauchbare M. (→ Blindgänger).

Munizipium [das, Pl. *Munizipien*; lat.], *r ö m. G e s c h i c h t e:* städtische Siedlung mit innerer Selbstverwaltung; im Unterschied zur *Kolonie* nicht durch Neusiedlung entstanden, sondern durch Verleihung des röm. Bürgerrechts u. eines Gemeindestatuts an bereits bestehende Ortschaften. In Italien entstanden auf diese Weise nach dem Ende des Bundesgenossenkrieges (89 v. Chr.) zahlreiche Munizipien, in der Kaiserzeit fanden sie sich zunehmend auch in den Provinzen des Reiches; mit der Verleihung des Bürgerrechts an die Reichsangehörigen durch die *Constitutio Antoniniana* unter *Caracalla* (212) wurden alle bisher noch nicht röm. Städte des Reiches faktisch Munizipien.

Munk, 1. Andrzej, poln. Filmregisseur, *16. 10. 1921 Krakau, †21. 9. 1961 bei Warschau (Autounfall); leitete die Befreiung des poln. Films vom Stalinismus ein u. drehte die Spielfilme „Das blaue Kreuz" 1955; „Der Mann auf den Schienen" 1956; „Eroica-Polen 44" 1957; „Das schielende Glück" 1960; „Die Passagierin" (unvollendet, eine fragmentar. Fassung montierte 1963 W. *Lesiewicz*).

Mihály Munkácsy: Besuch bei der Wöchnerin; 1879. München, Neue Pinakothek

2. Georg, eigentl. Paula *Buber,* geb. *Winkler,* dt. Schriftstellerin, *14. 6. 1877 München, †11. 8. 1958 Venedig; verheiratet mit M. *Buber,* verfasste von der Romantik beeinflusste Romane: „Muckensturm" 1951; „Am lebendigen Wasser" 1952; Erzählungen: „Geister u. Menschen" (postum) 1961, darin: „Die unechten Kinder Adams" 1912, „Die Gäste" 1927, „Sankt Gertraudens Minne" (Legende) 1921.

3. Jens, norweg. Seefahrer, *1579 Norwegen, †1628 Kopenhagen; suchte im Auftrag des dänischen Königs Christian IV. 1619/20 im Norden des amerikan. Kontinents eine Durchfahrt nach China u. Indien, scheiterte in der Hudsonbai.

4. [mɔŋ], Kaj, eigentl. Harald *Leininger,* dän. Schriftsteller, *13. 1. 1898 Maribo, †4. 1. 1944 bei Silkeborg (von der Gestapo ermordet); in seiner Lyrik, den Predigten, Essays u. vor allem in den Dramen (formal von L. *Pirandello* beeinflusst) zunächst ein Bewunderer, dann aber ein entschiedener Gegner der dt. Besetzung Dänemarks. Hptw.: „Das Wort" 1932, dt. 1935; „Nils Ebbesen" 1942, dt. 1944; Erzählungen: „Jesusgeschichten" 1943, dt. 1949; Essays: „Glückhafte Tage" 1936, dt. 1946; Autobiografie: „Fragment eines Lebens" 1942, dt. 1944. – Gesammelte Werke 1946 ff.

Munkacsi [ˈmuŋkatʃi], Martin, US-amerikan. Fotograf ungar. Abstammung, *18. 5. 1896 Kolozsvar, †14. 7. 1963 New York; Autodidakt, arbeitete u. a. für den Ullstein-Verlag in Berlin u. nach seiner Emigration 1934 für „Harper's Bazaar". Seine Modefotografien zeichnen sich durch Lebendigkeit u. Bewegung aus. 1978 erschien in New York seine Schrift „Spontaneity and style".

◆ **Munkácsy** [ˈmuŋkaːtʃi], Mihály, eigentl. Michael *Lieb,* ungar. Maler, *20. 2. 1844 Munkács, †1. 5. 1900 Bonn-Endenich; Schüler von L. *Knaus* in München, lebte seit 1872 meist in Paris, dort von G. *Courbet* beeinflusst; neben Interieurs, histor. u. bibl. Kolossalgemälden vor allem Ölskizzen in lockerer Pinselführung u. mit kraftvollem Realismus.

Munkepunke, Pseudonym von Alfred Richard → Meyer (2).

Münnerstadt

Münnerstadt, Stadt in Unterfranken (Bayern), Ldkrs. Bad Kissingen, an der Lauer, nördl. von Schweinfurt, am Südrand der Rhön, 234 m ü. M., 8300 Ew.; mittelalterl. Altstadt, gut erhaltene Stadtbefestigung, roman.-got. Kirche (12.–17. Jh., mit Holzplastiken von T. Riemenschneider u. Tafelbildern von V. Stoß), spätgot. Rathaus, Augustiner-Kloster mit Rokoko-Kirche, Deutschherren-Ordensschloss (16./17. Jh.); Textil-, Glas- u. feinmechan. Industrie.

Münnich, *Minich,* Burckhard Christoph Graf (1728), russ. Feldmarschall dt. Herkunft, * 9. 5. 1683 Neuenhuntorf, Oldenburg, † 27. 10. 1767 St. Petersburg; 1730–1741 Vors. des Kriegskollegiums, Erbauer des Ladogakanals (1721–1731), Oberbefehlshaber im Krieg gegen die Türkei 1735–1739; neben E. Graf *Biron* u. Heinrich *Ostermann* führend in der Politik unter der Zarin *Anna Iwanowna*.

Muñoz Duque [mu'njɔθ'duke], Anibal, kolumbian. kath. Theologe, * 3. 10. 1908 Santa Rosa de Osos, † 15. 1. 1987; 1972–1984 Erzbischof von Bogotá, seit 1973 Kardinal.

Muñoz Grandes [mu'njɔθ-], Agustín, span. Offizier u. Politiker, * 27. 1. 1896 Madrid, † 11. 7. 1970 Madrid; kämpfte als Kommandeur der *Blauen Division* im 2. Weltkrieg auf dt. Seite in Russland, modernisierte als Armee-Min. 1951–1957 die span. Armee; 1958–1966 Chef des Generalstabs, 1962–1967 Stellvertreter F. *Francos* als Staatsoberhaupt.

Muñoz Molina ['munjɔθ-], Antonio, span. Schriftsteller, * 12. 1. 1956 Úbeda; schreibt raffiniert komponierte, häufig auf verschiedenen, sich überlagernden Zeitebenen spielende Romane, die meist die Aufarbeitung der Vergangenheit (bes. den Bürgerkrieg u. die Franko-Diktatur) zum Inhalt haben. Werke u.a.: „Der Winter in Lissabon" 1987, dt. 1991; „Deckname Beltenebros" 1988, dt. 1993; „Der polnische Reiter" 1991, dt. 1995; „Die Geheimnisse von Madrid" 1993, dt. 1994; „Der Putsch, der nie stattfand" 1994, dt. 1998; „Die Augen eines Mörders" 1997, dt. 2000.

Munro ['mʌnrəu], Hector Hugh → Saki.

Mun-Sekte → Vereinigungskirche.

Münsingen, 1. Stadt in Baden-Württemberg, Ldkrs. Reutlingen, auf der Schwäb. Alb, 707 m ü. M., 14 000 Ew.; Stadtkirche (13. Jh.), Schloss (17. Jh.); Holz, Kunststoff u. Metall verarbeitende Industrie sowie Textilindustrie; Bundeswehrstandort; in der Nähe Truppenübungsplatz.
2. schweiz. Ort im Kanton Bern, 10 100 Ew.; Fundort eines über 200 Gräber umfassenden Friedhofes der *Latènekultur,* der durch seine Horizontalstratigraphie grundlegende Bedeutung für die Chronologie der Eisenzeit erlangte.

Munster, 1. Stadt in Niedersachsen, Ldkrs. Soltau-Fallingbostel, in der Lüneburger Heide, 18 100 Ew.; St.-Urbani-Kirche (13. Jh.); Schuhindustrie; Bundeswehrstandort, Truppenübungsplatz (*Munsterlager,* seit 1898).
2. ['mʌnstə], irisch *An Mhumha,* Provinz in Südwestirland (Republik Irland), umfasst sechs Grafschaften mit insges. 24 688 km²,

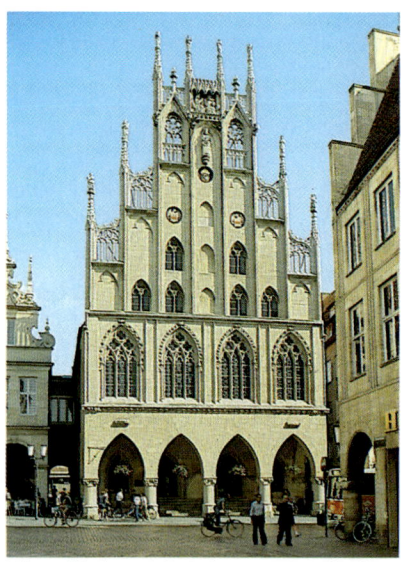

1,01 Mio. Ew.; Berg- u. Hügelland, Wiesen u. Moore; Viehzucht, Fischerei, Steinkohlenförderung, Textilindustrie.

Münster [das; lat. *monasterium,* „Einsiedelei"], bes. in Süd-Dtschld. gebräuchl. Bez. für Dome u. größere Pfarrkirchen.

Münster, 1. Gemeinde in Hessen, Ldkrs. Darmstadt-Dieburg, an der Gersprenz, östl. von Darmstadt, 13 300 Ew.; Elektroindustrie.
2. *Bad Münster am Stein-Ebernburg,* Stadt in Rheinland-Pfalz, Ldkrs. Bad Kreuznach, an der Nahe, 3800 Ew.; Heilbad (Sole-Radiumquellen); *Ebernburg* (um 1000, 1523 zerstört, Hauptburg F. von *Sickingens*); Fremdenverkehr, Saline, Weinanbau.

Münster (3)

◆ **3.** *Münster (Westf.),* kreisfreie Stadt in Nordrhein-Westfalen, Hptst. des Reg.-Bez. M., an der Aa u. am Dortmund-Ems-Kanal (Hafen), 62 m ü. M., 265 000 Ew.; Kultur- u. Wirtschaftszentrum im Münsterland; kath. Bischofssitz; Sitz von Behörden u. Körperschaften, u.a. Oberfinanz-, Wasser- u. Schifffahrtsdirektion, Verfassungs- u. Oberverwaltungsgericht des Landes Nordrhein-Westfalen, Landschaftsverband u. Landwirtschaftskammer Westfalen-Lippe, Bundeswehrstandort; Universität (1780 bis 1818, wieder seit 1902), Fachhochschulen; Westfäl. Landesmuseum für Vor- u. Frühgeschichte, Landesmuseum für Naturkunde, Westfäl. Landesmuseum für Kunst u. Kulturgeschichte (Gemälde, Plastiken, Kunstgewerbe, Kirchenkunstschätze), Freilichtmuseum Mühlenhof; Stadttheater; Zoologischer Garten; Dom St. Pauli (13. Jh.) mit zehn Apostelfiguren im Paradies, Epitaphen von *Gröninger,* astronom. Uhr (1542) u. Domschatz (goldene Reliquienbüste des hl. Paulus); Lambertikirche (14./15. Jh.) mit den Käfigen, in denen die Leichname der Wiedertäufer zur Schau gestellt waren; Liebfrauen- oder Überwasserkirche (14. Jh.), St. Ägidii- u. St. Clemenskirche (18. Jh.), St. Ludgerikirche (12. Jh.), got. Rathaus (14. Jh.; nach 1945 wieder aufgebaut; berühmter Friedenssaal, Innenausstattung von 1577); Buddenturm (12.Jh.), Prinzipalmarkt (1150 angelegt), Krameramtshaus (1588), Erbdrostenhof (1757), ehem. fürstbischöfl. Residenzschloss (18.Jh., nach Plänen von J. C. *Schlaun,* jetzt Teil der Universität) mit Schlossgarten; chem.-pharmazeut., Maschinen-, Leder- u. Metallindustrie, Herstellung von Düngemitteln u. Kraftfutter; Flughafen in Greven.
Geschichte: Zur Karolingerzeit bestand beim heutigen M. eine befestigte Siedlung *(Mimigernaford).* Der von Karl d.Gr. 792 hierher berufene fries. Missionar *Liudger* errichtete ein Kloster (lat. *Monasterium,* daraus entstand der Name M.) u. war 804–809 der erste Bischof von M. Die Siedlung hatte seit dem 12.Jh. städt. Charakter u. machte sich 1278 weitgehend unabhängig vom Bischof, erlangte jedoch nie die volle Reichsfreiheit. Im 14.Jh. wurde M. Mitgl. der Hanse. Um 1530 fand die Reformation Eingang; 1534/35 beherrschten die *Wiedertäufer* die Stadt. Die Rekatholisierung war um 1585 abgeschlossen. 1645–1648 war M. einer der Konferenzorte des *Westfäl. Friedens.* Bei dem Versuch, ihre Selbständigkeit gegen Bischof *Christoph Bernhard von Galen* zu behaupten, unterlag die Stadt 1661. Bei der Säkularisierung 1803 u. endgültig 1816 fiel M. an Preußen; es war 1816–1946 Hptst. der Provinz Westfalen.
Das Bistum M. wurde durch zahlreiche Gebietserwerbungen zum größten geistl. Fürstentum des Reiches u. umfasste zuletzt rd. 18 000 km². Da seit dem 16.Jh. häufig Personalunion mit anderen Bistümern bestand (bes. Köln), residierten die Bischöfe meist außerhalb Münsters. 1803 wurde das Bistum auf Preußen, Oldenburg u. mehrere kleinere Fürstentümer aufgeteilt. 1821 wurde das neue Bistum M. geschaffen.
4. Reg.-Bez. in Nordrhein-Westfalen, 6904 km², 2,6 Mio. Ew.; umfasst die kreisfreien Städte Bottrop, Gelsenkirchen, M. (3) u. 5 Landkreise.
5. frz. *Munster,* oberelsäss. Stadt im → Münstertal (1) im Südvogesen, an der Fecht u. am Fuß des Mönchsbergs, 4700 Ew.; Fremdenverkehrszentrum; Textilindustrie, Käserei *(Münsterkäse).* – Früher Reichsstadt, 634–1791 Benediktinerabtei.
6. schweiz. Stadt im Jura, → Moutier.
7. rätorom. *Müstair,* schweiz. Bergdorf im Kanton Graubünden, im → Münstertal (2), an der italien. Grenze, 1248 m ü. M., 750 Ew.; Benediktinerinnenkloster (Weltkultur-

erbe seit 1983) mit Klosterkirche (um 780–790) mit berühmten karoling. Wandmalereien (um 800, z. T. erst 1947–1951 bei Restaurierungsarbeiten freigelegt), roman. Fresken u. Stuckarbeiten.

Münster, 1. Ernst Friedrich Herbert Reichsgraf (1792) zu *Münster-Ledenburg*, hannoverscher Politiker, *1. 3. 1766 Osnabrück, †20. 5. 1839 Hannover; seit 1805 Minister; beeinflusste als Bevollmächtigter der engl. Krone auf dem Wiener Kongress 1814/15 die territoriale Neugestaltung Norddeutschlands u. die innere Konstruktion des Dt. Bundes. M. wandelte sich vom Verfechter nationaler Freiheitsideen zu einem konservativen Traditionalisten u. musste nach Unruhen 1833 zurücktreten.
2. Georg Herbert Fürst (1899) *Münster von Derneburg*, Sohn von 1), dt. Politiker u. Diplomat, *23. 12. 1820 London, †28. 3. 1902 Hannover; suchte die Annexion Hannovers durch frühzeitige Anlehnung an Preußen zu verhindern; akzeptierte sie aber, nachdem sie erfolgt war. M. war 1873–1885 Botschafter in London, 1885–1900 in Paris u. 1899 Vertreter Deutschlands auf der 1. Haager Friedenskonferenz.
3. Sebastian, dt. Kosmograph u. Theologe, *20. 1. 1488 Ingelheim, †23. 5. 1552 Basel; lehrte in Heidelberg u. Basel, Verfasser der ersten dt. Länderkunde („Cosmographia universalis" 1544; mit Karten u. Holzschnitten).
Münsterberg, *Münsterberg in Schlesien,* Stadt in Polen, → Ziębice.
Münsterberg, Hugo, dt. Psycholog u. Philosoph, *1. 7. 1863 Danzig, †16. 12. 1916 Cambridge, Mass. (USA); Schüler von W. *Wundt,* seit 1892 Prof. an der Harvard-Universität; begründete die *Psychotechnik* als bes. Wissenschaft („Grundzüge der Psychotechnik" 1914).
Münstereifel, *Bad Münstereifel,* Stadt in Nordrhein-Westfalen, Ldkrs. Euskirchen, südwestl. von Bonn, an der Erft, 300–588 m ü. M., 18 000 Ew.; Kneippkurort; ehem. röm. Kalkbrennerei u. Wasserleitung; ehem. Stiftskirche St. Chrysanthus u. Daria (10. Jh.), Rathaus (15. Jh.), Fachwerkgebäude Haus Windeck (1644), gut erhaltene Stadtmauer mit Toren u. Türmen (13./14. Jh.); Radiosternwarte des Max-Planck-Instituts für Radioastronomie mit dem größten voll bewegl. Parabolspiegel der Welt (100 m Durchmesser) im Stadtteil Effelsberg.
◆ **Münsterländer,** sehr alte Rassen von Vorstehhunden (Jagdhunden), die heute hauptsächlich im westfäl. Raum gezüchtet werden. Es gibt den schwarz-weißen *Großen M.,* bis 58 cm Schulterhöhe, u. den etwas kleineren, braun-weißen *Kleinen M.* oder *Heidewachtel.* Eng verwandt sind die im Körperbau robusteren niederländischen *Patrijshonde* („Rebhuhnhunde"). Der M. ist als Begleithund gut geeignet.
Münsterländer Bucht, *Westfälische Bucht,* Tieflandbucht zwischen Teutoburger Wald u. dem Nordrand des Rhein. Schiefergebirges; heide- u. moorreiche Lehm- u. Sandebene mit vereinzelten Höhen *(Baumberge, Beckumer Berge);* im Mittelpunkt die Stadt *Münster (Westf.).*

Münstermaifeld, Stadt in Rheinland-Pfalz, Ldkrs. Mayen-Koblenz, im Maifeld, 2900 Ew.; Stiftskirche St. Martin u. St. Severus (13.–15. Jh., mit einem Schnitzaltar 16. Jh.); Obstanbau.
Münstermann, Ludwig, dt. Bildhauer, *um 1560, †1637/38 Hamburg; seit 1599 Meister in Hamburg, bedeutendster Bildschnitzer des dt. Manierismus; meist überlängte, den plast. Gehalt abmindernde Figuren von ekstatischer Gebärdensprache; Hptw.: Altäre in Varel u. Rodenkirchen, Figuren in Bremen u. Oldenburg.
Münsterschwarzach, Benediktinerabtei am Main, Unterfranken, 815 gegr., 1802 aufgehoben u. abgerissen, 1913 Neugründung durch die Missionsbenediktiner von St. Ottilien; Abteikirche 1935–1938 erbaut. – Kunst- u. Handwerksbetriebe, Verlag u. Gymnasium. Die Abtei betreut Missionsgebiete in Korea u. Afrika.
Münstertal, 1. Vogesental im Oberelsass, mit Spuren eiszeitl. Vergletscherung (Karseen); reicht von den Weinstädten Türkheim u. Winzenheim westlich von Colmar bis zu den Hochweiden der Vogesen; Wald- u. Viehwirtschaft (Münsterkäse), Textilindustrie, Fremdenverkehr; größter Ort ist *Münster*(5).
2. rätorom. *Val Müstair,* schweiz. Tal im Kanton Graubünden, westl. der Ortlergruppe, zwischen Ofenpass u. italien. Grenze; Viehwirtschaft, Ackerbau u. Fremdenverkehr.
Munt [ahd., „Schutz"], mlat. *Mundium,* im älteren german. Recht die Herrschaft- u. Schutzgewalt des Hausherrn über die seiner *Hausgewalt* unterworfenen Angehörigen (Frau, Kinder, ledige u. verwitwete Schwestern) u. Dienstleute (Gesinde) oder des Grundherrn im Rahmen seiner → Grundherrschaft. Der Gewalthaber war rechtl. Vertreter des Gewaltunterworfenen. Als Hausgerichtsbarkeit der Regenten über die Angehörigen der regierenden Häuser hat sich eine Form der M. lange erhalten. M. bestand auch als Schutzherrschaft für Waisen oder Geisteskranke, was heute unter die → Vormundschaft fällt.
Muntasir, *Al Muntasir,* Kalif aus der Dynastie der *Fatimiden,* 1036–1094, *2. 7. 1029, †10. 6. 1094; milder Herrscher, unter dem Nordafrika verloren ging. M. unterhielt weithin diplomat. Beziehungen in der islamischen Welt u. mit Byzanz. Seine Propaganda des *Ismailismus,* besonders in Persien, stieß auf den Widerstand der Seldschuken.
Muntbruch, Kindesentführung, → Kindesentziehung.
Munte [rumän.], Bestandteil geograph. Namen: Berg; *Munti,* Gebirge.
Müntefering, Franz, dt. Politiker (SPD), *16. 1. 1940 Neheim-Hüsten (heute zu Arnsberg); Industriekaufmann; seit 1966 Mitgl. der SPD; 1975–1992 u. seit 1998 MdB; 1991/92 Parlamentar. Geschäftsführer der SPD-Bundestagsfraktion; 1992–1995 Min. für Arbeit, Gesundheit u. Soziales des Landes Nordrhein-Westfalen; 1995–1998 Bundesgeschäftsführer der SPD; 1998–2001 Landesvorsitzender der SPD in Nordrhein-

Gabriele Münter: Staffelsee mit Nebelsonne; Hinterglasmalerei um 1930. Privatbesitz

Westfalen; 1998/1999 Bundes-Min. für Verkehr, Bau- u. Wohnungswesen; seit 1999 Generalsekretär der SPD.
◆ **Münter,** Gabriele, dt. Malerin, *19. 2. 1877 Berlin, †19. 5. 1962 Murnau, Oberbayern; Schülerin u. Lebensgefährtin von W. *Kandinsky,* 1911 Mitgl. des „Blauen Reiters"; starkfarbige Landschaften, Stillleben u. Bildnisse, die dem Frühstil Kandinskys ähneln, Verzicht auf Gegenständlichkeit, Abgrenzung der Formen durch dunkle Umrisse; Hinterglasbilder, sammelte relig. Volkskunst, die sie in mystif. Bildern wiedergab.
Munthe, 1. Axel, schwed. Arzt u. Schriftsteller, *31. 10. 1857 Oskarshamn, †11. 2. 1949 Stockholm; schrieb das sehr erfolgreiche romanhafte Erinnerungsbuch „Das Buch von San Michele" engl. 1929, dt. 1931; ferner: „Seltsame Freunde" 1931, dt. 1934.
2. Gerhard, norweg. Maler, *19. 7. 1849 Elverum, †15. 1. 1929 Oslo; impressionist. Landschaften, dekorative u. kunstgewerbliche Arbeiten (Buchausstattungen, Innenarchitekturen u. a.) im Jugendstil.
Muntjakhirsche [malai.], *Muntiacinae,* bis etwa $3/4$ m hohe *Hirsche* Süd- u. Südost-

Münsterländer: Kleiner Münsterländer oder Heidewachtel

Münze (1): Münzwerkstatt um 1510

asiens, deren Männchen im Oberkiefer hauerartige Eckzähne haben. Die *Schopfhirsche, Elapodus,* tragen kurze Geweihspieße, die *Muntjakhirsche (i. e. S.), Bellhirsche, Muntiacus,* ein Gabelgeweih.

Müntzer, *Münzer,* Thomas, dt. Theologe u. Revolutionär, *um 1490 Stolberg, Harz, † 27. 5. 1525 Mühlhausen, Thüringen (hingerichtet); erhielt 1520 auf *Luthers* Empfehlung eine Predigerstelle in Zwickau u. geriet unter den Einfluss der hussitisch geprägten „Zwickauer Propheten". Unter Berufung auf seine innere Erleuchtung forderte M. eine radikale Umgestaltung des kirchl. u. polit. Lebens. 1523/24 gab er als Prediger in Allstedt (Kyffhäuser) drei liturg. Entwürfe zur Neuordnung des Gottesdienstes heraus. 1525 bildete er den Rat der Stadt Mühlhausen um u. predigte Kampf gegen alle kirchl. u. weltl. Obrigkeit. M., der als bedeutendster Gegenspieler Luthers gilt, wurde zum Führer des *Bauernkriegs* in Thüringen. Nach der vernichtenden Niederlage am 15. 5. 1525 bei Frankenhausen wurde er gefangen genommen, gefoltert u. enthauptet.

Münzbuchstabe, auf der Münze stehender Buchstabe, der die Münzstätte angibt; in Frankreich seit dem 16. Jh., in den anderen europ. Staaten seit dem 18. Jh., in Dtschld. z. B.: Berlin = A, München = D, Stuttgart = F, Karlsruhe = G, Hamburg = J.

Münzdelikte, *Münzverbrechen,* Verbrechen und Vergehen gegen die Sicherheit des Zahlungsmittelverkehrs (§§ 146 ff. StGB). Außer → Geldfälschung gehören zu den Münzdelikten das Inverkehrbringen gefälschten Geldes durch den Hersteller *(Geldbetrug)* oder durch jemand, der es sich in dieser Absicht verschafft hat (§ 146; regelmäßig Freiheitsstrafe nicht unter zwei Jahren) sowie durch jemand, der es zunächst für echt gehalten bzw. die Absicht des Inverkehrbringens erst mit Erwerb oder Herstellen gefasst hat (§ 147: Freiheitsstrafe bis zu fünf Jahren oder Geldstrafe). Ferner sind strafbar (§ 149 StGB: Freiheitsstrafe bis zu fünf Jahren oder Geldstrafe): das Herstellen, sich oder einem anderen Verschaffen, Feilhalten, Verwahren oder Überlassen von Platten, Formen, Drucksätzen u. -stöcken, negativen Matrizen u. ähnl. geeigneten Vorrichtungen sowie von entspr. Papier. In allen Fällen u. auch unabhängig von der Verurteilung einer Person werden Falschgeld u. Werkzeuge eingezogen (§ 150). – Ähnl. Strafbestimmungen in *Österreich* (§§ 232–236 u. 239–241 StGB) u. der *Schweiz* (Art. 240–244, 247, 249/250 StGB). – In allen drei Staaten ähnl., in Einzelheiten aber abweichende Vorschriften gegen *Wertzeichenfälschung*.
Die internationale Verfolgung der M. ist im Abkommen zur Bekämpfung der Falschmünzerei (Bekanntmachung vom 10. 11. 1933) geregelt; Auch → Universalitätsprinzip.

Münze [lat. *moneta*], ◆ **1.** *Geldwesen:* als → Geld dienendes, von der staatl. Obrigkeit durch Stempel wertmäßig garantiertes Metallstück, hergestellt durch Prägung oder Guss; die Vorderseite wird *Avers,* die Rückseite *Revers* genannt.
Die ersten Münzen, rohe gestempelte Klumpen aus einer Gold-Silber-Legierung *(Elektron),* entstanden um 650 v. Chr. in Kleinasien (Lydien, Ionien). Um 620 v. Chr. kamen die ersten *Silbermünzen* im griech. Mutterland (Aigina) auf; sie verbreiteten sich von da an im gesamten griech. Kulturgebiet (Sizilien, Süditalien, Balkan, Kleinasien, Nordafrika). Man rechnete: 1 Talent = 60 Minen, 1 Mine = 100 Drachmen, 1 Drachme = 6 Obolen. Neben Gold u. Silber kam im 5. Jh. v. Chr. Kupfer als Münzmetall auf. – Die griech. Münzgeschichte wird in die archaische (650–480 v. Chr.), die klassische (480–323 v. Chr.) u. die hellenist. Periode (seit 323 v. Chr.) unterteilt.
Im Röm. Reich gab es Münzen seit 269 v. Chr.: das *Aes grave* u. Silbermünzen griech. Art. Um 211 v. Chr. wurde der *Denar* eingeführt (Silber; 1 Denar = 10 Asses; seit 130 v. Chr. = 16 Asses; 1 Sesterz [Silber] = $2^{1}/_{2}$ Asses). Die Prägungen wurden durch *Münzmeister* ausgeführt. Erste Porträtdarstellungen von zeitgenöss. Persönlichkeiten gab es seit 44 v. Chr. In der Kaiserzeit (1.–3. Jh. n. Chr.) war 1 Aureus (Gold) = 25 Denare (Silber), 1 Denar = 4 Sesterzen (Bronze) = 8 Dupondien (Bronze) = 16 Asses (Kupfer). Seit *Diocletian* (284–305) kam es zu Münzreformen.
Das röm. Münzsystem (Gold, Silber, Kupfer) lebte im byzantin. Reich weiter. Das Münzsystem der german. Staaten zur Völkerwanderungszeit lehnte sich an das spätröm. an. Nach einer weitgehenden Zersplitterung unter den Merowingern (6./7. Jh.) folgte im 7. Jh. der Übergang von der Gold- zur Silberwährung. Unter den Karolingern, bes. unter *Karl d. Gr.,* wurde die Münzprägung zentralisiert; Hauptmünze war der silberne Denar = Pfennig (1 Schilling = 12 Pfennige). Das gleiche Münzsystem bestand in Italien, Frankreich u. England. Seit dem 9. Jh. kam es zu einer erneuten Zersplitterung infolge der Verleihung des *Münzrechts* an Fürsten. Im 12. Jh. entstanden Münzbezirke, gleichzeitig kamen in Nord-, Mittel- u. Süd-Dtschld. die *Brakteaten* auf. Im 13. Jh. wurden die ersten Fernhandelsmünzen in Gold (→ Gulden, → Dukat) u. Silber (→ Groschen) geprägt; im 14. Jh. bildeten sich überregionale *Münzvereine.*
Der erste *Taler* wurde 1486 in Tirol geprägt, dem bald ähnl. Prägungen in Joachimsthal (Sachsen) u. an anderen Orten folgten. 1524 wurden Kreistage als Münzaufsichtsbehörden eingesetzt. Die ersten Kupfermünzen wurden im 16. Jh. geprägt; 1618–1622 war die inflationäre Zeit der → *Kipper* und *Wipper.* In der 2. Hälfte des 17. Jh. kam es zu Münzverträgl. Einigungen von Ländern über die Ausprägung von Münzen nach gleicher Währung mit gegenseitiger Umlaufsberechtigung; 1662 → *Zinnaischer Münzfuß,* 1690 → *Leipziger Fuß* u. 1753 → *Konventionsfuß.* Der Wiener Münzverein schuf den sog. → *Vereinstaler.*
Nach der Einführung des Dezimalsystems in Europa u. Übersee im 19. Jh. wurde die geprägte M. vom Papiergeld ständig zurückgedrängt; zur Ausgabe von Notmünzen (Eisen, Zink) kam es 1914–1920. Heute sind praktisch nirgends mehr Goldmünzen, sondern nur noch Münzen aus unedlen Metallen oder gelegentlich aus Silber im Umlauf.
Prägetechnik: Bis zum Ausgang des MA wurden Münzen mit der Hand mit Hilfe gravierter Stempel geprägt. Ein Unterstempel war in einem Amboss befestigt, darauf wurde der → Schrötling gelegt, auf den der lose Oberstempel gesetzt wurde. Die Prägung selbst wurde dann mit ein- oder mehrfachem Hammerschlag auf den Oberstempel ausgeführt. Erste Prägemaschinen wurden Ende des 15. Jh. eingeführt. Seit dem 17. Jh. wird auch der Rand der Münze beprägt *(Rändelung).*
Als M. bezeichnete man früher auch die *Münzstätte,* in der die M. geprägt wurde.
2. *Kartenspiel:* eine der vier italien.-span. Spielkartenfarben (neben *Schwert, Stab* u. *Becher*); Rangfolge u. Wertigkeit der Münzfarbe wird durch die Spielregel bestimmt.

Münzenberg, Stadt in Hessen, Wetteraukreis, in der Wetterau, 5600 Ew.; Burgruine M. (12. Jh., Wahrzeichen der Wetterau), spätroman. Pfarrkirche (13. Jh.), Rathaus (16. Jh.), ehem. Zisterzienserkloster (12./13. Jh.); Gemüseanbau.

Münzenberg, Wilhelm (Willi), dt. Publizist u. Politiker (Kommunist), *14. 8. 1889 Erfurt, † Juni 1940 bei Grenoble (ermordet); baute nach dem 1. Weltkrieg die *Kommunistische Jugend-Internationale* u. die *Internationale Arbeiterhilfe* u. 1924–1930 in Berlin einen kommunist. Zeitungskonzern auf (u. a. „Arbeiter Illustrierte Zeitung"); seit 1927 Mitgl. des ZK der KPD; emigrierte 1933 nach Paris u. bekämpfte von dort das nat.-soz. Regime in Dtschld. („Gegenprozess" zum Reichstagsbrandprozess). Wegen seiner krit. Haltung zur Politik Stalins wurde M. im März 1939 aus der KPD ausgeschlossen.

Münzensteine → Nummuliten.
Münzer, Thomas → Müntzer.
Münzfälschung → Geldfälschung.
Münzfernsprecher, ein (meist öffentl.) Fernsprecher mit Münz-Kassiereinrichtung. Bei

Münzeinwurf wird die Amtsleitung freigegeben. Auslandsverkehr ist bei den Münzfernsprechern in der BR Dtschld. seit 1972 möglich. In einigen Städten ist der M. mit Notrufmelder als Zusatzgerät ausgestattet, so dass Notrufe ohne Münzeinwurf möglich sind.

Münzfund, in größerer Menge, z. B. als vergrabener Schatz, oder einzeln gefundene Münzen. Jeder Finder ist der gesetzl. Pflicht, einen M. der nächsten Behörde zu melden; Eigentumsrechte werden geregelt nach § 984 BGB: 50% stehen dem Grundeigentümer, 50% dem Finder zu.
Dieselben Anteile bestimmen auch das *österr.* Recht (§ 399 ABGB, geändert durch Hofkanzleidekret vom 16. 6. 1846), doch stehen bei geteiltem Grundeigentum dem Ober- u. dem Nutzungseigentümer je 25% zu. – In der *Schweiz* steht das Eigentum am M. dem Eigentümer des Grundstücks oder der Sache zu, in dem (der) er gemacht wurde; der Finder hat hier Anspruch auf angemessene Vergütung, die jedoch 50% des Wertes des Münzfunds nicht übersteigen darf (Art. 723 ZGB). Münzfunde, die Altertümer von erheblichem wissenschaftl. Wert sind, fallen jedoch ins Eigentum des jeweiligen Kantons (Art. 724 ZGB).

Münzfuß, die gesetzlich festgelegte Anzahl der Münzeinheiten, die aus dem Münzgrundgewicht (Gewichtseinheit) des Währungsmetalls (Gold, Silber u. a.) hergestellt werden darf.

Münzgewinn, Schlagschatz, der bei der Prägung von Münzen als Differenz von Münzkosten u. Kurswert der ausgegebenen Münzen anfallende Gewinn, der dem Münzherrn zusteht. In der BR Dtschld. ist Münzherr ausschließlich der Staat. Das gilt auch für die Prägung des Euros. Nach dem Gesetz über die Ausprägung von Scheidemünzen kommt der M. der Staatskasse zugute. Auch → Münzrecht.

Münzhoheit → Münzrecht.

Munzinger, Werner, schweiz. Afrikaforscher, *21. 4. 1832 Olten, †16. 11. 1875 bei Aussa; bereiste von 1855 bis 1875 insbes. Nubien u. Äthiopien.

Munzinger-Archiv, *Archiv für publizistische Arbeit,* auf privater Grundlage arbeitender unabhängiger Pressedienst in Ravensburg, von Ludwig *Munzinger* (*1877, †1957) 1913 in Berlin gegr.; Ausgaben: „Internationales Biografisches Archiv", „Internationales Handbuch", „Sportarchiv", „Pop-Archiv International", „Gedenktage".

Münzkabinett, wissenschaftlich geleitete größere Münzsammlung, meist an Museen oder Bibliotheken, oft im 16. Jh. als Sammlungen an Fürstenhöfen entstanden. Bedeutende Münzkabinette befinden sich u. a. in Berlin, Paris, London, Wien, New York, St. Petersburg, Kopenhagen, Stockholm, Den Haag, Brüssel, Zürich, München, Rom, Neapel, Athen. Gelegentlich werden auch Aufbewahrungsorte für Münzen (Schränke, Kästen) als Münzkabinette bezeichnet.

Münzkonvention → Münzunion.

Münzkunde, ein Teilgebiet der → Numismatik, die Wissenschaft von der Münze u. ihrer Geschichte, an Universitäten gelehrt (in Dtschld. in Hamburg, Münster, Bonn, Frankfurt a. M. u. München), in *Münzkabinetten* betrieben; stützt sich auf Einzelmünzen, Münzfunde u. schriftl. Quellen. Die Grundlage der wissenschaftl. antiken M. erarbeitete J. *Eckhel*; die mittelalterl. M. begründeten J. *Lelewel* u. H. *Grote.* Die M. ist Hilfswissenschaft der Geschichte, der Archäologie, der Wirtschafts- u. Kunstgeschichte.

Münzmetall, Legierung für die Prägung von Geld- u. Gedenkmünzen. Neben Gold u. Silber ist Kupfer heute das verbreitetste M. In der Regel werden Kupfer-Nickel-Legierungen verwendet.

Münzrecht, 1. *Münzhoheit, Münzregal,* das Recht, das Münzwesen, insbes. Gestalt, Gewicht, Material u. Menge der umlaufenden Münzen zu regeln u. Münzen zu prägen. Seit der Antike steht das M. der staatl. Obrigkeit zu. In der röm. Kaiserzeit wurde es zu einem Recht des Kaisers, das in dieser Form weitgehend auch die Zeit der Völkerwanderung überdauerte. In der karoling. Epoche als alleiniges Recht des Königs bzw. Kaisers erneuert, wurde es in der Folgezeit jedoch durch Verleihung an Territorialherren zunehmend durchbrochen. Mit dem Untergang des Hl. Röm. Reiches 1806 fiel das M. auch förmlich an die souveränen Fürsten u. Städte, die sich z. T. jedoch freiwillig durch Münzverträge in seiner Ausübung beschränkten. Seit Errichtung des Norddt. Bundes 1867 u. des Dt. Reiches 1871 ist das M. wieder Bestandteil des Zentralgewalt. In der BR Dtschld. steht die Gesetzgebung über das Münzwesen ausschl. dem Bund zu (Art. 73 Nr. 4 GG). Im Unterschied zu den Banknoten, für deren Ausgabe nach Art. 88 GG die Bundesbank, seit 2002 die Europäische Zentralbank ein Monopol besitzt (*Notenmonopol*), hat das Gesetz über die Ausprägung von Scheidemünzen die wichtigsten Befugnisse bezüglich des Hartgeldes der Bundesregierung übertragen. Das M. bleibt auch mit Herausgabe des Euros Aufgabe des Staates, allerdings in den von der Europäischen Zentralbank vorgegebenen Mengengrenzen. Der anfallende → Münzgewinn kommt der Staatskasse zugute.
2. die Rechtsvorschriften über Münzprägung u. → Münzdelikte.

Münzregal → Münzrecht.

Münzunion, *Münzkonvention, Münzvertrag,* zwischenstaatliches Abkommen über eine Vereinheitlichung des Münzfußes auf der Grundlage eines bestimmten Währungssystems und über die Anerkennung bestimmter Hartgeldmünzen der Mitgliedstaaten als gesetzliches Zahlungsmittel. Das bekannteste Beispiel ist die *Lateinische M.* vom 23. 12. 1865 zwischen Frankreich, Belgien, Italien u. der Schweiz, seit 1868 auch Griechenland; sie beruhte auf Gold- u. Silberwährung. Die *Skandinavische M.* vom 27. 5. 1873 zwischen Dänemark, Norwegen u. Schweden basierte auf der Goldwährung. Beide Münzunionen sind 1925 erloschen.

Münzverein → Rheinischer Münzverein, → Wendischer Münzverein.

Münzverrufung, die Außerkurssetzung von Münzen durch den Münzherrn selbst, verbunden mit der Ausgabe neuer Münzen, die mit Aufgeld eingewechselt werden. Zweck der M. war im MA entweder das Gewinnstreben der Münzherren oder die Abschaffung eines in Misswirtschaft geratenen Geldsystems; bes. im 12. u. 13. Jh. auch eine Steuerform in Ermangelung anderer Möglichkeiten der Besteuerung.

Münzvertrag → Münzunion.

Muonio Älv, finnisch *Muonionjoki,* linker Nebenfluss des Torne Älv, an der schwed.-finn. Grenze, 333 km.

Muotathal, schweiz. Gemeinde im Kanton Schwyz, an der Muota, 610 m ü. M., 3100 Ew.; Viehwirtschaft, Textilindustrie; Franziskanerinnenkloster (1684–1693); in der Nähe die *Höllochgrotten,* die größten Höhlen der Schweiz.

◆ **Muppets** ['mʌpits], *Klappmaulfiguren,* Puppen, bei denen die Hand des Spielers im Mund der Puppe steckt u. der Puppenkörper meist bis zum Unterarm des Spielers reicht; bes. bekannt aus den US-amerikan. Fernsehserien „Sesamstraße" u. „Muppet-Show".

Muqarnas [-'kar-; das; arab.], in der islam. Baukunst die Aufteilung einer *Trompe* in kleine Nischen, ursprüngl. in gleicher architekton. Funktion, später dekorativ bereichert u. mit herabhängenden Teilen an den Nischenenden versehen, daher die falsche Bez. *Stalaktit.*

Muqdiisho [mʌk'diʃu], Hptst. von Somalia, → Mogadischo.

Mur [die], *Geomorphologie:* → Mure.

Mur, *Mura,* linker Nebenfluss der Drau, 440 km; entspringt in den Niederen Tauern im salzburg. Lungau, durchfließt die Steiermark u. Slowenien, bildet streckenweise die österr.-slowen. u. ungar.-kroat. Grenze,

Muppets: Jim Henson, der Erfinder der Muppets

mündet südwestl. vom Plattensee; sehr fischreich, nur z.T. schiffbar; wichtige Städte an der M.: Judenburg, Knittelfeld, Leoben, Bruck, Graz.

Mura, Indianerstamm (rd. 1500 Mitgl.) nordwestl. des unteren Rio Madeira (Brasilien); Jäger, Sammler u. Fischer, etwas Ackerbau; waren bis Ende des 18.Jh. als bes. krieger. gefürchtet; heute missioniert u. mit der schwarzen Bevölkerung gemischt.

Murad, Ferid, US-amerikan. Pharmakologe, *14. 9. 1936 Whiting, Indiana; erhielt für seine Entdeckung, dass Stickstoffmonoxid ein Signalstoff im Herz-Kreislaufsystem ist, zusammen mit R. F. *Furchgott* u. L. J. *Ignarro* 1998 den Nobelpreis für Medizin.

Murad, TÜRKISCHE SULTANE:
1. Murad I., 1362–1389, *um 1326, †15. 6. 1389 (ermordet auf dem Amselfeld); eroberte 1361 Adrianopel u. machte es zur Hptst., unterwarf Bulgarien u. besiegte die Serben auf dem Amselfeld. Er führte als erster türk. Sultan den Titel *Kalif*.
2. Murad II., 1421–1451, *1404, †5. 2. 1451 Adrianopel; eroberte 1430 Saloniki; schlug die Ungarn 1444 bei Warna, 1448 auf dem Amselfeld u. beschränkte das Byzantin. Reich fast ausschließlich auf Konstantinopel.
3. Murad III., 1574–1595, Sohn *Selims II.,* *4. 7. 1546, †16. (?) 1. 1595 Istanbul; überließ seinem Großwesir *Sokollu* die Regierung, führte 1576–1590 erfolgreich Krieg mit Iran u. erzielte einen bedeutenden Gebietsgewinn.
4. Murad IV., 1623–1640, *27. 7. 1612 Istanbul, †8. 2. 1640 Istanbul; regierte grausam; eroberte 1638 Bagdad von den Persern zurück.

Muradabad, *Moradabad,* nordind. Distrikt-Hptst. in Uttar Pradesh, östl. von Delhi, 417 000 Ew.; histor. Bauwerke; Metallwaren- u. Textilindustrie; Eisenbahn- u. Straßenknotenpunkt.

Muradeli, Wano Iljitsch, georg. Komponist, *6. 4. 1908 Gori, Georgien, †14. 8. 1970 Tomsk, Sibirien; schrieb Orchesterwerke, Opern u. Lieder. Seine Oper „Die große Freundschaft" (1947) wurde 1948 parteiamtlich als „formalistisch" verurteilt; damit begann eine Kampagne zur Reglementierung des sowjet. Musiklebens.

Muragarazi, Fluss in Afrika, → Malagarasi.

Muralismo [span.], im Zuge der mexikan. Revolution (1910) entstandene sozialkrit. u. polit. Richtung der Wandmalerei, vertreten u.a. von J. C. *Orozco,* D. *Rivera,* D. A. *Siqueiros* u. C. *Mérida.* Stilistisch lassen sich verschiedene Einflüsse aufzeigen, z. B. des Jugendstils, des Kubismus, des Dadaismus u. der Neuen Sachlichkeit. In themat. Hinsicht dominiert die revolutionäre Absicht. Im Laufe der Zeit tendierten viele Künstler (z. B. J. *O'Gorman* in seinem Mosaik für die Universitätsbibliothek in Mexico, 1949–1951) dazu, präkolumbian. u. indian. Motive aufzugreifen; die dekorativen Aspekte erlangten Bedeutung.

Murallón [mura'ljɔn], *Cerro Murallón,* Berg in den patagon. Südanden, an der chilen.-argentin. Grenze, 3600 m; Gletschernationalpark.

Muralt, 1. Alexander von, schweiz. Physiologe, *19. 8. 1903 Zürich, † 28. 5. 1990 Bern; 1935 Prof. in Bern; Arbeiten auf dem Gebiet der Nerven- u. Sinnesphysiologie; wies nach, dass bei der Erregungsleitung elektr. Potenzialschwankungen auftreten u. dass an den Nervenenden chem. Stoffe (Acetylcholin, Adrenalin) wirksam sind.
2. Leonhard von, schweiz. Historiker, *17. 5. 1900 Zürich, †2. 10. 1970 St. Tropez; ab 1940 Prof. in Zürich; Mit-Hrsg. der Werke H. Zwinglis im „Corpus Reformatorum"; arbeitete über die Geschichte der Neuzeit; Hptw.: „Reformation u. Gegenreformation" (in „Geschichte der Schweiz", Hrsg. von H. Nabholz u.a. 1932); „Das Zeitalter der Entdeckungen, der Renaissance u. der Glaubenskämpfe" (in „Neue Propyläen-Weltgeschichte" Bd. 3 1941); „Machiavellis Staatsgedanke" 1945.

Muramidase [lat.], ein Enzym, → Lysozym.

◆ **Muräne** [die; grch.], *Muraena,* Gattung räuberischer Fische der *Aalartigen,* ohne Brust- u. Bauchflossen. Das Fleisch ist begehrt u. schmackhaft. Hinter den hakenförmigen Zähnen sitzen Giftdrüsen. Muränen wurden im Altertum in Becken gehalten u. angebl. mit Sklavenfleisch gefüttert. Im Mittelmeer bewohnt die bis 1 m lange u. 6 kg schwere *Muraena helena* Höhlen felsiger Küsten.

Murano, italien. Insel in der Lagune von Venedig, Ortsteil von Venedig, rd. 7000 Ew.; Palazzo Giustinian (Glasmuseum); Herstellung von Glas *(Venezianisches Glas),* Fremdenverkehr.

◆ **Murasaki Shikibu** [-ʃi-], japan. Dichterin, *um 978, †um 1014; Hofdame der Kaiserin Akiko; verfasste zwischen 1001 u. 1007 das *Genji-Monogatari* (dt. „Die Geschichte vom Prinzen Genji" 1937 nach der engl. Übersetzung von A. *Waley,* 1966 Neuübersetzung aus dem Japan. durch O. *Benl*). Der Roman schildert in 54 Kapiteln das Leben des Prinzen mit seinen zahlreichen Liebesabenteuern. Eine aufs Höchste verfeinerte u. elegante aristokrat. Gesellschaft wird farbig u. realistisch dargestellt, jede der Frauen trägt individuelle Züge; seel. Regungen werden genau wiedergegeben. Die letzten 14 Bücher stechen durch einen dunkleren Grundton vom übrigen Werk ab; entweder stammen sie von einem anderen Autor, oder die buddhist. Überzeugung der M. S. von der Eitelkeit alles Irdischen hatte sich inzwischen vertieft. – Von großem kulturhistor. Wert ist auch das Tagebuch, das M. S. zwischen 1007 u. 1010 schrieb.

Murat, der östl. der beiden Quellflüsse des *Euphrat* in der Türkei, 722 km; entspringt im Aladağ im N des Vansees.

◆ **Murat** [my'ra], Joachim, französ. Reiteroffizier (1804 Marschall), *25. 3. 1767 La Bastide, Dép. Lot, †13. 10. 1815 Pizzo di Calabria; enger Mitarbeiter *Napoleons,* heiratete 1800 dessen Schwester *Karoline;* 1806 Großherzog von Kleve u. Berg, 1808 König von Neapel *(Joachim I. Napoleon).* Da ihn der Wiener Kongress nicht als König anerkannte, kämpfte M. gegen die Österreicher. Bei dem Versuch, sein unteritalien. Königreich von den Bourbonen zurückzugewinnen, wurde er gefangen genommen u. standrechtlich erschossen.

Joachim Murat

Muratori, Lodovico Antonio, italien. Historiker, *21. 10. 1672 Vignola bei Mòdena, †23. 1. 1750 Mòdena; Bibliothekar, Hrsg. bedeutender Drucke der italien. Geschichtsquellen bis 1500, entdeckte ein Verzeichnis der Schriften des NT vom Ende des 2. Jh., das sog. „Muratorische Fragment". Mit seinen theolog. Schriften wurde er zum Begründer des italien. Reformkatholizismus; hatte entscheidenden Einfluss auf den österr. *Josephinismus*.

Murau, Bez.-Hptst. im steirischen Murtal (Österreich), 832 m ü. M., 2400 Ew.; histor. Stadtbild mit Schloss *Obermurau* (nach Zerstörung Neubau im 17. Jh.); Sommerfrische u. Wintersportplatz.

Murchison ['mɜːtʃisən], episodisch Wasser führender Fluss in Westaustralien, 720 km; entspringt in den Robinson Ranges nördl. des früher bedeutenden *Murchison Goldfelds* bei Meekatharra, mündet bei der Gantheaume Bay in den Indischen Ozean.

Murchisonfälle ['mɜːtʃisən-], **1.** Wasserfälle in Uganda, → Kabelegafälle.
2. *Mfundafälle,* Wasserfälle in Malawi am Shire, dem Abfluss des Malawisees zum unteren Sambesi.

Murcia ['murθia], **1.** histor. Landschaft im SO von Spanien, umfasst das östl. Bergland der *Betischen Kordillere;* bes. heißes u. trockenes Klima, in den Oasen der dicht besiedelten Flusstäler ertragreicher Anbau durch künstl. Bewässerung: Mandel-, Apfelsinen- u. Zitronenbaumkulturen, Seidenraupen- u. Viehzucht; Blei-, Zink-, Kupfer-, Eisen- u. Schwefelbergbau; Nahrungsmittel- u. Textilindustrie.
◆ **2.** Region im SO von Spanien, 11 314 km², 1,1 Mio. Ew.; Hptst. *M.* (3).

Muräne, Gattung Muraena

Murcia (2)

3. Hptst. der span. Region u. Landschaft M.; im gut bewässerten u. fruchtbaren Tal des Segura, 326 000 Ew.; got. Kathedrale (14. Jh.), Universität (gegr. 1915); landwirtschaftl. Markt; Nahrungsmittel-, Seiden-, Leder-, Hut- u. chem. Industrie.

Murdock ['mɔːdɔk],
◆ **1.** Iris, angloirische Schriftstellerin, *15. 7. 1919 Dublin, †8. 2. 1999 Oxford; 1948–1963 Philosophiedozentin am St. Anne's College in Oxford; ihre philosoph. Schriften gehen vom französ. Existenzialismus aus, der auch ihr bedeutendes Romanwerk fundiert: „Unter dem Netz" 1954, dt. 1957; „Die Flucht vor dem Zauberer" 1956, dt. 1964; „Die Wasser der Sünde" 1958, dt. 1962; „Lauter feine Leute" 1968, dt. 1968; „Uhrwerk der Liebe" 1972, dt. 1977; „Der schwarze Prinz" 1973, dt. 1998; „Henry u. Cato" 1976, dt. 1998; „Das Meer, das Meer" 1978, dt. 1981; „In guter Absicht" 1985, dt. 1999.

Iris Murdoch

◆ **2.** Rupert Keith, austral.-US-amerikanischer Medienunternehmer, *11. 3. 1931 Melbourne; übernahm 1952 den väterlichen Verlag in Adelaide und erweiterte ihn zu einem internationalen Medienkonzern; erwarb seit Ende der 1960er Jahre in Großbritannien, den USA, Hongkong u. Südostasien zahlreiche Zeitungen u. Zeitschriften, u. a. 1981 die Londoner „Times" u. „Sunday Times" sowie 1987 „The Herald Weekly Times". Mitte der 1980er Jahre kaufte M. die Hollywood-Filmgesellschaft „20th Century Fox" u. beteiligte sich an mehreren US-amerikan. u. brit. Fernsehanstalten. Nachdem einige Versuche Murdochs, in der dt. Medienlandschaft Fuß zu fassen, nicht sehr erfolgreich waren, konnte M. 1999 für 800 Mio. DM dem Sender RTL die Übertragungsrechte für die Fußball-Champions-League weiterverkaufen; im April 2000 übernahm er den Fernsehsender TM3.

Rupert Murdoch

Murdock ['mɔːdɔk], William, brit. Ingenieur, *21. 8. 1754 bei Auchinleck (Schottland),

Murasaki Shikibu ~ 978– ~ 1014

Als Tochter hochadliger Eltern aus dem Geschlecht der Fujiwara geboren. Murasakis Beiname Shikibu bezieht sich nach einer japanischen Sitte auf das Ministerium in der Hauptstadt Heiankyo (Kyoto), in dem ihr Vater eine Zeitlang tätig war	~ 978	König Lothar von Frankreich überfällt Kaiser Otto II. in Aachen. Im anschließenden Krieg sichert Otto dem Reich den Besitz Lothringens
	~	Höhepunkt der chinesischen Tuschmalerei im 10. Jahrhundert / Blüte arabischer Wissenschaft in Spanien
Tod der Mutter	~ 982	Otto II. unterliegt in Süditalien den Arabern
M. fällt schon als Kind durch besondere Klugheit auf. Neben japanischer liest sie chinesische Literatur vor allem buddhistischen Inhalts und musiziert	~ 985	Rajaraja I. (der Große) aus der Chola-Dynastie macht Südindien zur Großmacht (bis 1014)
	990 ~	Das „Ise-Monogatari", die japanische Lebensgeschichte eines Prinzen, regt die bildende Kunst an
M. begleitet ihren Vater, der als Präfekt in die Provinz Echizen (heute Fukui) geht	996	Papst Gregor V. krönt Otto III. in Rom zum Kaiser / Venedig greift Dalmatien an / Robert II. wird König von Frankreich
M. heiratet den zwanzig Jahre älteren Fujiwara Nobutaka, Präfekt von Yamashina	~ 999	Tod der deutschen Kaiserin Adelheid / Untergang der Samaniden-Dynastie in Persien
Geburt der Tochter Daini Sammi, die später als Dichterin berühmt wird	~ 1000 ~	Hrotsvith von Gandersheim gestorben / Die Tiahuanaco-Kultur reicht vom Andenhochland bis zur Küste / Der Norweger Leif Eriksson entdeckt Neuschottland an der Ostküste Nordamerikas / Die japanische Hofdame Sei Shonagon schreibt die satirischen „Kopfkissenhefte" / Das „Tagebuch einer Eintagsfliege" einer japanischen Dichterin entsteht
Tod des Ehemanns	1001 ~	Entstehung der italienischen Literatur nach provençalischen Einflüssen
	~	Papst Sylvester verleiht Stephan dem Heiligen die ungarische Königskrone. Ungarn wird christlich
M. beginnt mit der Niederschrift des „Genji-Monogatari": In 54 Kapiteln, deren Entstehungsreihenfolge nicht ganz geklärt ist, schildert M. mit idealisierendem Realismus die Abenteuer des Prinzen Genji in der Hauptstadt Heiankyo. Der Liebes- und Gesellschaftsroman gilt als Japans hervorragendster Beitrag zur Weltliteratur	~	Rajaraja I. aus der südindischen Chola-Dynastie erobert Ceylon / Unter Sancho III. (bis 1035) entsteht in Nordspanien ein Großreich / Venedig beherrscht die Adria
Die neunzehnjährige Kaiserin Akiko aus der Fujiwara-Familie nimmt M. als Hofdame auf	1007	Als Vorposten zur Slawenmission wird das Bistum Bamberg gegründet
Teile des Genji-Romans kursieren am Hof	~	Bis zum 12. Jahrhundert werden in Skandinavien Runensteine, teils mit kurzen Inschriften, errichtet
M. wird wegen ihrer literarischen Kenntnisse vom Kaiserpaar geschätzt. Intrigen, die ihr das Leben am Hof verleiden, beschreibt sie in ihrem Tagebuch, das teilweise erhalten ist und eine wichtige Quelle für die Kultur der Heian-Zeit darstellt. M. erwähnt dort auch ihre dichtenden Kolleginnen Izumi Shikibu, Sei Shonagon u. a.	1008	Abt Berno vom Kloster Reichenau schreibt musiktheoretische Arbeiten / Der 639 gegründete Dom von Torcello bei Venedig wird umgestaltet
M. beendet „Genji-Monogatari" / Letzte erhaltene Eintragungen im Tagebuch	~ 1010 ~	Tod des arabischen Astronomen und Verfassers der ersten selbstständigen Darstellung der Trigonometrie Ibn Junus
Tod des Kaisers Ichijo. M. bleibt – wohl bis zu ihrem Tod – im Dienst der Kaiserinwitwe	1011 ~	Im Kloster St. Emmeram in Regensburg blüht das Kunstgewerbe
Die Nachrichten über M. brechen ab	1013	Die Dänen erobern fast ganz England
Tod Murasakis / Außer dem Tagebuch und dem Genji-Roman ist kein weiteres Werke von ihr erhalten	~ 1014	Nach der Hilfe im Kampf gegen die Sarazenen gründen die Normannen ihre erste Siedlung auf Sizilien / Knut der Große (bis 1042) wird König von Dänemark

Mure

Mure mit Schuttkegel

† 15. 11. 1839 Soho; Erfinder (1792) der Gasbeleuchtung, arbeitete auch bei J. *Watt* u. M. *Boulton* an der Verbesserung der Dampfmaschine mit.

◆ **Mure** [die], *Mur, Murbruch, Murgang,* schweiz. *Risi, Rüfe, Ribi,* Schlamm- u. Gesteinsstrom im Gebirge, bes. nach stärkerem Regen oder Schneeschmelzen. Voraussetzung für den Abgang einer M. ist die starke Durchweichung des Erdbodens an steilen schuttreichen Hängen, die keine geschlossene Vegetationsdecke aufweisen. Die niedergehenden Massen bilden im Tal breite Schutt- oder Schwemmkegel *(Vermurung).*

Mure [myːr], *La Mure,* Kleinstadt in den franzős. Westalpen, im Dép. Isère, 5700 Ew.; Kohlenabbau (Anthrazit).

Mureinsacculus [lat.], das Stützskelett der Bakterienzellwand. Aufgebaut wird der M. durch das *Murein,* ein weitgehend einheitlich zusammengesetztes Makromolekül, das aus den Untereinheiten *N-Acetylglucosamin* u. *N-Acetylmuraminsäure* besteht. Der M. bildet ein einziges sack- oder kettenhemdartiges Riesenmolekül, das, je nach Stärke der Ausbildung, der jeweiligen Bakterienart charakterist. Eigenschaften verleiht. So ist der M. bei den sog. gramnegativen Bakterien (→ Gramfärbung) einschichtig aufgebaut (etwa 10 % des Trockengewichts der Zellwand). Ihm liegen außen eine Reihe anderer Substanzen (Lipoproteine, Lipopolysaccharide u. a.) schichtenartig auf. Der M. der grampositiven Bakterien dagegen ist bis zu 40 Schichten dick u. erreicht bis zu 70 % des Trockengewichts der Gesamtzellwand.

Mureṇa, Héctor Álvarez, argentin. Schriftsteller, * 14. 2. 1923 Buenos Aires, † 6. 5. 1975 Buenos Aires; die Menschen in seinen Romanen suchen nach dem Sinn ihrer Existenz u. bewältigen oft nur mühsam die Angst vor dem Nichts; Trilogien: „Historia de un día" 1955–1958, daraus „Gesetze der Nacht" dt. 1968; grotesk-fantast. Zyklus „El sueño de la razón" 1969; Essays: „El nombre secreto" 1969; „La cárcel de la mente" 1970.

Mureș [ˈmurɛʃ], **1.** Kreis in Siebenbürgen (Rumänien), 6714 km², 604 000 Ew.; Verw.-Sitz Tîrgu Mureș.

2. ung. *Maros,* linker Nebenfluss der Theiß, 797 km; entspringt in den südl. Ostkarpaten (Rumänien), durchfließt Siebenbürgen, mündet bei Szeged (Ungarn).

Muret [myˈrɛ], südwestfranzös. Industrie- u. Handelsort im Dép. Haute-Garonne, südl. von Toulouse, 18 600 Ew.; Agrarmarkt; Nahrungsmittelindustrie, Landmaschinenbau.

Murfreesboro [ˈməːfrizbʌrou], Stadt in Tennessee (USA), südöstl. von Nashville, 50 400 Ew.; Handelszentrum für Holz, Baumwolle u. landwirtschaftl. Produkte. – Gegr. 1817, 1819–1825 Hptst. des Bundesstaates Tennessee.

Murg, 1. Gemeinde in Baden-Württemberg, Ldkrs. Waldshut, 6800 Ew.

2. rechter Nebenfluss des Rheins, 96 km; entspringt im Schwarzwald, mündet bei Rastatt; 1922–1926 aufgestaut zum *Schwarzenbach-Stausee* (14,3 Mio. m³ Inhalt, 68 ha Fläche, 65 m hoher Staudamm).

Murgab, *Murghab,* der antike *Margos,* Fluss im N von Afghanistan, 852 km; Quelle im Zentralgebirge *(Firos Kuh),* fließt nordwärts nach Turkmenistan, bewässert die Oasen von Mary (Merw), quert den Karakumkanal u. endet in der Wüste Karakum (Turkmenistan).

Murge [ˈmurdʒɛ], trockene, verkarstete u. waldarme Kalkhochfläche in Apulien (Italien); dünn besiedelt; Schafhaltung; im Rahmen der Bodenreform geringfügige Verbesserung der Landwirtschaft.

Murger [myrˈʒɛːr], Henri, französ. Schriftsteller, * 24. 3. 1822 Paris, † 28. 1. 1861 Paris; wandte sich von der Malerei zur Journalistik u. errang durch Bühnenwerke, Gedichte u. Romane Beachtung. Seine „Scènes de la vie de bohème" 1851, dt. 1852, regten G. *Puccini* zur Oper „La Bohème" an.

Muri, schweiz. Bez.-Hauptort im Kanton Aargau, im Bünztal, 6000 Ew.; ehem. Benediktinerabtei (1027–1841) mit Klosterkirche (1695–1698, mit Krypta aus dem 11. Jh.).

Muriden [lat.], *Muridae* → Mäuse.

◆ **Murillo** [muˈriljo], Bartolomé Estéban, span. Maler, getauft 1. 1. 1618 Sevilla, † 3. 4. 1682 Sevilla; einer der Hauptmeister des span. Spätbarock. Schüler von Juan del *Castillo,* beeinflusst von F. de *Zurbarán,* J. de *Ribera,* P. P. *Rubens,* A. van *Dyck* u. A. A. *Correggio;* bei der Gründung der Sevillaner Malerakademie (1660) ihr erster Direktor. Sein Werk umfasst vorwiegend religiöse Darstellungen, besonders Madonnen- u. Heiligenbilder, die sich durch weiche, lockere Malweise u. warme Helldunkeltöne auszeichnen. Seine Genreszenen sind von humorvollem u. drastischem Realismus. Hauptwerke: Sakrale Darstellungen in Sevilla, Kathedrale u. Museo Provincial; Genregemälde im Prado u. in München, Alte Pinakothek.

Muristan [pers., „Krankenhaus"], ein in eine Moschee- u. Grabmalanlage eingefügtes Hospital mit zentralem Säulenhof. Die Fassade wird durch flache Nischen, Spitzbögen u. Doppelarkadenfenster rhythmisch gegliedert.

Müritz, 1. Ldkrs. in Mecklenburg-Vorpommern, 1713 km², 70 300 Ew.; Verw.-Sitz ist Waren (Müritz).

◆ **2.** [die], mecklenburg. See, nordwestl. von Neustrelitz, 110,3 km², bis 31 m tief, im Mittel 6 m; Seespiegel 62 m ü. M. Am Südufer wurde 1990 der Nationalpark *M.* eingerichtet, 319 km².

Murmanbahn, 1915–1917 erbaute Bahnlinie von St. Petersburg nach Murmansk am Nördl. Eismeer, rd. 1450 km, elektrifiziert.

Murmanhalbinsel, russ. Halbinsel, → Kola.

Murmanküste, Nordküste der Halbinsel Kola, an der Barentssee; buchtenreich; durch den vorbeiziehenden warmen Golfstrom die einzige nordruss. Küste mit eisfreien Häfen.

Murmann, Klaus, dt. Unternehmer, * 3. 1. 1932 Dortmund; 1987–1996 Präsident der Bundesvereinigung der Deutschen Arbeitgeberverbände, seitdem Ehrenpräsident.

Murmansk, Stadt im NW Russlands, an der *Murmanküste,* 407 000 Ew.; Pädagog. Hochschule, Seefahrtschule, ozanograph. u. fischereiwissenschaftl. Institut; Museen, Theater; eisfreier Handels- u. Marinehafen, Endpunkt der *Murmanbahn;* Schiffswerften, Metall-, Fisch- u. Holzverarbeitung; Wasser-, Gezeiten- u. Wärmekraftwerk. – 1916 gegr.

Murmel, *Marmel, Klicker, Schusser,* Kugel aus Stein, Glas oder Kunststoff für Kinderspiele.

Murmeltiere, *Marmota,* Gattung der *Hörnchen;* von plumper Gestalt, gesellige Höhlenbewohner, Pflanzenfresser, in fünf Arten in Europa, Nordasien u. Nordamerika verbreitet. Das über 50 cm große *Alpenmurmeltiere, Marmota marmota,* bewohnt die höheren Lagen der Alpen, Pyrenäen u.

Bartolomé Estéban Murillo: Trauben- und Melonenesser; um 1645–1655. München, Alte Pinakothek

Müritz (2): Der Nationalpark Müritz ist ein beliebtes Erholungsgebiet der Mecklenburger Seenplatte

Karpaten; der Winterschlaf dauert fast sieben Monate. Das größere *Steppenmurmeltiere (Bobak, Marmota bobak)* lebt in den Steppen Osteuropas u. Asiens. Eng verwandt sind die *Präriehunde* Nordamerikas.

Murnau, *Murnau am Staffelsee,* Markt in Oberbayern, Ldkrs. Garmisch-Partenkirchen, 700 m ü. M., 11 500 Ew.; Luftkurort, Moorbad; Pfarrkirche St. Nikolaus (18. Jh.); Möbel- u. Bekleidungsindustrie; Bundeswehrstandort.

◆ **Murnau,** Friedrich Wilhelm, eigentlich F.W. *Plumpe,* dt. Filmregisseur, * 28. 12. 1888 Bielefeld, † 11. 3. 1931 Santa Barbara, California (USA); entwickelte sich mit seinen vom Expressionismus geprägten Werken, die vielfach einen kultur- und zivilisationskrit. Ansatz haben, zu einem der wichtigsten Regisseure des dt. Stummfilms, ging 1926 in die USA. Filme u. a.: „Der Knabe in Blau" 1919; „Der Bucklige u. die Tänzerin" 1920; „Schloss Vogelöd" 1921; „Nosferatu-Eine Symphonie des Grauens" 1922; „Der letzte Mann" 1924; „Faust" 1926; „Sonnenaufgang" 1927; „Tabu" 1931.

Friedrich Wilhelm Murnau

◆ **Murner,** Thomas, dt. Moralist u. satir. Schriftsteller, * 24. 12. 1475 Oberehnheim, Elsass, † vor dem 23. 8. 1537 Oberehnheim; Franziskanerpater, 1505 Dichterkrönung in Wien; setzte die von S. *Brant* eingeführte Narrenliteratur fort: „Narrenbeschwörung" 1512; „Schelmenzunft" 1512; „Die Gäuchmatt" 1519; erbitterter Gegner der Reformation, die er in gereimten derben Spottschriften bekämpfte (z. B. „Von dem großen luther. Narren, wie ihn Dr. Murner beschworen hat" 1522). – Dt. Schriften, hrsg. von F. Schultz, 9 Bde. 1918–1931; Prosaschriften gegen die Reformation, hrsg. von W. Pfeiffer-Belli, 1928.

Thomas Murner

Murom, Stadt in Russland, an der unteren Oka, 126 000 Ew.; pädagog. Hochschule, 2 Technika, Museen; Maschinenbau, Holz- u. Textilindustrie, Eisenbahnwerkstätten; Fremdenverkehr; Verkehrsknotenpunkt. – Ende des 10. Jh. gegr., ehem. Fürstensitz, alter Handelsort.

Muromachi-Zeit, *Muromatschi-Zeit,* Epoche der japan. Geschichte, 1338–1573, in der die Shogune von der Familie → Ashikaga gestellt wurden u. im Kyotoer Stadtviertel Muromachi residierten; Zeit der Wirren u. permanenten Feudalkriege, der Einflusslosigkeit der Zentralregierung u. Entwicklung unabhängiger Territorialstaaten (→ Daimyos).

Muroran, *Mororan,* japan. Hafenstadt an der Südküste von Hokkaido, 118 000 Ew.; techn. Hochschule, Forschungsinstitut für Algenforschung; zweitgrößter, im Winter eisfreier japan. Hafen; Stahlwerk, 2 Eisenhütten, Maschinenbau, Eisenerz- u. Schwefelgewinnung, Erdölraffinerie, Papier- u. Nahrungsmittelindustrie.

Murphy [ˈməːfi], **1.** Eddie, US-amerikan. Schauspieler, * 3. 4. 1961 New York; spielt unterhaltsam-zynische Komödienrollen: „Nur 48 Stunden" 1982; „Die Glücksritter" 1983; „Beverly Hills Cop" 1984; „Der Prinz von Zamunda" 1988; „Boomerang" 1992; „Doktor Dolittle" 1998; „Lebenslänglich" 1999; „Doktor Dolittle 2" 2001. **2.** William Parry, US-amerikan. Arzt, * 6. 2. 1892 Stoughton, Wis., † 9. 10. 1987 Brookline; erhielt für die Einführung der Leberbehandlung der perniziösen Anämie zusammen mit G. R. *Minot* u. G. H. *Whipple* den Nobelpreis für Medizin 1934.

Murrat Al Kubra, *Al Buhayrat Al Murrat Al Kubra, Großer Bittersee,* ein salzhaltiger See in Ägypten, in der Landenge von Suez, durch den der *Suezkanal* führt; 23 km lang, 13 km breit, als Ausweichstelle für den Schiffsverkehr genutzt. Südwestl. schließt sich der *Kleine Bittersee* an.

Murray [ˈmʌri], zweitgrößter Fluss Australiens, 2570 km (mit *Darling-Barwon* 5310 km); entspringt in der südl. Great Dividing Range, mündet bei Wellington in das Haff des *Lake Alexandrina*; Staudämme für Bewässerung u. Stromerzeugung im Quellgebiet (Snowy Mountains), u. a. Hume Reservoir; Nebenflüsse: *Murrumbidgee* (mit *Lachlan*) u. *Darling.* Zusammen mit diesen bewässert der M. ein Gebiet von rd. 1 Mio. km².

Murray [ˈmʌri], **1.** Sir James, brit. Philologe u. Lexikograph, * 7. 2. 1837 Denham, Roxburgh, † 26. 7. 1915 Oxford; Hrsg. des „New English dictionary on historical principles" 10 Bde. 1888–1928, Neudr. 1933 als „The Oxford English dictionary" 13 Bde. **2.** *Moray,* James Stuart, Earl of M., Regent von Schottland (1567–1570), * um 1531, † 21. 1. 1570 Linlithgow (ermordet); unehel. Sohn König *Jakobs V.* von Schottland, Halbbruder *Maria Stuarts*; schloss sich 1559 den prot. Lords der *Congregation* an, den röm.-kath. Gottesdienst zu beseitigen suchten. Wegen seiner Opposition gegen die Ehe Marias u. H. *Darnleys* u. wegen seiner öffentl. Anklage nach Darnleys Ermordung des Landes verwiesen. Begnadigt u. nach Schottland zurückgekehrt, wurde er 1568 bis 1570 schott. Regent nach Marias Sturz. **3.** Joseph Edward, US-amerikan. Mediziner, * 1. 4. 1919 Milford, Massachusetts; erhielt zusammen mit E. D. *Thomas* für die Entwicklung der Organ- u. Zelltransplantation durch Überwindung der Immunabwehr 1990 den Nobelpreis für Medizin u. Physiologie.

Murray-Bruchzone [ˈmʌri-], eine Zone zahlreicher untermeer. Einzelerhebungen im Pazif. Ozean, die sich von Los Angeles etwa 3000 km nach WSW auf Hawaii zu erstreckt. Die *Erbenkuppe* erhebt sich bis 412 m ü. M.

Murrayrücken [ˈmʌri-], untermeer. Rücken im Arabischen Meer, nördl. Fortsetzung des Arabisch-Indischen Rückens, trennt das Omanbecken vom Arabischen Becken.

Murray-Test [ˈmʌri-], *Thematic Apperception Test,* Abk. *TAT,* ein von dem US-amerikan. Psychologen Henry A. *Murray* 1938–1943 entwickelter psycholog. Test, der 30 Testbilder mit verschwommenen, mehrdeutigen realen Situationen (Menschen in Umgebung) verwendet; er lässt Gefühlskonflikte u. innere Probleme erkennen.

Murraytiefe [ˈmʌri-], Meerestiefe im Nordostpazif. Becken, am westl. Ende der Murray-Bruchzone, nordöstl. der Hawaii-Inseln, bis 6896 m tief.

Mürren, schweiz. Luftkurort u. Wintersportplatz im Berner Oberland, über dem Lauterbrunnental, 1645 m ü. M., rd. 500 Ew.

Murrhardt, Stadt in Baden-Württemberg, Rems-Murr-Kreis, im Quellgebiet der Murr,

Murten: Die Stadt am gleichnamigen See hat ihr Stadtbild aus dem 15.–18. Jahrhundert bis heute erhalten; im Bild das im 13. Jahrhundert erbaute Schloss

340 m ü. M., 14 500 Ew.; Luftkurort; Stadtkirche (14. Jh.) mit roman. Walterichskapelle (13. Jh.), Rathaus (18. Jh.); Elektro- u. feinmechan. Industrie.

Murrhardter Wald, Teil der Schwäb.-Fränk. Waldberge, nördl. von Backnang, bis 585 m.

Murri, Romolo, italien. Politiker u. Schriftsteller, *27. 8. 1870 Monte San Pietrangeli, Ascoli Piceno, †12. 3. 1944 Rom; verfasste seine polit. Schriften aus der Sicht eines modernist. Priesters; Vorkämpfer der christdemokrat. Bewegung; 1909 exkommuniziert (bis 1943); Programmschrift „Democrazia cristiana" 1944.

Murrumbidgee [mʌrəmˈbidʒi], rechter Nebenfluss des Murray in Neusüdwales (Australien), 2160 km lang; entspringt in S der Great Dividing Range, am Oberlauf im *Burrinjuck-Stausee* aufgestaut; durchfließt die Landschaft *Riverina*; Hauptnebenfluss: *Lachlan*.

Murry [ˈmʌri:], John Middleton, brit. Schriftsteller, *6. 8. 1889 Peckham, London, †13. 3. 1957 London; mit Katherine *Mansfield* verheiratet, Freund u. Wegbereiter von D. H. *Lawrence* u. Virginia *Woolf*; gab literar. Zeitschriften heraus u. veröffentlichte psychoanalyt., biografische u. religionsphilosoph. Schriften: „The evolution of an intellectual" 1919; „To the unknown god" 1924; „Keats and Shakespeare" 1925; „Jesus" 1926; „The life of K. Mansfield" 1933; „W. Blake" 1933; „J. Swift" 1954.

Mursilis, *Mursili,* HETHITISCHE KÖNIGE:
1. **Mursilis I.,** 1540–1530 v. Chr., bestieg als Sohn des *Hattusilis I.* den Thron. M. betrieb die Außenpolitik seines Vaters konsequent weiter, indem er Aleppo u. Babylon eroberte, doch gelang ihm keine dauerhafte Herrschaft über diese Länder. Er wurde dann von seinem Schwager Hantilis ermordet, was zu innenpolit. Unruhen führte u. das hethit. Reich stark gefährdete.
2. **Mursilis II.,** etwa 1318–1290 v. Chr.; Sohn des *Suppiluliuma I.*; konnte den Abfall nordsyr. Vasallen durch mehrere Kriegszüge verhindern.
3. **Mursilis III.,** auch *Urhi-Teschup,* um 1272 v. Chr.–1265 v. Chr., Sohn *Muwatallis II.*;

floh nach der Thronusurpation Hattusilis um 1265 nach Ägypten, wo ihm politisches Asyl gewährt wurde. Über sein Ende ist nichts bekannt, doch kehrte er mit Sicherheit nicht nach Hattusa zurück.

Mursuk, libysche Oase, → Marsuq.

◆ **Murten,** frz. *Morat,* Hauptort des Seebezirks im schweiz. Kanton Freiburg (Fribourg), am Ostufer des *Murtensees,* 4600 Ew.; gut erhaltenes Stadtbild mit mittelalterl. Mauerring u. mehrheitl. barocken Bürgerhäusern, Schloss (13. Jh., mit späteren Umbauten), Berntor (1777/78) mit Uhrwerk von 1712; Elektroapparate- u. a. Industrie. – 515 erstmals erwähnt, um 1000 hochburgund. Festung, 1238 erstes Stadtrecht. Vom 11. Jh. bis 1475 wechselte die Herrschaft häufig (ab 1255 meist Savoyen), danach stand M. bis 1789 unter der gemeinsamen Herrschaft von Bern u. Freiburg u. kam 1803 zum Kanton Freiburg. In der Schlacht bei M. fügten die Eidgenossen am 22. 6. 1476 Karl dem Kühnen von Burgund die entscheidende Niederlage zu.

Murtensee, frz. *Lac de Morat,* See im Schweizer Mittelland, im Grenzbereich der Kantone Freiburg u. Neuenburg; 429 m ü. M., 9 km lang, 3 km breit, 23 km² groß; durchflossen u. entwässert zum Neuenburger See durch die *Broye.*

Murugan [tamil.], indischer Gott, → Skanda.

Murui, *Witoto,* indian. Waldbauern in Kolumbien u. Peru (rd. 8000); seit Ende des 19. Jh. als Kautschuksammler, Felljäger u. Hilfsarbeiter in den Diensten von Weißen.

Mururoa, Atoll im SO der Tuamotuinseln (Ozeanien), 29 km lang, 13 km breit; 1767 von P. *Carteret* entdeckt; 1966–1996 französ. Atombombenversuchsgebiet.

Murus Gallicus [lat.], *Gallische Mauer,* von Cäsar beschriebene keltische Befestigungsanlage. Sie bestand aus einem horizontalen, vernagelten Holzrahmenwerk, das mit Steinen gefüllt wurde. An ihrer Innenseite wurde eine Rampe aufgeschüttet. Archäologisch konnte der M. G. mehrfach als Schutzwall von spätkeltischen Oppida (→ Oppidum) nachgewiesen werden.

Mürz, linker Nebenfluss der Mur, in der Steiermark (Österreich), 85 km; entspringt nördl. von Schneealpe u. Raxalpe, mündet bei Bruck; Städte an der M.: Mürzzuschlag, Kapfenberg.

Mürzzuschlag, österr. Bez.-Hptst. u. Wintersportplatz in der Steiermark, an der Mürz, 669 m ü. M., 9800 Ew.; Eisenindustrie.

Muş [muːʃ], Hptst. der osttürk. Prov. M., 44 000 Ew.; Baustoff- u. Nahrungsmittelindustrie.

Musa [die; arab., lat.] → Banane.

Musaceae [arab., lat.] → Bananengewächse.

Musaffariden, *Muzaffariden,* persische Dynastie 1304–1393, vor allem in der Provinz Fars, folgten den *Ilchanen* bis zum Aufkommen *Timurs,* der sie beseitigte, eine z. T. von islam. Fanatismus geprägte Herrschaft ausübe. Unter ihnen lebte der berühmte Dichter *Hafis.*

Musagetes, Beiname des → Apollon.

Musahanf → Manilahanf.

Musaios, *Musäus,* spätgriech. Dichter, wohl im 6. Jh. n. Chr.; bearbeitete die Sage von Hero u. Leander nach hellenist. Vorbildern in einem Epos (Quelle für *Schillers* Ballade u. F. *Grillparzers* Drama „Des Meeres u. der Liebe Wellen").

Musala, 1950–1961 *Stalin,* höchster Berg der Balkanhalbinsel u. Bulgariens, im NO des Rila-Gebirges, 2925 m.

Musalla [die; arab.], islam. Gebetsplatz außerhalb der Moschee für bes. Gebete u. für die Totenfeier.

Musandam, arab. Halbinsel, → Masandam.

Musang [der; malai.], der Malaiische → Palmenroller.

Musäus, griech. Dichter, → Musaios.

◆ **Musäus,** Johann Karl August, dt. Schriftsteller, *29. 3. 1735 Jena, †28. 10. 1787 Weimar; dort Gymnasialdirektor; schrieb satirische Romane gegen die Empfindsamkeit („Grandison der Zweite...", 1760–1762, Umarbeitung unter dem Titel „Der dt. Grandison" 1781/82) u. „Volksmärchen der Deutschen" 1782–1786, 8 Bde., in denen er (z. T. nur mündlich überlieferte) Märchen u. Sagen im Geist der Aufklärung formte.

Johann Karl August Musäus

Musawwarat As Sufra, meroitische Ruinenstätte bei Khartum (Sudan) aus dem 6.–3. Jh. v. Chr. mit mehreren, z. T. auf einer künstl. Anhöhe errichteten Tempeln. Der sog. Südtempel u. der Tempel des Gottes Apedemak weisen reichhaltig gestaltete Reliefs u. Plastiken auf, die betende Könige vor einer Prozession der Götter, Tierdarstellungen (Elefanten u. Löwen) sowie widder-, löwen- u. menschenköpfige Gottheiten zeigen.

Muscari [grch., lat.], Gattung der *Liliengewächse,* → Traubenhyazinthe.

Muschel → Muscheln.

Muschelblümchen, *Isopyrum,* Gattung der *Hahnenfußgewächse (Ranunculaceae).* In Europa außer Dtschld. wächst das weiß blühende, giftige M., *Isopyrum thalictroides.*

Muschelgeld, zu Scheiben geschliffene u. auf Schnüre gezogene Teile von Muschelschalen oder Schnecken, die bei Naturvölkern insbes. Ozeaniens u. Australiens als Tauschmittel von Bedeutung waren. Das M. wurde als Schmuck getragen u. demonstrierte Reichtum, Ansehen, Einfluss u. Großzügigkeit seiner jeweiligen Besitzer. Im Gegensatz zum Gehäuse der *Kaurischnecken* in Afrika u. zeitweise auch zu dem *Wampum*-Muschelperlengeld im östl. Nordamerika hatte das M. nur selten volle Geldfunktion.

Muschelhaufen, archäolog. Bez. für große Hügel, die durch menschl. Siedlungsaktivität entstanden u. sich größtenteils aus „Küchenabfällen" (→ Kökkenmöddinger) zusammensetzen, aber auch wie ein *Tell* Siedlungsstrukturen enthalten können. Hauptmerkmal sind große Massen von Muschelresten. Archäologisch gut untersuchte M. lassen vermuten, dass es sich um Siedlungsplätze handelt, die immer nur zu den Jahreszeiten wieder aufgesucht wurden, in denen Muscheln gesammelt werden konnten. Zusätzlich ernährten sich die Menschen von Jagd u. Fischfang. Das prähistor. Fundmaterial wird meistens als *Mesolithikum* klassifiziert. M. entstanden aber an verschiedenen Stellen der Erde zu verschiedenen Zeiten; sie sind vor allem bekannt aus Dänemark, Portugal *(Tejo-* u. *Sado-Gebiet, Muge),* aus Japan *(Jomon-Kultur)* u. Südostasien *(Hoabinh-Kultur).*

Muschelkalk, kalkige, mittlere Schichtenfolge der Germanischen Trias; hier in drei Abteilungen gegliedert (vom ältesten zum jüngeren): 1. *Wellenkalk,* 2. *Mittlerer M.* (Anhydritgruppe), 3. *Hauptmuschelkalk (Trochitenkalk),* reich an tierischen Schalenresten (meist Brachiopoden); besteht aus klüftigen, wasserdurchlässigen Kalksteinen; Muschelkalklandschaften mit aufliegender mächtiger Verwitterungsdecke sind fruchtbare Ackerbaugebiete, sie werden in Süddeutschland *Gäu* genannt.

Muschelkrebse, *Ostracoda,* Klasse der *Krebse.* Der ungegliederte, stark verkürzte Körper mit höchstens 2 Fühler- u. 5 Beinpaaren wird völlig von einer zweiklappigen, stark verkalkten, muschelähnl. Schale umschlossen. Die M. sind kleine, selten über 2 mm lange Bewohner des Süßwassers u. aller Meerestiefen; Räuber, Aas- u. Pflanzenfresser. In europ. Süßgewässern kommt fast stets die Gattung *Cypris* vor, die sich durch unbefruchtete Keimzellen (parthenogenetisch) fortpflanzen kann.

Muscheln, *Lamellibranchia, Bivalvia,* Klasse der *Weichtiere;* mit zwei den Körper ganz oder teilweise bedeckenden Kalkschalen, die vom Mantelrand abgeschieden werden. Ein Kopf fehlt; die Sinnesorgane, wie Riech-, Schmeck-, Gleichgewichts- u. Lichtorgane, liegen am Fuß oder am Mantelrand verteilt. Die meisten M. sind festsitzend oder graben im Boden. Die Atmung erfolgt durch stark aufgefiederte Kiemen *(Fadenkiemer),* die zu Blättern *(Blattkiemer)* vernetzt sein können. Das Atemwasser wird oft durch bes. Ansaugröhren *(Atemsipho)* zu den Kiemen geleitet. M. ernähren sich von Schwebstoffen, die mit dem Atemwasser angeschwemmt u. von den Kiemen ausgefiltert werden. Viele Muscheln sind essbar, z. B. *Herz-, Miesmuschel* u. *Auster.* Einige können → Perlen erzeugen. Man kennt heute etwa 25000 Arten. M. haben große wirtschaftl. Bedeutung.

Muschelseide, Textilfaser, → Byssus.

Muschelvergiftung, eine durch Genuss verdorbener Muscheln verursachte Nahrungsmittelvergiftung, die auf dem Muschelgift *Saxitoxin* beruht, das in der Leber bes. von Miesmuscheln u. Austern, die in unsauberem stehendem Wasser gelebt haben, vorkommt. Vergiftungssymptome wie Prickeln in der Lippengegend, Starre der Mundmuskulatur u. Lähmungserscheinungen treten etwa 20–30 Min. nach der Mahlzeit auf. Sofortige ärztl. Hilfe ist erforderlich.

Muschelwächter, *Pinnoteres pisum,* bis 1,8 cm breite *Krabbe* aus der Gruppe der *Pinnoteridae;* lebt frei im Mantelraum verschiedener Muscheln.

Adolf Muschg

Muschg, ◆ **1.** Adolf, Halbbruder von 2), schweiz. Schriftsteller, *13. 5. 1934 Zollikon, Zürich; 1970–1999 Prof. für dt. Literatur an der TH Zürich; behandelt in ironisch-parodist. Romanen u. Erzählungen Probleme von Jugend u. Gesellschaft: „Im Sommer des Hasen" 1965; „Fremdkörper" 1968; „Liebesgeschichten" 1972; „Albissers Grund" 1974; „Noch ein Wunsch" 1979; „Baiyun oder die Freundschaftsgesellschaft" 1980; „Leib u. Leben" 1982; „Der Turmhahn" 1987; „Der Rote Ritter" 1993. Dramen: „Rumpelstilz" 1968; „Watussi" 1977; schrieb auch Hör- u. Fernsehspiele. Georg-Büchner-Preis 1994. **2.** Walter, Halbbruder von 1), schweiz. Literarhistoriker, *21. 5. 1898 Witikon, Zürich, †6. 12. 1965 Basel; ab 1936 Prof. in Basel; Arbeiten über die neuere dt. Literatur: „Tragische Literaturgeschichte" 1948; „Die Zerstörung der dt. Literatur" 1956; „Von Trakl zu Brecht" 1961; „Studien zur tragischen Literaturgeschichte" 1965.

Muschler, Reinhold Conrad, dt. Schriftsteller, *9. 8. 1882 Berlin, †10. 12. 1957 Berlin; Botaniker; schrieb idealisierende Romane, bes. über Künstler u. edle Frauen: „Bianca Maria" 1924; „Die Unbekannte" 1933; „Nofretete" 1936; „Diana Beata" 1938; „Die am Rande leben" 1954; „Gast auf Erden" 1955; „Im Netz der Zeit" 1956.

Musci [lat.], Klasse der Moose, → Laubmoose.

Muscidae [lat.], *Echte Fliegen* → Fliegen (2).

Musée d'Orsay [myzeːdɔrˈsɛː], 1986 eröffnetes Museum in dem 1939 stillgelegten Pariser Bahnhof Orsay; beherbergt französ. Kunstwerke von der 2. Hälfte des 19. Jh., bis zu den ersten Jahren des 20. Jh., darunter Exponate, die zuvor im Louvre, im Palais de Tokyo u. im Jeu de Paume (Impressionistensammlung) untergebracht waren.

Muselman [türk.], veraltete Bez. der Anhänger des Islam, → Moslem.

Musen [Pl.; grch., „die Sinnenden"], in der griech. Mythologie Töchter des *Zeus* u. der *Mnemosyne.* Sie bilden einen Chor von ursprüngl. drei, dann neun Schwestern, die unter Anleitung des Apollon singen u. tanzen, u. wurden als Beschützerinnen der verschiedenen Künste verehrt. Ihnen wurden auch bestimmte Bereiche zugeordnet: *Erato:* lyrische Liebesdichtung, *Euterpe:* lyrischer Gesang zum Flötenspiel, *Kalliope:* Epos, *Klio:* Geschichte, *Melpomene:* Tragödie, *Polyhymnia:* ernster Gesang, *Terpsichore:* Tanz, *Thalia:* Komödie, *Urania:* Astronomie. Ihr Wohnsitz auf der Erde war nach antiker Vorstellung der böot. Berg Helikon oder der Parnass bei Delphi.

Musenalmanach, nach französ. Vorbild („Almanac des Muses" seit 1765) von F. W. *Gotter* u. H. C. *Boie* seit 1769 jährlich veröffentlichte Sammlung meist lyrischer Dichtungen des vorangegangenen Jahres, bes. von Mitgliedern des *„Göttinger Hains".* Nach seinem Muster entstanden Musenalmanache in Wien, Hamburg (J. H. *Voß,* 1776–1800), Leipzig u. Stuttgart; 1796–1801 gab *Schiller* einen M. heraus, später folgten die Romantiker („Dt. M." von A. von *Chamisso* u. G. *Schwab* 1834–1839). Im 19. Jh. erschienen viele landschaftlich gebundene Musenalmanache; eine Nachblüte fand die Gattung im M. der Universitäten (Göttingen 1896–1905). Daneben entwickelte sich zur Aufnahme von Prosawerken das *Taschenbuch* („Kalender", z. B. „Göttingischer Taschenkalender" von G. C. *Lichtenberg* 1778 ff., „Frauen-Taschenbuch" von F. de la Motte *Fouqué* 1815–1818) u. später der *Verlagsalmanach.*

Museo Correr, Museum in Venedig, → Correr.

Musette [myˈzɛt; die; frz.], **1.** eine hoch entwickelte → Sackpfeife des 17./18. Jh., der die Luft nicht mehr mit dem Mund, sondern durch einen mit dem Arm betätigten Blasebalg zugeführt wurde. Die M. hat seit etwa 1650 zwei zylindrische Spielpfeifen von sanftem Oboencharakter. **2.** im 17. u. zu Beginn des 18. Jh., bes. am Hof Ludwigs XIV. u. Ludwigs XV., ein beliebter Tanz im Tripeltakt mit liegen bleibendem Bass, ähnlich der Brummstimme des Dudelsacks. Die M. gelangte auch in das Ballett, die Oper u. die Klaviermusik der Zeit.

◆ **Museum** [das, Pl. *Museen;* lat.; grch. *museion,* „Heiligtum der Musen"], öffentl. Sammlung von Zeugnissen der menschl. Kulturentwicklung u. das Gebäude, das eine derartige Sammlung enthält. Nach Herkunft u. Art der Sammlungsobjekte unterscheidet man folgende Hauptgruppen von Museen:

1. *Kunstmuseum* mit Sammlungen von Werken der bildenden Kunst einschl. des Kunsthandwerks u. der Grafik *(Kupferstichkabinett).*

2. *kulturhistor. Museum* mit Sammlungen von Geräten, Waffen, Kleidung, schriftl. Dokumenten u. ä. Gegenständen, die die kulturelle Entwicklung eines be-

Museum: Musée National Fernand Leger in Biot, Südfrankreich; Kinderwald

Museum

Museum: Geologisch-Paläontologisches Museum der Universität Münster, Hauptraum

Museum: Staatliche Museen zu Berlin – Preußischer Kulturbesitz, Museum für Völkerkunde, Südseeabteilung

stimmten Landes, auch eines geograph. enger begrenzten Gebiets, belegen. Hierher gehören die meisten *volkskundl. Museen,* die *Heimatmuseen* sowie die *Freilichtmuseen.*
3. *Völkerkundemuseum* mit Sammlungen aus dem Kulturgut der Naturvölker u. untergegangener Kulturvölker Afrikas, Asiens u. Amerikas.
4. *wissenschaftl. Museum* mit Lehr- u. Anschauungsmaterial zu naturwissenschaftl. u. techn. Sachgebieten, i. w. S. aber auch die unter 2. aufgeführten Museen, bes. diejenigen, die Sammlungen zur Landes- u. Ortsgeschichte, zum Militärwesen u. zu Einzelzweigen des Handwerks u. der Industrie enthalten.

Zielsetzung des traditionellen Museums ist die Bildung der Öffentlichkeit durch das Mittel der Ausstellung. Angestrebt wird die sinnvolle Erweiterung der Sammlungen durch Leihgaben, Stiftungen u. Ankäufe, ein regelmäßiger, aber nicht zu rascher Wechsel der Ausstellungen u. die Trennung der Museumsbestände in *Schausammlungen* u. magazinierte, wissenschaftl. Studienzwecken vorbehaltene *Forschungssammlungen.* Kunstmuseen bemühen sich überdies, die Ausstellungsobjekte in ihrem natürl. Zusammenhang mit dem ursprüngl. Aufstellungsort u. dessen Gegebenheiten zu belassen u. diese, sofern sie verloren sind, wenigstens annähernd um den ausgestellten Gegenstand wiederherzustellen. Die Gegenstände werden meist nach chronolog. u. stilgeschichtl. Gesichtspunkten gruppiert. *Kataloge* u. gedruckte *Museumsführer* geben Auskunft über Entstehung, Technik u. Datierung der ausgestellten Objekte, vielfach auch über die zu Einzelstücken vorliegende wissenschaftl. Literatur. Gemäß den gewandelten Vorstellungen von den Funktionen eines Museums (bahnbrechend wirkten seit der Jahrhundertwende die Ideen A. *Lichtwarks*) sucht man gegenwärtig das Kunstwerk aus seiner „musealen" Isolation zu befreien, indem man in verstärktem Maß Orientierungshilfen bietet u. a. durch Filmvorführeinrichtungen, Vorträge, Diskussionen u. Themenschwerpunkte.
Leitung u. Verwaltung der Museen, denen oft Bibliotheken, Restaurierungswerkstätten u.

Fotoarchive angeschlossen sind, liegen in den Händen bes. ausgebildeter Fachkräfte. In Deutschland unterstehen die öffentl. Museen den Ländern oder den Kommunen; ausgenommen sind die ehemals Staatlich Preußischen Museen Berlins, die jetzt zur Stiftung Preußischer Kulturbesitz gehören. Die Museumsbauten erfordern spezielle architekton. Lösungen sowohl im Äußeren wie in der Anlage der Räume (Oberlicht, Magazine u. a.). Vor dem 19. Jh. wurden als Museen häufig Villen, Paläste u. Schlösser benutzt, die meisten Museumsbauten entstanden jedoch erst nach 1850, zunächst in mehr oder minder prunkvollen historisierenden Stilen, seit dem Ende des 1. Weltkriegs überwiegend in zweckentsprechender Modernität.

Geschichtliches: Die Entwicklungsgeschichte der Museen wurzelt in der Antike u. hat ihren Ursprung einerseits in den altgriech. *Gelehrtenschulen,* die sich aus den Heiligtümern der Musen, den Vorsteherinnen der Künste, bildeten; andererseits geht sie zurück auf die aus Weihegaben entstandenen Sammlungen von Kunstwerken, Beutestücken u. als heilig verehrten seltsamen Funden in *Tempelschatzkammern.* Noch vor dem 10. Jh. n. Chr. förderte die Kirche mit reichen Reliquien- u. Kunstschätzen die Entwicklung des Sammelwesens; hinzu trat seit dem ausgehenden MA die Einrichtung von fürstl. *Kunst-* u. *Raritätenkammern* auf mehr oder weniger systemat. Grundlage. Einer der ersten Kunstsammler größeren Stils war der französ. Herzog Jean de Berry. Margarethe von Österreich, die Statthalterin der Niederlande, richtete sich eine bedeutende Gemäldesammlung in ihrer Residenz Mecheln ein, u. vom Erzherzog Ferdinand von Tirol weiß man, daß seine Sammlung auf Schloss Ambras zu den wertvollsten seiner Zeit gehörte. Sie umfaßte kostbare Kristall-, Gold- u. Silberarbeiten, Musikinstrumente u. optische Geräte, seltene Erze sowie bedeutende Münz- u. Waffenkollektionen. Kunstkammern dieser Art gab es im 17. Jh. auch in Dresden, Berlin, auf Schloss Gottorp in Schleswig u. in Kopenhagen. In Italien waren Bologna, Verona u. Mailand wegen ihrer Raritätensammlungen berühmt. In Italien zeichnete sich im 18. Jh. zum ersten Mal das Bestreben ab, Kunstwerke u. andere Kostbarkeiten der Öffentlichkeit zugänglich zu machen. Aus der Spezialisierung der Sammler erwuchs die heute bestehende Trennung der Gemäldegalerien von allen übrigen Abteilungen der Kunstkammern. Wichtig für die weitere Entwicklung

Museum: Hubert Robert, La Grande Galerie du Muséum (Louvre). Collection N. Koenigsberg

des Sammelwesens – u. damit für das eigentl. Entstehen der Museen – war die Tatsache, dass seit dem 18. Jh. auch wohlhabende Bürger als Sammler auftraten. Einem von ihnen, dem schott. Arzt H. Sloane, verdankt z. B. das *Britische M.* sein Entstehen; es wurde mit dem Grundstock der Sloaneschen Sammlung 1759 in London eröffnet u. ist das erste neuzeitl. öffentl. M. der Welt, gefolgt vom *Vatikanischen M.* in Rom (1773), dem *Belvedere* in Wien (1781) u. dem ehemals als Musée Napoléon eingerichteten *Louvre* in Paris (1793). Das 19. Jh. brachte mit der 1816–1830 durch L. von *Klenze* erbauten Glyptothek in München den ersten autonomen Museumsbau, der für die Aufnahme der Antikensammlung Ludwigs I. bestimmt war. Private Sammlungen bildeten auch im 20. Jh. den Grundstock für Museen, die dann auch nach dem Eigentümer der Sammlung benannt wurden (z. B. Guggenheim-Museum in New York, 1956–1959 oder Getty-Center in Los Angeles, 1984–1997). Sonderformen der Museums bildeten sich heraus, wie z. B. das *Kunstgewerbemuseum,* das kulturgeschichtl. *Nationalmuseum* (Budapest, Nürnberg, München u. a.). u. das Heimatmuseum. Museumsbauten gehören heute weltweit zu den größten u. repräsentativsten Bauaufgaben.

Museumskäfer, *Anthrenus* u. *Trogoderma*, Gattungen der *Speckkäfer,* deren bunt beschuppte oder gebänderte, rundliche oder längliche Käfer auf Blüten von Pollen leben, während die Larven als ausgesprochene Kulturfolger in immer stärkerem Maße in Haushalten auftreten. Der *Kabinettkäfer, Anthrenus museorum*, war früher nur als Vernichter von Insektensammlungen bekannt, später dann auch an Wollstoffen, Pelzen, Nahrungsmitteln. Von geringerer Bedeutung ist dagegen der *Teppichkäfer, Anthrenus scrophulariae*, dessen Larve zuweilen an Wollwaren vorkommt. Ein bedeutender Lagerschädling ist der → Khapraktäfer.

Museveni, Yoweri Kaguta, ugand. Politiker, * 1944 Ankole; 1971–1979 im Exil in Tansania; kämpfte seit 1981 aus dem Untergrund an der Spitze des National Resistance Movement (NRM) um die Macht in Uganda; wurde 1986 Staats-Präs. (1996 u. 2001 durch Wahlen im Amt bestätigt).

Musgrave ['mʌzɡreɪv], Thea, schott. Komponistin u. Dirigentin, * 27. 5. 1928 Edinburgh; studierte bei N. *Boulanger*; komponiert in freier Chromatik, aber auch in seriellen Techniken; Opern u. a.: „Mary, Queen of Scots" 1977; „A Christmas carol" 1981 nach C. Dickens; „Harriet, the woman called Moses" 1985; „Simón Bolívar" 1995; Ballette, Orchester-, Kammer- u. Vokalmusik.

Musgrave Ranges ['mʌzɡreɪv 'reɪndʒɪz], Gebirgskette Inneraustraliens, im *Mount Woodroffe* 1440 m; Aborigines-Reservat.

◆ **Musgu,** afrikan. Volk der *Sara-Massa*-Gruppe am Logone im Gebiet des Tschadsees; mit den Massa zusammen 260 000. Die M. sind berühmt für ihre Lehm-Architektur mit bis zu 5 m hohen Kegelbauten mit gerippten Vorsprüngen u. einem Überzug aus Lehm u. Dung zum Schutz gegen die Erosionswirkung des Regens.

Mushanokoji, *Mushakoji,* Saneatsu, japan. Schriftsteller, * 12. 5. 1885 Tokyo, † 9. 4. 1976 Tokyo; Idealist, Tolstoj-Anhänger, gründete 1918 als Idealgemeinschaft „Das neue Dorf". Diesen Versuch wiederholte er 1939. Prosa: „Ryokan" 1913, dt. 1948; Dramen: „Seine Schwester" 1915, dt. 1925; „Aiyoku" 1925, engl. 1933; auch Lyrik.

Musić [-sitsj], Zoran Anton, jugoslaw. Maler, * 12. 2. 1909 Gorizia bei Triest; lebt seit 1953 in Paris; begann mit lyrisch-abstrakten Landschaften, verarbeitet seit 1970 jedoch seine Erfahrungen im KZ Dachau, vor allem in dem Zyklus „Wir sind nicht die letzten" 1970. In den 1980er u. 1990er Jahren entstanden Bilder, in denen er sich selbst u. seine Frau als dunkle, schemenhafte Figuren im Bildraum darstellt.

◆ **Musical** ['mjuːzɪkəl; das; engl.], Kurzform von *Musical Comedy, Musical Play*, eine ursprüngl. spezifisch amerikan. Form der Unterhaltungsbühne, am Broadway in New York um 1900 entwickelt; am besten zu bezeichnen als eine Show mit Musik; bes. Wert wird auf Ausstattung, Kostüme, Tanz u. mitreißende Melodien gelegt. Doch wurde das Libretto im Lauf der Entwicklung anspruchsvoller. Quellen sind Burleske u. Pantomime, Minstrel-Show, Vaudeville u. Revue, Jazz sowie die Operette, mit der das M. enge Berührung hat. Wichtige Namen aus der Geschichte des Musicals: Jerome *Kern* (* 1885, † 1945): „Show boat" 1927, auch als Operette oder volkstüml. Oper bezeichnet; I. *Berlin*: „Watch your step" 1914, „Annie get your gun" 1946, „Mr. President" 1962; C. *Porter*: „Kiss me Kate" 1948, „Can Can" 1953; Vincent *Youmans* (* 1898, † 1946): „No, no, Nanette" 1925; G. *Gershwin*: „Lady be good" 1924, „Strike up the band" 1930; K. *Weill*: „Lady in the dark" 1941, „Lost in the stars" 1949; R. *Rodgers*: „Oklahoma" 1943, „South Pacific" 1949, „The king and I" 1951; Harold *Rome*: „Fanny" 1954; Frank *Loesser* (* 1910, † 1969): „Guys and dolls" 1950, „How to succeed in business" 1961; L. *Bernstein*: „West side story" 1957; J. *Bock*: „Fiddler on the roof" 1964 (dt. „Anatevka" 1968); John *Kander*: „Cabaret" 1966. Die Handlung des Musicals spielte anfänglich in einer unwirkl. Welt (Ferner Osten, Südseeinsel u. Ä.); seit J. Kern ist es realistischer. Themen sind z. B.: das Leben am College, auf dem Sportplatz, in den 1930er Jahren sozialkritische Themen wie Rassenproblem, Kolonisierung, Korruption, Präsidentenwahl, aber auch literar. Vorlagen von Shakespeare, C. Dickens, Mark Twain, F. Molnár u. T. Wilder. Das Original wird aktualisiert u. auf amerikan. Verhältnisse angewandt.

Nach dem 2. Weltkrieg beteiligte sich auch Westeuropa an der Produktion von Musicals. Zum Teil sind diese hintergründiger als die amerikan. Show-Stücke, so Mischa Spolianskys „Katharina Knie" (nach C. Zuckmayer, 1956); „Cyprienne oder: Scheiden tut nicht weh" von *Flatow/Jussenhoven* (1966); „Wodka für die Königin" (1968) u. „Fanny Hill" (1969) von P. *Thomas*; „Ein ganz gewöhnlicher Hund" von J. *Lorey* (preisgekröntes Jugendmusical, 1970). Zu den erfolgreichsten Musicals zählen „Irma la Douce" (1956), insbes. durch die Filmfassung bekannt, von der Französin Marguerite *Monnot* (* 1903, † 1961), sowie „My fair Lady" (1956) nach G. B. *Shaws* „Pygmalion" (Text A. J. *Lerner*, Komponist F. *Loewe*). Aufsehen erregte „Hair" („Haare") von dem Amerikaner Galt *MacDermot* (1967, dt. Erstaufführung 1968). Im Zeichen des neuen Jesus-Kults schrieb der amerikaner Stephen *Schwartz* das Rockmusical „Godspell" 1971 als eine Art von Verkündigung. Mit ähnlicher Thematik wurde „Jesus Christ Superstar" 1971 von A. *Lloyd Webber* bekannt. Seit den 1970er Jahren gewann die Rockmusik einen größeren Einfluss auf das M. (Richard *O'Brien*: „Rocky Horror Show" 1973, als Musical-Film 1974; Pete *Townshend*: „Tommy", Musical-Film 1974). Große kommerzielle Erfolge erzielten weiterhin Jim *Jacobs*/Warren *Caasey* („Grease" 1972), A. Lloyd Webber („Evita" 1978, „Cats" 1981, „Das

Musical: „West side story" von Leonard Bernstein

Musgu: Typischer Lehmdom

Music-Hall

Musical: „Starlight Express" von Andrew Lloyd Webber. Bochum

Phantom der Oper" 1986, „Sunset Boulevard" 1993, „Wistle Down the Wind" 1996), Claude-Michel *Schönberg* („Les Misérables" 1980, „Miss Saigon" 1989, „Martin Guerre" 1996), Sylvester *Levay* („Elisabeth" 1992), Alan Menken („Die Schöne und das Biest" 1994, Text Linda Woolverton, „Der Glöckner von Notre Dame" 1999, Text Stephen Schwartz) u. a. Während das M. ab den 1980er Jahren in Dtschld. so erfolgreich war, dass spezielle Musical-Häuser neu entstanden, schien der Musicalboom Ende der 1990er Jahre gebremst: Einerseits waren „Musical-Klassiker" wie „Starlight Express" oder „Cats" noch immer erfolgreich u. neue Produktionen wie „Tanz der Vampire" (Musik Jim Steinmann) feierten 2000 Premiere, andererseits spielten einige Musicals nur noch Verluste ein.

Music-Hall ['mjuzik'hɔːl], eine Art Varieté, → Vaudeville.

Musici di Roma [ˈmuːzitʃi-], *I Musici di Roma,* italien. Kammerorchester, 1952 in Rom gegr.; widmet sich bes. italien. Barockmusik u. modernen Werken, spielt ohne Dirigenten.

Musik [grch.], im antiken Griechenland zunächst ein zusammenfassender Begriff für die Ton-, Dicht- u. Tanzkunst, später für die Tonkunst allein. Was im Einzelnen darunter zu verstehen ist, definiert jede Kultur u. Epoche anders. Alle heutigen Definitionsversuche haben folgende Bestimmungen gemeinsam: 1. M. ist primär hörbar (ihre bes. in Kunstmusik allein durch die Notation erfassbaren Erscheinungen sind sekundär); 2. M. ist im Gegensatz zum Naturlaut vom Menschen absichtsvoll u. nach gewissen Gesetzen gestaltet; 3. M. hat als bewusst gestaltetes akustisches Phänomen im Gegensatz zur Sprache meist keine eindeutig zeichenhafte Bedeutung; 4. M. ist vielfach eine kommunikative Aktion im weitesten Sinn.
Innerhalb einer Kultur gibt es weitere Differenzierungen, z. B. nach sozialen Schichten oder nach dem Bildungsniveau. So lässt sich die im 20. Jh. erklingende mitteleurop. M. kategorisieren: 1. nach ästhetischer Wertung in Kunstmusik (sog. *E-Musik,* d.h. ernste M.), Unterhaltungsmusik (sog. *U-Musik*), Volksmusik u.a.; 2. nach Zweckanwendungen u. sozialen Funktionen in Film-, Kirchen-, Tanz-, Konzertmusik u. a.; 3. nach Merkmalen ihrer Gestaltung bzw. Satzstilen z. B. in serielle M., Monodie; 4. nach ihren Darstellungsmitteln (Besetzung) z. B. in Vokalmusik, sinfon. M., elektron. M.; 5. innerhalb der Kunstmusik nach Gattungen z. B. Oper, Sinfonie, Kantate. Natürlich überschneiden sich die Bereiche vielfach.
Die Entwicklung der M. als *Musikgeschichte* lässt sich nicht in allen Kulturen gleich gut erfassen u. ist für den (durch die exakte Notation bes. herausgehobenen) abendländ. Kulturkreis am besten nachvollziehbar.
Die Periodisierung der abendländ. M. lehnte sich in der Vergangenheit meist an die Epocheneinteilung der allg. Geschichte, der Kunst- u. der Literaturgeschichte an. Inzwischen ist die Forschung zu einer stilgeschichtlich neutralen Einteilung nach Jahrhunderten übergegangen, weil sich die Stil- u. Epochenschemata bei zunehmendem Wissensstand als nicht mehr plausibel erweisen. In der folgenden Übersicht werden die bisher übl. Epochenbegriffe deshalb nur zur besseren Orientierung angegeben. Die Jahreszahlen geben lediglich ungefähre Grenzen wieder, die man nicht exakt fassen kann.

Alter Orient (ab 3000 v. Chr.): hohe musikal. Kultur in Ägypten, Mesopotamien u. Israel; durch Bild- u. Schriftzeugnisse belegt.

Antike (bis 500 n. Chr.):
Griechenland: einstimmiger musikalischer Vortrag von Epos, Lyrik u. Tragödie; Nomos, Chortanz; Hauptinstrumente: Aulos u. Kithara; ausgeprägte Musiktheorie.
Rom: hellenistische Musikkultur, Oden, M. zu Komödien, musikal. Massenwirkungen im Zirkus;
Christentum: einstimmiger liturgischer Gesang (ohne Instrumente), Hymnen.

Mittelalter (500–1450):
einstimmiger liturgischer Gesang: byzantinische Kirchenmusik, gregorianischer Choral, Hymnen, Tropen, Sequenzen, Reimoffizien, liturgische Spiele; Ausbildung von Kirchentonarten, Solmisation, Neumenschrift, Choralnotation.
einstimmiger weltl. Gesang: Lieder der Troubadours u. Trouvères, Minnesang;
Mehrstimmigkeit 900–1320: Organum, Notre-Dame-Schule, Ars antiqua; Gattungen: Conductus, Motette; Liniennotation, Modalnotation, Mensuralnotation.
Mehrstimmigkeit 1320–1450: Ars nova; Gattungen: isorhythmische Motette, Messe, Ballade, Chanson. Seit dem 15. Jh. ist Frankreich nicht mehr führend.

Renaissance (1450–1600): Polyphonie der niederländ. Schule; Gattungen: Motette u. Messe, franzöz. Chanson u. dt. Tenorlied, italien. Madrigal; Palestrina-Stil, modellhaft für die kath. Kirchenmusik (a cappella); prot. Choral mit Orgelbegleitung; Beginn selbstständiger Instrumentalmusik (Laute, Virginal, Orgel); Beginn der musikal. Vorherrschaft Italiens.

Barock (1600–1730): Monodischer Stil einerseits u. Mehrchörigkeit andererseits. Ausbildung von Akzentstufentakt u. Dur-Moll-Tonalität, Generalbass; neue Gattungen: Musikdrama, Oper (Opera seria u. Opera buffa) u. Oratorium in Italien, geistliches Konzert u. Kantate in Dtschld.; erste Blütezeit der selbstständigen Instrumentalmusik, bes. der Streichmusik (Kirchen- u. Kammersonate, Concerto grosso, Violinsolokonzert, Orchestersuite, franzöz. u. italien. Ouvertüre) u. der Orgelmusik (Ricercar, Fuge, Passacaglia; „freie Formen": Toccata, Präludium, Fantasia); Generalbassinstrumente (Basso continuo) als Soloinstrumente: Klavier- u. Cellosuiten; neue Großformen der Kirchenmusik: Oratorien, Passionen. Dtschld. ist neben Italien führend, Blüte der engl. M.

Klassik (1730–1820): Lösung von der strengen Kontrapunktik, galanter Stil, hoch entwickelte Verzierungstechnik (Cembalo), empfindsames Sololied; Serenade als Unterhaltungsmusik; Entwicklung der Sonate u. Sinfonie mit Themenpolarität u. des Streichquartetts als klass. Form der Kammermusik; italien. u. dt. Oper. Die „Wiener Klassik" bedeutet das Ende der Führung Italiens.

Romantik (1820–1910):
bis etwa 1860: starke Bindung an die Gattungen der Instrumentalmusik (Sinfonie, Sonate, Kammermusik, Solokonzert mit neuen Inhalten); nationale Prägung der Oper, Blüte des dt. Sololieds mit Klavierbegleitung u. des „poetischen" Klavierstücks; Beginn eines öffentl. Musiklebens, zugleich Blüte der Hausmusik;
ab etwa 1860: in der Instrumentalmusik einerseits Rückwendung zu alten Formen (Barock), andererseits klangliche Verfeinerung bis an die Grenze der Tonalität (bes. im Impressionismus); zur Sinfonie tritt die sinfonische Dichtung (Programmmusik); Zurücktreten der Sonate, aber weiterhin vielfältige Kammer- u. Klaviermusik; neuer Höhepunkt des Sololieds, auch mit Orchesterbegleitung; Musikdrama u. große Oper

Musical: „Miss Saigon" von Claude-Michel Schönberg. Stuttgart, Music Hall

als Ausdruck nationaler Emotionen; daneben Beginn der Operette u. einer neuen Epoche der Unterhaltungsmusik (Absinken der Romantik zur Sentimentalität); Musikforschung (Dtschld. führend).
Moderne, neue Musik (ab 1910): Abkehr vom Dur-Moll-System (sog. Atonalität), Zwölftonmusik, serielle M., „erweiterte Tonalität"; Suche nach neuen Klangmöglichkeiten, Bedeutung des Klangs gegenüber motivischen Strukturen: einerseits extreme Verfeinerung (kleine Besetzung, leiser Klang, melodische Reduzierung auf kleinste Einheiten), andererseits neuer Monumentalstil mit rücksichtslosen klanglichen Massierungen u. Härten (M. als „Bürgerschreck"), elektron. M. ab 1950; bes. Bedeutung rhythm. Elemente, Jazz als Stilelement konzertanter M.; neuartige Besetzungen, neue Formen der Oper u. des Balletts; teilweise Aufgabe des Werkcharakters (Aleatorik); Musical als Nachfolge der Operette; auf dem Unterhaltungssektor „Musikindustrie" (Schlager, Soundtracks zu Film u. Fernsehen sowie Hör- u. Computerspielen); M. als Symbol einer Jugendkultur (Rockmusik); Zurücktreten nationaler Unterschiede, Ende der alleinigen Führung Europas.
Außerhalb Europas, insbes. in Afrika u. Asien, haben sich äußerst unterschiedliche Musikkulturen entwickelt, deren Existenz durch europ. Einflüsse z.T. stark gefährdet ist. Wurden diese Kulturen in Europa lange gänzlich unterschätzt, so wurde im 20. Jh., bes. durch die → Musikethnologie, ihre histor. u. soziale Schichtung deutlich. Unterschiede zu Europa wie auch zwischen den Kulturen bestehen sowohl in den Tonsystemen, den Musikinstrumenten u. musikal. Gattungen als auch in deren gesellschaftl. Funktion.
Zu den wichtigsten außereurop. Musikkulturen gehören → afrikanische Musik, → arabische Musik, → chinesische Musik, → iberoamerikanische Musik, → indianische Musik, → indische Musik, → indonesische Musik, → japanische Musik.
Musikakademie → Musikhochschule.
Musikalienhandel, ein selbständiger Zweig des Buchhandels, der den Handel von Musikwerken, Notendrucken, Instrumenten u. Tonträgern betreibt.
Musikalienhändler, *Musikalienhändlerin,* anerkannter Ausbildungsberuf (Handel) mit 3-jähriger Ausbildungsdauer. M. handeln mit Musik- u. Notenbüchern, Musikinstrumenten u. Tonträgern.
musikalische Akustik, die allg. Lehre vom musikal. Hören. Sie umfasst: 1. *physikalische Akustik*: Schwingungs- u. Wellenlehre in ihrer Anwendung auf musikal. Klänge; 2. *physiologische Akustik*: die Lehre von der Verwandlung von Schallschwingungen in elektrochem. Vorgänge sowie deren Verarbeitung in der Nervenbahn; 3. *psychologische Akustik*: die Lehre von der Verarbeitung akustischer Reize zu sinnvollen psychischen Inhalten (Wahrnehmung, Erlebnis), von ihrer Speicherung (Gedächtnis) u. Reproduktion (Erinnerung) sowie von den Voraussetzungen der musikal. Begabung; in diesem Bereich Überschneidung mit der Musikpsychologie; 4. *Raumakustik*: die Lehre von den Zusammenhängen zwischen physikal. Schallvorgängen im Raum u. dem musikal. Hören, um daraus Regeln für den Bau von Konzert- u. Kirchenräumen abzuleiten; 5. *Elektroakustik*: die Lehre von der elektr. Musikübertragung (Aufnahme, Speicherung u. Wiedergabe); dazu gehört auch die elektronische Musik, die aus Klängen besteht, die nicht von traditionellen Musikinstrumenten erzeugt werden, sondern mittels elektroakustischer Apparaturen. Auch → Schall.
musikalische Grafik → Notation.
musikalische Völkerkunde → Musikethnologie.
Musikalität [grch., lat.], *musikalische Begabung,* die Fähigkeit, Musik mit ihren Elementen Melodik, Harmonik, Rhythmik u. in ihrer formalen Gliederung aufzunehmen u. ihren Sinn zu erfassen; nicht unbedingt mit instrumentaltechnischer, sängerischer oder schöpferischer Begabung verbunden; objektiv nicht messbar, da M. unterschiedl. kulturellen Einflüssen ausgesetzt ist.
Musikantenknochen → Mäuschen.
Musikästhetik [grch.], wörtlich die Lehre vom Schönen in der Musik. M. gibt es seit der griech. Antike. Sie ist stets in die allg. Entwicklung der Philosophie eingebunden. Wie diese berührt sie Gebiete der Soziologie u. der Psychologie. Sie versucht, Musik einen transzendenten Sinn zu geben, die sinnliche u. geistige Erfahrung mit ihr philosophisch zu durchleuchten. Sie fragt nach dem Erkenntniswert der Musik, nach ihrer Stellung zur u. innerhalb der Wirklichkeit. Ferner beschäftigt sich M. mit internen musikal. Problemen wie dem Verhältnis von Wort u. Ton oder Form u. Inhalt eines Werkes. Die heutige M. kreist noch um die großen Ideen des 19.Jh., vor allem um die Idee der Autonomie der Kunst. Diese wird indes von ideologiekritisch argumentierenden Positionen in Frage gestellt. Zu den Verfassern bedeutender Systeme der M. gehören in der Antike *Platon* u. *Aristoteles,* im MA *Boethius* u. J. *Tinctoris,* in der Neuzeit J.-J. *Rousseau,* I. *Kant,* G. W. F. *Hegel,* T. W. *Adorno.* Die M. ist innerhalb der Disziplin der systematischen Musikwissenschaft, die das philosoph. Nachdenken über Musik aus histor. Perspektive aufarbeitet.
Musikbogen, eines der frühesten Musikgeräte, dem Schießbogen ähnlich, doch zuweilen schon mit Resonanzgefäß (z. B. einem Kürbis) u. einer Schlinge zum Verkürzen der Saite, also zum Stimmen. Der M. wird gezupft, mit einem Stäbchen geschlagen oder gestrichen, soweit er noch bei Naturvölkern in Gebrauch ist. Manchmal dient die Mundhöhle als Resonanzraum.
Musikbox, *Jukebox,* ein Automat in öffentl. Lokalen, der nach dem Einwurf von Münzen eine zu wählende Schallplatte auflegt u. abspielt.
Musikdiktat [lat.], eine Übung der *Gehörbildung,* in der kurze Melodien, auch mehrstimmige Beispiele oder Akkordfolgen vorgespielt werden, die nur nach dem Gehör notiert werden sollen. Das M. gehört häufig zur Aufnahmeprüfung an Musikhochschulen.
Musikdirektor, ein von Städten oder Universitäten verliehener Titel, mit dem führende Musikpädagogen, Konservatoriumsleiter, Leiter des städt. Musiklebens, früher auch Schulmusiklehrer ausgezeichnet wurden; daneben auch *Generalmusikdirektor* u. *Kirchenmusikdirektor.*
Musikdrama, die ursprüngl. Form der um 1600 in Italien geschaffenen → Oper, im bes. Sinn das von R. *Wagner* erstrebte „Gesamtkunstwerk". In diesem wird die stark gegliederte „Nummernoper" weitgehend aufgelöst zugunsten einer durchgehenden musikal. Gestaltung (Wagner: „unendliche Melodie"), die durch *Leitmotive* zusammengehalten wird. Zum M. Wagners gehört die geistige u. künstlerische Einheit von Dichtung, Musik u. Bühnenbild.
Musiker, *i.w.S.* ein Tonkünstler oder Musikliebhaber, der sich schöpferisch, reproduzierend oder lehrend mit der Musik beschäftigt; *i.e.S.* jemand, der die Musik als Beruf ausübt. Die M. waren im MA in Kantoreien oder Musikerzünften zusammengefasst (Spielleute, Stadtpfeifer), standen jedoch vielfach in niedrigem Ansehen, bis auf angesehene Komponisten in geistl. Ämtern, u. wurden bis in das 18. Jh. als Angestellte von Fürsten oder Angehörigen der herrschenden Klasse der Dienerschaft gleichgestellt. Erst gegen Ende des 18.Jh. mit der Emanzipation des Bürgertums wurden die M. freie Künstler, als Orchestermusiker u. Erzieher Angestellte u. Beamte.
Musikerziehung, *Musikpädagogik,* die Erziehung zur Musik (u. auch durch Musik). Das Ziel der M., deren Wert bei den charakterl. Bildung bereits die Griechen des Altertums erkannten, ist die Entwicklung der musikal. Anlagen des Menschen, die Steigerung seiner Sensibilität u. auch die Förderung logischen u. kreativen Denkens. Während sie im MA fast ausschl. Angelegenheit von Kirche u. Klöstern blieb, wurde sie mit den großen pädagog. Reform J. H. *Pestalozzis* wichtiger Bestandteil der Volksbildung. z. B. durch H. G. *Nägeli,* L. *Natorp,* C. F. *Zelter,* J. A. P. *Schulz* auch der Schulerziehung. Sie soll nach moderner Auffassung die M. gemäß den Bestrebungen von H. *Kretzschmar,* L. *Kestenberg,* C. *Orff* u. E. *Preußner* bereits beim Kleinkind beginnen u. in der Schule weitergeführt werden: Förderung des rhythmischen Gefühls, Gehörbildung, Kenntnis der Notenschrift u. Elementartheorie sowie später der Grundzüge der Musikgeschichte u. der musikal. Formen, Förderung des Singens u. Instrumentalspiels. – Neben der M. in der Schule kommen als weitere Faktoren der M. hinzu: der private Musikunterricht, Musikschulen, Volksmusikschulen sowie Chor- u. Orchestervereinigungen.
Musikethnologie [grch.], *musikal. Völkerkunde,* früher *vergleichende Musikwissenschaft,* die Wissenschaft von der Musik der außereurop. Völker sowie (als „musikalische Volkskunde") von der europ. Volksmusik. Da sie es auch im Bereich der Hochkulturen (z. B. in Indien, Arabien, China u. Japan)

Musikgeschichte

mit weitgehend schriftlosen Musikkulturen zu tun hat, sind ihre wichtigsten Quellen die klingende Musik selbst, daneben Instrumente u. bildliche u. literarische Zeugnisse, aber auch Musiktraktate u. Lehrschriften. – Musikalische Berichte u. Tonaufzeichnungen aus exotischen Ländern haben Reisende u. Missionare seit Anfang des 18. Jh. angefertigt. Die fremden Rhythmen u. Melodien sind darin jedoch so „europäisiert" worden, dass diese Aufzeichnungen nur noch Kuriositätswert haben. Erst durch die akustischen Messungen, die der Engländer Alexander John *Ellis* um 1880 an exotischen Musikinstrumenten vornahm, wurde der Sinn für die Eigenart exotischer Tonskalen geschärft.

Die Erfindung der mechan. Schallaufnahme (T. A. *Edisons* Phonograph 1877) führte endlich zu einer zuverlässigen Bestandsaufnahme. Die Auswertung, für die zunächst eine brauchbare schriftl. Übertragungsmethode entwickelt werden musste, hat seither mit der Zahl der Aufnahmen nicht Schritt gehalten. Durch das weltweite Vordringen der europ.-amerikan. Kultur sind viele Musikkulturen in ihrem Bestand gefährdet. Ihre Darstellungsmittel gleichen sich den europ. an *(Akkulturation)*. Darum kommt den älteren Aufnahmen der M. bes. Bedeutung zu.

Bis in die 1930er Jahre konzentrierte sich die Forschung (C. *Stumpf*; E. M. von *Hornbostel*; C. *Sachs*) auf die Tonsysteme u. Instrumente, in der vergleichende Methode entwicklungsgeschichtl. Zusammenhänge im Sinn der Kulturkreislehre aufzudecken (daher der heute nicht mehr gebräuchl. Name *vergleichende Musikwissenschaft*). Neueren Forschern (Robert *Lachmann*, Jaap *Kunst*, Marius *Schneider*, Hans *Hickmann*, Bruno *Nettl*, Kurt *Reinhard*) geht es mehr um die musikal. als um die völkerkundl. Fragen.

Die Musik der Hochkulturen wird zunehmend auch der historischen Betrachtungsweise zugänglich. Insbes. für den ägypt. u. vorderasiat. Raum sind die historischen Forschungen bis in das 3. Jahrtausend v. Chr. vorangetrieben worden. Wegen seiner engen Verbindung zur abendländ. Musikkultur behandelt man das Altertumsstadium dieser Musikkulturen meist im Zusammenhang mit der europ. Musikgeschichte.

Musikgeschichte, *i. w. S.* die Entwicklung der Musik in einzelnen Kulturen, dann die Entwicklung der abendländ. Musik (→ Musik), *i. e. S.* der Teil der → Musikwissenschaft, der sie geschichtl. Zusammenhang, in dem sich die Musik von ihren Anfängen bis zur Gegenwart insgesamt oder in einzelnen geschlossenen Kulturen entwickelt hat, erforscht u. darstellt. Die M. gründet sich auf die Untersuchung der musikal. Quellen. Diese klassifiziert man ihrem Wert nach: 1. *primäre Quellen* sind die klingende Musik selbst sowie ihre graf. Fixierung in einer Notation (seit etwa 1900 auch ihre mechan. Fixierung auf einem „Schallträger"); 2. *sekundäre Quellen* sind alle sonstigen schriftl. u. bildlichen Zeugnisse über Musik, Musiker u. Musikinstrumente.

Musikinstrumente: Sitar und Musizierende; indische Miniatur aus dem 18./19. Jahrhundert

Die M. gliedert die Entwicklung der Musik in verschiedenster Weise: chronologisch nach Epochen; geographisch nach Völkern, Landschaften, Städten u. ortsgebundenen Institutionen (z. B. Mailänder Scala, Leipziger Gewandhausorchester); individuell nach Komponisten (Biografik); paläographisch nach Notenschriften; formal nach Satzstilen (z. B. Palestrinastil, Monodie) u. Formen (z. B. Fuge, Variation, Sonatensatz), die in die mehr sozial gebundenen „Gattungen" (z. B. Oper, Konzert, Kantate, Klaviersonate) übergehen. Die musikal. Elemente Rhythmus, Melos u. Harmonik, die Tonsysteme u. die gesamte Musiktheorie haben ebenso ihre Geschichte wie die Musikinstrumente. Für das Verständnis u. die Interpretation der Musik ist neben dem Einblick in die historische Aufführungspraxis die Kenntnis der geschichtl. Gebundenheit der Musikanschauung notwendig. Erste zusammenhängende Musikgeschichten gibt es seit etwa 1750 (z. B. C. *Burney* 1776–1789 u. J. *Hawkins* 1776). Vielfach orientierten sich diese Arbeiten bis ins 19. Jh. an den Biografien „großer" Komponisten. Dagegen standen die Musikgeschichten von J. N. *Forkel* (1788–1801), J. G. *Kiesewetter* (1834), A. W. *Ambros* (1862–1878) u. a., die M. als Kulturgeschichte schrieben. Erst die umfangreichen Quellenstudien ab Mitte des 19. Jh. u. die beginnenden Denkmälerausgaben machten eine Darstellung der M. bis ins MA hinein möglich. H. *Riemann* (1904–1913) versuchte M. als zielgerichtete Entwicklung zur klassisch-romantischen Musik hin zu interpretieren, H. *Kretzschmar* (1905–1925) führte in mehreren Einzeldarstellungen eine Form- u. Gattungsgeschichte durch, G. *Adler* schrieb M. als Stilgeschichte (1924). Um 1930 war der kultur- u. geistesgeschichtl. Ansatz, schon 1918 von W. *Gurlitt* gefordert, beherrschend; danach wurden sozialgeschichtl. Aspekte immer bedeutsamer. Seit etwa 1970 setzt sich allg. ein strukturgeschichtl. Ansatz durch.

Musikhochschule, *Musikakademie, Hochschule für Musik,* staatl. Ausbildungsstätte für die musikalische Fachausbildung, in Dtschld. in Berlin, Detmold, Dresden, Düsseldorf, Essen, Frankfurt a. M., Freiburg i. Br., Hamburg, Hannover, Heidelberg-Mannheim, Karlsruhe, Köln, Leipzig, Lübeck, München, Saarbrücken, Stuttgart-Trossingen, Weimar, Würzburg; in Österreich in Graz, Salzburg, Wien; in der Schweiz in Basel, Bern, Zürich. Fachrichtungen der künstlerischen Berufsausbildung: Dirigent, Komponist, Instrumentalsolist, Opern- u. Konzertsänger, Orchestermusiker, Kirchenmusiker, Schulmusiker, freiberufl. Musiklehrer; Abschlüsse: künstler. Reifeprüfung, staatl. Prüfung, Staatsexamen, Diplom.

◆ **Musikinstrumente.** Am Anfang stehen Urformen, die naturgegebenes Material wie Holzstäbe als Klappern, Fruchtkapseln als Rasseln, Bambusrohr, Tierhörner u. Schneckengehäuse als Blasgeräte, gehöhlte Baumstämme als Trommeln, Bogensehnen als Saiten u. Kürbisschalen, Kokosnüsse oder Schildkrötenpanzer als Resonanzkörper verwenden. Mythos u. Zauberglaube sind mit den meisten dieser Formen verbunden u. regeln ihren Gebrauch bei den Naturvölkern. Doch schon für die frühesten Epochen antiker Hochkulturen bezeugen Funde u. Ausgrabungen das Vorhandensein zahlreicher M., deren Entwicklungsstadium Schlüsse auf eine gehobene Art der Musikpflege zulässt. Dazu gehören Längsflöten, Harfen, Schalmeien mit doppeltem Rohrblatt, Langhalslauten, Metalltrompeten, Bronzehörner, Lyra u. Kithara, Kastagnetten u. Felltrommeln. Die Weitergabe von Kulturgütern Zentralasiens an den Orient, Völkerwanderungen u. die Kreuzzüge haben viele dieser M. an das Abendland vermittelt, wo sie einer anderen Musikauffassung entspr. umgestaltet wurden, so Orgel, Trompete, Laute, Gitarre, Geige, Hackbrett. Im späten MA u. in der Renaissance, die erstmals eigenständige Instrumentalmusik hervorbrachte, findet sich eine große Typenvielfalt insbes. an Blasinstrumenten (Dulzian, Rankett, Rauschpfeife, Pommer, Zink u. a.). Im 17. u. 18. Jh. entwickelten sich daraus die heutigen Orchesterinstrumente, die technisch bes. im 19. Jh. verbessert wurden.

In der Praxis werden die M. in *Tasteninstrumente; Saiteninstrumente* (Streich- u. Zupfinstrumente); *Blasinstrumente* (Holz- u. Blechblasinstrumente); *Schlaginstrumente* (mit u. ohne bestimmbare Tonhöhe); *mechanische* u. *elektronische Musikinstrumente* eingeteilt.

Diese Einteilung geht von dem gegenwärtigen Instrumentarium des Abendlands aus u. folgt keinem wissenschaftl. Prinzip. Daher haben E. M. von *Hornbostel* u. C. *Sachs* im Anschluss an eine Klassifikation, die V. C.

Mahillon seit 1888 seinem Katalog der Musikinstrumenten-Sammlung des Brüsseler Konservatoriums zugrunde gelegt hatte, 1914 eine heute in der Musikwissenschaft allg. gebräuchl., alle Erscheinungsformen von Musikinstrumenten in der Welt einbeziehende Systematik der M. aufgestellt mit den Hauptgruppen *Idiophone* (z. B. Schlagidiophone wie die Triangel oder Streichidiophone wie die Glasharmonika), *Membranophone* (z. B. Pauke, Trommeln), *Chordophone* (Saiteninstrumente einschl. Klavier u. Cembalo), *Aerophone* (Blasinstrumente). Hinzu kommen die bei der Abfassung der Systematik noch nicht gebräuchlichen *Elektrophone*.

Musikinstrumentenbauer, *Musikinstrumentenbauerin,* Sammelbez. für die handwerkl. u. industriellen Ausbildungsberufe der Musikinstrumentenherstellung; z. B. Geigenbauer, Handzuginstrumentenmacher, Holzblasinstrumentenmacher, Klavier- u. Cembalobauer, Metallblasinstrumentenmacher, Metall- u. Glockengießer, Orgel- u. Harmoniumbauer. Die Ausbildungszeit dauert in der Regel 3 bis 3 1/2 Jahre.

Musikkritik, die fachmännisch-kritische Beurteilung von Kompositionen, Werken des Musiktheaters sowie von deren Wiedergabe, vor allem in Zeitschriften, Zeitungen, Rundfunk u. Fernsehen. Zunächst mehr auf Werkkritik gerichtet, finden sich Ansätze in Hamburg in J. *Matthesons* „Critica Musica" 1722–1725 u. in J. A. *Scheibes* „Der critische Musicus" 1737–1740, dann in Leipzig bei L. C. *Mitzler*. Die erste Musikzeitschrift im heutigen Sinn gab in Leipzig J. A. *Hiller* heraus („Wöchentliche Nachrichten u. Anmerkungen die Musik betreffend" 1766–1770), 1798–1848 erschien bei Breitkopf u. Härtel in Leipzig die von J. F. *Rochlitz* herausgegebene „Allg. musikalische Zeitung". Ab 1788 schrieb F. *Rellstab* in der Berliner „Vossischen Zeitung" regelmäßig Musikkritiken. Ein neuer Ton kam in die M. durch R. *Schumanns* „Neue Zeitschrift für Musik", die seit 1834 erscheint. In Frankreich wirkte H. *Berlioz* in ähnlichem Sinn. Überhaupt griff die M. (E. *Hanslick,* G. B. *Shaw,* F. *Fétis*) als Organ, das sich an eine breite Öffentlichkeit richtet, immer stärker in musikal. Richtungskämpfe ein. Im 20. Jh. trat die Besprechung von *Interpretationen* (Aufführungs- oder Plattenrezensionen) stark in den Vordergrund, wie auch der entschiedene Einsatz für die zeitgenöss. Musik (E. *Dent,* P. *Bekker,* H. H. *Stuckenschmidt*).

Musiklehre, *Musiktheorie,* heute die Fachkunde für den Tonsatz, die die Kenntnis der hierfür nötigen Regeln u. Kenntnisse sowie der handwerkl. Grundlagen vermittelt: Notenschrift (insbes. Partiturschrift), Stimmführung, Formgestaltung, Instrumentation u. a. Teilgebiete der M.: 1. *Elementartheorie (Allgemeine Musiklehre),* behandelt Notenlehre, Tonbenennung, Intervallehre, Tonsysteme, Tonarten, Rhythmik, allg. Akkordlehre, die gebräuchl. Tempo- u. Vortragsbezeichnungen; 2. *Harmonielehre*: Akkordfunktionen u. Stimmführung; 3. *Kontrapunkt*: polyphone Stimmführung; 4. *Formenlehre*: Aufbau größerer musikal. Sätze; 5. *Metrik u. Rhythmik*: Gewichtsverhältnisse, Betonung, Takt, Länge u. Kürze der Noten, ihr zeitl. Verhältnis zueinander; 6. *Instrumentationslehre*: Anwendungsmöglichkeiten der Instrumente.

Die M. des MA war von antiken kosmolog. Traditionen bestimmt, weniger von praktischen Gesichtspunkten (*Boethius,* J. de *Grocheo*). Im Mittelpunkt stand der Zusammenhang mit Zahlen (*Musica* als Teil der *Artes liberales*) u. die Einbindung der Musik in christl. Glaubens- u. Jenseitsvorstellungen. Seit der Renaissance traten dann handwerkl. Aspekte (vor allem Fragen des Kontrapunkts) in den Vordergrund (G. *Zarlino*). Von großer Bedeutung war die Harmonielehre J.-P. *Rameaus* im 18. Jh., die ihre Erklärungen aus der Obertonreihe ableitete u. zu einer physikal. Grundlegung der M. führte.

Die moderne M., deren Begriffe auf der Theorie H. *Riemanns* fußen, entstand aus den musikal. Handwerkslehren des 18. Jh. Im 19. Jh. gab es umfangreiche Kompositionslehren (z. B. von A. B. *Marx,* J. C. *Lobe*), die sich auch als Kunstlehren verstanden. Neben der Vermittlung technischer Fähigkeiten kennt die M. aber immer noch Systeme, die versuchen, die Musik transzendent zu begründen (E. *Kurth* u. H. *Schenker*).

Musiklehrer, *Musiklehrerin* → Musikschullehrer

Musikleistung, engl. *Music Power,* die von einem elektrischen Verstärker abgegebene Ausgangsleistung bei Aussteuerung mit nicht exakt definierten Spannungen beim höchstzulässigen Klirrgrad (Nennklirrgrad); liegt höher als die Dauertonleistung (Sinustonleistung) u. wird in Watt angegeben.

Musikorganisationen, *Musikgesellschaften, Musikvereine,* regionale u. internationale Vereinigungen zur Musikpflege, Forschung u. Musikerziehung, seit dem 19. Jh. auch zur Durchsetzung sozialer Forderungen von Berufsmusikern; ferner zählen die *Konzertgesellschaften* des 19. Jh. dazu (Organisation von Abonnement-Konzerten). In Dtschld. sind überregionale M. im → Deutschen Musikrat zusammengeschlossen. Hervorzuheben ist die Gesellschaft für Musikforschung. In *Österreich* u. der *Schweiz* finden sich ähnliche Organisationen (z. B. schweiz. Chorvereinigung, österr. Sängerbund).

Musikpädagogik → Musikerziehung.

Musikpreis, ein Geldpreis, der von öffentl. oder privaten Institutionen an Komponisten oder Musiker vergeben wird. Durch die Verleihung eines Musikpreises

Musikinstrumente: Sammlungen in Deutschland

Ort	Name	gegr.	Schwerpunkt
Bad Krozingen	Sammlung histor. Tasteninstrumente	1930	Tasteninstrumente
Bamberg	Musikhistor. Museum Neupert	1927	Klavier
Berlin	Museum für Völkerkunde	1934	7000 europ. u. außereurop. Instrumente
Berlin	Musikinstrumentenmuseum des Staatl. Instituts für Musikforschung Preußischer Kulturbesitz	1888	umfassende Sammlung ohne Schwerpunkt
Bochum	Musikinstrumentensammlung Grumbt, Haus Kemnade	1970	Europ. Kunst- u. Volksmusikinstrumente, auch außereurop. Instrumente
Braunschweig	Braunschweigisches Landesmuseum	1891	Europ. Kunst u. Volksmusikinstrumente
Frankfurt a. M.	Histor. Museum Frankfurt. Musikinstrumentensammlung	1878	Europ. Kunst- u. Volksmusikinstrumente
Göttingen	Musikinstrumentensammlung des musikwiss. Instituts der Universität	1957	Europ. u. außereurop. Kunst- u. Volksmusikinstrumente
Halle	Händel-Haus	1937	Europ. Kunstmusikinstrumente
Hamburg	Museum für Völkerkunde	1879	Außereurop. Instrumente
Köln	Rautenstrauch-Joest-Museum	1901	Außereurop. Instrumente
Leipzig	Musikinstrumentenmuseum der Universität im Grassi-Museum	1929	umfassende Sammlung ohne Schwerpunkt
Markneukirchen	Musikinstrumentenmuseum	1883	Europ. u. außereurop. Instrumente
München	Musikinstrumentmuseum im Münchner Stadtmuseum	1940	Europ. Kunst- u. Volksmusikinstrumente
Nürnberg	Musikinstrumentensammlung im Germanischen Nationalmuseum	1852	Europ. Kunst- u. Volksmusikinstrumente, auch außereurop. Instrumente
Stuttgart	Musikinstrumentensammlung im Württembergischen Landesmuseum	1901	Klaviermechaniken; europ. Kunst- u. Volksmusikinstrumente

soll das kompositor. oder interpretator. Schaffen eines Musikers ausgezeichnet oder seine weitere künstlerische Ausbildung gefördert werden. Vielfach werden Musikpreise auch im Anschluss an Musikwettbewerbe verliehen. Auch → Grammy.

Musikpsychologie [grch.], ein Teilgebiet der systemat. *Musikwissenschaft*, das sich i. w. S. mit dem musikal. Hören u. Erleben beschäftigt. Die M. verfährt meistens empirisch u. nimmt sich sowohl differenzieller als auch allgemein psycholog. Forschung an. Sie untersucht das Hören von Simultan- u. Sukzessivklängen (→ musikalische Akustik), entwirft Typologien musikalischer Begabung u. widmet sich sozialpsychologisch alters- u. schichtspezifischen Präferenzen. Angewandt Erkenntnisse der M. in der klinischen *Musiktherapie* sowie in der Funk- u. Fernsehwerbung, ferner bei der stimulierenden Verwertung von Musik in den Kaufhäusern.

Musikschule, *Jugendmusikschule,* selbständige musikal. Bildungseinrichtung für Kinder, Jugendliche u. Erwachsene, durch E. Jöde 1924 angeregt. Aufgaben: Heranbildung für das Laien- u. Liebhabermusizieren, Begabtenfindung u. -förderung, evtl. Vorbereitung auf ein Berufsstudium durch Instrumentalunterricht, Gehörbildung, Musiktheorie; die dt. Musikschulen sind im „Verband dt. Musikschulen" (Sitz: Bonn) zusammengefasst.

Musikschullehrer, *selbständiger Musikschullehrer/in,* ein Lehrer, der im Singen, Notenlesen u. im Instrumentenspiel unterrichtet, u. zwar als privater Musiklehrer oder an Musikschulen, in der Jugend- u. in der Volksmusik.

Musiksoziologie [grch. + lat.], ein Teilgebiet der *Musikwissenschaft*, das Phänomene der Musik u. des Musiklebens auf gesellschaftl. Hintergrund deuten u. aus sozialen Zusammenhängen erklären will. Folgende Tendenzen zeichnen sich in der jungen Disziplin ab: 1. die Soziologie des *Musiklebens*, auch musikal. *Sozialgeschichte*, fragt z. B. nach den Besonderheiten städtischer u. dörflicher Musikkultur, nach der Zusammensetzung des Publikums bei einem Konzert mit sinfonischer oder Rockmusik. 2. Die soziologisch verfahrende Musikgeschichte bemüht sich darum, die Entwicklung der Musik nicht nur aus den Werken heraus zu erklären, sondern z. B. die Geschichte von Gattungen auch als durch das soziale Umfeld bedingt zu begreifen. 3. Die Soziologie des *Kunstwerks* versucht, ein Werk als gesellschaftl. Produkt unter Zuhilfenahme ästhetischer u. psychologischer Kriterien zu begreifen. Für die beiden letzten Richtungen spielt in jüngeren Untersuchungen die musikal. Analyse eine wichtige Rolle.

Musiktheorie → Musiklehre.

Musiktherapeut [grch.], *Musiktherapeutin,* ein Heilberuf zur Ausübung der → Musiktherapie.

Musiktherapie [grch.], eine seit den 1950er Jahren entwickelte Form der Psychotherapie. Man unterscheidet die *passive* oder *rezeptive* M. durch das Hören bestimmter Musik von der *aktiven* M. durch Singen,

Musikwerke: Plattenwechsler der US-amerikanischen Firma Regina; 1908. Baden-Baden, Museum für mechanische Musikinstrumente

Instrumentalspiel (etwa Orff-Instrumente) u. auch Tanz. Die M. als spannungslösende Heilmaßnahme wird u. a. angewendet bei psychosomatisch Erkrankten, Bewegungsbehinderten u. Blinden vor allem zur allg. Förderung der Kommunikationsbereitschaft u. der emotionalen Äußerung, bes. bei Kindern. 1972 wurde die *Dt. Gesellschaft für Musiktherapie* gegründet.

Musikunterricht → Musikerziehung, → Musikschule.

Musikverlag, ein Verlag, der musikalische Werke *(Musikalien)* herausbringt.

◆ **Musikwerke,** Apparate, die mit mechanisch-akustischen Mitteln vorgegebene Musikstücke automatisch wiedergeben, außer Schallplatten u. Tonband. Der Mechanismus wird durch Handbetrieb, Uhrwerke oder Elektromotoren in Bewegung gesetzt. Gespeichert werden die Musikstücke auf Stift- oder Nockenwalzen, Lochstreifen u. a., die derart an der Auslösevorrichtung vorbeigeführt werden, dass je ein Loch bzw. eine Nocke oder ein Stift den Ton auslöst. Seit dem 17. Jh. sind M. bekannt, eine Hochblüte erlebten sie im 18. Jh. *(Drehorgel, Spieldose, Orchestrion).*

Musikwissenschaft, unter Ausschluss der Fächer der praktischen *Musiklehre* die Erforschung aller die Musik berührenden Fragen. Ihre Anfänge reichen in die griech.-röm. Antike zurück. Im MA gehörte sie als *Ars musica* zu den vier „mathematischen" Disziplinen der → *Artes liberales* u. war damit Lehrgegenstand an der Artistenfakultät. Als die Musik mit der Renaissance mehr als „redende" denn als „mathematische" Kunst verstanden wurde, verkümmerte die M. als Universitätsdisziplin, entwickelte sich jedoch, der Bindung an die Mathematik ledig, außerhalb der Universität um so stärker. Entscheidenden Impuls erhielt sie durch die im 18. Jh. vordringende historische Betrachtungsweise. Ihre geschichtl. Forschungen, die nach u. nach die Musikkulturen der Vergangenheit wiedererschlossen u. die versunkenen Kunstwerke zu neuem Leben erweckten, ließen die M. in die Reihe der kulturgeschichtl. (geisteswissenschaftl.) Wissenschaften treten. Als vorwiegend historisch orientierte Disziplin wurde sie im Anschluss an die Literatur- u. Kunstgeschichte Ende des 19. Jh. wieder in den Kreis der Universitätsfächer aufgenommen. Gemäß der Sonderstellung der abendländ. Musikgeschichte u. der geistig-materiellen Doppelnatur des Klangs teilt sich die M. heute allg. in folgende Hauptgebiete:
1. *historische* M. (→ Musikgeschichte, verstanden als abendländ. Musikgeschichte);
2. *systemat.* M.: erforscht Probleme der musikal. Perzeption u. Rezeption, durchaus in histor. Sicht. Teildisziplinen sind: musikal. Akustik, Musikästhetik, -pädagogik, -psychologie, -soziologie.
3. *Musikethnologie* (musikal. Völkerkunde, *vergleichende* M.).
In zahlreichen Fragen, insbes. der Erforschung der Tonsysteme, der Instrumentenkunde u. der histor. Aufführungspraxis ergänzen sich diese Hauptgebiete.

◆ **Musil,** Robert Edler von, österreichischer Schriftsteller, *6. 11. 1880 Klagenfurt, †15. 4. 1942 Genf; studierte Maschinenbau, Philosophie u. Psychologie; im 1. Weltkrieg Offizier; dann in Berlin u. Wien, seit 1938 in der Schweiz. Seine Grundthemen sind die exakte u. zugleich iron. Analyse des modernen Lebens u. das Leben als Experiment („religiös unter den Voraussetzungen der Ungläubigen"). Werke: „Die Verwirrungen des Zöglings Törleß" 1906; „Drei Frauen" 1924; großes Romanfragment: „Der Mann ohne Eigenschaften" (1. Bd. „Reise an den Rand des Möglichen" 1930, 2. Bd. „Das Tausendjährige Reich" 1932; 3. Bd. Skizzen u. Aphorismen, aus dem Nachlass 1943, erweitert 1978); „Vereinigungen" (Novellen) 1911; „Die Schwärmer" (Drama) 1921; „Rede zur Rilke-Feier" 1927; „Nachlass zu Lebzeiten" 1936; „Über die Dummheit" (Rede) 1937. – Gesammelte Werke, hrsg. von A. Frisé, 3 Bde. 1952–1957, 1978; Tagebücher 1976; Briefe 1981.

Robert Musil

Musique concrète [myzikkɔ̃'krɛːt; frz.] → elektronische Musik.

Musivgold [grch.], *Mosaikgold,* feines Pulver aus goldglänzendem Zinn(IV)-sulfid, zur „Vergoldung" von Papier u. Pappe, häufig auch für Messingsorten gebraucht.

Muskatfink, Lonchura punctulata

Musivsilber [grch.], feines Pulver aus Zinn-Wismut-Amalgam, zur „Versilberung" von Papier u. Pappe u. (mit Firnis gemischt) zum Malen.

Muskat [der] → Muskatnussbaum.

Muskatblüt, *Muskatplüt*, südd. Fahrender des frühen 15. Jh., † bald nach 1438; Meistersinger, verfasste Minne- u. Marienlieder, didakt. u. polit. (z.B. gegen die Hussiten gerichtete) Gedichte; hielt die Kunst für erlernbar.

Muskatblüte, *Macis* → Muskatnussbaum.

Muskateller, weiße Rebsorte, die wegen der späten Reife hauptsächlich in südl. Ländern angebaut wird. Die Muskatellerweine sind von guter Qualität, stark aromatisch, neigen aber zu hohen Säuregehalten. Sie eignen sich zur Herstellung von Dessertweinen.

◆ **Muskatfink**, *Lonchura punctulata*, oberseits rotbrauner *Prachtfink* aus Vorder- u. Hinterindien mit heller, braun geschuppter Brust, der häufig im Käfig gehalten wird.

Muskatholz → Letternholz.

Muskathyazinthe, Liliengewächs, → Traubenhyazinthe.

◆ **Muskatnussbaum**, *Myristica fragans*, zu den *Myristicazeen* gehörender, in der südostasiat. Inselwelt heimischer u. dort auch in großem Maßstab kultivierter immergrüner Baum mit maiglöckchenähnlichen Blüten. Genutzt wird die *Muskatnuss*, die Frucht des Muskatnussbaums, eine einsamige rundl., fleischige Beere von Pfirsichgröße. Nach der Reife reißt die Fruchtwand auf, so dass der von einem roten Samenmantel, der „Muskatblüte", umgebene Samen sichtbar wird. Als Gewürze werden gehandelt die *Muskatblüte* (*Macis*; der rote, getrocknete, zerschlitzte, stark aromatisch würzende Samenmantel) u. die *Muskatnüsse* (*Muskat*; die vom Samenmantel befreiten u. getrockneten Samen). Die *Muskatnussöle* aus dem Samenmantel (Oleum macidis) u. aus dem Samen (Oleum myristicae) werden wie die Muskatnüsse selbst gegen Blähungen verwendet.

Muskau, *Bad Muskau*, sorb. *Mužakow*, Stadt in Sachsen, Niederschles. Oberlausitzkreis, an der Lausitzer Neiße, nordöstl. von Weißwasser, 4000 Ew.; Moorbad (stärkste Eisenvitriolquelle Mitteleuropas) u. Kneippbad; Landschaftspark (im 19. Jh. von Fürst *Pückler-Muskau* angelegt), Altes Schloss (14. Jh.), Neues Schloss (16. Jh.), Orangerie, Papierindustrie; Grenzübergang nach Polen.

Muskauer Forst, Teil der niederschles. Heide im NO Sachsens, zwischen Lausitzer Neiße u. Spree.

Muskegon [mʌsˈkiːɡən], Stadt im SW des USA-Staats Michigan, an der Mündung des *M.* in den *Michigansee*, durch einen Kanal mit diesem verbunden, 40 300 Ew., als Metropolitan Area 159 000 Ew.; Handelszentrum in einem Agrargebiet; Fahrzeugbau, Möbel- u. Textilindustrie; in der Nähe Erdölförderung u. -verarbeitung; Fährhafen. – M. entstand 1834 aus einem Pelzhandelsplatz, Stadt seit 1869.

Muskel [der; lat.], das fleischige Gewebe des tier. u. menschl. Körpers, durch das die Bewegung einzelner Körperteile u. die Fortbewegung ermöglicht wird. Die Muskeln bestehen aus *Muskelbündeln*, die von einer bindegewebigen Hülle umgeben sind. Die Bauelemente des Muskels sind einkernige, spindelförmige *Muskelzellen* (0,02 – 0,8 mm lang) u. mehrkernige, mehrere cm lange *Muskelfasern*. Beide enthalten im Plasma zusammenziehbare (kontraktile) *Muskelfibrillen* (*Myofibrillen*). Man kennt Muskeln mit „schnellen Fasern", die auf Reiz mit einer kurzen, schnellen Einzelzuckung reagieren („schnelle Muskeln") u. „langsame Muskeln", deren tonische Fasern auf Einzelreiz kontrahieren u. nur langsam erschlaffen, während sich schnelle Muskeln innerhalb kurzer Zeit wieder entspannen. Je nach der Feinstruktur der Muskelfibrillen unterscheidet man *glatte* u. *quer gestreifte* Muskeln. Eine Zwischenstellung nimmt der *Herzmuskel* ein. Glatte Muskeln kontrahieren sich langsam u. können die Kontraktion ohne erhebl. Energieverbrauch aufrechterhalten, während quer gestreifte Muskeln sich schnell kontrahieren u. schnell wieder

Muskatnussbaum, Myristica fragans, mit reifen Früchten

erschlaffen. Jede Muskelfibrille besteht aus 2 Arten von Filamenten, die sich im quer gestreiften M. als bandförmig wiederholende Gitterstrukturen abwechseln: dicke *Myosinfilamente* u. dünne *Actinfilamente*, die aus mehreren 100 Molekülen der Muskeleiweiße *Myosin* bzw. *Actin* bestehen. Die → Kontraktion (*Verkürzung*) des Muskels beruht darauf, dass die beiden Filamentgitter ineinander gleiten.

Der M. führt nur auf *Erregungsanstöße* vom Nervensystem hin Bewegungen aus. Ein einzelner Erregungsanstoß löst eine Einzelkontraktion, eine *Zuckung* aus (Dauer zwischen 0,0031 s, z. B. bei der quer gestreiften Flugmuskulatur der Fliege, u. 75 s bei der glatten Muskulatur des Froschdarms). Gewisse Muskeln üben stets eine rhythm. Folge von Zuckungen aus (z. B. Herzmuskel, oszillierende Flugmuskeln der Insekten); andere erfahren eine *Dauerverkürzung*. Man unterscheidet bei Dauerverkürzungen den *Tetanus* u. den *Tonus*. Der Tetanus, eine willkürl. Dauerverkürzung der sog. Arbeits- oder Bewegungsmuskeln (z. B. Skelettmuskeln der Wirbeltiere), wird durch eine schnelle Folge von Erregungsanstößen ausgelöst, verbraucht viel Energie u. führt zu Ermüdung. Dagegen kann der Tonus, die vom sympath. Nervensystem ausgelöste unwillkürl. Dauerverkürzung der sog. Tragemuskeln, z. T. wochenlang fast ohne Energieverbrauch u. Ermüdung bestehen (z. B. Schalenschließmuskel der Muscheln). Häufige Bewegungstypen der Muskelbewegung sind die Hohlmuskelbewegung (z. B. des Darms, bei der Kontraktionswellen *[Peristaltik]* erzeugt werden) u. der Muskelzug gegen ein festes Außenskelett (Gliederfüßer) bzw. ein Innenskelett (Wirbeltiere). Die Muskelfasern der Skelettmuskeln der Wirbeltiere laufen an den Enden in Sehnenfasern aus, die, zu Sehnenplatten oder -strängen zusammengefasst, an den Knochen ansetzen u. deren Bewegung ermöglichen. Die Zunahme der Muskelmasse ist

Musikwerke: Singvogelautomat aus Frankreich; um 1850. Baden-Baden, Museum für mechanische Musikinstrumente

teilweise bedingt durch den Einfluss von in der Hypophyse gebildeten Wachstumshormonen, außerdem durch Übung u. Belastung (wichtig für Sporttraining).
Muskelkrankheiten sind u.a.: → Muskelentzündung, bes. in Form des *Muskelrheumatismus*; Degeneration des Muskels als Folge von Lähmungen u. Nervenerkrankungen (z. B. → Muskelatrophie); selten → Muskelgeschwülste, mit Ausnahme derjenigen der Gebärmutter; häufig dagegen Muskelverletzungen. Hierzu gehören Muskelquetschungen u. -zerrungen, Schnitt- u. Risswunden *(Muskelriss)* oder die *Muskelhernie (Muskelbruch),* bei der die Bindegewebskapsel um den Muskel einreißt u. Muskelbündel hindurchtreten, die sich im Riss einklemmen u. schmerzen können, u. *Muskeldystrophien.*

Muskeladenylsäure, das *Adenosintriphosphat* des Muskels. Auch → Kontraktion.

Muskelarbeit, der Vorgang, bei dem chemische Energie durch → Kontraktion in mechanische verwandelt wird.

Muskelatrophie, *Muskelschwund,* Verminderung der Muskelfasern nach Zahl u. Masse infolge Untätigkeit; *degenerative M.,* Muskelschwund infolge von Rückbildungen oder nach Infektionskrankheiten; *progressive spinale M.,* Muskelschwund als Folge von Degenerationsvorgängen im Rückenmark.

Muskelbiopsie, eine Methode zur Entnahme von Muskelgewebe aus der Skelettmuskulatur; im Sport verwendet, um Kenntnisse über den Muskelstoffwechsel während u. nach körperl. Belastung zu erhalten.

Muskeldystrophie, *Dystrophia musculorum progressiva,* auf erbl. Grundlage beruhendes Leiden, dem wahrscheinlich eine Stoffwechselstörung in der Muskelzelle zugrunde liegt (Enzymdefekt); die M. kann in verschiedenen Formen u. mit unterschiedl. Verlauf auftreten. Hauptsymptom ist eine zunehmende Schwäche u. Verkümmerung der Muskulatur.

Muskelelektrizität, die bei Nervenerregung (→ Nerven, → Nervenleitung) an der Muskelmembran während der Kontraktion auftretenden elektrischen Erscheinungen. Auch → tierische Elektrizität.

Muskelentzündung, *Myositis,* akute oder chron. Entzündung der Muskulatur aus verschiedenen Ursachen wie Infektionen, Rheuma, mechan. Überbelastung u.a. Aufgrund chron. Schädigungen kann es zu örtl. begrenzter Kalkeinlagerung u. damit zur Verknöcherung kommen (*Myositis ossificans*). Ausdruck der M. sind meist Schmerzhaftigkeit, Schwellung u. Verhärtung der erkrankten Muskelpartien. Die Behandlung kann medikamentös oder bei schwerer Beeinträchtigung durch chirurg. Entfernung der Verknöcherung erfolgen.

Muskelflosser, *Sarcopterygia,* Unterklasse der *Knochenfische,* deren Flossen über die Ansatzstelle hinaus mit Muskulatur durchsetzt sind. So wurde eine Entwicklung zu echten *Gliedmaßen* u. damit Landwirbeltieren möglich, zu denen auch der Bau des Gehirns der M. Beziehungen aufweist. M. sind seit dem unteren Devon bekannt. Heute lebende Vertreter sind *Lungenfische* u. *Quastenflosser.*

Muskelgefühl, *Muskelsinn, kinästhetischer Sinn,* die Empfindung, die den Menschen über die Lage u. Stellung seiner Glieder unterrichtet u. so das sichere Zusammenarbeiten der Muskulatur zur Erzeugung geordneter Bewegungen ermöglicht.

Muskelhärte, *Hartspann, Myogelose,* umschriebene Verhärtung eines Muskels, die sehr schmerzhaft sein kann; kommt bei Überbeanspruchung, entzündlichen Muskel- u. Gelenkerkrankungen vor.

Muskelkater, eine Schmerzempfindung in der Muskulatur vor allem nach übermäßiger oder ungewohnter Anstrengung. M. tritt vor allem bei Untrainierten auf u. wird durch feinste Risse im Muskelbindegewebe (Mikroläsionen) hervorgerufen. Training oder Massage können dem M. vorbeugen.

Muskelkraftbremsanlage, eine → Bremse, bei der die Energie zur Erzeugung der Bremskraft lediglich von der physischen Kraft des Fahrzeugführers ausgeht. In Personenkraftwagen u. leichten Nutzfahrzeugen wird die Muskelkraft (Fußkraft) heute nicht mehr durch Gestänge, sondern fast ausschl. hydraulisch übertragen, wodurch ein besserer Wirkungsgrad u. vollkommenerer Kraftausgleich erzielt werden.

Muskelkraftflugzeug, ein Flugzeug, bei dem Vortrieb u. somit Auftrieb durch die Muskelkraft des Piloten erzeugt werden. Während frühe Versuche mit schlagenden Flügeln (→ Schlagflügelflugzeug) nicht zum Erfolg führten, konnten in neuerer Zeit beachtl. Einzelleistungen mit extrem leichten Flugzeugen durch Luftschraubenantrieb über Tretkurbeln erzielt werden. Mit einem solchen M. gelang dem Amerikaner Bryan *Allen* 1979 erstmals die Überquerung des Ärmelkanals bei bes. günstigen Wetterbedingungen. Auf eine breite Anwendungsmöglichkeit dieser Antriebsart kann daraus aber nicht geschlossen werden.

Muskelkrampf, *Myospasmus,* unwillkürl., schmerzhaftes Zusammenziehen eines Muskels oder einzelner Muskelbereiche (z. B. → Wadenkrampf). Zu den Ursachen gehören: mangelhafte Durchblutung, Störungen im Elektrolythaushalt (insbes. Magnesium), Überbelastung (z. B. nach Ausdauersport) u. Reizung der Wurzeln der Rückenmarksnerven (z. B. bei einem → Bandscheibenvorfall).

Muskellunge, *Amerikanischer Hecht, Esox masquinongy,* die größte *Hechtart,* bis 1,5 m lang u. über 30 kg schwer, Körper u. Flossen grünbraun; in Aussehen u. Lebensweise dem europ. Hecht sehr ähnlich. Heimat: Nordamerika nördl. u. südl. der Großen Seen.

Muskelmagen, *Kaumagen,* dickwandiger Teil des Magens der → Vögel. Auch → Verdauungssysteme.

Muskelrelaxantien, Stoffe, die zur Erschlaffung der Skelettmuskulatur führen. Man unterscheidet 1. *Curarestoffe,* die die Erregungsüberleitung vom Nerv zum Muskel in der motorischen Endplatte blockieren u. dadurch zu einer schlaffen Lähmung führen. – 2. *Dekamethonium-* u. *Succinylstoffe,* die ebenfalls die Erregungsübertragung in den Endplatten verhindern (jedoch durch Dauerdepolarisation der Endplattenmembran, während Curare die Depolarisation verhindert) u. zu schlaffen Lähmungen führen. – 3. *Glycerinethergruppe,* die im Hirnstamm u. Rückenmark angreift u. dort die Erregungsleitung (in den Zwischenneuronen) unterbricht u. ebenfalls schlaffe Lähmungen hervorruft.
Die M. werden vor allem in der Chirurgie zur Operationsvorbereitung angewendet, um eine vollkommene Muskelentspannung zu erreichen; die Atmung wird hierbei (da die Atemmuskulatur auch gelähmt ist) künstlich durchgeführt.

Muskelriss, *Muskelruptur,* durch Überbeanspruchung des bereits angespannten Muskels entstehende Ruptur. Die dabei entstandene Lücke füllt ein schmerzhafter Bluterguss aus. Der M. muss meist genäht werden, um dauernde Funktionsbeeinträchtigungen zu vermeiden.

Muskelschlinge, in der Sportmedizin übliche Bez. für räumlich getrennte Einzelmuskeln, die funktionelle Einheiten bilden, unterschieden nach *Beuge-* u. *Streckschlingen.* Die Muskeln einer Beugeschlinge kontrahieren, die ihr zugeordnete Streckschlinge ist gedehnt u. befindet sich in guter Ausgangsposition für die sich anschließende Kontraktion.

Muskelschmerz, *Myalgie,* der lokalisierte Schmerz eines Muskels; beruht oft auf einer Entzündung des Muskelbindegewebes, die durch Überanstrengung, Erkältung, auch Stoffwechselstörungen (z. B. Gicht) hervorgerufen wird.

Muskelschwäche, Abnahme der Muskelleistung bei Unterernährung u. zehrenden, schwächenden Krankheiten.

Muskelschwund → Muskelatrophie.

Muskeltonus, *Muskelspannung* → Tonus.

Muskelzerrung, Überdehnung einzelner Muskelfasern, meist mit Einriss einzelner Fasern oder zumindest der Muskelhülle.

Muskete: Musketier beim Laden seiner Muskete

Die Kontinuität des Gesamtmuskels bleibt erhalten.

◆ **Muskete** [die; frz.], aus Spanien stammendes, in der ersten Hälfte des 16. Jh. in Dtschld. eingeführtes Gewehr großen Kalibers mit Luntenschloss; beim Schießen vom Schützen *(Musketier)* auf eine Gabel aufgelegt.

Muskhogee [mʌsˈkoʊgi], *Maskoki,* Gruppe von Indianerstämmen im SO der USA; vorwiegend sesshafte Maisbauern; *Creek, Choctaw, Chickasaw, Natchez* u. *Seminolen.*

Muskogee [mʌsˈkoʊgi], Stadt im O des USA-Staats Oklahoma, 37 400 Ew.; Hochschule für Indianer (Bacone University); Handelszentrum; Eisen- u. Stahlindustrie, Baumwoll- u. Lederverarbeitung. – Gegr. 1872, Stadt seit 1898.

Muskowit, *Muskovit* [der; nach *Muscovia,* lat. für Moskau], durchsichtiges oder durchscheinendes, gelblich, bräunlich oder rötlich gefärbtes, perlmuttglänzendes Mineral *(Kaliglimmer);* monoklin in scheinbar hexagonalen Tafeln u. Blättern, auch dicht; Härte 2–2,5; Gemengteil von Granit, Gneis u. Glimmerschiefer.

Müsli, ballaststoffreiche Mischung verschiedener geschroteter, eingeweichter bzw. angekeimter Getreidearten mit Nüssen, Fruchtstückchen, Rosinen, Zucker, Honig u. Magermilchpulver in unterschiedl. Mengenverhältnissen. Auch → Bircher-Müsli.

Muslim [arab.], ein Anhänger des Islam, → Moslem.

Musonios, Philosoph aus Volsinii in Etrurien, *um 30 n. Chr., †um 100 n. Chr.; Stoiker, Lehrer *Epiktets,* ging auf ethische Fragen des tägl. Lebens ein.

Muspelheim, nach der german. Kosmogonie die Urwelt der Gluthitze zu Anfang der Welt, beherrscht von dem Feuerriesen *Surtr.* Gegensatz: *Niflheim.*

◆ **Muspilli,** stabreimendes althochdt.-bair. Gedicht vom Anfang des 9. Jh. (der Titel, sprachlich schwer deutbar, stammt vom ersten Hrsg. J. A. Schmeller, 1832); schildert die Schicksale der Seele nach dem Tod im christl. Sinn, zum Teil vielleicht aufgrund vorchristl. german. Weltuntergangsgedichte. Erhalten sind 106 Zeilen, Anfang u. Schluss gingen verloren.

Musselin [musˈliːn; der; frz., nach der irak. Stadt *Mosul*], *Mousseline,* leichtes, glattes u. weiches Gewebe in Leinwandbindung, oftmals bedruckt; in bester Ausführung aus reiner Seide, aber auch aus Seide u. Kammgarn, Kammgarn oder Baumwolle.

Mussert ['myˌ-], Anton Adriaan, niederländ. Politiker, *11. 5. 1894 Werkendam, †7. 5. 1945 Den Haag (hingerichtet); gründete die faschist. *Nationaal-Socialistische Beweging* (NSB), 1942 von der dt. Besatzungsbehörde zum „Führer des niederländischen Volkes" ernannt, 1945 wegen Kollaboration zum Tod verurteilt.

◆ **Musset** [myˈsɛ], Alfred de, französ. Schriftsteller, *11. 12. 1810 Paris, †2. 5. 1857 Paris; von V. Hugo gefördert; Erzähler („Mimi Pinson" 1843, dt. 1948; „Peter u. Camilla" 1844, dt. 1901) Lyriker („Die Nächte" 1835–1837, dt. 1920) u. Bühnendichter

Alfred de Musset

(„Spielt nicht mit der Liebe!" 1834, dt. 1887; „Lorenzaccio" 1834, dt. 1925; „Zwischen Tür u. Angel" 1845, dt. 1849); bes. in seiner roman. Frühzeit u. in seinen Gedichten („Contes d'Espagne et d'Italie" 1830) meisterhaft in der eigenwilligen Beherrschung der Form u. anziehend durch seine schwermütige Psychologie; 1833–1835 eng befreundet mit G. Sand („Beichte eines Kindes seiner Zeit" 1836, dt. 1903); Günstling des Herzogs von Orléans, von dem er eine Pension erhielt. – Œuvres complètes, hrsg. v. P. Van Tieghem, 1963; Gesammelte Werke, 5 Bde. 1925.

Mussinghoff, Heinrich, dt. kath. Theologe, *29. 10. 1940 Rosendahl-Osterwick; seit 1995 Bischof von Aachen.

Mussolini, Benito, italien. Politiker, *29. 7. 1883 Doria bei Predappio, Prov. Forlì, †28. 4. 1945 bei Giulino di Mezzegra am Comer See (erschossen); Lehrer, trat 1900 in die Sozialist. Partei (PSI) ein; 1902–1904 in der Schweiz, dann Parteifunktionär im damals österr. Trient, wo er ausgewiesen wurde; 1912–1914 Chefredakteur des sozialist. Parteiorgans „Avanti" u. als Sprecher des linken Flügels der maßgebende Parteiführer. 1914 wurde M. wegen der Forderung nach Kriegseintritt Italiens gegen Österreich aus der Sozialist. Partei ausgeschlossen. Er gründete die Zeitung „Popolo d'Italia", die später die faschist. Kampfzeitung wurde. Nach zweijähriger Teilnahme am 1. Weltkrieg gründete er in Mailand 1919 den ersten *Fascio di combattimento* („Kampfbund"), dem weitere folgten. Damit wurde er zum Begründer des → Faschismus. Die Fasci bekämpften mit terrorist. Mitteln die Arbeiterorganisationen. 1921 formierte M. die Fasci zu einer polit. Partei, dem *Partito Nazionale Fascista (PNF).* Nach dem „Marsch auf Rom" (28. 10. 1922) wurde er vom König mit der Regierungsbildung beauftragt.

Nach der ersten schweren Krise seiner Partei (Ermordung G. *Matteottis*) erreichte M. mit dem Staatsstreich vom 5. 1. 1925, durch Gesetz von 1926 legalisiert, diktatorische Vollmacht; er wurde *Duce* („Führer") des Faschismus u. *Capo del Governo* („Regierungschef"). Er schaltete seine Gegner aus u. errichtete ein Einparteiensystem mit ständestaatlichen Zügen („Korporativstaat"). Sein größter innenpolit. Erfolg war 1929 die Aussöhnung mit Papst *Pius XI.* in den *Lateranverträgen.* Die Beseitigung der Arbeitslosigkeit, die Urbarmachung der Pontinischen Sümpfe u. die Unterwerfung Tripolitaniens sowie eine wirkungsvolle Rednergabe festigten seine Stellung u. verschafften ihm eine große Anhängerschaft. Die Eroberung Äthiopiens brachte eine Wende in Mussolinis Außenpolitik. Während er 1935 noch von der Notwendigkeit überzeugt gewesen war, Deutschlands Aufrüstung zu stoppen, schloss er jetzt aus der schwächlichen Haltung der Westmächte auf die Stärke Deutschlands. Die gemeinsame Beteiligung Deutschlands u. Italiens am Span. Bürgerkrieg 1936–1939, die Gründung der „Achse Berlin-Rom" 1936 u. der Abschluss des „Stahlpakts" Mai 1939 brachten M. in Abhängigkeit von Hitler. Im September 1938 konnte er den Kriegsausbruch durch Vermittlung im Münchner Abkommen noch verhindern; 1939 scheiterten ähnliche Versuche.

Mit dem Eintritt Italiens in den 2. Weltkrieg im Juni 1940 übernahm M. den Oberbefehl über die italien. Truppen. Nach den Niederlagen der Italiener (Griechenland, Afrika) sprach ihm der Faschistische Großrat am 25. 7. 1943 sein Misstrauen aus, u. er wurde auf Befehl des Königs gefangen gesetzt. Aus der Haft auf dem Gran Sasso d'Italia wurde er von dt. Fallschirmjägern befreit. Am 23. 9. proklamierte er in Norditalien die *Repubblica Sociale Italiana,* die völlig von Hitler abhängig war. Kurz vor Kriegsende wurde er mit seiner Geliebten Claretta *Petacci* auf der Flucht verhaftet u. ohne Gerichtsverfahren von italien. Partisanen erschossen. – Opera Omnia 35 Bde. 1951–1963.

◆ **Mussorgskij** [ˈmusorg-], *Musorgskij,* Modest, russ. Komponist, *21. 3. 1839 Karewo, Gouvernement Pskow, †28. 3. 1881 St. Petersburg; nach anfängl. Offizierslaufbahn Musikstudium bei M. A. *Balakirew,* gehörte zur „Gruppe der Fünf" (mit N. Rimskij-Korsakow, Balakirew, A. P. Borodin und C. Cui). Seine Musik ist expressiv und voll von harmon.

Modest Mussorgskij

Muspilli: Seite aus dem Original, von dem nur insgesamt 106 Zeilen überliefert sind

Mussurana

Kühnheiten, die manche Errungenschaften des Impressionismus vorwegnehmen. Neben seinem Hauptwerk, der russ. Nationaloper „Boris Godunow" 1874 (Text nach A. S. Puschkin; Neubearbeitung von N. Rimskij-Korsakow 1896), stehen mehrere unvollendete Opern: „Salambo", „Chowanschtschina" (1960 Uraufführung, Instrumentierung von D. Schostakowitsch), „Die Heirat" (bearbeitet von N. Rimskij-Korsakow), „Der Jahrmarkt von Sorotschinzy" (bearbeitet von C. Cui u. N. Tscherepnin); ferner Klavierstücke (u. a. der Zyklus „Bilder einer Ausstellung", orchestriert von M. Ravel 1922), Orchesterwerke („Eine Nacht auf dem Kahlen Berge") u. Liedzyklen („Szenen aus der Kinderstube", „Lieder u. Tänze des Todes", „Ohne Sonne").

Mussurana [portug.-indian.], *Clelia clelia,* bis 2,5 m lange *Trugnatter* des trop. Südamerika; frisst Schlangen bis zu ihrer eigenen Größe, auch Giftschlangen, die sie durch den Biss ihrer hinten liegenden Giftzähne lähmt u. kräftig umschlingt.

Mustafa, TÜRK. SULTANE:
1. Mustafa II., 1695–1703, * 2. 6. 1664 Istanbul, † 31. 12. 1703 Istanbul (ermordet); musste im Frieden von *Karlowitz* 1699 große Gebiete an Österreich, Polen u. Russland abtreten; wurde durch einen Janitscharenaufstand 1703 gestürzt u. starb durch Gift.
2. Mustafa III., 1757–1773, * 28. 1. 1717 Istanbul, † 24. 12. 1773 Istanbul; schloss 1761 einen Freundschaftsvertrag mit *Friedrich II.* von Preußen; bemühte sich um Frieden, geriet aber 1769 in einen Krieg gegen Russland u. verlor diesen in der Schlacht bei *Tscheschme* 1770.

Mustafa, türk. Großwesir, → Kara Mustafa.
Mustafa Kemal Pascha → Atatürk.
Mustaghanim [mɔsta'gaˈnim], Stadt in Algerien, → Mostaganem.
Mus Tagh Ata, Berg in Zentralasien, → Muztagata.
Muśtair [myʃ-], rätoroman. Name für das schweiz. Bergdorf → Münster (7).

Mustang [der; span., engl.], verwildertes Hauspferd der nordamerikan. Prärien. Die im mittleren Westen der USA früher zu Tausenden die Prärien bevölkernden Abkömmlinge (Indianerpferde) verwilderter span. Militärpferde sind heute von der Ausrottung bedroht. Es existieren nur noch Restpopulationen in Reservaten in Wyoming, Kalifornien u. Kansas.

Mustang, teilautonomes Königreich innerhalb Nepals, im Himalaya, rd. 2500 km² u. 12 000 Ew. (Bhotiyas); wüstenhaftes Hochgebirgsland, Oasenkulturen.

Mustapää [-pɛː], P., eigentl. Martti *Haavio,* finn. Schriftsteller, * 22. 1. 1899 Temmes, † 4. 2. 1973 Helsinki; schrieb neben volkskundl. Essays expressionist. Gedichte mit teilweise humorist. Einschlag.

Mustard-Sauce [ˈmʌstəd ˈzɔːsə; engl.], säuerlich-pikante Gewürztunke verschiedener Geschmacksrichtungen, zum Beispiel aus Senfpulver, Weinessig, Zucker, Salz, Gewürzen u. Kurkumapulver; Würz- u. Färbemittel, Tafelsauce.

Mustasim, *Al Musta'sim Billah,* Abu Ahmed Abd Allah Ibn Al M., letzter Abbasidenkalif in Bagdad, 1242–1258, * 1212 Bagdad, † 20. 2. 1258; nach der Eroberung Bagdads durch *Hülägü* hingerichtet.

Muster, Thomas, österr. Tennisspieler, * 2. 10. 1967 Leibnitz; bes. Sandplatzspezialist; gewann die French Open 1995; 1996 vorübergehend Erster der Weltrangliste.

Musteraufführung, von B. *Brecht* eingeführte Dokumentationsform der Aufführungen seiner Dramen. Wichtige Passagen u. Bühnenbilder der M. erhielten eine schriftl. Erläuterung u. wurden zum besseren Verständnis fotografisch festgehalten. Sie erschienen in den *Modellbüchern* des Berliner Ensembles u. hatten den Zweck, die exemplar. Inszenierungsform seiner Dramen zu verbreiten.

Musterbauordnung → Landesbauordnung.
Musterbuch, Zusammenstellung von Mustern der vom Handelsvertreter oder Handlungsreisenden angebotenen Waren; im Kunsthandwerk ein Vorlagenbuch mit Ornament- u. a. Schmuckformen; im Buchhandel: *Reisemuster.*
Musterdirektrice [-tris] → Direktrice.
Musterkollektion → Kollektion.
Musterlager, Lager von Musterstücken für den Verkauf von gleichen oder ähnl. Waren. An die Stelle von Musterlagern sind *Kataloge* oder *Internetseiten* mit Abbildungen u. techn. Angaben der angebotenen Waren getreten.
Mustermesse → Messe (4).
Musterrolle, öffentliche Urkunde über angeheuertes Schiffspersonal; → Anmusterung, → Heuer.

Musters [ˈmʌstəz], George Chaworth, brit. Forschungsreisender, * 13. 2. 1841 Neapel, † 25. 1. 1879 London; bereiste 1869/70 das noch wenig bekannte Patagonien, 1874 bis 1876 Bolivien.

Mustersee, *Lago Musters,* See im argentin. Hochland in Patagonien, vom Río Chico durchflossen, über 400 km².

Musterung, im *Wehrersatzwesen* die Prüfung der Wehrpflichtigen auf Tauglichkeit (→ Tauglichkeitsgrade) zum Wehrdienst.

Musterzeichner und Patroneur [-ˈnøːr; lat., frz.], früher anerkannter Ausbildungsberuf; seit 1978 *Textilmustergestalter.*

Musth [die; hindi-engl.], ein Zustand beim Elefanten, der in seiner Ursache noch nicht völlig geklärt ist; an Absonderungen der Schläfendrüse („Musthdrüse") sowie am Verhalten zu erkennen, am deutlichsten bei Bullen des Asiatischen Elefanten: Die Tiere werden wild u. unberechenbar, es finden mehr Paarungen statt. In Indien werden Arbeitselefanten z. Z. der M. gefesselt.

Mut, die Tugend der Furchtlosigkeit, die auf dem Bewusstsein der eigenen Kraft beruht, während *Tapferkeit* eine durch Erziehung u. Einsicht erworbene Tugend meint. Beide Tugenden erfordern die Überwindung von Angst u. Furcht.

Mut, ägypt. Göttin, mit *Amun* als Gatten u. *Chons,* dem Mondgott, als Kind in der Triade von Karnak in Theben; erscheint als Geiergestalt oder Göttin mit Doppelkrone.

Muta [die, Pl. *Mutae;* lat.], Verschlusslaut (z. B. p, t, k), nur in Verbindung mit einem Dauerlaut (meist Vokal) hörbar.

Mutation (1): Der Gelbe Bungar ist normalerweise quer gestreift…

… aber durch Mutation kann in seltenen Fällen ein längs gestreiftes Exemplar entstehen

Mutabilität [lat.], die Möglichkeit von bzw. Fähigkeit zu genetischen Mutationen (→ Mutation [1]).

Muta cum liquida [lat.], Verbindung eines Verschlusslautes mit einem Liquid, z. B. *cl, pr, tr.*

Mutagene [Sg. das *Mutagen;* lat.], chem. Stoffe oder physikal. Agenzien (krank machende Faktoren), die Mutationen hervorrufen. Die geringe natürliche Neigung zu Mutationen *(Mutationsrate)* wird dabei künstlich gesteigert. Solche *induzierten Mutationen* wirken sich meist schädlich auf den Organismus aus, weil das im Lauf der Erdgeschichte der Umwelt harmonisch angepasste Erbgefüge zerstört wird. Wertvoll sind M. aber für genetische Untersuchungen u. die Zucht von Nutzpflanzen. Chem. M. sind z. B. Nitrite, Colchicin u. Senfgas, physikal. z. B. Temperaturschocks, ultraviolette u. radioaktive Strahlen. Vor allem Konservierungs-, Arzneimittel, Insektizide u. Ä. müssen heute auf ihre mutagenen Eigenschaften untersucht werden.

Mutagenese, Erzeugung von Mutationen. Ungezielte M. kann durch UV-Licht oder andere Strahlung u. zahlreiche chem. Stoffe ausgelöst werden. In der Gentechnik verwendet man die *In-vitro-Mutagenese* zur gezielten Einführung von Mutationen, meist durch Deletion, Insertion oder Austausch einzelner DNA-Basen. Der Einbau von Basenanaloga führt z.B. zu Punktmutationen. Eine weitere Methode basiert auf der Verwendung von synthet. Oligonucleotiden. Die In-vitro-Mutagenese dient insbes. zur Aufklärung von Struktur-Wirkungs-Beziehungen.

Mutagenitätstest → Ames-Test.

Mutanabbi, *Abu t-Taijib Ahmad Al M.*, arab. Dichter, *915 Kufa, †965 bei Nahrawan (ermordet); bedeutendster Vertreter der arab. Nachklassik; Panegyriker. Sein Diwan wurde von J. Frhr. von Hammer-Purgstall 1824 übersetzt.

Mutankiang, chines. Stadt, → Mudanjiang.

Mutare, früher *Umtali*, Stadt in Simbabwe, an der Grenze nach Mosambik, 132 000 Ew.; Ölraffinerie.

Mutation [lat.], ◆ **1.** *Genetik:* eine Abänderung der Eigenschaften eines Lebewesens, die im Gegensatz zur *Modifikation* erblich ist. Mutationen treten spontan auf oder unter dem Einfluss von → Mutagenen. Im letzteren Fall ist die Häufigkeit der Mutationen stark erhöht. Mutationen sind ungerichtet, d. h., sie treten mit bestimmter Wahrscheinlichkeit an allen Stellen des → Genoms auf u. sind auch in ihrer Wirkung nicht vorhersagbar. Diese Tatsache spielt in der Diskussion um die Kernenergie (mutationsauslösende strahlende Substanzen) eine große Rolle. Die Bedeutung von spontanen Mutationen liegt darin, dass sie ein Faktor in der → Evolution sind. Die durch Strahlung hervorgerufenen Mutationen führen z. B. beim Menschen zu einer ständig zunehmenden, unmerklichen Ansammlung nicht in Erscheinung tretender (rezessiver) Mutationen im Erbgut, die erst nach Generationen z. B. als Missbildungen zu Tage treten können; Zahlen liegen nicht vor.
1. *Genmutationen* (Punkt-, Locusmutationen) führen zu neuen → Allelen u. entstehen durch Einbau von Basenanalogen oder durch chem. Veränderung der Basen (→ *Nucleinsäuren*) innerhalb eines Gens. Die Chromosomenstruktur bleibt unverändert. Größere Genmutationen sind *Inversionen, Translokationen* u. *Duplikationen*; bei *Deletionen* u. *Defizienzen* gehen Genbruchstücke verloren.
2. *Chromosomenmutationen*, Veränderung der Struktur eines oder mehrerer Chromosomen (Übergang zu Genmutationen fließend).
3. *Ploidie*- oder *Genommutationen* sind Veränderungen der Zahl ganzer Chromosomen oder -sätze (z. B. *Trisomie*).
4. *Plasmon*- u. *Plastidenmutationen* sind Abänderungen plasmat. Erbfaktoren bzw. der Plastiden. Hauptuntersuchungsobjekte der Mutationsforschung sind Bakterien, Pilze u. die Fruchtfliege Drosophila.
2. *Medizin:* → Stimmbruch.

Mutationsdruck, das Maß für die Neigung zur Mutation in einer Population. Der M. strebt danach, in einer hinreichend großen, ursprüngl. gleichförmigen Bevölkerung die Erbmannigfaltigkeit an Genen zu steigern. Aus Reinerbigen werden Mischerbige, aus der Gesamtbevölkerung ein Gemenge verschiedener Genotypen, denen ein Phänotypengemenge entspricht. In allen natürl. Rassen besteht diese Tendenz zum Zerfall der Gleichförmigkeit. Dem M. wirkt der *Selektionsdruck* entgegen.

mutatis mutandis [lat.], Abk. *m. m.*, mit den nötigen Änderungen.

Mutesa II., Edward Frederick, König (einheim. Titel: Kabaka) von Buganda (im südl. Uganda) 1939–1966, *19. 11. 1924 Kampala, †21. 11. 1969 London; übernahm nach Erreichung der Unabhängigkeit für Uganda 1963 das Amt des Staats-Präs. dieser Republik, ohne deshalb seine Königswürde für den Teilstaat Buganda aufzugeben. Im Mai 1966 kam es zum Konflikt zwischen M. u. dem Premier-Min. Ugandas, M. *Obote*. Darauf ging M. ins Exil nach England.

Muth, 1. Carl, Pseudonym: *Veremundus*, dt. kath. Publizist, *31. 1. 1867 Worms, †15. 11. 1944 Bad Reichenhall; Gründer (1903) u. Hrsg. (bis 1941) der Monatszeitschrift „Hochland"; forderte die christl. Mitverantwortung am Neubau von Kultur u. Gesellschaft; Essays: „Die Wiedergeburt der Dichtung aus dem religiösen Erlebnis" 1909; „Schöpfer u. Magier" 1935.
2. Conrad, dt. Humanist, → Mutianus Rufus.

Müthel, früher österr. Getreidemaß, 1 M = 153,75 l. *Kalkmüthel* → Kalkmaß.

Müthel, Johann Gottfried, dt. Organist u. Komponist, *17. 1. 1728 Mölln, †14. 7. 1788 Bienenhof (bei Riga); Vertreter des musikal. Sturm u. Drang in Norddeutschland; schrieb harmonisch u. formal ungewöhnlich komplizierte Klaviermusik.

Muthesius, Hermann, dt. Architekt u. Schriftsteller, *20. 4. 1861 Groß-Neuhausen, †26. 10. 1927 Berlin; widmete sich bes. dem Landhaus- u. Villenbau u. verbreitete die von England ausgehenden Ideen des Funktionalismus in Dtschld.; 1907 Mitgründer des Dt. Werkbunds; schrieb „Das engl. Haus" 3 Bde. 1904/05; „Handarbeit u. Massenerzeugnis" 1917; „Kleinhaus u. Kleinsiedlung" 1918; „Die schöne Wohnung" 1922.

◆ **Muti**, Riccardo, italien. Dirigent, *28. 7. 1941 Neapel; studierte am Konservatorium in Mailand; 1970 Leiter an der Florenzer Oper, 1973–1983 Chefdirigent des New Philharmonia Orchestra, London; 1980 bis 1991 Chefdirigent des Philadelphia Orchestra; seit 1986 musikal. Direktor der Mailänder „Scala"; bekannt als Verdi-Interpret.

Mutianus Rufus, Conradus, eigentl. Konrad *Mut(h)*, dt. Humanist, *15. 10. 1470 oder 1471 Homberg, Hessen, †30. 3. 1526 Gotha; Kanonikus; suchte christliche Theologie u. antike Philosophie zu vereinen u. sammelte einen Dichterkreis um sich (Ulrich von *Hutten, Crotus Rubeanus*); neigte anfangs M. *Luther* zu, dann jedoch *Erasmus von Rotterdam*; kritisierte die kirchlichen Zustände der Zeit. „Der Briefwechsel" (Hrsg. C. Krause) 1885.

mutieren [lat.], **1.** *Genetik:* eine → Mutation (1) durchmachen.
2. *Medizin:* sich im Stimmbruch befinden.

Mutiny ['mju:tini; engl., „Aufruhr"], im engl. Sprachraum übliche Bez. für die Erhebung der Inder gegen die brit. Kolonialherren 1857/58; → Sepoy-Aufstand.

Mutis, 1. Alvaro, kolumbian. Schriftsteller, *25. 8. 1923 Bogotá; seit 1956 in Mexiko; schreibt Lyrik, Erzählungen u. Romane um seine Hauptperson Maqroll, ein Seemann, dessen Odyssee auf den Flüssen der trop. Wälder die Suche des Menschen nach seiner Identität symbolisiert, zugleich auch die Reise in die Geschichte des Landes u. des gesamten Kontinents. Werke u.a.: „Ilona kommt mit dem Regen. Die Reisen Maqrolls, des Seefahrers" 1973, dt. 1990; „Der Schnee des Admirals" 1986, dt. 1989; „Die letzte Fahrt des Tramp Steamer" 1988, dt. 1994; „Ein schönes Sterben" 1989, dt. 1991; „Das Gold von Amirbar" 1990, dt. 1995.
2. José Celestino, span. Arzt u. Botaniker, *6. 4. 1732 Cádiz, †11. 9. 1808 Bogotá; wanderte 1770 nach Kolumbien aus, wo er die Flora erforschte u. Wildpflanzen kultivierte.

Mutismus [lat.], bei seel. Erkrankungen (z. B. Depressionen, Schizophrenie) auftretende Stimm- u. Sprachlosigkeit.

Mutius, Albrecht von, dt. evangelischer Theologe, *19. 10. 1915 Berlin, †26. 4. 1985; von 1965 bis 1973 Generaldekan und Leiter des Evangelischen Kirchenamtes für die Bundeswehr, ab 1973 Kirchenrat und Beauftragter der Evangelischen Kirchen im Landtag und in der Landesregierung Nordrhein-Westfalen in Düsseldorf.

Mutsamudu, *Moutsamoudou*, Stadt auf der Komoreninsel Nzwani (Anjouan), im Ind. Ozean, 14 000 Ew.; Moschee, Handelsplatz für Kaffee u. Vanille.

Mutschler, Carlfried, dt. Architekt, *18. 2. 1926 Mannheim; ist seit 1956 Mitglied des Deutschen Werkbunds, war Professor

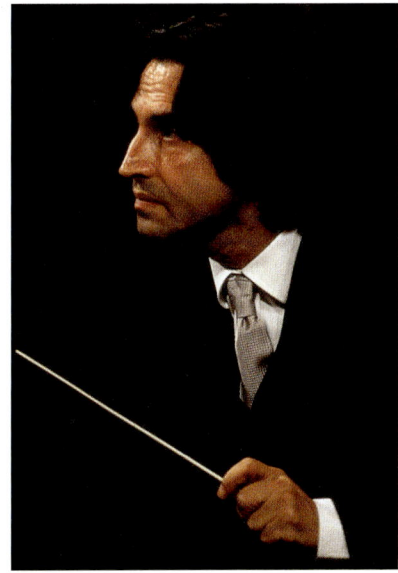

Riccardo Muti

an der Hochschule für Bildende Künste in Frankfurt am Main (Städelschule). Sein Hauptwerk ist die Multihalle für die Bundesgartenschau in Mannheim 1975 (mit F. *Otto*), eine unregelmäßige Kuppel- und Holzgitterschalenkonstruktion von 7400 m².

Mutsu, japan. Hafenstadt auf der Shimokita-Halbinsel, im nördlichsten Zipfel von Honshu, 48 000 Ew.; Fischerei- u. Landwirtschaftszentrum.

◆ **Mutsuhito,** Kaiser von Japan (seit 1867), * 3. 11. 1852 Kyoto, † 30. 7. 1912 Tokyo; übernahm nach dem Tode seines Vaters Kaiser *Komeis* am 3. 2. 1867 die Kaiserwürde und beendete unter dem Druck einflussreicher Daimyos am 3. 1. 1868 das Shogunat, um formal selbst die Herrschaft zu übernehmen. Für seine Regierungszeit wählte er die Devise *Meiji* („erleuchtete Regierung"), die ihm nach seinem Tode als persönl. Name („Meiji-Tenno") übertragen wurde.

Mutsuhito

Muttenz, Industrieort im schweiz. Halbkanton Basel-Land, südöstl. von Basel, 17 200 Ew.; Pfarrkirche St. Arbogast (13.–15. Jh.) mit ringförmiger Wehrmauer; chem. Industrie; Rheinhafen u. großer Rangierbahnhof.

Mutter, 1. *allg.:* die Frau, die Kinder geboren hat. Für die Zeit von der Empfängnis bis zur Geburt (Schwangerschaft) spricht man von *werdender M.* In diesem Zeitraum findet eine außerordentl. körperl. u. seel. Umstellung der Frau statt. Danach stellt die Still- u. Säuglingszeit bes. Forderungen an die M. Die modernen Staaten haben daher eine Mutterschutzgesetzgebung entwickelt, die die werdende u. junge M. vor Schädigungen u. Nachteilen, bes. in der Berufswelt, schützt.
2. *Technik:* Schraubenmutter → Schraube.

◆ **Mutter,** Anne-Sophie, dt. Violinistin, * 29. 6. 1963 Rheinfelden, Baden; seit 1974 Studium am Konservatorium in Winterthur; seit 1977 bekannt durch Auftritte mit H. von Karajan u. durch internationale Gastspiele;

Anne-Sophie Mutter

W. *Lutosławski,* K. *Penderecki* u. W. *Rihm* widmeten ihr Violinkonzerte.

Mutterband, *Anatomie:* breites Mutterband, *Ligamentum latum uteri,* eine Bauchfellfalte, die Gebärmutter, Eileiter u. Eierstöcke umgibt, Aufhängeband der Gebärmutter; *rundes Mutterband, Ligamentum rotundum uteri,* Bindegewebsstrang mit glatter Muskulatur von der Gebärmutter zum Leistenkanal.

Mutterbaum, forstliche Bez. für Bäume, die zur Samengewinnung verwendet werden.

Mütterberatungsstellen, vom *Gesundheitsamt* eingerichtete u. unterhaltende Stellen zur Beratung u. Aufklärung der Mütter in allen Fragen der Säuglings- u. Kleinkinderpflege u. -erziehung.

Mutterboden → Ackerkrume.
Muttererde → Ackerkrume.

Müttergenesungswerk, *Deutsches Müttergenesungswerk,* 1950 von Elly *Heuss-Knapp* gegründete gemeinnützige Stiftung (Sitz: Stein bei Nürnberg), die zahlreiche eigene Müttergenesungsheime unterhält. Träger sind die Müttergenesungsfürsorge des Dt. Roten Kreuzes, der Arbeiterwohlfahrt u. des Dt. Paritätischen Wohlfahrtsverbands sowie die Frauengruppen der ev. u. kath. Kirche.

Muttergesellschaft, ein Unternehmen, das die Kapitalmehrheit eines anderen Unternehmens *(Tochtergesellschaft)* besitzt u. über das Stimmrecht in der Hauptversammlung (bes. durch Bestellung von Aufsichtsrats- u. Vorstandsmitgliedern) Einfluss auf deren Geschäftsleitung nimmt. In einem → Konzern übt die M. die wirtschaftl. Leitung aus. Steuerlich wird beim → Schachtelprivileg die M. als Obergesellschaft, die Tochtergesellschaft als Untergesellschaft bezeichnet. Als *Enkelgesellschaft* wird die Tochtergesellschaft einer Gesellschaft bezeichnet, die ihrerseits Tochtergesellschaft ist.

Muttergestein, 1. *Bodenkunde:* im Bodenprofil der unterste oder C-Horizont; Ausgangsmaterial für die Bodenbildung.
2. *Erdölgeologie:* das an organ. Material reiche, feinkörnige, sedimentäre Ursprungsgestein des Erdöls; Gegensatz: Speichergestein.
3. *Mineralogie:* das Trägergestein von nutzbaren Mineralien.

Muttergotteshändchen, *Orchis maculata* → Knabenkraut.

Muttergottheiten, weibl. Gottheiten, in denen die schöpferischen u. zerstörenden Naturkräfte verehrt werden (Fruchtbarkeitsgottheiten, Erdgottheiten, Krankheitsgottheiten). Auch → Mutterkult.

Mutterhaus, 1. *ev. Kirche:* das Stamm- u. Ausbildungshaus für Diakonissen u. kirchl. Schwesternverbände (danach auch der weltl. Schwesternverbände, z. B. Rotes Kreuz). Das M. sorgt für die Ausbildung (z. B. in Kranken- u. Säuglingspflege, Gemeindedienst, Wohlfahrtsarbeit), vermittelt die Arbeitsstellen u. sorgt für Ferien-, Krankheits- u. Altersversorgung.
2. *kath. Kirche:* das Gründungshaus oder Stammkloster einer Ordensgemeinschaft, in dem die Leitung der von ihm ausgegangenen Gründungen (Tochter- oder Filialklöster) liegt.

Mutterherrschaft → Matriarchat; auch → Mutterrecht.

Mutter-Kind-Beziehung, durch eine Reihe von angeborenen Reaktionen ausgelöstes gegenseitiges Abhängigkeitsverhältnis zwischen Mutter u. Kind. Bei der Mutter erfolgt die Motivation zur M. über den Brutpflegebetrieb, das Kind sieht in der Mutter den Artgenossen u. in besonderem Maß die Bezugsperson, deren Verhalten durch bestimmte Signale (Bewegungen, akustische u. geruchliche Reize) beeinflusst werden kann. Bei Menschen u. Primaten spielen optische Reize für die M. ebenfalls eine bedeutende Rolle. Auch → Kindchenschema.

Mutterkompass, ein Kreiselkompass, von dem aus Tochterkompasse gesteuert werden.

Mutterkorn → Mutterkornpilz.

Mutterkornalkaloide, Amide der *Lysergsäure,* natürliches Vorkommen im Mutterkorn *(Secale cornutum),* dem Sklerotium des auf Roggen u. a. Gräsern parasitären Pilzes *Claviceps purpurea* (→ Mutterkornpilz). Die M. haben eine stark uteruskontrahierende, wehenfördernde Wirkung. Auch → Ergocristin, → Ergotamin, → Ergothionein.

◆ **Mutterkornpilz,** *Claviceps purpurea,* ein pilzlicher Getreideparasit, der junge Blüten befällt u. im Fruchtknotengewebe ein dichtes Pilzgeflecht entwickelt, ohne dass zunächst äußerlich ein Befall sichtbar wird. Schließlich durchbricht der Pilz die Fruchtknotenwandung u. umspinnt aus den ganzen Fruchtknoten, wobei er gleichzeitig zur Bildung von Sporen übergeht. Nach vollständiger Aufzehrung des Fruchtknotengewebes wird die weiche Pilzmasse steinhart. Die hornförmig gekrümmten Gebilde werden als *Mutterkorn (Secale cornutum)* bezeichnet. Sie enthalten Alkaloide (→ Ergotamin).

Mutterkornvergiftung → Ergotismus.

Mutterkraut, als Zierpflanze auch *Gefüllte Kamille,* jedoch Art der Gattung → Chrysanthemum.

Mutterkuchen → Plazenta.

Mutterkult, die Vorstellung u. Verehrung der Gottheit als Mutter, die das Sinnbild der Fruchtbarkeit, des Lebens u. vielfach auch der Barmherzigkeit ist (Demeter, Ischtar, Astarte, Isis, Guan Yin). Der M. ist eine wohl schon seit der Altsteinzeit auftretende Kultform, die in steter Kontinuität noch in manchen Religionen der Gegenwart geübt wird.

Mutterlauge, die nach dem Auskristallisieren eines Stoffs aus einer Lösung zurückbleibende, bei gegebener Temperatur gesättigte Lösung.

Muttermal, *Naevus,* angeborene, oft erst später durch Wachstum sichtbar werdende Hautmissbildungen in Form von fleck- oder flächenförmigen Anhäufungen von Farbstoffzellen (→ Leberfleck), Haarstellen, warzigen Erhebungen u. Ä.

Muttermilch, *Frauenmilch,* die Abscheidung der weibl. Milchdrüsen in der Stillzeit *(Laktationsperiode).* Die Hormone des Mutterkuchens bewirken zunächst das Wachstum der Milchdrüsen. Nach Ausstoßung der Nachgeburt löst das *Prolaktin* der Hirn-

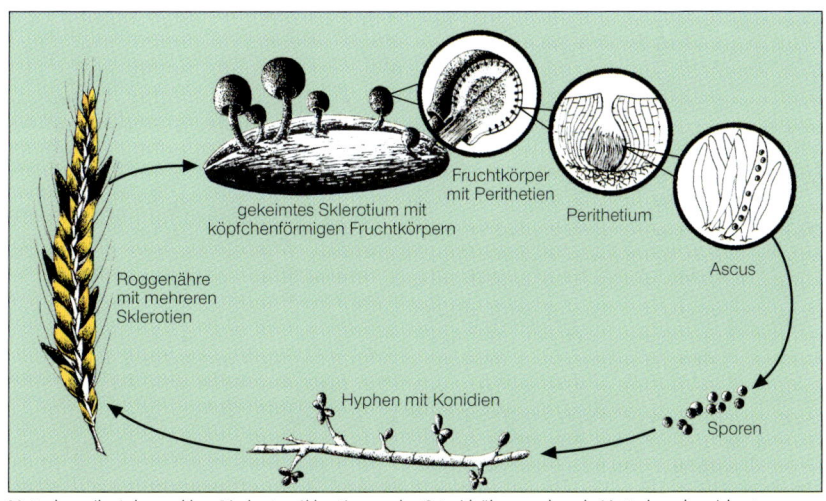

Mutterkornpilz: Lebenszyklus. Die harten Sklerotien an der Getreideähre werden als Mutterkorn bezeichnet

anhangdrüse – das luteotrope Hormon LTH – die Muttermilchbildung aus. Die M. schießt am 3./4. Wochenbetttag ein. Danach spielen Hormone keine Rolle mehr; die Weiterbildung der M. wird lediglich durch den Saugreiz in Gang gehalten. – Die M. ist die natürl. Nahrung für den heranwachsenden Säugling, die nicht nur Nährstoffe in optimaler Form u. Menge enthält, sondern auch Wirk- u. Abwehrstoffe enthält, die für das Gedeihen des Säuglings wertvoll sind. So hemmt M. das Wachstum krankheitserregender Keime im Darm u. schützt vor Durchfallerkrankungen. Die Abwehrstoffe aus der M. bieten einen guten Schutz vor Infektionen. Außerdem treten bei Kindern, die gestillt wurden, seltener Allergien auf. Andererseits ist M. heute oft hochbelastet mit Schadstoffen, die über die Nahrungsmittel in den Körper der Mutter gelangt sind. Deshalb wird empfohlen, nur vier bis sechs Monate zu stillen. Man nimmt an, dass in dieser Zeit der Nutzen der M. für die Entwicklung des Kindes das Risiko durch die Schadstoffbelastung überwiegt. Wer länger stillen möchte, sollte jedoch unbedingt eine Schadstoffanalyse der M. vornehmen lassen.

Mutterpass, Dokument, das Informationen über die Mutter, den Verlauf der Schwangerschaft, Ergebnisse der → Schwangerschaftsvorsorgeuntersuchungen, den Geburtsverlauf u. Angaben zum Neugeborenen enthält.

Mutterrecht, ein von J. J. *Bachofen* nach seinem gleichnamigen Hptw. 1861 geprägter Begriff für eine Gesellschaftsordnung, die den Einzelnen nach seiner Abstammung in der mütterl. Linie *(matrilinear)* einordnet; dies tritt in Erscheinung bei der Vererbung von Rang, Würden u. Eigentum u. bei der Bildung von Verwandtschaftsnamen. Das Verhältnis des Vaters zum Kind tritt zurück gegenüber dem vom Mutterbruder zum Schwesterkind; der Vater gilt als Fremder in der Familie u. hat keine Rechte. Das M. findet sich ganz selten in reiner Form, meist in Mischung mit *Vaterrecht.* Es ist eine Sonderentwicklung bei Hackbauvölkern (Arbeitsleistung der Frau), nicht Bestandteil einer Urkultur, wie der Evolutionismus meinte. Die Frau hat gesellschaftlich eine hervorgehobene Stellung, ohne jedoch zum *Matriarchat* zu kommen. Hauptverbreitung: Mikronesien, Polynesien, Südindien, Westafrika u. bei den Pueblo-Indianern, im Altertum bei einzelnen Völkern von Indien bis Südeuropa (Etrusker) u. Nordafrika.

Mutterschaftsgeld → Erziehungsgeld.

Mutterschaftshilfe, bis 1967 *Wochenhilfe,* Leistungen der gesetzl. Krankenversicherung für Frauen vor u. nach der Entbindung; umfasst ärztl. Betreuung u. Hebammenhilfe, Versorgung mit Arznei-, Verbands- u. Heilmitteln, Pauschalbeträge für die im Zusammenhang mit der Entbindung stehenden Aufwendungen, Pflege in einer Entbindungs- oder Krankenanstalt u. Erziehungsgeld.

Mutterschaftsurlaub → Erziehungsurlaub.

Mutterschiff, in der Marine ein Schiff, das kleinen Fahrzeugen wie Schnellbooten, Minensuchern u. U-Booten als Wohnschiff, Versorger u. zur Instandsetzung zugeteilt ist.

Mutterschutz, die Gesamtheit der Maßnahmen zum Schutz der in einem Arbeitsverhältnis oder in Heimarbeit stehenden Frau während der Schwangerschaft, der Niederkunft u. des Stillens. Das *Mutterschutzgesetz* vom 24. 1. 1952 in der Fassung vom 17. 1. 1997 entspricht den Mindestbedingungen des Übereinkommens der Internationalen Arbeitsorganisation vom 29. 10. 1919, ratifiziert 1927: Für alle in einem Arbeitsverhältnis stehenden Frauen sind für die Zeit der Schwangerschaft Mehrarbeit, Sonntags- u. Nachtarbeit u. bestimmte Arbeiten ganz verboten. 6 Wochen vor der Niederkunft (wenn sich die werdende Mutter nicht ausdrücklich zur Arbeitsleistung weiter bereit erklärt) bis 8 Wochen nachher darf die Frau überhaupt nicht beschäftigt werden (für Mütter nach Früh- u. Mehrlingsgeburten verlängert sich die Frist auf 12 Wochen). Während der Schwangerschaft besteht bis zum Ablauf von 4 Monaten nach der Niederkunft ein *Kündigungsverbot* (Ausnahmegenehmigung nur durch den Landesarbeitsminister). Bei Wahrnehmung des *Erziehungsurlaubs* (der auch von Vätern in Anspruch genommen werden kann) erstreckt sich das Kündigungsverbot auf die Gesamtdauer des Erziehungsurlaubs. Der Arbeitgeber muss bei den individuellen Beschäftigungsverboten das Arbeitsentgelt (den *Mutterschutzlohn*) weiterzahlen; für die Zeit der generellen Beschäftigungsverbote vor u. nach der Niederkunft besteht ein Anspruch auf *Mutterschaftsgeld* aus der gesetzl. Krankenversicherung bis zur Höhe von 13 Euro pro Tag sowie ein Anspruch auf den Differenzbetrag zum durchschnittl. Nettoarbeitslohn vom Arbeitgeber. Für nicht versicherte Arbeitnehmerinnen geht die Leistung des Mutterschaftsgeldes in Höhe von insgesamt höchstens 210 Euro zu Lasten des Bundes.

In *Österreich* bestehen ähnl. Regelungen durch das Mutterschutzgesetz 1979; nach der Schutzfrist können Mütter (seit 1993 auch Väter) einen zweijährigen Karenzurlaub in Anspruch nehmen bzw. eine Teilzeitbeschäftigung bis maximal zum Ende des 4. Lebensjahres des Kindes.

In der *Schweiz* bestehen aufgrund von Art. 35 des eidgenöss. Arbeitsgesetzes vom 13. 3. 1964 (das für den größten Teil der Privatwirtschaft mit Ausnahme der Landwirtschaft gilt) Beschäftigungsverbote für Frauen in den ersten acht Wochen nach der Geburt (nur auf eigenen Wunsch der Frau u. bei Vorliegen eines entspr. ärztl. Zeugnisses ist Verkürzung auf sechs Wochen zulässig). Schwangere „dürfen auf bloße Anzeige hin von der Arbeit wegbleiben oder diese verlassen" (Art. 35 Abs. 1 des Gesetzes). Nacht- u. Sonntagsarbeit ist durch Art. 34 Abs. 1 u. 3 desselben Gesetzes für Frauen überhaupt verboten (sie darf nur unter bes. Voraussetzungen durch Verordnung als zulässig erklärt werden).

Muttersegen, früher *Aussegnung,* in der kath. Kirche die Segnung der Mutter nach der Geburt, auch der rituell ausgestaltete erste Kirchgang der Wöchnerin, heute mit der (Kinder-)Taufe verbunden.

Muttersprache, um 1500 in Dtschld. aufgekommener Begriff für die angestammte, eigenständige Sprache (Volkssprache) gegenüber den 3 „heiligen Sprachen" (Griechisch, Latein, Hebräisch). Heute versteht man unter M. die Sprache, die der Mensch ohne Unterricht durch eine andere Sprache lernt u. gewöhnl. am besten beherrscht. M. ist ein relativer Begriff gegenüber *Fremdsprache,* da eine solche jeweils auch (für andere Sprecher) M. ist, ein absoluter Begriff gegenüber *Welthilfssprachen,* da solche Sprachen grundsätzl. nie M. sind.

Mutterstadt, Gemeinde in Rheinland-Pfalz, Ldkrs. Ludwigshafen, südwestl. von Ludwigshafen, 12 400 Ew.; Kirche (1754); Rathaus (1738); Tabak- u. Spargelanbau; Maschinenbau.

Muttertag, Feiertag am 2. Maisonntag zu Ehren der Mutter; entstand aus einem angelsächs. Sippenfesttag; wurde 1907 in den USA von Ann *Jarvis* ins Leben gerufen (seit 1914 offizieller Festtag) u. in Dtschld. nach dem 1. Weltkrieg aus den USA übernommen; vom nat.-soz. Regime für propagandist. Zwecke missbraucht.

Muttertrompete, *Ostium tubae* → Geschlechtsorgane.

Mutterwurz, *Ligusticum,* Gattung der *Doldengewächse (Umbelliferae);* es gibt etwa 25 Arten, die vor allem auf der Nordhalbkugel aber auch in Chile u. Neuseeland vorkommen; *Ligusticum scotinum* ist in Nordeuropa Küchenkraut. Daneben kommen in Mittel- u. Südeuropa im Gebirge noch die *Zwergmutterwurz, Ligusticum mutellinoides* u. die *Alpenmutterwurz, Ligusticum mutellina,* vor.

Mutual Balanced Forces Reduction ['mjuːtʃuəl 'bælənst 'fɔːsiz ridʌkʃən], Abrüstungsverhandlungen in den 1970er u. 1980er Jahren, → MBFR.

Mutualismus [lat.], 1. *Biologie: i. e. S.* eine Wechselbeziehung zwischen zwei Lebewesen verschiedener Art, die für beide förderlich, für einen der Partner aber lebensnotwendig ist, z. B. Blütenbestäubung durch Tiere, Verbreitung von Pflanzensamen durch Tiere, → Trophobiose, → Symphilie; *i. w. S.* alle symbiotischen Beziehungen (→ Vergesellschaftung), also auch die → Allianz (für keinen der Partner lebensnotwendig) u. die → Symbiose (für beide Partner lebensnotwendig).
2. *Wirtschaft:* 1. ein vorgestelltes System gegenseitiger Dienst- u. Güterleistungen bei Abschaffung des Geldes. Eine Tauschbank soll z. B. Kredite geben u. die erzeugten Waren gegen Tauschbons abnehmen (P. J. *Proudhon*). – 2. das in romanischen Ländern (besonders in Frankreich u. Belgien) vorhandene System, soziale Versicherungs- u. Fürsorgeleistungen durch mit öffentl. Mitteln unterstützte Hilfskassen zu erbringen; *i. w. S.* das Prinzip der Versicherungsvereine auf Gegenseitigkeit.

Mutualität [lat.], Gegen-, Wechselseitigkeit.

Mutual Security Agency ['mjuːtʃuəl sə'kjuːriti 'eidʒənsi; engl.] → MSA.

Mutulus [der; lat.], Hängeplatte unter dem vorstehenden Gesims des Gebälks an dor. Tempeln.

Mutung, nach altem → Bergrecht der Antrag bei der Bergbehörde auf Verleihung des Mineralgewinnungsrechts innerhalb eines bestimmten Grubenfelds. Auch → Bergbaufreiheit.

Mütze, weiche, oft mit einem Schirm gearbeitete Kopfbedeckung unterschiedlichster Form.

Mützenlangur, eine Art der → Schlankaffen.

Mützenrobbe → Klappmütze.

Mützenschnecken, 1. *Ancylidae,* kleine *Wasserlungenschnecken* mit mützenförmigen Schalen; leben in sauberen Bächen mit starker Strömung an Steinen u. Ä.
2. *Capulus,* Gattung der *Vorderkiemerschnecken,* mit einer ungewundenen, kappenartigen Schale, leben z. T. als Parasiten oder Kommensalen auf Stachelhäutern. Im Nordatlantik u. im Mittelmeer gibt es die um 5 cm große *Ungarnkappe, Capulus hungaricus.*

Muwatallis II., *Muwatalli,* hethit. König, rd. 1290–1272 v. Chr.; suchte nach unentschiedenen Kämpfen gegen König Sethos I. von Ägypten die hethit. Herrschaft über Nordsyrien zu sichern, indem er Benteŝina, einen loyalen Vasallen, zum König von Amurru einsetzte. Als Ramses II. um 1275 gegen Benteŝina zum Krieg antrat, gelang es M., die Ägypter in der Schlacht bei *Kadesch* aufzuhalten.

Muybridge ['mjuːbridʒ], Edward, brit. Fotograf, * 9. 4. 1830 Kingston upon Thames, † 8. 5. 1904 Kingston upon Thames; schuf mit Studien über Bewegungsabläufe der ersten wissenschaftl. Fotografien. Seine Hauptwerke sind Landschaftsaufnahmen aus dem Yosemite-Valley in Kalifornien u. reportageartige Bildserien aus Mittelamerika.

Muyinga, früher *Muhinga,* ostafrikan. Provinz-Hptst. in Burundi, 1775 m ü. M., 79 300 Ew.; in der Umgebung Kaffeeanbau sowie Gold- u. Zinnvorkommen; Straßenknotenpunkt.

Muzaffarabad [muzaf-], Stadt im nördl. Pakistan, am Knie des Jhelum-Oberlaufs im Kaschmirgrenzgebiet, rd. 25 000 Ew.; im neuen Erdölrevier mit Ölraffinerien u. Wärmekraftwerk; Verwaltungssitz des von Pakistan besetzten Teils von Kaschmir *(Azad Kashmir).*

Muzaffarnagar [mu'zaf-], nordind. Distrikt-Hptst. in Uttar Pradesh, nordöstl. von Delhi, 240 000 Ew.; agrarisches Handelszentrum; Nahrungsmittel- u. Textilindustrie.

Muzaffarpur [mu'zaf-], ind. Distrikt-Hptst. in Bihar, an der Burhi Gandak, 240 000 Ew.; Universität; Handelsplatz (für Nepal); Nahrungsmittelindustrie; Verkehrsknotenpunkt.

Muzika, František, tschech. Maler, Grafiker u. Kunsttheoretiker, * 26. 6. 1900 Prag, † 1. 11. 1974 Prag; ab 1945 Prof. für Schrift an der Prager Kunstgewerbeschule; Mitgl. der avantgardist. Gruppe *„Devětsil".* In seinem Frühwerk verband er magisch-realist., volkstümliche u. lyrische Tendenzen, seit den 1930er Jahren traten kubistische Elemente u. ein Hang zum Absurden hinzu.

Muzo ['muθo], Ort im mittleren Kolumbien, im W der Ostkordillere, nördl. von Bogotá, rd. 2500 Ew.; staatl. Smaragdmine (Abbau bereits in präkolumbian. Zeit).

Muzorewa, Abel Tendekayi, simbabwischer Politiker, * 14. 4. 1925 Old Umtali; methodist. Geistlicher, 1968 Bischof; 1971 Präs. des *African National Council* (ANC); 1979/80 Premier-Min. von Simbabwe-Rhodesien (erster schwarzer Regierungschef des Landes).

Muztag, Gebirge im W des Kunlun Shan (China), 7281 m hoch; vergletschert.

Muztagata, *Mus Tagh Ata,* zweithöchster Berg des *Pamir* in Zentralasien, in der autonomen Region Xinjiang (China), 7546 m hoch; 1956 erstmals bestiegen.

Mwali, früher *Mohéli,* Insel in der Gruppe der Komoren, 290 km², 28 200 Ew.

Mwangi [mwa-], Meja, kenian. Schriftsteller, * Dezember 1948 Nanyuki; beschreibt in seinen Romanen vornehmlich das städt. Afrika, Konflikte zwischen der neuen kenianischen Elite, den landlosen Bauern u. dem städt. Proletariat; Romane: „Nairobi, River Road" 1976, dt. 1982; „Mr. Rivers letztes Solo" 1989, dt. 1995; „Narben des Himmels" 1990, dt. 1992.

Mwanza ['mwaːnza], *Muansa,* ostafrikan. Regions-Hptst. im nördl. Tansania, Hafen am Südufer des Victoriasees, 1134 m ü. M., 223 000 Ew.; Zentrum eines dicht besiedelten Agrargebiets (Erdnüsse, Baumwolle); Industrie, Handelsplatz, Eisenbahnverbindung nach Tabora u. Dar es Salaam, Flugplatz.

MWD, das Innenministerium der UDSSR, → Staatssicherheitsbehörden der UdSSR.

Mwerusee, *Merusee,* afrikan. See in teilweise sumpfiger Umgebung, an der Grenze von Sambia u. der Demokrat. Rep. Kongo; 992 m ü. M., 4920 km², mittlere Tiefe 6,5 m; vom *Luapula* durchflossen, der nach dem Austritt *Luvua* heißt.

my… → myo…

My, μ, M, 12. Buchstabe des griechischen Alphabets.

Myalgie [grch.], anhaltender oder vorübergehender Muskelschmerz.

Myanmar, Staat in Südostasien, → Seite 236.

Myasis [grch.], *Myase* → Myiase.

Myasthenie [grch.], krankhafte Muskelschwäche; *Myasthenia gravis pseudoparalytica,* eine seltene Muskelerkrankung mit rascher Muskelermüdbarkeit, die auf Störungen der Erregungsüberleitung in den motorischen Endplatten beruht. M. betrifft bes. die Gesichtsmuskeln (Kau-, Schluck-, Augen- u. Sprachmuskeln).

Myatonie [grch.], die Muskelschlaffheit; *Myatonia congenita,* angeborene Muskelerkrankung, bei der die Muskulatur bes. an den Beinen abnorm schlaff u. kraftlos ist.

Mycel [grch.; mycelium] → Myzel.

Mycelis [lat.] → Mauerlattich.

Mycetoma pedis [grch., lat.] → Madurafuß.

Mycetome [grch.] → Myzetome.

myco… [grch.], *myko…",* Wortbestandteil mit der Bedeutung „Pilz".

Mycobacteriaceae [grch.], eine Familie der Bakterien, die zur Ordnung der → Actinomycetales gehören; keine Myzelbildung, säurefest.

Mycoin [grch.] → Patulin.

Myconius, *Mykonius,* Oswald, eigentl. O. *Geißhüsler,* schweiz. reform. Theologe, * 1488 Luzern, † 14. 10. 1552 Basel; Humanist, wirkte an der ersten u. zweiten Basler Konfession (1534 u. 1536) mit; verfasste die erste Biografie H. Zwinglis.

Mycoporphyrin [grch.] → Hypericin.

Mycota [grch.] → Pilze.

Myctophiden [grch.], Fische, → Leuchtsardinen.

Mydriasis [die; grch.], die Pupillenerweiterung.

Mydriatikum [das, Pl. *Mydriatika;* grch.], pupillenerweiterndes Mittel, z. B. Atropin.

myel… [grch.], *myelo…",* Wortbestandteil mit der Bedeutung „Knochenmark…", Rückenmark…".

Myelitis [grch.] → Rückenmarkentzündung.

Myelographie [grch.], die röntgenologische Darstellung des Rückenmarks oder des Wirbelkanals; ein diagnostisches Verfahren, um raumbeengende Rückenmarkprozesse festzustellen.

Myelom [das; grch.], Knochenmarkgeschwulst; i. e. S. das → Plasmozytom.

my house is my castle [mai 'haus iz mai 'ka:sl; engl., „mein Haus ist meine Burg"], sprichwörtl. Formulierung des Rechtsgrundsatzes, dass Beamte nicht willkürl. in ein Privathaus eindringen dürfen.

Myiase [die; grch.], *Myiasis, Myasis, Fliegenmadenkrankheit,* der Befall lebenden Gewebes von Menschen u. allg. der Wirbeltiere mit Larven von Fliegen u. Mücken, die ihre Entwicklung ganz oder teilweise im Wirtskörper durchlaufen, z. B. die *Wundmyiase,* der Befall offener Wunden durch Larven der *Goldfliege, Lucilia sericata.* Große Schäden werden angerichtet durch die *Schafmyiasisfliege, Lucilia cuprina,* die *Tumbufliege, Cordylobia anthropophaga,* deren Larven aktiv in die Haut von Schafen u. Menschen eindringen. I. w. S. gehören zu den Myiasen auch die Erkrankungen durch → Dasselfliegen u. → Magenbremsen. Die M. des Menschen tritt hauptsächlich in wärmeren Ländern bei mangelnder Hygiene auf. Die Entwicklung der Fliege verursacht schmerzhafte Geschwüre. Von wirtschaftl. Bedeutung ist die M. der Rinder, da sie zur Schädigung der Tierhaut führt.

Myingyan, Industriestadt an der Mündung des Tschindwin in den Irrawaddy (Myanmar), rd. 220 000 Ew.; Nahrungsmittelindustrie, Baumwoll- u. Zinkverarbeitung, chem. Industrie.

Myitkyina [mjitʃi'na], Hptst. des Kachinstaats im N von Myanmar, am oberen Irrawaddy, 13 000 Ew.; Handelszentrum (Teak, Jade); kath. Bischofssitz; Holzverarbeitung, Nahrungsmittelindustrie; Eisenbahnendpunkt, Flugplatz; in der Umgebung Zuckeranbau.

Mykene, *Mykénai, Mykenä,* altgriech. Stadt u. Burg in der Landschaft Argolis auf dem Peloponnes; nach der griech. Sage von *Perseus* gegr., dessen Nachkommen *(Perseiden)* durch die *Pelopiden* aus der Herrschaft Mykenes verdrängt wurden. M. stand im 2. Jahrtausend v. Chr. lange unter kulturellem Einfluss von Kreta. Die Burg, bei *Homer* Sitz des Königs *Agamemnon,* wurde um 1200–1180 v. Chr. zerstört. In der Folgezeit bestand nur eine kleine Ortschaft; zu einer gewissen Bedeutung gelangte M. erst wieder in hellenist. Zeit (3. Jh. v. Chr.). Ausgrabungen (1874 begonnen durch H. *Schliemann*) erbrachten Spuren von Besiedlungen im 3. Jahrtausend v. Chr.; aus dem 16. Jh. v. Chr. stammen königl. Schachtgräber, in denen Goldmasken, Goldschmuck u. Gefäße aus Gold u. Silber gefunden wurden. Erhalten blieben ferner der Mauerring mit dem Löwentor, Teile des Palastes, am Fuß des Burgbergs Wohnquartiere, Gewerbebetriebe u. Handelsmagazine sowie zahlreiche Kuppelgräber (13. Jh. v. Chr.), darunter das sog. Schatzhaus des Atreus.

mykenische Kultur, edie von den myken. Griechen getragene spätbronzezeitl. Kultur des griech. Festlands, 1600–1200 v. Chr., Endstufe der → helladischen Kultur, Teil der → kretisch-mykenischen Kultur.
Sie ist in ihren geschichtl. Voraussetzungen noch nicht abschließend geklärt. Zwischen 2200 u. 1900 v. Chr. waren indoeurop. Volksstämme (die später als *Achäer, Ionier* bezeichneten Frühgriechen) auf das griech. Festland eingewandert u. hatten sich mit der bodenständigen nicht-indoeurop. Bevölkerung vermischt. Auf der Grundlage dieser Mischkultur entstand um 1600 v. Chr. durch Kontakte mit der → minoischen Kultur ohne kriegerische Auseinandersetzungen die plötzlich reich aufblühende m. K. Sie äußerte sich in dem Auftreten der frühmyken. Keramik (dunkler Firnis auf hellem Grund) u. in dem erhöhten Beigabenreichtum der Gräber (bes. in den Schachtgräbern u. dem Gräberrund von Mykene mit vielen Goldsachen wie porträtähnl. Totenmasken u. Schmuck, Gefäßen aus Edelmetall, Bronze u. Alabaster, vielen Waffen u. bemalter Keramik). Auch bestattete man die Fürsten in monumentalen Kuppelgräbern („Schatzhaus des Atreus" in Mykene). Die myken. Feudalherren lebten als Gaufürsten auf hoch gelegenen Burgen (Mykene, Tiryns, Pylos u. a.). Die Bewaffnung war kretisch (Brustpanzer, Beinschienen, Helm, achtförmiger Schild, Dolch, rapierartiges Schwert, lange Lanzen); der Streitwagen kam aus Ägypten. Von Kreta wurden auch die Schrift *(Linear B)* u. die hoch entwickelte u. komplizierte Wirtschafts- u. Verwaltungsstruktur übernommen. Die Palastarchitektur war dagegen spezifisch mykenisch. Sie bestand aus einem Megaronhaus mit fürstl. Wohnung, Magazinen, Verwaltungsräumen, einem Hof mit Altar u. Anlagen für militär. Zwecke, umgeben von einem kyklop. Mauerring. Die Räume waren nach minoischem Vorbild mit Wandgemälden geschmückt, doch bevorzugte man Streitwagen-, Jagdu. Kampfszenen. Die Gewerbebetriebe lagen außerhalb der Paläste. Rund um Tiryns, Pylos u. Theben lag die zugehörige Stadt, die Umgebung von Mykene war weniger dicht besiedelt. Im Kunsthandwerk waren typisch die Tektonisierung der minoischen Vorbilder in der Wand- u. Vasendekoration, die Erzeugung von Holzmöbeln mit Elfenbeineinlagen u. Prunkwaffen u. Metallgefäße mit Gold-, Silber- u. Nielloeinlagen sowie Ansätze zur Großplastik (Löwentor von Mykene).
Das Verhältnis zu Kreta scheint ursprüngl. friedlich gewesen zu sein. Seit 1450 v. Chr. besetzten jedoch myken. Heerfürsten das seit den Zerstörungen durch den Vulkanausbruch auf Santorin (um 1500 oder 1470 v. Chr.) darniederliegende Kreta, beendeten die kret. Vorherrschaft im Mittelmeer u. breiteten ihren Einfluss seit dem 14. Jh. v. Chr. über das ganze östl. Mittelmeer bis Vorderasien, Syrien, Ägypten u. Unteritalien aus (verbunden mit Koloniegründungen u. Eroberungen). Eine Führungsstellung scheint dabei (zumindest zeitweise) Mykene gehabt zu haben.
Die m. K. ging in den Stürmen der *Ägäischen Wanderung* im 13. u. 12. Jh. v. Chr. unter. Die nachfolgenden Dorier u. Nordwestgriechen übernahmen wenig von der von ihnen zerschlagenen Kultur, doch lebt die Erinnerung an diese Zeit in den Epen *Homers* weiter.

Mykonos (1): Der Hafen des gleichnamigen Ortes lockt jedes Jahr Tausende von Touristen an

mykenische Schrift → minoische Schriften.

Mykerinos, ägypt. *Menkawre,* ägypt. König der 4. Dynastie, um 2470 v. Chr.; Erbauer der 3. Pyramide von *Gizeh.*

Mykle, Agnar, norweg. Schriftsteller, *8. 8. 1915 Trondheim, †14. 1. 1994 Asker; realist.-erot. Romane („Wie ein Dieb in der Nacht" 1951, dt. 1962; „Liebe ist eine einsame Sache" 1954, dt. 1967; „Das Lied vom roten Rubin" 1957, dt. 1958; „Rubicon" 1965, dt. 1966) u. Erzählungen („Eine Blume im Knopfloch" 1958, dt. 1959) mit gesellschaftskrit. Hintergrund. Nach dem Erzählband „Largo" (1967) hat M. nicht mehr veröffentlicht.

myko... → myco...

Mykobakterien [grch.], *Mycobacteria,* zu der Familie *Mycobacteriaceae* gehörende, unbewegliche säurefeste Bakterien von stäbchenförmiger Gestalt, die in Jugendstadien echte Verzweigungen bilden können. Zu den M. gehören die Erreger der Tuberkulose *(Mycobacterium tuberculosis)* u. der Lepra *(Mycobacterium leprae).*

Mykobakteriose [grch.] → Geflügeltuberkulose.

Mykobiont [der; grch.], ein Pilz als Partner in einer symbiontischen Lebensgemeinschaft, z. B. → Mykorrhiza, → Flechten.

Mykolaitis, Vincas, litauischer Schriftsteller, → Putinas.

Mykologie [grch.], *Pilzkunde,* die Wissenschaft, die sich mit der Untersuchung u. Beschreibung der Strukturen u. Funktionen der Pilze beschäftigt. Unter dem Aspekt des Schadens oder des Nutzens der Pilze für den Menschen entstanden verschiedene Zweige der *angewandten M.* wie z. B. die *Phytopathologie* u. die *medizinische M.* Auch → Pilze.

Mykonos, *Mikonos,* ♦ 1. griech. Kykladeninsel, 85 km², 3400 Ew.; Hauptort *M.* (2); wasser- u. vegetationsarm; geringer Ackerbau, bedeutender Fremdenverkehr, Ausgangspunkt für den Besuch von Delos.
2. Hauptort der gleichn. griech. Kykladeninsel, 2800 Ew.; würfelförmige Häuser; Fremdenverkehr.

Fortsetzung S. 237

Myanmar

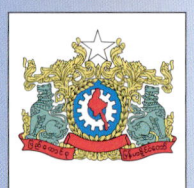

Offizieller Name: Union Myanmar

Autokennzeichen: MYA

Fläche: 676 578 km²

Einwohner: 45,1 Mio.

Hauptstadt: Yangon (Rangun)

Sprache: Birmanisch

Währung: 1 Kyat = 100 Pyas

Bruttosozialprodukt/Einw.: 250 US-Dollar

Regierungsform: sozialistische Republik (Militärregime)

Religion: Überwiegend Buddhisten

Nationalfeiertag: 4. Januar

Zeitzone: Mitteleuropäische Zeit +5,5 Std.

Grenzen: Im NW Bangladesch u. Indien, im NO China, im O u. SO Laos u. Thailand, im S u. SW Golf von Bengalen

Lebenserwartung: 60 Jahre

Landesnatur Die von der Natur begünstigten Kernräume sind die Tiefländer u. Becken am *Irrawaddy* u. seinem Nebenfluss *Tschindwin* sowie am Unterlauf des *Saluen* u. die schmalen, teilweise sumpfigen Küstenebenen. Die Täler liegen zwischen Gebirgsketten, die 3000 bis über 5000 m Höhe erreichen. Im O erhebt sich das Schanhochland beiderseits des oberen Saluen. Im W bildet das Arakangebirge die Abgrenzung zum Meer. Nach S reicht Myanmar bis auf die Halbinsel Malakka. In den vom Monsun reichlich beregneten Landschaften u. an den Berghängen wächst üppiger Regenwald, während sich im Regenschatten der Gebirge Trockenwälder u. Steppen ausbreiten.

Bevölkerung Mehr als zwei Drittel der Bevölkerung sind *Birmanen*, der Rest kleinere Völker (*Karen, Schan, Tschin, Kachin, Kayah* u. a.), die in z. T. sehr alten, heute halbautonomen Teilstaaten leben. Hinzu kommen Inder u. Chinesen. Rd. 87 % der Bewohner bekennen sich zum Buddhismus, 5,6 % sind Christen, 3,6 % Moslems. Neben der Staatssprache Birmanisch ist vor allem Englisch als Handelssprache gebräuchlich.

Wirtschaft und Verkehr In den gut bewässerten Becken u. Tälern wird vor allem Reis angebaut, ferner Zuckerrohr u. auf etwas trockeneren Böden Hülsenfrüchte, Baumwolle u. Mais. Reis u. Hülsenfrüchte sind auch die wichtigsten Exportprodukte, daneben Holz, Fisch, Edelsteine u. Erze. Von großer Bedeutung ist der illegale Handel mit Opium u. Heroin. Die Wälder liefern Kautschuk u. Teakholz. An Bodenschätzen gibt es Erdgas, Erdöl, Blei, Zink, Kupfer, Zinn, Wolfram, Antimon u. Steinkohle, vor allem aber Rubine, Saphire u. Jade. Die Industrie ist noch wenig entwickelt. Sie verarbeitet vor allem Holz u. Reis sowie andere Agrarprodukte. Die Errichtung einer Konsumgüterindustrie kommt nur schleppend voran. Ein weitmaschiges Netz von Eisenbahnen u. Straßen verbindet die Wirtschaftszentren. Der Binnenschifffahrt auf dem Irrawaddy kommt große Bedeutung zu. Hauptsee- u. -flughafen ist *Yangon (Rangun)*.

Geschichte Im 5. Jh. gründete der Volksstamm der *Pyu (Piao)* im nördl. Irrawaddy-Delta ein stark unter ind. Kultureinfluss stehendes Königreich. Später beherrschten die *Mon* das ganze südl. Gebiet, bis im 11. Jh. von N her die *Birmanen* unter König *Anoratha* eindrangen. Unter seiner Dynastie entstand die Hptst. *Pagan*. 1287 eroberten die Mongolen Pagan, u. das erste birman. Reich zerfiel. Im N drangen im 13. Jh. die *Schan*, ein Thai-Stamm, in Birma ein. Die Folgezeit war durch Kämpfe zwischen Birmanen, Mon u. Schan gekennzeichnet. 1531 gelang es König *Tabinshwehti*, Birma zu einen. Um 1580 erreichte Birma einen Höhepunkt seiner Macht. Im 17. Jh. errichteten die Niederländer, Engländer, Franzosen u. Portugiesen Handelsniederlassungen in den Küstenstädten. 1753–1760 gründete *Alaungpaya* das neue birman. Reich. Seine Nachfolger stießen bis nach Indien vor u. eroberten Siam. Unter *Bodowpaja* (1781–1819) erreichte Birma seine größte Machtentfaltung. Die Bedrohung Bengalens durch Birma u. wirtschaftl. Interessen veranlassten Großbritannien zum Eingreifen. Es kam zu drei anglobirman. Kriegen (1824–1826, 1852/53 u. 1885/86), nach denen die Briten ganz Birma besetzten u. es zur Provinz machten, die von Britisch-Indien aus regiert wurde. Nachdem es in Birma zahlreiche Aufstände gegeben hatte (1930–1932 Bauernaufstand dem buddhist. Mönch *Saya San*), trennten die Briten 1937 das Land von Indien u. gestanden ihm Selbstverwaltung zu. Führende Kräfte des birmes. Unabhängigkeitsstrebens wurden *Aung San* u. *U Nu*. 1942–1945 war Birma von den Japanern besetzt. 1947 ermordeten innenpolit. Gegner Aung San. Als *Union von Birma* wurde das Land 1948 in die Unabhängigkeit entlassen. Es umfasste außer der früheren brit. Kolonie die Gebiete der nichtbirman. Stämme Schan, Karen u. Kachin. U Nu (Ministerpräsident 1948–1956, 1957/58 u. 1960–1962) versuchte, die Unruhen im Innern (Unabhängigkeitsbewegungen der Schan, Karen u. Kachin sowie kommunist. Aufstände) auf der Basis eines buddhist. Sozialismus zu überwinden. Als U Nu 1961 den Buddhismus zur Staatsreligion erhob, provozierte er innere Spannungen. 1962 stürzte ihn die Armee, die ein Auseinanderbrechen der birman. Union befürchtete. General *Ne Win* setzte die Verfassung außer Kraft u. regierte diktatorisch. Als ziviles Staatsoberhaupt

Im 1. Birma-Krieg (1824–1826) stürmen brit. Truppen ein birman. Fort. Gemälde. National Maritime Museum, London

236

(1974–1981) u. als Vorsitzender (1973–1988) der *Burma Socialist Programme Party (BSPP)* wandelte er Birma in eine sozialist. Republik um (Verfassung von 1974). Dabei wurde die Wirtschaft des Landes zerrüttet, u. die Bevölkerung verarmte. Nachdem Ne Win nach Studentenunruhen im Juli 1988 den Parteivorsitz niederlegte, übernahm im Sept. 1988 eine Militärjunta unter General *Saw Maung* die Macht.

Der Staatsname Birma wurde 1989 in *Union von Myanmar* geändert. 1990 ließ das Regime freie Wahlen zu, die einen deutl. Sieg der oppositionellen *Nationalen Liga für Demokratie (NLD)* brachten, obwohl *Aung San Suu Kyi,* NLD-Führerin u. Tochter Aung Sans, 1989 unter Hausarrest gestellt worden war. Die Militärs verweigerten jedoch die Machtübergabe an die NLD. 1991 erhielt Aung San Suu Kyi den Friedensnobelpreis. 1992 wurde General *Than Shwe* Nachfolger von Saw Maung. Auf internationalen Druck hin hob die Junta 1995 den Hausarrest für die NLD-Führerin auf, verhinderte jedoch weiterhin die Demokratisierung des Landes. 1997 wurde Myanmar Mitglied der ASEAN. Durch die Wirtschaftskrise in Asien verschlechterte sich auch die ökonom. Situation Myanmars erheblich. Gegen separatist. Bestrebungen der Volksgruppe der Karen ging das Regime mit militär. Mitteln vor.

Mykoplasmen [grch.], *PPLO,* zellwandlose, wegen ihrer Kleinheit (0,125–0,15 μm) auch Membranfilter passierende Organismen von der Größe der *Viren;* diesen im biochem. Aufbau sehr ähnlich, aber ohne Bindung an Zellorganellen frei lebensfähig wie *Bakterien.* Die M. umfassen tier- u. pflanzenpathogene Arten, Saprophyten in Abwässern, Bewohner tier. u. menschl. Schleimhaut.

Mykorrhiza [die; grch.], *Pilzwurzel,* die Wurzeln höherer Pflanzen, die in ihrer Rindenzone von Pilzen besiedelt werden. Bei der *ektotrophen M.* überzieht der Pilz die Wurzeloberfläche mit einem Myzelmantel u. sendet höchstens Hyphen zwischen die äußersten Zellschichten der Wurzelrinde; bei der *endotrophen M.* lebt der Pilz in den Rindenzellen der Wirtswurzeln. Zwischen beiden Formen gibt es Übergänge. Das Eindringen der Pilze in die Wurzeln hat zunächst durchaus parasitären Charakter; zwischen den Ansprüchen beider Partner stellt sich oft jedoch ein Gleichgewicht *(Symbiose)* ein. Vor allem bei Holzpflanzen können die Mykorrhizapilze anorgan. Bodenstickstoff in eine für die Wirtspflanze absorbierbare Form bringen. Notwendig ist die M. für die Samenkeimung der Orchideen, die sich ohne das Hinzutreten eines Pilzes bestimmter Art nicht entwickeln.

Mykosen [Pl.; die; grch.] → Pilzkrankheiten. Auch → Fußpilz, → Candida-Mykosen.

Mykotoxine [grch.], giftige Stoffwechselprodukte von Pilzen. M. können Lebens- u. Futtermittel verderben. Die am längsten bekannte *Mykotoxikose* des Menschen ist die heute nahezu unterbundene Mutterkornvergiftung (→ Ergotismus). Inzwischen sind mehr als 100 Pilzarten als Produzent von M. bekannt, die im Tierversuch z.T. Krebs erregend, Leber oder Nieren schädigend, mutagen, teratogen, neurotoxisch wirken. Von ihnen erwies sich *Aflatoxin B 1* bei Aufnahme über den Verdauungstrakt als stärkstes bisher bekanntes Kanzerogen. In Lebensmitteln kommen Aflatoxine in Nüssen (Erd-, Hasel-, Para-, Kokosnuss, Mandel u. Pistazie) vor. Hohe Konzentrationen an Aflatoxinen wurden in den für die Tierfütterung verwendeten Pressrückständen von Ölsaaten gefunden; wegen des Übergangs von Mykotoxinen an Lebensmittel tierischer Herkunft besteht eine strenge Futtermittelgesetzgebung.

Mylady [mi'lɛidi; engl.], Anrede für eine → Lady.

My Lai, Dorf im nördl. Südvietnam; bekannt geworden durch einen Prozess (1971) wegen der Tötung von mehr als 100 Dorfbewohnern durch US-amerikan. Truppen 1968.

Mylau, Stadt in Sachsen, Vogtlandkreis, im Vogtland, 3500 Ew.; Schloss (12./13. Jh.), Stadtkirche (1890); Maschinenbau, Metallindustrie.

Mylius, Christlob, dt. Schriftsteller, *11. 11. 1722 Reichenbache, Oberlausitz, †6. oder 7. 3. 1754 London; Anhänger J. C. *Gottscheds* Gedanken u. wollte die Aufklärung im Sinne des *Deismus* befördern; zeitweilig Mitarbeiter seines Vetters G. E. *Lessing* („Beiträge zur Historie u. Aufnahme des Theaters" 1750); schrieb auch Lustspiele („Die Ärzte" 1745; „Der Unerträgliche" 1746; „Die Schäferinsel" 1749).

Mylius-Erichsen [-'eːrəgsən], Ludwig, dän. Polarforscher, *15. 1. 1872 Wyborg, † November 1907 Grönland; erforschte 1902 bis 1904 die Dialekte u. die Lebensgewohnheiten der auf Grönland lebenden Eskimos.

Mylonit [der; grch.], durch tekton. Druck zertrümmertes u. nachträglich wieder verfestigtes Gestein verschiedener petrographischer Zusammensetzung.

Mylord [mi'lɔːd; engl.], Anrede für einen → Lord.

Mynheer [mə'neːr; ndrl.] → Mijnheer.

Mynsinger von Frundeck, Joachim, dt. Jurist, *13. 8. 1514 Stuttgart, †3. 5. 1588 Alsleben (Bode); 1543 Prof. in Freiburg, 1548 Beisitzer am Reichskammergericht, 1556–1573 Kanzler der Herzöge von Braunschweig; sammelte u. publizierte als Erster die Entscheidungen des Reichskammergerichts, schuf die braunschweigische Hofgerichtsordnung u. war maßgebend an der Gründung der Universität Helmstedt beteiligt.

myo... [grch.], *my...,* Wortbestandteil mit der Bedeutung „Muskel...".

Myogelose [die; grch. + lat.] → Muskelhärte.

Myoglobin [das; grch. + lat.], roter Farbstoff in der Skelettmuskulatur. M. ist ein einkettiges *Hämoprotein* mit Sauerstoffspeicherfunktion. Im Vergleich zum → Hämoglobin hat M. eine höhere Sauerstoffbindungsaffinität. Besonders reich an M. ist der Herzmuskel von tauchenden Seesäugern wie Wale u. Robben.

Myokard [das; grch.], *Herzmuskel* → Herz.

Myokardinfarkt [grch.] → Herzinfarkt.

Myokarditis [grch.], entzündl. Erkrankung des Herzmuskels. Sie kann als Begleitentzündung bei Stoffwechsel- u. Skelettmuskelerkrankungen, als Folge von rheumat. Fieber u. verschiedenen Infektionskrankheiten (z.B. Diphtherie, Virusgrippe, Scharlach), allerg. bedingt u. bei einer → Sarkoidose entstehen. Zu den Beschwerden gehören: Unruhe, Brustenge, rasche Ermüdbarkeit, → Herzrhythmusstörungen u. → Herzinsuffizienz.

Myom, aus Muskelgewebe bestehende Geschwulst, fast immer gutartiger Natur. Ein M. der quer gestreiften Muskulatur *(Rhabdomyom)* ist außerordentlich selten, während ein M. der glatten Muskulatur *(Leiomyom),* von der Gebärmuttermuskulatur der Frau ausgehend, sehr häufig ist, so dass man unter *Myom* allg. diese Form versteht. Sie kann Kindskopfgröße erreichen u. in zahlreichen kleineren Exemplaren die Gebärmutterwand durchsetzen; diese treten während der geschlechtsreifen Zeit auf u. wachsen nach dem Klimakterium nicht weiter. Meist treten verstärkte, unregelmäßige Blutungen auf, auch können Allgemeinbefinden u. Kreislauf beeinflusst werden. Die Behandlung erfolgt durch operative Entfernung der Gebärmutter.

Myomatose [die; grch.], das Vorhandensein zahlreicher *Myome* in der Gebärmutter.

Myoneme [grch.], kontraktile Fibrillen in den Zellen von → Einzellern *(Protozoen),* die diesen eine Formveränderung erlauben.

Myonen

Die M. verlaufen meist direkt unter der Zellhülle.

Myonen [grch.], μ-*Mesonen*, Elementarteilchen, die zur Gruppe der Leptonen gehören. Sie entstehen vor allem beim Zerfall von Pionen (→ Mesonen). Es gibt positiv u. negativ geladene M. Untersuchungen an M. haben die → Zeitdilatation experimentell bestätigt.

myonisches Atom, ein Atom, in dessen Hülle anstelle eines Elektrons ein negativ geladenes Myon kreist; → Mesonenatom.

Myopie [die; grch.] → Kurzsichtigkeit.

Myosin [grch.], zusammen mit → Actin wichtigstes Protein der Myofibrillen der Muskeln. 200 bis 400 Myosinmoleküle bilden die dicken Filamente oder Myosinstränge. Zusammen mit den dünnen Actin-Filamenten bilden sie im intakten Muskel einen *Aktomyosinkomplex*. Das Myosinmolekül besteht aus zwei langen Polypeptidketten (*Schwanzteil*) mit jeweils einem globulären Endstück (*Kopfteil*). Im Kopfteil befindet sich das für die Energielieferung beim Kontraktionsvorgang wichtige Enzym ATP'ase. Beim Kontraktionsvorgang wird das an das Actin gebundene ATP (→ Adenosintriphosphat) durch die ATP'ase zu Adenosindiphosphat u. Phosphat zerlegt.

Myositis [die; grch.] → Muskelentzündung.

Myosotis [grch.] → Vergissmeinnicht.

Myosurus [grch.], Hahnenfußgewächs, → Mäuseschwanz.

Myotonie [die; grch.], Muskelspannung, tonischer Muskelkrampf. Man unterscheidet: 1. *Myotonia congenita, Thomsen-Syndrom,* eine erbliche Muskelfunktionsstörung, die durch abnorme Härte u. Spannung der Muskeln im Anfang von willkürlichen Muskelbewegungen gekennzeichnet ist; die betr. Muskeln können zunächst nicht wieder willkürlich entspannt werden. Die M. ist manchmal auch mit anderen Anomalien (Klumpfuß, Kleinwuchs, Depressionen) kombiniert. – 2. *Myotonia acquisita,* ähnliche, aber durch Infekte, Nervenentzündungen u. Ä. erworbene Krankheit. – 3. *Myotonia dystrophica, Curschmann-Steinert-Syndrom,* auf den Geschlechtschromosomen vererbte, fortschreitende Muskelschwäche, bes. des Gesichts.

Alva Myrdal

Myrdal, ◆ **1.** *Alva,* verheiratet mit 2), schwedische Sozialwissenschaftlerin und Politikerin, * 31. 1. 1902 Uppsala, † 1. 2. 1986 Stockholm; von 1936 bis 1948 Direktorin des von ihr gegr. Sozialpädagog. Seminars in Stockholm, von 1951 bis 1955 Direktorin der UNESCO-Abteilung für Sozialwissenschaften, 1956 bis 1961 Botschafterin in Indien, Myanmar u. Sri Lanka, 1962–1973 Chefdelegierte bei der Genfer Abrüstungskonferenz, 1966 bis 1973 Min. für Abrüstungsfragen. M. trat in Veröffentlichungen für die friedl. Koexistenz der Völker u. für nukleare Abrüstung ein; sie erhielt 1970 den Friedenspreis des Dt. Buchhandels mit ihrem Mann Gunnar M. u. 1982 zusammen mit A. *Garcia Robles* den Friedensnobelpreis.

Gunnar Myrdal

◆ **2.** *Gunnar,* mit 1) verheiratet, schwedischer Nationalökonom u. Wirtschaftspolitiker, * 6. 12. 1898 Gustafs, Dalarna, † 17. 5. 1987 Stockholm; von 1945 bis 1947 Handelsminister, 1947 bis 1957 Sekretär der Europ. Wirtschaftskommission der UN; schrieb zahlreiche Arbeiten zur Theorie der Wirtschaftspolitik, zur Wirtschaftsordnung u. zu Problemen der Entwicklungspolitik. Hptw.: „Das polit. Element in der nationalökonom. Doktrinbildung" 1932; „An American dilemma. The negro problem and modern democracy" 2 Bde. 1944; „Internationale Wirtschaft" dt. 1958; „Das Wertproblem in der Sozialwissenschaft" dt. 1965; „Asian drama" 1970; „Anstelle von Memoiren: krit. Studien zur Ökonomie" dt. 1974. – M. erhielt 1970 zusammen mit seiner Frau Alva M. den Friedenspreis des Dt. Buchhandels u. 1974 zusammen mit F. A. von *Hayek* den Nobelpreis für Wirtschaftswissenschaften.

Myria... [grch.], *Myrio...,* Wortbestandteil mit der Bedeutung „zehntausendfach, zahllos"; in Frankreich gebräuchl. Einheitenvorsatz, z. B. 1 myriamètre = 10 000 m.

Myriade [die; grch.], die Zahl 10 000; auch Unzahl.

Myriapoden [grch.] → Tausendfüßer.

Myrica [grch.] → Gagel.

Myricaceae [grch.] → Gagelstrauchgewächse.

Myricales [grch.], Ordnung der kronblättlerlosen zweikeimblättrigen Pflanzen (*Apetalae*), einzige Familie sind die *Gagelstrauchgewächse.*

Myricaria [grch.] → Rispelstrauch.

Myrina, Hauptort der griech. Insel Limnos, rd. 3400 Ew.; mittelalterl. Kastell, Seebad; Fremdenverkehr.

Myrio... → Myria...

Myriophyllum [grch.] → Tausendblatt.

Myristica [grch.] → Muskatnussbaum.

Myristikazeen [grch.], *Myristicaceae,* Familie der *Polycarpicae;* etwa 15 Gattungen mit 250 Arten; tropische u. subtrop. Holzpflanzen in Regenwäldern in niedrigen Lagen. Zu den M. gehört der *Muskatnussbaum.*

Myrivilis, *Stratis,* neugriech. Schriftsteller, * 30. 6. 1892 Sykamia, Lesbos, † 9. 7. 1969 Athen; trug um die 1930er Jahre zur Neugestaltung der neugriech. Literatur bei; Hptw. „Der Mythos des Tapferen" 1943, dt. 1948; „Die Madonna mit dem Fischleib" 1955, dt. 1955.

Myrmekochorie [grch.] → Zoochorie.

Myrmekologie [grch.], die Wissenschaft von den *Ameisen.*

Myrmekophilie [grch.], die Anpassung an das Leben in Ameisenstaaten, als Einmieter (*Entökie*), Mitesser (*Kommensalismus*) oder Ameisengäste (*Symphilie*); zuweilen verbunden mit gestaltlicher Ähnlichkeit mit Ameisen (*Ameisenmimese*), z. B. bei bestimmten Wanzen, Käfern u. Spinnen.

Myrmicidae [grch.], Art der → Ameisen.

Myrmidonen, in der epischen Dichtung der Griechen ein Volksstamm in der *Achaia Phthiotis* (südl. von Thessalien), als dessen berühmteste Könige *Peleus* u. sein Sohn *Achilleus,* unter dem sie vor Troja kämpften, besungen werden. Die M. sollen als Erste den Namen *Hellenen* geführt haben.

Myrobalane [die; grch.], **1.** Bez. für die Frucht baumförmiger *Terminalia*-Arten (Familie *Combretaceae*), die in den immergrünen Regenwäldern Vorderindiens heimisch sind. *Echte* oder *Belerische Myrobalanen* liefern *Terminalia chebula* u. *bellirica.* Myrobalanen enthalten sehr viel Gerbstoff, der in der Gerberei Verwendung findet. Auch → Limba.
2. *Graue Myrobalane,* die als Medizin u. ebenfalls in der Gerberei benutzte Frucht des *Amblabaums, Phyllanthus emblica* (ein Wolfsmilchgewächs, *Euphorbiaceae*), im Unterholz trop. Wälder; auch in Japan kultiviert.

Myron, griech. Bildhauer, tätig um die Mitte des 5. Jh. v. Chr. in Athen; einer der Hauptmeister des frühklass. Stils; als Marmorkopien überlieferte Hptw.: Athena u. Marsyas, um 440 v. Chr.; Diskuswerfer, um 450 v. Chr.; Faustkämpfer, der sich ein Riemengeflecht um den Kopf legt. – Von den wegen ihrer Naturnähe gerühmten Tierplastiken Myrons blieb keine erhalten.

Myronsalbung, das zweite der sieben Sakramente in den orth. Kirchen, das vom Geistlichen in unmittelbarem Anschluss an die Taufe gespendet wird. Die M. entspricht der *Firmung.*

Myroxylon [grch.] → Balsambaum.

Myrrha, im griech. Mythos Mutter des *Adonis.*

Myrrhe [die; semit. *murr,* „bitter"], *Commiphora,* Gattung der Burseragewächse (*Burseraceae*). Der *Myrrhen-Balsam* ist ein altes Räuchermittel, das bei Kulthandlungen vieler Völker verwendet wird u. bei den Ägyptern bereits zum Einbalsamieren benutzt wurde. *Tinctura Myrrhae* wird heute angewendet zur Mundpflege u. bei Entzündungen der Mundschleimhaut.

Myrrhis [grch.] → Süßdolde.

Myrtaceae [grch.] → Myrtengewächse.

Myrtales [grch.], Ordnung der getrenntkronenblättrigen zweikeimblättrigen Pflanzen (*Dialypetalae*); holzige u. krautige Pflanzen mit radiären Blüten mit ausgehöhltem Blütenachse (Blütenbecher). Zu den M. gehören die Familien: *Weiderichgewächse, Manglebaumgewächse, Myrtengewächse, Nachtkerzengewächse, Wassernussgewächse, Tausendblattgewächse, Tannenwedelgewächse, Punikazeen, Combretazeen, Topffruchtbaumgewächse, Cynomoriazeen* u. *Tupelogewächse.* Nahe verwandt sind: *Seidelbastgewächse* u. *Ölweidengewächse.*

◆ **Myrte** [die; grch.], *Myrtus,* Gattung der *Myrtengewächse (Myrtaceae),* die ihre Hauptverbreitung in Südamerika hat, mit der Gewöhnl. M., *Myrtus communis,* aber auch in den Hartlaubgehölzen des Mittelmeergebiets vertreten ist. Wegen des schönen Laubs u. wegen der weißen, wohlriechenden Blüten wird die Pflanze als Topfpflanze kultiviert. Aus kleinblättrigen Varietäten macht man Brautkränze. Myrtenblätter dienen als Heilmittel bei Bronchialkatarrh. Früher wurde die M. zur Herstellung eines Schönheitsmittels *(Engelwasser)* gebraucht. – Der Name M. wird volkstüml. auch für andere Pflanzen verwendet, z. B. *Gerbermyrte, Totenmyrte.*

Myrtengewächse, *Myrtaceae,* artenreiche Familie der *Myrtales;* etwa 100 Gattungen mit 3000 Arten, zwei Häufigkeitszentren im wärmeren Amerika u. in Australien; heute pantropisch; immergrüne Holzpflanzen mit ledrigen Blättern mit Sekretbehältern voll ätherischen Öls; Gewürz- u. Heilpflanzen. Zu den Myrtengewächsen gehören *Myrte, Eugenie, Eukalyptus, Fieberbaum, Gewürznelkenbaum* u. *Jambul.*

Myrtenheide → Kajeputbaum.

Mys [russ.], Bestandteil geograph. Namen: Kap.

Mysidacea [lat.], Ordnung der *Höheren Krebse;* garnelenartige, meist in Schwärmen lebende Krebse, gekennzeichnet durch eine direkte Entwicklung (ohne Larven) u. die Ausbildung von Brutplatten an den Beinen der Weibchen; 450 Arten, vor allem Meeresbewohner (bis 6500 m Tiefe), einige Formen auch im Brack- u. Süßwasser; größte Art bis 35 cm lang.

Mysien, antike Landschaft an der Westküste Kleinasiens mit den Städten *Troja, Pergamon, Lampsakos;* seit 280 v. Chr. Kernland des pergamenischen Königreichs; Name nach ihren vorgriech. Bewohnern, der *Mysier.*

Myslbeck ['misl-], Josef Václav, tschech. Bildhauer, *20. 6. 1848 Prag, †2. 6. 1922 Prag; realist. Monumentalbildwerke nach Ereignissen der tschech. Geschichte.

Myślibórz, *Soldin,* poln. Stadt in Ostbrandenburg, am *Myślibórzer See* (poln. *Jezioro Myśliborskie),* 6,2 km², bis 22 m tief), 10 800 Ew.; got. Kirche (13.–16. Jh.), ehem. Dominikanerabtei (13./14. Jh.), Rathaus (1771); Bekleidungs-, Holz-, Baustoff- u. Nahrungsmittelindustrie.

Myrte, Myrtus communis, mit Blüten

Mysłowice ['misuɔvitsɛ], Stadt in Polen, östl. von Katowice, 93 600 Ew.; Steinkohlenbergbau, elektrokeramische u. Metallindustrie; Eisenbahnknotenpunkt.

Mysore, Stadt in Indien, → Maisur.

Mystacocarida [grch. + lat.], erst 1943 entdeckte Klasse der *Krebse;* nur 3 bis 0,5 mm lange Arten; Bewohner der Sandlücken des Küstenstrands verschiedener Erdteile (Nord-, Südamerika, Afrika, westl. Mittelmeer); bewegen sich durch teleskopartiges Zusammenziehen u. Strecken des Körpers, die kurzen Beine sind starr; jagen Kleinstlebewesen.

Mys Taran, russ. Name für das Kap → Brüsterort.

Myste [der], ein in einen Geheimkult Eingeweihter; → Mysterien.

Mysterien [Pl., grch. *mysterion,* „Geheimnis"], eine bes. Kultform der griech. Religion, die in verschiedenen Erscheinungsformen seit dem 7. Jh. v. Chr. neben der traditionellen, von Homer geprägten Religion an Bedeutung gewann u. nur Eingeweihten *(Mysten)* zugänglich war. Die M. gehen auf Fruchtbarkeitskulte aus vorgriech. Zeit zurück. Im Mittelpunkt des Kults der einzelnen M. steht oft eine Gottheit, die im Mythos stirbt u. wieder aufersteht (z. B. Persephone-Kore, Orpheus u. Dionysos) u. dadurch das jährl. Blühen u. Sterben in der Natur symbolisiert. Der Myste erhofft auch für sich selbst bzw. seine Seele ein neues Leben nach dem Tod. Diese Hoffnung konnte die traditionelle griech. Religion mit ihrer Vorstellung eines Daseins als kraftloser Schatten nach dem Tod nicht wecken, so daß die M. immer stärkeren Zulauf erhielten. Auch eine Einweihung in mehrere M. war möglich. Die Organisation des Mysterien-Kults ist bes. gut von den ältesten M., denen von *Eleusis,* bekannt. Die Einweihung vollzog sich in mehreren Stufen. Nach vorbereitenden Reinigungsriten fand als erste Stufe die *Myesis* („Einweihung") statt, die nur einmal vorgenommen wurde. Die zweite Stufe der *Telete* („Erfüllung") bereitete die höchste Stufe, die *Epoptie* („Schau"), vor. Diese beiden Einweihungsstufen waren wiederholbar. In der Epoptie wurden die Kultgottheiten (in Eleusis *Demeter* u. ihre Tochter *Persephone-Kore)* durch die Betrachtung der Kultgegenstände, die der Priester (der *Hierophant,* „der die heiligen Geräte zeigt") den Mysten zeigte, durch den Vortrag religiöser Texte u. durch kult. Handlungen, deren Augenzeuge der Eingeweihte war, vergegenwärtigt. Der Epoptes („Zeuge") wurden die Träger des Kultgeheimnisses, das nicht verraten werden durfte. Neben dem Hierophanten war der *Daduch* (Fackelträger) in Eleusis der höchste Kultbeamte.

Neben den eleusin. M., die wie die anderen M. allen Gesellschaftsschichten (auch Sklaven) offen waren, gab es in älterer Zeit noch die M. der Kabiren auf Samothrake (bes. für Seeleute) sowie die → Orphik u. die von dieser beeinflusste Sekte des Pythagoras. Im Hellenismus breiteten sich die im Gegensatz zu den M. von Eleusis überregionalen M. des *Dionysos* aus, die ekstat. Charakter

Mysterienvilla: Geißelung und Tanz; Wandmalerei ca. 80 – 30 v. Chr.

hatten u. bes. von Frauen aufgesucht wurden. Seit dem 2. Jh. v. Chr. kamen ägypt. M. (bes. der *Isis)* u. in der Spätantike die M. des *Mithras* u. der *Kybele* (mit *Attis)* hinzu.

Mysterienreligionen, Religionsformen, in deren Mittelpunkt → Mysterien stehen; *i. e. S.* die Mysterienkulte der hellenist. u. spätantiken Periode, *i. w. S.* auch verwandte Religionsformen anderer Kulturen.

Mysterienspiele, frz. *Mystères,* engl. *Mystery plays,* mittelalterl. Schauspiele über Stoffe aus der Bibel, bes. über Geburt, Leiden u. Wiederkunft Christi; seit dem 11. Jh. bezeugt; zuerst ohne Text dargestellt, dann (lateinisch) gesungen, später auch in (latein.) Dialoge aufgelöst. Seit dem 13. Jh. wurden M. auch in der Volkssprache aufgeführt. Sie wurden vorwiegend von Geistlichen u. Klosterschülern gespielt, in Frankreich vor allem von den Mitgliedern der Gesellschaft „Confrérie de la passion". Die M. sind neben den *Legendenspielen* die wichtigste Form des *geistl. Dramas.*

◆ **Mysterienvilla,** ital. *Villa dei Misteri,* populärer Name für eine 2 km vor dem Herculaner Tor von Pompeji gelegene große suburbane Villa (auch *Villa Item* genannt). Unter den vorzügl. erhaltenen Wandgemälden befindet sich die großfigurige Darstellung einer dionys. Weihefeier *(Mysterien),* wie sie vielleicht im Zusammenhang mit der Hochzeit einer vornehmen Braut begangen wurde.

Mystici Corporis [lat., „vom mystischen Leib Christi"], Enzyklika *Pius' XII.* vom 29. 6. 1943, Zusammenfassung der kath. Lehre von der Kirche als dem myst. Leib Christi u. der Verbindung der Gläubigen in ihr mit Christus.

Mystik [die; grch.], eine Grundform religiösen Lebens, die durch Versenkung die Trennung zwischen menschl. Ich u. göttl. Sein im Erlebnis der Vereinigung *(Unio mystica)* bzw. der geistigen Schau aufzuheben sucht u. zumeist als höchste Stufe der *Frömmigkeit* gilt. M. tritt in den verschiedensten Formen auf: 1. richtet sie sich auf

Mystizismus

verschiedene Gegenstände: auf den transzendenten Gott *(kath. M.)*, auf das sächlich verstandene Göttliche, z. B. das unpersönliche All-Eine (im *Pantheismus*, im *Brahmanismus*, im *Daoismus*) das Nirvana, Verlöschen als Erlösungsziel *(Buddhismus)*; 2. versteht sie sich als „Entwerdung" des Menschen auf Gott hin oder als Erfüllung des Menschen von Gott her; 3. unterscheidet sie sich in ihren Auswirkungen im Leben als quietist. M., das bedeutet untätig ruhende Versenkung (Shankara, Miguel de *Molinos*) u. als tätig handelnde M. (Eigenart bei Meister *Eckhart*); 4. kennt sie verschiedene Wege u. Mittel zur Vereinigung: Rauschmittel, ekstat. Tanz (griech. *Mysterien*), ethische Anstrengung *(Askese)* oder Konzentration geistiger Art *(tibetan. M.)*. – Nach kath. Lehre wird dem Menschen im myst. Erlebnis von Gott eine übernatürl. Erfahrung (Schau) in die Seele eingegossen („geistl. Vermählung").
Größten Einfluss auf die christl. M. hatten die vom Neuplatonismus abhängigen Schriften des *Dionysius Areopagita*. Eine bes. Blüte erlebte die M. im Hoch-MA durch *Bernhard von Clairvaux* („Brautmystik"), die M. der Mönchs- u. Nonnenorden (franziskan. Kreuzesmystik) u. bes. die spekulative M. des Meisters *Eckhart* u., von ihm abhängig, H. *Seuses* u. J. *Taulers*. M. war auch der Philosophie nicht fremd, insofern diese das Übergegenständliche, Transzendente, das Überbegriffliche (Irrationale) u. Absolute zu erfassen u. sich anzueignen sucht (so z. B. bei *Platon*, den Neuplatonikern, *Nikolaus von Kues*, *Spinoza*, im dt. Idealismus). Erfolgt diese Aneignung im denkenden Erkennen durch intellektuelle Anschauung, so spricht man von *Erkenntnismystik*.
M. findet sich ebenso in der dt. Literatur, bes. seitdem die von vielen Deutschen besuchte, z. T. auch von Deutschen geleitete Schule der *Victoriner* in Paris myst. Anregungen nach Dtschld. vermittelte. Schon vor 1200 zeigen sich Spuren (z. B. bei *Hildegard von Bingen*); Mitte des 13. Jh. fand die dt. Frauenmystik in *Mechthild von Magdeburg* ihre erste große Sprecherin. Die Dominikanermystik des 14. Jh. *(Eckhart, Tauler, Seuse)* knüpfte literarisch vielfach an die Formen der höfischen Dichtung an; sie hat das Ausdrucksvermögen dt. Sprache im Geistigen u. Seelischen bereichert u. den Anstoß zur Entwicklung einer dt. philosoph. Terminologie gegeben.
Mystische Strömungen waren am Ende des MA weit verbreitet (*Gottesfreunde*, *Brüder vom gemeinsamen Leben*, die niederländ. *Devotio moderna, Rulman Merswin*). Luther begegnete der M. bes. in Tauler u. in der von ihm selbst so benannten u. herausgegebenen *Theologia deutsch* (14./15. Jh.), trennte sich aber in seiner Entwicklung von der Ineinssetzung von mystischem Weg u. Heilsweg, die von T. *Müntzer* u. A. *Karlstadt* vertreten wurde. S. *Francks* religiöser Individualismus u. die Naturphilosophie des *Paracelsus* sind mystischen Ursprungs. Unter Theresia von Avila u. Johannes vom Kreuz kam es im 16. Jh. in Spanien zu neuer Blüte karmelit. Mystik, die vor allem als Begegnungsmystik verstanden werden muss. Über die M. der Barockzeit (V. *Weigel*, J. *Böhme*) wirkten Kräfte der M. bis in den *Pietismus*.

Mystizismus [grch. + lat.], abwertend Bez. für schwärmerischen Glauben, der sich jeder Nachprüfung entzieht.

Mythen ['miːtən], Berggipfel der schweiz. Voralpen, am Vierwaldstätter See, bei Schwyz, im *Großen M.* 1899 m, im *Kleinen M.* 1815 m.

mythisch [grch.], *mythenhaft*, zum Mythos gehörig u. daher ungeschichtlich.

Mythologie [grch.], 1. die Gesamtheit der Mythen (z. B. M. der Japaner, Griechen, Römer). – 2. die Wissenschaft von den Mythen, ihrer Entstehung u. Deutung.

Mythos [der; grch., „Erzählung"], *Mythus*, Götter- u. Heroengeschichte der Frühkulturen, Produkt der Stämme u. Siedlungsgemeinschaften. Der M. ist eine Weltauslegung u. Lebensdeutung in erzählerischer Berichtsform, gesättigt von Symbolen, Visionen u. fabulierenden Darstellungen; er entbehrt der begrifflichen Reflexionsform u. der theoretischen Systematik, steht der animistischen Kulturstufe (Allbeseelung) noch nahe. Der M. wird aber nicht nur als vor-rationale Kulturstufe verstanden, sondern auch als eigentümliches Erkenntnismittel divinatorischer Einblicke in das Wesen von Welt u. Mensch, also als eine über-rationale Ausdrucksform, die in Bildern u. Metaphern erzählt, was „über den Begriff geht". So tritt der M. z. B. bei *Platon* auf als Aussageform, die das Unsagbare anzudeuten u. zu umschreiben versucht.

Mytilíni, *Mytilene*, griech. Hafenstadt, Hauptort der Insel Lesbos, 24 900 Ew.; hellenist. Theater, mittelalterl. Kastell; Spinnereien, Lederverarbeitung, Nahrungsmittelindustrie; Fremdenverkehr. In der Antike war M. bedeutend durch Hafen, Flotte u. Handel; beliebter Aufenthaltsort hoch gestellter Römer.

Mytischtschi, *Mytišči*, Stadt in Russland, nordöstl. Vorort von Moskau, 154 000 Ew.; Bau von Eisenbahnwaggons, Maschinen-, Metall- u. Baustoffindustrie.

Mývatn ['miːvahtn], flacher See im Nordosten Islands, 38 km^2; insekten- u. vogelreich; Kieselgurlagerstätte.

Myxidium [grch.], eine Gattung der *Myxosporidien* (→ *Cnidosporidien*), hierher gehört *M. lieberkuehni*, eine Form, die massenhaft in der Harnblase von Hechten auftreten kann, ohne zu Krankheitserscheinungen zu führen.

Myxobakterien [grch.], *Mycobacteriales*, eine Ordnung der Bakterien; gramnegative chemoorganotrophe, streng aerobe, sehr kleine Stäbchen, die in einem Schleimlager eingebettet sind. Auf festen Oberflächen können die flexiblen vegetativen Zellen kriechende Bewegungen ausführen. Unter bestimmten Bedingungen kriechen die Zellschwärme der meisten M. zusammen, bilden einen Fruchtkörper. Oft sind M. durch Farbstoffe auffällig gefärbt. Sie kommen im Erdboden, im Süß- u. Meerwasserschlamm vor.

Myxobolus [grch.], eine Gattung der *Myxosporidien* (→ *Cnidosporidien*), hierher gehört *M. pfeifferi*, als Erreger der Beulenkrankheit in der Muskulatur der Barben bekannt.

Myxödem [das; grch.], Verdickung der Haut durch Vermehrung schleimigen Bindegewebes im Unterhautbindegewebe, verursacht durch Unterfunktion der Schilddrüse; führt zu aufgeschwemmtem Aussehen der Betroffenen. Weitere Anzeichen sind Verlangsamung u. Trägheit aller Stoffwechsel- u. Kreislaufvorgänge, Gewichtszunahme, Antriebslosigkeit u. a. Zur Behandlung dient Schilddrüsenhormon.

Myxom [das; grch.], gutartige Geschwulst aus Schleimgewebe.

Myxomatose [die; grch.], *Kaninchenpest*, Viruserkrankung der Wild- u. Hauskaninchen, die durch direkten Kontakt oder durch stechende u. saugende Insekten übertragen wird. Die Erkrankung beginnt mit einer eitrigen Lidbindehautentzündung, Schwellung u. Entzündung der Augenlider, der Nase, der Lippen u. des Ohrengrundes, des Afters, der Scheide u. der Hoden. Der Tod tritt durch Entkräftung ein, da eine Futteraufnahme nicht mehr möglich ist. In Australien u. Frankreich wurde die M. zur Bekämpfung der Kaninchenplage eingesetzt u. gelangte nach 1950 auch nach Dtschld. Heute sind die Wildkaninchen weitgehend resistent gegen die Seuche.

Myxomycetes [grch.] → Schleimpilze.

Myxophyceae [grch.] → Cyanobakterien.

Myxopterygium [das; grch.], Begattungsorgan der → Haie.

Myxosporidien [grch.], *Myxosporidia* → Cnidosporidien.

Myxoviren [grch., lat.] → Orthomyxoviren.

Myzel [das; grch.], *Mycel, Mycelium*, Pilzgeflecht aus einer mehr oder weniger losen Vernetzung der fadenförmigen *Hyphen*, das den eigentl. Fruchtkörper unter bestimmten Bedingungen bildet.

Myzetome [grch.], *Mycetome*, Symbiontenorgane im Körper bestimmter Insekten; Zellkomplexe, die Mikroorganismen enthalten; auch → Endosymbiose.

Myzetozyten [grch.], Zellen im Körper bestimmter Insekten, die Mikroorganismen als Symbionten enthalten; auch → Endosymbiose.

Myzostomiden [grch.], *Myzostomida*, Klasse der *Ringelwürmer*, kleine (3–5 mm) Parasiten von Stachelhäutern (bes. Haarsternen) in der Küstenzone tropischer Meere; scheibenartige Tiere mit fünf Paar Körperanhängen *(Parapodien)*.

Mzab, arab. *Al Mizab*, regenarme Kreideplateaulandschaft in der algerischen Sahara, Hauptort: *Ghardaïa*, Dattelpalmenoasen; Teppichknüpferei; Handel; wirtschaftl. Aufschwung durch Erdöl- u. Erdgasförderung in *Hassi Messaoud* u. *Hassi R'Mel*; Hauptbewohner sind seit dem 11. Jh. berber. *Mozabiten* (Mzabiten, Mosabiten), Mitglieder (rd. 95 000) einer strengen islam. Sekte. Aufgrund ihres eigentüml. Baustils u. ihrer gut entwickelten Bewässerungstechnik wurde die Landschaft 1982 zum Weltkulturerbe erklärt.

Mzuzu, Hptst. der Nordregion von Malawi, auf dem Vipyaplateau, 1250 m ü. M., 62 700 Ew.; Gewinnung von Tungöl; Flugplatz.

N

Hängendes Nabelkraut, Umbilicus rupestris

n, N, 14. Buchstabe des dt. Alphabets; entspricht dem griech. Ny *(v, N)*.
n., N., Abk. für *Neutrum*.
N, 1. *Chemie:* chem. Zeichen für → Stickstoff (lat. *Nitrogenium*).
2. *Geographie:* Abk. für *Norden*.
3. *Textilindustrie:* allg. Abk. für eine Längen-Nummer (→ Nummer [3]) bei Garnen.
4. *Zahlen:* als röm. Zahlzeichen 900, auch 90.
Na, chem. Zeichen für → Natrium.
Naab, linker Nebenfluss der Donau, 165 km, entsteht aus den Quellflüssen *Wald-* u. *Fichtelnaab* (Böhmerwald u. Fichtelgebirge), mündet bei Regensburg.
Naabbergland, *Naabgebirge,* Bergland westl. der mittleren Naab (Oberpfalz), zwischen Nabburg u. Amberg, im *Rotbühl* 673 m.
NAACP, Abk. für engl. *National Association for the Advancement of Colored People,* „Nationaler Verband zur Förderung der Farbigen", größte u. einflußreichste US-amerikan. Organisation zur Überwindung der Rassendiskriminierung, 1909 gegr. Die NAACP erreichte 1954 die Aufhebung der Rassentrennung in den Schulen. Sitz des Verbandes ist Baltimore.
Naaldwijk [-vɛjk], Stadt in der niederländ. Prov. Südholland, südl. von Den Haag, 28 300 Ew.; Milchwirtschaft, Gemüseanbau; Metallindustrie.
Naantali, schwed. *Nådendal,* Stadt im SW von Finnland, westl. von Turku, 11 600 Ew.; Bade- u. Kurort; Erdölraffinerie u. -hafen. – 1443 von Schweden aus gegründet.
◆ **Naarden** [-də], Stadt u. ehem. Festung in der niederländ. Prov. Nordholland, nördl. von Hilversum, 16 500 Ew.; got. Kirche (14./15. Jh.), Renaissance-Rathaus (1602); Textil-, chem. u. a. Industrie; in der Nähe das Naturschutzgebiet Naardener Meer.
Nabatäer, arab. Volk, das sich im 5./4. Jh. v.Chr. in Nordwestarabien ansiedelte u. ein großes Reich mit der Hptst. *Petra* gründete; Blüte im 1.Jh. v.Chr. Die N. beherrschten den Karawanenhandel von der Ägäis bis Mesopotamien. 106 n.Chr. wurden sie von *Trajan* unterworfen, der den Nordteil ihres Reichs zur Prov. *Arabia* machte. Kunst u. Kultur waren hellenistisch beeinflusst; ihre Schrift, eine Variante der aramäischen Konsonantenschrift, wurde bedeutsam als Vorstufe der arabischen Schrift.
Nabburg, Stadt in der Oberpfalz (Bayern), Ldkrs. Schwandorf, 409 m ü. M., 6200 Ew.; histor. Stadtbild mit ehem. Befestigungsanlagen, spätgot. Pfarrkirche, frühroman. Hallenkirche; keram. Industrie, Zinngießerei. – Stadtrecht 1296.
Nabe, der mittlere Teil eines Rads, mit dem es auf der Welle oder dem Zapfen sitzt.
Nabel, 1. *Anatomie: Umbilicus,* die eingezogene, vernarbte Stelle etwa in der Bauchmitte, wo der Embryo mittels der *Nabelschnur* im Mutterleib mit dem Mutterkuchen in Verbindung stand. Nach der Geburt trocknet die Nabelschnur bis dorthin ein u. stößt sich ab. Die zurückbleibende Nabelwunde vernarbt u. schließt sich. Einen N. haben nur die plazentalen Säugetiere (Plazentatiere oder *Placentalia*).
2. *Botanik:* → Hilum.
Nabelbruch, *Hernia umbilicalis,* eine Nachgiebigkeit der Nabelnarbe, die sich dehnen u. einen Bruchsack bilden kann. Ein N. kommt bei Säuglingen häufiger vor u. bildet sich im Laufe des 1. Lebensjahrs meistens von selbst zurück oder kann mit einem Bruchpflaster behandelt werden. Eine Operation ist angezeigt, wenn der N. sich bis zum 2. Lebensjahr nicht geschlossen hat u. bei betroffenen Erwachsenen.
Nabeleisen, *Anfangeisen,* ein rd. 2 m langer Eisenstab, an dessen einem Ende eine Hohlkugel aus Stahl angeschweißt ist; dient als Glasmacherwerkzeug. Auch → Glasmacherei.
Nabelentzündung, *Nabelinfektion, Omphalitis,* eine Infektion des noch unvollkommen vernarbten Nabels beim Neugeborenen, die zu Entzündungen u. Eiterungen führen kann; gefährlich wird die N., wenn die Erreger auf die Bauchhöhle übergreifen. Die Behandlung erfolgt mit Antibiotika.
◆ **Nabelkraut,** *Venusnabel, Umbilicus,* Gattung der *Dickblattgewächse (Crassulaceae)* aus Südeuropa bis Vorderasien; Pflanzen mit Blattrosetten u. verwachsenen Blüten-

Naarden: Die im 14. Jahrhundert gegründete Stadt wurde 1673 zu einer sternförmigen Festung ausgebaut

Dreinervige Nabelmiere, Moehringia trinervia

blättern. Die nah verwandte Gattung *Cotyledon* aus Südafrika stellt die N. genannten Zierpflanzen.

◆ **Nabelmiere**, *Moehringia*, Gattung der *Nelkengewächse (Caryophyllaceae)*, etwa 20 Arten, mit weißen Blüten. In Europa sind heimisch: in den Alpen u. im Fichtelgebirge die *Moosnabelmiere, Moehringia muscosa*, in den Kalkalpen die *Gewimperte N., Moehringia ciliata*, u. allgemein verbreitet auf humösem Boden in Gebüschen u. Wäldern die *Dreinervige N., Moehringia trinervia*.

Nabelnuss, *Venusnabel, Gedenkemein, Hundsvergissmeinnicht, Omphalodes*, in der Alten Welt heimische Gattung der *Raublattgewächse (Boraginaceae)*, etwa 24 Arten. In Mittel- u. Südeuropa wächst in Wäldern die *Frühlingsnabelnuss, Omphalodes verna*, mit blauen Blüten in Blütenrispen.

Nabelschnecken, Gattung *Natica*, 1–3 cm große *Vorderkiemer* mit weit genabelter Schale; Fuß quer geteilt; räuberisch; jagen andere Schnecken u. Muscheln, deren Schalen durchbohrt werden.

Nabelschnur, *Nabelstrang, Funiculus umbilicalis*, die den Embryo mit den Gefäßen des Mutterkuchens (Plazenta) verbindende, rd. 50 cm lange, etwa 1,5 cm dicke, spiralig gewundene Gefäßschnur; sie enthält, umgeben von embryonalem gallertigem Bindegewebe *(Wharton'sche Sulze)*, zwei Arterien, eine Vene u. Reste des Urharnsacks u. des Dottergangs. Die Nabelarterien bringen Blut vom Kind zur Plazenta, die Nabelvene führt Blut zum Kind.

Nabelschweine, *Pekaris, Tayassuidae*, Familie der nicht wiederkäuenden Paarhufer (→ Nichtwiederkäuer) mit kurzem Rüssel, Stummelschwanz u. raubtierähnl. Gebiss; in Rückenmitte ist ein Drüsenfeld, an dessen Duft die umherstreifenden Rotten erkennbar sind. Die nur bis 45 cm hohen Tiere nehmen in Amerika (von den südl. USA bis Uruguay) den Lebensraum ein, den in der Alten Welt die *Echten Schweine* innehaben. Der Bau des Magens leitet über zu den *Wiederkäuern*. 3 Arten mit 14 Unterarten; das kleinere *Halsbandpekari, Tayassu tajacu*, u. das größere *Weißbartpekari, Tayassu albirostis*. Erst 1972 entdeckte man das *Chaco-Pekari, Catagonus wagneri*, das seit dem Pleistozän als ausgestorben galt.

Nabereschnyje Tschelny, *Naberežnye Čelny*, 1983–1987 *Breschnew*, Industriestadt im O Tatarstans in Russland, an der Kama, 526 000 Ew. Im 100 km² großen u. 1976 fertig gestellten Automobilwerk werden Kraftfahrzeuge u. Dieselmotoren produziert (Typ KAMAS). Es besteht direkte Flugverbindung nach Moskau. – 1987 wurde die Kama zu einem 3490 km² großen Stausee mit 45 Mrd. m³ Inhalt aufgestaut.

◆ **Nabis** [hebr., „Propheten, Erleuchtete"], französ. Künstlervereinigung um 1890, die, dem Impressionismus u. Symbolismus verpflichtet, eine von P. *Gauguin* ausgehende dekorativ-flächenhafte Malerei vertrat; sie strebte nach ornamentaler Verfestigung des Figürlichen unter Verzicht auf objektive Wiedergabe; kühne Farbkompositionen sollten zusammen mit symbolist. Bildinhalten ausschl. die Empfindungen ansprechen. Hauptmeister waren P. *Sérusier*, P. *Bonnard*, E. *Vuillard*, K.-X. *Roussel* u. M. *Denis*.

Nabis, letzter König (Tyrann) von Sparta, 207–192 v. Chr.; † 192 v. Chr.; führte soziale Reformen durch (u.a. Bürgerrecht für *Heloten*), schloss sich Rom an, das ihn aber nur als Bundesgenossen anerkannte, solange es ihn brauchte; wurde von aitolischen Hilfstruppen ermordet.

Nabl, Franz, österr. Erzähler, *16. 7. 1883 Lautschin, Böhmen, †19. 1. 1974 Graz; schrieb realist.-psycholog. Familien- u. Gesellschaftsromane, kunstvolle Novellen u. Dramen: „Ödhof" 1911; „Die Galgenfrist" 1921; „Trieschübel" 1925; „Ein Mann von gestern" 1935; „Die Ortliebschen Frauen" 1936; „Johannes Krantz" 1948, 1958; auch autobiograf. Schriften. – Ausgewählte Werke, 4 Bde. 1965.

Nabla [nach einem althebräischen Musikinstrument], Symbol ∇, ein → Operator aus der Vektoranalysis. Auch → Vektorrechnung.

Nablus, **1.** ehem. jordan. Governorat in Westjordanland, seit 1967 unter israel. Verwaltung, 2509 km², 427 000 Ew.; Verw.-Sitz *N*. (2).
2. *Nabulus*, hebr. *Sichem*, grch. *Neapolis*, Stadt in Samaria (seit 1948 unter jordan., seit 1967 unter israel. Verwaltung, seit 1995 unter beschränkter palästinens. Selbstverwaltung), 130 000 Ew.; Jakobsbrunnen, Grab Josephs; bei Erdbeben 1927 völlig zerstört u. wieder aufgebaut; Anbau von Weizen u. Oliven, Schaf- u. Ziegenhaltung; Erzeugung von Seife, Nahrungs- u. Genussmitteln, Baustoffindustrie; Flugplatz.

Nabob [arab., hind., engl.], seit dem 18. Jahrhundert abfällige Bezeichnung für in Indien reich gewordene Engländer. Auch → Nawab.

Nabokov [engl. nəˈbɔːkəf], **1.** Nicolas (Nicolaj), US-amerikan. Komponist russ. Herkunft, *17. 4. 1903 Lubscha (Minsk), †6. 4. 1978 New York; Schüler von F. *Busoni* u. P. *Juon*; emigrierte 1933 in die USA; leitete 1963–1968 die Berliner Festwochen; schrieb Opern („Love's labour's lost" 1973) u. Ballette („Don Quichotte" 1966) im impressionist. Stil. Autobiografie: „Zwei linke Schuhe im Gepäck" dt. 1975.

Nabis: Paul Ranson, Nabis-Landschaft; 1890

Vladimir Nabokov

◆ **2.** Vladimir, US-amerikan. Schriftsteller u. Zoologe russ. Herkunft, *23. 4. 1899 St. Petersburg, †2. 7. 1977 Montreux (Schweiz); emigrierte 1919, lebte 1923–1937 in Berlin, ging 1940 in die USA; verfasste neben Werken zur russ. Literatur fantasievolle, psychologisch tiefdringende Romane u. Novellen (bis 1940 in russ. Sprache): „Maschenka" 1926, dt. 1972; „Die Mutprobe" 1931, dt. 1978; „Das Bastardzeichen" 1947, dt. 1962; „Lolita" 1955, dt. 1959; „Fahles Feuer" 1962, dt. 1968; „Ada oder das Verlangen" 1969, dt. 1973; „Durchsichtige Dinge" 1972, dt. 1980; „Sieh doch die Harlekins" 1974, dt. 1979; Autobiografie „Andere Ufer" 1951, dt. 1964; auch Lyrik u. Dramen. – Gesammelte Werke, 20 Bde. 1989ff.

Nabonid, *Nabuna'id,* letzter König von Babylonien 555–539 v.Chr.; versuchte sein Reich durch einen zehnjährigen Arabienfeldzug zu erweitern; als dieser misslang, rief die babylon. Priesterschaft den pers. König *Kyros II.* ins Land, der N. enthronte.

Nabu [babyl.; hebr. *Nebo*], der babylon.-assyr. Gott der Schreibkunst u. Weisheit aus Borsipa nahe Babylon, legte auf den „Schicksalstafeln" die Geschicke der Menschen fest. Seine Bedeutung wuchs an der Seite *Marduks,* für beide fand bei der babylon. Neujahrsfeier eine Prozession statt.

Nabul, Bez.-Hptst. in Tunesien, an der südl. Seite der Halbinsel Kap Bon, 39 500 Ew.; Marktort in einem Bewässerungsgebiet; traditionelles Handwerk (Töpferei, Teppichknüpferei, Flechterei); Seebad. – N. ist das röm. *Neapolis.*

Nabupolassar, König von Babylonien 625–606 v.Chr., befreite Babylonien von der assyr. Vorherrschaft u. vernichtete im Bündnis mit den Medern Assyrien (610 v.Chr.).

NACA, Abk. für *National Advisory Committee for Aeronautics,* → NASA.

Naçala, Hafenstadt im nördl. Mosambik, 104 000 Ew.; Endpunkt der Eisenbahn von Lichinga (Vila Cabral) u. Malawi, Ausfuhrhafen für das nördl. Mosambik u. für Malawi (Baumwolle, Cashewnüsse, Sisal, Tee, Tabak, Mais u. Erdnüsse); Zementfabrik, Sisal- u. Cashewverarbeitung.

Nachahmung, der Gegensatz von *Erfindung; Ästhetik: Aristoteles* hat die Künste als „nachahmende Darstellungen" bestimmt *(Mimesistheorie);* doch ist auf alle Fälle die künstlerische N. *(Nachbildung)* ein kreativer Vorgang.
Biologie: 1. ökologisch: die N. toter Gegenstände (→ Mimese) oder anderer, gegenüber ihren Feinden geschützter Arten (→ Mimikry) im Sinn einer erhöhten Schutzanpassung der Art; 2. verhaltensphysiologisch: die N. älterer, erfahrener Mitglieder einer Population durch jüngere im Sinn einer Weitergabe des Erfahrungsschatzes (→ Lernen).
Sozialpsychologie: nach G. *Tarde* von grundlegender Bedeutung für den Bestand der Gesellschaft, insofern diese auf der Wiederholung gleicher Handlungen beruht. Beim Kind ist die N. z. B. des mütterlichen Verhaltens so ursprünglich, dass man von *Nachahmungstrieb* spricht. Zwar gehen unbewusste u. bewusste N. ineinander über, doch ist der – für alles Lernen wichtige – bewusste Nachahmungsprozess an ein Erkennen des Gegenstands gebunden. Im magischen Denken der primitiven Völker dient die N. bestimmter Vorgänge u. Handlungen dem Streben, diese selbst zu beeinflussen *(Regenzauber, Analogiezauber).* Eine bes. Form kollektiver N. ist die *Mode.*

Nachahmungskriminalität, Verbrechen, die dadurch erklärt werden, dass die Täter einer „Sogwirkung" erliegen, die von weithin bekannt gewordenen Verbrechen ausgeht. Ein Deliktstyp, der oft nachgeahmt wird, ist die *Brandstiftung.* Bei N. ist der Abschreckung selbst durch schwere Strafen weniger stark als die Kraft der Nachahmung.

Nach-Apolloprogramm → Apollo-Nachfolgeprogramm.

Nachbalz, Verhaltensweisen aus der Handlungskette der → Balz (2), die losgelöst von der eigentl. Funktion *(Paarbildung, Kopulation)* zu irgendeinem Zeitpunkt auftreten. Die N. dient dazu, Aggressionen zwischen sonst einzelgängerisch lebenden Partnern abzubauen, z. B. das Umschlingen der Hälse bei Reihern während der Brut.

Nachbarklage, Klage gegen einen den Nachbarn begünstigenden → Verwaltungsakt (insbes. Baugenehmigung). Der Kläger muss geltend machen, dass der Verwaltungsakt ihn in eigenen Rechten verletzt, weil er gegen nachbarschützende Normen verstößt.

Nachbarrecht, 1. *bürgerl. Recht:* nähere Bestimmung des Inhalts des Grundeigentums durch Vorschriften über das Rechtsverhältnis des Grundeigentümers zu den Eigentümern der Nachbargrundstücke, geregelt in §§ 906–924 BGB; bes. bedeutsam ist das N. für Grenzen (2), → Immissionen, → Notweg, → Überbau, → Überfall u. → Überhang. Gegen gefahrdrohende Anlagen auf dem Nachbargrundstück oder gegen Einsturzgefahr von ihm her kann sowohl zivilrechtlich (§§ 907, 908 BGB) als auch aufgrund bau- bzw. gewerbepolizeil. Vorschriften (z. B. § 26 GewO) vorgegangen werden. Z. T. landesrechtlich geregelt. – Ähnlich in *Österreich* (§§ 850–853, 340–343, 364ff. ABGB) u. in der *Schweiz* (Art. 684ff., 676 Abs. 2 ZGB).
2. *Völkerrecht:* ein Ausfluss der → Gebietshoheit: Der Inhaber von Gebietshoheit ist völkerrechtlich verpflichtet, dafür zu sorgen, dass von seinem Gebiet aus keine für menschl. Leben oder Gesundheit oder für von Menschen genutzte Sachen schädl. Gegenstände oder Substanzen in erhebl. Umfang auf bewohntes, fremdes Staatsgebiet einwirken. Die Verpflichtung besteht dort, wo diese Einwirkung ohne Verursachung durch menschl. Handeln erfolgt u. durch menschl. Handeln nicht verhindert werden kann, z.B. bei Vulkanausbrüchen oder Überschwemmungen.

Nachbarschaft, die zwischen Familie u. Gemeinde stehende räuml. Wohn- u. Siedlungsnähe mit eigenen sozialen Beziehungsmustern.

Nachbau, 1. Anbau einer zweiten Frucht nach einer Hauptfrucht im gleichen Jahr, im Gemüsebau u. in der Landwirtschaft *(Zwischenfruchtbau).* – 2. Vermehrung von Saatgut einer anerkannten Sorte, unterliegt außer bei Kartoffeln der Genehmigung des Züchters.

Nachbeben, bei einem Erdbeben die dem Hauptbeben folgenden, in ihrer Stärke u. Häufigkeit abnehmenden Erdstöße, die von Restspannungen oder Spannungsumlagerungen bewirkt werden.

Nachbehandlungsanlagen, Geräte, die hinter dem Wasserzähler vom Hausbesitzer in Trinkwasserleitungen eingebaut werden, mit dem Ziel, bestimmte Eigenschaften des Trinkwassers zu verändern. Es sind dies Phosphat- u. Silicat-Dosieranlagen zur Verbesserung der korrosionschemischen Eigenschaften oder Ionenaustauscher zur Enthärtung.

Nachbelichtung, Korrektur beim fotograf. Vergrößerungsprozess: im Negativ zu stark geschwärzte Bildpartien können durch zusätzl. Belichtung, die durch eine die übrigen Bildteile abdeckende Schablone hindurch geschieht, korrigiert, d. h. nachbelichtet werden. Dabei wird der hohe Kontrast weitgehend ausgeglichen. Auch → Abwedeln.

Nachbesserung, anstelle von *Wandlung* oder *Minderung* vereinbartes *Gewährleistungsrecht* des Käufers. Der zur N. verpflichtete Verkäufer hat auch zum Zwecke der N. erforderliche Aufwendungen, insbes. Transport-, Wege-, Arbeits- u. Materialkosten zu tragen.

Nachbestattung, mehrstufige Bestattung, sekundäre Bestattung, eine Form der *Totenbestattung* bei manchen Naturvölkern: Nachdem die Fleischteile des Toten z. B. auf einem Gerüst oder Baum verwest sind, werden die knöchernen Teile dann in einer zweiten Zeremonie endgültig beigesetzt.

Nachbezugsrecht, das Recht auf Nachzahlung von Dividenden früherer Jahre bei kumulative Vorzugsaktien. Gemäß § 139 AktG kann das Stimmrecht von Vorzugsaktien nur bei Gewährung eines Nachbezugsrechts ausgeschlossen werden. Solange die Vorzugsdividende nicht regelmäßig gezahlt wird, haben die Vorzugsaktionäre Stimmrecht.

Nachbild, im Auge ein nachbleibender Eindruck eines vorher fixierten kontrastreichen Gegenstands als subjektive Seherscheinung. Zuerst erscheint das *positive* N. als ein Überdauern des Lichteindrucks infolge Trägheit der chemischen Prozesse in den Sinneszellen. Darauf folgt das *negative* N., da belichtete Netzhautbereiche durch → Anpassung für kurze Zeit weniger empfindlich als die nicht gereizte Netzhaut sind.

Nachbrenner → Strahltriebwerk.

Nachdruck, 1. die *Vervielfältigung* eines Schriftwerks u. damit eine Form der Nutzung der Urheberrechte, deren historischer Ursprung das *Nachdruckverbot* ist. Der

Nachdruckverfahren

ungenehmigte N., der nicht zum persönl. Gebrauch geschieht, verpflichtet zur Unterlassung, bei Verschulden zum Schadenersatz, u. auf Antrag ist er bei Vorsatz strafbar. Außerdem kann Vernichtung der widerrechtl. hergestellten Exemplare u. der zum N. verwendeten Vorrichtungen (Formen, Platten usw.) verlangt oder es können stattdessen die Exemplare u. Vorrichtungen gegen angemessene Vergütung (höchstens Herstellungskosten) übernommen werden. Auch → Raubdruck.
2. unveränderte Neuauflage eines Buchs.

Nachdruckverfahren, ein Flachdruckverfahren zur unveränderten Neuauflage von Druckwerken, deren Satz u. Druckplatten nicht mehr vorhanden sind, wobei die Druckform auf fotograf. Wege von der Originalauflage gewonnen wird.

Nacheid, im Gerichtsverfahren die Vereidigung nach der Vernehmung, heute in allen Verfahrensordnungen die Regel, vgl. § 59 StPO. Der N. ist dem *Voreid* vorzuziehen, weil z. B. der schon vereidigte Zeuge sich leicht scheut, einen Irrtum zu berichtigen. Auch → Eid.

!Nacheile, das Recht der Verfolgung eines ausländ. Schiffs durch ein Kriegsschiff, Militärflugzeug oder bes. befugtes staatl. Fahrzeug des Uferstaats bei Verletzung von Gesetzen u. (oder) anderen Vorschriften dieses Staats durch das fremde Schiff. Die N. muss beginnen, solange sich das fremde Schiff innerhalb der → Küstengewässer des Küstenstaates befindet; sie darf außerhalb des Küstenmeers u. der Anschlusszone nur dann fortgesetzt werden, wenn sie nicht unterbrochen wurde. Ein nach diesen Regeln zu Recht verfolgtes Schiff darf angehalten u. zur Bestrafung in einen Hafen des Uferstaats geleitet werden; im Fall des gewaltsamen Widerstandes kann auch bewaffnete Gewalt angewendet werden. Rechtsgrundlage ist der Grundsatz der Freiheit der Meere; Einzelheiten in Art. 23 des Genfer Übereinkommens über die Hohe See vom 29. 4. 1958).

Nachen [der], kleiner Fischerkahn im Binnenland.

Nacherbe, im Erbrecht der BR Dtschld. derjenige, der vom Erblasser erst nach einem anderen, dem *Vorerben*, als → Erbe berufen ist. Im Zweifel tritt die *Nacherbfolge* nach dem Tod des Vorerben ein (abweichende Regelung durch den Erblasser zulässig); der N. ist im Zweifel auch gleichzeitig → Ersatzerbe (§§ 2100–2146 BGB). – Ähnl. das *schweiz.* Recht (Art. 488 ff., 531, 545 ZGB). Im *österr.* Zivilrecht ist die Nacherbenstellung ein Sonderfall der → Substitution (§ § 604 ff. ABGB).

Nachf., Abk. für *Nachfolger(in)*.

Nachfahrentafel, *Enkeltafel*, schematische Aufzeichnung der Nachkommenschaft eines Ehepaars, der Stammeltern. Werden nur die Nachkommen, die denselben Familiennamen tragen, ermittelt, spricht man von einer *Stammtafel*. Die N. weist infolge unterschiedl. Kinderzahl, Kinderlosigkeit u. Kindersterblichkeit im Aufbau nicht die Gesetzmäßigkeit einer *Ahnentafel* auf.

Nachfasswerbung, eine zweite Werbeaktion, die die Werbebotschaft der ersten Aktion noch einmal in Erinnerung rufen soll. Im Rahmen der N. können die Werbemittel neu gestaltet oder aber beibehalten werden. Auch → Werbung (2).

Nachfolge Christi, lat. *Imitatio Christi*, **1.** das tägliche Glaubensleben des Christen.
2. im MA verschiedentlich wörtlich verstandene Nachahmung des Lebens Jesu, z. B. in den Ordensgemeinschaften, bes. in den Bettelorden.

Nachfolge Christi, Titel einer Erbauungsschrift des Spät-MA, die bis heute auf die Frömmigkeit wirkt. Die Schrift wird *T. von Kempen* zugeschrieben; die Verfasserschaft ist jedoch umstritten.

Nachfolgekultur, in der Agrargeographie verwendeter Begriff zur Kennzeichnung eines von landwirtschaftl. Betrieben als übernommenen Anbaugewächses, das betriebswirtschaftlich eine gleichartig zentrale Stellung einnimmt wie das vorher angebaute Gewächs. Z. B. Obst als N. von Wein.

Nachfolgereaktion, von C. *Lorenz* an der Graugans erforschtes Phänomen bei der Prägung von Entenvögeln. Das Küken akzeptiert in der *sensiblen Phase* jeden größeren bewegl. Gegenstand als Eltern, es läuft ihm nach. Auch → Prägung.

Nachfolgestaaten, *Sukzessionsstaaten*, die nach dem Zerfall der österr.-ungar. Monarchie (1918) entweder auf deren Gebiet neu gegründeten (Österreich, Tschechoslowakei, Ungarn) oder durch deren Gebiet beträchtlich vergrößerten (Jugoslawien, Rumänien, Polen) souveränen Staaten in Ost- u. Südosteuropa.

nachformen, *kopieren*, Werkstücke durch Drehen, Fräsen oder Hobeln einem Musterwerkstück oder einer *Schablone* einzeln oder serienmäßig herstellen. Das Werkstück erhält die gleiche Form (im gleichen oder veränderten Maßstab) wie das Muster oder die Schablone. Da bes. bei komplizierten, aber auch einfacheren Formen wirtschaftlich, wird N. heute häufig angewandt, auch mit speziellen Nachform-, Dreh- u. -Fräsmaschinen.

Nachfrage, das Verlangen nach Gütern, veranlasst durch die menschl. Bedürfnisse. Wirtschaftlich bedeutsam ist vor allem die mit Kaufkraft ausgestatteten, auf einem Markt auftretende *wirksame N*. (Konsumgüternachfrage u. daraus abgeleitete Produktivgüternachfrage der Unternehmen). Die Art der N. ist abhängig von der sozialen Umwelt u. wird durch das unterschiedliche Konsumverhalten der Haushalte bestimmt; die Größenordnung der N. wird durch den Bedarf, das Einkommen der Nachfrager u. die Preise der Güter bestimmt. Normalerweise steigt (sinkt) die N. mit sinkenden (steigenden) Preisen (*Nachfragefunktion* bzw. *Nachfragekurve*). Die Veränderung der Kaufwilligkeit der Nachfrager im Verhältnis zu der sie verursachenden Preis- oder Einkommensänderung wird durch die *Nachfrageelastizität* angegeben.

Nachfrageelastizität, *Volkswirtschaft*: → Elastizität.

Nachfragefunktion → Nachfrage.

Nachfragekurve → Nachfrage.

Nachfragemonopol → Monopol.

Nachfrageschreiben, Umlaufformular zur Nachforschung nach vermissten, verzögerten oder beschädigten Postsendungen. Das N. wird durch Absender oder Empfänger aufgegeben u. ist bei nachgewiesenem Verschulden der Post gebührenfrei; Gebühr wird ggf. nachträglich erhoben.

Nachfrageverbund, Bez. aus dem *Marketing* für die Erscheinung, dass Kaufentscheidungen eines Nachfragers voneinander abhängen können (z. B. CD-Player u. Compactdiscs). Die Ausnutzung des Nachfrageverbundes ist ein wesentlicher Gesichtspunkt im Rahmen der Gestaltung des Sortiments.

Nachfrist, der Zeitraum, der dem im Verzug befindlichen Schuldner vom Gläubiger zum Erbringen seiner Leistung gesetzt wird u. fruchtlos verstreichen muss, damit der Gläubiger Schadensersatz wegen Nichterfüllung fordern oder vom Vertrag zurücktreten kann (§ 326 BGB). Nach dt. Recht ist nach dem Ablauf der N. der Anspruch des Gläubigers auf Erfüllung ausgeschlossen, während nach *schweiz.* Recht (Art. 107 Abs. 2 OR) auch dieser Anspruch einschl. eines Ersatzanspruchs für den Verspätungsschaden fortbesteht; sonst ist die schweiz. Regelung der dt. ähnl. (Art. 107 u. 108; auch Art. 139 OR). In *Österreich* gilt dasselbe wie in der Schweiz, allerdings ist hier der Anspruch auf Schadensersatz wegen Nichterfüllung ausgeschlossen (§ 918 ABGB: *Erfüllungsverzug*).

Nachfrucht, die in der → Fruchtfolge nachfolgende Frucht.

Nachführung, in der Kartographie Aktualisierung von topograh. Karten, erfolgt in Dtschld. etwa alle 5 Jahre.

Nachgärung, bei der Bier- u. Weinbereitung auf die Hauptgärung folgende Phase, in der eine Klärung erfolgt u. die abgestorbenen Hefezellen zu Boden sinken. Am Ende der N. werden Bier u. Wein von der Hefe getrennt u. in andere Fässer oder Flaschen gefüllt.

Nachgebühr, Postgebühr für nicht oder unzureichend freigemachte Briefe, Postkarten u. Pakete. Sie setzt sich aus der fehlenden Gebühr u. der eigentlichen N. zusammen u. ist vom Empfänger zu zahlen.

Nachgeburt, bei den Plazentatieren u. Menschen die Ausstoßung der Eihäute u. des Mutterkuchens mit der Nabelschnur als Schluss des Geburtsaktes (→ Geburt) nach Austritt des oder der Jungen bzw. des Kindes. Als N. werden i. w. S. auch die dabei ausgestoßenen Teile selbst bezeichnet.

Nachgelege, Ersatzgelege für verloren gegangene oder zerstörte Vogelgelege; auch → brüten.

nachgerben, bereits gegerbtes Leder zusätzlich behandeln, vor allem um bestimmte Eigenschaften zu erreichen.

Nachgotik, das Fortleben der gotischen Formensprache als Nebenströmung zu vorherrschenden Stiltendenzen von der 2. Hälfte des 16. Jh. bis zum Anfang des 18. Jh. Zentren waren in Dtschld. Nürnberg, u. die Gebiet nördlich des Harzes u. die Rheinlande. Das gegenreformatorische Programm der Jesuiten begünstigte um 1600 die N., mit der man an vorreformatorische Wertbegriffe anschließen wollte (Jesuitenkirchen in Würzburg, Münster u. Koblenz). In England erscheint die Gotik bei C. *Wren* palladianisch modifiziert, in Frankreich sind vor allem die Pariser Kirchen Saint Étienne du Mont u. Saint Eustache zu nennen.

Nachhall, die langsame Abnahme der Intensität eines Tons, der vom Hörer noch eine Zeit lang wahrgenommen wird; entsteht durch Reflexion von Schallwellen an Begrenzungsflächen (z. B. Echo). Zur Verhütung von N. in Gebäuden (bes. Konzertsälen) dienen Schall schluckende Werkstoffe u. Einbauteile.

Nachhallerzeugung, in der Studiotechnik bzw. (Konzert-)Beschallungstechnik das Erzeugen eines künstl. *Nachhalls* bei elektron. verstärkten oder aufgezeichneten Signalen. Wird z. B. eine Gesangsstimme über Mikrofon u. Mikrofonverstärker mit einem Aufnahmegerät (z. B. Tonbandgerät, *DAT*-Rekorder) aufgezeichnet, so kann dieser Aufnahme, um sie zu verfremden oder künstler. aufzuwerten, ein Nachhall hinzugefügt werden. Dieser Nachhall wird heute hauptsächl. mit Hilfe von elektron. u. digitalen Mitteln (*Mikroprozessoren*) erzeugt (digitales Hallgerät), früher waren analoge Verfahren üblich (Hallräume, Nachhallplatten, Hallspiralen). Moderne Hallgeräte ermöglichen die täuschend ähnl. Nachahmung unterschiedl. akustischer Raumcharakteristiken, vom Kellerraum oder gekachelten Badezimmer bis zum Konzertsaal oder einer Kathedrale.

Nachhaltigkeit, 1. *Forstwirtschaft:* in der Forstwirtschaft das Streben nach Stetigkeit u. Gleichmaß höchster Holzerträge. Auch → Holzeinschlag.
2. *Umwelt- u. Entwicklungspolitik:* → Sustainable Development.

Nachholbetrieb, in der Forstwirtschaft bei dem im Gegensatz zum „aussetzenden" Betrieb jährlich hiebsreife Bäume geschlagen werden können.

Nachhand, *Hinterhand,* hinterer Körperteil des Pferdes, beginnend mit dem Kreuzbein. Auch die Hinterbeine gehören zur N.

Nachhirn → Gehirn.

Nachholwirkung, Bez. für den Tatbestand, dass bei einer Umsatzsteuer in der Form der → Mehrwertsteuer mit Vorsteuerabzug durch den Umstand, dass auf jeder Umsatzstufe der Umsatz in voller Höhe Steuermessungsgrundlage ist u. sich die Zahllast durch Abzug der Vorsteuern ergibt, etwaige Steuerbefreiungen u. ermäßigte Steuersätze auf der folgenden Umsatzstufe bei Anwendung des normalen Steuersatzes auf den Gesamtumsatz über eine höhere Steuerzahllast „nachgeholt" werden.

Nachhut, frz. *Arrièregarde,* die einer im Rückmarsch befindl. Truppe mit Abstand folgende kleinere Kampfeinheit, die die Aufgabe hat, den nachdrängenden Feind aufzuhalten. Auch → Vorhut.

Nachimpressionismus, *Postimpressionismus,* in der europ. Malerei des 19. Jh. das dem → Impressionismus folgende, aus ihm hervorgegangene Streben nach verfestigter Bildform, das z. T. den Expressionismus vorbereitet; bes. bei P. *Cézanne*, P. *Gauguin,* V. *van Gogh*, G. *Seurat*, E. *Munch*, F. *Hodler.* Eine auch als *Neoimpressionismus* u. *Divisionismus* bezeichnete Form des N. ist der → Pointillismus der französ. Maler G. *Seurat* u. P. *Signac*.

nachindustrielle Gesellschaft, *postindustrielle Gesellschaft,* die modernste Form der technisch fortgeschrittenen Gesellschaft, die den Arbeitern u. Angestellten in der Regel Arbeitsplatz u. relativen Wohlstand sichert; im Unterschied zu der Industriegesellschaft des 19. Jh., in der die Arbeiterschaft minimal entlohnt wurde u. völlig ungesichert war. In der nachindustriellen Gesellschaft geht es nicht mehr allein um das Wachstum der Produktion, vielmehr gewinnen der Konsum sowie Freizeit- u. Umweltprobleme immer größere Bedeutung. Der Übergang zur nachindustriellen Gesellschaft ist noch keineswegs abgeschlossen. Der Begriff selbst ist umstritten.

Nachitschewan, *Naxçıvan,* 1. Republik im Armen. Hochland, an der iran. Grenze, gehört polit. zu Aserbaidschan, 5500 km², 315 000 Ew., davon 96 % Aserbaidschaner, Hptst. N. (2); im Bewässerungsbereich des Araks Baumwoll-, Tabak-, Getreide-, Obst- u. Weinanbau, Seidenraupenzucht, im waldarmen Gebirge Viehwirtschaft; Molybdän-, Steinsalz- u. Schwefellager. – 1924 als ASSR errichtet, seit 1989 starke Unabhängigkeitsbestrebungen.
2. Hptst. der Republik N., in Aserbaidschan, im Araks-Tal, nahe der iran. Grenze, 66 800 Ew.; Nahrungsmittel- u. Baumwollindustrie; Steinsalzlager.

Nachkalkulation, Zusammenstellung der Kosten eines fertig gestellten Auftrags oder eines einzelnen Produkts nach dessen Herstellung.

Nachklärbecken, ein Becken in der → Abwasserreinigung, dem der biologischen Reinigungsstufe nachgeschaltet sind, um den Belebtschlamm (→ Belebtschlammverfahren) durch Verlangsamung der Fließgeschwindigkeit zu sedimentieren. Eingesetzt werden eckige oder runde Flachbecken (meist mit kontinuierl. Schlammräumung) oder Trichterbecken.

Nachlass, das Vermögen des *Erblassers,* das beim *Erbfall* auf den *Erben* übergeht.

Nachlassgericht, Gericht der *Freiwilligen Gerichtsbarkeit* zur Mitwirkung u. Fürsorge bei Feststellung, Sicherung u. Verteilung des Nachlasses. N. ist in *Dtschld.* grundsätzl. das *Amtsgericht,* in dessen Bezirk der Erblasser zur Zeit des Erbfalls seinen Wohnsitz hatte. In Baden sind die *Notare* zuständig, im württembergischen Rechtsgebiet das staatliche Nachlassgericht, dessen Geschäfte der *Bezirksnotar* besorgt. – N. ist in *Österreich* das Bezirksgericht, bei dem der Verstorbene seinen allg. Gerichtsstand in Streitsachen hatte. – In der *Schweiz* ist das N. ein Gericht der streitigen Gerichtsbarkeit u. behandelt somit als erbrechtl. Klagen; für die übrigen Erbschaftsangelegenheiten sind nach kantonalem Recht Gerichts- oder Verwaltungsbehörden zuständig.

Nachlassgläubiger, die Gläubiger der → Nachlassverbindlichkeiten.

Nachlassverwaltung

Nachlassinsolvenzverfahren, das Insolvenzverfahren über den Nachlass eines Verstorbenen (§§ 315 ff Insolvenzordnung). Das N. dient der Befriedigung der Nachlassgläubiger aus der Nachlassmasse, daneben ist es ein Mittel des Erben, seine Haftung auf den Nachlass zu beschränken (§ 1975 BGB), im Gegensatz zur Erbeninsolvenz. Insolvenzgründe für die Eröffnung des Nachlassinsolvenzverfahrens über den Nachlass sind die Zahlungsunfähigkeit u. die Überschuldung des Nachlasses (§ 320 Insolvenzordnung), → Gemeinschuldner ist der Erbe. Antragsberechtigt ist jeder Erbe, der Nachlassverwalter sowie ein anderer Nachlasspfleger, ein Testamentsvollstrecker, dem die Verwaltung des Nachlasses zusteht, u. jeder Nachlassgläubiger. Die Antragsfrist beträgt 2 Jahre seit Annahme der Erbschaft.

Nachlasspfleger, der für den *Nachlass* vom *Nachlassgericht* bestellte Pfleger. Bis zur Annahme der Erbschaft hat das Nachlassgericht für die Sicherung des Nachlasses zu sorgen, soweit ein Bedürfnis besteht. Das Gleiche gilt, wenn der Erbe unbekannt oder wenn ungewiss ist, ob er die Erbschaft angenommen hat. Die Sicherung des Nachlasses kann geschehen durch die Anlegung von Siegeln, die Hinterlegung von Geld u. Ä. sowie durch die Anordnung der Aufnahme eines *Nachlassverzeichnisses* u. die Bestellung eines *Nachlasspflegers.* Das Nachlassgericht hat einen N. zu bestellen, wenn die Bestellung zum Zwecke der gerichtlichen Geltendmachung eines Anspruchs, der sich gegen den Nachlass richtet, von dem Berechtigten beantragt wird (§§ 1960–1962 BGB). – Ähnl. in *Österreich* der *Verlassenschaftskurator* (§§ 811 ff AGBGB). – Die Aufgaben des Nachlasspflegers nimmt in der *Schweiz* die *Erbschaftsverwaltung* (Art. 554 ZGB) wahr.

Nachlasssteuer → Erbnachlasssteuer.

Nachlassverbindlichkeiten, die auf dem Nachlass ruhenden Schulden, die z. T. vom Erblasser herrühren (*Erblasserschulden*), z. T. den Erben als solchen betreffen, z. B. die N. aus Vermächtnissen, Auflagen u. Pflichtteilsansprüchen, die Dreißigste, Erbschaftsteuer, Beerdigungs- u. Verwaltungskosten (*Erbfallschulden*). Für sie haftet der Erbe vorläufig unbeschränkt, beim Nachlassinsolvenzverfahren oder bei der Nachlassverwaltung mit Beschränkung auf den Nachlass. Diese Beschränkung kann er jedoch durch Verletzung von Pflichten gegenüber den Nachlassgläubigern verlieren. Er haftet dann endgültig unbeschränkt, d. h. auch mit seinem sonstigen Vermögen (§§ 1967–2017 BGB). – Auch in *Österreich* (§§ 548 f., 563 BGB) u. in der *Schweiz* (Art. 560 Abs. 2 ZGB) übernimmt der Erbe die *Verbindlichkeiten des Erblassers,* wenn er die Erbschaft nicht ausschlägt (§ 805 ABGB bzw. Art. 566 ff. ZGB).

Nachlassverwaltung, die Verwaltung des Nachlasses durch einen vom Nachlassgericht auf Antrag des Erben oder eines in seinen Rechten gefährdeten Nachlassgläubigers bestellten *Nachlassverwalter;* sie geht

Nachlassverzeichnis

bei ungenügender Nachlassmasse in das Nachlassinsolvenzverfahren über. *Österreich:* §811 ABGB: *(Kurator).* Ähnlich in der *Schweiz:* Amtliche Liquidation (Art. 593ff. ZGB).

Nachlassverzeichnis, das Verzeichnis der Nachlassgegenstände, das u. a. vom *Testamentsvollstrecker* dem Erben, vom *Vorerben* dem Nacherben mitzuteilen ist (§§ 2215, 2121 BGB). – Dem N. ähnelt in *Österreich* das *Inventarium* (§§ 800, 802 ABGB). – In der *Schweiz* kann jeder ausschlagungsberechtigte Erbe die Errichtung eines *öffentlichen Inventars* verlangen (Art. 581 ZGB); ein *Inventar* ist ferner aufzunehmen, wenn ein Erbe unter Vormundschaft steht oder eines Vormunds bedarf u. wenn ein Erbe dauernd u. ohne Vertretung abwesend ist (Art. 553 ZGB).

Nachlauf, 1. *Chemie:* der am Schluss einer → Destillation übergehende Anteil des Destillats.
2. *Kraftfahrwesen:* Anordnung des (gelenkten) Rads, bei der die Mitte der Radaufstandsfläche in Fahrtrichtung hinter dem theoretischen Schnittpunkt der Achsschenkelbolzenmittellinie mit der Fahrbahnebene liegt. *Vorlauf:* entgegengesetzte Anordnung. – Der N. bewirkt, dass sich die Räder von selbst in Geradeausstellung einstellen. Auch → Lenkung.

Nachmanides, *Mose Ben Nachman,* jüd. Theologe, *um 1195 Gerona, †1270 Akko; Bibelausleger u. Kabbalist.

Nachnahme, Einziehung eines Rechnungsbetrags durch die Post bei Aushändigung der Sendung oder Einziehung einer Forderung bis zu einem Höchstbetrag von 1000 DM. Die Sendung muss den Vermerk „N." tragen. Auch bei der Eisenbahn sind *Nachnahmesendungen* im Fracht-, Eil- u. Expressgutverkehr möglich; bei Expressgut bis 1000 DM.

Nachniere, *Metanephros* → Ausscheidungsorgane.

Náchod ['naːxɔt], Stadt in Ostböhmen (Tschech. Rep.), nördl. des Adlergebirges, an einem der wichtigsten Pässe in das Böhm. Becken, 21 700 Ew.; Renaissanceschloss mit Gobelinsammlung; Gummi- u. Baumwollindustrie. – 1866 Sieg Preußens über Österreich.

Nachodka, *Nahodka,* Hafenstadt im Fernen Osten Russlands, südöstl. von Wladiwostok, an der ganzjährig eisfreien Wrangelbucht, am Japan. Meer, 163 000 Ew.; Containerhafen, Umschlagplatz (bes. Holz, Erdöl, Kohle); Passagierhafen für den Japanverkehr, Endpunkt der Transsibir. Eisenbahn; Schiffbau, Fischverarbeitung, Bauindustrie, Erdölraffinerie. – 1950 gegr.

Nachrede → üble Nachrede.

Nachricht, kurze Mitteilung (privat oder öffentlich) eines Sachverhalts, die, sofern es sich um öffentl. u. neue (aktuelle) Inhalte handelt, eine der wichtigsten Formen aller *Publizistik* ist. Zeitungen (teilweise auch Zeitschriften), Hörfunk u. Fernsehen bringen Nachrichten, die sie entweder selber bzw. durch Mitarbeiter einholen oder von *Nachrichtenagenturen* beziehen. Inhaltlich muss die N. alle wichtigen Tatbestände des Mitgeteilten („Wer, was, wo, wann?") enthalten; sie soll von Meinungsäußerungen frei sein. Für den inhaltl. Aufbau hat sich der Grundsatz „Das Wichtigste zuerst" eingebürgert. Auch das Bild kann als N. auftreten.

Nachrichtenagentur, *Nachrichtendienst, Nachrichtenbüro,* früher auch *Telegrafenbüro, Telegrafenagentur, Depeschenbüro,* publizist.-kommerzielles, oft auch staatl. Unternehmen, das Nachrichten sammelt, bearbeitet u. (meist im Abonnement) an Zeitungen, Zeitschriften u. Rundfunkanstalten liefert. Die Nachrichtenagenturen beliefern ihre Kunden z.T. über Fernschreiber u. a. elektron. Textübermittlungssysteme, z. B. Bildschirmtext, oder mit schriftlichem Material, bei besonderen Anlässen auch telefonisch. Viele sind auch als Bild- u. Filmagenturen (Bilder- u. Filmdienste) tätig u. liefern aktuelle u. Illustrationsfotos, heute vielfach als Funkbilder u. aktuelle Fernsehfilme. Die meisten industriell fortgeschrittenen Länder verfügen über ein oder zwei große („nationale") Nachrichtenagenturen, die international durch Ringverträge in weltweitem Nachrichtenaustausch stehen. In demokratisch regierten Ländern sind Nachrichtenagenturen vielfach genossenschaftl. Einrichtungen (z. B. aller Zeitungsverlage), in diktatorisch regierten Ländern überwiegend Staatseinrichtungen. Die bedeutendsten Nachrichtenagenturen Deutschlands sind: Deutsche Presse-Agentur (Abk. *dpa*), Deutscher Depeschen-Dienst (Abk. *ddp*), Evangelischer Pressedienst (Abk. *epd*) u. Katholische Nachrichtenagentur (Abk. *KNA*).

Nachrichtendienst, 1. *Publizistik:* → Nachrichtenagentur.
2. *Rundfunk:* die im Laufe eines Sendetages regelmäßig zu gleich bleibender Zeit angesetzten Sendungen von Nachrichten.
3. *Strafrecht: landesverräterischer Nachrichtendienst,* das nach § 109f StGB strafbare Sammeln u. Verbreiten von Nachrichten über Angelegenheiten der Landesverteidigung für eine Dienststelle, Partei oder andere Vereinigung außerhalb des Geltungsbereichs des Gesetzes oder für eine verbotene Vereinigung oder deren Mittelsmänner. Voraussetzung für die Strafbarkeit ist, dass der N. Bestrebungen dient, die gegen die Sicherheit der Bundesrepublik oder die Schlagkraft der Truppe gerichtet sind. Von der Strafbarkeit ausgenommen ist eine Tätigkeit, die zur Unterrichtung der Öffentlichkeit im Rahmen der übl. Presse- u. Funkberichterstattung ausgeübt wird.
4. *Wehrwesen:* eine staatl. Organisation mit der Aufgabe, auf geheimen Wegen Einblick in die militärischen u. zivilen Verteidigungsmaßnahmen fremder Staaten, ihre Bewaffnung, Landesbefestigungen, Absichten für den Kriegsfall u. Ä. zu gewinnen u. die gleichen Bestrebungen fremder Mächte abzuwehren *(Spionageabwehr).* Auch → Bundesnachrichtendienst.

Nachrichtengerätemechaniker → Kommunikationselektroniker.

Nachrichtenmagazin, eine Gattung der polit. Wochenzeitschrift, vielfach am US-amerikan. Vorbild „Time" ausgerichtet; bringt alle Beiträge, auch solche, die im Kern Meinung enthalten, in Form unterhaltsamer, von Personen handelnder „Geschichten". Bekannte dt. Nachrichtenmagazine sind „Der Spiegel" u. „Focus".

Nachrichtenpolitik, *Informationspolitik,* von Staaten u. gesellschaftl. Machtgruppen angewandtes Verfahren, durch Nachrichtenauswahl, -formulierung u. -platzierung in der jeweiligen Gruppe nützl. Bild von Ereignissen, Sachverhalten oder Zusammenhängen zu vermitteln. Auch → Propaganda.

Nachrichtensatellit, *Kommunikations-Satellit, Fernmelde-Satellit,* künstl. Erdsatellit zur Übertragung von Telefonaten, Daten, Bildern u. Fernsehsendungen im weltweiten, kontinentalen, regionalen u. lokalen Verkehr. Es gibt Nachrichtensatelliten-Netze für den Telefondienst im zivilen u. militär. Telefon- u. Datenverkehr, für Telefon- u. Datenübermittlung im ozeanischen Dienst zu Schiffen u. Bohrinseln sowie für die Fernseh- u. Rundfunkübertragung.
Es gibt verschiedene Systeme von Nachrichtensatelliten. Der *passive* N. ist ein Reflektor, der die Radiowellen zurückstrahlt (→ Echo; heute praktisch ohne Bedeutung). Im Fernseh- u. Rundfunkdienst unterscheidet man zwischen *aktiven* Nachrichtensatelliten (Relais-Nachrichtensatelliten; → Telstar), die Sendungen zwischen den Sende- u. Empfangsbodenstationen der Rundfunkanstalten übertragen, wobei sie über den terrestr. Sender unmittelbar oder zeitversetzt an die Empfangsgeräte der Rundfunkteilnehmer abgestrahlt werden, u. *direkt strahlende* Nachrichtensatelliten (z. B. TV-Sat, TDF, → Satellitenfernsehen), von denen man Sendungen unmittelbar über eine Spezialantenne (Schüsselantenne) zu Hause empfangen kann. Die notwendige Energie der Nachrichtensatelliten wird von Sonnenbatterien oder von kleinen Atomreaktoren geliefert.
Infolge der geradlinigen Ausbreitung der Mikrowellen muss der N. für die Sende- u. die Empfangsstation auf der Erde über dem Horizont stehen, damit die Verbindung zustande kommt. Deshalb schießt man die Nachrichtensatelliten auf sehr hohe Umlaufbahnen oder verwendet eine Übertragungskette aus mehreren niedrig fliegenden Satelliten. Am günstigsten sind die Verhältnisse, wenn der Satellit in 35 800 km Höhe über der Erde positioniert ist. Wegen seiner Umlaufzeit von 24 Stunden scheint er am Himmel stillzustehen. Der Satellit geht also mit der Erde „synchron". Diese Nachrichtensatelliten werden daher Synchronsatelliten genannt (→ geostationäre Umlaufbahn). Sie stehen so hoch, dass sie ein Drittel der Erdoberfläche versorgen können. Mit drei Synchronsatelliten in gleichem Abstand kann der Nachrichtenverkehr über die ganze Erde durchgeführt werden (→ INTELSAT, → Symphonie, → Syncom).

Nachrichtenschutz, rechtl. Bestrebungen, die Urheber von Nachrichten u. ihre Verbreiter vor Missbrauch zu bewahren.

Nachrichtentechnik, ein Teilgebiet der Technik, das die Verfahren zur Aufnahme,

Umwandlung, Speicherung u. Wiedergabe sowie zur Vermittlung u. Übertragung von Nachrichten (Texte, Bilder, Ton- oder Videosignale, Daten) umfasst. Mit der Entwicklung immer leistungsfähigerer digitaler Schaltkreise u. Computer hat die Übertragung digitaler Daten gegenüber der analoger Signale stark an Bedeutung gewonnen. Eine wesentl. Aufgabe der N. besteht heute in der Bereitstellung möglichst störungsunempfindlicher Übertragungskanäle, bes. im Bereich der Satellitenkommunikation u. der mobilen Funknetze.

Nachrichtentruppe, frühere Bez. für → Fernmeldetruppe.

Nachrichtenwesen, zusammenfassende Bez. für alles, was mit der geistigen u. technischen Gestaltung, Übermittlung u. Verbreitung von Nachrichten zusammenhängt.

Nachrodt-Wiblingwerde, Gemeinde in Nordrhein-Westfalen, Märkischer Kreis, 7000 Ew.

Nachrüstungsbeschluss der NATO → NATO-Doppelbeschluss.

Nachsatz, *Musik:* → Periode.

Nachschieben von Gründen, ein gegenüber der ursprüngl. Begründung nachträglich auf andere tatsächl. oder rechtl. Gesichtspunkte gestützter → Verwaltungsakt. Hat eine Behörde einen Verwaltungsakt ohne oder mit mangelhafter Begründung erlassen, so kann sie dies bis zum Abschluss des Widerspruchsverfahrens oder, findet ein solches nicht statt, bis zur Erhebung der verwaltungsgerichtl. Klage nachholen (§ 45 Verwaltungsverfahrensgesetz).

Nachschlag, musikal. Verzierung, bes. beim Abschluss des Trillers (Berühren der unteren Nebennote), doch auch als Anhang an einzelne Noten.

Nachschlüsseldiebstahl, ein Diebstahl, bei dem der Täter mit einem falschen Schlüssel oder einem anderen nicht zur ordnungsgemäßen Öffnung bestimmten Werkzeug in ein Gebäude, eine Wohnung oder in einen anderen umschlossenen Raum eindringt; nach § 243 StGB ein bes. schwerer Fall des Diebstahls.

Nachschub, Sammelbez. für alles, was im Krieg den Streitkräften nachgeführt werden muss, bes. Munition, Betriebsstoff, Verpflegung, dann Bekleidung, Ersatzteile u. Sanitätsmaterial.

Nachschusspflicht, die im Gesetz vorgesehene u. im Gesellschaftsvertrag festgesetzte Verpflichtung der Gesellschafter einer GmbH (§§ 26–28 GmbHG), der Genossen einer eingetragenen Genossenschaft oder der Gewerken einer bergrechtl. Gewerkschaft *(Zubuße),* bei Bedarf über die Einlage hinaus zusätzl. Einzahlungen zu leisten.

Nachschwaden, *Bergbau:* → Schwaden.

Nachsendung, die Weiterbeförderung von Postsendungen bei Aufenthalts- oder Wohnungsänderung des Empfängers, soweit die neue Anschrift bekannt ist. Bei Paket- u. Wertsendungen werden zusätzl. Gebühren erhoben, bei allen anderen Sendungen gebührenfrei; bei durch die Post bezogenen Zeitungen wird eine Sondergebühr berechnet. N. erfolgt auf Antrag des Empfängers.

Nachsichtwechsel → Wechsel.

Nachsilbe → Suffix.

Nachspannung, nachträgliches Erhöhen der Vorspannkräfte von Spannbetonkonstruktionen.

Nachspur, *Kraftfahrwesen:* der → Vorspur entgegengesetzte Anordnung.

Nächstenliebe, Grundbegriff der christl. Ethik, von der N. im Judentum u. im AT durch das „paradoxe" Gebot der Feindesliebe (Matthäus 5,44) unterschieden. An Wert ist die N. der Gottesliebe gleich (Markus 12,31). Im Gleichnis vom barmherzigen Samariter (Lukas 10,30 ff.) wird der Samariter als der dem Verletzten „Nächste" bezeichnet, weil er die „Barmherzigkeit tat".

Nachsteuer, 1. → Abschoss. – 2. zusätzl. Steuer im dt. Körperschaftsteuerrecht bis 1977.

Nachsuche, jagdl. Aufspüren angeschossenen Wildes mit Hilfe von Hunden.

Nacht, die Zeit vom Untergang bis zum Aufgang der Sonne. Auf der nördl. Erdhalbkugel ist die kürzeste N. am 21. Juni, die längste am 22. Dezember; am Äquator sind Tag u. Nacht das ganze Jahr hindurch gleich lang.

◆ **Nachtaffe,** *Aotes trivirgatus,* zur Familie der *Kapuzinerartigen* gehörender *Neuweltaffe;* in Südamerika weit verbreitet und der einzige nachtaktive Affe der Welt. Auf diese besondere Lebensweise deuten seine großen Augen hin. Nachtaffen leben paarweise oder in kleinen Familiengruppen. Den Tag verschlafen sie, Nachts gehen sie auf Nahrungssuche von Blättern, Blüten, Früchten, Samen, auch Insekten u. Vogeleiern.

Nachtarbeit, zwischen 23 Uhr u. 6 Uhr geleistete Arbeit, die mehr als zwei Stunden umfasst (§ 2 Arbeitszeitgesetz vom 6. 6. 1994); für Jugendliche u. schwangere Frauen grundsätzlich verboten.

Nachtat, straflose Nachtat, eine Straftat, die nicht bestraft wird, weil die Auslegung des Gesetzes ergibt, dass der Gesamtkomplex der strafbaren Handlungen des Täters nur unter dem Gesichtspunkt einer vorhergehenden anderen Tat bewertet werden soll (z. B. gilt die Beschädigung einer gestohlenen Sache als mitbestraft durch die Strafe, die der Täter wegen Diebstahls erhält).

Nachtbaumnatter, Ularburong, Boiga dendrophila, bis 2,5 m lange *Trugnatter* aus den Wäldern der Malaiischen Halbinsel, der Sunda-Inseln u. der Philippinen. Auf schwarzem Untergrund weist die N. gelbe Querstreifen auf. Die Pupille des nachtaktiven Tieres ist schlitzförmig. Die N. erbeutet u.a. Echsen und Vögel. Sie legt Eier.

Nachtblindheit, *Nyktalopie,* Herabsetzung der Sehfähigkeit bei geringen Lichtintensitäten; beruht meistens auf einem ererbten Ausfall der Sehstäbchen.

Nachtbogen, der unter dem Horizont liegende Teil der scheinbaren, durch die Erdrotation bedingten Bahn eines Gestirns.

Nachtfalter, *Nachtschmetterlinge,* volkstüml. Bez. für alle nachts fliegenden Schmetterlinge ohne natürl. Verwandtschaftsbeziehungen. Hauptgruppen: *Spinner, Spanner, Schwärmer, Eulen* u. eine Reihe von *Kleinschmetterlingsarten.*

Nachtaffe, Aotes trivirgatus

Nachtflugbeschränkung, die aufgrund des *Luftverkehrsgesetzes* zur Minderung des Fluglärms an allen dt. Verkehrsflughäfen bestehende starke Einschränkung des Flugverkehrs zur Nachtzeit, soweit nicht Ausnahmen für bes. leise Flugzeuge zugelassen sind.

Nachtfrost, nächtl. Frost, insbes. außerhalb der eigentl. Kälteperiode, bedingt durch nächtl. Ausstrahlung des Erdbodens bei klarem Himmel, bes. in tiefen u. windgeschützten Lagen; Schutzmaßnahmen: Bedeckung, künstl. Nebel- u. Raucherzeugung, Heizung von Pflanzenkulturen, Warndienst.

Nachtgleiche, Tag-u.-Nacht-Gleiche → Äquinoktium.

Nachtgreife → Eulen.

Nachthimmelslicht, schwache u. stets vorhandene Erhellung des Himmelsuntergrunds bei Nacht. Ungefähr 1/3 der Helligkeit wird hervorgerufen durch Streuung des Lichts aller Fixsterne u. anderer Himmelskörper in der Atmosphäre, durch ein Nachleuchten der von der Sonne tagsüber angeregten Atmosphärenschichten in Höhen von 70–1000 km. Das N. setzt der Erkennbarkeit sehr schwacher Himmelsobjekte eine Grenze. Das Spektrum des Nachthimmelslichts enthält u.a. auch die grüne Linie des *Polarlichts.*

Nachthyazinthe → Tuberose.

◆ **Nachtigal,** Gustav, dt. Afrikaforscher, * 23. 2. 1834 Eichstedt bei Stendal, † 20. 4. 1885 auf See, bestattet in Las Palmas; Militärarzt, ging 1861 nach Algerien, bereiste u. erforschte 1863 bis 1874 die Sahara u. den Sudan, stellte 1884 Togo u. Kamerun unter deutsche Schutzherrschaft. Hauptwerke: „Tibesti. Erstdurchquerung des Sudan 1868–1874", Neuausgabe 1978; „Sahara u. Sudan" 3 Bde. 1879–1889.

Gustav Nachtigal

Nachtigall

Nachtigallen, Luscinia megarhynchos

Gewöhnliche Nachtkerze, Oenothera biennis

◆ **Nachtigall,** *Luscinia megarhynchos,* unscheinbar rötlich brauner *Singvogel* aus der *Drosselverwandtschaft,* der durch den von Mitte April bis Mitte Juni tags u. nachts erklingenden Gesang des Männchens, den sog. „Nachtigallenschlag", berühmt ist. Die N. kommt in Unterholz u. Dickicht lichter Laub- u. Mischwälder der gemäßigten Gebiete West-, Mittel- sowie Südeuropas vor; östl. schließt sich der sehr ähnliche *Sprosser, Luscinia luscinia,* an. – Nicht verwandt mit der N. ist trotz des Namens die Chinesische Nachtigall; → *Sonnenvogel.*

◆ **Nachtkerze,** *Oenothera,* Gattung der *Nachtkerzengewächse (Oenotheraceae),* etwa 100 Arten in Nord- u. Südamerika; Bestäubung durch Nachtfalter. Die gelben, seltener rosa Blüten stehen in langen Ähren, öffnen sich vor allem abends u. schließen sich morgens wieder. Mehrere Arten aus Nordamerika, die bei uns nur kultiviert vorkommen, sind: *Gewöhnl. N., Wiener* oder *Französische Rapunzel, Oenothera biennis; Große N., Oenothera lamarckiana; Strauchartige N., Oenothera fruticosa.* Nachtkerzearten sind in der Vererbungslehre (Mutationsforschung) beliebte Versuchsobjekte.

Nachtkerzengewächse, *Oenotheraceae, Onagraceae,* Familie der *Myrtales* mit auffällig über dem unterständigen Fruchtknoten verlängertem Blütenbecher; etwa 20 Gattungen mit 650 Arten; Kräuter oder Stauden; im gemäßigten bis subtrop. Amerika. Zu den Nachtkerzengewächsen gehören: *Weidenröschen, Fuchsie, Nachtkerze, Godetie, Hexenkraut.*

nächtliche Ruhestörung → *Ruhestörung.*

Nachtluftpostdienst, zuschlagfreie Beförderung von Briefsendungen innerhalb Deutschlands mit Charterflugzeugen während der Nachtstunden.

Nachtmahr → *Alp.*

Nachtnelke, *Weiße Lichtnelke, Melandrium album,* an Hecken, Wegrändern u. Gebüschen häufig vorkommende zweihäusige, krautige Pflanze aus der Familie der *Nelkengewächse (Caryophyllaceae),* mit drüsenhaarigen Stängeln, röhrigem bis bauchigem Kelch u. sich abends öffnender, weißer Blumenkrone.

Nachtpfauenaugen, Schmetterlinge, → *Augenspinner.*

Nachtragsetat [-eːta; frz.] → *Nachtragshaushalt.*

Nachtragshaushalt, *Nachtragsetat,* die Änderung oder Ergänzung eines schon verabschiedeten Haushaltsgesetzes oder Haushaltsplans durch einen Nachtrag, der in dem für den Haushalt übl. Gesetzgebungsverfahren beschlossen wird. Ein N. ist vielfach wegen des langen Zeitraumes zwischen dem Einbringen des Haushaltsplans in das Parlament u. der Verabschiedung notwendig.

Nachtraubvögel → *Eulen.*

Nachtreiher, *Nycticorax nycticorax,* kurzbeiniger, um 60 cm großer *Reiher* Südeuropas (auch am IJsselmeer), Afrikas u. Asiens, mit schwarzem Rücken u. schwarzer Kopfkappe; bevorzugt verwachsene Sümpfe u. brütet in Kolonien; vorwiegend dämmerungsaktive Lebensweise.

Nachtschatten, *Solanum,* Gattung der *Nachtschattengewächse (Solanaceae),* etwa 1500 tropische u. subtropische Arten, vor allem in Südamerika. Viele enthalten in ihren grünen Teilen das Gift *Solanin.* In Mitteleuropa wachsen auf Schutt u. Äckern der *Schwarze N., Solanum nigrum,* mit weißen Blüten u. schwarzen Beeren, u. der *Bittersüße N.* (→ *Bittersüß*). Der *Strauchige N., Korallenbaum, Solanum pseudocapsicum,* mit kirschähnlichen Früchten ist eine Zierpflanze aus Brasilien. Als Nutzpflanzen gehören hierher die *Eierpflanze (Aubergine)* u. die *Kartoffel.* Nahe verwandt ist die *Tomate;* eine tropische Obstpflanze ist die *Lulo.*

Nachtschattengewächse, *Solanaceae,* Familie der *Personatae;* etwa 85 Gattungen mit 2300 Arten; wenige in gemäßigten Zonen, die meisten im trop. Amerika; Kräuter, Sträucher oder Bäume; N. sind reich an Alkaloiden, mit Kapseln oder Beeren als Früchten. Zu den Nachtschattengewächsen gehören z. B. *Nachtschatten, Bocksdorn, Tollkirsche, Lampionpflanze, Stechapfel.*

Nachtschicht, Nachtarbeitszeit, in vielen Betrieben (meist dreischichtige Arbeitszeit) der Schwerindustrie u. des Bergbaus üblich; meist von 22–6 Uhr; für schwangere Frauen u. Jugendliche verboten.

Nachtschmetterling → *Nachtfalter.*

Nachtschwalben, *Caprimulgiformes,* Ordnung von rd. 90 Arten nächtlich lebender Vögel mit großen Augen u. stark zurückgebildeten Füßen, den *Eulen* nächstverwandt. In Europa ist der *Ziegenmelker,* in Südamerika der *Fettschwalm* verbreitet.

Nachtschweiß, durch nächtliche Temperatursteigerungen bes. bei zehrenden Krankheiten u. chronischen Infektionskrankheiten (z. B. Krebs, Aids, Tuberkulose) ausgelöster Schweiß; kann auch andere Ursachen haben (z. B. Überfunktion der Schilddrüse, vegetative Störungen, körperl. u. psych. Erschöpfungszustände).

Nachtsheim, Hans, dt. Zoologe u. Genetiker, * 13. 6. 1890 Koblenz, † 24. 11. 1979 Boppard; 1946–1960 Direktor des Max-Planck-Instituts für vergleichende Erbbiologie u. Erbpathologie, 1946–1956 Prof. in Berlin; zahlreiche Abhandlungen über Genetik, Eugenik sowie Domestikationsprobleme. Hptw.: „Vom Wildtier zum Haustier" 1938; „Kampf den Erbkrankheiten" 1966.

Nachtsichtigkeit, *Tagblindheit, Hemeralopie,* infolge Netzhautüberempfindlichkeit gegenüber dem Licht tagsüber stark herabgesetztes Sehvermögen. N. kommt angeboren bei Albinismus u. totaler Farbenblindheit vor, erworben bei Augenkrankheiten mit ständiger Pupillenerweiterung.

Nachtspeicherheizung, eine Heizung, die → *Nachtstrom* als Energiequelle verwendet.

Nachtstrom, in der Elektrizitätsversorgung während bestimmter Nachtstunden, in denen die Elektrizitätswerke schwächer in Anspruch genommen werden, zu einem verbilligten *Nachttarif* abgegebener Strom. In Haushaltungen werden z. B. Heißwasserspeicher u. Nachtspeicherheizungen mit dem billigen N. betrieben. Der Einbau von entsprechenden Zählern ist notwendig. Auch → *Doppeltarifzähler.*

Nachtstück, ein Gemälde, das eine Nachtszene bei natürl. oder künstl. Beleuchtung zeigt; verbreitet seit dem 15. Jh., bes. als Darstellung der Geburt u. der Gefangennahme Christi.

Nachttarif → *Nachtstrom.*

Nachttisch, Schlafzimmermöbel zur Unterbringung des Nachttopfes; ursprünglich ein einfacher Kasten mit Deckel, seit ca. 1750 immer aufwendiger in Form reich verzierter Kommoden aus teilweise kostbaren Hölzern mit herausziehbarem Nachtstuhl oder Bidet.

◆ **Nachtviole,** *Hesperis,* Gattung der *Kreuzblütler (Cruciferae),* Hauptverbreitung im östl. Mittelmeergebiet. Die *Gewöhnliche N., Hesperis matronalis,* ist eine bis 120 cm hohe, violett, seltener weiß oder auch purpurn blühende, stark duftende Pflanze,

Gewöhnliche Nachtviole, Hesperis matronalis

die in Mitteleuropa in einer geruchlosen Form auf feuchten Wiesen, in Gebüschen u. an Waldrändern vorkommt; häufig auch als Gartenflüchtling.

"**Nachtwache**", volkstüml. Titel eines 1642 von *Rembrandt* gemalten Gruppenbildnisses (Schützenstück), das die Kompanie des Kapitäns Frans Banning *Cocq* zeigt (3,59 × 4,38 m; Amsterdam, Rijksmuseum); die unzutreffende Bez. des Gemäldes ist von der in dramat. Helldunkel gehaltenen Beleuchtung abgeleitet.

Nachtwandeln → Somnambulismus.

Nachverbrennung, Verfahren zur Oxidation brennbarer Gase u. Gasbestandteile an Katalysatoren mit dem Ziel, geruchsbelästigende oder toxische Bestandteile von Abgasen in unschädl. Komponenten umzusetzen. Die N. wird bei der Asphaltherstellung, Fischverarbeitung, Kautschukherstellung, in chemischen Reinigungen u. Lackieranlagen sowie in Kraftfahrzeugen erfolgreich angewendet.

Nachvermächtnis, ein → Vermächtnis, dessen Gegenstand nacheinander mehreren Vermächtnisnehmern zugewendet ist (§ 2191 BGB).

Nachversicherung, die Erweiterung eines bestimmten Versicherungsvertrags um neue Risiken oder der Erhöhung der Versicherungssumme; auch: Verpflichtung der Arbeitgeber zur nachträgl. Entrichtung von Pflichtbeiträgen zur gesetzl. Rentenversicherung für solche Beschäftigte, die zunächst aufgrund eines Versorgungsanspruchs versicherungsfrei waren, bei denen aber dann der Anspruch weggefallen ist.

nachwachsende Rohstoffe, pflanzl. Biomasse, die kontinuierlich erzeugt werden kann u. in den Produktkreislauf einfließt oder fossile Rohstoffe ersetzt. Zu den nachwachsenden Rohstoffen zählen sowohl Holz, als auch verarbeitete Produkte wie Cellulose, Stärke, Kohlenhydrate, Chitin, Fette u. fette Öle. Holz u. verholzte Pflanzenteile gehören zu den ältesten Energie- u. Rohstoffquellen der Menschheit, seine intensive Nutzung wird wegen des umweltzerstörenden Raubbaus in den Tropenwäldern mit negativem Image belegt. Holz aus nachhaltiger Forstwirtschaft stellt dagegen eine Senke für atmosphär. Kohlendioxid (→ Klimaschutz) dar, da die während des Aufwuchses gebundene Kohlendioxid-Menge der bei der Verbrennung freiwerdenden entspricht; durch die verstärkte Nutzung der erneuerbaren Ressource Holz können diese nichterneuerbare Ressourcen (fossile Energieträger) geschont u. gleichzeitig die seit Millionen von Jahren darin gespeicherten Kohlendioxid-Vorräte an der Freisetzung gehindert werden. Dies gilt insbes. für Schwachholz, das oft wegen fehlender Abnehmer in den Wäldern verrottet. Auch die durch stoffl. Nutzung von Holz substituierten Stoffe werden in der Regel unter höherem Energieaufwand hergestellt als für die Waldbewirtschaftung erforderlich. Weniger positive Ökobilanzen werden für den intensiven Rapsanbau für die Nutzung von → Rapsöl erstellt, da der hohe Verbrauch an Agrochemikalien u. der Flächenverbrauch den Klimavorteil aufwiegen können; Rapsöl könnte bei Ausnutzung aller verfügbaren landwirtschaftl. Flächen in Deutschland etwa 5 % des Bedarfs an Dieselkraftstoffen abdecken. Getreide- u. Maisstroh werden zu Papieren verarbeitet oder energetisch genutzt. Pflanzen mit großer Biomasse sind für die Vergärung zu → Biogas bes. geeignet, auch hier gelten die anbaubedingten Einschränkungen. Auch → erneuerbare Energien.

Verwendung: zur Herstellung von Tensiden, Klebstoffen u.a. Spezialpolymeren. Subventioniert wird der Einsatz von einfach veredelten Rapsölen (Methylester) als Treibstoff, sog. "Biodiesel". Um das Spektrum der Inhaltsstoffe zu optimieren, werden Raps u. Sonnenblume gentechnisch verändert.

Nachwehen, vereinzelte Zusammenziehungen der Gebärmutter während des Wochenbetts; tragen zur Verkleinerung der in der Schwangerschaft vergrößerten Gebärmutter bei; nicht mit den Nachgeburtswehen zu verwechseln, die die Lösung u. Ausstoßung der Plazenta bewirken. Auch → Nachgeburt.

Nachwein, ein Wein, der aus dem beim letzten starken Pressen gewonnenen Traubensaft (Nachlauf) hergestellt wird; reich an Säure u. Gerbstoffen, von geringer Qualität; Vertrieb in Dtschld. verboten.

Nachweismakler, ein Zivilmakler, der die Gelegenheit für den Abschluss eines Vertrages offen legt, ohne selbst als Vermittler tätig zu werden. Rechtliche Grundlage für den N. bilden die §§ 652 ff. BGB.

Nachwirkung, eine physikal. Erscheinung, bei der der Effekt einer äußeren (dielektr., magnet. oder mechan. [elast.]) Erregung auch nach deren Abschalten noch anhält; z.B. *magnetische N.*: nach Magnetisieren ferromagnetischer Substanzen bleiben diese magnetisch; *elastische N.*: hört der Zug an einem elast. Material auf, so zieht es sich erst im Verlauf einer gewissen Zeit wieder völlig in seinen ursprüngl. Zustand zusammen.

Nación [na'sion], "La Nacion", häufiger Titel meist konservativer Tageszeitungen in Mittel- u. Südamerika, bes. "La Nación", gegr. 1862 in Buenos Aires (Argentinien); Auflage: 346 000; "La Nación", gegr. 1946 in San José (Costa Rica); Auflage: 80 000; "La Nación", gegr. 1917 in Santiago (Chile), in Staatsbesitz; Auflage: 100 000.

Nacka, Stadt in Schweden, östl. von Stockholm, 69 100 Ew.; Schiff- u. Maschinenbau, Mühlen.

Nacken → Genick.

Nackenband, *Ligamentum nuchae*, der im Hals liegende Teil des *Dornspitzenbandes (Ligamentum supraspinale)* der Säugetiere, das das Hinterhaupt mit dem Widerrist verbindet u. die Wirkung der Streckmuskeln zwischen Kopf u. Hals unterstützt. Bes. ausgebildet bei Tieren mit langem Hals oder mit schweren Kopfwaffen (z. B. Geweih).

Nackenhebel, ein Griff beim Ringen, bei dem der Angreifer einen Arm *(Halbnelson)* oder beide Arme *(Doppelnelson)* von hinten unter den Achseln des Gegners durchführt u. mit den Händen an dessen Nacken einen Hebel ansetzt, um ihn dadurch auf die Schulter zu drehen.

Nackenstütze, Kopfbank, oft kunstvoll geschnitztes Bänkchen, das beim Schlafen zum Schutz der Frisur unter den Nacken gestellt wird (Afrika, Alt-Ägypten, Ostasien, Teile Indonesiens u. Ozeaniens).

Nacktaale, *Neuwelt-Messerfische, Gymnotoidea*, Unterordnung der *Karpfenfische* mit lang gestrecktem Körper u. kehlständiger Afteröffnung. Die Afterflosse ist als Hauptantriebsorgan sehr lang, die anderen Flossen sind verkümmert. N. bewohnen die Süßwässer Zentral- u. Südamerikas bis zum La Plata. Sie leben hauptsächlich von Krebsen u. Insektenlarven, wenige Arten (z. B. der Zitteraal) von kleinen Fischen. 4 Familien, 35 Arten. Der größte u. auch bekannteste ist der *Zitteraal*.

Nacktamöben, *Amoebina, Wechseltierchen*, unbeschalte → Amöben.

nackte Zelle → Protoplast.

Nacktfarne, Urfarne → Psilophyten.

◆ **Nacktfinger**, *Gymnodactylus*, Gattung der *Geckos*, die nur winzige Haftpolster an den

Nacktfinger: Ägäischer Nacktfinger, Gymnodactylus kotschyi

Nacktfliegen

Zehen besitzen; Verbreitung über die wärmeren Länder aller Erdteile; im östl. Mittelmeergebiet: *Ägäischer N., Gymnodactylus kotschyi*.

Nacktfliegen, *Psilidae*, vor allem in der Alten Welt verbreitete Familie cyclorrhapher → Fliegen; knapp mittelgroße, düstere, kaum beborstete Tiere, die nicht leicht von verwandten Familien zu unterscheiden sind; Larven ausschließlich in Pflanzen; bekannteste mitteleurop. Art ist die *Möhrenfliege*.

Nacktgerste, eine Form der Gerste, bei der sich das Korn beim Dreschen leicht aus den Spelzen löst; ebenso wie Nackthafer kaum von wirtschaftl. Bedeutung.

Nackthalshuhn, Haushuhnrasse aus Siebenbürgen mit völlig unbefiedertem Hals; Gewicht des Hahnes bis 2,5 kg, Legeleistung der Henne bis 180 Eier pro Jahr; verschiedene Farbschläge.

Nacktkarpfen → Lederkarpfen.
Nacktkultur → Freikörperkultur.
Nacktmulle → Sandgräber.

Nacktsamer, *nacktsamige Pflanzen, Gymnospermen, Gymnospermae*, Abteilung der Blütenpflanzen, die ihrem Fortpflanzungsschema nach zwischen den Farnpflanzen u. den bedecktsamigen Pflanzen vermitteln, ohne aber entwicklungsgeschichtlich ein direktes Bindeglied zu sein. Sie werden in zwei Unterabteilungen gegliedert, u. zwar in die Gabel- u. Nadelblättrigen N. *(Coniferophytina)* u. in die Fiederblättrigen N. *(Cycadophytina)*. Die N. haben sich im Oberdevon von den Nacktfarnen *(Psilophyten)* abgespalten u. hatten ihre Blütezeit im Mesozoikum. Die Coniferophytina u. die Cycadophytina sollen sich später gleichberechtigt nebeneinander aus den „Progymnospermen" herausgebildet haben u. lassen sich nicht voneinander ableiten. N. sind ausschl. Holzpflanzen mit Monopodien (→ Spross) oder unverzweigten Sprossen. Der *Holzkörper* hat im Gegensatz zu den bedecktsamigen Pflanzen nur spitz endende, Wasser leitende Tracheiden mit großporigen Tüpfeln; den Siebzellen fehlen die Geleitzellen. Die *Blätter* der N. sind fächrig verbreitert, fiedrig oder nadelförmig mit lederiger Oberfläche u. überdauern mehrere Vegetationsperioden. Die *Blüten* sind meist eingeschlechtig mit zu Zapfen vereinigten Staub- bzw. Fruchtblättern. Die *männl.* Blüten entlassen den Pollen mit Hilfe eines Kohäsionsmechanismus, der die Pollensäcke zur Zeit der Reife sprengt. N. sind fast ausschl. Windbestäuber. Die *weibl.* Blüten tragen ihre Samenanlagen offen (daher *Nacktsamer*) in einem oder mehreren Fruchtblättern u. enthalten eine große Eizelle. Die rezenten N. umfassen etwa 600 Arten. Hierher gehören die Ordnungen *Bennetiales* (nur fossil), *Eibengewächse, Nadelhölzer, Ginkgogewächse, Gnetatae* u. *Cycaden*.

Nacktschnecken, Schnecken, die kein Gehäuse tragen. Es können aber noch Schalen rudimentär in Form von Kalkeinlagerungen in der Haut vorhanden sein. Einige *Hinterkiemer*, die *Nudibranchia*, u. weniges *Lungenschnecken*, wie z. B. die *Wegschnecke* (→ Egelschnecken), sind solche N.

NAD, Abk. für *Nicotinamid-adenin-dinucleotid*, → Pyridinnucleotide.

Nadar, eigentl. Gaspard-Félix *Tournachon*, französ. Fotograf, * 6. 4. 1820 Paris, † 21. 3. 1910 Paris; wurde bekannt durch Porträtaufnahmen zeitgenöss. Prominenter, durch Karikaturen für satir. Zeitschriften u. durch die ersten Luftaufnahmen vom Ballon aus. Ferner führte er das Kunstlicht in die Fotografie ein. Autobiografie „Als ich Fotograf war" dt. 1978.

Nadel, 1. *Botanik: Nadelblatt*, linealisches, häufig vorn spitzes Blatt der Nadelhölzer. Auch → Blatt.
2. *Technik*: ein Gerät zum Nähen oder Feststecken. Nadeln werden heute aus poliertem, gehärtetem u. geschliffenem Stahldraht hergestellt. Bei *Nähnadeln* ist der Kopf abgeplattet u. hat ein Öhr; *Stopfnadeln* sind etwas größere u. spitzere Nähnadeln. Bei *Maschinennähnadeln* ist das Öhr direkt oberhalb der Spitze. *Stecknadeln* haben einen verdickten oder Glaskopf; *Sicherheitsnadeln* aus gebogenem Draht haben am einen Ende eine Schutzkappe für das spitze andere Ende. Für verschiedene Handarbeiten gibt es spezielle Nadeln wie *Stricknadeln* u. *Häkelnadeln*. – Steck- u. Nähnadeln kommen auf der ganzen Welt u. in allen Kulturen vor. Sie wurden früher aus Holz, Knochen oder Fischgräten hergestellt. Nähnadeln mit Öhr sind bereits im Paläolithikum nachweisbar.

Nadel, Arno, dt.-jüd. Schriftsteller u. Musiker, * 5. 10. 1878 Wilna, † nach März 1943 KZ Auschwitz; Dramen: „Adam" 1917; „Siegfried u. Brunhilde" 1918; „Der Sündenfall" 1920; Romane; Lyrik: „Um dieses alles" 1914; „Das Jahr des Juden" 1920. In seinen späten Dichtungen der postum erschienenen Sammlung „Der weissagende Dionysos" 1959 verband N. Motive der griech. Antike mit den mystischen Erfahrungen des Ostjudentums. Aphorismen: „Der Ton" 1921; Bühnenmusik zu S. *Zweigs* „Jeremias".

Nadelabweichung, *magnetische Konvergenz*, Winkel zwischen Magnetisch-Nord u. Gitter-Nord.

Nadelarbeit, alle mit der Hand (Handarbeit) oder maschinell ausgeführten kunstgewerbl. Arbeiten zur Herstellung oder Verzierung von Textilien, wie *Nähen, Stricken, Sticken, Stopfen, Flechten, Häkeln*.

Nadelbäume → Nadelhölzer.

Nadeldüse, eine Düse, deren Durchflussmenge durch eine zentral längs verschiebbare Nadel gesteuert wird; dient z. B. der Regulierung des Aufschlagsmenge des Wassers bei der Pelton-Turbine, die bei senkrechten Rädern 2, bei waagerechten bis zu 6 Nadeldüsen hat.

Nadeleisenerz, *Samtblende* → Goethit.

Nadelfilz, die Fasern eines weichen u. losen Vlieses, die durch sich mit hoher Geschwindigkeit auf- u. abbewegende Nadeln miteinander verschlungen werden (rd. 300–700 Einstiche pro cm); Verwendungszweck in der Hauptsache für Heimtextilien.

Nadelfisch, *Fierasfer acus*, 20 cm langer *Eingeweidefisch* mit einem von Rücken- u. Afterflossen gebildeten Flossensaum u. schlängelnden Körperbewegungen; lebt in den Wasserlungen u. der Leibeshöhle von *Seewalzen*. Oft leben mehrere Fische in einer Seewalze; wird dieser die Belästigung zu groß, dann stößt sie die Parasiten zusammen mit den eigenen Eingeweiden aus, die sie in wenigen Wochen regeneriert.

Nadelgeld, *Spillgeld*, aus dem alten dt. Recht stammende Bez. für eine Bargeldsumme, die der Ehefrau oder (als Ausstattung) der Tochter gegeben wurde; früher auch staatl. Rente für unverheiratete Prinzessinnen.

Nadelholzbohrer, *Pissodes*, Gattung der *Rüsselkäfer*, die an Rinde u. Trieben von Nadelhölzern fressen u. deren Larven in anbrüchigem, seltener stehendem Nadelholz leben. Sie werden an Bau- u. Möbelholz schädlich, z.B. *Kiefern-, Harzrüßler*.

◆ **Nadelhölzer**, *Nadelbäume, Koniferen, Coniferae, Pinidae*, Unterklasse der gabel- u. nadelblättrigen → Nacktsamer, Bäume, seltener Sträucher mit reichlicher Verzweigung in Lang- u. Kurztrieben u. schmaler Rinde, oft mit starker Borkenbildung. Blätter u. Rinde haben Harzlücken, der Holzteil meist Harzkanäle; die Blätter sind einnervig u. nadel- oder schuppenförmig, die Blüten eingeschlechtige Zapfenblüten: die männlichen nackt mit vielen Staubbeuteln, die weiblichen mit schindelförmig gestellten Deckschuppen, die sich zu holzigen Zapfen entwickeln. Die N. sind über die ganze Erde verbreitet, bes. aber auf der Nordhalbkugel, wo sie in den gemäßigten bis kalten Zonen auch in Massenvegetation auftreten, wenn die Lebensbedingungen für Laubhölzer zu ungünstig sind. Wegen ihres schnellen

Nadelhölzer: Auf Teneriffa ist endemisch die Kanarische Kiefer, *Pinus canarensis*

Wachstums werden viele Arten *(Fichte, Tanne, Lärche)* forstlich genutzt u. wegen ihres stattl. Wuchses *(Mammutbaum, Araukarie, Douglastanne)* in Parks angepflanzt. Hierher gehören die rezenten Familien *Kieferngewächse, Zypressengewächse, Steineibengewächse, Taxodiengewächse, Araukariengewächse* u. *Scheineibengewächse.* Forstlich wird auch die Ordnung der *Eibengewächse* zu den Nadelhölzern gerechnet.
Nadelkap, die südlichste Spitze Afrikas, das Kap → Agulhas.
Nadelkerbel, *Scandix,* Gattung der *Doldengewächse (Umbelliferae)*; aus dem Mittelmeerraum; in Mitteleuropa zu finden ist *Scandix pectenveneris,* mit langschnäbligen Früchten.
Nadelkissenbaum → Hakea.
Nadelkraut, *Crassula intricata (Tillaea recurva),* ein *Dickblattgewächs (Crassulaceae),* mit nadelförmigen gegenständigen Blüten, an feuchten Standorten Australiens heimisch; beliebte Aquarienpflanze.
Nadelmalerei, *Textilkunst:* bildartige, farbige Stickerei mit *Plattstich.*
Nadelschnecken → Blindschnecke, → Schraubenschnecken.
Nadelschüttelkrankheit → Kiefernritzenschorf.
Nadelspitzen, durch *Nadelarbeit* hergestellte Spitzen, im Gegensatz zu den geklöppelten.
Nadelstabstrecke, *Spinnerei: Gillbox, Hechelstrecke,* eine → Strecke mit einem von unten in das Band greifenden Nadelfeld (→ Hechelfeld). Die Doppelnadelstabstrecke *(Intersecting)* hat ein unteres u. ein oberes Nadelfeld.
Nadeltelegraf, erster, von C. F. *Gauß* u. W. E. *Weber* 1833 erfundener Telegrafenapparat. Die telegrafierten Zeichen wurden an den Ausschlägen eines Nadelgalvanometers abgelesen.
Nadelventil → Ventil.
Nadelvlies, mit Spezialbindern u. Nadelstichen (unter 100/cm²) verfestigtes Vlies; in der Hauptsache als Bodenbelag eingesetzt.
Nadelwald, aus immergrünen oder Laub abwerfenden *Nadelhölzern* aufgebauter Wald; in der Artenzusammensetzung eintöniger als Laubwald, die schwer zersetzbare Streu aus abgefallenen Nadeln einen Rohhumus bildet, der nur wenigen Pflanzen noch ein Aufkommen ermöglicht. Auf armen Sandböden findet man nur Flechten, während auf besseren Böden Säure liebende Zwergsträucher (Heidekraut, Preiselbeere, Heidelbeere) u. zahlreiche Moose wachsen können. In den von Menschen geschaffenen Monokulturen *(Plantagen)* von Nadelhölzern, bes. in den standortfremden Fichtenwäldern unserer Mittelgebirge, wirkt sich die Rohhumusbildung zusammen mit der Lichtarmut so stark aus, dass dort die Krautschicht völlig fehlt u. nur noch einige Pilze wachsen.
Nadelwalzenstrecke, *Spinnerei: Igelstrecke, Frotteur,* eine → Strecke mit einer Nadelwalze zwischen Einzugs- u. Verzugszylinder zur Führung u. Parallelisierung der Fasern u. einer Vorrichtung zum → Nitscheln. Die letzte N. heißt *Finisseur.*

Nådendal [ˈnoːdəndaːl], schwed. Name der südfinn. Stadt → Naantali.
NADGE, Abk. für engl. *NATO Air Defence Ground Environment,* bodengebundenes Erfassungs-, Führungs- u. Leitsystem für die → Luftverteidigung der NATO. Es reicht vom Nordkap bis zur Türkei.
Nadir [der; arab.], *Fußpunkt,* der Gegenpunkt des *Zenits* an der Himmelskugel, die Richtung senkrecht nach unten.
Nadir, Schah von Persien 1736–1747, * 22. 10. 1688 Kubkan, Khorasan, † 19. 6. 1747 Fathabad (ermordet); bekämpfte erfolgreich Afghanen u. Türken, versuchte die schiitische Staatsreligion abzuschaffen, besiegte den Großmogul u. plünderte Delhi (Erbeutung des Pfauenthrons). N. dehnte sein Reich bis an den Indus u. Euphrat aus.
Nadir Schah Ghazi [-ˈgaːzi], *Nadir Schah Gha Zi,* Mohammed, König von Afghanistan 1929–1933, * 10. 4. 1880 Dehra Dun (Indien), † 8. 11. 1933 Kabul; ermordet von Parteigängern *Aman Ullahs,* den er 1929 gestürzt hatte.
Nadjaf [ˈnadʒaf], Stadt in Irak, → Najaf.
Nadjd [nadʒd], *Najd, Nedschd,* innerarab. Hochland, Kern des Reichs der *Wahhabiten,* seit 1926/27 mit Hedjas in Personalunion verbunden, seit 1932 Teil des Königreichs → Saudi-Arabien, Oasen- u. nomadische Viehwirtschaft.
Nadler, Josef, österr. Literaturwissenschaftler, * 23. 5. 1884 Neudörfl, Böhmen, † 14. 1. 1963 Wien; seit 1931 Prof. in Wien; schrieb eine „Literaturgeschichte der dt. Stämme u. Landschaften" 4 Bde. 1912–1928 (als „Geschichte der dt. Literatur" ⁵1951).
Nadolny, 1. Burkhard, verheiratet mit 2), dt. Schriftsteller, * 15. 10. 1905 St. Petersburg, † 2. 7. 1968 Chieming; polit. u. utop. Erzählungen („Das Gesicht im Spiegel" 1940); Hör- u. Fernsehspiele.
2. Isabella, verheiratet mit 1), dt. Schriftstellerin, * 26. 5. 1917 München; autobiograf. Familienchroniken: „Ein Baum wächst übers Dach" 1959; „Seehamer Tagebuch" 1962; „Vergangen wie Rauch" 1964; „Providence u. zurück" 1988.
3. Rudolf, dt. Diplomat, * 12. 7. 1873 Groß-Stürlack, Ostpreußen, † 18. 5. 1953 Düsseldorf; 1920–1924 Gesandter in Stockholm, 1924–1933 Botschafter in der Türkei, 1933/34 in Moskau, setzte sich für eine enge dt.-sowjet. Zusammenarbeit ein. 1932/33 führte N. die dt. Delegation auf der Genfer Abrüstungskonferenz. Er wandte sich nach 1945 gegen eine dt. Westorientierung. Erinnerungen: „Mein Beitrag" (postum) 1985.
◆ **4.** Sten, Sohn von 1) u. 2), dt. Schriftsteller, * 29. 7. 1942 Zehdenick / Havel; wurde durch den histor.-biografischen Roman „Die Entdeckung der Langsamkeit" 1993 berühmt. Der episch breit durchkonstruierte Roman übt Kritik am Tempo der

Sten Nadolny

Harald Naegeli, bekannt als der „Sprayer von Zürich" besprühte 1983 die Hauswand; inzwischen übertüncht

modernen Gesellschaft u. ist ein Plädoyer für die menschl. Individualität. Weitere Erzählwerke: „Netzkarte" 1981; „Ein Gott der Frechheit" 1994; „Er oder ich" 1999.
Nadon → Cyclohexanon.
Nâdôr, marokkan. Stadt, → Nadur.
NADP, Abk. für *Nicotinamid-adenin-dinucleotidphosphat,* → Pyridinnucleotide.
Nadur, *An Nadur, Nâdôr,* Prov.-Hptst. u. Hafen in Marokko, am Mar Chica, einer Lagune des Mittelmeers südl. von Melilla, 158 000 Ew.; landwirtschaftl. Handelszentrum, Stahlwerk.
Naegele, Franz Carl, dt. Frauenarzt u. Geburtshelfer, * 12. 7. 1778 Düsseldorf, † 21. 1. 1851 Heidelberg; nach ihm ist benannt die *Naegele'sche Geburtszange* u. die *Naegele'sche Regel* zur ungefähren Vorausberechnung des Geburtstermins: voraussichtlicher Geburtstermin = 1. Tag der letzten Regel − 3 Monate + 7 Tage + 1 Jahr.
Naegeli, ◆ **1.** Harald, gen. *Sprayer von Zürich,* schweiz. Künstler, * 4. 12. 1939 Zürich; Psychologe; besprühte seit 1977 Betonwände mit strichmännchenartigen Figuren, der Protest gegen die als unmenschlich empfundenen modernen Städte ausdrücklich sollten. N. wurde wegen Sachbeschädigung 1981 in Zürich zu einer Haft- u. Geldstrafe verurteilt u. ging in die BR Dtschld. Nachdem dt. Gerichte einem Auslieferungsbegehren stattgegeben hatten, stellte er sich 1984 den schweiz. Behörden. N. schrieb „Mein Revoltieren, meine Spraybomben, mein Aufstand mit Poesie" ²1983.
2. Otto, schweiz. Internist u. Hämatologe, * 9. 7. 1871 Ermatingen, Thurgau, † 11. 3. 1938 Zürich; erforschte bes. die Blutkrankheiten. Nach ihm benannt ist das *Naegeli-Syndrom* bei bestimmten Formen der Anämie (Blutarmut). Hptw.: „Blutkrankheiten u. Blutdiagnose" 1908; „Differenzialdiagnose der inneren Medizin" ³1948.
Naeke, Gustav Heinrich, dt. Maler, * 4. 4. 1786 Frauenstein, Sachsen, † 10. 1. 1835 Dresden; Historien- u. Bildnismaler, mehrjähriger Romaufenthalt, ab 1828 Prof. in Dresden.
Næstved [ˈnɛsdvɛð], Stadt in der dän. Amtskommune Storström, im S von Seeland, 45 400 Ew.; Peterskirche (13. Jh.), Heiliggeisthaus (Heimatmuseum), Kreuzgang des

frühmittelalterl. Klosters, Klosterkapelle (13. Jh.), alte Häuser; Papier- u. Elektroindustrie; Touristenzentrum.

Naevius, Gnaeus, röm. Dichter aus Kampanien, *um 270 v. Chr., †um 201 v. Chr.; wurde durch seine nach griech. Vorbildern geschaffenen Tragödien u. Komödien u. durch das Epos in Saturniern über den 1. Punischen Krieg („Bellum Poenicum") zum Schöpfer der röm. Nationalliteratur; nur Bruchstücke erhalten.

Naevus [der, Pl. *Naevi;* lat.] → Muttermal.

Näf, Werner, schweiz. Historiker, *7. 6. 1894 St. Gallen, †19. 3. 1959 Gümligen bei Bern; seit 1925 Prof. in Bern. Werke: „Zur Geschichte der Heiligen Allianz" 1928; „Staat u. Staatsgedanke" 1935; „Die Epochen der neueren Geschichte" 1945/46.

Nafana, *Nafame*, westafrikan. Stamm, eine Untergruppe der → Senufo.

Näfels, schweiz. Ort im Kanton Glarus, an der Linth, südwestl. des Walensees, 3900 Ew.; Freulerpalast (17. Jh., Kantonsmuseum). – 1388 Sieg der Glarner über die Österreicher.

Nafion, Marke, perfluorosulfoniertes Teflon, das als Ionenaustauschermembran bei elektrochem. Prozessen dient; wärme- u. korrosionsbeständig.

Nafpaktos, griech. Ort, → Navpaktos.

Nafplion, griech. Stadt, → Navplion.

NAFTA, Abk. für engl. *North American Free Trade Agreement*, *Nordamerikanisches Freihandelsabkommen*, am 1. 1. 1994 zwischen den USA, Kanada u. Mexiko in Kraft getretene Vereinbarung zur Schaffung einer Freihandelszone, zur Förderung des Handels zwischen den Mitgliedstaaten u. zur Erleichterung von Investitionen, mit der das seit 1989 bestehende Kanadisch-Amerikanische Freihandelsabkommen (Canada-US Free Trade Agreement; CUSTA) regional u. inhaltlich erweitert wurde. Mit dem vereinbarten Abbau der Zölle u. Handelsbeschränkungen innerhalb von 15 Jahren bildet die N. mit rd. 360 Mio. Menschen nach dem Europäischen Wirtschaftsraum die zweitgrößte Freihandelszone. In der erstmaligen Verbindung zwischen zwei Industriestaaten u. einem Entwicklungs- bzw. Schwellenland suchen die USA u. Mexiko neben der Verbesserung ihrer ökonomischen Position die Lösung bilateraler Probleme (Migration, ökonom. u. polit. Stabilität) durch handelspolit. Verflechtung. Institutionell verfügt die N. lediglich über eine Handelskommission sowie eine Schiedskommission zur Klärung von Handelsstreitigkeiten.

Naftah, *Nefta*, Oasenstadt im westl. Tunesien, am nordwestl. Rand des *Chott el Djerīd*, 15 500 Ew.; große Dattelpalmenpflanzungen (u. a. für den Export), Bewässerung mit artesischem Wasser aus über 150 Quelltöpfen. – N. ist das antike *Nepte*.

Naftali [hebr.], *Nephthali* [grch.], im AT einer der 12 Stämme Israels, nach N., dem Sohn Jakobs u. der Bilha, benannt (Gen. 30,7 f.).

Nafud, *An Nafud, Nefud*, zentralarabische Sandwüste im nördl. Nadjd, 900 m hoch; mit 30–60 m hohen, in nordsüdl. Richtung verlaufenden Sanddünen; nur von ehem. Karawanenwegen gequert.

Nagasaki: Der Friedenspark ist eine Gedenkstätte an die Atombombenexplosion

Nafusah, *Jabal Nafusah, Djebel Nefusa*, Höhenzug im westl. Tripolitanien (Libyen), aus Kalken u. Mergeln der Kreide u. des Jura aufgebaut, bis 968 m hoch; fällt mit deutl. Schichtstufe zur Küstenebene ab; Anbau von Oliven; Ziegen- u. Schafweide auf den Steppenhochflächen; von Berbern bewohnt.

Naga, indische Schlangengottheiten; mit menschl. Oberkörper, oft mit Schlangenhaube, vom Nabel abwärts als Schlange dargestellt; als Fruchtbarkeitsgötter verehrt.

Naga, eine Reihe kulturell verwandter Bergstämme (700 000) mit tibeto-birman. Sprache im NO Indiens, Grenzgebiet von Assam u. Birma Myanmar, so die *Ao, Angami, Rengma, Lhota, Sema, Konyak, Tschang, Sangtam*; bilden die Hauptbevölkerung des ind. Unionsstaates *Nagaland*; körperlich den Malaien ähnlich. Die N. blieben fast frei von ind. u. chines. Einflüssen. Hackbauern (Trockenreis auf Brandrodungsfeldern) mit Viehhaltung (Büffel, Gaya Kyjovl, Schweine, Hühner) in stark befestigten Straßendörfern mit oft reich verzierten Bambushäusern (z. T. auf Plattform) u. Männer- bzw. Mädchenhäusern; früher Kopfjagd u. Schädelkult, Megalithkultur. Die einzelnen Naga-Stämme fanden nie zu einer gemeinsamen polit. Organisation. Erst seit der Unabhängigkeit Indiens u. der Bildung des Unionsstaates Nagaland mit Distrikts- u. Regionalparlamenten entsteht allmählich ein die alten Stammesgrenzen überschreitendes Gemeinschaftsgefühl.

Nagajka [russ.], Kosakenpeitsche aus Lederriemen; ursprünglich mit Bleikugeln.

Nagai Kafu, eigentl. *Nagai Sokichi*, japan. Schriftsteller, *3. 12. 1879 Tokyo, †30. 4. 1959 Tokyo; Reisen nach Amerika u. Frankreich; feinsinniger Kenner altjapan. Literatur, vom französ. Symbolismus beeinflusst; z. T. nostalgische Erzählungen aus dem Geishamilieu Tokyos, Essays, Reisebücher, Kritiken.

Nagaland, *Naga Pradesh*, nordöstlichster Bundesstaat der Indischen Union (seit 1962, bis dahin ein Teil Assams), Gebirgsland zwischen dem Brahmaputratal u. Myanmar, 16 579 km², 1,41 Mio. Ew.; Hptst. *Kohima*. Die Bildung des Staates war das Ergebnis langjähriger Verhandlungen einiger Stämme der → Naga, deren Unterwerfung den Briten nie gelungen war. N. ist auch heute noch ein polit. Unruheherd.

Nagana [die, Zulusprache], durch die roten Blutkörperchen parasitierender Einzeller *(Trypanosomen)* hervorgerufene Blutkrankheit bei Wild- u. Hauswiederkäuern in Afrika südlich der Sahara. Übertragen wird diese Krankheit durch *Tsetsefliegen*. Sie verläuft mit Fieber, Ödemen u. Anämien u. wird mit Chemotherapeutika bekämpft.

Nagano, früherer Name *Zenkoji*, japan. Präfektur-Hptst. in Honshu, nordwestl. von Tokyo, 359 000 Ew.; buddhist. Wallfahrtsort, Zenkoji-Tempel (gegr. 642); zahlreiche Erziehungseinrichtungen; 1998 Austragungsort der XVIII. Olmpischen Winterspiele; Obstanbaugebiet (Äpfel); Industriezentrum mit Eisen verarbeitender, Textil- (Seidenweberei) u. Nahrungsmittelindustrie; Mt.-Omine-Observatorium, Flughafen, Bahnknotenpunkt.

Nagaoka, japan. Stadt im NW von Honshu, 190 000 Ew.; chem., Textil-, Maschinenindustrie, Verarbeitung von Agrarprodukten; Erdölgewinnung u. -verarbeitung, Wasserkraftwerk.

Nagapattinam [ˈnaːgəˈpatinəm], *Nagapattanam*, ind. Hafenstadt in Tamil Nadu, an der Mündung der Cauveri in den Golf von Bengalen, 83 000 Ew.; Walzwerk u. Eisenverarbeitung, Handelszentrum, wichtiger Ausfuhrplatz für Erdnüsse u. Reis. – 1612 portugiesische Gründung, ab 1660 holländisch, ab 1781 unter britischer Kolonialherrschaft.

Naga Pradesh [-ɛʃ] → Nagaland.

Nagar [hindi], Bestandteil geograph. Namen: Stadt.
Nagarcoil ['naːgərkɔil], *Nagercoil*, ind. Stadt im S von Tamil Nadu, nordwestl. des Kap Comorin, 189 000 Ew.; landwirtschaftl. Handelszentrum; Nahrungsmittelindustrie.
Nagardschuna, Begründer der Schule des Mahayana-Buddhismus, → Nagarjuna.
Nagar Haveli, ind. Unionsterritorium, → Dadra und Nagar Haveli.
Nagarischrift, *Devanagarischrift*, aus der Brahmischrift nach 600 entwickelte Buchstabenschrift; seit dem 11. Jh. die am weitesten verbreitete Schrift im nördl. Indien, in der auch das *Hindi* geschrieben wird. Zur Wiedergabe der Marathi-Sprache wird die N. *Balbodh* genannt.
Nagarjuna [naˈgaːrdʒuna], *Nagardschuna*, Begründer des → Madhyamika, der zweiten philosoph. Schule des Mahayana-Buddhismus; lebte um 200 n. Chr. in Indien.
◆ **Nagasaki**, japan. Hafenstadt u. Präfektur-Hptst. an der Westküste von Kyushu, 439 000 Ew.; medizin. Universität; seit dem 16. Jh. Mittelpunkt des japan. Katholizismus; kath. Holzkirche (1865, älteste neugot. Kirche Japans), mehrere buddhist. Tempel; Textil-, Nahrungsmittel-, Baumwoll- u. Fischkonservenindustrie, Maschinen- u. Schiffbau; größtes Aquarium Ostasiens. – Seit dem 17. Jh. Zentrum des Handels mit Europa. 1923 durch ein Erdbeben, am 9. 8. 1945 durch die zweite US-amerikan. Atombombe stark zerstört. An dieses Ereignis erinnern Friedensdenkmal u. Atombombenmuseum im Friedenspark.
Nagasvaram [das; sanskrit], in Nordindien *Shahnai*, indisches Rohrblattinstrument aus Holz, mit einem metallenen Schalltrichter u. Grifflöchern; rd. 60 cm hoch; klingt der Oboe ähnlich, jedoch im Ton weniger modulationsfähig; meist paarig von einem Musiker gespielt, wobei ein Instrument einen Bordun hält.
Nagel, 1. *Anatomie: Unguis*, ein Anhangsgebilde der Haut, das beim Menschen die oberen Finger- u. Zehenenden bedeckt; leicht gewölbte Platte aus Horn, die dem *Nagelbett* aufliegt. Die *Nagelwurzel* ist ein Teil der Haut. Werden die seitl. *Nagelfalze* durch Einwachsen der *Nagelplatte* gedrückt *(Unguis incarnatus)*, so kann es zu schmerzhafter Entzündung kommen; ebenso können sich die Nagelränder u. das Nagelbett eitrig entzünden *(Umlauf, Panaritium)*.
2. *Technik:* Befestigungs- oder Verbindungsmittel; ein Stift (Drahtstift), der aus einem zugespitzten Schaft u. einem Kopf besteht u. aus Stahl, Messing, Kupfer oder Holz hergestellt ist. Der Schaft kann zylindrisch, mehrkantig, schraubenförmig oder konisch sein; der Kopf ist meist eben, aber auch kegel- oder halbkugelförmig. Drahtnägel werden aus Stahldraht maschinell auf Drahtstiftmaschinen hergestellt; geschnittene Nägel sind aus Bandeisen oder Blech gefertigt. Je nach Gebrauchszweck unterscheidet man: *Dachpappenstifte* (bes. breiter Kopf), *Dielen-, Huf-* (gebläut oder verzinkt), *Polster-* (oft mit Verzierung), *Schuhmacher-* (ohne Kopf), *Reiß-* (Heftzwecken), *Stock-* (Wanderstock), *Tapezierer-, Ziernägel* u. a.

Nagel, 1. Ivan, Regisseur u. Publizist ungar. Herkunft, *28. 6. 1931 Budapest; Studium bei Th. W. *Adorno* u. C. W. *Schmid*; nach Tätigkeit als Kritiker 1972–1979 Intendant am Dt. Schauspielhaus in Hamburg; 1981–1983 Korrespondent der FAZ in New York; 1985–1988 Intendant des Stuttgarter Schauspiels; 1988–1997 Prof. an der Berliner Hochschule der Künste.
◆ **2.** Otto, dt. Maler, *27. 9. 1894 Berlin, †12. 7. 1967 Berlin; Autodidakt; Mitgl. der *Novembergruppe*, arbeitete mit K. *Kollwitz* u. H. *Zille* zusammen, wurde vom nat.-soz. Regime verfolgt. Seine anfangs expressionist. Farbgebung verdunkelte sich im Laufe der Zeit. Als engagierter Sozialist schuf er vor allem Bildnisse u. Straßenszenen aus dem Arbeitermilieu im Stil des sozialist. Realismus.
3. Peter, dt. Maler u. Grafiker, *6. 4. 1941 Kiel; Mitbegründer der Gruppe *Zebra*; Vertreter eines verfremdeten, ironischen Neuen Realismus, in dem eine kritische Stellungnahme u. die Deutung von Wahrheit entscheidend sind. Seine Bilder leben von der Gegensätzlichkeit: Lebewesen malt er häufig in grauen Hauttönen, während Gegenstände in aggressiv leuchtenden Farben erscheinen; die Platzierung seiner Figuren u. Objekte auf großformatigen leeren Flächen oder in strengen Räumen lassen die Bilder kalt u. distanziert erscheinen.
Nägelchen → Gewürznelkenbaum.
Nägelein → Gewürznelkenbaum.
Nageleisen, Gesenk mit einer Anzahl verschieden großer, z. T. versenkter u. mit Einschnitten versehener Löcher zum Herstellen von Schraubenköpfen, Kopfbolzen u. Nägeln.
Nagelfleck, *Agila tau*, bes. in Buchenwäldern lebender, gelbbrauner *Nachtfalter* aus der Familie der *Augenspinner* mit einer nagelähnl. Zeichnung innerhalb des Flügelflecks; Raupe mit bizarren Fortsätzen.
Nagelflecken → Leukonychie.
Nagelfluh [die], grobklastische Sedimente (Konglomerat) der tertiären Molasse im schweiz. u. süddt. Alpenvorland, aus Kalkgeröllen oder kristallinen Geröllen mit Sandstein als Bindemittel.
Nagelhärter, kosmet. Präparate zur Festigung brüchiger u. weicher Nägel. Meist Lösungen oder Cremes mit bis zu 5 % Formaldehyd.
Nagelholz, gepökeltes, geräuchertes Rindfleisch, ähnl. dem *Bündner Fleisch*.
Nägeli [das], **1.** *Smithiantha zebrina*, in Brasilien heimisches *Gesneriengewächs (Gesneriaceae)*, Zierpflanze mit glockenförmigen, hängenden, innen gelben, außen roten Blüten, in endständigen Trauben vereinigt. – **2.** → Gewürznelkenbaum.
Nägeli, 1. Hans Georg, schweiz. Komponist, Musikverleger u. Musikpädagoge, *26. 5. 1773 Wetzikon, †26. 12. 1836 Zürich; trat vor allem für die auf den Grundsätzen J. H. *Pestalozzis* beruhende nationale u. volkstüml. Musikpflege ein; bedeutender Wegbereiter der Musikpädagogik.
2. Karl Wilhelm von, schweiz. Botaniker, *26. 3. 1817 Kilchberg bei Zürich, †10. 5. 1891 München; Prof. in Freiburg, Zürich u.

Otto Nagel: Jungfernbrücke; Pastell 1942

Nagpur: auf dem Orangenmarkt

München; Arbeiten über cytolog., physiolog. u. systemat. Probleme, Begründer einer Abstammungstheorie u. der *Mizellartheorie* über den Feinbau von Quellkörpern.

Nagelkraut, *Polycarpon,* Gattung der *Nelkengewächse (Caryophyllaceae).* In Europa kommt an sandigen Stellen selten das *Vielblättrige N., Polycarpon tetraphyllum,* vor.

Nagellack, kosmetisches Färbemittel für Fingernägel, von transparenter oder cremeartiger Farbbeschaffenheit. Zur Herstellung dient Nitrocellulose, die mit Lösungsmittel, z. B. Ethylether, Aceton, Methylacetat, Essigester, Butylacetat, angesetzt wird. Zur Verbesserung der Plastizität werden z. B. Rizinusöl, Triacetin, Butylstearat hinzugegeben. Dem farblosen N. werden die gewünschten Farbstoffe beigefügt. Das fertige Produkt muss hochglänzend, wasserbeständig, säurefrei u. schnell trocknend sein. Perlmuttartig glänzender N. enthält Zusatz von Fischschuppenessenz.

Nagellackentferner, flüchtiges Lösungsmittel auf Aceton-, Essigester- u. Alkoholbasis. Fettähnliche Zusätze, z. B. Rizinusöl, Butylstearat, Fettsäureester, Vitamin-F-Ester, gleichen den entstehenden Fettentzug der Fingernägel aus.

Nagelmaschine, Maschine zum Nageln von Kisten u. Kartons; schlägt oder drückt selbständig eine Anzahl Nägel, die sie in die richtige Lage gebracht hat, gleichzeitig in das Holz.

Nagelprobe, 1. *Ackerbau:* → Milchreife. **2.** *Volksbräuche:* das Umkehren des Trinkgefäßes auf den linken Daumennagel, um zu zeigen, dass man es (auf das Wohl eines anderen) geleert hat.

Nagelrochen, *Raja clavata,* bis 1,25 m langer, stumpfschnäuziger *Echter Rochen;* der häufigste in der Nordsee, sonst vom Schwarzen u. Mittelmeer über die Atlantikküste bis in die Barentssee verbreitet. Der N. jagt Bodentiere.

Nagelschraube, *Kopfschraube,* deren Bolzengewinde erst nach Einschlagen durch einige Drehbewegungen angezogen wird.

Nageltritt, Verletzung der von der Hornkapsel eingeschlossenen Teile des Hufs durch Eintreten von Nägeln u. a. spitzen Gegenständen.

Nagelverbindung, eine Verbindung tragender Holzbauteile durch Nägel.

Nagelzange, eine Spezialzange zum Lösen festsitzender Nägel.

Nagercoil [engl. ˈnɑːɡərkɔil], indische Stadt, → Nagarcoil.

Nagetiere, *Rodentia,* vielgestaltige Ordnung der *Säugetiere.* Typisch sind das Fehlen der Eckzähne u. ein meißelförmiges Paar Nagezähne im Oberkiefer, die nur vorn mit Schmelz überzogen sind u. ständig nachwachsen. Die N. sind Halbsohlen- oder Sohlengänger mit meist vorn 4 u. hinten 5 Zehen; vorwiegend Pflanzenfresser. Größte Art ist das *Wasserschwein* mit 1 m Körperlänge; im Tertiär erreichten N. Argentiniens auch Nashorngröße. Zu den N. gehören u. a. die Familien der *Hörnchen, Blindmäuse, Biber, Wühler, Mäuse, Bilche, Hüpfmäuse, Springmäuse, Erd-* u. *Baumstachelschweine, Meerschweinchen, Agutis, Chinchillas* u. *Trugratten.* Die *Hasenartigen* sind systematisch keine N.

Naghi, Muhammad, ägypt. Maler, *27. 1. 1888, †5. 4. 1956; Direktor des Museums für Moderne Kunst in Kairo, der Ägypt. Akademie u. Kulturattaché in Rom. Nach anfänglichen Einflüssen von Impressionismus u. Pointillismus gewann die Formenstrenge der altägypt. Malerei in seinen historischen Gemälden u. Genreszenen an Bedeutung.

Nagib, *Naguib,* Ali Mohammed, ägypt. Offizier (1950 General) u. Politiker, *20. 2. 1901 Khartum; †28. 8. 1984 Kairo; offiziell Führer des vom Revolutionsrat Freier Offiziere durchgeführten Staatsstreichs im Juli 1952; zwang König *Faruk* zur Abdankung u. übernahm 1952 das Amt des Min.-Präs., nach Ausrufung der Republik 1953 zugleich das des Staats-Präs.; wurde von G. A. *Nasser* verdrängt, zeitweise in Haft.

Nagold (1)

Nagold, ♦ 1. Stadt in Baden-Württemberg, Ldkrs. Calw, an gleichn. Fluss, westl. von Tübingen, 425 m ü. M., 22 500 Ew.; Luftkurort; Bundeswehrstandort; Remigiuskirche (10. Jh.), Fachwerkbauten (15.–18. Jh.); Holz- u. Textilindustrie. **2.** rechter Nebenfluss der Enz, 92 km, entspringt im Schwarzwald, mündet bei Pforzheim.

Nagorno [russ.], *Nagornyj,* Bestandteil geograph. Namen: bergig, Berg.

Nagorno-Karabachskaja AO → Bergkarabachen-AO.

Nagoya, *Nagoja,* viertgrößte japan. Stadt, Präfektur-Hptst. an der pazif. Küste des südl. Honshu, 2,1 Mio. Ew.; kath. Bischofssitz; mehrere Universitäten u. a. Hochschulen, Fachschulen, Museen, Shinto-Schrein; Zentrum der Schwerindustrie (Schiff-, Flugzeug-, Kraftfahrzeug-, Waggon- u. Maschinenbau); Baumwoll-, keram., chem., Textil- u. Elektroindustrie, Ölraffinerien, Wärmekraftwerk, Aluminiumhütte; Hafen Atsuta, internationaler Flughafen.

♦ Nagpur, ind. Stadt in Maharashtra, auf dem nördl. Dekanhochland, 310 m ü. M., 1,62 Mio. Ew.; Universität (gegr. 1923), kath. Erzbischofssitz, anglikan. Bischofssitz; Bergfestung (1818), archäolog. Museum; Handels- u. Verwaltungszentrum; Eisen-, Manganverhüttung, Baumwoll-, Seidenindustrie, Eisenbahnwerkstätten, Metallverarbeitung, Wärmekraftwerk, Verkehrsknotenpunkt, Flughafen.

Nagualismus [aztek.], die Vorstellung, dass der Mensch mit dem Schicksal eines bestimmten Tiers oder Naturobjekts in einer Art Doppelgängerschaft während seines ganzen Lebens unlösbar verbunden sei. Dieser Glaube, bei Indianerstämmen Mexikos u. Völkern mit Schamanismus verbreitet, steht in engem Zusammenhang mit dem Individualtotemismus, dem Glauben an persönliche Schutzgeister u. an ein *alter ego.*

Nagy [nɔdj; ung.], Bestandteil geograph. Namen: groß. Gegensatz: *Kis.*

Nagy [nɔdj], **1.** Ferenc, ungar. Politiker, *8. 10. 1903 Bisse, †12. 6. 1979 Fairfax, Va. (USA); 1930 Generalsekretär der Kleinlandwirtepartei, 1939–1942 Reichstags-Abg., 1944 verhaftet; 1945 Landwirtschafts-, dann Wiederaufbau-Min., 1946 Min.-Präs., trat 1947 aus Protest gegen den sowjetisch-kommunist. Druck zurück u. emigrierte.

Imre Nagy

♦ 2. Imre, ungar. Politiker (Kommunist), *7. 6. 1896 Kaposvár, †16. 6. 1958 wahrscheinl. Budapest (hingerichtet); 1929 bis 1944 im Exil in der UdSSR; ab 1944 mehrfach Min.; 1949–1952 wegen Differenzen mit dem Parteichef M. *Rákosi* ohne wichtiges polit. Amt; 1953–1955 Min.-Präs., maßgebl. Vertreter des antistalinist. Kurses, suchte politische u. wirtschaftliche Reformen durchzuführen, nach Wiedereinführung des alten Kurses abgesetzt; während der ungar. Erhebung 1956 wieder Min.-Präs., nach der sowjet. Intervention unter Wortbruch verhaftet, nach Rumänien deportiert u. in einem geheimen Prozess zum Tod verurteilt; 1989 rehabilitiert; alle früheren Urteile wurden aufgehoben.

Nagybátony [ˈnɔdjbaːtonj], Ort im N von Ungarn, südl. von Salgótarján, 8400 Ew.; Braunkohlenabbau, Schwerindustrie; Ziegelei.

Nagykanizsa [ˈnɔdjkɔnizɔ], ungar. Stadt südwestlich des Plattensees, 54 000 Ew.; Ruinen einer Burg (14. Jh.); Erdölgewinnung, Maschinenbau, Spirituosen-, Glas- u. chem. Fabriken, Brauerei.

Nagykőrös ['nɔdjkøːrœʃ], ungar. Stadt im Alföld, zwischen Donau u. Theiß, 26 600 Ew.; gotische Kirche, Rathaus (18. Jh.); Papierfabrik; Gemüse-, Getreide-, Wein-, Obst- u. besonders Gurkenanbau.

Nagykunság ['nɔtjkunʃaːg], dt. *Großkumanien*, Landschaft in Ungarn, Teil des *Alfölds*, östl. der mittleren Theiß; eben, früher Viehzucht, nach Bewässerung Getreidebau (Weizen, Mais).

Naha, *Naba, Nawa*, Hafen u. Präfektur-Hptst. an der Westküste der japan. Ryukyu-Insel Okinawa, 302 000 Ew.; Universität; Zucker-, Baumwollstoff- u. Seidenindustrie, Kunstgewerbe (Keramik, Lack- u. Perlmuttarbeiten), internationaler Flughafen.

Nahal [hebr.], Bestandteil geograph. Namen: Bach.

Nahalal, israel. Dorf im Jesreeltal; ältester → Moschav, 1921 gegr.

Nahal Oren, prähist. Fundort im Wadi Fellah bei Haifa (Israel); dreiphasige Siedlung aus dem Übergang von der aneignenden zur produzierenden Wirtschaftsform (→ Natufien).

Nahariya [-'riːa], *Naharia*, israel. Stadt im nördl. Küstenabschnitt, zwischen Akko u. der libanes. Grenze, 37 200 Ew.; 1934 von dt. Juden als Bauerndorf gegr.; im Unabhängigkeitskrieg 1948 sechs Monate belagert; heute lebhaftes Seebad mit Nahrungsmittel-, Textil-, Baustoff- u. Metallindustrie; Viehwirtschaft u. Exportkulturen (Blumen, Erdbeeren, Avocados).

Naharro [na'arro], span. Dichter, → Torres Naharro.

Nahas Pascha, *Nahhas Pascha*, Mustafa An, ägypt. Politiker (Wafd-Partei), *15. 6. 1876 Samanud, †23. 8. 1965 Alexandria; 1930 bis 1952 mehrmals Ministerpräsident; erreichte nach dem 2. Weltkrieg den Rückzug der britischen Truppen aus Ägypten; durch den Staatsstreich der „Freien Offiziere" 1952 gestürzt.

Nähautomat, eine Spezialnähmaschine, die selbsttätig durch geeignete Steuerung (Kurve, Lochband) vorgegebene Nahtbilder (z. B. Knopflöcher) näht.

Nahe, linker Nebenfluss des Rheins, im Saarland u. in Rheinland-Pfalz, 116 km, entspringt im Hunsrück, mündet bei Bingen; im Unterlauf Weinanbau *(Naheweine).*

Naher Osten, *Nahost, Vorderer Orient*, engl. *Middle East*, uneinheitlich gebrauchte Bez. für das Gebiet der Länder Vorderasiens (einschl. Ägyptens). Im Einflussbereich mehrerer Kulturkreise gelegen, wurde der Nahe Osten vor allem in der jüngeren Geschichte oft zu einem polit. Brennpunkt u. Krisenherd. Das Gebiet wurde dabei auch von weltpolit. Interessen (USA/Sowjetunion) geprägt. Auch → Arabien, → Israel, → Nahostkonflikt, → Vorderasien.

Näherrecht, *Retraktrecht, Zugrecht, Losungsrecht*, im älteren dt. Recht gesetzliche u. vertraglich vereinbarte Rechte, die dem Berechtigten den Anspruch geben, eine Sache im Fall des Verkaufs an einen Minderberechtigten gegen Zahlung des Kaufpreises an sich zu ziehen; z. B. das der Erben *(Erblosung),* der Nachbarn *(Nachbarlosung).* Das BGB kennt nur noch das gesetzl. Vorkaufsrecht der Miterben (§ 2034) u. das vertragl. vereinbarte dingliche Vorkaufsrecht an Grundstücken (§§ 1094 ff.). – In der *Schweiz* kann ein Vorkaufsrecht im Grundbuch vorgemerkt werden (Art. 681 ZGB), ferner steht es Miteigentümern gegenüber Nichtmiteigentümern zu (Art. 682 Abs. 1 ZGB) u. ist auch im Baurechtsverhältnis zugunsten des Grundstückseigentümers gegeben (Art. 682 Abs. 2 ZGB). – *Österreich:* §§ 1067, 1072 ff. ABGB (vertragl. Vorkaufsrecht).

Näherung, *Mathematik: Näherungswert*, der einem bestimmten Wert angenäherte Wert, der von dem genauen Wert um ein für den besonderen Zweck erlaubtes Maß abweicht. So ist z. B. 22/7 eine N. von π = 3,14… Auch die Berechnung eines Näherungswerts wird als N. bezeichnet.

Näherungsverfahren, *Approximationsverfahren*, in der Mathematik Verfahren zur angenäherten Berechnung von Größen, deren genaue Bestimmung unmöglich oder nicht erforderlich ist. Man benutzt graf. oder rechner. Verfahren.

Nähfuß, bei Nähmaschinen Gegenauflage für den Transporteur. Der N. wird von der Stoffdrückerstange durch Federkraft auf den Transporteur gedrückt; durch gelenkige Ausführung der Nähfußsohle wird die Transportsicherheit erhöht. Für spezielle Nähaufgaben gibt es Sondernähfüße.

Nähgarn, *Nähzwirn*, glatte, meist appretierte ein- oder mehrstufige Zwirne. Für Nähmaschinen verwendet man *Untergarne* (einstufig aus 2 Fäden: *Sewing*) u. *Obergarne* (mehrstufig aus 4–8 Fäden); außerdem gibt es *Handnähgarne*. Material: Baumwolle, Leinen, Seide, Polyester. *Nähseide* besteht aus 3–24 Grègefäden oder Schappe.

Nahkampfmittel, Mittel für den Nahkampf, bes. Hand- u. Gewehrgranaten, Granatwerfer, Flammenwerfer; gegen Panzer bes. Panzerfaust, Bazooka, Haftladung, Minen, Blend- u. Brandkörper.

Nahkampfspange → Kampfabzeichen.

Nahl, **1.** Johann August d. Ä., dt. Bildhauer u. Innenarchitekt, *22. 8. 1710 Berlin, †22. 10. 1781 Kassel; ausgebildet bei A. *Schlüter* u. in Paris, seit 1735 in Straßburg, wurde 1741 nach Berlin berufen u. beteiligte sich mit Entwürfen im Stil des Rokoko am Bau u. an der Innenausstattung von Schlössern in Berlin u. Potsdam. Seit 1753 war N. in Kassel als Akademiedirektor tätig.
2. Johann August d. J., Sohn von 1), dt. Maler, *7. 1. 1752 Zollikofen bei Bern, †31. 1. 1825 Kassel; Schüler von J. H. *Tischbein*, lehrte seit 1792 an der Akademie in Kassel. Mythologische u. historische Gemälde in klassizist. Stil.

Nahlinse, eine preiswerte Vorsatzlinse, mit deren Hilfe die → Brennweite eines Kameraobjektivs stark verkürzt bzw. der → Auszug verlängert werden kann. Die N. ermöglicht → Makrofotografie mit dem Normalobjektiv.

◆ **Nähmaschine**, eine Maschine zum Nähen von Stoffen oder Leder; unterschieden nach der Stichart in *Doppelsteppstich-* u. *Ketten-stichmaschinen* oder in *Geradstich-* u. *Zickzacknähmaschinen*, nach der Verwendung in *Haushalt-, Handwerker-* u. *Industrienähmaschinen*. Der Antrieb erfolgt durch Hand-, Fuß- oder Motorkraft; Stichzahl in der Minute bei Haushaltmaschinen bis 2000, bei Industriemaschinen bis 5500. Spezialmaschinen sind z. B. Mehrnadel-, Pikier-, Staffier-, Überwendlingsmaschine.
Geschichte: 1755 erhielt der Engländer Charles F. *Weisenthal* ein Patent auf eine N. mit beiderseits angespitzter Nadel, deren Öhr in der Mitte lag; die Maschine war ebenso wenig erfolgreich wie die nachfolgenden der Engländer *Saint* (1790), *Stone* u. *Henderson* (1804) u. des Deutschen B. *Krembs* (1810). Der Wiener Schneidermeister J. *Madersperger* schuf 1830 mit der Nadel, deren Öhr an der Spitze liegt, den Vorläufer für die heute noch verwendete Doppelsteppstichnähmaschine, die der Amerikaner E. *Howe* 1845 entwickelte.

Nahorientierung, Orientierung eines Tieres in seiner näheren Umgebung; auch → Orientierung.

◆ **Nahostkonflikt**, die internationalen Auseinandersetzungen im Nahen Osten, die vor allem durch die Gründung eines jüdischen Staates in Palästina ausgelöst wurden, zu denen aber zahlreiche andere Faktoren beigetragen haben. (Zur Vorgeschichte: → Israel, → Palästina, → Zionismus.)
Teilung Palästinas: Am 29. 11. 1947 stimmte die UN-Vollversammlung für die Teilung Palästinas in einen jüdischen u. einen arabischen Staat. Die arab. Staaten u. die Vertretung der arab. Palästinenser erkannten diesen Beschluss nicht an; arab. Freischärler eröffneten die bewaffneten Auseinandersetzungen zwischen Arabern u. Juden. Am 14. 5. 1948 wurde der Staat Israel proklamiert; am folgenden Tag, an dem das britische Palästina-Mandat erlosch, griffen ägyptische, transjordanische, syrische, libanesische u. irakische Truppen Israel an.

Nähmaschine: Miccosukee-Indianerin an der Nähmaschine

Nahostkonflikt

Nahostkonflikt: Austausch gefangener Zivilisten während des 1. israelisch-arabischen Krieges, Jerusalem 1948

Israel.-arab. Kriege: Im *1. israel.-arab. Krieg* 1948/49 konnte Israel seinen Gebietsstand über die im UN-Teilungsbeschluss vorgesehenen Grenzen hinaus erweitern. Der Krieg wurde durch Waffenstillstände, nicht jedoch durch einen Friedensschluss beendet. Seit Mitte der 1950er Jahre häuften sich arab. Guerilla-Aktionen. Israel nutzte 1956 im Zusammenwirken mit Großbritannien u. Frankreich die Suezkrise zum Vorstoß bis an den Suezkanal *(2. israel.-arab. Krieg)*, um seine Position gegenüber den arab. Staaten zu verbessern; es erlangte auch Zugeständnisse (u. a. freie Schifffahrt im Golf von Tiran), konnte aber keine Regelung der wesentl. Streitfragen erreichen. 1957 zog es unter dem Druck der USA u. der UdSSR seine Truppen von der Sinai-Halbinsel u. aus dem Gazastreifen wieder ab, u. UN-Truppen übernahmen die Kontrolle an der israel.-ägypt. Grenze. Während sich Großbritannien u. Frankreich seit 1956 weitgehend aus Nahost zurückzogen, griffen die USA auf Seiten Israels u. die UdSSR auf Seiten der Araber zunehmend in den N. ein.
1967 erwirkte Ägypten den Abzug der UN-Truppen, ließ Truppen an der Grenze aufmarschieren u. sperrte die Straße von Tiran. Auch Syrien nahm eine drohende Haltung ein. Daraufhin griff Israel am 5. 6. 1967 Ägypten u. Syrien an, die im Kampf von Jordanien unterstützt wurden, u. besetzte in sechs Tagen die ägyptische Sinai-Halbinsel, den von Ägypten verwalteten Gazastreifen, die syrischen Golanhöhen u. das von Jordanien annektierte Westjordanland mit dem Ostteil Jerusalems *(3. israel.-arab. Krieg, Sechstagekrieg).* Am 22. 11. 1967 verabschiedete der UN-Sicherheitsrat die grundlegende „Nahost-Resolution 242". Sie forderte den Rückzug der israel. Truppen „aus besetzten Gebieten", die Anerkennung u. territoriale Unverletzlichkeit aller nahöstl. Staaten (also auch Israels), freie Durchfahrt durch alle internationalen Wasserstraßen u. eine gerechte Regelung des Flüchtlingsproblems. Das Problem der arab. Palästinenser wurde also nur als Flüchtlings-, nicht als nationales Problem behandelt. Zum Wortführer des erstarkenden palästinens. Nationalismus machte sich die 1964 gegründete → PLO, die seit 1967 an internationalem Einfluss gewann.
Am Suezkanal kam es seit März 1969 erneut zu Kampfhandlungen begrenzten Umfangs, die erst im August 1970 durch einen von den USA vermittelten Waffenstillstand ein Ende fanden („Abnutzungskrieg"). Am 6. 10. 1973 begann überraschend der *4. israel.-arab. Krieg (Jom-Kippur-Krieg)* mit einem koordinierten Angriff Ägyptens u. Syriens. Andere arabische Staaten beteiligten sich mit Truppenkontingenten. Den syrischen Angriff auf die Golanhöhen schlug Israel nach schweren Kämpfen zurück. Den Ägyptern gelang es, sich am Ostufer des Suezkanals festzusetzen, während Israel einen Brückenkopf am Westufer errichten konnte. Auf Initiative der beiden Großmächte erließ der UN-Sicherheitsrat am 22. 10. einen Appell zur Feuereinstellung, dem die Krieg führenden Parteien zustimmten. Mit US-amerikan. Vermittlung wurden 1974/75 zwei ägyptisch-israel. u. ein syrisch-israel. Truppenentflechtungsabkommen geschlossen. Sie führten zu einem Teilrückzug Israels auf dem Sinai u. zu einem Auseinanderrücken der Fronten auf den Golanhöhen; in die Pufferzonen rückten UN-Truppen ein.
1977 leitete der ägyptische Präs. A. A. *Sadat* durch eine Reise nach Jerusalem direkte Verhandlungen mit Israel ein. Sie führten mit US-amerikan. Vermittlung zum Camp-David-Abkommen vom 17. 9. 1978 u. zum Friedensvertrag vom 26. 3. 1979, der die Rückgabe der Sinai-Halbinsel an Ägypten sowie die Aufnahme von Verhandlungen über eine Autonomielösung für das Westjordanland u. den Gazastreifen vorsah. Die Sinai-Halbinsel wurde termingemäß bis 1982 zurückgegeben; die Autonomieverhandlungen erbrachten kein Ergebnis.
Krisenherd Libanon: Ein weiterer Krisenherd des Nahostkonflikts entstand in Libanon, der nach einem Bürgerkrieg seit 1976 teilweise von syrischen Truppen besetzt war. Die PLO unterhielt in Libanon Stützpunkte, von wo aus sie Überfälle auf den Norden Israels unternahm. 1982 besetzte Israel den Süden Libanons u. erzwang den Abzug größerer PLO-Kampfverbände. Dabei kam es auch zu Kampfhandlungen zwischen israel. u. syrischen Streitkräften. Im Mai 1983 schlossen Israel u. Libanon mit US-amerikan. Vermittlung ein Abkommen, in dem der Kriegszustand zwischen den beiden Ländern für beendet erklärt wurde. Unter dem Druck Syriens u. oppositioneller Kräfte im eigenen Land musste die libanes. Regierung das Abkommen im März 1984 annullieren. Im Juni 1985 zog Israel seine Truppen weitgehend aus Libanon ab; in einer Sicherheitszone im Süden des Landes verblieben nur wenige Einheiten sowie die Soldaten der pro-israel. „Südlibanesischen Armee" (SLA). 1991 wurde Libanon faktisch ein syrisches Protektorat.
Bemühungen um eine Friedenslösung: Seit 1987 entwickelte sich in den von Israel besetzten Gebieten eine Aufstandsbewegung (Intifada), die zunehmend unter den Einfluss islamisch-fundamentalist. Kräfte geriet. 1988 wurde von der PLO ein un-

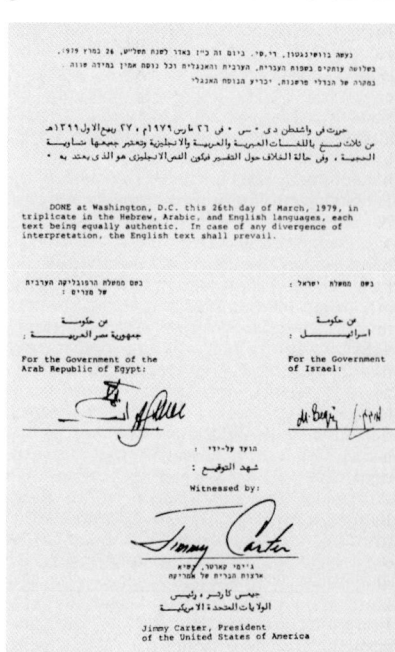

Nahostkonflikt: der israelisch-ägyptische Friedensvertrag vom 26. 3. 1979; letzte Seite mit den Unterschriften von Anwar As Sadat, Menachem Begin und Jimmy Carter

abhängiger „Staat Palästina" proklamiert, ohne dass dessen Grenzen definiert wurden. Der Zusammenbruch des Kommunismus, der Abbau der Ost-West-Konfrontation u. der Golfkrieg von 1991, in dem wichtige arab. Staaten der Partei des Westens gegen den Irak ergriffen, wirkten sich auf den N. aus. Die starren Fronten lockerten sich auf. 1993 kam es nach Geheimverhandlungen zu einem Übereinkommen zwischen Israel u. der PLO. In Abweichung von ihrem Programm erkannte die PLO das Existenzrecht Israels an, während Israel die PLO, mit der es bisher jeden offiziellen Kontakt vermieden hatte, als Vertretung des palästinens. Volkes anerkannte. Nach der gemeinsamen Grundsatzerklärung sollte eine dauerhafte Lösung innerhalb von fünf Jahren erreicht werden. Als ersten Schritt räumten die israel. Truppen 1994 den Gaza-Streifen u. die Region von Jericho. In diesen Gebieten wurde eine palästinens. Selbstverwaltung mit eingeschränkten Befugnissen errichtet. Im gleichen Jahr schlossen Israel u. Jordanien Frieden. 1995 begann Israel mit der Räumung weiterer Städte im Westjordanland. 1996 wurde von der Bevölkerung der teils geräumten, teils noch besetzten Gebiete ein palästinens. Autonomierat unter dem PLO-Vors. J. *Arafat* gewählt. Der polit. Kurs der israel. Regierung von B. *Netanjahu* führte seit 1996 zu einer Blockade des Friedensprozesses. Diese sollte durch das 1998 unter US-amerikan. u. jordan. Vermittlung abgeschlossene Abkommen von Wye beseitigt werden. Die Regierung Netanjahu setzte die Umsetzung des Abkommens jedoch im Dez. 1998 aus. Das im Sept. 1999 von dem im Mai desselben Jahres zum neuen israel. Ministerpräs. gewählten E. *Barak* unterzeichnete Wye-Folgeabkommen (Memorandum von Sharm As Shaykh) gab für eine endgültige Konfliktlösung keine neuen Impulse. Im Mai 2000 zog Israel seine Truppen aus dem Südlibanon ab. Unter US-amerikan. Vermittlung geführte Friedensverhandlungen zwischen Barak u. Arafat in Camp David verliefen im Juli 2000 ergebnislos. Nach einem Besuch des israel. Politikers A. *Scharon* auf dem Tempelberg in Jerusalem brachen im September 2000 schwere Unruhen in den palästinens. Autonomiegebieten aus, die sich zu einer 2. Intifada ausweiteten. Die polit. Fronten verhärteten sich weiter. Es gelang daher bis Anfang 2002 nicht, eine Neubelebung des Friedensprozesses zu erreichen.

Nahpunkt des Auges, *Punctum proximum*, der dem Auge nächstgelegene Punkt, der gerade noch bei stärkster *Akkommodation* deutlich zu sehen ist; i.e.S. auch *manifester Nahpunkt des Auges* genannt. Er ist im Kindesalter etwa 7 cm vom Auge entfernt u. rückt mit zunehmendem Alter immer weiter hinaus, weil die Elastizität der Linse abnimmt. Im höheren Alter (Alterssichtigkeit) rückt er über 35 cm hinaus, so dass eine Lesebrille erforderlich wird, die der Verstärkung der Altersichtigkeit entspr. geändert werden muss.

Nahr Al Asi, arabischer Name des Flusses → Orontes.

Nahr Al Kelb, grch. *Lykos*, kleiner libanes. Küstenfluss nördl. von Beirut.
Nahr Al Litani, Fluss im Libanon, → Litani.
Nährbier, dunkles, alkoholarmes, unter- oder obergäriges Vollbier, bei dem nur ein geringer Teil des Extraktes vergoren wird.
Nährboden, verfestigtes → Nährmedium.
Nährgebiet, bei einem Gletscher der Bereich, in dem im Laufe eines Jahres mehr Schnee fällt als Eis u. Schnee abschmelzen. Die Schneegrenze trennt das N. vom → Zehrgebiet, das sich talwärts anschließt. Auch → Schwarzweißgrenze.
Nährhefe, aus Hefepilzkulturen gewonnenes, nicht mehr gärfähiges protein- u. vitaminreiches Produkt, das als Arznei, zur Bereitung von Speisen u. als Futtermittel verwendet wird. Wegen des hohen Anteils an *Purinen* in Hefen ist eine Begrenzung des täglichen Verzehrs empfehlenswert.
Nährklistier, Zufuhr flüssiger Nahrung durch Darmeinlauf; vom Dickdarm aus werden nur Wasser, Traubenzucker u. Salze aufgenommen.
Nährlösung, 1. *Biologie:* Lösung derjenigen Nährstoffe in Wasser, die von zu kultivierenden Organismen benötigt werden. Dies ermöglicht in der Pflanzenzüchtung die erdlose Kultur (→ Hydrokultur), in der Mikrobiologie die Reinkultur von Bakterien u. Hefen (→ Nährböden).
2. *Medizin:* flüssiges Gemisch von Nahrungsstoffen von hohem Nährwert u. Mineralsalzen zur künstl. Ernährung.
Nährmedium, *Kulturmedium,* Lösung oder Suspensionen mit sämtl. Nährstoffen, die für den Stoffwechsel (einschl. Wachstum u. Vermehrung) von Mikroorganismen sowie pflanzl. u. tier. Zellkulturen notwendig sind. Wichtige Bestandteile von Nährmedien sind Kohlenhydrate (z. B. Glucose, Dextrine, Stärke, Malzextrakt), Stickstoffverbindungen (z. B. Proteine, Sojamehl, Hefeextrakt, Ammoniumsulfat), Makroelemente (z. B. Phosphor, Kalium, Magnesium), Spurenelemente (z. B. Mangan, Molybdän, Zink, Kupfer) sowie Vitamine (z. B. Thiamin, Riboflavin) u.a. Stoffe. Ein fester *Nährboden* kann durch Zusatz von Agar-Agar oder Gelatine erhalten werden. In der biotechnolog. Produktion werden meist komplexe Nährmedien eingesetzt, da der Bedarf der Zellen nicht genau bekannt ist. Selektivmedien fördern oder unterdrücken (*Mangelmedien*) das Wachstum spezieller Mikroorganismen.
Nährmittel, *Nährpräparate,* 1. chemisch oder biologisch aufgeschlossene, mit wichtigen Nährstoffen angereicherte, leicht verdaul. Einzel- oder Mischnährstoffe für die Kinder- u. Krankenernährung. Nach dem Gehalt an Nährstoffen unterscheidet man: Proteinpräparate, fetthaltige N., stärkehaltige N. u. Vitaminpräparate. – 2. i.e. S. auf Getreide, Stärke u. Hülsenfrüchten basierende Vermahlungsprodukte. Hierzu zählen Grieß, Grütze, Flocken u. Teigwaren.
Nährsalze, die für den Körperaufbau u. Stoffwechsel lebensnotwendigen Mineralstoffe, die in den Nahrungsmitteln enthalten sein müssen: Natrium-, Calcium-, Kalium-, Magnesium-, Phosphor-, Schwefel- u. Eisenverbindungen (→ Mineralstoffwechsel).

Bei mineralstoffarmer Ernährung gibt es als Ergänzungsstoffe reine *Nährsalzmischungen* oder mit Nährsalzen angereicherte Nahrungsmittel, z. B. *Nährsalzkakao* u. *Nährsalzkaffee*.
Nährstoffbedarf, die Mindestmenge eines Nährstoffes, die mit der Nahrung zugeführt wird u. unter den jeweiligen Lebensumständen (z. B. Geschlecht, Lebensalter, Arbeitsleistung, Schwangerschaft) zur Deckung des Stoffwechsels u. Erhaltung aller notwendigen Körperfunktionen erforderlich ist.
Nährstoffdichte, Verhältnis der Menge eines Nährstoffes zum Energiegehalt des betreffenden Lebensmittels. Die N. erlaubt Aussagen über die Eignung eines Lebensmittels zur Bedarfsdeckung mit krit. Mineralstoffen u. Vitaminen. u. hat deshalb bei der Aufstellung von Diätplänen große Bedeutung.
Nährstoffe, Bez. für → essenzielle Nahrungsmittelbestandteile u. fakultativ essenzielle Nahrungsmittelbestandteile, die nur unter speziellen Ernährungs- oder Lebensbedingungen unentbehrlich sind oder durch Stoffe völlig anderer Struktur ersetzt werden können; s. → Lebensmittel, → Nahrungsmittel.
Nahrungsaufnahme, die Übernahme von Nährstoffen in den Organismus. Während Pflanzen ihre organischen Verbindungen durch → Assimilation selbst herstellen, sind Tiere auf deren Zuführung angewiesen. Pflanzenfresser (*Phytophagen*) benutzen als Urnahrung vor allem Gefäßpflanzen. Auch Fleischfresser (*Zoophagen*) u. Allesfresser (*Omnivoren*) leben indirekt aus dieser Nährstoffquelle. Einzellige Lebewesen nehmen ihre Nahrung durch die Zelloberfläche oder durch → Phagocytose u. → Pinocytose auf. Bei Metazoen bedeutet die N. die Aufnahme in den Darm. Nach der Art der N. unterscheidet man Schlinger oder Brockenfresser (Krebse, Amphibien, Reptilien, Vögel), Zerkleinerer (Insekten, Säugetiere), Strudler u. Mikrophagen (Haarsterne, Muscheln, Manteltiere). Die → Filtrierer leben von Plankton. Flüssige Nahrung nehmen z.B. die Blutsauger (Egel, Zecken) u. die Pflanzensauger auf.
Nahrungsbedarf, die Nahrungsmenge, die der Organismus zur Erhaltung normaler Tätigkeit braucht; der Erwachsenen beträgt den N. bei Bettruhe 105 kJ, bei mittlerer Arbeit 189 kJ u. bei schwerer Arbeit 273 kJ pro kg Körpergewicht.
Nahrungskette, eine Reihe von einseitigen Ernährungsbeziehungen zwischen verschiedenen Lebewesen. Am Anfang von Nahrungsketten steht die sog. Urnahrung: im Meer Plankton, an dem Land Pflanzen; darauf folgen Tiere verschiedener Ernährungsweise: zuerst Pflanzenfresser (*Phytophagen*), dann Fleischfresser (*Zoophagen*) verschiedener Größe, schließlich Aasfresser (*Nekrophagen*). Nahrungsketten können untereinander zu komplizierten Nahrungssystemen, sog. *Nahrungsnetzen,* verflochten sein. Innerhalb einer N. kann es zur Anreicherung von Schadstoffen kommen, die sich in den jeweils nachfolgenden Gliedern verstärkt. Die quantitative Erforschung von Nahrungsketten, d. h. die Aufeinanderfolge von *Produzenten* u. *Konsumenten,* wird von

der *Produktionsbiologie* betrieben. Auch → Nahrungspyramide.

◆ **Nahrungsmittel**, *Lebensmittel*, die unveränderten (rohen), zubereiteten oder bearbeiteten Grundstoffe unserer → Ernährung. Es gibt tierische u. pflanzliche N. *Tierische N.* sind Fleisch, tierische Fette, Milch, Eier u. die daraus bereiteten N., wie Käse, Butter, Wurst, Konserven. *Pflanzliche N.* sind die Getreidearten (bzw. die daraus bereiteten Mehle u. Backwaren), Obst, Nüsse, Gemüse, Stärkefrüchte (Kartoffeln, Topinambur) u. deren Verarbeitungsprodukte. Auch → Lebensmittel, → Lebensmittelkonservierung.

Nahrungsmittelchemie → Lebensmittelchemie.

Nahrungsmittelintoleranzen, Unverträglichkeiten gegenüber bestimmten Lebensmitteln bzw. deren Inhaltsstoffen, die infolge immunolog. Reaktionen als echte Lebensmittelallergien oder aber als Pseudoallergien ohne Immunreaktionen auftreten. Beide Formen sind in ihrem Reaktionsablauf oft nicht zu unterscheiden u. nur durch immunolog. Tests zu differenzieren. Allergien können vor allem nach dem Genuss körperfremder Proteine, z. B. aus Fisch, Schweinefleisch, Eiern oder Hülsenfrüchten, auftreten u. äußern sich in Form von Jucken, Hautrötungen, Migräne u. a. Pseudoallerg. Reaktionen betreffen oft Lebensmittelzusatzstoffe u. werden bei 1–2 % der Bevölkerung beobachtet. Sichere Maßnahme gegen N. ist die konsequente Meidung der auslösenden Produkte. Auch → Allergie.

Nahrungsmittelvergiftung → Botulismus, → Fischvergiftung, → Fleischvergiftung, → Muschelvergiftung, → Pilzvergiftung.

Nahrungsnetz, Vernetzung von *Nahrungsketten* durch vielfältige Nahrungsbeziehungen innerhalb einer artenreichen Lebensgemeinschaft.

Nahrungsparasitismus, ein Fall von → Kommensalismus, bei dem der Wirt vom Nutznießer geschädigt wird; z. B. Bienenläuse *(Brauliden)*, die in den Brutzellen von Bienen von deren Nahrungsvorräten leben, oder Möwen (z. B. Raubmöwen), die anderen Vögeln die Beute abjagen.

Nahrungspyramide, verbreitete Darstellungsweise der Zahlenverhältnisse (z. B. Individuenzahlen, Biomasse, Produktion) zwischen den Nahrungsniveaus einer Lebensgemeinschaft in Form einer Pyramide. Diese bringt zum Ausdruck, dass am Anfang einer *Nahrungskette* zahlreiche kleine Organismen mit hoher Biomasse-Produktion *(Produzenten)* stehen u. die Verbraucher *(Konsumenten)* von Stufe zu Stufe an Körpergröße zu, aber an Individuendichte u. Gesamtbiomasse abnehmen. Auch → Produktionsökologie.

Nahrungsstufe → trophische Stufe.

Nahrungsverhalten, Verhaltensweisen, die der *Nahrungsaufnahme* zuzuordnen sind.

Nährwert, Maßstab für den quantitativen u. qualitativen Wert eines Nahrungsmittels für die Ernährung. Bei quantitativen Angaben bezieht man sich auf den Energiegehalt, den experimentell ermittelten „physiologischen Brennwert". Er wurde in Kalorien (cal) u. wird heute in Joule (J) angegeben u. beträgt für 1 g Fett 38,9 kJ (= 9,3 kcal), für 1 g Eiweiß u. ebenso für 1 g Kohlenhydrate je 17,2 kJ (= 4,1 kcal). Nach dem *Gesetz der isodynamischen Vertretbarkeit* können sich diese Stoffe gegenseitig ersetzen (1 g Fett würde dann durch 2,27 g Kohlenhydrat oder Eiweiß ersetzbar sein). Tatsächlich

Nahrungsmittel: Nährstoff- u. Energiegehalt je 100 g

Nahrungsmittel	Eiweiß (g)	Fett (g)	Kohlenhydrate (g)	Energiegehalt (kj)	(kcal)
1. Fleisch u. Fleischwaren					
Kalbfleisch	16,1	6,9	0,2	548	131
Rindfleisch	16,7	6,6	0,3	548	131
Schweinefleisch	11	20,1	0,2	976	233
Kochwurst	11	14	17	1026	245
Rohwurst	22	44	–	2095	500
Speck	9	73	–	3000	716
2. Milch u. Milchwaren					
Magermilch	3,7	0,1	4,8	151	36
Vollmilch	3,4	3,1	4,8	260	62
Käse, vollfett	25,6	26,6	2,1	1512	361
Kondensmilch	8	9	11	679	162
Quark	17,6	0,1	4,1	377	90
Schlagsahne	2,7	30	3	1265	302
3. Fette					
Butter	0,9	80	0,9	3151	752
Margarine	0,5	80	0,4	3134	748
Pflanzenöl	–	99,5	–	3876	925
Schmalz	–	100	–	3896	930
4. Eier	12,3	10,7	0,5	637	152
5. Fisch u. Fischwaren					
Aal	12,5	28	–	1299	310
Hering, gesalzen	14	11,4	0,9	699	167
Kabeljau	8,3	0,1	–	146	35
Karpfen	7,5	4,4	–	301	72
Schellfisch	21,2	0,4	–	440	105
6. Mehle					
Haferflocken	14,4	6,8	66,5	1655	395
Roggenschrot	9	1,5	72,1	1450	346
Weizenmehl	11,6	0,9	72,5	1462	349
7. Backwaren					
Kuchen	7	12	63	1676	400
Knäckebrot	11	2	78	1608	384
Roggenbrot	7,4	1,1	50,4	1035	247
Weizenbrot	9	0,9	58	1190	284
8. Zucker u. Zuckerwaren					
Bienenhonig	0,4	–	81	1399	394
Marmelade	1	–	65	1148	274
Schokolade	7	26	62	2199	525
Zucker	–	–	100	1718	410
9. Gemüse u. Kartoffeln					
Blumenkohl	1,5	0,2	2,8	84	20
Karotten	0,5	0,1	3,9	79	19
Kopfsalat	1,3	0,1	1,5	50	12
Sauerkraut	1,4	0,3	2,8	109	26
Spinat	1,8	0,2	1,6	67	16
Weißkohl	1,2	0,2	3,2	84	20
Kartoffeln ohne Schale	2	0,2	20,9	402	96
10. Hülsenfrüchte					
Bohnen	23,7	2	56,1	1450	346
Erbsen	23,4	1,9	52,7	1382	330
Linsen	26	1,9	52,8	1429	341
11. Obst					
Apfel	0,4	0,4	13	243	58
Apfelsine	0,6	–	9	180	43
Banane	0,9	0,2	15,5	285	68
Erdbeere	0,8	0,4	7,5	285	68
Kirsche, süß	0,8	0,3	15,1	155	37
Walnuss	6,7	23,5	5,2	1118	267
Zitrone	0,6	0,6	2,3	134	32

Nähte in der Schneiderei

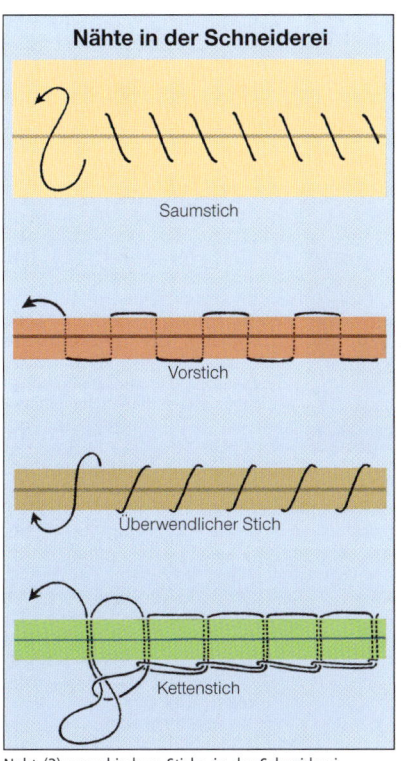

- Saumstich
- Vorstich
- Überwendlicher Stich
- Kettenstich

Naht (3): verschiedene Stiche in der Schneiderei

aber benötigt der Körper von jeder Stoffklasse Anteile in der Nahrung. Dies gilt vor allem für Eiweiße. Wichtig für den qualitativen N. ist der Gehalt des Nahrungsmittels an essenziellen Nährstoffen *(Vitaminen, essenziellen Fett- u. Aminosäuren).*

Nährzucker, Mischungen aus Malzzucker u. abgebauten Stärken; hemmen die Gärung u. werden insbes. in der Säuglingsernährung zur Bekämpfung von Durchfallerkrankungen verwendet.

Nahsinne, zusammenfassende Bez. für den Geschmacks-, Tast- u. Temperatursinn, wobei der Reiz direkt auf das Sinnesorgan einwirkt. Gegensatz: *Fernsinne.*

Naht, 1. *Anatomie u. Zoologie: Sutura,* Verwachsungslinie zweier embryonal aufeinander stoßender Schalen- oder Knochenelemente, z. B. Schneckenhaus, Schädel. Auch → Schädelnähte.
2. *Chirurgie:* chirurgische Naht, zur Verbindung von getrennten Gewebeteilen. Als *Nahtmaterial* dienen für Knochennähte Drähte aus Edelmetallen, für Weichteilnähte im Körper resorbierbare Fäden aus *Katgut* oder Kunststoffen, sonst Seide. Die N. erfolgt in einzelnen Knopfnähten, wobei als Knotenform der *chirurgische Knoten* neben *Weber-* u. *Schifferknoten* verwendet wird, oder in fortlaufender N. Äußere Wunden können auch durch Metallklammern geschlossen werden (Haut-, Wundklammern). Besondere Techniken werden für Hohlorgane angewendet, z. B. *Darmnaht, Gefäßnaht.*

♦ 3. *Schneiderei:* Verbinden, Verzieren oder Säumen von Stoffteilen mit Hilfe eines Fadens. Die Fadenführung kann entweder manuell mit einer Nähnadel oder maschinell mit einer → Nähmaschine erfolgen. *I. w. S.* sind auch fadenlose Stoffverbindungen (Klebenaht, Schweißnaht) zu den Nähten zu rechnen.
4. *Technik:* bei Metallteilen die Verbindungsstelle, die durch Nieten *(Nietnaht)* oder Schweißen *(Schweißnaht)* entsteht. Gussnähte: → Gießerei.

Nähtransferstraße, vollautomat. Fertigungsanlage zur Herstellung von Nähererzeugnissen, in der mehrere Bearbeitungsstationen durch gesteuerte Magazinier-, Transferier- u. Positioniereinrichtungen verkettet sind.

Nahtschweißen, ein elektrisches Widerstandsschweiß-Verfahren, bei dem zwei überlappte Bleche durch zwei ständig angedrückte rotierende Rollenelektroden mit einer Naht zusammengeschweißt werden.

Nahua ['naːwa], *Naua,* die → Nahuatl sprechenden altindian. Stämme im mittleren u. südl. Mexiko: die *N. (i. e. S.), Azteken, Nicarao, Sigua* u. a., zusammen über 1 Mio. Sie sind sprachlich den *Pima* u. *Shoshonen* (→ uto-aztekische Sprachfamilie), kulturell den *Pueblo-Indianern* verwandt. – Die N. haben sich, von N kommend, zwischen alteingesessene Stämme Mexikos geschoben. Sie wurden Träger der altmexikan. Hochkultur unter Rückgriff auf alte Grundlagen; ihr kultureller u. polit. Einfluss reichte bis zu den Maya in Yucatán u. in Guatemala.

Nahuatl ['nawatl], Sprache indian. Stämme im mittleren u. südl. Mexiko, insbes. der *Azteken,* heute noch in nur wenig veränderter Form in Mexiko von über 1 Mio. Indianern gesprochen. Die reiche Literatur in der Nahuatl-Sprache (Geschichtswerke, Dichtungen, Medizinbücher, Reden) stammt überwiegend aus dem 16. u. 17. Jh. u. wurde teils von eingeborenen Historikern geschrieben, teils geht sie auf die Sammelarbeit des Paters B. de *Sahagún* zurück. Neben der Archäologie ist sie wichtig für die Erforschung der altmexikan. Hochkulturen.

Nahud, *En Nahud,* Stadt in der Rep. Sudan, → Nuhud.

♦ **Nahuel Huapi** [na'wɛl wa'piː], *Lago Nahuel Huapí,* fjordartig verzweigter See im argentinischen Teil der Anden u. im westl. Endmoränengebiet (Ostufer), überragt vom Monte Tronador (3554 m); 550 km^2, 764 m ü. M., bis 438 m tief; Abfluss ist der *Limay.* Im nördlichen See liegt die Insel *Victoria* (31 km^2). Die Umgebung bildet einen Nationalpark (7850 km^2, 1922 geschaffen). Das Umland ist meist durch Deutsche u. Schweizer besiedelt („Argentin. Schweiz"). Größte Stadt ist *San Carlos de Bariloche* am Südufer; Fremdenverkehrszentrum; Wintersport.

Nahum [hebr.], einer der zwölf kleinen Propheten im AT, lebte zwischen 667 u. 610 v. Chr.; verkündete den Untergang Ninives u. Assyriens.

Nahur [der], seltene Art von Schafböcken, → Blauschaf.

Nahuel Huapi: Das Gebiet um die Seenlandschaft gehört zu den bevorzugten Urlaubszielen der Argentinier

Nahverkehr

Nahverkehr, Personen- u. Güterverkehr, der im Nahbereich durchgeführt u. häufig wiederholt wird. Allg. werden Fahrten, die weniger als 50 km überwinden, zum N. gerechnet. Typische Nahverkehrsfahrten sind Fahrten zur Arbeitsstelle, zum Einkaufen, zum Kino u. Ä. Auch → Fernverkehr, → öffentlicher Personennahverkehr.

Nähwirkstoff, textiles Flächengebilde, bei dem durch einen Nähvorgang Fäden in ein Grundmaterial eingebunden werden.

Naidu, Sarojini, ind. Politikerin u. Dichterin, *13. 2. 1879 Hyderabad, †3. 3. 1949 Lucknow; befreundet mit M. K. *Gandhi,* kämpfte für die Unabhängigkeit Indiens; schrieb zahlreiche Gedichte in engl. Sprache, die in die meisten Volkssprachen Indiens übertragen wurden. „The golden threshold" 1905; „The broken wing" 1917.

nail [nɛil], brit. Längenmaß, 1 n. ≈ 5,7 cm.

Naila, Stadt in Oberfranken (Bayern), Ldkrs. Hof, an der Selbitz, 511 m ü. M., 8900 Ew.; Leder-, Porzellan- u. Maschinenindustrie.

Nain, in Lukas 7,11 genannter Ort am Nordhang des sog. kleinen Hermon an der Straße von Galiläa nach Jerusalem.

Nain [engl. nɑːn], Hauptort an der Ostküste Nordlabradors (Kanada), rd. 1000 Ew., überwiegend Eskimos; Forellen- u. Lachsfischerei, Fischverarbeitung. – 1771 von der dt. Herrnhuter Brüdergemeine als Missionsstation gegründet.

◆ **Naipaul** [engl. nɛipɔːl], Sir Vidiadhar Surajprasad, brit. Schriftsteller ind. Herkunft, *17. 8. 1932 Trinidad; lebt in Großbritannien; beschreibt in seinen Romanen u. Erzählungen das nachkoloniale, multiethnische Leben auf den Karib. Inseln u. entwirft das Bild eines entkolonisierten Entwicklungslandes auf der Suche nach seiner kulturellen Identität: „Wahlkampf auf Karibisch" 1958, dt. 1960; „Ein Haus für Mr. Biswas" 1961, dt. 1981; „Herr u. Sklave" 1967, dt. 1969; „Das Rätsel der Ankunft" 1987, dt. 1993; Reiseberichte: „Auf der Sklavenroute. Meine Reise nach Westindien" 1962, dt. 1999; „Indien. Eine verwundete Kultur" 1977, dt. 1978; „Eine islam. Reise" 1981, dt. 1982; „Indien. Ein Land in Aufruhr" 1990, dt. 1992. 2001 Auszeichnung mit dem Literaturnobelpreis.

Vidiadhar Surajprasad Naipaul

Nair [nɛr], *Piz Nair,* Berg im schweiz. Kanton Graubünden über St. Moritz, 3057 m, Seilbahn.

Naira [engl. 'nɛira], Währungseinheit in Nigeria, 1 N. = 100 *Kobo.*

Nairn ['nɛən], **1.** Distrikt in Nordschottland, in der Highland Region, im S des Moray Firth, 422 km², 10 700 Ew.; moor- u. waldbedecktes Bergland, im S Schafzucht, im N Getreide- u. Kartoffelanbau, Viehhaltung; Hauptort *N.* (2).
2. Stadt in der schott. Highland Region, an der Mündung des Nairn-River in den Moray Firth, Hauptort des gleichnamigen Distrikts, 7700 Ew.; Seebad.

◆ **Nairobi,** ostafrikanische Stadt, Hauptstadt von Kenia, an der Ugandabahn, 1670 m ü. M., 1,8 Mio. Ew.; Universität (gegründet 1963); Handels-, Wirtschafts- und Kulturzentrum; Gebrauchsgüterindustrie (Nahrungsmittel-, Textil-, Metallverarbeitungsindustrie u. a.); Verkehrsknotenpunkt, internationaler Flughafen, Radiostation; Fremdenverkehr.

Naissus, der antike Name der südserbischen Stadt → Niš.

naiv [von lat. *nativus,* „angeboren, natürlich"], natürlich, ungekünstelt, auch kindlich u. einfältig. Im 18. Jh. eingeführter Begriff als Merkmal des Natürlichen im Verhalten u. in der Kunst. Auch → naive Dichtung.

Naive [die], ein weibl. Rollenfach am Theater, Darstellerin junger Mädchen.

Nairobi: Das Stadtzentrum prägen moderne Hochhäuser

naive Dichtung, von *Schiller* in seiner Abhandlung „Über naive u. sentimentalische Dichtung" 1795/96 geprägter Begriff, der alle Dichtung meint, die (im Gegensatz zur *sentimentalischen Dichtung*) ohne ästhetischer Reflexion in ungebrochenem Einklang mit der Natur entstanden sein soll. Zur naiven Dichtung zählte Schiller die Werke der Antike (vor allem Homers), *Shakespeares* und *Goethes,* sich selbst betrachtete er als sentimentalischen Dichter. Die Aufteilung der Dichtung in sentimentalische und naive Dichtung löste die antike Aufteilung nach den drei Stilarten ab. Ein Begriffspaar mit ähnlicher Bedeutung ist das ebenfalls von Schiller geprägte „intuitiv-spekulativ".

◆ **naive Malerei,** *Sonntagsmalerei, Laienmalerei,* die Malerei künstlerischer Autodidakten, soweit sie, als Freizeit- oder Ruhestandsbeschäftigung betrieben, in einem ungebrochenen (naiven) Verhältnis zur Welt u. ihrer Darstellung steht, i. w. S. jede vorklassische u. abseits von der offiziellen Kunst gepflegte volkstüml. Malerei (auch → Volkskunst).
Werke der naiven Malerei sind meist gekennzeichnet durch sorgfältige, auch geringste Detailformen berücksichtigende Wiedergabe der gewählten Motive (Figurengruppen, Bildnisse, Landschaften, Straßen u. Stillleben); sie zeugen in klarer Zeichnung u. leuchtender Farbigkeit von unvoreingenommener Darstellungsfreude, die sich frei von jeglicher Kunsttheorie entfaltet. Hauptmeister in Frankreich: H. *Rousseau,* L. *Vivin,* C. *Bombois,* A. *Bauchant,* in Jugoslawien: die Mitglieder der „Schule

Nakurusee: Mehr als 1 Million Flamingos bevölkern zu einer bestimmten Zeit den See

von Hlebine" (I. *Generalić*), in Dtschld.: G. *Stefula*, in der Schweiz: A. *Dietrich*, in Polen: *Nikifor*, in den USA: *Grandma Moses*, H. *Pippin*.
Naivität [frz.], unbefangene, arglose, unkritische Denk-, Gemütsart; auch: Einfalt.
Najaden [grch.] → Flussmuschel.
Najaden [grch.], in der griech. Mythologie die → Nymphen des Wassers.
Najaf ['nadʒaf], *An Najaf, Nadjaf,* Stadt in Irak, westl. des Euphrat, 55 m ü. M., 309 000 Ew., m. V. 750 000 Ew.; Gerstenanbaugebiet; Wallfahrtsort der *Schiiten* mit Grabmoschee.
Najafabad [naˈdʒafa-], *Nadschafabad, Nedschafabad,* Stadt in Iran, westl. von Isfahan, 1560 m ü. M., 160 000 Ew.; Bewässerungslandwirtschaft; Nahrungsmittelindustrie, Teppichherstellung.
Najas, Gattung der *Nixkrautgewächse,* → Nixkraut.
Najd [nadʒd], innerarabisches Hochland, → Nadjd.
Naj'Hammadi, *Nag Hammadi,* oberägypt.

Nakhon [thaichin.], Bestandteil geograph. Namen: Stadt.
Nakhon Pathom, Stadt in Zentralthailand, 90 200 Ew.; Verkehrsknotenpunkt; Universität (gegr. 1968); Agrarzentrum; buddhist. Wallfahrtsort mit Thailands größtem Stupa *Phra Pathom* (110 m hoch).
Nakhon Ratchasima, *Khorat,* Stadt in Zentralthailand, auf dem Khoratplateau gelegen, 188 000 Ew.; kath. Bischofssitz; Agrarzentrum; Zement-, Holz-, Textil- u.a. Industrie; Verkehrsknotenpunkt.
Nakhon Sawan, Prov.-Hptst. in Zentralthailand, nördl. von Bangkok, am Zusammenfluss von Mae Nam Nan u. Mae Nam Ping zum Menam, 97 000 Ew.; Bischofssitz; landwirtschaftl. Zentrum; Holzumschlagplatz.
Nakhon Si Thammarat, Provinzhauptstadt im Süden Thailands, auf der Halbinsel Malakka am Golf von Thailand, 80 400 Ew.; eine der ältesten Städte Thailands; zahlreiche Tempel, kunsthandwerkliches Zentrum (Niello- u. Lederarbeiten); nahebei Zinn- u. Wolframerzbergbau.

naive Malerei: Henri Rousseau, Der Traum; 1910. New York, The Museum of Modern Art, Schenkung Nelson A. Rockefeller

Stadt am Nil oberhalb von Sohag, rd. 20 000 Ew.; Zuckerfabrik; Staudamm; Eisenbahnbrücke über den Nil.
Najin [nadʒin], nordkorean. Hafenstadt nahe der russ. Grenze, am Japan. Meer, rd. 100 000 Ew.; Nahrungsmittel- u. Lederindustrie, Schiffbau, Seehafen.
Nakasone, Yasuhiro, japan. Politiker (Liberaldemokrat), *27. 5. 1918 Takasaki, Präfektur Gumma; 1959/60 Staatsminister u. Leiter des Amtes für Naturwissenschaft u. Technik, 1967/68 Transport-Min., 1970 bis 1972 Verteidigungs-Min., 1972–1974 Minister für internationalen Handel u. Industrie, 1982–1987 Premierminister u. Partei-Vors.; 1989–1991 aus der Partei ausgetreten.
Nakfa, *Naqfa,* Abk. *Nfa,* Währungseinheit in Eritrea; 1 Nfa = 100 Cents.

Nakskov [ˈnagsgɔu], Hafenstadt in der dän. Amtskommune Storström, größter Ort der Insel Lolland, 16 000 Ew.; got. Nikolaikirche, Herrenhof Rudbjerggård (1605), Theisens Haus (1630); Schiffbau, Zucker- u. Düngemittelindustrie.
Naktonggang, größter Fluss Südkoreas, mündet in einem Delta bei Pusan, 525 km, davon 350 km schiffbar.
Nakuru, kenian. Provinz-Hptst., 1860 m ü.M., 163 000 Ew.; Verarbeitung landwirtschaftlicher Produkte (Pyrethrum), Zentrum für das agrar. Umland; Verkehrsknotenpunkt; Fremdenverkehr (bes. zu den Seen N. u. *Elmenteita,* wo auch prähistorische Funde gemacht wurden).
◆ **Nakurusee,** See südöstl. von Nakuru, 1760 m ü.M., 47 km²; berühmt durch seine Flamingokolonien (bis zu 2 Mio. Tiere); rd. 400 Vogelarten; Vogelschutzgebiet.
Nalanda, ind. buddhist. Klosteruniversität; 50 km südöstl. Patna; 427 n.Chr. gegr.; 1199 von den Türken zerstört; 1951 neu gegr.
Nalbach, Gemeinde im Saarland, Ldkrs. Saarlouis, an der Prims, 9500 Ew.
Nalemba, *Lemba,* eine Volksgruppe vermutlich arab. oder phöniz. Herkunft, die unter dem Südostbantuvolk der *Venda* im nördlichen Transvaal lebt; zumeist Schmiede und Töpfer.

naive Malerei: Ivan Generalić, Erster Schnee. Hinterglasbild, Teil eines Triptychons; 1973

naive Malerei: Grandma Moses. Die McDonel Farm; 1943. Washington D. C. Phillips Memorial Gallery

Nałkowska [nau'kɔfska], Zofia, poln. Erzählerin, *10. 11. 1884 Warschau, †17. 12. 1954 Warschau; realist. Erzählkunst mit sozialkrit. Thematik: „Der Prinz" 1907, dt. 1929; „Verhängnisvolle Liebe" 1928, dt. 1937; „Die Schranke" 1935, dt. 1958; „Medaillons" 1947, dt. 1956; Drama „Das Haus der Frauen" 1930, dt. 1930.

Naltschik, *Nalčik,* Hptst. der Rep. Kabardino-Balkarien in Russland, im N des Kaukasus, 239 000 Ew.; Universität; Werkzeugmaschinen- u. Apparatebau, Molybdän- u. Wolfram-Kombinat, Elektro- u. Nahrungsmittelindustrie; Fremdenverkehr; Flugplatz. – 1817 als russ. Festung gegründet.

Nama, Gruppe der → Hottentotten in Südwestafrika.

Namakwaland → Namaland.

Namaland, *(Groß-)Namakwaland,* altes Stammesland der *Nama* (Hottentotten) im südwestl. Afrika (Namibia); weites, über 1000 m hoch gelegenes Tafelland mit breiten Flusssenken; bei 150–300 mm Niederschlag im Jahr spärlicher Busch- u. Graswuchs, Karakulschafzucht; die heutigen Hottentotten leben in Reservaten oder als Schafwächter auf den Farmen.

Namangan, Stadt im Osten Usbekistans, im Ferganatal, 319 000 Ew.; Baustoff-, Baumwoll-, Seiden- u. Nahrungsmittelindustrie; in der Umgebung Anbau von Feigen, Datteln u. Granatäpfeln. – Im 16. Jh. gegründet.

Nambikuara, *Anuntsu,* Gruppe brasilian. Indianer im NW des Mato Grosso; Jäger u. Sammler.

Namborn, Gemeinde im Saarland, Ldkrs. Sankt Wendel, 7700 Ew.

Nam Co, *Nam Tsho,* mongol. *Tengrinor,* größter der tibet. Hochlandseen, 2500 km^2, 4627 m ü. M.

Nam Dinh, Stadt in Vietnam, südl. von Hanoi, 160 000 Ew.; Textilindustrie.

Name, *Nomen,* 1. *i.w.S.:* ein Wort oder eine Wortgruppe zur Bez. eines Wesens, einer Sache, eines Begriffs.
2. *i.e.S.:* *Eigenname,* ein Wort oder eine Wortgruppe zur Bez. eines Einzelwesens, einer als Einheit gesehenen Menschengruppe, einer individuellen Erscheinung. Eine eindeutige logische oder sprachwissenschaftl. Definition des Begriffs N. gibt es nicht.
Zu den *Eigennamen* rechnet man die Personennamen (Bei-, Über-, Vor-, Familiennamen, Pseudonyme; mytholog. Namen) einschl. der Namen für Personengruppen, geograph. Namen, Sachnamen für Gegenstände, Einrichtungen u. Unternehmungen. Eine eigene Gruppe bilden die sog. *Gattungsnamen* (z. B. Pflanzen-, Tier-, Waren-, Krankheits-, Verwandtschafts-, Tages- u. Monatsnamen). Die Grenze zwischen Eigen- u. Gattungsnamen ist fließend. Die sprachwissenschaftl. Disziplin der *Namenkunde (Onomastik, Onomatologie)* befasst sich vorzugsweise mit den geograph. Namen *(Toponomastik)* u. den Personennamen.
Nach dem *Volksglauben* besteht eine mag. Beziehung zwischen N. u. Namensträger (nomen est omen). Hieraus erklären sich zauberische Handlungen, Beschwörung u. Bannung durch Namensnennung *(Namensmagie;* z. B. das Märchen vom Rumpelstilzchen), ebenso das Verschweigen des Namens *(Namenstabu);* so ist nach jüd. Gesetz die Nennung des Gottesnamens *Jahwe* verboten. Auch der *Namenwechsel* beim Eintritt in eine religiöse Gemeinschaft (Initiation, Mysterien, Taufe, Aufnahme in ein Kloster) u. der *Namentausch* unter Freunden (z. B. in Polynesien) hängen mit den mag. Vorstellungen zusammen. Anders ist es bei den Päpsten, die zunächst aus Gründen der Zweckmäßigkeit ihren heidn. Namen ablegten.
Der *Personenname* ist der Eigenname u. ursprünglich einzige N. des Menschen; später traten andere, z. B. ererbte Namen hinzu.
Im *Indoeuropäischen* herrschte Einnamigkeit, Sippen-, u. Beinamen kamen teilweise hinzu. Dabei wurde der Rufname aus zwei nominalen Gliedern gebildet (z. B. altind. Dewadatta „Gottgegeben"; grch. Phil-ippos „Freund-Pferd"). Die Bestandteile waren vorwiegend dem Wortschatz der Jagd, des Ackerbaus u. des häusl. u. kulturellen Lebens entnommen.
Im *Germanischen* wurden Namen anfangs streng nach dem natürl. Geschlecht unterschieden. Der verwendete Wortschatz gehörte der gehobenen Sprache an u. bezog sich auf Kultisches, Recht, Volksgemeinschaft, Krieg u. Waffenübung. Die skandinav. Völker hoben die Trennung zwischen Männer- u. Frauennamen auf u. führten prosaische Namenwörter ein. Alte Namenglieder wurden umgebildet oder ersetzt. Bestandteile der elterl. Namen konnten beliebig miteinander verknüpft werden.
Bei den *Römern* wurde das indoeuropäische Namenssystem um 500 v. Chr. ersetzt. Männer trugen nun drei Namen: den Vornamen (Praenomen, z. B. Marcus), den Geschlechtsnamen (Nomen gentilicium, z. B. Tullus) u. den Familiennamen (Cognomen, z. B. Cicero). An vierter Stelle konnte ein persönl. Beiname (Agnomen) treten. Bei Frauen galt weiter die Einnamigkeit, sie trugen den Gentilnamen in der weibl. Form.
In *Spanien* führt jeder Mann zwei Familiennamen, den des Vaters u. den ersten Namen der Mutter. Frauen behalten nach der Heirat ihren Mädchennamen, fügen ihm jedoch zuweilen den Namen ihres Gatten mit einem *de* an.
In *Nordamerika* hat sich der im 17. Jh. aufgekommene engl. Brauch, einen Familiennamen (meist den der Mutter) als zweiten Vornamen (middlename) zu vergeben, bis heute gehalten.
Im *Russischen* herrscht Dreinamigkeit: Zwischen Vor- u. Familiennamen wird der Vatersname eingeschoben.; mit dem Vornamen zusammen wird er in der höflichen Anrede verwendet. Die russ. Familiennamen sind größtenteils ursprünglich Vatersnamen.
Der *Familienname* oder *Zuname* ist der von den Eltern ererbte N., der die Familienzugehörigkeit kennzeichnet u. zur Unterscheidung von Personen mit gleichem Vornamen dient. Er entwickelte sich aus dem → Beinamen u. konnte einem Herkunftsort (z. B. Böhme; Freiburger), einer Wohnlage (z. B. Bachmann), einer Berufsbezeichnung (z. B. Richter, Schmidt) oder persönl. Eigenheiten u. Merkmalen entsprungen sein. Im 15./16. Jh. übersetzten humanistisch gebildete Bürger ihre Familiennamen gerne ins Griechische oder Lateinische (z. B. Sartorius = Schneider).
Schon bei den Germanen gab es Beinamen; die erbl. Familiennamen kamen aber erst mit dem Aufstieg der Städte zunächst in Oberitalien im 8./9. Jh. auf, in Dtschld. im 12. Jh. Die Juden führten neben den Synagogennamen schon im MA häufig bürgerliche Namen. Zur Unterscheidung fügten sie mit dem Wort *ben* („Sohn") den Namen des Vaters an. Ende des 18. Jh. wurde die Einnamigkeit gesetzlich beendet. *Recht :* → Namensrecht; auch → Warenzeichen.

Namen ['namə], fläm. Name für die belg. Provinz → Namur.

Namenkunde, *Onomastik, Onomatologie,* die Wissenschaft von den Namen, hauptsächlich den Eigennamen, ihrem Wesen, ihren Bildungsgesetzen, ihrer Entstehung, Geschichte, Verbreitung u. a.; Teilgebiet der Sprachwissenschaft, bes. der Wortkunde. Mit den geograph. Namen im Besonderen beschäftigt sich die *Toponomastik.* Das Interesse an den mytholog. u. den Personennamen war im geschichtl. Zeit stets lebendig. Eine wissenschaftl. N. konnte aber erst mit der Begründung einer Wissenschaft von der Sprache entstehen (in Dtschld. in der ersten Hälfte des 19. Jh.). Als Zeugen vergangener Zeiten sind die Namen auch eine wichtige Quelle für andere Wissensgebiete wie Familien- u. Sippenkunde, Kultur-, Siedlungs- u. Ortsgeschichte.

Namensaktie, eine Aktie, die auf den Namen des Inhabers lautet u. im *Aktienbuch* der AG auf diesen Namen eingetragen ist (Gegensatz: *Inhaberaktie);* wird durch *Indossament* übertragen.

Namenspapier, *Rektapapier,* auf den Namen des Berechtigten lautendes Wertpapier, ohne dessen Vorlage das in ihm verbriefte Recht nicht geltend gemacht werden kann, z. B. Hypothekenbrief, Kuxschein des Bergrechts (Neukux). Die Übertragung des verbrieften Rechts erfolgt durch Abtretung des Rechts, der Erwerber hat sodann Anspruch auf Aushändigung des Papiers (§ 952 BGB). Die Namensaktie ist kein Namenspapier, sondern ein sog. → Orderpapier. Gegensatz: *Inhaberpapiere.*

Namensrecht, die Befugnis, einen bestimmten Namen zu führen (§§ 1616 ff. in der Neufassung vom 16. 12. 1997). Das Kind erhält den Ehenamen seiner Eltern. Führen diese keinen Ehenamen, so bestimmen sie, wenn sie das gemeinsame Sorgerecht ausüben, den Namen der Mutter oder den des Vaters zum Geburtsnamen des Kindes. Unzulässig ist ein aus den Familiennamen beider Eltern zusammengesetzter Doppelname. Wenn ein Elternteil die alleinige elterl. Sorge innehat, erhält das Kind dessen Familiennamen. Mit einvernehmlicher Einigung der Eltern kann das Kind auch den Namen des anderen Elterteils tragen, bei späterer gemeinsamer Sorge kann darüber hinaus der Familienname neu bestimmt werden. Ist das Kind zu diesem Zeitpunkt über fünf Jahre alt, hat es ein Mitbestimmungsrecht. Die Erklärungen sind jeweils gegenüber dem Standesbeamten abzugeben u. müssen öffentlich beglaubigt werden. Ehegatten sollen einen gemeinsamen Familiennamen *(Ehenamen)* führen. Zum Ehenamen können die Ehegatten bei der Eheschließung durch Erklärung gegenüber dem Standesbeamten den Geburtsnamen des Mannes oder den Geburtsnamen der Frau festsetzen. Bestimmen sie keinen Ehenamen, so behalten sie ihren zur Zeit der Eheschließung geführten Namen auch nach der Eheschließung (§ 1355 BGB). Geburtsname ist der Name, der in der Geburtsurkunde der Verlobten zur Zeit der Eheschließung eingetragen ist. Ein Ehegatte, dessen Geburtsname nicht Ehename wird, kann durch Erklärung gegenüber dem Standesbeamten dem Ehenamen seinen Geburtsnamen oder den zur Zeit der Eheschließung geführten Namen voranstellen oder anfügen; die Erklärung bedarf der öffentl. Beglaubigung (§ 1355 BGB). Der Familienname kann auf Antrag bei der höheren Verwaltungsbehörde (z. B. Regierungspräsident) geändert werden, wenn ein wichtiger Grund dies rechtfertigt; der Vorname nur durch die untere Verwaltungsbehörde (Namensänderungsgesetz vom 5. 1. 1938). Das N. ist (auch hinsichtl. von Künstlernamen) nach § 12 BGB zivilrechtlich durch Beseitigungs- u. Unterlassungsklage u. in Verbindung mit dem Recht der *unerlaubten Handlung* geschützt. Die Führung eines falschen Namens u. die Verweigerung der Namensangabe gegenüber einer zuständigen Behörde stellen eine Ordnungswidrigkeit im Sinne des § 111 OWiG dar, die mit einem Bußgeld bis zu 1000 DM geahndet werden kann.

Das N. ist in *Österreich* ähnlich geschützt (§ 43 ABGB); die Adelsbezeichnungen wurden 1919 abgeschafft; Namensänderungen erfolgen nach Bewilligung durch die Verwaltungsbehörden (Bezirkshauptmannschaft, Amt der Landesregierung). – Ähnl. Vorschriften auch in der *Schweiz* (Art. 29 ZGB), Namensänderungen nur durch die Kantonsregierungen (Art. 30 ZGB).

Namensscheck, ein → Scheck, auf dem ein mit Namen bezeichneter Berechtigter genannt ist. Der Namensscheck wird meist mit der Inhaberklausel versehen.

Namenstag, nach kath. Brauch der Kalendertag des Heiligen, dessen Namen man trägt (Taufname); insbes. seit der Reformation zur Förderung der Heiligenverehrung gefeiert.

Namensvetter, nicht verwandte Person, die den gleichen Namen trägt.

Namib, eine 50 000 km² große Wüste entlang der gesamten südwestafrikan. Küste in Namibia, reicht im S bis ins Kapland u. im N bis nach Angola hinein, rd. 1300 km lang, bis 100 km breit, dem Hochlandanstieg vorgelagert; durch den kalten *Benguelastrom* bedingt extrem geringe Niederschläge; die Vegetation fußt auf der Feuchtigkeit der häufigen Nebel; im S befinden sich Dünenfelder u. Windwannen; reiche Diamantenvorkommen bei Lüderitz u. am unteren Oranje.

Namibe, Hafenstadt u. Distrikthauptstadt in Angola, 100 000 Ew.; Verladung von Eisenerz aus *Cassinga.*

Namibia, Staat in Südwestafrika, → Seite 264.

Namık Kemal [-'ǝk-], eigentl. Mehmet Kemal, türk. Schriftsteller, * 21. 12. 1840 Tekirdağ, † 2. 12. 1888 Chios; Wegbereiter der jungtürk. Bewegung, Mitbegründer der europ. eingestellten türk. Literatur; patriot. Drama „Vaterland oder Silistria" 1873, dt. 1887.

Namneter, *Namnetae,* von antiken Schriftstellern überliefertes, wohl keltisches Volk Galliens am Unterlauf der Loire. Ihr Haupthafen war Portus Nemetus, das heutige Nantes.

Namora, Fernando, portugies. Romancier u. Lyriker, * 15. 4. 1919 Condeixa, Coimbra, † 31. 1. 1989 Lissabon; zuerst Landarzt; schildert in seinen neorealist. Romanen das elende Leben der kleinen Leute: „Landarzt in Portugal" 1949, dt. 1958; „Spreu u. Weizen" 1954, dt. 1963; „Sonntagnachmittag" 1961, dt. 1962; „Im Verborgenen" 1972, dt. 1974; „Der traurige Fluss" 1982, dt. 1985.

Namp'o, *Chinnamp'o,* nordkorean. Hafenstadt am Gelben Meer, südl. von P'yŏngyang, 370 000 Ew.; Hafen für P'yŏngyang u. das umliegende Bergbaugebiet; Maschinen-, Fahrzeug- u. Schiffbau, chem. Industrie, Buntmetallverhüttung.

Nampula, Distrikt-Hptst. im nördl. Mosambik, 430 m ü. M., 203 000 Ew.; landwirtschaftl. Handelszentrum, Verarbeitung landwirtschaftl. Produkte; Flugplatz.

Namsdal, nordnorwegische Tallandschaft, → Namsen.

Namsen, nordnorwegischer Fluss, mündet bei Namsos in den Namsfjord, 201 km lang; durchfließt das fruchtbare u. landwirtschaftl. intensiv genutzte *Namsdal.*

Namslau, Stadt in Polen, → Namysłów.

Namsos, Hafenstadt im mittleren Norwegen, an der Mündung des Namsen in den Namsfjord, 11 800 Ew.; Holzmarkt, Sägewerke, Textil- u. Nahrungsmittelindustrie.

Nam Tsho, tibet. Hochlandsee, → Nam Co.

Namuligebirge, Inselbergmassiv im nördl. Hochland vom Mosambik, 2419 m hoch; in der Umgebung Teeanbau.

Namur [na'myːr; das; nach der belg. Stadt N.], Stufe des Oberen *Karbon* (Oberkarbon).

Namur [na'myːr], fläm. *Namen,* **1.** belg. Prov., 3665 km², 434 000 Ew.; Hptst. *N.* (2). ◆ **2.** belg. Prov.-Hptst., an der Mündung der Sambre in die Maas, 105 000 Ew.; Bischofssitz; Universität (gegr. 1831); Kathedrale Saint-Aubain (11.–18. Jh.), Bergfried (11. Jh.); Archäolog. Museum; Kohlen- u. Eisenerzbergbau, Stahl-, Maschinen-, Glas-, keram. u. Papierindustrie, landwirtschaftl. Handel; Bahnknotenpunkt. Im MA Hptst. der Grafschaft N.; 1262 an Flandern, 1420 an Burgund; 1691 Festung;

Fortsetzung S. 266

Namur (2): Blick über die Stadt; im Vordergrund die Sambre

Namibia

Offizieller Name: Republik Namibia	

Autokennzeichen: NAM

Fläche: 824 292 km²

Einwohner: 1,7 Mio.

Hauptstadt: Windhuk

Sprache: Englisch

Währung: 1 Namibia-Dollar = 100 Cents

Bruttosozialprodukt/Einw.: 1 940 US-Dollar

Regierungsform: Präsidiale Republik

Religion: Überwiegend Protestanten; Katholiken

Nationalfeiertag: 21. März

Zeitzone: Mitteleuropäische Zeit

Grenzen: Im N Angola u. Sambia, im O Botswana u. Republik Südafrika, im S Republik Südafrika, im W Atlantischer Ozean

Lebenserwartung: 51 Jahre

Landesnatur Namibia gliedert sich in drei Großlandschaften: die Küstenwüste *Namib*, das *Südwestafrikan. Hochland* als Teil der Großen Randstufe u. das *Kalaharibecken*. Hinter einer verkehrsfeindl. Küste u. der 100–160 km breiten Namib steigt das Land in Stufen auf durchschnittlich 1000–1500 m an; die flachwelligen Ebenen des Hochlands werden von einzelnen Gebirgsstöcken überragt u. senken sich nach O u. N zum Kalaharibecken ab.

Klima: In dem Trockenklima sind die Niederschlagsmengen gering u. unregelmäßig. Durch den Einfluss des kalten Benguelastroms erhält der gesamte Küstenstreifen weniger als 50 mm Niederschlag im Jahr. Der N u. NO einschließl. des Ovambolandes u. Caprivi-Zipfels erhalten z.T. jährl. Niederschläge über 500 mm, so dass hier noch Regenfeldbau möglich ist, während nach S hin die Niederschläge geringer werden.

Vegetation: Die Flüsse im Landesinneren führen nur wenige Wochen im Jahr Wasser. Entsprechend der Trockenheit ist die Vegetation äußerst dürftig. Der gesamte östl. u. zentrale Teil des Landes wird von der Dornsavanne der Kalahari eingenommen, die im N u. NO in Trockensavanne mit Laub abwerfenden Bäumen übergeht. Der zentrale S trägt eine aus Kräutern u. Büschen bestehende Karoovegetation.

Bevölkerung In Namibia leben Bantuvölker (stärkste Gruppe sind die Ovambo, ferner die Okavango sowie Herero), Bergdama, Nama, Buschmänner, 85 000 Weiße (davon 20 000 Deutschstämmige) sowie Mischlingsgruppen („Rehobother Basters" u. aus dem Kapland zugewanderte „Kleurlinge"). Hinsichtlich der Religionszugehörigkeit überwiegt das Christentum (vor allem Lutheraner). Neben der Amtssprache Englisch sind Afrikaans, Deutsch u. die Bantusprachen wichtige Verkehrssprachen. Rd. 39 % der Bewohner leben in Städten, davon fast die Hälfte in der Hauptstadt Windhuk, der einzigen Großstadt des Landes.

Wirtschaft Bedeutendster Erwerbszweig ist die Landwirtschaft, in der die Viehzucht (Schafe im S, Rinder im N) bei weitem überwiegt. Es werden Fleisch, Butter, Käse,

Die Frauen des Herero-Volks tragen noch immer die traditionellen dreizipfeligen Hauben

Häute u. Karakulfelle ausgeführt. Demgegenüber kann der Ackerbau (Anbau von Mais, Hirse, Erdnüssen) den Eigenbedarf nicht decken. Die Fischerei ist ein wichtiger Wirtschaftszweig (vor allem Langusten), sie nutzt die fischreichen Gewässer des Benguelastroms. Der Bergbau liefert den Hauptteil des Exports, vor allem Diamanten (Hauptförderung bei Oranjemund, am Oranje River, bei Lüderitz sowie im Küstenschelf) u. Uran, ferner Kupfer, Zink, Blei, Zinn, Gold, Silber, Wolfram u. Lithium. Ein Teil der Buntmetallerze (bes. Kupfer u. Blei) wird im eigenen Land verhüttet. Die Industrieproduktion ist gering, es werden Viehzucht- u. Fischereiprodukte verarbeitet. Steigende Bedeutung hat der Fremdenverkehr, der sich auf den Etoscha-Wildpark im N konzentriert.

Verkehr Hauptverkehrsträger ist die Eisenbahn, die die größten Städte miteinander verbindet u. an das Eisenbahnnetz der Republik Südafrika angeschlossen ist. Ihr

Blick über Swakopmund auf die Walfischbucht

Namibia

Streckennetz umfasst 2382 km. Von den 63 300 km Straßen sind nur 5250 km asphaltiert. Lüderitz u. Walfischbucht sind die beiden einzigen Naturhäfen an der verkehrsfeindl. Küste, von denen Letzterer, gemessen am Umschlag, der weitaus wichtigste ist. Einen internationalen Flughafen gibt es in Windhuk, außerdem stehen dem inländ. Luftverkehr 28 Flugplätze zur Verfügung.

Geschichte Ende des 15. Jh. landeten Portugiesen an der namib. Küste. Im 19. Jh. bestanden in Südwestafrika Spannungen zwischen den schwarzafrikanischen *Herero* u. den aus dem Kapland zugewanderten *Nama* (Hottentotten); beide Völker waren Rinderzüchter. 1883 erwarb der Bremer Kaufmann A. *Lüderitz* von den Nama die Bucht von Angra Pequena, die 1884 zum dt. Schutzgebiet Dt.-Südwestafrika erklärt wurde. Große Aufstände der Herero u. Nama gegen die dt. Herrschaft wurden 1904–1906 in einem Vernichtungskrieg niedergeschlagen.
Im 1. Weltkrieg eroberten südafrikan. Truppen das Land, das 1919 vom Völkerbund der Südafrikan. Union als C-Mandat (Teil des eigenen Staatsgebiets, aber Berichtspflicht an den Völkerbund) überlassen wurde. Nach 1945 weigerte sich Südafrika, das Land als Treuhandgebiet der UN zu verwalten, denn die UN setzten Unabhängigkeit unter einer einheim. Mehrheitsregierung als Endziel der Treuhandverwaltung fest. Stattdessen übertrug Südafrika nach 1948 die *Apartheid-Politik* auf Südwestafrika, verwies die Nicht-Weißen auf begrenzte „Heimatländer" (*Homelands*) u. sicherte den Weißen die Erhaltung ihrer Vorrechte zu. Hiergegen organisierte sich innenpolitischer Widerstand vor allem durch die Unabhängigkeitsbewegung SWAPO (South West African People's Organization). 1966 erklärte die UN-Vollversammlung das Treuhandmandat für erloschen, setzte 1967 einen Internationalen Verwaltungsrat ein u. gab dem Land 1968 den Namen Namibia. Unter internationalem Druck u. angesichts der seit 1975 veränderten Lage in der Region erklärte sich die Regierung von Südafrika bereit, Namibia bis Ende 1978 die Unabhängigkeit zu gewähren. Über die Verfahrensweise (bes. die Anwesenheit von UN-Truppen) kam jedoch keine Einigung mit den UN zustande. Südafrika arbeitete mit der von ihm geförderten gemäßigten *Turnhallenallianz* schwarzer u. weißer Parteien auf eine interne Lösung hin. Die SWAPO wurde von den UN mehrfach zur legitimen Vertreterin Namibias erklärt. Sie führte von Angola aus mit kuban. Unterstützung einen Guerillakrieg gegen die südafrikan. Truppen in Namibia 1978 abgehaltene Wahlen ohne Teilnahme der SWAPO wurden von den UN nicht anerkannt. Erst 1988 kam es zwischen Angola, Kuba u. Südafrika zu einer Einigung über freie Wahlen in Namibia u. den Abzug kuban. Truppen aus Angola. 1989 wurde eine verfassunggebende Versammlung gewählt, in der die SWAPO die Mehrheit gewann. Am 21. 3. 1990 erfolgte die Proklamation der Unabhängigkeit des Landes, das nach seiner Verfassung eine präsidiale Republik ist. Die SWAPO stellte mit S. *Nujoma* den ersten Staats-Präs. N. wurde Mitgl. des Commonwealth u. der UNO. 1994 ging die südafrikan. Exklave Walfischbucht endgültig in namib. Besitz über. Bei Wahlen im gleichen Jahr wurde Nujoma im Amt bestätigt. Die SWAPO gewann eine Zweidrittelmehrheit im Parlament. Im Caprivi-Zipfel entwickelte sich seit 1998 ein bewaffneter Konflikt mit einer Sezessionsbewegung. Bei den Parlamentswahlen im Dez. 1999 konnte die SWAPO ihre Zweidrittelmehrheit verteidigen. Nujoma gewann zum dritten Mal die Präsidentschaftswahlen.

Anlässlich der Proklamation der Unabhängigkeit Namibias am 21. 3. 1990 wird die Landesflagge gehisst

1692–1695, 1746–1748 u. 1792–1814 französisch.

Namysłów [na'misuuf], *Namslau,* poln. Stadt in Schlesien, an der Weide, östl. von Breslau, in der mittelschles. Ebene, 13 400 Ew.; Elektro- u. Nahrungsmittelindustrie.

Nanai, *Golden,* Volk mit tungus. Sprache u. eigener Schrift in Ostsibirien u. Nordchina, am unteren Amur; Fischer, z. T. Jäger, in Russland überfremdet.

Nanaimo [næ'naimɔu], Stadt auf der Insel Vancouver, British Columbia (Kanada), an der Georgiastraße, 60 100 Ew.; Holz- u. Fischverarbeitung.

Nạnak, Begründer der Religionsgemeinschaft der → Sikhs, * 1469, † 1538; Schüler des ind. Sektenstifters *Kabir* (* 1440, † 1518).

Nanao, japan. Hafenstadt auf der Halbinsel Noto in Mittelhonshu, 50 000 Ew.; Handelszentrum, Schiffbau.

Nancarrow [næn'kærɔu], Conlon, mexikan. Komponist US-amerikan. Herkunft, * 27. 10. 1912 Texarkana, Ark., † 10. 8. 1997 Mexico City; bekannt geworden durch komplexe Kompositionen für mechan. oder elektr. Klaviere.

Nanchang [-tʃaŋ], *Nantschang,* Hptst. der südchines. Prov. Jiangxi, am Gan Jiang, 1,42 Mio. Ew.; altes Zentrum des Porzellanhandels; Textil-, Nahrungsmittel-, Papierindustrie, Maschinenbau; Verkehrsknotenpunkt, Binnenhafen. – Während der Han-Dynastie im 1. Jh. v. Chr. entstanden; 1927 besiegten hier kommunist. Truppen die Armeen vom *Chiang Kai-shek.*

Nanchong [-tʃuŋ], *Nantschung,* Stadt im N der chines. Prov. Sichuan, am Jialing Jiang, 246 000 Ew. (1986); Zentrum eines Erdöl- u. Erdgasgebiets.

✦ **Nancy** [nã'si], dt. auch *Nanzig,* alte Stadt u. ehem. Festung in Lothringen, Verw.-Sitz des französ. Dép. Meurthe-et-Moselle, an der Meurthe u. am Marne-Rhein-Kanal, 102 000 Ew.; ehemaliger Herzogspalast (14.–16. Jh.), barocke Kathedrale (18. Jh.), alte Profanbauten, bes. um die Place Stanislas (mit der Place de la Carrière u. der Place d'Alliance Weltkulturerbe seit 1983); Universität (gegr. 1572) u.a. Hochschulen, mehrere Museen, Botan. Garten, Rundfunksender; Wirtschaftszentrum Ostfrankreichs: Eisen-, Maschinen-, Textil-, Leder-, Nahrungsmittel-, Papier-, Glas-, Tabak- u. pharmazeut. Industrie; Kanalhafen, Verkehrsknotenpunkt.
N. entwickelte sich seit dem 11. Jh. um eine lothring. Burg u. wurde schließlich Residenz der Herzöge von Lothringen. Stadtrecht erhielt N. 1265. Zusammen mit Lothringen wurde es 1766 französisch; seit 1790 Hptst. des Dép. Meurthe (später Meurthe-et-Moselle). – Am 5. 1. 1477 fiel *Karl der Kühne* von Burgund in der *Schlacht bei Nancy* im Kampf gegen eidgenöss., habsburg. u. lothring. Truppen.

Nancy: Der Triumphbogen wurde 1757 erbaut

Nandu, Rhea americana

Nạnda Dẹvi, vergletscherter Berg im Kumaun-Himalaya (Indien), 7817 m; von den Hindus als Sitz der Göttin Nanda *(Durga)* verehrt; 1936 erstmals bestiegen; Nationalpark (Weltnaturerbe seit 1988). → Seite 268.

Nạnded, *Nander,* indische Distrikt-Hptst. in Maharashtra, an der Godavari, m. V. 309 000 Ew.; Baumwollmarkt; Textilindustrie; Verkehrsknotenpunkt.

Nanderbarsche, *Nandidae,* Familie kleiner *Barschfische* in Flüssen Südamerikas, Afrikas u. Asiens, mit seitl. stark abgeflachtem Körper u. langer, stachelstrahliger erster Rückenflosse; beliebte Aquarienfische. Die meisten N. leben versteckt; die Männchen betreiben Ei- u. Brutpflege. Am bekanntesten ist der 10 cm lange südamerikan. *Blattfisch, Monocirrhus polyacanthus,* so genannt, weil er, im Wasser treibend, einem alten Blatt ähnlich sieht. Die kleinste Art, *Afronodus,* wird nur wenig größer als 1 cm u. lebt in Westafrika.

Nạndi, im Hinduismus der dem Gott Shiva heilige Stier.

Nạndi, niloto-hamitischer Stamm Ostafrikas, nordöstl. des Victoriasees (etwa 115 000) unter Massai-Einfluss; Viehzucht u. Hirseanbau, z. T. mit Bewässerung; mit Priesterhäuptling u. Altersklassen-Organisation.

✦ **Nạndu** [der; indian., portug.], *Südamerikan. Strauß, Rhea americana,* südamerikan. Laufvogel aus der Ordnung *Straußenvögel*; Kopfhöhe des Hahnes bis 1,50 m; Füße mit nur 3 Zehen, sehr schnelle Läufer; flugunfähig. Der Hahn brütet die von mehreren Hennen in ein Nest gelegten Eier allein aus u. führt auch die Jungen; häufig in zoolog. Gärten.

Nanga [jap., „südliche Malerei"], Richtung der ostasiat. Malkunst, im Unterschied zu *Hokuwa* („nördliche Malerei"), von dem Chinesen *Mo Shi-lung* (um 1550) nach dem Beispiel der nördl. u. südl. Schule des Zen-Buddhismus aufgestellt, in Japan erst seit 1700 unter dem Einfluss der Malerei der Ming u. Ching von Bedeutung.

✦ **Nạnga Pạrbat,** *Dajarmur, Diamir, Dyamar,* höchster Gipfel (8126 m) des westl. Himalaya, im pakistan. Teil Kaschmirs, südl. von Gilgit; 1895 erster brit. Besteigungsversuch; Ziel mehrerer dt. Himalaya-Expeditionen (z. B. 1932, 1934, 1937, 1938, 1939), 1953 erstmals von einer dt.-österr. Expedition bezwungen (Ersteigung des Gipfels am 3. 7. durch H. *Buhl*); seitdem weitere Besteigungen.

Nanga Parbat

Nangarhạr, Landschaft u. Provinz im O Afghanistans, das Einzugsgebiet des Kabulflusses zwischen Kabul u. dem Khaibarpass, Hptst. *Jalal Kot*; Agrargebiet, Baumwoll-, Obst- u. Nussanbau.

Nänie [die; lat.], Totenklage der alten Römer; in der Musik: Trauergesang, z. B. von J. *Brahms.*

Nanịsmus [grch.], *Nanosomie* → Zwergwuchs.

Nanjing [-djiŋ], *Nanking,* Hptst. der ostchines. Prov. Jiangsu, am unteren Chang Jiang; umfasst ein Stadtgebiet von 4700 km² mit insges. 2,43 Mio. Ew.; z. T. erhaltene 10 m hohe Stadtmauer des 14. Jh., Grabmal *Sun Yatsens,* des Gründers der chines. Republik; überregionales Kultur- u. Wissenschaftszentrum mit Universität, techn. Universität u. a. Hochschulen; Eisen- u. Stahlwerke, Maschinenbau, Nahrungs- u. Düngemittelindustrie,

Ölraffinerie; Verkehrsknotenpunkt, rd. 6 km lange Doppelstockbrücke über den Chang Jiang (1961–1968 erbaut), Flughafen.

Geschichte: Befestigte Siedlungen im Gebiet des heutigen N. sind seit dem 8. Jh. v. Chr. nachweisbar. Vom 3. Jh. n. Chr. an war N. (unter verschiedenen Namen) Hptst. mehrerer Kleinstaaten. 1368 machte die Ming-Dynastie die Stadt zur Hptst. des Reiches. Bei der Verlegung der Hptst. nach Peking (1421) erhielt N. seinen heutigen Namen („südl. Hptst."); es blieb Nebenresidenz u. ein wichtiges Wirtschafts- u. Kulturzentrum. 1853–1864 residierte die Führung der Taiping-Revolution in N., das sie in *Tianjing* (himmlische Hptst.) umbenannte. Unter der Guomindang-Regierung war N. 1928–1949 erneut Hptst.; 1940–1945 amtierte dort die von Japan eingesetzte Gegenregierung. 1949 wurde N. von den kommunist. Truppen erobert. – Der *Friede von N.* beendete 1842 den Opiumkrieg.

Nankanse, *Nankana,* altnigritisches Volk (105 000) in Südobervolta; Savannenbauern, mit Ahnenkult, vaterrechtlich organis., totemist. Clans; Beschneidung der Mädchen.

Nanking [das; nach der chines. Stadt Nanking (Nanjing)], 1. Rohseidengewebe. – 2. kräftiges Gewebe aus Baumwolle in Leinwandbindung.

Nanking, chines. Prov.-Hptst., → Nanjing.

Nanking-Porzellan, chines. Porzellan in blauweißer Farbgebung, das 1790–1850 in Jingdezhen hergestellt wurde. Charakteristisch für das weltbekannte N. sind die blaue Unterglasurfarbe u. die geometrisch gemusterten Gefäßränder.

Nan Ling, südchines. Mittelgebirge, bis 1922 m; bildet die Grenze zwischen den Provinzen Guangdong u. Hunan sowie die Wasserscheide zwischen den Einzugsgebieten des Chang Jiang u. des Xi Jiang, vom *Zhelingpass* gequert (Bahn u. Straße).

◆ **Nannen,** Henri, dt. Journalist und Verleger, * 25. 12. 1913 Emden, † 13. 10. 1996 Hannover; im Jahre 1948 Gründer und bis 1980 Chefredakteur, bis 1983 Herausgeber der Illustrierten „Stern"; gab der ursprünglich nur als Unterhaltungszeitschrift konzipierten Illustrierten eine linksliberale politische Orientierung.

Henri Nannen

Nanni, weibl. Vorname, → Nanny.

Nanni di Banco, italien. Bildhauer, * um 1373 Florenz, † 12. 2. 1421 Florenz; von der antiken Plastik beeinflusst, gehört neben *Donatello* zu den Hauptmeistern der Renaissance. Hptw.: Statuen an Or San Michele u. am Dom von Florenz.

Nanning, Hauptstadt der südchines. autonomen Region Guangxi-Zhuang, am Nordufer des Yu Jiang, 1,07 Mio. Ew.; Nahrungsmittelindustrie; Verkehrsknotenpunkt, Bahn nach Hanoi, Flug- u. Binnenhafen.

Nanny, *Nanni,* weibl. Vorname, Koseform von → Anna.

Nano... [grch.], Kurzzeichen n, Vorsatzsilbe vor Maßeinheiten mit der Bedeutung 10^{-9} (Milliardstel).

Nanometer [das], Kurzzeichen nm, Längeneinheit: 1 nm = 10^{-9} m = 1 milliardstel m = 10 Ångströmeinheiten. Frühere, nicht mehr gültige Bez.: *Millimikron,* Kurzzeichen mµ.

Nanon [na'nɔ̃], frz. weibl. Vorname, Koseform von → Anna.

Nanoplankton [das; grch.], *Zwergplankton,* die allerkleinste Schwebewelt *(Plankton)* des Wassers. N. passiert die feinste künstl. Gaze (Müllergaze) u. wird nur durch noch feinere Reusenapparate, z. B. von Manteltieren (Tunicaten), zurückgehalten.

Nanortalik, Stadt an der Südwestküste Grönlands, 2700 Ew.; Garnelen- u. Dorschfischerei, Schafzucht.

Nanosomie [grch.], *Nanismus* → Zwergwuchs.

Nanotechnologie, *Molekulartechnologie,* Methoden zur Herstellung von molekularen Maschinen und Computern, deren Größenordnung im Nanometerbereich (1 nm = 10^{-9} m) liegt. Die Umsetzung ist bislang nur in Ansätzen gelungen. Die Nanozechnologie basiert zu einem Großteil auf der supramolekularen Chemie, die sich mit der Synthese und der molekularen Handhabung komplexer, hochmolekularer Aggregate befasst. Man erhofft sich von der Nanozechnologie nutzbringende Anwendungen u. a. in der Robotik, Sensorik, Prozesstechnik, Biotechnologie und Medizin. Systeme der Nanozechnologie sollen Eigenschaften, die für biolog. Systeme typisch sind, aufweisen: Selbstorganisation, Selbstreproduktion, Anpassungsfähigkeit und Kontinuität. Auch → Biochip.

Nansen [nach F. *Nansen*], *Mount Nansen,* steil aufragender Tafelberg der Königin-Maud-Kette auf Antarktika, südl. des Ross-Schelfeises, 4010 m hoch.

Nansen, ◆ 1. Fridtjof, norweg. Polarforscher, Zoologe u. Staatsmann, * 10. 10. 1861 Store-Frøen bei Oslo, † 13. 5. 1930 Lysaker; durchquerte 1888/89 als Erster Grönland von O nach W, bewies dabei die Inlandsnatur Grönlands; von 1893 bis 1896 Driftfahrt durch das Nordpolarmeer mit dem Schiff „Fram"; N. erreichte 86°4′ nördl. Breite u. stellte u. a. das weite Vordringen des Golfstroms fest; 1897 Prof. für Zoologie, 1901–1906 Direktor des Internat. Laboratoriums für Ozeanographie in Oslo; 1906–1908 norweg. Gesandter in London; leitete 1918 die Rückkehr der Kriegsgefangenen aus Russland, bekämpfte 1921–1923 die Hungersnot in der Sowjetunion; 1921–1930 Völkerbundskommissar für Flüchtlingsfragen, auf seine Anregung geht der *Nansen-Pass* zurück. N. erhielt 1922 den Friedensnobelpreis. Er schrieb „Auf Schneeschuhen durch Grönland" 1891; „In Nacht u. Eis" 1898; „Nebelheim" 1911, u. a.

Fridtjof Nansen

2. Peter, dän. Schriftsteller, * 20. 1. 1861 Kopenhagen, † 31. 7. 1918 Mariager; war (auch in Dtschld.) sehr einflussreich mit spätnaturalist. Romanen: „Julies Tagebuch" 1893, dt. 1895; „Maria" 1894, dt. 1896.

Nansenrücken [nach F. *Nansen*], westl. Teil des untermeer. Arkt. (Mittelozean.) Rückens, nordwestl. von Spitzbergen.

Nan Shan [-.ʃa:n], innerasiat. Hochgebirge in der chines. Prov. Qinghai, östl. Fortsetzung des Altun Shan im Kunlun-System, bis 6346 m; am Nordrand Verlauf der alten Seidenstraße.

Nanterre [nã'tɛr], westl. Industrievorort von Paris, Verw.-Sitz des Dép. Hauts-de-Seine an der Seine, 86 600 Ew.; neue Universität; Metall-, Auto-, Maschinen-, Elektro-, Nahrungsmittel- u. kosmet. Industrie.

◆ **Nantes** [nãt], alte westfranzös. Hafenstadt in der Bretagne, Verw.-Sitz der Region Pays de la Loire u. des Dép. Loire-Atlantique, am rechten Ufer der Loire (56 km oberhalb ihrer Mündung in den Atlant. Ozean), 251 000 Ew.; got. Kathedrale, ehem. Herzogsschloss (15./16. Jh.), Museen; Universität (gegr. 1961), Fachhochschulen, Börse; Schiff-, Lokomotiv- u. Landmaschinenbau, Zucker-, Eisen-, Textil-, Glas-, Baustoff-, Leder-, Fischkonserven- u. chem. Industrie, Ölraffinerien; Industriehafen (Vorhäfen *Saint-Nazaire* u. *Donges*) bes. für die Einfuhr (Kohle, Holz, Phosphate, Eisenerze, Schiefer, Zucker, Ölfrüchte u. Wein), geringe Binnenschifffahrt; Verkehrsknotenpunkt.

Geschichte: N. leitet seinen Namen ab von dem kelt. Stamm der *Namneter,* deren Hptst. es war. Seit dem 4. Jh. war es Bischofssitz, seit dem 9. Jh. sind die Grafen von N. belegt. Vom Beginn des 13. Jh. bis 1898 war N. Hptst. der Bretagne, 1515 fiel es an die Krone. Am 13. 4. 1598 erließ *Heinrich IV.* das *Edikt von Nantes,* das die Hugenottenkriege beenden sollte. Es bestätigte zwar den Katholizismus als Staatsreligion u. machte somit eine weitere Ausbreitung des Protestantismus in Frankreich unmöglich, doch gewährte es den Hugenotten volles Bürgerrecht sowie die Einrichtung von ca. 100 *places de sûreté* („Sicherheitsplätzen"), in denen auf Kosten des Staates hugenottische Garnisonen unterhalten werden durften — *Fortsetzung S. 270*

Nantes: Mit Einsetzen des Überseehandels wurde die Stadt zu einer bedeutenden Handels- und Industriemetropole in Frankreich

Nanda Devi

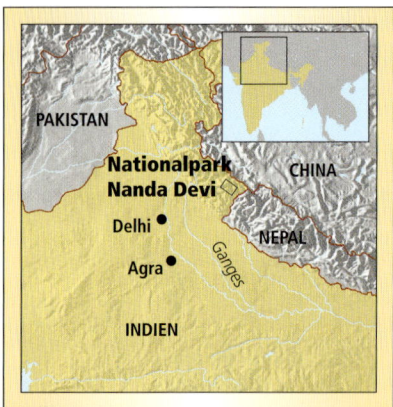

Nanda Devi

Naturdenkmal: 630,33 km² großes Schutzgebiet mit 70 schneebedeckten Gipfeln, die eine Art natürliche Festung bilden; Gipfel über 6400 m u. a. der Dunagiri (7066 m), Changbang (6864 m) und Nanda Devi East (7434 m) sowie Trishul (7120 m); oberes Rishi-Tal mit den Gletschern Changbang, North Rishi und North Nanda Devi im Norden und den Gletschern South Nanda Devi und South Rishi im Süden; 1939 als Wildschutzgebiet ausgewiesen, seit 1982 Nationalpark, erster nachweislicher Vorstoß in diesen Teil des Himalaya 1883 durch W. W. Graham
Kontinent: Asien
Land: Indien, Uttar Pradesh, Chamoli District
Ort: Garhwal Himalaya, östlich von Joshimath
Ernennung: 1988
Bedeutung: eine der spektakulärsten »Urlandschaften« des Himalaya mit dem 7817 m hohen Nanda Devi West sowie Lebensraum bedrohter Tierarten wie des Schneeleoparden
Flora und Fauna: bis auf etwa 3350 m Höhe Fichten, Birken, Rhododendren, alpine Kraut- und Strauchschicht mit Wacholder; 620 Pflanzenarten; 14 Säugetierarten, u. a. Blauschafe, Moschustiere, die zu den Waldziegenantilopen zählenden Gattungen Goral und Serau, der zu den Halbziegen gehörende Thar, Schneeleoparden, die in Untersuchungen als außerordentlich häufig vorkommend bezeichnet werden, Schwarz- und Braunbären und eine Altweltaffenart, der zu den Schlankaffen gehörende Hulman, als Bewohner der Rhododendronwälder; 114 Vogelarten wie Graubrustmeisen, Gelbbauchfächerschwanzschnäpper, Rotschwänze, Nussknacker und Waldpieper; 27 Schmetterlingsarten, darunter Blauer Apollofalter und Schwalbenschwanz

»Die Berge waren ehemals geflügelt wie große Vögel. Sie flogen umher und ließen sich nieder, wo es ihnen gefiel. Da sie aber gelegentlich dicht beieinander saßen, schwankte die Erde oft hin und her. Deshalb schnitt ihnen Indra die Flügel ab und machte dadurch die Erde fest. Die Flügel aber wurden zu Wolken, weshalb sie immer zu den Bergen hinziehen«, weiß eine Legende aus dem 6. Jahrhundert über die Entstehung des Himalaya. Dieser offenbart schon in seinem Namen göttlichen Ursprung, ist er doch nach Himavat benannt, dem Vater der Gottheiten Parvati und Ganga.

So ist es kein Zufall, dass Indien den Nanda Devi, den mit 7817 Metern höchsten vollständig auf dem Territorium des Landes liegenden Berg zu einem »Sanctuary«, einem »Heiligtum«, ernannt hat und nicht etwa nur zu einem Nationalpark. Das Wort »Naturschutz« nimmt die Regierung beim Nanda Devi sehr wörtlich, verweigert sie doch seit 1983 strikt den Zugang zu einem der sicherlich faszinierendsten Bergparadiese dieser Welt. Fürchtet sie den Zorn der Götter, oder stehen auch strategische Überlegungen – die Grenze zu Tibet ist zum Greifen nahe – im Vordergrund?

Die Landschaft sucht ihresgleichen: Zwei halbkreisförmige, ineinander verschachtelte Felsformationen bilden den äußeren Rahmen und schirmen das »Heiligtum« gegen die Außenwelt ab. Im inneren Kreis steigt majestätisch der Nanda Devi steil aus dem Gletscher zu seinen Füßen auf. Durch einen 7000 Meter hohen Grat ist er mit seinem zweiten Gipfel, dem 7434 Meter emporragenden Nanda Devi East, verbunden. Dieser bildet – wie ein Diadem aus Schnee und Eis mit gut einem Dutzend Sechstausendern besetzt – den Abschluss der äußeren Felsbarriere.

»Das Schutzgebiet Nanda Devi ist eine von Gott gegebene Wildnis«, schrieb Sir Edmund Hillary, der neuseeländische Erstbesteiger des Mount Everest, über dieses Naturparadies – für die Bewohner keineswegs eine neue Erkenntnis. Denn seit Menschengedenken ist diese schwer zugängliche Region des Himalaya geheiligter Boden, Wohnort der Götter. Nanda Devi verkörpert die Göttin Nanda, hinter der sich Parvati verbirgt, die Gefährtin von Shiva, der wiederum mit dem Trishul, dem »Dreizack«, seinen »Hausberg« besitzt. Vor allem aber ist Garhwal Quellgebiet des Ganges, des heiligen Stroms, mit dem Leben und Religion Indiens seit Jahrtausenden schicksalhaft verbunden sind. Gott Shiva dämpfte die aus dem Himmel herabstürzenden, vom heiligen Bhagirathi erflehten Wassermassen mit dem Geflecht seiner Haare und leitete sie in mehreren Quellflüssen ins Tiefland.

Die Einheimischen mieden den Nanda Devi als eine verzauberte Welt. Niemals hätte sich jemand dem tosenden Rishi Ganga genähert, an dem die sieben Rishi, die weisen Männer des Himalaya und Urahnen der Menschen, ihre Heimat hatten. So erschloss sich die Schönheit des Hochgebirges erstmals europäischen Bergsteigern. Bereits am Ende des 19. Jahrhunderts kam Tom Longstaff in die Region, aber erst 1936 drangen Eric Shipton und Bill Tillman, Wegbereiter des Bergsteigens im Himalaya, in das heutige Naturschutzgebiet vor. Die Bewohner der Umgebung sind jedoch bis heute davon überzeugt, dass diese Expedition den Zorn der Götter auf sich zog, da am Tag des Gipfelsiegs das Dorf Tharali durch Hochwasser verwüstet wurde.

Alle zwölf Jahre machen sich Tausende von Gläubigen auf den beschwerlichen Weg zum 4778 Meter hoch gelegenen, an der Südflanke des Nanda-Devi-Massivs und zu Füßen des Trishul sich erstreckenden Rupkundsees. In der Prozession zu Ehren der Göttin Nanda wird ein goldenes Idol mitgeführt, das sonst seinen Platz im Tempel von Nauti hat. Geheimnisse umgeben den Gletschersee, fand man in ihm doch zahlreiche Skelette von Menschen und Pferden, die hier vor etwa 200 Jahren ihr Leben ließen. Waren es Soldaten einer indischen Armee auf dem Weg nach Tibet oder Pilger, die vom Schneesturm überrascht wurden? Und wäre dieses Gletscherbassin nicht auch der geeignete Wohnort für den legendären Yeti, den Schneemenschen des Himalaya?

Hans-J. Aubert

Rechts: Eines der gefährdeten Geschöpfe der Erde ist der Schneeleopard

Unten: Im Licht der aufgehenden Sonne erstrahlen die Gipfel des Nationalparks, hier der Changbang, in all ihrer »göttlichen« Schönheit

Nanteuil

ten. Das Edikt wurde 1629 teilweise, 1685 vollständig widerrufen. Wirtschaftl. Blüte erlebte die Stadt zwischen dem 15. u. 19. Jh. als bedeutender Umschlagplatz für den Sklavenhandel mit Amerika.

Nanteuil [nã'tœj], Robert, franzős. Pastellmaler u. Grafiker, *1623 oder 1626 Reims, †9. 12. 1678 Paris; Schüler von A. *Bosse*, Hauptmeister des französ. Porträtstichs zur Zeit *Ludwigs XIV.* Der Bildnistypus ist fast stets gleichbleibend: Der Kopf ruht auf leicht seitl. gewandtem Schulteransatz vor dunklem Grund in ovaler Fassung.

Nantong [-tuŋ], *Nantung,* chines. Stadt in der Prov. Jiangsu, am Nordufer des Chang Jiang, nahe der Mündung ins Ostchines. Meer, 420 000 Ew.; Nahrungsmittel- u. Textilindustrie; Hafen.

Nantschang, chines. Prov.-Hptst., → Nanchang.

Nantschung, chines. Stadt, → Nanchong.

Nantuater, *Nantuatae*, von antiken Schriftstellern überliefertes, wohl keltisches Volk, nördl. der Allobroger im Rhônetal. Der Name N. lebt noch in der heutigen Stadt Nantua fort. Mit den Veragri, Sedusi u. Uberi bildeten sie zu Beginn der röm. Zeit den Bund „quattuor civitates Poeninae" u. gingen später in der Prov. Alpes Graiae et Poeninae auf.

Nantucket [næn'tʌkit], Insel (rd. 120 km²) im Atlant. Ozean, vor der Küste von Massachusetts (USA), südl. von Cape Cod; Erholungsgebiet; bis ins 19. Jh. Hafen der US-Walfangflotte.

Nantung, chines. Stadt, → Nantong.

Nanyuki [engl. na:'nju:ki:], Stadt im ostafrikan. Kenia, am Nordwestfuß des Mount Kenya, 1950 m ü. M., 19 000 Ew.; Endpunkt einer Eisenbahnlinie von Nairobi; Fremdenverkehr (Ausgangspunkt für Safaris in den N des Landes).

Naogeorgus, Thomas, eigentl. T. *Kirchmayer, (Kirchmair, Kirchmeyer),* humanist. Dichter, *1511 Hubelschmeiß bei Straubing, †29. 12. 1563 Wiesloch, Baden; evangelischer Pfarrer u. Anhänger M. *Luthers*, den er leidenschaftlich unterstützte, so mit latein. Schuldramen („Pammachius" 1538; „Mercator" 1540), die von Fastnachtsspiel beeinflussten „Jedermann"-Stück) u. mit einem derben latein. satir. Epos „Regnum Papisticum" 1553. – Sämtl. Werke, 2 Bde. 1982.

Naos [der; grch.], innerer Raum griech. Tempel *(Cella),* auch allg. Bez. für Tempel.

Naousa [na'usa], griech. Stadt in Makedonien am Rand des fruchtbaren Beckens von Saloniki, im Verw.-Bez. Imathia, 19 000 Ew.; Marktort für das landwirtschaftl. Umland (Wein, Obst); Nahrungsmittel- u. Textilindustrie (Spinnereien).

Napa ['næpə], Stadt im W von California (USA), nordöstl. von San Francisco, 61 800 Ew.; Zentrum eines Wein- u. Obstanbaugebiets; Kellereien, Obstverarbeitung, Zement- u. Lederwarenindustrie. – Gegr. 1840, Stadt seit 1872.

Napata, antike Stadt im nördl. Sudan, am 4. Nil-Katarakt gelegen; gegr. um 1475 v. Chr. (vielleicht von Thutmosis III.). Seit dem 9. Jh. v. Chr. war N. Metropole des selbständigen Königreichs von Kusch u. Krönungs- u. Begräbnisstätte der Könige der 25. altägypt. Dynastie. Es wurde 591 v. Chr. von Psammetich II. zerstört, später wieder aufgebaut als Zentrum eines speziellen Amun-Kultes. 23/22 v. Chr. zerstörte der röm. Präfekt C. Petronius die Stadt, die danach aber Kultmetropole der Könige von Meroe blieb.

Napalm [das; Kunstwort aus *Natriumpalmitat*], Brandbombenfüllung aus Benzin, das durch Zusatz von Natriumpalmitat oder Naphthensäuren eingedickt ist. Das Gemisch zündet beim Aufschlag, die Masse haftet überall, kann nicht gelöscht werden u. entwickelt eine Hitze von über 2000°C. Die *Napalmbombe* (rd. 400 l Inhalt) ist auch eine wirksame Waffe gegen Panzer; sie erzeugt Flächenbrände (z. B. im Korea- u. im Vietnamkrieg). Auch → chemische Kampfmittel.

Napf, Schale aus Glas oder Keramik mit hohem Rand, auch *Kumme* genannt.

Napf, Gipfel in den Schweizer Voralpen, zwischen Entlebuch u. Emmental, 1408 m, mit Fernsicht auf Zentralalpen, Mittelland u. Jura.

Napfaugen, *Grubenaugen* → Lichtsinnesorgane.

Napfpilze, *Pezizales,* zu den → Discomycetes gehörende Pilze, mit meist fleischigen oder ledrigen Fruchtkörpern, die, anfangs kuglig u. geschlossen, sich bei der Reife becher- oder krugförmig öffnen. Auch → Becherling.

Napfschildläuse, *Coccidae*, Familie der *Schildläuse*, deren Weibchen entweder hohe halbkuglige, lackglänzende Schilde (z.B. *Zwetschgenschildlaus, Eulecanium corni*) oder lange, flache Eiersäcke aus Wachs am Körperhinterende ausbilden. Zu den Napfschildläusen gehören gefürchtete Gewächshausschädlinge, z.B. *Coccus hesperidum,* vor allem auf Oleander u. Citrusgewächsen.

Napfschnecke, 1. *Klippkleber, Patella,* Gattung der Vorderkiemer-Schnecken mit napfartiger, ungewundener Schale, die durch die starken Muskeln im Fuß fest an den Untergrund gepresst werden kann. Napfschnecken weiden Algenrasen in der Spritz- u. Gezeitenzone. Am Tag sind sie an ihrem festen Standort vor Austrocknung u. Regen sicher; nachts unternehmen sie Weidezüge. Die schnell abgenutzte Reibezunge *(Radula)* wird laufend ersetzt. Napfschnecken sind eine geschätzte Speise.
2. → Mützenschnecken *(Ancylidae).*

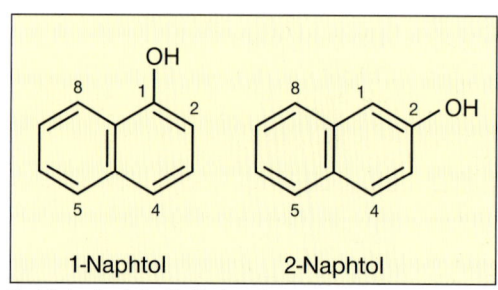

Naphthole: chemische Strukturformel

Naphtha [das; pers.-grch.], frühere Bez. für Erdöl.

Naphthali, im AT einer der Stämme Israels, → Naftali.

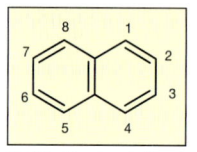

◆ **Naphthalin** [das; pers.-grch.], aromatischer Kohlenwasserstoff; $C_{10}H_8$; das Naphthalinmolekül besteht aus zwei aneinander kondensierten Benzolringen. N. ist eine kristalline, aus weißen Blättchen

Naphthalin: chemische Strukturformel

bestehende Verbindung von charakteristischem Geruch nach Mottenpulver; Schmelzpunkt 80 °C; es brennt mit rußender, leuchtender Flamme. N. kommt in einigen Erdölen, im Steinkohlenteer zu 7% vor u. wird dabei aus der Mittelölfraktion der Steinkohlendestillation gewonnen. N. dient zur Herstellung von (Azo-)Farbstoffen, Phthalsäure, Kunststoffen, Ruß, Lösungsmitteln (Tetralin, Dekalin) u. Mottenschutzmitteln.

Naphthene [pers.-grch.], ringförmige gesättigte Kohlenwasserstoffe mit der allg. Formel C_nH_{2n} (alizyklische Verbindungen). Die N. sind Bestandteil der kaukas. u. galiz. Erdöle sowie des Steinkohlenteers. Wichtige Naphthenee sind Cyclopentan u. Cyclohexan.

Naphthensäuren, alizyklische Mono- u. Dicarbonsäuren, die in Erdölen vorkommen. N. sind hauptsächlich Gemische aus Cyclopentan- u. Cyclohexancarbonsäuren. Rohe N., bes. aber ihre Salze, sind von technischer Bedeutung als sog. Sikkative (Härtungsbeschleuniger in der Ölfarbenindustrie) für Firnisse, als fungizide Holzschutzmittel oder als Rohstoffe für → Napalm.

Naphthol-AS-Farbstoffe, zu den Entwicklungsfarbstoffen zählende Gruppe wichtiger *Azofarbstoffe* auf der Basis von Derivaten der Oxynaphthoesäure. N. sind licht- u. waschechte Baumwollküpenfarbstoffe.

◆ **Naphthole** [pers.-grch.], organ.-chem. Verbindungen des Naphthalins, durch Schmelzen von Naphthalinsulfonsäuren mit Natrium- oder Kaliumhydroxid darstellbar. N. sind in zwei isomeren Formen (α- u. β-Naphthol) bekannt u. werden in der Farbstoffindustrie als Zwischenprodukt verwendet. Auf der Faser erzeugen N. u. diazotierte Basen unlösliche Azofarbstoffe *(Eisfarben, Entwicklungsfarbstoffe).* Der Färbeprozess geschieht durch Grundieren in einem Naphtholbad (z. B. Betanaphthol) u. Entwickeln mit der diazotierten Farblauge bzw. dem entsprechenden Färbesalz. Die Farbe, die eine hohe Echtheit hat, bildet sich erst auf der Faser. Verwendung bes. für Baumwolle, Celluloseregenerat- u. Acetatfaserstoffe, Polyamide, weniger für Wolle u. Seide; auch als Druckfarbe geeignet. – β-Naphthol dient auch zur Behandlung von Hautkrankheiten.

Naphtholorange, β-*Naphtholorange, Orange II.,* saurer Azofarbstoff, der sowohl Wolle direkt wie auch mit Metallhydroxiden gebeizte

Baumwolle färbt. Herstellung aus diazotierter Sulfanilsäure durch Kuppeln mit β-Naphthol.

Naphthylamin [das; pers.-grch.], vom Naphthalin abgeleitetes Amin der aromat. Reihe, chem. Formel $C_{10}H_7NH_2$; Ausgangsmaterial für die Herstellung von Azofarbstoffen.

Napier ['nɛipiə; nach dem engl. Seefahrer Sir John Napier], Hafenstadt in Touristenzentrum an der Hawke's Bay im O der Nordinsel von Neuseeland, 52 500 Ew.; Textil-, Nahrungsmittel- u. a. Industrie, Fischerei; Flugplatz; nach starkem Erdbeben 1931 neu aufgebaut.

Napier ['nɛipiə], **1.** Sir Charles James, brit. General, * 10. 8. 1782 London, † 29. 8. 1853 Portsmouth; befehligte die Truppen im N des Landes während der Chartisten-Unruhen, eroberte 1843 Sind im heutigen Pakistan.
2. *Neper,* John, Laird of Merchiston, schott. Mathematiker, * 1550 Merchiston Castle bei Edinburgh, † 4. 4. 1617 Merchiston Castle; Haupterfinder der Logarithmen; arbeitete über Trigonometrie *(Napier'sche Regel).*

Napier Mountains ['nɛipiə 'mauntinz], Gebirge im Enderbyland von Antarktika, bis 2300 m.

Napo, linker Nebenfluss des Amazonas, rd. 900 km; entspringt in den Anden Ecuadors am Cotopaxi.

Napoleon, [napoleɔ̃; dt. naˈpoleɔn], *Napoléon,* FÜRSTEN:
1. ◆ **Napoleon I.,** Kaiser der Franzosen 1804–1814/15, * 15. 8. 1769 Ajaccio, Korsika, † 5. 5. 1821 Longwood, St. Helena; stammte aus der korsischen Familie *Bonaparte,* besuchte die Militärschulen in Brienne u. Paris u. wurde 1785 Artillerieleutnant. 1793 zeichnete er sich bei der Belagerung von Toulon aus u. wurde zum Brigadegeneral ernannt. Im Auftrage des Konvents schlug er 1795 den royalist. Aufstand in Paris nieder, wurde Divisionsgeneral u. leitete als Oberbefehlshaber 1797 den italien. Feldzug, mit dem er seinen militär. Ruhm begründete. 1798 unternahm er die Expedition nach Ägypten, um England entscheidend zu treffen, doch wurde seine Flotte bei Abu Qir geschlagen.
Im Oktober 1799 kehrte N. ohne seine Truppen nach Frankreich zurück, stürzte am 18./19. Brumaire (9./10. 11. 1799) das *Direktorium* durch einen Staatsstreich u. erhielt als erster Konsul auf 10 Jahre de facto die Alleinherrschaft. Im Frieden von Lunéville 1801 mit Österreich u. im Frieden von Amiens 1802 mit England beendete er den 2. *Koalitionskrieg.* Im Innern schuf er durch soziale, administrative u. rechtl. Reformen ein einheitl. Ordnungssystem, das die Basis für seine außenpolit. Pläne bildete. 1802 durch Plebiszit zum Konsul auf Lebenszeit gewählt, krönte sich N. am 2. 12. 1804 zum erbl. „Kaiser der Franzosen". Sein Anspruch auf Hegemonie in Europa u. seine weltpolit. Pläne führten seit 1803 zu immer neuen Kriegen mit den europ. Mächten *(Napoleonische Kriege).* 1805 krönte er sich zum König von Italien. Mit den siegreichen Feldzügen in Dtschld., der Gründung des *Rheinbunds,* der Kontinental-

Napoleon I. 1769–1821

Als zweiter Sohn des korsischen Notars Charles Marie Bonaparte in Ajaccio geboren	1769	Gräfin Dubarry wird die Mätresse Ludwigs XV. / Reform des Strafgesetzbuchs in Österreich
N. geht an die Militärschule von Brienne	1779	James Cook wird auf Hawaii erschlagen
N. wird Kadett der Militärschule von Paris	1784	Tod des Aufklärungsphilosophen Diderot
Teilnahme am korsischen Volksaufstand	1789	Ausbruch der Französischen Revolution
Bruch mit der korsischen separatistischen Bewegung / N. schließt sich der „Bergpartei" an / Als Bataillonschef der Artillerie erobert er Toulon zurück / Ernennung zum Brigadegeneral	1793	Ludwig XVI. und Marie Antoinette werden auf der Guillotine hingerichtet / Terrorherrschaft des Konvents
		Die Girondisten unterliegen den Jakobinern
N. wird Befehlshaber der „Armee des Innern"	1795	Basler Friede zwischen Preußen und Frankreich
Heirat mit Joséphine Beauharnais	1796	Tod Katharinas der Großen, Zarin von Russland
Expedition nach Ägypten / Nelson vernichtet die französische Flotte bei Abu Qir	1798	Goya radiert die „Caprichos"
N. kehrt ohne seine Truppen nach Paris zurück. Am 9. November stürzt er das Direktorium und lässt sich zum Ersten von drei Konsuln ernennen	1799	Im zweiten Koalitionskrieg gegen Frankreich bleibt Preußen neutral / Tod George Washingtons, erster Präsident der USA
Napoleons Heer siegt in der Schlacht von Marengo über die Österreicher	1800	Die britische Ostindische Kompanie verstärkt die illegale Opiumeinfuhr nach China
Friede zu Lunéville mit Österreich: Frankreich erhält das linke Rheinufer	1801	Unter dem Druck Englands ziehen die Franzosen aus Ägypten ab
Napoleons zehnjähriges Konsulat wird auf Lebenszeit verlängert / Der „Friede von Amiens" mit England beendet den zweiten Koalitionskrieg gegen Frankreich	1802 ~	Ceylon wird britisch / Chateaubriand schreibt „Der Geist des Christentums"
		Klassizistischer Empirestil in der Mode und Architektur Frankreichs
Wiederausbruch des Krieges mit Großbritannien / Einführung des „Code civil" / Am 2. Dezember krönt N. sich in Notre-Dame zum Kaiser der Franzosen	1804	Tod Immanuel Kants / Beethoven komponiert die „Eroica" / Alexander von Humboldt kehrt von seiner Forschungsreise aus Süd- und Mittelamerika nach Berlin zurück
Sieg Napoleons bei Austerlitz am 2. Dezember über Österreich und Russland	1805	Zweite Nigerexpedition des Schotten Mungo Park scheitert (Jan. 1806) / Schiller gestorben
Unter Napoleons Schutzherrschaft wird der Rheinbund errichtet / Doppelsieg bei Jena und Auerstedt am 14. Oktober	1806	Ende des „Heiligen Römischen Reiches Deutscher Nation": Kaiser Franz II. dankt ab, bleibt als Franz I. lediglich Kaiser von Österreich
Im Frieden von Tilsit verteilen N. und Zar Alexander I. die Machtbereiche	1807	Fichte veröffentlicht antinapoleonische „Reden an die deutsche Nation"
N. nimmt Karl IV. von Spanien und dessen Sohn Ferdinand gefangen und zwingt sie zur Abdankung. Joseph Bonaparte, Bruder von N., wird König von Spanien / Aufstand der Spanier. N. rückt mit 20 000 Soldaten in Spanien ein. Er schafft das Feudalsystem und die Inquisition ab	1808	Goethes „Faust" erscheint / Erstes Konversationslexikon von F. A. Brockhaus / Venezuela und die spanischen Kolonien erheben sich gegen Frankreich, zunächst zur Wahrung der Rechte des spanischen Königs / Russland annektiert Finnland
Erneuter Sieg über Österreich / N. annektiert Rom und den Kirchenstaat / Annullierung der Ehe mit Joséphine	1809	Tiroler Aufstand unter Andreas Hofer / Metternich wird österreichischer Außenminister und Staatskanzler
Hochzeit mit Erzherzogin Marie-Louise von Österreich, Tochter Kaiser Franz' I.	1810	Der preußische Staatskanzler Hardenberg setzt die Reformen des Freiherrn vom Stein fort
Bruch mit dem Zaren. N. führt die „Große Armee" gegen Russland	1812	Russland erobert Bessarabien von der Türkei
Beginn der Befreiungskriege gegen N.	1813	Ende des Rheinbundes
Vor der anrückenden österreichisch-russischen Armee verlässt N. Paris / Er dankt am 6. April als Kaiser ab / N. geht ins Exil auf die Insel Elba	1814	Neuordnung Europas auf dem Wiener Kongress / Ferdinand VII. beseitigt die liberale Verfassung in Spanien
Am 1. März landet N. mit Juan. Die Episode der „Hundert Tage" endet am 18. Juni mit der Niederlage bei Waterloo / N. dankt endgültig ab / Deportation auf die Atlantikinsel St. Helena	1815	Bismarck geboren / Im zweiten Pariser Frieden erlangt England die Vorherrschaft zur See
		Caspar David Friedrich malt den „Hafen von Greifswald" / Goya malt „Hexensabbat"
Tod Napoleons auf St. Helena	1821	Freiheitskrieg der Griechen gegen die Türken

Napoleonische Kriege

sperre (1806) u. der Allianz mit Zar *Alexander I.* im Frieden von Tilsit (1807) stand N. auf dem Höhepunkt seiner Macht, die im Erfurter Kongress 1808 glanzvoll demonstriert wurde. Das Zentralproblem der napoleon. Politik bildete die Niederzwingung des die Meere beherrschenden England. Zudem setzte, mit Spanien angefangen (1808), eine Welle nationaler Erhebungen u. der Neubesinnung gegen die Herrschaft Napoleons ein (preußische Reformen seit 1807, Krieg mit Österreich 1809).
Die Absage des Zaren an die Kontinentalsperre (1810) machte den Krieg gegen Russland zur Vollendung der französ. Herrschaft auf dem europ. Festland als Waffe gegen England unvermeidlich. Das Scheitern des *Russlandfeldzugs* 1812 wurde zum Wendepunkt der napoleon. Herrschaft. In den *Befreiungskriegen* erlag N. der übermächtigen Koalition England-Russland-Österreich-Preußen-Schweden (Völkerschlacht bei Leipzig 16.–19. 10. 1813). Der Fall von Paris (31. 3. 1814), die Absetzung durch den Senat (2. 4.), die Abdankung Napoleons in Fontainebleau (6. 4.) u. seine Verbannung nach Elba waren das unabwendbare Ende. Die Episode der *Hundert Tage* nach der Rückkehr Napoleons von Elba (1. 3. 1815) endete mit seiner Niederlage in der Schlacht von Waterloo (18. 6.) u. seiner Internierung auf Lebenszeit auf St. Helena, wo er starb. Er wurde 1840 im Pariser Invalidendom beigesetzt.
Ideenreich u. mit einem ausgesprochenen Sinn für die geschichtl. Situation begabt, hat N. es verstanden, die Möglichkeiten der französ. Revolution in den Dienst seiner polit. Pläne zu stellen. Seine Epoche schuf eine der wesentl. Voraussetzungen für die moderne Geschichte Europas, indem sie die Überwindung u. Vollendung der Französ. Revolution markiert. Als bedeutender Stratege u. Meister in der Führung des französ. Volks, begabt mit großem Ehrgeiz u. überragendem Intellekt, hat N. mit seiner Verwaltung u. Rechtsprechung (*Code civil*) das moderne Frankreich entscheidend geprägt, wie er auch in Dtschld. u. Italien durch die Zertrümmerung einer überalterten Staatenwelt die Grundlage für die spätere nationale Einigung schuf. Sein Herrschaftssystem ist das erste Beispiel eines plebiszitären Despotismus u. der Grundlage einer Militärdiktatur. – N. war in erster Ehe mit J. *Beauharnais*, in zweiter mit *Marie-Louise* von Österreich vermählt. Aus der zweiten Ehe stammt der Herzog von → *Reichstadt*. – Die nach seinem Tod entstandene Napoleon-Legende von einem volksnahen u. modernen Kaisertum war eine wesentl. Ursache für den politischen Aufstieg seines Neffen *Napoleon III.*

2. Napoleon (II.), Franz Joseph, Herzog von → Reichstadt.

3. Napoleon III., Neffe von 1), Kaiser der Franzosen 1852–1870, eigentl. Charles Louis Napoleon *Bonaparte*, * 20. 4. 1808 Paris, † 9. 1. 1873 Chislehurst bei London; Sohn von König Ludwig (Louis) Bonaparte u. H. Beauharnais; ging 1815 mit seiner Mutter in ein langjähriges Exil, vornehmlich in Süddeutschland. Nach dem Tod des Herzogs von *Reichstadt* (1832) sah er seinen Auftrag in der Wiederherstellung des napoleon. Kaisertums mit demokrat. Prägung. Nach zwei verunglückten Putschversuchen (1836 u. 1840) wurde er in einem öffentl. Prozess in Paris zu lebenslängl. Gefängnishaft verurteilt, entkam aber 1846 aus der Festung Ham nach England. Der Ausbruch der Februarrevolution von 1848 begünstigte seinen Weg zur Macht. Seine Wahl in die Nationalversammlung u. am 10. 12. 1848 zum Präs. der französ. Republik über L. E. *Cavaignac* u. A. A. *Ledru-Rollin* zeigte, welche Zugkraft der Bonapartismus bei beträchtl. Teilen der Bevölkerung, bes. dem sozial unzufriedenen Kleinbürger- u. Bauerntum, besaß. Durch den Staatsstreich vom 2. 12. 1851 sicherte sich N. die Präsidentschaft auf 10 Jahre; die neue Verfassung von 1852 sanktionierte die durch Plebiszit gebilligte Wiederherstellung des Erbkaisertums (Kaiserproklamation 2. 12. 1852).
Auf die Armee, den Klerus u. die Bürokratie gestützt, beschaffte N. durch eine großzügige u. erfolgreiche Industrialisierungs- u. eine populäre Außenpolitik seinem Regime immer wieder die demokrat. Sanktion, wobei jedoch die Wahlen nicht unerheblich durch staatl. Druck beeinflusst wurden. Im Krimkrieg unterstützte er auf Seiten Englands die Türkei. Im italien. Krieg von 1859/60 kämpfte er auf der Seite der italien. Einigungsbewegung gegen Österreich u. erwarb dafür Nizza u. Savoyen. Der Versuch, ein mexikan. Kaiserreich unter dem österr. Erzherzog Maximilian zu gründen, scheiterte 1867 am Widerstand des von den USA unterstützten mexikan. Volkes. Die Minderung seines Ansehens (Entfremdung der kath. Wähler wegen der ein Papst beeinträchtigenden italien. Einigung, Abkehr von Teilen des Bürgertums wegen der 1861 begonnenen Freihandelspolitik) zwang N. zu liberalen Reformen im Innern u. zu einer verstärkten Prestigepolitik nach außen. Im Dt.-Französ. Krieg von 1870/71 geriet er nach der Kapitulation von Sedan (2. 9. 1870) in Kriegsgefangenschaft. Er wurde abgesetzt u. starb im Exil in England. – Aus seiner Ehe mit *Eugénie*, Gräfin Montijo, die starken Einfluss auf Napoleons Politik ausübte, stammte der einzige Sohn, *Louis Napoleon* (* 1856, † 1879).

Napoleonische Kriege, die Kriege, die Napoleon I. nach Beendigung der *Französischen Revolutionskriege* im Friedensschluss von Amiens (1802) seit 1803 mit den europ. Mächten führte. → Koalitionskriege, auch → Befreiungskriege.

Napoleonshut, quer getragener *Zweispitz* mit hinten steif hoch gebogener Krempe, in der Herrenmode um 1800–1815 üblich.

Nàpoli, italien. Name für → Neapel.

Napp, Carl, dt. Revue-Regisseur u. -Darsteller, * 1890 im Rheinland, † 21. 3. 1957 Berlin; wirkte lange an der Berliner Scala; Verfasser von Sketches, z. B. „Zacharias Zündloch", „Heinrich VIII."

Nappaleder [nach der Stadt *Napa*, California], farbiges oder schwarzes Leder aus Ziegen-, Zickel- u. Schaffellen. N. ist glacégegerbt u. mit Chrom oder mit pflanzl. Gerbstoffen nachgegerbt u. dadurch waschbar gemacht. Oft wird N. auch nur chromgegerbt (*Chromnappa*). Aus N. werden Taschen, Koffer, Handschuhe u. Bekleidungsstücke hergestellt.

Nappeuse [-'pøːz; die; frz.] → Kokonöffner.

Napuka, nördlichstes Atoll der Tuamotuinseln (Ozeanien), 14 km², Hauptanbauprodukt Kopra.

Naqsch i Rustem, Nekropole der achämenidischen Könige, etwa 5 km nördl. von Persepolis; mit vier Königsgräbern, die kreuzförmig in die Felswand gehauen sind. Mit Sicherheit ist jedoch nur das Grab *Dareios' I.* zu identifizieren; die anderen drei Gräber werden *Xerxes I.*, *Artaxerxes I.* u. *Dareios II.* zugeschrieben.

◆ **Nara,** japanische Präfektur-Hauptstadt im südlichen Honshu, südöstlich von Kyoto, 359 000 Ew.; Universität (gegründet 1908), mehrere Museen (u. a. Nationalmuseum), zahlreiche Schreine u. Buddhatempel (Wallfahrtsort; Weltkulturerbe seit 1998); Textil- u. Nahrungsmittelindustrie, Kunstgewerbe; Fremdenverkehr; Bahnknotenpunkt. – N. war 710–784 Hptst. Japans (*Nara-Zeit*).

Naram-Sin, König von Akkad um 2270–2234 v.Chr., erweiterte die semit. Großreichgründung seines Großvaters *Sargon I.* von Akkad in Kriegszügen bis nach Kurdistan u. ans Mittelmeer u. hinterließ ein berühmtes Siegesrelief.

Naranjilla, ein trop. Nachtschattengewächs, → Lulo.

Naraspflanze [hottentott.], *Acanthosicyos horrida*, ein *Kürbisgewächs* (Cucurbitaceae); starrer, ästiger u. blattloser Strauch mit paarweise stehenden Dornen u. langen Pfahlwurzeln; aus der Dünenregion Südwestafrikas; hat essbare, hellgraue, von kurzstacheligen Warzen bedeckte Früchte.

Narathiwat, Prov.-Hptst. in Südthailand, an der Ostküste der Halbinsel Malakka, 40 100 Ew.; Seehafen; Zentrum der thailänd. Kautschukgewinnung, Fischerei.

Narayan, Rasipuram, indischer Schriftsteller, * 10. 10. 1906 Madras, † 13. 5. 2001 Madras; zuerst Journalist; von G. *Greene* beeinflusst, schrieb er in engl. Sprache (Muttersprache

Nara: Der Todaiji-Tempel, einer der Sieben Großen Tempel von Nara, ist das Hauptheiligtum der buddhistischen Kegon-Sekte

Sprache (Muttersprache Tamil) humorvoll-iron. Romane über die Lebensumstände des modernen Mittelstandsbürgertums u. die Spannungen zwischen Tradition u. westl. Zivilisation. „Gold vom Himmel" 1952, dt. 1955; „Der Fremdenführer" 1958, dt. 1960; „Der Menschenfresser von Malgudi" 1961, dt. 1967; „Der Schildermaler" 1977, dt. 1979; Autobiografie „My days" 1975.

Narayana, Name des ind. Gottes → Vishnu.

Narayanan, Kocheril Raman, ind. Politiker, *27. 10. 1920 Ozhavoor, Kerala; Diplomat; 1967–1969 Botschafter in Thailand, 1973 bis 1975 in der Türkei, 1976–1978 in der VR China u. 1980–1984 in den USA, danach mehrmals Staats-Min. in der ind. Regierung; 1992–1997 Vize-Präs., seit 1997 Staats-Präs. Indiens. N. ist der erste Kastenlose in diesem Amt.

Narayanganj [naːˈraːjŋandʒ], Industrie- u. Hafenstadt in Bangladesch, südöstl. von Dhaka, 269 000 Ew.; Jute- u. Baumwollindustrie, daneben Glas- u. Nahrungsmittelindustrie.

Nara-Zeit, Epoche der japan. Geschichte, 710–784; benannt nach der planmäßig angelegten Regierungshauptstadt, dem heutigen *Nara*; Blütezeit des zentralistischen, nach chines. Vorbildern reorganisierten frühen Staatswesens, in dem der Kaiser direkt mit Hilfe des Adels regierte.

Narbe, 1. *Botanik:* → Blüte, → Fruchtblatt.
2. *Medizin: Cicatrix,* das Endergebnis jeder Wundheilung. Das fehlende u. zugrunde gegangene Körpergewebe wird zuerst durch ein gefäßreiches *Granulationsgewebe* ersetzt *(rote N.),* das sich durch Rückbildung in ein festes, wenig elastisches *Bindegewebe,* das *Narbengewebe,* umwandelt *(weiße N.).* Narben können sich dehnen u. am Leib zum Narbenbruch führen, im Inneren des Organismus zu Strangbildungen u. Verwachsungsbeschwerden Veranlassung geben sowie in der Gelenkgegend die Gelenkbeweglichkeit einschränken *(Narbenkontraktur).* Narben sind oft witterungsempfindlich.

Narben [der], ledertechnischer Begriff: 1. die oberste Schicht des Leders *(Narbenmembran),* 2. das Aussehen u. die sonstige Beschaffenheit der *Narbenseite,* d.h. der durch die Narbenmembran gebildeten Lederoberfläche (glatter N., rauer N., natürlicher N., durch Einpressen eines narbenähnl. Musters hervorgerufener künstlicher N. [Pressnarben]). Gegensatz zu Narbenseite: *Fleischseite,* auch *Aasseite.* – Als *Narbenleder* bezeichnet man Leder mit Naturnarben.

Narbentatauierung, *Narbenverzierung,* an Gesicht u. Körper in bestimmten Mustern (oft Stammesabzeichen) angebrachte Hautverletzungen, deren Narben, oft künstlich vergrößert oder gefärbt, als Schmuck dienen. Auch magische Absichten spielen eine Rolle.

◆ **Narbonne** [-ˈbɔn], südfranzös. Stadt (ursprüngl. Hafenstadt) im Dép. Aude, südwestl. der Audemündung in das Mittelländ. Meer, 47 100 Ew.; frühgotische Basilika (12./13.Jh.), got. Kathedrale (13./14.Jh.), ehem. erzbischöflicher Palast (13./14.Jh.); Weinhandelszentrum des westl. Languedoc, Ölmühlen, Branntweinbrennerei, Böttcherei; durch den *Canal de la Robine* mit der Aude u. dem Seehafen Port-la-Nouvelle verbunden; 15 km westl. von N. liegt das Seebad *Narbonne-Plage.*
Als *Narbo Martius* im 2. Jh. v. Chr. röm. Militärkolonie u. Zentrum der röm. Provinz *Gallia Narbonensis;* seit dem 3. Jh. Bischofssitz. 5. Jh.–8. Jh. westgot., 719 arab., 759 zum Frankenreich, im MA bedeutende Hafenstadt, seit 1507 französisch.

Narcissus, röm. Hofbeamter, † 54 n. Chr. Rom; kaiserl. Freigelassener u. als Kanzleichef von großem Einfluss auf *Claudius.* Im Jahre 48 betrieb er die Ermordung der *Messalina,* konnte aber die Vermählung des Kaisers mit *Agrippina* nicht verhindern; nach der Ermordung von Claudius wurde er von Agrippa hingerichtet.

Narcotin [grch.], *Chemie:* → Narkotin.

Nard, *Nerdshir,* Würfel-Brettspiel für 2 Personen, bekannt im Iran; Variante von → Backgammon.

Narde, *Indische Narde, Nardostachys jatamansi,* im zentralen Himalaya wachsendes *Baldriangewächs (Valerianaceae),* dessen wohlriechende Grundachsen Hauptbestandteil des Heilmittels *Theriak* waren.

Narden-Bartgras, *Andropogon nardus* → Zitronengras.

Nardini, Pietro, italien. Geiger u. Komponist, *12. 4. 1722 Livorno, † 7. 5. 1793 Florenz; Schüler G. Tartinis, 1763–1765 Konzertmeister in Stuttgart, danach in Florenz; schrieb Violinsonaten u. -konzerte, Kammermusik.

Nardó, italien. Stadt in Apulien, auf der Halbinsel *Salentina,* 28 000 Ew.; 10.–15. Jh. Sitz einer Universität; Handelsort für landwirtschaftl. Erzeugnisse, Nahrungsmittelindustrie.

Nardostachys, eine Pflanze, → Narde.

Nardus [der; grch.] → Borstengras.

Narenta, Fluss in Bosnien-Herzegowina, → Neretva.

Naresier, *Naresii,* von antiken Schriftstellern überliefertes, großes illyrisches Volk in Dalmatien (heute die Gegend von Mostar u. am oberen Flusslauf der Narenta).

Naresstraße [ˈnɛːrz-; nach dem engl. Polarforscher G. S. Nares, *1831, † 1915], Meeresstraße zwischen Grönland u. Ellesmereinsel.

Narew [-rɛf], rechter Nebenfluss der Weichsel, bildet nach Zusammenfluss mit dem Bug die *Bugonarew,* 484 km, davon 448 km in Polen, rd. 312 km schiffbar; entspringt in den Sümpfen südöstl. von Białystok, mündet nördl. von Warschau; Wasserkraftwerk Dębno.

Nargileh, orientalische → Wasserpfeife.

Nariensee, poln. *Jezioro Narie,* See im westl. Ostpreußen (Hockerland), 12,7 km², bis 44 m tief.

Naringin, *Aurantin, Hesperidin von de Vry, Naringosid,* $C_{27}H_{32}O_{14}$, bitterer Naturstoff, kommt in Fruchtschalen von *Citrus decumana* (Pampelmuse) u. anderen Rutaceen vor.

Nariño [-ˈrinjo], kolumbian. Dep. an der Grenze zu Ecuador, in den Anden u. im vorgelagerten Küstentiefland, 33 268 km², 1,18 Mio. Ew.; Hptst. *Pasto;* Edelholzgewinnung, Bananen- u. Reisanbau im Tiefland, Anbau von Kaffee, Kartoffeln, Mais, Bohnen u. Weizen im Hochland; Gold- u. Platinseifen am Patia.

Nariño-Stil [-ˈrinjo-], altindian. Kunststil im S von Kolumbien u. N von Ecuador, wo er als „Negativo von Carchi" bekannt ist; letztere Bezeichnung bezieht sich auf die ausschließl. im Negativ-Verfahren Schwarz auf Rotbraun bemalten Keramiken u. Tonfiguren; der N. wird zwischen 700–1200 n.Chr. datiert.

Naristen, *Naristi, Narisci, Varisti,* ein von Tacitus zu den Sueben gerechneter german. Volksstamm, der etwa im Gebiet der Flüsse Naab u. Regen (Bayern) siedelte.

Narbonne: Canal de la Robine

Narita, japan. Stadt östl. von Tokyo, 87 000 Ew.; Shinshoji-Tempel; internationaler Flughafen für Tokyo.

Narjan Mar, Hptst. des Nenzen-AK im N Russlands, am Petschoradelta, 20 200 Ew.; Holzindustrie, Fleischfabriken, Pelzsammelplatz, Stützpunkt für Robben- u. Fischfang; für Seeschiffe zugängl. Hafen.

Narkissos, *Narcissus, Narziss,* in der griech. Sage schöner Jüngling, Sohn des Flussgotts Kephissos u. der Nymphe Leiriope; erwiderte die Liebe der Nymphe Echo nicht u. wurde deshalb von den Göttern mit unstillbarer Liebe zu seinem Spiegelbild erfüllt *(Narzissmus);* von der Erdmutter in eine Blume *(Narzisse)* verwandelt.

Narkolepsie [grch.], *Schlummersucht,* anfallsweise, mehrmals täglich auftretende, unwiderstehliche Schlafsucht von einigen Minuten Dauer, wobei die Muskulatur vollkommen erschlaffen kann. Andererseits können nachts minutenlange Wachanfälle mit Bewegungsunfähigkeit auftreten. Die N. kann erbl. bedingt sein oder nach einer Gehirnentzündung oder Hirnverletzung auftreten.

Narkose [die; grch.], *Vollnarkose,* vorübergehende Ausschaltung des Bewusstseins durch die Zufuhr von → Narkotika zur Ausschaltung von Schmerzen, Abwehrreflexen u. ggf. Muskelspannung bei operativen Eingriffen. Vor einer N. werden Magen, Darm u. Blase entleert u. der Patient medikamentös beruhigt. Das Narkoseverfahren richtet sich nach der Art der Operation u. dem Zustand des Patienten. Bei der *Injektionsnarkose* werden die Narkotika in die Vene eingespritzt. Sie wird meist bei kürzeren Eingriffen eingesetzt. Bei der *Inhalationsnarkose* werden Narkosegase meist durch einen Tubus direkt in die Luftröhre eingebracht. Über den Tubus kann der Patient gleichzeitig längere Zeit beatmet werden. Herz- u. Kreislauffunktionen werden während einer N. ständig durch einen Narkosearzt *(Anästhesisten)* kontrolliert. Durch die medizin. Überwachung ist das Narkoserisiko (Atemlähmung, Herzstillstand) heute stark vermindert. Auch → Anästhesie.

Narkosegewehr, *Cap-Chur-Gun,* in den USA entwickeltes Luftdruckgewehr, mit dessen Hilfe flüchtigen oder widerspenstigen Tieren Betäubungsmittel, meist muskelerschlaffende Mittel *(Myorelaxantien),* in injektionsspritzenähnlichen Projektilen verabreicht werden.

Narkotika [Sg. das *Narkotikum;* grch.], pharmakolog. Wirkstoffe, die bei wohldosierter Anwendung den Körper durch Ausschaltung zentralnervöser Funktionen in einen bewusstlosen Zustand (→ Narkose) versetzen, meist zur schmerzfreien Durchführung operativer Eingriffe. Je nach Anwendung unterscheidet man in die Vene eingespritzte *Injektionsnarkotika* (z. B. Barbiturate, Benzodiazepinderivate) u. über eine Maske eingeatmete *Inhalationsnarkotika* (z. B. Lachgas, Äther). Die N. greifen zunächst am Großhirn u. Rückenmark an; erst in größeren giftigen Gaben lähmen sie das verlängerte Mark mit den Lebenszentren. I. w. S. sind N. alle chem. Stoffe, die die Tätigkeit der Nervenzellen vorübergehend beeinträchtigen, z. B. Alkohole, Ether, Aldehyde, Ketone, Säureester u. Amide, Harnstoff- u. Halogenderivate.

Narkotin [das; grch.], *Narcotin,* Alkaloid des Opiums, Summenformel: $C_{22}H_{23}O_7N$. Das N. wirkt selbst nicht narkotisch, verstärkt aber die Wirkung des Morphins.

narkotisieren [grch.], in *Narkose* versetzen; betäuben, lähmen. – *Narkotiseur,* der Narkosearzt, Anästhesist, Facharzt für Anästhesiologie.

Narmada, *Narbada,* Fluss in Indien, am nördl. Rand des Dekanhochlands, 1310 km lang, 98 400 km^2 großes Einzugsgebiet; entspringt in den Maikalbergen, fließt in westl. Richtung im Grabenbruch zwischen Satpuragebirge u. Vindhyakette u. mündet mit 20 km breitem Mündungstrichter in den Golf von Khambhat; aufgrund der stark schwankenden Wasserführung u. der zahlreichen Geländestufen nur im Unterlauf schiffbar. Die N. zählt zu den heiligen Strömen des Hindus.

Narmer, altägypt. König der prädynastischen Zeit, um 3000 v. Chr.; gilt als einer der Reichseiniger; er unterwarf noch unabhängige Reste des östl. Nildeltas. Sein Grab befindet sich in Abydos, eine prunkvolle, von N. geweihte Schminkpalette aus Hierakonpolis im Museum von Kairo.

Narodnaja Gora [-gʌ'ra], höchster Gipfel des Ural, im Polar-Ural, 1894 m; alpine Formen, z. T. vergletschert.

Narodnaja Wolja, *Narodnaja Volja* [russ., „Volkswille"], eine 1879 gegründete terroristische Geheimorganisation in Russland, organisierte 1881 die Ermordung Zar Alexanders II.

Narodna Odbrana [serb., „Nationale Verteidigung"], 1908 gegr. serb. Geheimorganisation mit nationalist., anti-österr. Tendenz, verfolgte unter Leitung serb. Offiziere das Ziel, alle Südslawen zu vereinen, arbeitete mit der „Schwarzen Hand" zusammen; wurde beschuldigt, die Ermordung des österr.-ungar. Thronfolgers Erzherzog *Franz Ferdinand* in Sarajevo 1914 organisiert zu haben. Nach 1918 widmete sie sich nationalkulturellen Zielen.

Narodniki [russ., „Volkstümler"], eine seit den 1860er Jahren tätige polit. u. ideolog. Strömung in der russ. radikalen Intelligenz mit dem Ziel, in Russland den Sozialismus durch Revolutionierung des bäuerl. Volkes zu erreichen. Geistige Wegbereiter waren A. I. *Herzen* u. N. G. *Tschernyschewskij,* führende Vertreter P. L. *Lawrow,* N. K. *Michailowskij,* P. N. *Tkatschow* u. a. Die N. waren Vorläufer der Partei der *Sozialrevolutionäre.*

Narr, Verrückter, Possenreißer, Spaßmacher; komische Figur im Fastnachtsspiel u. bis ins 18. Jh. auch im Drama *(Hanswurst, Harlekin).* Auch → Hofnarr.

Narragansett Bay [næɹəˈɡænsɛtˈbeɪ], Bucht in Rhode Island (USA), rd. 50 km lang u. 20 km breit; stark zergliedert u. inselreich; Fremdenverkehrsgebiet.

narrative Figuration, in der ersten Hälfte der 1960er Jahre von Frankreich ausgehende Richtung der Malerei, die Elemente der *Pop-Art* u. des *Neuen Realismus* miteinander verband u. oft sozialkrit. Aussagen in den Vordergrund rückte. Ausgangspunkt war 1964 die Pariser Ausstellung „Mythologies quotidiennes", 1965 folgte ebenfalls in Paris die Ausstellung „La figuration narrative dans l'art contemporain". Vertreter der narrativen Figuration sind E. *Arroyo,* G. *Aillaud,* J. *Genovés,* E. *Naccache,* A. *Recalcati* u. J. *Voss.*

Narrenkappe, zipfelige, mit Schellen versehene Kappe der Hofnarren; heute Kopfbedeckung der Fastnachtsnarren, bes. der Elferräte; auch → Gugel.

Narva (2): Festungsanlagen am Narva-Übergang zwischen der Stadt Narva (Estland) am linken Ufer und Iwangorod (Russland) am rechten Ufer

Narrenkrankheit, *Taschenkrankheit,* Pflanzenkrankheit, genannt nach der taschenförmigen Form *(Narrentaschen)* der befallenen Pflaumen, die durch den Schlauchpilz *Taphrina pruni* einen weißen, mehltartigen Überzug erhalten; sie sind braun gefärbt, steinlos, oft gekrümmt u. ungenießbar.

Narrenliteratur, didakt.-satir. Dichtung verschiedener Gattung u. Art, in der seit der Antike menschl. Schwächen u. Fehler als Narrheiten vorgeführt werden. Die N. blühte bes. seit S. *Brants* „Narrenschiff" 1494, dem „Morias enkomion..." („Lob der Torheit") des *Erasmus von Rotterdam* 1511 u. T. *Murners* „Gäuchmatt" 1519. Am Ende des Barocks trat *Abraham a Santa Clara* („Judas der Erzschelm" 1686) als Verfasser von N. auf. Seit *Shakespeare* u. H. J. C. von *Grimmelshausen* ist auch der „weise" Narr eine Figur der Weltliteratur. Fortgeführt wurde die Tradition von den engl. Komödianten (Pickelhering), der Commedia dell'Arte (Arleccino, Truffaldino) u. der Altwiener Volkskomödie (Hanswurst), in der Folge bis in die Romantik u. die Gegenwart (S. *Beckett* „Warten auf Godot"; F. *Dürrenmatt* „Die Physiker"; K. A. *Porter* „Das Narrenschiff").

Narrenorche, *Orchis morio* → Knabenkraut.

◆ **Narrenschiff,** „*Das Narrenschiff",* moralsatir. allegor. Lehrgedicht in Reimpaaren von S. *Brant* (1494), das 111 Narren auf ihrer Reise nach Narragonien schildert; Holzschnitte (die Mehrzahl von A. *Dürer*) vervollständigen u. interpretieren den Text. Von volkstüml. Wirkung, oft übersetzt u. nachgeahmt, leitete es die → Narrenliteratur des 16. u. 17. Jh. ein; noch in K. A. *Porters* Roman „Das N." (1962) ist der Einfluss des Gedichts zu spüren.

Narseh, König der Sassaniden von 293–302 n.Chr., Sohn *Schapur I.;* Kämpfe mit den Römern um Armenien, die durch den Frieden von Nisiblis beendet wurden.

Narses, Heerführer des byzantin. Kaisers Justinian, * um 480 im pers. Armenien, †574(?) Rom; Eunuch, vernichtete bis 553 das Ostgotenreich in Italien. N. war bis 567 byzantin. Statthalter in Italien.

Narsinga [die; ind.], Horn aus Kupfer, in zwei fast halbkreisförmigen Bögen gearbeitet, die meist gegeneinander verdreht zusammengesteckt werden, so dass eine in zwei Ebenen geschwungene S-Form entsteht (ähnlich wie beim nord. *Luren*). Die N. ist von Vorderindien bis Nepal verbreitet.

Narssaq, Stadt an der Südwestküste Grönlands, rd. 1800 Ew.; Dorsch- u. Garnelenfischerei, Schafzucht.

Narthex [der; grch.], Vorhalle altchristl. u. byzantin. Basiliken.

Naruszewicz [-'ʃevitʃ], Adam Stanisław, poln. Schriftsteller u. Historiker, * 20. 10. 1733 bei Pińsk, † 6. 7. 1796 Janów Podlaski, Lublin; Jesuit, 1790 Bischof von Łuck; schrieb anakreont. Gedichte, Satiren, Fabeln, Oden u. eine umfangreiche poln. Geschichte (von den Anfängen bis 1386, 10 Bde. 1836/37).

Narutowicz [naru'tovitʃ], Gabriel, poln. Politiker u. Wissenschaftler, *17. 3. 1865 Telsze bei Kowno, †16. 12. 1922 Warschau (ermordet); seit 1908 Prof. für Hydroelektrotechnik in Zürich; 1920–1922 mehrfach Minister; 9. 12. 1922 erster poln. Staats-Präs., fiel dem Anschlag eines rechtsradikalen Fanatikers zum Opfer.

Narva, 1. Hafenstadt in Estland, am Nordufer des *Narva-Stausees,* nahe dem Finn. Meerbusen, 77 800 Ew.; Technikum; Kathedrale (14. Jahrhundert), Stadthalle (17. Jahrhundert); Textilindustrie, Sägewerke, Fischerei; Wärme- u. Wasserkraftwerk. – 1256 von Dänen gegr., 1346 an den Dt. Orden, gehörte ab 1581 zu Schweden, von 1704–1918 zu Russland, 1918–1940 zur Republik Estland.

Narrenschiff: Holzschnitt „Der Geiz" aus Sebastian Brants „Das Narrenschiff". Ausgabe Basel 1494

Narvik: im Vordergrund die Hafenanlagen

◆ **2.** Abfluss des Peipussees in den Finn. Meerbusen, Grenze zwischen Estland u. Russland, 78 km lang, schiffbar; speist den *Narva-Stausee* u. bildet vor seiner Mündung einen 8 m hohen Wasserfall; Wasserkraftwerk.

Narváez [-'vaεθ], Pánfilo de, span. Konquistador, * um 1470, † 1528 Mississippimündung; sollte 1520 H. *Cortés* wegen angebl. Ungehorsams bestrafen, wurde aber von diesem gefangen genommen; zog 1528 auf der Suche nach Gold erfolglos durch Florida.

◆ **Narvik,** Hafenstadt im nördl. Norwegen, am Ofotfjord, auf einer Halbinsel zwischen Rombaks- u. Beisfjord, 18 700 Ew.; stets eisfreier Ausfuhrhafen (seit 1902, 1956 ausgebaut) für die nordschwed. Eisenerze (jährl. rd. 20 Mio. t, 75 % des Gesamtexports von *Kiruna*); Endstation der Ofotbahn. – Im 2. Weltkrieg als dt. Stützpunkt 1940 heftig umkämpft.

Narwal [der; skand.], *Einhornwal, Monodon monoceros,* ein *Gründelwal* mit nur zwei nach vorn gerichteten hohlen Oberkieferzähnen, von denen beim Männchen der eine (meist der linke) zu einem schraubenförmigen, kräftigen Stoßzahn *(Einhorn)* wird, der durch die Oberlippe hindurchwächst; bis 5 m lang; lebt in den arkt. Meeren, nur selten südlich des Polarkreises. Zu den *Narwalartigen* (Überfamilie *Monodontoidea*) gehören als zweite Gattung die *Weißwale (Delphinapterus).*

Naryn, 1. Stadt im Süden Kirgisiens, im Tian Shan, am gleichn. Fluss, 2500 m ü. M., 21 100 Ew.; Baustoff-, Nahrungsmittel- u. Holzindustrie.

2. Hauptquellfluss des Syrdarja in Zentralasien, Kirgisien, rd. 725 km lang; entspringt im Tian Shan, vereinigt sich im Ferganatal mit dem Karadarja u. bildet von dort an den Syrdarja; dient im Unterlauf Bewässerungs-

Narzisse

Narzisse: Blüten einer Hybride ("Killworth")

zwecken; Großkraftwerk am *Toktoguler Stausee.*

◆ **Narzisse,** *Feenlilie, Narcissus,* Gattung der *Amaryllisgewächse (Amaryllidaceae),* in Mitteleuropa u. im Mittelmeergebiet heimisch. Zwiebelgewächse mit linealischen Blättern u. ansehnlichen weißen oder gelben Blüten. In Dtschld. kommt stellenweise die gelb blühende *Trompetennarzisse (Osterblume, Osterglocke, Narcissus pseudonarcissus)* vor, die aber auch viel als Zierpflanze kultiviert wird. In Südfrankreich wird auf Feldern die ebenfalls gelb blühende *Wohlriechende N. (Jonquille, Narcissus jonquilla* bzw. *Narcissus odora)* zur Herstellung eines Narzissenparfüms angebaut. Weiß blühend sind die *Dichternarzisse, Narcissus poeticus,* u. die *Tazette, Narcissus tazetta.* Nahe verwandt ist die → Meeresnarzisse.

Narzissmus [nach *Narkissos*], *Autoerotismus,* Umkehrung der Triebrichtung des Sexualtriebs auf den eigenen Körper, lustbetonte, sexuell unterlegte Verliebtheit in den eigenen Körper. Im Sinne der psychoanalytischen Lehre S. *Freuds* ist der N. die Fixierung bzw. regressive Wiederbesetzung

Narzisse: Narcissus pseudonarcissus auf einer Wiese

(sekundärer N.) einer an sich normalen infantilen Durchgangsphase *(primärer N.).*

NASA, Abk. für engl. *National Aeronautics and Space Administration,* US-amerikan. Bundesamt für Luft- u. Raumfahrtforschung; gegr. 1958 zur Durchführung von Forschungsarbeiten auf dem Gebiet der Luft- u. Raumfahrt. Die NASA übernahm die Luftfahrtforschungsanstalt *NACA* (National Advisory Committee for Aeronautics). Sie führte zahlreiche Raketenstarts, Raumflüge um die Erde, Flüge zum Mond (auch Mondlandungen) sowie Flüge zu Mars, Venus u. Jupiter durch. 1981 leitete die NASA nach über zehnjähriger Entwicklungszeit mit dem Erstflug des bemannten Raumtransporters die zweite Phase der Raumfahrt ein, die den Weltraum für Routineflüge öffnet. Mitte 2000 hatte der Raumtransporter bereits über 100 Missionen geflogen. Am Aufbau der Internationalen Raumstation → ISS ist die NASA maßgeblich beteiligt. Auch → Apolloprogramm, → Weltraumfahrt.

nasal [lat.], zur Nase gehörig; näselnd, durch die Nase gesprochen.

Nasal [der; lat.], ein Laut, bei dessen Artikulation der Luftstrom völlig (z. B. bei m, n, f) oder z. T. – wegen der Senkung des weichen Gaumens – (z. B. die nasalen Vokale wie französ. [ã, ɛ̃, ɔ̃]) durch die Nase entweicht. Auch → Laut.

Nasarbajew [nazar'bajef], *Nazarbayev,* Nursultan Abischewitsch, kasach. Politiker, * 6. 7. 1940 Tschemolgan; Ingenieur; 1962–1991 Mitgl. der KPdSU; 1979–1984 Sekretär des ZK der kasach. KP; 1984–1989 Vors. des Ministerrats der Kasach. SSR; 1989–1991 Erster Sekretär des ZK der kasach. KP u. 1990 Vors des kasach. Oberstens Sowjets, 1990/91 auch Mitgl. des Politbüros der KPdSU; seit 1990 Präs. von Kasachstan (zuletzt 1998 durch Direktwahl im Amt bestätigt).

Năsăud [nasa'ud], *Nassod,* Stadt im N Rumäniens, Kreis Bistriţa-Năsăud, 11 900 Ew.; bedeutendes Obstanbaugebiet; Holzverarbeitung; Volkskunst.

Nasca-Kultur, altindian. Kultur, → Nazca-Kultur.

Nascimento [naʃsi'mɛntu], Alexandre do, angolan. kath. Theologe, * 1. 3. 1925 Malanje; 1953 Theologie-Prof., 1977 Erzbischof von Luanda, 1983 Kardinal u. Präs. des kath. Hilfswerks „Caritas Internationalis".

Nasciturus [lat.], zur Zeit des Erbfalls noch nicht lebendes, aber bereits gezeugtes Kind. Wird dieses Kind nach dem Eintritt des Erbfalles lebend geboren, so gilt es juristisch als vor dem Erbfall geboren, ist also demnach erbberechtigt (§ 1923 Abs. 2 BGB).

Nasdaq, Abk. für *National Association of Securities Dealers Automated Quotations;* amerikan. vollautomatisierte Computerbörse, die außerhalb der New-Yorker Börse existiert u. Händler sowie Broker über die Freiverkehrswerte des telefonischen *OTC-Marktes* informiert. An der N. werden der meisten Börsenneulinge zugelassen.

Nase, 1. *Anatomie:* das Organ des Geruchssinns der Wirbeltiere, das ein Riechepithel aus primären Sinneszellen enthält, an das bei Wassertieren mit dem Wasserstrom, bei Landtieren mit der Atemluft Reizstoffe (Geruchsreize) herangeführt werden. Die N. ist ursprüngl. (bei Lanzettfischchen u. Fischen) in Form von blind endenden Riechgruben ausgebildet. Erst von den Amphibien an tritt die N. durch die inneren Nasenöffnungen (→ Choanen) mit der Mundhöhle in Verbindung u. wird damit zum Eingangsorgan der Atemwege, das in seinem unteren Teil der Reinigung u. Vorwärmung der Atemluft, in seinem oberen Teil der Aufnahme von Geruchsreizen dient. Am höchsten ausgebildet ist die N. bei den Säugetieren, wo sie das wichtigste Sinnesorgan der sog. gut witternden *(makrosmatischen)* Säuger ist (z.B. Raubtiere, Huftiere). In diesem Fall ist die innere Oberfläche der Nasenhöhle durch zahlreiche aufgerollte Riechwülste *(Nasenmuscheln),* mit Riechepithel überzogene Knochenwülste, unterteilt u. vergrößert.

Bei einigen Säugetieren ist die N. speziell ausgebildet u. mit bes. Funktion ausgestattet, z.B. der Rüssel der Elefanten als Greiforgan.

Die *menschliche* N. springt mit dem *Nasenrücken* in der Gesichtsmittellinie vor; ihren Eingang bilden die von der *Nasenscheidewand* u. den beiden *Nasenflügeln* gebildeten *Nasenlöcher.* Die Scheidewand teilt den *Nasenraum* in zwei Hälften; sie ist zum größten Teil knöchern, im vorderen Teil knorplig *(Nasenknorpel).* Jeweils an der äußeren Seite einer Nasenhälfte liegen die drei *Nasenmuscheln,* die beim Menschen nur teilweise mit Riechepithel bekleidet sind. Die obere u. mittlere Nasenmuschel sind Teile des *Siebbeins (Ethmoidale),* die untere ist ein selbständiger Knochen, der in die Kieferhöhle eingehängt ist. Im oberen Teil an der Nasenwurzel liegen die aufnehmenden Fasern des Riechnervs. Die Nasenhöhle ist durch feine Kanäle direkt mit den *Nebenhöhlen* verbunden.

Nasenkrankheiten: Die Haut der äußeren N. kann von allen Hauterkrankungen miterfasst werden. *Nasenfurunkel* sind nicht selten u. wegen der nahen Beziehungen des Gefäßsystems der N. zum Gehirn gefährlich. Schließlich können Wucherungen der Nasenhaut aufgrund von Gefäßerweiterungen zu großen Entstellungen führen *(Pfundsnase,* grch. *Rhinophym).* Die Entzündung der inneren N. gehört zu den häufigsten Nasenkrankheiten überhaupt. Der *Schnupfen (Nasenschleimhautentzündung, Koryza, Rhinitis)* beruht auf infektiöser oder allergischer Reizung (Heuschnupfen) u. zieht oft die Nebenhöhlen in Mitleidenschaft *(Sinusitis).* Bei chronischen Entzündungen kann es zu Schleimhautschwund, Verlust des Geruchsvermögens u. zur *Stinknase* (grch. *Ozaena)* kommen, wobei wahrscheinl. bestimmte Kapselbakterien als Infektionserreger eine Rolle spielen *(Klebsiella ozaenae).* Außerdem gibt es auch spezifische Nasenschleimhautentzündungen (z. B. *Nasendiphtherie).* An Geschwülsten sind die gutartigen Schleimhautpolypen am häufigsten; bösartige Geschwülste wie Krebs u. Sarkom dagegen sind selten. Schließlich kommen Verletzungen (Nasen-

Nasenaffe (*Nasalis larvatus*)

Verbreitung:	Borneo
Lebensraum:	Mangrovenwälder
Lebensweise:	baumlebend; Einmann- und Vielmännchengruppen
Nahrung:	pflanzlich, vorwiegend Blätter
Maße:	Kopf – Rumpflänge 54 – 75 cm; Gewicht beim Männchen 12 – 24 kg, beim Weibchen 8 – 11 kg
Tragzeit:	nicht bekannt
Zahl d. Jungen pro Geburt:	nicht bekannt
Höchstalter:	nicht bekannt
Gefährdung:	gefährdet, durch das Washingtoner Artenschutzübereinkommen geschützt

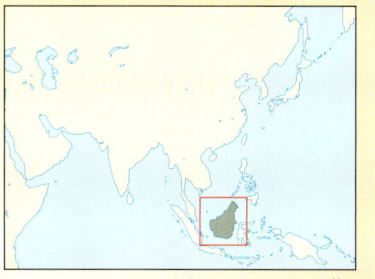

Verbreitung des Nasenaffen

Eine eigenartige Erscheinung im Tierreich ist der Nasenaffe, genauer gesagt die erwachsenen Männchen, denn nur sie tragen das namengebende Merkmal: eine riesige, gurkenförmige Nase. Auch werden die Männchen etwa doppelt so groß und schwer wie die Weibchen.
Über das Leben der seltsamen Tiere weiß man wenig, denn sie sind sehr scheu und leben verborgen in den Mangrovenwäldern Borneos, wo sie sich von den Blättern der Mangrovenbäume ernähren

beinbruch) u. Verstümmelungen der N. vor; sie bedürfen der plastischen Behandlung. Auch → Nasenbluten.

2. *Baukunst:* Binnenform des Passes im got. Maßwerk.

3. *Zoologie:* Näsling, Chondrostoma nasus, ein 20–50 cm langer *Karpfenfisch* mit nasenartigem Schädelfortsatz; Verbreitung Mitteleuropa bis zum Kaspischen Meer, in Dtschld. selten geworden, Bewohner der *Barbenregion*. Die Jungfische leben von tierischer, erwachsene Tiere von pflanzlicher Nahrung.

Näseln, *nasale Sprache,* grch. *Rhinolalie,* eine Sprechweise, die durch mangelnden Luftabschluss des Nasenrachenraums beim Sprechen entsteht, z. B. infolge Gaumensegellähmung oder durch offene Gaumenspalten *(offenes N.),* oder umgekehrt durch Verlegung der Nasenluftwege z.B. bei Mandelvergrößerung oder Nasenpolypen *(geschlossenes N.).*

Nasenaffe, *Nasalis larvatus,* Affe der Insel Borneo; Männchen mit langer Nase, die bei alten Tieren bis 10 cm lang wird u. vor der Mundöffnung hängt. Die zu den *Schlankaffen* zählenden Nasenaffen erreichen eine Körperlänge von bis zu 75 cm mit gleichlangem Schwanz. Nasenaffen bewohnen küstennahe Wälder u. ernähren sich von Knospen, Früchten u. Blättern. Durch den fortschreitenden Verlust ihres Lebensraums, der für die landwirtschaftl. Nutzung gerodet wird, sind sie zunehmend vom Aussterben bedroht.

Nasenbären, *Nasua,* Gattung der *Kleinbären;* mit lang gestrecktem 60 cm langem Körper und ebenso langem, geringeltem Schwanz. Auffällig ist die rüsselförmig verlängerte Nase. Die 5 Zehen, die lange, spitze Krallen tragen, sind miteinander verwachsen. N. ziehen in Horden umher u. kommen von den Südstaaten der USA bis Argentinien vor. Den Nordteil des Verbreitungsgebiets bewohnt der *Weißrüsselnasenbär, Nasua narica,* den Südteil der urwaldbewohnende *Südamerikanische N., Nasua nasua.* Im Gebirge lebt der → Bergnasenbär.

Nasenbein, *Os nasale,* ein Schädelknochen der Wirbeltiere, paariger Deckknochen auf der knorpligen Nasenkapsel; beim Menschen klein, stützt nur z. T. die Nase.

Nasenbären: Weißrüsselnasenbär, Nasua narica

Nasenbeutler, *Bandikuts, Peramelidae,* auch als Beuteldachse bez. Familie der *Beuteltiere* von Ratten- bis Dachsgröße, mit lang gestreckter Nase u. deutlich längeren Hinterbeinen; ansonsten von sehr unterschiedlichem Aussehen; dämmerungs- u. nachtaktive Bodenbewohner; 8 Gattungen mit 19 Arten in Australien, Tasmanien u. Neuguinea.

Nasenbluten, grch. *Epistaxis,* kann entstehen durch Verletzungen, durch Fremdkörper in der Nase, bei Blutandrang zum Kopf als Folge von Herz- u. Nierenkrankheiten, bei hohem Blutdruck, Blutkrankheiten oder Nasengeschwüren. Oft sind auch Gefäßerweiterungen im Bereich der vorderen knorpeligen Scheidewand Ursache wiederholten Nasenblutens. Das N. wird gestillt durch blutstillende Watte oder auch kalte Nackenauflagen; u. U. ist Verätzung der blutenden Stelle oder Tamponade notwendig.

Nasenbremse, erlaubtes Zwangsmittel für Pferde. Es besteht aus einem rd. 20 cm langen Holzstab u. einer aus Hanffasern geflochtenen Schlinge. Die Schlinge wird über die empfindl. Oberlippe des Pferdes gezogen u. so lange zusammengedreht, bis der so entstehende Schmerz das Pferd zum Stillstehen veranlasst.

Nasenbremsen, *Nasendasseln, Oestrinae,* Unterfamilie der *Dasselfliegen,* die ihre Junglarven gezielt in Nasen u. Augen von Huftieren spritzen. Die Larven wandern in die Nasen-, Stirn- u. Kieferhöhlen, wo sie sich in den Schleimhäuten festsetzen. Erwachsen wandern sie zurück, werden durch Niesen u. Ä. über die Nasenöffnung ausgeworfen u. verpuppen sich im Boden. Stärkerer Befall führt zum Tod. Zu den N. gehört u.a. die *Schafbremse, Oestrus ovis,* die die „falsche Drehkrankheit" von Schafen u. Ziegen verursacht.

Nasenbeutler: Großer Kaninchennasenbeutler, Macrotis lagotis

Nasenformen, Unterscheidungsmerkmal in der *Anthropologie;* Einteilung nach dem Verlauf des Rückenprofils (gerade, konvex, konkav, wellig) sowie nach der Form der Nasenspitze (abgeplattet, abgerundet, eckig, spitzrund). Die Stellung der Nasenlöcher (senkrecht bis parallel zur Gesichtsebene) wird ebenfalls berücksichtigt.

Nasenfrösche, *Rhinodermatinae,* Unterfamilie der *Südfrösche* mit 5 Gattungen in

Südamerika. Am auffälligsten ist der *Chilen. N., Rhinoderma darwini,* der von C. *Darwin* entdeckt wurde. Ein Weibchen u. mehrere Männchen betreiben gemeinsam Brutpflege: jedes Männchen nimmt eine Zahl der Eier in seinen Schallsack, die sich darin bis zum fertigen Frosch entwickeln. Merkwürdig sind auch die Fortpflanzungsverhältnisse beim *Kubanischen Zwergfrosch, Sminthillus limbatus,* dessen Weibchen nur jeweils ein einziges, dotterreiches Ei entwickelt, also mehrmals im Jahr ablegen muss, um die Art zu erhalten; er ist mit 1 cm Körperlänge der kleinste bekannte Frosch.

Nasenhai, *Japanischer Nasenhai, Scapanorhynchus owstoni,* einzige Art der Familie *Nasenhaie, Scapanorhynchidae;* bis 4 m langer *Echter Hai* größerer Meerestiefen, seltener Fisch japanischer Meeresgebiete. Stirn löffelförmig verlängert, weit vorstreckbare Kiefer; der N. existiert seit der Oberkreide, nächste Verwandte seit mehreren Mio. Jahren ausgestorben.

Nasenklappe, bewegl. Klappe an der Vorderkante (Nase) eines Flugzeugtragflügels, die im ausgeschlagenen Zustand durch Vergrößerung der Wölbung des Flügels dessen Auftrieb erhöht u. als → Hochauftriebsmittel dient.

Nasenkröte, *Rhinophrynus dorsalis,* einzige Art der mittelamerikan. Froschfamilie *Nasenkröten, Rhinophrynidae;* plumper, grabender Termitenjäger, mit hornigen Grabschaufeln an beiden Hinterfüßen. Die Termiten werden mit der nur hinten angewachsenen Zunge (Besonderheit bei Froschlurchen) aufgeleckt.

Nasennebenhöhlen → Nebenhöhlen.

Nasenratte, *Rhynchomys soricoides,* eine *Langschwanzmaus* mit spitzmausähnlichem Aussehen; bisher in nur wenigen Exemplaren bekannt, die auf der Philippineninsel Luzón gefangen wurden. Bis auf die spitzen Nagezähne besitzen die Nasenratten ein weitgehend reduziertes Gebiss: wahrscheinlich sind sie Fresser von weichen Kleintieren.

Nasenring, durch die Nasenscheidewand des Bullen gezogener Ring; Bändigungsinstrument u. Zwangsmittel zur Befestigung des Stricks oder Führstabs.

Nasenschlundsonde, schlauchartiges tiermedizin. Instrument aus weichem Gummi, das durch Nase, Rachen u. Speiseröhre in den Magen eingeführt wird. Es dient hauptsächlich zur Entnahme von Magensaft u. zum Eingeben von Medikamenten oder flüssiger Nahrung.

Nasenschmuck, bei Menschen meist in der Nasenscheidewand, zuweilen auch im Nasenflügel angebrachter Schmuck (manchmal Würdezeichen, wie in Mexiko) aus Knochen, Elfenbein, Federn, Metall, Perlmutt oder Edelstein in Form von Stäbchen (Nordwestamerika, Mexiko, Südamerika, Australien), Perlmuttplatten oder krummen Eberhauern (Melanesien, bes. ausgeprägt bei den Papua), Silberringen oder Edelsteinknöpfen (Turkmenen, Inderinnen).

Nasenschrecken: Truxalis nasuta

◆ **Nasenschrecken,** *Acridinae,* Unterfamilie der *Feldheuschrecken;* meist mittelgroße bis große *Kurzfühlerheuschrecken,* deren länglicher Kopf schräg nach vorn geneigt und im oberen Teil spitz „nasenförmig" ausgezogen ist. In Südeuropa kommt die mittelgroße Art *Truxalis nasuta* als Grasbewohner vor.

Nasenspiegel, unbehaarter Teil der Oberlippe bei Schaf, Ziege, Hund u. Katze.

Nasenwurm → Zungenwürmer.

Naṣero'd Din, persischer Schah u. Schriftsteller, → Nasir ed-Din.

Nash [næʃ], ◆ **1.** John, britischer Architekt, * Sept. 1752 London, † 13. 5. 1835 East Cowes Castle, Isle of Wight; vertrat mit asymmetrische Grundrissen und Silhouetten den malerischen Stil in der Baukunst; gestaltete mehrere Stadtquartiere von London, schuf Bauten der Regent Street u. den Regent's Park, der die Gedanken der Gartenstadt vorwegnehmen.

2. John F., US-amerikan. Mathematiker, * 13. 6. 1928 Bluefield, West Virginia; lieferte bedeutende Beiträge zur Spieltheorie, wobei er vor allem die Ergebnisse der nicht-kooperativen Spiele untersuchte und das spieltheoretische Konzept des sog. Nash-Gleichgewichts entwickelte. N. erhielt 1994 zusammen mit R. *Selten* und J. C. *Harsanyi* den Nobelpreis für Wirtschaftswissenschaften.

3. Ogden, US-amerikan. Vershumorist, * 19. 8. 1902 Rye, New York, † 19. 5. 1971 Baltimore, Maryland; einfallsreiche, oft gesellschaftskrit. Lyrik, Nonsens-Verse: „The new nutcracker suite and other innocent verses" 1962. – Dt. Auswahl „Der Kuckuck führt ein Lotterleben" 1977.

4. Paul, brit. Maler u. Holzschneider, * 11. 5. 1889 London, † 11. 7. 1946 Boscombe bei Bournemouth; begann in einem romant., neoimpressionist. Stil, gelangte jedoch nach dem 1. Weltkrieg zu einer expressiven, realist. Darstellungsweise. Unter dem Einfluss von W. *Blake* u. G. de *Chirico* nahm er surrealist. Tendenzen auf, die sich in seinen im staatl. Auftrag gemalten Bildern des 2. Weltkrieges zu beängstigenden, düsteren Visionen verdichten (z. B. „Totes Meer" 1940/41).

5. *Nashe,* Thomas, engl. Schriftsteller, * Nov. 1567 Lowestoft, Suffolk, † um 1601 London; schrieb den lebensvollen Schelmenroman „Der unglückliche Reisende. Die Abenteuer des Jack Wilton" 1594, dt. 1970; ferner Lustpiele u. Prosasatiren gegen die Puritaner: „Pierce Penniless" 1592. – The works, 5 Bde. 1904, 1910, 1966.

Nashi → Birne.

◆ **Nashörner,** *Rhinocerotidae,* Familie der *Unpaarhufer;* mit 1–2 Hörnern auf dem verlängerten Nasenrücken, die von der Oberhaut gebildet werden. Der Körper ist plump u. kaum behaart. Hierher gehören: *Indisches Panzernashorn, Sumatranashorn, Breitlippennashorn* u. *Spitzlippennashorn.* Alle Arten werden wegen ihres Hornes stark bejagt u. zählen zu den bedrohtesten Säugetieren der Erde. Das Horn, ein von der Haut gebildetes, locker aufsitzendes, den Hufen ähnl. Gebilde (von anderer Struktur

John Nash: Royal Pavillon in Brighton; 1815–1823 von John Nash umgestaltet

als die Hörner der Rinderartigen), gilt fälschlicherweise pulverisiert als Aphrodisiakum.

◆ **Nashornkäfer,** *Oryctes nasicornis,* ein bis 4,5 cm langer europ. Vertreter der sonst trop. Gruppe der *Riesenkäfer;* entwickelt sich in feuchtwarmer Humuserde (Komposthaufen); geschützte Art.

Nashornleguan, *Cyclura cornuta,* bis 80 cm langer *Leguan,* ein Bewohner der Dornbusch- u. Kakteensteppe Haitis. Bei den Männchen befinden sich auf der Schnauzenoberseite drei kegelförmige Schuppen. Die stämmigen Echsen ernähren sich von saftigen Pflanzen u. Früchten sowie von Kleintieren. Eier werden im Bodengrund verscharrt.

Nashornverwandte, *Ceratomorpha,* Unterordnung der *Unpaarhufer.* Die N. stehen den Pferden, den sog. *Einhufern,* gegenüber u. vereinigen die Familien der *Nashörner* u. *Tapire.* Die heutigen Formen stellen nur noch einen Rest einer einst arten- u. formenreichen Gruppe dar u. können als „aussterbende Tiergruppe" bezeichnet werden.

Nashornkäfer, Oryctes nasicornis

Nashornvögel: Süd-Hornrabe, Bucorvus cafer

◆ **Nashornvögel,** *Bucerotidae,* Familie großer *Rackenvögel,* die in rd. 45 Arten in Südostasien u. Afrika vorkommen u. fast alle durch Aufsätze auf dem kräftigen Schnabel auffallen. Nahrung: überwiegend Früchte, aber auch Insekten u. Kleintiere. Zur Brut mauert das Männchen das Weibchen mittels Lehm u. Ä. in einer Baumhöhle ein. Nur ein Spalt bleibt frei, durch den das Weibchen u. die 1–3 Jungen mit Futter versorgt werden. Später bricht das Weibchen die Mauer von innen auf. In zoolog. Gärten ist der *Doppelhornvogel, Buceros bicornis,* der in Vorder-, Hinterindien, Malakka u. auf Sumatra vorkommt, zu sehen, ebenso der *Jahrvogel, Rhyticeros undulatus,* aus demselben Verbreitungsgebiet. Als einzige Arten der Familie sind die in Afrika lebenden *Hornraben, Bucorvus abyssinicus* u. *Bucorvus cafer,* vorwiegend zu Fuß gehende Bodenbewohner.

Nashua ['næʃuə], US-amerikan. Stadt im S von New Hampshire, am Merrimack, 79 700 Ew.; College; Textil- u. Schuhindustrie,
Kautschuk- u. Metallverarbeitung; gegr. 1656.

Nashville-Davidson ['næʃvil 'deividsən], bis 1963 *Nashville,* Hptst. des Staates Tennessee (USA), am Cumberland River, 510 000 Ew., als Metropolitan Area 1,1 Mio. Ew.; 4 Universitäten; Zentrum der Unterhaltungsmusik („Nashville Sound"); Verlage, Druckereien, Tonträgerproduktion, Holzmarkt, Textil-, Holz-, Leder-, Nahrungsmittel-, Kraftfahrzeug- u. Metallindustrie; Verkehrsknotenpunkt, Flugplatz. – Gegr. 1779 als Fort Nashborough, Stadt seit 1806; 1963 Zusammenschluss mit *Davidson.*

Nashville Sound ['næʃvil 'saund], vom Klang der Steelguitar geprägte Strömung in der kommerziellen Countrymusic; kreiert in → Nashville.

Nasigoreng, indones. Nationalgericht aus gebratenem Reis mit Hühnerfleisch, Garnelen, Schweinefleisch, Pilzen u. pikanten Beigaben. Zum Würzen verwendet man das Nasigoreng-Gewürz, das zu den *Boemboes* zählt.

Näsijärvi, See in Südwestfinnland, 275 km², bis zu 58 m tief; stark gegliedert; fischreich. Sein Abfluss ist der *Kokemäenjoki* (zum Bottn. Meerbusen); Holztransport; am Südufer die Stadt Tampere.

Nasik, *Nashik,* indische Stadt im Bundesstaat Maharashtra, in den Westghats, 600 m ü. M., m. V. 722 000 Ew.; hinduist. Wallfahrtsort, buddhist. Höhlenkloster; Druckereien; Verkehrsknotenpunkt.

Nasir, *An Nasir li-Din Allah,* der letzte bedeutende Kalif der → Abbasiden (1180 bis 1225), *7. 8. 1158, † Anfang Okt. 1225; festigte die Stellung des Kalifats durch eine geschickte u. konsequente Politik, wobei er sich der → Futuwwa bediente, um zwischen Sunniten u. Schiiten zu vermitteln.

Nasiräer [hebr. *nazir*], in der Bibel (4. Mose 6) nach einem religiösen Gelübde (Wachsenlassen des Haupthaars, Enthaltung von Wein, Vermeidung der Berührung von Toten) lebende Menschen. Auch → Simson.

Nasir ed-Din, *Naṣero'd-Din, Nasreddin,* pers. Schah (1848–1896) u. Schriftsteller, *18. 7. 1831 Teheran, † 1. 5. 1896 Teheran (ermordet); Verfasser eines Diwans u. von Tagebüchern (1873, 1878, 1889) seiner Europareisen.

Nāsir-i Chosrau [-xos'rɔu], *Nāsir-i Khusrau,* pers. Dichter, *1004 Balkh (Afghanistan),
† zwischen 1072 u. 1078 Badakhshan (Afghanistan); Verbreiter des Ismailitentums, verfasste polem. Traktate, Lehrdichtung, ein kulturgeschichtl. bedeutendes Reisebuch (engl. 1872 u. 1985) u. myst. Dichtungen.

Nasiriyah, *An Nasiriyah,* südirak. Stadt am unteren Euphrat, 3 m ü. M., 266 000 Ew.; Weizen- u. Gersteanbaugebiet, Bewässerungslandwirtschaft. – 1867 von Türken gegründet.

Naskapi ['næskəpi], *Montagnais-Naskapi,* Algonkin-Indianer (3500) im N der Labradorhalbinsel; ursprüngl. zwei Stämme, heute miteinander verschmolzen.

Näsling, Fische: **1.** → Nase (3).
2. → Zobel (2).

Nasmyth ['neɪzmɪθ], James, schott. Ingenieur, *19. 8. 1808 Edinburgh, † 7. 5. 1890 London; entwickelte (ab 1839) den Dampfhammer u. die Dampframme, konstruierte verschiedene Werkzeugmaschinen.

Naso, Eckart von, dt. Schriftsteller, *2. 6. 1888 Darmstadt, † 13. 11. 1976 Frankfurt a. M.; 1918–1945 Dramaturg am Staatl. Schauspielhaus Berlin, dann in Wiesbaden, Frankfurt a. M., Stuttgart; schrieb histor. Romane („Seydlitz" 1932; „Eine charmante Person" 1962; „Caroline Schlegel" 1969), Novellen, Biografien („Moltke" 1937; „Heinrich Schlusnus" 1957) u. „Ich liebe das Leben, Erinnerungen aus fünf Jahrzehnten" 1953, fortgesetzt in „Glückes genug" 1963.

Nasreddin Hodscha, *Nasreddin Hoca,* vermutlich hist. Gestalt des 13. Jh., der „türk. Eulenspiegel"; als gewitzter volkstüml. Philosoph Held eines um 1500 entstandenen Volksbuchs. In kurzen Anekdoten steht N. H. für Mut u. Toleranz. Erste Ausgabe 1837, dt. 1855, 1969 (Auswahl).

Nasriden, die letzte islam. Dynastie in Spanien, 1238–1492; herrschte im Königreich Granada; von Isabella I. u. Ferdinand II. vertrieben.

Nasr II., Herrscher Nordostirans (Khorasans) u. Transoxaniens aus der Dynastie der *Samaniden* (914–942), *906, † 6. 4. 943; festigte seinen Staat nach längeren Kämpfen u. dehnte ihn weit nach Westiran hin aus. Gegen Ende seines Lebens neigte er offenbar dem *Ismailismus* zu u. musste deshalb abdanken.

Nass, Fluss im nördl. British Columbia (Kanada), nahe der Grenze zu Alaska,

Nashörner: Breitlippennashörner, Ceratotherium simum

380 km; Lachsfluss mit mehreren Fischtreppen.
Nassabscheider, Gerät zur Staubabscheidung aus Gasen mittels einer Waschflüssigkeit.
Nassacher Höhe, höchster Berg der Haßberge (Franken), nördl. von Hofheim, 506 m.
Nassau, 1. ehem. dt. Herzogtum an der unteren Lahn. Den Namen hatte das herrschende Geschlecht 1160 von der *Burg N.* an der Lahn übernommen. Bei der Teilung 1255 begründete Graf *Walram II* († um 1276) die walram. Hauptlinie, *Otto I.* die otton. Linie. *Adolf von N.,* ein Sohn Walrams, war 1292–1298 dt. König. In der Folgezeit entstanden durch Teilungen neue Linien. *Engelbert I.* (otton. Linie *Nassau-Dillenburg*) gewann durch Heirat ausgedehnte Besitzungen in den Niederlanden (Breda 1403). *Renatus* (aus derselben Linie) erwarb 1530 durch Erbschaft das Fürstentum Orange in Südfrankreich; die Nachfolger nahmen den Titel *Prinz von Oranien* (Linie *Oranien-Nassau*) an. *Wilhelm IV.* vereinigte die Besitzungen der nassauischotton. Linie u. wurde 1747 Erbstatthalter der Niederlande. Sein Enkel *Wilhelm VI.* verlor 1806 alles, weil er sich weigerte, dem Rheinbund beizutreten, wurde aber 1815 als *Wilhelm I.* König der Niederlande (→ Oranien). – Die aus der seit 1737 geführten walram. Linie stammenden *Friedrich August von Nassau-Usingen* u. sein Vetter *Friedrich Wilhelm von Nassau-Weilburg* nahmen 1806 den Herzogtitel an u. traten dem Rheinbund bei, 1815 dem Dt. Bund. Seit 1816 war das gesamte Herzogtum in den Händen der Weilburger. Herzog *Adolf* (seit 1839) verlor sein Land infolge des Dt. Kriegs 1866 an Preußen; er wurde 1890 Großherzog von Luxemburg. Der Mannesstamm der beiden Linien (Niederlande u. Luxemburg) ist erloschen.
2. Stadt in Rheinland-Pfalz, Rhein-Lahn-Kreis, an der unteren Lahn, östl. von Koblenz, 5100 Ew.; Luftkurort; Schloss (17. Jh.); Geburts- u. Wohnhaus der Frhr. vom u. zum *Stein*), ehem. Adelsheimer Hof (1607, seit 1912 Rathaus); Maschinen-, Metall- u. chem. Industrie; Fremdenverkehr. – Stadtrecht 1348.
3. [engl. 'næsɔː], Hptst. der Bahamas, auf New Providence, 172 000 Ew.; Fremdenverkehrszentrum, landwirtschaftl. Markt, Konservenindustrie; Naturhafen, Flughafen.
4. [engl. 'næsɔː], Korallenatoll in der Nordgruppe der neuseeländ. *Cookinseln,* als einzige Nordinsel ohne Lagune, 2,25 km², 100 Ew.; Kopraproduktion. – Wurde 1835 von J. D. Sampson gesichtet u. nach seinem Schiff „N." benannt.
Nassauer [an den Ortsnamen *Nassau* angelehnt], eine Person, die – ohne Gegenleistung – von anderen zu profitieren sucht.
Nassaugebirge, Westteil des Zentralgebirges, im indones. Teil von Neuguinea, mit *Jayaspitze* (früher Carstensz-, dann *Sukarnospitze*) 5030 m.
Nassdekatur [frz.], *Pottingen,* ein Verfahren zum Erlangen einer glatten Oberfläche sowie zur Herabsetzung der Krumpfneigung bei Wollstoffen. Die Wollgewebe werden auf gelochte Walzen gewickelt, u. Heißwasser wird von außen nach innen (oder umgekehrt) hindurchgeschickt; dann Brühen, Kaltwasserbehandlung, Dämpfen.

♦ **Nasser,** Gamal Abd An, ägypt. Offizier u. Politiker, * 15. 1. 1918 Beni Mor, Asyut, † 28. 9. 1970 Kairo; 1943 Mitbegründer des Geheimbundes „Freie Offiziere"; 1952 führend am Staatsstreich gegen *Faruk* beteiligt; Mitgl. des Revolutionsrates, 1953 stellvertr. Min.-Präs., 1954 Min.-Präs. 1954 stürzte er General A.M. *Nagib* u. wurde Staatspräsident. N. verstaatlichte 1956 den Suezkanal u. löste damit die Suezkrise aus. Er proklamierte einen „arab. Sozialismus", trieb die Industrialisierung voran (Bau des Assuan-Staudamms) u. gründete die Einheitspartei „Arab. Sozialist. Union", die jedoch in seinem diktator. Regierungssystem keine Bedeutung gewann. Außenpolitisch lehnte er sich zunehmend an die UdSSR an, bes. nach der Niederlage im „Sechstagekrieg" 1967. N. war der anerkannte Führer der panarab. Bewegung u. einer der führenden Repräsentanten der blockfreien Länder.

Gamal Abd An Nasser; 1964

Nasser-Stausee, einer der größten Stauseen der Welt, durch die Erweiterung des alten *Assuan-Stausees* im Niltal Ägyptens u. der Rep. Sudan geschaffen; 500–600 km lang, 5860 km² Fläche, ca. 169 Mrd. m³ Inhalt; mit einem 111 m hohen, 3,6 km langen Staudamm (*Sadd Al Ali;* 1960–1970 erbaut), errichtet zur Bewässerung u. Stromerzeugung (12 Kraftwerkturbinen mit einer Gesamtleistung von 2,1 Mio. kW u. einer Jahresproduktion über 10 Mrd. kWh); zunehmende Bedeutung des Fischfangs; wachsende Gefahr der Verschlammung. – Im Bereich des neuen Stausees wurden Siedlungen u. Kulturdenkmäler von Assuan aufwärts über Wadi Halfa bis in die Rep. Sudan überflutet. Ca. 70 000 Menschen mussten umgesiedelt werden. Zahlreiche Baudenkmäler wurden mit internationaler Finanzhilfe versetzt; am bekanntesten wurde die Verlegung der Felsentempel von Abu Simbel. Auch → Nil.
Nasses Dreieck, Bez. aus der Zeit der kaiserl. Marine für die *Deutsche Bucht* der Nordsee.
Nassfäule, 1. durch Bakterien oder Pilze verursachtes Faulen von Pflanzenteilen. Wirtschaftl. wichtig ist die N. der Kartoffelknolle (→ Kartoffelkrankheiten).
2. durch Pilze bei hohem Feuchtigkeitsgehalt hervorgerufene Fäulnis des Holzes.
Nassfestigkeit, bei Fasern, Fäden u. Geweben die Zugfestigkeit im nassen Zustand; sie wird im Allg. in Prozenten der *Trockenfestigkeit* (Festigkeit bei 65 % relativer Luftfeuchtigkeit u. 20 °C) angegeben; bei Schafwolle z. B. 75–97 %, Naturseide 80–90 %, Baumwolle 102–107 %, Flachs u. Hanf 102–106 %, Celluloseregeneraten 45–70 %, Faserstoffen aus Hochpolymeren 90–105 %, oft um 100 %.
Nassgalle, auch *Rasengalle,* durch geringen Austritt von Quellwasser ständig feuchte Bodenstelle. Auf Wiesen treten dabei Sauergräser auf.
Nassguss, das Gießen von Metallen in ungetrocknete Sandformen.
Nass-in-Nass-Druck, das unmittelbare Aufeinanderdrucken mit zwei oder mehreren Farben, ohne dass zwischendurch die zuvor gedruckte Farbe getrocknet wurde. Der moderne Offsetdruck ist ein Nass-in-Nass-Druck-Verfahren, während beim Tiefdruck nach jeder Farbübertragung getrocknet werden muss.
Nässjö ['nɛʃøː], Stadt im südschwed. Bergland, südöstl. von Jönköping, 19 000 Ew., als Großgemeinde 935 km², 32 000 Ew.; Metall-, Holz- u. Textilindustrie; Eisenbahnknotenpunkt.
Nassmetallurgie, *Hydrometallurgie,* ein Verfahren zur Gewinnung von Nichteisenmetallen: Die in den Erzen enthaltenen Metalle werden durch Aufschlussmittel (Säuren, Basen oder Salze) in wasserlösl. Metallsalze überführt, die in Wasser aufgelöst werden. Aus der wässrigen Lösung werden die Metalle in metallischer Form gewonnen durch *Elektrolyse,* durch *Zementation* oder durch *Druckfällung,* als chem. Verbindung durch *Kristallisation* oder durch Überführung in schwer lösliche Verbindungen.
Nassmühle, eine Mühle, bei der man dem Mahlgut eine Flüssigkeit (meist Wasser) beigibt, wodurch eine bessere Mahlfeinheit erzielt wird.
Nasspartie, der Teil der *Papiermaschine,* in dem der Papiermasse der größte Teil des Wassers entzogen wird; → Papier.
Nassschneelawinen → Lawine.
Nassspinnerei, Spinnerei für feine u. feinste Flachs- u. Hanfgarne *(Nassgespinste),* wobei das Vorgarn vor Eintritt in die Streckwerk durch 60 °C heißes Wasser geführt wird; dadurch werden die Fasern geschmeidiger, u. die zunächst gelösten Leimrückstände kleben nachher die Fasern fest. Das Garn wird glatt u. gleichmäßiger. Das Verfahren wird auf der *Nassspinnmaschine* durchgeführt, in der Hanfspinnerei auch auf der *Heißwasser-Spinnmaschine.* Beim *Halbnassspinnen* passiert das bereits trocken verzogene Vorgarn während der Drehungserteilung eine Netzeinrichtung.
Nasswäsche, die Reinigung des *Gichtgases* der Hochöfen vom mitgeführten Flugstaub. Das aufwärts strömende Gas wird von oben mit Wasser berieselt.
Nast [næst], **1.** Condé, US-amerikanischer Verleger, * 26. 3. 1874 New York, † 19. 9. 1942 Paris; gründete 1907 einen Schnittmusterverlag, kaufte 1909 die Modezeitschrift „Vogue" (gegründet 1892) u. die Wohnzeitschrift „House and Garden" (gegründet 1901) sowie 1913 die Gesellschaftszeitschrift „Vanity Fair" (1913–1936, neu gegründet 1983). 1939 gründete N. die

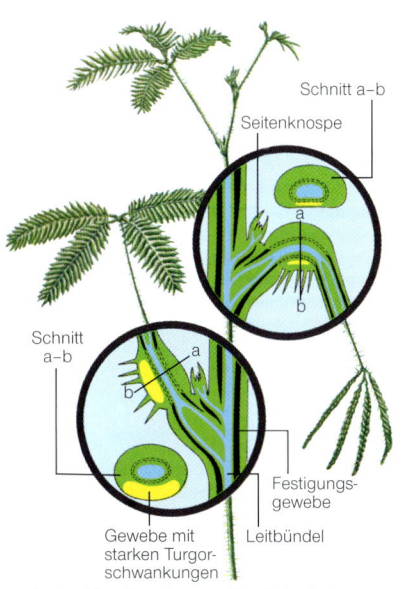

Nastie: Reaktion der Mimose auf Stoßreize (Seismonastie). Besonders empfindlich ist das Gelenk des Blattstiels an seiner Unterseite. Unterbleibt eine weitere Reizung, erholt sich die Pflanze innerhalb von 15-20 Minuten völlig. Alle Teile nehmen wieder ihre Ausgangslage ein

Frauenzeitschrift „Glamour". 1959 ging der Verlag an die Mediengruppe S.I. *Newhouse*.
2. Thomas, US-amerikan. Zeichner u. Karikaturist, *27. 9. 1840 Landau in der Pfalz, †7. 12. 1902 Guayaquil (Ecuador); veröffentlichte seit 1859 in „Harper's Weekly", seit 1888 in „America", seit 1892 in „Nast's Weekly". N. erfand die Tiersymbole „Elefant" für die republikan., „Esel" für die demokrat. Partei; zuletzt war er US-amerikan. Konsul in Ecuador.
Nastätten, Stadt in Rheinland-Pfalz, Rhein-Lahn-Kreis, im nördl. Taunus, 265 m ü. M., 4100 Ew.; Luftkurort.
◆ **Nastie** [die; grch.], die von der Reizrichtung unabhängige Bewegung von Teilen fest gewachsener Pflanzen auf Reize (→ Reizbewegungen). Bewegungsart u. -richtung sind durch die Struktur des gereizten Organs vorgeschrieben. Die Nastien, als auffälligste Bewegungen im Pflanzenreich, werden entweder durch wiederholbare → Turgorbewegungen hervorgerufen oder durch einmalige, manchmal periodische Wachstumskrümmungen. Je nach Reizursache unterscheidet man: 1. *Chemonastie*, 2. *Hapto-* oder *Thigmonastie*, 3. *Fotonastie*, 4. *Seismonastie* u. 5. *Thermonastie*. Außerdem werden → Schlafbewegungen als *Nyktinastie* u. → Ranken oder → Winden als *Zyklonastie* bezeichnet.
Nasturtium [lat.] → Brunnenkresse.
naszierend [lat.], Bez. für den bei vielen Stoffen durch bes. chem. Reaktionsfähigkeit ausgezeichneten Zustand ihres Entstehens im Verlauf einer chem. Reaktion.
Nat [birm.], Volksgötter der Birmanen; im sog. Nat-Kult verehrt, der neben dem Buddhismus die niedere Ebene birman. Religiosität repräsentiert.
Natakamani, meroit. König des 1. Jh. v. Chr.; seine Grabpyramide in Meroe enthielt hellenist. Bronzeobjekte. N. kann als letzter großer Bauherr von Meroe angesehen werden.
Natal, 1. [„Weihnachtsland"; am Weihnachtstag, dem „dies natalis", 1497 von *Vasco da Gama* entdeckt], Provinz im O der Rep. Südafrika, seit 1994 ⇒ Kwazulu/Natal.
2. Hptst. u. wichtigster Hafen des nordostbrasilian. Staats Rio Grande do Norte, 639 000 Ew.; Universität (gegr. 1958); Stahlwerk, Nahrungsmittel-, chem. u. Textilindustrie, Handels- u. Exportzentrum für Agrarprodukte, Salzgewinnung; Flughafen. – gegr. 1597; 1633–1654 niederländisch.
Natalbecken, Tiefseebecken im westl. Indischen Ozean, in der Nataltiefe –5778 m.
Natalie [zu lat. *dies natalis*, „Geburtstag (des Herrn)"], weibl. Vorname; russ. *Natalja*; Koseform *Natascha*.
Natalität [lat.], 1. *Bevölkerungslehre*: Geburtenhäufigkeit, die Zahl der lebend Geborenen auf je 1000 Einwohner im Jahr. Auch → Fruchtbarkeitsziffer, → Geburtenziffer.
2. *Tierökologie*: die Nachkommenzahl eines Weibchens in dessen Lebenszeit. Auch → Fertilität.
Natan, im AT einer der am Hof Davids lebenden Propheten, Erzieher Salomos; trat gegen den Tempelbau auf; weissagte über das Königtum Davids (2. Samuel 7; 12; 1. Könige 1).
Natanael [-naːɛl; hebr., „Gott hat gegeben"], nach Johannes 1,43ff. einer der ersten Jünger *Jesu*; stammte nach Johannes 21,2 aus Kana in Galiläa; kommt in den Jüngerverzeichnissen der synopt. Evangelien nicht vor; vielleicht identisch mit *Bartholomäus*.
Natangen, fruchtbare ostpreuß. Hügellandschaft zwischen Ermland, Frischem Haff, Pregel u. Alle; zentraler Ort *Preußisch Eylau*.
Natantia [lat.] → Garnelen.
Nataraja [-ˈraːdʒa; sanskr., „König des Tanzes"], der indische Gott Shiva im ekstat. Tandava-Tanz der Zerstörung u. Neuordnung.
Natchez [ˈnætʃiz], nahezu ausgestorbener Muskhogee-Indianerstamm im SO der USA, am unteren Mississippi. Die N. waren sesshafte Maisbauern unter der absoluten Herrschaft eines Priesterkönigs mit 2 Rangklassen. Das Reich wurde im 18. Jh. von den Franzosen vernichtet.
Natchez [ˈnætʃiz], Stadt im Südwesten des Staates Mississippi (USA), am linken Ufer des Mississippi, 24 000 Ew.; Zentrum eines Viehzucht- u. Baumwollanbaugebietes; Verarbeitung von Baumwolle, Holz u. Kautschuk; Verkehrsknotenpunkt. – 1716 durch Franzosen gegründet, später in brit. u. bis 1798 in span. Besitz; Stadt seit 1803.
Natha, ein Bodhisattva im buddhist. Glauben, → Avalokiteshvara.
Nathan [hebr., „Geschenk"], männl. Vorname, auch Kurzform von *Nathanael* u. *Jonathan*.
Nathan, bibl. Gestalt, → Natan.
Nathanael, bibl. Gestalt, → Natanael.
Nathan Ben Jechiel [-çiːɛl], jüd. Gelehrter, *um 1020 Rom, †1106 Rom; Verfasser eines rabbin. Wörterbuchs 1101 („Aruch"), des ersten Kommentars zum Talmud.
◆ „**Nathan der Weise**", dramat. Gedicht (Schauspiel) von G. E. *Lessing* (1779, uraufgeführt 14. 4. 1783 Berlin); erwuchs aus dem theolog. Streit mit dem Hamburger Hauptpastor J. M. *Goeze*; verwendet die Fabel von den drei Ringen aus G. *Boccaccios* „Decamerone" zu einer Parabelpredigt über Toleranz u. vorurteilslose Menschenliebe; geschrieben im Shakespeare'schen *Blankvers*.
Nathania, Stadt in Israel, → Netanya.
Nathans [ˈnæθənz], Daniel, US-amerikan. Mikrobiologe, *30. 10. 1938 Wilmington, Del., †16. 11. 1999 Baltimore, Md.; erhielt für die Entdeckung der Restriktions-Enzyme u. für Arbeiten über die Anwendung dieser Enzyme auf dem Gebiet der Molekulargenetik zusammen mit W. *Arber* u. H. *Smith* den Nobelpreis für Medizin u. Physiologie 1978.
Nathansen, Henri, dän. Schriftsteller, *17. 7. 1868 Hjørring, †16. 2. 1944 Lund (Selbstmord); sein Drama „Hinter Mauern" (1912, dt. 1913), das zu den Hauptwerken der dän. Bühne zählt, behandelt die Stellung der Juden in der dän. Gesellschaft; autobiograf. Roman „Av Hugo Davids liv" 4 Bde. 1917; Biografie Georg Brandes' „Jude oder Europäer" 1929, dt. 1931.
Natho, Eberhard, dt. ev. Theologe, *24. 6. 1932 Dessau; 1970–1994 Kirchenpräsident der Ev. Landeskirche Anhalts.

„Nathan der Weise". Zeitgenössische Illustration von Daniel Chodowiecki

Nation

Nation [lat. *natio*, „Geburt", „Geschlecht", „Volk", „Stamm"], in der modernen Bedeutung des Begriffs eine bewusste u. gewollte polit. Gemeinschaft, die zwar in vielen Fällen von der Mehrheit eines Volkes mit gleicher Sprache getragen wird, aber darüber hinaus auch fremdstämmige u. anderssprachige Volksteile aufnehmen kann, die sich mehr oder minder freiwillig zu ihr bekennen. Die N. ist also weitgehend Willensgemeinschaft in stetiger polit. Integration. Prägend für die N. ist vor allem die gemeinsame Geschichte.
Gegen diesen Begriff der *Staatsnation*, wie er in der Französ. Revolution entstand, entwickelte sich – gleichfalls am Ausgang des 18. Jh. – in Mittel- u. Osteuropa die Vorstellung einer *Kulturnation* (F. Meinecke) im Sinn einer über alle staatl. Grenzen hinausgreifenden ethn. u. Sprachgemeinschaft, wie z. B. Deutschland, Österreich u. die deutschsprachige Schweiz.
Bei den alten Römern bezeichnete N. nur eine Blutsgemeinschaft (Völkerschaft, Volk); auch im MA u. bis in die Neuzeit hinein wurde der Begriff in diesem Sinn gebraucht; so sprach man z. B. an den Universitäten von N. als „Landsmannschaft", d. h., Studenten aus dem gleichen Land gehörten einer N. an. Später wurde der Begriff vom dynast. Denken bestimmt, so dass man zeitweise von der bayer., württemberg. u. a. Nationen sprach.
national [lat.], einer → Nation zugehörend oder ihr eigentümlich; der Begriff wird in verschiedener Bedeutung gebraucht: vaterländisch, völkisch, staatlich, territorial u. im Hinblick auf bestimmte identitätsstiftende Traditionen.
National Association for the Advancement of Colored People [ˈnæʃənl əsouːsiˈeiʃən fər ði ædvɑːnsmənt əv ˈkʌləd ˈpiːpl], Abk. → NAACP.
Nationalbanken, in den USA seit dem Nationalbankgesetz vom 25. 2. 1863 zur Ausgabe von Banknoten (bis zur Höhe des Eigenkapitals, sofern sie durch Staatsanleihen *[United States Bonds]* gedeckt sind) privilegierte Bankinstitute der einzelnen Bundesstaaten; seit 1914 Mitglieder des *Federal Reserve Systems*. Sie unterstehen der Kontrolle des *Federal Reserve Board*. Auch → Bundesreservebanken.
Nationalbibliografie, ein Verzeichnis der Buchproduktion eines Landes oder eines bestimmten Sprachraumes, das in der Regel von der *Nationalbibliothek* des Landes herausgegeben wird.
Nationalbibliothek, eine Bibliothek, die das Schrifttum eines Staates vollständig u. die Buchproduktion anderer Länder in möglichst großem Umfange sammelt u. katalogisiert.
Die Funktion einer N. nimmt in Deutschland in erster Linie *Die Deutsche Bibliothek* wahr, bestehend aus der *Deutschen Bibliothek* in Frankfurt a. M. u. der *Deutschen Bücherei* in Leipzig; daneben das *Deutsche Musikarchiv* in Berlin. In den USA: *Library of Congress* (Washington); Frankreich: *Bibliothèque Nationale* (Paris); Russland: *Lenin-Bibliothek* (Moskau); Großbritannien: *British Library* (London); Österreich: *Österreichische Nationalbibliothek* (Wien); Spanien: *Biblioteca Nacional* (Madrid).
Nationalbolschewismus, meist polemisch verwandte Bez. für eine polit. Richtung, die das nationale bzw. nationalist. mit dem sozialen bzw. sozialist. Element zu verbinden sucht. Sie spielte in der Weimarer Republik eine gewisse Rolle. Bekanntester Repäsentant des N. war E. *Niekisch* (Zeitschrift: „Der Widerstand").
National Broadcasting Company [ˈnæʃənl ˈbrɔːdkaːstiŋ ˈkʌmpəni], Abk. *NBC*, 1926 gegr. privatwirtschaftl. Rundfunkgesellschaft auf kommerzieller Basis, die in den großen Städten des Landes eigene Hörfunk- u. Fernsehsender betreibt u. andere Gesellschaften mit fertigen Programmen versorgt.
National Catholic Welfare Conference [ˈnæʃənl ˈkæθəlik ˈwɛlfɛr ˈkɔnfərəns], Abk. *NCWC*, 1919 gegr. Dachorganisation der kath. Wohlfahrts- u. Erziehungsverbände der USA; heutige Bez. seit 1923; Ztschr.: „News Service".
Nationalchina, im Westen manchmal gebrauchte Bez. für → Taiwan.
Nationaldemokratische Partei, Abk. *ND*, poln. *Stronnictwo Demokratyczno-Narodowe*, 1897 gegr. poln. polit. Partei; verfolgte eine nationalist., russlandfreundliche, stark antisemit. Politik; bei der Neugestaltung des poln. Staates nach dem 1. Weltkrieg setzte sie weitgehend eine Politik der Arrondierung im Westen u. der Assimilation der nichtpoln. Völkerschaften Polens durch. Im poln. Parlament stets stark vertreten, übte die N. P. sowohl in der Regierungsbeteiligung unter W. *Witos* als auch in der Opposition gegen J. *Piłsudski* einen starken Einfluss aus.
Nationaldemokratische Partei Deutschlands, Abk. *NPD*, 1964 in der BR Dtschld. als Sammelbecken verschiedener nationalistisch ausgerichteter Gruppierungen gegründete Rechtspartei. Sie konnte zwischen 1966 u. 1968 in sieben Landesparlamente einziehen, u. a. bedingt durch eine wirtschaftl. Rezession, die Große Koalition u. die Studentenbewegung. Nachdem die rechtsextremist. Partei bei der Bundestagswahl 1969 mit 4,3 % den Einzug ins Parlament knapp verfehlte, wurde sie binnen kurzem wieder eine Splitterpartei. Sie zog nie wieder in ein Landesparlament ein u. verlor im „rechten Lager" ihre führende Position. Bei der Bundestagswahl 1998 erreichte die NPD 0,3 % der Stimmen. Unter ihrem Vorsitzenden Udo *Voigt* (seit 1996) konnte die Partei mit aktionist. Ausrichtung u. unter der Parole eines „völkischen Sozialismus" vor allem in den östl. Bundesländern neue Anhängerkreise gewinnen. Als Wahlpartei blieb sie allerdings weiterhin bedeutungslos. Sie hatte Ende 2000 rd. 6500 Mitglieder. 2001 beantragten Bundesregierung, Bundesrat u. Bundestag beim Bundesverfassungsgericht die Verfassungswidrigkeit der NPD festzustellen u. damit ein Verbot der Partei zu erreichen.
National-Demokratische Partei Deutschlands, Abk. *NDPD*, 1948 in Halle (Saale) in der SBZ gegr. Partei, die ehem. Mitglieder der NSDAP u. Berufssoldaten der dt. Wehrmacht für die SED-Politik gewinnen sollte; löste sich nach dem Umsturz 1989 von der SED; ging 1990 in der gesamtdt. FDP auf.
Nationale Aktion → Schweizer Demokraten.
Nationale Front der DDR, bis 1973 *Nationale Front des demokratischen Deutschland*, von der SED gelenkte Sammelorganisation in der DDR, 1949 gegr. Sie sollte auch die politisch nicht organisierten Teile der Bevölkerung erfassen, indem sie sich auf Haus- u. Hofgemeinschaften aufbauten. Als Ziel der Nationalen Front wurde ursprünglich die „Sammlung aller aufrechten Deutschen zum Kampf um die Einheit Deutschlands u. für Abschluss eines Friedensvertrages" bezeichnet; es trat seit 1955 mehr u. mehr zugunsten innenpolit. Ziele (Koordinierung des Parteiensystems, Erstellung von Wahllisten) in den Hintergrund. Ähnlich wie die *Volksfronten* in einigen anderen sozialist. Ländern galt die Nationale Front der DDR als das bestimmte „Bündnis aller polit. u. sozialer Kräfte des werktätigen Volkes unter der Führung der Arbeiterklasse u. ihrer Partei". 1990 wurde die Nationale Front offiziell aufgelöst.
Nationaleinkommen → Volkseinkommen.
nationale Minderheiten → Minderheiten.
„National Enquirer" [ˈnæʃənl inˈkwaiərə], 1926 als Unterhaltungsblatt gegr. US-amerikan. Wochenzeitschrift; Auflage: 4,3 Mio.
Nationalepos, ein Epos, das in Stil u. Thematik am deutlichsten den Charakter u. die Kultur eines Volkes widerspiegelt u. sich großer Beliebtheit erfreut; im antiken Griechenland: *Homers* „Ilias", im Röm. Reich: *Vergils* „Aeneis", in Frankreich: „Chanson de Roland", in England: „Beowulf", in Dtschld.: „Nibelungenlied".
Nationaler Verteidigungsrat der DDR, das

Nationalhymne: Schweiz

Nationalisierung

Nationalhymne: Bundesrepublik Deutschland

[Notenbeispiel mit Text: „Einigkeit und Recht und Freiheit für das deutsche Vaterland! Danach laßt uns alle streben brüderlich mit Herz und Hand! Einigkeit und Recht und Freiheit sind des Glückes Unterpfand – blüh im Glanze dieses Glückes, blühe deutsches Vaterland! Blüh im land!"]

1960 bis 1989 bestehende oberste Organ der Landesverteidigung in der DDR. Vors. des Rates war stets der Parteichef der SED (1960–1971 W. *Ulbricht*, 1971 bis 1989 E. *Honecker*; 1989 E. *Krenz*), die Zusammensetzung war unbekannt.

Nationales Komitee für Elite-Sport, Abk. *NKES*, 1966 gegr., koordinierende Einrichtung zur Förderung des Spitzensports in der Schweiz, Sitz: Bern.

Nationales Olympisches Komitee, Abk. *NOK*, die 1895 auf Initiative von K. A. W. Gebhardt (*1861, †1921) in Berlin gegr. Organisation zur Beteiligung Deutschlands an den Olymp. Spielen; zuerst unter der Bez. *Dt. Komitee für die Olymp. Spiele zu Athen*, 1904 in *Dt. Reichsausschuss für Olymp. Spiele* umbenannt; ging 1917 in den *Dt. Reichsausschuss für Leibesübungen* über. – Nach dem 2. Weltkrieg wurde 1949 in Bonn für die BR Dtschld. das *NOK für Deutschland* gegr. u. 1951 vom Internationalen Olymp. Komitee (IOK) anerkannt. Das IOK bestimmte, dass mit dem *NOK für Ostdeutschland* eine gemeinsame dt. Mannschaft für die Olymp. Spiele aufzustellen sei, was 1952 noch nicht gelang, 1956–1964 jedoch durchgeführt wurde (→ gesamtdeutsche Mannschaft). 1965 erkannte das IOK das NOK der DDR als gleichberechtigt an, u. 1968–1988 starteten zwei dt. Mannschaften bei den Olymp. Spielen. 1990 schlossen sich die beiden dt. NOK wieder zusammen.

Nationale Volksarmee, Abk. *NVA*, die Streitkräfte der DDR, 1956 hervorgegangen aus der 1952 aufgestellten *Kasernierten Volkspolizei*. Die NVA rekrutierte sich zunächst aus sog. Freiwilligen, bis 1962 die allg. Wehrpflicht eingeführt wurde, die für Männer vom 18. bis zum 50. (bei Offizieren bis zum 60.) Lebensjahr einen Grundwehrdienst von 18 Monaten vorschrieb u. für diensttaugl. Frauen einen Sonderdienste in den Streitkräften vorsah. Wehrdienstverweigerern aus religiösen u. ähnl. Gründen war waffenloser Ersatzdienst möglich.

Streitkräfte: Die Gesamtstärke der regulären Streitkräfte der NVA betrug (1989) 173 000 Mann. Die *Landstreitkräfte*, Mannschaftsbestand 120 000 Mann, gliederten sich in 2 Armeekorps mit zusammen 2 Panzer- u. 4 motorisierten Infanteriedivisionen. Die *Volksmarine*, Mannschaftsbestand 15 000 Mann, bestand aus 3 Flottillen. Die *Luftstreitkräfte*, Mannschaftsbestand 39 000 Mann, waren organisiert in 2 Fliegerdivisionen mit 6 Jagd- bzw. Jabo-Regimentern u. 1 Bomberregiment. – Außerdem gab es an paramilitär. Kräften in der DDR 47 000 Mann „Grenztruppen", rd. 17 500 Mann Sicherheitstruppen sowie die → Kampfgruppen der Arbeiterklasse mit insges. rd. 400 000 Mann u. die rd. 500 000 Mitglieder der → Gesellschaft für Sport und Technik.

Befehlsstruktur: Der Oberbefehl über die NVA lag bei dem 1960 eingerichteten *Nationalen Verteidigungsrat*, die Führung, Verwaltung u. Kommandogewalt beim Minister für nationale Verteidigung. Alle Truppen der fast ausschl. mit sowjet. Waffen ausgerüsteten u. auf Führungsebene vielfach in der Sowjetunion ausgebildeten NVA unterstanden bereits im Frieden dem Vereinigten Oberkommando des *Warschauer Pakts*. Mit der Wiedervereinigung Deutschlands am 3. 10. 1990 wurde die NVA als *Bundeswehrkommando Ost* (bis Juni 1991) in den NATO unterstellter Bestandteil der Bundeswehr.

Nationalfarben, *Landesfarben*, die Farben, mit denen ein Staat seine Nationalflagge, Schlagbäume, Ordensbänder u. a. versieht. Die N. haben ursprüngl. oft symbol. Bedeutung, häufig sind sie Wappen entlehnt.

Nationalfeiertag, Staatsfeiertag zur Erinnerung an ein entscheidendes geschichtl. Ereignis oder Ziel, das das Selbstverständnis der betreffenden Nation, eines Volkes oder eines Regimes symbolisiert; z. B. 4. Juli in den USA: Unabhängigkeitserklärung 1776; 14. Juli in Frankreich: Bastillesturm 1789; 1. August in der Schweiz: Bundesbrief 1921; 26. Oktober in Österreich: Verfassungsgesetz 1955, in dem der Wille zur Wahrung der Unabhängigkeit u. immer währenden Neutralität erklärt wird; oft der Jahrestag der Unabhängigkeitserklärung in jungen Staaten. – In der BR Dtschld. hatte 1954–1990 der 17. Juni den Charakter eines Nationalfeiertages. Mit dem Gedenken an den Arbeiteraufstand in Ostberlin am 17. Juni 1953 sollte der Wiedervereinigungswille des deutschen Volkes ausgedrückt werden. Seit 1990 ist der 3. Oktober als Tag der dt. Einheit N.

Nationalflagge, allg. Nationalsymbol eines Staates, das von allen seinen Bürgern geführt werden darf; im Unterschied dazu → Dienstflagge (von Behörden), → Handelsflagge (auf Schiffen), → Kriegsflagge (auf militär. Gebäuden).

Nationalgarde, in *Frankreich* die während der Französ. Revolution von Graf *La Fayette* gegr. Bürgerwehr, die später der Armee angegliedert, bis 1871 bestand; in den *USA* die im Unabhängigkeitskrieg entstandene Miliz, *Army National Guard*.

„National Geographic" [ˈnæʃnl dʒiəˈgræfik], 1888 gegr. US-amerikan. Zeitschrift mit erd- u. völkerkundl. Themen, hrsg. von der *National Geographic Society* als Monatsblatt in Washington; Auflage: 10,2 Mio.; im Verlag der Gesellschaft erscheinen auch Bücher, Atlanten u. Unterrichtsmaterial.

National Hockey League [ˈnæʃnl ˈhɒki ˈliːg; engl.], Abk. *NHL*, nordamerikan. Eishockey-Profiliga, in der die besten Profiklubs der USA u. Kanadas zusammengefasst sind; der Sieger der Spielrunde wird mit dem *Stanley-Cup* ausgezeichnet; die bereits 1917 eingeführte NHL gilt als stärkste Eishockey-Liga der Welt.

◆ **Nationalhymne**, ein Lied mit meist volkstüml. Melodie, das, oft durch staatl. Verordnung zur N. bestimmt, die staatl. Zusammengehörigkeit einer Nation symbolisieren soll; seit dem 19. Jh. eingeführt. Nationalhymnen werden vor allem bei offiziellen Anlässen gespielt, bes. bei Staatsbesuchen u. sportl. Veranstaltungen. Auch → Deutschlandlied.

Nationalisierung → Sozialisierung.

[Notenbeispiel mit Text: „Land der Berge, Land am Strome, Land der Äcker, Land der Dome, Land der Hämmer, zukunftsreich! Heimat bist du großer Söhne, Volk, begnadet für das Schöne, vielgerühmtes Österreich, vielgerühmtes Österreich."]

Nationalhymne: Österreich

Nationalismus

Nationalismus, eine Weltanschauung oder Ideologie, die die *Nation* u. den *Nationalstaat* als polit. Leitbegriffe in den Mittelpunkt stellt. In Europa wurde der N. insbes. nach der Französ. Revolution bestimmend für die polit. Kultur. Der N. legitimiert sich häufig durch Berufung auf ein Sendungsbewusstsein, mit dem eine Nation ihre Selbsteinschätzung hebt. Als die einem Volk speziell zugewiesene Aufgabe soll z. B. gelten: Verbreitung der Zivilisation, der Freiheit, der Gleichheit, der sozialen Gerechtigkeit. Mitunter bedient der N. sich auch übernationaler völk. Ideologien (z. B. im *Panslawismus*). Gewisse Nationen erscheinen dann als Vorkämpfer ganzer Rassen oder Kontinente. In Italien propagierte der *Faschismus*, der ähnl. Bewegungen in anderen Ländern inspirierte, eine extreme Form des N. Im *Nationalsozialismus* verband sich der N. mit einem übersteigerten volksgeschichtl. Denken u. einem scheinbiolog. Rassenbegriff.

Der N. hat zwar das nationalstaatl. Europa des 19. u. der 1. Hälfte des 20. Jh. aufgebaut, andererseits hat er es jedoch durch Überspannungen, die zu einseitiger u. rücksichtsloser Verfechtung nationalegoist. Interessen unter Missachtung der Lebensrechte u. Lebenskräfte anderer Völker führten, bedenklich gestört. Die Erfahrungen zweier Weltkriege, ausgelöst durch nationalistisch zugespitzte Gegensätze, führten in Europa zu dem Bestreben nach polit. Vereinheitlichung durch nationalen Interessenausgleich als Voraussetzung für den Abbau nationalist. Zielsetzungen (z. B. im Rahmen der EU). Die polit. Umwälzungen seit 1989 führten durch die Auflösung der UdSSR u. dem Zerfall Jugoslawiens zu einer Neubelebung des N. u. zur Zunahme ethn. Konflikte. In der Dritten Welt spielte der N. vor allem in der Phase der Entkolonialisierung eine identitätsstiftende Rolle. Anderseits sind hier aufgrund der ethn. Verschiedenheit der Bewohner der ehem. Kolonialgebiete neue Gegensätze entstanden, die ein hohes Konfliktrisiko bergen (vor allem in Afrika).

Nationalkomitee „Freies Deutschland": der KPD-Vorsitzende W. Pieck (2. von links) mit den Generälen (von links nach rechts) H.-G. Leyser, F. Paulus und M. Lattmann 1944 im Lager Lunjewo bei Moskau

Nationalität [lat.], **1.** Volkszugehörigkeit, Zugehörigkeit zu einer *Nation*.
2. die → Staatsangehörigkeit; im ursprünglichen Sinn: die durch gemeinsame volksmäßige Abstammung begründete Zusammengehörigkeit unabhängig von der Staatsangehörigkeit.
3. nationale → Minderheiten in einem Staat.

Nationalitätenstaat, eine Siedlungsform, in der mehrere Völker in einem Staat leben. Zu unterscheiden sind drei Arten solchen Zusammenlebens: a) Das Staatsvolk besteht aus Teilen verschiedener Völker, deren Hauptmenge außerhalb des betreffenden Staatsgebietes wohnt (z. B. Schweiz, Belgien). b) Das Staatsvolk besteht aus mehreren, aber ganz oder fast ganz im Staatsgebiet lebenden Völkern (z. B. die frühere Tschechoslowakei, das ehem. Jugoslawien). c) Ein Bundesstaat oder Staatenbund umfasst mehrere nationale Minderheiten- oder Nationalitätenstaaten. Als Nationalitätenstaaten bezeichnet man schließlich die Siedlungsformen vieler junger Staaten in Asien u. Afrika, deren staatl. Zusammensetzung durch Kolonialherrschaft begründet wurde, die Bewohnerschaft aber nach Volkstum, Religion, Sprache, Bildung den verschiedensten Gruppen angehört, die nicht als Nationalitäten begriffen werden können (z. B. Indien).

Nationalitätsprinzip, auf die Romantik u. auf J. G. *Herder* zurückgehende Forderung nach staatl. Selbständigkeit für jedes Volk als ethnische Gruppe; politisch bedeutsam in den dt. u. italien. Einigungsbestrebungen sowie in den Selbständigkeitsbestrebungen der Völker der Vielvölkerstaaten Österreich-Ungarn, der alten Türkei u. des zaristischen Russland.

Nationalkirche, eine infolge ihres Rechts u. ihrer Betätigung auf eine Nation beschränkte Kirche, die von keiner außerhalb der Nation bestehenden Oberleitung abhängig ist. In der Völkerwanderungszeit entwickelten sich die arianischen Kirchen einzelner germanischer Völker zu Nationalkirchen; in der Ostkirche entstanden seit dem 5. Jh. autokephale Nationalkirchen; Nationalkirchen waren auch die französ. Kirche u. die engl. Kirche des späten MA; aus der Letzteren ging im 16. Jh. die anglikanische Kirche hervor. In Deutschland entstanden im 15. Jh. nach dem Scheitern der Reformkonzilien u. im 18. Jh. im Gefolge des *Febronianismus* im kath. Bereich nationalkirchliche Bestrebungen. Aus der römisch-katholischen Kirche in der Neuzeit entstandene Nationalkirchen kamen über sektenhafte Bedeutung nicht hinaus. Nach der Reformation wurden die lutherischen Kirchen Skandinaviens zu Nationalkirchen. Die Protestanten erstrebten seit der Missionskonferenz zu Jerusalem 1928 in Missionsländern die Bildung von einheimischen Nationalkirchen.

◆ **Nationalkomitee „Freies Deutschland",** Abk. *NKFD,* von emigrierten kommunist. Politikern (u. a. W. *Pieck,* W. *Ulbricht,* E. *Weinert*) auf sowjet. Initiative am 12./13. 7. 1943 in Krasnogorsk bei Moskau gegr. Organisation dt. Kriegsgefangener in der Sowjetunion. Am 13. 9. 1943 wurde außerdem der *Bund Deutscher Offiziere* gegründet, der praktisch mit dem NKFD verschmolzen wurde. In seinem Manifest u. durch Rundfunk, Flugblätter u. Briefe forderte das NKFD die Angehörigen der Wehrmacht zum Sturz Hitlers u. zur sofortigen Beendigung des Krieges auf. Es war zugleich Instrument der sowjet. Politik gegenüber den westl. Alliierten u. gegenüber Deutschland, indem es als Gegenleistung für eine rasche Einstellung des Krieges die Möglichkeit der Zusammenarbeit mit einem bürgerlich-demokrat. Deutschland andeutete. Mangelnder Erfolg der Aktivitäten des NKFD u. der militär. Vormarsch der Roten Armee machten diese Aussichten schon 1944 zunichte. Das NKFD wurde im November 1945 aufgelöst; führende Mitglieder übernahmen wichtige politische u. militärische Funktionen in der SBZ bzw. DDR, z. B. beim Aufbau der Kasernierten Volkspolizei.

Nationalkonvent, frz. *Convention nationale* → Konvent.

Nationalliberale Partei, 1867 durch Abspaltung des rechten Flügels der *Fortschrittspartei* gebildet; versuchte, den Gedanken des nationalen Machtstaats mit dem der bürgerl. Freiheit zu verbinden. Die Verfassung des Dt. Reichs von 1871 u. damit die Einführung des allg., gleichen u. geheimen Wahlrechts für den Reichstag sind auch auf ihren Einfluss zurückzuführen. Sie hatte ebenfalls, bes. durch ihren Abgeordneten L. *Bamberger,* starken Anteil am Zustandekommen des Strafgesetzbuchs (1871), der Strafprozessordnung (1877) u. der Zivilprozessordnung (1877). Im 1. u. 2. Reichstag (1871, 1875) war die N. P. mit rd. 170 Abgeordneten die stärkste Fraktion u. in den Jahren 1876–1878 die Hauptstütze der Politik *Bismarcks.* Mit M. von *Forckenbeck* u. F. *Schenk von Stauffenberg* stellte sie bis 1879 den Präsidenten bzw. Vizepräsidenten des Reichstags. 1877 scheiterten Verhandlungen ihres Vorsitzenden R. von *Bennigsen,* die das Ziel hatten, nationalliberale Politiker in die Reichsregierung aufzunehmen. Die N.P. wurde ihren Prinzipien durch Zustimmung zu den Ausnahmegesetzen im *Kulturkampf* u. gegen die Sozialdemokratie untreu. Nach 1878 wandte sich Bismarck bei seinem neuen wirtschaftspolit. Kurs von den Nationalliberalen ab. Die teilweise opportunist. Haltung der Partei veranlasste viele konsequent liberale Politiker (E. Lasker, Bamberger, Forckenbeck u. a.) 1880 zum Austritt. Bennigsen legte 1883 den Parteivorsitz nieder. Sein Nachfolger wurde J. von *Miquel.* Weitere Führer der Nationalliberalen waren bis 1918 E. *Bassermann* u. G. *Stresemann.* 1918 war sie u. a. durch E. *Schiffer* an der kaiserlichen Reichsregierung beteiligt. Nach dem Sturz der Monarchie ging der (kleinere) linke Flügel in der *Deutschen Demokratischen Partei* u. der rechte Flügel in der *Deutschen Volkspartei* auf.

Nationalliga, höchste Fußball-Spielklasse der Schweiz. Auch → Fußball.

Nationalliteratur, von L. Wachler 1818 geprägte Bez. für die Gesamtheit der literar. Werke eines Volkes, die nationale Eigenarten aufweisen.

Nationalmannschaft, eine Mannschaft, die sich aus den jeweils besten nationalen Sportlern einer bestimmten Disziplin zusammensetzt u. internationale Wettkämpfe bestreitet.

Nationalmuseum, *Nationalgalerie,* Name repräsentativer staatl. Kunstmuseen, der auf die geschichtl. Herkunft der Sammlungsbestände, ihren Charakter als nationale Kulturleistungen u. den (ideellen) Besitz der Nation hinweist; gebräuchl. vor allem in Italien *(Museo Nazionale).* Das *Germanische N.* in Nürnberg u. das *Bayerische N.* in München dienen u. a. der Erhaltung u. Pflege landschaftlich gebundener (Volks-) Kunst. Alte u. Neue Nationalgalerie mit bedeutenden Gemäldesammlungen befinden sich in Berlin (1861 gegr., 1876 auf der Museumsinsel eröffnet, infolge der Spaltung der Stadt in Ost- u. Westberliner N. geteilt), Rom *(Galleria Nazionale),* London u. Washington *(National Gallery).*

Nationalökonom → Volkswirt.

Nationalökonomie → Volkswirtschaftslehre.

Nationalpark, eine großräumige Landschaft, die wegen ihrer landschaftl. Schönheit u. ihrer Naturschätze von nationaler Bedeutung ist, darum geschützt u. gepflegt u. ggf. mit Erholungseinrichtungen ausgestattet wird. Nach dem *Bundesnaturschutzgesetz* der BR Dtschld. vom 12. 3. 1987 unterscheidet sich der N. vom → Naturpark insbes. dadurch, dass der N. eine bes. Eigenart besitzt, sich in einem vom Menschen nicht oder wenig beeinflussten Zustand befindet u. vornehml. der Erhaltung eines möglichst artenreichen heimischen Pflanzen- u. Tierbestands dient. Nationalparks werden (außer besiedelten Teilflächen) wie → Naturschutzgebiete geschützt, sind aber allg. zugänglich, soweit es der Schutzzweck erlaubt. Vorbilder sind vor allem die nordamerikan. Nationalparks (erster N. war der *Yellowstone National Park,* gegr. 1872, dem 1890 der *Yosemite National Park* folgte), bei denen die Erholungsfunktion eine große Rolle spielt. In anderen Nationalparks steht der Schutz der natürlichen Landschaft im Vordergrund (Naturreservate, Wildreservate; z. B. Schweizer N. in Graubünden, afrikanische Nationalparks); für sie ist der Massentourismus eher eine Gefahr. – Nationalparks in Deutschland: Bayerischer Wald, Berchtesgaden, Hainich, Harz, Hochharz, Jasmund, Müritz, Niedersächsisches, Hamburgisches u. Schleswig-Holsteinisches Wattenmeer, Unteres Odertal, Sächsische Schweiz u. Vorpommersche Boddenlandschaft. Auch → Naturschutz.

Nationalrat, in *Österreich* (1919–1933, seit 1945) die aus allgemeinen Wahlen hervorgehende Volksvertretung sowie auch Bez. für die einzelnen Abgeordneten; in der *Schweiz* eine der beiden Kammern der → Bundesversammlung; auch Amtsbezeichnung für deren Mitglieder.

Nationalratspräsident, in *Österreich* der für die Gesetzgebungsperiode vom Nationalrat gewählte Leiter des Büros des Nationalrats (gemeinsam mit dem 2. u. dem 3. Präsidenten). Er leitet die Verhandlungen im Plenum des Nationalrats, dessen Sitzungen er einberuft, eröffnet u. schließt. Er vertritt den Nationalrat nach außen. Im protokollar. Rang steht der erste N. gleich nach dem Bundespräsidenten, vor Bundeskanzler u. Ministern. – In der *Schweiz* ist der N. der für jeweils eine Session gewählte Vorsitzende des Nationalrats.

Nationalsozialer Verein, eine 1896 von F. *Naumann,* P. *Göhre,* H. von *Gerlach* u. a. gegründete linksliberale polit. Vereinigung, die bei einem expansionist. außenpolit. Programm für ein demokrat. u. soziales Kaisertum eintrat. Der Verein gewann im Bildungsbürgertum geringen, in der Arbeiterschaft keinen Rückhalt. Nachdem er in zwei Reichstagswahlen erfolglos geblieben war, löste er sich 1903 auf.

Nationalsozialismus, die Ideologie der maßgebend von *Hitler* begründeten u. organisierten Bewegung *(Nationalsozialistische Deutsche Arbeiterpartei,* Abk. *NSDAP),* die 1920–1932 in Dtschld. ständig an Einfluss gewann u. 1933–1945 die Politik Deutschlands bestimmte.

Allg. Voraussetzungen für das Aufkommen u. den Sieg des N. waren die im 1. Weltkrieg, durch die Niederlage von 1918 u. durch die Versailler Friedensbestimmungen verschärften Spannungen u. Klassengegensätze im dt. Volk (Gegnerschaft gegen Republik u. Demokratie in bürgerlich-nationalen Kreisen), die durch die Inflation hervorgerufene Zerrüttung des dt. Sozialgefüges, die Verarmung u. Verunsicherung des Mittelstands, die außenpolit. Belastungen (Reparationszahlungen; vermeintliche „Schmach" der Niederlage) u. die Auswirkungen der Weltwirtschaftskrise von 1929. Darüber hinaus war der N. als typ. Massenbewegung eine Erscheinung der Zeit, die als nationalistisch-militante Reaktion auf den internationalen Sozialismus u. Kommunismus ähnlich auch in anderen Ländern zu finden war (→ Faschismus). Obgleich der N. im Lauf seiner Entwicklung auch Teile der Arbeiterschaft u. a. Schichten an sich zog, ist er zunächst hauptsächlich eine Bewegung des mittleren u. des Kleinbürgertums gewesen, dem die Demokratie fremd war u. das im N. seine letzte Hoffnung auf Überwindung seiner wirtschaftl. Probleme u. der inneren Schwierigkeiten Deutschlands sowie auf die Wiedergewinnung der äußeren Machtstellung des Reiches sah u. mehr nach einer starken, autoritären Führung als nach Sicherung individueller Freiheitsrechte verlangte. Ihm kam der N. entgegen mit der Forderung nach Aufgehen des Einzelnen in der „Volksgemeinschaft", die sich dem Willen eines „Führers" unterordnet.

Die Anfänge der nat.-soz. Bestrebungen, die schon antisemit. Charakter hatten, finden sich auf dem Gebiet der Donaumonarchie, aus dem Hitler stammte. Geistige Wegbereiter u. Quellen seiner Entwicklung in Dtschld. waren die mehr oder minder vergröberten u. missverstandenen Ideen J. G. *Fichtes* (Geschlossener Handelsstaat), E. M. *Arndts* u. F. L. *Jahns* (Volkstum), dann bes. J. A. de *Gobineaus* u. H. S. *Chamberlains* Rassenlehren u. die antisemit., antiklerikalen u. großdeutschen Forderungen G. von *Schönerers* u. der deutschvölk. Bewegung, von der auch das Hakenkreuz als polit. Symbol übernommen wurde. Dazu kommen Bruchstücke der Philosophie F. *Nietzsches* („Wille zur Macht", Wendung gegen das Christentum), außerdem vieles aus dem antiliberalen Schrifttum der Zeit von A. *Moeller van den Bruck* (dem der dort anders gemeinte Begriff des „Dritten Reichs" entnommen ist) bis zu E. *Jünger* („totale Mobilmachung" u. a.). Reichsgedanke u. Preußentum wurden für die Zwecke des N. umgedeutet. Staatspolit. Vorbild war in vielem das faschist. Italien. Von ihm sind auch Äußerlichkeiten wie das einfarbige Hemd als Parteiuniform, der römische („deutsche") Gruß, ferner das Modell der Parteimiliz (→ SA) u. des „politischen Kämpfers" übernommen.

Parteipolitische Entwicklung: Die ersten Ansätze des N. gehen auf die völk. großdt. Bewegung Schönerers zurück. Aus ihren Reihen wurde 1903 in Aussig die „Deutsche Arbeiterpartei" gegründet, die sich seit Mai 1918 „Deutsche Nationalsozialistische Arbeiterpartei" *(DNAP)* nannte. Nach dem Untergang der Donaumonarchie bildete sich die „Deutsche Nationalsozialistische Arbeiterpartei" in den Sudetenländern. In Dtschld. knüpfte die Entwicklung des N. an eine Splitterpartei an, die 1919 in München von Karl Harrer u. Anton Drexler als „Deutsche Arbeiterpartei" (ursprüngl. „Deutscher Arbeiterverein") gegründet wurde. Sie erhielt erst durch Hitler Auftrieb. Seit Anfang 1920 führte sie den Namen Nationalsozialistische Deutsche Arbeiterpartei. Auf ihrer ersten Massenversammlung in München verkündete Hitler die 25 Thesen des Parteiprogramms, die mit ihren verschwommenen Forderungen vielen etwas boten: Zusammenschluss aller Deutschen im Großdt. Reich, Aufhebung der Friedensverträge von Versailles u. St.-Germain, Rückgabe der dt. Kolonien, ein dt. Staatsbürgerrecht, das alle Juden ausschloss u. dt. allein die Bekleidung öffentl. Ämter erlaubte, Recht u. Pflicht zur Arbeit, Abschaffung des arbeitslosen Einkommens, Brechung der Zinsknechtschaft, Einziehung der Kriegsgewinne, Bodenreform, Verstaatlichung der Trusts, Gewinnbeteiligung der Arbeitnehmer, Beseitigung des röm. Rechts, gleiche Aufstiegsmöglichkeiten für alle, Maßnahmen zum Schutz der Volksgesundheit, allgemeine Wehrpflicht, Bekämpfung u. Verbot „zersetzender" Kunst- u. Literaturrichtungen, Schaffung einer starken Zentralgewalt. – Die wirtschafts- u. sozialpolit. Forderungen dieses Programms wurden später beiseite geschoben u. nach 1933 nicht verwirklicht.

Nachdem Hitler 1921 die Parteiführung in seine Hand gebracht hatte, verschaffte er sich mit der Einführung des „Führerprinzips" die für ihre weitere Entwicklung entscheidenden diktator. Vollmachten. Eine

Nationalsozialismus

seiner ersten Maßnahmen war die Gründung der *SA* als Saalschutz u. Propagandatruppe. Nachdem der „Hitlerputsch" vom November 1923 gescheitert war, wurde die NSDAP zeitweilig verboten und die Bewegung geriet zunächst in eine Krise, die aber mit der Neugründung der Partei durch Hitler nach seiner Rückkehr aus der Festungshaft in Landsberg überwunden wurde. Ein Ergebnis dieses Rückschlags war auch die Umstellung der Parteipolitik von der Taktik der direkten Machteroberung (durch Gewalt) zur Taktik der legalen Machteroberung (durch den Stimmzettel). Mit der Aufstellung der *SS* seit 1925, der Bildung der *Hitler-Jugend* 1926 u. der Errichtung einer Reihe berufsständischer Gliederungen wurde die Parteiorganisation in den nächsten Jahren immer weiter ausgebaut. Presse u. Propaganda wurden 1929 J. *Goebbels* als Reichspropagandaleiter unterstellt. Doch konnte sich die Partei in den Wahlkämpfen dieser Jahre kaum durchsetzen (2. Reichstag 1924: 32, 3. Reichstag 1924: 14, 4. Reichstag 1928: 12 Sitze). Erst seit der Weltwirtschaftskrise u. der zunehmenden Arbeitslosigkeit begannen ihr die Massen zuzuströmen. Seit dem Beginn der 1930er Jahre gewann die NSDAP rasch an Anhängern; in den Reichstagswahlen vom Sept. 1930 errang sie 107 von 577 Sitzen. In den beiden Reichstagswahlen von 1932 erreichte die NSDAP jeweils etwa ein Drittel der Sitze (Stimmenrückgang bei der zweiten dieser Wahlen). In einzelnen Ländern errang sie jetzt bereits die absolute Mehrheit, in den meisten wurde sie stärkste Parlamentspartei. Bei der Reichspräsidentenwahl 1932 erhielt Hitler 30% der abgegebenen Stimmen. Nach langwierigen Koalitionsverhandlungen u. Intrigen sowie durch die geschickte Nutzung der demokrat. Institutionen gelangte mit der Ernennung Hitlers zum Reichskanzler am 30. 1. 1933 der N. in Dtschld. zur Macht (→ deutsche Geschichte). Damit hatte die Legalitätstaktik des N. den gewünschten Erfolg gebracht.

Wesen und Ziele des N. u. die Mittel u. Methoden ihrer Verwirklichung haben im Parteiprogramm von 1920, in Hitlers „Mein Kampf", in A. *Rosenbergs* „Mythus des 20. Jh." u. in zahlreichen anderen Parteischriften ihren Niederschlag gefunden. Doch lebte der N. vor allem aus emotionalen Kräften, nicht aus einem klar durchdachten Programm oder System. Daher auch sein dauernder Appell an Instinkt u. Gefühl („Blut u. Boden"), an Ehre u. Pflichterfüllung gegenüber der staatl. Gemeinschaft, seine betonte Verachtung des Intellekts u. der Intellektuellen. Höchstwerte des N. waren „Volk" u. „Rasse", vorwiegend das eigene Volk „arischer" Abstammung. Alle „nichtarischen", bes. jüd. Bestandteile wurden mit erbarmungsloser Konsequenz durch Massenmord „ausgemerzt" (→ Judenverfolgung); „rassisch Minderwertige" wurden durch Unfruchtbarmachung ausgeschaltet u. planmäßig ermordet (Gesetz zur Verhütung erbkranken Nachwuchses; „Euthanasie"). Die „Volksgesundheit" sollte durch eugen., hygien. u. soziale Maßnahmen geschützt u. gesichert werden („Hilfswerk Mutter u. Kind", Kinderlandverschickung u. a.). Der „Volksgemeinschaft" wurde alles andere nach- u. untergeordnet („Gemeinnutz geht vor Eigennutz", „Recht ist, was dem Volke nützt"); „Staatsfeinde" wurden daher ohne Rücksicht auf Recht u. Gesetz verfolgt. Alle anderen Parteien u. die Gewerkschaften wurden verboten u. unterdrückt. Die Rechtsordnung wurde durch die Ausrichtung der Justiz auf den unbeschränkt Rechtsnormen setzenden Führerwillen zum Unrechtssystem. Auch im außenpolit. Handeln heiligte der Zweck (die staatl. Expansion) die Mittel. Die Repräsentation des „gesunden Volksempfindens" war die NSDAP u. in ihr letztlich die Parteiführung, schließlich der „Führer" selbst, dessen Entscheidungen als unfehlbar u. unanfechtbar durchgeführt wurden. Der Staat war somit nur Organ des in der NSDAP verkörperten angeblichen „Volkswillens" („Die Partei befiehlt dem Staat"). Die staatl. Einrichtungen wurden nach der Machtergreifung „gleichgeschaltet", häufig ausgeschaltet. Im Interesse einer möglichst straffen Konzentration u. Steigerung der so gelenkten staatl. Macht wurde das Reich als zentralist. Einheitsstaat gestaltet, wobei alle eigenständigen Organisationen fielen. Die NSDAP durchdrang nicht nur den Staatsapparat, sondern auch alle Gebiete des öffentl., wirtschaftl., geistigen u. privaten Lebens durch ein System von nach gesteuerter Organisationen (NS-Frauenschaft, NS-Dozentenbund u. Ä.). Ihr bes. Augenmerk widmete die NSDAP der Gewinnung der Jugend, die in der Hitler-Jugend zusammengefasst u. geschult wurde. Sie war die einzige staatlich anerkannte Jugendorganisation. – Der Anspruch der NSDAP war totalitär bis zur letzten Konsequenz. Sie bekämpfte alle individualist. u. liberalen Bestrebungen. An die Stelle der Meinungsbildung durch öffentl. Diskussion trat die Meinungsformung durch einen gewaltigen Propagandaapparat. Die Pressefreiheit wurde völlig unterdrückt, oppositionelle Zeitungen verboten oder gleichgeschaltet, das gesamte Pressewesen vom Reichspropagandaministerium uniformiert. Auch wissenschaftl. Lehre u. Forschung wurden kontrolliert.

Der N. geriet auf diese Weise notwendig in Konflikt mit allen Strömungen, die sich seinem geistigen Herrschaftsanspruch nicht unterwarfen, so bes. mit den Kirchen aller Konfessionen. Durch das Ethos der „Volksgemeinschaft" sollten alle konfessionellen u. sozialen Gegensätze beseitigt, bes. auch die Lehre vom Klassenkampf überwunden werden. Das äußere soziale Gefüge des nat.-soz. Staates war nicht klassenmäßig, sondern stark ständisch bestimmt (Arbeitsfront, Reichsnährstand, berufsständische Kammern), ohne dass aber diesen Organen ein echtes korporatives Dasein eingeräumt wurde. Die Wirtschaft wurde mehr u. mehr in den Dienst der Wiederaufrüstung u. der kriegswirtschaftl. Maßnahmen gestellt u. durch planwirtschaftl. Regelung (Vierjahresplan), Devisenkontrolle, Ein- u. Ausfuhrsteuern u. Ä. gelenkt. Das freie Spiel der gesellschaftl. Kräfte innerhalb der Wirtschaft wurde durch die autoritäre Organisation der *Dt. Arbeitsfront* (DAF) unterbunden, so dass 1933–1945 jede nennenswerte Lohnsteigerung unterblieb. Erholung u. zugleich polit. Ablenkung der Arbeiter übernahm die Organisation *Kraft durch Freude* (KdF). Den Zwecken der staatl. Wirtschaftspolitik u. zugleich der Wiederaufrüstung diente bes. auch der *Reichsarbeitsdienst* (RAD), der nach u. nach zu einer paramilitär. Organisation wurde. Seine Einrichtung war der Auftakt zur Wiedereinführung der allg. Wehrpflicht als Grundlage der Kriegsvorbereitung, denn der Krieg zur Sicherstellung des „Lebensraumes im Osten" war von Anfang an eines der Hauptziele des N. Auch die *Wehrmacht*, die ursprüngl. als politisch neutraler „Waffenträger der Nation" proklamiert worden war, geriet mehr u. mehr in den Sog des N.; sie wurde trotz innerer Widerstände geistig u. personell immer mehr vom N. durchsetzt u. ihm nach u. nach vollständig unterworfen. Der Aufrichtung u. Erhaltung dieses Systems im Innern diente die Durchdringung des Staatsapparats mit zuverlässigen Parteibeamten, mit denen auch sonst alle Kommandostellen im geistigen, sozialen u. wirtschaftl. Leben besetzt wurden. Beherrschender Faktor des nat.-soz. Staates wurden immer mehr die SS u. ihre Organe *(Sicherheitsdienst* [SD] u. *Gestapo)*, vor deren Zugriff u. Spitzelsystem schließlich niemand mehr sicher war u. die durch willkürl. Verhaftungen u. Terror einen lähmenden Schrecken verbreiteten. – Solange die vom N. hoch gepeitschten Energien der Nation für Forderungen eingesetzt wurden, die dem Wunsch großer Teile des Volkes entsprachen, erzielte er außenpolitisch eine Reihe von Erfolgen, die manche Zweifel erstickten u. ihm neue Anhänger gewannen, zumal auch innenpolitisch mit der Beseitigung der Arbeitslosigkeit eine Leistung erzielt wurde, die viele beeindruckte, u. die Gräuel der Konzentrationslager u. andere Ausschreitungen nicht in vollem Umfang an die Öffentlichkeit drangen bzw. von dieser billigend in Kauf genommen wurden. Doch verstärkten gerade diese Erfolge die Maßlosigkeiten u. die Selbstüberschätzung des N. Mit der Besetzung der Tschechoslowakei im Frühjahr 1939 wurde der Weg einer imperialistischen Expansionspolitik beschritten, der schließlich 1945 zum Zusammenbruch Deutschlands führte.

Gegen das Fortleben und Wiederaufleben der Ideologien u. Organisationen des N. wurden durch die Siegermächte u. im GG der BR Dtschld. viele Vorbeugungsmaßnahmen getroffen. Die Verbreitung nat.-soz. Ideen u. die Wiederaufrichtung von der NSDAP ähnl. Organisationen sind unter Strafe gestellt. Die überlebenden Führer des nat.-soz. Systems wurden in den *Nürnberger Prozessen* zum Tod oder zu langjährigen Freiheitsstrafen verurteilt, ein Teil seiner Anhänger durch die *Entnazifizierung* aus Ämtern u. Stellungen entfernt u. wirtschaftlich entmachtet. Neonazistische Bestrebun-

Nationaltheater Prag im 19. Jahrhundert; kolorierter Stich. Prag, Mozarteum

gen blieben nach 1945 ohne größere Wirkung (→ Neonazismus). → Seite 288.
Nationalsozialistengesetz, in Österreich am 8. 5. 1945 erlassenes Verbotsgesetz gegen die *NSDAP* mit allen Nebenorganisationen; alle ehem. Nationalsozialisten (rd. 524 000) waren registrierungspflichtig. Weitere Bestimmungen folgten am 24. 7. 1946 u. am 6. 2. 1947. Mit dem 21. 4. 1948 wurden rd. 482 000 „Minderbelastete" amnestiert.
Nationalsozialistische Deutsche Arbeiterpartei, Abk. *NSDAP,* → Nationalsozialismus.
Nationalstaat, ein Staatswesen, in dem sich die Gesamtheit seiner Angehörigen als einheitl. Nation fühlt u. bekennt. Das erste Beispiel ist der aus der *Französischen Revolution* entstandene N. der franzö. Republik. Gegensatz: *Nationalitätenstaat* (z. B. Belgien).
Nationaltänze, für eine Nation bes. charakterist. Tänze, → Gesellschaftstanz, → Volkstanz.
◆ **Nationaltheater,** im Zuge der nationalen Entwicklung in den europäischen Staaten entstandene beispielgebende u. repräsentative Bühnenhäuser. Erstes u. bis heute berühmtestes N. ist seit 1680 die *Comédie Française* in Paris, während das *National Theatre* in London erst 1962 gegründet wurde.
In Deutschland prägte 1747 J. E. Schlegel den Begriff. Entsprechend verstand man im 18. Jh. unter N. ein stehendes, öffentlich gefördertes, jedoch von Hof u. Zensur unabhängiges, literarischen Ansprüchen genügendes Theater, dessen Sujets u. Charaktere nationales bürgerl. Selbstverständnis u. nationale Sitten spiegeln u. dessen Stücke nicht Übersetzungen, sondern nationalsprachige Originale sein sollten. Einige Initiativen hatten im partikularistischen Deutschland gegen die konservativen Widerstände keine Chancen. Die einzige echte Gründung eines Nationaltheaters in Hamburg 1767 durch Johann Friedrich Löwen u. den Schauspieler Konrad Ekhof unter Beteiligung Lessings scheiterte am kirchl. Widerstand, am Ausbleiben finanzieller Förderung durch das Bürgertum u. an Mangel an dt. Originalschauspielen.
Zugleich griffen fortschrittl. gesinnte Fürsten einige Aspekte der Nationaltheateridee mit Gründungen subventionierter Spielstätten auf. So bestimmte Kaiser Joseph II., einer Anregung Klopstocks folgend, das Burgtheater 1776 zum *Wiener Hof- u. Nationaltheater,* das sich der Zensur allerdings nicht entziehen konnte. Das *Mannheimer Hof- u. Nationaltheater,* eröffnet 1779, machte Zugeständnisse an den Publikumsgeschmack, indem auch Singspiel u. Rührstück ins Programm genommen wurden. Das 1786 gegründete Berliner *Königliche Nationaltheater* betonte in der Zeit der franzö. Besetzung seine nationale Haltung. Neben weiteren Theatern im deutschsprachigen Raum verfolgte auch das *Weimarer Hoftheater* unter Goethe u. Schiller die Idee eines Nationaltheaters. Nach der Reichsgründung 1871 stand die Gründung des *Deutschen Theaters* in Berlin 1883 unter der tradierten Idee. 1919 erklärte die Weimarer Republik das Hoftheater in Weimar zu ihrem N., das sich jedoch gegen die kulturelle Dominanz der Theatermetropole Berlin nicht durchsetzen konnte. Die Nationalsozialisten instrumentalisierten die Nationaltheateridee für ihre faschist. Propaganda. In der 2. Häfte des 20. Jh. spiegelte die Bezeichnung N. in der europ. Staatenwelt nur noch Tradition oder den Anspruch einer Bühne auf eine herausragende Stellung.
Nationaltracht → Tracht.
Nationalverein → Deutscher Nationalverein.
Nationalvermögen → Volksvermögen.
Nationalversammlung, seit dem französ. Beispiel von 1789 eine vor allem zum Zweck der Verfassunggebung in der Regel direkt gewählte Volksvertretung *(Frankfurter N.* 1848/49, *Weimarer N.* 1919); in einigen Ländern auch die parlamentarische Gesamtrepräsentation (Frankreich, 3. Republik) oder die Abgeordnetenkammer (Frankreich, 4. u. 5. Republik).
Nationalwerkstätten, frz. *ateliers nationaux,* in der Französ. Revolution 1789 gegründete Einrichtung zur Arbeitsbeschaffung; 1848 ohne Erfolg erneuert.
Nationalzeit → Einheitszeit.
Nationalzeitung → „Basler Zeitung".
Nations Cup ['nɛiʃənz 'kʌp], Pokal für die im Rahmen der alpinen Weltcuprennen erfolgreichsten Nationalmannschaften; gewertet werden Damen- und Herrenrennen, wobei die Punkte der jeweils platzierten Läufer u. Läuferinnen addiert werden.
Natives ['nɛitivz], englische Austernsorte.
Nativismus [lat.], **1.** *Sprachwissenschaft:* die bes. von W. von *Humboldt* u. N. *Chomsky* vertretene Hypothese, dass die Fähigkeit zur Sprache auf angeborenen Mechanismen beruht. Demnach ist der Spracherwerb nicht nur das Erlernen von Regeln eines Systems, sondern der Ausbau mentaler Strukturen.
2. *Völkerkunde:* von R. *Linton* eingeführter Begriff für politische Bewegungen bei Naturvölkern, die unter dem Druck eines überlegenen Volkes versuchen, Traditionen der eigenen Kultur zu erhalten oder auch neu zu beleben. Charakteristisch für nativistische Bewegungen ist das Auftreten von Propheten, die eine Rückkehr zu den Ursprüngen predigen u. das Ende der Welt voraussagen. Auch → Cargokult, → Geistertanzbewegung.
Nativität [lat.], der Stand der Gestirne bei der Geburt.
◆ **NATO,** Abk. für engl. *North Atlantic Treaty Organization,* Nordatlantik-Pakt, Atlantikpakt, am 4. 4. 1949 von Belgien, Dänemark, Frankreich, Großbritannien, Is-
Fortsetzung S. 290

NATO: Gruppenbild von der Tagung des NATO-Rates 1955 in Paris, bei der die Bundesrepublik Deutschland als Mitglied aufgenommen wurde

Nationalsozialismus

Dort, wo man Bücher verbrennt, verbrennt man am Ende auch Menschen.

(Heinrich Heine)

(Links) Mit der öffentlichen Verbrennung von Werken nichtarischer Schriftsteller, hier auf dem Berliner Opernplatz am 19. 5. 1933, setzte das NS-Regime bereits wenige Monate nach seiner Machtübernahme ein Fanal für das Ende künstlerischer Freiheit und die Gleichschaltung des Geistes. Die Verfolgung missliebiger Literaten, die die Betroffenen ins Exil oder den Tod trieb, bedeutete für Deutschland einen unersetzlichen Verlust an kultureller Substanz

(Oben) In der Anfangsphase der nationalsozialistischen Herrschaft war der Führung der NSDAP zunächst daran gelegen, Spannungen mit den christlichen Kirchen zu vermeiden, um deren große Anhängerschaft nicht gegen sich aufzubringen. Diese Politik fand ihren Niederschlag u. a. im Abschluss des Reichskonkordats mit dem Vatikan Mitte 1933. Doch bereits ab 1934 schlug das Regime einen deutlich antikirchlichen Kurs ein, um den gesellschaftlichen Einfluss der beiden großen Konfessionen zurückzudrängen

(Rechts) Hitler beim ersten Spatenstich für den Bau der Reichsautobahn Frankfurt-Heidelberg am 23. September 1933. Bereits am 19. Mai 1935 wurde das erste Teilstück dem Verkehr übergeben. Bald waren mehr als hunderttausend Menschen im Autobahnbau beschäftigt. Diese Tatsache nutzte Hitler, um sich als Beseitiger der Arbeitslosigkeit feiern zu lassen

(Oben) Hitler (im Bild oben auf der Rednerbühne) zog mit seinen Auftritten auf aufwändig inszenierten Parteitagen und anderen Großveranstaltungen, die ein neues Kapitel in der Geschichte gezielter Massenbeeinflussung eröffneten, und seiner bis ins kleinste Detail eingeübten Rhetorik die Menschen in seinen Bann

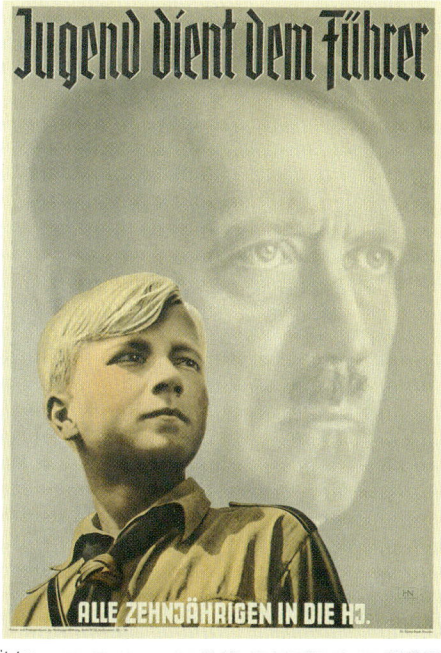

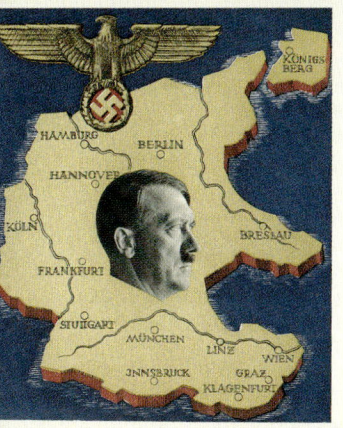

(Oben) Nach dem Beginn der sowjetischen Großoffensive im Juli 1943 befinden sich die deutschen Invasionstruppen an der gesamten Ostfront auf dem Rückzug. Der Angriff auf die Sowjetunion ist endgültig gescheitert. Die UdSSR hat mit geschätzten 20 Mio. Toten (davon rd. 7 Mio. Zivilisten) die höchsten Verluste aller am Krieg beteiligten Staaten zu beklagen.

(Links) Ein Propagandaplakat wirbt für die Hitlerjugend (HJ). Am 1. 12. 1936 hatte ein Gesetz die HJ zur einzigen Staatsjugendorganisation erklärt. 1939 wurde die Pflichtmitgliedschaft eingeführt. Die HJ war ein wesentlicher Faktor bei dem Versuch des Regimes, die Gesellschaft im Geiste des Nationalsozialismus neu zu organisieren und gleichzuschalten

(Links) Außenpolitisch setzte Hitler auf eine aggressive Expansionspolitik, die mit dem »Anschluss« Österreichs 1938 ihren Anfang nahm und in die Katastrophe des 2. Weltkriegs mündete. Auf die Angliederung des Alpenstaates bezieht sich die abgebildete Propagandapostkarte

(Rechts) Häftlinge in einem Schlafsaal des Konzentrationslagers Buchenwald. Der nationalsozialistischen Vernichtungspolitik fielen unzählige politische Gegner, Angehörige ethnischer Minderheiten und Kranke zum Opfer. Der in den KZs organisiert betriebene Völkermord an den europäischen Juden forderte 5 – 6 Mio. Menschenleben

(Oben) Häftlinge auf der Rampe des KZ-eigenen Bahnhofs von Auschwitz. Hier hatte die SS 1940 das größte der nationalsozialistischen Konzentrations- und Vernichtungslager errichtet. Die Anzahl der getöteten Häftlinge ist nicht genau bekannt. Schätzungen gehen von rund 1,5 Mio. Opfern aus

NATO-Doppelbeschluss

land, Italien, Kanada, Luxemburg, den Niederlanden, Norwegen, Portugal u. den USA unterzeichnetes kollektives Verteidigungsbündnis, dem Griechenland u. die Türkei 1952 beitraten, die BR Dtschld. 1955, Spanien 1982, Polen, die Tschech. Republik u. Ungarn 1999.

Geschichte: Die NATO entstand unter dem Eindruck einer zunehmenden polit. u. militär. Bedrohung der westl. Staaten, insbes. der kriegsgeschwächten u. politisch, wirtschaftlich u. gesellschaftlich teilweise instabilen europ. Mächte einschl. der nur durch alliierte Besatzungstruppen geschützten BR Dtschld., deren feste Bindung an die westl. Staaten später zu einem wichtigen Nebenzweck der NATO wurde. Die NATO war der Erste in einem System von Pakten der USA gegen die UdSSR u. den Kommunismus, beinhaltete aber als Einziger eine automat. Beistandspflicht der USA wie aller anderen Mitglieder. Als Bündnisfall gilt der Angriff auf ein Mitgl. oder dessen Streitkräfte im nordatlant. Raum ausschl. überseeischer Gebiete. Das Bündnis wurde auf unbestimmte Dauer abgeschlossen; seit 1969 kann jedes Mitgl. mit einjähriger Kündigungsfrist austreten.

Das Bündnis einer dem polit., militär. u. wirtschaftl. Potenzial nach weit überlegenen Weltmacht mit europ. Mächten geringeren Potenzials führte bald zu Differenzen über Strategie, Kostenverteilung, Mitbestimmung u. Nutzen der NATO u. schließlich zum Rückzug Frankreichs aus der militär. Organisation 1966, aber auch zu Reformvorhaben der NATO, zur größeren Eigenständigkeit der europ. Mitglieder sowie zur verstärkten Kooperation der *Euro-Gruppe* (europ. NATO-Staaten) bezügl. der Planung, Logistik, Waffenentwicklung, Ausbildung u. der Standarisierung der Rüstungssysteme. Schwierigkeiten verursachte der Zypernkonflikt, der Griechenland 1974 veranlasste, aus der militär. Organisation auszuscheiden, was 1981 wieder rückgängig gemacht wurde. Ein wichtiger Schritt in der NATO-Politik wurde 1972 vollzogen. Der *Nordatlantikrat* beschloss, mit den Staaten des *Warschauer Pakts* sowie mit jenen Staaten Europas, die keinem der beiden Verteidigungsbündnisse angehörten, Gespräche zur Vorbereitung einer Europ. *Sicherheitskonferenz* zu führen (→ OSZE); außerdem lud die NATO zu vorbereitenden Gesprächen über einen gegenseitigen u. ausgewogenen Truppenabzug in Mitteleuropa (→ MBFR) ein. Durch die Rüstungsanstrengungen der UdSSR auf dem Gebiet der nuklearen Mittelstreckenwaffen sahen die NATO-Staaten ihre Strategie der Vorneverteidigung u. der flexiblen Reaktion *(flexible response)* gefährdet. So fasste man 1979 den sog. → NATO-Doppelbeschluss. Aufgrund der verbesserten polit. Rahmenbedingungen seit Mitte der 1980er verringerte sich das Konfrontationspotenzial zwischen NATO u. Warschauer Pakt. Beleg dafür waren u. a. die *Verhandlungen über konventionelle Streitkräfte in Europa*. 1986 verließ Spanien aufgrund eines Volksentscheids die Militärstruktur der NATO (bis 1997). Die epochalen polit. Veränderungen in Osteuropa seit 1989 sowie das Ende des Warschauer Pakts führten 1991 zur Verabschiedung einer neuen NATO-Strategie. Damit wurde vom Konzept der Vorneverteidigung abgerückt, wodurch der Gesamtumfang der Streitkräfte verringert werden kann. Eine schnelle Eingreiftruppe *(Rapid reaction corps)* soll flexibles militär. Reagieren sichern. Die Schaffung multinationaler Verbände (Combined Joint Task Forces; CJTF), die einen flexiblen Einsatz von NATO-Truppen unter Rückgriff auf die NATO-Kommandostrukturen ermöglichen soll, fand 1996 Eingang in die neue Strategie. Nukleare Streitkräfte wurden als wichtiges Mittel der Friedenssicherung beibehalten. Friedenserhaltende Maßnahmen auf der Basis eines Mandats der UN bzw. OSZE sowie Konfliktprävention zählen zu den Aufgaben, die eine kontinuierliche Weiterentwicklung des Bündnisses verlangen. 1997 konstituierte sich als Nachfolger des 1991 eingesetzten NATO-Kooperationsrates ein *Europäisch-Atlantischer Partnerschaftsrat*, in dem die multipolare Zusammenarbeit der NATO mit 28 östl. Partnerländern koordiniert wird. Die am weitesten gehende Kooperation findet im Rahmen des 1994 ins Leben gerufenen Programms „Partnerschaft für den Frieden" (engl. Partnership for Peace; PFP) statt, dessen Hauptziele die Vertrauensbildung durch gemeinsame Sicherheitsplanung, gemeinsame Übungen sowie die Förderung der demokrat. Kontrolle in den Armeen der Partnerländer sind. 1997 schlossen Russland u. die NATO ein Grundlagenabkommen über gegenseitige Beziehungen, Zusammenarbeit u. Sicherheit. Der NATO-Einsatz gegen Jugoslawien stieß 1999 z. T. auf heftige Kritik, da er ohne ein Mandat der Vereinten Nationen erfolgte. Nach den Terrorangriffen auf das World Trade Center u. das Pentagon in den USA am 11. 9. 2001 beschloss die NATO erstmals in ihrer Geschichte auf Grundlage von Artikel 5 des NATO-Vertrages den Bündnisfall. Damit wird ein bewaffneter Angriff gegen einen Mitgliedstaat als Angriff gegen alle Mitgliedstaaten angesehen.

Organisation: Oberstes Organ der NATO ist der *Nordatlantikrat*. Ihm gehören die Vertreter der Mitgliedstaaten an; dies sind während der Ratstagungen die zuständigen Minister, in der Zwischenzeit die permanenten Vertreter (NATO-Botschafter). Der Nordatlantikrat muss seine Beschlüsse einstimmig fassen. Oberstes militär. Organ ist der *Militärausschuss*. Er umfasst die Stabschefs derjenigen Mitgliedstaaten, die an der militärischen Struktur des Bündnisses beteiligt sind. Sein Exekutivorgan ist der *Internationale Militärische Stab* (Abk. *IMS*). Die Führung der Geschäfte u. der umfangreichen Organisation obliegt dem *Generalsekretär* (seit 1999: George *Robertson*) u. dem Sekretariat mit Sitz in Brüssel.

NATO-Doppelbeschluss, *Nachrüstungsbeschluss der NATO*, am 12. 12. 1979 auf der Tagung der Außen- u. Verteidigungsminister der NATO in Brüssel gefasster Beschluss über die Modernisierung der US-amerikanischen bodengestützten Raketensysteme in Europa von Ende 1983 an (Aufstellung von 108 Pershing-II-Raketen u. 464 Marschflugkörpern). Parallel dazu erging ein Angebot an die Sowjetunion, über die Begrenzung solcher Waffensysteme mit den USA zu verhandeln. Der Erfolg dieser Verhandlungen sollte über die Durchführung des ersten Teils des Beschlusses entscheiden.

Die → INF-Verhandlungen begannen 1981, brachten jedoch bis Ende 1983 keine Einigung. Daraufhin begann die NATO mit der Aufstellung der Waffensysteme in meh-

NATO: Treffen der Staats- und Regierungschefs der Mitgliedstaaten im April 1999 in Washington anlässlich des 50-jährigen Gründungsjubiläums des Bündnisses

reren westeuropäischen Ländern, darunter der BR Dtschld. 1985 wurden die Verhandlungen wieder aufgenommen. Sie führten 1987 zum Abschluss des *INF-Vertrages* (Vertrag zur Abrüstung atomarer Mittelstreckenraketen).
Gegen den N. richteten sich in der BR Dtschld. bes. 1982/83 zahlreiche Demonstrationen der Friedensbewegung.

Natoire [na'twa:r], Charles-Joseph, französischer Maler und Grafiker, * 3. 3. 1700 Nîmes, † 29. 8. 1777 Castel Gandolfo bei Rom; von 1723 bis 1729 in Rom; Fresken, Gobelinentwürfe.

◆ **Natorp**, Paul, dt. Philosoph u. Pädagoge, * 24. 1. 1854 Düsseldorf, † 17. 8. 1924 Marburg; seit 1885 Prof. in Marburg; neben H. Cohen der wichtigste Vertreter des Marburger Neukantianismus. Berühmt wurde N. durch sein Platonbuch („Platons Ideenlehre" 1903). Er hat gegen die individualist. Pädagogik J. F. Herbarts eine Sozialpädagogik entwickelt, der er nach dem 1. Weltkrieg eine polit. Wendung zum Sozialismus gab. Hptw.: „Einleitung in die Psychologie" 1888 (²1912 unter dem Titel „Allgemeine Psychologie"); „Sozialpädagogik" 1899; „Die logischen Grundlagen der exakten Wissenschaften" 1910; „Philosophie" 1911; „Individuum u. Gemeinschaft" 1921.

Paul Natorp

NATO-Umwelt-Ausschuss, engl. *Committee on the challenges of modern society*, Abk. *CCMS*, vom US-Präsidenten 1969 gegr., übernationaler Sachverständigenrat zur Erarbeitung von Lösungsmöglichkeiten für drängende Umweltprobleme.

Natrium [ägypt., arab.], chem. Zeichen Na, silberweißes, weiches Alkalimetall; einwertig, Atommasse 22,9898, Ordnungszahl 11, Dichte 0,97, Schmelzpunkt 97,7 °C. N. ist ein sehr reaktionsfähiges Element, das an feuchter Luft oxidiert; es wird daher in Petroleum aufbewahrt. Mit Chlor bildet es unter Lichtentwicklung Natriumchlorid. Natriumsalze färben die Gasflamme gelb.
Vorkommen: zu 2,43 % in der Erdrinde enthalten, jedoch ausschl. in Form seiner Verbindungen, meistens in Form von Silicaten u. als Natriumchlorid (Steinsalz).
Verbindungen: Natriumchlorid (Chlornatrium, Kochsalz, NaCl), im Meerwasser enthalten, als *Steinsalz* bergmännisch gewonnen; *Natriumhydroxid (Ätznatron, Kaustische Soda*, NaOH), stark Wasser anziehend, seine wässrige Lösung *(Natronlauge)* reagiert stark alkalisch; *Natriumsulfat* (Na_2SO_4): → Glaubersalz; *Natriumnitrat (Natronsalpeter* $NaNO_3$): → Chilesalpeter; *Natriumcarbonat* (Na_2CO_3): → Soda; → Natriumhydrogencarbonat; *Natriumcyanid; Natriumsilicat:* → Wasserglas.
Darstellung: Schmelzelektrolyse aus Natriumchlorid oder Natriumhydroxid.
Stoffwechsel und Ernährung: In biologischen Systemen haben Natriumionen eine überragende Bedeutung: Sie regulieren den osmotischen Druck außerhalb der Zellen sowie das Volumen der Extrazellulärflüssigkeiten, steuern den Wasserhaushalt und das Säure-Basen-Gleichgewicht. Weiterhin sind sie für den selektiven Stofftransport durch die Zellmembranen u. mit Kalium für die Bildung des Erregungspotenzials von Nerven u. Muskeln zuständig. Der tägl. Bedarf des Menschen liegt bei ca. 2 bis 3 g (entspr. 5 bis 7 g Kochsalz), der über sämtliche kochsalzhaltigen Produkte gedeckt werden kann.
Geschichtliches: H. *Davy* stellte erstmals 1807 durch Elektrolyse von Ätzalkalien die Metalle N. u. Kalium dar. Das N. nannte er *Sodium*, das Kalium *Potassium*. Beide Bezeichnungen sind im engl. u. französ. Sprachraum noch üblich. Seit 1811 wird im deutschen Sprachgebiet Sodium nach einem Vorschlag von J. *Berzelius* N. genannt.

natriumarme Lebensmittel → kochsalzarme Lebensmittel.

Natriumbenzoat, *Benzoesäure-Natriumsalz*, $C_7H_5NaO_2$, organ. Verbindung; Verwendung zur Leberfunktionsprüfung u. als Antirheumatikum sowie als Konservierungsstoff für Lebensmittel.

Natriumbicarbonat, unkorrekte Bez. für → Natriumhydrogencarbonat.

Natriumcyanid, *Cyannatrium*, NaCN, akut giftige Verbindung des Natriums und der Blausäure. Die Verbindung wird bei der Goldgewinnung durch Cyanidlaugen, bei der Herstellung edelmetallhaltiger (Cyanokomplexe) galvanischer Bäder, in der Gerberei zur Enthaarung von Häuten und besonders bei der Schädlingsbekämpfung eingesetzt.

Natriumdampflampe → Gasentladungslampe.

Natriumhydrogencarbonat, *doppeltkohlensaures Natron, Natron*, $NaHCO_3$, fälschlich auch *Natriumbicarbonat*, ein weißes Pulver, löst sich in Wasser mit schwach alkalischer Reaktion u. geht beim Erwärmen oder bei der Einwirkung von Säure unter Abspaltung von Kohlendioxid u. Wasser in Natriumcarbonat über; Verwendung für Backpulver, Brausepulver, Feuerlöschgeräte u. gegen Sodbrennen.

Natriumlactat, *Natrium lacticum*, $C_3H_5NaO_3$, Natriumsalz der → Milchsäure, wird oft medizin. verwendet. Eine Lösung von 1,87 % ist isotonisch u. wird intravenös zur Behandlung der Acidose u. zur Alkalischstellung des Harns infundiert. Der Organismus baut das Lactat-Ion zu Kohlendioxid ab, das Natrium-Ion tritt innerhalb von 1–2 h mit den Bicarbonat-Ionen des Blutes ins Gleichgewicht. Etwas höhere Konzentrationen (0,5–1 ml) bewirken Herzrhythmusbeschleunigung und Blutdruckerhöhung.

Natriumlicht, gelbes Licht, das fast nur aus einer Spektralfarbe (Wellenlängen 589,6 u. 588,9 nm) des Natriums besteht. Im N. erscheinen viele Farben schwarz; es wird für spektroskop. Untersuchungen verwendet.

Natriumtripolyphosphat → Pentanatriumtriphosphat.

Natrolith [der; arab. + grch.], zu den *Zeolithen* gehörendes Mineral, farblos bis weiß, auch gelblich, grünlich, rötlich, in vieler Art glänzendes Mineral, Kristalle nadelig bis faserig; chemische Formel: $Na_2[Al_2Si_3O_{10}] \cdot 2H_2O$; rhombisch; Härte 5–5,5; in Hohlräumen von Ergussgesteinen.

Natron [das; ägypt., arab.], das → Natriumhydrogencarbonat; auch → Natrium.

Natronfeldspat, *Albit* → Feldspat.

Natronkalkglas, *Kalknatronglas*, Gläser aus dem System Natriumoxid – Calciumoxid – Siliciumdioxid. Das Gemenge des Natronkalkglases hat meist eine durchschnittl. Zusammensetzung von 70–72 % SiO_2, 14–15 % Na_2O, 8–10 % CaO, 3–4 % MgO, 1 % Al_2O_3. Aus N. sind der überwiegende Teil des Flachglases u. des Hohlglases.

Natronsalpeter, *Nitronatrit, Natriumnitrat*, farbloses, weißes oder gelbl., glasglänzendes Mineral; chem. $NaNO_3$; trigonal, Härte 1,5–2, typisches Mineral arider Wüstengebiete in kontinentalen Salzpfannen oder als Bodenausblühung; Hauptvorkommen in Nordchile. Auch → Chilesalpeter.

Natschni, eine Tänzerin, → Bajadere.

Natsume, Soseki, eigentl. *Natsume Kinosuke*, japan. Schriftsteller, * 5. 1. 1867 Tokyo, † 9. 12. 1916 Tokyo; anfangs Romantiker, später Realist; in zahlreiche europ. Sprachen übersetzt; Romane, Novellen u. Essays: „I am a cat" 1905, engl. 1905–1909; „Gestatten, ich bin der Kater" 1906, dt. 1997; „Der Tor aus Tokyo" 1906, dt. 1990; „Shanshiro" 1909, dt. 1991; „Kokoro" 1914, dt. 1976.

Natta, Giulio, italien. Chemiker, * 26. 2. 1903 Impèria, Ligurien, † 2. 5. 1979 Bergamo; arbeitete über isotaktt. Polymere, entwickelte zusammen mit K. *Ziegler* die Niederdruck-Polyolefin-Synthese. Nobelpreis 1963.

Nattern, 1. *i. w. S.: Colubridae*, artenreiche, über alle Erdteile verbreitete Familie der *Schlangen*. Die Extremitäten und Becken fehlen. Der Körper ist schlank und langschwänzig; sehr lebhaft. Zu den N. gehören die Unterfamilien *Eierschlangen, Schneckennattern, Trugnattern* und *Wassertrugnattern*.
2. *i. e. S.: Colubrinae*, Unterfamilie der *Nattern* (i. w. S.). Die Unterteilung in *Echte Nattern (Colubrinae;* Zähne ohne Giftrinne [aglyph] wie *Ringelnattern, Schlingnattern, Äskulapnattern, Würfelnattern, Vipernattern* und *Leopardnattern*, und in *Trugnattern (Boiginae;* hintere Zähne des Oberkiefers mit Giftrinnen [opistoglyph]; sie treten erst beim Schlingakt, nicht beim Beutefang in Aktion) wie *Eidechsennattern, Peitschennattern, Boomslang* und *Ularburong* ist problematisch, da es Arten gibt, deren Oberkiefer auf der einen Seite Zähne mit, auf der anderen Seite Zähne ohne Giftrinne tragen.

Natternfarne, *Ophioglossaceae*, Familie der *Farnpflanzen*. Hierher gehört z. B. *Natternzunge*.

Natternhemd, volkstüml. Bez. für die bei der Häutung der Schlangen abgeworfene Oberhaut. Bei gesunden Tieren wird die Haut im Ganzen abgestreift u. dabei umgestülpt. Die

Natternkopf

Natternkopf: Die Art Echium fastuosum ist auf den Kanarischen Inseln häufig anzutreffen

einzelnen Schuppen sind gut erkennbar. Da auch die zugewachsenen Augenlider mit abgestreift werden, sind die als durchsichtige Fenster am N. zu erkennen.

◆ **Natternkopf**, *Echium*, Gattung der *Raublattgewächse (Boraginaceae)*, etwa 50 Arten auf den Kanaren (dort auch Sträucher u. Schopfbäume), in Nordafrika, Europa u. Vorderasien. Der erst rosenrot, später blau blühende *Gewöhnl. N.*, *Echium vulgare*, ist an steinigen Orten allg. verbreitet.

Natternzunge, *Ophioglossum vulgatum*, kleiner, auf Flachmoorwiesen lebender *Farn* mit nur einem zungenförmigen Blattwedel. Das Prothallium lebt unterirdisch in Symbiose mit Pilzen.

Natterstieliger Schleimfuß, *Cortinarius collinitus*, oder *Cortinarius mucosus*, Pilzgattung, → Schleimfuß.

Nattier [na'tje], Jean-Marc, französischer Maler, *17. 3. 1685 Paris, †7. 11. 1766 Paris; hauptsächlich als Bildnismaler tätig, malte 1717 in Amsterdam Porträts von Peter d. Gr. u. Katharina (St. Petersburg, Eremitage). Seine Vorliebe für mythologische u. allegorische Verkleidung der Dargestellten führte gelegentlich zu unglaubhafter Heroisierung.

◆ **Natufien** [-'fjɛ̃], engl. *Natufian*, *Natuf-Gruppe*, mesolithische Kultur von Jägern, Fischern u. Sammlern mit Anzeichen für den Übergang zum Pflanzenbau in Vorderasien, etwa 8.–6. Jahrtausend v. Chr.; benannt nach der Höhlenstation von *Schuqbe* im *Wadi An Natuf* (Palästina); Freiland-, Abri-(Halbhöhlen-) u. Höhlenrastplätze sowie Ansiedlungen mit runden Steinsockelhäusern (*Eynan* u. *Nahal Oren* in Israel); Einzel- u. Gruppenbestattungen außerhalb u. innerhalb der Ansiedlungen, teils von ganzen Körpern, teils nur der Köpfe;

Hundehaltung. An materiellen Hinterlassenschaften sind Mikrolithen, Knochenharpunen, Erntemesser aus Knochen mit Feuersteinklingen u. Elfenbein- u. Steinplastiken typisch.

Natur [lat. *natura*, von *nasci*, „geboren werden, entstehen"], 1. zunächst das, was aus eigenen Kräften ohne fremdes Zutun so wird, wie es ist, seine bewirkende Ursache also in sich hat, z. B. Pflanze, Tier. 2. Darum heißt N. auch das Wesen eines Dinges, man spricht von der „N. der Sache", der „N. des Menschen". 3. Aus diesen beiden Bedeutungen hat sich der Begriff der N. als des umfassenden Ursprungs, des Kosmos oder des Seins überhaupt im naturphilosoph. Sinn entwickelt, von den vorsokratischen Naturphilosophen bis hin zu den Romantikern. 4. Als Norm hat sich daraus der Begriff des „Natürlichen", vor allem in der Ethik u. der Ästhetik, ergeben, als Leben oder Bilden entspr. der N.; auch als politisch-soziolog. Vorstellung des Naturmenschen oder des Naturvolkes u. als These einer natürl. Religion, eines Naturrechtes, also einer ursprünglich naturhaften Ordnung der Dinge, die es aber in der Wirklichkeit nie gab. Die kulturelle Welt wird dieser N. dann oft als eine „zweite N." gegenübergestellt. 5. Da in der Neuzeit der Gedanke einer umgreifenden kosmischen Ordnung, in die alles Seiende (von N. aus) eingebettet ist, nicht mehr aufrechterhalten werden konnte, wird N. zum gesetzmäßigen Zusammenhang der nichtmenschlichen Dinge. Aus dessen Erforschung entstehen die modernen *Naturwissenschaften*, denen später die Geisteswissenschaften gegenübergestellt werden.

N. ist vor allem ein Reflexionsbegriff, der aus seinem korrelativen Gegensatz zu verstehen ist: N. – Technik, natürlich – künstlich, N. – Kultur, N. – Geschichte, N. – Geist, N. – Gnade. Im heute üblichen Sinn ist N. meist der Wirklichkeitsbereich, mit dem die Naturwissenschaften sich beschäftigen, d. h., sie umfasst das Lebendige (Tiere, Pflanzen) u. das Materielle.

Naturaleinkommen → Einkommen.

Naturalgeld, früheste Form des Geldes; teilbare, bewegliche u. lagerfähige Güter von allgemeiner Geltung wie Muscheln, Perlen, Felle, später Edelmetalle dienten als N.

Naturalien [lat.], Naturerzeugnisse, bes. landwirtschaftl. Erzeugnisse.

◆ **Naturalienkabinett**, Vorläufer des *Naturkunde-Museums*: Sammlung von Tieren (präpariert), Pflanzen (getrocknet), Fossilien u. Steinen.

Naturalisation, veralteter Ausdruck für → Einbürgerung als Erwerb der → Staatsangehörigkeit durch staatl. Verwaltungsakt.

Naturalismus [lat.], 1. *bildende Kunst*: die ein Naturbild möglichst wirklichkeitstreu vergegenwärtigende Darstellungsweise, deren Wirkung auf der scheinbaren Identität von natürlicher u. dargestellter Form beruht. Die naturgetreue Wiedergabe eines Objekts ist an keine bestimmte Epoche der bildenden Kunst gebunden. In der Malerei des 19. Jh. kam ein N. auf, dem es im Gegensatz zur *Atelierkunst* um die Darstellung des Menschen in seiner Umwelt u. von sozialen Spannungen ging; die Übergänge zum → Realismus sind fließend.
2. *Literatur*: gesteigerte Fortführung des späten → Realismus mit antibürgerl. Tendenz u. bevorzugter Darstellung des proletar. Milieus etwa zwischen 1870 u. 1910. Im Anschluss an die Naturwissenschaften, an den Positivismus H. *Taines* u. an den von den Brüdern *Goncourt* entwickelten Romanstil wurde É. *Zola* mit

Natufien: Heiligtum in Jericho; um 7800 v. Chr.

Naturalienkabinett: Kaiser Franz I. in seinem Naturalienkabinett

dem Romanzyklus „Les Rougon-Macquart" (1871–1893) zum Initiator des literar. N. In mehreren programmat. Schriften suchte er um 1880 die neue Kunstrichtung literar. zu begründen. In England leitete G. R. *Gissing* mit „Workers in the Dawn" (1880) den N. ein. In Deutschland zunächst von der Zeitschrift „Die Gesellschaft" (1885-1902 u. a. von M. G. *Conrad* hrsg.), dann der literar. Verein *Durch* (gegr. 1886) u. in theoret. Schriften u. a. von H. *Conradi* u. K. F. *Henckell* propagiert, setzte er sich ab 1889 mit G. *Hauptmann*, H. *Sudermann* u. M. *Halbe* vor allem auf der Bühne durch (→ Freie Bühne). Von A. *Holz* u. J. *Schlaf* wurde der sog. Sekundenstil entwickelt, eine literar. Technik, die ein Geschehen in genauer Entsprechung zur Realität abbildet.

3. *Philosophie*: eine philosoph. Form der Weltanschauung, die im *Materialismus* die ihr eigentüml. Metaphysik gefunden hat. *Natur* ist dabei nicht im ursprüngl. religiös erfüllten Sinn zu nehmen, sondern als „bloße" Natur, auf die alles anscheinend Übernatürliche zurückzuführen ist. Wille, Denken, Erkennen u. Werten u. ihre Funktionen im Dienst der Animalität oder der prakt. Lebensführung; der Geist ist nur ein Überbau, der auf Trieb- u. Machtverhältnissen ruht.

naturalistisch [lat.], den *Naturalismus* oder die *Naturalisten* betreffend; naturwahr, wirklichkeitstreu.

Naturalleistungen, Abgaben (*Naturalabgaben*, z. B. Steuern [*Naturalsteuern*] oder Zölle) oder Entgelte (*Naturallohn*) in Dienstleistungen oder Sachgütern (Naturalien); im MA Grundlage von Staat, Gesellschaft u. Wirtschaft (*Naturalwirtschaft*).

Naturallohn, Vergütung von Arbeitsleistungen nicht in Geld, sondern in Sachgütern: Lebens-, Heiz- u. Beleuchtungsmittel (*Deputate* in der Landwirtschaft u. im Bergbau), auch Kost u. Wohnung. Der N. spielt bei bestimmten Arbeitsverhältnissen (z. B. bei Hausangestellten, Seeleuten, Land- u. Bergarbeitern) neben dem Geldlohn noch eine Rolle.

Naturalobligationen [lat.], Forderungen, die zwar erfüllbar, aber nicht klagbar sind (nach deutschem Recht z. B. die aus Spiel und Wette und auf Ehemaklerlohn), oder die sonst, wie bei → Verjährung, nicht erzwingbar sind.

Natural Petroleum Gas ['nætʃrəl pi'trouljəm 'gæs], Abk. *NPG*, → Erdgas.

Naturalrabatt, eine Form des *Rabatts*, der durch Verminderung der in Rechnung gestellten gegenüber der tatsächlich gelieferten Warenmenge gewährt wird. Auch → Rabatt.

Naturalrestitution [lat.], Art des *Schadensersatzes* durch Wiedergutmachung in Form eines möglichst gleichartigen, wirtschaftlich gleichwertigen Zustandes.

Naturalwirtschaft, eine Wirtschaftsform, in der der Gebrauch des Geldes als Tausch- u. Zahlungsmittel unbekannt oder beschränkt ist; bei Durchführung von Tauschgeschäften in der Form der *Tauschwirtschaft* (Tausch von Ware gegen Ware), sonst als geschlossene *Hauswirtschaft*; bei fortgeschrittenen Kulturen durch die *Geldwirtschaft* ersetzt.

Natura morta [ital.] → Stillleben.

natura non facit saltus [lat.], „die Natur macht keine Sprünge"; von dem griech. Philosophen *Poseidonios* herrührender, von Raoul *Fournier* (1613), später von G. W. *Leibniz* zitierter Grundsatz, dass die Übergänge im Neben- u. Nacheinander der Natur nicht schroff sind; heute nicht mehr gültig.

Naturbeseelung, eine religiöse Anschauung, die Tieren, Pflanzen, unbelebten Dingen u. Naturerscheinungen eine *Seele* zuschreibt. Auch → Animismus, → Naturismus (2).

Naturdärme, die als Wursthüllen dienenden Därme von Rind, Kalb, Schaf u. Schwein.

Naturdenkmäler → Naturschutz.

Naturell [das; lat., frz.], die Eigenart, spezifische Veranlagung eines Menschen.

Nature morte [natyr'mɔrt; die; frz.] → Stillleben.

Naturfarbstoffe, Farbstoffe pflanzl., tier. oder mineral. Herkunft; z. T. bereits im Altertum bekannt, heute in der Textilindustrie durch *synthet. Farbstoffe* fast vollständig verdrängt; sie werden noch für orientalische Knüpfteppiche verwendet. N. sind z. B. Berberitze, Kurkuma, Krapp, Purpur, Indigo, Waid.

Naturfreunde, „*Die Naturfreunde*", 1895 in Österreich gegr., seit Anfang des 20. Jh. auch in Dtschld. u. der Schweiz sowie in weiteren Ländern verbreitete, den sozialdemokrat. Parteien u. den Gewerkschaften nahe stehende internationale Wander- u. Bergsteigerorganisation.

Naturgas → Erdgas.

naturgemäßer Wirtschaftswald, ein Wald, in dem unter weit gehendem Verzicht auf künstliche Mittel Sicherheit u. Produktivität der Bestände durch Wahl der Baumarten u. Betriebszieltypen gewährleistet werden soll, die den Vorstellungen des natürlichen, standortgemäßen Waldbildes entsprechen. Gegensatz: *industrielle Holzplantage*.

Naturgeschichte, früher übliche Bez. für den Unterricht in Menschen-, Tier- u. Pflanzenkunde.

Naturgesetz → Gesetz.

Naturhaushalt, komplexes Wirkungsgefüge aller natürl. (biotischen u. abiotischen) Faktoren, wie Gestein, Boden, Wasser, Luft, Klima, Flora u. Fauna.

◆ **Naturheilkunde,** *Naturheilverfahren*, die auf der Lehre von der dem Körper innewohnenden *Natur- oder Selbstheilungskraft* (lat. *vis mediatrix*, „innerer Arzt", nach *Paracelsus*) beruhende Heilkunde. Es kommt ihr besonders auf die Lenkung u. Steigerung der natürlichen Abwehrregulationen an; sie bedient sich sog. natürlicher u. naturgemäßer Heilverfahren. Hierher gehören die Behandlung durch bestimmte Ernährung, Wasser (Bäder), Licht, Luft,

Naturheilkunde: Heilkräuter spielen in der Naturheilkunde eine große Rolle. Verschiedene Teile einer Pflanze können hierbei Verwendung finden, etwa Blätter, Blüten oder Wurzeln, und zu Tees oder Ölen verarbeitet werden

Sonne, Bewegung, natürliche Mineralien, organische Stoffe u. Heilpflanzen. Neben Heilpraktikern wenden Ärzte für Naturheilverfahren, die eine Zusatzausbildung absolvieren müssen, die N. an.

Naturismus [lat.], **1.** *Kulturgeschichte:* → Freikörperkultur.
2. *Völkerkunde:* Naturdienst, Naturreligion, eine gegen Ende des 19. Jh. entstandene Theorie, die den Ursprung von Religion in der religiösen Verehrung von Teilen der Natur (Steinen, Gestirnen, Bäumen, Quellen, Feuer, Tieren oder Menschen) als göttl. oder dämon. Wesen sieht.

Naturkatastrophen, durch einen geophysikalischen Prozess bestimmte außergewöhnliche Ereignisse mit katastrophaler Wirkung, z. B. *Erdbeben, Sturmflut, Hochwasser (Überschwemmung), Wirbelsturm.* In den USA wird ein Ereignis dann mit der Bez. „Katastrophe" eingestuft, wenn folgende Bedingungen vorliegen: die Zahl der Todesopfer ist größer als 10, die Zahl der Verletzten ist größer als 30 u. die Sachwertverluste betragen über 3 Mio. US-Dollar.

Naturkonstanten → physikalische Konstanten.

Naturkunde, veraltete Bez. für die Unterrichtsfächer *Botanik* u. *Zoologie* (Biologie), gelegentlich werden auch *Physik* u. *Chemie* einbezogen; ähnlich überaltert sind Begriffe wie *Naturgeschichte, Naturbeschreibung* oder *Naturlehre.*

Naturlandschaft, die vom Menschen unberührte Landschaft im Gegensatz zur *Kulturlandschaft;* man unterscheidet zwischen anorgan. Naturlandschaften, die vorwiegend von anorgan. Geofaktoren geprägt sind (z. B. Salz-, Fels- oder Eiswüsten) u. organ. Naturlandschaften, in denen biotische Geofaktoren wirksam werden (z. B. trop. Regenwälder, Savannen u. Steppen). Auch → natürliche Landschaft.

natürliche Geburtenregelung, Methoden der Empfängnisverhütung ohne chemische, pharmakologische oder mechanische Mittel; abgesehen von der sexuellen Enthaltsamkeit ist vor allem die *Temperaturmethode* (→ Basaltemperatur) eine wichtige u. zuverlässige Methode, während der *unterbrochene Beischlaf (Coitus interruptus)* u. die *Knaus-Ogino-Methode* unsicher sind.

natürliche Landschaft, das Ergebnis einer natürlichen Entwicklung der *Kulturlandschaft* bei Ausscheiden des menschl. Einflusses.

natürliche Logarithmen → Logarithmen.

natürliche Person, der einzelne Mensch als Rechtsträger; Gegensatz: *juristische Person;* → Rechtsfähigkeit.

natürliches Geschlecht, das faktische Geschlecht von Substantiven, das nicht mit dem *grammatischen Geschlecht* übereinstimmen muss.

natürliches Licht, Licht ohne bestimmte Polarisationsrichtung. Licht ist eine elektromagnetische Welle, bei der sich die elektrische u. die magnetische Feldstärke in einer Ebene senkrecht zur Ausbreitungsrichtung zeitlich periodisch ändern. Sie stehen dabei senkrecht zueinander. Bleibt die Schwingungsrichtung dieser Vektoren ständig gleich, so spricht man von *linear polarisiertem Licht.* Wechselt ihre Richtung dagegen von Wellenzug zu Wellenzug völlig regellos, so spricht man von natürlichem Licht; jede gewöhnliche Lichtquelle sendet n. L. aus.

natürliche Theologie, eine Theologie, die eine Erkenntnis Gottes aus der Natur für möglich hält. Ansätze einer natürlichen Theologie finden sich schon in der frühesten Theologiegeschichte, vor allem bei den Apologeten. Bei → Thomas von Aquin ist die n. T. der Unterbau der übernatürl. Offenbarung. Bei den Reformatoren tritt die n. T. zurück. Radikal grenzt sich K. *Barth* von einer „Uroffenbarung" in der Natur ab.

natürliche Zahlen, die unendliche Menge $\mathbb{N}$ der Zahlen 0, 1, 2, 3, …; Schreibweise in der Mengenlehre: $\mathbb{N} = \{0, 1, 2, 3, …\}$. Die natürlichen Zahlen werden für das *Abzählen* u. *Ordnen* von Objekten verwendet u. stellen die einfachste Zahlenmenge dar. Alle ihre Eigenschaften lassen sich im Rahmen der Mengenlehre aus 5 Grundforderungen, den → Peano-Axiomen, ableiten.

Naturmythologie, eine Mythologie, in der Gottheiten als Personifikationen von Naturerscheinungen erklärt werden (die 4 Elemente, Gestirne); als religionswissenschaftl. Begriff schon in der griech.-röm. Philosophie, im 19. Jh. durch A. *Kuhn* u. M. *Müller* wiederbelebt. Die Behauptung, dass die N. zur Religionsbildung geführt habe, rief Kritik in der Religionswissenschaft hervor.

Naturpapier, ein Papier, das an seiner Oberfläche keinerlei Veredelung oder Aufbesserung durch eine Streichmasse erhalten hat. Auch → Papier.

Naturpark, ein großräumiges Gebiet, das sich wegen seiner landschaftl. Voraussetzungen für die Erholung bes. eignet u. nach Grundsätzen u. Zielen von Raumordnung u. Landesplanung hierfür oder für den Fremdenverkehr vorgesehen ist. Im N. wird die Landschaft als Ganzes vor Verunstaltungen u. vor Veränderungen ihrer Tier- u. Pflanzenwelt geschützt u. u. durch Anlage von Wanderwegen, Park- u. Rastplätzen, Schutzhütten u. Ä. für den Erholung suchenden Menschen erschlossen u. gepflegt. Naturparks enthalten überwiegend *Naturschutzgebiete, Landschaftsschutzgebiete* oder *Biosphärenreservate,* sind aber im Ganzen naturnahe Kulturlandschaften, in denen die wirtschaftl. Nutzung nicht eingeschränkt ist (z. B. die durch den Menschen entstandene Lüneburger Heide, das erste Naturschutzgebiet Deutschlands [1910] u. der erste N.). 1998 gab es in Deutschland 73 Naturparks (Fläche 63 171 km², entsprechend rd. 18 % der Landesfläche). Auch → Naturschutz.

Naturphilosophie, die Gesamtheit der philosoph. Versuche, Wesen, Gesetze u. Formen der Natur zu deuten. Entsprechend der Vieldeutigkeit des Begriffes → Natur gibt es sehr verschiedene Bestimmungen von N.:
1. Ausgehend von einer Auffassung der Natur als Prinzip des Werdens, kennt vor allem die antike Philosophie (die *Vorsokratiker, Aristoteles* u. die *Stoa*) eine N., die – ähnlich wie die Metaphysik – die Ursachen des Werdens u. Vergehens untersucht (der antike Name hierfür ist „Physik"). Im MA diente die N. hauptsächlich zur Begründung des kosmolog. Gottesbeweises. Ansätze zu einer empir. Naturforschung finden sich jedoch bereits bei *Albertus Magnus* u. R. *Bacon.* Während der Renaissance in Europa (z. B. bei *Paracelsus*) nahm die N. eine Wendung ins Spekulativ-Idealistische. In der Romantik (bes. bei F. W. *Schelling*) setzte sich diese Tendenz weiter fort; der Naturbegriff galt als reale Entsprechung zum idealist. Begriff des Geistes.
2. Das zu Beginn der Neuzeit sich entwickelnde mechanist. Naturbild (vor allem N. *Kopernikus,* G. *Galilei,* Leonardo da Vinci u. R. *Descartes*) begünstigte den Übergang von Naturerklärung zu Naturbeherrschung. Seit I. *Newton* bedeutet N. die theoretische, z. T. mathematische Grundlegung der exakten Naturwissenschaften; auch *Kant* verstand unter „Metaphysik der Natur" die Prinzipienlehre der Naturwissenschaften.
3. Im 19. Jh. gab es im Anschluss an den Siegeszug der Naturwissenschaften einen weit verbreiteten naturwissenschaftlich orientierten Materialismus (L. *Büchner,* C. *Vogt,* J. *Moleschott*), der eine naturphilosophische Weltanschauung aufzubauen versuchte.
4. Die heutigen naturphilosoph. Betrachtungen orientieren sich an den Ergebnissen u. Problemen der Naturwissenschaften, bes. der Physik (Quanten- u. Relativitätstheorie) u. diskutieren Probleme der Erkenntnistheorie u. der angewandten Logik (W. *Heisenberg,* P. *Jordan,* E. *Schrödinger,* F. von *Weizsäcker*). Die Theorien des Neopositivismus (R. *Carnap,* H. *Reichenbach*) haben nicht zu einer N. im eigentl. Sinne geführt, wohl aber zur Entwicklung von Logik u. Methodologie unter dem Namen „Wissenschaftstheorie" oder „philosophy of science".

naturräumliche Gliederung, die Abgrenzung von geograph. Raumeinheiten aufgrund ihrer physiogeographischen Ausstattung. Die kleinsten dabei erfassten Einheiten *(Physiotope)* werden in ihren ökologischen Standortqualitäten als annähernd homogen angesehen.

Naturrecht, lat. *jus naturale,* in der Rechtsphilosophie das überstaatliche, überpositive Recht, das nicht auf menschlicher Rechtssetzung oder -formung beruht und u. U. zum staatl. Recht in Widerspruch stehen kann *(richtiges Recht, natürliches Recht).* Ideolog. Begründung, Inhalt u. Umfang sind unterschiedlich.
1. Die Auffassung des Naturrechts als *göttliches, ewiges Recht,* das allerdings nur in seinen obersten Grundsätzen unwandelbar u. für alle Menschen gültig ist, liegt insbes. der kath. Rechtstheorie *(Augustinus, Thomas von Aquin)* zugrunde. N. u. *Naturgesetz* sind weitgehend identisch; unterschieden werden: göttliches, ewiges u. natürliches Gesetz *(lex divina, lex aeterna, lex naturalis).* Die Einhaltung des Naturrechts ist Teilnahme am ewigen Gesetz, u. dieses existiert als höchste Vernunft in Gott *(summa ratio in Deo existens).* Das N. ist abgeleitet aus der

"natürlichen Vernunft" u. hat über diese an der ewigen Ordnung teil. Unwandelbar sind danach vor allem das Recht des Privateigentums u. der Familienordnung sowie andere auf dem Vorrang des Individuums vor der Gemeinschaft beruhende Rechte, die → Menschenrechte. Diese obersten Grundsätze dürfen allerdings durch die staatliche Rechtsordnung ergänzt u. - im gewissen Sinn auch den jeweiligen Verhältnissen angepasst werden.

2. Als *Vernunftrecht* findet sich das N. mit ähnlichem Umfang u. Inhalt, aber ohne theologische Begründung schon in der antiken Philosophie (bes. *Heraklit, Platon, Aristoteles,* die *Stoa* [bes. *Cicero*]), dann wieder in der Neuzeit (Renaissance, Barock u. Aufklärung; bes. *Nikolaus von Kues, J. Oldendorp, F. de Vitoria, N. Machiavelli, J. Bodin, J. Althusius, H. Grotius, T. Hobbes, B. de Spinoza, S. Pufendorf, C. Thomasius, C. Wolff, J. Locke, J.-J. Rousseau* u. *I. Kant*). Das N. wurde sogar zum bes. akadem. Lehrfach mit dem Anspruch, die Rechtsphilosophie zu sein, ferner zur Grundlage für große Rechtssysteme (Grotius, Pufendorf), für die Theorie vom *Staats-* u. *Gesellschaftsvertrag* u. damit des konstitutionellen Staates, für eine Humanisierung des Strafrechts (Abschaffung der Hexenprozess u. Folter) sowie für die Positivierung der Menschenrechte u. damit für den liberalen Staat. Diese Naturrechtsauffassung wurde von der → Historischen Rechtsschule abgelöst, die in den jurist. → Positivismus überleitete.

3. Der Missbrauch des positiven staatl. Rechts unter dem nat.-soz. Regime führte nach 1945 zur Wiederbelebung der philosoph. Anthropologie u. der materialen Wertethik (M. *Scheler,* N. *Hartmann*) u. auch zu einem bewussten überpositiven Wertbezug des Grundgesetzes der BR Dtschld., also zu einer "Wiederkehr des Naturrechts". Von einer materialen Wertphilosophie aus gab die Rechtsprechung der höchsten Bundesgerichte, vor allem die des Bundesverfassungsgerichts, dem Grundgesetz u. dem Grundrechtskatalog eine weitgehend naturrechtl. Auslegung, die neuerdings aber durch Einbeziehung psycholog.-soziolog. Standpunkte mehr u. mehr einen historischen Wandel der obersten Rechtsgrundsätze nach Zeit- u. Kulturlage zugrunde legt.

Naturreligion → Naturismus (2).

Naturschutz, alle Bemühungen um den Schutz u. die Erhaltung der Natur: Pflege u. Entwicklung von Natur u. Landschaft im besiedelten u. unbesiedelten Bereich, nachhaltige Sicherung der Leistungsfähigkeit des Naturhaushaltes, der Pflanzen- u. Tierwelt, der Vielfalt, Eigenart u. Schönheit von Natur u. Landschaft. Geschützt werden Einzelobjekte *(Naturdenkmäler,* Pflanzen- u. Tierarten) oder ganze Lebensgemeinschaften. Der *Artenschutz* ist gemäß den modernen Erkenntnissen der Ökologie am erfolgreichsten durch → Biotopschutz, d.h. unter Einbeziehung der gesamten Umwelt gefährdeter Arten. Der *Flächenschutz* unterscheidet nach Zielsetzung u. rechtlicher Stellung die Begriffe *Landschaftsschutzgebiet, Naturschutzgebiet, Naturpark, Nationalpark* u. *Biosphärenreservat.* – Der moderne N. trennt die herkömml. Aufgaben der reinen Erhaltung *(konservierender N.)* vom *gestaltenden N.,* der aktiv Einfluss zu nehmen sucht auf die Gestaltung der natürl. Umwelt, auch des Menschen. Mit der Einsicht in die zunehmende Gefährdung der natürl. Lebensgrundlagen durch die menschl. Nutzung hat sich der Naturschutzbegriff zum Begriff des → Umweltschutzes fortentwickelt.

Der moderne N. versucht, der Zivilisationslandschaft u. der Produktionslandschaft (landwirtschaftl. Kultursteppen) eine Kultur- u. Erholungslandschaft gegenüberzustellen, die ihren Ausdruck etwa in den → Naturparks findet. Aktuelle Probleme des gestaltenden Naturschutzes sind: die Pflege der Gewässer u. des Waldes, die Eindämmung der Verschmutzung von Luft, Wasser u. Boden durch Chemikalien (Industrie, Landwirtschaft), der Schutz der Naturlandschaft vor Müll, vor Zerreißung durch Industrie- u. Verkehrsanlagen, vor Zersiedelung u.a. Hauptaufgabe des Naturschutzes ist es, der Entfremdung des Menschen von der Natur entgegenzuwirken u. ein breites Bewusstsein für die Gefährdung der Natur zu wecken.

Organisation des Naturschutzes in Deutschland: Oberste Naturschutzbehörde ist das Bundesland, obere Naturschutzbehörde der Regierungs- bzw. Verwaltungspräsident, untere Naturschutzbehörde der Landkreis. Die Naturschutzbehörden unterhalten jeweils eine Naturschutzstelle, deren Geschäftsführer der Beauftragte für N. u. Landschaftspflege ist; er ist neben- oder ehrenamtlich tätig.

Rechtliches: Im jurist. Sinn versteht man unter N. die Rechtsvorschriften u. sonstigen Maßnahmen zur Erhaltung u. Pflege der belebten u. unbelebten Natur, deren Nichtbeachtung in der Regel mit Strafe oder Geldbuße bedroht ist. Der N. sucht auch die techn. u. industrielle Entwicklung so zu lenken, dass geringstmögl. Schäden in der Natur entstehen. Die allg. Vorschriften zum N. enthält das *Bundesnaturschutz-Gesetz* vom 12. 3. 1987 für wild wachsende Pflanzen, wild lebende Tiere (begrenzte Ausnahmen: → jagdbare Tiere, → Jagdrecht) u. für die landesrechtl. dazu erklärten u. in amtl. Listen der Landesbehörden aufgenommenen Naturschutzgebiete, → Nationalparks, → Landschaftsschutzgebiete, → Naturparks, Naturdenkmäler u. *geschützten Landschaftsbestandteile. Naturdenkmäler* sind Einzelschöpfungen der Natur (Felsen, Quellen, Wasserfälle, Wasserläufe u. alte Bäume), deren Schutz aus wissenschaftl., naturgeschichtl. oder landeskundl. Gründen erforderl. ist. Das Bundesnaturschutz-Gesetz wird ergänzt durch Naturschutzgesetze der Bundesländer u. Rechtsverordnungen, z.B. die *Bundesartenschutzverordnung* von 1989.

In *Österreich* wird der N. durch Landesgesetze geregelt. Einrichtungen für den N.: *Österr. Naturschutzbund,* gegr. 1913, mit dem *Institut für N.,* gegr. 1949, u. einem *Naturschutz-Beirat* (seit 1951). – In der *Schweiz* ist Rechtsgrundlage für ein Bundesnaturschutzgesetz der 1962 in die Bundesverfassung eingefügte Art. 24^{sexies}; daneben gibt es auch kantonale Naturschutz-Vorschriften. Auch → Landschaftsschutz.

Naturschutzgebiet, Abk. *NSG,* ein Gebiet, das bes. Schutz von Natur u. Landschaft (im Ganzen oder in Teilen) erfordert: 1. zur Erhaltung von Lebensgemeinschaften oder -stätten bestimmter wild wachsender Pflanzen bzw. wild lebender Tierarten, 2. aus wissenschaftl., naturgeschichtl. oder landeskundl. Gründen oder 3. wegen seiner Seltenheit, besonderen Eigenart oder hervorragenden Schönheit. Handlungen, die zur Zerstörung, Beschädigung oder Veränderung des Naturschutzgebietes oder seiner Bestandteile oder zu nachhaltiger Störung führen können, sind durch das *Bundesnaturschutzgesetz* u. entsprechende Gesetze der Bundesländer verboten. 1998 gab es in Deutschland 6016 Naturschutzgebiete (Fläche 818 330 ha), zwei Drittel sind kleiner als 50 ha. Auch → Biosphärenreservat, → Nationalpark, → Naturpark, → Naturschutz.

Naturschutzring → Deutscher Naturschutzring e. V.

Naturschutz und Landschaftspflege, 1. *Arbeitsgemeinschaft Deutscher Beauftragter für Naturschutz und Landschaftspflege,* Bonn, gegr. 1947 von Hans *Klose;* Ziele: Bemühungen um Naturschutz, Landschaftspflege u. -gestaltung in Zusammenarbeit mit Behörden, Vereinheitlichung des Naturschutzrechts in den Bundesländern, Mitwirkung im internat. Naturschutz, Träger der "Deutschen Naturschutztage"; Veröffentlichungen: "Verhandlungen Deutscher Beauftragter für N. u. L.". – 2. *Bundesanstalt für N. u. L.,* Bonn; 1953 aus der Zentralstelle für N. u. L. hervorgegangen, heute *Bundesanstalt für Vegetationskunde, N. u. L.;* eine Bundesoberbehörde, die die Bundesregierung in Fragen von N. u. L. berät, Grundlagenuntersuchungen durchführt u. den deutschen Naturschutz bei Tagungen im Ausland vertritt. Veröffentlichungen: "Natur u. Landschaft", "Mitteilungen zur Landschaftspflege".

Naturselbstdruck → Prägedruck.

◆ **Natursteine,** aus natürl. Vorkommen gewonnenes Gestein, das vornehmlich als Baustoff in gebrochener oder durch Auf-

Natursteine: Natursteinmauerwerk der Inka in Cuzco

Natursteinmauerwerk

bereitung zerkleinerter Form sowie bearbeitet als *Naturwerkstein* verwendet wird *(Natursteinmauerwerk)*. Gegensatz: *künstliche Steine.*

Natursteinmauerwerk → Natursteine.

Naturstoffchemie [-çɛ-], ein Teilgebiet der Chemie, das sich mit der Isolierung, Identifizierung u. Strukturaufklärung von Naturstoffen beschäftigt. Verwendet werden für die Aufgaben der N. hauptsächlich Verfahren der Mikroanalytik sowie physikalische Methoden.

Naturtheater, Theater unter freiem Himmel. Schon seit dem 17. Jh. wurden im Rahmen der höfischen Kultur Theateranlagen im Freien angelegt. Eine besondere Blüte erfuhr das N. im 19. Jh. als ein Stimmungsprodukt von Natur- u. Nationalgefühlen. Während des Nationalsozialismus pervertierte das N. zu propagandist. Thingspielen. N. sind heute meist sommerl. Festspielbühnen, wie z. B. die Karl-May-Festspiele in Bad Segeberg oder die Schlossfestspiele in Heidelberg. Neben den immer noch üblichen Heimatstücken werden heute auch Klassiker der Weltliteratur, Opern u. Operetten aufgeführt. Das N. dient neben künstler. Aspekten vor allem der Förderung des regionalen Tourismus. Auch → Freilichtbühne, → Volksschauspiel.

Naturtöne, auf Blasinstrumenten durch veränderes Anblasen (zum Teil Überblasen) hervorgebrachte Töne über dem jeweiligen Grundton des Instrumentes, ohne Veränderung der Röhrenlänge; entsprechen idealtypisch den Obertönen des Grundtons, weichen real indes meistens geringfügig von ihnen ab.

Natur- und Heimatschutzkommission, *Eidgenössische N. u. H.,* Bern, gegr. 1936 vom schweiz. Bundesrat; hat die Aufgabe, den Bundesrat auf dem Gebiet des Natur- u. Heimatschutzes zu beraten; gibt Jahresberichte heraus.

Naturverjüngung, Walderneuerung durch natürl. Samenfall oder Stockausschlag.

Naturvölker, ein im 18. Jh. geprägter Begriff (erstmals bei J. G. *Herder* 1774) für jene Völker u. Stämme, mit denen sich die wissenschaftl. Völkerkunde *(Ethnologie)* befasst. Er trat an die Stelle von diskriminierenden Bezeichnungen wie „Barbaren", „Heiden" oder „Wilde" u. blieb bis in unsere Zeit mangels besserer Begriffe neben dem vor allem im angelsächs. Sprachraum verwendeten Wort „Primitive" gebräuchlich für Menschengruppen (Stämme, Sippen, Kasten u. Ä., nur in seltenen Fällen bis zur Volkwerdung vorgeschritten) mit geringerer Einsicht in die Naturvorgänge, mit kaum entwickelter Technik, deshalb stärker von der sie umgebenden Natur abhängig; oft mangels einer ausgebildeten Schrift als *schriftlose Völker* bezeichnet, weniger treffend als *geschichtslose Völker* (gemeint ist: ohne geschriebene Geschichte). Zu ihnen rechnen auch die *vorgeschichtl. Völker,* so dass N. eigentl. ein Entwicklungsstadium bezeichnet. Irrig war die Ansicht der Zeit J.-J. *Rousseaus,* dass N. in einem naturnahen („paradiesischen") Zustand leben.

Die N. leben heute in Rand- oder Rückzugsgebieten. Ihre Zahl geht ständig zurück, teils durch Aussterben, teils durch Aufgehen in anderen Volksgruppen oder durch Angleichung ihrer Kultur. Man schätzt ihre Zahl auf 6% der Erdbevölkerung. Der Wirtschaftsform nach werden sie aufgeteilt in *Wildbeuter-, Hirten-, Grabstock-, Hackbau-* u. *Ackerbauvölker.* Die N. sind für die Forschung von besonderer Bedeutung, weil sich bei ihnen Kulturelemente (Sitten, Bräuche, Geräte, Glaubensvorstellungen u. a.) aus vergangenen Menschheitsepochen erhalten haben.

Die *Kunst* der N. ist deutlich funktionsbezogen (Götter-, Geister-, Ahnenfiguren, Kultgerät; Figuren mit Abschreckungs- u. Schutzwirkung gegen Zauber; Tanz u. Aufführungen; Rangerhöhung; Dekoration von Gebrauchsgegenständen, gelegentlich mit magisch wirksamen Motiven u. Ä.). Dem entspricht, dass ein Teil der Kunstwerke über den Anlass hinaus, zu dem sie geschaffen wurden, nicht erhalten bleibt, sondern zerstört (manchmal traditionell vorgeschrieben) oder dem Verfall überlassen (oder verkauft) wird. Die Herstellungsverfahren sind, dem technologischen Niveau der Kulturen entsprechend, rein handwerklich. Die bearbeiteten Materialien sind außerordentlich vielfältig.

Man hat die Kunst der N. durch bestimmte Begriffe zu charakterisieren versucht, etwa als *symbolistisch*: z. B. unproportioniert großer Kopf als Sitz von bes. viel *Mana* (Maori, Neuseeland), Betonung der Genitalien als Symbol der Fruchtbarkeit, herausgestreckte Zunge als Symbol der Abschreckung *(Gorgo-Motiv,* Ozeanien); oder als *repräsentativ*: Wenn nur einzelne wichtige Merkmale eines Objekts dargestellt sind, ist dieses eindeutig bestimmt (Beispiele von der Nordwestküste Nordamerikas). Weitere formale Besonderheiten sind: röntgenbildartige Darstellungen, d. h., in die Körper von Mensch u. Tier werden auch innere Organe eingezeichnet oder -gemalt; ferner Pars-pro-toto-Wiedergaben, d. h., ein Teil vertritt das ganze Objekt; oder die Zerlegung von Körperteilen im Rahmen einer ornamental bestimmten Komposition (Beispiele von der Nordwestküste Nordamerikas). Sollen Individuen dargestellt werden, so werden diese nicht durch Porträtähnlichkeit, sondern durch die Beigabe charakterisierender Attribute kenntlich gemacht.

Künstler. Tätigkeit wird häufig professionell ausgeübt (z. B. in Teilen Polynesiens), ist aber für den Künstler oft auch eine zum Erwerb des Lebensunterhalts nicht notwendige Nebentätigkeit. Künstler können einen hohen sozialen Status besitzen, wie die Schnitzer der neuseeländ. Maori im Priesterrang, oder ausschließl. niederen Schichten angehören (Afrika). Ebenso sind in der Regel Männern u. Frauen jeweils bestimmte Kunstzweige vorbehalten. Es kann für den Handel produziert werden (Westafrika), während es in anderen Fällen gegen die gute Sitte verstößt, Kunstwerke zu verkaufen (z. B. Maori).

Im Zuge der Emanzipation der Dritten Welt von der europ. Bevormundung ist es häufig zu Wiederbelebungen traditioneller Formen gekommen. Wenn sie einerseits Einflüsse aus dem abendländ. Kulturkreis aufnahm, so hat doch die Kunst der N. andererseits nachhaltig auf die europ. Kunst des 20. Jh. gewirkt, wie an den Werken P. *Gauguins,* P. *Picassos,* der *Expressionisten* u. a. abzulesen ist. Auch → afrikanische Kunst, → australische Kunst, → ozeanische Kunst.

Naturwaldreservate, Waldteile, in denen die natürlichen Vegetationsverhältnisse (Baumartenzusammensetzung, Bestandesstruktur) bes. gut erhalten sind u. die darum in ihrem Zustand – ohne Eingriffe des Menschen – erhalten werden. N. sind in der Regel keine Naturschutzgebiete, sondern durch Erlasse der Forstverwaltungen der Bundesländer aus der Bewirtschaftung genommen. Auswahl, Zielsetzung sind u. Bezeichnung sind in den Bundesländern nicht einheitlich, z. B.: Niedersachsen: *N. für Lehre u. Forschung,* Nordrhein-Westfalen: *Naturwaldzellen,* Baden-Württemberg: *Bannwälder.*

Naturwerkstein, Werkstücke aus natürlichem Gestein, steinmetzmäßig bearbeitet.

Naturwissenschaften, die Wissenschaften, die die Gegenstände der Natur u. die sich an ihnen vollziehenden Vorgänge, die *Naturerscheinungen,* beschreiben, ordnen, vergleichen, die zwischen ihnen bestehenden Beziehungen ermitteln u. daraus Regeln u. Gesetze ableiten. Man kann den *exakten N.* (Physik, Chemie, Astronomie) die vorwiegend *beschreibenden N.* (Biologie einschl. Mikrobiologie u. Paläontologie, Geographie, Geologie, Mineralogie u. a.) gegenüberstellen. Aufgabenbereiche der N. sind vor allem die zweckfreie Forschung *(Grundlagenforschung),* die die Naturgesetze sucht, u. die *angewandte Forschung,* die durch Naturerkenntnis zu Naturbeherrschung zu gelangen sucht (z. B. Technik u. Medizin).

Naturzustand, ein angenommener ursprünglich vorstaatlicher Zustand, in dem Menschen frei nach ihrer „Natur" gelebt haben sollen. Naturzustand-Vorstellungen tauchten bereits im späten MA auf, stehen jedoch in direkter Beziehung zur naturrechtlichen

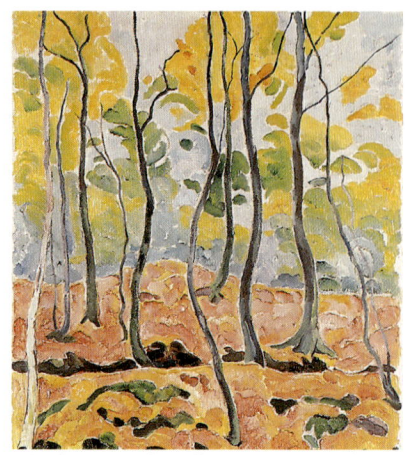

Heinrich Nauen: Herbstwald; um 1911. Bonn, Städtisches Kunstmuseum

Auffassung der Aufklärung. Der N. wird bald als Zustand der Unschuld u. des Friedens, bald als Situation des Kampfes aller gegen alle (T. *Hobbes*) gedacht. Er dient als Konstruktion (teilweise auch historisch real vorgestellt), um einen daraus hervorgehenden, meist durch Vertrag *(Gesellschaftsvertrag)* gegründeten Gesellschaftszustand abzuleiten.

Nauarch [grch., „Befehlshaber der Schiffe"], in mehreren altgriech. Staaten Titel des Flottenbefehlshabers.

Naudé, 1. Beyers, südafrikan. reform. Theologe, → Beyers Naudé, Christiaan Frederick.
2. [no'de], Gabriel, französ. Gelehrter u. Bibliothekar, *2. 2. 1600 Paris, †30. 7. 1653 Abbeville; schrieb die erste bibliothekstheoretische Schrift („Advis pour dresser une bibliothèque" 1644).

Naue [die; süddt.], Kahn.

Nauen, Stadt in Brandenburg, Ldkrs. Havelland, 10 900 Ew.; Stadtkirche (15. Jh.); Gerätebau, Metallverarbeitung.

◆ **Nauen,** Heinrich, dt. Maler u. Grafiker, *1. 6. 1880 Krefeld, †26. 11. 1940 Kalkar; Vertreter des rhein. Expressionismus, Schüler von L. von *Kalckreuth*, vom nat.-soz. Regime als „entartet" verfolgt. Unter dem Einfluss von V. van *Gogh* u. A. *Macke* entwickelte er einen dekorativen Expressionismus von starker Farbigkeit; auch Buchillustrationen, Lithographien u. Radierungen.

Naugard, Stadt in Polen, → Nowogard.

Nauheim, 1. Gemeinde in Hessen, Ldkrs. Groß-Gerau, im Hessischen Ried, 10 300 Ew.; Musikinstrumentenbau; Spargelanbau.

Bad Nauheim

◆ **2.** *Bad Nauheim,* Stadt in Hessen, Wetteraukreis, am Ostfuß des Taunus, 29 900 Ew.; Heilbad mit kohlendioxid-, kochsalz- u. eisenhaltigen Quellen, Thermalsprudel, Gradierwerke, Moorbäder; Max-Planck-Institut für Physiolog. u. Klinische Forschung (W. G. Kerckhoff-Institut); Kurhaus in Jugendstil-Architektur; Salzmuseum; Kohlensäure- u. pharmazeut. Industrie.

Naukratis, griech. Kolonie (Faktorei) im Nildelta, um 650 v. Chr. von Milesiern gegr. u. vom ägypt. König *Amasis II.* (576–526 v. Chr.) als „Konzessionshafen" mit einem Handelsmonopol ausgestattet; auch nach der Gründung Alexandrias ein Zentrum des griech. Handels auf dem Nil.

Nauman [-mən], Bruce, US-amerikan. Künstler, *6. 12. 1941 Fort Wayne, Ind.; deckt künstlerisch mit Conceptual Art, Minimal Art, Happening, Video, Film u. Fotografie ein breites Spektrum ab. Seine Werke sind beeinflusst von M. *Duchamp*, im Aufbau komplex u. oft verschlüsselt. Themen seines alptraumhaften u. pessimistischen plastischen Werkes sind u. a. Grausamkeit, Folter, Gentechnologie u. Tierversuche, die dem Betrachter bewusst bedrohliche u. Angst auslösende Situationen suggerieren, um das Bewusstsein zu steigern. In den 1990er Jahren entstanden Installationen aus Video, Foto, Licht u. Klang, in denen er Medien, Politik, Sexualität u. Gewalt zum Thema machte. Seine Werke führen oft durch multiplizierte u. zeitversetzt ablaufende Bilder beim Betrachter zu räuml. u. visuellen Verwirrungen.

Friedrich Naumann

Naumann, ◆ **1.** Friedrich, dt. Politiker, *25. 3. 1860 Störmthal bei Leipzig, †24. 8. 1919 Travemünde; ev. Pfarrer, arbeitete für die Innere Mission. Unter seiner Führung lösten sich die „Jungen" von den Konservativen innerhalb von A. *Stoecker* gegründeten Ev.-sozialen Kongresses. Zusammen mit P. *Göhre* gründete er 1896 den *Nationalsozialen Verein.* N. erstrebte eine demokrat. u. soziale Umbildung von Staat u. Wirtschaft, um die Arbeiter für den Staat u. ein soziales Kaisertum zu gewinnen. Während des 1. Weltkriegs entwickelte er seinen „Mitteleuropaplan", der einen wirtschaftlichen Zusammenschluss auf freiwilliger Basis u. ohne Annexionen vorsah. N. war seit 1907 Mitgl. des Reichstags, 1918 Mitgründer u. 1919 erster Vors. der *Dt. Demokrat. Partei.* Er gründete 1917 die „Staatsbürgerschule", aus der sich die *Hochschule für Politik* entwickelte.
2. Hans, dt. Germanist u. Volkskundler, *13. 5. 1886 Görlitz, †25. 9. 1951 Bonn; führte in die Volkskunde den Begriff *gesunkenes Kulturgut* ein („Primitive Gemeinschaftskultur" 1921); erforschte die Zusammenhänge zwischen altgerman. u. mittelalterl. höf. Kultur („Höfische Kultur" 1929); „Deutsche Volkskunde in Grundzügen" 1922; „Deutsche Dichtung der Gegenwart" 1923; „Althochdt. Elementarbuch" 1937; „Deutsches Dichten u. Denken von der german. bis zur stauf. Zeit" 1938.
3. Johann Friedrich, dt. Ornithologe, *14. 2. 1780 Ziebigk bei Köthen, †15. 8. 1857 Ziebigk; Professor des Ornithologischen Museums des Herzogs von Anhalt-Köthen; schrieb eine „Naturgeschichte der Vögel Deutschlands" 12 Bde. 1822–1844 u. illustrierte das Werk mit selbst gefertigten Kupferstichen.
4. Johann Gottlieb, dt. Komponist, *17. 4. 1741 Blasewitz bei Dresden, †23. 10. 1801 Dresden; nach Studien bei G. *Tartini* in Italien seit 1772 am Dresdner Hof (seit 1776 kurfürstl. Kapellmeister), 1777–1786 in Stockholm, Kopenhagen u. Berlin, anschließend in Dresden tätig; Einflüsse C. W. *Glucks* u. der Wiener Instrumentalmusik; schrieb 23 Opern im neapolitan. Stil für italien. Bühnen („Solimano" 1773; „Le nozze disturbate" 1773), für die schwed. Bühne („Gustaf Wasa" 1786) u. für Berlin („Medea" 1788), ferner 13 Oratorien, Kirchenmusik u. Lieder.
5. Karl Friedrich, dt. Mineraloge u. Geologe, *30. 5. 1797 Dresden, †26. 11. 1873 Dresden; 1842 bis 1871 Prof. in Leipzig; Hptw.: „Elemente der Mineralogie" 1846.
6. Klaus Dieter, dt. Offizier (1991 General), *25. 5. 1939 München; trat 1958 in die Bundeswehr ein; nach Truppendienst als Artillerieoffizier Stabsverwendungen (u. a. auch bei der NATO); 1991–1996 Generalinspekteur der Bundeswehr; 1996–1999 Vorsitzender des NATO-Militärausschusses.
7. Konrad, dt. Politiker (SED), *25. 11. 1928 Leipzig, †25. 7. 1992 Quito (Ecuador); Landarbeiter, Dipl.-Lehrer für Marxismus-Leninismus; 1946–1964 Funktionär der FDJ, danach SED-Funktionär: 1966–1986 Mitgl. des ZK, 1971–1985 Erster Sekretär der Bezirksleitung Berlin, 1984/85 zugleich Sekretär des ZK, 1976–1985 Mitgl. des Politbüros. N. galt als mögl. Nachfolger u. Rivale E. *Honeckers* u. wurde auf dessen Betreiben gestürzt.

Naumburg, 1. Stadt in Hessen, Ldkrs. Kassel, 5800 Ew.

Naumburg (Saale)

◆ **2.** *Naumburg (Saale),* Kreisstadt in Sachsen-Anhalt, an der Mündung der Unstrut in die Saale, 30 500 Ew.; romanisch-gotischer Dom (12.–14. Jh.), Rathaus (16./17. Jh.), spätgotische St.-Wenzels-Kirche, Marientor; Maschinen-, Holz- u. Bauindustrie, Sektherstellung; Verw.-Sitz des *Burgenlandkreises.*
Geschichte: Die Naumburg („neue Burg") wurde vom Markgrafen von Meißen um 1000 erbaut. Um 1030 wurde der Ort Bischofssitz; N. entwickelte sich zur Stadt. Die Bischöfe waren Reichsfürsten, gerieten aber in Abhängigkeit von den Wettinern. 1564–1815 war N. kursächsisch; dann kam es zu Preußen u. 1946 zu Sachsen-Anhalt.

Naumburger Dom, kreuzförmige, doppelchörige Pfeilerbasilika *St. Peter u. Paul* in Naumburg (Saale), mit vier Türmen; Neubau über früherer Anlage aus dem späten 12. Jh. Die Hauptbauzeit begann um 1210 in zunächst spätroman., dann got. Bauweise (von O nach W fortschreitend). Der Westchor zeigt Formen einer entwickelten Gotik. Nach 1300 wurde der romanische Ostchor durch einen gotischen ersetzt. Die Osttürme stehen auf roman. Unterbau u. tragen barocke Hauben; die Anlage der Westtürme nahm Baugedanken des *Bamberger Doms* auf. Ausstattung: gotischer Lettner mit

Naunhof

Passionsdarstellungen in Form von Reliefs; zwölf Stifterstatuen an den Diensten des Westchors; mittelalterl. Grabdenkmäler u. Glasfenster.

Naunhof, Stadt in Sachsen, Muldentalkreis, südöstl. von Leipzig, 7200 Ew.; Bau- u. Baustoffindustrie.

Naunyn, Bernhard, dt. Internist, * 2. 9. 1839 Berlin, † 30. 7. 1925 Baden-Baden; arbeitete bes. über Gallenleiden u. Zuckerkrankheit sowie Krebsbehandlung. 1873 gründete er mit E. *Klebs* u. O. *Schmiedeberg* das „Archiv für experimentelle Pathologie u. Pharmakologie".

Naupaktos, griech. Ort, → Navpaktos.

Nauplion, *Nauplia,* griech. Stadt auf dem Peloponnes, → Navplion.

Nauplius [grch.], Krebslarve mit 2 Fühler- u. 3 Beinpaaren u. einem unpaaren Auge *(Nauplius-Auge);* typische Larvenform der *Ruderfußkrebse, Rankenfußkrebse* u. einiger *Muschelkrebse.*

Naura, Michael, dt. Jazzpianist, * 19. 8. 1934 Memel; spielte ab 1953 in Berlin; leitete eine der bedeutendsten Combos des deutschen Jazz, u. a. mit dem Vibraphonisten Wolfgang *Schlüter;* griff in den 1950er Jahren den Cool, in den 1970er den Freejazz auf; mit Peter *Rühmkorf* Veranstaltungen zu „Jazz u. Lyrik".

Nauru, Staat in Ozeanien, → Seite 300.

Nausea [die; grch.], Übelkeit, Schlechterden; *N. marina,* die Seekrankheit.

Nausikaa, in *Homers* „Odyssee" Tochter des Phäakenkönigs *Alkinoos,* auf dessen Insel Odysseus vor Poseidon flüchtet. N. versorgt ihn u. führt ihn zu ihrem Vater.

Nautik [grch.], die Schifffahrtskunde; sie umfasst das gesamte Schifffahrtswesen wie Seemannschaft, Schiffsführung u. → Navigation.

Nautilus, *Perlboot, Schiffsboot,* Gattung der *Vierkiemer* (→ Kopffüßer); der Durchmesser des oft zu Zier- u. Gebrauchsgegenständen verarbeiteten rosa-weiß geflammten Kalkgehäuses kann 30 cm erreichen u. bis zu 36 mit Stickstoff gefüllte Kammern enthalten, in der äußersten u. größten sitzt das eigentl. Tier. 82–90 lange, einziehbare Fangarme *(Cirren)* umstehen die Mundöffnung in zwei Kränzen. Es sind nur Haftpolster u. keine Saugnäpfe oder Haken

Navaho: Die Anfertigung eines farbigen Sandbildes ist bei diesem Indianerstamm wichtiger Bestandteil der Krankenheilungszeremonie

Navarra (1): Kirche und Kreuzgang von San Pedro de la Rúa in Estella, einem alten Städtchen, das im Mittelalter zeitweise Residenz der Könige von Navarra war

ausgebildet. Der N. lebt im indopazif. Raum in 400–700 m Tiefe am Boden. Er frisst Aas u. Kleintiere. Die Gattung N., mit wenigen unsicheren Arten *(N. pompilius* u. ä. genannt), ist der Rest einer im Erdaltertum weit verbreiteten u. formenreichen Gruppe („lebendes Fossil"), der *Nautiloideen,* die wiederum eine Schwestergruppe der ebenfalls Schalen tragenden *Ammoniten* sind. Frühe Formen hatten auch gesteckte Gehäuse.

„**Nautilus**", das erste mit Kernenergie angetriebene U-Boot (u. damit Fahrzeug) der Welt; fertig gestellt 1954 in den USA. Die sauerstoff- u. brennstoffunabhängige Antriebsanlage ermöglicht einen Aktionsradius von 70 000 Seemeilen bei hoher Fahrt (20/27 kn über/unter Wasser). Die N. unterquerte 1958 erstmals den Nordpol u. wurde 1980 außer Dienst gestellt.

Nautiluspokal, *Nautilusbecher,* Trink- u. Prunkgefäß der mitteleurop. Renaissance, dessen kostbar gefasste Schale aus einer Nautilusmuschel besteht. Schale, Deckel, Schaft u. Fuß sind meist mit Meeresmotiven (Neptun, Delphine, Wassermänner, Nixen) geschmückt.

nautische Ephemeriden, Daten von Sonne, Mond, großen Planeten, Fixsternen u. Gezeiten. Sie werden im *Nautischen Jahrbuch* (genauer „Naut. Jb. oder Ephemeriden u. Tafeln für das Jahr... zur Bestimmung der Zeit, Länge u. Breite zur See nach astronom. Beobachtungen", hrsg. vom Dt. Hydrograph. Institut, Hamburg) veröffentlicht u. sind wichtig für die Schifffahrt.

nautische Karten → Seekarten.

Nautischer Schiffsoffizier und Kapitän → Kapitän.

Navagraha [sanskr.] → Planetenkult.

◆ **Navaho** [ˈnævəhou], span. *Navajo,* eigener Name *Diné,* der heute volkreichste Indianerstamm der *Athapasken* in Nordamerika, in Reservationen in Arizona (mit 64 000 km² die größte), New Mexico, Colorado u. Utah; ursprüngl. Jäger, durch Übernahme von Schafherden von den Spaniern halbsesshaft, betreiben Maisanbau; mit reich gemusterten, von den Frauen gewebten Wolldecken (von den *Pueblos* übernommen) sowie Silberschmiedearbeiten u. medizin.-schamanist. Festen; seit 1937 mit einem Stammesrat. Die heutige Situation in den Navaho-Reservationen zeichnet sich durch eine starke Bevölkerungszunahme (1864: rd. 8000, 1977: rd. 160 000) aus mit schweren sozialen Folgen (hohe Arbeitslosigkeit, zunehmender Alkoholismus u. a.), an denen auch die von der Regierung unterstützten Industrialisierungs- u. Landwirtschaftsprogramme für die Navaho-Reservationen nur wenig ändern.

Navarino, griech. Ort, heute → Pylos. In der Seeschlacht bei N. am 20. 10. 1827 wurde die Flotte der Türken von den verbündeten Seestreitkräften Englands, Frankreichs u. Russlands geschlagen.

Navarra (1)

Navarra [bask.], frz. *Navarre,* ◆ **1.** histor. Landschaft beiderseits der westl. Pyrenäen, reicht im S bis an den oberen Ebro; waldreiches Bergland im N, steppenhaftes Hügelland im S; eingelagert zwischen den Pyrenäenhängen u. einer südlicheren Berg-

kette das baumlose *Becken von Pamplona.* Die span. Seite ist regenarm; Landwirtschaft bes. auf den Bewässerungsböden der Talauen u. des Ebrobeckens; Anbau von Weizen, Zuckerrüben, Oliven, Wein u. Frühgemüse; Viehzucht; Kali- u. Erzbergbau; Holz- u. Nahrungsmittelindustrie.
Geschichte: Das ehem. Königreich N. gehörte zur Span. Mark des Frankenreichs. Graf *Sancho I.* machte sich wieder unabhängig u. 905 zum König. *Pamplona* wurde Hptst. Seine Nachfolger dehnten ihren Besitz zu einem großen Reich aus, das *Aragón* u. unter *Sancho III. d. Ä.* (d. Gr., 1000 bis 1035) auch *Kastilien* umfaßte. Er teilte es unter seine Söhne u. bildete daraus 4 Reiche. Seit 1234 stand N. unter französ. Dynastien u. kam 1484 an die Familie *d'Albret.* Obernavarra kam 1512 an Kastilien, Niederharnavarra durch *Heinrich von N.* (König Heinrich IV.) 1589 an die französ. Krone (Könige von „Frankreich u. N.").
2. span. Region zwischen dem Hauptkamm der westl. Pyrenäen; u. dem Ebro, 10 391 km², 521 000 Ew.; Hptst. *Pamplona.* Die Bewohner der nördl. Gebiete sind *Basken.*
Navarrete, Juan Fernández, gen. *El Mudo,* span. Maler, * um 1526 Logroño, † 3. 1. 1579 Toledo; schulte sich an *Tizian* u. erhielt als Hofmaler Philipps II. 1576 den (nur teilweise vollendeten) Auftrag, 32 Gemälde für den Escorial zu malen.
Navia ['nabia], Fluss im nordwestl. Spanien, 159 km lang; entspringt im Kantabr. Gebirge, mündet in den Golf von Biscaya; im Mittellauf in zwei Stauseen zur Elektrizitätsgewinnung gestaut.
Navicert ['nævɪsəːt], Abk. für engl. *Navigation certificate,* bei einem bewaffneten Konflikt die amtl. Bescheinigung eines Krieg führenden Staates, dass die Ladung eines Schiffes keine → Bannware enthält u. deshalb von dem Staat, dessen Organ das N. ausstellt, nicht eingezogen werden kann, häufig mit einer Kursanweisung verbunden.
Navier [na'vje], Louis, französ. Ingenieur, * 15. 2. 1785 Dijon, † 23. 8. 1836 Paris; Prof. der Mechanik in Paris, Begründer der neueren Ingenieurmechanik (Statik u. Elastizitätslehre).
Navigation [lat.], eigentl. die Schifffahrtskunde *(Nautik),* heute allg. die Bestimmung des Standorts u. Kurses von Schiffen u. Luft- u. Raumfahrzeugen.
In der *Schifffahrt* werden terrestrische u. astronomische Navigationsmethoden unter Zuhilfenahme von Kompass, Sextant u. Chronometer angewandt. Sichtpeilungen von Landmarken u. Seezeichen werden mit Karten verglichen, Peilungen von Sonne u. Sternen mit Tabellen. Bei schlechter Sicht sind nur in Landnähe relativ genaue → Funkpeilungen möglich; auf hoher See ist dann nur ein *gegisstes Besteck* aufzumachen aus geschätzter Geschwindigkeit über Grund u. Abdrift, gekoppelt mit dem Kurs. Heute wird diesem Mangel schon durch Navigationssatelliten begegnet, die geographisch (relativ zur drehenden Erde) fest stehen u. jederzeit sehr genaue Funkpeilungen erlauben. Ein völlig unabhängiges System ist die → Trägheitsnavigation, die

aber fast nur in Atom-U-Booten u. Luft- u. Raumfahrzeugen eingesetzt wird: Ausgehend von Anfangswerten für Ort u. Geschwindigkeit, werden aus sehr genauen Beschleunigungsmessungen laufend die Geschwindigkeit u. der Ort automatisch berechnet. Da die Genauigkeit mit der Zeit nachlässt, ist dieses Verfahren nur einige Tage ohne astronom. Kontrolle möglich.
In der *Luftfahrt* wird der Standort als Schnittpunkt zweier oder mehrerer *Standlinien* ermittelt. Die Standlinien ergeben sich aus der Beobachtung irdischer Markierungspunkte *(terrestrische N.),* von Himmelskörpern *(Astronavigation)* oder durch Anpeilen von Funksendern *(Funknavigation).* Die *Trägheitsnavigation* sowie die *Dopplernavigation* (Ausnützung des → Doppler-Effekts) erlauben die Standortbestimmung unabhängig von Bodenanlagen u. sind fremdstörungssicher; sie werden deshalb als *autonome Navigationsverfahren* bezeichnet.
Die Funknavigation überwiegt heute (auch bei guter Sicht) bei weitem; sie wird eingeteilt in: 1. *Kurz- u. Mittelstreckennavigation* über Land oder in Küstennähe, wobei das Flugzeug eine Luftstraße (→ Flugsicherung) befliegt, deren ungerichtete Funkfeuer oder UKW-Drehfunkfeuer vom Radiokompass oder von anderen speziellen Empfängern *(VOR-System, DECCA-System)* angezeigt werden, auf die der → automatische Pilot eingestellt werden kann; 2. *Langstreckennavigation* über unbewohnten Weiten (Meere, Wüsten) mit dem *LORAN-Gerät* [von engl. *Long Range N.*], das die Funksignale zweier starker, weit auseinander liegender Sender misst u. auswertet; 3. *Blindlandeanflugnavigation,* die dem Piloten die notwendigen Angaben liefert, um von einem bestimmten Punkt aus in gleichmäßigem Sinkflug genau in Landebahnrichtung den Aufsetzpunkt anfliegen zu können. Auch → GCA-Verfahren,   → ILS-Verfahren, → Landeführungssysteme.
Navigationsakte, Name für engl. Gesetze zur Förderung des engl. Seehandels, bes. die N. von O. *Cromwell* 1651 (bis 1849), die vor allem dem niederländ. Zwischenhandel einen vernichtenden Schlag versetzte u. die Spitzenstellung der engl. Schifffahrt festigte. Sie bestimmte, dass die Einfuhr aus Übersee nach England nur auf engl. Schiffen, die Einfuhr aus Europa nur auf engl. oder Schiffen des Ursprungslands abgewickelt werden durfte. Die N. von 1664 bestimmte, dass die engl. Kolonien nur über England versorgt werden durften; sie war die handelsgesetzl. Grundlage des ersten merkantilistisch verfassten Kolonialreichs.
Naville [-'vil], 1. Edouard, schweiz. Ägyptologe, * 14. 6. 1844 Genf, † 17. 10. 1926 Malagny; Ausgrabungen in Ägypten, u. a. in Bubastis im Nildelta u. Dêr Al Bahari.
2. Henri-Adrien, Sohn von 3), schweiz. Philosoph, * 6. 2. 1845 Genf, † 24. 9. 1930 Genf; Prof. in Genf; Wissenschaftstheoretiker, bemühte sich um die Idee des *Völkerbunds* u. der Demokratie. Hptw.: „Liberté - égalité - solidarité" 1924.
3. Jules-Ernest, schweiz. Philosoph u. re-

form. Theologe, * 13. 12. 1816 Chancy, Genf, † 17. 5. 1909 Genf; Prof. in Genf, Hrsg. der Werke des französ. Philosophen F. P. *Maine de Biran;* Spiritualist; Hptw.: „Les systèmes de philosophie et les philosophies affirmatives" 1909.

◆ **Navon,** Izhak, israel. Politiker (Mapai, Rafi, Arbeiterpartei), * 19. 4. 1921 Jerusalem; zunächst Lehrer; von 1978 bis 1983 Staats-Präsident; 1984 bis 1988 stellvertr. Ministerpräsident u. 1984–1990 Min. für Erziehung u. Kultur.

Izhak Navon

Navpaktos, *Nafpaktos, Naupaktos,* ital. *Lepanto,* mittelgriech. Ort am Golf von Korinth, rd. 8200 Ew.; mittelalterl. Festung → Lepanto.

Navplion, *Nafplion, Nauplion,* griech. Hafenstadt auf der Peloponnes, Hauptort des Verw.-Bez. Argolis, am Golf von Argolis, 10 600 Ew.; Zitadelle *Akronauplia,* Fort *Palamidi,* „schwimmende" Festung Burzi; Fremdenverkehr, Ausgangspunkt vom Besuch der antiken Ausgrabungsstätten Argos, Mykene, Tiryns, Epidauros. – 1831–1834 erster griech. Regierungssitz.

◆ **Navratilova,** Martina, US-amerikanische Tennisspielerin tschechoslowak. Herkunft, * 18. 10. 1956 Prag; Wimbledonsiegerin 1978, 1979, 1982 bis 1987 und 1990; erreichte 1994 die Rekordzahl von 167 Turniersiegen.

Martina Navratilova

Nävus [lat.], *Naevus* → Muttermal.

NAV-Virchowbund [-'fɪrçoː-] → Verband der niedergelassenen Ärzte Deutschlands e. V.

Nawab [der; arab. „Statthalter"], im *Mogulreich* Titel eines Vizekönigs oder Provinzgouverneurs (daraus → Nabob).

Nawadhibu [-di'bu], Stadt in Mauretanien, → Nouadhibou.

Nawakshut [-'ʃut], Stadt in Mauretanien, → Nouakchott.

Nawaz Sharif, Mian Mohammed, pakistan. Politiker (Pakistan Muslim League), * 25. 12. 1949 Lahore; Jurist u. Manager; 1985–1990 Chef-Min. der Prov. Punjab; 1990–1993 u. seit 1997 Premier-Min. Pakistans; wurde 1999 vom Militär gestürzt.

Nawiasky, Hans, österr. Staatsrechtslehrer, * 24. 8. 1880 Graz, † 11. 8. 1961 St. Gallen; Prof. in Wien 1914, in München 1919–1933 u. seit 1946, seit 1945 auch in St. Gallen; Mitschöpfer der österr. Bundesverfassung u. der bayer. Verfassung 1946; Hptw.: „Grundgedanken der Reichsverfassung" 1920; „Bayer. Verfassungsrecht" 1923; „Staatstypen der Gegenwart" 1934; „Allgemeine Rechtslehre" 1941; „Allgemeine Staatslehre" 4 Bde. 1945 ff.; „Die Verfas-
Fortsetzung S. 301

Nauru

Autokennzeichen: NAU

Fläche: 21,4 km²

Einwohner: 11 000

Hauptstadt: Yaren

Sprache: Englisch, Nauruanisch

Währung: 1 Australischer Dollar = 100 Cents

Offizieller Name: Republik Nauru

Bruttosozialprodukt/Einw.: 13 000 US-Dollar

Regierungsform: Parlamentarische Republik

Religion: Protestanten, Katholiken

Nationalfeiertag: 31. Januar

Zeitzone: Mitteleuropäische Zeit +10 Std.

Grenzen: Inselstaat im Pazifischen Ozean westlich von Kiribati

Lebenserwartung: 52 Jahre

Der winzige Inselstaat liegt im zentralen Pazifischen Ozean, nahe dem Äquator, westl. der Gilbertinseln. Nauru ist eine Koralleninsel (bis 61 m ü. M.), die aus einer Tiefe von über 2000 m aufsteigt u. von einem Wallriff umsäumt wird. Das Klima ist tropisch-maritim mit hohen, aber unregelmäßigen Niederschlägen.
Die Bevölkerung (polynes. Nauruer, Einwanderer anderer polynes. Inseln, Chinesen, Weiße) ist überwiegend protestantisch. Einziger Reichtum der Insel sind ausgedehnte Naturphosphatlager höchster Reinheit, deren Ausbeutung 1905 begann; die Vorräte sind mittlerweile fast völlig erschöpft. Durch den Abbau ist die Insel weitgehend verwüstet; nur an den Küstenstreifen wird etwas Landwirtschaft (Anbau von Kokospalmen u. Gemüse, Schweinehaltung, Fischfang) betrieben. Der Staat fördert mit Unterstützung von Australien, Neuseeland u. Großbritannien die Renaturierung der Insel, um den Fremdenverkehr als künftige Einnahmequelle zu erschließen. Nauru betreibt eine eigene Flug- („Air Nauru") u. Schifffahrtsgesellschaft. Wichtigste Handelspartner sind Australien, Neuseeland u. Japan.

Geschichte Das Atoll im Pazifischen Ozean wurde 1798 von Briten (J. *Fearn*) entdeckt. 1888 kam es mit den *Marshallinseln* als Kolonie an das Dt. Reich. Nach dem 1. Weltkrieg wurde Nauru als Völkerbundsmandat Großbritannien, Neuseeland u. Australien unterstellt. Während des 2. Weltkriegs besetzte Japan die Insel (1942–1945). Ein großer Teil der Bevölkerung wurde nach Japan in Arbeitslager deportiert u. starb dort unter den harten Lebensbedingungen; auf der Insel wurde die Infrastruktur verwüstet. 1947 kam Nauru als UN-Treuhandgebiet unter austral. Verwaltung.
Am 31. 1. 1968 erhielt das Land die Unabhängigkeit. Es wurde parlamentarische Republik im Commonwealth. H. *DeRoburt* war der erste Staatspräsident. Er regierte bis 1989 (mit Unterbrechung 1976–1978), bevor er von B. *Dowiyogo* (bereits 1976–1978 Präs.), abgelöst wurde. Der bis 1968 andauernde Raubbau an den Phosphatvorkommen durch Australien veranlasste die Regierung von Nauru 1989, die ehemalige Mandatsmacht beim Internationalen Gerichtshof in Den Haag auf Schadenersatz zu verklagen. Nauru erhielt 1993 in einem außergerichtlichen Vergleich 80 Mio. US-Dollar zur Rekultivierung der Insel. Seit Mitte der 1990er Jahre kam es aufgrund innenpolitischer Instabilitäten zu häufigen Wechseln im Präsidentenamt, das seit April 2000 wieder von B. Dowijyogo bekleidet wird. Nauru ist seit 1999 Mitgl. der UNO.

Die bizarren Kalkfelsen sind durch Erosion nach Hebung der Koralleninsel über den Meeresspiegel entstanden

Naxos (1): auf einem Landvorsprung nördlich des Hafens steht das 6 m hohe Tempeltor des Apollon-Tempels aus dem 6. Jh. v. Chr.

sung des Freistaats Bayern" 1948; „Die Grundgedanken des Grundgesetzes" 1950; „Max von Seydel" 1954.

Nawoi Hptst. der Oblast N. in Usbekistan, im bewässerten Baumwollanbaugebiet der Wüste Kysylkum, 110 000 Ew.; Chemiewerk, Herstellung von Stickstoffdünger, Zementwerk, Wärmekraftwerk.

Naxi [naçi], *Nakhi, Nashi, Nasi, Nahsi, Moso,* Volk (245 000) im nordwestl. Yunnan (China), mit tibeto-birman. Sprache, das in Kultur wie auch Lebensweise mit den Tibetern übereinstimmt; mit eigener Bilderschrift; Feldbauern mit Viehhaltung.

Naxos, ◆ 1. größte griech. Kykladeninsel im Ägäischen Meer, 428 km², rd. 14 000 Ew.; Hauptort *N.* (2); bis 1003 m hoch, Steilabfall nach O; Anbau von Wein, Südfrüchten, Gemüse u. Oliven; Abbau von Marmor; Fremdenverkehr.
2. Hauptort der gleichnamigen griech. Insel, rd. 3000 Ew.; Reste antiker Bauten.

Ernst Wilhelm Nay: Blauspiel; 1956

Nay, ◆ 1. Ernst Wilhelm, dt. Maler u. Grafiker, *11. 6. 1902 Berlin, †8. 4. 1968 Köln; Figurenbilder u. Landschaften in einer an den Spätstil L. *Kirchners* erinnernden, stark abstrahierenden Auffassung; nach dem 2. Weltkrieg ungegenständl. Kompositionen aus scheibenähnl. Farbformen.
2. Giachen Michel, schweiz. Schriftsteller, *3. 12. 1860 Trun, Graubünden, †14. 11. 1920 Trun; Arzt; schrieb hauptsächlich Heimatlyrik auf rätoromanisch.

Nây [die; pers., arab.], *Nai, i. w. S.* allg. Blasinstrument; *i. e. S.* eine außerordentl. schwer spielbare, beiderseits offene Längsflöte aus Rohr, ohne Schnabel oder Kerbe, mit 7–8 Grifflöchern. In Indien wird eine Rohr-Schnabelflöte, die halb gedeckt ist u. 5 Grifflöcher hat, so genannt.

Nayar, *Nair,* südind. Stammeskaste an der Malabarküste; Bauern mit ausgeprägtem Mutterrecht, früher mit Polyandrie (Vielmännerei); Vegetationsfest; wohl nordind. Ursprungs. – Die *Bergnayar (Malaynayar)* sind vielfach nur Jäger u. Sammler.

Nayarit, Staat im W von Mexiko, an der mittleren pazifischen Küste, 26 979 km², 816 000 Ew.; Hptst. *Tepic*; gegliedert in die im N bis 50 km breite, heiße Küstenebene u. das Bergland des Westabfalls der Sierra Madre Occidental; in erster Linie landwirtschaftlich orientiert: Anbau von Mais, Zuckerrohr, Kaffee, Baumwolle u. Tabak (z. T. mit Bewässerung); Gold-, Silber- u. Kupferbergbau.

Nazaräer, 1. älteste Bezeichnung der Christen (Apg. 24,5), vom neutestamentl. Beinamen Jesu abgeleitet. Die Bezeichnung hat sich nur im syrisch-arabischen Sprachgebiet für die → Judenchristen von Beröa erhalten.

2. eine antike judenchristliche Sekte (mit *Nazaräer* oder auch *Hebräer-Evangelium*).
3. → Mandäer.

Nazaräer, *Nazoräer,* in der Bibel eine mit einer Ausnahme (Apg. 24,5) allein Jesus vorbehaltene Bez. mit fast messian. Bedeutung (Matthäus 2,23, Markus 1,24). Die Etymologie des Wortes ist ungeklärt. Kaum zutreffend wird die Zurückführung auf den Ortsnamen Nazareth sein.

Nazaräerevangelium, nach Berichten der Kirchenväter syrisch oder aramäisch verfasstes apokryphes Evangelium der → Nazaräer (3) aus dem 2. Jh., das eine Weiterentwicklung des Matthäusevangeliums sein könnte. Nur wenige Fragmente sind erhalten.

Nazaré, Stadt im mittleren Portugal, nördl. von Lissabon, 10 300 Ew.; Seebad. Der Fischfang, für den Nazaré früher berühmt war, verliert wegen des Fehlens eines Kunsthafens zunehmend an Bedeutung.

Nazaräer, 1. die → Nazaräer. – 2. eine theosophisch-apokalyptische Sekte, gegr. von Johann Jakob Wirz (*1778, †1858) aus Basel, die Ehelosigkeit u. Gütergemeinschaft praktiziert, in Deutschland, der Schweiz u. Österreich verbreitet. – 3. → Fröhlichianer.

◆ **Nazarener,** eine Malervereinigung, die 1809 von J. F. *Overbeck,* F. *Pforr* u. a. in Wien als *Lukasbund* gegr. wurde u. seit 1810 im Kloster San Isidoro in Rom ansässig war. Die Bez. N. entstand wahrscheinl. aufgrund der langen Haartracht [ital. „alla Nazarena"] der Mitglieder des Bundes, die – meist zum Katholizismus konvertiert – die Forderungen W. H. *Wackenroders* nach einer Erneuerung der christl. Kunst durch Rückgriffe auf ältere Vorbilder in Kunst u. Lebensstil zu erfüllen suchten. Die Lukasbrüder, deren Stil von A. *Dürer, Perugino* u. dem frühen *Raffael* beeinflusst wurde, verpflichteten sich zu streng religiöser, sittlich einwandfreier Lebensführung u. wählten für ihre Werke nur Themen religiöser Art. In ihrem durch strenge Linearität u. kühle

Nazarener: Johann Friedrich Overbeck, Italia und Germania; 1828. München, Neue Pinakothek

Nazareth

Nazareth: in der Bildmitte die Verkündigungskirche

Farbgebung gekennzeichneten Stil schmückten sie 1816/17 in Gemeinschaftsarbeit die Casa Bartholdy in Rom mit Fresken u. malten 1819–1830 die Villa Massimo aus. Führer der Gruppe, der sich seit 1811 P. von *Cornelius*, J. *Schnorr von Carolsfeld*, W. von *Schadow*, J. A. *Koch*, J. von *Führich* u. E. von *Steinle* anschlossen, blieben Overbeck u. Pforr.

◆ **Nazareth**, hebr. *Nazeret*, arab. *An Nasira*, israel. Stadt u. Verw.-Sitz des *Norddistrikts*, am Rand Untergaliläas, über der Jesreelebene, an der Straße Haifa–Tiberias, 49 800 Ew.; neben Jerusalem die größte Arabersiedlung in Israel; christl. heilige Stätten: Verkündigungskirche, Marienquelle; Handel, Handwerk, Fremdenverkehr. – Über der Stadt das 1957 gegründete jüdische *Obernazareth (Nazeret Illit)*, 33 400 Ew.; Möbel-, Textil- u. E. Schokoladenindustrie.

Nazca-Kultur ['naska-], *Nasca-Kultur*, altindian. Kultur, benannt nach der gleichnamigen heutigen Stadt im südperuan. Dep. Ica, in den Tälern des Pisco, Ica u. Nazca. Träger der N. waren direkte Nachfahren der *Paracas-Kultur*. Lebensgrundlage bildete ein Oasenfeldbau mit künstlicher Bewässerung. Die Masse der Bevölkerung lebte in großen Dörfern aus Holzhäusern; ab Christi Geburt entwickelte sich eine Stadtkultur mit Tempelanlagen, pyramidenähnl. Gebäuden auf steinernen Plattformen u. großen Holzhallen als Mittelpunkten des religiösen Lebens u. der zivilen Verwaltung; die Stadt *Cahuachi* im Nazca-Tal war vermutl. das Zentrum der N. Die sehr zahlreichen Grabbeigaben bezeugen für die N. ein hohes Niveau im Kunsthandwerk. Das religiöse Weltbild der N. wird bes. durch die sehr farbige Gefäßbemalung deutlich. Typisch für die Kultur sind ferner die riesigen, durch Entfernung der stark eisenhaltigen Erdkruste vom sandig gelben Untergrund entstandenen „Scharrbilder" in Form von geometr. Gebilden, Spiralen u. Tierfiguren. Um 600 n.Chr. drang die *Huari-Kultur* in die Nazca-Täler, vermutl. unter militär. Druck, der einer eigenständigen Kulturentwicklung ein Ende setzte. → Seite 304.

Nazcarücken ['naska-], eine steile Erhebung im südl. Pazif. Ozean, die sich von der peruan. Küste bei *Nazca* südwestl. bis etwa 25° südl. Breite erstreckt; trennt mit dem *Sala-y-Gómez-Rücken* das Perubecken vom Chilebecken.

Nazilli ['naz-], westtürkische Stadt am Büyük Menderes, 80 300 Ew.; Handelszentrum; Woll- u. Baumwollverarbeitung; in der Nähe die antike Stadt Nysa.

Nazim ['nazım], Hikmet, türk. Schriftsteller, → Hikmet, Nazim.

Nazor ['naz-], Vladimir, kroat. Schriftsteller u. Politiker, * 30. 5. 1876 Postire, Insel Brač, † 19. 6. 1949 Zagreb; seit 1945 Präsidiumsvors. des kroat. Landtags; symbol. Gedanken- u. Naturlyrik, Partisanenlieder u. Romane mit nationaler Thematik („Der Hirte Loda" 1938–1946, dt. 1949); Übersetzer.

Nazoräer → Nazaräer (1).

Nazwa, *Nezwa, Nizwa*, Stadt in Oman, südl. des Gebirges Al Hadjar, 63 000 Ew.; Residenz des *Imam*, Fort (17. Jh.) mit mächtigem Rundturm; bildet das Zentrum eines Agrargebietes.

Nb, chem. Zeichen für → Niob.

NBC ['ɛn'bi'si], Abk. für → National Broadcasting Company.

NC, 1. ['ɛn'si], Abk. für engl. *numerical control* → numerische Steuerung.
2. Abk. für *Numerus clausus*.

N.C., Abk. für den US-amerikanischen Staat → North Carolina.

n.Chr., Abk. für *nach Christi (Geburt)*.

NCR-Papier [nach der Firma NCR, auch gelesen als engl. *no carbon required*, „kein Kohlepapier nötig"], ein Durchschreibpapier, das mit winzigen Gelatinekapseln beschichtet ist. Unter Druck platzen sie auf u. geben die in ihnen enthaltene tintenähnliche Flüssigkeit ab.

NCWC, Abk. für → National Catholic Welfare Conference.

Nd, chem. Zeichen für → Neodym.

ND, Abk. für *Nenndruck*.

N.D., Abk. für den USA-Staat → North Dakota.

Ndau, *Njao, Vandan*, Bantuvolk an der Sofalabai, in Mosambik, Hackbauern; zur Gruppe der → Shona gehörig.

◆ **Ndebele**, *Matabele*, ein Südostbantuvolk (350 000), eine Untergruppe der *Nguni*, die sich unter *Mosilikatse* von den Zulu löste u. in Südafrika 1836 das *Matabelereich* gründete, das im Wesentlichen dem heutigen Simbabwe entsprach; zu unterscheiden von den *Transvaalndebele*.

NDGA → Nordihydroguajaretsäure.

N'Djaména [frz. ndʒame'na], ehem. *Fort-Lamy*, Hptst. der afrikan. Rep. Tschad, am Zusammenfluss von Chari u. Logone, südöstl. vom Tschadsee, 530 000 Ew.; früher Hauptort des Sultanats *Baguirmi*; Industriestandort u. Verkehrsmittelpunkt (Karawanen-, Flugstützpunkt).

Ndola [engl. ən'dəula], Prov.-Hptst. von Sambia, Wirtschafts- u. Verkehrszentrum des Copperbelt, 1250 m ü. M., 376 000 Ew.; Bergbau (Kupfer, Kobalt), vielseitige Industrie, Ölraffinerie; jährl. internationale Handelsmesse; internationaler Flughafen, Endpunkt der Erdölleitung von Dar es Salaam.

Ndorobo, *Dorobo*, Jäger u. Sammler (2000) mit ostsudan. Sprache u. buschmannähnl. Kultur im O von Kenia, am Victoriasee u. im N von Tansania; leben unter den *Nandi* u. *Massai*.

NDR, Abk. für → Norddeutscher Rundfunk.

ne... → neo...

Ne, chem. Zeichen für → Neon.

Die Ndebele sind die wichtigste Minderheitengruppe in dem überwiegend von Shona bewohnten Simbabwe

Neagh ['nɛi], *Lough Neagh,* größter See der Brit. Inseln, in Nordostirland, westl. von Belfast; 396 km², durchschnittl. 12–15 m tief; umgeben von einem ausgedehnten Moorgebiet, durch den *Bann* mit dem Nordkanal verbunden.

Neamţ [nɛ'amts], **1.** rumän. Kreis, 5896 km², 585 000 Ew.; Verw.-Sitz *Piatra Neamţ.*
2. rumän. Kloster am Ostfuß der Ostkarpaten, 16 km nordwestl. von Tîrgu Neamţ; viereckige Anlage mit Türmen, Klosterkirchen im moldauischen Stil, Georgskirche. – N. wurde 1497 gegründet u. war jahrhundertelang ein wichtiges Kulturzentrum.

Neander, 1. Joachim, dt. Kirchenlieddichter, *1650 Bremen, †31. 5. 1680 Bremen; dort ev. reformierter Prediger; seine „Glaub- u. Liebesübung" 1680 enthält das Lied „Lobe den Herren, den mächtigen König der Ehren".
2. Johann August Wilhelm, eigentl. David *Mendel,* dt. ev. Theologe, *17. 1. 1789 Göttingen, †14. 7. 1850 Berlin; 1806 Übertritt zur ev. Kirche, 1813 Prof. in Berlin; gilt als Begründer der neueren ev. Kirchengeschichtsschreibung, die er im Anschluss an F. *Schleiermacher* als Frömmigkeitsgeschichte verstand. Hptw.: „Allgemeine Geschichte der christl. Religion u. Kirche" 6 Bde. 1825–1852.
3. Michael, eigentl. M. *Neumann,* dt. Humanist u. Pädagoge, *1525 Žary, †26. 4. 1595 Ilfeld, Harz; Schüler P. *Melanchthons,* 1550 Mat u. Rektor der Klosterschule Ilfeld am Harz; forderte die Berücksichtigung der Realien (Mathematik, Erdkunde, Geschichte, neuere Sprachen) u. verfasste Lehrbücher.

Neandertaler [nach Fund von 1856 im Neandertal bei Düsseldorf], eine Form des archaischen *Homo sapiens* (→ Mensch), *Homo sapiens neanderthalensis,* die vor etwa 150 000–30 000 Jahren in Europa u. Westasien lebte; Reste einiger hundert Individuen bekannt; einige wichtige Fundorte in: Frankreich (La Chapelle-aux-Saints, St. Césaire), Italien (Monte Circéo, Saccopastore), Belgien (Spy), Deutschland (Neandertal, Salzgitter-Lebenstedt), Kroatien (Krapina, Vindija), Usbekistan (Teshik-Tash), Israel (Kebara, Tabun), Irak (Shanidar). Die N. haben sich aus Vorneandertalern entwickelt, die vor etwa 450 000–150 000 Jahren in Europa lebten, u.a. bekannt aus England, Frankreich, Deutschland u. Griechenland. N. besaßen einen sehr kräftigen Körperbau u. eine sehr charakterist. Schädelform (großer, niedriger Schädel, Überaugenwulst, fliehende Stirn, Ausstülpung des Hinterhaupts, vorspringendes massiges Gesicht ohne Wangengrube, breite Nase, fliehendes Kinn u.a.); sie bestatteten ihre Toten u. praktizierten Kulte (→ Bärenkult). Die N. stellen einen an das Eiszeitklima angepassten Seitenzweig der Menschheitsentwicklung dar u. wurden vor 35 000 bis 30 000 Jahren durch moderne Menschen (aus dem Nahen Osten u. aus Afrika) abgelöst.

Neapel, ital. *Nàpoli,* **1.** Prov. im S von Italien, in der Region Kampanien, 1171 km², 3,1 Mio. Ew.; Hptst. N. (2).

◆ **2.** süditalien. Hafenstadt am Golf von N., Hptst. der Region Kampanien u. der Prov. N., 1,02 Mio. Ew.; Universität (gegr. 1224), Handels- u. Musikhochschule, Kunstakademie, Polytechnikum, Seefahrtsschule, meeresbiol. Forschungsstation, Erdbebenwarte, Nationalmuseum (antike u. archäolog. Sammlungen), Gemäldegalerie Capodimonte, Nationalbibliothek; histor. Altstadt (Weltkulturerbe seit 1995) mit Königl. Palast (17. Jh.), got. Dom (13./14. Jh.), Kirche San Martino (ehem. Kloster, 14./17. Jh.), Kastell dell'Ovo, Palazzo Cuomo (15. Jh.), Theater San Carlo; Eisen- u. Stahlwerke (Bagnoli), Werft-, Flugzeug- u. Automobil-, Textil-, Leder-, Tabak-, chem. u. Nahrungsmittelindustrie, Erdölraffinerien; Fremdenverkehr; wichtiger Passagier- u. Güterhafen.

Geschichte: Griech. Kolonisten aus Cumae gründeten auf der Höhe des heutigen Monte de Dio eine Siedlung, die sie *Parthenope* nannten. Im 5. Jh. v. Chr. errichteten griech. Kolonisten aus Magna Graecia auf dem Niveau der heutigen Mergellina eine neue Stadt, die sie *nea polis* („neue Stadt") nannten im Gegensatz zur oben gelegenen *palaia polis* („Altstadt"). 326 v. Chr. schloss N., wahrscheinlich unter leichtem Zwang, ein Bündnis mit Rom, erhielt sich jedoch seine Verfassung u. die griech. Sprache. 89 v. Chr. erhielt N. römisches Bürgerrecht, in der Kaiserzeit den Status einer *colonia.* Es galt als Zentrum griechischer Kultur u. Lebensart in Italien, viele wohlhabende Römer nahmen ihren Zweitwohnsitz in oder bei N. Um 410 wurde N. durch die Westgoten, in der Folge von den Wandalen erobert u. zerstört. 568 geriet es in die Abhängigkeit von Konstantinopel. Im 7. Jh. erreichte die Stadt das Privileg, einen eigenen Dux Duchcov (Gouverneur) zu führen, der häufig zugleich Bischof war, seit der 2. Hälfte des 10. Jh. Erzbischof. Diese Autonomie konnte N. trotz Auseinandersetzungen mit Sarazenen, Langobarden u. Normannen erhalten, bis es 1139 von *Roger II.* von Sizilien erobert u. ein Teil des Normannenreiches wurde. Durch die Heirat (1186) der Erbtochter *Konstanze* mit dem späteren Kaiser Heinrich VI. kamen N. u. Sizilien an die Staufer. Kaiser *Friedrich II.* stiftete 1224 die Universität. *Karl von Anjou* machte der Staufer-Herrschaft ein Ende; N. wurde ständige Residenz.

Fortsetzung S. 306

Neapel (2): Die drittgrößte Stadt Italiens am Golf von Neapel

Neapel (2): Ansicht des Hafens. Unbekannter Künstler; 1464 oder 1479. Neapel, Museo di San Martino

Nazca

Nazca

Kulturdenkmal: auf einer Fläche von etwa 350 qkm Bodenzeichnungen wie eine 46 m lange Spinne, die in ein Liniennetz eingebunden ist, ein mehr als 110 m großer Vogel mit schlangenähnlichem Hals neben trapezähnlicher Fläche, ein 188 m langes Reptil, eine hundeähnliche Figur von etwa 50 m, die durch die Panamericana durchschnitten wird, ein Affe mit aufgerolltem Schwanz, dessen Figur in Zickzacklinien und oszillierende Linien ausläuft, sowie verschiedene Linienpaare, darunter auch Linien, die am 21.12. auf die aufgehende Sonne weisen

Kontinent: Amerika

Land: Peru

Ort: zwischen Palpa und Nazca, südlich von Lima

Ernennung: 1994

Bedeutung: eines der größten Rätsel der Archäologie mit vermutlich ritueller und astronomischer Bedeutung

Zur Geschichte:

525 (+/-80) als Datierung der Scharrbilder

1939 Wiederentdeckung der Bodenzeichnungen durch Dr. Paul Kosok von der Long Island University in New York

1946 Beginn der Untersuchungen der Bodenzeichnungen durch die deutsche Mathematikerin Maria Reiche

1968 erstmalige Veröffentlichung von Maria Reiches »Geheimnis der Wüste«

1976 Publikation von Maria Reiches »Geheimnis der Wüste« mit der Erkenntnis, dass bei der Anlage der Figuren 33 und 66 cm als Grundeinheiten benutzt wurden

Rechts: Ganz andere Zeugnisse der präkolumbischen Nazca-Kultur zeigt das Museum »Oro de Peru« in Lima, wie diesen mumifizierten Leichnam, der mit kunstvollem Schmuck beigesetzt wurde

Wie mag es gewesen sein? Da stehen vor weit mehr als tausend Jahren uns bis heute unbekannt gebliebene Menschen inmitten einer flachen Steinwüste und gehen daran, einen Kolibri in die harte Erde zu zeichnen; keinen kleinen, Nektar suchenden Vogel, nein, sondern einen mit einer Spannweite von 60 Metern und einer Länge von 80 Metern einschließlich des röhrenförmigen Schnabels. Außer diesem entstanden weitere monumentale Werke. Neben einem überdimensionalen Affen mit Ringelschwanz wurde der Nachwelt ein Hund mit 20 Meter langen Beinen hinterlassen. Bis in unsere Gegenwart geben diese gigantischen Geschöpfe nebst geometrischen Strukturen und Linien Rätsel auf. Bei solch gewaltigem Schaffen, fragt sich der Betrachter von heute, wo fingen die genialen Meister mit ihren Zeichnungen an? Wie überschauten sie im Flachland ihre Arbeit und das Ergebnis? Und vor allem: Warum legten sie diese Scharrbilder an, wer sollte und konnte sie sehen? Schließlich wirken diese Bilder fast ausnahmslos aus der Vogelperspektive; heute von Propellermaschinen aus betrachtet, die über die mysteriösen Geoglyphen hinwegdröhnen. Wer in der Öde um Nazca versuchen würde, den über ein Areal von mehreren hundert Quadratkilometern verteilten Bildern und Linien ebenerdig auf die Spur zu kommen, würde bloß auf ein enttäuschendes Gewirr von unüberschaubaren Furchen stoßen.

Auf ihre natürliche Bodentarnung geht die späte Wiederentdeckung der Wüstenkunst zurück. Zu den ersten Forschern vor Ort zählte die deutsche Mathematikerin Maria Reiche, die Nazca zu ihrem Lebenswerk machte und mithalf, einen großen Teil der Erdzeichnungen freizulegen und zu dokumentieren. Sie alle gehen vermutlich auf die Nazca-Kultur zurück, die sich in den fruchtbaren Tälern der Trockenzone, wie denen des Rio Ica und des Rio Grande, zwischen Anden und Pazifik ausbreitete. Dort betrieben die Nazqueños Feldbau und legten stadtähnliche Siedlungen mit Tempelanlagen auf pyramidenartigen Plattformen an. Ansonsten ist uns jene präkolumbische Kultur durch ihre mehrfarbige Keramik mit geometrischen und mythischen Motiven bekannt, und dann eben durch kilometerlange Linien und riesengroße Scharrbilder. Klar und deutlich erkennt man aus der Luft abstrakte Formen wie Spiralen, Trapeze und Rechtecke sowie Tierfiguren wie Kondor, Eidechse, Wal und Spinne. Waren es Kalendersymbole, astronomische Hilfen bei der Berechnung des Sonnenjahres und der landwirtschaftlichen Anbauzyklen? Waren es an Götter gerichtete Kultzeichen? Und wurden die schnurgeraden, unterschiedlich breiten Linien als Zeremonialwege genutzt?

An tollkühnen Theorien hat es bei den Deutungsversuchen nicht gefehlt. Der Schweizer Erich von Däniken knüpfte seine Ideen an Landebahnen für außerirdische Raumschiffe und schlachtete sie zu Bestsellern aus. Bei ihren berühmten Abendvorträgen im Hotel de Turistas von Nazca betonte Maria Reiche selbst im höchsten Alter immer wieder, dass die Wüstenbewohner für die Erschaffung solcher Bilder intelligent genug waren und es nicht des Einwirkens fremder Wesen bedurft habe. Bliebe trotzdem die Frage: Warum wurden solch kunstvolle Tierbilder »gezeichnet«?

Bei den perfekt proportionierten Linienbildern könnten die uns unbekannten Schöpfer wie folgt verfahren sein: Zwischen den äußersten Extremen geplanter Linien spannten sie Schnüre über den Boden und markierten deren Verlauf. Dann hoben sie die dunkle Oberfläche des Wüstengrunds manchmal wadentief aus, bis eine hellere Schicht zutage trat. Bei den Verbindungen von Linien sowie bei Spiralmustern folgten sie ebenfalls den ausgelegten Schnüren. Ob sie Längenmaße kannten, ist nicht mit Sicherheit geklärt. Gleichwohl fehlte ein vollständiger Überblick von oben, was einige überaus verwegene Forscher zu der These veranlasst hat, die Werke seien von einer Art Heißluftballon aus koordiniert worden.

Die vorhandenen Deutungen sind Puzzlespiele wie das Netzwerk der rätselhaften Linien und Bilder selbst. Einigkeit herrscht einzig darüber, dass die Konservierung der Zeichen einer minimalen Erosion sowie Regenfällen von maximal einer halben Stunde pro Jahr zu verdanken ist. Alles andere bleibt unter der sengenden Sonne Südperus bis heute verschlüsselt.

Andreas Drouve

Erich von Däniken nahm die Hilfe Außerirdischer an, doch Maria Reiche plädierte überzeugend wissenschaftlich für die natürlichen »irdischen« Fähigkeiten jener Menschen, die überaus präzise die schnurgeraden Linien zu verschiedensten Figuren fügten. Da krabbelt eine Spinne (linke Seite oben) und streckt ein Kolibri seinen Schnabel im Flug (unten)

Neapelgelb

Bedeutendster Herrscher aus dem Hause Anjou war neben *Karl I.* (1265–1284) dessen Enkel *Robert* (1309–1343), der das Haupt der Guelfen in ganz Italien war u. nach der Vorherrschaft in Italien griff. Durch die *Sizilianische Vesper* kam es 1282 zur Trennung Neapels von Sizilien. 1443 wurde der letzte Anjou durch *Alfons I. von Aragón* vertrieben, unter dessen Herrschaft N. ein glänzender Renaissancehof wurde. 1495 kam N. vorübergehend zu Frankreich. Im Frieden von Cambrai 1529 musste Frankreich N. an Kaiser *Karl V.* geben, bei dessen Reichsteilung es 1556 an *Philipp II.* von Spanien kam. Nach dem Spanischen Erbfolgekrieg (Friede von Utrecht 1713 u. Rastatt 1714) kam der festländ. Teil des Königreichs N. mit Sardinien an die österr. Habsburger, Sizilien fiel an Piemont; 1720 tauschten die Habsburger Sizilien gegen Sardinien ein. 1734 musste Kaiser Karl VI. das *Königreich Neapel-Sizilien* den span. Bourbonen überlassen, die unter dem Reformisten B. *Tanucci* eine Zeit der Reformen einleiteten. Nach vorübergehender französ. Herrschaft (1799 Parthenopeische Republik, 1806 Königreich unter *Joseph Bonaparte*, 1808 unter J. *Murat*, der sich bis 1815 halten konnte) vereinigte *Ferdinand I.* 1816 Neapel-Sizilien zum *Königreich beider Sizilien*. Nach Verfassungskämpfen 1820 u. der Revolution 1848/49 wurde Neapel-Sizilien am 18. 2. 1861 dem neuen Königreich Italien angegliedert.

Neapelgelb, orangegelbes Malerpigment, Bleiantimonat, sehr giftig; heute nur noch selten in Künstlerfarben verwendet.

Neapolitanischer Sextakkord, *Neapolitaner,* in der musikal. Funktionstheorie ein Moll-Subdominant-Dreiklang mit tiefalterierter Sext anstelle der Quinte (z. B. in C-Dur: f-as-des); in der Stufentheorie die erste Umkehrung der tiefalterierten II. Stufe in Moll; beliebter Akkord in Modulationen des 18. u. 19. Jh.; wurde zuerst in der *Neapolitanischen Schule* verwendet (daher der Name).

Neapolitanische Schule, in der Musikgeschichte eine Gruppe in Neapel wirkender oder ausgebildeter Komponisten des 17. und 18. Jahrhunderts, die etwa ab 1720 großen Einfluss auf die Entwicklung der Oper gewann. Sie entwickelte die drei Typen der *opera seria, buffa* u. *semiseria* mit folgenden Besonderheiten: Beschränkung auf 6 Personen, im Libretto Verwendung von klassischen und volkstümlichen Sujets, dreiteilige Sinfonia als Ouvertüre, 3 Akte, Rezitative als Handlungsträger, Dacapo-Arien zur Äußerung von Affekten und Seelenzuständen. Die N. S. entwickelte eine hohe Virtuosität im Gesang (Koloraturen, Belcanto); sie sich gegenüber dem Drama oft verselbständigte. Sie verwendete überwiegend homophonen Satz. Zu ihren prominentesten Vertretern zählen: G. B. *Pergolesi,* D. *Cimarosa,* N. *Jommelli,* G. *Paisiello,* T. *Traetta,* N. *Piccini* u. L. *Leo.* Die N. S. widmete sich ferner der Kirchenmusik (im strengen Satz, bisweilen konzertant) u. beeinflusste in Deutschland vor allem C. H. *Graun* u. J. A. *Hasse.*

Nearchos, 1. griech.-makedon. Admiral, *um 360 v. Chr. auf Kreta, † 314 v. Chr.; fuhr mit der Flotte *Alexanders d. Gr.* 325 v. Chr. vom Indus zur Euphratmündung. Der Fahrtbericht ist in der Schrift „Indiká" des *Arrianus* z. T. erhalten.
2. attischer Töpfer, tätig 560–520 v. Chr.

Near Islands ['nɪə 'aɪləndz], die westlichste Gruppe der Aleuten, Alaska (USA); Hauptinseln: *Agattu* u. *Attu,* die als Einzige bewohnt ist.

nearktische Region, griech. *Nearctis,* eine biogeograph. *Region,* die das nördl. Nordamerika mit den arkt. Inseln u. Grönland umfasst.

Nearthrose [die; grch.], Gelenkneubildung, entweder als krankhafter Vorgang bei ausbleibender Bruchheilung oder als chirurgische Heilmaßnahme bei Verlust eines Gelenks.

Neath [niːθ], walis. *Castell-Ned,* Stadt in Südwales, in der Grafschaft West Glamorgan, nahe der Mündung des N. in den Bristolkanal, 27 000 Ew.; Steinkohlen-, Eisen- u. Kupferbergbau, Metall verarbeitende Industrie.

Nebel, 1. *Astronomie:* seit dem 18. Jh. Sammelbez. für alle flächenhaft ausgedehnten Objekte des Himmels, die nicht dem Sonnensystem angehören. Es werden heute unterschieden: 1. *extragalaktische* N. (darunter die → Spiralnebel), Fixsternsysteme außerhalb des Milchstraßensystems; 2. *galaktische* N., Objekte, die dem Milchstraßensystem selbst angehören, u. zwar: a) *planetarische* N., neblige (meist expandierende) Hüllen um alte Sterne, deren Hüllen abgestoßen werden, b) *diffuse* N., weiträumige Anhäufungen von interstellarer Materie, die entweder selbst leuchten oder durch benachbarte Fixsterne beleuchtet werden (→ Orionnebel) oder dunkel sind (Dunkelwolken) u. sich nur durch Absorption des Lichts entfernter Sterne bemerkbar machen (z. B. → Pferdekopfnebel).
2. *Meteorologie:* eine dem Erdboden aufliegende Schichtwolke, in der die Sicht unter 1 km liegt. N. entsteht, wenn die Luft bis zu ihrem → Taupunkt abgekühlt, d. h. Wasserdampfsättigung erreicht wird, so dass die relative Feuchte 100 % beträgt. Nach ihrer Entstehung unterscheidet man: *Abkühlungsnebel, Mischungsnebel* u. *Verdunstungsnebel.* Zu den Abkühlungsnebeln gehören die kontinentalen Herbstnebel, die sich durch Ausstrahlung u. Abkühlung des Erdbodens in windschwachen, klaren Nächten bilden; Mischungsnebel entstehen im Grenzbereich unterschiedlich warmer u. feuchter Luftmassen; Verdunstungsnebel sind im Herbst über Seen zu finden, wo sich durch Verdunstung die kalte Luft über den Seen mit Wasserdampf anreichert. Nebel-Tröpfchen haben nur einen Durchmesser von hundertstel Millimetern. Als Hochnebel bezeichnet man eine tiefe Schichtwolke, die vom Erdboden abgehoben ist. Auch → arktischer Seerauch, → Stratus.

Nebel, 1. Gerhard, dt. Schriftsteller, *26. 9. 1903 Dessau, † 23. 9. 1974 Stuttgart; schrieb Essays, die vom Erlebnis der Antike, bes. der vorsokrat. Naturphilosophie, der Tragiker u. Pindars, u. vom bibl. Offenbarungsglauben bestimmt waren: „Feuer u. Wasser" 1939; „Von den Elementen" 1947; „Griech. Ursprung" 1948; „Weltangst u. Götterzorn" 1951; „Pindar u. die Delphik" 1961; „Zeit u. Zeiten" 1965; „Die Geburt der Philosophie" 1967; „Sokrates" 1969; „Hamann" 1973; Tage- u. Reisebücher: „Bei den nördl. Hesperiden" 1948; „An den Säulen des Herakles" 1957; „Meergeborenes Land" 1968; „Schmerz des Vermissens" 2000.
2. Otto, dt. Lyriker, Schriftsteller, Maler u. Grafiker, * 25. 12. 1892 Berlin, † 12. 9. 1973 Bern (Schweiz); Mitarbeiter an H. *Waldens* expressionist. Zeitschrift „Der Sturm"; dort erschienen seine Hptw. „Zuginsfeld" 1921; „Unfeig" 1926; später „Das Rad der Titanen" (1955). Sein Werk nimmt teilweise die „experimentelle" oder „konkrete" Poesie vorweg. Als Maler schuf er anfänglich gegenständlich-kubist. Bilder, später abstrakte Kompositionen. In seiner Grafik verwendete er eine Vielzahl von Techniken. – Das dichter. Werk, 3 Bde. 1979.
3. Rudolf, dt. Raketenpionier, * 21. 3. 1894 Weißenburg, Bayern, † 18. 9. 1978 Düsseldorf; gründete den Raketenflugplatz Berlin-Reinickendorf; baute kleinere Raketen (1930–1934).

Nebelbogen, ein breiter, blasser, kaum gefärbter *Regenbogen,* entsteht durch sehr feine Tröpfchen.

Nebelboje, eine → Boje, die bei Nebel Tonsignale gibt.

Nebeldüse, eine Düse, mit der Wasser fein verteilt in einen Raum gesprüht wird, um die Luftfeuchtigkeit auf einem bestimmten Stand zu halten.

Nebelhaufen, Anhäufung von Spiralnebeln u. anderen extragalakt. Nebeln an einigen Stellen des Himmels *(Jungfrau, Coma Berenices).* Die N. haben im Mittel Durchmesser von rd. 3–10 Mio. Lichtjahren u. enthalten 100–1000 oder mehr Nebel. Die N. schließen sich vermutlich wieder zu Superhaufen zusammen.

Nebelhorn, Signalgerät für Schiffe im Nebel, z. B. Dampfpfeife, Typhon, Sirene.

Nebelhorn, Berggipfel in den Allgäuer Alpen, bei Oberstdorf, 2224 m; Drahtseilbahn.

Nebelkammer, *Wilson'sche Nebelkammer,* Gerät zum Sichtbarmachen der Bahnen elektr. geladener Teilchen, die z. B. aus einem radioaktiven Präparat oder aus der Höhenstrahlung stammen. In der N. durchqueren die geladenen Teilchen ein staubfreies Gas, das mit Wasserdampf übersättigt ist; sie erzeugen auf ihrer Bahn bei Stößen mit den Gasatomen *Ionen.* Diese Ionen wirken als Kondensationskerne, an denen der Wasserdampf zu winzigen Tröpfchen kondensiert. Die Teilchenbahn wird auf diese Weise als Tröpfchenspur sichtbar u. fotografierbar. Man unterscheidet 1. die *Expansionskammer,* in der wasserdampf-gesättigtes Gas durch plötzl. Herausziehen eines Expansionskolbens abgekühlt u. dadurch übersättigter Wasserdampf erzeugt wird; 2. die *Diffusionskammer,* in der Wasserdampf von einem erwärmten feuchten Filzstreifen am Kammerdeckel zum

Nebelparder, Neofelis nebulosa

gekühlten Boden hin diffundiert. Dabei bildet sich in einer bestimmten Höhe über dem Boden eine Zone mit übersättigtem Dampf aus, die sich dauernd erhält. – Die N. wurde weitgehend durch die → Blasenkammer verdrängt.

Nebelkrähe → Krähen.

Nebellinien, helle Emissionslinien im Spektrum von Emissionsnebeln; auch → Nebulium.

nebeln, chemische Mittel zur Schädlingsbekämpfung ausbringen, wobei der Wirkstoff in feinsten Teilchen (etwa 1 bis 10 μm) verteilt wird *(Aerosole)*.

◆ **Nebelparder**, *Baumtiger, Neofelis nebulosa*, eine *Katze* von 105 cm Körperlänge u. 65 cm Schulterhöhe mit bis 1 m langem Schwanz, auffälliger Marmorzeichnung u. starken Eckzähnen; lebt als Baumtier in Bergwäldern Südostasiens u. auf den Großen Sunda-Inseln. Der N. ist eine Art Bindeglied zwischen *Groß-* u. *Kleinkatzen*, da er kennzeichnende Merkmale u. Eigenschaften beider Gruppen besitzt. Im Schädelbau u. in der Bezahnung ist er dem Leopard ähnlich. In der Mehrzahl seiner Merkmale stimmt er jedoch mit den Kleinkatzen überein.

Nebelscheinwerfer, Spezialscheinwerfer für Kraftfahrzeuge für Fahrten bei Nebel u. Schneefall. Das sehr flache u. breite Lichtbündel soll die lichtere Nebelzone direkt über der Straßendecke durchdringen u. die Straßenränder ausleuchten. Nebelschlussleuchten dürfen nur bei Nebel in Betrieb sein, da sie wegen ihrer hohen Leuchtkraft sonst den nachfolgenden Verkehr blenden würden.

◆ **„Nebelspalter"**, 1875 gegr. schweiz. humoristisch-satir. Monatszeitschrift.

Nebelstern, Fixstern mit ausgedehnter, gasförmiger Umgebung; Zentralstern eines planetarischen → Nebels (1).

Nebelwald, immergrüner Gebirgswald in der Wolkenregion tropischer Gebirge in 500–3500 m Höhe, wo vor allem während der Regenzeit ständig Nebel, Tau u. Sprühregen herrschen (Bodenrutschungen). Er ist niedriger u. artenärmer als der *Regenwald*, aber reich an Epiphyten, Flechten, Farnen u. Moosen.

Nebenaltäre, die mit Beginn des MA neben dem Hauptaltar meist in Seitenkapellen errichteten zusätzl. Altäre, um dem Wunsch nach vielen Messen nachkommen zu können.

Nebenaugen, bei den Webspinnen die vorderen Seitenaugen u. die hinteren Mittel- u. Seitenaugen. Die N. weisen meist eine Licht reflektierende Schicht (→ Tapetum) auf u. erscheinen daher beim lebenden Tier hell. Die Licht wahrnehmenden Teile der Sinneszellen liegen von der Linse abgewandt u. weisen zum Tapetum. Die N. werden daher auch als *inverse Augen* bezeichnet.

Nebenbeschäftigung, ein Arbeitsverhältnis neben dem Hauptberuf, der die Grundlage der Existenz des Arbeitnehmers bildet. N. ist grundsätzlich zulässig, vorausgesetzt, dass der Arbeitnehmer seinen Verpflichtungen aus beiden Arbeitsverhältnissen nachkommt u. nicht zwingende Arbeitnehmerschutzvorschriften verletzt werden. Eine Beschränkung gilt nur für den *Handlungsgehilfen* (§ § 60 f. HGB); er darf ohne Einwilligung des Prinzipals weder ein Handelsgewerbe betreiben noch im Handelszweig des Prinzipals für eigene oder fremde Rechnung Geschäfte machen. Bei Verletzung dieses *Wettbewerbsverbots* kann der Prinzipal Schadensersatz fordern oder in die abgeschlossenen Geschäfte eintreten. Ebenso in *Österreich* nach § 7 Angestelltengesetz (Konkurrenzverbot). – In der *Schweiz* kann ein Konkurrenzverbot Bestandteil des Arbeitsvertrags sein (Art. 340 ff. OR); stets sind ihm Handlungsbevollmächtigte im Arbeitsverhältnis u. Prokuristen unterworfen (Art. 464 OR). Auch → Schwarzarbeit.

Nebenbestimmungen, gleichzeitig mit einem → Verwaltungsakt erlassene Bestimmungen, die entweder selbständig neben dem Verwaltungsakt stehen (→ Auflage) u. auch getrennt von diesem anfechtbar sind oder die als Bestandteil des Verwaltungsakts (→ Bedingung, → Befristung, → modifizierende Auflage) nur gemeinsam mit diesem angegriffen werden können.

Nebenblätter → Blatt (1).

Nebenchor [-koːr], Seitenschiff eines mehrschiffigen Chors, dessen Schiffe mit Apsiden enden.

Nebenehe, bei Naturvölkern die rechtlich geregelten Beziehungen ehelicher Art zu angeheirateten Verwandten; bestehen neben der Hauptehe.

Nebeneinanderschaltung → Parallelschaltung.

Nebeneinkünfte, Einkünfte eines Arbeitnehmers, die nicht der → Lohnsteuer unterworfen waren. Betragen diese N. mehr als 800 DM im Jahr, so muss eine Einkommensteuererklärung abgegeben werden (§ 46 Abs. 2 Nr. 1 EStG). Übersteigen die N. dabei nicht 1600 DM, so ist vom Einkommen der Betrag abzuziehen, um den die N. insgesamt niedriger als 1600 DM sind (§ 70 Einkommensteuer-Durchführungsverordnung).

Nebenerwerbsbetrieb, ein landwirtschaftl. Betrieb, bei dem mehr als die Hälfte des Erwerbseinkommens des Inhaberehepaares durch eine außerlandwirtschaftl. Erwerbstätigkeit des Betriebsleiters erwirtschaftet wird. 1990 wurde rd. die Hälfte aller Landwirtschaftsbetriebe mit einer Fläche von weniger als 50 ha im Nebenerwerb bewirtschaftet.

Nebenerzeugnis, ein Produkt, das in einem Betrieb nur einen geringen Anteil an der gesamten Produktmenge oder am Umsatz hat; bei der *Kuppelproduktion* das Erzeugnis, das neben dem Haupterzeugnis zwangsläufig mit anfällt.

Nebenfolgen, im Strafrecht die Rechtsfolgen der Straftat, die keinen spezifischen Strafcharakter haben, z. B. Verlust der Amtsfähigkeit, der Wählbarkeit u. des Stimmrechts (§ 45 StGB). Zu den N. werden vielfach auch die Auflagen zur Genugtuung für das begangene Unrecht gezählt, die das Gericht dem Verurteilten bei Strafaussetzung zur Bewährung erteilen kann, z. B. Wiedergutmachung des Schadens, gemeinnützige Leistungen, Geldbußen zugunsten einer gemeinnützigen Einrichtung oder der Staatskasse (§ 56 StGB).

Nebengebäude, ein Gebäude, das dem Hauptgebäude eines Grundstückes in Baumasse u. Nutzung untergeordnet ist, z. B. Garagen, Stallanbauten.

Nebengelenktiere, *Xenarthra*, eine urtümliche Ordnung der *Säugetiere*, die auf die Neue Welt beschränkt ist. Namengebend sind zwei zusätzl. Gelenke der Lenden- u. letzten Brustwirbel. Zu den Nebengelenktieren gehören *Ameisenbären, Faultiere, Gürteltiere.*

Nebengestein, allg. das von einem *Gang* (Erz oder Eruptivgestein) durchbrochene, ihn umgebende Gestein; im Bergbau das unmittelbar an eine Lagerstätte angrenzende Gestein.

Nebenhoden, *Epididymis* → Ausscheidungsorgane, → Geschlechtsorgane.

Nebenhodenentzündung, *Epididymitis*, entzündl. Erkrankung des Nebenhodens, meist ausgehend von einer Entzündung der Harnröhre, Prostata, Blase oder Niere. Anzeichen sind Schwellung, Fieber u. Druckschmerz. Die

„Der nächste Herr bitte!"

„Nebelspalter": Karikatur auf Stalin und den Beistandspakt zwischen der UdSSR und den baltischen Staaten vom September/Oktober 1939. Ausgabe vom 27. 10. 1939

Nebenhöhlen

Behandlung besteht in Hochlagerung, Kühlung des Hodens u. Antibiotikagaben.

Nebenhöhlen, an den Nasenraum mit feinen Gängen angeschlossene Höhlen verschiedener Größe, die mit Schleimhaut ausgekleidet u. normal luftgefüllt sind: im Stirnbein die beiden *Stirnhöhlen*, im Keilbein die *Keilbeinhöhlen*, im Nasendach die zahlreichen kleinen *Siebbeinhöhlen*, im Oberkiefer die beiden neben der Nase sitzenden größten N., die *Kieferhöhlen*.

Nebenhöhlenentzündung, *Nebenhöhlenkatarrh, Sinusitis,* entzündl., seröse oder eitrige Erkrankung der Nebenhöhlen, meist von der Nase fortgeleitet; sie kann akut oder chronisch verlaufen u. bedarf in schwereren Fällen der ärztlichen Behandlung.

Nebenintervention, *Streithilfe,* die Beteiligung eines Dritten (des Nebenintervenienten) an dem zwischen zwei Parteien anhängigen Zivilprozess auf Seiten einer Partei (der Hauptpartei); zulässig, wenn der Dritte an dem Obsiegen der Partei, der er beitritt, ein rechtl. Interesse hat (§ 66 ZPO), also z. B. dann, wenn die Hauptpartei im Fall ihres Unterliegens gegen den Nebenintervenienten Regress nehmen könnte. Ähnlich in *Österreich* (§§ 17–25 ZPO) u. in fast allen Zivilprozessordnungen der *schweizer.* Kantone.

Nebenklage, die Beteiligung einer mit eigenen prozessualen Rechten ausgestatteten Privatperson („Nebenkläger") an einem Strafverfahren neben dem Staatsanwalt; selbständig im Recht auf Gehör, in Antragstellung u. Einlegung von Rechtsmitteln (§§ 395–402 StPO). Zur N. sind berechtigt: wer → Privatklage erheben darf, Angehörige eines durch eine Straftat Getöteten, die durch eine Straftat Verletzten nach erfolgreichem → Klageerzwingungsverfahren, ferner der Bundespräsident u. bestimmte Staatsorgane oder ihre Mitglieder im Fall ihrer → Verunglimpfung. Die Stellung eines *Nebenklägers* haben ferner der Privatkläger bei Übernahme der Verfolgung durch den Staatsanwalt (§ 377 StPO) sowie das Finanzamt im gerichtl. Steuerstrafverfahren (§§ 467 u. 472 AO). – Von der N. ist der zur Entschädigung des Verletzten geführte → Adhäsionsprozess zu unterscheiden.
In *Österreich* ist die N. ähnlich geregelt (§§ 46–51 StPO, „Privatanklagedelikte"). Der Verletzte kann sich bis zum Beginn der Hauptverhandlung mit privatrechtl. Ansprüchen dem Strafverfahren anschließen; wenn der Staatsanwalt die Verfolgung einstellt, kann der Privatbeteiligte die Verfolgung aufrechterhalten. – Im *schweiz.* Recht gibt es die N. nicht.

Nebenleistung, eine neben dem Hauptgegenstand des Rechtsgeschäfts vom Schuldner zu erbringende Leistung (z. B. die Zinsen neben dem Kapital).

Nebenmeer, ein Meeresgebiet, das durch Festlandflächen oder Inselketten vom Ozean teilweise bis größtenteils getrennt ist u. als N. dieses Ozeans betrachtet wird. Es gibt verschiedene Nebenmeere: Zwischen zwei Kontinenten liegende Meeresteile werden *interkontinentale Mittelmeere* genannt (Mittelländ. Meer, Amerikan., Arkt., Australasiat. Mittelmeer); in einen Erdteil eingelagerte Nebenmeere werden als *intrakontinentale Mittelmeere* oder *Binnenmeere* bezeichnet (z. B. die Ostsee). Ist ein N. am Rand angelagert, wird es auch *Randmeer* genannt (z. B. die Nordsee).

Nebenmond → Halo (1); auch → Nebensonne.

Nebenniere, *Glandula suprarenalis,* beiderseits dem oberen Nierenpol aufsitzende, beim Menschen 11–18 g schwere, halbmondförmig (links) bzw. dreieckig (rechts) ausgebildete Organe mit hormoneller (endokriner) Funktion. Unterschieden werden die → Nebennierenrinde u. das → Nebennierenmark, Produktionsorte lebenswichtiger Hormone.

Nebennieren-Krankheiten, Erkrankungen der *Nebennieren* wie z. B. *Tuberkulose* oder Geschwülste, die zu Störungen der hormonellen Funktion der Nebennieren führen u. so zu verschiedenen Krankheitsbildern Anlass geben, z. B. *Addison'sche Krankheit, adrenogenitales Syndrom, Cushing'sche Krankheit* (→ Cushing), *Fröhlich'sche Krankheit* u. *Waterhouse-Friderichsen-Syndrom.*

Nebennierenmark, Abk. *NNM, Adrenalsystem,* Teil der *Nebenniere,* aus dem sympathischen Nervensystem hervorgegangen u. Produktionsort von zwei Hormonen: *Adrenalin* u. *Noradrenalin;* auch → Nebennierensystem.

Nebennierenrinde, Abk. *NNR, Interrenalsystem,* Produktionsort von drei Hormonklassen, den *Glucocorticoiden, Mineralocorticoiden* u. *androgenen Hormonen.* Auch → Nebennierensystem.

Nebennierenrindenhormone → Corticosteroide.

Nebennierensystem, ein Teil des inkretorischen Systems (→ Drüsen, → Hormon) der Wirbeltiere, bestehend aus den *Adrenal-* u. *Interrenalorganen.* Die Zellen der Adrenalorgane *(chromaffine Zellen)* sind ursprünglich segmental angeordnet u. über einen großen Rumpfabschnitt verteilt; erst bei den höheren Wirbeltieren *(Amniontiere)* treten sie zum Nebennierenmark zusammen. Dieses Mark liefert das → Adrenalin. – Die Zellen des *Interrenalsystems* stammen vom Cölomepithel ab u. sind zunächst auch völlig selbständig. Sie lagern sich bei höheren Wirbeltieren als Nebennierenrinde um das Nebennierenmark. Die gelbliche Nebennierenrinde besteht von außen nach innen aus drei in den einzelnen Lebensaltern verschieden stark ausgebildeten Zonen von Epithelzellhaufen: Die äußere *Zona glomerulosa* (aus rundlichen Zellhaufen) ist der Bildungsort der Mineralocorticoide, das sind Hormone, die den Salz-Wasserhaushalt des Körpers regeln. Die mittlere *Zona fasciculata* (aus parallelen Zellsträngen) bildet Glucocorticoide, Hormone, die sowohl Wirkungen im Salz-Wasserhaushalt, als auch im Kohlenhydratstoffwechsel entfalten u. als pharmakologischer Arzneiwirkstoff (*Cortison*) zur Schmerzbeseitigung u. besseren Beweglichkeit akut oder chronisch entzündlicher Gelenke eingesetzt werden können. In der inneren *Zona reticularis* (aus netzartig angeordneten Zellsträngen) werden androgene Hormone (Geschlechtshormone) hergestellt, die u. a. in der Eiweißsynthese benötigt werden und zur Maskulinisierung sowie zur typisch männlichen Behaarung beitragen. Bei der *Addison'schen Krankheit* muss der Ausfall der Nebennierenrinde durch laufende Zufuhr von Rindenhormonen ausgeglichen werden.

Nebennutzung → Forstbenutzung.

Nebenplatz, im Bankwesen ein Ort, an dem sich keine Landeszentralbank befindet.

Nebensache → Zubehör.

Nebensatz, ein für sich allein unverständlicher, einem *Hauptsatz* untergeordneter (ihm vorausgehender, folgender oder eingeschobener) Satz; im Deutschen dadurch gekennzeichnet, dass das finite Verb am Ende steht.

Nebenschiff, Kirchenbau, → Seitenschiff.

Nebenschilddrüse, *Epithelkörperchen, Glandulae parathyroideae,* vier etwa erbsengroße Drüsen, die hinter der Schilddrüse liegen u. das lebenswichtige *Parathormon* bilden, das den Kalkstoffwechsel reguliert. Eine Unterfunktion der N. führt zu einem Calciummangel im Blut, so dass es zu Muskelkrämpfen kommen kann. Eine Überfunktion führt zur Freisetzung von Calcium aus den Knochen u. zu einem erhöhten Calciumspiegel im Blut. Dadurch kommt es zu erhöhter Knochenbrüchigkeit einerseits sowie zu Kalkablagerungen in Organen u. zur Bildung von Nierensteinen.

Nebenschluss, *elektrischer Nebenschluss,* der Zweig einer Parallelschaltung, der den größeren Widerstand aufweist u. daher nur einen Bruchteil des Gesamtstroms aufnimmt. Im N. wird z. B. das *Voltmeter* geschaltet, das einen sehr viel größeren Widerstand haben muss als das zwischen den Anschlussklemmen liegende elektr. System; andernfalls würde die Messung, wegen der Änderung der Stromverhältnisse durch Hinzufügung des Voltmeters, unbrauchbar.

Nebenschlussmotor → Elektromotor.

Nebensonne, heller, durch Brechung u. Spiegelung an Eiskristallen entstandener Fleck in Eiswolken, ebenso hoch über dem Horizont wie die Sonne, gewöhnl. in etwas mehr als 20° Abstand; farbig (zur Sonne hin rot, von ihr fort in einem bläulich-weißen Schweif auslaufend). Beobachter über den Wolken sehen ähnlich *untere Nebensonnen.* Seltener werden 120° von der Sonne *Nebengegensonnen* beobachtet u. genau der Sonne gegenüber die *Gegensonne.* Auch → Halo.

Nebensprechen, *Nachrichtentechnik:* gegenseitige Störung verschiedener Übertragungskanäle; z. B. bei mehradrigen Kabeln durch induktive, kapazitive oder galvanische Kopplungen hervorgerufen. Das N. wird durch gleichmäßigen Kabelaufbau, durch unterschiedl. Schlaglänge der Verdrallung u. durch Ausgleichkondensatoren unterdrückt.

Nebenstellenanlage → Telekommunikations-Anlage.

Nebenstrafen, Strafen, die nur zusammen mit einer Hauptstrafe verhängt werden können, so das Fahrverbot (§ 44 StGB). Die N. sind zu unterscheiden von den → Nebenfolgen u. → Sicherungsmaßregeln.

Nebenstrafrecht, die Strafvorschriften, die nicht im Strafgesetzbuch (StGB) enthalten sind. Das N. umfasst strafbare Verstöße gegen verschiedene Gesetze, z. B. Straßenverkehrs-, Lebensmittel- u. Weingesetz, Gesetz gegen den unlauteren Wettbewerb. Geringfügigere Straftatbestände des Nebenstrafrechts sind in → Ordnungswidrigkeiten umgewandelt worden.

Nebentäterschaft, die Form der Beteiligung an einer Straftat, bei der mehrere Personen unabhängig voneinander den gleichen Erfolg herbeiführen. Auch → Mittäterschaft, → Täter.

Nebentreppe, eine Treppe, die die Nutzung eines Gebäudes erleichtert, aber nach bauaufsichtl. Bestimmungen nicht notwendig ist.

Nebenvalenzen, die in manchen chemischen Verbindungen nach der Absättigung der Valenzkräfte noch vorhandenen Bindungskräfte, die nichtionisierbare Bindungen bewirken können. Beispiele für so entstehende Verbindungen sind die *Hydrate*.

Nebenwinkel, *Supplementwinkel,* zwei Winkel, die den Scheitel u. einen Schenkel gemeinsam haben u. deren andere Schenkel zusammen eine Gerade bilden. Die Summe zweier N. beträgt 180°.

Nebenwirt, von einem Parasiten befallener Organismus, → Wirt.

Nebenzeit, die Zeit bei der Herstellung eines Werkstücks, in der kein Arbeitsfortschritt erzielt wird; z. B.: Einspannen des Werkstücks, Messen. Auch → Stückzeit.

ne bis in idem [lat., „nicht zweimal gegen dasselbe"], das Verbot mehrfacher Bestrafung wegen derselben Tat; hat als Grundprinzip liberal-rechtsstaatl. Strafrechtspflege durch Art. 103 Abs. 3 GG Verfassungsrang erhalten. Es gilt nicht für den → Strafbefehl, dem nur eingeschränkte Rechtskraft zukommt, u. nur im Verhältnis zwischen dt. Gerichten.

Nebit-Dag, Stadt im W Turkmenistans, an der Transkasp. Bahn, 89 100 Ew.; Fachhochschule für Erdölwissenschaften; Erdöl- u. Erdgasförderung, Pipeline nach Turkmenbaschi; Metallverarbeitung, Baustoffindustrie, Teppichknüpferei; Hptst. des Verwaltungsgebiets *Balkan.* – 1946 gegr.

Neblina, *Pico da Neblina,* höchster Berg Brasiliens, in der Serra Imeri nahe der brasilian.-venezolan. Grenze, 3014 m.

Nebo, Berg in Jordanien, → Jabal Neba.

Nebo [hebr.], babylon.-assyr. Gott der Schreibkunst u. Weisheit (→ Nabu).

Nebr., Abk. für den USA-Staat → Nebraska.

Nebra, *Nebra (Unstrut),* Stadt in Sachsen-Anhalt, Burgenlandkreis, a. d. Unstrut, 3000 Ew.; got. Kirche (15. Jh.), Burgruine (13. Jh.).

Nebraska

◆ **Nebraska** [engl. niˈbræskə], Abk. *Nebr.,* zentraler Nordweststaat (im mittleren Westen) der USA, 200 358 km², 1,65 Mio. Ew.; Hptst. *Lincoln;* im N der Great Plains, zwischen Missouri u. Rocky Mountains, steigt nach W hin von 500 auf 1500 m an; im O fruchtbarer Lößboden, im W hügelige Sandflächen; kontinentales Klima mit heißen Sommern (bis 46°C) u. kalten Wintern (bis –35°C). Wichtigster Wirtschaftszweig ist die Landwirtschaft, teilweise mit Bewässerung: Anbau von Mais, Weizen, Hafer, Zuckerrüben, Roggen u. Kartoffeln, Rinder- u. Schweinezucht; landwirtschaftl. Industrie, bes. Fleischverarbeitung; seit 1950 Förderung von Erdöl u. Erdgas im SO. – N. kam 1803 als Teil von *Louisiana* an die USA u. wurde 1867 als 37. Staat in die Union aufgenommen.

Nebrodisches Gebirge, ital. *Monti Nebrodi,* Gebirge im Nordosten von Sizilien, im Monte Soro 1847 m hoch.

Nebukadnezar, *Nebukadnezzar, Nabuchodonosor,* Könige von Babylonien:
1. Nebukadnezar I., etwa 1128–1106 v. Chr.; verschaffte Babylon für kurze Zeit die Vorherrschaft über die Elamiter im Osten des Landes.
2. Nebukadnezar II., 606–562 v. Chr.; bedeutendster König der Chaldäer-Dynastie, eroberte Syrien (Sieg über *Necho II.* 605 v. Chr.), vernichtete den Staat Juda (597 v. Chr. Eroberung Jerusalems) u. führte die jüd. Oberschicht in die „Babylonische Gefangenschaft"; ließ mächtige Bauten in Babylon errichten insbes. den Marduktempel *(babylon. Turm),* das Ischtar-Tor u. eine Prozessionsstraße. – Titelfigur in „Nabucco", Oper (1842) von G. *Verdi.*

Nebularhypothese, die von P. S. de *Laplace* 1796 aufgestellte Hypothese, dass das Planetensystem aus einer von der Sonne infolge zu hoher Zentrifugalkraft ausgeschleuderten Gaswolke entstanden sei. Auch → Kant-Laplace'sche Theorie.

Nebulium [das; lat.], ein hypothet. Element. Im Spektrum der planetar. Nebel u. diffusen Gasnebel treten Emissionslinien auf, die sich im Laboratorium an bekannten Stoffen nicht beobachten lassen u. daher früher einem unbekannten Element, dem N., zugeschrieben wurden. Heute weiß man, dass sie „verbotene Linien" (→ Spektrum) des ionisierten Sauerstoffs, Stickstoffs, Heliums, Neons u. a. Gase sind, die nur bei sehr geringer Dichte der Nebelgase entstehen können.

Necatigil [nedʒˈati-], Behçet, türk. Schriftsteller, * 16. 4. 1916 Istanbul, † 13. 12. 1979 Istanbul; einer der bedeutendsten türk. Lyriker, schrieb auch Essays u. übersetzte deutsche Literatur; beschrieb die harte Realität, Migration u. Entfremdung, symbolisiert durch dichterisches Verstummen u. bruchstückhaftes Sprechen. „Gedichte" dt. 1972, „Eine verwelkte Rose beim Berühren" dt. 1988.

Necho, *Necho II., Nekaw,* ägypt. König der 26. Dynastie, 610–595 v. Chr.; besiegte den jüd. König *Joschija* u. eroberte Syrien, wurde aber von *Nebukadnezar II.* von Babylonien 605 v. Chr. bei Karkemisch am Euphrat zurückgeschlagen. Auf Nechos Veranlassung fand die erste Umseglung Afrikas durch Phönizier statt; er begann den Bau eines Kanals vom Nil zum Roten Meer.

Nechranice, *Negranitz,* Ort in Nordböhmen (Tschech. Rep.), an der mittleren Eger; Stausee mit 278 Mio. m³ Inhalt.

Neck, männl. Nix, → Nöck.

◆ **Neckar,** rechter Nebenfluss des Rheins, 371 km; entspringt bei Schwenningen, in der *Baar,* im O des südl. Schwarzwalds, mündet bei Mannheim; 202 km schiffbar (kanalisierte Strecke bis Plochingen). Nebenflüsse rechts: Eyach, Starzel, Steinlach, Erms, Lauter, Fils, Rems, Kocher, Jagst; links: Ammer, Aich, Enz.

Neckarbischofsheim, Stadt in Baden-Württemberg, Rhein-Neckar-Kreis, im Kraichgau, 4000 Ew.; Gemüseanbau.

Nebraska: Chimney Rock, ein National Historic Site, war eine weithin sichtbare Landmarke am Oregon Trail

Neckar: Blick ins Neckartal bei Neckarzimmern

Neckargemünd

Neckargemünd, Stadt in Baden-Württemberg, Rhein-Neckar-Kreis, an der Mündung der Elsenz in den Neckar, östl. von Heidelberg, 14 400 Ew.; Pfarrkirche (14. Jh.), Karlstor (1788); Weinmarkt, Leder-, Textil- u. landwirtschaftl. Industrie. – 1240 Freie Reichsstadt.

Neckar-Odenwald-Kreis, Ldkrs. in Baden-Württemberg, Reg.-Bez. Karlsruhe, 1126 km², 148 000 Ew.; Verwaltungs-Sitz ist *Mosbach.*

Neckarsteinach, Stadt in Hessen, Ldkrs. Bergstraße, am Neckar, östl. von Heidelberg, 4000 Ew.; Luftkurort; got. Kirche (15. u. 18. Jh.), vier Burgen (12./13. Jh.); Fremdenverkehr, Leder- u. chem. Industrie. – Stadtrecht 1377.

Neckarsulm

◆ **Neckarsulm** [-'zulm], Stadt in Baden-Württemberg, Ldkrs. Heilbronn, am Neckar, 26 800 Ew.; Deutschordensschloss (14./15. Jh.; Dt. Zweiradmuseum), St.-Dionys-Kirche (18. Jh.), Rathaus (16.–18. Jh.); Kraftfahrzeug- (Audi-NSU), Motoren-, Metall- u. Textilindustrie; Weinanbau. – Stadtrecht 1300.

Neckartenzlingen, Gemeinde in Baden-Württemberg, Ldkrs. Esslingen, südl. von Stuttgart, 6100 Ew.; Elektroindustrie.

Aert van der Neer: Kavallerieattacke. Madrid, Prado

Jacques Necker

◆ **Necker** [nɛ'kɛːr], Jacques, französ. Politiker u. Bankier, * 30. 9. 1732 Genf, † 9. 4. 1804 Coppet, Waadt; Vater der Madame de *Staël;* Finanz-Min. 1777–1781 u. 1788 bis 1790, suchte eine Finanzreform durchzusetzen; 1781 wegen Veröffentlichung des Staatshaushalts entlassen; setzte 1789 die Einberufung der Generalstände durch. Seine Entlassung im Jahr 1789 war einer der Anlässe, die zum Ausbruch der *Französische Revolution* führten. Nach dem Sturm auf die Bastille vom König wiedereingesetzt, nahm er im September 1790 endgültig seinen Abschied.

Josef Neckermann

◆ **Neckermann,** Josef, dt. Versandkaufmann, Sportfunktionär u. Dressurreiter, * 5. 6. 1912 Würzburg, † 13. 1. 1992 Dreieich bei Frankfurt; als Reitsportler bei Olymp. Spielen Goldmedaillengewinner (Mannschaftswertung) 1964 und 1968, Silbermedaille 1972; in der Einzelwertung 1968 Silber- sowie 1960 u. 1972 Bronzemedaille; Weltmeister in Bern 1966; 1967–1988 Vorsitzender der *Stiftung Deutsche Sporthilfe.*

Neckermoose, *Neckeraceae,* in gemäßigten u. wärmeren Gebieten verbreitete, fels- u. rindenbewohnende → Laubmoose.

Nedbal, Oskar, tschech. Komponist u. Dirigent, * 26. 3. 1874 Tábor, Böhmen, † 24. 12. 1930 Zagreb (Selbstmord); Mitgründer u. bis 1906 Mitglied (Bratschist) des Böhmischen Streichquartetts; schrieb Operetten („Polenblut" 1913) u. Ballette („Das Märchen vom Haus" 1902).

Nederlands Dans Theater, 1959 in Den Haag gegr. Ballettensemble, das sich nichtklass. Choreografien widmet; Choreograf 1960 bis 1970 H. van *Manen,* 1978 bis 1999 J. *Kylián* u. ab 1999 Marian *Sarstädt.*

Nederlandse Bank, *Niederländische Bank,* Amsterdam, niederländ. Zentralnotenbank, gegr. 1814; gesetzl. Grundlage zur Notenausgabe 1863; 1948 verstaatlicht.

Nedim, Ahmed, osman. Lyriker, * 1681 Istanbul, † 1730 Istanbul; Hofdichter; führte das silbenzählende Versmaß der Volkslyrik in die Diwan-Dichtung ein; drängte mit Ghaselen u. Liedern in klarem, einfachem Türkisch den pers. Einfluss in der osman. Dichtung zurück.

Nedschd, Landschaft in Arabien, → Nadjd.

Needham ['niːdəm], Joseph, brit. Biochemiker u. Sinologe, * 9. 12. 1900 London, † 24. 3. 1995 Cambridge; schrieb eine grundlegende Darstellung der Geschichte der chines. Naturwissenschaft: „Science and civilization in China" 1954 ff.

Neef, Ernst, dt. Geograph, * 16. 4. 1908 Dresden, † 7. 7. 1984 Dresden; Arbeiten zur theoret. Geographie, zur Landeskunde von Sachsen u. vor allem zur Landschaftsökologie.

Neefe, Christian Gottlob, dt. Komponist, * 5. 2. 1748 Chemnitz, † 26. 1. 1798 Dessau; Schüler von J. A. *Hiller,* Lehrer von L. van *Beethoven;* 1781 Hoforganist in Bonn, seit 1796 Kapellmeister in Dessau; vertonte Lieder von J. G. *Herder* u. F. G. *Klopstock,* schrieb Bühnenwerke (Opern, Operetten, Singspiele) u. Opernlibretti.

Néel [ne'ɛl], Louis Eugène Félix, französ. Physiker, * 22. 11. 1904 Lyon; arbeitete über die Natur des Magnetismus; Physik-Nobelpreis 1970.

Néeltemperatur [ne'ɛl-; nach L. E. F. *Néel*], charakterist. Temperatur bei Phasenübergängen von Antiferromagnetika u. Antiferroelektrika. Bei ihr tritt der Übergang vom antiferromagnet. in den paramagnet. Zustand ein.

Ñeembucú [njeːmbu'ku], Dep. im SW Paraguays im Paraguay-Paraná-Tiefland, 12 147 km², 69 900 Ew.; Hptst. *Pilar;* Flachland mit Sumpfgebieten; Anbau von Reis u. Mais; Textilindustrie.

◆ **Neer,** Aert van der, niederländ. Maler, * 1603/04 Gorinchem bei Dordrecht, † 9. 11. 1677 Amsterdam; angeregt durch die Brüder *Camphuysen* u. E. van de *Velde;* weiträumige Landschaftsbilder von poet. Auffassung u. stimmungsvoller Lichtbehandlung, bes. Flusslandschaften u. Winterbilder.

Nef, Karl, schweiz. Musikwissenschaftler, * 22. 8. 1873 St. Gallen, † 9. 2. 1935 Basel; 1909–1928 Prof. in Basel; Hptw.: „Einführung in die Musikgeschichte" 1920; „Geschichte der Sinfonie u. Suite" 1921; „Die 9 Sinfonien Beethovens" 1928.

NEF, Abk. für engl. *New Education Fellowship,* → Weltbund für die Erneuerung der Erziehung.

NEFA, Abk. für *North East Frontier Agency,* indischer Bundesstaat bis 1972, seit 1987 → Arunachal Pradesh.

Nefertem, altägyptischer Urgott in Memphis, der „ganz Vollkommene", ursprünglich vielleicht die Lotosblume; Darstellung als Gott mit der Blume oder als Kind auf der Blume.

Neff, Vladimir, tschech. Schriftsteller, * 13. 6. 1909 Prag; schrieb zunächst Grotesken u. Parodien, nach dem 2. Weltkrieg Romane über das Prager Bürgertum: „Vernunftehen" 1957, dt. 1963; „Kaiserveilchen" 1958, dt. 1963; „Die lustige Witwe" 1961, dt. 1964; „Der Rosselenker" 1963, dt. 1965.

Nefi, osman. Lyriker, * 1572 Hasankale, † 1635 Istanbul; gilt als Meister der Satire in der osman. Literatur, den eines seiner Schmähgedichte das Leben kostete.

Nefusa, *Djebel Nefusa,* Höhenzug im westl. Tripolitanien (Libyen); → Nafusah.

Negade, *Nakada, Nagada, Neqada,* namengebender Fundort der prädynastischer Kultur Oberägyptens, am Westufer des Nils 27 km nördl. von Luxor gelegen. Bei N. grub 1892 W. *Flinders-Petrie* unmittelbar bei der alten Stadt Ombos neolithische Gräberfelder aus, deren Fundmaterial als Negade-Kultur bezeichnet wurde. Sie wird heute in zwei bzw. drei Phasen unterteilt: 1. *Negade I* oder *Amratien* (4300–3500 v. Chr.) ist gekennzeichnet durch eine matt weiß auf rotem bis braunem Grund bemalte Keramik. 2. *Negade II* oder *Gerzéen* (3500–3000 v. Chr.) zeigt schon soziale u. religiöse Entwicklungen hin zu einer Hochkultur: neuer Grabritus, Bildung von Kleinstädten, Einführung künstlicher Bewässerung, starke Zunahme des Geräteinventars, Entwicklung der Skulpturen-Kunst mit Darstellung des Horus-Falken u. der Hathor-Kuh. 3. Die späte prädynastische Kultur, spätes Gerzéen oder Semainien, bildet den Übergang zur Hochkultur mit Reichseinigung u. Herausbildung einer Monarchie.

Negation [lat.], **1.** *Grammatik:* Verneinung eines Satzes oder eines Satzteils durch lexikal., syntakt., phraseolog. u. intonator. Mittel (z. B. „nicht", „kein", „un-", „weder...noch" u. a.).
2. *Logik:* die Verneinung, Bez. für einen einstelligen Aussagenfunktor (Zeichen ¬ oder ~), gewöhnlich gelesen als „nicht", „es ist nicht der Fall, dass". Seine Wahrheitswerttafel ist derart definiert, dass „nicht A" nur dann wahr ist, wenn A falsch ist.
3. *Philosophie:* in der → Dialektik ein Moment der dialekt. Entwicklung. In der hegelschen Dialektik enthält jede Bestimmung *(These)* eine Verneinung, die etwas anderes *(Antithese)* setzt. Die dialekt. Entwicklung geht als ständige N. bestehender Qualitäten vor sich, so dass in der *Synthese* als „Negation der Negation" die jeweilige Antithese auf höherer Ebene aufgehoben wird.

negativ [lat.], ablehnend (z. B. Antwort, Bescheid); nachteilig (z. B. Entwicklung, Tendenz); schlecht (z. B. Charakterzug). – *Negativismus,* verneinende u. ablehnende Einstellung.

Negativ [das; lat.], *Fotografie:* ein tonwertvertauschtes fotografisches Bild, dessen helle Partien den Schatten u. dessen dunkle den Lichtern des Aufnahmeobjekts entsprechen. *Farb-Negative* sind tonwertvertauscht u. komplementärfarbig. Auch → Negativfilm.

Negativ-Dressur, eine Dressur, bei der eine falsche Wahl durch einen negativen Reiz „bestraft" wird oder sich der falschen Wahl ein negatives Erlebnis anschließt. Auch → Lernen.

Negativdruck, graf. Verfahren, bei dem die Schwarz-Weiß-Werte beim Drucken vertauscht werden, so dass z. B. eine weiße Zeichnung auf dunklem Grund entsteht; für Holzschnitte, Lithographien, Kupferstiche, aber auch in der Antike für Münzen u. Medaillen verwendet.

negative Feststellungsklage, im Gegensatz zu → Feststellungsklage, eine Klage auf Feststellung des Nichtbestehens eines Rechtsverhältnisses oder auf Feststellung der Unechtheit einer Urkunde.

negative Rückkopplung, kybernetischer Ausdruck aus dem → Regelkreis.

negative Theologie, eine in der Spätantike *(Proklos)* entwickelte Form der Theologie,
die das unaussprechlich Absolute nur durch negative Aussagen bestimmt, wie: Gott sei nicht-menschlich, nicht-weltlich, er sei das „Ganz andere" oder eine „Nichtheit", erhaben über alle positiven u. negativen Aussagen, letztlich „unbegreifliches Geheimnis". Im Christentum ist die n. T. besonders in der *Mystik* verwendet worden.

Negativfilm, fotografisches Aufnahmematerial. Der Schwarzweißfilm gibt alle Tonwerte in entgegengesetztem Helligkeitsgrad wieder (negativ), der Farbnegativfilm zeigt zusätzlich alle Farben komplementär, was wegen der → Farbmaskierung jedoch nicht mit dem Auge erkennbar ist. Auch → Film.

Negativform, *Gießereitechnik:* ein Modell, das die zu gießende Form als ausgesparten Hohlraum enthält; Beispiel: Gipsabdruck.

Negativkopie, ein Kopierverfahren, bei dem durch den Kopierprozess eine Kontrastumkehrung erfolgt. Die N. ist in der Fotografie u. auch in der fotomechanischen Druckformenherstellung aller Druckverfahren bekannt.

Negativmodulation, eine Form der → Amplitudenmodulation, die zur Übertragung von Fernsehsignalen verwendet wird. Bei der N. entspricht die größte Amplitude des Videosignals dem kleinsten Wert der Trägeramplitude.

Negativplatte, *Fotografie:* eine mit lichtempfindlichem Material beschichtete Platte, meist Druckplatte, die bei der Belichtung kontrastumkehrend wirkt. Auch → Negativkopie.

Negativprognose → Prognose.

Negeri Sembilan, malays. Teilstaat auf der Halbinsel Malakka, an der Malakkastraße, 6644 km², 724 000 Ew., Hptst. *Seremban*; waldreich; Kautschuk-, Gold- u. Zinnerzproduktion.

Negev [der], *Negeb,* der S Israels, 60 % der Landesfläche in den Grenzen von 1948–1967, ein Dreieck zwischen Elat, Totem Meer u. der Küste des Mittelländischen Meeres bei Ashqelon u. Gaza; Wüste mit von NW nach S von 300 auf 25 mm abnehmenden Jahresniederschlägen; im N die *Beer-Sheva-Senke* mit fruchtbaren, aber erosionsgefährdeten Lößböden, bis zur Breite von *Beer Sheva,* der Hptst. des N., seit 1948 durch künstl. Bewässerung kultiviert; früher – wie das Gebiet südl. u. östl. von Beer Sheva heute noch – Siedlungsraum von Beduinen, die heute zu Ackerbau übergehen; südl. u. östl. davon die Berge des Zentralnegev mit Bodenschätzen (vor allem Phosphate u. keram. Rohstoffe, wenig Erdöl, Erdgas, Eisenerz), deren Abbau zu Stadtgründungen (Dimona, Arad, Mizpe Ramon u. a.) führte; im *Har Ramon* 1035 m hoch; südl. anschließend die *Paranhochfläche* mit dem Wadi Paran u. die *Elatberge* (bis 890 m).

negieren [lat.], verneinen, ablehnen.

Négligé [negliˈʒe; das; frz., „nachlässig"], leichtes Haus- u. Morgengewand; im 18. Jh. von beiden Geschlechtern getragenes bequemes Kleid für Kurpromenade, Reise oder Straße.

Negoiu, zweithöchster Berg des Fägäraşer-Gebirges (Rumänien), 2535 m.

Negombo [engl. niˈgɔmboʊ], *Migamuwa,* Fischerstadt in Sri Lanka, an der mittleren Westküste, 76 000 Ew.; Badeort; Reste eines brit. Forts; keram. Industrie.

Negotiation [lat.] → Negoziation.

negoziabel [lat., frz.], veraltet für handelsfähig, verkäuflich, begebbar, insbes. in Bezug auf Wertpapiere, z. B. Wechsel.

Negoziation [lat.], *Negotiation,* **1.** die Ausgabe von Wertpapieren, besonders öffentlichen Anleihen, im Wege der festen Übernahme durch eine Bank oder ein Konsortium. **2.** eine Form der Außenhandelsfinanzierung mit Hilfe von Wechseln u. Verschiffungsdokumenten.

Negrelli, Alois, Ritter von *Moldelbe,* österr. Ingenieur, * 23. 1. 1799 Primiero, Südtirol, † 1. 10. 1858 Wien; baute Straßen- u. Eisenbahnlinien in Österreich, Italien u. der Schweiz, entwarf (seit 1838) die Pläne zum Suezkanal.

Negri, 1. Ada, italien. Schriftstellerin, * 3. 2. 1870 Lodi, † 11. 1. 1945 Mailand; trat in ihren Gedichten, Romanen u. Erzählungen für die Entrechteten u. Unterdrückten ein, wandte sich später z. T. religiösen Themen zu. Hptw.: „Schicksal" 1892, dt. 1900; „Stürme" 1894, dt. 1902; „Frühdämmerung" 1921, dt. 1938.

◆ **2.** Pola, eigentl. Barbara Apolonia *Chalupec,* Filmschauspielerin poln. Herkunft, * 3. 1. 1897 Lipno (Polen), † 1. 8. 1987 San Antonio, Tex.; wurde durch die Verkörperung mondäner Frauen- u. Vamptypen zum UFA- u. Hollywoodstar der Stummfilmzeit; Filme u. a.: „Carmen" 1918; „Madame Dubarry" 1919; „Das verbotene Paradies" 1924; „Das zweite Leben" 1928; „Mazurka" 1935; „Madame Bovary" 1937.

Pola Negri

Negride, *negrider Rassenkreis,* die dunkelhäutige, kraushaarige Bevölkerung Afrikas, Südostasiens u. der Südsee *(Ostnegride).* Größte negride Gruppe sind die *Bantuiden.* Durch Wanderungen u. Ausdehnung der Siedlungsgebiete haben sich Übergangsformen entwickelt (Mulatten, Zambos).

Negrillos → Pygmäen.

Negri'sche Körperchen [nach dem italien. Pathologen u. Bakteriologen Adelchi *Negri,* * 1876, † 1912], in verschiedenen Teilen des Zentralnervensystems vorkommende Einschlusskörperchen von runder, ovaler oder birnenförmiger Gestalt bei tollwutkranken Menschen u. Tieren.

Negritide, die asiat. *Pygmiden,* die kleinwüchsigen negriden Zwergrassen der *Negritos.*

Negritos [span. „kleiner Schwarzer"], Sammelbez. für die zwergwüchsige, dunkelhäutige, kurz-kraushaarige Bevölkerungsschicht (Pygmäen) in Südostasien u. auf vorgelagerten Inselgruppen; nichtsesshafte Wildbeuter mit Pfeil u. Bogen (z. T. auch mit

Négritude

Blasrohr), Windschirm (nur auf den Andamanen Dauerhütten), einfachster Kleidung u. schlichtem Schmuck; in Lokalgruppen (Einzelfamilien als Wohngemeinschaft) mit Monogamie; in Rückzugsgebieten, sonst in anderen Bevölkerungen aufgegangen. Auch die stammesmäßig noch erhaltenen Reste sind vom Aussterben bedroht: *Andamaner* mit rd. 12 Stämmen (der einst 6000 auf rd. 100 zusammengeschmolzen), *Semang* auf Malakka mit 9 Stämmen (noch etwa 3000) u. *Negritos* (i. e. S.) oder *Aetas* auf den Philippinen in 8 Hauptgruppen (etwa 25 000). Sie sprechen altertüml. Formen der Sprachen von Nachbarstämmen; die Sprache der Andamaner ist noch nicht einzuordnen.

Négritude [-'ty:d; die; frz.], literar. Epoche zwischen 1930 u. 1960; von A. *Césaire* 1939 geprägter Begriff für die Rückbesinnung der Afrikaner u. Afroamerikaner auf die Werte der altafrikan. Kulturtradition. Die Dichtung der N. ist zwar in europ. Sprachen geschrieben, doch treten altafrikan. Stilmittel u. magische Vorstellungen gleichberechtigt neben die europ. Elemente. Ihre neuartige poet. Ausdruckskraft trug zur geistigen Emanzipation der afrikan. Intelligenz bei. Obwohl gelegentl. als polit. Schlagwort gegen den europ. Kolonialismus gebraucht, bezeichnet N. keinen umgekehrten Rassenwahn, sondern zielt auf einen erweiterten, nicht mehr auf Europa ausgerichteten Humanismus. Hauptvertreter sind neben A. *Césaire*, L. S. *Senghor* u. L. *Damas*.

Negros, Philippineninsel nordwestl. von Mindanao, im Canlaón-Vulkan 2464 m; 12 703 km², 2,7 Mio. Ew., Hauptorte *Bacolod* u. *Dumaguete*; Anbau von Zuckerrohr, Bananen u. Kokospalmen; Nahrungsmittel- u. Holzindustrie; Kupfervorkommen; Häfen u. Flugplätze.

Negruzzi, ◆ 1. Costache, rumänischer Schriftsteller, *1808 Trifești, Iași, †24. 8. 1868 Trifești; mit seinen historischen u. sozialen Novellen beginnt die klass. rumän. Prosa („Alexandru Lăpușneanu" 1840, dt. 1930); übersetzte A. S. *Puschkin*, V. *Hugo* u. a.

Costache Negruzzi

2. Iacob, Sohn von 1), rumän. Schriftsteller, *31. 12. 1842 Iași, †6. 1. 1932 Bukarest; Gesellschaftskritiker, schrieb Theatersatiren u. Prosaskizzen; Mitbegründer der „Junimea", Herausgeber von deren Zeitschrift „Convorbiri literare" 1867–1892.

Negt, Oskar, dt. Sozialwissenschaftler, *1. 8. 1934 Königsberg; seit 1970 Professor in Hannover, beschäftigt sich besonders mit bildungssoziologischen u. ideengeschichtlichen Themen; Hptw.: „Soziolog. Phantasie u. exemplar. Lernen" 1971; „Öffentlichkeit u. Erfahrung" (mit A. *Kluge*) 1972; „Geschichte u. Eigensinn" (mit A. Kluge) 1981; „Maßverhältnisse des Politischen" (mit A. Kluge) 1992.

Negus [äthiop., „König"], der Titel des Kaisers von Äthiopien (seit dem 13. Jh.); vollständig: *Negusa Nagast*, europäisiert *Negus Negesti* [äthiop., „König der Könige"].

Nehajew, Milutin, eigentl. M. *Cihlar*, kroat. Schriftsteller, *25. 11. 1880 Senj, †7. 4. 1931 Zagreb; Vertreter der kroatischen Moderne schrieb Essays über die europäische Literatur; auch Novellen. – Djela, 13 Bde. 1944, 1964.

Nehalennia, durch archäolog. Funde bes. an der niederländ. Küste nachgewiesene, bei nordseegerman. Stämmen in den ersten Jahrhunderten n. Chr. verehrte Göttin der Erde u. des Meeres. Der Muttergottheit → *Jörd* ähnlich bzw. vielleicht weitgehend mit ihr identisch.

Neheim-Hüsten, ehem. Stadt in Nordrhein-Westfalen, im Sauerland, am Zusammenfluss von Möhne u. Ruhr, seit 1975 Ortsteil von Arnsberg.

Nehemia, jüd. Hofbeamter des pers. Königs *Artaxerxes I.*, von ihm zweimal (445 u. 430 v. Chr.) zur Organisation der jüd. Kultgemeinde nach Jerusalem entsandt. Das seinen Namen tragende *Buch N.* stammt vom Verfasser der → Chronikbücher, enthält aber authentische Dokumente, u. a. eine Denkschrift Nehemias (auf Neh. 1; 12 u. 13 verteilt).

Neher, ◆ 1. Caspar, dt. Bühnenbildner, *11. 4. 1897 Augsburg, †30. 6. 1962 Wien; langjähriger Mitarbeiter von B. *Brecht*; verwendete als Erster die *Brecht-Gardine*. Seine Bühnenbilder zeichneten sich durch große anti-illusionistisch gestaltete Räume aus. Er arbeitete an deutschen, schweizerischen u. österreichischen Bühnen, seit 1947 für die Salzburger Festspiele; auch als Lehrer tätig.
2. Erwin, dt. Physiker, *20. 3. 1944 Landsberg/Lech; erforschte gemeinsam mit B. *Sakmann* die Ionenkanäle der Zellen; beide Forscher entwickelten eine Methode zur Messung der kleinen elektrischen Ströme, die durch einen Ionenkanal fließen. Damit konnte der zelluläre Mechanismus einer Reihe von Krankheiten, darunter → Diabetes u. → Mukoviszidose, aufgeklärt werden. N. erhielt zusammen mit B. *Sakmann* den Nobelpreis für Medizin 1991.

Caspar Neher: Entwurf zu „Pioniere in Ingolstadt"; München, Theatermuseum

Jawaharlal Nehru; 1949

Nehru, ◆ 1. Jawaharlal, Sohn von 2), ind. Politiker (Kongresspartei), *14. 11. 1889 Allahabad, †27. 5. 1964 Delhi; aus einer vornehmen Brahmanenfamilie Kaschmirs (der Titel *Pandit*, „Gelehrter", rührt daher), nach Studium in Großbritannien Anwalt; trat mit M. *Gandhi* an die Spitze der indischer Freiheitsbewegung, im Gegensatz zu Gandhi jedoch mit pragmat. u. sozialist. Zielsetzung; 1929, 1936, 1937, 1946 u. 1951–1954 Präs. der Kongresspartei; war achtmal in brit. Haft, zuletzt 1942–1945; 1946 stellvertr. Premierminister u. Leiter der außenpolit. Abteilung in der Übergangsregierung, 1947–1964 Premierminister u. Außen-Min., zeitweise auch Verteidigungs-Min., gilt als der eigentl. Schöpfer des modernen Indiens. Er gewann durch Verhandlungen die französ. Enklaven in Indien zurück u. ließ 1961 die portugies. Kolonien Goa, Daman u. Diu besetzen. Er verfolgte eine Politik des blockfreien Neutralismus u. war einer der führenden Repräsentanten der Dritten Welt, bes. im Zeichen der → Bandung-Konferenz. Seine Politik der Blockfreiheit erlitt jedoch durch den chinesisch-indischen Krieg im Jahre 1962 einen starken Rückschlag. Seine Tochter war die Politikerin Indira *Gandhi*.
2. Motilal, indischer Politiker, *6. 5. 1861 Dehli, †6. 2. 1931 Lucknow; Vorkämpfer der ind. Freiheitsbewegung; 1919 u. 1928 Präsident des Nationalkongresses, 1925 Vorsitzender der allindischen Swaradsch-Partei.

Nehrung, eine schmale, lang gestreckte Landzunge, die durch Strandversetzung infolge Küstenströmungen zwischen zwei Küstenvorsprüngen aufgebaut wird. Sie schließt die dahinter liegende Meeresbucht *(Haff)* vom offenen Meer ab.

Neidenburg, Stadt in Polen, → Nidzica.
Niederländisch = deutsche Mundarten.
Neidhard [ahd. *nit*, „Kampfeszorn" + *hart*, „stark, kühn"], *Neidhart, Neithard*, männl. Vorname.

Neidhartspiel, ein Fastnachtsspiel (geht auf Frühlingsbrauchtum wie Veilchensuche, Tanz u. a. zurück), worin *Neidhart von Reuenthal* von den Bauern verspottet wird; älteste Fassung um 1350, in einer Tiroler Fassung des 15. Jh. auf 68 Sprechrollen ausgeweitet, noch im 16. Jh. gespielt, auch von H. *Sachs* umgedichtet.

Neidhart von Reuenthal, *Neithart von Reuental*, ritterl. mittelhochdt. Minnesänger, *zwischen 1180 u. 1190, †nach 1237; zuerst am bayer., dann am österr. Hof; wandte sich in Winter- u. Sommerliedern gegen die höf. Überfeinerung, versuchte (durch den Versuch, die höf. Lyrik durch Vaganten- u. volkstüml. Motive zu beleben) das Minnelied in die Welt des Bauerntanzes („dörperl. Dichtung") u. feierte die Minne nicht mehr als sittl. Macht, sondern als sinnl. Erfüllung.

Er wurde von *Walther von der Vogelweide* deshalb angegriffen, doch hat man ihn oft u. lange nachgeahmt (die „falschen Neidharte"). – Ausgaben von M. Haupt 1858, dt. 1923, E. Wiessner ³1968.

Neidkopf, *Neidstange,* an Hausgiebeln oder in der Nähe des Hauses angebrachte Tierköpfe aus Stein oder Holz, die böse Gewalten abwenden sollen.

◆ **Neidlinger,** Gustav, dt. Sänger (Bariton), *21. 3. 1910 Mainz, †26. 12. 1991 Mainz; seit 1956 Mitglied der Wiener Staatsoper; bekannt als Wagner-Interpret (auch Auftritte in Bayreuth).

Neigetechnik → Eisenbahn.

Gustav Neidlinger

Neigung, *Straßen- u. Eisenbahnbau:* der Höhenunterschied zweier Punkte der Straßen- oder Bahndamm-Achse, bezogen auf ihre horizontale Entfernung. Sie wird in % oder ‰ angegeben. Eine aufwärts gerichtete N. heißt *Steigung,* eine abwärts gerichtete *Gefälle.* Die Längsneigung auf freier Strecke soll bei Hauptbahnen nicht über 12,5‰ bei Nebenbahnen nicht über 40‰ betragen. Stärkere Neigungen auf freier Strecke müssen bes. genehmigt werden.

Neigungswinkel → Böschungswinkel (2).

Neill [ni:l], Alexander Sutherland, brit. Pädagoge, *17. 10. 1883 Kingsmuir, Schottland, †23. 9. 1973 Aldeburgh, Suffolk; gründete 1924 die Internatsschule *Summerhill* in Südengland, wo er die Grundsätze einer antiautoritären, repressionsfreien Erziehung zu verwirklichen suchte; Mitgründer der Internationalen Schule in Dresden-Hellerau (1921). Sein Buch „Theorie u. Praxis der antiautoritären Erziehung" (1965, dt. 1969) fand bes. in der BR Dtschld. u. in den USA weite Verbreitung.

Neil'sche Parabel [ni:l-; nach dem engl. Mathematiker W. *Neil,* *1637, †1670], *semikub.* oder *halbkub. Parabel,* eine algebraische → Kurve mit einer Symmetrieachse u. einer Spitze, von der aus die beiden Kurvenäste ins Unendliche verlaufen, Kurve 3. Ordnung, Gleichung $y^2 = x^3$.

Neipperg, Adam Adalbert Graf von, österr. Offizier u. Diplomat, *8. 4. 1775 Wien, †22. 2. 1829 Parma; seit 1814 Begleiter der Erzherzogin *Marie-Louise* von Österreich, der zweiten Frau *Napoleons I.,* mit der N. nach dessen Tod 1821 in morganat. Ehe verbunden war. Die Nachkommen aus dieser Ehe erhielten den Titel eines Grafen (seit 1864 Fürsten) von Montenuovo.

Neiße, poln. *Nysa,* zwei linke Nebenflüsse der Oder: **1.** *Görlitzer* oder *Lausitzer Neiße,* poln. *Nysa Łużycka,* 252 km; entspringt im Isergebirge, mündet nördlich von Gubin; Grenzfluss zwischen Polen u. Deutschland (→ Oder-Neiße-Linie); zwei Wasserkraftwerke. **2.** *Glatzer Neiße,* poln. *Nysa Kłodzka,* 182 km; entspringt im Glatz Kłodzkoer Schneegebirge, mündet südöstl. von Brzeg; im Mittellauf bei Otmuchów aufgestaut.

Neisse, Stadt in Polen, → Nysa.

Neisser, Albert, dt. Dermatologe, *22. 1. 1855 Schweidnitz, †30. 7. 1916 Breslau; entdeckte 1879 den Erreger der Gonorrhö, nach ihm *Neisseria gonorrhoeae* genannt.

Neith, altägypt. Waffengöttin, Kennzeichen: Schild mit zwei gekreuzten Pfeilen. Hauptkultort war *Sais* im westl. Nildelta.

Neithardt, dt. Maler, → Grünewald, Matthias.

Neiva [ˈnɛiba], Hptst. des kolumbian. Dep. *Huila,* am oberen Río Magdalena, 238 000 Ew.; Verarbeitungs- u. Handelszentrum einer Agrarregion mit Reismühlen, Kaffeeaufbereitung, Gerbereien, Nahrungsmittel- u. Textilindustrie; Eisenbahnendpunkt, Flugplatz.

Nekaw, ägypt. König, → Necho.

nekr... → nekro...

Nekrassow [-sɔf], *Nekrasov,* ◆ **1.** Nikolaj Alexejewitsch, russ. Schriftsteller, *10. 12. 1821 Nemirowo, Gouvernement Podolsk, †8. 1. 1878 St. Petersburg; schrieb sozial u. politisch engagierte Gedichte den unvollendeten sozialen Versroman „Wer lebt glücklich in Russland?" 1866–1877, dt. 1885–1888, u. die Versepen „Die Wanderkaufleute" 1861, dt. 1881 u. 1888; „Russ. Frauen" 1873, dt. 1891. – Dt. Auswahl, 2 Bde. 1885–1888; Gedichte in Poeme, 2 Bde. 1905.

Nikolaj A. Nekrassow

2. Wiktor Platonowitsch, russ. Schriftsteller, *17. 6. 1911 Kiew, †3. 9. 1987 Paris; schrieb realistische Kriegsliteratur ohne falsches Pathos: „In den Schützengräben von Stalingrad" 1946, dt. 1948; „Kyra Georgijewna" 1961, dt. 1981; „Die zweite Nacht" 1965, dt. 1967; Essays: „Auf beiden Seiten des Ozeans" 1962, dt. 1965.

nekro... [grch.], Wortbestandteil mit der Bedeutung „Toter"; wird zu *nekr...* vor Vokal.

Nekrobiose [die; grch.], langsames Absterben von Zellen u. Geweben.

Nekrolog [der; grch.], **1.** Nachruf auf einen Toten, der zumeist auch biograf. Daten enthält.

2. *Totenbuch,* im MA ein Kalender von Kirchen, Klöstern u. Stiften, worin die Sterbetage der Personen eingetragen wurden, die durch geistl. Fürbitte geehrt werden sollten. Die Nekrologien sind als Quellen, bes. für die Genealogie, von Bedeutung.

Nekromantie [die; grch.], Totenbeschwörung; das Wahrsagen durch Zitieren Verstorbener, denen höheres Wissen zugetraut wird, wie z. B. dem Propheten Samuel durch König Saul (1. Samuel 28).

Nekrophage [grch.], *Leichen-, Aasfresser,* Tiere, die von totem (tierischem) Material leben. Gegensatz: *Biophage,* ernähren sich von lebendem (d. h. auch frisch getötetem) Material.

Nekrophilie [die; grch.], *sexuelle Leichenschändung,* sexuelle Handlungen an Leichen; eine Sexualperversion auf der Grundlage des Sadismus oder Fetischismus.

Nekrophorese [die; grch.], Abtransport toter Mitglieder einer Tiergruppe durch Artgenossen aus dem Bau oder Nest, z. B. bei Ameisen.

Nekropole [die; grch., „Totenstadt"], Begräbnisstätte in einem Tal, einem abgegrenzten Bezirk oder entlang einer Ausfallstraße, häufig mit eigenem Wegesystem u. vor der Stadt gelegen. Nach Ablösung der Totenbestattung im eigenen Haus entstanden Nekropolen seit altorientalischer u. ägypt. Zeit u. waren bis ins frühe Christentum gebräuchlich. Die bekanntesten Beispiele sind die Königsnekropolen von Ur u. Sidon sowie die Nekropolen von Athen (Kerameikos), Rom (Via Appia) u. Pompeji (Via dei sepolcri).

Nekrose [die; grch.], örtl. begrenzter Gewebstod, das Absterben von Geweben, Organen oder Teilen von ihnen. Treten Austrocknungserscheinungen hinzu, kommt es zur *Mumifizierung (Mumifikation, trockener Brand);* zerfallen u. verflüssigen sich die abgestorbenen Teile, entstehen Gerinnungs- oder Erweichungszustände *(Koagulations-* bzw. *Kolliquationsnekrose);* bei Anwesenheit von Fäulniserregern kommt es zur *Gangrän (feuchter Brand).*

Nekrozönose [grch.], Grabgemeinschaft von am Lebensort zu Fossilien eingebetteten Organismen.

Neksö, Stadt an der Ostküste Bornholms (Dänemark), 9000 Ew.; moderner Fischereihafen mit Werftindustrie u. Trockendock. – Im 2. Weltkrieg zerstört.

Nektanebos, Name ägypt. Könige der 30. Dynastie: *Nektanebos I., Nektanebis,* 380 bis 362 v. Chr., schlug den Angriff der Perser unter *Artaxerxes II.* auf Ägypten zurück; ließ einige Tempel im Nildelta bauen. – *Nektanebos II.,* 360–343 v. Chr., verlor Ägypten an den Perserkönig *Artaxerxes III.* (343/42 v.Chr.) u. musste nach Nubien fliehen.

Nektar [der; grch.], **1.** *B o t a n i k :* von den *Nektarien* (→ Honigdrüsen) ausgeschiedener, zuckerhaltiger Saft, der von Insekten aufgenommen wird.

2. *griech. Mythologie:* der Trank der Götter, der Unsterblichkeit verlieh; auch → Ambrosia.

Nektarblumen, Pflanzen, die aus den Honigdrüsen ihrer Blüten *Nektar* ausscheiden, um bestäubende Tiere (Insekten, Vögel) anzulocken.

Nektarinen [grch.], *Prunus persica var. nectarina,* Pfirsichsorten mit glattschaligen Früchten, bei denen sich die Steine leicht vom Fruchtfleisch lösen lassen; aus den Mittelmeerländern u. Südafrika.

Nektarium [das, Pl. *Nektarien;* grch., lat.] → Honigdrüsen.

Nektartoxikose [grch.], Schädigung der Bienen durch im Nektar enthaltene Giftstoffe; auch → Pollentoxikose.

Nektarvögel, *Honigsauger, Nectariniidae,* Familie der *Sperlingsvögel,* die von Afrika über Vorder-, Süd- u. Ostasien bis Nordostaustralien verbreitet sind. Die Größe beträgt zwischen 9 u. 28 cm; der Schnabel dieser Blütensauger ist lang, dünn u. etwas gekrümmt. N. bauen Beutelnester mit seitlichem, oft vorspringendem Eingang. Obwohl Singvögel, stoßen sie nur einzelne, scharfe Laute aus. Es gibt über 100 Arten.

Nektobenthos [Pl.; grch.], Sammelbegriff für Tiere, die auf dem Meeresboden leben (→ Benthal) u. schnell in den Boden eindringen können, z. B. Krabben u. Garnelen.

Nekton [das; grch.], Teil der Organismengemeinschaft des freien Wassers: größere Organismen, die sich mit eigener Kraft schwimmend fortbewegen (z. B. Fische, Kopffüßer). Gegensatz: → Plankton.

NEL, Abk. für No-Effect-Level, → No-Observed-Adverse-Effect-Level.

Nele, Eva Renée, dt. Bildhauerin, *1932 Berlin; begann mit expressiven Eisen- u. Bronzegussplastiken u. wandte sich dann Mitte der 1960er Jahre einer mehr konstruktivist. Richtung aus Versatzteilen zu, die der Betrachter nach Belieben verändern oder zusammenstellen kann.

Neleus, in der griech. Mythologie Sohn des Poseidon u. der Tyro, Vater des *Nestor*; wanderte von Thessalien nach Messenien aus, wo er *Pylos* gründete.

Nelke, 1. *Dianthus*, Gattung der *Nelkengewächse (Caryophyllaceae)*, mit weiter Verbreitung in Europa, Asien u. Afrika, bes. im Gebiet des Mittelländ. Meers; Kräuter mit wohlriechenden Blüten. Wild finden sich in Mitteleuropa *Heidenelke*, *Dianthus deltoides*, mit purpurroten, hell rosenroten oder weißen Blüten; *Karthäusernelke*, *Dianthus carthusianorum*, mit blutroten Blüten u. a. Kultiviert werden außerdem: *Gartennelke*, *Dianthus caryophyllus*; *Bartnelke*, *Dianthus barbatus*; *Federnelke*, *Dianthus plumarius*. 2. → Gewürznelkenbaum.

Nelkengewächse, *Caryophyllaceae*, Familie der *Centrospermae*; über 80 Gattungen mit etwa 2000 Arten, meist in den gemäßigten nördl. Breiten; Kräuter oder Halbsträucher, deren Zwitterblüten meist in Blütenständen vereinigt sind. N. enthalten Saponine. Zu den N. gehören: *Nelken*, *Seifenkraut*, *Hornkraut*, *Hühnerbiss*, *Spark*, *Sternmiere*, *Vogelmiere*, *Lichtnelke* u. *Leimkraut*.

Nelkenhafer, *Aera caryophylla* → Silbergras.

Nelkenkoralle, *Caryophyllia clavus*, eine bis 3 cm große, einzeln lebende *Steinkoralle* von bräunlicher, weißlicher oder rosa Färbung. Das Kalkskelett zeigt nach oben eine kelchförmige, konische Verbreiterung. Sie lebt auf Steinen u. Schalen in 10–2000 m Tiefe.

Nelkenöl, *Oleum Caryophylli*, äther. Öl aus den Blütenknospen des → Gewürznelkenbaums; besteht zu 90 % aus *Eugenol*, das zu Zahnwurzelfüllungen u. als desinfizierendes Mittel bei der Zahnbehandlung verwendet wird. Außerdem wird es zur Herstellung von Mund- u. Zahnwässern, von kosmet. Präparaten sowie für Gewürzöle zur Herstellung von Vanillin gebraucht.

Nelkenpfeffer, *Gewürzkörner* → Pimentbaum.

Nelkenpilz → Suppenpilz.

Nelkenschwindling → Suppenpilz.

Nelkenwuchs, durch die Larven der → Fritfliege verursachte Getreideerkrankung.

◆ **Nelkenwurz**, *Geum*, Gattung der *Rosengewächse (Rosaceae)* mit etwa 65 Arten, meist in der nördl., gemäßigten Zone; Stauden mit gefiederten Blattrosetten u. gelben, seltener roten oder weißen Blüten. Bekannt ist vor allem die *Echte N.*, *Geum rivale*. Auf die Alpen im Allg. beschränkt sind die *Bergnelkenwurz*, *Geum montanum*, u. die *Kriechende N.*, *Geum reptans*. Die Wurzelstöcke der Echten N. wurden früher als Magenmittel verwendet.

Nelkenzimt, die nelkenartig riechende Rinde von *Dicypellium caryophyllatum*, einem brasilian. *Lorbeergewächs*, die zu Likören, Parfümerien u. Gewürzen verwendet wird.

Nell-Breuning, Oswald von, dt. kath. Sozialwissenschaftler, *8. 3. 1890 Trier, †21. 8. 1991 Frankfurt a. M.; Jesuit; vertrat die christl.-kath. Wirtschafts- u. Gesellschaftslehre des *Solidarismus* u. unterstützte sozial fortschrittl. Forderungen. Hptw.: „Wirtschaft u. Gesellschaft heute" 3 Bde. 1956 bis 1960; „Aktuelle Fragen der Gesellschaftspolitik" 1970; „Soziallehre der Kirche" 1977; „Soziale Sicherheit?" 1979; „Gerechtigkeit u. Freiheit" 1980.

Nellore, *Nelluru*, Distrikt-Hptst. im S Indiens, an der Coromandelküste, nahe der Mündung des Penner in den Golf von Bengalen, 316 000 Ew.; kath. Bischofssitz, Missionszentrum; Keramikherstellung, Nahrungsmittelindustrie, Glimmerverarbeitung.

Nelson ['nɛlsən], **1.** Stadt in Nordwestengland, Grafschaft Lancashire, nordöstl. von Blackburn, 30 000 Ew.; Kohlebergbau, Textilindustrie. **2.** Hafenstadt an der Tasman Bay, im N der Südinsel von Neuseeland, 49 000 Ew.; landwirtschaftl. Zentrum; Fremdenverkehr.

Nelson, 1. ['nɛlsən], Horatio, Viscount of (1801), brit. Admiral, *29. 9. 1758 Burnham-Thorpe, Norfolk, †21. 10. 1805 bei Trafalgar an Bord der „Victory" (gefallen); besiegte die span. Flotte bei Kap *St. Vincent* 1797, die französ. Flotte bei *Abu Qir* 1798, zerstörte die dän. Flotte bei Kopenhagen 1801 u. sicherte mit dem Sieg über die span.-französ. Flotte bei *Trafalgar* 1805 die brit. Alleinherrschaft über die Meere. Seine Affäre mit Lady E. *Hamilton* verursachte einen Skandal.
2. ['nɛlzən], Leonard, dt. Rechtsphilosoph u. Staatstheoretiker, *11. 7. 1882 Berlin, †29. 10. 1927 Göttingen; Prof. in Göttingen, Begründer der *Neufriesischen Schule* (nach J. F. *Fries*): Aufbau des Rechts unter Berücksichtigung des höherwertigen „wahren" Interesses; Hptw.: „Die Unmöglichkeit der Erkenntnistheorie" 1911; „Die Rechtswissenschaft ohne Recht" 1917; „Die neue Reformation" 2 Bde. 1918; „System der philosoph. Rechtslehre u. Politik" 1920.

Nelson River ['nɛlsən 'rivə], Abfluss des Winnipegsees in die Hudsonbai (bei *Port Nelson*), im N von Manitoba (Kanada), 650 km; im Unterlauf zahlreiche Stromschnellen, 1975 zum Jenpec-Stausee (31,8 Mrd. m³ Stauraum, 756 km² Fläche) aufgestaut.

Nelspruit ['nɛlsprœyt], Hptst. der Prov. Mpumalanga (Südafrika), 56 600 Ew.; Verkehrsknotenpunkt.

Nelumbo, Gattung der Seerosengewächse, → Lotos (1).

Neman, bis 1947 *Ragnit Neman*, Hafenstadt im Norden Ostpreußens, in der Oblast Kaliningrad (Russland), an der Memel, südöstlich von Tilsit, 22 900 Ew.; Ordensburg (1289, Ausbau 1397–1409).

Nemanjiden, altserb. Herrscherdynastie bis zur türk. Eroberung; 1371 im Mannesstamm ausgestorben. Als Stammvater gilt der Großzupan (1166–1196) *Stefan I. Nemanja*. Seine Politik wurde von den Söhnen *Stefan Nemanjić* (Stefan der Erstgekrönte, Großžupan 1196–1219, König 1217–1227/28) u. *Sava* (serb. Erzbischof 1219 bis 1233) als weltl. u. geistl. Oberhäuptern fortgeführt u. gefestigt. Den glanzvollen Höhepunkt der N. brachte die Regierungsperiode *Stefans IV. Dušan* (1331–1355).

Nemathelminthen [grch.] → Hohlwürmer.

Nematizide [grch., lat.], chem. Mittel *(Biozide)* zur Bekämpfung von → Fadenwürmern *(Nematoden)*.

Nematoden [grch.], *Nematodes* → Fadenwürmer.

Nematomorpha [grch.] → Saitenwürmer.

Nematozysten [grch.] → Nesselkapseln *(Cniden)*.

Nembutsu [jap.], gläubige Wiederholung der Verehrungsformel für den Buddha → Amitabha; führt nach der Lehre des japan. Sukhavati-Buddhismus zur Wiedergeburt im „Reinen Land" (→ Sukhavati).

Němcová [ˈɲɛmtsɔvaː], Božena, tschech. Dichterin, *4. 2. 1820 Wien, †21. 1. 1862 Prag; schrieb zum Realismus überleitende Erzählungen aus dem tschech. Volksleben („Karla" 1855, dt. 1910; „Aus einer kleinen Stadt" 1856, dt. 1910) u. den autobiograf. Roman „Großmutter" 1855, dt. 1885; sammelte u. bearbeitete tschech. u. slowak. Märchen: „Der goldene Vogel" dt. 1965; Briefe: „Durch diese Nacht sehe ich keinen einzigen Stern" 1997.

Nemea, Ort in der Argolis, Griechenland; östlich davon das Heiligtum des Zeus Nemeios mit dorischem Tempel aus dem

Nelkenwurz: Auf feuchten Gebirgswiesen im Balkan und Kaukasus gedeiht die Scharlachrote Nelkenwurz, Geum coccineum

4. Jh. v. Chr.; hier wurden im Altertum die *Nemeën* gefeiert. In der Sage erschlug *Herakles* in den Bergen südl. N. den *Nemeïschen Löwen.*

Nemeïsche Spiele, *Nemeën,* in der Antike bei Nemea in der Argolis abgehaltene panhellenische Sportwettkämpfe zu Ehren des Zeus; alle 2 Jahre (in jedem 2. u. 4. Jahr der Olympiaden) mit gymnast. Wettbewerben, Reiterspielen u. Wagenrennen durchgeführt; seit dem 3. Jh. v. Chr. auch musische Wettkämpfe.

Nemertinen [grch.], *Nemertini* → Schnurwürmer.

Nemesis [grch., „das Zuteilen" u. „der gerechte Zorn"], Tochter der *Nyx,* griech. Göttin, die das rechte Maß an Glück u. Unglück zuteilt u. jede Art der Überhebung (→ Hybris) straft. Nach Hesiod leitete ihr Weggang von der Erde zum Olymp das Eiserne Zeitalter auf der Erde ein. N. wurde bes. in Rhamnus u. Smyrna verehrt.

NE-Metalle, Kurzbez. für → Nichteisenmetalle, z. B. Aluminium, Blei, Chrom, Kupfer, Nickel, Zink, Zinn.

Nemeter, *Nemetes,* german. Volksstamm am Mittelrhein, bekannt durch Cäsar u. Tacitus; ihr Hauptort war Noviomagus Nemetum (das heutige Speyer). Die N. kamen mit den Sueben aus Mitteldeutschland u. erschienen unter Ariovist links des Rheins. Nach mehrfachen Verwüstungen ihres Gebietes wurden sie ab Mitte des 5. Jh. Teil der Alemannen u. später des Frankenreichs.

Németh ['nɛːmɛt], László, ungar. Schriftsteller, *18. 4. 1901 Baia Mare, †3. 3. 1975 Budapest; versuchte den Platz der Ungarntums zwischen Ost u. West zu bestimmen. Romane: „Maske der Trauer" 1935, dt. 1970; „Sünde" 1937, dt. 1965; „Wie der Stein fällt" 1947, dt. 1961; „Esther Egetö" 1956, dt. 1963; „Kraft des Erbarmens" 1965, dt. 1968; Drama: „Galilei" 1953, dt. 1965; Essays: „Die Revolution der Qualität" 1960, dt. 1962. – Dt.: Dramen 1965.

Nemirow, *Nemirov,* Dobri, eigentl. D. *Charalampiew,* bulgar. Erzähler u. Dramatiker, *3. 2. 1882 Ruse, †30. 9. 1945 Sofia; schilderte das Dorf- u. Kleinstadtleben: „Der arme Luka" (Novelle) 1923, dt. 1948.

Nemisee, ital. *Lago di Nemi,* Kratersee mit steilen u. bewaldeten Ufern in den mittelitalien. Albaner Bergen, 1,7 km². 1928-1931 wurden durch Senkung des Wasserspiegels 2 Prachtschiffe des röm. Kaisers *Caligula* geborgen, die im 2. Weltkrieg 1944 zerstört wurden.

Nemophila [grch.] → Hainblume.

Nemours [nə'muːr], **1.** französ. Stadt im Dép. Seine-et-Marne, an der Loing, nördl. von Paris, 12 100 Ew.; Schloss (12.-17. Jh.); Glasindustrie. **2.** alger. Stadt, → Ghazawat.

NEMP, Abk. für → nuklearer elektromagnetischer Puls.

Nemrut Daği [-daːˈi], 3050 m hohes Vulkanmassiv in Ostanatolien (Türkei), westl. des Vansees; mit 8 km Kraterdurchmesser einer der größten Vulkane der Erde. Auf einem Berg gleichen Namens bei der Stadt Kahta befinden sich die Überreste eines bedeutenden Heiligtums u. Totentempels *Antiochos' I.* von Kommagene, mit Kolossalstatuen der Vorfahren seines Herrscherhauses; Weltkulturerbe seit 1987. → Seite 316.

Nen Jiang [-djian], *Nun Kiang,* größter Nebenfluss des Songhua Jiang in der nordchines. Prov. Heilongjiang, im NW der Mandschurei, 1170 km; entspringt im Großen Xinganling; Flößerei.

Nenndorf, *Bad Nenndorf,* Gemeinde in Niedersachsen, Ldkrs. Schaumburg, am Nordende des Deister, 10 100 Ew.; Heilbad mit Sol- u. Schwefelquellen, Schlammbädern; Schloss (1806).

Nenner, Teil eines mathemat. Bruchs; → Bruch (4).

Nennform → Infinitiv.

◆ **Nenni,** Pietro, italien. Politiker (Sozialist), *9. 2. 1891 Faenza, Prov. Ravenna, †1. 1. 1980 Rom; von 1923 bis 1926 Chefredakteur des sozialist. „Avanti", emigrierte 1926 nach Frankreich; baute seit 1943 die Sozialist. Partei auf; 1945/46 stellvertr. Min.-Präs. 1946/47 auch Außen-Min. N. arbeitete zunächst mit den Kommunisten zusammen u. trug bei zur Spaltung (1947) der Sozialist. Partei (in *Nenni-Sozialisten* u. die von G. *Saragat* geführte Sozialdemokrat. Partei); 1963-1968 stellvertr. Min.-Präs., 1968/69 Außen-Min. 1966-1969 war er Präs. der wieder vereinigten Sozialist. Partei.

Pietro Nenni

Nennius, kelt. Geschichtsschreiber, lebte in der ersten Hälfte des 9. Jh. in Mercia; seine „Historia Brittonum" (826) ist die Kompilation einer brit. Geschichte des 7. Jh. u. zahlreicher, z. T. mündlicher Quellen von geringem geschichtl., aber großem sagengeschichtl. Wert (König Artus).

Nennleistung, Leistungsfähigkeit von Maschinen oder Anlagenteilen in Bezug auf den Energieverbrauch als Grundlage für die Bewertung des Energieeinsatzes u. -verbrauchs. Bei Dampferzeugern u. Turbinen ist die N. die höchste Dauerleistung.

Nennspannung, die Spannung, für die ein elektr. Gerät oder die Stromkreis bemessen ist. Meist ist im Betrieb ein Abweichen um einen bestimmten Prozentsatz *(Betriebsspannung)* zulässig. Erheblich über den Werten der Nenn- u. Betriebsspannung liegt die Prüfspannung. Gleiche Verhältnisse liegen beim *Nennstrom* u. der *Nennleistung* vor.

Nennwert, *Nominalwert,* auf Wertpapieren (z. B. Aktien) u. Geldscheinen oder Münzen aufgedruckte oder eingeprägte Wertangabe; entspricht nicht immer dem dafür gezahlten Preis *(Kurswert).*

nennwertlose Aktie, eine auch als *Anteils-* bzw. *Quotenaktie* bezeichnete → Aktie, die nicht über einen bestimmten Nennwert ausgestellt ist, sondern einen prozentualen Anteil an einem Unternehmen verbrieft. Für den Ansatz des Gesellschaftskapitals in der Bilanz muss allerdings ein Nennbetrag der Aktien festgelegt werden. In Dtschld. müssen Aktien gemäß §8 AktG auf einen Nennbetrag von mindestens 5 DM lauten.

◆ **Nenzen,** früher *Jurak-Samojeden,* Polarvolk (34 000 Angehörige) mit finnisch-ugrischer Sprache in Russland, im westsibirischen Tiefland, im Mündungsgebiet des Ob u. auf Inseln u. Halbinseln der Nordpolarmeerküste; die meisten N. leben im *Nenzen-AK*; rassisch Sibiride, den Lappen verwandt; früher nomad. Rentierzüchter, Fischer u. Jäger; mit Schneeschuhen, Hundeschlitten, Fellkleidung, Stangenzelt, Schamanismus; heute sesshaft gemacht, mit Rentier- u. Rinderzucht, Fischfang, Pelztierjagd u. Gemüseanbau.

Nenzen-AK, Verw.-Bez. im NO der Oblast Archangelsk, Russland; umfasst das Küstengebiet von der Halbinsel Kanin bis zum Polarural; 176 700 km², 49 300 Ew.; davon 59 % in Städten, Hptst. *Narjan-Mar*; Lebensraum der → Nenzen; Tundrenklima, Dauerfrostboden, Rentierzucht, Pelztierjagd u. an der Küste Fischfang; gegr. 1929.

Nenzing, österr. Marktort in Vorarlberg, im Walgau, an der Ill, 530 m ü. M., 5500 Ew.; Textilindustrie; Fremdenverkehr.

Nenzisch, im nördl. Eismeer gesprochene samojedische Sprache (34 000 Sprecher).

neo... [grch.], Wortbestandteil mit der Bedeutung „neu", „jung"; vor Vokal meist *ne...*

neoafrikanische Literatur, Im Gegensatz zur oralen Literatur Schwarzafrikas, deren mündlich überlieferte Preis- u. Spottlieder, Epen, Erzählungen, Märchen u. Sprichwörter meist anonyme Verfasser haben, ist die n. L. eine geschriebene Literatur namentlich bekannter Verfasser, deren Mehrzahl sich europ. Sprachen bedient. Sie unterscheidet sich von der europ. Vorbildern folgenden Kolonialliteratur durch einen erkennbaren Anteil eigenständiger Elemente im Inhalt u. Form: Afrikanische Metaphern, Sprichwörter, Zeitstrukturen, auch Sprachformen u. -eigenheiten gehen in die Werke ein. Strukturierung durch Wiederholung, rhythm. Gliederung, magische Bildschöpfung u. a. Stilmittel sind zumeist bewusst gesetzte Zitate afrikan. Traditionen, wie bei der Lyrik der *Négritude.* So charakterisiert sich die n. L. weder durch die Hautfarbe der

Fortsetzung S. 318

Nenzen: Die traditionelle Behausung der Nenzen ist das Stangenzelt, das mit Planen und Rentierfellen bedeckt ist

Nemrut Daği

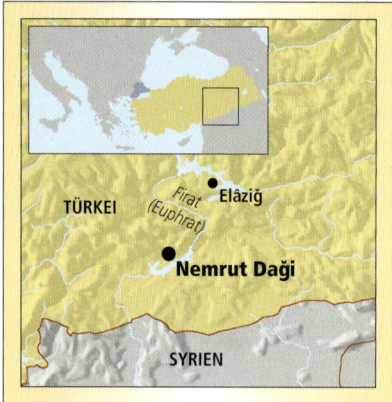

Nemrut Daği

Kulturdenkmal: auf dem verkarsteten Kalkgebirgsstock Nemrut Daği in 2150 m Höhe 50 m hoch aufgeschüttete Kult- und Grabstätte des kommagenischen Königs Antiochos I. mit Kolossalfiguren auf der Westterrasse, dem Prozessionsweg, dem Stufenaltar auf der 500 qm großen Ostterrasse, reicher Skulpturenschatz mit Darstellung des bärtigen Zeus mit persischer Tiara und Diadem und der Landesgöttin Kommagene mit einem Früchtekorb auf dem Haupt

Kontinent: Asien

Land: Türkei, Südosttaurus

Ort: nordöstlich von Adiyaman

Ernennung: 1987

Bedeutung: eines der ambitioniertesten Bauwerke Kleinasiens aus hellenistischer Zeit und Beispiel der Verschmelzung hellenistischer und persischer Kultur

Zur Geschichte:

163 v. Chr. Unabhängigkeit des Reiches von Kommagene nach Zerfall des Seleukidenreiches

69–38 v. Chr. Antiochos I.

72 Zerfall des Königreiches Kommagene, Teil der römischen Provinz Syria

1882 Aufzeichnungen über die Kultstätte von Carl Humann

Oben rechts: Mehr als nur ein Hügel Schutt ... unter all diesem Geröll, das sich hinter der »Reliefgalerie« auftürmt, befinden sich Grabkammern; doch versuchte man, an diese Kammern heranzukommen, zerstörte man zugleich den Berg aus kleinem Stein. So ruhen die Gebeine Antiochos' I. bis heute ungestört irgendwo unter dem Berg

Unten rechts: Zahlreiche Statuen umgeben den Grabhügel, reihen den gottgleichen Antiochos I. ein in die Ahnenreihe jener Götter und Helden

Ich glaubte, die Frömmigkeit sei nicht nur der für uns Menschen sicherste Besitz unter allen Gütern, sondern auch die süßeste Freude. (...) Als ich beschloss, die Fundamente dieses Hierothesions in die Nähe der himmlischen Throne zu legen, damit dort die äußere Hülle meines bis ins hohe Alter wohl erhaltenen Leibes bis in unendliche Zeiten ruhe, (...) da nahm ich mir zudem noch vor, diesen heiligen Ort zum allen Göttern gemeinsamen Thronsitz zu erklären.« So beginnt die große Inschrift auf der Rückseite der monumentalen Götterstatuen auf der Ostterrasse des Kultheiligtums auf dem Nemrut Daği. In 2150 Meter Höhe legen die gewaltigen Steinmonumente mit ihren zerborstenen und verwitterten Skulpturen und Reliefs Zeugnis einer großen Vergangenheit ab. Hier war das Zentrum des hellenistischen Königreichs von Kommagene, im 2. Jahrhundert vor Christus ein Pufferstaat zwischen der römischen Herrschaft im Westen und dem Reich der Parther im Osten. Sein bedeutendster Herrscher war Antiochos I., der sich den Göttern gleichstellte, den Gipfel des Berges zu einer gigantischen Grabanlage umgestalten und auf zwei Terrassen im Osten und Westen die »Throne der Götter« errichten ließ. Die Bergkuppe ließ er abtragen, das Gestein zu Schotter zerkleinern und wieder zu einem 50 Meter hohen künstlichen Kegel aufschütten. So entstand ein gewaltiger Grabhügel, in dessen Tiefe das noch immer unversehrte Grab des vergöttlichten Königs ruht, unbehelligt von den Grabräubern früherer Zeiten und noch immer unerreichbar für die Archäologen unserer Zeit. Viele Jahrhunderte lang blieben die steinernen Zeugen der Welt verborgen. Erst zu Ende des 19.

Jahrhunderts wurde das Heiligtum wiederentdeckt und seitdem systematisch erforscht und wiederhergestellt. Seit 1987 versucht man, mit Hilfe moderner geophysikalischer Methoden das Innere des Grabhügels zu vermessen, um die im Fels vorhandenen Hohlräume zu erkunden und auch die Grabkammer Antiochos' I. zu finden. Auf den beiden Terrassen thronen jeweils fünf Götter, die von Löwen und Adlern flankiert werden. Die Darstellungen der Götter bilden eine ungewöhnliche Synthese der griechischen und persischen Götterwelt; sie zeigen Zeus-Oromasdes, Apollon-Mithras, Herakles-Artagnes, die Landesgöttin Kommagene sowie den Gottkönig Antiochos selbst, der sich selbstbewusst in die Galerie der Götter einreihe.

Antiochos leitete seine Herkunft gleichermaßen von griechischen und persischen Vorfahren her, mütterlicherseits über Alexander den Großen von Zeus und väterlicherseits über die Perserkönige von dem höchsten persischen Gott Ahura Mazda. Mit dieser Ahnenreihe begründete er sein göttergleiches Wesen. In dieser Überzeugung ließ er die Kultbilder der Götter »nach persischer und griechischer Überlieferung entsprechend seiner doppelten Abkunft« errichten, wie es eine Inschrift bezeugt. Diese Ahnenreihen, auf denen die Vorfahren, beginnend mit Dareios I. auf der einen und Alexander dem Großen auf der anderen Seite, versammelt sind, bilden ein einzigartiges »Bilderbuch antiker Genealogie«. Die bewusste Gleichstellung mit den Göttern manifestiert sich besonders eindrucksvoll in den vier Begrüßungsreliefs, auf denen der König von Apollon-Mithras, Herakles und der Landesgöttin Kommagene willkommen geheißen und als ihresgleichen anerkannt wird. Griechische und persische Einflüsse vermischen sich auch in der Darstellung der Figuren: Herakles wird nach griechischer Sitte nackt dargestellt, während die anderen Götter ebenso wie die persischen Vorfahren auf den Reliefplatten persische Tracht tragen: lange, mit Ornamenten verzierte Gewänder und einem Hahnenkamm gleichende Kopfbedeckungen. Das Grab Antiochos' I. auf der Spitze des Berges manifestiert als weithin sichtbares und einprägsames Symbol den Anspruch, »in der Nähe der Götter« und ihnen gleich zu sein. Der neue Kult, der »von immer währender Dauer« sein sollte, überlebte seinen Schöpfer allerdings nur um wenige Jahrzehnte.

Wolfgang Dorn

Streng dreinblickende Adler flankieren hoheitsvoll die Statuen der Götter

Verfasser noch durch eine bestimmte Sprache, sondern durch Themenwahl u. Stil. War die n. L. bis etwa 1960 vorwiegend gegen koloniale, soziale u. individuelle Bevormundung gerichtete Freiheitsdichtung, so trat nun in den unabhängigen Staaten Afrikas eine zunehmend selbstkrit. Richtung hervor.

In *Südafrika* wurde die Literatur in Bantu-Sprachen (z. B. der histor. Roman „Chaka" von T. *Mofolo*) vom Apartheid-Regime vehement bekämpft. Romanciers wie P. *Abrahams*, E. *Mphahlele*, Bloke William *Modisane* u. A. La *Guma* schufen ihre Werke im Exil in engl. Sprache.

In *Westafrika* dominierte bis etwa 1960 die von der *Négritude* beeinflusste *frankophone* n. L. Der Lyriker L. S. *Senghor* forderte das „Zurück zu den Quellen", Birango *Diop*, M. *Beti*, Ferdinand *Oyono*, C. *Laye*, S. *Ousmane* schrieben Romane gegen den Kolonialismus, in Dakar u. Abidjan entwickelte sich ein heldische Traditionen glorifizierendes Theater. Die *anglophone* n. L. stellte nach dem magischen Erzähler A. *Tutuola* in den Romanen von C. *Achebe*, Onuora *Nzekwu* u.a. wie in den Dramen von James Ene *Henshaw*, Raymond Sarif *Easmon* u. Etna Theodora *Sutherland* den Kulturkonflikt, dann die Selbstkritik in den Vordergrund. Die Lyriker Christopher *Okigbo* u. Gabriel *Okara* wagten sprachl. Experimente. W. *Soyinka* u. John Pepper *Clark* erörtern in aus Mythen geschöpften Dramen existenzielle Probleme. Mit den Yoruba-Autoren D. *Ladipo* u. O. *Ijimere* gaben sie der von Tänzen durchsetzten *Yoruba-Volksoper* u. den nigerian. Theatertruppen internationalen Rang. Camara *Laye* beschreibt in scharf antikolonialist. Romanen die Konfrontation der westl. u. der afrikan. Welt. In die extrem selbstkrit. Richtung der Romanciers Wole Soyinka (Nobelpreis 1986), Ayi Kwei *Armah* u. Cameron *Duodu* schwenkten 1968 auch die frankophonen Autoren Yambo *Ouloguem* u. Ahmadou *Kourouma* ein. Großes Aufsehen erregte der Roman der Senegalesin Mariama *Bâ* „Ein so langer Brief" (1979, dt. 1981), in dem der Freiheitskampf afrikan. Frauen geschildert wird. Die *n. L. portugies.* Sprache, oft unterdrückt, ist bis 1975 Freiheitsdichtung. Die Kurzgeschichten von L. B. *Honwana* (Mosambik) wurden weit über Afrika hinaus bekannt. Die nachrevolutionäre Generation umfasst Autoren wie M. *Couto* oder U. Ba Kha *Khossa*.

In *Zentralafrika, Ostafrika u. Madagaskar* erfuhren die Lyrik von J. *Rabémananjara*, Flavien *Ranaivo*, Edouard J. *Maunick*, Okot p'*Bitek* u. die Romane von *Ngugi wa Thiongo* durch Veröffentlichungen in Zeitschriften Verbreitung.

In Angola schrieb der Lyriker A. *Neto* kämpferische Gedichte, J. L. *Vieira* trat in Romanen u. Erzählungen für die Unabhängigkeit ein. In neuerer Zeit trat bes. der Romancier *Pepetela* hervor.

Neoammonoideen [grch., lat.], die typischen *Ammoniten (Kopffüßler)* der Jura- u. Kreidezeit mit kompliziert gebauter → Lobenlinie.

Neobarock → Neoklassik.

Neobop, Sammelbegriff für die nach 1975 aufkommenden Versuche im Jazz, wieder stilistisch am *Bebop* orientiert zu musizieren. Einer der bekanntesten Vertreter des N. ist der Trompeter W. *Marsalis*.

Neocarmin [das], Sammelbez. für Farblösungen zur Unterscheidung von Textilfasern verschiedener Herkunft; die Fasern werden von der Lösung unterschiedlich angefärbt.

Neodarwinismus, Weiterentwicklung der Selektionstheorie C. *Darwins (Darwinismus)*. Der N. geht von der *Population* als Evolutionseinheit aus, in deren *Genpool* (Gesamtheit der in einer Population vorhandenen Gene) sich entwicklungsgeschichtl. Veränderungen vollziehen. Hauptfaktoren, deren Zusammenwirken diese Veränderungen hervorrufen, sind nach dem N. *Mutabilität* (durch Mutationen ermöglichte Veränderungen des Erbanlagenmaterials), *Selektion* (natürl. Auswahl), *Zufallsereignisse* u. *Isolation* (Abtrennung von der übrigen Population). Durch Isolation wird der Austausch von Genen eingeschränkt oder ganz verhindert. Dabei kommt es innerhalb der abgetrennten Population zu Verschiebungen der Allelhäufigkeiten (→ Allele), die letztl. zur Veränderung des gesamten Genpools führen. Auf diese Weise können aus einer Art zwei Unterarten entstehen. Bilden sich so auch Fortpflanzungsschranken, sind neue Arten entstanden, weil sich die Individuen der Ursprungsart u. die Unterarten nicht mehr untereinander erfolgreich fortpflanzen können.

Neodym [das; grch.], chem. Zeichen Nd, zu den → Lanthanoiden gehörendes, dreiwertiges Element, Atommasse 144,24, Ordnungszahl 60; wird zur Herstellung von Neophan-Glas u. zur Färbung von Porzellan u. Glas verwendet.

Neoeuropa [grch.], *Neueuropa*, die durch Anfaltung des alpidischen Gebirges an → Mesoeuropa entstandene Landmasse.

Neoexpressionismus, übergeordneter Begriff für *Neue Figuration, Neue Wilde* u. *Transavantguardia*. N. bezeichnet die farbenfrohe, figurative Malerei, die sich in den 1980er Jahren entwickelte. Stilelemente sind ein spontan wirkender Farbauftrag, persönl. Aussagen u. Zitate aus Großstadtkultur, Medienlandschaft u. Kunstgeschichte. Zentren waren in Dtschld. Berlin mit R. *Fetting*, H. *Middendorf*, *Salomé* u. B. *Zimmer* u. Köln mit der *Mülheimer Freiheit*. In Italien gehörten ihre Vertreter zur Transavantgarde.

Neofaschismus, bes. die von den Anhängern des italien. Faschismus ausgehenden Bestrebungen nach dem 2. Weltkrieg. Sie organisierten sich 1946 gegr. Movimento Sociale Italiano (MSI, „Italien. Sozialbewegung"). 1947–1950 u. 1969–1987 war G. *Almirante*, ehem. Propaganda-Min. in der faschist. Republik von Salò (Norditalien 1943–1945), Parteisekretär des MSI. Er verfocht das Ideal einer „autoritären Demokratie" u. knüpfte an Ideen Mussolinis an. Unter der Führung G. *Finis* entfernte sich der MSI in den 1990er Jahren von seinem früheren polit. Programm. 1995 wurde er endgütig aufgelöst u. in die Alleanza Nazionale (AN) überführt.

N. wurde in der Folge mitunter auch allg. Bez. für rechtsextreme Bewegungen in Ländern außerhalb Italiens, die an Faschismus bzw. Nationalsozialismus anknüpfen. In Dtschld. werden die Aktivitäten solcher Gruppen deshalb auch als Neonazismus bzw. wissenschaftl. korrekter als → Neonationalsozialismus bezeichnet.

Neogen [das; grch.], *Jungtertiär*, das jüngere, *Miozän* u. *Pliozän* umfassende Tertiär.

Neohinduismus, religiöse Reformbewegung des 19. u. 20. Jh., die durch Rückbesinnung auf das hinduist. Erbe die indische Identität gegenüber wollt. Überfremdung bewahren will. Zum N. gehören u. a. Brahma-Samaj u. Arya-Samaj; zu seinen führenden Vertretern R. *Tagore*, S. *Radhakrishna*, Aurobindo *Ghose* u. a.

Neoimpressionismus, Stilrichtung in der französ. Malerei, → Pointillismus.

Neoklassik, *Neobarock, Neoklassizismus*, Bez. für den Rückgriff auf Satztechniken des 17. u. 18. Jh. in der *neuen Musik* zwischen etwa 1920 u. 1960. Der Begriff subsumiert höchst unterschiedliche Werke, die alte Kompositionstechniken als Absicherung gegen die Vagheit der Musik des späten 19. Jh. benutzen. N. ist kein einheitl. Stil. Ästhet. ist er umstritten, weil er musikal. Material aus seinem Kontext bisweilen willkürl. herausreißt. Zu den bedeutenden Komponisten der N. zählen I. *Strawinsky*, P. *Hindemith* u. die Gruppe der *Six*.

Neoklassizismus → Neuklassizismus, in der Musik → Neoklassik.

Neokolonialismus, polit. Schlagwort für die Politik von Industriestaaten gegenüber Entwicklungsländern. Den Industriestaaten wird vorgeworfen, dass sie die Entwicklungsländer durch ungünstige Handelsbedingungen (hohe Fertigwaren-, niedrige Rohstoffpreise) ausbeuten u. ihre unabhängige wirtschaftl., techn., polit. u. gesellschaftl. Entwicklung durch Bündnisverträge u. eigennützige Entwicklungshilfe behindern.

Neokom [das; lat.], Stufe der Unterkreide, stratigraph. über dem Wealden; marine, kalkige, in Nord-Dtschld. sandige, tonige Sedimente.

Neo-Konfuzianismus, im 12. Jh. entwickelte Form des → Konfuzianismus; bis zur Revolution 1912 Staatsdoktrin Chinas.

Neokritizismus → Neukantianismus.

Neolamarckismus, eine Theorie zur Erklärung der Evolution der Organismen, die auf dem von J. B. *Lamarck* begründeten → Lamarckismus aufbaut. Beim N. werden aktive Veränderungen von Organismen durch einen ihnen innewohnenden „Vervollkommnungstrieb" *(Psycholamarckismus)* angenommen, während hingegen die Selektionstheorie des *Darwinismus* teilweise oder ganz abgelehnt wird.

Neoliberalismus, wirtschaftspolit. u. sozialphilosoph. Lehre einer liberalen Wettbewerbsordnung mit staatl. Eingreifen u. Wettbewerbsgarantien. Hauptvertreter: W. *Röpke*, A. *Rüstow*, F. A. von *Hayek* u. W. *Eucken*. Der N. wendet sich ebenso gegen monopolist. oder gruppenegoist. Machtentfaltung wie gegen zentrale Wirtschaftslenkung u. fordert eine soziale Gesellschaftspolitik. – Der von W. Eucken begründete *Ordo-Liberalismus* (→ Freiburger Schule) erstrebt – fußend auf dem Privateigentum u. der Privatinitiative – eine „marktwirtschaftl. Sozialordnung des Wettbewerbs" nach dem Leistungsprinzip, die durch ordnungspol. Eingriffe des Staats garantiert wird.

Neolithikum [grch.] → Jungsteinzeit.

Neologie [grch.], im 18. Jh. die mittlere Stufe der theolog. Aufklärung zwischen der Physikotheologie u. dem Rationalismus. N. bezeichnet eine milde histor.-krit. Richtung innerhalb der dt. ev. Theologie, die das ptolemäische Weltbild aufgibt u. von einer Vielzahl geschaffener Welten u. Wesen spricht. Die überlieferten Heilsaussagen werden in der Sprache der Zeit leicht moralisierend von der Bibel her begründet (Biblizismus der N.). Hauptvertreter waren J.F.W. *Jerusalem*, J.D. *Michaelis*, J.C. *Döderlein*, J.J. *Spalding*, A.F.W. *Sack* u. als bedeutendster von ihnen J.S. *Semler*, der allerdings nicht ausschließl. zur N. gehört. Die Nachfolger der N. haben die gemäßigte Haltung ihrer Vorgänger weitgehend rationalist. radikalisiert.

Neologismus [grch., lat.], von der Sprachgemeinschaft noch nicht allg. akzeptierte Neuprägung eines Worts oder Ausdrucks. Beim N. unterscheidet man *Neuwort* (Kunstwort oder fremdsprachliche Entlehnung, z. B. „Handy", „CD-ROM") u. *Neuprägung* (Bildung aus bereits vorhandenen Morphemen, z. B. „Wirtschaftswunder").

Neomalthusianismus, *Nationalökonomie:* → Malthus.

Neomarxismus, Sammelbegriff für die Auffassungen von Wissenschaftlern u. Philosophen, die auf Grundlage des → Marxismus, jedoch in krit. Distanz zu den offiziellen Auffassungen der kommunist. Parteien, nach dem 2. Weltkrieg eine Auseinandersetzung mit den gesellschaftl., wirtschaftl. u. polit. Fragen der Gegenwart versuchten. Die Theoretiker des N. stehen zumeist der *neuen Linken* nahe. Hierzu gehören insbes.: aus Dtschld. W. *Abendroth*, E. *Bloch*, R. *Havemann*, L. *Kofler*, O. *Negt* sowie die Frankfurter Schule (T. W. *Adorno*, J. *Habermas*, M. *Horkheimer*, H. *Marcuse*), aus England M. *Dobb*, aus den USA P. A. *Baran* u. P. M. *Sweezy*, aus Frankreich A. *Gorz*, H. F. *Lefèbvre*, aus Belgien E. *Mandel*, aus Italien L. *Basso*, aus Österreich E. *Fischer* u. J. *Hindels*, aus Polen L. *Kolakowski*. Die Nationalökonomen J. *Robinson* (England), J. *Tinbergen* (Niederlande) u. R. *Frisch* (Norwegen) stehen dem N. in manchen Fragen nahe.

Gemeinsames Gedankengut der Vertreter des N. ist zumindest: 1. die Kritik an den als gleichermaßen repressiv angesehenen Systemen des kapitalist. Westens u. des kommunist. Ostens, 2. die Analyse des sog. „Spätkapitalismus", 3. die Feststellung des fehlenden Willens der Arbeiterklasse zur Revolution, bedingt durch relativen Wohlstand u. Integration, 4. die Kritik an der Ausbeutung der „Dritten Welt", 5. die dialektische Methode, 6. das Ziel, die „Selbstentfremdung" des Menschen zu beseitigen u. ihm die Selbstverwirklichung zu ermöglichen, 7. die Kritik an privater u. monopolist. Verfügungsgewalt über die Produktionsmittel.

Neomelaneside, ostengride Hauptrasse der *Papua* auf Neuguinea: schlanker Wuchs, größer als die Palämelanesiden, längere Gliedmaßen, schmaleres Gesicht, höhere u. weniger breite Nase (oft stark ausgebogen), Haut sehr dunkel, Haare buschig-kraus.

Neomelanesisch, neuere Bezeichnung für das auf Neuguinea u. benachbarten Inseln seit der englischen Kolonialzeit gesprochene *Pidgin-English*.

Neomerkantilismus, Bez. für die Autarkiebestrebungen der meisten Staaten in der ersten Hälfte des 20. Jh. Der N. äußerte sich gegenüber dem Ausland durch Erhebung von Schutzzöllen, Einfuhrbeschränkungen u. Ä., nach innen durch wachsende wirtschafts- u. sozialpolit. Eingriffe des Staates. Seit 1945 ging der Einfluss des N. zugunsten liberaler Bestrebungen zurück; er gewinnt aber bei zunehmendem Wettbewerbsdruck auf den internationalen Märkten wieder an Bedeutung.

Neomycin, 1949 von S. A. *Waksman* aus dem Strahlenpilz *Streptomyces fradiae* hergestelltes Antibiotikum.

Neon [grch.], chem. Zeichen Ne, farbloses u. geruchloses Edelgas, Atommasse 20,179, Ordnungszahl 10. Die natürlichen Isotope haben die relative Atommasse 20 (rd. 91 %), 21 (rd. 0,2 %) u. 22 (rd. 8,8 %). Dazu gibt es 7 künstl. Isotope (18, 19, 23, 24, 25 u. 26). N. ist äußerst reaktionsträge u. geht unter normalen Bedingungen keine Verbindungen ein. 100 l Luft enthalten 1,8 ml N. Aus der Luft wird N. gewöhnl. durch Zerlegung gewonnen. Als Füllung der Geißler'schen Röhre leuchtet es scharlachrot auf bei Stromdurchgang; Verwendung in Leuchtröhren für Beleuchtungs- u. Reklamezwecke.

Neonationalsozialismus, *Neonazismus* → Neonazismus.

Neonazismus, *Neonationalsozialismus*, jene Form des Rechtsextremismus, die an den Nationalsozialismus oder an eine bestimmte Variante anzuknüpfen sucht. Die Anhänger des N. orientieren sich häufig am Ideengut des linken Flügels der NSDAP. In der BR Dtschld. wies die 1949 gegr. *Sozialist. Reichspartei* stark neonationalsozialist. Züge auf. Sie wurde deshalb 1952 vom Bundesverfassungsgericht verboten. Der N. heute ist in sich vielfältig zersplittert. In den 1990er Jahren wurden die meisten ihm zuzurechnenden Gruppierungen verboten.

Neonsalmler, zwei Arten der *Salmler*, bis 4 cm große *Karpfenfische* des Amazonasgebietes in Südamerika. Aus der Schwarzwasserzone Perus stammt der *Echte N.*, *Paracheirodon innesi*, aus den Quellbächen des Rio Negro der *Rote N.*, *Cheirodon axelrodi*. Beide Arten tragen auf der Stirn ein bis zur Fettflosse einen strahlend blaugrün irisierenden Strich („Neonröhre"). Unterhalb erstreckt sich beim Echten N. bis zur halben, beim Roten N. über die ganze Körperlänge ein leuchtend rotes Längsband. Die beliebten Aquarienfische wurden erst 1936 bzw. 1956 entdeckt. Auch einige Salmler der Gattung *Hemigrammus* („Schwarzer, Blauer N.") werden fälschlich als N. bezeichnet.

Neophanglas, ein unter Zusatz von einem Gemisch von Neodym- u. Praseodymoxid erschmolzenes Glas. Durch Absorption im gelben Spektralbereich wird die Erkennbarkeit der roten, grünen u. blauen Farbtöne sehr erhöht. N. wird bes. als Filter für optische Geräte verwendet.

Neophyt [der; grch.], 1. *Botanik:* → Adventivpflanzen. 2. *Religion:* Neugetaufter, altchristliche Bez. für den erwachsenen, erst vor kurzem getauften Christen, der nach kanonischem Recht von den Weihen zunächst ausgeschlossen ist.

Neopilina [grch.], Gattung der „Urmollusken", Monoplacophora. Diese *Weichtiere* galten seit dem Devon als ausgestorben. N. wurde 1952 von der Galathea-Expedition aus dem Pazifik westlich Mittelamerikas in einer Tiefe von 3700 m entdeckt. Die bis 3,5 cm großen Schalen sind napfförmig u. zeigen nur bei sehr jungen Tieren noch eine Einrollung an der Spitze. Der runde Fuß ist einheitlich. Sie haben keinen ausgeprägten Kopf, Kiemen, Muskeln, Ausscheidungs- u. Geschlechtsorgane sind paarig, segmental (*Metamerie*). Die Monoplacophora stellen eine *Basisgruppe* der Schnecken, Kopffüßer u. Kahnfüßer, vielleicht auch der Muscheln dar. Sie bilden auch eine Verbindung zu den *Käferschnecken* u. den *Wurmmollusken*.

Neoplasma [das; grch.], Neubildung, im medizin. Sprachgebrauch: Geschwulst, Tumor.

Neopositivismus, die aus der Elementenlehre E. *Machs* hervorgegangene „wissenschaftliche" Philosophie des *Wiener Kreises*, die sich vom älteren → Positivismus durch den engen Anschluss an die mathemat. Logik (*Logistik*) unterscheidet.

Neoprēn, Marke für → Chloroprenkautschuk.

Neopsychoanalyse, Abwandlung der „orthodoxen" → Psychoanalyse S. Freuds durch A. *Adler*, L. *Binswanger*, K. *Horney*, H. *Schultz-Hencke* u. E. *Fromm*. Der entscheidende Unterschied liegt in der Berücksichtigung sozialer u. kultureller Aspekte sowie in der Relativierung der Bedeutung, die die Sexualität für das menschl. Seelenleben hat.

Neopterygii, *Neuflosser*, zusammenfassende Bez. für *Knochenganoiden* u. *Echte Knochenfische*.

Neoptolemos, in der griech. Mythologie Sohn des Archilleus; nach einem Orakel konnte Troja nur mit seiner Hilfe erobert werden; er dringt mit anderen Kriegern im hölzernen Pferd in die Stadt ein, erschlägt König *Priamos* u. *Astyanax* u. erhält *Andromache* als Beute. N. wird wegen seiner Heirat mit *Hermione*, die Orest versprochen war, von diesem getötet.

Neoquantitätstheorie, die moderne Weiterentwicklung der Quantitätstheorie (→ Geld), die die *Kassenhaltungsentschei-*

dungen (d. h. Entscheidungen über die bewusste Aufbewahrung von Geld in liquider Form) als Unterfall einer allgemeinen Vermögenshaltungsentscheidung (insbes. über Geld, Obligationen, Aktien, Sach- u. Humanvermögen) ansieht. Zentrales Erklärungsziel sind auch hier die gesamtwirtschaftl. Auswirkungen von Geldmengenveränderungen (→ Geld- und Kreditpolitik).

Neorealismus, 1. *Film:* Stilrichtung des italien. Films in den 1940er u. 1950er Jahren. Die Filmemacher des N. versuchten, Ausschnitte u. Probleme der sozialen Realität darzustellen. Sie drehten ihre Filme an Originalschauplätzen u. z. T. mit Laiendarstellern. Beispiele: „Rom, offene Stadt" 1945 von R. *Rossellini,* „Fahrraddiebe" 1948 von V. *de Sica,* „Die Erde bebt" 1948 von L. *Visconti.*
2. *Literatur:* („neorealismo"), Richtung in der ital. Literatur, die bereits während des Faschismus in Opposition zu diesem entstand u. seine Hauptphase unmittelbar nach dem Krieg hatte. Charakterisiert durch neue Ausdrucksmittel (einfache Sprache, Einbeziehung von Umgangssprache u. Dialekt) u. Beachtung bisher vernachlässigter Bereiche; polit. Anspruch auf Erneuerung von Kultur u. Gesellschaft. Hauptvertreter: E. Vittorini, C. Pavese, C. Levi, N. Ginzburg, B. Fenoglio. Ebenfalls bedeutend die neorealist. Filmproduktion (Rossellini, de Sica, Visconti).

Neo-Sannyas-Bewegung → Bhagwan-Rajneesh-Bewegung.

Neotenie [grch.], Vorverlegung der → Geschlechtsreife in Jugendstadien (insbes. Larvenstadien) bei Ausbleiben der *Metamorphose.* So ist das oft in Aquarien gehaltene Axolotl die neotenische Larve des mexikan. Querzahnmolchs *Ambystoma mexicanum.* Von den einheimischen Molchen neigt der Bergmolch, *Triturus alpestris,* am häufigsten zur N. Auch bei Insekten ist N. verbreitet.

Neoteriker [lat.], eine Gruppe röm. Dichter im 1. Jh. v. Chr., die sich die hellenist.-griech. Dichtung (außer dem Drama), vor allem *Kallimachos,* zum Vorbild nahmen u. eigenes Empfinden entweder unmittelbar oder in gelehrter mythol. Umkleidung darstellten. Bedeutendste Vertreter: *Valerius Cato* u. *Catull.*

Neothomismus, *Philosophie:* → Neuscholastik. → Thomismus.

neotropische Region, *Neotropis,* das tiergeographische Festlandsgebiet, das Mittel- u. Südamerika einschließl. der südl. außertrop. Gebiete sowie Westindien umfasst.

Neottia [grch.], Gattung der *Orchideen,* → Nestwurz.

Neovitalismus, *Neuvitalismus,* von E. *Du Bois-Reymond* stammende Bez. für Erneuerung des → Vitalismus, die Ende des 19. Jh. durch Biologen (H. *Driesch,* J. *Reinke,* J. von *Uexküll*), antidarwinist. Entwicklungstheoretiker (sog. psychol. Biologie: A. *Pauly,* R. H. *Francé,* Adolf *Wagner*) u. Philosophen (E. von *Hartmann,* H. *Bergson,* E. *Becher,* A. *Wenzl*) entwickelt wurde. Der N. vertrat die Auffassung, dass die Lebensvorgänge nicht allein aus physikal. u. chem. Prozessen sowie aus der Kausalität dieser Prozesse bestimmt werden könnten, sondern einer übergreifenden Gesetzmäßigkeit unterlägen, die, als „Autonomie des Lebens" bezeichnet, durch seelenartige Kräfte, Entelechien, Dominanten strukturiert sei.

Neovolcánica, ein Gebirge in Mexiko, → Meseta Neovolcánica.

Neozoikum [grch.], Erdneuzeit, → Känozoikum.

NEP → Neue Ökonomische Politik.

Nepal, Staat im Himalaya, → Seite 322.

nepalesische Kunst, die in engem Zusammenhang mit Indien stehende Kunst Nepals, die aber auch Einflüsse von der tibet. u. chines. Kunst aufnahm. Die ältesten Steinskulpturen des Landes sind die *Ashoka*-Säulen in Lumbini, Nigali Sagar u. Kundan aus dem 3. Jh. v. Chr. Später, in der *Licchavi*-Periode (5.–10. Jh.), erreichte die n. K. eine hohe Blüte. Neben von der nordindischen *Gupta-Kunst* beeinflussten Steinfiguren sind zahlreiche Bronzestatuen erhalten. Um das 8. Jh. gewannen Elemente der ostindischen *Pala-Kunst* u. der *Kaschmir-Kunst* an Bedeutung. Die n. K. ist weitgehend eine Kunst der Tempelarchitektur. Die zwei-, drei- oder fünfgeschossigen Pagoden sind aus Holz u. Ziegel auf einer mehrstufigen Plattform errichtet. Der bedeutendste Tempel Nepals ist der shivaitische *Pashupatinath-Tempel.* – Neben den Tempeln gibt es die buddhist. *Stupas* (wichtig die Anlagen von Bodhnath u. Swayambhunath), für die Augenpaare mit Stirnzeichen auf jeder Seite des Kubus typisch sind. Man interpretiert sie als „Alles sehenden Augen Buddhas". Die 1966 entdeckten Terrakotten in Nepal zeigen eine neue Art u. Technik der Terrakotta-Kunst. Wichtig ist auch die Holzschnitzerei, wie sie an den Stützbalken der Holzarchitektur hervortritt (Tunal, 14. Jh.). Die Malerei Nepals besteht aus Handschriftenillustrationen u. Stoffmalereien *(Mandalas).*

Nepali, Sprache der *Gurkha,* Amtssprache in Nepal; eine neuind. Sprache mit unbedeutendem Schrifttum. Auch → Pahari.

Nepal-Stachelschwein → Kurzschwanzstachelschwein.

Nepenthaceae [grch.] → Kannenpflanzengewächse.

Nepenthes [grch.] → Kannenpflanze.

Neper [nach dem engl. Mathematiker J. *Napier*], Kurzzeichen N, dimensionslose Maßeinheit in der Nachrichtentechnik; auch → Dezibel.

Nepeta [lat.] → Katzenminze.

Nephelin [der; grch.], durchscheinendes bis trübes, lichtgraues, bräunl., rötl., gelbl., auf Bruchflächen stark fettglänzendes Mineral, chem. Formel: $KNa_3[AlSiO_4]_4$; hexagonal; Härte 5,3–6; Feldspatvertreter in sehr kieselsäurearmen magmatischen Gesteinen (Syenit, Phonolith u. a.); oft ein- oder aufgewachsenen, auch eingesprengte Kristalle in Hohlräumen vulkan. Gesteine; Vorkommen: Russland, Norwegen, Italien; in Dtschld.: Odenwald, Vogelsberg, Kaiserstuhl, Laacher See.

Nephelium [grch.], in Süd- u. Ostasien heimische Gattung der *Seifenbaumgewächse (Sapindaceae).* Einige Arten werden in Gärten u. Dorfhainen in Süd-, Südost- u. Ostasien als Obstbäume gezogen. *N. longana* liefert das *Drachenauge* oder *Longane* genannte u. *N. lappaceum,* das *Rambutan* genannte Obst. Verwendet wird nicht die ganze Frucht, sondern der durchsichtige, süße Samenmantel (Arillus).

Nephelometrie [grch.], Messung der Lichtstreuung in Flüssigkeiten oder Gasen (z. B. Rauch) zur Überwachung von industriellen Prozessen oder zur Analyse mit optischen Geräten *(Nephelometer, Tyndallmeter).* Man schickt Licht bekannter Intensität durch die zu messende Probe u. bestimmt das Streulicht. Auch → Trübungsmessung.

Nephrektomie [grch.], chirurg. Entfernung einer kranken, nicht wieder herstellbaren Niere.

Nephridien [grch.] → Ausscheidungsorgane.

Nephrit [der; grch.], *Beilstein,* tonerdefreier, dichter, verworren faserig-filziger, daher zäher, schwer zerbrechbarer, dunkelgrüner *Aktinolith* („Strahlstein"); Härte 5,5–6, in der Steinzeit Werkzeug u. Waffe; Vorkommen: China, Russland.

Nephritis [grch.] → Nierenentzündung.

nephro... [grch.], Wortbestandteil mit der Bedeutung „Nieren"; wird zu *nephr...* vor Vokal.

nephrogen [grch.], von den Nieren ausgehend.

Nephrolepis [grch.], *Nierenschuppenfarn,* tropische Gattung der *Farne* mit nierenförmigen Schutzorganen *(Indusien)* über den Sporenhäufchen. Bei uns in Gewächshäusern kultiviert.

Nephrolithiasis [grch.], die Nierensteinkrankheit, → Harnsteine, → Nierensteine.

Nephrologie [grch.], *Nieren(heil)kunde,* Lehre von Bau u. Funktion der Nieren sowie von der Erkennung, Vorbeugung u. Behandlung der Nierenkrankheiten; medizin. Spezialgebiet. Entsprechend ist ein *Nephrologe* ein speziell ausgebildeter Arzt, der sich auf dem Gebiet der N. betätigt.

Nephrom [das; grch.], Nierengeschwulst.

Nephron [grch.], funktionelle Einheit der Wirbeltierniere. Das N. setzt sich aus dem *Malpighi'schen Körperchen* (= Malpighi-Gefäße) u. einem davon abgehenden *Nierenkanälchen (Tubulus)* zusammen. Das Malpighi'sche Körperchen, das blinde Tubulusende, umschließt als halbkugelförmige *Bowmann'sche Kapsel* den *Glomerulus,* ein dichtes Bündel von Blutkapillaren.

Nephroptose [grch.], Nierensenkung, abnorme Bewegung der Nieren bzw. einer Niere, z. B. bei asthenischem Körperbau. → Wanderniere.

Nephros [grch.], Niere.

Nephrosklerose [grch.] → Schrumpfniere.

Nephthali, einer der Stämme Israels, → Naftali.

Nephthys, altägypt. Göttin, zusammen mit Isis, ihrer Schwester, Beschützerin des Sarges.

Nepomuk [Ort in Böhmen, älter „Pomuk"], männl. Vorname, der auf den heiligen Nepomuk (eigentlich Johannes von N.) zurückgeht.

Nepomuk, Heiliger, → Johannes von Nepomuk.
Nepos, 1. Cornelius, röm. Geschichtsschreiber, aus Oberitalien, * um 100 v. Chr., † um 25 v. Chr.; stellte in seinem Werk „Über berühmte Männer" („De illustribus viris", nur z. T. erhalten), einer volkstüml. Sammlung von Lebensbeschreibungen, bedeutende Römer bedeutenden Nichtrömern gegenüber; Meister der Darstellungskunst, daher trotz einzelner Irrtümer u. mangelnder Kritikfähigkeit zu allen Zeiten viel gelesen. – Ausgabe mit dt. Übersetzung von H. Färber 1952.
2. Julius → Julius Nepos.
Nepotismus [lat. *nepos*, „Enkel, Neffe"], *Vetternwirtschaft,* Begünstigung von Verwandten *(Nepoten)* bei der Vergabe von Ämtern u. Würden, von Päpsten u. geistl. Fürsten geübt, die Macht u. Besitz nicht an Nachkommen vererben konnten; 1567 von Papst Pius V. verboten, doch war damit die Ausstattung von Verwandten mit Geld, Titeln u. Ämtern noch lange nicht beendet.
Nepp [der; Gaunersprache], Preisüberhöhung, Gaunerei, Übervorteilung.
„Népszabadság" [ˈneːpsɔbɔtʃɑg; ung., „Volksfreiheit"], 1942 in Budapest gegr. ungar. Zeitung, seit 1956 heutiger Titel, ehem. Zentralorgan der ungar. KP; Auflage: 316 000.
„Népszava" [ˈneːpsɔvɔ; ung., „Volksstimme"], 1872 in Budapest gegr. ungar. Zeitung, Organ des Gewerkschaftsrats; Auflage: 120 000.
Neptun [lat.], Zeichen Ψ, äußerster der vier „Riesenplaneten", 1846 von J. G. *Galle* aufgrund der Störungsrechnungen U. *Leverriers* u. J. C. *Adams* entdeckt. Rotationszeit etwa 16 Stunden 7 Minuten. Voyager 2 entdeckte 1989 in der bläulichen Atmosphäre Wolkenstrukturen u. Wirbel, die denen des Jupiter ähneln. Die Atmosphäre ist dicht, enthält Methan, Wasserstoff u. Helium; Temperatur der reflektierenden Schichten –220°C. Der N. wird von 8 Satelliten begleitet, den *Neptunmonden. Triton* wurde 1846 von W. *Lassell* entdeckt; er umkreist N. in 5,88 Tagen im Abstand von 14,43 Neptunhalbmessern (355 000 km) u. ist ein großer Körper von 2704 km Durchmesser. Auf ihm wurden Erscheinungen entdeckt, die auf Eis-Vulkanismus hindeuten. Die anderen Satelliten haben nur ca. 50–436 km Durchmesser. Ihre Namen lauten *Naiad, Thalassa, Despina, Galatea, Larissa, Proteus* u. *Nereid*. N. besitzt auch ein Ringsystem, das aber nur schwach ausgeprägt ist.
◆ **Neptun** [lat.], alte Gottheit mit Fest am 23. Juli (Neptunalia), seit 399 v. Chr. stets mit dem griech. *Poseidon* gleichgesetzt u. somit Gott des Meeres u. des fließenden Wassers. Daneben besaß er als Gott der Rennbahnen einen Tempel am Circus Flaminius.
Neptungras → Posidonia.
Neptunie, *Wassermimose, Neptunia oleracea,* Gattung der *Mimosengewächse (Mimosaceae).* Als Schwimm- u. Sumpfpflanze bes. im trop. Südostasien heimisch; Aquarienpflanze, mit mimosenähnl. Blättern u. gelben Blütenköpfen.

Neptunium, frühere Bez. *Eka-Rhenium,* chem. Zeichen Np, radioaktives, silberweißes, sehr reaktionsfähiges Element (→ Transurane), Atommasse etwa 237 (instabil), Ordnungszahl 93; das Isotop 239 wurde 1940 von E. M. *MacMillan* u. P. H. *Abelson* durch Bestrahlung des Uranisotops 238 mit Neutronen entdeckt. N. 239 geht mit einer Halbwertzeit von 2,3 Tagen unter Elektronenausstrahlung in → Plutonium über. Natürl. kommt ^{237}N. spurenweise in Pechblende vor. Die Isotope N. 237 u. 239 spielen als Zwischenstufen bei der Herstellung wichtiger Nuklide eine Rolle.
Neptunsbecher → Schwämme.
Neptunschnecke → Spindelschnecke.
Neptunsgehirn → Mäanderkorallen.
Neratovice [-vitsɛ], *Neratowitz,* Stadt in Mittelböhmen (Tschech. Rep.), an der Elbe, 18 100 Ew.; chemische Industrie, Gemüseanbau.
Nereid [grch.], ein Satellit des Planeten → Neptun.
Nereiden, *Nereidae,* Familie frei schwimmender *Borstenwürmer* des Meeres; → Polychäten.
Nereiden, Meernymphen, die fünfzig Töchter des *Nereus* u. der *Doris,* freundl. Helferinnen in Seenot. Die bekanntesten N. sind → Amphitrite u. → Thetis.
Nereidenmonument, Grabmal eines lykischen Fürsten bei Xanthos, um 410 v. Chr. in Form eines Tempels erbaut, mit reichem Relief- u. Statuenschmuck am Sockel u. an den Ringhallensäulen (heute London, Britisches Museum).
Neresheim, Stadt in Baden-Württemberg, Ostalbkreis, nordöstl. von Heidenheim, an der Egau, 502 m ü. M., 8300 Ew.; berühmte Benediktinerabtei (1095–1802 u. wieder seit 1921) mit Barockkirche (1745–1792 von B. *Neumann*); Metall verarbeitende sowie Textilindustrie. – Stadtrecht 1350.
Neretva, ital. *Narenta,* Fluss im Dinarischen Gebirge, in Herzegowina (Bosnien-Herzegowina), 218 km, mündet in das Adriatische Meer; im Mittellauf schluchtenförmiges Tal, bei *Jablancia* Kraftwerk.
Nereus, Meergreis der griech. Mythologie, Sohn des Pontos u. der Gaia, Gemahl der Okeanide Doris, Vater der *Nereiden;* verwandlungsfähig u. weissagekundig.
Nerfling, ein Fisch, → Aland.
Nergal, babylon. Gott der versengenden Sommerhitze u. der Seuchen, beherrschte die Unterwelt. Im Mythos „Nergal u. Ereschkigal" wird der Weg Nergals zu seiner Gemahlin Ereschkigal in die Unterwelt geschildert.

◆ **Neri,** Filippo, italien. kath. Ordensgründer, Heiliger, * 21. 7. 1515 Florenz, † 26. 5. 1595 Rom; gründete 1575 die Weltpriesterkongregation der → Oratorianer (Filippiner); bedeutende Persönlichkeit der Gegenreformation. Seine außerliturg. Abend-

Filippo Neri

Neptun: Neptunbrunnen, Schloss Schönbrunn, Wien

andachten, die in einem Oratorium (Kapelle) abgehalten u. durch musikal. Werke (auch weltl.) umrahmt wurden, gaben den Anstoß zur späteren Ausgestaltung der musikal. Form des Oratoriums. Heiligsprechung 1622; Fest: 26. 5.
Nering, Johann Arnold, dt. Baumeister, getauft 17. 3. 1659 Wesel, † 21. 10. 1695 Berlin; seit 1691 Leiter des staatl. Bauwesens in Brandenburg, baute in Berlin seit 1688 die Friedrichstadt, Lange Brücke 1692, Parochialkirche (seit 1695) u. in Potsdam einen Flügel des Stadtschlosses (1683); gilt als Hauptmeister des sog. „märk. Barock", der von holländ. Vertretern des Neupalladianismus beeinflusst ist.
Neris, russ. *Vilija,* rechter Nebenfluss des *Njemen (Memel),* 519 km lang; entspringt im N Weißrusslands, durchfließt Vilnius u. mündet bei Kaunas; im Unterlauf schiffbar; Flößerei; von Dezember bis März vereist.
neritisch [grch.], den Flachseebereich bis zu einer Tiefe von 200 m betreffend.
Nerium [grch.], ein Strauch, → Oleander.
Nerjungri, bedeutendes Kohlentagebaugebiet in Sibirien, in Jakutien; Kohleaufbereitungsanlage.
Nerlinger, Oskar, dt. Maler, Grafiker u. Fotograf, * 23. 3. 1893 Schwann, Württemberg, † 25. 8. 1969 Berlin (Ost); war Mitgl. des „Sturm", der Gruppe „Die Abstrakten" u. der ASSO (Assoziation Revolutionärer Bildender Künstler Deutschlands); veröffentlichte als *Nilgreen* satirische Zeichnungen mit politischen Themen; wurde vom national-sozialistischen Regime verfolgt; lebte seit 1955 in Berlin (Ost). Nerlingers stilistische Entwicklung reicht von expressionist. Anfängen u. konstruktivist. Experimenten über den Höhepunkt symbolisch konzentrierter Großstadtbilder bis zu späten

Fortsetzung S. 324

Nepal

Autokennzeichen: NEP	**Regierungsform:** Konstitutionelle Monarchie
Fläche: 147 181 km²	**Religion:** Überwiegend Hindus; ferner Buddhisten, Moslems
Einwohner: 23,4 Mio.	
Hauptstadt: Katmandu	**Nationalfeiertag:** 29. Dezember
Sprache: Nepali	**Zeitzone:** Mitteleuropäische Zeit + 4,75 Std.
Währung: 1 Nepalesische Rupie = 100 Paisa	**Grenzen:** Im N China, im O, S u. W Indien
Offizieller Name: Königreich Nepal	**Bruttosozialprodukt/Einw.:** 210 US-Dollar
	Lebenserwartung: 58 Jahre

Landesnatur Nepal umfasst Teile des Hoch-Himalaya (im Mount Everest bis 8846 m hoch), der südl. anschließenden Gebirgsketten des Vorderen Himalaya u. der Siwalikkette. Im S hat Nepal Anteil am *Tarai*, dem Dschungelgürtel südlich des Himalaya. Entsprechend seiner Höhenlage hat Nepal ein gemäßigtes, randtrop. Monsunklima, das der Landwirtschaft in den fruchtbaren Hochtälern u. Becken günstige Möglichkeiten bietet. Die Vegetation reicht von den Monsunwäldern u. Graslandern in tieferen Lagen bis zu alpinen Steppen in Hochlagen.

Bevölkerung Nepals Bevölkerung besteht vorwiegend aus indoarischen Volksgruppen, darunter 52 % Nepalesen, sowie tibetobirman. Minderheiten, u. a. den Newar (der ursprüngl. Bevölkerung des Katmandu-Tals). Staatsreligion ist der Hinduismus, dem rd. 89 % angehören; rd. 5 % bekennen sich zum lamaist. Buddhismus u. 3 % zum Islam. Die bevorzugten Siedlungsräume sind die Hochgebirgsbecken u. Täler, vor allem das Katmandu-Tal sowie die Landschaft des Tarai; nur 11 % der Ew. leben in Städten. Das Bildungswesen befindet sich erst im Aufbau; Ende der 1990er Jahre waren 60 % der Bevölkerung Analphabeten.

Wirtschaft Der überwiegende Teil (93 %) der Erwerbspersonen ist in der Landwirtschaft beschäftigt. Je nach Höhenlage werden Reis, Mais, Weizen, Zuckerrohr, Gemüse u. Jute angebaut. Hauptausfuhrgüter sind Teppiche, Textilien, Jute, Felle u. Häute. Der Waldbestand (früher waren Edelhölzer wichtige Devisenbringer) ist stark zurückgegangen. 97 % des Holzeinschlags wird für Brennholz u. Holzkohle verwendet. Der Abbau der reichen Bodenschätze (Kupfer, Eisen, Blei, Kobalt u.a. Metalle) hat bisher noch geringen Umfang ebenso wie die industrielle Entwicklung, die erst am Anfang steht.

Verkehr Auch das Verkehrsnetz ist ungenügend entwickelt. Zwei Eisenbahnlinien (101 km) u. eine feste Straße verbinden Nepal mit Indien u. Tibet. Mitte der 1990er Jahre waren 3421 km des insgesamt fast 10 000 km umfassenden Straßennetzes asphaltiert. Gut entwickelt ist jedoch der innerstaatl. Flugverkehr mit Katmandu als internationalem Flughafen. Stark im Aufschwung begriffen ist der Fremdenverkehr.

Gebetsfahnen an einer buddhistischen Stupa

Geschichte Um das Jahr 1000 v. Chr. dürfte das *Katmandu-Tal* besiedelt worden sein; unter den Altnepalesen finden sich die mongolenstämmigen *Newar*, die Träger der typ. Nepal-Kultur waren. Mit der Herrschaft der Licchavi-Könige um 400 n.Chr. begann das „goldene Zeitalter" Nepals; die Dynastie stammte aus Indien, sie war hinduistisch. Es folgte eine Zeit des Verfalls. Kaschmiri u. Bengalen fielen ein, u. zeitweise gewann Tibet die Oberherrschaft über Nepal. Um 1200 setzte sich die ebenfalls aus Indien stammende Mala-Dynastie durch. Sie erweiterte das nepales. Herrschaftsgebiet beträchtlich u. Nepal erlebte eine zweite kulturelle Blüte. 1482 wurde das Malareich geteilt in die Königreiche Katmandu, Patan u. Bhatgaon. Erneut setzte ein Niedergang ein, in dessen Folge die von den

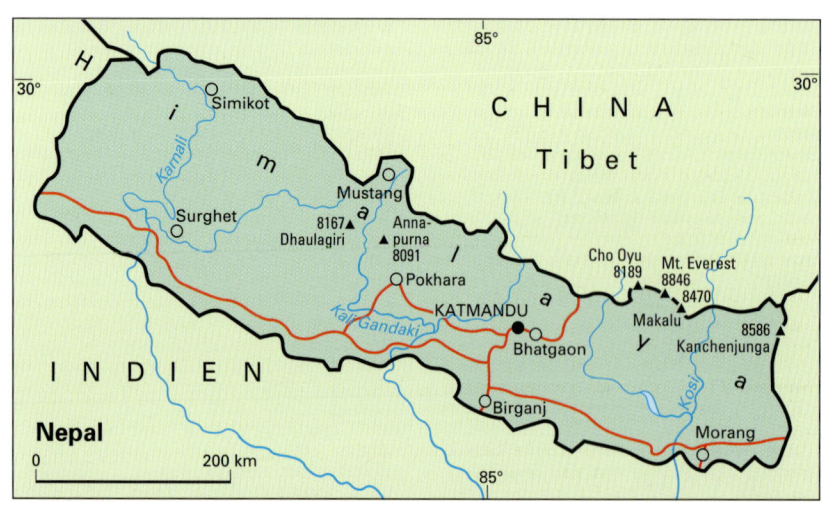

Nepal

Tempel in der Hauptstadt Katmandu

Moslems aus Rajasthan vertriebenen Rajputenfürsten allmählich Nepal erobern konnten. Ihre erste Hauptstadt war Gurkha, von dort aus unterwarfen sie das Katmandu-Tal u. die Malareiche. Katmandu selbst wurde 1768 erobert. Der Gurkhastaat erstreckte sich schließlich über das gesamte heutige nepales. Staatsgebiet.

In Indien war durch das allmähl. Vordringen der brit. Herrschaft eine neue Lage geschaffen worden, die nicht ohne Folge für Nepal blieb. Es kam zu Spannungen zwischen den benachbarten Staaten, die jedoch in mehreren Verträgen abgebaut werden konnten. Seit dem Schutzvertrag von Segauli 1816 gab es einen brit. Residenten in Katmandu. Mit brit. Unterstützung usurpierte die Adelsfamilie *Rana* die Macht u. regierte diktatorisch mit erbl. Premierministeramt (1846–1951), der König hatte nur noch repräsentative Aufgaben. Unter ihrer Diktatur blieb das Land von der Außenwelt abgeschnitten. Selbst der König wurde wie ein Gefangener gehalten.

1950 gelang König *Tribhavana Bir Bikram* die Flucht nach Indien. Mit indischer Unterstützung u. mit Hilfe von Exil-Nepalesen kehrte er zurück u. entmachtete 1951 die Rana. Er gab Nepal eine neue Verfassung (konstitutionelle Monarchie), hob das Kastenwesen auf u. führte eine Bodenreform durch. Nach seinem Tod 1955 trat *Mahendra Bir Bikram* die Nachfolge an.

1959 konnten die Nepalesen erstmals ihre Vertreter in ein Parlament wählen. Aber schon 1960 setzte der König die nach indischem Vorbild erlassene Verfassung außer Kraft u. löste das Land aus der einseitigen Bindung an Indien. 1962 wurde eine neue Verfassung eingeführt, die keine Parteien zuließ *(Panchayat-System)*.

Nach dem Tod Mahendras 1972 bestieg *Birendra Bir Bikram* den Thron. Unter dem Druck von Unruhen ließ der König 1980 eine Volksabstimmung über die Frage zu, ob das Panchayat-System beibehalten oder wieder eine Parteiendemokratie eingeführt werden solle. Überraschend sprach sich die Mehrheit der Bevölkerung für die Beibehaltung des Panchayat-Systems aus. 1982 u. 1986 fanden nach diesem System Parlamentswahlen statt. Nach blutigen Unruhen 1990 stimmte der König schließlich einer neuen Verfassung zu. Nepal wurde zur konstitutionellen Monarchie mit einem Mehrparteiensystem u. allen demokrat. Freiheiten. Trotzdem verbesserte sich die polit. Partizipation der Bevölkerung nicht wesentlich. Aus den Parlamentswahlen 1991 ging die liberale *Kongresspartei* als Siegerin hervor. Premierminister wurde *Girija Prasad Koirala*, der aufgrund von Korruptionsvorwürfen 1994 zurücktrat. Nach vorgezogenen Parlamentswahlen im gleichen Jahr, bei denen das linke Parteienbündnis *NCP-UML* die meisten Stimmen gewann, bildete *Man Mohan Adhikari* eine Minderheitsregierung, die 1995 durch einen Misstrauensantrag gestürzt wurde. *Sher Bahadur Deuba* (Kongresspartei) stellte eine neue Regierung zusammen, ohne jedoch eine innenpolit. Stabilisierung zu erreichen. 1996 bildete sich die maoistische Guerillaorganisation Jana Yudha („Volkskrieg"), die den Staat mit Waffengewalt bekämpft. Im März 1997 verlor Sher Bahadur Deuba die Unterstützung des Parlaments. Sein Nachfolger *Lokendra Bahadur Chand* von der monarchist. Rastriya Prajatantra Partei (RPP) wurde bereits im Okt. 1997 von *Surya Bahadur Thapa* (RPP) als Premier-Min. abgelöst. Nach einem Generalstreik übernahm 1998 wieder Girija Prasad Koirala das Amt des Regierungschefs. Im Mai 1999 wurden vorzeitig Neuwahlen durchgeführt, bei denen die Kongresspartei die Mehrheit im Parlament (110 von 205 Mandaten) gewann. Der neue Premierminister *Krishna Prasad Bhattarai* bildete ein Kabinett nur aus Vertretern der Kongresspartei. Innenpolitische Stabilität kehrte jedoch nicht ein. Im März 2000 wurde Bhattarai von Girija Prasad Koirala im Amt des Regierungschefs abgelöst. Im Juni 2001 fielen König Birendra, seine Frau u. weitere Mitglieder der königl. Familie einem Mordanschlag zum Opfer. Gyanendra, ein Bruder Birendras, wurde zum neuen König ernannt. Nach dem Rücktritt Koiralas im Juli 2001 übernahm wieder Sher Bahadur Deuba die Regierungsspitze.

Das Sherpadorf Khumjung und die Ama Dablam

323

Nerly, Friedrich, dt. Maler u. Grafiker, *24. 11. 1807 Erfurt, †21. 10. 1878 Venedig; 1828–1835 in Rom, danach in Venedig tätig; Landschaften u. Veduten, meist mit italien. Motiven.

Nernst, Walther, dt. Physiker u. Chemiker, *25. 6. 1864 Briesen, Westpreußen, †18. 11. 1941 Gut Ober-Zibelle bei Muskau, Niederlausitz; lehrte in Göttingen, seit 1905 in Berlin, 1922–1924 Präsident der Physikalisch-Technischen Reichsanstalt; war einer der Begründer der modernen physikalischen Chemie, stellte den 3. Hauptsatz der Wärmelehre, das → Nernst'sche Wärmetheorem, auf; verfasste wichtige Arbeiten auf dem Gebiet der physikal. Chemie, besonders über Elektrolyse u. chem. Gleichgewichte, konstruierte 1897 die sogenannte *Nernstlampe (Nernststift, Nernstbrenner)*, die aus einem elektr. zum Glühen gebrachten Stäbchen aus Erdmetalloxiden besteht u. ein sehr weißes Licht gibt. N. erhielt den Nobelpreis für Chemie 1920.

Walther Nernst

Nernst'sches Wärmetheorem, *dritter Hauptsatz der Wärmelehre,* von W. *Nernst* aufgestellter wichtiger Satz der Thermodynamik; er besagt, dass die Entropie eines Körpers am absoluten Nullpunkt einen von Druck, Volumen u. a. Zustandsgrößen unabhängigen konstanten Wert annimmt (bei einheitlichen festen u. flüssigen Körpern asymptotisch den Wert Null). Aus dem Satz folgt u. a., dass man durch kein Experiment den absoluten Nullpunkt erreichen kann, u. dass Ausdehnungskoeffizienten u. spezif. Wärmen am absoluten Nullpunkt gegen Null gehen.

Nero, Claudius Caesar Augustus Germanicus, röm. Kaiser 54–68 n. Chr., *15. 12. 37 Antium, †9. 6. 68 bei Rom (Selbstmord); Sohn des *Gnaeus Domitius Ahenobarbus* u. der jüngeren *Agrippina,* die nach ihrer Heirat mit Kaiser *Claudius* die Adoption Neros durchsetzte u. dem Sohn zuliebe ihren Gatten vergiftete. N. ließ seine erste Frau *Octavia* (62 n. Chr.) u. seine Mutter (59 n. Chr.) ermorden u. war für den Tod seiner zweiten Frau *Poppaea Sabina* verantwortl. (65 n. Chr.). In eine Verschwörung gegen ihn wurden sein ehemaliger Lehrer, der Philosoph *Seneca,* u. der Dichter *Lucan* verwickelt; N. zwang beide zum Selbstmord. Er versuchte sich in Musik, Dichtung, Malerei u. Bildhauerei u. trat im Zirkus als Sänger u. Wagenlenker auf. Höhepunkt der künstler. Aktivität war eine Griechenlandtournee 66/67, wobei er sich mit Siegeskränzen feiern ließ. Den Verdacht, den Brand Roms 64 selbst verursacht zu haben, wälzte N. auf die Christen ab, die er in großer Zahl hinrichten ließ. Beim Wiederaufbau der Stadt errichtete er einen ungeheueren Palast, das „Goldene Haus". Er beging Selbstmord, als bei einem Aufstand in Gallien u. Spanien *Galba* zum Kaiser ausgerufen u. er selbst nach dem Abfall der *Prätorianer* vom Senat zum Staatsfeind erklärt worden war.

Nero: Münzbildnis

Nerojka, *Gora Nerojka,* Gipfel im nördl. Ural, 1646 m.

Nerolidol, *3.-7.-11.-Trimethyl-1.-6.-10.-dodecatrien-3-ol,* $C_{15}H_{26}O$, Öl von schwach balsam. Geruch, Vorkommen in → Neroliöl; Hauptbestandteil des Holzöles von *Myroxylon pereirae* im Perubalsamöl. Verwendung als Riechstoff.

Neroliöl, *Orangenblütenöl, Nafaöl,* aus den frischen Blüten der *Neroli-Pomeranze (Citrus aurantium var. neroli)* bes. in Frankreich gewonnenes äther. Öl, das hauptsächl. Terpene u. Terpenalkohole enthält; in der Parfümerie verwendet.

Nerotiefe, Meerestiefe im *Marianengraben,* südöstl. von Guam, –9660 m.

Nerses IV. Schnorhali [armen., „der Lobenswerte, Begnadete"], Katholikos der armen. Kirche 1166–1173, *1101/02 Dzovk, †14. 8. 1173 Hromkla; gewann über sein kirchl. Amt hinaus herausragende literar. Bedeutung durch sein von tiefer Spiritualität geprägtes Schrifttum, innerhalb dessen er als erster armen. Dichter den Reim verwendete; er wird von seiner Kirche als Heiliger verehrt.

Nersingen, Gemeinde in Bayern, Ldkrs. Neu-Ulm, östl. von Ulm, 8800 Ew.

Ner Tamid [das; hebr., „ewiges Licht"], in der Synagoge in einem künstler. gestalteten Gefäß ständig brennendes Licht.

Nertera [grch.] → Korallenbeere.

Nerthus, isländ. *Njördr,* wahrscheinlich germanische Fruchtbarkeitsgöttin, nach Tacitus „Mutter Erde" *(terra mater)*; wurde von den sog. Nerthusvölkern verehrt, die an ihrem Frühlingsfest Abgesandte auf ein heute unbekanntes Inselheiligtum schickten. Der etymolog. mit N. verwandte Gott *Njörd* war ein german. Fruchtbarkeitsgott.

Nerthusvölker, german. Stämme, die in einer Kultgemeinschaft der Göttin → Nerthus verehrten; sie siedelten nördlich der Langobarden. Zu den N. werden die Avionen, Angeln, Eudosen, Nuithonen, Reudigner u. Variner gerechnet.

Nertschinsk, *Nerčinsk,* Stadt in Russland, im südl. Sibirien, an der Mündung der *Nertscha* in die Schilka, rd. 35 000 Ew.; Nahrungsmittel-, Elektro-, Leder- u. Glasindustrie; Wärmekraftwerk; in der Nähe Vorkommen von Gold, Buntmetallen, Wolfram u. Kohle; Station der Transsibir. Eisenbahn. 1658 als Verwaltungszentrum u. Militärstützpunkt gegr. Im *Vertrag von N.* 1689 mit China musste Russland sich auf eine Linie weit nördl. des Amur zurückziehen. Erst ab 1860 wurde das Nordufer des Amur wieder russisch.

Neruda, 1. ['ne-], Jan, tschech. Schriftsteller u. Journalist, *9. 7. 1834 Prag, †22. 8. 1891 Prag; wurde mit seinen Novellen, den humorvoll-charakteristische Prager Milieustudien, zum Wegbereiter des tschechischen Realismus, schrieb außerdem Lyrik u. Dramen, führte das Feuilleton und die literarische Reportage in die tschechische Literatur ein. Hptw.: „Genrebilder" 1864, dt. 1883/84; „Kleinseitner Geschichten" 1878, dt. 1885.

Jan Neruda

2. [ne'ruða], Pablo, eigentl. Neftalí Ricardo *Reyes Basoalto,* chilen. Dichter, *12. 7. 1904 Parral, †23. 9. 1973 Santiago de Chile; Diplomat u. a. in Myanmar, Spanien u. Mexiko; trat 1945 der KP bei, lebte nach deren Verbot längere Zeit in der Emigration (u. a. UdSSR, China), kehrte 1952 nach Chile zurück, wurde 1971 Botschafter in Paris. – N. begann als Lyriker im Stil des „Modernismus" („Crepusculario" 1923), wandte sich aber bald dem Surrealismus zu. Mit „Residencia en la tierra" (1933 u. 1935, dt. „Aufenthalt auf Erden" 1960, 1979) entstand eine von Allegorien, Metaphern und einer melancholischen Grundstimmung geprägte Gefühlslyrik. Die Erfahrung des spanischen Bürgerkrieges bewirkte eine Hinwendung Nerudas zum Kommunismus („Tercera residencia" 1947). Sein eigentliches Hauptwerk „Der

Pablo Neruda

Friedrich Nerly: Wasserfall bei Subiaco. Bremen, Kunsthalle

große Gesang" 1950, dt. 1953, ist ein Lied auf Amerikas Natur u. Geschichte, seine Völker u. Unterdrücker; die „Elementaren Oden" 1954–1957, dt. 3 Bde. 1961, preisen die einfachen Dinge des Alltags. Theaterstück: „Glanz u. Tod des Joaquín Murieta" 1967, dt. 1972; Autobiografie: „Ich bekenne, ich habe gelebt" dt. 1974. – Obras completas, 3 Bde. 1973; Das lyrische Werk, 3 Bde. 1984–1986. – 1971 erhielt N. den Literatur-Nobelpreis.

Nerva, Stadt in Andalusien (Spanien), nordwestl. von Sevilla, 6800 Ew.; in der Umgebung Abbau von Kupfer- u. Eisenerzvorkommen.

Nerva, Marcus Cocceius, römischer Kaiser 96–98 n.Chr., * 8. 11. 30 Narnia, Umbrien, † 25. 1. 98, Rom; aus altem plebejischem Geschlecht stammend, Konsul 71 u. 90, vom Senat zum Kaiser erhoben; versuchte die Spuren der Gewaltherrschaft seines Vorgängers Domitian zu tilgen; errichtete eine staatliche Alimentarstiftung für die frei geborenen Kinder armer Eltern; warb als Nicht-Soldat vergebens um die Gunst der Armee; als sich die Garde gegen ihn zu empören begann, adoptierte er *Trajan* u. machte ihn zum Mitregenten.

♦ Nerval, Gérard de, eigentl. G. *Labrunie*, französ. Dichter, * 22. 5. 1808 Paris, † 26. 1. 1855 Paris (Selbstmord in geistiger Umnachtung); Romantiker; von der dt. Dichtung der Klassik u. Spätromantik beeinflusst, aus der er übersetzte (z. B. Goethes „Faust"); bevorzugte in seinen Gedichten, Bühnenwerken u. Prosaerzählungen düstere, oft visionär gesteigerte Themen („Sylvia" 1853, deutsch 1947; „Aurelia oder der Traum und das Leben" 1855, deutsch 1910); Novellen: „Les filles du feu" 1854, deutsche Auswahl „Töchter der Flamme" 1953. – Werke, 3 Bde. 1986–1989.

Gérard Nerval

Nervatur [lat.], Blattadern, → Adern (1), → Leitbündel.

Nerven [Pl., Sg. der *Nerv*; lat.], ♦ 1. *Anatomie:* 1. Flügeladern der Insekten. – 2. die aus Nerven- oder Ganglienzellen gebildeten Organe *(Faserbahnen)* zur Übertragung von Erregungen von Sinnesorganen auf Erfolgsorgane (z. B. Muskeln, Drüsen), z.T. auch Träger von Erregungsabläufen, die nicht auf äußere Reize zurückgehen *(autonome Tätigkeiten)*. Die N. vermitteln Bewegungs- u. Empfindungsimpulse, regeln die Drüsentätigkeit, die Gewebsernährung, die Gewebsspannung u. bilden in ihrer Gesamtheit das → Nervensystem.

Nervenkrankheiten: Sammelbez. für alle Krankheiten des Nervensystems (Gehirn, Rückenmark, peripheres u. Lebensnervensystem). Die N. speziell erkranken häufig entzündl. (→ Nervenentzündung) auf infektiöser oder toxischer Basis oder mit anfallsweisen Schmerzen (grch. *Neuralgie*). *Nervengeschwülste* (grch. *Neurom*) bilden sich mit Vorliebe an durchschnittenen Nervenenden. Erkrankungen von Nervenzentren in Gehirn u. Rückenmark u. von peripheren N. führen zu Funktionsausfällen, die sich als Bewegungs- oder Empfindungslähmungen (Ausfallserscheinungen) äußern.

2. *Botanik:* die Hauptleitbündelstränge (→ Leitbündel) der Blätter ein- u. zweikeimblättriger Pflanzen.

Nervenchirurgie → Neurochirurgie.

Nervenendkörperchen, die Enden der Nervenfasern in den Organen: z. B. motorische Endplatten in den Muskeln, Geschmacksknospen auf der Zunge, Tastkörperchen.

Nervenentzündung, *Neuritis,* meist schmerzhafte, entzündl.-degenerative Erkrankung von Hirnnerven oder peripheren Nerven, verbunden mit Störungen entsprechend der Funktion des betroffenen Nervs (z. B. schlaffe Lähmung bei motor. oder Missempfindungen bei sensiblen Nerven). Sind mehrere Nerven betroffen, spricht man von *Polyneuritis*. Eine N. kann durch Stoffwechselstörungen (z. B. → Zuckerkrankheit), Infektionskrankheiten (z. B. → Lyme-Borreli-

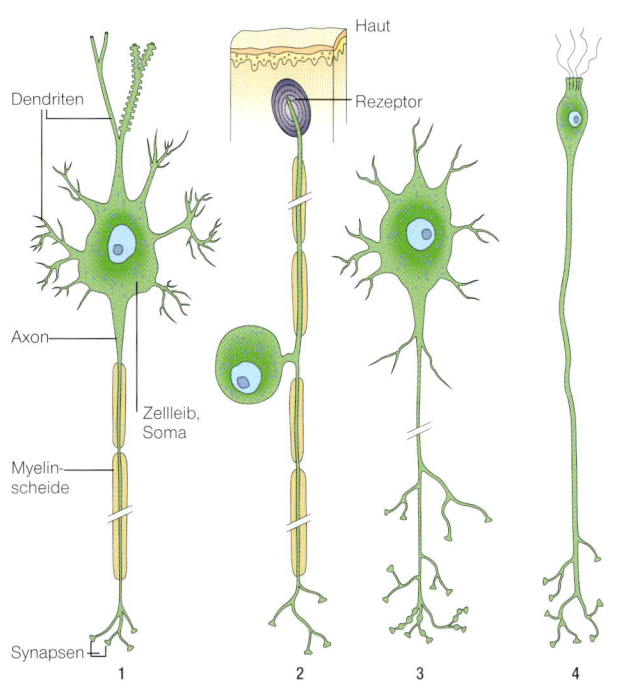

Nerven (1): unterschiedliche Formen von Nervenzellen: 1) Nervenzelle der Großhirnrinde, 2) Nervenzelle des Spinalganglions mit Rezeptor in der Haut, 3) Nervenzelle des vegetativen Nervensystems, 4) Sinneszelle der Riechschleimhaut

ose), Vergiftungen (z. B. durch Blei oder Thallium) u. Nervenreizungen oder -verletzungen hervorgerufen werden oder allerg. oder genet. bedingt sein. Auch → Trigeminusneuralgie, → Gesichtsmuskellähmung.

Nervengase, chem. Kampfstoffe, die im 2. Weltkrieg in Dtschld. entwickelt, in größeren Mengen hergestellt, aber nicht eingesetzt worden sind. Meist handelt es sich um organ. Phosphorsäurederivate, die im Körper mit dem lebenswichtigen Enzym *Cholinesterase* (wichtig für die Weiterleitung des Nervenimpulses) eine chem. Verbindung eingehen. Dabei verliert die Cholinesterase die Fähigkeit, *Acetylcholin* zu spalten. Die Anhäufung von Acetylcholin im Körper führt unter Atembeschwerden u. Krämpfen zum Tod. *Gegengift:* Atropin. Bekannte N. sind u.a.: *Tabun, Sarin, Soman*. Neuere Forschungen auf diesem Gebiet werden geheim gehalten. Die BR Dtschld. hat im Rahmen der Pariser Verträge (23. 10. 1954) einen Verzicht auf die Herstellung von atomaren, biolog. u. chem. Waffen (ABC-Waffen) ausgesprochen. In den USA wurden zu Beginn der 1980er Jahre neue, sog. „binäre" Nervengas-Granaten entwickelt, in denen sich die N. erst nach dem Abfeuern der Granate aus zwei Einzelkomponenten (DF u. QL) bilden.

Nervengewebe, das Gewebe, aus dem das → Nervensystem aufgebaut ist; besteht aus erregungsleitenden → Nervenzellen u. stützenden u. ernährenden Gliazellen. Es tritt massiv im Gehirn u. Rückenmark der Wirbeltiere auf. Auch → neurale Kommunikation.

Nervengifte, speziell das Nervensystem angreifende u. dieses schädigende Gifte. Die N. bewirken in vielen Fällen eine Störung der Enzymaktivität, z. B. können sie die Wirkung der *Cholinesterase* hemmen. Zu den Nervengiften zählen: Kohlenwasserstoffe, Alkohol(e), Ether, Ester (bes. die der Phosphorsäure), Trichlorethylen, Trikresylphosphat, die *Nervengase* Tabun, Sarin, Soman, Schlangengifte, verschiedene Erregergifte (Diphtherie, Kinderlähmung); *i. w. S.* auch Betäubungs- u. Rauschmittel, Alkaloide u. a.

Nervenleitung, die Übertragung von Information durch elektr. Ladungserscheinungen im Bereich des Nervs. Der nicht leitende Nerv befindet sich im *Ruhepotenzial*. Dabei besteht ein Ladungsgegensatz zwischen Innen- u. Außenwand des Nervs, hervorgerufen durch unterschiedl. Verteilung von Ladungsteilchen *(Ionen)*. Die Konzentration von positiv geladenen Natrium-Ionen u. negativ geladenen Chlorid-Ionen ist an der Nervenaußenwand höher als innen, dafür überwiegt innen die Konzentration von

Nervennetze

positiv geladenen Kalium-Ionen. Durch die unterschiedl. Verteilung ist die Außenwand des Nervs elektrisch positiv, die Innenseite elektrisch negativ geladen. Die zwischen den beiden entgegengesetzten Ladungen bestehende Spannung wird als *Ruhepotenzial* oder *Membranpotenzial* bezeichnet u. beträgt 40–80 mV.

Vermindert sich das Ruhepotenzial durch Einfluss einer Sinneszelle um nur wenige Prozent, so wird die Nervenwand durchlässig für positiv geladene Natrium-Ionen, die sich entsprechend den Konzentrationsunterschieden in den Nerv begeben. Dadurch entsteht innen ein positiver Ladungsüberschuss, so dass jetzt die Innenseite des Nervs positiv u. die Außenseite negativ ist *(Umpolung)*. Das → Aktionspotenzial ist entstanden. Bei höheren Tieren ist die Nervenwand von einer Isolationsschicht, der *Schwann'schen Scheide*, umhüllt. Sie ist kontinuierlich von *Ranvier'schen Schnürringen* umgeben, u. nur an diesen entstehen Aktions- u. Ruhepotenzial. Ist eine Umpolung an einem Schnürring erfolgt, wird durch die Umkehrung der elektrischen Ladung der benachbarte depolarisiert. Es entsteht auch dort eine Umpolung u. somit ein Aktionspotenzial. So wandert eine durch eine Sinneszelle am Anfang eines Nervs hervorgerufene Umpolung wie eine Kettenreaktion über die Nervenfaser. Da die Schwann'sche Scheide zwischen den Schnürringen übersprungen wird, heißt diese Form der N. saltatorische Leitung. Sofort nach der Umpolung wird der Schnürring wieder in den Zustand des Ruhepotenzials versetzt. Die positiven Natrium-Ionen in die Nervenzelle hinein- bzw. die negativen Kalium-Ionen herauszutransportieren, ist eine aktive Leistung u. kostet den Organismus Energie *(Kalium-Natrium-Pumpe)*. Während der Wiedererlangung des Ruhepotenzials ist der Schnürring nicht auf Depolarisation ansprechbar *(Refraktärzeit)*. Mit einem Spannungsmesser ist die Anzahl der Umpolungen pro Zeiteinheit messbar; sie wird als Impuls- oder *Spikefrequenz* bezeichnet. Sie steigt mit der Reizstärke. Im Zentralnervensystem kann die Auswertung nach der Anzahl der eintreffenden Spikes vorgenommen werden. Unterschiedl. Reize wie Wärme oder Lichtsinn haben den gleichen Übertragungsmechanismus, die subjektive Auswertung geschieht im Zentralnervensystem.

Niedere Tiere verfügen noch nicht über eine den Nerv umgebende Schwann'sche Scheide u. Ranvier'sche Schnürringe. Sie beschleunigen die N. durch Vergrößerung des Nervendurchmessers (z. B. Kolossalstränge im Bauchmark des Regenwurms).

Nervennetze, diffuse → Nervensysteme.

Nervenschwäche → Neurasthenie.

Nervensystem, die Gesamtheit der Nervenzellen des tierischen Organismus. Man unterscheidet: 1. *diffuse Nervensysteme:* Nervennetze; bei Hohltieren als einziges N. vorkommend, bei anderen Tieren unabhängig neben dem *Zentralnervensystem*, z. B. bei Wirbeltieren Nervennetze im Herzen u. in der Darmwand. Im diffusen N. läuft die Erregung nach allen Seiten u. nimmt mit der Entfernung von ihrem Ursprung ab.

2. *zentralisierte Nervensysteme, Zentralnervensysteme:* die Nervenzellen sind in Zentralorganen zusammengerückt, die von Sinnes- u. Erfolgsorganen entfernt liegen u. mit diesen durch Nervenfasern (Leitungen) verbunden sind. Diese Nervenfasern werden von der Erregung ohne Verlust an Intensität u. sehr schnell durchlaufen. Sog. *sensible Nerven(Ganglien-)zellen* dienen der Aufnahme von Erregung, *motorische* bzw. *sekretorische Nervenzellen* leiten die Erregung zu Muskeln bzw. Drüsen; entspr. unterscheidet man *sensible (zentripetale, afferente)* u. *motorische* bzw. *sekretorische (zentrifugale, efferente) Nervenbahnen*. Zwischengeschaltet sind meist bes. Schaltzellen. In höheren Zentralnervensystemen kommt es durch Zusammenlegung von Nervenzellen zur Ausbildung von *Nervenzentren*, sensiblen, motor. u. a. Zentren u. vermittelnden Koordinationszentren. Dabei wird der Kopfabschnitt des Nervensystems bes. ausgebildet (→ Gehirn); vor allem bei Insekten (bestimmte Teile des Oberschlundganglions) u. bei Wirbeltieren (bestimmte Teile des Gehirns) wird dieser Teil zum Zentrum von Instinkt, Gedächtnis u. Ä. Einfache Zentralnervensysteme sind Längsstränge mit Querverbindungen, z. B. bei Strudelwürmern (Turbellarien). Seine höchste Ausbildung erfährt es als gegliedertes, segmentales → *Bauchmark* (*Strickleiternervensystem*) bei Gliedertieren (*Articulata*) u. als → *Rückenmark* (*Neuralrohr*) bei Chordatieren (*Chordata*). Bei höheren Wirbeltieren werden die einzelnen Teile des Rückenmarks zunehmend dem Gehirn untergeordnet (→ Reafferenzprinzip).

Das *N. des Menschen* besteht aus dem von → Gehirn u. Rückenmark gebildeten *zentralen N.*, von dem das sog. *periphere N.* ausgeht, u. dem *selbständigen (autonomen) Lebensnervensystem (vegetatives, Eingeweidenervensystem)*. Das Gehirn enthält die wichtigsten Sinnes- u. die Koordinationszentren u. reguliert alle dem Willen unterworfenen Organe. Daneben haben aber auch dem Willen nicht unterworfene Tätigkeiten, die dem Lebensnervensystem unterstellt sind, in bestimmten Ganglienanhäufungen (Lebenszentren) im Gehirn ihren Sitz, außerdem im Rückenmark u. in den Körperorganen. Das Rückenmark dient hauptsächlich als Bahn für die verschiedenen zum Gehirn ziehenden u. vom Gehirn kommenden Nerven, die hier in bestimmter Ordnung verlaufen u. zu den Nervenzellen des peripheren Nervensystems in Beziehung treten. Außerdem verlaufen in den Rückenmarksabschnitten (Segmenten) Reflexbögen, die eine selbsttätige Beantwortung von Reizen unter Ausschaltung des Gehirns ermöglichen.

Das *periphere N.* besteht aus den vom Gehirn oder vom verlängerten Mark herkommenden → *Gehirnnerven* u. den im Rückenmark entspringenden *peripheren (spinalen) Nerven*, die in den Körper u. seine Organe ziehen u. meist motorische (Bewegungs-) u. sensible (Empfindungs-)Fasern führen; sie enden in bes. Endapparaten am Erfolgsorgan.

Das *Lebensnervensystem* besteht aus Ganglienzellanhäufungen im Gehirn, bes. im Zwischenhirn (*Lebenszentren*), im *Grenzstrang*, der vor der Wirbelsäule beiderseits im Körper herabzieht, u. in Nervenknoten zwischen u. in den Körperorganen; sie alle sind durch das sog. *sympathische System* verbunden u. stehen mit dem zentralen u. peripheren N. in Verbindung. Das sympathische N. wird vom *parasympathischen System* (gebildet vom 10. Gehirnnerv, dem *Nervus vagus*) antagonistisch ausgeglichen

Pier Luigi Nervi: Ausstellungshalle in Turin; 1948/49

u. arbeitet selbständig an der Regulierung der lebenswichtigen Funktionen (Wärmehaushalt, Stoffwechsel, Blutdruck, Blutverteilung u. a.) mit.

Nerventransplantation, *Nervenverpflanzung,* die Übertragung eines körpereigenen (homoioplastischen) Nervenstücks zur Überbrückung eines größeren Nervendefekts nach Verletzungen, zur Wiederherstellung der unterbrochenen Nervenversorgung.

Nervenzellen, *Neurone, Ganglienzellen,* Bauelemente der *Nervensysteme,* die auf die Erregungsleitung von Sinneszellen zu Erfolgsorganen (z. B. *Muskeln, Drüsen*) spezialisiert sind. Charakterist. Bestandteile der N. sind neben dem Zellkern Ansammlungen von RNA-haltigen (→ Nucleinsäuren) Ribosomen "weißen" (*Nissl-Schollen*), die der Eiweißsynthese dienen, u. die in den Zellfortsätzen liegenden Neurofilamente. Die N. können zwei Arten erregungsleitender Fortsätze *(Nervenfasern)* haben: kurze, stark verästelte *Dendriten,* die vor allem der Verbindung der N. untereinander dienen (Reizaufnahme), u. bis zu 1 m lange, unverzweigte *Neuriten,* die die Erregung an andere N. u. an Erfolgsorgane weiterleiten (Reizleitung). Die Neuriten besitzen einen durchgehenden Achsenzylinder *(Axon),* der bei den markhaltigen "weißen" Nervenfasern von isolierenden Hüllen, der *Mark-* oder *Myelinscheide* u. der *Schwann'schen Scheide,* umgeben ist. Die Myelinscheide hat in Abständen sog. *Ranvier'sche Schnürringe* (→ Nervenleitung). "Graue", d.h. marklose oder markarme Nervenfasern haben keine oder nur eine dünne Hülle. Oft sind Nervenfasern verschiedener Art zu → Nerven gebündelt. Die Axone spalten sich an ihrem Ende in dünne Fasern, die die Erregung über bes. Schaltstellen (→ Synapse), feine Spalte von 120–200 Å, zu anderen N. oder zu Drüsen u. Muskeln leiten. Die Verbindungsstelle zwischen Axon u. Muskelfaser heißt *Muskelendplatte (motor. Endplatte).* Die Überbrückung der Synapsen erfolgt mit Hilfe chem. Substanzen (meist *Azetylcholin*). Die → Erregung durchläuft die Axone als Erregungswelle oder Impuls u. entspricht einem elektr. Vorgang, der von einem Aktionsstrom begleitet ist. Auch → Nervenleitung.

Nervenzusammenbruch, umgangssprachl., nichtwissenschaftl. Bezeichnung für akut auftretende heftige psychische Erscheinungen, oft in Form von Weinkrämpfen, Schreien, Zittern.

◆ **Nervi,** Pier Luigi, italien. Architekt, *21. 6. 1891 Sondrio, †9. 1. 1979 Rom; seit 1946 Lehrer für Konstruktionstechnik u. Technologie an der Universität Rom; Bauten aus Stahlbeton mit kühnen Dachkonstruktionen. Hptw.: Stadion in Florenz, 1930–1932; Ausstellungshalle in Turin, 1948/49; Hauptbahnhof Neapel (Entwurf), 1954; Palazzetto dello Sport in Rom, 1956/57 (mit A. *Vitellozzi*); Pirelli-Hochhaus in Mailand, 1955–1959 (mit G. *Ponti*); Ausstellungshalle in Turin, 1961.

Nervier, kelt.-german. Stamm zwischen Ardennen u. Scheldemündung; setzte den Römern lange Zeit Widerstand entgegen, von Cäsar 57 v. Chr. nahe Maubeuge vernichtend geschlagen; in der röm. Kaiserzeit Handel mit dem Rheinland.

Nervión [nɛr'bion], Fluss im nördl. Spanien, 72 km lang; entspringt am Peña de Orduña u. mündet in die Ria von Bilbao.

Nervo, Amado, mexikan. Lyriker, *27. 8. 1870 Tepic (nordwestl. von Guadalajara), †24. 5. 1919 Montevideo, Uruguay; Vertreter des *Modernismo,* schrieb in allen Gattungen; seine Lyrik hat in Lateinamerika klass. Geltung: "Perlas Negras" 1898; "Lira heroica" 1902; in den späten Werken (Romane, Lyrik, Essays) herrschen moral., didakt. u. religiöse Themen vor.

Nervosität [lat.], umgangssprachliche Bez. für einen Zustand von reizbarer Überempfindlichkeit, Überaktivität u. Unruhe.

Nervus [lat.], der Nerv, → Nerven.

Nervus rerum [lat., "der Nerv der Dinge"], beschönigende Umschreibung für das Geld.

◆ **Nerz,** *Sumpfotter, Nörz, Mustela lutreola,* zu den *Mardern* gehörendes braunes Pelztier mit weißen Lippen, von 45 cm Körperlänge; lebte räuber. an Gewässern in Mittel- u. Nordeuropa u. in Nord- u. Ostasien; großenteils ausgerottet. Der N. wird in Amerika durch den etwas größeren *Mink, Mustela lutreola vison,* vertreten, der überall in Pelztierfarmen gezüchtet wird *(Farmnerz)* u. von dort aus in Europa verwildert ist. Die Europäischen Nerze sind heute eine Mischpopulation aus N. u. Mink. Der N. ernährt sich von Wassergetier wie Fröschen, Krebsen, Muscheln u. Fischen. Hilfreich hierbei sind ihm die Schwimmhäute zwischen den Zehen. Da er als typischer Marder mehr Beute tötet, als er verzehren kann, ist er nützlich bei der Vertilgung von Schädlingen der Wasserwirtschaft, denn nur 20 % seiner Nahrung besteht aus Fisch, der Rest aus Wasserschädlingen.

Nerz: Europäischer Nerz, Mustela lutreola, vorn, dahinter der in verschiedenen Farbschlägen gezüchtete Amerikanische Nerz oder Mink, Mustela vison

Nerzöl, das beim Schlachten der Zuchtnerze in Pelztierfarmen gewonnene Öl, bei dem durch ein Reinigungs- u. Hydrierverfahren der starke Wildgeruch auf ein Minimum reduziert wird, ohne die biolog. Eigenschaften des Öls zu beeinträchtigen. Verwendung: Haarsprays, Cremes, Salben u. a.

Nesbit, Edith, brit. Schriftstellerin, *15. 8. 1858 London, †4. 5. 1924 New Romney, Kent; schrieb Romane ("The red house" 1902), fantasievolle, auch verfilmte, Kinderbücher ("Die Geschichte der Schatzsucher" 1899, dt. 1948; "Das verzauberte Schloss" 1907, dt. 1958; "Die Kinder von Arden" 1908, dt. 1959) u. Gedichte.

Nesbitt, Lowell, US-amerikan. Maler, *4. 10. 1933 Baltimore; Vertreter des Neuen Realismus; schuf nach einer rein abstrakten Anfangsphase fotograf. genaue, starre Blumen- u. Architekturdarstellungen, später auch entpersönlichte, ästhetisierende techn. Motive (Maschinen, Raumfahrt).

Nescafé, Markenname für → Kaffee-Extrakt.

◆ **Nesch,** Rolf, dt. Maler, Bildhauer u. Grafiker, *7. 1. 1893 Oberesslingen, †27. 10. 1975 Oslo; seit 1933 in Norwegen, seit 1946 norweg. Staatsbürger; entwickelte Materialbilder aus Metalldruckplatten mit Montagen aus Holzteilen, Metall, Glas u. a. in der Schwebe zwischen gegenständl. Assoziation u. völliger Abstraktion; daneben Grafiken mit oft plast. behandelter Oberfläche.

Rolf Nesch: Minotaurus. Hamburg, Kunsthalle

Neschi ['nɛsçi; arab., "Buchschrift"] → arabische Schrift.

Nesebâr [nɛ'sɛbər], bis 1934 *Messemwria,* bulgar. Badeort am Schwarzen Meer, nordöstl. von Burgas, 5100 Ew.; histor. Altstadt (Weltkulturerbe seit 1983), Johanneskirche (10./11. Jh.), Ruine der Stara Mitropolja (5./6. Jh.), Relikte aus thrak., griech. u. röm. Zeit.

Neshat, Shirin, iran. Fotokünstlerin, *1957 Qazin, Iran; lebt in New York. N studierte Kunst in Kalifornien u. kam 1990 erstmals nach der islam. Revolution wieder in den Iran. Dort begann sie das Frauenleben im Zeichen des Islam zu dokumentieren, die sie in Fotoserien veröffentlichte. Die eindringlichen Fotos zeigen Frauen im Tschador; auf Gesichtern, Händen u. Füßen, den einzigen Körperteilen, die nicht verhüllt sind, stehen Gedichte u. Texte von islam. Schriftstellerinnen. In anderen Fotos halten Frauen dem Betrachter Gewehre, Dolche, aber auch Blumen, als Symbol der

Hoffnung, entgegen halten. 1998 u. 1999 folgten Video-Installationen zum gleichen Thema.

Nesin, Aziz, eigentl. Mehmet *Nusret*, türk. Schriftsteller, *20. 12. 1915 Istanbul, †6. 7. 1995 Çeşme; bis 1944 Offizier, danach Journalist u. Redakteur bei verschiedenen Zeitungen; mit über 100 Büchern (Essays, Fabeln, Gedichte, Kurzgeschichten, Romane) einer der populärsten Autoren der Türkei; sozialkrit. Satiriker, der sowohl an humoreske Traditionen der türk. Volksliteratur anknüpfte als auch engagierte Kritik an der Verletzung der Menschenrechte übte. Werke u. a.: „Der unheilige Hodscha. Türk. Humoresken" dt. 1962; „Zwischen Bosporus u. Anatolien" dt. 1975; „Surname – man bittet zum Galgen" 1976, dt. 1988; „Wir leben im 20. Jh. Satiren aus dem türk. Alltag" dt. 1983; „Heimatfilm" dt. 1987.

Neslia [lat.], eine Staudenpflanze, → Finkensame.

Nesmejanow [nismi'janaf], *Nesmejanov*, Alexander Nikolajewitsch, russ. Chemiker, *9. 9. 1899 Moskau, †19. 1. 1980 Moskau; arbeitete über die Synthese von metallorgan. Verbindungen (Diazoniummethode nach N.).

Ness, *Loch Ness*, See im Norden Schottlands, im Grabenbruch der Glen More, zwischen den Grampian Mountains u. den Northwest Highlands; 65 km², 230 m tief. Seit den 1930er Jahren sind wiederholt Berichte über ein angebl. im Loch N. lebendes Seeungeheuer verbreitet worden.

Nessel, *chinesische* oder *indische Nessel* → Ramie.

Nesselfalter, *kleiner Fuchs*, ein Falter, → Fuchs (5).

Nesselfaser, i. w. S. Fasern einiger Brennnesselgewächse, z. B. Ramie; i. e. S. Brennnesselfaser.

Nesselschön, Acalypha hispida

Nesselfieber, eine meist allerg. Hautreaktion, → Nesselsucht.

Nesselgarn, ursprüngl. aus den Fasern einer Brennnesselart gewonnenes Garn; heute Baumwollgarn für Baumwollrohgewebe.

Nesselgewächse → Brennnesselgewächse.

Nesselhaare, bei amerikan. *Vogelspinnen* auf dem Hinterkörper sitzende, mit Widerhaken versehene Haare; durch Bürsten mit den Hinterbeinen streift die Spinne die Haare ab. Sie können in der menschl. Haut unangenehme Entzündungen hervorrufen.

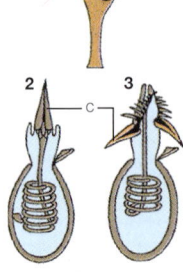

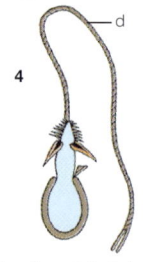

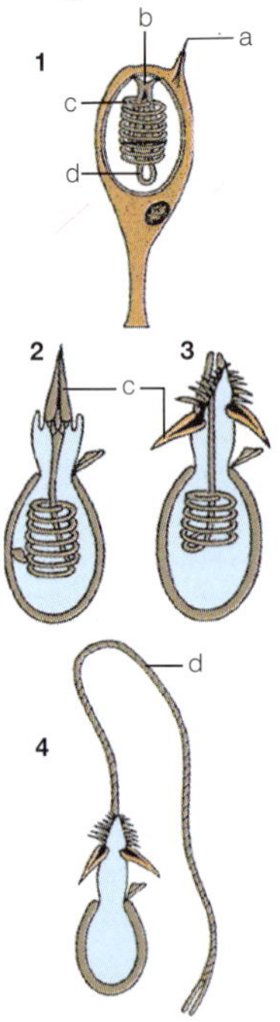

◆ **Nesselkapsel**, kapselförmige Ausformung der → Nesselzellen eines *Nesseltieres*. Die Nesselkapseln können durch Berührung oder chemische Reize zur Explosion gebracht werden u. schleudern dann einen charakteristisch geformten Faden aus. Nach der Form des Nesselfadens können drei hauptsächliche Typen unterschieden werden: *Penetranten* mit besonderer Durchschlagskraft, *Glutinanten* mit besonderer Giftwirkung u. langem Faden sowie *Volventen* mit spiralig sich aufwickelndem Faden, der sich um die Extremitäten der Beutetiere schlingt.

Nesselkapsel, Entladungsmechanismus: Nesselzelle mit gefüllter Nesselkapsel (Penetrante, 1); bei Berührung des Cnidocils (a) explodiert die Nesselkapsel. Der Deckel (b) springt auf und die Stilette (c) treten heraus (2). Ihre Widerhaken schlagen zurück (3) und können dabei in das Beutetier eindringen. Der Nesselschlauch (d) wird ausgeschleudert (4) und kann sein giftiges Sekret in die Wunde ergießen

Nesselrode, Robert (Karl Wassiljewitsch) Graf von, russ. Politiker, *13. 12. 1780 Lissabon, †23. 3. 1862 St. Petersburg; 1816 Außen-Min., 1829 Vizekanzler, 1845–1856 Kanzler; vertrat im Zusammengehen mit Preußen u. Österreich im Sinn der Heiligen Allianz; sein Versuch, England von Frankreich zu trennen, scheiterte, so dass sich Russland im Krimkrieg 1853–1856 beiden gegenübersah.

Nesselröhrenlaus, *Orthezia urticae*, die in Mitteleuropa auffälligste an Brennnesseln frei lebende *Schildlaus*. Die aus Wachs gebildeten Eiersäcke können eine Länge von 1 cm erreichen.

◆ **Nesselschön**, *Paradiesnessel, Acalypha hispida*, ein trop. *Wolfsmilchgewächs (Euphorbiaceae)*, mit roten oder weißen herabhängenden, zylindr. Blütenständen. Daher volkstüml. „Katzenschwanz". Beliebte Zierpflanze.

Nesselsdorf, tschech. Stadt, → Kopřivnice.

Nesselsucht, *Nesselfieber, Urtikaria*, Auftreten unregelmäßig begrenzter, juckender, geröteter, erhabener Quaddeln auf der Haut infolge Reizung der Hautnerven u. Hautblutgefäße. Die Quaddeln stellen ein abgegrenztes Ödem dar u. bilden sich nach Abklingen der Reizung vollständig zurück. N. entsteht besonders als allergische Reaktion, z. B. auf Nahrungsallergene, Arzneimittel, Brennnessel- oder Insektenstiche, Textilien, Chemikalien u. pflanzliche Allergene (→ Allergie). Auch seelische Erregungen wie Angst u. Aufregung können zu N. führen. Behandelt wird mit antiallerg. Mitteln; zur Linderung des Juckreizes werden kühlende Umschläge oder Salben u. Puder angewendet. Nur die Beseitigung des ursächl. Auslösers bringt die Symptome zum Verschwinden.

◆ **Nesseltiere**, *Cnidaria*, ein Tierstamm der *Hohltiere*, mit Nesselorganen (*Nesselkapseln*), deren Nesselfäden zum Beuteerwerb oder zur Verteidigung lassoartig ausgeschleudert werden. Diese Nesselkapseln (*Cnidae*) werden in besonderen Bildungszellen (*Cnidoblasten*) erzeugt u. dann durch den Körper an ihren Wirkungsort transportiert. Die N. treten in zwei Gestalten auf (*Generationswechsel*), als festsitzender, sich ungeschlechtl. fortpflanzender *Polyp* u. als frei schwimmende *Meduse (Qualle)*. Zu den Nesseltieren, die etwa 8900 Arten umfassen, gehören *Hydrozoen, Skyphozoen* u. *Blumentiere*.

Nesseltuch, ursprüngl. aus Nesselfaser, heute aus rohen, mittelstarken oder groben Baumwollgarnen in Leinwandbindung gewebtes Tuch; gut zum Färben u. Bedrucken geeignet.

Nesselwang, Markt in Schwaben (Bayern), Ldkrs. Ostallgäu, Wintersportplatz im Allgäu, 865 m ü. M., 3600 Ew.; Luftkurort; Instrumentenindustrie; Fremdenverkehr.

Nesselzellen, bei den *Nesseltieren* vorkommender Zelltyp, der dem Beuteerwerb u. der Verteidigung dient. Die N. bilden in ihrem Cytoplasma eine kapselförmige Differenzierung, in der ein langer, aufgerollter, schlauchförmiger Faden entsteht (→ Nesselkapsel). Da jede Nesselkapsel nur einmal verwendet werden kann, wird die verbrauchte Nesselzelle aus dem Epithelverband ausgestoßen. Aus undifferenzierten Zellen gehen neue N. hervor. Sie erreichen ihre Spezialisierung während der langsamen Wanderung zu den Orten des Verbrauchs: Die reifen N. sitzen exponiert, z. B. an den Spitzen der Tentakeln.

Neßler, 1. Julius, dt. Chemiker, *6. 6. 1827 Kehl, †19. 3. 1905 Karlsruhe; gründete 1859 in Karlsruhe eine agrikulturchemische Versuchsanstalt; arbeitete Verfahren zur Erkennung von Weinfälschungen u. zur Bekämpfung von Weinbauschädlingen aus. Auch → Neßlers Reagens.
2. Viktor Ernst, dt. Komponist, *28. 1. 1841 Baldenheim, Elsass, †28. 5. 1890 Straßburg; Chordirektor am Leipziger Stadttheater; schrieb hauptsächl. Opern („Der Rattenfänger von Hameln" 1879; „Der Trompeter von Säckingen" 1884).

Neßlers Reagens, alkalische Lösung von Kaliumquecksilberiodid (K[HgI]); empfindl. Reagens auf → Ammoniak (wird rötlich bis orange-braun).

Nessos, *Nessus,* in der griech. Sage ein Kentaur, der von *Herakles* getötet wird, weil er sich als Fährmann über die Euenos an *Deianira* vergreift; er gibt Deianira sterbend sein Hemd, das ihr angeblich Herakles' Liebe wiederzugewinnen helfen soll, diesen stattdessen aber verbrennt.

Nest, 1. *Biologie:* → Nester.
2. *Wehrtechnik:* meist „Schützennest", Feldbefestigung, → Schützengraben.

Nester, die von verschiedenen Tieren (Vögel, Säugetiere, Fische, Insekten) errichteten Wohnstätten, die zur Aufzucht der Nachkommen u. (oder) als Daueraufenthalt des Einzeltiers oder des ganzen Tierverbands (bei sozialen Tieren) dienen. Art u. Kompliziertheit des Nestbaus sind unabhängig von der systemat. Stellung der betreffenden Tierart. Das Nestmaterial ist körpereigen (z. B. Spinnfäden von Seidenraupen u. Spinnen, Speichel der Salanganen [Mauerschwalben, essbare Vogelnester], Wachs der Bienen), körperfremd (z. B. Pflanzenteile der meisten Vogelnester) oder eine Mischung von beidem (z. B. Vogelnester mit Federauskleidung, Papiernester der Wespen). Auch → Vogelnest.

Nesterseide → Seide.
Nestfarn → Vogelnestfarn.

Nestflüchter, Vögel, bei denen die Jungen weit entwickelt aus dem Ei schlüpfen u. das Nest bald nach dem Schlupf verlassen können. N. sind z. B. Hühner- u. Entenvögel, Kraniche u. Strauße. Hierbei handelt es sich vor allem um bodenbrütende Vogelarten, bei denen die Bedrohung durch Fressfeinde besonders groß ist. I. w. S. versteht man unter Nestflüchtern auch Säugetierjunge, deren Ortsbindung bald nach der Geburt aufgelöst wird u. die von den Eltern oder im Herdenverband betreut u. zur Nahrungsquelle geführt werden (sog. *Laufsäuger:* junge Huftiere wie Fohlen, Kälber). Wehrhafte Säugetiere u. solche, die Erdbauten bewohnen, sind dagegen meist *Nesthocker.*

Nestgeruch, ein Geruch, der es Mitgliedern einer sozialen Organisation ermöglicht, ihr Nest von anderen der gleichen Tierart zu unterscheiden. Der N. ist oft auch den Individuen eigen, so dass die Mitglieder sich am Geruch gegenseitig erkennen können u. sich von Mitgliedern anderer Sozialverbände unterscheiden.

Nesthocker, Junge von wehrhaften oder versteckt lebenden Vögeln, die in einem hilflosen Zustand, meist noch nackt u. blind, aus dem Ei schlüpfen. Bis zum Flüggewerden müssen sie eine längere Nestlingszeit durchmachen, in der sie von einem Elternteil ständig bedeckt u. gewärmt („gehudert") werden. N. sind z. B. Tauben, Singvögel, Störche, Greifvögel oder Papageien. I. w. S. sind N. auch Junge von Säugetieren (sog. *Platzjunge*), die noch längere Zeit von den Eltern in einem Nest gehütet u. ernährt werden; vor allem bei wehrhaften Tieren (Raubtieren) u./oder Bewohnern von Erdbauten (Nagern). Gegensatz: *Nestflüchter.*

Nestle, Eberhard, dt. ev. Theologe, * 1. 5. 1851 Stuttgart, † 9. 3. 1913 Maulbronn; 1883 Prof. in Ulm, 1890 Prof. in Tübingen, 1893 erneut in Ulm, 1898 Prof. in Maulbronn; durch die Herausgabe des „Novum Testamentum Graece", das auch von der British and Foreign Bible Society übernommen wurde, von internat. Ansehen. Der „N." wurde von Kurt u. Barbara *Aland* in neuer Bearbeitung („Nestle-Aland" [27]1994) fortgeführt.

Nestlé AG, Cham u. Vevey (Schweiz), Holdinggesellschaft einer der größten Nahrungs- u. Genussmittelkonzerne der Welt, entstanden 1905 durch Zusammenschluss von *Anglo-Swiss Condensed Milk Co.*, Cham (gegr. 1866), mit *Henry Nestlé S. A.*, Vevey (gegr. 1867); seit 1977 heutiger Firmenname; erzeugt Milchprodukte, Getränke, Fertiggerichte, Tiefkühlprodukte, Süß- u. Backwaren, Kindernahrung, Diätprodukte, pharmazeut. u. kosmet. Produkte, Haustiernahrung u. a.; Konzernumsatz 2000: 50,25 Mrd. US-Dollar; 224 500 Beschäftigte im Konzern; zahlreiche in- u. ausländ. Beteiligungsgesellschaften; zur *Nestlé Deutschland AG*, Frankfurt am Main, gehören u. a.: *Nestlé Erzeugnisse GmbH*, München; *Allgäuer Alpenmilch GmbH*, München; *Maggi GmbH*, Singen.

Nestor, bei *Homer* griech. Held, Herrscher von Pylos, vereinigte Altersweisheit, Beredsamkeit, Redlichkeit u. heitere Lebenskunst; übertragen: ältester Anwesender einer Versammlung, Altmeister einer Wissenschaft oder eines Berufsstandes.

Nestor, russ. Chronist, * um 1056 Kiew, † um 1114 Kiew; Mönch im Kiewer Höhlenkloster; Bearbeiter der ältesten erhaltenen Fassung (1113) der ersten russ. Chronik („Erzählung der vergangenen Jahre"), daher *Nestorchronik.*

Nestorianer, Anhänger des Patriarchen *Nestorius*; altchristl. Sekte im Vorderen Orient, die 484 in Persien zur Hauptkirche wurde *(Nestorianismus)*; breitete sich bis Indien *(Thomaschristen)* aus; im 16. Jh. teilweise mit der röm. Kirche uniert *(chaldäische Kirche)*; nach grausamen Verfolgungen, zuletzt durch die Türken, blieben nur noch Reste in Kurdistan erhalten, die z. T. nach Amerika auswanderten. Der Patriarch hatte seinen Sitz ursprüngl. in Seleukia-Ktesiphon, jetzt in San Francisco. Auch → Kirche des Ostens.

Nestorianer-Tafel, 1625 entdeckte Steinsäule in Xi'an (chines. Provinz Shaanxi) von 781; enthält das christl. Bekenntnis der Nestorianer u. einen Bericht über deren Mission in China.

nestorianische Kirche → Kirche des Ostens.
nestorianische Schrift, Duktus der syrischen Schrift, schon im 7. Jh. durch nestorian. Missionare nach Innerasien gelangt.

Nestorianismus → Nestorianer.

Generationswechsel (Vermehrungskreislauf) der Hydrozoen

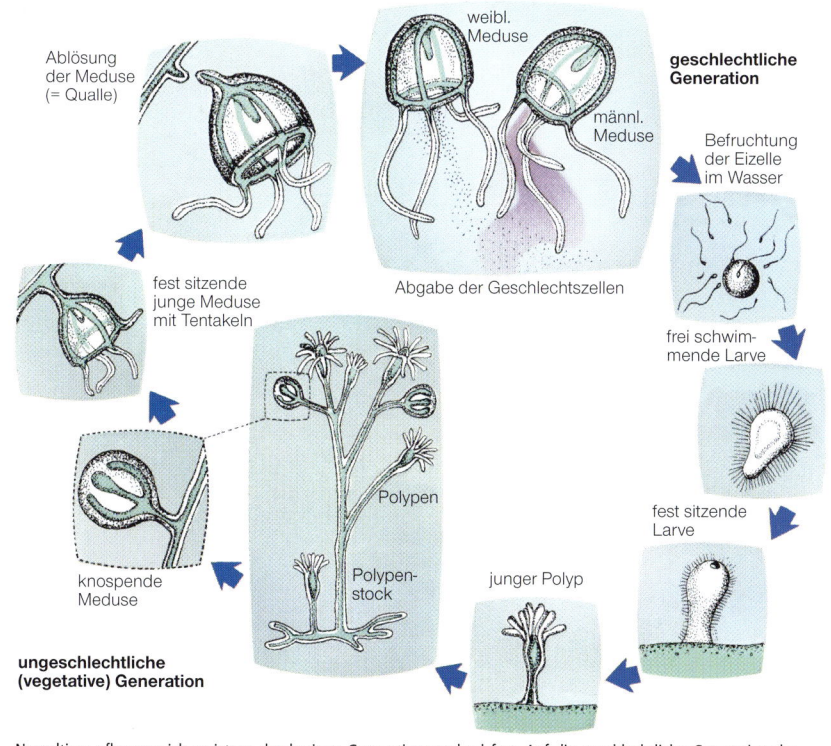

geschlechtliche Generation: weibl. Meduse, männl. Meduse, Abgabe der Geschlechtszellen, Befruchtung der Eizelle im Wasser, frei schwimmende Larve, fest sitzende Larve, junger Polyp

ungeschlechtliche (vegetative) Generation: Polypen, Polypenstock, knospende Meduse, fest sitzende junge Meduse mit Tentakeln, Ablösung der Meduse (= Qualle)

Nesseltiere pflanzen sich meistens durch einen Generationswechsel fort: Auf die geschlechtliche Generation der Medusen folgt die ungeschlechtliche Generation der Polypen, die durch Knospung wieder Medusen hervorbringen

Nestorius

von links nach rechts: Nestroy als einäugiger Invalide Sansquartier in „Zwölf Mädchen in Uniform" von Louis Angely, als Gott Pan in „Daphnis und Chloe" von Louis F. N. Clairville und Jacques Offenbach, als Schüler Willibald in „Schlimme Buben in der Schule". Alle Nestroy-Aufnahmen von Hermann Klee für das „Nestroy-Album" von 1861

Nestorius, Patriarch von Konstantinopel 428 bis 431, *nach 381, †um 451 Akhmim, Oberägypten (im Exil); bezeichnete Maria als Christusgebärerin u. nicht als Gottesmutter u. lehrte die Trennung der göttl. u. menschl. Person in Christus (nicht zwei Naturen, sondern zwei Personen); 431 auf dem Konzil zu Ephesos verurteilt.

◆ **Nestorpapageien,** *Nestorinae,* eine Unterfamilie neuseeländ. *Papageien,* olivgrün mit schwarzen Schuppen u. rotem Unterflügel. N. suchen ihre Nahrung (Insekten, Knollen u. Früchte) zu mehreren Familien am Boden u. brüten in Fels- u. Erdhöhlen. Es gibt zwei Arten: Der bekanntere *Kea, Nestor notabilis,* u. der *Kaka, Nestor meridionalis,* beide sind durch Verfolgung erheblich von der Ausrottung bedroht.

Nestos, bulgar. *Mesta,* südosteurop. Fluss, 210 km; entspringt im Rila-Gebirge, mündet nördl. der Insel Thasos ins Ägäische Meer; Wasserkraftwerk.

◆ **Nestroy,** Johann Nepomuk, österr. Komödiendichter u. Schauspieler, *7. 12. 1801 Wien, †25. 5. 1862 Graz; wandelte die einheim. Zauberposse zur realist. biedermeierl. Lokalposse mit glänzender Charakterschilderung, urwüchsiger Komik u. drast. Gesellschafts- u. Zeitkritik um; ein Höhepunkt u. Ausklang der Altwiener Volkskomödie („Der böse Geist Lumpazivagabundus" 1833; „Zu ebener Erde u. im ersten Stock" 1835; „Der Talisman" 1841; „Einen Jux will er sich machen" 1842; „Der Zerrissene" 1845; „Das Mädl aus der Vorstadt" 1845; „Freiheit in Krähwinkel" 1849); er war ein Meister der Improvisation u. des Wortspiels, schrieb auch witzige Parodien, so auf F. *Hebbels* „Judith" 1849 u. R. *Wagners* „Tannhäuser" 1852. – Histor.-krit. Gesamtausgabe, hrsg. von O. Rommel, F. Bruckner, 15 Bde. 1924–1930; Sämtliche Werke, histor.-krit. Gesamtausgabe, hrsg. von J. Hein, J. Hüttner 1977 ff.; Komödien, hrsg. von F. H. Mautner, 3 Bde. 1970.

◆ **Nestwurz,** *Neottia,* Gattung der *Orchideen.* In Mitteleuropa die *Bräunliche N., Neottia nidus-avis,* eine gelbliche, zuletzt braune Pflanze, mit schuppenförmigen Blättern u. nestartig verflochtenen Wurzeln, die eine → Mykorrhiza aufweisen.

Nestorpapageien: Kea, Nestor notabilis

Benjamin Netanjahu

◆ **Netanjahu,** Netanyahu, Benjamin, israel. Politiker (Likud), *21. 10. 1949 Jerusalem; Wirtschaftswissenschaftler; 1984–1988 UN-Botschafter, danach u. a. Delegationsleiter bei der Madrider Nahostfriedenskonferenz; 1993–1999 Vors. des Likud; 1996–1999 Min.-Präs.

Netanya, *Nathania,* israel. Küstenstadt nördl. von Tel Aviv, Verw.-Sitz des Unterdistrikts Sharon, 145 000 Ew.; 1929 gegr. als Orangenbauerndorf; heute größtes Seebad Israels am Mittelmeer u. Zentrum der Diamantschleiferei, Elektro- u. Textilindustrie.

Nete, frz. *Nèthe,* nordbelg. Fluss, 14 km; entsteht bei Lier durch Zusammenfluss von *Großer* (90 km) u. *Kleiner N.* (64 km); bildet nordwestl. von Mecheln mit der *Dijle* u. der *Zenne* die *Rupel.*

Néthou [ne'tu:], *Pic de Néthou,* französ. Name des Berges Pico de → Aneto.

Neto, Antonio Agostinho, angolan. Politiker u. Schriftsteller, *17. 9. 1922 Kaxikane, †10. 9. 1979 Moskau; Arzt; seit 1962 Führer der Unabhängigkeitsbewegung MPLA; 1975 bis 1979 Staatspräsident; Gedichte: „Angola, heilige Hoffnung" 1974, dt. 1976.

◆ **Netphen** ['nɛtfən], Gemeinde in Nordrhein-Westfalen, Ldkrs. Siegen-Wittgenstein, nordöstl. von Siegen, am Südhang des Rothaargebirges, 260–670 m ü. M., 25 100 Ew.; roman. Martinikirche (13. Jh.); Gießerei, Maschinen- u. Waggonbau.

Netphen

Netschajew, *Nečaev,* Sergej Gennadiewitsch, russ. Revolutionär, *20. 9. 1847 Iwanowo, †21. 11. 1882 St. Petersburg; vertrat innerhalb der russ. revolutionären Bewegung einen düsteren, fanat. Terrorismus („Katechismus der Revolution"), der von den Marxisten abgelehnt wurde.

Netscher, Caspar, dt.-holländ. Maler, *1639 Heidelberg, †15. 1. 1684 Den Haag; dort seit 1662 tätig; Schüler von G. *Terborch,* dessen Einfluss sich in genrehaften Motiven u. der warmen Tonigkeit der Frühwerke Netschers zeigt; nach 1670 meist idealisierte Bildnisse von virtuoser Stoffwiedergabe u. silbrig-kühler Farbigkeit.

Netsuke [das; jap.], der 2–15 cm große, plastisch verzierte Gürtelknopf aus Elfenbein, Holz oder Horn am japan. Kimono (seit 1600); Meisterwerke des japan. Kunsthandwerks.

◆ **Nettelbeck,** Joachim, dt. Schiffskapitän, *20. 9. 1738 Kolberg, †29. 1. 1824 Kolberg; Bürgeradjutant in Kolberg. Als Bürgeradjutant verteidigte er 1807 zusammen mit A. N. von *Gneisenau* und F. von *Schill* Kolberg erfolgreich gegen die Franzosen.

Joachim Nettelbeck

Nettersheim, Gemeinde in Nordrhein-Westfalen, Ldkrs. Euskirchen, in der Eifel, 7600 Ew.

◆ **Nettetal,** Stadt in Nordrhein-Westfalen, Ldkrs. Viersen, an der Nette, im niederrhein. Naturpark Schwalm-Nette, an der niederländ. Grenze, südwestl. von Kempen, 40 700 Ew.; got. Clemens-Kirche, Wasserschloss Krickenbeck, Wasserburg Ingenhoven (13.–16. Jh.), Leuther Wassermühle (17.Jh.); Maschinenbau, Bekleidungs-, Kunststoff-, Elektro- u. chem. Industrie, Fremdenverkehr. – 1969 aus den Städten Lobberich, Kaldenkirchen u. mehreren Gemeinden entstanden.

Nettetal

Nettilling Lake [ˈnɛtʃilɪŋ ˈlɛik], flacher See im S von Baffinland, kanad. Arktis, 5543 km²; Abfluss ist der *Koukdjuak River* (zum Foxebecken).

netto [ital., „rein"], nach Abzug (z. B. von Rabatt, Skonto, Steuern, Verpackung, Kosten). Gegensatz: *brutto.*

Nettoeinkommen → Einkommen.

Nettoertrag, der nach Abzug von Skonto u. Rabatt oder von Aufwendungen (z. B. Materialverbrauch) vom Verkaufspreis *(Bruttoertrag)* verbleibende Ertrag. In der Gewinn- u. Verlustrechnung der Kapitalgesellschaften wird der Überschuss der Gesamtleistung über den Materialaufwand als *Rohertrag* bezeichnet.

Nettogewicht, Gewicht einer Ware ausschl. Verpackung. Auch → Tara.

Nettoinvestition → Investition.

Nettokasse, bei Barzahlung: Kaufpreis ohne jeden Abzug.

Nettolohn, die nach Abzug der Steuern u. der Sozialversicherungsbeiträge verbleibende, ausgezahlte Lohnsumme.

Nettoproduktion → Produktionsökologie.

Nettoproduktionswert, Beitrag der Wirtschaftsbereiche zum *Bruttoinlandsprodukt* (→ Bruttoproduktionswert).

Nettoraumzahl, Abk. *NRZ,* → Schiffsvermessung.

Nettoregistertonne, Abk. *NRT,* Raummaß bei Schiffen für die Ladefähigkeit. Auch → Registertonne, → Schiffsvermessung.

Nettoreproduktionsrate → Reproduktionsrate.

Nettosozialprodukt, das Bruttosozialprodukt zu Marktpreisen abzügl. verbrauchsbedingte, zu Wiederbeschaffungspreisen bewertete Abschreibungen = *N. zu Marktpreisen.* N. zu Marktpreisen plus Subventionen minus indirekte Steuern = *N. zu Faktorpreisen* (= Volkseinkommen). Auch → Sozialprodukt.

Nettoumsatzsteuer → Mehrwertsteuer.

Nettowirkungsgrad, Verhältnis der erzeugten Energiemenge zur eingesetzten Energiemenge (abzügl. Energieverbrauch).

Nettuno, italien. Seebad u. Hafen in Latium, südl. von Rom, 29 000 Ew.; Festung, röm. Ruinen. – Am 22. 1. 1944 landeten hier angloamerikanische Truppen.

Netz, 1. *Anatomie:* Omentum, lockeres, stark mit Fett durchsetztes Bindegewebe, das an der großen Magenkurvatur ansetzt u. sich wie eine Schürze über die Bauchschlingen im Leib legt; Bestandteil des Bauchfells. – Bes. das Schweinenetz wird als Umhüllung von Hackfleischzubereitungen („Saumagen" u. Ä.) verwendet.
2. *Astronomie:* Reticulum, Sternbild des südl. Himmels.
3. *Elektrotechnik:* meist verzweigter Stromkreis mit verschiedenen Schaltelementen. Im Besonderen werden die Leitungssysteme der Post *(Fernsprechnetz)* u. der elektr. Energieversorgung als N. bezeichnet *(Hochspannungsnetz, Ortsnetz, Lichtnetz).*
4. *Fischerei:* aus Natur- *(Hanf, Baumwolle)* oder Kunstfasern *(Perlon, Nylon)* hergestelltes Fanggerät verschiedener Form u. Maschenweite; verwendet in der See- u. Binnenfischerei. *Reusen* sind durch Reifen offen gehaltene Fanggeräte, die durch trichterförmig sich verjüngende, eingebaute „Kehlen" den Fischen das Einschwimmen ermöglichen, ein Entkommen aber verhindern; verbreitete Fanggeräte der Binnen- u. Küstenfischerei aller Erdteile. – *Hamen* sind den Reusen ähnlich, aber ohne Reifen u. zum Ende spitz zulaufend; Fanggerät des Fließwassers, durch Strömungsdruck offen gehalten; in der Flussfischerei ist heute auch der *Scherbrethamen* gebräuchlich, bei dem die Netzöffnung nicht durch Rahmen offen gehalten wird, sondern durch Scherbretter. – *Zugnetze* sind lange Netzwände, deren Oberleine mit Schwimmern u. deren Bodenleine mit Beschwerungen versehen sind; sie werden gegen das Ufer gezogen; zur Fischerei im Flachwasser von Seen, Flüssen u. Küstengewässern. – *Treib-,*

Nestwurz: Die Orchideenart wächst in schattigen Wäldern. Ihr Name leitet sich von den nestartig verschlungenen Wurzeln ab

Netzahualcóyotl

Schwimm- oder *Stellnetze* sind Netzwände, die durch Schwimmer in einer bestimmten Tiefe gehalten werden (z. B. für Lachsfang in der Ostsee) oder mit Stangen im Flachwasser gespannt sind u. in deren Maschen die Fische, meist mit den Kiemendeckeln, hängen bleiben *(Heringstreibnetze).* – *Schleppnetze* haben meist sackartige, spitz zulaufende Form u. werden von Fischdampfern durchs Wasser gezogen *(Trawl),* wobei das N. durch Scherbretter offen gehalten wird; die Fische sammeln sich dabei im engmaschigen Ende *(Steert)* des Netzes; wichtigstes Fanggerät der Hochseefischerei; auch als *Grundschleppnetz* zum Fang von Bodenfischen (Kabeljau, Rotbarsch u. a.). Auch → Bundgarn.
5. *Textiltechnik: Netzgewebe, Filet, Filetgewebe,* ein Flächengebilde, bei dem Fäden mit Hilfe von Knoten zu großen, rhombischen Maschen verbunden werden; die Fadenteile zwischen den Knoten heißen *Maschenschenkel.* Herstellung von gewünschten Formen ist durch Zu- u. Abnehmen der Maschen möglich, in Hand- u. Maschinenarbeit.
Netzahualcóyotl [nɛtsaual'kojotl], Vorort von Mexico, 1,26 Mio. Ew.
Netzannone → Annonengewächse.
Netzanschlussgerät, *Netzgerät, Netzteil,* Stromversorgungsgerät für Anlagen u. Apparate der Nachrichten- u. Messtechnik, die den Netzstrom nicht in seiner ursprüngl. Form verwenden können. Meist erzeugt man über Transformatoren die verschiedenen Betriebsspannungen, die z.T. noch gleichgerichtet u. gesiebt werden. Vielfach sind in das N. Stabilisierschaltungen eingebaut, die Spannungsschwankungen ausgleichen.
Netzarbeit → Filetstickerei.
Netzätzung → Klischee.
Netzbremse, *Nutzbremse,* eine elektr. Bremse, deren Fahrmotoren beim Bremsen wie Generatoren betrieben werden. So kann bei Verzögerung die kinetische u. potenzielle Energie des Zuges in elektr. Energie umgewandelt werden, die dann ins Stromnetz zurückgeleitet wird. Dabei entsteht ein Energierückgewinn von 10–15 %. Die N. findet Anwendung bei allen neueren Stadtbahnwagen. Auch → Bremse, → Stadtbahn, → Widerstandsbremse.
Netze, poln. *Noteć,* rechter Nebenfluss der *Warthe,* 388 km; entspringt im SO des Goplosees (südöstl. von Bydgoszcz), tritt südl. von Bydgoszcz in das Toruń-Eberswalder Urstromtal, entwässert in ihrem Unterlauf den Netzebruch, mündet östl. von Gorzów Wielkopolski; schiffbar ab Nakło.
Netz-Fischreuse, *Hinia (Nassa) reticularia,* eine *Vorderkiemer-Schnecke,* die unter der Oberfläche von Wattenmeer u. flachen Sandböden nach Muscheln jagt. Das 3,5 cm lange Gehäuse ist mit netzartigen Leisten bedeckt.
Netzflügler, *Planipennia, Neuroptera,* Ordnung der *Insekten,* gekennzeichnet durch kauende Mundwerkzeuge u. 4 aderreiche, durchsichtige, selten bunt gezeichnete Flügel, die in der Ruhelage dachförmig über dem Hinterleib zusammengelegt werden. Larven räuberisch, meist auf dem Land; verwandeln sich vollkommen. Zu den Netzflüglern gehören die Familien der *Staubhafte, Schwammfliegen, Florfliegen, Schmetterlingshafte, Ameisenjungfern, Fanghafte, Fadenhafte, Riesenhafte* u. *Bachhafte.* 7000 meist tropische Arten, davon rd. 80 in Dtschld.
Netzfrequenz, die Frequenz des im öffentl. Stromnetz verwendeten Wechselstroms, in der BR Dtschld. ausschl. 50 Hz, im Ausland vielfach 60 Hz. Im Bahnbetrieb gibt es auch 16 Hz (= etwa ein Drittel von 50 Hz), da sich dadurch bes. günstige Voraussetzungen für die Antriebsmotoren ergeben.
Netzgewölbe, spätgot. Gewölbe mit netzartig sich überschneidenden Rippen. Auch → Gewölbe.
Netzgiraffe → Giraffe.
Netzglas, Abart des → Fadenglases; auch → Glas (1).
Netzhaut, *Retina* → Auge.
Netzhautablösung, *Ablatio retinae, Amotio retinae,* Abhebung der Netzhaut von der Aderhaut des Auges u. dadurch in der Folge Schädigung u. Zugrundegehen der Sehzellen. Als Ursache finden sich kleine Netzhautrisse u. -löcher, die z. B. durch übermäßige Dehnung bei starker Kurzsichtigkeit, Fehlen der Linse nach Staroperation, als Folge einer Zuckerkrankheit oder durch Druck infolge eines Tumors entstehen können. Anzeichen einer N. sind häufig die Wahrnehmung von Lichtblitzen, dann Verschleierung u. Verschattung des Sehfeldes. Die Behandlung erfolgt durch Anheften der Netzhaut mit Hilfe von Laserstrahlen (Photokoagulation) oder durch Annähern von Netzhaut u. Aderhaut mittels Eindellung u. Verklebung durch Kälteanwendung.
Netzkarte, eine Fahrkarte, mit der der Besitzer für einen bestimmten Zeitraum (z. B. 1 Monat, 1 Jahr) jeden beliebigen Zug oder Bus eines Verkehrsunternehmens oder eines Verkehrsverbunds benutzen kann.
Netzkunst, Kunst im Internet, → Cyber Art.
Netzleger, zur Abwehr von U-Booten eingesetzte, umgebaute Handelsschiffe in beiden Weltkriegen; legten Netzsperren vor Kriegshäfen u. Ostseezugängen.
Netzmagen, *Haube,* ein Teil des vierteiligen Magens der → Wiederkäuer.
Netzmelone → Melone.
Netzmittel, chem. Verbindungen, die die Oberflächen-(Grenzflächen-)Spannung von Wasser oder anderen Lösungsmitteln herabsetzen, dadurch eine weit gehende Benetzung u. evtl. Reinigung ermöglichen. Auch → waschaktive Substanzen.
Netzmücken, *Blephariceridae,* mit 200 Arten weltweit verbreitete Familie der *Mücken,* deren Larven als Algenfresser in schnell fließenden Gebirgsbächen u. Wasserfällen leben u. sich dort mit Bauchsaugnäpfen festheften. Die Mücken müssen nach dem Schlüpfen blitzartig zur Oberfläche aufsteigen u. abfliegen. Die Flügel sind dazu in der Puppe völlig fertig entwickelt u. auf kleinstem Raum zusammengelegt.
◆ **Netzplantechnik,** Abk. *NPT,* Sammelbegriff einer Anzahl von Verfahren zur Planung u. Überwachung von Großprojekten. Die drei Grundverfahren sind *CPM* (Critical Path Method, in den USA entwickelt), *PERT* (Program Evaluation and Review Technique, USA), bei denen Vor-

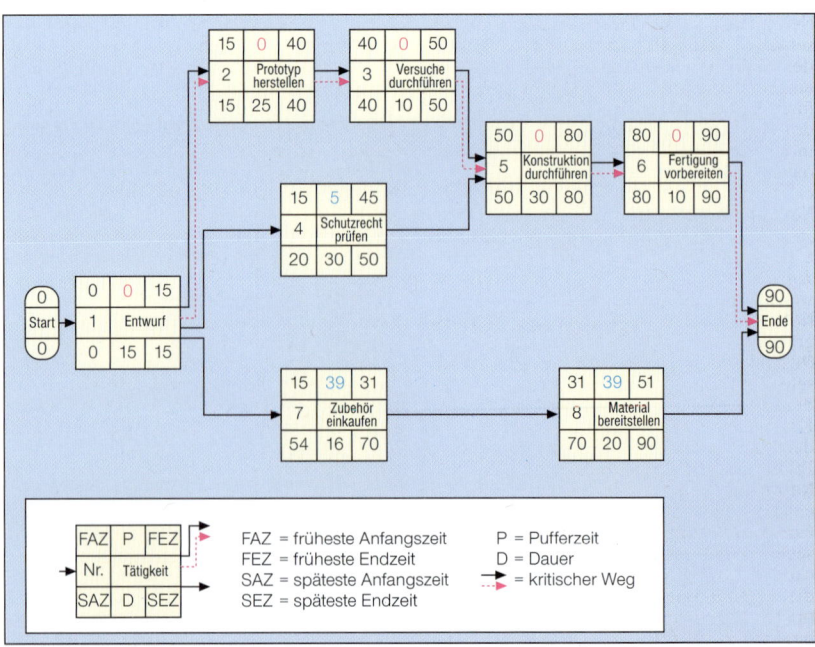

Netzplantechnik: Vorbereitung der Produktion eines Kraftfahrzeugs (vereinfachte Netzwerk-Darstellung nach der MPM-Methode; Zahlenangaben in Wochen)

gänge (Aktivitäten) als Kanten in einem Netzwerk dargestellt werden, u. *MPM* (Metra-Potenzial-Methode, Frankreich), bei der die Vorgänge die Knoten des Netzwerks sind. Die N. ist anwendbar auf solche Prozessabläufe, die aus vielen Einzelprozessen (Vorgängen, Aktivitäten) bestehen, zwischen denen Abhängigkeiten existieren u. die sowohl zeitlich parallel als auch aufeinander folgend auszuführen sind. Die N. arbeitet in den Phasen Ablaufplanung, Zeitschätzung für die Vorgänge, Terminplanung (evtl. Kostenplanung, Ressourcenoptimierung). Für das Erkennen von Schwerpunkten der Leitungstätigkeit ist das Bestimmen des *kritischen Weges* im Netzplan wichtig, der solche Ereignisse verbindet, für die keine Zeitreserven existieren.

◆ **Netzpython,** *Gitterschlange, Python reticulatus,* mit etwa 9 m Länge die größte *Riesenschlange;* gitterartiges schwarzes Muster auf der Oberseite. Netzpythons fressen Säugetiere u. Vögel, die sie durch Umschlingen ersticken. Vorkommen: Hinterindien, Sundainseln u. Philippinen.

Netzschkau, Stadt in Sachsen, Vogtlandkreis, im Vogtland, 4300 Ew.; Schloss (15. Jahrhundert); Anlagen- u. Gerätebau, Maschinen- u. Nahrungsmittelindustrie; in der Nähe die *Göltzschtalbrücke,* die größte Ziegelbaubrücke der Erde, erbaut 1846–1851.

Netzspannung, die elektr. Spannung der Stromversorgungsnetze; in der BR Dtschld. bis 1987 220 V (Volt) (Wechselstrom) bzw. 380 V (Drehstrom), dann erfolgte die Umstellung auf 230 bzw. 400 V. Die Elektrizitätswerke sind bestrebt, die N. genau einzuhalten, da der einwandfreie Betrieb elektr. Geräte davon abhängt.

Netzspiele, *Rückschlagspiele,* zusammenfassende Bez. für alle Sportspiele, bei denen der Ball (oder ein ballähnl. Gerät) von einzelnen Spielern oder Mannschaften so über ein Netz (oder eine Leine) ins Spielfeld des Gegners zu schlagen ist, dass ihn dieser möglichst nicht korrekt zurückspielen kann; dazu gehören: Badminton, Faustball, Indiaca, Tennis, Tischtennis u. Volleyball.

Netzspinnen, Bez. für alle *echten Spinnen, Araneae,* die zum Beutefang Netze spinnen, z. B. die *Radnetzspinnen, Araneidae,* u. die *Kugelspinnen, Theridiidae.* Als „echte N." werden die *Zebraspinnen* bezeichnet.

Netztafel, eine techn. Zeichnung, → Nomogramm.

Netzwanzen, *Tingidae,* den *Meldenwanzen* sehr ähnliche Familie der *Landwanzen,* bei denen sich aber der netzartig gegitterte Halsschild weiter nach vorn, hinten u. zu den Seiten ausbreitet; leben häufig als Pflanzensauger im Moos.

Netzwerk, 1. *Datenverarbeitung:* ein System untereinander verbundener Computer (Netzknoten) einschl. der zwischen ihnen bestehenden Verbindungsstrecken, den den Austausch von Nachrichten u. die gemeinsame Nutzung von Dienstleistungen (Druckausgabe, Programme, Datenbanken) erlaubt. Es werden lokale, z. B. auf ein Betriebsgelände beschränkte Netzwerke (engl.: Local Area Networks, LAN) u.

Netzpython, Python reticulatus

landesweite bzw. globale Weitverkehrsnetze (engl.: Wide Area Networks, WAN) unterschieden.
2. *Politik:* 1978 zunächst in Berlin (West) (N. Selbsthilfe e. V.) gegründeter Fonds für polit. u. alternative Projekte auf der Basis von Mitgliedsbeiträgen; als Pendant zum „bürgerlichen Kreditwesen" mittlerweile vielerorts in Deutschland, der Schweiz u. Österreich vertreten.
3. *Soziologie:* soziales *N.,* von H. E. *Barnes* in die Soziologie eingeführtes Modell zur Erklärung zwischenmenschl. Beziehungen in einem System. Grafisch bilden die Knoten des Netzwerks die sozialen Aktoren (Personen, Gruppen), die Verbindungslinien ihre sozialen Beziehungen zueinander. Die *Netzwerkanalyse,* die u. a. die Netzwerkdichte untersucht, orientierte sich bis in die 1970er Jahre vorwiegend an sozialanthropolog. Ansätzen. Bevorzugter Bereich der Netzwerkanalyse ist die *Stadtsoziologie.*

Neuamsterdam, 1. frz. *Nouvelle-Amsterdam,* französ. Vulkaninsel auf dem Amsterdamplateau des Zentralind. Rückens, im südl. Ind. Ozean, nordöstl. der Kerguelen, 60 km², 910 m hoch; Teil der *Terres Australes et Antarctiques Françaises* (T. A. A. F.); 1522 entdeckt, seit 1843 französisch.
2. → New Amsterdam.
3. ehem. Name (1626–1664) der Stadt *New York.*

Neu-Anspach, Gemeinde in Hessen, Hochtaunuskreis, 14 300 Ew.

Neuapostolische Kirche, aus einer 1860 begonnenen Abspaltung von den kath.-apostol. Gemeinden erwachsen. Sie versteht sich als die Kirche Christi gleich den apostol. Gemeinden zur Zeit der ersten Apostel u. erhob das *Apostelamt* zu einem Daueramt u. versah es mit hohen Vollmachten. Der *Stammapostel* ist der „redende Mund" Gottes, Inhaber der Schlüsselgewalt, der Nachfolger Christi u. mit absoluter Autorität ausgestattet. Der von ihm ausgehende Strom des Hl. Geistes wird über die *Apostel* an die Gläubigen geleitet u. ihnen bes. durch das Sakrament der „Versiegelung" durch Handauflegung mitgeteilt. Die N. K. kennt außerdem die Sakramente der Taufe u. des Abendmahls. Die N. K. hat etwa 9 Mio. Anhänger; Wachstum ist vor allem in Indien u. Afrika, bes. Südafrika festzustellen. Sitz der Zentralleitung: Zürich (Schweiz).

Neuattiker, Angehörige einer seit etwa 120 v. Chr. in Athen tätigen, bedeutenden, manieriert-klassizistischen Bildhauerschule, die Werke der klassischen griechischen Plastik nach- und umbildete.

Neubarock, eine in den letzten Jahrzehnten des 19. Jh. auftretende Form des künstlerischen Historismus, die sich an Werken des 17. und 18. Jh. zu orientieren suchte. Während in Plastik (J. B. *Carpeaux,* K. *Begas*) und Malerei (*Delacroix*-Nachfolge, H. *Makart*) die neubarocken Tendenzen (Dynamisierung der Formen, ausladende Üppigkeit) rein in Erscheinung traten, sind sie in der Architektur weniger deutlich (Beispiele: die Oper in Paris 1861 bis 1874 von C. *Garnier;* der Brüsseler Justizpalast 1866 bis 1883 von J. *Poelart;* das Reichstagsgebäude in Berlin 1884 bis 1894 von P. *Wallot*). Das N. und die ihm folgende Nachahmung des Rokoko sind die letzte Stufe des Eklektizismus in der europäischen Kunst des 19. Jh. In Deutschland wird das N. gewöhnlich als *Wilhelminischer Stil* bezeichnet.

Neuber, Friederike Caroline, genannt die *Neuberin,* dt. Schauspielerin u. Theaterleiterin, *9. 3. 1697 Reichenbach, Vogtland, †30. 11. 1760 Laubegast bei Dresden; versuchte mit ihrer Wandertruppe den Stil der französ. Klassik gegen die damals noch üblichen Hanswurstiaden durchzusetzen (1737 sog. Harlekinverbrennung); bis 1741 von J. C. *Gottsched* begünstigt; führte als erste Stücke von G. E. *Lessing* auf; auch selber Autorin von Schäferspielen, Komödien u. Vorspielen zu französ. Stücken.

Friederike Caroline Neuber

Neuberg, Carl, dt. Biochemiker, *29. 7. 1877 Hannover, †30. 5. 1956 New York; arbeitete über Gärungsvorgänge u. Enzymwirkungen; Entdecker der Carboxylase. Auch → Neuberg'sche Vergärungsformen.

Neuberg an der Mürz, österr. Marktort in der Steiermark, in den steirisch-niederösterr. Kalkalpen, 730 m ü. M., 1700 Ew.; ehem. Zisterzienserabtei aus dem 14. Jh.; Fremdenverkehr. – Abschluss des *Neuberger Teilungsvertrages.*

Neuberger, Hermann, dt. Sportfunktionär, *12. 12. 1919 Saarbrücken, †27. 9. 1992 Homburg; 1975–1992 Präs. des Dt. Fußball-Bundes; Vize-Präs. des internationalen Fußballverbandes FIFA; Vorsitzender des Organisationskomitees für die Fußballweltmeisterschaften seit 1978.

Neuberger Teilungsvertrag, 1379 im Kloster Neuberg an der Mürz geschlossener Familienvertrag, der das Haus *Habsburg* in die donauländisch-albertinische u. die alpenländisch-leopoldinische Linie spaltete. Die Folge war eine lang anhaltende Schwächung Österreichs, die erst 1490 mit der Wiedervereinigung der getrennten Länder ihr Ende fand.

Neuberg'sche Vergärungsformen, nach C. *Neuberg* benannte Gärungsformen. Als *1. Vergärungsform* bezeichnet man die normale Hefegärung: Glucose → 2 Kohlendioxid + 2 Ethanol; → Gärung. Eine veränderte Hefegärung stellt die *2. Vergärungsform* dar: In Gegenwart von Hydrogensulfit ($NaHSO_3$) entsteht als neues Gärungsprodukt Glycerin (Glucose + Hydrogensulfit → Glycerin + Acetaldehydsulfit + CO_2). Dieser Gärtyp ist in der Industrie zur Glyceringewinnung eingesetzt worden. Unter der *3. Vergärungsform* versteht man eine entsprechende Reaktion, die nach Zusatz von Alkali ($NaHCO_3$, Na_2HPO_4) stattfindet. Dabei kommt es ebenfalls zur Bildung von Glycerin.

Neubiberg, Gemeinde in Bayern, Ldkrs. München, am Stadtrand von München, 550 m ü. M., 10 200 Ew.; Hochschule der Bundeswehr.

Neubrandenburg, kreisfreie Stadt in Mecklenburg-Vorpommern, an der Tollense, 77 300 Ew.; Belvedere, ehem. großherzogliches Palais, alte Wehranlage (2,3 km lange, 6–8 m hohe Ringmauer) mit Stadttoren (Treptower, Stargarder, Neues und Friedländer Tor) und zahlreichen Wiekhäusern, Spitalkirche (15. Jh.), Marienkirche (Backsteingotik), Klosterkirche St. Johannis (14. Jh.); Maschinenbau, Nahrungsmittel-, Baustoff- und Bauindustrie. – 1248 gegründet, planmäßig angelegt; nach Zerstörung im 2. Weltkrieg (zu 84 %) wurde das Stadtzentrum neu gestaltet. 1952–1990 war N. Hauptstadt des gleichnamigen Bezirks der DDR.

Neubrandenburg

Neubrandenburg: Das spätgotische Treptower Tor zeichnet sich durch Staffelgiebel und reiche Blendengliederung aus

Neubraunschweig, die kanad. Prov. → New Brunswick.

Neubreisach, frz. *Neuf-Brisach,* unterelsässische Stadt, im ostfranzös. Dép. Haut-Rhin, südöstl. von Colmar, 2100 Ew.; im 17. Jh. durch den Festungsbauer S. *Vauban* angelegte, völlig erhaltene Festungsstadt; Aluminiumindustrie.

Neubritannien, Insel im Bismarckarchipel, in Melanesien, → New Britain.

Neubritannien-Bougainville-Graben [-bugɛ̃'vil-], Meeresgraben im Pazifik an der Süd- u. Westseite der Inseln Neubritannien u. Bougainville; tiefste Lotung 9140 m.

Neubruch, *Neuland,* neu in Kultur genommenes (mit dem Pflug umgebrochenes) Land. Durch N. wurde früher das Eigentum an bis dahin herrenloser Flur erworben (*Neubruchzehnt*).

Neubuddhismus, *buddhist. Modernismus,* die um 1880 zuerst in Sri Lanka (Ceylon) entstandene, später in Japan u. Indien verbreitete buddhist. Erneuerungsbewegung, in der zeitgemäße Deutungen des Buddhismus als wissenschaftl.-philosoph. Lehre, z. T. auch sozialrevolutionäre Ideen vertreten werden (z. B. durch A. Dharmapala, B. R. Ambedkar). N. nennt man auch die in Europa (seit A. *Schopenhauer*) u. den USA entwickelten u. verbreiteten Formen des Buddhismus.

Neubukow [-'buko], Stadt in Mecklenburg-Vorpommern, Landkreis Bad Doberan,

4700 Ew.; hpts. Metall verarbeitende Industrie.
Neubulach, Stadt in Baden-Württemberg, Ldkrs. Calw, 5100 Ew.
◆ **Neuburg an der Donau,** Kreisstadt in Bayern, westl. von Ingolstadt, 402 m ü. M., 27 600 Ew.; historische Altstadt mit gut erhaltener Stadtummauerung, altes Residenzschloss (15./17. Jh.), Hofkirche (17. Jh.), Rathaus (17. Jh.), Bibliothek (1731); Herstellung von Bauplatten, Glas-, Bekleidungs-, Textil-, Maschinen-, chemische Industrie, Druckereien, Wasserkraftwerk; Verw.-Sitz des Ldkrs. *Neuburg-Schrobenhausen.*

Neuburg an der Donau

Neuburger, Max, österreichischer Medizinhistoriker, *8. 12. 1868 Wien, †15. 3. 1955 Wien; Hptw.: „Handbuch der Geschichte der Medizin" (mit *J. L. Pagel*) 3 Bde. 1902–1905; „Geschichte der Medizin bis zum Ausgang des Mittelalters" 2 Bde. 1906–1911.
Neuburg-Schrobenhausen, Ldkrs. in Bayern, Reg.-Bez. Oberbayern, 740 km², 87 400 Ew.; Verw.-Sitz ist *Neuburg an der Donau*.
Neuchâtel [nøʃaˈtɛl], schweiz. Kanton u. Stadt, → Neuenburg.
Neu-Delhi, *New Delhi,* Hptst. Indiens, 1911 bis 1931 errichteter südwestl. Stadtteil von → Delhi (2); 294 000 Ew.
Neudenau, Stadt in Baden-Württemberg, Ldkrs. Heilbronn, an der Jagst, 5100 Ew.
Neudeutsche Schule, im 19. Jh. eine Gruppe von Musikern, die sich den von R. *Wagner* vertretenen Grundsätzen anschloss u. sich bes. für das Musikdrama u. die sinfon. Dichtung einsetzte. Neben Wagner u. F. *Liszt* waren H. von *Bülow,* P. *Cornelius,* K. *Klindworth,* J. J. *Raff,* K. *Tausig* u. H. *Wolf* die bedeutendsten Vertreter dieser Richtung, die bis zu R. *Strauss* weiterwirkte. Von Parteigängern der Neudeutschen Schulen wurde 1861 der Allgemeine Deutsche Musikverein gegründet, der bis 1892 die „Neue Zeitschrift für Musik" herausgab. Der Neudeutschen Schulen gegenüber stand eine an der Wiener Klassik orientierte Gruppe, zu der F. *Mendelssohn-Bartholdy,* R. *Schumann,* J. *Brahms* u. E. *Hanslick* zählten.
Neudeutschland, *Bund Neudeutschland,* Abk. *ND,* kath. Laienorganisation, 1919 als Bund kath. Schüler an höheren Lehranstalten gegr., während der nat.-soz. Herrschaft verboten, nach 1945 neu gegr. Der ND gliedert sich in Katholische Studierende Jugend, Schülergemeinschaft (KSJND), Katholische Studierende Jugend, Hochschulring (KSJHSR) sowie in die Gemeinschaft katholischer Männer u. Frauen (KMF).

Neudorf, *Zipser Neudorf,* slowak. Stadt, → Spišská Nová Ves.
Neudruck → Reprint.
Neue Ära, die Periode einer liberal-konservativen Regierungspolitik in Preußen unter *Wilhelm I.* während seiner Regentschaft u. in seinen ersten Jahren als König (1858–1862). Das bürokratisch-reaktionäre Regime Manteuffel wurde durch die Regierung Hohenzollern-Sigmaringen abgelöst, Wilhelm strebte für Preußen „moralische Eroberungen" in Deutschland an, u. die liberale Nationalbewegung erhielt neue Stoßkraft (→ Deutscher Nationalverein). Die N. Ära scheiterte an den Plänen des Königs für eine Heeresreform, die in den → Heeres- und Verfassungskonflikt einmündeten.
Neue Deutsche Welle, *Musik:* 1980 aufgekommene Bez. für die deutschsprachige Variante des *New Wave,* die sich nach dem Vorbild des britischen Punk eine eigene Plattform für ihre sozialkritischen Aktivitäten suchte. Die Musikindustrie erkannte das Marktpotenzial des neuen Trends u. nahm viele Künstler unter Vertrag. Später zeichneten sich die Songs mehr u. mehr durch Nonsenstexte aus. 1983 endete der Trend. Die N.D.W. sorgte dafür, dass zum ersten Mal auf breiter Basis dt. Texte in der Rockmusik verwendet wurden.
Neue Figuration, Sammelbezeichnung für alle Kunstrichtungen, die nach dem 2. Weltkrieg entstanden u. die Abkehr von der abstrakten Malerei propagierten. Man unterscheidet zwischen figurativer Malerei, bei der abstrakte Erfahrungen eingebracht werden (z. B. bei R. *Rauschenberg*), u. der Wiederaufnahme realistischer Stilelemente. Der Name leitet sich her von dem 1959 erschienenen Buch „Neue Figuration" von H. *Platschek.*
Neue Hebriden, engl. *New Hebrides,* frz. *Nouvelles-Hébrides,* Inselgruppe in Melanesien, bildet seit 1980 den selbständigen Staat → Vanuatu.
Neue Kerze, Kurzzeichen *NK,* nicht gesetzl. Bez. für die Lichtstärkeneinheit, für die 1948 die SI-Bez. → Candela (cd) eingeführt wurde; 1 NK = 1 cd.
Neue Kronen-Zeitung → Kronen-Zeitung, Wien.
neue Linke, zusammenfassende Bezeichnung für eine vorwiegend von Intellektuellen getragene politische Richtung, die im Zuge der vom → Neomarxismus geprägten Studentenbewegung seit Mitte der 1960er Jahre vor allem in den westlichen Demokratien eine große Rolle als oppositionelle Strömung gespielt hat. Die nicht homogene n. L. richtete sich sowohl gegen die kapitalist. Gesellschaft als auch gegen den Sowjetmarxismus; ein Teil wandte sich dem Maoismus zu. Die n. L. kritisierte die Wohlstandsgesellschaft, die die „Massen", vor allem die „Arbeiterklasse", durch „Konsumterror" manipuliert habe. Charakteristisch für die n. L. war die Propagierung unkonventioneller Protestformen wie etwa im Universitätsbereich Anwendung fanden (Sit-in u. Ä.). In den 1970er Jahren verlor die n. L. im herkömmlichen Sinne an Bedeutung. In gewisser Weise ist der Terrorismus ein Zerfallsprodukt der neuen Linken, ebenso wie die maoistischen K-Gruppen. Auch die Grünen wurden wesentlich vom Ideengut der neuen Linken inspiriert.
Neue Maas, ndrl. *Nieuwe Maas,* Mündungsarm des Rheins, durchfließt Rotterdam, Fortsetzung des *Lek;* bei Vlaardingen Teil. in die Scheuer u. den Nieuwe Waterweg.
neue Mathematik, in den 1960er Jahren Sammelbez. für die Anforderungen an den mathematischen Unterricht, bes. das Verstehen mathematischen Grundstrukturen, vor allem in der → Mengenlehre, zu fördern.
neue Medien, Sammelbezeichnung für verschiedene Techniken im Bereich der Unterhaltungselektronik, der Datenverarbeitung u. der Nachrichtentechnik sowie für Neuentwicklungen bei der Informationsspeicherung u. -übertragung, im weiteren Sinne auch die neuen Formen der Massenkommunikation, insbesondere das Internet.
neue Musik, weder stilistisch noch zeitlich genau zu umgrenzender Begriff, den P. *Bekker* 1919 erstmals verwendete; *i. e. S.* die etwa von A. Schönbergs Kammersinfonie op. 9 (1906) bis zur jüngsten Musik reichende Entwicklung der Kunst-Musik (im Gegensatz zur Unterhaltungsmusik, Jazz u. Rock). Ihr Hauptmerkmal ist die freigesetzte Dissonanz, die zu eigenen, mit der Tonalität nicht vergleichbaren Hörgesetzen geführt hat. Eine zweite Entwicklungsphase nach 1950 erweiterte sowohl die konstruktiven Kompositionstechniken als auch die Eigenständigkeit der Klangfarbe (Entwicklung der elektronischen Musik). Zugleich wurde, verstärkt in den 1960er Jahren, der Werk-Begriff aufgelöst (→ Aleatorik). Die Vieldeutigkeit des Begriffs n. M. rührt daher, dass klanglich sehr kühne Werke der 1. Jahrhunderthälfte bereits zwischen 1908 u. 1914 entstanden sind, während die mit einem revolutionären Schock etwa 1920 breiter einsetzende n. M. (P. *Hindemith,* E. *Krenek,* A. *Honegger,* D. *Milhaud*) sich nach wenigen Jahren unter Führung von *Strawinsky* klassizistisch abklärte. Die gleichzeitige Durchdringung des Tonmaterials in der → Zwölftontechnik erschien als ein auf der *Wiener Schule* (A. *Schönberg,* A. *Berg,* A. *Webern*) begrenzter Vorgang, der als ein Grundstrom der Entwicklung in seiner vollen Tragweite erst nach dem 2. Weltkrieg hervortrat. Bedeutsam für die n. M. nach 1950 wurden die konstruktiven Techniken Weberns, die insbes. in der seriellen Musik (P. *Boulez,* L. *Nono,* K. *Stockhausen*) weiterentwickelt wurden. Parallel dazu blieben sowohl alle Spielarten der erweiterten Tonalität als auch folkloristische Verarbeitung (B. *Bartók*) erhalten. Führten die 1960er Jahre durch extreme Experimente (J. *Cage,* M. *Kagel,* K. *Penderecki,* G. *Ligeti,* D. *Schnebel*) zu musikalischen Grenzsituationen, so zeichnet sich nach 1970 eine gewisse Rückbesinnung auf Expressivität u. die Möglichkeiten der Tonalität („Neue Einfachheit") ab. Dieser neoromantische Zug zeigt sich in neueren Werken ehemaliger Avantgardisten wie z. B. Penderecki. Zugleich spielen mannigfache Verschmelzungen mit asiatischen Musiktraditionen eine Rolle.

Neuenahr-Ahrweiler

Bad Neuenahr-Ahrweiler

◆ **Neuenahr-Ahrweiler,** *Bad Neuenahr,* Kreisstadt in Rheinland-Pfalz, an der unteren Ahr, 92–400 m ü. M., 26 700 Ew.; Burgruine, gut erhaltene Stadtummauerung; weltbekannter Kurort, kohlensäurehaltige Natronthermen; Weinanbau u. -handel, Versand von Mineralwasser (Apollinaris-Brunnen), Spielbank; Verw.-Sitz des Ldkrs. Ahrweiler.

Neuenburg, frz. *Neuchâtel,* ◆ **1.** Kanton in der Westschweiz, 803 km², 165 000 Ew., Hptst. Neuenburg. Zwischen dem Nordwestufer des *Neuenburger Sees* u. der französ. Grenze im Doubstal ist der Kanton ein Teil des Schweizer Faltenjuras mit vier Faltenzügen u. zwischengelagerten Tälern, darunter dem *Val Travers.* Die Höhen weisen Karsterscheinungen, Hochmoore u. Seen auf. Das Seeufer ist uraltes Siedlungsgebiet (bekannte jungsteinzeitl. Funde); es ist klimatisch begünstigt u. ein vorzügl. Weinbaugebiet. Die Juratäler sind dagegen bei bestimmten Hochdruck-Wetterlagen im Winter noch kälter als die Alpen. Die hauptsächlich Viehzucht treibende Landwirtschaft hat für die Wirtschaft insgesamt geringe Bedeutung; es dominiert die Industrie, vor allem die Uhrenproduktion in La Chaux-de-Fonds, Le Locle u. in der Stadt N., daneben Maschinen- u. Apparatebau u. Metallverarbeitung.
Geschichte: → Neuenburg (Stadt).

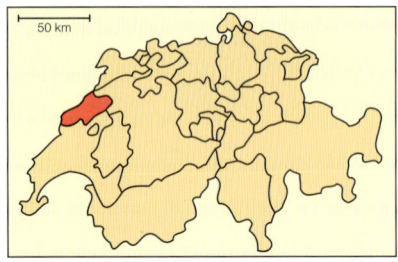

Neuenburg (1)

◆ **2.** Hptst. des gleichnamigen schweiz. Kantons, am Westufer des *Neuenburger Sees,* 31 700 Ew., als Agglomeration 70 000 Ew.; mit der Universität (gegr. 1909) u. vielen Privatschulen Vermittlerin französ. Geistes, Handelshochschule, Konservatorium, Uhrmacherschule; Museen; Schloss (12.–15.Jh.), romanische Stiftskirche Collégiale (12./13.Jh.), Kaufhaus (Maison des Halles, 16.Jh.) u.a. Renaissancehäuser; Papier-, Käse-, Zigaretten-, Schokoladen- u. Uhrenindustrie; Verkehrszentrum.
Geschichte: Am Ufer des Neuenburger Sees liegen zahlreiche Fundorte von prähistor. Siedlungen. N. ist erstmals 1011 als eine Residenz der Könige von Hochburgund bezeugt u. fiel nach deren Aussterben 1033 als Grafschaft an das Reich. Die Grafen von N. erweiterten im 12.–14. Jh. ihr Herrschaftsgebiet. 1214 erhielten die Stadtbewohner von N. eine erste Handfeste. Erben des im 14. Jh. erloschenen Grafengeschlechts waren 1395–1458 die Grafen von Freiburg im Breisgau, 1458–1504 die Baden-Hochberg u. 1504–1707 die Orléans-Longueville, die 1529 das Regierungssystem mit einem Gouverneur u. einem Staatsrat einführten. 1512 wurde N. von den Eidgenossen besetzt u. bis 1529 als Landvogtei verwaltet. 1530–1533 führte G. *Farel* die Reformation ein. 1592 fiel die Herrschaft Valangin an N. u. 1648 legte sich Graf Heinrich II. von N. den Fürstentitel zu. 1707 wurde das vakante Fürstentum dem König von Preußen zugesprochen, der bis 1848 Fürst von N. blieb. 1806–1814 hatte der französ. Marschall Berthier N. als kaiserl. Lehen Napoleons I. inne. 1814 kam N. zugleich unter preuß. Herrschaft (bis 1857) wie auch als 21. Kanton zur Eidgenossenschaft. 1848 gaben sich die Neuenburger eine republikan. Verfassung u. Regierung. Die auf die Uhrenindustrie ausgerichtete Wirtschaft Neuenburgs wurde erst seit den 1980er Jahren diversifiziert.

3. Neuenburg am Rhein, Stadt in Baden-Württemberg, Ldkrs. Breisgau-Hochschwarzwald, im Markgräflerland, 325 m ü. M., 10 600 Ew.; Metall verarbeitende u. Kunststoffindustrie; Grenzübergang nach Frankreich. – Im 13. Jh. Freie Reichsstadt.

Neuenbürg, Stadt in Baden-Württemberg, Enzkreis, an der Enz, südwestl. von Pforzheim, 325 m ü. M., 7600 Ew.; Luftkurort; histor. Altstadt, St.-Georg-Kirche (16. Jh.), Schloss (16./17. Jh.) mit Zwinger u. Ringmauer einer Burganlage aus dem 13. Jh.; Metall verarbeitende, Uhren- u. Schmuckindustrie. – Stadtrecht 1274.

Neuenburger See, frz. *Lac de Neuchâtel,* See in der westlichen Schweiz, 429 m ü. M., 215 km² (der größte ganz zur Schweiz gehörende See), 39 km lang, 6–8 km breit, bis 153 m tief, wird von Juraflüssen gespeist u. von der alpinen Broye u. der Zihl (Thièle) durchflossen; mit dem Bieler See u. Murtensee durch die schiffbaren Kanäle von Broye u. Zihl verbunden; am Nordufer eine vorgeschichtliche Fundstelle (→ Latènekultur).

Neuendettelsau, Gemeinde in Mittelfranken (Bayern), Ldkrs. Ansbach, südwestl. von Nürnberg, 440 m ü. M., 7700 Ew.; 1846 von J. *Löhe* gegr. ev. Missionsanstalten, ev. theolog. Hochschule; Missionsmuseum; Holz, Kunststoff u. Papier verarbeitende Industrie sowie Textilindustrie.

Neuenfels, Hans, dt. Theaterregisseur, *31. 5. 1941 Krefeld; Schauspiel- u. Operninszenierungen vor allem in Frankfurt u. Berlin; provozierende Klassikeraufführungen; seit 1977 freier Regisseur; 1986 bis 1990 Intendant der Freien Volksbühne Berlin. N. schrieb 1991 den Roman „Isaakaros".

Neuengland, engl. *New England,* Bez. für die sechs nordöstl. USA-Staaten *Maine, New Hampshire, Vermont, Massachusetts, Rhode*

Neuenburg (2): verbriefte Freiheitsrechte von 1214. Neuenburg, Musée d'Art et d'Histoire

Island u. *Connecticut,* die zuerst u. überwiegend von Engländern besiedelt wurden.

Neuenglandkuppen, eine schwellenartige Serie von untermeer. Kuppen im Atlant. Ozean vor der Küste von Neuengland (USA).

Neuenhagen, *Neuenhagen bei Berlin,* Gemeinde in Brandenburg, Ldkrs. Märkisch-Oderland, 13 000 Ew.; Nahrungsmittelindustrie.

Neuenhaus, Stadt in Niedersachsen, Ldkrs. Grafschaft Bentheim, an der Vechte, 9000 Ew.; in der Umgebung Erdgasgewinnung.

Neuenkirchen, 1. Gemeinde in Nordrhein-Westfalen, Ldkrs. Steinfurt, südwestl. von Rheine, 12 900 Ew.; Textilindustrie.
2. *Neuenkirchen-Vörden,* Gemeinde in Niedersachsen, Ldkrs. Vechta, unweit der Dammer Berge, 7500 Ew.

Neuenrade, Stadt in Nordrhein-Westfalen, Märkischer Kreis, an der Hönne, im Lenne-Bergland, 324 m ü. M., 12 300 Ew.; Luftkurort; Burg Klusenstein; Eisen u. Kunststoff verarbeitende Industrie. – Stadtrecht 1355.

Neuenstadt, Stadt in der Schweiz, → La Neuveville.

Neuenstadt am Kocher, Stadt in Baden-Württemberg, Ldkrs. Heilbronn, 8700 Ew.; Schloss (16. Jh.), Pfarrkirche (16. Jh.).

Neuenstein, Stadt in Baden-Württemberg, Hohenlohekreis, in der Hohenloher Ebene, 298 m ü. M., 6200 Ew.; Renaissanceschloss (13. bis 16. Jh.), Hohenlohe-Museum; u.a. Kraftfahrzeugindustrie.

Neue Ökonomische Politik, *NEP* (Abk. für russ. *Nowaja Ekonomitscheskaja Politika*), das von *Lenin* 1921 nach den Kriegs- u. Revolutionswirren entwickelte Programm zur Konsolidierung der sowjet. Wirtschaft, die durch die nach der Oktoberrevolution radikal vollzogene Sozialisierung schwer erschüttert war. Die NEP sah eine Mischung von privater u. sozialist. Wirtschaftsform vor. In der Klein- u. Mittelindustrie wurden wieder private Initiativen geduldet, ebenso in der Landwirtschaft. Außerdem wurde ausländ. Kapital ins Land geholt. Aufgrund dieser Maßnahmen gelang es bis 1927, die industrielle Produktion auf den Vorkriegsstand zu bringen. Mit der von *Stalin* 1928 vollzogenen Linksschwenkung (Fünfjahresplan, Kollektivierung der Landwirtschaft) wurde die NEP aufgegeben.

Neue Ordnung Ostasiens, jap. *To-A chitsujo,* am 3. 11. u. erneut am 22. 12. 1938 vom japan. Premierminister *Konoe* in Denkschriften u. Rundfunkansprachen dargelegte außenpolit. Leitgedanken, die auf einen polit. und wirtschaftl. Verbund Chinas, Mandschukuos u. Japans unter japan. Führung abzielten. Die Proklamation der N.O.O. erfolgte im Anschluss an die diplomat. Niederlage der Westmächte auf der Münchner Konferenz u. sollte diese zum Rückzug aus China bewegen; ferner sollte China unter einer aufzubauenden Gegenregierung *(Wang Jingwei)* zu japan. Bedingungen (Anerkennung Mandschukuos, Stationierung japan. Truppen, Handelspräferenzen) zum Friedensschluss gezwungen werden. Im Sommer 1940, nach der militär. Niederlage Frankreichs u. der Niederlande, wurde die „Neue Ordnung" auf die südostasiat. Kolonien dieser Mächte ausgeweitet u. in die propagandistisch wirksame Formel einer Großostasiat. Wohlstandssphäre überführt.

Neuerburg, Stadt in Rheinland-Pfalz, Ldkrs. Bitburg-Prüm, in der Westeifel, 1800 Ew.; Luftkurort; Burganlage (13.–16. Jh.), St.-Nikolaus-Kirche (15./16. Jh.); Werkzeugindustrie.

◆ **Neuer Deutscher Film,** *Junger Deutscher Film,* eine am 28. 2. 1962 im *Oberhausener Manifest* von 26 jungen Filmemachern, u. a. A. *Kluge* u. E. *Reitz,* geprägte Bez. für den von ihnen gewollten Film, der durch eine „neue Sprache" den „alten", konventionellen Film ablösen sollte. Dabei verstanden sich die Regisseure ähnlich wie die Protagonisten der französ. „Nouvelle Vague" als Autorenfilmer.
Als erstes Beispiel des Neuen Deutschen Films gilt „Das Brot der frühen Jahre" 1961 (nach H. Böll) von H. *Vesely.* 1966 etablierte sich diese Form des Kinos mit A. Kluges „Abschied von gestern", J.-M. *Straubs* „Nicht versöhnt", V. *Schlöndorffs* Musil-Adaption „Der junge Törless", P. *Schamonis* „Schonzeit für Füchse" u. U. *Schamonis* „Es". Die 1967 gedrehten Filme, z. B. J. *Schaafs* „Tätowierung", F.-J. *Spiekers* „Wilder Reiter GmbH", W. *Herzogs* „Lebenszeichen" u. V. *Kristls* „Der Brief", führten die themat. Schwerpunkte weiter. Dazu zählen die Reflexion auf die dt. Vergangenheit, die gesellschaftskrit. Abbildung der bundesrepublikan. Realität, oftmals ohne die subjektive Sehweise zu verleugnen. Neben Filmen, die stark vom Experimentalfilm beeinflusst wurden, so A. Kluges „Die Artisten in der Zirkuskuppel: ratlos" 1967, erzielten bes. Literaturverfilmungen Anerkennung.
Es lassen sich im Neuen Deutschen Film verschiedene Strömungen unterscheiden: Die „Berliner Schule" seit 1969, vertreten durch C. *Ziewer,* M. *Willutzki,* M. *Lüdcke,* rückte Probleme der Arbeiter in den Vordergrund u. belebte so Traditionen des proletar. Films. Der „Neuen Münchner Schule", seit Mitte der 1960er Jahre bestehend, werden K. *Lemke* u. R. *Thome* zugerechnet. Ihre Filme zitieren das Hollywoodkino. Seit Beginn der 1960er Jahre beobachteten die Dokumentaristen P. *Nestler,* K. *Wildenhahn,* R. *Schübel* u. G. *Hörmann* die Konflikte der Arbeiter u. Randgruppen. Mittlerweile etablierten sich

Neuer Deutscher Film: Diskussion um die Formulierung des Oberhausener Manifestes (1962); am Rednerpult Alexander Kluge

auch W. *Schroeter* u. Rosa von *Praunheim,* die als „Undergroundfilmer" begonnen hatten. Bes. die große Anzahl von Regisseurinnen ist bemerkenswert. Die Identitätssuche der Frau wurde ein beliebtes Sujet der Filmemacherinnen C. von *Alemann,* J. *Brückner,* I. *Engström,* U. *Ottinger,* E. *Runge,* H. *Sanders-Brahms,* M. von *Trotta* u. a.
Neben Kluge wurden vor allem R. W. Fassbinder u. W. *Wenders* zu Bannerträgern des Neuen Deutschen Films, dessen Ende mit der allmählichen Abwendung vom Autorenkino seit Anfang der 1980er Jahre in Verbindung gebracht wird.

neue Rechte, Bez. für eine intellektuelle polit. Richtung, die nicht zuletzt als Reaktion auf die → neue Linke entstanden ist. Die n. R. grenzt sich vom alten Rechtsextremismus ab u. sucht die kulturelle Vorherrschaft der Linken zu durchbrechen – unter Berufung auf die Lehren des italien. Linkssozialisten A. *Gramsci.* Die Bewegung entstand Ende der 1960er Jahre als *Nouvelle Droite* in Frankreich (wichtige Repräsentanten A. de *Benoist,* G. *Faye* u. a.). Kennzeichnend für sie ist ihre antiegalitäre Stoßrichtung. Vertreter der neuen Rechten behaupten, dass der Egalitarismus die Verschiedenheit der Völker unterdrücke. Nur in seiner „Ethnie" könne sich das Individuum voll entfalten. Der „Kulturimperialismus" zumal der USA lasse es nicht zu, dass die Völker einen eigenen Weg einschlagen könnten. Die Anhänger der neuen Rechten sehen im Liberalismus ihren Hauptgegner, weniger im Kommunismus. Im deutschsprachigen Raum ist A. *Mohler* einer der führenden Köpfe der neuen Rechten, die an Strömungen der konservativen Revolution der Weimarer Republik anknüpft.

neuere Sprachen, die in höheren Schulen, meist in *neusprachlichen Gymnasien,* gelehrten lebenden Fremdsprachen, im Unterschied zu den Sprachen des klass. Altertums.

Neuere Zeit → Neuzeit.

Neuer Kurs, 1. der nach dem Sturz Bismarcks in den Jahren 1890–1894 unternommene Versuch einer Neuorientierung der dt. Innenpolitik unter liberalen Vorzeichen. Hauptvertreter dieser von Kaiser *Wilhelm II.* nur vorübergehend unterstützten Politik

Neuenburg (2): Die Luftaufnahme zeigt die malerische Lage der Stadt am Rande des Neuenburger Sees

neue Stadt: Die seit Beginn der 1960er Jahre gebaute neue Stadt Wulfen sollte vor allem der Entlastung des Ruhrgebiets dienen

waren Reichskanzler L. von *Caprivi* u. der preuß. Handels-Min. H. von *Berlepsch*.
2. die vom Politbüro der SED am 9. 6. 1953 beschlossenen Maßnahmen, durch die „Fehler der Regierung u. der staatl. Verwaltungsorgane" in der DDR korrigiert werden sollten. Der Beschluss sah vor, die Aufwendungen für die Schwerindustrie zu kürzen, die Versorgung der Bevölkerung zu verbessern, dem gewerbl. Mittelstand u. den Bauern mehr Spielraum zu gewähren u. die Rechtssicherheit zu erhöhen. Er ging auf eine Weisung der sowjet. Parteiführung zurück, die nach Stalins Tod vom Konzept des „verschärften Klassenkampfes" u. des „beschleunigten Aufbaus des Sozialismus" abgerückt war. Das Politbüro nahm jedoch nicht die kurz zuvor beschlossene generelle Erhöhung der Arbeitsnormen zurück, die in der Arbeiterschaft den größten Unwillen erregt hatte; dies führte zum → Juniaufstand. Nach der Niederschlagung des Aufstandes wurde das Schlagwort N. K. noch eine Zeit lang gebraucht; 1955 wurde es parteioffiziell fallen gelassen.
Neuer Markt, seit 1997 existierendes neues Handelssegment an der Deutschen Börse in Frankfurt a. M.; orientiert sich am US-amerikan. Freiverkehrsmarkt *Nasdaq*. Ziel ist es, Risikokapital für junge Unternehmen aus Wachstumsbranchen bereitzustellen. Trotz der Wagnisorientierung hat der N. M. zum Schutz der Anleger strenge Normen (große Transparenz, Firmenveröffentlichungen in dt. u. engl. Sprache, jährl. Konferenz mit Finanzanalysten). Emissionen müssen einen Kurswert von mindestens 10 Mio. DM haben. 2000 hat es Emissionen von beträchtlichem Ausmaß gegeben (z. B. T-Online).
Neuerscheinung, eine erstmals in den Handel gebrachte Druckschrift; oft werden *Neuauflagen* fälschlich als Neuerscheinungen bezeichnet.
neuer Stil, Abk. *n. St.,* Zeitrechnung nach dem gregorianischen Kalender (in kath. Ländern seit 1582, in prot. Ländern seit 1700 u. später, in Russland seit 1918). Auch → alter Stil.
Neue Rundschau, *„Die Neue Rundschau",* 1890 als „Freie Bühne für modernes Leben" gegründete vierteljährlich erscheinende Kulturzeitschrift des S. Fischer Verlags, seit 1904 heutiger Titel; erschien 1945–1949 in der Emigration in Stockholm bzw. Amsterdam; seit 1950 in Frankfurt.
Neue Sachlichkeit, ein 1923 von Gustav *Hartlaub* geprägter Begriff, der eine Stilbewegung der dt. *Malerei* um u. nach 1920 bezeichnet, die als Reaktion auf den „verzerrenden" Expressionismus verstanden werden kann. Die Anhänger der Neuen Sachlichkeit legten Wert auf strenge Bildanordnung u. überdeutlich konturscharf wiedergegebene Gegenstandsform, die bis zur Grenze der Starrheit geht. F. *Roh* prägte für das gleiche Phänomen den Begriff „Magischer Realismus". Hauptvertreter waren in Dtschld.: A. *Kanoldt,* F. *Radziwill,* G. *Schrimpf,* M. *Unold,* zeitweilig auch O. *Dix,* G. *Grosz* u. M. *Beckmann*.
Im weiteren Sinn erfasst die Bez. Neue Sachlichkeit auch die nach Zweckmäßigkeit strebende, auf Nachahmung histor. Stilformen verzichtende Richtung in Architektur, Innenausstattung u. Kunstgewerbe in der Zeit nach dem 1. Weltkrieg. – In Italien nannte sich die der Neuen Sachlichkeit entspr. Richtung nach der Ztschr. *„Valori Plastici",* die 1918 von Mario *Broglio* gegründet wurde. Von ihr gingen auch Anregungen für den Surrealismus aus.
Auch im *Film* bemühte sich diese Kunstrichtung seit Mitte der 1920er Jahre um eine möglichst genaue, von Ideen nicht belastete Wiedergabe der Wirklichkeit. Die Darstellung des Schicksals kollektiver Menschengruppen zeigte sich bes. in den sog. Querschnittsfilmen: W. *Ruttmann* „Berlin, Symphonie einer Großstadt" 1927; R. *Siodmak* „Menschen am Sonntag" 1928. Weitere Vertreter der Neuen Sachlichkeit waren: G. W. *Pabst* „Die Liebe der Jeanne Ney" 1927; A. *Fanck* „Der Berg des Schicksals" 1924 u. a.
In der *Literatur* bezeichnet die Neue Sachlichkeit die zwischen den Weltkriegen hervortretende Tendenz zu illusionsnüchterner Darstellung von Gesellschaft, Erotik, Technik u. Weltwirtschaftskrise als Reaktion auf den literar. *Expressionismus;* dem späten *Naturalismus* verbunden, doch von ihm unterschieden durch stärkeres polit. Engagement einerseits, durch polit. indifferente emotionslose Sachlichkeit anderseits u. durch Aufgeben des pseudo-naturwissenschaftl. Objektivitätsanspruchs. Hauptvertreter (meist nur für eine Phase ihres Schaffens um 1930): A. *Zweig,* A. *Döblin,* H. H. *Jahnn,* K. *Tucholsky,* L. *Renn,* E. M. *Remarque,* E. *Kästner,* L. *Feuchtwanger,* M. *Fleißer,* E. E. *Kisch*.
„Neues China", chines. Nachrichtenagentur, → Xin Hua.
„Neues Deutschland", 1946 gegr.; bis 1990 größte Zeitung der DDR, Organ des Zentralkomitees der SED; heute überregional in Dtschld. verbreitete Tageszeitung.
„Neues Hochland", Kulturzeitschrift, → „Hochland".
◆ **neue Stadt,** engl. *new town,* frz. *ville nouvelle,* Bez. für neue, planmäßig angelegte Städte. Ursachen für Stadtneugründungen können strateg.-militär. Natur sein, wie etwa die Gründung von Wilhelmshaven (1853) als preuß. Kriegshafen an der Nordsee, oder in einer langfristigen Raumordnungspolitik zur Beeinflussung der Gesamtsiedlungsstruktur liegen, z. B. die Gründung neuer Städte in den 1920er Jahren in Großbritannien mit dem Ziel der Entlastung der Großstädte u. der Verbesserung der allg. Wohnbedingungen. Neugründungen aus raumordner. Zielen sind die Polderstädte (Emmeloord u. Lelystad) in den Niederlanden u. zahlreiche russ. u. israel. Stadtneugründungen, die in vielen Fällen zur wirtschaftl. Entwicklung u. Förderung errichtet wurden. Deutsche Beispiele hierzu sind Ludwigshafen (1843), Wolfsburg (1938), Traunreut (1950), Eisenhüttenstadt (1950) u. a. In der BR Dtschld. wurden seit dem 2. Weltkrieg mehrere neue Städte mit der Funktion der Entlastungsstadt gegründet, z. B. Sennestadt (1955) bei Bielefeld,

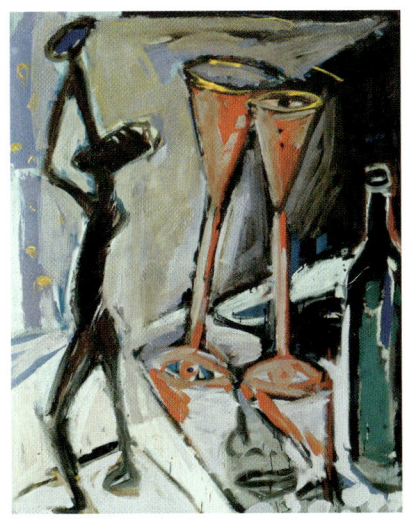

Neue Wilde: Helmut Middendorf, Die Gläser in meinem Kopf; 1981. Essen, Privatsammlung

Wulfen (1958) im nördl. Ruhrgebiet. Aus staatspolit. Anlass wurden die Hauptstädte von Australien (Canberra, 1913) u. Brasilien (Brasília, 1960) neu errichtet. Seit wenigen Jahrzehnten werden sog. Freizeitstädte in Fremdenverkehrsgebieten errichtet, z.B. La Grande Motte (1963) an der südfranzös. Mittelmeerküste.

Neues Tal, arab. *Al Wadi Al Jedid,* Oasenbezirk in Ägypten westl. des Nils mit den Oasensenken Kharga, Dakhla, Farafra u. Baharija, 136 000 Ew. In den Oasen wird seit Ende der 1950er Jahre zusätzl. Kulturland mit Hilfe von artesischen Brunnen gewonnen; die zunehmende Versalzung des Bodens macht sich dabei nachteilig bemerkbar. Das sog. Toshka-Projekt sieht vor, einen Kanal vom Nasser-Stausee in Richtung N. T. zu bauen; die Bewässerung der Oasen würde durch einen Damm u. Stausee in der Wüstensenke reguliert.

neue Sterne, *Novae,* Fixsterne, auf denen ein plötzlicher Helligkeitsausbruch stattfindet. Sie werden innerhalb weniger Stunden um durchschnittl. 13 Größenklassen (etwa 100 000mal) heller, um dann allmählich unter Schwankungen ihre ursprüngl. Helligkeit wieder anzunehmen. Neuen Sterne sind stets Mitglieder eines Doppelsternsystems. Die eine Komponente ist häufig ein roter Riesenstern, die andere ein weißer Zwergstern. Es besteht ein ständiger Gasstrom in Richtung des weißen Zwergsterns. Hat dieser an sich ausgebrannte Stern genügend „frischen" Wasserstoff gesammelt, kommt es zu einem plötzlichen Einsetzen der Umwandlung von Wasserstoff zu Helium. Die dabei frei werdende Energie führt zu einer Nova. Durch Satellitenbeobachtungen kennt man auch Röntgenstrahlen-Novae. Bei einem Ausbruch werden Gasmassen in der Größe bis 1/1000 Sonnenmasse mit hoher Geschwindigkeit (bis 3000 km/s) in den Raum hinausgeschleudert. Neue Sterne vor dem Ausbruch heißen *Praenovae,* nach dem Ausbruch *Exnovae.* Neben den normalen neuen Sternen gibt es die bes. hellen → Supernovae. Die neuen Sterne kommen fast ausschl. in der Milchstraßenzone vor; aber auch in anderen Spiralnebeln (z.B. Andromedanebel) hat man n. S. u. Supernovae gefunden. Novaausbrüche dürften sich nach Jahrtausenden wiederholen. Schneller, aber nicht so stark, wiederholen sich die Ausbrüche bei den *rekurrierenden Novae* u. den *novaähnlichen Veränderlichen.*

Neues Testament, Abk. *NT,* die Sammlung der kanonischen Schriften des Christentums, bestehend aus vier Evangelien (Matthäus, Markus, Lukas, Johannes), der Apostelgeschichte, 13 paulinischen u. deuteropaulinischen Briefen, 7 katholischen Briefen, dem Hebräerbrief u. der Offenbarung des Johannes, im ganzen 27 Schriften (→ Bibel). In dieser Zusammensetzung um 400 zuerst in der griech. (367) u. in der röm. (382) Kirche offiziell anerkannt u. um 600 auch in den übrigen Teilen der damaligen Christenheit angenommen, ist der „Kanon" der neutestamentl. Schriften das Ergebnis langer u. oft leidenschaftl. kirchl.-theolog. Auseinandersetzungen darüber, was als Heilige Schrift anzusehen sei. Auch → Kanon.

Neueste Zeit → Neuzeit.

neue Stoffe, im Sinne des Chemikaliengesetzes (ChemG) chem. Substanzen, die nach dem 18. 9. 1981 in einem Mitgliedstaat der EU auf den Markt gekommen sind oder gebracht werden sollen u. nicht im Altstoffverzeichnis (→ EINECS-Verzeichnis) aufgeführt sind. Für n.S. bestehen nach einem Stufenverfahren mengenabhängige Mitteilungs- oder Anmeldepflichten gegenüber der national zuständigen Behörde unter Beifügung von Prüfunterlagen zu den Stoffeigenschaften, die eine Einschätzung der

Neue Wilde: Sandro Chia, Frühling; 1981/82

stoffbedingten Risiken ermöglichen sollen. Das Verfahren ist im ChemG selbst geregelt u. wird durch die Prüfnachweisverordnung ergänzend konkretisiert; auch für Exportstoffe, die nur außerhalb der EU in Verkehr gebracht werden sollen, bestehen Mitteilungspflichten. Neue Stoffe können mit Kennzeichnungsauflagen versehen (z.B. „umweltgefährlich") oder durch Rechtsverordnung in der Anwendung beschränkt werden. Anmeldungen aus anderen EU-Mitgliedstaaten werden nach dem gleichen Verfahren von nationalen Behörden bearbeitet u. in Form einer standardisierten Kurzfassung zur Information u. Stellungnahme an die anderen Mitgliedstaaten gegeben (maßgebend ist die EG-Richtlinie 67/548/EWG mit Änderungsrichtlinie 92/32/EWG). Bis 1997 wurden rd. 1000 n.S. in Dtschld. u. rd. 3000 n.S. in anderen EU-Mitgliedstaaten vor ihrer Vermarktung geprüft. Die Beurteilung von mögl. oder tatsächl. Beeinträchtigung des Menschen u. der Umwelt bedarf allerdings einer weiter gehenden Harmonisierung. EU: Gemeinsame Grundlage ist Anhang VII der EG-Richtlinie 67/548/EWG.

Neue Welle, *Film:* → Nouvelle Vague.

Neue Welt → Alte Welt.

◆ **Neue Wilde,** *Junge Wilde,* eine um 1980 vor allem in Dtschld. aufgekommene Richtung der Malerei (Zentren in Köln mit der Gruppe „Mülheimer Freiheit", Berlin u. Hamburg), die sich radikal von der bisherigen, als zu intellektuell empfundenen Avantgarde lossagt. Hauptmerkmale der oft in Gemeinschaftsarbeit entstehenden, meist großformatigen Bilder sind schwungvoller, aber wenig differenzierter Pinselstrich, grelle Farbigkeit u. bewusste Mehrdeutigkeit. Die Bildinhalte kreisen meist um elementare Empfindungen wie Angst u. Sexualität oder huldigen dem freien Spiel der Fantasie, auch polit. Aussagen werden gemacht (z.B. J. *Immendorff* in seiner Serie „Café Deutschland"). Als Vorbilder lassen sich H. *Matisse* u. H. *Kirchner* erkennen. Die bekanntesten Vertreter der Neuen Wilden im dt. Sprachraum sind: H.P. *Adamski,* E. *Bach,* P. *Bömmels,* W. *Dahn,* G. *Dokoupil,* R. *Fetting,* G. *Kever,* H. *Middendorf, Salomé.* Ähnl. betont malerische Tendenzen verfechten in Italien die

Neue Wilde: Elvira Bach, Was eine Frau benutzt, um täglich fit zu sein für die Männerwelt; 1982

Neue Zürcher Zeitung: Erste Nummer vom 12. 1. 1780, damals noch unter dem Titel „Zürcher Zeitung"

Protagonisten der Rätselkunst „Arte Cifra": S. *Chia*, F. *Clemente*, E. *Cucchi* u. M. *Paladino*.

Neue Zeitung, „Die Neue Zeitung", 1945 gegr. deutschsprachige Zeitung der US-amerikan. Besatzungsmacht, erschien zunächst in München, später mit Ausgaben in Frankfurt (eingestellt 1953) u. Berlin (eingestellt 1955).

♦ **„Neue Zürcher Zeitung",** Abk. *NZZ,* 1780 in Zürich gegr. liberale schweiz. Tageszeitung, seit 1821 heutiger Titel; In- u. Auslandsauflage; Auflage: 135 000.

Neufahrn bei Freising, Gemeinde in Bayern, Ldkrs. Freising, an der Isar, am westl. Rand des Erdinger Mooses, 461 m ü. M., 16 500 Ew.; Wallfahrtsort; kosmet. Industrie.

Neuf-Brisach [nøbri'zak], Stadt im Elsass, → Neubreisach.

Neufchâtel-en-Bray [nøʃatela'brɛ], Kleinstadt in der französ. Landschaft Bray, in der oberen Normandie, Dép. Seine-Maritime, 5600 Ew.; Agrarmarkt (Käse).

Neufert, Ernst, dt. Architekt, *15. 3. 1900 Freyburg/Unstrut, †23. 2. 1986 Bugnaux, Kanton Waadt (Schweiz); Schüler von W. *Gropius,* seit 1924 Dozent am Bauhaus in Dessau, 1926–1930 Prof. u. Leiter der Bauabteilung des Staatl. Bauhauses in Weimar, 1945–1965 Prof. in Darmstadt. N. baute Industrieanlagen u. Wohnsiedlungen u. war ein bedeutender Architekturtheoretiker. Veröffentlichungen: „Bauentwurfslehre" 1936; „Bauordnungslehre" 1943.

Neuffen, Stadt in Baden-Württemberg, Ldkrs. Esslingen, nordöstl. von Reutlingen, 408 m ü. M., 6000 Ew.; frühgotische Martinskirche (14. Jh.), Rathaus (1657); Weinbau, Maschinenbau, Elektro-, Textil-, Metallindustrie; in der Nähe die Burgruine *Hohenneuffen* (1100 erstmals erwähnt, im 18. Jh. zur Festung ausgebaut, 1801/02 geschleift). – Stadtrecht 1232.

Neuflosser → Neopterygii.

Neufundland, engl. *Newfoundland,* frz. *Terre-Neuve,* ♦ **1.** kanad. Insel vor der Ostküste Nordamerikas, vor dem St.-Lorenz-Golf, 108 860 km², rd. 520 000 Ew.; flachwelliges Bergland (bis 814 m hoch) mit steiler, fjordreicher Küste; mit Tundra u. Nadelwald bedeckt, von zahlreichen Mooren durchsetzt, im Frühjahr u. Winter sehr nebelreich; Fischerei auf der *Neufundlandbank* (Kabeljau), *Forstwirtschaft;* Kupfer-, Zink- u. Bleierzabbau. – 1497 von J. *Cabot* entdeckt, seit 1600 von Europäern besiedelt.

2. die kanad. Prov. → Newfoundland.

Neufundlandbank, *Große Neufundlandbank,* Schelfgebiet des Atlant. Ozeans östl. u. südöstl. von Neufundland, mit Untiefen bis zu –4 m (Virgin Rocks), setzt sich nach NO in der *Flämischen Kuppe* (–65 m), nach SO in der *Neufundlandschwelle* fort; wichtiges Fischereigebiet, stark nebel-, im Winter auch treibeisgefährdet.

Neufundlandbecken, Tiefseebecken des Atlant. Ozeans, östl. u. südöstl. von Neufundland, bis 5883 m tief; geht nach N ins *Labradorbecken* über, nach S durch die *Neufundlandschwelle* von Nordamerikan. Becken getrennt. Im zentralen Teil liegen die *Gaußkuppen, Milnekuppen* u. die *American Scout-Kuppe* (–36 m).

Neufundländer, massige Hunderasse mit langer Behaarung, buschiger Rute, meist rein schwarz, Schulterhöhe 62–75 cm; in Neufundland aus Indianer- u. europ. Fischerhunden entstanden.

Neufundlandschwelle, untermeer. Schwelle des Atlant. Ozeans, schließt südöstl. an die *Neufundlandbank* an, trennt das *Neufundlandbecken* im N vom Nordamerikan. Becken im S.

„neu für alt", Abzug bei der Schadensregulierung nach einem Verkehrsunfall, wenn im Zuge der Reparaturdurchführung eine Wertverbesserung entsteht, weil neue für alte Teile eingesetzt werden, z. B. ein neuer für einen bereits benutzten Reifen.

Neufürstliche Häuser, Fürstenhäuser im Hl. Röm. Reich Dt. Nation, die im Unterschied zu den *Altfürstlichen Häusern* erst nach 1582 in den Reichsfürstenstand erhoben worden waren.

Neugeborenengelbsucht, 1. *Icterus neonatorum,* meist harmlose, bei mehr als der Hälfte aller Neugeborenen am 2.–3. Lebenstag auftretende physiolog. Gelbsucht *(Ikterus).* Sie wird durch den Abbau u. Zerfall der roten Blutkörperchen *(Erythrocyten)* ausgelöst, deren Abbauprodukte (vor allem Bilirubin) durch die noch unreife Leber des Neugeborenen nicht vollständig umgesetzt werden können. Der Anstieg des Bilirubins im Blut *(Hyperbilirubinämie)* verfärbt die Schleimhäute (besonders die Bindehaut des Auges) u. die Haut gelblich. Ab dem 6. Lebenstag fällt innerhalb von 2–3 Wochen das erhöhte Bilirubin auf den Normalwert. Mittels Blaulichtbestrahlung wird dieser Vorgang beschleunigt (vor allem beim kritischen *Frühgeborenenikterus* verwendet).

2. *fetale Erythroblastose,* ein durch Blutgruppenunverträglichkeit (meist der → Rhesusfaktoren, seltener des AB0-Systems) verursachter beschleunigter Abbau der kindl. Erythrocyten durch mütterl. Antikörper. Rhesusnegative Mütter werden durch Erythrocyten eines rhesuspositiven Kindes, die in ihren Kreislauf eintreten, als Immunantwort gegen die Rhesusfaktoren sensibilisiert. Bei einer erneuten Schwangerschaft mit einem rhesuspositiven Kind treten die

Neufundland (1): Die Wikingerausgrabungen in L'Anse-aux-Meadows sind Zeugnis der ersten europäischen Siedlung auf nordamerikanischem Boden

mütterl. Antikörper in den fetalen Kreislauf ein u. zerstören die Erythrocyten. Die Auswirkungen für das Kind reichen je nach Verlauf von schwerer Gelbsucht bis zu evtl. Schädigung des Zentralnervensystems *(Kernikterus)*, Blutarmut *(Anämie)*, Wassersucht *(Hydrops fetalis)* u. können unbehandelt zum Tod führen. Die Diagnose erfolgt durch → Amniozentese u. Untersuchung des Nabelschnurblutes. In leichten Fällen erfolgt die Behandlung durch Blaulichtbestrahlung (→ Lichttherapie) des Neugeborenen u. evtl. Blutaustausch, bei schwerem Verlauf wird noch fetal eine Bluttransfusion durch die Gefäße der Nabelschnur durchgeführt. Zur Vorbeugung kann bei rhesusnegativen Müttern eine *Anti-D-Prophylaxe* zur Verhinderung einer Rhesus-Sensibilisierung angewendet werden.

Neugeistbewegung, dt. Zweig der durch Phineas Parkhurst *Quimby* (*1802, †1866) angeregten, in den USA ausgebauten Weltanschauung, mit dem Grundgedanken, alles Äußere sei die Wirkung von geistigen Vorgängen; durch „neues Denken", das die inwendige göttliche Kraft mobilisiere, könne das Leben geheilt werden. Die Anhänger des „New Thought" sammelten sich erstmals 1894; 1914 entstand die *International New Thought Alliance* mit rd. 600 geistigen u. religiösen Gemeinschaften. Ihr schloss sich 1922 die 1919 gegr. dt. Biosophische Bewegung als *Neugeistbund* an. Starke Verbreitung erfuhr die N. auch in Japan.

Neugersdorf, Stadt in Sachsen, Ldkrs. Löbau-Zittau, nordwestl. von Zittau, 6700 Ew.; Textil- u. Möbelindustrie, Silbfverarbeitung. – Gründung durch ev. Glaubensflüchtlinge aus Böhmen (1657); bekannt durch die Oberlausitzer Baumwollweberei.

Neugier, der psychische Antrieb, Unbekanntes u. Verborgenes zu erkunden; bisweilen auch als *Wissbegier* bezeichnet. Von der christl. Tradition als Laster verurteilt, gilt sie trotzdem als Antrieb alles Wissenwollens u. ist in besonderem Maße das philosoph.-psych. Motiv des wissenschaftl. Denkens. Beim Menschen bleibt das Neugierverhalten über das ganze Leben erhalten, während es bei den meisten Tierarten nur auf eine gewisse Phase der Jugendentwicklung beschränkt ist.

Neugliederung, Maßnahmen zur gebietl. Neuordnung Deutschlands. Schon zur Weimarer Zeit sollte eine → Reichsreform (2) die dynastische Ländereinteilung durch die Bildung neuer Länder als stammesmäßig-kulturell-wirtschaftl. Einheiten ersetzen. Außer Zusammenlegungen (Bildung von Thüringen, Waldeck an Preußen, Verschmelzung von Mecklenburg-Schwerin u. Mecklenburg-Strelitz) sind diese Versuche sowohl damals wie nach 1933 gescheitert. Nach 1945 kam es durch Abgrenzung der Besatzungsgebiete zu willkürlichen Bildungen. Deswegen schrieb Art. 29 GG alter Fassung die N. des Bundesgebietes als Verfassungsauftrag vor. Diese Bestimmung war jedoch wegen des alliierten Verbots bis zur Erlangung der Souveränität der BR Dtschld. (5. Mai 1955) nicht anwendbar, so dass bis zu diesem Zeitpunkt allein die in Art. 118 GG festgesetzte besondere Regelung für den Südweststaat möglich wurde. Demgemäß wurde 1952 durch Zusammenschluss der Länder Baden, Württemberg-Baden u. Württemberg-Hohenzollern das Land Baden-Württemberg gebildet. Die Neufassung des Art. 29 GG durch das Gesetz vom 23. 8. 1976 sieht vor, dass das Bundesgebiet neu gegliedert werden kann, um zu gewährleisten, dass die Länder nach Größe u. Leistungsfähigkeit die ihnen obliegenden Aufgaben wirksam erfüllen können. Dabei sind die landsmannschaftl. Verbundenheit, die geschichtl. u. kulturellen Zusammenhänge, die wirtschaftl. Zweckmäßigkeit sowie die Erfordernisse der Raumordnung u. der Landesplanung zu berücksichtigen. Die Maßnahmen zur N. des Bundesgebietes ergehen durch Bundesgesetz, das der Bestätigung durch *Volksentscheid* bedarf. Die betroffenen Länder sind zu hören. N. des Bundesgebietes ist heute nicht mehr Pflichtaufgabe des Bundes, sondern nur noch Kann-Aufgabe. Konkrete Neugliederungsvorschläge wurden zuletzt Mitte der 1990er Jahre von den Ländern Berlin u. Brandenburg erhoben, die eine Fusion anstrebten. Die geplante Fusion wurde durch den Volksentscheid 1996 in Brandenburg abgelehnt.

Neugotik, die Wiederaufnahme der *Gotik* im 18. u. 19. Jh., bes. die in der Baukunst seit etwa 1750 zunächst in England aufkommende, später auf Kontinentaleuropa übergreifende Bestrebung, got. Bauformen (Spitzbögen, Fialen) nachzubilden, in Zusammenhang mit einer romantisierenden Verherrlichung des MA. Seit 1830 wurde die N., nicht zu verwechseln mit der *Nachgotik*, zu einem weit verbreiteten, bes. bei Kirchen u. Rathäusern angewandten Kunststil. Das wissenschaftl. Erarbeiten got. Architektur u. die Versuche, got. Bauwerke zu restaurieren, haben in Frankreich u. Dtschld. (Vollendung des Kölner Doms ab 1842) die Neigung zu neugot. Bauen stark gefördert.

Neugrad [das], Zeichen ^{g}, seit 1. 1. 1975 nicht mehr gültige Bez. für die dezimale Maßeinheit des Winkels, → Gon, der 400. Teil des Vollwinkels (des Kreises); 400^g ≙ 360°. Der rechte Winkel hat 100^g, 1^g = Neuminuten (c); 1^c = 100 Neusekunden (cc). Das N. ist seit 1937 im Vermessungsdienst eingeführt.

Neugranada, *Nueva Granada,* span. Generalkapitanat 1547–1739 im Vizekönigreich Peru, dann selbst Vizekönigreich, das etwa das Gebiet der heutigen Staaten Kolumbien u. Ecuador umfasste. 1810 begannen in N. die Unabhängigkeitskämpfe.

Neugriechen, die heutigen → Griechen (2).
neugriechische Literatur → griech. Literatur.
neugriechische Sprache → griech. Sprache.

◆ **Neuguinea** [-giˈneːa], engl. *New Guinea,* zu Melanesien zählende Tropeninsel nördl. von Australien, dem dessen Festlandsockel; durch die *Arafurasee* u. die flache, 153 km breite *Torresstraße* von Australien getrennt; die zweitgrößte Insel der Erde, 771 900 km², mit zugehörigen Inseln 888 132 km², über 6 Mio. Ew. Sie gliedert sich polit. in den indones. Westteil *(Westneuguinea,* → Irian Jaya) u. den ehem. austral. verwalteten Ostteil, der im Sept. 1975 seine Unabhängigkeit unter dem Namen → Papua-Neuguinea erhielt. Die Insel wird in ihrer ganzen Länge von einem Zentralgebirge (rd. 2500 km lang) durchzogen, das in der *Jayaspitze* (früher *Carstenszspitze)* 5030 m hoch ist. Nördl. u. südl. schließen sich breite Flach- u. Hügelländer an, die von wasserreichen Strömen (Fly River, Sepik, Mamberamo, Digul) gequert werden u. bes. im SW sumpfig sind. Die Küsten werden von Mangrovendickichten gesäumt. Bis in 3000 m Höhe ist die Insel von Wald bestanden. Das Klima ist tropisch mit sehr hohen Niederschlägen.

Die Bevölkerung besteht überwiegend aus melanes. *Papua,* daneben gibt es kleine Minderheiten von Weißen u. Indonesiern. Kokos- u. Sagopalmen, Bananen, wilds Zuckerrohr, Yams, Taro u. Süßkartoffeln dienen der Ernährung der einheimischen Bevölkerung. Verbreitet ist die Schweinehaltung. In Plantagen werden Kautschuk, Sisal, Kaffee u. Kakao angebaut. Auf der *Vogelkophalbinsel* wird Erdöl erbohrt. Auf der benachbarten Insel *Waigeo* im NW gibt es Nickel u. Kobalt. Eisenbahnen fehlen, Straßen gibt es nur in der Nähe einiger Städte. Wichtig sind die Küsten- u. Flussschifffahrt u. der Luftverkehr.

Geschichte: 1511 wurde N. von Portugiesen entdeckt, aber erst 1527 von ihnen betreten. 1828 besetzten die Niederländer den W, der zu *Niederländisch-Indien* kam. 1884 nahm England den SO *(Britischneuguinea, Papua)* u. Deutschland den NO *(Kaiser-Wilhelms-Land)* in Besitz. Der dt. Teil kam 1921 als Völkerbundsmandat an Australien. Die Nordküsten waren 1942–1944 von Japan besetzt. Im *Papua and New Guinea Act* 1949 wurden der brit. u. der ehemals dt. Teil in Form einer gemeinsamen Selbstverwaltung (Treuhandgebiet *Papua and New Guinea)* unter australischer Oberaufsicht vereinigt; dieses Gebiet erhielt am 1. 12. 1973 die Autonomie (Papua-Neuguinea) u. wurde am 16. 9. 1975 unabhängig. Westneuguinea blieb zunächst in niederländischem Besitz. Indones. Ansprüche wiesen die Niederlande ab. Erst 1963 kam das Gebiet als *Westirian* (seit 1973 *Irian Jaya)* zu Indonesien. Auch → Indonesien, → Papua Neuguinea.

Neuguinea: Krieger vom Stamm der Dani in Irian Jaya

Neuguineaschwelle [-gi'neːa-] → Aurepikschwelle.
Neuhannover, Insel im Bismarckarchipel, → Lavongai.
Neuhaus, 1. *Neuhaus am Rennweg,* Stadt in Thüringen, Ldkrs. Sonneberg, im Thüringer Wald, bis 830 m ü. M., 7000 Ew.; Luftkurort, Wintersportort; Glas-, keramische u. elektrotechnische Industrie. – Stadtrecht 1933. **2.** *Neuhaus an der Pegnitz,* Gemeinde (Markt) in Bayern, Ldkrs. Nürnberger Land, auf der Fränkischen Alb, 3100 Ew.; Burg Veldenstein; Bekleidungsindustrie. **3.** tschech. Stadt, → Jindřichův Hradec.
Neuhaus, Friedrich, dt. Eisenbahnpionier, * 20. 9. 1797 Behme bei Herford, † 4. 12. 1876 Berlin; plante u. erbaute die Berlin-Stettiner sowie die Berlin-Hamburger Bahnlinie u. 1845–1847 den ehem. Hamburger Bahnhof in Berlin.
Neuhäusel, slowak. Stadt, → Nové Zámky.
Neuhausen, 1. *Neuhausen am Rheinfall,* Industriegemeinde im schweiz. Kanton Schaffhausen, 10 600 Ew.; Schlösschen Wörth (12. Jh.) beim Rheinfall; Metall-, chemische, Waffen- u. Textilindustrie; Aluminium-Forschungsinstitut.
2. *Neuhausen auf den Fildern,* Gemeinde in Baden-Württemberg, Ldkrs. Esslingen, südöstl. von Stuttgart, 10 600 Ew.; 2 Schlösser (16. Jh.); Maschinenbau, Textil- u. feinmechan. Industrie.
Neuhäusler, Johann, dt. kath. Theologe, * 27. 1. 1888 Eisenhofen, † 14. 12. 1973 München; seit 1932 Domkapitular, wegen seines Widerstands gegen den Nationalsozialismus 1941–1945 in den KZ Sachsenhausen u. Dachau, 1947 Weihbischof von München u. Freising.
Neuhebridenbecken, untermeer. Becken im östl. Korallenmeer des Pazifischen Ozeans, an der Westseite der *Neuen Hebriden*), im *Neuhebridengraben* bis −7570 m (durch die „Planet" 1910 gelotet).
Neuhegelianismus, die Erneuerung u. Weiterbildung des Hegelianismus um die Jahrhundertwende u. im ersten Drittel des 20. Jh. In England war der N. mit der Einführung der kantischen Philosophie verbunden (J. H. Stirling, T. H. Green, E. Cairt, J. McTaggart). In Italien bestand bereits eine ältere Hegeltradition, auf die sich der N. kritisch bezog; dabei verwarf B. Croce Hegels Natur- u. Geschichtsphilosophie u. modifizierte die dialekt. Methode, während G. Gentiles aktualer Idealismus die fichteschen Momente der hegelschen Philosophie zur Geltung brachte. In Dtschld. finden sich Ansätze zum N. bei Adolf Lasson, R. Kroner, T. Litt u. H. Glockner. Jedoch gab es nur in Holland, wo G. J. P. Bolland durch Übersetzungen hegelscher Schriften, Kommentare u. durch seine eigene, an Hegel orientierte Philosophie für die Erneuerung des Hegelianismus gewirkt hatte, einen N. im strengeren Sinn (B. Wigersma, J. Hessing [* 1874, † 1944]).
Neuheidentum, abwertende, nichtwissenschaftl. Bez. für alle nicht (mehr) christl. religiösen Vereinigungen; die Bez. ist irreführend, da eine Abkehr vom Christentum nicht zu vorchristl. Religionsformen zurückführen kann.

Neuhochdeutsch, Abk. *Nhd.,* → deutsche Sprache.
Neuhof, Gemeinde in Hessen, Ldkrs. Fulda, 11 700 Ew.; barockes Wasserschloss (16. u. 18. Jh.); Kalibergbau.
Neuhofen, Gemeinde in Rheinland-Pfalz, Ldkrs. Ludwigshafen, 7400 Ew.
Neuhoff, Stephan Theodor Baron von, dt. westfäl. Abenteurer, als *Theodor I.* 1736 König von Korsika, * 24. oder 25. 8. 1694 Köln, † 11. 12. 1756 London; Offizier in französ. u. span. Diensten, polit. Agent für Schweden, Spekulant in Paris; setzte sich 1736 an die Spitze korsischer Emigranten gegen die Rep. Genua u. landete auf Korsika, wo er am 15. 4. zum erbl. König gewählt wurde. Noch im selben Jahr wurde er von genuesischen Truppen vertrieben. Er lebte seit 1749 verarmt in London.
Neuhöwen, höchster Berg im *Hegau,* 867 m.
Neuhumanismus, eine um 1750 einsetzende Geistesströmung, die erneut auf das Gedankengut der klass. Antike zurückgriff; nicht eine Nachahmung oder Weiterführung der Antike wie der *Humanismus* der Renaissance, sondern ein lebendiges Streben nach *Humanität.* Das Ideal des N. ist die Bildung des Menschen zu einer inneren, umfassenden Einheit, die „Erhöhung aller Geistes- u. Gemütskräfte zu einer schönen Harmonie des inneren u. äußeren Menschen". Der N. wurde durch J. G. von *Herders* „Ideen zur Philosophie der Geschichte der Menschheit" 1784–1791 u. „Briefe zur Beförderung der Humanität" 1793–1797 eingeleitet u. von W. von *Humboldt, Goethe, Schiller,* F. A. *Wolf* u. J. F. *Herbart* weitergeführt. Auf der Grundlage des N. entstand die idealist. Philosophie (J. G. *Fichte,* F. W. J. von *Schelling,* F. E. D. *Schleiermacher,* G. W. F. *Hegel),* die eine neue „Weltansicht" (W. von Humboldt) schuf. Dem N. gelang die humanist. Erneuerung der klass. Philologie (C. G. *Heyne,* J. A. *Ernesti),* der Altertums- u. Kunstwissenschaft voraus (J. J. *Winckelmanns* „Geschichte der Kunst des Altertums" 1764). Der N. entwickelte den Begriff der *Bildung;* er reformierte das humanist. Gymnasium u. brachte es in seine moderne Form. Der Höhepunkt des N. war die *Weimarer Klassik.* In der Mitte des 19. Jh. wurde der N. von einem neuen Realismus u. Positivismus heftig angegriffen.
Neuidealismus, philosoph. Gegenbewegung zu Positivismus u. Materialismus; bes. als *Neuhegelianismus, Neukantianismus* u. als Neubelebung des fichteschen Idealismus durch R. *Eucken.*
Neuilly-sur-Marne [nœjisyr'marn], Industrievorort u. Binnenhafen östl. von Paris, im Dép. Seine-Saint-Denis, 31 600 Ew.; got. Kathedrale.
Neuilly-sur-Seine [nœjisyr'sɛn], westl. Industrievorstadt von Paris, Dép. Hauts-de-Seine, am *Bois de Boulogne,* 62 000 Ew.; Maschinen-, Eisen-, Autozubehör-, Gummi- u. pharmazeut. Industrie, Parfümherstellung. – 1919 Friedensschluss zwischen den Alliierten u. Bulgarien. Vertrag von Neuilly → Pariser Vorortverträge (3).
Neuirland, Insel im Bismarckarchipel, → New Ireland.

Neu-Isenburg

◆ **Neu-Isenburg,** Stadt in Hessen, Ldkrs. Offenbach, Vorort von Frankfurt a. M., 35 300 Ew.; Rathaus (1702); Nahrungsmittel-, Metall-, Elektro-, Glas-, Foto-, Gummi-, kosmet. Industrie, Maschinenbau. – 1699 von Hugenotten u. Waldensern gegr., Stadtrecht 1894.
Neujahr, der festl. Jahresanfang (*Neujahrstag;* davor: *Neujahrsabend, Neujahrsnacht*). Im Röm. Reich wurde als Neujahrstag der 1. Januar *(Kalenderfest)* gefeiert. Das Kirchenjahr begann bis ins 4. Jahrhundert mit Epiphanias am 6. Januar, dann mit dem Weihnachtsfest am 25. Dezember Papst Innozenz XII. verlegte 1691 den Neujahrstag auf den 1. Januar. In den Feiern zu N. hat sich german. u. christl. Brauchtum erhalten.

Neukaledonien

◆ **Neukaledonien,** frz. *Nouvelle-Calédonie,* Inselgruppe zwischen Neuseeland u. den Salomonen, französ. Überseeterritorium, umfasst außer der Insel N. *(Grande Terre,* 16 750 km²) die *Îles Loyauté* (2072 km²), die *Île des Pins* (159 km²), die *Îles Chesterfield, Walpole, Surprise, Belep, Matthew* u. *Huon.* Insgesamt hat es eine Fläche von 18 575 km² u. 189 000 Ew.; Hauptort ist *Nouméa* auf N. Die überwiegend christl. Bevölkerung des Territoriums besteht aus über 98 000 Melanesiern (Kanaken), 5000 Polynesiern, 61 000 Europäern (bes. Franzosen) sowie Javanern u. Vietnamesen.
Die Küste der Hauptinsel wird von einem Korallenriff gesäumt. Die Insel selbst ist gebirgig, einige Gipfel übersteigen 1500 m Höhe *(Mont Panié* 1628 m). Das subtrop. Klima ist hinreichend feucht (Regenzeit Dezember–März), um dichte Bergwälder, fruchtbare Plantagen u. Weiden gedeihen zu lassen. In den Plantagen (bes. am Osthang) werden Kokospalmen, Reis, Zuckerrohr, Mais, Maniok, Kaffee, Tabak, Ananas, Wein, Gemüse u. Baumwolle angebaut, teilweise auch exportiert (vor allem Kaffee u. Kopra). Bedeutend ist die Zucht von Rindern u. Schafen. Sehr reich sind die Bodenschätze, vor allem an Nickel (3. Platz in der Weltförderung), Chrom, Mangan, Kobalt, Eisen u. Kupfer, ferner Wolfram

Blei u. Zink. Ein wichtiger Wirtschaftszweig ist der Fremdenverkehr.
N. wurde 1774 von J. *Cook* entdeckt, seit 1853 ist es französ., 1864–1897 war es Strafkolonie. Seit 1984 kam es zu teilweise militanten Autonomieforderungen der Kanaken. In einem Referendum soll 2018 über die Unabhängigkeit von Frankreich entschieden werden.

Neukaledoniensenke, Teil der → Tasmansee des Pazif. Ozeans.

Neukantianismus, *Neokritizismus,* in Deutschland, Frankreich, England u. a. Ländern im 2. Drittel des 19. Jh. einsetzende, in Dtschld. als Gegenbewegung zum objektivistischen → Materialismus entstandene u. von Naturforschern (Johannes *Müller*, H. von *Helmholtz*) geförderte Bewegung zur Erneuerung der kantischen Philosophie. Eingeleitet von K. *Fischer* („Kant" 1860), E. *Zeller* („Was ist Erkenntnistheorie?"), O. *Liebmann* („Kant u. die Epigonen" 1865) u. F. A. *Lange* („Geschichte des Materialismus" 1866) entwickelten sich zwei bedeutende Schulen: die *Marburger Schule* (H. *Cohen,* P. *Natorp,* E. *Cassirer,* K. *Vorländer*) u. die *Südwestdeutsche Schule,* auch *Badische* oder *Heidelberger Schule* genannt (W. *Windelband,* H. *Rickert,* E. *Lask,* B. *Bauch*). Daneben haben noch andere Philosophen das kantische Denken zu ihrem Wahlspruch gemacht, ohne dass man bei ihnen von N. im spezifischen Sinne redet (A. *Riehl,* R. *Hönigswald,* H. *Vaihinger*). Die Marburger Schule beschäftigte sich vor allem mit transzendentallogischen Untersuchungen u. wissenschaftstheoret. Problemen der exakten Wissenschaften. Die Südwestdeutsche Schule setzte sich insbes. mit der Unterscheidung von Natur- u. Geisteswissenschaften auseinander u. unternahm Forschungen zur Werttheorie u. Geschichte der Philosophie. Bis in die 1920er Jahre hinein war der N. führend in der dt.

Neukaledonien: Blick über die Südwestküste der Hauptinsel

Philosophie, wirkte stark auf die prot. Theologie, die Rechtswissenschaften u. den Marxismus ein (Austromarxismus u. Revisionismus) u. wurde dann allmählich durch die Phänomenologie u. die Existenzphilosophie abgelöst.

Neukastilien, span. *Castilla la Nueva,* histor. Landschaft Zentralspaniens, umfasst die 5 Provinzen *Madrid, Guadalajara, Cuenca, Toledo* u. *Ciudad Real,* zusammen 72 565 km², 6,2 Mio. Ew.; alte Hptst. *Toledo;* geograph. gehört N. zur südl. → Meseta (Hochebene).

Neukirchen, Stadt in Hessen, Schwalm-Eder-Kreis, am Knüll, 7600 Ew.; Fremdenverkehr.

Neukirchen-Vluyn

◆ **Neukirchen-Vluyn** [-flyːn], Stadt in Nordrhein-Westfalen, Ldkrs. Wesel, westl. von Duisburg, 28 200 Ew.; Schloss Bloemersheim; Steinkohlenbergbau, Elektro-, Metall-, Textil-, Maschinenindustrie. – Stadtrecht 1981.

Neukirch/Lausitz, Gemeinde in Sachsen, Ldkrs. Bautzen, südwestl. von Bautzen, 5900 Ew.; Maschinenbau, Nahrungsmittel- u. keram. Industrie.

Neuklassik, eine aus der *Neuromantik* entstandene literar. Richtung zu Beginn des 20. Jh., die sich an Vorbilder aus der dt. *Klassik* u. dem frühen *Realismus* anlehnte. Die N. wandte sich bes. gegen den Naturalismus. Hauptvertreter der N. waren P. *Ernst,* W. von *Scholz* u. der späte G. *Hauptmann.*

Neuklassizismus: Villa des Brauereibesitzers Johann Herbert Hahn in Köln; 1872

◆ **Neuklassizismus,** *Neoklassizismus,* in der Architektur mit dem Beginn des 20. Jh. entstandene Bewegung gegen Historismus u. Jugendstil, die zu klareren (klassischen) Formen strebte, abgelöst vom → Funktionalismus, nachdem die führenden Vertreter des N., P. *Behrens, Mies van der Rohe,* A. *Loos,* die Neigung zur Wiederaufnahme klassizist. Stilelemente überwunden hatten. In der US-amerikan. Architektur der Gegenwart macht sich eine neuerliche Hinwendung zu klassizist. Bauformen bemerkbar. – In der Malerei ist der N. ein schon bei A. von *Hildebrand* u. H. von *Marées* sichtbar werdendes Streben nach strenger, formgebender Linearität, bes. ausgeprägt um 1920 durch P. *Picasso.* Als Hauptmeister des N. in der Plastik gilt A. *Maillol.*

Neukölln, südl. Bezirk in Berlin, 44,9 km², 306 000 Ew., bis 1912 *Rixdorf.*

Neukombination, in Spaltungs- u. Rückkreuzungsgenerationen auftretende, von den elterlichen Genotypen abweichende Gen- u. Merkmalskombination. Diese *N. der Gene* ist Inhalt des 3. → Mendel'schen Gesetzes.

Neulatein, Entwicklungsstufe der latein. Sprache seit dem Ausgang des MA, eng an das klass. Latein angeschlossen, ohne die Möglichkeit einer eigenen („lebendigen") Entwicklung, durch Vermehrung des Wortschatzes vom klass. Latein abgehoben.

neulateinische Literatur, das Schrifttum in latein. Sprache seit der Mitte des 14. Jh.; griff im Gegensatz zur mittellatein. Literatur wieder auf das klass. Latein zurück. In der

Balthasar Neumann: Wallfahrtskirche Vierzehnheiligen; 1743–1772

neulateinischen Literatur drückte sich der Geist des Humanismus aus; mit diesem verbreitete sie sich in ganz Europa. Die wichtigste Gattung war die Lyrik (Hirtendichtung); daneben entstanden Epigramme, Lehrgedichte, Epen u. Dramen. Der Begründer der neulateinischen Literatur war F. *Petrarca*. Andere neulatein. Schriftsteller u. Dichter in Italien waren G. *Pontano*, J. *Sannazaro*, A. *Poliziano*, B. *Castiglione* u. P. *Bembo*. Im 15. Jh. entfaltete sich die n. L. auch in Dtschld. u. den Niederlanden. Die größte Wirkung erzielten die Werke *Erasmus' von Rotterdam*; daneben standen K. *Celtis*, U. von *Hutten*, Helius Eobanus *Hessus* (*1488, †1540) mit dem „Erfurter Kreis", P. *Melanchthon* mit dem „Wittenberger Kreis", P. L. S. *Lotichius* u. P. *Melissus*; in den Niederlanden der Lyriker *Johannes Secundus* (*1511, †1536) u. der Dramatiker G. *Macropedius*. In der Zeit der Gegenreformation entwickelte sich bes. das neulatein. Drama *(Jesuitendrama)*; der bedeutendste Dramatiker des Barock war J. *Balde*. Seit dem Ende des Humanismus wurde die n. L. immer mehr von den Literaturen in den Volkssprachen verdrängt. Eine letzte Pflegestätte hat die n. L. heute an engl. u. niederländ. Universitäten gefunden.

ne ultra petita partium [lat., „nicht über das Verlangte der Parteien (hinausgehen)"], Bindung des Gerichts an die Parteianträge. Das Gericht ist nicht befugt, einer Partei etwas zuzusprechen, was nicht beantragt ist. Dies gilt insbes. für Zinsen u. a. Nebenforderungen. Lediglich über die Verpflichtung, die Prozesskosten zu tragen, hat das Gericht auch ohne Antrag zu entscheiden (§ 308 ZPO).

Neulußheim, Gemeinde in Baden-Württemberg, Rhein-Neckar-Kreis, 5700 Ew.

Neuluthertum, eine Strömung in Dtschld., Skandinavien u. den USA, die im 19. Jh. eine Erneuerung des Luthertums in Theologie u. Kirche anstrebte, gekennzeichnet durch Festhalten an Bibel u. Bekenntnis. Zentren in Dtschld.: Erlangen, Neuendettelsau, Leipzig. Hauptvertreter: E. W. *Hengstenberg*, A. G. C. von *Harleß*, J. F. W. *Höfling*, G. *Thomasius*, J. C. K. von *Hofmann*, W. *Löhe*, C. E. *Luthardt*, T. *Kliefoth*, A. F. C. *Vilmar*, F. J. *Stahl*.

Neumann, 1. Alfred, dt. Erzähler u. Dramatiker, *15. 10. 1895 Lautenburg, Westpreußen, †3. 10. 1952 Lugano; war Verlagslektor u. Dramaturg, seit 1941 als Emigrant in den USA, seit 1949 in Italien. Seine psycholog. spannenden histor. Romane, bes. über die Dämonie des polit. Fanatismus u. Machtwillens, hatten Welterfolg: „Der Patriot" 1925; „Der Teufel" 1926; „Der Held" 1930; „Es waren ihrer sechs" 1944; „Der Pakt" 1949; auch Dramen u. Lyrik.
2. Alfred, dt. Politiker (SED), *15. 12. 1909 Berlin, †4. 1. 2001 Berlin; Tischler; seit 1929 Mitgl. der KPD; 1934–1940 Emigration (Sowjetunion, Spanien, Frankreich), 1941 bis 1945 polit. Häftling in Dtschld.; seit 1946 SED-Funktionär, 1953–1957 Erster Sekretär der SED-Bezirksleitung Berlin; seit 1954 Mitgl. des ZK der SED, seit 1958 Mitgl. des Politbüros des ZK der SED, 1957–1961 Sekretär des ZK; seit 1961–1965 Min. u. Vors. des Volkswirtschaftsrates der DDR, 1965–1968 Min. für Materialwirtschaft; 1965–1968 stellvertr. Vors., seit 1968 Erster stellvertr. Vors. des Ministerrates der DDR; trat 1989 mit dem Ministerrat zurück u. schied aus dem Politbüro aus; wurde 1990 aus der Partei ausgeschlossen.
♦ **3.** Balthasar, dt. Baumeister und Ingenieur, getauft 30. 1. 1687 Eger, †19. 8. 1753 Würzburg; maßgeblicher deutscher Barockarchitekt, wurde nach Ausbildung als Gießergeselle in Würzburg und Ernennung zum Feldingenieur 1719 fürstbischöfl. Baudirektor in Würzburg. N. verband als Meister der Innenraumgestaltung, der er vor der Gestaltung der Fassaden den Vorrang gab, künstler. Erfindungskraft mit techn. Kühnheit. So übertraf die Weite der Treppenhauswölbung seines Würzburger Residenzbaus alles bisher für möglich Gehaltene. Für seine Kirchenbauten bevorzugte er Ovalformen, die mit ihren komplizierten Überschneidungen einen Ausgleich zwischen Lang- u. Zentralbau bewirkten. N. leitete Festungs-, Straßen-, Brücken- u. Wasserbauten u. war als hervorragender Kenner der europ. Architektur Lehrer der Baukunst an der Universität Würzburg. Hptw.: Residenz in Würzburg (1720–1744); Treppenhäuser in Bruchsal (1731, 1945 zerstört) u. Brühl (1743–1748).

Balthasar Neumann

Kirchenbauten: Pfarr- u. Wallfahrtskirche Gößweinstein (1730 bis 1739); Dominikanerkirche in Würzburg (1741); Wallfahrtskirche Vierzehnheiligen (1743–1772); Abteikirche von Neresheim (1749–1792).
4. Carl Gottfried, dt. Mathematiker, *7. 5. 1832 Königsberg, †27. 3. 1925 Leipzig; arbeitete über Funktionen- u. Potenzialtheorie.
5. Franz Ignaz Michael, Sohn von 3), dt. Baumeister, *8. 5. 1733 Würzburg, †29. 9. 1785 Würzburg; dort als Hofbaumeister tätig; anfangs Gehilfe seines Vaters, später selbständig, restaurierte den Westchor des Mainzer Doms nach dem Brand von 1767 in einer Mischung aus roman., got. u. spätbarocken Formen, ein interessantes Beispiel von Denkmalpflege im 18. Jh.
♦ **6.** Günter, dt. Kabarettist, *19. 3. 1913 Berlin, †17. 10. 1972 München; Komponist und Texter der Kabaretts „Katakombe", „Tatzelwurm" u. des „Kabaretts der Komiker" in Berlin; Verfasser von Revuen („Alles Theater" 1947; „Der schwarze Jahrmarkt" 1948) u. Drehbüchern („Berliner Ballade" 1949; „Das Wirtshaus im Spessart" 1957; „Wir Wunderkinder" 1958); übersetzte das Musical „Kiss me, Kate"; 1948–1963 Leiter des Berliner Kabaretts „Die Insulaner".

Günter Neumann

7. Heinz, dt. Politiker (KPD), *6. 7. 1902, †27. 4. 1937 Moskau; Philologe; seit 1920 Mitgl. der KPD, seit 1922 Partei- u. Kominternfunktionär. 1927 organisierte er im Auftrag des Komintern einen Aufstand in Canton (China), der niedergeschlagen wurde. 1928 bis 1932 bildete er mit E. *Thälmann* u. H. *Remmele* die engere Führungsgruppe der KPD. Nach parteiinternen Auseinandersetzungen wurde er aller Funktionen enthoben u. mit Komintern-Aufträgen ins Ausland geschickt. Während der großen „Säuberung" wurde er 1937 in Moskau verhaftet u. später erschossen. – N. war mit der Schriftstellerin M. *Buber-Neumann* verheiratet.
♦ **8.** John von, US-amerikan. Mathematiker ungar. Herkunft, *28. 12. 1903 Budapest, †8. 2. 1957 Washington; lehrte in Princeton, New Jersey; arbeitete über Gruppen- u. Funktionentheorie. u. schuf die wesentlichen theoretischen Grundlagen für programmgesteuerte Automaten, denen heute alle Digitalrechner gehorchen. Seine Arbeiten lösten die bis dahin strenge Unterscheidung zwischen Programmen u. Daten auf. N. arbeitete im 2. Weltkrieg an der Entwicklung der ersten Atombombe mit

John von Neumann

sowie an einem der ersten Computer, MANIAC. Bes. bekannt wurde er als Begründer der → Spieltheorie.

◆ **9. Robert,** österr. Schriftsteller, *22. 5. 1897 Wien; †3. 1. 1975 München; emigrierte 1934 nach Großbritannien, er schrieb auch in engl. Sprache. Am bekanntesten sind seine Parodien: „Mit fremden Federn" 1927, erweitert 1955; „Unter falscher Flagge" 1932; „Dämon Weib" 1969. Romane u. Erzählungen: „Sir Basil Zaharoff" 1934; „Tibbs" engl. 1942, dt. 1948; „Die dunkle Seite des Mondes" 1959; „Der Tatbestand oder der gute Glaube der Deutschen" 1965; Erinnerungen: „Mein altes Haus in Kent" 1957; Hör- u. Fernsehspiele; Autobiografisches: „Vielleicht das Heitere" 1968; „Oktoberreise mit einer Geliebten" 1970. – Gesammelte Werke, 15 Bde. 1952–1972.

10. Siegmund, dt. Historiker u. Politologe, *1. 5. 1904 Leipzig, †22. 10. 1962 Middletown, Connecticut; 1929/30 Dozent an der Dt. Hochschule für Politik in Berlin, 1933 emigriert, seit 1934 Prof. an der Wesleyan University Middletown; nach dem 2. Weltkrieg am Wiederaufbau der polit. Wissenschaft in der BR Dtschld. beteiligt; gilt als einer der Begründer der dt. Parteienforschung, der Pluralismustheorie u. der Totalitarismusthese. Werke: „Die dt. Parteien" 1932 (Neuausg. unter dem Titel „Die Parteien der Weimarer Republik" 1965); „Die Bedeutung des gesellschaftl. Aufbaus für die Verfassungsstruktur in Dtschld." 1933; „Permanent revolution: The total state in a world of war" 1942; „Ist die SU sozialistisch?" 1946.

11. Stanislav Kostka, tschech. Lyriker, *5. 6. 1875 Prag, †28. 6. 1947 Prag; anarchist.-individualist. Lyrik, dann Kubofuturist; später kommunist. Tendenzliteratur.

12. Therese, *9. 4. 1898 Konnersreuth, Oberpfalz, †18. 9. 1962 Konnersreuth; seit Ostern 1926 stigmatisiert, erlebte in Visionen das Leiden Jesu.

13. Václav, tschech. Dirigent, *29. 9. 1920 Prag, †2. 9. 1995 Wien; Mitbegründer des Smetana-Quartetts; dirigierte in Prag, Karlsbad, Brünn, 1956–1965 Chefdirigent der Komischen Oper in Berlin (Ost), 1964 bis 1968 Generalmusikdirektor u. Gewandhaus-Kapellmeister in Leipzig, 1968–1990 Chefdirigent der Tschech. Philharmonie in Prag, 1970–1973 Generalmusikdirektor in Stuttgart.

Neumark, östl. Teil der ehem. Mark Brandenburg, östl. der Oder; 1945 unter poln. Verwaltung; seit 1975 die poln. Wojewodschaften Zielona Góra, Szczecin u. Gorzów Wielkopolski.

Neumark, 1. Fritz, dt. Finanzwissenschaftler, *20. 7. 1900 Hannover, †9. 3. 1991 Baden-Baden; 1932 Prof. in Frankfurt a. M., 1933 in Istanbul (Türkei), seit 1952 wieder in Frankfurt a. M.; Hptw.: „Der Reichshaushaltsplan" 1929; „Theorie u. Praxis der modernen Einkommensbesteuerung" 1947; „Wirtschafts- u. Finanzprobleme des Interventionsstaates" 1961; „Fiskalpolitik u. Wachstumsschwankungen" 1968; „Grundsätze gerechter u. ökonom.-rationaler Steuerpolitik" 1970; mit W. Gerloff u. später mit N. Andel u. H. Haller Hrsg. des „Handbuchs der Finanzwissenschaft" 4 Bde. ²1952–1965.

2. Georg, dt. Dichter, *16. 3. 1621 Langensalza, †8. 7. 1681 Weimar; Schüler von M. *Opitz*, Sekretär der „Fruchtbringenden Gesellschaft"; schrieb empfindsame weltl. u. geistl. Lieder.

Neumarkt, 1. Stadt in Polen, → Nowy Targ.
2. Stadt in Rumänien, → Tîrgu Mureş.

Neumarkt in der Oberpfalz

◆ **3.** *Neumarkt in der Oberpfalz,* Kreisstadt in Bayern, in der Fränk. Alb, südöstl. von Nürnberg, 429 m ü. M., 38 900 Ew.; got. Stadtpfarrkirche (15. Jh.), got. u. barocke Hofkirche (15. Jh., mit Grabmal des Pfalzgrafen Otto II.), ehem. pfalzgräfl. Schloss (1593); Holz, Kunststoff u. Metall verarbeitende Industrie sowie elektrotechn. Industrie, Hoch-, Tief- u. Stahlbetonbau, Herstellung von Sprengstoffen. – Ehem. Freie Reichsstadt, 1410–1539 Residenzstadt; Verw.-Sitz des gleichnamigen Ldkrs. im Reg.-Bez. Oberpfalz, 1344 km², 123 000 Ew. – In der Nähe die Wallfahrtskirche Mariahilf (18. Jh.) u. die Burgruine Wolfstein (583 m ü. M.).

4. *Neumarkt in Schlesien,* poln. *Środa Śląska,* Stadt in Schlesien, nordwestl. von Breslau (Polen), rd. 7700 Ew.; landwirtschaftl. Markt, Lederindustrie. – Gegr. vor 1214; nach dem *Neumarkter Recht* wurden Hunderte von schlesischen u. poln. Städten gegr.

Neumarkt-Sankt Veit, Stadt in Bayern, Ldkrs. Mühldorf am Inn, an der Rott, 445 m ü. M., 6100 Ew.; spätgot. Johanneskirche (15. Jh.), ehem. Benediktinerkloster Sankt Veit (1030 gegr., 1802 aufgelöst); Textil- u. Möbelindustrie. – Stadtrecht 1956.

Neumayer, 1. Fritz, dt. Politiker, *29. 7. 1887 Kaiserslautern, †12. 4. 1973 München; Rechtsanwalt; 1947/48 Min. für Wirtschaft u. Verkehr in Rheinland-Pfalz; 1949–1957 MdB (bis 1956 FDP, dann FVP, seit 1957 DP); 1952/53 Bundes-Min. für Wohnungsbau, 1953–1956 der Justiz.

2. Georg von, dt. Hydrograph u. Geophysiker, *21. 6. 1826 Kirchheimbolanden, †24. 5. 1909 Neustadt an der Hardt (heute: an der Weinstraße); 1875–1903 Direktor der Dt. Seewarte in Hamburg; Wegbereiter der dt. Südpolarforschung.

Neumayer-Station, dt. Antarktisstation, → Georg-von-Neumayer-Station.

Neumecklenburg, Insel im Bismarckarchipel, → New Ireland.

◆ **Neumeier, John,** US-amerikan. Tänzer u. Choreograf, *24. 2. 1942 Milwaukee, Wisconsin; 1963–1969 Engagement beim Stuttgarter Ballett unter J. Cranko, wo er zum Solotänzer avancierte; 1969–1973 Ballettdirektor der Städt. Bühnen in Frankfurt a. M., ab 1973 an der Hamburg. Staatsoper auch als Chefchoreograf; gründete 1978 die Ballettschule des Hamburg Ballett. Neben Choreografien zu klass. Ballettmusiken von I. *Strawinsky,* M. *Ravel,* P. *Tschaikowskij* u. a. entwarf N. Choreografien zu Sinfonien von G. *Mahler,* zur „Matthäus-Passion" von J. S. *Bach* u. zu Mozarts „Requiem"; schrieb „Traumwege" 1981.

Neumen [Sg. die *Neume;* grch., „Wink"], aus dem frühen MA überlieferte Notenschrift mit über den Textworten angegebenen Zeichen in Form von Punkten, Strichen, Haken, die jedoch noch nicht die genaue Tonhöhe u. Tondauer angeben, sondern nur die Richtung des Melodieverlaufs andeuten und dem Sänger lediglich als Gedächtnisstütze dienten. Die N. fanden bereits im Altertum in Persien u. Armenien Verwendung, gelangten dann über Byzanz in das Abendland, wo sie vom 8.–11. Jh. in der Kirchenmusik verwendet wurden. Die einwandfreie Entzifferung ist bei N. der Frühzeit sehr schwierig, oft unmöglich. Im 10. Jh. begann man, durch Einführung von Linien die Tonhöhen genauer anzuzeigen (f- u. c'-Linie, teils gefärbt). Hieraus entwickelten sich die Choralnotation u. die → Mensuralnotation. Die wichtigsten Zeichen der Neumenschrift heißen *Virga, Punctus, Pes, Clivis, Climacus, Porrectus, Scandicus, Torculus, Quilisma, Salicus, Oriscus, Apostropha, Plica, Pressus, Strophicus, Resupina.*

John Neumeier: Szene aus „Die Kameliendame" mit Reid Anderson und Sue Jin Kang; Stuttgart 1998

Neumeyer, Alfred, US-amerikan. Kunsthistoriker dt. Herkunft, *7. 1. 1901 München, †7. 1. 1973 Oakland, California; Arbeitsgebiete: europ. Malerei des 15.–20. Jh. u. amerikan. Kunst. Hptw.: „Der Blick aus dem Bilde" 1964.

Neumond, Konjunktionsstellung des Mondes zur Sonne, so dass der Mond unsichtbar ist. Ursprüngl. bedeutete N. den Zeitpunkt des Erscheinens der schmalen Mondsichel (des „neuen Mondes") am Abendhimmel, 1–3 Tage nach der → Konjunktion.

Neumundtiere, *Neumünder* → Deuterostomia.

Neumünster

◆ **Neumünster,** kreisfreie Stadt in Schleswig-Holstein, an der Stör, südl. von Kiel, 81 300 Ew.; Vicelin-Kirche (1829–1834); Textilmuseum; Zoolog. Garten; Metall-, elektrotechn., Chemiefaser-, Textil-, Papier-, Maschinenindustrie; Großhandel; Bundeswehrstandort; Verkehrsknotenpunkt.

◆ **Neunaugen,** *Pricken, Lampreten, Petromyzonidae,* fischähnl. Familie der *Rundmäuler,* Bewohner von Gewässern der gemäßigten Breiten mit schlangenähnl. Körper, 2 flachen, dreieckigen Rückenflossen u. einer Reihe von 7 lochförmigen Kiemenspalten. Die Larven, *Querder,* entwickeln sich aus Eiern im Süßwasser, leben 3 Jahre im Sand von Plankton u. Detritus u. wandern dann zum Meer. Dabei bilden sich die große Augenpaar, die Flossen, die Silberfärbung u. das zahnbewehrte Saugmaul heraus, mit dem Fische angebohrt u. ausgesaugt werden. Sind die *Flussneunaugen, Lampetra fluviatilis,* auf 50 cm Länge u. 100–200 g Gewicht herangewachsen, stellen sie die Nahrungsaufnahme ein, sammeln sich im Sommer in Flussmündungen u. wandern nachts flussaufwärts zu ihren Ursprungsplätzen in klaren Bächen, wo sie im Spätherbst bis zum Frühjahr nach dem Ablaichen sterben. Als Wegzehrung dient allein das gespeicherte Fett. Die *Meerneunaugen, Petromyzon marinus,* sind die größte Art, die in Flüssen bis 1 m Tiefe laicht. Die *Bachneunaugen, Lampetra planeri,* bleiben zeitlebens im Süßwasser. Alle N. sind in Mitteleuropa in ihrem Bestand gefährdet.

Neunaugen: Bachneunauge, Lampetra planeri

Neunburg vorm Wald, Stadt in der Oberpfalz (Bayern), Ldkrs. Schwandorf, an der Schwarzach, 398 m ü. M., 8100 Ew.; Schloss mit Pfarrkirche (15. Jh.), roman. Jakobskirche (11. Jh.), Rathaus (15. Jh.); Textil- u. Nahrungsmittelindustrie.

Neunerprobe, Verfahren zur Prüfung der Richtigkeit von Multiplikationen. Die Quersumme einer Zahl hat bei der Division durch 9 einen „Neunerrest". Das Produkt zweier Zahlen hat denselben Neunerrest wie das Produkt der Neunerreste der beiden Zahlen. Beispiel: In 275 · 17 = 4675 ist der Neunerrest von 275 = 5, von 17 = 8 u. von 4675 = 4; der Neunerrest von 5 · 8 = 40 ist ebenfalls 4, also derselbe wie der des Produktes 4675. Die N. gilt auch für Addition, Subtraktion u. Division.

Neunkirchen, 1. Gemeinde in Nordrhein-Westfalen, Ldkrs. Siegen-Wittgenstein, südl. von Siegen, an der Sieg, 250–510 m ü. M., 14 700 Ew.; Metall u. Kunststoff verarbeitende Industrie, Maschinenbau.
2. niederösterr. Bez.-Hptst. an der Schwarza, südwestl. der Wiener Neustadt, 366 m ü. M., 10 800 Ew.; Metall-, Papier-, Textilindustrie.
3. *Neunkirchen am Brand,* Marktort in Bayern, Ldkrs. Forchheim, östl. von Erlangen, 7300 Ew.; Obstanbau.

Neunkirchen/Saar

◆ **4.** *Neunkirchen/Saar,* Kreisstadt im Saarland, an der Blies, 257 m ü. M., 51 900 Ew.; Steinkohlenbergbau (bis 1968), Hüttenwerk (1982 stillgelegt), Maschinen-, chem., keram., Gummi-, Textilindustrie; Zoolog. Garten. – Verw.-Sitz des gleichnamigen Ldkrs., 249 km², 150 000 Ew.
5. *Neunkirchen-Seelscheid,* Gemeinde in Nordrhein-Westfalen, Rhein-Sieg-Kreis, nordöstl. von Bonn, 19 200 Ew.; Elektro-, Eisen- u. Blechwarenindustrie; in der Nähe die Wahnbachtalsperre.

NEUN LIVE, *Neun Live Fernsehen GmbH & Co. KG,* privater TV-Veranstalter, Sitz: München; sendet ein 24-stündiges interaktives Live-Unterhaltungsprogramm, das seit dem 1. 9. 2001 das Spartenprogramm tm3 (Sendebetrieb seit 1995) ersetzt.

Neunmächtekonferenz → Londoner Akte.

Neuntöter, ein Vogel, → Würger.

Neuoderberg, tschech. Stadt, → Nový Bohumín.

Neuostpreußen, von 1795 (3. Polnische Teilung) bis 1807 preuß. Provinz, südöstl. im Anschluss an Ostpreußen zwischen mittlerer Weichsel, Bug u. Oberlauf der Memel, in etwa 50 000 km², 1 Mio. Ew.

Neuötting, Stadt in Oberbayern, Ldkrs. Altötting, am Inn, 365 m ü. M., 8500 Ew.; spätgot. Pfarrkirche (15. Jh.); Brauerei, Möbel-, Textilindustrie. – Stadtrecht 1321.

neupersische Sprache, eine von über 32 Mio. Sprechern gesprochene neuiran., stark mit arab. Wortgut durchsetzte u. in arab. Schrift geschriebene Sprache, schließt sich im 9. Jh. n. Chr. an das Mittelpersische *(Pehlewi)* an. Die n. S. war im MA bis nach Delhi verbreitet; heute spricht man sie mit großen mundartl. Unterschieden im Iran, in Afghanistan u. in Tadschikistan.

Neupersisches Reich, das Persische Reich nach der Antike; auch → Iran (Geschichte).

Neupert, *J. C. Neupert,* von Johann Christoph N. (*1842, †1921) 1868 gegr. Firma, die Klaviere u. histor. Tasteninstrumente herstellt; seit 1874 Sitz: Bamberg.

Neuplatonismus, das letzte große spekulative System der Antike. Der N. wollte echter *Platonismus* sein, griff jedoch auch eine Fülle peripatetischer, stoischer u. neupythagoreischer Gedanken auf. Er akzentuierte die bei *Platon* angenommene Transzendenz des Ur-Einen u. verband sie mit der *Emanationslehre* → Plotins, der, Auffassungen seines Lehrers *Ammonias Sakkas* weiterführend, zum eigentl. Begründer des N. wurde. Diese metaphysisch-spekulative Richtung wurde im griech. Sprachbereich von den unmittelbaren Plotin-Schülern *Amelios,* der ihn seit 246 in Rom hörte, u. *Porphyrios,* aber auch von der athenischen Schule *(Plutarch, Syrian, Proklos, Simplikios* [5./6. Jh.]) weitergeführt u. von den Neuplatonikern des latein. Westens *(Chalcidius, Marius Victorinus, Boethius)* übernommen. Sie u. vor allem → Augustinus machten diesen N. zum philosoph. Instrument der christl. Glaubenslehre u. überlieferten ihn dem MA. *Jamblichos* jedoch, der Begründer der *syrischen Schule,* vermehrte nicht nur die Stufen der Emanationen, sondern machte den N. zum Sammelbecken des Polytheismus. In dieser Richtung entwickelte ihn auch die von der syrischen ausgehende pergamenische Schule, von der der Kaiser *Julian* beeinflusst war. So wurde der N. im griech. Bereich das Sammelbecken des Widerstands gegen das Christentum, während er im latein. Westen geradezu Ausdruck christl. Glaubensgutes blieb. Für sich steht die *alexandrinische Schule,* die Gelehrsamkeit u. exakte Platon-Exegese pflegte.

Neupommern, Insel im Bismarckarchipel, → New Britain.

Neuprägung, Wortneuprägung, → Neologismus.

Neuprotestantismus, Bez. für den Protestantismus seit der Aufklärung; zeichnete sich durch Bejahung der histor.-krit. Wissenschaft u. Kulturfreudigkeit aus, suchte das Erbe der Reformation im Sinn der modernen Welt- u. Lebensanschauung umzuformen. Gegenbewegungen: die *konfessionelle Theologie (Neuorthodoxie)* im 19. Jh. u. die *dialektische Theologie* im 20. Jh.

Neupythagoreer, griech. Philosophen, die im Zuge der Wiederbelebung älterer Systeme

Neurenaissance: Gottfried Semper, Gemäldegalerie (Semper-Galerie) am Dresdner Zwinger; 1847–1854

im 1. nachchristl. Jahrhundert den seit dem 4. vorchristl. Jahrhundert erloschenen *Pythagoreismus* erneuerten, wobei viel platonisches Gedankengut eingemischte wurde, wie umgekehrt der Neupythagoreismus den → Neuplatonismus befruchtete. Die wichtigsten Vertreter sind *Apollonios von Tyana, Nigidius Figulus, Nikomachos von Gerasa* u. *Numenios von Apameia.* Verwandt mit dieser Philosophie, die Offenbarungsglauben u. Zahlenmystik einschloss, sind die nach dem *Hermes Trismegistos* (dem ägypt. Gott *Thot*) benannten *Hermetische Literatur* u. die *Chaldäischen Orakel*, ein um 200 entstandenes religiöses Gedicht.

Neuquén [neu'ken], **1.** argentin. Prov. an der chilen. Grenze im NW Patagoniens, 94 078 km², 460 000 Ew.; Hptst. *Neuquén* (2); Bewässerungskulturen (Wein u. Obst) um die Hptst., Viehzucht (Schafe, Ziegen, Rinder); Erdöl- u. Erdgasförderung, Pipelines nach Bahía Blanca u. Buenos Aires; drei Staubecken mit Wasserkraftwerken (4,8 Mio. kW); im S im Nahuel-Huapi-Nationalpark Fremdenverkehr. – Seit 1955 Prov., früher Territorium. **2.** Hptst. der argentin. Andenprovinz *Neuquén* (1), 265 000 Ew.; am Zusammenfluss von Rio Neuquén u. Limay zum Rio Negro; Universität; Agrarhandel, Erdölraffinerie, Fremdenverkehr; Flugplatz.

neur... [grch.], *neuro...*, Wortbestandteil mit der Bedeutung „Nerven".

neurale Kommunikation, das System des Nachrichtenaustausches zwischen Teilen eines Organismus; sie erfolgt über das → Nervensystem u. verbindet alle Teile des Organismus sinnvoll miteinander.

Neuralgie [grch.], anfallsweiser Nervenschmerz ohne anatom. nachweisbare Veränderung im Nerv. Als Ursachen der u. U. außerordentl. heftigen Neuralgien kommen infektiöse Prozesse, Herdinfektionen, Verletzungsfolgen, Narben, Wetterfühligkeit u. a. in Frage. Die ärztl. Behandlung sucht nach Möglichkeit die Ursache auszuschalten, im übrigen werden schmerzstillende Mittel u. Methoden angewendet.

neuralgisch [grch.], 1. auf einer → Neuralgie beruhend; 2. kritisch, problematisch, empfindlich.

Neuralleiste, während der Abfaltung des *Neuralrohres* aus dem frühen Ektoderm oder direkt danach entstehender Zellverband, der sich zwischen Neuralrohr u. Epidermis legt. Seine Zellen wandern nach beiden Seiten ab, um sich an der Bildung verschiedener Organe zu beteiligen (Spinalganglien, chromaffine Zellen des Nebennierenmarks, knorpliges Visceralskelett, Dentinkeime der Zähne, Hirnhäute, Schwann'sche Zellen, Grenzstrang des Sympaticus). Auch → Embryonalentwicklung, → Keimblatt.

Neuralrohr → Rückenmark.

Neuraltherapie [grch.], eine 1925 von F. u. W. *Huneke* begründete Krankheitsbehandlung durch gezielte Einspritzung örtl. wirksamer Schmerzmittel *(Lokalanästhetika* wie *Lidocain* oder *Procain)*, mit der die krankmachende Wirkung sog. Störfelder (z. B. Narben) aufgehoben werden soll. Die N. basiert auf der Annahme, dass ein Störfeld eine Überreizung der angrenzenden Nerven bewirkt, die durch das Schmerzmittel unterbrochen werden soll („Entblockung"). Effekte auf weiter entfernt liegende Organe werden mit der Segmenttheorie, nach der Körperabschnitte durch den gleichen Nervenstrang versorgt werden, erklärt (→ Segmenttherapie). Wenn sofort nach der Einspritzung Schmerzen u. Beschwerden für längere Zeit verschwinden, wird vom *Sekundenphänomen* („Blitzheilung") gesprochen, was als Beweis für das Vorliegen eines neuralen Störfeldes gilt. Anwendungsgebiete der N. sind vor allem herdbedingte Prozesse, verschiedenartige Schmerzzustände (Neuralgien), neurozirkulator. Störungen (Durchblutungsstörungen auf nervlicher Grundlage) u. a.

Neurasthenie [grch.], *Nervenschwäche,* nervöse Übererregbarkeit u. geringe nervl. Belastungsfähigkeit bei physiolog. gesundem Nervensystem. Auch → psychovegetatives Syndrom.

Neurath, 1. Konstantin Freiherr von, dt. Diplomat u. Politiker, *2. 2. 1873 Klein-Glattbach, Württemberg, †14. 8. 1956 Enzweihingen, Württemberg; Jurist; seit 1901 im diplomat. Dienst, 1919–1921 Gesandter in Kopenhagen, 1922–1930 Botschafter in Rom, 1930–1932 in London; 1932–1938 Reichs-Min. des Auswärtigen in den Regierungen Papen, Schleicher u. Hitler; 1939 bis 1943 Reichsprotektor in Böhmen u. Mähren (seit 1941 nicht mehr im Amt); 1946 in Nürnberg vom Internationalen Militärgerichtshof zu 15 Jahren Haft verurteilt, 1954 vorzeitig entlassen. **2.** Otto, österr. Philosoph u. Soziologe, *10. 12. 1882 Wien, †22. 12. 1945 Oxford; Vertreter des → Neopositivismus des *Wiener Kreises*; forderte vom Standpunkt des → Physikalismus aus eine Einheitswissenschaft, deren Universalsprache die physikalische sein sollte; vertrat eine behavioristische Soziologie, arbeitete auch über Wirtschaftsgeschichte u. Wirtschaftsrechnung im Sozialismus. Hptw.: „Antike Wirtschaftsgeschichte" 1909; „Vollsozialisierung" 1920; „Lebensgestaltung u. Klassenkampf" 1928; „Empirische Soziologie" 1931; „Einheitswissenschaft u. Psychologie" 1933; Mitarbeit an der Zeitschrift „Erkenntnis".

Neurektomie [grch.], operatives Entfernen eines Nervenstücks zur Schmerzausschaltung; beim Menschen nur bei sehr hartnäckigen Schmerzanfällen (z. B. Trigeminusneuralgie) angewandt.

◆ **Neurenaissance** [-rənɛˈsɛːs], in der europ. Kunst um 1840 einsetzende Richtung des Historismus, die auf Stilformen der Renaissance zurückgreift, am stärksten ausgeprägt im Kunstgewerbe (Möbelbau) u. in der Architektur. Die an Vorbilder der italien. Hochrenaissance anknüpfende Entwicklung verkörpern in Dtschld. das Palais Beauharnais (1816, von L. von *Klenze*) u. die Staatsbibliothek (1831–1842, von F. *Gärtner*) in München sowie die Oper (1. Fassung 1838–1841) u. die Gemäldegalerie (1847 bis 1854) von G. *Semper* in Dresden, in England die Bauten von C. *Barry* (London, Travellers' Club 1829; Reform Club 1837). Eine zweite Variante der N. hat ihren Ursprung in Frankreich, das um 1830 seine eigene, von der italien. unterschiedene Renaissance-Baukunst wiederentdeckte. Beispiel in Dtschld: Schloss Schwerin (Mecklenburg-Vorpommern), seit 1844 von G. A. *Demmler.*

Neureuther, Eugen Napoleon, dt. Maler u. Grafiker, *11. 1. 1806 München, †23. 3. 1882 München; bekannt durch seine Illustrationen zu Goethe-Gedichten (seit 1826), die in Anlehnung an A. *Dürers* Randzeichnungen zum Gebetbuch Kaiser Maximilians I. die typische Form romant. Buchillustration begründen: Der Text wird allseitig von dekorativen Ranken umrahmt.

Neuried, Gemeinde in Baden-Württemberg, Ortenaukreis, 8800 Ew.

Neurinom [grch.], eine Nervenfasergeschwulst, die von den Zellen des Neurilemms, der sog. *Schwann'schen Scheide,* ausgeht u. keine Nervenzellelemente enthält.

Neurit [der; grch.], der Fortsatz einer → Nervenzelle.

Neuritis [grch.] → Nervenentzündung.

Neurochirurgie, *Nervenchirurgie,* Spezialgebiet der Chirurgie, das die operativen Eingriffe an Gehirn u. Rückenmark sowie bei der Wiederherstellung von Nervenverletzungen in der Unfallheilkunde umfasst.

Neurode, Stadt in Polen, → Nowa Ruda.

Neurodermitis

Neurodermitis [grch.], *atopisches oder endogenes Ekzem,* chron. Entzündungsreaktionen *(Ekzeme)* der Haut mit Rötungen, Knötchen u. wässrigen Hautbläschen, insbes. an Gelenkbeugen, Hals u. Kopfhaut, gekennzeichnet durch Anfälle von quälendem Juckreiz, bes. nachts. Durch nicht unterdrückbares Kratzen kommt es immer wieder zu schweren Hautschäden (z. B. bakterielle Hautentzündungen). Allg. ist die Haut der Betroffenen durch mangelnde Schweiß- u. Talgdrüsenfunktion u. eine dünnere Hornschicht besonders trocken u. schuppig. Zusätzlich kommt es durch die chron. Reizung zu einer Verdickung und Vergröberung der betroffenen Hautareale *(Lichenifikation).* Man nimmt an, dass N. durch ein Zusammenspiel von allerg. Überempfindlichkeit u. psycho- u. neurovegetativer Störungen entsteht. Die Veranlagung wird vermutl. vererbt. Häufig ist die N. mit anderen allerg. Erkrankungen wie → Heuschnupfen u. → Asthma gekoppelt. Die N. verläuft in Schüben, die z. B. durch seel. Belastungen oder Allergene ausgelöst werden können. N. beginnt häufig schon etwa ab dem 3. Lebensmonat im Säuglingsalter als → Milchschorf, immer häufiger beginnt die N. aber auch erst im Erwachsenenalter.
Im akuten Schub erfolgt eine Linderung der Beschwerden durch Juckreiz stillende Cremes, Antihistaminika u. evtl. kurzfristige Gabe von Cortison. Langfristig sollte eine psych. Stabilisierung angestrebt werden. Manchmal hilft eine Klimatherapie (Reizklima), vermehrte UV-Bestrahlung oder eine Ernährungsumstellung (allergenfreie Diät). Mit zunehmendem Alter nimmt die Intensität der Beschwerden häufig ab. Lange Stillzeiten u. allergenarme Säuglingsnahrung sollen bei familiärer Vorbelastung hilfreich sein.

Neuroethologie [grch.], Teilgebiet der *Neurobiologie;* die experimentelle Untersuchung des art- u./oder individualtypischen Verhaltens in Verbindung mit neurophysiologischen Daten. Neben Rezeptorleistungen soll das neuronale Schaltschema gegenüber Außenweltreizen ergründet werden. J.-P. *Ewert* entwarf hierzu ein hypothetisches neuronales Schaltschema, das die Wahrnehmung, Identifizierung der Reizgestalt u. das Auslösen der entsprechenden Reaktion über ein Netz von Neuronen beschreibt. Hiernach lassen sich bestimmte angeborene Verhaltensweisen bestimmten Hirnzonen zuordnen. Das Schaltschema kann als Modell für einen → angeborenen Auslösemechanismus (AAM) stehen. Die Ableitung von Aktionspotenzialen aus einzelnen Neuronen einer Hirnregion führte zur Aufstellung von Hirnkarten. Der Einfluss von Innenfaktoren (z. B. → Motivation) oder von vorausgegangenem Verhalten auf den Schaltblock ist noch unbekannt.

Neuroglia [grch.], Nähr- u. Stützgewebe der Nervenfasern, das sie nach allen Seiten abgrenzt u. umhüllt. Man unterscheidet großzellige *Mikroglia* (z. B. Sternzellen, Astrocyten) von kleinzelliger *Mikroglia* (z. B. Hortega-Zellen, Oligodendroglia). Als *periphere (äußere) N.* werden z. B. Ganglienzellen u. *Schwann-Zellen* bezeichnet.

Neurohämalorgane [grch.], die Axonenden spezieller → Nervenzellen, die Hormone speichern können. Die Hormone werden von dort in das Blut oder die Hämolymphe abgegeben. Solche Organe, die im → Hypothalamus der Wirbeltiere wie im Gehirn von Insekten vorhanden sind, vermitteln zwischen neuronaler (nervl.) u. humoraler (hormoneller) Steuerung von Organleistungen.

Neurohormone [grch.] → Neurosekrete.

neurohypophysäre Hormone [grch.], eine Gruppe von Hormonen, die im Hypothalamus gebildet werden u. an einem Trägerprotein (→ Neurophysin) gebunden im Hypophysenhinterlappen gespeichert werden. Von dort aus werden sie bei Bedarf nach Auflösung der Bindung in die Blutbahn abgegeben. N. H. sind *Oxytocin* u. *Vasopressin.*

Neurolemm, Neurilemm, Neurilemma [grch.], → Schwann'sche Scheide.

Neuroleptika [grch.], *Neuroplegika, Psycholeptika, Psychoplegika,* zu den Psychopharmaka gehörende, dämpfend-entspannende Arzneimittel, die das Bewusstsein nicht beeinträchtigen; ärztl. Anwendung zur Behandlung von Erregung, Angst, Verwirrung, Wahnvorstellungen u. Unruhe.

Neurolinguistik, Forschungsbereich zur Untersuchung der Sprechtätigkeit, der auf die Erkenntnisse der Neurologie, Psychophysiologie u. Linguistik zurückgreift. Thema der N. sind die Zusammenhänge der während des Sprechens ablaufenden Prozesse im Gehirn.

Neurolinguistisches Programmieren, Abk. *NLP,* ein von R. *Bandler* u. J. *Grinder* entwickeltes psychotherapeut. Verfahren, bei dem suggestiv-hypnot. Techniken verwendet werden, um beim Klienten eine *kognitive Umstrukturierung* zu erreichen, durch die sich das Symptom bzw. die ihm zugrunde liegenden Probleme u. Konflikte auflösen sollen.

Neurologie [grch.], Fachgebiet der Medizin, das sich mit der Erforschung, Erkennung u. Behandlung der organ. Erkrankungen des Nervensystems befasst.

Neurom [grch.], gutartige Nervengeschwulst, die Nervenzellen, Nervenfasern u. Bindegewebe enthält u. sich als schmerzhafte knotenförmige Verdickung bemerkbar macht, z. B. an Nervenstümpfen nach Amputationen.

Neuromanik, historist. Stilrichtung des 19. Jh. vor allem in der Sakralarchitektur, bes. ausgeprägt in Ländern mit ursprüngl. roman. Kultur, aber auch in Dtschld. (hier vor allem im Rheinland) u. von dort nach Osten verbreitet. Die Formen der Romanik wurden später nicht nur für Kirchen, sondern auch für administrative u. private Gebäude übernommen. Wichtiges Zeugnis der N. ist die *Kaiser-Wilhelm-Gedächtniskirche* in Berlin (1891–1895 von F. *Schwechten* erbaut).

Neuromantik, zusammenfassende Bez. für die künstler., bes. die literar. Bemühungen um 1900, die durch die Ablehnung des Naturalismus u. des Positivismus gekennzeichnet sind u. sich an Grundsätze der Romantik anlehnen. Das Wunderbare u. Geheimnisvolle wird hervorgehoben. Die Strömungen der N. sind teilweise vom französ. *Symbolismus* beeinflusst oder gehen in *Impressionismus* u. *Dekadenz-Dichtung* über. Wichtige Vertreter der N. sind E. *Hardt,* R. *Huch,* B. von *Münchhausen,* A. *Miegel,* L. von *Strauß* u. *Torney* u. z. T. G. *Hauptmann.*

Neuron [das; grch.], die → Nervenzelle samt ihren Fortsätzen *(Neurit* u. *Dendrit).*

Neuropathie [grch.], Nervenleiden, anlagebedingte Neigung zu vegetativ-nervl. Störungen.

Neurophysin [das; grch.], ein Protein, das gebunden an → neurohypophysäre Hormone dem Transport der Hormone in den Axonen der Nerven dient. N. wird im Hypothalamus gebildet. In Vesikeln verpackt, transportiert es die Hormone zum Hypophysenhinterlappen. Die Bindung zwischen N. u. dem neurohypophysären Hormon wird beim Entlassen des Hormons in die Blutbahn gelöst.

Neuropsychologie [grch.], ein medizin. Arbeitsgebiet, dessen Gegenstand die Beziehungen zwischen seel. Vorgängen u. den Erscheinungen, Strukturen u. Funktionen des Zentralnervensystems ist.

Neuropteren [grch.], *Neuroptera* → Netzflügler.

Neurosen [grch.], Sammelbegriff für seel. bedingte Störungen des Verhaltens u. Erlebens, deren Symptome Ausdruck eines innerpsych., unbewussten Konflikts sind, dessen Wurzeln in der Kindheit liegen. Die Symptome sind dabei als Kompromissbildung zwischen Wunsch u. Abwehr zu sehen. Als *neurotisch* ist dasjenige Verhalten zu bezeichnen, das aufgrund frühkindl. Erfahrung eingeschränkt u. unfrei in dem Sinne ist, dass die Person in bestimmten Situationen nicht in der Lage ist, zu handeln, ohne intensive Angst zu erleben. Der Begriff N. geht auf W. *Cullen* (1776) zurück, der ihn für alle nichtentzündl. Erkrankungen des Nervensystems verwandte. Die psychoanalyt. Neurosenlehre wurde vor allem von S. *Freud* begründet u. ausgebaut. In der modernen Psychiatrie wird der Begriff N. immer seltener als Krankheitskategorie verwendet.

Neurosekrete, von einigen Nervenzellen produzierte Hormone *(Neurohormone)* oder hormonähnl. Substanzen. Die N. werden durch den Nervenfortsatz, das *Axon,* transportiert. Diesen Vorgang bezeichnet man als *Neurosekretion.* Es gelangen z. B. im Boden des Zwischenhirns (Hypothalamus) gebildeten Hormone *Oxytocin* u. *Vasopressin* über Nervenbahnen zum Hypophysenhinterlappen, wo sie gespeichert werden. Die N. sind das im ganzen Tierreich verbreitete Bindeglied zwischen den beiden koordinierenden Systemen, dem Zentralnervensystem u. dem Hormonsystem der endokrinen Drüsen.

Neurotomie, Durchtrennen eines Nervs zur Beseitigung heftiger Nervenschmerzen (Neuralgie).

Neurotoxikose [die; grch.], ein Vergiftungszustand, der vor allem das Zentralnervensystem betrifft u. der durch sog. *Neurotoxine* (→ Nervengifte) hervorgerufen wird.

Neurotransmitter [grch.; lat.], Substanz, die Informationen von einer Nervenzelle zu einer anderen überträgt, → Transmitter.

Neurula, Stadium der Embryonalentwicklung der Rückenmarktiere, das unmittelbar auf die *Gastrula* folgt; gekennzeichnet durch die *Neuralwülste*, zwei seitliche Streifen, in denen sich auf der Rückenseite das Ektoderm zum *Neuralrohr* (späteres Rückenmark) aufwölbt.

Neuruppin

◆ **Neuruppin**, Kreisstadt in Brandenburg, an der Nordwestseite des *Ruppiner Sees (Rhinsee)*, in der *Ruppiner Schweiz*, 32 700 Ew.; Luftkurort; Klosterkirche (13. Jh.), barocker Tempelgarten mit Rundtempel (1735; von G. W. von *Knobelsdorff*); Geburtsort von T. *Fontane* u. K. F. *Schinkel*; Kunststoff- u. Holzverarbeitung, Metall- u. Nahrungsmittelindustrie; Verw.-Sitz des Ldkrs. *Ostprignitz-Ruppin*.

Neusalz (Oder), Stadt in Polen, → Nowa Sól.

Neu Sandez, Stadt in Polen, → Nowy Sącz.

Neusäß

◆ **Neusäß**, Stadt in Bayern, Ldkrs. Augsburg, Wohnvorort am nordwestl. Stadtrand von Augsburg, 21 500 Ew.; Metall verarbeitende u. Farbenindustrie.

Neusatz, Stadt in Serbien, → Novi Sad.

Neuschnecken, Neogastropoda, Stenoglossa, Ordnung der *Vorderkiemer-Schnecken*, Aasfresser u. Räuber, *Radula* mit 3 Zähnen pro Querreihe, oft mit langem Gehäusefortsatz für Atemröhre.

Neuscholastik, *Neoscholastik*, Erneuerung der scholast. Philosophie seit Mitte des 19. Jh., im Wesentlichen ein Zurückgehen auf die Lehre *Thomas von Aquins* (auch → Thomismus). Stark gefördert wurde die N. insbes. durch ein Rundschreiben Papst Leos XIII. über die Philosophie des Thomas von Aquin („Aeterni Patris" 1879). Sie nahm ihren Ausgang in Italien; in Dtschld. war ihr bedeutendster Vertreter zu Beginn J. *Kleutgen* („Philosophie der Vorzeit" 1860). Gegenwärtige Repräsentanten dieser Richtung in Dtschld. sind J. M. *Bocheński*, A. *Dempf*, M. *Grabmann*, J. *Pieper*, E. *Przywara*, in Frankreich J. *Maritain* u. E. *Gilson*.

Neuschottland, Prov., → Nova Scotia.

Neuschwabenland, Teil des *Königin-Maud-Lands* der Antarktis, von der Dt. Antarkt. Expedition unter A. *Ritscher* 1938/39 entdeckt; im Innern schroffe Gebirgsketten bis auf 2885 m Höhe, zwischen denen breite Gletscher nach N ziehen. Hinter diesen Gebirgen liegt das Plateau des *Wegener-Inlandeises*, das bis fast 4000 m ansteigt.

◆ **Neuschwanstein**, neuroman. Schloss bei *Füssen* im Allgäu, erbaut 1869–1886 für König *Ludwig II.* von Bayern; sehenswert der Thron- u. Sängersaal; in den Malereien an Decken u. Wänden sind Szenen aus Wagneropern dargestellt.

Neuseddin, Ort in Brandenburg, Ldkrs. Potsdam-Mittelmark, südwestl. von Berlin; war bis 1990 größter Verschiebebahnhof der DDR.

Neuseeland, Staat in Ozeanien, → Seite 350.

Neuseeländer Spinat, *Tetragonia tetragonoïdes*, eine neuseeländ.-austral. Aizoazee mit dickfleischigen, zarten Blättern; als Spinat angebaut.

Neuseelandflachs, Blattfaser der → Flachslilie.

Neuseeländische Alpen → Südliche Alpen.

Neusibirische Inseln, russ. *Novosibirskie Ostrova*, russ. Inselgruppe im Nördl. Eismeer, nordöstlich der Lenamündung, zusammen 35 797 km², Teil der Rep. Jakutien in Russland; Tundra mit 9-monatiger Schneedecke, unbewohnt bis auf die Besatzung mehrerer Wetterstationen. Die Insel *Kotelnyj* ist mit 12 019 km² die Größte der Neusibirischen Inseln, die sich in drei Gruppen gliedern: *Anschu-* (dazu Kotelnyj), *Ljachow-* (fossile Mammutfunde) u. *De-Long-Inseln*.

Neusiedl am See, Bezirkshauptstadt im Burgenland (Österreich), am Nordende des Neusiedler Sees, 131 m ü. M., 4700 Ew.; Tourismus, Seebad, Wasser- u. Eissport; Wein- u. Gemüseanbau.

Neusiedler, Lautenisten, → Newsidler, Hans, → Newsidler, Melchior.

Neusiedler See, ung. *Fertőtó*, See im Burgenland, an der österreichisch-ungar. Grenze, mit schwankender Größe (Seebecken 320 km², davon 232 km² in Österreich, Wasserfläche derzeit etwa 157 km², davon rd. 135 km² in Österreich; 1868 ausgetrocknet), 115 m ü.M., 36 km lang, bis 13 km breit, im Mittel 1 m u. maximal 2 m tief, schwach salzhaltig u. warm, umgeben von 1–4 km breitem Schilfgürtel mit reicher Vogelwelt (Schutzgebiet); einziger Zufluss ist die Wulka; abflusslos, durch den Einserkanal künstl. Abfluss zur *Rabnitz* (Ungarn).

Neusilber, Legierung aus 45–70 % Kupfer, 5–30 % Nickel, 8–45 % Zink (evtl. mit Spuren von Blei, Zinn, Mangan oder Eisen), die sich wegen ihres Nickelgehalts durch bes. Härte u. Korrosionsfestigkeit auszeichnet. Aus der silberweiß glänzenden Legierung stellt man ärztl. Geräte, Essbestecke, Reißverschlüsse, elektr. Ausrüstungen, Schmuckgegenstände u. Uhren her. Handelsbez. für N.: *Alpakka*.

Neusina [lat.], eine im Pazifik lebende Großforaminifere; Einzeller aus der Verwandtschaft der fossilen *Nummuliten*; Schalendurchmesser bis 19 cm.

Neusohl, mittelslowak. Stadt, → Banská Bystrica.

Fortsetzung S. 353

Schloss Neuschwanstein; 1869–1886 unter König Ludwig II. von Bayern erbaut

Neuseeland

Offizieller Name: Neuseeland

Autokennzeichen: NZ

Fläche: 270 534 km²

Einwohner: 3,8 Mio.

Hauptstadt: Wellington

Sprache: Englisch

Währung: 1 Neuseeland-Dollar = 100 Cents

Bruttosozialprodukt/Einw.: 14 700 US-Dollar

Regierungsform: Parlamentarische Monarchie im Commonwealth

Religion: Christen, Anhänger der Maori-Kirchen

Nationalfeiertag: 6. Februar

Zeitzone: Mitteleuropäische Zeit +11 Std.

Grenzen: Inselgruppe im südwestlichen Pazifik

Lebenserwartung: 77 Jahre

Außer den beiden durch die *Cookstraße* voneinander getrennten Hauptinseln gehören zu Neuseeland eine Reihe kleiner, schwach besiedelter u. weit verstreuter insularer Außenbesitzungen mit unterschiedl. Status: die *Stewart-, Chatham-, Kermadec-, Campbell-, Antipoden-, Three-Kings-, Auckland-, Bounty-, Snares-* u. *Solanderinseln* mit zusammen rd. 3500 km² u. 1000 Ew. Außerdem wird von Neuseeland das antarkt. Gebiet der *Ross Dependency* beansprucht. Die assoziierten Territorien *Cookinseln* u. *Niue* sowie das Überseegebiet der *Tokelauinseln* haben innere Autonomie.

Landesnatur Beide Hauptinseln sind gebirgig. Die Nordinsel mit zahlreichen Buchten weist noch einen lebhaften Vulkanismus (630 km² großes vulkan. Plateau um den *Taupose*) u. einzelne Höhen über 2500 m auf (*Ruapehu* 2797 m, *Mount Egmont* 2518 m), während die Südinsel, die an ihrer Westküste mit ihren tiefen Fjorden an Norwegen erinnert, in den teilweise vergletscherten *Südl. Alpen* bis 3764 m *(Mount Cook)* aufsteigt. Ihnen ist östl. ein fruchtbares Hügel- u. Flachland vorgelagert.
Klima: Vom subtrop. N abgesehen, ist das Klima warmgemäßigt u. an der Westküste sehr feucht, im S zum Teil recht rau. Die Niederschläge (durchschnittl. 600 bis 1500 mm, in den Südl. Alpen bis 8000 mm) fallen gleichmäßig über das Jahr verteilt.
Vegetation: In den unzugänglicheren Gebieten wachsen meist Nadelwälder u. Südbuchen (Nothofagus). Die Wälder werden zunehmend forstwirtschaftlich genutzt. Tussockgräser bedecken das Vorland der Südl. Alpen, in den Gebirgsregionen herrscht alpine Vegetation vor. Wegen der räumlichen Abgeschiedenheit Neuseelands gibt es zahlreiche endemische Pflanzen- u. Tierarten (z. B. Kiwi).

Bevölkerung Sie ist bis auf die *Maori* (polynes. Ureinwohner) weiß u. vorwiegend brit. Herkunft; daneben gibt es polynes., chines. u. ind. Minderheiten. Die Bevölkerung gehört überwiegend protestant. Kirchen an, 15 % sind katholisch. Drei Viertel wohnen auf der Nordinsel. 87 % der Bevölkerung leben in Städten. Die größten Städte sind außer der Hauptstadt Wellington: Auckland, Christchurch, Dunedin, Hamilton, Manukau.

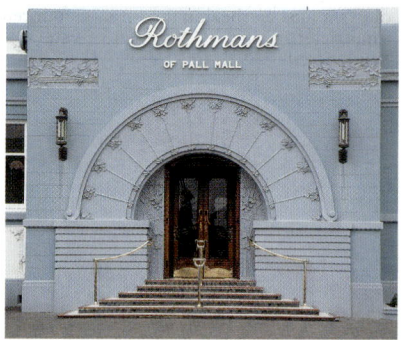

Nach einem verheerenden Erdbeben in Napier 1931 wurde die Stadt im Stil des Art Déco wieder aufgebaut. Heute ist das Stadtensemble in seiner architektonischen Geschlossenheit eine touristische Attraktion

Bildungswesen Das Bildungsangebot in Neuseeland umfasst Kindergärten u. Spielzentren im Vorschulbereich, die sechsjährige Primarschule u. die Sekundarschulen (zweijährige Mittel- u. fünfjährige höhere Schulen). Die Erwachsenenbildung u. die berufl. Weiterbildung werden bes. gefördert. Es gibt sieben Universitäten.
Die Maoris versuchen alternative Bildungsangebote (z. B. Sprachlernunterricht im Vorschulbereich) zu schaffen, in denen die eigene Kultur weitergegeben wird.

Medien In Neuseeland ist die Pressekonzentration weit fortgeschritten. Die meisten der 28 Tageszeitungen des Landes sind im Besitz der Unternehmen „Independent Newspapers Limited" u. „Wilson and Horton Limited". Die auflagenstärksten Blätter sind *New Zealand Herald* u. *The Press*. Die Nachrichtenagenturen *New Zealand Press Association* (gegr. 1879) u. *South Pacific News Service* (gegr. 1948) sind in Wellington ansässig. *Radio New Zealand Ltd. (RNZ)* u.

Weite Gebiete der Nord- und Südinsel sind Rinder- und Schafweiden

Neuseeland

Jenny Shipley wurde 1997 der erste weibliche Premierminister in der Geschichte des Landes

Geschichte Seit dem 14. Jh. wanderten die polynes. Maori ein. 1642 entdeckte der in holländ. Diensten stehende Abel Janszoon *Tasman* Neuseeland; die Küsten des Landes wurden seit 1769 von dem Engländer J. *Cook* erforscht. Ende des 18. Jh. begann die systemat. Besiedlung durch Weiße. Die Briten erwarben 1840 durch den Waitangi-Vertrag mit den Maori das Besitzrecht. 1852 garantierten sie den Siedlern begrenzte, 1856 verantwortliche Selbstregierung nach brit. Muster. Kämpfe mit den Maori führten in den 1860er Jahren zu einer Dezimierung der Ureinwohner.
1890–1912 regierte die *Liberal Party*. 1907 erhielt die Insel den Dominionstatus. Die Regierungen der 1916 gegr. *Labour Party* führten 1935–1949 ein umfassendes Sozial-

Television New Zealand Ltd. (TVNZ) sind die beiden staatl. Rundfunkunternehmen, die sich aus Werbeeinnahmen u. Gebühren finanzieren. Daneben bestehen private Sender (seit 1989).

Wirtschaft Etwa die Hälfte der Landesfläche sind Weiden; der beherrschende Wirtschaftszweig ist die Viehzucht (9 Mio. Rinder u. 47 Mio. Schafe) u. die auf ihr beruhende Verarbeitungsindustrie; Wolle, Fleisch, Butter, Käse u. a. Viehzuchtprodukte werden exportiert. Angebaut werden Weizen, Hafer, Gerste, Flachs, Obst u. Futterpflanzen. An den Küsten spielt der Fischfang eine bedeutende Rolle. An Bodenschätzen haben Erdgas, Braun- u. Steinkohlen Bedeutung für die Eigenversorgung; außerdem kommen in geringen Mengen Gold, Silber, Mangan, Eisen, Wolfram, Kupfer, Erdöl u. Phosphate vor. Die Industrie (vor allem Nahrungsmittel-, Textil-, Holzindustrie) ist überwiegend auf der Nordinsel konzentriert u. wird von Klein- u. Mittelbetrieben wahrgenommen. Erst nach 1969 wurden Fabriken der Schwerindustrie errichtet (Stahlwerke, Aluminiumhütte, Chemiewerke, Maschinenfabriken, Kraftfahrzeugmontage). Die Energieversorgung stützt sich auf die reichen Wasserkraftreserven; auf der Nordinsel wird auch geothermische Energie genutzt. Der Fremdenverkehr hat sich zum wichtigsten Devisenbringer Neuseelands entwickelt.

Verkehr Das Verkehrsnetz (fast 4000 km Eisenbahn, 92 000 km Straßen) ist gut ausgebaut. Der Inselstaat Neuseeland ist in hohem Maß auf den Luft- u. Seeverkehr angewiesen, um Handel mit den weit entfernt liegenden Partnern (Japan, Australien, USA) treiben zu können. Die wichtigsten Seehäfen sind *Auckland, Wellington* u. *Lyttelton* bei Christchurch; das Binnenflugnetz ist stark entwickelt (auch Frachtverkehr).

Neuseeland

sytem ein. Neuseeland nahm an beiden Weltkriegen auf brit. Seite teil. 1947 akzeptierte Neuseeland das Statut von Westminster. Damit wurde die Unabhängigkeit im Rahmen des Commonwealth bestätigt. 1951 trat Neuseeland dem ANZUS-Pakt, 1954 der SEATO bei. 1962 wurde Westsamoa, das Neuseeland 1914 besetzt hatte, die Unabhängigkeit gewährt. Unter der 1972 gewählten Labourregierung vollzog Neuseeland den Austritt aus der SEATO u. den Rückzug der neuseeländ. Truppen aus Indochina. Die Bindungen an Großbritannien wurden gelockert u. eine stärkere Zusammenarbeit mit Japan u. Australien angestrebt. 1975–1984 regierte die konservative *National Party*. 1984 kam die Labour Party unter Premierminister D. *Lange* wieder an die Regierung. Die von ihr betriebene Anti-Nuklearpolitik führte zu Konflikten mit Frankreich u. den USA (1986 Suspendierung der Mitgliedschaft Neuseelands im ANZUS-Pakt). 1987 gewann die Labour Party unter Führung von Lange erneut die Wahlen. Nachdem Lange 1989 aufgrund innerparteil. Spannungen zurückgetreten war, wurde G. *Palmer* Premierminister. Die Wahlen 1990 gewann die National Party. Premierminister wurde J. *Bolger*. Unter seiner Führung gelangte die National Party nach den Wahlen 1993 erneut in die Regierungsverantwortung. Die seit Ende der 1980er Jahre eingeleiteten Wirtschaftsreformen (Liberalisierung u. Deregulierung) bescherten Neuseeland bis Mitte der 1990er Jahre ein enormes ökonom. Wachstum. Damit verbunden war allerdings ein Abbau des Sozialstaats.

Die 1996 erstmals nach dem modifizerten Wahlrecht durchgeführten Parlamentswahlen brachten keine eindeutige Mehrheit. Bolger bildete eine Koalitionsregierung aus National Party u. New Zealand First Party, NZFP. 1997 verlor Bolger das Vertrauen seiner Partei u. trat zurück. Seine Nachfolgerin als Premierministerin wurde J. *Shipley*. Aufgrund eines Streits über den Verkauf des Regierungsanteils am Flughafen von Wellington wurde die Koalition zwischen National Party u. New Zealand First Party 1998 beendet. Die National Party blieb unter der Führung Shipleys nun alleinige Regierungspartei. Die Unzufriedenheit der Bevölkerung mit der neoliberalen Wirtschafts- u. Gesellschaftspolitik begünstigte 1999 den Wahlsieg der Labour Party. H. *Clark* wurde neue Premierministerin an der Spitze einer Koalition aus Labour Party u. Alliance Party (AP).

Politik Neuseeland ist eine parlamentar. Monarchie im Commonwealth. Das Land besitzt keine geschriebene Verfassung. Das polit. System orientiert sich an der Tradition der brit. Demokratie: Vorherrschaft des Parlaments, Verantwortlichkeit der Regierung allein dem Parlament gegenüber, parteipolit. Neutralität der Krone (vertreten durch einen neuseeländ. Generalgouverneur), fallweises Verfassungsrecht durch Einzelgesetze. Nur das Wahlrecht weicht seit 1996 vom brit. Vorbild ab. Mehrheits- u. Verhältniswahlsystem sind verknüpft. Gouverneur u. Kabinett unter dem Vorsitz des Premierministers bilden den Exekutivrat. Das Parlament besteht aus einer Kammer mit 120 auf drei Jahre gewählten Mitgliedern. Mindestens drei Sitze sind den Maori vorbehalten. Wichtigste Parteien sind die sozialdemokratisch ausgerichtete Labour Party, die liberal-konservative National Party, die linke Alliance Party sowie die populist. New Zealand First Party, die bes. unter den Maori große Unterstützung findet.

Der Milford Sound ist Teil des Fjordland National Parks auf der Südinsel

Der „beehive" (Bienenkorb) ist der Blickfang des Regierungsviertels in Wellington. Der Rundbau beherbergt die Büros verschiedener Ministerien

Neuspanien, *Nueva España,* span. Vizekönigreich in Lateinamerika 1535–1821, umfasste etwa das Gebiet des heutigen Mexiko u. seit dem 17./18. Jh. auch den größten Teil des W des heutigen USA. 1810 begannen die ersten Unabhängigkeitskämpfe.

neusprachlicher Unterricht, der Unterricht in den lebenden Fremdsprachen; wurde seit dem 17. Jh. erteilt, zunächst meist privat u. bis zum Ende des 19. Jh. nur im Französischen, seit etwa 1880 auch im Englischen. In Dtschld. ist Englisch an den meisten Schulen erste Fremdsprache. In der DDR war dagegen Russisch erste Fremdsprache. An manchen dt. Gymnasien werden auch Spanisch u. Italienisch angeboten. Beim neusprachl. Unterricht kommt häufig das *Sprachlabor* zum Einsatz.

Neuss (1)

Neuss, ◆ **1.** Kreisstadt in Nordrhein-Westfalen, an der Erft (durch den Erftkanal mit dem Rhein verbunden) u. am Niederrhein, gegenüber von Düsseldorf, 149 000 Ew.; roman.-got. Dom St. Quirin (13. Jahrhundert), Dreikönigenkirche (1909–1911), Zeughaus (1637), Reste der Stadtbefestigung (Obertor, um 1200); Clemens-Sels-Museum (röm. Funde, Sammlungen zur Stadtgeschichte, Volkskunst u. Kunst des 14.–19. Jahrhundert), Rhein. Landestheater N.; Maschinenbau, Fahrzeug-, Papier-, Nahrungsmittel-, Textil-, chem. u. Metall verarbeitende Industrie, Hafen; Blumen-Großmarkt.
2. Ldkrs. in Nordrhein-Westfalen, Reg.-Bez. Düsseldorf, 576 km², 441 000 Ew.; Verwaltungssitz ist *N.* (1).

Neuss, Wolfgang, dt. Schauspieler u. Kabarettist, *3. 12. 1923 Breslau, †5. 5. 1989 Berlin; in den 1960er Jahren bekannt durch sozialkritische Soloprogramme („Der Mann mit der Pauke"); auch im Film als Komiker erfolgreich („Das Wirtshaus im Spessart" 1958).

Neustadt, 1. *Neustadt am Kulm,* Stadt in Bayern, Ldkrs. N. an der Waldnaab, am Fuß des Rauhen Kulm (682 m ü. M.), 1400 Ew.

Neustadt am Rübenberge

◆ **2.** *Neustadt am Rübenberge,* Stadt in Niedersachsen, Landkreis Hannover, an der Leine, 44 100 Ew.; romanisch-gotische Kirche (um 1500), Schloss (16. Jahrhun-

Neuss (1): Dom St. Quirin

dert); Maschinen-, Pappen-, Textil-, Kunststoff- u. Arzneimittelindustrie.
3. *Neustadt an der Aisch,* Kreisstadt in Mittelfranken (Bayern), nordwestl. von Fürth, 292 m ü. M., 12 300 Ew.; got. Johanniskirche (15. Jh.), 2 Schlösser (15. u. 17. Jh.); Textil-, Pinsel- u. Reißzeugindustrie, Musikinstrumentenherstellung, Brauerei, Mineralwasserversand. – Verwaltungssitz des Ldkrs. *N. an der Aisch-Bad Windsheim*: 1267 km², 97 100 Ew.
4. *Neustadt an der Donau,* Stadt in Bayern, Ldkrs. Kelheim, östl. von Ingolstadt, 356 m ü. M., 12 100 Ew.; Hallenkirche St. Lorenz (15. Jh.), spätgot. Rathaus (15. Jh.); Elektroindustrie, Erdölraffinerie; der Stadtteil *Bad Gögging* ist Moor- u. Schwefelbad.
5. *Neustadt an der Mettau,* tschech. Stadt, → Nové Město nad Metují.
6. *Neustadt an der Orla,* Stadt in Thüringen, Saale-Orla-Kreis, südwestl. von Gera, 9900 Ew.; Schloss (17. Jh.), Stadtkirche (15./16. Jh.; Flügelaltar aus der Werkstatt von L.

Cranach), Rathaus (1465–1500); Holzindustrie.
7. *Neustadt an der Rheda,* poln. Stadt, → Wejherowo.
8. *Bad Neustadt an der Saale,* Kreisstadt in Unterfranken (Bayern), an der Fränk. Saale, 232 m ü. M., 15 700 Ew.; mittelalterliche Stadtmauer; Elektro-, Holz- u. Emailleindustrie; am anderen Saaleufer der Stadtteil *Bad Neuhaus,* Solbad, überragt von der *Salzburg*; Verwaltungssitz des Ldkrs. *Rhön-Grabfeld.*
9. *Neustadt an der Waldnaab,* Kreisstadt in der Oberpfalz (Bayern), nördl. von Weiden, 420 m ü. M., 6200 Ew.; Schloss Lobkowitz (1698), Wallfahrtskirche; Glasindustrie. – Stadtrecht 1300. Verw.-Sitz des gleichn. Ldkrs.: 1430 km², 100 000 Ew.
◆ **10.** *Neustadt an der Weinstraße,* kreisfreie Stadt in Rheinland-Pfalz, an der mittleren Haardt, 137–300 m ü. M., 53 800 Ew.; Verw.-Sitz des Reg.-Bez. Rheinhessen-Pfalz; mittelalterl. Altstadt, ehem. Stiftskirche Liebfrauen (14./15. Jh.), Rathaus (18./19. Jh.), Casimirianum (im 16. Jh. als reformierte Hochschule gegr.); Zentrum des Pfälzer Weinhandels, Maschinenfabrikation für Kellereigeräte, Papier-, Textil- u. Metallindustrie, Sektherstellung; Bundeswehrstandort; Stadtrecht 1275. – Südlich von N. das Hambacher Schloss (11. Jh., 1846 im venezianisch-gotischen Stil neu aufgebaut), wurde 1832 berühmt durch das → Hambacher Fest.

Neustadt an der Weinstraße

11. *Neustadt an der Wied,* Gemeinde in Rheinland-Pfalz, Ldkrs. Neuwied, an der Wied, am nördl. Rand des Westerwalds, 6300 Ew.
12. *Neustadt bei Coburg,* Stadt in Oberfranken (Bayern), nordöstl. von Coburg, 344 m ü. M., 16 900 Ew.; Trachtenmuseum u. Puppenmuseum; Elektro-, Spielwaren- u. Möbelindustrie. – Seit 1343 Stadtrecht.

Neustadt an der Weinstraße: Das ehemalige Jesuitenkolleg wird heute als Rathaus genutzt

13. *Neustadt-Glewe,* Stadt in Mecklenburg-Vorpommern, Ldkrs. Ludwigslust, an der Elde, 7400 Ew.; Burg (14. Jh.), Schloss (17./18. Jh.); geotherm. Kraftwerk.
14. *Neustadt (Hessen),* Stadt in Hessen, Ldkrs. Marburg-Biedenkopf, in der fruchtbaren Schwalm, 250 m ü. M., 9500 Ew.; Junker-Hansen-Turm (mittelalterl. Festungsturm); Strumpf- u. Werkzeugindustrie. – Stadtrecht 1270.
15. *Neustadt im Schwarzwald* → Titisee-Neustadt.
16. *Neustadt in Holstein,* Hafenstadt u. Seebad in Schleswig-Holstein, Ldkrs. Ostholstein, an der Lübecker Bucht, 15 600 Ew.; got. Stadtkirche (13./14. Jh.), Kremper Tor; Herstellung von Kondensmilch, Fischverarbeitung; Standort der Bundesmarine u. des Bundesgrenzschutzes; östl. die Seebäder Pelzerhaken u. Rettin.
17. *Neustadt in Oberschlesien,* Stadt in Polen, → Prudnik.
18. *Neustadt in Sachsen,* Stadt in Sachsen, Ldkrs. Sächsische Schweiz, in der Lausitz, östl. von Dresden, 12 100 Ew.; Kirche (14. Jh.); Landmaschinenbau, Herstellung von Kunststoffrohren, Bauindustrie.
Neustädter Bucht, Westteil der *Lübecker Bucht* südl. von *Neustadt in Holstein.*
Neustettin, Stadt in Polen, → Szczecinek.
Neustoffe, Werkstoffe, die unter Verwendung von nicht schon einmal verarbeiteten Rohstoffen hergestellt werden. Gegensatz: *Altstoffe* (Schrott, Textilabfälle). Auch → Recycling (2).
Neuston [das; grch.], Lebensgemeinschaft der obersten, wenige mm bzw. cm umfassenden Wasserschicht. Typische Organismen sind Bakterien, Larven von bodenbewohnenden Wirbellosen, Ruderfußkrebse, treibende Fischeier u. Fischlarven sowie Wasserläufer, die sich an der Oberfläche des Wassers fortbewegen.

Neusüdwales: Landschaft im Blue Mountains National Park

Neustrelitz

◆ **Neustrelitz,** Kreisstadt in Mecklenburg-Vorpommern, im Gebiet der Mecklenburgischen Seenplatte, zwischen zwei Teilstücken des Nationalparks *Müritz,* 24 400 Ew.; Erholungszentrum; Schloss (18. Jh.), Rathaus (1841), Stadtkirche (1768–1778), Schlosskirche (1855–1859), Landschaftspark mit Tiergarten u. Landestheater; landwirtschaftl. Markt, Forstwirtschaft, Baugewerbe, elektrotechn., Metall verarbeitende, Lebensmittel- u. Holzindustrie, Heizungsbau; Eisenbahnknotenpunkt, Binnenhafen; Verw.-Sitz des Ldkrs. *Mecklenburg-Strelitz.* G e s c h i c h t e : Herzog *Adolf Friedrich III.* von Mecklenburg-Strelitz ließ ein Jagdhaus zum Residenzschloss ausbauen u. seit 1733 planmäßig eine landesherrliche Stadt anlegen, die 1759 Stadtrecht erhielt. Bis 1918 war N. Residenz, bis 1934 Hptst. des Landes Mecklenburg-Strelitz; 1952–1970 Sitz vieler Behörden des DDR-Bezirks Neubrandenburg.
Neustrien, der westl. Teil des nach Chlothars I. Tod (561) erneut geteilten merowing. *Frankenreichs*; umfasste das Gebiet zwischen Schelde u. Loire.

Neusüdwales

◆ **Neusüdwales** [-'weilz], engl. *New South Wales,* Abk. *N. S. W.,* ältester Bundesstaat (seit 1901) Australiens, im SO des Kontinents, 801 600 km², 6,1 Mio. Ew.; mit über $1/3$ der Bevölkerung Australiens dessen bevölkerungsreichster Staat, rd. 60 % wohnen in der Hptst. *Sydney.* N. gliedert sich von O nach W in einen schmalen, fruchtbaren Küstensaum, die bewaldete *Great Dividing Range* mit dem ostaustral. Hügelland der Downs u. die innere Trockenlandschaft des *Murray-Darling-Tieflands.* In der Landwirtschaft überwiegt traditionell die Viehzucht (bes. Schafhaltung zur Fleisch- u. Wollerzeugung). Anbauzentren sind die bewässerten Gebiete am Murray u. Murrumbidgee (Anbau von Weizen, Mais, Reis, Obst, Gemüse) sowie die Küstenebenen um Wollongong, Sydney u. Newcastle mit Spezialprodukten zur Versorgung der Städte (z. B. Wein im Huntertal); an der nördl. Küste wird Zuckerrohr angebaut, ferner umfasst die Küstengegend Ferienorte u. Fischereihäfen. Im Kohlerevier zwischen Wollongong u. Newcastle konzentriert sich die Schwerindustrie (Stahlwerke), hinzu kommen Textil-, Elektro-, Nahrungsmittel- u. Autoindustrie sowie chemische Industrie; Kraftwerke. Bergbau wird besonders auf Blei-, Zink- u. Silbererze in Broken Hill an der Westgrenze von N. u. auf Kupfer bei Cobar betrieben, daneben gibt es noch Vorkommen von Steinkohle u. Gold. Besonders der bevölkerungsreiche O ist durch Verkehrswege besser erschlossen als die übrigen Landesteile.
neutestamentliche Theologie, *Theologie des Neuen Testaments,* der Versuch der Forschung, die verschiedenen Aussagen des Neuen Testaments zu einem Ganzen zusammenzufassen u. dabei die Einheit der neutestamentlichen Botschaft sichtbar zu machen.
Neuthomismus → Neuscholastik, → Thomismus.
Neutitschein, tschech. Stadt, → Nový Jičín.
Neutra, 1. Stadt in der Slowakei, → Nitra. **2.** *Nitra,* linker Nebenfluss des Waag, 243 km; entspringt in der Kleinen Fatra, am Unterlauf fruchtbares Gebiet, mündet nördl. von Komárno.

Richard Neutra

◆ **Neutra,** Richard, US-amerikan. Architekt österr. Herkunft, *8. 4. 1892 Wien, †16. 4. 1970 Wuppertal; beeinflusst von der neueren amerikan. Architektur (L. H. *Sullivan,* F. L. *Wright*), ab 1926 in den USA tätig als einer der Hauptmeister des sog. *Internationalen Stils.* Hptw.: Haus Lovell, Los Angeles, 1927–1929; Haus Sternberg, San Fernando Valley, 1936; Kaufmann Desert House, Palm Springs, 1946/47; außerdem zahlreiche Geschäfts-, Kranken- u. Siedlungshäuser (Eigenheimsiedlungen bei Hamburg, 1962), Schulen u.

Theater. Schriften: „Wenn wir weiterleben wollen" 1956; „Auftrag für morgen" 1962.

neutral [lat.], in Konfliktsituationen oder bei unterschiedl. Interessenlagen weder der einen Partei noch der anderen angehörend.

Neutralbiss → Kieferstellung.

neutrales Element, ein Begriff aus der *Mengenlehre*: das Element einer Menge, das sich in Bezug auf eine bestimmte Verknüpfung mit dem anderen Element neutral verhält, d. h. auf das Ergebnis keinen Einfluss hat. Beispiele: Bezüglich der Addition ist das neutrale Element der ganzen Zahlen die Zahl 0, denn es gilt: $a + 0 = 0 + a = a$; hinsichtlich der Multiplikation ist das neutrale Element der ganzen Zahlen die Zahl 1, denn es gilt: $a \cdot 1 = 1 \cdot a = a$; in der Menge der Vektoren ist das neutrale Element bezüglich der Addition der → Nullvektor. Oft wird das neutrale Element bezüglich einer Addition auch als *Nullelement*, das neutrale Element bezügl. einer Multiplikation als *Einselement* bezeichnet.

Neutralisation [lat.], *i. w. S.* die Überführung eines Systems in einen indifferenten Zustand, z. B. die Überführung eines geladenen Teilchens in einen elektrisch neutralen Zustand oder die Aufhebung einer Basewirkung (Säurewirkung) durch Säurezugabe (Basezugabe). *I. e. S.* versteht man unter N. die Bildung von Wasser aus Wasserstoff- u. Hydroxid-Ionen, z. B. bei der Reaktion äquivalenter Mengen einer Säure u. einer Base. Die dabei frei werdende Wärmemenge, die *Neutralisationsenergie (Neutralisationswärme)*, beträgt 57,54 kJ pro Mol gebildeten Wassers. Am *Neutralpunkt* ist die Konzentration der in der Lösung vorhandenen Wasserstoff- u. Hydroxid-Ionen gleich groß, u. der pH-Wert beträgt 7. Die N. spielt z. B. eine Rolle bei der Behandlung von Abwässern bzw. von sauren Böden.
Der für den Umweltschutz wichtige sog. *biologische Neutralpunkt* für Niederschlagswasser soll gegenüber dem chemischen N. (pH = 7) im sauren Bereich (pH = 5,6) liegen. Er wird ermittelt als Säuregrad von destilliertem Wasser in Gegenwart einer äquivalenten Menge des in der natürlichen Atmosphäre enthaltenen Kohlendioxids. Auch → saurer Regen.

Neutralisationstitration → Acidimetrie, → Alkalimetrie.

Neutralisationszahl, Abk. *Nz.*, Größe zur Charakterisierung von Schmierölen u. Fetten hinsichtlich des Gehalts an wasserlöslichen sauren Komponenten. Sie ist definiert als mg Kaliumhydroxid (KOH), die erforderlich sind, um die in 1 g des Öls enthaltenen freien Säuren zu neutralisieren.

Neutralisierung [lat.], **1.** *allg.*: Aufhebung einer Wirkung, eines Einflusses.
2. *Völkerrecht*: der meist vertraglich u. durch innerstaatl. Gesetzgebung gesicherte Rechtszustand, demzufolge ein Staat nicht an bewaffneten Konflikten anderer Staaten teilnimmt, vielmehr die Rechtsstellung der → Neutralität für sich in Anspruch nimmt u. sie zu wahren verpflichtet ist. Dabei können dritte Staaten als Garanten der N. auftreten. Die N. war im 19. Jh. das Ergebnis rivalisierender Großmachtbestrebungen, die durch die Bildung von Pufferstaaten einen Machtzuwachs des Gegners auszuschalten versuchten. Im Zeitalter des freien Kriegführungsrechts (bis zum → Briand-Kellogg-Pakt 1928) bedeutete dies eine selbst gewollte Einschränkung der staatl. Souveränität. Beispiele: die N. Belgiens (Verträge von 1831 u. 1839, aufgehoben 1919) u. Luxemburgs (Londoner Vertrag von 1867, 1919 ebenfalls aufgehoben). Neutrale Staaten sind heute die Schweiz (Kollektivgarantie der Großmächte von 1815), Österreich („immerwährende Neutralität", Bundesgesetz vom 26. 10. 1955), Vatikanstadt (Lateranvertrag vom 31. 3. 1929). Mit der N. ist der Beitritt zu polit. Bündnissen u. Paktsystemen, soweit sie nicht wie die UN weltweiten Charakter haben, nicht vereinbar, wohl aber die Unterhaltung eigener Streitkräfte zur Wahrung der sich aus der N. ergebenden Pflichten.
Neben der N. von Staaten gibt es auch die N. von Gebietsteilen, meist aber → Befriedung oder → Entmilitarisierung genannt (Verbot militärischer Anlagen, Befestigungsverbot, Verbot der Stationierung von Truppen).

Neutralismus [lat.], zur Zeit des Ost-West-Konflikts meist abwertend gemeinte Bezeichnung einer auf Unabhängigkeit von den beiden Militärblöcken gerichteten Politik (→ blockfreie Staaten). Hauptvertreter dieser Politik waren J. *Nehru* (Indien), G. A. *Nasser* (Ägypten), A. *Sukarno* (Indonesien), J. B. *Tito* (Jugoslawien), F. N. K. *Nkrumah* (Ghana), J. *Nyerere* (Tansania), S. *Touré* (Guinea).
Von den bloß politisch definierten Begriffen des N. u. der Blockfreiheit sind die völkerrechtlich verankerten Begriffe der → Neutralität u. der → Neutralisierung zu unterscheiden.

Neutralität [lat.], die Nichtteilnahme eines Staats an bewaffneten Auseinandersetzungen anderer Staaten. Im Zeitalter des freien Kriegführungsrechts (bis zum → Briand-Kellogg-Pakt, 1928) war die Entscheidung über Teilnahme oder Nichtteilnahme eine polit. Ermessensentscheidung jedes Staates; angesichts des heute geltenden Angriffskriegsverbots ist die Nichtteilnahme eine Rechtspflicht, falls nicht der Verteidigungsfall oder der Fall eines militär. Vorgehens der UN im Rahmen ihrer Satzung gegeben ist (für Dtschld. auch verfassungsrechtlich durch Art. 26 GG). Eine Verpflichtung zur N. kann sich auch aus der → Neutralisierung ergeben, umgekehrt können die Mitgliedstaaten gegenüber rechtmäßig angeordneten Maßnahmen, z. B. des UN-Sicherheitsrats, nicht die Pflicht zur N. einwenden. Praktisch entscheidet auch in diesen Fällen über Fortbestand, Umfang u. Grenzen der N. das nationale Interesse.
Die N. verbietet die Entsendung von Truppen, Kriegsmaterial, → Bannware durch den neutralen Staat an einen Krieg führenden. Während früher die individuelle Teilnahme der Bürger des neutralen Staats am Krieg zulässig war (ebenso die Lieferung von Kriegsmaterial durch private Firmen), verbieten heute die neutralen Staaten ihren Staatsangehörigen die Teilnahme u. verhängen etwa ein Waffenembargo. Allgemein anerkannt ist die Verpflichtung des neutralen Staats, auf seinem Gebiet keine Kampfhandlungen zu dulden, Angehörige bewaffneter Streitkräfte beim Grenzübergang zu internieren sowie Neutralitätsverletzungen in seinen Küstengewässern zu verhindern. Im Übrigen steht der Wirtschafts-, Finanz- u. Rechtsverkehr mit den Kriegführenden dem Neutralen frei.
Seit Anfang der 1930er Jahre besteht die Tendenz, von der eigentl. N. die *wohlwollende N.*, die *Nichtkriegführung* und schließlich den *state short of war* zu unterscheiden. In all diesen Fällen unterstützt der Nichtkriegführende einen Kriegführenden, ohne an den Kampfhandlungen aktiv teilzunehmen. Der Gegner des unterstützten Staates kann sich dagegen durch Verhängung der → Blockade wehren.
Von der N. in einem bestimmten Konflikt ist die sog. *immerwährende N.* zu unterscheiden, mit deren Erklärung sich ein Staat verpflichtet, sich aus allen militär. Konflikten Dritter herauszuhalten. Die immerwährende N. verlangt von dem Staat, der sich zu ihr bekennt, keine militär. Abrüstung; er ist im Gegenteil verpflichtet, seine militär. Abwehrfähigkeit auszubauen. Die immerwährende N. der *Schweiz* ist seit 1815 völkerrechtlich anerkannt; die immerwährende N. *Belgiens* besteht seit ihrer Verletzung durch Deutschland 1914 de facto nicht mehr; auf sowjet. Verlangen hat *Österreich* 1955 seine immerwährende N. erklärt; gleichzeitig wurde das Land zur Rüstungsbegrenzung verpflichtet.

Neutralpunkt → Neutralisation.

Neutralsalze, Salze, die bei der vollständigen → Neutralisation einer mehrbasischen Säure durch eine Base oder einer mehrsäurigen Base durch eine Säure entstehen.

Neutraubling, Stadt in Bayern, Ldkrs. Regensburg, 11 600 Ew. – 1951 gegr., seit 1986 Stadtrecht.

◆ **Neutrino** [das; lat.], ein elektrisch neutrales Elementarteilchen mit → Spin $1/2$ u. einer vermutlich sehr geringen Ruhemasse, die noch nicht exakt bestimmt werden konnte. Es wurde zuerst hypothetisch von W. *Pauli* eingeführt, um die grundlegenden Erhaltungssätze auch im atomaren Bereich zu sichern u. den radioaktiven Zerfall in

Neutrino: Neutrinodetektor bei CERN in Genf

Elektronen (β-Teilchen) zu erklären. 1956 konnte es experimentell festgestellt werden. Neutrinos bewegen sich (wie Lichtquanten) mit Lichtgeschwindigkeit u. haben nur sehr schwache Wechselwirkungen mit den anderen Elementarteilchen. Der Spin der Neutrinos steht immer entweder parallel oder antiparallel (entgegengesetzt) zur Bewegungsrichtung. Wenn die Unterscheidung dieser beiden Einstellungsmöglichkeiten wesentlich ist, spricht man von N. u. Anti-Neutrino. Neben dem *Elektron-Neutrino* gibt es noch das *Myon-Neutrino* u. das *Tau-Neutrino* mit dem zugehörigen Anti-Neutrino. In der Astronomie werden Neutrinos untersucht, die im Sterninnern erzeugt werden u. die Sternmassen fast ungehindert durchdringen können. Dies führt zu genauen Kenntnissen der Verhältnisse im Innern eines Fixsterns, bes. der Sonne. Vermutlich tragen Neutrinos einen gewissen Teil zur unsichtbaren Masse des Weltalls bei.

Neutron [das; lat.], 1932 von J. *Chadwick* entdecktes elektrisch neutrales Elementarteilchen, dessen Masse mit $1,6748 \cdot 10^{-27}$ kg um etwa 1,4‰ größer als die des Protons ist; zusammen mit dem Proton Baustein der Atomkerne. Als freies Teilchen ist das N. instabil u. zerfällt mit einer Halbwertszeit von etwa 10,3 min in ein Proton, ein Elektron u. ein Elektron-Antineutrino. Das N. hat den Spin $1/2$, die Baryonenzahl 1 u. das magnet. Kernmoment $\mu_n = -1,913$ Kernmagnetonen. Nach dem *Quarkmodell* besteht das N. aus zwei up- u. einem down-Quark. Es spielt eine wichtige Rolle im → Kernreaktor.

Neutronenbeugung, Interferenz u. Beugung von Neutronenstrahlen. Die Wellenlänge der langsamen (thermischen) Neutronen zugeordneten Materiewellen entspricht etwa der von Röntgenstrahlen. So ist z. B. bei einer Energie von 1 eV die Wellenlänge etwa 0,027 nm. Bei der Streuung von Neutronen an den Atomen eines Kristalls wird daher eine N. beobachtet, die ganz ähnlich der Beugung von Röntgenstrahlen ist. Im Gegensatz zur Röntgenbeugung „sieht" die N. auch sehr leichte Atome, wie z. B. Wasserstoff. Darüber hinaus kann die N. Atome, die im Periodensystem der Elemente benachbart sind, unterscheiden.

Neutronenbilanz, eine Gegenüberstellung der in einem Zeitintervall entstandenen u. absorbierten Neutronen innerhalb eines Kernreaktors. Wenn der Kernreaktor eine zeitlich konstante Leistung liefern soll, muss die Bilanz genau aufgehen.

Neutronendetektor, Instrument zum Nachweis von Neutronen; z. B. das *Geiger-Müller-Zählrohr*, das mit Neutronen absorbierenden gasförmigen Borverbindungen gefüllt ist, oder die *Ionisationskammer* u. die *fotografische Platte*, in der der Nachweis nur indirekt über die Ionisationsspuren von gestoßenen Wasserstoffkernen erbracht wird.

Neutronenquelle, eine Kernumwandlung, bei der freie Neutronen entstehen; auch eine physikal. Anordnung, von der Neutronenstrahlen ausgesendet werden. Eine wichtige N. ist z. B. eine Mischung von Berylliumpulver mit einem alphastrahlenden radioaktiven Präparat (etwa in einem Glasröhrchen), da Alphastrahlen aus Berylliumkernen einzelne Neutronen herausschlagen. Für Neutronen mittlerer u. geringer Energie ist heute der *Kernreaktor* eine N. hoher Intensität, in Zukunft auch die *Spallationsneutronenquelle*.

Neutronenspektrometer, ein Gerät zum Messen der Geschwindigkeitsverteilung innerhalb eines Neutronenstrahls oder zur Erzeugung von Neutronen einheitlicher Geschwindigkeit; beruht hauptsächlich auf den Interferenzvorgängen, die Neutronenstrahlen bei streifendem Einfall an Kristallgittern in gleicher Weise wie Röntgenstrahlen zeigen.

Neutronenspektroskopie, Messverfahren zur Ermittlung der Energieverteilung von Neutronenstrahlen; hat große Bedeutung bei der Messung von Wirkungsquerschnitten (von Stoffen gegenüber Neutronen) u. bei Untersuchungen von Festkörpern (z. B. Einfluss von Gitterfehlern auf Materialeigenschaften von Metallen). Die wichtigsten Messgeräte der N. sind das *Flugzeitspektrometer*, das *Kristallspektrometer*, die *Kernspuremulsion* u. der *Rückstoßzähler*.

Neutronenstern, ein Stern, der im Wesentlichen aus Neutronen besteht u. bei einem Radius von etwa 5–10 km eine Dichte von 10^{13}–10^{15} g/cm³ hat. Die Zentraltemperatur beträgt 10^9 °C. Die Rotationsdauer liegt zwischen einigen Millisekunden u. ca. 4 Sekunden. Die magnetische Feldstärke ist sehr groß. Rasch rotierende Neutronensterne sind in bestimmten Fällen auch *Pulsare*. Neutronensterne entstehen aus dem Gravitationskollaps eines massereichen alternden Sterns, dessen Energievorräte erschöpft sind. Erstmals wurden sie von J. R. *Oppenheimer* 1939 und W. *Baade* und F. *Zwicky* 1935 vermutet. Die ersten Neutronensterne wurden 1967 von A. *Hewish* u. J. *Bell* entdeckt.

Neutronenwaffe, eine seit Mitte der 1960er Jahre konzipierte Kernwaffe mit starker Strahlenwirkung. Material wird nicht zerstört. Die zerstörenden Wirkungen von Hitze u. Druck werden auf eine geringere Fläche als bei anderen bisherigen Kernwaffen begrenzt; die *bleibende (remanente) Strahlung* aus induziertem Erdreich ist erheblich vermindert. Die N. besteht aus einem herkömmlichen Plutonium-Sprengsatz, der eine Wasserstoffladung zur Kernfusion bringt; Hitze, Teilchen- u. γ-Strahlung werden von einem Beryllium-Mantel reflektiert, vor allem in Form von Neutronen, deren tödliche Strahlungswirkung bis 1200 m reicht.

Neutrum [das, Pl. *Neutra, Neutren*; lat., „keins von beiden"], das sächl. Geschlecht *(Genus)*.

Neutsch, Erik, dt. Schriftsteller, *21. 6. 1931 Schönebeck (Elbe); lebt in Halle (Saale). Hptw.: „Spur der Steine" 1964 (gehört zu den erfolgreichsten Büchern der DDR-Literatur); „Auf der Suche nach Gatt" 1973;

Neuwied (1): im Vordergrund die Raiffeisenbrücke über den Rhein

„Der Friede im Osten" 4 Bde. 1974–1984; den letzten Band zog er 1990 wegen falscher Darstellung der 68er Ereignisse in der ČSSR zurück.

Neu-Ulm (1)

Neu-Ulm, ♦ **1.** Kreisstadt in Schwaben (Bayern), an der Donau, gegenüber von Ulm, 472 m ü. M., 50 200 Ew.; Stadtpfarrkirche (1922–1927), Gefallenen-Ehrenmal; Nahrungsmittel-, Kraftfahrzeug-, Leder-, Metall-, Maschinenindustrie, Aluminiumwerk. – Im 19. Jh. Garnisons- u. Festungsstadt, Stadtrecht 1869.
2. Ldkrs. in Bayern, Reg.-Bez. Schwaben, 515 km², 158 000 Ew.; Verw.-Sitz ist *N.* (1).
Neuveville [nœv'vil], Bezirk u. Bezirks-Hptst. in der Schweiz, → La Neuveville.
Neuvitalismus → Neovitalismus.
Neuwarper See, poln. *Jezioro Nowowarpieńskie,* Nebenbucht des Stettiner Haffs.
Neuweltaffen, *Platyrrhini,* die neuweltl. *Affen;* schlanke Baumtiere, mit einer breiten Nasenscheidewand, die Nasenlöcher sind seitwärts gerichtet; viele Arten haben einen Greifschwanz; Verbreitung: Südamerika, Südmexiko. Zu den N. gehören: *Krallenaffen* (Familie *Callitrichidae:* Marmosetten, Tamarine) und *Springtamarine (Callimiconidae)* u. *Kapuzinerartige* (Familie *Cebidae:* Nachtaffe, Totenkopfaffen, Springaffen, Schweifaffen, Brüllaffen, Klammerschwanzaffen, Kapuzineraffen).
Neuweltgeier → Geier.
Neuwerk, eine der Jugendbewegung zugerechnete christl. Gruppe, in der sich ab 1920 Jugendliche verschiedener Richtung (Freideutsche Jugend, Sozialisten, Mitglieder der Bibelkreise u. a.) um Verwirklichung einer christl. Lebensgemeinschaft bemühten, auch durch ländl. Siedlungsversuche zunächst bei Schlüchtern, nach 1945 in Paraguay hervorgetreten.
Neuwerk, Nordseeinsel vor der Elbmündung, nordwestl. von Cuxhaven, 2,9 km²; Wehrturm (14. Jh.) als Leuchtturm; gehört seit 1970 zu Hamburg (ebenso 1929–1937).
Neuwertversicherung, Versicherungsart in der Feuerversicherung für Wohngebäude, industrielle Anlagen u. in der Landwirtschaft. Die N. leistet den vollen Betrag, der für die Neuanschaffung der zerstörten Sache zu Preisen am Schadenstag erforderlich ist, im Unterschied zur *Zeitwertversicherung,* bei der der Wiederbeschaffungspreis abzüglich einer Wertminderung durch Alter u. Abnutzung ersetzt wird. Abzüge erfolgen nur dann, wenn der Zeitwert am Schadenstag den Neuwert wesentlich unterschreitet. Der den Zeitwert übersteigende Teil der Neuwertentschädigung wird erst ausgezahlt, nachdem die Wiederherstellung der betr. Sache gesichert ist.

Neuwied (1)

Neuwied, ♦ **1.** Kreisstadt in Rheinland-Pfalz, am Rhein (Hafen), nordwestl. von Koblenz, 67 600 Ew.; Fachschule für den Lebensmittel-Einzelhandel; Schloss der Fürsten zu Wied (18. Jh.); Zentrum der rheinischen Bimsbaustoffindustrie, Stahlwerk, Maschinenbau, Metall u. Holz verarbeitende, chem. u. Papierindustrie. – Im 17. u. 18. Jh. Zufluchtsort für Glaubensvertriebene (u. a. Reformierte, Herrnhuter, Mennoniten).
2. Ldkrs. in Rheinland-Pfalz, Reg.-Bez. Koblenz, 627 km², 182 000 Ew.; Verw.-Sitz ist N. (1).
Neuwieder Becken → Mittelrheinisches Becken.
Neuwort → Neologismus.
Neu Wulmstorf, Gemeinde in Niedersachsen, Ldkrs. Harburg, am südwestl. Stadtrand von Hamburg, 18 800 Ew.
♦ **Neuzeit,** in der Geschichtswissenschaft im Allg. die Zeit seit 1450. Die Unterscheidung zwischen *Altertum, Mittelalter* u. *N.* wurde zuerst von den italien. Humanisten gebraucht. Als bestimmend für den Beginn der N. galten: die Eroberung Konstantinopels durch die Türken 1453, die Entdeckung Amerikas 1492, die Entstehung der europ. Nationalstaaten, das Aufkommen von Renaissance, Humanismus u. Reformation, die Anfänge wissenschaftl. Denkens. Das Zeitalter der N. wird gemeinhin weiter untergliedert: Der Zeitraum von 1450 bis etwa 1650 wird als → Frühe Neuzeit, der Zeitraum von 1650 bis zur Französ. Revolution als *Jüngere Neuzeit* bezeichnet. Danach folgt die *Neuere Zeit* bzw. *Neueste Zeit.* Das Jahr 1917 (Russische Revolution) gilt als Beginn der *Zeitgeschichte.* Auch → Periodisierung.
Nev., Abk. für den USA-Staat → Nevada.
Newa, russ. Fluss, → Newa.

Nevada

♦ **Nevada** [engl. nɛ'vɑːdə], Abk. *Nev.,* Staat im SW der USA, in der Halbwüste des Great Basin, 286 367 km², 1,6 Mio. Ew., davon 15,7 % Nichtweiße; Hptst. *Carson City,* größte Stadt *Las Vegas.* Haupterwerbszweig ist der Fremdenverkehr (über 50 % des Staatseinkommens), bedingt durch Naturschutz- u. Erholungsgebiete sowie durch das seit 1931 legalisierte Glücksspiel in Reno u. Las Vegas. Im Regenschatten der Sierra

Neuzeit: Seit dem ausgehenden 18. Jh. gehörte die Nutzung der Dampfkraft, die auch mit der Erfindung der Eisenbahn das Verkehrswesen von Grund auf wandelte, zu den Hauptfaktoren der industriellen Entwicklung. „Bahnhof St. Lazare". Gemälde von Claude Monet; 1877. Chicago, Art Institute of Chicago

Nevada: Felsen im abflusslosen Pyramid Lake

Nevis (2): Heide- und Farnkräuter bedecken den Ben Nevis

Nevada liegend, hat N. ein sehr trockenes Klima, was sich ebenso wie die versalzenen Böden nachteilig auf die Landwirtschaft auswirkt: hauptsächl. Viehzucht (Rinder, Schafe), geringer Getreide-, Kartoffel- u. Futteranbau; Kupfer-, Gold- u. Eisenerzabbau; Salz- u. Boraxgewinnung, Hütten- u. chem. Industrie; Atomtestgelände (bei Las Vegas). – 1861 Errichtung des Territoriums N. durch den US-Kongress, 1864 Aufnahme als 36. Staat in die Union.

Nevado, *Cerro el Nevado,* Gipfel in der kolumbian. Cordillera Oriental, südl. von Bogotá, 4560 m.

Nevado del Ruiz [- 'ruis], kolumbian. Vulkan in der Cordillera Central, westl. von Bogotá, 5389 m; bei seinem Ausbruch 1985 wurde die Stadt *Armero* zerstört.

Nevado de Toluca, mexikan. Vulkan in der Meseta Neovolcánica, südwestl. von Mexico, 4577 m.

Nevelson ['nɛvəlsən], Louise, US-amerikan. Objektkünstlerin russ. Herkunft, * 23. 9. 1899 Kiew, † 17. 4. 1988 New York; ab 1905 in den USA; vereinigte verschiedene Materialien geometrisch angeordnet u. bemalt in Holzkästen; verwandte ferner Aluminium u. Plexiglas, die Serienfertigung ermöglichen.

Nevermann, Paul, dt. Politiker (SPD), * 5. 2. 1902 Klein Flottbek, Krs. Pinneberg, † 21. 3. 1979 Teneriffa; Schlosser, Rechtsanwalt; seit 1920 Mitgl. der SPD; 1944/45 polit. Häftling; 1945/46 Sozialsenator, 1946–1953 u. 1957–1960 Bausenator, 1961–1965 Erster Bürgermeister von Hamburg; 1967–1979 Präs. des Dt. Mieterbundes.

Nevers [nə'vɛːr], mittelfranzös. Stadt an der Mündung der Nièvre in die obere Loire, alte Hptst. des *Nivernais,* jetzt Verw.-Sitz des Dép. Nièvre, 43 900 Ew.; Kirche Saint Étienne (11. Jh.), Kathedrale (11.–15. Jh.); Maschinenbau, Metall-, Textil-, Porzellan- u. chem. Industrie.

Das kelt. *Noviodunum* wurde unter röm. Herrschaft zu *Nevirnum.* Zu Beginn des 6. Jh. wurde N. Bischofssitz, 1194 erhielt es Stadtrecht, 1475 bis zum Ende des 16. Jh. war es die Residenz der Herzöge von N.

Neville ['nɛvil], Name einer engl. Adelsfamilie, die in der zweiten Hälfte des 15. Jh. eine Schlüsselrolle in der engl. Innenpolitik spielte. Ihr bedeutendster Vertreter war Richard Neville, Earl of → Warwick.

Nevis ['niːvis], **1.** Insel in der Gruppe der westindischen Leeward Islands, 93 km², 8800 Ew.; wichtigster Ort ist *Charlestown;* Baumwollanbau; bildet zusammen mit St. Kitts seit 1983 den unabhängigen Staat Saint Kitts und N.

◆ **2.** *Ben Nevis,* höchster Berg der Brit. Inseln, in den Grampian Mountains, Schottland, 1343 m.

Nevşehir ['nɛvʃɛhir], Hptst. der türk. Prov. N. in Zentralanatolien, 52 700 Ew.; Textil-, Baustoff- u. Nahrungsmittelindustrie (Zuckerfabrik) in der Umgebung Weinanbau.

Newa, *Neva,* Fluss im nordwestl. Russland, 74 km; entfließt dem Ladogasee, mündet bei St. Petersburg in den Finn. Meerbusen; durch Kanäle mit dem Weißen Meer u. der oberen Wolga verbunden, schiffbar.

Newage [njuːˈeidʒ; engl., „neues Zeitalter"], eine vor allem von Kalifornien seit den 1960er Jahren ausgehende Bewegung, für die wegen der globalen ökolog. u. sozialen Krisen in allen Lebensbereichen ein neues Denken u. Handeln, ein ganzheitliches u. spirituelles Selbst- u. Weltbewusstsein notwendig erscheint. Ihre Weltanschauung integriert Natur u. Mensch, Mann u. Frau, Welt u. Gott, Wissenschaft u. Mystik. Die Newage-Bewegung ist keine organisierte Religionsgemeinschaft, aber sie bedient sich der Erfahrungen traditioneller Religionen. In ihren Vorträgen u. Kursen, die auf eine neue Selbst-, Partner- u. Welterfahrung zielen, spielen prakt. Übungen der Meditation, des Yoga, der Selbstheilung u. Sexualität eine große Rolle. Die Newage-Bewegung artikulierte vor allem die Defizite eines spirituellen Vakuums in den Industriegesellschaften. Astrologisch gesehen wird das N. genannte neue Zeitalter als „Wassermannzeitalter" bezeichnet; theoret. Grundlagen finden sich in der Physik (F. *Capra,* D. *Bohm,* S. W. *Hawking*), im Gesundheitswesen (Naturheilkunde, Selbstheilungsmethoden) u. im religiös-philosoph. Bereich.

Newald, Richard, österr. Literarhistoriker, * 30. 7. 1894 Lambach, Oberösterreich, † 28. 4. 1954 Berlin; arbeitete bes. über die Literatur im Zeitalter des Humanismus u. der Renaissance; begründete zusammen mit H. de Boor eine mehrbändige „Geschichte der dt. Literatur von den Anfängen bis zur Gegenwart" 1949 ff.

New Amsterdam [njuː ˈæmstəˌdæm], Distrikt-Hptst. in Guyana, an der Küste südöstl. von Georgetown, 25 000 Ew.; Agrarhandelszentrum, Hafen. – 1740 von Niederländern erbaut.

Newar, kulturell u. wirtschaftlich bedeutendste Bevölkerungsgruppe Nepals (rd. 400 000), mit tibeto-birmanischer Sprache.

New Archaeology [njuː akɪˈɔlədʒi], neuere Forschungsrichtung innerhalb der prähistor. Archäologie bes. für die USA seit den 1950er Jahren. Zu ihren zentralen Forschungszielen gehören das Studium der Mensch-Umwelt-Bedingungen (ökologische Fragen) u. kultureller Prozesse, vor allem zur Formulierung kultureller „Gesetze". Methodisch geht man in der N. A. hypothetisch-deduktiv vor, d. h. es werden unbewiesene Annahmen getroffen u. versucht, ihre Richtigkeit anhand geeigneter Stichproben zu testen. Die N. A. steht in Gegensatz zu den herkömml. rein beschreibenden oder statist. Forschungsrichtungen der Archäologie.

Newark ['njuːək], **1.** Stadt im NW von Delaware (USA), an der Grenze zu Maryland, 25 100 Ew.; Staatsuniversität; Papier-, Kunstfaser- u. Baustoffindustrie. – Gegründet 1685, Stadt seit 1852.

2. Wirtschaftszentrum u. größte Stadt von New Jersey (USA), am Passaic River, westl. von New York, 259 000 Ew.; als Metropolitan Area 1,8 Mio. Ew.; Universitätsinstitute, Colleges; Elektro-, Leder-, Metall-, Nahrungsmittel-, Tabak- u. chem. Industrie; Überseehafen, Flugplatz; Verkehrsknotenpunkt. – 1666 von Puritanern gegründet.

3. Stadt in Ohio (USA), östl. von Columbus, 44 400 Ew.; Universität; Fahrzeugbau, Glas- u. Aluminiumindustrie, in der Nähe Vorkommen von Erdöl u. Erdgas.
4. *Newark upon Trent,* Stadt in Mittelengland, in der Grafschaft Nottinghamshire, am Trent, nordöstl. von Nottingham, 24 000 Ew.; Verarbeitung landwirtschaftl. Produkte, Brauereien.

New Bedford [nju: 'bɛfəd], Hafenstadt in Massachusetts (USA), südl. von Boston, 99 900 Ew.; Maschinenbau, Textil- u. Kunststoffindustrie. – Um 1640 entstanden, Stadt seit 1847.

New Braunfels [nju: -], Stadt in Texas (USA), am Guadelupe River, westl. von Houston, 27 300 Ew.; Textil- u. Möbelindustrie, Kraftwerk; in der Nähe Kalksteinbrüche. – 1845 von deutschen Einwanderern gegr., bis ins 20. Jh. eine rein dt. geprägte Agrarsiedlung.

New Britain [nju: 'britən], **1.** *Neubritannien,* größte Insel im Bismarckarchipel (Papua-Neuguinea), 36 647 km², 312 000 Ew.; Hauptort *Rabaul*; gebirgig, auf der Gazellehalbinsel im Mount Sinewit 2438 m, aktiver Vulkanismus; trop. Regenwald; Kakao- u. Teeplantagen; gehörte 1884–1919 unter dem Namen *Neupommern* zum kolonialen Gebiet Deutsch-Neuguinea.
2. Stadt in Connecticut (USA), 75 500 Ew., als Metropolitan Area 148 000 Ew.; Textil-, Papier- u. Metallindustrie. – Gegr. 1686, Stadt seit 1850.

New Brunswick (1)

New Brunswick [nju: 'brʌnswik], ♦ **1.** *Neubraunschweig,* Prov. im SO von Kanada, am St.-Lorenz-Golf, 73 440 km², 759 000 Ew.; Hptst. *Fredericton,* größte Stadt *Moncton*; zu den Appalachen gehörendes flachwelliges Hochland im W, Tiefland im O; überwiegend bewaldet (85 %); Forstwirtschaft, Fischerei, Ackerbau nur in den Flusstälern u. Marschen (Anbau von Weizen, Hafer, Gerste, Kartoffeln, Obst u. Gemüse); Abbau von Kohle sowie geringer Mengen an Zink-, Blei-, Silber- u. Kupfererz.
2. Stadt im NO von New Jersey (USA), südwestl. von New York, 41 700 Ew.; Universität (gegr. 1766); Zigarrenfabriken, Metall-, Kautschuk-, Textil- u. pharmazeut. Industrie, Herstellung von chirurg. Instrumenten; Verkehrsknotenpunkt. – Gegr. 1681 von engl. Einwanderern.

Newburgh ['nju:bə:g], Stadt im Staat New York (USA), am unteren Hudson River, 26 500 Ew.; Hauptumschlagsplatz für die Flussschifffahrt auf dem Hudson River; Schiffbau, Textil- u. pharmazeut. Industrie, Maschinenbau. – Gegr. 1709 von dt. Einwanderern, Stadt seit 1865.

Newcastle ['nju:kasl], **1.** Hafenstadt an der Mündung des Hunter River im austral. Staat Neusüdwales, 456 000 Ew.; Universität (gegr. 1965); Vorkommen hochwertiger Steinkohle, Schiffbau, Stahl-, Metall-, chem. u. Nahrungsmittelindustrie; Flugplatz. – 1989 schweres Erdbeben.
2. Industriestadt im nordwestl. Kwazulu/Natal (Rep. Südafrika), am Fuß der Drakensberge, 1187 m ü. M., rd. 125 000 Ew.; Roheisen- u. Stahlwerke; landwirtschaftl. Handelszentrum; in der Nähe das Klip-River-Steinkohlenrevier.
3. *Newcastle under Lyme,* mittelengl. Stadt in der Grafschaft Staffordshire, westl. von Stoke-on-Trent, 123 000 Ew.; Textil- u. Lederindustrie.
♦ **4.** *Newcastle upon Tyne,* Hafenstadt in Nordengland, nahe der Mündung des Tyne in die Nordsee, Verw.-Sitz der großstädt. Grafschaft (Metropolitan County) Tyne and Wear, 260 000 Ew.; Schloss (12. Jh.), got. Kathedrale (14. Jh.), Universität (gegr. 1852), Museen; Kohlenexporthafen; Werften, Fahrzeug- u. Maschinenbau, Eisen-, elektron. u. chem. Industrie. – Bildet zusammen mit den Nachbarstädten die Conurbation Tyneside.

Newcastle-Krankheit ['nju:ka:sl-], *Newcastle-desease* ↠ Geflügelpest.

Newcomb ['nju:kəm], Simon, US-amerikan. Astronom, *12. 3. 1835 Wallace, †11. 7. 1909 Washington; wirkte langjährig am US-Naval-Observatory in Washington, 1884–1893 in Baltimore; berechnete neue Tafeln der Bewegungen der Großen Planeten; weitere Arbeiten über Störungen, Mondtheorie, Stellarstatistik. Hptw.: „Popular astronomy" 1878, dt. „Populäre Astronomie" 1881.

Newcomen ['nju:kʌmən], Thomas, engl. Mechaniker, *26. 2. 1663 Dartmouth, †5. 8. 1729 London; Erbauer der ersten Dampfmaschine, die zum Betrieb einer Wasserpumpe verwandt wurde.

New Criticism ['nju: 'kritisizm, engl. „Neue Kritik"], literaturwissenschaftl. Kritiktheorie mit sprachwiss. Ansatz, entstanden als Gegenbewegung zu einer eher soziologisch ausgerichteten Betrachtungsweise im angloamerik. Bereich. Die Bezeichnung geht auf eine 1941 erschienene Schrift gleichen Titels von John Crowe *Ransom* (1888–1974) zurück, die der literar. Bewegung den Namen gab. Anliegen des N.C. ist vor allem die Betrachtung des literar. Kunstwerkes als organ. Einheit u. seine Wirkung auf die Rezipienten unter weitgehendem Verzicht auf histor. u. biograf. Hintergründe. Weitere Vertreter: R. *Wellek* („History of modern criticism" 1955), A. *Tate,* Cleanth *Brooks,* Stanley Edgar *Hyman* („The armed vision. A study in the methods of modern literary criticism" 1952), Robert Penn *Warren,* W. *Epsom* u. die aristotelische Chicagoer Schule (Dogma: der Autor tritt völlig hinter das Werk zurück).

Newdeal ['nju:'di:l; engl. „neuer Plan"], die zur Überwindung der 1929 in den USA ausgebrochenen Wirtschaftskrise von Präs. F. D. *Roosevelt* eingeleitete Politik der staatl. Wirtschaftsintervention (Eingriffe in Bank- u. Kreditwesen, Kredithilfen, Anbauprämien, Ausbau der Sozialversicherung, Angleichung von Lohn- u. Preisniveau, Preisgabe des Goldstandards, Abwertung des Dollars, intensive Außenhandelspolitik); überwand die Vertrauenskrise u. belebte die amerikan. Wirtschaft neu, wenn auch die Arbeitslosigkeit erst im 2. Weltkrieg überwunden wurde.

New Delhi ['nju: 'dɛli], Hptst. von Indien, → Delhi.

New Education Fellowship ['nju: ɛdju'keiʃən 'fɛlouʃip; engl.] → Weltbund für die Erneuerung der Erziehung.

New England Range ['nju: 'iŋlənd 'reindʒ], Teil des *Great Dividing Range* im nördl. Neusüdwales (Australien), im *Round Mountain* 1608 m; überwiegend Weideland,

Newcastle upon Tyne: Die Tyne Bridge hat einen der größten Brückenbogen Großbritanniens

Milchviehzucht, Obstbau; Hauptort *Armidale*.

Newerow, *Neverov,* Alexander Sergejewitsch, eigentl. A. S. *Skobelew,* russ. Schriftsteller, * 24. 12. 1886 Nowikowka, Gouvernement Samara, † 24. 12. 1923 Moskau; schrieb Dorfgeschichten u. den erfolgreichen Roman „Taschkent, die brotreiche Stadt" 1923, dt. 1925; Erzählungen: „Das Antlitz des Lebens" dt. 1925.

New Forest [nju: 'fɔrist], südengl. Wald- u. Heidegebiet in der Grafschaft Hampshire; Naturschutzgebiet.

Newfoundland

◆ **Newfoundland** [nju:fənd'lænd], dt. *Neufundland,* frz. *Terre-Neuve,* kanad. Prov. (seit 1949), bestehend aus der Insel *Neufundland* u. dem Ostteil der Labradorhalbinsel, 405 720 km², 575 000 Ew.; Hptst. *Saint John's;* Fischerei, Forstwirtschaft, kaum Landwirtschaft; Eisen- u. Buntmetallabbau.

New Georgia [nju: 'dʒɔ:dʒə], Archipel der *Salomonen* (Ozeanien), 3367 km².

New Glasgow [nju: 'glɑ:sgoʊ], kanad. Stadt in Nova Scotia, an der Northumberlandstraße, 9900 Ew.; Stahlindustrie, Kohlenbergbau.

Newham ['nju:əm], Stadtteil (Borough) im O von London, 226 000 Ew.

New Hampshire

◆ **New Hampshire** [nju: 'hæmpʃə], Abk. *N. H.,* Neuenglandstaat (seit 1788) der USA, in den Appalachen, 24 219 km², 1,2 Mio. Ew., davon 2% Nichtweiße; Hptst. *Concord;* seen- u. waldreiches Berg- u. Hügelland (im Mount Washington 1917 m) mit einem schmalen Küstenstreifen; Milchwirtschaft, Hühnerhaltung, Holzwirtschaft; Lederwaren-, Maschinen-, Textil- u. Papierindustrie; starker Fremdenverkehr.

Seit 1679 engl. Kolonie, Hauptsitz der Unabhängigkeitsbewegung; unterzeichnete als 9. Gründungsstaat 1788 die amerikan. Bundesverfassung, die damit in Kraft trat.

New Haven [nju: 'hɛivən], Hafenstadt in Connecticut (USA), am Long-Island-Sund, 130 000 Ew., als Metropolitan Area 530 000 Ew.; Yale-Universität (gegr. 1701), mehrere Colleges u. Akademien; Handelszentrum eines Milchwirtschaftsgebietes, Anbau von Obst u. Gemüse; Stahl- u. Waffenindustrie, Schiffbau; Verkehrsknotenpunkt. – Gegr. 1638, Stadt seit 1784.

New Iberia [nju: ai'biəriə], Stadt im S von Louisiana (USA), westl. von New Orleans, 31 800 Ew.; Holzverarbeitung, Nahrungsmittelindustrie, Herstellung von Werkzeugmaschinen; in der Nähe Erdölgewinnung u. Salzabbau; Verkehrsknotenpunkt. – Gegr. 1779 durch Auswanderer von den Kanar. Inseln, Stadt seit 1839.

New Image Painting, Richtung der modernen Kunst in den USA, die, angeregt von der europäischen *Arte Cifra* u. den *Neuen Wilden,* um 1980 aufkam. Der Begriff tauchte erstmals 1978 in New York auf, als Titel einer Ausstellung im Whitney Museum. Erzählerisch u. leicht verständlich stellen Maler, z.T. ironisch, den US-amerikan. Alltag u. den „American way of life" dar. Andere Künstler üben in ihren Bildern offen Kritik an der Gesellschaft, indem sie religiöse, ethische u. politische Themen behandeln. Hauptvertreter sind E. *Fischl,* R. *Longo* u. J. *Schnabel.*

Ne Win, eigentl. *Maung Shu Maung,* birman. General u. Politiker, * 24. 5. 1911 Paungdale, Distrikt Prome; 1949 Oberkommandierender u. bis 1950 Verteidigungs- u. Innen-Min. im Kabinett U Nu; 1958–1960 Min.-Präs.; durch Staatsstreich 1962–1974 Vorsitzender des Revolutionsrats (Staats- u. Regierungschef), 1974–1981 Staatsratsvorsitzender (Staatsoberhaupt); 1973–1988 Vorsitzender der Einheitspartei BSPP; installierte ein staatssozialistisch-diktatorisches Regime.

Newinnomyssk, *Nevinnomyssk,* Stadt in Russland, an der Nordabdachung des Kaukasus, am Kuban, 131 000 Ew.; Kunstdüngerindustrie.

New Jersey: Ernte auf einer Löwenzahnfarm

New Ireland [nju: 'aiələnd], *Neuirland,* 1899 bis 1919 *Neumecklenburg,* lang gestreckte vulkan. Insel im Bismarckarchipel (Papua-Neuguinea) 9600 km², 87 200 Ew.; Hauptort ist *Kavieng;* gebirgig (bis 2000 m hoch); Kopragewinnung, Thunfischfang.

Newjazz ['nju:'dʒæz], Sammelbegriff für die nach dem Freejazz entstandenen avantgardist. Strömungen des Jazz, die wieder verstärkt auf die kompositor. Gestaltung zurückgreifen, u. a. beeinflusst von moderner Konzertmusik (A. *Braxton*), Volksmusik (W. *Breuker*) oder afroamerikan. Tradition (Lester *Bowie*).

New Jersey

◆ **New Jersey** [nju: 'dʒɜ:zi], Abk. *N. J.,* Staat im NO der USA, am Atlantischen Ozean, südl. von New York, 22 590 km², 7,99 Mio. Ew., davon 20,7% Nichtweiße; Hptst. *Trenton;* Industriestaat mit der größten Bevölkerungsdichte der USA; erstreckt sich vom Delaware River zum Atlantik, reicht im N bis zu den Appalachen; wird fast ganz von der fruchtbaren Küstenebene eingenommen mit Gemüseanbau, Anbau von Kartoffeln, Äpfeln, Beerenobst (45 % für Konserven), Milchwirtschaft u. Geflügelzucht, Forstwirtschaft; Fischerei; Zink- u. Eisenerzbergbau; Schiffbau, Stahl-, Elektro-, chem., Textil- u. Nahrungsmittelindustrie, Ölraffinerien. –

New Hampshire: Indian Summer

Bis 1664 niederländisch, dann englisch; wurde 1787 der 3. Staat der USA.

Newlands ['njuːləndz], John Alexander Reina, brit. Chemiker, * 26. 11. 1837 London, † 29. 7. 1898 London; Industriechemiker; stellte die chem. Elemente nach steigendem Atomgewicht tabellarisch auf u. erkannte, dass sich die chem. Eigenschaften in Gruppen zu je sieben wiederholen (Vorläufer des Periodensystems).

New London [njuː 'lʌndən], Hafenstadt im S von Connecticut (USA), an der Mündung des Thames River in den Atlantik, 28 500 Ew.; US-Coast-Academy; Textil- u. Papierindustrie, Maschinen- u. Schiffbau; Segelhafen; Walfangmuseum. – Gegr. 1646 als Pegnot, N. L. seit 1658.

Newlook ['njuː'luk; engl., „neues Aussehen"], eine 1947 von C. *Dior* geschaffene Mode mit wadenlangem, weitem, von Unterröcken unterstütztem Rock, figurbetonendem Oberteil u. abgerundeten Schultern. Diese stoffaufwendige feminine Linie stand im Kontrast zur vermännlichten, sparsamen Kleidung der Kriegsjahre.

Newman ['njuːmən], ◆ **1.** Barnett, US-amerikanischer Maler und Lithograph, * 29. 1. 1905 New York, † 4. 7. 1970 New York; Mitbegründer des *Colorfield-painting*. N. arbeitete seit 1937 künstlerisch, zunächst beeinflusst vom Surrealismus und Automatismus. Seit 1947 entwickelte er seinen charakteristischen Stil, der gekennzeichnet ist durch extreme Reduktion der Form und monochrome Farbflächen, die teilweise von kontrastierenden Flächen durchbrochen werden.

John Henry Newman

◆ **2.** John Henry, brit. Theologe, * 21. 2. 1801 London, † 11. 8. 1890 Edgbaston bei Birmingham; 1828 anglikanischer Pfarrer, ein Führer der Oxford-Bewegung; trat 1845 zur katholischen Kirche über, 1847 Priester, 1879 Kardinal; bedeutender Publizist. – Gesamtausgabe, 40 Bde. 1868 ff.

◆ **3.** Paul, US-amerikan. Schauspieler, * 26. 1. 1925 Cleveland, Ohio; trat 1953 erstmals am Broadway auf, danach erfolgreiche Filmkarriere: „Die Katze auf dem heißen Blechdach" 1958; „Haie der Großstadt" 1961; „Der Clou" 1973; „The Bronx" 1981; „Die Farbe des Geldes" 1986; „Mr. & Mrs. Bridges" 1990; „Nobody's fool" 1994; „Im Zwielicht" 1998; „Ein heißer Coup" 2000.

Paul Newman

4. Randy, US-amerikanischer Rockmusiker (Gesang, Klavier), * 28. 11. 1943 Los Angeles; bekannt durch bissige, sozialkritische Lieder; Musical „Faust" 1995.

Barnett Newman: Ulysses; 1952. Los Angelos, Collection Jaime del Amo

Newmarch ['njuːmɑːtʃ], William, brit. Kaufmann, Bankier u. Nationalökonom, * 28. 1. 1820 Thirsk, Grafschaft York, † 23. 3. 1882 Torquay; Anhänger D. *Ricardos* u. Vertreter des Freihandels. In der Währungsfrage kritisierte er die Currencyschule u. die von dieser inspirierte Bankreform 1844 durch R. *Peel*. Hptw.: „The new supplies of gold" 1853; „On the loans raised by Pitt during the first French war 1793–1801" 1855; „Die Geschichte u. Bestimmung der Preise 1793–1857" (gemeinsam mit T. *Tooke*) 2 Bde. 1838–1857, dt. 1858/59.

Newmarket ['njuːmɑːkit], ostengl. Stadt in der Grafschaft Suffolk, nordöstl. von Cambridge, 16 000 Ew.; Zentrum der Rennpferdezucht.

◆ **New Mexico** [njuː 'mɛksikou], Abk. *N. Mex.*, Staat im SW der USA, 314 939 km², 1,7 Mio. Ew., davon 8,9 % Indianer u. 15,5 % andere Nichtweiße; Hptst. *Santa Fe*. N. M. hat Anteil an den Rocky Mountains im N, an den Great Plains im O u. am Colorado-Plateau im NW; bes. im W gebirgig, überwiegend Trockenlandschaft mit Wüsten u. Halbwüsten im S; wird von N nach S vom Rio Grande durchflossen; im N Steppen-, im S Wüstenklima mit großen Temperaturunterschieden; geringe Niederschläge (350 mm/Jahr); Anbau von Mais, Weizen, Gerste, Hafer im O, in den Flusstälern Bewässerungsfeldbau (Gemüse, Obst), Baumwollanbau (am Rio Grande u. Rio Pecos), Viehzucht. Bedeutend sind Uran-, Gold-, Silber-, Kupfer-, Steinkohlen- u. Kalibergbau sowie Erdöl- u. Erdgasförderung; Fremdenverkehr. – Seit 1598 von Spaniern besiedelt, 1846 Annexion durch die USA, 1850 Errichtung des Territoriums N. M., 1912 Aufnahme als 47. Staat in die Union.

New Mexico

◆ **New Orleans** [njuː 'ɔːliənz, auch -ɔː'liːnz], Hafenstadt u. größte Stadt des US-Bundesstaats Louisiana, rd. 175 km vor der Mündung des Mississippi in den Golf von Mexiko, 484 000 Ew., als Metropolitan Area 1,2 Mio. Ew.; Tulane-Universität (gegr. 1835), kath. Loyola-Universität (gegr. 1911), Dillard-Universität (gegr. 1869), mehrere Colleges u. wissenschaftl. Institute, Kunstmuseum; Handelszentrum; Erdöl-, Aluminium-, Auto-, Baumwoll-, Zucker-, Tabaku. chem. Industrie; Verkehrsknotenpunkt, Flugplatz, Seehafen; Fremdenverkehr; 1984 Weltausstellung. – 1718 von Franzosen gegr. u. nach dem Herzog von Orléans benannt, 1764 spanisch, 1803 zu den USA.

New-Orleans-Stil [njuː 'ɔːliənz-], umgangssprachl. Bez. für den frühen Jazz, der nach

New Orleans: Straßenszene im Französischen Viertel

1900 im S der USA entstand mit der Stadt New Orleans als Zentrum. In ihm kommen die Traditionen des *Blues* (Bluesstimmenablauf, Responsorialprinzip, Hot Intonation, Dirty Notes), der *Marching Band* (Besetzung: Kornett, Klarinette, Posaune, Klavier bzw. Banjo, Bass, Schlagzeug; Trennung in „melody-section" u. „rhythm-section") u. des *Ragtime* (Song-Formen; harmonische u. rhythmische Abläufe) zusammen. Etwa 1920 an einem vorläufigen Endpunkt angelangt, erlebte der N. seit Mitte der 1930er Jahre mehrere Revivals.

New Philharmonia Orchestra ['nju: fılə'mounıə 'ɔːkıstrə] → Philharmonia Orchestra.

New Plymouth [njuː 'plıməθ], Hafenstadt an der Westküste der Nordinsel von Neuseeland, 49 100 Ew.; Kolonialmuseum, dreischiffige anglikanische St.-Mary's-Kirche (1845); Textilindustrie; Milchwirtschaft; in der Nähe Erdölförderung.

Newport ['njuːpɔːt], **1.** Hafen- u. Industriestadt in Südwales, Verw.-Sitz der Grafschaft Gwent, am Bristolkanal, 133 000 Ew.; Schiffbau, Eisen-, Stahl-, Textil- u. chem. Industrie. **2.** Hptst. der südengl. Insel *Wight* u. Verw.-Sitz der Grafschaft Isle of Wight, 24 000 Ew.; Haupthafen u. Marktzentrum. **3.** Stadt auf einer Insel in der Narragansett Bay, im südöstl. Rhode Island (USA), 29 300 Ew.; Marineakademie; Hafen u. Marinestützpunkt; Elektroindustrie, pharmazeut. Industrie, Molkereien; Fremdenverkehrszentrum. – Gegr. 1639, Stadt seit 1853. **4.** Stadt in Kentucky (USA), am Ohio River, südlich von Cincinnati, 22 000 Ew.; Textil- u. Stahlindustrie, Maschinenbau. – Gegr. 1791, Stadt seit 1835.

Newport News ['njuːpɔːt 'njuːz], Hafenstadt in Virginia (USA), an der Mündung des James River in den Atlant. Ozean, 170 000 Ew., als Metropolitan Area mit Norfolk u. Virginia Beach 1,4 Mio. Ew.; Schiffbau, Fischkonserven- u. Papierindustrie. – 1611 von irischen Siedlern als Fischerdorf gegr., Stadt seit 1896.

New Providence [njuː 'prɔvıdəns], die wichtigste u. am dichtesten bevölkerte Insel der Bahamas, 207 km², 172 000 Ew.; Hptst. *Nassau;* Fremdenverkehr.

Newquay ['njuːkiː], südwestengl. Seebad in Cornwall, 16 000 Ew.; Fremdenverkehr.

New Republic ['njuː rı'pʌblık], „The New Republic", US-amerikan. polit. Zeitschrift, gegr. 1914 als liberales Wochenblatt in Washington.

New Rochelle [njuː rɔ'ʃɛl], Stadt im Staat New York (USA), nördl. Vorort von New York, 67 300 Ew.; Elektromaschinenbau, Druckereien. – 1688 von Hugenotten gegr., Stadt seit 1899.

Newry ['njuːri], Stadt im südöstl. Nordirland, am *N. Canal*, 23 000 Ew.

News Corporation Limited ['njuːz kɔpəˈreıʃən 'lımıtıd], Sitz: New York, einer der größten Medien- u. Unterhaltungskonzerne, gegr. von dem austral. Verleger R. *Murdoch;* das Firmenimperium umfasst u.a. Filmgesellschaften (Twentieth Century-Fox), Printmedien (The Times, The Sun) u. Fernsehsender (ABC, NBS, CBS).

Newsidler ['nɔı-], *Neusiedler, Neysiedler,* **1.** Hans, dt. Lautenist u. Komponist, *1508 Preßburg, †2. 2. 1563 Nürnberg; schrieb eigene Stücke u. arrangierte Werke anderer, vor allem Chansons, für die Laute. Seine Lautenbücher gelten als bedeutendste Quellen für die Lautenmusik des 16. Jh. **2.** Melchior, Sohn von 1), dt. Lautenist, *1531 Nürnberg, †1591 oder 1592 Augsburg; gab 1566 zwei Bücher mit Lautentabulaturen heraus sowie 1574 das „Teütsch Lautenbuch".

„News of the World" ['njuːz əv ðə 'wəːld], 1843 gegr. brit. Sonntagszeitung (London), seit 1968 in der Mediengruppe von R. *Murdoch;* Auflage: 4,8 Mio.

New Statesman ['njuː 'steıtsmən], „The New Statesman", 1913 als Organ der sozialist. *Fabian Society* gegründete brit. politische Wochenzeitschrift in London; 1988 Fusion mit der Zeitschrift „New Society".

„Newsweek" ['njuːzwiːk], 1933 als Nachrichtenmagazin gegr. US-amerikan. Wochenzeitschrift (New York); erscheint heute im Verlag der „Washington Post" mit einer US-Ausgabe u. einer internationalen Ausgabe; Auflage: 3,1 Mio.

Newton ['njuːtən], das; nach I. *Newton*], Kurzzeichen N, SI-Einheit der Kraft: 1 N ist gleich der Kraft, die einer Masse von 1 kg eine Beschleunigung von 1 m/s² erteilt. Seit dem 31. 12. 1977 ist nur noch diese Einheit der Kraft zulässig.

Newton ['njuːtən], **1.** Stadt in Kansas (USA), nördl. von Wichita, 17 000 Ew.; Handelszentrum in einem Agrargebiet; Nahrungsmittelindustrie, Mühlen. – Gegr. 1871, Stadt seit 1872. **2.** Stadt im O von Massachusetts (USA), westl. Vorort von Boston, 82 600 Ew.; Bostoncollege; Papier-, Textil- u. Maschinenindustrie. – Gegr. um 1639, Stadt seit 1873.

Newton ['njuːtən], **1.** Helmut, austral. Fotograf dt. Herkunft, * 31. 10. 1920 Berlin; lebt seit 1958 in Paris u. Monte Carlo, wo er als Porträt-, Mode- u. Werbefotograf für internationale Magazine („Vogue", „Playboy" u.a.) tätig ist. Neben seinen Porträts von bekannten Persönlichkeiten wurde N. vor allem durch seine erotischen, teils provokanten Aktfotos von Frauen bekannt, die zunächst ätherisch wirkten. Anfang der 1980er Jahre änderte sich sein Frauenbild; es entstanden die sog. Big Nudes, amazonenhafte Frauen in monumentalen Schwarzweiß-Aufnahmen. 1999 stellte N. das Buch „SUMO" vor, einen 50 x 70 cm großen u. 480 Seiten starken Fotoband, der sein fotograf. Werk dokumentiert.

◆ **2.** Sir (1705) Isaac, englischer Physiker, Mathematiker und Astronom, * 4. 1. 1643 Woolsthorpe bei Grantham, Lincolnshire, † 31. 3. 1727 Kensington; Prof. in Cambridge (1669), seit 1696 königl. Münzmeister, seit 1703 Präsident der Royal Society (London). 1666 entdeckte N. die gegenseitige Anziehung von Massen *(Gravitation)* u. schloss aus dem 3. *Kepler'schen Gesetz,* dass die dabei wirkende Kraft umgekehrt proportional dem Quadrat des Abstands der beiden Körper ist. Er wandte die Gesetze irdischer Mechanik auch auf Himmelskörper an u. legte damit die Grundlage für die heutige einheitl. Naturwissenschaft. Bei der Erforschung optischer Vorgänge entdeckte N. die Dispersion, das Sonnenspektrum u. die durch Interferenz entstehenden Farbenringe *(Newton'sche Ringe).* N. versuchte diese Ergebnisse mit einer Theorie zu erklären, die annahm, dass Licht aus Teilchen besteht *(Korpuskulartheorie).* In der Mathematik fand N. unabhängig von *Leibniz* die Grundlagen der Differenzial- u. Integralrechnung *(Fluxionsrechnung).* Zu seiner Zeit geriet er deshalb in Prioritätsstreitigkeiten mit Leibniz. In seinem Hauptwerk „Philosophiae naturalis principia mathematica" (1687) veröffentlichte er die nach ihm benannten Axiome der Mechanik (→ Newton'sche Axiome). Diese Grundlage der Mechanik wurde erst im 20. Jahrhundert durch *Einsteins* Relativitätstheorie modifiziert.

Newtonmeter ['njuːtən-; nach I. *Newton*], Kurzzeichen Nm, Einheit der Arbeit, Energie u. Wärmemenge: 1 Nm = 1 Joule; auch → Joule.

Newton Saint Boswells ['njuːtən sınt 'bɔswəlz], Dorf in Südschottland, Lothian Region, südöstl. von Edinburgh, am Tweed; Ruinen von *Dryburgh Abbey* (Grab von Sir W. *Scott*); Mittelpunkt eines landwirtschaftlichen Gebiets.

Newton'sche Axiome ['njuːtən-], ein von *Newton* stammendes System von Prinzipien, auf dem die klassische Mechanik aufbaut. Sie lauten im Einzelnen: 1. Jeder Körper beharrt in seinem Zustand der Ruhe oder der geradlinigen, gleichförmigen Bewegung, wenn er nicht durch einwirkende Kräfte gezwungen wird, seinen Zustand zu ändern *(Galileis Trägheitsgesetz).* 2. Die Änderung der Bewegung ist der Einwirkung der bewegenden Kraft proportional und geschieht in der Richtung, in der die Kraft wirkt (als *Beschleunigungsgesetz* oder *Aktionsprinzip* bekannt: Kraft = Masse mal Beschleunigung). 3. Die Wirkung ist stets der Gegenwirkung gleich, oder die Wirkung zweier Körper aufeinander ist stets gleich u. von entgegengesetzter Richtung (actio = reactio); so zieht der fallende Stein die Erde ebenso stark an wie die Erde den Stein.

Newton'sche Ringe ['njuːtən-; nach Isaac *Newton*], Interferenzerscheinung an dünnen keilförmigen Luftschichten. Legt man z.B. eine nur wenig gekrümmte Glaslinse auf eine ebene Glasplatte u. beleuchtet die Anordnung von oben mit einfarbigem Licht, so beobachtet man dunkle Ringe, die Newton'schen Ringe. Sie entstehen durch Interferenz zwischen dem Teil einer Lichtwelle, der an der Grenzfläche zwischen der Linsenunterseite u. der Luft, u. dem Teil, der an der Oberfläche der Glasplatte reflektiert wird. Newton'sche Ringe machen sich bei der Projektion von Dias störend bemerk-

Sir Isaac Newton

bar, wenn diese zwischen Glasplatten gerahmt sind.

Newtons Metall ['nju:tənz-], *D'Arcets Metall*, eine Bismutlegierung aus 50% Bismut, 30% Blei u. 20% Zinn, mit Schmelzpunkt bei 94°C; als Schmelzsicherung oder als Lot verwendet.

Newton-Spiegel ['nju:tən-; nach I. *Newton*], ein Spiegelteleskop, bei dem die Lichtstrahlen kurz vor ihrer Vereinigung im Brennpunkt von einem um 45° gegen die opt. Achse geneigten Fangspiegel oder von einem Umlenkprisma reflektiert u. durch eine seitl. Durchbohrung des Tubus zum Okular geleitet werden.

Newtontoppen ['njutən-], der höchste Berg der Inselgruppe Spitzbergen, im NO der Hauptinsel, 1717 m.

New Town ['nju:'taun] → Neue Stadt.

New Wave ['nju:'wɛiv; engl., „neue Welle"], zunächst Bez. für eine (Rock-)Musikströmung Ende der 1970er Jahre, die gekennzeichnet ist von einer kalten, düsteren Stimmung. Anfang der 1980er Jahre steht der Name für alle jeweils neuen Strömungen der Rockmusik (z. B. *Neue Deutsche Welle*) u. ihre Verbindungen mit elektron. Musik, *Reggae*, *Funk* u. *Pop*.

New Westminster [nju:'wɛstminstə], Stadt in British Columbia (Kanada), nahe Vancouver, am Fraser, rd. 38 000 Ew.; Industriestandort mit Holz-, Fisch- u. Obstverarbeitung.

New York (1)

◆ **New York**, [nju:'jɔːk] **1.** Abk. *N. Y.*, Staat im NO der USA, 141 080 km², 18,2 Mio. Ew., davon 25,6% Nichtweiße; Hptst. *Albany*. Der nach der Einwohnerzahl zweitgrößte Staat der USA reicht von der Hudsonmündung bis zum Erie- u. Ontariosee u. Sankt-Lorenz-Strom. Die hoch entwickelte Landwirtschaft umfasst Milchwirtschaft, Obst- (Äpfel, Wein), Gemüse-, Kartoffel- u. Futteranbau. Aufgrund der frühen Verkehrserschließung u. der Möglichkeiten zur Energiegewinnung durch Wasserkraft (Niagara Falls, Sankt-Lorenz-Strom) nahm die Industrie schon immer eine bevorzugte Stellung ein. Die wichtigsten Wirtschaftszweige sind Textil-, Papier-, Nahrungsmittel-, Metall- u. Tabakindustrie; Steinsalz-, Blei-, Zink- u. Titanerzbergbau, Erdgas- u. Erdölförderung; Fremdenverkehr. – New York war bis 1664 niederländ., dann engl., erklärte 1777 seine Unabhängigkeit u. wurde 1788 als 11. Staat in die Union aufgenommen.

◆ **2.** die größte Stadt der USA, liegt auf mehreren Inseln (u. a. Long Island u. Manhattan) u. Halbinseln an der von mehr als 60 Brücken überspannten u. untertun-

Isaac Newton 1643–1727

Am 4. Januar als Sohn eines Landwirts in Woolsthorpe (Lincolnshire) geboren	1643	Molière gründet das „Illustre Théâtre" in Paris
N. besucht die Grundschule in Grantham	1653	Reform der russischen Kirche durch den Moskauer Patriarchen
Immatrikulation am Trinity College in Cambridge	1661	„The sceptical Chymist", englisches Chemie-Lehrbuch von Boyle
N. wird Bachelor of Arts / N. kehrt ins Elternhaus zurück	1665	Gründung der ersten wissenschaftlichen Zeitschrift „Philosophical Transactions" in England
N. begründet die Infinitesimalrechnung und die Gravitationstheorie / Rückkehr nach Cambridge	1667	Geburt des englischen Schriftstellers Jonathan Swift / Bauernaufstand der Donkosaken
N. schleift Linsen und baut ein Spiegelteleskop	1669	Tod Rembrandts
Die Royal Society fordert Newtons Spiegelfernrohr zur Prüfung. Es wird dem König vorgeführt. Newtons Ruhm beginnt	1671	Milton schreibt das Epos „Das wiedergewonnene Paradies" / Geburt des englischen Philosophen Shaftesbury
Die Royal Society veröffentlicht Newtons Abhandlung „Von der Natur des Lichts". Das Werk ruft heftige Diskussionen hervor	1672	Seekrieg zwischen England und Holland und ihren Verbündeten / Polen muss Podolien an die Türkei abtreten
Untersuchung über „Farben dünner Blättchen" veröffentlicht / Der Phase intensiver wissenschaftlicher Arbeit folgt eine Zeit der Inaktivität und der Selbstzweifel	1675	Aus der Verfinsterung der vier größten Jupitermonde bestimmt Ole Römer zum ersten Mal die Lichtgeschwindigkeit
N. nimmt die 1666 in Woolsthorpe begonnene Berechnung der Mondbahn wieder auf. Er präzisiert das Weltgesetz der Gravitation	1682	Tod des französischen Malers Claude Lorrain in Rom
Auf Drängen Halleys beginnt N. mit der Niederschrift seiner großen physikalischen Entdeckungen / Er löst das Problem der seit 1675 unter den Physikern Hooke, Wren und Halley heftig umstrittenen elliptischen Bahn der Planeten	1685	Tod des englischen Königs Karl II. Sein katholischer Bruder Jakob II. wird König / Ludwig XIV. hebt das Edikt von Nantes auf. Die Hugenotten fliehen aus Frankreich / Geburt des irischen Philosophen George Berkeley
Newtons Werk „Philosophiae naturalis principia mathematica" erscheint / Prioritätsstreit mit Hooke über das Gravitationsgesetz	1687	Auf dem Landtag von Preßburg erhalten die Habsburger in Personalunion die Kronen Österreichs und Ungarns
N. vertritt die Universität Cambridge als Abgeordneter im Unterhaus	1688	Wilhelm III. von Oranien stürzt seinen Schwiegervater Jakob II. und wird König von England
Tod der Mutter / Bekanntschaft mit dem englischen Aufklärungsphilosophen John Locke	1689	Konstitutionelle Monarchie in England begründet
Theologischer Briefwechsel mit Locke	1690	Locke publiziert den „Versuch über den menschlichen Verstand"
N. erleidet einen Nervenzusammenbruch	1693	Purcell komponiert „Die Feenkönigin"
N. wird königlicher Münzmeister	1696	Tod des polnischen Königs Johann III. Sobieski
Übersiedlung nach London / Die Pariser Akademie wählt N. zu ihrem Mitglied	1699	Durch Gebietsgewinne im Frieden von Karlowitz steigt Österreich-Ungarn zur Großmacht auf
N. wird Präsident der Royal Society	1703	Der japanische Dichter Chikamatsu Monsaëmon schreibt die volkstümliche Liebestragödie „Der Liebestod von Sonesaki"
Erst nach dem Tode Hookes gibt N. seine gesamten optischen Entdeckungen in dem Buch „Opticks or a treatise of the reflections, refractions, inflections and colours of light" heraus, um weitere Prioritätsstreitigkeiten zu vermeiden	1704	John Locke stirbt / Prinz Eugen und Marlborough besiegen die Franzosen und Bayern / England besetzt Gibraltar / Zar Peter der Große erobert Narva und Dorpat
N. wird in Cambridge von Königin Anna geadelt / Beginn der Prioritätsschwierigkeiten mit Flamsteed über astronomische Thesen	1705	Edmond Halley berechnet die Wiederkehr des nach ihm benannten, 1682 erschienenen Kometen für das Jahr 1758
N. bezieht ein großes Haus und baut sich ein kleines Observatorium	1710	Aufstand der Sikhs gegen die Mogulherrschaft in Indien / Händel geht nach London
Studien in alter Geschichte, Theologie und Mystik	1712	Rousseau geboren
Am 31. März stirbt N. in Kensington. Er wird in der Westminster-Abtei beigesetzt	1727	Tod der Zarin Katharina I.

New York (2): Die Freiheitsstatue, ein Geschenk Frankreichs an die USA, ist das Wahrzeichen New Yorks

nelten Mündung des Hudson River in den Atlantik. Das heutige *Groß-New York (New York – Northern New Jersey – Long Island Consolidated Metropolitan Area)* setzt sich zusammen aus drei Metropolitan Areas im Staat New York, fünf im Staat New Jersey sowie vier im Staat Connecticut, u. umfasst 21 365 km² mit 18,1 Mio. Ew. Das eigentliche New York (New York City) gliedert sich in fünf Verwaltungsbezirke (Boroughs): *Manhattan, Brooklyn, Bronx, Queens* u. *Richmond (Staten Island),* mit insgesamt 815 km² u. 7,32 Mio. Ew., als Metropolitan Area (New York City sowie die Counties Putnam, Rockland u. Westchester) 3276 km² mit 8,55 Mio. Ew.
Die Bevölkerung setzt sich zusammen aus 52,3 % Weißen (davon fast die Hälfte Spanisch sprechend), 28,7 % Schwarzen, 7 % Asiaten, 0,4 % Indianern sowie 7,5 % Angehörigen anderer Gruppen. In New York wohnt auch fast ein Drittel aller in den USA lebenden Juden. Die multiethnische Bevölkerung New Yorks wohnt verbreitet in eigenen Vierteln, z. B. in Chinatown, Little Italy, Harlem (Schwarze). In Brooklyn u. Bronx leben starke schwarze Minderheiten (31 % bzw. 30 % der Bevölkerung), während die Spanisch sprechenden Einwohner die Stadtteile Bronx (34 %) bzw. Manhattan (23,5 %) bevorzugen.
Das Zentrum New Yorks ist die 21 km lange u. durchschnittlich nur 3 km breite Insel Manhattan. Hier konzentrieren sich das Geschäfts- u. Kulturleben, vor allem im S (Downtown) u. im Mittelteil (Midtown) Manhattans. An der Südspitze befindet sich das Bankenviertel um die *Wall Street* (die alte Nordgrenze der Stadt), die das Finanzzentrum der USA ist; nordwestlich davon liegt das Hafen- u. Handelszentrum, weiter nördlich das *Empire State Building* sowie das *Rockefeller Center* (1931–1940 erbaut, 19 Gebäude) mit der nahe gelegenen 5. Avenue (Geschäfts- u. Modezentrum) u. das *Lincoln Center* (1962–1969 erbaut, Kulturzentrum, u. a. die neue *Metropolitan Opera*, kurz „Met"). Im Zentrum des nördlichen Manhattan (Uptown) liegt der lang gestreckte *Central Park,* der im N an Harlem grenzt; das Straßennetz Manhattans ist weitgehend schachbrettartig angelegt, nur der als Theaterstraße bekannte *Broadway* verläuft diagonal. New York ist Sitz der UN, deren Verwaltungsgebäude an der Ostseite Manhattans (Eastside) nahe dem East River liegen. New York hat 29 Universitäten u. Colleges, darunter die Columbia-Universität (gegr. 1754), die New York-Universität (gegr. 1831), die University of the City of New York (gegr. 1847) u. die kath. Fordham-Universität (gegr. 1846); rd. 1800 Kirchen, darunter die Saint Patrick's Cathedral (erbaut 1858–1879), über 1000 Synagogen, über 65 Museen, darunter das *Metropolitan Museum of Art,* zahlreiche Bibliotheken (z. B. New York Public Library), über 500 Theater, drei große medizinische Zentren mit rd. 130 Krankenhäusern u. rd. 1500 Spezialkliniken.
Am Eingang zum Hafen von New York steht auf einer Insel die *Freiheitsstatue* (93 m hoch, aufgestellt 1886; Weltkulturerbe seit 1984). Das benachbarte *Ellis Island* war 1892–1954 erste Station für über 12 Mio. Einwanderer.
New York ist einer der bedeutendsten u. größten Industriestandorte der USA (Fahrzeug-, Elektro-, Baustoff-, Textil-, Möbel-, Nahrungsmittel-, Druck- u. a. Industrie). Die Betriebe liegen überwiegend in den Außenvierteln der Stadt. In Manhattan, vor allem in der 7. Avenue, konzentrieren sich die Herstellung von Oberbekleidung (rd. 25 % der gesamten US-Produktion stammt aus New York) sowie das Verlagswesen. New York ist einer der wichtigsten nationalen u. internationalen Verkehrsknotenpunkte der Welt: Zentrum des Weltluftverkehrs (Großflughäfen J. F. Kennedy, La Guardia u. Newark) u. der Schifffahrt. Der Hafen hat fast 3000 Piers u. ist auch für Hochseeschiffe erreichbar.
Geschichte: Die New York Bay wurde 1524 durch den in französischen Diensten stehenden Italiener Giovanni *Verrazano* entdeckt, der Hudson River durch den in holländischen Diensten stehenden Engländer Henry *Hudson.* 1626 kaufte der ebenfalls in holländischen Diensten stehende Peter *Minnewit* (Minuit) aus Wesel am Niederrhein die Insel Manhattan von den Manhatto-Indianern für Waren im Wert von nur 24 Dollar. Das bald danach gegründete Neu-Amsterdam an der Südspitze von Manhattan erhielt 1653 Stadtrechte. 1664 wurde die holländische Kolonie am Hudson (1500 Ew.) von den Briten in Besitz genommen, die sie nach dem Herzog von *York* in New York umbenannten. Während des Unabhängigkeitskriegs war New York 1776–1783 von britischen Truppen besetzt. 1789/90 war New York Hauptstadt der Union, bis 1797 Hauptstadt des Staates New York. Die Stadt vergrößerte sich nach dem Unabhängigkeitskrieg rasch, vor allem auch nach der Eröffnung des *Erie Canals* (1825) u. dem damit verbundenen Hafenausbau (1820: 124 000 Ew., 1850: 500 000, 1870 fast 1 Mio. u. 1900: 3,4 Mio.). Ab 1836 setzte die starke Einwanderung aus Europa (Haupteinwandererhafen der USA) ein, es kam zur Ausbildung der ersten Slums; nach dem Ende des Bürgerkriegs (1865) verstärkte sich die Zuwanderung von Schwarzen u. die vorwiegend national geprägten Stadtviertel entstanden. 1898 schlossen sich fünf Verwaltungseinheiten Manhattan (New York City), Brooklyn, Bronx, Queens u. Staten Island (Richmond) zu *Greater New York* zusammen. Nach dem 1. Weltkrieg entwickelte sich New York zur Weltstadt u. eine erste Welle des Wolkenkratzerbaus setzte ein (nach 1945 u. seit den 1980er Jahren erneuter Wolkenkratzerboom). Am 11. 9. 2001 wurde die Stadt Ziel eines Terroranschlags, durch den das World Trade Center zerstört wurde. Mehrere tausend Menschen fielen dem Anschlag zum Opfer.

New York City Ballet ['nju: jɔːk 'siti 'bælɛt], 1948 aus dem 1935 von G. *Balanchine* gegr. *American Ballet* u. der *Ballet Society* gebildete Ballett-Truppe.

New Yorker [nju: 'jɔːkə], „The New Yorker", 1925 als Wochenblatt in New York gegr. US-amerikan. Kulturzeitschrift; bekannte Autoren u. Karikaturisten, u. a. J. *Baldwin,* T. *Capote;* Auflage: 633 000.

„New-Yorker Staats-Zeitung und Herold" [nju: 'jɔːkər-], deutschsprachige Wochenzeitung in den USA, 1919 entstanden aus der Zusammenarbeit der 1834 gegr. „New Yorker Staatszeitung" u. des 1880 gegr. „New Yorker Herold".

„New York Herald Tribune" ['nju: jɔːk 'hɛrəld 'tribjuːn], 1924 durch Zusammenlegung der 1841 gegr. „New York Tribune" mit dem 1835 gegr. „New York Herald" entstandene, den Republikanern nahe stehende amerikan. Tageszeitung; 1966 eingestellt. Die europ. Ausgabe erscheint in Paris unter dem Titel „International Herald Tribune".

New York Philharmonic Orchestra [nju: jɔːk filə'mɔunik 'ɔːkistrə], das älteste US-amerikan. Sinfonieorchester, 1842 in New York auf Initiative des Geigers U. C. *Hill* gegr.; Chefdirigenten u. a. A. *Toscanini,* L. *Bernstein,* Z. *Mehta,* K. *Masur.*

New York School ['nju: jɔːk 'skuːl], die in New York ansässigen Vertreter des amerikan. Tachismus („abstrakten Expressionismus"), deren Hauptzeit das Ende der 1940er Jahre u. der Anfang der 1950er Jahre war (F. *Kline,* W. de *Kooning,* R. *Motherwell,* M. *Rothko*).

New York State Barge Canal ['nju: jɔːk 'steit 'baːdʒ kə'næl], Kanalsystem im US-Staat New York, verbindet den Hudson mit dem St.-Lorenz-Strom u. dem Erie- u. Ontariosee, 845 km, für Schiffe bis 1000 t befahrbar. Hauptabschnitt ist der 1817–1825 gebaute *Erie Canal.* Dieser erschloss das Hinterland u. förderte das Wachstum New Yorks; er wurde 1918 ausgebaut.

New York Stock Exchange ['nju: jɔːk 'stɔks'tʃeindʒ; die; engl.], Abk. *NYSE,* Sitz: New York, 1792 in der Wall Street als Privatvereinigung gegr. Börse; heute die größte, führende Börse der Welt; wird häufig auch „Big Beard" oder „Wall Street" genannt. Die Mitgliedschaft als *Broker* (Makler) bzw. *Dealer* (Händler) ist an verschiedene Bedingungen geknüpft u. muss entspr. den Vorschriften der → Securities and Exchange Commission (SEC) registriert werden. An der Spitze der NYSE steht der aus den Mitgliedergruppen gewählte *Board of Governors*, zu dessen Aufgabe die Zulassung der Mitglieder, die Börsenordnung u. die Arbitration gehören. Die Zulassung der Wertpapiere zum amtl. Börsenverkehr ist an die strengen Bedingungen des SEC gebunden. Die Geschäfte an der NYSE werden ähnlich wie an den Börsen in Deutschland per Kasse u. auch per Termin abgeschlossen; der bekannteste Aktienindex der NYSE ist der täglich vom *Wall Street Journal* ermittelte → Dow-Jones-Index.

New York Times ['nju: jɔːk 'taimz], *„The New York Times"*, 1851 in New York gegr. US-amerikanische Tageszeitung; Auflagen: 1,2 Mio. (werktags), 1,7 Mio. (sonntags). Zum Medienunternehmen *New York Times Co.* gehören zehn Zeitungen in Florida, North Carolina u. Louisiana, mehrere Zeitschriften, ein Buch- u. Lehrmittelverlag, ein Nachrichten- u. Artikeldienst, ein Hörfunkbetrieb in New York, drei Fernsehgesellschaften in Alabama, Arkansas u. Tennessee, eine Kabelfernsehgesellschaft in New Jersey sowie Anteile an Papierfabriken u. an der „International Herald Tribune".

New Zealand [nju: 'ziːlənd], engl. Name für → Neuseeland.

Ney, 1. Elisabeth, dt. Bildhauerin, *26. 1. 1833 Münster, Westf., †29. 6. 1907 Austin, Tex. (USA); Schülerin von C. *Rauch*; schuf kolossale Bildnisbüsten für die Schlösser König Ludwigs II. von Bayern u. für die Kapitole in Austin u. Washington.

◆ **2.** Elly, dt. Pianistin, *27. 9. 1882 Düsseldorf, †31. 3. 1968 Tutzing; Schülerin von T. Leschetitzky u. E. von *Sauer*, bes. Beethoven-Interpretin, Kammermusikerin *(Elly-Ney-Trio)*. Autobiografie „Ein Leben für die Musik" 1952, Neuausgabe der „Erinnerungen u. Betrachtungen" 1957.

Elly Ney

3. Hubert, dt. Politiker, *12. 10. 1892 Saarlouis, †3. 2. 1984 Saarlouis; Rechtsanwalt; trat 1935 (als Mitgl. der Zentrumspartei) u. nach 1945 für die Vereinigung des Saargebiets bzw. des Saarlands mit Dtschld. ein; 1952–1957 Vors. der (bis 1955 offiziell nicht zugelassenen) CDU im Saarland; 1956/57 Min.-Präs., 1957–1959 Justiz-Min. des Saarlandes.

◆ **4.** [nɛ], Michel, Herzog von *Elchingen* (seit 1808), Fürst von der *Moskwa* (seit 1813), französ. Marschall (seit 1804) u. Abstammung, *10. 1. 1769 Saarlouis, †7. 12. 1815 Paris; einer der herausragenden Generäle Napoleons I. („der Tapferste der Tapferen"); seit 1814 im Dienst der Bourbonen, ging 1815 nach Napoleons Rückkehr von Elba mit den von ihm befehligten königlichen Truppen zu ihm über; wurde nach Napoleons endgültiger Niederlage als Hochverräter standrechtlich erschossen.

Michel Ney

Neyshabur, *Neischabur*, Stadt im NO von Iran, westl. von Mashhad, 1210 m ü. M., 136 000 Ew.; inmitten ausgedehnter Anbaugebiete für Getreide, Baumwolle u. Obstkulturen; Nahrungsmittelherstellung, Textilfabrikation, Teppichhandel; bekannt sind die Türkisminen bei N.; im MA Handelsstadt mit berühmter Keramik.

Nezahualcoyotl, König von *Texcoco* (Mexiko) 1402–1472; bedeutendster Dichter Altmexikos, kodifizierte die alten Rechte u. Gesetze Texcocos u. gründete die erste Bibliothek in Amerika. Als herausragender Ingenieur half er den benachbarten *Azteken* bei der Planung ihrer Hauptstadt *Tenochtitlan* (Aquädukt; Damm im Texcoco-See, der das Salzwasser von den *Chinampas*, den „schwimmenden Gärten", fern hielt). N. gelangte als Religionstheoretiker zur Vorstellung einer obersten, abstrakten u. unsichtbaren Gottheit („Tloque Nahuaque").

Nezahualpilli, König von *Texcoco* (Mexiko) 1460–1515, Sohn von *Nezahualcoyotl*. Unter seiner Herrschaft erlebte Texcoco einen großen wirtschaftl., sozialen u. kulturellen Aufschwung.

Nez Percé [neːpɛrˈseː; frz., „durchbohrte Nase"], Indianerstamm (1500) der *Shahaptin*, mit Ringen als Nasenschmuck; ursprünglich Sammler u. Jäger im N des Great Basin (USA), im 18. Jh. nach Übernahme des Pferds Büffeljäger in der Prärie; 1877 anfangs erfolgreicher Aufstand gegen die Unionstruppen unter Führung des Häuptlings Joseph; lebt heute in einer Reservation in Idaho.

Nezval [ˈnɛzval], Vítězslav, tschech. Schriftsteller, *26. 5. 1900 Biskoupka bei Trebitsch, †6. 4. 1958 Prag; begann als Vertreter der „poésie pure" u. des Surrealismus; schrieb später patriot.-sozialkrit. Dichtungen („Ich singe den Frieden" 1950, dt. 1951), Liebeslyrik, Erzählungen u. Essays.

NF, Abk. für → Nouveau Franc.

NF-Verstärker, Abk. für *Niederfrequenzverstärker*, Verstärker für Frequenzen im menschl. Hörbereich (30 Hz–20 kHz).

Ngamisee, Ngamiseeniederung, zeitweise trockenfallender See im südafrikan. Botswana, im nördl. Teil der Kalahari, rd. 770 km²; äußerster Endsee des Okavango-Binnendeltas, an dessen Südende; erhält nur zeitweise etwas Wasser vom Okavango; 1849 von D. *Livingstone* entdeckt.

Nganasanen, die *Tawgy-Samojeden*, russ. Völker, → Samojeden.

Ngandong-Mensch [malai.] → Solo-Mensch.

Nganglong Gangri, von W nach O verlaufende Gebirgskette im westl. Tibet (China), im *Alung Gangri* 7315 m hoch; z. T. vergletschert.

Ngaoundéré [ngaun-], Bez.-Hptst. in Kamerun, im Hochland Adamaoua, 1138 m ü. M., 61 000 Ew.; gut erhaltene Fulbestadt aus dem 19. Jh., traditionsreiches Hausagewerbe, bedeutender Markt, Endpunkt der Eisenbahn von Douala.

Ngazidja, früher *Grande Comore*, die größte Insel der Komoren, 1147 km², 286 000 Ew.; Hptst. *Moroni*; vulkan. Bergland mit dem noch tätigen Vulkan Kartala (2361 m); trop. Regenwald nur noch in Resten vorhanden; in Küstennähe Siedlungen u. Pflanzungen, u. a. von Vanille u. Parfümpflanzen.

Ngbandi, *gbandi, mongbandi*, afrikan. Sprache nordwestl. von Kongo südl. des Banda-Gebietes (115 000 Sprecher).

NGO, Abk. für engl. *Non Governmental Organization*, „Nichtregierungsorganisation", Bez. für nationale u. internationale Interessengruppen mit fester Organisationsstruktur, die eigenständig oder in Abstimmung mit Regierungsstellen in einzelnen Politikfeldern tätig sind, in denen soziale, ökonom., ökolog. oder polit. Probleme von staatl. Institutionen nicht befriedigend gelöst werden können. Die wichtigsten Betätigungsfelder sind Entwicklungspolitik (z. B. Hilfswerke der Kirchen), Umweltpolitik (z. B. Greenpeace), Menschenrechtspolitik u. humanitäre Hilfe (z. B. Amnesty International). Wachsende Bedeutung kommt den internationalen Nichtregierungsorganisationen bei Sonderkonferenzen der Vereinten Nationen (u. a. für Ernährung, Klima u. Umweltschutz) zu.

Ngoc Linh, *Phuyong*, Gipfel in der Annamitischen Kordillere, südlich von Da Nang (Vietnam), 2598 m.

Ngo Dinh Diem [-diɛm], vietnames. Politiker, *3. 1. 1901 Quang Binh, †2. 11. 1963 Saigon (ermordet); entstammte einer hohen Mandarin-Familie am kaiserl. Hof von Hue; wurde 1954 Min.-Präs. von Südvietnam; ließ 1955 durch gelenkten Volksentscheid Kaiser Bao Dai absetzen u. sich zum Staats-Präs. wählen. Seine Politik wurde von den USA lange Zeit unterstützt. Zunehmende Familiendiktatur, Korruption, das Ausbleiben von Reformen, religiöse u. polit. Gegensätze (antibuddhistische Maßnahmen des Katholiken Ngo Dinh Diem) führten zu seiner Isolierung. Am 1. 11. 1963 wurde er durch einen Militärputsch gestürzt.

Ngoko → javanische Sprache.

Ngonde, das Bantuvolk der → Makonde.

Ngoni, *Angoni*, Zulu-Krieger, zur Gruppe der *Nguni* gehörend, die während der Kriege *Tschakas* (Anfang 19. Jh.) bis ins Gebiet des Tanganjikasees vorstießen, dort unter verschiedenen Namen ansässig wurden u. oft ein unruhiges Element bildeten (1906 letzter Aufstand). Heute leben etwa 300 000 N. um dem Malawisee in Mosambik, Sambia, Malawi u. Tansania.

Ngorongoro, ostafrikan. Vulkankrater *(Caldera)* im Hochland der Riesenkrater im N Tansanias, 22 km Durchmesser, 700 m hohe Kraterwände, Kraterrand 2460 m ü.M.; Weltnaturerbe seit 1979, Zentrum eines Wildreservats, Wohngebiet der *Massai*, Fremdenverkehr. → Seite 366.

Ngugi Wa Thiong'o, James Ngugi, kenian. Schriftsteller, *5. 1. 1938 Limuru; tritt für die Unterdrückten in Afrika ein u. kämpft gegen den Neokolonialismus; gehört zu den

Fortsetzung S. 368

Ngorongoro

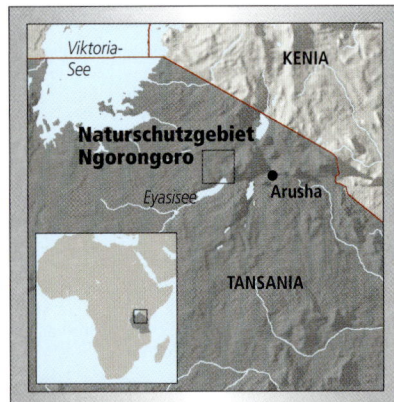

Ngorongoro

Naturdenkmal: 8288 km² Naturschutzgebiet im »Hochland der Riesenkrater« (1500 m bis 3648 m); Ngorongorokrater mit einem Durchmesser von 22 km einer der größten nicht »gefluteten« Krater der Welt; Kraterboden 264 km²; 1959 als Schutzgebiet eingerichtet
Kontinent: Afrika
Land: Tansania, Arusha-Region
Ort: Nordosten von Tansania, südöstlich des Serengeti-Nationalparks
Ernennung: 1979
Bedeutung: ein besonderer Reichtum an afrikanischen Wildtieren, Lebensraum eines kleinen bedrohten Bestandes von Spitzmaulnashörnern sowie wichtiger Fundort des Australopithecus boisei und Homo habilis, entfernter Vorfahren des Menschen
Flora und Fauna: Akazienwälder und Grasland mit Akazienarten wie Acacia xanthophloea; bis zu 4000 Kaffernbüffel, wenige Elefanten und Anubispaviane; 7000 Weißbartgnus, 4000 Steppenzebras, 3000 Thomsongazellen, Löwen, Servale und Schakale, zudem wenige, von der Ausrottung bedrohte Spitzmaulnashörner (11–15 im Jahr 1995); unter den 400 Vogelarten Zwergflamingos, Strauße und die bis zu 14 kg schwere Riesentrappe

Es ist schon ein besonderes Flair, das den Ngorongorokrater umgibt. Auf seinem Boden fühlt man sich wie im Garten Eden, die steilen Wände ringsum vermitteln ein Gefühl der Geborgenheit. Nur einige wenige Landrover, ein paar geschotterte Fahrwege und über den Kraterrand hinweglugende Lodges erinnern an den Einfluss des Menschen. Einzelne Massaihirten, die ihre Herden auf den Kratergrund zum Trinken führen dürfen, gehören gleichsam einfach zum Ökosystem. Nicht zu Unrecht wird der Ngorongorokrater von vielen als das achte Weltwunder angesehen.

Ein behäbiges Gleichmaß aller natürlichen Abläufe – diesen Eindruck kann der Ngorongorokrater erwecken. Doch zugleich ist er eine Stätte großer biologischer Dynamik. In manch einem Monat beherrscht Staub die Szenerie, dann ist es knochentrocken. Man meint, die Dürre hätte nun endgültig die Oberhand gewonnen und die Natur vollends aus dem Gleichgewicht gebracht. Ein paar Monate später sind dagegen Seen und Sümpfe über ihre Ufer getreten. Der Krater droht zu ertrinken. Solche Veränderungen folgen in unvorhersehbaren Abständen aufeinander. Auf Jahre mit wenig ergiebigen Niederschlägen folgen andere, in denen gewaltige Regenfälle niederprasseln. So bietet der Krater im gleichen Monat von einem Jahr zum anderen immer wieder ein völlig anderes Gesicht. Der Zeithorizont natürlicher Vorgänge richtet sich schließlich nicht nach unserem Rhythmus des Gregorianischen Kalenders. Langweilig pendelt sich immer wieder ein natürliches Gleichgewicht um Mittelwerte der Bestandsgrößen und der Artenzusammensetzung der Lebensgemeinschaften ein. Um diese Stabilität zu erkennen, muss man die Entwicklungen im Krater über Jahre hinweg beobachten. Freilich setzt eine solche Stabilität voraus, dass der Mensch – der sich gern als größter Störenfried der Natur verhält – sich aller scheinbar notwendigen regulierenden Eingriffe enthält.

Sesshafte Tierarten halten ihre Bestandsgrößen im Ngorongorokrater konstant, nomadisierende können für ein paar Monate oder Jahre den Krater ganz verlassen. Sie kommen wieder, wenn die Bedingungen für sie günstiger sind. Viele Weiß-

Rechte Seite oben: Auf 4000 Tiere wird allein der Bestand der sesshaften Steppenzebras im Ngorongorokrater geschätzt

Rechts: Behäbiges Gleichmaß der Dinge und biologische Dynamik – die Landschaft des Ngorongorokraters verbindet diese scheinbaren Gegensätze

bartgnus, Zebras und Gazellen nehmen an den großen Wanderungen im Ökosystem der angrenzenden Serengeti teil. Andere Individuen, Familien oder Herden wandernder Tierarten bleiben ganzjährig im Ngorongoro. Büffel oder Elenantilopen als ziellos nomadisierende Arten trifft man manchmal im Krater an – manchmal nicht. Sogar Flusspferde haben den Abstieg in den Krater geschafft; doch für Giraffen sind möglicherweise die Wände zu steil, sie kommen daher im Krater selbst nicht vor. Von den großen Katzen trifft man immer Löwen an, Leoparden halten sich scheu im Verborgenen, Geparden sind da, aber selten zu sehen. Zu den großen Attraktionen gehören zwanzig bis dreißig Spitzmaulnashörner (Schwarze Nashörner), die hier leichter vor Wilderern beschützt werden können als in den Savannen. Stellvertretend für die auf der ganzen Erde bedrohte Natur, macht der Anblick der Nashörner hier nachdenklich; er erinnert uns eindringlich an die Aufgabe, unsere Erde vor den vernichtenden Einflüssen vielschichtiger menschlicher Aktivitäten zu bewahren.

In Sachen Geologie ist der Krater ein wunderbares Anschauungsmodell. Genau genommen ist die riesige Schüssel mit einer Wandhöhe von rund 700 Metern eine »Caldera«, wie man Krater nennt, deren Spitze eingesunken ist. Im Kraterhochland, das ebenfalls zum Schutzgebiet gehört, finden sich noch weitere kleine, zum Teil nicht ganz vollständige Calderen. Lavastaub und -asche sind die Grundlagen für die große Fruchtbarkeit des Gebietes. Davon profitiert nicht nur die Vegetation, sondern natürlicherweise auch die von ihr lebenden Pflanzenfresser und die wiederum von diesen lebenden Fleischfresser. Einen weiteren Teil des Schutzgebietes bildet die Olduvai-Schlucht. Hier wurden bedeutsame Fossilien gefunden: Überreste früher Hominiden wie dem Homo habilis oder dem Australopithecus boisei weisen wieder einmal darauf hin, dass die Wiege der Menschheit in Afrika stand.

Diesem harmonischen Dreiklang aus faszinierenden Einblicken in die Natur, in die geologische Entstehungsgeschichte der Erde und in die Geschichte der Menschwerdung kann sich am Ngorongorokrater kaum jemand entziehen.

Wally und Horst Hagen

Niagara: Blick auf den kanadischen Hufeisenfall (rechts) und den amerikanischen Fall (links)

wichtigsten Autoren Afrikas; schrieb Romane auf Englisch („Abschied von der Nacht" 1964, dt. 1986; „Verbrannte Blüten" 1977, dt. 1995) u. seit den 1980er Jahren in seiner Muttersprache Kikuya („Der gekreuzigte Teufel" 1982, dt. 1988) als sichtbares Zeichen der Entkolonisierung; wegen seiner krit. Theaterstücke ein Jahr in Haft; lebt im Exil in den USA.

Ngultrum, Abk. *NU*, Währungseinheit in Bhutan; 1 NU = 100 *Chhetrum*.

Nguni, Gruppe der Südostbantu im O von Südafrika, mit hamit. Einschlag, etwa 10 Mio.; mit den *Xhosa, Tembu, Pondo, Fingu, Ndebele, Swasi, Zulu* u. *Ngoni*; Viehzüchter mit Mais- u. Hirseanbau; ursprüngl. in Großfamilien.

Nguyen Van Thieu [-tjøː, frz.; -tjuː, engl.], vietnames. Politiker u. General, * 5. 4. 1923 Phan Rang, Prov. Ninh Tyuan, † 29. 9. 2001 Boston; 1964/65 stellvertr. Min.-Präs. u. Verteidigungs-Min. von Südvietnam, 1965 Staatsoberhaupt (als Leiter des Nationalen Verteidigungsrats), 1967–1975 Staats-Präs; lebte danach in Großbritannien, dann in den USA im Exil.

Ngwee [ngwiː], Abk. *N*, Münzeinheit in Sambia, 100 N = 1 *Kwacha*.

NH, Abk. für *Normalhöhenpunkt*, → Normalnull.

N.H., Abk. für den US-Bundesstaat → New Hampshire.

Nha Trang, Hafenstadt im S Vietnams, am Südchines. Meer, nördl. von Ho Chi Minh (Saigon), 263 000 Ew.; Agrarzentrum, Fischerei; Ölraffinerie, Flughafen, Seebad. – Im Vietnamkrieg wichtiger US-amerikan. Militärstützpunkt.

Nhd., Abkürzung für *Neuhochdeutsch*.

Ni, chem. Zeichen für → Nickel.

◆ **Niagara** [engl. naiˈægərə, indian. „donnerndes Wasser"], Flussverbindung zwischen dem Erie- u. dem Ontariosee (nordamerikan. Große Seen), 40 km lang, bildet an einer dolomit. Schichtstufe die *Niagarafälle* an der Grenze zwischen den USA u. Kanada. Die *Ziegeninsel* teilt die Fälle in den 790 m breiten, 50 m hohen kanad. *Hufeisenfall* u. den über 300 m breiten, 51 m hohen US-amerikan. Fall. Die Fälle treiben mehrere Kraftwerke. Durch rückschreitende Erosion werden die Fälle jährlich um 1–1,3 m zurückverlegt. Der *Erie Canal* umgeht auf US-amerikan., der *Wellandkanal* auf kanad. Seite die Niagarafälle.

Niagara Falls [naiˈægərə ˈfɔːlz], zwei Städte an den Niagarafällen: **1.** Stadt im Staat New York (USA), 61 800 Ew.; Universität; Elektro-, Eisen- u. Stahlindustrie, Gewinnung von Graphit, Kraftwerke; Fremdenverkehrszentrum.
2. Stadt in der kanad. Prov. Ontario, am Niagara, unterhalb der Fälle, 75 400 Ew.; mit Niagara Falls (1) durch drei Brücken verbunden; Industrie, Fremdenverkehr.

◆ **Niamey** [niaˈmɛ], Hptst. der westafrikan. Rep. Niger, im SW des Landes, am linken Ufer des Niger, 195 m ü.M., 550 000 Ew.; Nationalmuseum; Nahrungsmittel-, Leder-, Kunststoffindustrie; Straßenknotenpunkt, Flusshafen, internationaler Flughafen.

Niam-Niam, afrikan. Volk, → Azande.

Niarchos, Stavros Spiros, griech. Reeder, * 3. 7. 1909 Athen, † 15. 4. 1996 Zürich; besaß eine der größten Tankerflotten der Welt.

Niari [frz. njaˈri], im Unterlauf *Kouilou*, Fluss im S der Rep. Kongo, 700 km lang, mündet nördl. von Pointe-Noire in den Atlant. Ozean. Sein Unterlauf ist das wichtigste Landwirtschaftsgebiet des Landes (Zuckerrohr- u. Ölpalmplantagen, Viehwirtschaft).

Nias, dicht bevölkerte indonesische Insel vulkanischen Ursprungs vor der Westküste von Sumatra, 4772 km², rd. 390 000 Ew.; Hauptort *Gunungsitoli*; Anbau von Mais, Reis u. Taro, Kopragewinnung, Viehzucht, Fischfang. – Die altindonesischen *Niasser* haben eine Megalithkultur u. waren früher Kopfjäger.

◆ **Niaux** [njoː], Höhle in der Nähe von Tarascon im Dép. Ariège, Frankreich. Die Höhlenmalereien werden dem mittleren Magdalénien zugewiesen. Auf etwa 800 m gibt es Abbildungen von Wisenten, Pferden, Steinböcken, Auerochsen, Hirschen u. Feliden (Katzenartige). Die Zeichnungen sind z. T. aus schwarzem Manganoxid hergestellt.

Nibbler, *Knabber*, Elektrowerkzeug zum Schneiden von Blech; geeignet zum Trennen von geformten Blechteilen u. Wellblech ohne Verwinden des Blechs.

Nibelungen, im *Nibelungenlied* ein Zwergengeschlecht, dessen König Alberich den *Nibelungenhort* hütet. Der von Siegfried erbeutete Schatz fällt nach dessen Ermordung durch Hagen an die Burgunderkönige in Worms; an diese geht damit auch der Name N. über.

◆ **Nibelungenlied**, um 1200 entstandenes mittelhochdt. stroph. Heldenepos eines un-

Niamey: im Hintergrund ist der Fluss Niger zu sehen

bekannten Dichters aus dem Donauraum, der wahrscheinlich am Passauer Bischofshof lebte. In 39 „aventiuren" von unterschiedlicher Länge verknüpft das N. durch die herausgehobene Gestalt der liebenden u. rächenden Kriemhild die myth. Sagen um Brunhilde u. Siegfried mit der histor. Sage vom Untergang der *Burgunden* durch die *Hunnen*. Das N. hat keinen in sich geschlossenen Aufbau, vielmehr stehen Märchenmotive, Züge des tragisch gesinnten german. Heldenethos u. des höf. Geistes des christlich geprägten stauf. Rittertums oft unvermittelt nebeneinander. Über die Vorgeschichte des Nibelungenlieds, insbes. sein Verhältnis zu den franzöz. *Chansons de geste*, zur *Thidreks-* u. *Völsungasaga* u. zu mehreren *Eddaliedern* (u. a. das Sigurdlied u. das alte Atlilied) ist sich die Forschung bis heute nicht einig, doch ging dem bald weit verbreiteten Werk vermutlich eine (verloren gegangene) „Ältere Not" voraus. Die über 30 teilweise bruchstückhaften Handschriften der Dichtung liegen in drei Hauptfassungen vor: A) *Hohenems-Münchener*, die kürzeste (Ausgabe K. Lachmann 1826); B) *Hohenems-St. Galler*, wohl die älteste u. dem unbekannten Original am nächsten kommend (Ausgabe K. Bartsch 1866; H. de Boor 1959); C) *Donaueschinger*, die längste, am stärksten überarbeitete (Ausgabe F. Zarncke 1856). Nach der letzten Zeile fasst man die Handschriften A u. B unter dem Titel „Der Nibelunge Not" zusammen, gegenüber „Der Nibelunge Lied" der Fassung C. Eine allen Fassungen gemeinsame Fortsetzung ist die „Klage". Übersetzungen ins Hochdeutsche: K. Simrock 1827, F. Genzmer 1960. Spätere Bearbeitungen des Nibelungenstoffs sind: H. Sachs, „Tragedi des hürnen Sewfried" 1557; F. de la Motte Fouqué, „Der Held des Nordens" 1808–1810; E. Raupach, „Der Nibelungenhort" 1834; A. Grün, „Nibelungen im Frack" 1843; E. Geibel, „Brunhild" 1861; F. Hebbel, „Die Nibelungen" 1862; R. Wagner, „Der Ring des Nibelungen" 1863; P. Ernst, „Brunhild" 1909; „Kriemhild" 1918; M. Mell, „Der Nibelunge Not" 1944, 1951; R. Schneider, „Die Tarnkappe" 1951. – Ausgaben: H. de Boor (Hrsg.) 1960; H. Brackert (Hrsg.), 2 Bde. 1971; K. Lachmann (Hrsg.), Der Nibelunge Not mit der Klage 1826, 1969; W. Schröder, Das N. u. die Klage 1969.

Nibelungenstrophe, die Form des Versbaus im *Nibelungenlied*. Die N. setzt sich aus vier paarweise gereimten Langzeilen zusammen, die jeweils aus Anvers (vier Takte, meist klingende Kadenz) u. Abvers bestehen; die ersten drei Abverse haben drei Hebungen, beim letzten kommt eine vierte Hebung hinzu. Die N. wurde auch vom *Kürenberger*, in einigen Strophen des *Kudrunlieds* u. von *Walther von der Vogelweide* in seiner „Elegie" verwendet.

Nibelungentreue, ein Schlagwort, das die unbedingte Bündnistreue Deutschlands zu Österreich-Ungarn kennzeichnen sollte; von Reichskanzler B. von *Bülow* in einer Rede 1909 während der Bosnien-Krise geprägt.

Nicäa [ni'tsɛːa], *Nicaea, Nikaia, Nikäa*, das heutige *Iznik*, antike Stadt in Phrygien, von Antigonos (4. Jh. v. Chr.) gegründet. 325 n. Chr. fand dort die 1. ökumen. Konzil statt, auf dem gegen den Arianismus für die Lehre des Athanasios entschieden wurde (→ Nicänisches Glaubensbekenntnis), 787 das 7. ökumen. Konzil. Seit 1080 im Besitz der Seldschuken, 1097 von Kreuzfahrern erobert, seit dem Bestehen des Latein. Kaiserreichs Hptst. des Byzantin. Restreichs (*Kaiserreich von N.*), 1331 türkisch.

Nicaeno-Constantinopolitanum, *Nicaenum* → Nicänisches Glaubensbekenntnis (2).

Nicander, griech. Dichter, → Nikander.

Nicandra [lat.] → Giftbeere.

Nicänisches Glaubensbekenntnis, 1. *Nicaenum (i. e. S.)*, die auf dem Konzil von Nicäa 325 angenommene Bekenntnisformel gegen die Lehre der Arianer. Das Nicaenum schließt sich in seiner Dreigliedrigkeit an das Apostol. Glaubensbekenntnis an. Im 2. Artikel wird die Gottheit Christi stark hervorgehoben: Der Sohn ist dem Vater „wesensgleich" (*Homousie*). 2. *Nicaeno-Constantinopolitanum (Nicaenum i. w. S.)*, das auf dem 1. Konzil zu Konstantinopel 381 beschlossene (erst 451 bestätigte) „erweiterte Nicaenum", das auch die Gottheit des Hl. Geistes betont. Der in der Westkirche eingefügte Zusatz „*filioque*" (der Hl. Geist geht vom Vater „und vom Sohn") hat auf dogmatischer Ebene für die Trennung zwischen abendländ. u. morgenländ. Kirche eine große Rolle gespielt. Das erweiterte Nicaenum gehört zu den drei von der luth. Reformation anerkannten Bekenntnissen.

Nicaragua, Staat in Zentralamerika, → Seite 370.

nicaraguanische Kunst, Kunst in Nicaragua, vom 16. bis zum Ende des 19. Jh. stark beeinflusst von den span. Kolonialherren, seitdem weitgehend von der nordamerikan. Architektur (hier vor allem der Klassizismus) u. den europ. Strömungen in Malerei u. Plastik geprägt. Von der indian. Kultur sind Rundplastiken (teils naturnah, teils stilisiert) u. monochrome bzw. mit Tieren bemalte Keramik erhalten sowie kleinformatige Maskenfiguren u. Tierskulpturen.

Nicaraguasee, span. *Lago de Nicaragua*, größter zentralamerikan. See, in der *Nicaraguasenke*, mit flachen, im S u. O stark versumpften Ufern, 32 m ü. M., 8029 km²; 160 km lang, bis 70 km breit u. bis 70 m tief; steht in Verbindung mit dem *Managuasee*, entwässert durch den *San Juan* ins Karib. Meer; Fischerei.

Nicarao, ausgestorbener Indianerstamm (Nahua) in Mittelamerika, auf der Landenge zwischen dem Nicaraguasee u. dem Pazif. Ozean; nach den N. wurde *Nicaragua* benannt.

Niccodemi, *Nicodemi*, Dario, italien. Dramatiker, * 27. 1. 1874 Livorno, † 24. 9. 1934 Rom; anfangs Journalist u. Theaterschriftsteller in Buenos Aires, seit 1900 in Paris, leitete seit 1921 eine eigene italien. Schauspieltruppe; schrieb erfolgreiche Rührstücke, z. T. mit gesellschaftskrit. Tendenz („Der Schatten" 1915, dt. 1920; „Scampolo" 1916, dt. 1929; „Tageszeiten der Liebe" 1921, dt. 1923).

Niccoli, Niccolò, italien. Humanist, * 1363 Florenz, † 4. 2. 1437 Florenz; Berater der Medici; berühmt durch seine reiche Büchersammlung, die vor allem Werke der klassischen Antike enthielt; sie kam nach seinem Tod in den Besitz der Medici u. war auch der Öffentlichkeit zugänglich.

Niccolini, Giovanni Battista, italien. Bühnenschriftsteller, * 29. 10. 1782 Bagni di San Giuliano (Lucca), † 20. 9. 1861 Florenz; schrieb anfangs klassizist. Trauerspiele, dann (unter dem Einfluss der Romantik u. Shakespeares) Schauspiele aus der italien. Geschichte („Arnaldo von Brescia" 1838, dt. 1845). N. verfasste kunsthistor. Essays u. unterstützte seinen Freund A. *Manzoni* bei der Umarbeitung von dessen Roman „Die Verlobten" 1827.

Nichelino [nikeˈliːno], italien. Gemeinde in Piemont, südwestl. von Turin, 44 500 Ew.; in der Nachbarschaft die Fiatwerke sowie vielfältige eigene Industrie (u. a. Autoteile,

Fortsetzung S. 371

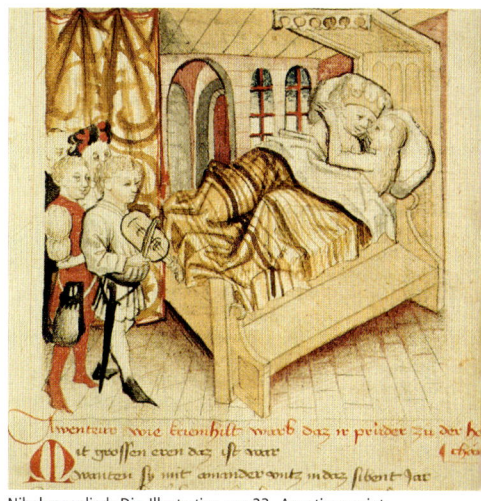

Nibelungenlied: Die Illustration zur 23. Aventiure zeigt, wie Kriemhild ihren Gatten Etzel nachts im Bett bittet, ihre Brüder einzuladen; zwei Spielleute werden beauftragt, die Botschaft zu überbringen. Handschrift um 1440. Berlin, Staatsbibliothek Preußischer Kulturbesitz

Niaux: Darstellung eines Pferdes

Nicaragua

Autokennzeichen: NIC
Fläche: 130 000 km²
Einwohner: 4,9 Mio.
Hauptstadt: Managua
Sprache: Spanisch
Währung: 1 Córdoba = 100 Centavos
Offizieller Name: Republik Nicaragua
Bruttosozialprodukt/Einw.: 390 US-Dollar
Regierungsform: Präsidiale Republik
Religion: Überwiegend Katholiken
Nationalfeiertag: 15. September
Zeitzone: Mitteleuropäische Zeit −7 Std.
Grenzen: Im N Honduras, im O Karibisches Meer, im S Costa Rica, im W Pazifischer Ozean
Lebenserwartung: 68 Jahre

Violeta Chamorro war von 1990 bis 1997 Staatspräsidentin des Landes

Landesnatur Den Kern des flächenmäßig größten zentralamerikan. Staates bildet die Zentralamerikan. Kordillere (in der Cordillera Isabella bis 2890 m). Nach O zum Karib. Meer schließt sich eine breite Küstenebene, die sumpfige Mosquitoküste, nach SW die *Nicaraguasenke* mit dem *Managua-* u. dem *Nicaraguasee* an. Zwischen dieser Senke u. der schmalen pazif. Küstenebene erstreckt sich parallel zur Küste eine Kette mächtiger Vulkane. Die Lage des zentralen Gebirges bewirkt eine Zweiteilung des Landes in einen trop. immerfeuchten Bereich im O u. einen trop. wechselfeuchten Bereich im SW. Nicaragua wird häufig von Naturkatastrophen (Erdbeben, Hurrikans) heimgesucht.

Bevölkerung Sie besteht zu 69 % aus Mestizen, 14 % sind Weiße, 4 % Indianer u. 13 % Schwarze, Mulatten u. Zambos. Der überwiegende Teil der Bevölkerung ist röm.-kath. Das Hauptsiedlungsgebiet liegt an der pazif. Küste, während der O am Karib. Meer nur schwach besiedelt ist; 64 % leben in Städten. Die Analphabetenrate liegt bei 33 %.

Wirtschaft Hauptwirtschaftszweig ist die Landwirtschaft, in der rd. 42 % der Erwerbstätigen arbeiten u. die mit 34 % am Bruttoinlandsprodukt u. mit zwei Dritteln am Export beteiligt ist. 8,5 % der Landesfläche werden zum Ackerbau genutzt. Hauptanbauprodukte sind Maniok, Reis, Mais, Sorghum u. Bohnen für den Eigenbedarf u. für den Export Kaffee, Zuckerrohr, Bananen, Tabak u. Baumwolle; die Hauptanbaugebiete liegen an der Pazifikküste. Die Viehwirtschaft (Rinderzucht) wird durch staatl. Programme gefördert. Fast die gesamte Fischfangmenge (u. a. Garnelen u. Langusten) wird exportiert. Aus den 46 % der Staatsfläche einnehmenden Waldgebieten werden Edelhölzer (u. a. Mahagoni u. Rosenholz) gewonnen. Die reichen Vorkommen von mineral. Bodenschätzen (Eisen, Zinn, Zink, Nickel, Wolfram u. Erdöl) sind größtenteils noch unerschlossen; wirtschaftl. Bedeutung hat bisher nur der Abbau von Gold u. Silber. Die Nahrungs- u. Genussmittelindustrie (50 % der gesamten Industrieproduktion) verarbeitet heimische Agrarprodukte. Zahlreiche Produktionsstätten entstanden nach dem schweren Erdbeben in Managua um 1972 im Bereich León-Chinandega. Bedeutendster Industriestandort ist aber nach wie vor die Hauptstadt Managua (Erdölraffinerie, Textilfabrik). Trotz beachtl. Fortschritte ist die Energieversorgung des Landes unzureichend; vorrangig soll die Zahl der Wasserkraftwerke erhöht werden.

Verkehr Die Verkehrserschließung des Landes ist noch ungenügend. Das 340 km lange staatl. Eisenbahnnetz wurde 1994 wegen Überalterung stillgelegt. Vorrangig wird der Ausbau des Straßennetzes (rd. 15 000 km), über das 90 % des Gütertransports abgewickelt werden, betrieben. Wichtigste Verkehrsverbindung ist das nicaraguanische Teilstück der Carretera Interamericana zwischen El Espino u. Peña Blanca. Infolge der unzureichenden Landverbindungen besitzt der Inlandsluftverkehr wachsende Bedeutung; dem internationalen Flugverkehr dient der Flughafen bei Managua. Haupthäfen sind *Corinto, Puerto Sandino* u. *San Juan del Sur* am Pazifischen Ozean sowie *El Bluff* bei Bluefields u. *Puerto Cabezas* am Karibischen Meer.

Geschichte 1502 landete Kolumbus an der Ostküste Nicaraguas. Das 1524 von Spanien eroberte Land wurde 1550 Teil des *Generalkapitanats Guatemala*. Nicaragua erklärte 1821 seine Unabhängigkeit vom span. Mutterland u. schloss sich bis 1838 der *Zentralamerikan. Konföderation* an. In der Folge griffen mehrfach Großbritannien u. in zunehmendem Maße die USA in die nicaraguan. Innenpolitik ein, die von ständigen

Auseinandersetzungen zwischen Liberalen u. Konservativen bestimmt wurde. Mit Unterstützung beider Staaten konnte der selbst ernannte Präs. W. *Walker* (1856/57), dessen Privatarmee zunächst den Liberalen zum Sieg verholfen hatte, vertrieben werden. Das Projekt zum Bau eines interozeanischen Kanals durch die Nicaraguasenke wurde sowohl von Großbritannien als auch von den USA betrieben. Im Clayton-Bulwer-Vertrag einigte man sich zunächst auf eine Neutralisierung der Kanalzone. Als jedoch der von Großbritannien unterstützte Präsident J.S. *Zelaya,* der seit 1893 ein diktatorisches, streng antiklerikales Regiment führte, einen Krieg mit Guatemala heraufbeschwor, sahen die USA ihre Interessen bedroht. Zelaya wurde 1909 gestürzt. 1912 besetzten US-amerikan. Truppen das Land. 1916 erwarben die USA das Recht zum Bau des Kanals u. bestimmten in der Folgezeit das polit. u. wirtschaftl. Leben in Nicaragua. Diese Bevormundung provozierte die Bildung einer nationalen Befreiungsbewegung unter Führung von A.C. *Sandino,* die die USA 1932 zum Verlassen des Landes zwang. Sandino gelang es jedoch nicht, die Macht zu übernehmen. 1934 wurde er ermordet.
1936 übernahm General A. *Somoza García* durch einen Militärputsch die Macht. Er regierte 1937–1956 als Diktator, wobei er das Präsidentenamt zeitweise anderen überließ. Als er 1956 ermordet wurde, folgte ihm sein Sohn L. A. *Somoza Debayle* im Amt. Da die Verfassung von 1950 verbot, einen Präsidenten nach seiner sechsjährigen Amtszeit wiederzuwählen, wurde 1963 R. *Schick Gutiérrez* zum Staatspräsidenten gewählt. Unter seiner Regierung erlebte Nicaragua einen spürbaren wirtschaftl. Aufschwung. Sowohl er als auch sein Nachfolger L. *Guerrero Gutiérrez* waren enge Vertraute der Somozas, so dass die Macht dieser Familie ungebrochen blieb. 1967 wurde A. *Somoza Debayle* junior nach Ausschaltung der Opposition Präsident. Er übertrug seine präsidentiellen Befugnisse 1972 zunächst auf eine Militärjunta. 1974 veranlasste er eine Verfassungsänderung, die seine Wiederwahl als Präsident ermöglichte. Gegen die Diktatur der Somozas formierte sich in den 1970er Jahren Widerstand vor allem von der 1962 gegr. *Sandinistischen Befreiungsfront (Frente Sandinista de Liberación Nacional, FSLN).* Die Ermordung des Oppositionsführers P.J. *Chamorro* 1978 war das Signal zum Aufstand gegen das Somoza-Regime. 1979 wurde der Diktator gestürzt; eine „Junta des nationalen Wiederaufbaus", die ein Kabinett ernannte u. die Verfassung von 1974 außer Kraft setzte, übernahm die Macht. In Junta u. Kabinett dominierten sandinist. Kräfte. Seit Anfang der 1980er Jahre kam es zu wachsenden Differenzen zwischen den Sandinisten u. ihren bürgerl. Bündnispartnern. Es bildete sich eine von den USA unterstützte antisandinistische Guerilla („Contras"), während sich die Sandinisten unter Führung von D. *Ortega Saavedra* eng an Kuba u. die UdSSR anlehnten. Ortega wurde 1984 zum Präsidenten gewählt. 1987 trat zwar eine neue pluralist. Verfassung in Kraft. Der 1982 verhängte Ausnahmezustand blieb jedoch bestehen. 1988 begannen unter Vermittlung der zentralamerikan. Staaten Verhandlungen mit den „Contras" über eine Beendigung des Bürgerkriegs. Bei den Wahlen 1990 siegte überraschend das oppositionelle Bündnis *Unión Nacional Opositora (UNO)* unter der Führung von Violeta *Chamorro,* die Präsidentin wurde. Im gleichen Jahr legten die „Contras" endgültig die Waffen nieder. Trotzdem blieb die innenpolit. Lage angespannt. Streitigkeiten über die Zusammenarbeit mit den Sandinisten führten 1993 zum Auseinanderbrechen der UNO. Eine Verfassungsreform stärkte 1995 die Legislative. 1996 fanden Parlaments- u. Präsidentschaftswahlen statt. A. *Alemán Lacayo* (Partido Liberal Constitucionalista, PLC), wurde zum neuen Staatspräsidenten gewählt (Amtsantritt 1997). Trotz der schlechten Wirtschaftslage u. zahlreicher Korruptionsfälle siegte bei den Präsidentschaftswahlen 2001 mit E. *Bolaños Geyer* wiederum der Kandidat des PLC. Er setzte sich gegen den früheren Staatschef Ortega durch, der damit zum dritten Mal in Folge bei einer Präsidentenwahl scheiterte.

Im Oktober 1998 wütete der Hurrikan Mitch über Mittelamerika. In Nicaragua löste er die verheerendste Überschwemmungskatastrophe in der Geschichte des Landes aus

Ben Nicholson: Lacmariaquer; 1964. Privatsammlung

Maschinenbau). Westl. das Jagdschloss Stupinigi (18. Jh.).

Nichiren [nitʃi-], *Nitschiren,* japan. Buddhist, *1222 Kominato, †1282 Ikegami; Gründer einer nach ihm benannten buddhist. Sekte, die sich auf das → Lotos-Sutra als einzige Wahrheit gründet; lehnt Werkheiligkeit ab. Der *Nichirenismus* ist heute noch verbreitet.

Nichols ['nikəlz], **1.** Beverley, brit. Schriftsteller, *9. 9. 1898 Bristol, †15. 9. 1983 Surrey; Journalist; schrieb Reiseberichte, Dramen u. Romane („In ein Haus verliebt" 1951, dt. 1952; „Verhängnisvolle Musik" 1956, dt. 1958; „Die böseste Hexe der Welt" 1971, dt. 1973); Autobiografien: „All I could never be" 1949; „Down the kitchen sink" 1974; „The unforgiving minute" 1978. **2.** Red (Ernest Loring), US-amerikan. Jazzmusiker (Kornett, Trompete), *8. 5. 1905 Ogden, Utah, †28. 6. 1965 Las Vegas; gründete 1926 die Band „Red Nichols and his Five Pennies"; daneben leitete er „The Redheads" u. „Louisiana Rhythm Kings". 1959 wurde sein Leben verfilmt.

Nicholson ['nikəlsən], ♦ **1.** Ben, Sohn von 5), brit. Maler, *10. 4. 1894 Denham, Buckinghamshire, †6. 2. 1982 London; war anfängl. vom Kubismus beeinflusst, traf 1934 in Paris mit P. *Mondrian* zusammen u. trat der Gruppe „Abstraction-Création" bei (Periode der „weißen Reliefs"); gründete 1937 mit J. L. *Martin* u. N. *Gabo* die Zeitschrift „Circle". Seit 1958 vor allem Stillleben u. Architekturen in sparsamer Strichführung. N. war in 2. Ehe mit der Bildhauerin B. *Hepworth* verheiratet.

♦ **2.** Jack, US-amerikan. Filmschauspieler, *22. 4. 1937 Neptune, New Jersey; erster Erfolg in „Easy Rider" 1969; entwickelte

Jack Nicholson in „Chinatown"; 1974

Nichtanerkennung

sich seit Mitte der 1970er Jahre als überzeugender Charakterdarsteller zum internationalen Star; Filme u. a.: „Chinatown" 1974; „Einer flog über das Kuckucksnest" 1975; „Shining" 1980; „Wenn der Postmann zweimal klingelt" 1981; „Zeit der Zärtlichkeit" 1983; „Batman" 1989; „Eine Frage der Ehre" 1992; „Besser geht's nicht" 1997; „Das Versprechen" 2001.
3. Seth Barns, US-amerikan. Astronom, *12. 12. 1891 Springfield, Illinois, †3. 7. 1963 Los Angeles; arbeitete am Mount Wilson- u. Mount Palomar-Observatorium; bestimmte die Oberflächentemperaturen verschiedener Himmelskörper u. entdeckte vier neue Satelliten des Jupiter.
4. William, brit. Chemiker u. Wasserbauingenieur, * um 1753 London, †21. 5. 1815 London; erfand 1790 ein Gerät zur Dichtebestimmung von Wasser *(Hydrometer)*; baute eine Batterie, mit der er als Erster die elektrolytische Zerlegung von Wasser durchführte.
5. Sir William, brit. Maler u. Grafiker, *5. 2. 1872 Newark on Trent, †16. 5. 1949 Blewbury; Bildnisse u. vom Impressionismus beeinflusste Landschaften u. Stillleben; bedeutend als Erneuerer der engl. Holzschnittkunst.

Nichtanerkennung, *Völkerrecht:* die Weigerung eines Staats, 1. einen anderen Staat, 2. die Regierung eines anderen Staats oder 3. bestimmte Rechtsakte eines anderen Staats in ihrer Wirkung über die Grenzen dieses Staates hinaus anzuerkennen. – 1. Die *N. eines anderen Staats* bedeutet die Weigerung, ihn als Völkerrechtssubjekt anzuerkennen. Damit wird nicht die Existenz des Staats, sondern nur die Rechtsfähigkeit im völkerrechtl. Sinn geleugnet. Da es kein Recht auf Anerkennung gibt, ist die N. aus der Sicht des Völkerrechts zunächst eine polit. Ermessensfrage. Sie kommt in ausdrückl. Erklärungen oder in der Nichtaufnahme diplomat. Beziehungen zum Ausdruck. Die Unterhaltung wirtschaftlicher, sogar konsularischer Beziehungen steht dem nicht entgegen. Die innerstaatl. Ausübung der Hoheitsgewalt (Gesetze, Urteile, Verwaltungsakte) wird anerkannt, soweit nicht dem ordre public widersprechend. Das Kriegsrecht gilt auch gegenüber nichtanerkannten Staaten (Genfer Konventionen von 1949); so hatten im Korea-Krieg die USA Nordkorea nicht anerkannt, gleichwohl bestand Kriegszustand. Auch die N. Israels als Staat entbindet seine Gegner nicht von der Beachtung der Norm des Völkerrechts Israel gegenüber. – Fälle: Das 1932 proklamierte Mandschukuo wurde von den meisten Staaten nicht anerkannt, weil es als japan. „Puppenstaat" betrachtet wurde. Die DDR wurde von zahlreichen Staaten nicht anerkannt (bei Anerkennung durch die kommunist. Staaten u. weitere Länder). Grund für die N. der DDR war die N. einer Teilung Deutschlands (nach dem Potsdamer Abkommen von 1945 sollte Dtschld. als Ganzes behandelt werden). 1972/73 wurde die Politik der N. durch die Konzeption „besonderer innerdeutscher Beziehungen" ersetzt; die BR Dtschld. u. die DDR vereinbarten den Austausch „ständiger Vertreter". Seither unterhielten die meisten Staaten, darunter auch NATO-Länder, diplomat. Beziehungen zur DDR.
2. Die *N. von Regierungen* bedeutet, dass die amtierende Regierung als nicht zur Vertretung des Staats berechtigt angesehen wird. Dies gilt vor allem für Regierungen, die durch Staatsstreich, Putsch oder Revolution an die Macht gelangt sind. Dabei geht es nicht um Legalität oder Legitimität, sondern vorwiegend um die Effektivität der Machtausübung (Bedenken wegen Nicht-Kontinuität). In Mittel- u. Südamerika wurde zwar durch die *Tobar-Doktrin* die Forderung erhoben, dass nur eine durch Volksabstimmung oder Wahlen bestätigte Regierung völkerrechtlich anerkannt werden dürfe, doch wurde dies durch die *Estrada-Doktrin* als Einmischung in die inneren Angelegenheiten abgelehnt. Vielfach wird zunächst nur eine De-facto-Anerkennung ausgesprochen, die im Fall der Stabilität u. Kontinuität ausdrücklich oder stillschweigend in eine De-jure-Anerkennung umgewandelt wird. – Beispielfall: die Vertretung Chinas in den Vereinten Nationen. Bis 1971 wurde China (z. B. im Sicherheitsrat) durch die Regierung Taiwans vertreten, nach der Aufnahme der Volksrepublik China u. Überlassung des chines. Sitzes im Sicherheitsrat an Peking erfolgte der Ausschluss Taiwans.

Nichtangriffspakt, zweiseitiger oder mehrseitiger völkerrechtl. Vertrag, durch den sich die beteiligten Staaten verpflichten, keine militär. Gewalt gegeneinander anzuwenden. Bei mehrseitigen Verträgen handelt es sich um das Versprechen einer begrenzten *kollektiven Sicherheit.* Der N. kann mit der Garantie des gegenseitigen Gebietsstandes u. (oder) der Verpflichtung der friedlichen (schiedsgerichtlichen) Erledigung der Streitfälle verbunden werden (→ Locarno-Verträge). Vom N. ist die *Defensivallianz*, die im Fall des Angriffs auf *einen* Mitgliedsstaat die anderen Mitgliedsstaaten verpflichtet, dem Angegriffenen beizustehen, klar zu unterscheiden: Der reine N. enthält keine derartige Verpflichtung.

Nichtanzeige von Straftaten, strafbar nur in Bezug auf die in §138 StGB aufgeführten Straftaten, z. B. Geldfälschung, vorsätzliche Tötung, Menschenraub, Verschleppung, Raub, räuberische Erpressung, gemeingefährliche Delikte, Hoch- u. Landesverrat. Eine allg. Verpflichtung, geplante Delikte anzuzeigen, besteht nicht.

Nichtberechtigter, jemand, der über einen Gegenstand verfügt, dem aber das Recht zu dem von ihm geübten Verhalten fehlt. Verfügungen eines Nichtberechtigten sind grundsätzlich unwirksam, ausgenommen, wenn sie mit Einwilligung des Berechtigten erfolgen.

Nichtbundeseigene Eisenbahnen, Abk. *NE, Privatbahnen,* alle Eisenbahnunternehmen in Dtschld. außer der *Deutschen Bahn.* Sie sind unterschieden nach Nichtbundeseigenen Eisenbahnen des öffentl. u. des nichtöffentl. Verkehrs. Die Nichtbundeseigenen Eisenbahnen des öffentl. Verkehrs wickeln den Betrieb nach den Vorschriften des *Personenbeförderungsgesetzes* ab, Bahnen des nichtöffentl. Verkehrs sind vor allem Hafen- u. Verkehrsbahnen. Die Nichtbundeseigenen Eisenbahnen sind dem BDE (Bund Deutscher Eisenbahnen) angeschlossen.

Nichtehe → Scheinehe.

nichteheliche Kinder, nicht von Ehepartnern gezeugte Kinder, früher als *unehelich* bezeichnet. Die nichtehelichen Kinder waren zunächst Kinder minderen Rechts, obwohl ihnen nach dem Grundgesetz Art. 6 Abs. 5 die gleichen Bedingungen für ihre leibliche u. seelische Entwicklung u. ihre Stellung in der Gesellschaft zu schaffen waren wie den ehelichen Kindern (→ Ehelichkeit). Die Anpassung erfolgte zunächst durch das Bundesgesetz vom 19. 8. 1969, zuletzt durch das Kindschaftsrechtsreformgesetz u. das Erbrechtsgleichstellungsgesetz, beide vom 16. 12. 1997, die den Begriff des nichtehelichen Kindes als Rechtsbegriff abgeschafft haben.

Nichteinmischung, engl. *non-intervention,* der Verzicht eines Staats auf Einmischung in die inneren Angelegenheiten eines anderen Staats. Der in der Art. 2 der UN-Charta garantierte traditionelle Grundsatz der N. soll dem Schutz der Souveränität der Staaten dienen.

Nichteisenmetalle, *NE-Metalle*, alle Metalle außer Eisen. Man unterscheidet *unedle* N. u. *Edelmetalle, Buntmetalle, Leichtmetalle, Schwermetalle* u. a.

nichteuklidische Geometrie, *Metageometrie*, eine abstrakte Geometrie, die alle Axiome der euklid. → Geometrie mit Ausnahme des → Parallelenaxioms beibehält (entwickelt von N. I. Lobatschewski, J. Bolyai, B. *Riemann).*

Nicht-Ich, ein Grundbegriff in J. G. *Fichtes* „Wissenschaftslehre": das dem Ich Entgegenstehende der Außenwelt, entstanden durch Setzung des Ich *(Tathandlung).*

Nichtigkeit, 1. *allg.:* die absolute u. ursprüngliche Unwirksamkeit staatl. oder privater Rechtsakte. N. tritt stets bei Widerspruch von Rechtsvorschriften mit einer Rechtsnorm höheren Ranges (z. B. eines Gesetzes mit der Verfassung) u. zwischen privaten Rechtsgeschäften u. gesetzl. Verboten oder den guten Sitten (§§134, 138 BGB) ein, im Übrigen nur bei nicht notwendig gesetzlich festgelegten schweren Mängeln der betreffenden Akte (z. B. in ihrer Form oder in der Zuständigkeit oder Geschäftsfähigkeit ihrer Urheber), immer aber ohne besondere → Anfechtung (1); zur Nichtigkeit von Verwaltungsakten → Verwaltungsakt. – Ähnlich in *Österreich* nach §879 ABGB (Gesetz- u. Sittenwidrigkeit) u. §§865 ff. ABGB (Geschäftsunfähigkeit) u. in der *Schweiz* nach Art. 20 OR (Widerrechtlichkeit, Verstoß gegen die guten Sitten, Unmöglichkeit).
2. *Eherecht:* die Unwirksamkeit einer Ehe wegen mangelnder Form oder mangelnder Geschäfts- oder Urteilsfähigkeit oder aufgrund der Eheverbote der Doppelehe, der Verwandtschaft (Verwandte in gerader Linie oder Geschwister dürfen einander nicht heiraten) oder der Schwä-

gerschaft; durch Eheschließungsrechtsgesetz vom 4. 5. 1998 neu geregelt in §§ 1313 ff. BGB unter dem jetzt einheitl. Begriff „Aufhebung". – In *Österreich* wie früher in Dtschld. nach §§ 20 ff. EheG, §§ 13 ff. des Hofdekrets über das Eheverfahren vom 23. 8. 1819 u. Abschnitt III der VO des Justizministeriums vom 9. 12. 1897. – Ähnl. auch in der *Schweiz* nach Art. 120 ZGB bei Doppelehe, Geisteskrankheit, Verwandtschaft oder Schwägerschaft u. wenn die Ehe nur zur Umgehung der Einbürgerungsvorschriften geschlossen ist.
3. *Verwaltungsrecht:* N. eines Verwaltungsakts; ist dann gegeben, wenn der Verwaltungsakt an einem bes. schweren Fehler leidet u. dies offenkundig ist oder wenn ein bes. normierter Nichtigkeitsgrund vorliegt (§ 44 Verwaltungsverfahrensgesetz).
4. *Zivilprozessrecht:* Unwirksamkeit einer gerichtl. Entscheidung in seltenen Ausnahmefällen. Die Nichtigerklärung eines Urteils kann im *Wiederaufnahmeverfahren* durch → Nichtigkeitsklage oder → Restitutionsklage herbeigeführt werden (§§ 578 ff. ZPO). – *Österreich:* Die ZPO verwendet den Begriff der N. häufiger (u. a. in §§ 471, Ziffer 5 u. 7, 477 f., 480 Abs. 2, 503 Ziffer 1, 510), außerdem kennt sie auch die N. des Verfahrens (§§ 7, 51 ZPO). – In der *Schweiz* kantonal unterschiedlich geregelt.

Nichtigkeitsklage, eine Klage, mit der die Wiederaufnahme eines rechtskräftig abgeschlossenen Verfahrens betrieben werden kann (→ Wiederaufnahmeverfahren). Die N. findet nach § 579 ZPO statt, wenn das erkennende Gericht nicht vorschriftsmäßig besetzt war, wenn ein Richter bei der Entscheidung mitgewirkt hat, der von der Ausübung des Richteramts kraft Gesetzes ausgeschlossen oder der zu Recht wegen Besorgnis der Befangenheit abgelehnt war, oder wenn eine Partei im Prozess nicht vorschriftsmäßig vertreten war. Die N. muss unter Bezeichnung des Urteils, gegen das sie erhoben wird, vor Ablauf eines Monats nach Kenntniserlangung von dem Anfechtungsgrund bei dem Gericht anhängig gemacht werden, das angefochtene Urteil erlassen hat (§§ 584, 586, 587 ZPO). – Ähnlich in *Österreich* die N. nach §§ 529–547 ZPO. Einzelne *schweiz.* Kantone kennen eine *Nichtigkeitsbeschwerde.*

Nichtleiter, *Isolator,* ein Stoff, der Elektrizität oder Wärme schlecht leitet.

nichtlineare Optik, Zweig der Optik, der sich mit Erscheinungen beschäftigt, die nicht linear von der elektr. Feldstärke der Lichtwellen abhängen. Diese Erscheinungen treten bei sehr hohen Lichtintensitäten (z. B. Laserlicht) auf.

nichtlineare Programmierung, eine Form der mathematischen Programmierung, bei der Funktionen unter Nebenbedingungen maximiert (z. B. für den Gewinn) oder minimiert werden. In der zu extremierenden Funktion oder in den Nebenbedingungen treten nichtlineare Elemente auf. Die Lösungsmethoden sind entweder Näherungsmethoden oder bedingen einen hohen Rechenaufwand. Eindeutige Lösungsverfahren existieren bisher nur für einige Spezialfälle der nichtlinearen Programmierung. Auch → lineare Programmierung, → Operations-Research.

Nichtmetalle, früher *Metalloide,* Sammelbezeichnung für die Elemente mit ausgeprägter Neigung, negative Ionen zu bilden, z. B. Fluor, Brom u. Schwefel.

Nichtoxidkeramik, ein Zweig der Sonderkeramik, der Werkstoffe auf der Basis von Boriden (Titan-, Zirkonborid), Carbiden (Silicium, Bor, Wolframcarbid), Nitriden (Bor-, Aluminium-, Siliciumnitrid), Siliciden und Sulfiden verwendet. Die meisten dieser Stoffe besitzen hohe Schmelzpunkte über 2000° C u. hohe Härte. Sie werden daher als Schleifmittel oder als → feuerfeste Stoffe für spezielle Anwendungen (z. B. Kraftfahrzeug-Gasturbine) gebraucht.

nichtrechtsfähiger Verein, ein → Verein, der nicht die Rechtsfähigkeit erworben hat; auf ihn finden die Vorschriften über die → Gesellschaft des bürgerlichen Rechts Anwendung, doch haftet für in seinem Namen vorgenommene Rechtsgeschäfte der Handelnde persönlich; ferner kann gegen den nichtrechtsfähigen Verein unter seinem Namen geklagt, vollstreckt u. das Insolvenzverfahren eröffnet werden (§§ 54 BGB, 50 Abs. 2, 735 ZPO, 11 ff. Insolvenzordnung).

Nichtregierungsorganisation → NGO.

nicht rostender Stahl, Abk. *Nirosta,* Stahl, der bes. beständig gegenüber chemisch angreifenden Substanzen ist; überwiegend mit Chrom (mindestens 12 %) u. Nickel legiert *(Chromnickelstahl),* zeigt hohe Korrosionsbeständigkeit gegen oxidierend wirkende Mittel, z. B. V2A-Stahl.

Nichts [das], ein Begriff der Verneinung, der in einem absoluten oder einem relativen Sinn verstanden werden kann. Das N. im relativen Sinn spricht der → Negation (2). Es enthält seine Bestimmung erst im Hinblick auf den Begriff → Sein. Das N. im absoluten Sinn spielt eine Rolle: 1. im Mythos als Urgrund, Chaos u. a.; 2. in der Theologie, die von einer „Schöpfung aus dem N." spricht u. damit die Zufälligkeit der Welt meint; 3. in der Existenzphilosophie, bes. in der Fundamentalontologie von M. *Heidegger,* als das, was das Sein in seiner Möglichkeit prägt, zu einem endlichen Sein macht u. in der Existenz als die Grundbefindlichkeit der Angst zum Ausdruck kommt.

Nichtschuld, nicht bestehende Verbindlichkeit, auf die eine Leistung erbracht wird. Das zum Zwecke der Erfüllung der N. Geleistete kann nicht zurückgefordert werden, wenn der Leistende gewusst hat, dass er zur Leistung nicht verpflichtet war, oder wenn die Leistung einer sittl. Pflicht oder Rücksicht entsprach (§ 814 BGB).

◆ **Nichtsesshafte,** Selbstbez. *Berber,* vielerorts (teilweise diskriminierend) *Landstreicher, Obdachlose, Penner, Stadtstreicher, Stromer, Tippelbrüder, Tramps,* in den USA auch → Hobo genannt; amtl. Bez. für Personen, die ohne gesicherte wirtschaftl. Lebensgrundlage umherziehen oder die sich zur Vorbereitung auf eine Teilnahme am Leben in der Gemeinschaft oder zur dauernden persönl. Betreuung in einer Einrichtung für N. aufhalten (§ 4 der Durchführungsverordnung zum § 72 Bundessozialhilfegesetz). Betroffen von Nichtsesshaftigkeit sind vor allem Alleinstehende, rd. 60 % sind ledig, 35 % sind geschieden oder getrennt lebend. Nichtsesshaftigkeit zeigt eine enge Verklammerung mit krisenhaften Entwicklungen des Arbeitsmarktes u. mangelnder Wohnungsversorgung; sie wirkt sich erschwerend bei Krankheit u. medizinischer oder therapeutischer Versorgung aus. Sozialpolitisch gefordert wird weniger ein Ausbau der gesetzlichen Grundlagen als vielmehr eine Verstärkung sozialintegrativer Hilfsprogramme.

Nichtsesshafte: Obdachlose in Washington

Nichtverhandeln, *Zivilprozessrecht:* die Weigerung einer im Termin erschienenen Partei, Anträge zu stellen. Die Partei wird so behandelt, wie wenn sie nicht erschienen wäre.

Nichtweiterverbreitung von Kernwaffen → Atomsperrvertrag.

Nichtwiederkäuer, *Schweineähnliche, Suiformes,* Unterordnung der *Paarhufer* mit einfachem Magendurchgang. Hierher gehören die *Schweineartigen* mit den Familien echte *Schweine* u. *Nabelschweine* u. die *Flusspferdartigen, Anthracotherioidea,* mit der Familie *Flusspferde*.

Nichtwirtschaftswald, früher *Ausschussflächen*, Waldungen u. unbestockte Waldflächen, deren nachhaltige Nutzungsmöglichkeit in absehbarer Zeit nicht höher als etwa 1 Festmeter je Jahr u. Hektar ist (z. B. Krüppelwald, Alpenwald).

Nick, Edmund, dt. Musikkritiker u. Komponist, * 22. 9. 1891 Reichenberg, Böhmen, † 11. 4. 1974 Geretsried, Bayern; ab 1949 Prof. an der Musikhochschule in München; 1952–1957 Hauptabteilungsleiter Musik beim WDR, wo er die Capella Coloniensis gründete; Zeitungskritiker.

Nickel, chem. Zeichen Ni, silberweißes zähes Metall, Atommasse 58,70, Ordnungszahl 28, Dichte 8,9, Schmelzpunkt 1453 °C; Atommassen der natürl. Isotope: 58, 60, 61, 62 u. 64; Atommassen der künstl. Isotope: 56, 57, 59, 63, 65–67 mit Halbwertzeiten zwischen 50 s u. 80 000 Jahren. N. ist magnetisch u. sehr widerstandsfähig gegen Oxidation u. Alkalihydroxide.
Vorkommen: als Sulfide in den kanad. *Magnetkiesen*, aus denen der größte Teil der Weltproduktion stammt, als *Garnierit (Nickel-Magnesium-Silicat)* in Neukaledonien (Melanesien), weitere Vorkommen bei Petschenga u. in anderen Teilen Russlands. Auch *Manganknollen* enthalten ca. 1,3 % N. Nickel-Eisen enthält 25–80 % N., es kommt in Meteoriten vor.
Gewinnung: aus den Erzen; verläuft ähnlich wie das des Kupfers.
Verwendung: Man verwendet es deswegen zur Herstellung korrosionsbeständiger, auf galvan. Wege aufgebrachter Überzüge auf unedlen Metallen. Nickel-Kupfer-Legierungen sind sehr korrosionsbeständig. Auch → Neusilber.
Stoffwechsel u. Ernährung: Über die physiol. Wirkung von N. ist noch wenig bekannt. Es führt zu Wechselwirkungen mit der Eisenresorption u. hat eine bislang ungeklärte Beteiligung bei Wachstumsvorgängen. Das Metall u. die anorgan. Verbindungen gelten als mindergiftig. N. ist aber Auslöser der häufigsten Kontaktallergien u. ist Krebs erregend bei Aufnahme über die Atemwege. Organische Nickel-Verbindungen sind z. T. hochgiftig.
Der tägl. Bedarf des Menschen als notwendiges Spurenelement ist noch nicht geklärt. Größere Vorkommen in Blattgemüse, Obst u. Getreideprodukten.

Nickelblüte, ein Mineral, → Annabergit.

Nickelhochzeit, auch kupferne Hochzeit, Feier des Hochzeitstages nach 12-jähriger Ehe.

Nickelin, **1.** *Legierungen:* eine Legierung aus 67 % Kupfer, 30 % Nickel u. 3 % Mangan; wird für elektr. Widerstände verwendet, da ihr spezif. Widerstand nahezu temperaturunabhängig ist.
2. *Mineralogie:* → Rotnickelkies.

Nickelkies, ein Mineral, → Millerit.

Nickelpigmente, anorgan. Pigmente, die durch therm. Prozesse aus Nickel(II)phosphat (Nickelgelb), aus Nickelhydroxid (Nickelgrün) bzw. aus Gemischen von Nickelsalzen u. Titandioxid (Nickeltitangelb) hergestellt werden. N. zeichnen sich durch Lichtechtheit u. Witterungsbeständigkeit aus u. werden zur Farbgebung von Fassadenanstrichen, Lacken u. Kunststoffen verwendet.

Nickelstahl, ein Stahl, der durch Zusatz von Nickel sehr zäh u. hart ist (N. mit 36 % Nickelgehalt dehnt sich bei Erwärmung nur unmerklich aus); verwendet für Werkzeuge, Panzerplatten, Geschützrohre u. a. Durch Zusatz von Chrom erhält man korrosionsbeständigen *Chromnickelstahl*.

Nicken, *Kraftfahrwesen:* Bewegung des Fahrzeugs um seine Querachse.

Nickende Strahlenblume → Kragenblume.

Nickhaut, *Blinzhaut, Membrana nictitans,* das dritte, der Nase zu gelegene Augenlid, das bei fast allen Landwirbeltieren u. den Haien u. Rochen vorhanden ist u. die Oberfläche des Augapfels durch kurzfristiges Bedecken mit Drüsenfeuchtigkeit versieht; bei Affen u. Menschen stark rückgebildet.

Nicklaus ['nikləz], Jack, US-amerikan. Golfspieler (Profi), * 21. 1. 1940 Columbus, Ohio; einer der weltbesten Spieler; gewann zahlreiche internationale Golfturniere, darunter sechsmal die „US Masters" sowie dreimal die „British Open".

Nicklisch, Heinrich, dt. Betriebswirt, * 19. 7. 1876 Tettau, † 28. 4. 1946 Berlin; Prof. in Mannheim (1910) u. Berlin (1921–1945), Mitbegründer der Betriebswirtschaftslehre. Hptw.: „Die Betriebswirtschaft" 3 Bde. 1912, Nachdr. 1972.

Nicky, weicher u. dehnfähiger Wirkplüsch für Freizeitbekleidung.

Nicobar Islands [ni'kouba:'ailəndz], Inselgruppe im Golf von Bengalen, → Nikobaren.

Nicol ['nikəl], William, schott. Physiker, * um 1768, † 2. 9. 1851 Edinburgh; verbesserte die Dünnschnitt-Technik für Mikroskope u. erfand 1828 das → Nicol'sche Prisma.

Nicola, Enrico de, italien. Politiker → De Nicola.

Nicolai [auch -'lai], ◆ **1.** Friedrich, dt. Publizist, Kritiker u. Erzähler, * 18. 3. 1733 Berlin, † 8. 1. 1811 Berlin; Buchhändler, einflussreicher Herausgeber von Zeitschriften („Briefe, die neueste Literatur betreffend" 1759 bis 1765, „Allg. Deutsche Bibliothek" 1765 von 1806), an denen G. E. Lessing u. M. Mendelssohn mitarbeiteten; schrieb den satirischen Roman „Sebaldus Nothanker" 1773 bis 1776, in dem er den orthodoxen Glauben u. den Pietismus verhöhnte, parodierte 1775 Goethes „Werther" („Die Freuden des jungen Werthers" 1775) u. 1777 J. G. von Herders Volksliedersammlung u. zog sich mit seinem einseitigen Rationalismus die Gegnerschaft der klassischen wie romantischen Dichter zu.

◆ **2.** Otto, eigentl. Carl Otto *Ehrenfried*, dt. Komponist u. Dirigent, * 9. 6. 1810 Königsberg, † 11. 5. 1849 Berlin; Schüler von C. F. *Zelter*, 1841 Hofkapellmeister u. Begründer der Philharmon. Konzerte in Wien, ab 1847 Hofkapellmeister u. Dirigent der Domchors in Berlin; schrieb zwei Sinfonien, Kammermusik, Vokalwerke u. Opern im italien. Stil; jedoch wurde nur seine einzige deutsche Oper, „Die lustigen Weiber von Windsor" 1849, ein Welterfolg.

Otto Nicolai

3. Philipp, dt. Kirchenlieddichter, * 10. 8. 1556 Mengeringhausen, Waldeck, † 26. 10. 1608 Hamburg; prot. Pfarrer; schrieb Text u. Melodie der Kirchenlieder „Wachet auf, ruft uns die Stimme" u. „Wie schön leuchtet der Morgenstern".

Nicole [ni'kɔl], Pierre, französ. jansenist. Theologe, * 19. 10. 1625 Chartres, † 16. 11. 1695 Paris; Lehrer in Port-Royal, versuchte zwischen dem Jansenismus u. dem Katholizismus zu vermitteln. Hptw.: „Essais de morale" 1671 ff.

Nicolet [nikɔ'lɛ], Aurèle Georges, schweiz. Flötist, * 22. 1. 1926 Neuchâtel; hervorragender Solist (1950–1959 im Berliner Philharmon. Orchester), lehrte 1965–1982 in Freiburg i. Br.

Nicolle [ni'kɔl], Charles, französ. Bakteriologe u. Epidemiologe, * 21. 9. 1866 Rouen, † 28. 2. 1936 Tunis; entdeckte 1909 die Übertragung des Fleckfiebers durch Kleiderläuse. 1928 Nobelpreis für Medizin.

Nicolò, italien. Bildhauer, tätig im 12. Jh. u. a. in Ferrara, Turin u. Cremona; seine Domportale (Sacra di S. Michele bei Turin, ca. 1120; Ferrara 1135) u. Reliefs (S. Zeno u. Dom von Verona, ab 1138) verbinden südfranzös. u. burgund. Einflüsse des frühen 12. Jh. mit ausgeglichener, reichhaltiger Komposition u. einem ausgeprägten Sinn für Ornamentalität u. malerische Aspekte der Plastik.

◆ **Nicol'sches Prisma** ['nikəl-; nach W. *Nicol*], Abk. *Nicol*, Gerät zur Erzeugung (Polarisator) u. Untersuchung (Analysator) von polarisiertem Licht. Es besteht aus

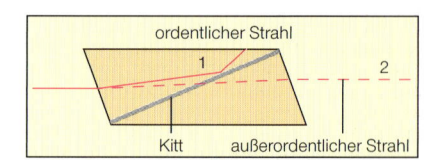

Nicol'sches Prisma: Prinzipdarstellung zur Erzeugung von linear polarisiertem Licht mit einem Nicol'schen Prisma

einem Kalkspatprisma, das schräg durchgeschnitten u. mit Kanadabalsam wieder zusammengeleimt ist. Der Schnitt wird so zur optischen Achse ausgeführt, dass der bei der Doppelbrechung im Kristall entstehende „ordentliche" Strahl (1) durch Totalreflexion seitlich herausgelenkt wird, während der in einer bestimmten Richtung polarisierte „außerordentliche Strahl" (2) ungehindert hindurchgeht. Das Gerät dient u.a. zur optischen Untersuchung von Kristallen.

Nicolson ['nɪkəlsən], **1.** Arthur, Baron Carnock (1916), brit. Diplomat, * 19. 9. 1849 London, † 5. 11. 1928 London; wirkte als Botschafter in St. Petersburg 1906–1910 bes. für die brit.-russ. Annäherung; schloss 1907 das brit.-russ. Abkommen über Persien u. bemühte sich als Unterstaatssekretär im Außenministerium (1910–1916) um den brit. Kriegseintritt gegen die Mittelmächte. – **2.** Sir (1953) Harold George, Sohn von 1), brit. Politiker u. Schriftsteller, * 21. 11. 1886 Teheran, † 1. 5. 1968 Sissinghurst Castle, Kent; 1909–1929 im diplomat. Dienst, 1935–1945 Parlamentsmitglied (liberal), trat 1947 der Labour Party bei. N. schrieb Biografien („Paul Verlaine" 1921; „Tennyson" 1923; „Sainte-Beuve" 1957), Reiseberichte, Kritiken u. Essays. Seine Tagebücher sind wichtig als Quellenwerk (dt. Auswahl „Tagebücher u. Briefe" 2 Bde. 1969). N. war mit der Schriftstellerin V. Sackville-West verheiratet.

◆ **Nicosia,** *Nikosia,* seit 1995 *Lefkosia,* türk. *Lefkoşa,* Hptst. von Zypern, 228 000 Ew., davon 41 800 Ew. im türk. Teil; venetian. Stadtmauer (16. Jh.); zahlreiche orth. Kirchen, in Moscheen umgewandelte got. Kirchen; Nationalmuseum; Flughafen. – Seit 1974 verläuft durch N. die Grenze zwischen dem türk.-zypriot. u. dem griech.-zypriot. Teilstaat.

Nicotiana [zu *Nicotin*] → Tabak.

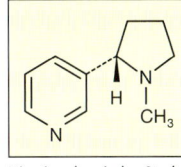

◆ **Nicotin** [das; nach dem französ. Gesandten Jean *Nicot de Villemain,* * 1530, † 1600, der den Tabak 1560 von Amerika nach Frankreich brachte], *Nikotin,* giftiges Alkaloid der Tabakpflanzen. Der Nicotingehalt der Pflanze nimmt von den unteren zu den oberen Blättern zu. N. ist ein farbloses Pyridinderivat von unangenehmem Geruch. Chemisch: α-Pyridyl-β-N-Methyl-Pyrrolidin, $C_{10}H_{14}N_2$. Reiz- u. Genussmittel, das durch Rauchen, Schnupfen u. Kauen von Tabak dem Körper zugeführt werden kann; von W. *Posselt* 1828 an der Heidelberger Universität entdeckt. N. wirkt bes. auf das Zentralnervensystem. Sehr hohe Dosen von N. führen zu Vergiftungserscheinungen wie Übelkeit, Erbrechen, Durchfall, Herzklopfen, Schweißausbruch u. Schwindel. Bereits rd. 50 mg sind für den Menschen tödlich. Die Giftwirkung des Nicotins soll bereits im 17. Jahrhundert zur Tötung von Schadinsekten ausgenutzt worden sein. Auch → rauchen.

Nicotin: chemische Strukturformel

Nicosia: Palast des Erzbischofs, 1965–1961 durch Makarios III. im neubyzantinischen Stil erbaut

Nicotinamid-adenin-dinucleotid-phosphat, Abk. *NADP,* → Pyridinnucleotide.

Nicotinsäure, *Pyridin-3-carbonsäure,* ein Derivat des Pyridins; das Amid der Nicotinsäure zählt zu den Vitaminen (→ Vitamin-B_2-Komplex).

Nicoya, 1. *Halbinsel Nicoya,* Halbinsel an der pazif. Küste von Costa Rica, durch den *Golf von N.* vom Festland getrennt; z.T. gebirgig; Anbau von Kaffee (im Bergland), Mais, Reis u. Bohnen (im Tiefland); Viehzucht. Hauptort ist die im Zentrum der Halbinsel liegende Stadt *N.* (2). N. wurde ab 500 n. Chr. von den aus Mexiko eindringenden Stämmen der *Chorotega* u. *Nicarao* besetzt, in denen die Vorbevölkerung aufging. Das Nicoya-Kulturgebiet umfasst neben der Halbinsel auch die heutige Provinz Guanacaste. Es ist bekannt durch die feine polychrom bemalte Keramik, die enge stilist. Beziehungen zu den Maya zeigt, u. die zahlreichen Steinplastiken in Form menschl. Figuren u. reich verzierter dreifüßiger Reibsteine.
2. Hauptort der Halbinsel *N.* (1) in Costa Rica, rd. 15 000 Ew.

Nidation [lat.], die Einnistung des befruchteten Eies in die Gebärmutterschleimhaut; Beginn der Schwangerschaft. Auch → Implantation.

Nidau, Hptst. des Bez. *N.,* im schweiz. Kanton Bern, am Ausfluss der Aare aus dem Bieler See, 432 m ü. M., 7600 Ew.; Schloss (12. Jh.); Apparatebau, feinmechan. u. Uhrenindustrie.

Nidda, 1. Stadt in Hessen, Wetteraukreis, südöstl. von Vogelsberg, 18 200 Ew.; Kirche (17. Jh.); Holz-, Papier-, Wäsche-, Stahlbauindustrie.
2. rechter Nebenfluss des Mains, 98 km, entspringt am Taufstein im Vogelsberg, mündet bei Höchst.

Niddatal, Stadt in Hessen, Wetteraukreis, 8700 Ew.; roman. Basilika (1159 geweiht), Schloss u. Burgruine (12. Jh.).

Nidderau, Stadt in Hessen, Main-Kinzig-Kreis, an der Nidder, nördl. von Hanau, 18 800 Ew.; spätgot. Kirche u. Rathaus (15. Jh.), Reste der ehem. Stadtummauerung (u. a. Wehrgang, 13./14. Jh.); Maschinenindustrie, Obstanbau.

Nideggen, Stadt in Nordrhein-Westfalen, Ldkrs. Düren, an der Rur, in der Nordeifel, 325 m ü. M., 10 000 Ew.; Luftkurort; Burg (12.–14. Jh.), spätroman. Kirche.

Nidhöggr, in der nord. Mythologie ein unterirdisch hausender, Leichen fressender Drache; Sinnbild der Verwesung.

nidikol [lat.], Bez. für Tiere, die Nester fremder Arten bewohnen.

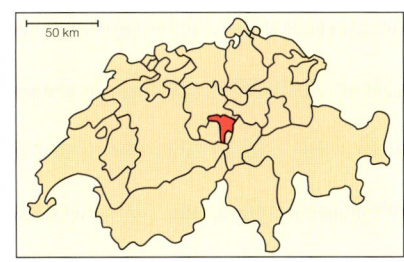

Nidwalden

◆ **Nidwalden,** amtl. *Unterwalden nid dem Wald,* zentralschweiz. Halbkanton von *Unterwalden,* 276 km², 37 200 Ew., Hptst. Stans. Das alpine N. umfasst das Südufer des Vierwaldstätter Sees u. den größten Teil des Tals der Engelberger Aa. In der wirtschaftl. Bedeutung werden Viehhaltung sowie Acker- u. Obstbau von der Industrie übertroffen, deren bekanntester Betrieb die

Nidzica

Nidwalden: Beckenried ist ein beliebter Fremdenverkehrsort am Vierwaldstätter See

Pilatus-Flugzeugwerke Stans sind. Weiter werden Holzwaren, Textilien, Schuhe u. Baustoffe erzeugt. Wichtig sind die Steinbrüche, Kraftwerke u. der Fremdenverkehr. *Geschichte:* → Unterwalden.
Nidzica [ni'dsjitsə], *Neidenburg,* poln. Stadt in Ostpreußen, in Masuren, südl. von Olsztyn (Allenstein), an der Neide, 12 200 Ew.; Deutschordensschloss (14. Jh.); landwirtschaftl. Markt; Maschinen-, Baustoff- u. Lebensmittelindustrie.
Niebelschütz, Wolf von, dt. Schriftsteller, * 14. 1. 1913 Berlin, † 22. 7. 1960 Düsseldorf; schrieb Lyrik: „Sternenmusik" 1951; fantast.-preziöse Romane: „Der blaue Kammerherr" 1949; „Die Kinder der Finsternis" 1959; Essays: „Freies Spiel des Geistes" (postum) 1961; Biografien: „Jacob Burckhardt" 1946; „Karl Goldschmidt. Lebensbild eines dt. Unternehmers" 1957.
Niebergall, Ernst Elias, dt. Dramatiker u. Erzähler, * 13. 1. 1815 Darmstadt, † 19. 4. 1843 Darmstadt; bekannt durch seine volkstüml. Charakterkomödie in Darmstädter Mundart „Datterich" 1841; Lustspiel „Des Burschen Heimkehr oder Der tolle Hund" 1837; auch Erzählungen.
Niebuhr, ◆ 1. Barthold Georg, Sohn von 2), dt. Historiker, * 27. 8. 1776 Kopenhagen, † 2. 1. 1831 Bonn; zuerst in dän. Staatsdienst, trat 1806 in Berlin in den Dienst des preuß. Staats (bis 1810), um das Bankwesen zu reorganisieren, hielt dort seit 1810 Vorlesungen an der neu

Barthold Georg Niebuhr

gegr. Universität, 1816–1823 preuß. Gesandter beim Vatikan, seit 1825 Prof. in Bonn. N. war Mitbegründer der philologisch-krit. Geschichtswissenschaft, die er an der älteren röm. Geschichte in Auseinandersetzung mit Livius entwickelte. Die frühe röm. Geschichte erschien ihm als Geschichte eines freien Bauernstaats; in Livius' Schriften glaubte er eine Verarbeitung röm. Heldenlieder zu finden. N. gilt als Vorläufer der propreuß. Geschichtsschreibung. Hptw.: „Römische Geschichte" (bis 241 v.Chr.) 1811–1832; „Vorträge über alte Geschichte" 3 Bde. 1847–1861; „Vorträge über röm. Geschichte" 3 Bde. 1846–1848; „Polit. Schriften" 1923.
2. Carsten, dt. Forschungsreisender, * 17. 3. 1733 Lüdingworth an der Elbe, † 26. 4. 1816 Meldorf, Dithmarschen; bereiste 1761–1767 in dänischen Diensten den Vorderen Orient, insbes. Arabien.
3. Reinhold, US-amerikan. ev. Theologe, * 21. 6. 1892 Wright City, Missouri, † 1. 6. 1971 Stockbridge, Massachusetts; seit 1928 Prof. in New York; einer der bedeutendsten ev. Theologen der USA. Hptw.: „Moral man and immoral society" 1932; „An interpretation of christian ethics" 1935; „The nature and destiny of man" 2 Bde. 1941–1943; „Christian realism and political problems" 1953, dt. 1956; „The godly and the ungodly" 1958; „Nations and empires" 1960; „A nation so conceived" 1963; „Man's nature and his communities" 1965.
Niebüll, Stadt in Schleswig-Holstein, Ldkrs. Nordfriesland, 7700 Ew.; Verladebahnhof für Kraftfahrzeuge nach Sylt, Umschlagplatz für die Nordfries. Inseln u. Halligen; Baum- u. Rosenschulen, Viehhandel.
Niedenstein, Stadt in Hessen, Schwalm-Eder-Kreis, 5700 Ew.; seit 1259 Stadt.
Niederalbanien, Landschaft in Albanien, reicht vom Senkungsgebiet des Shkodërsees im N bis nach Vlorë im S u. gliedert sich in niedrige, aus Sandsteinen u. Kalken aufgebaute Ketten, in breite trockene Aufschüttungsflächen u. in versumpfte Niederungen. Der im N submediterrane, im S vollmediterrane Lebensraum war in röm. Zeit der Hauptbereich des antiken Städtewesens u. in osman. Zeit das Kerngebiet des Latifundienwesens mit extensiver Schafweidewirtschaft. Seit 1950 wurde N. durch Kollektivierung, intensive Bewässerung, durch Entwässerung sowie durch Anlage von Terrassenkulturen mit Anbau von Wein, Oliven u. Zitrusfrüchten tief greifend umgestaltet.
Niederalt, Alois, dt. Politiker (CSU), * 10. 4. 1911 Niedermurach, Krs. Oberviechtach; Verwaltungsjurist; 1949–1953 Vertreter des Bevollmächtigten Bayerns beim Bund in Bonn; 1953–1969 MdB; 1962–1966 Bundes-Min. für Angelegenheiten des Bundesrates u. der Länder.
Niederalteich, Gemeinde in Niederbayern, Ldkrs. Deggendorf, nahe der Isarmündung, 1900 Ew.; Benediktinerabtei (um 750 bis 1803, wieder seit 1918), spätbarocke Kirche (1726, von J. M. *Fischer*); ein Ausgangspunkt der Ostmission, unter *Godehard* Reformzentrum, im 17. Jh. zerstört, heute führend in der Una-Sancta-Bewegung.
Niederaula, Gemeinde in Hessen, Ldkrs. Hersfeld-Rotenburg, an der Fulda, 5600 Ew.
Niederbayern, Reg.-Bez. in Bayern, umfasst den Hauptteil des Bayer.-Böhm. Waldes u. das Alpenvorland östl. der Linie Altmühlmündung–Landshut–Altötting, 10 330 km², 1,16 Mio. Ew.; Hptst. *Landshut;* gliedert sich in die kreisfreien Städte Landshut, Passau u. Straubing sowie neun Landkreise.
Niederblätter, einfache, ungegliederte Blätter; als Knospenschuppen an den Winterknospen vieler Holzgewächse; als farblose, kurzlebige Schuppen an Erdsprossen.
niederbringen, *Bergbau:* einen Schacht oder ein nach unten gerichtetes Bohrloch, meist ein Tiefbohrloch, herstellen.
Niederbronner Schwestern, *Schwestern des Göttl. Erlösers,* 1859 von Elisabeth *Eppinger* (* 1814, † 1867) in Niederbronn (Elsass) gestiftete kath. Frauenkongregation; widmen sich bes. der Armen- u. Krankenpflege; dt. Provinzialate in Bühl/Baden, Neumarkt/Oberpfalz, Esthal/Pfalz.
Niederbruch, *Veterinärmedizin:* 1. plötzlicher Zusammenbruch der Abwehrkräfte eines Tierkörpers gegenüber schweren Infektionskrankheiten, bes. bei Tuberkulose des Rindes. – 2. plötzlich auftretende, schwere Lahmheit bei Rennpferden, meist infolge eines Sehnenrisses.
Niederburgund → Burgund (Geschichte).
Niederdeutsch → deutsche Mundarten.
◆ **niederdeutsche Literatur,** das in niederdt. Mundart verfasste Schrifttum. Die altsächs. Literatur (800–1000 n.Chr.) besitzt im „Heliand" ihr bedeutendstes Denkmal, neben dem die wenigen anderen erhaltenen Zeugnisse zurückstehen. Die mittelniederdt. Zeit brachte vor allem wichtige Rechtsaufzeichnungen (Stadt- u. Landrechte), darunter der „Sachsenspiegel" von *Eike von Repkow* (um 1230), u. Geschichtsdarstellungen (Chroniken, bes. Eikes von Repkow „Sächs. Weltchronik"), daneben auch geistl. Prosa, Legenden u. Balladenepik. Stoff u. Stil der niederdeutschen Literatur waren damals durch die Hanse bedingt u. auf das bürgerl. Nützliche bedacht, deshalb auch bes. Pflege der Lehrfabel: „Reynke de Vos" 1498. Ausgeprägt war der Sinn für das Schauspiel

niederdeutsche Literatur: Holzschnitt aus „Reynke Voß", Ausgabe Rostock 1539

Niedere Tauern: Wildkarkopf bei Wagrain

(Redentiner Osterspiel 1464; „Theophilus" 15. Jh.), das später auch in den Dienst der Reformation gestellt wurde (B. *Waldis*, „Der verlorene Sohn" 1527).
Im 16. u. 17. Jh. wurde die n. L. von der hochdt. Schriftsprache bedrängt (J. *Lauremberg*: „Schertz-Gedichte" 1652); erst durch K. *Groths* „Quickborn" 1852 u. 1871 u. F. *Reuters* Romane wurde sie zu bewusster Mundartdichtung. Über J. *Brinckmans* See- u. Schifffahrtsgeschichten ging die Entwicklung zum niederdt. Dorfroman (J. H. *Fehrs*), zur Arbeiter- u. Großstadtdichtung (H. *Claudius*), zur Ballade (A. *Mähl*), zu Schauspiel u. Volksstück (F. *Stavenhagen*, H. *Boßdorf*, P. *Schurek*, A. *Hinrichs*, W. *Wroost*, K. *Wagenfeld*) zu weltl. u. geistl. Lyrik (M. *Jahn*, A. *Wibbelt*) u. Erzählwerken (G. *Fock*, R. *Kinau*, H. *Ehrke*, H. *Heitmann*, H. *Schmidt-Barrien* u. a.). – Die niederdt. Schriftsteller sind in Verbänden zusammengeschlossen; viele Mundartvereine (Fehrs-Gilde in Hamburg), Theater (z. B. das *Ohnsorg-Theater* in Hamburg) u. dgl. pflegen die niederdt. Sprache u. Literatur.
Niederdruckspeicher, Behälter zur Gasspeicherung. Die zunehmende Gasmenge wird durch Volumenvergrößerung aufgenommen. Gegensatz: *Hochdruckspeicher*.
niedere Jagd, Jagd auf → Niederwild.
niedere Pflanzen und Tiere, unsystematische Bez. für am Stammbaum der Lebewesen unten („niedrig") angesiedelte, ursprüngliche Pflanzen- u. Tierstämme, wie Algen, Pilze, Moose bzw. Protozoen, Schwämme, Hohltiere, verschiedene Wurmstämme, Weich-, Spinnen-, Krebstiere u. Tausendfüßer.
Niedere Tatra, slowak. *Nízke Tatry*, waldreicher Gebirgszug in der Slowakei, südl. der Hohen Tatra, zwischen Waag u. Gran, im Ďumbier 2043 m; aus Granit aufgebaut, zahlreiche Höhlen; Viehwirtschaft, Fremdenverkehr. Auch → Tatra.

◆ **Niedere Tauern**, Gebirge in Österreich, nordöstl. Fortsetzung der → Hohen Tauern, 150 km lang, zwischen oberer Enns u. oberer Mur; sie umfassen Radstädter, Schladminger, Wölzer u. Rottenmanner Tauern; im *Hochgolling* 2863 m, *Hochwildstelle* 2747 m, *Preberspitze* 2741 m; die Niedere Tauern werden von der Tauernautobahn u. den Straßen über den *Radstädter Tauernpass* (1739 m), den *Hohen Tauern* u. den *Sölker Pass* gequert.
niedere Weihen, ursprüngl. die aus kirchl. Dienstämtern der alten Kirche erwachsenen Weihen zum Ostiarier, Lektor, Exorzisten u. Akolythen (zeitweise auch zum Subdiakon). Seit dem MA galten sie als notwendige Durchgangsstufen zur Priesterweihe ohne eigentl. Funktion. An ihre Stelle treten seit 1972 die beiden „Dienste" des Lektors u. des Akolythen, die auch männl. Laien übertragen werden können.
Niederfinow [-no], Gemeinde in Brandenburg, Ldkrs. Barnim, östl. von Eberswalde, am Oder-Havel-Kanal, 680 Ew.; Schiffshebewerk, 1934 eröffnet, 36 m Hubhöhe.
Niederfränkisch → deutsche Mundarten.
Niederfrequenz, Kurzzeichen NF, Bereich elektr. Schwingungen mit einer Frequenz bis rd. 20 000 Hz, umfasst die techn. Wechselströme u. vor allem die hörbaren Töne (16 Hz–16 000 Hz).
Niederfrequenzofen, *Niederfrequenzinduktionsofen*, ein Industrieofen zum Schmelzen von Metallen; besteht im Prinzip aus einer ringförmigen, feuerfest ausgemauerten Rinne mit einem Eisenkern, auf den eine von Wechselstrom durchflossene Spule aufgebracht ist. Nach dem Prinzip des Transformators wird in dem Schmelzgut ein starker Kurzschlussstrom induziert, der das Material auf die gewünschte hohe Temperatur erhitzt.
Niederjagd, die Jagd auf → Niederwild.
◆ **Niederkalifornien**, span. *Baja California*, engl. *Lower California*, mexikan. Halbinsel an der pazif. Küste, durch den *Golf von Kalifornien* vom Festland getrennt, 143 790 km², 1,98 Mio. Ew.; verwaltungsmäßig in die Bundesstaaten *Baja California Norte* u. *Baja California Sur* gegliedert. Die Halbinsel wird von einer Reihe von Gebirgsketten (Fortsetzung der Küstenketten im US-Bundesstaat California) durchzogen; diese bestehen aus Tiefengesteinen, die von junger Lava u. Tuffen bedeckt sind. Wegen des trockenheißen Klimas überwiegend Steppenvegetation, im N lichte Kiefernwälder, Landwirtschaft bei künstl. Bewässerung, im N um Mexicali liegt das bedeutendste Baumwollanbaugebiet Mexikos; Fischerei.

Niederkassel

◆ **Niederkassel**, Stadt in Nordrhein-Westfalen, Rhein-Sieg-Kreis, am Rhein, 32 500 Ew.; chem. Industrie, Maschinenbau. – Stadtrecht 1981.
Niederkrüchten, Gemeinde in Nordrhein-Westfalen, Ldkrs. Viersen, an der Schwalm, westl. von Mönchengladbach, 13 500 Ew.; spätgot. Hallenkirche St. Bartholomäus (15. Jh., barocke Ausstattung); Textilindustrie; Militärflugplatz.
Niederkunft, → Geburt.
Niederlande, Staat in Westeuropa, → Seite 378.
Niederländer, *Holländer*, germanisches Volk im Gebiet zwischen Schelde- u. Emsmündung, rd. 13 Mio., hervorgegangen aus Friesen, Sachsen u. salischen Franken; traditionell Gemüse- u. Blumenzüchter mit Viehwirtschaft (Käse), bes. erfahren bei der Landgewinnung in Moor-, Sumpf- u. Küstengebieten (daher ihr bedeutender Anteil an der ostdeutschen Kolonisation), sowie Seeleute u. Fischer; farbenreiche Tracht mit verschieden geformten Spitzenhäubchen der Frauen. – Die N. stellten den Hauptanteil bei der Entstehung der *Buren*.
Fortsetzung S. 383

Niederkalifornien: Eine karge Gebirgslandschaft prägt das Innere der mexikanischen Halbinsel

Niederlande

Offizieller Name:
Königreich der Niederlande

Autokennzeichen: NL

Fläche: 41 526 km²

Einwohner: 15,7 Mio.

Hauptstadt:
Amsterdam, Den Haag

Sprache: Niederländisch

Währung:
1 Holländischer Gulden = 100 Cent;
1 Euro = 100 Cent

Bruttosozialprodukt/Einw.:
24 760 US-Dollar

Regierungsform:
Parlamentarische Monarchie

Religion:
Katholiken, Protestanten

Nationalfeiertag:
30. April

Zeitzone:
Mitteleuropäische Zeit

Grenzen: Im W u. N Nordsee, im O Deutschland, im S Belgien

Lebenserwartung:
78 Jahre

Landesnatur Das Land ist zu seinem allergrößten Teil die westl. Fortsetzung des Norddt. Tieflands (europ. Tiefebene). Die Landschaft ist hauptsächl. durch zwei geolog. Vorgänge geprägt: die Formengestaltung durch das Eis (Grundmoränenlandschaft) während der Eiszeiten (nördl. der Linie Amsterdam–Arnheim) u. den anschließenden Meeresspiegelanstieg (bis zur Linie Groningen–Utrecht–Breda), verbunden mit marinen Ablagerungen, Bildung von Stranddünen, Marschen u. Mooren. Nach Rückzug des Meeres u. Entwässerung folgte die Besiedlung u. Nutzung. Hierbei trat eine Landsenkung bis zu 6,6 m u. M. ein. Ein Drittel der Fläche liegt unter dem Meeresspiegel, hinter schützenden Deichen u. den Dünen Hollands (*Deltaplan, IJsselmeer*), von Entwässerungskanälen durchzogen, fruchtbar u. dicht besiedelt. Hinter diesen *Fluss-* u. *Seemarschen* steigt das Land in den Hügelzonen der *Geest* etwas an, aber nur selten über 100 m Höhe. Nur im äußersten SO greifen die Grenzen auf die Randgebiete des *Rheinischen Schiefergebirges* über; dort erhebt sich der *Vaalser Berg*, der höchste des Landes (322 m). Wichtigstes Landgewinnungsprojekt war der *Zuiderseeplan*: die Zuidersee wurde 1932 durch einen Damm abgeschlossen, u. das verbliebene IJsselmeer wurde seither zum großen Teil durch Polder trockengelegt. Die wichtigsten Flüsse sind Rhein u. Maas, deren Delta durch Dämme u. Abschlussdeiche geschützt sind. Im N grenzen die Westfries. Inseln das Wattenmeer von der offenen See ab.

Klima: Im Juli herrschen Durchschnittstemperaturen von 17 °C, im Januar von 1,7 °C. Relativ gleichmäßig über das ganze Jahr verteilt fallen im Schnitt 765 mm Niederschlag. Das mildfeuchte Klima begünstigt in dem waldarmen Land (10 % Wald) vor allem die Viehzucht.

Schlittschuh laufen ist der Nationalsport der Niederländer

Bevölkerung Sie besteht zu rd. 96 % aus Niederländern; zu den ethn. Minderheiten gehören neben Friesen (rd. 360 000) die Zuwanderer aus den ehem. Kolonien Suriname u. Indonesien (Molukken) sowie von den Niederländ. Antillen. Unter den Ausländern haben Türken, Marokkaner u. Deutsche die größten Anteile. Hinsichtlich der Religionszugehörigkeit sind 36 % der Niederländer röm.-kath. (vor allem in Nordbrabant u. Limburg), 26 % protestant. u. 3 % islam.; etwa ein Drittel ist konfessionslos. 89 % der Bevölkerung wohnen in Städten, 29 % davon in Großstädten. Die Verstädterung ist bes. im W u. S stark ausgeprägt. Im W ist es die *Randstad Holland*, wo die Seehäfen die städt. Entwicklung förderten, mit den Städten Amsterdam, Haarlem, Hilversum, Leiden, Den Haag, Rotterdam u. Utrecht. In den Provinzen Nord-, Südholland u. Utrecht wohnen 45 % der Bevölkerung. In Nordbrabant trug die Woll- u. Elektroindustrie in starkem Maß zur Verstädterung bei (Breda, Tilburg u. Eindhoven). Einziges Zentrum im O (Baumwoll- u. Maschinenindustrie) ist

Volendam, der Fischerort am IJsselmeer, aus der Vogelperspektive

Niederlande

Medien Die Geschiche der niederländischen Presse lässt sich bis 1648 zurückverfolgen. Seit 1848 kennt man die Pressefreiheit, die heute in der Verfassung garantiert ist. Die Zeitungen erhalten Zuschüsse vom Staat. Es erscheinen rd. 60 Tageszeitungen. Die auflagenstärksten sind die konservative *De Telegraaf*, das *Algemeen Dagblad*, das kath. Blatt *De Volkskrant* u. das liberale *NRC Handelsblad*. ANP *(Algemeen Nederlands Persbureau)* ist die niederländ. Presseagentur. Die zentrale Organisation des niederländ. Rundfunkwesens ist die Stiftung *Nederlandse Omroep Stichting (NOS)*. Ihr Verwaltungsrat setzt sich aus Mitgliedern der Regierung, der Anstalten u. kultureller Organisationen zusammen. Es werden lokale, regionale u. landesweite Hörfunkprogramme sowie Fernsehprogramme ausgestrahlt. Außerdem sind private Sender zugelassen.

Wirtschaft Seit Ende des 2. Weltkriegs haben sich die Niederlande von einem überwiegend agrarisch strukturierten Land zu einem leistungsfähigen u. stark mit dem Weltmarkt verflochtenen Industriestaat entwickelt. Nach der Zahl der Erwerbstätigen beschäftigen Landwirtschaft u. Fischerei nur noch rd. 4% der Bevölkerung u. treten an Bedeutung hinter der vielseitigen Industrie (24%) u. dem Wirtschaftsbereich Handel, Verkehr u. andere Dienstleistungen (72%) zurück.
Die intensiv betriebene Landwirtschaft spielt dennoch auch heute noch eine wichtige Rolle; sie exportiert große Mengen von Erzeugnissen der Viehzucht (im W, NW, O u. SW), vor allem Butter, Käse, Geflügel, Eier u. Schweinefleisch u. des Blumen-, Gemüse- u. Obstanbaus (bes. in Holland).

Der Hafen von Rotterdam ist der weltweit zweitgrößte Seehafen für den Güterverkehr

Enschede mit einigen Mittelstädten (z.B. Hengelo).

Bildungswesen Die allgemeine Schulpflicht besteht vom 5. bis zum 16. Lebensjahr. Neben staatlichen Schulen besteht ein ausgebautes System von Privatschulen. Etwa 70% des Unterrichts werden in Privatschulen erteilt, die jedoch vollständig vom Staat subventioniert werden.
Schulsystem: 1. 6-jährige Primarschule, danach Übergang in folgende Sekundarschularten: 2. a) 2-jährige Abschlussklassen der Primarschule. b) 3–4-jährige mittlere Sekundarschulen. c) 6-jährige höhere Sekundarschulen; sie sind differenziert in Gymnasien (altsprachlich), Athenäen (literar.-ökonom. oder mathemat.-naturwissenschaftl.) u. Lyzeen (Kombination von Gymnasium u. Athenäum). Die Abschlussdiplome höherer Sekundarschulen berechtigen zum Hochschulstudium. Die (meist additiven) Gesamtschulen sollen die Durchlässigkeit zwischen den Schularten verbessern. 3. im berufsbildenden Schulwesen wird zwischen grundlegendem, mittlerem u. höherem Unterricht in den nach Berufsrichtungen differenzierten Berufs- u. Fachschulen unterschieden. 4. über 360 Hochschulen u. 22 Universitäten (darunter die Calvinist. Universität in Amsterdam) ermöglichen ein Hochschulstudium. Ein „Akademischer Rat" sorgt für die Zusammenarbeit aller Hochschulen des Landes.

Niederlande

Ein großer Teil der Sonderkulturfläche besteht aus Gewächshäusern, in denen Tomaten, Gurken, Salat, Obst u. Blumen gezogen werden. Im Ackerbau (im SW, NO u. auf den Poldern) werden hauptsächlich Kartoffeln, Zuckerrüben u. Weizen angebaut. Abgesehen von den Erdöl- u. insbes. den reichen Erdgasvorkommen im NO u. vor der Küste ist das Land arm an mineral. Ressourcen. Die wichtigsten Industriezweige sind Metall-, Maschinen-, Fahrzeug-, Werft-, elektrotechn., Nahrungs- u. Genussmittel-, Textil-, Glas-, keram., Holz-, petrochem. u. chem. Industrie.

Von großer Bedeutung ist der Fremdenverkehr; in erster Linie werden die Nordseeküste, die Westfries. Inseln u. das Wattenmeer sowie verschiedene alte Stadtkerne u. die vor allem in jüngerer Zeit errichteten Freizeitparks besucht.

Verkehr Die Niederlande haben ein sehr dichtes Verkehrsnetz. 1998 standen den Eisenbahnen rd. 2800 km Gleise (davon etwa 2000 km elektrifiziert) zur Verfügung, außerdem gab es 125 575 km Straßen (davon 2235 km Autobahnen). Von der Binnenschifffahrt werden 5046 km schiffbare Flüsse u. Kanäle befahren, von denen über 2000 km von Schiffen über 1000 t Tragfähigkeit benutzt werden können. *Rotterdam* ist mit *Europoort* der zweitgrößte Hafen der Welt. Wichtigster u. größter Flughafen ist Amsterdam-Schiphol. Die nationale Fluggesellschaft ist *KLM*.

Mittelpunkt von Delft ist der Marktplatz mit dem Renaissance-Rathaus; rechts im Bild die Oude Kerk

Blühende Tulpenfelder südlich von Haarlem

Geschichte Im Raum der Niederlande siedelten vor der Völkerwanderung die german. *Bataver, Friesen* u. *Sachsen*. Das Gebiet wurde im 8. Jh. von den *Franken* erobert; bei den fränk. Reichsteilungen im 9. Jh. kam es an Lotharingien bzw. an das Ostfränk. Reich, im 10. Jh. an das Dt. Reich. Eine Reihe seiner z. T. selbständigen Territorien waren im MA Kultur- u. Wirtschaftszentren: Flandern, Brabant, Hennegau, Namur, Artois, Limburg, Geldern, Seeland u. die Bistümer Lüttich u. Utrecht. Im 14. u. 15. Jh. gehörte fast der ganze niederländ. Raum zu *Burgund*. Durch Heirat des späteren Kaisers Maximilian I. mit Maria von Burgund 1477 erwarben die *Habsburger* die Niederlande, u. bei der Teilung der habsburg. Länder kamen sie 1555 an die span. Linie. Bereits unter Maximilians Regierung erhoben sie sich gegen die habsburg. Herrschaft *(Margarete von Österreich)*, der Gegensatz verstärkte sich noch unter Karl V. Wegen der Ketzeredikte, polit. u. finanzieller Pressionen, der Inquisition u. des Verlusts von Privilegien kam es gegen die Generalstatthalterin Philipps II. von Spanien, *Margarete von Parma*, u. ihren Minister A. P. de *Granvelle* zu Aufständen. Philipp sandte Truppen unter Herzog Alba, der die Anführer der Unabhängigkeitsbewegung, die Grafen *Egmont* u. *Hoorn*, hinrichten ließ. Darauf brach der 80 Jahre dauernde *Freiheitskampf der Niederländer* aus, der zunächst von *Wilhelm von Oranien* geleitet wurde. 1579 bildeten die sieben nördl. (calvinist.) Provinzen Geldern, Holland, Seeland, Utrecht, Friesland, Overijssel u. Groningen die *Utrechter Union*, die südl. (kath.) Provinzen blieben bei Spanien *(Span. Niederlande)*. Am 26. 7. 1581 lösten sich die Unionsstaaten

Niederlande

von der span. Herrschaft (als *Republik der Vereinigten Niederlande*) u. ernannten Wilhelm von Oranien zu ihrem Statthalter. 1584 wurde Wilhelm ermordet; seine Söhne *Moritz* u. *Friedrich Heinrich von Nassau* setzten den Kampf fort. 1609 schlossen Spanien u. die nördl. Niederlande einen Waffenstillstand (De-facto-Anerkennung der niederländ. Unabhängigkeit), die förml. Anerkennung wurde erst 1648 (Friede von Münster) ausgesprochen.
Die polit. Leitung in den Niederlanden lag bei den *Generalstaaten,* in denen jede Provinz eine Stimme führte, die *Provinzial-Statthalter* stellten die Häuser Oranien u. Nassau (Exekutive); in der führenden Provinz Holland lag ein wesentlicher Teil der polit. Macht beim Geschäftsführer der Provinzialstände, dem *Ratspensionär,* der auch die holländ. Stimme in den Generalstaaten führte u. deren Entscheidungen stark beeinflusste. Im 17. u. 18. Jh. kam es zu heftigen Kämpfen zwischen Ratspensionären u. Statthaltern, in deren Verlauf J. van *Oldenbarnevelt* (1619) hingerichtet u. die Brüder de *Witt* (1672) ermordet wurden. 1689 kam *Wilhelm III. von Oranien* auf den Thron u. führte den europ. Kampf gegen die Eroberungspolitik Ludwigs XIV. von Frankreich. 1702 wurden die Oranier von den Grafen von Nassau beerbt, u. 1747 wurde *Wilhelm IV.* Erbstatthalter aller Provinzen, weil sich eine breite Volksbewegung von ihm Reformen u. Abschaffung der Privilegien des reichen Stadtpatriziats *(Regenten)* erhoffte. Als diese Hoffnungen enttäuscht wurden, bildete sich eine Reformpartei, die *Patrioten,* die 1787 durch Intervention Preußens vertrieben wurden, 1795 aber mit französ. Hilfe die *Batavische Revolution* durchführten.
Nach der Entdeckung Amerikas hatte sich das wirtschaftl., finanzielle u. handelspolit. Schwergewicht in Europa vom Mittelmeer (Italien) in die Küstenländer am Atlantik verschoben. Portugal, Spanien, England, Frankreich u. die Niederlande eroberten große Kolonialreiche in Übersee, die ihre Weltgeltung u. ihren Reichtum begründeten. Sie erwarben bereits im 17. Jh. in Südostasien, Indien, Amerika u. Afrika Kolonialbesitz; 1602 wurde die Niederländisch-Ostindische Kompanie gegründet. In den Auseinandersetzungen um die Kolonien u. die Vormachtstellung zwischen den Seemächten schied Spanien nach dem Untergang der Armada aus; die Niederlande

Das Flaggschiff „Die Sieben Provinzen" im Krieg 1666; Gemälde von W. v. d. Velde. Amsterdam, Rijksmuseum

konnten ihre Stellung bis 1654 behaupten, mussten sie dann aber in drei engl.-holländ. Seekriegen (bis 1674) u. in einem Kolonialkrieg 1780–1784 an Großbritannien abtreten, das in mehreren Kriegen schließlich auch Frankreich ausschaltete. Nach dem Span. Erbfolgekrieg kamen die Span. Niederlande im Frieden von Utrecht 1713 an Österreich *(Österr. Niederlande).* 1794 eroberten französ. Revolutionstruppen die Österr. Niederlande, 1810 wurden sie Frankreich angegliedert.

Die nördl. Niederlande nahmen an den Kriegen gegen Napoleon I. teil, wurden von französ. Truppen besetzt u. als *Batavische Republik* französ. Einflussgebiet. 1806–1810 regierte sie dann *Louis Napoleon* als *Königreich Holland,* das 1810 ebenfalls Frankreich angeschlossen wurde. Zusammen mit den südl. Niederlanden (→ Belgien) erhoben sich die nördl. Niederlande 1814 gegen Frankreich u. schlossen sich am 29. 3. 1815 mit dem Großherzogtum Luxemburg zum *Königreich der Vereinten Niederlande* zusammen (Wiener Kongress). Der Sohn des letzten Erbstatthalters kam als *Wilhelm I.* (1815–1840) auf den Thron, gleichzeitig war er als Großherzog von Luxemburg Mitglied des Dt. Bundes.
Gegen das Übergewicht des calvinist.-fläm. Nordens im Gesamtstaat erhob sich Belgien u. löste sich am 18. 11. 1830 aus dem Staatenverband. Seine Unabhängigkeit wurde 1831 auf der Londoner Konferenz anerkannt. 1848 gewährte *Wilhelm II.* (1840–1849) den Niederlanden unter dem

Die 18-jährige Königin Wilhelmina mit ihrer Mutter, Königin Emma, die seit 1890 die Regentschaft ausgeübt hatte, am 5. 9. 1898, einen Tag vor dem Herrschaftsantritt, auf dem Weg zur Kirche. Gemälde von O. Eerelman. Amsterdam, Rijksmuseum

Niederlande

Einfluss der Liberalen (Ministerium J. R. *Thorbecke*) eine liberale Verfassung. Ihrem Vater *Wilhelm III.* (1849–1890) folgte *Wilhelmina* (1890–1948). Mit ihrem Regierungsantritt erlosch die Personalunion mit Luxemburg. 1888 setzten sich die Konservativen in der Regierung durch; sie erreichten die Einführung der Konfessionsschule u. der allg. Wehrpflicht u. erließen das erste Arbeiterschutzgesetz. Während des 1. Weltkriegs blieben die Niederlande neutral. 1917 wurde anstelle des Zensuswahlrechts das allg. u. gleiche, 1922 auch das Frauenwahlrecht eingeführt. Am 10. 5. 1940 wurden die Niederlande von dt. Truppen besetzt, die Armee kapitulierte, Regierung u. Königin gingen nach London u. bildeten dort eine Exilregierung. Gegen die dt. Besetzung (Reichskommissar A. *Seyß-Inquart*), die die niederländ. nat.-soz. Bewegung A. A. *Musserts* unterstützte, entstand eine Widerstandsbewegung, die sich in Reaktion auf die Judenverfolgungen noch verstärkte.

Die nach Kriegsende zurückgekehrte Königin dankte 1948 zugunsten ihrer Tochter *Juliana* ab. Der Verlust des ostasiat. Kolonialreichs (→ Indonesien) zwang die Niederlande zur Umorientierung ihrer Politik u. Wirtschaft. Der bisherige Agrarstaat wurde zu einer Industriestaat, der 1949 der NATO beitrat u. sich um die europ. Integration verdient machte (Beitritt zum Europarat, zur Montanunion u. zur EWG).

Heirat Maximilians I. von Österreich mit Maria von Burgund 1477. Miniatur aus dem 16. Jh. Nantes, Musée Dobrée

1954 erhielten Suriname u. die Niederländ. Antillen Autonomie.

Die Innenpolitik bestimmten bis Mitte der 1960er Jahre die *Katholische Volkspartei* (KVP) u. die sozialdemokratische *Partei der Arbeit* (PvdA) im Wechsel an der Spitze von Koalitionsregierungen unterschiedl. Zusammensetzung. Während der Regierungszeit des sozialdemokrat. Ministerpräsidenten W. *Drees* (1948–1958) wurden die Grundlagen für den niederländ. Versorgungsstaat geschaffen. 1963 zogen sich die Niederlande aus West-Neuguinea zurück. Im Innern erfolgte ein rascher Ausbau des sozialen Netzes. Gleichzeitig wandelte sich das bis dahin durch starre konfessionelle u. weltanschauliche Gegensätze bestimmte Parteiensystem. 1975 wurde Suriname in die Unabhängigkeit entlassen. 1980 dankte Königin Juliana zugunsten ihrer Tochter *Beatrix* ab.

Der Christdemokrat R. *Lubbers* (Ministerpräsident 1982–1994) setzte an der Spitze einer Koalition aus *Christl. Demokrat. Appell* (CDA) u. der rechtsliberalen *Volkspartei für Freiheit u. Demokratie* (VVD) gegen den Widerstand der Friedensbewegung den NATO-Doppelbeschluss durch. Bei den Parlamentswahlen 1989 führte der Streit über ein neues Umweltprogramm zum Bruch der bisherigen Koalition. Nach vorgezogenen Neuwahlen bildete Lubbers eine große Koalition aus Christdemokraten u. PvdA. 1992 sprach sich das niederländ. Parlament für die Annahme des Maastrichter Vertrages aus. Bei den Parlamentswahlen 1994 erlitten die Christdemokraten große Verluste. Neuer Regierungschef wurde W. *Kok* (PvdA) an der Spitze einer Koalition aus PvdA, VVD u. den linksliberalen *Demokraten '66*. Nach den Parlamentswahlen 1998 blieb die bisherige Regierungskoalition mit erweiterter Mehrheit im Amt.

Politik Nach dem Verfassungstext vom 17. 2. 1983 sind die Niederlande eine parlamentarische Monarchie. Staatsoberhaupt ist der Monarch (Thronfolge in männlicher u. weiblicher Linie möglich). Er ist Vorsitzender des Staatsrates. Dieses Verfassungsorgan mit bis zu 28 vom Monarchen ernannten Mitgliedern hat beratende Funktionen für Exekutive u. Legislative u. ist Oberstes Verwaltungsgericht. Als Exekutive ist die vom Monarchen ernannte Regierung dem Parlament verantwortlich.

Das Parlament, die „Generalstaaten", besteht aus zwei Kammern: „Eerste Kamer" (75 Mitglieder, Wahlperiode 4 Jahre, indirekt von den Provinzialstaaten gewählt) u. „Tweede Kamer" (150 Mitglieder, Wahlperiode 4 Jahre, nach dem Verhältniswahlsystem gewählt).

Die wichtigsten politischen Parteien sind der Christlich Demokratische Appell (Christen Democratisch Appel, CDA), die sozialdemokratische Partei der Arbeit (Partij van de Arbeid, PvdA), sowie die Volkspartei für Freiheit und Demokratie (Volkspartij voor Vrijheid en Democratie, VVD), eine rechtsliberale Gruppierung. Die 1966 gegr. Partei Demokraten '66 (Democraten '66, D '66) vertritt linksliberale Positionen. Das Bündnis Grünlinks (Groenlinks) ist ein Sammelbecken verschiedener Linksparteien.

Oberste jurist. Instanz ist der Oberste Gerichtshof (Hoge Raad).

Königin Beatrix und Ministerpräsident Lubbers mit den Teilnehmern des EG-Gipfels in Maastricht 1991

niederländische Kunst

Niederländische Antillen

◆ **Niederländische Antillen,** amtl. *Nederlandse Antillen,* die Inseln *Curaçao* u. *Bonaire* vor der Küste Venezuelas sowie *Sint Maarten* (Saint-Martin, Südteil), *Sint Eustatius* u. *Saba* in der Gruppe der Leeward Islands. Die Niederländischen Antillen bilden einen autonomen, gleichberechtigten Teil der Niederlande (seit 1954, niederländ. seit 1634). Hptst. der 800 km² großen Niederländischen Antillen mit 195 000 Ew. ist *Willemstad* auf Curaçao. Die Bevölkerung besteht überwiegend aus Schwarzen u. Mulatten. Das Klima ist tropisch, auf den südl. Inseln sehr trocken, auf den nördl. feucht. Die Ersteren liefern Sisal, Gerbstoffe u. Südfrüchte, die anderen Baumwolle, Zuckerrohr u. Süßkartoffeln. Wegen der Trockenheit u. der fehlenden Bewässerungsmöglichkeiten sowie der Expansion anderer Erwerbszweige spielt der Anbau auf den südl. Inseln kaum noch eine Rolle. Heute ist die Verarbeitung von venezolan. Erdöl in den Raffinerien auf Curaçao u. auf Bonaire der für den Export wichtigste Wirtschaftszweig.

◆ **niederländische Kunst,** Architektur, Plastik, Malerei u. Kunsthandwerk im Bereich der heutigen Niederlande, bis 1830 auch Belgiens.

Die n. K. erlangte erst im 14. Jh. Eigenständigkeit gegenüber der benachbarten französ. u. dt. Kunst; ihr Schwergewicht lag im 15., 16. u. 17. Jh. vor allem auf dem Gebiet der Malerei. Vom 16. Jh. an entwickelten sich der kath. Süden u. der calvinist. Norden auch künstler. immer stärker auseinander. Dem barocken Pathos fläm. Kunstwerke steht die Verinnerlichung der holländ. Kunst gegenüber.

ARCHITEKTUR

Im frühen u. hohen MA stand die n. K. noch ganz unter französ. u. dt. Einfluss. Hauptbauten im vorromanischen Stil sind in Nimwegen die Pfalz Karls d. Gr.; in Lüttich St. Johannis u. der Dom St. Lambert, in Nivelles St. Gertrud, in Maastricht St. Servatius, in Utrecht St. Peter u. in Susteren die Pfarrkirche. Rein romanisch (Mitte 11. bis Anfang 13. Jh.) sind Neu- u. Umbauten der vorroman. Kirchen, die Kathedrale in Tournai, die Liebfrauenkirche in Maastricht, St. Marien in Utrecht. Im roman.-got. Übergangsstil (2. Viertel 13. Jh.) ist die Kirche Notre-Dame-de-Pamèle in Oudenaarde erbaut.

Die Entwicklung des got. Sakralbaus nahm im 13. Jh. Einflüsse der burgund. Zisterzienserkirchen (Roermond, Münster) u. der französ. Kathedralkunst auf (Brüssel, St. Gudule; Tournai, Chor der Kathedrale; Brügge, Liebfrauenkirche). Charakterist. für die Blütezeit der niederländ. Gotik (14. bis Anfang 16. Jh.) sind die Verbreiterung der Kirchenräume (Vielschiffigkeit), das Streben nach einfacher Wandgliederung, im Süden Höhensteigerung der Türme, im Norden die bevorzugte Verwendung von Backstein u. Holzgewölben. Großen Aufschwung erlebte schon im 13. Jh. der stärker national ausgerichtete Profanbau, der vom Reichtum der bürgerl. Kultur, bes. der flandrischen Städte, Zeugnis ablegt (Burgen in Gent u. Den Haag; Stadttore in Gent, Brügge u. Kortrijk; Stadttürme in Ypern, Brügge u. Gent, oft im Zusammenhang mit Kaufmannshallen; Tuchhallen in Ypern u. Brügge; Rathäuser in Brügge, Brüssel, Löwen, Gent, Oudenaarde u. Middelburg; Brothaus in Brüssel). Das 16. Jh. stand im Zeichen der Auseinandersetzung mit der italien. Renaissance. Zunächst wurden neue dekorative Motive aufgenommen (L. *Blondeel*), während das Konstruktionsschema noch lange gotisch blieb (Lüttich, Fürstbischöfl. Palast, 1505–1540; Mecheln, Residenz von R. *Keldermans,* seit 1507; Brügge, Kanzlei, 1535–1537). Den Übergang zu dem im Norden abgewandelten Renaissancestil (Manierismus) bewirkte C. *Floris* (Rathaus in Antwerpen, 1561–1565), der wie J. V. *de Vries* durch seine Ornamentvorlagen die Architektur weit über die Niederlande hinaus beeinflusste. L. *de Key* leitete vom Manierismus zum Frühbarock über (Rathaus in Leyden, 1594; Fleischhalle in Haarlem (1601–1603), H. *de Keyser* zu einer eher klassizist. Bauweise (Zuider-, Wester- u. Norderkerk in Amsterdam, seit 1603).

Die Entwicklung der Barockbaukunst begann im Süden um 1600 unter italien. u. span. Einfluss; Hauptmeister der 1. Jahrhunderthälfte waren Wenzel *Coebergher,* P. *Huyssens* u. J. *Francquart,* später W. *Hesius* u. L. *Faydherbe.* Noch im 18. Jh. blieb der Barockstil in abgeschwächter Form bestimmend u. wich um 1770 dem französ.-holländ. Klassizismus. Im Norden setzte um 1630 ein an A. *Palladio* geschulter strenger Klassizismus ein (J. van *Campen,* P. *Post*), der um 1800 in den Neuklassizismus über-

niederländische Kunst: Jan und Hubert van Eyck, der Genter Altar, Mittelfafel; Holz 1432 vollendet. Gent, St. Bavo

Niederländische Antillen: Willemstad auf Curaçao ist stark niederländisch geprägt

ging. Die Zunft- u. Wohnhäuser u. die Innenausstattung des späten 17. u. des 18. Jh. zeigen deutliche französ. Einflüsse.
Die Architekturentwicklung der südl. Niederlande bekam im 19. Jh. durch die Gründung des Königreichs Belgien starken Auftrieb. Die holländ. Architektur nahm bei einer Neubelebung der nationalen Backsteinbauweise histor. Stile wieder auf (P. J. H. *Cuypers*). Nach 1900 hatte Holland entscheidenden Anteil an der Entwicklung der modernen Architektur; die konstruktive, sachl. Richtung vertrat zuerst H. P. *Berlage*, unter dem Rotterdamer Schule (J. J. *Oud*, G. T. *Rietveld*); M. *Dudok* schuf kubistisch komponierte Bauten, deren Formen J. H. van den *Broeck* u. J. B. *Bakema* weiterentwickelten (Fußgängerstraße Lijnbaan in Rotterdam, 1953; Rathaus in Marl, seit 1957). Rhythmische Lösungen wie die Tabakfabrik van Nelle in Rotterdam von J. A. *Brinkman* u. L. C. van den *Vlugt* blieben vereinzelt. Auf dem Gebiet der Altstadtsanierung u. im Siedlungsbau knüpften die Niederlande an bereits bestehende Strukturen an; so entstand u. a. 1977 in Zwolle eine Siedlung nach dem Vorbild alter niederländischer Wohnhäuser mit abgekapptem Giebel. Auf der anderen Seite bevorzugten Architekten wie R. *Koolhaas* u. das von ihm gegründete Büro OMA (Niederländisches Tanztheater in Den Haag 1984–1988) einen rationalen, konstruktiven Baustil u. sahen u. a. im Hochhaus die architektonische Lösung der Zukunft. 1992–1994 schufen zahlreiche internationale Architekten u. Designer in Groningen das bunte, fröhliche, aus unterschiedlichen Formen zusammengesetzte Stadtmuseum, während A. *Rossi* das Bonnefantenmuseum in Maastricht 1993–1995 als streng geometrischen Flügelbau mit Backsteinfassade konzipierte. Designen

PLASTIK

Die Frühzeit der niederländ. Bildhauerkunst ist reich an Werken der Elfenbeinschnitzerei, des Metallgusses (Lüttich, Taufbecken, 12. Jh.) u. der Goldschmiedekunst (*Nikolaus von Verdun*). Um 1400 erreichte die niederländ. Plastik mit dem Werk C. *Sluters* europ. Geltung; im 15. Jh. wirkten die Schulen von Tournai, Brügge, Brüssel u. Antwerpen, die zahlreiche Schnitzaltäre u. Grabmäler exportierten. In der Zeit des Manierismus traten als bedeutende Bildhauer C. *Floris* u. F. *Duquesnoy* hervor, daneben die überwiegend im Ausland tätigen A. *Colin von Mechlen*, A. *de Vries*, H. *Gerhard* u. G. *da Bologna*. Die barocke Plastik, von der italien. abhängig, fand ein weiteres Aufgabengebiet in der Ausstattung kath. Kirchen (Altäre, Kanzeln, Grabmäler), u. häufig kam es zu prächtigen Zusammenstellungen verschiedener Materialien; ihre Meister waren oft gleichzeitig Architekten. Die durch Rubens angeregte Plastik im Süden (vertreten durch Künstlerfamilien wie die *Duquesnoy*, *Faydherbe*, *Quellinus*, *Verbruggen*) war dynamischer als die Bildhauerkunst des Nordens (J. van *Campen*, H. de *Keyser*, R. *Verhulst*). Das 19. Jh. brachte keinen niederländ. Bildhauer von internationalem Rang hervor. Erst im 20. Jh. sind holländ. Plastiker wieder über die Grenzen ihres Landes hinaus bekannt geworden (R. *Wouters*, G. *Vantongerloo*, C. *Permeke*, André *Volten*).

MALEREI

Die niederländ. Malerei begann im 11. u. 12. Jh. mit Miniaturen: Bibel aus Stavelot (1094–1097; London, British Museum); Moralia in Job (um 1150; Paris, Bibliothèque Nationale). Die wichtigste Schule der Buchmalerei war in Maastricht. Um 1400 schufen M. *Broederlam*, die *Brüder von Limburg* u. a., die für den burgund. Hof vor allem Miniaturen malten, durch die Naturnähe ihrer Darstellungen die Voraussetzungen für die Kunst der *Brüder van Eyck*, die als die eigentl. Begründer der altniederländ. Malerei gelten. Die Kunst der van Eycks war im 15. Jh. nördl. der Alpen unübertroffen; sie entwickelten die für die Wirklichkeitsdarstellung wichtige Ölharztechnik der Tafelmalerei. Im Süden war noch die Verbindung von durchsichtigen Bildstrukturen mit realist. Farben zur Vergegenwärtigung von biblischem u. weltlichem Geschehen gebräuchlich. Künstler. Ziele des Maler dieser Zeit waren die Erschließung des Raums u. die genaue Durchbildung von Einzelheiten (*Meister von Flémalle*, R. van der *Weyden*, H. *Memling*, G. *David*). Im Norden war der Stil schlichter, herber u. sachlicher (A. van *Ouwater*, D. *Bouts d. Ä.*, P. *Christus*, *Geertgen tot Sint Jans*). Eine Sonderstellung nehmen die grotesk-fantast. Bilder des H. *Bosch* ein.
Die Renaissance setzte in Antwerpen mit dem von Leonardo beeinflussten Q. *Massys* u. dem Landschafter J. *Patinier* ein. Italienische u. vor allem röm. Einflüsse machten sich in der Malerei von J. *Gossaert* u. J. van *Cleve* geltend, wobei im Norden (L. van *Leyden*) die nationale Eigenart deutlich hervortrat. In der 2. Hälfte des 16. Jh. überwog ein gelehrter Manierismus (F. *Floris*, M. *de Vos*, H. *Goltzius*); viele Künstler waren im Ausland tätig (P. *Candid*, F. *Sustris*, B. *Spranger*). Die Verselbständigung der Bildgattungen begann, bes. für das Landschaftsbild (L. van *Valckenborch*, P. *Bril*, R. *Savery*) das Porträts (A. *Moor*, F. *Pourbus d. Ä.*, C. *Ketel*) u. das Genrebild (P. *Aertsen*, J. van *Hemessen*). Der bedeutendste niederländ. Maler des 16. Jh. war P. *Bruegel d. Ä.*, der, unberührt vom Romanismus, sowohl religiöse wie profane Themen in betont nationaler Eigenart darstellte. In der Folgezeit löste sich das fläm. repräsentative Barock allmähl. von den italien. Vorbildern u. fand zu der ihm eigenen sensualist. Bewegung u. Lebensfülle. Die Hauptmeister waren P. P. *Rubens*, ein genialer Neuerer, dessen vielseitiges Werk nachhaltigen Einfluss auf alle Kunstzweige ausübte, sein Schüler A. *van Dyck*, berühmt vor allem durch vornehme Bildnisschöpfungen, ferner die volkstüml.-realist. Sittenschilderer J. *Jordaens*, A. *Brouwer* u. D. *Teniers d. J.*, die Tier- u. Stillebenmaler F. *Snyders* u. J. *Fyt* u. der Meister des Stillebens J. D. *de Heem*. Für die holländ. Malerei des 17. Jh. war bes. die bürgerliche Selbstdarstellung charakteristisch: Das Einzel- u. Gruppenbildnis gewann bei F. *Hals* durch unmittelbare Modellbeobachtung neue Bedeutung. Weitere Hauptgattungen der Malerei waren das Sittenbild (A. van *Ostade*, G. *Metsu*), das genrehafte Interieur mit wenigen Figuren (J. *Vermeer van Delft*, P. *de Hooch*, G. *Terborch*), das Architekturbild (P. J. *Saenredam*, E. de *Witte*), die Landschaft (E. van de *Velde*, J. J. van *Ruisdael*, H. *Seghers*, A. van der *Neer*, A. van de *Velde*), die Landschaft mit Tieren (P. *Potter*, A. *Cuyp*, M. *d'Hondecoeter*) u. m. Reiterszenen (P. *Wouwermann*), das Seestück (S. *de Vlieger*), die Ideallandschaft (K. *Dujardin*, N. *Berchem*) u. das Stilleben (P. *Claesz*, W. C. *Heda*, W. *Kalf*). Eine überragende Sonderstellung in der niederländischen Kunst nimmt *Rembrandt* ein, der Meister des geheimnisvollen Helldunkels in religiösen, mytholog. u. histor. Szenen, der auch Porträts u. Gruppenbildnisse u. ein unschätzbares grafisches Werk hinterließ.
Im 18. Jh. erlahmten die schöpfer. Kräfte; die Malerei gelangte erst in der 2. Hälfte des 19. Jh. zu neuer Eigenständigkeit im Impressionismus (J. *Israëls*, Brüder *Maris*, A. *Mauve*, H. W. *Mesdag*) u. im Expressionismus (V. *van Gogh*, später J. *Thorn-Prikker*). Nach dem 1. Weltkrieg beeinflusste die „Stijl"-Bewegung, begründet von den abstrakten Malern T. *van Doesburg* u. P. *Mondrian*, alle Kunstzweige. Im Schaffen der jüngeren Malerei macht sich eine ebenso starke Hinwendung zur ungegenständl. Kunst wie zur Weiterführung des Expressionismus bemerkbar. Bekannt wurde die 1948 gegründete Gruppe Cobra (K. *Appel*, Constant von *Comeille*). In den letzten Jahren wurden unterschiedl. künstler. Tendenzen wie *Fluxus*, *Computer*- oder *Lichtkunst*, aber auch Arbeiten im Videobereich aufgenommen. Auch → belgische Kunst.

niederländische Literatur, die Literatur in niederländ. Sprache. Ursprünglich einheitlich, nahm ihre Entwicklung ab der 2. Hälfte des 16. Jh., bedingt durch kath.-prot. Glaubensgegensätze, Reformation u. Freiheitskriege, französ. Einflüsse u. andere polit. Ereignisse, im nördl. u. im südl. Teil des Sprachgebiets einen getrennten Verlauf. Im südl. Teil, dem heutigen Königreich Belgien, entstand die → flämische Literatur. Die Überlieferung der niederländischen Literatur reicht, mit altfränk. Sagenstoffen u. Liedern, bis zum Ende des 12. Jh. zurück. Vorherrschend war latein.-religiöses Schrifttum (*Nivardus von Gent*, 12. Jh.), Übersetzungen nach französ. Ritterromane bekannt. *Heinrich von Veldeke*, der auch höf. Lyrik u. Minnesang in der Mundart seiner limburg. Heimat schuf, wurde mit dem Roman „Eineit" (in mittelhochdt. Sprache überliefert) zum Vorbild der mittelalterl. höf. Dichtung. Die geistl. Literatur fand in der 1. Hälfte des 13. Jh. in der Mystikerin *Hadewich*, in Jan *Ruusbroec* u. in der „Devotio moderna" (Geert *Groote*) ihre Repräsentanten.
Neben Schelmengeschichten u. der satir. Tierfabel „Van den Vos Reinaerde" setzte um 1250 das lehrhafte Schrifttum ein, als

dessen hervorragendste Gestalten der frühe Enzyklopädist Jan van *Boendale* u. J. van *Maerlant*, der auch Gedichte u. höf. Romane verfasste, gelten. Die Tradition der Jedermannspiele mitbegründet hat der altfläm. „Elckerlijc"; ebenfalls aus dem fläm. Raum stammt das religiöse Marienmirakel „Marieken van Nieumeghen" (entstanden um 1465), das heute noch gespielt wird. Bes. fruchtbaren Boden fand der Humanismus vor. Nach den Aufführungen latein. Terenz-Komödien im 16. Jh. entstand mit dem „Acolastus" des *Gnaphäus* (eigentl. Wilhelm de Volder) das humanist.-christl. Theater; für das Schultheater waren die zwölf Dramen des G. *Macropedius* von Bedeutung.
Nach 1400 entstand eine bürgerl. Dichtung, entspr. dem dt. Meistergesang, mit den „Kamers van Rethorica" (Rederijker), die Schauspiele u. festl. Einzüge veranstalteten (wobei *tableaux vivants*, gestellt wurden). Ihr Einfluss erstreckte sich auf zwei Jahrhunderte. Von der französ. u. italien. Renaissance beeinflusst waren Jan van der *Noot* u. Jan van *Hout* in ihren Sonetten, Oden u. Elegien. Einen Höhepunkt erreichte die Dichtung nach 1600 mit der Lyrik von D. *Heinsius*, den Lustspielen G. A. *Brederos*, dem Prosawerk P. C. *Hoofts*, den zeit- u. gesellschaftskrit. Gedichten von C. *Huygens*, den volkstüml. heiteren Erzählungen J. *Cats* u. den Werken J. van den *Vondels*, der in Lyrik, Satiren u. Schauspielen barocken Geist in strengere Formen brachte. Von geringerer Bedeutung waren die Werke des 18. Jh.; Hauptgattungen waren arkad. Naturlyrik, moralisierendes Schrifttum u. der Briefroman.
Zur Romantik neigte am Beginn des 19. Jh. W. *Bilderdijks* ausdrucksstarke, von der Antike beeinflusste Dichtung; zu Tradition u. Nationalgefühl wies J. *Potgieter*. *Multatuli* wandte sich gegen den Kolonialismus, N. *Beets* schilderte die kleinbürgerl. Welt. Auf der Grundlage der Nationalromantik bildete sich um die Gruppe der „Tachtiger" (um 1880) mit der Ztschr. „De Nieuwe Gids" 1885, die das Lebensrecht jedes Menschen u. die von ihm immer neu erfahrene ewige Schönheit betonte u. bis ins 20. Jh. nachwirkte. Revolutionär-sozialreformer. Tendenzen vertrat H. *Gorter*, ethisch gestimmte Prosa schrieb F. van *Eeden*, individuelle Poesie W. *Kloos*, Bühnendichter war H. *Heijermans*, der Erzähler L. van *Deyssel* wandte sich gegen den krassen Naturalismus u. gab myst. Tendenzen Raum; in manieriertem Stil erzählt L. *Couperus* von schwachen, willenlosen Menschen. Für den Lyriker u. Kritiker A. *Verwey* ist die gestaltende Idee immer wichtiger als die bloße Schönheitssuche.
Nach 1900 nahm der Einfluss der „Tachtiger" ab. Eine neue Generation machte von sich reden: in der Lyrik traten H. *Roland Holst* u. G. *Gossaert* mit formstrengen, oft mystisch-religiösen Dichtungen hervor. A. von *Schendel* entwickelte sich vom Neuromantiker zum Skeptiker; der intellektuelle Kritiker S. *Vestdijk* lieferte aggressive Analysen der bürgerl. Gesellschaft. G. *Achter-*

berg ist Vertreter eines religiösen Existenzialismus. Das Werk von B. *Aafjes* wird durch die Spannung zwischen heidn. Lebensfreude u. christl. Schuldgefühl beherrscht. W. *Hermans* schwankt zwischen Liebe zum Leben u. zynischem Nihilismus. P. *Bakker* erzählt vom Dasein der kleinen Leute; der Sozialist J. *Last* ist stark sozial engagiert. Marga *Minco* berichtet ohne Pathos von Judenverfolgungen u. der Deportation ihrer Familie. A. den *Doolard* schreibt abenteuerlich-realist. Romane. In den 1960er Jahren wendete sich die n. L. der realist. Verarbeitung des 2. Weltkriegs zu. Einige Autoren wie H. *Mulisch*, C. *Nooteboom* u. Maarten 't Hart erreichten Ende der 1990er Jahre mit ihren Werken ein internationales Publikum.
niederländische Musik, die Musik im Bereich der heutigen Niederlande (bis zum 16. Jh. → Niederländische Schule). Überragende Figur von europ. Bedeutung ist im ausgehenden 16. Jh. J. P. *Sweelinck*, der als Orgelvirtuose zahlreiche Variationswerke für Tasteninstrumente schrieb. Die n. M. des 17. u. 18. Jh. wies im Süden nach Belgien (Jean-Joseph *Fiocco*, Pierre van *Maldere*, Willem de *Fesch*, A. E. M. *Grétry*) u. unterlag französ. u. italien. Stileinflüssen, während sie im Norden verbürgerlichte u. typisch niederländ. Merkmale annahm (Stadtpfeiferwesen, Carillons [Glockenspieler], Orgelkonzerte, Kammer-, Haus- u. Konzertmusik), aber auch nur lokale Bedeutung hatte. In der 2. Hälfte des 19.Jh. u. um die Jahrhundertwende bewegte sich die niederländische Musik im Fahrwasser der Spätromantik u. des Impressionismus, wie z.B. Alphons *Diepenbrock* (* 1862, † 1921), der als erster internationalem Standard entsprach, ferner der gleichaltrige J. Wagenaar. Während das Schaffen von H. *Andriessen* noch weitgehend der Nachromantik verpflichtet war, gelten W. *Pijper* u. sein Schüler H. *Badings* als Wegbereiter der neuen Musik. In der Generation danach haben sich vor allem P. *Schat*, Schüler von M. Seiber u. Boulez u. der sozialkritisch orientierte Louis *Andriessen*, (* 1939, Sohn von H. Andriessen) einen Namen gemacht. Das 1888 gegründete Amsterdamer Concertgebouworkest entwickelte sich unter W. *Mengelberg* (* 1895, † 1945) zu einem internationalen Spitzenensemble. Neben der klass. Musik entwickelte sich ausgehend von den 1960er Jahren eine ausgeprägte Rock- u. Popszene (Nederpop).
niederländische Philosophie, die seit dem 13. Jh. im holländ.-fläm. Raum entstandene selbständige Philosophie. Ihre ersten Vertreter sind *Siger von Brabant*, ein Anhänger des Averroismus, u. *Heinrich von Gent*, ein scharfer Gegner des Thomismus, der an augustin. Gedankengut anknüpfte. Das 14. Jh. ist gekennzeichnet durch die Vernachlässigung der Philosophie zugunsten eines mystisch-theolog. Denkens (J. van *Ruysbroeck*). Während *Dionysius der Karthäuser*, genannt „Doctor exstaticus", noch einmal das scholast. u. mystische Wissen des 13. Jh. verbreitete, gehören W. *Gansfort* u. R. *Agricola* bereits zu den Vorläufern des Humanismus.

Von der 1425 gegr. Universität Löwen aus wurde der Humanismus durch seine hervorragendsten Vertreter verbreitet: *Erasmus von Rotterdam*, D. *Coornhert* u. H. *Grotius*. Der von Erasmus verfochtene Gedanke religiöser Toleranz sowie sein Kampf gegen Dogmatismus u. Aberglauben weisen bereits auf die Aufklärung hin. Im 17. Jh. wich der herrschende Aristotelismus allmählich der Kritik des Cartesianismus, der in diesem toleranten Land Aufnahme u. Interesse fand: H. *Regius*, B. *Bekker*, A. *Geulincx*, B. *Spinoza* u. P. *Bayle*. Die weitreichendste Wirkung erzielte der Rationalismus B. *Spinozas*. Dies war die bedeutendste Zeit der niederländischen Philosophie. Gegen den Rationalismus richtete sich im 18. Jh. F. *Hemsterhuis* mit seinem ästhet.-mystischen Pantheismus u. beeinflusste somit „Sturm u. Drang".
Während zu Beginn des 19. Jh. Kantianismus u. Hegelianismus zahlreiche Anhänger fanden, beeinflussten ab Mitte des 19. Jh. positivist. Strömungen (C. W. *Opzooner*, J. *Molescott*) die n. P. Fast gleichzeitig kommt es zu einer bis ins 20. Jh. reichenden Renaissance des Spinozismus (J. van *Vloten*) sowie des Hegelianismus. G. *Bolland* gilt als Begründer des niederländ. → Neuhegelianismus. Nach dem 2. Weltkrieg setzten sich Phänomenologie (G. van der *Leeuw*, F. J. *Buytendijk*, E. de *Bruyne*) sowie *analytische Philosophie* u. *Logistik* durch.
niederländischer Rundfunk, von der *Nederlandse Omroep Stichting* (NOS; Niederländische Rundfunk-Stiftung) rechtl. getragener Sender, Sitz Hilversum. Das Programm wird von bes. Programm-Gesellschaften, die z.T. polit. u. konfessionelle Gruppen repräsentieren, produziert u. über Sender der staatl. Fernmeldeverwaltung ausgestrahlt. Heute produzieren für das niederländ. Sprachgebiet neun TV-Stationen: fünf öffentliche, drei kommerzielle u. eine Pay-TV-Station.
Niederländische Schule, auch *franko-flämische Musik*, Sammelbez. für mehrere Generationen von Komponisten, aus nordfranzös. u. niederländ. Regionen stammend, von rd. 1430 bis 1600. Ihre Musik ist gekennzeichnet durch eine zunehmende rationale Beherrschung des mehrstimmigen Satzes. Dies setzt eine voll ausgebildete Notation (Mensuralnotation) sowie die Beherrschung aller rhythm. Möglichkeiten (Mensur) voraus. Die franko-fläm. Musik umfasst sämtliche vokalen Gattungen u. gilt insbes. im 15. Jh. als bedeutendste Musik ihrer Zeit, sowohl in den kirchl. Werken latein. Sprache (Messen, Motetten) als auch in den weltl. (Chanson). Sie verkörpert die eigentl. musikgeschichtl. Leistung der Renaissance. Man kann sie in folgende Phasen einteilen, die sich den früher üblichen Generationen entsprechen:
1. direkte Vorläufer: J. *Ciconia* verbindet Elemente der französ. Ars nova (isorhythmische Motette) mit solchen des ital. Trecento (Ballata, Caccia); J. *Dunstable* bringt G. *Dufay* die engl. Tradition nahe (Fauxbourdon).
2. 1420–1450: überwiegend liedhafte Ge-

niederländisches Porzellan

Niederösterreich: Zahlreiche Burgen und Schlösser, im Bild Burg Hardegg, zeugen von der langen historischen Bedeutung des Weinviertels

staltung bei Weiterverwendung älterer Chansons, Vorherrschaft des Dreiermetrums. Allmählich bildet sich der Bass als Harmonieträger heraus. Man schreibt überwiegend Chansons, Tenormessen u. Messzyklen. Wichtigste Komponisten: D. *Dufay*, G. *Binchois*.
3. 1450–1480: fortschreitende gegenseitige Angleichung der Stimmen in den Werken von J. *Ockeghem* u. A. *Busnois*.
4. 1480–1510: Ausbildung des imitierenden Kontrapunkts bei Josquin *Desprez*, J. *Obrecht*, P. de *La Rue* u. H. *Isaac*. Der vierstimmige Satz wird zur Norm.
5. 1510–1560: Verlagerung des geograph. Schwerpunkts der Niederländischen Schule nach Italien (Verbindung mit der venezian. Mehrchörigkeit), fünf- u. sechsstimmiger Satz, Motettenkunst von N. *Gombert*, A. *Willaert* u. *Clemens non Papa*.
6. 1560–1600: Zeit der sog. klassischen Vokalpolyphonie, größte Verbreitung der franko-fläm. Musik in Europa, Höhepunkt des kontrapunktischen Schaffens. Wichtigste Komponisten: *Orlando di Lasso*, P. de *Monte*. Die Wirkung der Niederländischen Schule hielt bis weit ins 17. Jh. an.

niederländisches Porzellan, Erzeugnisse der niederländ. Porzellanmanufakturen, von denen die älteste 1757 in Weesp bei Amsterdam gegr. wurde; vornehml. Kaffee- u. Teeservice, zunächst nach Vorbildern aus Meißen u. Sèvres. Weitere Fabriken bestanden in Oud-Loosdrecht (seit 1771, 1784 verlegt nach Oude Amstel; Service, Gebrauchsgegenstände, Wandvasen z. T. mit Reliefdekor u. sparsamer Bemalung) u. Den Haag (1775 gegr.; Blumendekor u. Bemalung in Purpur).

niederländische Sprache, *Holländisch*, Schrift- u. Umgangssprache der Niederlande, aus dem altniederfränk. Dialekt des Niederdeutschen erwachsen, seit dem 12. Jh. zur Literatursprache entwickelt *(Mittelniederländisch)*, seit dem 17. Jh. völlig selbständig *(Neuniederländisch)*; wie das Niederdeutsche unberührt von der 2. Lautverschiebung, von diesem im Wortschatz u. Lautstand (ou für al, ol vor Zahnlaut: kout = kalt), aber auch in Einzelheiten der Flexion, Wortbildung u. -stellung geschieden.

Niederländisch-Guayana → Suriname.
Niederländisch-Indien, *Niederländisch-Ostindien*, das ehem. niederländ. Kolonialreich im Malaiischen Archipel, heute Indonesien. Seit Beginn des 17. Jh. eroberten Niederländer die ehem. portugies. Besitzungen. 1602 wurde die *Niederländisch-Ostindische Kompagnie* gegr., die bald das Handelsmonopol im ostindischen Raum besaß. 1641–1795 gehörte Malakka zu N., 1658–1795 auch Ceylon, danach kamen diese Gebiete zu Großbritannien, dem während der Napoleonischen Kriege ganz N. zufiel, das es aber zurückgab. 1941 erklärte N. Japan den Krieg u. wurde erobert. Nach der japan. Kapitulation u. der Unabhängigkeitserklärung Indonesiens unter *Sukarno* 1945 gelang es den Niederlanden in den Kämpfen 1946/47 nicht, N. zurückzugewinnen, das 1949 endgültig verloren war.

Niederländisch-Indonesische Union, nach der Unabhängigkeitserklärung der Indonesischen Republik die mit den Niederlanden geschaffene lose Union von 1949–1954.
Niederländisch-Neuguinea, der ehem. niederländ. Teil (nordwestl.) von → Neuguinea.
Niederländisch-Westindien → Niederländische Antillen.
Niederlassung, die dauernde Aufenthalts- u. Wohnsitznahme an einem fremden Ort, bes. auch die Gründung einer → Handelsniederlassung. Ihre Zulässigkeit wird vom Grad der → Freizügigkeit bestimmt.
Niederlassungsrecht, *Völkerrecht:* das Ausländern durch völkerrechtlichen Vertrag oder innerstaatliche Normen gewährte Recht, sich in einem fremden Staat niederzulassen. Das N. wird in der Regel auf der Grundlage der Gegenseitigkeit gewährt, jedoch verlangt das Völkerrecht an sich diese Gegenseitigkeit nicht.
Niederlausitz, der nördl. Teil der → Lausitz.
Niederle, Lubor, tschech. Archäologe, * 20. 9. 1865 Klattau, † 14. 6. 1944 Prag; 1904–1929 Prof. in Prag; Hauptvertreter der slawischen Altertumskunde; Hauptwerk: „Manuel de l'antiquité slave" 1923–1926.
Niedermarsberg → Marsberg.
Niedernhall, Stadt in Baden-Württemberg, Hohenlohekreis, an der Kocher, 3800 Ew.
Niedernhausen, Gemeinde in Hessen, Rheingau-Taunus-Kreis, im Taunus, nordöstl. von Wiesbaden, 14 600 Ew.
Nieder-Olm, Gemeinde in Rheinland-Pfalz, Ldkrs. Mainz-Bingen, an der Selz, südwestl. von Mainz, 7300 Ew.; Weinanbau.

Niederösterreich

◆ **Niederösterreich**, österr. Land zwischen Tschech. Rep., Slowakei, Steiermark u. Oberösterreich, 19 174 km², 1,5 Mio. Ew., Hptst. Sankt Pölten. N. hat Anteil an den Nordalpen (steir.-niederösterr. Kalkalpen) u. den Zentralalpen (Bucklige Welt, Leithagebirge), am Alpenvorland, am Böhmischen Massiv, am Hügelland des Weinviertels u. am Wiener Becken. Dichteste Besiedlung im Wiener Becken u. im Alpenvorland; hier sowie im Weinviertel bedeutende Landwirt-

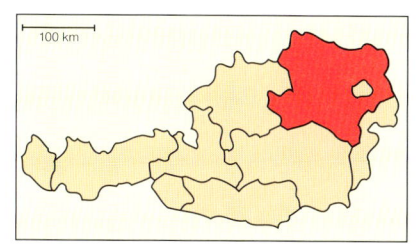

Niedersachsen

Niederösterreich

schaft (Getreide, Hackfrüchte u. Futterpflanzen); Weinanbau in der Wachau, im Weinviertel u. im Wiener Becken; Viehwirtschaft im Alpenvorland u. in den Alpen; wichtige Industrie im Wiener Becken, u. zwar vor allem um Wien, um St. Pölten u. in einigen Alpentälern: Eisen- u. Metallwarenerzeugung, Textilien, Papier, Holz, chem. Produkte; Kraftwerke am Kamp; Erdöl- u. Erdgasgewinnung im Marchfeld, im Waldviertel Graphitbergbau.

Geschichte: N. ist das histor. Kernland Österreichs. Die Gebiete südlich der Donau beherrschten seit 15 v. Chr. die Römer. Seit dem 6. Jh. siedelten sich Slawen u. Baiern in N. an. Unter Karl dem Großen erfolgte die Eingliederung ins Fränk. Reich (Karolingische Mark). 907–955 stand das Land unter ungar. Herrschaft. Mit der später gegr. *Ottonische Mark* wurden 976 die *Babenberger* belehnt, die das Gebiet nach N u. O erweitern konnten. 1156 wurde die Mark zum Herzogtum erhoben, das 1246 an Ottokar II. Přemysl fiel. 1282 gab Rudolf von Habsburg das Herzogtum seinen Söhnen als Lehen. Die Habsburger blieben bis 1918 die Landesherren. Ende des 15. Jh. waren Teile des Gebiets von den Ungarn besetzt, im 16. Jh. u. 17. Jh wurde es von den Türken verwüstet. Inzwischen war die Landes-Bez. Erzherzogtum Ö. unter der Enns üblich geworden. Negative wirtschaftl. u. soziale Auswirkungen hatte die Besetzung durch die Franzosen 1805 u. 1809. Am 1. 10. 1920 wurde N. zum österreich. Bundesland. Wien erhielt diesen Status am 1. 1. 1922. 1938–1945 war die amtl. Bez. für N. „Niederdonau", das um mehrere burgenländische u. südmährische Bezirke erweitert wurde. Nach dem 2. Weltkrieg gehörte N. zur sowjet. Besatzungszone. 1986 wurde St. Pölten Hptst. Niederösterreichs (1997 auch Sitz der Landesregierung).

Niederrheinische Bucht → Kölner Bucht.

Niederrheinisches Tiefland, Landschaft an Niederrhein, Niers u. Rur; Südostausläufer ist die *Kölner Bucht;* südl. von Krefeld fruchtbare Börden mit Anbau von Sonderkulturen (Gemüse u. a.); Braun- u. Steinkohlenvorkommen.

Niederösterreich: Weissenkirchen wird auch als schönster Weinort der Wachau bezeichnet

Niedersachsen

◆ **Niedersachsen,** Land im NW Deutschlands, entstand nach dem 2. Weltkrieg aus der preuß. Provinz Hannover u. den früheren Ländern Braunschweig, Oldenburg u. Schaumburg-Lippe, 47 613 km^2, 7,8 Mio. Ew., Hptst. Hannover.

Landesnatur: N. reicht von der Nordseeküste mit den Ostfries. Inseln bis zur mitteldt. Gebirgsschwelle mit dem Weserbergland, dem niedersächs. Berg- u. Hügel-

Niederösterreich: Das Augustiner-Chorherrenstift und die Ruine der im 12. Jahrhundert erbauten Burg, in der König Richard Löwenherz gefangen gehalten wurde, machen Dürnstein zum meistbesuchten Ort der Wachau

Niedersachsen: Die Lüneburger Heide ist ein beliebtes Urlaubs- und Ausflugsziel in Norddeutschland

Niedersachsen

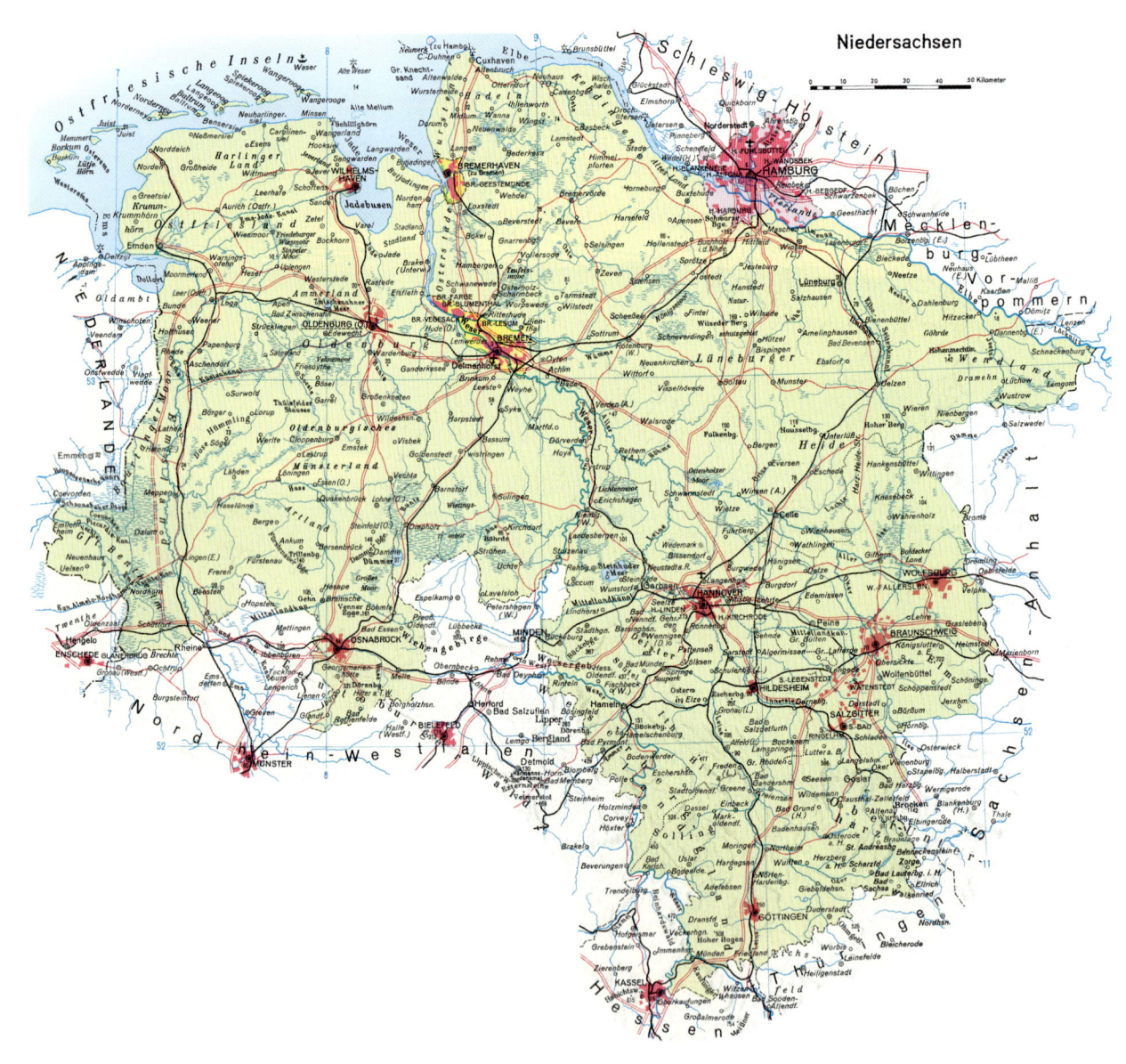

land (Deister, Elm, Süntel, Ith, Hils, Solling) u. dem westl. Harz im S, vom Emsland an der niederländ. Grenze im W bis zur Lüneburger Heide u. Unterelbe im O.
Die *Bevölkerung* besteht aus Niedersachsen sowie aus Westfalen im SW u. Friesen im N. Die größten Städte sind Hannover, Braunschweig, Osnabrück, Oldenburg, Salzgitter, Göttingen, Wilhelmshaven, Hildesheim, Wolfsburg, Delmenhorst, Lüneburg, Celle u. Emden.
Wirtschaftlich gehört N. zu den wichtigsten landwirtschaftl. Produktionsgebieten Deutschlands, vor allem als Getreide-, Futtermais- u. Kartoffellieferant. Bes. gute Ackerböden gibt es im Lößgebiet am Rand der Mittelgebirge mit Weizen-, Zuckerrüben- u. Gemüseanbau. Hoch entwickelt ist auch die Viehzucht. Große Bedeutung für die Wirtschaft Niedersachsens hat die Küsten- u. Hochseefischerei mit den Häfen *Emden, Brake, Nordenham* u. *Cuxhaven*. Die wichtigsten Bodenschätze sind Erdöl u. Erdgas im Emsland u. im dt. Nordseesektor, bei Celle u. Peine, große Eisenerzlager bei Salzgitter u. Peine sowie Steinsalz- u. Kalivorkommen im Harzvorland u. Braunkohle bei Helmstedt. Die Industrie konzentriert sich vor allem auf die Großstädte u. zeichnet sich durch eine große Mannigfaltigkeit der Erzeugnisse aus. Touristische Ziele sind vor allem die Ostfries. Inseln, der Harz u. die Lüneburger Heide.
Geschichte: Das Land N. wurde durch Verfügung der brit. Militärregierung vom 1. 11. 1946 aus der preuß. Provinz Hannover u. den Ländern Braunschweig, Oldenburg u. Schaumburg-Lippe gebildet. Dabei erhielten Braunschweig u. Oldenburg den Status von Verwaltungsbezirken, Schaumburg-Lippe den eines Landkreises. Am 1. 5. 1951 trat nach Verabschiedung durch den Landtag eine „vorläufige" Verfassung in Kraft. Nachdem 1975 Volksentscheide in Oldenburg u. Schaumburg-Lippe zur Wiederherstellung dieser Länder gescheitert waren, wurde 1977 die verwaltungsmäßige Sonderstellung der ehem. Länder beseitigt. 1993

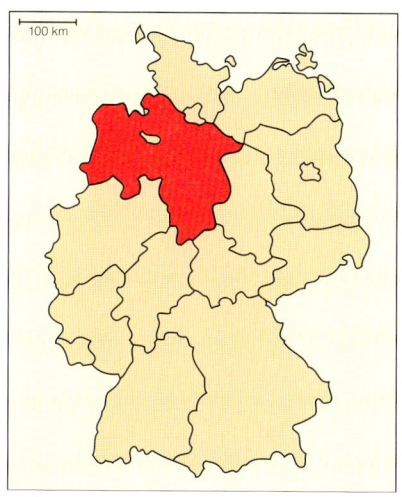

Niederungsvieh

Niedersachsen

trat eine neue Verfassung in Kraft. Das Parteienspektrum Niedersachsens wies bis 1963 ein starkes landsmannschaftl. Element auf; seither hat es sich den im Bundesmaßstab bestehenden Verhältnissen angeglichen. Die Regierungskoalitionen haben häufig gewechselt; jede der beiden großen Parteien, CDU u. SPD, hat das Land teils allein, teils im Bündnis mit anderen Parteien regiert.
Ministerpräsidenten: 1946–1955 Hinrich Wilhelm *Kopf* (SPD), 1955–1959 Heinrich *Hellwege* (DP), 1959–1961 Hinrich Wilhelm *Kopf* (SPD), 1961 bis 1970 Georg *Diederichs* (SPD), 1970–1976 Alfred *Kubel* (SPD), 1976–1990 Ernst *Albrecht* (CDU), 1990–1998 Gerhard *Schröder* (SPD), 1998/99 Gerhard *Glogowski* (SPD), seit 1999 Sigmar *Gabriel* (SPD).

Niedersächsisch → deutsche Mundarten.

Niedersächsisch-dänischer Krieg → Dreißigjähriger Krieg.

Niedersächsisches Wattenmeer, Nationalpark vor der Küste Niedersachsens zum Erhalt der vielfältigen Fauna u. Flora des Wattenmeeres, 2363 km²; 1986 gegr.

Niederschachtofen, ein Ofen zur Roheisengewinnung mit geringerer Höhe (8–10 m) als ein Hochofen, mit rundem, rechteckigem oder elliptischem Querschnitt; erlaubt die Verhüttung von armen Erzen mit geringwertigen Brennstoffen.

Niederschlag, 1. *Chemie:* ein sich aus einer Lösung abscheidender fester Stoff.
2. *Sport:* beim Boxen → Knock-out.

Niederschläge, *Meteorologie:* die flüssigen u. festen Ausfällungsprodukte des Wasserdampfs, die aus der Atmosphäre auf die Erde fallen. Voraussetzung für die Bildung von Niederschlägen ist die Abkühlung feuchter Luft unter den Taupunkt. Sie entstehen beim Aufgleiten von Luftmassen an einer Front *(zyklonale N.)*, bei einem durch Bodenerhebungen erzwungenen Aufstieg feuchter Luft *(Geländeregen, Steigungsregen)* oder bei deren freiem Aufstieg *(Konvektionsniederschläge)*; sie fallen als Dauerniederschläge oder als Schauer. Flüssige N. sind *Regen, Niesel, Nebelreißen*; feste N., *Schnee, Griesel, Eisregen, Hagel.* Die Menge der N. wird mit dem *Regenmesser* bestimmt. Sie ist durchschnittlich am größten in den Tropengürteln (Zenitalregen) u. am geringsten in den Rand- u. Subtropen (Trockenzonen um 30° nördl. u. südl. Breite); allgemein nimmt sie vom Äquator zu den Polen hin ab. Das Maximum fällt in Deutschland in den Allgäuer u. Lechtaler Alpen (2500 mm). Die mittlere Jahreshöhe der N. der ganzen Erde liegt wahrscheinlich bei 1000 mm (unsicher, da für die Meeresgebiete nur geschätzt). Nirgends fehlen N. ganz, jedoch können sie in Trockenwüsten mehrere Jahre ausbleiben. N. bestehen nicht aus reinem Wasser, sondern sie enthalten Staub, Ruß, gelöste Gase (z. B. Kohlendioxid), Salze u. andere chemische Verbindungen, auch radioaktive. N. tragen oft eine elektrische Ladung.

Niederschlagsmesser, *Regenmesser* → Regen.

Niederschlagung, *Niederschlagung von Strafverfahren* u. Abolition.

Niederschlesien, 1919–1934 u. 1941–1945 preuß. Provinz mit den Regierungsbezirken Breslau u. Liegnitz, bis 1941 nordwestl. Teil der Provinz *Schlesien* zu beiden Seiten der mittleren Oder, zwischen Obra, Bartsch u. Sudeten, 26 596 km², rd. 3,2 Mio. Ew.; Hptst. *Breslau* mit Sitz des Oberpräsidenten. N. kam 1945 unter poln. Verwaltung; seit 1975 ist es in die poln. Wojewodschaften Wrocław, Jelenia Góra, Legnica, Wałbrzych, z. T. Opole u. Zielona Góra gegliedert. Auch → Ostgebiete.

Niederschlesische Heide, *Lausitzer Heide*, Landschaft beiderseits der Lausitzer Neiße; Endmoränen u. Sanderflächen der letzten Vereisung, Kiefernwälder, Heide u. Hochmoore, nördl. davon der *Niederschlesisch-Lausitzer Landrücken*.

Niederschlesischer Oberlausitzkreis, Ldkrs. in Sachsen, Reg.-Bez. Dresden, 1357 km², 113 000 Ew.; Verw.-Sitz ist *Görlitz*.

Niedersee, poln. *Jezioro Nidzkie,* masurischer See beim Ort Ruciane-Nida, 18,3 km², bis 24 m tief.

Niederspannung, elektr. Spannung zwischen 42 Volt u. 500 Volt gegen Erde; niedrigere Spannungen werden als *Kleinspannung*, höhere als *Mittel-* oder *Hochspannung* bezeichnet.

Niederstetten, Stadt in Baden-Württemberg, Main-Tauber-Kreis, zwischen Hohenloher Ebene u. Taubergrund, 5500 Ew.; Weinanbau.

Niederstotzingen, Stadt in Baden-Württemberg, Ldkrs. Heidenheim, nordöstl. von Ulm, 4900 Ew.; Metall verarbeitende Industrie.

Niederstwertprinzip → Bewertung.

Niederterrasse, in den Tälern Mitteleuropas die unterste, in der letzten pleistozänen Eiszeit durch Flussablagerungen entstandene Schotterterrasse. Sie liegt meist außerhalb des Hochwasserbereichs *(obere N.)* u. ist daher ein bevorzugter Siedlungsstandort in Tälern. Die untere N. liegt unter Auelehm.

Niedertrumer See, österr. See, → Mattsee.

Niederungsvieh, *Tieflandvieh,* das früher hauptsächlich im Nord- u. Ostseeküstengebiet, heute jedoch weiter verbreitet vorkommende Rindvieh, z. B. schwarzbuntes, rotbuntes, einfarbig rotes u. rotbraunes N.; N. ist ein Zweinut-

Niedersachsen: Für das Land am Meer ist der Schiffbau, im Bild die Meyer-Werft in Papenburg, von großer Bedeutung

Niedersachsen: Die Regionen des neu gegründeten Landes Niedersachsen 1946

zungsrind (Milch- u. Fleischrind). Auch → Shorthorn.
Niederwald, *Ausschlagwald,* Laubholzwald mit flächenweise gleichaltrigem Bestand, der schlagweise bewirtschaftet wird. Nach dem → Abtrieb (2) erfolgt der Wiederaustrieb der Stöcke *(Stockausschlagwald)* u. die Wurzelbrut. Wichtigste Niederwälder sind die *Eichenschälwaldungen,* in denen vor bzw. beim Einschlag der jungen Eichen die Rinde zwecks Gewinnung von *Gerbstoff* geschält wird.
Niederwald, 350 m hoher Bergrücken im südwestl. Taunus, nordwestl. von Rüdesheim, mit dem 1877–1883 erbauten *Niederwalddenkmal.*
Niederwerrn, Gemeinde in Bayern, Ldkrs. Schweinfurt, am westl. Stadtrand von Schweinfurt, 7600 Ew.
Niederwild, das zur *niederen Jagd* (Gegensatz: *hohe Jagd*) zählende Wild, z. B. Reh, Marder, Fuchs, Hase, Dachs, Schnepfe, Wildente.
Niederzier, Gemeinde in Nordrhein-Westfalen, Ldkrs. Düren, 13 600 Ew.; Braunkohlengewinnung im Ortsteil Hambach.
Niednagel, *Neidnagel,* kleine Hautverletzung mit freiem Hautstückchen, die vom Nagelbändchen ausgeht u. sich auf der Haut des Nagelwalls fortsetzt. Der N. kann schmerzhaft sein, leicht weiterreißen u. infiziert werden.
Niedrigenergiehaus, ein energiesparendes Gebäudekonzept, dessen Jahresheizwärmebedarf durch erhöhte Wärmedämmung, Wärmeschutzverglasung sowie eine Abluft-Lüftungsanlage nur noch zwischen 30 kWh/m² u. 70 kWh/m² beträgt. Durchschnittl. Wohngebäude in Dtschld. haben im Vergleich dazu einen Heizwärmebedarf von etwa 240 kWh/m² pro Jahr. Im Unterschied zum *Passivhaus* benötigen Niedrigenergiehäuser noch eine konventionelle Heizanlage.
Niedrigwasser, der periodisch wiederkehrende Tiefstand des Wasserspiegels; bei Flüssen u. Seen als Folge der jahreszeitlich differierenden Niederschläge, beim Meer als die Folge von Ebbe u. Flut.
Niefern-Öschelbronn, Gemeinde in Baden-Württemberg, Enzkreis, nordöstl. von Pforzheim, 233–406 m ü. M., 11 600 Ew.; spätgot. Pfarrkirche; Maschinenbau u. Elektroindustrie.

Paul Niehans

◆ **Niehans,** Paul, schweiz. Arzt, *21. 11. 1882 Bern, †1. 9. 1971 Montreux; entwickelte die *Zellulartherapie*; schrieb „Biologische Behandlung kranker Organe durch Einspritzung lebender Zellen" 1949 u. „Zellulartherapie" 1954.
Niehaus, Manfred, dt. Komponist, *18. 9. 1933 Köln; Schüler von B. A. *Zimmermann,* Vertreter der Mixed-Media-Bewegung, erstrebt in seinen Bühnenwerken („Pataphysiker" nach A. Jarry 1969, „Maldoror" nach

Niello: Tassilo-Kelch; Niello vor 777. Kremsmünster, Benediktinerstift

Texten von Lautréamont 1970 u. in „Sylvester" 1973) einen Stilpluralismus.
Nieheim, Stadt in Nordrhein-Westfalen, Ldkrs. Höxter, 7000 Ew.; Möbelindustrie.
Niekisch, Ernst, dt. Politiker u. Publizist, *23. 5. 1889 Trebnitz, Schlesien, †23. 5. 1967 Berlin (West); Lehrer; 1918/19 Vors. des Zentralen Arbeiter- u. Soldatenrats in München, 1921/22 Abg. der USPD, 1922/23 der SPD im bayer. Landtag; verließ dann die SPD u. wurde Wortführer einer „nationalbolschewist." Richtung, die er in seiner Zeitschrift „Der Widerstand" 1926–1934 vertrat. Als Gegner des nat.-soz. Regimes war N. 1937–1945 im Zuchthaus. 1946 wurde er Mitgl. der SED, 1948 Prof. in Ostberlin, 1949 Abg. der DDR-Volkskammer. Nach Konflikten mit der SED löste er sich 1954 von ihr. Er schrieb u. a. „Europäische Bilanz" 1951; „Das Reich der niederen Dämonen" 1953; „Erinnerungen eines dt. Revolutionärs" 2 Bde. 1974.
Niel [njɛl], Adolphe, franzos. Marschall (seit 1859), *4. 10. 1802 Muret, Dép. Haute-Garonne, †13. 8. 1869 Paris; leitete im *Krimkrieg* die Belagerung von Sewastopol u. kommandierte 1859 die franzos. Truppen in Italien in der Schlacht bei *Magenta* u. *Solferino.* 1867 wurde N. Kriegsminister u. bemühte sich um eine Heeresreform nach preuß. Muster.
◆ **Niello** [das; ital.], ein Schmuckverfahren, bei dem in Edelmetall (meist Silber) Figuren, Ornamente u. Inschriften eingeschnitten, eingeätzt oder breit eingearbeitet werden; die Vertiefungen werden mit erhitztem schwarzem *Niellometall* (Schwefelsilber, Kupfer, Blei) ausgefüllt, anschließend geschliffen u. poliert. Schon im ägyptischen Altertum bekannt; besonders im 15. u. 16. Jh. in Italien u. Deutschland gepflegt.
Niels, männl. Vorname, → Nils.
Nielsbohrium [nach *Niels* H. D. *Bohr*], veraltete Bez. für das chem. Element → Bohrium, ursprüngl. auch für *Dubnium* verwendet.
Nielsen, 1. Arthur Charles, US-amerikan. Marktforscher, *5. 9. 1897 Chicago, †1. 6. 1980 Chicago; gründete 1923 ein Unternehmen zur systemat. Beobachtung von Warenkonsum u. Mediennutzung in bestimmten sozio-ökonom. Räumen („Nielsen-Gebieten"), mit Niederlassungen in über 90 Ländern, seit 1954 auch in Dtschld.
2. [dän. 'nel-], Asta, dän. Schauspielerin, *11. 9. 1881 Kopenhagen, †24. 5. 1972 Kopenhagen; kam von skandinavischen Bühnen um 1910 in Berlin zum Film. Ihre ausdrucksvolle Gestaltung von Frauenrollen gab dem Stummfilm erstmals künstlerischen Rang. Sie war einer der ersten Stars der Filmgeschichte; verheiratet mit U. Gad. Filme: „Abgründe" 1910; „Die freudlose Gasse" 1925.
3. [dän. 'nel-], Carl August, dän. Komponist, *9. 6. 1865 Nørre Lyndelse bei Odense, †3. 10. 1931 Kopenhagen; studierte bei N. W. *Gade* u. erwies sich in seinen sechs Sinfonien (die teilweise programmat. Titel wie „Das Unauslöschliche" tragen) als bahnbrechender Vertreter der skandinav. Moderne, der Kirchentonarten, Pentatonik u. Polytonalität verwendete; schrieb außerdem zwei Opern („Saul und David" 1902; „Maskerade" 1905), Konzerte, Kammermusik, Klavier- u. Vokalwerke.
Niemandsland, 1. allg. ein Gebiet, das weder Herrschaftsobjekt noch Hoheitsgebiet eines bestimmten Staates ist. – **2.** Im Fall eines bewaffneten Konflikts: das Gelände zwischen den Fronten Krieg führender Parteien, das von keiner Seite besetzt oder militärisch genutzt wird.
Niemann-Pick'sche Krankheit [nach dem Kinderarzt Albert *Niemann,* *1880, †1921, u. dem Pathologen Ludwig *Pick,* *1868, †1944], seltene, erbl. Lipoidspeicherkrankheit *(Lipoidose),* die auf einem Enzymdefekt beruht *(Enzymopathie)* u. zu einer abnormen Speicherung von Syringomyelin u. a. Lipoiden in den Geweben führt. Die Krankheit, die im Säuglingsalter beginnt, führt zu Milz- u. Lebervergrößerung, Blutarmut u. Blutbildveränderungen, zu Hautverfärbungen u. a. Symptomen. Eine erfolgreiche Behandlung gibt es noch nicht.
Niemann-Stirnemann, Gunda, dt. Eisschnellläuferin, *7. 9. 1966 Sondershausen, Thüringen; erfolgreichste Rennläuferin aller Zeiten: achtfache Weltmeisterin (1991–1993 u. 1995–1999) u. siebenfache Europameisterin im Vierkampf, Olympiasiegerin 1992 (3000 m u. 5000 m) u. 1998 (3000 m) sowie drei Silber- u. eine Bronzemedaille; vielfache Weltrekordlerin u. Weltcupsiegerin.
Niembaum → Nimbaum.
Niembsch Edler von Strehlenau, österr. Dichter, → Lenau, Nikolaus.
Niemcewicz [njɛm'tseviʃ], Julian Ursyn, poln. patriot. Dichter u. Politiker, *16. 2. 1757 Skoki bei Brest, †21. 5. 1841 Paris;

Dichter zwischen Aufklärung u. Romantik; kritisierte den russlandhörigen poln. Adel, behandelte in Romanen poln. Geschichte u. Gegenwart (z. B. das Judenproblem in „Levi u. Sara" 1821, dt. 1824); erstes poln. Lustspiel „Die Heimkehr des Landboten" 1790, dt. 1792; Fabeln.

Niemegk ['niːmɛk], Stadt in Brandenburg, Ldkrs. Potsdam-Mittelmark, nördl. des Hohen Fläming, 2400 Ew.; Observatorium für Erdmagnetismus.

Niemeyer, 1. Hans Georg, dt. Archäologe, *30. 11. 1933 Hamburg; gründete 1970 den Dt. Archäologen-Verband (Vorsitzender 1974–1978), wurde 1970 Prof. in Köln, seit 1980 in Hamburg. Hptw.: „Einführung in die Archäologie" 1968; „Studien zur Darstellung der Römischen Kaiser" 1968; „Phönizier im Westen" (Hrsg.) 1982.

◆ **2.** Oscar, brasilian. Architekt, *15. 12. 1907 Rio de Janeiro; schuf zahlreiche öffentl. Bauten, Hotels u. Siedlungskomplexe in Brasilien u. Venezuela. N. war maßgeblich beteiligt an der Gestaltung der neuen brasilian. Hauptstadt *Brasilia*; nach der Machtübernahme durch die Militärs ging N. ins Exil; er arbeitete überwiegend in Europa. 1980 übernahm er den Entwurf für den Wiederaufbau der durch ein Erdbeben zerstörten Hauptstadt Nicaraguas, Managua. Nach der Demokratisierung in Brasilien wurde N. wieder mit Aufträgen betraut (Monument für die Folteropfer in den lateinamerikan. Staaten 1986). 1996 wurde in Niteroi bei Rio de Janeiro das von ihm entworfene Museum für zeitgenöss. Kunst eröffnet. 1988 erhielt N. zusammen mit Gordon Bunshaft den Pritzker-Preis für Architektur. In Dtschld. ist N. durch sein Wohnhaus im Berliner Hansaviertel (1957) vertreten. Hptw.: Öffentl. u. Wohnbauten in Pampulha, 1943/44; São José dos Campos, 1947; Ibirapuéra, 1951–1954; u. Bauten in Brasília, 1956–1961; Haus der Kommunist. Partei Frankreichs in Paris, 1971/72.

3. Theodor, dt. Völkerrechtslehrer, *5. 2. 1857 Boll, Württemberg, † 23. 10. 1939 Berlin; lehrte seit 1893 in Kiel u. gründete dort 1914 das erste Institut für Internationales Recht. Hptw.: „Das internationale Privatrecht des BGB" 1908; „Handbuch des Seekriegsrechts" 3 Bde. 1913; „Handbuch des Abrüstungsproblems" 3 Bde. 1928.

◆ **Niemöller,** Martin, dt. ev. Theologe, *14. 1. 1892 Lippstadt, † 6. 3. 1984 Wiesbaden; zunächst Marineoffizier (U-Boot-Kommandant), 1924 Pfarrer der Inneren Mission in Münster, 1931 Pfarrer in Berlin-Dahlem, gründete 1933 in der Auseinandersetzung mit den Deutschen Christen den

Martin Niemöller

→ Pfarrernotbund, war Mitgl. des altpreuß. Bruderrats u. des Reichsbruderrats der Bekennenden Kirche, Symbolfigur des Widerstandes gegen die nat.-soz. Vereinnahmung der Kirche (→ Kirchenkampf), 1938 bis 1945 als „persönlicher Gefangener" Hitlers in den Konzentrationslagern Sachsenhausen u. Dachau. N. war 1945–1956 Präsident des Kirchlichen Außenamts der EKD, 1947–1964 Kirchenpräsident der Ev. Kirche in Hessen u. Nassau, 1961–1968 einer der sechs Präsidenten des Ökumen. Rates der Kirchen, 1957 Präsident der Dt. Friedensgesellschaft. Er erhielt 1967 den Lenin-Friedenspreis der UdSSR. Wiederholt trat N. durch Kritik an der Westorientierung der Bundesrepublik Deutschland u. an der Atomrüstung hervor. Hptw.: „Vom U-Boot zur Kanzel" 1934; „Dahlemer Predigten 1936/37" 1982; „Reden" (1945 bis 1963) 1957 ff.

Nienburg, 1. *Nienburg (Saale),* Stadt in Sachsen-Anhalt, Ldkrs. Bernburg, an der Mündung der Bode in die Saale, 5000 Ew.; Benediktinerabtei (10.–16. Jh.), Klosterkirche (13. Jh.), Schloss (17. Jh.); Binnenschifffahrt, Papierindustrie, Zementfabrik.

Nienburg (Weser)

◆ **2.** *Nienburg (Weser),* Kreisstadt in Niedersachsen, an der Weser (Hafen), nordwestl. von Hannover, 32 800 Ew.; spätgot. Kirche (15. Jh.), Fachwerk-Rathaus (16. Jh.); Fachhochschule; Glas-, Holz-, Metall-, chem. Industrie. – Stadtrecht 1225.

3. Ldkrs. in Niedersachsen, Reg.-Bez. Hannover, 1399 km², 125 000 Ew.; Verw.-Sitz N. (2).

Nienburger Gruppe, Kulturgruppe der frühen Eisenzeit in Niedersachsen, benannt nach einem Hügelgräberfeld bei Nienburg (Weser) mit für die Epoche charakterist. Urnen.

Nienhagen, Gemeinde in Niedersachsen, Ldkrs. Celle, südl. von Celle, 6100 Ew.; chem. Industrie; in der Nähe Erdölvorkommen.

◆ **Niepce** ['njɛps], Joseph Nicéphore, französ. Offizier u. Erfinder, *7. 3. 1765 Chalon-sur-Saône, † 5. 7. 1833 Gras bei Chalon. N. stellte 1816 die erste Fotografie her. Seit 1829 arbeitete er gemeinsam mit L. J. M. *Daguerre* an deren Vervollkommnung (nach dem Tod von N. als

Joseph Nicéphore Niepce

Daguerreotypie bezeichnet). Die älteste, heute noch erhaltene Fotografie der Welt fertigte N. 1826 in einer Belichtungszeit von acht Stunden in Gras bei Chalon an. Sie befindet sich in der Sammlung Gernsheim in Austin, Texas.

Niepce de Saint-Victor [njɛps də sɛ̃vik'tɔːr], Abel, französischer Offizier und Erfinder, Neffe von J. N. *Niepce,* *26. 7. 1805 St.-Cyr bei Chalon-sur-Saône, † 5. 4. 1870 Paris; erfand 1847/48 das fotografische Albumin-Verfahren mit Jodsilber-Eiweiß auf Glasplatten, später auch auf Papier für Positive (bis 1900 im Gebrauch).

Oscar Niemeyer: Kathedrale von Brasília, Brasilien

Nieren

◆ **Nieren**, *Renes*, i. w. S. tierische → Ausscheidungsorgane, i. e. S. die Harnbildungsorgane der Wirbeltiere.
Die N. des *Menschen* sind zwei bohnenförmige, etwa 12 cm lange, 6 cm breite, 3–4 cm dicke Organe, die beiderseits der Lendenwirbelsäule der hinteren Bauchwand (die linke Niere etwas höher als die rechte) aufliegen. Der konkave Teil der N. *(Nierenhilus)* ist der Wirbelsäule zugewandt. Die N. werden von einer bindegewebigen Kapsel umgeben u. von einer derben Bindegewebsfaszie in ihrer Lage gehalten. In den Nierenhilus münden die *Nierengefäße*, im Nierenhilus beginnt das *Nierenbecken*. Die zuführenden Nierengefäße teilen sich in der *Nierenrinde* in zahlreiche Haargefäßknäuel *(Glomeruli)* auf, durch die das Blutwasser in Kanälchen filtriert u. von seinen Schlacken befreit wird. Dabei nehmen die Zellen dieser Kanälchen die für den Körper noch brauchbaren Stoffe u. den größten Teil des Wassers wieder auf, wohingegen die harnpflichtigen Stoffe zurückbleiben u. mit dem so entstehende Harn *(Urin)* über die Harnkanälchen in das fächerförmige Nierenbecken ausgeschieden werden. Im Aufschnitt bestehen die N. aus einer Rinde, die das fächerförmig aufgeteilte Mark überzieht; die Spitzen der Pyramiden münden in das Nierenbecken; im Mark verläuft das Hauptkanälchensystem in gewundenen Schleifen oder geraden Verläufen.

Nierenkrankheiten: Die wichtigsten Erkrankungen sind: → Nierenentzündung, → Nierenbeckenentzündung, → Nierensteine, → Niereninsuffizienz, → Schrumpfniere, → Nierenversagen u. Nierentumoren. Es gibt zahlreiche Fehlbildungen der N. Fehlende, zu kleine, zu große, zusammengewachsene N., doppelt angelegte Nierenbecken u. Harnleiter, Zystenbildungen in den N. kommen als angeborene Fehlbildungen am häufigsten vor. Auch → Dialyse.

Nierenbecken, *Pyelon*, in die Niere (Nachniere) der höheren Wirbeltiere vom sekundären *Harnleiter (Ureter)* gebildetes fächerförmiges Sammelbecken. Auch → Ausscheidungsorgane.

Nierenbeckenentzündung, *Pyelitis*, akute oder chron. Entzündung des Nierenbeckens durch Verschleppung von Krankheitskeimen auf dem Blut- oder Lymphweg oder durch aufsteigende Infektion der Harn ableitenden Organe. Die krankhaften Veränderungen greifen in der Regel auch auf das übrige Nierengewebe (Interstitium u. Parenchym) über, dann spricht man von einer *Pyelonephritis*. Als Erreger werden am häufigsten Kolibakterien, Pseudomonas u. Staphylokokken nachgewiesen. Stoffwechselstörungen wie Diabetes oder Gicht, chronische Darmentzündungen, Schwangerschaft, Abflussbehinderung in den Harnwegen (→ Prostatavergrößerung, → Lithiasis) begünstigen die *akute Pyelonephritis*. Sie äußert sich u. a. durch hohes Fieber, Schmerzen im Flankenbereich u. Störungen der Harnausscheidung. Bei der *chronischen Pyelonephritis* besteht die Gefahr zunehmender Funktionseinschränkung der Nieren bis zur → Schrumpfniere. Die chronische Form beginnt meist schleichend ohne oder mit uncharakteristische Beschwerden. Konsequente ärztliche Behandlung (mit Chemotherapeutika bzw. Antibiotika, strenger Bettruhe, reichliche Zufuhr von Flüssigkeit zur Durchspülung der Nieren u. a.) ist bei allen Formen der N. erforderlich.

Nierenentzündung, *Nephritis*, akute oder chronisch verlaufende Entzündung des Nierengewebes. Bei der *Glomerulonephritis* sind durch vermehrtes Eindringen von Immunzellen u. -stoffen nach schweren Infektionen (insbes. durch Streptokokken) die Filterkör-

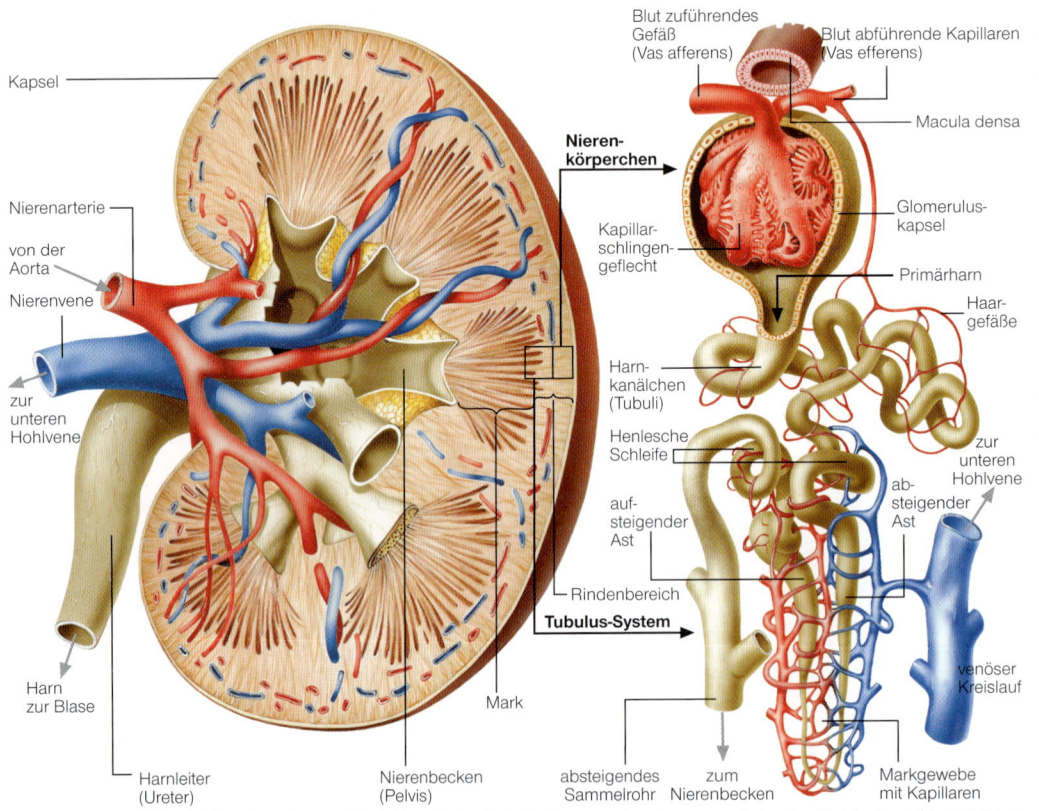

Nieren, Längsschnitt (links): Über eine Nierenarterie erhält die Niere ihr Blut, das über eine Nierenvene wieder dem Kreislauf zugeführt wird. Im Rindenbereich befinden sich die Nierenkörperchen mit den als Filter dienenden Glomeruluskapillaren. Das Tubulussystem besteht aus stark geknäuelten Harnkanälchen und erstreckt sich in Mark und Rinde. Über ein Sammelrohr in der Nierenpapille mündet es ins Nierenbecken. Der Harn gelangt über den Harnleiter in die Harnblase und wird dann ausgeschieden. - Die Harnbildung findet im Nierenkörperchen und im Tubulussystem statt (rechts). Über ein zuführendes Gefäß wird das Blut in das Kapillarschlingengeflecht geleitet. Dadurch dass in der Glomeruluskapsel ein Staudruck entsteht, wird ein Filtrat des Blutes durch die Kapillarwände gepresst, das sich als Primärharn sammelt. Dieses Filtrat enthält die löslichen Bestandteile des Blutes mit Ausnahme fast aller Eiweißkörper. Der Primärharn gelangt nun in die sog. Henle'sche Schleife, wo eine Stoffrückgewinnung erfolgt, bei der im Großteil der im Primärharn gelösten Stoffe und 99% des Wassers wieder in den Blutkreislauf gelangen. Zwischen den beiden Ästen der Henle'schen Schleife befindet sich Markgewebe mit Kapillaren, in die Natrium- und Chlorid-Ionen aus dem aufsteigenden Ast gelangen, so dass die Ionen-Konzentration in den Kapillaren rapide ansteigt. Dadurch wird dem daneben liegenden absteigenden Ast Wasser entzogen. Aus dem absteigenden Sammelrohr gelangt abermals Wasser in den Blutkreislauf zurück. In diesem Bereich kontrolliert das Hormon Adiuretin die Resorption. Druck und Salzgehalt des Blutes werden von den Zellen der Macula densa registriert. Ist der Salzgehalt im Blut zu niedrig, bilden sie das Hormon Renin, das zu einem Blutdruckanstieg und dadurch zu einer erhöhten Filterleistung im Glomerulus führt

perchen (*Glomeruli*) entzündet. Die *akute* Form macht sich durch Blut im Urin, erhöhten Blutdruck u. Ödeme bemerkbar. Sie kann *chronisch* werden u. sich mit uncharakterist. Beschwerden über Jahre hinweg schleichend zu einer → Niereninsuffizienz oder → Schrumpfniere entwickeln. Wenn das Zwischengewebe der Nieren entzündl. verändert ist, liegt eine *interstitielle N.* vor. Die Beschwerden entsprechen denen einer → Niereninsuffizienz. Die Ursachen sind vielfältig: allerg. Reaktionen, Infektionen durch Bakterien oder Viren, Medikamentenmissbrauch, Vergiftungen, Nierenfehlbildungen oder Autoimmunreaktionismen.

Nierenform, eine Kunstform, die in bestimmten Stilabschnitten bei Möbeln, insbes. Tischen, Anwendung fand. Beliebt war die N. im 18. Jh., als T. *Chippendale* diese Form verbreitete, u. in den 1950er Jahren, als nierenförmige Couchtisch Mode war u. als Massenware produziert wurde.

Niereninsuffizienz, erhebl. eingeschränkte Fähigkeit der Nieren, ihrer Aufgabe nachzukommen, die harnpflichtigen, stickstoffhaltigen Substanzen auszuscheiden. Die *akute* Form der N. ist das → Nierenversagen, das in der Regel wieder rückgängig gemacht werden kann. Bei der *chronischen* N. unterscheidet man vier Stadien, die fließend ineinander übergehen. Da Nierengewebe *(Parenchym)* zerstört wird, ist der eingetretene Organschaden irreversibel. Im ersten Stadium ist die Filtrationsleistung der Nieren in den Glomeruli vermindert. Es liegen keine Beschwerden vor, es kann lediglich zu vermehrtem nächtl. Wasserlassen *(Nykturie)* kommen. Der fortschreitende Untergang des Nierenparenchyms führt in den folgenden beiden Stadien zur Verminderung der Harnbildung bis zum Harnverhalt und entsprechendem Anstieg von harnpflichtigen Substanzen, Elektrolyten u. Wasser im Blutserum mit nachfolgender Schädigung der inneren Organe. Neben typ. gelbl. Hautfärbung u. Hautjucken durch Einlagerung der Harngifte in die Haut kommt es zu Leistungsabfall, Schlafstörungen, Austrocknung des Körpers mit massivem Abfall des Blutdrucks, später zu schweren Störungen des Magen-Darm-Traktes, des Herz-Kreislauf-Systems u. des Nervensystems. Im Endstadium ist der Betroffene durch seinen eigenen Harn vergiftet *(Urämie)* u. dialysebedürftig. Eine N. ist meist das Endstadium bei chronischen → Nierenentzündungen u. → Nierenbeckenentzündungen u. eine der spezifischen Risiken bei → Zuckerkrankheit, → Arteriosklerose u. Fehlbildungen der Nieren, kann aber bei allen Nierenerkrankungen auftreten.

Nierensamengewächse, *Cochlospermaceae,* Pflanzenfamilie der *Parietales,* nur zwei Gattungen mit 20 Arten, bes. in den Tropen Amerikas. Zu den Nierensamengewächsen gehört u. a. *Cochlospermum.*

Nierenschrumpfung → Schrumpfniere.

Nierenschuppenfarn → Nephrolepis.

Nierensteine, *Nierensteinkrankheit, Nephrolithiasis,* in den Nieren oder ableitenden Harnwegen gebildete körnige, steinartige Ablagerungen (Konkremente), bestehend aus Harnsäure oder harnsauren Salzen, aus Calciumphosphat, -carbonat oder -oxalat, Xanthin oder Cystin. N. kommen von Sand- oder Grießkorngröße *(Nierensand oder Nierengrieß)* bis zu Taubeneigröße vor. Kleinere Steine können durch den Harnleiter abgehen u. dabei akute, sehr heftige Schmerzattacken (Nierenkoliken) auslösen, die von Fieber, Schüttelfrost, Erbrechen sowie vermehrtem Harndrang u. gleichzeitig verminderter Harnausscheidung begleitet sein können. Chron. Nierensteinleiden verlaufen oft nahezu ohne Symptome, können aber durch ständige Reizung zu → Nierenbeckenentzündung u. a. Komplikationen führen. Die Behandlung besteht bei einer Kolik in Schmerzstillung u. Krampflösung sowie viel Flüssigkeitszufuhr, um die N. zum Abgehen zu bringen. Gelingt dies nicht, können sie je nach Art u. Größe mit der Harnleiterschlinge von der Blase aus entfernt werden oder durch Steinzertrümmerung (→ Lithotripsie), chem. Auflösung (*Urolitholyse*) oder operativ beseitigt werden.

Nierentransplantation, Übertragung einer gesunden Niere von einem Spender auf einen Nierenkranken, dessen beide Nieren ausgefallen sind (→ Transplantation). Bei den Spendern handelt es sich überwiegend um hirntote Organspender, nur etwa in 5 % der Fälle stammt die Niere von einem lebenden Verwandten. Bei einer Überlebensrate von 95 % sind nach einem Jahr noch 80–85 % der Transplantate von nicht verwandten Spendern funktionsfähig, bei verwandten Spendern beträgt die Rate 95 %.

Nierenversagen, verminderte oder vollständig ausfallende Funktion der Nieren; entweder als schwere → Niereninsuffizienz oder i. e. S. als *akutes N.* oder *Schockniere.* Beim akuten N. handelt es sich um einen plötzlich auftretenden teilweisen oder vollständigen Verlust der Ausscheidungsfunktion der Nieren, meist hervorgerufen durch einen reversiblen Nierenschaden. Die Folge ist eine allmähliche *Harnvergiftung,* die nach rd. einer Woche eine → Dialyse-Behandlung notwendig macht. Hauptursache ist eine akute Minderdurchblutung der Nieren bei starkem Blut-, Flüssigkeits- oder Elektrolytverlust sowie Abfall des Blutdrucks (z. B. bei inneren Blutungen, Herzinfarkt, schweren Infektionen u. Verbrennungen, massivem Brechdurchfall). Ein akutes Nierenversagen kann auch durch bestimmte Gifte (z. B. Glykolverbindungen, E605, Schwermetalle) u. seltener durch entzündliche Nierenerkrankungen hervorgerufen werden.

Nieritz, Gustav, dt. Jugendschriftsteller, * 2. 7. 1795 Dresden, † 16. 2. 1876 Dresden; war Armenschullehrer, seit 1841 Hrsg. eines „Volkskalenders"; schrieb über 100 einst viel gelesene sozialkrit. „Erzählungen für die Jugend" (Auswahl, 28 Bde. 1890–1892); „Selbstbiografie" 1872.

Niers, rechter Nebenfluss der Maas, 109 km; entspringt östl. von Erkelenz, mündet bei Gennep (Niederlande).

Nierstein, Gemeinde in Rheinland-Pfalz, Ldkrs. Mainz-Bingen, 7000 Ew.; Weinanbau.

Niesel, Wilhelm, dt. evangelischer Theologe, * 7. 1. 1903 Berlin, † 13. 3. 1988 Frankfurt a. M.; 1935–1940 Dozent in Berlin (Kirchliche Hochschule), 1934 Mitglied des Rates der Ev. Kirche der Altpreuß. Union, hatte unter den Nationalsozialisten Redeverbot u. wurde wiederholt verhaftet, 1951–1968 Prof. in Wuppertal (Kirchl. Hochschule), 1964–1970 als erster Deutscher Präs. des Reform. Weltbundes, sehr guter Calvin-Kenner.

Nieselregen, *Sprühregen,* flüssiger Niederschlag mit Tropfendurchmessern zwischen 0,12 u. 0,5 mm sowie Fallgeschwindigkeiten zwischen 0,3 u. 2 m/s. Sprühregen grenzt sich einerseits von Regen mit größeren Tropfen, andererseits zu den Wolkenelementen mit kleineren Tropfen ab, die sich längere Zeit schwebend erhalten.

niesen, nach tiefster Einatmung kurz, kräftig oder stoßartig durch die Nase ausatmen. Das Niesen *(Sternutatio)* ist ein durch einen Reiz der Nasenschleimhaut ausgelöster Reflex der Atemmuskulatur; Fremdkörper oder Schleimteilchen werden dabei mit fortgerissen. Ununterbrochenes N. führt zum *Nieskrampf.*

Niesen, schweiz. bekannter Berg u. Aussichtspunkt des Berner Oberlands südlich vom Thuner See, 2362 m, Bergbahn zum Gipfel.

Niesky, Stadt in Sachsen, Niederschlesischer Oberlausitzkreis, in der Oberlausitz, nordwestlich von Görlitz, 12 300 Ew.; Stahl- und Waggonbau, Baustoffindustrie. – 1742 Gründung der *Herrnhuter Brüdergemeine.*

Nießbrauch, *Ususfructus,* im bürgerlichen Recht eine → Dienstbarkeit, kraft deren der *Nießbraucher* berechtigt ist, aus fremden Sachen, Rechten oder Vermögen → Nutzungen zu ziehen (§§ 1030 ff. BGB). Der Nießbraucher ist zum Besitz der Sache berechtigt. Er hat ihre bisherige wirtschaftliche Bestimmung aufrechtzuerhalten u. nach den Regeln einer ordnungsmäßigen Wirtschaft zu verfahren. Der N. ist nicht übertragbar u. erlischt mit dem Tod des Nießbrauchers.

Ähnlich in der *Schweiz* die Nutznießung (Art. 745–775 ZGB) u. in *Österreich* die *Fruchtnießung* (§§ 509 ff. ABGB), die aber nur an Sachen u. in bestimmten Fällen (z. B. §§ 1255 ff. ABGB, *Fruchtnießung auf den Todesfall*) am Vermögen, nicht aber an Rechten bestehen kann.

Niessen, Carl, dt. Theaterwissenschaftler, * 7. 12. 1890 Köln, † 6. 3. 1969 Troisdorf, erhielt 1936 in Köln die erste ao. Professur für Theaterwissenschaft, gründete das Theatermuseum in Köln; Hptw.: „Das Bühnenbild" 1924; „Das rhein. Puppenspiel" 1928; „Handbuch der Theaterwissenschaft" 1949 (unvollendet, 3 Bde. 1949–1958).

Niestetal, Gemeinde in Hessen, Ldkrs. Kassel, 10 200 Ew.

◆ **Nieswurz,** *Helleborus,* Gattung der *Hahnenfußgewächse (Ranunculaceae),* etwa 25 Arten, von Europa bis Zentralasien verbreitet; Giftpflanzen. Die *Grüne N., Helleborus viridis,* ist auf steinigen Hügeln u. in

Grüne Nieswurz, Helleborus viridis

Wäldern u. die übel riechende *Stinkende N., Helleborus foetidus,* bes. auf Kalk heimisch. Auch → Christrose.

Niet [der, auch das], Element zur festen Verbindung zweier Werkstücke. Es besteht aus einem Metallbolzen, der mit einem Kopf *(Setzkopf)* versehen ist. Der Schaft wird durch die vorgebohrten Löcher der zu verbindenden Teile gesteckt u. der überstehende Teil zu einem zweiten Kopf *(Schließkopf)* geformt. Man unterscheidet halbrunde Niete, Rundniete, versenkte u. halbversenkte Niete.

Niethammer, Friedrich Immanuel, dt. Pädagoge, Theologe u. Philosoph, *6. 3. 1766 Beilstein bei Heilbronn, †1. 4. 1848 München; 1793 Dozent in Jena, 1803 Prof. der Theologie in Würzburg u. 1808 Oberschulrat u. Oberkirchenrat in München. Er gab mit J. G. *Fichte* „Das Philosophische Journal einer Gesellschaft deutscher Gelehrten" (ab 1795) heraus; bekannt mit Goethe, Schiller, Fichte, Schelling u. Hegel; wirkte vor allem durch Schulreformen in Bayern.

Nietmaschine, eine Maschine, um den *Nietkopf* maschinell anzustauchen. 1. *Schlagnietmaschine:* Der Nietkopf wird mit pneumatisch, hydraulisch oder elektrisch betriebenen Niethämmern in schnellen Schlägen hergestellt; bes. bei Kaltnietungen (bis zu 10 mm Durchmesser) angewendet; 2. *Nietpressen:* Niet wird stetig verformt; die Nietkraft pneumatisch, hydraulisch, elektrohydraulisch oder elektromotorisch erzeugt.

Nietnaht, Verbindung zweier Bleche durch Niete. Die *überlappte N.* entsteht, wenn zwei Bleche übereinander gelegt u. dann durch Niete verbunden werden. Bei der *gelaschten N.* werden auf die beiden zu verbindenden Bleche, die stumpf aneinander stoßen, ein- oder beidseitig Bleche (Laschen) gelegt u. die Niete durch alle zwei oder drei Bleche durchgezogen. Die gelaschten Bleche werden nicht auf Biegung beansprucht.

Nietzki, Rudolf Hugo, dt. Chemiker, *9. 3. 1847 Heilsberg, †28. 9. 1917 Neckargemünd; zahlreiche Arbeiten über organ. Farbstoffe sowie zur Synthese von Chininderivaten.

Nietzsche ['niːtʃə, auch 'niːtsʃə], Friedrich, dt. Philosoph, *15. 10. 1844 Röcken bei Lützen, †25. 8. 1900 Weimar; Sohn eines luth. Pfarrers; studierte klass. Philologie in Bonn u. Leipzig u. wurde bereits 1869 Prof. in Basel. Schon in Leipzig hatte N. Schopenhauers Philosophie kennen gelernt u. R. Wagners Bekanntschaft gemacht; in beider Zeichen steht „Die Geburt der Tragödie aus dem Geiste der Musik" (1872), die im Sinn eines mytholog. Irrationalismus unter Zugrundelegung des Gegensatzes von *apollinisch* u. *dionysisch* die griech. Tragödie zu deuten, ihren Verfall zu erklären suchte u. ihre „Wiedergeburt" in der Musik Wagners in Aussicht stellte. Diese erste größere Schrift stieß bei der wissenschaftl. Philologie (F. W. Ritschl u. U. von Wilamowitz-Moellendorf) auf scharfe Kritik. Entsprach es diesem Ansatz, wenn N. in den „Unzeitgemäßen Betrachtungen" („D. F. Strauß" 1873; „Vom Nutzen u. Nachteil der Historie für das Leben" 1874; „Schopenhauer als Erzieher" 1874; „R. Wagner in Bayreuth" 1876) die Verfallstendenzen sei-

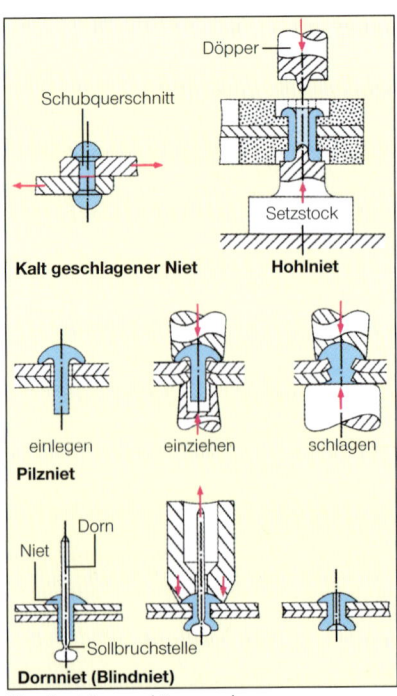

Friedrich Nietzsche

Friedrich Nietzsche: Titelblatt der Erstausgabe seines Werkes „Also sprach Zarathustra"

Niet: Herstellung und Beanspruchung

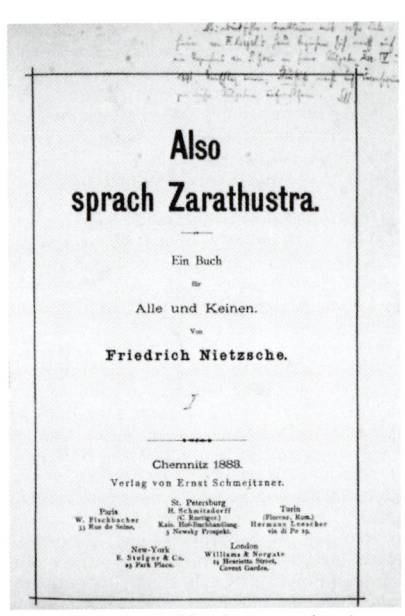

ner Zeit bekämpfte u. sie am Bild echter Kultur maß, so hatte er sich innerlich doch schon so weit von seiner Jugendmetaphysik und der Wagnerverehrung entfernt, dass „Menschliches, Allzumenschliches" (1878 bis 1880) den Umschlag in eine „sokratische", d.h. intellektualist. u. kritisch-psycholog. „positivist." Periode brachte, die bis zur „Fröhlichen Wissenschaft" (1882) andauerte.

Inzwischen war 1878 der Bruch mit Wagner erfolgt, u. N. hatte, unter der Wirkung einer Nervenkrankheit, sein Lehramt aufgegeben (1879). Durch eine Pension, die ihm die Universität leidlich gesichert, begann er ein unstetes, einsames Wanderleben (Schweiz, Italien). Sein Wille, der Zeit neue Gesetzestafeln zu geben u. über die bloße Moralkritik hinauszukommen *(Immoralismus),* führte ihn zur Schöpfung seiner Gedankendichtung „Also sprach Zarathustra" (Teil I–III 1883/84, IV 1891), in der er seine Lehren vom *Übermenschen* u. von der *Ewigen Wiederkehr* darstellte. Seine Philosophie betrieb nun die „Umwertung aller Werte", indem sie anstelle der das Abendland durch Intellektualismus u. Ressentiment prägenden Lehren des Platonismus („Sokratismus") u. Christentums (das er als „Platonismus für das Volk" verstand) den Immoralismus des Lebens stellte. Wahrheit u. Moral seien ebenso berechtigte Perspektiven des Lebens wie ihre Gegensätze. In dieser „Entlarvung" arbeitete N. den Erkenntnissen der Psychoanalyse u. Ideologiekritik vor. Als er das Versagen der Inspiration zu spüren meinte, war N. bestrebt, seiner Philosophie wissenschaftl. Form zu geben. Auch die Schriften „Jenseits von Gut und Böse" (1886) u. „Zur Genealogie der Moral" (1887) stellen eine Kritik an den

traditionellen jüdisch-christl. Werten (Mitleid, Nächstenliebe u.a.) dar. Das angebl. „Hauptwerk" Nietzsches, „Der Wille zur Macht", wurde von seiner Schwester E. Förster-Nietzsche u. Mitarbeitern willkürlich aus Nachlasstexten zusammengestellt. Nietzsches letzte Schriften („Ecce homo", „Der Fall Wagner", „Götzendämmerung", „Der Antichrist", „N. contra Wagner"), 1888 in Turin verfasst, sind polemisch u. autobiografisch. Im Januar 1889 erfolgte der Zusammenbruch (progressive Paralyse); N. wurde zuerst nach Basel, dann nach Jena gebracht u. schließlich in Naumburg von Mutter u. Schwester gepflegt.
Nietzsches Philosophie lässt sich theoretisch nicht eindeutig darstellen, dagegen in praktisch-existenzieller Hinsicht als ein Durchleben u. Erproben („Experimentalphilosophie") von Problemsituationen, die sich mit Notwendigkeit auseinander ergeben. Durchgehend ist Nietzsches Irrationalismus, seine Psychologie der Entlarvungen, insbes. der Wertmotivationen, sein tragisch-herrischer Pessimismus, seine „unforensische", d.h. die Welt nicht verurteilende Anschauung. Nietzsches Philosophie hat entscheidend auf Existenz- u. Lebensphilosophie gewirkt. Vom Nationalsozialismus wurde N. in Anspruch genommen, obwohl er den dt. Nationalismus u. den Antisemitismus scharf ablehnte. Nachdem Heidegger ihn als die letzte Gestalt der abendländ. Metaphysik interpretiert hatte, wird heute mitunter Nietzsches anarchist. Element betont. – Werke, Krit. Gesamtausgabe, hrsg. von G. Colli u. M. Montinari, ca. 40 Bde. 1967 ff.; Briefe, Krit. Gesamtausgabe, hrsg. von G. Colli u. M. Montinari, ca. 20 Bde. 1975 ff.

Nieuwe Maas [ˈniːwə-], Flussarm am Rhein-Maas-Delta, → Neue Maas.
Nieuwenhoven [ˈniːwən-], belgische Stadt, → Ninove.
Nieuwenhuys [ˈniːwənhɔis], Constant Anton, niederländ. Maler, → Constant.
Nieuwland [ˈnjuːlənd], Julius Arthur, US-amerikan. Chemiker belg. Herkunft, *14. 2. 1878 Hansbeke, Gent, †11. 6. 1936 Washington; entdeckte das Chlorvinylarsendichlorid (Kampfgas [Lewisit] im 1. Weltkrieg), arbeitete über die Polymerisation von Acetylen (Neopren-Synthese).
Nieuw-Nickerie [ˈniːu niˈkeːria], Distrikt-Hptst. in Suriname, am Nickerie, kurz vor der Mündung in den Corantijn, 6000 Ew.; Agrarzentrum, Bananen- u. Reisexport; Flusshafen.
Nievo, Ippolito, italien. Schriftsteller, *30. 11. 1831 Padua, †4. 3. 1861 (zwischen Palermo u. Neapel ertrunken); Anhänger G. *Garibaldis*; schrieb zahlreiche romant. Gedichte, Dramen u. Novellen; bekannt durch seinen Geschichtsroman aus der Zeit der italien. Einigungsbewegung „Le confessioni di un ottuagenario" (postum) 1867, dt. „Erinnerungen eines Achtzigjährigen" 1877, unter dem Titel „Pisana" 1957.
Nièvre [niˈɛːvr], mittelfranzös. Dép. beiderseits des Flusses N. (zur Loire), 6817 km², 230 000 Ew.; Verw.-Sitz *Nevers*; entspricht ungefähr der histor. Landschaft *Nivernais*.

Nife [das], Bez. für den Erdkern, der nach Meinung einiger Geowissenschaftler aus Nickel *(Ni)* u. Eisen *(Fe)* bestehen soll.
Niflheim [altnord., „Nebelwelt"], in der german. Mythologie das Reich des Eises, der Finsternis, des Nebels u. des Todes am Anfang der Welt.
Nifzawah, *Nefzaoua*, Oasengruppe im zentralen Tunesien, am südöstl. Rand des Chott el Djerîd; Hauptort *Quabili*; große Dattelpalmenpflanzungen (u.a. für den Export), deren Bewässerungssystem teils durch Quellaustritte artes. Wassers, teils durch Wasserstollen (Foggara) u. teils durch moderne Tiefbohrungen gespeist wird.
Niğde [ˈniːdɛ], Hptst. der zentralanatol. Prov. N. (Türkei), 55 000 Ew.; seldschuk. Bauwerke; Nahrungsmittel-, Baustoff- u. Textilindustrie; Förderung von Quecksilber, Blei u. Wolfram.
Nigel [ˈnaɪdʒəl], Industriestadt südl. von Springs, in der Provinz Gauteng (Rep. Südafrika), 1575 m ü.M., rd. 45 000 Ew.; Lokomotiven- u. Waggonbau, Maschinen- u. Textilindustrie; 1930 gegr.
Nigella [lat.] → Schwarzkümmel.
Niger, Staat in Westafrika, → Seite 396.

◆ **Niger**, der drittlängste u. nach dem Kongo der wasserreichste Fluss Afrikas, 4184 km lang, 2,1 Mio. km² Einzugsbereich; führt im Jahresdurchschnitt an der Mündung 30 000 m³ Wasser je Sekunde; mehrere Quellarme auf der Oberguineaschwelle; bildet unterhalb von Ségou ein 40 000 km² großes Binnendelta, fließt bis in die südl. Sahara nordwärts, wendet sich nach SO, durchbricht die Guineaschwelle u. mündet mit über 20 Armen in einem 25 000 km² großen Delta in den Golf von Guinea; Hauptnebenflüsse *Bani* (rechts) u. *Benue* (links); nördlich von Jebba (Nigeria) durch die Kainji-Talsperre aufgestaut.
Nigeria, Staat in Westafrika, → Seite 398.
Nigeröl → Guizotia.
Nigg, Walter, schweiz. ev. Theologe u. Schriftsteller, *6. 1. 1903 Gersau, †17. 3. 1988 Dänikon; zunächst Pfarrer, 1940 Prof. in Zürich; Hptw.: „Geschichte des religiösen Liberalismus" 1937; „Religiöse Denker" 1942; „Große Heilige" 1946; „Das Buch der Ketzer" 1949; „Prophetische Denker" 1957; „Botschafter des Glaubens" 1968; „Buch der Büßer" 1970; „Drei große Zeichen:
Fortsetzung S. 397

Niger: der wasserreiche Fluss ist die Lebensader Westafrikas

Niger

Autokennzeichen: RN	**Regierungsform:** Präsidiale Republik
Fläche: 1 267 000 km²	**Religion:** Moslems
Einwohner: 10,4 Mio.	**Nationalfeiertag:** 18. Dezember
Hauptstadt: Niamey	**Zeitzone:** Mitteleuropäische Zeit
Sprache: Französisch	**Grenzen:** Im N Algerien u. Libyen, im O Tschad, im S Nigeria u. Benin, im W Burkina Faso u. Mali
Währung: CFA-Franc	
Offizieller Name: Republik Niger	**Bruttosozialprodukt/Einw.:** 190 US-Dollar
	Lebenserwartung: 49 Jahre

Landesnatur Der westafrikan. Binnenstaat Niger hat Anteil am Nigerbecken im SW u. am Tschadbecken im SO. Beide Beckenlandschaften werden durch die Aïrschwelle mit dem horstartigen Gebirge *Aïr* (Mt. Gréboun 1944 m) voneinander getrennt u. im N von der zentralsaharischen Schwelle *(Plateau du Djado,* bis über 1000 m hoch) begrenzt. Die von S nach N abnehmenden Niederschläge der sommerl. Regenzeit bedingen eine Dreiteilung der Vegetations- u. Landnutzungszonen in die Trockensavanne des Sudan, Dornsavanne des Sahel u. Halb- bzw. Vollwüste der Sahara. Die Hauptsiedlungs- u. -wirtschaftsgebiete sind der S, in dem noch Regenfeldbau möglich ist, u. bes. der vom Niger durchflossene äußerste SW, wo z. T. auch Bewässerungsfeldbau betrieben wird. Die Weideregionen der Wanderhirten sind die Sahelzone u. der Aïr, der im Sommer noch etwas Regen erhält. Er wird im W von der wüstenhaften Landschaft *Talak* u. im O von der Sandwüste *Ténéré* begrenzt. Hier gibt es nur in den Oasen Lebensmöglichkeiten: im Talak entlang der Wadis, die aus dem Aïr kommen, inmitten der Ténéré in der Oasenreihe des Kaouar, die sich von S nach N bis zum Plateau du Djado zieht. Neben dem Komadugu Yobe sind der Niger u. einige seiner Nebenflüsse die einzigen ständig Wasser führende Gewässer.

Bevölkerung Die vorwiegend islam. Bevölkerung besteht im S aus Ackerbau treibenden Sudanstämmen der Hausa (54 % der Bevölkerung), Djerma, Songhai u. a.; in den Weidegebieten leben die nomadisierenden Fulbe u. Tuareg sowie im Kaouar die teils sesshaften, teils nomadisierenden Tibbu; zudem leben in Niger einige tausend Europäer (hauptsächl. Franzosen) meist in den Städten. Die Verstädterung ist mit 20 % noch sehr gering. Neben der Staatssprache Französisch werden vorwiegend folgende Umgangssprachen gesprochen: Hausa, Songhai–Djerma, Ful u. arab. Mundarten. Trotz bestehender Schulpflicht liegt die Analphabetenrate noch bei 86 %.

Wirtschaft Niger ist aufgrund des Wassermangels ein wenig entwickeltes Agrarland; nur etwa 10 % der Gesamtfläche können landwirtschaftl. genutzt werden. Der Hackbau liefert für den Eigenbedarf Baumwolle, Sesam, Hirse, Maniok, Mais u. (auf bewässertem Land am Niger) Reis; in Oasenkulturen werden Dattelpalmen, Obst, Gemüse u. a. angebaut. Wichtig sind die Viehzucht (Rinder, Ziegen, Schafe, Esel) u. die Fischerei am Tschadsee u. am Niger. Der Bergbau liefert Uran (wichtigstes Exportprodukt Nigers), Phosphat, Braunkohle, Eisenerz u. Salz. Die Industrie beschränkt sich auf die Verarbeitung von Agrar- u. Fischereiprodukten, die Herstellung von Baumaterialien, Textilien, landwirtschaftl. Geräten u. chem. Produkten.

Verkehr Das Land besitzt keine Eisenbahn. Von den rd. 10 000 km Straßen sind nur 800 km asphaltiert; sie verlaufen im Nigergebiet u. an der Südgrenze, von wo Verbindungen zu den Häfen an der Oberguineaküste bestehen. Der einzige schiffbare Wasserweg ist – für sechs Monate im Jahr – der Niger. Das Land hat zahlreiche Flug- u. Landeplätze; der internationale Flughafen liegt bei Niamey.

Geschichte Über die Zeit vor der Erforschung des heutigen Staatsgebietes von Niger durch Europäer gibt es wenig gesicherte Informationen. Im Aïr-Massiv lebte vielleicht eines der ältesten afrikan. Völker, das die Ursprache der *Hausa* sprach. Dieses wurde vermutlich von den im 11. Jh. eindringenden *Tuareg* verdrängt. Vorüber-

Die Bauweise der Moschee in Agadès ist typisch für die Sahelstaaten

gehend gehörte Niger zwischen dem 14. u. 16. Jh. dem *Mali*- bzw. dem *Songhaireich* an u. wurde dann von *Bornu* erobert. In der 2. Hälfte des 19. Jh. erforschten die Deutschen H. *Barth,* E. *Vogel,* G. *Rohlfs* u. G. *Nachtigall* das Gebiet. Ende des 19. Jh. wurde Niger von Frankreich besetzt u. 1911 ein Teil von Französ.-Westafrika. Nach dem 1. Weltkrieg wurde die „Niger-Kolonie" aus den Kolonien Obersenegal u. Niger gebildet; ihr waren 1932 bis 1947 Teile Obervoltas angegliedert. 1958 wurde Niger autonome Republik innerhalb der Französ. Gemeinschaft. Die *Fortschrittspartei (Parti Progressiste Nigérien, PPN)* setzte sich als Einheitspartei durch. Am 3. 8. 1960 erlangte Niger die volle Unabhängigkeit; Staatspräsident wurde der PPN-Vors. H. *Diori.* 1974 wurde Diori durch eine Militärjunta gestürzt; ihr Anführer, Oberstleutnant S. *Kountché,* übernahm die Funktionen des Staatschefs. 1987 starb Kountché; Nachfolger wurde A. *Seybou.* Er gründete 1989 die Einheitspartei *Mouvement national de la société de développement.* Im selben Jahr trat eine neue Verfassung in Kraft, die den Präsidenten zum ausschließl. Inhaber der Exekutivgewalt machte. 1991 wurde eine durchgreifende Reform des polit. Systems eingeleitet. Die Bevölkerung stimmte in einem Referendum 1992 für eine neue Verfassung. Bei Parlamentswahlen 1993 gewann das Oppositionsbündnis *Alliance des forces du changement* die absolute Mehrheit der Mandate. Zum neuen Staatspräsidenten wurde der Sozialdemokrat M. *Ousmane* gewählt. Er wurde im Januar 1996 vom Militär unter Führung von I. B. *Maïnassara* gestürzt. Am 12. 5. 1996 billigte die Bevölkerung per Referendum eine neue präsidiale Verfassung. Präsidentschaftswahlen gewann Maïnassara. Die Opposition zweifelte an der Korrektheit des Urnengangs. Nach einem neuerl. Staatsstreich, bei dem Maïnassara ermordet wurde, übernahm 1999 der Leiter der Präsidialgarde, D. M. *Wanké,* die Macht. Wanké ließ die Bevölkerung im Juli 1999 über eine neue Verfassung abstimmen. Fast 90 % der Stimmberechtigten votierten für deren Annahme. Die Präsidentschaftswahlen im Nov. 1999 gewann T. *Mamadou.* Innenpolitische Spannungen gibt es mit den Tuareg im N des Landes.

Ibrahim Barré Maïnassara übernahm 1996 nach einem Militärputsch die Macht

Elias, Hiob, Sophia" 1972; „Die Heiligen kommen wieder" 1973; „Heilige im Alltag" 1976; „Die stille Kraft der Legende" 1982.

Niggli, Paul, schweiz. Mineraloge, *26. 6. 1888 Zofingen, †13. 1. 1953 Zürich; Prof. in Leipzig u. Tübingen, seit 1920 in Zürich; arbeitete bes. über Kristallchemie, führte 1927 die *Niggli-Werte* ein: Molekularwerte zur Bestimmung von Eruptivgesteinsanalysen. Hptw.: „Lehrbuch der Mineralogie" 2 Bde. 1920, erweitert 1941/42; „Grundlagen der Stereochemie" 1945.

Nightingale ['naitiŋgeil], Florence, englische Krankenschwester u. Philanthropin, *15. 5. 1820 Florenz, †13. 8. 1910 London; war während des Krimkriegs 1853–56 im Sanitätsdienst tätig u. setzte sich für bessere hygien. Bedingungen in der Verwundetenpflege ein. In der Folgezeit betrieb sie die Reformierung der militär. u. zivilen Krankenpflege u. gründete eine Schule für Krankenschwestern. Ihr Beispiel hatte Einfluss auf die Gründung des Roten Kreuzes. 1907 erhielt sie als erste Frau einen brit. Verdienstorden.

Florence Nightingale

Nigritella [lat.], Gattung der *Orchideen,* → Kohlröschen.

Ñihamwo, Yagua, südamerikan. Indianer (3300) am Amazonas in Peru, nahe der kolumbian. Grenze; ursprüngl. Jäger u. Sammler, heute Waldarbeiter u. Bauern.

Nihilismus [lat. *nihil,* „nichts"], die Verneinung aller Werte, Ziele, Glaubensinhalte, Erkenntnismöglichkeiten, manchmal auch aller bestehenden Ordnungen u. Einrichtungen. Das Wort N. wird nicht eindeutig gebraucht. Es kommt zuerst bei F. H. Jacobi u. *Jean Paul* vor. F. *Nietzsche* sah im N. die Voraussetzung für die von ihm gewollte „Umwertung aller Werte". Einen polit. Inhalt gab I. *Turgenjew* dem Wort N. in seinem Roman „Väter u. Söhne" (1862); hiernach bezeichneten sich Gruppen russ. Anarchisten als *Nihilisten.* In der Existenzphilosophie der Gegenwart ist der N. ein bevorzugtes Thema.

Nihil obstat [lat., „es steht nichts entgegen"], eine Rechtsbestimmung in neueren Konkordaten zwischen dem Heiligen Stuhl u. verschiedenen Staaten, die besagt, dass ein Geistlicher bei Übernahme eines staatl. Amtes (z. B. Lehrstuhl an einer Universität) das Einverständnis des zuständigen Bischofs braucht.

Nihon Bijutsuin, erste Künstlervereinigung Japans, die 1898 von japan. Gelehrten u. Malern (Okakura *Tenshin,* Hashimoto *Gaho,* Yokoyama *Taikan,* Shimomura *Kanzan* u. Hishida *Shunso*) gegründet wurde.

Nihonga, *Japanmalerei,* Bez. für die Malweise jener Meister, die seit der Mitte des 19. Jh. japan. Themen mittels traditioneller Malmittel gestalteten u. keiner der älteren Schulen angehörten.

Fortsetzung S. 401

Nigeria

Offizieller Name:
Bundesrepublik Nigeria

Autokennzeichen: WAN

Fläche: 923 768 km²

Einwohner: 108,9 Mio.

Hauptstadt:
Abuja

Sprache: Englisch

Währung:
1 Naira
= 100 Kobo

Bruttosozialprodukt/Einw.:
300 US-Dollar

Regierungsform:
Präsidiale Bundesrepublik

Religion: Moslems, Christen, Anhänger von Volksreligionen

Nationalfeiertag: 1. Oktober

Zeitzone: Mitteleuropäische Zeit

Grenzen: Im N Niger, im äußersten NO Tschad, im O Kamerun, im S Atlantischer Ozean, im W Benin

Lebenserwartung:
50 Jahre

Landesnatur Der am Golf von Guinea gelegene Staat erstreckt sich vom tropisch feuchtheißen S mit äquatorialen Regenwäldern über Feucht- u. Trockensavannengebiete bis in die Dornbuschsavannen der Sahelzone im N. Von der versumpften Küstenebene steigt das Land nach N zu einer 300–500 m hohen Hügel- u. Tafellandzone an, die jenseits der breiten Talungen des Niger u. Benue allmähl. zu den weiten Hochflächen des Nordnigerian. Plateaus überleitet, das den Zentralraum des Landes einnimmt u. größtenteils Savannen u. durch Rodung entstandene Sekundärwälder trägt. Die fast zu Ebenen abgetragenen kristallinen Gesteine bilden weit gespannte Rumpfflächen, deren Gleichförmigkeit nur von den zahlreichen aus Granit bestehenden Felsdomen u. Inselbergen belebt wird. An den Rändern der Plateaus, wo der kristalline Sockel unter Sedimentgesteine untertaucht, haben sich vielfach Schichtstufenlandschaften ausgebildet. Im Zentrum des Nordnigerian. Plateaus erhebt sich das Jos- oder Bauchiplateau mit seinen nur wenig zerschnittenen, welligen Hochflächen. Bei einer durchschnittl. Höhe von mehr als 1200 m steigt es steil von SO nach N an u. gipfelt südöstl. von Jos in 2010 m Höhe. Nach NW fällt das zentrale Hochland allmähl. zu den leicht gewellten, um 600 m ü. M. liegenden Hochebenen der Hausaregion ab, die von fossilen Dünen bedeckt sind. Nach NO senkt es sich in der Landschaft Bornu zu den tonigen Schwemmlandebenen am Tschadsee. Hier geht die Dorn- u. Buschsteppe des Nordens in Sümpfe und Schilfdickichte über. Der Niger u. sein wichtigster Nebenfluss, der Benue, bilden mit ihren teilweise bis 100 km breiten Senken einen Tieflandbogen, der von Sokoto im NW des Landes bis Yola im NO reicht. Ausgedehnte Sandniederungen u. Sümpfe nehmen die Ebene am Benue ein, die sich zur Regenzeit, wenn der Benue Hochwasser führt, in eine große Seenlandschaft umwandelt. Mit Ausnahme einiger Zuflüsse zum Tschadsee u. einiger Küstenflüsse im S gehört fast das gesamte Flussnetz des Landes zum Einzugsbereich des Niger, der in einem weit verzweigten Delta in den Golf von Guinea mündet. Die Wasserführung unterliegt jedoch im Jahresverlauf großen Schwankungen, so dass während der Trockenzeit die Flüsse im N kaum Wasser führen.

Klima: Große Bedeutung für die Ausprägung der Landschaft hat das Klima, das durch die Nähe des Äquators gekennzeichnet ist. Durch die Größe des Landes bestehen jedoch starke regionale Unterschiede, wobei sich im N ein stärkerer kontinentaler Einfluss zeigt. Im Winter dringen trop.-kontinentale Luftmassen als trockener Saharawind, der sog. Harmattan, bis zur Küste vor, während im Juli u. August feuchtwarme, äquatoriale Luftmassen den N erreichen. Die Höhe der jährl. Niederschläge sinkt von 1800 mm im SW u. mehr als 3000 mm im SO nach N auf weniger als 700 mm.

Kinder vom Volk der Fulbe, das vor allem im Norden und Osten des Landes lebt

Bevölkerung Nigeria ist das am stärksten besiedelte Land des Kontinents, wenn auch in den einzelnen Regionen die Bevölkerungskonzentration sehr unterschiedlich ist; so sind z. B. die mittleren Landesteile im Vergleich zum Rest nur dünn besiedelt. Am stärksten besiedelt sind der SW zwischen der Golfküste u. dem Yorubaland sowie der SO; weitere Ballungsgebiete liegen im N um Kano u. Kaduna.
Die Mehrheit der Bevölkerung lebt auf dem Land. 42 % der Nigerianer wohnen in Städten, die jedoch vielfach in ihrem Charakter eher Großdörfern ähneln. Vor allem im SW, im Yorubaland, besteht eine für Afrika einmalige Anhäufung großer, alter Städte, so dass dort der Anteil der städt. Bevölkerung bereits weit über 50 % liegt. In ethn. Sicht ist Nigeria ein Vielvölkerstaat, in dem mehr als 400 verschiedene Stämme u. Sprachgruppen leben, die jedoch meist nicht in scharf abgegrenzten u. geschlossenen Siedlungsgebieten wohnen. Die bedeutendsten Völker sind die im N ansässigen Hausa, die Yoruba im SW, die Ibo im SO u.

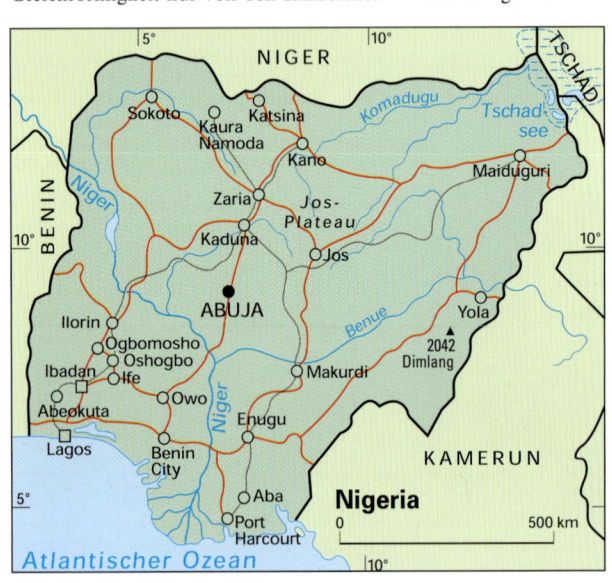

Nigeria

die ursprüngl. als Viehzuchtnomaden lebenden, heute jedoch großenteils sesshaften Fulbe. Trotz relativ starker Binnenwanderung haben sich die Völker nur wenig vermischt, so dass die kulturellen u. sozialen Gegensätze weitgehend erhalten blieben, sich teilweise auch noch durch religiöse Unterschiede verstärkt haben. Im N ist der Islam vorherrschend, dem etwa die Hälfte aller Nigerianer angehört. Gut ein Drittel der Bevölkerung sind Christen, die vor allem im dicht besiedelten S u. in den großen Städten leben. Bedeutend – wenn auch rückläufig – ist noch die Zahl der Anhänger von Naturreligionen, die vorwiegend bei den kleineren Stämmen des Landesinneren u. der wenig erschlossenen Gebiete des O u. W anzutreffen sind. Die Spannungen zwischen Nord- u. Südnigerianern sind zum Teil religiös begründet. Christl. Missionen konnten nur in der südl., nicht-islam. Regionen wirken; hier erhielten fast alle Kinder eine Grundschulausbildung; aus diesem Kulturgefälle resultiert auch ein soziales u. wirtschaftl. Gefälle von S nach N.

Bildungswesen Nigerias Bildungswesen weist teilweise noch brit. Züge auf. Die sechsjährige Schulpflicht beginnt im Alter von sechs Jahren. Sie wird mit der kostenfreien Grundschule abgedeckt. Anschließend können drei- oder sechsjährige Sekundarschulen besucht werden, die allgemein oder berufl. orientiert sind. Nach zwölf Schuljahren erreichen die Schüler die Hochschulreife u. können ein Studium an einer der zahlreichen Hochschulen oder Universitäten aufnehmen. Die Quote der Analphabeten liegt noch bei 40%.

Medien Aufgrund der politischen Verhältnisse in Nigeria bestand im Medienbereich eine Zensur, die besonders den staatl. Rundfunk betraf. Im Pressebereich konnte sich eine außergewöhnliche Vielfalt erhalten. Doch auch für die Presse barg eine kritische Haltung das Risiko des Verbots. Neben den bedeutenden Tageszeitungen *Daily Times* u. *National Concord* tragen Nachrichtenmagazine wie *Newswatch* zur Meinungsbildung bei. Die staatl. Nachrichtenagentur ist die *News Agency of Nigeria (NAN)*. Außerdem sind ausländische Agenturen im Lande vertreten. Die Regierung gründete u. kontrolliert die Hörfunk- u. Fernsehorganisationen *Federal Radio Corporation of Nigeria (FRCN)* u. *Nigerian Television Authority (NTA)*.

Wirtschaft Die Landwirtschaft ist immer noch einer der wichtigsten Bestandteile der nigerian. Wirtschaft, denn sie beschäftigt über ein Drittel aller Erwerbstätigen. Sie liefert für den Eigenbedarf vor allem Yamswurzeln, Maniok, Hirse, Mais, Süß-

Der Norden des Landes ist das Hauptanbaugebiet für Erdnüsse. Vor dem Transport oder der Weiterverarbeitung werden die Erdnusssäcke zu kunstvollen Pyramiden gestapelt

kartoffeln, Reis, Bananen, Feigen u. Gemüse. Wichtige Exportprodukte sind Erdnüsse u. Erdnussöl (bes. aus Nordnigeria), Kakao (sechstgrößter Produzent der Erde; vor allem aus Westnigeria), Kautschuk (in der ehem. Mittelwestregion) u. Palmprodukte. In der Viehzucht ist die Rinderhaltung fast ausschließl. auf den N beschränkt. Schafe u. Ziegen werden im ganzen Land gehalten. Die Geflügelzucht weitet sich aus. Nigeria war eines der wichtigsten afrikan. Ausfuhrländer für Edelhölzer. Die fortschreitende Zerstörung der Regenwälder hat zu einem Ausfuhrverbot für Edelhölzer geführt. – Die Industrialisierung erhielt durch den Erdölboom einen wesentl. Auftrieb, Schwerpunkt ist die Verarbeitung von Agrarprodukten. Die Erzeugnisse der Baumwollspinnereien, der Palmöl- u. Erdnussmühlen u. der Holz- u. Baustoffindustrie dienen sowohl der Ausfuhr als auch dem inländ. Markt. Das traditionelle Handwerk u. das moderne Kleingewerbe (z. B. Reparatur- u. Baubetriebe) sind in Nigeria sehr verbreitet, außerdem sind noch chem., elektrotechn. u. Metall verarbeitende Industrie u. die Kraftfahrzeugmontage erwähnenswert. In der Textilindustrie wird vor allem Baumwolle verarbeitet. Besondere Bedeutung hat die Förderung der reichen Erdölvorräte, die in Ostnigeria u. im Mittelwesten, bes. in den schwer zugänglichen Gebieten des Nigerdeltas, liegen. Mit einer Förderung von 104,5 Mio. t (1998) erbringen sie 96% des Ausfuhrwerts. Von dem exportierten Erdöl gelangt der überwiegende Teil in die USA u. nach Westeuropa. Nigeria verfügt auch über reiche Vorkommen von Erdgas, Steinkohle, Zinn, Kolumbit, Eisen u. Zirkon.

Verkehr Obwohl das nigerian. Verkehrsnetz im Vergleich zu anderen afrikan. Ländern gut ausgebaut ist, ist es insgesamt doch zu weitmaschig u. für das Verkehrsaufkommen ungenügend. Dem Schienenverkehr steht eine Strecke von rd. 3500 km zur Verfügung. Das Straßennetz umfasst eine Länge von 193 000 km, wovon 36 300 km eine feste Decke haben. Die Binnenwasserstraßen (6400 km) spielen für den Güterverkehr (vor allem Holz, Sperrholz, Kautschuk) eine entscheidende Rolle. In Burutu findet die Umladung auf Seeschiffe statt. Die wichtigsten Seehäfen sind Lagos (Apapa u. Tin Can Island), Calabar, Warri, Port Harcourt u. der Erdölhafen Bonny. Die Flughäfen Lagos, Kano, Calabar u. Port Harcourt haben internationale Bedeutung.

Geschichte In vorkolonialer Zeit gründeten u. a. die Yoruba, Hausa u. Nupe politisch u. kulturell bedeutende Staaten auf dem Gebiet des heutigen Nigeria. 1804 rief der islam. Gelehrte *Usman dan Fodio* einen „Heiligen Krieg" aus, der zur Errichtung des *Fulbe-Reichs* von Sokoto führte. Dieses

Traditionelles Dorf im trockenen Norden des Landes

Nigeria

griff nach O u. SW aus, bis es 1903 von den Briten unterworfen wurde (F. *Lugard*). – Nachdem verschiedene europ. Staaten seit 1472 Sklaven- u. anderen Handel im Gebiet des heutigen Nigeria getrieben hatten, setzten sich die Briten seit 1861 an der Küste fest. Mit der Okkupation von Lagos wollten sie den Sklavenhandel unterdrücken. 1914 wurde eine einheitl. brit. Kolonialverwaltung für Nigeria geschaffen (der Name wird seit 1900 verwandt). 1922 fiel ein Teil der ehem. dt. Kolonie Kamerun als Mandat an Großbritannien u. wurde verwaltungsmäßig an Nigeria angeschlossen. Moderne polit. Bewegungen der Afrikaner entstanden im S schon seit 1920; sie formierten sich nach 1945 unter Führung von N. *Azikiwe* u. a. Politikern zum *Nationalkongress für Nigeria u. Kamerun (NCNC)* u. zur *Action Group*. Großbritannien gewährte stufenweise Verfassungsreformen, steigerte den Anteil der Afrikaner an Regierung u. Verwaltung u. sicherte die föderative Struktur Nigerias. Am 1. 10. 1960 wurde Nigeria unabhängig u. drei Jahre später Republik innerhalb des Commonwealth. Erster Staatspräsident wurde N. Azikiwe. Die soziale Spannung zwischen den breiten Volksmassen u. einer dünnen Amts- u. Bildungselite, die sich rasch bereicherte, wuchs; sie entlud sich z. T. in Stammes- u. Parteikonflikten. 1966 versuchten jüngere Offiziere einen Staatsstreich, setzten sich jedoch nicht durch. Mehrere führende Politiker wurden ermordet; die Regierung wurde zunächst von dem Armee-Oberbefehlshaber J. *Aguiyi-Ironsi* übernommen, nach dessen Ermordung (1966) von einer Gruppe von Offizieren u. zivilen Beamten unter Leitung General Y. *Gowons*.
Die Abspaltung der Ost-Region als → Biafra am 30. 5. 1967 führte zu einem blutigen Bürgerkrieg, der am 15. 1. 1970 mit der Kapitulation des eingeschlossenen Biafra endete. Die nigerian. Zentralregierung unter Gowon wurde von Großbritannien u. der UdSSR militärisch unterstützt; die *Ibo* Biafras, die zuvor unter einem Pogrom (ca. 30 000 Tote) zu leiden hatten, wurden nur von wenigen afrikan. Staaten anerkannt u. von Frankreich indirekt unterstützt. Die von Gowon nach Kriegsende verfolgte Politik der „Versöhnung u. des Wiederaufbaus" führte zu einer raschen Wiedereingliederung der Ibo, vor allem in die Wirtschaft des Landes. Die Errichtung zahlreicher Gliedstaaten durch die Zentralregierung sollte dabei die ethn. Spannungen abbauen.
Militärputsche: Wirtschaftl. Probleme u. die weit verbreitete Korruption in Armee u. Verwaltung bewirkten im Sommer 1975 den Sturz der Regierung Gowon. General *Murtala Ramat Mohammed* verfügte im Rahmen eines „korrektiven Regimes" die Massen-Säuberung der Verwaltung u. verkündete ein Neun-Punkte-Programm zur Demokratisierung des Landes, das nach seiner Ermordung durch Putschisten im Januar 1976 von seinem Nachfolger General O. *Obasanjo* weiter verfolgt wurde. Nach Zulassung von Parteien u. der Verkündung einer neuen Verfassung 1978 fanden 1979 allg. Wahlen statt, bei denen die *National Party of Nigeria (NPN)* knapp siegte. Staatspräsident wurde A. S. *Shagari*, unter dem Nigeria eine Politik enger Zusammenarbeit mit den westl. Industriestaaten verfolgte. Shagari wurde 1983 mit großer Mehrheit wieder gewählt, aber noch im selben Jahr vom Militär gestürzt, das die Verfassung suspendierte. 1985 übernahm General I. *Babangida* die Macht. Er versuchte durch Strukturanpassungen, die schwierige wirtschaftl. Lage Nigerias zu verbessern. Auf polit. Ebene setzte er sich zum Ziel, die Militärherrschaft allmählich in ein ziviles Regierungssystem zu transformieren. 1990 scheiterte ein Putsch gegen Babangida, der 1991 eine Verwaltungsreform durchführte u. Abuja zur neuen Hauptstadt proklamierte. 1992 fanden Parlamentswahlen statt, aus denen die *Social Democratic Party* als Siegerin hervorging. Die Befugnisse des Parlaments blieben jedoch eng begrenzt. Die von blutigen Unruhen überschatteten Präsidentschaftswahlen im Juni 1993 ließ Babangida annullieren. Im Aug. 1993 trat er zurück u. übertrug die Macht auf eine Interimsregierung, deren polit. Legitimation zweifelhaft blieb. Im Nov. 1993 übernahm wieder das Militär die Regierungsgewalt. Neuer Machthaber wurde General S. *Abacha*, der diktatorisch regierte, u. dessen Repressionspolitik mit der Hinrichtung des Schriftstellers u. Umweltschützers *Ken Saro-Wiwa* u. acht weiterer Regimekritiker im November 1995 einen Höhepunkt erreichte. Das Verhalten der nigerian. Regierung rief internationale Proteste hervor.
Demokratisierung: Nach Abachas Tod 1998 übernahm General *Abdulsalam Abubakar* die Staatsführung, der eine Demokratisierung des polit. Systems einleitete. Parlamentswahlen im Febr. 1999 gewann die *People's Democratic Party (PDP)*. Aus den Präsidentschaftswahlen im selben Monat ging der frühere Militärherrscher Obasanjo als Kandidat der PDP als Sieger hervor. Am 5. 5. 1999 trat eine neue Verfassung in Kraft. Pläne im Bundesstaat Kaduna die islam. Rechtsprechung einzuführen, führten dort im Februar 2000 zu schweren Unruhen. Ständige Konflikte gab es im Nigerdelta zwischen den verschiedenen Ethnien sowie mit den Erdölkonzernen, die sich mit wirtschaftl. u. sozialen Forderungen der benachteiligten Völker sowie Sabotage konfrontiert sahen.
Nigeria spielt eine aktive Rolle in der innerafrikan. Politik (z. B. Engagement im liberian. Bürgerkrieg).

Politik Nach der am 5. 5. 1999 verabschiedeten Verfassung ist Nigeria eine bundesstaatliche Präsidialrepublik. Der für eine Amtszeit von vier Jahren direkt gewählte Präs. ist Staats- u. Regierungschef sowie Oberkommandierender der Streitkräfte. Er hat weit reichende Machtbefugnisse. Die Legislative besteht aus einem Zweikammernparlament (Repräsentantenhaus mit 360 Abg. u. Senat mit 109 Abg.) Die Abgeordneten werden von der People's Democratic Party (PDP), der All People's Party (APP) u. der Alliance for Democracy (AD) gestellt. An der Spitze des unabhängigen Gerichtswesens steht der Supreme Court.

Schwarzafrikanische Reiche auf dem Boden Nigerias vor der britischen Eroberung

Wohnviertel für Regierungsangestellte in der im Landesinneren neu gegründeten Hauptstadt Abuja

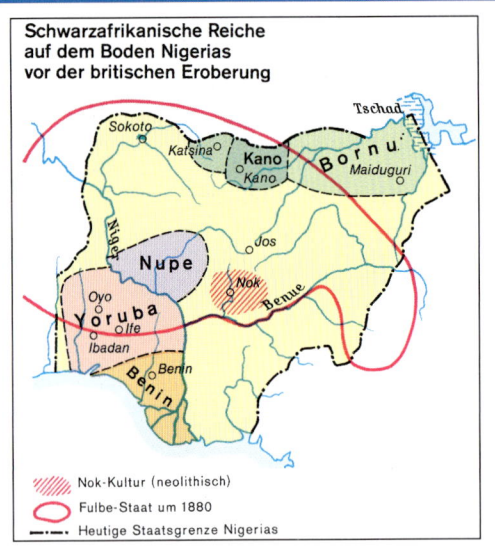

Nihongi, *Annalen Japans,* 720 entstandenes, zweitältestes Geschichtswerk Japans, in welchem der Gründungsmythos Japans u. der Tenno-Herrschaft, ihrer beider Abstammung von der Sonnengöttin *Amaterasu,* im amtl. Auftrag wissenschaftlich verbrämt wurde, um zur Herrschaftslegitimation des *Tenno* zu dienen (→ Rikkokushi).

Niigata, japan. Hafenstadt u. Präfektur-Hptst. an der Westküste von Honshu, gegenüber der Insel Sado, 495 000 Ew.; kath. Bischofssitz; Universität (gegr. 1949), medizin. Hochschule; Metallverarbeitung (vor allem Schiff- u. Maschinenbau), chem., Papier- u. Textilindustrie, Erdölraffinerien, Aluminiumhütte; Haupthafen am Japan. Meer, Bahnknotenpunkt, Flugplatz.

Nijhama, japan. Hafenstadt auf Shikoku, an der Hiuchisee, 129 000 Ew.; Reis- u. Zitrusfruchtanbau; elektrotechn. u. chem. Industrie (Erdölverarbeitung, Kunstdüngerherstellung), Maschinenbau, Aufbereitung u. Verschiffung der südl. von N. abgebauten Gold-, Silber-, Nickel- u. Kupfererze.

Niihau, die westlichste größere Insel der Hawaiigruppe, 186,5 km², 390 m hoch, 230 Ew.

Niitsu, japan. Stadt in Nordwesthonshu, bei Niigata, 64 000 Ew.; Erdölproduktion; Anbau u. Export von Zwiebelgewächsen.

Nijasow, *Niyazov,* Saparmurad Atajewitsch, turkmen. Politiker (Demokrat. Partei Turkmenistans, DPT), * 19. 2. 1940 Aschchabad; Ingenieur; wurde 1962 Mitgl. der KPdSU, 1985–1991 Erster Sekretär des ZK der turkmen. KP, 1990 zunächst zum Vors. des Obersten Sowjets, dann zum Präs. Turkmenistans gewählt; führte das Land 1991 in die Unabhängigkeit u. wurde 1992 durch Volkswahl im Präsidentenamt betätigt, errichtete als Turkmenbaschi („Führer aller Turkmenen") ein autokrat. System u. ließ seine Amtszeit 1994 per Referendum bis 2002 verlängern. 1999 verlieh ihm das Parlament die Präsidentenwürde auf Lebenszeit.

Nijhoff ['nɛj-], *Martinus Nijhoff's Boekhandel ent Uitgevers-Mij. N. V.,* niederländ. Verlags-, Sortiments- u. Antiquariatsbuchhandlung in Den Haag, gegr. 1853; wissenschaftl. Literatur zu Philosophie, Rechts-, Staats-, Wirtschafts- u. Sozialwissenschaften, Theologie, Sprach- u. Literaturwissenschaft, Kunst, Völkerkunde, Bibliografie.

Nijhoff ['nɛi-], Martinus, niederländ. Schriftsteller, * 20. 4. 1894 Den Haag, † 26. 1. 1953 Den Haag; begann mit manierist.-dekadenten Gedichten, die Einsamkeit u. Lebensangst ausdrücken; später suchte er Tradition u. Erneuerung, u.a. christl. Einflüsse zu verbinden. Lyrik: „De wandelaar" 1916; „Nieuwe gedichten" 1934; „Het uur U" 1937; „Een idylle" 1942; Dramen: „De vliegende Hollander" 1930; „Het heilige hout" 1950; meisterhafte Übersetzungen (Shakespeare, T. S. Eliot).

Nijinska [niˈʒin-], eigentl. *Nischinskaja,* Bronislawa, russ. Tänzerin u. Choreografin, Schwester von V. *Nijinsky,* * 8. 1. 1891 Minsk, † 21. 2. 1972 Pacific Palisades, Calif.; als Choreografin von S. *Diaghilew* für die *Ballets Russes* engagiert; seit 1941 Tanzpädagogin in New York.

◆ **Nijinsky** [niˈʒin-], *Nischinskij, Nižinskij,* Vaclav (Wazlaw Fomitsch), russ. Tänzer u. Choreograf, * 29. 12. 1889 Kiew (oder 10. 1. 1890 Warschau), † 8. 4. 1950 London; Schüler S. *Diaghilews;* ab 1909 mit den *Ballets Russes* auf Tournee; choreografierte u.a. die Uraufführung von

Vaclav Nijinsky

„Le sacre du printemps"; 1913 Zerwürfnis mit Diaghilew; ab 1919 geistig umnachtet. Nijinskys histor. Bedeutung liegt darin, die Rolle des männlichen Tänzers vom reinen Partner der Ballerinen zum aktiven Interpreten erweitert zu haben. Tagebücher: „Ich bin ein Philosoph, der fühlt" 1996.

Nijmegen ['nɛimeːxə], niederländ. Stadt, → Nimwegen.

Nika-Aufstand [nach der Parole der Verschwörer: grch. *nika,* „siege"], Aufstand in Konstantinopel im Januar 532 gegen *Justinian I.;* auf Betreiben der Kaiserin Theodora von *Belisar* u. *Narses* niedergeschlagen.

Nikaia, *Nicaea,* antike Stadt in Phrygien, → Nicäa.

Nikander, *Nicander, Nikandros,* griech. Dichter u. Arzt, lebte wahrscheinl. im 2. Jh. v. Chr.; erhalten sind zwei Lehrgedichte: „Theriaka" (Mittel gegen den Biss giftiger Tiere) u. „Alexipharmaka" (Mittel gegen Vergiftung durch Speisen).

Nikandre, eine vornehme Naxierin, die nach Aussage der Inschrift eine lebensgroße weibl. Marmorstatue im Apollonheiligtum von Delos weihte. Diese entstand um 650/40 v. Chr.; sie ist eines der frühesten großplast. Werke der griech. Kunst überhaupt; Athen, Nationalmuseum.

Nikaragua, zentralamerikan. Staat, → Nicaragua.

◆ **Nike** [grch., „Sieg"], geflügelte griech. Göttin, die den Siegern in krieger. u. friedl. Auseinandersetzungen im Auftrag der Athene oder des Zeus den Sieg überbrachte. In Athen Kult der *Athene Nike.* Verehrung als selbständige Gottheit erst seit dem Hellenismus. Röm. Entsprechung *Victoria.*

Nikebalustrade, um 410 v. Chr. errichtete Marmorschranke um den Niketempel der Akropolis von Athen. Die Reliefs zeigen Siegesgöttinnen beim Opfer für Athena; Athen, Akropolismuseum.

Nikephoros, BYZANTIN. KAISER:
1. **Nikephoros I.,** 802–811, * 765 Seleukia, † 26. 7. 811 Pliska (gefallen); bedeutender Staatsreformer, 807 Harun Ar Raschid im Krieg unterlegen, fiel im Kampf gegen den Bulgaren-Chan *Krum.*
2. **Nikephoros II. Phokas,** 963–969, * 912 Konstantinopel, † 11. 12. 969 Konstantinopel (ermordet), einer der bedeutendsten byzantin. Feldherren, konnte den arab. Vorstößen gegen das Byzantin. Reich durch Eroberung kleinasiat. Gebiete Einhalt gebieten; von *Johannes Tzimiskes,* der sein Nachfolger wurde, ermordet.

Nike von Samothrake, griech. Statue der geflügelten Siegesgöttin *Nike,* 1863 auf Samothrake im Kabirenheiligtum gefunden, heute in Paris, Louvre. Die auf einem Schiffsbug stehende Figur bläst die Siegesfanfare u. wurde zu Ehren eines Sieges der Rhodier über Antiochos von Syrien (191/90 v. Chr.) aufgestellt.

Nikias, athenischer Politiker, * um 470 v. Chr., † 413 v. Chr.; trat im *Peloponnes. Krieg* als Feldherr hervor; Gegenspieler *Kleons;* erreichte 421 v. Chr. einen Verständigungsfrieden mit Sparta (sog. Nikiasfriede). Von *Alkibiades* politisch überspielt, wurde er trotz dessen Warnungen 415 v. Chr. zusammen mit diesem u. *Lamachos* an die Spitze der *Sizilischen Expedition* gestellt; seit 414 v. Chr. alleiniger Befehlshaber, scheiterte er nach Anfangserfolgen vor Syrakus u. wurde nach seiner Kapitulation in Syrakus hingerichtet.

Niki de Saint-Phalle ['nikidəsɛ̃'fal], französ. Bildhauerin, → Saint-Phalle.

Nikifor, eigentl. Nykyfor *Drovnjak,* ukrain. Maler, * 21. 5. 1895 (?) Krynica, Polen, † 10. 10. 1968 Krynica; Autodidakt; ursprüngl. Bettler, versuchte mit zahlreichen naiven Darstellungen seiner Wunschträume (fantast. Landschaften, Architekturen, Ikonen u. Porträts) seine Existenz zu bewältigen.

Nike, eine Sandale lösend; von der Balustrade des Nike-Tempels auf der Akropolis, 410/400 v. Chr. Athen, Akropolis-Museum

Durch eine Ausstellung seiner Zeichnungen, Aquarelle, Gouachen u. Ölbilder 1932 in Paris gelangte er zu weltweiter Popularität.

◆ **Nikisch**, Arthur, dt. Dirigent, *12. 10. 1855 Lébényi Szent Miklos (Ungarn), †23. 1. 1922 Leipzig; 1889–1893 in Boston, seit 1895 Dirigent des Gewandhausorchesters u. 1902–1907 Direktor des Konservatoriums; auch Gastspielreisen, so mit den Berliner Philharmonikern; gilt als der bedeutendste Orchesterleiter seiner Zeit, setzte sich bes. für A. *Bruckner* u. P. *Tschaikowskij* ein.

Arthur Nikisch

Nikitin, 1. Afanasij, russ. Kaufmann aus Twer; schilderte seine Reise nach Indien (1466–1472) in „Fahrt über die drei Meere" (1821, dt. 1920).
2. Iwan Sawwitsch, russ. Schriftsteller, *3. 10. 1824 Woronesch, †28. 10. 1861 Woronesch; volkstüml. Gedichte mit reizvollen Landschaftsbildern; auch schwermütige Lyrik, die die Not der unterdrückten Bauern u. des städt. Kleinbürgertums darstellt; Hauptwerk die Verserzählung „Kulak" 1858. – Dt.: Gedichte, Auswahl. 1896.
3. Nikolaj Nikolajewitsch, russ. Schriftsteller, *8. 8. 1895 St. Petersburg, †26. 3. 1963 Leningrad; Erzählungen aus dem Bürgerkrieg. Roman: „Der Flug" 1924, dt. 1926.
Nikitowka, *Nikitovka*, nördl. Vorstadt von → Gorlowka.
◆ **Nikko**, japan. Stadt in Zentralhonshu, nördl. von Tokyo, 20 000 Ew.; bedeutender buddhist. Wallfahrtsort; Standbild „Drei Affen"; Tempel, Pagoden, Mausoleen, Heilige Brücke, Toshogu-Schrein; Weltkulturerbe seit 1999; in der Nähe der Nikko-Nationalpark mit Vulkanbergen, Wasserfällen u. Thermalquellen; Fremdenverkehr.
Niklas, Wilhelm, dt. Politiker (CSU), *24. 9. 1887 Traunstein, †12. 4. 1957 München; Agrarwissenschaftler u. Landwirt; seit 1947 Prof. für Tierzucht in München, 1948/49 stellvertr. Direktor der Verwaltung für Ernährung, Landwirtschaft u. Forsten des Vereinigten Wirtschaftsgebiets, 1949–1953 Bundes-Min. für Ernährung, Landwirtschaft u. Forsten; 1951–1953 MdB.
Niklashausen, Dorf im Taubertal. Der sozialrevolutionäre Laienprediger Hans → Böhm (5) trat dort 1476 auf.
Niklot, 1131–1160 Fürst der slaw. Obodriten, Kessiner u. Ciripaner unbekannter Herkunft, †August 1160 vor Burg Werle, Mecklenburg; überstand den Wendenkreuzzug von 1147 u. schlug 1151 einen Aufstand der lutiz. Kessiner u. Ciripaner nieder; fiel im Kampf gegen *Heinrich den Löwen*. N. ist der Ahnherr des bis 1918 regierenden mecklenburg. Fürstenhauses.
Nikobaren, engl. *Nicobar Islands*, Gruppe von 19 Inseln (12 bewohnt) im östl. Golf von Bengalen, zwischen den Andamanen u. Sumatra, 1645 km², 20 000 Ew.; Hauptort *Nancowrie*; trop. Regenwald; Kopragewin-

Nikko: Der Nikko-Nationalpark gehört mit seinen Bergen, Wäldern, Seen und Wasserfällen zu den schönsten und meistbesuchten Regionen Japans

nung u. -verarbeitung, Holzindustrie; Ausfuhr von Kokosnüssen u. Schildpatt. Die altindones., weddaähnliche Urbevölkerung (*Shompen*, noch etwa 200 Angehörige) mit austroasiat. Sprache weist eine sehr altertüml. Kultur mit jüngeren Einflüssen aus Hinterindien auf (Schädelkult, Armbrust). Die N. bilden mit den Andamanen ein indisches Unionsterritorium.
Nikobarisch, eine Mon-Khmer-Sprache mit 10 000 Sprechern auf den *Nikobaren*.
Nikodemus, im NT ein Jesus zugeneigtes Mitglied der jüd. Behörde, Schriftgelehrter (Johannes 3).
Nikodemusevangelium, aus dem 5. Jh. stammende ursprünglich griechisch verfasste Schrift, die unter Benutzung kanonischen Gutes novellistisch über Jesu Prozess u. Hinrichtung berichtet. Jesu Höllen- u. Himmelfahrt sind weitere Inhalte.
Nikolai, Stadt in Polen, → Mikołów.
Nikolaiten, 1. eine in Offenbarung 2 genannte urchristl. synkretist. Sekte mit freien moral. Anschauungen, die in Kleinasien verbreitet war.
2. im MA Gegner des Zölibats der Priester.
Nikolajew [-kʌ'lajɛf], *Nikolaev*, ukrain. *Mykolajiw*, Stadt im S der Ukraine, am Bug-Liman, 523 000 Ew.; Schiffbauhochschule; Ausfuhrhafen für Getreide, Erdöl, Manganerz sowie Eisenerz; Schiffbau; Landmaschinen-, Textil- u. Lederwarenfabriken, Mühlenbetriebe, Erdölraffinerie; Verkehrsknotenpunkt, Flugplatz.
Nikolajewsk-na-Amure [nikʌ'lajɛfsk-], *Nikolaevsk-na-Amure*, Stadt im Fernen Osten Russlands, nahe der Mündung des Amur in den Tatar. Sund, 35 000 Ew.; Mittelpunkt des Lachsfangs; Fischkonserven- u. Holzindustrie, Schiffbau; für Seeschiffe zugängl. Hafen, Flugplatz.

Nikolaus [grch. *nike*, „Sieg", + *laos*, „Volk"], männl. Vorname; Kurzformen *Klaus*, *Ni(e)ls*; ungarisch *Mik(l)os*, russisch *Nikolaj*.
Nikolaus, Heiliger, Bischof von *Myra* (heute türkisch *Demre*), wahrscheinlich im 4. Jh.; sein Leben wird von volkstümlichen Legenden überdeckt, die ihn zu einem der beliebtesten Heiligen der Ost- u. Westkirche gemacht haben. Die Überführung seiner Gebeine 1087 nach Bari (Apulien) führte zu einer Hochblüte seines Kults. Er ist der Patron der Schifffahrt, der Kaufleute, Richter, Reisenden u. der Schüler. An seinem Festtag (6. 12.) werden vielerorts die Kinder beschenkt.

Nikolaus, Päpste:
◆ **1. Nikolaus I.**, 858–867, Heiliger, Römer, †13. 11. 867 Rom; unter Ausnutzung der pseudo-isidorischen Dekretalen mit Erfolg bemüht, die geistliche Obergewalt des Papsttums über die Gesamtkirche gegen Fürsten, Synoden u. Metropoliten (besonders *Hinkmar von Reims*)

Nikolaus I.

durchzusetzen. Gegenüber König *Lothar II.* u. dem diesem ergebenen lothringischen Episkopat setzte er die Zuständigkeit der Kirche in Ehefragen durch. Er verbot dem König, nach der Trennung von seiner ersten Frau erneut zu heiraten, setzte die Erzbischöfe von Köln u. Trier, die dies gestattet hatten, ab. Die von ihm verkündete Absetzung des unkanonisch erhobenen Patriarchen *Photios von Konstantinopel* hatte eine Verschärfung der zwischen Rom u.

Byzanz bestehenden Spannungen zur Folge. – Fest: 13. 11.

2. Nikolaus II., 1058–1061, eigentl. *Gerhard*, wahrscheinl. aus Burgund, † 27. (19.?) 7. 1061 Florenz; 1045 Bischof von Florenz, auf Betreiben der von Hildebrand *(Gregor VII.)* geführten Reformpartei zum Papst gewählt. 1059 erließ er Bestimmungen gegen Simonie u. Priesterehe sowie ein Papstwahldekret, mit dem seine eigene Wahl legitimiert werden sollte. Um die Unabhängigkeit des Papsttums zu sichern, verbündete er sich mit der lombard. Volksbewegung Pataria u. mit den bis dahin von ihm bekämpften unteritalien. Normannen.

3. Nikolaus III., 1277–1280, eigentl. Giovanni Gaetano *Orsini*, * 1210/1220 Rom, † 22. 8. 1280 Soriano, Kalabrien; 1244 Kardinal; eine energische Herrscherpersönlichkeit, setzte gegenüber *Karl von Anjou*, den er als Kardinal u. päpstl. Legat unterstützt hatte, mit Erfolg die päpstl. Ansprüche durch. Zwischen Karl u. dem dt. König *Rudolf von Habsburg* vermittelte er einen Vergleich. N. entfaltete eine umfangreiche Bautätigkeit u. machte den Vatikan zur ständigen Residenz der Päpste.

4. Nikolaus IV., 1288–1292, eigentl. Girolamo *Masci*, aus Ascoli, * 4. 4. 1292 Rom; Franziskaner, 1274 Ordensgeneral, 1278 Kardinal; versuchte vergeblich, Sizilien den Aragonesen zu entreißen u. wieder unter die Herrschaft der Anjou zu bringen. Er schickte Missionare zu den Mongolen. Nach dem Fall Akkos (1291) bemühte er sich vergebens um einen neuen Kreuzzug.

5. Nikolaus (V.), Gegenpapst 1328–1330, eigentl. Pietro *Rainalducci*, † 16. 10. 1333 Avignon; Franziskaner; von Kaiser Ludwig IV. (dem Bayern) u. vom röm. Volk gegen *Johannes XXII.* erhoben. N. gewann nur wenig Anhang u. unterwarf sich 1330; den Rest seines Lebens verbrachte er in milder Haft in Avignon.

6. Nikolaus V., 1447–1455, eigentl. Tommaso *Parentucelli*, * 15. 11. 1397 Sarzana, † 24. 3. 1455 Rom; 1446 Kardinal; der erste Renaissancepapst. Er schloss 1448 mit *Friedrich III.* (den er 1452 zum Kaiser krönte) das Wiener Konkordat u. erreichte 1449 die Unterwerfung des Gegenpapstes *Felix V.* u. die Auflösung des Basler Konzils. Mit Hilfe von Legaten (für Dtschld.: Nikolaus von Kues) war er für die Kirchenreform tätig. Nach dem Fall Konstantinopels 1453 rief er vergeblich zum Kreuzzug gegen die Türken auf. Er förderte Humanisten u. Künstler (Fra Angelico), gründete die Vatikan. Bibliothek u. ließ viele Kirchen restaurieren.

Nikolaus, Fürsten:
Montenegro: **1. Nikolaus (Nikola, Nikita) I. Petrović Njegoš**, Fürst 1860–1910, König 1910–1918, * 7. 10. 1841 Njeguši bei Cetinje, † 1. 3. 1921 Cap d'Antibes (bei Nizza); lehnte sich außenpolitisch stärker an Russland an, setzte im Kampf gegen die Türken die Unabhängigkeit Montenegros durch u. vergrößerte sein Herrschaftsgebiet durch die militär. Intervention (1876) während der großen Orientkrise (1875–1878) u. durch die Beteiligung am 1. Balkankrieg

Nikolaus II. und seine Familie

1912/13; Verbündeter Serbiens im 1. Weltkrieg, ging nach der bedingungslosen Kapitulation 1916 ins Exil; 1918 bei der Vereinigung Montenegros mit Serbien abgesetzt.

Russland: **2. Nikolaus (Nikolaj) I. Pawlowitsch**, Zar 1825–1855, * 6. 7. 1796 Zarskoje Selo, † 2. 3. 1855 St. Petersburg; begann seine Regierung mit der Unterdrückung des *Dekabristenaufstands*. Undifferenziert u. nüchtern verfolgte er mit harter Hand die kompromisslose Sicherung der Autokratie. Die von A. von *Benckendorff* errichtete Geheimpolizei, die „Dritte Abteilung", übte Terror aus; Russland wurde der „Gendarm Europas" (1830/31 Unterdrückung des poln., 1849 des ungar. Aufstands). Im Krieg gegen Persien 1826–1828 gewann N. große Gebiete am Kasp. Meer, von der Türkei 1828/29 das Donaudelta. Der *Krimkrieg* bedeutete schließlich das Scheitern seiner gesamten Innen- u. Außenpolitik.

◆ **3. Nikolaus (Nikolaj) II. Alexandrowitsch**, Zar 1894–1917, * 18. 5. 1868 St. Petersburg, † 16./17. 7. 1918 Jekaterinburg (ermordet); letzter Zar aus der Dynastie *Romanow-Gottorf*, schwach u. leicht beeinflussbar, stand bis 1905 unter dem Einfluss K. *Pobedonoszews*. Die Revolution von 1905 zwang ihn zur Proklamierung einer Konstitution mit gesetzgebender Reichsduma. Hilflos der von *Rasputin* beherrschten Hofkamarilla ausgeliefert, ließ er Russland in den 1. Weltkrieg hineinsteuern. In der Februarrevolution 1917 dankte er ab u. wurde nach der Oktoberrevolution zusammen mit seiner Familie erschossen. – N. war verheiratet mit Alice von Hessen (als Zarin *Alexandra*). 2000 wurden der Zar u. seine Familie heilig gesprochen.

Nikolaus I. Mystikos, Patriarch von Konstantinopel 901–907, 912–925, * um 852, † 15. 5. 925 Konstantinopel; widersetzte sich der vierten Eheschließung Kaiser *Leons VI.* (Tetragemiestreit), was ihm 907–912 Amtsverlust einbrachte; führte nach 912 für den minderjährigen Kaiser *Konstantin VII.* zeitweilig die Regierung.

Nikolaus von Autrecourt [-oːtrəˈkuːr], französ. Philosoph, † nach 1350; Spätscholastiker, erklärte die unmittelbare Wahrnehmung, das Widerspruchsprinzip u. die unmittelbar aus ihm gewonnenen Sätze für gewiss. Er übte Kritik am herkömml. Kausal- u. Substanzbegriff. 1346 kam es zur Verurteilung seiner Lehre durch Papst Klemens VI.; 1347 wurden seine neun Briefe an Bernhard von Arezzo u. sein Hptw. „Satis exigit ordo executionis" verbrannt. N. v. A. verlor seine Magisterwürde.

Nikolaus von Flüe, *Bruder Klaus*, schweiz. Mystiker u. Einsiedler, Heiliger, * 1417 Flüeli bei Sachseln, Obwalden, † 21. 3. 1487 im Ranft bei Sachseln; Bauer, Ratsherr u. Richter, verließ im Einverständnis mit seiner Frau 1467 die Familie, um als Einsiedler zu leben; als Ratgeber geschätzt u. von ausländ. Fürsten zu Rat gezogen, hatte hohes moral. Ansehen bei den Eidgenossen, verhinderte 1481 einen Bürgerkrieg (Tagsatzung zu Stans 1481). – Heiligsprechung 1947; Fest: 25. 9., 1. Patron der Schweiz.

Nikolaus von Hagenau, Bildhauer, → Hagenauer.

◆ **Nikolaus von Kues** [kuːs], *Nicolaus Cusanus, Nicolaus de Cusa*, eigentl. Nikolaus *Chryppfs* oder *Krebs*, dt. Philosoph u. Kirchenpolitiker, * 1401 Kues an der Mosel, † 15. 8. 1464 Todi, Umbrien; studierte 1416/17 Philosophie in Heidelberg, 1418–1423 Rechts- u. Naturwissenschaft in Padua; wurde 1425 Theologe; brachte es zu hohen Ämtern (1448 Kardinal, 1450 Bischof von Brixen), nachdem er auf dem Konzil

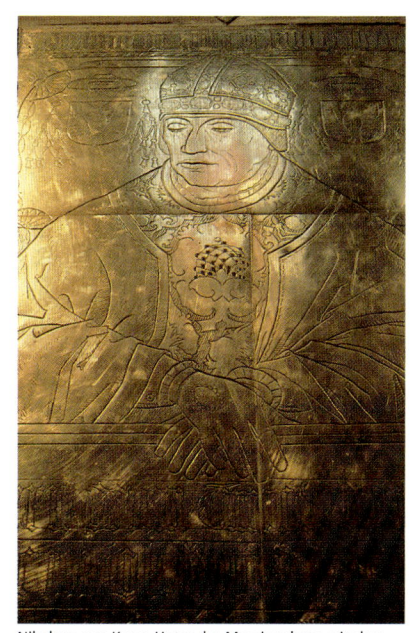

Nikolaus von Kues: Unter der Messingplatte mit dem Porträt des Philosophen ruht sein Herz; Kues, Stiftskapelle

Nikolaus von Leyden

Nikolaus von Verdun: Detail vom Verduner Altar (Klosterneuburger Altar); 1181. Stift Klosterneuburg, Österreich

von Basel zunächst gegen den Papst aufgetreten war, später aber in dessen polit. Dienst eine rege Tätigkeit entfaltete (Verhandlungen mit der orth. Kirche, Klostervisitation u. a.). In seiner Schrift „De concordantia catholica" (1434) fanden sowohl die konziliare Theorie wie Reichsreformgedanken ihren Ausdruck. N. v. K. steht am Übergang des MA zur Neuzeit. In Abkehr vom Aristotelismus kam er zur Vorwegnahme moderner physikal. Vorstellungen: Erdbewegung, Trägheitsgesetz, Relativität der Bewegungen, Infinitesimalrechnung u. a. In Anknüpfung an den Neuplatonismus u. die dt. Mystik (Meister Eckhart) gelangte er zu seiner Lehre von der *coincidentia oppositorum* [„Zusammenfall der Gegensätze"] in Gott, wobei es allerdings keine positive u. adäquate Erkenntnis Gottes, sondern nur ein Begreifen unseres Nichtbegreifens *(docta ignorantia)* gebe. Hilfestellung leisteten bei diesem Begreifen mathemat. u. geometrische Vorstellungen (die Zahl 1, Kreis, Dreieck, Kugel), symbolisch gedeutet. N. v. K. beeinflußte G. Bruno, G. W. Leibniz u. G. W. F. Hegel. – Werke: dt. von F. A. Scharpff (Auswahl) 1802; von E. Hoffmann 1936 ff.; kritische Gesamtausgabe der latein. u. dt. Schriften durch die Heidelberger Akademie der Wissenschaften 1932 ff.

Nikolaus von Leyden, niederländ.-dt. Bildhauer, → Gerhaert von Leyden.

Nikolaus von Lyra, scholastischer Theologe, *um 1270 Lyre, Normandie, †1349 Paris; Franziskaner, Lehrer an der Sorbonne in Paris, bedeutender Bibelexeget des MA, schuf den ersten gedruckten Bibelkommentar.

◆ **Nikolaus von Verdun** [- vɛrˈdœ], lothring. Goldschmied u. Emailmaler, durch datierte Werke nachweisbar zwischen 1181 u. 1205; bereitete in seiner von byzantin. Einflüssen bestimmten Kunst die lineare Formensprache der Frühgotik vor; gesicherte Werke: Klosterneuburger Altar, 1181; Marienschrein in Tournai, 1205; Teile des Dreikönigsschreins im Kölner Dom (Propheten der unteren Längswände). Aus seiner Werkstatt stammen der Anno-Schrein in Siegburg (um 1183) u. der Albinus-Schrein in St. Pantaleon in Köln (um 1186). Auch → Klosterneuburg; → Emailkunst.

Nikolow, Andrea, bulgar. Bildhauer, *11. 5. 1878 Vratza, †17. 12. 1959 Sofia; bedeutendster Vertreter der bulgar. Bildhauerei in der 1. Hälfte des 20. Jh.; studierte in Sofia u. Paris u. war zeitweise in Rom tätig. Ausgehend von der französ. akadem. Gestaltungsweise, gelangte er zu einem realist., individuellen Stil.

Nikolsburg, tschech. *Mikulov,* Stadt in Südmähren, Tschech. Rep., nordwestl. von Břeclav, rd. 6000 Ew.; Schloss mit naturwissenschaftl. u. archäolog. Sammlungen; Weinanbau.
Der *Vorfriede von N.* vom 26. 7. 1866 beendete den → Deutschen Krieg zwischen Österreich u. Preußen. Seine Bestimmungen gingen unverändert in den endgültigen Friedensvertrag ein (*Prager Frieden* vom 23. 8. 1866). Österreich verzichtete zugunsten Preußens auf seine Ansprüche in Schleswig-Holstein, zahlte eine Kriegsentschädigung u. erkannte die Auflösung des Deutschen Bundes an.

Nikomachische Ethik, ethisches Hauptwerk des *Aristoteles,* nach seinem Sohn *Nikomachos* genannt.

Nikomedes, Könige von Bithynien:
1. Nikomedes I., König von 280–250 v. Chr.; behauptete die Unabhängigkeit Bithyniens, die sein Vater *Zipoites* erreicht hatte, gründete 264 v. Chr. *Nikomedia.*
2. Nikomedes IV. Epiphanes Philopator, König etwa 91–74 v. Chr.; durch *Mithradates VI.* von Pontos vertrieben u. von den Römern wieder eingesetzt, im ersten *Mithradat. Krieg* erneut vertrieben u. 84 v. Chr. wieder bestätigt; vermachte 74 v. Chr. testamentarisch sein Land den Römern, worauf der dritte Mithradat. Krieg ausbrach.

Nikomedia, grch. *Nikomedeia,* antiker Name für → Izmit, früher Hptst. von *Bithynien.*

Nikon, eigentl. *Nikita Minitsch,* Patriarch von Moskau 1652–(1658)1666, *24. 5. 1605 Weldemanowo, †17. 8. 1681 Jaroslawl; begann schon als Metropolit von Nowgorod (seit 1649) Kirchen- u. Liturgiereformen, die während seines Patriarchats auf Widerstand in der Kirche stießen (→ Raskolniki), aber auch wegen der von ihm vorgesehenen Änderung der staatl.-kirchl. Beziehung beim Zaren *Alexej Michajlowitsch.* Das führte zu seiner offiziellen Absetzung, vor der er sich bereits 1658 von seinem Amt in ein Kloster zurückgezogen hatte.

Nikopol, ukrain. *Nykopil,* Stadt im S der Ukraine, am Kachowkaer Stausee (Dnjepr), 154 000 Ew.; Technikum; Handelsplatz für Getreide u. Wolle; Röhrenwalzwerk, Maschinenbau, Schiffswerft, Nahrungsmittelindustrie; in der Nähe Manganerzbergbau (Vorräte: 522 Mio. t); Binnenhafen.

Nikosia [-ˈziːa, auch -ˈkozia], Hptst. von Zypern, → Nicosia.

Nikotin → Nicotin.

Nikšić [ˈnikʃitsj], Stadt in Montenegro, 56 500 Ew.; Bogomilengrabsteine, alte Bogenbrücken; Eisenwerk, Bauxitvorkommen sowie Holzverarbeitung.

◆ **Nil,** arab. *Bahr An Nil,* längster Fluss der Erde, 6671 km, über 2,8 Mio. km² Einzugsgebiet. Der schon von R. Kandt (1898) als Oberlauf erkannte *Kagera-Nil* entspringt mit den Quellflüssen *Rukaraga, Mwogo* u. *Nyawarongo* in Rwanda u. Burundi, durchströmt den Victoria- u. den Albertsee, nimmt den Gazellenfluss *(Bahr Al Ghazal)* von links u. den *Sobat* von rechts auf, trifft bei Khartum als *Weißer Nil (Nil Al Abyad)* mit dem *Blauen Nil (Nil Al Azraq)* zusammen, nimmt bei Atbara noch den *Atbara* auf (beide von rechts) u. fließt dann nordwärts über fünf große Katarakte (der 6. ist unterhalb von Khartum) durch die Wüste nach Kairo. Unweit von Kairo bildet er sein rd. 22 000 km² umfassendes Delta u. mündet in mehreren Armen zwischen Alexandria u. Damietta ins Mittelmeer. Der N. führt durchschnittlich 73–90, in Extremjahren 50–120 Mrd. m³ Wasser im Jahr ins Meer. Die größte Wassermenge erreicht der Strom unterhalb der Atbaramündung; davon stammen im Mittel aus dem sinkstoffreichen Blauen Nil, der vom Äthiop. Hochland kommt, u. je aus dem Oberlauf, dem Sobat u. dem Atbara. Seit der Zeit der Pharaonen bestimmte der Wasserstand des Nils die Landwirtschaft. Die jährl. Überschwemmung begann im Juni u. erreichte im September u. Oktober ihren Höchstand. Die Ablagerung des Nilschlamms bedingte die Fruchtbarkeit der ägypt. Stromoase. Vom Albertsee an ist der N. schiffbar, durch Stromschnellen u. Katarakte jedoch oft behindert.
Von den vielen Stauwerken zwischen Uganda u. Unterägypten, die zur Regelung des

Nil: Satellitenbild des Nildeltas bei Kairo. Die Farbe Rot zeigt an, dass in der Überschwemmungsebene des Flusses intensiver Ackerbau betrieben wird

Abflusses dienen, sind die beiden großen Dämme bei Assuan die wichtigsten. Am 1. Katarakt wurde 1899–1902 (Erweiterungen 1907–1912 u. 1929–1934) der Staudamm mit Straße u. Kraftwerk gebaut. 7 km oberhalb entstand 1960–1970 der neue Hochdamm (arab. Sadd Al Ali), der den Nil zu einem der größten Stauseen der Welt, dem → Nasser-Stausee, aufstaut. Folgende Ziele sollten mit der Errichtung des Stausees verwirklicht werden: Ausweitung der landwirtschaftl. Anbaufläche, Erhöhung der Ernteerträge durch gleichmäßige Bewässerung, Energiegewinnung (12 Turbinen mit rd. 2000 MW Leistung), Verhinderung von Überschwemmungs- u. Dürrekatastrophen, ganzjährige Schiffbarkeit des N. u. Steigerung des Fischfangs im See. Inzwischen haben sich jedoch negative Auswirkungen eingestellt: Da die bis 1964 alljährl. Nilflut, die mit ihrem fruchtbaren Schlamm die Felder düngte, ausbleibt, müssen die Felder jetzt künstlich gedüngt werden. Außerdem verschlammt der Nasser-Stausee zunehmend, während das Schwemmland im Delta nicht weiter anwächst; infolge des geringeren Nährstoffgehalts des Nilwassers ist die ehem. bedeutende Fischerei im Unterlauf u. Delta stark zurückgegangen. Neben der Absenkung des Grundwasserspiegels u. der Bodenversalzung ist zu beobachten, dass sich der N. aufgrund seiner jetzt größeren Fließgeschwindigkeit tiefer einschneidet u. durch Unterspülung Brücken gefährdet. Auch → Ägypten.

Nilbarsch, *Lates niloticus,* maximal bis 2 m langer u. 80 kg schwerer *Zackenbarsch,* eine der wenigen reinen Süßwasserarten der Seen u. Flusssysteme Afrikas; geschätzter

Nilkrokodil, Crocodylus niloticus

Speise- u. Sportfisch. Nur auf den Albertsee u. den Murchison-Falls-Bereich (Uganda) ist der massige, bis 1,8 m lange u. 160 kg schwere *Albertseebarsch, Lates albertinus,* beschränkt. Der bis 1,8 m lange u. 40 kg schwere (Rekord 270 kg) *Riesenbarsch, Lates calcarifer,* im Indischen Ozean ist nah verwandt. Alle Arten sind Fischfresser.

Nilbuntbarsche, *Tilapia* u. *Sarotherodon,* Gattungen der *Buntbarsche,* kleine bis mittelgroße Süß- u. Brackwasserfische, von denen einige Arten hohen Salzgehalt ertragen. N. sind Maulbrüter oder Nestbauer mit Ei- u. Brutpflege. Die Nahrung besteht aus Pflanzen u. Kleintieren (Plankton, Tubifex, Mückenlarven). Kleine Arten werden gern als Aquarienfische gehalten, die größeren gehören zu den wichtigsten Zuchtfischen trop. u. subtrop. Teichwirtschaft u. wurden schon im alten Ägypten gezüchtet.

Nilgans, *Alopochen aegyptiacus,* afrikan., bis 70 cm großer *Entenvogel* aus der Gruppe der *Halbgänse;* oft als Teichgeflügel, aber unverträglich mit anderen Arten, Farbe braunrötlich.

Nilgauantilope [hind.], *Boselaphus tragocamelus,* eine *Antilope* von 150 cm Schulterhöhe, mit stark abfallender Kruppe (Hinterhand) u. rinderähnl. Kopf. Erwachsene Bullen sind dunkel graublau gefärbt, mit weißem Kehlfleck, weißem Bauch u. Spiegel. Die Weibchen sind kleiner, bräunlicher u. hornlos; lebt in kleinen Rudeln in den Dschungeln Indiens.

Nilgiri [sanskrit, „blaue Berge"], *Nilagiri,* Gebirgsplateau im südl. Indien, im südl. Abschnitt der Westghats, im *Doda Betta* 2633 m; dichte Monsunwälder; Tee- u. Kaffeeplantagen, Gemüse- u. Kartoffelanbau; zahlreiche Wasserkraftwerke.

Nilhechte, *Mormyriformes,* den *Heringsfischen* nahe stehende Ordnung von Süßwasserfischen. Die N. bewohnen die Süßwässer des tropischen Afrika. Sie unterscheiden sich von allen übrigen Wirbeltieren durch ein riesiges Kleinhirn. Das Maul ist bei vielen Arten stark verlängert, der Schwanz trägt häufig elektrische Organe. Zahlreiche der kleineren Arten von 15–25 cm Länge werden als Aquarienfische gehalten (z. B. die Gattung *Marcusenius*). Besonders langrüsslig sind die 20–40 cm langen Arten der Gattung *Gnathonemus* (Elefanten-, Tapirfische), die auf zahlreichen altägyptischen Zeichnungen dargestellt sind. Größere Arten, wie der *Lanzenfisch, Mormyrus,* sind geschätzte Speisefische.

◆ **Nilkrokodil,** *Crocodylus niloticus,* bis 7 m langes *Echtes Krokodil.* Diese Panzerechse bewohnt die Gewässer Afrikas südlich der Sahara. In Ägypten ist das N. verschwun-

Nil: Stromschnellen am Victorianil unterhalb der Kabelegafälle in Uganda

Niloten

den, im Jordantal seit Anfang des 20. Jh. ausgerottet. Madagaskar, die Seychellen u. Komoren hat es ebenfalls besiedelt. Nilkrokodile leben von toten u. verletzten Tieren, die im Wasser treiben. Außerdem überfallen sie Tiere bis zur Büffelgröße, wenn diese zur Tränke kommen. Die in einer Sandmulde verscharrten Eier werden vom Weibchen bewacht.

◆ **Niloten**, ursprüngl. Bez. für eine Anzahl verwandter afrikan. Völker in den Trockensteppen u. Papyrussümpfen des oberen Nil (Südsudan); heute bezeichnet der Begriff N. auch weitere sprachlich, körperlich (großwüchsig, langgliedrig, sehr dunkle Hautfarbe) u. kulturell weitgehend einheitl. Gruppen im W Äthiopiens, in Kenia, Uganda u. Tansania, insges. etwa 5 Mio. Die N. werden sprachlich in drei Hauptgruppen unterschieden: die westnilotische Gruppe (*Dinka, Luo* u. *Nuer*), die *N. i. e. S.*, u. die unter der Sammelbez. → Niloto-Hamiten zusammengefassten ost- u. südnilotischen Gruppen. Die N. sind Großviehzüchter mit Hackbau (Mais, Hirse, Bohnen). Ihre Behausung ist die Kegeldachhütte. Die ursprüngliche Kultur ist gekennzeichnet durch Vaterrecht, Ahnenkult mit Hochgott u. Regenmacher. Die traditionellen Volksreligionen werden zunehmend von Christentum u. Islam zurückgedrängt. Während im Sudan die N. gegenüber der Arabisch sprechenden islam. Bevölkerung eine unterdrückte Minderheit sind u. erst nach verlustreichen Aufständen in den 1960er Jahren größere Autonomierechte erlangen konnten, gehören die N. in Uganda u. Kenia zu den dominierenden Volksgruppen.

nilotische Sprachen, eine Gruppe von Sprachen, deren verwandtschaftl. Beziehungen untereinander u. zu den übrigen Sudansprachen (Sudan-Guinea-Gruppe) nicht geklärt sind. Die von den Nubiern, Shilluk, Dinka, Massai, Nuer u. a. Stämmen gesprochenen nilotischen Sprachen gliedern sich in *West-, Ost-* u. *Südnilotensprachen*. Das Sprachgebiet erstreckt sich vom oberen Nil in der Republik Sudan ins östl. Uganda u. nach Kenia, vom Tanganjikasee nach Tansania.

Niloto-Hamiten, *Hamito-Niloten*, Sammelbez. für die östl. u. südl. Gruppen der → Niloten im W Äthiopiens, in Kenia, Uganda bis nach Tansania mit hamit. Spracheinschlag; die *Lotuko-, Bari-* u. *Turkanavölker*, die *Massai, Nandi, Suk, Karamojo* u. *Tatoga*.

Nilpferd → Flusspferde.

Nils, *Niels*, männl. Vorname, niederdt. Kurzform von → Nikolaus.

Nilson, Lars Frederik, schwed. Chemiker, *27. 5. 1840 Söderköping, †14. 5. 1899 bei Stockholm; entdeckte 1879 das Element Scandium, stellte als Erster Thorium rein dar.

Nil Sorskij, russ. Mönch u. Asket (→ Starez) im Transwolga-Gebiet, *um 1433, †1508; er u. seine Schüler wehrten sich unter Aufnahme altmönchischer Traditionen gegen den klösterl. Besitz u. die enge Bindung des kirchl. Lebens an die staatl. Autoritäten, wie es von *Josif von Wolokalamsk* vertreten wurde.

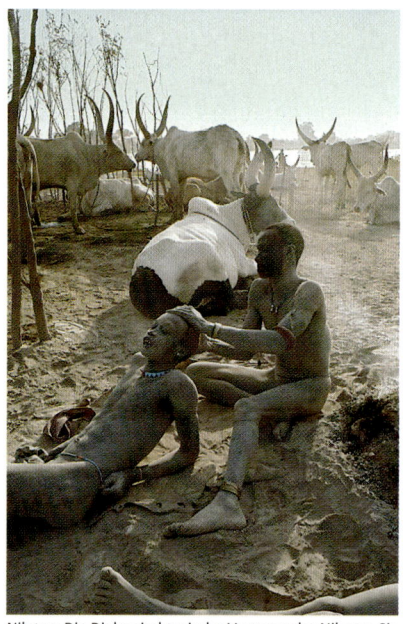

Niloten: Die Dinka sind typische Vertreter der Niloten. Sie sind noch stark in ihrer alten Kulturtradition verhaftet

Nilsson, 1. Bo, schwed. Komponist, *1. 5. 1937 Skellefteå; Autodidakt; schrieb zunächst serielle Musik, benutzte dann unkonventionell Elemente der skandinav. Spätromantik. Vokalkompositionen („Und die Zeiger seiner Augen wurden langsam zurückgedreht" 1959; „Ein irrender Sohn" 1959; „La Bran" 1961; „Nazm" 1973; „Madonna" 1977), Orchesterwerke („Der Weg" 1962; „Taksim, Caprice, MaKuam" 1974), Kammermusik („Szene I–III" 1960/61; „Lisa" 1976).
2. Märta Birgit, schwed. Sängerin (Sopran), *17. 5. 1918 Karup; 1946 an der Königl. Oper Stockholm, Gastspiele an allen großen Opernhäusern (u. a. Bayreuth, New York); bedeutende Wagner- u. Strauss-Sängerin; schrieb „La Nilsson. Mein Leben für die Oper" 1997.

Nilsson-Ehle, Hermann, schwed. Botaniker u. Genetiker, *12. 2. 1873 Skurup, †29. 12. 1949 Lund; 1915–1938 Prof. in Lund; arbeitete über die züchterische Verbesserung von Nutzpflanzen; Entdecker der additiven Polygenie *(Polymerie)*.

Nilus von Rossano, italien. Geistlicher, *um 910 Rossano, Apulien, †1004 Kloster St. Agatha bei Frascati; zunächst Basilianer, dann Benediktiner; gründete die Klöster Serperi bei Gaeta u. Grottaferrata bei Rom. Mit seinem Namen verbindet sich die Wiederentdeckung des Eremitenideals in Italien.

Nilwaran, *Varanus niloticus*, 2 m langer *Waran* in Afrika südlich der Sahara. Die Echse hält sich vorwiegend in Wassernähe auf. Als Unterschlupf dienen ihr hohle Bäume u. Erdhöhlen. Der N. lebt räuberisch von Fröschen, Echsen, Krabben, Achatschnecken, Vögeln u. deren Eiern, Kleinsäugern u. Aas. Die Eier werden in Termitenhügeln abgelegt.

Nimba, *Mount Nimba*, Höhenzug der westafrikan. Nordguineaschwelle, im Grenzgebiet zwischen Guinea, Côte d'Ivoire u. Liberia, 1752 m, dicht bewaldet; Naturschutzgebiete (Weltnaturerbe seit 1981), im S Eisenerzvorkommen.

Nîmes: Maison Carrée, korinthischer Tempel mit Vorhalle

Nimwegen: Die Stadtwaage am Grote Markt

Nimbaum, *Niembaum, Antelaea azadirachta, Azadirachta indica,* zu den *Zedrachgewächsen (Meliaceae)* gehörender Baum; ursprüngl. aus Indien, heute auch in Südafrika u. Südasien verbreitet. Die Rinde wird als Fieber senkendes Mittel verwendet *(Cortex Margosae).* Die Samen liefern das *Margosa-* oder *Niem-Öl.* Insbes. Blätter u. Samen enthalten Insekten abschreckende Stoffe.

Nimbostratus [der, Pl. *Nimbostrati;* lat.], *Regenwolke,* ausgedehnte tiefe Wolkenschicht mit großer vertikaler Mächtigkeit (zwischen 500 m u. Zirrushöhe) von fast einheitlicher, grauer, oft dunkler Farbe u. großer, mehr oder weniger anhaltender Niederschlagstätigkeit (Regen- oder Schneefall); entsteht im Bereich einer Warmfront. Die Dichte ist so groß, daß die Sonne unsichtbar wird. Unterhalb der Hauptwolke treten oft niedrige Wolkenfetzen auf.

Nimbus [der; mlat.], 1. *Meteorologie:* veraltet für → Nimbostratus.
2. *Symbolik: Heiligenschein, Glorie, Gloriole,* aus der frühen Kunst des Alten Orients von der christl. Kunst übernommene Form eines Lichtkreises um das Haupt göttl. u. heiliger Gestalten; ursprüngl. ein Reifen, dann zu einer runden Scheibe entwickelt. Darstellungen Christi, Gottvaters u. des Hl. Geistes erhielten einen N. mit eingezeichnetem Kreuz *(Kreuznimbus);* der rechteckige N. bezeichnet zur Zeit der Darstellung noch lebende Personen. Auch → Aureole.
3. *übertragen:* Ruhm, Ansehen.

Nimeiri, Dschafar Mohammed An, sudanes. Politiker, → Numeiri.

◆ **Nîmes** [ni:m], südfranzös. Stadt im Languedoc, Verw.-Sitz des Dép. Gard, 134 000 Ew.; Teil der Universität von Montpellier; korinth. Tempel *Maison Carrée,* röm. Amphitheater, Augustusbogen, Dianatempel, Parkanlage „Jardin de la Fontaine" mit antiken Ruinen, Kathedrale, Museen; in der Nähe der *Pont du Gard;* Nahrungsmittel-, Teppich-, Möbelstoff-, Seiden- u. Schuhindustrie; Handel mit Wein, Spirituosen, Getreide u. Arzneipflanzen; Weinbauversuchsstation; Verkehrsknotenpunkt; Fremdenverkehr.
Geschichte: In der Antike gewann die kelt. Siedlung als Schnittpunkt wichtiger Verkehrswege Bedeutung u. wurde 121 v. Chr. römisch. Zur Zeit des Augustus wurde N. zur röm. Kolonie erhoben *(Colonia Augusta Nemausus).* Die Stadt erhielt ihre Wasserzufuhr durch den fast 50 km langen Aquädukt, dessen eindrucksvollsten Teil der *Pont du Gard* bildet. 149 n. Chr. wurde N. Hauptstadt der Provinz *Gallia Narbonensis,* Ende des 4. Jh. Bischofssitz. 407 zerstörten die Wandalen die Stadt, 725 die Sarazenen. 738 eroberten die Franken N., 1185 geriet es unter die Herrschaft der Grafen von *Toulouse,* u. 1229 wurde es der französ. Krondomäne einverleibt. Von Beginn des 16. Jh. an bis 1629 war N. eine der Hochburgen der *Hugenotten.*

Nimitz, Chester William, US-amerikan. Admiral, * 24. 2. 1885 Fredericksburg, Tex., † 20. 2. 1966 Yerba Buena Island, Calif.; im 2. Weltkrieg 1941–1945 Oberbefehlshaber im Pazifik, nahm 1945 mit General D. *MacArthur* die Kapitulation Japans entgegen.

Nimmersatt, *Ibis,* Gattung bis 1 m großer *Störche,* Bewohner der flachen Binnen- u. Küstengewässer, die ganzjährig auf Sträuchern, Bäumen u. Klippen Brutkolonien bilden. Die Nahrung besteht aus Fischen, Wirbeltieren u. Insekten, die mit dem gebogenen Schnabel aufgestochert u. gespeert werden. Es gibt drei Arten, den eigentl. N., *Ibis ibis* (trop. Afrika), den *Indischen N.* oder *Buntstorch, Ibis leucocephalus* (Vorderindien) u. den *Malaiischen N.* oder *Milchstorch, Ibis cinereus* (malaiischer Raum). Die Nimmersatte dürfen nicht mit den echten *Ibissen* (Familie *Threskiornithidae*) verwechselt werden.

Nimonic, hochwarmfeste Legierung auf Nickelbasis mit Anteilen an Chrom bis 20 % u. Kobalt bis 18 % sowie Zusätzen an Titan, Aluminium, Eisen u. Kohlenstoff für den Gasturbinenbau.

Nimrod [hebr.], *Nemrod* [lat.], laut Gen. 10,9 ein sprichwörtlich berühmter Jäger u. laut Gen. 10,10–12 ein sagenhafter Urzeitkönig babylon. u. assyr. Städte (Micha 5,5 Assyrien = Land Nimrods). Vermutet wird seine Identität mit dem babylon. Jagd- u. Kriegsgott Ninurta. Rätselhaft ist die durch die junge genealog. Bemerkung Gen. 10,8 hergestellte Beziehung zu hamit. Völkern (Kusch, der Sohn Hams, ist Vater Nimrods). – Im übertragenen Sinne: leidenschaftl. Jäger.

Nimrud, rd. 30 km südsüdöstlich von Mosul am Tigris gelegene Ruinenstätte; antiker Name: *Kalach.*

Nim-Spiel, ein Rechenspiel für zwei Personen, das auf Steckbrettern mit Stiften gespielt wird. Es können aber auch beliebige Figuren (Streichhölzer, Stäbchen, Löffel oder Gabeln) verwendet werden; viele Varianten.

◆ **Nimwegen,** ndrl. *Nijmegen,* Stadt in der niederländ. Prov. Gelderland, an der Waal, 147 000 Ew.; als Agglomeration 248 000 Ew.; Universität (gegr. 1923), Max-Planck-Institut, Museen, Theater; mittelalterl. Stephansdom 13./14. Jh., Stadthaus (16. Jh.), Stadtwaage; Nahrungsmittel-, Metall-, keram., Elektro-, Maschinen- u. Textilindustrie; internationaler Handelsplatz.
Geschichte: Nimwegens Entstehung fällt in die nachaugusteische Zeit der Sicherung der röm. Rheingrenze. Die ursprüngl. kelt. Siedlung ließ Kaiser Trajan als Kolonie *(Ulpia Noviomagus)* ausbauen. Nach Zusammenbruch des röm. Reiches unter den Karolingern erneut zu Bedeutung gekommen, wurde die Stadt durch Karl d. Gr. mit einer Pfalz versehen. 1230 wurde N. Reichsstadt, 1247 an den Grafen von Geldern verpfändet. 1402 war N. Hansestadt. 1585 übergab die von den Calvinisten unterdrückte Mehrheit der kath. Bevölkerung die Stadt an Spanien. 1591 eroberte Moritz von Oranien N. zurück. – Die Friedensschlüsse von N. 1678/79 beendeten den Holländ. Krieg. Die Niederlande erhielten ihr gesamtes Gebiet zurück; Spanien trat an Frankreich die Franche-Comté (Freigrafschaft Burgund) u. Grenzfestungen der span. Niederlande ab, der Kaiser Freiburg i. Br.; Frankreich gab Philippsburg auf.

Nimzowitsch, Aaron, dt. Schachspieler, * 7. 11. 1886 Riga, † 16. 3. 1935 Kopenhagen; gilt als Begründer des modernen Schachspiels. Nach ihm benannt ist die *Nimzowitsch-Verteidigung.*

◆ **Nin**, Anaïs, US-amerik. Schriftstellerin span.-französische Herkunft, * 21. 2. 1903 Paris, † 14. 1. 1977 Los Angeles, California; Psychoanalytikerin; Kontakte zu zahlreichen Künstlern, mit H. *Miller* befreundet; schrieb vor allem erotische Erzählungen („Unter einer Glasglocke" 1944, dt. 1979; „Das Delta der Venus" 1977, dt. 1978) u. Romane („Das Haus des Inzests" 1936, dt. 1984; „Leitern ins Feuer" 1946, dt. 1980; „Sabina" 1954, dt. 1960, 1970 unter dem Titel „Ein Spion im Haus der Liebe"; „Labyrinth des Minotaurus" 1961, dt. 1985). Ihre Tagebücher (11 Bde. von 1966 bis 1985, dt. 7 Bde. von 1968 bis 1982) sind bemerkenswert durch die Beschreibung ihrer Selbstfindung mit Hilfe der Psychoanalyse u. durch die Schilderung ihrer Erfahrungen in Paris u. New York.

Anaïs Nin

Nina, russ. weibl. Vorname, Koseform von *Anna*, auch Kurzform von *Antonina*.

Ningbo, *Ningpo*, chines. Stadt in der Provinz Zhejiang, östl. von Hangzhou, 1,07 Mio. Ew.; ehem. buddhist. Zentrum; traditionelle Seidenproduktion, Metall- u. Nahrungsmittelindustrie, Fischerei.

Ningxia Hui [niŋɕia-], *Ninghsia*, autonome Region in China, am Mittellauf des Huang He (Gelber Fluss), 66 400 km², 5,0 Mio. Ew.; z. T. islam. *Dunganen (Hui)*, Hptst. *Yinchuan*; wüsten- u. steppenhaft; Viehzucht, am Huang He Bewässerungsfeldbau; Erdöl- u. Erdgasförderung; am Huang He mehrere Staustufen mit Kraftwerken; 1969 wurde N. H. um wesentl. Teile der Inneren Mongolei erweitert.

Ninhydrin [das], eine organ.-chem. Verbindung; das Hydrat der Triketoverbindung des hydrierten Indens; dient zum Nachweis von Aminosäuren, Eiweißstoffen u. Polypeptiden durch Purpur-, Blau- oder Gelbfärbung bei der Chromatographie.

Ninian, Geistlicher, * um 360, † um 432; erster christl. Missionar bei den Pikten im heutigen Schottland; Gründerabt des Klosters Candida Casa auf Whithorn, das zum Zentrum der Mission wurde.

Ninive, akkad. *Ninua*, heute die Ruinenhügel *Kujundschik* u. *Nebi Junus*, antike Stadt in Mesopotamien, am linken Tigrisufer, gegenüber von Mosul; fünf prähistor. Siedlungsschichten der Zeit 5000–2800 v. Chr.; 700–612 v. Chr. Hptst. von *Assyrien*, 612 v. Chr. von dem mit den Medern verbündeten babylon. König *Nabupolassar* zerstört. Ausgrabungen seit 1846 brachten einen doppelten Mauerring, zahlreiche Tempel u. Paläste (u. a. der von *Assurbanipal*), die reich mit Reliefplatten geschmückt waren, u. Keilschrifttexte.

Nino, *Christiana von Georgien*, Apostolin Georgiens, † 338; wuchs (nach legendenhafter georg. Tradition) in Jerusalem auf, wanderte als Asketin nach Georgien u. gewann dort um 322 den König Miriani für das Christentum (→ georgisch-orthodoxe Kirche). Ihr Grab wird in der alten georg. Hauptstadt Mzcheta verehrt. – Fest: 15. 12., in Georgien: 14. 1.

Ninove [ˈniːnoːvə], fläm. *Nieuwenhoven*, Stadt in der belg. Prov. Ostflandern, mit Eingemeindungen 33 000 Ew.; Herstellung von Streichhölzern, Kunstseide u. Spitzen, Verarbeitung von Baumwolle, Wolle, Leinen, Jute u. Kunstfasern.

Ninurta [sumer., „Herr der Erde"], babylonischer Gott zur Überwachung der Vegetation, gilt als Sohn Enlils mit Nippur als Hauptkultort. N. war Patron der hoch entwickelten mesopotamischen Landwirtschaft u. trat in jüngerer Zeit vornehmlich als Kriegsgott auf, der Land u. Leute gegen alle Feinde schützte.

Niob [das; grch., nach *Niobe*], *Niobium*, früher *Columbium*, chem. Zeichen Nb, seltenes, hellgrau glänzendes Metall; Atommasse 92,906, Ordnungszahl 41, Dichte 8,58, Schmelzpunkt 2468 °C; wird von Säuren, außer von Flusssäure, nicht angegriffen; kommt in der Erdkruste (1,8·10³ Gew.-%) selten vor (z. B. in Brasilien, Kanada, Demokrat. Rep. Kongo, Norwegen, Russland, Nigeria, Uganda, Kolumbien); es findet sich in Form von Mineralien als *Columbit (Niobit)*; Verwendung in Stahllegierungen u. für Elektroden.
1801 von C. *Hatchett* entdeckt, der es nach dem Fundort Columbium nannte, das jedoch später für das Element Tantal hielt. 1844 erneut von H. *Rose* entdeckt, der es nach der Tantalos-Tochter Niobe benannte. Die erste Reindarstellung gelang 1864 durch Erhitzen des Chlorids in einer Wasserstoffatmosphäre.

Niobe, in der griech. Sage Tochter des *Tantalos* u. Gattin des Königs *Amphion* von Theben; beleidigte *Leto*, die Mutter *Apollons* u. der *Artemis*, durch Hinweis auf den eigenen Kinderreichtum. Zur Strafe töteten die beiden Götter ihre 14 Kinder; N. versteinerte vor Schmerz.

Niobidenmaler [nach einem Krater (Paris, Louvre), auf dem der Tod der Kinder der Niobe, der *Niobiden*, dargestellt ist], attischer Vasenmaler, tätig um die Mitte des 5. Jh. v. Chr.; beeinflusst von *Polygnot*.

Niobit [der; grch.], an *Niob* reiches, schwarzes oder rötl. Mineral der als *Columbit* bezeichneten Mischungsreihe von Niob- bzw. Tantal-Eisen-Mangan-Oxiden; chem. (Fe, Mn)·(Nb, Ta)$_2$O$_6$; Metallglanz, rhombisch, Härte 6; das tantalreiche Mineral heißt *Tantalit*; wichtiges Niob- u. Tantal-Erz; Vorkommen: Oberpfalz (Bayern), Australien, Nigeria, Demokrat. Rep. Kongo, Brasilien, Norwegen, Russland.

Niobium [grch.], ein Metall, → Niob.

Niobrara [naɪəˈbrɛrə], Fluss im USA-Staat Nebraska, entspringt im östl. Wyoming, mündet bei *N.* in den Missouri, rd. 700 km.

NIOC, Abk. für engl. *National Iranian Oil Company*, 1951 gegründete iran. Ölgesellschaft; Hauptverwaltung in Teheran; ihr gehören alle iran. Erdöl- u. Erdgasfelder; sie betreibt Ölsuche u. -förderung, Gasförderung, Transport (eigene Tankerflotte) u. Verkauf von Erdgas; betätigt sich bei der Erdölverarbeitung u. in der petrochem. Industrie.

Niort [niˈɔːr], westfranzös. Stadt im Poitou, Verw.-Sitz des Dép. Deux-Sèvres, 58 700 Ew.; landwirtschaftl. Handelszentrum; Gerbereien, Lederhandschuh- u. Möbelindustrie.

Nipapalme [mal.], *Nypa fructicans*, eine stammlose *Palme*, in Hinterindien u. auf dem Malaiischen Archipel bis Neuguinea verbreitet. Die Krone hat bis 7 m lange Blätter, die zum Decken von Hausdächern dienen. Aus dem zuckerreichen Saft werden alkohol. Getränke (Wein) hergestellt; die Früchte sind essbar.

Nipigon [ˈnipigən], *Lake Nipigon*, See in Ontario (Kanada), 4848 km², rd. 160 m tief; fließt durch den *N. River* zum Oberen See ab.

Nipissing [ˈnipisiŋ], *Lake Nipissing*, See in Ontario (Kanada), rd. 850 km², 195 m tief, fließt durch den *French River* zum Huronsee ab.

◆ **Nipkow** [-ko], Paul, dt. Ingenieur, * 22. 8. 1860 Lauenburg, Pommern, † 24. 8. 1940 Berlin; erfand 1884 die nach ihm benannte rotierende *Nipkow'sche Scheibe* mit spiralig angeordneten Löchern zur mechan. Zerlegung (Abtasten) eines Bildes (Prinzip jeder Fernsehübertragung, heute werden ausschließl. elektron. Bildzerleger verwendet; auch → Fernsehen.

Paul Nipkow

Nippel, kurzes Rohrstück mit Gewinde zum Verbinden von Rohren; beim Fahrrad ein Gewindestück zum Befestigen der Speichen; in der Glühlampenfassung das Fußstück zum Durchführen der Leitungsschnur.

Nipperdey, Hans Carl, dt. Jurist, * 21. 1. 1895 Bad Berka, † 21. 11. 1968 Köln; Prof. in Jena u. seit 1925 in Köln; 1954–1963 Präs. des Bundesarbeitsgerichts in Kassel; Hptw.: „Beiträge zum Tarifrecht" 1924; „Lehrbuch des Arbeitsrechts" 2 Bde. 1927–1930 (mit Alfred *Hueck*); „Europ. Arbeitsvertragsrecht" 3 Bde. 1928–1930; bearbeitete L. *Enneccerus* „Lehrbuch des Bürgerl. Rechts" Bd. I, Allg. Teil, 1931.

Nippes [Pl.; germ., frz.] → Nippsachen.

Nippon, *Dai Nippon*, *Nihon*, *Nihong*, i. w. S. die japan. Bez. für *Japan*, i. e. S. nur für die Hauptinsel *Honshu*.

Nippsachen, *Nippes*, kleine, aufstellbare Schau- u. Zierfiguren, Vasen u. Ä., meist aus Porzellan.

Nipptide [niederdt.] → Gezeiten.

Nippur, heute *Niffer*, babylon. Stadt, südöstl. von Bagdad, ehemals religiöses Zentrum der *Sumerer*, Kultplatz des Herrschergotts *Enlil* u. wichtiges Handelszentrum. Bei Ausgrabungen 1888–1900, 1948–1950 u. 1972–1975 wurden wichtige Keilschriften gefunden.

Niquelândia [nike-], bis 1944 *São José do Tocantins*, Stadt in Goiás (Brasilien), 5000 Ew., m. V. 30 000 Ew.; Nickelerzabbau u. -verhüttung.

Niragongo, *Nyragongo,* tätiger Vulkan in der zentralafrikan. Gruppe der Virunga-Vulkane, 3469 m.

Nirenberg [-bə:g], Marshall Warren, US-amerikan. Biochemiker, *10. 4. 1927 New York; erhielt für Arbeiten zur Aufschlüsselung des genet. Codes, bes. von dessen Funktion bei der Protein-Biosynthese; erhielt gemeinsam mit R.W. *Holley* u. H.G. *Khorana* 1968 den Nobelpreis für Medizin.

Nirosta, Kurzwort für → nicht rostender Stahl.

Nirvana [das; sanskr., „das Erlöschen"], das Heilsziel des *Buddhismus.* Inhaltlich hat das N. eine negative u. eine positive Seite: Es ist negativ das Erlöschen des unheilvollen Daseinsdrangs *(tanha)* u. damit das Aufhören der zu immer neuen Geburten führenden Tat-Kausalität *(karma);* nach der positiven Seite ist das N. eine absolute, unaussagbare u. bewusstlose numinose Wirklichkeit, in die die Erlösten eingehen schon während ihrer letzten irdischen Existenz („N. der diesseitigen Ordnung") u. endgültig, wenn die Substrate der Körperlichkeit im Tod abfallen (*Pari-Nirvana,* „höchste N.").

Nirvana, US-amerikanische Rockgruppe; Kurt *Cobain* (Gesang, Gitarre), Krist *Novoselic* (Bass), Dave Grohl (Schlagzeug); 1988 in Aberdeen, Washington, gegründet; wurden mit dem Album „Nevermind" und der Single „Smells like Teen Spirit" 1991 sehr schnell zu Superstars und zum Aushängeschild des als neu empfundenen Musikstils Grunge; die Band zerfiel, als Cobain 1994 Selbstmord beging; Veröffentlichungen: „Bleach" 1989; „Nevermind" 1991; „In Utero" 1993.

◆ **Niš** [ni:ʃ], *Nisch,* das antike *Naissus,* Stadt im südl. Serbien, am Zusammenfluss von Nišava u. Morava, 176 000 Ew.; Universität (gegr. 1965); türk. Festung; Weinanbau, Maschinenbau, Leder-, Teppich-, Textil-, Elektro-, chem. u. Tabakindustrie; Handelszentrum, Bahnknotenpunkt. 6 km westl. von N. lag früher die Sommerresidenz der Könige sowie des jugoslaw. Staatschefs.

Nisa, Hptst. in der Frühzeit der *Parther,* heute in Turkmenistan; bedeutende Ausgrabungen.

Nisam, indischer Fürstentitel, → Nizam.

Nisami, *Nezami,* pers. Dichter, *1141 Gandscha, †um 1200 Gandscha; schrieb fünf klassischen epischen Meisterwerke („Chosrau u. Schirin", „Laila u. Medschnun", „Haft Paikar" u. das zweiteilige Alexanderbuch) werden gemeinhin als „Pandsch Gandsch" („fünf Schätze"), oder einfach als „Hamse" (Quintett) bezeichnet. Die Psychologie der Liebe u. das Streben nach Weisheit u. Menschlichkeit stehen in seinem Werk im Vordergrund. N. beeinflusste wie kaum ein anderer pers. Dichter Künstler auf verschiedenen Gebieten auch außerhalb des pers. Sprachraumes.

Nisan, *Nissan,* der 7. Monat des jüdischen Kalenders (März/April); → Pascha.

Nišava [ˈniʃ-], rechter Nebenfluss der Südlichen Morava in Serbien; mündet westlich von Niš, 218 km.

Nisch, Stadt in Serbien, → Niš.

Nische [frz.], **1.** *B a u k u n s t :* runde oder eckige Wandvertiefung, oft zur Aufnahme von Statuen, Urnen u. Ä. bestimmt.
2. *B i o l o g i e :* → ökologische Nische.

Nischenstrategie, die wirtschaftl. Betätigung ausschließlich auf einem Teilmarkt; sinnvoll, wenn ein Unternehmen aufgrund der eigenen Stärken u. Schwächen sein Ziel besser auf einem Teilmarkt als auf dem Gesamtmarkt erreichen kann. Die Marktnische kann auch zur Einführung neuer Produkte genutzt werden.

Nischnekamsk, *Nižnekamsk,* Stadt im O der Republik Tatarstan (Russland), im Ural, an der Kama, 210 000 Ew.; Gummiherstellung.

Nischnewartowsk, *Nižnevartovsk,* Stadt (1964 gegr.) am mittleren Ob (Russland), im Chanten-u.-Mansen-Autonomer-Kreis, 238 000 Ew.; Planungszentrum der Erdöl- u. Erdgasindustrie Westsibiriens; in der Umgebung umfangreiche Erdölvorkommen (u. a. am See → Samotlor); Erdgasraffinerie, Erdgaspipeline nach Samara, Weißrussland u. ins Kusnezker Becken; Holzverarbeitung, Fischfang; Flugplatz, Binnenhafen.

Nischnij Nowgorod, *Nižnij Novgorod,* 1932–1990 *Gorkij,* Stadt in Russland, an der Mündung der Oka in die Wolga, 1,4 Mio. Ew.; Kulturzentrum, bedeutende Industrie- u. Handelsstadt; Universität (gegr. 1918), mehrere Hochschulen, Bildungs- u. Forschungsinstitute; Eisen- u. Kupfergießereien, Maschinen-, Automobil-, Flugzeug-, Schiff-, Lokomotiven- u. Waggonbau, Elektro-, Metall-, chem., Holz-, Papier-, Woll- u. Nahrungsmittelindustrie, Erdölraffinerien, Wasser- u. Wärmekraftwerk, Binnenhafen, Verkehrsknotenpunkt; als wichtiger Standort der Rüstungsindustrie in sowjet. Zeit für Ausländer gesperrt. – 1221 gegr., vom 16. Jh. bis 1927 berühmte Handelsmesse; Kreml aus dem 16. Jh.; Geburtsort von M. *Gorkij.*

Nischnij Tagil, *Nižnij Tagil,* Industriestadt in Russland, am Ostrand des Mittleren Ural, 409 000 Ew.; in einem Bergbaugebiet (Eisen- u. Kupfererze, Gold, Platin); Eisenhütten- u. chem. Industrie, Maschinenbau, Waggonfabrik, Wärmekraftwerk; Bahnknotenpunkt (Jekaterinburg).

Nishinomiya, *Nischinomiya,* japan. Stadt zwischen Osaka u. Kobe, an der Osaka-Bucht, 390 000 Ew.; Universität (gegr. 1889); Eisen-, Stahl-, Kraftfahrzeug-, Textil- u. Gummiindustrie.

Nissan, Monat des jüdischen Kalenders, → Nisan.

Nissaninseln, *Green Islands,* Korallenatoll nördl. von Bougainville (Papua-Neuguinea), rd. 2500 Ew.; Kokosnussplantagen.

Nissan Motor Co. Ltd., Tokyo, japan. Unternehmen der Kraftfahrzeugindustrie, gegr. 1933; Konzernumsatz 2000: 52,34 Mrd. US-Dollar; 133 800 Beschäftigte; zahlreiche ausländ. Tochtergesellschaften.

Nissen, 1. *T e x t i l t e c h n i k :* eine bes. bei Baumwolle auftretende Fehlererscheinung: die Zusammenballung u. Verknotung meist toter oder unreifer Fasern bei der Verarbeitung (Arbeitsnissen) u. Entkörnung (Wachstumsnissen).
2. *Z o o l o g i e :* die an den Haaren der Wirtstiere festgeklebten Eier von *Läusen.*

Niš: Eingangstor zur türkischen Festung

Nissenhütte [nach P. N. *Nissen*], halbzylindrische Wellblech-Unterkunft, nach dem 2. Weltkrieg in großem Umfang als Notquartier benutzt.

Nißl, Franz, dt. Psychiater, *9. 9. 1860 Frankenthal, Pfalz, †11. 8. 1919 München; nach ihm benannt sind die *Nißl-Schollen* (Tigroidschollen), kleine schollenförmige Körperchen in den Nervenzellen, die bei Schädigung oder Ermüdung der Zellen verschwinden u. bei Erholung wieder erscheinen.

Nister, Der N. (hebr.: „Der Zurückgezogene"), Pseudonym von Pinchas Kahanowitsch, jidd. Schriftsteller, *1. 11. 1884 Berditschew, Ukraine, †4. 6. 1950 (in Haft); wichtiger Vertreter der sowjet.-jidd. Literatur; schilderte in seinem Roman „Die Brüder Maschber" 1939, dt. 1990, das Schicksal einer jüd. Familie von 1870 bis in die 1920er Jahre; jidd. Erzählungen: „Unterm Zaun" dt. 1988; auch Kindergeschichten.

Nistgeräte, künstliche Einrichtungen zur Ansiedlung von Vögeln, z. B. *Nistkästen* für höhlenbrütende Vögel, *Nisttaschen* für Buschbrüter u. Ä. Nistkästen aus Holz oder Holzbeton, mit Einfluglöchern verschiedener Größe sollen so eingerichtet sein, dass sie zur regelmäßigen Reinigung (im Herbst) geöffnet werden können.

Nistplatz, ein Ort, der Tieren zur Eiablage u. oft auch zur Aufzucht der Jungen dient. In Frage kommen in der Natur vorhandene Plätze wie Höhlen, Felsklippen, Astlöcher, Bodenmulden u. a. oder von den Tieren selbst hergestellte Nester.

Nisyros, griech. Insel der Südl. Sporaden, 41 km^2, 1300 Ew.; Hauptort Mandrakion; Vulkaninsel mit warmen Schwefelquellen, Heilbäder.

Niten, Miyamoto, auch *Musashi,* japan. Samurai u. Maler, *1582 oder 1584 Kokura, †13. 6. 1645 Kumamoto, berühmtester Schwertmeister Japans u. Tuschmaler aus dem Geist des Zen; schrieb „Das Buch der fünf Ringe" dt. 1983.

Niterói, früher *Nictheroy,* ehem. Hptst. (bis 1975) des brasilian. Staats Rio de Janeiro, gegenüber Rio de Janeiro auf der anderen

Seite der Guanabarabucht, 436 000 Ew.; Universität (gegr. 1961), Fachhochschulen; Schiffbau, Textil-, Baustoff-, Nahrungsmittel-, chem. u. pharmazeut. Industrie; Hafen, durch eine Brücke u. durch Fähren mit Rio de Janeiro verbunden. – 1671 gegründet.

Nithard, fränk. Geschichtsschreiber, Enkel Karls d. Gr., †844; Feldherr Ludwigs des Frommen u. Karls des Kahlen, für den er in vier Büchern die Auseinandersetzungen der Söhne Ludwigs des Frommen beschrieb.

Nithardt, Mathis, dt. Maler, → Grünewald.

Nitra [nj'itra], *Neutra*, Stadt in der westl. Slowakei, an dem Fluss Neutra, nordöstl. von Bratislava, 87 400 Ew.; Burg mit Kathedrale u. Bischofspalast; pädagog. u. landwirtschaftl. Hochschule; Keramik-, Leder-, Textil- u. pharmazeut. Industrie; Landwirtschaftsausstellung.

Nitrat-Atmung → anaerobe Atmung, → Denitrifikanten.

Nitratbakterien → Nitrifikanten.

Nitrate [grch.], 1. die Salze der Salpetersäure (HNO_3) mit der allg. Formel $MeNO_3$ (Me = Metall wie Kalium oder Natrium). N. kommen in Düngemitteln, grünen Pflanzen, im Boden u. Trinkwasser u. in Lebensmitteln vor. N. können durch Mikroorganismen in gesundheitsschädl. → Nitrite umgewandelt werden. – 2. organ. Ester der Salpetersäure mit der allg. Formel $R-O-NO_2$ (R = organ. Rest), z. B. *Ethylnitrat*, $C_2H_5-O-NO_2$.

Nitrateliminierung, Verfahren zur Herabsetzung hoher Nitratgehalte in Gewässern u. im Trinkwasser. Der Nitratgehalt im Trinkwasser ist in der BR Dtschld. seit 1985 auf 50 mg/l begrenzt. Die Einhaltung dieses Grenzwertes bereitet vielen Wasserwerken Schwierigkeiten, weshalb eine Belastung der Gewässer mit Nitraten zu vermeiden ist. Hingegen ist die biolog. → Denitrifikation bei der Abwasserreinigung weitgehend unproblematisch.

Nitratkunstseide, *Chardonnet(kunst)seide, Lehner(kunst)seide, Kollodiumseide*, ein Celluloseregeneratfaden; Ausgangsstoff: Linters oder Cellulosepappe, die mit Salpetersäure/Schwefelsäure-Mischung *(Nitriersäure)* verestert werden. Die N. wird heute (wegen ihrer Feuergefährlichkeit) nicht mehr hergestellt.

Nitratrichtlinie, die EG-Richtlinie vom 12. 12. 1991 zum Schutz der Gewässer vor Verunreinigungen durch → Nitrate aus landwirtschaftl. Quellen; in Dtschld. durch die → Düngeverordnung in nationales Recht umgesetzt. Ein Überangebot an stickstoffhaltigen Düngemitteln führt durch Auswaschung zu Beeinträchtigungen der Gewässer- u. Trinkwasserqualität mit schädl. Folgen für die menschl. Gesundheit (insbes. Kleinkinder) wie auch für terrestr. u. aquat. Ökosysteme. Die EU-Mitgliedstaaten sind verpflichtet, durch geeignete Maßnahmen eine flächendeckende Reduzierung des Nitrat-Eintrags durchzusetzen.

Nitriansky Hrádok, slowak. Dorf an der Nitra, rd. 30 km nördl. der Stadt Nitra; einer der wichtigsten archäol. Fundorte der Slowakei mit teilweise tellartigen (→ Tell) Siedlungsplätzen; Funde wichtiger Kulturgruppen seit dem Neolithikum bis in die Latène-Zeit, später slaw. Besiedlung.

Nitride [grch.], Metall-Stickstoff-Verbindungen mit salzartigen (z. B. *Magnesiumnitrid*, Mg_3N_2) oder metallischen (z. B. *Chromnitrid*, CrN) Eigenschaften sowie Nichtmetall-Stickstoff-Verbindungen mit diamantartigen Eigenschaften, z. B. *Bornitrid* (BN) u. *Siliciumnitrid* (Si_3N_4). Mit Ausnahme der salzartigen N. handelt es sich um harte, schwer schmelzbare u. hitzebeständige Verbindungen, die für feuerfeste Werkstoffe (z. B. *Titannitrid, Tantalnitrid*) oder für die Herstellung bes. harter Legierungen Verwendung finden.

nitrieren [grch.], 1. *Chemie:* Nitrogruppen ($-NO_2$) in organische Verbindungen einführen.
2. *Technik:* nitrierhärten → härten.

Nitriersäure, Gemisch aus konzentrierter Salpetersäure u. konzentrierter Schwefelsäure verschiedener Zusammensetzung zum Nitrieren organ. Verbindungen.

Nitrierstahl, durch *Nitrieren* (→ härten) an der Oberfläche (wenige Zehntel mm tief) gehärteter Sonderstahl, bes. mit Chrom- u. Aluminiumgehalt.

Nitrifikanten, *nitrifizierende Bakterien, Nitrobakterien, Salpeterbakterien;* Bez. für zwei Bakteriengruppen: 1. die *Ammoniumoxidierer*, die aus Ammonium Nitrit bilden, u. 2. die *Nitritoxidierer*, die aus Nitrit Nitrat bilden. Die Ammoniumoxidierer (= *Nitritbakterien*, z. B. *Nitrosomonas*) bilden das Ausgangsprodukt Nitrit für die Weiteroxidation durch die Nitritoxidierer (= *Nitratbakterien*, z. B. *Nitrobacter*). Beide N. sind miteinander vergesellschaftet u. leben im Boden oder Wasser. Die N. sind gramnegative autotrophe Bakterien, die als *Nitrobacteriaceae* in einer Familie zusammengefasst werden.

Nitrifikation [lat.], *Nitrifizierung,* die Oxidation des als Ausscheidungsprodukt oder durch Eiweißzersetzung bei Fäulnis anfallenden *Ammoniaks* (bzw. der Ammoniumionen) durch Bakterien (→ Nitrifikanten), die im Boden oder Wasser leben, im Rahmen der → Chemosynthese. Die *Nitritbakterien* gewinnen Energie aus der Oxidation von Ammoniak zu giftigem *Nitrit,* das die mit ihnen vergesellschaftet lebenden *Nitritbakterien* in *Nitrat* umwandeln. Dadurch erhält der Boden das für die Pflanzen zum Eiweißaufbau wichtige Nitrat zurück (→ Mineralstoffwechsel). Da Nitrat wasserlöslich ist, besteht die Gefahr einer Auslaugung. Daher wird versucht, die N. zu beschränken. In den Kläranlagen erfolgt die N. erst nach weitgehender Oxidation der Kohlenstoffverbindungen. Auch → Knöllchenbakterien.

nitrifizierende Bakterien → Nitrifikanten.

Nitrile [grch.], organ.-chem. Verbindungen, die die Cyangruppe ($-C\equiv N$) an Alkyl- oder Aryl-Reste gebunden enthalten; allg. Formel $R-C\equiv N$ (R = organ. Rest). Sie sind wichtige Zwischenprodukte bei organ. Synthesen oder haben, wie z. B. das *Acetonitril,* $CH_3-C\equiv N$, Bedeutung als Lösungsmittel bei der Kunstfaserverspinnung.

Nitrilkautschuk, synthet. Kopolymerisate von Acrylnitril u. Butadien, die zur Herstellung von abriebfesten u. benzinbeständigen Gummiprodukten für die Kraftfahrzeugindustrie verwendet werden.

Nitrilotriessigsäure, Abk. *NTA*, Tris-(carboxymethyl-)amin, Chelat bildende Verbindung der Formel $N(CH_2-COOH)_3$, Reagens für die Komplexometrie. Natriumsalze der N. sind in einigen Waschmitteln, bes. in kanad. u. schweiz., als → Builder enthalten. Sie dienen der Wasserenthärtung. Vor- u. Nachteile dieses Einsatzes sind wissenschaftl. noch nicht endgültig abgesichert, weshalb sie in den meisten europäischen Waschmitteln nicht enthalten sind.

Nitritbakterien → Nitrifikanten.

Nitrite [grch.], 1. die Salze der salpetrigen Säure (HNO_2) mit der allg. Formel Me NO_2 (Me = Metall wie Kalium oder Natrium). Auf biolog. Wege, d. h. durch Mikroorganismen, können unter bestimmten Bedingungen im Trinkwasser u. in einigen Gemüsearten (z. B. im Spinat) N. aus Nitraten gebildet werden. N. sind tox. Verbindungen. Sie unterbrechen im Blut den Sauerstofftransport durch die Bildung von → Methämoglobin (Blausucht). Gefährdet sind bes. Säuglinge, z. B. durch den Verzehr von aufgewärmtem Spinat. N. können sich auch im Magen-Darm-Trakt des Menschen mit Aminen der Nahrung verbinden u. → Nitrosamine bilden. Verwendung als Korrosionsschutzmittel, zur Diazotierung u. zur Umrötung von Fleisch- u. Wurstwaren (→ pökeln). – 2. Ester der salpetrigen Säure mit der allg. Formel $R-O-N=O$ (R = organ. Rest), z. B. *Ethylnitrit,* $C_2H_5-O-N=O$.

Nitritoxidierer → Nitrifikanten.

Nitrobacter → Nitrifikanten.

Nitrobacteriaceae [grch.] → Nitrifikanten.

Nitrobakterien → Nitrifikanten.

Nitrobenzol, *Mirbanöl*, durch → Nitrieren von Benzol hergestellte, bittermandelölartig riechende, giftige organ. Verbindung; chem. Formel: $C_6H_5NO_2$; Zwischenprodukt bei der Herstellung von Anilin.

Nitrocellulose, gebräuchliche, aber falsche Bez. für *Cellulosenitrate,* Salpetersäureester der Cellulose, die durch → Nitrieren von Cellulose hergestellt werden; je nach Nitrierungsgrad (Stickstoffgehalt) gibt es Cellulose-, Mono-, Di- u. Trinitrate. N. unterliegt dem Sprengstoffgesetz u. darf nur feucht oder entspr. konditioniert in den Handel kommen. Die Nitrate höheren Veresterungsgrads werden durch Gelatinieren u. Pressen in Röhren oder Streifen auf rauchschwaches Pulver für Handfeuerwaffen u. Geschütze weiterverarbeitet; weitere Verwendung als Bindemittel für Lacke, Klebstoffe, Beschichtung für Kunstleder, zur Celluloidherstellung. Filter aus N. finden häufige Anwendung im gentechn. Labor, da sie einzelsträngige Nucleinsäuren fest binden können. Durch anschließende → Hybridisierung mit einer Gensonde lassen sich bestimmte Basensequenzen nachweisen.

Nitrofarbstoffe, wenig verwendete synthet., gelbe bis orangefarbene Farbstoffe, die die farbverstärkende Nitrogruppe ($-NO_2$) enthalten, z. B. *Naphtholgelb S* (saurer Wollfarbstoff).

Nitrogenium [grch., lat.], Bez. für → Stickstoff.

Nitroglycerin [das], *Glycerintrinitrat, Nobels Sprengöl,* Trisalpetersäureester des Glycerins, $C_3H_5(ONO_2)_3$; eine gelbliche, ölige, stark giftige Flüssigkeit, die durch Nitrieren von Glycerin mit *Nitriersäure* gewonnen wird. N. wurde erstmals 1847 von A. *Sobrero* hergestellt; es wird heute im kontinuierl. Prozess gewonnen. N. ist hoch empfindlich gegen Schlag, Stoß oder plötzl. Erhitzung u. darf nur in gebundener Form gehandelt werden. Verwendung zur Herstellung von *Dynamit* (N. in Kieselgur aufgesaugt, *Gurdynamit*), *Sprenggelatine* (mittels Cellulosedinitrat gelatiniert [A. *Nobel* 1862]), *Gelatinedynamit* (Sprenggelatine, Salpeter, Holzmehl), Geschütz- u. Gewehrmunition. In kleinen Mengen wirkt N. gefäßerweiternd u. wird bei Angina pectoris u. Arterienverkalkung verordnet.

Nitrophoska, Marke, Kurzbez. aus *Nitrogenium, Phosphor u. Kalium*; schnell wirkender Volldünger mit den Kernnährstoffen Stickstoff, Phosphor u. Kalium; seit 1927 im Handel.

Nitrophosphat, aus Rohphosphat u. Salpetersäure hergestelltes Düngemittel.

Nitrosamine, N-Nitrosoverbindungen von Aminen mit der Formel $\frac{R}{R} > N - NO$ (R = organischer Rest) wie *N-Nitrosodimethylamin*, $(H_3C)_2N-NO$. N. entstehen durch Einwirkung salpetriger Säure bzw. ihrer Salze auf sekundäre Amine. Viele der N. gelten als kanzerogen. N. können in Lebensmitteln u. Kosmetika vorkommen, sie wurden auch im Zigarettenrauch nachgewiesen u. können sich im Magen-Darm-Trakt des Menschen bilden.

Nitrose [die; grch.], *nitrose Säure*, Lösung von Nitrosylschwefelsäure $(NOHSO_4)$ in Schwefelsäure mittlerer Konzentration; Zwischenprodukt bei der Herstellung von Schwefelsäure nach dem *Bleikammerverfahren*.

nitrose Gase, Trivialname für das giftige Gemisch aus Stickoxiden unterschiedlicher Oxidationsstufen des Stickstoffs mit der Bruttoformel NO_x $(NO + NO_2 \rightleftharpoons N_2O_3)$. Stickoxide treten nicht nur bei Verfahren der chem. Industrie, sondern auch allg. bei Verbrennungsprozessen (Kraftwerke, Kraftfahrzeuge) auf u. sind ein Grund für die Entstehung des „sauren Regens". Auch in ihrer Vorstufenfunktion bei der Bildung von photochem. Smog tragen nitrose Gase erhebl. zur Belastung der Umwelt bei.

Nitrosofarbstoffe, wenig verwendete synthet. Farbstoffe, die die farbverstärkende Nitrosogruppe (–NO) enthalten, z. B. das *Nitrosoblau*.

Nitrosokautschuk, synthet. Terpolymerisate (Tetrafluorethylen, Trifluornitrosomethan u. Nitrosoperfluorbuttersäure), die nach der → Vulkanisation äußerst hitze- u. chemikalienbeständig sind u. speziell für die Raumfahrttechnologie entwickelt wurden.

Nitrosomonas [grch.] → Nitrifikanten.

Nitroverbindungen, anorgan. u. organ. Verbindungen, die die Nitrogruppe (–NO$_2$) enthalten, z. B. *Nitramid* NH_2NO_2; *Nitrobenzol* $C_6H_5NO_2$.

Ni Tsan, chines. Maler, → Ni Zan.

Nitsch, Hermann, österr. Aktionskünstler, *29. 8. 1938 Wien; will in seinem „Orgien- u. Mysterientheater" durch blutige Rituale mit geschlachteten Tieren die Urtriebe des Menschen wecken u. vorzivilisatorische Bewusstseinszustände hervorrufen. N. ist ein Vertreter der → Destruction Art.

nitscheln, *Wollspinnerei:* die vom Florteiler in Bänder (Kammgarnspinnerei) oder in schmale Florstreifen (Streichgarnspinnerei) geteilten Fasern mit dem *Nitschelzeug* oder *Nitschelwerk* bei fortschreitender Bewegung ohne Drehungserteilung rollen u. somit verdichten u. runden *(Falschdraht)*, um ihnen Haltbarkeit zum Aufwickeln u. Weiterverarbeiten zu geben *(Vorgarn)*.

Nitschiren, japan. Sektengründer, → Nichiren.

Nittenau, Stadt in Bayern, Ldkrs. Schwandorf, am Regen, nordöstl. von Regensburg, 8300 Ew.; Holz u. Metall verarbeitende sowie Textilindustrie. – Stadtrecht 1953.

Nittendorf, Gemeinde in Bayern, Ldkrs. Regensburg, 8600 Ew.

◆ **Nittis**, Giuseppe de, italien. Maler, *25. 2. 1846 Barletta, †22. 8. 1884 Saint-Germain; schuf von J. *Whistler* u. den französ. Impressionisten beeinflusste Landschaften u. Straßenbilder.

Nitze, Max, österr. Urologe, *18. 9. 1848 Wien, †23. 2. 1906 Wien; vor allem durch die Konstruktion des ersten Zystoskops

Giuseppe de Nittis: Platz der Pyramiden; 1875. Paris, Centre Georges Pompidou

Nitzsch

(Blasenspiegels) 1879 einer der Begründer der modernen Urologie.

Nitzsch, Karl Immanuel, dt. ev. Theologe, *21. 9. 1787 Borna, †21. 8. 1868 Berlin; 1822 Prof.; Schüler F. *Schleiermachers;* klassischer Vertreter der Vermittlungstheologie, überzeugter Verfechter der Union u. Befürworter einer Presbyterialverfassung; Mitbegründer der „Theolog. Studien u. Kritiken" u. der „Dt. Zeitschrift für Christl. Wissenschaft u. Christl. Leben". Hptw.: „System der prakt. Theologie" 3 Bde. 1847–1867.

Niue [ni'uɛi], *Savage Island,* Koralleninsel in der Gruppe der neuseeländ. Cookinseln, östl. der Tongagruppe, im Pazif. Ozean, 259 km², 2200 Ew., überwiegend Polynesier, Hauptort *Alofi;* bis 67 m hoch, dicht bewaldet; Export von Kopra, Passionsfrüchten u. Bananen sowie handwerkl. Erzeugnissen. – 1774 von J. *Cook* entdeckt, 1900 brit. Protektorat, seit 1901 von Neuseeland verwaltet, seit 1974 volle innere Selbstregierung in freier Assoziation mit Neuseeland.

Niugini → Papua-Neuguinea.

Ni-user-Re, altägypt. König der 5. Dynastie, um 2390–2360 v. Chr.; gelangte nach schweren Thronwirren zur Herrschaft. Er förderte den Sonnenglauben u. ließ das große Sonnenheiligtum bei *Abusir* erbauen.

nival [lat.], den Schnee betreffend.

nivales Klima, *Schneeklima,* der Klimabereich, in dem die Niederschläge in fester Form fallen, so dass weite Flächen schneebedeckt oder vergletschert sind. Der Abtransport der Niederschläge erfolgt durch Gletscher; so z. B. in Polargebieten und Hochgebirgen.

nivale Stufe → Höhenstufe.

Nivernais: in einer Fayencerie in Nevers

Nivalorganismen [lat.], *Schneeorganismen,* die auf Dauerschnee u. -eis lebenden Tiere u. Pflanzen. N. sind meist mikroskopisch klein u. leben in kleinsten Teilen (Staub u. Ä.); z. B. der → Gletscherfloh u. einige Bakterien u. Algen, die den Schnee oft stark färben, wie die rote Schneealge *(Spaerella nivalis).*

Nivationsnische, kleine, von Firn erfüllte Hohlform oder Mulde an Hängen der *nivalen Höhenstufe.*

Niveau [ni'vo; das; frz.], 1. *allg.:* Oberfläche, Sohle, horizontale Ebene, (gleiche) Höhe.
2. *Atomphysik:* der Energiezustand eines Atoms, Moleküls oder Atomkerns; oft auch als → Term (2) bezeichnet.
3. *Technik:* Wasserwaage, Libelle.
4. *übertragen:* Entwicklungsstufe, Bildungsstufe, geistige Höhe; Lebensstandard.

Niveaufläche [ni'vo-], eine Fläche durch Raumpunkte, die gleiche Eigenschaften haben, z. B. *Äquipotenzialflächen* (Flächen gleichen Potenzials); beim Schwerefeld der Erde eine Fläche konstanten Schwerepotenzials, die überall senkrecht zur Lotrichtung verläuft; ungestörte Wasseroberflächen sind Niveauflächen.

Niveauregulierung [ni'vo-], eine Einrichtung am Kraftwagen, durch die die horizontale Lage des Fahrzeugs auch bei ungleicher Belastung der Fahrzeugachsen beibehalten wird: Zusatzfedern, Luftfederung, hydraul. pneumat. Federbeine u. a.; erhöhter Komfort, keine Blendung des Gegenverkehrs durch nach oben leuchtende Scheinwerfer bei stark beladenem Kofferraum.

Niveausphäroid [ni'vo-], eine vom Erdellipsoid um maximal 17 m abweichende Näherungsfigur der Erde, die die Eigenschaft einer Niveaufläche, d. h. einer Fläche konstanten Schwerepotenzials, hat. Das N. ist auch Näherungsfigur für das → Geoid.

Nivellement [nivɛlə'mã; das; frz.], *geometr. Nivellement,* eine auf Vertikalmessungen mit dem *Nivellierinstrument* beruhende Vermessung größerer Gebiete mit Hilfe lotrechter Latten, die meist, in *Nivellementsschleifen* geführt, zum Ausgangspunkt zurückkehren: Das *Nivellieren* besteht demnach in der Addition u. Subtraktion ermittelter Lattenunterschiede von Punkt zu Punkt, die aus horizontalen Zielungen gewonnen werden. In unzugängl. Gebiet findet das *hydrostat. N.* Verwendung. Hierbei lassen sich aufgrund des Wasserstandes in mit einer Schlauchwaage verbundenen Standgläsern Höhenunterschiede bestimmen. Das Netz von vermessenen u. vermarkten Höhenpunkten, Höhenfestpunkten genannt, heißt *Höhennetz (Nivellementsnetz).* Auch → Höhenmessung.

Nivelles [ni'vɛl], Stadt in der belg. Prov. Brabant, 22 000 Ew.; landwirtschaftl. Industrie u. Handel, Stahlbau-, Waggon-, Papier- u. Maschinenfabriken; im 2. Weltkrieg zerstört.

nivellieren [frz.], 1. *allg.:* einebnen.
2. *Geodäsie:* → Nivellement.

Nivellierlatte, *Setzlatte,* ein 3–5 m langer, meist zusammenklappbarer Maßstab aus Tannenholz, der als Hilfsmittel zusammen mit einem Zielfernrohr *(Nivellierinstrument)* für Vertikalmessungen verwendet wird.

◆ **Niven,** David, brit. Filmschauspieler, *1. 3. 1910 (n. a. A. 1909) Kirriemuir, Schottland, †29. 7. 1983 Château d'Oex (Schweiz); seit den 1930er Jahren beim Film, oft als Verkörperung des brit. Gentlemans; erfolgreich u. a. in „Stürmische Höhen" 1939; „In 80 Tagen um die Welt" 1956; „Getrennt von Tisch und Bett" 1958; „Tod auf dem Nil" 1978. Memoiren: „Vielleicht ist der Mond nur ein Luftballon" dt. 1975.

David Niven

◆ **Nivernais** [-'nɛ], histor. Provinz (ehem. Grafschaft) in Mittelfrankreich, zwischen dem rechten Ufer der Loire u. dem Westhang des Morvan, hauptsächl. das Dép. *Nièvre;* alte Hptst. *Nevers;* ein bergig-hügeliges Gelände, das von Flüssen (Yonne, Aron, Canne, Nièvre) u. geolog. Formationsgrenzen streifenartig in Nord-Süd-Richtung gegliedert ist; Gemüse- u. Kartoffelanbau, im Loiretal Weinanbau; Metall-, Holz-, Porzellan- u. chem. Industrie.

Nivôse [ni'voz; der; frz.], ein Monat im französ. → Revolutionskalender.

Niwchisch, *Giljakisch,* im nördl. Teil von Sachalin gesprochene paläoasiat. Sprache.

Nixdorf, Heinz, dt. Computerhersteller, *9. 4. 1925 Paderborn, †17. 3. 1986 Hannover; begann 1952 mit der Konstruktion von Computern u. baute in Paderborn ein weltweit arbeitendes Unternehmen bes. zur Herstellung von kleinen, kompakten Computern auf. Durch geschickte Unternehmensstrategie konnte sich die Nixdorf Computer AG zunächst gegen die Marktführer behaupten; ab 1990 Teil von Siemens-Nixdorf (SNI).

Nixen [Sg. männl. der *Nix,* weibl. die *Nixe*], in mittel- u. niederdt. Landschaften Bez. für männl. oder weibl. Wassergeister, ähnlich wie *Nöck* u. *Meerweibchen.*

Nixkraut, *Najas,* Gattung der *Nixkrautgewächse (Najadaceae);* mit stacheligen, dunkelgrünen Blattquirlen; in ganz Europa verbreitet.

Nixkrautgewächse, *Najadaceae,* Familie der zu den *Monokotyledonen* gehörenden Unterklasse *Alismatidae (= Helobiae).*

◆ **Nixon** ['niksən], Richard Milhous, US-amerikan. Politiker (Republikaner), *9. 1. 1913 Yorba Linda, California, †22. 4. 1994 New York; Anwalt, im 2. Weltkrieg Seeoffizier; 1951 Senator für Kalifornien, 1953–1960 Vizepräsident, 1969–1974 (37.) Präsident der USA, 1972 wieder gewählt. Unterstützt von seinem Sicherheitsberater u. Außenminister

Richard Milhous Nixon

H. *Kissinger*, leitete N. die Normalisierung der Beziehungen zu China ein (Besuch in Peking 1972), schloss 1972 mit der UdSSR das SALT-I-Abkommen u. beendete 1973 durch einen Waffenstillstand mit Nordvietnam den Vietnamkrieg für die USA. Wegen der → Watergate-Affäre musste er 1974 (als 1. Präsident in der Geschichte der USA) zurücktreten. „Memoiren" 1978, deutsch 1980.

Nizam [ni'zam], *Nisam*, im Mogulreich Titel des Gouverneurs des Dekan; *N. Al Mulk* [„Ordnung des Reichs"], 1724–1948 Titel des Herrschers von Hyderabad.

Nizamabad, *Indura*, *Nijamabad*, indische Distrikt-Hptst. in Andhra Pradesh, auf dem Dekanhochland, 241 000 Ew.; Agrarmarkt in einem Bewässerungsgebiet; Nahrungsmittelindustrie.

Nizam Al Mulk, *Nisam Al Mulk*, Hassan Ibn Ali, Wesir der Seldschuken-Sultane Alp Arslan u. Melikschah in Iran, *10. 4. 1018 Radkan bei Tus, †14. 10. 1092 bei Bisutun (von Assassinen ermordet); hatte als Wesir die tatsächl. Herrschaftsgewalt in Händen u. festigte den sunnit. Islam.

Nizan [ni'zã], Paul, französ. Schriftsteller, *7. 11. 1905 Tours, †23. 5. 1940 Dünkirchen (gefallen); Kommunist, trat aus Protest gegen den *Hitler-Stalin-Pakt* 1939 aus der Partei aus; schrieb Essays gegen den Kapitalismus u. über bestehende gesellschaftl. Verhältnisse („Aden" 1932, dt. 1969; „Die Wachhunde" 1932, dt. 1969), ferner autobiografisch gefärbte Romane im Stil eines politisch engagierten Realismus („Das Leben des Antoine Bloyé" 1933, dt. 1974; „Die Verschwörung" 1938, dt. 1975).

◆ **Ni Zan**, *Ni Tsan*, chines. Maler, Kalligraph u. Dichter aus Wusi, Kiangsu, *1301, †1375; einer der „Vier großen Meister" der Yuan-Zeit; ein berühmter Kunstsammler, der 1344 seinen Besitz verteilte u. im Hausboot über Flüsse u. Seen der Provinzen Zhejiang u. Jiangsu fuhr. Typisch für seine mit trockenem Tuschauftrag gemalten Landschaften ist die Abwesenheit von Menschen (oft durch einen leeren Pavillon unterstrichen).

Nižnij Tagil ['niʒ-], russ. Stadt, → Nischnij Tagil.

◆ **Nizon**, Paul, schweiz. Schriftsteller, *19. 12. 1929 Bern; Erzähler u. Essayist von großer Sprachkraft; versucht reisend u. schreibend sich selbst zu finden u. die Leere zu überwinden; Romane: „Canto" 1963; „Im Hause enden die Geschichten" 1971;

Paul Nizon

„Untertauchen. Protokoll einer Reise" 1972; „Stolz" 1975; „Aber wo ist denn das Leben" 1980; „Das Jahr der Liebe" 1981; Essays: „Diskurs in der Enge" 1970, 1973; „Swiss made" 1977.

◆ **Nizza**, frz. *Nice*, Stadt in Südfrankreich, Verw.-Sitz des Dép. Alpes-Maritimes, 20 km südwestl. von Monaco, am Mittelmeer, 346 000 Ew.; Kur- u. Hauptort der *Côte d'Azur*; Kathedrale (17. Jh.), Universität (gegr. 1965), Kunst- u. Fachschulen, Bibliotheken, Museen, Oper, Theater, Hotelpaläste, Spielkasinos, Promenaden u. Sportanlagen; Möbel-, Nahrungsmittel-, Elektro- u. chem. Industrie, Blumenzucht (Mimosen), Parfümherstellung; Haupterwerbsquellen: Kurbetrieb u. Fremdenverkehr (Karneval, Blumenfeste); Verkehrsknotenpunkt, Flughafen, Fährverkehr nach Korsika.

Geschichte: N. wurde im 5. Jh. v. Chr. von *Massalia (Marseille)* als Kolonie gegründet (griech. Nikaia). Seit 314 Bischofs-

Ni Zan: Flusslandschaft mit kahlen Bäumen; Hängerolle. Stockholm, Östasiatiska Museet

sitz, gehörte N. ab 970 zur Grafschaft Provence, im 12. Jh. wurde es Freie Stadt. 1388 kam es unter die Schutzherrschaft Savoyens. Seit dem 16. Jh. Streitobjekt zwischen Savoyen u. Frankreich, wurde N. 1793 französisch, aber 1814 an Savoyen zurückgegeben. Durch die Volksabstimmung von 1860 wurde es endgültig französisch.

n. J., Abk. für *nächsten Jahres.*

N. J., Abk. für den US-Bundesstaat → New Jersey.

Njamwesi, *(Wa-)Nyamwezi*, Bantuvolk (300 000) in Tansania, um Tabora; Hackbauern mit Kegeldachhaus, Vaterrecht; bildeten um 1880 ein großes Reich unter *Mirambo*; gleichzeitig beherrschten N. unter *Msiri* das östl. Lundareich.

Njandja ['njandʒa], *Nyanja*, volkreiche Gruppe (über 800 000) mutterrechtl. Bantu in Malawi, südlich des Malawisees; Ahnenkult.

Njarasasee, See in Tansania, → Eyasisee.

Njassaland, früherer Name von → Malawi.

Njassasee, früherer Name des → Malawisees.

Njegoš ['njɛgɔʃ], Beiname der montenegrin. Familie *Petrović*, die 1697 mit dem Metro-

Nizza: Die Altstadt und der Hafen gehören zu den Sehenswürdigkeiten der Stadt

politen Danielo Petrović aufstieg, diese geistl. Würde mit der polit. Herrschaft verband u. sie jeweils weitervererbte. Auf *Petar I.* (1785–1830), der heilig gesprochen wurde, folgte *Petar II.* (1830–1851; *1813, †1851), Lyriker, Epiker u. Dramatiker, von der Volksdichtung u. der slaw. Romantik angeregt; sein Versepos „Der Bergkranz" 1847, dt. 1939, ist das Nationalepos Montenegros. *Danilo I.* (1851–1860) legte 1852 die geistl. Würde nieder, heiratete u. wurde als Fürst anerkannt. Mit dem Anschluss Montenegros an Jugoslawien 1918 endete die Herrschaft der N.

Njemen, *Neman,* russ. Name der → Memel.

Njörd, german. Gott, → Nerthus.

NKGB → Staatssicherheitsbehörden der UdSSR.

Nkomo, Joshua, simbabwischer Politiker, *19. 6. 1917 Semokwe, Matopa-Distrikt, †1. 7. 1999 Harare; Sozialarbeiter, Gewerkschaftsführer; Gründer der *Zimbabwe African People's Union (ZAPU)*; 1965–1974 in Haft bzw. in der Verbannung; führte dann mit R. *Mugabe* einen Guerillakrieg gegen die weiße Vorherrschaft in Rhodesien. Im unabhängigen Simbabwe war er 1980–1982 Innen-Min., wurde nach Konflikten mit Mugabe entlassen u. war Verfolgungen ausgesetzt. 1987 vollzog er die Fusion seiner Partei mit Mugabes *ZANU* u. war zeitweise wieder Regierungsmitglied.

Nkongsamba, Bezirks-Hauptstadt in Kamerun mit ca. 105 000 Ew.; Zentrum eines Kaffeeanbaugebiets mit Kaffeeaufbereitungsanlagen.

Nkosi, Lewis, südafrikanischer Schriftsteller, *5. 12. 1936 Durban; 1961 Ausbürgerung wegen Kritik am Apartheid-Regime; schrieb Hörspiele, literaturkritische Essays und Romane („Weiße Schatten" 1986, dt. 1987).

nkr, Abkürzung für die *Norweg. Krone*; → Krone (3).

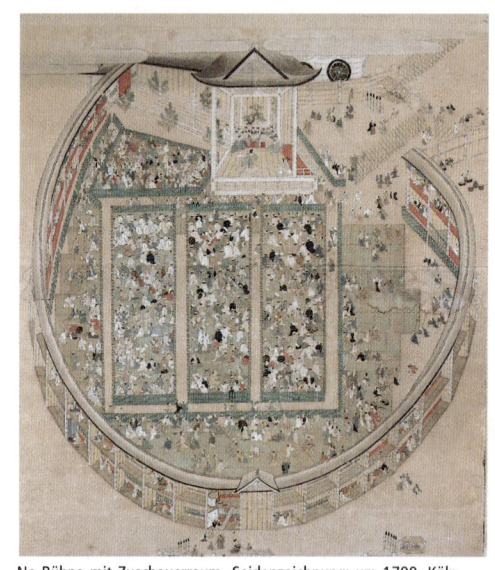

No-Bühne mit Zuschauerraum. Seidenzeichnung; um 1700. Köln, Museum für Ostasiatische Kunst

◆ **Nkrumah,** Kwame, eigentl. Francis Nwia *Kofie,* ghanaischer Politiker, *21. 9. 1909 Nkroful, †27. 4. 1972 Bukarest; Lehrer; organisierte 1945 den 5. Panafrikanischen Kongress in Manchester. 1947 kehrte er in die britische Kolonie Goldküste zurück, wo er 1949 die CPP *(Convention People's Party)* gründete. Er forderte die Unabhängigkeit u. kämpfte dafür nach dem Vorbild der gewaltlosen Kampagnen Mahatma *Gandhis*. 1951 wurde er der erste Premier-Minister der Goldküste, die innere Autonomie erhielt. N. gab seinem Land bei der Unabhängigkeitserklärung 1957 den Namen *Ghana.* Er wurde 1960 Präsident; mittels einer eigenen, vom Marxismus beeinflussten Philosophie, die er „Conscienism" nannte, wollte er den Sozialismus aufbauen u. die Einheit Afrikas verwirklichen. 1966 wurde er durch einen Militärputsch gestürzt; er lebte danach im Exil in Guinea. Er schrieb u. a. „Schwarze Fanfare" dt. 1958; „I speak of freedom" 1961; „Conscienism" 1964.

Kwame Nkrumah

NKWD → Staatssicherheitsbehörden der UdSSR.

n-Leitung, Ladungstransport im Halbleiter, der hauptsächlich durch Elektronen erfolgt.

NLP → Neurolinguistisches Programmieren.

Nm³, Abk. für → Normkubikmeter.

n. M., Abk. für *nächsten Monats.*

N. Mex., Abk. für den US-Bundestaat → New Mexico.

N-min-Methode [N = Stickstoff, min = mineralisch], Verfahren zur Bestimmung der mineralischen, von den Pflanzenwurzeln aufnehmbaren Stickstoffverbindungen im Boden; aus den ermittelten Daten lassen sich Empfehlungen für die Stickstoffdüngung ableiten; bisherige Anwendung vorwiegend im Getreidebau.

NMR-CT → Kernspinresonanz-Tomographie.

NMR-Spektroskopie, Abk. für engl. *nuclear magnetic resonance-Spektroskopie,* → Kernresonanzspektroskopie.

NN, Abk. für → Normalnull.

N. N., Zeichen für *Unbekannt,* gedeutet als Abk. für lat. *nomen nescio,* „den Namen weiß ich nicht".

No, chem. Zeichen → Nobelium.

◆ **No** [jap., „Talent, Fertigkeit"], das japan. Schauspiel ritterlich-buddhistischer Geisteshaltung; entstanden im 14. Jh., fand seine Form besonders durch *Kwan'Ami Kiyotsugu* (*1333, †1384) u. seinen Sohn *Seami Motokiyo*; seit dem Tod Seamis 1444 nahezu unverändert tradiertes Sing- u. Tanzspiel mit obligatem Chor, der die Handlung erzählend vorbereitet, ohne in sie einzugreifen. Sie wird im Wesentlichen von dem Hauptdarsteller, dem *Shite* (göttl. Geist), seinem Gegenspieler, dem maskenlosen *Waki* (Mensch), u. ihren Gehilfen, dem *Tsure* bzw. *Tomo,* getragen. Die Handlung hat zwei Teile. Im ersten Teil hat der Shite menschl. Gestalt angenommen; im zweiten Teil ist er in ein göttl. Wesen verwandelt u. tritt prunkvoll gekleidet, tanzend u. eine Arie singend auf. Vor dem Spiel führen Waki u. Tsure in das Thema ein. Der Shite u. sein Tsure tragen Masken, die je nach Stimmung gewechselt werden. Pantomime u. Dialog wechseln ab; Letzterer wird, begleitet von einem kleinen Orchester (Trommeln u. Flöten), falsettierend oder in gequetschter Stimmlage gesungen. N. wird nur von Männern gespielt. Die Bühne ist vorhanglos, nach drei Seiten offen u. überdacht, Kulissen u. Requisiten sind spärlich, die Kostüme prächtig. In den Pausen werden Possen *(Kyogen)* aufgeführt. N., das in Serien aufgeführt wird, wirkte in größerem Maße auf die Lyrik der Moderne (E. *Pound,* W. B. *Yeats*). Auch → Maske.

No., Abk. für *Numero,* Zeichen No.

NOAA, Abk. für engl. *National Oceanic and Atmospheric Administration,* US-amerikan. Bundesamt für die Erforschung der Ozeane u. der Erdatmosphäre, u. a. für den Betrieb von Wettersatelliten zuständig.

Noach [hebr.], *Noah, Noë* [lat.], im AT (Gen. 6–9) der Stammvater der nachsintflutl. Menschheit, den Gott wegen seiner Frömmigkeit mit seiner Familie in der „Arche N." die Sintflut überstehen ließ. Eine überlieferungsgeschichtl. Abhängigkeit von dem viel älteren babylon. *Gilgamesch-Epos* u. seinem Sintflutelden *Utnapischtim* ist sehr wahrscheinlich.
Im Judentum, im NT (Matthäus 24,37 ff.; 1. Petrus 3,20 f.; 2. Petrus 2,5; Hebräer 11,7) u. im Koran (Sure 71 u. a.) gilt N. als Vorbild des Vertrauens auf Gott, das dem Spott der Gottlosen standhält.
Das *Noach-Buch,* eine jüd.-apokalypt. Schrift, ist wahrscheinl. im ersten Henoch-Buch verwendet worden. Fragmente des Noach-Buchs befinden sich unter den *Qumran*-Funden.

Noack, Hermann, dt. Philosoph, *23. 2. 1895 Hamburg, †19. 11. 1977 Hamburg; seit 1932 Prof. in Hamburg; Neukantianer; Schüler E. *Cassirers.* N. veröffentlichte Arbeiten zur Sprach- u. Religionsphilosophie sowie zur jüngsten Philosophiegeschichte: „Sprache u. Offenbarung" 1960; „Die Philosophie Westeuropas im 20. Jahrhundert" 1962; „Allgemeine Einführung in die Philosophie. Probleme ihrer gegenwärtigen Auslegung" 1976.

NOAEL, Abk. für → No-Observed-Adverse-Effect-Level.

Noah → Noach.

Noailles [nɔ'aj], Anna Comtesse Mathieu de, französ. Schriftstellerin, *15. 11. 1876 Paris, †30. 4. 1933 Paris; rumän.-griech. Fürstentochter (Prinzessin *Brancovan*). Aus ihren neun Gedichtbänden („Sehnsucht" 1902, dt. 1906; „Les vivants et les morts" 1913) spricht eine romantisch-dionysische Natur- u. Lebensverherrlichung; Roman „Die Unschuldigen" 1923, dt. 1926; Autobiografie „Le livre de ma vie" 1932.

Nobel [nɔubl], engl. Münze, → Noble.
Nobel, Name des Löwen als König der Tiere in der Fabel.

◆ **Nobel,** Alfred, schwed. Ingenieur u. Erfinder, *21. 10. 1833 Stockholm, †10. 12. 1896 San Remo; erfand 1867 das *Dynamit* u. führte die Initialzündung mit Knallquecksilber in die Sprengtechnik ein. Er stiftete testamentarisch den *Nobelpreis*.

Alfred Nobel

Nobelgarde, seit 1801 eine Wache von italien. Adligen zum Schutz des Papstes; seit 1968 *Päpstliche Ehrengarde*, 1970 aufgelöst.
Nobelium [nach A. *Nobel*], chem. Zeichen No, eines der künstl. radioaktiven Elemente (Transurane); Atommasse ungefähr 259, Ordnungszahl 102; 1957 in den USA u. Schweden erstmalig dargestellt.
Nobelpreis, von A. *Nobel* testamentar. gestifteter u. seit 1901 verliehener internationaler Geldpreis für hervorragende wissenschaftliche, literarische u. humanitäre Leistungen. Jährlich werden 5 Preise verliehen, wobei der einzelne Preis auch auf mehrere Personen verteilt werden kann: 1. für Physik, 2. für Chemie (beide zugesprochen der Schwedischen Akademie der Wissenschaften), 3. für Physiologie u. Medizin (Medikochirurg. Institut Stockholm), 4. für Literatur (Schwed. Akademie der Schönen Künste), 5. Friedenspreis für Leistungen zur „Verbrüderung der Völker" (Ausschuss des norweg. Parlaments). Die Höhe des Preises richtet sich nach dem Zinsertrag der *Nobelstiftung;* sie betrug 2001 knapp 2 Mio. DM (1,02 Mio. Euro) pro Disziplin. 1969 hat die schwedische Reichsbank einen N. für Wirtschaftswissenschaften gestiftet, der außerhalb der Nobelstiftung steht; er wird von der Schwedischen Akademie der Wissenschaften verliehen.
1937–1945 war Deutschen die Annahme des Nobelpreises verboten. Grund war die 1936 erfolgte Verleihung des Friedenspreises an C. von *Ossietzky*, die von der nat.-soz. Regierung als Brüskierung angesehen wurde. 1958 wurde der russ. Schriftsteller B. *Pasternak* von der sowjet. Staatsführung gezwungen, den N. abzulehnen.
Einen „Alternativen N." stiftete 1980 der dt.-schwed. Journalist J. von *Uexküll*. Er wird von der Stiftung „Right Livelihood" für Leistungen zur Bewältigung der „wirklichen Menschheitsprobleme" (z. B. Umweltzerstörung, Unterentwicklung) verliehen. → Seite 416.
Nobeoka, japan. Stadt an der Ostküste von Kyushu, 127 000 Ew.; liegt in einem Batatenanbaugebiet; Standort der petrochem. Industrie u. Fischkonservenindustrie; Fischereihafen; an der Küste Perlenzucht; in der näheren Umgebung Zinn- u. Kupfervorkommen.
Nobi, fruchtbare japan. Ebene an der Südküste von Honshu, umfasst rd. 3200 km² u. ist Anbaugebiet von Weizen, Gerste u. Maulbeerbäumen. Zentrum der dicht besiedelten Ebene ist *Nagoya*.
Nobile, 1. Peter von, schweiz.-italien. Architekt, *1774 Campestro, Tessin, †7. 11. 1854 Wien; baute den klassizist. Theseus-Tempel (1823) u. das äußere Burgtor (1824), beide in Wien.
2. Umberto, italien. Offizier, Luftschiffkonstrukteur u. Polarforscher, *21. 1. 1885 Lauro, †30. 7. 1978 Rom; überflog mit den von ihm konstruierten Luftschiffen „Norge" 1926 (mit R. *Amundsen*) u. „Italia" 1928 den Nordpol, strandete bei dem letzten Unternehmen auf dem Eis bei Spitzbergen u. wurde von einem schwed. Flugzeug (ein Teil der Besatzung von einem sowjet. Eisbrecher) gerettet. Für die an der Rettungsaktion beteiligte Amundsen verunglückte tödlich. Für das Unglück verantwortlich erklärt, schied N. aus der italien. Luftfahrt aus u. ging 1932 nach Moskau, wo er bis 1936 als Fachberater tätig war. 1937–1943 hatte N. einen Lehrstuhl in Chicago. 1945 wurde N. rehabilitiert, zum Generalleutnant befördert u. Prof. für Aeronautik an der Universität Neapel. 1945–1947 war N. Mitgl. der verfassunggebenden Versammlung der italien. Republik. Werke: „Im Luftschiff zum Nordpol" 1930; „Flüge über den Pol" 1980.
Nobiles [Pl.; lat.], *Nobilität*, im alten Rom der Kreis der tüchtigsten u. angesehensten Familien, deren Mitglieder durch die Verdienste, die sie sich als hohe Beamte (curulische Ämter, insbes. das Konsulat) im Staat erworben hatten, über die Menge der übrigen Bürger herausragten (sog. *Senatsadel*). Jemand, der ohne patrizian. Abstammung in den Senat kam, wurde als *homo novus* bezeichnet. In der Kaiserzeit verstand man unter N. nur die Nachkommen der republikan. Konsuln.
Nobili [Pl.; ital.], der italien. Adel, bes. in den Stadtstaaten vom 14. bis ins 18. Jh., dann nur noch der niedere Adel. – Die → Nobelgarde *(Guardie N. Pontificie)* wurde aus italien. Adligen gebildet.
Nobili, Roberto de, italien. Jesuitenmissionar, *1577 Montepulciano, †16. 1. 1656 Mylapore (Madras); missionierte seit 1606 in Indien. Durch Erlernen des Sanskrit u. anderer ind. Sprachen u. teilweise Beibehaltung hinduist. Brauchtums gewann er zahlreiche Anhänger aus hohen Kasten. Seine Methode der Anpassung war umstritten, wurde aber 1623 von Papst *Gregor XV.* gestattet.
Nobilitierung, die Erhebung in den → Adel.
Nobility [nɔu-; die; engl.], der hohe Adel in Großbritannien, im Unterschied zur → Gentry. Die niedrigste Klasse des engl. Hochadels ist die des *Barons*. Es folgen die Titel *Viscount, Earl, Marquess* u. *Duke*.
Noble [nɔubl; der], *Nobel*, engl. Goldmünze seit 1344 (9 g) mit einem Bild des Königs im Schiff auf der Vorderseite u. dem Namen der Münze auf der Rückseite; noch im 16. Jh. geprägt.
Nobre ['nɔbrɐ], António, portugies. Lyriker, *16. 8. 1867 Porto, †18. 3. 1900 Foz de Douro, Porto; verfasste schwermütige Gedichte unter dem Einfluss des französ. Symbolismus; Vorläufer der modernen portugies. Poesie (z. B. F. Pessoa): „Só" 1892; „Despedidas" 1902; „Primeiros versos" 1921.
Nobs, Ernst, schweiz. Politiker (Sozialdemokrat), *14. 7. 1886 Seedorf, Kanton Bern, †13. 3. 1957 Meilen, Kanton Zürich; Journalist; seit 1919 Nationalrat, seit 1942 Zürcher Stadtpräsident; 1944–1951 Bundesrat (Finanz- u. Zolldepartement), 1949 Bundes-Präs.; erster Sozialdemokrat in der schweiz. Landesregierung; bemühte sich um eine dauerhafte Steuer- u. Bundesfinanzreform.
Nocardia [lat.] → Nokardiose.
Nocera Inferiore [noˈtʃɛːra], italien. Stadt in Kampanien, nordwestl. von Salerno, 48 900 Ew.; landwirtschaftl. Handel (Wein, Tomaten), Nahrungsmittel-, Textil- u. Maschinenindustrie; das antike *Nuceria Alfaterna*.
Nochgeschäft, eine Form des *Termingeschäfts:* Der Käufer (bzw. Verkäufer) hat nach Zahlung einer Prämie das Recht, am Erfüllungstag „noch" einmal die vereinbarte Menge an Wertpapieren für eine Haussespekulation zu fordern (bzw. für eine Baissespekulation zu liefern).
Nocht, Bernhard, dt. Arzt u. Tropenhygieniker, *4. 11. 1857 Landeshut, Schlesien, †5. 6. 1945 Hamburg; 1900–1930 Leiter des auf seine Anregung hin gegr. Instituts für Schiffs- u. Tropenkrankheiten in Hamburg (seit 1942 nach ihm *Bernhard-Nocht-Institut* genannt).
Nöck, *Neck, Nick,* dän.-norweg. *Nök,* schwed. *Näck,* dt. *Nix,* ein Wassergeist, besonders des skandinav. Volksglaubens. Er sitzt am Wasser, spielt Geige oder Harfe u. lehrt unter zauberischen Bedingungen Musik begeisterte Menschen seine Weisen. In einer Sage wird er damit verhöhnt, dass ihm das Himmelreich verschlossen sei.
Nocken [der], kurven-, kreisring- oder dreieckförmiger Vorsprung auf einer Welle *(Nockenwelle)* oder einer sich drehenden Scheibe *(Nockenscheibe);* zur Betätigung von Steuerungselementen oder Maschinenteilen, z. B. Ventilen oder Hebeln, benutzt.
Nockenbremse, Trommelbremse, bei der die Spreizkraft für die Bremsbacken durch Querstellen eines Nockens erzeugt wird.
Nockenscheibe, eine Scheibe mit festen oder verstellbaren Nocken, zur Steuerung von Maschinenelementen über Hebel, Ventile u. → Endschalter.
Nockenwelle, eine Welle mit *Nocken*, die nebeneinander, jedoch meist im Winkel gegeneinander versetzt, aus dem vollen Material hergestellt sind. Die N. hat zwei oder bei größerer Länge mehrere zylindrische Lagerstellen; sie ist gehärtet, Nocken u. Lagerstellen sind geschliffen. Die N. dient zur Steuerung der Ventile von Verbrennungsmotoren u. treibt häufig gleichzeitig noch elektrische Aggregate mit an.
Nockgebiet, *Nockberge,* Erhebungen im Südteil der Gurktaler Alpen in Kärnten (Österreich); gute Almböden; Wintersportgebiet.
Noctiluca [lat.], ein zu den Dinoflagellaten (Geißelalgen) gehörender Einzeller, der (wie auch die *Feuerwalze*) das Meeresleuchten verursacht.

Fortsetzung S. 420

Nobelpreisträger

Jahr	Physik	Chemie	Medizin	Literatur	Friedenspreis
1901	W. Röntgen (Deutschland)	J. H. van't Hoff (Niederlande)	E. A. von Behring (Deutschland)	R. F. A. Sully Prudhomme (Frankreich)	H. Dunant (Schweiz) F. Passy (Frankreich)
1902	H. A. Lorentz, P. Zeeman (Niederlande)	E. Fischer (Deutschland)	R. Ross (Großbritannien)	T. Mommsen (Deutschland)	E. Ducommun, A. Gobat (Schweiz)
1903	A. H. Becquerel, P. u. M. Curie (Frankreich)	S. A. Arrhenius (Schweden)	N. R. Finsen (Dänemark)	B. Björnson (Norwegen)	W. R. Cremer (Großbritannien)
1904	Lord J. W. S. Rayleigh (Großbritannien)	W. Ramsay (Großbritannien)	I. P. Pawlow (Russland)	F. Mistral (Frankreich) J. Echegaray (Spanien)	Institut für Internationales Recht (Belgien)
1905	P. Lenard (Deutschland)	A. von Baeyer (Deutschland)	R. Koch (Deutschland)	H. Sienkiewicz (Polen)	B. von Suttner (Österreich)
1906	J. J. Thomson (Großbritannien)	H. Moissan (Frankreich)	C. Golgi (Italien) S. Ramón y Cajal (Spanien)	G. Carducci (Italien)	T. Roosevelt (USA)
1907	A. A. Michelson (USA)	E. Buchner (Deutschland)	C. L. Laveran (Frankreich)	R. Kipling (Großbritannien)	E. T. Moneta (Italien) L. Renault (Frankreich)
1908	G. Lippmann (Frankreich)	E. Rutherford (Großbritannien)	J. Metschnikow (Russland) P. Ehrlich (Deutschland)	R. Eucken (Deutschland)	K. P. Arnoldson (Schweden) F. Bajer (Dänemark)
1909	G. Marconi (Italien) F. Braun (Deutschland)	W. Ostwald (Deutschland)	T. Kocher (Schweiz)	S. Lagerlöf (Schweden)	A. M. F. Beernaert (Belgien) P. H. B. d'Estournelles de Constant (Frankreich)
1910	J. D. van der Waals (Niederlande)	O. Wallach (Deutschland)	A. Kossel (Deutschland)	P. Heyse (Deutschland)	Internationales Friedensbüro (Bern)
1911	W. Wien (Deutschland)	M. Curie (Frankreich)	A. Gullstrand (Schweden)	M. Maeterlinck (Belgien)	T. M. C. Asser (Niederlande) A. H. Fried (Österreich)
1912	G. Dalén (Schweden)	V. Grignard, P. Sabatier (Frankreich)	A. Carrel (Frankreich)	G. Hauptmann (Deutschland)	E. Root (USA)
1913	H. Kamerlingh-Onnes (Niederlande)	A. Werner (Schweiz)	C. Richet (Frankreich)	R. Tagore (Indien)	H. La Fontaine (Belgien)
1914	M. von Laue (Deutschland)	T. W. Richards (USA)	R. Bárány (Österreich)	–	–
1915	H. W. Bragg, W. L. Bragg (Großbritannien)	R. Willstätter (Deutschland)	–	R. Rolland (Frankreich)	–
1916	–	–	–	V. von Heidenstam (Schweden)	–
1917	C. G. Barkla (Großbritannien)	–	–	K. Gjellerup, H. Pontoppidan (Dänemark)	Internationales Komitee vom Roten Kreuz
1918	M. Planck (Deutschland)	F. Haber (Deutschland)	–	–	–
1919	J. Stark (Deutschland)	–	J. Bordet (Belgien)	C. Spitteler (Schweiz)	W. Wilson (USA)
1920	C. E. Guillaume (Frankreich)	W. Nernst (Deutschland)	A. Krogh (Dänemark)	K. Hamsun (Norwegen)	L. Bourgeois (Frankreich)
1921	A. Einstein (Deutschland)	F. Soddy (Großbritannien)	–	A. France (Frankreich)	K. H. Branting (Schweden) C. L. Lange (Norwegen)
1922	N. Bohr (Dänemark)	F. W. Aston (Großbritannien)	A. V. Hill (Großbritannien) O. Meyerhof (Deutschland)	J. Benavente (Spanien)	F. Nansen (Norwegen)
1923	R. A. Millikan (USA)	F. Pregl (Österreich)	F. G. Banting, J. J. R. Macleod (Kanada)	W. B. Yeats (Irland)	–
1924	K. M. Siegbahn (Schweden)	–	W. Einthoven (Niederlande)	W. S. Reymont (Polen)	–
1925	J. Franck, G. Hertz (Deutschland)	R. Zsigmondy (Deutschland)	–	G. B. Shaw (Großbritannien)	A. Chamberlain (Großbritannien) C. G. Dawes (USA)
1926	J. Perrin (Frankreich)	T. Svedberg (Schweden)	J. Fibiger (Dänemark)	G. Deledda (Italien)	A. Briand (Frankreich) G. Stresemann (Deutschland)
1927	A. H. Compton (USA) C. T. R. Wilson (Großbritannien)	H. Wieland (Deutschland)	J. Wagner-Jauregg (Österreich)	H. Bergson (Frankreich)	F. Buisson (Frankreich) L. Quidde (Deutschland)
1928	O. W. Richardson (Großbritannien)	A. Windaus (Deutschland)	C. Nicolle (Frankreich)	S. Undset (Norwegen)	–
1929	L. V. de Broglie (Frankreich)	A. Harden (Großbritannien) H. von Euler-Chelpin (Schweden)	E. Eijkman (Niederlande) F. G. Hopkins (Großbritannien)	T. Mann (Deutschland)	F. B. Kellogg (USA)
1930	C. V. Raman (Indien)	H. Fischer (Deutschland)	K. Landsteiner (Österreich)	S. Lewis (USA)	N. S. Söderblom (Schweden)
1931	–	C. Bosch, F. Bergius (Deutschland)	O. H. Warburg (Deutschland)	E. A. Karlfeldt (Schweden)	J. Addams, N. M. Butler (USA)

Nobelpreisträger

Jahr	Physik	Chemie	Medizin	Literatur	Friedenspreis
1932	W. Heisenberg (Deutschland)	J. Langmuir (USA)	C. Sherrington, E. A. Adrian (Großbritannien)	J. Galsworthy (Großbritannien)	–
1933	E. Schrödinger (Österreich) P. A. M. Dirac (Großbrit.)	–	T. H. Morgan (USA)	I. A. Bunin (russ. Emigrant)	N. Angell (Großbritannien)
1934	–	H. C. Urey (USA)	G. Minot, W. Murphy, G. Whipple (USA)	L. Pirandello (Italien)	A. Henderson (Großbritannien)
1935	J. Chadwick (Großbritannien)	F. Joliot, I. Curie-Joliot (Frankreich)	H. Spemann (Deutschland)	–	C. von Ossietzky (Deutschland)
1936	C. C. Anderson (USA) V. F. Heß (Österreich)	P. J. W. Debye (Niederlande)	Sir H. Hallet Dale (Großbritannien) O. Loewi (Österreich)	E. G. O'Neill (USA)	C. de Saavedra Lamas (Argentinien)
1937	C. J. Davisson (USA) G. P. Thomson (Großbritannien)	W. N. Haworth (Großbritannien) P. Karrer (Schweiz)	A. Szent-György von Nagyrapolt (Ungarn)	R. Martin du Gard (Frankreich)	Lord E. Algernon Cecil of Chelwood (Großbritannien)
1938	E. Fermi (Italien)	R. Kuhn (Deutschland)	C. Heymans (Belgien)	Pearl S. Buck (USA)	Internationales Nansen-Amt für Flüchtlinge (Genf)
1939	E. O. Lawrence (USA)	L. Ruzicka (Schweiz) A. F. J. Butenandt (Deutschland)	G. Domagk (Deutschland)	F. E. Sillanpää (Finnland)	–
1943	O. Stern (USA)	G. Hevesy de Heves (Ungarn)	H. Dam (Dänemark) E. A. Doisy (USA)	–	–
1944	I. I. Rabi (USA)	O. Hahn (Deutschland)	J. Erlanger, H. S. Gasser (USA)	J. V. Jensen (Dänemark)	Internationales Komitee vom Roten Kreuz (Genf)
1945	W. Pauli (Österreich)	A. I. Virtanen (Finnland)	A. Fleming, E. B. Chain, H. W. Florey (Großbrit.)	G. Mistral (Chile)	C. Hull (USA)
1946	P. W. Bridgman (USA)	J. B. Summer, J. H. Northrop, W. M. Stanley (USA)	H. J. Muller (USA)	H. Hesse (Schweiz/Deutschland)	E. G. Balch, J. R. Mott (USA)
1947	E. V. Appleton (Großbritannien)	R. Robinson (Großbritannien)	C. F. Cori, G. Cori (USA) B. A. Houssay (Argentinien)	A. Gide (Frankreich)	Friends Service Council (Großbritannien) Friends Service Committee (USA)
1948	P. M. S. Blackett (Großbritannien)	A. W. K. Tiselius (Schweden)	P. H. Müller (Schweiz)	T. S. Eliot (Großbritannien)	–
1949	H. Yukawa (Japan)	W. F. Giauque (USA)	W. R. Hess (Schweiz) A. C. Moniz (Portugal)	W. Faulkner (USA)	J. Boyd Orr (Großbritannien)
1950	C. F. Powell (Großbritannien)	O. Diels, K. Alder (BR Deutschland)	E. C. Kendall, P. S. Hench (USA) T. Reichstein (Schweiz)	B. Russell (Großbritannien)	R. Bunche (USA)
1951	J. D. Cockcroft (Großbritannien) E. T. F. Walton (Irland)	E. McMillan, G. T. Seaborg (USA)	M. Theiler (USA)	P. Lagerkvist (Schweden)	L. Jouhaux (Frankreich)
1952	F. Bloch, E. M. Purcell (USA)	A. J. P. Martin, R. L. M. Synge (Großbritannien)	S. A. Waksman (USA)	F. Mauriac (Frankreich)	A. Schweitzer (Deutschland)
1953	F. Zernike (Niederlande)	H. Staudinger (BR Deutschland)	F. A. Lipmann (USA) H. A. Krebs (Großbrit.)	W. Churchill (Großbritannien)	G. C. Marshall (USA)
1954	M. Born, W. Bothe (BR Deutschland)	L. Pauling (USA)	J. Enders, F. Robbins, T. Weller (USA)	E. Hemingway (USA)	Flüchtlingskommissariat der UNO
1955	W. E. Lamb, P. Kusch (USA)	V. du Vigneaud (USA)	H. Theorell (Schweden)	H. Laxness (Island)	–
1956	W. Shockley, J. Bardeen, H. Brattain (USA)	N. N. Semjonow (UdSSR) C. N. Hinshelwood (Großbritannien)	D. Richards, A. Cournand (USA), W. Forßmann (BR Deutschland)	J. R. Jiménez (Spanien)	–
1957	Tsung Dao Lee, Chen Ning Yang (USA)	A. Todd (Großbritannien)	D. Bovet (Italien)	A. Camus (Frankreich)	L. Pearson (Kanada)
1958	P. A. Tscherenkow, I. M. Frank, I. Tamm (UdSSR)	F. Sanger (Großbritannien)	G. W. Beadle, E. L. Tatum, J. Lederberg (USA)	B. Pasternak (UdSSR)	G. Pire (Belgien)
1959	E. Segré, O. Chamberlain (USA)	J. Heyrovsky (Tschechoslowakei)	S. Ochoa, A. Kornberg (USA)	S. Quasimodo (Italien)	P. Noel-Baker (Großbritannien)
1960	D. Glaser (USA)	W. F. Libby (USA)	F. Burnet (Australien) P. B. Medawar (Großbrit.)	Saint-John Perse (Frankreich)	A. J. Luthuli (Südafrika)

Nobelpreisträger

Jahr	Physik	Chemie	Medizin	Literatur	Friedenspreis
1961	R. Hofstadter (USA) R. L. Mößbauer (BR Deutschland)	M. Calvin (USA)	G. von Békésy (USA)	I. Andrić (Jugoslawien)	D. H. A. C. Hammarskjöld (Schweden)
1962	L. D. Landau (UdSSR)	J. C. Kendrew, M. F. Perutz (Großbritannien)	F. H. C. Crick, M. H. F. Wilkins (Großbritannien) J. D. Watson (USA)	J. Steinbeck (USA)	L. Pauling (USA)
1963	E. P. Wigner, M. Goeppert-Mayer (USA) H. D. Jensen (BR Deutschland)	K. Ziegler (BR Deutschland) G. Natta (Italien)	A. L. Hodgkin, A. F. Huxley (Großbritannien) J. C. Eccles (Australien)	G. Seferis (Griechenland)	Internationales Komitee vom Roten Kreuz u. die League of Red Cross Societies
1964	C. H. Townes (USA) N. Bassow, A. Prochorow (UdSSR)	D. Crowfoot-Hodgkin (Großbritannien)	F. Lynen (BR Deutschland) K. Bloch (USA)	J.-P. Sartre (Frankreich)	M. L. King (USA)
1965	S. Tomonaga (Japan) R. P. Feynman, J. S. Schwinger (USA)	R. B. Woodward (USA)	F. Jacob, A. Lwoff, J. Monod (Frankreich)	M. Scholochow (UdSSR)	UNICEF
1966	A. Kastler (Frankreich)	R. Mulliken (USA)	F. P. Rous, C. B. Huggins (USA)	S. J. Agnon (Israel) N. Sachs (Schweden)	–
1967	H. A. Bethe (USA)	M. Eigen (BR Deutschland) R. G. W. Norrish, G. Porter (Großbritannien)	R. Granit (Schweden) G. Wald, K. H. Hartline (USA)	M. A. Asturias (Guatemala)	–
1968	L. W. Alvarez (USA)	L. Onsager (USA)	M. W. Nirenberg, H. G. Khorana, R. W. Hulley (USA)	Y. Kawabata (Japan)	R. Cassin (Frankreich)
1969	M. Gell-Mann (USA)	O. W. R. Barton (Großbrit.) O. Hassel (Norwegen)	M. Delbrück, S. Luria, A. Hershey (USA)	S. Beckett (Irland)	Internationale Arbeitsorganisation
1970	H. Alfvén (Schweden) L. Néel (Frankreich)	L. Leloir (Argentinien)	B. Katz (Großbritannien) J. Axelrod (USA) U. von Euler (Schweden)	A. Solschenizyn (UdSSR)	N. E. Borlaug (USA)
1971	D. Gabor (Großbritannien)	G. Herzberg (Kanada)	E. W. Sutherland (USA)	P. Neruda (Chile)	W. Brandt (BR Deutschland)
1972	J. Bardeen, L. Cooper, R. Schrieffer (USA)	C. Anfinsen, S. Moore, W. Stein (USA)	G. M. Edelmann (USA) R. R. Porter (Großbritannien)	H. Böll (BR Deutschland)	–
1973	B. D. Josephson (Großbritannien) L. Esaki, J. Giaever (USA)	E. O. Fischer (BR Deutschland) G. Wilkinson (Großbrit.)	K. von Frisch, K. Lorenz (Österreich), N. Tinbergen (Niederlande)	P. White (Australien)	H. Kissinger (USA) Le Duc Tho (Vietnam)
1974	M. Ryle, A. Hewish (Großbritannien)	P. L. Flory (USA)	A. Claude, C. de Duve (Belgien) G. E. Palade (USA)	H. Martinson, E. Johnson (Schweden)	E. Sato (Japan) S. MacBride (Irland)
1975	A. Bohr, B. Mottelson (Dänemark) J. Rainwater (USA)	J. W. Cornforth (Großbritannien) V. Prelog (Schweiz)	D. Baltimore, H. Temin (USA) R. Dulbecco (Italien)	E. Montale (Italien)	A. Sacharow (UdSSR)
1976	B. Richter, S. Ting (USA)	W. N. Lipscomb (USA)	B. S. Blumberg, D. C. Gajdusek (USA)	S. Bellow (USA)	M. Corrigan, B. Williams (Nordirland)
1977	P. Anderson, J. van Vleck (USA) N. Mott (Großbritannien)	J. Prigogine (Belgien)	R. Yalow, R. Guillemin, A. Schally (USA)	V. Aleixandre (Spanien)	Amnesty International
1978	P. Kapiza (UdSSR) A. Penzias, R. Wilson (USA)	P. Mitchell (Großbritannien)	W. Arber (Schweiz) D. Nathans, H. Smith (USA)	I. B. Singer (USA)	M. Begin (Israel) A. Sadat (Ägypten)
1979	H. Glashow, S. Weinberg (USA), A. Salam (Pakistan)	G. Wittig (BR Deutschland) H. Brown (USA)	A. Cormack (USA), G. N. Hounsfield (Großbritannien)	O. Elytis (Griechenland)	Mutter Teresa (kath. Ordensschwester)
1980	J. W. Cronin, V. L. Fitch (USA)	F. Sanger (Großbritannien) W. Gilbert, P. Berg (USA)	B. Benacerraf, G. D. Snell (USA) J. Dausset (Frankreich)	C. Miłosz (Polen)	A. P. Esquivel (Argentinien)
1981	N. Bloembergen, A. L. Schawlow (USA) K. M. Siegbahn (Schweden)	K. Fukui (Japan) R. Hoffmann (USA)	R. W. Sperry, H. Hubel, T. N. Wiesel (USA)	E. Canetti	Flüchtlingskommissariat der UNO
1982	K. G. Wilson (USA)	A. Klug (Großbritannien)	S. Bergström, B. Samuelsson (Schweden), J. R. Vane (Großbritannien)	G. García Márquez (Kolumbien)	A. Myrdal (Schweden) A. García Robles (Mexiko)
1983	S. Chandrasekhar, W. Fowler (USA)	H. Taube (USA)	B. McClintock (USA)	W. Golding (Großbritannien)	L. Wałęsa (Polen)

Nobelpreisträger

Jahr	Physik	Chemie	Medizin	Literatur	Friedenspreis
1984	C. Rubbia (Italien), S. van der Meer (Niederlande)	R. B. Merrifield (USA)	N. K. Jerne (Großbrit.), G. Köhler (BR Deutschland), C. Milstein (Argentinien)	J. Seifert (Tschechoslowakei)	D. Tutu (Südafrika)
1985	K. von Klitzing (BR Deutschland)	H. A. Hauptman, J. Karle (USA)	M. S. Brown, J. L. Goldstein (USA)	C. Simon (Frankreich)	Internationale Ärzte für die Verhütung des Atomkrieges
1986	E. Ruska, G. Binnig (BR Deutschland), H. Rohrer (Schweiz)	D. R. Herschbach, Y. T. Lee (USA), J. C. Polanyi (Kanada)	R. Levi-Montalcini (Italien), S. Cohen (USA)	W. Soyinka (Nigeria)	E. Wiesel (USA)
1987	J. G. Bednorz (BR Deutschland), K. A. Müller (Schweiz)	C. J. Pedersen, D. J. Cram (USA), J.-M. Lehn (Frankreich)	S. Tonegawa (Japan)	J. Brodsky (UdSSR/USA)	O. Arias Sánchez (Costa Rica)
1988	L. Lederman, M. Schwartz, J. Steinberger (USA)	J. Deisenhofer, R. Huber, H. Michel (BR Deutschland)	J. Black (Großbritannien), G. Elion, G. Hitchings (USA)	N. Mahfuz (Ägypten)	Friedenstruppe der Vereinten Nationen
1989	W. Paul (BR Deutschland), H. G. Dehmelt, N. F. Ramsey (USA)	S. Altmann (Kanada), T. R. Cech (USA)	M. J. Bishop, H. E. Varmus (USA)	C. J. Cela (Spanien)	Dalai-Lama (Tibet)
1990	J. I. Friedman, H. W. Kendall (USA), R. E. Taylor (Kanada)	E. J. Corey (USA)	J. E. Murray (USA), E. D. Thomas (USA)	O. Paz (Mexiko)	M. Gorbatschow (UdSSR)
1991	P.-G. de Gennes (Frankreich)	R. Ernst (Schweiz)	E. Neher, B. Sakmann (Deutschland)	N. Gordimer (Südafrika)	Aung San Suu Kyi (Myanmar)
1992	G. Charpak (Frankreich)	R. A. Marcus (USA)	E. H. Fischer, E. G. Krebs (USA)	D. Walcott (Saint Lucia)	R. Menchú (Guatemala)
1993	J. H. Taylor, R. A. Hulse (USA)	M. Smith (Kanada), K. B. Mullis (USA)	R. J. Roberts (Großbrit.), P. A. Sharp (USA)	T. Morrison (USA)	F. W. de Klerk, N. Mandela (Südafrika)
1994	B. Brockhouse (Kanada), C. Shull (USA)	G. Olah (USA)	A. G. Gilman, M. Rodbell (USA)	K. Oe (Japan)	J. Arafat (Palästina), S. Peres, I. Rabin (Israel)
1995	F. Reines, M. L. Perl (USA)	P. Crutzen (Niederlande), M. Molina (Mexiko), S. Rowland (USA)	C. Nüsslein-Volhard (Dtschld.), E. F. Wieschaus, E. B. Lewis (USA)	S. Heaney (Irland)	Internationale Pugwash-Konferenzen u. J. Rotblat (Großbritannien)
1996	D. M. Lee, R. C. Richardson, D. D. Osheroff (USA)	R. F. Curl, R. E. Smalley (USA), H. W. Kroto (Großbritannien)	P. C. Doherty (Australien), R. M. Zinkernagel (Schweiz)	W. Szymborska (Polen)	C. F. Belo, J. Ramos Horta (Osttimor)
1997	C. Cohen-Tannoudji (Frankreich), S. Chu, W. D. Philips (USA)	P. D. Boyer (USA), J. S. Skou (Dänemark), J. E. Walker (Großbritannien)	S. B. Prusiner (USA)	D. Fo (Italien)	Internationale Kampagne zum Verbot von Landminen, J. Williams (USA)
1998	R. B. Laughlin, D. C. Tsui (USA), H. L. Störmer (Dtschld.)	W. Kohn (USA), J. A. Pope (Großbritannien)	R. F. Furchgott, L. J. Ignarro, F. Murad (USA)	J. Saramago (Portugal)	J. Hume, D. Trimble (Großbritannien)
1999	G. van't Hooft, M. Veltman (Niederlande)	A. H. Zewail (Ägypten)	G. Blobel (Deutschland)	G. Grass (Deutschland)	Ärzte ohne Grenzen
2000	S. I. Alferow (Russland), J. Kilby (USA), H. Kroemer (Deutschland)	A. J. Heeger, A. G. MacDiarmid (USA), H. Shirakawa (Japan)	P. Greengard, E. Kandel (USA), A. Carlsson (Schweden)	Gao Xingjian (China)	Kim Dae Jung (Südkorea)
2001	E. A. Cornell, C. E. Wieman (USA), W. Ketterle (Deutschland)	W. S. Knowles, K. B. Sharpless (USA), R. Noyori (Japan)	L. H. Hartwell (USA), R. T. Hunt, P. M. Nurse (Großbritannien)	V. S. Naipaul (Großbritannien)	K. Annan (Ghana), Vereinte Nationen

Wirtschaftswissenschaften

1969 R. Frisch (Norwegen), J. Tinbergen (Niederlande)	1977 B. Ohlin (Schweden), J. E. Meade (Großbrit.)	1987 R. Solow (USA)	1995 R. Lucas (USA)
1970 P. Samuelson (USA)	1978 H. Simon (USA)	1988 M. Allais (Frankreich)	1996 J. A. Mirrless (USA), W. Vickrey (Kanada)
1971 S. Kuznets (USA)	1979 T. Schultz (USA), A. Lewis (Großbritannien)	1989 T. Haavelmo (Norwegen)	
1972 J. R. Hicks (Großbritannien), K. J. Arrow (USA)	1980 L. Klein (USA)	1990 H. Markowitz, M. Miller, W. Sharpe (USA)	1997 R. C. Merton, M. S. Scholes (USA)
1973 W. Leontief (USA)	1981 J. Tobin (USA)	1991 R. H. Coase (Großbrit.)	1998 A. Sen (Indien)
1974 F. A. von Hayek (Österreich), G. Myrdal (Schweden)	1982 G. Stigler (USA)	1992 G. S. Becker (USA)	1999 R. Mundell (Kanada)
	1983 G. Debreu (USA)	1993 R. W. Fogel, D. C. North (USA)	2000 J. Heckman, D. MacFadden (USA)
1975 L. Kantorowitsch (UdSSR), T. Koopmans (USA)	1984 R. Stone (Großbritannien)	1994 J. C. Harsanyi, J. F. Nash (USA), R. Selten (Deutschland)	2001 G. A. Akerlof, A. M. Spence, J. E. Stiglitz (USA)
	1985 F. Modigliani (USA)		
1976 M. Friedman (USA)	1986 J. Buchanan (USA)		

Nocturne [nɔk'tyrn; das oder die; frz. „Nachtstück"], ital. *Notturno, Nocurno*, ursprüngl. ein mehrsätziges, für Blasinstrumente, meist Hörner, geschriebenes Nachtstück (Ständchen), im 19. Jh. in der Form gleichbedeutend mit *Divertimento* u. *Serenade*; in der Klaviermusik als einsätziges, lyrisches Stück träumerischer Stimmung vor allem bei J. *Field,* F. *Chopin,* R. *Schumann* u. A. *Skrjabin;* in der Orchestermusik bei F. *Busoni,* C. *Debussy,* M. de *Falla,* L. *Dallapiccola* u. H. W. *Henze.*

Noddack, Walter Karl Friedrich, dt. Physikochemiker, *17. 8. 1893 Berlin, †7. 12. 1960 Bamberg; entdeckte zusammen mit seiner Frau Ida *Noddack-Tacke* (*1896, †1978) das Element *Rhenium*; führte Versuche mit *Technetium* durch u. nannte es *Masurium,* untersuchte die Elementhäufigkeit in der Erdrinde, in Meteoriten u. Organismen, führte geochem. Analysen mit Hilfe der Röntgenspektroskopie durch, verschiedene Arbeiten zur Photochemie u. Kohlendioxidfixierung.

Nodier [nɔ'dje], Charles, französ. Schriftsteller, *29. 4. 1780 Besançon, †27. 1. 1844 Paris; seit 1824 Leiter der Bibliothèque de l'Arsenal. Bei ihm traf sich 1824 der erste romantische Dichterkreis („Cénacle"), darunter A. de *Vigny,* V. *Hugo* u. A. de *Musset.* Nodiers Dichtung war durch Goethes „Werther" beeinflusst, 1828 übersetzte er den „Faust"; schrieb romant.-fantast. Romane u. Novellen: „Smarra" 1821; „Die Krümelfee" 1832, dt. 1835; dt. Auswahl „Traum u. Leben" 1948.

Nodosaurus [grch.] → Dinosaurier.

No-Effect-Level → No-Observed-Adverse-Effect-Level.

Noël [frz. „Weihnachten"], seit dem 13. Jh. überlieferter Typ des französ. Weihnachtsliedes.

NOEL, Abk. für → No-Observed-Effect-Level.

Noel-Baker ['nouəl'beikə], Philip, brit. Politiker (Labour Party), *1. 11. 1889 London, †8. 10. 1982 London; Mitgl. der brit. Delegation bei der Friedenskonferenz in Versailles, seit 1922 im Sekretariat des Völkerbunds tätig; vertrat 1929–1931 u. 1936–1970 die Labour Party im Unterhaus u. wurde 1946 Min. f.; 1946 Staatssekretär für Luftfahrt, 1947 für Commonwealth-Beziehungen, 1950 Min. für Energiewirtschaft; 1955 Vertreter Englands beim Europarat. – N. erhielt 1959 den Friedensnobelpreis.

♦ **Noelle-Neumann,** Elisabeth, dt. Publizistikwissenschaftlerin, *19. 12. 1916 Berlin; von 1965 bis 1983 Prof. in Mainz; mit E. P. Neumann 1947 Gründerin und seither Leiterin des *Instituts für Demoskopie,* Allensbach. Zahlreiche Veröffentlichungen, u. a. „Einführung in die Methoden der Demoskopie" 1963; „Die Schweigespirale. Die öffentliche Meinung – unsere soziale Haut"

Elisabeth Noelle-Neumann

1980; „Die Antwort der Zeitung auf das Fernsehen" 1986; „Fischerlexikon Publizistik / Massenkommunikation" (Hrsg. mit W. Schulz u. J. Wilke) 1989; „Alle nicht jeder. Einführung in die Methoden der Demoskopie (mit Th. Petersen) 1996; „1947–1997. 50 Jahre Demoskopie Allensbach" 1997.

Noelte, Rudolf, dt. Regisseur, *20. 3. 1921 Berlin; seit den 1960er Jahren an verschiedenen deutschsprachigen Bühnen tätig; bekannt bes. durch Inszenierungen der Stücke von *Sternheim* u. *O'Neill.*

Noether, 1. Emmy, (Tochter von 2), dt. Mathematikerin, *23. 2. 1882 Erlangen, †14. 4. 1935 Bryn Mawr, Pa.; Arbeiten zur modernen Algebra, bes. zur Theorie der *Ideale.* Emigrierte 1933 in die USA. Das 1918 bewiesene *Noether'sche Theorem* besagt, dass bei physikal. Theorien die unmittelbare Formulierung von Erhaltungssätzen möglich ist, wenn bestimmte Symmetrien vorliegen. Das Theorem gehört zu den wichtigsten Erkenntnissen der modernen Physik.
2. Max, dt. Mathematiker, *24. 9. 1844 Mannheim, †13. 12. 1921 Erlangen; Arbeiten auf dem Gebiet der algebraischen Funktionen, Raumkurven u. Flächen.

Noëtik [die; grch.], die Lehre vom Erkennen; → Erkenntnistheorie.

Nœud vital [no-; der; frz.], lat. *Nodus vitalis,* „Lebensknoten", das Atemzentrum im verlängerten Mark *(Medulla oblongata),* dessen Verletzung unmittelbar zum Tod führt.

♦ **Nofretete,** *Nefertiti, Nafteta.* Frau des ägypt. Königs *Echnaton* (um 1350 v.Chr.); berühmt durch ihre bemalte Kalksteinbüste aus Tell Al Amarna, ein Werkstattmodell

Nofretete, Berlin, Ägyptisches Museum

aus dem Atelier des ägypt. Bildhauers *Tuthmose,* heute im Ägyptischen Museum in Berlin-Charlottenburg. – Der Name N. bedeutet: „Die Schöne ist gekommen". Über ihre Herkunft ist nichts Sicheres bekannt. Wahrscheinlich war sie Ägypterin von Geburt u. entstammte einer angesehenen Familie nichtköniglicher Abkunft. N. hatte sechs Töchter. Im Gegensatz zu seinen Vorgängern ließ Echnaton seine „Große Königliche Gemahlin" sogar an den Staatsszenen teilhaben u. in dieser Funktion darstellen. Gleich dem König wurde auch sie später in kleinen Hausaltären verehrt. Sie starb wohl noch vor Echnaton u. wurde im Königsgrab von Amarna bestattet.

Nogaier, *Nogai-Tataren,* turksprachiges Tatarenvolk (74 000) in den Steppen Nordkaukasiens, 1261 unter *Nogai (Noghaj)* von der „Goldenen Horde" abgesplittert; Moslems; Nomaden, heute überwiegend sesshafte Ackerbauern u. Viehzüchter.

Nogales, mexikan. Stadt in Sonora, an der Grenze zum USA-Staat Arizona, rd. 38 000 Ew.; Zentrum eines Rinderzucht- u. Bergbaugebiets; Ausfuhr von Wintergemüse; Grenzübergang.

Nogaret [-'rɛ], Guillaume de, französ. Politiker, *um 1260 St.-Félix de Caraman, †April 1313; seit 1307 königl. Großsiegelbewahrer; verübte im Auftrag König *Philipps IV.* am 7. 9. 1303 das Attentat von → Anagni gegen Papst *Bonifatius VIII.,* das zur Übersiedlung des Papsttums nach Avignon führte.

Nogat, östlicher Mündungsarm der Weichsel, 62 km; von 1371 (Überschwemmung) bis ins 19. Jh. Hauptmündungsarm; fließt ins Frische Haff.

Nogata, japan. Stadt im N von Kyushu, östl. von Fukuoka, 63 000 Ew.; Steinkohlenförderung (fast 50% der japan. Gesamtförderung).

Nogent-le-Rotrou [nɔʒãlərɔ'tru], französ. Stadt, Dép. Eure-et-Loir, an der Huisne, 12 600 Ew.; Marktort (Milch u. Pferde).

Nogent-sur-Marne [nɔʒãsyr'marn], Vorort von Paris, Dép. Val-de-Marne, 25 400 Ew.

Nogi, Maresuke, Graf, japan. General, *11. 11. 1849 Edo (Tokyo), †12. 9. 1912 Tokyo; entstammte einer alten Samurai-Familie; kämpfte 1868 unter A. *Yamagata* gegen die Militärregierung der Shogune (Bakufu) zur Durchführung der → Meiji-Restauration, nahm bedeutende Positionen in der Armee der Meiji-Zeit ein, 1896–1898 Gouverneur von Taiwan; eroberte im japan.-russ. Krieg 1905 Port Arthur u. wurde zum Nationalhelden; beging mit seiner Frau rituellen Selbstmord beim Tod des Meiji-Tenno.

Noginsk [nʌ'ginsk], bis 1930 *Bogorodsk,* Industriestadt in Russland, an der Kljasma, östl. von Moskau, 119 000 Ew.; medizin. u. pädagog. Fachschule; Textilindustrie.

Nógrád, ungar. Komitat, 2544 km², 221 000 Ew.; Hptst. *Salgótarján.*

Noguchi [-tʃi], **1.** Hideyo, japan. Bakteriologe, *24. 11. 1876 Fukushima, †21. 5. 1928 auf einer Schiffsreise; ihm gelang erstmals die Reinzüchtung der *Lues-Spirochäten.* 1913 wies er nach, dass die *progressive Paralyse* u. die *Tabes dorsalis* Folgekrankheiten der Lues (Syphilis) sind, hervorgerufen durch die Lueserreger.

◆ **2.** Isamu, US-amerikan. Bildhauer japan. Herkunft, Designer, Innen- u. Gartenarchitekt sowie Bühnenbildner, *17. 11. 1904 Los Angeles, †30. 12. 1988 New York; war Assistent von C. *Brancusi* in Paris. Sein bildhauerisches Werk war gekennzeichnet durch die Kombination asiatischer Elemente mit den Ideen der Konstruktivisten u. Surrealisten. Dabei standen Reinheit der Form u. Respekt vor Material u. Natur im Vordergrund seines Schaffens. Als Designer entwarf er Tische, Stühle, techn. Geräte u. Beleuchtungskörper in einem ausgeprägt skulpturellen Stil. Hptw.: „Radio Nurse" 1937; „Coffee Table" 1945; Friedensbrücke von Hiroshima 1951/52 mit K. *Tange*; Lampe „Araki" 1952; Steingarten für den Hof des UNESCO-Gebäudes in Paris 1958.

Nohfelden, Gemeinde im Saarland, Ldkrs. Sankt Wendel, an der Nahe, 350 m ü. M., 11 000 Ew.; Möbelindustrie.

Nohl, Herman, dt. Pädagoge u. Philosoph, *7. 10. 1879 Berlin, †27. 9. 1960 Göttingen; Theoretiker der Reformpädagogik, ein weitwirkender Anreger durch das mit L. Pallat hrsg. „Handbuch der Pädagogik" 1928–1933 sowie die Zeitschriften „Die Erziehung" 1925–1937 u. „Die Sammlung" 1945–1960; Werke: „Die pädagog. Bewegung in Deutschland u. ihre Theorie" 1935; „Pädagogik aus dreißig Jahren" 1949; „Schuld u. Aufgabe der Pädagogik" 1962.

Noiret [nwa'rɛ], Philippe, französ. Schauspieler, *1. 10. 1930 Lille; spielt anspruchsvolle Theater- u. Filmrollen; Filme u.a. „Die Tat der Thérèse D." 1962; „Alexander der glückselige Träumer" 1967; „Das große Fressen" 1972; „Der Saustall" 1982; „Die Bestechlichen" 1984; „Brille mit Goldrand" 1987; „Cinema Paradiso" 1989; „Der Postmann" 1994; „Duell der Degen" 1997.

Emil Nolde: Junges Paar; 1931–1935. Madrid, Sammlung Thyssen Bornemisza

Noirmoutier [nwaːrmu'tje], **1.** *Île de Noirmoutier,* flache Insel vor der Westküste Frankreichs, südwestl. der Loiremündung, 19 km lang, Gesamtfläche 58 km² (davon 12 km² Salzsümpfe u. 9 km² Dünen), 9200 Ew.; gehört zum Dép. Vendée; mit dem Festland durch eine 1971 fertig gestellte Brücke verbunden; nur im N etwas Wald; Salzgewinnung, Fischerei, Anbau von Frühgemüse u. Kartoffeln; Fremdenverkehr; Zentrum ist N. (2). **2.** Hauptort der gleichnamigen westfranzös. Insel, 5400 Ew.; Hafen, Seebad.

Isamu Noguchi: Oorace E. Dodge und Sohn Gedächnisbrunnen in Detroit; 1976

NOK, Abk. für → Nationales Olympisches Komitee.

Nokardiose [nach dem französ. Tierarzt Edmond I. É. Nocard, *1850, †1903], *Nocardiose,* eine Form von *Aktinomykose,* deren Erreger die *Nocardia asteroides* (Bakterium der Ordnung *Actinomycetales*) ist; die Übertragung erfolgt durch Einatmung der Erreger in die Lungen.

Nokia, Stadt westl. von Tampere, Südfinnland, am Westufer des Näsijärvi, 26 300 Ew.; Kraftwerk, Gummi-, Papier- u. Zellstoffindustrie.

Nok-Kultur, die durch Bodenfunde nachgewiesene älteste bekannte Kultur im zentralen Nigeria, benannt nach dem Dorf *Nok*; etwa 5. v. Chr.–2. Jh. n. Chr.; z.T. lebensgroße Terrakotta-Plastiken, Eisengeräte, Steinschliffe, Tongefäße.

Noktambulismus [lat.], Schlafwandeln, → Somnambulismus.

Nokturn [die; lat., „Nachtwache"], Teil der früheren Mette (Frühgottesdienst) des Stundengebetes, bestehend aus Psalmen u. Lesungen.

Nolan [ˈnoʊlən], Sidney Robert, austral. Maler, *22. 4. 1917 Melbourne, †27. 11. 1992 London; begann mit abstrakten Bildern; widmete verschiedene Bildserien legendären Gestalten aus der austral. Geschichte.

◆ **Nolde,** Emil, eigentl. E. *Hansen,* dt. Maler u. Grafiker, *7. 8. 1867 Nolde, Südtondern, †15. 4. 1956 Seebüll, Nordfriesland; einer der Hauptmeister des dt. Expressionismus, im Ausland allerdings weniger beachtet, wo man seine Kunst als typisch deutsch empfindet. Ausgebildet in Flensburg, St. Gallen u. München (1899 bei A. *Hoelzel* in Dachau), 1906 bis 1908 Mitgl. der „Brücke", unternahm 1913/14 eine Weltreise (Sibirien, Ostasien, Südsee), danach abwechselnd in Berlin u. Seebüll tätig. Angeregt bes. von H. de *Toulouse-Lautrec* u. E. *Munch,* gelangte N. früh zu einem ganz aus der Farbe entwickelten Expressionismus, in dem religiöse Darstellungen, Landschafts- u. Meeresbilder mit kosmischer Naturauffassung, aus mystischer Erlebniskraft gestaltete Figurenbilder, Maskendarstellungen u. Werke ähnl. exotischer Thematik überwiegen. Von bes. Reiz sind seine Blumenaquarelle, die Aquarellfolge der „Ungemalten Bilder" u. das graf. Werk (Holzschnitte, Radierungen). Unter dem nat.-soz. Regime galt die Kunst des NSDAP-Mitgl. N. offiziell als „entartet", obwohl er von einigen nat.-soz. Funktionären geschätzt wurde. 1941 erhielt N. Malverbot, nachdem er eine Professur an der Berliner Akademie u. das Amt des Präs. der Staatl. Kunstschulen abgelehnt hatte. N. war 1902–1946 in erster Ehe mit Ada Vilstrup verheiratet, deren Name in der 1956 errichteten „Stiftung Seebüll Ada und

Emil Nolde

Emil Nolde" erscheint. – Schriften: Briefe aus den Jahren 1894–1926. 1927, Neuausg. 1967; Erinnerungen 4 Bde. (I „Das eigene Leben" 1967, II „Jahre der Kämpfe" ³1971, III „Welt u. Heimat" ²1971, IV „Reisen, Ächtung, Befreiung" 1971); „Mein Leben" 1979.

Noli, Fan (Theofan) Stylian, alban. Metropolit u. Politiker, *6. 1. 1882 Ibrik Tepe (alban. Qytezë), †13. 3. 1965 Fort Lauderdale, Fla. (USA); seit 1906 in den USA, gründete 1912 mit F. *Konica* in Boston die panalban. Föderation „Vatra" (Herd), deren Vorsitzender er 1917 wurde, 1919 Bischof der alban. orth. Kirche in Amerika; 1922 kurz Außen-Min. Albaniens, 1923 Bischof von Korça u. Durazzo; 1924 nach dem Sturz König *Zogus* Min.-Präs. u. Staats-Präs.; von Zogu 1925 zum Rücktritt gezwungen, kehrte er 1932 in die USA zurück; begründete 1922 die Autokephalie der alban. orth. Kirche (vom Ökumen. Patriarchat 1937 anerkannt).

noli me tangere [lat., „rühre mich nicht an"], ins Lateinische übersetztes Wort des auferstandenen Jesus an Maria Magdalena (Johannes 20,17).

Noli me tangere → Springkraut.

Nolina, ein Agavengewächs, → Yucca.

Nollekens [ˈnɔləkɛns], Joseph, engl. Bildhauer, *11. 8. 1737 London, †23. 4. 1823 London; klassizist. Bildhauer, schuf Porträtbüsten u. Grabmäler.

Nolte, 1. Claudia, dt. Politikerin (CDU), *7. 2. 1966 Rostock; Diplomingenieurin; seit 1990 MdB; 1994–1998 Bundes-Min. für Familie, Senioren, Frauen u. Jugend.
2. Ernst, dt. Historiker, *11. 1. 1923 Witten; 1965–1973 Prof. in Marburg, 1973–1991 an der Freien Universität Berlin; stand 1986/87 im Mittelpunkt des *Historikerstreits*; schrieb u. a. „Der Faschismus in seiner Epoche" 1963; „Deutschland u. der Kalte Krieg" 1974; „Der europ. Bürgerkrieg, 1917–1945. Nationalsozialismus u. Bolschewismus." 1987; „Die Deutschen u. ihre Vergangenheit" 1995; „Historische Existenz" 1998.
3. [ˈnoʊlti], Nick, US-amerikan. Filmschauspieler, *8. 2. 1940 Omaha, Nebraska; wurde bes. durch Actionfilme populär; Filme u. a.: „Nur 48 Stunden" 1982; „Zoff in Beverly Hills" 1986; „Und wieder 48 Stunden" 1990; „Herr der Gezeiten" 1991; „Nach eigenen Regeln" 1996; „The thin red line" 1998.

Nom., Abk. für *Nominativ.*

Noma [grch.], *Wasserkrebs, Wangenbrand,* heute seltene schwere Form der Mundschleimhautentzündung, die rasch fortschreitet u. zu Geschwürbildung führt; bes. bei Kindern mit schweren Allgemeininfektionen u. schlechtem Ernährungs- u. Abwehrzustand. Als Erreger spielen *Fusobakterien* u. *Borrelien* eine Rolle.

Nomaden [grch.] → Nomadismus.

◆ **Nomadismus** [grch.], *Wanderhirtentum,* eine ausschließlich durch die *Weidewirtschaft* geprägte Wirtschaftsform bei Völkern der Alten Welt (→ Hirtenvölker), die ohne ständigen Wohnsitz, mit leicht transportablen Zelten u. ihren Viehherden (Einzeleigentum), in jahreszeitl. Rhythmus zwischen ihren festumgrenzten Weidegebieten (Stammeseigentum) umherziehen; der Futterausgleich kann sowohl zwischen feuchteren Steppen oder Savannen u. Randwüsten als auch zwischen winterl. Niederungsweiden u. sommerl. Hochweiden (Berg-Nomadismus) erfolgen; der N. hat sich in Klimaten der Erde entwickelt, in denen Ackerbau nicht möglich ist oder zur Ernährung nicht ausreicht (Steppen, Savannen). Man unterscheidet: *Vollnomadismus* (nur in wenigen extremen Fällen, völlig ohne eigenen Ackerbau, oft in Symbiose mit Feldbauern) u. *Halbnomadismus* (feste Winterquartiere, bei Abwesenheit betreut von wenigen Wächtern; Wintergetreideanbau). – Der N. hat sich zu Beginn der Bronzezeit im europ.-asiat. Raum aus einem früheren Steppenbauerntum mit Regenfeldbau u. mit Kleinviehhaltung über die → Transhumanz u. den Halbnomadismus entwickelt, nicht, wie früher angenommen, direkt aus dem Jägertum. Seit dem Bedeutungsrückgang von Tieren als Transportmittel (Kamelkarawanen) u. den Bestrebungen vieler Regierungen, Nomaden sesshaft zu machen, setzte ein starker Rückgang in der Haltung von Transporttieren (z. B. Kamele) zu Gunsten einer Zunahme der Schafhaltung (Wollproduktion) ein. Die Ansiedlungsbemühungen für Nomaden sind umstritten, da auch heute weite Graslände der Erde nur in nomadisierender Wirtschaftsweise genutzt werden können.

Nomaphila → Wasserfreund.

Nom de guerre [nɔdəˈgɛːr; der; frz.] → Pseudonym.

Nom de plume [nɔdəˈplym; der; frz.] → Pseudonym.

Nome [noʊm], **1.** *Kap Nome,* Kap auf der Sewardhalbinsel in Alaska (USA), am Nortonsund.
2. Hafenstadt am Fuß des Kap N. in Alaska (USA), 8300 Ew.; Handels- u. Versorgungszentrum für Nordwestalaska, Luftstützpunkt; Goldbergbau. – Entstand nach Goldfunden um 1898, Stadt seit 1901.

Nomen [das, Pl. *Nomina*; lat.], Sammelbez. für deklinierbare Wortarten (im Deutschen: Substantive, Adjektive, Pronomina, Artikel, z. T. auch Numeralien).

Nomenclator [lat., „Namensnenner"], ein Sklave, der in Rom seinem Herrn bei Empfängen u. auf der Straße die Namen der Gäste bzw. der ihnen Begegnenden zu nennen hatte.

nomen est omen [lat.], „der Name enthält eine Vorbedeutung" (wenn z. B. ein streitsüchtiger Mensch *Streit* heißt).

Nomen gentilicium [lat.], *Gentilname,* der röm. Name des Geschlechts.

Nomenklatur [die; lat.], **1.** *Naturwissenschaften:* das System der Fachbezeichnungen (Terminologie) auf einem Wissensgebiet, bes. in den Naturwissenschaften; z. B. Teilgebiet der biolog. → Systematik, das sich mit der wissenschaftl. Namen der Tiere u. Pflanzen beschäftigt. Auch → binäre Nomenklatur.
2. *Politik:* in den kommunist. Staaten ein Verzeichnis derjenigen Ämter in der kommunist. Partei, den gesellschaftl. Organisationen, der Wirtschaft u. im kulturellen Leben, über deren Besetzung ein bestimmtes Parteiorgan entschied (u. zwar auch dann, wenn es sich formal um parteiunabhängige Wahlämter handelte). Je nach seiner Bedeutung gehörte ein Amt zur N. des Politbüros, des ZK-Sekretariats oder regionaler Parteiorgans. – Das russ. Wort für N., *Nomenklatura,* wurde in der UdSSR in kritischem Sinne für die privilegierte Schicht der Funktionäre gebraucht, die einer N. angehörten.

Nomenmünzen → Gaumünzen.

Nominaldefinition [lat.], eine Definition, durch die der Gebrauch eines Wortes festgelegt wird; im Gegensatz zur *Realdefinition,* bei der es um eine Sacherklärung geht. Auch → Definition.

Nominaleinkommen → Einkommen.

Nominalismus [lat.], **1.** *Philosophie:* die Richtung im *Universalienstreit,* die den

Nomadismus: Tuareg mit ihren Tieren an einem Brunnen im Sahel

Nomadismus: Die Zelte der Nomaden müssen stabil und leicht zu transportieren sein. Abgebildet sind hier Jurten der Mongolen

Allgemeinbegriffen *(Universalien)* außerhalb des Denkens keine reale Existenz zuschreibt, im Gegensatz zum *Realismus*. Die Begriffe seien nur Namen *(nomina)* oder Zeichen *(signa* bzw. *termini [Terminismus])* für viele näherungsweise vergleichbare Dinge. Bekannte Vertreter des MA sind J. *Roscelin*, W. von *Ockham*, J. *Buridan*, N. von *Autrecourt* u. G. *Biel*. Spätere Vertreter des Empirismus (T. *Hobbes*, J. *Locke*, D. *Hume* u. J. S. *Mill*) kann man ebenfalls dem N. zurechnen.
2. *Wirtschaftswissenschaften:* eine Geldwertlehre, die den Wert des Geldes allein in der Tatsache der staatl. Anerkennung als gesetzl. Zahlungsmittel begründet sieht. Auch → *Metallismus*.

Nominalkatalog [lat. + grch.], im Gegensatz zum *Realkatalog* das alphabetisch nach Verfassernamen geordnete Verzeichnis der Bücher einer Bibliothek.

Nominallohn → Lohn.

Nominalphrase, Abk. *NP*, Bestandteil eines Satzes in der Funktion von Subjekt oder direktem/indirektem Objekt, der entweder aus einem nominalen Kern (Nomen, Pronomen, Eigennamen) oder einem Gliedsatz besteht. Nominalphrasen können u. a. durch Appositionen, Präpositionalattribute oder Adjektive erweitert werden. Auch → Verbalphrase.

Nominalsatz, ein Satz mit nominalem, d. h. aus *Kopula* u. *Prädikatsnomen* bestehendem Prädikat (z. B. „H. ist groß"). Die Kopula kann (im Präsens) in manchen Sprachen fehlen (u. a. Latein, Russisch).

Nominalwert → Nennwert.

Nomination [lat.], Nennung, Vorschlag für eine Wahl; im Staatskirchenrecht der Vorschlag für ein kirchl. Amt (früher vor allem durch den Landesherrn) als rechtsverbindliche Benennung.

Nominativ [der; lat.], *Werfall, 1. Fall*, der Kasus des grammat. Subjekts u. des Prädikatsnomens (in den meisten Sprachen).

nominell [lat.], nur dem Namen nach.

Nomlagira, tätiger Vulkan in der zentralafrikan. Gruppe der Virunga-Vulkane, 3052 m; Ascheeruptionen.

Nommensen, Ludwig Ingwer, dt. ev. Missionar, * 6. 4. 1834 Hallig Nordstrand, † 23. 5. 1918 Sigumpar (Sumatra); zunächst Hilfslehrer, 1857 Eintritt in das Missionsseminar Wuppertal, ab 1862 im Dienst der Rheinischen Mission auf Sumatra, wo er als „Apostel der Batak" mit größtem Erfolg wirkte.

Nomogramm [das; grch.], *Netztafel, Leitertafel, Funktionsleiter*, eine Zeichnung, die den funktionalen Zusammenhang zwischen zwei und mehreren veränderlichen Größen darstellt u. veranschaulicht. Nomogramme machen das Lösen der oftmals komplizierten Funktionsgleichungen entbehrlich, da sie ein direktes Ablesen von zahlenmäßigen Zusammenhängen gestatten.

Nomographie [grch.], die Gesamtheit der Verfahren, mit Hilfe von *Nomogrammen* mathemat., naturwissenschaftl. u. techn. Probleme zu lösen. Begründer der N. war Maurice d'Ocagne (* 1862, † 1938).

Nomokanon [grch.], Sammlung kirchenrechtl. Bestimmungen der orth. Kirche aus dem 11. Jh., in der das in Byzanz geltende Staatskirchenrecht u. das kanon. Recht der Synoden zusammengestellt sind.

Nomokratie [grch.], die Herrschaft nach Gesetzen; Gegensatz: *Autokratie*, die unbeschränkte Herrschaft eines Einzelnen. Hierbei wird „Gesetz" nicht nur im Sinne des sog. positiven Gesetzes, sondern auch im Sinne von Rechtssätzen verstanden, die einer sachlich vorgegebenen Ordnung gemäß sind, also der Natur der Sache (→ Naturrecht) entsprechen. N. ist daher die Herrschaft nach solchen Gesetzen u. Gesetzlichkeiten auch im Gegensatz zu *Willkür* einer Physis u. lediglich psychologisch, nicht in einem Willensbildungsverfahren erfolgender Entscheidung.

Nomos [der, Pl. *Nomoi*; grch.], **1.** *Musikgeschichte:* in der altgriech. Musik wahrscheinlich ein mündl. überliefertes Modell zur Improvisation eines Musikstückes; man unterscheidet als reines Instrumentalstück *auletischen* u. *kitharistischen* N. (für Aulos u. Kithara), als Gesangsbegleitung *aulodischen* u. *kitharodischen* N.; der N. ist dem indischen *Raga* vergleichbar.
2. *Recht:* im alten Griechenland ursprüngl. die Weideordnung, dann Sitte u. Brauch, seit dem 6. Jh. v. Chr. im Unterschied zum *Ethos* das geschriebene Gesetz, die Rechtsordnung. In der modernen Einfügung des Gesetzes in das Recht ist N. ein Begriff, der nicht mehr auf das positiv erlassene Gesetz zu beschränken ist. N. ist vielmehr darüber hinaus jede menschl. Lebensbeziehungen regelnde Ordnung, welche diesen Beziehungen innewohnt, der menschl. Würde entspricht u. demgemäß von hierzu befugten Staaten oder Staatenverbindungen geformt ist.
3. [nɔ'mɔs], *Verwaltung:* griech. Verwaltungsbezirk, geleitet von einem Präfekten *(Nomarch)*; mehrere Nomoi bilden eine Region.

Non [noːn, die; lat. *nona hora*, „neunte Stunde"], ein kirchl. Stundengebet des Breviers (9. Tagesstunde = 14–15 Uhr).

Nonadecansäure, *Nonadecylsäure*, $C_{19}H_{38}O_2$, weiße, schuppenartige Kristalle (Schmelzpunkt 67–69 °C), kommt im Teerdestillat von Olivenpresskuchen vor.

Nonadecylsäure → Nonadecansäure.

Nonaffektationsprinzip, Grundsatz der Gesamtdeckung, ein Haushaltsgrundgesetz, demzufolge alle öffentl. Einnahmen unterschiedslos als Deckungsmittel für alle öffentl. Ausgaben dienen. Heute verankert in §7 Haushaltsgrundsätzegesetz u. §8 Bundeshaushaltsordnung, jedoch können Ausnahmen durch Gesetz vorgeschrieben werden.

No-Name-Produkte [noʊˈneɪm-; engl., „ohne Namen"], unter Handel vertriebene Ware ohne einen ausgeprägten Markennamen, häufig in weißer Verpackung („weiße Produkte"). No-Name-Produkte werden wegen Einsparungen im Marketing preisgünstig verkauft u. sollen eine Alternative zu Markenartikeln bieten. Gelegentl. entwickeln sich aus den No-Name-Produkten selbst im Laufe der Zeit Markenartikel.

Nonchalance [nõʃaˈlɑ̃ːs; die; frz.], Lässigkeit, Unbekümmertheit.

Noncooperation [ˈnɔnkoʊɔpəˈreɪʃən; engl., „Nicht-Mitarbeit"], die von Mahatma Gandhi auf den nationalen Kampf der Inder angewandten sozialen Kampfmaßnahmen des gewaltlosen Widerstands gegen die brit. Kolonialherrschaft: Streik, Boykott brit. Textilwaren durch Hausspinnerei, ziviler Ungehorsam durch Nichtachtung der brit. Behörden, Verletzung des staatl. Salzmonopols durch Eigengewinnung aus dem Meerwasser, Fasten als Protest gegen behördl. Missstände oder Ungerechtigkeiten, Hungerstreiks bei Inhaftierungen.

None [die; lat.], die 9. Stufe der diaton. Tonleiter u. das Intervall zwischen dem 1. u. dem 9. Ton; eine Dissonanz (Hinzufügung der Sekunde zur Oktave); *kleine N.*: z. B. c-des', *große N.*: z. B. c-d', *übermäßige N.*: z. B. c-dis'. Der *Nonenakkord* ist ein erweiterter Septimakkord, u. zwar in Moll um eine kleine Terz, in Dur um eine große Terz erweitert.

Nonea [lat.] → Mönchskraut.

Nonen [lat.], im altröm. Kalender der 5. Monatstag; im März, Mai, Juli u. Okt. der 7. Monatstag.

Nonett [das; ital.], Musikstück für 9 Instrumente oder Singstimmen.

Nong Khai, Provinz-Hptst. im NO Thailands, 25 500 Ew.; Endpunkt der Eisenbahn, Meköngübergang nach Vientiane (Laos), Flugplatz.

Nonne (3), Lymantria monacha

Non-Impact-Drucker [ˈnɔn ˈimpækt-], ein Datenausgabedrucker, bei dem die Übertragung der Zeichen auf das Papier ohne Druckkraft erfolgt, z. B. Laserdrucker. Gegensatz: *Impact-Drucker.*
Nonius [der; nach dem portugies. Mathematiker Pedro *Nuñez,* latinisiert N., *1492, †1577], beweglicher Hilfsmaßstab an Geräten zum Ablesen der Zehntelgrößen (z. B. bei Längenmessungen). Ein Teilstrich des N. fällt mit einem Teilstrich der Messskala zusammen. Erfinder (1637) ist Pierre *Vernier.*
Nonkonformisten [lat.], eine erstmals 1665 offiziell gebrauchte Bez. für jene engl. Christen, die sich der von *Karl II.* für die anglikanische Kirche 1662 erlassenen „Uniformitätsakte" nicht fügten. Später wurde N. für die *Dissenters* gebraucht, dann verallgemeinert für Menschen, die von einer allg. Haltung oder Meinung abweichen.
non liquet [lat., „es ist nicht klar"], unentschieden, nicht lösbar (bes. in der Juristensprache).
non-liquet-Entscheidung, die Feststellung eines internat. Streitschlichtungsorgans, dass die Entscheidung eines internationalen Streitfalles auf Grund der Normen des geltenden Völkerrechts nicht möglich ist, da sich für die dem Streitfall zugrunde liegende Lage keine einheitlichen Völkerrechtsnormen gebildet haben. Häufig wird eine solche Feststellung mit einem Vermittlungsvorschlag verbunden, der an die Stelle einer Entscheidung nach Völkerrecht eine Lösung *ex aequo et bono* nahe legt.
non multa, sed multum [lat.], „nicht vielerlei, sondern viel".
Nonne [die; spätlat. *nonna,* „ehrwürdige Mutter"; ägypt., „die Reine" (?)], **1.** *k a t h . K i r c h e : Monialis,* Klosterfrau, Angehörige eines weibl. kath. Ordens, in dem feierl. Gelübde abgelegt werden; im Unterschied dazu früher die *Schwester* (lat. *soror*) mit einfachen Gelübden. Auch → *Mönchtum.*
2. *Z i e g e l e i :* Dachziegelart; → *Mönch und Nonne.*

◆ **3.** *Z o o l o g i e :* Fichtenspinner, *Lymantria monacha,* ein Nachtschmetterling aus der Familie der *Schadspinner;* mit rötl. Leib u. weißl. Flügeln mit dunklen Querbinden. Die Raupen leben von Mai bis Juli auf Laub- u. Nadelbäumen, sie bevorzugen Fichten. Die N. neigt zu Auftreten in Massen u. ist einer der gefährlichsten Forstschädlinge.
Nonne, Max, dt. Neurologe, *13. 1. 1861 Hamburg, †12. 8. 1959 Hamburg; hatte Anteil an der Entwicklung der modernen Neurologie; Träger der Paracelsus-Medaille 1953.
Nonnenchor [-koːr], eine Empore an der Westseite oder im Querhausflügel einer Nonnenstiftskirche, auf der während des Gottesdienstes die Nonnen ihren Platz haben.
Nonnengans → *Gänse.*
Nonnenmeise, *Sumpfmeise* → *Meisen.*
Nonnenwerth, Insel im Rhein, bei Bad Honnef; 1122–1802 Benediktinerinnenkloster; seit 1854 Franziskanerinnen von der Buße u. der christl. Liebe mit Internat u. Gymnasium; Mutterhaus der dt. Ordensprovinz.
Nonnos, *Nonnus,* griech. Dichter aus Panopolis (Ägypten), 5. Jh. n. Chr.; besang in seinem umfangreichen Epos „Dionysiaka" (21 000 Verse) ekstatisch den Zug des Dionysos nach Indien. Als Christ paraphrasierte er das Johannesevangelium in Versen.
Nonnweiler, Gemeinde im Saarland, Ldkrs. Sankt Wendel, an der Prims, 375 m ü. M., 9300 Ew.
Nono, westsudan. Volk, Untergruppe der → *Soninke.*

◆ **Nono,** Luigi, italien. Komponist, *29. 1. 1924 Venedig, †8. 5. 1990 Venedig; Schüler von H. *Scherchen* u. B. *Maderna,* mit einer Tochter A. *Schönbergs* verheiratet; Mitglied der KPI; neben P. *Boulez* u. K. *Stockhausen* führender Vertreter der seriellen Musik; bevorzugte für seine hochexpressive, humanist. u. polit. engagierte Musik bes. die Möglichkeiten des Vokalklangs (Aufspaltung der Sprache durch Verteilung von Worten, Silben u. Lauten des Textes auf die verschiedenen Stimmlagen; so in „Il canto sospeso" 1956). In seiner Oper „Intolleranza" 1961 benutzte er als einer der Ersten elektron. Mittel in dieser Gattung, wie überhaupt elektron. Musik ein Hauptarbeitsgebiet Nonos war. Hptw.: Ballett: „Der rote Mantel" 1954; Vokalwerke: „La victoire de Guernica" 1954; „Canti di vita e d'amore – Sul ponto de Hiroshima" 1962; „Ein Gespenst geht um in der Welt" 1971; „Al gran sole cárico d'amore" (szenische Aktion) 1975; „Prometeo" 1984; elektron. Musik: „La fabrica illuminata" 1964; „Musica manifesto Nr. 1" 1969. Orchesterwerke: „Polifonica-Monodia-Ritmica" 1951; „Incontri" 1955. Sein Streichquartett „Fragment – Stille. An Dio-

Luigi Nono

tima" 1980 zeigt eine neue Tendenz zum Fragmentarischen in seinem Schaffen. – Texte, herausgegeben von J. Stenzl 1975.
Nonoalca, indian. Stammesverband der Nahuat-Pigil-Sprachgruppe in Mexiko, dessen Mitglieder als hervorragende Kunsthandwerker bekannt waren. Die N. siedelten ab 600 n. Chr. im südl. Veracruz u. Tabasco; einige zogen nach Guatemala weiter u. wurden die Ahnen der *Quiché-Maya,* ein anderer Teil verband sich mit chichimek. Stämmen; zusammen gründeten sie um 900 n. Chr. das Reich der *Tolteken.*
non olet [lat., (Geld) „stinkt nicht"], nach *Sueton* ein Ausspruch des röm. Kaisers *Vespasian,* der den menschl. Harn besteuerte, der für Medizin u. zum Gerben verwendet wurde.
Nonpareille [nɔ̃paˈrɛj; die; frz.]. **1.** *K o n d i t o r e i :* kleine, gefärbte Zuckerperlen zum Verzieren von Schokoladenwaren.
2. *S c h r i f t :* ein → *Schriftgrad* von 6 Punkt.
Non-Profit-Organisationen, Bezeichnung für staatl. oder private Organisationen u. Institutionen, die nicht aus erwerbswirtschaftl. Gründen geschaffen wurden, z. B. Vereine, Stiftungen, Wohlfahrtsorganisationen, Kirchen, Parteien, Verbände. Aufgaben dieser Organisationen liegen häufig im gemeinnützigen Bereich (Sammlung u. Verwaltung von Spendengeldern) oder in der Beeinflussung von Einstellungen u. Verhaltensweisen der Bevölkerung (u. a. durch Aufklärungskampagnen) bzw. in der Einflussnahme auf bestimmte polit. Prozesse. Non-Profit-Organisationen sind allerdings wie erwerbswirtschaftlich arbeitende Unternehmen darauf angewiesen, effizient zu arbeiten. In Anlehnung an rein kommerzielle Marketingstrategien werden die Anliegen u. Aufgaben der Non-Profit-Organisationen durch das so genannte → *Social Marketing* umgesetzt.
Nonproliferation [ˈnɔnprəlifəˈreiʃən; engl., „Nichtweiterverbreitung" (von Kernwaffen)] → *Atomsperrvertrag,* → *Proliferation.*
Nonresponse [ˈnɔnriˈspɔns; engl.], ausbleibende Antwort auf statist. Befragungen; führt bei Bevölkerungs- u. Haushaltsbefragungen zu verzerrten Ergebnissen, wenn eine größere Zahl der in die Erhebungen einbezogenen Personen oder Haushalte die Mitarbeit verweigert. Auch → *Fehlerquellen,* → *Stichprobe.*
non scholae, sed vitae discimus [lat.], „nicht für die Schule, sondern fürs Leben lernen wir"; Umkehrung einer Briefstelle von *Seneca: non vitae, sed scholae discimus,* „wir lernen nicht für das Leben, sondern für die Schule".
Nonsens [ˈnɔnzɛns; der; engl.], Unsinn, Widersinn, dummes Gerede.
Nonsense-Verse [ˈnɔnzɛns-], Dichtungen, die paradoxe, unlog. Gedankenverbindungen u. meist auch ungewöhnl. Klangelemente zu verblüffenden Wirkungen nutzen. In Kinderreimen (Abzählreimen) u. -liedern (Zersingungsprozesse) sind sie vorgeformt. Literarische N. schufen u. a. C. *Morgenstern,* J. *Ringelnatz,* E. *Lear,* L. *Carroll,* O. *Nash,* die Dadaisten (H. *Arp,* T. *Tzara*) u. die Futuristen.

Nonstopflug ['nɔn'stɔp-; engl. „ohne Halt"], Langstreckenflug ohne Zwischenlandung.

Nonvaleurs [nõva'lœːr; frz.], Vermögensbestandteile, bes. Wertpapiere, von nur sehr geringem Wert; i.w.S. wertlose, unverkäufl. Dinge.

nonverbale Kommunikation, bewusste oder unbewusste, individuell geprägte Kommunikation durch Gesten, Gebärden u. Blicke, die entweder die Sprechtätigkeit begleiten oder auch ohne diese informationshaltig ist. Die nonverbale Kommunikation K. hat Einfluss auf die äußeren Bedingungen eines Gesprächs (Dauer, Unterbrechungen u. Ä.), verdeutlicht die Beziehung der Gesprächspartner (z. B. Ausdruck von Sympathie bzw. Antipathie), vermittelt das Verständnis des Gesprächsstoffes (Zustimmung bzw. Ablehnung) u. unterstützt die Übermittlung des Inhalts (z. B. durch Handbewegungen, Lautstärke- u. Tonveränderungen).

No-Observed-Adverse-Effect-Level, Abk. NOAEL, *No-Effect-Level,* Abk. NEL, die maximale Konzentration oder Dosis eines Stoffes, die Organismen (z. B. Versuchstieren) unter bestimmten Versuchsbedingungen verabreicht werden kann, ohne erkennbare tox. Wirkungen (z. B. Tumore) hervorzurufen. In der toxikolog. Prüfung ermöglicht die Kenngröße NOAEL den Vergleich der Wirksamkeit chem. Substanzen. In der umweltbezogenen Toxizitäts- oder Kanzerogenitätsprüfung dient sie der Risikobewertung von Schadstoffexpositionen (Aufstellung einer Dosis-Wirkungs-Beziehung) u. der Grenzwertableitung.

No-Observed-Effect-Level, Abk. NOEL, die maximale Konzentration oder Dosis eines Stoffes, die Organismen (z. B. Versuchstieren) verabreicht werden kann, ohne erkennbare Veränderungen hervorzurufen, welche als Hinweis auf eine Störung der Lebensabläufe zu werten wären (z. B. leichte Veränderungen des Blutbildes). In der toxikolog. Prüfung ermöglicht die Kenngröße NOEL den Vergleich der Wirksamkeit chem. Substanzen, in der umweltbezogenen Toxizitäts- oder Kanzerogenitätsprüfung dient sie der Risikobewertung von Schadstoffexpositionen (Aufstellung einer Dosis-Wirkungs-Beziehung) u. der Grenzwertableitung.

Non-woven-Fabrics ['nɔn'wɔvn 'fæbriks; engl.], Vliesstoffe, die textiltypische Eigenschaften wie Luftdurchlässigkeit oder einen textilen Griff besitzen. Sie sind saugfähig und lassen sich färben, verschleißen aber im Allg. schneller als konventionelle textile Flächengebilde (→ Nadelfilz, → Nadelvlies, → Spinnvlies, → Textilverbundstoffe, → Wirrfaservlies).

Noologie [noːo-; grch.], die Lehre vom Geist; *noolog. Methode,* bei Gustav *Class* (*1836, †1908) u. R. *Eucken* die geisteswissenschaftl. Methode (Gegensatz: *psychologische Methode*). Der Ausdruck „Noologisten" findet sich schon bei I. *Kant.*

Noone ['nuːn], Jimmy, afroamerikan. Jazzmusiker (Klarinette), *23. 4. 1895 New Orleans, †19. 4. 1944 Los Angeles; leitete seit 1920 eigene Bands, u. a. das Apex-Club-Orchestra u. die New Orleans Band.

Noordhollandsch Kanaal ['noːrtholants-], niederländ. Kanal, verbindet Amsterdam mit der Nordspitze der Prov. Nordholland bei Den Helder, 80 km lang; für Schiffe bis 2000 t Tragfähigkeit; 1825 fertig gestellt.

◆ **Noordwijk** ['noːrdwɛik], *Noordwijk aan Zee,* Stadt u. Nordseebad in der niederländ. Prov. Südholland, südwestl. von Haarlem, 25 500 Ew.

Noot, Hendrik Karel Nicolaas van der, südniederländ. Politiker, *7. 1. 1731 Brüssel, †12. 1. 1827 Strombeek; Führer der *Statisten* in der → Brabanter Revolution 1789 u. erster Regierungschef der „Vereinigten Belgischen Staaten"; floh 1790 nach den Niederlanden, kehrte 1792 zurück u. trat 1814 für die Wiederherstellung der habsburg. Herrschaft über Belgien (statt der Union mit den Niederlanden) ein.

Noordwijk: Strandpromenade

◆ **Nooteboom,** Cees, eigentl. Cornelis Johannes Jacobus Maria, niederländ. Schriftsteller, *31. 7. 1933 Den Haag; neben gemäßigt experimenteller Lyrik u. leicht melanchol. Reiseprosa („Berliner Notizen", 1990; „Rückkehr nach Berlin" 1998, dt. 1998), insbes. als Romanschriftsteller hervorgetreten: „Das Paradies ist nebenan" 1955, dt. 1958; „Rituale" 1980, dt. 1984; „Ein Lied von Schein u. Sein" 1981, dt. 1989; „Die folgende Geschichte" 1991, dt. 1991; „Das Gesicht des Auges" 1994, dt. 1994; „Im Frühling der Tau" 1995, dt. 1995; „Allerseelen" 1998, dt. 1999.

Cees Nooteboom

Nootka ['nuːtkə], *Nutka,* Indianerstamm (2900) der Wakash-Gruppe im SW der Vancouver-Insel u. an der Küste von British Columbia; mit Wappen- oder Totempfählen; Fischer u. Jäger; Träger der Kultur der → Nordwestküsten-Indianer.

Nopalea [indian.] → Nopalkaktus.

Nopalkaktus [indian., span.], *Nopalea,* Gattung der *Kaktusgewächse (Cactaceae),* in Westindien u. Mexiko. Am bekanntesten ist der *Cochenille-Kaktus, Nopalea coccinellifera,* der in Mexiko als Futterpflanze für die Cochenilleschildlaus dient.

Nopiloa, archäologische Fundstelle im südl. Veracruz (Mexiko); bekannt durch die bemalten, menschl. Tonfiguren mit den „lächelnden Gesichtern", die, als Tonpfeife oder Rassel gearbeitet, starke Ähnlichkeiten mit den Maya-Figuren der Insel *Jaina* aufweisen.

Noppen, 1. Fehlererscheinung in Form von Faserzusammenballungen u. -knötchen in Faserflocken, Halbzeugen u. Garnen. Sie beeinträchtigen deren Qualität.
2. Fadenschlingen bei Florgeweben, von einer Kette oder einem Schuss gebildet.

Noppengarn, ein Garn, das in bestimmten Abständen Verdickungen (Noppen) enthält, die während des Spinnprozesses herbeigeführt werden.

Noppenstoff, *Noppé,* vorwiegend Damenkleiderstoff aus *Noppengarn.* Zur Herstellung dienen auch Effektzwirne, bei denen der eine Faden glatt ist u. der andere Schlingen bildet.

Nor [das; nach den *Norischen Alpen*], Stufe der pelagischen *Trias.*

Nora, weiblicher Vorname, Kurzform von *Eleonora.*

Noradrenalin [das; lat.], *Arterenol, Norepinephrin, Dihydroxyphenylethanolamin,* neben dem → Adrenalin ein Hormon des Nebennierenmarks, das auf das Nerven- u. Herzkreislauf-System wirkt (Aktionssubstanz des *Sympathikus*).

Norberg ['nuːrbærj], mittelschwed. Grubenort in Bergslagen, 6200 Ew.; Eisenerzabbau.

Norbert [ahd. *nord,* „Norden", + *beraht,* „glänzend"], männl. Vorname.

Norbertiner, kath. Ordensgemeinschaft, → Prämonstratenser.

Norbert von Xanten, Ordensstifter, Heiliger, *um 1082 Xanten, †6. 6. 1134 Magdeburg; gründete 1120 das Kloster Prémontré bei Laon u. wurde zum Stifter des Ordens der *Prämonstratenser,* 1126 Erzbischof von Magdeburg. – Heiligsprechung 1582; Fest: 6. 6.

Norblin de la Gourdaine [nɔrblɛ̃dəlagur'dɛn], Jean Pierre, französ. Maler u. Grafiker, *15. 7. 1745 Misy-Faunt-Yonne, †23. 2. 1830 Paris; lebte von 1774–1804 in Polen. Beeinflusst von *Rembrandt* u. *J. A. Watteau,* schuf er Ölgemälde, Dekorationen, Radierungen u. a. mit Landschaften u. Genreszenen, die für die Entwicklung der poln. Malerei maßgeblich waren.

Norcardiaceae [lat.], Familie der Bakterien, die zur Ordnung der → Actinomycetales gehören.

Nord [nɔːr], nordfranzös. Dép., an der belg. Grenze, 5742 km², 2,6 Mio. Ew.; Verw.-Sitz *Lille*; hat Anteil an Flandern u. Hennegau.

Nordalbanische Alpen, alb. *Alpet e Shqipërisë,* serbokr. *Prokletije,* unerschlossenes, verkehrsfeindl. Kalksteingebirge an der nordalban. Grenze, im *Jezerca* 2693 m; Viehzucht, Holzwirtschaft.

Nordamerika, Kontinent auf der Nordhalbkugel der Erde, → Seite 428.

Nordamerikanebel, ein diffuser Gasnebel im Sternbild *Schwan,* dessen Umrisse an die des nordamerikan. Kontinents erinnern.

nordamerikanische Kunst → Vereinigten Staaten von Amerika (Kunst).

nordamerikanische Literatur → Vereinigte Staaten von Amerika (Literatur).

nordamerikanische Musik → Vereinigte Staaten von Amerika (Musik), → kanadische Musik.

Nordamerikanisches Becken, ausgedehntes Tiefseebecken des Atlant. Ozeans vor der nordamerikan. Küste, zwischen der amerikan. Ostküste, den Westind. Inseln u. dem Nordatlant. Rücken. Seine größten Tiefen erreicht es im *Puerto-Rico-Graben* (–9219 m) u. der Turksinseln (–7160 m), im Zentrum bis –6995 m.

Nordassam-Sprachen, im NO der Indischen Union u. im NW Myanmars gesprochene tibetisch-birman. Sprachen.

Nordassam-Völker, Gruppe von zahlreichen kleineren tibetisch beeinflussten Völkern in den östl. Himalayabergen, zusammen rd. 400 000. Zu den Nordassam-Völkern gehören trotz zahlreicher kultureller Unterschiede die *Aka, Dafla, Abor, Galong, Sulung, Apatani* u. *Mischmi;* Reisbauern mit Rinderopfer, einfachem Bogen, Seilbrücken, die bes. in ihrer an die Bergwelt angepassten Wirtschafts- u. Lebensweise gemeinsame Grundmerkmale (u. a. Brandrodungsfeldbau an Berghängen) aufweisen.

Nordatlantikpakt, engl. *North Atlantic Treaty Organization,* → NATO.

Nordatlantischer Strom, Teil des *Golfstromsystems,* überquert als Fortsetzung des Golfstroms den Atlant. Ozean zwischen der Neufundlandbank u. den westbrit. Gewässern; bis über 1000 m Tiefe reichende, relativ warme (8–18 °C) u. salzreiche (35,3–36,4‰) Strömung. Die im westl. Atlantik noch deutlich wahrzunehmenden Strombänder mit Richtungsbeständigkeit u. Geschwindigkeiten von 40–60 cm/s nehmen auf dem Wege nach NO allmählich die Form von Mäandern u. Wirbeln mit einer Größe (Durchmesser) von 100–300 km an, wobei der Nordatlant. Strom an Geschwindigkeit verliert u. nur noch zwischen 10 u. 30 cm/s schnell fließt. Nach N gelangende Ausläufer sind der *Irmingerstrom,* der *Norwegische Strom* u. der *Westspitzbergenstrom,* ein südl. Ausläufer ist der *Portugalstrom.* Die vom Nordatlant. Strom herangeführten warmen Wassermassen grenzen sich bes. im westl. Atlantik deutlich an der „Polarfront" von den kalten Wassermassen der Ausläufer des Labrador- u. des Ostgrönlandstromes ab. Der dadurch hervorgerufene Temperaturwechsel u. die erhöhte Verdunstung über dem warmen Wasser bedeuten bes. im Winter eine verstärkte Tiefdruckbildung über dem Nordatlantik u. bewirken somit das günstige Klima Nordwesteuropas.

Nordau, Max, eigentl. M. Simon *Südfeld,* dt. Publizist u. Schriftsteller, *29. 7. 1849 Budapest, †22. 1. 1923 Paris; lebte dort seit 1880; zuerst Arzt, Mitbegründer des *Zionismus;* in seiner naturalist. Frühzeit extrem materialistisch; Hptw.: „Die konventionellen Lügen der Kulturmenschheit" 1883; „Der Sinn der Geschichte" 1909; „Die Krankheit des Jahrhunderts" 1889; „Drohnenschlacht" 1898.

Nordaustralisches Becken, Meeresbecken im Indischen Ozean, zwischen Nordwestaustralien u. Java; bis 6840 m tief *(Berlintiefe);* am Nordostrand ragt die *Koronokuppe* bis –18 m auf.

Nordbaden, ehem. Regierungsbezirk in Baden-Württemberg, seit 1973 Reg.-Bez. Karlsruhe.

Nordbeveland, *Noord Beveland,* Insel in der niederländ. Prov. Seeland, 92 km², rd. 6400 Ew.; durch das *Veersche Meer* von Walche-

Nordbrabant: Marktplatz von Breda

Norbert von Xanten erhält aus den Händen des heiligen Augustinus dessen Regeln; mittelalterliche Buchmalerei. München, Bayerische Staatsbibliothek

Nordborg, Ort auf der Insel Alsen, im S von Dänemark, 16 000 Ew.; zentraler Ort für den Nordteil der Insel; vielseitige Industrie.

Nordborsoder Karst, ung. *Északborsodi karszt,* ungar. Karstgebiet nördl. vom Talbecken des Sajós, unmittelbar an der ungar.-slowak. Grenze. Das Kalkgebirge gipfelt in 610 m Höhe u. weist neben der Aggteleker Höhle zahlreiche weitere Höhlen auf; Gips- u. Eisenerzlagerstätten.

Nordbrabant

◆ **Nordbrabant,** fläm. *Noord-Brabant,* niederländ. Prov., 5106 km², 2,3 Mio. Ew.; Hptst. *Herzogenbusch;* eine landschaftlich eintönige, von Maas- u. Rheinschottern aufgebaute u. während der Weichseleiszeit von Sanden überlagerte Fläche; im O ein Hochmoor, die → Peel; 12% der Provinz bewaldet, sonst hauptsächl. Ackerbau (Roggen, Hafer, Futterpflanzen) sowie Rinder-, Schweine- u. Geflügelzucht (großer Eiermarkt in Roermond u. in Nordlimburg); starker Aufschwung der Industrie, bes. Textilindustrie (Wolle-, Flachs- u. Baumwollverarbeitung) u. Strumpfwirkerei), in Tilburg Gerbereien u. Schuhfabriken, in Breda Kunstseideherstellung, in Eindhoven elektrotechn. Industrie (Philips), Zigarren- u. Nahrungsmittelfabriken. Seit den 1960er Jahren stark rückläufige Entwicklung der Leder- u. Textilindustrie bes. im Raum Tilburg; erste Umstrukturierungen auf Grund staatl. Förderungsmaßnahmen inzwischen erfolgreich.

◆ **Norddeich,** Stadtteil von *Norden* (Niedersachsen), an der Nordseeküste; Küstenfunkstelle für den Seefunkdienst; Fähr- u. Flugverkehr zu den Ostfries. Inseln Juist u. Norderney.

Norddeutscher Bund, der von *Bismarck* geschaffene, 1866–1871 bestehende dt. Bundesstaat. In ihm schlossen sich im Aug. 1866 die 17 Staaten, die auf preuß. Seite am Dt. Krieg beteiligt gewesen waren, mit Preußen zusammen, das Schleswig-Holstein, Hannover, Kurhessen, Nassau u. Frankfurt a. M. annektiert hatte. Durch Friedensverträge im Sept./Okt. 1866 traten auch Hessen-Darmstadt (nur mit seinem Gebiet nördl. des Mains), Reuß ältere Linie, Sachsen u. Sachsen-Meiningen dem Bund bei. Entsprechend der Verfassung, die am 16. 4. 1867 vom Norddt. Reichstag angenommen wurde u. am 1. 7. 1867 in Kraft trat, lag das *Bundespräsidium* mit dem Oberbefehl über das Bundesheer u. der Leitung der auswärtigen Politik beim preuß. König *(Wilhelm I.).* Dem *Bundesrat,* als „Zentralbehörde" u. oberstem Regierungsorgan, stand als einziger verantwortl. Bundesminister der von Preußen zu ernennende *Bundeskanzler* (Bismarck) vor. Der Bundesrat u. der nach allg., gleichem u. geheimem Wahlrecht gewählte *Reichstag* übten die Gesetzgebung aus. Die Verfassung des Norddt. Bundes bildete die Grundlage für die Reichsverfassung von 1871.

Außenpolitisch bedeutete die Gründung des Norddt. Bundes eine grundlegende Veränderung der europ. Staatenwelt. In der Mitte Europas trat an die Stelle des Dt. Bundes, der Traditionen des Hl. Röm. Reiches Dt. Nation bewahrte u. nur für eine defensive Politik geeignet war, eine neue nationale Großmacht. Der gleichzeitig vorgesehene südd. Staatenbund (Vorfriede von Nikolsburg) kam nicht zustande. Der Norddt. Bund besaß durch den erneuerten Zollverein u. militär. Bündnisse über den Main hinausreichende Einflussmöglichkeiten. Innenpolitisch bedeutsam war die liberale Politik des Präs. des Bundeskanzleramtes, R. von *Delbrück,* u. der Reichstagsmehrheit aus Nationalliberalen u. Freikonservativen. Die eingeschränkt liberale innere Struktur des Dt. Reiches von 1871 wurde im polit., gesellschaftl. u. rechtl. Bereich vorgeformt; es entfaltete sich das in seinen Grundzügen bis heute bestehende Parteienspektrum.

Norddeutscher Rundfunk, Abk. *NDR,* öffentl.-rechtl. Rundfunkanstalt; Sende- u. Gebühreneinzugsgebiet: die Länder Hamburg (Landesfunkhaus Hamburg), Mecklenburg-Vorpommern (Landesfunkhaus Schwerin), Niedersachsen (Landesfunkhaus Hannover) u. Schleswig-Holstein (Landesfunkhaus Kiel), Sitz: Hamburg; 1955 nach Auflösung des Nordwestdeutschen Rundfunks als Dreiländeranstalt gegr., 1991 durch Staatsvertrag Vierländeranstalt mit Mecklenburg-Vorpommern; Mitgl. der ARD. Veranstaltet außer Sendungen für das ARD-Gemeinschaftsprogramm u. den Regionalprogrammen der Landesfunkhäuser zusammen mit Radio Bremen ein drittes Fernsehprogramm (*N3 / Norddeutsches Fernsehen);* auch Hörfunkprogramme.

Norddeutsches Tiefland, *Norddeutsche Tiefebene,* der dt. Anteil an dem von Nordfrankreich bis Osteuropa reichenden europ. Tieflandgürtel.

Norddistrikt, Verwaltungsgebiet im N Israels, 3325 km², 914 000 Ew., davon 52% Araber; Verw.-Sitz *Nazareth.*

Nordelbische Evangelisch-Lutherische Kirche, 1977 aus den bisher selbständigen Landeskirchen Schleswig-Holstein, Hamburg, Lübeck, Eutin (u. dem Kirchenkreis Harburg von Hannover) vereinigte Kirche. Das Gebiet ist nahezu deckungsgleich mit den Bundesländern Hamburg u. Schleswig-Holstein. Sitz der Kirchenverwaltung ist Kiel.

Norden → Himmelsrichtungen.

Norden

◆ **Norden,** Stadt in Niedersachsen, Ldkrs. Aurich, in Ostfriesland, 24 700 Ew.; Ludgerikirche (13.–15. Jh., mit Arp-Schnitger-Orgel, 17. Jh.); Kornbrennerei (Doornkaat AG); feinmechan. u. Maschinenindustrie, Klinkerwerk; Teegroßhandel; mit Seehafen → Norddeich.

Norden, 1. Albert, dt. Politiker (SED), *4. 12. 1904 Myslowitz, Oberschlesien, †30. 5. 1982; Tischler; seit 1920 Mitgl. der KPD; *Fortsetzung S. 430*

Norddeich: Blick auf den Fährhafen. Hier legen die Schiffe zu und von den Ostfriesischen Inseln Norderney und Juist ab bzw. an

Nordamerika

Weite Gebiete Alaskas sind von baumloser Tundra bedeckt

Die Kandelaberkakteen bilden die typische Vegetation des trockenen Südwestens der USA und in Mexiko

Kontinent auf der Nordhalbkugel der Erde, umgeben vom Nordpolarmeer im N, vom Pazif. Ozean im W u. vom Atlant. Ozean im O; reicht von 16°–83° nördl. Breite u. von 55°–170° westl. Länge u. umfasst einschließlich Mexiko u. Grönland 23,5 Mio. km² mit rd. 396 Mio. Ew.

Landesnatur Die N-S-Ausdehnung beträgt rd. 8000, die O-W-Ausdehnung rd. 6000 km; im hohen Norden reicht Nordamerika bis auf 7 Breitenkreise an den Nordpol, als südl. Begrenzung gilt gewöhnlich der Isthmus von Tehuantepec in Mexiko. Die Oberflächengestalt zeigt eine Dreigliederung: im W das Faltengebirge der → Kordilleren, die ausgedehnte Hochlandbecken u. Plateaus einschließen, in der Mitte (um den 100. Längenkreis) das zentrale Tiefland der Prärien (Great Plains) u. im O das abgetragene Mittelgebirge der → Appalachen. Der NO des Erdteils wird von dem aus Granit u. Gneis bestehenden *Kanadischen Schild* (Laurentische Masse) gebildet; zwischen ihm u. den Appalachen liegen die fünf *Großen Seen.* In Nordwestkanada wird der Kanad. Schild vom Kordillerenhochland durch das Mackenziebecken geschieden. Die nördl. Hälfte Nordamerikas ist durch die Eiszeit geformt; Zeugen der eiszeitl. Eisbedeckung sind die Seen, Lößdecken u. a. Die nördl. Küsten sind durch Fjorde stark gegliedert; im NO dominieren niedere Felsküsten u. im S u. SO Anschwemmungsküsten. Größter Fluss ist der Mississippi, der zusammen mit Missouri u. Ohio rd. 15 % der Fläche entwässert.

Klima: Nordamerika hat Anteil an allen Klimazonen der Nordhalbkugel: Trop. Klima herrscht nur im S Mexikos u. Floridas, subtrop. Klima bis zur Breite von San Francisco; die breite Landmasse hat kontinentales Klima mit starken Unterschieden zwischen Winter u. Sommer. Der Nord-Süd-Verlauf der Gebirge ermöglicht den Luftmassenaustausch zwischen dem trop. Golf von Mexiko im S u. der kalten Hudsonbai im N; Nord- u. Nordwestwinde *(Northers)* bringen im Winter eisige Kälte, während im Sommer heiße Luft bis nach Kanada vordringt. Als Vegetationsformation herrscht im N die Tundra mit Dauerfrostboden vor; daran schließt sich die Nadelwaldzone an, die vom Atlant. bis zum Pazif. Ozean reicht; in den östl. USA folgt die Zone sommergrüner Laubwälder; die baumlose Prärie trennt diese von den Nadelwäldern der Kordilleren; im S wachsen immergrüne Laubhölzer, in den trockenen Hochländern dagegen Agaven u. Kakteen.

Bevölkerung Die Bevölkerung besteht im höchsten N aus Eskimos. Die Indianer bildeten bis zur Entdeckung des Landes durch die Weißen den größten Bevölkerungsanteil

Prärielandschaft in Wyoming. Die ebenen Grassteppen erstrecken sich vom Golf von Mexiko im Süden bis zum Saskatchewan River im Norden und vom Mississippi im Osten bis zum Anstieg der Rocky Mountains im Westen

Nordamerika

Nordenham

u. hatten bes. in Mexiko eine hohe Kulturstufe mit Ackerbau. Heute sind 70% der Bevölkerung Weiße; in den USA sind sie vorwiegend engl., irischer, dt. u. skandinav., in Kanada auch französ. Herkunft. In Mexiko machen die Menschen roman. Herkunft kaum mehr als 10% aus; in den USA gibt es 12% Schwarze, u. in den W der USA sind Chinesen u. Japaner eingewandert. Auch → Amerika, → Grönland, → Kanada, → Vereinigte Staaten von Amerika.

Geschichte Papst *Alexander VI.* bestätigte 1493 in 2 Bullen, dass alle Länder, die am 25. 12. 1492 nicht unter christl. Herrschaft standen, den Kronen von Kastilien u. Aragón gehören sollten. Spanien u. Portugal teilten darauf unter sich die außereuropäischen Gebiete in den Verträgen von *Tordesillas* (1494) u. *Saragossa* (1529); Nordamerika wurde spanisches Einflussgebiet. Während bereits Fischer u. Seefahrer in Diensten der Könige von England u. Frankreich die nordamerikan. Küsten aufsuchten, drangen Spanier u. Portugiesen weiter nach N, S u. W vor. Ihr wichtigstes Ziel war neben der Eroberung goldreicher Indianerländer die Entdeckung einer Westpassage nach Ostasien. Span. Konquistadoren erforschten Florida, eroberten Mexiko u. erreichten die Prärien von Oklahoma u. Kansas. Erst 1670 gab Spanien seinen Anspruch auf Alleinherrschaft über den größten Teil des Doppelkontinents auf. Dieser Rechtsanspruch war von den Engländern stets bestritten worden. Sie hatten seit König *Heinrich VII.* Interesse an Amerika u. hatten zur Zeit der Königin *Elisabeth I.* in Virginia vorübergehend eine Niederlassung gegründet (1584). Die Vernichtung der span. Armada (1588) machte den Weg frei für eine dauerhafte brit. Kolonisation. Dabei stießen die Angelsachsen (Engländer u. Schotten sowie Iren) auf keine unüberwindl. Gegenwehr, denn die Spanier unterhielten nördl. des Rio Grande del Norte nur vereinzelt dauerhafte Siedlungen. Die Zahl der Indianer in diesem Gebiet betrug 1 Million. Die brit. Kolonie blieb etwa 150 Jahre lang auf die Räume zwischen Georgia u. Maine, der Ostküste u. den Alleghenies beschränkt, doch gab es dort 1756 schon 1,25 Mio. Siedler. Ihre Hauptgegner wurden die 80000 Franzosen in Kanada, am Missouri u. am Mississippi („Louisiana"). Im Siebenjährigen Krieg (1756–1763) wurde dieser Sperrriegel von brit. Truppen u. angloamerikan. Milizen zerschlagen. Vollends nach Entstehung der USA entwickelte sich die Westexpansion der Angelsachsen, zumal 1783 auch Kanada angloamerikan. Bevölkerungselemente *(Loyalisten)* aufnahm. Die wichtigsten Stufen des Vordringens waren der Louisianakauf (1803), die Aufnahme von Texas (1845) u. Oregon (1846) in die Union, der Friede von Guadalupe Hidalgo (1848), der kaliforn. „gold run" (1850), der sog. Gadsdenkauf (1853) u. der Alaskakauf (1867). Den Fernen W u. SW des Kontinents konnten die Angloamerikaner nicht völlig nach ihren Vorstellungen umwandeln. Wohl breiteten sich auch dort Selbstverwaltung, Gewinnstreben u. Wettbewerb aus, doch blieben vielfach Institutionen u. Bräuche der Spanier bzw. Lateinamerikaner (Kirchen u. Ordensniederlassungen, Bewässerungsanlagen, Anbaumethoden u. Viehhaltung, Wohnweise, Nahrung u. Reste der Volkstrachten u. Lieder) bis heute erhalten. Auch → Kanada (Geschichte), → Vereinigte Staaten von Amerika (Geschichte).

Im Westen des amerikanischen Kontinents treffen die Amerikanische und Pazifische Platte aufeinander. Zeugen dieses geotektonischen Prozesses sind die aktiven und erloschenen Vulkane – im Bild der Iztaccíhuatl in Mexiko – sowie die Erdbebenfähigkeit

seit 1924 Redakteur bei Parteizeitungen, 1931–1933 stellvertr. Chefredakteur der „Roten Fahne" (Berlin); 1933–1946 Emigration (Frankreich, Tschechoslowakei, USA); 1948/49 Chefredakteur der Zeitung „Dt. Stimme", 1949–1952 Leiter der Hauptabteilung Presse im Amt für Information der DDR; 1954 Staatssekretär u. Sekretär des Ausschusses für Dt. Einheit; 1955–1981 Mitgl. des ZK der SED, 1955–1981 Sekretär des ZK (zuständig für Propaganda), 1958 bis 1981 Mitgl. des Politbüros des ZK der SED.
2. Eduard, dt. Historiker u. Altphilologe, *21. 9. 1868 Emden, †13. 7. 1941 Zürich; 1895 Prof. in Greifswald, 1898 in Breslau, 1906–1933 in Berlin; arbeitete wegweisend in der Stilforschung; Hptw.: „Die antike Kunstprosa" 1898; „Vergils Äneis" 1903; „Die röm. Literatur" 1910; „Die german. Urgeschichte in Tacitus' Germania" 1920; „Die Geburt des Kindes" 1924; „Alt-Germanien. Völker- u. namensgeschichtl. Untersuchungen" 1934.

Nordenham

◆ **Nordenham**, Stadt in Niedersachsen, Ldkrs. Wesermarsch, an der Unterweser, Hauptort von *Butjadingen*, 29 100 Ew.; Seehafen, Reedereien, Hochseefischerei, Schiffbau, Flugzeugbau, Seekabelwerk, Elektro-, Metall- u. Düngemittelindustrie, Kernkraftwerk im Stadtteil *Esenshamm*. – Stadtrecht 1908.

Nordenskiöld [ˈnuːrdənʃœld], **1.** Adolf Erik Frhr. von, schwedischer Geograph und Polarforscher, *18. 11. 1832 Helsinki, †12. 8. 1901 Dalbyö; ihm gelang mit der *Vega-Expedition* (1878/79) die Durchquerung der Nordostpassage.

Adolf Erik Freiherr von Nordenskiöld

2. Erland, Sohn von 1), schwed. Südamerikaforscher, *19. 7. 1877 Ström, †5. 7. 1932 Göteborg; unternahm 1899–1927 mehrere Forschungsreisen durch südamerikan. Staaten; 1927 Prof. für vergleichende Völkerkunde in Göteborg.
3. *Nordenskjöld*, Otto, Neffe von 1), schwed. Polarforscher, *6. 12. 1869 Sjögle, †3. 6. 1928 Göteborg; leitete 1901–1904 die schwed. Südpolarexpedition.

Norderelbe, Nordarm der Elbe im Stadtgebiet von Hamburg.

Norderney, Ostfries. Insel (26,3 km²) zwischen Juist im W u. Baltrum im O u. Stadt in Niedersachsen, Ldkrs. Aurich, 6200 Ew.;

Seebad (seit 1797) u. Luftkurort mit Ganzjahresbetrieb; Meerwasser-Hallenschwimmbad; Forschungsstelle für Küsten- u. Inselschutz, Wetterwarte. – Stadtrecht 1948.
Norderoog, Hallig westl. der Nordfries. Insel Pellworm.

Norderstedt

◆ **Norderstedt,** Stadt in Schleswig-Holstein, Ldkrs. Segeberg, am Nordrand von Hamburg, 70 500 Ew.; Schuh-, Papier-, Textil-, Metall-, Elektronik-, chem., pharmazeut. u. a. Industrie.
Nordeuropa, der kühlgemäßigte bis polare Norden Europas, ohne den durch höhere Kontinentalität geprägten Nordosten des Kontinents. Die Grenze gegen Osteuropa verläuft in der Tiefzone vom Finnischen Meerbusen über Ladoga- u. Onega-See zum Weißen Meer. Nordeuropa besteht somit aus den *Nord-Ländern* Dänemark, Finnland, Island, Norwegen u. Schweden sowie den geologisch zu → *Fennoskandia* zählenden Gebieten Russlands (Halbinsel Kola u. Karelien). Dänemark kann auch als dem Norddeutschen Tiefland zugehörig betrachtet u. somit → *Mitteleuropa* zugezählt werden.
Nordfjord ['noːrfjoːr], Fjord an der südl. Westküste Norwegens, nördl. von Bergen, 90 km lang, bis 4 km breit, 565 m tief; Fischerei, am Fjord Landwirtschaft, Fremdenverkehr.
nordfranzösisches Industrierevier, Industrielandschaft an der französ.-belg. Grenze, umfasst Teile der Landschaften Artois, Hennegau sowie Flanderns u. des nördl. Pariser Beckens; Schwerpunkte der Textilindustrie (Verarbeitung von Wolle, Baumwolle u. Leinen) entwickelten sich seit dem MA im Dreieck Lille–Armentières u. der französ.-belg. Grenze. Seine heutige Bedeutung verdankt das Revier vor allem den Kohlevorkommen, die sich als schmaler Streifen von der belg. Grenze über Valenciennes, Douai u. Béthune bis zu den Höhen des Artois erstrecken. Hier hat sich die Schwerindustrie angesiedelt mit Hochöfen, Stahlwerken u. a.; weitere Industriezweige sind keram., metallurg., chem., Lebensmittel- (Zuckerraffinerien u. Destillerien) u. Papierindustrie; in jüngerer Zeit hat sich das Industrierevier auch auf die Küstenstädte wie z. B. Dünkirchen u. Boulogne-sur-Mer ausgedehnt.
Nordfriesland, 1. der westl., fruchtbare (Marschen) Küstensaum Schleswigs, zwischen der dän. Grenze u. Husum; ihm vorgelagert die *Nordfries. Inseln* (→ Friesische Inseln).
2. Ldkrs. in Schleswig-Holstein, 2049 km², 162 000 Ew.; Verw.-Sitz ist *Husum*.

Nordgermanen, german. Stämme in Nordeuropa, aus denen die späteren Wikinger, Dänen, Schweden, Norweger u. Isländer hervorgingen. In abgelegenen Gebieten blieb viel von ihrer bunten Tracht u. alten german. Volkskultur erhalten, mit Einzelhofsiedlung (außer in Dänemark, Süd- u. Mittelschweden) in Holzbauweise.

Nordhausen (1)

Nordhausen, ◆ **1.** Kreisstadt in Thüringen, am Südhang des Harzes, in der fruchtbaren Goldenen Aue, 46 700 Ew.; Fachhochschule; Dom (12.–15. Jh.), Pfarrkirche St. Blasii (15. Jh.), Frauenbergkirche (12. Jh.), Rathaus (1608–1610), Kornbrennerei *(Nordhäuser Korn,* seit 1507) u. Tabakfabrik, Maschinen-, Werkzeug-, Fahrzeug-, Fernmeldeanlagen- u. Behälterbau, Nahrungsmittel- u. Baustoffindustrie; Verkehrsknotenpunkt. – Kaiserpfalz (9. Jh.), 1220 Reichsstadt, 1430 Mitgl. der Hanse, 1802 preußisch; 1945 zu Thüringen; im 2. Weltkrieg stark zerstört.
2. Ldkrs. in Thüringen, 711 km², 101 000 Ew.
Nordheim, Gemeinde in Baden-Württemberg, Ldkrs. Heilbronn, 6600 Ew.
Nordhelle, höchster Berg des Ebbegebirges (Sauerland), südöstl. von Lüdenscheid, 663 m; UKW-Sender.

Nordholland

◆ **Nordholland,** fläm. *Noord-Holland,* niederländ. Prov., 2935 km², 2,5 Mio. Ew.; Hptst. *Haarlem;* nördl. Teil von → Holland.
Nordholz, Gemeinde in Niedersachsen, Ldkrs. Cuxhaven, 7300 Ew.

Nordhorn

◆ **Nordhorn,** Kreisstadt in Niedersachsen, an der Vechte, an der niederländ. Grenze,

Nordirland

Nordhausen (1): Innenansicht des Doms

51 500 Ew.; Kirche (15. Jh.), Kloster Frenswegen (1394 gegr.); Bekleidungs-, Textil-, Glühlampen- u. pharmazeut. Industrie, Torfwerk; Handels- u. Verkehrszentrum im Schnittpunkt mehrerer Kanäle; Verw.-Sitz des Ldkrs. *Grafschaft Bentheim.* – Stadtrecht 1379.
Nordihydroguajaretsäure, Abk. *NDGA, 2.3-bis-(3.4-Dihydroxybenzyl-)butan, Norhydroguajakharzsäure,* $C_{18}H_{22}O_4$, Naturstoff, kommt in Blättern von *Jochblattgewächsen* (Larreaarten) vor. Verwendung als Antioxidans für Fette u. Öle.
Nordinsel, engl. *North Island,* nördliche der beiden Hauptinseln *Neuseelands,* durch die Cookstraße von der *Südinsel* getrennt, 115 777 km², 2,7 Mio. Ew.; stark gegliederte Küsten, überwiegend vulkan. Landschaft mit Kraterseen u. Geysiren, im *Ruapehu* 2797 m hoch; in N subtropisch, ansonsten gemäßigtes Klima; Anbau von Obst u. Getreide, Rinder- u. Schafzucht; Förderung von Eisenerz, Erdgas u. Braunkohle.

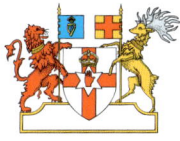

Nordirland

◆ **Nordirland,** engl. *Northern Ireland,* Teil des Königreichs *Großbritannien u. N.,* im NO der Insel → Irland, 13 483 km², 1,7 Mio. Ew.; Hptst. *Belfast;* flussreiches Bergland mit gut entwickelter Viehwirtschaft (Pferde-, Rinder-, Schweine- u. Schafzucht); Anbau von Hafer, Kartoffeln u. Flachs; Textilindustrie (Leinen) u. Schiffbau (in Belfast), Aluminiumfabrik in Larne, Kunststofffaser-, Elektrogeräte- u. Konservenindustrie.
Geschichte: Seit dem Abfall *Heinrichs VIII.* vom Katholizismus traten die Gegen-

sätze zwischen den einheim. Iren, die kath. blieben, u. den seit dem 17. Jh. angesiedelten prot. Briten immer stärker zu Tage. Die Auseinandersetzungen verschärften sich nach dem Sieg *Wilhelms von Oranien* (als engl. König Wilhelm III.) am Boylefluss 1689 *(Oranier Day)* über den wegen seines Übertritts zum Katholizismus abgesetzten König *Jakob II*. – Nach jahrhundertelangen Kämpfen erreichten die Iren 1921 ihre Unabhängigkeit mit der Proklamation des *Freistaats Irland;* die ehem. Provinz *Ulster* wurde jedoch von Irland getrennt u. blieb mit ihren 6 Grafschaften unter dem Namen *N.* bei Großbritannien.

N. erhielt Autonomie innerhalb des Vereinigten Königreichs mit eigenem Zweikammerparlament (nach dem Tagungsort häufig *Stormont* genannt) u. eigener Regierung. Regierungspartei war stets die *Ulster Unionist Party (UUP)*, die die Interessen der prot. Mehrheit vertrat; sie spaltete sich später in mehrere Flügel. Zur wichtigsten parlamentar. Vertretung der kath. Minderheit entwickelten sich die *Social Democratic and Labour Party (SDLP)* u. die *Sinn Féin*. Daneben bildeten sich verschiedene andere Gruppierungen.

Die kath. Minderheit fühlte sich stets von der prot. Mehrheit sozial, wirtschaftl. u. polit. unterdrückt. Sie erstrebte z. T. Gleichberechtigung bei Verbleib im brit. Staatsverband, z. T. den Anschluss Nordirlands an die Republik Irland. Die latenten Spannungen führten seit 1969 zu schweren Unruhen, die zeitweise Bürgerkriegscharakter annahmen. Extreme Organisationen beider Seiten – bes. die → Irische Republikanische Armee (IRA) und die *Ulster Defence Association (UDA)* – verübten Terrorakte, denen bis 1999 über 3000 Menschen zum Opfer fielen. Über 40 000 Personen wurden verletzt.

Die brit. Regierung entsandte starke Truppenverbände nach N. u. übernahm 1972 die direkte Exekutivgewalt. 1973 ergab eine Volksabstimmung, die vom kath. Bevölkerungsteil weit gehend boykottiert wurde, eine Mehrheit für den Verbleib bei Großbritannien. Im gleichen Jahr wurde auf Grund einer neuen Verfassung ein Parlament nach dem Verhältniswahlsystem gewählt. Die anschließend gebildete Regierung, der Vertreter beider Bevölkerungsgruppen angehörten, scheiterte nach wenigen Monaten. Daraufhin wurde N. wieder der brit. Regierung direkt unterstellt. Eine 1975 gewählte verfassunggebende Versammlung erzielte kein Ergebnis u. wurde 1976 aufgelöst. 1985 erhielt Irland durch ein Abkommen mit Großbritannien eine begrenzte Mitsprache in Angelegenheiten Nordirlands. Der Grundkonflikt schien allerdings lange Zeit unlösbar. Neue Perspektiven brachten 1996 Wahlen für ein Friedensforum, dessen Mitglieder Teilnehmer für Allparteiengespräche zur Konfliktlösung bestimmten. Die Verhandlungen endeten mit der Verabschiedung eines Friedensabkommens, dem die Wahlberechtigten in Nordirland u. der Republik Irland in getrennten Referenden im Mai 1998 zustimmten. Der in der irischen Verfassung verankerte Anspruch auf Nordirland konnte damit aufgegeben werden. Großbritannien verpflichtete sich im Gegenzug zur Aufhebung des Government of Ireland Act von 1920, der die Teilung Irlands festschrieb. Auf Basis dieses Abkommens, mit dem u. a. auch die Entwaffnung der paramilitär. Verbände sowie der Abbau der brit. Militärpräsenz vereinbart wurde, wählte die nordirische Bevölkerung im Juni 1998 eine Regionalversammlung mit 108 Abgeordneten als Legislative, in der die UUP u. die SDLP die meisten Sitze gewannen. Auseinandersetzungen über die Entwaffnung der IRA verhinderten zunächst die Bildung einer nordir. Regionalregierung u. gefährdeten die vollständige Umsetzung des Friedensabkommens. Nach schwierigen Verhandlungen konnte die Regierungsbildung schließlich Ende November 1999 abgeschlossen werden (Koalition aus UUP, SDLP, Sinn Féin u. Democratic Unionist Party). Das Amt des Ersten Ministers übernahm der bereits 1998 in dieses Amt gewählte D. Trimble von der UUP. Anfang Dezember 1999 übertrug das britische Parlament die volle Amtsgewalt auf die nordirische Regionalversammlung. Das irische Parlament bestätigte den Verzicht auf den in der Verfassung verankerten Anspruch auf N. Damit erhielt N. erstmals nach 27 Jahren wieder die Selbstverwaltung. Da in der Frage der Entwaffnung der IRA zunächst keine Fortschritte erzielt werden konnten, wurden die nordirische Regierung u. das nordirische Parlament von Februar bis Mai 2000 suspendiert. Aufgrund desselben Problems trat Trimble zum 1. Juli 2001 als nordirischer Regierungschef zurück. Nachdem die IRA im Oktober 2001 mit der Zerstörung ihrer Waffenarsenale begonnen hatte, wählte das Parlament Trimble am 6. 11. 2001 erneut zum Ersten Minister.

nordische Kombination, ein Wettbewerb u. olymp. Disziplin im nordischen Skilauf, bei dem ein Sprunglauf (3 Sprünge, davon die beiden besten gewertet) u. ein 15-km-Langlauf zusammengefasst werden; Sprunglaufnote u. Langlaufzeit werden in Punkte (1 min = 9 Punkte) umgerechnet u. addiert.

nordische Kriege, 1. *siebenjähriger nord. Krieg, Dreikronenkrieg,* 1563–1570 von Dänemark, Polen u. Lübeck gegen Schweden geführt, das sich von seinen Nachbarn umklammert u. bedroht sah u., um seine Grenzen im Osten u. den Zugang zum Kattegat zu sichern, zu einer expansiven Außenpolitik übergegangen war. Der Friede von Stettin 1570 brachte keine Machtverschiebung.
2. *schwed.-poln. Krieg* 1655–1660: *Karl X.* von Schweden nahm 1655 den Anspruch des in Polen regierenden kath. Wasa *Johann II. Kasimir* auf die schwed. Krone zum Anlass, um in Polen einzufallen. Nach der Eroberung Warschaus u. Krakaus durch die Erhebung des poln. Adels in Bedrängnis gebracht, schloss er mit Kurfürst *Friedrich Wilhelm* von Brandenburg ein Bündnis u. besiegte mit dessen Hilfe die Polen 1656. Jedoch die ungebrochene Widerstandskraft Polens, der Einfall russ. Truppen in Livland, Kaiser *Leopolds I.* Bündnisse mit Polen u. Dänemark (1657) u. die dän. Kriegserklärung an Schweden veranlassten Friedrich Wilhelm, den *Vertrag von Wehlau* (10. 9. 1657) mit Polen zu schließen, in dem Brandenburg die Souveränität über Preußen (das spätere Ostpreußen) zuerkannt wurde. Der Versuch Karls X., Dänemark nach dem *Frieden von Roskilde* (1658) vollends niederzuwerfen, bewirkte eine brandenburgisch-österr.-poln. Gegenaktion in Holstein u. Jütland, während eine niederländ. Flotte zum Schutz Kopenhagens eingesetzt wurde. Nach dem Sieg der Verbündeten u. nach dem Tod Karls X. (1660) kam durch *Mazarin* der *Friede von Oliva* (1660) zwischen dem Kaiser, Polen, Brandenburg u. Schweden zustande, der den Status quo von 1655 wiederherstellte, den Verzicht der poln. Wasa auf den schwed. Thron bestätigte u. Brandenburg die Souveränität im Herzogtum Preußen garantierte.
3. *Nordischer Krieg (i. e. S.),* großer nordischer Krieg, 1700–1721 um die Herrschaft in der Ostsee u. ihren Randländern in Nord- u. Osteuropa geführter Krieg, der durch den dänisch-gottorfischen Konflikt in den Herzogtümern Schleswig u. Holstein ausgelöst wurde u. in dem Dänemark, Sachsen, Polen u. Russland, seit 1713 auch Preußen u. Hannover gegen Schweden kämpften. *Karl XII.* von Schweden, der die Gottorfer unterstützte, unterlag 1709 *Peter dem Großen* bei Poltawa. Die wichtigsten Ergebnisse der Friedensschlüsse von Stockholm (1719/20), Frederiksborg (1720) u. Nystad (1721): Hannover erhielt Bremen u. Verden; Preußen gewann Vorpommern zwischen Oder u. Peene mit Stettin, Usedom u. Wollin; an Russland fielen Livland, Estland, Ösel, Ingermanland u. ein Teil Kareliens; Schweden musste seinen alten Gottorfer Bundesgenossen fallen lassen u. fiel seine beherrschende Stellung im Ostseeraum an das aufstrebende Russland ab.

nordische Länder, die durch gemeinsame Kultur, verwandte Sprachen u. lange gemeinsame Geschichte geprägten nordeurop. Staaten Dänemark, Finnland, Island, Norwegen u. Schweden mit zusammen rd. 1,3 Mio. km² (ohne Grönland) u. rd. 24 Mio. Ew.; sie arbeiten im *Nordischen Rat* u. anderen übernationalen Organisationen zusammen; → Nordeuropa u. → Skandinavien werden dagegen nach geograph. Gesichtspunkten abgegrenzt.

nordische Rasse, *Nordide,* eine europide Menschenrasse mit folgenden charakterist. Merkmalen: hoch gewachsen, schlank, lang- bis mittellangschädelig; das Gesicht ist verhältnismäßig schmal, auch die Nase (mit geradem oder welligem Nasenrücken); Haar-, Augen- u. Hautfarbe sind hell. Als Verbreitungsgebiet gilt bes. Skandinavien sowie die Nord- u. Ostseeküste.

nordischer Kreis, die nordische Bronzekultur; entstanden in 1. Hälfte des 2. Jahrtausends v. Chr.; wird regional in 3 Bereiche unterteilt: 1. einen Kernbereich in Südskandinavien, 2. einen etwas selbständigeren Bereich in Mittelschweden, Südnorwegen u. Teilen Norddeutschlands, wo sich

Nordkap: Blick über die imposante Kliffküste

mehr Einflüsse aus anderen Gebieten zeigen, 3. Randgebiete mit spärl. Einfluss des nord. Kreises in Nordskandinavien u. Finnland. Die zeitl. Gliederung geht vor allem auf das Werk von O. *Montelius* 1885 zurück, wonach der nord. Kreis in 6 Perioden eingeteilt wird, die ersten 3 umfassen die ältere → Bronzezeit, die 3 letzten die jüngere.

Obwohl während der gesamten vorgeschichtl. Zeit in seinem Gebiet kein Metall abgebaut wurde, erbrachte der nord. Kreis trotzdem im Vergleich zur Arealgröße das reichste Fundmaterial Europas, was nicht nur auf religiöses Brauchtum zurückgeführt werden kann. Handelsbeziehungen spielen die wichtigste Rolle. Eingeführt wurden Rohstoffe, die durch eine hoch entwickelte Bronzegusstechnik vor allem zu Waffen u. Trachtbestandteilen verarbeitet wurden. Höhepunkt der Gusstechnik war die → Lure. Der nord. Kreis hebt sich von den anderen bronzezeitl. Kulturen Europas ab bes. durch den Grabbrauch, die Keramik, Toilettenbestecke u. Schmuckgarnituren (insbesondere die zweigliedrige → Fibel u. die → Gürteldose), am ausgeprägtesten aber in der Ornamentik, deren einheitl. Stil sich während der 6 Perioden kontinuierlich veränderte. Da in der älteren Bronzezeit die Toten vorwiegend im → Baumsarg bestattet wurden, sind oft Kleidung u. Haartracht erhalten geblieben, wogegen in der jüngeren Bronzezeit das Urnengrab überwiegt, beides meist in künstlich errichteten Hügeln. Die Siedlungen waren klein; in Dänemark wurden zahlreiche Häuser mit Pfostenkonstruktionen, meist in Form dreischiffiger Langhäuser mit abgerundeten Ecken, ausgegraben.

Einblick in die Religion gewähren die Felszeichnungen in Schweden u. Gravierungen auf Bronzemessern: Darstellungen von Göttern mit Symbolen von Schiffen u. von Szenen aus dem tägl. Leben. Auf einen Sonnenkult weisen (z.T. goldene) Sonnenscheiben hin. Welches Volk diese Kultur hervorbrachte, weiß man nicht, von Germa-

nen lässt sich jedenfalls für diese frühe Zeit noch nicht reden.

Nordischer Rat, im Dezember 1951 gegr. interparlamentar. Beratungsorgan; Vertragsratifizierung 1952 durch Dänemark, Norwegen u. Schweden. Im Dezember 1952 wurde Island, im Oktober 1955 auch Finnland Mitgl. – Die Vollversammlung des Nordischen Rats setzt sich aus Regierungs- u. Parlamentsmitgliedern der Mitgliedstaaten zusammen. Sie hat nur beratende Funktion u. tritt gewöhnl. zweimal jährl. zusammen. Ihre Empfehlungen wenden sich an die Regierungen der Mitgliedsländer bzw. an den Nord. Ministerrat. Ziel des Nord. Rats ist die Förderung der Zusammenarbeit auf wirtschaftl., sozialem, kulturellem u. rechtl. Gebiet.

nordische Sprachen, die in Skandinavien entstandenen nordgermanischen Sprachen. Die in Runenschrift überlieferten Denkmäler des gemeinsamen *Altnordischen* stammen aus dem 2.–8. Jh. Seit dieser Zeit begann infolge der Ausbreitung der Skandinavier eine Spaltung in *Westnordisch* (mit *Altisländisch* u. *Altnorwegisch*) u. *Ostnordisch* (mit *Altschwedisch* u. *Altdänisch*). Um die Mitte des 16. Jh. war die Trennung in Dänisch, Schwedisch, Färöisch, Norwegisch u. Isländisch beendet.

Nordistik [die], die Wissenschaft von den nordischen (skandinavischen) Sprachen u. Kulturen.

Nordjemen → Jemen.

Nordjütland, dän. Amtskommune, nimmt die Nordspitze Jütlands ein, 6172 km², 491 000 Ew.; Hptst. *Ålborg*; entstand 1970 durch Verwaltungsreform hauptsächl. aus den bisherigen Ämtern Hjørring u. Alborg.

Nordkanal, engl. *North Channel,* an der engsten Stelle nur 28 km breiter Nordeingang vom Atlant. Ozean in die Irische See, trennt Schottland von Irland, bis 272 m tief.

◆ **Nordkap,** zweitnördlichster Punkt Europas, auf der norweg. Insel Magerøy (unter 71°10′21″ nördlicher Breite); mit einem 307 m hohen, steil zum Eismeer abfallenden Fels. Der nördlichste Punkt liegt auf einer Landzunge *(Knivskjellodden)* der gleichen Insel unter 71°11′08″ nördl. Breite. Der nördlichste Festlandspunkt ist das Kap *Nordkinn (Kinnerodden)* unter 71°08′01″ nördlicher Breite.

Nord-Kap, Prov. im W der Rep. Südafrika, 361 830 km², 742 000 Ew.; Verw.-Sitz *Kimberley*; dünn besiedelt, überwiegend wüstenhaft.

Nordkaper [der], *Nördlicher Glattwal, Eubalaena glacialis,* bis 17 m langer, sehr dickleibiger *Bartenwal;* durch intensive Bejagung an den Rand der Ausrottung gebracht. Typisch für den N. sind dicke, hornige Hautauswüchse an der Spitze der Oberkiefer. Gleiche krustige Verhornungen finden sich seitlich am Unterkiefer u. über den Augen. Noch immer sehr bedroht.

Nordkarelien, Prov. (Lääni) in Ostfinnland, → Pohjois-Karjala.

Nordkette, *Innsbrucker Nordkette, Solsteinkette,* Teil des Karwendelgebirges in den Nordtiroler Kalkalpen nördl. von Innsbruck, markanter Felsenkamm mit *Großer*

Nördlingen: Stadtmauer, im Hintergrund der Feilturm

Solstein 2542 m, *Frau Hitt* 2267 m, *Hafelekar* 2334 m u. a.
Nordkirchen, Gemeinde in Nordrhein-Westfalen, Ldkrs. Coesfeld, südl. von Münster, 9700 Ew.; barockes Wasserschloss (1703 von Pictorius entworfen, ab 1724 von J.C. Schlaun vollendet); heute Fachhochschule für Finanzen des Landes Nordrhein-Westfalen.
Nordkorea → Korea, Demokratische Volksrepublik.
Nordland, norweg. Provinz (Fylke), 38 327 km², 240 000 Ew.; Hptst. *Bodö*; Hochland mit stark gegliederter Küste; in den Tälern u. Fjorden Anbau von Kartoffeln, Gerste u. Hafer sowie Schaf- und Rinderhaltung, in den Küstenorten Fischerei.
Nordlandhunde → Polarhunde.
Nördliche Kalkalpen, Teil des Ostalpen, der zwischen der Flyschzone u. den kristallinen Zentralalpen liegt u. sich vom Wiener Becken im O bis zum Rheintal im W erstreckt; aus Kalken u. Dolomit der Trias aufgebaut; 20–45 km breit, von N her folgen den bewaldeten Kalkvoralpen die Kalkhochalpen, die als wasserarme Hochflächen u. als Kettengebirge ausgebildet sind; stark verkarstet, wenig vergletschert.
Nördliches Eismeer → Nordpolarmeer.
Nordlicht, auf der Nordhalbkugel der Erde sichtbares → Polarlicht.
◆ **Nördlingen,** Stadt in Schwaben (Bayern), Ldkrs. Donau-Ries, im fruchtbaren → Ries, 19 400 Ew.; kreisförmige mittelalterl. Stadtanlage mit Stadtmauer, Wehrgängen, Toren u. Türmen aus dem 14. u. 16. Jh., zahlreichen Fachwerkbauten, spätgot. St.-Georgs-Kirche (15./16. Jh., mit 90 m hohem Turm „Daniel" u. bedeutendem Hochaltar), ehem. Karmeliterklosterkirche St. Salvator (15. Jh.), Spital (13. u. 16. Jh., Museum); Holz u. Metall verarbeitende, feinmechan., elektron. u. Kunststoffindustrie, Webereien, Buchdruckereien. – Ehem. Römersiedlung, 898 Königshof, seit dem 13. Jh. freie Reichsstadt (bis 1802/03), dann zu Bayern; im 30-jährigen Krieg umkämpft.
Nordluchs → Luchse.

Nordmark, 1. *Bayerische Nordmark, Nordgau,* histor. Landschaft in der Oberpfalz, zwischen Amberg u. Schwandorf.
2. *Sächsische Nordmark,* 965 gegen die Slawen im Havelgebiet (→ Heveller) errichtete Grenzgrafschaft, die spätere *Mark Brandenburg.*
Nordmarsch-Langeneß → Langeneß.
Nordmongolisch, andere Bez. für die burjatische Sprache.
Nordniedersächsisch → deutsche Mundarten.
Nordossetien, *Nordossetische SSR,* russ. *Severo-Ósetinskaja SSR,* Republik innerhalb Russlands, im nördl. Kaukasus, 8000 km², 650 000 Ew., davon 53 % Osseten, Hptst. *Wladikawkas;* überwiegend Gebirgsland, z. T. vergletschert; in den Tälern Maisfelder, Garten- u. Weinbau; im Hochgebirge Almwirtschaft; Blei- u. Zinkbergbau bei Sadon. – 1920 als Osset. Nationalkreis gebildet, 1924 umgewandelt zur AO, 1936 zur ASSR, 1991 zur autonomen Rep., seit 1992 umbenannt in SSR.
Nordostland, *Nordaustlandet,* Insel im Spitzbergenarchipel, 14 530 km². Trägt eine Inlandeiskappe u. wird durch Fjorde gegliedert.
Nordostpassage [-pasaːʒə], *Nordöstl. Durchfahrt, Sibir. Seestraße,* die Durchfahrt vom Europ. Nordmeer durch die fischreichen Küstenmeere Nordeurasiens bis zur Beringstraße; 1878/79 von A. E. Nordenskiöld auf der „Vega" zum 1. Mal durchfahren. Die Küstenmeere sind von W nach O: die *Barentssee,* die *Petschorasee,* die *Nordenskiöldsee* oder *Laptewsee,* die *Ostsibirische See* u. die *Tschuktschensee,* von der die *Beringstraße* südwärts in das *Beringmeer* u. weiter in den Pazif. Ozean führt. – 1967 gab die UdSSR die N., deren Route z. T. durch russ. Hoheitsgewässer führt, für die internationale Schifffahrt frei.
Nordostpazifisches Becken, Meeresbecken im Pazif. Ozean, nimmt den ganzen östl. Nordpazifik ein, von den Aleuten bis zu den Galapagos-, Tuamotu- u. Hawaii-Inseln; im *Aleutengraben* –7822 m u. in der *Murraytiefe* –6896 m.
Nordostpolder, fläm. *Noordoostpolder,* auch *Emmeloordpolder,* 1937–1942 fertig gestellter Polder im IJsselmeer (Niederlande), gehört zur Prov. Flevoland, 480 km², 39 100 Ew.; Hauptort *Emmeloord;* die eingedeichte Insel Urk ist selbständige Gemeinde; von Emmeloord führen Kanäle nach Urk, De Lemmer u. Voost bei Vollenhoven; Anbau von Getreide, Raps, Flachs u. Zuckerrüben, im SO vor allem Gemüse, Blumen u. Obst.
Nord-Ostsee-Kanal, ehem. *Kaiser-Wilhelm-Kanal,* in der internationalen Schifffahrt *Kiel-Canal* genannt, die kürzeste Verbindung zwischen Nord- u. Ostsee, von *Brunsbüttel* (an der Unterelbe; Schleusen) bis *Holtenau* (an der Kieler Förde; Schleusen); 98,7 km lang, 160 m Wasserspiegelbreite, 11 m tief; zugelassen für Schiffe bis 315 m Länge, 40 m Breite u. 9,5 m Tiefgang; 10 Hochbrücken u. ein Unterwassertunnel bei Rendsburg; 1887–1895 gebaut, 1907–1914 erweitert; seit dem Versailler Vertrag internationalisiert. Der N. ist die meistbefahrene künstl. Wasserstraße der Welt (pro Jahr über 37 000 Schiffe). Die Durchfahrt dauert 6,5–8,5 Stunden.
Nord-Pas-de-Calais, Region im äußersten N Frankreichs, umfasst die Landschaft Artois u. Teile des Hennegau, 12 414 km², 4,0 Mio. Ew. Hptst. *Lille.*
Nordpazifischer Strom, *Kuro-Schio-Drift,* Fortsetzung des warmen Kuro-Schio im Nordpazif. Ozean. Bei etwa 150° ö. L. spaltet sich der Nordpazif. Strom in den warmen *Alaskastrom* (nach N) u. den kühlen *Kalifornienstrom* (nach S) auf.
Nordpfälzer Bergland → Pfälzer Bergland.
Nordpol, der eisbedeckte Nordpunkt der Erdachse, im Nordpolarmeer über einer Meerestiefe von 4087 m; am 6. 4. 1909 von R. E. Peary erreicht, am 11. 5. 1926 von R.

Nordrhein-Westfalen: Braunkohleabbau bei Eschweiler

Nordrhein-Westfalen

Nordrhein-Westfalen
1 : 1 500 000

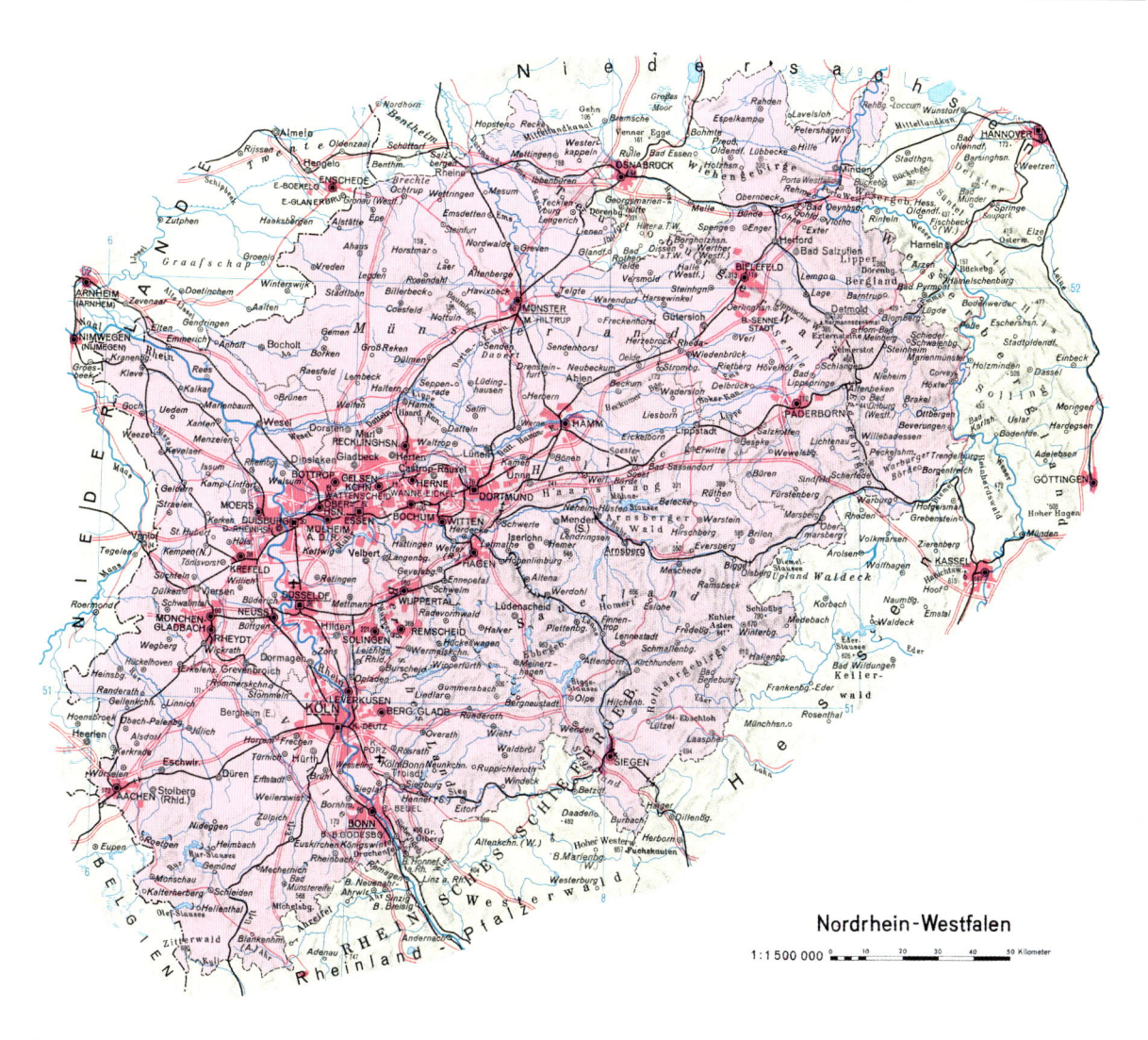

Amundsen u. U. *Nobile* erstmals überflogen. Auch → Gradnetz, → magnetische Pole.
Nordpolargebiet → Arktis.
Nordpolarmeer, auch *Nördl. Eismeer,* ein Nebenmeer des Atlant. Ozeans, 12,3 Mio. km², umgeben von Sibirien, Alaska, dem nordkanad. Inselarchipel, Grönland, Spitzbergen u. Franz-Joseph-Land; mit dem Europäischen Nordmeer durch die breite u. bis über 2000 m tiefe *Framstraße* zwischen Spitzbergen u. Grönland, mit dem Pazif. Ozean durch die schmale u. nur bis 50 m tiefe *Beringstraße* verbunden. Das untermeerische Relief wird durch *Alpharücken, Lomonossowrücken* u. *Mittelozeanischen Rücken* in *Kanadabecken, Sibirisches Becken, Eurasia-* u. *Frambecken* unterteilt; größte Tiefe von 5449 m in der *Litketiefe* im Frambecken. Das N. ist über weite Bereiche von einem breiten Schelfgürtel umgeben, der von O nach W unterteilt ist in *Tschuktschen-, Ostsibir., Laptew-, Kara-* u. *Barentsschelf,* die von den gleichn. Küstenmeeren eingenommen werden. Weiter nach W folgen als Küstenmeere die *Lincoln-* (Nordgrönland) u. die *Beaufortsee* (Alaska-Kanada). Das Meereis – im Mittel zwischen 2,5 u. 3,5 m dick – gibt nur im Sommer offene Wasserflächen in Küstennähe frei. Es bewegt sich im östl. Sektor in der transarkt. Eisdrift in Richtung Framstraße, während es im Gebiet zwischen Kanada u. Alaska eine Drift im Uhrzeigersinn ausführt. Im Gegensatz zum Südpolarmeer gibt es im N. keine Eisberge, da keine Gletschergebiete die Region berühren. Das N. wurde 1893–1896 erstmals von F. *Nansen* mit dem Schiff „Fram" unter Ausnutzung der transarkt. Eisdrift gequert. Ihm folgten neben weiteren Schiffsdriften mehrere Driften bemannter Eisschollen (z. B. Papanin 1937–1938) sowie Durchquerungen mit U-Booten (z. B. Nautilus 1958).

Nord-Provinz, Prov. im NO der Rep. Südafrika, 123 910 km², 5,4 Mio. Ew., Verw.-Sitz *Pietersburg;* Ackerbaugebiet.

Nordrhein-Westfalen

◆ **Nordrhein-Westfalen,** das bevölkerungsreichste u. am dichtesten besiedelte Land Deutschlands, grenzt im W an die Niederlande u. Belgien, 34 080 km², 17,98 Mio. Ew., Hptst. Düsseldorf.

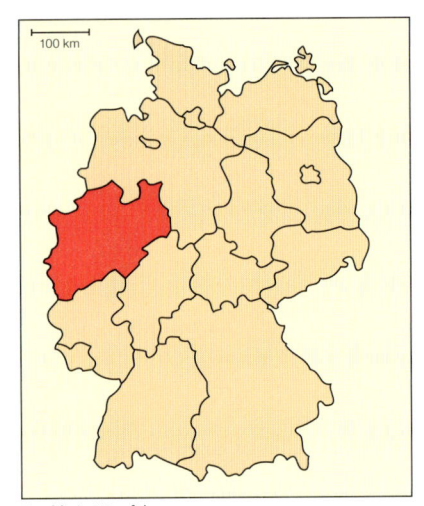

Nordrhein-Westfalen

Nordrhein-Westfalen

Nordrhein-Westfalen: Typisch für das Münsterland sind die zahlreichen Wasserburgen; im Bild Schloss Raesfeld

Die *Landesnatur* wird zu zwei Dritteln vom Norddt. Tiefland bestimmt, das mit der fruchtbaren *Kölner (Niederrheinischen)* u. der *Münsterländer (Westfälischen) Bucht* weit nach S in die Mittelgebirgszone reicht, die das restl. Drittel Nordrhein-Westfalens einnimmt. Zum waldreichen Bergland gehören im S rechtsrheinisch *Bergisches Land, Siebengebirge, Sauerland* mit *Rothaargebirge* u. *Siegerland,* linksrheinisch *Nordeifel* u. *Hohes Venn,* im O *Teutoburger Wald* u. Teile des *Weserberglands.* Der größte Teil des Landes gehört zum Einzugsgebiet des *Rheins,* während der O zum Einzugsgebiet der *Weser,* der N zu dem der *Ems* gehört.

Die *Bevölkerung* besteht neben zahlreichen Zuwanderern (vor allem aus den früheren ostdt. Provinzen) sowie Vertriebenen u. Flüchtlingen (nach dem Zweiten Weltkrieg) aus Rheinländern u. Westfalen. Der Anteil der ausländ. Wohnbevölkerung liegt bei 11,2 % (1999). Den eher dünn besiedelten Gebieten der Eifel, des Münsterlands u. des Sauerlands steht mit dem Ruhrgebiet der größte Ballungsraum Deutschlands gegenüber. Die größten Städte Nordrhein-Westfalens sind Köln, Essen, Dortmund, Düsseldorf u. Duisburg.

Wirtschaftlich hat sich N. dank seiner Ausstattung mit Bodenschätzen (Steinkohlen an Ruhr u. Lippe, bei Aachen u. Ibbenbüren, Braunkohlen in der Ville) u. der darauf aufbauenden Industrie schon früh entwickelt. Das → Ruhrgebiet als Kernzone der rheinisch-westfäl. Industrielandschaft ist eines der größten Industriegebiete der Erde. Auch in Ostwestfalen, im Münsterland u. westl. des Rheins besonders um Krefeld (vor allem Textilindustrie) sowie im Siegerland sind Industriezentren entstanden. Zwischen Köln u. Bonn, im Höhenzug der Ville, spielt neben dem Braunkohlenabbau vor allem die chem. Industrie eine Rolle. Die beiden Tieflandsbuchten mit ihren besonders fruchtbaren Lößgebieten am Rand der Mittelgebirge bilden den Schwerpunkt der Landwirtschaft mit Anbau von Weizen, Gerste u. Zuckerrüben, mit Rindviehhaltung, Schweinemast u. Pferdezucht. Die zahlreichen Talsperren im Sauerland, Siegerland, Berg. Land u. in der Nordeifel dienen der Trinkwasserversorgung u. Energiegewinnung. Das rege Wirtschaftsleben findet einen sichtbaren Ausdruck im überaus engmaschigen Verkehrsnetz, dessen wichtigste Leitlinien dem Rheintal in Nord-Süd-Richtung u. dem Nordrand der Mittelgebirge in West-Ost-Richtung folgen. Mit Duisburg/Ruhrort besitzt das Land den größten Binnenhafen der Welt; als internationale Flughäfen stehen Düsseldorf u. Köln/Bonn zur Verfügung.

Geschichte: Das Land N. wurde durch Verordnung der brit. Militärregierung vom 23. 8. 1946 aus der ehem. preuß. Provinz Westfalen u. dem nördl. Teil der ehem. preuß. Rheinprovinz gebildet. Am 21. 1. 1947 wurde das Land Lippe dem Land N. eingegliedert. Die von den Siegermächten vorgenommene Demontage von Industriebetrieben traf N. bes. schwer. Die Verfassung wurde 1950 in einer mit Landtagswahlen gekoppelten Volksabstimmung angenommen. Die polit. Machtverhältnisse

Nordrhein-Westfalen: Die Städte am Rhein sind bekannt für ihren Karneval. Im Bild der Rosenmontagsumzug in Köln

haben häufig gewechselt. Sowohl die CDU als auch die SPD haben zeitweise mit anderen Parteien, zeitweise allein regiert. Die CDU hatte 1958–1962 die absolute Mehrheit im Landtag, die SPD hatte sie 1980–1995.

Nordrhein-Westfalen: Das Deutsche Bergbaumuseum in Bochum liegt auf dem Gelände einer ehemaligen Zeche

Die Ministerpräsidenten des Landes N.: 1946/47 Rudolf *Amelunxen* (Zentrum), 1947–1956 Karl *Arnold* (CDU), 1956–1958 Fritz *Steinhoff* (SPD), 1958–1966 Franz *Meyers* (CDU), 1966–1978 Heinz *Kühn* (SPD), 1978–1998 Johannes *Rau* (SPD), seit 1998 Wolfgang *Clement* (SPD).

Nordrhodesien, das heutige → Sambia.

Nordschleswig, dän. *Sonderjylland, Südjütland*, 1920 von Dtschld. an Dänemark abgetretener Teil Schleswigs, mit den Städten *Tondern, Hoyer, Apenrade* u. *Haderslehen* sowie den Inseln *Röm* u. *Alsen*, deckt sich weitgehend mit der Amtskommune → Südjütland.

Nordschule, analog der Einteilung im Chan-Buddhismus im Gegensatz zur *Südschule* geprägte Bez. für eine Stilrichtung der chines. Landschaftsmalerei der Song-Zeit (960–1279), die auf den tangzeitlichen Maler *Li Sixun* zurückgeführt wird. Die Begriffe Nord- u. Südschule wurden erst im 16. Jh. von dem Theoretiker *Dong Qichang* auf die Malerei übertragen. Der Schwerpunkt der Malerei der N. liegt auf der Dekorativität; die Farbe wird als Mittel einer ästhet., detailgenauen Darstellung verwendet, nicht als Ausdruck subjektiver Empfindungen bzw. interpretierender Aussagen des Künstlers. I. w. S. versteht man unter der Malerei der N. etwas abwertend alle Erzeugnisse auftragsgebundener Berufsmalerei.

Nordsee, Nebenmeer des Atlant. Ozeans zwischen den Brit. Inseln u. dem europ. Festland, 580 000 km², ein flaches Schelfmeer mit nach N zunehmender Tiefe, in der *Norweg. Rinne* 725 m, durchschnittl. 94 m tief. Sehr flache Küstenzonen im S u. SO mit ausgedehnten Wattengebieten. Bei der Bildung des Bodenreliefs weisen neben ausgedehnten ebenen Bereichen zahlreiche Bänke, Rinnen u. Löcher auf den Einfluss der nordeurop. Vergletscherung hin. Teilgebiete sind das *Skagerrak* im O mit Verbindung zur Ostsee, die *Deutsche Bucht* im SO u. die *Hoofden* im S, die durch den anschließenden *Ärmelkanal* eine enge Verbindung zum Atlantik haben. Die Salzgehalte der N. betragen um 35‰, die durchschnittl. Temperaturen schwanken zwischen 15 °C im Sommer u. 6 °C im Winter (in der offenen N.). Die N. hat gebietsweise starke Gezeitenströme (bis zu 4 m/s im Pentland-Firth zwischen Schottland u. den Orkney-Inseln) u. hohe Gezeitenhübe (bis zu 6,5 m in der Wash [engl. Ostküste], 4,1 m in Wilhelmshaven). Deiche, Damm- u. Schleusensysteme schützen bes. im S u. SO vor Überflutung der flachen Küsten- u. Flussmündungsgebiete durch die im Winter häufigen Sturmfluten. Eine Vereinbarung über die staatl. Zuordnung des Festlandssockels der N. wurde unter Erweiterung des dt. Anteils (sog. „Entenschnabel") 1971 getroffen.

Die N. ist ein bedeutendes Fischereigebiet, bes. auf der Doggerbank u. dem Fladengrund. Sie gehört zu den meistbefahrenen Meeren; Welthäfen sind London, Antwerpen, Rotterdam, Bremen u. Hamburg. Im Untergrund der N. wurden Mitte der 1960er Jahre bedeutende Erdöl- u. Erdgasvorkommen entdeckt. Die größten Felder liegen in der mittleren u. nördl. N., im brit. im norweg. Hoheitsgebiet. Die Gesamtförderung aus der N. betrug 1998 rd. 298 Mio. t für Erdöl u. 150 Mrd. m³ für Erdgas. Die N. gehört zu den am stärksten verschmutzten Meeresgebieten.

Nordseegarnele, Crangon crangon

◆ **Nordseegarnele,** *Granat, Crevette, Krevette, Shrimp, Crangon crangon,* bis 9 cm lange *Garnele* der Nord- u. Ostsee. Sie wird zur Futtermittelherstellung u. als Nahrungsmittel („Krabben") in großen Mengen gefangen.

Nordseegermanen, die an der Nordsee ansässigen german. Stämme, zu denen die *Kimbern, Angeln, Chauken* u. *Friesen* zählten.

Nordrhein-Westfalen: Johannes Rau (links), von 1978 bis 1998 Ministerpräsident des Landes, und Wolfgang Clement, sein Nachfolger in diesem Amt, auf dem Landesparteitag der SPD in Dortmund 1998

Nordseekanal, fläm. *Noordzeekanaal*, niederländischer Schifffahrtsweg zwischen Amsterdam u. der Nordsee bei IJmuiden, rd. 27 km lang, 15,5 m tief, bis 270 m breit; wurde 1876 fertig gestellt; für Schiffe bis 100 000 t.

Nordsee-Konferenzen, *Internationale Nordsee-Konferenzen,* Abk. *INK,* seit 1984 beschlussfassendes Gremium der Umweltminister der Nordseeanrainerstaaten Belgien, Dänemark, Dtschld., Frankreich, Großbritannien, Niederlande, Norwegen u. Schweden, der Schweiz (seit 1990) sowie ein Vertreter der EU. Aufgabe ist der Schutz der Meeresumwelt des Nordostatlantiks. Auch → Meeresschutz.

Nordseeschnäpel, ein Fisch, → Maräne.

Nord-Sotho, Bevölkerungsgruppe der Südostbantu (→ Sotho-Tswana) im nördlichen Transvaal, rd. 2 Mio., Großviehzüchter u. Bauern, heute zumeist Farm- u. Industriearbeiter.

Nordstemmen, Gemeinde in Niedersachsen, Ldkrs. Hildesheim, westl. von Hildesheim, an der Leine, 12 800 Ew.; Zuckerindustrie.

Nordstrand, Nordfries. Insel (50 km²) u. Gemeinde in Schleswig-Holstein, Ldkrs. Nordfriesland, vor der Westküste Schleswigs, westl. von Husum, 2400 Ew.; 1634 größtenteils durch Sturmflut zerstört u. von *Pellworm* getrennt; seit 1936 durch einen 2,5 km langen Damm mit dem Festland verbunden.

Nordstrandischmoor, Hallig nördl. der Nordfries. Insel Nordstrand.

Nordström ['nu:rd-], **1.** Karl Fredrik, schwed. Maler, * 11. 7. 1855 Hoga auf Tjörn, Bohuslän, † 16. 8. 1923 Drottningholm bei Stockholm; schuf, beeinflusst von der Schule von *Barbizon,* naturalist. Darstellungen der Umgebung Stockholms. **2.** Ludvig, schwed. Schriftsteller, * 25. 2. 1882 Härnösand, † 15. 4. 1942 Stockholm; beeinflusst von A. *Strindberg* u. H. *Söderberg*; schilderte das Leben der Menschen Nordschwedens: Novellen „Bürger" 1909, dt. 1912; Romane u. Reiseberichte.

Nord-Süd-Kanal → Elbe-Seitenkanal.

Nord-Süd-Konflikt, das polit., wirtschaftl. u. soziale Spannungsverhältnis zwischen den Industrieländern der nördl. Halbkugel u. den Entwicklungsländern Asiens, Afrikas u. Lateinamerikas. Es ersetzt nach Ansicht mancher Beobachter den *Ost-West-Gegensatz* als Konfliktlinie. Dabei wird von den Entwicklungsländern die Errichtung einer neuen Weltwirtschaftsordnung gefordert, mit der die bestehenden Ungerechtigkeiten des Weltwirtschaftssystems beseitigt werden sollen. Dieses Ziel will man über eine völlige Neu- u. Umverteilung der wirtschaftl. Ressourcen erreichen, der sich die Industrieländer aber weitgehend widersetzen. Weitere Forderungen der Entwicklungsländer betreffen u. a. eine neue Weltinformationsordnung sowie eine Neuregelung der Meeresnutzung. Von den erhobenen Forderungen war bis Ende der 1990er Jahre nur wenig realisiert worden. Die globalen Probleme von Migration u. Umweltzerstörung geben dem N. zusätzl. Brisanz.

1977 wurde die *Nord-Süd-Kommission,* eine unabhängige Kommission für internationale Entwicklungsfragen, engl. *Independent Commission on International Development Issues,* Abk. *ICIDI,* auf Vorschlag des Weltbankpräsidenten R. *McNamara* gegründet. Damit sollte der Dialog zwischen den Entwicklungs- u. Industrieländern institutionalisiert werden. Erster Vorsitzender der Kommission wurde W. *Brandt.* Die Kommission erhielt die Aufgabe, die Beziehungen zwischen den entwickelten u. den weniger entwickelten Ländern zu analysieren u. Wege zu einer ausgeglichenen Weltordnung vorzuschlagen. Dieser Zielsetzung dienen auch die seit den 1990er Jahren vermehrt abgehaltenen Weltgipfelkonferenzen mit unterschiedl. themat. Schwerpunkten (Klima, Bevölkerungsentwicklung u. Ä.).

Nordterritorium

◆ **Nordterritorium,** engl. *Northern Territory,* Abk. *N. T.,* nördl. Gebietsteil von Australien, 1 346 200 km², 174 000 Ew. (einschl. der rd. 40 000 Aborigines), Hptst. *Darwin*; zum großen Teil steppen- u. wüstenhaft; an der Küste Savannen u. trop. Regenwälder. Von wirtschaftl. Bedeutung ist die Rinderzucht. Die Rinder werden auf *Beef Roads* oder *Stock Routes* nach O u. S getrieben u. per Bahn in die Großstädte verfrachtet. Bergbau wird bei *Tennant Creek* (Kupfer, Silber u. Gold), bei *Rum Jungle* (Uran-, Blei-Zink-Vorkommen), bei *Gove* (Bauxit), auf *Groote Eylandt* (Mangan) u. in *Frances Creek* (Eisenerz) betrieben. Die hauptsächl. Verkehrswege sind die *North Australia Railway* Darwin–Birdum sowie der parallel verlaufende *Stuart Highway* nach Alice Springs (Central Australia Railway); Hafen u. Flugplatz: Darwin.

Nord-Tröndelag ['nu:rtrœndəla:g], norweg. Prov. (Fylke), 22 463 km², 127 000 Ew.; Hptst. *Steinkjer*; siedlungsarmes Bergland (Forstwirtschaft); im S, bes. am dichter besiedelten Trondheimfjord, Fischerei, Ackerbau u. Viehwirtschaft.

Nordvietnam → Vietnam.

Nordvorpommern, Ldkrs. in Mecklenburg-Vorpommern, 2168 km², 120 000 Ew.; Verw.-Sitz ist *Grimmen.*

Nordwalde, Gemeinde in Nordrhein-Westfalen, Landkreis Steinfurt, nordwestlich von Münster, 9200 Ew.

Nordwest, Prov. in der Rep. Südafrika, nördlich des Vaal, 116 320 km², 3,4 Mio. Ew.; Verwaltungssitz *Mmabatho*; bedeutender Gold- u. Platinabbau.

Nordterritorium: Savannenlandschaft mit Termitenbauten in Arnhemland

Nordwestaustralisches Becken, Meeresbecken im Ind. Ozean, zwischen dem *Keeling-* u. dem *Westaustral. Becken,* südl. der Christmas u. Cocos Islands u. zwischen dem *Östl. Ind. Rücken* u. dem *Nordaustral. Becken;* bis 6460 m tief.

Nordwestdeutscher Rundfunk, Abk. *NWDR,* 1945 von der brit. Besatzungsmacht ins Leben gerufene u. 1948 als Anstalt des öffentl. Rechts errichtete Rundfunkanstalt mit Sitz in Hamburg; Ende 1955 aufgelöst; Nachfolger: *Norddeutscher Rundfunk* u. *Westdeutscher Rundfunk.*

◆ **Nordwestküsten-Indianer,** *Nordwestamerikaner,* seetüchtige, krieger. Indianerstämme an der inselreichen Fjordküste Nordwestamerikas, vom Mount Saint Elias bis zur Juan-de-Fuca-Straße; drei Hauptsprachgruppen: *Athapaskenstämme* (Haida, Tlingit), *Wakashstämme* (Tsimshian, Kwakiutl, Heiltsuk, Nootka) u. *Salishstämme* (Bellacoola, Flathead); Fischer u. Hochseejäger (Robben, Seelöwen); mit lebhaftem Handel, z. T. Geheimbünden, Maskentänzen, deutlich ausgeprägten Gesellschaftsschichten (Adel, Mittelstand, Hörige, Sklaven), Prunkfesten (Potlatsch), z. T. Kopfjagd; im N Holzschnitzkunst (Totempfähle) u. Weberei mit bes. Kunststil, ausgebildetes Clan- u. Totemwesen, hölzerne Sippen-Giebeldachhäuser mit bemalten Plankenwänden u. geschnitzten Pfosten. Die meisten Indianer leben heute in Reservationen, ihre alte Kultur ist in Auflösung begriffen; die Kunst dient dem Fremdenverkehr.

Nordwestküsten-Indianer: Halbmaske der Kwakiutl; Museum für Völkerkunde Berlin; Stiftung Preußischer Kulturbesitz

Nordwestmecklenburg, Ldkrs. in Mecklenburg-Vorpommern, 2075 km², 118 000 Ew.; Verw.-Sitz ist *Grevesmühlen.*

Nordwestpassage [-pasa:ʒə], *Nordwestliche Durchfahrt,* die Durchfahrt von der *Labradorsee* durch die Küstengewässer Nordamerikas bis zur *Beringstraße;* 1850–1853 von R. J. *McClure* über Baffinbai u. Lancastersund in Westrichtung durch die McClure-Straße in die Beaufortsee entdeckt; durchfahren von R. *Amundsen* 1903–1906, jedoch vom Lancastersund durch die südl. Inselpassagen zum Amundsengolf u. in die Beaufortsee. Eine dritte Fahrt 1940–1942 erwies die Bedeutungslosigkeit dieser Passage. Von der bis 3731 m tiefen Beaufortsee erreicht man bei Point Barrow das flache Schelfmeer der Tschuktschensee, die durch die Beringstraße mit dem Beringmeer verbunden ist.

Nordwestpazifisches Becken, Tiefseebecken im Pazif. Ozean, zwischen Aleuten, Kurilen, Japan, Südhonshurücken, Marcus-Necker-Rücken, Hawaii- u. Imperatorrücken; größte Tiefen in den westlich begrenzenden Gräben (Bonin- u. Kurilen-Kamtschatka-Graben), außerhalb der Gräben bis −7374 m. Im zentralen Teil steigen Kuppen bis über −1500 m auf (Isakow-Bank, −1393 m).

Nordwestterritorien → Northwest Territories.

Nordwürttemberg, ehem. Regierungsbezirk in Baden-Württemberg, seit 1973 Reg.-Bez. Stuttgart.

Hinweise für die Benutzung

Lexikografische Elemente

Über den Stichwortteil A bis Z hinaus bietet das UNIVERSAL LEXIKON eine Reihe von zusätzlichen, hauptsächlich grafischen und tabellarischen Elementen, die wichtige Stichwörter oder Themengebiete illustrieren und vertiefend darstellen.

Farbige Übersichtskarten zu Staaten und Kontinenten ermöglichen die rasche Einordnung von Fakten und Entwicklungen aus den Bereichen Geographie, Bevölkerung, Geschichte, Wirtschaft und Kultur.

Doppelseiten zu den UNESCO-Denkmälern des Welterbes enthalten eine repräsentative Auswahl der bekanntesten Kulturdenkmäler und Naturparadiese, die in der UNESCO-Liste versammelt und als besonders schützenswertes Kultur- und Naturerbe der Menschheit deklariert worden sind.

Mehrseitige tabellarische Übersichten z. B. zur Weltgeschichte oder zur deutschen Grammatik ermöglichen einen schnellen Zugriff auf wichtige Themen der Schul- und Allgemeinbildung.

Die bedeutendsten Persönlichkeiten der Weltgeschichte werden in 100 ausführlichen **Lebensdatentabellen** gesondert biografisch vorgestellt.

Spezialthemen aus Wissenschaft und Kultur werden auf **Fotorama-Seiten** mit hochwertigem Bildmaterial großzügig illustriert.

Zooschilder mit ausgewählten Fotos stellen die interessantesten Tiere vor.

Alphabetische Ordnung der Stichwörter

Die Reihenfolge der Stichwörter richtet sich streng nach der Schreibweise. Stichwörter, die aus mehreren selbständigen oder durch Bindestrich verknüpften Wörtern bestehen, werden wie ein zusammenhängendes Wort behandelt.

Die Umlaute ä, ö, ü werden behandelt wie die Buchstaben a, o, u (z. B. folgt **Blüte** auf **Blutdruck**); ß wird wie ss eingeordnet. Buchstaben mit Sonderzeichen (zum Beispiel å, á, ą, é, ğ, ţ) werden wie solche ohne Sonderzeichen behandelt. Die Buchstabenfolgen ae, oe, ue werden, auch wenn sie wie ä, ö, ü gesprochen werden, wie getrennte Buchstaben behandelt (zum Beispiel **Goethe**).

Arabische Ziffern bleiben bei der Alphabetisierung unberücksichtigt.

Beispiele:

Superdividende
Super-8-Film
Superinfektion

Das gilt auch, wenn die arabischen Ziffern am Anfang des Stichworts stehen.

Beispiele:

Dichlorethylen
2.4-Dichlorphenoexyessigsäure
Dichlorpropan

Römische Ziffern werden wie Buchstaben alphabetisiert.

Beispiele:

Kwinna
KWU
K-XVIII-Rücken
Ky

Mehrgliedrige Stichwörter werden möglichst in der natürlichen Stellung der Wortteile aufgeführt und eingeordnet. Die Artikel *La, Le, Las, Les, Los* vor geographischen und Personennamen werden mitalphabetisiert. Geographische Namen, die mit *Sankt, Saint, San, São, Fort, Port* oder *Porto* beginnen, suche man unter diesem Bestandteil.

Nicht berücksichtigt wird bei geographischen Namen ein allgemeiner Bestandteil wie *Bad, Ciudad de, Djebel, Golf von, Kap, Mount, Piz* u. Ä., ferner nicht der Artikel *Al* in arabischen Namen.

In allen Fällen, wo das Stichwort auf diese Art oder sonst wie zu einem Schlagwort verkürzt ist, wird die vollständige Form in Kursivsetzung angeschlossen, z. B.

Aibling, *Bad Aibling*
Everest, *Mount Everest*
Panama, *Golf von Panama*

Bei Personennamen werden Adelsprädikate und vergleichbare Bestandteile wie üblich nachgestellt. Personen, die hauptsächlich unter ihrem Vornamen bekannt sind, findet man unter diesem (zum Beispiel **Franz von Assisi, Walther von der Vogelweide**).

In allen Zweifelsfällen wird das Auffinden eines Artikels durch entsprechende Verweise (→) erleichtert. Stimmen mehrere Stichwörter in der Schreibweise völlig überein, so stehen an erster Stelle die Sachbegriffe, dann die geographischen Namen, dann die Personennamen.

Gleich lautende Sachbegriffe sind untereinander nach der alphabetischen Reihenfolge der betreffenden Fachgebiete geordnet; gleich lautende Personennamen stehen in der Reihenfolge:
– Namenerklärungen
– Päpste
– Heilige und Bischöfe
– Fürsten nach Ländern geordnet
– Familiennamen, nach Vornamen geordnet.

Beispiele:

Adler, 1. *Astronomie:* ... (Sternbild) ...
2. *Heraldik:* ... (Wappentier) ...
3. *Zoologie:* ... (Vogel) ...
Adler, linker Nebenfluss der Elbe ...
Adler, 1. Alfred ...
2. Friedrich ...
3. Guido ...

Albert, männl. Vorname ...
Albert, Gegenpapst ...
Albert, Bischof ...
Albert, Fürsten. Belgien: 1. ...
2. ...
Großbritannien: 3. ...
Österreich: 4. ...
Sachsen: 5. ...
6. ...
Albert, 1. [alˈbɛːr], Eugen d' ...
2. Hans ...
3. Heinrich ...
4. Hermann ...

Typografische Hervorhebungen

Hauptstichwörter sind **fett** gedruckt.

Eine Raute ✦ vor dem fett gedruckten Stichwort zeigt, dass dem Artikel eine Abbildung oder Tabelle zugeordnet ist.

Fachgebietsbezeichnungen nach dem Stichwort sind *gesperrt-kursiv* gedruckt. Fachgebiete sind in der Regel immer dann mit angegeben, wenn es für gleich lautende (homonyme) Begriffe Bedeutungsunterschiede gibt und das Sachgebiet aus dem Artikel nicht eindeutig hervorgeht.

G e s p e r r t e r Druck dient der Gliederung und besseren Übersicht.

Kursiv-Setzung erfolgt in den folgenden Fällen:

1. zur Wiedergabe der sinnverwandten Wörter (Synonyme) und orthographischen Varianten; sie stehen hinter dem Hauptstichwort,
2. zur Unterscheidung von Unter-Stichwörtern im Artikel,
3. zur Hervorhebung von wesentlichen Begriffen und Namen.

Schreibweise der Stichwörter

Wenn für ein und dasselbe Stichwort unterschiedliche Schreibweisen geläufig sind, so ist für das UNIVERSAL LEXIKON jene Form gewählt worden, von der anzunehmen ist, dass der Leser hier zuerst nachschlagen wird; andere mögliche Schreibweisen (orthographische Varianten) stehen kursiv hinter dem Hauptstichwort.

Namen aus Sprachen, die die Lateinschrift verwenden, werden in der Regel in der landesüblichen Form, mit allen eventuellen Sonderzeichen, wiedergegeben. Bei Namen und Begriffen aus fremden Schriftsystemen ist diejenige Umschrift gewählt, von der angenommen werden kann, dass sie am bekanntesten und somit auch dem Leser am ehesten vertraut ist. Ist keine eingebürgerte deutsche Form vorhanden, dann ist das Stichwort in einer einfachen lautlichen Transkription wiedergegeben. Bei Begriffen und Biografien aus bestimmten asiatischen Sprachen ist der international verbreiteten englischen Transkription der Vorzug gegeben worden. Für Wörter aus dem Chinesischen wird die offiziell eingeführte Pinyin-Transkription verwendet. Die Schreibung in einer wissenschaftlichen Umschrift wird häufig als Nebenform angegeben. Wo immer sich eine vom gewählten Umschriftsystem abweichende Schreibweise so weit durchgesetzt hat, dass sie als allgemein üblich gelten kann, wird ihr jedoch der Vorzug gegeben.

Chemische und biochemische Begriffe werden einheitlich so geschrieben, wie es dem wissenschaftlichen Gebrauch entspricht, auch dann, wenn dieser von der allgemein üblichen Schreibweise abweicht. Beispiel: *Ethanol*, nicht *Äthanol*, *Calciumoxid*, nicht *Kalziumoxyd*.

In allen Zweifelsfällen wird das Auffinden eines Artikels wiederum durch Verweise erleichtert.

Stichwörter, die man unter C vermisst, suche man unter K oder Z und umgekehrt; ähnlich bei Č, Ch und Tsch, bei V und W, bei J und I, bei J und Dsch, bei Ae und Ä, bei F und Ph, bei Y und J.

Angaben zum Sprachgebrauch

Wo es nötig oder von Interesse ist, stehen hinter dem Stichwort in eckigen Klammern [] Angaben zum Sprachgebrauch: Aussprache, Geschlecht, grammatische Besonderheiten sowie Sprachherkunft.

Beispiele:
Cello ['tʃɛ-; ital.], ...
Schokolade [indian., span., ndrl.], ...
Pluviograph [lat. + grch.], ...
Äquator [lat., „Gleicher"], ...
Bilanz [ital. *bilancia*, „Waage"], ...
Aerophon [aːero-; das; grch., „Lufttöner"], ...

Die A u s s p r a c h e eines Stichworts wird nach den Regeln der *Association Phonétique Internationale* angegeben. Dazu wird ein für deutsche Verhältnisse vereinfachtes System verwendet. Die verwendeten Zeichen sind in der Lautschrifttabelle auf S. 10 zusammengefasst. Wird nur für einen Teil des Stichworts die Aussprache angegeben, dann steht vor und/oder hinter der Aussprachebezeichnung ein Trennstrich.

Die B e t o n u n g eines Stichworts wird in möglichen Zweifelsfällen durch einen Punkt unter dem zu betonenden Vokal (z. B. **Abadạn**, ...), bei zwei Buchstaben, die als ein Laut zu sprechen sind (z. B. ae, oe, ue als Umlaute ä, ö, ü oder ie als langes i) und bei einem Diphtong (ai, au, ei, eu, oi, ey) durch einen Punkt mit darunter gesetztem Bogen (z. B. **Achilleion**, ...) gekennzeichnet. Innerhalb der Lautschrift wird die Betonung durch einen Akzent vor der zu betonenden Silbe angegeben (z. B. **Albacete** [-'θetə], ...).

G r a m m a t i s c h e Angaben werden nur sparsam gemacht. Im Allgemeinen wird nur eine unregelmäßige Bildung des Plurals angegeben. In Zweifelsfällen wird das Geschlecht des Stichworts mitgeteilt.

Bei Fremdwörtern oder Lehnwörtern ist die s p r a c h l i c h e H e r k u n f t angegeben, im Allgemeinen nur die Sprache, aus der das Wort stammt. Wenn die deutsche Entsprechung des Ursprungswortes für das Verständnis des Stichworts hilfreich ist, wird diese genannt. Sie steht innerhalb der eckigen Klammer, die die sprachlichen Angaben zusammenfasst.

Statistische Angaben

Statistische Angaben wie Bevölkerungs- und Wirtschaftszahlen sind, sofern verfügbar, der amtlichen Statistik entnommen. Hauptsächlich werden die Veröffentlichungen des Statistischen Bundesamts, Wiesbaden, verwendet. Gesicherte und zuverlässige Daten können in der Regel nur für eine Zeit angegeben werden, die zwei oder mehrere Jahre vor der Veröffentlichung des Lexikons liegt. Die meisten Länder verfügen nicht über amtliche Statistiken; hier musste auf Schätzungen zurückgegriffen werden. Der Angabe aus einem älteren Jahr wurde aber immer dann der Vorzug gegenüber geschätzten Daten aus Sekundärquellen gegeben, wenn es sich bei ersteren um gesicherte, durch die amtliche Statistik belegbare Angaben handelte.

Staatenkästen

Die Artikel über die unabhängigen Staaten beginnen jeweils mit einem farbigen „Kasten", der folgende Informationen in Wort und Bild enthält:
– Offizieller Name des Landes
– Autokennzeichen
– Staatsfläche
– Einwohnerzahl
– Hauptstadt
– Landessprache
– Währung
– Bruttosozialprodukt/Einw.
– Regierungsform
– Religion
– Nationalfeiertag
– Zeitzone
– Grenzen
– Lebenserwartung

Daten

Für neuzeitliche Daten gilt, wie üblich, in der Regel der gregorianische Kalender; nur bei Doppelangaben aus der Zeit der Umstellung und in allen Zweifelsfällen steht eigens der Hinweis *n. St.* („neuer Stil", d.h. nach dem gregorianischen Kalender) bzw. *a. St.* („alter Stil" d.h. nach dem julianischen Kalender).
Geburtsdaten sind durch *, Sterbedaten durch † gekennzeichnet. Biografische Daten ohne diese Zeichen beziehen sich auf Regierungs- oder Amtszeiten. Eine Angabe wie *1470/80 bedeutet, dass das Geburtsdatum nicht genau bekannt ist und zwischen den beiden genannten Jahren liegt.

Werkangaben

Bei Schriftstellern, Gelehrten, Künstlern, Komponisten usw. sind die Titel der von ihnen geschaffenen Werke entweder im laufenden Text genannt oder am Artikelende nach der Abkürzung Hptw. = Hauptwerk(e) zusammengefasst. Die Jahreszahlen hinter W e r k t i t e l n geben, wenn nichts anderes vermerkt ist, das Jahr der Erstveröffentlichung oder Uraufführung an, nicht den Zeitraum der Ausarbeitung oder den Zeitpunkt der Fertigstellung. Fremdsprachige Werke werden meist mit dem Titel der deutschen Übersetzung zitiert, wenn eine solche vorliegt; dabei werden häufig das Erscheinungsdatum der fremdsprachigen Ausgabe und das der deutschen Übersetzung angegeben, z.B. „Tom Sawyer" 1876, dt. 1876.

Verweise

Neben den Verweisen zum Auffinden eines Stichworts, dessen Schreibweise oder alphabetische Einordnung fraglich sein könnte, werden Verweise von einem Stichwort auf ein anderes möglichst sparsam verwendet.
Der direkte Verweis (→) deutet an, dass der Gedankengang eines Artikels unter dem so gekennzeichneten Stichwort weitergeführt wird. Der Gesamtzusammenhang, in dem die Stichwörter stehen, wird auf diese Weise verständlich.
Der Siehe-auch-Verweis (Auch →) gibt an, unter welchen Stichwörtern zusätzliche und weiterführende Informationen zu der angeschnittenen Thematik zu finden sind, um das Verständnis des größeren Zusammenhangs zu erleichtern.

Abkürzungsverzeichnis

Im UNIVERSAL LEXIKON werden Abkürzungen nur so verwendet, dass der Lesefluss und das Verständnis nicht beeinträchtigt werden.

Im Allgemeinen ist das Stichwort, wenn es in demselben Artikel wiederholt wird, mit seinem ersten Buchstaben abgekürzt. Um eine gute Lesbarkeit des Artikels zu gewährleisten, gilt dies nicht für gebeugte Stichwörter oder solche die mit anderen Wörtern zusammengesetzt sind.

Besteht das Stichwort aus zwei Wörtern, die durch Bindestrich verbunden sind, so wird nur der erste Buchstabe als Abkürzung verwendet. Besteht ein Stichwort aus mehreren selbständigen Wörtern, so ist jedes Wort für sich abgekürzt. Gibt es für ein Stichwort eine allgemein übliche Abkürzung, so wird diese im Text verwendet.

Die Endung -isch ist oft weggelassen, die Endung -lich durch -l. abgekürzt.

Daneben werden nur noch solche Abkürzungen verwendet, die im Abkürzungsverzeichnis genannt sind oder ein eigenes Stichwort im Lexikon haben (z. B. Staaten der USA).

A

Abg.	Abgeordneter
Abk.	Abkürzung
Abs.	Absatz
Abt.	Abteilung
Adj.	Adjektiv
allg.	allgemein
Apg.	Apostelgeschichte
Art.	Artikel
AT	Altes Testament
ausschl.	ausschließlich

B

baden-württ.	baden-württembergisch
Bd., Bde.	Band, Bände
Bearb.	Bearbeiter
Begr.	Begründer
bes.	besonders
betr.	betreffend
Bez.	Bezeichnung
Bez.	Bezirk
Bibliogr.	Bibliografie
BR Dtschld.	Bundesrepublik Deutschland
bzw.	beziehungsweise

D

d. Ä.	der Ältere
Dep.	Departement, Departamento
Dép.	Département
dgl.	dergleichen, desgleichen
d. Gr.	der Große
d. h.	das heißt
d. i.	das ist
Diss.	Dissertation
d. J.	der Jüngere
dt.	deutsch
Dtschld.	Deutschland

E

ehem.	ehemalig, ehemals
einschl.	einschließlich
entspr.	entsprechend
europ.	europäisch
ev.	evangelisch
ev.-luth.	evangelisch-lutherisch
ev.-ref.	evangelisch-reformiert
Ew.	Einwohner

F

f., ff.	folgende Seite[n], folgendes Jahr, folgende Jahre
Frhr.	Freiherr

G

geb.	geboren
gegr.	gegründet
gen.	genannt
Gen.	Genesis
ggf.	gegebenenfalls
gleichn.	gleichnamig

H

h	Stunde
hl., hll.	heilig[e]
Hptst.	Hauptstadt
Hptw.	Hauptwerk(e)
hrsg., Hrsg.	herausgegeben, Herausgeber

I

i. e. S.	im engeren Sinn
im Allg.	im Allgemeinen
insbes.	insbesondere
insges.	insgesamt
i. w. S.	im weiteren Sinn

J

Jb., Jbb.	Jahrbuch, Jahrbücher
Jer.	Jeremia
Jes.	Jesaja
Jg.	Jahrgang
Jh.	Jahrhundert

K

kath.	katholisch
Krs.	Kreis

L

Ldkrs.	Landkreis
Losebl.	Loseblattausgabe
luth.	lutherisch

M

MA	Mittelalter
MdB	Mitglied des Bundestags
MdL	Mitglied des Landtags
MdR	Mitglied des Reichstags
Mio.	Millionen
min	Minute
Min.	Minister
Min.-Präs.	Ministerpräsident
Mitgl.	Mitglied
Mrd.	Milliarden
m. V.	mit Vororten

N

N	Norden
Nachdr.	Nachdruck
Nachf.	Nachfolger
nat.-soz.	nationalsozialistisch
n. Br.	nördliche Breite

n. Chr.	nach Christus			u. M.	unter dem Meeresspiegel
Neudr.	Neudruck	**R**		ü. M.	über dem Meeresspiegel
NO	Nordosten	rd.	rund	u. ö.	und öfter (erschienen)
NT	Neues Testament	reform.	reformiert	usw.	und so weiter
NW	Nordwesten	Reg.-Bez.	Regierungsbezirk	u. U.	unter Umständen
		Rep.	Republik		
		röm.-kath.	römisch-katholisch		
O				**V**	
O	Osten	**S**		v. Chr.	vor Christus
Offb.	Offenbarung des Johannes			Verw.	Verwaltung
o. J.	ohne (Erscheinungs-)Jahr	s	Sekunde[n]	Verw.-Bez.	Verwaltungsbezirk
ö. L.	östliche Länge	S	Süden	v. H.	von Hundert (%)
o. O.	ohne (Erscheinungs-)Ort	s. Br.	südliche Breite	Vize-Präs.	Vizepräsident
o. O. u. J.	ohne (Erscheinungs-)Ort u. Jahr	schweiz.	schweizerisch	Vors.	Vorsitzender
op.	Opus	Sg.	Singular		
orth.	orthodox	Slg.	Sammlung		
österr.	österreichisch	SO	Südosten	**W**	
		sog.	so genannt		
		stellvertr.	stellvertretend	W	Westen
P		SW	Südwesten	Westf.	Westfalen
				w. L.	westliche Länge
Pl.	Plural	**U**			
Präs.	Präsident			**Z**	
Prof.	Professor	u.	und		
prot.	protestantisch	u. a.	und andere[s]	z. B.	zum Beispiel
Prov.	Provinz		unter anderem	z. T.	zum Teil
Ps.	Psalm		unter andern	Ztschr.	Zeitschrift
		u. Ä.	und Ähnliche[s]	z. Z.	zur Zeit
		Übers.	Übersetzer, Übersetzung		

Im Lexikon verwendete Abkürzungen zur Angabe der sprachlichen Herkunft

afgh.	afghanisch	hind.	hindustanisch	norw.	norwegisch
afrik.	afrikanisch	isl.	isländisch	phön.	phönizisch
ahd.	althochdeutsch	ital.	italienisch (nicht für italisch)	polyn.	polynesisch
alb.	albanisch	jak.	jakutisch	portug.	portugiesisch
amerik.	amerikanisch	jap.	japanisch	prov.	provençalisch
aram.	aramäisch	jav.	javanisch	rätorom.	rätoromanisch
austroas.	austroasiatisch	lat.	lateinisch	rom.	romanisch
babyl.	babylonisch	lit.	litauisch	sanskr.	sanskritisch
birm.	birmanisch	mal.	malaiisch	serbokr.	serbokroatisch
bulg.	bulgarisch	melan.	melanesisch	singhal.	singhalesisch
chin.	chinesisch	mhd.	mittelhochdeutsch	skand.	skandinavisch
eskim.	eskimoisch	mlat.	mittellateinisch	tibetochin.	tibetochinesisch
frz.	französisch	ndrl.	niederländisch	turktat.	turktatarisch
germ.	germanisch	ndt.	niederdeutsch	ukr.	ukrainisch
grch.	griechisch	nhd.	neuhochdeutsch	ung.	ungarisch
hebr.	hebräisch	nlat.	neulateinisch		

Lautschrifttabelle

Im Lexikon ist für Fremdwörter, fremdsprachliche Eigennamen und für alle Wörter, bei denen es notwendig erscheint, die korrekte Aussprache in eckigen Klammern angegeben. Der Einheitlichkeit und Genauigkeit halber wird ein vereinfachtes System der internationalen Lautschrift verwendet, mit der die Aussprache der in den europäischen Ländern vorkommenden Laute genau bezeichnet werden kann. Siehe dazu auch die „Angaben zum Sprachgebrauch" in den Benutzerhinweisen.

Vokale und Diphthonge

- ː bezeichnet die Länge eines Vokals
- a kurzes a (wie in *kann;* französ. *lac* [lak])
- aː langes a (wie in *Magen;* französ. *Lesage* [ləˈsaːʒ])
- æ sehr offenes kurzes ä (wie in engl. *Gangway* [ˈgæŋwɛi])
- ʌ kurzes dumpfes a (wie in *Butler* [ˈbʌtlə])
- ã nasaliertes a (wie in *Mont Blanc* [mɔ̃ ˈblã])
- ai Diphthong (wie in *Mai, Brei;* engl. *like* [laik])
- au Diphthong (wie in *Baum;* engl. *Mount* [maunt])
- e halblanges geschlossenes e (wie in *gebt;* französ. *élan* [elã])
- eː langes geschlossenes e (wie in *Kehllaut, Beere*)
- ə kurzes dumpfes e (wie in *Masse, Linie;* engl. *the* [ðə], französ. *le* [lə])
- əː langes dumpfes e (wie in *Churchill* [ˈtʃəːtʃil])
- ɛ kurzes offenes e (wie in *Fest, Gänse;* engl. *let* [lɛt])
- ɛː langes offenes e (wie in *ordinär;* französ. *Molière* [molˈjɛːr])
- ɛi Diphthong (wie im engl. *cake* [kɛik]; portugies. *Beira* [ˈbɛira]; niederländ. *IJmuiden* [ɛiˈmœidəː])
- ɛ̃ nasaliertes e (wie in französ. *jardin* [ʒarˈdɛ̃], *Pointe* [pwɛ̃t])
- i kurzes i (wie in *bin;* engl. *Wilson* [ˈwilsən])
- iː langes i (wie in *Bibel, Lied;* engl. *Leeds* [liːdz])
- ɔ kurzes offenes o (wie in *Ross;* engl. *what* [wɔt])
- ɔː langes offenes o (wie in engl. *Wall Street* [ˈwɔːlstriːt])
- ɔ̃ nasaliertes o (wie in *Mont Blanc* [mɔ̃ ˈblã])
- ɔi Diphthong (wie in *heute;* engl. *boil* [bɔil])
- ou Diphthong (wie in engl. *Bowling* [ˈbouliŋ], *Coldcream* [kould kriːm])
- o halblanges geschlossenes o (wie in *Obst;* französ. *Barrault* [baˈro])
- oː langes geschlossenes o (wie in *Moos;* französ. *de Gaulle* [də ˈgoːl])
- œ kurzes offenes ö (wie in *Köln;* französ. *Châteauneuf* [ʃatoˈnœf])
- ø halblanges geschlossenes ö (wie in *Fischöl;* französ. *neveu* [nəˈvø])
- øː langes geschlossenes ö (wie in *nervös;* französ. *Chartreuse* [ʃarˈtrøːz])
- œ̃ nasaliertes ö (wie in *Verdun* [vɛrˈdœ̃])
- u kurzes u (wie in *kurz;* engl. *full* [ful])
- uː langes u (wie in *Gruß;* französ. *rouge* [ruːʒ])
- y kurzes ü (wie in *schützen;* französ. *Tartuffe* [tarˈtyf])
- yː langes ü (wie in *führen, lyrisch;* französ. *Saussure* [soˈsyːr])

Für Konsonanten werden neben b, d, g, h, p, t, k, l, r, m, n und f noch folgende Zeichen verwendet:

- ç ch (wie in *ich;* griech. *Chios* [ˈçiɔs])
- x ch (wie in *machen;* russ. *Chruschtschow* [xruˈʃtʃɔf])
- ŋ ng (wie in *Länge, Bank;* engl. *long* [lɔŋ])
- s stimmloses s (wie in *essen, weiß;* engl. *Gaitskell* [ˈgɛitskəl])
- z stimmhaftes s (wie *Saal, Waise;* engl. *Elizabeth* [iˈlizəbəθ])
- ʃ stimmloser sch-Laut (wie in *schaffen;* engl. *Shakespeare* [ˈʃɛikspiə])
- ʒ stimmhafter sch-Laut (wie in französ. *Journal* [ʒurˈnaːl], *Etage* [eˈtaːʒə])
- dʒ stimmhafter dsch-Laut (wie in engl. *just* [dʒʌst], indones. *Jakarta* [dʒaˈkarta])
- θ stimmloser Lispellaut (wie in engl. *Commonwealth* [ˈkɔmənwɛlθ])
- ð stimmhafter Lispellaut (wie in engl. *father* [ˈfaːðə])
- v w (wie in *Wasser, Venedig*)
- w mit stark gewölbten Lippen gesprochenes w (wie in engl. *Wells* [wɛlz])

Buchstaben, die zwei Laute wiedergeben, werden in der Lautschrift durch zwei Zeichen dargestellt:

- ts wie z in *reizen*
- ks wie x in *Hexe*

Zeichentabelle

*	geboren	±	plus oder minus	≦	kleiner oder gleich
†	gestorben	·	mal (Multiplikationszeichen)	≪	sehr klein gegen
§, §§	Paragraph[en]	×	mal (nur bei Maßangaben z.B. 3m × 4m); kreuz (Vektormultiplikation)	>	größer als (z.B. 5 > 0)
&	und			≧	größer oder gleich
%	Prozent			≫	sehr groß gegen
‰	Promille	:, /, −	geteilt durch (Divisionszeichen)	∞	unendlich
/	je, pro, durch (z.B. km/h)	=	gleich	π	pi (Ludolf'sche Zahl, = 3,14159...)
+	plus (Additionszeichen und Vorzeichen positiver Zahlen)	≡	identisch, gleich	√	Wurzel aus (z.B. √8)
		≠	nicht gleich, ungleich	∧	und (Konjunktion)
−	minus (Subtraktionszeichen u. Vorzeichen negativer Zahlen)	≈	angenähert, nahezu gleich	∨	oder (Disjunktion)
		<	kleiner als (z.B. 3 < 7)		

Mitarbeiterverzeichnis

Adam, Adolf, Prof. Dr. (Theologie)
Altenkirch, Wolfgang, Dr. (Ökologie, Zoologie)
Aretin, Karl Otmar Freiherr von, Prof. Dr. Dr. h. c. (Geschichte)
Bähr, Jürgen, Prof. Dr. (Geographie)
Bannenberg, Norbert (Werkstoffe, Hüttenwesen)
Barn, Gerd, Prof. Dr. (Lebensmittel, Genussmittel)
Bartenschlager, Rita (Literatur)
Barth, Hans-Karl, Prof. Dr. (Geographie)
Bechert, Heinz, Prof. Dr. (Religionswissenschaft)
Bellinger, Gerhard J., Prof. Dr. (Religionswissenschaft)
Benecke, Gerhard (Elektrotechnik)
Benecke, Gisela, Dr. (Chemie, Biologie)
Bernecker, Walther L., Dr. (Geschichte)
Beuth, Reinhard (Tanz)
Bhattacharya, Gourishwar, Dr. (Kunst)
Blanchard, Olivier, Dr. (Literatur)
Böcker, Ulrich (Religionswissenschaft)
Böhm, Hans, Prof. Dr. (Geographie)
Böhm, Wolfgang, Dr. Dr. (Landwirtschaft)
Bormann, Claus von, Dr. (Philosophie)
Bormann, Werner, Dr. (Kartographie) †
Borowsky, Peter, Dr. (Geschichte)
Borsdorf, Axel, Dr. (Geographie)
Bosse, Rolf, Dr. (Technik)
Bräuer, Günter, Prof. Dr. (Anthropologie)
Bronger, Arnt, Prof. Dr. (Bodenkunde)
Brumby, Gesine (Literatur)
Buchheim, Cornelia, Dr. (Veterinärmedizin)
Buck, Elmar, Prof. Dr. (Theater)
Büdeler, Werner (Raumfahrt)
Bulka, Heinz Dieter (Sprachwissenschaft)
Burghause, Frank, Dr. (Zoologie)
Busse von Colbe, Walther, Prof. Dr. (Wirtschaft)
Campenhausen, Axel Freiherr von, Prof. Dr. (Theologie)
Clemen, Günther, Dr. (Zoologie)
Cölln, Klaus, Dr. (Zoologie)
Czwalinna, Jürgen (Bergbau)
Dahms, Hellmuth G., Dr. (Geschichte)
Denkinger, Rainer (Maschinenbau)
Dietrich, Manfred, Prof. Dr. (Religionswissenschaft)
Dietrich, Margot (Kartenspiele)
Dittrich, Edith, Dr. (Kunst)
Domrös, Manfred, Prof. Dr. (Geographie)
Dörner, Hans Helmut, Dr. (Religionswissenschaft)
Dülffer, Jost, Prof. Dr. (Geschichte)
Dunand, Emile (Politik) †
Eckstein, Dieter, Prof. Dr. (Technik)
Eggeling, Willi Johannes, Dr. (Geographie)
Ehrhardt, Klaus-Dieter, Dr. (Physik)
Eilrich, Thomas (Numismatik)
Einnatz, H.-Joachim, Prof. (Bauwesen)
Eisleb, Dieter, Dr. (Archäologie)
Elble, Rolf, Dr. (Wehrwesen)
Engelhardt, Gunther, Prof. Dr. (Wirtschaft)

Erbe, Michael, Prof. Dr. (Geschichte)
Erz, Marina (Technik)
Fahrbach, Eberhard, Dr. (Meereskunde)
Faßhauer, Peter, Prof. Dr. (Elektrotechnik)
Fiswick, Andreas (Börsenwesen, Banken)
Frank, Karl Suso, Prof. Dr. (Theologie)
Frevel, Stefan (Kulturgeschichte)
Fries, Edwin, Dr. (Physik)
Fugmann-Heesing, Annette, Dr. (Recht)
Gauer, Walter (Publizistik)
Gehrke, Hans-Joachim, Dr. (Geschichte)
Glonegger, Erwin (Gesellschaftsspiele)
Gnielinski, Stefan von, Dr. (Geographie)
Grau, Werner (Verlagswesen)
Gudemann, Wolf-Eckhard (Geographie)
Gundermann, Iselin, Dr. (Geschichte)
Gutgesell, Manfred, Dr. (Geschichte)
Haack, Friedrich-W. (Theologie)
Haas, Hans-Dieter, Prof. Dr. (Geographie)
Haberstumpf, Helmut, Dr. (Recht)
Hage, Wolfgang, Prof. Dr. (Theologie)
Hahn, Gerhard, Prof. Dr. (Paläontologie)
Hahn, Renate, Dr. (Paläontologie)
Hamann, Ilse, Dr. (Meeresforschung)
Hannß, Christian, Prof. Dr. (Geographie)
Hansen, Ralph, Dr. (Geologie, Mineralogie)
Hansmeier, Antonia (Geographie)
Hardt, Horst-Dietrich, Prof. Dr. (Chemie)
Hartmann, Wilfried, Prof. Dr. (Theologie)
Hartmann, Wolfgang (Sport)
Haschke, Claudia (Literatur)
Haße, Arnim, Dr. (Umweltschutz, Zoologie)
Haupt, Joachim, Dr. (Zoologie)
Haupt-Nakada, Hiroko (Zoologie)
Haussig, Hans Wilhelm, Prof. Dr. (Religionswissenschaft)
Hawig, Peter (Religionswissenschaft)
Hecker, Hans, Prof. Dr. (Geschichte)
Helmentag, Wolfgang (Gastronomie)
Hempel, Lena, Dr. (Geographie)
Hempel, Ludwig, Prof. Dr. (Geographie)
Hensel, Georg, Prof. (Verkehr)
Hentschke, Richard, Prof. Dr. (Theologie)
Heppel, Thomas (Umweltschutz)
Herrmann, Joachim (Astronomie)
Herrmann, Konrad, Prof. (Bauwesen)
Heydte, Friedrich August Freiherr von der, Prof. Dr. Dr. (Recht) †
Heyer, Gerhard, Dr. (Philosophie)
Hilden, Gregor (Theater)
Hilz, Wolfram, Dr. (Politikwissenschaft)
Hippen, Reinhard, (Kleinkunst)
Hoffmann, Gert, Prof. Dr. (Meteorologie)
Hohl, Siegmar, Dr. (Kunst, Musik)
Hohnholz, Jürgen, Dr. (Geographie)
Hösch, Edgar, Prof. Dr. (Geschichte)
Hubmann, Heinrich, Prof. Dr. (Recht)
Hummel, Karl-Heinz (Wehrwesen)
Jäger, Helmut, Dr. (Maschinenbau)
Jakobi, Thomas (Medizin)
Jaschinski, Andreas, Dr. (Musik)
Jensen, Helmut, Dr. (Soziologie)
Jeschke, Hubert (Wehrwesen)

Jesse, Eckhard, Prof. Dr. (Politikwissenschaft)
Johanek, Ingeborg, Dr. (Recht)
Jordecki, Sophia (Geographie)
Jung, Dieter, Dr. (Zoologie)
Jung, Irmgard, Dr. (Zoologie)
Jürgensen, Harald, Prof. Dr. (Wirtschaft)
Kämper, Angela, Dr. (Medizin)
Kaestner, Jan, Dr. (Theater)
Karger, Adolf, Prof. Dr. (Geographie) †
Keitz, Günter, Prof. Dr. (Fischerei)
Kettrup, Antonius, Prof. Dr. (Chemie)
Kiechle, Franz, Prof. Dr. (Geschichte)
Kirchhof, Ferdinand, Prof. Dr. (Recht)
Kirsch, August, Prof. Dr. (Sport) †
Klaus, Dieter, Prof. Dr. (Geographie)
Klaus, Rainer (Musik)
Kleinelümern-Depping, Antje (Pädagogik)
Klug, Heinz, Prof. Dr. (Geographie)
Kohl, Rainer (Literatur)
Kohlhepp, Gerd, Prof. Dr. (Geographie)
Koops, Harald (Fischerei, Zoologie)
Koppitz, Hans-Joachim, Prof. Dr. (Buch- u. Bibliothekswesen)
Kracke, Rolf, Prof. Dr. (Verkehr)
Krebs, Gerhard, Dr. (Geschichte)
Krüsselberg, Hans-Günter, Prof. Dr. (Wirtschaft)
Krutz, Michael, Dr. (Chemie)
Küchenhoff, Günther, Prof. Dr. (Recht, Staatslehre) †
Küchle, Hans Joachim, Prof. Dr. (Medizin)
Küchler, Johannes, Dr. (Geographie)
Kuhlmann, Birgit (Technik)
Kuhlmann, Dieter, Prof. Dr. (Zoologie)
Kühne, Ingo, Prof. Dr. (Geographie)
Kulke, Hermann, Prof. Dr. (Geschichte)
Kuls, Wolfgang, Prof. Dr. (Geographie)
Kulwicki, Hiltrud (Esoterik)
Kunst, Michael, Dr. (Archäologie)
Kurth, Ulrich, Dr. (Musik)
Lamberty, Barbara (Soziologie)
Lang, Robert, Dr. (Geographie)
Laux, Hans-Dieter, Dr. (Geographie)
Lechner, Hans H., Prof. Dr. (Wirtschaft)
Lennartz, Barbara (Mathematik, Physik)
Lennartz, Didier (Mathematik)
Lenz, Rolf (Musik)
Lenz-Aktaş, Ingrid (Literatur)
Lerg, Winfried B., Prof. Dr. (Publizistik)
Leuschner, Ulrike (Geschichte)
Liebmann, Claus, Dr. (Geschichte)
Lienau, Cay, Prof. Dr. (Geographie)
Lindemann, Rolf, Dr. (Geographie)
Loschek, Ingrid, Dr. (Mode)
Lottes, Günther, Prof. Dr. (Geschichte)
Ludewig, Rita (Geographie)
Ludewig, Werner (Geographie)
Lütz, Cornelius, Dr. (Botanik)
Magnusson, Thomas, Dr. (Geschichte)
Maier, Johann, Prof. Dr. Dr. (Judentum)
Maler-Sieber, Gisela (Völkerkunde)
Malina, Peter, Dr. (Geschichte)
Mannesmann, Rolf, Prof. Dr. (Zoologie)
Martin, Bernd, Prof. Dr. (Geschichte)

Martin, Helmut, Prof. Dr. (Geschichte)
Matei, Horia C. (Geographie)
Meincke, Jens, Dr. (Meereskunde)
Menzel-Tettenborn, Helga, Dr. (Ökologie, Allgemeiner Wortschatz) †
Mertins, Günter, Prof. Dr. (Geschichte)
Meuer, Gerd (Geschichte, Politik)
Michel, Hans-Georg (Politik, Soziologie)
Miotke, Franz-Dieter, Prof. Dr. (Geographie)
Motischke, Lothar, Dr. (Kosmetik)
Müller, Hans-Martin, Dr. (Geographie)
Müller, Joachim, Dr. (Mathematik)
Niebuhr-Timpe, Petra (Literatur)
Niemeyer, Hans Georg, Prof. Dr. (Archäologie)
Oldiges, Martin, Prof. Dr. (Recht)
Park, Sung-Jo, Prof. Dr. (Geographie)
Partmann, Walter, Dr. (Ernährung) †
Pintér, Éva, Dr. (Musik)
Pletsch, Alfred, Prof. Dr. (Geographie)
Pleyer, Peter, Prof. Dr. (Film)
Pruys, Karl Hugo (Publizistik)
Rainer, Rudolf (Forstwissenschaft)
Ratenhof, Gabriele, Dr. (Geschichte)
Reckmann, Susanne (Kunst)
Reuther, Ernst-Ulrich, Prof. Dr. (Bergbau)
Ribbens, Annette (Physik)
Richter, Helmut (Datenverarbeitung)
Richter, Peter-Cornell (Fotografie)
Riedl, Helmut, Prof. Dr. (Geographie)
Römer, Karl (Geschichte) †
Ruempler, Götz, Dr. (Zoologie)
Ruhbach, Gerhard, Prof. Dr. (Theologie)
Rühmekorf, Ernst, Dr. (Zoologie)
Ruiz, José Manuel, Prof. Dr. (Politik)
Rupp, Alfred, Prof. Dr. (Religionswissenschaft)
Ruwe, Wolfgang, Dr. (Recht)
Schaaf, Joachim (Maschinenbau)
Schaaf, Raimund (Elektrotechnik)
Scharf, Helmut, Dr. (Kunst)
Scheer, Christian, Prof. Dr. (Wirtschaft)
Schenzle, Peter (Verkehr)

Scheuerbrandt, Arnold, Dr. (Geographie)
Schippmann, Klaus, Prof. Dr. (Geschichte)
Schlegel, Walter, Prof. Dr. (Geographie)
Schmidt, Christian, Dr. (Meeresbiologie)
Schmidt, Hans-Joachim (Geographie)
Schmidt, Karl-Heinz, Dr. (Technik)
Schmöle, Peter (Werkstoffe, Hüttenwesen)
Schneider, Hans, Prof. Dr. (Recht)
Schneider, Manfred (Geographie)
Schönmann, Gerd (Literatur)
Schreiber, Oswald (Textiltechnik)
Schricker, Burkhard, Prof. Dr. (Zoologie)
Schröder, Johannes, Dr. (Wirtschaft)
Schröder, Peter (Geographie)
Schulze, Georg Wilhelm (Bauwesen)
Schurdel, Harry D. (Heraldik)
Schwind, Margarete (Politik)
Seidel, Karl Josef, Prof. Dr. (Geschichte)
Seitz, Paul, Dr. (Obst- und Gartenbau)
Senger, Klaus-Peter (Theater)
Silbermann, Alphons, Prof. Dr. (Soziologie) †
Sittard, Matthias (Werkstoffe, Hüttenwesen)
Soeder, Carl Johannes, Prof. Dr. (Botanik)
Spann, Gustav, Dr. (Geschichte)
Specker, Christof, Dr. (Medizin)
Spuler, Bertold, Prof. Dr. Dr. h.c. (Geschichte)
Stehr, Herwart (Biologie) †
Steincke, Heinz, Dr. (Technik)
Steinecke, Günter (Post)
Steinhilper, Ellen (Musik)
Steinmann, Peter K. (Kleinkunst)
Stengl, Christian (Literatur)
Steuer, Heinz (Geographie)
Stiewe, Martin, Dr. (Theologie)
Stingl, Josef, Dr. h. c. (Wirtschaft)
Straub, Heidrun, Dr. (Zoologie)
Stricker, Carsten (Gentechnik, Technische Chemie)
Strobach, Klaus, Prof. Dr. (Geophysik)
Teckentrup, Konrad H. (Verlagswesen)
Thannheiser, Dietbert, Prof. Dr. (Geographie)

Themann, Ludger (Ernährung)
Thieme, Karlheinz (Geographie)
Thierfelder, Helmut, Prof. Dr. (Geschichte) †
Thiessen, Roland (Psychologie)
Thomas, Georg, Dr. (Geschichte)
Tiggemann, Rolf, Dr. (Geographie)
Timmermann, Vincenz, Prof. Dr. (Wirtschaft)
Treude, Erhard, Prof. Dr. (Geographie)
Tyrell, Albrecht, Dr. (Geschichte)
Unger, Monika (Geographie)
Vaupel, Mareike (Theater)
Voges, Ernst (Genussmittel)
Voßmeier, Reinhard (Feuerwehr)
Wachsmann, Constanze (Literatur)
Wagner, Adolf, Prof. Dr. (Wirtschaft)
Walhorn, Manfred (Politik)
Wandrey, Rüdiger, Dr. (Zoologie)
Wassen, Peter (Recht, Politik, Soziologie)
Wassermann, Rudolf, Dr. (Recht, Kriminologie)
Wegenast, Klaus, Prof. Dr. (Theologie)
Weisel, Annabella (Literatur)
Weismantel, Wolfgang (Politik)
Weiß, Joachim (Theologie)
Weitnauer, Hermann, Prof. Dr. (Recht) †
Wellershaus, Julia (Literatur)
Wend, Rainer, Dr. (Recht, Gewerkschaften)
Wendler, Gernot, Prof. Dr. (Zoologie)
Willam, Johanna (Geographie)
Wolcke-Renk, Irmtraut D., Dr. (Geschichte)
Wolffsohn, Michael, Prof. Dr. (Geschichte)
Wollstein, Günter, Prof. Dr. (Geschichte)
Wülker, Hans-Detlef, Dr. (Wirtschaft)
Zangger, Alfred, Dr. (Geschichte)
Zimmermann, Harald, Prof. Dr. Dr. (Geschichte)
Zittlau, Dieter, Dr. (Philosophie)
Zscharschuch, Friedel (Kleinkunst)
Zullei, Ninette (Chemie)

Abbildungsnachweis

action press, Hamburg (1); AGFA-Gevaert AG, Leverkusen (1); aisa, Barcelona (103); Wilhelm Albrecht, Rietberg (1); Toni Angermayer, Holzkirchen (7); ANP, Amsterdam (1); Anthony Verlag, München (1); Ferdinand Anton, München (1); Archiv für Kunst und Geschichte, Berlin (17); Artothek, Peissenberg (2); Associated Press GmbH, Frankfurt (9); AURA Fotoagentur, Luzern (2); Bavaria Bildagentur, Gauting (1) – Ablinger (1) – Ball (1) – Benelux Press (2) – Bibikow (1) – Bielfeld (1) – Bognar (1) – FF (1) – Fiore (1) – Gruber (1) – Hardt (1) – Images (2) – Janicek (1) – Krauskopf (1) – Mader (1) - Panoramic Image (1) – Pix (1) – PP (1) – TCL (2) – Viesti (1) – Weimann (2) – Wittek (1); Bayer. Akademie der Wissenschaften (1); Bayer. Staatsbibliothek, München (1); Dr. Gisela Benecke, Gütersloh (15); Bertelsmann Lexikon Verlag, Gütersloh (97); Bibliothek Otto Schäfer, Schweinfurt (1); Bildarchiv Preußischer Kulturbesitz, Berlin (11); Bildarchiv Prof. Bechtel, Heimbach (1); Bilderberg, Hamburg – Burkard (1); Biofotos Heather Angel, Farnham (1); BMG Ariola München GmbH, München (1); Bongarts Sportfotografie, Hamburg (3); Bridgeman Art Library Ltd., London (3); British Museum, London (1); British School of Archaeology in Jerusalem, London (1); Klaus Broszat, München (1); Bundesarchiv, Koblenz (1); Bundesministerium der Verteidigung, Berlin (1); Burda GmbH, München (1); Caro Fotoagentur GbR, Berlin - Jandke (1); CERN, Genf (1); Gunnar Christiansen, Bronhoj-Kopenhagen (1); Cinetext, Frankfurt (3); Bruce Coleman Coll., Uxbridge (1) – Crichton (1) – Kaya (1); Coll. Jaime del Almo, Los Angeles (1); Corbis UK Ltd., London – Heseltine (1) – Vanni Archive (1); Corbis-Bettmann, New York (19) – AFP (4) – Reuters (5) – UPI (25); Das Fotoarchiv, Essen (2) – Babovic (1); Deutsches Historisches Museum, Berlin (2); Dienst Verspreide Rijkscollecties, Den Haag (1); DIZ München GmbH, München (1); Document Vortragsring e.V., München – Blasy (5) – Fiebrandt (3) – Göhler (2) – Haberland (2) – Kohlhas (1) – Kremnitz (4) - Matthäi-Latocha (2) – Oswald (1) – Rieber (1) – Trippmacher (1) – Trobitzsch (1); dpa, Frankfurt (6); Edition Gross, Bergen (1); Entwicklungsgesellschaft Wulfen (2); Explorer, Vanves (1); Fayer & Co. GmbH, Wien (1); Focus, Hamburg (1); Fogg Art Museum, Cambridge (1); FOVEA Agence de Photos, Boulogne (1); Michael Friedel, Steingau/Dietramszell (1); Werner Fritzsche, Rothenburg (1); Werner Gartung, Freiburg (3); Gesamtverband des dt. Steinkohlenbergbaus, Essen (1); Dr. Gormsen, Mainz (1); Graphische Sammlung Albertina, Wien (1); Heinz Gundermann, Würzburg (1); Kulturgeschichtliches Bildarchiv Hansmann, München (4); Dr. Armin Haße, Berlin (1); Heinz Herfort, Höxter (1); Prof. Dr. Alfred Herold, Gerbrunn (1); Oliver Herrmann, Brüssel (1); Herzog Anton Ulrich-Museum, Braunschweig (1); Rudi Herzog, Wiesbaden (1); Hans Hinz, Allschwil (1); Hirmer Verlag, München (1); Dr. Sigmar Hohl, Oberding (1); IFA-Bilderteam, München (2) – Bosch (1) – Fried (1) – Kohlhas (1) – Kolban (1) – Noble (1) – Sprague (1); Interfoto, München (51); Israelische Botschaft, Bonn (1); Filmarchiv Karkosch, Gilching (1); Kawasaki Motoren GmbH, Friedrichsdorf (1); Keystone Color, Zürich (1); Detlev Kirst, Traunstein (1); Karlheinz Klubescheidt, Rheda-Wiedenbrück (1); Bildarchiv Alexander Koch, München (2); Wilfried Koch, Rietberg (2); Dr. Rudolf König, Kiel (1); Kövesdi, Berlin (1); Barbara Kramarz, Arcadia (1); Kunstgewerbemuseum, Köln (1); Kunsthalle Bremen (1); Laenderpress, Mainz (6) – Binder (1) – Crone (2) – Kunz (1) – Lessing (1) – Otto (1) – Rose (1) – Vondruska-Selig (1) – WMB (1); Iaif, Köln (1); Dieter Leistner, Mainz (1); Lockheed Martin Corp., Bethesda Maryland (1); Renate Loose, Berlin (1); Lübbert Verlag, Garmisch-Partenkirchen (1); Carl Mahr GmbH, Esslingen (1); Mauritius, Mittenwald - Hackenberg (1) – Ligges (1) – Mallaun (1) – Thamm (1) – Troisfontaines (1); Dr. Guiseppe Mazza, Monte Carlo (4); Meyer Werft, Papenburg (1); microParts – Ges. f. Mikrostrukturtechnik mbH, Dortmund (1); Missio Bildarchiv, Aachen (1); Mozart Museum der Internat. Stiftung Salzburg (1); Muse De Marinha, Lissabon (1); Museum für Kunst und Gewerbe, Hamburg (1); Musee dÕArt et dÕHistoire, Neuchatel (1); Musee des Beaux Arts, Besancon (1); Musee des Beaux Arts, Strasbourg (1); Museum für Mechanische Musikinstrumente, Baden-Baden (2); Museum für Ostasiatische Kunst, Köln (1); Museum of Fine Arts, Boston (1); N.V. Luchthaven Schiphol LHD gebouw, Schiphol-Centrum (1); National Collection of Fine Arts, Washington (1); National Palace Museum, Taipei (1); Neue Zürcher Zeitung (1); Nippon Television Network Corp., Tokio (1); Isolde Ohlbaum, München (1); Östasiatiska Museet, Stockholm (1); Ostdeutsche Galerie Regensburg (1); Österr. Nationalbibliothek, Wien (6); Österreich-Werbung, Wien (1); Picture Press, Hamburg – Knobloch – Thoman (1); PIX Giraudon, Paris (3); Dr. Eckart Pott, Stuttgart (1); Public Address, Hamburg (1); Rheinisches Bildarchiv, Köln (1); Rheinisches Landesmuseum, Bonn (1); Rijksmuseum Amsterdam (1); Rijksmuseum voor Volkenkunde, Leiden (1); Roebild, Braunfels (3); Saarland Museum, Saarbrücken (1); Anna zu Salm-Salm, Paris (1); Scala, Antella (5); Sibylle Schallenberg-Nagel, Kuhwalk (1); Toni Schneiders, Lindau-Schachen (2); Schnütgen-Museum, Köln (1); Schweiz Tourismus, Frankfurt (1); Silvestris Fotoservice, Kastl (2) – ANT (2) – ANT (1) – Bauer (1) – Beck (1) – Buhler (1) – Fleetam (1) – FLPA (2) – Glaser (1) – Hackenberg (1) – Hecker (1) – Hosking (1) – Jakobi (1) – Kottal (1) – Lacz (1) – Lane (2) – Lenz (1) – Lughofer (2) – Matheisl (1) – Nandu (1) – Nigel (1) – Palinkas (1) – Partsch (1) – Redeleit (1) – Rosing /(1) – Skibbe (2) – Sunset (1) – Walz (1) – Werner (1) – Willner (1) – Wothe (1); Sipa Press, Paris (2) – Bocxe (1) – Bowden (1) – Compoint (1) – Kane (1) - Marais-Gaussen (1) – Nissard (1) – Nunez (1) – Schreiber – Trippett (1); Staatsbibliothek, Trier (1); Stadt Peine (1); Städtische Galerie im Lenbachhaus, München (1); Städtische Kunsthalle, Mannheim (1); Städtisches Kultur- u. Verkehrsamt, Soest (1); Städtisches Kunstmuseum, Bonn (1); Städtisches Museum München (1); Stadtverwaltung Neuwied (1); Stella Musical, Hamburg (1); Stift Kremsmünster (1); Stiftung Weimarer Klassik, Weimar (1); Georg Stiller, Gütersloh (3); Studio X, Limours – Gamma/Lard (1) – Gamma/Georges (1); Teutopress GmbH, Bielefeld (1); Walter Thauer, Bielefeld (1); Transglobe Agency, Hamburg (3) – Frerck (1) – Friedrichsmeier (1) – Girolamo (1) – Graham (1) – Kanicki (1) – McLeo (1) – Schilgen (1) – Scholten (1) – Wojciech (1); Volvo Deutschland GmbH, Dietzenbach (1); Elke Walford/Hamburger Kunsthalle (1); Ruth Walz, Berlin (1); Westdeutsche Kurzfilmtage, Oberhausen (1); Worcester Art Museum, Worcester (1); ZEFA, Düsseldorf (1) – Eugen (1) – Puck-Kornetzki (1); Zentralbibliothek Zürich (1).

© Jean Metzinger, La tricoteuse – VG Bild-Kunst, Bonn 2000.
© Henri Michaux, Bild ohne Titel – VG Bild-Kunst, Bonn 2000.
© Joan Miró, Schwalbe Liebe – VG Bild-Kunst, Bonn 2000.
© Alexander Calder, Dreiarmiges Mobile – VG Bild-Kunst, Bonn 2000.
© Otto Modersohn, Worpsweder Landschaft – VG Bild-Kunst, Bonn 2000.
© László Moholy-Nagy, Komposition A XX – VG Bild-Kunst, Bonn 2000.
© Piet Mondrian, Komposition in Grau und Gelb – Mondrian/Holtzmann Trust c/o Beeldrecht, Amsterdam/Holland – VG Bild-Kunst, Bonn 2000.
© Girgio Morandi, Stillleben mit Muscheln – VG Bild-Kunst, Bonn 2000.
© Michael Morgner, Ecco Homo – VG Bild-Kunst, Bonn 2000.
© Robert Morris, Untitled – VG Bild-Kunst, Bonn 2000.
© Richard Mortensen, Laura – VG Bild-Kunst, Bonn 2000.
© Robert Motherwell, Je tÕaime – Dedalus Foundation, Inc./VG Bild-Kunst, Bonn 2000.
© Alfons Maria Mucha, Plakat für die Amerika-Tournee von Sarah Bernhardt – Mucha Trust/VG Bild-Kunst, Bonn 2000.
© Victor Vasarely, Siebdruck – VG Bild-Kunst, Bonn 2000.
© Edvard Munch, Im Zentrum des Raumes – The Munch Museum/The Munch Ellingsen Group/VG Bild-Kunst, Bonn 2000.
© Harald Naegeli, Hauswand – VG Bild-Kunst, Bonn 2000.
© Heinrich Nauen, Herbstwald – VG Bild-Kunst, Bonn 2000.
© Ernst Wilhelm Nay, Blauspiel – Elisabeth Nay-Schreiber, Köln.
© Rolf Nesch, Minotaurus – VG Bild-Kunst, Bonn 2000.
© Barnett Newman, Ulysses – VG Bild-Kunst, Bonn 2000.
© Ben Nicholson, Lacmariaquer – VG Bild-Kunst, Bonn 2000.
© Emil Nolde, Junges Paar – Stiftung Seebüll Ada und Emil Nolde, Neukirchen.